A Middle-English Dictionary

You are holding a reproduction of an original work that is in the public domain in the United States of America, and possibly other countries. You may freely copy and distribute this work as no entity (individual or corporate) has a copyright on the body of the work. This book may contain prior copyright references, and library stamps (as most of these works were scanned from library copies). These have been scanned and retained as part of the historical artifact.

This book may have occasional imperfections such as missing or blurred pages, poor pictures, errant marks, etc. that were either part of the original artifact, or were introduced by the scanning process. We believe this work is culturally important, and despite the imperfections, have elected to bring it back into print as part of our continuing commitment to the preservation of printed works worldwide. We appreciate your understanding of the imperfections in the preservation process, and hope you enjoy this valuable book.

A

MIDDLE-ENGLISH DICTIONARY

H. BRADLEY

London
HENRY FROWDE

OXFORD UNIVERSITY PRESS WAREHOUSE
AMEN CORNER, E.C.

A MIDDLE-ENGLISH DICTIONARY

CONTAINING

WORDS USED BY ENGLISH WRITERS
FROM THE TWELFTH TO THE FIFTEENTH CENTURY

BY

FRANCIS HENRY STRATMANN

A NEW EDITION, RE-ARRANGED, REVISED, AND ENLARGED

BY

HENRY BRADLEY

Oxford
AT THE CLARENDON PRESS
M DCCC XCI

[*All rights reserved*]

9291.26 A
9287.145.5 A

HARVARD COLLEGE LIBRARY
BEQUEST OF
PROF. EDWARD S. SHELDON
NOV. 11, 1925

Oxford
PRINTED AT THE CLARENDON PRESS
BY HORACE HART, PRINTER TO THE UNIVERSITY

PREFACE.

The Dictionary of Middle-English[1] compiled by Dr. F. H. Stratmann, of Krefeld, is the only comprehensive dictionary of that stage of the English language hitherto published in a completed state; the only other existing work of the same kind being that of Mätzner, of which the first instalment appeared in 1878, and which has as yet been carried only to the letter J. The third and latest edition of Dr. Stratmann's dictionary was published in 1878, and an extensive supplement was issued in 1881. At the time of the author's death, which took place in 1884, he had apparently almost completed the preparation of a new edition. The copyright of the work was subsequently purchased by the Delegates of the Clarendon Press, and the author's materials for the new edition (consisting of an annotated copy of the printed book) were placed in my hands to be prepared for the press. The unanimous opinion of the scholars in this country who were consulted was that simply to reprint the work in the form contemplated by the author would be wholly unadvisable, and that an extensive revision was needed in order to adapt it to the needs of English students. Although the book was marked by great learning and ability, as well as by extraordinary industry, it had certain serious practical defects, chiefly, it may be remarked, due to those limitations of scope without which it would probably have been impossible for the author to bring his work to completion in any reasonable number of years. The principal respects in which the present edition aims at being an improvement on the original work are as follows:—

1. If the definition of a dictionary be that it is a book which explains the meaning of words, Dr. Stratmann's work can scarcely be regarded as a dictionary at all. With the *meaning* of Middle-English words, the author concerned himself but little; his principal care was to identify them etymologically; that is to say, to connect them with their descendants in Modern-

[1] In the published editions the work is entitled 'A Dictionary of the Old English Language;' but in revising it for a new edition the author substituted 'Middle-English' for 'Old English' in the title-page. He also indicated that in the body of the dictionary the abbreviation 'A.-S.' (Anglo-Saxon) should be changed into 'O.E.'

PREFACE.

English, their antecedents in Old-English, and their cognates in other languages. Such explanations of meanings as were given were merely subsidiary to this object. Not infrequently, indeed, words (and those not merely compounds or obvious derivatives) were left without interpretation altogether; in other cases the sense was indicated only by Latin words, which were often themselves ambiguous. Where a Middle-English word was glossed by a Modern-English one, the latter was commonly the etymological equivalent, even though the word might have undergone a complete change of meaning. In a very large number of instances the only vernacular gloss is an obsolete or dialectal word taken from Halliwell's 'Dictionary of Archaic and Provincial Words,' or some similar source, and quite unintelligible to ordinary English readers. The following examples will illustrate the author's method:—**che-owen** . . . *chew (chow, chig), mandere, objurgare*; **cubbel**, *kibble, fustis*; **galstron** . . . *galster (gauster), crepare*; **galwen**, *gallow (gally), terrere?*; **ʒeolpen**, *yelp (yilp), gloriari, jactari*; **kitelen** . . . *kittle, titillare*; **plaigen** . . . *plaw, ludere*; **schûte** . . . *shout, lembus* [the word means a flat-bottomed boat]; **scorklin**, *scorkle, ustulare*; **snobben**, *snob, singultire*; **slumen**, *sloum, dormitare*. In the present edition, I have endeavoured to provide every word with an intelligible explanation in English. When a word has greatly changed in meaning, I have cited the modern form for the sake of completing the etymological history of the word, but in such a manner as not to mislead the reader as to the earlier sense. As the distinctive feature of the book is that the examples are arranged according to the grammatical forms, and not according to the senses, it is obvious that the shades of meaning could not be explained with the same precision and completeness as in larger works like that of Mätzner, or the New English Dictionary, but it is hoped that the explanations given will be found sufficiently full and accurate for ordinary practical needs. The indication of the parts of speech, which was wholly omitted in the original work, has been supplied.

2. Another inconvenient feature of the original dictionary was its perplexing etymological arrangement. The compound words, instead of being inserted in alphabetical order, were placed under their initial element, even though this happened to be an inseparable prefix. Hence, in order to find one of these words, it was necessary to know, or to conjecture its etymology— or rather, Dr. Stratmann's opinion as to its etymology. Suppose, for example, the word **amaien** is to be sought for in the Dictionary by a student who has no notion of its derivation. The first step of course is to look for it in its alphabetical place. It is not there, nor is there a cross-reference. We next turn to the words under the prefix **a-**, but **amaien** is not among them. The cross-reference **a-**, *see* **ab-, ad-, an-, and-, at-, en-, es-, ʒe-,** and **of-,** gives us the choice of ten other places, in any of which the word we are seeking may possibly be found. As a matter of fact, it is placed under **es-**, so that the reader who takes

PREFACE.

the natural and proper course of turning to the several places in their alphabetical order will have looked in ten different pages of the Dictionary before he comes to the word he wants. Even this example, however, does not fully represent the complexity of Dr. Stratmann's method of arrangement. The sub-headings under each of the prefixes are not arranged in the alphabetical order of the words themselves, but in that of the original form of their second element; though this rule is sometimes departed from, apparently by mere oversight. To any one unacquainted with Romanic etymology, the arrangement of the words grouped under com-, for instance, must appear absolutely lawless. The following is an example of the mode of sequence adopted for these compounds: congeien, cogitaciun, coint, cointise, conjure, collecte, culvert, cullin, couche, couchin, comanden. Romanic philologists will, of course, see at once why this order has been followed, though the position of the word cogitaciun seems to be due to some mistake. But the majority of those for whom a Middle-English dictionary is intended cannot be expected to find their way readily through such a labyrinth. It has, indeed, often happened that even scholars have erroneously stated a word to be wanting in Stratmann, when in fact it had not been overlooked, but had been recorded in some unlikely place. In this edition I have in the main adopted alphabetical order. Compounds of substantives and adjectives, however, and of words like biforen and anʒēn, are grouped under their first and most important element; and agent-nouns in -ere and nouns of action in -ing follow the verbs from which they are derived. These compounds and derivatives are printed in smaller type and indented, so as not to disturb the general alphabetical arrangement.

3. In cases where a foreign word has come into English by two different channels, and with consequent diversity of form, Dr. Stratmann's usual practice is to treat the word as one. In some instances, where the two forms existed merely as dialectal varieties, without any sense-distinction, this procedure has its advantages; but in others it obscures the facts. The words desk and dish, for example, both descend ultimately from the Latin discus, and therefore in the former editions of this dictionary they are put together as one word. This would be permissible if (as any one would suppose from reading the article) the two forms were employed promiscuously in Middle-English. But the fact is that in that period of the language the words were quite as clearly distinguished as they are now. I have in this and other similar cases separated the two words. It now appears to me that this ought to have been done still more frequently: the verbs chácen and cacchen, for example, would be better separated.

4. The words which in primitive Teutonic began with hl-, hn-, hr- are in the former editions of the dictionary given under the letter H. As the initial h is very generally omitted in Middle-English, this arrangement imposes on

PREFACE.

the reader (unless he knows the etymology of the word) the necessity of searching in two different places. I have therefore removed these words to the letters L, N, and R respectively; prefixing, however, an italic *h* to distinguish them from those which have an unaspirated initial.

5. One of the most important changes which have been introduced in this edition relates to the notation of vowel quantities. In the original work the quantities marked were not those which the vowels had in Middle-English, but those of the earliest Old-English, although it is well known that extensive changes in vowel quantity had taken place before the end of the twelfth century, and probably much earlier. The author's procedure in this respect is not, indeed, so wholly irrational as it may at first sight appear. The Old-English quantity admits of being ascertained with tolerable precision, while Middle-English quantity is in many cases uncertain, and in other cases varies according to locality and period. Moreover, the primitive quantity is that which is of greatest etymological importance. I have, however, ventured on the attempt to give a representation of the actual quantity in Middle-English in such a manner as to exhibit its relation to the earlier quantity. Dr. Stratmann employed the circumflex (^) to denote a vowel which was originally long and stressed, original length without stress being indicated by the macron (¯). In my notation the macron is placed over an original long vowel which remained long in Middle-English; an original long vowel which has become short by position is marked (˘); and a short vowel which has been lengthened by position is marked with the acute accent. (It might perhaps have been better to use the circumflex for this purpose instead of the acute.) Original short vowels which remained unchanged in quantity are left unmarked. It is hoped that this notation will serve to render more intelligible the manner in which changes of quantity influenced the qualitative character of Middle-English vowels. In many points the correctness of my quantitative indications will be somewhat disputable. The vowels a, e, i, o before ld I have marked as 'new long,' except under special conditions which modify the general rules. Similarly I have recognised a lengthening of i and u before nd. The lengthening of e before nd and before n followed by a palatal g, certainly prevailed to a considerable extent, but I doubt whether it was at all so general as the other lengthening, and I have therefore left it unmarked. For similar reasons the lengthening effect of r, followed by a voiced consonant, has not been regarded. There is room for much doubt whether the later positional lengthenings persisted in spite of loss of stress in the second element of a compound. In such cases I have left the vowels unmarked, except where special evidence seems to show that the lengthened quantity was retained. With reference to words of Romanic or Latin origin the question of quantity is very perplexing. Dr. Stratmann correctly recognised that Latin quantity as distinguished from Latin accent had in

PREFACE.

general no influence on Middle-English pronunciation, and has therefore treated the unaccented vowels in words derived from Romanic and Latin as (proximately) short, with the exception of those that have compensatory length. I have followed his example in marking as long the vowels in final syllables like -áge, -ōn, -tē, -ūre, &c., which originally were stressed, though owing to a shifting of accent which began, at latest, in the fourteenth century, this notation cannot be regarded as correct for the whole Middle-English period. I should now prefer to mark with the circumflex all Romanic and Latin vowels which were positionally long in early Middle-English, whatever their original quantity, and to leave the rest unmarked.

6. In one instance I have ventured to introduce a diacritic expressive of vowel quality. I have employed the character ü to distinguish the cases in which a Middle-English u expresses either the sound which descended from Old-English y[1], or some sound but slightly different from this. It is clear that in some early loan-words from French, the u was at first sounded in much the same way as the English ü, ǖ, and I have therefore in these instances marked it with the two points. I now regret not having made a more extensive use of diacritics. The tailed ǫ, ǭ ought to have been used for Middle-English o when representing an Old-English a, á; the palatal sound of g also might with advantage be distinguished with a special sign.

7. In the etymologies I have attempted to distinguish between direct derivation and collateral relationship of words[2], and have also rectified many errors of detail. Dr. Stratmann's work in this department was eminently scholarly, but the fresh light thrown on many points of comparative Teutonic phonology, by the researches of the past few years, often necessitates an alteration in the form, and sometimes in the substance, of his statements. One error which frequently occurs in the previous editions is that the Old-English verbs in -ian are identified with the continental Teutonic verbs in -jan instead of with those in -ōn, while the umlaut verbs, really corresponding to the continental verbs in -jan, are treated as if peculiar to English.

8. Although the present edition has no pretensions to be regarded as an exhaustive dictionary of Middle-English, it contains a very large number of words not found in the former editions. The author's interest was chiefly in the Teutonic portion of the language, and in his work as originally issued the words of Romanic and Latin origin were almost wholly absent. In deference to the opinion of English scholars, many of these were inserted in later editions, but even in the author's last revision the vocabulary was still conspicuously

---

[1] In the case of the combination wur I have left the u unmarked, since even in Old-English wyr often became wur.

[2] It should be clearly understood that the Middle-English forms are by no means always the direct descendants of the particular dialectal form in Old-English that happens to be quotable.

defective with regard to the Romanic element. Besides this, many other words, sometimes of considerable literary importance, appear to have been intentionally omitted, because owing to their doubtful derivation they could not be conveniently brought under the etymological arrangement adopted in the work. In the selection of new words for insertion I do not profess to have followed any systematic method. It is probable that many really important words have been overlooked, while some have been inserted that might well have been spared. While I have not expunged the proper names inserted by the author himself, I have not added any others. By further abbreviating the references, which though occupying much space were not full enough to be understood without the help of the table of contractions, it has been found possible to compress the much augmented work into about the same number of pages as were contained in the third edition, together with the supplement.

There are several features of the dictionary which I do not myself regard with approval, though for various reasons I have refrained from altering them. One of these is the normalized orthography of the quotations. My own view is that the quotations, though *not* the headings of the articles, ought to be given in the spelling of the MSS., or at least in that of some standard critical edition; but the gain of textual correctness would not be commensurate with the expenditure of time and labour which would be needed to conform every quotation to the original. Some special points in Dr. Stratmann's system of normalized spelling now appear to me objectionable; for example, he uses the letter v not only when the u or v of the MSS. had the sound of v, but also where it had a different consonantal power (=w), as in **qvailen, gverdōn**, and **svo** (Ayenbite). In words taken from early texts which use g for ȝ, the former letter is retained, even in the lemmas, although the process of 'normalizing' would seem to have more justification here than in most other cases. The complaint often made that Dr. Stratmann chooses as the 'dictionary forms' of Middle-English words not those of the period of Chaucer and Langland, but those nearest to the Old-English, does not seem to me to be of great moment; the inconveniences of this course being counterbalanced by the advantage of presenting the various forms in something like genealogical sequence. The author, however, did not sufficiently recognise the fact that the orthographical coincidence of Middle-English with Old-English is often merely accidental, especially when the digraphs æ, ea, eo are concerned; and most of the articles on words containing these digraphs would need to be rewritten in order to make their arrangement correctly expressive of the facts. A peculiarity of Dr. Stratmann's method, which may cause some embarrassment to the student who is not aware of it, is that he treats 'improper compounds' not as single words but as phrases. Thus the preposition **biside** does not occur in its alphabetical place, but examples of it (written **bi side** in two words) are found in the article **side**. I have in many cases inserted cross-references to obviate the difficulty arising from this cause.

I am painfully conscious of many serious shortcomings both in the plan and the execution of this edition. The numerous errata will probably seem to some critics to imply extreme carelessness on my part. To this fault I cannot plead guilty; though for many of the oversights I am able to account only by the state of ill-health from which I was suffering when the earlier sheets were passed for press; and if I had then possessed the experience I have subsequently acquired in lexicographical work, I should have known how to take more effectual precautions to ensure accuracy[1]. An assiduous study of Middle-English during the progress of the work has shown me many points in which my knowledge was at the outset materially defective. Perhaps I may reasonably hope for some degree of indulgence on account of the special difficulties of my task. Dr. Stratmann's references are often to books or editions which were not easily accessible to me—some of them, indeed, not to be found even at the British Museum; hence it was frequently not until the article had gone to press that I discovered that he had mistaken the meaning of a word, or had confused together words of different origin and meaning; or, in other cases, that I had given a wrong interpretation to his Latin gloss. The difficulty of accurate proof-reading will be obvious to any person, at all experienced in such work, merely from an inspection of the pages; but it was greatly augmented by the fact that the author's large mass of MS. corrections and additions were made in such a manner that it constantly required the closest attention to discover where the additional words were intended to be inserted. If my attempt to indicate Middle-English vowel-quantity be regarded as in itself justifiable, I may fairly claim that its occasional errors and inconsistencies may be judged with the leniency due to pioneer work. However, although this edition is very far from being such as I should have wished to make it, I venture to hope that in spite of its defects the book in its new form will be found far more useful than if it had been re-issued with merely such slight revision as was contemplated by the original author.

HENRY BRADLEY.

[1] One thing which I especially regret is that a few quotations and references have been inserted at second hand, matter which I had caused to be transcribed for me having been sent to the printers under the mistaken belief that it had been properly verified. I hope, however, that all the important errors arising from this cause have been duly noted in the supplementary pages printed at the end of the volume.

EXPLANATION OF REFERENCES.

A. D. = Altenglische Dichtungen des MS. Harl. 2253, herausgegeben von K. Böddeker, Berlin, 1878. [? Written in Herefordshire about 1310.] Quoted by page.

A. P. = Early English Alliterative Poems, edited by R. Morris : i. The Pearl ; ii. Cleanness ; iii. Patience. E.E.T.S., No. 1, 1864. [? Lancashire about 1360; by the same author as GAW.] Quoted by number of piece and line.

A. R. = The Ancren Riwle, edited by J. Morton, Cam. Soc. No. lvii. 1853. [? Dorsetshire about 1225.] Quoted by page.

A. S. = Ancient Songs from the time of King Henry II to the Revolution, edited by J. Ritson, London, 1790. Quoted by number of piece.

A. S. (H.) = The same re-edited by W. C. Hazlitt, 1877. Quoted by number of piece.

ÆLF. HOM. = Ælfric's Metrical Lives of Saints, edited by W. W. Skeat, E.E.T.S., Nos. 76, 82, 1881-5. Quoted by page.

ÆLFR. = Ælfric's Grammatik und Glossar, herausgegeben von J. Zupitza, in Sammlung Englischer Denkmäler, Berlin, 1880. Quoted by page.

AL. = The Legend or Life of St. Alexius, edited by F. J. Furnivall. [About 1380.] In six versions, viz. L^1. (MS. Laud 622), L^2. (MS. Laud 108) L^3. (MS. Laud 463), C. (MS. Cotton Titus A xxvi), V. (MS. Vernon), T. (MS. Trinity Coll. Oxford, 57). E.E.T.S., No. 69, 1878. Quoted by line.

ALEX. = The Alliterative Romance of Alexander, edited by J. Stevenson, from the Ashmole MS. Roxburghe Club, 1849. [About 1400-50.] Quoted by line.

ALEX. (Sk.) = The same [The Wars of Alexander], edited by W. W. Skeat, from the Ashmole and Dublin MSS. E.E.T.S., No. xlvii., 1866. Quoted by line.

ALEX.^{2} = 'Appendix from the Bodl. MS. [264]' in ALEX. Quoted by line.

ALEX.^{2}(Sk.) = The same [Alexander and Dindimus], edited by W. W. Skeat, E.E.T.S., No. xxxi., 1878. [? About 1375.] Quoted by line.

ALIS. = King Alisaunder, in Weber's Metrical Romances (Edinburgh, 1810), vol. i. pp. 3-327. [About 1300.] Quoted by line.

ALIS.^{2} = Þe Gestes of þe worþie King and Emperour Alisaunder of Macedoine, edited by W. W. Skeat, in vol. with WILL. [About 1375.] Quoted by line.

ALT. BL. = Altdeutsche Blätter von M. Haupt und H. Hoffmann. Quoted by volume and page.

AM. & AMIL. = Amis and Amiloun, in Weber's Metrical Romances (1810), vol. ii. pp. 369-473. [About 1330.] Quoted by line.
= The same, herausgegeben von E. Kölbing, in Kölbing's Altenglische Bibliothek, Bd. ii, 1884. Quoted by line.

AMAD. (R.) = Sir Amadace, in Robson's Early English Metrical Romances (Camd. Soc. No. xviii., 1842), pp. 27-56. [About 1420.] Quoted by stanza.

AMAD. (W.) = Sir Amadas [a later text of the above], in Weber's Metrical Romances (1810), vol. iii. pp. 243-275. Quoted by line.

ANGL. = Anglia, herausgegeben von R. P. Wülcker. Quoted by volume and page.

AN. LIT. = Anecdota Literaria, edited by Thos. Wright, London, 1844. Quoted by page.

ANC. COOKERY = Ancient Cookery from a MS. in the Arundel Collection, printed in Ordinances for the Royal Household. Soc. of Antiquaries, 1790. [About 1440.] Quoted from N.E.D.

ANT. ARTH. (L.) = The Awntyrs of Arthure, in Laing's Select Remains of the Ancient Poetry of Scotland (1885), pp. 86-113. [About 1420.] Quoted by line.

ANT. ARTH. (M.) = Awntyrs of Arthure, edited by F. Madden, in Sir Gawayne volume, Bannatyne Club, 1839. Quoted by line.

ANT. ARTH. (R.) = The Anturs of Arther in Robson's Early English Metrical Romances (Cam. Soc. No. xviii. 1842), pp. 1-26. [? Lancashire about 1420.] Quoted by stanza.

APOL. = The Apology of Lollard Doctrines, formerly attributed to Wiclif, edited by J. H. Todd, Cam. Soc. No. xx. 1842. [About 1400.] Quoted by page.

AR. = Arthur, edited by F. J. Furnivall, E.E.T.S., No. 2, 1864. [? About 1440.] Quoted by line.

AR. & MER. = Arthour and Merlin, a Metrical Romance edited by W. D. Turnbull, from the Auchinleck MS., Abbotsford Club, 1838. [About 1330.] Quoted by line.

ARCH. = Archiv für das Studium der neueren Sprachen, herausgegeben von L. Herrig. Quoted by volume and page.

ASS. = Assumpcioun de notre Dame, edited by R. Lumby, E.E.T.S., No. 14, 1866. [From the Cambridge MS., before 1300.] Quoted by line.

EXPLANATION OF REFERENCES. xiii

ASS. B = Assumpcio Beate Marie in the same volume. [From the British Museum MS. about 1330.] Quoted by line.

AUD. = The Poems of J. Audelay, edited by J. O. Halliwell, Percy Soc. vol. xiv. 1844. [Shropshire 1426.] Quoted by page.

AV. ARTH. = The Avowing of King Arther, in Robson's Early English Metrical Romances, Cam. Soc. No. xviii. 1842, pp. 57–93. [About 1420.] Quoted by stanza.

AYENB. = Dan Michel's Ayenbite of Inwyt, edited by R. Morris, E.E.T.S., No. 23, 1866. [Kent 1340.] Quoted by page.

B. B. = The Babees Book, etc., edited by F. J. Furnivall, E.E.T.S., No. 32, 1868. Quoted by page.

B. OF C. = The Boke of Curtasie, from the Sloane MS. 1986 in the British Museum, printed in B.B. [About 1440.] Quoted by line.

B. D. D. = Be Domes Dæge, edited by R. Lumby, E.E.T.S., No. 65, 1876. Quoted by page.

B. DISC. = Li biaus Disconus, in Ritson's Metrical Romances (1802), vol. ii. pp. 1–90. [About 1460.] Quoted by line.

BARB. = Barbour's Bruce, edited by W. W. Skeat, E.E.T.S., Nos. xi. xxi. xxix, lv. 1870–89. [Scottish about 1375.] Quoted by book and line.

BARB. LEG. = Barbour's Legendensammlungen, herausgegeben von C. Horstmann, Heilbronn, 1881–2. [Scottish about 1375.] Quoted by vol. and page.

BARTH. = Trevisa's Englishing of Bartholomæus de Proprietatibus Rerum. [Written in 1398.] Printed by W. de Worde in 1495. Quoted from N.E.D. (which often gives the readings of the Helmingham MS.).

BEK. = The Life and Martyrdom of Thos. Beket, edited by W. H. Black, from the Harl. MS. 2277. Percy Soc., vol. xix, 1845. [? Gloucestershire about 1300.] Quoted by line.

BENS. VOC. = Vocabularium Anglo-Saxonicum, opera Th. Benson, Oxoniae, 1701.

BEN. WB. = Mittelhochdeutsches Wörterbuch, von Benecke, Müller und Zarncke.

BER. = The Tale of Beryn, edited by F. J. Furnivall, Chaucer Soc. 1876. [About 1400.] Quoted by line.

BEV. = Sir Beves of Hamtune, edited by W. D. Turnbull, Maitland Club, 1838. [About 1320.] Quoted by line.

The same re-edited by E. Kölbing, with versions of six other MSS., E.E.T.S., Nos. xlvi. xlviii. 1885–6. Quoted by line.

BL. HOM. = The Blickling Homilies, edited by R. Morris, E.E.T.S., Nos. 58, 63, 73, 1874–6–80. Quoted by page.

BOKEN. = Livis of Seintis, translated by O. Bokenam, A. D. 1447, Roxburghe Club, 1835. (Also forms Band i. of Kölbing's Altenglische Bibliothek.) [About 1447.] Quoted by page.

BOUT. EV. = Die vier Evangelien in altnordhumbrischer Sprache, herausgegeben von K. W. Bouterwek, Gütersloh, 1857.

BRD. = St. Brandan, edited by T. Wright, Percy Soc. vol. xiv. 1844. [? Gloucestershire about 1300]. Quoted by line.

BREM. WB. = Versuch eines bremisch-niedersächsischen Wörterbuches, Bremen, 1767–1771.

C. B. = Two fifteenth-century Cookery Books from Harl. MS. 279 [about 1430] and Harl. MS. 4016 [about 1450], edited by T. Austin, E.E.T.S., No. 91, 1888. Quoted by page.

C. L. = Castel off Love, edited by R. F. Weymouth, Philol. Soc. 1864. [About 1320.] Quoted by line.

C. M. = Cursor Mundi, edited by R. Morris, E.E.T.S., Nos. 57, 59, 62, 66, 68, 1874–78. [About 1250–1340.] Quoted by line.

CATH. = Catholicon Anglicum, edited by S. J. Herrtage, E.E.T.S., No. 75, 1881. [About 1483.] Quoted by page.

CAXT. VIT. PATR. = Caxton's Vitas Patrum, 1495. Quoted from N.E.D.

CH. = The works of Jeffrey Chaucer, edited by Th. Speght, London, 1687.

CH. (T.) = Canterbury Tales, edited by Tyrwhitt, with other Poems from the Black Letter editions, London, 1843.

CH. A. B. C. = Chaucer's A. B. C.
CH. ADAM = Chaucer's words to his Scrivener Adam. } in CH. M. P.
CH. AN. = Anelida and Arcite.

CH. ASTR. = A treatise on the Astrolabe, by G. Chaucer, edited by W. W. Skeat, E.E.T.S., No. xvi., 1872. [Middlesex about 1400.] Quoted by book, chapter, and page.

CH. BOET. = Chaucer's translation of Boethius's ' De Consolatione Philosophiae,' edited by R. Morris, E.E.T.S., No. v. 1868. [About 1374.] Quoted by book, prose (metre), and page.

CH. BUK. = Lenvoy to Bukton: in CH. M. P.

CH. C. T. = Chaucer's Canterbury Tales, edited by F. J. Furnivall, Chaucer Soc. [About 1386.] Quoted by group-letter and line; see comparative Table, p. xxii.

CH. C. T. (W.) = The Canterbury Tales of G. Chaucer, edited by T. Wright, published for the Percy Soc. (vols. xxiv-xxvi.) 1847–51, and for general circulation, London, 1853. Quoted by line.

CH. COMP. M. = Compleint of Mars.
CH. COMP. V. = Compleint of Venus.
CH. D. BL. = Deth of Blanche.
CH. F. AGE = The Former Age.
CH. FORTUNE.   } in CH. M. P.
CH. GENT. = Gentilesse.
CH. H. F. = House of Fame.
CH. L. G. W. = Legend of Good Women.

EXPLANATION OF REFERENCES.

CH. L. G. W. (Sk.) = Chaucer's Legend of Good Women, edited by W. W. Skeat, Oxford, 1889. [About 1385.]
CH. L. S. = Lack of Stedfastnesse: in CH. M. P.
CH. M. P. = Chaucer's Minor Poems, edited by F. J. Furnivall, Chaucer Soc. Quoted by title of piece and line.
CH. M. P. (Sk). = Chaucer's Minor Poems, edited by W. W. Skeat, Oxford, 1888. Quoted by title of piece and line.
CH. P. F. = Parlement of Foules.
CH. PITIE = Compleint to Pitie.
CH. PROV. = Two Proverbs. } in CH. M. P.
CH. PURSE = Compleint to his Purse.
CH. SCOG. = Lenvoy to Scogan.
CH. TRO. = Parallel Text Print of Chaucer's Troilus and Creseyde, from three MSS. put forth by F. J. Furnivall, Chaucer Soc. 1881-2. [About 1374.]
CH. TRO. (T.) = Chaucer's Troilus and Creseyde in edition 1843; see CH. (T.).
CH. TRUTH = Truth: in CH. M. P.
CHEST. = The Chester Whitsun plays, edited by T. Wright, Shakspeare Soc. Nos. 17 and 35, 1843-7. [About 1430.] Quoted by vol. and page.
CHR. E. = Chronicle of England in Ritson's Ancient English Metrical Romances (1802), vol. ii. pp. 270-313. [About 1410.] Quoted by line.
CL. = Sir Cleges, in Weber's Metrical Romances (1810), vol i. pp. 313-353. [About 1410.] Quoted by line.
CL. M. = Clene Maydenhod, edited by F. J. Furnivall, E.E.T.S., No. 25, 1867. [About 1376.] Quoted by line.
COMP. BL. KN. = Complaint of the Black Knight, by Lidgate, formerly attributed to Chaucer, printed in CH. (T.). [About 1430.] Quoted by line.
CR. K. = The Crowned King, edited by W. W. Skeat, (in vol. containing the C-Text of Langland), E.E.T.S., No. 54, 1873. [About 1415.] Quoted by line.
CT. LOVE. = The Court of Love, wrongly attributed to Chaucer, printed in CH. (T.). [About 1450.] Quoted by line.
D. ARTH. = Morte Arthure; or the Death of Arthur, edited by Edmd. Brock, E.E.T.S., No. 8, 1871, previously edited by G. G. Perry, 1865. [Yorkshire beginning of 15th century.] Quoted by line.
DAV. DR. = Adam Davy's Five Dreams about Edward II, edited by F. J. Furnivall, E.E.T.S., No. 69, 1878. [14th cent.] Quoted by line.
DEGR. = The Romance of Sir Degrevant, in the Thornton Romances, edited by J. O. Halliwell, pp. 177-256. Cam. Soc. No. xxx. 1844. [Before 1440.] Quoted by line.
DEP. R. = Richard the Redeles, an Alliterative Poem on [the Deposition of] Richard II, edited by W. W. Skeat (in the C-Text volume of Langland) E.E.T.S., No. 54, 1873. [1399.] Quoted by passus and line.
DEP. R. (W.). = The same, edited by Thos. Wright, Cam. Soc. No. iii. 1838, reprinted in P. P. 1859.
DIEFENB. WB. = Vergleichendes Wörterbuch der gothischen Sprache von Lor. Diefenbach, Frankfurt, 1851.
DIEZ WB. = Etymologisches Wörterbuch der romanischen Sprachen von F. Diez. Bonn, 1853.
DIGB. = Ancient Mysteries from the Digby MS. 133, Abbotsford Club, 1835. [About 1485.] Quoted by page.
DIGB. (F.) = The same [Digby Mysterie], edited and added to, by F. J. Furnivall, New Shakspere Soc., 1882. [About 1485.] Quoted by piece and line.
DREAM = The Dreme, formerly attributed to Chaucer, printed in CH. (T.). [15th cent.] Quoted by line.
D. TROY = The Gest Historiale of the Destruction of Troy, edited by G. A. Panton and D. Donaldson, E.E.T.S., Nos. 39, 56, 1869-74. [About 1400.] Quoted by line.
DU CANGE = Caroli du Fresne, domini du Cange, glossarium ad scriptores mediae et infimae latinitatis, Francofurti, 1710.
E. G. = English Gilds, edited by Miss L. Toulmin Smith, E.E.T.S., No. 40, 1870. Quoted by page.
E. T. = The Erl of Tolous, in Ritson's Metrical Romances (1802), vol. iii, pp. 93-144. [About 1450.] Quoted by line.
E. T. (L.) = The Erl of Tolous and the Emperes of Almayn, herausgegeben von G. Lüdtke, in Sammlung Englischer Denkmäler, Berlin, 1881. Quoted by line.
E. W. = The Fifty Earliest English Wills, 1387-1439, edited by F. J. Furnivall, E.E.T.S., No. 78, 1882. Quoted by page.
ED. = St. Editha, sive Chronicon Vilodunense, herausgegeben von C. Horstmann, Heilbronn, 1883. [About 1420.] Quoted by line.
EGILSS. = Lexicon poëticum antiquae linguae septentrionalis, conscripsit Sveinbjörn Egilsson, Hafniae, 1860.
EGL. = The Romance of Sir Eglamour of Artois, edited by J. O. Halliwell, in the Thornton Romances, pp. 121-175, Cam. Soc. No. xxx. 1844. [? Early 15th cent.] Quoted by line.
ELL. ROM. = Specimens of Early English Metrical Romances, edited by G. Ellis, 2nd edition, London, 1811. Quoted by page.
EM. = Emare, in Ritson's Metrical Romances (1802), vol. ii. pp. 204-247. [About 1460.] Quoted by line.
ENG. ST. = Englische Studien, herausgegeben von E. Kölbing. Quoted by volume and page.
ERC. = The Romance and Prophecies of Thomas of Erceldoune, edited by J. A. H. Murray, E.E.T.S., No. 61, 1874. [About 1425.] Quoted by line.

EXPLANATION OF REFERENCES.   XV

ERC.(B.) = The same, edited by A. Brandl, in Sammlung Englischer Denkmäler. Quoted by line.

ETTM. LEX. = Lexicon Anglosaxonicum, edited by L. Ettmüllerus, Quedlinburgii, 1851.

F. C. = The Forme of Cury, edited by S. Pegge, London, 1780. [? About 1390.] Quoted by page.

FER. = Sir Ferumbras, edited by S. J. Herrtage, E.E.T.S., No. xxxiv, 1879. [About 1380.] Quoted by line.

FL. & BL. = Floriz and Blauncheflur, edited by R. Lumby, E.E.T.S., No. 14, 1866. [About 1275.] Quoted by line.

FL. & BL. (H.) = The same [Floris and Blauncheflur]. edited by E. Hausknecht in Sammlung Englischer Denkmäler, Berlin, 1885. Quoted by line.

FL. & LEAF. = The Flower and the Leaf, formerly attributed to Chaucer. Printed in CH. (T.). [15th cent.].

FLOR. = Le bone Florence of Rome, in Ritson's Metrical Romances (1802), vol. iii. pp. 1–92. [About 1440.] Quoted by line.

FRAG. = Fragment of Ælfric's Grammar, Ælfric's Glossary, and poem on the Soul and Body in the orthography of the 12th cent., edited by T. Phillipps, London, 1838. Quoted by page.

FRITZNER = Ordbog over det gamle Norske Sprog of Joh. Fritzner, Kristiania, 1867.

GAM. = The Tale of 3ong Gamelin, edited by W. W. Skeat, Oxford 1884. [About 1400.] Quoted by line.

GAW. = Sir Gawayne and the Green Knight, edited by R. Morris, E.E T.S., No. 4, 1864. (Previously edited by F. Madden, Bannatyn Club, 1839.) [? Lancashire about 1360.] Quoted by line.

GEN. & EX. = The Story of Genesis and Exodus, edited by R. Morris, E.E.T.S., No. 7, 1865. [? Norfolk or Suffolk about 1250.] Quoted by line.

GENER. = A Royal Historie of the excellent Knight Generides, edited by F. J. Furnivall, from the Helmingham MS. Roxburghe Club, 1865. [About 1430.] Quoted by line.

GENER. (W.) = Generydes, edited by W. A. Wright, from MS. in Trinity College, Cambridge, E.E.T.S., Nos. 55 & 70, 1873–9. [About 1440.] Quoted by line.

GEST. R. = The Old English Versions of the Gesta Romanorum, edited by F. Madden, Roxburghe Club, 1838. [About 1440.] Quoted by page.

GEST. R. (H.) = The Gesta Romanorum, edited by S. J. H. Herrtage from three MS. (H.) Harl. 7333, (H.²) Additional 9066; (H.³) Cambridge (k. k. 1. 6), E.E.T.S., No. xxxiii. 1879. [About 1440.] Quoted by page.

GOLAG. = The Knightly Tale of Golagros and Gawane, printed in Sir Gawayne volume, edited by F. Madden, Bannatyne Club. 1839; re-edited by M. Trautmann in

ANGL. II. 410 ff. [Scottish about 1440.] Quoted by line.

GOW. = Confessio Amantis of John Gower, edited by R. Pauli, London, 1857. [Middlesex about 1400; but edition not from coeval MSS.] Quoted by volume and page.

GR. = The Grave, in Thorpe's Analecta Anglo-Saxonica, p. 142, re-edited in ANGL. V. 289. [12th cent.] Quoted by line.

GRAFF = Althochdeutscher Sprachschatz von E. G. Graff, Berlin, 1834–42.

GREG = Die englische Gregorlegende, herausgegeben von F. Schulz, Königsberg, 1876. [Auchinleck MS.; 13th cent.] Quoted by line.

GREIN = Sprachschatz der angelsächsischen Dichter, bearbeitet von C. W. M. Grein, Cassel und Göttingen, 1861–4.

GR. GRAM. = Deutsche Grammatik von Jac. Grimm. 2. Ausg.

GRL. = Lonelich's History of the Holy Grail, edited by F. J. Furnivall, E.E.T.S., Nos. xx, xxiv, xxx, 1874–78. [About 1450.] Quoted by chapter and line.

GR. WB. = Deutsches Wörterbuch von Jac. und Wilh. Grimm.

GUIL. = A prose translation of the first version of Guileville's Le Pelerinage de l'Homme, edited by W. A. Wright from the Camb. Univ. MS., Ff. 5, 30, Roxburghe Club, 1869. [About 1430.] Quoted by page.

GUIL.² = The Booke of the Pylgremage of the Sowle, translated from the French of de Guileville (? by Lidgate, 1413), edited from Caxton's impression by Miss Cust, London, 1859. Quoted by book, chapter, and page.

GUY = The Romance of Sir Guy of Warwick and Rembrun his son, edited by W. D. Turnbull, Abbotsford Club, 1840. [About 1314.] Quoted by line.

GUY (Z.) = Guy of Warwick, edited by J. Zupitza, from the Auchinleck and Caius MSS. E.E.T.S., Nos. xlii, xlxi, 1883–7. [About 1314.] Quoted by line.

GUY², Z.) = Guy of Warwick (2nd version), edited by J Zupitza, E.E.T.S., Nos. xxv, xxvi, 1875–6. [15th cent.] Quoted by line.

H. H. = The Harrowing of Hell, herausgegeben von Ed. Mall, from three MSS., Harl. 2253, Digby 86, and the Auchinleck. Breslau, 1871. [About 1310.] Quoted by line.

= The same, edited by J. O. Halliwell from Harl. MS. 2253, London, 1840. [? Herefordshire about 1310.] Quoted by line.

H. M. = Hali Meidenhad, edited by O. Cockayne, E.E.T.S., No. 18, 1866. [About 1230.] Quoted by page.

H. S. = Robert of Brunne's Handling Sinne; edited by F. J. Furnivall from Harl. MS. 1701, Roxburghe Club, 1862. [Lincolnshire about 1303.] Quoted by line.

H. V. = Hymns to the Virgin, etc., edited by F. J. Furnivall, E.E.T.S., No. 24, 1867. [About 1430.] Quoted by page.

EXPLANATION OF REFERENCES.

HALDORS. = Lexicon Islandico - Latino - Danicum Biornonis Haldorsonii, cura R. K. Raskii editum, Havniae, 1814.

HALLIW. = A Dictionary of Archaic and Provincial Words, by J.O. Halliwell, London, 1850. Quoted by page.

HAMP. PS. = Hampole's Psalms and Canticles with a Commentary, edited by H. R. Bramley. Oxford, 1884. [Before 1340.] Quoted by psalm and verse; or by page.

HAMP. TR. = Hampole's Prose Treatises, edited by G. G. Perry, E.E.T.S., No. 20, 1866. [About 1340.] Quoted by page.

HAV. = The Lay of Havelok the Dane, edited by W. W. Skeat, E.E.T.S., No. iv, 1868. [? Lincolnshire about 1280.] Quoted by line.

HEYNE = Kleinere altniederdeutsche Denkmäler, mit ausführlichem Glossar, herausgegeben von Moritz Heyne, Paderborn, 1867.

HICKES = Linguarum veterum septentrionalium thesaurus, auctore G. Hickesio, Oxoniae, 1705. Quoted by volume and page.

HIPP. = Dictionnaire de la langue française au XIIe et au XIIIe siècle, par C. Hippeau, Paris, 1873.

HIST. EDWD. = Historie of the Arrivall of Edward IV in England, A.D. 1471, edited by John Bruce, Camd. Soc. No. i. 1838. Quoted by page.

HOCCL. = Poems by Thos. Hoccleve, London, 1796. [About 1400.] Quoted by number of piece and line.

HOCCL. REG. PRIN. = De Regimine Principum, by T. Occleve, edited by T. Wright, Roxburghe Club, 1860. [14th cent.] Quoted from N.E.D.

HOLTZM. = Altdeutsche Grammatik von Ad. Holtzmann.

HOM. = Old English Homilies and Homiletic Treatises of the 12th and 13th centuries, edited by Richd. Morris, E.E.T.S., first series, Nos. 29 and 32; and second series, No. 53, 1867-8, 1873. Quoted by series and page.

HORN (H.) = King Horn, herausgegeben von C. Horstmann, in ARCH. vol. i. pp. 41-58. [Before 1300.] Quoted by line.

HORN (L.) = King Horn, edited by R. Lumby, E.E.T.S., No. 14, 1866. Quoted by line.

HORN (R.) = The geste of King Horn, in Ritson's Metrical Romances (1802), vol. ii. pp. 91-155. Quoted by line.

HORN (W.) = Das Lied von King Horn, herausgegeben von T. Wissmann, Strassburg, 1881. Quoted by line.

HORN CH. = Horn child and maiden Rimnild in Ritson's Metrical Romances (1802), vol. iii. pp. 282-320. [Auchinleck MS. about 1320.] Quoted by line.

HUNT. = The Hunting of the Hare, in Weber's Metrical Romances (1810), vol. iii. pp. 279-290. [? About 1375.] Quoted by line.

IHRE = Glossarium Suio-Gothicum, auctore J. Ihre, Upsaliae, 1769.

IPOM. = The Life of Ipomidon, in Weber's Metrical Romances (1810), vol. ii. 281-365. [About 1440.] Quoted by line.

IPOM. (K.) = Ipomedon, in drei englischen Bearbeitungen, herausgegeben von E. Kölbing, Breslau, 1889. [Version A, ? 14th cent.; B (same as the above); C (prose). 15th cent.] A and B quoted by line, C by page.

ISUM. = The Romance of Sir Isumbras, edited by J. O. Halliwell, in the Thornton Romances, pp. 88-120, Cam. Soc. No. xxx, 1844. [Before 1400.] Quoted by line.

IW. = Iwaine and Gawin, in Ritson's Metrical Romances (1802), vol. i. pp. 1-169. [About 1400.] Quoted by line.

J. T. = St. Jeremie's 15 Tokens before Doomesday, edited by F. J. Furnivall, in E.E.T.S., No. 69, 1878. [14th cent.] Quoted by line.

JARB. = Jahrbuch für romanische und englische Sprache, &c., von Ludw. Lemcke. Quoted by volume and page.

JOHN = The Gospel according to St. John, edited by W. W. Skeat, Cambridge, 1878 [Hatton MS. ? Kent about 1150]. Quoted by chapter and verse.

JOS. = Joseph of Arimathie, edited by W. W. Skeat, E.E.T.S., No. 44, 1811. [Vernon MS. about 1350.] Quoted by line.

JUL. = The Liflade of St. Juliana, edited by O. Cockayne and T. Brock, from two MSS. (Royal 17 A xxvii. and Bodl. 34). E.E.T.S., No. 51, 1872. [About 1200.] Quoted by page.

JUL². = The Metrical Life of St. Juliana (Ashm. 43), in the same vol. [About 1300.] Quoted by line.

K. COL. = Three Kings of Cologne, edited from Cam. Univ. Ee. 4 and Royal 18 A. x. by C. Horstmann, E.E.T.S., No. 85, 1886. [15th cent.] Quoted by page.

K. T. = The King of Tars and the Soudan of Dammas, in Ritson's Metrical Romances (1802), vol. ii. pp. 156-203. [About 1330.] Quoted by line.

KATH. = The Legend of St. Katherine of Alexandria, edited by J. Morton, from MS. Cott. Titus D xviii. with $v. r.$ from Royal 17 A xxvii. Abbotsford Club, 1841. [About 1225.] Quoted by line.

KATH. (E.) = The same, edited by E. Einenkel, E.E.T.S., No. 80, 1884. [About 1200.] Also printed with KATH.³ Quoted by line.

KATH². = The Life and Martyrdom of St. Katherine of Alexandria, edited from a MS. of 15th cent. by H. H. Gibbs, Roxb. Club, 1884. [Prose, about 1430.] Quoted by page.

KIL. = Etymologicum Teutonicae linguae, sive

EXPLANATION OF REFERENCES. xvii

    dictionarium Teutonico-Latinum, studio et opera Corn. Kiliani Dufflaei, editio tertia, Antverpiae, 1599.

KN. L. = Knight of La Tour Landry, edited by Thos. Wright, E.E.T.S., No. 33, 1868. [About 1440.] Quoted by page.

L. C. C. = Liber Cure Cocorum, edited by R. Morris, Philol. Soc. 1862. [About 1420.] Quoted by page.

L. F. M. B. = The Layfolk's Massbook, edited by T. F. Simmons, E.E.T.S., No. 71, 1879. [About 1375-1400.] Quoted by page.

L. H. R. = Legends of the Holy Rood, edited by R. Morris, E.E.T.S., No. 46, 1871. Quoted by page.

L. N. F. = Altenglische Legenden, neue Folge, herausgegeben von C. Horstmann, Heilbronn, 1881. Quoted by page.

LA3. = La3amon's Brut, edited by F. Madden, Soc. of Antiquaries, London 1847. [? Worcestershire, first text about 1205, second about 1275.] Quoted by line.

LAI LE FR. = Lai le Freine, in Weber's Metrical Romances (1810), vol. i. pp. 357-371. [About 1325.] Quoted by line.

LANGL. = The Vision of William (Langland, or Langley) concerning Piers the Plowman, three texts, edited by W. W. Skeat, E.E.T.S., Nos. 28, 38, 54, 67, 81, 1867-85; afterwards edited for the Clarendon Press, Oxford, 1886. [*A*-text about 1362, *B* 1377, and *C* 1393.] Quoted by passus and line.

LANGL. (Wr.) = The Vision of Piers Ploughman, edited by T. Wright, London, 1856. [A *B*-text of the above; about 1377.] Quoted by line.

LAUNF. = Launfal, in Ritson's Metrical Romances (1802), vol. i. pp. 170-215. [About 1460.] Quoted by line.

LEB. JES. = Leben Jesu, herausgegeben von C. Horstmann, Münster, 1873. [About 1300.] Quoted by line.

LEECHD. = Leechdoms, Wortcunning, and Starcraf of Early England, by O. Cockayne, Rolls Series, London, 1864-1866, 3 vols. Quoted by volume and page.

LE GON. = Dictionnaire breton-français de L. Gonidec, enrichi par Hersart de le Villemarqué, Saint Brieux, 1850.

LEG. = Altenglische Legenden, herausgegeben von C. Horstmann, Paderborn, 1875. [Late 13th cent.] Quoted by page.

LEG. CATH. = Legendae Catholicae, a little Boke of seintlie Gestes, edited by W. D. Turnbull, Edinburgh, 1840. Quoted by page.

LEXER = Mittelhochdeutsches Handwörterbuch von M. Lexer.

LIDG. BOCH. = The Tragedies gathered by I. Bochas of all such princes as fell from their estates, etc., transl. by John Lydgate, edition of 1558. [? Written about 1450.] Quoted chiefly from the N.E.D.

LIDG. M. P. = A Selection from the Minor Poems of dan John Lydgate, edited by J. O. Halliwell, Percy Soc., vol. ii., 1840. [About 1430.] Quoted by page.

LIDG. TH. = The Story of Thebes by Lydgate, printed in CH. Quoted by line.

LIDG. TROY = The Historie, Sege, and Distruccion of Troye, translated by John Lydgate, London, 1513. [About 1430.] Quoted by book and chapter, chiefly from N. E. D.

LIND. = Lindisfarne Gospels printed in JOHN, LK., MK., MT. [About 950.]

LITTRÉ = Dictionnaire de la Langue française par E. Littré, Paris, 1873.

LK. = The Gospel according to Saint Luke, edited by W. W. Skeat, Cambridge, 1874. [Hatton MS. ? Kent about 1150.] Quoted by chapter and verse.

LUD. COV. = Ludus Coventriae, edited by J. O. Halliwell, Shakespeare Soc., 1841. [Warwickshire 15th century.] Quoted by page.

M. ARTH. = Le Morte Arthur, edited by F. J. Furnivall, London, 1864. [Harl. MS. 2252, about 1460; the date of composition is much older.] Quoted by line.

M. GOD = 'Mother of God,' by Hoccleve, printed in CH. M. P. [About 1400.] Quoted by line.

M. H. = English Metrical Homilies from MSS. of the 14th century edited by John Small, Edinb., 1862. [About 1325.] Quoted by page.

M. T. = Ancient Metrical Tales, edited by C. H. Hartshorne, London, 1829. Quoted by page.

MAL. = Mallory's King Arthur, edited by R. Southey from Caxton's copy, London, 1817. Since re-edited by H. O. Sommer, London, 1889-90. Quoted by book and chapter.

MAN. (F.) = Robert Manning's History of England, edited by F. J. Furnivall, Rolls Series, London, 1887. [About 1330.] Quoted by line.

MAN. (H.) = Peter Langtoft's Chronicle, as illustrated and improv'd by Robert of Brunne, edited by Th. Hearne, Oxford, 1725. [Lincolnshire about 1330.] Quoted by page.

MAND. = The Voiage and Travaile of Sir John Manndeville, reprinted from the edition of 1725, with an introduction, by J. O. Halliwell, London, 1839, reissued 1866. [About 1400.] Quoted by page.

MAP = The Latin Poems commonly attributed to Walter Map, edited by T. Wright, Camden Soc., No. xvi. 1841. [Contains some Middle Eng. Poems : Body and Soul, from MS. Laud 108, 13th cent.; the same from Vernon MS., about 1310; Body and Soul (another version), from MS. Harl. 2253, about 1325; Sir Penny, from MS. Cotton Galba E. ix., 14th cent.] Quoted by page.

b

EXPLANATION OF REFERENCES.

MARG. = Seinte Margarete (in MARH. vol.), edited by O. Cockayne. [Harl. MS. 2277, about 1300.] Quoted by line.

MARH. = Seinte Marherete, þe meiden ant martyr, from MSS. Reg. 17, A xxvii, and Bodl. 34 [about 1200]; printed together with MARG. (pp. 24–33) and Meidan Maregrete (Trin. Coll. Cantab. MS. about 1258) pp. 34–43, reprinted from HICKES i. 224 ff.; London, 1862, afterwards re-issued E.E.T.S., No. 13, 1866. Quoted by page.

MAS. = A Poem on the Constitutions of Masonry, in Halliwell's Early History of Freemasonry in England, 1844, pp. 12–40. [14th cent.] Quoted by line.

MAT. = The Gospel according to St. Matthew, edited by W. W. Skeat, Cambridge, 1887. [Hatton MS. ? Kent about 1150.] Quoted by chapter and verse.

MED. = Meditations on the Supper of our Lord, etc., by Robert of Brunne, edited by J. M. Cowper, from Harl. MS. 1701, collated with Bodl. 415, E.E.T.S., No. 60, 1875. [About 1320.] Quoted by line.

MER. = Merlin, a Prose Romance, edited by H. B. Wheatley, E.E.T.S., Nos. 10, 21, 36, 1865-6-9. [About 1440.] Quoted by chapter and page.

MIN. = Poems of Laurence Minot, edited by J. Hall, Oxford, 1887. [MS. about 1415, composed about 1352.] Quoted by number of piece and line (in the earlier pages, sometimes by page of Ritson's edition, London, 1825.)

MIR. PL. = A Collection of English Miracle-Plays, from the Chester, Coventry, Towneley, and Digby Mysteries, together with God's Promises, edited by W. Marriott, Basel, 1838. Quoted by page.

MIRC = Instructions for Parish Priests by John Myrc, edited by Edw. Peacock, E.E.T.S., No. 31, 1868. [Shropshire about 1400.] Quoted by line.

MISC. = An Old English Miscellany, edited by R. Morris, E.E.T.S., No. 49, 1872. Quoted by page.

MK. = The Gospel according to St. Mark, edited by W. W. Skeat, Cambridge, 1871 [Hatton MS., ? Kent about 1150.] Quoted by chapter and verse.

MONE = Quellen und Forschungen zur Geschichte der teutschen Literatur und Sprache von F. J. Mone, Aachen, 1830.

N. E. D. = A New English Dictionary on Historical Principles, edited by J. A. H. Murray (A–Clivy), Oxford, 1884–1890.

N. P. = Nugae Poeticae. Select pieces of Old English popular poetry, edited by J. O. Halliwell, London, 1844. Quoted by page.

O. & N. = An Old English poem of the Owl and the Nightingale, edited by F. H. Stratmann, Krefeld, 1868, previously edited by T. Wright, Percy Soc. vol. xi. 1843. [? Dorset, Wilts, or Hants; about 1225.] Quoted by line.

O'BRIEN = An Irish-English Dictionary by J. O'Brien, second edition, Dublin, 1832.

OCTAV. (H.) = The Romance of the Emperour Octavian, edited by J. O. Halliwell, Percy Soc. vol. xiv. 1844. [Before 1400.] Quoted by line.

OCTAV. (S.) = The same, edited by G. Sarrazin, in Kölbing's Altenglische Bibliothek, vol. iii. pp. 64 ff. [About 1400.] Quoted by line.

OCTOV. (S.) = Octovian Imperator edited by G. Sarrazin, in Kölbing's Altenglische Bibliothek, vol. iii. p. 1–63. [Before 1400.] Quoted by line.

OCTOV. (W.) = The same in Weber's Metrical Romances (1810), vol. iii. p. 157–239. Quoted by line.

O'REILLY = An Irish-English Dictionary by T. O'Reilly, Dublin, 1817.

ORF. = Sir Orfeo, herausgegeben von O. Zielker, Breslau, 1880. [About 1300.] Quoted by line.

ORIG. = Originals and Analogues of some of Chaucer's Canterbury Tales, Chaucer Soc., 1875. Quoted by page.

ORM. = The Ormulum by Ormin, edited by R. M. White, Oxford, 1852, re-edited by R. Holt, 1878. [? Lincolnshire about 1200.] Quoted by line, or title of piece and line.

OUDEM. = Bijdrage tot een middel- en oudnederlandsch woordenboek door A.C. Oudemans, Arnhem, 1869–1878.

P. = A Poem on the Times of Edward II, edited by C. Hardwick, Percy Soc., vol. xxviii. 1849. [About 1320.] Quoted by stanza.

P. L. S. = Early English Poems and Lives of Saints, edited by F. J. Furnivall, Philol. Soc., 1862. Quoted by number of piece and line (or stanza).

P. P. = Political Poems and Songs, edited by Thos. Wright, Rolls Series, London, vol. i, 1859. Quoted by page.

P. P. II. = The same, vol. ii., 1861. Quoted by page.

P. R. L. P. = Political, Religious, and Love Poems, edited by F. J. Furnivall, E.E.T.S., No. 15, 1866. Quoted by page.

P. S. = The Political Songs of England, from the reign of John to that of Edward II, edited by T. Wright, Camden Soc., No. vi., 1839. Quoted by page.

PALL. = Palladius on Husbondrie, edited by B. Lodge and S. T. Herrtage, E.E.T.S., Nos. 52 & 72, 1872. [About 1420.] Quoted by book and line.

PARTEN. = The Romans of Partenay or Lusignen, edited by W. W. Skeat, E.E.T.S., No. 22, 1866. [About 1500.] Quoted by line.

PARTON. = The Old English version of Partonope of Blois, edited by W. E. Buckley,

EXPLANATION OF REFERENCES. xix

	Roxburghe Club, 1862. [About 1440.] Quoted by line.
PEN. PS.	= A Paraphrase of the Seven Penitential Psalms, in English verse, supposed to have been written by T. Brampton, in 1414, edited by W. H. Black, Percy Soc., vol. vii. 1842. Quoted by page.
PERC.	= The Romance of Sir Perceval of Galles, edited by J. O. Halliwell, in the Thornton Romances, pp. 1-87, Camd. Soc., No xxx. 1844. [Yorkshire the beginning of the 15th cent.] Quoted by line.
PILGR. S. V.	= The Pilgrims' Sea Voyage, edited by F. J. Furnivall, in E.E.T.S., No. 25, 1867. Quoted by line.
PL. CR.	= Pierce the Ploughman's Crede, edited by W. W. Skeat, E.E.T.S., No. 30, 1867. [About 1394.] Quoted by line.
PL. T.	= The Plowman's Tale, printed in CH. pp. 157-168; reprinted in P. P. ['Complaint of the Ploughman'] pp. 304-346. [? About 1400.] Quoted by stanza.
PR. C.	= The Pricke of Conscience by R. Rolle de Hampole, edited by R. Morris, Philol. Soc., 1863. [Yorkshire about 1340.] Quoted by line.
PR. P.	= Promptorium Parvulorum, sive Clericorum, dictionarius Anglo-Latinus princeps, auctore fratre Galfrido, grammatico dicto, ex ordine fratrum predicatorum, Northfolciensi, circa A. D. 1440, ad fidem codicum recensuit Albertus Way, Camden Soc., Nos. xxv., liv., lxxxix., 1843-65. Quoted by page.
PROC.	= The only English Proclamation of Henry III, 18 Oct. 1258, edited by Alex. J. Ellis, Philol. Soc., 1868. Quoted by line of original MS.
PS.	= Anglo-Saxon and Early English Psalter, edited by T. Stevenson, Surtees Soc., Nos. xvi, xix, 1843-7. [Before 1300.] Quoted by psalm and verse.
QUAIR	= The King's Quair, edited by W. W. Skeat, Scottish Text Soc., 1884. [About 1423.] Quoted by stanza.
R. P.	= Religious Pieces in Prose and Verse, edited from R. Thornton's MS. [about 1440] by G. G. Perry, E.E.T.S., No. 26, 1867. Quoted by page.
R. R.	= The Romaunt of the Rose, formerly attributed to Chaucer, printed in CH. (T.). [? About 1400.] Quoted by line.
R. S.	= Religious Songs, edited by Thos. Wright, Percy Soc., vol. xi., 1843. [About 1225.] Quoted by number of piece.
R. W.	= [Royal Wills.] A Collection of Wills now known to be extant of the Kings and Queens of England from William I to Henry VII. Soc. of Antiquaries, 1780. Quoted by page.
REB. LINC.	= Chronicle of the Rebellion in Lincolnshire, 1470, edited by J. G. Nichols, in Camden Miscellany, vol. i., Camd. Soc. No. xxxix. Quoted by page.
REL.	= Reliquiae Antiquae, edited by T. Wright and J. O. Halliwell, London, 1841-3. Quoted by volume and page.
RICH.	= Richard Coer de Lion, in Weber's Metrical Romances (1810), vol. ii. 3-278. [About 1325.] Quoted by line.
RICHEY	= Idioticon Hamburgense von M. Richey, Hamburg, 1755.
RICHTH.	= Altfriesisches Wörterbuch von Karl von Richthofen, Göttingen, 1840.
RIETZ	= Svenskt Dialekt-lexikon of J. E. Rietz, Lund, 1867.
ROB.	= Robert of Gloucester's Chronicle, edited from Harl. MS. by T. Hearne, London, 1810. [Gloucestershire about 1300.] Quoted by page.
ROB. (W.)	= The same, edited by W. A. Wright, from Cotton MS. Caligula A xi., Rolls Series, London, 1887. Quoted by line.
RQF.	= Glossaire de la langue romane par J. B. Roquefort, Paris, 1808.
S. A. L.	= Sammlung altenglischer Legenden, von C. Horstmann, Heilbronn, 1878. Quoted by page.
S. & C. I.	= Songs and Carols, printed from a MS. in the Sloane Collection in the British Museum, edited by T. Wright, Warton Club, No. 3, 1856. [? Warwickshire beginning of the 15th cent.] Quoted by piece.
S. & C. II.	= Songs and Carols, from a MS. of the 15th cent., edited by T. Wright, Percy Soc. vol. xxiii. 1847. Quoted by piece.
S. B. W.	= King Solomon's Book of Wisdom, edited by F. J. Furnivall, in E.E.T.S., No. 69, 1878. [? About 1400.] Quoted by line.
S. C. D. J.	= Solomon's Coronation, Deeds, and Judgment, edited by F. J. Furnivall, in E.E.T.S., No. 69, 1878. [? About 1400.] Quoted by line.
S. J.	= A Song of Joy for Christ's Coming, edited by F. J. Furnivall, in E.E.T.S., No. 69, 1878. [? About 1400.] Quoted by line.
S. S. (WEB.)	= The Proces of the Sevin Sages, in Weber's Metrical Romances (1810), vol. iii, pp. 3-153. [About 1320.] Quoted by line.
S. S. (Wr.)	- The Seven Sages, edited by T. Wright, Percy Soc., vol. xvi. 1846. [About 1425.] Quoted by line.
SACR.	= The Play of the Sacrament, edited by W. Stokes, Philol. Soc., 1862. [About 1460.] Quoted by line.
SAINTS (Ld.)	= Early South-English Legendary from Laud MS. 108, edited by C. Horstmann, E.E.T.S., No. 87, 1887. [About 1290.] Quoted by number of piece and line, or by page.

EXPLANATION OF REFERENCES.

SAL. & SAT. = The Dialogue of Salomon and Saturnus, edited with introduction by J. M. Kemble, London, 1848. [? About 1300.] Quoted by line.

SAX. CHR. = Two of the Saxon Chronicles, edited by J. Earle, Oxford, 1865. [MS. Laud from 1122-1164, Peterborough]. Quoted by page.

SCH. & LÜB. = Mittelniederdeutsches Wörterbuch von K. Schiller und A. Lübben, Bremen, 1875.

SCHAMB. = Wörterbuch der niederdeutschen Mundart der Fürstenthümer Göttingen und Grubenhagen von G. Schambach, Hanover, 1858.

SCHMELL. = Glossarium Saxonicum e poemate Heliand inscripto et minoribus quibusdam priscae linguae monumentis collectum a J. A. Schmeller, Monachii, Stuttgartiae et Tubingae, 1840.

SCHMID = Die Gesetze der Angelsachsen, herausgegeben von Reinh. Schmid, 2. Auflage, Leipzig, 1858.

SCHUL. = Gothisches Glossar von Ernst Schulze.

SCHÜTZE = Holsteinisches Idiotikon von J. F. Schütze, Hamburg, 1800-6.

SHOR. = The Religious Poems of William de Shoreham, edited by T. Wright, Percy Soc., vol. xxviii, 1849. [Kent about 1315.] Quoted by page.

SPEC. = Specimens of Lyric Poetry composed in England in the reign of Edward I, edited by T. Wright, Percy Soc., vol. iv. 1842 [from Harl. MS. 2253 (see A. D.).] Quoted by page.

SQ. L. DEG. = The Squyr of Lowe Degre, in Ritson's Metrical Romances (1802), vol. iii, pp. 145-192. [? About 1475.] Quoted by line.

ST. COD. = Codicem manuscriptum Digby 86, in bibliotheca Bodleiana asservatum descripsit, excerpsit, illustravit E. Stengel, Halis, 1871. Quoted by page.

ST. R. = The Stacions of Rome, edited by F. J. Furnivall, E.E.T.S., No. 25, 1867. [Vern. MS. about 1375.] Quoted by line.

STOR. = A Selection of Latin Stories, edited by T. Wright, Percy Soc., vol. viii. 1842. Quoted by page.

TEST. CRES. = Testament of Creseide [by Henryson], formerly attributed to Chaucer, printed in Stowe's edition, 1561. [About 1430.] Quoted by stanza.

TEST. LOVE = The Testament of Love [? by Hoccleve, about 1400], formerly ascribed to Chaucer, printed in CH. Quoted from N. E. D.

TODD = Illustrations of the Lives and Writings of Gower and Chaucer, by H. J. Todd, London, 1810. Quoted by page.

TOR. = Torrent of Portugal, edited by J. O. Halliwell, London, 1842. [About 1435.] Quoted by line.

TOR. (A.) = The same ['Torrent of Portyngale'] re-edited by E. Adam, E.E.T.S., No. li. 1887. Quoted by line.

TOWNL. = The Towneley Mysteries, Surtees Soc., No. 3, 1836. [Yorkshire about 1450.] Quoted by line.

TRANS. = Archaeologia : Society of Antiquaries of London. Quoted by volume and page.

TREAT. = Popular Treatises on Science, edited by T. Wright [containing "þe riȝt put of helle" from Harl. MS. 2277, about 1300; another copy of this text occurs in SAINTS (L.) xlvi.], Historical Soc. of Science, London, 1841. Quoted by page.

TREAT. F. = Treatyse of Fysshinge with an Angle, attributed to dame Juliana Bernes, edited by T. Satchell, London, 1883. [15th cent.] Quoted by page.

TREV. = Polychronicon Ranulphi Higden, together with the English translation of John Trevisa, edited by C. Babington and R. Lumby, London, Rolls Series. 1865-86. [? Warwickshire, about 1390.] Quoted by volume and page.

TREV. BARTH. See BARTH.

TRIAM. = The Romance of Sir Triamoure, edited by J. O. Halliwell, Percy Soc., vol. xvi. 1846. [About 1430.] Quoted by line.

TRIST. = Die Nordische und die Englische Version der Tristan-Saga, herausgegeben von E. Kölbing, Heilbronn, 1882-3. Also edited by G. P. McNeill, Scottish Text Soc., 1885-6. [About 1320.] Quoted by line.

TUND. = Visions of Tundale, edited by W. D. Turnbull, Edinburgh, 1843. [? Beginning of 15th century.] Quoted by line.

V. & V. = Vices and Virtues, a Middle English Dialogue, edited by F. Holthausen, E.E.T.S., No. 89, 1888. [About 1200.] Quoted by page.

VAN DER SCH. = Teuthonista, of duytschlender, van Gherard van der Schueren, uitgegeven door C. Boonzajer, Leyden, 1804.

VOC. = A volume of vocabularies, edited by Thos. Wright, 1857. Quoted by page.

VOC. (W. W.) = The same, edited by R. P. Wülcker, London, 1884. Quoted by column.

W. & I. = Wills and Inventories from the Register of the Commissary of Bury St. Edmunds, etc., edited by S. Tymms, Camden Soc., No. xlix. 1850. Quoted by page.

WART. = The History of English Poetry, by Thos. Warton, London, 1840. Quoted by volume and page.

WICL. = The Holy Bible in the earliest English versions made from the Latin Vulgate by John Wycliffe and his followers,

EXPLANATION OF REFERENCES. xxi

    edited by Forshall and Madden, Oxford, 1850. [About 1380.] Quoted by title of book, chapter, and verse.

WICL. E. W. = The English Works of John Wyclif, hitherto unprinted, edited by F. D. Matthew, E.E.T.S., No. 74, 1880. [About 1380.] Quoted by page.

WICL. S. W. = Select English Works of John Wyclif, edited by T. Arnold, Oxford, 1869-71. [About 1380.] Quoted by volume and page.

WILL. = The Romance of William of Palerne, edited by W. W. Skeat, E.E.T.S., No. i., 1867. [About 1350.] Quoted by line.

WINT. = De Orygynale Cronykil of Scotland be Androw of Wyntown, London, 1795. [About 1425.] Quoted by book, chapter, and line.

WR. DICT. = Dictionary of Obsolete and Provincial English, compiled by T. Wright, London, 1837. Quoted by page.

YORK = The Plays Performed by the Crafts or Mysteries of York on the day of Corpus Christi in the 14-16th cent., edited by Miss L. T. Smith, Oxford, 1885. [About 1430.] Quoted by piece and line.

ZEIT. = Zeitschrift für deutsches Alterthum, herausgegeben von Mor. Haupt und E. Steinmeier. Quoted by volume and page.

ZUP. ÜBUNGSB. = Alt- und mittelenglisches Übungsbuch von J. Zupitza, Oppeln, 1868. Quoted by page.

xxii

COMPARATIVE TABLE OF REFERENCES TO CHAUCER'S CANTERBURY TALES.

SIX-TEXT.		HEADING.	TYRWHITT. LINE.	WRIGHT. LINE.	MORRIS.		BELL & SK.	
GROUP.	LINE.				VOL.	PAGE.	VOL.	PAGE.
A § 1	1	General Prologue	1	1	ii.	1	i.	73
§ 2	859	Knight's Tale	861	861		27		115
§ 3	3109	Miller's Prologue	3111	3111		96		188
§ 4	3187	,, Tale	3187	3187		98		192
§ 5	3855	Reeve's Prologue	3853	3853		120		216
§ 6	3921	,, Tale	3919	3919		122		220
§ 7	4325	Cook's Prologue	4323	4323		135		235
§ 8	4365	,, Tale	4363	4363		136		236
B § 1	1	Man of Law's Head Link or Prolog.	4421	4421		170		267
§ 2	99	,, ,, ,,. Prologue and Tale	4519	4519		173		272
§ 3	1163	,, ,, ,, Link or Shipman's Prologue [or Squire's Prologue]	12903	14384	iii.	106	ii.	90
§ 4	1191	Shipman's Tale	12931	14412		107		91
§ 5	1625	,, End Link or Prioress' Prol.	13365	14846		121		106
§ 6	1643	Prioress' [Prologue and] Tale	13383	14864		122		107
§ 7	1881	,, End Link or Sir Thopas' Prol.	13621	15102		130		115
§ 8	1901	Sir Thopas	13642	15123		131		117
§ 9	2109	,, End Link or Prol. to Melibeus.	13847	15227		138		127
§ 10	2157	Tale of Melibeus	pp. 106-120	pp. 150-166		139		129
§ 11	3079	Melibeus' End Link	13895	15375		198		181
	3181	Monk's Tale (1)	13997	15477		201		187
§ 12	3565	,, ,, (2)* ('Modern' cases	14685*	15861		213		199
	3653	,, ,, (3). *	14338*	15949		216		203
§ 13	3957	Monk's End Link	14773	16253		227		213
§ 14	4011	Nun's Priest's Tale	14827	16307		229		215
§ 15	4637	,, ,, End Link	15453	[none†]		[none†]		235
C	[none]	Doctor's Prologue	11929	13410		75		56
§ 1	1	,, Tale	11935	13416	iii.	75	ii.	56
§ 2	287	,, Link or Pardoner Prol.	12221	13702		85		66
§ 3	329	Pardoner's Preamble or Prol. or Tale.	12263	13744		86		68
§ 4	463	,, Tale	12397	13878		90		73
D § 1	1	Wife's Preamble or Prologue	5583	5583	ii.	206	i.	306
§ 2	857	,, Tale	6440	6440		232		334
§ 3	1265	Wife-Friar Link	6847	6847		245		349
§ 4	1301	Friar's Tale	6883	6883		246		351
§ 5	1665	Friar-Summoner Link	7247	7247		258		364
§ 6	1709	Summoner's Tale	7291	7291		259		365
E § 1	1	Clerk's Head Link or Prologue	7877	7877		278		386
§ 2	57	,, Tale	7933	7933		280		388
	1177	Chaucer's Lenvoy	9053	9053		315		421
§ 3	1213	Clerk-Merchant Link or Mcht's. Prol.	9089	9089		317		422
§ 4	1245	Merchant's Tale	9121	9121		318		424
§ 5	2419	,, End Link or Squire's Prol.	10293	10293		354		461
F § 1	1	Squire's Head Link	10315	10315		354		461
§ 2	9	,, Tale	10323	10323		355		463
§ 3	673	Squire-Franklin Link or Frkl.'s Prol.	10985	10985	iii.	1		486
§ 4	709	Franklin's Proem and Tale	11021	11021		2		489
G § 1	1	Second Nun's Tale	15469	11929		29	ii.	6
§ 2	554	Link or Prol. Canon's Yeoman's	16022	12482		46		24
§ 3	720	Canon's Yeoman's Pream. or Tale §	16188	12648		51		29
§ 4	972	,, ,, Tale §	16440	12900		58		38
H § 1	1	Manciple's Head Link or Prologue.	16950	16933		249		236
§ 2	105	,, Tale	17054	17037		252		240
I § 1	1	Blank-Parson Link	17312	17295		261		249
§ 2	75	Parson's Tale	pp. 148-172	pp. 185-211		263		254

TYRWHITT'S order following the Ellesmere MS., etc.: A; B § 1, 2; D; E; F; C; B § 3-14; G; $H:I$.
WRIGHT'S, MORRIS', and BELL'S order: A; B § 1, 2; D; E; F; G; C; B § 3-14; H; I.
In Wright's 3 vol. edition B § 10 is in vol. ii. 323-386, and I § 2 in vol. iii. 82-189.

---

* In Tyrwhitt's edition, Divisions 2 and 3, are transposed (*following the Ellesmere and other MSS.*).
† But inserted as a footnote.   § There is great disagreement in the MSS. and printed editions here.

LIST OF GENERAL ABBREVIATIONS AND SIGNS.

A. Fr. = Anglo-French.
acc. = accusative.
adj. = adjective.
adv., *adv.* = adverb.
card. num. = cardinal numeral.
cf. = *conferatur*, compare.
comp. = comparative.
comp. = compounds.
conj., *conj.* = conjunction.
Dan. = Danish.
Du. = Dutch.
dat. = dative.
dem. = demonstrative.
deriv. = derivatives.
fem. = feminine.
Fr. = French.
fut. = future.
gen. = genitive.
Ger. = German.
Goth. = Gothic.
Gr. = Greek.
Heb. = Hebrew.
imper. = imperative.
impers. = impersonal.
indic. = indicative.
interj. = interjection.
interrog. = interrogative.
Lat. = Latin.
M. Du. = Middle Dutch.
M. H. G. = Middle High German.
M. L. G. = Middle Low German.
m., *masc.* = masculine.
ms. = manuscript, *mss.* manuscripts.
med. Lat. = Medieval Latin.
mod. Eng. = modern English.
n., *neut.* = neuter.
nom. = nominative.
num. = numeral.
O. E. = Old English (Anglo-Saxon).
O. Fr. = Old French.
O. Fris. = Old Frisic.
O. H. G. = Old High German.
O. L. G. = Old Low German (Old Saxon).
O. N. = Old Norse.
ord. num. = ordinal numeral.
pers. = person.
pl. = plural.
pple., *pple.* = participle.
pr. n. = proper noun.
prep., *prep.* = preposition.
pres. = present.
pret. = preterite.
pron., *pron.* = pronoun.
prov. = provincial.
r. = read.
r. w. = riming with.
rel. = relative.
sb., *sb.* = substantive.
sc. = scilicet.
subj. = subjunctive.
superl. = superlative.
Sw. = Swedish.
v. = verb.

The asterisk (*) after a reference indicates that the passage cited is contained not in the text but in a note. In the case of parallel texts it indicates a quotation from the second of the two versions.

For the meaning of the marks over the vowels see Preface, pp. viii, ix.

A DICTIONARY OF MIDDLE-ENGLISH.

a.

a, see ? **al, an,** ? **and, at, habben, he, of,** ? **oð.** [**a-**, prefix, *O.E.* a-, = *O.L.G., O.Fris.* ā-, *O.H.G.* ar-, er-, ir-, ur-, *Goth.* us-.]
[**a-²**, prefix, = **an-**.]
[**a-³**, prefix, = **and-**.]
[**a-⁴**, prefix, = **ȝe-**.]
[**a-⁵**, prefix, = **of-**.]
ā, adv., *O.E.* ā, ō, = *O.N.* ā, æ, ei, ey, *O.L.G., O.H.G.* eo, io, *Goth.* aiw; *ever, always,* LAȜ. 4013; (*miswritten* æ) 1269; a wurþe hire wa FRAG. 8; ær ic hit a wuste P. L. S. viii. 9; world a buten ende A. R. 396; JUL. 22; ever and a c. M. 18010; a [aa] on ecnesse KATH. 664; þat schal ai [aa] stonden 1490; a, aȝȝ ORM. 265, 409, 1688; o and o HOM. II. 5; o buten ende MISC. 73; oo, ai GEN. & EX. 111, 451; ay and oo MAP 337; ai REL. I. 210; HAV. 159; WILL. 2239; CH. C. T. *A* 63; LIDG. M. P. 46; þe blisse þat ai shal be SPEC. 75; longe is ai ant longe is o 106; ai wiþouten ende B. DISC. 531; ai forþ JOS. 126; for ai IW. 1510; in ai PS. ix. 6; ai HORN (R.) 159; ei and o REL. I. 275; **ā māre** [= *O.H.G.* eomer, *mod.G.* immer], *evermore,* HOM. I. 11; a, ai mare MARH. 3, 5; ai mare KATH. 1719, 2188.
ā², interj.= *M.H.G.* ā; *ah, oh,* LAȜ. 5015; A. R. 52; JUL. 70; ORM. 12808; BEK. 1177; C. L. 1077; S. S. (Wr.) 1250; LANGL. *B* xvii. 124; CH. C. T. *A* 1078; a hwi wepest þu HOM. I. 45; **ā bā,** *aha, 'evax'* PR. P. 8; FER. 1148; CH. C. T. *D* 586; **ā ȝē** (? *ms.* aȝe) P. L. S. xvii. 481; **ā wei,** *ah woe,* LAȜ. 7223; a wai MISC. 192; a wi HOM. II. 193; a wei le MAP 336.
aa, see **ā**. **aas**, see **ās**. **a-bac**, see **bac**.
a-bād, sb., *from* **abīden**; *abode, delay,* DEGR. 129; abod, abood CH. C. T. *A* 965; buten abade *without delay* JUL. 73.
a-bælien, v., *O.E.* abǣligan; *provoke to anger;* ah Bruttes weoren bisie and ofte hine **abæileden** (*pret. pl.*) LAȜ. 10275.

abassen.

abai, sb., *O.Fr.* abai; *condition of being at bay*: þe dogge ... held it at abaie WILL. 46; at abei DEGR. 238; to abai H. V. 70.
abaie, adv., *at bay*; so hound abaie *as a hound at bay* ALIS. 3882.
abailen, v., *O.Fr.* abaillier; *reach, arrive at,* LIDG. TROY v. 36.
abaiss, abaist, see **abassen**.
a-baiten, v., ? = *M.H.G.* erbeizen; *excite to desire*; his flesshe on here was so **abeitede** (*pple.*) H. S. 181.
abandonen, v., *O.Fr.* abandoner, *mod. Eng.* abandon; *subdue; subject to another's control; surrender, give up entirely*; abandoune BARB. xv. 393; abandone (*pres.* 3 *pl.*) CH. C. T. *I* 775; abandonit (*pret.*) BARB. iv. 655; abandouned (*pple.*) GOW. I. 213; abandoned III. 253.
abandūn, adv., *O.Fr.* a bandun (see **bandōn**); *under one's control; at discretion; unchecked, freely, recklessly*; his ribbes and scholder fel adoun, men might see the liver abandoun AR. & MER. 223; habben him so abandun (abaundune) HOM. I. 189, 203; folwed him abandoun GUY 181; **in abandoun,** *recklessly,* R. R. 2342; **at abandoun** BARB. xv. 59.
abandon-lī, adv., *recklessly,* BARB. viii. 461; xi. 629.
a-bānen, v., *from* **bāne**, sb.; *afflict with disease*; **abāne** (*imper.*) LANGL. *C* ix. 226.
abasch, sb., *from* **abassen**; *fright, shame*; abassche GOW. II. 46.
abaschance, sb., *O.Fr.* abaïssance *for* esbaïssance; *dismay, confusion*; abasshaunce GENER. 5515.
abaschement, sb., *dread, 'terror'* PR. P. 5.
abassen, v., *O.Fr.* esbahiss-; *abash,* CH. BOET. iv. 7 (146); abaiss BARB. viii. 247; abaist (*pple.*) MAND. 295; CH. BOET. iii. 12 (107); abasched ALIS. 224; abaischt MAN. (F.) 5062; WICL. MK. v. 42; abaiste PR. C. 1431.

abashinge, sb., *abashing, confusion*, CH. BOET. iv. 1 (109); abasing BARB. xvii. 573.
abatailen, v., *O.Fr.* enbatailler; *embattle*; abatailed (*pple.*) FER. 4310.
abatailment, sb., *battlement*, GAW. 790.
abáte, sb., *discomfiture, surprise*, QUAIR 40.
abatement, sb., *O.Fr.* abatement *for* enbatement; *wrongful seizure of property*, MAN. (H.) 278.
abatement[2], sb., *O.Fr.* abatement; *abatement, diminution*, PR. P. 5.
abáten, v., *O.Fr.* abatre; *abate; cast down; humble; soften; abolish*; abatin '*subtraho*' PR. P. 5; abatie AYENB. 28; abati ROB. 54; abate WILL. 1141; abáteþ (*pres.*) TREV. II. 185; abates PR. C. 1672; abáted (*pret.*) P. S. 216; abáted (*pple.*) C. L. 1334.
abáve, v., *O.Fr.* esbaubir; *astonish; be astonished*; LIDG. M. P. 144; abáved (*pple.*) MAN. (H.) 210; abawed CH. D. BL. 614; abawede (*pl.*) H. S. 9536.
abbeie, sb., *O.Fr.* abbeie, *from Lat.* abbātia; *abbey*, CHR. E. 914; abbei BRD. 12; abbei LA3. 29717*; abbai BARB. xx. 599.
abbesse, *see* **abbodesse**.
abbod, sb., *O.E.* abbod, *from Lat.* abbātem; *abbot*, A. R. 314; abbed [abbod] LA3. 13131; abbot BRD. 12; **abbede** (*dat.*) LA3. 13117; **abbates** (*pl.*) SAX. CHR. 250.
abbod-riche, sb., *O.E.* abbodrīce; *office of abbot*, MISC. 145.
abbodesse, **abbesse**, sb., *O.E.* abbodisse, *O.Fr.* abbesse; *abbess*: abbodesse LANGL. C vii. 128; abbesse CHR. E. 550; abbes M. H. 164; abbese ROB. 370.
abbodie, sb., *abbacy*, (ms. abboddie) MISC. 145.
a-be-ce, sb., *alphabet*, ROB. 266; AYENB. 1.
a-bē3en, **abū3en**, v., *O.E.* abēgan, abȳgan; *bend, bow (trans. and intrans.)*: to non herre i schal abuie ROB. 102; abūide (*pret.*) ROB. 106; ni þei abei3edon hem no thing to þe kingus hest ED. 3458.
abeie, *see* **abüggen**. **abel**, *see* **able**.
a-bélden, v., *grow bold*; abelde ALIS. 2442.
a-bel3en, v., *O.E.* abelgan, = *O.H.G.* arbelgan; *make angry, grow angry*; **abalh** (*pret.*) LA3. 26359*; abeih HOM. I. 111; abol3en (*pple.*) LA3. 1565, 6396; þat hi ne be abolke (? *for* abol3e) SHOR. 22.
abeliche, *see* **able-liche**.
a-bēoden, v., *O.E.* abēodan, = *O.H.G.* ar-, irbiotan; *offer, announce*; abeode, abede, abude FER. 1540, 1833, 3853; abēd (*pret.*) FER. 1829; and his ærnde abed LA3. 4423; þai abóde (*plur.*) FER. 1985.
a[3]**-bēre**, sb., *cf. O.H.G.* antpāra, *M.H.G.* ambære; *gesture*, SHOR. 60.

a-béren, v., *O.E.* aberan; *bear, carry, endure, 'portare,'* LK. xi. 46; abeoren HOM. I. 35; abeore blïčeliche þe derf H. M. 17; abéreð (*pres.*) A. R. 158; aber (*pret.*) KATH. 1555; ure drihten aber ure sunnan HOM. I. 121; aber up *bore up* 225.
abernen, *see* **abrennen**.
abesche, v., *O.Fr.* abechier (*feed with the beak*); *feed*; abeshed (*pple.*) GOW. III. 25.
abesse, v., *O.Fr.* abessier = abaissier; *abase*, GOW. I. 111.
abet, sb., *O.Fr.* abet; *fraud, cunning; instigation*; CH. TRO. (T.) ii. 357; mid gile and his abette SHOR. 118.
abette, v., *O.Fr.* abeter; *instigate, incite*, FER. 5816.
abetting, sb., *abetting* [*v.r.* abet] CH. TRO. ii. 357.
abettement, sb., *A.Fr.* abettement; *abetment*, (spelt anbettyment) FER. 2364.
a-bidden, v., *O.E.* abiddan, = *O.L.G.* arpittan; (*refl.*) *offer one's prayer*: þe hwile ich go to abidde (? *for* 3ebidde) me MISC. 41.
a-bīden, v., *O.E.* abīdan, = *O.H.G.* irbītan, Goth. usbeidan; *abide, remain, await*, A. R. 208; ORM. 1801; ne durste him nan abiden [abide] LA3. 1583; abide LANGL. B viii. 64; A ii. 210; C xxi. 479; HAV. 1797; þu ne darst domes abide O. & N. 1695; if he most abide þe dai BEK. 736; abīdeþ (*pres.*) H. M. 17; abit A. R. 338; MARH. 21; REL. I. 115; R. R. 4989; abīd (*imper.*) LA3. 21623; ORM. 14020; no abide he nævere þære dægen LA3. 21555; abād (*pret.*) KATH. 719; ORM. 217; IW. 1180; abad [abod] LA3. 5681; sevene night he čer **abiden** (*pret. pl.*); abide AYENB. 13; **abīding** (*pple. pret.*) LANGL. B xix. 289; C xix. 136; xxiii. 143; abiden (*pple.*) CH. C. T. E 1888; TOWNL. 315; abide C. L. 1339; so longe ich (h)abbe abide þer after L H. R. 20.
abīding, sb., *O.E.* abīdung; *abiding, waiting, delay, expectation*: noght schende þou me fra abiding mine PS. cxviii. 116; abidinge AYENB. 173; abiding A. P. iii. 419; abidinge WICL. GEN. xlix. 10.
abilitē, sb., *O.Fr.* habilité; *ability*, CATH. 2; CH. ASTR. PROL.; ablete WICL. É. W. 331.
abill, *see* **able**.
abīme, sb., *O.Fr.* abisme, abīme; *abyss*, C. M. 22678.
abit, *see* **habit**.
a-bīten, v., *O.E.* abītan, = *O.H.G.* irpīzan; *bite; bite in pieces, to death*; LA3. 26995; þu starest so þu wille abiten al þat þu miht mid clivre smiten O. & N. 77; abite ALIS. 5611; abīteþ (*pres.*) LANGL. C xix. 32; mete ne drinke he nabit (*for* ne abit) FL. & BL. (L.) 40; abite (*pres. pl.*) LANGL. B xvi. 26; **abiten** (*pret. pple.*) REL. II. 276.

ablaqveaciōn, sb., *Lat.* ablaqveātiō : *ablaqueation, laying bare of roots,* PALL. ii. I.

ablaqveate, v., *Lat.* ablaqveāre ; *lay bare the roots of a tree* ; **ablaqviate** (*imper.*) PALL. iv. 91.

a²-blāsten, v., *O.E.* onblǣstan ; *blow upon* ; venim and fire togider he cast, that he Jason so sore **ablǣste** (*pret.*) GOW. II. 251.

a-blāwen, v., *O.E.* ablāwan ; *blow up* : þos he gan hire herte ablowe SHOR. 160 ; **ablōow, ablēu** (*pret.*) HOM. I. 99 ; þet was **ablōwe** (*pple.*) þorʒ þe fenim of þe fende SHOR. 166.

able, adj., *O.Fr.* hable ; *able, suitable, apt,* '*habilis, idoneus,*' PR. P. 5 ; CH. C. T. *A* 167 ; abill BER. 3237 ; *see* **hable.**

   able-liche, adv., *ably* ; abeliche MAS. 243.

   ablenes, sb., *ability,* TEST. LOVE (N. E. D.) ; ablinesse BARTH. (N. E. D.).

ablen, v., *from* **able** ; *enable, qualify, empower, dispose* : **ablith** (*pres.*) REL. II. 44 ; **abiled** (*pple.*) HAMP. TR. 20 ; abelled E. G. 316.

a-blenden, v., *O.E.* ablendan, = *O.H.G.* irblendan ; *blind, deprive of sight,* LAʒ. 14657 ; this leme shal Jupiter ablende LANGL. *B.* xviii. 137 ; **ablendeð,** ablent (*pres.*) A. R. 86, 214 ; ablent AYENB. 16 ; **ablende** (*pret.*) HOM. I. 121 ; ROB. 208 ; ablente LANGL. *B* xviii. 323 ; ablend (*pple.*) MARH. 15 ; ablent P. S. 380.

a-blīken, v., *O.E.* ablīcan, = *M.H.G.* erblīchen ; *grow pale* ; **ablikeþ** (*pres.*) ST. COD. 53.

a-blinden, v., *O.E.* ablindan, = *O.H.G.* erblinden ; *grow blind* ; **ablindeð** (*pres.*) A. R. 92 ; ablindað HOM. I. 109 ; ha ablindað MARH. 15.

abloi, interj., *? O.Fr.* ablo ('*courage, allons*') ; GAW. 1173.

ablūcioun, sb., Lat. ablūtiō ; *ablution,* CH. C. T. *G* 856.

a-blūʒen, v., = *M.H.G.* erbliugen ; *frighten, dismay* : þa iwarð þat folc swiðe **ablūied** (*pple.*) HOM. I. 89.

abobben, v., *O.Fr.* abober ; *astonish* ; **abobbed** (*pple.*) AR. & MER. 1969.

abōd, *see* **abād.**

abof, aboʒe, *see* **abufen.**

a-boʒien, v., *bow* ; abouwie LEB. JES. 849 ; **aboʒede** (*pret.*) FER. 2070.

abominable, adj., *O.Fr.* abominable ; *abominable,* AYENB. 49 ; CH. C. T. *D* 2006.

abominacioun, sb., *O.Fr.* abomination ; *abomination,* CH. C. T. *D* 2179.

abortif, adj. & sb., *Lat.* abortīvus ; *abortive,* WICL. JOB iii. 16 ; abortiif PL. CR. 485 ; **abortives** (*pl.*) C. M. 22849.

a-bosten, v., *address boastfully* ; **abostede,** -ed (*pret.*) LANGL. *A* vii. 142 ; *B* vi. 156.

abound, adj., *O.Fr.* abonde, *Lat.* abundus, *cf.* abúndin ; *overflowing,* GENER. 311 ; habound TUND. 92.

about, abouten, aboutestonding, *see* **abūten.**

aboutien, v., *? O.Fr.* abouter, *? mod.Eng.* abut ; *lean forward, stick out* ; **aboutie** (*imper.* 3 *pers.*) A. R. 62.

above, aboon, *see* **abufen.**

a-brǣden, v., = *M.H.G.* erbreiten ; *dilate, open wide* : þe ule hire eʒen **abrǣd** (*? pret.,* for abradde) O. & N. 1044.

abrege, v., *O.Fr.* abregier ; *abridge,* PR. C. 4571 ; abregge CH. C. T. *A* 2999 ; **abregge** (*imper.*) MIRC 1629 ; **abreggid** (*pple.*) WICL. E. W. 1.

a-breiden, v., *O.E.* abregdan ; *draw out, spring up, awake ; blame, upbraid* ; A. R. 214 ; abreide '*exprobrare*' REL. I. 7 ; **abreid** (*pret.*) A. R. 238 ; abred MAT. xxvi. 51 ; his sweord he ut abræid LAʒ. 26553 ; abraid GEN. & EX. 231 ; Ulixes out of slepe abraid GOW. III. 54 ; **abroiden,** abrōden (*pple.*) HOM. I. 239 ; þe abroidene bureh HOM. II. 175, 209.

a-brēken, v., *O.E.* abrecan ; *break in pieces ; break forth, away* : ʒif we mai owhar abreke AR. & MER. 7903 ; **abræc** (*pret.*) LAʒ. 3532 ; **abrēken** (*pret. pl.*) MAP 338 ; **abrōken** (*pple.*) HALLIW. 11 ; ich am ... abroken ut of þon benden LAʒ. 721 ; nu hafeð he mine ban alle abrokene 25928.

a-brennen, v., = *M.H.G.* erbrennen ; *burn up* ; **abernð** (*pres.*) HOM. I. 239.

a-brēoðen, v., *O.E.* abrēoðan ; *degenerate, decay* : þat teonʒe werod **abrēað** (*pret.*) HOM. I. 219 ; si al swa swið(e) abreað and adileʒede 235.

abrōche, adv., *see* **brōche.**

abrōche, v., *O.Fr.* abrochier ; *broach (a cask),* CH. C. T. *D* 177 ; A. P. i. 1122.

absence, sb., *O.Fr.* absence ; *absence,* PR. P. 5 ; CH. C. T. *G* 1214.

absent, adj., *O.Fr.* absent ; *absent,* PR. P. 5 ; CH. C. T. *H* 203.

absoile, *see* **assoilen.**

absolūciūn, sb., *O.Fr.* absolution ; *absolution,* HOM. II. 99 ; A. R. 146 ; absolucioun GAW. 1882.

absolūt, adj., *Lat.* absolūtus ; *absolute, unlimited,* CH. BOET. v. 6 (175).

abstēne, v., *O.Fr.* abstenir ; *abstain,* FER. 3761 ; absteine WICL. NUM. vi. 3.

abstinence, sb., *O.Fr.* abstinence ; *abstinence,* AYENB. 236 ; CH. C. T. *I* 682.

abstinent, adj., *Fr.* abstinent ; *abstinent,* CH. C. T. *I* 798.

abstract, pple., *Lat.* abstractus ; *derived,* TREV. I. 21.

a²-bufen, adv. & prep., *O.E.* abufan (*for* onbufan); *above*; (*ms.* abufenn) ORM. 588; abuven A. R. 304; HOM. II. 81; GEN. & EX. 10; þat is us alle above MISC. 38; aboven HAV. 1700; MAND. 10; CH. C. T. *B* 1344; above LAȝ. 10302*; AYENB. 35; upe þe doune above Baþe ROB. 174; ase ich sede above SHOR. 142; oboven PR. C. 849; abowen (?=abouen) M. H. 105; aboȝe FER. 2972, 4319.

a-būȝen, v., *O.E.* abūgan ; *bow, bend, submit* (*intrans. and reflex.*) : al him scal abuȝe [abouwe] LAȝ. 18854; þat ich to eni mon schule abouwe L. H. R. 53 ; abowe ALIS. 188 ; EM. 981 ; abowe to þe kinges wille BEK. 867 ; **abūȝþ** (*pres.*) O. & N. 782 ; **abēah** (*pret.*) HOM. I. 227 ; abeh '*inclinavit*' II. 111 ; into castle he abeh (*went*) LAȝ. 5210.

abūȝen, *see* abēȝen.

a-büggen, v., *O.E.* abycgan ; *buy, pay for, atone for,* HOM. I. 41 ; A. R. 188 ; SPEC. 112 ; þu me smite bi þon rugge ah sare þu hit salt abuggen LAȝ. 8158; abugge HORN (R.) 1081 ; C. L. 394 ; abugge, abeie HORN (L.) 110, 1075 ; abiggen ORM. 6907 ; abigge ALIS. 901 ; MIRC 2010 ; abugge, abigge LANGL. *A* iii. 236 ; abegge AYENB. 73 ; **abouhte** (*pret.*) MISC. 64 ; aboughte CH. C. T. *A* 2303; abouȝte LANGL. *B* ix. 142 ; abouȝte (*pret. plur.*) LANGL. *B* x. 281 ; aboht (*pple.*) H. H. 59 ; þat we habbeþ deore aboȝt BEK. 1312 ; about AN. LIT. 91 ; abouȝt LANGL. *C* xxi. 433 ; abouȝte (*pl.*) *B* xviii. 386.

abundance, sb., *OFr.* abundance; *abundance,* AYENB. 261.

abundaunt, adj., *O.Fr.* abundant ; *abundant,* D. TROY 1695 ; abundand 5205 ; habundant MAND. 179.

abúndin, v., *O.Fr.* abonder; *abound,* PR. P. 5 ; abounde REL. I. 265.

abuschid, abussede, *see* **enbusche.**

abūsen, v., *Fr.* abuser ; *abuse, misuse, misrepresent,* LIDG. BOCH. (*in* N. E. D.) ; **abūsed** (*pple.*) GUIL.² i. 15 (*in* N. E. D.).

abūsioun, sb., *O.Fr.* abusion; *abuse,* WICL. PS. xxxi. 18 ; abusion CH. TRO. iv. 991.

a²-būten, on-būten, adv. & prep., *O.E.* a-, on-būtan, = *O.Fris.* abūta ; *about, around,* MK. iii. 34 ; LK. xvii. 12 ; abuten A. R. 234 ; þe deofel þe geð abutan al swa þe gredie leo HOM. I. 127 ; his riht erm schal bicluppen me abuten 213 ; abuten [aboute] Eoverwic LAȝ. 16734; abuten midnihte 7983 ; abuten hise lendes ORM. 3211 ; whan se þat preste floc ... an siþe þeowted hafden al abuten 550; ever þu were abuten to echen þin ahte MISC. 176; he foren abuten bi Adad GEN. & EX. 2482; o and o abuten (*for* buten) ende HOM. II. 7 ; abute midniht KATH. 1749; hwanne oþre slepeþ hire abute O. & N. 1593; abouten C. L. 703 ; abouten nine HAV. 1010; aboute AYENB. 30 ; LANGL. *C* i. 193 ; *A* viii. 30 ; CH. C. T. *A* 2189 ; Iw. 2055 ; aboute al þe urþe heo goþ TREAT. 137 ; (hi) beoþ aboute hire to schende BEK. 763 ; obout PR. C. 1905.

aboute-stondinges, sb., pl., *circumstances,* AYENB. 174, 175.

aboute-warde, adv., *on the way, trying* (*to*), TRIAM. 65 ; EGL. 658.

abuven, *see* **abufen.**

ac, conj., *O.E.* ac, ah, oc, = *O.L.G.* ac, *Goth.* ak, *O.H.G.* oh ; *but,* ROB. 2 ; AYENB. 6 ; HORN (H.) 860; ALIS. 236; S. S. (Web.) 1313; FER. 3761 ; TRIST. 220; LANGL. *A* i. 119; ORM. 63 ; ac þær biþ sor idol FRAG. 5 ; ac aȝen riȝte hi beoþ BEK. 1624; nis nauȝt malice ac hit is laȝe SHOR. 153 ; ac, ak C. L. 444; WILL. 106, 110, ak P. S. 211 ; ac, ach, ah HOM. I. 123, 145; ac, ah O. & N. 177, 1176; LAȝ. 252, 13132; (*misprinted* at) 6901; ah KATH. 5 ; SPEC. 46 ; HORN (R.) 841 ; CHR. E. 675; auh, auch A. R. 46 ; auȝ HOM. II. 258; oc SAX. CHR. 253 ; GEN. & EX. 213 ; oc he fleð fro him REL. I. 212 ; ok HICKES I. 231 ; P. L. S. iii. 7.

a-cálden, v., *O.E.* aceáldian, = *O.H.G.* ercalten ; *grow cold, make cold* ; **acoaldeð** (*pres.*) A. R. 404; **acōlded** (*pple.*) GEST. R. 83 ; acold P. 23 ; S. S. (Wr.) 2518.

a-cále, pple., *from O.E.* acalan ; *stiff with cold* ; he was so sore acale GOW. III. 296 ; acale [akale] LANGL. *B* xviii. 392 ; *C* xxi. 439; akale S. S. (Web.) 1512.

a-cangen, v., ? *become foolish* ; **acanges** tu KATH. 2112 ; **acanget** (*pple.*) 2045.

a-casten, v., *cast down* ; akeasten MARH. 14 ; akaste (*pret.*) MARH. 2 ; deað ne acaste nawt Crist ah Crist overcom deað KATH. 1127 ; **acast** (*pple.*) P. S. 149 ; TREV. IV. 95 ; nou is mi counfort acast PL. CR. 99 ; akast H. M. 5 ; akest A. R. 318.

accept, pple., Lat. acceptus ; *accepted* : in time accept WICL. 2 COR. vi. 2.

acceptable, adj., *O.Fr.* acceptable; *acceptable,* GOW. III. 250 ; CH. C. T. *D* 1913.

acceptеn, v., *O.Fr.* accepter ; *accept* ; **accepte** (*pres. subj.*) CT. LOVE 28.

acces, sb., *O.Fr.* acces ; *access, attack of fever,* HALLIW. 13 ; axsesse, accesse CH. TRO. ii. 1578.

accidence, sb., *O.Fr.* accidence ; *chance,* GOW. II. 153.

accident, sb., *Lat.* accidens ; *occurrence, attribute,* CH. TRO. iii. 918 ; CH. C. T. *E* 607 ; WICL. E. W. 466.

accidie, sb., *med.Lat.* accidia, *from Gr.* ἀκηδία ; *indolence, negligence,* A. R. 208 ; sleauþe þet me clepeþ ine clergie accidie AYENB. 16.

acción, sb., *O.Fr.* action ; *action,* LANGL. *C* ii. 94 ; accioun MAN. (H.) 196.

accompt, sb., *O.Fr.* accompt, *cf.* **acount** ; *account,* GOW. II. 11, 286; acoumpte E. G. 8.

accomptable, adj., *accountable*, E. G. 379.
accompten, v., *account, reckon, esteem*; accompteth GOW. III. 298.
accustomaunce, sb., *O.Fr.* accoustumance; *custom*: againe our old accustomaunce DREAM 256.
acēmen, v., *O.Fr.* acesmer; *adorn*, A. R. 360.
achápe, *see* escápen.
achat, sb., *O.Fr.* achat, acat; *purchase, thing bought*, CH. BOET. i. 4 (15).
acháte, sb., *O.Fr.* acate; *from Gr.* ἀχάτης; *agate*, A. R. 134.
achatour, sb., *O.Fr.* achateur, acateur; *buyer*; catour GAM. 321; **achatours**, acatouris (*pl.*) CH. C. T. *A* 568.
achaufen, *see* eschaufen.
áche, sb., *O.E.* æce, ece, *from* áken; *ache*, MISC. 65; TREV. IV. 119; WICL. MAT. iv. 23; LUD. COV. 223; ache, ake '*dolor*' PR. P. 8; eche P. L. S. viii. 100; A. R. 282; HOM. II. 165; H. M. 35; hache WILL. 905; *comp.* hēaved-éche.
áche¹, sb., *O.Fr.* ache, *cf. mod.Eng.* (small-)age; *parsley*, VOC. 139; PR. P. 6; SPEC. 26.
a-chēoken, v., *choke, suffocate*: achoken CH. BOET. ii. 5 (47); **achēked** (*pple.*) HOM. II. 181; CH. L. G. W. 2008; achoked HALLIW. 15.
a-chēosen, v., = *OH.G.* irchiesen, *O.L.G.* akiosan; *choose*; **æcēas** (*pret.*) HOM. I. 229.
achēsoun, sb., *O.Fr.* acheison (*for* ocheison); *occasion, motive*, AR. & MER. 132; *see* encheisūn.
achéven, v., *O.Fr.* achever; *achieve; bring to an end; come to an end*; GAW. 1838; **achéved** (*pple.*) R. R. 2049.
a-cléoven, v., = *M.H.G.* erklieben; *be cleft*; þin herte **aclēf** (*pret.*) P. R. L. P. 252.
acloien, v., *O.Fr.* encloer, *cf. mod.Eng.* cloy; *lame (a horse) with a nail; lame, hinder, obstruct; fill to excess*; acloiȝen, acloiin '*acclaudico, acclavo*' PR. P. 6; **acloieth** (*pres.*) CH. P. F. 514; **acloied** (*pple.*) P. S. 335; acloied '*acclaudicatus*' PR. P. 6.
a-clomen, v., *cf. Du.* verkleumen; *become torpid*; **aclommid** (*pple.*) '*eviratus, enervatus*' PR. P. 6.
aclōsen, v., *O.Fr.* aclōre *for* enclōre, *see* clōsen; *enclose*; **aclōsed** (*pple.*) SHOR. 145.
a-clumsen, v., *grow clumsy*: oure hondis ben **aclumsid** (*pple.*) '*dissolutae sunt manus nostrae*' WICL. JER. vi. 24.
acoie, v., *O.Fr.* aqvoier; *quiet, appease*; acoie R. R. 3564; **acoied** (*pret.*) WILL. 56.
[**acoint**], **aqvointe**, adj. & sb., *O.Fr.* acoint; *acquainted, acquaintance*, ROB. 465; aqvente R. R. 5023; **acqveintis** (*pl.*) CH. C. T. (W.) 7573 (*v. r.* acqveintances *D* 1991).
[**acointance**], **aqveintance**, sb., *O.Fr.* acointance; *acquaintance*; aqveintance CH. C. T. *A* 245; aqveintaunce ALIS. 7258; aqvaintonce AYENB. 143.

acointen, v., *O.Fr.* acointer, *from med.Lat.* adcognitāre; *acquaint*; aqveintin '*notifico*' PR. P. 13; aqveinte CH. D. BL. 532; **a-cointede** (*pret.*) ROB. 15; **akointed** (*pple.*) A. R. 218; aqveinted GUY 57.
acólden, *see* acálden.
acólen, v., *O.Fr.* acoler; *embrace*; **acóles** (*pres.*) GAW. 1936; **acólen** (*pl.*) 2472.
a-cōlen, v., *O.E.* acōlian; *cool* (*intrans.*) A. R. 118; **acōlede** (*pret.*) HOM. I. 237; **acōled** (*pple.*) O. & N. 205.
acolit, sb., *med.Lat.* acolytus; *acolyte*, P. S. 329; acolit SHOR. 45; Onesimus, the acolit WICL. COL. PROL.
acombren, v., = encombren; *encumber*; acombre LANGL. *B* ii. 50; acumbri MISC. 33; **acumbre** (*subj.*) GUY 138; **acombrede** (*pret. pl.*) DEP. R. ii. 28; **acombred** (*pple.*) ALIS. 8025.
acombring, sb., *encumbering, perplexity*; accombringe AYENB. 182; acomcringe or acomerment (*cf. O. Fr.* encumbrement) '*vexatio*' PR. P. 6.
acomplissen, v., *O.Fr.* acomplir; *accomplish*, CH. BOET. iv. 12 (118); **acomplise** (*pres. subj.*) iii. 10 (92).
acord, sb., *O.Fr.* acord; *accord, agreement*, BEK. 718; WILL. 2964; MAN. (F.) 5276; þeȝ we ne beon at one acorde O. & N. 181.
acordable, adj., *proportionate, harmonious*, CH. BOET. ii. 8 (62).
acordance, sb., *O.Fr.* acordance; *agreement*, LANGL. *C* iv. 339; acordaunce CH. BOET. ii. 8 (62); accordaunce iv. 6 (143).
acordant, accordant, adj., *agreeable*, CH. C. T. *A* 37; acordant SHOR. 89.
acordin, v., *O.Fr.* accorder; *accord, reconcile, agree*, PR. P. 6; acordi BEK. 731; AYENB. 151; **acordeþ** (*pres.*) SHOR. 139; acordiþ WICL. LK. v. 36; **acordede** (*pret.*) SAX. CHR. 261; **acorded** (*pple.*) P. L. S. xxiv.
a-córien, v., *taste, feel the pain of*, MISC. 75; þu schalt acorien þe rode A. R. 60; þou hit schalt acore sore P. L. S. xv. 120; þou ne auȝtest nouȝt mi deþ acore M. T. 112; **acórede** (*pret.*) HOM. II. 45; þat acorede al þis lond ROB. 75.
acorn, *see* akern. **acost**, *see* cost.
acount, sb., *cf. O.Fr.* conte (sb.), aconter (v.); *account*, E. G. 8; acounte SHOR. 47; ȝelde trewe acounte E. G. 357; **acountes** (*pl.*) BEK. 164.
acounten, v., *O.Fr.* aconter; *account*: accountie P. L. S. xxiv. 86; **acounteþ** (*pres.*) AYENB. 137; **acounted** (*pple.*) P. S. 337.
acounting, sb., *accounting, calculation*, CH. BOET. i. 2 (8).
acountre, *see* encontre.

acoupen, v., *O.Fr.* encoulper; *inculpate, accuse*; **acoupede** (*pret.*) ROB. 544; acouped LANGL. *B* xiii. 459; acopede BEK. 773; **acouped** (*pple.*) PR. C. 2947.

acoupen[2], v., *cf. O.Fr.* acoper; *strike, deliver blows*; **acoupede** (*pret. pl.*) FER. 1594.
   acouping, sb., *collision*, WILL. 3438.

a-coveren, v., *O.E.* acofrian, = *O.H.G.* irkoborōn; *recover*, H. M. 33; akoveren A. R. 364, 412; **acoverd** (*pret.*) AR. & MER. 315; **acovered** (*pple.*) H. M. 11.
   acoveringe, sb., *recovery*, H. M. 27; acovring C. L. 572; acoverunge HOM. I. 251.

acróche, v., *O.Fr.* acrochier; *encroach*, A. P. i. 1068; accroche GOW. I. 314.

actif, adj., *Fr.* actif; *active*, CH. BOET. i. 1 (6).

actuel, adj., *Fr.* actuel; *actual*; (*printed* accuel) SHOR. 107, 108.

acumbri, v., *see* acombren.

a-cumen, v., *O.E.* acuman; *attain, come to*: ase ȝef hi hiȝt miȝt wel acome to letten other wile SHOR. 73; **acōm** (*pret.*) ROB. 126.

a-cumlen, v., *become cramped?* **acumblid** (*pple.*) WICL. JER. vi. 24; acomeled '*estomye*' VOC. 161; acomelid '*eviratus, enervatus*' PR. P. 6.

acuntren, *see* encontren.

acupement, sb., *O.Fr.* acoupement; *accusation*, FL. & BL. (H.) 1108.

a-cursien, v., *curse*; acursi O. & N. 1704; **acurseþ** (*pres.*) LANGL. *B* xviii. 107; **acursede** (*pret.*) HOM. I. 31; acorside AYENB. 57; **acursed** (*pple.*) BRD. 24; WILL. 901; acorsed SHOR. 161; þe akurside gost A. R. 234.

acusacioun, sb., *O.Fr.* acusation; *accusation*; accusaciouns TREV. V. 157; CH. BOET. i. 4 (15).

acūsen, v., *O.Fr.* acūser; *accuse*; acusi SHOR. 34; **acūsede** (*pret.*) BEK. 369.

acūsour, sb., *O.Fr.* accuseur; *accuser*, CH. BOET. i. 4 (16); CH. L. G. W. 353.

a-cwákien, v., *quake*; aqvake HALLIW. 76.

a-cwecchen, v., *O.E.* acweccan (*set in motion*); *move, shake* (*intrans.*): þe wode **aqveiȝte** (*pret.*) so hi sunge ALIS. 5257.

a-cwellen, v., *O.E.* acwellen, = *O.H.G.* arqvellen; *kill*, A. R. 334; KATH. 1826; aqvellen [acwelle] LAȝ. 8773; aqvellen S. A. L. 153; aqvelle ALIS. 80; S. S. (Web.) 2758; **aqvelde** [acwelde] (*pple.*) LAȝ. 21; aqvelde HORN (R.) 881; þu acwaldest MARH. 12; **aqveald** [acweld] (*pple.*) LAȝ. 974; aqvold MISC. 41; þar mid beoþ men acwalde O. & N. 1370.

a-cwenchen, v., *O.E.* acwencan; *quench*, FRAG. 6; A. R. 224; aqvenche TREAT. 136; REL. II. 274; **acwencheð** (*pres.*) HOM. I. 39; aqvencheþ SHOR. 37; aqvencþ AYENB. 207; **acweinte** (*pret.*) A. R. 124; aqveinte TREV. IV. 115; þe fur aqveinte sone MARG. 239; **aqvenched** (*pple.*) HOM. I. 81;

acwenct JUL. 68; aqveint S. S. (Web.) 1991; GOW. III. 10.

a-cwéðen, v., *O.E.* acweðan; *resound*: hornes þer **aqvēðen** [acweþen] (*pret.*) LAȝ. 27444.

a-cwikien, v., *O.E.* acwician; *quicken*, (*intrans.*), *become alive*, A. R. 118; aqvikien HOM. I. 81; aqvikie LANGL. *C* xxi. 394; **acwikeð** (*pres.*) HOM. I. 189; **aqviked** (*pple.*) AYENB. 203.

ād, sb., *O.E.* ād, = *O.H.G.* eit (*ignis, rogus*); *fire, funeral pile*, KATH. 1365* (*v. r.* fur); od '*rogus*' FRAG. 4.

ād, *see* ēad.

a-dáȝen, v., = *M.H.G.* ertagen; *awake up*; adawe ALIS. 2265*; **adáwed** (*pple.*) CH. C. T. *E* 2400.

adamant, sb., *O.Fr.* adamant; *adamant, diamond, loadstone*, '*adamas*,' PR. P. 6; CH. C. T. *A* 1990.

adamantine, adj., *L.* adamantinus; *made of adamant*: writen .. in an adamantine nail WICL. JER. xvii. 1.

adanten, v., *O.Fr.* adanter; *subdue*; adaunte L. H. R. 205; **adauntede** (*pret.*) ROB. 61.

a-dásen, v., *daze, dazzle, stupefy*: as a witles man greteli **adásed** (*pple.*) TODD 297.

adden, v., *Lat.* addere; *add*, CH. BOET. iii. 9 (83); **addide** (*pret.*) WICL. LK. xix. 11.

addicion, sb., *O.Fr.* addition; *addition*, PR. P. 6.

addre, sb., = *M.L.G., M.Du.* adre, adere; *see* **naddre**; *adder*, S. S. (Web.) 749; ALIS.[x] (Sk.) 1009; LANGL. *B* xviii. 333; eddre AYENB. 26; SHOR. 161; WICL. GEN. iii. 4; **addren** (*pl.*) ALIS. 5262; eddren AYENB. 61.

edder-wort, sb., *snakeweed*, LEECHD. III. 323.

a-déaden, v., *cf. O.E.* adȳdan, = *O.H.G.* irtōdin; *deaden, put to death, die, decay*; no þing never nes þer inne þet hit muhte adeaden A. R. 112; **adēadie** (*pres. subj.*) HOM. I. 202; **adēadet** (*pple.*) KATH. 2048.

a-déaven, v., *O.Fr.* adēafian, = *M.H.G.* ertauben; *deafen*; **adēved** (*pple.*) SHOR. 103.

[**adele,** sb., *O.E.* adela, = *M.L.G.* adele, *O.Sw.* adel; *addle, filth*.]

adel-ēi, sb., *addle-egg*, O. & N. 133.

adese, sb., *O.E.* adesa; *adze*, WICL. IS. xliv. 13; adis N. P. 14.

a-deu, *see* deus. **adīte,** *see* endīte.

a-dihten, v., = *M.H.G.* ertihten; *ordain, dispose*; and so ich mine song **adihte** [adiȝte] (*pres.*) O. & N. 326; adihteþ P. S. 329; adiht (*pple.*) KATH. 1382; adiȝt L. H. R. 151.

a-dileȝien, v., *O.E.* adilgian, adilegian; *abolish*; **adilegade** (*pret.*) MISC. 145; adiliȝede HOM. I. 235.

ādle, sb., *O.E.* ādl f., = *M.L.G.* ādel m. (*ulcus*); *disease*, ORM. 4803; adle '*langvorem*' MAT. iv. 23; **ādle** (*pl.*) '*aegrotationes*' viii. 17.

adlen, v., *O.N.* óðlask, *prov. Engl.* addle; *earn*: adlen (*ms.* addlenn) heofnes blisse ORM. 4185; thank adile TOWNL. 218 (MIR. PL. 140); adled (*pple.*) ORM. 6235.

adling, sb., *earning, merit*, ORM. 17705.

ādliȝ, adj., *O.E.* ādlig; *diseased*, FRAG. 3.

administracioun, sb., *O.Fr.* administration; *administration*, SHOR. 57.

admirail, *see* amirail.

admitin, v., *Lat.* admittere; *admit*, PR. P. 6.

adopcioun, sb., *Lat.* adoptiō; *adoption*, AYENB. 101.

adornen, aournen, v., *O.Fr.* adorner, aorner, *Lat.* adornāre; *adorn*; adorneþ (*pres.*) CH. TRO. iii. 1; aourned (*pple.*) L. H. R. 163.

a-dōtien, v., *dote, become silly*; & for dol adōteþ (*pres.*) WILL. 2054; adōted (*pple.*) Gow. III. 4; dusie men & adotede A. R. 222.

adrǣden, *see* andrǣden.

a-drǣfen, v., *O.E.* adrǣfan; *expel*; adrǣfde (*pret.*) HOM. I. 219.

a-drāȝen, v., *draw out*; adrawe ROB. 207; adrōh (*pret.*) LAȜ. 7486; adrouȝ JUL.² 205; hure swerdes þan þai adrowe HALLIW. 22; adrāȝe (*pple.*) FL. & BL. 631; AYENB. 218.

adrēfen, *see* adrǣfen.

a-drenchen, v., *O.E.* adrencan, = *O.H.G.* ertrenchan; *give to drink, drown, plunge in water*, A. R. 230; adrenche LAȜ. 1507ª; HORN (R.) 109; SHOR. 139; AYENB. 50; P. S. 217; i schal me adrenche S. S. (Web.) 1470; adrencte (*pret.*) ROB. 489; adrengte LAȜ. 2568; þat folc he al adrente 25698; & adreinten ham sulven i ðer see A. R. 230; adreint (*pple.*) HOM. I. 141; ROB. 51; S. S. (Web.) 1486; TREV. V. 99; adrenct HOM. I. 225.

a-drēoȝen, v., *O.E.* adrēogan; *suffer*; adriȝe HORN (L.) 1035; þat his strok miȝt adrie HALLIW. 22.

a-drillen, v., *debase, corrupt?* wanne man leteþ adrille þat he god ȝelde schel SHOR. 114; þat he nadrille 90.

a-drinken, v., *O.E.* adrincan, = *O.H.G.* ertrinchan; *be drowned*; adrinke MISC. 77; HORN (L.) 971; adronc (*pret.*) A. R. 58; þer inne he adronc LAȜ. 2205; aðeles adrunken 7852; adrunken [adronke] (*pple.*) LAȜ. 2224; adronke ROB. 430.

a-driven, v., *O.E.* adrīfan, = *O.H.G.* artrīban; *drive away*; addrivan HOM. I. 115; adriven (*pple.*) JUL. 78.

a-drūȝen, a-drūȝien, v., *O.E.* adrȳgan, adrūwian; *dry up*; adruwien A. R. 150; a-drouȝe SHOR. 34; adrūeð, adrūweð (*pres.*) A. R. 150; adrūȝede (*pret.*) HOM. I. 133.

a-dumbien, v., *O.E.* adumbian; *become dumb*; adumbed (*pple.*) FRAG. 8.

adūne, *see under* dūne.

a-dūnen, v., *din*: þu adūnest þas monnes earen O. & N. 337; adenid (*pple.*) AUD. 78.

a-dusten [? adüsten], v., *cast down*; aduste (*pret.*) H. M. 41.

advent, sb., *Lat.* adventus; *advent*, HOM. II. 3; BEK. 1847.

adversarie, sb., *O.Fr.* adversarie; *adversary*, AYENB. 238; CH. C. T. *B* 3868.

adverse, adj., *O.Fr.* advers; *adverse*, GOW. II. 116.

adversitē, sb., *O.Fr.* adversité; *adversity*, A. R. 194.

advertence, sb., *O.F.* advertence; *attention*, CH. TRO. v. 1257.

a-dwēlen, v., = *O.H.G.* artwelan (*torpere*); *?grow stupid*; swo heore wit hi demeþ adwōle (*pple.*) O. & N. 1777.

a-dwēschen, v., *O.E.* adwǣscan; *quench, extinguish*, KATH. 949; adwēschde & a dun weorp þe wiðerwine of helle 1196; fir ne beoð adwēsced (*pple.*) ['*ignis non extinguitur*'] MK. ix. 46.

ǣ, *see* ā, ēa, *and* ēow.

[**ǣ-**, prefix, *O.E.* ǣ-, = *O.Fris., O.N., O.H.G.* ā.]

ǣ-bere, adj., *O.E.* ǣbere, = *O.Fris.* āber, āuber; *manifest, evident*; æbære ORM. 7189; ebare LAȜ. 2271; eber C. M. 813.

ēd, ēdiȝ, *see* ēad, ēadi.

ēfen, sb., *O.E.* ǣfen, = *O.L.G.* āvond, *O.H.G.* āband; *evening*: aven, eaven, even LAȜ. 1116, 5763, 19570, 26696, 26910; efen (*ms.* efenn) ORM. 1105; even GEN. & EX. 1675; AYENB. 113; Gow. III. 13; CH. C. T. *D* 750; MAN. (F.) 2440; eve O. & N. 41; HORN (L.) 364; an eve A. D. 289; aven REL. I. 194; ave AR. & MER. 5391; ēfne [ēve] (*dat.*) O. & N. 323; on þam efne MAT. xxvi. 20.

ēven-līȝht, sb., *O.E.* ǣfenlēoht; *evening light*, DEGR. 1601.

ēven-song, sb., *O.E.* ǣfensang; *even-song*, LANGL. *A* v. 190; evesong A. R. 22.

ēven-sterre, sb., *O.E.* ǣfensteorra; *evening star*, MISC. 24; WICL. JOB xxxviii. 32; evesterre '(*h*)*esperus*' PR. P. 144; CH. BOET. i. 5 (22).

ēven-tīd, sb., *O.E.* ǣfentīd; *even-tide*, A. R. 404; WICL. GEN. i. 5.

ēven-tīme, sb., *O.E.* ǣfentīma; *evening-time*: æventime [evetime] LAȜ. 12858.

ēven-while, sb., *evening-time*, WILL. 1747.

ǣfening, sb., *O.E.* ǣfnung; *evening*; evening LAȜ. 30419; evening, eveninge WICL. MAT. xx. 8; eveninge '*vesper*' PR. P. 144; in þe eveninge ROB. 312.

æfne, *see* efen.

ǣfre, adv., *O.E.* ǣfre; *ever*, ORM. 206; æfre, efre FRAG. 6, 7; æfre, ævere, æfer, efer [efre, evere], LAȜ. 547, 1276, 3321, 6552; efre, efere, HOM. I. 9, 21; efre, evere (*ms.* euere), A. R. 4, 62; evre BRD. 3; AYENB. 71; þe faireste man þat evre (*ms.* eure) ȝut on þi lond cam HORN (L.) 788; evre, eavere, ever O. & N. 238, 333, 1282; evre, evere HAV. 207, 424; evere buten ende R. S. vii; ēvere mō R. S. ii; TREAT. 132; HOCCL. i. 199; evere more MAND. 241; evere, ever CH. C. T. *A* 832; ever ant a MARH. 11; ever and o MAP 342; falshede ever ȝite heo souhten C. L. 342; ever þe furþe peni P. S. 149; ever te *ever yet* MISC. 31; AYENB. 96; avre (*for* eavre, *see* ENG. STUD. IV. 100) HOM. II. 37; swottre þen eaver eni haliwei KATH. 1707; ever [ere] more MAN. (F.) 287; P. L. S. viii. 33; ēver ǣlc, ever ulc *every* (*qvisqve*) LAȜ. 2378, 4599; evere ilc HAV. 1330; ever ilc on *every one* (*unus qvisqve*) GEN. & EX. 185; ever ilk IW. 2739; CH. C. T. *A* 1851; TOR. 2574; ever ich on A. R. 20; K. T. 612; ævric (= ævre ic) HOM. I. 137; ever uch SPEC. 26; eaver euch KATH. 735; efrec HOM. I. 7; ēver ihwǣr *everywhere* A. R. 200; eaver ihwer KATH. 681.

æftemest, adj., *O.E.* æftemest, = *Goth.* aftumists; *aftmost, latest*: bi eftemeste erdede HOM. II. 23.

æften, prep., *O.E.* æftan, = *O.N.* aptan, *Goth.* aftana; *after*; ? afte S. S. (Wr.) 701; *comp.* bi-æften.

æfter, prep. & adv., *O.E.* æfter, = *O.L.G.* aftar, *O.H.G.* after, *O.Fris.* efter, *O.N.* eptir, *Goth.* aftra (πάλιν); *after*: æfter [after] þan flode LAȜ. 19; (he) ferde æfter (*along*) ane bache 757; heo æxede æfter Brenne 5001; æfter þine ræde 14178; his moder Elene him hafde isend æfter 11221; þe heom after com 1587; heo liðen after sæ 20945; after heore mihte P. L. S. viii. 89; & biheold after help KATH. 744; after (*ms.* affterr) godes lare ORM. 120; after þare longe tale O. & N. 140; word after word 468; after ðis dede GEN. & EX. 355; after (*along*) ulche strete MISC. 66; after his wille C. L. 1329; make faste þe dore after þe P. L. S. xvii. 416; he let after him sende BEK. 1384; after þan þat seint Brendan furst ðis ile iseȝ BRD. 11; haveþ ȝirned after þe H.H. 164; do efter þes preostes rede HOM. I. 31; efter þan *after that* 11; efter þan þet þe mon bið dead 51; efter þet he haveð idon ANGL. I. 17; efter mine heorte '*secundum cor meum*' A. R. 56; efter his deaþe 314; efter þan AYENB. 24; efter wrake ... it criis C. M. 1130; heo biheld after KATH. 1877; and after þohte hu heo mihte answere finde O. & N. 469; hit tidde after WILL. 198; Paul com efter HOM. I. 41.

after-clap, sb., = *Du.* achterklap; *afterclap*, AR. & MER. 499.

aftir-comer, sb., WICL. GEN. xxi. 23.

after-dēl, sb., = *Du.* achterdeel; *disadvantage*, WR. DICT. 34.

after-ende, sb., *latter end*, HOM. II. 199.

efter-lið, sb., *cf. O.E.* æftera liða; *July*, MARH. 23.

after-tale, sb., = *M.Du.* achtertale; *defamation*, BEK. 627.

efter-tellere, sb., AYENB. 58.

after-ward, adv., *O.E.* æfteweard; *afterward, afterwards*, H. M. 37; ORM. 14793; afterward BEK. 119; þe weren efterward mine milce *that sought after my mercy* HOM. I. 45; P. S. 333; efterward AYENB. 24; afterwardes BRD. 10.

æftere, adj., *O.E.* æftere, æftra, = *O.H.G.* aftero; *after, following*: on þam æfteren restedaige LK. vi. 1; on his efter tocome HOM. I. 95.

efterling, sb., *?descendant*; **efterlinges** (*pl.*) LAȜ. 19116.

æfte-ward, adv., *O.E.* æfteweard; *afterward*; on æfte-, aftewarde FRAG. 1.

ægede, sb. (*cf.* ēgede, adj.); *? folly*; in ægede (ægæde) & in leȝkes ORM. 2166, 8046.

æhte, *see* eahte.

ǣhte, sb., *O.E.* ǣht, = *Goth.* aihts, *O.H.G.* ēht, *from* āh; *possession, property, cattle*; æhte, ahte, aihte, LAȜ. 845, 373, 1078; æihte FRAG. 6; ehte ALIS. 1507; sio ehte LK. xx. 14; betacte heom his ehte(*earlier version*æhta) MAT. xxv. 14; ehte, echte HOM. I. 147; for his ehte (*ms.* hehte) lure 103; moni mon nafð ehta (*? pl.*) 113; ehte, eicte (*printed* eitte) P. L. S. viii. 21, 131; eihte A. R. 214; MISC. 116; eȝte PROCL. 6; eiȝte P. L. S. xvii. 472; eiȝte [aihte] lure O. & N. 1153; eahte SAX. CHR. 253; on þere weor(l)dliche eahte HOM. I. 191; ahte KATH. 1725; SPEC. 46; (*ms.* ahhte) ORM. 1609; hise agte and erve GEN. & EX. 742; aght TOWNL. 11; aihte MISC. 69; binimeð hem hwile oref hwile oþer aihte REL. I. 128 (HOM. II. 161); auhte, auchte, aucte HAV. 531, 1223, 2215; aught S. S. (Web.) 738; P. S. 256; *comp.* qvic-ēiȝte.

ēiht-grǣdi, adj., *greedy of property*, HOM. II. 29.

aihte-lēs, adj., *destitute of property*, HOM. II. 29.

ǣi, *see* ǣni. **ǣie, ǣiȝe**, *see* eȝe.

ǣiðer, pron. & adv. (*for* *ā-ȝehweþer), *O.E.* ǣghwæðer, ǣgþer, = *O.H.G.* eogihwedar, *mod. Eng.* either; *either* (*each of two, any one of two*); *or*; æiðer [aiþer] wende to his hole LAȜ. 15982; æiðer deade men and qviken (*r.* qvike) 7990; eiþer 1892; eȝȝþerr heore ORM. 413; eiȝter HOM. I. 223; eiȝþer, eiþer WILL. 1010, 1240; eiðer KATH. 1983; eiðer GEN. & EX. 2855; HOM. I. 21; eour eiþer I. 15; to eiþer limpeð his dole A. R. 10; on eiþer side ROB. 17; eiþer ... or CH. C. T. *A* 1645; in felde eiþer in toune H. S. 996; eiþer, aiþer O. & N. 7, 796; LANGL. *B* ix. 85; aiþer TREAT. 139; ayþer MAT. xiii. 30; HAV. 2665; S. S. (Wr.) 787; eider, aider AYENB.

53, 66; eþer of ȝou DEGR. 1177; er E. G.
31; fare he norð er fare he suð REL. I. 211
(MISC. 4); ēiþers (*gen.*) WILL. 1014.
ǣlc, ǣlch, *see* **aighwilc.**
ǣlde, *see* **elde. ǣldre,** *see* **eldre.**
ǣ-lenge, ōlinge, adj., *O.E.* ǣlenge ALFR. P.
C. 41, *prov. Eng.* (*Kent*) ellinge; *distant, lonely,
wretched*, LAȝ. 15190; elenge P. R. L. P. 85;
elenge, elinge TREV. VII. 341; elenge [eling]
LANGL. *B* PROL. 190; elinge LEG. 183; S. A.
L 160; elenge [alenge] CH. C. T. *D* 1199; ye
libbeþ an alenge lif S. S. (Web.) 227.
ālenge-liche, adv., *wretchedly*, LANGL. *B* xii.
45.
ǣm, *see* **am. ǣnde,** *see* **ende.**
ǣne, adv., *O.E.* ǣne; *once*; ēne HOM. I. 15;
O. & N. 1107; MISC. 83; P. L. S. xxi. 29; REL.
I. 113; LEG. 81; for ene and for evere LAȝ.
20462; at ene *at once* ROB. 47; LEG. 37;
MISC. 227; MIRC 82.
ǣnes, adv.,=*O.H.G.* eines, *O.L.G.*, *O.Fris.*
ēnes, ēnis; *once*, SAX. CHR. 248; LAȝ.
29325; ORM. 1078; enes HOM. I. 37; MISC.
78; ROB. 197; JOS. 25; enes oðer twies
A. R. 70; et enes 420; enis P. S. 203; enus
AUD. 43; enes (*aliqvando*) þu sunge O. & N.
1049; eanes H. M. 11; enes anes HOM.
II. 67, 109; anes KATH. 126; Iw. 292;
ones GEN. & EX. 3288; TREAT. 132; MIRC
638; WILL. 195; MAND. 221; at ones HAV.
1295; SHOR. 145; CH. C. T. *A* 765.
ǣni [? ǎni], adj., *O.E.* ǣnig (*ullus, aliqvis*),=
O.Fris. ēnich, ēnig (*ullus*), *O.L.G.* ēnag (*unicus*), *O.H.G.* einīg, einago (*unicus, ullus,
aliqvis*), *Goth.* ainaha (*unicus*); *any*; ǣni SAX.
CHR. 253; ǣny, ani þing '*aliqvid*' MAT.
v. 23, xxiv. 17; anig man MK. ix. 30; enig
eni ANGL. VII. 220; æni, æi, ei LAȝ. 2392,
4270, 6663; eni KATH. 1267; TREAT. 133;
SHOR. 30; AVENB. 16; WILL. 1077; eni
þing O. & N. 720; eni god man 1015; eni,
ei A. R. 8, 64; FL. & BL. 301, 813; eni, eani,
ei HOM. I. 13, 33, 185; eni, ani, oni CH. C.
. T. *A* 198; aniȝ ORM. 1761; ani LEECHD. III.
96; GEN. & EX. 2181; HAV. 10; TRIST. 374;
ani, oni HOM. II. 19, 43; oni PROCL. 6;
MAND. 2; ei R. S. v; **ēnies** (*gen. m. n.*)
HOM. I. 121; SHOR. 95; eis [eanies] weis
MARH. 13; **ǣnigen** (*dat. m. n.*) LEECHD. III.
84; anigen MAT. xvi. 26; eie A. R. 202; **ǣine**
(*acc. m.*) LAȝ. 3692; **ǣie** (*acc. f.*) LAȝ. 6616;
ēnie (*nom. pl.*) AYENB. 68; anie oðre H. M.
7; onie PROCL. 6.
[**ǣr-,** prefix,= or-; *see* **ǣr-wēne, -witte.**]
ǣr, adv. & prep., *O.E.* ǣr,= *O.L.G.*, *O.Fris.*, *O.
H.G.* ēr, *Goth.* air (πρωί), *O.N.* ār, *mod. Eng.* ere;
early, before; rather; FRAG. 5; P. L. S. viii. 7;
ær, er, ar (? *for* ǣr) LAȝ. 372, 655, 1581; ær
þan þat ifel com him to ORM. 8151; ær þan he
boren wære 814; ar & late 6242; er TREAT.
136; H. H. 222; swa er swa (*as soon as*) hi hit

habbeð HOM. I. 105; a lutel er 93; er crist wes
iboren 15; er ure drihten come to þisse live 9;
er dei *before day* 39; er tīman *before the time*
105; er ðon *previously* 27; er þisse 11;
er þonne 37; er þon þet heo toferden 93;
ear 17; alse ich er seide A. R. 10; er to sone
þen to leate 20; to er oðer to leate 338; ear
we weren vorgulte 388; er and late SPEC. 99;
er he were ded CHR. E. 462; er dai BEK.
1227; er, ere, ear, ar O. & N. 859, 1216, 1309,
1560, 1637; er, ar JOS. 122, 243; er, or
HORN (L.) 535, 553; SPEC. 72, 94; WILL.
147, 1612; CH. C. T. *A* 36; MAN. (F.)
2769, 5094; er [ar, or] dai LANGL. *A* v.
232, *B* v. 459, *C* viii. 66; ear KATH. 368;
ear, or GEN. & EX. 47, 48; ar LEECHD. III.
94; HOM. II. 43; DEGR. 253; AV. ARTH.
iii; aar ALIS. 5033; ar, or TREV. I. 131; Iw.
66, 1030; or HAV. 1043; EGL. 256; or E. W.
1; ȝar, ȝer GUY (Z.) 4570, 10434.
ǎr-dawes, sb., pl., *O.E.* ǣrdagas = *O.L.G.*
ērdagōs, *O.N.* ārdagar; *former days*: are
dawes HAV. 27.
ǎr-dēde, sb., *O.E.* ǣrdǣd; *former deed*;
erdede HOM. II. 153; for þine **ǣrdǣden**
[erdede] (*pl.*) LAȝ. 8745.
ǎr-līch, adj., = *O.N.* ārligr; *early*, A. R.
258; **ǎrlīche,** [*O.E.* ǣrlīce] (*adv.*) KATH.
116; erliche BEK. 905; WILL. 1296; erli
CH. C. T. *A* 33; arliche S. S. (Web.) 204;
orli MAN. (H.) 32.
ǎr-morwe, sb., *O.E.* ǣrmorgen; *early morning*: an armorwe HALLIW. 84; on ernemarȝen
(*for* ermarȝen) HOM. I. 115; an ernemorewe
MISC. 45.
ǣrd, *see* **eard. ǣre,** *see* **ēare, āre.**
ǣrende, ǎrende, sb., *O.E.* ǣrende,= *O.L.G.*
ārundi, *O.N.* erendi, örindi, eyrindi, *O.H.G.*
ārunti; *cf. Goth.* airus (*messenger*); *errand*;
ærnde, ernde, erende, arunde [earende] LAȝ.
1421, 10057, 24838, 25266; erende O. & N. 463;
HORN (L.) 462; erinde A. R. 246; erande BEK.
1234; CH. D. BL. 134; arende REL. I. 130 (HOM.
II. 167); arunde EM. 8; ernde R. S. iv; ROB.
147; P. S. 329; AMAD. (R.) xx; (*ms.* errnde)
ORM. DEDIC. 159; ernde, erande, arende
LANGL. *A* iii. 42 (*B* iii. 41 *has* message); erand
TRIST. 847; erond DEGR. 904; erdne GEN. &
EX. 787; (*ms.* herdne) HORN (H.) 480;
ǎrendes (*gen.*) mon LAȝ. 24862.
ǎrinde-bēre, sb., *messenger*, A. R. 60; erand-
bere (*ms.* herandbere) REL. I. 146.
ǎrende-beorere, sb., '*messenger*, A. R. 60*.
ǎrend-rǎke, sb., *O.E.* ǣrendraca = *O.N.*
erindreki; *messenger*, LAȝ. 660; erendrake
HOM. II. 35; **ǎrendrāken** (*pl.*) LK. xiv.
32.
ǎrendien, v., *O.E.* ǣrendian, = *O.L.G.* ārun-
dian, *O.H.G.* ārintōn; *intercede for, commend*:
and bad heom arndien him to hæhȝen dan
kingen LAȝ. 23315; **ǎrnde** (*imper.*) me
to þi leve laverd KATH. 2158; ernde me þe

ǽrendien.   **æt-gån.**

blisse of heovene A. R. 38; ernde us hevene liht SPEC. 62.

ǽr(e)ndinge, sb., *intercession, mediation*, MISC. 190, 191; erndunge MARH. 23; erndinge HOM. I. 207; HORN (L.) 581; erndìng SPEC. 58.

ǽrer, adv., *O.E.* ǽror, = *O.H.G.* ēror, *Goth.* airis; *earlier, sooner*, LAȝ. 25351; al swo hit was erur bispeke O. & N. 1738; erer P. R. L. P. 221; þe erur HOM. II. 61.

ǽrre, adj., *O.E.* ǽrra, = *O.Fris.* ērra, *O.H.G.* ēriro, *Goth.* airiza; *former*, A. R. 10*; earre H. M. 7; hire erure [erore] freond R. S. v; MISC. 173; þe eror wiþ ROB. 324.

ǽrest, adv., *O.E.* ǽrest, ǽrist, = *O.L.G.*, *O.H.G.* ērist; *first*, LAȝ. 18; erest O. & N. 683; MISC. 38; JOS. 56; alra erest þu me scalt don riht HOM. I. 33; þet ich erest seide A. R. 220; þeonne on erest biginneð þe deoflan to weden 264; erst, arst CH. C. T. *A* 776; erst [arst] wil i wite more LANGL. *B* iv. 105; at erst [arst] CH. C. T. *E* 985; on earst MARH. 14; arest LK. ix. 61; arst WILL. 3046; MISC. 198; (a)tarst HAV. 2688; orest GEN. & EX. 2061.

ǽreste [ēreste], adj., *O.E.* ǽreste, = *O.H.G.* ēristo; *first, earliest*, LAȝ. 2646; þet ereste HOM. I. 75; þe ereste dole A. R. 8; ure earste ealdren KATH. 885.

ǽrh, *see* arȝ. **ǽrm**, *see* earm.

ǽr-wēne, adj., = *O.E.* orwēne; *hopeless, desperate*, LAȝ. 27537.

ǽr-witte, adj., *witless*, LAȝ. 22069.

ǽst, *see* ēast.

æt, prep., *O.E.*, æt, = *O.L.G.*, *O.N.*, *Goth.* at, *O.Fris.* et, *O.H.G.* az, ez, *Lat.* ad; *at*: æt þare sæ MK. iv. 1; æt Lundene PROCL. 7; æt þire dure FRAG. 6; et þen fontstone 8; æt Cristes mæsse SAX. CHR. 255; at Wudestoke 251; æt his sadele LAȝ. 6473; æt þe oðer hælve 6474; he nom ræd æt (*sec. text* of) his monnen 1648; ic wolde iwiten æt (*sec. text* of) þe 9132; þat hit at þe toðen atstod 27631; at hire heo nomen læve 1271; hwil he bið at hame H. M. 31; at his borde O. & N. 479; at þan ende 826; at sume siþe herde ich telle 293; at undren MISC. 34; at þon ende 78; sat at borde HORN (L.) 827; þeȝ he at diþe laie 1252; leve at (*of*) hire he nam 585; at te laste TREAT. 139; beginne at his heved P. L. S. vi. 13; at te cherche WILL. 1961; at cherche AYENB. 56; ate (= at te) daie of dome 13; it was ten at the [te] clokke CH. C. T. *B* 14; at o worde (*with one word*) *G* 1360; she dorst(e) at no wight asken it CH. TRO. iv. 672; al þat þei han a do R. R. 5080; þe word was at (*with*) '*apud*' godWICL. JOHN i. 1; at (*ms.* att) heore rihte time ORM. 216; Crist wolde fulhtned beon at sant Johanes hande 10655; i shal hafen ... god læn at god ORM. DEDIC. 143; þer Moises fatte þe lahe at (*from*) ure laverd KATH. 2500; mai he no leve at hire taken GEN. & EX. 2697; es noght at (*to*) laine IW. 703; he rad in et þan estȝete HOM. I. 5; et sume time 151; up et (*to*) mine chinne 35; þu most biȝeten milce et þine drihtene 33; iwiteð et ower meiden A. R. 64; et te dome MARH. 15; he schal have a do ... wiþ hem MAND. 132; with wimmen have thou nat a do LIDG. M. P. 66; þer ben ate seve siþe twenti ȝate FL. & BL. (H.) 613; & lokede out þer ate P. L. S. xiii. 340; at after soper CH. C. T. *F* 302.

ǽt, sb., *O.E.* ǽt, = *O.L.G.* āt, *M.Du.* aet, *O.H.G.* āz (*n.*), *from* ēten; *food*; **ǽte** (*dat.*) ORM. 7852; on drunke & on ete P. L. S. viii. 130; on ete oðer on wete HOM. I. 103; ate II. 228; *comp.* oſer-, or-ǽt (-ēt).

æt-béren, v., *O.E.* ætberan, = *Goth.* atbairan (προσφέρειν); *bear away*: a wolf his oþer child atbar (*pret.*) L. N. F. 214.

æt-blenche, v., *escape*, MISC. 79; LEG. 166; from þe dreorie deað ne mai no mon atblenche R. S. v.

æt-breiden, v., *O.E.* ætbregdan; *snatch away*; **atbruden** (*pret. pl.*) LK. xi. 52; **ætbroiden** (*pple.*) MAT. xxi. 43; atbroide O. & N. 1380.

æt-bréken, v., *break away*; **atbræo** (*pret.*) LAȝ. 1346; etbrec A. R. 48; **etbrēken** (*pl.*) 172; **etbróken** (*pple.*) MARH. 16; er he were him atbroke MISC. 44.

æt-bresten, v., *O.E.* ætberstan; *burst away*; **atbresteð** (*pres.*) HOM. II. 197; (*ms.* atbrested) REL. I. 224; **atbrast** (*pret.*) ORM. 14734; **atbrosten** (*pple.*) REL. I. 222.

æt-créopen, v., *creep away*: þe ... weoren atcrópene LAȝ. 5671.

æt-cumen, v., *escape*; atkam (*pret.*) REL. I. 234.

æt-dárien, v., *lurk, escape notice*: nis þer non þat heom atdáreþ MISC. 153.

æt-ealden ? v.: þe weren boðe teames ateald (? *past the age*) HOM. II. 133.

æt-ēowen, v., *O.E.* ætēowan, -ȳwan; *show, appear*; **atēowede** (*pret.*) MAT. ii. 7; ateawede xvi. 1; atewede ii. 13; atewde MK. ix. 4; þa ateoden (*r.* ateode) him ure drihte LAȝ. 29620; at(e)awed (*pple.*) HOM. I. 225.

æt-fallen, v., *O.E.* ætfeallan; *fall away*; **æt-, atfallen** (*pple.*) LAȝ. 4237, 8995; me is ... moni crume etfallen A. R. 342; atfalle R. S. vii.

æt-fáren, v., *escape*; atfaren LAȝ. 27071.

æt-fléon, v., *O.E.* ætflēon; *flee away*; etfleon A. R. 172; **etflīhð** (*pres.*) A. R. 48; atflihþ, atflîþ O. & N. 37; **atflōh** (*pret.*) LAȝ. 5209; atflæh ORM. 19639; etfluwen A. R. 172; atflowen LAȝ. 2480; **etflowen** (*pple.*) A. R. 48; atflowen LAȝ. 27071*.

æt-fōn, v., *O.E.* ætfōn; *receive*; **atfēngen** (*pret.*) LAȝ. 15359.

æt-fóren, prep., *O.E.* ætforan; *before*, LK. x. 8; FRAG. 1; ætforen ure isworene redesmen PROC. 8; atforen LAȝ. 2252; etforen HOM. I. 41; A. R. 226; atvore alle oþer ROB. 351.

æt-gān, v., *O.E.* ætgangan, = *Goth.* atgaggan; *go from*: þar fore ich þenche hire atgo MISC.

æt-gān. æt-wīten. 11

161; atgēþ (*pres.*) MISC. 101; (heo) atgað HOM.
I. 35; **atgōth** (*ms.* atgoht) SPEC. 48 (A.D. 188);
þoch his welepe him atgo [þeih his eihte him
ago] REL. I. 176; when mi lif is me **atgō**
(*pple.*) SPEC. 74.
æt-glīden, v., *glide away*; atglide ANGL. IV.
198.
æt-hálden, v., *retain*, LA3. 9176; at-, ethalden,
-holdan HOM. I. 47, 91; etholden cwide ofer
fundles ofer lone A. R. 208; atholde O. & N.
695; M. T. 96; **athálst** (*pres.*) ROB. 193;
ethalt A. R. 246; **athēold** (*pret.*) LA3. 768; þe
nihtegale in hire þohte atheold al þis O. & N.
392; etheold, atheld KATH. 99; athuld ROB.
62; **athálden** (*pple.*) H. M. 39.
æt-hínden, adv., *behind*, (*ms.* athenden) REL.
I. 179 (MISC. 123).
æt-lǣten, v., *? remit*; edie ben alle þo þe here
giltes ben **atlōten** (*pple.*) HOM. II. 69.
æt-laðien, v., *become odious*; **atlāðed** (*pple.*)
LA3. 2258.
æt-lēden, v., *O.E.* ætlǣdan; *lead away*; atle-
den LA3. 3200.
æt-líchen, v., *dissemble*: þa lette he hine at-
lichen LA3. 6621.
æt-líggen, v., *O.E.* ætlicgan, = *Goth.* atligan
(παρακεῖσθαι), *lie without*: þat lond þat is longe
tifce atleien (*pple.*) REL. I. 128 (HOM. II. 161).
æt-lūtien, v., *O.E.* ætlūtian; *hide oneself*;
etlutian A. R. 400.
æt-rǣchen, v., *reach at; snatch away*; at-
rau3ht (*pple.*) LEG. 42; who so ever he at-
rau3ht AR. & MER. 4827; when al mi ro were
me atraht SPEC. 37.
æt-rǣden, v., *? surpass in counsel*; atrede
CH. C. T. *A* 2449.
æt-rīden, v., *ride away*; atrād, atrǣd (*pret.*)
LA3. 31439.
æt-rīne, v., *O.E.* æthrīnan; *touch*; attrine MISC.
53; **etrineð** (*pres.*) A. R. 50; **ætrān** (*pret.*)
MAT. viii. 15; 3if he hine mid sweorde atran
LA3. 1554; **ætrinen** (*pple.*) MAT. xiv. 36.
æt-rinnen, v., *O.E.* ætirnan, = *Goth.* atrinnan;
run away; atrenne CH. C. T. *A* 2449; æterne
HORN (H.) 907; **atran** (*pret.*) ORM. 1424;
atarn SHOR. 149; atarnde ROB. 539; after þan
Irisce þæ Ufer **æturnen** (*pl.*) LA3. 18267;
atærnden 19119.
æt-rūten, v., *? escape*; þu ne miht nowar atrute
O. & N. 1768; atroute S. A. L. 160; þer nas
prince ... þat him mi3te atroute ROB. 78.
æt-sáken, v., *O.E.* ætsacan; *deny, renounce*:
ich atsake hine here LA3. 28210; **atsōk** (*pret.*)
MISC. 45; **ætsōken** (*pl.*) LK. viii. 45; atsoken
[asoken] LA3. 6101; bute hi here la3e asoke
HORN (L.) 65.
æt-schēaken, v., *escape*; atsceken LA3. 26516.
æt-schēoten, v., *shoot away* (*intrans.*); atschēt
(*pret.*) O. & N. 44; þah mi lif me beo atschōte
1623.

æt-sēchen, v., *seek*; atsechen LA3. 13322.
æt-sitte, v., *O.E.* ætsittan; *resist*, HAV. 2200;
ROB. 137; asitte OCTOV. (W.) 1665; þo he
godes heste **atsēet** (*pret. subj.*) C. L. 235.
æt-slīken, v., *slip away*; **atslīkes** (*pres.*) A. P.
i. 574.
æt-slūpen, v., *slip away*: al min hope were
etslōpen (*pple.*) A. R. 148.
æt-springen, v., *O.E.* ætspringan; *spring up*;
atsprong(e) (*pple.*) C. L. 152.
æt-spurnen, v., *O.E.* ætspurnan; *dash the foot
against*; **ætsperne** (*pres. subj.*) MAT. iv. 6;
LK. iv. 11.
æt-standen, v., *O.E.* ætstandan, = *Goth.* at-
standan (ἐπι-, παραστῆναι), *O.H.G.* azstantan;
stand by, withstand; etstonden '*stare*' HOM.
I. 129; 3ef ha etstonden wulleð mine unwreste
wrenches MARH. 14; atstonde O. & N. 750;
MISC. 144; þer he wolde atstonde [astonde] LA3.
2661; no þing mi3te hem atstonde [astonde]
ROB. 20; he nolde nowhar atstonde (*stay*) BEK.
2358; þe king made (h)is stede astonde FER.
4235; **etstondest** (*pres.*) A. R. 236; **atstōd**
(*pret.*) HORN (R.) 1455; ROB. 15; Arcuratstod
and biheold LA3. 26073; when hem most ned
atstod AM. & AMIL. 1728; astod REL. I. 101;
CHR. E. 62; **atstonden** (*pple.*) LA3. 19853.
æt-sterten, v., *start away*; etsterten A. R. 48;
atsterten, atstirten KATH. 699, 2126; **æt-, at-
sterte, -stürte** [ast(e)orte] (*pret.*) LA3. 2316,
4264, 12965; **etstert** (*pple.*) A. R. 48.
æt-stünten, v., *stop, hinder; remain*; ne
etstunten ne etstonden þe strencðe of mine
swenges MARH. 15; þah an etsterte us tene
schulen etstunten JUL. 50; he **atstünte** [astinte]
ROB. 168; hu þat ufel wes **atstünt** LA3. 31903.
æt-stutten, v., *tarry*; **atstutte** - [etstutte]
(*pret.*) KATH. 23; atstutten H. M. 21.
æt-wappen, v., *? escape*; **atwappe** (*pres.*)
A. P. ii. 1205; **atwaped** (*pret.*) GAW. 1167.
æt-wenden, v., *escape*; atwende O. & N. 1427;
Merlin him **ætwende** (*pret.*) LA3. 18176.
æt-winden, v., *O.E.* ætwindan; *escape; depart,
cease*; atwinden LA3. 10003; atwinden ORM.
8004; **atwand**, atwond (*pret.*) LA3. 87, 4243;
ðis unweder for atwond GEN. & EX. 3058;
atwúnden [atwonde] (*pple.*) LA3. 12869.
æt-wīten, v., *O.E.* ætwītan, *mod.Eng.* twit; *re-
proach with*; atwite SHOR. 98; AYENB. 198;
hwi schal he me his sor atwite O. & N. 1234;
awite REL. I. 157; **atwit** (*pres.*) LA3. 25023;
AYENB. 66; **etwiteð** (*imper.*) A. R. 70; **etwāt**
(*pret.*) KATH. 2364; atwot S. S. (Web.) 1876;
(heo) atwiste FL. & BL. 590; M. T. 105;
atweste [atwitede] ROB. 33; atwiten LA3.
26584; **atwiten** (*pple.*) LA3. 19594; atwiten
O. & N. 935; atwite AR. & MER. 9250;
atwist HALLIW. 109.
atwītinge, sb., *reproach*, AYENB. 65.
æt-wīten, v., *depart*: and god **atwōt** (*pret.*)
into hise li3t GEN. & EX. 1049.

æt-wrenchen, v., *escape*; etwrenchen MARH.
15; atwrenche O. & N. 248.
ǣþ, see ēað.
æðel, sb., *O.E.* æðel (*pl.* æðelu), = *O.Fris.* ethel,
O.L.G., *O.N.* aðal, *O.H.G.* edil, adal (*n.*);
natural disposition, nobility, honour: aþel
SPEC. 33; mid æðele help his broðer LA3.
9263; aþele (*pl.*) 'natura' HALLIW. 105;
aðele, æðelen, aðelen LA3. 3751, 10629, 12915.
ēðel, see ēþel.
æðele, æðel, adj., *O.E.* æðele, = *O.L.G.* aðal,
eðili, *O.Fris.* ethel, *O.H.G.* adal, edel; *noble,
generous*, LA3. 661, 6528; aþel GAW. 241;
A. P. ii. 761; sum aþel man ORM. 611;
se aðele refe MK. xv. 43; aðel (*sb.*) *prince*
LA3. 10091; aðele (*nobly*) iborene LA3.
26746; æðeles (*gen. n.*) LA3. 16544; aðelere
(*dat. f.*) LA3. 30216; æðele (*pl.*) LA3. 4864;
aþele O. & N. 632; hire eðele vif wittes A. R.
172; aðeles (*sb.*) *noble men* LA3. 7852; aðelere
(*gen. pl.*) LA3. 26695; aðelen (*dat. pl.*) LA3.
27189; mid eðele worde HOM. II. 125; æðelest
(*superl.*) LA3. 2611; atheliste D. ARTH. 1593.
æþel-boren, adj., *O.E.* æðelboren, = *O.L.G.*
aðalboran; *nobly born*, FRAG. 4; æthelboren
LK. xix. 12.
æðel-mōd, adj., *noble-minded*, LA3. 23255.
æðelien, v., *O.E.* (ge-)æðelian; *dignify,
honour*; æðelede, aðelede (*pret.*) LA3. 2815,
6650; *comp.* 3e-æðelien.
æþeling, sb., *O.E.* æðeling, = *O.Fris.* etheling,
O.H.G. ediling; *nobleman*, FRAG. 2; aþeling
R. S. vi; REL. I. 172; wo so were next king bi
kunde me clupeþ him aþeling ROB. 354; eþe-
ling MISC. 106; æðelinge (*dat. pl.*) LA3. 874.
ǣven, see ǣfen. ǣvere, see ǣfre.
[ǣw] ǣ, sb., *O.E.* ǣw, ǣ, = *O.Fris.* ēwa, *O.H.G.*
ēwa, ēha, ēa; *law, right*, HOM. I. 227; ORM.
145; þeo alde e HOM. I. 89; eæ JOHN vii. 19.
ǣw-brǣche, sb., *O.E.* ǣwbreca, -brica;
'*adulter*,' FRAG. 5; eawbrekere [= *M.H.G.*
ēbrechære] *adulterer* HOM. I. 29.
ǣu-brūche, sb., *O.E.* ǣwbryce; *adultery*,
HOM. I. 49; eawbruche H. M. 43*; eaubruche
A. R. 204; ewebruche HOM. II. 213.
ǣx, see eax. af, see of.
a-fǣren, v., *O.E.* afǣran; *terrify*; afere ROB.
22; FER. 387; LANGL. B xx. 165; RICH.
4104; þu miht mid þine songe afere alle þat
hereþ þine ibere O. & N. 221; afērde (*pret.*)
WART. HIST. I. 16; averde [aferde] LA3.
25554; afēred, aværed, afeared (*pple.*) LA3.
3076, 12730, 17057; afered HOM. I. 53; A. R.
326; SPEC. 85; GOW. II. 21; aferd CH. C. T.
A 628; MAND. 294; TOWNL. 28.
a-fallen, v., *O.E.* afeallan, = *O.H.G.* erfallan;
fall down: ower prude schal avalle O. & N.
1685; avalleð (*pres.*) A. R. 246; afēol (*pret.*)
HOM. I. 223; LA3. 31967; afallen (*pple.*)
HOM. I. 205; þi wal is afallen LA3. 15949;
afalle REL. II. 272; TREV. V. 199.

a-fandien, v., *O.E.* afandian; *try, temp*
afonde P. L. S. xxii. 12; afondeþ (*pres.*) SHOR.
73; afanded (*pple.*) P. L. S. viii. 75*.
a-fangen, v., *receive*; afonge O. & N. 1196;
ALIS. 606; þat seint Michel ous mote afonge
and tofore him lede TREAT. 140; he avangeþ
(*pres.*) SHOR. 50.
a-fāren, v., *O.E.* afaran, = *O.H.G.* arfaran;
depart; afāre (*pple.*) LA3. 13533*; as þ(e)
emperour fram home was afare P. L. S. xix.
177.
a-fēden, v., *O.E.* afēdan; *feed*; afēdde (*pret.*)
HOM. I. 227.
afel, sb., *O.E.* afol, *O.N.* afl; *power*: þoh it litel
be it hafeþ mikel afel ORM. 3717.
a-fellen, v., *O.E.* afellan, afyllan, = *O.H.G.*
irfellen; *fell, throw down*, KATH. 689; avel-
len [afallen] A. R. 122; afelle ALIS. 5240;
afelde [afulde] (*pret.*) LA3. 22814; afelled
[avalled] (*pple.*) LA3. 2069; afallet MARH. 11.
a-fermien, v., *O.E.* afeormian; *sweep clean*:
mid besme afermed (*pple.*) LK. xi. 25.
a-ferren, v., *O.E.* afyrran; *remove*; aferrede
(*pret.*) FER. 5565; aferred (*pple.*) MAT.
ix. 15.
affaiten, v., *O.Fr.* afaitier; *affect; fashion,
prepare; fit up, adorn; tame, subdue*; LANGL.
B v. 49; afaiti ROB. 179; SHOR. 111; afeited
(*pple.*) A. R. 284; afaited AYENB. 212.
affecciūn, sb., (? printed affectiun), *O.Fr.*
affection; *affection*, A. R. 288; affeccioun
AYENB. 151; CH. C. T. B 586.
affēre, v., *O.Fr.* aferir; *pertain*: affēris (*pres.*)
BARB. i. 162; affered (*pret.*) MER. 225.
afferme, v., *O.Fr.* afermer; *affirm*, MAN.
(H.) 316; LIDG. M. P. 132; affermed (*pple.*)
CH. C. T. A 2349.
affiaunce, sb., *affiance*, LANGL. B xvi. 238;
GAW. 642.
affiche, v., *Fr.* afficher; *fix*, GOW. II. 211.
affīe, v., *O.Fr.* affier; *trust*, R. R. 5480; afīed
(*pret.*) ALIS. 7351.
affīe, sb., *trust*, FER. 2167.
affīle, v., *Fr.* affiler; *whet*, CH. C. T. A 712.
affinitē, sb., *O.Fr.* affinité; *affinity*, SHOR. 70.
afflicciōn, afflicioioun, sb., *O.Fr.* affliction;
affliction, WICL. EX. iii. 7.
affluence, sb., *Fr.* affluence; *affluence*, S. A. L.
81.
affluent, adj., *copious, flowing in*, GUIL.² (N.
E. D.).
affodille, affadille, sb., *med.Lat.* affodillus,
Gk. ἀσφοδελός; *daffodil*, PR. P. 7.
afforce, v., *O.Fr.* aforcer, esforcer, *from med.*
Lat. exfortiāre; *force, compel, try*, PR. C. 4253;
devells þat afforces (*pres. pl.*) tham (*en-
deavour*) to reve fra us the honi of poure life
HAMP. TR. 8; aforcede (*pret.*) ROB. 121;
afforsit (*strengthened*) D. TROY 6593.

afforce.   a-ȝefen.   13

afforce, adv., ? *Fr.* à force; *forcibly, by force,* DEP. R. iv. 21.

affrai, sb., *O.Fr.* esfrei; *attack; alarm, fright,* MAN. (F.) 9054; affrai, afrai CH. C. T. *D* 2156; afrai LIDG. M. P. 116.

affraien, v., *O.Fr.* esfraer, -freer, *med.Lat.* exfridāre (*Lat.* ex *out of,* Teutonic friðu-s *peace*); *startle, frighten,* P. S. 333; afraie, affraie CH. C. T. *E* 455; **afraied** (*pple.*) WILL. 2158; M. H. 21; affraid SHOR. 158.

afin, adv., *Fr.* à fin; *at the end,* K. T. 780; afine AR. & MER. 50; R. R. 3690.

a-finden, v., *O.E.* afindan, = *O.H.G.* irfindan; *find out,* P. L. S. viii. 29; LAȝ. 25775; afinde, avinde O. & N. 527; avinde REL. I. 183; avinde (*pres.*) FER. 757; **afounde** (*pret.*) OCTOV. (W.) 1659; afounde (*pple.*) SHOR. 49.

a-flōȝen, v., *O.E.* aflīgan, aflȳgan, = *O.H.G.* arflaugen; *put to flight;* **avlēieð** (*pres.*) A. R. 136; aflei fram ham al uvel KATH. 2431; alle þe seoven deaðliche sunnen muwen beon **avlēied** (*pple.*) þuruh treowe bileave A. R. 248.

a-flēmen, v., *O.E.* aflȳman; *put to flight;* avlēm (*pres. imper.*) HOM. I. 195; **aflēmde** (*pret.*) LAȝ. 8465; aflemden SAX. CHR. 252..

aflen, v., *O.N.* afla; *get, earn:* avelen þat men hem blescen HOM. II. 159; his mede shal ben þanne garked al se hit beað here **aveled** (*pple.*) IBID.; cnapechild is afled wel ORM. 7903.

a-flēon, v., *O.E.* aflēon, = *O.H.G.* arfleohan; *flee;* **afloȝen** (*pple.*) FER. 3132; þe king was afloȝe LAȝ. 19076*; aflowe TREV. V. 429.

aflight, adj., *O.Fr.* afflict; *afflicted,* OCTOV. (W.) 191; GOW. I. 210.

a-flūht, sb., *from* aflēon; *flight:* **aflūhte** (*dat.*) KATH. 2020: in afflight TORR. 2043.

afōlen, v., *O.Fr.* afoler (*affoler*); *befool;* **afōled** (*pple.*) O. & N. 206.

a-fōn, avōn, v., *O.E.* afōn; *receive,* HOM. I. 131, 135; LAȝ. 8728, 14939; alle þo þat hi avoþ O. & N. 843; **avōuh** (*imper.*) HOM. I. 197; **afōng** (*pret.*) B. DISC. 1401; aveng ROB. 180; heo afengen hine mid sibbe LAȝ. 6580; **afonge** (*pple.*) BEK. 355; avonge SHOR. 132.

a-fóren, prep. & adv., *O.E.* onforan, aforn; *before;* Fulgenes him wes aforen [aforn] on LAȝ. 10413; aforn PR. P. 7; bihinde & aforn E. G. 23; L. H. R. 150; aforn (*ms.* afforn) hem FER. 1080; afore þe king LANGL. (Wr.) 2495; GOW. II. 88; GAM. 656; OCTAV. (H.) 1341; avore þet he come to ssrifte AYENB. 172; **aforne ȝēn** *opposite to* LAȝ. 18528*; 'ontrewe avore ie his lhord 18; afore iens us CH. TRO. ii. 1139; aforn aȝens WICL. MK. xv. 39.

afōre-ward, adv. & prep., *in front (of):* Judas com avoreward MISC. 42; afforeward alle FER. 3923.

a'-forþen, v., *for* ȝeforþen; *afford:* and ȝaf hem mete as he miȝte aforþe LANGL. B vi. 201; aforthe HALLIW. 27.

afoundren, v., *O.Fr.* affondrer, esfondrer; *founder* (*a horse*); **afoundred** (*pple.*) MAND.69.

a-frainen, v., *question:* afreine PR. C. (HALLIW. 26); affraine FER. 2146; **affrained** (*pret.*) LANGL. B xvi. 274.

a-freten, v., = *Ger.* erfreszen; *devour:* þe devel huem **afretie** P. S. 237.

a-friȝt, see **afūrhten.**

a-frounti, v., *O.Fr.* affronter; *affront,* AYENB. 229; **afrounted,** afronted (*pret.*), LANGL. B xx. 5; an if a pore man speke a word he shal be foule **afrounted** P. S. 337.

after, see **æfter.**

a-fūlen, v., *O.E.* afȳlan; *foul, pollute:* þu heo **afūlest** FRAG. 7; **afīled** (*pple.*) ALIS. 1064.

a-fūllen, v., *O.E.* afyllan, = *O.H.G.* arfullan; *fill;* **afūlled,** afeolled (*pple.*) LAȝ. 9811, 19077; afelled LK. i. 57.

a-fūrhten, v., *O.E.* afyrhtan, = *O.H.G.* erfurhtan; *affright;* **afriȝt** (*pple.*) WILL. 2784; AMAD. (R.) xxxvii; afrigct S. S. (Wr.) 2704; þai weren afriȝte FER. 138; afrought M. ARTH. 73.

a-fūrsien, v., *O.E.* afeorsian; *remove:* nu þu bist **afūrsed** from alle þine freonden FRAG. 7.

aȝ, see **ā.**

a-gēten, v., *? enrich:* **ageet** (*pple.*) SHOR. 119.

a-gān, v., agān, agangan; *depart, escape, pass;* agon O. & N. 1280; AN. LIT. 90; ago R. S. 1 (MISC. 156); **ageð** (*pres.*) HOM. I. 33; A. R. 184; ageþ FRAG. 7; O. & N. 1453; þis worldes wele al agoþ REL. I. 160; **agān** (*pple.*) LAȝ. 337; agon is al mi streinþe REL. I. 125; out agon BEK. 2193; hit is not longe agon K. T. 268; agon, agoon CH. C. T. *A* 1782; ago P. S. 197; þa æstre wes aȝonge [agon] LAȝ. 24195; aȝeonge 24241.

a-gāsen, v., ? = *Goth.* usgaisjan; *terrify, bewilder:* þe were so sore **agāsed** CHEST. II. 85.

a-gāsten, v. (*cf. mod.Eng.* aghast); *terrify;* agaste ROB. 17; CH. TRO. ii. 901; hwu þe ate(l)liche deovel schal ȝet agesten ham A. R. 212; **agastið** (*pres.*) H. M. 31; agasten MAND. 282; **agaste** (*subj.*) WICL. 2 PARAL. xxxii. 18; **agaste** (*pret.*) LAȝ. 6451; KATH. 1256; Cristofre him sore agaste P. L. S. xv. 97; **agast** (*pple.*) AN. LIT. 91; ALIS. 250; WILL. 1778; CH. C. T. *A* 2341; agest A. R. 372; hi were agaste BRD. 8.

āge, sb., *O.Fr.* aage, edāge, *age,* MISC. 35; HORN (L.) 1324; ROB. 9; SHOR. 63; ALIS. 7653.

aȝe, see **eȝe.**

a-ȝefen, aȝeven, v., *O.E.* agifan, = *O.H.G.* ar-, er-, irgeban, *Goth.* usgiban; *give up, give back, render, deliver,* HOM. I. 29, 31; aȝeven, aȝiven LAȝ. 4698, 29052; aȝeoven, aȝeven JUL. 58, 59; **aȝæf** (*pret.*) LAȝ. 26356; þeos word aȝaf þe nihtegale O. & N.

a-gefen.

139; and andswere a3ēven (*pl.*) LA3. 29740; til hi aiaven up here castles SAX. CHR. 265.

a3ein, *see* **an3ēn.**

a3einen, v. (*from* a3ein), = M.H.G. engegenen; *encounter*; a3eineden (*pret. pl.*) þere verde LA3. 17854.

a-3ēlden, v., O.E. agieldan, agildan; *yield up*; a3elde FER. 5026; a3ilde TREV. III. 431; a3ild (*imper.*; *ms.* ayild) þe to þis knight HALLIW. 126.

ā3en, v., O.E. āgan, = O.L.G. ēgan, O.H.G. eigan, O.N. eiga, Goth. aigan (ἔχειν), *mod. Eng.* owe; *from* āh; *have, own, possess; owe; be under obligation*; LA3. 4061; a3hen ORM. 6339; owen C. L. 132; awe (*r. w.* lowe) HAV. 1292; such a wif to owe HORN (H.) 440; **āwe** (*pres.*) C. M. 7149); owe HAV. 1666; ahð LK. xi. 21 (*earlier text* ah); o3eþ LA3. 3058* (*first text* ah); o3þ AYENB. 9; oweþ AN. LIT. 90; CH. C. T. C 361; we ageð HOM. II. 41; oweþ LA3. 25320 (*first text* a3en); **āwand** (*pple.*) AMAD. (R.) iii; **āhte** (*pret.*) [*mod. Eng.* ought], *owned, owed, ought*, HOM. I. 31; KATH. 248; ahte, aute, ohte LA3. 2228, 2525, 14402; a3te GAW. 767; AMAD. (R.) xiv; agte GEN. & EX. 525; auhte, aucte, aute HAV. 743, 2717, 2800; þis gold aughte sir Isambras ISUM. 659; ohte SPEC. 62; to makien hire cwene of al þet he ouhte A. R. 390; ou3te JOS. 36; LANGL. *B* iii. 68; ou3te, oughte CH. C. T. *A* 1249; þu au3test BEK. 352; ohtest FRAG. 6; þu 3ulde þet tu ouhtest A. R. 406; þet achten we to leven HOM. I. 167; þa Englene lond ærest ahten LA3. 18; men þat ahten to wite KATH. 263; we ahte P. S. 246; ou3ten WILL. 1080.

ā3ere, sb. = *Dan.* ēier, (MOLB. I. 209); *possessor*; **ā3eres** (*pl.*) SHOR. 99.

ā3en, adj., O.E. āgen, ǣgen (ALFR. P. C. 4), = O.L.G. ēgan, O.Fris. ēgen, ēin, O.H.G. eigen, O.N. eiginn, Goth. aigin (n.); *from* āh; *own*: þin a3en beaved HOM. I. 29; ich æm þin a3en [own] mon LA3. 28144; hit wes heora a3en 1945; hire a3e [o3en] lif 3481; a3hen ORM. 363; þin ahen HOM. I. 277; ogen HOM. II. 27; o3en AYENB. 172; o3e, owe, owe O. & N. 100, 259; oghe MISC. 30; awen MAN. (H.) 182; ISUM. 635; AV. ARTH. lvii; awin IW. 583; awen, auen GAW. 293, 836; aun C. M. 6003; owen A. R. 158; GEN. & EX. 120; ouen S. S. (Wr.) 2144; þe kinges o3ene do3ter HORN (L.) 249; his **āh3enes** þonkes HOM. I. 121; **āgenen** (*dat. m. n.*) MAT. vii. 3; mid his a3ene muðe HOM. I. 133; a3ene, a3ene [owene] LA3. 335, 14200; ahne KATH. 409; ahene, owe O. & N. 1286; oune LEG. 98; CH. C. T. *A* 804; **ā3ere, ā3re** (*dat. f.*) LA3. 308, 3941; owere REL. I. 172 (MISC. 106); **ā3ene** (*acc. m.*) LA3. 314; o3ene O. & N. 1341; **ā3ene** (*acc. f.*) HOM. I. 43; a3ene, ahene, o3ene O. & N. 1089, 1542; þurh his ahne mihte KATH. 1049; **ā3ene** [owene] (*pl.*) LA3. 6877; o3ene AYENB. 33; **ā3ene** (*dat. pl.*) LA3. 1718; fram his agene

a-grāpien.

manne SAX. CHR. 255; owene A. R. 158; oune HAV. 2428.

ā3en-sclā3a, sb., O.E. āgenslaga; *suicide, self-slayer*, HOM. I. 103, 296.

a-3ēoten, v., O.E. agēotan, = O.H.G. argiuzan; *pour out*; agoten (*pple.*) HOM. I. 127.

a-gesse, v. (? *for* gesse), *guess, expect*, HORN (L.) 1181.

a-3eten, v., O.E. agetan; *seize, attain, perceive*; to a3ȳtenne LEECHD. III. 94; **a3ite** (*ms.* a3itte) (*pres.*) MISC. 193; *comp.* un-a3eten.

a3ien, v., *from* a3e (*see* e3e); *awe, terrify*; agh C. M. 12096; awe P. S. 156; **awes** (*pres.*) H. S. 1592.

a-gīlen, v., *deceive*; agīled (*pple.*) P. L. S. xiv. 67.

a-ginnen, v., O.E. aginnan (?=anginnan); *commence*; aginne O. & N. 1289; HORN (R.) 1285; AYENB. 32; S. S. (Web.) 1410; agunnen [agynne] (*riming with* awinnen) LA3. 18760; (we) aginnen [aginne] LA3. 26572; aginneþ (*pres.*) P. S. 189; **aginne** (*subj.*) A. R. 74; aginð beaten MAT. xxiv. 49; **agan** (*pret.*) SHOR. 53; agon [agan] LA3. 6753; agunnen (*pl.*) LK. v. 21; agunnen [agonne] (*pple.*) LA3. 24086; agonne AYENB. 166.

aginninge, sb., *commencement*, AYENB. 16.

aglen, v., ?= *Dan.* āgle; *vacillate* [*or perhaps for* a3len, *see* eilen], GEN. & EX. 3809.

aglet, aglot, sb., O.Fr. aglet; *tag of a lace*, '*acus*,' PR. P. 8; aglot LUD. COV. 241.

a³-glīden, O.E. aglīdan, ? = *andglīdan, *cf. M. Du.* ontglīden, M.H.G. entglīten; *glide away*; **aglood** (*printed* agleed, *riming with* bestrood) (*pret.*) LIDG. M. P. 116; þe deot aglod FER. 3384; **aglīden** (*pple.*) MISC. 93.

a-glīften, v., ? *terrify* : as he stod so sore aglifte (*pple.*) H. S. 3590; þenne were þe Romains al aglifte [oglift] MAN. (F.) 3402.

a-glopnen, v., ? *astonish*; aglopned (*pple.*) ALEX. 874.

ā3nien, v., O.E. āgnian, = O.H.G. eigenen, O.N. eigna; *from* ā3en; *own, appropriate, claim*; ahnien [ohni] þan kaisere Arðures riche LA3. 25359; ahnen ORM. 5649; **āhnede** [ohnede] (*pret.*) LA3. 11864; *comp.* 3e-ā3nien.

ā3nere, sb. = *Ger.* eigner; *owner, possessor*; owener W. & I. 22; ō3eneres (*pl.*) AYENB. 37.

ā3ninge, sb., O.E. āgnung, āhnung; *possession*; o3ninge AYENB. 37.

agonie, sb., *Fr.* agonie, *from Gr.* ἀγωνία; *agony*, CH. C. T. *A* 3452.

a-grāmien, v., *cf.* O.H.G. ergremen; *irritate*; **agrāmed** (*pple.*) ALIS. 3310; B. DISC. 1916; PL. T. 291; agromed O. & N. 933; CHR. E. 863; agremed HALLIW. 33.

a-grāpien, v., = O.H.G. irgreifōn; *apprehend*,

agrāpien.　　　　　ā-hwǣr.

comprehend : after þat þei couþe agrope GOW.
l. 254.
agreable, adj., *O.Fr.* aggreable; *agreeable*,
CH. C. T. B 767.
agrēen, v., *O.Fr.* agreer; *agree*, CH. TRO.
iii. 131.
a-greiþen, v., *equip, prepare*; agraiþi AYENB.
148; **agreiþed** (*pple.*) WILL. 1598.
　　agraiþing, sb., *dress*; **agraiþinges** (*pl.*)
AYENB. 216.
agrēven, aggreggin, v., *O.Fr.* agrevier,
agregier; *aggrieve,* '*aggravo*,' PR. P. 8; **agrēvith** (*pres.*) LUD. COV. 41; aggregith APOL.
4; **agrēved** (*pple.*) WILL. 641.
a-grillen, v., *grieve*: ful sore him schal
agrille FER. 2195; nu ich mai singe hwar ich
wulle ne dar me never eft mon agrulle O. & N.
1110.
a-grīsen, v., *O.E.* agrīsan; *be horrified*, A. R.
306; H. M. 31; ham schal agrisen KATH.
2317; agrise R. S. v; CH. C. T. D 1649; i
agrise (*pres.*) SACR. 902; me agriseð LA3.
13328; **agrās** [agros] (*pret.*) LA3. 11976;
agros ROB. 549; HORN (R.) 1326; of which
she nou3t agros CH. TRO. ii. 930; **agrisen**
(*pl.*) JOS. 236; ðo wurčen he frigti and
agrisen GEN. & EX. 667; **agrisen** (*pple.*)
MARH. 9; ALIS. 357; MAN. (F.) 9611; agrise
ROB. 539; ich am agrise WILL. 1743.
agroten, agrotnien, v., *surfeit*; agrotonin,
-tone '*ingurgito*' PR. P. 8; **agrotied** (*pple.*)
CH. L. G. W. 2454; agrotonid PR. P. 8.
a-grūwen, v., ?=*Ger.* ergrauen (*impers.*) :
þet ou **agrūwie** (? *printed* agrupie) *that you
may be in dread* A. R. 92.
ā3t, *see* **āht**.
āgt, āgte, *see* **hāht**.
ague, sb., *O.Fr.* (fievre) aigue; *ague*, PR. P. 8;
LANGL. B xiii. 336.
a-gültan, v., *O.E.* agyltan; *be in fault*, HOM.
I. 17; agulte C. L. 335; LANGL. B xv. 304;
agelte AYENB. 15; hwon me agülteð to ou
A. R. 186; **agülte** (*pret.*) SPEC. 112; agilte
R. R. 5833; **agült** (*pple.*) P. L. S. viii. 6; R. S.
ii; MISC. 58; ROB. 252; agelt WILL. 4391;
gif man haveð wið us agilt HOM. II. 65.
ah, *see* **ac**.
āh, v., *O.E.* āh, = *O.Fris.* ach, *Goth.* aih
(ἔχω), *O.N.* ā (*pret. pres.*); *have, owe,
ought*: þe mon þe lutel ah LA3. 3058;
god ah þe litel mede ORM. 16529; ah, ach
HOM. I. 139; wif ah [auh] lete sottes lore
O. & N. 1471; ag MAT. xxiv. 47; agh C. M.
7149; agh, ogh HOM. II. 17; oh HOM. II. 21;
þe more oh ich to lovie þe SPEC. 70; ase mon
ouh to donne A. R. 58; og GEN. & EX. 1; ðat
us og alle to ben minde REL. I. 216; i au (*ms.
aw, ! for* awe) þe honor lw. 720; aw he þe
ani mare AMAD. (R.) xxiv; þu **ā3est** HOM.
l. 15; LA3. 16706; ahest H. M. 11; owest A. R.
126; we **ā3en** (*pl.*) [*O.E.* āgon] HOM. I. 21;

we agen, ogen II. 57; we, heo a3en LA3. 6150,
25320; þe treowþe þæt heo us o3en PROCL.
4; ogen GEN. & EX. 15; 3e ohen R. S. v (MISC.
168); owen A. R. 82; we owen fourti pound
CH. C. T. D 2106; what 3e owen to do (*v. r.*
shulen do) WICL. EX. iv. 15; 3e awe AMAD.
(R.) i; we owe TRIST. 1005; **ā3e** (*subjunct.*)
LA3. 28423; þe devel him awe (*ms.* hawe)
HAV. 1188; *deriv.* **ā3en, āhte**.
a-hebben, v., *O.E* ahebban, = *O.H.G.* arheffen; *heave up*, LK. xviii. 13; **ahef(ð)**
(*pres.*) HOM. I. 113; **ahévinde** (*pple.*) A. R.
16; **ahōf** (*pret.*) LA3. 21417; ahæf 7527; ahef
MARH. 5; **ahéven** (*pple.*) KATH. 2405.
a-herden, v., *O.E.* ahyrdan; *grow hard*;
aherd (*pple.*) MAT. xiii. 15.
āhnien, *see* **ā3nien**.
a-holken, v., *thrust out*: aholeke (*imper.*)
hit ut MAT. v. 29.
a-hōn, v., *O.E.* ahōn, = *O.H.G.* ar-, er-, irhāhan, *Goth.* ushāhan; *hang up*, LA3. 20878;
ahon him seolven JUL. 49; **ahēngen** (*pret. pl.*)
SAX. CHR. 253; MK. xv. 24; (*printed*
ahongen) MARH. 3; **ahangen** (*pple.*) MK.
xv. 15; ahonge HOM. I. 41; ahon MARH. 3.
āht, adj., *O.E.* āht (ÆLFR. GRAM. 296); *brave,
valiant, worthy*, FRAG. 2; 3ef he is wurþful
and aht man O. & N. 1481; aht, oht, ocht
LA3. 4317, 4863, 18355 (*mis-written* æht
7063); a3t [ought] ROB. 101; oht KATH.
1727*; o3t GAW. 2215; **ōhtne** (*acc. m.*)
LA3. 23387; **ōhte** (*nom. pl.*) LA3. 4743; gode
men & a3te ROB. 459; **ōhtere** (*gen. pl.*) LA3.
18013; **āhtere** (*compar.*) LA3. 4348.
āht-, ōht-līche, adv., *O.E.* āhtlīche; *bravely*,
LA3. 797, 31141.
ōht-scipe, sb., *valour*, LA3. 24671.
āht, *see* **āwiht**.
ahte, *see* **eahte**.　　**āhte**, *see* **āhte**.
[**ahtien**, v., *O.E.* eahtian, = *O.Fris.* achtia,
O.L.G., O.H.G. ahtōn, *O.N.* akta; *consider,
estimate; comp.* 3e-ahtien.]
ahtlien, v., *O.N.* ætla, *prov.Eng.* ettle; *think,
esteem, purpose; arrange, set out*; atlien LA3.
29063; atteli WILL. 404; **ahtil** (*pres.*) M. H.
xvii; attle to schawe GAW. 27; & þer to ettleð
(*aims*) HOM. II. 79; **atlien** (we) to þan kinge
let us turn to the king LA3. 25996; **eghtild**
(*pret.*) PR. C. 5784; Brien him atlede (*tended*)
to LA3. 30846; þat Alixaundre wiþ his ost
atlede þidire WART. II. 104; **aghteld** (*pple.*)
S. S. (Web.) 3053; hire teþ aren white ase
bon of whal evene set ant atled al SPEC. 15.
ahtlinge, sb., *estimation*, LA3. 25761; etlunge
H. M. 39; wiðuten ei etlunge [eatlunge] HOM.
I. 263.
a-hungren, v., =*M.H.G.* erhungern; *famish*;
ahungred (*pple.*) LANGL. B x. 59*.
ā-hwǣr, adv., *O.E.* āhwǣr,=*O.H.G.* eohwār;
anywhere; awher HALLIW. 122; awer, owar
L. H. R. 30; owwhær, owwhar ORM. 833,

8472; owher CH. C. T. *A* 653; owhere GOW. II. 349; ower ALIS. 5629; owhar AR. & MER. 7903; ouhwar A. R. 60; ouwhar (*printed* onwhar) WILL. 1820.

a-hwĕnen, v., *O.E.* ahwǣnan; *trouble*: her of þe lavedies to me meneþ and wel sore me **ahwĕneþ** (*pres.*) O. & N. 1564; þah ich mid soþe heo awene 1258.

a-hweorfen, v., *O.E.* ahweorfan; *turn away*; **awharf** (*pret.*) GAW. 2220.

ā-hwider, adv., *O.E.* āhwider; *anywhither*; ohwider HOM. I. 247; ouhwuder A. R. 172; owhidre '*qvoqvam*' WICL. 4 KINGS v. 25.

ai, *see* **ā** and **ēi**.

aiel, sb., *O.Fr.* aiel; *ancestor*, CH. C. T. *A* 2477; **aieles** (*pl.*) LANGL. *B* xv. 317.

aighwanen, adv. (*for* *ā-ʒehwanen), *O.E.* ǣghwanan; *from all sides*, '*undiqve*,' MK. i. 45.

aighwilc (*for* *ā-ʒehwilc), **ǣlch** (*for* *ā-ʒelīc), pron., *O.E.* ǣghwylc, ǣlc, = *O.H.G.* eogihwelih, eogilīh, *O.Fris.* elk, ek; *each*, MAT. v. 22, vi. 34; ælc hefde his iwillen LAʒ. 1996; ælc an *each one* 13145; alch [ech] mon 2512; elc, elch P. L. S. viii. 54, 56; ælch, elch HOM. II. 31, 149; ewc, euch KATH. 20, 1231; euch A. R. 14; euch, ech O. & N. 434, 975; ech TREAT. 132; CH. C. T. *A* 791; TOR. 2758; hi lovieþ ech oþren AYENB. 268; **ǣlches**, ělches (*gen. m.*) LAʒ. 7644, 9921; elches monnes HOM. I. 99; eches BRD. 3; **ēwiloum**, ēwilche (*dat. m. n.*) HOM. I. 37, 93; ælchen MAT. xviii. 19; elchen, ælche [eche] LAʒ. 2511, 13826; echen AYENB. 13; eche O. & N. 800; **ǣlchere**, elchere (*dat. f.*) LAʒ. 621, 1723; elchere HOM. I. 103; echere MISC. 116; **ǣlene** [echne] (*acc. m.*) LAʒ. 4386; **ǣlche**, ělche (*acc. f.*) MAT. iv. 23, ix. 35; *see* ʒe-hwilc, ilc.

aihte, *see* **ǣhte**.

[**aihwa**, pron. (*for* *ā-ʒehwa), *O.E.* ǣghwa, = *O.H.G.* eogahwer]; **eiwat**, *O.E.* ǣghwæt; ? *everyone, everything, anything*, O. & N. 1056*.

aihwǣr, adv. (*for* *ā-ʒehwǣr), *O.E.* ǣghwǣr, = *O.H.G.* eogihwār; *everywhere*; ǣwher, ǣiwær LAʒ. 13372, 17827; eʒʒwhær ORM. 645; eihwer KATH. 1728; aihwer HOM. I. 271; aiwhere A. P. ii. 228; aihwar HICKES I. 223; aihware HOM. II. 222; aiwhare PR. C. 8199; aiware O. & N. 216; aiwhare, -whore MAN. (F.) 721, 6285.

aimen, *see* **āmen**.

aimont, sb., *Fr.* aimant; *adamant*, AYENB. 187.

air, sb., *O.Fr.* air, aer; *air*, MAND. 312; air, aer TREV. IV. 139; air, eir A. R. 104; eir TREAT. 138.

aire, sb., *Fr.* aire; *aerie, eyry*: haukes of nobule eire DEGR. 46.

airen, *see* eiren.

airiss, adj., *aerial*, CH. H. F. 964.

aise, sb., *O.Fr.* aaise, eise; *ease*; eaise, eise A. R. 108, 114; eise AYENB. 48; HORN (R.) 1265; ese BEK. 2233; ese, eese, ease CH. C. T. *A* 969.

aise[2], adj., *Fr.* aise; *at ease*: ʒif ʒe beoð eise [aise] A. R. 20.

aisel, *see* eisil.

aisiě, adj., *O.Fr.* aisié, aaisié; *easy*, HOM. II. 47; eise MAP 336; aise, ese MAN. (F.) 6438.

ēsē-liche, adv., *easily*, BRD. 18.

aisiement, sb., *O.Fr.* aisement; *easement*: esement CH. C. T. *A* 4179; **aisiamentis** (*pl.*) WINT. vii. viii. 772; eisementes MAND. 214.

aisien, v., *O.Fr.* aaisier, *from med.Lat.* adagiāre; *ease*; eisi AYENB. 82; esie FER. 1946; to esen hem and don hem alle honour CH. C. T. *A* 2194; **ēsed** (*pple.*) WILL. 1632.

aiþer, *see* **ǣiðer**.

ajoinen, v., *O.Fr.* ajoindre; *adjoin*; **ajoined** (*pple.*) WILL. 1753.

ajournen, v., *O.Fr.* ajurner; *adjourn*; a-journed (*pple.*) D. ARTH. 340.

ajugen, v., *O.Fr.* ajugier; *adjudge*; **ajuged** (*pple.*) CH. BOET. i. 4 (15).

ak, *see* ac.

āk, sb., *O.E.* āc, = *O.Fris.* ēk, *O.N.* eik, *O.H.G.* eih, eich *f.*; *oak*, '*qvercus*,' VOC. 228; ake 191; oc FRAG. 3; ok ROB. 22; ook, ok FER. 4561; CH. C. T. *A* 1702; **āke** (*dat.*) REL. I. 52; PERC. 773; ōkes (*pl.*) LANGL. *A* v. 18.

ōc-werne, sb., *O.E.* ācwern; *squirrel*; (*mss.* ocquerne, aquerne) P. L. S. viii. 182.

a-kēlen, v., *O.E.* acēlan, = *M.H.G.* erkuelen; *cool*; akele GOW. II. 91; (h)is blod scholde sone akele FER. 4492; **akēlþ** (*pres.*) MISC. 30; akēlde (*pret.*) ROB. 442.

āken, v., *O.E.* acan [? *allied to O.N.* aka, *drive, Lat.* agere]; *ache*: aken & smerten HOM. II. 207; akin '*doleo*' PR. P. 8; ake HOM. I. 149; MISC. 95; FER. 1831; LUD. COV. 232; **ākeþ** (*pres.*) REL. I. 111; LANGL. *A* vii. 243; þet heaved me akþ AYENB. 51; his bones akeþ SHOR. 2; þine banes akeð þe H. M. 31; aken CH. C. T. *B* 2113; **āke**, eke (*pres. subj.*) A. R. 360, 368; **ēkinde** (*pple.*) A. R. 360; ōc (*pret.*) LAʒ. 6707; HOM. II. 21; ok ROB. 68; ook S. A. L. 42; oken, oke LANGL. *B* xvii. 194; ōke (*pret. subj.*) P. L. S. xx. 66; *deriv.* **ǣche**.

āken, adj., *O.E.* ācen, = *O.H.G.* eichīn, oaken: an oken bord ALIS. 6415; oken wode (? okenwode) D. ARTH. 272.

a-kennednesse, sb., *O.E.* acennedness, aðenniss; *generation*, HOM. I. 209; aken(n)esse H. M. 45.

a-kennen, v., *O.E.* acennan; *beget*; **akende** (*pret.*) LAʒ. 21240; akenned (*pple.*) LK. i. 35; HOM. I. 89; ORM. 7141; he was akennet of Marie KATH. 332.

a-kennen[2], v., = *O.H.G.* archennan; *recognize, reconnoitre*; **akende** (*pret.*) LAʒ. 7243*

a-kēpen. al. 17

(*first text* ikende); **akenninge** (*pple.*) ALIS. 3468.
a-kēpen, v., = **kēpen** : þar hii wolde akepe (? a kepe) LA3. 26937* (*earlier text* kepen).
aker, sb., *O.E.* æcer, = *O.N.* akr, *Goth.* akrs, *O.H.G.* achar, *Lat.* ager, *Gr.* ἀγρός; *acre, field,* '*ager*,' FRAG. 3; MAT. xiii. 38; akir WICL. I KINGS xiv. 14; **ækeres**, akeres (*gen.*) MAT. vi. 28, 30; **akere** (*dat.*) MAT. xiii. 24; **akeres** (*pl.*) FRAG. 2; acres REL. I. 173.
aker-land, sb., = *G.* ackerland; *ploughed land*, VOC. 270; akerlond CHR. E. 16.
aker-man, sb., = *G.* ackermann; *husbandman*, HALLIW. 36; **acremen** (*pl.*) L. LE. F. 176.
aker, akir, sb., *tidal wave*, '*impetus maris*,' PR. P. 8.
akern, sb., *O.E.* æcern, = *O.N.* akarn, *Goth.* akran; *acorn*; **akernes** (*ms.* hakernes) (*pl.*) WILL. 1811; acornes CH. BOET. ii. 5 (50); acharns TREV. I. 195.
aketoun, sb., *O.Fr.* aqueton, auqueton; *a sort of quilted jacket*, CH. C. T. *B* 2050; acketoun R. DISC. 1175.
a-kīmen, v., ? = *M.H.G.* erkūmen; *? grow faint*; **akimed** (*pple.*) LA3. 26354.
al, eal, adj., *O.E.* eall, eal, = *O.L.G.* al, *O.N.* allr, *O.H.G.* all, *Goth.* alls; *all*; al world HOM. I. 35; al þas wrake 15; al folc REL. I. 49; al blisse LANGL. *B* xvi. 190; al þi leave KATH. 787; al þe lare 939; all ure blisse ORM. 708; al þat 3er O. & N. 1259; al a 3er BRD. 3; al þis lond ALIS. 886; & swa hit al iwearð LA3. 290; mid al his hirede LA3. 3378; al (*for* alne) dai O. & N. 373; al þe winter ROB. 59; al (*for* alle) þe twelf dahes KATH. 1844; a (? *for* al) Denmark and England HAV. 610; **alles** (*gen. m. n.*) HOM. I. 121; alle volkes A. R. 431; alle kunnes FL. & BL. 793; **allen** (*dat. m. n.*) LK. xxiv. 19; allen, alle LA3. 135, 1686; **alre** (*dat. f.*) HOM. I. 123; in alre blisse LA3. 6065; mid alle (*for* alre) mare mihten (r. mihte) 699; mid alle mine mihte HOM. I. 191; **ealne**, alne (*acc. m.*) MAT. xviii. 32, LK. ix. 215; alne HOM. I. 225; alle dæi heo sungen LA3. 20981; **alle** (*acc. f.*) HOM. I. 99; O. & N. 433; heo ferden alle nihte LA3. 26922; **ealle**, alle (*nom. acc. pl. m. f.*) HOM. I. 23, 97; ealle, alle P. L. S. viii. 88; alle O. & N. 222; alle heo weren lease LA3. 751; alle [al] his men 3858; alle þine þreates KATH. 2133; us alle 548; alle five HAV. 2128; alle þreo C. L. 563; we alle habbeþ enne vader AYENB. 145; alle men MAND. 10; alle and some LEG. 45; SPEC. 42; C. L. 489; FER. 1513; RICH. 5846; CH. C. T. *A* 2187; alle (*for* alre) monne A. R. 384; al (*nom. acc. pl. n.*) LA3. 10556; þurh al (*in all things*) swa wel idihte 25280; þurh alle þing 2722; **alre**, [*O.E.* ealra] (*gen. pl.*), MAT. xiii. 32; KATH. 254; C. L. 232; FER. 2884; alre þinge A. R. 398; allre shafte ORM. 346; here alre fet BRD. 17; þe alre worst(e) SPEC. 104; alre

mæst ORM. 2595; alre mest O. & N. 684; on alre erest A. R. 136; alre best REL. I. 116; alre, allet LANGL. *B* xix. 468, *C* xxii. 473; alre erest *first of all* HOM. I. 33; alra 37; ælra 221; aller CH. C. T. *A* 586; S. S. (Wr.) 365; aldre GEN. & EX. 322; alder WILL. 3345; alþer HAV. 1978; AYENB. 27; S. S. (Web.) 3560; LIDG. M. P. 20; **eallen** (*dat. pl.*) MAT. ii. 16; allen HOM. I. 125, 225; AYENB. 145; allen, alle LA3. 344, 6756; ealle SAX. CHR. 251; alle KATH. 125; mid alle his wrenche O. & N. 827; best of alle CH. C. T. *A* 796.
at al (? *for* alle), *at all*, CH. C. T. *E* 1045.
in alle, *in all*: he lived in alle þre and sixti 3ere TREV. III. 363.
mid alle (*O.E.* mid ealle, = *M.L.G.* mit alle), *wholly*, KATH. 656; O. & N. 1458; P. L. S. xx. 27; mid alle fordon HOM. I. 17; iwepned mid alle LA3. 26339.
wiþ alle, *withal*, ORM. 2174.
al, adv., *all, wholly*: water geð al to gedere (*altogether*) ut A. R. 320; and was mid ivi al bigrowe O. & N. 27; al mid wisdome LA3. 443; al an oþir rule HOCCL. iii. 7; al stilliche A. R. 82; al hali3 ORM. 8871; al mi3tful (mi3tful) ASS. 219; GEN. & EX. 2694; all to longe BEK. 774; CH. L. G. W. 824; al to fewe SHOR. 93; al beo þu meiden *though thou be a virgin* H. M. 43; al be it (*albeit*) þat HOCCL. I. 209; al þus LA3. 3669; A. R. 238; FL. & BL. (H.) 817.
al āne *alone*: noht ne ma3 þe man bi bræd al ane libben ORM. 11344; al one WILL. 659; hue wonede al one HORN (R.) 80.
al mōst, al mēst, *almost*, A. R. 222; BRD. 7; al mest dead LA3. 19328*; H. H. 47; CH. C. T. *A* 155.
al swa, al se, al so, as (*mod.Eng.* also, as), LA3. 70, 468, 4308, 24579; al swa S. S. (Web.) 3945; al so sone so he mighte 569; þat ne an oþir es al swa PERC. 1452; als 684; al swa al se HOM. I. 153; al swa se 159; al swa KATH. 1986; al swa ase 289; **ase** wod wulf 31; as ha set in a bur 139; þer as tis blisse is 1723; al swa se ORM. 3536; al se 14801; **als** if it wære 589; al swo al se hit is biforen iseid PROCL. 5; al so ase A. R. 62; al se ofte al se 8; al se ofte ase 322; þere ase (*where*) . . . is 80; al so fer so a boge mai ten GEN. & EX. 1238; als swilc als he is dede ðor in 3836; als he cam 1785; al so ros þe mone HAV. 1955; al so fresch as þe hauk JOS. 595; al se AYENB. 15; and mi wif al se [als] LANGL. *A* v. 144; als AV. ARTH. lxv.; & þe ladi als GAW. 933; als mani as men list to have MAND. 209; als sir Iwain made his mane IW. 2303; ase MISC. 48; drau3tes as me draweþ in poudre P. L. S. xvii. 225; þer as he 3ut is xx. 106; as it þoughte me CH. C. T. *A* 385; as freendli as he were his owen broþer 1652; þer as feondes remeþ MISC. 76; þer as burnes were busi bestes to hulde WILL. 1708; no more of þis as nou

C

CH. C. T. *B* 1242; as þan GOW. III. 285; as swiþe LANGL. *A* iii. 96; i schal ou elle as blive K. T. 1040; as for þe time MAND. 122; OS E. T. 475; EGL. 247.
    al þăh, *although*, SPEC. 23; al þaȝ he bi AYENB. 19; al þoȝ FER. 321.
al-, *see* **el.** **ăl,** *see* **awel.**
alabastre, sb., *O.Fr.* alabastre; *alabaster,* CH. C. T. *A* 1910.
a-lacchen, v., *catch*: alle þat þai þan alacche miȝt FER. 3098; **alehte** (*pret.*) hine betwux his earmes SAX. CHR. 249.
a-lēnen, v., *O.E.* alǣnan; *lend*; aleane LAȝ. 31603*; **alēneþ** (*pres.*) 24000*.
a-lēten, v., *O.E.* alǣtan; *let off*: let alǣten þis wæter LAȝ. 15932.
alai, sb., *Fr.* aloi; *alloy*, LANGL. *B* xv. 342.
alaien, v., *Fr.* aloyer; *allay, alloy*; **alaied** (*pple.*) LANGL. *B* xv. 346; alaid '*temperatus, permixtus*' PR. P. 9.
Alamanie, pr. n., *Alamannia,* SAX. CHR. 264; Alemaine LAȝ. 1977.
alambic, sb., *Fr.* alambic; *alembic,* CH. TRO. iv. 520.
a-lámen, v., = *M.H.G.* erlamen; *grow lame*; **alamed,** alemed (*pple.*) O. & N. 1604.
a-langien, v. (*cf.* **ǣlenge**), *?make dreary*; **alangeþ** (*pres.*) AR. & MER. 4212.
alant, sb., *Fr.* alan, = *Sp.* alano; *an Alan dog*; **alantz** (*pl.*) CH. C. T. *A* 2148.
alarge, v., *O.Fr.* alargir; *enlarge,* WICL. GEN. xxxii. 12.
alaski, v., *O.Fr.* alascher, *Lat.* elaxare; *let loose, release,* LAȝ. 8838*.
a-lāðien, v., = *M.H.G.* erleiden; *become odious*; **alōþeþ** (*pres.*) O. & N. 1277; mi lif me is **alāðed** LAȝ. 25930.
albe, sb., *Fr.* aube, *Lat.* alba; *alb,* REL. I. 129; aube AYENB. 236.
alcali, alkali, sb., *Fr.* alcali; *alkali,* CH. C. T. *G* 810.
ald, *see* **eald.** **alder,** *see* **ealder, aler.**
aldien, *see* **ealdien.**
ále, sb., *O.E.* ealu, ealo, = *O.L.G.* alo(fat), *O.N.* öl *n.;* ale, A. R. 114; HAV. 14; CH. C. T. *A* 832; MAND. 251; aille TOWNL. 90; of þan ale LAȝ. 24440; to then ale R. S. 83; at þen ale, at þe nale, atte nale, atte LANGL. *A* 42; CH. C. T. *D* 1349; *comp.* **brūd-ale**; *see also* **aleð.**
    ále-brē, sb., *bread sopped in ale,* L. C. C. 53; alberei, alebrei, albri '*alebrodium, fictum est*' PR. P. 9.
    ále-hūs, sb., *alehouse*; **álehūse** (*dat.*) HOM. II. 11; aillehowse TOWNL. 310.
    ále-stake, sb., *a sign before an alehouse,* CH. C. T. *A* 667.
a-lēapen, v., *O.E.* ahlēapan; *leap up*; **alēop** (*pret.*) LAȝ. 30683.

a-leggen, v., *O.E.* alecgan, = *O.H.G.* arleccan; *lay aside, put down, refute,* LK. v. 19; LAȝ. 7714; þu miht lihtliche ... al mi sor aleggen HOM. I. 197; heo ne mihte noht alegge þat þe ule hadde hire ised O. & N. 394; **alegge** (*pres. subj.*) HOM. I. 91; uvele lawes ... bote if he hem alegge BEK. 1638; **aleide** (*pret.*) LAȝ. 7125*; WILL. 5240; **aleigd** (*pple.*) MAT. xxviii. 6; aleid FRAG. 6; LAȝ. 31966; SPEC. 105; TREV. IV. 449; alaid is Darie þin honour ALIS. 2386.
aleggen, v., *O.Fr.* alleguier; *allege,* LANGL. *B* xi. 88; alegge CH. C. T. *E* 1658; allege PR. C. 5584.
aleggin, v., *O.Fr.* alegier; *relieve, lighten,* '*allevio,*' PR. P. 9; allege PR. C. 3894; **alegget** (*pple.*) WILL. 1034.
alei, sb., *O.Fr.* alee; *alley*; **aleis** [aleies, alaies] (*pl.*) CH. C. T. *E* 2324.
a-lēinen, v., = *O.H.G.* arlougnan; *conceal*; **alained** (*pret.*) HALLIW. 38.
a-lēomen, v., *illumine,* HOM. II. 7; a-lūm(e)ð -lumeð, -lemeð (*pres.*) 107, 109, 141.
aler, sb., *O.E.* aler, alr *m. cf. O.H.G.* elira, erila, *M.L.G.* elre *f., O.N.* elri *n.;* alder; aller PALL. ix. 90; alder CH. C. T. *A* 2921; aldir '*alnus*' PR. P. 9; olrr FRAG. 3.
    alder-ker, sb., *alder-carr, grove of alders,* '*alnetum,*' PR. P. 9.
a-lēsen, v., *O.E.* alēsan, alȳsan, = *O.H.G.* erlōsan; *release, deliver, redeem,* LAȝ. 1084; A. R. 124; MISC. 140; alise fram helle wite HOM. I. 229; **alēs** (*imperat.*) MARH. 20; **alēse** (*pres. subj.*) L. H. R. 180; **alēsde** (*pret.*) HOM. I. 19; JUL. 40; he hine alesede mid his blode R. S. vii (MISC. 186); alisden (*for* alisde) LAȝ. 11167; **alēsed** (*pple.*) KATH. 1150; alused P. L. S. viii. 68; ȝe ne beoð ne alesde of deofies anwalde HOM. I. 127.
    alēsednesse, sb., *O.E.* alȳsedness; *release, redemption,* HOM. I. 129; alysednesse LK. xxi. 28.
    alēsend, sb., *releaser, redeemer,* HOM. I. 125; alesent JUL. 66.
    alēsendnesse, sb., *?for* **alēsednesse**; *release,* HOM. I. 87; H. M. 11*; alisendnesse HOM. I. 227; alisendnisse MK. x. 45.
    alēsnesse, sb., *O.E.* alēsness, alȳsness, = *O.H.G.* arlōsnessi, ANGL. VII. 220; *release, deliverance,* HOM. I. 15; (*printed* alefnesse) H. M. 11.
    alēsunge, sb., *O.E.* alȳsing, = *O.H.G.* irlōsunga; *release, deliverance,* KATH. 1153; alesinge HOM. I. 143.
aleð, sb., *O.E.* ealoð (*gen. and dat. of* ealu; *see* **ale**); REL. I. 132 (HOM. II. 13); ealaþ LEECHD. III. 118.
alfe, sb., *O.E.* ælf, elf, ylf, *pl.* ylfe, = *M.L.G.* alf, *O.N.* alfr, *O.H.G.* alp (*pl.,* elbe) *m.; elf,* AUD. 77; alve [alfe] LAȝ. 19268; elf CH. C. T. *D* 873; elfe '*lamia*' PR. P. 138; alven

alfe.   alsene.   19

[alvene] (*pl.*) LA3. 19255; elvene (*for* elven) ROB. 130; JARB. XIII. 162; **ælvene** (*gen. pl.*) LA3. 21747.

elf-qvēne, sb., *elf-queen*, CH. C. T. *B* 1978.

Alf-rēd, pr. n., O. & N. 235; REL. I. 170.

Alf-rich, pr. n., REL. I. 170.

alfin, sb., *O.Fr.* aufin, *L.Lat.* alphinus (*from Arab.* al-fīl); *bishop at chess, foolish person*: awfin of the chekar '*alfinus*' PR. P. 18; D. ARTH. 1343; **aufins** (*pl.*) GEST. R. 61.

algorisme, sb., *Fr.* algorithme; *algorism*, AYENB. 1; algrim HALLIW. 42; augrim A. R. 214; DEP. R. iv. 53; awgrim stoones CH. T. *A* 3210.

aliance, alliance, sb., *O.Fr.* aliance; *alliance*, ROB. 89; CH. C. T. *A* 2973.

a-libban, v., *O.E.* alibban; *live*, HOM. I. 109.

alie, allie, sb., *O.Fr.* alié; *ally*, WICL. EX. xviii. 5; TREV. V. 221; CH. C. T. *G* 297.

alie, sb., *O.Fr.* alie; *service-berry*; **aleis** (*pl.*) R. R. 1377.

alien, allien, v., *O.Fr.* alier; *ally*, CH. C. T. *E* 1414; **alied** (*pple.*) ROB. 65.

alien, adj., *O.Fr.* alien; *alien*, PR. P. 10; ALIS. 3918; TREV. III. 447.

aliénen, v., *Fr.* aliéner; *alienate*, WICL. ECCLES. xi. 36; aliene CH. BOET. i. 6 (27).

a-liggen, v., *O.E.* alicgan, = *O.H.G.* irliccan; *subside*, MARH. 5; aligge LA3. 26298; a muchel wind aliðmid a lutel rein A. R. 246; þis lutle pine þat aliðilute hwile KATH. 2183; **alei** (*pret.*) MARH. 12; þe loudinge alai (*ms.* alay) LA3. 24873*.

a-lihten, v., *O.E.* alīhtan; *alight, descend; make light; alleviate*, LA3. 26618; no wonder þe3 hit smite harde þer hit doþ ali3te TREAT. 136; **alīhte** (*pret.*) HOM. I. 79; LA3. 21121; MISC. 78; god almihti ... alihte a dun to helle A. R. 248; ali3te BEK. 1895; SHOR. 129; **ali3ted** (*pple.*) '*alleviata*' WICL. IS. ix. 1; ali3t FL. & BL. 21; so sone so he was ali3t ALIS. 4490.

a-lihten, v., *O.E.* alȳhtan, = *O.H.G.* irliuhten; *enlighten*; ali3te AYENB. 109; FER. 1261; ali3te (*pret.*) SHOR. 84; alight Gow. II. 183; þu ... havest aliht mi þester heorte HOM. I. 185.

ali3tinge, sb., *O.E.* alȳhting; *illumination*, AYENB. 221.

a-limpen, v., *O.E.* alimpan; *happen*; alomp (*pret.*) LA3. 18053.

a-lisen, v., ? *O.E.* ahlīsian; *mention by report*; **alised** (*pple.*) P. L. S. 67.

a-liðen, v., *pass away*, LA3. 12041; **aliðen** (*pple.*); þa seove 3er weoren aliðene 3970.

aliþien, v., *O.E.* aleoðian; *dismember*: nou haveþ he ... mine leomes aliþede LA3. 25929*.

alkamie, alkenamie, sb., *O.Fr.* alkemie, alquemie; *alchemy*, LANGL. *A* x. 212.

alkatran, sb., *O.Fr., Span.* alquitran, *Port.* alcatrão (*from Arab.* alqatrān); *bitumen*, MAND. 99; alka[t]ran A. P. ii. 1034.

aller, *see* aler.

alles, adv. (*gen. of* al), *wholly, altogether*, A. R. 64; KATH. 796; ROB. 17; alles to swiþe HOM. I. 103; þa he alles spac LA3. 488; þo heo was alles þider icome BEK. 73; whon he wolde alles bicome mon C. L. 659.

allunge, adv., *O.E.* eallunga, eallinga; *wholly, altogether*, LA3. 8797; A. R. 164; H. M. 47; turn me allunge to þe HOM. I. 185; eallunge MAT. iii. 10, allinge P. L. S. xiii. 218; JOS. 440; P. S. 214; M. T. 108; allinges MAND. 189.

almande, sb., *Fr.* amande; *almond*, '*amygdalum*'; almaunde PR. P. 10; **almandes** (*pl.*) C. M. 6895; almondes L. C. C. 9.

almander, sb., *O.Fr.* almandier; *almond-tree*; almaunder WICL. ECCLES. xii. 5; **almanders** (*plur.*) WICL. GEN. xxx. 37; almandres R. R. 1363.

almarie, sb., *O.Fr.* almarie, almaire; *ambry, cupboard, clothes-press, bookcase*; almari '*armarium*' PR. P. 10; **almaries** (*pl.*) LANGL. *B* xiv. 246; the almeries of Neemie WICL. 2 MACC. ii. 13.

almesse, *see* elmesse.

al-mi3t, adj., *O.E.* ælmiht; *omnipotent*, MIRC 461; A. P. l. 497; almight Gow. I. 190; SACR. 996; to god almi3te FER. 256.

al-mihtin, adj., ? *for* almiht; *omnipotent*, HOM. I. 15, 97; almigtin GEN. & EX. 30; almihten LA3. 16783; almicten REL. I. 234; almihtinde 282.

al-mihti3, adj., *O.E.* ealmihtig, ælmeahtig, = *O.H.G.* almahtig, *O.N.* almāttigr; *almighty*, HOM. I. 217; ælmihti 221; almihti A. R. 430; SPEC. 73; almi3ti AYENB. 1; þe almihti god FRAG. 8; god almihti HOM. I. 5; almahti3 ORM. 95.

almighti-hēde, sb.,'*omnipotentia*,' PR. P. 10.

almoner, sb., *O.Fr.* almosnier, aumosnier; *almoner*; (? *printed* amoner), AYENB. 190; aumoner C. M. 15219.

along, *see* 3elang, -long.

alōsen, v., *O.Fr.* aloser; *praise*; alosi AYENB. 183; **alōsed** (*pple.*) R. R. 2354; ALIS. (Sk.) 139.

alouaunce, sb., *allowance*, LANGL. *B* xiv. 109.

alouin, v., *O.Fr.* allouer; *allow*, '*alloːo*,' PR. P. 10; alowe SHOR. 137; þis stat is moche to alowe vor his dignete AYENB. 190; aloue (*pres.*) CH. C. T. (Wr.) 10988; aloue (*subj.*) RICH. 4662.

alp, sb., *cf.* Norfolk dial. olp; *a sort of finch*, '*ficedula*,' PR. P. 10; **alpes** (*pl.*) R. R. 658.

alpi, *see* anlepi3. **als**, *see under* al.

alsene, sb., *cf. M.Du.* alsene, *M.H.G.* alansa; *awl*, VOC. 150; elsin '*sibula*' PR. P. 138.

C 2

alter, sb., *O.Fr.* alter, auter, *Lat.* altāre; *altar,* ORM. 1061; alter, auter GEN. & EX. 758, 1297; auter HAV. 369; JOS. 295; MAN. (F.) 1375.
   alter-clōð, sb., *altar cloth,* REL. I. 129.
alum, sb., *O.Fr.* alum; *alum,* A. P. ii. 1035; CH. C. T. *G* 813.
alūre, sb., *O.Fr.* alure, aleure; *place to walk in, passage, gallery,* ALIS. 7210; GUY p. 85; PR. P. 10; **alūr(e)s** (*pl.*) ROB. 192; throu the aleris of his soler '*per cancellos coenaculi sui*' WICL. 4 KINGS i. 2.
a-lūten, v., *O.E.* alūtan; *incline;* alute MISC. 48; aloute BEK. 2140; PL. CR. 750; B. DISC. 1254; **alouted** (*pret.*) WILL. 3721.
alve, *see* **alfe.**
alvisch, adj., = *M.H.G.* elbisch; *elfish, like an elf,* GAW. 681; on alvisc smið LAӡ. 21131; elvisch CH. C. T. *B* 1893; an elvish knight ELL. ROM. II. 90.
al-wealdende, adj., *O.E.* ealwealdend; *all-ruling,* KATH. 615; alwaldinde LAӡ. 19548; alwældend ORM. 153; alweldand IW. 2199.
am, v. (1 *pers. sing. pres.*), *O.E.* eom, eam, am, = *O.N.* em, *Goth.* im; *am,* KATH. 463; A. R. 430; ORM. 205; O. & N. 170; ROB. 115; WICL. GEN. xv. 1; i am come her FER. 354; eam FRAG. 6; eam, æm, am LAӡ. 720, 8033, 8899, 10524; æm, eom P. L. S. viii. 1, 2; eom MISC. 192; ich hit eom *it is I* MAT. xiv. 27; em MK. vi. 50; HOM. I. 115.
   art (2 *pers. sing. pres.*), *O.E.* eart, = *O.N.* ert; *art,* KATH. 450; ORM. 2206; O. & N. 38; ROB. 31; WICL. JOHN viii. 12; eart HOM. I. 29; eart, ært, ert FRAG. 6, 7; LAӡ. 1442, 1499, 2237; ært, ert MAT. xiv. 28, LK. i. 4; ert A. R. 26; HOM. II. 29.
   is (3 *pers. sing. pres.*), *O.E.* is, = *O.L.G.* is, *Goth., O.H.G.* ist; *is,* ORM. 667; wa is me HOM. I. 35; hwet is us to donne 91; lutel me is of ower luve JUL. 27; me is þe wurs O. & N. 34; what is þe *what is the matter with thee* ASS. 227; what is ӡou BRD. 21; he . . . is riden to þe feldes CH. C. T. *A* 1503; is, us LAӡ. 745, 5354; es C. M. 5880; IW. 34; E. W. 39.
   aren (*pl. pres.*), *O.E.* earun, = *O.N.* eru; *are,* HOM. II. 73; MARH. 8; HAV. 619; SPEC. 85; LANGL. *B* iii. 80; arn HOM. I. 269; ORM. 4555; GEN. & EX. 16.
   sind, sinden (*pl. pres.*), *O.E.* sind, sindon, = *O.L.G.* sind, sindun, *O.H.G.* sint, sintun, *Goth.* sind; *are,* MAT. x. 31, xxii. 8; sinden ORM. 389; sindon, sindan MISC. 146; senden HICKES I. 223; REL. I. 210; senden, sunden P. L. S. viii. 144; sende HOM. II. 173; sunden, sunde LAӡ. 4359, 16796.
   sī (*subj. pres.*), *O.E.* sī, sie, seo, = *O.L.G., O.H.G.* sī, *Goth.* sijau; HOM. I. 245, II. 91; ORM. 3378; si, seo LAӡ. 8545, 14893; **sēon** (*pl.*) (*O.E.* sīen, sēon) LAӡ. 13837; sion (*ms.* syon), sien MAT. vi. 25, JOHN xvii. 22.

a-mǣden [*for* ӡemǣden, *O.E.* gemǣdan], *? distract, derange*; **amād** (*pple.*) HORN (L.) 574; P. S. 156; S. A. L. 154; amad, amead H. M. 37; amed A. R. 324; MISC. 48; heo weoren amadde LAӡ. 4438.
amaien, v., *O.Fr.* esmaier, amaier, = *Ital.* smagare; *dismay:* þou miӡt not me amaie FER. 485; ne amai þe nouӡt S. S. (Wr.) 1536; **amaied** (*pple.*) ALIS. 1749; CH. TRO. iv. 641.
a-maistren, v., = *Ger.* ermeistern; *master,* LANGL. *B* vi. 214 (*A* vii. 200); ameistren A. R. 140; **amaistreþ** (*pres.*) AYENB. 129; **amaistrede** (*pret.*) P. L. S. xxiv. 60.
a-mānsien, v., *O.E.* amānsumian, *O.H.G.* armeinsamōn; *excommunicate;* amansi BEK. 1744; amonsi P. S. 196; **amānsede** (*pret.*) P. L. S. xvii. 512; **amānsed** (*pple.*) HOM. I. 45; KATH. 2101; O. & N. 1307; ROB. 335.
amānsing, sb., *O.E.* amānsumung; *excommunication,* AYENB. 189.
a-māsen, v., *O.E.* amasian; *amaze;* **amāsed** (*pple.*) A. R. 270; WILL. 686; GOW. II. 25.
ambesas, sb., *Fr.* ambesas; *both aces,* ROB. 51; H. H. 108 (110).
ambiciōn, sb., *Fr.* ambition; *ambition,* AYENB. 22.
amblen, v., *Fr.* ambler; *amble;* **amblinde** (*pple.*) HALLIW. 53; amblinge CH. C. T. *E* 388.
ambler, sb., *Fr.* ambleur; *ambler,* CATH. 9.
amboht, sb., *O.E.* ombeht, = *O.H.G.* ampaht, ambaht, *Goth.* andbahts; *servant,* ORM. 2329.
āme, sb., *from* **āmen;** *aim, guess,* D. TROY 7088; GENER. 5959; A. P. iii. 128.
amel, sb., *O.Fr.* esmal; *enamel,* HALLIW. 54.
amelen, v., *O.Fr.* esmailler; *enamel;* **amelid** (*pple.*) HALLIW. 54.
āmen, v., *O.Fr.* aesmer, esmer, = *mod.Eng.* aim; *estimate:* amin '*aestimo*' PR. P. 190; hou manie þer deide i mai nought ame MAN. (F.) 4449; aime WILL. 1596; **eimeþ** (*pres.*) WICL. LEV. xxvii. 8.
amende, sb., *O.Fr.* amende, *from Lat.* ēmendāre; *reparation, fine, compensation;* **amendes** (*pl.*) AYENB. 37; PR. C. 1589.
amenden, v., *O.Fr.* amender, *from Lat.* ēmendāre; *correct, reform; give satisfaction for an offence, amend, mend,* C. L. 1117; amende BEK. 1094; schon amende JOS. 423; amendi R. S. ii; **amendeð** (*imp.*) A. R. 420.
amendment, sb., *O.Fr.* amendement; *correction; improvement; reparation,* ROB. 32; SHOR. 51; AYENB. 32.
amenusen, v., *O.Fr.* amenuisier; *diminish;* amenusi E. W. 28; **amenused** (*pple.*) CH. BOET. ii. 4 (40).

a-mēoken, v., *render meek*; **amēkid** (*pple.*) GEST. R. 177.

amerciment, sb., *O.Fr.* amerciment; *forfeit, fine*; **amerciments** (*pl.*) CH. C. T. *I* 752.

amercin, v., *O.Fr.* amercier; *amerce, fine*, PR. P. 11; amerci LANGL. *B* vi. 40.

a-merien, v., *O.E.* amerian; *purify*; **amered** (*pple.*) S. S. (Web.) 2266.

a-merran, v., *O.E.* amerran, -myrran; *mar, destroy, corrupt,* HOM. I. 23; amerre MISC. 74; amærre, -marren [amorre] LA3. 5356, 19469; **amerreþ** (*pres.*) AYENB. 203; a-merde, -mærde [amorde] (*pret.*) LA3. 3825, 11725; þu amerdest FRAG. 8; **amerred** (*pple.*) SHOR. 105.

amerveillen, v., *O.Fr.* esmerveiller; **amerveilled** (*pple.*) *struck with wonder, surprised,* L. R. H. 160; amervailed WILL. 3857.

amēsen, v., *O.Fr.* amesir (*from Lat.* mitire); *appease*; amese you D. TROY. 12842; TOWNL. 194.

amesūren, v., *O.Fr.* amesurer; *moderate*; **amesūreþ** (*pres.*) AYENB. 252.

ămete, sb., *O.E.* æmete, = *M.Du.*emte, eempte, *O.H.G.* āmeiza; *ant*; amote AYENB. 141; amte, emte WICL. PROV. vi. 6; ampte LIDG. M. P. 88; ematte '*formica*' VOC. 177; **ămeten** (*pl.*) ROB. 296; emeten BEK. 2241; emoten ALIS. 6566.

ămete-hül, sb., *O.E.* æmethyll; *ant-hill,* ROB. 296.

a-mēten, v., *O.E.* ametan; *measure*; **amēten** (*pple.*) FRAG. 2.

ametist, sb., *Fr.* amethyste; *amethyst,* P. L. S. xxxv. 93; amatiste MISC. 98.

ami, sb., *Fr.* ami; *friend,* ALIS. 1966.

amiable, sb., *Fr.* amiable; *friendly,* CH. C. T. *A* 138.

amice, sb., *O.Fr.* aumuce; *amice,* PR. P. 11; amise WICL. IS. xxii. 17.

amidon, sb., *Fr.* amidon; *starch,* L. C. C. 8.

aministren, v., *O.Fr.* aministrer; *administer*; **aministreþ** (*pres.*) CH. BOET. iv. 6 (135).

amirail, sb., *O.Fr.* amiral, *mod.Eng.* admiral; *emir, Saracen ruler,* ROB. 409; admiral FL. & BL. 201; admiral, admirail LA3. 27668, 27680; admiraud HORN (H.) 96.

amit, sb., *O.Fr.* amit; *garment, amice, hood,* '*amictus,*' VOC. 231; WICL. EXOD. xxxix. 21.

amonesten, v., *O.Fr.* amonester; *admonish*; **amonesteþ** (*pres.*) AYENB. 8; CH. BOET. v. 5 (135).

amonicioun, sb., *O.Fr.* amonition; *admonition,* CH. BOET. i. 4 (135).

amorous, adj., *O.Fr.* amorous; *amorous,* GOW. I. 89; R. R. 83.

amortisen, v., *O.Fr.* amortir; *deaden; alienate in mortmain*; amorteise LIDG. M. P. 207; **amortiseden** (*pret.*) LANGL. *B* xv. 315; a**mortised** (*pple.*) CH. C. T. *I* 247.

amounten, amounti, v., *O.Fr.* amonter; *amount, ascend, rise,* L. H. R. 38; **amuntet** (*pres.*) MISC. 28; **amounted** (*pret.*) A. P. ii. 395.

amōven, v., *O.Fr.* esmovoir; *set in motion; excite*; **amōved** (*pple.*) GOW. I. 296; ameved [amoved] CH. BOET. i. 1 (6).

ampairi, v., *see* **enpeiren.**

ampre, sb., *O.E.* ampre, *prov.Eng.* amper; *tumour*; **ampres** (*pl.*) HOM. I. 237.

ampulle, sb., *Lat.* ampulla; *phial, ampulla,* LA3. 14986; **ampulles,** ampolles (*pl.*) LANGL. *A* v. 527.

amte, *see* **amete.**

a-mürðrin, v., *O.E.* amyrðrian; *murder,* HOM. I. 247; **amürðred** (*pple.*) LA3. 16147.

an, v., *O.E.* ann, an, = *O.N.* ann, *O.H.G.* an (*pret.-pres.*); *favour, grant,* O. & N. 1739; as i þe love and an TRIST. 839; 3if god hit an LA3. 14851; þat he mire dohter wel on 11928; on MISC. 116; ich on wel þat 3e witen KATH. 1761; we unnen PROCL. 2; 3if 3e me blisse unnen [unneð] KATH. 2376; þe þe ufel unnen LA3. 28117; þet me god unnen MARH. 21; unne (*subj.*) P. L. S. viii. 158; LA3. 25114; god almihti unne me . . . þet ich mote þe iseo HOM. I. 199; (*ms.* hunne) GEN. & EX. 2249; *comp.* 3e-an; *deriv.* unnen, ēste.

an, *see* **and.** **an-,** *see* **en-.**

[an-, on-, prefix, *from* **an** prep.]
[an-², on-², prefix, = and-.]

an, on, o, a, prep. & adv., *O.E.* an, on, = *O.Fris.* an, on, a, *O.L.G., O.H.G.* an, ana, *Goth.* ana, *O.N.* ā, (*Gr.*) ἀνά; *on*: an are halfe LA3. 20717; an horse and an [a] fote 502; riden an (*sec. text* uppe) horse 12979; he bar an [on] his hande 25809; an þan ilke time 3890; an, on [a] live 3537, 10785; þa spæche him code an (*sec. text* at) wille 13076; Brennes cuðe an (*sec. text* of) havekes 4896; an (? =and) long 138; he havede ane honde 3793; þe king wes ane (*in*) France 23690; hevede . . . kinebearn on wombe 199; on [a] slæpe 1159; on [a] godes nomen 10136; he com on lond 116; þe king nom þat writ on hond 484; þu hit halst on (*sec. text* mid) unriht 7374; inoh he havet on (*of*) þirti 3313; muchele men on mihte 23919; ofte he hire lokede on 18538; hardliche heo on slo3en [an hewen] 1529; he heom on leide þat weoren lawen gode 2077; þah he hefde brunie on 1553; on heo duden heore iweden 9450; one leoden (*r.* leode) 3718; a londe & a watere 550; a (*sec. text* bi) dæi(e) oðer a nihte 19651; to dai a seoven nihten 11929; and swor a (*sec. text* bi) seint BRD. 17314; a (? = and) þat her com liðen ma of heore leoden 6040; ileid an (*in*) horde P. L. S. viii. 6; on helle 116; wel lange ic habbe child ibeon a worde & ec a dede 2; a watere & a londe 41; an

[on] ende A. R. 146; an Englisch 130; on ever iche halve 50; enes a wike 344; bringeð a vlihte 248; o ðe rode 262; an elle REL. I. 132; þare manie rotes one (*ms.* onne) wacseð 128; on ende 1487; þat tu havest on heorte 2142; he heold on (*continued*) to herien 434; o [on] worlde 527; a (*v. r.* til) ðet 719*; on (*ms.* onn) eorþe ORM. 422; on Abrahames time 4089; he wolde ... us ... bringen on to folȝhen þeȝre bisne 7717; þat naht þat Crist was boren one (*ms.* onne) 3753; þat standeþ o þe godspelboc 315; ænes o þe ȝer 1078; an efne O. & N. 323; nis on þe non holinesse 900; and þar one sulieþ 1240; þah no preost a londe nere 1314; a worlde 1363; a sumere 416; a dai 219; heo hadde gode þrote and schille and fale manne song a wille 1722; an horn hue ber an honde HORN (R.) 1111; he sloh a felde him þat (h)is fader aqvelde 997; an eve BRD. 31; ich wondri on mi þoȝt 15; none oþer cloþes nadde he on 29; a godes name 7; hi wende a lond 6; an, on ende C. L. 822, 973; on English 74; a live 1422; a last *at last* 457; o (? = oð) þat 152; an haste AYENB. 31; him on to loki 244; ane his left half 156; a þe left half 156; he valþ a grund 91; ones a dai 73; ones a ȝer E. G. 359; an erþe SHOR. 102; a ȝere 34; an eve, a morwe K. T. 468; he fel a slepe 397; on þinen namen '*in nomine tuo*' MAT. vii. 22; seofan siðan ... on daig '*septies in die*' LK. xvii. 4; on (*in*) þine huse FRAG. 6; on to lokienne *to look on* 8; on (*v. r.* in) ðer sæ HICKES I. 223; on londe HOM. I. 13; on heofene & on eorðan 11; beon on worlde 35; on þisse deie 99; to dei on fowertene niht 123; men cwelað on (*of*) hungre 111; & him on bleow (*breathed into*) gast 221; a londe 17; a domes deie 239; a (? = and) þet drihten com 15; alle hire luveden þat hire on lokeden MARH. 2; don us mare wa on JUL. 43; þe reve het on live ant o leomen 58; on eorðe H. M. 25; þat mahten bringe þe on (*induce thee*) mis for to donne 17; on þe fot of the dune HOM. II. 89; lustliche on to siene 163; þe þrop þe preste(s) one wunien 89; enes o dai, 67; a dai 109; be þu wis on þi word & war on þine speche REL. I. 186; ilc fis on water GEN. & EX. 162; on morgen 1093; on live 3595; so faiger he was on to sen 2659; king on Englene loande PROCL. 1; on godes nome MISC. 39; he is feir & briht on heowe 96; Aþulf sede on hire ire HORN (L.) 309; prut on herte 1389; wiþ swerde ihc þe an hitte (? anhitte) 712; on live HAV. 363; on horse riden 370; þis cloþes þat ich one (*ms.* onne) have 1145; on eiþer side ROB. 17; o live 40; þre siþe .. a ȝer 376; þat Peteres pans .. to þe pope nere not on isend BEK. 618; þeȝ al þe toun were a fure 1049; on wicchecraft nout i ne con AN. LIT. 7; on fote gon SPEC. 90; a naht *by night* 34; when elde him comeþ on A. D. 252; on felde WILL. 173; a daie 610; a live 129; on haste ALIS. 1855; on þe dai MAND. 288; on live JOS. 707; GOW. II. 372; on [a] grounde and on [a, o] lofte LANGL. *A* i. 88 (90); þai felle on slepe S. S. (Wr.) 2745; he rod on hunting E. T. 931; ronne bournes al on blode FLOR. 609; so semeli on to see 2071; i ran on [a] blode H. H. 55; o þat come domes dai 148; & Danmark on (*for* of) him wan MAN. (H.) 57; o fote 163; sixteen hundred þei brought on (*for* of) live RICH. 2059; what shal worthe on me MIR. PL. 151; a bedde S. S. (Web.) 1513; on fōn begin LAȝ. 21194; fon on 5630, 17393, 17423; & feng on þus to speken KATH. 315; we voð on to spekene A. R. 74; fo we on O. & N. 179; taken on *begin* LAȝ. 25965; on take ROB. 170.

an ān (*printed* anan), *anon*, KATH. 31; þeȝ wisten sone an an (*ms.* anan) ORM. 225; fowertiȝ daȝhes aȝ on an (*ms.* onnan) 11331.

ān, ǎn, a, ōn, ŏ, card. num., *O.E.* ān,=*O.L.G.* ēn, *O.N.* einn, *O.H.G.* ein, *Goth.* ains; *an* (*a*), *one*: þæt þi sien an '*ut sint unum*' JOHN xvii. 22; ða nam man an and an (*one by one*) SAX. CHR. 253; on an to eastren 256; a dæis fare 262; an child HOM. I. 77; ure an 21; a scep 121; an [a] preost LAȝ. 1; an hore 15579; þe an 22757; an efter ane *one after another* 6969; an and twenti 9541; þa weoren heo al an 29080; a wif 2528; þe an KATH. 576; an swa swote smeal 1600; ȝette me an hwat 768; a meiden 66; a crune 1585; in a londe 21; an hwet wite þu MARH. 5; al me is an þin olhnung ant tin eie 5; an an forð riht 15; meiden an eadiest '*virgo beatissima*' 13; an man ORM. 11213; an duhtiȝ wif 113; an an 225; an (*for* ane) cribbe 3321; an (*for* anes) mannes 5813; a mikel here 3370; a cribbe 3366; an hors O. & N. 773; an an, on 488, 1554, 1658; on old stoc 25; on hare 383; ȝif me hit halt evre forþ in on 356; a word 502; a tonge 156; o song 333; an wis man GEN. & EX. 2649; and kiste (h)is breðere on and on 2266; an hare ROB. 457; an (? *for* ane) fourti ȝer 230; an vewe wilde hinen 540; heo were al at on 113; a doȝter 12; at o time 306; an hound WILL. 10; an five mile 5110; a stounde 159; on a time 8; an hors MAND. 249; on geð ... in one sliddrie weie A. R. 252; heo is ever on 6: an on 20; in on 6; ȝif a mon is god 86; þet o mon beo vor one þinge twien idemed 308; a sihðe 48; o luve 12; no qvodh on HAV. 1800; but on 962; ilk an 1770; an hundred 2126; a king 27; of a tale 3; habbe velaȝrede þe on wiþ þe oþre AYENB. 43; bieþ al on 259; a kniȝt 45; o þing 46; whenne on hath don a sinne MIRC 71; and boþe on god 465; ðre daies slep he al on on REL. I. 226; an on to þe þrote '*usqve ad guttur*' TREV. III. 101; þei wepen evere in on [oon] CH. C. T. *A* 1771; a so gret best BRD. 31; a fourten night S. S. (Web.) 2363; an (*for* ane) oðer speche A. R. 100; an [on] oþer tale O. & N. 544; **āne**

[O.E. āna (*masc.*), āne (*fem.*)] *alone* : þa he ane wæs MK. iv. 10; he ane HOM. I. 165; KATH. 224; ane he gon riden LAȝ. 6466; we hine læteð ane 25702; nu þu ært al ane [one] (*alone*) 17934; as ha ... wes ... hire ane (*sola*) JUL. 31; he cuþe him ane ben ORM. 3194; he was king one ROB. 315; heo wende alone BEK. 59; betere is þat ich one deie SPEC. 81; left was he one WILL. 211; him ane ich luvie MARH. 4; let þe gome one GAW. 2118; nawt ane ... ah MARH. 14; nout one A. R. 46; noȝt one ROB. 193; **ǣnes** (*gen. m. n.*) LAȝ. 15574; anes eorðliches monnes HOM. I. 33; anes mannes ORM. 22; wið his anes wit KATH. 589; ane kinges 73; ever ich ones every one's A. R. 134; mid his ones mihte 160; one monnes 202; to þan anes (*for* ane) LAȝ. 17304; for þen anes *for the nonce* JUL. 71; (*ms.* þe naness) ORM. 7160; for þen ones SHOR. 125; ALIS. 1624; WILL. 2015; **ǣnre** (*gen. f.*) LK. xviii. 25; **ǣnun** (*dat. m. n.*) HOM. I. 245; anan JOHN xx. 1; anen MAT. vi. 24; ana LEECHD. III. 88; biforen þam preoste ane HOM. I. 77; buton ane treowe 221; ane, one A. R. 78, 124, 150; liveð ... bi him one 12; on ane daȝe LAȝ. 82; an one dæie 6443; i had no broþir bot him ane PERC. 2045; alle heo weoren bi ane (*together*, *cf. M.H.G.* bi ein) LAȝ. 22947; naȝt o del to onen and þat oþer del to an oþren AYENB. 175; alle we bieþ of one kende 186; mid one worde FRAG. 8; he sat up one vaire boȝe O. & N. 15; mid mine one songe 789; bute þe one HOM. I. 201; as hit were for þan one BRD. 18; þei weoren at one K. T. 277; **ǣre** (*dat. f.*) JOHN xx. 7; HOM. I. 173; LAȝ. 555; ore O. & N. 17; in ore niȝt FL. & BL. 83; **ǣnne** (*acc. m.*) HOM. I. 221; anne 93; ænne, enne, anne [one, on] LAȝ. 88, 394, 556; ænne, an ORM. 3374, 8118; enne A. R. 56; enne gost AYENB. 145; enne, anne O. & N. 799, 831; SHOR. 93, 95; enne, en MISC. 50, 51; en P. S. 150; anne stroc he ȝef him ROB. 223; ane man AYENB. 58; **ǣne** (*acc. f.*) HOM. I. 91; ane [one] dohter LAȝ. 2400; (*miswritten* ane) 2247; ane hwile KATH. 183; ane, ana LEECHD. III. 96; one O. & N. 199; one boc A. R. 54; one herte AYENB. 145; of ane (*for* are) sunne HOM. I. 23; bi one halve O. & N. 109; **ǣne** (*pl.*) ORM. 19764; for hio ane JOHN xvii. 20; ane feue LAȝ. 11752*; ane fewe P. S. 194; þa kinges ... ane þer wuneden LAȝ. 23880; þer heo weren one bi ham sulven A. R. 154; bi ham ane MARH. 14.

an-and, prep.,? = **anefen**; *nearto*; anant (? *ms.* **an-ante**) TREAT. 137; onond, anont, onont, anonde, ononde A. R. 4, 6, 124, 164, 426; anont H. M. 9; C. L. 1076; MIRC 1961; onont te under KATH. 2531; anende A. P. i. 1135.

a-napped, pple., *sleepy*; anapped he was P. L S. xvii. 278.

an-arȝien, v., *make cowardly*; anarwiþ (*pres.*) ALIS. 3346.

†

an-belȝen, v., *be angry*; anbælh (*pret.*) LAȝ. 26359; onbolȝen (*pple.*) LAȝ. 1696.

an-bīden, v., *O.E.* onbīdan; *await* : **anbīdende** (? *ms.* & bi diemde) [abidinge] heore wille LAȝ. 8622.

an²-bürsten, v., *burst out* : and he anbursten agon swulc (he) weore a wilde bar LAȝ. 25831; cnihtes **anburste** [aborst] (*pple.*) weoren 25241.

ancessour, sb., *O.Fr.* ancessour; *ancestor*; auncessour MAN. (F.) 945; ancestre BEK. 429.

ancestrie, sb., *O.Fr.* ancesserie; *ancestry*; auncestrie MAN. (H.) 14.

ancheisoun, *see* **encheisōn**.

ancien, adj., *O.Fr.* ancien; *ancient*; auncien MAND. 93.

anclēou, sb., *O.E.* anclēow, = *O.Fris.* onclewe, *cf. O.H.G.* anchal, *O.N.* ökla; *ankle*; oncleou '*talus*' FRAG. 2; ancle VOC. 148; ancle, anclee CH. C. T. *A* 1660; **anclowe** (*dat.*) AR. & MER. 5206.

an²-onāwen, v., *O.E.* oncnāwan, = *O.H.G.* int-, incnāhan; *recognize, acknowledge* : ge ... oncnāweð '*cognoscitis*' MK. viii. 17; on-, oknäun (*pple.*) *aware* C. M. 8627; be aknawe AM. & AMIL. 2099; þou art soþes aknowe LEB. JES. 332; ich am aknowe WILL. 4391.

ancre, sb., *O.E.* ancra; *anchorite*, A. R. 6; ROB. 380; LANGL. *C* iv. 141; **ancren** (*pl.*) A. R. 4; *see* **anker²**.

ancre-hūs, sb., *house of anchorites*, A. R. 88.

ancren, v., *anchor*; **iancred** (*pple.*) A. R. 142.

an-cume, sb., *accident*; oncume HOM. I. 147; oncome C. M. 5927.

an-cumen, v., *come upon* : onkumen (*pple.*) GEN. & EX. 841.

and, prep., *O.E.* and, ond, = *O.N.* and-, *O.Fris.* and, anda, end, enda, ond-, *Goth.* and, anda-, *O.L.G.* and, ant, *O.H.G.* ant-, ent-, int-, *Gr.* ἀντί; *against, towards, near, with regard to*; þe holie pistle þe me ret to dai and (*in*) ech holie chirche HOM. II. 117; his bærd and (? *for* an) his chinne LAȝ. 20305; doð up and (? an) waritreo 5704; þe brude þat briht is and bleo MISC. 91; þe mon þe spareþ ieorde and ionge childe REL. I. 184 (MISC. 130); and ende C. L. 1177*; and last 127; from heih and (*ms.* &) to herre HOM. I. 207; and þat hit wes dæi liht LAȝ. 5667; he is end longe feouwer & sixti munden 21993; biwinneð sone sucurs & help and (*from*) ure loverd A. R. 244; ent domis dai MISC. 216; ande long (*lengthwise*) nouht over þwert HAV. 2822; ende long MARH. 10; *comp.* **an-and**.

and², conj., *O.E.* and, ond, = *O.Fris.* and, ande, end, ende, *O.L.G.* endi, *O.H.G.* anti, enti, inti, unti; *and*, ANGL. VII. 220; HOM. I. 29; KATH. 289; (*ms.* annd) ORM. 1849; æfre & æfre 206; æver tweie and tweie tuhte to somne LAȝ. 24749; ærneð ævere vorð & vorð 16441;

and ȝef þu miht æine finden 3692; ant 104; & (*for* & ȝif) þu hit nult ileven 8313; an 2297, 5780; and if AN. LIT. 12; and (*for* and if) HAV. 2862; JOS. 389; PERC. 1156; ANT. ARTH. xvi; and i cacche miȝte LANGL. *B* ii. 192 [ȝif i mihte cacche *A* ii. 167]; and, ant A. R. 174, 230; and, an O. & N. 4, 7; C. L. 715, 789; AYENB. 15; and, ant, an HAV. 29, 36; ant JUL. 2, 3; KATH. 1977; SPEC. 23; an S. S. (Web.) 730; ande E. G. 20; ænd, end MK. i. 40, iii. 26; ent HOM. I. 241; ? a P. L. S. iii. 13; wen he is holden a mai APOL. 56.

ande, sb., *O.E.* anda, onda (*indignation, envy*), = *O.L.G.* ando, *O.H.G.* ando, anado, *O.N.* andi (*breath, spirit*); *breath, spirit*, IW. 3555; PR. C. 3054; and TOWNL. 154; onde '(*h*)*aleine*' VOC. 146; PR. P. 364; ALIS. 3501; FER. 2242; GOW. II. 260; ne drageð ge non onde REL. I. 217; onde (*envy*) LAȝ. 22756; A. R. 274; O. & N. 419; ROB. 40; C. L. 211; P. S. 196; P. L. S. v.² 51; R. R. 148; þah men to me han onde SPEC. 29; for anden MAT. xxvii. 18; þurh ande MK. xv. 10; þurh onden [onde] KATH. 893.

ond-ful, adj., *full of envy*, A. R. 68*.

anden, v., *O.N.* anda; *breathe*; ande CATH. 9; ondin PR. P. 364; **andes** (*pres.*) C. M. 21075.

[**ander-, ande-**, prefix, = **ender-**, = *O.E.* end; *formerly*.]

ander-sith, andesīth, adv., *formerly*, C. M. 2110, 24268.

andetted, *see* endetted.

andetten, v., *O.E.* an-, ondettan; *confess*: hio andetten (*pret.*) hiora sinnan MAT. iii. 6.

and-ȝēten, v., *confess*: andȝæten ure sinnes ORM. 15163.

andȝētinge, sb., *confession*, ORM. 18027.

andȝētnesse, sb., *confession*, ORM. 2762.

andi, adj., *O.E.* andig; *envious*; ondi MAP 336.

andiren, sb., *? a corruption of O.Fr.* andier; *andiron*; aundirin PR. P. 19; aundire VOC. 176.

and-lēt, sb., = *M.L.G.* antlāt, *O.Fris.* andlēte; *face*; onlæt ORM. 12939; onlete HOM. I. 59; ne turne þine anleth me fra PS. xxvi. 9.

an²-drēden, v., *O.E.* an-, ondrædan, = *O.L.G.* and-, ant-, andrādan, *O.H.G.* intrātan; *dread*, MK. vi. 50; ondræden MAT. i. 20; adreden HOM. I. 111; LAȝ. 8744; he mai him sore adreden HICKES I. 223; he mai him adrede grame O. & N. 1484; ac sore þu miȝt þe adrede R. S. i; **adrēde** (*pres.*) P. L. S. viii. 3; ondrǣdde, ondredde (*pret.*) MAT. ii. 22, xiv. 30; adredde HORN 1170; **adrǣd** [adred] (*pple.*) LAȝ. 10952; adred HAV. 1258; SPEC. 110; TOWNL. 25; adrad HAV. 278; WILL. 1980; MAND. 282; TOR. 289; we weren adredde KATH. 1345; aren adradde [adrad] LANGL. *B* xix. 21.

and-sǣte, adj. & sb., *O.E.* andsǣte, = *Goth.*
andasēts; *odious; enemy*; ORM. 16071; andsete HOM. II. 115, 183; ansete I. 107.

and-seche, sb., *O.E.* andsæc; *denial*, HOM. II. 147.

and-springen, v., *O.E.* onspringan, = *O.L.G.* ant-, anspringan, *O.H.G.* intspringan; *spring up, rise*; **andsprong(e)** (*pple.*) C. L. 152*.

and-sware, sb., *O.E.* andswere, answare [answere], andswaru; *answer*; LAȝ. 4412, 11925, 26355; andsware, -swere ORM. 2404, 12016; andswere MAT. ii. 12; GEN. & EX. 3081; ondswere JUL. 11; andsvare, ondsware, answare, onsware, answere, ansvere, onswere O. & N. 55, 149, 470, 1176; answare ISUM. 674; answere SHOR. 123; ansvere ROB. 197: onswere A. R. 8.

and-swerien, v., *O.E.* and-, ondswerian; *answer*, LAȝ. 22421; andsweren ORM. 2036; onswerien A. R. 94; onswerie HOM. I. 73; ansverie AYENB. 67; answere CH. C. T. *D* 1077; onswere JOS. 377; ich ansverie BEK. 531; **and-, answerede** (*pret.*) MAT. viii. 8, xii. 39; answerede GEN. & EX. 2728; ansverede BRD. 9; answereden MAND. 229.

[**and-wane**], **awane**, adj., *O.N.* andvana, andvani; *wanting, lacking*: to dei he mei to marȝan hit him is awane HOM. I. 21; hit is onwane of his hele 29.

and-weorc, sb., *O.E.* andweorc; *material*: of þissen andweorke alle þing he iwrouhte FRAG. 8.

and-wurden, v., *O.E.* andwyrdan, = *O.H.G.* antwurtan, *Goth.* andwaurdjan; *reply*; **andwurde** (*pret.*) HOM. I. 91.

ane, *see* an.

an-efen, prep., *O.E.* on efen, = *O.L.G.* aneban, *mod.Eng.* anent; *near to, against*; anen MAND. 80; onefent (t *paragogic, see* GR. GRAM. III. 217) A. R. 164*; anent ALEX. 735; anentis, anemptis WICL. JOHN v. 45; REL. II. 47; anemptes HALLIW. 61; onence PR. C. 1355.

ān-ēȝed, adj., *one-eyed*; oneyid PR. P. 365; oniȝed A. P. ii. 102.

a²-nēh, adv., *near*; al þat heo aneh comen LAȝ. 3827.

anélen, v., *O.Fr.* aneler, *from Lat.* anhelāre; *pant after, puff at*: berez and borez and etaines ... þat him **anélede** (*pret.*) of þe heȝe felle GAW. 722 [*Morris renders 'attacked, worried'*]; of linage a gret gentilman anelid to þis bischaprik WINT. VIII. xxxviii. 230.

an-ēlen, v., *O.E.* an-, onǣlan; *set on fire, burn*; **anēlend** (*ms.* anhelend) HOM. I. 219; onealde (*pret.*) HOM. I. 97; **anēled** (*pple.*) GOW. III. 96; anelid WICL. Is. xvi. 7.

an-élie, v., *anoint with oil*, SHOR. 44; **anéleþ** (*pres.*) 43; anélid (*pple.*) '*inunctus*' PR. P. 11; anelet MIRC 1812.

anélinge, sb., *anointing with oil*, '*inunctio*,' PR. P. 11.

a-nemnen, v., *O. E.* anemnan, = *M. H. G.*

ernennen; *name*; **anemnede** (*pret.*) P. L. S. xv. 20.
ānerlī, adv., *? from* **ān**; *alone*, BARB. vii. 59; all anerli v. 281; HAMP. TR. 4.
ānes, *see* **ǣnes**.
a nēuste, *see* nēhweste under nēh.
aneus, sb., pl., *O.Fr.* aniaus, *pl. of* anel; *rings, links, fetters*, MAN. (H.) 167, 278.
a-nēwen, v., = *O.H.G.* irniuwōn; *renew*; anewe DEP. R. iii. 24; ? ennēwiþ WICL. ECCLUS. xxxviii. 30; ? enewes TOWNL. 314.
ān-fald, adj., *O.E.* ānfeald; *simple*, HOM. I. 151; MARH. 11; ORM. 18668; C. M. 6342; ofeald HOM. II. 187.
ānfalde-līche, adv., *simply*, HOM. I. 5.
an-felt, sb., *O.E.* an-, onfilt, = *O.H.G.* anevalz, *M.Du.* aenbelt, -bilt; *anvil*; anvelt '*incus*' REL. I. 6; TREV. III. 207; CH. D. BL. 1165; anefelt WICL. ECCLUS. xxxviii. 29; anvilt FER. 1308.
an¹-fōn, v., *O.E.* an-, onfōn, = *O.H.G.* antfāhan; *receive*; onfon LAȝ. 1069; ORM. 17948; onfōþ (*pres.*) ORM. 4224; heo onfoþ FRAG. 7; onfēng (*pret.*) LAȝ. 134; onfengen MAT. ii. 12; ORM. 14396; anfōn (*pple.*) LAȝ. 8827.
an-gard, sb., *arrogance*, D. TROY 9745; ongart M. H. 49; **angardes** (*gen.*) GAW. 681.
ange, sb., *O.E.* ange, = *O.H.G.* ango; *anguish, distress*; him was waȝ & ange ORM. 11904; unæþe & al wiþ ange 16289; & dide him mikel ange 19804.
angel, sb., *O.E.* angel, = *O.H.G.* angul, *O.N.* ōngull; *angle, fish-hook*, '(h)amus,' FRAG. 2; MAT. xvii. 27; angil PR. P. 12.
angil-hōo, sb., *fish-hook*, WICL. IS. xix. 8.
ongel-twæoohe, sb., *O.E.* angeltwicce; *angle-twitch* (*worm used as a bait*); '*lu(m)bricus*' FRAG. 3.
angel, *see* engel.
an¹-ȝēn, prep. & adv., *O.E.* an-, ongegn, -gēn, -gean, = *O.L.G.* angegin, *O.H.G.* ingagan, *O.N.* īgegn, = LEB. JES. 316; HOM. I. 219; heo urnen onȝein him HOM. I. 3; dunt aȝein dunt 15; aȝein ȝeven *give back, return* 31; hwan ic aȝen cherre (*return*) 79; oȝein 7; onȝean FRAG. 6; ongen, -geanes MAT. xii. 30, 32; onȝein, -ȝean, aȝein, -ȝæin, -ȝen, -ȝæn, -ȝeines, -ȝenes LAȝ. 1590, 1667, 1900, 5917, 6178, 8837, 16223, 23157; for þi was mikel wræche set onȝæn þat woh ORM. 18; onȝænes kinde 249; aȝein, aȝean, aȝeines A. R. 14, 50, 216; and eiþer aȝen [ayein] oþer swal O. & N. 7; aȝeines riht 1371; aȝeines þare hete nere hit al noht R. S. v (MISC. 182); þat aȝen us is so hende ROB. 109; aȝein even 159; he was aȝen idrive BEK. 678; aȝein kuinde JOS. 106; cominge him aȝeines 562; aȝein [ageines] his wille LANGL. A vii. 70; i shal bringe þe aȝein ['*reducam te*'] into þis lond WICL. GEN. xxviii. 15; aȝens his broþer ['*adversus fratrem suum*'] iv. 8; aȝen, aȝenst MAND. 12, 220; aȝen, agein HAV. 489,

493; agein TOR. 2709; aȝe cunde BRD. 9; ayen MISC. 27; ȝelleþ ham ayen AYENB. 36; aye, ayens þane holi gost 28, 29; oȝain TRIST. 712; a-, egain C. M. 1537, 1538; agen (*r. w.* ben) GEN. & EX. 405; ageon 3912; agon (*r. w.* fon) 438; on-, aȝenes PROCL. 5, 6; aȝenest LAȝ. 22476*.
aȝein-bíe, v., *redeem*, WICL. LK. xxiv. 21; **aȝenboghte** (*pret.*) MAND. 2; **aȝeenboȝt** (*pple.*) WICL. ISA. lxii. 12.
aȝein-biere, sb., *redeemer*, WICL. JOB xix. 25.
aȝein-bite, sb., *remorse*, AYENB. 1.
agein-char, sb., *for* ȝeinchar; *return*, ANGL. II. 233.
aȝein-cüme, sb., *coming again*, S. A. L. 155.
ayēn-yefþe, sb. (*for* ȝenȝefþe); *a gift made in return*, AYENB. 120.
aȝēn-rīsing, sb., *resurrection*, WICL. JOHN xi. 25.
aȝein-sawe, sb., *for* ȝeinsawe; C. M. 8382.
aȝēn-turn, sb., *for* ȝēnturn; WILL. 4182.
aȝein-ward, adv., *O.E.* ongeanward; *backwards*; onȝeinwærd, aȝeward LAȝ. 1673; aȝeinward JUL. 72; aȝeanward A. R. 274; agenward GEN. & EX. 1782; aȝein-, aȝenward WICL. MK. iv. 35; ayeward AYENB. 48.
ayēn-wiȝte, sb. (*for* ȝenwiȝte), = *Ger.* gegengewicht; *counterpoise*, AYENB. 247.
anger, sb., *O.N.* angr *n.*; *anger, grief*, WILL. 552; GOW. I. 282; Iw. 1529; E. T. 914; anger and tene GEN. & EX. 2992; anger and wa PR. C. 3517; in anger and in care EGL. 150; in anger, pine, and mekile wo MIR. PL. 161; **angres** ful A. R. 370; **angre** (*dat.*) CH. BOET. ii. 4; **angres** (*pl.*) LANGL. B xii. 11.
[**anger-līch**, adj., *O.N.* angrligr] **angerlīche** (*adv.*) *painfully, angrily*, TREV. III. 81; GOW. I. 292; angerli MAN. (F.) 3759.
an¹-gin, sb., *O.E.* an-, ongin, = *O.L.G., O.H.G.* anagin; *commencement*, HOM. I. 217; angun II. 107; **aginne** (*pl.*) MAT. xxiv. 8.
an²-ginnen, v., *O.E.* an-, onginnan, = *M.Du.* ontginnen, *O.H.G.* inginnan; *commence*; ongan (*pret.*) ORM. 2801; ongon JUL. 13; ongunnen HOM. I. 89.
an²-ȝit, sb., *O.E.* and-, ondgit; *intellect*; **anȝite** (*dat.*) HOM. I. 99.
an²-ȝiten, v., *O.E.* ongitan; *perceive*, LAȝ. 26623; **aȝitte** (*pres.*) MISC. 193; onȝeat (*pret.*) HOM. I. 223; anȝæt LAȝ. 15726.
angle, sb., *O.Fr.* angle, *Lat.* angulus; *angle, corner*, CH. C. T. *B* 304.
Angle, pr. n., *Anglia*, MAN. (F.) 4097.
angren, v., *O.N.* angra; *anger, vex, distress*, ORM. 428; angre TREV. V. 355; þat **angreth** me sore LANGL. *B* v. 117; **angred** (*pple.*) MED. 744; PR. C. 302; þe king was angred FER. 262.
angri, adj., *troublesome*; *troubled, angry*,

'*molestus*,' REL. I. 8; GOW. I. 283; CH. C. T. *A* 3157.

angrom, sb. (*cf.* **agrámien**), *affliction*, '*angustia*,' PS. cxviii. 143.

ang-sum, adj., *O.E.* angsum (*from* *ang, *adj.*=*O.H.G.* ang, *O.N.* öngr, *Goth.* aggws, *narrow*); *strait, narrow*, '*angustus*,' MAT. vii. 14.

    anxumnesse, sb., *O.E.* angsumness; *anxiety*, ORM. 10457.

anguisse, sb., *O.Fr.* anguisse ; *anguish*, ROB. 177; CH. BOET. iii. 7 (79); MAN. (F.) 4835; anguise A. R. 234; angusse TREAT. 140.

anguissen, v., *O.Fr.* anguisser ; *anguish* ; anguisseþ (*pres.*) CH. BOET. iii. 8 (80); anguisi (? *printed* angrisi) (*subj.*) AYENB. 146.

anguissous, adj., *O.Fr.* angoissous ; *full of anguish*, ROB. 157 ; CH. BOET. ii. 4 (41) ; þe anguisuse deaðe A. R. 112.

ān-hād, sb., *unity*, KATH. 932; onhod C. L. 10; anhede PR. C. 16; onhede AYENB. 79; TRANS. XIX. 333; WICL. I TIM. iii. 2; APOL. 35.

an-hangen, v., *O.E.* onhangian ; *hang up* ; anhongen LA3. 13166; anhonge BEK. 724; **anhongeþ** (*pres.*) AYENB. 51; **anhanged**, anhonged (*pple.*) CH. C. T. *B* 3945; anhonged A. R. 126; AYENB. 241; an-, onhonged WILL. 1564, 4773.

an²-healden, v.,=*O.Fris.* onthalda, *M.H.G.* enthalten ; *retain* ; **anhialde** (*pple.*) AYENB. 152.

an²-hebben, v., *O.E.* anhebban, =*O.H.G.* antintheffan ; *heave up, lift, exalt*, LA3. 12627; onheföt (*pres.*) HOM. I. 113; **anhōf** (*sec. text* ahof) (*pret.*) LA3. 21625; anhefden, onheveden HOM. II. 177; onheven (*ms.* onhevene) (*pple.*) HOM. I. 117.

an-hē3en, v., ? *exalt* ; anhe3i (? *for* ahe3i), AYENB. 23.

ān-hende, adj., *one-handed* ; onhende '*mancus*' FRAG. 3.

an-hēten, v., *O.E.* onhǣtan ; *heat* ; **anhēt** (*pres.*) MISC. 30 ; AYENB. 108.

an-hitten, v., *hit* : wiþ swerde ihc þe anhitte (? an hitte) HORN (L.) 712 ; anhitte (*pret.*) ROB. 185.

an-hōn, v., *O.E.* onhōn ; *hang up*, LA3. 729 ; (hi) anhōð (*pres.*) O. & N. 1646 ; **anhēng** (*pret.*) LA3. 29358 ; **anhongen** (*pple.*) LA3. 1023; anhonge O. & N. 1195; P. L. S. x. 7; SHOR. 86; P. S. 213; anhōn (*pple.*) LA3. 30839; A. D. 261.

an-hungren, v., *be hungry* ; **anhungred** (*pple.*) ALIS. 1230 ; OCTOV. (W.) 467 ; P. 23 ; TREV. III. 471 ; LANGL. *B* x. 59*, *C* xii. 43*; anhungrid PR. P. 172.

ān-hürned, adj., *O.E.* ānhyrned ; *one-horned*, '*unicornis*;' þe anhurnde MARH. 7.

[**ān-hwerfed**, adj., *constant*.]

anhwerfed-lēk, sb., *constancy* ; anwherfedle3c ORM. 11124.

āni, see **ǣni**.

aniente, anientice, v., *O.Fr.* anientir, anientiss-: ; *annihilate*, LANGL. *B* xvii. 285 ; aniintischin PR. P. 12 ; **anientised** (*pple.*) E. G. 6 ; *cf.* **enentischt**.

a-nimen, v., *O.E.* animan ; *receive, take up* ; **anymeð** (*imper.*) MAT. xxv. 28 ; **anam** (*pret.*) HOM. I. 229.

ānin, v.,=*O.H.G.* einōn ; *unite* ; onin PR. P. 365 ; ōneþ (*pres.*) AYENB. 88 ; ōned (*pple.*) TREV. V. 341 ; CH. C. T. *D* 1968.

āninge, sb., =*O.H.G.* einunga ; *union* ; oninge PR. P. 365 ; AYENB. 65 ; TREV. V. 9.

an-innen, prep., *O.E.* oninnan ; *within* : ic inc habbe ... aninne mine benden LA3. 5617 ; he lette al þat wel weorpen þer aninnen 6428.

anious, see **anoious**.

anīs, sb., *Fr.* anīs ; *anise*, SPEC. 26.

a-niðerien, v., *O.E.* aniðerian,=*Ger.* erniedern ; *abase* ; aniðeri [aneoþeri] LA3. 14861 ; aneþered (*pple.*) ROB. 217.

anjoini, see **enjoinen**.

ān-kenned, adj., *O.E.* āncenned ; *only-begotten*, ORM. 17003.

anker, sb., *O.E.* ancor,=*O.H.G.* ancher *m.*, *from Lat.* ancora *f.*; *anchor*, HAV. 521; WILL. 568 ; TRIST. 366 ; LIDG. M. P. 50 ; ankir OCTAV. (H.) 433 ; **ankeres** (*pl.*) LA3. 25539 ; ancres ALIS. 1416 ; *deriv.* **ancren**.

anker-mon, sb., *anchor-man*, '*proreta*,' FRAG. 2.

anker², sb., *O.E.* ancor ; *anchorite*, BEK. 1155 ; R, R. 6348; **ancres** (*pl.*) LANGL. PROL. *A* 28; *cf.* **ancre**.

anlace, sb., *a sort of dagger*, D. ARTH. 1148 ; anlas CH. C. T. *A* 357 ; aunlaz MAV. 2554.

ān-lĕpi, adj., *O.E.* ānlēpig, ǣnlȳpig ; *single, sole*, ORM. 11 ; anlepi KATH. 74 ; anlæpi LA3. 13359; onlepi HAV. 1094; AYENB. 13; APOL. 38*; onlepi, elpi [anlepi] A. R. 116, 366; enlepi, enlipi, alpi HOM. I. 23, 75 ; olupi E. G. 350; alpi REL. II. 275 ; ænne ǣlpine (*acc.*) broðer LA3. 31451.

ōnlĕpi-hēde, sb., *singleness*, AYENB. 21.

ōnlĕpi-līche, adv., *singly, alone*, MISC. 28 ; AYENB. 55.

ān-līch, adj., *O.E.* ān-, ǣnlīc, =*M.Du.* eenlīc ; *only* : min anliche sune LK. ix. 38; in onliche stude A. R. 152; ōnlīohe (*adv.*) AYENB. 265 ; WILL. 3155 ; MIRC 656 ; PL. CR. 534 ; anli IW. 3744; ōnlūkest (*superlat.*) A. R. 90.

an-līch, adj., *O.E.* an-, onlīc, =*M.H.G.* anelīch, *Goth.* analeiks ; *alike, like*, MAT. xviii. 23 ; þet is him anlich AYENB. 186 ; þet stat makeþ þane þet hit wel lokeþ anlike to þe angles of hevene 227 ; alike PR. P. 10; **alīohe** (*adv.*), *alike* GOW. I. 268 ; A. P. ii. 1477; alle are þei aliche longe LANGL. *B* xvi. 57 ; olike PR. C. 7560 ; al it was him olike loð GEN. & EX. 2024; Saxons . . . hight(e) alle oliche MAN. (F.) 41.

anlicnesse, sb., *O.E.* anlīcnes; *likeness, image,* AYENB. 88; an-, onlicnesse, onlichnesse HOM. I. 59, 95, 223; onlicnesse A. R. 18; ORM. 5056; onlicnesse [anlichnisse] LA3. 1141, 21154; anlicnisse MAT. xxii. 20.

an-licnen, v., = *M.H.G.* anelīchen; *resemble,* anlīkni AYENB. 101; **anlīkneþ** (*pres.*) 16; **anlīcned** (*pple.*) *compared,* 61.

an²-lihten, v., *O.E.* onlȳhtan, = *O.H.G.* intliuhten; *enlighten*; **onlihteð** (*pres.*) HOM. I. 97; **onlight** (*imper.*) PS. cxviii. 135; he onlihte Daviðes heorte HOM. I. 97.

ān-mōd, adj., *O.E.* ānmōd, = *O.H.G.* einmuot; *unanimous,* HOM. I. 101; onmod II. 183.

ānnesse, sb., *O.E.* ānness, = *O.H.G.* einussa, einnissa; *unity,* HOM. I. 93; onnesse A. R. 12.

anniversarie, sb., *Fr.* anniversaire; *anniversary*; **anniversaries** (*pl.*) A. R. 22.

[**anoilen**, v., *O.Fr.* enuiler; *anoin.t with oil*].

anoiling sb., *anointing,* H. S. 844; anoilinge AYENB. 14.

anoint, anointin, *see* enoint, enointin.

anoious, adj., *O.Fr.* anoious, anuieus (= ennuieus); *noxious,* CH. BOET. i. 2 (7); anious GAW. 534; noious WICL. I TIM. vi. 9.

anour, -ouren, *see* honour, -ouren.

anourne, v., *for* aournen; *see* adornen; *adorn,* WICL. GEN. xxiv. 47.

anournement, sb., *ornament,* A. P. ii. 1290.

ān-rēd, adj., *O.E.* ānrǣd, *O.H.G* einrāt; *constant, persevering,* HOM. I. 115.

ānrǣd-līche, adv., *persistently,* HOM. II. 61.

ānrǣdnesse, sb., *O.E.* ānrǣdness; *constancy,* HOM. I. 107; an-, onrednesse A. R. 12.

an-sēchen, v., *O.E.* onsēcan; *attack*; **onsēken** (*pres.*) GEN. & EX. 851; **onsōhte** (*pret.*) LA3. 5657.

ansel, anser, sb., *a sort of balance*; aunsel, auncel, aunser, auncer LANGL. *A* v. 132, *B* v. 218, *C* vii. 224.

an-sēne, sb., *O.E.* an-, onsīon, -sīen, -sȳn, = *O.L.G.* asiun; *countenance*; onsene '*facies*' FRAG. 2; HOM. I. 191; O. & N. 1706; ansine LEECHD. III. 132; ansiene '*aspectus*' MAT. xxviii. 3.

an-sīne, sb., *O.E.* an-, onsȳn; *? swoon*; as povre wif þat falleþ in ansine AN. LIT. 10.

an²-standen, v., *O.E.* andstandan; *resist*: aȝen þe Deneis to anstond(e) ROB. 267.

ān-standende, pple., *standing alone,* HOM. I. 221.

ant, *see* and.

ante, sb., *O.Fr.* ante, *from Lat.* amita; *aunt*; aunte ROB. 37; LANGL. *B* v. 153.

antefne, sb., *O.E.* antefn, *from med.Lat.* antiphona; *anthem*, A. R. 34; antein P. L. S. ix. 185.

anticrist, sb., *antichrist,* PR. C. 4065.

antiphoner, sb., *O.Fr.* antiphonier; *antiphoner,* VOC. 230; CH. C. T. *B* 1709.

antre, *see* **aventūre**.

an-ufen, adv., *O.E.* onufan; *above*; anufene LA3. 16432; onufen LK. xi. 44; onuven A. R. 236; JUL. 53; anoven HORN (L.) 624; P. S. 188.

anuven-an, prep. & adv., *on from above,* (? *for* uvenan), LA3. 15493; anovenon FL. & BL. (H.) 643.

anufen-ward, adv. & prep., *towards the top (of),* P. L. S. xiii. 341; FER. 622; þa com se fir onufenweard þone stepel SAX. CHR. 249.

anui, sb., *O.Fr.* anui, anoi (*see* ennui); *annoyance, trouble,* A. R. 94; anoi AYENB. 267; nui C. L. 442.

anuien, v., *O.Fr.* anoier, = ennoier, ennuier; *annoy*; anuie HAV. 1735; anoie SHOR. 36; anoie, noie WICL. EX. xxii. 22; **anuied** (*pple.*) LA3. 2259*; BEK. 1001.

anunciacioun, sb., *annunciation,* TREV. VIII. 351.

an-under, prep., *under,* HOM. I. 193; MISC. 44; REL. I. 48; A. P. i. 1080; þat alle anunder him were BRD. 1; anunder bis SPEC. 35; anoder HORN (L.) 567; anondir OCTOV. (W.) 550.

an-uppen, prep., *O.E.* onuppan; *upon,* HOM. II. 107; þe he onuppen falð MAT. xxi. 44; anuppon, onuppen, anuppe HOM. I. 3, 43, 133; anuppe þisse dune MISC. 85; anoppe LA3. 1916*.

anūri, *see* **honouren**.

anvenime, *see* **envenime**.

an-wald, sb., *O.E.* an-, onweald, = *O.H.G.* anawalt; *power, dominion*; **anwalde**, onwalde (*dat.*) LA3. 8456, 13950; whæt heo hæfden ou anwolde 13182; under mire onwalde HOM. I. 13; of deofles onwalde 15.

an-weald, adj., *O.E.* onweald; *powerful*; anwealda gastes HOM. I. 219.

an-wende, v., *O.E.* onwendan; *avert,* LA3. 31438.

ān-, ōn-wil, adj., *obstinate,* A. R. 56, 400.

ān-wille, adj., *O.E.* ānwille, = *O.H.G.* einwilli; onwille '*obstinatus*' FRAG. 5.

an-wiðre, prep., *against*: þe wind him com onwiðere [onwiþere] LA3. 2884; haveð þeos wind & þeos weder awiðer [awiþer] him istonde 12060.

anxum, *see* **angsum**.

aouren, v., *O.Fr.* aourer; *adore*; **aourede** (*pret.*) P. L. S. xix. 32.

aournen, *see* **adornen**.

apaie, v., *O.Fr.* apaier; *satisfy, appease,* HICKES I. 228; **apaied** (*pple.*) ROB. 117; WILL. 1883; LANGL. *A* vi. 110.

apainen, v., *O.Fr.* apainer; *pain*: him **apaineþ** (*pres.*) mani a screwe SHOR. 146.

apaisen, v., *O.Fr.* apaisier; *appease*; **apaisede** (*pret.*) CH. BOET. iv. 7 (148).
ápe, sb., *O.E.* apa, = *O.N.* api, *O.H.G.* affo; *ape*, VOC. 188; A. R. 248; O. & N. 1325.
   ápe-warde, sb., *ape keeper*, LANGL. B v. 640.
   ápe-ware, sb., *counterfeit wares*, A. R. 248.
apēche, v., *O.Fr.* empecher, *Lat.* impedicāre; *hinder; impeach*, SACR. 302; **apēched** (*pple.*) SHOR. 38.
apēchour, sb., *impeacher*, PR. P. 12.
apeiren, *see* empeiren.
apel, sb., *O.Fr.* apel; *appeal, peal, 'appellatio, classicum,'* PR. P. 12, 13; ROB. 473; REL. II. 227; LANGL. C xx. 284.
apélin, v., *O.Fr.* apeler; *appeal*; appelin *'appello'* PR. P. 13; appele P. R. L. P. 157; **apéliden** (*pret.*) WICL. 1 MACC. x. 64.
aperceive, v., *O.Fr.* apercevoir; *perceive*, CH. ASTR. ii. 35; **aparceiveþ** (*pres.*) AYENB. 57.
apéren, v., *O.Fr.* aparoir; *appear*; apeeren LANGL. A iii. 109; apere REL. II. 228; appere CH. C. T. A 2346; PR. C. 5243; **apérede**, apierede (*pret.*) MISC. 26, 27.
apert, adj., *O.Fr.* apert; *apert, open, manifest*, ROB. 501; AYENB. 203; ALIS. 2450; M. T. 70; PR. C. 4490.
   apert-liche, adv., *apertly*, ROB. 375; JOS. 276; apertli WILL. 4706.
apointen, v., *O.Fr.* apointer; *appoint*; apoint GOW. II. 151; **apointed** (*pple.*) GOW. II. 265.
apoisonen, *see* enpoisonen.
apostáte, sb., *O.Fr.* apostate; *apostate*, AYENB. 19.
apostel, sb., *O.E.* apostol, *O.Fr.* apostle, *Lat.* apostolus; *apostle*, HOM. I. 41; AYENB. 41; **apostles** (*pl.*) HOM. I. 75; **apostle** (*gen. pl.*) MAT. x. 2; apostlene SHOR. 51.
apostem, sb., *O.Fr.* aposteme, apostume, *Gr.* ἀπόστημα; *imposthume*, CATH. 11; apostim, apostume PR. P. 13; **apostims** (*pl.*) PR. C. 2995.
apostolie, sb., *O.Fr.* apostolie, apostoile; *pope*; þan holi appostolie (*sec. text* pope) LA3. 29614; apostoill MAN. (H.) 130.
apotecarie, sb., *O.Fr.* apotecaire; *apothecary*; **apotecaries** (*pl.*) CH. C. T. A 425; MAND. 51.
appallen, v., *? O.Fr.* apallir, *mod.Eng.* appal; *grow or make pale or feeble*; **appalleþ** (*pres.*) SHOR. 91; **apalled** (*pple.*) CH. C. T. A 3053.
appareil, sb., *O.Fr.* appareil; *preparation, apparatus, apparel*, WICL. 1 MACC. ix. 35; apparail MAN. (F.) 657.
appareilen, v., *O.Fr.* apareiller; *prepare, fit out, apparel*; apparaile, apparaille LANGL. A ii. 148; **aparailde** (*pret.*) WILL. 1146; **aparailed** (*pple.*) MISC. 26.

apparence, sb., *O.Fr.* apparence; *appearance*, CH. C. T. F 218.
appel, sb., *O.E.* æppel, æpl, *m. n.*, = *O.Fris.* appel, *O.H.G.* aphol *m.*, *O.N.* epli *n.*, *Ir.* abhal, ubhal, *Gael.* ubhal, *Welsh* afal; *apple*, ORM. 8118; O. & N. 135; TREAT. 132; þen appel R. S. vii; H. H. 10; appel of the eie VOC. 145; eppel HOM. I. 25; AYENB. 84; þes eppel A. R. 52; **epple** (*dat.*) HOM. I. 123; of þen epple A. R. 66; **apples** (*pl.*) GEN. & EX. 1129; SPEC. 35; æpple LEECHD. III. 118; applen ROB. 283; applen (*dat. pl.*) P. L. S. xxiii. 78.
appul-3erd, sb., *apple-yard*, PR. P. 13.
appul-hord, sb., *stock of apples*, PR. P. 13.
appul-mōs, sb., = *M. H. G.* apfelmuos; *stewed apples, 'pomacium,'* PR. P. 13.
appul-seller, sb., PR. P. 13.
appel-trē, sb., *apple-tree*, H. H. 93 (95).
æpel-tūn, sb., *'pomarium,'* FRAG. 4.
appenden, v., *O.Fr.* apendre; *appertain, belong*; **appendeþ** (*pres.*) LANGL. A i. 43; appendith CH. C. T. I 1024; apendez GAW. 623.
appertenaunce, sb., *O.Fr.* apertenance; *appurtenance*, ALIS. 1829.
appertenent, adj., *O.Fr.* appertinent, CH. C. T. E 1010.
appertienen, v., *O.Fr.* apertenir; *appertain*, CH. BOET. iii. 4 (73).
appetit, sb., *O.Fr.* appetit, apetit; *appetite*, CH. C. T. D 1218.
applíen, v., *O.Fr.* aplier; *apply*, CH. BOET. v. 4 (161); applie LUD. COV. 34.
aprentis, sb., *O.Fr.* aprentis; *apprentice*, LANGL. C iv. 281; prentis A iii. 218; **aprentis** (*pl.*) WICL. E. W. I. 382.
apróchen, v., *O.Fr.* aprocher; *approach*, CH. BOET. i. 1 (6); aprochi P. L. S. xxi. 118.
aproprien, v., *O.Fr.* aproprier; *appropriate*; **apropred** (*pple.*) AYENB. 40; appropried PR. C. 9346.
apróve, v., *O.Fr.* aprover; *approve*, AM. & AMIL. 803; **apróved**, appreoved (*pple.*) TREV. III. 265; approved CH. L. G. W. 21.
apte, adj., *Fr.* apte; *apt*, PALL. iii. 858; apt S. A. L. 68.
aqveintance, *see* acointance.
aqvére, v., *O.Fr.* aqverre; *acquire*; acqwere S. S. (Wr.) 1081.
aqvitance, acqvitance, sb., *O.Fr.* acqvitance; *acquittance*, LANGL. B xiv. 189; CH. C. T. A 4411.
aqvite, v., *O.Fr.* aqviter; *acquit*, R. R. 6742; aqvitti AYENB. 137; acwiten A. R. 124.
ar, sb., *O.N.* ör *n.*; *scar, 'cicatrix,'* HALLIW. 77; arre WICL. LEV. xxii. 22; an erre (*ms.* a nerre) VOC. 209; **erres** (*pl.*) PR. C. 5327.
ār, *see* ǣr *and* ōr.

Arabiss, sb., *O.Fr.* Arabis, Arabit, Arabi; *Arab*, HOM. I. 5.

arāce, v., *O.Fr.* esracier, *Lat.* exradicare; *pull up by the roots, tear away*, CH. C. T. E 1103; **arāched** (*pple.*) SHOR. 156.

a-rēchen, v., *O.E.* arǣcan, = *O.H.G.* erreichen; *reach*; arechin '*attingo*' PR. P. 14; arechen, areachen A. R. 128, 166; areachen to þe heovene MARH. 12; areche HORN (L.) 1220; P. L. S. xx. 94; SHOR. 154; GOW. I. 150; WICL. JOHN xiii. 26; al þat his ax areche might RICH. 7039; **arǣhte** [arahte] (*pret.*) LA3. 10539; to Daris . . . twenti pund he ara3te FL. & BL. 812; sturne strokes that ara3te HALLIW. 77; **arā3t** (*pple.*) FL. & BL. 687; o best him was arau3t (? *for* atrau3t) S. S. (Web.) 895.

a-rǣden, v., *O.E.* arǣdan, = *O.H.G.* irrāten; *conjecture, interpret, explain*; aredan HOM. l. 121; of whiche no man ne couþe areden þe nombre ALIS. 5115; arede MISC. 45; GOW. I. 24; hi þat **arēdeþ** (*pres.*) þise redeles SHOR. 24; **arēde** (*imper.*) WICL. MAT. xxvi. 68; **arǣd** (*pret.*), þe sweven . . . þat Daniel an one arad GOW. I. 25.

a-rǣren[arere], v., *O.E.* arǣran; *rear up, raise up*, LA3. 2023; areran ane buruh HOM. I. 93; þet heo muhten þe dea*d*e arearen vrom dea*þ*e to live A. R. 390; arere BEK. 901; TRIST. 2834; OCTOV. (W.) 21; LUD. COV. 132; arere þet heved AYENB. 31; **arǣreþ** (*pres.*) FRAG. 7; **arēr** (*imper.*) HOM. I. 211; **arērde** (*pret.*) LA3. 14229; arearde KATH. 1043; þeo þat . . . uvele lawe arerde MISC. 64; **arēred** (*pple.*) ROB. 7; he hedde arered and imad manie werren AYENB. 239; þe rode is up arered SPEC. 85.

arainen, v., *O.Fr.*, arainier, araigner; *arraign*; areine P. L. S. xxv. 85; arene L. H. R. 147; **areined** (*pret.*) TREV. IV. 303.

aranie, eranie, sb., *O.Fr.* araigne; *spider*, '*aranea*,' PR. P. 14, 140.

a-rāten, v., *reprove*, LANGL. *B* xi. 98; rebuked and arated xiv. 163.

arber, sb., = herber; *arbour*: in þe garden . . . was an arber fair and grene and in þe arber was a tre SQ. L. DEG. 28.

arbitres, sb., *arbitress*, AYENB. 154.

arbitrour, sb., *arbitrator*; arbitrouris (*pl.*) WICL. 3 ESDR. viii. 26.

arblaste, sb., *O.Fr.* arbaleste, *Lat.* arcubalista; *arbalast*, ROB. 377; arblaste, arblast AYENB. 47, 71; arblast RICH. 1867.

arblaster, sb., *O.Fr.* arbalestier; *arbalaster*; **arblasters** (*pl.*) R. R. 4196.

arc, sb., *O.Fr.* arc, arche; *arc, arch*; ark CH. C. T. E 1795; arche TREV. I. 215; **arches** (*pl.*) LEG. 157.

archangel, sb., *Lat.* archangelus; *archangel*, HOM. l. 41.

arche, *see* **arke**.

archebischop, sb., *O.E.* arcebiscop, *Lat.* archiepiscopus; *archbishop*, BEK. 493; ærchebiscop LA3. 12636; erchebischop MAN. (F.) 6873.

archebischop-rīche, sb., *archbishopric*, P. L. S. xiii. 71.

ærchebiscop-stōl, sb., *see of an archbishop*, LA3. 12657.

archedēkne, erchēdekne, sb., *O.E.* arcediacon, *Lat.* archidiaconus; *archdeacon*, CH. C. T. *D* 1302; arcedekne BEK. 170.

archer, sb., *O.Fr.* archier; *archer*, LEG. 220; AVENB. 45; archer, archier CH. C. T. *B* 1929; **archērs** (*pl.*) ROB. 199.

archerie, sb., *archery*, LUD. COV. 44; PR. P. 14.

architriclin, sb., *O.Fr.* architriclin, *Lat.* architriclīnus; *ruler of the feast* (*often mistaken for a proper name*), MISC. 29; WICL. JOHN ii. 8.

ardaunt, adj., *Fr.* ardent; *ardent*, CH. BOET. iii. 12 (106).

āre, sb., *O.E.* ār *f.*, = *O.N.* ār; *oar*, FLOR. 1878; TRIST. 366; ore PR. P. 368; HAV. 1871; WILL. 2754; S. S. (Wr.) 3153.

āre-hole, sb., *oar-hole*, VOC. 239.

āre, sb., = *O.E.* ār, *O.N.* æra, *O.L.G., O.H.G.* ēra, *O.Fris.* ēre; *honour, grace, mercy*, M.T. 38; are & milce ORM. 1476; þin are (*ms.* þi nare) TRIST. 2135; in menske and are C. M. 4245; swa bide ich godes are [ore] LA3. 2972; he dude mare to Peteres are 31956 (*miswritten* ære 5336); crie him 3eorne þer of merci & ore [are] A. R. 136; ore FRAG. 8; O. & N. 886; HAV. 211; ROB. 340; TOR. 916; M. ARTH. 1344; bi godes ore FL. & BL. 173; he 3af alle þe kni3tes ore HORN (L.) 1509; for to habbe þin(e) ore BEK. 333; in goddes ore MIRC 585; ore, oure CH. C. T. *A* 3726; aore HOM. I. 187.

ōr-fest, adj., *O.E.* ārfæst; *dutiful*, '*pius*,' FRAG. 3.

āre-ful, adj., *O.E.* ārfull; *merciful*, ORM. 1460.

āre-lēs, adj., *O.E.* ārleas; *merciless*, HOM. I. 173; arelies, oreles P. L. S. viii. 100; arelæs ORM. 9881; orleas FRAG. 6; oreleas HOM. II. 36.

ār-würðe, adj., *O.E.* arwyrðe; *honourable*; ārwurðore (*comp.*) MAT. xx. 28.

ār-würðen, v., *O.E.* ārwurðian, -wyrðian, -weorðian; *honour*, SAX. CHR. 30.

ār-w(ü)rðlīce, adv., *honourably*, HOM. I. 229.

a-recchen, v., *O.E.* areccan, = *O.H.G.* irrecchan; *explain, expound, enounce*, LA3. 28097; areche us þis bispel MAT. xv. 15; þis sweven (heo) **arǣhten** 25629; **araht** (*pple.*) MARH. I; arou3t HALLIW. 86.

a-redden, v., *O.E.* ahreddan, = *O.H.G.* arrettan; *deliver, save*, LA3. 26909; A. R. 390; aredde FL. & BL. 689; M. T. 97; arudden HOM. I. 253; KATH. 1142; **arūde** (*imper.*)

MARH. 6; **aredde** (*subj.*) O. & N. 1569; **aredde** (*pret.*) HOM. I. 87; II. 33; LA3. 831; **ared** (*pple.*) A. R. 392; MISC. 86.

a-réde, v., ? *O.E.* aredian; *reach, hit*: wham he mai with þe hache arede FER. 1706.

a-réde, v., *O.E.* arǣdan; *read*, LA3. 22719; ALIS.² (Sk.) 573.

a-reimen, v., *rescue, redeem*: þet is ure raunsun þet we schulen areimen us mide A. R. 126.

a-reisen, v., *raise*; areise WILL. 4342; **areisid** (*pple.*) WICL. JOHN iii. 14.

āren, v., *O.E.* ārian, = *O.H.G.* ēren, *O.N.* æra; *show mercy*, ORM. 1462.

ārende, *see* **ǣrende**.

a-réosen, v., *O.E.* ahrēosan; *rush upon*; **aruren** (*pret. pl.*) MAT. vii. 27.

a-réowen, v., ? *for* 3e-hrēowen; *commiserate, repent*; arewen P. S. 240; hit shal him never þenne arewe MAS. 15; me **aréoweð** þi sar JUL. 35; **aréowe** (*subj.*) A. R. 66; þe deore drihtin aréaw us KATH. 1379; areu H. H. 29.

a-repen, v., *touch*: þet heo muwen arepen & arechen A. R. 128; areppen LA3. 26034.

arerage, sb., *O. Fr.* arrerage, arrierage; *arrearage*, LANGL. *C* x. 274; arrerage, arerage CH. C. T. *A* 602.

arére, adv., *O.Fr.* arere; *backwards*, GOW. I. 315; LANGL. *A* v. 198; arrere *B* v. 354.

a-resien, v., *O.E.* ahrysian; *shake, totter*: þe tre aresede as hit wold falle S. S. (Web.) 915.

aresonen, v., *O.Fr.* araisoner; *call to account*; **aresoneþ** (*pres.*) R. R. 6220; **aresunede** (*pret.*) MISC. 35; **aresoned** (*pple.*) PR. C. 2460.

ārest, *see* **ǣrest**.

arest, sb., *O.Fr.* arest; *arrest*, CH. C. T. *E* 1282.

areste, v., *O.Fr.* arester; *arrest*, TREV. VIII. 283; CH. C. T. *A* 827; D. ARTH. 633.

aretten, v., *esteem, account*, CH. BOET. ii. 4 (40); arette WICL. LEV. xi. 4.

āre-þéode, sb., *for* ǣr-þéode; *people of long ago*, ISUM. vi; arthede DEGR. 7.

arewe, *see* **arwe**. **arf**, *see* **erfe**.

arfeþ, *see* **earfeþ**.

ar3, adj., *O.E.* earg, earh, = *O.Fris.* arg, erg, *O.N.* argr, *O.H.G.* arg; *cowardly, idle, bad*, ar3e GAW. 241; arh HOM. I. 277; eær3h LA3. 4336; æruu 3455; ær3, areh O. & N. 407; areu 1498; aru [arwe] as an hare ROB. 457; arwe, arwhe '*timidus, pavidus*' PR. P. 14; arwe ALIS. 3340; eruh [arch] A. R. 274; þe arege, arewe, erewe REL. I. 176 (MISC. 116, 117); ar3e, ærwe (*pl.*) P. L. S. viii. 10; er3e HOM. I. 161; erewe MISC. 58; arwe RICH. 3821; arwe men and kene HAV. 2115; ar3(e) (*adv.*) SHOR. 22; **ǣrhest** (*superl.*) LA3. 21733.

arh-héde, sb., *cowardice*, MISC. 74.

ærh-scipe, sb., *cowardice*, LA3. 12411.

ar3nesse, sb., *cowardice, sloth*, AYENB. 31; arghnesse HOCCL. i. 435.

ar3ien, v., *cf. M.Du., M.H.G.* argen; *make or grow cowardly or bad*: þet eower heorte er3ian (*pres.*) swiðe HOM. I. 13; me ar3es of mi selfe ALEX. 537; ar3e (*pres. subj.*) GAW. 2301; ar3ed (*pret.*) A. P. ii. 572; þat arghede alle þat þer ware PERC. 69; þou ... hast arwed meni hardi men LANGL. *C* iv. 237.

argoile, sb., *dregs of wine*, CH. C. T. *G* 813.

ar3ðe, sb., *O.E.* yrgð, = *O.H.G.* argida; *cowardice, sloth*; ærhðe [arhþe] LA3. 23546; are3þe, arehþe O. & N. 404.

arguen, argue, v., *Fr.* arguer; *argue*, LANGL. *A* xi. 130; argu *convict* APOL. 31.

arguere, sb., *arguer*; **argueres** (*pl.*) LANGL. *B* x. 116.

argument, sb., *Fr.* argument; *argument*, SHOR. 142.

argumenten, v., *Fr.* argumenter; *argue, reason*, GOW. I. 16.

arh, *see* **ar3**.

a-rihten, v., = *O.H.G.* arrichtan; *raise up*: such gestening he **aright** (*pret.*) TOR. 1366; **ariht** (*pple.*) P. S. 325.

a-rímen, v., *O.E.* arīman; *number*: þa lette þe kaisere arīmen (*sec. text* telle) al þæne here LA3. 25392; **arimed** (*pple.*) 28937.

a²-rīnen, v., *O.E.* onhrīnan, ahrīnan, = *O.L.G.* anthrīnan; *touch*: he scal ... metes ne arinan HOM. I. 115; **arīneð** (*pres.*) A. R. 408; **arǣn** MARH. 20.

a-rīsen, v., *O.E.* arīsan, = *O.L.G.* arīsan, *O.H.G.* arrīsan, *Goth.* urreisan; *arise*, HOM. I. 141; LA3. 1248; A. R. 324; up arise BEK. 1395; til þe sonne gan arise CH. C. T. *B* 791; **arist** (*pres.*) O. & N. 1397; ALIS. 5458; **aris** (*imper.*) HOM. I. 45; ariseþ MISC. 42; **arās** (*pret.*) HOM. I. 91; KATH. 337; aras, aros LA3. 404, 11476; aros BEK. 451; AYENB. 173; he aros of deaðe HOM. II. 23; (þu) arise JUL. 63; (heo) **arisen** (*pret. pl.*) LA3. 1983; hi arise BRD. 10; **arise** (*pret. subj.*) LA3. 25988; **arisen** (*pple.*) C. L. 1430; K. T. 442; arise WILL. 1297.

arīzinge, sb., *arising*, AYENB. 13.

arisnesse, sb., *state of being risen*, REL. I. 282.

ā-rīst, sb., *O.E.* ǣrist, *cf.Goth.* urrists *f.; rising, arising*; ariste MAT. xxii. 23; HOM. I. 87; A. R. 258; JUL. 62; ærist ORM. 1526; arist GOW. I. 320; **ǣristes** (*gen.*) HOM. I. 229; at the sonne **ǣriste** CH. ASTR. ii. 12; on þam ǣriste MK. xii. 23.

arke, sb., *O.E.* earc, = *Goth.* arka, *O.Fris.* erka, *O.N.* örk, *O.H.G.* archa, *from Lat.* arca; *ark*, '*arca*,' VOC. 199; ORM. 1690; MAN. (H.) 136; in arke or in kiste HAV. 2018; arche LA3. 8965; A. R. 334; GEN. & EX. 561.

arm, *see* **earm**.

armee, sb., *O.Fr.* armee; *army*, CH. C. T. *A* 60.

armen, v., *O.Fr.* armer; *arm,* MAN. (F.) 1174; armi (*ms.* ærmi) LA3. 15313; arme ROB. 63; armeð (*pres.*) A. R. 262; armeþ AYENB. 111; armede (*pret.*) LA3. 8655*; iarmed (*pple.*) HORN (L.) 1215.

armes, sb. pl., *O.Fr.* armes, *from Lat.* arma; *arms,* A. R. 60; HAV. 2925; ROB. 63; AYENB. 170.

armþe, *see* **earmðe.**

armūre, sb., *Fr.* armure, *from Lat.* armatūra; *armour,* AYENB. 170; WILL. 3769; armure, armoure PR. P. 14; armure, armour ROB. 139, 402; armour MAN. (F.) 5117.

armurer, sb., *Fr.* armurier; *armorer*; **armurers** (*pl.*) CH. C. T. *A* 2507.

armurie, sb., *armour,* MAN. (H.) 194; **armories** (*pl.*) *armed forces* TRIAM. 49.

arn, *see* **earn.**

arnement, sb., *O.Fr.* arrement; *ink,* ALIS. 6418; S. S. (Web.) 2776.

aromat, sb., *Fr.* aromate; *aroma,* L. H. R. 224; **aromas** (*pl.*) A. R. 372.

aromatik, adj., *aromatic,* MAND. 174.

arouten, v., *? O.Fr.* arouter; *? send away*; þou shelt her to aroute HALLIW. 86; aroutid (*pple.*) DEP. R. iii. 221.

arrai, sb., *Fr.* arrei, arroi; *array*; arai CH. C. T. *D* 927; MAND. 252; WILL. 1597.

arraie, v., *O.Fr.* arreier, arreer; *array,* CH. C. T. *B* 1202; araie WILL. 3561; araieþ (*pres.*) SHOR. 108; **arraie** (*imper.*) MAND. 214.

arre, *see under* **ǣrer.**

arren, *see* **irren.**

arrivaile, sb., *arrival,* GOW. II. 4.

arrīve, v., *O.Fr.* arriver; *arrive,* MAND. 31; arive BRD. 11; arived (*pple.*) LA3. 16063.

arrīve, sb. [*? mistake for* armee]: at manie a nobil arive [*v. r.* armee] hadde he be CH. C. T. *A* 60.

arrogance, sb., *arrogance,* AYENB. 21; CH. C. T. *D* 1112.

arrogant, adj., *O.Fr.* arrogant; *arrogant,* CH. C. T. *I* 396.

ars, sb., *O.E.* ears, = *O.Fris.* ers, *O.H.G.* ars, *O.N.* ars, rass; *arse, hinder parts,* 'anus,' VOC. 179; PR. P. 14; TOWNL. 9; ers, ars LANGL. *B* v. 175; ers VOC. 208; P. S. 153; TREV. V. 171; CH. C. T. *A* 3734.

ars-rop, sb., WICL. I KINGS v. 9; **ars-þarm** (*ms.* harsþarme,) VOC. 186; *the lower bowel.*

ars-wisp, sb., 'manpirium,' VOC. 179; 'anitergium,' PR. P. 14.

arsmetike, sb., *O.Fr.* arismetique; *arithmetic,* GEN. & EX. 792; arsmetrike P. L. S. xvii. 224.

arsoun, sb., *Fr.* arçon; *saddle-bow, saddle,* ALIS. 4251; B. DISC. 1172; his arsouns weren off iren RICH. 5539.

arst, *see* **ǣrest.**

arstable, sb., *? astrolabe,* ALIS. 287.

art, sb., *Fr.* art; *art,* ROB. 145; AYENB. 65; **ars** (*pl.*) ALIS. 665.

arten, v., *Lat.* artāre; *confine, restrain, press,* CH. TRO. i. 388; artin '*arto*' PR. P. 14; arte HOCCL. iv. 8.

article, sb., *Fr.* article; *article,* AYENB. 12; **articles** (*pl.*) A. R. 262.

artificial, adj., *O.Fr.* artificiel; *artificial,* ÇH. C. T. *B* 2.

aru, *see* **ar3.** **arveð,** *see* **earfeð.**

arwe, sb., *O.E.* earh, (*dat. pl.* arewan), = *O.N.* ör (*pl.*) örvar *f.; arrow,* GEN. & EX. 478; arwe AYENB. 66; CH. C. T. *E* 1673; S. & C. I. xxxv; on arwe [arewe] LA3. 2476; an arewe JUL. 72; arewe BRD. 15; WILL. 885; earewe A. R. 60; **arewen** (*pl.*) ALIS. 5283; arewen, arwen [arewe] LA3. 5510, 12576; earewen A. R. 60; H. M. 15; arwes MAND. 190.

arwe, arwien, *see* **ar3, ar3ien.**

as, *see* **al swa** *under* **al.** **as,** *see* **es.**

ās, aas, sb., *Fr., Lat.* ās; *ace,* CH. C. T. *B* 3851. [ās, sb., *O.N.* āss, = *Goth.* ans (δοκός); *plank*; *comp.* bēt-, wind-ās.]

a-sadien, v., = *M.H.G.* ersatten; *satiate*; asad (*pple.*) REL. I. 122; P. S. 212.

assailen, assailen, v., *O.Fr.* assaillir; *assail,* A. R. 246, 362; asail3e H. M. 47; assaille HORN (L.) 637; **assaileþ** (*pres.*) AYENB. 17; assailled (*pple.*) SHOR. 141.

a'-sāken, v., *O.E.* an-, onsacan, = *O.L.G.* antsacan, *O.N.* andsaka; *deny, renounce*: bute hi here la3e asōke HORN (L.) 65.

asaumple, sb., *O.Fr.* esample; *example,* A. R. 112.

asaut, sb., *O.Fr.* assaut, asalt; *assault,* ROB. 175; **assaus** (*pl.*) A. R. 196.

ascance, adv., *as it were, as though,* CH. C. T. *D* 1745; askauns LIDG. M. P. 35; ascaunces CH. TRO. i. 292.

ascapie, *see* **escapen.**

ascenden, v., *O.Fr.* ascendre; *ascend*; **ascendid** (*pple.*) WICL. JOHN xx. 17.

ascensioun, sb., *O.Fr.* ascension; *ascension,* SHOR. 126.

asch, sb., *O.E.* æsc, = *O.H.G.* asc, asch, *O.N.* askr *m., M.Du.* esch, *M.H.G.* esche *f.; ash* (-*tree*), VOC. 162; P. L. S. xiii. 171; CH. C. T. *A* 2922; asche VOC. 181; LAI LE FR. 168; MAN. (F.) 12438; asche, esche PR. P. 15, 143.

esch-kēi(e), sb., *ash-key,* PR. P. 143.

esch-trē, sb., *ash-tree,* VOC. 228.

a-schāken, v., *O. E.* asceacan; *shake off*: ascakeð þæt dust of eowren foten MAT. x. 14; ær þe dai weore al asceken [asake] LA3. 19154.

a-schámien, v., *O. E.* ascamian; *make ashamed, put to shame*; **aschámed** (*pple.*) LEG. 70; WILL. 1035; S. S. (Wr.) 2314; ALIS. 3309; aschomed CHR. E. 864.

a-scheden, v., = *O.H.G.* erscuttan; *shed*; **asced** (*pple.*) HOM. I. 127.

asche, sb., *O.E.*, asce, æsce, axe, = *O.H.G.* asca, ascha, asche, asga, *Goth.* azgo, *O.N.* aska; *ashes*; ashe GOW. III. 345; aske, asche '*cinis*' PR. P. 15; aische, aske WICL. GEN. xviii. 27; esche SHOR. 107; axe MISC. 78; asse HALLIW. 95; esse AYENB. 137; pale as ashe [aische, aschen] colde CH. C. T. *A* 1364; **escan** (*dat.*) LK. x. 13; **asken** (*pl.*) A. R. 214; HAV. 2841; asshen HOM. II. 65; askes LANGL. *B* iii. 97; ORM. 1001; askes, axes TREV. V. 167, VII. 5; asches MAND. 107; axen LA3. 25989; P. S. 203; (*ms.* acxen) HOM. II. 95.

aske-baðie, sb., *one who sits in the ashes*, A. P. 214.

aske-fīse, sb., = *Swed.* askefīs (RIETZ 139); *one who blows the ashes*, '*ciniflo*,' PR. P. 15.

ascheler, sb., *ashlar,* AUD. 78.

a-schenden, v., *? for* 3eschenden; *disgrace*: þat lond he wole aschende BEK. 1354; asende LA3. 18067*; **assend** (*pple.*) ROB. 263.

a-schēwelen, v., *scare away*: þar ich **aschō-wele** [ascheule] pie and crowe O. & N. 1613.

aschi, adj., = *Ger.* aschig; *ashy,* CH. C. T. *A* 2883; aski '*cinereus*' CATH. 14.

aschien, *see* **askien.**

a-schortien, v., *O.E.* asceortian; *shorten*: (þ)i tunge is ascorted FRAG. 8.

a-schrenchen, v., *O.E.* ascrencan; *deceive*: ech oþren aschrencheþ SHOR. 17; **ashreint** (*pple.*) ALIS. 4819; ich was aschreint S. S. (Web.) 1485.

a-schunchen, v., *? terrify*; ne mei hit me ashunche SPEC. 38.

a²-schunian, v., *O.E.* onscunian; *shun*; aschoune (*? printed* aschonne) DEP. R. ii. 185.

ascrī, sb., *O.Fr.* escri; *cry, shout*; A. P. ii. 1296; askri GOW. II. 386.

ascrīen, v., *O.Fr.* escrier; *cry out,* WILL. 3814; **ascrīed** (*pret.*) A. P. iii. 195.

a-scūren, v., = *askerren; ? scare, drive away*; **ascūr** (*imper.*) him so scheomeliche A. R. 296.

ase, *see* **alswa** *under* **al.**

a-sēarien, v., *O.E.* asēarian, = *O.H.G.* arsōren; *grow dry*; **asēred** (*pret.*) S. S. (Web.) 606.

a-sēchen, v., *O. E.* asēcan; *seek out,* LA3. 27866.

asēgen, v., *O.Fr.* aseger; *besiege*; **asēged** (*pret.*) ROB. 184; **asēged** (*pple.*) WILL. 4224.

asēle, v., *O.Fr.* enseeler, *med.Lat.* insigillare; *seal,* LANGL. *A* ii. 37; asele ALIS.² (Sk.) 829; **asēled** (*pple.*) MISC. 228; LANGL. *C* iii. 114.

a-senchen, v., *make to sink*; **asencte** (*pret.*) ROB. 416; azenkte AYENB. 49; ure scipen he aseingde LA3. 25697; asenchtest JUL. 33; al here atil and tresour was al so **aseint** ROB. 51.

a-senden, v., *O.E.* asendan, = *M.H.G.* ersen-den; *send out,* HOM. I. 91; **asende** (*pret.*) HOM. I. 225.

aserchen, *see* **enserchen.**

aserve, v., *? for* **deserve**: L. H. R. 147.

a-setten, v., *O.E.* asettan; *appoint*; **aset** (*pres.*) AYENB. 140; on **asette** *pple.* tidan HOM. I. 115.

Asie, pr. n., *Asia,* MARH. 2.

a-sī3en, v., *O.E.* asīgan; *sink, fall*; asien MISC. 90; **asēh** (*pret.*) SAX. CHR. 249; HOM. II. 109.

a-sinken, v., = *M.H.G.* ersinken; *sink down*: **asinkeþ** (*pres.*), þat hi nasinkeþ SHOR. 136; **asonken** (*pret.*) MAP 345.

a-sitten, v., *O.E.* asittan, = *M.H.G.* ersitzen; *sit*: **aset** (*sec. text* sat) þe kaisere swulc he akimed weore LA3. 26353.

aske, sb., *? O.E.* āðexe, = *O.H.G.* egedehsa; *lizard*; **askes** (*pl.*) ARCH. LVII. 254; askes (? *ms.* arskes) and oþer wormes M. H. 141.

aske, *see* **asche.**

āske, sb., *O.E.* æsce, = *O.H.G.* eisca; *demand*; axe LA3. 1053.

aske-baðie, -fīse, *see under* **asche.**

āskien, āxen [? **āxen**], v., *O.E.* āscian, ācsian, āxian, āhsian, = *O.Fris.* āskia, āschia, *O.N.* æskja, *O.L.G.* ēscōn, *O.H.G.* eiscōn; *ask*; asken A. R. 242; C. L. 1023; (*ms.* asskenn) ORM. 10278; askin '*peto, posco*' PR. P. 15; aske AUD. 79; aske leve HAV. 2952; asche EGL. 1090; ashe ED. 2775; asche, esse ROB. 16, 374; eskien HOM. I. 25; asken, axen CH. C. T. *B* 101; axe CH. D. BL. 1276; aske, axe LANGL. *A* iv. 90; esche MISC. 139; axien MAT. xxii. 46; axien [axi] LA3. 7193; acsi, oxi AYENB. 110, 114; axe GOW. I. 47; WICL. JOHN i. 19; asse TOWNL. 58; **aske,** axe (*pres.*) CH. C. T. *A* 1347; ich acsi þe a qvestioun SHOR. 136; eski MARH. 13; aischest, aishest, aissest, axest O. & N. 473, 707, 995; oxist P. S. 200; acseð A. R. 8; nou esche we TREAT. 136; **aske** (*imper.*) H. M. 9; esca hine hwet he habbe bi3eten HOM. I. 35; **askede** (*pret.*) A. R. 66; MISC. 26; GEN. & EX. 3191; askede LA3. 29229; he axede gavel of þan lond 6122; heo æxede [axede] æfter Brenne 5001; askede, aschede ROB. 16, 33; acsede REL. I. 30; HORN (H.) 43; easkede JUL. 15; escade HOM. I. 43; þu askedest O. & N. 1310; *comp.* **of-askien.**

āsker, sb., *asker,* WICL. IS. ix. 4; þe axere, (*plaintiff*) and þe defendaunt E. G. 361.

āskunge, sb., *O.E.* āscung; *asking,* A. R. 70; askinge '*petitio*' PR. P. 15; ascinge REL. I. 131 (HOM. II. 11); escunge MARH. 16; acsinge AYENB. 209.

a-slāped, pple., *overcome with sleep*; heo is asleped sviþe FL. & BL. 582; aslepid ('*sopitus*') with ful miche drunkenesse WICL. JUDITH xiii. 4.

a-slākien, v., *O.E.* asleacian; *slacken*; aslake

a-slēan.   a-stenchen.   33

LEG. 137; LIDG. M. P. 231; PALL. iv. 769; **aslāki** (*pres. subj.*) AYENB. 253; **aslāked** (*pple.*) TREV. III. 143; til atte laste aslaked was his mood CH. C. T. *A* 1760.

a-slēan, v., *O.E.* aslēan, = *O.H.G.* arslahan; *slay*; aslæn,-slan LAȜ. 22271, 22576; aslen FL. & BL. 105; S. A. L. 155; **aslōȝ** (*pret.*) LAȜ. 22319; aslouȝ P. L. S. xii. 88; (þu) asloȝe LAȜ. 24812; heo asloȝen [aslowe] 20956; aslowe ARCH. L. II. 37; **aslaȝe** (*pple.*) HORN (L.) 88; aslaȝe, aslawe FER. 84, 321; aslawe ROB. 170; SHOR. 120; LEG. 13; AL. (T.) 165; aslæȝen LAȜ. 21892.

a-slīden, v., *O.E.* aslīdan; *slide away*; aslide HALLIW. 93.

a²-slūppen, v., = *ansluppen, cf. M.H.G.* entslupfen; *slip away*: ne miht i him asluppe SPEC. 38; **aalipped** (*pple.*) A. P. iii. 218.

a-smellen, v., *smell out*: þe bor hem gan ful sone asmelle S. S. (Web.) 891.

a-smēsen, v., *O.E.* asnǣsan; *strike, thrust*: þene horn þet he **asnēseð** mide alle þeo þet ha areacheð A. R. 200.

a-softien, v., *soften*; asofte HALLIW. 94.

asottie, v., *O.Fr.* asoter; *become foolish*, HOM. I. 17; assote GOW. I. 68; **asotid** (*pple.*) FER. 2007.

a-spārien, v., = *M.H.G.* ersparn; *spare*; aspare LANGL. *B* xv. 136.

aspe, sb., *O.E.* æspe, æpse, = *O.H.G.* aspa, *O.N.* ösp; *aspen*, VOC. 181, 285; CH. C. T. *A* 2921; aspe, espe PR. P. 15, 143; espe VOC. 228.

aspect, sb., *aspect*, CH. C. T. *A* 1087.

aspen, adj., = *M.H.G.* espin; *aspen*: aspen lef CH. TRO. iii. 1200.

a-spenden, v., *O.E.* aspendan; *spend*; **a-spenen** (*pres. subj.*) HOM. I. 123.

a-spēowen, v., *spue out*; **aspēweð** (*pres.*) HOM. II. 199.

aspīe, **aspīen**, *see* **spīe, spīen**.

a-spillen, v., *spill, waste, destroy*; aspille O. & N. 348; mi soule to aspille BEK. 1024; **aspillað** (*pres.*) HOM. I. 13; þeo þet forleoseð & aspilleð al hore god A. R. 148.

aspre, adj., *O.Fr.* aspre; *harsh, cruel*, CH. AN. 23; aspere CH. BOET. ii. 1 (32).

asper-liche, adv., *harshly*, GUY 84; asperli A. P. iii. 373.

asprenesse, sb., *harshness*, CH. BOET. iv. 4 (127).

aspretē, sb., *O.Fr.* aspreté; *asperity*, A. R. 354.

a-springen, v., *O.E.* aspringan, = *O.H.G.* arspringan; *spring up*; aspringe SHOR. 120; **asprang** (*pret.*) HOM. I. 227; **asprungen** (*pple.*) ANGL. I. 17; asprongun DIGB. 118.

assai, sb., *O.Fr.* essai, *Lat.* exagium; *trial, test*, P. L. S. xxx. 166; FLOR. 1500.

assaien, v., *O.Fr.* es-, assaier; *try, test*, LANGL.

A iii. 5; asaie WILL. 3754; **assaid** (*pple.*) AYENB. 117.

asse, sb., *O.E.* assa, *cf. O.N.* asni, *Lat.* asinus; *ass*, A. R. 32; SHOR. 122; MAND. 70; an asse TREAT. 138; þane asse AYENB. 156; **asse** (*gen.*) LANGL. *B* xviii. 11; asse earen A. R. 172; was leȝd in asse cribbe ORM. 3711; an asse ban C. M. 7171; **assen** (*acc.*) LK. xiii. 15; **assen** (*pl.*) ALIS. 1866; assen, asses CH. C. T. *D* 285.

asse, sb., *O.E.* asse; *she-ass*, LEG. 7; ane asse ... mid hire colt HOM. I. 3; **assen** (*gen.*) MK. xi. 2.

assemble, v., *O.Fr.* asembler; *assemble*, CH. BOET. iii. 7 (80); **assemblede** (*pret.*) P. S. 190; asembleden WILL. 3815.

assemblē, sb., *O.Fr.* asemblee; *assembly*, LANGL. *B* PROL. 217; A. P. i. 759; IW. 19.

assene, sb., *O.N.* asna; *she-ass*, MAT. xxi. 2.

assent, sb., *assent*, CH. C. T. *A* 817; asent SHOR. 57; WILL. 1300.

assenten, v., *O.Fr.* assentir; *assent*, LANGL. *C* xx. 264; assente *B* iii. 113; **assentede** (*pret.*) P. L. S. xxiv. 150.

assets, sb., *O.Fr.* assez; *satisfaction*, LANGL. *B* xvii. 237; assethe PR. C. 3610; aseþ WICL. S. W. II. 237.

assigne, asigne, v., *O.Fr.* assegner; *assign*, LANGL. *A* iv. 109; **assignede** (*pret.*) P. L. S. xii. 131; **asegned** (*pple.*) WILL. 581.

assīse, sb., *O.Fr.* assise; *assize, size*, S. S. (Web.) 2490; OCTOV. (W.) 81; R. R. 1237; asise ROB. 53; LEG. 46; WILL. 4451.

assoigne, *see* **essoigne**.

assoilen, v., *O.Fr.* assoldre, *from Lat.* absolvere; *absolve, pardon; solve, explain*; LANGL. *A* PROL. 67; asoile MIRC 1968; asoili AYENB. 172; absoile MER. 11; **assoili** (*pres. subj.*) BEK. 2027; **asoilede** (*pret.*) ROB. 476; a-soiled (*pple.*) MISC. 32.

assoinen, v., *O.Fr.* essoigner; *excuse*; asunien, asonien, A. R. 64; assoini AYENB. 242; asoinede ROB. 539.

assumpcioun, sb., *assumption*, SHOR. 126.

assūrance, sb., *O.Fr.* asseurance; *assurance*, CH. C. T. *B* 341.

assūre, v., *O.Fr.* asseurer; *assure*, CH. C. T. *B* 1231; **asseūred** (*pple.*) BOET. i. 4 (16).

a-standen, v., *O.E.* astandan, = *O.L.G.* astandan, *O.H.G.* arstantan; *stand up*: þat deor up astōd LAȜ. 6495.

astat, *see* **stat**.

a-stellen, v., *O.E.* astellan; *constitute, establish*; **astalde** (*pret.*) HOM. I. 19; astalden LAȜ. 8960 (*misspelt* astalleden 8950); **astald** (*pple.*) LAȜ. 8116 (*misspelt* astalled 8391).

a-stenchen, v., = *Ger.* erstenken; *annoy with stench*: stute nu ... to aȝtenchen me wið þe stench þet of þi muð stiheð MARH. 12; **asteinte** (*? stinking*) boresone ALIS. 880.

D

a-steorven, v., *O.E.* asteorfan, = *O.H.G.* arsterban; *die,* MARH. 12; A. R. 326; asterve FER. 3058; **astorven** (*pple.*) A. R. 310; astorve O. & N. 1200.

a-stēren, v., ? *O.E.* astēran; *excite*; **astērde** (*pret.*) HOM. I. 95; þat he ... þe storvene astearde (*v. r.* arearde) KATH. 1043; mani a Sarzin þar was **astēred** FER. 3899.

a-sterte, v., *start up, start away,* LANGL. *B* xi. 392; MED. 570; CH. C. T. *A* 1595; **asterte** (*pret.*) FER. 1468; asturte MISC. 42; þe eotend up asturte LAȜ. 26045; astirte til him HAV. 893; *see* **ætsterten.**

a-sterve, v., *O.E.* asterfan, astyrfan, = *M.H.G.* ersterben, *mod.Eng.* starve; *kill,* AYENB. 240; **asterved** (*pple.*) 240.

a-stīȝen, v., *O.E.* astīgan, = *O.H.G.* erstīgan; *ascend, descend*; astien MISC. 55; astie ROB. 317; **astighð** (*pres.*) HOM. II. 107; **astāh,** asteh (*pret.*) HOM. I. 17, 91; asteh II. 111; asteih, astei MISC. 53, 55; **astiȝen** (*pret. pl.*) LAȜ. 8691; **astiȝe** (*pret. subj.*) HOM. I. 227; **astoȝe** (*pple.*) FER. 2971.

astiunge, sb., *ascension,* HOM. I. 209.

astoffe, v., *O.Fr.* estouffer; *suffocate,* JARB. XII. 161.

astonie, v., *O.Fr.* estoner; *astound, stun,* AYENB. 126; astone GOW. III. 54; **astoned** (*pple.*) CH. TRO. i. 274; astouned SHOR. 88; hors and man astuned lai AR. & MER. 6297.

astōren, *see* **stōren.**

astranglen, *see* **stranglen.**

a-strecchen, v., *O.E.* astreccan, = *M.H.G.* erstrecken; *stretch out, extend*; astretchin '*attingo*' PR. P. 16.

a-strengþi, v., *strengthen,* ROB. 180; **a-strengþed** (*pple.*) MISC. 32.

astrolabie, sb., *Fr.*astrolabe, *Lat.*astrolabium; *astrolabe,* CH. ASTR. PROL.

astrologie, sb., *O.Fr.* astrologie; *astrology,* CH. ASTR. PROL.

astrologien, sb., *O.Fr.* astrologien; *astrologer,* CH. ASTR. PROL.

astronomer, sb., *astronomer,* TREV. IV. 209.

astronomie, sb., *O.Fr.* astronomie; *astronomy,* PR. P. 16; LAȜ. 24298; LANGL. *A* x. 207.

astronomien, sb., *O.Fr.* astronomien; *astronomer,* GOW. II. 230.

astruien, v., *for* destruien; **astrúþ** (*pres.*) AYENB. 17; **astruid** (*pple.*) HOM. II. 147.

astudien, *see* **studien.**

a-stünten, v., *O.E.* astyntan (*obtundere*); *cease*; astunten hore cleppe A. R. 72; he nel nevere astinte FER. 1842; astente WILL. 1527; **astünte** (*pret.*) LAȜ. 31891*; astunte, astinte ROB. 128, 546; **astint** (*pple.*) MAP 341.

a-stürien, v., *O.E.* astyrian; *stir up*; **astireden** (*pret.*) MK. xv. 11; **astired** (*pple.*) LEECHD. III. 130; astured weoren Romweren alle mid sterclichere wræððe LAȜ. 25329; astered DEGR. 757; *cf.* **astēren.**

asūr, adj., *Fr.*' azur; *azure,* JOS. 195.

aswāgen, v., *O.Fr.* assouagier; *assuage,* LANGL. *A* v. 100; aswagi BEK. 1452; aswage CH. C. T. *B* 3834.

a-swebben, v., *O.E.* aswebban; *stupefy*: astonied and aswewed CH. H. F. 549.

a-swelȝen, v., *devour*; **aswolwe** (*pple.*) BEVES 786.

aswelten, v., *O.E.* asweltan; *faint, die*: þet he **aswelte** (*pres. subj.*) wiðinnen A. R. 216; þe fuir ... **aswelt** (*pres.*) ALIS. 6639; cnihtes þar **aswalten** (*pret.*) LAȜ. 27474*.

a-swīken, v., *O.E.* aswīcan (*deceive*); *cease, fail*; **aswīkeð** (*pres.*) KATH. 2187; **aswīkeð** (*imper.*) LAȜ. 15327; **aswīkie** (*subj.*) MAT. v. 29; **aswāc** (*pret.*) LAȜ. 16112.

a-swinden, v., *O.E.* aswindan, = *O.H.G.* arswintan; *vanish, decrease, waste, decay,* MARH. 13; aswinde ANGL. I. 10; O. & N. 1574; **aswint** (*pres.*) LAȜ. 17940; as imet sweven aswindeð hire murhðen JUL. 74; **aswond** (*pret.*) HOM. I. 133; ærst aswond þat corn LAȜ. 31793; **aswunden** [aswonde] (*pple.*) LAȜ. 19599; aswunde O. & N. 1480; aswounde L. H. R. 52.

a-swinken, v., *procure by labour*; aswinke BEK. 1663.

a-swoȝen, pple., *O.E.* aswogen; *in a swoon*; aswoȝe AL. (T.) 141; he fell aswowe to grounde LAUNF. 755.

a-swolkenesse, sb., *O.E.* aswolcenness; *sloth, indolence,* HOM. I. 83.

at, conj. & rel. pron., *O.N.* at; *that,* S. S. (Web.) 3824; M. H. 73; ANT. ARTH. xiv; TOWNL. 2; þe beste bodi at thar war PERC. 150; þat at him fel to knaw(e) PR. C. 171.

at, *see* **æt. at-** (*compounds*), *see* **æt-.**

atache, attache, v., *O.Fr.* atacher; *attach,* LANGL. *A* ii. 174; **attached** (*pple.*) MAN. (H.) 158.

atachement, sb., *attachment,* E. G. 360..

a³-taken, v., ? = oftaken; *take*; atake BEK. 1961; CH. C. T. *G* 556; AM. & AMIL. 2070; al þat þai atake miȝt(e) FER. 3128; shal atake '*apprehendet*' WICL. LEV. xxvi. 5; **atōk** (*pret.*) AR. & MER. 468.

a-tastin, v., *taste,* PR. P. 16; **ataste** (*pres. subj.*) CH. BOET. ii, 1 (30).

āte, sb., *O.E.* āta; *oat*; ote '*avena*' PR. P. 372; MIRC 1483; MAP 350; **ōten** (*acc.*) A. R. 312; **āten** [ote] (*pl.*) LAȜ. 24438; ooten RICH. 6004; otin VOC. 177; oten, otes LANGL. *A* iv. 45 (58); *comp.* **sǣd-āte.**

atel, adj., *O.E.* atol, eatol, = *O.N.* atall; *dreadful, cruel*; atell ORM. 4803; atele hurtes HOM. I. 275.

atel-līch, adj., *O.E.* ate(l)līc; *cruel*; atelich A. R. 6; MISC. 183; MAP 343; in ateliche (*ms.* atteliche) pole̅ LA3. 21748; mid þine ateliche sweore O. & N. 1125; ateliche [eateliche] wihtes JUL. 46, 47; þe alle weren eateliche to bihaldene HOM. I. 41; **eatelukest** (*superl.*) H. M. 41.

a-tellen, v., *O.E.* atellan, = *M.L.G.* ertellen, *O.H.G.* arzellan; *narrate, tell*, HOM. II. 113.

a-temien, v., *O.E.* atemian; *tame*: we ne muȝen atemien (*afford*) to wurðen godes bord HOM. II. 199; atemie LANGL. *C* xx. 240; **atamed** (*pple.*) AYENB. 153; hors wel atamed DEP. R. iii. 27.

āten, adj., *O.E.* āten (LEECHD. III.), 292; *oaten*: otene grotes L. C. C. 47.

a-tende, v., *O.E.* atendan; *kindle, inflame*, BER. 2728; a candle he **atendeþ** (*ms.* attendeþ) FER. 2413; **atende** (*pres. subj.*) MISC. 52; ȝere heȝene monnan heortan . . . muhten beon **atende** HOM. I. 95; so sone so hi weren of þe holi goste atende (*ms.* attende) MISC. 56.

a-tēon, v., *O.E.* atēon; *treat*; **atoȝen** (*pple.*) HOM. II. 205; weoren . . . reouliche atoȝene LA3. 24846.

a¹-tēonen, v., *? for* ȝetēonen; *irritate*; **atēoned** (*pple.*) CHR. E. 61; atened FER. 114; BEVES 2601.

a-teorien, v., *O.E.* ateorian; *fail*; **atiereð** (*pres.*) HOM. II. 29.

atiffen, v., *O.Fr.* atiffer; *decorate*, A. R. 360.

atil, sb., *O.Fr.* atil; *equipment, gear*, ROB. 51.

atilen, v., *O.Fr.* atillier; *adorn*; **atiled** (*pple.*) ROB. 184.

atīr, sb., *attire*, LA3. 3275*; WILL. 4465; RICH. 519.

atīren, v., *O.Fr.* atirier; *attire*, S. S. (Wr.) 3218; **atīred** (*pret.*) ROB. 547; **atired** (*pple.*) WILL. 1228.

atlien, *see* ahtlien.

a-treȝen, v., *afflict, grieve*; **atraid** (*pret.*) S. S. (Web.) 1867; **atraiyed** (*pple.*) K. T. 605.

a-trukien, v., *? for* ȝetrukien; *fail*; **atroketȝ** (*pres.*) P. R. L. P. 221; **atrokien** (*ms.* attrokien) (*subj.*) LEB. JES. 11; nu beoþ þine teþ atru(kied) FRAG. 8.

attāmin, v., *O.Fr.* atamer; *pierce, broach* (*a vessel*), *begin*; '*attamino*,' PR. P. 16; atame L H. R. 210; **attamede** (*pret.*) LANGL. *C* xx. 68; D. ARTH. 2175; **attamed**, atamed (*pple.*) CH. C. T. *B* 4008.

atteigne, v., *O.Fr.* ateindre; *attain*, GOW. I. 131; atteine CH. BOET. iv. 1 (118); ateine P. L S. xxv. 87.

attemperaunce, sb., *temperance*, CH. BOET. iv. 6 (138); LIDG. M. P. 209.

attemprē, adj., *attempered*, AYENB. 153; attempree MAND. 276.

attempren, v., *O.Fr.* atemprer; *attemper*, GOW. I. 87; **attempered** (*pple.*) LIDG. M. P. 3.

attencioun, sb., *Fr.* attention; *attention*, CH. BOET. ii. 1 (29).

attendance, attendaunce, sb., *O.Fr.* attendance; *attendance*, CH. C. T. *D* 933.

attenden, v., *O.Fr.* atendre; *attend, listen*, GRL. xxii; atend C. M. 21803; atende LUD. COV. 259; **attende** (*pres.*) PALL. i. 511.

attente, sb., = entente, A. R. 252.

ātter, āter, sb., *O.E.* ātor, āttor, ǣtor, = *M.L.G.* etter, *O.H.G.* eitar, eittar, *O.N.* eitr; *poison, pus*, HOM. I. 23, 51; atter ORM. 15383; GEN. & EX. 372; C. L. 1150; LANGL. *B* xii. 256; þat atter LA3. 14995; þet atter A. R. 208; attir '*sanies*' PR. P. 16; **āttere** (*dat.*) LA3. 16089.

ātter-coppe, sb., *O.E.* ātorcoppa, *cf. Scotch dial.* ettercap; *spider*, O. & N. 600; K. L. 63; attircoppe '*aranea*' PR. P. 16.

ātter-lāðe, sb., *O.E.* āttorlāðe LEECHD. III. 34; *antidote to poison, betony*: drinc þeonne atterloðe (atterlaðe) & drif þene swel aȝeanward A. R. 274; atterloþe '*more*(*l*)*le*' REL. I. 37 (VOC. 141).

ātter-līch, adj., *O.E.* ātorlīc; *venomous*; atterluch A. R. 212*.

āttern, adj., *O.E.* ǣtren, ǣttren, *M.H.G.* eiterin; *venomous* (*ms.* atterne), FRAG. 8; þurh atterne drench LA3. 16084.

atternesse, sb., *venomousness*, A. R. 196.

attīse, v., *O.Fr.* atiser; *entice*, HALLIW. 109.

āttrien, v., *O.E.* ǣtterian, = *M.H.G.* eitern, *O.N.* eitra; *venom, poison*; **attreð** (*pres.*) HOM. I. 153; A. R. 84; **attred** (*pple.*) HOM. II. 19; ORM. 15376; **iattred** A. R. 208.

attriȝ, adj., = *O.H.G.* eitrig; *venomous*, ORM. 9785; attri A. R. 82; MARH. 14; H. M. 15; ȝat attrie ðing REL. I. 215.

aturn, sb., *O.Fr.* aturn (*atour*); *dress, attire*, A. R. 426; H. M. 23; attour R. R. 3718.

aturnē, sb., *O.Fr.* atorne; *attorney*, E. G. 58.

aturnen, v., *O.Fr.* aturner, atorner (*atourner*); *turn; dress, attire*: he atornde as vaste as he miȝte ROB. 419; er he . . . habbe hire swuch aturned and imaked A. R. 284; leofliche aturnet HOM. I. 257.

a²-tween, prep., *between*, LIDG. M. P. 263.

a²-twix, prep., *between*, W. & I. 32; atvix AM. & AMIL. 865; atwixen CH. TRO. 417; atwixe TREV. VII. 167; atwixin, atwixt, *betwixt*, '*inter*' PR. P. 17.

a³-twinnen, v., *separate, divide*; atwinne HALLIW. 109.

āþ, sb., *O.E.* āð, = Goth. aiþs, *O.L.G.*, *O.Fris.* ēth, ēd, *O.N.* eiðr, *O.H.G.* eid; *oath*, IW. 2264; ænne að [oþ] LA3. 19981 (*miswritten* æð 704); oað (*r. w.* wrað) 653; oþ AYENB. 64; þen oþ ROB. 446; ooþ, ooth CH. C. T. *A* 120; oth HAV. 1118; ōþe (*dat.*) PROCL. 5; wiþuten oþe HORN (L.) 347; **āþes** (*pl.*) ORM. 4479; oðes A. R. 198; **āðen** (*dat. pl.*) LA3. 5165; *comp.* **mān-āþ**.

aþel, aþeling, *see* æðel, æðeling.
a-þēostren, v., *O.E.* aþēostrian ; *be darkened* : se mone aþēstreð HOM. I. 239 ; aþēostrede (*pret.*) LAȝ. 2860 ; aþēostred (*pple.*) MK. xiii. 24.
aþinken, *see* ofþunken.
a-þrāwen, v., *throw off*: of his horse he aþrēu (*pret.*) LAȝ. 807*.
a-þrūsemen, v., *O.E.* aþrysman ; *suffocate*, A. R. 40 ; aþrūsmeð (*pres.*) HOM. I. 251.
āþum, sb., *O.E.* āðum, = *O.Fris.* āthum, āthom, *O.H.G.* eidum, eidam ; *son-in-law* (ms. aþumm) ORM. 19832 ; aðum, oðem [oþom] LAȝ. 3619, 23106 ; oþam 'gener' FRAG. 2 ; oðem REL. I. 130 (HOM. II. 165) ; oþom ROB. 182 ; odam ALIS. 2081.
a-þürsten, v., ? = *M.H.G.* erdursten ; *cf.* ofþürsten ; *suffer thirst* ; aþürst (*pple.*) P. L. S. xiii. 329 ; LEG. 7 ; TREV. III. 471 ; he werþ aþurst wel sore REL. II. 273 ; aþurst, aþrust, aþrist LANGL. *B* x. 59*, *C* xii. 43* ; athrest LUD. COV. 190.
aube, *see* albe.
aubel, ebel, sb., *Fr.* aubel ; *abele*, *white poplar*, PR. P. 17.
auburn, adj., *L.Lat.* alburnus ; *auburn*, PR. P. 17.
audience, sb., *O.Fr.* audience ; *audience*, LANGL. *B* xiii. 434 ; CH. C. T. *E* 104.
auditour, sb., *O.Fr.* auditeur ; *auditor*, SHOR. 96 ; GOW. II. 191.
aufin, *see* alfin. augrim, *see* algrim.
august, sb., *August*, CH. ASTROL. i. 10 (6) ; augst GOW. III. 370.
auh, *see* ac. āuhte, *see* æhte.
auk, adj. (= *avek, *as* hauk = *havek), *O.N.* öfugr, *O.H.G.* abuh ; *awkward, left-handed, perverse*, (ms. awke) ' sinister, perversus,' PR. P. 18 ; auke dedis D. ARTH. 13.
auk-li, adv., *awkwardly*, 'sinistre, perverse,' PR. P. 18.
auk-ward, adv., *awkward, awry*, D. ARTH. 2247 ; þe world þai al aukward sett(e) PR. C. 1541.
aul, *see* awel.
aumperour, *see* emperour.
aun-, *see* an-.
austēre, adj., *O.Fr.* austere ; *austere*, MAN. (H.) 54 ; austerne WICL. S. W. I. 1.
austeritē, sb., *O.Fr.* austerité ; *austerity*, PR. C. 5376.
auter, *see* alter.
autoritē, sb., *O.Fr.* autorité, auctorité ; *authority*, AYENB. 147 ; MAN. (F.) 14596 ; autorite, auctorite CH. C. T. *B* 4165.
autour, sb., *O.Fr.* auteur ; *author*, LANGL. *B* x. 243 ; auctour CH. C. T. *E* 1141.
autumpne, sb., *Fr.* automne ; *autumn*, CH. BOET. i. 2 (8).

āuþer, pron. & conj. (*for* *ā-hweþer), *O.E.* āhwæðer, āwðer, = *O.H.G.* ioweder, *mod.Eng.* or ; *either (one of two)* ; *or* ; GAW. 88 ; auþir ANT. ARTH. xvi ; heore owwþerr ORM. 124 ; ouðer, ouþer SAX. CHR. 32, 38 ; ouðer of þeos two A. R. 286 ; ouþer of þam IW. 3589 ; ouþer ... or MAND. 184 ; ouþer bi daie or bi nighte PERC. 87 ; ouþer [oþer] elles LANGL. *A* i. 151 ; ouþer [oþer] ... or CH. C. T. *A* 1593 ; oiþer ALIS. 4899 ; AL. (L¹.) 408 ; oiþer ... or MAN. (H.) 2 ; oðer on him sulf oðer on his freond A. R. 202 ; oþer AYENB. 9 ; oþer dairim oþer daisteorre O. & N. 328 ; oþer catel oþer cloþ PL. CR. 116 ; oþer ... or ROB. 17 ; clusung oþer iending FRAG. I ; fader oðer moder LAȝ. 26092 ; twelf winter oþer more HAV. 787 ; liþer oþer god TREAT. 133 ; oþþr, or ORM. 480, 6255, 10882 ; other [or] ... other [or] LANGL. *B* xiii. 369 ; a maister or a pope CH. C. T. *A* 261.
availen, v., *avail* : ne mai mi strengþe not availle [availe] CH. C. T. *A* 2401 ; H. V. 81 ; availle MAN. (F.) 5084 ; avail C. M. 90 ; awailȝe BARB. i. 336 ; awail C. M. 7992 ; aveile CH. TRO. i. 20 ; availeþ (*pres.*) CH. H. F. 363.
avālen, v., *O.Fr.* avaler ; *lower, cause to descend*, CH. C. T. *A* 3122.
avancen, v., *O.Fr.* avancer ; *advance* ; avance MIN. 39 ; avaunce CH. C. T. *A* 246 ; MAN. (F.) 7246 ; avonci AYENB. 82 ; avaunceð (*pres.*) A. R. 156 ; avanced (*pple.*) P. L. S. xvii. 383.
avancement, v., *O.Fr.* avancement ; *advancement*, SHOR. 148 ; avauncement ROB. 312.
avant, sb., *from* avanten ; *vaunt, boast, promise*, KATH.² 56 ; avaunt A. P. ii. 664 ; FER. 355 ; ALEX.⁹ (Sk.) 570.
avantāge, sb., *O.Fr.* avantage ; *advantage*, CH. C. T. *A* 1293 ; avauntage GOW. I. 194 ; avontage AYENB. 209.
avanten, avaunte, v., *O.Fr.* avanter ; *vaunt, boast*, CH. C. T. *D* 1014 ; avanti SHOR. 118.
avantwarde, sb., *O.Fr.* avantgarde ; *vanguard*, D. ARTH. 324 ; avauntwarde LANGL. *C* xxii. 95.
avarice, sb., *O.Fr.* avarice ; *avarice*, AYENB. 16 ; CH. BOET. ii. 5 (45).
aveien, v., *O.Fr.* avier ; *teach, inform* ; aveide (*pret.*) SHOR. 19 ; avaid (*pple.*) 158 ; awaied A. P. i. 709.
aveiment, sb., *O.Fr.* aveiement ; *instruction*, SHOR. 77 ; awaimentis (*pl.*) WINT. (N. E. D.).
ave-long, adj., = *Dan.* aflang, *Swed.* aflång, *from Lat.* oblongus ; *oblong*, 'oblongus,' PR. P. 17.
avelen, *see* aflen. āven, *see* æfen.
avenaunt, adj. & sb., *Fr.* avenant ; *suitable, graceful ; convenience* ; S. S. (Web.) 1419 ; MAN. (F.) 7532 ; ilka man after his avenaunt 4729.

avence, sb., *O.Fr.* avence; *the plant avens geum,* 'avencia,' VOC. 139; PR. P. 17.

Avene, pr. n., *O.E.* Afen; *Avon,* LAȜ. 21267; Avene striem P. L. S. viii. 126.

avener, sb., *O.Fr.* avenier, *Lat.* avenārius *(an officer of the stable, charged with the supply of provender)*; VOC. 176; PR. P. 18.

avenge, v., *? for* revenge; *avenge,* LANGL. B v. 128*.

aventaille, sb., *O.F.* aventaille; *movable front of a helmet,* FER. 238; aventaile WILL. 3608.

avente, v., *O.Fr.* esventer; *refresh with air,* FLOR. 1941; awent BARB. vi. 305; **aventid** *(pret.)* D. TROY 7090; aventid *(pple.) escaped,* WICL. S. W. l. 219.

aventūre, sb., *O.Fr.* aventure; *adventure,* A. R. 340; MISC. 29; WILL. 254; ALIS. 7837; be aventure MAND. 185; to do his lif an auntre [in aventure] ROB. 65.

aventūren, v., *O.Fr.* aventurer; *adventure, venture*; aventure MAN. (H.) 70; auntre CH. C. T. *A* 4209.

aventurous, adj., *adventurous,* GOW. I. 93; RICH. 271.

aver, sb., *horse*; **averes** *(pl.)* HALLIW. 117.

avēr, sb., *O.Fr.* aveir; *property*; avere MAN. (H.) 124; aveer MAND. 292; havoir R. R. 4720.

averil, sb., *O.Fr.* avril; *April,* LAȜ. 24196; TREAT. 136; SPEC. 27.

averous, adj., *cf. Prov.* averōs *(avaricieux)*; greedy, LANGL. *B* xv. 132, *C* xvii. 279; avarous GOW. II. 147.

avetrol, sb., *? corrupted from O.Fr.* avoltre; *? bastard,* ALIS. 2693; S. S. (Web.) 1107.

avili, v., *O.Fr.* avilir; *make vile,* P. L. S. xi. 10; **aviled** *(pret.)* A. P. ii. 1713.

avis, sb., *O.Fr.* avis; *advice,* ROB. 89; CH. C. T. *A* 1868; MAND. 180; MAN. (F.) 5268.

avīse, v., *O.Fr.* avīser; *advise, devise, consider,* GOW. I. 132; with alle ... þe mirþe þat men couþe avise GAW. 45; of þine answere avise þe right wel CH. L. G. W. 335.

avisement, sb., *O.Fr.* avisement; *advisement,* GOW. I. 147; CH. C. T. *E* 1531; E. W. 27.

avisiōn, sb., *O.Fr.* avision; *vision,* ROB. 255; avisioun MAND. 114.

avocat, sb., *O.Fr.* avocat; *advocate,* AYENB. 127; avocat, avoket TREV. VIII. 253.

avoi, int., *O.Fr.* avoi *(expressing surprise)*; A. P. ii. 863; BEK. 2066.

avoidance, sb., *emptying,* 'evacuatio,' PR. P. 19.

avoiden, v., *O.Fr.* esvuidier, évuider; *empty, make void; avoid;* 'evacuo,' PR. P. 19; avoide WICL. 1 COR. xv. 24.

avou, sb., *vow,* TREV. IV. 49; WILL. 532; (h)is avou *(ms.* auow) he haveþ imad FER. 1818.

avouē, sb., *O.Fr.* avoé, = avocat; *advocate, patron saint;* avowe ALIS. 3160; **avowēs** *(pl.)* BEK. 2118.

avoueisoun, sb., *advowson,* BEK. 575.

avouen, v., *O.Fr.* avoer, *from Lat.* advocāre; *avow, acknowledge, declare*; avowe MAN. (H.) 320; avowin 'advoco' PR. P. 19; **avouh** *(imper.)* HOM. I. 197; **avoud** *(pple.)* AYENB. 101.

avouen, v., *O.Fr.* avoer, *from Lat.* *advotāre; *vow, bind by a vow,* PL. CR. 847; avoue WICL. GEN. xxxi. 13.

avouerie, sb., *O.Fr.* avouerie, avoerie; *patronage, protection,* P. S. 189; avouerie, avoerie AYENB. 101, 146.

avouter, sb., *O.Fr.* avoutre, avoltre; *adulterer,* PR. P. 19; CH. C. T. *D* 1372.

avoutrie, sb., *O.Fr.* avoutrie; *adultery,* LANGL. *B* ii. 175; CH. C. T. *D* 1306; MAND. 54.

await, sb., *O.Fr.* await, agvait; *ambush,* CH. C. T. *D* 1657; **awaites** 'insidiae' TREV. IV. 165.

awaite, v., *O.Fr.* agvaitier; *await,* LANGL. *B* x. 333 *(A* xi. 222 *has* aspie); out he ȝeode for te awaite what þat wonder were BEK. 86; **awaiteð** *(pres.)* A. R. 174; awaiteþ C. L. 767; **aweited** *(pple.)* WICL. EX. xxi. 13.

a-wāken, v., *O.E.* *awacan *(pret.* awōc); *awake :* awake (? = awakie) P. L. S. xiii. 323; CH. L. G. W. 1332; **awōo** *(pret.)* LAȜ. 1253; awok ROB. 15; awok, awook LANGL. *A* viii. 128, *C* x. 293; CH. C. T. *A* 3364; Olimpias of slepe awok ALIS. 355; þe clerkes awoke P. L. S. x. 61; **awáke** *(pple.)* C. L. 473; REL. I. 144.

a-wākien [**awākie**], v., *O.E.* awacian, = *O.H.G.* erwachen; *awake,* LAȜ. 17914; he mai awakien LEB. JES. 692; ich wolde awakien þe A. R. 238; awakie MISC. 192; **awáke** *(imper.)* LANGL. *B* v. 399; **awákede** *(pret.)* A. R. 236; awakede AYENB. 128; awakede, awaked LANGL. *B* xiv. 332; (hi) awakede hine MISC. 32; **awáked** *(pple.)* CH. BOET. iii. 11 (106); after he was awaked, WILL. 679.

a-wākenen, v., *O.E.* awacnian, awæcnian; *awaken (intrans.),* JUL. 11; þet god muwe þer of awakenen A. R. 44; **awákeneð** *(pres.)* H. M. 27; **awákned** *(pret.)* LANGL. *B* xix. 478; **awákened** *(pple.)* A. R. 58.

a-wálden, v., *— M.H.G.* erwalten; *govern, subdue,* LAȜ. 4345; awealden (? = awelden) JUL. 69; awolde P. L. S. xvii. 335; **aweald** *(imper.)* KATH. 652.

awane, *see* andwane.

a-wappen, v., *? astonish*; **awaped** *(pple.)* ALIS. 899; AR. & MER. 3240; awhaped CH. L. G. W. 814.

awarden, v., *O.Fr.* awarder; *award*; **awarde** *(pres.)* CH. C. T. *C* 202.

a-warien, v., *O.E.* awergian, awyrgian; *curse,*

a-warnie. a-wréken.

ban, A. R. 284; **awariede** (*pret.*) LA3. 13946; **awaried** (*pple.*) R. S. IV; awaried MISC. 45; awirigd HOM. I. 223; awariede wihtes KATH. 1066; his beoden beoð aweriede HOM. I. 49; ge aweregede gostes II. 69; ine awar3ede glednesse AYENB. 27; *see* **awürien**.

a-warnie, v., *? for* 3ewarnie; *defend*, FER. 4027.

a-waschen, v., *O.E.* awascan, = *O.H.G.* arwaskan; *wash away*; **awescen** (*pple.*) HOM. I. 37.

awe, *see* e3e *and* eowe.

a-wecchen, v., *O.E.* aweccan, = *O.H.G.* arwekkan, *Goth.* uswakjan; *arouse, awaken* (*trans.*), HOM. I. 267; awecche REL. II. 278; awechche LEB. JES. 691; **aweoð** (*pres.*) HOM. II. 179; **aweccheð** (*imper.*) MAT. x. 8; **awahte** (*pret.*) KATH. 1044; awei3te ALIS. 5858; hio awehten hine MK. iv. 38; awchten, aweihten LA3. 811, 17805; **awaht** [aweht] (*pple.*) LA3. 4520.

a-wēden, v., *O.E.* awēdan; *rave, be mad*, LA3. 22020; awede SHOR. 163; WILL. 45; TRIST. 3181; B. DISC. 957; **awēdeþ** (*pres.*) O. & N. 509; **awĕdde** (*pret.*) ROB. 162; awĕd (*pple.*) A. R. 96; he was ne3 awed BEK. 1486; awedde hundes LA3. 19538.

a-wé3en, v., *O.E.* awegan; *bear up*; **aweigeð** (*pres.*) HOM. II. 181; þu awi3hst HOM. I. 233.

awei, *see under* wei.

awel, sb., *O.E.* awul, awel, āl, æl, eal, *cf. O.H.G.* āla *f.*, *O.N.* alr *m.*, *awl*; owul '*fuscinula*' FRAG. 4 (VOC. 93); owel, ewel O. & N. 80; al '*subulam*' WICL. DEUT. xv. 17; el A. R. 324; **eawles** (*pl.*) KATH. 2209; eaules MISC. 153; aules A. R. 212; oweles MISC. 269; oules BRD. 22; MAP 339; CH. C. T. *D* 1730; eles AYENB. 66; **eaule** (*dat. pl.*) MISC. 83.

a-wélden, v., *govern, subdue*, HOM. I. 81; awelden, awilden LA3. 4083, 27327; awelde REL. I. 184 (MISC. 128); TREV. I. 91; **awéldeð** (*pres.*) A. R. 144; awalde, awælde, **awelde** (*pret.*) LA3. 1643, 4663, 6167; **awald** (*pple.*) LA3. 4146; awild 12084*; awealt KATH. 555.

a-wele3en, v., *?make or become rich, luxurious*; heo wolde elles awilegen A. R. 176; hwit **awilegeð** (?) þe eien 282; nes þer nan swa wræcche Brut þat he nes **awæl3ed** LA3. 22718.

a-welten, v., *O.E.* awyltan; *roll away*; **awelte** (*pret.*) MAT. xxviii. 2.

a-wemmen, v., *injure*; awæmmen LA3. 21290; **awemmed** (*pple.*) HOM. I. 83; REL. I. 128; LA3. 2212.

āwen, *see* ā3en.

a-wendan, v., *O.E.* awendan, = *O.H.G.* irwendan, *Goth.* uswandjan; *turn away*, HOM. I. 109; **awende** (*pret.*) HOM. I. 219; **awend** (*pple.*) LA3. 1973*; Thomas ... out of mi lond is awend BEK. 1240; awent TREV. V. 229; hi alle wurŧon awende of þan fe3re hiwe þe hi an 3escapen were to loðlice deoflen HOM. I. 219.

awene, awne, sb., *O.N.* ögn, *O.H.G.* agana, *Goth.* ahana; *awn, ear of corn*, '*arista*,' FR. P. 18; **agunes** (*pl.*) VOC. 155.

a-weorpen, v., *O.E.* aweorpan; *cast out, cast down*; aworpen A. R. 122; awarpen KATH. 590; **awerpeð** (*pres.*) HOM. I. 25; aworpeð 113; awarpeþ REL. II. 210 (P. L. S. xxxii. 2); **awurpen** (*pret.*) MAT. xxi. 39; **aworpen** (*pple.*) A. R. 278.

awer-mōd, sb., *? pride*, (*ms.* awwermod) ORM. 4720.

a-wēsten, v., *O.E.* awēstan; *lay waste*; **awēsteð** (*pres.*) HOM. I. 13; **awĕste** (*pret.*) LA3. 6452; **awĕst** (*pple.*) LA3. 2149.

ā-wiht, pron., *O.E.* āwiht, āuht, āht, = *O.H.G.* eowiht; *aught, anything*, HOM. I. 103; þat he ... him awiht hafde kiþed ORM. 16979; þat miht oht (*ms.* ohht) angren oþre 432; 3if heo wes awiht hende LA3. 7027; þat ævere aht cuðe þer on 11986; þe heom oht lufeden 25346; eawiht HOM. I. 3; owiht, out [eawicht] A. R. 88, 124; au3t LANGL. (Wr.) 3331; aught RICH. 2460; a3t AYENB. 194; SHOR. 95; eawt KATH. 1193; ouht, o3t O. & N. 662; ou3t, out WILL. 952, 1823; TREV. III. 39; oht SPEC. 71; o3t HORN (L.) 976; BEK. 1422; ogt GEN. & EX. 1793; am i oght that shreu TOWNL. 180.

a-wilden, v., *O.E.* awildian; *grow wild*, A. R. 176*.

[**a-wildgen**], **a-wile3en**, v., = **awilden**; *grow wild; bewilder, dazzle*, A. R. 176; hwit awilegeð þe eien 282.

a-winnen, v., *O.E.* awinnan, = *O.H.G.* arwinnan; *win, acquire*, LA3. 18761; HORN (L.) 1071; awinne FL. & BL. 132; P. L. S. xvii. 99; AYENB. 85; REL. II. 243; S. S. (Web.) 1822; **awonne** (*pple.*) LA3. 605*.

a-wīten, v., *know; watch over*; **awiste** (*pret.*) LA3. 27264; awuste HOM. I. 288.

a-wláten, v., *disgust*; **awláted** (*pple.*) ROB. 485.

a-wlenchen, v., *make splendid*; **awlencð** (*printed* awleneð) hire mid cloðes REL. I. 129 (HOM. II. 163).

awnen, v., = *M.H.G.* ougenen; *show*; (*ms.* awwnenn) ORM. 979; & sone an an se þis was þær þurh godes engles awned 3385.

a-wrāðien, v., *become wroth*: ne noht so glad þat hit ne awrōþeþ O. & N. 1278; **awrāðð̄ed** (*pple.*) LA3. 24834.

a-wrecchen, v., *pull out*: & habbeð al mi kinelond **awræht** (*pres.*) ut of mire hond LA3. 15435; whan þe limes beeþ awrei3t ('*dislocantur*') out of here oune places TREV. II. 181.

a-wréken, v., *O.E.* awrecan, = *O.H.G.* errechan; *reject*; *avenge*: þat ilke þat Howel

a-wrīten. bacin. 39

haf(ð) ispeken ne scal hit na man awreken LAȝ. 25194 ; awreken sunne A. R. 334 ; awreke AYENB. 9 ; RICH. 1771 ; he mihte . . . ful sone hine awreke MISC. 44 ; **awrec** (*imper.*) þe nu on me R. S. ii. (MISC. 162) ; **awrĕc** (*pret.*) A. R. 334 ; **awrĕken** (*pple.*) TRIST. 2446 ; awreke O. & N. 262 ; awreke ROB. 142 ; ALIS. 2519 ; he wolde ben awreke FER. 1821 ; awreken, awroken CH. C. T. *A* 3752, *F* 784 ; awroke LANGL. *B* vi. 204.

a-wrīten, v., *O.E.* awrītan ; *write out* ; **awrīt** (*pres.*) FRAG. 2 ; **awrāt** (*pret.*) HOM. I. 13 ; **awriten** (*pple.*) FRAG. 7 ; hit is awriten on boken HOM. I. 113.

a-wundrien, v., *O.E.* awundrian ; *amaze, surprise*: seint Gregorie awundreð him A. R. 146 ; awundrede (*pret.*) KATH. 312 ; awondrede MISC. 32 ; **awundred** (*pple.*) LAȝ. 15972 ; awundred KATH. 1249 ; awondred FER. 3197 ; WILL. 872 ; of mi tale ne beoþ noȝt awondred HALLIW. 123.

a-wūrien, v., *O.E.* awyrgan, = *O.H.G.* erwurgen ; *worry, choke, devour* ; awirien PL. CR. 662 ; þe vox awūrieð al enne floc A. R. 202 ; awurieþ (? *printed* awarieþ) MISC. 149 ; awūried (*pple.*) A. R. 252.

a-wūrðen, v., *O.E.* aweorðan, = *O.H.G.* erwerdan ; *turn* (*into*) ; *come to nothing* ; awūrðeð (*pres.*) A. R. 200 ; to blisse hit awūrðe (*subj.*) LAȝ. 25580 (*sec. text has* teorne).

a-wūrðien, v., *O.E.* aweorðian ; *honour* ; a-wūrðede (*pret.*) LAȝ. 9529.

ax, axe, *see* **eax. axe,** *see* **asche.**

axe, axen, -ere, *see* **aske,** etc.

[**axel,** sb., *O.N.* öxull ; *axle*.]

axel-trē, sb., *O.N.* öxultrē ; *axle-tree,* C. M. 21268 ; axille tre MAND. 181 ; axiltre PR. P. 20 ; exiltre VOC. 278.

axes, *see* **acces.**

axien, *see* **askien.**

b.

bā, *see* **bēȝen.**

ba, v., *kiss,* CH. C. T. *D* 433.

baban, sb., *infant,* A. R. 234.

bābe, sb., *cf.* Swed. babe (IHRE) ; *babe,* GOW. I. 344 ; H. V. 1 ; LUD. COV. 84 ; bab TOWNL. 149.

babel, sb., *bauble,* P. S. 335 ; GOW. III. 224 ; babul, babil ' *librilla* ' PR. P. 20.

babelavante, sb., *? jester,* CHEST. II. 34.

babeuri, sb., ?=**babwinerie** ; *grotesque absurdity* ; baberi D. TROY 1563 ; **babeuwries** [*v. r.* babeuries, rabewiures] CH. H. F. 1189.

babi, sb., *baby,* LANGL. *B* xvii. 95 ; **babies** (*pl.*) GOW. I. 268.

babir-lippid, adj., *large lipped,* '*labrosus,*' PR. P. 20 ; baberlipped LANGL. *B* v. 190.

babischen, v., *O.Fr.* baubiss-, baubir ; *scoff at* ; **babished** (*pret.*) TOWNL. 78.

bablen, v., = *Ger.* babeln, *Dan.* bable ; *bable* ; **babelinde** (*pple.*) A. R. 100 ; **bablede** (*pret.*) LANGL. *A* v. 8 (Wr. 2487).

babuin, babewin, sb., *O.Fr.* babuin ; *baboon,* PR. P. 20 ; **babewines** (*pl.*) MAND. 210 ; baboines A. P. ii. 1409.

babwinrie, sb., *cf. Fr.* babouinerie ; *from* babouin (*baboon*) ; *grotesque ornamentation,* WICL. E. W. 8.

bac, adv., *back,* MISC. 228.

bac, sb., *O.E.* bæc, = *O.L.G.* bac, *O.N.* bak *n.*, *O.Fris.* bek *m.* ; *back,* A. R. 290 ; HAV. 556 ; þe deor feol a bac (*aback*) LAȝ. 6493 ; teh hine a bac ward 20086 ; a bac TREAT. 134 ; bac & side ORM. 4776 ; sant Johan droh him o bach 10656 ; bak MAN. (H.) 133 ; TOR. 2590 ; have he turned þe bak P. S. 339 ; on bak ANT. ARTH. xlv ; a bak O. & N. 877 ; JOS. 496 ; RICH. 4716 ; LUD. COV. 211 ; bæch LK. ix. 62 ; a bak (bakcloþ?) to walken in CH. C. T. *G* 881 ; a bec HOM. I. 239 ; **bake** (*dat.*) H. H. 54 ; **bakkes** (*pl.*) *clothes,* LANGL. *B* x. 362 ; and alle his bakkes rente WILL. 2096.

bac-bīten, v., *backbite* ; bacbite MIRC 1267 ; bakbite LANGL. *B* ii. 80 ; **bacbite** (*pple.*) P. S. 157.

bac-bītere, sb., *Swed.* bakbītare (RIETZ) ; *backbiter,* R. S. vii ; WICL. LEV. xix. 16 ; bacbitare A. R. 82.

bac-bītunge, sb., *backbiting,* HOM. I. 205 ; A. R. 82 ; bakbitinge LANGL. *B* v. 130.

bac-bōn, sb., = *Swed.* bakbēn ; *backbone,* VOC. 146 ; bakbōn L. H. R. 190.

bak-clōþes, sb. pl., *clothes,* LANGL. *B* x. 362*.

bac-dŭnt, sb., *blow on the back,* A. R. 290.

bac-half, sb., *farther side,* WICL. GEN. xix. 6 ; bakhalf CH. ASTR. i. 4 (4).

bak-side, sb., = *Swed.* baksīda ; *back,* CH. ASTR. i. 15 (8).

bac-ward, adv., *backward,* MAN. (F.) 5052 ; bakward B. DISC. 1637 ; CH. C. T. *A* 4281.

bac-warde, sb., *rear-guard,* LAȝ. 23814.

bak-water, sb., *backwater,* TREV. I. 57.

bacche, sb., = *Swed.* bak *n.* ; *batch, baking* ; bahche, batche (? bacche) '*pistura*' PR. P. 21.

bach, *see* **bæch.**

bacheler, sb., *O.Fr.* bacheler ; *bachelor,* ROB. 30 ; bacheler, bacheleer CH. C. T. *A* 80 ; wheþer he be kniȝt or bachiler WILL. 840.

bachelerie, sb., *O.Fr.* bachelerie ; *the body of bachelors, state of a bachelor,* ROB. 76, 191 ; CH. C. T. *E* 270.

bacin, sb., *O.Fr.* bacin ; *basin,* FL. & BL. 563 ; SHOR. 51 ; S. S. (Web.) 2242 ; RICH. 2557 ; basin '*pelvis*' VOC. 178 ; ALIS. 2333 ; JOS.

697; **basins** (*pl.*) of bras P. S. 189; bascins MARH. 9.

bacinet, basinet, sb., *O.Fr.* bacinet (*bassinet*); *helmet*, RICH. 403, 5266.

backe, sb., = *Dan.* (aften)bakke; *bat*, WICL. LEV. xi. 19; bakke '*vespertilio*' PR. P. 21; LIDG. M. P. 152.

backen, v., *from* bac; *clothe*; bakken [bak] LANGL. *A* xi. 185.

bacōn, bacoun, sb., *O.Fr.* bacon [*M.Du., M.L.G.* bake, *O.H.G.* bacho *acc.* bachun]; *bacon*, LANGL. *B* v. 194; CH. C. T. *D* 1753; bacun '*petaso*' PR. P. 20; **bacouns** (*pl.*) FER. 2696.

badde, sb., *? cat*; **baddis** [*v. r.* badde3] ALEX. 1763.

badde, adj., *bad*, WILL. 5024; ALIS. 2118; S. S. (Web.) 643; CH. C. T. *E* 1608; our biȝete was badde REL. II. 242; þis badde king ROB. 108; two badde prestes LANGL. *B* x. 281; **baddere** (*compar.*) CH. C. T. *F* 224.

 badde-liche, adv., *badly*, ROB. 566.

 baddenesse, sb., *badness*, LANGL. *B* xii. 49.

bāde, sb., = *M.H.G.* beit *f.*; *from* bīden; *dwelling, delay*, TRIST. 345; bode HOM. II. 185; **bāde** (*dat.*) C. M. 7399; PERC. 41; bode FLOR. 374; CH. AN. 119; boute bod(e) WILL. 149; *comp.* **a-bād.**

bādien, v., = *M.L.G.* beiden, *O.H.G.* beiton; *wait*: badien þe king wolde þat his folc come LA3. 25649.

bæch, sb., *valley*, LA3. 2596; **bæche,** bache (*dat.*) 757, 5644; over baches and hulles LANGL. *C* viii. 159; **bæochen** (*dat. pl.*) LA3. 21776; *comp.* **cou-bache.**

bæften, *see* **biæften.**

bǣl, bāl, sb., *O.E.* bǣl, *O.N.* bāl, *mod.Eng.* bale (-fire); *funeral pile, bonfire*; bæl LA3. 17130; bal WR. DICT. 153; **bāle** (*dat.*) M. H. 169; in a bale of fiir PL. CR. 667.

bǣlen, v., = *O.N.* bǣla; *burn*: bolne & bele A. P. i. 18.

[**bǣlien,** v., *O.E.* (a)bæligan, bylgan, *from* bel3en; *comp.* **a-bǣlien.**]

bēre, sb., *O.E.* bǣr, = *O.L.G., O.H.G.* bāra, *O.Fris.* bēre; *from* beren; *bier*, '*feretrum*,' FRAG. 4; ORM. 8167; bære [bere] LA3. 19481; bere VOC. 193; MISC. 101; GEN. & EX. 2481; FL. & BL. 14; BEK. 899; P. L. S. xvii. 196; GOW. III. 263; LIDG. M. P. 34; ANT. ARTH. xiv; TOWNL. 232; bere, beere CH. C. T. *A* 2900; beere PR. P. 32; **bēren** [beres] (*pl.*) LA3. 27876; *comp.* **hors-bēre.**

bēr-disc, sb., = *O.E.* bǣrdisc; '*ferculum*,' FRAG. 4.

bēr-lēp, sb., *basket*, WICL. MK. viii. *in* SEL. W. I. 17.

bēr-man, sb., *O.E.* bǣrman; *porter*, LA3. 3317; HAV. 868.

bærm, *see* **bearm.**

bærn, *see* **bearn. bærnen,** *see* **brennen.**

bǣwen, v. ? = *M.H.G.* bǣn (*fovere*); *foment*: to clensen & to bæwen ORM. 15153; **bǣweþ** (*pres.*) ORM. 19719.

baffen, v., *beat, strike*: apon þair brestes fast þai beft M. H. xviii; **beft** (*pple.*) GOLAG. & GAW. 870.

baffin, v., = *Du.* baffen, *Ger.* bäffen; *bark*, '*latro*,' PR. P. 20.

 baffing, sb., *barking*, P. P. II. 53; baffinge PR. P. 20.

baften, *see* **bi-æften.**

bagage, sb., *O.Fr.* bagage; *luggage*, P. R. L. P. 18; baggage DREAM 101.

bagge, sb., *cf. O.N.* baggi *m.* (*pakke, bylt*, FRITZN.); *bag*, '*sacculus*,' PR. P. 21; TRANS. XVIII. 28; TREV. I. 257; PL. CR. 223; H. S. 501; beren bagge on bac A. R. 168; a bagge ful of eiren P. L. S. xii. 57; a beggeres bagge LANGL. *B* xiv. 248; **baggen** (*pl.*) & packes A. R. 168; bagges P. S. 150.

 bagge-ful, sb., *bagful*, P. L. S. xii. 57.

 bagge-pipe, sb., *bagpipe*, PR. P. 21; CH. C. T. *A* 565.

bagge, bage, sb., *badge*, PR. P. 20; **bagges** (*pl.*) HALLIW. 132; bages ALEX. 4180.

baggen, v., *squint, look away*: þat baggeth (?) foule CH. D. BL. 623; þat þei baggen (?) not þer fro WICL. S. W. I. 191.

 bagging-lī, adv., *with a side glance*, R. R. 292.

baggin, v., *become baggy*, '*tumeo*,' PR. P. 21.

bagged, pple., *pregnant*: þe mere was bagged wiþ fole PERC. 717.

baghel, sb., *O.N.* bagall, *from Lat.* baculus; *bishop's crosier*, P. S. 307.

bai, adj., *O.Fr.* bai, *Ital.* baio, *Lat.* badius; *bay (colour)*, CH. C. T. *A* 2157; B. DISC. 1044.

bai, sb., ? = **abai**; *bay, bark*, GAW. 1582.

bai, sb. ? = *O.N.* bagr; '*obstaculum*,' PR. P. 21.

baiard, sb., *O.Fr.* baiart; *bayard, bay horse*, CH. C. T. *A* 4115.

baie, sb., = **abai,** *barking; holding at bay*: bai of bor ALIS. 200; bestis baie LUD. COV. 180; baie WILL. 35.

baie, sb., *Fr.* baie, *Ital.* baia; *bay (of the sea)*, TREV. I. 57; bai (*opening in a wall*) A. P. ii. 1392; PALL. ii. 198.

baie, sb., *Fr.* baie; *berry*; bai '*bacca*' PR. P. 21; **baies** (*pl.*) PALL. ii. 414.

 bai-trē, sb., *bay-tree*, VOC. 181.

baiin, v., *O.Fr.* baier; *bay, bark at*, PR. P. 21; baie EGL. 286; **baien** (*pres.*) GAW. 1909.

baile, baili, sb., *O.Fr.* baille (*barrière, porte avancée*); *bailey*, C. M. 10023; bali A. P. i. 1082; wern put . . . in baile (*prison*) FER. 1211; **bailes** (*pl.*) C. L. 687.

baili, sb., *O.Fr.* baili; *bailiff*, WILL. 5387; C.

baili. — bále.

M. 11195; bailif ROB. 499; baillif CH. C. T. A 603; **bailifs** (*pl.*) AYENB. 122.

bali-schepe, sb., *office of bailiff,* '*balliatus,*' PR. P. 22; bailliship WICL. S. W. I. 22.

baillie, sb., *O.Fr.* baillie; *jurisdiction, administration,* BEK. 202; P. L. S. xxiv. 78; ALIS. 7532; R. R. 4302; MAN. (F.) 5243; bailie JARB. XIII. 166; **bailies** (*pl.*) AYENB. 26.

bain, adj., *O.N.* beinn, *prov. Eng.* bain; *direct, prompt,* TRIST. 708; IW. 766; GAW. 1092; AMAD. (R.) xlvii; AV. ARTH. lviii; TOWNL. 28; LUD. COV. 173; bein AMAD. (Web.) 514; beane CHEST. I. 50; beaine II. 181; *comp.* **un-bain.**

bained, adj., *burst*; bainid, as benis or pesin, '*fresus,*' PR. P. 21.

baisk, adj., *O.N.* beiskr; *harsh,* WR. DICT. 152; beʒsc ORM. 6698; bask WICL. S. W. III. 42.

baisment, sb., = abashment; *fear,* A. P. i. 174.

baissen, v., = abassen; *abash, be abashed*; **basshede** (*pret.*) WICL. JOS. ii. 11; **baist** (*pret.*) GAW. 376; **baiste** (*pple.*) D. ARTH. 2856; basschede 2121.

baite, sb., *O.N.* beita; *from* **biten**; *bait, food,* C. M. 16931; GOW. I. 310; beite HALLIW. 172; beit LIDG. M. P. 218.

baiten, v., *O.N.* beita, = *O.H.G.* beizen; *bait, make to bite* : if knight let his eien baiten (*feast*) on ani woman CH. TRO. i. 192; baite WILL. 1723; TOR. 1566; beiton '*commordeo*' PR. P. 29; þe bere beite HAV. 1840; wilde bueres bete A. D. 237; þeʒ dursten beʒten (*punish*) men for æþelike gilte ORM. 10171; baite (*pres. subj.*) MAND. 243; **baited** (*pple.*) A. P. ii. 55; comp. **a-baiten.**

baiting, sb., *O.N.* beiting; *baiting,* ALIS. 199; beitinge PR. P. 29.

baiþen, v., *O.N.* beiča; *? make to obtain*; i shal baiþen þi bone GAW. 327; I baiþe hit ʒow neuer to grante 1840; þat bai(þ)eþ me.mi bone SPEC. 27.

bak, see **bac.**

báken, v., *O.E.* bacan, = *O.N.* baka, *O.H.G.* pachan, bachan; *bake*; bakin, bake PR. P. 21; bake CH. C. T. A 384; **bákest** (*pres.*) ORM. 1566; **book** (*pret.*) WICL. IS. xliv. 19; P. R. L P. 191; boke REL. I. 83; **báken** (*pple.*) RICH. 3613; baken ORM. 993; bakin, bake PR. P. 21; bake mete CH. C. T. A 343; ibake LANGL. A vi. 285; LIDG. M. P. 85; tiles wel ibake CH. L. G. W. 709.

bákere, sb., *O.E.* bæcere, = *O.N.* bakari; *baker,* VOC. 176; E. G. 354; **bákares** (*pl.*) MISC. 189; bakers LANGL. A iii. 70.

bakestre, sb., *O.E.* bæcestre (*fem.*); *baker,* '*pistor,*' FRAG. 4; baxtere HALLIW. 152; **bakesteres** (*pl.*) LANGL. B iii. 79.

bak-ern, sb., *O.E.* bæcern; *bakehouse,* '*pistrinum,*' FRAG. 4 (VOC. 93).

bak-hous, sb., *O.E.* bæchūs, = *M.H.G.* bach-, bachūs; *bakehouse,* '*pistrina,*' PR. P. 21; bachous '*pistrinum*' VOC. 204; E. W. 73.

bákinge, sb., *baking,* '*pistura,*' PR. P. 21.

bal, sb., *O.N.* böllr, = *M.H.G.* bal, *gen.* balles; *ball,* TREAT. 137; TREV. III. 425; S. S. (Wr.) 2066; RICH. 4506; (balle?) CH. C. T. A 2614; þane little bal AYENB. 179; **balle** (*dat.*) TREAT. 134; **balles** (*pl.*) LAʒ. 17443; ALIS. 6481.

bal-pleiere, sb., *ball player,* PR. P. 22.

bal-pleowe, sb., *ball-play,* A. R. 218.

bāl, see **bǽl.**

baláde, sb., *O.Fr.* balade; *ballad,* GOW. I. 133.

balan, sb., *? O.Fr.* balin; *a strong stuff made of tow,* ALEX. 4851.

balance, sb., *O.Fr.* balance; *balance,* ROB. 200; AYENB. 30; belaunce WILL. 948.

bald, balden, see **beald, bealden.**

baldemoin, sb., *gentian,* GOW. I. 99; PR. P. 22.

bále, sb., *O.Fr.* bale; *bale,* '*bulga,*' PR. P. 22; A. P. iii. 157; **báles** (*pl.*) FER. 4202.

bále, adj., *O.E.* bealu, = *Goth.* *balws; *baleful, evil, pernicious,* MIRC 1383; bale drinch HOM. l. 283; wið se bale bere KATH. 2370; bale deep LANGL. A xviii. 35; bale stour A. P. iii. 426; bale biernez D. ARTH. 1483.

bále, balu, bælu, sb., *O.E.* bealu, bealo, = *O.L.G.* balu, *O.H.G.* balo, *O.N.* böl *n.*; *bale, destruction, calamity,* LAʒ. 1455, 2597, 19519; þat baleu MISC. 42; & tet beali [bali] blencte JUL. 72, 73; bale H. M. 3; GEN. & EX. 68, 1984; HAV. 327; SPEC. 26; S. S. (Web.) 702; WILL. 75; LANGL. B xviii. 200; GAW. 2419; IW. 3062; PR. C. 6465; AMAD. (R.) iv; hwone þe bale is alre hecst þonne is þe bote alre necst O. & N. 687, 699; **balewes** (*gen.*) MISC. 97; balewe, balewe, baluwe (*dat.*) LAʒ. 310, 1618, 27065; balewe [bale] KATH. 551; al þi blisse to balewe [bale] schal iwurþen REL. I. 183, 185 (MISC. 126, 127); after bale comeþ bote FL. & BL. 821; þat is falle bale leche AL. (T.) 179; **baluwen** (*gen. pl.*) LAʒ. 9685; **balewen** (*dat. pl.*) FRAG. 5.

bale-band? sb., *cruel bond*: **balebondes** (*pl.*) (? bale bondes) MARH. 13.

bale-dünt? sb., *mortal blow*; **balidüntes** HOM. I. 281.

balu-feht, sb., *mortal fight,* LAʒ. 5943.

balu-ful, adj., *O.E.* bealofull; *baleful,* LAʒ. 24938; HOM. I. 215; baluh-, baleful A. R. 114.

bale-lēas, adj., *O.E.* bealulēas; *innocent*; balelez A. P. iij. 227.

balu-ræs [baloureas], sb., LAʒ. 25936.

baluh-sīð, sb., *O.E.* bealusīð; *evil fate,* HOM. I. 200; balesið MARH. 23; to his balesiðe LAʒ. 567; **balesiþes** (*pl.*) REL. I. 179.

bale-stour, sb., *death struggle*: bed me bilive mi balestour A. P. iii. 425.

bælu-wis, adj., *O.N.* bölvīss (*ms.* bæliwis); *wicked, baleful,* LA3. 17130.
balei, sb., *O.Fr.* balai; **baleis** (*pl.*), *rods,* SHOR. 47; LANGL. *A* x. 176.
baleisen, v., *flog with rods*; **baleised** (*pret.*) LANGL. *B* v. 175.
balēne, sb., *O.Fr.* baleine, *Lat.* balaena; *whale,* VOC. 222; **baleines** (*pl.*) TREV. II. 13.
bales, sb., *O.Fr.* balais; *balas, ruby,* CT. LOVE 78; balas QUAIR 46.
bal3, adj., *flat-topped* : balwe '*planus*' PR. P. 22 ; a bal3 ber3 GAW. 2172; his bal3e haunchez 2032.
bali, *see* **beli.**
balinger, sb., *A.Fr.* balenger, = *O.Fr.* baleinier (*whale-ship*); *a sea-going vessel*; **balingers** (*pl.*) N. E. D.
baliste, sb., *Lat.* ballista; **balistis** (*pl.*) WICL. I MACC. vi. 20.
balke, sb., *O.E.* balca, = *O.Fris.* balka, *O.L.G.* balco, *O.H.G.* balco, balcho, *O.N.* bjalki; *balk, beam; ridge in a field; 'trabs, porca,'* PR. P. 21, 22; CH. C. T. *A* 3920; TOWNL. 99; LUD. COV. 343; **balkes** (*pl.*) '*trefs*' VOC. 170; LANGL. *A* vi. 109.
balkin, v., = *Swed.* balka ; *balk, plough awry, 'porco,'* PR. P. 22 ; but so wel halt no man þe plogh þat he ne balkeþ oþer while GOW. I. 296.
ballard, sb., *baldheaded man,* TREV. I. 241 ; WICL. 4 KINGS ii. 23.
balle, sb., = *M.H.G.* balle ; *ball,* '*pila*,' VOC. 240; OCTAV. (H.) 1272 ; C. M. 16788 ; *see* **bal.**
balled, adj., *bald,* TREV. I. 282; LANGL. *B* xx. 183; CH. C. T. *A* 198 ; ballid '*calvus*' PR. P. 22 ; WICL. LEV. xiii. 41 ; ballid and bar was þe reson DEP. R. iv. 70.
balled cōte, sb., *bald coot,* '*blarie*,' VOC. 165.
ballednesse, sb., *baldness,* ROB. 482*; REL. II. 56; ballidnesse '*calvities*' PR. P. 22.
ballen, v., *O.Fr.* baller, baler ; *dance* ; bale C. M. 13139.
ballok, sb., *O.E.* bealluc, *prov.Eng.* ballock ; '*testiculus*,' VOC. 208; **ballokes** (*pl.*) MAND. 162 ; WICL. LEV. xxii. 24.
ballok-cod, sb., *scrotum,* VOC. 208.
ballok-knif, sb., *knife with two knobs on the handle,* LANGL. *B* xv. 151.
ballok-stōn, sb., '*genitale*,' VOC. 208.
bealloc-wirt, sb., *orchis,* LEECHD. III. 313.
balmin, *see* **basmen.** **balsme,** *see* **basme.**
baltren, v., – *Dan.* baltre ; *stumble about* ; **balteres** (*pres.*) A. P. iii. 459 ; **baltirde** (*pret.*) D. ARTH. 782.
balu, *see* **bale.** **bame,** *see* **basme, -en.**
ban, sb., *O.E.* bann, = *O.N.* bann, *O.L.G., O.H.G.* ban, *O.Fris.* ban, bon ; *ban, edict* : (h)is ban aboute he sende ROB. 187; er þe þe ban es igred SHOR. 71 ; lat crie þe ban þorgh þe toun E. G. 359; **banne** (*dat.*) A. P. ii. 95 ; ich fol3i þan ahte manne and fleo bi nihte in heore banne O. & N. 390; *comp.* 3e-ban.

bān, sb., *O.E.* bān, = *O.L.G., O.Fris.* bēn, *O.H.G., O.N.* bein; *bone,* LA3. 7559; HOM. I. 253; KATH. 232; TRIST. 274; bon ROB. 126; boon WICL. GEN. xxix. 14; ban, banes [bones] (*pl.*) LA3. 1603, 1875 ; bon FRAG. 6 ; O. & N. 1120; MISC. 54; CHR. E. 417; bone REL. I. 120; banes KATH. 2517; IW. 2052; bones A. R. 350; buones AYENB. 148; **bānen** (*dat. pl.*) LA3. 29562; *comp.* bac-, chēak-, hēfd-, lend-, schīn-bān(-bōn).
bān-fīr, sb. (*ms.* banefyre), *bonfire,* '*ignis ossium*,' CATH. 20.
bān-lēs, adj., *O.E.* bānlēas; *boneless,* KATH. 251.
bōn-schawe, sb., *sciatica,* PR. P. 44.
bān-wort, sb.,*O.E.* bānwyrt,= *M.H.G.* beinwurz (*senecio*) ; *bonewort (name of many distinct plants)* ; '*osmunda*' VOC. (W. W.) 556 ; bonwort or daisie *MS. in* PR. P. 22.
band, sb., = *O.L.G., O.Fris., O.N.* band, *O.H. G.* pant, band *n.; band (bond),* IW. 2394; DEGR. 869; TOWNL. 219; irene band ORM. 19821; bond '*vinculum, ligamen*' PR. P. 43; CL. M. 72 ; '*instita*' VOC. 182; '*laqueus*' BEK. 1099 ; TOR. 318; '*foedus*' WICL. GEN. xiv. 13 ; MAN. (F.) 2851 ; hwo so brekis this bond AUD. 11 ; and gat of hem þe band [bond] (*obligation*) CH. C. T. *B* 1558; þe bond hat hi3te matrimoine *A* 3094; **bande** (*pl.*) SAX. CHR. 254; bonde '*vincula*' VOC. 180; SPEC. 58; ĕor (h)ise fon he leide in bonde GEN. & EX. 2693; bandes PR. C. 3209; slæpes bandes ORM. 2971; bondes '*bandeaus*' REL. II. 83; MARH. 13; HAV. 538; iren bondes MAND. 163 ; les me out of bonde SPEC. 29.
band-dogge, sb., *?banddog,* VOC. 187; bonddogge '*molosus*' PR. P. 43.
bande, *see* **bounde.**
bandōn, sb., *O.Fr.* bandon ; *disposition, discretion,* R. R. 1163; bandun, baundun A. R. 338; ich am in hire baundoun SPEC. 27 ; *see* **abandūn.**
bāne, sb., = *O.E.* bana, bona, *O.Fris.* bona, *O.L.G.* bano, *O.H.G.* pano, *M.Du.* bane, *O.N.* bani *m.* (*interfector*) ; *bane, destroyer, destruction,* '*exitium*,' PR. P. 22 ; HOM. I. 243; REL. I. 219 (MISC. 15); CH. C. T. *A* 1097; MAN. (F.) 8330; TOR. 1691; he slou3 his fader ban(e) TRIST. 901 ; bane, bone KATH. 2397 ; MARH. 13; he wes moni ennes monnes bone [bane] LA3. 7554; bone A. R. 222; PERC. 1338; *comp.* hen-bane.
bānen, adj., = *M.H.G.* beinīn ; *made of bone* ; wiþ bonene wal REL. I. 112.
banere, sb., *O.Fr.* banere, baniere ; *banner,* A. R. 300 ; baner ROB. 167; CH. C. T. *A* 966; MAN. (F.) 8445.
banerere, sb., *O.Fr.* banerier; *standard*

baneret.   barel.   43

bearer, C. M. 12703; banerrere OCTOV. (W.) 1604.

baneret, sb., *O.Fr.* baneret; *banneret*, DEGR. 1017; **banerets** (*pl.*) ROB. 551.

baneur, sb., *O.Fr.* baneor; *standard-bearer*, ROB. 361; baneur, baniour C. M. 12723; banier, baneour LANGL. *B* xv. 428; baniour TREV. II. 215.

banischin, v., *O.Fr.* baniss-; *banish*, PR. P. 23; **banished** (*pple.*) CH. C. T. *A* 1725.

bank, sb., = *O.Fris.* bank, bonk *m.*, *O.H.G.* banch, panch *m. f.*, *O.N.* bakki *m.*; *bank* (*mound, shore*); *bench*; '*ripa*,' VOC. 239; PR. P. 23; bank *scamnum* LUD. COV. 170; bonk GAW. 700; bonk (*mound*) A. P. i. 102; **banke** (*dat.*) LANGL. *A* PROL. 8; upon þe see bonke GAW. I. 165; bonke WILL. 2718; stod uppen ane boncke (*sec. text* benche) LA3. 25185; **bankes** (*pl.*) TREV. II. 27; ISUM. 169; þurh bankes & þurh græfes ORM. 9210.

banker, sb., ? *O.Fr.* banquier; *cloth*, or *carpet, for a bench*, PR. P. 23; **bankers** (*pl.*) ANT. ARTH. xxxv.

bannen, v., *O.E.* bannan, bonnan (*pret.* bēon, *pple.* gebonnen), = *O.H.G.* bannan, *O.Fris.* banna, bonna (*pret.* bēn, bante, *pple.* bannen), *O.N.* banna (*pret.* banna'ča); *ban, proclaim, summon, curse*; bannen, bonnien [banni] LA3. 7952, 8054, 19907; bannin, '*maledico, exsecro*,' PR. P. 23; banne REL. I. 177; WILL. 476; FER. 5424; LANGL. *A* i. 60; i banne þe birde þat me bar ANT. ARTH. vii; **bannede** (*pret.*) GEN. & EX. 3213; banned PERC. 2123; bonnede [bannede] his ferde LA3. 1763; bonneden helmes 22288; *comp.* for-, 3e-bannen.

banne-note, sb., = *prov.Eng.* bannut; *walnut*, VOC. 181.

bantel, sb., ? *pillar*; **bantelez** (*pl.*) A. P. i. 991: bantels i. 1016; bantelles ii. 1459.

baptesme, baptisme, sb., *O.Fr.* baptesme; *baptism*, LANGL. *B* xi. 119, *C* xiii. 58; baptim WICL. EPH. iv. 5; baptem A. P. i. 626.

baptisen, v., *Fr.* baptiser; *baptize*; baptize ROB. 86; **baptised** (*pple.*) JOS. 686.

baptizing, sb., *action of baptism*, ROB. 86; C. M. 171.

baptiste, sb., *Fr.* baptiste; *baptist*, A. R. 160.

baptiste, sb., *baptism*, B. DISC. 212.

baptize, baptis, sb., *baptism*, C. M. 12754; baptise B. DISC. 1360.

bar, sb., *O.Fr.* bar; = **baron**, ROB. 544.

bar, adj., adv. & sb., *O.E.* bær, = *M.Du.* baer, *O.H.G.* bar, par, *O.N.* berr; *bare, naked, unarmed, mere*, BRD. 24; Iw. 3470; þat heo mi3t(e) of þe hexte men þat lond make bar ROB. 125; bare [bar] LA3. 3420; bare SPEC. 50; þe bare O. & N. 56; bare eorče & chos to bedde HOM. II. 139; beaten hire beare bodi JUL. 27; for one bare sunne P. L. S. viii. 105; mid one bare worde O. & N. 547; beð . . . bare of euch blisse KATH. 847; outtaken bare

(*adv.*) two A. P. ii. 1573; on hire bare foten LA3. 4997; *comp.* þrēd-bare.

bar-fōt, adj., *O.E.* bærfōt, = *O.Fris.* berfōt, *M.H.G.* barvuoz; *barefoot*, LA3. 8843; HAV. 862; ORF. 226; M. H. 90; barfoot LUD. COV. 59; bare A. R. 420.

bar-hēved, adj., = *M.H.G.* barhoubet; *bareheaded*, MAN. (F.) 3252; barhed S. & C. II. xvii; bareheed WICL. LEV. xiii. 45.

bar-legged, adj., *bare-legged*, WILL. 2767.

bare-lī, adv., *barely, plainly*, GAW. 548; MIN. iii. 38.

barenesse, sb., *bareness*, '*nuditas*,' PR. P. 24.

bare-vīs, adv., *with uncovered face*; MAN. (H.) 122.

bār, sb., *O.E.* bār, = *M.L.G.* bēr, *O.H.G.* bēr, pēr; *boar*; bar, bor LA3. 7503 (*miswritten* bær 1697); bare Iw. 241; DEGR. 43; AV. ARTH. iii; bor A. R. 280; HAV. 1867; ROB. 132; AYENB. 69; WILL. 203; boor MAND. 238; boor, bore LANGL. *B* xi. 333; bore P. S. 151; **bāres** (*gen.*) LA3. 30391; **bōres** (*pl.*) HAV. 2331; bores, boores CH. C. T. *A* 1658.

bōr-sper, sb., *O.E.* bārspere; *boar-spear*, '*vena(bul)um*,' FRAG. 2.

barain, adj., *O.Fr.* baraigne; *barren*, A. R. 158; baraine GAW. 1320; barein CH. C. T. *A* 1977.

baratour, sb., *O.Fr.* barateor (*swindler*); *quarrelsome person, rioter*, PR. P. 115; *champion*, PERC. 263.

barbar, sb., *Gr.* βάρβαρος; *barbarian*, WICL. I COR. xiv. 11; barbre CH. C. T. *B* 281; **barbaris** (*pl.*) WICL. DEEDS xxviii. 1.

barbe, sb., *O.Fr.* barbe; *barb* (*of an arrow*); *sort of veil used by women*; P. L. S. xxxi. 350; GAW. 1457, 2310.

barberi, sb., *O.Fr.* berberis; *barberry*, PR. P. 23; barbere AV. ARTH. vi.

barbet, sb., *Fr.* barbette; *sort of veil*, P. S. 154.

barbican, sb., *O.Fr.* barbacane; *barbican, outwork to a fortress*, '*antemurale*,' PR. P. 23; ALIS. 1591; GAW. 793; barbecan FL. & BL. 244.

barbour, sb., *O.Fr.* barbeor; *barber*, S. S. (Web.) 1874; TREV. IV. 285; CH. C. T. *A* 2025.

barbre, see **barbar**.

bare, see **bar** and **barewe**.

bāre, sb., *O.N.* bāra, = *O.E.* bære, *M.Du.* baere, *cf. mod.Eng.* bore (*tidal wave*); *wave*, M. H. 135; TRIST. 356; cf. **bēre**.

bar3, see **bar3**.

bareinesse, sb., *barrenness*, WICL. GEN. xxvi. 1.

bareintē, sb., *barrenness*, '*sterilitas*,' PR. P. 24; WICL. GEN. xxvi. 1.

barel, sb., *O.Fr.* bareil; *barrel*, '*cadus*,' VOC. 176; CH. C. T. *B* 3083; MAN. (F.) 3616; barail P. L. S. xxiii. 23.

barelle-ferrers, sb. pl., *cf. O.Fr.* ferriere (*travelling-bottle*); *vessel for carrying wine on journeys*: barelle ferrers thei brochede D. ARTH. 2715; barell-ferreris BARB. xv. 39.

baret, sb., *O.Fr.* barat; *debate, trouble, fraud,* A. R. 154; HAV. 1932; GAW. 353; baret & strif P. L. S. xxiii. 137; in gret baret and bale WILL. 5517; barat AYENB. 39.

barewe, sb., *O.E.* (meox-)berewe, ?=*M.Du.* berve (*cf. M.Du.* gherve=gherwe); *from* **béren**; *barrow, handcart, bier*: þeȝ ich scholde beo þider ibore in barewe oþer in bere BEK. 899; barowe PR. P. 25; FLOR. 2031; bare GREG. 196; me leiden hem in bare & burden hem ful ȝare HORN (L.) 891; *comp.* **hand-, whēl-barowe.**

barȝ, sb., *O.E.* bearg, bearug, bearh, = *M.Du.* bargh, *O.N.* börgr, *O.H.G.* parch, parh, parc, paruc, parug; *barrow (castrated pig)*: bareȝ [bareh] O. & N. 408; bæruh FRAG. 3; baru ROB. 207; **barowes** (*pl.*) D. ARTH. 191.

bargaine, sb., *O.Fr.* bargaine; *bargain,* PR. P. 24; bargain AYENB. 9; bargein GOW. II. 223; **bargaines** (*pl.*) CH. C. T. *A* 282.

barganer, sb., *bargainer*: barganers and okerars and lufars of simonee TOWNL. 313.

barganiin, v., *O.Fr.* bargaignier; *bargain,* PR. P. 24; bargaine WICL. S. W. II. 213; bargeine E. W. 472; bargane (*contend*) BARB. ix. 224.

barge, sb., *O.Fr.* barge, *L.Lat.* barca; *barge,* WILL. 2767; CH. C. T. *A* 410.

barin, v., *O.E.* barian, = *M.Du.* baren, *O.H.G.* (gi)paron, *O.N.* bera; *bare, strip, uncover,* PR. P. 24; his fader he it gan unhillen & baren GEN. & EX. 1912; bared (*pple.*) A. P. ii. 1149.

bark, sb., *O.N.* börkr, = *M.Du.* barke *m.*; *bark (of a tree), 'cortex,'* VOC. 229; MAND. 189; IW. 741; barke PR. P. 24; LANGL. *B* xi. 251; **barke** (*dat.*) R. R. 7267.

barkin, v., = *Dan.* barke, *Swed.* barka; *bark (leather), tan; become covered with a bark; 'funio, tanno,'* PR. P. 25; he barked over as a turfe C. M. 11824; **barkid** (*pple.*) LIDG. M. P. 53.

barkere, sb., = *Swed.* barkare; *tanner,* PR. P. 24; barkare VOC. 194.

barlic, sb., *cf.* **bere** (*O.N.* barlak *is probably from O.E.*); *barley,* REL. I. 215; bærlic SAX. CHR. 252; barlich, barli WICL. EX. ix. 31; berlei MAND. 272; **barliche** (*dat.*) TREV. I. 405.

barli-brēd, sb., *barlev-bread,* VOC. 198; LANGL. *A* vi. 137; barlibreed CH. C. T. *D* 144.

barli-cake, sb., *barley-cake,* GOW. III. 216.

barli-corn, sb., *barley-corn,* WICL. 2 KINGS xiv. 30.

barliȝ-lāf, sb., *barley-loaf,* ORM. 15511.

barli-méle, sb., *barley-meal,* PR. P. 25.

barli-sēle, sb., *barley-season, 'tempus ordeacium,'* PR. P. 25; *cf.* **méte-sēle.**

barli-water, sb., *barley-water,* S. S. (Web.) 1574.

barm, *see* **bearm.**

barmeken, barnekinch, sb., = *barbican*: Balaan in þe barmeken sa bitterli fiȝtis ALEX. 1301; at the barnekinch he abad DEGR. 375.

barn, *see* **bearn.**

baronáge, sb., *O.Fr.* baronage, barnage; *baronage,* HORN (L.) 1282; AYENB. 58; JOS. 62; barnage FL. & BL. 639; HAV. 2947; WILL. 4797.

baronesse, sb., *O.Fr.* baronesse; *baroness,* PR. P. 25.

baronet, sb., *inferior baron, 'barunculus,'* VOC. 262.

baronie, sb., *O.Fr.* baronie; *barony,* ROB. 349, 479; **baronies** (*pl.*) AYENB. 38.

barre, sb., *O.Fr.* barre; *bar, 'vectis,'* PR. P. 24; VOC. 261; HAV. 1794; a barre of iron CH. C. T. *A* 1075; **barren** (*pl.*) HOM. I. 131; barres LANGL. *B* xviii. 319; þe barres of his belt GAW. 162; þe barren of þe burhe KATH. 2349.

barrēre, sb., *O.Fr.* barriere; *barrier,* PR. P. 24; **barēres** (*pl.*) A. P. ii. 1239; barers FER. 4668.

barrin, v., *O.Fr.* barrer; *bar, close with a bar,* PR. P. 24; **barred** (*pret.*) WILL. 2046; **barrid** (*pple.*) TRIAM. 1188.

Barrocschire, pr. n., *O.E.* Bearrucscire; *Berkshire,* P. L. S. xiii. 48.

bars, sb., *O.E.* bears, bærs, = *M.Du., O.Fr.* bars; *bass* (*fish*); *base* B. B. 167; bace PR. P. 20.

bartrin, v., *O.Fr.* bareter; *barter,* PR. P. 25.

baru, *see* **barȝ.**

barūn, sb., *O.Fr.* bar acc. baron; *baron,* HOM. II. 35; HAV. 31; P. L. S. ii. 108; **barūnes** (*gen.*) LAȝ. 5319; **barouns** (*pl.*) AYENB. 38.

bas, adj., *O.Fr.* bas, *from late Lat.* bassus; *base, low,* GOW. I. 98; bas (*low*) voice MER. 572.

baschen, *see* **baissen.**

base, sb., *Fr.* base, *Lat.* basis; *base*; bas CH. ASTR. ii. 41 (52); basse A. P. i. 999; **bases** (*pl.*) ii. 1278.

baselard, sb., *a sort of dagger, 'pugio,'* PR. P. 25; *'sica,'* VOC. 263; baslarde LANGL. *B* iii. 303; MIRC 48.

baser, baser, sb., *executioner,* N. E. D.

basilisk, sb., *Gr.* βασιλίσκος; *basilisk,* PS. xc. 13; **basilicok** CH. C. T. *I* 853.

basin, *see* **bacin.** **bāsk,** *see* **baisk.**

basken, v., ? *O.N.* baðask; *bask*: he **baskeþ** him about þer inne GOW. I. 290.

basket, sb., *basket, 'corbis,'* PR. P. 26; C. M. 4489; **bascates** (*pl.*) LEB. JES. 21; basketes CH. C. T. *C* 445.

basme, sb., *O.Fr.* basme, *Lat.* balsamum; *balm,* H. M. 13; balsme GOW. III. 315;

bame A. R. 164; baume TREV. I. 107; MAND. 50.
basmen, v., *embalm*; balmin, baumin '*balsamo*' PR. P. 27; bame P. R. L. P. 216; balmbe CHEST. I. 165; baumed (*pple.*) ALIS. 4670; bawmede (*smeared*) WICL. JOHN ix. 6.
bass, sb., *Lat.* basium; *kiss*, CT. LOVE 797.
bast, sb., *O.E.* bæst, = *O.N., M.L.G., O.H.G.* bast *m. n.*; *bast*: take a stalworþe baste and binde mi handes bihind me faste HALLIW. 148; bare as a bast D. TROY 4773.
   baste-trē, sb., *lime-tree*, '*tilia*,' VOC. 192.
bast, sb., *O.Fr.* bast (bât); *bastardy*: an sone ... þat was a bast ibore ROB. 425; he was bigeten o bast AR. & MER. 7644.
bastard, sb., *O.Fr.* bastard; *bastard*, CHR. E. 890; L. H. R. 50*; TREV. I. 251.
bastile, sb., *Fr.* bastille; *tower of a castle*, PR. P. 26.
bastin, v., *O.N.* basta, = *O.H.G.* besten, *from bast*; *baste*, '*subsuo*,' PR. P. 26; basting (*pple.*) R. R. 104.
bastōn, sb., *O.Fr.* baston, bastun; *stave, stanza*, REL. II. 175; bastoun, bastun C. M. 14923.
bat, sb., ? — *Ger.* batze *m.* (*massa*); *clod*; a bat of erþe LANGL. C xix. 92.
bat, sb., *for debat*; *bate*, LUD. COV. 12; bate C. M. 9684.
bāt, sb., *O.E.* bāt, *cf. O.N.* bātr; *boat*, JUL. 60; þene bat [bot] LA3. 23865; bot TRIST. 354; S. S. (Wr.) 3146; boot WICL. JOS. vi. 22; bāte (*dat.*) DEGR. 919; bote ALIS. 3497; bōtes (*pl.*) MAN. (H.) 241; bāten (*dat. pl.*) LA3. 14746.
   bōte-swain, sb., *boatswain*, ST. R. 21.
[bāt, sb., *comp.* grist-bāt.]
bataile, sb., *O.Fr.* bataille; *battle*, O. & N. 1197; AYENB. 83; S. S. (Web.) 2011; bataile, bataille CH. C. T. *A* 879; bataille HORN (L.) 574; SHOR. 109; batel C. M. 3463.
batailed, adj., *O.Fr.* bataillie; *battlemented*, C. M. 9902; baitailed A. P. ii. 1183.
batailen, v., *O.Fr.* batailler; *engage in battle, fight*, CH. BOET. i. 4 (18).
batailous, adj., *battaillous*, GOW. III. 118.
[batailour], batelur, sb., *O.Fr.* bataileor; *warrior*, ALIS. 1433.
bataile, sb. pl., *? battels*, APOL. 76.
batelment, sb., *battlement*, A. P. ii. 1459.
[bātien, v., *comp.* grist-bātien.]
batildōre, sb., *? O.Fr.* batadoir, *mod. Eng.* battledore; *mallet*, VOC. 269; batildoure PR. P. 27.
bátin, v., *for* abáten; *bate*, PR. P. 26; batede (*pret.*) A. P. ii. 440.
bátin, v., *for* debáten; PR. P. 26.
batren, v., *batter*; batride, batred (*pret.*)

LANGL. *A* iii. 192*; ibatrid (*pple.*) FER. 896.
batte, sb., *Fr.* batte; *bat, cudgel*, '*fustis*,' VOC. 263; PR. P. 26; botte (*dat.*) A. R. 366; battes (*pl.*) TREV. I. 381; ALIS. 78; battis WICL. MAT. xxvi. 47; botten [battes] LA3. 21593; bottes MISC. 43.
battin, v., *beat with clubs*, '*fustigo*,' PR. P. 26; battede (*pret.*) LANGL. *A* iii. 192.
bature, sb., *batter*, '*batura*,' CATH. 24; batere L. C. C. 38.
baðe, sb., *O.E.* bæð, = *O.N.* bað, *O.L.G.* bath, *O.Fris.* beth, *O.H.G.* bad, pad; *bath*, HOM. II. 226; R. S. v; baþþ ORM. 18044; beð A. R. 394; þet softeste beð HOM. I. 35; beþ AYENB. 74; baðe (*dat.*) LA3. 2852; beðe HOM. I. 23; beðes (*pl.*) A. R. 396.
bāðe, adj. & prn., *O.N.* bāðir, = *O.L.G.* bēthia, *O.Fris.* bēde, *O.H.G.* beide; *both*, SAX. CHR. 253; KATH. 1622; hio ... baðe (*earlier text* bu tu) forð eoden LK. i. 7; þis meiden was baðe faderles & moderles KATH. 77; baþe ISUM. 400; for to deme baþe þe gode & þe uvele HOM. I. 143; baþe wæren alde ORM. 250; Crist is baþe god & man 1360; baðe, boðe [boþe] LA3. 17014, 27305; baþe, boþe, beþe HAV. 1680, 2543, 2816; boþe C. L. 497; boþe we habbeþ stefne brihte O. & N. 1681; boþe heo were noble men ROB. 48; þat ... is boþe meke & milde 57; þe oþere boþe were him agein MAN. (F.) 610; boþe two MAP 336; CH. C. T. *A* 1716; boþe two his hondes JOS. 697; boþe tvo FL. & BL. 525; hi deieþ boþe tvo TREAT. 139; boðe, beoðe A. R. 10, 162; boþe, beþe LANGL. *C* xiii. 73; beþe ALIS. 4847; bāðre (*gen.*) KATH. 1790; þurh beȝre baþre bisne ORM. 2794; boþer LANGL. *B* ii. 66; [w. 3556; bāðen (*dat.*) MARH. 21; boþen HAV. 471; PL. CR. 224; baðe KATH. 1791; baþe ORM. 7636; boþe SHOR. 57; mid boðe honden A. R. 338.
Baðen [Baþe], pr. n., *O.E.* Baðan; *Bath*, LA3. 21026; Baþe MISC. 145; CH. C. T. *A* 445.
báðie, sb., *? one that bathes*, A. R. 214.
báðien, v., *O.E.* baðian, = *O.N.* baða, *O.H.G.* badon; *bathe*, LA3. 6657; baþien P. L. S. viii. 124; R. S. v (MISC. 180); baþie LEG. 164; baþi ROB. 146; baþen MAND. 88; báþeþ (*pres.*) AYENB. 167; (heo) baðieð LA3. 17189; he ... ofte hine þer inne báðede (*pret.*) LA3. 17028; baþede WILL. 98; and baþede (h)is swerd in hure blod(e) FER. 3100; báthed (*pple.*) CH. C. T. *A* 3.
báthinge, sb., *bathing*, PR. P. 26.
bau, int., *cf. Ger.* ba; *bah*, LANGL. *B* xi. 135.
baubelet, sb., *O.Fr.* baubelet; *bauble*; beaubeles (*pl.*) A. R. 388*.
baud, adj., *O.Fr.* baud (*hardi, gai*); *joyous, boastful*, R. R. 5674; of wordes he was swiþe baud HORN (H.) 96.

baude, sb., *bawd*, '*leno*,' PR. P. 27; LANGL. *A* iii. 124; CH. C. T. *D* 1354.
baudekin, sb., *O.Fr.* baudekin; *a precious silk stuff,* PR. P. 27; ALIS. 759.
bauderie, sb., *gaiety, mirth,* CH. C. T. *D* 1305.
bauderik, sb., = *M.H.G.* balderich; *baldrick,* GAW. 2486; baudrik CH. C. T. *A* 116; baudri ALIS. 4698; **bauderikis** (*pl.*) LIDG. M. P. 8.
baudi, adj., *dirty,* LANGL. *B* v. 197; baudi and totore CH. C. T. *G* 635.
baudstrot, sb., *O.Fr.* baudetrot; *bawd,* VOC. 217; LANGL. *A* iii. 42*.
baume, baumen, see **basme, -en.**
bauson, sb., *badger,* PR. P. 27; bausin '*castor*' VOC. 177; **bausons** (*pl.*) TREV. I. 327; baucines WILL. 2299.
baxtere, see **bakestre.**
be, see **bī.**
bēacne, see **bēkne.**
bēah, sb., *O.E.* bēag, bēah, = *O.H.G.* pouc, boug, *O.N.* baugr; *from būȝen; ring, collar, bracelet,* '(*ar*)*milla,*' FRAG. 2; beeȝ '*torquem*' WICL. GEN. xli. 42; enne beh LAȝ. 24520; beiȝe TRIST. 265; begh REL. I. 160; bei HALLIW. 171; ? beey (*printed* beeth) SHOR. 109; bēie, biȝe (*dat.*) L. H. R. 28, 29; **bēȝes,** bēhȝes [bēȝes] (*pl.*) LAȝ. 7425, 21640; beges and ringes GEN. & EX. 1390; beies HOM. I. 193; beren beȝes [beiȝes, biȝes] ful briȝte abouten here nekkes LANGL. *B* PROL. 161; *comp.* **sweor-bēah.**
beaiell, sb., *O.Fr.* besaiel; *great-grandfather,* D. TROY 13474.
beald, báld, adj., *O.E.* beald, bald, = *O.L.G.* bald, *O.H.G.* pald, *Goth.* *balþs, *O.N.* ballr; *bold*; bald HOM. I. 257; ORM. 2185; TRIST. 997; SHOR. 123; IW. 1402; bald [bold] LAȝ. 6342; bald, bold AYENB. 100, 105, 158; bold O. & N. 405; AN. LIT. 3; TOR. 1; be thou bold it shal be bought M. ARTH. 3483; beld S. S. (Web.) 2042; B. DISC. 2123; **bálde** (*dat. m.*) LAȝ. 9613; **báldere** (*gen. dat. f.*) LAȝ. 10387, 16045; **báldne** (*acc. m.*) 6594; **bealde** (*pl.*) SHOR. 100; alle his bigginges bolde ISUM. 78; belde HORN (L.) 602; ALIS. 5004; þurh belde worde O. & N. 1715; **báldere** (*gen. pl.*) LAȝ. 17256; **bálden** (*dat. pl.*) 25163; **báldore** (*compar.*) ROB. 509; SPEC. 27; baldore, boldere LANGL. *A* iv. 94; **báldest** (*superl.*) LAȝ. 26178; *comp.* **un-báld.**
bálde, adv., *M.H.G.* balde; *boldly, quickly,* M. H. 23, 121.
bóld-hēde, sb., *boldness,* O. & N. 514; MAN. (F.) 13465.
bálde-liche, adv., *O.E.* bealdlīce; *boldly,* LAȝ. 24673; KATH. 719; A. R. 62; balde-, boldeliche O. & N. 401, 1707; boldliche AYENB. 63; **báldelīke** (*adv.*) HAV. 53; lok hou it is and tel me boldeli (? *quickly*) CH. C. T. *A* 3433; **báldelīker** (*compar.*) P. L. S. xi. 69.
bóldness, sb., *boldness, impudence, confidence,* D. TROY 226; LANGL. *B* xviii. 386; MAN. (H.) 40.
báld-sipe, sb., *boldness,* LAȝ. 24943*.
bealden, bálden, v., *O.E.* bealdian, *cf. O.H.G.* balden, (*Goth.* balþjan; *embolden*: to balden [boldi] (*encourage*) þine leode LAȝ. 4385; þe brandes to balde PERC. 792; þe wenche bigan to bolde S. S. (Wr.) 1679; his harte began to bolde OCTAV. (H.) 975; **báldede** (*pret.*) HOM. I. 273; LAȝ. 16327*; boldede hire hertes LANGL. (Wr.) 1756; *comp.* **un-bálden.**
bealtē, sb., *O.Fr.* bealté, beauté; *beauty,* SPEC. 53; beaute WILL. 4534; beaute, beute CH. C. T. *A* 2385.
bēam, sb., *O.E.* bēam, = *O.Fris.* bām, *O.L.G.* bōm, *O.H.G.* baum, paum, boum, poum, *Goth.* bagms, *O.N.* baèmr; *beam,* '*trabs,*' FRAG. 4; al swa great swa a beam LAȝ. 2848; beem '*trabs, liciatorium, radius*' PR. P. 30; LANGL. *B* x. 264; MAN. (H.) 103; W. & I. 39; bem JUL². 46; A. P. ii. 603; **bēmes** (*pl.*) ALIS. 7664; MAND. 131; CH. D. BL. 337; grete bemes of liȝt TREV. I. 235; þe leome þa strehte west riht a seoven bēmen wes idiht LAȝ. 17887; *comp.* **glēo-, mōr-, sunne-, web-bēam.**
[**bēami**], **bēmi,** adj., *radiant,* TREV. BARTH. (N. E. D.).
bēamien, v., *O.E.* bēamian; *beam, shine*; beme '*radio*' PR. P. 30; beeming KATH. 46.
bēane, sb., *O.E.* bēan, = *O.N.* baun, *O.H.G.* bōna; *bean*; beene VOC. 177; bene PR. P. 30; LANGL. *B* iii. 141*; WICL. EZ. iv. 9; al nas wurþ a bene ROB. 497; nouȝt a bene worþ WILL. 4754; þis Absolon ne roghte nat a bene of al his pleie CH. C. T. *A* 3772; **bēne** (*dat.*) MAND. 158; þe worþ of a bene P. 47; **bēana, bēane, bēanen** (*pl.*) LEECHD. III. 86, 108; bene RICH. 6004; benes HAV. 769; bene strau CH. C. T. *E* 1422; **bēnen** (*dat. pl.*) PL. CR. 762.
bēn-codde, sb., *bean-pod,* VOC. 233; **beancoddan** (*dat. pl.*) LK. xv. 16.
bēanen, adj., *O.E.* bēanen; *made of beans*: bene bred VOC. 198; WICL. E. W. 61.
béard, sb., *O.E.* beard, = *O.Fris.* berd, *M.Du.* baerd, *O.H.G.* bart, part; *beard,* HOM. I. 279; bærd [beord] LAȝ. 10753; berd MARH. 9; ALIS. 1597; GOW. II. 367; CH. C. T. *A* 332; DEGR. 819; berd, beerd WICL. 2 KINGS xix. 24; beerd '*barba*' PR. P. 31; bi niȟinges beard(e) [beorde] LAȝ. 1672; uppe niȟinges bærde 10703; **bérdes** (*pl.*) GOW. I. 111.
bérd-heer, sb., *beard-hair,* TREV. III. 325.
bérd-lēs, adj., *O.E.* beardlēas; *beardless,* GOW. II. 369; DEP. R. iii. 235.

béarded, adj., *bearded*; berdid '*barbatus*' PR. P. 32; beerdid WICL. E. W. 308.

bearm, sb., *O.E.* bearm, = *O.L.G., O.H.G.* barm, *O.N.* barmr, *Goth.* barms; *from* **beren**; *bosom, lap*: in his bærm (*sec. text* lappe) he hit læide REL. I. 141; LA3. 30261; barm '*gremium*' PR. P. 25; ALIS. 4203; **barme** (*dat.*) HORN (L.) 706; B. DISC. 577; CH. C. T. *B* 3256; A. P. iii. 510; slepeð i ðe deofles berme A. R. 212; **barmes** (*pl.*) MARH. 22.

barm-clōþ, sb., *apron*, CH. C. T. *A* 3236.

barm-fel, sb., *apron*, REL. I. 240.

barm-hatres, sb. pl., *aprons*, REL. II. 176.

barm-skin, sb., *leather apron*, '*melotes*,' PR. P. 25.

bearn, sb., *O.E.* bearn, = *O.Fris.* bern, *O.L.G., O.H.G., O.N., Goth.* barn, *Scotch* bairn; *from* **beren**; *child*, A. R. 38; H. M. 35; þet bearn FRAG. 5; þat bearn, bærn, bern LA3. 91, 298, 5024; barn, bærn MAT. xxii. 24; barn WILL. 9; LANGL. *A* ii. 3; MIRC 1688; MAN. (H.) 310; ANT. ARTH. xviii; bern HOM. II. 21; MARH. 10; MISC. 128; HAV. 571; SPEC. 81; P. L. S. xxiii. 22; AM. & AMIL. 164; **bearnes** (*gen.*) FRAG. 5; barnes ORM. 8044; **bearne** (*dat.*) MAT. xxii. 25; **bearn** (*pl.*) '*sobole(s vel) liberi*' FRAG. 2; LA3. 5104; bearn, bern HOM. I. 99, 225; bærn, barnes ORM. 6808, 8040; bearnes A. R. 272; **bearne** (*gen. pl.*) MAT. xx. 20; FRAG. 8; berne SPEC. 58; **bearnan,** bearnen, bernen, bearne (*dat. pl.*) MAT. vii. 11, 17, 25; MK. iii. 28; LK. i. 17; bearnen HOM. I. 241; bernen LA3. 8061; *comp.* **helle-, kine-, mōder-, stēop-bearn (-bern).**

barn-āge, sb., *childhood*, A. P. ii. 517.

barn-hēde, sb., *infancy*, C. M. 166; PR. C. 8252.

bærn-lēs, adj., *childless*, LA3. 8990; barnles C. M. 7086.

barn-tēam, sb., *O.E.* bearntēam; *brood of children*, H. M. 31; bernteam GEN. & EX. 3748; barntem C. M. 17792.

beast, *see* **bēst.**

be-, *see* **bi-.**

bēaten, v., *O.E.* bēatan, = *O.N.* bauta (*pple.* bautinn), *M.H.G.* bōzen; *beat, strike, correct*, A. R. 184; KATH. 1183; mid festen hine beaten MK. xiv. 65; beate and wesse AYENB. 236; beten MISC. 45; beten and bouken LANGL. *B* xiv. 19; bete BEK. 758; MAN. (H.) 328; hire sire and hire dame þreteþ hire to bete R. S. vii; **bēateð** (*pres.*) H. M. 31; beateð, bet A. R. 184, 186; ha beat and smit AYENB. 30; biat 100; hit bet BRD. 26; (heo) beteþ MISC. 83; þei ... beten þe stretis *they lounge about* WICL. E. W. 152; **bēt** (*imper.*) A. D. 289; **bētende** (*pple.*) GEN. & EX. 2713; **bēot** (*pret.*) A. R. 364; BRD. 24; beot, bet, bette LANGL. *B* x. 176 (Cxii. 124); biet HOM. II. 169; beet, but TREV. VIII. 229; bet GEN. & EX. 3958; TOR. 1365; bet a doun burwes WILL. 1073; beet MAND. 83; LAUNF. 751; beet, bette WICL. NUM. xxii. 23; beoten HOM. I. 121; JUL. 26; ALIS. 7565; beoten, bieton MK. xiv. 65; LK. xx. 11; beten HAV. 1876; MAND. 46; þe wawes beote him BRD. 24; biete AYENB. 156; beete CH. C. T. *A* 4308; bute FER. 2907; þai bette M. H. 72; **bēote** (*subj.*) A. R. 364; BEK. 759; **bēten** (*pple.*) ORM. 8168; beten GOW. III. 247; beten wiþ rede golde BEV. 1159; beten wiþ besantus ANT. ARTH. xxix; a grip of golde richeli beton on þe molde EGL. 1031; bete SPEC. 97; beete H. V. 76; bet HAV. 1916; bett TOWNL. 227; *comp.* **a-, ʒe-, to-bēaten**; *deriv.* **bētel.**
[bēatere, sb., *O.E.* bēatere; *beater; comp.* **market-bētere.**]

bēatunge, sb., *beating*, A. R. 326; beatinge KATH. 1616.

beautē, *see* **bealtē.**

bec, sb., *O.Fr.* bec; *beak*, REL. I. 210; bek MAND. 48; **beke** (*dat.*) A. P. ii. 487; **bekes** (*pl.*) CH. L. G. W. 148.

bēche, sb., *O.E.* bēce, boecae (EPIN.), *M.L.G.* boke, *O.H.G.* buocha, *Lat.* fāgus, *Gr.* φηγός (oak) *f.*; *beech,* '*fagus,*' VOC. 181; PR. P. 27; **bēches** (*pl.*) AYENB. 23; ALIS. 5242; LANGL. *A* v. 18; *see* **bōo.**

bēchen, adj., *O.E.* bēcen; *made of beech*, CH. C. T. *G* 1196; in ʒone bēchene wode D. ARTH. 1713.

bēcnien, *see* **bēknien.**

bed, sb., *O.E.* bed *n.*; *prayer*; **bede** (*pl.*) MK. ix. 29 (*earlier text* gebedu); *comp.* **ʒe-bed.**

bed-hūs, sb., *O.E.* bedhūs; *house of prayer*, MAT. xxi. 13.

bed-rēp, sb., *O.E.* bedrīp; *reaping on request*; **bedrēpes** (*ms.* bederpes) (*pl.*) E. W. 27.

bed, sb., *O.E.* bedd, = *O.L.G., O.Fris.* bed, *Goth.* badi, *O.H.G.* beti, peti; *bed*, LA3. 19037; MAND. 88; þet bed AYENB. 31; bedd ORM. 4418; at mi **beddis** (*gen.*) side CH. P. F. 98; **bedde** (*dat.*) O. & N. 967; CH. C. T. *A* 3269; þonne men gað to bedde LA3. 711; he lið i bedde 31591; **beddes** (*pl.*) BRD. 6; *comp.* **child-, feðer-, gras-bed.**

bed-bere, sb., *? L.G.* bedbüre; *toral*, E.W. 41.

bed-chambre, sb., *bedchamber*, TREV. II. 201; LANGL. *B* v. 222.

bed-clōth, sb., *bedcloth*, PR. P. 27.

bed-fēre, bed-ifēre, sb., *bedfellow*, GOW. II. 229; bediver (*printed* bedyner) SPEC. 491.

bed-lawir, adj., *bedrid*, PR. P. 28.

bed-lawir, sb., '*clinicus*,' PR. P. 28.

bed-rēaf, sb., *O.E.* bedrēaf; *bedclothes*, FRAG. 4.

bed-rede, adj. & sb., *O.E.* bedrida, -reda, -ryda, *cf. M.L.G.* bedderede; *bedrid,* '*clinicus*,'

VOC. 267; P. L. S. xxx. 57; CH. C. T. *D* 1769; MAN. (F.) 8964; **bedreden** (*pl.*) LANGL. *A* vii. 131.
  bed-stede, sb., = *M.Du.* bedstede; *bedstead,* PR. P. 28.
  bed-strāu, sb., *bedstraw,* FRAG. 7; bedstre WICL. PS. vi. 7.
  bed-süster, sb., *husband's concubine,* ROB. 27.
  bed-tīme, sb., *bedtime,* O. & N. 324.
bedde, sb., = *O.Fris.* bedda, *M.H.G.* bette; ?=ȝebedde; O. & N. 1500*.
beddien, v., *O.E.* beddian, = *O.H.G.* bettōn; *put to bed,* LAȝ. 6658; bedden H. M. 43; ORM. 2712; HAV. 1235; LANGL. *B* ii. 97; ne muhen ha ... bedden in a breoste H. M. 43; **bedded** (*pple.*) HAV. 2771; **bedde**, i-bedde (*f.*) O. & N. 968.
bedding, sb., *O.E.* bedding, = *M.H.G.* bettunge; *bedding,* 'stramentum,' FRAG. 4; beddinge CH. C. T. *A* 1616.
bēde, sb., = *O.L.G.* beda, *O.Fris.* bede, *O.H.G.* beta, bita, *Goth.* bida *f.*, *mod.Eng.* bead; *from* **bidden**; *prayer,* '*oratio,*' PR. P. 28; HOM. II. 135; LAȝ. 25514; ORM. 1156; GEN. & EX. 1375; HAV. 1385; GOW. II. 372; AM. & AMIL. 2351; þ(e)os b(e)ode HOM. I. 65; **bēden** (*pl.*) P. L. S. xvii. 56; nu we & heore beden [bedes] singeð LAȝ. 19688; beoden biddeð LAȝ. 19722; beoden HOM. I. 49; A. R. 140; MARH. 8; bede MISC. 56; bedes ORM. 1748; AYENB. 141; WILL. 3024; if i bidde ani bedes LANGL. *B* v. 407; bedis *beads* PL. CR. 323; a peire of bedes LANGL. *B* xv. 119; CH. C. T. *A* 159; **bēden** (*dat. pl.*) CHR. E. 494.
  bēde-hūs, sb.,=*O.H.G.* betehūs; *house of prayer,* MISC. 39.
  bēde-man, sb., = *M.H.G.* beteman; *beadsman,* AL. (L.) 658; bedeman, beodemon *A* iii. LANGL. 46; beodemon A. R. 356.
  bēde-sang, sb., ORM. 6746.
  bēde-woman, sb., '*oratrix,*' PR. P. 28.
Bedeford, pr. n., *O.E.* Bedanford; *Bedford,* ROB. 4.
bedel, see būdel.
bēden, v., *O.L.G.* bedōn, *O.H.G.* betōn; *pray*: na man nalde sel bede beoden for heore saule LAȝ. 25514; bede OCTAV. (H.) 910; ic ... bidde ȝuw & bede ORM. 18337; bedes HAV. 2392; he ... beod & bid O & N. 1437; biet & bit HOM. I. 167; **bēde** (*subj.*) LANGL. *A* viii. 102; his bedes **bēdand** (*pple.*) night and dei HALLIW. 156.
bēden, see bēoden.
bee, see bēo. **beel**, see būle.
been, see bēon. **bēf**, see boef. **beffen**, see baffen. **bēȝ**, see bēah.
beft, see baffln.
[**bēȝe**, ?= *M.H.G.* (ge)bouge (*pliant*) *comp.* leoðebēie.]

bēȝen, adj., *O.E.* bēgen, *cf. Goth.* bai, *Lat.* ambō, *Gr.* ἄμφω; *both*; beiȝen, beien, beine [beje] LAȝ. 2531, 2543, 32137; þa kinges beie tweien (*Ital.* ambedue) 30038; beien SAX. CHR. 265; bege MAT. xv. 14; beie BEV. 1212; S. B. W. 174; þat ... ȝonge were beie (*ms.* beye) ROB. 47; beie þe kinges P. L. S. xi. 44; baie AR. & MER. 1528; of hem beȝen (*for* bam) ORM. 15091; **bā** [*O.E.* ba, *cf. Lat.* ambae *f.*, *O.E.* ba, bu, *Goth.* ba, *Lat.* ambo *n.*] ORM. 373; ba tunge & tale KATH. 636; his blod & his brain ba weoren todascte LAȝ. 1469; mid childe heo weren ba twa (*cf. Ital.* ambedue) 2399; boa 281; ba twa MK. ii. 22 (*earlier text* bu tu); ba twa his honden JUL. 48; ba bi dei & bi niht HOM. I. 247; bo FL. & BL. 547; P. S. 157; ALIS. 6763; S. S. (Web.) 304; bo þin(e) eȝe O. & N. 990; þat godes hii were bo ROB. 229; his fader & his moder bo AL. (T.) 235; bo to JOS. 300; bo, boa A. R. 60, 212; boo MIRC 3; **bēire** (*gen.*) HOM. I. 99; KATH. 1790*; O. & N. 1584; FL. & BL. 534; ROB. 197; BEK. 128; LANGL. *B* ii. 66; for heore beire nome LAȝ. 5283; **bā** (*dat.*) LAȝ. 9804; bo MIRC 1360; of hem bo C. L. 1454; in bo two his honden A. R. 396.
bēȝen, **būȝen**, v.,=*O.E.* bēgan, bȳgan, = *O.Fris.* bēja, *O.N.* beygja, *M.H.G.* böugen; *from* **būȝen**; *incline, bend*; beien JUL. 27; he mot nede beien LAȝ. 1051; whan i ne mai his hurte so buye BEK. 1529; uneþe he miȝte bye his rug P. L. S. xvii. 167; mine kneon ich beie HOM. I. 191; beieð A. R. 266; he beieð a dun toward þe his deorewurðe heaved HOM. I. 203; ant buȝeþ me to grounde REL. I. 122; **bēi** (*imper.*) LAȝ. 5068; MARH. 20; beih þe to me HOM. I. 211; beie (*subj.*) SPEC. 81; þat hit ne breke ne beie H. M. 15; **bēide** (*pret.*) JUL. 77; and beide (*drew*) heom to somne LAȝ. 29089; þe hwil(e) þat ha buhde hire KATH. 2400; byde P. L. S. xvii. 168; & hire cneow beigden MK. xv. 19; beighed ALIS. 4373; Scottes & Bruttes beiden (*sec. text* droȝen) to gaderes LAȝ. 5178; **būhed** (*pple.*) HOM. I. 277; *comp.* **a-**, **ȝe-bēȝen**; *deriv.* **bēi-sum**.

bēȝend-lich, adj., *O.E.* (ge)bēgendlīc; *humble*: mid beienliche worden LAȝ. 4930.
beggen, see būggen.
beggin, v., *beg,* '*mendico,*' PR. P. 28; beggen A. R. 356; begge LANGL. *B* vi. 195; WICL. E. W. 352; CH. C. T. *A* 4525; ISUM. 150; **beggide** (*pret.*) WICL. JOHN ix. 8.
beggere, sb., *beggar,* HORN (R.) 1133; CH. C. T. *A* 242; hit is beggares rihte vor te beren bagge on bac A. R. 168; **beggeres** (*pl.*) AYENB. 36; LANGL. *A* PROL. 40.
beggerie, sb., *beggary,* LANGL. *B* vii. 88; WICL. PROV. xxiv. 34.
beggestere, sb., *beggar,* CH. C. T. *A* 242.
beggeþ [begged], sb., *begging, mendicancy,*

beggin. LANGL. *C* ix. 138; goon a begged (*v.r.* bigged, beggere, begger) CH. C. T. *F* 1580.

beggild, begenild, sb., *one given to begging*; **beggilde** (*gen.*) A. R. 168'; begeneldes LANGL. *C* xi. 263.

begginge, sb., *begging*, '*mendicatio*,' PR. P. 28; goþ on begginge MAND. 207; begging WICL. E. W. 353; bigging S. W. 128.

beȝsc, *see* baisk. **bēh,** *see* bēah.

behave, -havinge, *see* bihabben.

bēi, *see* bēah. **bēien,** *see* bēȝen.

beiken, *see* bēken.

beil, sb., *cf.* Swed. bögel, bygel, *Ger.* bügel; ? *handle,* W. & I. 23.

bein, *see* bain. **beiten,** *see* baiten.

bēi-sum, adj. (from bēȝen, v.), ? = *Ger.* beugsam; *obedient*; buhsume & beisume KATH. 1805.

bek, sb., ? *O.E.* bec (*dat.* bæce), *O.N.* bekkr *m.*,= *M.L.G.* beke, *O.H.G.* pah, pach, bach *m.f.*; *beck, brook,* '*rivulus*,' VOC. 239; PR. P. 29; L. H. R. 82.

bek, sb., ? = **bekne**; *beck, sign, nod,* PR. P. 29; WICL. JOB xxvi. 11; **bekkes** (*pl.*) TREV. VIII. 221.

bek, *see* bec.

beken, v., *Fr.* becquer, = *Ital.* beccare; *peck*; **bekeð** (*pres.*) A. R. 84; **bekede** (*pret.*) 102; ? biked ALIS. 2337.

bēken, v., ? *from* bǣwen; *steep, soak, warm*: to beike his boones FLOR. 99; a softe bēkinde (*pres. pple.*) bað HOM. I. 269; and ligges bekeand in his bed IW. 1459; bekand BARB. xix. 552; i **bēked** (*pret.*) me TEST. CRES. 36.

bekken, v., ? = **bēknien**; *beck, nod*; **bekke** (*pres.*) CH. C. T. *C* 396; beckes PS. xxxiv. 19; **bekkis** (*pl.*) TOWNL. 319 (MIR. PL. 193); **bekked** (*pret.*) CH. TRO. ii. 1260.

bēkne, beekne, sb., *O.E.* bēacen, bēcn, = *O. Fris.* bāken, bēken, *O.L.G.* bōcan, *O.H.G.* pauchan *n.*; *beacon,* '*pharus*,' PR. P. 29; bekne, bekene LANGL. *B* xvii. 262, *C* xx. 228; *comp.* fore-bēacne.

bēknien, v., *O.E.* bēacnian, bēcnan, *O.L.G.* bōcnian, *O.H.G.* pauhnen; *beckon*; þe unc becnien scu(len) ... to drihtenes dome FRAG. 7; bæcnien LAȝ. 21938; becnen ORM. 223; beknin, bekin '*annuo, nuto*' PR. P. 29; **bēkneð** (*ms.* bekned) (*pres.*) REL. I. 215; **bēacniende** (*pple.*) '*innuens*' LK. i. 22; bēkenide, bikenede (*pret.*) WICL. DEEDS xxi. 40; hio becneden ('*annuerunt*') heore geferen LK. v. 7.

bēkninge, sb., *O.E.* bēacnung, bēcnung; *beckoning*, '*nutus*,' PR. P. 29; bikening WICL. GEN. xlii. 6; becnunge FRAG. 7.

bel, beu, adj., *O.Fr.* bel; *fair, beautiful*; bel ost GUY 68; a bele babees B. B. 3; beau A. P. i. 197; beaus amis GUY 4.

bel-ami, sb., *Fr.* bel ami; *fair friend,* A. R. 306.

bel-dame, sb., *grandmother,* PR. P. 29.

bel-father, sb., *grandfather,* PR. P. 30.

bel-liche, adv., *beautifully,* PL. CR. 344.

beu-pere, sb., *good father*; beau pere, hi seide to the pope BEK. 1299; boke hiȝte þat beupere LANGL. *B* xviii. 229.

beau-sire, sb., *fair sir,* BEK. 768; beusher D. TROY 1863; bewsher TOWNL. 66.

beld, *see* beald.

bélde, sb., *O.E.* bældo, byldo, = *O.H.G.* paldi, baldi, *Goth.* balþei; *from* **beald**; *fortitude, courage, comfort,* P. L. S. xxx. 104; FLOR. 762; GAW. 650; M. H. 37; PERC. 1412; bi a childe of litil belde overcomen i am in min elde C. M. 12237.

bélden, v., *O.E.* bældan, byldan, = *O.L.G.* beldian; *comfort, encourage*; to belden & to forfren ORM. 662; to beolden (*invigorate*) it & strengen 2614; bealden KATH. 1622; belde LAI LE FR. 231; as he bigon to belde (*grow bold*) AL. (V.) 49; IW. 1220; **béldest** (*pres.*) C. L. 348; (he) beldeð [bealdeð] A. R. 162; **bilde** (*imper.*) EGL. 3; **bálde** (*pret.*) JUL. 8; belden LAȝ. 8636; **bélded** (*pple.*) ORM. 2746; *comp.* a-, un-bélden.

belden, *see* bülden.

bēle, *see* büle.

beleevable, *see under* bilēven.

belef, in phr. *O.Fr.* à belif, beslif; *from med. Lat.* bis-līquus; *obliquely*; a belef GAW. 2486, 2518; *see* embelif.

bēlen, *see* bǣlen.

belȝen, v., *O.E.* belgan, = *O.L.G., O.H.G.* belgan, *O.N.* belga; ? *swell with anger*; **bælh** (*pret.*) LAȝ. 15839; þa balh he hine ('*indignatus est*') LK. xv. 28; bolȝhen (*pple.*) ORM. 7145; *comp.* a-, an-, ȝe-belȝen.

beli, sb., *O.E.* belg, bælg, bylg, bylig, = *O.N.* belgr, *O.H.G.* palc (*follis*), *Goth.* balgs, (ἀσκός), *mod.Eng.* belly, bellows; þe brest wiþ þe beli (*belly*) PR. C. 679; beli '*fou*' VOC. 171; belou '*follis*' 180; beli, belu WICL. JER. vi. 29; beli '*venter*' belou '*follis*' PR. P. 30; beli [bali] CH. C. T. *C* 534 (*belly*), *I* 351 (*bellows*); bali R. S. v; M. T. 200; his bali for to fillen PL. CR. 763; belies (*pl.*) *bellows* A. R. 284; belies (*bellows*) ISUM. 412; belies, balies (*bellies*) LANGL. *A* PROL. 41; balez (*bowels*) GAW. 1330; a peir belwis (*bellows*) W. & I. 23; bulies BRD. 22.

beli-naked, adj., *stark naked,* CH. C. T. *E* 1326.

belken, v., ? *O.E.* bealcian, = ? *M.L.G.* belken (*mugire*); *belch*; belke CATH. 27; TOWNL. 314; haþ belkid (*pple.*) out '*eructavit*' WICL. PS. xliv. 2.

belle, sb., *O.E.* belle, = *M.Du., M.L.G.* belle; *bell,* '*campana*,' PR. P. 30; LAȝ. 29441; LANGL. *B* PROL. 165; bere the belle CH. TRO. iii.

149; **bellen** (*pl.*) FRAG. 7; LAȝ. 16929; HORN (H.) 1294; ROB. 509; AL. (L.³) 586; belle SAX. CHR. 259; belles ORM. 901; MAND. 243.
    belle-drēm, sb., *sound of a bell*, ORM. 922.
    belle-ȝēter, sb., *bell-founder*, PR. P. 30.
    belle-house, sb., '*campanile*,' VOC. 273.
    belle-weder, sb., *bell-wether*; belwedir PR. P. 30; belleweder (*noisy person*) TOWNL. 86; belweather (*leader*) LIDG. BOCH. *in* N. E. D.
belle, sb., *tunic*, TREV. I. 403; AN. LIT. 12; ANT. ARTH. xxix (*printed* belte; *see errata*).
bellen, v., *O.E.* bellan, = *O.H.G.* pellen, bellen (*latrare*); *roar, bellow*; bellin '*mugio*' PR. P. 30; þe bole bigan to belle REL. II. 19; as loude as belleþ wind CH. H. F. 1803; **belling** (*pple.*) as a bole WILL. 1891; **bollen** (*pple.*) *inflated* MAP 334; WICL. 1 COR. v. 2; bollen hertes COMP. BL. KN. 101; a bleddre ibollen ful of winde A. R. 282; *comp.* **to-bellen**; *deriv.* **belle, bolle**?
    bellinge, sb., = *O.H.G.* pellunga (*latratus*); *roaring, lowing,* '*mugitus*,' PR. P. 30.
belt, sb., *O.E.* belt, = *O.N.* belti, *O.H.G.* balz, *Lat.* balteus; *belt*, '*zona*,' VOC. 231; IW. 253; belte (*dat.*) CH. C. T. A 3929.
belte, sb., *axe*, '*securis*,' PR. P. 30; '*coing*,' VOC. 163; N. P. 13.
beltane, sb., *May-day*; (N. E. D.).
belten, v., *gird with a belt*; belted (*pret.*) C. M. 15285.
belwen, v., *O.E.* bylgean; *bellow*; belwe Gow. II. 72; L. H. R. 145; cou ... þat wolde belwe after boles LANGL. *B* xi. 333.
    belwinge, sb., *bellowing*; bellewing Gow. III. 203.
bēm, *see* **bēam**.
bēme, sb., *O.E.* bēme, bȳme; *trumpet*, MAP 348; PR. C. 4677; beeme *? noise* AR. 108; **bēman** (*pl.*) HOM. I. 87; bemen FRAG. 7; A. R. 210; bemen [bemes, bumes] LAȝ. 4462, 5107, 5874; beme HOM. II. 115; MISC. 163; bemes WILL 1154; K. T. 499; ISUM. 429; **bēmene** (*gen. pl.*) LAȝ. 19926; HOM. II. 113; **bēman** (*dat. pl.*) MAT. xxiv. 31.
bēmen, v., *O.E.* bȳmian; *sound the trumpet*, A. R. 210.
    bēmare, sb., *O.E.* bȳmere; *trumpeter*, '*tubicen*,' FRAG. 2; A. R. 210.
bēmen, *see* **bēamien**. **bēn**, *see* **bēon**.
benche, sb., *O.E.* benc *f.*, ?= *O.L.G.*, *O.Fris.* benk, *O.N.* bekkr *m.*; *bench*, '*scamnum*,' PR. P. 30; P. L. S. xxxv. 11, xxxi. 114 (*bank*); LANGL. *A* iv. 32; AR. & MER. 2325; benche (*dat.*) LAȝ. 14963; ORM. 14087; REL. I. 187; HORN (L.) 369; on þine benche FRAG. 6; benke MAN. (H.) 58; iwstices atte benche ROB. 570; benche [benches] (*pl.*) LAȝ. 24872; benkes ORM. 15231; *comp.* **kine-, side-benche**.

benched, pple., *furnished with, seated on benches*; **benched** (*pple.*) CH. TRO. ii. 822; ibenched PL. CR. 205; benked ORM. 15231.
benchinge, sb., *benching*, TREV. BARTH. (*in* N. E. D.); benkinge ORM. 15232.
bend, sb., *O.E.* bend *m. f.*, = *O.L.G.* *bend (*acc. pl.* bendi), *O.Fris.*, *M.Du.* bende, *O.N.* benda, *Goth.* bandi *f.; from* **binden**; *tie, ribbon, band, bond,* '*vitta*,' VOC. 197; Gow. III. 11; CH. C. L. 810; W. & I. 35; his tunge bend MK. vii. 35; nenne bend AYENB. 48; mid æne (*r.* ane) bende of golde LAȝ. 24747; band (*stripe*) Iw. 2394; **bendes** (*pl.*) P. L. S. viii. 95; A. R. 382; HOM. II. 63; MISC. 53; ROB. 58; bendes, bende O. & N. 1428, 1472; þe king heom dude i(n) bende LAȝ. 11862; **benden** (*dat. pl.*) MAT. xi. 2; LAȝ. 587; bende BEK. 15; AYENB. 220; B. DISC. 252; alused ... of bende P. L. S. viii. 68; fram deaþes harde bende SHOR. 124; *comp.* **blōd-bend**.
bendel, sb., *O.Fr.* bendel, = *O.H.G.* bendel, *O.N.* bendill; *bendlet* (*in heraldry*), *little band*, RICH. 2964; **bendeles** MAN. (F.) 10043.
benden, v., *O.E.* bendan, = *O.N.* benda; *bend*; bende OCTAV. (H.) 1020; bende hire browes TREV. I. 9; bende '*tendo*' PR. P. 30; bende (*pret.*) FLOR. 859; Gow. I. 234; EGL. 294; bende (h)is bowe ROB. 16; þe amiral bende (*knitted*) (h)is browes FER. 1954; brente him brimli FER. 545; **bend** (*pple.*) SPEC. 34; ibent C. L. 743; AYENB. 174; *comp.* **un-benden**.
bēne, sb., *O.E.* bēn, = *O.N.* bœn; *prayer, request*, LK. i. 13; HOM. I. 67; ORM. 1459; GEN. & EX. 2511; SHOR. 47; AYENB. 99; SPEC. 9; REL. I. 113; þreting ne bene R. S. i (MISC. 156); grante me a bene HORN (L.) 508; **bēnen** (*dat. pl.*) MARH. 14; *see* **bōne**.
bēne, adj., *? gracious*; A. P. iii. 418; þene wei bene P. L. S. viii. 170; *comp.* **un-bēne**.
bēne, adv., *pleasantly*, ANT. ARTH. vi.
bēne, *see* **bēane**.
benedight, pple., *from Lat.* benedictus; *blessed*, C. M. 18705; TOWNL. 91.
Benediht, sb., *Lat.* Benedictus; *Benedict*, LAȝ. 13159; A. R. 162.
benefet, benfeet, bienfait, sb., *O.Fr.* bienfait; *benefit*, LANGL. *B* v. 436, *C* viii. 42; benefet WICL. ESTH. xvi. 16; bienfait Gow. I. 304; (*noble deed*) III. 187.
benefice, sb., *O.Fr.* benefice; *favour, free gift, kindness*; *benefice*; CH. C. T. *A* 291; **benefices** (*pl.*) AYENB. 42; MIRC 317; WICL. S. W. III. 200.
beneisūn, sb., *O.Fr.* beneison; *benison, blessing*, HAV. 1723; benison CH. C. T. *E* 1365; benisoun MAN. (F.) 6961; benissoun PR. C. 3405; benzown S. S. (Web.) 3485.
Benet, sb., *O.Fr.* Benoit; *Benet, Benedict*, PR. P. 31; **benetis** (*pl.*) WICL. S. W. III. 285.
bengere, sb., *corn-bin*, PR. P. 31.

benigne, adj., *Fr.* benin; *benign*, CH. C. T. *A* 518; MED. 1103.
benignitē, sb., *Fr.* benignité; *benignity*, CH. C. T. *B* 1668.
benke, *see* **benche**.
bent, sb., *field*, GAW. 253; over the brode bent DEGR. 200; **bente** (*dat.*) JOS. 450; CH. C. T. *A* 1981 (*hillside*); opon þe bente bare ANT. ARTH. xliv; i walk on his bent TOWNL. 101; **bentis** (*pl.*) FLOR. 1040.
bent, sb., *O.E.* beonet, = *O.H.G.* binuz; *bent (sort of grass)*, VOC. 191; A. P. iii. 392.
bēo, sb., *O.E.* bēo, bīo, bī, = *O.H.G.* bia, *M.Du.* bie *f.*, *O.N.* by *n.*; *bee*, '*apis*,' FRAG. 3; bee VOC. 177; PR. P. 27; bi LIDG. M. P. 88; **been** (*pl.*) MISC. 148; PL. CR. 727; been, [bees] WICL. DEUT. i. 44; a swarm of been CH. C. T. *F* 204.
bēod, sb., *O.E.* bēod, = *O.L.G.* biod, *Goth.* biuds, *O.H.G.* biet *m.*, *O.N.* biōðr *m.*, bjǫð *n.*; *from* **bēoden**; *table*; **beode** (*dat.*) P. L. S. viii. 132; biede HOM. II. 228; ANGL. I. 23.
bēode, *see* **bede**.
bēoden, bēodan, v., *O.E.* bēodan, bīodan, = *O.L.G.* biodan, *O.Fris.* biada, bieda, *Goth.* (ana-, faur)biudan, *O.N.* bjōða, *O.H.G.* biutan, piotan, bieten; *bid, announce, proclaim, invite, command*, HOM. I. 13; beoden A. R. 114; and lette beoden alle þa bocares LA3. 32124; þu scalt... beode (*preach*) þer godes godspel 29507; beoden & bodien KATH. 1480; beode SPEC. 42; min erande for to beode BEK. 1408; beode, bode O. & N. 530; beode, bude FER. 1793, 1825; bedin '*offero*' PR. C. 28; bede HORN (L.) 462; HAV. 1665; MAN. (F.) 11774; GAW. 374; MIN. 19; PR. C. 5958; and wolde him batail bede TRIAM. 972; **bēde** (*pres.*) AV. ARTH. xix; beoðeð, beot HOM. I. 47, 55; A. R. 194, 208; al þat te godspel beodeþ ORM. 4917; bedeþ 15745; to thilke honour þat 3e me bede CH. C. T. *E* 360; **bǣad** (*pret.*) A. R. 230; bead, bed GEN. & EX. 909, 1069; biad AYENB. 41; bæd, bed [bead, bad] LA3. 18821, 23407; bæd ORM. 11799; bed LK. viii. 29; SAX. CHR. 250; KATH. 441; ROB. 106; CHR. E. 122; TRIST. 2601; ANT. ARTH. i; he him bed risen HOM. II. 147; and bed alle godne dai P. L. S. ix. 200; beed AN. LIT. 11; bad '*mandavit*' PR. C. 6275; buden MK. x. 48; & buden here ferde LA3. 5146; boden HICKES I. 225; AM. & AMIL. 896; þai boden hem landes brade TRIST. 2636; he boden him bringen ut... ðo men GEN. & EX. 1067; **bude** (*subjct.*) HOM. I. 13; **boden** (*pple.*) CH. L. G. W. 366; C. M. 10683; haveð hem boden godun dai GEN. & EX. 1430; we ben alle boden (? *for* beden?) þider HOM. II. 159; were boden to þe bridale LANGL. *B* ii. 54; bodin LIDG. M. P. 258; bode GOW. l. 12; *comp.* a-, bi-, for-, 3e-, on-bēoden; *deriv.* bod, bode, büdel.

bidinge, sb., *M.H.G.* bietunge; *oblation*, WICL. E. W. 167.
beoden, *see* **beden**. **beof**, *see* **boef**.
bēon, v., *O.E.* bēon, bion; *be*, FRAG. 7; KATH. 502; þe scal beon þe bet LA3. 701; þat ich king beon mæi 13082; beon iseien *videri* A. R. 94; beon, bion (*ms.* byon) MAT. xx. 26, 27; beon, bon (=beon, *see* ENG. STUD. IV. 99); HOM. I. 5, 77; O. & N. 262, 1195; þat 3e ower fihtlac leteþ bea (*cease*) 1699; beon, ben ORM. 21, 10255; beon, beo BEK. 105, 107; been PR. P. 30; ben MAN. (F.) 24; bien ANGL. I. 9; HOM. I. 219; MISC. 26; buen SPEC. 25; H. H. 67; buen, ben P. L. S. viii. 20, 87; ben, bi GEN. & EX. 15, 1195; beo, be FER. 517; bee EGL. 366; lat þi sorwe be (*cease*) HAV. 1265; lat þe somnour be CH. C. T. *D* 1289; by SHOR. 128; AYENB. 5; S. S. (Wr.) 536; bue REL. I. 110; boe II. 244; to beonne HOM. I. 193; to bienne AYENB. 131; **bēon**, beo, [*O.E.* bēom, = *O.L.G.* bium, *O.H.G.* pim, bim, bin] (*pres.*) LA3. 3945, 9843; bute ich habbe þine help ne beo ich never bliðe HOM. I. 197; swa muche... ich beo (*v. r.* iwurðe) him þe leovere JUL. 17; byo MAT. ix. 21; be HOM. II. 17; SPEC. 30; þu bist FRAG. 7; MISC. 96; SPEC. 72; bist, beost LA3. 3053, 9837; best HOM. II. 29; ORM. 2455; GEN. & EX. 2884; S. S. (Web.) 1663; bes REL. I. 181; beo hes (*shalt be*) honged DEGR. 839; bið HOM. I. 13; R. S. v; swa us w(u)rse bið (*will be*) LA3. 972; to mær3e wæne hit dæi buð 19484; ase softe as he is her ase herd he bið þer A. R. 304; beoþ, beþ ORM. 167, 2683; beð GEN. & EX. 182; beth, bes HAV. 1261, 2007; (we, 3e, 3it, heo) beoð A. R. 8; beoþ PROCL. 2; ALIS. 20; beoð, beoþ, boþ O. & N. 75, 911, 1227; beoð, boð, beað HOM. I. 73, 89; beoð, buð [beoþ] LA3. 5093, 5099; þa hwile 3e buð a life P. L. S. viii. 12; bieþ HICKES I. 222 (ANGL. I. 8); AYENB. 1; bieth, biedh MISC. 28, 31; beþ ROB. 7; TRANS. XIX. 320; PL. CR. 254; buþ E. G. 354; beon KATH. 493, 505; ben LANGL. *A* i. 6; beth, *B* iii. 27; beth, been CH. C. T. *A*.178; buþ, ben WILL. 946, 4447; ben GOW. II. 370; MAND. 3; WICL. JOHN viii. 10; al þat hie bi ben HOM. II. 179; b(ē)o, be (*imper.*) O. & N. 546; hal beo (*earlier text* wes) þu MK. xv. 18; beoð HAV. 19172; beth WILL. 3797; bes HAV. 2246; **bēo** (*subj.*) O. & N. 1225; þu beo FRAG. 6; liðe him beo drihten LA3. 4; wit beon HOM. I. 33; heo beon A. R. 8; O. & N. 1221; beo 3e swiðe bisie LA3. 7915; **bēon**, bēn (*pple.*) ORM. 2311, 8399; ben LANGL. *B* xi. 236; bien MAN. (H.) 34; bin TOR. 359; ibeon (beon) LA3. 8325; wel lange ic habbe child ibeon [iben] P. L. S. viii. 2; ibien HICKES I. 222; ibeo BRD. 4; ibee RICH. 5138; ibie MISC. 34.
biinge, sb., *being, essence*, AYENB. 103.

bĕor, sb., *O.E.* bĕor, = *O.Fris.* biar, bier, *O.H.G.* pier, bier *n.; O.N.* biorr *m.; beer*, FRAG. 4; HORN (R.) 1108; beor, bor O. & N. 1011; ber GAW. 129; bor O. & N. 1009; bĕore (*dat.*) LA3. 13542; bere HORN (H.) 1148.

beord, *see* beard.

beore, *see* bere. **beoren**, *see* beren.

beor3, *see* ber3.

berk, sb., *bark, bark (of a dog)*, ANGL. IV. 197.

beorken, v., *O.E.* beorcan; *bark (as a dog)*, JARB. XIII. 163; berkin '*latro*' PR. P. 32; berke AYENB. 179; WILL. 35; ALIS. 1935; berkest (*pres.*) A. R. 122; beorkeð [borkeþ] LA3. 21340; berketh LIDG. M. P. 29; **berkinde** (*pple.*) REL. I. 266; *bark* (*pret.*) GOW. I. 221; burken, borken (*pret. pl.*) ED. 912, 928; *comp.* be-berken.

berkere, sb., *barker*, S. A. L. 70; berkar '*latrator*' PR. P. 32.

berkinge, sb., *barking (of a dog)*, TREV. I. 83; berking WILL. 55.

beorme, *see* berme.

beorn, bearn, bern, sb., *O.E.* beorn, biorn; *hero, warrior, man*, LA3. 1552, 7645, 8083; þu liþere bern P. L. S. xx. 57; bearn, bern ALIS⁴. (Sk.) 9, 219; biurn AV. ARTH. xlv; buirn, burn LANGL. B xi. 353; burn WILL. 332; birn ANT. ARTH. iii; **beornes** (*pl.*) MISC. 92; biernes, bernes, burnes LANGL. A iii. 256; bernes M. H. 39; bernus DEGR. 500; bernis (*printed* berins) ISUM. 454; burnes GAW. 259; buirnes JOS. 29; **berne** (*gen. pl.*) SPEC. 58; **beornen** (*dat. pl.*) LA3. 23408; berne MISC. 93.

beornen, *see* brinnen.

bĕot, sb., *O.E.* bĕot; *menace*, LA3. 16338; *comp.* 3ebĕot.

bĕotien, v., *O.E.* bĕotian; *menace*; bāoteden (*pret.*) LA3. 20521.

beouste, *see* biwiste.

beovien, *see* bivien.

beqvarre, sb., *O.Fr.* bequarre; *the note B natural*, REL. I. 292.

bercel, sb., *archer's butt, 'meta,'* PR. P. 32.

berd, *see* beard *and* brerd.

bére, sb., *O.E.* bera, = *O.H.G.* pero, bero; *bear (animal), 'ursus,'* PR. P. 32; HOM. II. 211; HAV. 573; AYENB. 15; LANGL. B xv. 294; CH. C. T. A 1640; MAND. 291; bere, beore ROB. 202; beore LA3. 25590; ALIS. 1821; beore, bore A. R. 198, 202; O. & N. 1021; heore, beare JUL. 72, 73; **beore** (*gen.*) L. H. R. 140; þes laste bore hweolp A. R. 202; berse LA3. 22282; **béres** (*pl.*) GEN. & EX. 191; bueres A. D. 237.

bére-fel, sb., *bearskin*, WILL. 2430; **bere-skin**, WILL. 1735; CH. C. T. A 2142.

bére-ward, sb., *bear-keeper*, PR. P. 32; P. P. 364.

bére, sb., *O.E.* bere, = *O.N.* barr *m.*, *Goth.* *baris, *whence* barizeins (κρίθινος), *Lat.* far; *bear(-corn), barley*, VOC. 264; AYENB. 141; C. M. 13506; *comp.* pol-bére.

bére-méle, sb., *barley meal*, LEECHD. III. 98.

bere-, *stem of* beren, v.

bere-bag, sb., *bag-bearer*, MIN. ii. 20.

bere-blisse, sb., *bringer of bliss*, AYENB. 72.

bere, sb., *pillow-case*, CH. D. BL. 254; *comp.* bed-, pilwe-bere.

bēre, sb., *O.E.* (ge)bǣre, = *O.Fris.* bēre, *O.L.G.* (gi)bāri, *O.H.G.* (ge)bāre; *gesture, noise, uproar*, FL. & BL. 468; ROB. 208; ALIS. 550; MIRC 276; MAS. 623; his untohe bere H. M. 31; þe 3onge man ... spak wit wel faire bere AL (T.) 129; bere and noise TREV. IV. 367; who makis sich a bere TOWNL. 109; beere MISC. 231; beare LA3. 28163*; **bēre** (*dat.*) KATH. 2370; WILL. 43; ANT. ARTH. x; and warni men mid mine bere O. & N. 925; *comp.* a-, 3e-bēre.

bēre, adj., *O.E.* (leoht-, wæstm-)bǣre; *bearing, fruitful*; childre bere GEN. & EX. 1465; *comp.* ǣrende-, liht-bēre.

bere, sb., *bearing*; for bere of þine childe SHOR. 133.

bēre, sb., *O.E.* bǣre, = *O.N.* bāra, *M.Du.* bǣre; *wave*; **bēres**, beares, bieres (*pl.*) LA3. 1341*, 28077*, 28625; *cf.* bāre.

beren, v., *O.E.* beran, = *O.L.G.* beran, *O.H.G.* peran, beran, *O.Fris.*, *O.N.* bera, *Goth.* bairan, *Lat.* ferre, *Gr.* φέρειν; *bear*, A. R. 4, 230; M. T. 88; þis scal beren eower saule to hevene riche HOM. I. 39; beoren niðꝛ25; beren [bere] wapen LA3. 499; witnesse beren 13231; we sculeð bere þin ær(n)de 24803; beren child ORM. 2031; beoren KATH. 2491; (*ms.* boren) HOM. I. 69; bueren HOM. I. 69; HAV. 623; PERC. 190; bere fals witnesse LANGL. B ii. 80; beore ALIS. 771; beare LA3. 24566*; buere SPEC. 104; to berene HOM. I. 147; **bereð** (*pres.*) HOM. I. 109; hue bereþ þe pris SPEC. 30; þe bitte þat beoreðforð (*projects*) as a waterbulge H. M. 35; (hi)bereð, bereþ O. & N. 1372; bereð me genge (*bear me company*) MARH. 21; bere (*subj.*) GEN. & EX. 3513; þat ti lust ne beore þe to þat te lef were H. M. 15; þat heo ure erende beore [bere] to þin hevonkinge R. S. v (MISC. 168); beoren A. R. 382; **berinde** (*pple.*) AYENB. 96; berande ALIS. 5109; bær, ber, bear, bar (*pret.*) LA3. 1180, 1825, 12279, 14771; ber HOM. I. 131; MARH. 22; A. R. 368; P. S. 248; SPEC. 60; bar ORM. 12615; GEN. & EX. 338; HAV. 557; BRD. 20; LEG. 6; CH. C. T. A 105; þe erthe ne bar nan corn SAX. CHR. 262; þat bar þat blisful barn LANGL. A ii. 3; bare TRIST. 4; EGL. 340; þu bere MISC. 38; bere, beere LANGL. A iii. 189; (þe3) bæren ORM. 7576; bæren, beren LK. vii. 14, 24; beren HOM. I. 59; KATH. 2496; alle þa him

beren.   besant.   53

beren onde LAȝ. 31473; hue beren huem so swiþe heȝe SPEC. 106; beeren MAND. 172; bere ROB. 177; til þei bere [beere] leves LANGL. *B* v. 139; baren 365; so boldeli þei þem bere TRIAM. 1506; boren GEN. & EX. 684; **bǣre** (*subjct.*) ORM. 2029; bere HOM. I. 39; BEK. 193; bere [biere] LAȝ. 2513; **boren** (*pple.*) ORM. 161; H. H. 196; HAV. 1878; S. S. (Wr.) 73; born MAND. 274; he hadde ... born him wel CH. C. T. *A* 87; bore AYENB. 221; *comp.* a-, æt-, for-, ȝe-beren; *deriv.* bǣre (bēre), bearm, berme, būrŏe, būrŏene.

berere, sb., *bearer*, MAND. 83; *comp.* kāiberere.

beringe, sb., *bearing, bringing forth; support*, MISC. 26; AYENB. 259; TREV. II. 171; bering GEN. & EX. 2178; ALIS. 484.

beren, adj., *O.E.* beren, *Goth.* barizeins; *made of barley*: fíf berene hlafes JOHN vi. 9.

bēren, v., *O.E.* (ge)bǣran, = *O.L.G.* (gi)bārian, *M.Du.* baeren; *gesticulate, shout*; bere HALLIW. 166; M. T. 99; mi selve so to bere (*r. w.* lere) SPEC. 93; **bērèþ** (*pres.*) L. H. R. 215; **beeringe** (*pple.*) L. H. R. 140; **bārde** (*pret.*) JUL 53; *comp.* ȝe-bēren.

berfrai, sb., *O.Fr.* berfroi; *belfry*, A. P. ii. 1187; belfrai PR. P. 30; **berfreis** (*pl.*) MAN. (F.) 1031.

berȝ, sb., *O.E.* beorg, beorh, = *O.L.G., O.Fris.* berg, *O.H.G.* berg, perg, *O.N.* biarg, *mod.Eng.* barrow; *from* berȝen; *hill, mountain*, GAW. 2172; beoruh FRAG. 3; berhȝe (*dat.*) LAȝ. 12311; berghe, berwe LANGL. *B* v. 589; **berges** (*pl.*) REL. I. 222; **beorȝen** [b(e)orewe] (*dat. pl.*) LAȝ. 20854; bergen LK. xxiii. 30.

berg, sb., *O.E.* (hēafod) beorg, = *O.N.* biörg *f.*; *protection*, GEN. & EX. 926; *comp.* halsberȝ.

beru-ham, sb., *horse-collar*, PR. P. 33; berhom VOC. 278; **beruhames** (*pl.*) 168.

berg-lēs, adj., *without protection*, GEN. & EX. 3048.

[**berȝe**, sb., *? shelter;* *comp.* her-berȝe.]

berȝen, v., *O.E.* beorgan, = *O.L.G.* bergan, *O.H.G.* pergan, *O.N.* biarga, *Goth.* bairgan; *protect, preserve*, HOM. II. 209; bergen REL. I. 208; berȝhen ORM. 1559; berȝe AYENB. 197; berwen HAV. 697, 1426; **bergeŏ** (*ms.* berged) (*pres.*) HOM. II. 197; birgeŏ 195; **barh** (*pret.*) ORM. 14572; and barg ŏe child fro ŏe dead GEN. & EX. 1330; bargh REL. I. 22; barw HAV. 2022; buregen HOM. II. 187; **borgen** (*pple.*) HOM. II. 43; borȝhen ORM. 3248; borgen, borwen GEN. & EX. 886, 1102; berȝhed HICKESI.233; berȝhed (*ms.* beryhed) PS.xxxii. 17; *comp.* bi-, ȝe-berȝen; *deriv.* berȝ, borȝ, burȝ.

berihēr, sb., *protector*, PS. lxi. 7.

berhles, sb., *from* berȝen; *salvation*, ORM. 5115.

berie, sb., *O.E.* berie, berige, = *M.Du.* bere, besie *f.*, *O.H.G.* beri, *O.N.* ber, *Goth.* basi *n.*; *berry*: as broun as is a berie CH. C. T. *A* 207; **berien** (*pl.*) A. R. 276; beries GEN. & EX. 2062; *comp.* blac-, ivi-, mūl-, mūr-, strau-, win-berie.

berien, v., *O.N.* berja, = *O.H.G.* perien, *Lat.* ferire; *beat*, A. R. 188*; (*v. r.* bunsen) bere TOR. 1045; as hit on ehe bereŏ KATH. 1056; wiþ a swere þat Arcita me þurgh þe herte bere CH. C. T. *A* 2256; bi þe berid weie ['*per tritam viam*'] WICL. NUM. xx. 19.

berien, *see* bürȝen.

beril, sb., *Gr.* βήρυλλος; *beryl*, MISC. 98; P. L. S. xxxv. 92; beryl SPEC. 25; A. P. i. 1010.

Berkeleie, pr. n., *Berkeley*, ROB. 439.

berken, *see* beorken.

berling, sb., (*from* bere) *young bear*; **berlingis** (*pl.*) DEP. R. iii. 40.

berm, *see* bearm.

berman, *see under* bǣr.

berme, sb., *O.E.* beorma, bearma, = *M.Du.*, *M.L.G.* berme, barme *m.*; *barm, yeast,* '*spuma*,' VOC. 258; PR. P. 32; ORM. 997; R. S. vii; CH. C. T. *G* 813; L. C. C. 39; beorme MISC. 189.

bermin, v., *work out*, '*spumo*,' PR. P. 32; bermi SHOR. 15.

bern, *see* bearn *and* beorn.

bern, berne, sb., *O.E.* bere ern (LK. iii. 17); berern, bern; *barn*, '*horreum*,' WICL. DEUT. xxviii. 17; LANGL. *B* xix. 340; **berne** ORM. 10487; TREV. I. 173; **berne** (*dat.*) O. & N. 607; GOW. I. 162; CH. C. T. *A* 3258; berne (*pl.*) LK. xii. 18; bernes ROB. 348; AYENB. 30.

bernake, bernakile, sb., *Fr.* barnaque, barnache, barnacle, bernacle; *barnacle (bit for a horse),* '*camus*,' PR. P. 33; bernacle '*camus*' WICL. 4 KINGS xix. 28; **barnacles** (*pl.*) 353.

bernake, sb., *barnacle-goose*; barnakylle, bernak '*barnacus*' PR. P. 32.

bernen, *see* brennen.

berslet, sb., *from O.Fr.* berseret; *hound*, D. TROY 2196; berselette ANT. AR. iii; barslett ALEX. (*Dubl. MS.*) 786; **bercelettus** (*pl.*) AV. ARTH. vii.

bersten, *see* bresten.

berten, v., *? perspire*: i bert(e) in bedde REL. II. 211.

berŏene, *see* bürŏene.   **beru**, *see* berȝ.

berwe, sb., *?O.E.* bearu (*grove*); '*umbraculum*,' PR. P. 33.

berwen, *see* berȝen.

besagew, sb., *O.Fr.* besaiguë; *double-edged axe*, PARTON. 1936.

besant, sb., *O.Fr.* besant; *Byzantine coin*, ALIS. 3115; besàunt R. R. 1106; besaunt '*minam*' WICL. EZ. xlv. 12; **beȝsans** (*pl.*) ORM. 8102; besans ALIS. 1572.

besi, *see* büsi.

besme, sb., *O.E.* besma, besema, = *O.Fris.* besma, *O.H.G.* pesamo, besamo; *besom, 'scopa,'* PR. P. 33; AYENB. 172; WICL. IS. xiv. 23; besmen (*dat. pl.*) MARH. 5; JUL. 17; mid besme '*scopis*' LK. xi. 25; beseme HOM. II. 87.

besquite, sb., *biscuit,* MAN. (H.) 171; bisqwite PR. P. 48.

best, sb., *O.Fr.* beste, *Lat.* bestia *f.*; *beast,* A. R. 48; BRD. 31; þat ilke best (*r. w.* nest) O. & N. 99; þat best WILL. 3113; beest C. L. 121; beast KATH. 2067; best, beste HAV. 279, 944; beste GEN. & EX. 194; beates (*gen.*) A. R. 58.

best-lich, adj., *beastly* : þe bestliche mon A. R. 58; beastliche men H. M. 25; beestli WICL. 1 COR. xv. 44.

bestial, adj., *pertaining to, like a beast,* BOKENH. 95; bestiall GOW. I. 140; bestaille (*pl.*) folk MAND. 224.

bestial-liche, adj., *belonging to the lower animals,* bestiallī (*adv.*) GEST. R. (H.) xlvi. 366.

bestaile, sb., *O.Fr.* bestaille (= *mod.* bétail); *cattle,* GOW. II. 138; bestaille MAND. 284; beastial (*single beast*) LIDG. *in* N. E. D.; bestailes (*pl.*) KN. T. 103.

bestialitē, sb., *O.Fr.* bestialité; *nature of a beast,* CH. TRO. i. 735.

bēstinge, sb., *O.E.* bȳsting, *from* bēost, = *O.H.G.* biost; *biesting* (*first milk after calving*), '*colostrum*,' CATH. 30.

bet,? adv.; go bet (*? go quickly*) CH. C. T. *C* 667; go bete S. S. (Wr.) 1005.

bet, adv., *O.E.* bet, = *O.Fris.* bet, *O.N.* betr, *O.L.G.* bet, bat, *O.H.G.* paz, baz (*compar.*); *better,* A. R. 416; GEN. & EX. 2366; AYENB. 195; OCTOV. (W.) 1191; CH. C. T. *A* 242; HOCCL. i. 178; bett ORM. 4660; me luste bet O. & N. 39; as wel or bet WILL. 172; to love þat lond þe bet ROB. 107; þe bet LANGL. *C* ix. 42; bet, bæt LAȝ. 13448, 28560.

best, adv., *O.E.* betst, = *O.Fris.* best, *O.L.G.* bezt, best, *O.N.* bezt, *O.H.G.* bezest (*superl.*); *best (adv.),* HOM. I. 7; A. R. 6; god loved he best CH. C. T. *A* 533; godes give is best HOM. II. 107; bezst [best] LAȝ. 26606.

betere, adj., *O.E.* betera, betra *m.,* betere, betre *f. n.,* = *O.Fris.* betera, *O.L.G.* betara, *O.N.* betri, *Goth.* batiza, *O.H.G.* peziro, bezero'; *better,* A. R. 310; SPEC. 28; ælc wende to beon betere þene oðer LAȝ. 24536; betere is (*is preferable*) 5343; betere lif leden P. L. S. viii. 137; betere [beter] is o song O. & N. 713; betere bezet AYENB. 102; betre CHR. E. 382; betre hit is HOM. I. 49; þeh him s(e)olf þe betre nere 153; bettere, bettre, better LANGL. *A* iv. 80; bettre, better CH. C. T. *A* 256; bet K. T. 320; ge sende beteren LK. xii. 7; þa weren hire beteren (*her betters*) LAȝ. 3749.

betste, adj., *O.E.* betsta *m.,* betste *f. n.,* = *O.Fris.* besta, *Goth.* batista, *O.H.G.* pezisto, bezesto; *best (adj.)* ORM. 2948; beste BEK. 1447; þat beste þat we habbeð HOM. II. 221; here beste for to do ROB. 111; þe beste mon A. R. 332; his bezste [beste] cnihtes LAȝ. 8844.

bētās, sb., *O.N.* beitiāss; *sail-yard,* MAN. (F.) 12088.

bēte, sb., *O.E.* bēte, *Lat.* bēta; *beet,* VOC. 190; beetes (*pl.*) LUD. COV. 22.

bētel, sb., *O.E.* bētel, bȳtel, = *M.L.G.* bōtel, *M.H.G.* bōzel; *from* bēaten; *beetle, mallet,* STOR. 29; betil PR. P. 34; bitil VOC. 180; ȝe schulen iseon bunsen ham mit tes deofles bētles (*v. r.* bettles) (*pl.*) A. R. 188.

bēten, v., *O.E.* bētan, = *Northumb.* bœta, *O.L.G.* bētien, *O.Fris.* bēta, *O.N.* bœta; *from* bōte; *mend, remedy,* A. R. 92; ORM. 4440; & gunnen here gultes beten P. L. S. viii. 137; beten alle owre bruchen KATH. 1406; betan HOM. I. 113; beten, bæten LAȝ. 5941, 18397; bete O. & N. 865; MISC. 41; ROB. 291; S. S. (Web.) 2123; AMAD. (R.) iv; bete his nede ALIS. 5065; REL. II. 278; oure serewes to bete SPEC. 89; to bete þe sinne H. H. 225; ȝour bales to bete WILL. 3167; bete [beete] his hunger LANGL. *B* vi. 239; fires bete CH. C. T. *A* 2253; nettes bete 3927; to betene, to betende HOM. I. 7, 29; bēte (*pres.*) HOM. I. 21; bēt (*imper.*) HOM. I. 17; bětte (*pret.*) HOM. I. 83; KATH. 1210; ah ever me þat fur bette LAȝ. 2862; þat her bales bette B. DISC. 2088; greet fir þei under betten CH. C. T. *G* 518; bēt (*pple.*) SPEC. 30; WILL. 3960; bett ISUM. 764; a brighte fir wel bett PERC. 439; *comp.* ȝe-bēten.

bēten, *see* bēaten. betere, *see* bet.

bētil, sb., *O.E.* bētel; *beetle (insect),* VOC. 255; bitil PR. P. 37.

betren, v., *O.E.* betrian, = *O.Fris.* beteria, *O.N.* betra, *O.H.G.* peziron, bezeron; *better, improve;* betred (*pret.*) PS. xii. 5; beterid (*pple.*) WICL. S. W. III. 349.

beteringe, sb., *act of making better,* WICL. S. W. I. 55.

betternes, sb., '*benignitatem,*' PS. li. 5.

beð, *see* bað. beþe, *see* bāðe.

bēðen, v., *? O.N.* beiða; *ask,* GEN. & EX. 2498.

bēþien, v., *steep, foment,* GEN. & EX. 2447; bethed TR. F. 8.

beupere, bewsher, *see under* bel.

beutē, *see* bealtē.

bēver, sb., *O.E.* beofer, = *M.L.G.* bever, *O.H.G.* biber, piber, *O.N.* bjorr, *Lat.* fiber; *beaver, 'castor,'* VOC. 220; P. L. S. viii. 182; PL. CR. 295.

bēver-hat, sb., *beaver-hat,* CH. C. T. *A* 272.

bēver-h(e)wed, pr. n., *beaver-coloured,* GAW. 845.

Beofer-lai, pr. n., *Beverley*, FRAG. 5; Beverlēi MISC. 146.

beverāge, sb., *O.Fr.* bevrage; *beverage*, ROB. 26; RICH. 4365; GAW. 1112; A. P. ii. 1433; LANGL. *A* v. 189.

bēveren, adj., = *M.H.G.* biberin, *?Lat.* fibrinus; *beaver coloured*; his beveren berd ANT. ARTH. xxviii; beverine lokkes D. ARTH. 3630.

beveren, v., = *L.G.* bevern; *tremble* : mani knightes shoke and **bevered** MAL. i. 15.

[**bi-**, prefix, *O.E.* bi-, be-, *mod.Eng.* be-, for bī, *prep.*]

bī, prep., *O.E.* bī, big, be, = *O.L.G.* bī, be, *O.H.G.* pī, bī, pe, be, *Goth.* bi; *by* : whan a man is an urþe ded and his soule bi (*with*) god TREAT. 134; þulke faire womman þat stent bi him P. L. S. x. 10; þe qvene þat by þe stod SPEC. 70; þat þe bi stod R. S. v; SPEC. 58; stod hem bi ORM. 3340; to stonden ȝe bi GEN. & EX. 3666; bi þare see O. & N. 1754; þe wuneð bi westen KATH. 591; þat woneþ hire bi SPEC. 96; bi mire side LAȜ. 7879; bi eche side BRD. 22; bi þi side JOS. 42; bi are halve heo riden LAȜ. 9460; an oþer abbei is þer bi P. L. S. xxxv. 147; alle þat ter bi gað KATH. 1482; miȝt(e) we ... com(e) bi tvo skinnes WILL. 1688; bi þone toppe he hine nom LAȜ. 684; he tok his child bi þe hande ISUM. 325; liveð ... bi him one A. R. 12; ben ... bi him selfen (*by himself, alone*) ORM. 822; þo heo were al bi hem selve ROB. 104; bi (*in*) þan dagen HOM. II. 47; bi olde dawe MISC. 47; bi þon time JUL. 4; bi time (*betimes*) GEN. & EX. 1088; HORN (L.) 965; bi daie LAȜ. 2082; O. & N. 241; bi niȝte BEK. 59; þat ich ne mai iseo bi [be] lihte O. & N. 366; ȝif he selleþ meche bi ȝere E. G. 355; al swa hit is bi mine songe O. & N. 1373; þer com a pr(e)ost bi þe weie HOM. I. 79; þe fuheles þe fleon bi ȝe lufte MARH. 9; þat fliþþ bi grunde O. & N. 506; and bi wende bi þe wode P. L. S. xiii. 153; he þat comeþ not in bi þe dore WICL. JOHN x. 1; bi watere & bi londe LAȜ. 10511; þe children ȝede to tune bi dales (*r.* dale) & bi dune HORN (L.) 154; bi (*on*) heore life hehte heom LAȜ. 24317; bi (*per*) god HORN (L.) 165; þet me ne zverie ... by þe hevene AYENB. 6; hit is awriten bi (*of*) him HOM. I. 129; al hit wes lesinge þat heo seiden bi þan kinge LAȜ. 19079; seið uvel bi an oðer A. R. 86; as þe Giwes dude bi oure loverd BEK. 2161; he deþ wel bi me A. D. 294; þe king havede bi his wive twene sonen LAȜ. 4288; heo schal libben bi (*on*) elmesse A. R. 414; noht ne maȝ þe man bi bræd al ane libben ORM. 11344; bi ȝi leve (*by thy leave*) GEN. & EX. 2865; bi ȝoure leve CH. C. T. *A* 3916; ne talde þeȝ noht teȝre kin ... bi wimmen ac ... bi wepmen ORM. 2061; sunne likeð him bi (*according to*) þine tale A. R. 334; ȝe mone is more bi mannes tale ȝan al ȝis erðe GEN. & EX. 141; and dude al bi his rede BEK.

169; it semed bi here speche LANGL. *B* PROL. 52; bi hu muchel þe an passeð þe oðre H. M. 23; þo was it bi a fot to schort L. H. R. 30; a cite bi nome Nazareth icalled JOS. 78; i clepede þe bi þi name WICL. IS. xliii. 1; he wente hous bi hous CH. T. *D* 1765; ȝer bi [be] ȝere *E* 402; his doghter hadde a bed al bi hir selve right in þe same chambre bi and bi *A* 4142; up ros oure swete ladi and kist þe apostles bi & bi ASS. *B* 360; sende hit bi his sonde LAȜ. 3151; alle þingis ben maad bi him WICL. JOHN i. 3; as sche sat be þe welle OCTAV. (H.) 327; þe castel be þe see TOR. 871; þet me offrede wilem be þo ialde laghe MISC. 27; be dai FER. 2129; be middai AUD. 75; be þis time WILL. 1031; (hi solde) be an oþer weje wende into hire londes MISC. 27; zvereþ ... be god AYENB. 6; be the rode GENER. 2445; sio manigeo wundrede be (*at*) his lære MK. xi. 18; be us foure þis i telle C. L. 495; be þet he heþ ofguo AYENB. 13; hi ssolden bi iborȝe be him 12.

bī, sb., *O.N.* bȳr; *mod.Eng.* -by *in local names; from* būen; *town*, HALLIW. 172; C. M. 13290; GUY 267.

bi-æften, -aften, bæften, adv. & prep., *O.E.* beæftan, bæftan; *behind, after*, LAȜ. 7570, 8680, 26057; bieften HOM. I. 39; he let bi-aften ȝe more del GEN. & EX. 3377; bæften FRAG. 1; baften HOM. II. 199; ORM. 14688; beften LK. xxii. 6; befte me MAT. xvi. 23; baften, baft PS. lxxvii. 66; on bafte [baft] *abaft* C. M. 22150.

bi-barren, v., *bar*; **bibarred** (*pple.*) A. R. 170.

bibben, v., *drink*; **bibbes** (*pres.*) A. P. ii. 1499; this miller haþ so wisli bibbed (*pple.*) ale CH. C. T. *A* 4162.

bi-bēoden, v., *O.E.* bi-, bebēodan, = *O.H.G.* pipiutan; *enjoin, command*; **bibēad** (*pret.*) HOM. I. 225.

bi-berȝen, v., *O.E.* beberȝan, = *O.H.G.* pipergan; *protect* : þene scute biberh LAȜ. 1461.

bi-berken, v., *bark at* : þe felle dogge þet bit and beberkþ (*pres.*) alle þo þet he mai AYENB. 66.

bible, sb., *Fr.* bible; *bible*, LANGL. *B* ix. 41; GOW. I. 15.

bi-blēden, v., *cf.* Ger. beblūten; *cover with blood*; **biblēd** (*pple.*) A. R. 118*; BEK. 2210; S. S. (Wr.) 810; TREV. VIII. 155; þe ground ... bibled was mid his blode SHOR. 87; bebled MIRC 1934; L. H. R. 190.

bi-blōdegien, v., *? for* *ȝeblōdegien; *make bloody*; **biblōdege** (*imper.*) A. R. 292; biblōdeget (*pple.*) MARH. 3.

bi-blotten, v., *blot*; **beblotte** (*imper.*) CH. TRO. ii. 1027.

bi-bōde, sb., *O.E.* bibod; *command, commandment*, HOM. I. 221, 125; **be-, bibode** (*dat.*) P. L. S.

viii. 131*; **bebode** (*pl.*) MAT. xix. 17; biboda, -bode, -bodan, -boden HOM. I. 119, 131.
bi-būfen, adv., *above*, ORM. 17970.
bi-būʒen, v., *O.E.* bi-, bebūgan; *escape, turn aside*; **bibǣh** (*pret.*) LAʒ. 8193; heo hine bibuʒen 12252; **biboʒen** (*pple.*) 10569.
bi-būrien, v., *O.E.* bi-, bebyrgan; *bury*, LAʒ. 10436; A. R. 216; beburie ROB. 166; to beberienne MAT. viii. 21; **bibūriede** (*pret.*) KATH. 2227; biburiʒede LAʒ. 1728; heo... biburʒeden 15071; **bibūried** (*pple.*) LAʒ. 10833; bebered AYENB. 263.
bi-cachen, v., *catch, ensnare*, HOM. II. 35; bikache REL. I. 183; **bicahte** (*pret.*) HORN (R.) 663; **bikaht** (*pple.*) ORM. 11621; bicauʒt S. S. (Web.) 638; becaʒt AYENB. 54; bicauhte, -kehte (*pl.*) P. L. S. viii. 160.
bi-callen, v., *call, address, accuse*; becalle GUY (Z.) 7596; **bicalle** (*pres.*) A. P. i. 912; becalle ANT. ARTH. xxxii; bicalleð GEN. & EX. 2314.
bi-cáren, v., *? be careful about*; to ofte man bicareð þis lif ANGL. I. 27.
bi-casten, v., *cast around*; *clothe, invest*: hi ... hit al bicaste wiþ bolehuden BRD. 5; wiþ deope diches beoþ bicaste C. L. 694.
bicche, sb., *O.E.* bicce, = *O.N.* bikkja; *bitch*, REL. I. 187 (MISC. 137); AN. LIT. 11; TREV. III. 141; LANGL. *A* v. 197; CHES. I. 181; bicche, bicke PR. P. 35; bichche S. S. (Web.) 1802; **bicchen** (*pl.*) ALIS. 5394.
bicched, adj., *? cursed*; that bichid body LUD. COV. 395; so breme and bicchid in himselfe ALEX. 165; bicched bones (*dice*) CH. C. T. *C* 656; biched bones TOWNL. 241.
bi-charmen, v., *charm*; **becharmeþ** (*pres.*) AYENB. 257.
bi-chaunten, v., *enchant*, AR. & MER. 721.
bi-cherren, v., *O.E.* becerran, = *O.H.G.* becheren; *seduce, deceive*, A. R. 368; bicharren LAʒ. 5355; bicheorre 969*; bicherre MISC. 46; þu bicherrest [bich(e)orrest] LAʒ. 3837; he bicherreð monie mus to þe sto(c)ke HOM. I. 53; ʒe bicherreð (bichearreð) JUL. 42, 43; **bicherde** (*pret.*) HOM. II. 59; KATH. 1188; **bichærred** (*ms.* bischærred) (*pple.*) LAʒ. 7980; bicherd P. L. S. viii. 160; A. R. 224; S. A. L. 149.
bi-chirmen, v., *scream around*: hi me bichirmeþ [bichermet] and bigredeþ O. & N. 279.
bi-clappe, v., *clap about*, CH. C. T. *G* 9.
bi-clarten, v., *soil*: þat spatel þat swa biclarted ti leor HOM. I. 279.
bi-cleopien, v., *O.E.* becleopian; *appeal, accuse*, A. R. 344; MISC. 61; biclepiean, biclupien P. L. S. viii. 54; þat he scholde fram þulke curt biclipie to þe kinge BEK. 606; (*hie*) **biclepieð** (*pres.*) HOM. II. 173; we beclepeþ þe dom C. L. 498; bicl(e)oped, bicleped (*pple.*) O. & N. 550; a preost ... þat of manslaʒt was bicliped BEK. 365.
bi-clüppen, v., *O.E.* bi-, beclyppan; *embrace*, A. R. 90; beclippe GOW. II. 95; MAND. 52; biclippe '*complectimini*' WICL. PS. xlvii. 13; **biclūpte** (*pret.*) LAʒ. 26776; ROB. 309; biclipte P. L. S. xii. 59; beclepte AYENB. 240; **biclūpped** (*pple.*) HOM. I. 201; biclipped TREV. I. 179.
bi-clūsen, v., *O.E.* beclȳsan; *inclose*, LAʒ. 15023; biclosi ROB. 558; **biclūsde** (*pret.*) LAʒ. 18614; **biclūsed** (*pple.*) FRAG. 7; A. R. 378; biclūset KATH. 598.
bi-clūtien, v., *dress up*; **biclūte** (*imper.*) A. R. 316.
bi-cnāwen, v., *O. E.* becnāwan, = *O.H.G.* pechnāhan; *acknowledge, know*; biknowen RICH. 4476; LANGL. *B* PROL. 204; beknowen GOW. I. 62; beknawe AYENB. 132; mon hwi nultu þe bicnowe R. S. i; biknowe CH. C. T. *A* 1558; him one to biknowe SHOR. 95; biknōwe (*pres.*) GAW. 2385; ʒif i beknowe mi name AM. & AMIL. 1279; **beknēu** (*pret.*) AYENB. 215; biknewe LANGL. *B* 145; **biknāwe** (*pple.*) AR. & MER. 425; he was biknowe þat Rimenild wes (h)is owe HORN (R.) 993; he was beknowe WILL. 2172.
bi-cnāwinge, sb., *knowledge*; beknawinge, AYENB. 126.
[**bi-cnāwlēchen**, v., *acknowledge*.]
bicnāwlēchinge, sb., *confession*, AYENB. 32.
bi-colmen, v., *cover with soot*; **bicolmede** (*pret.*) HORN. (L.) 1064.
bi-comsen, v., *commence*; **bikomsed** (*pret.*) WILL. 2523.
bi-cráven, v., *crave*, GEN. & EX. 1388.
bicume-līo, adj., *M.H.G.* bekomenlīch; *becoming*, HOM. I. 129; bicumelich II. 127; **beoumeliche** daʒes ['*tempus acceptabile*'] I. 11; **bicumelīche** (*adv.*) REL. I. 131.
bi-cumen, v., *O. E.* bi-, becuman, *O.L.G.* becuman, *O.H.G.* pichoman, -qveman, *Goth.* biqiman; *become, come into being, happen, befit*, A. R. 64; ne mei nan man bicuman to mine heovenliche federe HOM. I. 119; þat ich wulle bicumen [bicome] þin mon LAʒ. 8482; wær scullen we bicumen 21913; þat him walde bicumen a freoboren burde JUL. 6; alle worldaihte schulle bicumen to nouhte REL. I. 183 (MISC. 126); bicome BEK. 40; bikimeð, bicumeð (*pres.*) JUL. 54, 55; so hit bicumeþ to havekes cunne O. & N. 271; it bicumeð him swiðe wel MISC. 23; **bicam** (*pret.*) LANGL. *B* v. 493; it so bicam GEN. & EX. 2007; becam MAND. 231; þer wiste non wher he becam GOW. II. 120; bicom KATH. 1563; H. H. 48; þe him bicom swiðe wel LAʒ. 18169; hit bicom me wurse A. R. 316; þo hit bicom þat he haʒte O. & N. 105; bicomen HAV. 2257; heo to londe bicomen

LAȝ. 105; **bicumen** (*pple.*) A. R. 340; michel sorge is me bicumen GEN. & EX. 2227; bicomen P. L. S. XXX. 22; bicome WILL. 222.
bi-cweste, sb., *bequest*; bi-qveste LANGL. *B* vi. 87; MAN. (H.) 86.
bi-cwesten, v., *bequeath*; biqvest PL. CR. 69.
bi-cwéðen, v., *O.E.* bi-, becweðan; *bequeath*; beqwethin '*lego*' PR. P. 31; liches... smeren and winden and biqveðen (*bewail?*) GEN. & EX. 2448; ic ou wile seggen... hwat þat word biqveþ (*means*) HOM. I. 75; **biqveð** [bicwaþ] (*pret.*) LAȝ. 9190; biqveþ ROB. 381; biqvaþ GAM. 99; **beqveþen** (*pple.*) PL. CR. 409; biqveþe TREV. I. 5.
bi-cwide, sb., *legacy*; biqvide ROB. 381; beqvide AYENB. 112.
bid, v., = **bud**, *must*; bidde HAV. 1733.
bi-dǣlen, v., *O.E.* bi-, bedælan, = *O.L.G.* bedēlian, *O.H.G.* piteilan; *deprive*; **bidǣled** (*pple.*) FRAG. 6; ORM. 4677; witte bidæled LAȝ. 10283; bideled of þe hore HOM. II. 49; bidelid REL. I. 185 (MISC. 134).
bi-daffen, v., *befool*; beþ nought **bidaffed** CH. C. T. *E* 1191.
bi-daggen, v., ? = **bidēawen**; = *M.Du.* bedauwen; *splashed with clay*; **bidagged** (*pple.*) ALIS. 5485.
bi-daȝien, v., *dawn upon*; bedaweþ (*pres.*) GOW. II. 193; **bedaghe** (*subj.*) D. TROY 758.
bidden, v., *O.E.* biddan, = *O.Fris.* bidda, *O.L.G.* biddian, *Goth.* bidjan, *O.N.* biðja, *O.H.G.* bittan, pittan; *pray, beg, bid, command*, A. R. 228; GEN. & EX. 1802; HAV. 529; & bidden (*pray*) for heom HOM. I. 7; & h(e)om to gode bidden 139; bidden hine mildce LAȝ.12271; bidden his milce R. S. iv; bidden þes bone KATH. 611; bidden for þe ORM. 6130; to bidden us to Criste 8990; biddin '*oro, mando*' PR. P. 35; bidde AYENB. 5; of heore sunnen bidde bote O. & N. 858; mi mete for to bidde HORN (H.) 1218 (R. 1183); to biddene HOM. I. 39; bidde (*pres.*) WILL. 4754; ich... bidde þin ore HOM. I. 205; ihc bidde þe þi blessing ASS. 158; ȝif i bidde (*subj.*) ani bedes LANGL. *B* v. 407; biddest MARCH. 11; bist MISC. 84; biddeð LAȝ. 16834; biddeþ CH. C. T. *A* 3641; he þat biddeþ borweþ LANGL. *B* vii. 81; þe wikked he biddeþ (*for* beodeþ) to gon heore wai P. L. S. xxvii. 11; biddes ISUM. 270; biddez S. A. L. 153; beddez GAW. 1374; bit A. R. 156; ORM. 5454; bit, bid O. & N. 441, 445, 1352; & helpes me biddað HOM. I. 13; hii biddiþ vor ur(e) fon ROB. 235; heo biddeþ heom to gode MISC. 85; bide (*imperat.*) REL. I. 186; bide hine HOM. I. 17; bide [bid] LAȝ. 4378; bide [bidde] his grace H. M. 11; **bidden** (*subj.*) HOM. I. 11; þat ȝe bidden for me JUL. 75; **biddinde** (*pple.*) AYENB. 219; biddinde [biddinge] LAȝ. 16754; **bæd**, bed (*pret.*) LK. vii. 3, viii. 37; bæd, bad, bead,

bed LAȝ. 2454, 3971, 4767, 4879; bed A. R. 156; AYENB. 191; P. S. 248; & bed hine witen þene forwundede mon HOM. I. 85; bad ORM. 2385; HORN (L.) 79; BEK. 2256; FER. 2127; AN. LIT. 12; MAND. 228; TOR. 1245; he bad hise bede GEN. & EX. 1375; heo bad for Horn HORN (L.) 79; so god it bad (? *for* bead) 57; þu bede LAȝ. 31604; O. & N. 550; ROB. 133; bone þat þou bede P. S. 153; þou me bede singe SHOR. 118; bæden LK. iv. 38; ORM. 697; beden FRAG. 6; heo beden [bede] hine come to helpe LAȝ. 666; bede WILL. 2102; AL. (T.) 370; GOW. I. 111; non oþer hevene hi ne bede FL. & BL. 553; **bǣde** (*subj.*) ORM. 9595; bede LAȝ. 29884; A. R. 222; O. & N. 1678; and bede ane bone KATH. 2401; þat þe watur bede LEB. JES. 317; bede, beede LANGL. *B* viii. 102; þat hi for him bede BEK. 2256; **beden** (*pple.*) HOM. II. 63; WICL. LK. xiv. 7*; bede WILL. 2410; GOW. I. 70; were bede to þe bridale LANGL. *A* ii. 36; & dide al als him beden (*for* boden) was ORM. 3138; *comp.* ȝe-bidden; *deriv.* bed, bede, beden.

biddere, sb., *O.E.* biddere; *one who orders or begs*; bidder PR. C. 3679; **bidderes** (*pl.*) and beggers LANGL. *B* vi. 206.

biddunge, sb., = *M.H.G.* bittunge; *bidding, praying*, HOM. I. 69; A. R. 108; biddinge AYENB. 194.

bīde, sb., *O.E.* bīd, = *M.H.G.* bīt; *delay*, TOR. 1463; C. M. 1761; wiþouten bide L. H. R. 113.

bi-dēawen, v., *M.H.G.* betouwen; *bedew*; bedēaweþ (*pres.*) AYENB. 95; **bidēwed** (*pple.*) PALL. vi. 110.

bidel, *see* **büdel**.

bi-delven, v., *O.E.* bedelfan, = *O.Fris.* bidelva, *O.L.G.* bedelban, *O.H.G.* bitelban; *dig round, dig*; bidelve REL. I. 116; S. S. (Web.) 1374; AR. & MER. 1026; **bedalf** (*pret.*) MAT. xxv. 18; þai **bidolven** S. S.(Web.) 2044; bidolven (*pple.*) CH. BOET. v. 1 (151); bedolve WILL. 5252.

bi-dēmen, v., *condemn*, HOM. I. 167.

bīden, v., *O.E.* bīdan, = *O.L.G.* bīdan, *Goth.* beidan (προσδέχεσθαι), *O.N.* bīða, *O.H.G.* bītan, *mod.Eng.* bide; *await, expect, endure*, MISC. 152; AN. LIT. 5; bide P. S. 204; S. S. (Web.) 2864; OCTOV. (W.) 874; GAW. 374; LANGL. *B* xviii. 307; MIN. v. 52; TOR. 1023; bidean dwelle P. L. S. iii. 40; 1 mai no lenger bide CH. C. T. *A* 4237; bide an answare FLOR. 264; muche chele he bid SPEC. 110 (A. D. 176); bide (*imper.*) H. M. 11; bide (*subj.*) HOM. II. 149; **bād** (*pret.*) PERC. 569; Herode king bad after þeȝre come ORM. 6507; bod GOW. III. 292; þe navre wowe ne bod HOM. II. 33; bod [bood] ['*mansit*'] WICL. 1 KINGS xxiii. 18; bood CH. C. T. *A* 4399; **biden** (*pret. pl.*) LAȝ. 12690; REB.

LINC. 17; hi nefre ne bide nane niede HOM.
II. 221; **biden** (*pple.*) ALIS. 897; MAN.
(F.) 3403; *comp.* **a-, an-, ȝe-, over-biden**;
deriv. **bide, bāde.**
 bīding, sb., *O.E.* bīding; *delay*, FER. 4026;
PR. C. 4708.
bidēne, adv., *at once, at the same time*, ORM.
4793; HAV. 730; L. H. R. 63; MAN. (H.)
45; MIN. iv. 53; (*ms.* by dene) MIRC 1870;
342; bifore, hure knele ȝe alle bi dene (*ms.*
bi dene) ASS. 347; þe orf deiede al bidene
P. S. 342; hit faleweþ al bidene (*ms.* by dene)
SPEC. 61; bedene (*ms.* bedene, be dene) GUY
(Z.) 2408; EGL. 1128; ANT. ARTH. xxiv;
MIR. PL. 117.
bi-derken, v., *darken*; **biderked** (*pple.*)
GOW. I. 81.
bi-dernan, v., *O.E.* bi-, bedyrnan; *conceal*,
FRAG. 8.
bi-didren, v., *O.E.* bedidrian; *delude*, ORM.
15391; þe defel hafde hem al bididred &
forblended 19138.
bi-dihten, v., *bedight*; **bidight** (*pple.*) DEGR.
144.
bi-dōn, v., = *M.L.G.* bedōn, *M.H.G.* betuon;
defile with ordure, A. R. 130.
bi-dóte, v., *make to dote, make foolish*; bedote
CH. L. G. W. 1547.
bidowe, sb., *? kind of weapon*, LANGL. *A* xi.
211.
bi-dravelen, v., = *L.G.* bedrabeln; *drabble*;
bedrabilid (*pple.*) PR. P. 28; his berd was bi-
draveled LANGL. *B* v. 194.
bi-drenchen, v., *soak, steep*; **bedreint**
(*pple.*) CT. LOVE 577.
bi-drīven, v., *O.E.* bedrīfan; *drive about*:
we beoð . . . mid wedere bidrivene LAȝ.
6206.
bi-droppe, v., = *Ger.* betropfen; *bedrop*; be-
droppe GOW. III. 254; **bidropped** (*pple.*)
LANGL. *B* xiii. 321.
bi-dütten, v., *shut up*: ðær þu bist feste
bidytt GR. 27.
bi-dwelien, v., *seduce, confound*: heo bid-
weolieð (*pres.*) simple men A. R. 128; as he
bidweoled [*v. r.* bidweolet] (*pple.*) were
KATH. 1258.
bied, *see* **bēod.**
bien, *see* **bēon.** **bien,** *see* **büggen.**
bi-ēode, v., *O.E.* bi-, beēode; *went round*,
LAȝ. 1188; biȝede SHOR. 145; bieoden
KATH. 1614.
bieren, *see* **beren.** **biern,** *see* **beorn.**
bi-fallen, v., *O.E.* befeallan, = *O.L.G.* (*incidere*)
bifallan, *O.H.G.* pifallan; *befall, fall*, C. L.
293; bifalle LAȝ. 4508*; HAV. 2981; WILL.
547; in seknesse bifalle HOM. I. 157; **bi-
valleð** (*pres.*) A. R. 246; **bifēol** (*pret.*) LEG.
4; bifel GEN. & EX. 963; LANGL. *A* PROL. 6;
befel HOM. l. 231; hit biful LAȝ. 1818*; BEK.
219; þe oreisouns . . . þat bifulle (*pertained*)
þer to P. L. S. xxi. 170; **bifallen** (*pple.*) HOM.
I. 281; bevalle AYENB. 49; þo was hit bivalle
(*first text* ilumpen) LAȝ. 7195*.
 bi-fallinge, sb., *happening, occurrence*, CH.
TRO. iv. 990; **bifallinges** (*pl.*) WICL. WISD.
viii. 8.
bi-fealden, v., *O.E.* bi-, befealdan, = *O.H.G.*
pifaldan; *envelop*; **befēold** (*pret.*) MK. xv.
46; **bi-, bevealde** (*pple.*) AYENB. 8, 188; bi-
folde CL. M. 27; LAI LE FR. 172.
bi-felen, v., *O.E.* bi-, befeolan, *O.L.G.* bi-
felhan, *O.H.G.* pifelhan, -felahan; *commit*:
helle þe we weren in **bifolen** (*pple.*) HOM. I.
123; oft ic habbe bevolen an oðer senne V. &
V. 9.
bi-fellen, v., befyllan; *fell, cut down*;
biveollen (? *ms.* biveolen) LAȝ. 27069.
bi-finden, v., *O. Fris.* bifinda, = *O.H.G.* pi-
findan; *find*; **bivond** (*pret.*) ROB. 267; **bi-
funden** (*pple.*) HOM. II. 47; H. M. 31; ORM.
748.
bi-flēan, v., *O.E.* beflēan; *flay*; bevlaȝe
AYENB. 73; þo þet **bevlēaþ** þe povre volk 218;
beflain (*pple.*) GOW. III. 183.
bi-flēden, v., = *Ger.* beflūten; *flow round*:
þæ sæ hine **biflēdde** LAȝ. 25738.
bi-flēon, v., = *O.E.* beflēon, = *O.H.G.* pifleo-
han; *flee, escape*; biflien HOM. I. 169; bifluen
P. L. S. viii. 77; bivli SHOR. 127; be-, bivli
AYENB. 9, 134; **bevliȝþ** (*pres.*) AYENB. 73;
biflē (*subj.*) SHOR. 36; **bevloȝe** (*pret.*)
AYENB. 77.
 bi-fliing, sb., *shunning*; bevliinge AYENB.
121.
bi-flēten, v., *cause to be surrounded*: mid see
him **biflētte** (*pret.*) HORN (L.) 1396.
bi-flōwen, v., *flow around*; **bi-flōwe** (*pple.*)
HORN (H.) 612.
bi-fóle, v., *befool*, GOW. I. 10.
bi-fōn, v., *O.E.* bi-, befōn, *O.L.G.*, *O.H.G.* bi-
fāhan; *contain, encompass*: þe loverd þet al þe
world ne muhte nōut bivon A. R. 76; Brutus
bifeng al þat him biforen wes LAȝ. 829; mid
æne (*r.* anc) bende of gold ælc hafde his hæfd
bivonge 24748; mid deofle bivon HOM. I. 9.
bi-forcen, v., *force, ravish*; **beforst** (*pret.*)
BARB. 536.
bi-fóren, adv. & prep., *O.E.* bi-, beforan, =
O.L.G. biforan; *before*, ORM. 117; PROCL.
5; SPEC. 24; JOS. 28; Mihhal eode biforen
HOM. I. 41; eour eiþer suneȝað biforen
drihten 15; biforen [bifore] and bihinden
LAȝ. 439; biforen þon kinge 8820; biforen
alle oðre H. M. 19; ðor biforen GEN. & EX.
665; biforen, -voren FRAG. 7; bivoren A. R.
190; swo we biforan qveþen MISC. 146;
biforen, -fore ['*ante*'] MAT. V. 12; LK. i. 8;
biforn HAV. 1022; CH. C. T. *A* 100; biforn,
bifore MAND. I, 225; seen beforn, [bifore
se] ['*praevidere*'] WICL. ECCLES. iv. 13; bi-

fore P. L. S. xviii. 136; þe sterre þet iede bifore hem MISC. 27; bifore þat oure king wes ded P. S. 246.
bifore-casting, sb., *pre-calculation, malice aforethought*: of biforecasting ['*de industria*'] WICL. JER. xxxviii. 4.
bifore-cnāwen, v., *foreknow, know beforehand*: God **biforeknēw** (*pret.*) also the thingis to cominge of hem WICL. WISD. xix. 1*; **bifore-knōwinge** know thow '*scito praenoscens*' WICL. GEN. xv. 13.
bifore-cumen, v., *come before*: as he knewʒ him strongli **biforecummen** ['*se a viro praeventum*'] of the man WICL. 2 MACC. xiv. 31.
bifore-cütten, v., *cut beforehand*: **biforekitte** ʒe ['*praecedite*'] the braunchis therof WICL. DAN. iv. 11.
bifore-gān, v., *go before*: merci and treuthe shul biforgo ['*praecedite*'] thi face WICL. PS. lxxxviii. 15.
bifore-gōere, sb., *forerunner*: I schal sende thi biforegoere ['*praecursorem*'] an aungel WICL. EX. xxxiii. 2; nise ʒe and sue the **biforgoeris** ['*praecedentes*'] JOSH. iii. 3; sentist waspis beforgoeres of thin ost WISD. xii. 8.
bifore-greiðen, v., *prepare beforehand*: I shal beforgreithe ['*praeparabo*'] thi seed WICL. PS. lxxxviii. 5; the vois of the Lord beforgreithende herttis ['*praeparantis cervos*'] xxviii. 9; he .. upon the flod is beforgreithide it xxiii. 2.
bifore-greiðinge, sb., *preparation*: riʒtwisnesse and dom beforgreithing ['*praeparatio*'] of thi sete WICL. PS. lxxxviii. 15; so is the beforgreithing of it lxiv. 10.
bifor-gürden, v.: *gird before;* God that **beforgirte** [(*pret.*) me ('*praecinxit me*')] with vertue WICL. PS. xvii. 33; thou beforgirtist me with vertue xvii. 40; the Lord beforgirte himself lxxxxii. 1.
bifore-had, pple., *previously held*; Pharao shal restore thee to the biforehad ['*pristinum*'] gree befornhadde WICL. GEN. xl. 13; after their visage befornhadde WICL. 4 KINGS xvii. 40.
bifore-hond, adv., *see* hand.
before-ocupien, v., *occupy beforehand*: it befornocupieth that couegteth it WICL. WISD. vi. 14; beforocupie wee his face in knouleching PS. lxxxxiv. 1; if he were befornocupied ['*praeoccupatus*'] bi deth WICL. WISD. iv. 7.
biforn-passend, pple., *excelling*: in alle thi werkes befornpassende be thou ['*praecellens esto*'] WICL. ECCLUS. xxxiii. 23.
bifor-rēdiinge, sb., *preparation*; the beforrediing ['*praeparationem*'] of the herte of hem herde thin ere WICL. PS. ix. 17.
bifore-renner, sb., *fore-runner*: i shal sende an aungel thi beforerenner ['*praecursorem*'] WICL. EX. xxxiii. 2.
bifore-rīpe, adj., sb., *early*: the beforeriip grapes ['*praecoquae uvae*'] WICL. NUM. xiii. 21.
bifore-scēawen, v., *foreshow*; **beforeshēwinge** (*pple.*) WICL. GEN. xxxxi. 11.
bifore-sēn, v., *foresee*: that cannot beforese ('*praevidere*') in to tyme to comynge WICL. ECCLUS. iv. 13; alle my weies thou **befornsēʒe** (*pres.*) WICL. PS. cxxxviii. 4.
bifore-senden, v., *send before*; **biforesente** (*pret.*) ['*praemisit*'] WICL. 2 MACC. xii. 21; **biforsent** (*pple.*) WICL. WISD. xix. 2.
biforn-setten, v., *set before*; into eche folc of kinde he befornsette ['*praeposuit*'] a gouernour WICL. ECCLUS. xvii. 14; **beforsettende** ['*praeponens*'] WICL. ESTH. i. 8.
bifore-singen, v., *lead the chant*; Chinonye ... was souereyn to biforsynge melodie ['*ad praecinendam melodiam*'] WICL. 1 PARALIP. xv. 22; with the whiche she beforesonge WICL. EX. xv. 21.
bifor-spēkere, sb., *spokesman*; profete, that is, interpretour ether bifor-spekere [forspekere] WICL. EX. vii. 1 *note*.
bifore-spēkinge, sb., *preface*: prefacioun or biforespeking WICL. 2 MACC. ii. 33.
bifore-strecchen, v., *hold out, extend*: beforstrecche ['*praetende*'] thi merci to men knowende thee WICL. PS. xxxv. 11.
bifore-tāken, v., *anticipate*: soone shul befortaken ['*anticipent*'] us thi mercies WICL. PS. lxxviii. 8.
bifore-tellen, v., *declare*; heuenes shulen his riʒtwisnes beforetelle ['*annuntiabant*'] WICL. PS. xxxxix. 6; **befortolde** (*pret.*) thi riʒtwisnesse xxxix. 10.
bifor-wallinge, -wal, sb., *outwork*; ['*antemurale*'] WICL. IS. xxvi. 1.
bifore-warnen, v., *warn before*; **bifornwarneden** (*pret. pl.*) ['*praemonebant*'] WICL. WISD. xviii. 19.
bifore-wēven, v., *spread over*; the cloudis ... that **beforeweuen** (*pres.*) ['*praetexunt*'] alle thingus theraboue WICL. JOB xxxvi. 28.
bifore-writen, v., *prescribe*: as in the law it is beforn writen '*praescriptum*' WICL. 2. PARALIP. xxx. 5.
bi-frapen, v., *beat about*; **bifraped** (*pple.*) FER. 2987.
bi-frēosen, v., =*M.H.G.* bevriesen; *freeze*; **bifroren** (*pple.*) ORM. 13856; befrose GOW. I. 220.
bi-fūlen, v., *O.E.* befȳlan, =*Du.* bevuilen; *befoul, defile,* A. R. 128; befilin VOC. 143; **bevēlþ** (*pres.*) AYENB. 178; **bifoulet** (*pple.*) C. L. 1147.
big, adj., *big*, HAV. 1774; WILL. 173; CH. C. T. A 546; PR. C. 1460; **bigge** (*pl.*)

LANGL. *B* vi. 216; **biggore** (*compar.*) JOS. 452; bigger GAW. 2101.
big-li, adv., *strongly, firmly, loudly*: ful bigli me haldes A. P. iii. 321; bound hom full bigli GAW. 1141, 1162, 1584; ALEX. (Sk.) 1371, 1138, 423; D. TROY 6035.
big, sb., *O.N.* bygg, = *O.E.* bēow, *O.L.G.* beu (*corn*), *prov.Eng.* big *n.*; *barley*, VOC. 233.
bīȝ, see **bēah**.
bi-gabben, v., = *Swed.* begabba; *mock, deceive*: i nam noȝt **bigabbed** ROB. 458.
bi-ȝǣte, sb., *acquisition, gain, generation, product*, ORM. 16835; for þære muchele biȝæte [biȝeate] LAȜ. 609; biȝete ROB. 65; P. L. S. xiii. 358; REL. I. 265; WILL. 2303; P. S. 200; biyete MISC. 76; bigete GEN. & EX. 896; AR. & MER. 1437; biȝete, biȝeate A. R. 154, 166; KATH. 472; biȝeate H. M. 27; beiete OCTOV. (W.) 848.
bi-gálen, v., *O.E.* begalan, = *O.H.G.* begalōn; *enchant*; **bigáleð** (*pres.*) HOM. II. 197; heo bigolen (*pret.*) þat child mid galdere swiðe stronge LAȜ. 19256.
bi-galwen, v., *? terrify*; þat hors was swift as ani swalwe no man might þat hors begalowe ELL. ROM. II. 171.
bigamie, sb., *Fr.* bigamie; *bigamy*, GEN. & EX. 448.
bi-gān, v., *O.E.* bi-, begangan, -gān, = *O.L.G.* bigangan, *O.H.G.* pigangan, -gān; *go round*: mid golde bigon LAȜ. 7623; al þat þe sæ **bigǣð** (*pres.*) 11200; wo þe **bigō** REL. II. 273; þe mid watere is **biȝeonge** [biȝonge] (*pple.*) LAȜ. 23702; þa wes þa welle an an al mid attre bigon *tainted* 19773; bigan HOM. I. 149; þe feld with oten was al bigon *over-run* LEG. 34; wel begon R. R. 580; wo was þis wrecched womman þo bigon CH. C. T. *B* 918; þe erþe it is whiche ever mo wiþ mannes labour is bego *cultivated* GOW. I. 152.
bi-gápen, v., = *M.Du.* begapen; *gape at*: þes kelser **bigápede** (*pret.*) ham KATH. 1262.
bi-ȝelpen, v., *boast of*: hou shulde i thanne me beyelpe ... of thi largesse GOW. III. 155; biȝelp GUY 1455.
bīȝels, sb., *O.E.* bȳgels; *from* būȝen; *arch*, '(*arcus*) *vel fornix*,' FRAG. 3.
bi-gēmen, v., *O.E.* begȳman, *O.H.G.* pigoumen; *observe, take care of*, SAX. CHR. 258; **bigēmeð** (*pres.*) HOM. II. 183.
bī-genge, sb., *O.E.* bīgeng; *service, worship*: ȝif we his bigenge haldað HOM. I. 119.
bi-ȝeonden, -ȝeonde, -ȝende, adv. & prep., *O.E.* begeondan; *beyond*, LAȜ. 1231, 2639, 4884; begenden JOHN iii. 26; biȝonden ORM. 10603; beiondin S. & C. I. xxix; biȝonde MAND. 1; biȝonde þe broke A. P. i. 141; biionde (*ms.* biyonde) MISC. 145; biihonde PR. C. 4458; beionde SAX. CHR. 266; beȝonde M. H. 78; biȝonde, -ȝende ROB. 2, 181; biȝonde, -ȝunde TREV. VIII. 81; biȝende AN. LIT. 5; GEST.

R. 1; beiende þe ȝe AYENB. 165; biȝunde BRD. 3; biȝendis WICL. MK. iii. 8; biȝondes WICL. 2 COR. x. 16.
bi-ȝēoten, v., *O.E.* begēotan, *O.H.G.* piguȝan; *sprinkle*; **bigoten** (*pple.*) JUL. 27; biȝoten HOM. I. 261.
bi-gernen, v., *O.E.* bigrinian; *ensnare*; **bigernin** (*pres. pl.*) APOL. 64.
bi-getel, adj., *? advantageous*: he maden swiðe bigetel forward GEN. & EX. 1992.
bi-ȝeten, v., *O.E.* bi-, begitan, -gietan, -gytan, = *O.L.G.* bigetan, *Goth.* bigitan, *O.H.G.* pigezan; *beget, acquire*, HOM. I. 27; biȝeten, biȝiten, biȝeoten LAȜ. 434, 1206, 13496; biȝeten, biȝeoten KATH. 1633; biȝiten A. R. 142; biȝete O. & N. 1629; bigeten GEN. & EX. 1532; **biȝeat** (*pret.*) LAȜ. 3179; bejæt, bejet SAX. CHR. 256; biȝet A. R. 160; ich biȝet hit iwriten MARH. 2; þe fader þat me biȝat BRD. 24; bigat ORM. 13986; WILL. 177; (þu) bigete HOM. II. 29; heo biȝæten LAȜ. 19366; heo biȝeten Rome 7368; **biȝeten** (*pple.*) ORM. 1645; S. S. (Web.) 1066; beieten SAX. CHR. 256; biȝeten, biȝiten LAȜ. 4245, 8865; beyete AYENB. 130; biȝete P. L. S. xxiii. 18; biȝute BEK. 119; þat ha beoð biȝetene KATH. 264.
begetare, sb., *begetter*, '*genitor*,' PR. P. 28.
begetinge, sb., *begetting*, '*genitura, generatio*,' PR. P. 28.
bi-giften, v., *entrust*; **begifte** (*pret.*) OCTOV. (W.) 675.
biggen, see **büggen**.
biggen, v., *O.N.* byggja, byggva; *from* būen; *build, cultivate, inhabit*; bitwenen men to biggen (*dwell*) ORM. 1611; bigge '*aedifico*' PR. P. 35; bigge WICL. S. W. II. 50; PL T. 475; **bigge** (*pres.*) APOL. 71; **biggede** (*pret.*) GEN. & EX. 1137; bigged MAN. (F.) 8725; planted and bigged PR. C. 4850; **bigged** (*pple.*) GAW. 20; LIDG. M. P. 264; biggit ANT. ARTH. vi.
bigger, sb., *builder*; biger FLOR. 8.
bigginge, sb., *O.N.* bygging, *habitation, building*, '*aedificium*,' '*aedificatio*,' PR. P. 35; bigging GEN. & EX. 718; ISUM. 78; bugging P. S. 151.
bi-gīlen, v., *beguile*, HORN (R.) 328; bigile PR. C. 1264; **bigīleð** (*pres.*) A. R. 330; begileþ AYENB. 16; biȝuled KATH. 1054; **bigīled** (*pple.*) P. L. S. xiii. 323; LANGL. *B* xviii. 290; bigiled, biȝuled A. R. 268, 270.
bi-gīlere, sb., *deceiver*; begilere WICL. JOB xli. 16.
bi-ginnen, v., *O.E.* beginnan, = *O.L.G.* biginnan, *O.H.G.* piginnan; *begin*, KATH. 281; ORM. 7822; biginne CH. C. T. *A* 42; we willen biginne ure larspel HOM. I. 75; biginne, bigunnen LAȜ. 20739, 28130; bigunnen H. M. 11; **bigünþ** (*pres.*) SHOR. 71; **bigan** (*pret.*) ROB. 10; CH. C. T. *A* 44;

bi-ginnen.   bi-hāwen.   61

began HOM. I. 219; bigon [bigan] him to speken LA3. 25765; bigon HOM. I. 43; O. & N. 13; þu bigunne HOM. II. 85; begonne AYENB. 71; CH. C. T. G 442; bigunnen KATH. 294; GEN. & EX. 536; HAV. 1011; and bigunnen . . . ræsen to somne LA3. 27493; begonnen MAND. 41; bigonne BEK. 527; **bigunnen** (*pple.*) JUL. 28; ORM. 7823; PR. C. 6476; begonnen MAND. 40; bigonne SHOR. 58.

biginnare, sb., = *M.L.G.* beginner; *beginner*; biginner A. P. i. 436; beginnare PR. P. 28.

biginninge, sb., *M.H.G.* beginnunge; *beginning*, KATH. 290; biginning ORM. 706; biginninge, biginnunge A. R. 54, 206; biginnunge JUL. 27.

bi-ginnen, v., *deceive*; biginne MISC. 79; C. M. 3880.

bigli, adj. & adv., *O.N.* byggiligr; *inhabitable; pleasant; great, big*; bigli blis FLOR. 1681; bigli landis 220; bigli bild A. P. i. 962; bigli and swiþe JOS. 571; *see also under* **big**.

bi-glīde, v., *O.E.* beglīdan; *creep past*, SPEC. 87.

bi-glūed, pple., *caught with birdlime*, LIDG. M. P. 115.

bi-grǣden, v., *cry out against*; bigrede O. & N. 1413; bigraden HOM. II. 173; **bigrēdeð** (*pres.*) HOM. II. 69; **begrēdde** (*pret.*) M. ARTH. 1812; bigradde O. & N. 1144; bigradden *wept* ALIS. 5175; **bigrād** (*pple.*) S. S. (Web.) 1518.

bi-grāven, v., *O.E.* bi-, begrafan, = *O.H.G.* bigraban; *bury*; **bigrāven** (*pple.*) AR. & MER. 98; begrave GOW. I. 189; (*engraved*) I. 127.

bi-grīpen, v., *O.E.* begrīpan, = *O.Fris.* bigrīpa, *O.H.G.* begrīfen; *apprehend, comprehend, reprehend*, REL. I. 220; begripe PALL. ii. 278; **begripeþ** (*pres.*) GOW. III. 102; & ec Farisewishe men bigrāp (*pret.*) he þus wiþ worde ORM. 9754; sant Johan hafde þe king **bigripen** (*pple.*) of his sinne 19857; mid senne begripe HOM. I. 237.

bi-grippen, v., = *M.H.G.* begripfen; *grip, seize*; bigripte (*pret.*) GAW. 214.

bi-grōwen, v., *grow around*; begrōwe (*pple.*) GOW. II. 358; was mid ivi al bigrowe O. & N. 27.

bi-grucchen, v., *grumble at*; **bi-grucheþ** (*pres.*) LANGL. A vii. 62.

biȝt, sb., *O.E.* byht; *from* būȝen; *bight, bending*, REL. I. 190; þe biȝt of þe þiȝes GAW. 1349; *see* boȝt.

bi-gürdel, sb., *O.E.* bi-, biggyrdel, = *O.Fris.* bigerdel, *O.H.G.* pīgürtel; *girdle*, A. R. 124; **bigirdles** (*pl.*) LANGL. A viii. 87; **bigerdlen** (*dat. pl.*) MAT. x. 9.

bi-gürden, v., *O.E.* begyrdan, = *O.H.G.* bigurtan; *begird*; **bigürt** (*pres.*) A. R. 378; bi-gerte (*pret.*) SHOR. 51; **bigirt** (*pple.*) HAL-LIW. 174.

bi-habben, v., *behave*; behave FLOR. 1567.

behaving, sb., *behaviour*, MER. 49.

bi-hǣs, bihǣst, sb., *O.E.* behǣs f.; *behest, promise*, HOM. II. 61; bihas ALIS. 7840*; bihǣste, biheste LA3. 1263, 18751; biheste HOM. I. 33; A. R. 208; BEK. 1406; CH. C. T. B 41; beheste AYENB. 225.

bi-hǣsten, v., *from* bihǣst; *promise*; **bihastest** (*pres.*) HOM. I. 185; **behested** (*pple.*) LIDG. BOCH. in N. E. D.

bi-haȝe, sb., = *O.Fris.* bihach, *M.Du.* behaegh, *M.H.G.* behage f.; *? pleasure*; bi his bihaȝe HOM. I. 137.

bi-haȝien, v., = *O.L.G.* bihagon, *O.Fris.* bihagia; *? please*; **bihaȝeð** (*pres.*) HOM. I. 135.

bi-half, sb., *for* half; *behalf*: on mi **behalfe** (*dat.*) CH. TRO. ii. 1458; on goddes behalve MAND. 225; in þe kinges bihalf (*v. r.* half) TREV. VIII. 347.

bi-halven, v., = *O.H.G.* behalben; *surround*; bihalve HAV. 1834; **bihalven** (*pres.*) GEN. & EX. 3355.

bi-hangien, v., *hang round* bihonge ALIS. 758; **bihonged** (*pple.*) LA3. 20125; behonged WILL. 5015.

bi-hāt, sb., *O.E.* behāt, = *O.L.G.* bihēt, *O.H.G.* piheiz; *promise*; **behāte** (*dat.*) HOM. I. 225; **bihātes** (*pl.*) HOM. I. 89; behotes PS. cxv. 14.

bi-hāten, v., *O.E.* behātan, = *O.H.G.* piheizan; *promise*, HOM. I. 25; LA3. 18396; bihoten A. R. 6; behoten WICL. I. PARAL. xxix. 9; behotin PR. P. 29; **behōte**, bihōte (*pres.*) LANGL. A v. 235; behote, bihoote, biheete CH. C. T. A 1854; behet(e) MIR. PL. 15; bihateð LA3. 20626; bihat HOM. I. 39; A. R. 6; behat, behot AYENB. 64, 97; (ȝe) bihateð LA3. 12487; (heo) bihoteð A. R. 430; **bihāt** (*pret.*) HOM. I. 99; KATH. 415; A. R. 176; ORM. 5574; GEN. & EX. 1884; HORN (L.) 470; BEK. 1010; biheihte [behehte] LA3. 1263; beheighte MIR. PL. 20; bihiȝte LANGL. A v. 47; WICL. GEN. xxxviii. 23; (þu) bi-hete LA3. 18925; H. H. 197 (199); behete FER. 1402; bihet ORM. 7621; ie behiȝten CH. C. T. F 1327; (heo) bihǣten LA3. 5165; bihete R. S. v; P. L. S. xvi. 164; **bihāten** (*pple.*) KATH. 756; ORM. 13823; bihoten A. R. 182; HAV. 564; bihote O. & N. 1745; GOW. II. 28; WICL. ROM. i. 2; bihiht SPEC. 37.

bi-hētere, sb., *promiser*, WICL. 2 MAC. x. 28; biheter HEB. vii. 22.

behōtinge, sb., = *O.H.G.* piheizunga; *promise*, AYENB. 207.

bi-hātien, v., = *M.L.G.* behaten; *hate*; **bi-hāted** (*pple.*) CH. BOET. iii. 4 (75); bihatid H. V. 89.

bi-hāwen, v., *O.E.* behāwian; *look at, behold,*

bi-hēafdin. **bi-hūden.**

þe folk to bihowe MAN. (F.) 11165; **behāwe** (*imper.*) MAT. vii. 5.
bi-hēafdin, v., *O.E.* behēafdian, = *M.H.G.* behoubeten; *behead,* JUL. 41; bihefden KATH. 2273; bihafdi LAȝ. 26296; **behǣfdede** (*pret.*) MAT. xiv. 10; **bihēaveded** (*pple.*) MISC. 154; biheveded P. L. S. xv. 171; biheveded, bihedid WICL. LK. ix. 9.
bihēfdunge, sb., *O.E.* bihēafdung; *beheading,* A. R. 184.
bi-healden, bihálden, v., *O.E.* bi-, behealdan, *O.L.G.* bihaldan, *O.H.G.* pihaltan; *behold, hold,* HOM. II. 35; bihalden ORM. 15663; bihalde IW. 1426; biholden A. R. 54; bihalde, biholde O. & N. 71, 1325; bihelde S. S. (Web.) 744; þe alle weren eate(l)liche to bihaldene HOM. I. 41; **biháldeð** (*pres.*) LAȝ. 21322; bihalt A. R. 214; þe pater noster bihalt (*avails*) me noht HOM. I. 65; hwet bihalt (*signifies*)... þet tu ne buhest to me MARH. 7; we muȝhen sen what it bihalt ORM. 13408; behalt WICL. JOB xxxix. 29; **biháld** (*attend*) unto mi bede stevene PS. v. 3; **biheold** (*pret.*) KATH. 744; hit naht ne beheld (*availed*) SAX. CHR. 250; biheeld LANGL. (Wr.) 25; bihuld BEK. 710; biheolden, bihulden LAȝ. 5737, 26321; bihielden HOM. II. 23; bihelden KATH. 741; **behólden** (*pple.*) MAND. 13; E. T. 358; i am beholde (*obliged*) GOW. III. 354.
behóldere, sb., *beholder,* '*inspector,*' PR. P. 28.
biháldunge, sb., *beholding,* MARH. 14; biholdunge A. R. 52; beholdinge '*inspectio*' PR. P. 28.
bi-hēawen, v., *O.E.* bi-, behēawan,= *O.H.G.* pihauwan; *hew around;* **bihēwe** (*pple.*) LEG. 46.
bi-hēden, v., = *O.H.G.* behuotan; *guard, observe, prevent:* hwat can þat ȝongling hit bihede ȝif hit misdeþ hit mot nede O. & N. 635; **bihédde** (*pret.*) REL. II. 225; his nest noȝt wel he ne bihedde O. & N. 102; þe king hit wel bihedde LAȝ. 19046; þou art mis **bihéd** (*pple.*) LEG. 17.
bi-hélden, v., *wash by pouring;* wið halewende wattres biheolden ham alle KATH. 1400.
bi-helien, v., *O.E.* bi-, behelian, = *O.L.G.* bihelian, *O.H.G.* pihellen; *cover;* al þes world is **biheled** (*pple.*) mid heþene hode MISC. 91; behelid RICH. 5586.
bi-hemmen, v., *hem round;* bihemmen and bilegge O. & N. 672.
bi-hengen, v., = *Ger.* behengen; *hang round:* **bihenged** (*pret.*) al wiþ belles ORM. 951.
bihēten, *see* **biháten.**
bi-hēve, adj., *O.E.* behēfe; *profitable,* HOM. I. 213, ll. 7; **bihēvest** (*superl.*) A. R. 298; *comp.* **un-bihēve.**
bi-hēve, sb., *?O.E.* behēfe; *profit;* moni uvel ich iseo þer inne & none biheve A. R. 96;

biheve, biheeve C. L. 1425; to hare biheve (*printed* byhove) S. S. (Wr.) 2301.
bi-hiȝen, v., *make haste;* **bihiȝe** (*imp.*) C. M. 5087; **bihide** (*pret.*) S. S. (Wr.) 952.
bi-hinden, adv. & prep., *O.E.* behindan, = *O.L.G.* bihindan; *behind,* FRAG. 8; HOM. I. 143; JUL. 49; ORM. 401; BEK. 1374; AR. & MER. 331; bihinden [bihinde] LAȝ. 439; jif he loke bihinden [bihinde] him CH. BOET. iii. 12 (108); bihinde REL. I. 183; hwo liþ bihinde O. & N. 528; bihinde þe bure 937; behinde AYENB. 130; bihindis WICL. PHIL. iii. 13.
bi-hōf, sb., *O.E.* behōf, = *O.Fris., M.L.G.* behōf, *M.H.G.* behuof; *behoof, profit, use;* **bihōve** [bihofe] (*dat.*) LAȝ. 1050; bihove HAV. 1764; to his owene bihove A. R. 70; to ure alre bihove REL. I. 173 (MISC. 108); bi-, behove C. M. 7100; serveþ to our behove TRANS. XIX. 330.
behōf-fol, adj., *profitable,* HIST. EDW. 13; WICL. PS. cxliv. 15.
behōf-lich, adj., *O.E.* behōflīc; *profitable;* behoveli '*opportunus*' PR. P. 29; CH. TRO. ii. 261; KATH.² 90.
behōf-sam, adj., *profitable,* AYENB. 99; bihovesum AR. & MER. 2804.
bi-hōfien, v., *O.E.* bi-, behōfian, = *O.Fris.* bihōvia; *behove;* bihoven ['*oportere*'] WICL. WISD. xv. 12; **bihōfeþ** (*pres.*) HOM. I. 83; LAȝ. 945; (*ms.* bioueð) GEN. & EX. 1159; bihoveþ LANGL. B xvii. 313; hem bihoveþ muche mete ROB. 177; þe bihoveþ godes helpe SHOR. 95; behoveþ AYENB. 58; behoviþ TOR. 162; bi-, behoves WILL. 729, 2349; behoves IW. 3022; S. S. (Wr.) 1545; þe ne be(h)ofiað nanre dedbote HOM. I. 245; **bihōfede,** bihovede (*pret.*) LAȝ. 657, 1081; bihovede A. R. 394; JUL. 50; hir bihoved þer to bide PERC. 2228.
bi-hōfȝ, adj.,= *M.L.G.* behōvig, *M.H.G.* behuofec (*egenus*); *? profitable;* hwet is elde bihovig HOM. II. 109.
bi-hōfðe, sb., = *O.Fris., M.L.G.* behōfte; *use,* HOM. I. 19; bihofþe ROB. 26; (*ms.* biofþe) LAȝ. 4378*; bihofþe, bihefthe, bihofte LANGL. C xiii. 187; bihofte (*ms.* biofte) GEN. & EX. 1408.
bi-hoȝien, v., *O.E.* behogian; *care for;* þe laverd scal bihoȝhjian þet he habbe godes fultum HOM. I. 113; heore gode wepnen wurð liche **bihoȝeden** (*pret. pl.*) LAȝ. 17369.
bi-hōn, v., behōn,= *O.H.G.* pihāhan; *clothe;* mid gode ræve bihon LAȝ. 5620; **bihēngen** (*pret.*) HOM. II. 89; **bihangen,** -hongen (*pple.*) LAȝ. 3637, 24465.
bi-horȝen, v., *defile;* **behorewed** (*pple.*) AYENB. 237.
bi-hrīnen, v., *touch, fall upon;* birine HORN (L.) 11.
bi-hūden, v., *O.E.* bi-, behȳdan, *O.H.G.* behuotan; *conceal;* **bihūt** (*pres.*) HOM. I. 109;

bihūd (*imper.*) REL. I. 177; **bihūde** (*subj.*) HOM. I. 109; **behēdde** (*pret.*) MAT. xxv. 25; **bihūded** (*pple.*) FRAG. 7; bihud A. R. 100.
bi-hürnen, v., *hide in a corner*; **biherneþ** (*pres. pl.*) PL. CR. 642.
bi-jápe, v., *make sport of,* GOW. III. 167; **bijapeþ** (*pres.*) PL. CR. 46; **bijáped,** bejaped (*pple.*) CH. C. T. *A* 1585; god wil nouʒt be bigiled ... ne bijaped LANGL. *B* xviii. 290.
bīke, sb., *bee's nest,* C. M. 76; GOL. & GAW. 406; a bike of waspes HALLIW. 175; as bees dos in the bike TOWNL. 325.
bi-kēmen, v., *? grow faint*; **bikēmet** (*pple.*) KATH. 1298*.
bi-kennen, v., = *O.H.G.* bechennan; *indicate, consign*; bikenne MAN. (H.) 274; **bikenne** (*pres.*) LANGL. *A* ii. 32; i bikenne ʒou to krist WILL. 5424; þat bikenneth þat croiz HAV. 1268; **bikende** (*pret.*) GAW. 596; bekende D. ARTH. 2340; his modir in keping to þe he bekende HALLIW. 160.
bi-kennen, v., *for* ʒe-kennen; *? beget*; **bikenned** (*pple.*) REL. I. 234.
bi-keorven, v., *O.E.* beceorfan, = *O.Fris.* bikerva; *amputate,* JUL. 67; **bikorven** (*pple.*) A. R. 362; alle weren ... hefdes bicorven MARH. 19.
biker, sb., *Lat.* bicarium, *O.N.* bikarr, = *O.L.G.* biker, *O.H.G.* becher; *beaker,* 'cymbium,' PR. P. 35.
biker, sb., *fight,* ROB. 538; CH. L. G. W. 2659; [*v. r.* beker, bikre, bikkir] MAN. (F.) 9234; bikir '*pugna*' PR. P. 35; ALIS. 1661.
bikerin, v., *mod. Eng.* bicker; *fight,* '*pugno,*' PR. P. 36; bikere MAN. (H.) 256; beker ANT. ARTH. iv; **bikere** (*pres.*) LANGL. *B* xx. 78; **bekerde** (*pret.*) D. ARTH. 2096.
bikering, sb., *bickering,* ROB. 540; ALIS.² (Sk.) 390.
bil, sb., *O.E.* bil, bill, = *O.L.G., M.H.G.* bil, *mod. Eng.* bill (*axe*); *sword, axe, pickaxe,* P. S. 151; W. & I. 37; bill lw. 3225; bille '*ligo, marra*' PR. P. 36; **billes** (*pl.*) ALIS. 1624; *comp.* **twī-bil.**
bil-ibēat, sb., *conflict of swords,* LAʒ. 1740.
bi-lacchen, v., *catch*; **bilauote** (*pret.*) HORN (H.) 681; **bilagt** (*pple.*) GEN. & EX. 773.
bi-lǣden, v., *O.E.* belǣdan, = *O.H.G.* pileitan; *? conduct, treat*; and wel narewe þe **bilēdeþ** O. & N. 68; wes uvele **bilēd** (*pple.*) MISC. 45; lodliche was bilad C. L. 1136; bilad (*lead astray*) ALEX.² (Sk.) 906.
bi-lǣfen, -lǣven, v., *O.E.* belǣfan, *Goth.* bilaibjan; *relinquish, remain,* LAʒ. 1055, 2254, 19777; bileafen FRAG. 7; bileaven þe sunne A. R. 340; bilefen ORM. 8380; þei ... shule wiþ Satanas bileven H. H. 232 (236); bileve ROB. 14; S. S. (Wr.) 48; WILL. 2577; MIN. 10; bi-, beleve CH. C. T. *F* 583; bileve, -leave O. & N. 464, 1688; blevin PR. P. 39; þer he ssel bleve AYENB. 172; **bilēf** (*imper.*) BEK.

141; **bilēfde,** bilæfde (*pret.*) LAʒ. 389, 1613; bilefde A. R. 372; bilefte DEGR. 1885; bileafden HOM. I. 93; bileuid MIN. iii. 66; blefede OCTOV. (W.) 507; blefte AYENB. 12; **belēfed** (*pple.*) FRAG. 6; bilefed ORM. 8914; bileved HOM. I. 81; ALIS. 5310; bileaved A. R. 168.
bi-lēfing, sb., *remaining; patience, perseverance*; bileveing AR. & MER. 8611; blevinge AYENB. 72.
bi-lēve, sb., *? remnant*; **bilēven** (*pl.*) GEN. & EX. 3154.
bi-lǣwen, v., *O.E.* belǣwan; *betray*; belewen HOM. I. 229; beleawan MAT. xxvi. 16.
bi-laggen, v., *clog with mud*; **bilagged** (*pple.*) '*esclabotè*' VOC. 173; belaggid '*madidatus*' PR. P. 29.
bi-langen, v., = *M.Du.* belanghen; *belong*; belonge GOW. II. 351; **belongeþ** (*pres.*) AYENB. 12; wat belongeth hit to me MISC. 29; belongeþ LANGL. *C* ii. 43; **bilongende** (*pple.*) GOW. I. 121.
bi-lappen, v., *wrap about*; **bilapped** (*pple.*) ORM. 14267; S. S. (Web.) 2210; AM. & AMIL. 1014; hit is bilepped & bihud A. R. 100.
bi-lasten, v., *? O.E.* behlǣstan; *? charge*; **belast** (*pple.*) HALLIW. 161.
bi-láven, v., *wash all over*; **biláved** (*pple.*) mid blode MISC. 140.
bild, see **būld.**   **bīle,** see **būle.**
bile, sb., *O.E.* bile; *bill, beak,* A. R. 84; HOM. II. 49; O. & N. 79; REL. I. 210; P. S. 333; TREV. V. 291; bile, bille LANGL. *B* xi. 349; CH. C. T. *B* 4051; bille GOW. II. 106; S. S. (Wr.) 2196.
bil-fōder, sb., *? food for young birds, provender,* WILL. 81; bilfodur 1849.
bi-lēafe, sb., *for* ʒelēafe; *belief,* HOM. I. 101; bileave A. R. 2; SHOR. 142; beleave, beliave MISC. 27; bileave, beleave AYENB. 12, 14; bileve BEK. 30; bileve, bileeve CH. C. T. *A* 3456; beleve MAND. 131; *comp.* **un-bilēave.**
bilēf-ful, adj., HOM. II. 19.
bi-lēan, v., *O.E.* belēan; *prohibit, hinder by blame*: for to **bilēande** þat no man werpe þe gilt ... anuppen god HOM. II. 107.
bi-leggen, v., *O.E.* bilecgan, *O.H.G.* pileggan; *lay round, surround, besiege*; bilegge (*gloze*) O. & N. 672; & þus þa wordes we **bileggeð** (*explain*) HOM. I. 57; **bilæ(i)de** (*pret.*) LAʒ. 14223; þe bære was bileʒd (*pple.*) wiþ bæten gold ORM. 8167.
bi-lenge, adj., *? for* ʒelenge; *belonging, related to,* ORM. 2230.
bi-lēoʒen, v., *O.E.* belēogan, = *O.H.G.* beliugan; *belie, calumniate*; bilie LANGL. *B* v. 414; biliveth x. 22; witnesses false and fele **bilowen** (*pret. pl.*) hine SHOR. 84; **bilowen** (*pple.*) LANGL. *B* ii. 22; & te sakelease ofte bilowen A. R. 68.

bi-lēovien, v., = Ger. belieben; *love, delight in*: & þis wel bilēovede (? for bilovede) LAȝ. 5204.
bi-lēsnien, v. *cf.* lēas (*falsehood*); *delude*; þus þe deofel wule bilesnien þe wreche HOM. I. 23.
bi-lēven, v. *for* ȝelēven; *believe*; beleven MISC. 56; beleve AYENB. 151; MAND. 53; belive FER. 398; ich bilēve (*pres.*) on god HOM. I. 217; (we) bilīveð LAȝ. 13966; beleve we MISC. 28; bileving THREE KINGS 2; bilēfde (*pret.*) LAȝ. 2856*; bilufde 13415; bilefden HOM. I. 19; LEB. JES. 397; belevit (*expected*) D. TROY 10919.
beleevable, adj., *credible,* WICL. PS. xcii. 5.
bi-levinge, sb., *cf.* bi-live; *means of living, food*; he het heom ... heore in and heore bilevinge greiþi þat heo schulde MISC. 84.
bile-wit, adj., *O.E.* bilewit; *simple, innocent*; bilehwit HOM. I. 95; MARH. 22; bilewhit ORM. 6654; bilewitte (*pl.*) HOM. I. 223.
bile-hwitnesse, sb., *simplicity,* HOM. I. 95.
bilibre, sb., *Lat.* bilibra; *weight of two pounds,* WICL. APOC. vi. 6.
bi-liggen, v., *O.E.* belicgan, = *O.H.G.* piliggan; *lie by, lie about, lie with,* LAȝ. 506; þe six werkes . . . þe bilige to nihte REL. I. 132; bilai (*pret.*) ROB. 19; bilæi [bilai] þa burh LAȝ. 9433; þat bilai (*appertained*) to his kinedom C. L. 286; bilein (*pple.*) SPEC. 46; belein GOW. I. 338; his doughtir þat was bilain RICH. 1119.
bi-liȝe, v.,'*O.E.* bihlehhan,-hlyhhan; *laugh at,* P. L. S. xix. 235; bilōȝ (*pret.*) P. L. S. xiii. 358; SHOR. 102; bilowe ROB. 299; bilaute HORN (L.) 681.
bi-līhten, v., *illumine*: godes brihtnesse bilihte hem HOM. II. 31.
bi-līken, v., *simulate, feign*; biliked (*pple.*) O. & N. 842.
bi-limien, v., *dismember,* LAȝ. 29364; bilime ROB. 301; bilimeð (*pres.*) KATH. 2160; A. R. 360; bilimeden (*pret.*) AR. & MER. 5775; bilimed (*pple.*) BEK. 560.
bi-limpen, v.,*O.E.*belimpan; *happen, pertain to,* ORM. 11085; bilimpeð (*pres.*) HOM. I. 51; to Mercene lawe bilimpeþ viii schiren MISC. 146; bilimpes REL. I. 216; belamp (*pret.*) HOM. I. 219; bilumpen (*pple.*) ORM. 2905.
bi-live, sb., *O.E.* bigleofa, = *O.H.G.* pīlibi; *livelihood, means of living,* ROB. 496; bilive, -leve HOM. II. 27, 99; bilif LANGL. *B* xix. 230 (*C* xxii. 235); bileove A. R. 168.
bi-līven, v., *O.E.* belīfan, = *O.H.G.* pi-, beliban, *mod.G.* bleiben; *remain*; bilive REL. I. 274; belāf, belǣf, belēaf (*pret.*) SAX. CHR. 257, 259; ȝho bilæf wiþ hire frend ORM. 2391; bilef GEN. & EX. 671.
bille, sb., *O.Fr.* bulle, *from Lat.* bulla; *bill, note,* LANGL. *A* iv. 34; CH. C. T. *C* 170; billes ['*libellos*'] TREV. V. 144.
bille, v., *enter* (*in a bill, etc.*); *libel,* P. P. II.

228; pardoun in book is billed (*pple.*) L. H. R. 138.
billen, v., *bill, peck with the beak, 'rostro,'* PR. P. 36; billeð (*pres.*) REL. I. 210; billid (*pple.*) DEP. R. iii. 37.
billing, sb., *pecking,* REL. I. 218 (MISC. 13).
billet, sb., *small note*; bilet [*v. r.* bille] '*matricula*' PR. P. 36.
billet, sb., *piece of wood*; bilet '*tedula*' PR. P. 36.
billin, v., = *M.H.G.* billen; *hack with a bill,* '*marro,*' PR. P. 36.
bi-lōken, v., *look at, look about,* ORM. 2917; beloken HOM. II. 77; bilōkeð (*pres.*) A. R. 132; biloken REL. I. 220; belōked (*pple.*) OCTOV. (W.) 1046.
bi-long, adj., = *O.L.G.* bilang; *pertaining*; ðe reching wurð on God bilong GEN. & EX. 2058.
bi-looghe, see under **lāh**.
bi-lūken, v., *O.E.* bi-, belūcan, = *O.L.G.* bilūcan, *O.H.G.* pilūchan; *shut in, close around,* REL. I. 183 (MISC. 129); bilouken SHOR. 121; biloke FER. 2127; bilūkeð (*pres.*) H. M. 37; bilucþ FRAG. I; biluken ORM. 12126; belēac (*pret.*) HOM. I. 225; bilek O. & N. 1081; bilōken (*pple.*) A. R. 160; R. S. vii; REL. I. 184; bilokenn ORM. 11186; biloke C. L. 992; beloke AYENB. 97.
bi-lürten, v., *deceive*; bilirten REL. I. 217 (MISC. 13); GEN. & EX. 316; bilürt (*pple.*) A. R. 280* (*v. r.* bichard).
bi-luvien, v. impers., *delight, please*; ȝef ham biluveð (*pres.*) to heren him HOM. I. 257; ȝif hit eow biloveð LAȝ. 989; ȝif .. ȝe alle biluvien gode mine lare 921; ȝef me swa biluvede (*pret.*) JUL. 24; alle hit biluveden LAȝ. 1013; beloved (*pple.*) GOW. II. 273; LANGL. *B* iii. 211; he was bet biloved P. L. S. xxiv. 33; so wel biloved [beloved] CH. C. T. *A* 1429.
bi-mǣnen, v., *O.E.* bimǣnan, = *O.H.G.* pimeinen; *bemoan*; *mean, signify*: mid þine muþe bimænen þine neode FRAG. 8; bimenen REL. I. 174 (MISC. 115); bimenen (*moan*) HOM. I. 13; bimene ROB. 490; M. ARTH. 856; wat mai this bimene (*mean*) HAV. 1259; bimēneð (*pres.*) GEN. & EX. 2226; wat þis montaigne bimeneth [bemeneþ] LANGL. *A* i. 1; þer fore we ne bimeneþ þe noȝt BEK. 983; men ... bimeneþ goode meteȝiveres and in minde haveþ LANGL. *B* xv. 143; bimēnte (*pret.*) LANGL. *B* xviii. 18; hi bimende P. L. S. xvii. 426; gie is moche bemoonid (*pple.*) of all(e) HALLIW. 163.
bi-mālen, v., *from O.E.* māl (*spot, mole*); *soil, sully,* bimolen LANGL. *B* xiv. 4.
bi-mang, see under **mang**.
bi-mannen, v., = *M.H.G.* bemannen; *man, furnish with men*: þah an castel beo wel bemon(n)ed (*pple.*) HOM. I. 23.
bi-māsen, v., *confuse*; bimāsed (*pple.*) A. R.

bi-melden.   bi-rǣden.   65

270; and lefte us liinge ... al bemased in a soune CHEST. II. 93.
bi-melden, v., = Ger. bemelden; *denounce;* **bimelde** (*pres. subj.*) AN. LIT. 3.
bi-mēn, sb., *from* **bimǣnen;** *complaint,* GEN. & EX. 2894.
bi-moderen, v., = M.Du. bemoderen; *cover with dirt;* **bimodered** (*pple.*) P. S. 158.
bi-mowe, v., *make a scornful grimace,* APOL. 81; the lord schal bemowe them WICL. PS. ii. 4; **bimowiden** (*pret. pl.*) WICL. 2 PARAL. xxx. 10.
bi-murnen, v., O.E. bi-, bemurnan; *bemourn;* **bimurneð** (*pres.*) HOM. I. 149; II. 23; **bimurneden** (*pret.*) HOM. I. 155; bimorneden WICL. LK. xxiii. 27; bemournet D. TROY 3279.
binacle, sb., *pinnacle,* RICH. 4150.
bī-nāme, sb., = M.H.G. bīname; *byname, cognomen;* **bināmes** (*pl.*) CH. BOET. iii. 9 (84).
binde, sb., O.E. binde, = O.H.G. binta; *anything that binds; bine, stem of climbing plant; ribbon;* PR. P. 36; A. P. iii. 444; *comp.* **wude-binde.**
bind-balk(e), sb., = Ger. bindebalken; *tiebeam,* 'trapecula,' VOC. 203.
binden, v., O.E. bindan, = O.L.G., Goth. bindan, O.Fris., O.N. binda, O.H.G. bintan, pintan; *bind,* LAƷ. 18458; HAV. 1961; to bindene HOM. I. 37; **bindeþ** (*pres.*) SPEC. 104; bint A. R. 6; AYENB. 33; CH. COMPL. M. 47; bind (*imper.*) JUL. 37; **band** (*pret.*) IW. 1776; band, bond CH. C. T. A 4082; bond LAƷ. 767; HAV. 537; TREAT. 136; bond his wunden HOM. I. 79; bond, bounde WICL. JER. xxxix. 7; MAT. xiv. 3; bounde N. P. 20; luve bonde hire GEN. & EX. 2692; **bunden** (*pret. pl.*) LAƷ. 10006; ORM. 15820; summe þer weren þet his eʒan bundan HOM. I. 121; bunden, bounden HAV. 2442, 2506; bounden WILL. 1219; bonde ROB. 126; **bunden** (*pple.*) HOM. II. 11; HAV. 1428; IW. 289; MAN. (H.) 138; bunden, bonden PR. C. 3208, 3210; bounden H. H. 53; CH. C. T. E 704; WICL. JOHN xi. 44; bounde WILL. 2091; bonden WILL. 2238; PERC. 1830; *comp.* **for-, ʒe-, un-binden;** *deriv.* **binde, band, bend.**
bindere, sb., O.E. bindere; *binder;* **binderes** (*pl.*) HAV. 2050; *comp.* **bōk-binder.**
bindunge, sb., *binding,* HOM. I. 207; **bindinge** 'ligatio' PR. P. 36; WICL. S. W. III. 481.
bi-nēden, v. impers., = M.H.G. benœten; *need;* to mine gode ne **benīedeð** þe 'bonorum meorum non indiges' HOM. I. 217.
bi-neoðen, adv. & prep., O.E. beneoðan, -nyðan, = O.Fris. binetha, binitha; *beneath,* A. R. 304; JUL. 56; bineoðen, -neoðe [bineoþe, beniþe] LAƷ. 1325, 14985; bineoþen,

-neþen C. L. 1304; **bineþen** P. L. S. viii. 44; ORM. 10729; her bineðen GEN. & EX. 10; **beneþen** MAND. 158; bineþen, -neþe WICL. GEN. vi. 16; bineþe TREAT. 132; beneþe AYENB. 108; biniþe FER. 3260.
bing, sb., O.N. bingr; *heap,* 'cumera,' PR. P. 36; M. H. 97.
bi-nimen, v., O.E., bi-, beniman, = O.L.G. biniman, Goth. biniman, O.H.G. pi-, beneman; *take away,* A. R. 194; CHR. E. 292; binimen þe þine rihte LAƷ. 3694; binimen, -nime P. L. S. viii. 24; binime BEK. 1008; WICL. ECCLUS. xxviii. 19; bi-, benime C. L. 1054; AYENB. 39, 59; binime, -neme TREV. I. 73; **bineme** (*pres.*) MISC. 32; **binim** (*imper.*) S. S. (Wr.) 705; **bineome** (*subj.*) HOM. I. 245; **binam** (*pret.*) TREV. IV. 143; binam, binom LAƷ. 15989, 26112; binomen LAƷ. 215; MISC. 56; **binumen** (*pple.*) FRAG. 7; ORM. 7299; GEN. & EX. 198; binume O. & N. 1226; binomen, -nome LANGL. B iii. 312; benomen R. R. 1509; binomen (*benumbed*) C. M. 22829.
binne, sb., O.E. binn (*manger*), O.Fr. benne (*basket*); *bin, manger, chest,* 'capsa,' VOC. 180; L. H. R. 145; CH. C. T. A 593; fram þare binne ['a praesepio'] LK. xiii. 15; in a bestis binne LUD. COV. 159.
binnen, adv. & prep., O.E. binnan, beinnan, = M.L.G., M.Du. binnen; *for* **bi-innen;** *within,* SAX. CHR. 249; ORM. 6292; GEN. & EX. 1032; REL. I. 182; binnen heo iwenden LAƷ. 5920; binnen lut ʒearen 221; binne HAV. 584; SHOR. 40; MAN. (H.) 7457.
bin-ward, adv., *within,* LAƷ. 30773.
bi-nōten, v., *use;* **benōteþ** (*pres.*) AYENB. 90.
bī-paþ, sb., *bypath,* MED. 486; bipath LIDG. M. P. 114.
bi-pēchen, v., O.E. bepǣcan; *deceive,* LAƷ. 5301; REL. I. 180; bipeche MISC. 72; P. L. S. v (a). 10; **bipǣhte** (*pret.*) HOM. I. 91, II. 191; **bipēiʒt** (*pple.*) P. L. S. v (b). 22; bepaht SAX. CHR. 260; we beoð ... bipahte R. S. v (MISC. 176).
bipēching, sb., *deception,* HOM. II. 213.
bi-pennen, v., *pen up, shut in;* **bipenned** (*pple.*) A. R. 94.
bi-pilien, v., *peel;* **bipiled** (*pple.*) A. R. 148.
bipilunge, sb., *peeling,* A. R. 148.
bi-prēonen, v., O.E. beprēnan; *pin up;* **biprēoneþ** (*pres.*) MISC. 101.
bi-qvaschin, v., *be shivered in pieces;* **biqvashed** (*pret.*) LANGL. B xviii. 246.
biqveste, see **bicweste.**   **biqvide,** see **bicwide.**
bir, see **būr.**
bi-rǣden [bireaden], v., O.E. berǣden, = M.H.G. berāten; *advise, deliberate,* LAƷ. 31072; birede M. T. 98; hvo þet wille wisliche him berede AYENB. 172; **birēde** (*pres. subj.*) MISC. 78; **birēdde** (*pret.*) SHOR. 124; bi-

F

radde, bireadde KATH. 1237; biradden CHR. E. 40; birǎd (*pple.*) SPEC. 41 (A. D. 185).
birche, sb., *O.E.* beorc, byrc, = *M.Du.* berk, *O.H.G.* bircha, pircha, *O.N.* biörk *f.*; *birch*, PR. P. 36; birche, berche CH. C. T. *A* 2921; burche VOC. 181; birke FLOR. 1518; PERC. 773; birches (*pl.*) ALIS. 5242.
birde, *see* būrðe *and* būrde.
bi-rēavien, v., *O.E.* berēafian, *Goth.* biraubōn, = *O. H. G.* pi-, beroubōn, *mod.Eng.* bereave; *deprive, rob*; biræviеn [bireave] LA3. 30311; bireaven H. M. 29; bireven JOS. 356; bireve LANGL. *B* vi. 248; birēaveð (*pres.*) A. R. 120; birēvede (*pret.*) C. L. 1349; oþre beræfedest [birefedest] rihtes istreones FRAG. 7, 8; bireveden HOM. I. 79; berēaved, beræfed (*pple.*) FRAG. 5, 6; biræfed ORM. 2832; þus wes þas kineriche of heora kinge biræved LA3. 2897; bireved O. & N. 120; HORN (L.) 622; SPEC. 101.
bi-rēdien, v., *? make ready, prepare*, LA3. 4198.
bi-reinen, v., = *M.H.G.* beregenen; *rain upon, wet*; birine HORN (R.) 11; **bireined** (*pple.*) A. R. 344; WICL. EZ. xxii. 24; bereinid '*complutus*' PR. P. 32.
bi-rēmen, v., *cry out at*, HOM. II. 29.
bi-rennen, v., = *M.H.G.* berennen; *? run around*; biarnde (*pret.*) LA3. 26775.
bi-rēowen, -rēwen, v., = *M.H.G.* beriuwen; *repent, commiserate*, ORM. 4506, 7784; bir(e)ue TREAT. 139; birēwe (*pres. subj.*) LANGL. *B* xii. 250.
birēounesse, sb., = *M.H.G.* beriuwenisse; *commiseration* (*? printed* bireaunesse), A. R. 66.
bi-rēowsen, v., *O.E.* behrēowsian, = *M.H.G.* beriuwesen; *repent*, JUL. 44; ORM. 8800; birewsien, bireusien HOM. I. 21, 23; bireusie MISC. 78; bireusi (*printed* birensi) SHOR. 43.
birēousunge, sb., *O.E.* behrēowsung; *repentance*, FRAG. 8; A. R. 372; bireowsinge H. M. 21.
bi-rīden, v., *O.E.* berīdan; *ride around*, LA3. 10739.
birie, sb., *?* = *M.Du.* berie; *bier*, AYENB. 258.
biriȝen, *see* būriȝen.
bi-rinnen, v., *O.E.* birinnan, = *Goth.* birinnan, *O.H.G.* pirinnan; *flow over; run round; surround*; **bieorn** (*pret.*) LA3. 26064; biurnen 26066; wiþ tieres al birunne (*pple.*) HORN (L.) 654; bironne L. H. R. 137; þat lond is biurnan [biurne] mid þære sæ LA3. 1233; wit eild... berunnun C. M. 8351.
bi-rīpan, v., *pluck the fruit of*; birīpe (*imp.*) PS. lxxix. 13.
bi-rīsen, v., *? for* ȝerīsen; *befit, become*: wisdom birīseð (*pres.*) weran & clenesse birisað wifan HOM. I. 111; þe biriseð (*sec. text* bicomeþ) to ælche kinge LA3. 9821.

birke, *see* **birche**.
birkin, adj., *O.N.* birkinn, = *M.Du.* berken, *O.H.G.* pirchīn; *made of birch*, GOL. & GAW. 31.
birle, sb., *O.E.* byrle, byrele, *cf. O.N.* byrli; *cup-bearer*, '*pincerna*,' FRAG. 2; birle [borle] LA3. 24164; **birles** (*pl.*) ORM. 14023; birlen (*dat. pl.*) LA3. 19942.
birlen, v., *O.E.* byrlian, = *O.N.* byrla; *act as cup-bearer, pour out*, A. R. 114; ORM. 15418; brillin PR. P. 51; **birlide** (*pret.*) WICL. JER. xxv. 17; birled M. H. 120; sche birlid whit win TOR. 292; birled (*pple.*) ORM. 15225.
birler, sb., = *O.N.* byrlari; *one who pours out drink*, '*exelerarius*,' VOC. 212; brillare PR. P. 51.
bi-robben, v., *rob*; berobbeþ (*pres.*) AYENB. 39.
bi-rollen, v., *roll over*: al birolled (*pple.*) wiþ þe rain A. P. ii. 959.
bi-rōwen, v., *O.E.* berōwan; *row about*; birouwen [birowe] LA3. 21028.
birst, *see* **brust**. **birþe**, *see* **būrðe**.
birðel, *see* **būrðel**.
bis, adj., *dark grey, neutral blue*: he lis toumbed in a marble bis MAN. (H.) 230; bis and asure LIDG. BOCH. (*in* N. E. D.).
bi-sǣȝen, v., *let down, lower*; biseið (*pres.*) HOM. II. 215; **biseid** (*pple.*) in þe grune HOM. II. 211; bisaid 213.
bi-sālen, v., *assail*; besāle (*pres. pl.*) P. R. L. P. 103.
bi-samplen, v., *? for* **examplen** (*sample*); *moralize* about; **bi-saumpleð** (*pres.*) A. R. 88; bisaumpled (*pret.*) 316.
bī-sawe, sb., *proverb*, A. R. 88; bisawe TREV. III. 309.
bi-sāwen, v., = *M.H.G.* besǣjen; *sow*; bisaweð (*pres.*) HOM. I. 107.
bi-sceadin, v., *O.E.* besceadian; *overshadow*; beshádeth (*pres.*) GOW. III. 111; **beshaded** (*pple.*) GOW. II. 109.
bi-schadwe, v., = *M.Du.* beschaduwen, *M.H. G.* beschatewen; *shadow around*, LEG. 83; bi-schadeweþ (*pres.*) S. S. (Web.) 586.
bi-scheden, v., = *? M.H.G.* beschuten; *besprinkle*: he bischedde (*pple.*) it wiþ watir WICL. 4 KINGS viii. 15.
bi-schenden, v., *ruin*; bischent (*pple.*) C. M. 14838.
bi-schēren, v., *O.E.* bisceran; *shear*; bischorn, biscorn (*pple.*) C. M. 12231.
bi-schilden, v., *? for* ȝeschilden; *? protect*: þine feond (*? r.* freond) þu biscildest (*pres.*) HOM. I. 7.
bi-schīne, v., *O.E.* bescīnan, = *O.H.G.* biscīnan, *Goth.* biskeinan; *shine on*, HORN (H.) 12; beshine BER. 1113; **bishineþ** (*pres.*) ORM. 18851; half þe eorþe þe sonne bischineþ JARB. XIII. 167; beshineþ GOW. III.

242; **bischōn** (*pret.*) TREV. I. 393; **beschine** (*pple.*) TREV. I. 325.
bi-schīten, v., *O.E.* bescītan, = *M.H.G.* beschīzen; *defile with excrement*; **bishiten** (*pple.*) ALIS. 5485; besshit TOWNL. 235.
bischop, sb., *O.E.* biscop, bisceop, biscep, *from Lat.* episcopus; *bishop*, R. S. vi; biscop MISC. 43; **bispes** (*pl.*) MISC. 39; **bischopen** (*dat. pl.*) O. & N. 1761; *comp.* **arche-bischop**.
bischop-hād, sb., *O.E.* bisceophād; *office of bishop*; bischophood WICL. PROL. I TIM.; bischophade C. M. 21248.
bischop-rīche, sb., *O.E.* biscoprīce; *bishopric*, BEK. 1008; biscoprīche FRAG. 2.
biscop-stōl, sb., *O.E.* bisceopstōl; *episcopal see*, MISC. 145; **biscopstōle** (*dat.*) LA3. 18218.
biscop-würt, sb., *O.E.* bisceopwyrt; *bishop's wort, wood betony*, FRAG. 3.
bischopen, v., *O.E.* biscopian; *confirm (as a bishop)*; **bischopeþ** (*pres.*) SHOR. 5; **busshoppede** (*pret.*) LANGL. C xviii. 268; bisbede, ibisbede MIRC 158.
biscoopunge, sb., *bishoping, confirmation*, HOM. I. 101.
bi-schrēwen, v., *beshrew, corrupt*; **bischrēwe** (*pres.*) CH. C. T. *D* 845; beshrewiþ ['*depravat*'] WICL. PROV. x. 9; **bischrēwed** (*pret.*) LANGL. *B* iv. 168; **bischrēwed** (*pple.*) TREV. I. 113; beshrewed GOW. I. 76; þis world is al beshrewed P. 45.
bi-schrichen, v., *screech about*: and þe **bischricheþ** [biscricheþ] (*pres.*) and bigredeþ O. & N. 67.
bi-schütten, v., *shut up*; **bishette** (*pret.*) ALIS. 5709; bischitten, bishetten LANGL. *A* ii. 189; **bischet** (*pple.*) WILL. 2014; bishet OCTOV. (W.) 1280; beshet R. R. 4488; besset AYENB. 94.
bi-scorn, sb., *scorn*, TREV. I. 179.
bi-scornen, v., *cover with scorn*; **biscornd** (*pret.*) C. M. 16611; bescorned [*v. r.* biscorned] CH. C. T. *I* 278.
bi-scunien, v., *shun*, P. L. S. viii. 77; bischune (*imper.*) REL. I. 183.
bise, *see* **bisse**.
bīse, sb., *O.Fr.* bīse (? *from O.H.G.* bīsa); *north wind*: bigan a wind to rise out of þe north men calleth bise HAV. 724.
bi-sēchen, v., *O.E.* besēcan, = *O.Fris.* bisēka, *O.H.G.* besuochen, *mod. Eng.* beseech; *seek, visit; beseech*: nu ich mot bisechen [bische] þat þing þat ich ær forhowede LA3. 3494; þæt heo walden bisechen þene king & bidden hine mildce 12272; þu scholdest bisechen me cosses A. R. 102; biseken GEN. & EX. 2492; HAV. 2994; **bisēche** (*pres.*) KATH. 2375; LANGL. *A* i. 58; ALIS. 4631; beseche MAND. 316; beseke LUD. COV. 129; bisekþ, bisehþ O. & N. 1439; bezekþ AYENB. 117; **bisēc** (*imper.*) HOM. I. 17; biseke we nu godes migt GEN. & EX. 4155; bisecheð (*procure*) eow wepnen LA3. 12513; **bisōhte** (*pret.*) KATH. 2395; þa bisohte he nutescalen LA3. 29265; bisoghte PERC. 2144; bisouhten A. R. 230; **bisōht** (*pple.*) R. S. v; SPEC. 72; bisouht A. R. 234; biso3t FL. & BL. 127.
bisēchere, sb., *one who beseeches*; **bisēcheris** (*pl.*) WICL. ZEPH. iii. 10.
bisēchinge, sb., *beseeching*, WICL. 2 PARAL. vi. 19; bezechinge AYENB. 98.
besēkand-lik, adj., *propitious*, PS. cxxxiv. 14.
bi-sēgen, v., *for* **asēgen**; *besiege*; bisegi ROB. 399; bisege TREV. I. 91; **bisēged** (*pret.*) WILL. 2843; **bisēged** (*pple.*) MAN. (F.) 5108.
bi-seggen, v., *O.E.* besecgan, = *O.L.G.* biseggean, *O.H.G.* pisagen; *signify*; biseið (*pres.*) HOM. II. 173.
bi-sēme, v., *for* 3esēmen; *beseem, seem, befit*, GOW. I. 110; A. P. i. 310; **bisēmeð** (*pres.*) JUL. 55; þat ivele hem bisemeþ PL. CR. 58; bisemez GAW. 1612; as þei besemen WILL. 2529; bisemen '*conveniunt*' WICL. ROM. i. 28; **bisēmede** (*pret.*) A. R. 148; þine wordes beoþ . . . so bisēmed (*pple.*) O. & N. 842; besemid TRIAM. 720.
bi-senchen, v., *O.E.* bisencan, = *O.L.G.* bisenkian; *submerge*, A. R. 400; bisenken ORM. 19690; hi bisencheð (*pres.*) us on helle HOM. I. 107; **bisencte** (*pret.*) HOM. I. 87; biseinte [bisencte] A. R. 334; ure ifan . . . beoð bisencte (*pple.*) in to helle HOM. I. 87.
bi-senden, v., = *M.L.G.*, *M.H.G.* besenden; *send to*: erl Jon . . . **bisende** (*pret.*) him al so & bisou3te (h)is grace ROB. 491.
bī-sēne, adj., *O.E.* biscne, *early mod. Eng.* bisson; *blind*; bisen C. M. 16595; bisne GEN. & EX. 472; þu art blind oþer bisne O. & N. 243.
bi-sengen, v., *O.E.* besengan; *singe*; bezenge AYENB. 230.
biseninge, pple. *cf. O.N.* býsna; *ill-boding, monstrous*, BARB. LEG. II. 129.
bi-sēon, v., *O.E.* besēon, = *O.L.G.* bisehan, *O.H.G.* pisehan, *Goth.* bisaihvan; *see, provide*, A. R. 344; biseon to me HOM. I. 197; bisen GEN. & EX. 1313, 2141; S. S. (Web.) 507; biseo BEK. 105; to **bisēonne** MARH. 15; þonne besihþ (*pres.*) þeo soule sorliche to þen lich(ame) FRAG. 5; bisih (*imper.*) H. M. 33; bisih, bisi3 [biseh] þe LA3. 16048, 24157; þe bet he hine biseo [beseo] O. & N. 1272; **bisæh** (*pret.*) LA3. 4907; biseh JUL. 21; bisai ROB. 192; þa eorles . . . bise3en heom bihinde LA3. 26506; **bisēhe** (*subj.*) MISC. 193; **bise3e** (*pple.*) P. L. S. xii. 103; besein GOW. I. 341; biseie HOCCL. i. 142; elde . . . haþ me biseie LANGL. *B* xx. 201; so richeli biseie CH. C. T. E. 984.
bisēing, sb., *circumspection*; beziinge AYENB. 184.

bisēken, see **bisēchen.**
bi-seowen, v., *O.E.* besiwian; *sew*; bisowe WILL. 1688; **besewed** (*pple.*) WILL. 3117; GOW. III. 312.
bi-serve, v., *serve diligently*; beserve C. M. 23053.
bi-setten, v., *O.E.* besettan, = *O.H.G.* pisezzan, *Goth.* bisatjan, *mod.Eng.* beset; *place, arrange, set; surround,* REL. I. 213; bisette LANGL. *B* v. 264; CH. C. T. *A* 279; besette þe tour FER. 3228; (h)is catel to bisette LEB. JES. 116; wel bezette þane time AYENB. 214; þe biset his iþonc on his ehte HOM. I. 101; bisette (*pret.*) GEN. & EX. 2687; WILL. 1214; and bisette þis schip al aboute BRD. 21; **biset** (*pple.*) A. R. 58; KATH. 1578; it was eʒwhær biset wiþ deorewurþe stanes ORM. 8169; þou hast wel beset mi god OCTAV. (H.) 956.
bisi, see **büsi.**
bī-sibbe, sb., *? relative,* SHOR. 70; '*affinis*' VOC. (W. W.) 562.
bi-sīchen, v., *sigh, sigh for*; **bisīcheð** (*pres.*) HOM. II. 201.
bi-sīde, -sīden, -sīdes, see **sīde.**
bi-siht, sb., = *M.H.G.* besiht, *f.; provision*; besiht C. L. 311; besiʒte PROCL. 6.
bi-sinken, v., *O.E.* besincan, = *O.L.G.* bisincan, *M.H.G.* besinken; *sink*; **bisinkeð** (*submerges*) HOM. II. 177; hwa se lið i leiven deope **bisunken** H. M. 33.
bi-sitten, v., *O.E.* besittan, = *O.L.G.* bisittian, *O.H.G.* pisizzan; *sit upon, beset, oppress*; hit schal bisitten [bisitte] oure soules sore LANGL. *A* ii. 110.
bi-slaberen, v., = *L.G.* beslabern; *beslaver*; **bislabered** (*pple.*) LANGL. *B* v. 392.
bi-sloberen, v., *bedabble*; **beslobered** (*pple.*) LANGL. *B* xiii. 401.
bi-slomered, pple., *covered with mud*: his hosen al beslomered in fen PL. CR. 427.
bismer (? bīsmer), sb., *O.E.* bi-, bysmer, bismor, = *O.L.G.* bismer, -smar, *O.H.G.* pibismer, *n.; mockery, contumely, insult,* HOM. I. 107; bismar ROB. 12; þe þe bismar haveð idon LAʒ. 4403; **bismere** (*dat.*) KATH. 551; LANGL. (Wr.) 2651 [bismer *B* v. 89]; H. S. 7400; bi-, busmere TREV. I. 179; lauhwen him to bismare A. R. 270; bismare, bisemare CH. C. T. *A* 3965; bisemare ALIS. 648.
bismere-spǣche, sb., *cf. O.E.* bysmorsprǣc; *blasphemy,* MAT. xxvi. 65.
bismerien (? bīsmerien), v., *O.E.* bismerian, bismrian, = *O.H.G.* pismerōn, bismarōn; *mock, insult*; **bisemereþ** (*pres.*) and scorneþ þe guode men AYENB. 22; **bismereden** (*pret.*) LK. xxiii. 36.
bismerwen, v., *O.E.* besmyrian, = *M.H.G.* besmiren; *besmear*; **bismeoruwed** (*pple.*) A. R. 214.
bi-smīten, v., *O.E.* besmītan, = *O.H.G.* pismīzan; *contaminate, soil*; besmiten MK. vii. 15; ne **bismit** (*printed* bi sunt) (*imper.*) þu þe mid drunkenesse HOM. I. 13.
bi-smitten, v., = *M.Du.* besmetten, *O.H.G.* bismizzen; *contaminate, pollute*; **bismitted** (*pret.*) '*contaminaverunt*' PS. liv. 21; bismitted (*pple.*) A. R. 214; besmetted, -smet AYENB. 32, 229.
bi-smóken, v., *cover with smoke*; **bismóked** (*pple.*) CH. BOET. i. 1 (5).
bi-smoteren, v., *stain, defile*; **bismotered** (*pple.*) CH. C. T. *A* 76.
bi-smudden, v., *besmut, soil*; **bismuddet** (*pple.*) A. R. 214*.
bi-smudelen, v., *make muddy, soil, defile*; **bismuðeled** (*pple.*) A. R. 214*.
bīsne, sb., *O.E.* bȳsen, bīsen, = *O.N.* bȳsn, *O.L.G.* (an)būsn, *Goth.* (ana)būsns *f.; example,* ORM. 8987; HALLIW. 179; sette us bisne HOM. I. 5; ure laverd ... teacheð us þurh a bisne 245; **bisne** (*dat.*) H. M. 45; þa he to bisne nom LAʒ. 30; *comp.* **for-bisne.**
bīsne, see **bīsene.**
bīsnien, v., *O.E.* bȳsnian, = *O.N.* bȳsna; *give an example*; **bisenes** (*pres.*) M. H. 124.
bīsnunge, sb., *O.E.* bȳsnung; *example,* HOM. I. 93; bisening L. H. R. 118.
bi-snīwen, v., *O.E.* besnīwan, = *M.H.G.* besnīen; *cover with snow*; **bisniwe** (*pple.*) LANGL. *C* vii. 266; bisnewed LANGL. *B* xv. 110; besnewed AYENB. 81; GOW. I. 111.
bi-sōcne, sb., *petition, request,* A. R. 376; (*spelt* bisockne) LAʒ. 30219*; bisokne S. A. L. 155; þoru bisokne of þe king delaied it was ʒute ROB. 495; **bisōcnen** (*dat. pl.*) HOM. I. 261.
bi-soilen, v., *besoil*; **bisuiled** (*pple.*) SHOR. 108; bisoiled MISC. 225.
[**bi-sorʒe-līch,** adj., = *Ger.* besorglich (*solicitous*); *comp.* **un-bisorʒelich.**]
bisp, see **bischop.**
bi-sparren, v., *O.E.* besparrian, = *O.H.G.* pisparran, -sperran; *shut up, enclose*; **bisperred,** bisperede (*pret.*) LANGL. *B* xv. 139; **bisparrede** (? ms. bisparred, *printed* bisparreð) (*pple. pl.*) A. R. 94*.
bi-spéken, v., *cf. O.E.* besprecan, = *O.H.G.* pi-sprechan, *O.L.G.* besprekan; *talk of, talk with*; þi soster bispekeþ þi deþ P. L. S. xiii. 144; **bispac** [bispek] (*pret.*) L. H. R. 32; sge ne bispac him nevere GEN. & EX. 1444; bispek ROB. 524; heo bispeken heom bitweonen þet heo walden ibuʒen to þere apostlan fer(r)eden HOM. I. 91; bispoken AR. & MER. 1240; **bispéke** (*pple.*) O. & N. 1738; ROB. 55; ʒe habbeþ a mong ʒu ... bispeke þat ilome BEK. 919.
bī-spel, sb., *O.E.* bigspell, = *M.H.G.* bīspel; *parable, example,* HOM. I. 233; O. & N. 127; **bīspellen** (*dat. pl.*) MAT. xiii. 3.

bi-spēten, v., *spit upon*; bispete WICL. MK. x. 34; **bispēteð** (*pres.*) A. R. 288; **bispǣtten** (*pret.*) WICL. MK. xv. 19; **bispēt,** bispat (*pple.*) WICL. LK. xviii. 32; bispat MISC. 140.

bi-spitten, v., *spit upon*; bispitte WICL. MK. xiv. 65; **bispit** (*pple.*) P. R. L. P. 240.

bi-spotten, v., *bespot*, CH. BOET. iii. 4 (73).

bi-sprǣden, v., = *M.H.G.* bespreiten; *bespread*; **bisprǣdde** (*pret.*) LAӠ. 16521; **bespréd** (*pple.*) K. T. 762.

bi-sprengan, v., *O.E.* besprengan, = *M.H.G.* besprengen; *besprinkle*, HOM. I. 127; **bispreng** (*imper.*) HOM. I. 73; **bisprenge** (*subj.*) ROB. 128; **bisprengde** (*pret.*) BEV. 350; bispreinde WICL. HEBR. ix. 19; **bispreint** (*pple.*) ST. R. 502; bespreint wiþ bloode LIDG. M. P. 91.

bisprengil, v., *sprinkle over*; **besprengild** GEST. ROM. 26.

bi-spūsen, v., *for* spūsen; *espouse*; **bispūsed** (*pple.*) HOM. II. 159; bispusede II. 13.

bisse, sb., *O.Fr.* bysse, *from Gr.* βύσσος; *a sort of fine stuff*, GOW. III. 34; bis SPEC. 26; biis GUY (Z.) 2835; WICL. LK. xvi. 19.

bi-standen, v., *O.E.* bestandan, = *Goth.* bistandan, *O.H.G.* pistantan; *stand about, stand around*; bistonden HOM. II. 173; **bistant** (*pres.*) O. & N. 1438; wenne hundes hine bistondeð LAӠ. 1698; **bistōd** (*pret.*) R. S. v (MISC. 180); GEN. & EX. 3857; whan hem bistode nede WILL. 175; stormes hem bistode TRIST. 367; **bistonden** (*pple.*) LAӠ. 30323; A. R. 264; JUL. 31; & is mid storme faste bistonden HOM. II. 43.

bi-stāren, v., *stare at*: þe keiser **bistārede** (*pret.*) hire KATH. 309.

bi-stéden, v., = *M.Du.* besteden, *O.H.G.* pistaten; *appoint, place*; **bested** (*pple.*) TRIAM. 1461; bistad CH. C. T. *B* 649; whar was þe child … bistad GREG. 455; bestad HOCCL. i. 129; LUD. COV. 329; wofulli bestad GOW. I. 198; bistačed A. R. 264; MARH. 3.

bi-stéken, = *M.Du.* besteken, *shut*, A. R. 62; **bisteken** (*pple.*) HOM. I. 247.

bi-stélen, v., *O.E.* bi-, bestelan; *steal, steal away, steal on*: he wenden wel to bistelene in to þare burhӡe LAӠ. 9756; and **bistāl** (*pret.*) from þan fihte 28422; elde me is **bistólen** (*pple.*) on P. L. S. viii. 9; HOM. I. 161; & is bistole a wai FER. 3876.

bi-stiӡ, sb., *by-path*: **bistiӡes** (*pl.*) SHOR. PS. xxii. 3 (*in* WICL. PREF. 4).

bi-stōwen, v., *bestow, place*; bistowe SHOR. 95; LANGL. *B* vii. 75; CH. C. T. *A* 3981.

bi-steppen, v., *? for* ӡesteppen; *? step*; beo heo **bistepped** (*pple.*) þer ute A. R. 174.

bi-strēwen, v., *O.E.* bestrēowian, = *M.H.G.* bestreuwen, -striuwen; *bestrew*; **bistrēweden** (*pret.*) HICKES I. 167 (HOM. I. 5).

bi-strīden, v., *O.E.* bestrīdan, *?* = *M.L.G.* bestrīden; *bestride*, LAӠ. 28020; bistride HAV. 2060; ALIS. 706; **bistrideþ** (*pres.*) LANGL. *B* xvii. 78; **bistrōd** (*pret.*) LEB. JES. 803; þe stede he bistrood GAM. 189; bestrod TOR. 504.

bi-strūpen, v., *O.E.* bestrȳpan, = *M.H.G.* bestroufen; **bestrēpþ** (*pres.*) þe zeve zennes vram þe herte AYENB. 123.

bi-stünten, v., *check, rein in*; bistlnt (*pret.*) ALIS. 1183.

bi-stūrien, v., *O.E.* bestyrian; *bestir*; bistere ALIS. 5837; bestere GOW. III. 295; **bestireþ** (*imper.*) ӡou AR. & MER. 6025.

bi-stūring, sb., *emotion*; besteriinge AYENB. 263.

bi-sūlien, v., *O.E.* besylian, = *M.H.G.* besüln; *soil, defile*; **bisūlieð** (*pres.*) HOM. II. 37.

bi-sulpen, v., *? pollute*; **bisulpes** (*pres.*) A. P. ii. 575.

bi-swǣten, v., = *M.H.G.* besweizen; *cover with sweat*; **biswǣt** (*pple.*) LAӠ. 9315.

bi-swāpen, v., *O.E.* beswāpan; *envelope, entangle*: bi s(c)andlice senne **beswāpen** (*pple.*) HOM. I. 239.

bi-swenken, v., *?* = *M.H.G.* beswenken (*dolo capere*); *toil, labour*; **biswenkes** (*pres.*) D. ARTH. 1128.

bi-swīken, v., *O.E.* bi-, beswīcan, = *O.L.G.* beswīcan, *O.H.G.* piswīchan; *deceive*, LAӠ. 754; ALIS. 4609; biswiken A. R. 224; ORM. 11678; besviken SAX. CHR. 264; biswike O. & N. 158; HORN (L.) 667 (R. 669); beswike RICH. 5918; **biswikeð** (*pres.*) HOM. I. 25; P. L. S. viii. 7; **biswāo** (*pret.*) LAӠ. 2126; biswak ORM. 12478; besvak C. M. 3734; biswoc HOM. I. 213; biswok MAN. (F.) 11398; **biswiken** (*pple.*) FRAG. 8; A. R. 54; ORM. 11640; GEN. & EX. 3561; biswiken SPEC. 45; bisviken C. M. 8632; biswike HAV. 1249; bisvike ROB. 272; **biswiked** '*deceptus*' P. S. lxxvi. 3.

beзvikere, sb., *deceiver*, AYENB. 171.

beзvikinge, sb., *deceit*, AYENB. 28.

bi-swingen, v., *O.E.* beswingan; *flog*; bisw(u)ngen (*pple.*) SPEC. 81.

bi-swinken, v., *O.E.* beswincan; *procure by labour*: þat mowen her bred biswinke LANGL. *B* vi. 216; **biswinkeþ** (*pres.*) PL. CR. 722; biswonk (*pret.*) L. H. R. 27; biswunken LEB. JES. 361; biswonke LANGL. *B* xx. 290; **beswonke** (*pple.*) HALLIW. 169.

biswinc-ful, adj., *toilsome*; biswincfule A. R. 188.

bit, sb., *M.L.G.* bit, bet, = *M.H.G.* biz *n.*; (*bridle-*)*bit*, bitt '(*frenum*) *lupatum*' PR. P. 37; bitte (*dat.*) CH. L. G. W. 1208.

bi-tācnen, v., = *O.Fris.* bitēkna, *O.H.G.* bezeichenen; *betoken, signify*, ORM. 919; bitokene TREV. V. 9; **bitācneð** (*pres.*) HOM. I. 79; bitocneð A. R. 170; betocneþ AYENB. 15; what bitacnieð [bitocneþ] þa draken LAӠ.

16008; **bitācnede** (*pret.*) HOM. I. 89; bitoknede ROB. 288; þat he has lord and king of kinges wel bitoknede þe sterre SHOR. 123; **bitācned** (*pple.*) H. M. 5; bitocned A. R. 374.

bitācnunge, bitācninge, sb.,= *O.H.G.* pizeihinunga; *signification,* HOM. I. 47, 51; bitocnunge A. R. 270; bitokninge BEK. 102.

bi-tǣchen, v., *O.E.* betǣcan; *assign, commit, deliver,* ORM. 6126; bitæchen, bitechen LAȝ. 5314, 11502; bitechan ANGL. VII. 220; bitechen A. R. 300; HAV. 203; biteachen MARH. 5; biteche WILL. 5184; biteche (*pres.*) AL. (T.) 178; Crist i þe biteche HORN (R.) 577; **bitǣc, -tēo** (*imper.*) LAȝ. 16847, 18922; **bitǣhte**(*pret.*) HOM. I. 11; KATH. 608; (*ms.* bitahhte) ORM. 14774; bitahte, bitæhte LAȝ. 247, 27246; bitagte GEN. & EX. 212; bitauhte HAV. 2212; betauȝt(e) S. S. (Wr.) 324; betaughte R. R. 4438; þe ring þat i him bitaughte PERC. 2156; betohte HOM. I. 221; biteiȝte BEK. 1827; **bitǣht** (*pple.*) SPEC. 42; bitauȝt WILL. 5289; biteiht A. R. 166.

bi-tāken, v., *commit, deliver,* LAȝ. 6251; HAV. 1226; bitake S. S. (Wr.) 30; þei schulen bitake ['*tradent*'] WICL. MAT. xxiv. 9; **bitāke** (*pres.*) ROB. 475; mi soule bitake [betake] i to Sathanas CH. C. T. *A* 3750; hi betakeþ AYENB. 36; **bitak** (*imper.*) HORN (R.) 785; **bitōk** (*pret.*) LAȝ. 22464*; WILL. 66; S. S. (Wr.) 412; CH. C. T. *G* 541; he bitoc it in warde ROB. 183; betoke TOR. 2250; **betōke** (*subj.*) AYENB. 89.

bi-tāle, sb., *parable,* LEB. JES. 243.

bi-talten, v., *shake;* **bitalt** (*pplc.*) A. P. i. 1160.

bi-tavelen, v., *overcome in gaming;* an anlepi meiden, wiðð hire anes muð, haveð swa bitevelet (*v. r.* bitaulet ow) ... alle KATH. 1288.

bite, sb., *O.E.* bita, = *O.N.* biti, *O.H.G.* bizzo; *from* **bīten;** *bit, morsel,* ROB. 207; C. L. 1343; þane bite (*earlier text* bitan) ['*buccellam*'] JOHN xiii. 30; vor þe bite of one epple A. R. 334; an bite brædes ORM. 8640; þe bite þat þei eten LANGL. *B* xviii. 200.

bite, sb., *O.E.* bite, = *O.L.G.* biti, *O.Fris.* biti, bite, *O.H.G.* biz; *bite, act of biting,* A. R. 288; S. S. (Web.) 760; MAND. 49; þin bite ['*morsus tuus*'] HOM. I. 123; þane bite AYENB. 61; þe bite of swordes egge KATH. 2437; mid steles bite LAȝ. 11327; bite, bitte C. M. 8500; bite, bitt(e) '*morsus*' PR..P. 37; bitte '*morsus*' VOC. 198; bitt ALIS. 5436; bit IW. 94; bite *cutting edge* AR. & MER. 4808; bit, bitte GAW. 212, 2224; **biten** (*dat. pl.*) LAȝ. 21364.

bitel, adj., *biting, keen,* ORM. 10074; bitele duntes LAȝ. 26967.

bītel, *see* **bētil.**

bītel-brouwed, adj. [*v.r.* biterbrowed], *beetlebrowed,* LANGL. *A* v. 109.

bi-tellen, v., *O.E.* betellan (*defend*)= *O.Fris.* bitella, *M.H.G.* bezellen (*acquire*); *defend, conquer:* bitellen wel & weren ORM. 2045; ȝet tu beo mi motild aȝeines mine soule fon þet heo hire ne muwen bitellen HOM. I. 205; to bitellen eowere rihtes LAȝ. 7894; bitelle LEG. 169; TOWNL. 217; and lust hu ich con me bitelle O. & N. 263; **bitelleð** (*pres.*) A. R. 226*; **bitóld** (*pret.*) GEN. & EX. 920; nu þu havest Brutlond al **bitáld** (*pple.*) (*sec. text* awonne) to þire hond LAȝ. 18099.

bitellunge, sb., *? defence, excuse;* A. R. 392.

bīten, v., *O.E.* bītan, = *O.L.G.* bītan, *O.Fris.*, *O.N.* bīta, *Goth.* beitan, *O.H.G.* pīzan, bīzan; *bite,* A. R. 364; biten mete LAȝ. 15340; on his lippe ... bite CH. C. T. *A* 3745; þer was no knif þat wolde him bite EGL. 491; **biteþ** (*pres.*) ORM. 9954; bit HOM. I. 123; A. R. 186; MISC. 9; AYENB. 66; heo biteð LAȝ. 20173; biteþ AYENB. 70; **bītinde** (*pple.*) A. R. 2; AYENB. 143; **bāt** (*pret.*) ORM. 12422; IW. 2029; bot HOM. II. 181; GEN. & EX. 2926; C. L. 1343; L. H. R. 135; S. S. (Web.) 773; OCTOV. (W.) 329; LUD. COV. 29; Charlis bot his lippen FER. 141; he bot [boot] his lippes LANGL. *A* v. 67; **biten** (*pret. pl.*) ALIS. 5435; þa scipen biten on þat sond LAȝ. 1788; bite LEG. 161; **biten, beten** (*pple.*) CH. L. G. W. 2318; beten L. H. R. 74; ibite ALIS. 5438; ibete TREV. VII. 299; *comp.* a-, and-, for**bīten;** *deriv.* bite, bitel, biter, bait.

[**bītere,** sb., *biter; comp.* bac-**bītere.**]

bīting, sb., *biting,* LIDG. M. P. 101; **bītinga** (*? plur.*) HOM. I. 33.

bi-tēon, v., *O.E.* betēon, = *Goth.* bitiuhan, *O.H.G.* piziuhan; *bestow, draw over, betray,* LAȝ. 9117; þi luve ... hwar meiht tu biteon hire betere þen upon me A. R. 398; here swinc he wile bitēon GEN. & EX. 3626; **bitēȝ** (*pret.*) GEN. & EX. 2878; **bitōȝen** (*pple.*) HOM. I. 31; LAȝ. 19902; ȝor (h)aveth a skie hem ... bitogen (*covered*) GEN. & EX. 3796; bitogen [bitowe] REL. I. 174; þe nihtegale al hire hoȝe mid rede hadde wel bitoȝe O. & N. 702; or elles ich hevede uvele bitowen (*employed*) muchel of mine hwule A. R. 430.

biter, adj., *O.E.* biter, = *O.N.* bitr, *O.H.G.* biter, pitter, *cf. Goth.* baitrs; *from* **bīten;** *bitter,* HOM. II. 33; GEN. & EX. 3300; MISC. 27; S. S. (Web.) 849; biter wind HOM. I. 167; biter ine smac AYENB. 82; bitter A. R. 302; þet bittere FRAG. 6; nawt bittres KATH. 1704; to þan **bittre** (*dat.*) deðe HOM. I. 7; of bitere speche 95; **bittere** (*pl.*) HOM. I. 43; bittere [bitere] swipen LAȝ. 21247; wiðð bittre besmen MARH. 5; **bitere** (*adv.*) [*O.E.* bitre], bitere LAȝ. 16381*; bitere, bittere, bittre LANGL. *B* iii. 249; **bitterer** (*compar.*) PR. C. 7272; biterure HOM. II. 173; bittrore SPEC. 99; **bitterest** [biterest] (*superl.*) LAȝ. 9685; bittrest HOM. I. 283.

biter-browed, bitter-browid, adj. [*v. r.* bitelbrouwed], LANGL. *A* v. 109.

biter-hēde, sb., *bitterness*, AYENB. 28.
biter-līche, adv., *O.E.* biterlīce; *bitterly*, LA3. 13626*; LANGL. Civ. 144; bitterliche A. R. 364; bitterli WILL. 2083; **biterlūker** (*comp.*) MISC. 92; **bitterlūkest** (*superl.*) H. M. 35.
biternesse, sb., *O.E.* biterness; *bitterness*, MISC. 28; SHOR. 91; bitternesse A. R. 372.
bitere, sb. = *O.H.G.* bitteri; *bitterness*: for bitter of mi galle LANGL. *A* v. 99.
bi-tīden, v., *for* 3etīden; *betide, happen*, A. R. 278; bitide HORN (L.) 543; WILL. 730; (*ms.* bityde) LA3. 2236*; shame þe mai bitide SPEC. 90; **bitīdiþ**, bitit (*pres.*) LANGL. *B* xi. 393; 3if us eni usel bitit HOM. I. 71; **bitidde** (*pret.*) O. & N. 1107; GEN. & EX. 3861; BEK. 1511; GAW. 2522; tel me hou þat bitidde S. S. (Wr.) 589; betidde ANT. ARTH. i; **bitīd** (*pple.*) GEN. & EX. 1978.
bitīding, sb., *happening*, CH. BOET. v. 3 (155).
bi-tilden, v., *O.E.* bi-, beteldan; *cover (as with a tent)*, *envelop*: and lette hine bitillen (?= bitilden) mid goldfa3e pallen LA3. 27852; **bitild** (*pple.*) JUL. 8.
bi-tīmen, v., *for* 3etīmen; *happen*: 3if sunne bitimed bi nihte A. R. 324; **bitīmde** (*pret.*) MARH. 2.
bitor, sb., *O.Fr.* butor; *bittern*, CH. C. T. *D* 972; bittor CHEST. I. 51; **botors** (*pl.*) AR. & MER. 3130.
bi-tōveren, v., *perhaps from M.L.G.*, *M.Du.* betōveren, = *M.H.G.* bezoubern; *fascinate*, GEN. & EX. 2962.
bi-traie, bi-traisse, v., *for* traie; *betray*, LA3. 8923*; BEK. 316; SHOR. 112; LANGL. *A* i. 37; **bitraiede** (*pret.*) MISC. 38; betraied, betraised CH. D. BL. 1120; **bitraied** (*pple.*) CH. L. G. W. 137; bitrasshed R. R. 1520.
bitraing, sb., *betrayal*; betra3ing WICL. WISD. xvli. 11.
bitraising, sb., *betraying*; betraisinge [betraiing] CH. L. G. W. 2460.
bi-trappe, v., *O.E.* betræppan, -treppan, = *M.Du.* betrappen; *entrap, take in a trap*, GOW. III. 257; **bitrappet**, bitreppet (*pple.*) A. R. 174*; betrapped D. ARTH. 1630.
bi-traut, v., *betray*; betraut D. TROY 731; **betrautid** (*pret.*) 11767.
bi-travailen, v., *work at*, or *for;* *compose (a book)*; *torment*: for no bred þat ich bitravaile (*pres.*) LANGL. *C* xvi. 210; thei bitraveliden (*pret.*) mi wiif WICL. JUDG. xx. 5; þis storie is **bitravailled** (*pple.*) bi cause of Britaine TREV. I. 27.
bi-trēden, v., *tread over*; **bitredeth** (*pres.*) TREV. BARTH. (*in* N. E. D.).
bi-trenden, v., *surround*: sorwe him gan betrende FER. 4006; betrende (*pret.*) LEG. 127; **bitrent** (*pple.*) CH. TRO. ii. 1231.
bi-trēouþen, v., *betroth*; **bitrēuþede** (*pret.*) SHOR. 66; betreuþede FER. 2105.

bi-trēuþinge, sb., *betrothing*, SHOR. 59.
bi-tristen, v., *trust*; **betrost** (*pple.*) GENER. 3615.
bi-trūflen, v., *delude*; **bitrūfleð** (*pres.*) A. R. 106.
bi-trūmen, v., *O.E.* betrymian; *encompass*, MARH. 20; **bitrūmede** (*pret.*) HOM. II. 87; bitrūmet (*pple.*) MARH. 6; betremed LK. xxi. 20.
bitte, *see* bite *and* bütte.
bitted, pple., *having a bit*; bited PALL. i. 1162.
bitter, *see* biter.
bittren, v., *O.E.* biterian, = *O.H.G.* bitarōn; *make bitter*, A. R. 308; **bitteret** (*pres.*) HOM. I. 23.
bi-tūhten, v., *clothe*; **bitūht** [bit3t] (*pple.*) mid ru3e felle O. & N. 1013; wiþ fair pal it was betight AL. (L³.) 596; bitought GUY 232.
bi-tūnen, v., *O.E.* bi-, betȳnan, = *M.Du.* betuinen, *M.H.G.* beziunen; *hedge in*, A. R. 164; **bitūnde** (*pret.*) HOM. I. 83; bitunden LA3. 4287; **bitūned** (*pple.*) A. R. 164; bi-, betuned FRAG. 6; bituined KATH. 1659.
bi-turnen, v., *turn about*: biturn þe and cum a3ean A. R. 394; **biturnde** (*pret.*) MARH. 12; ROB. 210.
bi-twechen, v., *? exorcize, rid*; betweche (*pres.*) P. R. L. P. 23.
bi-twēonen, adv. & prep., *O.E.* betwēonum, -twēonan, bitwēon; *between*, MAT. xxv. 32; bitweonen A. R. 72; bitweonen, -tweone HOM. I. 91, 141; bitweonen [bitwine] LA3. 2080; bitwenen þissen broðeren 10461; bitweone twom monnen 22968; bitwene 24274; betwune 4307; bitwenen ORM. 384; bitwinen HOM. II. 51; bitweone, -twene O. & N. 1379; bitwene LANGL. *A* iii. 68; so mikel love was hem bitwene HAV. 2967; bitvene TREAT. 134; betvene AYENB. 66; bitwen GEN. & EX. 760.
bi-twih, adv. & prep., *O.E.* betwih, -tweoh, -twyh, -twuh; *between*: bitwi3e Ængle londe & Normandie LA3. 20947; bitvei3en, bitwihan HOM. I. 37; bitwihen O. & N. 1747; bituhen KATH. 1526.
bi-twix, adv. & prep., *O.E.* betwix, -tweox, -twyx, -twux, = *O.Fris.* bitwischa, -twiskum, *mod.Eng.* betwixt; *between, betwixt*, AM. & AMIL. 142; betwix D. ARTH. 801; bitwix, -twixen CH. C. T. *D* 880, *B* 1075; betwex, -tweox, -tweoxe, -twexe, -twuxe MAT. xx. 26, MK. vi. 51, x. 26, xiv. 19; bitwux, -twixe, -twixen, -tuxe, -tuxen [bitwixte] LA3. 2329, 2335, 2553, 5010, 10886; bitwex HORN (L.) 346; bitwuxan HOM. I. 91; betwuxe 225; bitwuxen FRAG. 1; bituxen O. & N. 1747; bitvixte SHOR. 77.
biþ, *see* wið.
bi-þarf, v. (*pret.-pres.*), *O.E.* beþearf, = *O.L.G.* bitharf, *O.H.G.* pidarf; *need, want*: þæt ge

... beþurfen MAT. vi. 32 ; beþurfe (subj.) LEECHD. III. 114.

bi-þecchen, v., O.E. bi-, beþeccan, = O.H.G. bedecchen ; *cover* : mid pælle biþæht (*pple.*) LA3. 19215 ; biþehte (*pl.*) 22338.

bi-þenchen, v., O.E.biþencan, = O.H.G.pidenchan, Goth. biþagkjan ; *think upon, remind, bethink*, MARH. 5 ; biþenche BEK. 43 ; SHOR. 33 ; he mot hine ful wel biþenche O. & N. 471 ; þis word ... þe deþ deþenche AYENB. 101 ; biþenken ORM. 2917; biþenke WILL. 3057 ; biþinken HOM. I. 61 ; bethinkin '*cogito, meditor*' PR. P. 34 ; biþenche (*pres.*) HOM. I. 161 ; he lið & biċencheð him hwonne he wule arisen A. R. 324 ; biþenkiþ WICL. LK. xiv. 31 ; biþencþ O. & N. 1509 ; beþengþ AYENB. 18 ; biþenc (*imper.*) LA3. 9816 ; biþenk þe AN. LIT. 91 ; biþench R. S. i (MISC. 156) ; biþench þe bet P. L. S. xix. 27 ; biþōhte (*pret.*) LA3. 670 ; O. & N. 939 ; þene mon he lufede & wel biþohte HOM. I. 59 ; biċouhte A. R. 200 ; biþo3te HORN (L.) 411 ; biðōuht (*pple.*) A. R. 342 ; biþouht C. L. 698 ; heo was ... wel biþouht LA3. 2510 ; ich habben (r. habbe) me biþoht wh(a)t ich don wulle 16745 ; biþo3t FL. & BL. 469 ; þat þu beo bet biþo3t P. L. S. xx. 54 ; in his wisdom was al biċogt ear ſanne it was on werlde brogt GEN. & EX. 37 ; to bidden his milce to late we beoð biþohte R. S. iv.

biþenchinge, sb., *action of thinking*; beþenchinge AYENB. 233.

bi-þrāwen, v., *torture* : þat i wiþ love am so beþrōwe (*pple.*) GOW. III. 5.

bi-thrēten, v., *threaten*; bithrētt (*pple.*) C. M. 10102.

bi-þringen, v., O.E. bi-, beþringan, = O.H.G. pidringan ; *oppress* : þer ich wes o þon fihte .. hærde biðrungen [biþrongen] (*pple.*) LA3. 8814 ; wiþ wandraþ biþrungen ORM. 14825.

bi-þtinchen, v., = O.H.G. pidunchen ; *seem* : 3if him so biðunched (*pres.*) A. R. 346.

bi-þurfen, v., ? O.E. beþurfan (*pret.* beþorfte), = O.H.G.bedurfin, (*pret.* pidoriti) ; *be needful, need*; biþorten (earlier text beþorfton) (*pret.*) LK. ix. 11.

bi-uven, bufan, adv., O.E. beufan, bufan, = M.Du., M.L.G. boven ; *above*, HOM.I. 95,159; bufen, bufenn eorþe ORM. 4773 ; buven KATH. 2396 ; HOM. II. 111 ; he is buven us P. L. S. viii. 44 ; ærest wes þe white buven & seoððen he wes bineoðen LA3. 15978 ; buven, buve A. R. 46, 106 ; buve O. & N. 208 ; bove AN. LIT. 5 ; al þat is bove and under molde SHOR. 117 ; *comp.* **a-bufen**.

bivien, beovien, büvien, v., O.E. bifian, beofian, = O.L.G. bivon, O.Fris. beva, O.N. bifa, O.H.G. piben, biben ; *tremble*, LA3. 23530, 25242, 27718 ; biveð (*pres.*) GEN. & EX. 2280 ; beoveden (*pret.*) LA3. 28357.

bi-wǣven, v., O.E. bewǣfan, = Goth. bivaibjan ; *clothe* ; biwēfde (*pret.*) LA3. 28474 ;

biwēved (*pple.*) MISC. 55, 140 ; ALIS. 1085 ; biweved hii were bothe mid Welsse mantles ROB. 539 ; biwæived LA3. 22132 ; mid wintre he wes biweaved 130.

bi-wailen, biweilen, v., *bewail*, CH. C. T. B 26 ; biweile WICL. GEN. xxiii. 1 ; biweileþ (*pres.*) ALIS. 4395; biwailinge (*pple.*) CH. TRO. iv. 1223; biweilddest (*pret.*) CH. BOET. i. 6 (26).

bi-waine, be-waine, be-wan3e, sb., *profit, gain*, BARB. LEG. II. 130, 136.

bi-wáken, v., M.H.G. bewachen ; *watch about*, GEN. & EX. 2444 ; biwake S. S. (Web.) 2764 ; AL (T.) 565 ; biwákeden (*pret.*) HOM. II. 35 : hine biwakeden in þere nihte þritti hundred cnihten (r. cnihte) LA3. 7576 ; biwoken ORM. 3339 ; bewáked (*pple.*) GOW. II. 350.

bi-wallen, v., = M.L.G. bewallen ; *surround with a wall*; biwalled (*pple.*) LA3. 18607 ; LEG. 177.

bi-walwien, v., O.E. bewealwian ; *wallow about* : biwalede (*pret.*) hine a blode LA3. 27744 ; biwaled [biwalewed] (*pple.*) on axen 25989.

bi-wappen, v., ? *astonish* ; bewaped (*pple.*) BEVES 1689 ; bewhapped and assoted GOW. III. 4 ; bevapid FER. 3037.

bi-wárien, v., *invest (money), lay out, expend* : if þe clerk beware his faiþ in chapmanhode at such a faire GOW. I. 262 ; þi wit is wel biwáred (*pple.*) CH. TRO. i. 636.

bi-wedden, v., O.E. beweddian, = O.Fris. biweddia ; *wed* ; biwedded (*pple.*) FRAG. 8 ; HOM. I. 149 ; a king of Britaine havede heo biwedded LA3. 4500 ; his biweddede wif 31960.

bi-wei, sb., = M.H.G. bīwec ; *by-way*, MAN. (F.) 10145.

biweilen, see **biwailen**.

bi-wélde, v., ? *for 3ewélden*; *wield* ; bewelde GOW. I. 312 ; biwalt (*pres.*) HOM. II. 25 ; biwálden (*pret.*) HOM. II. 87.

bi-wellen, v., *well up*; bewel TREV. I. 111.

bi-wenden, v., O.E. bewendan, = O.H.G. bewenden, Goth. biwandjan ; *turn away, turn round* : to hwuche of þeos foure mei he him biwenden A. R. 306 ; (hit) **biwent** (*pres.*) him ofte 132 ; biwende (*pret.*) KATH. 2362 ; Jesus hine biwende MISC. 45 ; biwente HORN (L.) 321 (R. 329) ; MAP 334 ; bewent K. T. 1026 ; heo biwenden heom sone LA3. 26576.

bi-weorpen, v., O.E. beweorpan, = O.L.G. bi-, bewerpan, O.H.G. piwerfan ; *overwhelm* : mid holiwatere beworpen (*pple.*) FRAG. 7.

bi-wēpen, O.E. bewēpan, = O.Fris. biwēpa ; *weep for*, HOM. I. 39 ; A. R. 108 ; ORM. 15136 ; biwēpen MISC. 78 ; biwepe O. & N. 980 ; biwepe SHOR. 102 ; R. R. 5121 ; biwepe (*moisten*) PALL. iv. 61 ; biwēop (*pret.*) A. R. 278 ; biweop ALIS. 3655 ; biwiep HOM. II. 145 ; biweopen MARH. 21 ; biwepte GOW.

III. 182; WICL. GEN. 1; **bewōpen** (*pple.*) CH. TRO. iv. 916; here visage al biwope (*covered with tears*) S. S. (Web.) 1186; biweped WILL. 661.
biwēpere, sb., *one who beweeps*; **biwēperis** (*pl.*) WICL. WISD. xviii. 10.
bi-werian, v., *O.E.* bewerian, *O.L.G.* biwerien, *O.H.G.* piwerian; *defend*, HOM. I. 15; biwerien P. L. S. viii. 168; þu . . . **biwerest** manne corn from deore O. & N. 1126.
bi-wēten, v., *wet, moisten*; **biwĕt** (*pple.*) PALL. vi. 110; wiþ teres al bewet HALLIW. 171.
bi-wēven, v., *whirl away*; **biwĕft** (*pret.*) C. M. 24109; biwafde LA3. 30856.
bi-wicchen, v., *bewitch*; bewicche MAND. 159; **biwicched** (*pret.*) LANGL. *B* xix. 151; **biwicched** (*pple.*) TREV. II. 423; biwucched (*sec. text* biwicched) LA3. 24276.
bi-wi3elien, v., *delude, deceive*, LA3. 969; biwihelen [biwihelin] JUL. 56, 57.
bi-wīlen, v., ? = biwi3elien; REL. I. 182 (MISC. 123); **biwīled** (*pple.*) SHOR. 67; GAW. 2425.
bi-wimplen, v., = *M.L.G., M.Du.* bewimpelen; *cover with a wimple*; **bewimpled** (*pple.*) GOW. II. 359.
bi-winden, v., *O.E.* bi-, bewindan, = Goth. biwindan, *O.H.G.* piwintan; *wind around*: biwinden þe rapes HOM. I. 47; **biwindeð** (*pres.*) HOM. II. 95; **biwond** (*pret.*) LEG. 88; **biwunden** (*pple.*) JUL. 76; mid seorwe biwunden FRAG. 5; wiþ þornis al bewonde P. L. S. vi. 3; bewounde GOW. II. 295.
bi-winnen, v., = *M.H.G.* bewinnen, *for* 3ewinnen; *win*, LA3. 472; biwinne FL. & BL. 374; CHR. E. 465; **biwinneð** (*pres.*) H. M. 29; **biwan** (*pret.*) ROB. 420; biwan, -won LA3. 29, 4674; biwon HOM. I. 41; þu biwunne LA3. 7878; (heo) biwunnen [biwonne] 3782; **biwunnen** (*pple.*) A. R. 228; biwunnen [biwonne] LA3. 1311; biwonne AN. LIT. 11.
bi-wist, -west, sb., *O.E.* bī-, bīgwist *f.*; *being, living*, HOM. II. 161, 169; bewiste M. H. 69; C. M. 13832; bewiste, beowust, beouste A. R. 156, 160; hu beoð þine beouste LA3. 17809; whar beo heore beouste (*printed* beonste) 26090.
bi-wīten, v., *go away*, ALIS. 5203.
bi-witen, v., *O.E.* bewitan; *pret.* bewiste; *take care of*, HOM. I. 245; biwiten, -witten LA3. 6659, 13782; **biwuste,** biwuste (*pret.*) LA3. 207, 12920; biwistest JUL. 33; biwusten MISC. 52; **biwust** (*pple.*) A. R. 104.
bi-wīten, v., *O.E.* bewītan (*pret.* bewāt); *take care of*; **biwīt** (*pres.*) MARH. 3; (ha) biwiteð H. M. 29; **biwāt** (*pret.*) LA3. 13028; **bi-witen** (*pple.*) 19535.
bi-witie, v., *O.E.* bewitian, bewitigan; *take care of*, LA3. 6659*; biwite3en 25010; to biwitiende (= biwitienne) HOM. I. 195; **biwitede** (*pret.*) LA3. 31013*.

bi-wlappe, v., *bewrap*, WICL. JOB xviii. 11.
bī-word, sb., = *M.H.G.* biwort; *byword*, SAX. CHR. 259; biword CH. TRO. iv. 769; TOWNL. 96.
bi-wrappen, v., *wrap up*; schulen bewrappe '*involvent*' WICL. JOB xviii. 11; **bewrapped** (*pple.*) WILL. 1735; biwrabbet A. R. 260*.
bi-wrē3en, v., = *O.Fris.* biwrōgia, *O.H.G.* beruogen; *bewray, accuse*, CH. C. T. *A* 2229; bewrie WILL. 2435; **bewrēie** (*pres. subj.*) M. T. 102; **biwrēide** (*pret.*) ALIS. 4562; bewrēied (*pple.*) GOW. II. 356.
biwrēire, sb., *one who reveals*; bewraier '*recelator*' PR. P. 34.
biwrēiing, sb., *action of revealing*, CH. C. T. *G* 147.
bi-wrēke, *avenge*; bewreke RICH. 6283; LIDG. TROY ii. 16.
bi-wrenchen, v., *O.E.* bewrencan; *deceive*; biwrencheð (*pres.*) A. R. 92.
bi-wrēon, v., *O.E.* bewrēon; *cover*; biwreo, -wro O. & N. 673; **biwrieth** (*pres.*) ALIS. 6453; biwri3en [biwre3e] (*pple.*) LA3. 5366; biwrien A. R. 262.
bi-wrixlen, v., *for* 3ewrixlen; *change*; **biwrixled** (*pple.*) A. R. 310.
bi-würchen, v., *O.E.* bewyrcan; *work*; **bewroght** (*pple.*) EGL. 1152.
blā, adj., *O.N.* blār, = *O.E.* blāw, blǣw, *O.Fris.* blāu, *O.H.G.* blāw, ? *Lat.* flāvus = *blue-black, livid*, PR. C. 5261; blaa ISUM. 311; blo HICKES I. 230; SPEC. 86; RICH. 2644; TRIST. 2976; MAN. (H.) 173; reed and blo GEN. & EX. 637; blo and blac MAP 335; þe water so blo EM. 318; as blo as led TOWNL. 224; blo [bloo] askes LANGL. *B* iii. 97; bloo '*lividus*' PR. P. 40; bloo '*fulvus*' REL. I. 8; blodi and bloo LUD. COV. 335.
blō-erþe, sb., '*argilla*,' PR. P. 40.
blā-mon, sb., *O.N.* blāmaðr; *Moor*, MARH. 10; blac as a bloamon [blamon] A. R. 236; bloman OCTOV. (W.) 1405; **blā-, blōmen** (*pl.*) C. M. 2118; blomen TREV. I. 45; of Ethiope he brohte þa bleomen LA3. 25380.
blānesse, sb., *blueness, lividity*; blonesse '*livor*' PR. P. 40; blones WICL. EX. xxi. 25.
blabbe, sb., *blabber, tell-tale*, CH. TROIL. iii. 251; PR. P. 37; blab (*chatter*) BER. 3022.
blaberen, v., *cf. Dan.* blabbre, *Ger.* blappern; *blabber*, WICL. PROL. 1 ESDR.; blaberin '*blatero*' PR. P. 37; þou blaberest HALLIW. 180; þei blaberin LUD. COV. 164; i blaberde LANGL. *A* v. 8.
blabir-lippid, adj., *with swollen lips*, CATH. 33; DIGB. iii. 927; *cf.* **babir-lippid.**
blac, adj., *O.E.* blæc, = *M.Du.* black, *O.N.* blakkr; *black*, LA3. 3070; A. R. 234; HAV. 555; TREAT. 133; FER. 2437; blak '*niger, ater*' PR. P. 38; CH. C. T. *A* 2130; MAND. 51; K. T. 773; blak and blo SPEC. 68; TOWNL. 224;

þe blake deovil HOM. I. 251; **blake** (*pl.*) HOM. I. 51; blake monekes ROB. 433; þa blake claĉes LA3. 13102; **blaccre** (*compar.*) MARH. 10; blakkure MISC. 149.

blak-berie, sb., *O.E.* blæcberige; *blackberry,* HALLIW. 180; (*ms.* blake berie) VOC. 140; WILL. 1809.

blac, adj., *O.E.* blæc, *M.Du.* black, *O.H.G.* plach, blach, *O.N.* blck *n.*; *ink*; blek '*atramentum*' PR. P. 39; blacche, blacchepot VOC. 181.

blāc, adj., *O.E.* blāc, blǣc,= *O.L.G.* blēc, *O.N.* bleikr, *O.H.G.* pleich, *mod.Eng.* bleak; *pale,* LA3. 19888; HOM. I. 249; blac ant won SPEC. 74; blak L. H. R. 150; ANT. ARTH. li; bloc A. R. 332; bleche AYENB. 53; GOW. II. 210; bleik '*pallidus*' PR. P. 39; LIDG. TH. 2332; **blāke** (*pl.*) LA3. 1888; weren for hunger grene and bleike HAV. 470.

blad, sb., *O.E.* blæd, = *O.L.G.* blad, *O.N.* blaĉ, *O.H.G.* blat; *blade (of grass, of a sword),* FER. 4433; þat blad AUD. 12; blad, blade PR. P. 37; blade CH. C. T. *A* 618; **bláde** (*dat.*) MAN. (F.) 10039; *comp.* windel-blad.

blad-smith, sb., PR. P. 37; D. TROY 1592.

bládin, v., *- M.L.G.* bladen, *M.H.G.* blaten; *blade (in two senses)*: bladyn herbys '*detirso,*' bladyn haftys '*scindulo*' PR. P. 37.

blǣdre, sb., *O.E.* blǣdre, blǣddre,= *M.L.G.* bladere, bledere, *M.Du.* blaere, *O.N.* blaĉra, *O.H.G.* plātra, blātra; *from* **blāwen**; *bladder*; blader REL. I. 190; bladdre CH. C. T. *G* 439; bleddre A. R. 282; SHOR. 2; bleddere, bledder PL. CR. 222; bleddir '*vesica*' PR. P. 39; bloure (*ms.* blowre) TOWNL. 62; blore YORK xxvi. 188; **blǣdran,** blǣdre (*dat.*) LEECHD. III. 82, 84.

bladren, v., *? swell like a bladder;* **bladdirþ** (*pres.*) N. P. 66.

blǣd, sb., *O.E.* blǣd, blǣĉ, TREAT. 17, *cf.* O. H.G. plāt; *from* **blāwen**; *blast, breath*; blēade (*dat.*) HOM. I. 97.

blǣð-fǣst, adj., *O.E.* blǣdfǣst; *? prosperous, famous* LA3. 10100, 6986.

blēs, sb.,= *M.Du.* blaes, *M.H.G.* blās; *blast,* bles A. R. 82; windes bles MISC. 93; CL. M. 30; blas FER. 2648; **blase** (*dat.*) LA3. 27818.

blǣsen, v.,= *O.E.* blǣsan, *O.N.* blāsa, *O.H.G.* blāsen; *blow*: he gan to blasen out a soun CH. H. F. 1802.

blǣst, sb., *O.E.* blǣst,= *O.H.G., M.Du.* blāst, *O.N.* blāstr; *from* **blǣsen**; *blast*: bemene blǣst LA3. 19926; blest AYENB. 203; blast '*flatus*' PR. P. 38; TREAT. 136; SPEC. 106; CH. TRO. ii. 1387; hornes blast GEN. & EX. 3464; REL. I. 223; windes blast ALIS. 235*; S. & C. I. lii; blaast TREV. IV. 371; **blǣste** (*dat.*) BRD. 19; wiþ strengþe of his blast(e) þe white brent þan rede AR. & MER. 1538; *comp.* þoner-blǣst.

blǣsten, v., *O.E.* blǣstan; *blast, breathe heavily*; blaste BRD. 27; LEG. 167; and gan to puffen and to blaste CH. H. F. 1866; he grunte and blaste P. L. S. xv. 99; blasten ALIS. 5348 *comp.* a-blǣsten.

blǣten, v., *O.E.* blǣtan,= *O.H.G.* plāzan; *bleat*; bletin '*balo*' PR. P. 39; blete LEG. 152; LANGL. Cxviii. 38; BER. 3245; TOWNL. 106; **blǣteþ** (*pres.*) ORM. 1315; **blētinge** (*pple.*) TREV. IV. 153.

blētinge, sb.,= *O.H.G.* plāzunga.; *bleating,* '*balatus,*' PR. P. 39.

blēð, *see* blǣd, blēð, *and* blēað.

blaffen, v.,= *M.Du.* blaffen; *stammer*; wlaffes '*balbeie*' VOC. 173; **wlaffing** (*pple.*) LEG. 119.

blaffere, sb., *stammerer,* '*traulus,*' PR. P. 37; wlaffere AYENB. 262.

blafford, sb., *? M.Du.* blaffaert; *stammerer,* '*traulus,*' PR. P. 37.

blak, *see* blac.

blake, sb., *blackness*: biholden ever his blake & nout his hwite A. R. 282.

blakeberied [*v. r.* blakberied, blakburied], sb., *cf.* **beggeþ**; hir soules goon a blakeberied (*? a-blackberrying*) CH. C. T. *C* 406.

blākien, v., *O.E.* blācian, *- O.N.* bleikja, *O.H.G.* bleichen; *turn pale,* MARH. 9; his neb bigon to blakien [blokie] LA3. 19799; blaken MAN. (H.) 183; blake AV. ARTH. xv; þanne gan bleiken here ble P. S. 341; hwenne þin heou **blōkeþ** (*pres.*) MISC. 101; **blākede** (*pret.*) LA3. 7524.

blakin, v., *O.E.* blacian; *blacken,* PR. P. 38; blaken, blake C. M. 14747; **blakeþ** (*pres.*) SHOR. 155; blakede (*pret.*) JUL. 48; **blaked** (*pple.*) CH. C. T. *B* 3321.

blaknen, v.: he bigan ... wit hem ful sore to blakne (*look black, grow angry*) HAV. 2165.

blāknen, v., ?= **blākien**; of deithe nammore to blokne SHOR. 4.

blāme, sb., *O.Fr.* blasme; *blame,* H. M. 33; HORN (L.) 1265; P. L. S. xxii. 4; AYENB. 23.

blāmable, adj., *blameable,* TREV. VI. 25.

blāme-ful, adj., *imputing blame, blameworthy,* WICL. ESTH. xvi. 6; blamefull KATH.¹ 106.

blāmeful-(l)i, adv., APOL. 112.

blāme-lēs, adj., *blameless,* TREV. I. 251; GOW. III. 220.

blāmen, v., *O.Fr.* blasmer; *blame,* A. R. 64 (*v. r.* lastin); blame MARG. 200; **blāmeð** (*pres.*) HOM. II. 73; blameþ AYENB. 17; **blāmede** (*pret.*) ROB. 272.

blāmer, sb., *one who blames*; **blāmeres** (*pl.*) WICL. IS. l. 6.

blanc, adj., *O.Fr.* blanc, *from O.H.G.* blanch; *mod.Eng.* blank; *shining, white*; blonc REL. I. 37; his blonk sadel GAW. 2012.

blanchard, adj., *O.Fr.* blanchart; *whitish,* GENER. 2458: stedis ... baith blanchart and bai GAW. & GOL. II. 19.

blanchet, sb., *Fr.* blanchet; *a sort of paint,* HOM. I. 53.
blanchin, v., *Fr.* blanchir; *blanch,* PR. P. 38; **blawnchede** (*pple.*) M. ARTH. 3040; blanched P. P. II. 50.
blanc-mangere, sb., *O.Fr.* blanc-manger; *blanc-mange,* LANGL. *B* xiii. 91; blankmanger CH. C. T. *A* 387.
bland, sb., *O.E., O.N.* bland; *mixture*; in bland *together* ALEX. 2786; GAW. 1204; A. P. ii. 885.
blanden, v., *O.E.* blandan, *O.N.* blanda, = *Goth.* blandan, *M.Du.* blanden, *O.H.G.* blantan; *mix*: blonde hit with milke L. C. C. 24; **blande** (*pple.*) GAW. 1931.
blanden, v., *O.Fr.* blandir; *blandish, flatter*; **blondeþ** (*pres.*) SHOR. 73; **blaundissinge** (*pple.*) CH. BOET. ii. 1 (30).
 blandere, sb., *flatterer*; blondere AYENB. 61.
 blandinge, sb., *blandishing*; blandinge AYENB. 75; blandis(s)inge P. L. S. xix. 165.
blandissen, *see* blanden.
blānesse, *see under* blā.
blanke, sb., *O.E.* blanca, blonca; *cf. O.H.G.* blanc ros, *also* planchaz (*white horse*); (*white, grey*) *horse*; blonke WILL. 3326; ANT. ARTH. xliii; **blanken,** blonken (*pl.*) LAȝ. 5862, 13512.
blanket, sb., *O.Fr.* blanquete; *coarse woollen cloth, blanket,* BEK. 1167; hir belle was of blonket (? *printed* blenket) ANT. ARTH. (R.) xxix (M. plonket); *see* blanchet.
blāren, v., = *M.Du.* blaeren (*vagire, balare*); *weep noisily*; blorin '*fleo*' PR. P. 40.
blās, *see* blǣs.
blāse, sb., *O.E.* blæse; *blaze, flame, torch,* HOM. I. 185; A. R. 254; HAV. 1254; LANGL. *B* xvii. 212; CH. TRO. iv. 184; BER. 2352; enne blase of fure LAȝ. 2859; þei setten al on blase GOW. II. 244; blase, blese PR. P. 39; C. M. 8877; **blāsen** (*pl.*) A. R. 254; blesen ['*facibus*'] JOHN xviii. 3.
blāsen, v., *blaze,* '*flammo*,' blasin PR. P. 38; brennen & blasen LANGL. *B* xvii. 232; **blāseþ** (*pres.*) TREV. I. 5; GOW. I. 258; vort al þet hus blasie vorð A. R. 296; **blāsed** (*pret.*) ALIS.[1] (Sk.) 729.
 blāsinge, sb. & adj., *flaming,* '*flammacio*,' PR. P. 38; blasing starre (*cynosure*) P. R. L. P. 54.
blāsen, *see* blǣsen.
blasfēme, sb. & adj., *blasphemer, blasphemous*: sbulden siche blasfemes be stoned to deeþ WICL. S. W. III. 347; heithen and blasfeme men WICL. 2 MACC. x. 4.
blasfēmen, v., *Fr.* blasphemier, *Gr.* βλασφημῶ; *blaspheme*; **blasfēmeþ** (*pres.*) AYENB. 30; **blasfēmed,** blasphemed (*pple.*) CH. C. T. *D* 2183.
blasfemie, sb., *Fr.* blaspheme, *Gr.* βλασφημία; *blasphemy,* A. R. 198; AYENB. 57.

blasfemour, blasphemour, sb., *blasphemer,* CH. C. T. *D* 2213.
blasoun, sb., *O.Fr.* blason; *blazon, shield,* GAW. 828; RICH. 5727.
blāst, *see* blǣst.
blaunner, sb., *kind of fur,* GAW. 155; blaunner B. DISC. 117 [blaundemere *F*].
blāwen, v., *O.E.* blāwan, = *O.H.G.* plāen, plāhen, *Lat.* flāre; *blow (as the wind),* ALIS. (Web.) 5630; blawen, blauwen, blowen LAȝ. 790, 794, 4462; blauwen HOM. I. 81; blawe HAV. 587; ISUM. 393; blaue ANT. ARTH. xxvi; bloawen A. R. 210; blowe HAV. 913; ROB. 7; CH. C. T. *A* 565; blowe & blaste MARG. 213; bragge or blowe LUD. COV. 183; **blāuþ** (*pres.*) AYENB. 25; bostus and blawus AV. ARTH. xxiii; (hi) blaweþ AYENB. 24; þe engles ... bloweþ heore beme MISC. 163; **blāwe** [blou] (*imper.*) LAȝ. 25789; blou HAV. 585; SPEC. 51; ær þeo bemen blowen FRAG. 7; **blāwende** (*pple.*) HOM. I. 87; blowand WILL. 3358; **blēow** (*pret.*) HOM. I. 221; bleow ALIS. 491; bleou, bleu LAȝ. 808, 1762; atter þet þe alde deovel bl(e)ou on Adam HOM. I. 75; blew GEN. & EX. 3085; bleu HOM. II. 19; MISC. 55; BRD. 24; LEG. 165; C. M. 12540; (*ms.* blew) ROB. 13; LANGL. *B* v. 515; blu AV. ARTH. xv; bleowen MAT. vii. 27; bleowen, blewen [bleuwen] LAȝ. 5107, 22061; blewe CH. C. T. *B* 4589; **blāwen** (*pple.*) PR. C. 685; TOWNL. 14; blowen LANGL. *B* v. 18; S. S. (Wr.) 2181; *comp.* **a-blāwen**; *deriv.* **blǣd, blǣdre.**
 blāwere, sb., *O.E.* blāwere; *blower*; blower TRIST. 535; *comp.* **horn-blāwere.**
 blāwing, sb., *O.E.* blāwung; *blowing, breathing,* HOM. I. 75; blawing GAW. 1601; blowinge A. R. 426; blowinge PR. P. 41.
blē, *see* blēo.
blēad, *see* blǣd.
blēat, adj., *O.E.* blēat; *wretched,* = *O.N.* blautr (*soft*), *O.Fris.* blāt, *M.Du.* bloot, *M.H.G.* blōʒ (*naked*); *naked, wretched*: we habbeð ... moni ænne gode wifmon iworht to bletere widewe LAȝ. 23620; treon ... mid þicke boȝe no þing blete O. & N. 616.
blēað, sb., *O.E.* blēað (*ignavus, timidus*), = *O.N.* blauðr, *O.L.G.* blōth, *O.H.G.* blōd; *timid; soft*: dre(d)ful and bleð GEN. & EX. 2590; blæð (? *for* blæt) LAȝ. 18737.
blecchen, v., *from* blac; *blacken*; blekkin PR. P. 39; **iblecched** (*pple.*) LAȝ. 17700; bleckid WICL. JOB xxx. 30.
blecen, v., *O.Fr.* blecier, blecher (= *mod.Fr.* blesser); *hurt, wound*; **blecheþ** (*pres.*) AYENB. 40, 238; **blissid** (*pple.*) RICH. 546.
blēche, *see* blāc.
blēchen, v., *O.E.* blǣcan (*pple.* blǣced); *from* blāc; *bleach,* HOM. II. 57; **blēched** (*pple.*) CH. BOET. APP. i. 45; wule a weob beon ... mid one watere wel ibleched A. R. 324.
blecken, *see* blecchen.
bleddre, *see* blǣdre.

blēde, sb., *O.E.* blēd, = *O.H.G.* bluot *f.; from* **blōwen**; *flower, bloom*, HOM. II.256; LEG.85; þar never gras ne springþ ne bled O. & N. 1042; withoute eni blede (*offspring*) AL. (T.) 27; blede, blæde, blæden (*earlier text* bleda) (*pl.*) JOHN XV. 2, 4, 16; bleden [bledes] LAȜ. 28832.

blēden, v., *O.E.* blēdan, = *O.Fris.* blēda, *O.H.G.* bluoten; *from* **blōd**; *bleed*; blede HAV. 103; GOW. I. 188; TRIAM. 379; **blĕdde** (*pret.*) LAȜ. 7523; A. R. 114; LANGL. *B* xix. 103; his woundes bledden ALIS. 5845; *comp.* **bi-blēden**.

blee, *see* **blēo**.

bleik, bleiken, *see* **blāo, blākien**.

blēine, sb., *O.E.* blēgen, = *Dan.* blēgn, *M.Du.* blēine *f.; blain,* '*papula*,' PR. P. 39; blein GEN. & EX. 3027; bleine (*dat.*) R. R. 553; **blēines** (*pl.*) WICL. EXOD. ix. 9; pokkis and bleines FLOR. 2024; blēinen (*dat. pl.*) MARH. 18.

blēininge, sb., *blistering*, PL. CR. 299.

blek, *see* **blao**.

blĕlī, adv., *for* blētheli = blīþlīche; *willingly*, WICL. E. W. 417; PARTON. 771.

blemissen, v., *O.Fr.* blesmir; *blemish*; blemishen, blemschin '*obfusco*' PR. P. 39; **blemissed** (*pple.*) CH. BOET. i. 4 (20); al blemischid is thi ble TOWNL. 223.

blench, sb., *trick, deceit*, R. S. i (MISC. 156); AYENB. 130; A. P. ii. 1202; blenk MAN. (H.) 201; blink H. S. 4185; **blenches** (*pl.*) O. & N. 378; bleñkes HAV. 307.

blenchen, blenken, v., *O.E.* blencan, = *O.N.* blekkja; *blench, flinch, steal away, deceive*, HOM. I. 55: a vleih mei eilen þe & makien þe to blenchen A. R. 276; ich am war and blinke can wel blenche O. & N. 170; ȝif þou . . . fram him nelt blenche LEG. 157; þanne shaltou blenche at a berghe LANGL. *B* v. 589; his ie gan blenche H. S. 3576; blinche a strok BEK. 2172; blenke MAN. (H.) 115; D. TROY 2483; D. ARTH. 2857; **blenchiþ** (*pres.*) LIDG. M.P.215; **blencte**, blenchte (*pret.*) JUL. 72,73; bleinte LAȜ. 1460; CH. C. T. *A* 1078; (*ms.* blenyte) ROB. 338; bleint MAN. (F.) 1522; Tristrem bleint bi side TRIST. 2779; þei lokede aboute & bleinte bihinde þe busch WILL. 3111; bot dauid sagh and blenked (*v. r.* blenkid, blenched) lau C. M. 7668; *comp.* **at-blenchen**.

blenden, v., *O.E.* blendan, = *O.Fris.* blenda, *O.H.G.* blenden; *make blind*; blende MISC. 88; LANGL. *B* x. 129; CH. TRO. iii. 207; **blendeþ** (*pres.*) AYENB. 33; blendeþ mannes heorte ORM. 4525; blent HOM. I. 251; CH. P. F. 600; **blende** (*pret.*) LAȜ. 29361; R. S. iv; A. P. ii. 1788; *comp.* **a-, for-, ȝe-blenden**.

blenden, v., *O.E.* blendan; *from* **blanden**; *blend, mingle*; blende TOWNL. 225; **blende** (*pret.*) GAW. 1361; blent (*pple.*) D. TROY 3493.

blenk, *see* **blench**.

blenken, *see* **blenchen** *and* **blinken**.

blēo, sb., *O.E.* blēo, blēoh, blēo, *M.Du.* blie, *O.Fris.* blie, blī, *O.L.G.* blī *n.; colour, complexion*, MARH. 9; SPEC. 33; feire on bleo MISC. 95; hit . . . changeþ his bleo TREAT. 139; bleo, blo O. & N. 152, 1547; blee OCTAV. (H.) 50; bright of blee EGL. 33; ble GEN. & EX. 457; WILL. 3083; A. P. i. 212; TOWNL. 223; blie SHOR. 103; **blēos** (*gen.*) FRAG. 3; ones bles GEN. & EX. 1725.

[**bler**, sb., = *Ger.* blerr; *soreness of eyes*.]

bler-eiȝed, adj., *cf. L.G.* bleer-oged; *bleareyed*; blereyed '*lippus*' PR. P. 39; VOC. 225; blereiȝed WICL. LEV. xxi. 20; blereighed LANGL. *B* xvii. 324.

blēren, v., *cf.* Swed. blira, plira; *blear (the eyes)*; *blink, wink*; blere RICH. 3708; P. 41; ȝit schal i blere here ie CH. C. T. *A* 4049; i bleri REL. II. 211; þou blerest noȝt so min eȝe FER. 507; **blēred** (*pret.*) LANGL. *A* PROL. 71; blerid S. S. (Wr.) 2952; **blĕred** (*pple.*) R. R. 3912; GAW. 963.

blēren [? **blēren**], v., *protrude the tongue*: grin on him and blere PR. C. 2226; with þi tunge on folk þou bleere H. V. 60; **blĕride** (*pret.*) D. ARTH. 782.

blērī, adj., *bleared*: bleri [*v. r.* blered] eien LANGL. *C* vii. 198.

blēs, *see* **blēs**.

bleschin, v., *cf. M.Du.* bleschen (? = beleschen), *O.L.G.* leskian, *O.H.G.* lescan; *quench*, '*extinguo*,' PR. P. 39; blissen GEN. & EX. 553; and ȝis fier blessede 3803.

bleschinge, sb., *quenching*, '*extinctio*,' PR. P. 39.

blese, *see* **blase**.

blesmin, v., *from O.N.* blæsma (*maris appetens*); *desire the ram*, CATH. 34*; **blismed** (*pple.*) PS. lxxvii. 70.

blessen, *see* **bleschin**. **blessien**, *see* **bletsien**.

blest, *see* **blǣst**. **blet**, *see* **blēat**.

blēten, *see* **blǣten**.

blētsien, v., *O.E.* blētsian, blēdsian, blǣdsian; *from* **blōd**, *orig. meaning* '*sprinkle with blood*', *see* ANGL. III. 156; *bless*; (*printed* blecsien) FRAG. 7; bletseiȝen LAȜ. 32157; blescien HOM. I. 215; blessi MISC. 55; blesce HOM. I. 57; blessen, blissen CH. C. T. *A* 3448; blisse LUD. COV. 50; **blesceð** (*pres.*) HOM. I. 137; **blesse** (*imper.*) AN. LIT. 7; blesce þe . . . mid te eadie rode tocne A. R. 290; **bletsede** (*pret.*) MK. viii. 7; blessede ROB. 338; heo blescede hire MARH. 17; bliscede GEN. & EX. 1546; & blessed so wiþ his briȝt bront aboute WILL. 1192; blesseden WILL. 196; **blettsedd** (*pple.*) ORM. 4826; bledsed HOM. II. 25; blessed SPEC. 83; blissed HAV. 2873; and wolde have blissid (*stricken*) him bet RICH. 546; his blissede zone AYENB. 87; *comp.* **ȝe-blessien**.

blessed-ful, adj., *full of blessing*; bl(i)ssidful C. M. 11234; blestful N. E. D. 917.

blessed-hēd, sb., *blessedness*, S. A. L. 82; blissedhede AYENB. 97.

blessed-lī, adv., *blessedly*, WICL. GEN. xxx. 10; **blessedlocurre** (*comp.*) ED. 2711.

blētsing, sb., *O.E.* blētsung; *blessing*, ORM. 10661; blessunge HOM. I. 71; A. R. 154; blessinge LA3. 13261; blissinge AYENB. 97; bliscing GEN. & EX. 1532.

blēō, see **blēaŏ**.

bleu, adj., *O.Fr.* bleu; *blue*, C. L. 712; C. M. 9920 (*sub.*); blew PR. P. 41; TRIST. 2404; ALIS. 5272; GOW. III. 158; CH. C. T. *E* 2219; bleu as inde MAND. 48; blewe askes LANGL. *C* iv. 125.

blēven, see **bi-lǣfen**.

bliand, sb., *O.Fr.* bliaut, *L.Lat.* blialdus; *a sort of rich stuff, or garment made of it*; blīhand TRIST. 410; bleaunt GAW. 1928.

blichening, sb., *mildew*, PALL. i. 827.

blie, see **blēo**.

blīken, v., *O.E.* blīcan, = *O.N.* blīkja, *pret.* bleik, *M.H.G.* blīchen; *grow pale*: his lippes shulle bliken REL. I. 65; *comp.* **a-blīken**; *deriv.* **blāc**.

blīkien, v., *O.N.* blika, = *M.H.G.* blicken; *shine, gleam*, LA3. 27360: schal blikien schenre þen þe sunne A. R. 362; hire bleo blikieþ (*for* blikeþ) so briht SPEC. 52; **blīkinde** (*pple.*) MARH. 13; blikede (*pret.*) KATH. 2396; blikked GAW. 429.

bliknen, v., *O.N.* blikna; *glitter; grow pale*: bliknande perles A. P. ii. 1467; þenne blikned þe ble ii. 1759.

blin, sb., *O.E.* blinn; *for* *bi-linne; *cessation*: widuten blin C. M. 942; wit-outen blin 881, 1897.

blind, adj., *O.E.* blind, = *O.L.G.* blind, *O.N.* blindr, *Goth.* blinds, *O.H.G.* plint, blint; *blind*, ORM. 1859; BEK. 1695; sum blind mon O. & N. 1237; þe blinde man GOW. II. 210; **blindne** (*acc. m.*) HOM. I. 111; ænne blindne MK. viii. 22; þes blinden hand 23; **blinde** (*pl.*) KATH. 1062; blindere (*gen. pl.*) MAT. xv. 14; *comp.* **stāre-blind**.

blind-fellen, v., *strike blind, put out the eyes; blindfold*: PR. P. 40: þauh þu þin eien **blindfellie** (*subj.*) A. R. 106; blindfellede (*pret.*) A. R. 106; MISC. 45; **blindfeld** (*pple.*) *struck blind*, C. M. 19615; blinfeld, *blinded*, MAN (H.) 54.

blind-fellunge, sb., *blindfolding*, A. R. 188.

blin-hēde, sb., *blindness*, HAMP. PS. xcvi. 2.

blind-hwarven, v., *blind by spinning round*: his e3en weore blintwharved (*pple.*) C. L. 1146.

blindlunge, adv., = *O.H.G.* blintilingo; *blindly*, MARH. 15.

blindnesse, sb., *O.E.* blindness; *blindness*, PR. P. 40; WICL. 4 KINGS vi. 18; blindnisse MK. iii. 5.

blind-worm, sb., = *Swed.* blindorm; *blindworm*, VOC. 223.

blindin, v., *cf. O.N.*, *O.Fris.* blinda, *Goth.* gablindjan, *O.H.G.* plinden, blinden; *make blind*, PR. P. 40; S. S. (Wr.) 2994; blindiþ (*pres.*) WICL. S. W. I. 379; H. V. 92; *comp.* **a-blinden**.

blink, sb., = *Dan.*, *Swed.* blink; *glimpse*: þe leste þoghte þat of godenesse hadde ani blinke H. S. 4449; **blinkes** (*pl.*) TEST. CRES. 226.

blink, see **blench**.

blinken, v., = *Du.* blinken (*pret.* blonk), *Swed.* blinka (*pret.* blinkade), *Dan.* blinke (*pret.* blinkede), *mod.Eng.* blink; *shine, look at*: before þi i3en hit **blenkis** (? *for* blinkes) (*pres.*) HALLIW. 185; **blenked** (*pret.*) GAW. 799; qvenne þe balefulle birde blenked on his blod ANT. ARTH. xlii; *deriv.* **blanc**.

blinnen, v., *O.E.* blinnan *for* *bi-linnan, = *O.H.G.* pilinnan; *cease*, ORM. 4505; MISC. 195; blinnen, blinne GEN. & EX. 289, 1963; blinne ROB. 302; WILL. 55; P. S. 212; MIR. PL. 3; belinne GAM. 557; **blinneth** (*pres.*) HAV. 329; blan (*pret.*) FER. 1626; IW. 178; DEGR. 1117; AV. ARTH. lviii; blann ORM. 14565; blunne (*ms.* blinne, *r. w.* sunne) HAV. 2670.

blinnunge, sb., *cessation*, KATH. 1694.

blischen, see **blüschen**.

blismen, see **blasmen**.

blisse, sb., *O.E.* bliss, blīts; *from* **blīŏe**; *bliss, joy* [*gaudium*'], LK. xv. 10; HOM. I. 7; KATH. 1723; A. R. 192; ORM. 719; GEN. & EX. 11; BEK. 689; SPEC. 61; GOW. II. 145; blisse, blis O. & N. 420, 1280; blis SPEC. 60; ALIS. (Web.) 2638; TRIST. 2166; CH. C. T. *B* 33; blisse wes on daie LA3. 858; mid muchelere blisse 2100; to þere blisse MISC. 37; **blisse** (*pl.*) R. S. v (MISC. 170); blissen [blisses] LA3. 9027; blissen A. R. 192; **blissene** (*gen. pl.*) AN. LIT. 96.

blis-ful, adj., *blissful*, HOM. I. 191; KATH. 1879; WILL. 1055; CH. C. T. *A* 17; blisvol AYENB. 148; þe **blisfulle** (*pl.*) tidinge HOM. I. 77; blisfulle songes LA3. 9539.

blisful-hēde, sb., *blessedness*, PR. C. 7836; C. M. 6852; blisfulhed HAMP. PS. i. 1.

blisfu(l)-liche, adv., *blissfully*, A. R. 40; blisvolliche AYENB. 94.

blisfulnesse, sb., *blissfulness*, CH. BOET. iv. 2 (113).

blissien, v., *O.E.* blissian, bliþsian; *make happy*; ne mei nan mon ... blissien him mid þisse wordle [*'gaudere cum saeculo'*] HOM. I. 33; blissien mire duȝeče LA3. 19041; blissen HOM. II. 93; ORM. 444; bliscen A. R. 360; ich wiht ... blisseþ hit hwanne ich cume O. & N. 435; **blissie** (*subj.*) HOM. I. 105; blisse O. & N. 478; þah 3e blissen ow þrof KATH. 848; þu havest **blissed** (*pple.*) min(e) soule HOM. II. 71; *comp.* **3e-blissien**.

blissien, *see* **bletsien**.
blister, sb.,=*M.Du.* bluister; *blister, boil,* C. M. 6011; **blistres** (*pl.*) FL. & LEAF 408.
blīðe, adj., *O.E.* blīðe, = *O.L.G.* blīði, blīthi, *O.N.* blīðr, *Goth.* bleiþs, *O.H.G.* blīdi; *blithe, glad, cheerful,* KATH. 1879; A. R. 348; **blīðe** and fagen GEN. & EX. 1343; **blīče** [bliþe] LAȝ. 1379; bliþe ORM. 668; O. & N. 418; ROB. 114; HAV. 651; AYENB. 87; ALIS. 443; bliþe bode ihc þe bringe ASS. 104; bliþe stones GAW. 162; bliþe, blithe CH. C. T. *A* 846; mi blithe fader D. TROY 2342; blive REL. I. 48; **blīðre** (*compar.*) FRAG. 6; LAȝ. 2527; ich am þe bliþure O. & N. 1108; **blīðest** (*superl.*) LAȝ. 31147.
blīðe-liche, adv., *O.E.* blīðelīce; *blithely,* A. R. 68; bliþeliche BRD. 5; bluðeliche HOM. I. 31; LAȝ. 3304; bliþeliche, blebeli WILL. 819, 1144; bleþeliche S. S. (Web.) 503; bliþe-like ORM. 935; bliþeli MAN. (H.) 163; **blīðelūker** (*compar.*) H. M. 3.
blīðe-mōd, adj., *O.E.* blīðemōd; *of cheerful mood,* LAȝ. 29701.
bliþenesse, sb., *O.E.* blīðness, *O.H.G.* blīd-nissa; *blitheness, joy,* BOET. ii. 3 (37).
bliþe, sb.,=*O.N.* blīða; *joy,* A. P. i. 354; L. C. C. 36.
bliþe-ful, adj., *joyful,* PS. ciii. 34*; C. M. 17887.
blīthin, v., *O.N.* blīða, = *O.L.G.* blīthon, *O.H.G.* blīden; *make blithe, 'exhilaro,'* PR. P. 40; blith(e) C. M. 17870; **blīthid** (*pret.*) DEP. R. iii. 94.
blīve, *see under* **lif**.
blō, *see* **blā**. **blobure**, *see* **blubber**.
blōc, *see* **blāc**.
blōd, sb., *O.E.* blōd, = *O.L.G.*, *O.Fris.* blōd, *O.N.* blōð, *Goth.* blōþ, *O.H.G.* bluot, pluot; *blood,* O. & N. 1127; þat blod LAȝ. 23973; ORM. 1770; ROB. 172; Sarra ðat faire blod GEN. & EX. 1192; þet blod AYENB. 218; blod, blood CH. C. T. *A* 635; blood WICL. JOHN vi. 54; blud IW. 2071; **blōdes** swot *sweat of blood* A. R. 360; blodes flod ORM. 15516; **blōde** (*dat.*) HOM. I. 87; AYENB. 107; heo were of on(e) blode ROB. 15; *comp.* **heorte-blōd**.
blōd-bend, sb., *ligature for stopping bleeding,* A. R. 420; TRIST. 2208.
blōd-gŭte, sb., *O.E.* blōdgyte; *bloodshedding,* LAȝ. 630.
blōd-hound, sb., *bloodhound,* WILL. 2183; blodhond, D. ARTH. 3640.
blood-īrin, sb., *O.H.G.* pluotīsarn; *lancet, fleam,* PR. P. 40.
blōd-lēs, adj., *O.E.* blōdlēas; *bloodless,* KATH. 251.
blōd-lēs, sb., *letting of blood,* TREV. VI. 115.
blōd-lēten, adj., *cf. O.N.* blōðlātinn; *having been bled;* blodletene (men) A. R. 260.

blōd-lĕtere, sb., *bloodletter,* VOC. 212; blodelater 195.
blōd-lĕtunge, sb., *blood-letting,* A. R. 114; blodleting HOM. I. 283.
blōd-rēad, adj., *O.E.* blōdrēad; *blood-red*: of blodrede scarlet ROB. 313.
blōd-rŭne, sb., *O.E.* blōdryne, = *O.Fris.* blōdrene; *issue of blood,* HOM. I. 207.
blōd-ssedinge, sb., *bloodshedding,* ROB. 548.
blōd-strēam, sb.,=*Ger.* blutström; *stream of blood;* **blōdstrēmes** (*pl.*) LAȝ. 28359.
blood-soukere, sb., *bloodsucker,* TREV. IV. 243.
blōd-swētunge, sb., *blood-sweating,* HOM. I. 207.
blōd-wīte, sb., *O.E.* blōdwīte; *fine for bloodshedding, 'quite de sanc espandu,'* REL. I. 33.
blōd-wrēkere, sb., *avenger of blood;* blood-wreker JOS. XX. 5.
blōd-würt, sb.,=*M.H.G.* bluotwurz; *bloodwort,* REL. I. 36; blodwerte LEECHD. III. 314.
blōdede, pple., *stained with blood,* LAȝ. 26811.
blōdeȝien, blōdechen, v., *O.E.* (ge)blōdegian,=*O.N.* blōðga; *render bloody;* **blōdeke** (*subj.*) A. R. 418; *comp.* **bi-blōdeȝien**.
blōdi, adj., *O.E.* blōdig, = *O.L.G.* blōdag, *O.N.* blōðugr, *O.H.G.* pluotag; *bloody,* A. R. 112; SPEC. 62; AYENB. 46; PR. C. 5261; bi his blodie swote HOM. I. 207; blodie veldes LAȝ. 26811.
blōding, sb., *black pudding;* bloodinges (*pl.*) TOWNL. 89.
blok, sb., *O.Fr.* bloc,=*M.Du.* bloc, *O.H.G.* bloch *n.* (*cippus*), piloch *n.* (*clausura*); *? block, 'truncus, codex,'* PR. P. 40; L. H. R. 141; a blok (*inclosed space*) as brod as a halle A. P. iii. 272; **blookes** (*pl.*) GOW. I. 314; blokkes s. & C. II. lxvi.
blōkien, *see* **blākien**.
blōme, sb., *O.N.* blōmi,=*O.L.G.* blōmo, *Goth.* blōma, *O.H.G.* bluomo; *from* **blōwen**; *bloom, flower, 'flos,'* PR. P. 40; ORM. 10773; HAV. 63; H. V. 50; MAN. (F.) 4166; PS. cii. 15; FLOR. 686; ISUM. 176; TOWNL. 52.
blōmin, v.,=*M.H.G.* blōmen, *M.Du.* bloemen; *bloom, flower, 'floreo,'* PR. P. 40; blomen ORM. 10769; blome LUD. COV. 56; **blōmede** (*pret.*) GEN. & EX. 2061; blomed L. H. R. 135.
blonc, *see* **blanc**. **blonden**, *see* **blanden**.
blonder, *see* **blunder**. **blonke**, *see* **blanke**.
blōre, *see* **bladre**. **blōren**, *see* **blāren**.
blose, sb., ?=*Icel.* blossi; *flame, torch,* A. P. i. 910.
blōsme, sb., *O.E.* blōsma, blōstma,=*M.L.G.*, *M.Du.* blosem; *blossom,* H. M. 11; SPEC. 26;

blŏsmi.   **bōc.**   79

CH. C. T. *A* 3324; PR. P. 41; uppe þare blosme HOM. II. 217; blosme, blostme MARH. 10; blostme A. R. 192; O. & N. 437; REL. II. 8; (*ms.* blosstme) ORM. 1928; **blosmen** (*pl.*) A. S. 31; blostmen FRAG. 2; A. R. 276; blosman, blostme HOM. I. 5, 109; blosme FL. & BL. 294; blosme, blostme O. & N. 16; blostme, blostmes HOM. II. 89, 161; blosmes SPEC. 45; LANGL. *B* xvi. 7; mid blostmen HOM. II. 89; wiþ blosmen SPEC. 43.

blŏsmi, adj., *blossomy*, CH. P. F. 183.

blŏsmin, v., *O.E.* blōstmian; *blossom*, '*floreo*,' PR. P. 40; blosme WICL. PS. lxxi. 16; **blŏsmeth** (*pres.*) CH. C. T. *E* 1462; **blŏsmede** (*pret.*) LANGL. *B* v. 140 (Wr. 2751); **blŏsmed** (*pple.*) R. R. 108.

blŏstme, *see* blŏsme.

blot, sb., *blot*, CH. C. T. *I* 1010; A. P. i. 781; blott TOWNL. 106; *see* plot.

blote, adj., *? soft with moisture*: your blote hides P. L. S. xiii. 154.

blottin, v., *blot*, '*oblitero*,' PR. P. 41.

blout, adj., *O.N.* blautr, ? = *O.E.* blēat; *soft*: he maden here backes al so bloute as here wombes HAV. 1910.

blowe, sb., *cf. O.H.G.* bliuwan, Goth. bliggvan (*beat*); *blow, act of striking*; blaw TOWNL. 195; **blowes** (*pl.*) S. & C. II. lx.

blōwen, v., *O.E.* blōwan, *pret.* blēow, = *O.L.G.* blōjan (*pple.* geblōid), *O.H.G.* pluōn (*pret.* plūhita); *blow, blossom*; blowe O. & N. 1133; blowe REL. I. 262; ROB. 352; **blōweð** (*pres.*) HOM. I. 193; A. R. 30; **blēou** [bloude] (*pret.*) LA3. 2013; blewe ANGL. III. 280; **blōwe** (*pple.*) O. & N. 1636; *comp.* 3e-blōwen; *deriv.* blēde, blōme.

blōwen, *see* blāwen.

blubber, sb., *mod.Eng.* blubber; *bubble*, TEST. CRES. 192; blobure PR. P. 40.

blubren, v., = *L.Ger.* blubbern; *bubble up*; **blubrande** (*pple.*) A. P. ii. 1017; bloberond D. TROY 9642; þe borne blubred (*pret.*) GAW. 2174.

[**blü3en,** v., *O.E.* blȳgan, = *M.H.G.* blügen, bliugen; *terrify; comp.* a-blü3en.]

blunder, sb., *blunder*, GAW. 18; blundur FLOR. 1330; blunder, blonder TOWNL. 30, 98.

blundren, v., *blunder*: we blundren [blondren] CH. C. T. *G* 670; thou blondirs þi selfen D. ARTH. 3975; **blondringe** (*pple.*) TREV. II. 169.

    blunderer, sb., *blunderer*, PR. P. 40.

    blunderinge, sb., *blundering*, PR. P. 40.

blunt, adj., *blunt*, '*hebes*,' PR. P. 41; A. P. 176; blunt & blind ORM. 16954.

blunten, v., *? stagger*; he blunt(e) in a bloc A. P. iii. 272.

blūre, sb., *? blister, swelling*; grete loppis ouere all þis lande þei flye, that with byting makis mekill blure YORK xi. 294 (TOWNL. blowre); so mani thus broght i on blure (*r. w.* cure) TOWNL. 310.

blusch, sb., *blush*, JOS. 657; GAW. 520.

blüschen, v., *O.E.* blyscan (*rutilare*) (MONE 355), = *M.L.G.* bloschen (*candere, rubere*) (SCHILLER I. 363); *blush, shine forth, cast a glance*; **blischis** (*pres.*) ALEX. 872; bluschande (*pple.*) GAW. 1819; **bluschedd** (*pret.*) A. P. i. 979; blushit the sun D. TROY 4665; the king blischit on the berin D. ARTH. 116; blushed red CT. LOVE 1199.

blüsing, sb., *from O.E.* blysian (*to blaze*), = *Swed.* blysa (*to shine*, RIETZ 42); *blazing*: the blising of the cole BER. 561.

blüsnen, v., = *shine*; **blüsnande,** blisnande (*pple.*) A. P. i. 163, 1404; **blisned** (*pret.*) i. 1047.

blustren, v., *rush wildly about*; **blustered** (*pret.*) A. P. ii. 886; blustreden LANGL. *B* v. 521.

bō, *see* bē3en.

boban, -ant, sb., *O.Fr.* boban; *pomp*; so prout he is and of so great boban GUY 2816; the bobant of the worlde K. L. 38.

bobance, sb., *O.Fr.* bobance; *pomp, ostentation*, P. L. S. xii. 45; bobance, bobaunce CH. C. T. *D* 569; bobaunce P. S. 189; WILL. 1071.

bobbe, sb., *bob, bunch*, GAW. 206; a bob of cheris TOWNL. 118; **bobbis** (*pl.*) of grapes HALLIW. 190.

bobbe, sb., *cf. Dan.* bobbe, *Swed.* bobba (*buprestis*); *some kind of insect*: spiders, bobbs, and lice HALLIW. 190.

bobbin, v., *cf. Swed.* bobba (*knock against*, RIETZ 44); *bob*, L. H. R. 179; **bobbende** (*pple.*) '*illudentes*' WICL. 3 ESDR. i. 51; **bobbed** (*pret.*) S. S. (Web.) 2246; bobbiden REL. II. 45; **bobbed** (*pple.*) H. V. 126; bobbid LIDG. M. P. 261.

bobet, sb., *slap, box on the ear*, '*colaphus*,' PR. P. 41; *see* buffet.

bobetin, v., *slap*, '*colaphizo*,' PR. P. 41.

bōc, sb., *O.E.* bōc, *pl.* bēc (*cognate with* bōc, *a beech-tree*), *cf. O.N.* bōk, *pl.* bǣkr, Goth. bōka (γράμμα), *pl.* bōkos *f.* (βίβλος), *O.Fris.* bōk, *pl.* bōka, bōk *f. n.*, *O.L.G.* bōk, *pl.* bōk *n. f.*, *M.L.G.* bōk *n.*, *O.H.G.* puoh, buoh, buoch, *pl.* puoh *n.*; *book*, ORM. 599; SPEC. 41; þeos boc LA3. 10110; A. R. 12; þa boc '*librum*' LK. iv. 17; one boc A. R. 54; þissere boc (*earlier text* bec) FRAG. 1; boc, bok O. & N. 1325; þis boc, bok AYENB. I, 42; bok, buk PR. C. 51, 336; **bēch,** [*O.E.* bēc] (*dat.*), LK. iii. 4; on lives bec MISC. 71; bæch MK. i. 2; on þere boc HOM. I. 89; leorni bute boc *learn without book* (*learn by heart*) MISC. 99; boke CH. C. T. *B* 190; þat lǣred was o boke ORM. 8932; buke IW. 1947; **bēo** (*nom. acc. pl.*) FRAG. 8; HOM. I. 101; bæc, boc [bokes]

LA3. 53, 7263; **bōkes** ORM. 5811; in owre bokes (*for* boken) KATH. 839; **bōken** (*dat. pl.*) LA3. 6298; on boken FRAG. 6; HOM. I. 113; lered on ... boken GEN. & EX. 4; in boke O. & N. 350.
    bōk-binder, sb., *bookbinder*, D. TROY 1589.
    bōc-fel, sb., *O.E.* bōcfell, = *O.H.G.* puohfel; *parchment*, LA3. 50; MARH. 23.
    bōc-hūs, sb., *O.E.* bōchūs; *library*; **bōc-house** (*dat.*) AYENB. 1.
    bōc-ilǣred, adj., *book-learned*, LA3. 16915; bokilered REL. I. 170; boklered A. P. ii. 1551.
    bōc-leden, sb., *O.E.* bōclæden; *book Latin*, HOM. I. 107.
    bōc-leorned, adj., *book-learned*: boke-lornut birnus ANT. ARTH. lv.
    bōc-lōre, sb., *O.E* bōc-lār; *book-learning*, HOM. II. 155.
    bōc-rūne, sb., *letter*, LA3. 4496.
    bōc-spel, sb., *tale in a book*, LA3. 17487.
    bōc-staf, sb., *O.E.* bōcstæf, = *O.N.* bōkstafr, *O.H.G.* buohstab; *letter*, ORM. 4308; **bōc-staven** (*pl.*) LA3. 7637.
    [**bōc**, sb., *O.E.* bōc, = *O.N.* bōk, *O.H.G.* buohha, *mod.G.* buche, *beech*.]
    bōc-mast, sb., = *M.L.G.* bōkmast; *beech mast*, HALLIW. 67.
    bōc-trēow, sb., *O.E.* bōctrēow; *beech-tree*, '*fagus*,' FRAG. 3.
bōcare, see **bōkere**.
bocchen, v., *cf. M.Du.* butsen, *O.Fr.* boucher, boucier; *botch, patch, mend*; bocchin ['*sarcirent*'] WICL. 2 PARAL. xxxiv. 10.
bochchare, sb., *botcher, cobbler*, PR. P. 42; bochoure BARB. LEG. I. 117.
boce, boche, sb., *O.Fr.* boce, boche; *boss*; *hump, swelling*; *botch*; boce or boos of a booke '*turgiolum*' PR. P. 41; C. M. 8087; bos CH. C. T. *A* 3266; boche *botch*, '*gibbus*' VOC. 224; bohche, botche (*?* bocche) '*ulcus*' PR. P. 42; bocche WICL. LEV. xiii. 18; LIDG. M. P. 31; **boces** (*pl.*) WICL. IS. iii. 18; bocches LANGL. *B* xx. 83.
bocher, sb., *O.Fr.* bochier; *butcher*, P. S. 192; ALIS. 1885; CH. C. T. *A* 2025; boucher LANGL. *C* vii. 379; **bochiers** (*pl.*) LANGL. *B* ii. 187; bouchers LANGL. *C* i. 221.
bocherie, sb., *O.Fr.* boucherie; *butchery*, AYENB. 64; OCTOV. (W.) 733.
bochi, adj., *botchy*, '*gibbosus*,' VOC. 225.
bocin, v., *swell out, project*; *make to project*; bocyn owte '*turgeo*' PR. P. 41; men þat **boosen** hor brestis WICL. S. W. III. 124; **bost** (*pret.*) D. TROY 3022; **bost** (*pple.*) 1564.
bocle, sb., *O.Fr.* bocle; *buckle*, '*pluscula*,' PR. P. 41; SPEC. 35; AYENB. 236.
boclen, v., *Fr.* boucler; *buckle*, bokelin, PR. P. 42; **bokelinge** [bocling] (*pple.*) CH. C. T.

A 2583; **bucled** (*pple.*) PL. CR. 299; bocult ANT. AR. xxix. 20.
bocler, sb., *O.Fr.* bocler, bucler; *buckler, small shield*, CH. C. T. *A* 112; boklēr P. 20; bookeler WICL. S. W. III. 265.
bod, sb., *O.E.* bod, = *O.Fris.* bod, *O.N.* boð, *O.H.G.* pot *n.*; *from* **bēoden**; *message, command, offering, invitation*, LA3. 8510, 23407; C. M. 4096; þat ilche bod MISC. 142; bode '*nuncium*' PR. P. 41; HOM. II. 213; ORM. 5255; GEN. & EX. 395; ASS. 104; WILL 2154; RICH. 3298; TRIST. 2082; AM. & AMIL. 1254; MAN. (H.) 22; CH. P. F. 343; GAW. 1824; þis bode SAX. CHR. 38; sende heast(e) & bode (*message*) KATH. 48; **bode** (*dat.*) P. L. S. viii. 131; A. R. 400, 416; PL. CR. 716; for no bode (*offer*) of pans GREG. 438; **bode** (*pl.*) HOM. I. 57; II. 209; he wende þat he brohte boden swiðe gode LA3. 27999; *comp.* bi-, for-, 3e-, **mis-bod**.
bod-word, sb., = *O.N.* boðorð; *word of command, message*, M. H. 44; A. P. ii. 473; TOWNL. 75; bodeword ORM. 7; GEN. & EX. 361; bodeword '*praeceptum*' PS. ii. 6; MAN. (F.) 9810.
bōd, see **bād**.
bóde, sb., *O.E.* boda, = *O.Fris.* boda, *O.L.G.* bodo, *O.H.G.* poto, boto *m.*; *from* **bēoden**; *messenger*, RICH. 1359; **bóden** (*pl.*) '*nuncios*' LK. ix. 52; **bóden** (*pl.*) ['*angeli*'] HOM. I. 219.
bode, see **bod**. **bodekin**, see **boidekin**. **bodi**, see **bodi3**.
bódien, v., *O.E.* bodian, = *O.Fris.* bodia, *O.N.* boða; *bode, announce, proclaim*, LK. i. 19; KATH. 1481; he lette ... his cume bodien LA3. 23290; bodian þa(n) soðen ileafen HOM. I. 97; **bódest** (*pres.*) O. & N. 1152; bodeþ FRAG. 5; GOW. I. 153; bodieð A. R. 212; **bódiende** (*pple.*) HOM. I. 95; **bódede** (*pret.*) LA3. 27123; bodeden, bodedan HOM. I. 95, 97; *comp.* 3e-**bódien**.
bódunge, sb., *O.E.* bodung; *boding, announcement, prediction*, HOM. I. 89; bodinge ROB. 428.
bodi3, sb., *O.E.* bodig *n.*, = *O.H.G.* boteh, potah *m.*; *body*, ORM. 1555; bodi LA3. 4908; O. & N. 73; GEN. & EX. 4134; TREAT. 138; PERC. 1166; þet bodi A. R. 102; AYENB. 235; þe soule loveþ þe bodi so C. L. 1169; an duc ... þat hardi bodi was ROB. 183; **bodies** (*gen.*) H. M. 35; **bodie** (*dat.*) HOM. I. 209; AYENB. 72; þat me hire heavet ... totwemde from þe bodie MARH. 19; **bodies** (*pl.*) KATH. 1444.
bodi3-lich, sb., *body*, ORM. 16294.
bodi-lich, adj., *bodily*, AYENB. 72; **bodiliche** (*pl.*) workes 212; bodili C. M. 428; **bodiliche** (*adv.*) PL. CR. 619.
boef, bēf, sb., *O.Fr.* boef, buef, beuf, *mod.Eng.* beef; *ox, beef*, CH. C. T. *D* 1753; bcof S. A. L.

156; P. S. 334; bef P. 43; beef ALIS. 5248; bouf WILL 1849; biffe PR. P. 28.

bōȝ, sb., O.E. bōg, bōh (arm, bough),=O.N. bōgr (arm, bow of a ship), M.Du. boech, O.H.G. buog (arm), Gr. πῆχυς, mod.Eng. bough, bow (of a ship); not allied to būȝen, but to Sanskr. bahu-s (arm); arm, bough, bow of a ship; O. & N. 242; AYENB. 17; bog GEN. & EX. 608; bōgh IW. 392; TRIAM. 410; bouȝ BRD. 9; bouȝ or braunche ['ramus'] WICL. MAT. xxiv. 32; bouh P. S. 341; þe bouh hwon he adeadeð A. R. 150; bough CH. C. T. A 1980; bou S. S. (Wr.) 610; bōȝe, bōwe (dat.) O. & N. 15, 125; he is under wude boȝe HORN (L.) 1227; bōȝes (pl.) AYENB. 17; boȝhes ORM. 10002; bowes [boȝes] A. R. 30; bowes WILL. 23; bowes of wilde bores D. ARTH. 188; bowis WICL. MK. xi. 8; boes ANT. ARTH. iii; bughes PR. C. 680; bōgen (dat. pl.) MAT. xiii. 32; boȝe, bowe O. & N. 616.

bōu-līne, sb.,=O.N. bōglīna, M.Du. boech-lijne; bowline, MAN. (F.) 12061.

bōu-sprēt, sb.,=M.Du. boechspriet; bow-spril, MAN. (F.) 12061.

bōȝe, sb., O.E. boga,=O.Fris. boga, O.L.G., O.H.G. bogo, O.N. bogi; from būȝen; bow (for shooting); arch; AYENB. 45; boge GEN. & EX. 483; enne boȝe, bowe LAȝ. 1453, 6471; bowe FRAG. 6; A. R. 250; bowe ROB. 16; CH. C. T. A 108; bowe [bouwe] 'for-nicem' WICL. PROV. xx. 26; seint Marie cherche at þe bowe ['de arcubus'] TREV. VIII. 153; comp. el-, rein-, sadel-bōȝe; deriv. bowȝere.

bōwe-draught, sb., the distance a bow will carry; a bowedraughte MAND. 240; bow-draucht BARB. vi. 58.

bōw(e)-man, sb., bowman, ROB. 378.

bōwe-schote, sb., bow-shot, ALIS. 3491.

boȝe, see bulge.

bōȝen, v., ? O.E. bōgan (jactare); utter, tell of: the minde of the abundaunce of thi swet-nesse þei shul bowen out ['eructabunt'] WICL. PS. cxliv. 7.

boggisch, adj., boastful, 'tumidus,' PR. P. 42.

boggische-li, adv., boastfully, 'tumide,' PR. P. 42; bogeislíche WILL. 1707.

bōȝien, v.,=M.L.G., M.Du. bogen; bow, bend, turn away; boȝe (?=bouȝe) A. P. i. 196; boȝe fro his benche GAW. 344; bowin 'flecto, curvo, inclino' PR. P. 46; bowe S. S. (Wr.) 2536; bōȝed (pret.) GAW. 481; David bowide fro þe face of Saul ['declinavit David a facie Saul'] WICL. I KINGS xix. 10; bo-weden here hedes MAND. 235; summe beouweden speren LAȝ. 22297; iboued (pple.) TREAT. 139; comp. a-boȝien.

bōȝien, v., O.E. bogian,=O.Fris. bogia; dwell; bugian heou (r. hou) longe wult þu boȝie (ms. beoȝie) abuten þissere burȝe LAȝ. 29233;

Brennes þer boȝede (sec. text abod) 5974; heo þer boȝeden þe wile þe heo luveden 7903.

boglen, v., boggle; bogelid (pple.) HALLIW. 959.

boȝ-sam, adj., cf. būhsum and M.Du. boogh-saem (flexible); obedient, AYENB. 59; bousom IW. 1155; PR. C. 85; boxom M. H. 54.

boȝsam-liche, obediently, AYENB. 70; bux-umlier (comp.) WILL. 723.

boȝsamnesse, sb., obedience, AYENB. 33; bōcsomnesse ROB. 234.

boȝt, sb.,=Du. bogt, Dan., Swed. bugt; from būȝen; bending; bought TOR. 558; of þeose bouȝt was heore croune ALIS. 4712; see biȝt.

boȝted, adj., vaulted : hit watz ... boȝted on lofte A. P. iii. 449.

boȝtling, sb., from būggen; one ransomed; boghtlinges (pl.) C. M. 17262.

boidekin, bodekin, sb., bodkin, dagger; 'subucula, perforatorium,' PR. P. 42; boide-kin CH. C. T. A 3960.

bōie, sb.,=M.Du. boeve, ? M.H.G. buobe (see GR. WB. II. 457); boy (ms. boie), HORN (L.) 1075; S. S. (Web.) 960; WILL. 464; LANGL. A PROL. 77; CH. C. T. D 1322; bōiȝes (gen.) WILL. 1705; bōies (pl.) HAV. 1899; BEK. 79.

boile, v., O.Fr. boillir; boil, GOW. II. 265; C. M. 11886; boile, buile 'scatere' WICL. EXOD. xvi. 20; boilinde (pple.) LEG. 164; boiland S. S. (Web.) 2460; boilinge WICL. Is. lvii. 21; boillede (pret.) MARG. 247; boilid (pple.) L. C. C. 43.

boiling, sb., boiling, WICL. S. W. II. 202; builing JONAH i. 15.

boiloun, sb., O.Fr. boillon; bubble; boilouns (pl.) S. S. (Web.) 2488.

boinard, sb., O.Fr. buinard; simpleton, AN. LIT. 9; DEP. R. ii. 164.

boiste, sb., O.Fr. boiste (boîte); box, 'pyxis,' PR. P. 42; CH. C. T. C 307; boiste [boȝt] C. M. 14003; boist IW. 1835; MAND. 85; buist GOW. II. 247; bouste BARB. LEG. I. 124; bustes, boistes (pl.) A. R. 226.

boistous, adj., rough, clumsy, boisterous, JARB. XIII. 176; TREV. II. 311; ALIS. 5660; CH. C. T. H 211; LIDG. M. P. 91; boistois AYENB. 103; buistous 'rudis' WICL. MAT. ix. 16.

boistous-liche, adv., boisterously, TREV. II. 147; boistousli CH. C. T. E 791; BER. 134, 163.

bōk, see bōc.

bokeram, sb., O.Fr. bouqueran; buckram, P. P. II. 171; PR. P. 42; bougeren AYENB. 258.

bōkere, sb., O.E. bōcere,=Goth. bōkareis, O.H.G. buochari; scribe ['scriba'], MAT. viii. 19; bōcares (pl.) LAȝ. 32125.

boket, sb., bucket, 'situla,' PR. P. 42; REL. I.

9; CH. C. T. *A* 1533; bucket C. M. 3306; buket QUAIR 70.
bōkien, v., *O.E.* bōcian; *book*; boke GOW. I. 3; **ibōked** (*ms.* ibocked) A. R. 158; GOW. III. 319.
ból, sb., *Gr.* βῶλος; *bole*; boole armoniak (*astringent earth*), CH. C. T. *G* 790.
ból, sb., *O.N.* bolr, = *M.Du.* bol; *tree trunk*; **bóle** (*dat.*) GAW. 766; A. P. ii. 622; **bóles** (*pl.*) HALLIW. 193.
   bóle-ax, sb., *O.N.* bolöx; *axe*, REL. II. 176; bulaxe ORM. 9281; **boleaxis** (*pl.*) OCTOV. (W.) 1039.
   bul-rische, sb., *bulrush*, PR. P. 244.
bol-werk, sb., = *M.L.G.*, *M.Du.* bolwerk; *bulwark*, LIDG. M. P. 237.
bolace, sb., *O.Fr.* beloce; *bullace*; **bolaces** (*pl.*) VOC. 162; WILL. 1809.
bóld, sb., *O.E.* bold, = *O.Fris.* bold *n.* [= *O.E.* botl]; *house*, HOM. I. 253; LAȜ. 7094; KATH. 1664; MISC. 96; ROB. 116; REL. II. 217; **bóldes** (*pl.*) JUL. 72; LEB. JES. 830; MAP. 343; **bólde** (*gen. pl.*) LAȜ. 25882; *comp.* büri-, bürðe-bóld.
bold, bolden, see **beald, bealden**.
bole, see **bule**. **bolge**, see **bulge**.
bolȝien, v., *? elate*; **boleȝeð, boluweð, bolhes** (*pres.*) A. R. 214; **ȝebolȝen** (*pple.*) MAT. xxvi. 8.
bolgit, see **bulgit**.
bolk, sb., *prov.Eng.* boak; *belching*; **bolke** (*dat.*) LANGL. *B* v. 397.
bolkin, v., ? = *M.L.G.* bolken (*mugire*); *belch*, '*ructo*,' PR. P. 43; **bolked**, balked (*pret.*) TREV. II. 195; bolkede out ['*eructavit*'] WICL. WISD. xix. 10.
   bolkinge, sb., *belching*, '*eructatio*,' PR. P. 43.
bolknen, v., = **bolkin**; **bolkenand** (*pple.*) PS. cxliii. 13.
bolle, sb., *O.E.* bolla, = *O.Fris.* bolla, *O.N.* bolli *m.*, *M.L.G.*, *M.Du.* bolle, *O.H.G.* polla *f.*, *mod.Eng.* bowl; *globe, boll, bowl, cup*, VOC. 199; PR. P. 43; HORN (L.) 1123; LANGL. *A* v. 213; CH. C. T. *G* 1210; A. P. ii. 1145; LIDG. M. P. 52; þene bolle LAȜ. 14994; a bolle with meede TREV. VII. 528; þe bolle of þe popi HALLIW. 193; **bollen** [bolles] (*pl.*) LAȜ. 19781; TREAT. 138; *comp.* **chēse-, flax-, þrote-bolle.**
bolle, sb., *? O.N.* bolli; *measure for grain*, BARB. iii. 211.
bollen, v., = *Du.* bollen; *? strike*: whiche man ... bolled (*pret.*) þe HALLIW. 193.
bollen, v., *? for* bolnin; **bolleþ** (*pres.*) LANGL. *A* v. 99; **bollinge** (*v. r.* bolnande) C. M. 6011; iswolle and **ibolled** TREV. I. 299; bollid [*v. r.* bolnid] ['*inflati*'] WICL. I COR. v. 2.
   bollen, see *under* **bellen**.

bollere, sb., *drunkard* ['*ganeo*'], TREV. III. 359; **bollars** (*pl.*) TOWNL. 242.
bolling, sb., *? for* bolning; LANGL. *A* vii. 204.
bolnin, v., = *Dan.* bolne, *O.N.* bolgna; *swell*, '*tumeo*,' PR. P. 43; **bolne** (*pres.*) GAW. 512; TOWNL. 197; al mi bodi bolneth LANGL. *B* v. 119; **bolnes** HAMP. PS. i. 5*; **bolnand** (*pple.*) C. M. 6011; **bolnede** (*pret.*) MAN. (F.) 8204; bolned A. P. ii. 363; **bolned** (*pple.*) C. M. 4726; YORK xlvi. 45; bolnid WICL. I COR. v. 2.
   bolning, sb., *swelling*, LANGL. *B* vi. 218; C. M. 12083; M. H. 130; bolninge '*tumor*' PR. P. 43; VOC. 224.
bolster, sb., *O.E.* bolster, = *O.N.* bolstr, *O.H.G.* bolstar; *bolster*, MK. iv. 38; bolstir '*culcitra*' PR. P. 43; bolstar '*cervical*' VOC. 178; **bolstre** (*dat.*) FRAG. 6; HOM. II. 139; R. S. v; L. H. R. 210.
bol-strauȝt, adj., *? for* **bolt-strauȝt**; *prostrate*, WILL. 1852.
bolstren, v., = *Ger.* bolstern, polstern; *bolster*; **bolsterid** (*pple.*) LIDG. M. P. 200.
bolt, sb., *O.E.* bolt (*cross-bow bolt*), = *O.H.G.* bolz *m.*, polz (*catapult*), = *M.Du.* bolt (*headed arrow*); bolt (*arrow*), bolt (*of a door*), REL. I. 183 (MISC. 128); P. L. S. xix. 54; A. D. 291; LUD. COV. 136; here bolt is sone ischote S. S. (Web.) 989; upright as a bolt CH. C. T. *A* 3264.
bolt, adv., *bolt upright*, PALL. i. 967.
bolten, v., *bolt*: **bolted** (*pple.*) with iren LANGL. *B* vi. 138.
bomblen, see **bumblen**.
bommen, see **bumbin**.
bon, adj., *O.Fr.* bon; *good*, TOR. 2143; boon RICH. 1540.
bon, see **bune**. **bōn**, see **bān**.
bonchef, sb., *O.Fr.* bon (*good*), chef (*head*); *cf.* **meschief**; *good luck, happiness*, GAW. 1764; boonchief TREV. I. 87.
bonchen, see **bunchen**. **bond**, see **band**.
bondáge, sb., *med.Lat.* bondagium; *bondage*, TREV. I. 389; MAN. (H.) 71.
bonde, sb., *O.E.* bonda, bunda, = *M.L.G.* bunde, *O.N.* bōndi = būandi; *husbandman, servant*, '*servus*,' PR. P. 43; MISC. 77; P. S. 150; MIRC 1520; CH. C. T. *D* 1660; H. V. 77; an oht bonde LAȜ. 15291; bounde S. S. (Web.) 582; AR. & MER. 691; **bonde** (*pl.*) MISC. 89; barouns, burgeis & bonde WILL. 2128; *comp.* hūs-bonde.
   bonde-hēde, sb., *servitude*, C. M. 5404.
   bonde-man, sb., *bondman*, '(*servus*) nativus*,' VOC. 182; O. & N. 1577; HAV. 32; BEK. 552; LANGL. *B* v. 194 (W. 2859); bondemen '*servi*' TREV. I. 246.
   bond-schepe, sb., *condition of a bondman*, PR. P. 43.
   bond-woman, sb., *bondwoman*, TREV. II. 97.
bone, see **bane**. **bōne**, see **bān**.

bōne, sb., *O.N.* bōn; *boon, request, prayer*, HOM. I. 37; A. R. 234; KATH. 611; ORM. 7606; HAV. 1659; AN. LIT. 11; BRD. 30; WILL 1095; S. S. (Wr.) 546; GAW. 327; TOR. 1578; AV. ARTH. xiii; bidden þeos bone JUL 30; bone, boone CH. C. T. *A* 2269; boone EGL 101; bōne (*dat.*) LA3. 14912; bōne (*nom. pl.*) AUD. 72; bōnen (*dat. pl.*) A. R. 142; MISC. 63.

bōnen, v., *pray*; bōne (*pres.*) ORM. 5223; bōned (*pple.*) 694.

bonēr, adj., *O.Fr.* bonnaire; *gentle, courteous*: so boner and þewed A. P. ii. 733; with wordes bonere ALIS. 6732; sche is meke and boneire R. DISC. 1727; to bonour with hem þat þou ne be B. B. 41; be þou bonaire TRIST. 2731.

bonaire-liche, adv., *courteously*, AYENB. bonerli 265; [debonerli] C. M. 23872.

bonārnesse, sb., *gentleness*, WICL. I COR. iv. 21; S. W. II. 357.

bonertē, sb., *gentleness*: he calde me to his bonerte A. P. i. 761; of so moche bonerite H. S. 1927.

bonet, sb., *O.Fr.* bonet; *bonnet (of a sail)*, '*artemo*,' PR. P. 43; VOC. 268; DEP. R. iv. 72.

boni, sb., *O.Fr.* bugne, *cf. mod.E.* bunion; *swelling*; '*tumor*,' PR. P. 43.

boni, adj., *bonny*: bonie londes ALIS. 3903.

bonk, see **bank**. **bonnien**, see **bannen**.

bor, sb., *O.E.* bor, = *M.L.G.*, *O.N.* bor; *gimlet* (*ms.* bore), TOWNL. 219.

bōr, see **būr**. **bŏr**, see **băr**.

borace, sb., *Ital.* borace; *borax*; boras CH. C. T. *A* 630.

borage, sb., *O.Fr.* borrage; *borage*, PR. P. 44; REL I. 51; burage '*borago*' REL. I. 37.

bord, sb., *O.E.* bord n. (*board, border, shield*), *cf.* *O.L.G.*, *O.Fris.* bord m. (*board, border, shield*), Goth. baurd n. (*board*), *O.N.* borð n. (*board, border, shield*), *O.H.G.* bort m. (*border*); *board, table, shield, border, ship's side*: HAV. 1722; BEK. 691; ALIS. 1270; WICL. EXOD. xxv. 27; heo letten to somne sæiles gliden, bord wið borden (*r.* borde) LA3. 20935; þis wes þat ilke bord þat Bruttes of 3elpeð 22953; þat hal3he bord ORM. 1096; þet bord AYENB. 167; as stif as eni bord P. L. S. xvii. 334; the theef fel over bord CH. C. T. *B* 922; for bord ne cloþing *G* 1017; burd AMAD. (R.) lxvi; **bordes** (*gen.*) BEK. 1186; borde (*dat.*) HOM. l. 105; A. R. 142, 324; O. & N. 479; GAW. 481; heo seten to borde LA3. 14950; at godes borde AYENB. 235; breken þe schipes bord [**bordes**] (*pl.*) JUL. 78, 79; bordes (*sec. text* sceldes) þer scænden LA3. 5186; borden (*dat. pl.*) LA3. 22778; *comp.* mete-, sid-, ster-bord.

bord-clōð, sb., *tablecloth ornamented*, REL l. 129; bordcloth E. W. 101.

bord-knif, sb., *table-knife*, VOC. 253; boordeknife PR. P. 44.

bord-fīlāwe, sb., *companion*; bordfelauis (*pl.*) WICL. JUDG. xiv. 11.

bord-lēas, adj., *without a table*: sitte as a beggar bordlas on ground LANGL. *C* xv. 141.

burd-wōgh, sb., *wall made of boards*, '*tabellatum*,' VOC. 237.

borde, sb. = *M.L.G.* borde, *O.N.* borði (*carpet*), *O.H.G.* borto; ? *border*; on brode silkin borde GAW. 610.

bordel, sb., *Fr.* bordel; *brothel, prostitution*, P. L. S. xxi. 92; WICL. LEV. xix. 29; bordels (*pl.*) CH. C. T. *I* 885.

bordel-hūs, sb., *brothel*; bordelhous WICL. Ez. xvi. 24, 39.

bordeler, sb., *O.Fr.* bordelier; *keeper of a brothel*, GOW. III. 322.

bordure, sb., *Fr.* bordure; *border*, PR. P. 44; CH. BOET. i. 1 (6); bordoure D. ARTH. 4211; bowerdurs (*pl.*) D. TROY 12861.

borduren, v., *border*; bordured (*pple.*) MAND. 217.

bóre, sb., *O.N.* bora; *bore, perforation*, '*foramen*,' PR. P. 44; M. H. 57; TRIST. 2539.

borel, see **burel**.

bórin, v., *O.E.* borian, = *M.Du.* boren, *O.N.* bora, *O.H.G.* borōn; *bore, perforate*, PR. P. 44; bóre (*pres.*) FRAG. 4; (heo) borieþ 6; bórien (*subj.*) KATH. 1949; bórīnde (*pple.*) AYENB. 66; bóred (*pret. pple.*) L. H. R. 203; ibored TREV. IV. 397; *comp.* þurh-bóren.

borȝ, sb., *O.E.* borg, borh, = *M.H.G.* borc; *from berȝen*; *pledge, caution-money, money borrowed*: þorȝ borȝ and 3emer 3eld SHOR. 113; buten þe eorl Adionard ... walde heore borh beon LA3. 11913; 3eldeð hire 3arew(e) borh JUL. 72; borgh, boruȝ, boru (*ms.* borw) LANGL. *A* iv. 76; borgh (*ms.* borghe) TOWNL. 231; burugh RICH. 3259; borwe, borowe '*vas*' PR. P. 45; borwe (*dat.*) LANGL. *B* xiv. 190; i dar take god to borwe GOW. II. 34; ech of hem had leid his faiþ to borwe CH. C. T. *A* 1622; boreges (*pl.*) HOM. II. 17; borwes LANGL. *A* i. 75; AM. & AMIL. 899; borewis BEK. 585; borewis '*vades*' WICL. PROV. xxii. 26; *comp.* in-borȝ.

borghe-gage, sb., *pledge*, H. S. 9576.

borghe-gang, sb., *suretyship*, H. S. 9582.

boru-hēd, sb., *suretyship*: þe boruheed of Crist WICL. S. W. III. 10.

borwe-schepe, sb., *suretyship*, PR. P. 44*.

borȝ, see **burȝ**.

borgeis, borgesie, see **burgeis, burgesie**.

borȝien, v., *O.E.* borgian, = *O.Fris.* borgia, *O.H.G.* borgēn, *O.N.* borga, *mod. Eng.* borrow; *receive on pledge, borrow*; *be surety for, ransom, save, preserve*: to borȝe (*save*) him fram (h)arme LA3. 21268*; borwe ALIS. 1243; CH. C. T. *B* 105; wolde borwe monei of him TREV. VII. 413; to borewen us alle he wes ibore SPEC. 25; us alle from bale to borowe MIR. PL. 149;

borʒeþ (*pres.*) AYENB. 36; **borwe** (*subj.*) LANGL. *B* iv. 109; þet ever ich ... boruwe et tisse vrakele worlde so lutel so heo ever mei A. R. 204; **borwede** (*pret.*) ROB. 393; borwede, borwed LANGL. *B* vi. 101; borwed WILL. 1705; **borwid** (*pple.*) HOCCL. i. 369; iborwed C. L. 822.

borware, sb., *borrower, surety, 'mutuator, sponsor,'* PR. P. 44.

borʒing, sb., *borrowing*: if ye ʒyuen borwynge to hem WICL. LK. vi. 34 ; he that taketh borewing, servant is of the usurer WICL. PROV. xxii. 7; borwynge '*mutuatio*' PR. P. 44; borewinge ANGL. IV. 198.

borlīch, *see* **burlīch. borne**, *see* **burne.**

boru, borw, *see* **borʒ** *and* **burʒ.**

borwage, sb., *from* **borʒ**; *suretyship*, PR. P. 44.

borwien, *see* **borʒien.**

bōs, sb., = *L.G.* bōs (SCHÜTZE), *O.N.* bāss, *Goth.* bansts ; *boose, cow-stall*; bose '*bostar*' VOC. 235 ; boos '*bostar, bucetum*' PR. P. 41.

bosard, *see* **busard. bosch,** *see* **busch.**

bōsem, sb., *O.E.* bōsm, bōsum, = *O.L.G.* bōsom, *O.H.G.* buosum, buosem; *bosom*, ORM. 19391; M. H. 125; bosum A. R. 146; GEN. & EX. 2809; A. P. iii. 107 ; bosom CH. C. T. *D* 1993; **bōsme** (*dat.*) HOM. I. 53 ; AYENB. 163 ; bosme [bosome] LAʒ. 14984; he ne was boren of wifes bosme HOM. II. 133 ; boseme A. R. 146 ; in Abrahames boseme sitte LEB. JES. 163 ; in his boseme he bar a thing LANGL. *B* xvi. 254; **bōsmes** (*pl.*) LAʒ. 7849.

bosine, sb., *O.Fr.* bosine, busine, *Lat.* bucina; *trumpet*, AYENB. 137.

boskage, sb., *O.Fr.* boscage; *boscage*, Iw. 1671.

bosken, *see* **busken. bosse,** *see* **booe.**

bost, sb., *boast, glory, noise*, ROB. 209; AYENB. 71; WILL. 1141; ALIS. 4069; SPEC. 94; bost, boost LANGL. *B* xiv. 247 (Wr. 9397).

bost-ful, adj., *boastful*, WICL. S. W. I. 2; FLOR. 270.

bosten, v., *boast*, LANGL. *B* ii. 80; boste Iw. 70 ; boste & blowe TRANS. XVIII. 25; **bosteþ** (*pres.*) CH. C. T. *D* 1672.

bostere, sb., *boaster*, TREV. IV. 295 ; boster DEP. R. ii. 80.

bostinge, sb., *boasting*, SHOR. 112.

bosti, adj., *boastful*, TREAT. 138.

bōsum, *see* **bōsem.**

bot, *see* **būten. bōt,** *see* **bāt.**

bote, *see* **būten.**

bōte, sb., *O.E.* bōt, = *O.N.* bōt, *O.Fris.* bōte, *O.L.G., Goth.* bōta (ὄφελος), *O.H.G.* puoza, *mod.E.* boot, *in phrase* 'to boot;' *repair, remedy, redress*; buoza FRAG. 6 ; LAʒ. 21926; O. & N. 688; HAV. 1200; ROB. 448; RICH. 3086; ANT. ARTH. xvi ; aftir bale comeþ bote FL. & BL. 821 ; þat is bote of alle bale AMAD. (R.) xvii ; vorʒiveð ham hore gultes hwon heo ham iknoweð and bihoteð bote A. R. 430; do bote WILL. 1378 ; bote þou do me bote S. A. L. 155; ʒeoven bale i bote stude H. M. 33 ; gan to bote HOM. I. 15 ; til ure sawle bote ORM. 2692; to ʒoure bote SHOR. 159; bote, boote CH. C. T. *A* 424; to bote [boote], *to boot, in addition*, LANGL. *B* xiv. 268 ; bute MIN. i. 4; **boten** (*pl.*) A. R. 120 ; *comp.* **brigge-, dǣd-, sūn-bōte.**

bōt-dai, sb. = *Ger.* büsztag; *day of atonement*, HOM. II. 69.

bōt-lēs, adj., *O.E.* bōtleas ; *bootless*, WILL. 134; a botles bale LANGL. *C* xxi. 208.

bōte, sb., *O.Fr.* bote; *boot, 'ocrea,'* VOC. 197; PR. P. 45; **bōtes** (*pl.*) HORN (H.) 522 ; P. S. 330; MAND. 250; bootes TREV. I. 353; CH. C. T. *A* 273.

bōte-lees, adj., *without boots*, LANGL. *B* xviii. 11.

botel, sb., *O.E.* botl *n.* ? = *O.L.G.* bodal *m.*; *house*; **botle** (*dat.*) MAT. xxvi. 3 ; bottle ORM. 2788; *cf.* **bōld.**

botel, sb., ? *O.Fr.* bottel; *bottle (of hay), bundle*: a botel hei CH. C. T. *H* 14.

botel, sb., *O.Fr.* bouteille; *bottle*, PR. P. 45; botelle LUD. COV. 138.

boteler, sb., *O.Fr.* bouteillier; *butler*, ROB. 187 ; WICL. GEN. xl. 1; CH. C. T. *B* 4324; buteler GEN. & EX. 2092.

botelerie, sb., *O.Fr.* bouteillerie; *wine-cellar*, ROB. 191.

botem, *see* **boþem.**

botemai, sb., *bitumen*, ALIS. 6190; **botemeis** (*pl.*) 4763.

bōten, *see* **būten.**

bōten, v., *mod.Eng.* boot *in phrase* 'it boots not;' *cf.* **bāten**, *from* **bōte**; *make better*; bote AM. & AMIL. 2340 ; it **bōted** (*pret.*) not K. L. 66 ; he was bōtid (*pple.*) of mekile care EGL. 188.

boteras, sb., *buttress, 'fultura,'* PR. P. 45; **boteraces** (*pl.*) WICL. EZ. xli. 15.

boterase, v., *furnish with a buttress*; **boterased** (*pple.*) LANGL. *B* v. 598.

botere, *see* **butere.**

boterel, sb., *O.Fr.* boterel; *toad*, AYENB. 187.

boterie, sb., *ale-cellar, pantry, buttery, 'cellarium,'* PR. P. 45 ; botrie '*promptuarium*' VOC. 178 ; boteri E. G. 98.

botew, sb., *sort of boot, 'coturnus, botula,'* PR. P. 45 ; **botwes** (*pl.*) E. G. 332.

bot-forke, sb., ? *for* **batte-forke**; ? *forked stick*, SPEC. 110.

bōtnen, v., *make* or *become better, amend, repair*; **bōtneð** (*pres.*) KATH. 2523 ; **bōtnede** (*pret.*) CHR. E. 768; botnede ek of uvel(e) P. L. S. xii. 151 ; **bōtned** (*pple.*) WILL. 1055, botened, bootned LANGL. *B* vi. 194.

bōtnere, sb., *healer*: heil botenere of everie bodi blinde WART. II. 109.

bōtninge, sb., *amendment*, SHOR. 96.
Botolf, pr. n., *Botolf*: Botolfs to(u)n, *Boston*, AN. LIT. 4.
botōn, sb., *O.Fr.* boton; *button*, VOC. 238; botoun AYENB. 86; botouns (*pl.*) P. S. 239; botones LANGL. *B* xv. 121; see bothom.
botonin, v., *Fr.* boutonner; *button*, PR. P. 46.
botor, see bitor.
botraille, sb. ? paterfamilias ... shulde sette botraille atweine derk and lighte LIDG. M. P. 170.
botte, see batte. botum, see boþem.
bōþe, sb., *O.N.* bōð, būð = *M.Du.* boede, *M.L.G.* bōde, *M.H.G.* buode; *booth*, PR. P. 46; ORM. 15817; AYENB. 215; P. 45; GOW. III. 281; A. P. iii. 441; bōþes (*pl.*) ALIS. 3457.
bōðe, see bāðe.
boþel, sb., *? chrysanthemum*; boþul, bothil '*vaccinia*' PR. P. 46.
boþem, sb., *O.E.* botm, = *O.L.G.* bodom, *O.H.G.* podam, bodem, *O.N.* botn; *bottom*, VOC. 159; JOS. 15; GAW. 2145; A. P. iii. 144; boþum S. S. (Wr.) 809; botum, botim '*fundus, glomus*' PR. P. 45; botme (*dat.*) AYENB. 140; GOW. I. 108; CH. C. T. *C* 1321; MAND. 52; PARTEN. 4480.
boþem-lēs, adj., = *M.H.G.* bodemlōs; *bottomless*, A. P. ii. 1022.
bothom, sb. (*? form of* botōn); *bud*: the bothom bright of hewe R. R. 2959; the bothom faire and swote 3008; botheum 1719.
bothon, sb., *O.E.* boðen; *chrysanthemum*, LEECHD. III. 315.
bōu, see bōȝ.
bouche, sb., *Fr.* bouche; *allowance of victual granted by king or noble to his household*, *etc.*, DEGR. 998.
boude, see bude.
bouel, sb., *O.Fr.* bouel, buele; *bowel*, A. P. iii. 293; bouelle '*viscus*' VOC. 247; bouele GOW. II. 265; boueles (*pl.*) P. S. 221.
bouelen, bowailen, v., *disembowel*, '*eviscero*,' PR. P. 46; boweld (*pret.*) MAN. (H.) 329.
bouȝ, see bōȝ.
bouge, see bulge. bouȝen, see būȝen.
bougerie, sb., *heresy*; bugerie MAN. (H.) 320.
bougette, sb., *budget*; bowȝettes (*pl.*) TREV. VII. 385.
bougouns, sb. pl., *an instrument of music*: simbales and sonetes sware þe noise, and bougouns busch batered so þikke A. P. ii. 1416.
Bougre, pr. n., *O.Fr.* Bougre (*Bulgarian*); *heretic*, AYENB. 19.
bouȝt, see boȝt. bōuh, see bōȝ.
bouk, see būc.
bouked, pple., *having a protuberance*, ALIS. 6265.

bouken, v., = *M.Du.* buiken, *M.H.G.* büchen; *buck* (*i. e. steep in lye*), LANGL. *B* xiv. 19; bouke (*imper.*) REL. I. 108.
boule, sb., *Fr.* boule; *bowl*: round as a boule GUIL.² (N. E. D.); plei withe bowlis PR. P. 46.
bounde, see bonde.
bounde, sb., *O.Fr.* bodne, bonde, bonne, *mod.Eng.* bound; *boundary*, GOW. III. 92; boundes (*pl.*) AYENB. 206; CH. C. T. *E* 46; bandus AV. ARTH. iii; bunnen (*dat. pl.*) LAȜ. 1313.
bounden, v., *O.Fr.* bonder, bonner; *bound, set bounds to*; bounded (*pple.*) GOW. I. 218.
bounen, v., *from* būn; *prepare*, JOS. 414; boune D. TROY 827; boune (*pres. subj.*) M. ARTH. 3257.
bounsen, see bunsen.
bountē, sb., *O.Fr.* bonté; *bounty, goodness*, C. L. 1214; SPEC. 28; CH. C. T. *B* 1664; C. M. 9531; bunte MISC. 36.
bountevous, adj., *from O.Fr.* bontif; *bounteous*, CH. TRO. i. 883.
bour, see būr.
bourde, sb., *O.Fr.* bourde; *jest*, CH. C. T. *H* 81; GAW. 1409; þe bourdes (*pl.*) and þe trufles AYENB. 58.
bourde-ful, adj., *full of jesting*, WICL. WISD. i. 11 (*margin*); bourdfull D. TROY 3952.
bourdful-li, adv., REL. II. 45.
bourden, v., *O.Fr.* bourder; *jest*; bourde (*pres.*) CH. C. T. *C* 778; bourdinge (*pple.*) LANGL. *B* xv. 40; bourded (*pret.*) GAW. 1217; bourdedest AYENB. 20.
bourding, sb., *jesting*, GAW. 1404.
bourdēs, sb., *O.Fr.* behordeis; *tournament*, H. S. 4662; bourdys or tournamentys WILL. 1477.
bourdise, v., *joust*; burdised (*pret.*) S. S. (Web.) 740.
bourdour, sb., *O.Fr.* bourdeor; *joker*, MAN. (H.) 204.
bous, sb., ? *drink*, ? *drinking-cup*, SPEC. 111.
bouten, see būten. bouwen, see būȝen.
bove, see biuven. bowe, see boȝe.
bōwen, see bōȝen. bowien, see boȝien.
bowȝere, sb., *from* boȝe; *bow maker; archer*, '*arcuarius, architenens*,' PR. P. 46; bowere VOC. 195; bowiares (*pl.*) ROB. 541.
box, sb., *O.E.* box, = *O.H.G.* buhsa, *from Gr.* πύξις; *box*, HOM. II. 145; ROB. 456; CH. C. T. *A* 4390.
box, sb., *O.E.* box, from *Lat.* buxus, *Gr.* πύξος; *box*(-*tree*), VOC. 163.
box-trē, sb., *O.E.* boxtrēow; *box tree*, VOC. 228; CH. C. T. *A* 1302.
box, sb., *box* (*on the ear*); '*alapa*,' PR. P. 46; CH. L. G. W. 1388; D. ARTH. 1111.
brā, sb., *O.N.* brā, = *O.E.* brēaw; *see* brēu; *brae, river-bank*; under ane bra thair galai

drench BARB. iv. 372; bra '*ripa*' CATH. 39; WINT. VIII. xxvi. 74; bro MAN. (H.) 310.

brac, sb., *O.E.* (ge)bræc,=*M.L.G.*, *O.N.* brak, *O.H.G.* (ge)breh; *loud noise*; (*ms.* bracc) ORM. 1178.

bráce, sb., *Fr.* bras, *from Lat.* brāc(c)hium; *arm (of the sea)*, MAND. 15, 21, 126.

bráce, sb., *O.Fr.* brace, brache, brase, *from Lat.* brāc(c)hia (*pl.*); *armour for the arms; clasp, clamp, hook; pair, couple*; wel bornist brace upon his boþe armes GAW. 582; paire brase LIDG. TROY iii. 22; '*uncus*' PR. P. 46; brase (*pair*) LIDG. TROY i. 6.

brácen, v., *O.Fr.* bracier; *embrace, brace*: in armes for to brace HALLIW. 203; **brace** (*imper.*) it in irine D. ARTH. 1182; **ibraced** (*pple.*) JOS. 265.

brácer, sb., *O.Fr.* brasseure; *bracer*, CH. C. T. *A* 111; brasere VOC. 263; **brasers** (*pl.*) D. ARTH. 1859.

brache, sb., *cf. O.Fr.* brachet, *M.H.G.* bracke; *brach (hound)*; **braches** (*pl.*) GAW. 1142; REL. I. 151.

brad, sb., ? = *O.H.G.* prat, prart (*ora*); *brad, nail*, '*aculeus*,' VOC. 234; *see* **brerd** *and* **brod.**

brād, adj., *O.E.* brād,=*O.L.G.*, *O.Fris.* brēd, *Goth.* braids, *O.N.* breiƣr, *O.H.G.* breit; *broad*, ORM. 3431; S. S. (Web.) 2784; IW. 163; PERC. 269; AV. ARTH. iii; brad [brod] LA3. 7635; brād 1320 (*miswritten* bræd 14219); brod A. R. 102; HAV. 1647; TOR. 1252; brood CH. C. T. *A* 155; **a brād**=*abroad*: þat blod stod al a brod ROB. 261; her winges boþe a brod she spradde GOW. II. 105; and held hir lappe a brod [brood] CH. C. T. *F* 441; a brood LANGL. (Wr.) 9031; MAND. 45; þe brode [brade] stret(e) P. L. S. viii. 172; **brāde** (*dat. n.*) LA3. 4541; **brādne** (*acc. m.*) LA3. 5087; **brāde** (*pl.*) LA3. 4212; **brāden** (*dat. pl.*) LA3. 30272; **brādder** (*compar.*) ROB. 43; bradder, broddere '*latior*' WICL. AMOS vi. 2; **brōde** (*adv.*) WILL. 754; CH. C. T. *A* 739.

brōd-arwe, sb., *broad arrow*, '*catapulta*,' PR. P. 53.

brood-axe, sb., *O.E.* brādæx,=*O.N.* breiƣox; *broad-axe*, '*dolabra*,' PR. P. 53; brodax VOC. 234.

brād-ēged, adj., *broad-eyed*, SAX. CHR. 256.

brāde, *see* **brēde.**

brādien, v., *O.E.* brādian; *from* **brād**; *cf.* **brǣdan**; *widen, enlarge*; **brōdes** (*pres.*) ALIS.² (Sk.) 122; **brōdid** (*pret.*) DEP. R. ii. 141; HAMP. PS. cxviii. 32; **ibrōded** (*pple.*) O. & N. 1312.

brēde, sb., *O.E.* brædu,=*O.Fris.* brēde, *Goth.* braidei, *O.H.G.* breiti; *from* **brād**; *breadth*: a bræde [in brede] LA3. 21995; brede PR. P. 49; O. & N. 174; ROB. 353; AYENB. 105; GOW. II. 388; MAND. 117; CH. C. T. *A* 1970; WICL. GEN. vi. 15; ANT. ARTH. xlv; al aboute on brede þei spredde RICH. 4434; þe knight ligges þer on brede PERC. 797; in breede and lengþe LIDG. M. P. 98; breade A. R. 102; MISC. 145.

brǣden, v., *O.E.* brǣdan, = *Goth.* braidjan, *O.L.G.* brēdean, *O.N.* breiƣa, *O.H.G.* breiten; *from* **brād**; *broaden, expand*; breden LA3. 14283; bredin PR. P. 49; brede A. P. i. 813; PALL. xi. 101; blosmes **brǣdeþ** (*expand*) (*pres.*) SPEC. 45; **brǣdde** (*pret.*) JOS. 642; GAW. 1928; bordes heo **brǣdden** (*pl.*) LA3. 18523; *comp.* **a-brǣden.**

brǣdling, adv., *broadwise*: he wile smite mid bredlinge swuerde HOM. II. 61.

brag, sb., *brag*, P. L. S. xxix. 92; DEGR. 231; brag and boost TREV. V. 109.

brag, adj., *bragging, boastful, proud, valiant*: þat makeþ us so brag and bolde SPEC. 24; wordes bragge SHOR. 110; hi schulde nou3t beren hem so bragg(e) PL. CR. 706; **braggest** (*superl.*) WILL. 3048.

bragance, sb., *boasting*: with boste and bragance TOWNL. 99.

braggen, v., *mod.Eng.* brag; *boast, sound loudly*; he bosteþ and **brageþ** (*pres.*) LANGL. *B* xiii. 281; whanne þe voice of þe trompe ... in 3oure eeris braggiþ WICL. JOSH. vi. 5; **braggede** (*pret.*) D. ARTH. 3657.

braggere, sb., *bragger*, LANGL. *B* vi. 156.

bragot, braget, braket, sb., *Welsh* bragawd, =*Ir.* bracat (*malt liquor*); *bragget (a liquor made of ale and mead fermented together)*, PR. P. 46; bragot, braket CH. C. T. *A* 3261 (Wr. bragat); braget TREV. I. 399.

brai, sb., *O.Fr.* brait; *bray*, ALIS. 2175.

braid, sb., *O.E.* brægd, bregd,=*O.N.* bragð n.; *from* **breiden**; *throw, twist, stratagem*; GOW. II. 21; CH. L. G. W. 1164; TOR. 1611; he abod moni a bitter braid TRANS. XVIII. 24; scho braid hit a doun at on braid S. S. (Wr.) 483; þat was a þeves braid MAN. (H.) 164; breid ROB. 22; REL. I. 224; he went to þe uscher in a breide CL. 448; habben bares heorte and remes brede LA3. 30392; braides IPOM. 1834; ivele breides REL. I. 218 (MISC. 14); *comp.* **up-breid.**

braiin, v., *O.Fr.* braire; *bray, neigh, resound harshly*, '*barrio*,' PR. P. 47; braie MAN. (F.) 3488; **braieþ** (*pres.*) GOW. I. 144; braien GAW. 1163; **braiinde** (*pple.*) AYENB. 73.

braiin, v., *O.Fr.* breier, broier; *bray (in a mortar)*, '*pinso, tero*,' PR. P. 47; braiid (*pple.*) WICL. 1 KINGS xxv. 18.

brail, sb., *O.Fr.* braiel; *brail*; **brailes** (*pl.*) GUIL.² (*in* N. E. D.).

brain, adj., *furious*, GAW. 286.

brain [**bra3en**], sb., *O.E.* brægen, brægn,=*M.L.G.* bregen, bragen, *O.Fris.* brein n.; *brain*, LA3. 1468; brain TREAT. 138; brein FER. 1901; BEVES 1558; **braines** (*pl.*) JOS. 501.

brain-lēs, adj., *brainless*, PR. P. 47; N. P. 9.
brain-panne, sb., = *M.L.G.* bregenpanne; *brainpan, skull*, MAND. 234.
brain-wōd, adj., '*brain-mad*,' *insane*, WILL. 2096; LANGL. *A* x. 61; GAW. 1461.
brainid, sb., *having a brain*, PR. P. 47.
brainin, v., *brain*, '*excerebro*,' PR. P. 47; braineþ (*pres.*) WICL. IS. lxvi. 3.
brake, *see* **braken**.
bráke, sb., *cf. M.L.G.* brake, *M.Du.* braeke, *Swed.* bråka; *flax-brake, baker's brake*, '*rupa, vibra*,' VOC. 217, 276.
bráke, sb., *? O.Fr.* brac (*accus. of* bras); *lever, winch* : gunnes & boȝes of brake FER. 3263.
braken, sb., *cf. Swed.* bräken; *brake, bracken*, A. P. ii. 1675; brakin '*felix*' VOC. 191; brake '*feugere*' VOC. 156; '*filix*' [sic] PR. P. 47; LEECHD. III. 315; LUD. COV. 22.
brákin, v., = *M.Du.* braeken, *M.L.G.* braken; *vomit*, '*vomo*,' PR. P. 47; as an hounde that et gras so gan ich to brake LANGL. *C* vii. 431; brákes (*pres.*) A. P. iii. 340.
brallen, v., = *Ger., Du.* brallen, *Dan.* bralle, *?mod.Eng.* brawl; *cry out*; bralle TOWNL. 91.
bráme, sb., *cf. M.Du.* braeme, *O.H.G.* brāma, prāma, *bramble*, '*tribulus, vepres*,' VOC. 192.
bran, *see* **bren**.
branche, sb., *O.Fr.* branche; *branch*, '*ramus*,' PR. P. 48; braunche LEB. JES. 596; **branches** (*pl.*) ROB. 152; bronches AYENB. 9.
branched, adj., *branched*; braunched WILL. 754.
branchen, v., *Fr.* brancher; *put forth branches; ramify; branch out*; brauncheth (*pres.*) WICL. ECCLUS. xxxix. 19; braunchis D. TROY 8750; **braunching** (*pple.*) trees WICL. JER. xvii. 2.
brancher, sb., *O.Fr.* *brancher, Fr.* branchier; *young hawk*, M. ARTH. 190.
branchi, adj., *bearing branches*; braunchi WICL. 4 KINGS xvii. 10.
brand, sb., *O.E.* brand, brond, = *O.Fris.* brand, *O.N.* brandr, *O.H.G.* brant, *mod.Eng.* brand; *from* **brinnen**; (1) *sword*; (2) *burning wood, firebrand*; C. M. 2873, 3170; IW. 1933; AV. ARTH. xiv; TOWNL. 71; þene brand [brond] LAȝ. 7544; his brond he up ahæf 7527; brond HOM. I. 81; KATH. 2395; MISC. 154; WILL. 1244; nou tak þou þe brond FER. 2238; þe Sarsin þanne adrou (h)is brond 580; þei ... sette ... wilde bround an on in king Daries lond ALIS. 1855; brandes (*pl.*) PERC. 774; brondes A. R. 368; AYENB. 205; CH. C. T. *A* 2338; *comp.* **fŭr-brand**.
brond-ir(e), sb., *O.E.* brandīsen; *gridiron*, '*tripus*,' VOC. 178.
brand-riþe, sb., *O.N.* brandreiÞ, *cf. O.E.* brandrēda, *M.L.G.* brandrēde, *O.H.G.* brandreita; *? brandreth; gridiron*, '*tripus*,' VOC. 232.

branden, v., = *M.Du.* branden; *brand*; brondin '*cauterizo*,' PR. P. 53; **brondit** (*pple.*) APOL. 103.
brandishen, v., *O.Fr.* brandiss-; *brandish*; braundishen WICL. JOB xxxix. 23; **brandissende** (*pple.*) WILL. 2322.
branken, v., *? = M.H.G.* brangen, prangen; *prance*: **brankand** (*pple.*) stedez D. ARTH. 1861.
brant, adj., *O.E.* brant, = *O.N.* brattr; *steep*, ALEX. 3649.
bras, sb., *O.E.* bræs; *brass*, '*aes*,' PR. P. 47; GEN. & EX. 467; TREAT. 136; brass ORM. 17417; breas, bres JUL. 30, 31; bres FRAG. 4; A. R. 216; AYENB. 203.
bras-pot, sb., *brass-pot*, PR. P. 47; VOC. 256.
brase, sb., *cf. O.Swed.* brasa, *M.Du.* brase; *burning coal*: in brasse and in brinstone ANT. ARTH. xv.
brásen, adj., *O.E.* bræsen; *brazen*, ALIS. 5585; C. M. 12193; o þat brasene neddre ORM. 17424.
brasiere, sb., *brazier*, '(*faber*) *aerarius*,' PR. P. 47; **brasiers** (*pl.*) D. TROY 1589.
brasil, sb., *Fr.* bresil; *brasil*, PR. P. 47.
brásni, adj., *like brass*; braasni WICL. DEUT. xxviii. 23.
brassik, sb., *from Lat.* brassica; *cabbage*, PALL. ix. 53; brasik 137.
brastlien, v., *O.E.* brastlian, = *M.H.G.* brasteln; *rattle, clash*, LAȝ. 26970; sceldes **brastleden** (*pret. pl.*) 27463.
brat, sb., *O.E.* bratt (*pallium*), MAT. v. 40*; *Irish* bratt (*cloth*); *cloak*, CH. C. T. *G* 881.
brăþ, adj., *O.N.* brāÞr; *violent*, ORM. 7164; C. M. 4003; broþ GAW. 2233; **brōþe** (*pl.*) wordez A. P. ii. 1409.
brăþ-lī, adj., *O.N.* brāÞligr; *violent*: a bra(þ)li braid ANGL. II. 240; broþelich A. P. ii. 847; **brōþliche** (*adv.*) MAP 343; brathli C. M. 63; broþeli MAN. (H.) 166; PERC. 2123; A. P. ii. 1256.
brăþþe, sb., *from* **brăþ** (*cf.* wræþþe, wraþþe, *from* wraþ); *violence*, ORM. 4561; brathe D. TROY 5075.
brăþ-ful, adj., *violent*: **brōþefulle** (*pl.*) wordes MAN. (H.) 55.
braulin, v., *cf. Swed.* bravla (RIETZ 51); *brawl*, '*jurgo*,' PR. P. 48; he braules (*pres.*) him (*boasts*) for his brighte wedes D. ARTH. 1349.
braulere, sb., *brawler*, PR. P. 48; **braweleres** [braleres] (*pl.*) LANGL. *B* xvi. 43; brawlers TREV. IV. 209.
braulinge, sb., *brawling*, '*jurgium*,' PR. P. 48; brawelinge, braulinge LANGL. *B* xv. 233, *C* xvii. 360; YORK xxx. 142.
braun, sb., *O.Fr.* braon; *brawn*, '*lacertus, pulpa*,' PR. P. 48; þe braun of a bore VOC. 267; neiþer bacon ne braun LANGL. *B* xiii. 91, *C* xvi. 100; ful big he was of braun and ek of bones

CH. C. T. *A* 546; braun (*meaning 'boar'*) D. ARTH. 1095; **braunes** '*lacertos*' WICL. JOB xxii. 9; braunes harde and stronge CH. C. T. *A* 2135.
braunche, braunched, *see* **branche, branched.**
brē, *see* **brēie** *and* **brēu.**
brēad, sb., *O.E.* brēad, = *O.Fris.* brād, *O.L.G.* brōd, *O.N.* brauð, *O.H.G.* brōt; *bread*, A. R. 192; SHOR. 30; bread, brad HOM. I. 241; þet bread, briad AYENB. 110; bread, bred GEN. & EX. 364, 2079; bræd, bred LAȜ. 19717, 31800; bræd ORM. 996; HOM. II. 27; R. S. vii; HAV. 633; BRD. 6; þat bred MISC. 40; for evere mi bred had(de) ben bake FER. 577; breed SPEC. 104; CH. C. T. *A* 341; **brēades** (*gen.*) A. R. 262; bredes SHOR. 20; **brēade** (*dat.*) SHOR. 30.
   brēd-corn, sb., *bread-corn*, LANGL. *B* vi. 64.
   brēd-lees, adj., *breadless*, LANGL. *B* xiv. 160.
   brēad-lēp, sb., *bread-basket*, GEN. & EX. 2078.
brēade, *see* **brǣde** *and* **brēde.**
brēch, sb., *O.E. pl.* brēc, = *O.N.* brōk (*pl.* brœkr), *O.H.G.* bruoch, pruoh; *breech* (*breeches*), A. R. 420; BEK. 260; LANGL. *B* v. 175; breech AL. (L.¹) 731; MAND. 250; brech, brek '*braccae*' PR. P. 48; brek VOC. 238; IW. 1770; MAN. (H.) 161; **brēchen** (*dat. pl.*) LAȜ. 16749; breche FL. & BL. 258; breke LIDG. M. P. 114.
   brēk-belt, sb., *waist-belt*, '*lumbo*,' VOC. 238.
   brēch-gerdel, sb., *girdle*, AYENB. 205; breigurdel MISC. 193; bregirdil WICL. JER. xiii. 1.
   brēch-lēs, adj., *breechless*; breklesse D. ARTH. 1048.
[**breche, breke,** sb., *O.E.* (ǣw-, wiðer)breca, = *O.H.G.* (hūs)prehho; *one who breaks*; *comp.* **ǣw-, spūs-breche, wed-breke.**]
brēche, sb., *O.Fris.* breke, = *M.H.G.* breche; *from* **brēken**; *breach, act of breaking*, ALIS. 2168; GOW. II. 138; C. M. 8220; (? = bruche) SHOR. 133; *comp.* **schip-breche.**
brēche, sb., *cf. M.L.G.* brāke, *M.H.G.* brāche; *? fallow field* O. & N. 14.
bred, sb., *O.E.* bred, = *M.Du.* bred, berd, *O.H.G.* bret; *board*, PR. P. 48; C. M. 16578; nailid on a bred of tre REL. I. 63; **brede** (*dat.*) O. & N. 965; A. P. iii. 184; *comp.* **tævel-, wax-bred.**
   bred-chēse, sb., *some kind of cheese*, '*junctata*' [i. e. *juncata*], PR. P. 48.
bred, *see* **brerd. brēd,** *see* **brēad** *and* **braid.**
brāde, *see* **brǣde** *and* **brūde.**
brēde, sb., *O.E.* brǣde *f.* ? = *M.L.G.* brāde *f.* (SCHILLER I. 412), *O.H.G.* prāto, brāto *m.* (*assatura*); *from* **brēden**; *roast meat*, P. L. S. viii. 73; O. & N. 1630; HAV. 98; SPEC. 27; AV. ARTH. xxxi; swines brede . . . al to diere he hi beið ANGL. I. 15; þeo bræde LEECHD. III. 98; brade HOM. II. 224; of þere

brede he æt LAȜ. 30596; þa . . . **brāden** (*acc.*) LEECHD. III. 98; brede [breade] LAȜ. 30583; **bredes** (*pl.*) ALIS. 5249; **breden** (*gen. pl.*) LAȜ. 30589.
brēden [brēade], v., *O.E.* brǣdan (*pple.* gebrǣdd), = *O.Fris.* brēda, *O.H.G.* prātan, brātan, (*pret.* priat); *roast*, LAȜ. 25986; brede R. S. v (MISC. 180); JUL.² 170; RICH. 1493; bret (*pres.*) HOM. I. 53; **brēde** (*imper.*) L. C. C. 25; **brēdde** (*pret.*) LAȜ. 30584; bradden 20978; bredden AR. & MER. 7305; **brēde** (*pple.*) RICH. 3613; brad GAW. 891; bred GEN. & EX. 3147; ibred MISC. 54.
brēden, v., *O.E.* brēdan, = *M.Du.* broeden, *O.H.G.* pruotan, bruoten; *from* **brōd**; *breed*, ANGL. III. 61; brede SPEC. 101; **brēdeth** (*pres.*) LANGL. *B* xi. 339; bredeð, bret A. R. 200, 222; (hie) **brēdeð** HOM. II. 55; bredeþ ROB. 177; **brēdde** (*pret.*) O. & N. 101; bredden LANGL. *B* xi. 347; **brēd** (*pple.*) REL. I. 211; ibred O. & N. 1724; heo weoren ibredde LAȜ. 30071.
   brēding, sb., *breeding*, C. M. 3479.
brēden, *see* **brǣden** *and* **breiden.**
bref, sb., *O.Fr.* bref, brief; *brief, official document, letter*, S. S. (Wr.) 3213; MAN. (H.) 237; breve C. M. 19606.
bref, adj., *O.Fr.* bref, *Lat.* brevis; *brief, short*, A. P. i. 268; in breff time BER. 871; wiþ wordis **breve** (*pl.*) H. V. 55.
brefli, adv., *shortly*; bre[fl]i C. M. 130; breveli C. M. 18199; brefeli SQ. L. D. 873.
briefnes, sb., *shortness*, LUD. COV. 79.
bregand, sb., *O.Fr.* brigand; *irregular foot-soldier*; bregaundeȝ (*pl.*) D. ARTH. 2096.
brēȝe, *see* **brēu. brēgge,** *see* **brügge.**
bregge, v., *for* **abregen**; *abridge*, WICL. S. W. II. 407; briggen HALLIW. 211; **briggid** (*pple.*) MAN. (H.) 247; breiggid WICL. MK. xiii. 20.
breggere, sb., *abridger*; perlipominon, that is . . . word bregger WICL. PREF. EP. I. 72.
breid, *see* **braid.**
breiden, v., *O.E.* bregdan, brēdan, = *O.L.G.* bregdan, *O.Fris.* breida, brīda, *O.N.* bregða, brigða, ? *O.H.G.* brettan, ? *M.H.G.* brīten; *twist, wrench, hurl, draw* (*a sword, etc.*), *plait*, HOM. I. 201, II. 217; breiden . . . ane crune A. R. 124; breden verliche a dun 222; a gret ok he wolde breide a doun as it a smal ȝerde were ROB. 22; he schal breide a wei ['*evellet*'] WICL. PS. xxiv. 15; ȝif þou **brēdest** (*pres.*) wod S. S. (Web.) 1907; þe ancre . . . þene gult ne up breide hire A. R. 426; bredeþ wode P. 63; **breid** (*pret.*) A. R. 280; breid he . . . a sweord LAȜ. 1548; þe king hine bræid [breid] sæc 6667; he braid . . . efter his alderen 6895; bræid hine of his stede 26777; braid [breid] him aȝeinward JUL. 72, 73; braid IW. 3248; AV. ARTH. xliii; of his slep an on he braid HAV. 1282; þe þef braid out (h)is knif CHR.

brēie.   **brennen.**   89

E. 670; sche braid hure wel neȝ wod FER. 2099; þan braide [*for* braid] he up of his bed WILL. 686; braided ALIS. 5856; and brudden up Baldolf LAȝ. 20335; faste hi drowe & breide P. L. S. xxi. 108; broȝden (*pple.*) MAP 339; broiden O. & N. 645; broidin '*laqueatus*' PR. P. 53; breided, broided CH. C. T. *A* 1049; *comp.* **a-, æt-, for-, ȝe-, to-, wið-breiden** *deriv.* **braid, (up-)brüd.**

brēie, sb., = *M.Du.* broeye, *M.H.G.* brüeje; *broth, gravy*; bre L. C. C. 17; *comp.* **ale-brēi.**

brein, *see* **brain.**

breiþen, v., *? O.N.* bregða, = **breiden**; *rush, fly*; breiþed (*pret.*): wine breiþed uppe into his braine A. P. ii. 1421.

brek, sb., *O.E.* (ge)brec, brece; *act of breaking*, ALIS. 2168*; MAN. (F.) 14662; C. M. 6344; breke PR. P. 49.

breke, *see* **breche.**

brēken, v., *O.E.* brecan, = *O.L.G.* brecan, *O.Fris.* breka, *Goth.* brikan, *O.H.G.* prechan, brechen, *Lat.* frangere; *break*, A. R. 242; KATH. 2028; GEN. & EX. 3147; broeken JUL 58; breke O. & N. 1080; AYENB. 52; MAND. 228; him þouhte þat his herte wolde breke CH. C. T. *A* 954; to brekene HOM. I. 43; **brēkest** (*pres.*) ORM. 1548; ȝif hit itit þet þu brekest godes heste HOM. I. 21; brekeþ TREAT. 136; **breo** (*imperat.*) MARH. 18; brekeð on (*begin*) KATH. 1301; **bræc,** bræc, breac (*pret.*) LAȝ. 1558, 2623, 10978; brac P. L. S. viii. 93; GEN. & EX. 3100; he brac here bondes HOM. II. 113; brak IW. 3778; CH. C. T. *A* 1468; WICL. NUMB. xi. 8; a water brak out TREV. I. 191; brak, brek ROB. 22, 126; brec HOM. I. 171; MARH. 5; brec on (*v. r.* bigon) KATH. 2295; brek AYENB. 16; (þu) breke LAȝ. 5037; LANGL. *C* xxi. 383; **brǣken,** brēken (*pret. pl.*) JOHN xix. 32, 33; breken LAȝ. 27506; JUL. 59; AYENB. 64; ALIS. 5891; S. S. (Wr.) 1218; breeken, braken WICL. 2 PARAL. xxxi. 1; brake ISUM. 652; **brōken** (*pple.*) HAV. 1238; CH. TRO. v. 1204; brokin OCTAV. (H.) 944; wiðuten brokene breade A. R. 342; brokun WICL. IS. xxxvi. 6; brokene mete MK. viii. 20; *comp.* **a-, æt-, for-, ȝe-, to-brēken** (*deriv.* **brac, brake, brek, breche, briuhe, brüche, brüchel.**

brēkere, sb., = *M.H.G.* brechære; *breaker*, HOM. I. 83; *comp.* **ǣw-brēkere.**

brēkinge, sb., *breaking*, AYENB. 48.

brekil, adj., *brittle*, '*fragilis*,' PR. P. 177; TOWNL. 101.

brembel, sb., *O.E.* brembel (? brēmbel) brēmel, brǣmel *m.*, = *O.H.G.* brāmal(busc); *bramble*, C. M. 924; brembil, brimbil WICL. ECCLUS. xliii. 21; JOB xxxi. 40; brimbil, bremmil '*tribulus, vepres*' PR. P. 49; **brembles** (*pl.*) HOM. I. 223; brimbles II. 129.

brembel-flour, sb., *bramble-flower*, CH. C. T. *B* 1936. [*Harl. ms.* brember-flour,]

brēme, adj., *O.E.* brēme, brȳme; *valiant, spirited, famous,* ORM. 7197; GREG. 260; WILL. 18; GAW. 1142; A. P. iii. 430; M. ARTH. 229; TOWNL. 197; þu art wel modi and wel breme O. & N. 500; breme and bold K. T. 835; þis strif þat is so breme C. L. 538; þilke feste was wel breme FL. & BL. 792; breme as a bare DEGR. 1240; a breme bare AMAD. (Web.) 171; a bor so brime S. & C. II. xx; brim '*ferus, ferox*' PR. P. 51; MAN. (H.) 28; þe se þat was ful brim HAV. 2233; breme wittes LANGL. *B* xii. 224; her breme blastis DEP. R. iii. 365; bremme heed DEP. R. ii. 130; when briddes singeþ breme SPEC. 44; foughten breme [breeme] CH. C. T. *A* 1699.

brēme-li, adj., *fierce, furious*: mani bremli blast C. M. 24847; **brēmeli** (*adv.*), WILL. 23; GAW. 1598.

brēmnes, sb., *fury,* D. TROY 4665.

brēme, sb., *O.Fr.* bresme; *bream* (*the fish*), VOC. 222; PR. P. 49; CH. C. T. *A* 350.

bren, sb., *O.Fr.* bren; *bran*, '*furfur,*' PR. P. 49; CH. C. T. *A* 4053; AYENB. 210; bren, bran LANGL. *B* vi. 184; bran VOC. 201.

bran-brēd, sb., *bran-bread,* VOC. 198.

brende, adj., *from* **brennen**; *of tawny colour,* LIDG. M. P. 202.

brend-fler, *see under* **brüne.**

brene, *see* **brüne.**

brengen, v., *O.E.* brengan, = *O.Fris.* brenga, branga, *O.L.G.* brengean, *M.H.G.* brengen; *from* **bringen**; *bring*; brenge AYENB. 87; S. S. (Web.) 2169; ED. 3; (? ms. bringe, *r. w.* genge) LAȝ. 15094; **brengeþ** (*pres.*) SHOR. 6; **brōhte** (?brōhte), [*O.E.* brōhte, = *O.Fris.* brōchte, *O.L.G.* brāhta, *O.H.G.* prāhta] (*pret.*), brought, H. M. 45; P. S. 221; (*ms.* brohhte) ORM. 14361; brochte HOM. I. 171; me heom brohte drinken LAȝ. 13585; brouhte 63; broute [brofte] 36; broȝte, brouhte O. & N. 107; broȝte AYENB. 118; þat moni mon broȝte to deþe ROB. 17; brouhte me a slep LANGL. *A* v. 8; brouȝte *B* v. 8; broghte, brouȝte, broughte CH. C. T. *B* 522; broute REL. II. 277; brohtest JUL. 61; brohton HOM. I. 101; brohten MAT. ii. 11; HORN (R.) 44; brouhten A. R. 114; **brōht** (*pple.*) *brought*, HOM. I. 283; SPEC. 29; broȝt LANGL. *B* xii. 136; brouht, brouct, brouth, browt HAV. 336, 513, 1979, 2412; *comp.* **ȝe-brengen.**

brenie, *see* **brünie.**

brenne, sb., *O.N.* brenna, *cf. O.H.G.* brinna; *from* **brinnen**; *burning, conflagration*: hwan he ... haveden ... þe fir brouth on brenne HAV. 1239.

bren-stōn, sb., *O.N.* brenna-, brenni-, brennusteinn; *sulphur*, HICKES I. 228; *see* **brimston, brünstōn,** *under* **brüne.**

brennen, bernen, v., *O.N.* brenna, *O.E.* bernan, bærnan, = *O.L.G., O.H.G.* brennan,

brennen.

M.Du. bernen (*urere, cremare*), Goth. (ga)-brannjan (καίειν); *from* **brinnen**; *burn*, HAV. 916; his tail schal brennen in þe glede CH. C. T. *B* 111; brenne MAND. 48; brenne his londes WILL. 1133; shal brenne '*ardebit*' WICL. LEV. vi. 12; bernen A. R. 306; bærnen ORM. 1529; lim heo gunnen bærnen LAȝ. 15466; berne ROB. 81; TREAT. 136; AYENB. 173; brenneþ (*pres.*) C. L. 1258; brenne (*subj.*) FL. & BL. 5; brenning (*pple.*) KATH.² 41; LANGL. *C* xx. 83; brende (*pret.*) ORM. 1086; GEN. & EX. 1108; P. L. S. xiii. 121; FER. 2243; LANGL. *B* xvii. 326; GOW. II. 164; WICL. 4 KINGS xiv. 4; he brande, barnde LAȝ. 3824, 30459; bernde A. R. 242; as þah ha bernde MARH. 19; barnde ROB. 300; brenden SAX. CHR. 262; RICH. 6057; þer brenden cerges inne HAV. 594; þe fires brende upon þe auter CH. C. T. *A* 2425; brend (*pple.*) ORM. 1000; HAV. 2832; brend gold CH. C. T. *A* 2162; RICH. 3349; brend, brent WILL. 2646, 4367; brent HOCCL. i. 390; *comp.* **a-, for-brennen.**

brennar, sb., *burner*, PR. P. 49; **brenneris** (*pl.*) WICL. S. W. III. 329.

brenninge, sb., *O.E.* berning; *burning*, GEN. & EX. 3654; CH. C. T. *A* 996; berninge AYENB. 205.

brēost, sb., *O.E.* brēost, = *O.L.G., O.N.* briost, *O.Fris.* briast *n.; breast*, P. L. S. xvii. 66; ALIS. 621; þat breost LAȝ. 27556*; þi breost P. L. S. xvii. 66; briest AYENB. 175; brest ORM. 4774; GEN. & EX. 370; breest TREV. III. 341; brist LUD. COV. 14; breoste A. R. 18; moni breoste LAȝ. 4540; þa breste [þe breost] 6497; **brēostes** (*gen.*) HOM. I. 183; a þan breoste LAȝ. 27553; ut of þire breoste 15831; þire br(e)oste GR. 20; upon þe breeste of our lord MAND. 92; **brēost** (*pl.*) LEECHD. III. 120; þa breost þe þu suke LK. xi. 27; þine breoste FRAG. 6; breosten MISC. 151; brustes FER. 1072; **brēostam,** breostan, breosten (*dat. pl.*) LEECHD. III. 120, 122, 128; breosten KATH. 2130; briesten AYENB. 247.

brēst-bōn, sb., *O.E.* breostbān; *breast-bone*, CH. C. T. *A* 2710; brustbon FER. 1623.

brēst-clūt, sb., VOC. 173.

brēost-līn, sb., *O.E.* brēostlīn; *breast-linen*, ORM. 955.

brēst-plate, sb., *breast-plate*, CH. C. T. *A* 2120.

brēost-þonc, sb., *O.E.* brēostgeþanc; *mind*, LAȝ. 1936.

brēoste-wunde, sb., *breast-wound*, A. R. 194.

brēosted, pple., *having a breast*, GUY 261.

brēoðen, v., *O.E.* (a)brēoðan; *perish*: þer fore ȝe sculleð breoðen LȜ. 5807; heou brēoðeð [breþiþ] þa Frensce 5196; a broþin (? *degenerate*) (h)eir P. L. S. i. 44; *comp.* **a-brēoðen.**

bresten.

brēowen, v., *O.E.* brēowan, = *M.H.G.* briuwen, *M.L.G.* brūwen, *M.Du.* brūwen, brouwen, *O.N.* brugga; *brew*; breowe HOM. II. 257; brewen GEN. & EX. 4054; brewe MAN. (F.) 1245; S. S. (Wr.) 1490; E. G. 355; bruwin, browin PR. P. 54; **brēu** (*ms.* brew) (*pret.*) P. S. 69; breu, breuh LANGL. *A* v. 134; breuȝ HOM. II. 256; brewed S. S. (Wr.) 1285; þei browe ROB. 26; browen (*pple.*) MAP 337; RICH. 4365; browe LANGL. *B* xviii. 361; ibrowen P. 29; ibrowe S. S. (Web.) 1494; brewid FLOR. 687; *deriv.* broþ, brüþen.

brēwere, sb., = *M.H.G.* briuwer, *M.L.G.* brūwere; *brewer*, LANGL. *B* xix. 394; **brēowares** (*pl.*) MISC. 189; brueres R. S. vii (MISC. 188).

brēwestere, sb., *female brewer*, LANGL. *B* v. 306; E. G. 355; browstere LUD. COV. 132; browstar or brewere PR. P. 54.

brēr, sb., *? sprout, young shoot*; brer [breer] on ris C. L. 123.

brerd, sb., *O.E.* brerd, breard, = *O.H.G.* prart, prat, *Swed.* brädd; *margin, brink*, ORM. 14040; WICL. EXOD. xxxvii. 11; berd '*margo*' PR. P. 32; **brerde** (*dat.*) TREV. II. 173; upon helle brerde A. R. 324; breorde LAȝ. 23322.

brerd-ful, adj., *cf. Swed.* bräddfull; *full to the brim*, ORM. 14529; bredful; bratful LANGL. *B* PROL. 41; bretful HOM. II. 167; P. S. 333 (P. 41); PL. CR. 223; CH. C. T. *A* 687.

brēre, sb., *O.E.* brēr *m.; brier*, '*tributus, vepres,*' VOC. 181, 229; PR. P. 49; '*eglanter*' VOC. 163; LANGL. *C* iii. 28; WICL. JOB xxxi. 40; TOWNL. 100; S. & C. I. xxix; scharp as brere CH. C. T. *E* 1825; breere LIDG. M. P. 218; brēre (*dat.*) MIN. vii. 168; briȝt so blosme on brere GREG. 18; rede brere L. C. C. 42; **brēres** (*pl.*) A. R. 276; ORM. 9212; WILL. 1809; MAND. 115; CH. C. T. *A* 1532; a burþen of brere SPEC. 110.

bres, *see* **bras.**

brēse, sb., *O.E.* briosa, breosa (*asilus, tabanus*); *gadfly*, '*oestrum,*' VOC. 255; '*asilus*' PR. P. 49; '*bruchus*' CATH. 43; PS. civ. 34.

bresed, adj., *? bristly*, A. P. ii. 1694; GAW. 305.

brēsen, *see* **brūsen.**

brest, berst, sb., *O.N.* brestr, *O.E.* berst, = *M.H.G.* brest, breste, *M.Du.* brest, berste; *damage, defect*, PR. P. 49; A. P. ii. 229; C. M. 16561; breste HALLIW. 209; berst BEV. 1930; *see* **brüst.**

brēst, *see* **brēost.**

bresten, berstan, v., *O.N.* bresta, *O.E.* berstan, = *O.L.G.* brestan, *O.H.G.* prestan, brestan, *O.Fris.* bersta; *burst*; brestin PR. P. 50; bresten, berste CH. C. T. *A* 1980; breste, berste, WICL. MK. ii. 22; bersten A. R. 80; berste LAȝ. 27683; HORN (R.) 662; **berste** (*pres. subj.*) O. & N. 990;

brast (*pret.*) CH. C. T. *B* 697; TRIST. 191; TOR. 687; DEGR. 1622; brast, barst LANGL. *B* vi. 180; barst LA3. 1467; ALIS. 625; þet meari bearst ut JUL. 59; brosten OCTOV. (W.) 1088; MAN. (F.) 1833; broston ED. 3449; bursten JUL. 59; RICH. 2892; stanes þer bursten LA3. 27719; þe bees bursten out RICH. 2892; hire limes burste P. L. S. xv. 193; borsten K. T. 1049; **brosten** (*pple.*) CH. C. T. *A* 3829; WICL. GEN. vii. 11; iborsten HICKES I. 228; *comp.* **æt-, to-bresten**; *deriv.* **brest, brüst.**

bretasce, sb., *O.Fr.* bretesche; *brattice, bartizan,* '*propugnaculum*,' PR. P. 50; brutaske ROB. 536.

bretasce, v., *fortify with a brattice*; **bretexed** (*pple.*) LIDG. TROY ii. 11.

briteising, sb., *bratticing*, WICL. S. W. I. 191.

brēð, sb., *O.E.* brǣð *m.*, *allied to O.H.G.* prādam; *breath,* A. R. 80; unl(e)ofne brēð HOM. I. 153; breþ TREAT. 136; SHOR. 102; P. L. S. v.² 41; TREV. II. 185; þe hote breþ O. & N. 1454; breþ, breeþ CH. C. T. *C* 552; bretz P. R. L. P. 221; **brēðe** (*dat.*) HOM. II. 145; for þan ufele brečě I. 43; breþe CH. C. T. *A* 5; LIDG. M. P. 62; brethe PR. C. 613.

brēþ-man, sb., *? blower of a wind instrument*; **brēthemen** (*pl.*) D. ARTH. 4108.

brēthe, sb., *? O.N.* brǣči; *from* **braþ**; *? fury* D. ARTH. 2213; breþ '*furorem*' PS. xxxvi. 8; **brēthe** (*dat.*) TOWNL. 197.

breþel, sb., *? from* **brēoðen**; *wretch, worthless person*; (*printed* breyeł) '*miserculus*' PR. P. 50; briþel (*? printed* briʒel) REL. II. 119; **brethelis** (*pl.*) LUD. COV. 308.

breþeling, sb., *?=*breþel; AR. & MER. 64; briþeling R. S. vi (MISC. 184, 185).

brēthin, v., *breathe, smell, exhale perfume,* '*spiro*,' PR. P. 50; breþi TREAT. 136; **brēþiþ** (*pres.*) WICL. JOHN iii. 8; **brēþede** (*pret.*) TREV. VIII. 195; D. TROY 8777.

breu, sb., *O.Fr.* breu; *broth*; brewe '*brodium*' VOC. 241.

[**brēu-,** *stem of* **brēowen, brew.**]

brēu-arn, sb., *O.E.* brēawern; *brewhouse,* VOC. 178.

brēu-hous, sb., *?=M.H.G.* briuhūs; *brewhouse,* VOC. 204; CH. C. T. *A* 3334.

brēu (? brēwe), sb., *O.E.* brēaw, brǣw *m.*, =*O.H.G.* brā *f.*, *O.H.G.* brā *m. f.*, *O.Fris.* brē *n.*; *mod.Eng.* brow; *eyelid, eyebrow; bank, river-side* (*mod.* brae); breʒe SPEC. 34; brie '*cilium*' VOC. 76; bank ne bre MAN. (F.) 10333; **brēie** (*ms.* breye) (*dat.*) R. S. v (MISC. 182); **brēwas** (*pl.*) LEECHD. III. 98; **brēwis** (*pl.*) WICL. LEV. xiv. 9; breoowen LA3. 18374; brees AV. ARTH. xv; brizes MISC. 226; *comp.* **ēʒe-brēu**; *see* **brā.**

breue, *see* **bref.**

brēven, v., = *O.N.* brefa, *M.H.G.* brieven; *from* **bref**; *commit to writing,* P. S. 156;

brēved (*pple.*) GAW. 2521; A. P. ii. 197; ibrevet HOM. I. 249; MARH. 16.

brevet, sb., *Fr.* brevet; *brevet,* LANGL. *A* PROL. 71.

brevetour, sb., *carrier of brevets,* '*brevigerulus*,' PR. P. 50.

brēwe, *see* **brēu. brēwen,** *see* **brēowen.**

brī, sb., *O.E.* brīw, = *M.Du.*, *O.H.G.* brī, *M.L.G.* brig; *broth, sops,* '*puls*,' FRAG. 4.

brībe, sb., *O.Fr.* bribe (*morsel of bread*), *mod.Eng.* bribe; *? plunder*; feyning a cause for he wolde han a bribe [*v. r.* wolde bribe] CH. C. T. *D* 1378 (Wr. 6960).

brīberie, sb.,= *O.Fr.* briberie (*mendicancy*), *mod.Eng.* bribery; *pilfering,* TREV. VIII. 81; **brīberies** (*pl.*) CH. C. T. *D* 1367.

brībeþ, sb.: gōn a bribeþ [bribed] (*go a-begging*) LANGL. C ix. 246.

brībin, v., *O.Fr.* briber (*to beg*), *mod.Eng.* bribe; *pilfer,* '*manticulor*,' PR. P. 50; bribe CH. C. T. *A* 4417.

brībour, sb., *O.Fr.* bribeur; *pickpocket, thief, rascal,* LUD. COV. 183; **brīboures** (*pl.*) TREV. II. 147.

briche, adj., *O.E.* brice, bryce; *from* **brēken**; *frail, poor,* H. S. 5821.

brīche, *see* **brūche.**

brid, sb., *O.E.* bridd *m.*, *mod.Eng.* bird; *young bird; bird in general;* '*pullus*' FRAG. 3; '*avis*' PR. P. 50; A. R. 102; O. & N. 124; S. S. (Wr.) 3035; MAND. 48; WICL. LEV. xvii. 13; culfre bridd ORM. 7887; Judas was a liþer brid (*youth*) P. L. S. xxii. 1; mi brid i fed L. H. R. 133; **briddes** (*gen.*) P. L. S. xxv. 13; **briddes** (*pl.*) A. R. xii. 118, 128; KATH. 64; LANGL. *B* xii. 131; WILL. 179; CH. C. T. *A* 2929; ANT. ARTH. xxvii; birdes D. ARTH. 2510; birdus TOR. 2044; **bridde** (*dat. pl.*) O. & N. 644.

brid-līm, sb., *bird-lime,* PR. P. 50; birdlīm VOC. 221.

brīde, sb., *O.Fr.* brīde; *bridle,* ALIS. 2626; (*ms.* bridel, *r. w.* ride) HORN (L.) 772 (R. 778, H. 801).

brīde, *see* **brūde.**

brīdel, sb., *O.E.* brīdel, = *O.H.G.* brītel, brīdel, *M.L.G.*, *M.Du.* breidel; *from* **breiden**; *bridle,* A. R. 74; O. & N. 1028; ROB. 396; SHOR. 6; CH. C. T. *A* 2506; þane bridel AYENB. 253; bridil RICH. 5817; **brīdle** (*dat.*) AYENB. 204; **bridles** (*pl.*) WICL. JAMES iii. 3.

brīdelin, v., *O.E.* (ge)brīdlian, = *M.H.G.* brītelen; *bridle,* '*freno*,' PR. P. 50; **brīdleð** (*pres.*) A. R. 74; bridlen GOW. I. 110; **brīdled** (*pple.*) ORM. 11664; brideled MAND. 253; ibridled CH. L. G. W. 111.

brīe, *see* **brēu. brīest,** *see* **brēost.**

brige, sb., *O.Fr.* brigue; *intrigue, quarrel,* '*briga, dissensio*,' PR. P. 50; CH. C. T. *B* 2872.

brige-less, adv., *without cavil,* ANGL. V. 28.

brige. **brink.**

brige, v., ? *Fr.* briguer; *entrap* : þo fende haſs cast þis snare for to brige men WICL. S. W. III. 416.
Brigge, pr. n., *O.E.* Brycge, *M.Du.* Brugghe; *Bruges,* SAX. CHR. 254.
brigge, *see* **brügge.**
brigous, adj., *O.Fr.* brigeus, *from Lat.* brīgosus; *disputable,* TREV. III. 203.
briȝt, *see* **briht.**
briht, adj., *O.E.* bryht, breoht, beorht, berht, byrht, = *O.L.G.* berht, bereht, *O.H.G.* beraht, *O.N.* biartr, *Goth.* bairhts; *bright,* HOM. I. 61; LAȝ. 7239; MISC. 88; SPEC. 25; K. T. 240; (*ms.* brihht) ORM. 3431; briht, briȝt O. & N. 623; bricht HOM. II. 255; MISC. 27; briȝt AYENB. 74; DEGR. 1483; briȝt and schene SHOR. 149; briȝt win GAW. 129; brigt GEN. & EX. 132; briȝt, bright CH. C. T. *A* 1062; brith HAV. 589; brict HORN (H). 14; *printed* britt HICKES I. 228; brist REL. I. 48; briht, breoht LK. xi. 34, 36; breost MAT. vi. 22; his brithe bride HAV. 2131; þet brihte [br(e)ohte] i-cunde HOM. I. 147, 149; þat... brehte... kinde HOM. II. 205; **brihte** (*dat. m.*) MARH. 19; **brihte** (*pl.*) H. M. 19; HAV. 2610; his eȝen b(e)oð swa brichte HOM. I. 165; **brihtre** (*compar.*) KATH. 1680; **brihtre,** brictere HOM. I. 39, 139; brihtere, brihture A. R. 38, 182; brihtore SPEC. 57; **brihtest** (*superl.*) MARH. 21; brictest GEN. & EX. 1910.
briȝt, sb., *beautiful woman* : breue me briȝt quatkin of priis beres þe perle so maskellez, A. P. i. 754; brigt; *brightness, splendour,* GEN. & EX. 143; bright TOWNL. I.
brihte, adv., *brightly,* CHR. E. 770; (*ms.* brihhte) ORM. 2138; briȝte BRD. 2.
briht-līce, *O.E.* beorhtlīce; *brightly,* MK. viii. 25; brihtliche A. R. 154; briȝtliche AYENB. 150; **brihtlūker** (*compar.*) A. R. 96.
brihtnesse, sb., *O.E.* bryhtness, beorhtness; *brightness,* HOM. I. 217, II. 31; brictnesse I. 239; briȝtnesse AYENB. 27; brihtnisse, brehtnisse JOHN V. 41, xvii. 22.
brihten, v., *O.E.* (ge)brihtan, beorhtan, byrhtan, = *O.N.* birta; *brighten,* A. R. 148; **brihte** (*imper.*) HOM. I. 200; til on morwen þe dai bright S. S. (Wr.) 1997.
brike, sb., *Fr.* brique, *cf. M.L.G., M.Du.* bricke; *brick,* E. G. 372; brik W. & I. 37.
brike, sb., *O.North.Fr.* brique; *snare, trap* : Genilon Oliver brought this worthy king in such a brike CH. C. T. *B* 3580.
brillin, *see* **birlen.**
brim, sb., *O.E.,* = *O.N.* brim; *stormy sea, waves,* L. H. R. 125; MIN. vi. 57; **brimme** (*dat.*) GAW. 2172; and lepith dune into the brimme P. L. S. xxxv. 157.

   brūn-swin, sb., ? *O.N.* brimsvīn; ? *porpoise*; '*delphinus*,' PR. P. 54.

brim, sb., *O.E.* brymm (*pl.* brymmas); *brim, brink, margin*; **brimme** (*dat.*) JOS. 458; GOW. II. 293; TREV. I. 423; CH. L. G. W. 2451; EM. 694; A. P. i. 232; bi þan brimme LAȝ. 4472; to þis londes brimme HORN (L.) 190; **brimmes** (*pl.*) TREV. viii. 139.
brim, brime, *see* **brēme.**
brime, sb., *O.N.* brimi; ? *burning heat, fire* : ant þurh þe brime [? *read* brune] ablindeð MARH. 15.
brim-fīr, *see* **brinfīr,** *under* **brūne.**
brimmen, v., *O.E.* bremman (*rage, roar*), = *O.H.G.* breman, *M.H.G.* bremen, *M.Du.* bremen; (*of swine*) *be in heat, copulate* ; (*of trees*) *bear fruit* : the sonner wol thei brimme aȝein and bringe forth pigges moo PAL. iii. 1070; brimen and beren GEN. & EX. 118; brime '*subare*' CATH. 44.
brimse, sb., *O.E.* brimse, = *M.Du.* bremse; *gadfly,* WR. DICT. 257.
brim-stōn, sb. (=**brinstōn,** *from* **brinnan**); *brimstone, sulphur,* CHR. E. 181; brimstoon, bremston CH. C. T. *A* 629; brim-, brumston WICL. DEUT. xxix. 23, JOB xviii. 15; bremston BEVES 3277; brumston MAP 339; MISC. 227; *see* **brenstōn,** *under* **brenne,** *and* **brūnstān,** *under* **brūne.**
brīn, sb., *O.N.* brūn (*pl.* brȳnn), Dan., Swed. brȳn; *brow,* '*supercilium*,' PR. P. 51; MAN. (F.) 12344; bryne AV. ARTH. xv.
brīne, sb., *O.E.* brȳne (*for* brīne), = *M.Du.* brijne; *brine,* '*salsugo*,' PR. P. 51; C. M. 6348; PALL. iii. 39.
brinfīr, *see under* **brūne.**
bringe, sb., *bringing*; wel bið him þere bringe LAȝ. 743.
bringen, v., *O.E.* bringan (*pple.* brungen), = *O.L.G.* bringan, *O.H.G.* pringan, bringan (*pret.* prang, *pple.* prungan), *Goth.* briggan, *O.Fris.* bringa; *bring,* A. R. 268; GEN. & EX. 312; H. H. 6; bringen on (*induce*) ORM. 7717; bringen heom to gadere MISC. 37; bringen [bringe] LAȝ. 741; ne mihten heo... nenne a dun bringe 26588; bringe O. & N. 1029; HAV. 72; to deþe bringe ROB. 335; to ende bringe C. L. 288; fruit... bringe LEB. JES. 566; **bringeð** (*pres.*) HOM. I. 103; H. M. 33; & bringeð hire on to gederen A. R. 222; þeonne bringeð he up sum luðer word 426; bringeþ O. & N. 524; **bring** (*imper.*) MARH. 19; **bringe** (*subj.*) P. L. S. xix. 284; *for the pret. see under* **brengan** ; *comp.* ȝe-**bringen**; *deriv.* **brengen.**
bringere, sb., *bringer,* MAND. 243; bringare PR. P. 51; CH. C. T. *D* 1197.
brinie, *see* **brünie.**
brink, sb., *cf. M.L.G.,* Dan., Swed. brink, *Icel.* brekka; *brink,* '*margo, ripa*,' PR. P. 52; **brinke** (*dat.*) A. R. 242*; LEG. 130; ALIS. 3491; MAN. (F.) 4623; bi þe se brinke HORN (L.) 141; on mi pittes brinke CH. C. T. *E* 1401; in þe

brinnen. **broþ.**

brinke ['*in litore*'] WICL. JOHN xxi. 4; brinkes (*pl.*) TREV. VIII. 349.
brinnen, v., *O.E.* brinnan, beornan, byrnan, =*O.L.G.*,*O.H.G.*,*Goth.* brinnan, *O.N.* brinna; *burn*, (*intrans.*); brinne C. M. 5749; ISUM. 695; brinne, brenne CH. C. T. *D* 52; beornen FRAG. 7; beornen, bernen LAȝ. 2858, 16218; beornen (*r. w.* ȝeorne) HOM. I. 197; birne 239; TOR. 555; berne AR. & MER. 2320; brinneð (*pres.*) REL. I. 215; bearneð H. M. 37; birnende, beorninde (*pple.*) HOM. I. 41, 95; berninde R. S. iv (MISC. 166); born (*pret.*) LAȝ. 16217; burnen 4579; burne (*subj.*) LAȝ. 28085; *comp.* for-brinnen; *deriv.* brenne, brennen, brüne, brand.
brīsel, *see* brūsil. brīsen, *see* brūsen.
brisewort, *see under* brūse.
brist, *see* brūst.
Bristōwe, pr. n., *O.E.* Brycgstōwe; *Bristol*, ROB. 277; TREV. II. 35; Bristouwe [Brustouwe] LAȝ. 21027.
briteising, *see* bretasce.
britel, *see* brūtel. britnen, *see* brūtnen.
britoner, *see* brūtiner.
briþel, briþeling, *see* breþel, breþeling.
brixle, sb., *O.N.* brigsli (*for* *brigˣsli); *from* breiden; *reproach, upbraiding*; brixel, bricsl, brixil C. M. 10319, 24044, 28196; *comp.* upbrixle.
brixlen, v., *O.N.* brigsla; *reprove*; brüxles (*pres.*) A. P. iii. 345.
brō, *see* brā *and* brēu.
broc, sb., *? menace*; þis was hire broc (*first text* ibeot) LAȝ. 21029*.
brōc, sb., *O.E.* brōc *m.* (*brook*), =*M.Du.* broek, *O.H.G.* bruoch *n.* (*marsh*); *brook*, HOM. I. 187; ænne broc LAȝ. 10828; brok, brook CH. C. T. *A* 3922; brōke (*dat.*) LAȝ. 10831; LANGL. *B* vi. 137; A. P. i. 141; brōkes (*pl.*) LAȝ. 31228; A. R. 258.
brōc-minte, sb., *O.E.* brōcminte; *brookmint*, VOC. 140.
brocāge, sb., *brokage, trade or action of a broker; jobbery*, LANGL. *B* xiv. 267, *C* xvii. 109; CH. C. T. *A* 3375.
brōche, sb., *O.Fr.* broche; *broach* (*spit*); *brooch*, '*veru*,' VOC. 178; '*monile*' 199; A. R. 420; WICL. JER. iv. 30; (*spear*) L. L. R. 133; haþ set a broche (*a broach*) þe tonne LIDG. M. P. 164; broches (*pl.*) AYENB. 229; LANGL. *B* xvii. 245; bruchez D. ARTH. 3257.
brōchin, v., *Fr.* brocher; *broach* (*a cask*), *spur* (*a horse*), PR. P. 52; broching FER. 3657; brōchede (*pret.*) D. ARTH. 2714.
brocke, sb., =*M.Du.* brocke, *O.H.G.* brocco *m.*; *from* brēken; *fragment*; broc (*broken skin*) TRANS. XXX. 381; broccan (*dat. pl.*) MAT. xv. 37.
brocour, brokour, sb., *cf. med.Lat.* brocarius; *broker*, LANGL. *B* ii. 65, *C* iii. 66.

brod, sb., *O.E.* brord, *O.N.* broddr (*spiculum, ora*), *cf. O.H.G.* prot, prort *m.* (*ora*); *spike; brad; ear of corn*, '*aculeus*,' VOC. 202; '*clavus acephalus*,' PR. P. 53; brodd & blome ORM. 10773; brurdes (*pl.*) A. P. ii. 1474.
brurd-ful, adj., *cf.* brerdful; *full to the brim*, A. P. ii. 383.
brōd, sb., *O.E.* brōd,=*M.Du.* broed, *M.H.G.* bruot; *brood*, O. & N. 1633; netes brod GEN. & EX. 3712; þe luþer brod ROB. 70; brōde (*dat.*) O. & N. 518; C. M. 1507; he sit a brode P. L. S. V.² 35.
brōd, *see* brād.
brodden, v., *from* brod; *shoot, sprout*, ORM. 10769.
brōdien, *see* brādien.
brōdin, v., *brood*, '*foveo*,' PR. P. 53; *see* brēden.
broiderer, *see* broudiour.
broiderie, *see* brouderi. broidin, *see* breiden.
broilen, v., *O.Fr.* bruiller; *broil*, '*ustulo, torreo*,' PR. P. 53; broile CH. C. T. *A* 383.
brok, sb., *O.E.* broc, *cf. Dan.* brok, *Ir.*, *Gael.* broc, *Welsh* broch; *badger*, '*taxus*,' PR. P. 53; '*teissoun*' VOC. 166; Iw. 98; brockes (*pl.*) LAȝ. 12817; brokkes TREV. I. 327.
brok, sb., *O.E.* broc,=*O.N.* brokkr; *? nag*; hait brok CH. C. T. *D* 1543.
brōke, *for* brōken, *pple.* of brēken; *leepfullis* of broke meat WICL. S. W. II. 14.
brōke-bakkid, adj., *hunch back*, '*gibbosus*,' PR. P. 53; GAM. 720.
brōke-footid, adj., *broken footed* ['*fracto pede*'], WICL. LEV. xxi. 19.
brōke-legged, adj., *bandy-legged*, LANGL. *B* vi. 138.
brōke-rügget, adj., *hump-backed*, H. M. 25.
brōke-shankid, -schonket, adj., *broken legged*, LANGL. *A* vii. 131.
brokel, *see* brūchel. brōken, *see* brūken.
brokken, v., *? murmur*; aȝe the crokkere to brokke SHOR. 106; brokkinge (*pple.*), as a nyghtyngale CH. C. T. *A* 3377.
brol, sb., *offspring, child*; brolle LANGL. *B* iii. 204; brol PL. CR. 745; REL. II. 177; brollis (*pl.*) WICL. S. W. 195.
brōm, sb., *O.E.* brōm *m.*,=*M.Du.* broem; *broom*, '*genista*,' FRAG. 3; VOC. 140; A. P. iii. 392; broom MAND. 130; brōme (*dat.*) ALIS. 2492; brōmes (*pl.*) ['*myricae*'] WICL. JER. xvii. 6; CH. H. F. 1226.
Brōm-holm, pr. n., CH. C. T. *A* 4286.
brond, *see* brand. brōsen, *see* brūsen.
brosnien, v., *O.E.* brosnian; *crumble, break* (*intrans.*): þu scalt rotien & brostnian (? *for* brosnian) FRAG. 7.
brotel, *see* brūtel.
broþ, sb., *O.E.* broð,=*O.H.G.* prod *n.; ? from*

brēowen; *broth*, ROB. 528; P. S. 334 (P. 43); MAND. 250; AL. (V.) 310.
broþ, *see* brāþ.
broþel, adj., *? from* brēoðen; *wretched*, LANGL. A xi. 61; broþel (*subst.*) GOW. III. 173; LUD. COV. 217; broþels (*pl.*) PL. CR. 772; *see* breþel.
brōðer [brōþer], sb., *O.E.* brōðor, brōður,= *Goth.* brōþar, *O.L.G.* brōthar, bruother, *O.Fris.* brōther, *O.N.* brōðir, *O.H.G.* pruoder, bruoder, *Lat.* frāter, *Gr.* φρατήρ; *brother*, LA3. 2105; broþer O. & N. 118; (*ms.* broþerr) ORM. 296; broþer, brother CH. C. T. *A* 529; broder FLOR. 718; brōðer, [*O.E.* brōðor,= *O.N.* brōður, *O.H.G.* bruoder, *Goth.* brōþrs, *Lat.* frātris] (*gen.*) LA3. 6741; broþer ROB. 291; þis was na broþer dede (? broþerdede) C. M. 3750; broðres HOM. II. 147; brōðer, [*O.E.* brēðer, *O.N.* brōðru, brœðr] (*dat.*) REL. I. 223; broðer MAT. xxii. 25; broþer LA3. 4294; brōðre, [*O.E.* brōðor, brōðru, brōðra, = *O.Fris.* brōthera, brōthere, *O.N.* brǣðr, *Goth.* brōþrjus, *O.H.G.* bruoder, bruodra, *Lat.* frātres] (*pl.*) MK. x. 30; broþre MISC. 55; broðre, breðre, breðren HOM. I. 7, 9, 11; breðre SAX. CHR. 32; breþre ORM. 8269; breþer WILL. 2641; MAN. (H.) 51; breþir AMAD. (R.) lx; breder AUD. 35; breðere, briðere GEN. & EX. 823, 2271; briþer S. S. (Wr.) 1899; broþren AYENB. 102; broþeren SHOR. 45; broðeren, breðren, breðeren [broþers] LA3. 2101, 2137, 4292; breðren A. R. 54; JUL. 40; breþeren BEK. 463; MAND. 222; breþeren, briþren WICL. GEN. xxix. 4; brēðere, [*O.E.* brōðra,= *O.N.* brǣðra] (*gen. pl.*) GEN. & EX. 2213; breþerne BRD. 26; brōðren (*dat. pl.*) MAT. xviii. 35; broþren MISC. 53.

broþer-hēde, sb., *brotherhood*, AYENB. 110; CH. C. T. *B* 1232; AM. & AMIL. 362; GAW. 2516; C. M. 1159.

brōþer-rēdene (*ms.* -reddene), sb., *O.E.* brōþorrǣden; *fraternity*, HOM. I. 41; broþerrede AYENB. 110.

broþ-fal, sb., *? cf. O.N.* brottfall; *? epilepsy* ORM. 15504.

brouderi, broiderie, sb., *Fr.* broderie; *embroidery*, WICL. EXOD. xxviii. 39; browdrie xxxv. 33.

broudin, v., *Fr.* broder; *embroider*, PR. P. 53; brouded (*pple.*) CH. C. T. *A* 3238.

broudinge, browding, sb., *embroidery*, CH. C. T. *A* 2498.

broudiour, brouderere, sb., *Fr.* brodeur; *broiderer*, PR. P. 53; broiderer WICL. 2 KINGS xxi. 19.

broue, *see* brūwe.

brouet, sb., *Fr.* brouet,=*Ital.* brodetto; *broth*, PR. P. 54; DEP. R. ii. 51; L. C. C. 22; broues, [*O.Fr.* broues, broez, *prov.Eng.* browis]; '*adipatum*' PR. P. 53; brouis VOC. 199; brues 266; and soupid of þe brouwis a sope RICH. 3077; brois HAV. 924.

brouken, *see* brūken. broun, *see* brūn.
brousch-, *see* brusch-. brouwe, *see* brūwe.
[browe, sb. ?=*M.Du.* brūwe (*broth*); *comp.* fisc-browe].

brüche, sb., *O.E.* bryce,= *M.Du.* breuk, *O.H.G.* pruh, bruch; *from* brēken; *breach; violation; crime*; H. M. 21; ROB. 26; REL. I. 241; at þe furmeste bruche þat he fond he lep in II. 272; for monnes bruche KATH. 1210; breche LK. xxiv. 35; brüches (*pl.*) SPEC. 30; þe bruches of hire bodi KATH. 1615; brüchen (*dat. pl.*) MARH. 21; i bote of þeos bruchen A. R. 28; *comp.* æ-, burh-, griþ-, mund-, schip-, spūs-brüche (-briche).

brüche, adj., *O.E.* brȳce,=*Goth.* brūks, *O.H. G.* prüch; *from* brūken; *useful*; briche REL. I. 225; MAN. (F.) 11406.

brüchel, adj.,=*M.Du.*, *M.L.G.* brokel; *from* brēken; *brittle*; KATH. 2029; A. R. 164; brukel, brokel M. H. 120, 154; brokil '*fragilis*' PR. P. 53; LANGL. *C* xi. 47*; H. V. 86; of brokele kende SHOR. 3; brüchelure (*compar.*) A. R. 164.

brüchelnesse, sb., *fragility*, P. L. R. P. 251; brukilnesse QUAIR cxciv.

[brüd, sb., *O.E.* bryd, brygd; *from* breiden; *comp.* up-brüd].

brüde, sb., *O.E.* brȳd,=*O.L.G.* brūd, *O.H.G.* prūt, brūt, *O.N.* brūðr, *Goth.* brūþs; *bride*, A. R. 164; H. M. 5; MISC. 91; HORN (L.) 1058; P. S. 239; brede MAT. xxv. 1; AL. (T.) 129; brid ORM. 14194; bride PR. P. 50; HAV. 2131; CH. C. T. *E* 1818; brude (*? for* burde) LA3. 294.

brüd-ale, sb., *O.E.* brȳdealo; *bridal*, HORN (L.) 1032; REL. I. 265; bruid-, bridale LANGL. *B* ii. 43; bridale ORM. 14003; GEN. & EX. 1674; OCTAV. (H.) 1702; bredale MISC. 29; AYENB. 118.

brüd-gifte, sb., *giving in marriage*, '*nuptias*,' MAT. xxii. 2.

brüd-gume, sb., *O.E.* brȳdguma,=*O.L.G.* brudigumo, *O.H.G.* brutigomo; *bridegroom*, MARH. 19; bridgume ORM. 10422; bredgume MAT. ix. 15; MISC. 29; bredgome AYENB. 233; bredgumen (*gen.*) MK. ii. 19.

brüd-lāo, sb., *O.E.* brȳdlāc; *nuptials*, JUL. 7; H. M. 3.

brüd-þing, sb. *O.E.* brȳdþing; *nuptials*, MISC. 99.

brügge, sb., *O.E.* brycg,= *O.N.* bryggja, *O.Fris.* bregge, *O.H.G.* brucca; *bridge*, LA3. 19242; WILL. 2140; LANGL. *B* v. 601; brigge CH. C. T. *A* 3922; MAN. (H.) 241; MAND. 7; þe brigge ... al of marbre imad is sche FER. 1680; þe brigge of þe nose VOC. 183; bregge B. DISC. 1252; brügge (*gen.*) ROB. 539; 190; brüggen (*pl.*) ROB. 555; brigges SAX. CHR. 254; *comp.* draht-, tu-brügge.

brigge-bōte, sb., *O.E.* brycgbōt ; *repairing or restoration of a bridge*, REL. I. 33.

brigge-ward, sb., *bridge keeper*, FER. 1700.

brüggen, v., *O.E.* brycgian, *M.L.G.* bruggen ; *bridge* ; **briggeden** (*pret.*) HOM. II. 91 ; ibrügged (*pple.*) LA3. 21276.

brūk, sb., *Lat.* brūchus ; *a kind of locust*, WICL. LEV. xi. 2 ; bruik HAMP. PS. civ. 32.

brūken, v., *O.E.* brūcan (*pret.* brēac),= *O.L.G.* brūcan, brūkan, *O.Fris.*, *O.N.* brūka, =*Goth.* brūkjan, *O.H.G.* prūhhan, prūchen ; *enjoy*, *use*, A. R. 202 ; H. M. 33 ; ORM. 2154 ; þat bred bruken HOM. II. 95 ; bruken [brouke] he heo þohte LA3. 4800 ; bruken nanes drenches 19755 ; broken 15334 ; ælra þara þinge þe on paradis beoð þu most bruce HOM. I. 121 ; bruke MISC. 76 ; brouke LANGL. *B* xi. 117 ; CH. C. T. *E* 2308 ; so mote ich brouke finger or to HAV. 1743 ; broke P. L. S. xiv. 51 ; FER. 3484 ; to brukene HOM. I. 105 ; **brouke** (*pres.*) P. S. 332 ; brukest HOM. I. 111 ; **brūc** (*imper.*) GEN. & EX. 1831 ; bruc his [brouk hit] on wunne LA3. 24180 ; broke AMAD. (R.) lxi ; *deriv.* **brūche**.

brūn, adj., *O.E.* brūn,=*O.N.* brūnn, *O.H.G.* prūn ; *brown*, C. M. 18833 ; broun CH. C. T. *A* 207 ; mi brune her MISC. 193 ; of broune here ROB. 429 ; hire browe broune SPEC. 28 ; þe brune (sb.) HAV. 2181 ; this feire broune is sone to the kinge MER. xxi. (373).

brūne, sb., *O.E.* bryne, byrne, *cf. O.N.* bruni, *m.*; *from* **brinnen** ; *burn, burning*, HOM. I. 203 ; LA3. 8255 ; H. M. 9 ; þe brune of golnesse A. R. 254 ; huses brune O. & N. 1155 ; bringen on brune *set on fire* KATH. 1364 ; brene AYENB. 264 ; ? *comp.* **herte-bren**.

brin-fīr, sb., *burning fire* ; brimfīr GEN. & EX. 754 ; **brinfīres** (*gen.*) 1164.

brendfier-rein, sb., GEN. & EX. 1110.

brūn-stān, sb., '*sulphur*,' PS. x. 7 ; PR. C. 4853 ; brunston MISC. 150 ; brun-, brin-, brenston, WICL. GEN. xix. 24, PS. x. 7 ; brinston P. L. S. xxi. 143 ; A. P. ii. 967 ; ANT. ARTH. xv ; bren-, bernston AYENB. 49, 73 ; bronston MAN. (F.) 14684* ; LUD. COV. 308 ; bornston VOC. 211 ; *see* **bren-stōn**.

brūnen, v.,=*O.H.G.* brūnen ; *become brown* ; brouniþ (*pres.*) ALIS. 3293.

brūnie, sb., *O.E.* byrne,=*O.N.* brynja, *O.L.G.*, *Goth.* brunjo, *O.H.G.* prunja ; *coat of mail*, A. R. 382 ; R. S. iv ; HORN (L.) 591 ; brunie, burne LA3. 1553, 6718 ; bruni ALIS. 1869 ; GAW. 2012 ; brinie HAV. 1775 ; brenie HOM. l. 243 ; breni ANT. ARTH. xli ; burne HOM. I. 155 ; būrnan (*pl.*) LA3. 1701.

brūnied, adj., *provided with a coat of mail* : **breniede** (*pl.*) knightes D. ARTH. 316 ; *see* 3e-brūnied.

Brunne, pr. n., *Bourn*, MAN. (F.) 135.

brunswīn, *see under* **brim**.

brunt, sb., *brunt*, '*impetus*,' PR. P. 54 ; A. P. i. 176 ; bront LIDG. M. P. 261 ; bronte S. B. w. 3166.

brurd, *see* **brod**.

brusch, sb., *Ital.* brusco ; *brush, brushwood*, '*bruscus*,' PR. P. 54 ; MAN. (F.) 8338.

bruschalle, sb., *Fr.* broussaile ; *brushwood* ; PR. P. 54.

brusche, sb., *Ital.* brusca ; *brush* : wiped it with a brushe LANGL. *B* xiii. 460.

brusche, broush, sb., *forcible rush*, ALEX. 783 ; at a brush ALEX. 2133.

bruschen, v., *brush* (*clothes*) ; brusche B. B. 180.

bruschen, v., *rush with force* ; **brusches** (*pres.*) ALEX. 963 ; bruschese D. ARTH. 1681 ; brusshet D. TROY 1192 ; **bruschid** (*pret.*) WINT. viii, xiii. 93.

bruschet, sb., *thicket*, HALLIW. 215 ; FER. 800.

[**brūse**, sb., ? *bruise*]

brīse-wort, sb., *O.E.* brȳsewyrt (LEECHD. I. 374) ; *bruise-wort*, '*anagallis*,' LEECHD. II. 373 ; '*consolida major*,' III. 316.

brūsen, v., *O.E.* brȳsan (B. D. D. 49), *O.Fr.* bruisier, brisier ; *bruise, break* ; bruse WICL. DEUT. ix. 3 ; brisen HOM. II. 61 ; HAV. 1835 ; brisin '*quasso*' PR. P. 52 ; brese PALL. i. 913 ; **brūsede** (*pret.*) JOS. 501 ; brusden L. H. R. 40 ; **brīsid** (*pple.*) WICL. LK. xx. 18 ; bresid FLOR. 103 ; TRIAM. 237 ; *comp.* for-, to-brūsen.

brūsil, adj., *fragile* ; brisill, '*fragilis*,' CATH. 44 ; H. S. 8571 ; bresil HAMP. PS. ii. 11.

brūst, sb., *O.E.* byrst (*loss*),=*M.L.G.* burst, borst (*want, defect*), *O.H.G.* brust (*breaking*) ; *from* **bresten** ; *damage, defect, injury* ; burst LA3. 1610 ; SPEC. 24 ; brist E. T. 833 ; PR. C. 6205 ; brist, birst C. M. 6344 ; **būrstes** (*pl.*) LA3. 2461.

brūste, sb., *O.E.* byrst, = *O.N.* burst, bust, *O.H.G.* purst ; *bristle* : þe brust(e) of a swin ELL. ROM. II. 322.

brūsten, v., *cf. Ger.* bursten, *Dan.* börste ; *beat*: ofte hi him bete and burste (*r. w.* nuste) AL. (T.) 331 ; **būrsted**, ibirsted (*pple.*) LA3. 18950 ; þou were betin and brist MAP 336 ; *see* būsten.

brūsten, v., *O.N.* byrsta (*pple.* byrstr) ; ? *clothe with bristles* ; **brūst** ase a bore P. S. 151 ; ibrusted (*sec. text* ibrustled) mid golde LA3. 3639.

brūstle, sb.,=*M.Du.* borstel ; *bristle* ; brustel K. T. 777 ; brustile, bristile, burstil '*seta*' PR. P. 52 ; bristile TOWNL. 100 ; **brūstelis** (*pl.*) ALIS. 6621 ; brustles, bristles, berstles CH. C. T. *A* 556 ; bristles TREV. II. 217 ; brostles BEV. 748.

brūstlien, v., *bristle* ; **bristled** (*pple.*) ALIS. 5722 ; þe bristlede boor CH. BOET. iv 7

(148); ibürstled (ibrustled) mid stele LA3. 16095.

brustlien, v., *clatter, clash*: and brustleþ (*pres.*) as a monkes froise GOW. II. 93; **brustleden** sceldes LA3. 20143.

brüsūre, sb., *O.Fr.* brisure; *bruise, breach,* WILL. 2461; WICL. LEV. xxiv. 20; brissure '*qvassatio*' PR. P. 52; brosure WICL. 2 ES. vi. 1.

Brüt, pr. n., *O.E.* Bryt; *Briton*, LA3. 6401; **Brütten**(*dat. pl.*) 7360.

Brüt-lond, pr. n., *Britain*, LA3. 2194.

Brüt-lēoden, pr. n. (*pl.*) *British nation,* LA3. 14626.

Brütaine, Britaine, pr. n., *Fr.* Bretagne; *Britain*, LA3. 1395.

brütel, adj., *from O.E.* brēotan = O.N. briota; *brittle*, TREV. IV. 91; brutel, britel GOW. I. 33 (HALLIW. 215); brutel, britel, brotel LANGL. *B* viii. 42; brutel, brotel CH. C. T. *E* 1279; britil, brotil WICL. 2 COR. iv. 7; brotel SHOR. 5; AYENB. 129.

brotel-hēde, sb., *frailty*, AYENB. 130.

brütelnesse, sb., *brittleness*, TREV. II. 219; CH. C. T. *E* 1279.

Brütene, pr. n., *O.E.* Bryten, Breoten; *Britain*; Brutene, Bruttene LA3. 2509, 7130; on Breotene FRAG. 5.

Brütiner, sb., *inhabitant of Brittany*, LANGL. *A* vii. 142; **britoner** *B* vi. 178; britonere *B* vi. 156.

Brütisc, adj., *O.E.* Brytisc; *British*, LA3. 6318.

brütlen, v., = brütnen, *cf.* Sc. brittle; *hew in pieces*: seint Thomas wes biscop, and barunes him qvolde; heo **brütlede** (*pret.*) him MISC. 92.

brütnen, v., *cf.* Swed. brytning (*fracture*); ? *for* brütten; *break up, divide, hew in pieces*; bruttene WILL. 1133; brittene HAV. 2700; D. ARTH. 963; **brütned** (*pret.*) WILL. 1073; bretinid HALLIW. 210; **britned** (*pple.*) ORM. 14178; britned, brittened GAW. 2, 680; *comp.* for-, to-brütnen.

brütten, v., *O.E.* (for-, to)bryttan, brittan, O.N. brytja; *break in pieces*: þe dede bodi þei britten MAN. (H.) 244; *comp.* for-, to-brütten.

Brütūn, pr. n., *Fr.* Breton; *a Briton*; brütūns (*pl.*) LA3. 1958.

[**brüþen**, sb., *O.E.* bryþen, *from* brēowen; *act of brewing.*]

brüþen-lēd, sb., *brewing-lead*, R. S. v (MISC. 182).

brüwe, sb., ? *O.E.* brü, brüw (*pl.* brüa, brūwa), VOC. 42, 64, 282; *brow*; bro(u)e '*supercilium*' VOC. 179, 183; PR. P. 53; B. DISC. 883; **brüwen** (*pl.*) LA3. 22283; bruwes HOM. II. 213; bro(u)wen SPEC. 39; brouwes K. T. 417; MISC. 225; (*ms.* browes) SPEC. 34;

TOR. 1454; brues, broues C. M. 8079; broues REL. I. 54; bro(u)wen (*dat. pl.*) BRD. 19.

būc, sb., *O.E.* būc, = *O.L.G.* būc, *O.N.* bukr, *O.H.G.* būh, pūch; *belly, paunch, body,* FRAG. 6; JUL. 71; O. & N. 1132; a bouk of a motoun MAN. (H.) 174; **būkes** (*gen.*) REL. I. 218; **būke** (*dat.*) HOM. I. 25; A. R. 134; bouke CH. C. T. *A* 2746; **boukes** (*pl.*) ALIS. 3946; būken (*dat. pl.*) LA3. 17319.

bucched (? **būcched**), adj., ? = **bicched**; arh ich was . . . and neh dun fallen, and mine fan derve swa bucched and swa kene HOM. I. 277.

bucke, sb., *O.E.* bucc, bucca, *cf.* O.N. bukkr, *O.H.G.* poch, boch; *buck, he-goat*, A. R. 100; bucke, bukke CH. C. T. *B* 1946; bukke TREV. I. 339; MAN. (F.) 15749; bucc ORM. 1140; **buckes** (*gen.*) buckes [bukkes] horn CH. C. T. *A* 3387; **buckes** (*pl.*) HOM. I. 37; bukkes ORM. 1330; *comp.* goot-, rā-bukke.

Bu(c)kingham, pr. n., *O.E.* Buccinga hām; *Buckingham*, MISC. 146.

budde, sb., *bud*, '*gemma*,' PR. P. 54; PALL. iii. 1144; **buddis** (*pl.*) LIDG. M. P. 217.

buddun, v., *bud*, '*gemmo*,' PR. P. 54.

bude, sb., *weevil*, '*polunita*,' VOC. 255; boude '*gurgulio*' PR. P. 46; *comp.* scharn-bude.

büdel, sb., *O.E.* bydel, = *O.H.G.* butil; *from* bēoden; *beadle*, HOM. I. 117; KATH. 1928; O. & N. 1169; SPEC. 22; bidel ORM. 97; budul LANGL. *A* ii. 77; bedel LANGL. *B* ii. 109; LK. xii. 58; WICL. GEN. xii. 43; **büdeles** (*gen.*) HOM. I. 99; **büdeles** (*pl.*) JUL. 17; P. S. 151; bedeles HOM. I. 237; AYENB. 37.

büen, see **bēon**.

büen, v., *O.N.* būa (*pple.* būinn), *O.L.G.* būan, *O.H.G.* pūan, būan, būwan, *Goth.* bauan; būn (*pple.*), *cf. prov.Eng.* boun; *ready, prepared*, ORM. 523; C. M. 14992; boun SPEC. 100; WILL. 1138; JOS. 461; MAN. (F.) 4766; TOR. 2044; EGL. 583; sche was boun to goon CH. C. T. *F* 1503; *see* **busken**; *comp.* 3e-būen; *deriv.* būr, bī, biggen.

bueren, see **bēren**. **bufen**, see **biuven**.

buffard, sb., ? *fool*, LIDG. M. P. 32.

buffe, sb., *blow, buffet*, AV. ARTH. iv.

buffen, v., *cf.* L.Ger. buffen, *Du.* boffen; *stutter*; **boffing** (*pple.*) ROB. 414; *see* **puffen**.

buffere, sb., *stutterer*: of **bufferes** (*pl.*) '*balborum*' WICL. IS. xxxii. 4.

buffet, sb., *O.Fr.* buffet, *mod.Eng.* buffet; *blow with the hand; a sort of stool*, A. R. 182; WILL. 4700; PR. C. 5203; buffat, boffat WICL. JOHN xviii. 22; buffet, boffet '*alapa, tripes*' PR. P. 41, 54, 55; **buffetes** boffetes (*pl.*) C. L. 1148.

buffetin, v., *O.Fr.* buffeter; *buffet*, '*alapo*,' PR. P. 54; **buffetede**, buffeted (*pret.*) LANGL. *B* vi. 178; buffeteden A. R. 106.

buffetunge, sb., *buffeting*, HOM. I. 207.

bū3en, v., *O.E.* būgan, = *M.Du.* buighen, *Goth.*

biugan, O.H.G. piugan, O.N. biuga, Lat. fugere, Gr. φεύγειν, mod.Eng. bow; *bend, turn, turn aside, bow*; to godes bord bugen (*go*) HOM. II. 92; buȝen [bouȝen] ut of telde LAȜ. 5386; þe him buwen [bouwe] wolden 3709; buȝhen ORM. 6627; ȝef þu nult to ure wil buhen (*submit*) & beien JUL. 27; buwen A. R. 22; bouȝe AYENB. 8; he sal boughe him ['*inclinabit se*'] PS. ix. 31; to bowe into þe bent DEGR. 55; bũwe (*pres.*) HOM. I. 191; bũhð [O.E. býhð] A. R. 266; buhþ MISC. 96; bouweþ C. L. 1305; bouwes JOS. 571; WILL. 948; heo buheð to him KATH. 365; bũh (*imper.*) MARH. 20; buh from uvele ['*declina a malo*'] HOM. I. 117; bouȝ AYENB. 194; boweth LANGL. B v. 575; bũhe (*subj.*) KATH. 1484; bũinde (*pple.*) A. R. 18; bēaȝ (*pret.*) AYENB. 239; beah JUL. 77; beh, bæh LAȜ. 4745, 15740; þa beh (*bent*) ha þe swire MARH. 22; and beh him to me over bord SPEC. 54; ich beih to þe deofle A. R. 304; beih C. L. 358; beiȝ AL. (T.) 433; bei REL. II. 276; bæh ORM. 8961; buȝen (*pret. pl.*) LAȜ. 24683; buȝen to fulehte HOM. I. 91; boȝen AYENB. 84; GAW. 2077; buhe (*subj.*) KATH. 2400*; *comp.* a-, an-, bi-, for-, ȝe-bũȝen; *deriv.* bēaȝ, bēȝen, bīȝels, biȝt, boȝe, boȝt.

bouȝinge, sb., *bending*, AYENB. 153.

būȝen, see bēȝen.

bugge, sb., *? Welsh* bwg; *bugbear, spectre*, PR. P. 55.

būggen, v., O.E. bycgan, bicgan, = O.L.G. buggean, Goth. bugjan; *buy*, HOM. I. 163; KATH. 1633; A. R. 208; O. & N. 1368; AN. LIT. 9; bugge C. L. 1112; beggen LK. ix. 13; ANGL. I. 10; biggen ORM. 15793; buggen [bigge, beggin] LANGL. A iv. 76; bigge ALIS. 5494; P. 41; E. G. 353; bigge, begge TREV. II. 19; bigge, bie WICL. GEN. xli. 41, 57; begge AYENB. 23; bigen GEN. & EX. 2166; buie P. L. S. xxv. 49; bien, bie PS. cxxix. 8; bien, beie CH. C. T. C 1246, C 845; bie HOCCL. iii. 31; beie HAV. 53; OCTOV. (W.) 388; bihð (*pres.*) HOM. II. 157; buð A. R. 148; buþ HOM. I. 185; MISC. 63; buiþ H. H. 85; beið ANGL. I. 15; baiþ AYENB. 23; (þe) buggeþ HOM. I. 185; beȝe JOHN xiii. 29; (heo) bugged A. R. 190; biggeþ PL. CR. 360; būȝe (*imper.*) LAȜ. 30810; būgge [bigge] (*subj.*) LAȜ. 3556; bohte (*pret.*) LAȜ. 4799; (*ms.* bohhte) ORM. 711; boȝte AYENB. 133; bouȝte WICL. GEN. xxv. 10; bohtest SPEC. 58; bouhten A. R. 362; P. S. 339; boht (*pple.*) H. H. 97; boght OCTAV. (H.) 589; *comp.* a-, for-, ȝe-buggen.

būggere, sb., *buyer*; biggere, beggere HOM. II. 213; biggere E. G. 355; būggares (*pl.*) LEB. JES. 856; biggeres MAND. 86; *comp.* land-būggeres.

būggunge, sb., O.E. bycgung; *buying*, A. R. 362; bugginge [*v. r.* bigginge] LANGL. B

xix. 230; begginge AYENB. 38; biing (*redemption*) PS. cxxix. 7.

būgil, sb., O.Fr. būgle; *the plant called bugle*, LIDG. M. P. 199; bugle VOC. (W. W.) 554.

būgle, sb., O.Fr. būgle, Lat. būculus, *prov. Eng.* bugle; *young bull; buffalo;* '*bubalus*' PR. P. 55; WICL. DEUT. xiv. 5; bugelle (*bugle-horn*) TOR. 142; būgles (*pl.*) ALIS. 5112; MAND. 269.

būgle-horn, sb., ALIS. 5282; CH. C. T. F 1253.

būh-sum, adj., *? O.E.* būhsum, = Du. buigzaam, Ger. biegsam, mod.Eng. buxom; *from stem of* būȝen; *flexible, obedient*, HOM. I. 57; KATH. 1805; A. R. 356; ORM. 6176; MISC. 139; buxum GEN. & EX. 980; buxom WILL. 3085; buxome LANGL. B i. 110; FLOR. 1725; M. H. 62; *comp.* un-būhsum.

būhsum-liche, adv., *obediently*, HOM. I. 215; buxomelich LANGL. B xii. 114; buxomli MAND. 82; buxumli HOCCL. vi. 52.

būhsumnesse, sb., HOM. I. 73; H. M. 41; buxumnesse '*obedientia*' PR. P. 57.

builden, see būlden. buile, see būle.

buine, sb., *? purchase, buying*; þauh clennesse ne beo nout buine [bune] ['*non ematur*'] A. R. 368; wiþuten bune (*v. r.* buggunge) 362*; wiþuten bune HOM. I. 185.

buist, see boiste. buistous, see boistous.

buket, see boket. bul, see bol.

bul, bule, sb., O.Fr. boul; *? falsehood*, C. M. 21270.

bulch, see bulke.

bulchin, sb., *diminut. of* bule; *young bull*, MAN. (H.) 174.

būld, sb., *house*; bild HALLIW. 175; PL. CR. 157; bilde (*dat.*) A. P. i. 962; būldes (*pl.*) '*aedificia*' TREV. II. 71.

būlden, v., O.E. byldan; *build*, LAȜ. 2656; KATH. 1657; builden LANGL. B xii. 228; bilden [bulden, builden] CH. C. T. D 1977; bulde FER. 2377; bilde LUD. COV. 20; belden PL. CR. 706; belde TRIST. 2810; MAN. (H.) 135; to belde (*live*) and to bide in blisse D. ARTH. 2; būlde (*pret.*) LAȜ. 29218; ROB. 21; TREV. II. 75; bilded (*pple.*) MAND. 58; ibüld FL. & BL. 643; þi bur is sone ibuld R. S. V.

buildinge, sb., *building*, TREV. I. 19; a buildinge heo was LEB. JES. 871; bildinge, beldinge '*aedificatio*' PR. P. 30; beldinge PL. CR. 501; belding GENER. 244.

bulder-stōn, sb., = Swed. bullerstēn; *boulderstone*, HAV. 1790.

bule, sb., = M.L.G. bulle, M.Du. bulle, bolle, O.N. boli; *bull*, ORM. 990; bulle '*taurus*' VOC. 187; bole '*taurus*' VOC. 177; PR. P. 43; HAV. 2438; TREV. VII. 445; MAN.

H

(F.) 478; **bule** (*gen.*): anes bule hude LAȝ. 14187; **bule** (*pl.*) KATH. 61; bules, boles PS. xlix. 13; boles LANGL. *B* xi. 333; CH. C. T. *A* 2139; bulles WICL. GEN. xxxii. 15; boolis HEB. ix. 13.

    bole-hūde, sb., *bull-hide*, LAȝ. 14187*; BRD. 5; bolehide ROB. 116.

būle, sb., *O.E.* bȳl, = *O.Fris.* bēl, *M.L.G.* būle, *M.Du.* buile, *M.H.G.* biule, *prov.Eng.* bile; *boil*; bile '*gibbus*' VOC. 207; '*ulcus*' 267; '*pustula*' PR. P. 36; beel WICL. LEV. xiii. 18*; **būla** (*pl.*) LEECHD. III. 84; bules [*v. r.* biles, belis, boilus] LANGL. *C* xxiii. 84; biles '*ulcera*' WICL. EXOD. ix. 9; beles AYENB. 224.

bulge, sb., *O.Fr.* boulge, bouge, *cf. mod.Eng.* bulge, bilge; *bag*; *swelling*; *bubble*, IW. 263; bouge '*bulga*' PR. P. 46; bouge '*uter*' WICL. PS. lxxvii. 13; '*gibbus*' LEV. xxi. 20*; boge MAN. (F.) 11197; **bulges** (*pl.*) TREV. VII. 385; *comp.* **water-bulge**.

bulgit, adj., *? bulged*; they com ... with bolgit schipis REL. II. 24.

būli, see **beli**.

bulke, sb., *O.N.* bulki, *cf. mod.Eng.* bulk; *heap*, *hump*; bolke '*cumulus*' PR. P. 43; bowk GRAIL xxviii. 189; **bulches** (*pl.*) *humps* MAP 338.

bulken, v., *strike*, *beat*; on her brestes gon thei bulk (*pres.*) C. M. 18511.

bulle, sb., *Lat.* bulla; *bull* (*episcopal or papal*), ROB. 473; AYENB. 62; LANGL. *A* PROL. 66.

bulloke, sb., *O.E.* bulluc; *bullock*, '*buculus*,' VOC. 177; bulluc A. S. 4; bullok PR. P. 55.

bulten, v., =*Swed.* bulta (?=pulten); *knock*, A. R. 366*; boltid (*pret.*) WINT. IX. viii. 162; bult D. TROY 7476.

bulten, v., *O.Fr.* buleter, *Ital.* burattare; *bolt* (*sift*) *meal*; bulte PR. P. 55; CH. C. T. *B* 4430; **bulted** (*pple.*) bræd ORM. 992; bulted flour LIDG. M. P. 98.

bultinge, sb., *bolting, sifting*, PR. P. 55.

bumbin, bummin, v., = *Ger.* bummen, *Du.* bommen; *hum, make a booming sound*, '*bombizo, bombilo*,' PR. P. 55; **bumbith** (*pres.*): as a bitor bumbith (*v. r.* bumbliþ) CH. C. T. *D* 972; bommeþ (*drinks*) LANGL. *A* vii. 139; **bummede** (*pret.*) LANGL. *A* v. 137; bummed *B* v. 223.

bumblen, v., =*Swed.* bumbla, bumla (RIETZ 65); *bumble*: as a bitor **bumbliþ** [bumleþ, bombleth] (*pres.*) in þe mire CH. C. T. *D* 972 (Wr. 6554).

būme, see **bēme**.

bunche, sb., *hump*; **bunches** (*pl.*) MAP 344.

bunchon, v., = *Du.* bonken; *beat, strike*, '*tundo*,' PR. P. 55; þei bonchen (*pres.*) þeire brestis HALLIW. 194; bonchede (*pret.*)

LANGL. *A* PROL. 71; bonched [*v. r.* bunchede] *B* PROL. 74.

bundel, sb., *cf. M.Du.* bundel; *from* **binden**; *bundle*, '*fasciculus*,' PR. P. 55; WICL. S. SOL i. 12; JER. ii. 32; **bundels** (*pl.*) MISC. 212.

bune, sb., *O.E.* bune; *hollow stem*; red(e) bunne '*calamus*' PR. P. 55; he nimþ verst his pricke and his bonne (*? printed* boune) AYENB. 150; voiding of **bunis** (*? barrels*) (*pl.*) HALLIW. 219; a deed sparcle of bonis (*ether of herdis of flex*) ['*favilla stuppae*'] WICL. IS. i. 31.

būne, see **buine**.

[**būnen**, v., *comp.* **to-būnen**.]

bunge, sb., *bung*, '*lura*,' PR. P. 55.

bunne, sb., *bun*, '*placenta*,' PR. P. 55; B. B. 130; bonn(e)s (*pl.*) N. P. 10.

bunne, see **bune** *and* **bounde**.

bunsen, v., *cf. L.Ger.* bunsen, *Du.* bonzen, *mod.Eng.* bounce; *knock, beat*, A. R. 188; tundere þat is bete and bounse TREV. I. 281.

bunt, sb., *bunt*; the bunt of the saile HALLIW. 219.

bunten, v., ?= **bulten**; *? sift, bolt*; bonteþ (*pres.*) þet mele AYENB. 93.

bunting, sb., *bunting* (*a bird*), '*pratellus*,' PR. P. 56; bounting SPEC. 40.

būr, sb., *O.N.* byrr (*gen.* byrjar), m.; *impetus, strong wind, speed*, GAW. 290; A. P. iii. 148; bir M. H. *page* xvii: to him he stirt wiþ bir ful grim IW. 1661; **bire** (*dat.*) ALEX. 711; bere FLOR. 659; wiþ bure '*cum impetu*' WICL. JUDITH XIV. 2.

būr, sb., *O.E.*, *O.N.* būr n.= *O.H.G.* pūr, būr, m.; *from* **būnen**; *bower* (*lady's room*), A. R. 34; MARH. 21; R. S. v (MISC. 178); þe bur O. & N. 958; ænne bur LAȝ. 29218; bour HAV. 2072; H. H. 32; bor A. P. i. 963; **būres** (*gen.*) O. & N. 652; bures [boures] LAȝ. *A* 1062; boures CH. C. T. *A* 3367; **būre** (*dat.*) ORM. 3323; HORN (L.) 286; boure AYENB. 226; WILL. 1760; GAW. 853; in boure ant in halle P. S. 193; **boure** (*pl.*) FL. & BL. (H.) 660*; bures LAȝ. 5982; **bouren** (*dat. pl.*) LAȝ. 2025.

būr-cniht, sb., *bower-servant*, LAȝ. 18960.

būr-maiden, sb., *bower-maiden*, PR. P. 56; bourmaiden REL. II. 175.

būr-ðein, sb., *O.E.* būrþegn; *bower-servant, chamberlain*; burčeine LAȝ. 15357; burhþeines (*pl.*) 13716.

būr-ward, sb., *guardian of the chamber*, LAȝ. 19176.

bour-woman, sb., *maid*, WICL. S. w. II. 9.

būr, sb., *O.E.* (ge)būr, = *O.H.G.* būr, *mod. Eng.* boor; *husbandman*; ? beuir REL. I. 187; ? bouer LIDG. M. P. 192; *comp.* **ȝe-būr**.

burble, burbulle, sb., *bubble*, '*bulla*,' PR. P. 56; burbels (*pl.*) S. A. L. 168,

burblon, burbelin, v., *cf. Span.* borbollar; *bubble,* PR. P. 56; **burbelit** (*pret.*) D. TROY 3697.
burch, *see* bur3.   **burd,** *see* bord.
bürde, sb. (? *O.E.* byrdu, *fem. of* byrde, '*of high rank*'); *lady, maiden,* LA3. 19271; MARH. 17; WILL. 683; GAW. 752; buirde C. L. 863; P. L. S. xxx. 41; K. T. 374; buirde LANGL. *A* iii. 14; berde *C* iv. 15; birde PERC. 1289; berde DEGR. 759; beerde H. V. 13; bürde (*gen. pl.*) MARH. 21.
[**burde,** adj.; *comp.* þóle-bürde.]
bürde, *see* bürðe.
burdōn, sb., *Lat.* burdō; *mule;* **burdōnes** (*pl.*) (*earlier ver.* burdowns) WICL. 4 KINGS v. 17.
burdōn², sb., *O.Fr.* bourdon; *book stud,* PR. P. 56.
burdōn³, sb., *pilgrim's staff; staff;* burdon HORN (L.) 1061; bordon BEV. 2063; bordon [burdoun, bordon] LANGL. *A* vi. 8; P. S. 150; (*ms.* burdowne) WINT. VIII. xxviii. 56.
burdōn⁴, sb., *O.Fr.* bourdon, bordon, *mod. Eng.* burden (*of a song*); *bourdon, undersong;* burdoun [bordoun] CH. C. T. *A* 673.
bureh, *see* bur3.
burel, sb., *O.Fr.* burel; *a coarse woollen stuff,* P. S. 221; borel clerke (*lay-clerk*) GOW. I. 5; borel man (*plain man*) CH. C. T. (W.) 11028; borel men (*laymen*) 13691; þanne shal borel [burel] clerkes ben abasched LANGL. *B* x. 286.
bur3, bureh, sb., *O.E.* burg, burh, buruh, = *O.L.G.* burg, *O.H.G.* burg, purg, *O.N.* borg, *Goth.* baurgs *f.* (πόλις), *mod. Eng.* borough; *fort, castle, borough; burrow;* O. & N. 766; bur3, boru3 L. H. R. 54; bur3, bor3 GAW. 2, 259; burg GEN. & EX. 1837; burh KATH. 46; ORM. 7262; ane he3e burh [bor3] LA3. 218; þas burh [borh] 6050; þer he (*the boar*) burh hafveð ichosen 12312; burch SAX. CHR. 249; HOM. I. 225; burgh ALIS. 2056; ISUM. 547; buruh '*urbs*' FRAG. 4; HOM. I. 93; buruh wiðouten wal A. R. 74; of þere buruh 54; bor3, boru ROB. 47, 72; bourgh GOW. I. 30; Lincolne þe gode boru HAV. 773 (*spelt* borw 847); burw3 PL. CR. 118; burwhe PR. P. 56; buri HOM. I. 253; **büregh,** [*O.E.* byrig] (*dat.*) HOM. II. 31, 33; bure3 FL & BL. 213; buri FRAG. 4; beri (*ms.* bery) MAT. xxiii. 34; biri GEN. & EX. 2257; birie HOM. I. 225; bur3e, burhe, burie [borwe, borewe] LA3. 293, 2168, 3553, 4264, 9888; burie REL. I. 182; bureh, burewe MISC. 39, 55; borghe LANGL. *B* vi. 308; borwe WILL. 1889; **bůrh,** [*O.E.* byrig] (*pl.*) HOM. I. 13; burh, buri3e, burh3es [borewes] LA3. 2657, 9928, 15364; bur3hes ORM. 6982; burghes CH. C. T. *D* 870; bourghes LIDG. M. P. 210; **burgan, burgen** (*dat. pl.*) MAT. xi. 1, xv. 13; bur3en [borewe] LA3. 6165; *comp.* hæfed-, kine-, mōder-burh.
buri-bold, sb., *palace,* KATH. 440.

burch-briche, sb., *O.E.* burg-, burh-, buruh-bryce, -brice; '*quite de forfesture,*' REL. I. 33; burghbreche TREV. II. 95.
burh-cnave, sb., *town lad;* burhcnaven [borhcnaves] (*pl.*) LA3. 15555.
burh-folc, sb., *borough folk,* LA3. 9758; HOM. II. 89.
burh-3at, sb., *O.E.* burhgeat; *castle gate,* LA3. 17670; KATH. 1679.
burh-mon, sb., *O.E.* burhman; *townsman,* LA3. 12441; buruhmon A. R. 350.
borgh-mōt, sb., *meeting of burgesses,* E. G. 350.
burh-rēve, sb., *O.E.* burhgerēfa; *town reeve,* KATH. 1927.
bur3-toun, sb., *O.E.* burhtūn; *fortified town,* WICL. JOSH. vii. 2; borwton [borwtoun, burghtoun, bor3town] LANGL. *C* iv. 112; bur3hes tun ORM. 6538.
burh-wal, sb., *O.E.* burhweall; *town wall,* LA3. 22091.
burh-ware, sb. (collective), *O.E.* burgwaru *f.;* *town dwellers, 'civitas,'* MAT. xxi. 10; burhweren [borhmen] LA3. 28368; bur3eweren 28392.
burgāge, sb., *O.Fr.* burgage, bourgage (*héritage roturier dans un bourg*); *burgage;* **borgāges** (*pl.*) LANGL. *A* iii. 77.
burgeis, sb., *O.Fr.* burgeis; *burgess,* FL. & BL. 115; WILL. 1889; bourgeis ROB. 479; borgeis AYENB. 162; burgeis (*pl.*) LANGL. *A* iii. 150; burjas (*ms.* buriase) MIN. v. 15; burges [burgeises] (*magistrates*) C. M. 16060.
bür3els, sb., *O.E.* byrgels, = *O.L.G.* burgisli *tomb, sepulchre;* buriels C. L. 1284; TREV. V. 153; an buriels al niwe imad ROB. 204; buriles '*sepulcrum*' FRAG. 4; buryles MISC. 53; burieles LANGL. *B* xix. 142 [buriels, *C* xxii. 146]; biriels MAN. (F.) 9026; beriels '*sepulcrum*' VOC. 178; berieles AYENB. 228; birigeles GEN. & EX. 2474; biriel, beriel '*sepulcrum, tumulus*' PR. P. 37; beriel S. S. (Wr.) 2561.
bür3en, sb., *O.E.* byrgen, byrigen; *tomb;* berien HOM. I. 241; beregen JOHN xix. 41; **büriene** (*dat.*) HOM. I. 111; **beriene,** beregene (*dat. pl.*) MAT. viii. 28, xxiii. 27; berienne, berigenne JOHN xi. 38, xx. 1.
bür3en¹, v., *O.E.* byrgan, byrigan; *bury;* burien (? bur3en) LA3. 27872; berien, berigen LK. ix. 59, 60; bir3en (*ms.* birr3enn) ORM. 15254; birien GEN. & EX. 2424; biriin, beriin '*sepelio*' PR. P. 36; burie [buri3e, berie] ROB. 252; birie P.S. 197; WICL. JOHN xix. 40; berie CH. C. T. *C* 884; EGL. 488; to büriene (*gerund*) HOM. I. 37; **bürie** (*imper.*) ALIS. 4628; birie S. S. (Wr.) 1257; **büriede** (*pret.*) HOM. I. 93; HORN (R.) 906; ROB. 50; burede BEK. 2219; bureden LA3. 19822; **büried**

(*pple.*) LANGL. *B* xi. 66; beried MAND. 15; *comp.* bi-, ȝe-bürȝen.
bürier, sb., *one who buries*; biriers (*pl.*) WICL. EZ. xxxix. 15.
büryinge, bürizing, sb., *burying*, P. L. S. xxv. 80.
bürȝen², v., ? = *O.Fris.* burgia, *M.H.G.* bürgen; *protect*: to burȝen him seolven LAȝ. 21268; burege HOM. II. 191; burhen JUL. 26; to burewen ham wiþ þe FRAG. 7; buruwen from þes deofles botte A. R. 366; burwe HAV. 2870; büreȝe (*pres. subj.*) HOM. I. 25; *comp.* ȝe-bürȝen.
burgesie, sb., *O.Fr.* borgesie; *citizenship*; borgesie AYENB. 161.
burgoize, sb., *O.Fr.* borgeise; *wife of a burgess*, KN. T. 12.
burh, *see* burȝ. buri, *see* burȝ.
bürien, *see* bürȝen.
bürien, v., *O.E.* (ge-)byrian, *O.N.* byrja, = *O.L.G.* (gi-)burian, *O.H.G.* (gi-)burren; *be due, beseem*; bürþ (*pres.*) AN. LIT. 4; ȝuw birþ understanden ORM. 89; bers M. H. 10; (hi) buriaþ FRAG. 1; bürde (*pret.*) GAW. 2278; A. P. i. 316; burd MAN. (H.) 76; als it birde ORM. 2472; þat birde wel to him ben grim HAV. 2761; him bird M. H. 17; *comp.* ȝe-bürien.
[bürizen, v., *O.E.* byrigan, byrgean, byrgan, = *O.N.* bergja, *taste*; *comp.* a-bürȝen.]
bürinesse, sb., *O.E.* (be-)byrigniss; *act of burying*, HOM. I. 35; baurþæsse [burinisse] LAȝ. 25852; berines D. TROY 4336.
burjounen, v., *O.Fr.* burjoner (*bourgeonner*); *bourgeon, bud*, WICL. LEV. xix. 23; burjoneþ, [burgeouneth] (*pres.*) LANGL. *B* xv. 73; burgounende (*pple.*) WICL. WISD. xix. 7.
burjoningis, sb., pl., *buds*, HAMP. PS.-513.
burjoun, sb., *O.Fr.* burjon (*bourgeon*); *bud*, (*ms.* burioun) C. M. 10735; WICL. S. W. III. 30.
burle, sb., *O.Fr.* bourel; *flock of wool*, '*tomentum*,' PR. P. 56.
burlen, v., *burl*: burle, '*extuberare*,' CATH. 48.
burlen¹, v., = *L.Ger.* burreln; *welter*; burland (*pple.*) E. T. 99; Betres lai burling in hur blode FLOR. 1639; *see* burblen.
burlich, adj., *mod.Eng.* burly, *cf. O.H.G.* burlich; *tall, stately*; burli PERC. 269; burli, borli C. M. 8541; borlic REL. I. 222; borlich ANGL. III. 280; DEGR. 759; þi burliche bodi ANT. ARTH. xvi; burliche (*pl.*) knightes D. ARTH. 586.
burn, *see* beorn.
burne, sb., *O.E.* burna *m.* burne *f.* (*rivus*), *cf. O.Fris.* burna, *Goth.* brunna (πηγή), *O.L.G.* brunno, *O.H.G.* prunno, brunno, *O.N.* brunnr, *m.* (*fons*), *prov. Eng.* burn; *brook, streamlet*, O. & N. 918; REL. I. 1; burne, borne MAN. (F.) 8164; C. M. 8964; borne GAW. 731; bourne (*gen.*) LANGL. *A* PROL. 8; bornes *B* PROL. 8; bournes (*pl.*) FLOR. 609.

bürne, sb., *for* bürðene; *load, bundle*, BARB. LEG. II. 82; CHEST. I. 65.
bürne, *see* brünie.
burnen, v., *O.Fr.* burnir; *burnish*; bornith (*pres.*) CH. TRO. i. 327; burned (*pple.*) GOW. II. 231; CH. C. T. *A* 1983.
burnesh, v., *prov. Eng.* barnish; *grow plump*, GENER. 780; barnish BARTH. (*in* N. E. D.).
burnet, adj. & sb., *Fr.* brunet; *brown, brown cloth*, PR. P. 56; HOM. II. 163; REL. II. 108, 19; burnettes (*pl.*) R. R. 226.
burnissen, v., *O.Fr.* burnir, burniss-; *burnish*; burnist (*pple.*) BARB. viii. 225; A. P. ii. 1085; GAW. 212; bornist A. P. ii. 554; burneisshed P. R. L. P. 102; bright bornished gold GUIL.¹ v. 5; borniste A. P. i. 220.
bornishour, sb., *burnisher*, VOC. (W. W.) 604.
burre, sb., = *Swed.* burre, borre *m.*, *Dan.* borre; *bur*, '*lappa*,' PR. P. 56; AR. & MER. 8290.
bürst, bürsten, *see* brüst, brüsten.
[bursten ? v.; *comp.* an-, ȝe-bursten.]
burton, v., ? *O.Fr.* borter; *butt* (*with the horns*), *strike*, '*arieto*,' PR. P. 56; þe mastes faste to gidere burte (*pret.*) MAN. (F.) 4626.
bur-trē (? bür-trē), sb., *bur-tree, elder*, '*sambucus*,' VOC. 228; CATH. 49; HALLIW. 221.
bürðe, sb., *O.E.* (ge-)byrd, = *O.Fris.* berde, berthe, *O.L.G.* (ge-)burd, *O.H.G.* burt, *Goth.* (ga-)baurþs *f.*; *from* béren; *birth, race, nation, nature*, HOM. I. 273; burðe, burde KATH. 84; burde, burðe A. R. 158; athalt hire burðe (*nature*) H. M. 13; burde, burþe HOM. II. 47; þe burþe (*fruit*) þat þou beere L. H. R. 146; firme birðe GEN. & EX. 1484; Rachel non birðe ne nam 1697; birþe GOW. II. 76; CH. C. T. *B* 192; WICL. JOHN ix. 1; þat was of hire kin & al of hire birde ORM. 2052; birthes ['*nationes*'] PS. CV. 27.
bürðe-, bürde-bold, sb., *ancestral mansion*, KATH. 140.
bürð-tīd, sb., *O.E.* gebyrdtīd; *nativity*, HOM. I. 277; (bü)rdtīd FRAG. 5.
bürþ-tīme, sb., *time of birth*, LEG. 75; birdetime REL. I. 211.
bürðel, adj., ? *fertile*; ilc birðhel tre GEN. & EX. 119.
bürðen, v., ? *be born*; birðen GEN. & EX. 1471.
bürðene, sb., *O.E.* byrðen, = *O.L.G.* burthinnia, *cf. O.H.G.* purdīn, burdin, *mod. Eng.* burden; *from* béren; *burden, load, birth*, LAȝ. 25970; one burðene A. R. 232; burþene C. L. 958; burþen SPEC. 110; TREV. I. 73; burþene, berþene L. H. R. 56, 57; at on burdene (*birth*) GEN. & EX. 1467; birþene HAV. 807; birþen PS. xxxvii. 5; at oon birthen. (*birth*) TREV. I. 205; birdene MISC. 12; berðene MAT. xi. 30; berdene JOHN xvi. 33; berþene WICL. ECCLUS. xxxiii. 25; berdene MISC. 34.

bürðer, sb., *O.E.*byrðor; *bearing (of children)*: i þe burðerne (? for burðere or burðene) of bearn H. M. 37.

buruȝ, buruh, *see* burȝ.

burwen, *see* burȝen.

bus, v., 3 sing., *see* behōfian; *it behoves*, C. M. 10639; bos 9870; boes [*v. r.* bihowes, bihoveþ] CH. C. T. *A* 4027; bud (*pret.*) MIN. ix. 28; bove (*subj.*) D. TROY 5115.

busard, sb., *O.Fr.* busart; *buzzard*, ALIS. 3049; bosard PR. P. 45; bosarde R. R. 4033; busherd VOC. 220.

busch, busk, sb., = *O.H.G.* busc, *M.H.G.* busch, bosch, bosche, *M.Du.* bosch, *O.Fr.* bosc, bosche, *med.Lat.* boscus; *bush*, WILL. 819, 3069; busk '*dumus*' PR. P. 56; GEN. & EX. 2779; GAW. 182; bosche SHOR. 131; **busche, bushe** (*dat.*) CH. C. T. *A* 1517; busse AYENB. 28; **boskes** (*pl.*) ROB. 547; buskes [busches] LANGL. *B* xi. 336; bushes MAND. 115; buskes PERC. 758.

buschaile, sb., *O.Fr.* boschaille; *ambush*; busshaile GENER. 9189; buscaile D. ARTH. 895; buskaile 1634; boschaile OCTOV. (W.) 1607.

buschel, sb., *O.Fr.* buissel, boissel; *bushel*, P. 30; buschel, bushel CH. C. T. *A* 4093; buischel, boischel WICL. LK. xi. 33.

buschen, v., *place in ambush; lie in wait*; buske YORK xiii. 8; bussed (*pple.*) MAN. (H.) 187; busket (*pret.*) D. TROY 1168.

buschen², v., ? *make bushy*; ibusched (*pple.*) wiþ þornes MAN. (F.) 9194.

busching, sb., *training on bushes*; bosshing PALL. xi. 33.

buschen³, v., ? = *M.H.G.* büschen, *M.Du.* buischen; *strike, beat; but with the head; rush; gushout*; buschen on felde WILL. 173; busche TREV. II. 191; **busched** (*pret.*) A. P. iii. 143; bosshet D. TROY 11120.

busshinge, sb., *striking*, DEP. R. i. 99.

buschi, adj., *bushy*; busshi WICL. IS. vii. 19.

büsi, adj., *O.E.* bysig, = *M.L.G., M.Du.* besich; *busy, anxious, careful*, WILL. 588; busi, bisi, besi CH. C. T. *A* 1491; bisi [busi] LAȝ. 2837; bisi A. R. 142; MARH. 16; C. L. 787; M. H. 108; bisi, besi '*assiduus, solicitus*' PR. P. 37; besi GOW. II. 42; MAND. 3; **bisine** (*acc. m.*) LAȝ. 10596; **bisie** (*pl.*) LAȝ. 19557; AYENB. 58; **bisegure** (*compar.*) A. R. 182; **bisegæste** (*superl.*) LAȝ. 10476.

bisi-hēde, sb., = *M.Du.* besicheit; *industry*, AYENB. 55; bisihed ALIS. 3.

bisi-liche [büsiliche], adv., *busily*, LAȝ. 4473; bisiliche A. R. 146; SHOR. 55; besiliche GOW. II. 43; busili WILL. 650; **bisiloker** (*compar.*) WICL. 1 PET. i. 22; **bisilükest** (*superl.*) JUL. 44.

bisi-schipe, sb., *business*, A. R. 384; besiship GOW. II. 39.

büsie, sb., *O.E.* bysigu, bisigu, bysgu; *labour, occupation*; besie D. ARTH. 3630.

bisi-vol, adj., *full of business*, AYENB. 226.

büsien, v., *O.E.* bysigan, bysgian, bisgian, = *M.Du.* beseghen; *busy, occupy; be busy*; bisien CH. BOET. i. 2 (8); besien GOW. II. 43; **bisiede** (*pret.*) '*satagebat*' WICL. LK. x. 40; bisied GAW. 89; **bisied** (*pple.*) PS. xxxix. 18.

bisinesse, sb., *business*, '*assiduitas, diligentia, solicitudo*,' PR. P. 37; SHOR. 92; AYENB. 56; PL. CR. 727; besinesse '*diligentia*' TREV. I. 5; GOW. II. 60.

busk, *see* busch.

busken, v., *O.N.* būask (*get oneself ready*), *mod.Eng.* busk; *prepare; adorn*; buske WILL. 2210; buskeþ (*pres.*) P. L. S. xxx. 20; þe king boskes lettres JOS. 414; hue boskeþ huem wiþ botouns P. S. 239; **buske** (*imper.*) þe forþ to fare EGL. 348; buskeþ [buske] ȝou to þat bote LANGL. *B* ix. 133; **busked** (*pret.*) GAW. 1411; þai busked and maked hem boun TRIST. 144; hit was buskid (*pple.*) above wiþ besauntus DEGR. 1427.

busking, sb., *fitting out, setting out*; C. M. 3245; bosking TRIST. 92.

busse, sb., *O.Fr.* busse, *cf. O.E.* butsa-carlas (*boatmen*) SAX. CHR. 201; *a kind of boat*, MAN. (F.) 187; MAN. (H.) 169.

buste, *see* boiste.

büsten, v., ? *beat, bruise*; beateð þe & büsteð (*pres.*) þe H. M. 31; þah þu me büste (*subj.*) ant beate JUL. 24; ofte þei him bete & buste (*r. w.* niste) AL. (L.³) 331; *comp.* to-büsten.

bustlien, v., *wander blindly*: bustleing (*sb.*) forþ as bestes over valeies & hulles LANGL. *A* vi. 4.

but, sb., *Fr.* but, *mod.Eng.* butt; *target, boundary*; '*meta*,' PR. P. 56; a but of lond '*amseges*' VOC. 270; that might the ston to his but bring(e) OCTOV. (W.) 899.

but², sb., *act of 'putting' a stone*, HAV. 1040.

büten, büt, bŭt, prep., adv., conj., *O.E.* beūtan, būtan, būton, būte, = *O.L.G.* biūtan, būtan, *mod.Eng.* but; *outside, without, except, unless, but*; ȝif þe wisa mon bið butan gode wercan HOM. I. 109; buton ane treowe 221; buten ende 147; bute (*unless*) he hine drive a wei 21; nawiht for ure ernunge bute (*but*) for his muchele mildheortnesse 19; buten wæstme ['*sine fructu*'] MAT. xiii. 22; buto ['*nisi*'] xi. 27; bute JOHN xix. 11; buten þu hefdest unifouh FRAG. 7; buten (*v. r.* wiðute) live KATH. 252; nis buten an god 367; nefde ha bute iseid swa þat al þe eorðe ne bigon to cwakien MARH. 19; et te laste vers buten an A. R. 20; þis world nis buten a wei to heovene 150; buten leave 238; he ne mei no þing don us bute bi godes leave 230; beon buten [boute] LAȝ. 3749; buten [bote] Noe & Sem 23; bute mochelere ferde 3679; bute (*sed*) nele he . . . þe Evelin . . . bitæchen 8263; nefede he boten (? bōten *for* bouten) anne sune 88; beute ȝif (*unless*) 26433; buten childre ORM. 204; but (*ms.* butt) if 45; bute neste *outside the nest* O. & N. 1386; þat ich bute anne craft ne can 794; bute (*unless*) þu wille bet aginne ne schaltu bute schame iwinne 1289; bute here 1790; bute lese wordes þu me lenst 756; nowiʒt bote sorwe 884; non oðer wile ge . . . buten (*sed*) one goð & one sit MISC. 22; bute it were bi hire wille HAV. 85; fro londe woren he bote a mile 721; but if WILL. 472; as schip boute mast 567; but LANGL. B PROL. 194; but what ben þes þingis a mong so mani(e) men WICL. JOHN vi. 9; but (*yet*) CH. C. T. A 74; þei conne meche of holi writ but þei undirstonde it not MAND. 136; beouten PL. CR. 651; bouten ende TREAT. 132; boute, bote SHOR. 18, 40; bote þat þou me Wilekin bringe AN. LIT. 12; boute gile SPEC. 38; boute, bout, bot GAW. 361, 1285, 1782; boten P. S. 156; þou ne sselt habbe god bote me AYENB. 5; bot ISUM. 150; þer nas bot o wei BEK. 637; and was bot seven winter old S. S. (Wr.) 14; *comp.* **a-būten.**

butere, sb., *O.E.* butere, *Lat.* butirum, *from Gr.* βούτυρον; *butter,* SAX. CHR. 259; HAV. 643; buttere GEN. & EX. 1014; buttire VOC. 198; butter, botere WICL. GEN. xviii. 8; botere E. G. 356.

buter-fliʒe, sb., *O.E.* buttorflēoge, *cf. M.Du.* botervlieghe; *butterfly,* FL. & BL. 473; butterflie PALL. iv.946; boterflie CH. C.T. B 3980.

butle, sb., *cf. O.L.G.* butli (FÖRSTEM. NAMENB. II. 319); *house*; buttle HOM. II. 185; *see* botel.

butte, sb., *cf. L.Ger., Swed.* butte, *Du.* bot; *butt* (*kind of fish*), PR. P. 56; HAV. 759.

bütte, sb., *O.E.* bytt, *O.N.* bytta; *butt, wineskin, cask,* '*uter*,' FRAG. 4; butte, bitte ? *uterus* H. M. 35; bollen as a bitte (*ms.* bite, *r. w.* pite=pitte) MAP 334; bit ['*uter*'] PS. cxviii. 83*; **bütta,** betta, bitte (*ms.* bytte), bitton, bitten (*pl.*) MAT. ix. 17, MK. ii. 22, LK. v. 37; bittes E. G. 382.

butten, v., *cf.* Swed. butta, botta (RIETZ 48), *M.Du.* botten, *? M.H.G.* butzen, *mod.Eng.* butt; *drive, thrust,* AR. & MER. 5175; he bigan . . . to stiren & to butten ORM. 2810; button '*pello*' PR. P. 56; but (*pple.*) HAV. 1916; *see* **putten.**

buttinge, sb., *thrusting, tilting,* HAV. 2322.

buttok, sb., *buttock,* '*nates*,' VOC. 183; PR. P. 56; P. L. S. xvii. 163; CH. C. T. A 3803; **bottokes** (*pl.*) SAINTS (Ld.) xlvi. 725.

buven, *see* biuven. **büvien,** *see* bivien.
būwen, *see* būʒen. **büxum,** *see* būhsum.
bý, *see* bí.

c.

cā, sb., *cf. Dan.* kaa, *M.Du.* kā, kae, *O.H.G.* cāha; *chough*; kaa VOC. 188; coo, keo '*monedula*' PR. P. 84; *see* chōʒe.

cā-dāwe, sb., *jackdaw,* '*monedula*,' PR. P. 57.

cabache, sb., *cabbage,* ANC. COOKERY (1440), CAXT. VIT. PATR. (*in* N. E. D.).

caban, sb., *O.Fr.* caban, cabane; *cabin,* '*capana*,' PR. P. 57; LANGL. A iii. 184; cabane D. ARTH. 757.

cabil, sb., *? Lat.* caballus; *cf.* **capel**; *horse, nag,* (*ms.* cabylle) VOC. (W.W.) 697.

cáble, sb., *Fr.* cable, *late Lat.* capulum; *cable,* PR. P. 57; GOW. II. 142; cabille VOC. (W.W.) 731; **káblen** [cables] (*pl.*) LAʒ. 1338.

caboche, v., *cut off the head of* (*a deer*) *close behind the horns*; *ms.* (1425) *in* N. E. D.

cacchen, chácen, v., *O.Fr.* cachier, chacier; *catch, chase* : ʒif he me mihte cacchen [cache] LAʒ. 31501; cacche WILL. 2266; cacche, cache CH. C. T. A 4105; chacche LANGL. A ii. 167; kecchen A. R. 324; kecche HORN (R.) 1377; cachin [kacchin] a wei '*abigo*' PR. P. 57, 269; vor to cachie and verri þane di(e)vel vram him AYENB. 178; chacen out alle misbeleevinge men MAND. 3; chace PR. C. 4316; chace a wai LIDG. M. P. 139; þe oþre . . . **cháciep** (*pres.*) forþ Olivere FER. 955; alle . . . kache me a wai M. H. 151; **cahte** (*pret.*) LAʒ. 4547; caʒte ROB. 14; kagte is (a) wei GEN. & EX. 949; cauʒte, caughte CH. C. T. A 498; keihte A. R. 154; keiʒt(e) L. H. R. 134; keʒte ANT. ARTH. xlix; chaced LANGL. B xvii. 51; ha cahten KATH. 1990; **caht** (*pple.*) P. S. 152; cauʒt LANGL. B xvii. 219; hu he havede þene nome icaht LAʒ. 10843; ikeiht A. R. 88; haþ cachid ['*comprehendit*'] WICL. MIC. iv. 9; þus am i cachet from kiþe ANT. ARTH. (R.) xii; *comp.* **bi-cacchen.**

cachere, chácere, sb., *catcher, hunter*; þise **cacheres** (*pl.*) . . coupled hor houndez GAW. 1139; chaseris BARB. vii. 91.

chácinge, sb., *chasing, hunting,* PR. P. 68; TREV. II. 359.

cache, sb., *O.Fr.* cache, cace, chace; *catch, chase*; chace MISC. 199.

cachepol, sb., *O.Fr.* chacepol; *catchpoll,* HOM. I. 97; kachepol LANGL. C xxi. 46; **catchepollis** (*pl.*) '*apparitores*' WICL. I KINGS xix. 20.

cacherel, sb., *catchpole*; **cachereles** (*pl.*) P. S. 151; kachereles AYENB. 263.

cad, sb., *pet lamb,* '*cenaria*,' VOC. 219.

kod-lomb, sb., *? cade-lamb,* '*ricus*,' VOC. 245.

cadas, sb., *O.Fr.* cadas, caddis, *floss silk,* '*bombycinum*,' PR. P. 57.

cáde, sb., *Fr.* cade, *from Lat.* cadus; *barrel,* PR. P. 57; **kádes** (*pl.*) PALL. xi. 331.

cáde², sb., *? membrum virile,* AR. & MER. 934.

cadence, sb., *cadence,* GOW. II. 82; (*ms.* cadens) LUD. COV. 189.

cader, sb., *? Welsh* cadair; *cradle,* A. R. 82*; kader 378.

caf, *see* **chaf.**

cāf, adj., *O.E.* cāf; *swift, eager*; cof REL. I. 212; cof & qvik A. P. ii. 624; kene he was &

kof MAN. (H.) 66; þe cove A. R. 66; biforen kafe & kene ORM. 19962.

cōve, adv., *swiftly,* O. & N. 379; **cōfer** (*compar.*) HOM. I. 231.

cōf-liche, adv., *swiftly,* LA3. 1705; cofli GAW. 2011; ALIS.² (Sk.) 1009.

cāf, sb., ? *cf.* O.E. çofa, *mod.Eng.* cove; ? *box*: of wod dri as teindire þa mad a caf BARB. LEG. II. 194.

caft, keft, sb., ? *harlotry,* A. R. 206.

cáge, sb., *O.Fr.* cage, *from Lat.* cavea; *cage,* A. R. 102; ALIS. 3555; P. 19; CH. C. T. *A* 1294.

caggen, *draw, bind, fasten*; caggis [caches] ALEX. (Sk.) 1521; þai . . . keruen & **caggen** (*pres. pl.*) & man it clos A. P. i. 512; þai wer **cagged** (*pple.*) & ka3t on capeles al bare ii. 1254; caget D. TROY 3703.

cai, adj., *cf.* Fris., *Dan.* kei, ? *M.Du.* kei, kai (*foolish*); *left*: þe kai fote GAW. 422.

cail, *see* keil.

cailewei, sb., *O.Fr.* (poire de) cailloel; *a sort of pear,* LANGL. *B* xvi. 69; **caleweis** (*pl.*) R. R. 7093.

cainard, sb., *O.Fr.* caignard, cagnard; *coward,* SPEC. 110; A. S. 36; CH. C. T. *D* 235.

[**cair,** adj., *O.N.* kǣrr; *dear.*]

kager-le3c, sb., *O.N.* kǣrleikr; *love*; (*ms.* kaggerrle33c) ORM. 2187.

cairen, v., ? *O.N.* keyra (*drive*); *go*: in contre to cairen [kairen] aboute LANGL. *A* PROL. 29; kaire GAW. 1048; **caired** (*pret.*) A. P. ii. 85; þe kouherde kaired to his house WILL. 373; þe candelstik . . . watz **caired** (*pple.*) þider A. P. ii. 1478; icaired SPEC. 37.

caiser, sb., *O.H.G.* kaisar, keiser, = *O.E.* cāsere, *Goth.* kaisar, *O.N.* keisari; *from Lat.* Caesar; *emperor,* ALIS. 1409; MAN. (F.) 5120; kaiser A. R. 138; kaisere, kǣisere, keisere, keiser [caiser, kaisere] LA3. 5220, 5965, 7331, 27366; kaisere LANGL. *B* xix. 134; kaser ORM. 8329; **keiseres** (*gen.*) KATH. 3; (*ms.* ke33seress) ORM. 3519; **caisere** (*dat.*) MK. xii. 17.

caitif, sb. & adj., *O.Fr.* caitif, chaitif, *mod. Eng.* caitiff; *captive; wretch, wretched, despicable,* '*captivus,*' WICL. 1 PARAL. v. 6; WILL. 710; caitif, [chaitif] LANGL. C xxiii. 236.

caitif-dōm, sb., *captivity,* WICL. EZ. xx . 3; TOWNL. 156.

caitive-hēde, sb., *wretchedness; baseness,* C. M. 22382; caitef hede 7353.

caitif-li, adv., *wretchedly,* R. P. 38.

caitifnes, sb., *captivity, wretchedness,* TOWNL. 315.

caitifen, v., *make captive; render wretched,* WICL. PROL. JER.; R. P. 36.

caitivitē, sb., *O.Fr.* caitiveté; *captivity, wretchedness,* C. M. 7353, 18191, 22382; PR. C. 455; çaitifte WICL. EPH. iv. 8.

cáke, sb., *cf.* Swed. kaka; *cake,* '*libum, placenta,*' PR. P. 58; VOC. 198; H. M. 37; L. H. R. 137; CH. C. T. *A* 668.

cáke-brēad, sb., *cake (of bread)*; cakebrede LANGL. *B* xvi. 229.

cakel, adj., *cackling,* A. R. 66.

cakelin, v., = *Du.* kakelen, *Swed.* kakla; *cackle,* '*gracillo,*' PR. P. 58; kakelen A. R. 66; **caclep** (*pres.*) GOW. II. 264.

cakelinge, sb., *cackling,* '*gracillacio,*' PR. P. 58.

cakkin, v., '*caco,*' PR. P. 58.

cal, sb., *O.N.* kall; *call, act of calling,* A. P. ii. 61; **calle** (*dat.*) C. M. 3022.

cāl, *see* caul.

caladrie, sb., *kind of bustard*; ['*charadrius*'] WICL. DEUT. xiv. 18.

calament, sb., *Fr.* calament, *med.Lat.* calamentum; *sort of herb,* TREV. BARTH. (N. E. D.); '*calamenta balsamita,*' PR. P. 58.

calamus, sb., *Lat.* calamus; *reed, an aromatic plant,* TREV. BARTH. (N. E. D.); WICL. EZ. xxvii. 19.

calami, sb., *sort of aromatic herb (earlier text* chaalami) WICL. EX. xxx. 24.

calcatori, sb., *Lat.* calcatorium; *wine press,* PALL. i. 461.

calch, sb., *O.E.* calic, *from Lat.* calix (*acc.* calicem); *cf. O.Fr.* calice, chalice; *chalice,* MISC. 43; calch, calice HOM. II. 91, 215; caliz A. R. 284; HAV. 187; BRD. 14; chalice SHOR. 20; chalis AYENB. 167; **calices** (*pl.*) AYENB. 41.

calcidoine, sb., *O.Fr.* calcedoine; *chalcedony,* GOW. III. 133.

calcininge, sb., *calcination*; calceniinge CH. C. T. *G* 771.

calcination, sb., *Fr.* calcination; *calcination,* CH. C. T. *G* 804.

calculaciōn, sb., *Lat.* calculatiōnem; *calculation,* GOW. II. 345.

calculatour, sb., *Lat.* calculator; *one who calculates,* WICL. S. W. II. 408.

calculen, v., *Fr.* calculer; *calculate*; kalcule CH. ASTR. i. 22 (14); **calculed** (*pple.*) LANGL. *B* xv. 364.

kalkuler, sb., *calculator,* CH. ASTR. i. 23 (14).

calculinge, sb., *calculation,* TREV. I. 39; CH. TRO. i. 71.

calculōse, adj., *Lat.* calculosus; *stony,* PALL. ii. 274.

cáld, adj., *O.E.* ceald, cald, = *O.L.G.* cald, *Goth.* kalds, *O.N.* kaldr, *O.H.G.* chalt; *from* cālen; *cold,* HOM. I. 97; IW. 360; PR. C. 767; cald, cold LA3. 4519, 19756; cold A. R. 400; O. & N. 622; cold red REL. I. 182; child [cold] LANGL. C xviii. 49; cheald JOHN xviii. 18; chald MISC. 30; AYENB. 153; cheld SHOR. 9; L. N. F. 214; GREG. 798.

cáld, sb., *cold,* HAV. 856; P. S. 330; WILL.

908; MAND. 256; chealdes (*gen. n.*) MAT. x. 42; cálde (*dat.*) JUL. 21; IW. 2974; colde Gow. II. 38; cálde (*pl.*) HOM. I. 95; cares ful colde P. S. 152; cáldore (*compar.*) L. H. R. 143.

káld-hēd, sb., '*refrigerium*,' PS. lxv. 12.

cálde-liche, adv., *coldly*, HOM. I. 277.

cáld-mǣwe, sb., = mǣw; *? a sort of gull*, LIDG. M. P. 202; calmēwe M. T. 133.

cálde, sb., *?*=kelde; *cold* : kalde, PS. cxlvii. 17.

cálden, v., *O.E.* cealdian, = *O.H.G.* chalten; *grow cold*; colde REL. I. 120; CH. TRO. iv. 362; M. ARTH. 3647; his blod bigan to colde S. S. (Wr.) 1678; hire heorte bigan to chelde HORN (L.) 1148 (kolde H. 1185); keld(e) REL. II. 210; coldeþ (*pres.*) FRAG. 5; MISC. 101; keldeþ ANGL. III. 279; *comp.* a-, for-, of-cálden.

cále, sb., *? cold* : in hete & in cale LEG. 148.

[cálen, v., *O.E.* calan, *O.N.* kala (*pret.* kōl, *pple.* kalinn); *be cold, grow cold*; *comp.* a-cálen; *deriv.* cáld, cōl.]

calende, kalendes, sb., *O.E.* calend, *from Lat.* calendæ; *first of the month*; *month*; GOW. III. 123; PALL. x. 23; kalendes of chaunge CH. TRO. v. 1647.

calender, sb., *Lat.* calendarium; *calendar*; kalender LA3.7219; CH. ASTR. i. 11 (7); (*guide*) CH. L. G. W. 542; (*register*) D. ARTH. 2641.

calenge, *see* chalenge.

cales, sb., *name of a fabulous creature*; a feolle worm, cales ALIS. 7093.

caleweis, *see* cailewei.

calf, sb., *O.E.* cealf, cælf, celf, = *O.L.G.* calf, *O.H.G.* chalb n., *O.N.* kälfr *m.*; *calf*, H. M. 37; ORM. 5858; P. S. 332; calf [kalf] LANGL. A vii. 274; kælf FRAG. 3; kelf A. R. 136; an fet chalf LK. xv. 27; kalves (*gen.*) fleis GEN. & EX. 1013; calve (*dat.*) A. S. 4; calveren (*pl.*) MAND. 105; calveren, calves WICL. NUM. xxix. 32.

calf-flēsh, sb., = *Ger.* kalbfleisch; *veal*, VOC. 200.

calf-lees, adj., *without a calf*, WICL. JOB xxi. 10.

calf, sb., *O.N.* kālfi = *M.Du.* kalf (*pulpa*), *calf (of the leg)*, '*sura*,' PR. P. 58; CH. C. T. A 592.

calice, *see* calch.

caliōn, sb., *pebble*, '*rudus*,' PR. P. 58; caliouns (*pl.*) MER. xx. 329.

caliphe, sb., *caliph*, GOW. I. 245; califfe MAND. 36; caliphee 230.

caliz, *see* calch.

calke, sb., *shoe*; calken (*dat. pl.*) MK. vi. 9.

calke-trappe, sb., *O.E.* calcatrippe (*heraclea*), VOC. 68, *O.Fr.* chaucetrappe; *caltrop*, '*tribulus*,' REL. I. 37 (VOC. 140); caltrap *saliunca* PR. P. 58; caltrap of irin, fote hurtinge '*hamus*' PR. P. 59; calketrappen (*pl.*) ALIS. 6070; vol of . . . calketreppen and of grines AYENB. 131; kalketrappes LANGL. C xxi. 296.

calkin, v., *? for* calculen; *calculate*, P. P. II. 61; '*calculo*' PR. P. 58.

calle, sb., *O.Fr.* calle, cale; *caul*; *net*, P. S. 158; CH. C. T. D 1018; K. T. 365; þe calle of þe liver ['*reticulum jecoris*'] WICL. LEV. iii. 4; kelle '*reticulum*' VOC. 196; EM. 303; kelles (*pl.*) TOWNL. 313.

callin, v., *O.E.* ceallian, = *M.Du.* callen, *O.N.* kalla, *O.H.G.* challōn; *call*, '*voco*,' PR. P. 58; callen MARH. 3; so shulen men callen it ai HAV. 747; calle HOM. II. 257; GOW. I. 148; PALL. i. 1042; calle (*pres.*) SPEC. 59; (þei) calles WILL. 239; callen MAND. 1; callede (*pret.*) PERC. 610; called [kallid] LANGL. B xviii. 93; cald (*pple.*) HOM. I. 271; GEN. & EX. 1700; icalled JOS. 78; PL. CR. 574; *comp.* bi-callen.

callinge, sb., *calling*, '*vocatio*,' PR. P. 58.

calme, adj., *Fr.* calme; *calm*, PR. P. 58; GOW. III. 230; D. TROY 2011.

calmen, v., *Fr.* calmer; *calm*; calme DEP. R. iii. 366; D. TROY 4587.

calstok, *see under* caul.

caltrappin, v. : *catch with a caltrop*, PR. P. 59.

calu, adj., *O.E.* calu (*gen.* calwes), = *M.Du.* calu, *O.H.G.* chalaw; *mod. Eng.* callow; *bald* ['*calvus*'] WICL. LEV. xiii. 40; caluȝ ALIS. 5950; þe calewe P. L. S. ix. 89; þe calouwe mous (*the bat*) [*Fr.* la chauve-souris] AYENB. 27.

calven, v., *O.E.* cealfian, = *M.Du.* kalven, *M.H.G.* kalben; *calve* : þe cou calvide (*pret.*) WICL. JOB xxi. 10.

calving, sb., *calving*, PALL. viii. 66.

calver, adj., *? fresh*; calvur PR. P. 59; cal-war F. C. 19.

cámb, sb., *O.E.* camb, comb, = *O.L.G.* camb, *O.N.* kamb, *O.H.G.* champ; *comb*, ORM. 6340; comb P. 16; a cokkes comb MAND. 207; þe dikes comb GEN. & EX. 2564; komb CH. C. T. B 4049; kokis coom PR. P. 281; kómbe (*dat.*) AYENB. 258; cómbes (*pl.*) P. L. S. xix. 249; *comp.* hors-, hunȝ-comb.

cambok, sb., *M.Lat.* cambuca, *cf. Ir., Gael.* camog; *fetter*, '*pedum*,' VOC. 232.

camēl, sb., *O.Fr.* camel, chamel; *camel*, P. L. S. i. 22; C. M. 6001; kamel GEN. & EX. 1398; camēls, chamēls (*pl.*) WICL. JUDG. viii. 21; camels [chameiles, chamailes] C. M. 3304; chamoilis (*later vers.* camelis) 1 WICL. PARAL. xii. 40.

camēl-hār, sb., *camel-hair*, M. H. 41.

camēl-hide, sb., *camel skin*, C. M. 2249.

cameline, sb., *O.Fr.* cameline; *camlet*, R. R. 7366.

cameline, sb., *kind of sauce*, L. C. C. 30.

cameliōn, camle, sb., *Gr.* χαμαιλέων; *chameleon*, GOW. I. 133; camles (*pl.*) MAND. 289.

camelion, sb., *used for camelopard*, WICL. DEUT. xiv. 5; camelion is a flekked best in colour liche to a lupard TREV. l. 159.

cammid, adj., *snub-nosed*, '*simus*,' PR. P. 59; **cammede** (*pl.*) REL. I. 240.

 cammednesse, chammidnesse, sb., '*simitas*,' PR. P. 59.

cammoc, sb., =*O.E.* cammoc; *rest-harrow* (*plant*); **cammokes, kammokes** (*pl.*) LANGL. *B* xix. 309.

camoca, cammoca, sb., =*O.Fr.* camoca; *a rich silken fabric* [cammoka, camaca, camaka, cammaka], LANGL. *C* xvii. 299.

cammock, = **cambok**.

camomille, sb., *Fr.* camomille; *camomile*, P. L. S. xxxi. 114.

camp, sb., *O.E.* camp, comp, = *O.Fris.* kamp, komp, *O.H.G.* champh *m.*, *cf. O.N.* kapp *n.*; *battle*; þat comp LAȝ. 23889; comp & ifiht 4347; **kampe** (*dat.*) D. ARTH. 3670; *comp.* ȝe-camp.

 komp-ifēre, sb. (*? printed* kemp ifere), *comrade in battle*, A. R. 274.

campar, sb., *football player*, PR. P. 60.

campesōn, sb., *for gambisōn*; *doublet worn beneath the armour*, RICH. 376.

campin, v., *O.E.* campian, = *O.Fris.* kampa, kempa, *O.H.G.* chamfan, chemfan, *O.N.* keppa; *fight, contend*; *play at football*, '*pedipilo*,' PR. P. 60; kempe D. ARTH. 2633.

 campinge, sb., *football match*, '*pedipiludium*,' PR. P. 60; LIDG. M. P. 200.

campiōn, see **champiōn**.

camus, camois, adj., *Fr.* camus; *low, flat* (*nose*), FER. 4437; CH. C. T. *A* 3934.

camused, adj., *flatnosed*, GOW. II. 210.

can, v., *O.E.* cann (can), conn (con), = *O.L.G.* can, Goth., *O.N.* kann, *O.H.G.* chan, (*pret.*, *pres.*); *mod.Eng.* can; *know; know how to; can*; GEN. & EX. 309; ROB. 10; AYENB. 21; can ['*scit*'] WICL. JOHN vii. 15; nou can i no red TRIAM. 595; can, kan ORM. 1314, 5282; i can [kan] a noble tale CH. C. T. *A* 3126; she ... can [kan] hem þer fore as muche thank as me *A* 1808; kan ['*novi*'] MK. xiv. 68; can, con LAȝ. 3291, 13332; can, kan, con, kon O. & N. 197, 263, 680, 757; con A. R. 18; KATH. 817; C. L. 30, 555; H. H. 26; AUD. 16; ne con crist him nenne þonc HOM. I. 31; nis nan sunne þet he ne con 35; þu canst O. & N. 1182; thou canst ... þe ricthe gate HAV. 846; const [canst, kanst] LANGL. *A* iii. 166; hwet so þu const ... biþenchen JUL. 66; cunnen ORM. 5514; MIRC 237; þe wel cunnen a [conne of] speche LAȝ. 7301; cunne O. & N. 911; BEK. 1325; connen, conne MAND. 5, 213; conne SPEC. 103; ED. 3453; **cunne** (*subj.*) A. R. 64; HORN (L.) 568; cunne, kunne O. & N. 47, 188; cunne [conne] LAȝ. 28644; conne AYENB. 118; þou konne LANGL. *B* xix. 26; ȝef þou conne MIRC 1356; ȝe conne [konne, cunne, kunne] CH. C. T. *A* 3118; *deriv.* **cunnen, kennen**.

can, v., =**gan**; *began, set to*: can [gan, con, gon] on him to stare C. M. 13557; can him to confort QUAIR iv; Moises on þe roche kan stand C. M. 6300; the croune that Ihesus couth (*did*) ber BRUCE iii. 460.

canacle, conacle, sb., *? mistake for* **covercle**; *? lid of a cup*, A. P. ii. 1461, 1515.

cancre, sb., *O.Fr.* cancre, chancre; *canker, cancer*, A. R. 330; canker [kankir] WICL. 2 TIM. ii. 17; er the rose, as it come into canser D. TROY 2344; cankir, *canker-worm* '*teredo*' PR. P. 60.

canker-dort, sb., *state of suffering*, CH. TRO. ii. 1752.

cancre-frete, adj., *eaten away with canker*, ROB. 299.

cancren, v., *from med.Lat.* cancerāre; *canker*, kankir HOCCL. REG. PRIN. (*in* N. E. D.); **cancringe**, (*pple.*) WICL. PREF. EP. 69; **cancred** (concred), *ulcerated*, TREV. BARTH. (*in* N. E. D.); here is a cankerd (*depraved*) company YORK vii. 97.

candele, sb., *O.E.* candel, *from Lat.* candēla; *candle*, HOM. II. 47; AYENB. 102; candle BEK. 1969; condle CHR. E. 505.

 candel-bēm, sb., *candle-stick*, '*lucernarium*,' PR. P. 60.

 condel-līht, sb., *candle-light*, LAȝ. 23752.

 kandel-messe, sb., *candlemas*, ORM. 7706; condelmesse A. R. 412.

 candel-staf, sb., *O.E.* candelstæf; *candlestick*, WICL. EXOD. xxv. 33; candelstef MK. iv. 21.

 candel-quencher, sb., *candle-extinguisher*, WICL. EX. xxv. 28.

 candel-stikke, sb., *candlestick*, PR. P. 60; TREV. III. 187; kandelstike H. S. 9374.

candeler, chaundeler, sb., *Fr.* chandelier, *mod.Eng.* chandler; *candle-maker*, '*candelarius*,' PR. P. 60, 71; chaundeler WICL. JUDG. iv. 4*.

candrede, sb., *Welsh* cantred, *from* cant (*hundred*); *cantred*: a candrede is a countrai þat conteineþ an hondred townes TREV. I. 343.

cane, sb., *O.Fr.* cane; *cane*, '*canna*,' VOC. 191; can (*slender glass tube*) LIDG. TROY (*in* N. E. D.).

cāne, chāne, sb., *khan*, MAND. 188, 221.

canel, sb., chanel, *O.Fr.* canel, chanel; *canal, channel, pipe*; '*canalis*,' PR. P. 60, 69; kanel (*throat*) GAW. 2298; chanel TREV. I. 133; **canels** (*pl.*) C. M. 1866; canel [chanel] 22577; canel WICL. S. W. II. 335; canels or pipes PALL. i. 464; canel of a bell '*canellus*' PR. P. 60.

 canel-bōn, sb., *collar-bone*, CH. D. BL. 943; ANT. ARTH. xl; kanelbon REL. II. 78.

canele, sb., *O.Fr.* canele (*cannelle*); *cinnamon*, LAȜ. 17744; canelle MAND. 187; canel P. L. S. xxxv. 76; WICL. EXOD. xxx. 23.

cānen, v., *Ger.* känen; *become mouldy*; **cāned** (*pple.*) '*acidus*' CATH. 53.

canevas, sb., *Fr.* canevas; *canvas*, CH. C. T. *G* 939; canvas PR. P. 60.

cang, adj., *cf.* Swed. kång; *foolish*, KATH. 260 A. R. 62; (? *wanton*) 56.

   cang-līche, adv., *? foolishly*, A. R. 56.

   kang-schipe, sb., *? folly*, A. R. 338.

cang, sb., *? fool*, A. R. 270; **kanges** (*pl.*) 362.

cangen, v., *? become foolish*: we arn **cangede** (*pple. pl.*) A. R. 362*; *comp.* **a-cangen**.

cangun, ? sb., = **cang** : beo he cangun oðer crupel H. M. 33; (*v. r.* cang) A. R. 62*.

canne, sb., *O.E.* canne, = *O.H.G.* channa; *can, drinking vessel*; kan LUD. COV. 259; **cannes** (*pl.*) WICL. JOHN ii. 6.

canōn, canoun, sb., *Gr.* κανών; *canon, rule*, CH. ASTR. iii. 32 (42); C. M. 26290; APOL. 73; canon WICL. APOC. PROL.; C. M. 21190.

canon, adj. *from* sb.; *canonical*; lawe canoun TREV. II. 117.

canonie, sb., *O.Fr.* canonie, chanoine, *from Lat.* canonicus, *cf. O.N.* kanunkr; *canon*, SAX. CHR. 250; canoun BEK. 386; chanon VOC. 194; chanoun 209; **kanunkes** (*gen.*) ORM. DEDIC. 9; **canones**, canunes (*pl.*) LAȜ. 21861, 29852; canunes O. & N. 729; chanounes HAV. 360.

canoniel, adj., *Fr.* canonial; *canonical*, A. R. 8.

canonistre, sb., *canonist*, WICL. S. W. I. 32; **canonistres** (*pl.*) LANGL. *A* viii. 135.

canonisid, pple., *catholic*; the seuene epistolis that ben clepid canonisid WICL. JAMES PROL.

canonizacioun, sb., *the act of canonizing*, PR. P. 60; MAND. 176.

canonizen, canonisen, v., *med.Lat.* canonizare; *canonize*, WICL. S. W. II. 387; GOW. I. 254; III. 280.

   canonizing, sb., *canonisation*, WICL. S. W. III. 456.

canopē, sb., *canopy*, PR. P. 60; WICL. JUD. xiii. 10.

cant, adj., *cf. M.Du.* kant; *? eager, brave*: cant and kene MIN. vii. 107; C. M. 8943; kant & cof MAN. (F.) 1886; mani kant knight HALLIW. 488.

   cant-lī, adv., *eagerly*, MIN. v. 64.

cantaride, sb., *cantharides*, PALL. i. 128.

Cantebrügge, pr. n., *Cambridge*, P. L. S. xiii. 66; Cantebrigge CH. C. T. *A* 3921.

cantel, sb., *O.Fr.* cantel; *bit, piece cut off*, CH. C. T. *A* 3008; B. DISC. 346; ANT. ARTH. xli; a cantel of brede VOC. 258; kantel SHOR. 33; GENER. 5934.

   cantel-cāpe, sb., *O.E.* cantelcāpa; *cloak*, LAȜ. 29749.

canticle, sb., *Lat.* canticulum; *canticle*, GEN. & EX. 4124.

cantin, v., *divide, share*, '*partior*,' PR. P. 60.

[**Cantware**, pr. n. pl., *O.E.* Cantware (*pl.*); *inhabitants of Kent.*]

   Cantware-büri, pr. n., *O.E.* Cantwaraburg; *Canterbury*, LAȜ. 2821; Cantoreburi FRAG. 5; Canterburi BEK. 240.

canunk, *see* **canonie**.

capacitē, sb., *Fr.* capacité, *from Lat.* capacitatem; *capacity*, W. & I. 66.

capcioun, sb., *capture*, WICL. 2 PET. ii. 12.

capcious, adj., *captious*, WICL. S. W. II. 13; capciows BOKEN. 7.

cape [? **cāpe**], sb., *O.Fr.* cape, chape, *cf. O.N.* kāpa; *cape; cope* : he nom ane cape of his ane cnihte LAȜ. 13097; and nomen tailes of rebȝen and hangede on his cape [cope] 29559; cape, cope '*capa*' PR. P. 91; chape of a schethe 69; cope SHOR. 110; ȝif he haveð enne widne hod & one ilokene cope A. R. 56; kope HAV. 429; coope WICL. EXOD. xxv. 7; **cōpes** (*pl.*) LANGL. *A* PROL. 53; *comp.* **cantel-cāpe**.

capel [**capil, capul**], sb., *O.N.* kapall, *? from Ir.* capall, capull, *Gael.* capull, *Lat.* caballus; *horse, nag*, CH. C. T. *A* 4088; capul LANGL. *A* iv. 22 [capel *C* v. 24]; capul PR. P. 61; capel (*hen*) TOWNL. 99.

capen [? **cāpen**], v., *provide with a cape* or *cope; cōpeþ* (*pres.*) LANGL. *A* iii. 138; **chaped** (*pple.*) CH. C. T. *A* 366.

capitain, sb., *O.Fr.* capitain; *captain*, GOW. I. 360; CH. C. T. *H* 230; captein WICL. S. W. III. 360; capitane BARB. viii. 52; **capteins** (*pl.*) WICL. S. W. I. 323; *see* **chevetain**.

capital, adj., *O.Fr.* capital; *capital* : we writeþ capital lettres TREV. I. 129; capitale WINT. VI. xix. 37; capitale ennime (*deadly foe*), BARB. iii. 2; **capitalen** (*pl.*) A. R. 258.

capital, sb., *O.Fr.* chapitel; *capital* : pilers . . . with . . . capitale P. S. L. xxxv. 69; **capitals** (*pl.*) N. E. D.

capitle, *see* **chapitle**.

capitolie [**capitoile, capthole**], sb., *O.Fr.* capitolie; *capitol, citadel*, CH. C. T. *B* 3893; capitolie BARB. i. 543.

capoun, sb., *O.E.* capūn, *O.Fr.* capon, chapon; *capon*; capun REL. I. 217; capoun [chapoun] P. S. 334 (P. 43); **capōns** (*pl.*) AYENB. 38; capones LANGL. *B* xv. 466.

capparis, sb., *Lat.* capparis; *caper* (*the plant*); [*ear. vers.* caperis] WICL. ECCLES. xii. 5.

cappe, sb., *O.E.* cæppe, *O.Fris.* cappa, *O.N.* kappa, *O.H.G.* chappa; *cap*, '*pileus*,' PR. P. 60; '*caleptra*' (καλύπτρα) VOC. 182; P. S. 330; MAND. 247; þis manciple sette here aller cappe CH. C. T. *A* 586; keppen (*dat. pl.*) A. R. 420; *comp.* **fleil-, niht-cappe**.

capped, pple., *wearing a cap* : ask thi cappid maistres P. P. II. 107.

cappere, sb., *capmaker,* E. G. 12.
capret, sb., *cf. Ital.* capretto; *gazelle,* WICL. DEUT. xii. 15.
capricorn, sb., *O.Fr.* capricorn; *Capricorn,* CH. ASTR. i. 17 (9).
caprifíe, v., *Lat.* caprifīcāre; *ripen by caprification,* PALL. iv. 592.
caprifīg, sb., *wild fig,* PALL. iv. 589.
capstan, sb., *capstan,* A. P. ii. 418.
captive, sb., *captive,* CH. TRO. iii. 333.
captive, v., *make captive,* LIDG. M. P. 38.
captivitē, sb., *O.Fr.* captivité; *captivity (ms.* captyuide), A. P. ii. 1612.
capul, *see* **capel.**
car, adj., *Gael.* cearr; *left (hand):* þe car honde (*printed* carhonde) ANT. ARTH. (R.) xlviii.
car, *see* **ker.**
caracte, sb., *O.Fr.* caracte; *character, letter;* carecte LANGL. *B* xii. 90; caracter, carecter WICL. APOC. xiii. 16, 17; carecte GOW. I. 57; **carectus** [*v. r.* carrectis] (*pl.*) þat Crist wroot LANGL. *B* xii. 80.
caraine, *see* **caroine.**
carake, sb., *Fr.* caraque; *a sort of ship;* carike CH. C. T. *D* 1688; **carackes** (*pl.*) SQ. L. DEG. 819.
caraldes, sb., pl., ?=**caroles**; *? chains,* A. P. iii. 157.
carawai, sb., = *Ger.* karvei, *from Arab.* karawiyā; *caraway,* PR. P. 62.
carbuncle, sb., *O.Fr.* carbuncle, charboucle; *carbuncle (gem),* TREV. II. 235; charbucle H. M. 43; charbocle CH. C. T. *B* 2061; charbugle FL. & BL. 234; charbokill D. TROY 3170; charboncle MAND. 239; charboncle of armes LIDG. BOCH. (*in* N. E. D.).
charbuncle-stōn, sb., *carbuncle,* FER. 1741.
carcais, *see* **carkeis.**
carde, sb., *Fr.* carde; *card (for wool),* PR. P. 62.
carde², sb., *O.Fr.* carte; *playing-card:* **cardes** (*pl.*) CHEST. II. 83.
cardinge, sb., *playing at cards,* REL. II. 224.
carden, v., *Fr.* carder; *card (wool);* cardin PR. P. 62; karde LANGL. *C* x. 80; **carded** (*pple.*) LANGL. *B* x. 18.
cardiake, sb., *Fr.* (passion) cardiaque; *heart disease,* HALLIW. 232; cardiacle LANGL. *B* xiii. 335; CH. C. T. *C* 313.
cardinal, adj., *O.Fr.* cardinal; *chief, cardinal:* cardenale PR. P. 62; **cardinals** (*cardinal virtues*) (*pl.*) C. M. 10008; AYENB. 123.
cardinal², sb., *cardinal (ecclesiastic),* LA3. 29497.
cardoun, sb., *O.Fr.* cardon; *thistle,* 'cardo,' VOC. 191.
cardue, sb., *Lat.* carduus; *thistle,* WICL. 4 KINGS xiv. 9.
†

cāre, sb., *O.E.* cearu, caru, = *O.L.G.* cara, *Goth.* kara, *O.H.G.* chara; *care,* LK. x. 40; LA3. 23051; H. M. 27; ORM. 4852; HAV. 2062; C. L. 217; CH. C. T. *A* 1569; PR. C. 7263; god sente on him seknesse & care GEN. & EX. 775; care and sorwe ROB. 301; kare O. & N. 1590; WILL. 726; kare and howe S. S. (Web.) 1493; on kare & on pine HOM. I. 129; **cárun,** caren (*dat. pl.*) LK. viii. 14; *comp.* **mōd-care.**
car-ful, adj., *O.E.* cearful; *careful,* BEK. 639; WILL. 2201; chærful LA3. 21572; karefulle (*pl.*) cnihtes 16760.
carfu(l)-līche, adv., *carefully,* C. L. 203; carfulli WILL. 4347.
carfulnesse, sb., *carefulness,* HOM. I. 115.
kāre-lēas, adj., *O.E.* cearlēas; *careless,* A. R. 246; careles LA3. 12478.
carf, sb., ?=**kirf**; *cut, wound;* **carffes** (*pl.*) D. ARTH. 2713.
cari, sb., *some rough cloth,* PL. CR. 442.
cariáge, sb., *O.Fr.* cariage; *carriage,* 'vectura,' PR. P. 62; TREV. III. 391; WICL. GEN. xlv. 19; CH. C. T. *I* 677; BARB. viii. 275; K. COL. 40.
carie, sb., *? thing of price, treasure; ? cartload:* i wol geve þe gimmes and bighes, ten þousand **caries** (*pl.*) ALIS. 6695.
cárien, v., *O.E.* cearian, = *Goth.* karōn, *O.H.G.* charōn; *care, be anxious,* A. R. 48; he wile carien for hire H. M. 5; karien HOM. I. 193; carie ROB. 312; care MIN. viii. 1; **cáre** (*pres.*) SPEC. 54; carest WILL. 3182; careþ P. 28; chareð MAT. vi. 34; xxi. 34; (we) carieþ P. S. 149; **cárande** (*pple.*) GAW. 674; **cárede** (*pret.*) BEK. 125; S. A. L. 158; heo careden LEB. JES. 25.
carien, v., *O.Fr.* carier; *carry,* LANGL. *A* ii. 132; E. G. 20; carie GOW. II. 293; CH. C. T. *A* 130; MAND. 49.
cariare, sb., *carrier,* 'vector,' PR. P. 62; carier BARTH. (*in* N. E. D.).
caritēd, sb., *O.Fr.* carité, *Lat.* cāritātem; *charity,* SAX. CHR. 263; kariteþ ORM. 2998; charite AYENB. 79; CH. C. T. *A* 532; cherite HOM. I. 39.
cark, sb., *A.Fr.* carc; *grief, trouble,* AR. & MER. 3952; cark [carke] GAM. 760; karke (*dat.*) MAN. (H.) 135.
carkeis, sb., *? O.Fr.* carcois; *carcase,* PR. P. 62; HOCCL. (*in* N. E. D.); karkeis WICL. EXOD. xxi. 35; carcais PR. C. 874.
carken, v., *O.Fr.* carkier, *mod.Eng.* cark; *be anxious;* carke PL. T. 198; carke and care SQ. L. DEG. 924; **carke** (*pres.*) SPEC. 54; JOS. 30; **carked** (*pple.*) AR. & MER. 4464.
carken, *see* **chargin.**
carl, sb., *O.N.* karl, = *O.H.G.* charl, karl (*allied to* **cheorl,** *q. v.*); *husbandman; man, male;* 'rusticus,' PR. P. 62; HAV. 1789;

CH. C. T. *A* 545; C. M. 13808; TOWNL. 213; karl IW. 559; *deriv.* kerling.

carl-man, sb., *O.N.* karl-, karmař̆r; *male person*; carman C. M. 2937; **carlmen** (*pl.*) and wimmen SAX. CHR. 261.

carlisch, adj., *manly, masculine*; karlische þinges HOM. I. 273.

carme, sb., *Carmelite*; **carmes** (*pl.*) WICL. S. W. III. 353.

carnacioun, sb., *incarnation*, MISC. 216.

carnal, adj., *O.Fr.* carnel, charnel; *carnal*, LUD. COV. 84; LIDG. M. P. 44.

carnalite, sb., *carnality*, LUD. COV. 114; GEST. R. (H.¹) 195.

carnel, *see* kernel.

caroine, sb., *O.Fr.* caroigne, charoigne; *carrion, carcase*, ROB. 216; AYENB. 86; LANGL. *B* PROL. 193; carein APOL. 105; careine CH. P. F. 177; carion PR. C. 847; caraine A. P. ii. 459; karin D. TROY 13025; caren 1971; caraing P. S. 203; **charoines** (*pl.*) A. R. 84; careins WICL. GEN. xv. 11.

carole, sb., *O.Fr.* carole; *carol, dance, song; chain*, ROB. 53; S. S. (Wr.) 2885; **caroles** (*pl.*) CH. C. T. *A* 1931.

carolin, v., *O.Fr.* caroler; *carol*, PR. P. 62; carole and singe CH. B. BL. 849; karold (*pret.*) C. M. 7600; **karoled** (*pple.*) MAN. (F.) 1777.

carp, sb., *cf. O.N.* karp, (*boast*), *Swed.* karp ('*prat*' RIETZ); *? talk*, A. P. ii. 23, 1327; S. A. L. 83; carpe A. P. i. 882.

carpe, sb., *O.Fr.* carpe, *O.H.G.* charpho; *carp* (*a fish*), '*carpus*,' PR. P. 62.

carpenter, sb., *O.Fr.* carpentier; *carpenter*, ROB. 537; CH. C. T. *A* 3189; **carpenters** (*pl.*) L. H. R. 30; carpentours D. TROY 1597.

carpentrie, sb., *O.Fr.* carpenterie; *carpentry*, WICL. EX. xxxv. 33.

carpin, v., *O.N.* karpa, *mod.Eng.* carp (at); *speak, talk, say,* '*fabulor*,' PR. P. 62; carpe WILL. 4581; JOS. 440; LANGL. *B* xix. 65; CH. C. T. *A* 474; DEGR. 9; LIDG. M. P. 191; to carpe wiþ ʒour qwene ANT. ARTH. xi; the king ... **carpis** (*pres.*) þes wordes D. ARTH. 639; carpe (*imper.*) HOM. I. 287; **carpende** (*pple.*) GOW. III. 195; **karpede** (*pret.*) ISUM. 234; carped GAW. 1088.

carpare, sb., *talker*, PR. P. 62.

carping, sb., *talk*, WILL. 4660; karping IW. 127.

carr, *see* ker.

carre, sb., *O.Fr.* car, char; *car*, '*carrus*,' PR. P. 62; chare '*currus*' 69; carre MAND. 130; chare 175; char, chare CH. C. T. *A* 2138; chaar, chare ['*currum*'] WICL. GEN. xli. 43; carris ['*plaustra*'] NUM. vii. 9.

cart, sb., *? O.E.* cræt; *cf. O.N.* kartr; *cart*, '*rheda*,' PR. P. 62; LEG. 169; CH. C. T. *D* 1539; E. G. 353; kart VOC. 167; cart, carte LANGL. *A* ii. 154; carte VOC. 181; WICL. 3 KINGS x. 29; karte ORM. PREF. 48; kert '*currus*' FRAG. 4; **carte** (*dat.*) LAʒ. 11396; **carten** (*pl.*) AYENB. 35; cartes MAND. 250; cartes and waines GEN. & EX. 2362; *comp.* dung-cart.

cart-clout, sb., *iron plate to protect the axle-tree,* '*epuscium*,' VOC. 278.

carte-bodi, sb., VOC. 167.

carte-bondes, sb., pl., '*bendes de les roes*' VOC. 167.

cart-full, sb., *cart-ful*, DEP. R. ii. 158.

cart-hors, sb., *cart-horse*, VOC. 187.

carte-lōde, sb., *cart-load*, HAV. 895.

cart-mare, sb., *cart-mare*, LANGL. *B* vi. 289.

carte-nave, sb., '*timpana*,' VOC. 180.

cart-sadel, sb., '*dorsilollum*,' VOC. 202; REL. I. 81.

carte-staf, sb., *cart-shaft*, ROB. 99; cartstaf GAM. 590.

cart-wei, sb., *cart-way*, LANGL. *A* iii. 127; TREV. I. 63.

cart-wheel, sb., *cart-wheel*, CH. C. T. *D* 2255.

kart-wright, sb., *cart-builder*, '*carpentarius*,' VOC. 194.

carte, sb., *O.Fr.* carte; *? treatise,* GOW. III. 130.

cartin, v., *cart, carry in a cart*, PR. P. 62; cart LANGL. *C* vi. 62.

cartere, sb., *carter*, AYENB. 160; CH. C. T. *D* 1542; S. & C. I. lxi; kartere [cartare] O. & N. 1186; cartare PR. P. 62.

cas, sb., *Fr.* cas; *case, chance*, ROB. 9; CHR. E. 662; AYENB. 36; WILL. 326; C. M. 1407; GEST. R. (H.¹) lii. 230.

casbalde, sb., *a term of reproach*, YORK xxxiv. 194; TOWNL. 123.

cask, adj., *O.N.* kaskr, karskr; *swift, lively*; **kaske** (*pl.*) HAV. 1841; *see* crask.

casse, sb., *O.Fr.* casse, *cf. mod.Eng.* case; *box*, PR. P. 269; cas CH. C. T. *A* 2080.

cassen, v., *Fr.* casser; *quash*; **cassed** (*pple.*) E. G. 311.

cassidoin, sb., *O.Fr.* cassidoine; *chalcedony*; **cassidoines** (*pl.*) A. P. ii. 1471.

cast, sb., *O.N.* kast; *cast, throw*, WILL. 4652; MAND. 92; CH. C. T. *A* 3605; FLOR. 1406; WICL. NUM. xxxv. 17; ANT. ARTH. xlviii.

caste, *see* chastien.

castel, sb., *O.E., O.Fr.* castel; *castle*, BEK. 2089; þæt castel LK. xix. 30; þene castel LAʒ. 191; castel and burʒ me mai iwinne O. & N. 766; kastel ORM. 19941; **castelle** (*dat.*) MAT. xxi. 2; castele AYENB. 121; castele, castle LAʒ. 14138, 30771; **castles** (*pl.*) SAX. CHR. 251.

castel-büri, sb., *castle precincts*, LAʒ. 6714.

castel-ʒat, sb., *castle-gate*, LAʒ. 18652.

castel-toun, sb., ALIS. 5131.

castel-tour, sb., *castle tower*, TRIST. 158.
castel-wal, sb., *castle wall*, HOM. I. 141; MAN. (F.) 5078.
castel-werk, sb., *castellated work*, WILL. 2220.
castelet, sb., *O.Fr.* castelet, chastelet; *small castle*, S. S. (Web.) 2754; chastelet LANGL. B ii. 84.
castellain, sb., *O.Fr.* castellain; *master of a castle*, GOW. I. 184.
castellion, sb., *castellan*, GENER. 3128.
casten, v., *O.N.* kasta; *cast, throw*, SPEC. 37; CH. TRO. iii. 711; to casten him in irens LANGL. *A* iv. 72; kasten KATH. 946; caste GOW. I. 334; WICL. JOHN viii. 59; PERC. 682; anker ... kaste HORN (H.) 1053; keasten JUL. 67; kesten A. R. 56; kesten in feteres HAV. 1784; keste AYENB. 99; MAN. (H.) 54; **casteð** (*pres.*) HOM. II. 177; a ... rote þet kest vele kveade boȝes AYENB. 31; **caste** (*pret.*) HOM. I. 47; LAȜ. 1919*; ROB. 151; BRD. 8; MAND. 93; kaste KATH. 1360; it kaste a cri MAP 339; keste ISUM. 608; hi **casten** (*pl.*) heore lot MISC. 50; kesten GAW. 1649; **cast** (*pple.*) FLOR. 2181; icast HOM. I. 51; BEK. 450; C. L. 807; TRANS. XVIII. 25; ikest A. R. 228; *comp.* a-, bi-, for-, over-, ūmbe-casten.
castere, sb., *caster*, WICL. PROV. xxviii. 7.
castinge, sb., *casting*, WICL. S. W. I. 351; casting (*vomit*) WICL. 2 PET. ii. 22; kasting WILL. 942.
castigatiōn, sb., *chastisement*, CH. L. S. 26.
castracioun, sb., *castration; cutting out a hive*; PALL. vii. 113; xi. 267.
casuel, adj., *Fr.* casuel, *mod.E.* casual; *accidental*, CH. TRO. iv. 391.
casuel-li, adv., *casually*, CH. H. F. 679.
casueltē, sb., *Fr.* casualité; *chance*, N. P. 23.
cat, sb., *O.E.* catt, *cf. O.N.* köttr *m.*, *O.Fris.* katte, *O.H.G.* chaza *f.*, *Lat.* catus, cattus, *Ir.*, *Gael.* cat *m.*, *Welsh* cath *f.; cat*, A. R. 102; H. M. 37; AYENB. 179; LANGL. *B* PROL. 149; CH. C. T. *D* 350; AR. & MER. 8726; cat, kat O. & N. 810, 831; ofte museþ þe kat after hire moder REL. I. 180; **cattes** (*gen.*) LANGL. *B* PROL. 179; cattes drit P. S. 240; **kattes** minte *catmint*, 'nep(e)ta' REL. I. 37; **cattes** (*pl.*) MAND. 129.
catapuce, sb., *O.Fr.* catapuce, *from Lat.* catapotium; *a plant*, CH. C. T. *B* 4155.
catecumeling, sb., *catechumen*, LANGL. 6728 (W.); **catekumelinges** (*pl.*) *B* xi. 77.
catel, sb., *O.Fr.* catel, chatel, *Lat.* capitāle, *mod.Eng.* cattle *and* chattel; *property*; *chattel, cattle*; LAȜ. 30673*; HAV. 225; C. L. 990; AYENB. 36; RICH. 1546; LANGL. *B* vii. 22; S. S. (Wr.) 1210; wiþ heore catel and heore gode TRANS. XVIII. 24; catel hadde þei inough and rente CH. C. T. *A* 373; catell

C. M. 6002; chatel HOM. I. 271; chetel A. R. 224 (*v. r.* feh); **chateus** (*pl.*) ROB. 18.
cateracte, sb., *Fr.* cataracte; *cataract*, TOWNL. 29; **cateractes** (*pl.*) TOWNL. 32; cateractes LIDG. (*in* N. E. D.).
caterwrawed, v., *caterwauling*: gon a caterwrawed [wawed] CH. C. T. *D* 354.
cathedral, adj., *O.Fr.* cathedral; *cathedral*, ROB. 282.
catirpel, sb., *caterpillar*, PR. P. 63.
catour, *see* achatour.
caucē, sb., *O.Fr.* caucié, chaucié; *causeway, paved road*, PR. P. 64; kauce MAN. (H.) 183.
caucē-wei, sb., *causeway*, PR. P. 64.
cauciōn, sb., *Fr.* caution; *caution (bail, security, pledge)*, ROB. 506; caucioun WICL. LK. xvi. 6; kaucion ALIS. 2811.
caudel, sb., *O.Fr.* caudel, chaudel; *caudle*, ROB. 561; cawdel LANGL. *A* v. 205.
caudrōn, sb., *O.Fr.* cauderon, chauderon; *caldron*, BRD. 17; LEG. 41; TREV. V. 323.
cauken, v., *O.Fr.* cauquer (*trample*); *tread, copulate as a cock*, LANGL. *B* xii. 229; caukede (*pret.*) xi. 350.
caul, sb., *O.E.* caul, cawl, = *O.N.* kāl, *O.H.G.* chōl, cōl; *from Lat.* caulis; *cabbage*, FRAG. 3; kaul VOC. 141; coul MIR. PL. 8; kal REL. I. 52; cal [col] C. M. 12526; col L. C. C. 48; cool PALL. i. 879.
caul-, cōl-plante, sb., *cabbage*; **kōleplantes** (*pl.*) LANGL. *B* vi. 288.
cāl-stok, sb., *O.N.* kālstokkr; *cabbage-stem*, VOC. 190; PR. P. 58.
cauri-mauri, sb., *a sort of coarse stuff*, LANGL. *A* i. 62; *see* cari.
cause, sb., *Fr.* cause; *cause*, A. R. 316; AYENB. 224; CH. C. T. *A* 419; bī **cause**, *because* 174; be cause MAND. 15, 46.
cause-lēs, adj., *causeless*, CH. TRO. iv. 1448; GENER. 724; causelesse CH. AN. 229.
causen, v., *Fr.* causer; *cause*; **causeþ** (*pres.*) GOW. I. 262; R. R. 4235.
causer, sb., *one who causes*, M. GOD 12.
cautēle, sb., *Fr.* cautele; *cunning*, PR. P. 64; GOW. III. 140; **cautēlis** (*pl.*) WICL. S. W. I. 6; cautelis GEST. R. (H.¹) 123.
cautelous, adj., *cautious, crafty*; cautelouse WICL. JOB v. 13; cautellous WICL. S. W. I. 223.
cāve, sb., *Fr.* cave; *cave*, GEN. & EX. 1137; WILL. 25; CH. C. T. *B* 500.
cavel, *see* kevel.
cavern, sb., *O.Fr.* caverne; *cavern*, CH. BOET. iii. 9 (82).
cavillacioun, sb., *O.Fr.* cavillacion; *act of cavilling*, CH. C. T. *D* 2136.
cedre, sb., *Fr.* cedre; *cedar*, AYENB. 131; C. M. 1377.
ceint, sb., *O.Fr.* ceint, *Lat.* cinctus; *girdle*, CH. C. T. *A* 329; saint IW. 1772.

celebrable, adj., *O.Fr.* celebrable; *celebrated, famous*, CH. BOET. iii. 9 (84).
celestial, adj., *O.Fr.* celestial; *celestial, heavenly*, GOW. III. 301.
celidoine, sb., *O.Fr.* celidoine; *celandine*, SPEC. 26.
cēlin, v., *ceil (a room)*; *cover (a wall)*, 'celo,' PR. P. 65.
   cēlinge, sb., *ceiling*, FER. 1330.
celle, sb., *O.Fr.* celle; *cell*, P. L. S. ix. 60; PL. CR. 739; celle [selle] CH. C. T. *A* 172; **celles** (*pl.*) A. R. 152; cellen AYENB. 267.
celler, sb., *O.Fr.* celier, *Lat.* cellārium; *cellar*, GOW. III. 12; celer PR. P. 65; celere A. R. 214; **selers** (*pl.*) WICL. PS. cxliii. 13.
cellerer, sb., *Fr.* cellerier; *cellarer*, REL. I. 273.
celsitūde, sb., *O.Fr.* celsitude; *loftiness*, CT. LOVE 610.
celūre, sb., *canopy, screen*; selure, PL. CR. 201; GAW. 76; a celour or a coverlit, 'celatorium' VOC. (W.W.) 571; selour E. W. 76; silour 36; silure 'celatura' PR. P. 456.
cementing, sb., *binding together*, CH. C. T. *G* 817.
cempe, *see* **kempe**.
cendal, sb., *O.Fr.* cendal, sendal; *a rich stuff*, MISC. 43; sendal P. L. S. i. 11; CH. C. T. *A* 440.
cēne, sb., *O.Fr.* çaine; *the Lord's Supper*, WICL. APOC. PROL.
cenefectorie, adj., *Lat.* scēnifactōria (ars); cenefectorie craft (*tent-making trade*), WICL. DEEDS xviii. 3.
cenith, senith, sb., *O.Fr.* cenith; *zenith*, CH. ASTR. i. 19 (11).
cense, sb., *for* **encens**; *incense*, WICL. LEV. ii. 1.
cense[2], sb., *O.Fr.* cense, *Lat.* census; *tribute*; ? cence (*printed* tence) ALIS. 3025.
censen, sensen, v., *offer incense*, PR. P. 66; **sensinge** (*pple.*) CH. C. T. *A* 3341.
   censinge, sb., *the act of offering incense*, PR. P. 66.
censer, sb., *for* **encenser**; *O.Fr.* encensier; *censer*; censer [sencer, senser, sensure] CH. C. T. *A* 3340.
cent, sb., *O.Fr.* cent, *Lat.* centum; *hundred*, OCTOV. (W.) 1463.
centre, sb., *Fr.* centre; *centre*, GOW. III. 92; CH. ASTR. i. 21 (12).
centure, sb., *O.Fr.* centoire; *centaury (a herb)*, [*v. r.* centaure, sentaurie] CH. C. T. *B* 4153.
cepter, ceptre, sb., *O.Fr.* sceptre; *sceptre*, PR. P. 66; ALIS. 6716.
cerchen, v., *O.Fr.* cerchier; *search*; cerche LIDG. M. P. 159; serche D. TROY 1537; seergin PR. P. 453; **serchit** (*pret.*) D. TROY 1533; cerched (*pple.*) MAND. 315.
   cerchinge, sb., *searching*, PR. P. 67.

cercle, sb., *Fr.* cercle; *circle*, L. H. R. 28; GAW. 615; TREV. V. 171.
cerclen, serclen, v., *O.Fr.* cercler, *from Lat.* circulāre; *encircle*, CH. TRO. iii. 1717.
cerge, sb., *O.Fr.* cerge; *wax candle*, ED.1274; **cerges** (*pl.*) HAV. 594; *see* **serge**.
cerial, adj., *Ital.* cereale, *from* cerro *evergreen oak*: ook cerial *evergreen oak*, CH. C. T. *A* 2290.
cerimoin, ceremoin, cerimonie, sb., *O.Fr.* cerimonie; *ceremony*, WICL. DEUT. xi. 32.
cert, adv., *O.Fr.* cert; *certainly*, ALIS. 5802.
certein, adj. & adv., *Fr.* certain; *certain*, ROB. 52; MAN. (F.) 4875.
   certain-liche, adv., *certainly*, LEG. 47.
certeintē, *O.Fr.* certaineté; *certainty*, MAN. (H.) 278.
certes, adv., *Fr.* certes; *certainly*, O. & N. 1769; FL. & BL. 523; P. L. S. xvii. 441; WILL. 732.
certifie, v., *Fr.* certifier; *certify*, PR. C. 6546; we ... **certifie** (*pres.*) GOW. I. 192.
cerūce [serūce], sb., *Fr.* ceruse; *ceruse (white lead)*, CH. C. T. *A* 630.
cessacioun, sb., *O.Fr.* cessation; *cessation*, LUD. COV. 107.
cessen, cēsen, v., *O.Fr.* cesser; *cease*, LANGL. *A* ii. 122; cesse CH. C. T. *B* 1066; cese TRANS. XIX. 329; sese WILL. 1516; **sēsed** (*pple.*) GAW. 1.
   cessinge [cēsinge], sb., *discontinuing*, WICL. LEV. xxiii. 2.
cestred, cestered, adj., *darkened*, PS. cxxxviii. 12; lxxiii. 20.
cete, cethe-grande, sb., *Lat.* cētus, *pl.* cētē (grandia); *whale*, MISC. 16.
cetewale, cetuale, *see* **sedewale**.
ceðen, *see* **cūðče**.
chaalami, *see* **calami**. **cháce**, *see* **cache**.
chaceable, adj., *fit to be hunted*, GOW. II. 169.
chácen, chácinge, *see* **cacchen**.
chaceour, chasur, sb., *hunter (horse)*, P. L. S. ii. 109.
chaere, sb., *O.Fr.* chaere, *Lat.* cathedra, *Gr.* καθέδρα; *chair*, HORN (L.) 1261; ROB. 321; chaire P. L. S. xvii. 256; chaiere HORN (R.) 1271; C. M. 9954.
chaf, sb., *O.E.* ceaf, cef, = *M.L.G., M.Du.* kaf; *chaff*, LA3. 29256; ORM. 1528; GEN. & EX. 2889; chaf [caf] C. M. 4751; chef HOM. I. 85; A. R. 270; þet chef AYENB. 62; caf PR. C. 3148; APOL. 54; **cheve** (*dat.*) HOM. I. 85; AYENB. 210; þa chefu ['*paleas*'] MAT. iii. 12.
   chaf-finch, sb., *chaffinch*, PR. P. 68.
cháfen, *see* **chaufen**.
chaffare, *see* **chēapfare** *under* **chēap**.
chaft, sb., *O.N.* kiaptr; *jaw*, '*maxilla*,' CATH. 57; **chaftis** (*pl.*) ANT. ARTH. (M.) xi.
   chaft-bān, sb., C. M. 1073.

chaine, sb., *O.Fr.* chaene; *chain*; cheine MAN. (F.) 8661; **chaines** (*pl.*) AYENB. 264.
chainin, v., *chain*; ?cheenin PR. P. 72; **cheine** (*pres.*) LANGL. C xxi. 287.
chaire, *see* chaere.
chaisel, sb., *O.Fr.* chaisel, chainsil; *linen, linen garment*, ALIS. 279; S. S. (Web.) 1814; cheisil LA3. 23761; MISC. 51.
chalami, *see* calami.
chalandre, sb., *Fr.* calandre; *sort of lark*, P. L. S. xxxv. 97.
cháld, *see* cáld.
chalenge, sb., *O.Fr.* chalonge, calenge; *challenge, claim, injustice*, AYENB. 34; calenge SHOR. 131.
chalengeable, adj., *that may be challenged*, LANGL. C xiv. 117.
chalengen, v., *O.Fr.* chalengier, calengier; *challenge; accuse; claim* : chalenge ['*calumniari*'] WICL. I PARAL. xvi. 21; CH. C. T. *D* 1200; chalange M. H. 3; PR. C. 2253; calangi ROB. 451; **kalengest** (*pres.*) A. R. 54; calengeþ AYENB. 43; **chalanged** (*pple.*) LANGL. *B* v. 174.
   chalanger, sb., *challenger, accuser*, REL. I. 8; WICL. PS. lxxi. 4; **chalengeris** (*pl.*) JOB xxv. 9.
   chalenginge, sb., *challenging, contradiction*, WICL. GEN. xliii. 18; LANGL. *B* xv. 338; chalanginge (*accusing*) *B* v. 88.
chalf, *see* calf. **chalice**, *see* calch.
chalk, sb., *O.E.* cealc, = *O.H.G.* calc, chalc, *from Lat.* calx; *chalk*, CH. C. T. *G* 806; calk, chalk, *calx*, '*creta*' PR. P. 58.
chalk-whīt, adj., *white like chalk*, GAW. 798.
chalc-stōn, sb., *O.E.* cealcstān; *chalkstone*, FRAG. 4; chalkston CH. C. T. *G* 1207.
chalōn, sb., *O.Fr.* chalon, *cf. mod.Eng.* shalloon; *a sort of woollen stuff*, '*tapetum*,' VOC. 178; chalun '*toral*' PR. P. 68; chaloun E. G. 351; **chalōns** (*pl.*) CH. C. T. *A* 4140.
champaine, sb., *O.Fr.* champaigne; *plain, open country*, DREAM 2064.
champartie, sb., *O.Fr.* champart; *partnership*, CH. C. T. *A* 1949; LIDG. M. P. 131; champertie E. G. 400.
chamberling, sb., *cf. O.Fr.* chamberlan, *O.H.G.* chamarlinc; *chamberlain*; chamberling, A. R. 410; chamberlein ROB. 390.
chambre, sb., *O.Fr.* chambre; *chamber*, BEK. 452; MAND. 24; chaumbre A. R. 92; chombre AYENB. 215.
   chamber-dore, sb., *chamber door*, IW. 63; chambirdore ISUM. 652.
   chaumber-wouh, sb., *chamber-wall*, JOS. 204.
chambrēre, sb., *Fr.* chambriere; *chamber-woman*, MAND. 102.
chamēl, *see* camēl.

chamlit, sb., *some eastern fabric*, N. E. D.; chamelot QUAIR clvii.
champiōn, campiōn, sb., *O.Fr.* champion; *champion*, PR. P. 69; champioun CHR. E. 49; campion C. L. 906; **champiūns** (*pl.*) A. R. 236.
chance, *see* cheance.
chancel, sb., *Fr.* chancel; *chancel*; chauncel PR. P. 71.
chanceler, sb., *Fr.* chancelier; *chancellor*, P. L. S. xvii. 240; canceler SAX. CHR. 251.
chancelerie, sb., *Fr.* chancellerie; *chancellorship*, BEK. 359; chauncelrie LANGL. *B* PROL. 93.
chancerie, chauncerie, sb., *cf.* chancelerie; *chancery*, LIDG. M. P. 104.
chandeler, *see* candeler.
chanel, *see* canel.
change, sb., *O.Fr.* change; *change*; chaunge REL. I. 268; chonge AYENB. 104.
changeable, adj., *changeable*, TREV. II. 201; PR. C. 1473.
changen, v., *O.Fr.* changier; *change*; chaungen A. R. 6; H. M. 7; chaungi HORN (L.) 1052; **changeþ** (*pres.*) TREAT. 139; **changede** (*pret.*) MARH. 3; LA3. 3791*.
   changinge, sb., *change*; PEN. PS. 38; chaunginge A. R. 6; TREV. II. 201.
changeour, sb., *Fr.* changeur; *changer*, REL. I. 7; **chaungeris** (*pl.*) WICL. MAT. xxi. 12*.
chanoun, *see* canonie.
chantable, adj., *worthy to be sung*, WICL. PS. cxviii. 54.
chanten, v., *Fr.* chanter; *chant*; **chaunteþ** (*pres.*) CH. C. T. *A* 3367.
chantement, sb., *enchantment*, ROB. 243; B. DISC. 1900; WILL. 653.
chanterie, sb., *O.Fr.* chanterie; *chantry*; chaunterie CH. C. T. *A* 510.
chantūr, sb., *O.Fr.* chanteur; *chanter*; chauntur S. A. L. 60; chauntour TREV. II. 349.
chape, *see* cape.
chapelein, sb., *O.Fr.* chapelain; *chaplain*, BEK. 961; LANGL. C xiv. 127.
chapelet, sb., *O.Fr.* chapelet; *chaplet*, PR. P. 69.
chapelle, sb., *O.Fr.* chapelle, chapele; *chapel*, GAW. 2186; chapele MARH. 20; ROB. 473; AYENB. 56.
chapitle, sb., *O.Fr.* capitle, chapitre; *chapter*; *summary*, P. S. 254; AYENB. 220; capitle, chapitle PR. P. 61; capitle WICL. HEB. viii. 1; chapitre P. L. S. xvii. 435; CH. ASTR. ii. 9 (22); **chespitres** (*pl.*) A. R. 14; chapitles P. S. 332; capiteles AYENB. 43.
   chapitel-, chapitre-hous, sb., *chapter-house*, LANGL. *B* v. 174.
chappen, v., = *M.Du.* kappen; *split, chap (the hands)*; **chappid** (*pple.*) RICH. 4550; TOWNL. 98.

char, chare, see carre.
charbucle, see carbuncle.
char-cole, sb., *charcoal*, '*carbo*,' PR. P. 69; GAW. 875.
charen, see cherren.
charge, sb., *O.Fr.* charge, carche; *charge*, A. R. 140; ROB. 416; charge, charche TREV. VII. 405; charche E. G. 358; charges (*pl.*) MAND. 302.
chargeaunt, adj., *O.Fr.* chargeant; *burdensome*, CH. C. T. *I*692.
chargeous, adj., *burdensome*, CH. C. T. *ed. Morris*, p. 160 (*B* 2433 *has* chargeant); WICL. 2 COR. xi. 9; charjous WICL. PROV. xxvii. 3.
chargeour, sb., *charger (large dish)*, H. R. 136; L. C. C. 21; B. B. 142.
chargin, v., *O.Fr.* chargier, carchier, carquier; *charge*, PR. P. 69; chargeþ (*pres.*) AYENB. 97; chargede (*pret.*) BRD. 11; charged (*pple.*) PR. C. 2949; charged, karked C. M. 8253; icharged A. R. 204; icarked AYENB. 138.
charien, see carien.
charieter, sb., *charioteer*, WICL. 3 KINGS xxii. 34; 4 KINGS ii. 12.
cháriȝ, adj., *O.E.* cearig, = *O.H.G.* charag, (? *mod.Eng.* chary); *from* cáre; *sad, sorrowful*: turtle ledeþ chariȝ lif ORM. 1274.
chariot, sb., *Fr.* chariot; *chariot*, TREV. III. 391.
charitable, adj., *Fr.* charitable; *charitable*, CH. C. T. *A* 143.
charitē, see caritēd.
charitous, adj., *full of charity*, GOW. I. 172.
charkin, cherkin, v., *O.E.* cearcian (? = cracian); *creak*, '*strido*,' PR. P. 70, 76; charke GOW. II. 102; WICL. AMOS ii. 13.
charme, sb., *O.Fr.* charme; *charm*, LANGL. *B* xiii. 342; charmes (*pl.*) AYENB. 43.
charmin, v., *O.Fr.* charmer; *charm*, '*incanto, fascino*,' PR. P. 70.
   charmere, sb., *charmer*, AYENB. 257.
   charmeresse, sb., *enchantress, witch*, AYENB. 19; charmeresses (*pl.*) CH. H. F. 1261.
   charming, sb., *enchantment*, ALIS. 404.
charnel, sb., *O.Fr.* carnel; *charnel-house*, LANGL. *B* vi. 60.
charre, see cherre.
charrei, sb., *O.Fr.* carrei, charei; *vehicles, carriages*, ALIS. 5096.
chartre, sb., *O.Fr.* chartre; *charter*, HAV. 676; LANGL. *B* xi. 122; cartre ROB. 77.
chartre, sb., *O.Fr.* chartre; *prison*, GEN. & EX. 2043.
chaste, adj., *O.Fr.* chaste; *chaste*, A. R. 368; HAV. 288.
   chast-hēd, sb., *chastity*, GEN. & EX. 2022; chasthede AYENB. 230.

chaste-liche, adv., *chastely*, AYENB. 239.
chasteine, chestein(e), sb., *O.Fr.* chastaigne; *chesnut*, CH. C. T. *A* 2922; chesteine PR. P. 73; chesteines (*pl.*) MAND. 307.
   kestein-tree, sb., *chestnut tree*, WICL. IS. xliv. 14.
chastetē, sb., *O.Fr.* chastetē; *chastity*, A. R. 6; AYENB. 159; chastite MISC. 227.
chastiement, sb., *O.Fr.* chastiement; *chastisement*, A. R. 72; chastisement AYENB. 17.
chastien, v., *O.Fr.* chastier, *from Lat.* castigare; *chasten, chastise*, REL. I. 131 (HOM. II. 11); chasten A. R. 218; chastie LEG. 16; chasti ROB. 428; AYENB. 8; PR. C. 3549; chasten, chastiȝen (? chastizen), chastisen LANGL. *B* v. 34; chastizin PR. P. 70; chasteþ (*pres.*) AYENB. 17; castede (*pret.*) HOM. II. 137; chastised WILL. 54.
   chastinge, sb., *chastisement*, AYENB. 68; LANGL. *B* iv. 117.
   chastisinge, sb., *chastising*, PR. P. 70; GOW. II. 44; WICL. LEV. xxvi. 18.
chastisen, see chastien.
chasur, see chaceour.
chat, sb., *Fr.* chat; *catkin*: þe chattes (*pl.*) of hasele MAND. 168.
chatel, see catel.
chatere, sb., *chatter* (*dat.*), O. & N. 284.
chaterin, v., *chatter*, '*garrio*,' PR. P. 70; cheateren A. R. 152; chatre LIDG. M. P. 150; chaterest (*pres.*) O. & N. 322; chetereþ TREV. I. 239; chatere (*subj.*) LANGL. *C* xvii. 69; chatre LANGL. *B* xiv. 226; chetering (*pple.*) H. S. 359.
   chaterer, sb., *chatterer*, CATH. 60.
   chaterestre, sb., (*female*) *chatterer*, O. & N. 655.
   chateringe [chatering], sb., *chattering*, O. & N. 576, 744.
chaud, adj., *O.Fr.* chaud; *hot*, LANGL. *B* vi. 313.
chauncelrie, see chancelerie.
chauncerie, see chancerie.
chaufen, v., *O.Fr.* chaufer; *chafe, make warm, become warm*, ANT. ARTH. xxxv; chaufe PARTEN. 224; chaffin '*calefacio*' PR. P. 68; chaufed (*pple.*) WICL. IS. xliv. 15.
chaufur, sb., *chafer*, E. W. 101; chafur 46; chafour '*calefactorium*' PR. P. 68; W. & I. 23.
chaul, chaulen, see chavel, chavelen.
chavel, sb., *O.E.* ceafl, ? = *O.L.G.* kafal (*dat. pl.* kaflun), *M.L.G.* kavel; *mod.Eng.* jowl, *for* chowl; *jaw*, TRIST. 1468; chavil IW. 1991; chaul ALIS.[2] 1119; WICL. 1 KINGS xvii. 35; chewil '*mandibulum*' VOC. 187; choule (*dat.*) AUD. 77; chole PL. CR. 224; þen chin him of swipte mid alle þan chevele LAȝ. 26056; chæfles [choules] (*pl.*) LAȝ. 6507; chaveles REL. I. 220; chavelis [chaulis] C. M. 7510; chaules MAP 338.

chavel. **chekkin.** 113

chavĭl-bōn, chaulbōn, sb., *jawbone*; '*mandibula*,' PR. P. 70; chavilbon LUD. COV. 37.

chavelen, v., *cf.* L.Ger. kavelen, Du. kevelen; *chatter*; chaule P. S. 240; **chefleð,** cheofleð (*pres.*) A. R. 70, 128.

chavelinge, sb., *chattering, gabble* : mid chavling(e) and mid chatere O. & N. 284; chevelunge A. R. 100.

cheafer, sb., *O.E.* ceafor, = *M.Du.* kever, *O.H.G.* chevar, kever; *cockchafer*; **cheaffers** (*pl.*) ['*scarabaei*'] TREV. II. 211.

cheafle, sb., *from* **chavelen**; *? chatter, gabble*, A. R. 72.

chēake, sb., *O.E.* cēace, cēoce, = *O.Fris.* tziake, ziake, *M.L.G.* kēke, kāke, *M.Du.* cāke *f.*, Swed. kēk *m.* (*cheek, jaw*); *cheek,* AYENB. 248; his overe cheoke MARG. 159; cheke '*mala, gena*' PR. P. 72; '*gena*' VOC. 185; '*joue*' 145; ['*maxillam*'] WICL. JUDG. xv. 15; SPEC. 34; GOW. II. 14; choke L. H. R. 218; **chēoken** (*pl.*) A. R. 70; chekes LANGL. *A* iv. 37; chekes, cheekes CH. C. T. *A* 633; chekes, chokes MAN. (F.) 1820; **chēken** (*dat. pl.*) HOM. II. 73; AN. LIT. 11.

chĕk-bōn, sb., *O.E.* cēacbān; *cheek-bone*, FER. 5650; cheekboon ['*maxillam*'] WICL. JUDG. xv. 15 : chekebon PR. P. 72.

cheance, sb., *O.Fr.* cheance; *chance,* ROB. 14; cheaunce SHOR. 60; chaunce PR. C. 3768; god ȝeve þe good chaunce CH. C. T. *G* 593.

chēap, sb., *O.E.* cēap, cēp, *cf.* *O.L.G.* cōp, *O.Fris.* kāp *m.*, *O.N.* kaup *n.*, *O.H.G.* chouf *m.*; *mod.Eng.* cheap; *purchase, bargain*: hire cheap wes þe w(u)rse LAȜ. 385 ; no mihtest þu þurh nen(n)e chep finde neouwer na bred 31799; deore cheap hefdes tu on me HOM. I. 281; so liht cheap A. R. 398; begge as guod cheap ase me mai AYENB. 44; þet is þe wunderlukeste chep (*bargain*) þet eni mon efre funde HOM. I. 163; cheep '*pretium*' PR. P. 72; god chep of corn P. S. 341; good chep (*bon marché*) or dere GOW. II. 169; light chep TOWNL. 102; gret chep (*grand marché*) CH. C. T. *D* 523 ; MAND. 208; bien gret chep (*for god chep*) WICL. E. W. 185; in chepe '*in foro*' TREV. VIII. 319.

chēap-fare, sb., *mod.Eng.* chaffer; *merchandise, trade,* AYENB. 36 ; cheffare A. R. 310; MISC. 40 ; HAV. 1657; P. L. S. xxi. 67; chaffare C. L. 1112; LANGL. *A* PROL. 31; ['*negotiatio*'] WICL. IS. xxiii. 3.

chăp-fari, v., *chaffer, trade,* AYENB. 162; chaffare CH. C. T. *B* 139.

chĕp-mon, sb., *O.E.* cēap-, cēp-, cȳpman, = *O.H.G.* choufman; *chapman, merchant*, A. R. 208; chep-, chapmon LAȜ. 30681, 30690; chapmon O. & N. 1575; chapman '*mercator*' PR. P. 69; CH. C. T. *A* 397; **chĕpmen** (*pl.*) LAȜ. 11356; chepmen R. S. vii; chep-, chapmen MISC. 39, 76; chapmen HAV. 51; (*ms.* chappmenn) ORM. 15783.

chăpman-hōd, sb., '*mercatus*,' PR. P. 69; chapmanhode CH. C. T. *B* 143.

chēap-scamel, sb., *O.E.* cēapsceamul; *counter*, '*teloneum*,' LK. v. 27.

chēapien, v., *O.E.* cēapian, = *O.L.G.* cōpōn, *O.Fris.* kāpia, *O.N.* kaupa, *Goth.* kaupōn, *O.H.G.* chaufan, choufōn; *purchase, buy*: wið chatel mon mai luve cheape HOM. I. 271; ch(e)api [chepin] ... & sullen JUL. 63; chepen GAW. 1271; chepin '*licitor*' PR. P. 72 ; chepe CH. C. T. *D* 268; **chēpe** (*pres.*) P. S. 159; hwon he vor so liht wurð ... cheapeð þine soule A. R. 290; heo cheapeð (*sells*) hire soule þe chepmon of helle 418; **chēpede** (*pret.*) OCTOV. (W.) 389; cheped LANGL. *B* xiii. 380; cheapeden MAT. xxi. 12 ; *cf.* **chēpen** *and* **coupen**.

chēapild, adj., *fond of bargaining,* A. R. 418.

chēpinge, sb., *O.E.* cēping, cēaping, cēapung; *act of buying; market;* '*forum*,' HOM. II.211; LAȜ. 23413; WILL. 1822; LANGL. *A* iv. 43; cheping JUL. 52; cheepinge ['*foro*'] WICL. MAT. xi. 16.

chēping-bōþe, sb., *market-booth,* ORM. 15573.

chēpeing-toun, sb., *market town,* AM. & AMIL. 1700, 1816.

chēaste, sb., *O.E.* cēast, *cf.* *O.Fris.* kāse, *O.H.G.* kōsa ; *dispute, contention, strife* : þe vormest(e) is cheaste oðer strif A. R. 200; cheast HOM. II. 163 ; cheaste, chiaste AYENB. 65, 67; cheste HOM. I. 111; SHOR. 113 ; OCTOV. (W.) 754; þeos cheste O. & N. 177; cheste and sake 1160; wiþouten cheste RICH. 5143; S. S. (Wr.) 1638; cheeste LANGL. *B* xiii. 109; strif and cheste [cheeste] CH. C. T. *I* 556; chost P. S. 151; MIRC 338.

chec, *see* **chek.**

chēf, sb. & adj., *O.Fr.* chef, chief; *chief,* ROB. 74, 212 ; MAN. (F.) 940; chief BEK. 1003.

chief-citē, sb., *chief city,* P. L. S. xiii. 42.

chēef-mete, sb., *? chief meat,* LANGL. *A* vii. 281.

chēf-stīward, sb., *chief steward,* WILL. 3841.

chef, *see* **chaf.**

chĕffare, *see* **chēapfare,** *under* **chēap.**

cheine, *see* **chaine.** **cheisil,** *see* **chaisel.**

chek, sb., *O.Fr.* eschec; *check,* PR. P. 71; chek mat *check mate* S. A. L. 213 ; CH. TRO. ii. 754; **chekkes** (*pl.*) *defeats* TREV. III. 231; **ches** [*O.Fr.* eschecs] *chess,* CH. D. BL. 619; plaie ate ches AYENB. 52.

chēke, *see* **chēake.**

chēkeful, -lew, *see under* **chēoke.**

cheker, v., *O.Fr.* eschekier; *chess-board; exchequer*; AYENB. 45; escheker FL. & BL. 345; esscheker [*v. r.* cheker] LANGL. *A* iv. 26.

chekered, adj., *checkered,* PR. P. 72.

chekkin, v., *check,* PR. P. 72; **cheke** (*pres.*) LANGL. *C* xxi. 287.

chélde, see **kélde**.   **chele**, see **cheole**.

chele, sb., *O.E.* cele, ciele, cyle, cile *m.*; *cold, coolness*, HOM. I. 33; LAȝ. 30811; ORM. 1615; MISC. 73; ROB. 7; SPEC. 110; AYENB. 75; P. S. 256; GOW. II. 369; LANGL. *A* i. 23; TREV. I. 135; nowðer heate ne chele KATH. 1701; in þe norþhalf... no man ne woneþ for chele TREAT. 137; chele, chule, P. L. S. viii. 100, 118; chile BRD. 3.

chelle, sb., *O.E.* cille, cylle, = *O.H.G.* chella; *censer*, HOM. I. 193.

chemenē, chimenee, sb., *O.Fr.* cheminee; *chimney, furnace*, CH. C. T. *A* 3776; chimenee LANGL. (Wr.) 5803; chimnei WICL. MAT. xiii. 42.

chemise, sb., *O.Fr.* chemise; *chemise*, REL. I. 129 (HOM. II. 162).

chéne, see **chíne**.

[**chéoke-, chóke-**, *stem of* **chéoken**.]
   chéke-, chókeful, adj., *choke-full*, D. ARTH. 1552, 3604.
   chéke, -chóke-lew, adj., *apt to choke*: stelthe is medid with a cheklew [*v. r.* chokelew, chekelew] bane HALLIW. 243.

chéoken, v., *choke*; chekin '*suffoco*' PR. P. 72; cheke H. S. 3192; chóke (*pres. subj.*) TOWNL. 91; chókede (*pret.*) TREV. IV. 139; *comp.* a-chéoken.

cheole, sb., *O.E.* ceole, = *M.Du.* kele, *O.H.G.* chela; *throat*: martres cheole P. L. S. viii. 182; herte him... on þe chel(e) FER. 3194.

cheorl, sb., *O.E.* ceorl, = Ger. kerl, *mod. Eng.* churl; *husbandman, rustic, churl, fellow*, FRAG. 2; LAȝ. 4260; MISC. 108; þene cheorl A. R. 86; clipe þinne cheorl (*husband*) JOHN iv. 16; cherl ['*rusticus*'] WICL. WISD. xvii. 16; ORM. 14788; GEN. & EX. 2715; AYENB. 76; ALIS. 5598; WILL. 4; IW. 268; CH. C. T. *D* 2182; þe cherl is def SPEC. 111; a gret cherl LANGL. *A* v. 204; cherl, chorl PL. CR. 221; chorl LIDG. M. P. 182; cheorles [chorles], cherles (*gen.*) O. & N. 512, 1494; cheorles (*pl.*) JOHN iv. 18; þa eorles & þa sweines & þa cheorles LAȝ. 11904; chorles A. P. ii. 1258; cherles ['*servi*'] TREV. III. 415; þine cherles þine hine HAV. 620; cheorlen (*dat. pl.*) LAȝ. 21536; *cf.* **carl**.

cherl-lich, adj., *belonging to a husbandman or rustic*; cherl(l)īche travel WICL. ECCLUS. xxvii. 7.

cheorlisch, adj., *O.E.* ceorlisc; *churlish, rustic*; cherlish WICL. ECCLUS. vii. 16.

chéosen, v., *O.E.* cēosan, = *O.L.G.* kiosan, kiesan, keosan, *O.N.* kiōsa, *O.Fris.* kiasa, tziesa, *Goth.* kiusan, *O.H.G.* chiusan, chiosan; *choose, distinguish*, LAȝ. 15147; KATH. 1894; A. R. 242; SPEC. 62; cheose O. & N. 1343; HORN (R.) 666; ALIS. 1659; chiesen HOM. I. 219; chiese AYENB. 86; cesen SAX. CHR. 250; chesen ORM. 9218; GEN. & EX. 3429; M. T. 92; þat men mouthe... a peni chesen (*discern*) HAV. 2147; chesin PR. P. 73; chese LANGL. *B* xv. 38; PR. C. 79; Charles het Richard chuse his kniȝtes FER. 4367; chēoseð (*pres.*) H. M. 39; chiest AYENB. 126; chest SHOR. 109; (hi) chieseþ AYENB. 45; chēos (*imperat.*) A. R. 102; ches [chees] CH. C. T. *A* 1595; chus MARG. 103; chēas (*pret.*) JOHN vi. 70; H. M. 15; AYENB. 77; chæs LAȝ. 12175; ORM. 2541; ches MAND. 2; PR. C. 2132; PERC. 1207; AMAD. (R.) xlvi; and his weiȝ ȝeðen ches (*took*) GEN. & EX. 2736; such strengþe he him þo ches C. L. 1317; chalkwhit(e) chimnees þer ches (*discerned*) he inoȝe GAW. 798; chees WICL. JOHN xv. 16; CH. C. T. *E* 2148; þu chure MARH. 19; (heo) curen [chosen] LAȝ. 6889; cusen SAX. CHR. 250; chosen GEN. & EX. 543; HAV. 372; LANGL. *A* PROL. 31; MAND. 225; chose BEK. 1986; S. A. L. 5; oōren (*pple.*) LAȝ. 16358; koren BEV. 770; corn AM. & AMIL. 1431; core ED. 4317;. corn, chosen PS. xvii. 27; cosen SAX. CHR. 250; chosen ORM. 9623; MAND. 225; *comp.* ȝe-chēosen; *deriv.* cost, cūre, cūste, chūse.

chēosere, sb., *chooser*; chēosers, chēsers (*pl.*) TREV. V. 309.

chēseresse, sb., (*female*) *chooser*, WICL. WISD. viii. 4.

chēsunge, sb., *choosing*, HOM. II. 19; chiezinge AYENB. 42.

chēowen, v., *O.E.* cēowan (*pret.* cēaw), = *O.H.G.* chiuwan (*pret.* chou), *O.N.* tyggva, tyggja (*pret.* tögg); *chew, eat, devour*; chiewe AYENB. 111; chewen (*ms.* chewwenn) ORM. 1241; chewe HOM. II. 183; upon þe bridel chewe GOW. I. 334; late hem chewe as þei chose LANGL. *B* xviii. 199; al þat tu cheowest (*pres.*) H. M. 35; cheoweð, cheouweð A. R. 80, 84; chit te & cheoweð (*printed* cheopeð) þe H. M. 31; cheweþ CH. C. T. *A* 3690; chewiþ code WICL. DEUT. xiv. 6; bestes þat chewen not her code MAND. 20; chēwe (*subj.*) MIRC 255; *comp.* to-chēowen; *deriv.* chēu.

chēwinge, sb., *chewing*, PR. P. 74; AYENB. 111.

chēp, see **chēap**.

chēpen, v., *O.E.* cēpan, cȳpan; *sell*; chēptan (*pret.*) MK. xi. 15.

cher, sb., *O.E.* cerr, cierr, cyrr *m.*, *cf. O.H.G.* cher *m.*, chera *f.*, *M.L.G.* kere *f.*, *mod.Eng.* chare (*turn of work*); *turn, act of turning; occasion, time; piece of work, job*; one cherre A. R. 314; sum chearre JUL. 41; don a char P. S. 341; cherre (*dat.*) BEV. 3461; at þa(n) latere cherre LAȝ. 8356; makeden hine þridde charre (*for the third time*) king 6844; et one cherre A. R. 324; at ane chere H. M. 23; þe him deð... wiken & cherres (*pl.*) HOM. I. 137; charres GAW. 1674; charis TOWNL. 106; *comp.* ȝein-char.

chēr, adj., *O.Fr.* cher, chier; *dear*: a most cheere hinde WICL. PROV. v. 19.

chēre-liche, adv., *dearly*, PL. CR. 582; cherli WILL. 62.

cherche, *see* **chireche**.

chēre, sb., *O.Fr.* chēre, chiere, *mod.Eng.* cheer; *countenance*, MARH. 3; MISC. 40; BRD. 6; PR. C. 1636; cheere '*vultus*' PR. P. 72; makien him glede chere A. R. 190; wiþ riȝt a merie chere [cheere] CH. C. T. *A* 857; chiere AYENB. 155.

cheri, sb., *O.Fr.* cerise, *Lat.* cerasum; *cherry*, PR. P. 72; chiries (*pl.*) LANGL. *A* vi. 296.

cheri-feire, sb., *cherry-fair*, GOW. I. 19; LIDG. M. P. 231.

cheri-stōn, sb., *cherry-stone*, PR. P. 72.

cheri-tīme, sb., *cherry-time*, LANGL. *B* v. 161.

cheri-trē, sb., *cherry-tree*, VOC. 181; chiritree PALL. iii. 1147.

chērin, v., *O.Fr.* chērer; *cheer*, '*hilaro*,' PR. P. 72; chārid (*pple.*) WICL. RUTH iii. 7.

cherissen, v., *Fr.* cherir; *cherish*; chersin PR. P. 73; **cherische** [cherisse] (*imper.*) CH. C. T. *E* 1388; **cherisched** (*pple.*) A. P. ii. 543.

cherissing, sb., *cherishing*, LANGL. *C* v. 112; cherisshinge PALL. x. 24.

cherl, *see* **cheorl**.

cherre, *see* **cher**.

cherren, v., *O.E.* cerran, cirran, = *O.L.G.* keran, *O.Fris.* kera, *O.H.G.* cherran (*pret.* cherta); *turn*; chearre JUL. 33; charre MAP 348; wið wives and childre ȝeȝen charen GEN. & EX. 1712; chare H. S. 2062; charin a wai *turn away* PR. P. 70; LUD. COV. 325; charre (*pres.*) GAW. 1678; hwan ic aȝen cherre HOM. I. 79; churreþ REL. I. 172; **cher** (*imper.*) me from sunne HOM. I. 215; ne cherre he ongean MK. xiii. 16; chearren KATH. 2261; **cherde** (*pret.*) O. & N. 1658; cherde, chærde, charde LA3. 7234, 28744, 31354; cherden [charden] . . . aȝein MARH. 3; chirden (*ms.* chyrden) LK. xxiii. 56; charde A. P. i. 607; *comp.* **bi-, ȝe-cherren**.

chervelle, sb., *O.E.* cerfille, *cf. M.L.G.* kervele, *O.H.G.* chervola; *from Lat.* caerefolium; *chervil*, PR. P. 73; **cherveles** [chervelles] (*pl.*) LANGL. *B* vi. 296.

cherwin, v., '*torqueo*,' PR. P. 73.

chervinge, sb., '*torcio*,' PR. P. 73.

ches, *see* **chek**.

chēse, sb., *O.E.* cēse, cȳse, *from Lat.* cāseus; *cheese*, HAV. 643; MAND. 272; E. G. 356; he bindeð uppon þa swike chese & bret hine HOM. I. 53; chese [chise] TREV. I. 405.

chēse-bolle, sb., *poppy*, '*papaver*,' PR. P. 73; chesbolle VOC. 190.

chēs-fat, sb., *O.E.* cȳsefæt; *cheese-vat*, VOC. 202.

chēse-kake, sb., *cheese-cake*, PR. P. 73.

chēs-lēpe, sb., *cheese-basket*, VOC. 222.

chēs-lippe, sb., *O.E.* cȳslybb, ?= *M.H.G.* kæseluppe; *rennet*, VOC. 202.

chesel, *see* **chisel**. **chēsen**, *see* **chēosen**.

chesible, sb., *O.Fr.* chesuble, chasuble; *chasuble*, PR. P. 73; **chesibles** (*pl.*) LANGL. *B* vi. 12.

chesōn, sb., *for* **achesōn**; *cause, account*, S. S. (Wr.) 680; chesoun ALIS. 3930.

cheste, *see* **chiste**. **chēste**, *see* **chēaste**.

chesteine, *see* **chasteine**.

chestre, sb., *O.E.* ceaster, *Lat.* castrum; *city, fortified town*, '*civitas*,' FRAG. 4; MAT. v. 35; ORM. 8479; **Chestre** *Chester* P. L. S. xiii. 27.

chete, sb., *O.E.* cete, cyte; *? cell*; hende as hake in chete SPEC. 31.

chēte, sb., *for* **eschēte**; *confiscation*, PR. P. 73.

chetel, *see* **catel**.

chetel, sb., *O.E.* cetel, cytel, citel,= *O.Fris.* ketel, szetel, tsetel, *O.N.* ketill, *O.H.G.* chezil, *Goth.* katils; *kettle*, '*cacabus*,' FRAG. 4; JUL.² 54; chetil W. & I. 23; ketil, chetil PR. P. 273; ketel '*lebes*' PS. cvii. 10; **cheteles** [ketels] (*pl.*) WICL. LEV. xi. 35.

ketel-hat, sb., *helmet*, '*pelliris*,' PR. P. 273; ketille-hatte M. ARTH. 3516; **ketelle-hates** (*pl.*) 2993.

chēten, v., *? O.N.* kæta; *console, cheer*: hi hit chēteð (*pres.*) & blissið HOM. I. 233.

chētinge, sb., *for* **eschētinge**; *escheating*, '*confiscacio*,' PR. P. 73.

chētour, sb., *for* **eschētour**, *O.Fr.* eschetour; *escheator*, '*confiscator*,' PR. P. 73.

chēðen, *see* **cūðen**.

chēu, sb., *from* **chēowen**; *act of chewing*: wurmene cheu HOM. II. 121; chest & chew (*printed* chep) HOM. II. 13; *comp.* **ȝe-chēu**.

chevachie, sb., *O.Fr.* chevauchie; *expedition on horseback*; cheuache CH. COMPL. M. 144; chivachie CH. C. T. *A* 85.

chevaler, sb., *O.Fr.* chevaler; *chevalier*; chivaler LANGL. *B* xviii. 99.

chevalerie, *O.Fr.* chevalerie, *chivalry*, CHR. E. 225; chevalrie [chivalrie] CH. C. T. *A* 45.

chevalrous, adj., *O.Fr.* chevalereus; *chivalrous*, D. ARTH. 3604.

chevaunce, sb., *O.Fr.* chevance; *gain, profit*, GOW. II. 275.

chevel, *see* **chavel**.

chéven, v., *O.Fr.* chevir; *attain an end, succeed; happen; be subject*; cheeven LANGL. *A* PROL. 31; cheve BEK. 856; **chéve** (*pres. subj.*) DEGR. 465; *see* **chevise**.

chevesaile, sb., *O.Fr.* chevecaille; *necklace*, R. R. 1081.

chevese, sb., *O.E.* cefes, cyfes, cyfese, = *O.H.G.* chebisa, chebis; *concubine*, MARH. 3; chevese, chivese LA3. 384, 6356.

cheves-boren, adj., *born of a concubine*, LAȝ. 4334.
chevetain, sb., *O.Fr.* chevetain; *chieftain*, SHOR. 112; MAN. (F.) 9779; chevetein BEK. 251; WILL. 3379; *see* **capitain**.
chevise, v., *O. Fr.* cheviss-, chevir, *see* **cheven**; *procure, obtain; succeed; help, profit*; CH. COMPL. M. 289; chevisin '*provideo*' PR. P. 74; **chewise** (*imper.*) D. ARTH. 1750; **chevesed** (*pple.*) ALEX.² (Sk.) 966.
chevissance, sb., *O.Fr.* chevissance; *agreement, bargain*, CH. C. T. *B* 1519.
chēw, chēwen, *see* **chēu, chēowen**.
chibolle, sb., *O.Fr.* ciboulle; *small onion*, PR. P. 74; **chibolles** (*pl.*) LANGL. *B* vi. 296.
chiche, sb., *O.Fr.* chiche, *Lat.* cicer (? *mod. Eng.* chick-pease); *vetch*, PALL. iv. 57; **chichis** (*pl.*) WICL. 2 KINGS xvii. 28.
chiche, adj., *O.Fr.* chiche; *parsimonious*, R. R. 5588; A. P. i. 604.
Chichestre, pr. n., *O.E.* Ciceaster; *Chichester*, ROB. 2; Cicestre MISC. 145.
chīde, sb., *O.E.* (ge)cīd; *contention*, MAP 342.
chīden, v., *O.E.* cīdan; *chide, contend*, LAȝ. 8149; GEN. & EX. 2722; to chiden agen oni scold REL. I. 183; chidan HOM. I. 113; chidin '*contendo*' PR. P. 74; chide O. & N. 287; AYENB. 67; LANGL. *A* iv. 39; P. 51; **chist** (*pres.*) þu ... me chist O. & N. 1331; chideð A. R. 198; chideð, chit H. M. 31, 39; chit ... wið gode HOM. I. 103; chid O. & N. 1533; **chidde** (*pret.*) O. & N. 112; ROB. 390; CH. C. T. *A* 3999; þis holi man him chidde P. L. S. xvii. 414; chidden '*litigabant*' WICL. JOHN vi. 53; GEN. & EX. 1927; hi chidde BEK. 1910; **chidde** (*pple.*) AR. & MER. 7237.
chidere, sb., *chider*; chidar PR. P. 74; **chideres** (*pl.*) LANGL. *B* xvi. 43.
chideresse, sb., *chider* (*fem.*), R. R. 150, 4265.
chidestere, sb., *chider* (*fem.*), CH. C. T. *E* 1535.
chīdinge, sb., *O.E.* cīdung; *chiding*, AYENB. 30; TREV. II. 97.
chiere, *see* **chēre**. **chiesen**, *see* **chēosen**.
chiken, sb., *O.E.* cicen, ciccen MAT. xxiii. 37*, cycen VOC. 63, *cf. M.L.G.* küken, kuken; *chicken*, '*pullus*,' FRAG. 3; chekin PR. P. 74; **chikene** (*pl.*) MAT. xxiii. 37; LEB. JES. 439; chikenes [chiknes] CH. C. T. *A* 380.
chicne-mete, sb., *O.E.* cicena mete; ? *chickweed*, FRAG. 3; chikne mete REL. I. 37.
chekin-wēd, sb., *chickweed*, PR. P. 74.
chikkin, v., ? *produce chickens*; '*pullulo*,' PR. P. 74.
chilce, *see* **childse**.
child, sb., *O.E.* cild, = *O.L.G.*, *O.Fris.* kind, *O.H.G.* chind, chint; *child*, MAT. ii. 9; HOM. I. 37; LAȝ. 295; þat child O. & N. 1463; ROB. 10; þet child AYENB. 84; þat worþi child WILL. 541; **childes** (*gen.*) ORM. 8056; it is no childes plei CH. C. T. *E* 1530; **childe** (*dat.*) GEN. & EX. 966; þer hvile þet hi is mid childe (*pregnant*) AYENB. 224; wiþ childe gon SPEC. 82; **child** (*pl.*) MAT. xxi. 15; childre HOM. I. 73; LAȝ. 5317; ORM. 8005; GEN. & EX. 715; ALIS. 4638; PL. CR. 756; TOR. 2643; childere LUD. COV. 30; childre, children HOM. II. 17, 19; O. & N. 631; children HOM. I. 7; A. R. 334; BEK. 24; MAND. 249; **childre** (*gen. pl.*) HOM. I. 7; childrene LAȝ. 15563; A. R. 422; childrene, children HAV. 449; (*ms.* chyldren) MAT. xxi. 16; LANGL. *A* iv. 103; **childon**, childen (*dat. pl.*) MAT. xiv. 21, xv. 38; children LAȝ. 12992; *comp.* **cnáve-, mōder-, stēop-child**.
child-bed, sb., *childbed*, HOM. II. 47; liþ ... a childbedde ROB. 379.
child-bering, sb., *child-bearing*, WICL. GEN. xxv. 24.
child-gered, adj., *childish-mannered*, GAW. 86.
child-hēde, sb., *O.E.* cildhād; *childhood*, AYENB. 82; **childhāde** (*dat.*) MK. ix. 21; KATH. 79; childhade (*ms.* -haden) [childhode] LAȝ. 20312; childhode A. R. 314; childhede GEN. & EX. 2652; CH. C. T. *B* 1691.
childish, adj., *O.E.* cildisc, *cf. O.H.G.* chindisc; *childish*, LANGL. *B* xv. 145.
child-lēs, adj., *childless*, GEN. & EX. 930; childlæs ORM. 2312.
children-lēs, adj., *without children*, TREV. I. 183.
child-lī, adj., *childlike*, '*puerilis*,' WICL. TOB. i. 4; Gow. II. 228; HOCCL. i. 64.
childin, v., = *O.H.G.* chindōn; *bring forth* (*children*), '*pario*,' PR. P. 74; þe shal ... þin wif an sune childen ORM. 156; childi AYENB. 224; childe ALIS. 604; **childide** (*pret.*) WICL. GEN. iv. 1; childed PARTEN. 1157; **childed** (*pple.*) MAND. 133.
childinge, sb., *child-bearing*, WICL. GEN. xxv. 24; childing ALIS. 623; Gow. I. 69; C. M. 11059; þurh hire childþinge [chilčinge] MISC. 158, 159.
childse, sb., ? *puerility*; idelnesse and chilce P. L. S. viii. 7 (HOM. II. 220; I. 288; MISC. 58).
chile, *see* **chele**.
chilindre, sb., *Fr.* cylindre; *cylinder*, CH. C. T. *B* 1396.
chillin, v., ? = *Du.* killen, *M.Du.* kilden; *chill, be cold*, PR. P. 75; **chillande** (*pple.*) D. ARTH. 2965; **chilled** (*pret.*) A. P. iii. 368.
chillinge, sb., *cf. Du.* killing; *chilling*, PR. P. 75; LANGL. *B* vi. 313 (Wr. 4424).
chimbe, sb., *cf. M.L.G., M.Du.* kimme; *edge, brink*: the streem of lif nou droppeþ on þe chimbe CH. C. T. *A* 3895.
chimbe, chime, sb., *cymbal*, C. M. 12193; chime PR. P. 75; **chimbes** (*pl.*) PS. cl. 5; MAN. (F.) 11387.

chimben, v., cf. Swed. kimba, Dan. kime; chime; chimbe CH. C. T. A 3896; chimin PR. P. 75; chime GOW. II. 13.

chimblen, v., O.N. kimbla; bind up, bundle : **chimbled** (pple.) over hir blake chin with milkqvite vailes GAW. 958.

chime, see **chimbe. chimenee,** see **chemenē.**

chin, sb., O.E. cin, VOC. 43, cinn ? m. (mentum), cf. M.L.G. kin, kinne m. n., M.Du. kinne, O.N. kinn (gena), Goth. kinnus f. (σιαγών), O.H.G. chinni n., Lat. gena, Gr. γένυς f.; chin, 'mentum,' VOC. 146, 183, 207 ; PR. P. 75 ; MAND. 107; þane chin LAȝ. 8148 ; **chinne** (dat.) HOM. I. 35; O. & N. 96; TREAT. 139; TREV. I. 257; swor bi his chinne LAȝ. 18764; þet nimþ þane viss bi þe þrote and bi þe chinne AYENB. 50.

chinche, adj., ? O.Fr. chinche; stingy, 'perparcus,' PR. P. 75; S. S. (Web.) 1244; HAV. 1763 (the rime requires chiche).

chincherie, sb., 'parcimonia,' PR. P. 75.

chinchin, v., be stingy, 'perparceo,' PR. P. 75.

chine, sb., O.Fr. eschine; chine, backbone, 'spina,' PR. P. 75; ALIS. 3245; D. ARTH. 3390.

chine, sb., O.E. cinu, = M.Du. kene, mod.Eng. chine (in local names); from **chinen**; fissure, crack, cleft, PARTEN. 4343; chine, chene ['hiatus'] TREV.I.233,415; LANGL. Cxxi.287; chene PALL. i. 450; **chines** (pl.) 'scissuras' WICL. IS. ii. 21; chinis BER. 2353; chines, kines MAN. (F.) 1720, 13976; comp. **erð-chine.**

chinen, v., O.E. (to)cīnan, = O.L.G. kīnan, Goth. keinan, O.H.G. chīnan; split, burst open (intrans.): þat makeþ heorte chinen MISC. 73 ; chine FER. 212; PALL. vi. 199; **chineð** (pres.) HOM. II. 199; þet gles ne brekeð ne chineð I.83; þe corn ... chineth LEB. JES. 564 ; **chān** (pret.) ALIS. 2228 ; deþ her hert(e) chan AR. & MER. 7764 ; **chined** (pple.) L. H. R. 142 ; comp. **to-chinen**; deriv. **chine.**

chippe, sb., ? O.E. cipp (dentale); chip,'assula,' PR. P. 75; **chippes** (pl.) GOW. I. 106; CH. C. T. A 3748.

chippen, v.,= M.Du. kippen; ? chip (with a hatchet, &c.); chippe 'dolare' CATH. 64; HALLIW. 250.

chippinge, sb., chipping, piece, PR. P. 75.

chireche, sb., O.E. cirice, cyrice, = O.L.G. kirika, kerika, O.N. kirkja, O.H.G. chiricha, ? from Gr. κυριακή (ἐκκλησία) = church; circe SAX. CHR. (E.) 262 ; LAȝ. 26140; REL. I. 129; chirche, churche A. R. 22, 28; O. & N. 608; chereche MISC. 31 ; cherche AYENB. 7; GOW. I. 63; kirke, chirche LANGL. B vi. 93, A vii. 34; kirke ORM. 3531; HAV. 36; **chirechen** (pl.) LAȝ. 20971; chirchen CHR. E. 923; churchen BEK. 1414; comp. **hēved-chirche.**

chirche-clōðes, sb., church vestments, A. R. 420.

chireche-dure, sb., church-door, HOM. I. 73; MISC. 151; kirkedure, ORM. 1327.

kirke-flōr, sb., church floor, ORM. 9015.

chirch-gang, sb., church-going; churching (of women), HOM. II. 47; chirchegong GEN. & EX. 2465; ROB. 380.

chirche-ȝeard, sb., churchyard, A. R. 318*; chircheȝard LEG. 153 ; churchȝerd BEK. 2217; kirkegærd ORM. 15254.

chireche-griþ, sb., O.E. ciricgrið; sanctuary of the church, LAȝ. 22322; chirchegrið A. R. 174.

chirche-hai, sb., churchyard, 'coemeterium,' VOC. 178 ; AR. & MER. 6738; chirchhai MIRC 330*; chirchhei E. W. 26; **chircheie** (dat.) A. R. 318.

chirche-hawe, sb., churchyard, S. S. (Web.) 2625; TREV. V. 65; E. W. 81; CH. C. T. I 964 ; chirchau E. W. 80.

chirche-kei, sb., church key, GOW. I. 10, 12.

chiric-lond, sb., church-land, LAȝ. 14855.

chirche-rēaf, sb., robbery of churches; chirchereve CH. C. T. D 1307.

chirche-song, sb., O.E. cyricsang; church song, O. & N. 984.

chirch-sōcne, sb., O.E. ciricsōcn; parish, HOM. II. 89.

chereh-toun, sb., O.E. cirictūn; churchyard, AYENB. 41.

chiroke-wardein, sb., churchwarden, E. G. 145.

chirche-weorc, sb., church work, HOM. I. 31.

chirche-wice, sb., office of the church : þe landes þat lien to þe **circe wican** (dat. pl.) SAX. CHR. 263.

chirchin, v., church (women), 'purifico,' PR. P. 75.

chiri, see **cheri.**

chirkin, v., creak, twitter, 'strideo, sibilo,' PR. P. 76; **chirkeþ** (pres.) as a sparwe CH. C. T. D 1804; see **charkin.**

chirking, sb., screaming, CH. C. T. A 2004.

chirm, sb., O.E. cirm, cyrm; noise, shouting; **chirme** (dat.) O. & N. 305.

chirmen, v., O.E. cyrman, cirman,= M.Du. kermen, M.L.G. kermen, karmen; cry out, shout, A. R. 152; **chirmed** (pret.) PARTEN. 878 ; comp. **bi-chermen.**

chirne, sb.,= M.Du. kerne; churn, PR. P. 76; kirne VOC. 202.

chirnen, v.,= M.Du. kernen; churn; chirne PR. P. 76.

chirpen, v., chirp.

chirpinge, sb., chirping, 'garritus,' PR. P. 76.

chīse, see **chūse.**

chisel, sb., *O.E.* cisel, ceosel, = *M.Du.* kesel, *O.H.G.* chisili; *pebbles, shingle, 'sabulum,'* PR. P. 76; **cheselis** (*pl.*) LUD. COV. 56; *comp.* **sand-chisel.**

chisel, sb., *O.Fr.* cisel; *chisel,* PR. P. 76; SHOR. 137.

chiste, sb., *O.E.* cist, cyst, cest, = *O.N., O.H.G.* kista, *? from Lat.* cista; *chest, box, 'arca sive sarcophagus,'* TREV. II. 307; BEK. 2458; chiste [cheste] CH. C. T. *D* 317; cheste '*loculus*' FRAG. 3; þa cheste LK. vii. 14; ane cheste LAȝ. 27858; **chiste,** kiste (*dat.*) HAV. 222, 2018; kiste PERC. 2109.

chiteren, [chitren], v., *chatter,* CH. C. T. *G* 1397; chitre GOW. II. 318.

chiteringe, sb., *chittering,* TREV. II. 159; chitering WICL. DEUT. xviii. 10.

chitirling, sb., *chitterling,* PR. P. 76.

chitte, sb., *cf. L.G.* kitte, *H.G.* kitze; *whelp, 'catulus,'* VOC. 177; **chittes** (*pl.*) ['*catulos*'] WICL. IS. xxxiv. 15.

chivaché, *see* **chevachie.**

chivaler, chivalrie, *see* **chevaler, chevalerie.**

chivelen, v., *? shiver, tremble*; his chekes ... þei chiveled (*pret. pl.*) for elde LANGL. *B* v. 193; ichiveled (*pple.*) for elde *C* vii. 200.

chiverin, v., *shiver, quake,* PR. P. 76; chiveren [chiverin] in ise R. S. v (MISC. 177); chivere & schake L. H. R. 144; **chivered** (*pret.*) LEG. 165; chiverid (*pple.*) for chele D. ARTH. 3391.

chōȝe, sb., *O.E.* ceō; *chough*; choghe CH. P. F. 345; chouȝe '*monedula*' VOC. 177; chouȝhe TREV. IV. 307; choughe PR. P. 57; **chōȝen** (*pl.*) P. L. S. xvii. 185; þe crowes and the choughes MAND. 59.

chois, sb., *O.Fr.* chois; *choice,* ROB. III; TREV. IV. 385.

chois-li, adv., *choicely,* WILL. 1753.

chóken, *see* **chéoken.**

chol, sb., *? double chin*; his chin wiþ a chol lollede so greet as a gos ei PL. CR. 444.

chold, *see* **cáld.**

chop, sb., *blow, knock, dispute*; **choppes** (*pl.*) LANGL. *C* xi. 275 (*A* x. 187).

choppen, v., *? = M.Du.* koppen; *chop, hew, strike*: þei choppen (*pret.*) alle þe bodi in smale peces MAND. 201; chop (*imper.*) LANGL. *A* iii. 253; choppid (*pple.*) D. ARTH. 1026.

chopping, sb., *striking, fighting,* LANGL. *B* ix. 167.

chōst, *see* **chéaste. chouȝe,** *see* **chōȝe.**

choul, *see* **chavel.**

chucken, v., *chuckle, boast*: he chukketh (*pres.*) whan he hath a corn ifounde CH. C. T. *B* 4372.

chuffe, choffe, sb., *clown, 'rusticus,'* PR. P. 77.

chuffer, sb., *? boaster,* TOWNL. 216.

chuffing, sb., *? boasting,* ORM. 12177.

chullen, v., *? drive*; and **chulles** (*pres.*) him as men don a balle HALLIW. 249; chased to daie and chulled (*pple.*) as hares D. ARTH. 1444.

chürche, *see* **chireche. chürren,** *see* **cherren.**

chüse, adj., *? O.E.* cȳs, cīs, *from* **chēosen**; *elegant; fond, loving*: þat was chuse [chise] of þe childe ALIS.² 49; gent ich wes ant chis REL. I. 123; þe ladi is of lemon chis ALIS. (Web.) 3294; knightis ... chosin ful **chise** (*pl.*) LUD. COV. 180.

chis-li, adv., A. P. ii. 543.

chūsen, *see* **chēosen.**

cicatrice, sb., *Fr.* cicatrice; *cicatrix, scar,* PALL. iii. 51.

ciclatoun, sb., *cf. Span.* ciclaton; *a sort of garment or stuff,* HICKES I. 225; CH. C. T. *B* 1924; ischrud mid hwite ciclatune HOM. I. 193.

cicle, sb., *Fr.* cycle; *cycle,* TREV. V. 377.

ciconie, sb., *stork,* WICL. JER. viii. 7; **sikonies** (*pl.*) MAND. 45.

cider, *see* **sider.**

cimbale, sb., *Lat.* cymbalum; *cymbal*; simbale PR. P. 456; **cimbalis** (*pl.*) WICL. 2 KINGS vi. 5.

ciment, sb., *O.Fr.* ciment; *cement,* PALL. i. 449; siment WICL. GEN. xi. 3.

cinamome, sb., *Fr.* cinnamome, *Lat.* cinnamōmum; *cinnamon,* CH. C. T. *A* 3699; cinamum PR. P. 78.

cindre, sb., *? Fr.* cendre; *cinder*; **cindres** (*pl.*) MAND. 101; *see* **sinder.**

cink, sb., *O.Fr.* cinc (*five*); *cinque* (*ports*); sink pors ROB. 515.

cinoper, *see* **sinopir.**

cipres, sb., *O.Fr.* cipres; *cypress,* AYENB. 131; C. M. 1377.

cipres-trē, sb., *cypress-tree,* WICL. S. SOL. i. 13.

cipres, sb., *fine gauze,* LANGL. *B* xv. 224.

circe, *see* **chireche.**

circuit, sb., *circuit,* CH. C. T. *A* 1887.

circumcíden, v., *Lat.* circumcīdere; *circumcise,* WICL. GEN. xvii. 11; WICL. S. W. I. 335.

circumcīs, pple., *Lat.* circumcīsus; *circumcised,* GEN. & EX. 999.

circumcīse, sb., *circumcision,* GEN. & EX. 2847.

circumcīse, v., *circumcise,* C. M. 2668; circumcised (*pple.*) GEN. & EX. 1200.

circumcising, sb., *act of circumcision,* C. M. 2681.

circumcisiōn, sb., *Lat.* circumcisio, *cf. Fr.* circumcision; *circumcision,* HOM. I. 83; GEN. & EX. 991; WICL. ROM. iii. 1; S. W. I. 335; PR. P. 78, 456.

circumference, sb., *Lat.* circumferentia, *cf. Fr.* circonférence; *circumference,* GOW. III. 90.

circumscríven, v., *Lat.* circumscrībere; *circumscribe,* CH. TRO. v. 1877.

circumstance, sb., *circumstance*; **circumstaunces** (*pl.*) A. R. 316.

Cirencestre, pr. n., *O.E.* Cirin-, Cyrenceaster; *Cirencester,* ROB. 2.
cirurgian, sb., *O.Fr.* cirurgien; *surgeon,* ROB. 566; surgien LANGL. *B* xx. 308; **surgienes,** surgiens (*pl.*) LANGL. *B* xiv. 88, xx. 177*.
cisar, see **sider.**
cisoure, sb., *O.Fr.* cisoires; *scissors,* 'forfex,' PR. P. 78.
cisterne, sb., *O.Fr.* cisterne; *cistern,* PR. P. 67; S. A. L. 136; MAND. 106.
cisternesse, sb., *pit,* GEN. & EX. 1942.
citaciōn, sb., *Fr.* citation; *citation,* ROB. 473.
citē, sb., *Fr.* cité; *city,* A. R. 228; MISC. 26; GEN. & EX. 2669; MAND. 244; CH. C. T. *A* 2701; PS. xlv. 5.
citeien, sb., *O.Fr.* citeien; *citizen*; citezein (?citeʒein) GOW. I. 75; **citeʒens** (*pl.*) WILL. 3850; citeʒenis E. G. 23; citeseins TREV. IV. 129.
citenere, sb., *citizen;* cittenere VOC. 211.
citir-trē, sb., *Lat.* citrus; *citron,* PR. P. 78; citur tre PALL viii. 8, xi. 66.
citole, sb., *O.Fr.* citole; *a musical instrument,* CH. C. T. *A* 1959.
citrinacioun, sb., *med.Lat.* citrinātio; *a process in alchemy,* CH. C. T. *G* 816.
ciūn, sb., *O.Fr.* cion; *scion,* PR. P. 79; **siouns** (*pl.*) P. L. S. xxxv. 74.
cive, sb., *Fr.* cive; **cives** (*pl.*) *garlic,* PR. P. 78.
civilitē, sb., *O.Fr.* civilité, *from Lat.* cīvīlitas, *mod.Eng.* civility; *freedom (of a city), citizenship,* WICL. DEEDS xxii. 28.
clacke, sb., = *M.Du.* klacke; *clack (of a mill);* klakke VOC. 180; PR. P. 79.
clacken, v., = *M.Du.* klacken, *O.N.* klaka; *clack, gabble;* clake L. C. C. 54; þu **clakes**(t) (*pres.*) O. & N. 81.
clēmen, v., *O.E.* clǣman,=*M.Du.* kleemen, *O.H.G.* chleimen; *smear;* cleime LIDG. M. P. 53; **ʀclōme** (*pres.*) SACR. 708; **clēme** (*imper.*) PALL iii. 871; cleme hit with clai A. P. ii. 312; **clēmede** (*pret.*) ['*linivit*'] WICL. EX. ii. 3; *comp.* ʒe-**clēmen.**
clēne, adj., *O.E.* clǣne (*clean*), = *O.L.G.* clēne, (*small*), *M.Du.* clēne (*small, thin, clean*), O. H.G. chleini (*fine, thin*); *clean, pure, chaste*: clæne [cleane] mon LAʒ. 6290; clene FRAG. 7; O. & N. 584; GEN. & EX. 605; CH. C. T. *A* 504; clene lif HOM. II. 85; clene bræd ORM. 1590; clene water ROB. 435; of ure sunne make us clene HOM. I. 63; cleane inwit A. R. 2; clene, klene, cliene AYENB. 5, 159, 224; clane M. T. 206; ne mai no man clene telle BEK. 12**8**; Vortiger ane hit dude for alle clane [cleane] LAʒ. 13264; bursten hire bondes & breken alle clane JUL. 58; **clēnneste** (*compar.*) P. L. S. xxi. 98; LANGL. *B* xiii. 296; **clēnneste** (*superlat.*) H. M. 43; clennest LANGL. *B* xiv. 43.

clǣn-leʒo, sb., *purity,* ORM. 4622.
clǣn-līch, adj., *O.E.* clǣnlīc; *cleanly*: clenliche cloþinge AYENB. 216; **clēnlīche** (*adv.*) A. R, 344; BEK. 130; PL. C. 229; clenlike (*ms.* clennlike) ORM. 1644; clanliche P. L. S. xv. 65.
clēnnesse, sb., *O.E.* clǣnness; *cleanness,* ORM. 4598; clennesse A. R. 164; O. & N. 491; AYENB. 201; castitas þet is clenesse on Englisc HOM. I. 105; cleannesse H. M. 11; clannesse ROB. 332.
clēan-schipe, sb., *purity,* H. M. 21.
clēnsien, v., *O.E.* clǣnsian; *cleanse, purify*; clensien FRAG. 7; clensen A. R. 314; (*ms.* clennsenn) ORM. 1126; clensi SHOR. 50; AYENB. 137; clense LANGL. *B* vi. 106; clansi O. & N. 610; clanse MIRC 259; **clēnseð** (*pres.*) HOM. I. 83; **clēnsede** (*pple.*) HOM. I. 237; **clēnsed** (*pple.*) HOM. II. 87; PR. C. 3705; *comp.* ʒe-**clēnsen.**
clēnsunge, sb., *O.E.* clǣnsung; *cleansing,* HOM. II. 141; (*ms.* clennsinng) ORM. 15006; clansinge LEG. 99.
clai, sb., *O.E.* clǣg,= *O.Fris.* klai, *M.L.G.* klei *m.*; *clay,* REL. II. 210; clay SPEC. 85; ALIS. 915; PR. C. 411; clei FRAG. 5; '*argilla*' PR. P. 80; TREV. V. 129; CH. C. T. *G* 807; cleiʒ LEG. 14; S. A. L. 178.
clei-clot, sb., *clod of clay,* FRAG. 5; R. S. V. (MISC. 172).
clai-daubed, pple., *daubed with clay,* A. P. ii. 492.
clei-pit, sb., *clay-pit,* PR. P. 80.
cleʒi, adj., *clayey,* WICL. ECCLUS. xxii. 1.
claien, adj., *made of clay,* WICL. JOB iv. 9.
claim, sb., *O.Fr.* claim; *claim,* GOW. I. 250.
claimen, v., *O.Fr.* clamer, claimer; *claim*: claimen [cleimen] and asken LANGL. *B* xiv. 259; **cleimeþ** (*pres.*) he after cloþes WILL. 4481; **cleimed** (*pret.*) þeim quit of þer servise MAN. (F.) 4548; clame TOWNL. 200.
clak, sb., *O.E.* clæc (-lēas),=*M.H.G.* klac, *O.N.* klakkr; *spot, stain*: ʒif þat ʒe wel ʒuw loken fra clake & sake ORM. 9317.
clakke, see **clacke.**
clam, adj., *cf. Ger., Du., Dan.* klam; *sticky,* '*glutinosus, viscosus*,' PR. P. 79.
clām, sb., *O.E.* clām,=*M.Du.* kleem; *clay*; clom LANGL. *A* xii. 100.
clamance, sb., *med.Lat.* clamantia; *claim,* MAN. (H.) 186.
clamerin, v., *clamber, climb with hands and feet; cluster, crowd*; '*repto,*' PR. P. 79; **clamberande** (*pple.*) cliffes GAW. 1722; whanne ani clambrede (*pret.*) up LEG. 194; **clombred** (*pple.*) so þik GAW. 801.
clammen, v., *smear,* WICL. S. W. II. 93.
clamour, sb., *O.Fr.* clamor; *clamour,* GOW. I. 21; CH. C. T. *A* 995.

cland, sb., *O.N.* kland *n.*; *difficulty, calamity*: he makede him selven muchel clond LA3. 11704.

clāne, *see* **clǣne**.

clap, sb., = *M.Du.* klap, *O.H.G.* chlaph; *clap, stroke*, A. R. 102*; **clappes** (*pl.*) MAN. (H.) 175; *comp.* ʒain-, þonder-clap.

claper, sb., *Fr.* clapier; *rabbit-burrow*; **clapers** (*pl.*) R. R. 1405.

clappe, sb., *? Ger.* klapfe, klaffe; *clap, noise, 'strepitus,'* PR. P. 79.

clappe, sb., = *M.Du.* klappe, kleppe, *M.H.G.* klaffe; *clapper, clack (of a mill)*, CH. C. T. A 3144; clappe of a mille PR. P. 79; hold þou þi clappe (*tongue*) ED. 3357; cleppe A. R. 70.

clappin, v., *O.E.* clæppan (LEECHD. III.88), = *O.Fris., O.N.* klappa, *M.L.G.* klappen, *O.H.G.* chlaphōn; *clap, beat, clatter; babble; 'pulso,'* PR. P. 79; clappen to gidre ['*complodere*'] WICL. JUDG. vii. 19; clappe OCTOV. (W.) 569; **clappeþ** (*pres.*) SHOR. 135; clappeþ at þe ... gate CH. C. T. *D* 1581; and clappeþ as a mille *I* 406; what so men clappe (*babble*) or crie *G* 965; **clappide** (*pret.*) D. ARTH. 956; **clappid** (*pple.*) HOCCL. i. 394; *comp.* bi-clappen.

clapper, sb., *cf. L.G.* klapper, klepper; *clapper, rattle*, GOW. II. 13; coppe & claper he bare ... as he a mesel ware TRIST. 3173; þe cleper of þe melle AYENB. 58.

clappinge, sb., *sounding (of a bell)*, '*tintillacio*,' PR. P. 79.

clap-wīpe, sb., *carrot, 'daucus,'* VOC. 190.

clarē, sb., *O.Fr.* claré, claret; *claret*, HAV. 1728; LAUNF. 344; claret PR. P. 79; clarre CH. C. T *A* 1471.

claretee, sb., *O.Fr.* clarté; *brightness, light*, MAND. 86; clarité WICL. S. W. I. 405; *see* **clerté**.

clarifien, v., *Fr.* clarifier; *clarify*, WICL. 3 ESDR. viii. 82; **clarifieth** (*pres.*) LUD. COV. 103.

clarine, sb., *Fr.* clarine; *trumpet*, PR. P. 80.

clarionere, sb., *trumpeter*, PR. P. 80.

clarioninge, sb., *trumpeting*; **clarioninges** (*pl.*) CH. H. F. 1242.

clarioun, sb., *O.Fr.* clarion; *clarion*, MAN. (F.) 11384; CH. C. T. *A* 2600.

[**clarten**, v., *soil, dirty*; *comp.* bi-clarten.]

claspe, = *L.G.* klaspe; *clasp, brooch, 'offendix,'* CATH. 65; RICH. 4084; clospe PR. P. 83; clespe VOC. 238; **claspes** (*pl.*) P. S. 222; D. ARTH. 1108.

claspen, v., *clasp*; claspe CATH. 65; **clasped** [clapsed] (*pple.*) CH. C. T. *A* 273.

clastren, v., *? clatter*; ant **clastreþ** (*pres.*) wiþ heore colle P. S. 157.

clater, sb., *M.Du.* klater; *clatter*: that thou had holden stille thi clater TOWNL. 190.

clateren, v., = *M.Du.* klateren; *clatter, rattle*, KATH. 2026; þe arwes ... **clatren** (*pres.*) fast and ringe CH. C. T. *A* 2359; **clatered** (*pret.*) GAW. 731; clattered LIDG. M. P. 106; *comp.* tō-clateren.

claterer, sb., *clatterer*, D. TROY 11375; **claterers** (*pl.*) P. P. 271.

clatering, sb., *rattling*, A. P. ii. 1515.

clatte, sb., *? rattle*, PR. P. 79.

clāð, sb., *O.E.* clāð *m., cf. O.Fris.* klāth, *O.N.* klǣði, *M.H.G.* kleit *n.; cloth, garment*, KATH. 1428; þu hefdest clað to werien HOM. I. 33; inete & clað LA3. 16853; claþ ORM. 3208; no linene cloð A. R. 418; cloþ O. & N. 1174; MISC. 48; BEK. 691; AYENB. 45; CH. C. T. *D* 1633; cloth '*pannus*' PR. P. 83; HAV. 185; **clāðes** (*pl.*) HOM. I. 37; he rende his claðes JUL. 70; claþes IW. 1803; claðes [cloþes] LA3. 2367; cloðes A. R. 418; cloþes FRAG. 6; ROB. 463; **clāðen** (*dat. pl.*) LA3. 3187; claþe MISC. 75; *comp.* barm-, bord-, hand-, hēved-, seil-clāð.

clōth-lēs, adj., *O.N.* klǣðlauss; *without clothes*, CH. C. T. *I* 343.

clāð-makinge, sb., *cloth-making*, CH. C. T. *A* 449.

clāþen, clēþen, v., *O.E.* clāðian, *O.N.* klǣða, = *M.H.G.* kleiden; *clothe*; claþen ORM. 2710; clathe PR. C. 3553; cloðen GEN. & EX. 2630; cloþen GOW. II. 227; GAM. 72; cloþe HAV. 1138; cleþe SPEC. 37; A. P. ii. 1741; IW. 1787; heo ... **clāþeð** (*pres.*) heom mid ʒeoluwe claþe HOM. I. 53; **clōþeþ** (*imper.*) ROB. 36; **clōðinde** (*pple.*) A. R. 16; **clōþede** (*pret.*) AYENB. 133; cloþeden LANGL. *A* PROL. 53; cladde HAV. 1354; RICH. 3097; cledde M. H. 87; **clōðed** (*pple.*) REL. I. 212; cloþed, icloþed CH. C. T. *A* 911, 1048; icloþed JOS. 295; *comp.* un-clāþen.

clāþer, sb., *clothier*; **clōtheres** (*pl.*) LANGL. *B* x. 18.

clāþing, sb., = *M.H.G.* kleidunge; *clothing*, ORM. 19074; cloþing LA3. 3187*; cloþinge P. L. S. xvii. 506; kleþinge '*vestimentum*' PS. ci. 27; cleþing ANT. ARTH. ix.

clau, sb., *O.E.* clāwu, clēa, clēo, = *O.L.G.* clāwa, *M.Du.* klauwe, *O.Fris.* klewe, *O.H.G.* chloa, cloa (*pl.* chlawen), *O.N.* klō (*pl.* klœr); *claw, 'ungula,'* FRAG. 2; claw, cle PR. P. 80; clawe, cle WICL. EX. x. 26; ? cleo MISC. 95; cleu HICKES I. 228; clee VOC. 221; **clawe** (*pl.*) O. & N. 153; clawes (*ms.* clawwess) ORM. 1225; clawes ALIS. 2186; clauen AYENB. 61; clees GOW. II. 39; MAND. 198; cleen PALL. i. 937.

clause, sb., *Fr.* clause; *clause*, TRANS. XVIII. 22; GOW. III. 87; DEP. R. PROL. 92, i. 83.

clausūre, sb., *Lat.* clausūra; *closure*, PR. P. 83.

claustre, sb., = *O.N.* klaustr, *L.G.* klauster; *from Lat.* claustrum; *cloister*; **claustres** (*pl.*) AYENB. 267; *see* **cloistre** *and* **clūster**.

clawstre-man, sb., *monk*, ORM. 6352.

claver, sb.,=*M.H.G.* klaber; *claw, finger-nail*; **clawres** (*?for* clavres) (*pl.*) A. P. ii. 1697.

clāver, sb., *O.E.* clǣfre, clǣfre,=*M.Du.* klåver, *L.G.* klåver, klēver; *clover*, D. ARTH. 3241; wite clovere VOC. 140; *comp.* **heort-clēvre**.

clavren, v., *cf. Du.* klaveren, *Dan.* klavre; *climb*: **claverande** (*pple.*) on heghe D. ARTH. 3324; hweðer þe cat of helle **clavrede** (*pret.*) ever toward hire A. R. 102.

claw, *see* **clau**.

clāwin, v., *O.E.* clāwian, = *O.H.G.* klawen, *M.L.G.* klawen, clauwen, klowen, klouwen, *M.Du.* klauwen; *claw, scratch,* 'scalpo,' PR. P. 80; CH. C. T. *D* 940; clowe [clawen, clawe] LANGL. *B* PROL. 154; clowe FER. 463; **clāweþ** (*pres.*) PL. CR. 365; GOW. II. 93; **clāwe** (*subj.*) O. & N. 154; **clāwed** (*pret.*) CH. C. T. *A* 4326; cleu (*ms.* clew) FER. 5339; S. S. (Web.) 925.

clāwinge, sb., *clawing, scratching,* 'scalpilacio,' PR. P. 80; þe bore likide þe clavinge wel S. S. (Wr.) 978.

clē, *see* **clau**.

cleafer, sb., = ? *M.H.G.* klouber; *claw, finger-nail*; **cleafres** (*pl.*) A. R. 102; *see* **claver**.

clēche, sb., *claw, finger-nail*; **clēches** (*pl.*) A. R. 174*.

clēchen, v., *seize (with claws, hands)*; cleche HORN (R.) 963; C. L. 734; cleke IW. 2478; þenne sir Gauan bi þe coler **clēches** (*pres.*) þe kniȝt ANT. ARTH. xlviii; clekes D. ARTH. 1865; clekis ALEX. 842; **clāhte** (*pret.*) A. R. 102*; **clāht** (*pple.*) SPEC. 37.

clef, *see* **clif**. **clei**, *see* **clai**.

cleken, v., *O.N.* klekja; ? *hatch, bring forth*; ? **clekit** (*pple.*) TOWNL. 311.

clēken, *see* **clēchen**. **clemben**, *see* **climben**.

clēmen, *see* **clǣmen**.

clemeren, *see* **climbren**.

clemmen, v., *O.E.* (be)clemman, = *O.L.G.* (ant-, bi)klemmian, *M.Du.* clemmen, *O.H.G.* (pi)chlemmen; *from* **clam**; *compress*; **clem(m)id** (*pple.*) HALLIW. 254; *comp.* **for-clemmen**.

clenchen, v., = *M.H.G.* klenken; *make to clink*: (h)is harpe he gan clenche HORN (R.) 1498 : clenchin aȝen 'obgarrio' PR. P. 80; clenken (? *printed* blenken, *v. r.* clinken) . . . a belle CH. C. T. *B* 1186; clinken (? *for* clenken) P. S. 189; þat aȝen **clenkeþ** (*pres.*) SHOR. 113.

clenchin, v.,=*O.H.G.* (gi-, in)clenken; *clench*, 'retundo,' PR. P. 80; ich wot ȝef smiþes schule uvele clenche O. & N. 1206; **cleint** (*pple.*) L. H. R. 138; iclenched CH. C. T. *A* 1991; *comp.* **un-clenchen**.

clēne, *see* **clǣne**.

clengen, v. (*properly causative from* **clingen**); *cling*: þer **clenges** (*pres.*) þe colde GAW. 2078; þe forst **clenged** (*pret.*) 1694.

clenken, *see* **clenchen**. **clěnsien**, *see* **clǣnsien**.

clěo, *see* **clau**. **cleof**, *see* **clif**.

cleopien, *see* **clēpien**.

clēoven, v., *O.E.* clēofan, = *O.N.* kliufa, *O.H.G.* chliuban; *cleave, split*; cleove ALIS. 7702; cleven KATH. 2027; HAV. 917; cleve MAN. (H.) 188; clefe PR. C. 6736; **clēf** (*pret.*) HAV. 2643; P. L. S. xxiv. 254; ALIS. 3708; TRIST. 2384; LANGL. *B* xviii. 61; cleef MAND. 86; clæf LAȝ. 21390; (þai) clove FER. 2724; clofe TOWNL. 255; **clóve** (*subj.*) LEG. 66; **clófen** (*pple.*) ORM. 1224; cloven FER. 1623; CH. C. T. *A* 2934; MAND. 95; cloven [cleft] WICL. MAT. xxvii. 51; clovin LUD. COV. 45; iclove ROB. 49; TREV. VIII. 223; *comp.* **a-, for-, to-clēoven**.

clēvinge, sb., *act of splitting, cleft*, TREV. II. 383; MAND. 86.

clēovien, *see* **clévien**.

clēowe, sb., *O.E.* cliwe, = *O.H.G.* cliwa, chliwa; *clew*; cl(e)owe, clewe O. & N. 578; clewe VOC. 180; a clewe of þrede TREV. II. 385; a klewe of yarn VOC. 157; clewe [cliwe] CH. L. G. W. 2016.

clēowen, v., *O.E.* clēowen, cliewen, cliwen, *Ger.* kleuen; *ball, clew*, FRAG. 4.

clēpien, v., *O.E.* cleopian, cliopian, clypian, clipian; *call*, MK. x. 47; KATH. 2199; (*ms.* clepyen) MISC. 51; clepien, clepian, cleopien, clupien [clepie, cleopie] LAȝ. 852, 2498, 5945, 20357; ȝif ei wolde cleopien him to mete A. R. 260; cleopien, clipien HOM. I. 185, 189; clepie god to witnesse AYENB. 64; clepen ORM. 15325; clepin 'voco' PR. P. 81; S. S. (Wr.) 1452; clepen, clepe CH. C. T. *A* 643; clepe WILL. 1299; cleopie LEG. 33; bischopes he let clipie BEK. 472; me to clupie king ROB. 322; to þe i **clépie** (*pres.*); ant calle SPEC. 59; cleopeþ O. & N. 1315; cleopað HOM. I. 119; we cleopiað to gode 113; ȝif we clepieð þine feder 55; ȝe me þenne clepiað (*invoke*) 13; (hie) clepieð II. 21; þerne diaþ hi clepieþ lif AYENB. 72; clipieþ SHOR. 107; **cleopiende** (*pple.*) HOM. 117; **clépede** (*pret.*) LAȝ. 191; GEN. & EX. 1274; OCTOV. (W.) 759; cleopede toward heovene MARH. 18; clupede HORN. (L.) 225; clipede FER. 142; clepeden ORM. 12978; WICL. JOSH. xxii. 34; **cléped** (*pple.*) ORM. 14008; MAND. 305; TOR. 341; clepid LANGL. *B* x. 21; clept HOCCL. i. 225; *comp.* **bi-, ȝe-, in-, wið-clépien**.

clépinge, sb., *O.E.* cleopung, clypung; *calling*, WICL. EPHES. iv. 1; ED. 1123; cleopinge LAȝ. 10287.

cleppe, *see* **clappe**. **cleppen**, *see* **clüppen**.

cleppin, v., = *M.L.G., M.Du.* kleppen; *strike, sound*, 'tinnio,' PR. P. 81.

clēr, adj., *O.Fr.* clēr, clier; *clear*, FL. & BL. 224; cleer as water TREV. I. 123; TREAT. 133; clier AYENB. 24; þe cliere light LIDG. M. P.

215; þe sunne þat schines clēre (*adv.*) C. M. 291; clērore (*compar.*) LEG. 98; clierer AYENB. 267.

clēr-līche, adv., *clearly*, BRD. 21; clierlīche AYENB. 155.

clērnesse, sb., *clearness*, LEG. 170; AYENB. 95.

clēre-wort, sb., *name of a red herb*, D. ARTH. 3241.

clerc, sb., *O.E.* cleric, *O.Fr.* clerc; *clerk, clergyman, scholar*, SAX. CHR. 250; LAȝ. 39; P. L. S. xvii. 50; clerk A. R. 318; CH. C. T. *A* 480; clerkes (*pl.*) O. & N. 729.

clerke-lī, adv., *like a clerk,* '*clericaliter*,' PR. P. 81.

clerematin, sb., *kind of fine bread*, LANGL. *A* vii. 292 (*B* vi. 306; *C* ix. 328).

cleretē, see clerte.

clērin, v., *O.Fr.* clairer; *make clear, clear*, PR. P. 81; clēreþ (*pres.*) GOW. III. 313; cleerid (*pple.*) WICL. EX. xix. 16.

clergeal [clergial], adj., *learned*, CH. C. T. *G* 754.

clergial-lī, adv., *learnedly*, D. ARTH. 200.

clergeōn, sb., *O.Fr.* clergeon (*petit clerc*); *clerk in minor orders*, GOW. I. 255; CH. C. T. *B* 1693.

clergesse, sb., *O.Fr.* clergesse; *learned woman*, A. R. 6; KATH. 75.

clergie, sb., *O.Fr.* clergie; *clergy*, P. L. S. xxv. 155; P. S. 324; JOS. 171; clergies (*pl.*) KATH. 538.

clertē, sb., *splendour*, AUD. 45; WICL. TOBIT xiii. 20; clerete WICL. DEEDS xxii. 11.

clēt, clōt, sb.,=*M.L.G.* klōt *m.*, *M.H.G.* klōz *m. n.*; *wedge*, '*cuneus*,' PR. P. 81.

clēte, sb., *? O.H.G.* chletta, chledda; *burdock*, '*lappa*,' VOC. 191; *of al France ȝaf nouȝt a* clete TRANS. XVIII. 24.

clēþen, see clāþen.

clēve, sb., *O.E.* cleofa, clyfa,=*O.N.* klefi *m.*; *chamber*, HAV. 557; ANGL. IV. 189; kleve '*cubile*' PS. xxxv. 5.

clēven, see clēoven.

clēvi, adj., *O.E.* clifig, *cf. Du.* klevig, *Ger.* klebig; *adhesive*: clivi as clide A. P. ii. 1692.

clēvien, v., *O.E.* cleofian, cliofian, clifian,= *O.L.G.* clivōn, clevōn; *cf. O.H.G.* chlebēn; *from* clīven; *cleave, adhere*, (*ms.* cluyen, *printed* clenyen), SPEC. 37; clivin, cleve PR. P. 82; cleve [klive] PS. xciii. 20; cleovien JARB. XIII. 174; cliven GEN. & EX. 372; clive FER. 1901; clēveþ (*pres.*) TREAT. 137; cliveth CH. BOET. iii. 12 (101); cleovieð LAȝ. 9389; clēve, clive (*subj.*) LANGL. *B* xi. 219; clēviinde (*pple.*) AYENB. 107; clēfede (*pret.*) LK. x. 11; clevede BEK. 2242; WICL. JOB xxix. 10; cleved WILL. 734; HOCCL. i. 31; cliveden HAV. 1300; clēved (*pple.*) HOM. II. 73.

clēviinde-liche, adv., *adheringly*, AYENB. 103.

clēvre, see clāver.   clēwe, see clēowe.

clib, adj., *? from* clīven; *? obstinate*, JARB. XIII. 163; clibbe (*pl.*) MISC. 144; ȝee mote boe wel clibbe (*? printed* chybbe) to floe ham REL. II. 243; clibbest (*superl.*) JARB. XIII. 163.

clicchen, v., *?* = cluochen; *clutch* : to folden and to clicchen (*v. r.* clucche) LANGL. *C* xx. 120; clihte (*pret.*) L. H. R. 145; cliȝte BER. 2515; hit cliȝt (*adhered*) to geder A. P. ii. 1692; clighte CHEST. I. 115; in ȝoure armour so fast icliȝt (*pple.*) ASS. *B* 719; he fond the...finger with the ring icliȝt into the paume of the hond TREV. VII. 537; cleȝt A. P. ii. 1655.

clide, sb., *O.E.* cliþe; *bur*, A. P. ii. 1692.

client, sb., *Fr.* client; *client*, GOW. I. 284.

clif, sb., *O.E.* clif, cleof, = *M.Du.*, *O.N.* klif *n.*; *cliff* : þat clif [clef] LAȝ. 1926; klif GAW. 713; clif, clef TREV. III. 455; clive (*dat.*) P. L. S. viii. 175; B. DISC. 1163; clive, cleve TREV. VII. 461; clife, clefe EGL. 379, 415; to þan cleove LAȝ. 20861*; clīves (*pl.*) LAȝ. 21807; kliffes PS. cxiii. 8; cleves CH. L. G. W. 1466; cliven (*dat. pl.*) ALIS. 5429; *comp.* sē-clif.

clift, see clūft.

cliket, sb., *Fr.* cliquet; *clicket, sort of latch, latch-key*, '*clavicula*,' PR. P. 82; LANGL. *A* v. 613; CH. C. T. *E* 2046; clekett '*clavis*' CATH. 66.

cliketed, pple., *fastened with a latch* [*v.s.* clikated, cliketted, i-clicated], LANGL. *B* v. 623.

climat, sb., *Fr.* climat; *climate*, LANGL. *C* xviii. 106; CH. ASTR. ii. 39 (48).

climben, v., *O.E.* climban,=*O.H.G.* chlimban; *climb*, A. R. 140; ORM. 11860; CH. C. T. *E* 106; climben [clemben] LAȝ. 851; climbe O. & N. 833; WILL. 707; climme SHOR. 3; clembe P. L. S. xxiii. 72; clamb (*pret.*) PERC. 1223; clam ROB. 333; S. S. (Wr.) 851; clamb, clomb LEG. 74, 75; clomb A. R. 354; þu clumbe LAȝ. 21439; heo clumben [clemde] 9420; A. R. 244; clomben, clumben CH. C. T. *A* 3636; clomben GAW. 2078; clomme ROB. 410; him þaȝte he clemde upon þis treo P. L. S. xiii. 123; clombe (*pple.*) CH. C. T. *B* 12; iclumben LAȝ. 21432; HOM. I. 211; A. R. 178.

climare, sb., *climber*, PR. P. 82.

climbren, v.,=*O.H.G.* klimmern, klemmern, *climb*: clemeri LEG. 106.

clīnen, v., *O.Fr.* cliner;=declīnin; *bow down*, '*declino*,' PR. P. 82; i clīne (*pres.*) to þis acorde LUD. COV. 114.

clingen, v., *O.E.* clingan; *cling, adhere; wither away*, clinge O. & N. 743; ALIS. 915; clinge & drie FER. 2524; clinge & cleve LUD. COV. 54; i clinge (*pres.*) as cleiȝ S. A. L. 178; whan þou... clingest for drie LANGL. *B* xiv. 50; ant clingeþ so þe clai SPEC. 85; his beli clinges

clingen.   cloterin.   123

PR. C. 823; clang (*pret.*) C. M. 4699; his limes clonge a wei P. L. S. xxiv. 215; clongen [clungen] (*pple.*) C. M. 4581; clungen was his chek M. H. 88; clunge L. H. R. 142; clongin M. ARTH. 751; clonge PALL. ii. 46; *comp.* for-clingen; *deriv.* clengen.

clinken, = *M.Du.* clinken, ? *O.N.* klykkja; *clink*; clinkin '*tinnio*' PR. P. 82; þei herde a belle clinke CH. C. T. *C* 664; *deriv.* clenchen.

clint, sb., *O.N.* *klintr, = *Icel.* klēttr, *L.Ger.*, *Dan.*, *Swed.* klint; *rock*; clintes (*pl.*) C. M. 17590; klintes HALLIW. 497.

clipien, *see* clépien.   clippen, *see* clüppen.

clippen, v., *O.N.* klippa; *clip* (with shears), ORM. 4106; clippin '*tondeo*' PR. P. 82; clippe WICL. GEN. xxxi. 19; clippe and schave CH. C. T. *A* 3326; clippid (*pple.*) WICL. GEN. xxix. 16.

clippere, sb., *O.N.* klippari; *clipper, shearer*, '*tonsor*,' PR. P. 82; clippere WICL. IS. liii. 7; clippers (*pl.*) MAN. (H.) 238.

clippinge, sb., *clipping*, '*tonsura*,' PR. P. 82.
    clipping-tīme, sb., *shearing-time*, GEN. & EX. 1739.

clips, sb., *for* eclipse; LANGL. *B* xviii. 135; clippice PR. P. 82.

clipsi, adj., *eclipsed*, R. R. 5351.

clisterie, sb., *O.Fr.* clistēre; *clyster*, TREV. IV. 393.

[clīve, sb., *O.E.* clīfe, = *M.L.G.* klīve, *M.Du.* klijve, *O.H.G.* chlība; *bur; comp.* gār-clīve.]

clīven, v., *O.E.* clīfan, = *O.H.G.* klīban (*adhere*), *M.Du.* clīven, *O.N.* klīfa (*climb*); *climb*: þet wilneþ heȝe to clive AYENB. 23; hi oliven (*pret. pl.*) into þe helle AYENB. 126; hi biþ ... heȝe iclive (*pple.*) 26.

clīven, v., = clēoven; *split, cleave*; clivin'*findo*' PR. P. 82; þe helm he clāf MAN. (F.) 10895.

cliver, sb., *O.E.* clifer (*gen. pl.* clifra); *claw*; clivres, clevres (*pl.*) O. & N. 155, 270; olivre (*dat. pl.*) 78; *cf.* claver.

cliver, adj., ? *O.E.* clibbor; ? *from* olīven ? *mod. Eng.* clever; *tenacious*: & te devel (is) cliver on sinnes REL. I. 213.

clivi, *see* clévi.   olivien, *see* olévien.

clobbed, *see* clubbed.

cloche, *see* clucche.

clocher, sb., *Fr.* clocher; *belfry*, PR. P. 82; LIDG. M. P. 201.

clodde, *see* clotte.   cloddres, *see* cloter.

cloftunge, sb., *O.E.* clufþung; *ranunculus*, LEECHD. II. 377.

clogge, sb., *clog, lump, obstacle*, '*truncus*,' PR. P. 83; clogges (*pl.*) P. S. 154; TOWNL. 313.

cloistre, sb., *O.Fr.* cloistre; *cloister*, BEK. 2077; AYENB. 151; CH. C. T. *G* 43.

cloistrer, sb., *O.Fr.* cloistrier; *monk*; cloistrers (*pl.*) AYENB. 67.

clóke, sb., *claw*, TOWNL. 324; clókes (*pl.*) A. R. 102; PR. C. 6936; klokes D. ARTH. 792.

clōke, sb., *cloak*, LAȝ. 13097*; CH. C. T. *A* 157; clooke PR. P. 83.

clōked-lī, adv., *from* clōke; *disguisedly*, S. & C. II. lvii.

cloken, v., *Fr.* cloker, clocher; *limp, walk lame*: þere conninge clerkes shul clocke [clokke] bihinde LANGL. *B* iii. 34.

clokke, sb., = *M.Du.* klocke, *O.N.* klokka, klukka; *clock*, PR. P. 83; a clokke CH. C. T. *B* 4044; ten of þe clokke it was *I* 5; at vii. of the clokke W. & I. 17.

clokkin, v., *O.E.* clocciare = *Swed.* klokka, klukka, *M.H.G.* klucken, glucken; *cluck*, PR. P. 83.

clom, sb., ? *silence*, AYENB. 264, 266; clum [clom] CH. C. T. *A* 3639.

clōm, *see* clām.

[clomen, v., *Du.* kleumen, ? *be stiff; comp.* a-cleomen.]

clomsen, v., ? *be numb, stiff*; whan þou clomsest (*pres.*) for colde LANGL. *B* xiv. 50; he is outher clomsed (*pple.*) or wod PR. C. 1651; clumsid hondis '*manus dissolutas*' WICL. IS. xxxv. 3; *comp.* a-clumsen.

clond, *see* cland.

clōs, adj., *Fr.* clōs; *close, shut up*, GOW. II. 94; A. P. i. 183; cloos TREV. II. 75.

clōs, sb., *O.Fr.* clōs; *close, field, enclosed place*, ROB. 7; cloos or ȝerde '*clausura*' PR. P. 83.

clōsen, v., *from* clōs; *close, enclose*; close ROB. 28; clōsede (*pret.*) HAV. 1310; clōsed (*pple.*) CHR. E. 629.

clōsingis, sb. pl., *gates*, WICL. PROV. viii. 3.

closet, sb., ? *O.Fr.* closet; *closet*, GAW. 934; TREV. V. 313.

closūre, sb., *O.Fr.* closure; *closure*, '*clausura*,' PR. P. 83.

clot, sb., = *M.Du.* klot (*lump, clod*), *O.H.G.* cloz *m.* (*lump*); *clod*, P. L. S. xxxiii. 25; H. V. 13; ane clot of hevi eorðe A. R. 140; clotte (*dat.*) A. R. 254; clottes (*pl.*) TREV. II. 23; clottis '*glebae*' WICL. JOB xxviii. 6; *comp.* clei-clot.

clōt, *see* clēt.

clōte, sb., *O.E.* clāte, *f.*; *burdock*, '*lappa*,' FRAG. 3; PR. P. 83; REL. I. 37; clote [cloote] WICL. HOS. ix. 6.

clōte-leef, sb., *leaf of the burdock*, CH. C. T. *G* 577.

cloter, sb., *cf.* Swed. klotr, *n.* (*globus*), *M.Du.* kloter(melk); *clot*: in cloddres (*pl.*) of blod his her was clunge L. H. R. 142.

cloterin, v., *cf.* *M.Du.* cloteren; *clot*, '*coagulo*, PR. P. 83; clotred [clotered] (*pple.*) blood CH. C. T. *A* 2745.

clotte, sb., cf. *M.Du.* klotte, ? *Ger.* klotze; *clod*, CATH. 68; REL. II. 192; clodde '*gleba*' PR. P. 83; PALL. i. 73.
clōð, see **clāð.**
clou, sb., *Fr.* clou (de girofle); *clove*, L. C. C. 17; clowe (? = clou) CATH. 68.
  clowe-gilofre, sb., *clove-gilly-flower,* MAND. 263.
clouchin, sb., ? *M.Du.**klouwken; *from* klouwe, cloue; *little ball*, '*glomicellus*,' PR. P. 83.
cloude, see **clūde.**
cloue, sb., *M.Du.* klouwe; *ball*; (*ms.* clowe) '*glomus*' PR. P. 83.
clouȝ, sb., *clough*, TRIST. 1761; **cloughis** (*gen.*) M. ARTH. 893; clous C. M. 17590.
clouse, see **clūse. clout,** see **clūt.**
cloute, sb., *blow on the head*, TRIAM. 781; ISUM. 619; LUD. COV. 98.
clóve, sb., *O.E.* cluf (*acc. pl.* clufe LEECHD. II. 36); *clove*: clove of garlek PR. P. 84.
clōvere, see **clāver. clōwen,** see **clāwin.**
club, sb., cf. *Swed.* klubb, *m.* (*lump*); (*ms.* glubbe) '*globus*' WICL. NUM. xvi. 11.
clubbe, *O.N.* klubba *f.*; *club*, '*fustis*,' PR. P. 84; LAȜ. 26062; HAV. 1927; '*pedum*' VOC. 240; klubbe A. P. i. 1348; clobbe TRIST. 2338; **clubbes** (*pl.*) Iw. 3200; **clubben** (*dat. pl.*) LAȜ. 21504; *comp.* **maein-clubbe.**
clubbed, adj., *Swed.* klubbed; *clubbed*, CH. C. T. *B* 3088; clubbid '*rudis*,' PR. P. 84; clobbed CH. C. T. *B* 3088.
clucche, sb., *clutch* (*cloches* (*pl.*) LANGL. *B* PROL. 154; cloches MAP 338.
clucchen, v. *clutch*: to cluche [cluche] or to clawe LANGL. *B* xvii. 188; **cluche** (*pres.*) REL. II. 211; cluchches A. P. ii. 1541; upe here ton heo seten icluȝt LEG. 192; *comp.* **for-clucchen.**
clūde, sb., *O.E.* clūd *m.*, cf. *M.L.G.* klūde *f.*, (*stone, as a weight*); *rock*: þa clude (*sec. text* cleve) LAȜ. 1915; cloude SPEC. 44; wormes woweþ under cloude SPEC. 44; **clūdes** (*pl.*) ORM. 2656; knarres & cludes O. & N. 1001; clude LAȜ. 21849; **clūden** (*dat. pl.*) LAȜ. 31880.
clūde, sb. (*prob. same word as the preceding*); *cloud*, C. M. 18402; cloude '*nubes*' PR. P. 84; BEK. 1415; ALIS. 777; CH. C. T. *B* 3956; **clouden** (*pl.*) TREAT. 136; cloudes AYENB. 108; PS. xvii. 12; **cloude** (*dat. pl.*) A. D. 243.
clūdi, adj., *cloudy*; cloudi BRD. 23; LIDG. M. P. 139.
clūdiȝ, adj., *O.E.* clūdig; *rocky*, ORM. 2734.
clūft, sb., = *Swed.* klyfta, *Dan.* klöft, *M.H.G.* kluft *f.* (*fissure*); *from* **clēoven**; *cleft*; clift '*scissura, rima*' PR. P. 81; '*furchure*' VOC. 148; clift [clifte] C. M. 19834; **clifte** (*dat.*) CH. C. T. *D* 2145; to helle clifte L. H. R. 205;

clūftes, cliftes '*fissurae*' TREV. IV. 347; cliftus ['*scissuras*'] WICL. IS. xxii. 9.
clum, see **clom. clumsen,** see **clomsen.**
clūpien, see **clēpien.**
clüppen, v., *O.E.* clyppan, cf. *O.Fris.* kleppa; *embrace*, HOM. I. 185; A. R. 424; cluppe SPEC. 38; clippe HORN (R.) 1362; LANGL. *B* xvii. 188; PARTON. 621; cleppen FL. & BL. 594; cleppe OCTOV. (W.) 585; **clippeþ** (*pres.*) CH. C. T. *E* 2413; **clüpte** (*pret.*) LAȜ. 5011; BEK. 288; clipte WILL. 1265; MAN. (F.) 12118; **clipped** (*pple.*) WILL. 859; *comp.* **bi-clüppen.**
  clüppunge, sb., *act of embracing*, A. R. 324; cluppunge, cluppinge H. M. 3; cluppinge HOM. I. 201.
clūse, sb., *O.E.* clūs, = *O.H.G.* chlūsa, *from med.Lat.* clūsa; *mill dam*: et ter mulne cluse A. R. 72; clouse PR. P. 84.
clūsen, v., *O.E.* (be)clȳsan; *close*; **clūsden** (*pret.*) LAȜ. 9760; *comp.* **bi-, for-clūsen.**
clūsung, sb., *O.E.* clȳsung, clȳsing; *closing*, FRAG. I.
cluster, sb., *O.E.* cluster, clyster, = *L.G.* kluster; *cluster*, TREV. IV. 151; WICL. DEUT. xxxii. 32; clustir, closter '*botrus* (βότρυς), *racemus*' PR. P. 84; closter '*botrus*' VOC. 277; **clustres** (*pl.*) MAND. 168.
[**clūster, sb.,** *O.E.* clūstor; *cloister.*]
  clūster-loke, sb., *O.E.* clūstorloca; *cloister*; clūsterlokan (*pl.*) HOM. I. 43.
clusteren, v., *L.Ger.* klustern; *cluster*: moni clustered (*pple.*) clowde clef alle in clowtez A. P. ii. 367.
clūt, sb., *O.E.* clūt, = *O.N.* klūtr; *clout, rag*, A. R. 256; R. S. v (MISC. 172); clout '*panniculus, pittacium*' PR. P. 84; REL. I. 65; MAND. 293; pane clout SHOR. 15; a wollen clout ALIS. 4459; ich nabbe clout ne lappe P. R. L. P. 227; **clūtes** (*pl.*) HOM. I. 277; ORM. 3327; HAV. 547; cloutes PL. CR. 244; sche rente it al to cloutes CH. C. T. *E* 1953; *comp.* **pilche-, sweþel-, winde-clūt.**
clūte, sb., = *M.L.G.* klūte; *clod*, O. & N. 1167.
clūtien, v., *O.E.* (ge)clūtian; *patch, mend*; cloutin '*sarcio*' PR. P. 84; she wolde cloute mi cote LUD. COV. 98; **clūtie** (*pres. subj.*) A. R. 256; **clouted** (*pple.*) PL. CR. 424; i-clouted LANGL. *B* vi. 61; *comp.* **bi-clūtien.**
clouter, sb., *patcher*, '*sartor*,' PR. P. 84.
cnag, sb., cf. *Dan.* knag, *Swed.* knagg *m.*; *knot, peg*; knagg FLOR. 1795.
cnaggen, v., *fasten with a knot*; **knagged** (*pple.*) D. TROY 4972; knaged GAW. 576.
cnak, sb., *O.N.* knakkr; *crack, noise*; knak FER. 4599; **knackis** (*pl.*) WICL. E. W. 156; knakkes (*v. r.* crekes) CH. C. T. (Wr.) 4049.
cnakken, v., *cause to sound*; **knackus** (*pres.*) WICL. S. W. III. 482.
cnal, sb., ? = cnūl; *knock*, FER. 463*.

cnap, sb., *O.E.* cnæpp (*vertex*),= *O.N.* knappr (*knob*); *knob*; **knappes** (*pl.*) of golde LANGL. *B* vi. 272.

cnap, sb., = *Du.* knap; *blow, knock*: þe knight, under **knappis** (*pl.*), uppon knes fell D. TROY 6437.

cnápe, sb., *O.E.* cnapa, = *O.Fris.* knapa, *O.L.G.* knapo, *O.N.* knapi; = **cnáve**; *boy*, ['*puer*'], MAT. viii. 6; knape GEN. & EX. 477; S. S. (Web.) 930; GOW. III. 321; L. H. R. 136; GAW. 2136; S. & C. I. lxi; **cnápes** (*gen.*) ORM. 4106; **cnápen** (*acc.*) LK. ix. 47; *comp.* **herde-cnape**.

cnápe-child, sb., *male child*, ORM. 7895; knapechild GEN. & EX. 2585.

cnarre, sb., = *L.Ger.* knarre; *knot*; knarre GAW. 1434; CH. C. T. *A* 549; **knarres** (*pl.*) & cludes O. & N. 1001; ful of knarres '*vertiabus plenum*' WICL. WISD. xiii. 13.

cnarri, adj., *knotty, gnarled*; knarri CH. C. T. *A* 1977.

cnáve, sb., *O.E.* cnafa, = *O.H.G.* chnabe, *mod.Eng.* knave; *boy, servant* (*ms.* cnaue), LA3. 292; PL. CR. 288; knave GEN. & EX. 1151; HAV. 450; TREAT. 139; WILL. 2394; FLOR. 2095; CH. C. T. *A* 3434; TOR. 2008; þe kokes knave A. R. 380; knight, swain and knave ALIS. 7968; is youre child a knave TOWNL. 113; knafe M. H. 131; **cnáven** (*pl.*) LA3. 15559.

knáve-barn, sb., *male child*, C. M. 2668.

cnáve-child, sb., *male child*, HOM. II. 47; LA3. 15526* (*first text* cnihtbærn); knavechild P. L. S. xxiii. 45; WICL. EXOD. i. 16; CH. C. T. *B* 715.

cnávisch, adj., *knavish*; a knavisch speche CH. C. T. *H* 205.

cnáwe, sb., *O.E.* (ge)cnāwe; *conscious*: he nolde be knowe for no þing þat hit wes a maide A. D. 258.

cnáwenesse, sb., *knowledge*; cnow(e)nesse HOM. II. 25.

cnáw-lèche, sb., *from stem of* **cnáwen**; *knowledge*; knauleche C. M. 12162; knoweleche TREV. III. 216; knouleche MAND. 313; CH. C. T. *B* 1220; LUD. COV. 93; souȝten him a mong hise cosins and hise knouleche (*acquaintances*) WICL. LK. ii. 44; knoulache AUD. 19; knaulage PERC. 1052.

cnáwelèchi, v., *from* **cnáwlèche**; *acknowledge*; cnowlechi LEB. JES. 198; knoulechin '*fateri*' PR. P. 280; knouleche MAP 335; MAND. 120; knouleche MIRC 1670; **cnāwlècheð** (*pres.*) KATH. 1352; ȝif ha ... cnawlecheð soð H. M. 9; **knōulèchide** (*pret.*) WICL. ESTH. viii. 1; knowleched LANGL. *B* v. 481; knoulecheden WILL. 4782.

cnáwlèchinge, sb., *acknowledging*, KATH. 1388; knaulechinge AYENB. 132; cnoulechunge A. R. 92; knoulching GOW. II. 23.

cnáwen, v., *O.E.* (ge)cnāwan (*pret.* cnēow), *O.H.G.* (int-, ir-)chnāhan, knāhan (*pret.* chnāta), *O.N. pres.* knā (*pret.* knātta); *know*, ORM. 1314; knawe HAV. 2785; AYENB. 26; PR. C. 429; knaue ANT. ARTH. xix; cnowen HOM. II. 81; knowen WILL. 577; knowe LANGL. *B* xix. 198; cnouen REL. I. 172; knoue AUD. 43; **cnāweð** (*pres.*) HOM. I. 249; knōu (*imper.*) H. H. 165 (167); **cnēow** (*pret.*) ORM. 12584; cneou LA3. 17069; kneow ALIS. 113; cnew HOM. II. 127; kneu HORN (R.) 1151; ROB. 315; C. M. 11032; kneew ALIS.[2] 541; þou cnewe REL. I. 48; knewen GEN. & EX. 2904; knewen AYENB. 246; knewe LANGL. *B* xii. 154; ȝef þu cneowe JUL. 22; **knāwen** (*pple.*) 1w. 2666; PR. C. 444; knowen GEN. & EX. 3037; knowen MAND. 2; knowe WILL. 726; *comp.* **an-, bi-, ȝe-cnāwen**.

cnāwing, sb., *knowing*; knawing PR. C. 145; cnowunge A. R. 280.

cnāwes, adj., ? *for* **cnāwe**; beo nu ken & cnawes KATH. 2070; *comp.* **sōð-cnāwes**.

cnē, *see* **cnēo**.

cnéden, v., *O.E.* cnedan, = *M.L.G.* kneden, *O.H.G.* chnetan; *knead*; knedin PR. P. 279; knede CH. C. T. *A* 4094; **cnédest** (*pres.*) ORM. 1486; **knéden** (*pple.*) R. R. 217; knodon PR. P. 280; *comp.* ȝe-**cnéden**.

cnédare, sb., *kneader*; knedare PR. P. 279. [**cnéding**, sb., *kneading*.]

knéding-trogh, sb., *kneading-trough*, CH. C. T. *A* 3548.

knéding-tubbe, sb., *kneading-tub*, CH. C. T. *A* 3563, 3594.

cnēlien, *see* **cnēolien**.

cnēo, sb., *O.E.* cnēo, cnēow, = *O.L.G.* kneo, knio, *Goth.* kniu, *O.Fris.* knē, knī, *O.N.* knē, *O.H.G.* chneo, chniu, *Lat.* genu, *Gr.* γόνυ; *knee*; cneow FRAG. 6; knee '*genu*' VOC. 186; to þe niþe cne (*degree*) HICKES I. 226; kne GEN. & EX. 444; in (þe) teþe kne ROB. 228; cn(ē)owe (*pl.*) LA3. 5388*; cneon HOM. I. 191; MARH. 9; falleð a cneon A. R. 16; kneon TREAT. 139; cnewes (*ms.* cnewwess) ORM. 6467; knewes AR. & MER. 6551; knes HORN (L.) 383; knees [knowes] LANGL. *A* v. 203; **cnēowen** (*dat. pl.*) LK. v. 8; cneowen LA3. 12685; þe king læi on cneouwen 32046; cneowe 29573; kneon 4996; kneon MISC. 149.

knēo-bōn, sb., *knee-bone*, CHR. E. 758.

cnē-hole, sb., *O.E.* cnēowholen (VOC. 68); *knee-holly* (*printed* cue-hole), REL. I. 37.

knee-panne, sb., *knee-pan*, VOC. 183.

cnēo-res, sb., *O.E.* cneōress, -ryss; *generation*, MAT. xvii. 17.

cnēolien, v., = *M.L.G.* knēlen, *M.Du.* knielen; *kneel*: cneolin MARH. 20; cneolen, cnelen ORM. 6138, 11392; knele HAV. 1320; MAND. 14; EGL. 1279; **cnēwlest** (*pres.*) HOM. II.

25; cneuleð 83; **cnēole** (*imper.*) LA3. 24163; cneoleð A. R. 18; knēoli (*subj.*) R. S. v (MISC. 168); **knēolinde** (*pple.*) A. R. 18; **cnēoulede** (*pret.*) LA3. 29654; kneulede BEK. 540; knelede SPEC. 106; TREV. V. 455.

knēlare, sb., *kneeler*, PR. P. 279.

knēuling, sb., *kneeling*, HORN (H.) 810; cneling ORM. 1451.

cnēowien, v., *O.E.* cnēowian, *cf. O.H.G.* chniwen, chniuwen; *kneel*; **knēwede**(*pret.*) HOM. I. 121; knowede MISC. 48.

knēouwunge, sb., *O.E.* cnēowung; *kneeling*, HOM. I. 199.

cnicche, *see* cnücche.

cnif, sb., *O.E.* cnif, = *M.Du.* knijf *n.*, *O.N.* knīfr *m.*; *knife*, KATH. 1953; þat cnif ORM. 4128; enne longne cnif LA3. 3775; knif A. R. 282; HAV. 479; SPEC. 102; ALIS. 1061; MAND. 51; **cnīfes** (*gen.*) ORM. 4257; **knīve** (*dat.*) HOM. I. 69; cnifes 22805; cnives 12282; **cnīve** (? *ms.* cniues, *r. w.* live) (*pl.*) LA3. 18027; knifes [knives] CH. C. T. *A* 233; knives A. R. 212; HAV. 1769; cnīven (*dat. pl.*) LA3. 4009; *comp.* **bord-knif.**

knif-w(e)orpare, sb., *knife-thrower*, A. R. 212.

cniht, sb., *O.E.* cniht, cnyht, cnieht, cnioht, cneoht, = *O.Fris.* knecht, *O.H.G.* chneht, *mod. Eng.* knight; *boy; servant; soldier; knight*, HOM. II. 181; cniht, knit [cnipt] LA3. 346, 2800; cniht, kni3t O. & N. 1087, 1575; kniht HORN (R.) 508; knicht WART. II. 2; kni3t DEGR. 1506; ich am þi kni3t ROB. 115; Lazar þe kni3t LEB. JES. 678; knigt GEN. & EX. 283; knight CH. C. T. *A* 43; knith, knict, knicth, knit HAV. 32, 77, 1650, 2427; knict, knit HORN (H.) 524, 1038; **cnihtes** (*gen.*) LA3. 19950; **cnihte** (*dat.*) LA3. 7703; knihte A. R. 86; **cnihtes** (*pl.*) SAX. CHR. 252; (*ms.* cnihhtess) ORM. 8185; knihtes A. R. 358; cnihtes, cnihte LA3. 3617, 26780; kni3te P. L. S. xix. 263; **cnihte** (*gen. pl.*) LA3. 8172, 18007; cnihtene (*printed* cnihtene) 3346; cnihtene KATH. 1571; **cnihten** (*dat. pl.*) MK. iii. 9; LA3. 714; mid cnihten HOM. I. 231; *comp.* **bür-, in-, leorning-cniht.**

cniht-bærn, sb., *male child* (*sec. text* cnavechild), LA3. 15526.

kni3t-child, sb., *male child*, L. N. F. 214.

kniht-hōd, sb., *O.E.* cnihthād; *knighthood*, HORN (R.) 543; kni3thōd AYENB. 83.

kni3t-li, adj., *O.E.* cnihtlīc; *knightly*, WICL. 2 MACC. viii. 9.

cniht-scipe, sb., *knighthood*, '*militia*,' HOM. I. 243; LA3. 3801; knihtshipe P. S. 335.

knight-weede, sb., *attire of a knight*, ALIS.² (Sk.) 544.

cniht-weored, sb., *troop of knights*, LA3. 26766.

cnihten, v., *knight, create a knight*; knihten HORN (R.) 640; **kni3ted** (*pple.*) WILL. 1354.

cnobbe, sb., *M.L.G.* knobbe; *knob*: knobbe PR. P. 280; þe **knobbes** (*pl.*) sittinge on his chekes CH. C. T. *A* 633.

cnobbel, sb., = *M.Du.* knobbel; *knob*; knoble PR. P. 280.

cnobbid, adj., *knobbed*; cnobbid PR. P. 280.

cnok, sb., *knock, blow*; knok LANGL. (Wr.) 6262; knok *C* vi. 178; knokke *B* x. 327; RICH. 491.

cnokien, v., *O.E.* cnucian, *O.N.* knoka; *knock*; knokeþ (*pres.*) AYENB. 116; cnoken A. P. i. 726; **knoke** (*imper.*) CH. C. T. *A* 3432; cnokieð MAT. vii. 7; **knokede** (*pret.*) S. S. (Wr.) 1420; **knoked** (*pple.*) MIN. iii. 68.

cnokil, sb., = *M.Du.*, *M.L.G.* knokel, *M.H.G.* knuchel; *knuckle*, '*nodus*,' VOC. 186; '*condylus*,' PR. P. 280; **knokelis** (*pl.*) REL. I. 190.

cnol, sb., *O.E.* cnoll; *knoll*; knol GEN. & EX. 4129; **cnolles** (*pl.*) '*colles*' HICKES I. 168 (HOM. II. 111); knolles PS. lxiv. 13.

cnollin, v., = **cnüllen**; *knock*; knollin, '*pulso*,' PR. P. 280; **knolled** (*pple.*) E. G. 401.

cnop, sb., = *O.Fris.* knop, *O.H.G.* chnoph, cnopf; *knop, knob, button; bud;* knop LUD. COV. 245; as hit were a gilden knop L. C. C. 39; þe knop of þe kne VOC. 208; **knoppe** (*dat.*) W. & I. 35; **knoppes** (*pl.*) R. R. 1080, 1683; knoppis DEGR. 1494; knoppis of bars WICL. EXOD. xxvi. 11.

knop-weed, sb., *centaurea nigra*, LEECHD. III. 319.

cnoppe, sb., = *M.Du.*, *M.L.G.* knoppe *m.*; *knob, bud*; knoppe '*nodus, gemma*' PR. P. 280.

cnoppe, v., *stud, provide with knobs*, '*bullare*,' CATH. 205; **knopped** (*pple.*) R. R. 7260; knopped schon PL. CR. 424.

cnorre, sb., = *M.Du.*, *M.L.G.*, *M.H.G.* knorre; *knot, excrescence*; knor BER. 2514.

cnotte, sb., *O.E.* cnotta, = *M.Du.* knutte, *M.H. G.* knotze; *knot*, H. M. 33; knotte '*nodus*' PR. P. 280; C. M. 8411; CH. C. T. *F* 401; þane knotte AYENB. 253; wiðute knotte A. R. 2; **knotten** (*pl.*) BEK. 1479; cnotten, cnottes KATH. 1157; knottes MAND. 190; PL. CR. 161.

knot-lēs, adj., *without a knot or obstacle*, CH. TRO. v. 768.

cnottel, sb., = *M.Du.* knuttel; *little knot*; knottiles (*pl.*) HALLIW. 498.

cnotti, adj., *knotty*, HOM. I. 281; knotti '*nodosus*' PR. P. 280; CH. C. T. *A* 1977.

cnottien, v., *knot*; **cnotted** (*pple.*) SAX. CHR. 262; knotted MAND. 197; iknotted A. R. 420; cnottede schurgen KATH. 1551.

cnōwen, *see* cnāwen.

cnücche, sb., = *M.L.G.* knucke, knocke; *bundle*; knitche ['*fasciculus*'] WICL. AMOS ix. 6; **knohches** (*pl.*) of hai RICH. 2985; bindeþ hem in knucchen (*printed* knucchenus) MISC. 225.

cnül, sb., *O.E.* cnyll; *knell*, REL. II. 277; (þe) laste knel 79.

cnüllen, v., *O.E.* cnyllan, = *M.H.G.* knüllen; *knock, beat; ring bells*; knille PERC. 1348; MAS. 689; lete al so þe belles knille MIRC 779; **knülled** (*pple.*) P. S. 193; *see* **cnollin**.

cnurned, adj., *? gnarled, knotty*; to his cnurnede cneon MARH. 10; knorned stonez GAW. 2166.

cnütten, v., *O.E.* cnyttan, = *M.L.G.* knutten; *knit*; knittin '*nodo, necto*' PR. P. 279; knitten LANGL. *B* PROL. 169; knitte his browes CH. C. T. *A* 1128; **knüt** (*pres.*) A. R. 396; as me knit a net P. L. S. xvii. 157; **knütte** (*pret.*) ALIS. 2251; knette GOW. II. 30; **knitted** (*pple.*) PR. C. 7215; icnut KATH. 1525; to gedir hit is iknit AUD. 10; *comp.* **un-cnütten**.

cō, *see* **cā**.

cobarde, sb., *? baker's tongs*; '*vertebra*,' VOC. 201.

[**cobbel**, sb., *cf.* Swed. kobbel (*boundary-stone*, RIETZ).]

cobil-stōn, sb., *cobble-stone*, '*rudus*,' VOC. 256; '*petrilla*' PR. P. 84.

cobben, v., *cf.* Swed. kubba; *strike*; **cobbit** (*pret.*) D. TROY 8285.

cobelere, sb., *cobbler*, '*sartor*,' PR. P. 84; LANGL. *A* v. 170.

coc, sb., *O.E.* coc, cocc, *O.Fr.* coc, *O.N.* kokr; *cock*, '*gallus*,' MK. xiv. 68 (*the earlier text has* hana); A. R. 140; O. & N. 1679; REL. I. 217; AYENB. 258; cok MAND. 91; **cockes** (*gen.*) BEK. 1090; a **cokkes comb** MAND. 207; **cockes fōt** *? columbine*, LEECHD. III. 319; **cokkes** (*pl.*) TREV. I. 339; *comp.* **pā-weder-, wude-coc**.

cōc, sb., *O.E.* cōc, *cf.* O.H.G. coch; *Lat.* coqvus, cocus; *cook*; LA3. 19948; cok, kok HAV. 967, 2898; kok SPEC. 101; cook LANGL. *B* v. 155; CH. C. T. *A* 2020; LIDG. M. P. 217; kuk VOC. 211; **kōkes** (*gen.*) A. R. 380; **cōkes** (*pl.*) LA3. 3315; TREV. V. 173.

cocard, sb., *O.F.* cocart, cocard; *fool*, GOW. II. 221.

cocatrice, sb., *O.Fr.* cocatrice; *cockatrice*, WICL. PS. xc. 13; kocatrice '*basiliscus*' PR. P. 281.

coccon, *see* **cucen**.

cock, sb., *fight, strife*, PS. cxliii. 1.

[**cocke**, sb., = *Ger.* kocke *m.; cock, heap; comp.* **hai-cocke**.]

cockere, sb., *one who makes hay-cocks*; **coker(e)s** [cokares] (*pl.*) LANGL. *C* vi. 13.

cocken, v., *? fight*; he wole grennen cocken & chiden REL. I. 188; cocke wiþ knif P. S. 153; **cocken** (*pres. pl.*) ALEX. 2042; mon þat siþ briddes **cokkinde** (*pple.*) REL. I. 262.

cocker, sb., *? fighter*; cocker þef & horeling REL. I. 188; **cokkers** (*pl.*) TOWNL. 242; fi3ters and cokkers TREV. IV. 173.

cockunge, sb., *? fighting*; wiþ strong cock-unge overcume hire flesch H. M. 47; cokkinge TREV. II. 83.

cocle, sb., *cockle*, '*cochlea*,' PR. P. 86.

cocodril, sb., *Lat.* crocodīlus; *crocodile*; cokedril WICL. LEV. xi. 29; cokadrill ALIS. 6620; **cocodrilles** (*pl.*) MAND. 198.

cocumber, sb., *O.Fr.* cocombre; *cucumber*, PALL. i. 981.

cod, sb., *O.E.* codd (*bag*), *cf.* Du. kodde (*coleus*) (KIL. DICT.), *O.N.* koddi *m.; bag; cod, husk*; MAT. x. 10; CH. C. T. *C* 534; (*pillow*) TOWNL. 84; codde *husk, scrotum* PR. P. 85; mid þine ... codde (*skin*) O. & N. 1124; winberian **coddes** (*pl.*) LEECHD. III. 112; coddis ['*siliqvis*'] WICL. LK. xv. 16; coddis of silke HALLIW. 262; *comp.* **ballok-, bēn-, pés-cod**.

cod, sb., *cod* (*the fish*), B. B. 174.

code, *see* **cude**.

codling, sb., *codling* (*fish*), '*morus*,' PR. P. 85; '*mullus*' VOC. 189.

codule, sb., *O.E.* cudele; *cuttle*, '*sepia*,' PR. P. 85.

co-empcion, sb., *Lat.* co-emptiō; *co-emption*; coempcioun, þat is to sein, comune achat, or biing togidere CH. BOET. i. 4 (15).

coeterne, adj., *Lat.* co-aeternus; *co-eternal*, CH. BOET. v. 6 (172).

cōf, cōfe, cōfliche, *see* **cāf**.

cofin, sb., *O.Fr.* cofin, *mod.Eng.* coffin; *basket*, '*cophinus*,' PR. P. 85; WICL. PS. lxxx. 7; cofine (*pie-crust*) L. C. C. 34, 39, 41; **coffins** (*pl.*) PALL. iv. 672.

cofre, sb., *O.Fr.* cofre; *coffer*, BEK. 1923; C. L. 992; SPEC. 27; CH. C. T. *E* 585.

cofren, v., *Fr.* coffrer; *store in a coffer*, PL. CR. 68.

cog-boote, *see* **cok-boot** *under* **coke**.

cogge, sb., = *M.L.G.* kogge, *M.Du.* kogghe, *O.N.* kuggr; *small boat*, CH. L. G. W. 1477; D. ARTH. 476; **cogges** (*pl.*) RICH. 4784; MAN. (F.) 12068.

cogge[2], sb., *cf.* Swed. kugge *m.; cog, tooth of a wheel*, PR. P. 85; frogge þat sit at mulne under cogge O. & N. 86.

coghen, *see* **coughen**.

cogitaciun, sb., *O.Fr.* cogitaciun; *cogitation*, A. R. 288.

cognacioun, sb., *O.Fr.* cognation, *Lat.* cognātiō; *kindred*, WICL. GEN. x. 31, xxiv. 4.

cognissaunce, sb., *O.Fr.* conissance; *knowledge*, DREAM 3091.

coi, adj., *O.Fr.* coi, qvoi, *mod.Eng.* coy; *quiet*, PR. P. 86; CH. C. T. *A* 119.

coien, v., *make quiet*, CH. TRO. ii. 801; **coies** (*pres.*) ALIS.[2] (Sk.) 1175.

coife, sb., *O.Fr.* coife; *coif*, PR. P. 86; MAN. (F.) 10896; helm & coife FER. 1605.

coilōn, sb., *O.Fr.* coilon; *testicle*; **coilōns**, coillons (*pl.*) CH. C. T. *C* 952.

coin, sb., *O.Fr.* coin, coing; *coin*, CH. F. AGE 20; coigne LANGL. *C* ii. 46; coni, cuni PR. P. 282.
coin[2], qvoin, sb., *Fr.* coin; *quince*, VOC. 163, 192.
coinen, v., *O.Fr.* coigner; *coin* : coigne þe monei GOW. II. 83; **coined** (*pple.*) MAN. (H.) 239.
coint, adj., *O.Fr.* coint, *from Lat.* cognitus; *mod. Eng.* quaint; *famous, well-known; knowing, clever, skilful; neat, elegant*; WILL. 653; GAW. 1526; cointe, cwointe A. R. 140; of se cointe (*v. r.* icudd) keiser KATH. 580; qvoint MAP 337; A. P. i. 888; þe qvointe swike ROB. 105; qveinte CH. C. T. *B* 1426.
cointe-liche, adv., *skilfully, gracefully*, ROB. 25; qveintliche WILL. 3233; qveinteli R. R. 783.
cointen, v., *acquaint*; **cointed** (*pret.*) him WILL. 4644; qvainted him MAN. (H.) 225.
cointise, sb., *O.Fr.* cointise; *skill; wisdom; ornament*; qvointise A. P. iii. 39; ROB. 51; cointice, qveintise WILL. 1665, 4220; qveintise R. R. 838; qvaintise A. P. ii. 1632.
coise, sb., = ? **coweise**; *? ulcer* (*term of abuse for a woman*) : þis foule great coise GOW. I. 100.
coisi, adj., ? = **qvasi**, *or* = *cweisi *from* **cweise**; *? queasy*; codling, cungur, and suche coisi fishe M. T. 118.
coite, sb., *quoit*, PR. P. 86.
coiten, vb., *play at quoits*, '*petriludo*,' PR.P.86.
coiter, sb., *quoit-player*, '*petriludus*,' PR. P. 86.
cok, *see* **coc**. **cōk**, *see* **cōō**.
[**cok, coke ?**]
cok-belle, sb., *small bell*, '*nola*,' PR. P. 86; cokebelle TREV. I. 219.
[**coke**, sb., *O.Fr.* coque; *cf.* **cogge**.]
cok-boot, sb., *cockboat*, LIDG. M. P. 152; cogboote '*scafa*' PR. P. 86.
cokel [**cokkel**], sb., *O.E.* cocel, coccel; *cf. Ir.* cogal; *cockle* (*weed*), CH. C. T. *B* 1183; kokil ['*zizania*'] WICL. MAT. xiii. 25; REL. II. 80; cockel I. 36; cokkil LIDG. M. P. 149.
cōken, v., *from* **cōō**; *cf. M.Du.* koken, *O.H.G.* cochōn, *from Lat.* coqvere; *cook*; **cōked** (*pple.*) LANGL. *C* xvi. 60.
cokenei, sb., *mod. Eng.* cockney; *? hen's egg* (*see* MURRAY *in* ACADEMY 10 May 1890); *spoiled child, milksop, simpleton*, PR. P. 86; cokenai CH. C. T. *A* 4208; ne no kokenei ... coloppes for to maken LANGL. *B* vi. 287.
coker, sb., *O.E.* cocor, = *O.Fris.* koker, *O.H.G.* chochar; *quiver for arrows; kind of half-boot or gaiter*; enne koker LA3. 6470; cocur, cokir '*cothurnus*' PR. P. 84; **cokeres** (*pl.*) LANGL. *B* vi. 62.
cokerel, sb., *cockerel*; kokerel PR. P. 281.
cōkerie, sb, = *M.Du.* kokerie; *cookery*, GOW. II. 83.
cokerin, v., *keep warm*, PR. P. 85.
cokeringe, sb., *warming*, '*fotio*,' PR. P. 85; O. & N. 504.

coket, sb., *sort of fine bread*, LANGL. *C* ix. 326.
cokewold, *see* **cukeweald**.
cōl, sb., *O.E.* col, *cf. O.N.* kol *n.*, *O.H.G.* chol *n.*, cholo *m.*; *coal*; col AYENB. 205; WILL. 2520; dude þer inne muchel col LA3. 2366; col groweþ under lond TREV. I. 399; col [cole] CH. C. T. *A* 2692; cole HORN (L.) 590; S. S. (Wr.) 2170; PR. C. 6762; a qvic cole BEV. 1548; as blak as cole P. L. S. ii. 42; **cōle** (*dat.*) HOM. I. 27; LA3. 17701; **cōles** (*pl.*) MAND. 101; **cōlen** (*dat. pl.*) HOM. I. 251; brennen to colen GEN. & EX. 2653; *comp.* **char-cole**.
cōl-blak, adj., *coal-black*, O. & N. 75; CH. C. T. *A* 2142.
cōl-fox, sb., = *Ger.* kohlfuchs, *Du.* koolvos; *brant-fox*, CH. C. T. *B* 4405.
cōl-mōse, sb., *O.E.* colmāse, = *Ger.* kolmeise; *titlark*, PR. P. 88.
cōl-pūt, sb., *O.E.* colpytt; *coal-pit*, MISC. 183.
cōl-rake, sb., *coal-rake*, VOC. 276; PR. P. 88.
col, colle, ? adj. *or* pr. n.; *? cunning; ? nickname given to rogues* : colle tregetour CH. H. F. 1277.
cōl, sb., *O.E.* cōl, = *M.Du.* koel, *O.H.G.* chuol; *from* **cālen**; *cool*, MAND. 305; *cool* MISC. 149; his red was to coul SHOR. 105; þat cole red ROB. 131.
cōl, *see* **caul**.
colcase, sb., *Lat.* colocāsia; *Egyptian bean*, PALL. iv. 25.
cōld, cōlden, *see* **cáld, cálden**.
cōlder, sb., *prov. Eng.* colder (*chaff*); *? rubbish* : coolder, coldir, '*petrosa, petro*,' PR. P. 86.
cōle, sb., *coolness* : in hete or cole S. & C. II. xxx.
coler, sb., *O.Fr.* coler; *collar*, ROB. 223; LANGL. *B* PROL. 169; coller PR. P. 87.
colere, sb., *O.Fr.* colere; *choler*, WICL. ECCLUS. xxxi. 23; coler GOW. III. 99.
colered, pple., *having a collar*, CH. C. T. *A* 2152.
colerik, adj., *choleric*, CH. C. T. *A* 587; colrik AYENB. 157.
colfre, *see* **culfre**.
coliaundre, *see* **coriandre**.
cōlien, v., *O.E.* cōlian, = *O.L.G.* cōlōn; *cf.* **kālen**; *cool, become or make cool*; colin '*frigefacio*' PR. P. 87; colen GAM. 540; colen her carez GAW. 1254; **cōlede** (*pret.*) JUL. 70; **coolid** (*pple.*) PR. P. 87; *comp.* a-, for-**cōlien**.
cōliere, sb., *cf. M.H.G.* kolære; *from* **cōl**; *collier, coal-dealer*; **colieres** (*pl.*) OCTOV. (W.) 495; kolieres WILL. 2523.
colike, sb., *Fr.* colique; *colic*, PR. P. 87.
colirie, sb., *O.Fr.* colire, *Lat.* collȳrium; *eye-salve*, WICL. APOC. iii. 18.

colis.   **commūn.**

colis, sb., *O.Fr.* coleis; *sort of broth*; kolis L. C. C. 20.

colit, sb., = acolit; *acolyte*, WICL. 2 THESS. PROL.; PR. P. 88.

colke, sb., *core of fruit, 'interior pars pomi,'* CATH. 71; appel ... þat even in middes has a colke PR. C. 6445; **colke** (*dat.*) TOWNL. 281.

cŏlknīf, sb., *see* caul.

collacioun, sb., *Lat.* collātio; *discourse; consideration; comparison*, WICL. 2 MACC. xii. 43; CH. C. T. (W.) 8199; collacion GOW. I. 237; colasioun CH. BOET. iv. 4 (125); **collaciōns** (*pl.*) AYENB. 155.

colle, sb., *? O.E.* (morgen-) colla; *? rage*, P. S. 157.

collecte, sb., *med.Lat.* collecta; *collection; collect* (*short prayer*); þe collecte of euerich tide A. R. 20; collect WICL. 2 PARAL. vii. 9; colect 2 ESD. viii. 18; **collectis** (*pl.*) or gaderingis of moneie I COR. xvi. 1.

collen, v., *? for* acollen; *embrace*; colle WICL. ECCLES. iii. 5; **kolled** (*pret.*) WILL. 69; colled LANGL. *B* xi. 16.

collinge, sb., *embracing*; **collingis** (*pl.*) WICL. GEN. xlvi. 29.

collen², v., *cf.* Swed. kulla (*behead*); *? kill*; cole C. M. 3135; *see* cüllen.

colmi, *see* culmi.

colok, sb., *can, drinking vessel, 'cantharus,'* VOC. 257.

colop, sb.. *cf. O.Swed.* kollops; *collop, mincemeat*; colloppe '*frixatura, carbonacium*' PR. P. 88; **colopes** [coloppes] (*pl.*) LANGL. *A* vi. 287.

colŏr, sb., *O.Fr.* colour; *colour*; colour, SHOR. 26; WILL. 764; som colour of riȝte ROB. 313; colur HORN (L.) 16.

colōrin, v. *O.Fr.* colorer; *colour*, PR. P. 88; **coloureth** (*pres.*) GOW. III. 139; colourid (*pple.*) WICL. GEN. xxx. 32; colored A. P. ii. 456.

colpōn, sb., *Fr.* coupon; *shred*; culpoun PR. P. 108; **colpōns** [culpōns] (*pl.*) CH. C. T. *A* 679; culpons I W. 642.

colt, sb., *O.E.* colt; *colt, 'pullus.'* PR. P. 88; HOM. I. 3; JUL. 55; CH. C. T. *A* 3263; LIDG. M. P. 255; þat colt LEB. JES. 798; þet colt AYENB. 185; i hadde al wei a **coltes** (*gen.*) top CH. C. T. *D* 602; **coltis fōt** *colt's foot tussilago* LEECHD. III. 319.

coltisch, adj., *coltish*, CH. C. T. *E* 1847.

columbīne, sb., *Fr.* colombīne; *columbine* (*plant*), SPEC. 26.

columne, sb., *O.Fr.* columne; *column*, PR. P. 88.

colvere, colvre, *see* culfre.

colward, adj., *O.Fr.* culvert; *? 'perverse*, A. P. ii. 181; *cf.* culvert.

colwen, v., *blacken with coal*; **colwid** (*pple.*) PR. P. 88; (h)is kollede snoute HORN (R.) 1088.

colwie, adj., *grimy*, HORN (L.) 1094.

comandement, sb., *O.Fr.* co-, commandement; *commandment*, CH. C. T. *D* 67; commandement MISC. 33.

comanden, v., *O.Fr.* co-, commander; *command*; commaunde GOW. I. 2; **comaunde** (*pres.*) C. L. 956.

commaunding, sb., *commandment*, GOW. I. 3.

comandour, sb., *O.Fr.* comandeor, comandour; *commander*, PR. P. 88.

comb, *see* camb.

combrance, sb., *trouble, annoyance*, D. TROY 9169; combraunce A. P. ii. 3; DEP. R. iii. 113; cumbraunce D. TROY 12076.

combren, v., *O.Fr.* combrer, *from Lat.* cumulus; *encumber, annoy*: to combren þe chirche PL. CR. 461; hit **combres** (*pres.*) uchone A. P. ii. 1023; **cumbred** (*pple.*) *entangled* TRANS. XVIII. 28; cumbered EM. 483; þat cumbered was wiþ parlesi M. H. 129; combred CH. BOET. iii. 10 (94); A. P. ii. 901.

comburment, sb., *cf. O.Fr.* encombrement; *encumbrance, perplexity*, ALIS. 471, 7764.

combust, adj., *Lat.* combustus; *burnt up* (*said of planets near the sun*), CH. TRO. iii. 686; ASTR. ii. 4 (31).

come, *see* cüme.   **comel**, *see* cumel.

comen, *see* cumen.

comende, v., *Lat.* commendāre; *commend*, LANGL. *C* xv. 35.

comēte, sb., *Fr.* comete; *Lat.* comēta; *comet*, LAȜ. 17871; ROB. 416.

comin, *see* cumin.

cominalt *see* comonalte.

comlen, *see* cumlen.

commedi, sb., *O.Fr.* comedie, *Gr.* κωμῳδία; *comedy*, TREV. I. 315.

commencement, sb., *O.Fr.* commencement; *commencement*, MISC. 30.

commendaciōn, sb., *commendation*, GOW. III. 145.

commissarie, sb., *commissary*, LANGL. *A* ii. 154.

commixen, v., *mix together*, PALL. ii. 21, iii. 3.

commixtioun, sb., *Lat.* commixtio, *O.Fr.* commistion; *mixing together*, TREV. II. 159.

commodious, adj., *convenient*, PALL. ii. 22.

commoeven, v., *O.Fr.* commovoir; *excite, move*; **comméveþ** (*pres.*) CH. TRO. v. 1797; commoevede (*pret.*) CH. BOET. iii 12 (107); comméved (*pple.*) GOW. III. 203.

commoevinge, sb., *excitement*, CH. BOET. iv (12).

commūn, adj., *O.Fr.* comun; *common*, AYENB. 37; comun P. L. S. xvii. 404; commun [comoun] C. M. 7176.

comūn-liche, adv., *commonly*, AYENB. 145.

K

communi, v., *O.Fr.* communier; *commune*, AYENB. 102; comune [comine] WICL. PS. cxl. 4.

comuner, sb., *partaker; citizen*, WICL. I PET. v. 1; TOWNL. 210; **cominers**, *members of town council*, E. G. 380.

comuninge, sb., *participation; public meeting*; comeninge WICL. I COR. x. 16; E. G. 380.

communiōn, sb., *O.Fr.* communion; (*holy*) *communion*, PR. P. 89.

comonaltē, sb., *O.Fr.* communalté; *commonalty*, MAND. (H.) 54; cominalte WICL. PROV. xxix. 2*.

comp, *see* **camp**.

compacient, adj., *compassionate*, WICL. I PET. iii. 8.

compaignable, adj., *O.Fr.* compaignable; *sociable*; [*v. r.* companable, com-, cumpaniable] CH. C. T. *B* 1194; GENER. 2260; PR. P. 109.

compaignie, sb., *O.Fr.* com-, cumpaignie; *company*, MAN. (F.) 3131; cumpaignie P. L. S. xiii. 185; companie MISC. 138; cumpanie WILL. 1124.

compainoun, sb., *O.Fr.* compaignon; *companion*, ROB. 252.

companāge, sb., *O.Fr.* companage; *anything eaten with bread*, P. S. 240; WICL. S. W. I. 19.

comparer, sb., ? *checking-clerk*, AYENB. 243.

comparisōn, sb., *O.Fr.* compareson; *comparison*, CH. C. T. *B* 846; comparisoun BOET. ii. 7 (58); AYENB. 81.

comparisounen, v., *compare*, WICL. MK. iv. 30; **comparisunes** (*pres.*) A. P. ii. 161; **comparisoun** (*imper.*) we ['*comparemus*'] WICL. I MACC. x. 71; **comparisound** (*pret.*) CH. BOET. ii. 7 (58).

compas, sb., *O.Fr.* compas; *compass*; cumpas C. L. 739; compas [cumpas] CH. C. T. *A* 1889; C. M. 8797.

compassement, sb., *contrivance, stratagem*, MAN (H.) 255; compacement WILL. 1981.

compassen, v., *O.Fr.* compasser; *compass*, LANGL. *C* xxii. 241; **cumpassede** (*pret.*) LEG. 12.

compassinge, sb., *boundary*, R. R. 1349; *contrivance* CH. H. F. 1188; CH. C. T. *A* 1996.

compassiōn, sb., *O.Fr.* compassion; *compassion*, AYENB. 148; CH. C. T. *A* 1110.

compellen, v., *O.Fr.* compeller; *compel*; **compellede** (*pret.*) TREV. IV. 95.

compensen, v., *Lat.* compensāre; *compensate, requite*; compensed (*pple.*) GOW. I. 365.

compēr, sb., *O.Fr.* compair; *compeer*, '*compar*,' PR. P. 89; CH. C. T. *A* 670; **compērs** (*pl.*) WILL. 370; cumpers MISC. 212.

compilatour, sb., *Fr.* compilateur; *compiler*, CH. ASTR. PROL. (2).

compilen, v., *O.Fr.* compiler; *compile*; compiled (*pple.*) GOW. III. 48.

compilour, sb., *compiler*, MAN. (H.) 6.

complainte, sb., *O.Fr.* complainte; *complaint*, PR. P. 89; compleinte GOW. I. 111.

compleine, v., *O.Fr.* complaindre; *complain*, CH. C. T. *A* 908; **compleignende** (*pple.*) GOW. I. 88.

compleininge, sb., *act of making a complaint*, GOW. I. 327.

complēt, adj., *Lat.* complētus; *complete*, WICL. S. W. I. 323.

complexioun, sb., *O.Fr.* complexion; *constitution of body, temperament*, AYENB. 157; **complexiōns** (*pl.*) GOW. III. 97.

complī, sb., *O.Fr.* complie; **complīn** BEK. 2078; cumplie A. R. 24, 428; cumpelie 22.

complie, v., *O.Fr.* complir; *accomplish*, SHOR. 100; *see* **complissen**.

complīn, sb., *last service of the day in monastic establishments*, CH. C. T. *I* 386; cumpline '*completorium*' PR. P. 109.

complissen, v., *accomplish*, CH. BOET. iv. 4 (124); MER. I. ii. 61; *see* **complie**.

compositiōn, sb., *O.Fr.* composicioun; GOW. I. 31.

compoune, v., *Lat.* compōnere; *compose, put together*, CH. BOET. iii. 9 (87).

comprehende, v., *Lat.* comprehendere; *comprehend*, CH. C. T. *E* 223; PR. C. 7463.

compte, sb., *O.Fr.* compte; *counting*, R. R. 5028.

compten, v., *O.Fr.* compter; *count*, GOW. III. 31, 44.

compuncciōn, sb., *O.Fr.* compunction; *compunction*, WICL. PS. iv. 5.

compunct, adj., *Lat.* compunctus; *having compunction*, WICL. DEEDS ii. 37.

comsen, v., *O.Fr.* co-, cumencer; *commence*; comse WILL. 2244; **comseth** [cumseþ] (*pres.*) LANGL. *A* i. 128; cumseð JUL. 2.

comsinge, sb., *beginning*, WILL. 4868.

comūne, sb., *Fr.* commune; *community, people*, LANGL. *B* PROL. 115; '*commons*,' *food*, ROB. 528.

comunetē, sb., *O.Fr.* communité; *community*, DEP. R. iv. 41.

comūnlīche, *see under* **commūn**.

con, *see* **can**. **conabill**, *see* **covenable**.

conand, *see* **convenant**.

conceit, sb., *notion, conception*, '*conceptus*,' PR. P. 89; þe word was liche to þe conceipte GOW. I. 7; **conseites** (*pl.*) CH. TRO. iii. 755.

conceitate, sb., *conception*, TOWNL. 75.

conceive, v., *O.Fr.* conçoivre; *conceive*, LEG. 83; **conceiveþ** (*pres.*) AYENB. 136.

conceivinge, consēwinge, sb., *conception*, PR. P. 89; WICL. GEN. iii. 16.

concēlement, sb., *concealment*, MAN. (H.) 297.

concēlen, v., *O.Fr.* conceler; *conceal*; concēled (*pple.*) GOW. II. 282.
concentrik, adj., *O.Fr.* concentrique; *concentric*; consentrik CH. ASTR. i. 17 (9).
concepcioun, sb., *conception*, SHOR. 119.
concience, *see* **conscience.**
concilie, sb., *O.Fr.* cuncilie, concile; *council*, SAX. CHR. 254.
conclāve, sb., *Lat.*, *O.Fr.* conclāve; *conclave*, GOW. I. 254.
conclūden, v., *conclude*, CH. C. T. *A* 1358.
conclusiōn, sb., *O.Fr.* conclusion; *conclusion*, GOW. I. 23.
concordable, adj., *Lat.* concordābilis; *agreeing*, GOW. I. 253, 361, III. 204.
concordaunce, sb., *O.Fr.* concordance; *agreement*, LIDG. M. P. 48.
concorden, v., *make to agree*, CH. TRO. iii. 1702.
concubīne, sb., *O.Fr.* concubīne; *concubine*, ROB. 27; CH. C. T. *A* 650.
concupiscence, sb., *O.Fr.* concupiscence; *carnal desire*, GOW. III. 267, 285.
concurbite, sb., *Lat.* cucurbita; *flask used in distilling*; concurbites (*pl.*), CH. C. T. *G* 794.
condescenden, v., *O.Fr.* condescendre; *condescend*, CH. C. T. *E* 407; condecendre AYENB. 157.
condiciōn, sb., *O.Fr.* condicion; *condition*, AYENB. 173; condicioun CH. C. T. *A* 38.
condīte, v., *from* **conduit**; *conduct*, MERL. l. ii. 50, iii. 577; **condīted** (*pret.*) I. ii. 144.
conditour, sb., *conductor*, MERL. III. 549.
condūen, v., *O.Fr.* conduire, *from Lat.* condūcere; *conduct*; coundue GAW. 1991; condūeþ (*pres.*) AYENB. 122; condīe (*subj.*) MAN. (H.) 182.
conduit, sb., *O.Fr.* conduit; *conduit, conduct*, TREV. IV. 365; condut ROB. 212; AYENB. 202; cundut O. & N. 483; saf conduit *safe-conduct* GOW. II. 160; condwis (*pl.*) *channels*, AYENB. 91; condites MAND. 217; coundutes (*carols*) of krist masse GAW. 1654.
conestable, sb., *O.Fr.* conestable; *constable*, HAV. 2286; cunestable HOM. I. 247; constable ROB. 538.
conestablesse, sb., *constable's wife*, CH. C. T. *B* 539.
confeccioun, sb., *O.Fr.* confeccion; *preparation*, TREV. I. 221.
confederacie, sb., *Lat.* confoederātio; *confederacy*, CH. BOET. ii. 6 (53).
confermen, v., *O.Fr.* confermer; *confirm*, L. H. R. 27; confermi BEK. 481; AYENB. 121.
conferminge, sb., *confirmation*, ROB. 277; SHOR. 13.
confessen, v., *O.Fr.* confesser; *confess*; confesse (*pres.*) GOW. I. 107.

confessioun, sb., *O.Fr.* confession; *confession*, MAND. 119.
confessour, sb., *confessor*, P. L. S. xii. 1; AYENB. 172; confessours (*pl.*) AYENB. 267; confessōren (*dat. pl.*) HOM. I. 239.
confirmaciōn, sb., *O.Fr.* confirmacion; *confirmation*, GOW. I. 258; MAN. (H.) 209.
confirmement, sb., *O.Fr.* confirmement; *confirmation*, SHOR. 15.
confit, sb., *O.Fr.* confit; *preserve*: dates in confite B. B. 167.
confonde, v., *O.Fr.* confundre, -fondre; *confound*, MARG. 173; confundi SHOR. 112.
conforme, v., *O.Fr.* conformer; *conform*, GOW. II. 106.
confort, sb., *O.Fr.* con-, cunfort; *comfort*, H. M. 27; WILL. 1408; cunfort HOM. I. 185; kunfort [cumfort] A. R. 236 (*v. r.* elne).
confort-lēs, adj., *comfortless*; comforteles, coumfortles GENER. 987, 3075.
confortable, adj., *helpful, comforting*, GENER. 2212; comfortabill HAMP. TR. 2.
conforten, v., *O.Fr.* conforter; *strengthen, comfort*, LANGL. *B* i. 201; conforti P. L. S. xv. 116; conforted (*pple.*) WILL. 380.
confūs, adj., *O.Fr.* confūs; *confused*, LANGL. *B* x. 136; confous GREG. 644.
confusiōn, sb., *O.Fr.* confusion; *confusion*, AYENB. 229; confusiqn [confusioun] CH. C. T. *G* 23.
congeien, v., *O.Fr.* congier (*congédier*); *bid farewell to, dismiss*, CH. TRO. v. 478; congeie LANGL. *A* iii. 167; congeide (*pret.*) GOW. II. 238.
congelatiōn, sb., *O.Fr.* congelation; *congelation (in alchemy)*, GOW. II. 86.
congēlen, v., *O.Fr.* congeler; *congeal*; congēled (*pple.*) GOW. III. 86.
congen, v., = **congeien,** MAN. (H.) 323.
conger, sb., *O.Fr.* congre; *conger*; cunger VOC. 97; kunger P. L. S. xxxiv. 2.
congie, sb., *O.Fr.* congié (*congé*); *farewell*; congeie LANGL. *B* xiii. 202.
congraffen, v., *cf. O.Fr.* graffe; *write down*; congraffet (*pple.*) C. L. 1055.
congruitē, sb., *O.Fr.* congruité; *concord*, GOW. II. 90, III. 136.
coning, sb., *O.Fr.* connin; *cony, rabbit*, 'cuniculus,' VOC. 177; WILL. 182; ne koning ne hermine MISC. 70; coning [coni] WICL. LEV. xi. 5; cunig P. L. S. viii. 182; conig MIN. viii. 75; cunin HOM. II. 231; coninges (*pl.*) LANGL. *B* PROL. 193; conies CH. P. F. 193.
coningere, sb., *rabbit burrow, warren*; conningere 'cunicularium' PR. P. 90; coningeris (*pl.*) LIDG. M. P. 174.
conjecte, v., *Lat.* conjectāre; *conjecture, guess*, WICL. EZ. xxi. 19; conjecte (*pres.*) CH. BOET. i. 6 (27).

conjecte.   **contemplaciōn.**

conjectere, sb., *diviner*, WICL. xxiii. 7.
conjectinge, sb., *divination* : he shal take conjectinge or suspicioun WICL. Ez. xxi. 19.
conjoignen, v., *O.Fr.* conjoindre, *mod.Eng.* conjoin ; *join together* ; **conjoignen** (*pres. subj.*) CH. BOET. iii. 10 (92).
conjoint, pple., *joined together*, GOW. III. 101, 127.
   conjoininge [**conjoigninge**], sb., *conjoining*, CH. C. T. *G* 95.
conjōn, congeōn, sb., *dwarf*, PR. P. 90; conjoun AYENB. 76 ; conjoun (*printed* coinoun) ALIS. 1718; congioun DEP. R. iii. 45.
conjuncoiōn, sb., *conjunction (in astronomy)*, CH. ASTR. ii. 32 (41) ; GOW. III. 67.
conjūre, sb., *conjuration, magic*, GOW. II. 247.
conjūre, v., *O.Fr.* conjurer; *conjure*, CH. C. T. *B* 1834 ; **conjūrede** (*pret.*) BEK. 2313.
conjuresōn, sb., *O.Fr.* conjureison ; *conspiracy; enchantment*, FL. & BL. 312 ; conjuracioun CH. BOET. i. 4 (18).
connen, *see* cunnen.
conquére, v., *O.Fr.* conqverre; *conquer*, FER. 537 ; MAN. (F.) 3127 ; **cuncweari** (*pres.*) H. M. 33.
conquerour, sb., *O.Fr.* conqvereur; *conqueror*, P. S. 250 ; CH. C. T. *A* 862.
conqueste, sb., *O.Fr.* conqveste ; *conquest*, SHOR. 148 ; MAN. (F.) 4599.
conquesten, v., *O.Fr.* conquester ; *conquer* ; conquest (*pple.*) A. P. ii. 1304.
conrai, sb., *O.Fr.* conroi ; *provision*, C. M. 11513 ; conrei (*troop*) MAN. (H.) 304.
conscience, sb., *O.Fr.* conscience; *conscience*, A. R. 306 ; concience (*consciousness*) GAW. 1194.
conseil, sb., *O.Fr.* con-, cunseil ; *counsel*, LA3. 2324*; MISC. 26 ; ROB. 48 ; HOCCL. i. 76 ; consail BEK. 881 ; cunsail L. N. F. 217 ; counsail A. R. 70 ; PR. C. 5943.
conseilere, sb., *O.Fr.* conseller ; *counsellor*, MAN. (H.) 54 ; L. N. F. 216 ; kunsiler A. R. 410 ; **counseilors** (*pl.*) GOW. II. 223 ; counsellers MER. iii. 37.
conseille, v., *O.Fr.* conseillier ; *counsel*, LANGL. *B* PROL. 115 ; CH. C. T. *D* 66 ; conseili ROB. 214.
consecracioun, sb., *O.Fr.* consecration ; *consecration*, APOL. 48.
consence, sb., *O.Fr.* consense, kunsence ; *consent*, A. R. 288.
consentement, sb., *O.Fr.* consentement ; *consent*, AYENB. 11, 19.
consenten, v., *O.Fr.* con-, cunsentir ; *consent*, kunsenten A. R. 272 ; consent GOW. II. 95 ; **consentede** (*pret.*) BEK. 1871.
   consentinge, sb., *consenting*, AYENB. 117, 176.

consequent, sb., *consequence, inference*, CH. BOET. iii. 9 (84).
conserve, sb., *preservation*, GOW. III. 22, 86.
conserven, v., *O.Fr.* conserver ; *keep*, CH. TRO. v. 309.
consideratiōn, sb., *O.Fr.* consideration ; *consideration*, GOW. III. 178.
consistorie, sb., *O.Fr.* consistorie ; *consistory*, LANGL. *B* ii. 177 ; constorie *A* iii. 32.
consonans, sb., *consonant*, P. L. S. xxxiv. 3.
conspiracie, sb., *conspiracy*, TREV. III. 33 ; CH. C. T. *C* 149.
conspiracioun, sb., *O.Fr.* conspiracion ; *conspiracy*, WICL. 2 PARAL. xxxiii. 24 ; **conspiraciōns** (*pl.*) AYENB. 23.
conspīre, v., *O.Fr.* conspīrer ; *conspire*, GOW. I. 232.
conspīrement, sb., *conspiracy*, GOW. I. 216.
constance, sb., *O.Fr.* constance ; *constancy*, AYENB. 167.
constellaciōn, sb., *O.Fr.* constellacion ; *constellation*, CH. C. T. *A* 1088.
constituciōn, sb., *O.Fr.* constitution ; *constitution*, GOW. II. 75.
constorie, *see* consistorie.
constreinin, v., *O.Fr.* constraindre ; *constrain*, PR. P. 91 ; constreinen MAND. 188 ; **constreined** (*pple.*) CH. BOET. iii. 2 (97).
   constreiner, sb., *overseer of workmen* ; constreiners (*pl.*) WICL. EX. v. 6.
   constreigning-li, adv., WICL. 1 PET. v. 2.
constreinte, sb., *constraint*, CH. TRO. iv. 741.
construcciōn, sb., *O.Fr.* construction ; *construction*, PR. P. 91.
construin, v., *Fr.* construire ; *construe*, PR. P. 91 ; construe LANGL. *A* iv. 133.
consuetūde, sb., *Lat.* consuētūdo ; *custom*, WICL. 1 KINGS xx. 25.
consul, sb., *O.Fr.* consul ; *consul*, TREV. I. 239.
consūmen, v., *Fr.* consumer ; *consume* ; **consūmed** (*pple.*) WICL. GEN. xli. 36.
consumpt, adj., *Lat.* consumptus ; *consumed*, CH. BOET. (60).
contac, sb., *contest, strife*, AYENB. 15 ; contak S. S. (Wr.) 1718 ; contek ROB. 90.
contacki, v., *debate, strive*, AYENB. 57 ; **conteckede** (*pret.*) P. L. S. xiii. 310.
contē, sb., *O.Fr.* conté, comtat ; *county* ; counte LANGL. *B* ii. 85 ; **countēs** (*pl.*) MAN. (H.) 133.
conteini, v., *Fr.* contenir ; *contain*, ROB. 547 ; **conteined** (*pple.*) MAND. 1.
contekour, sb., *debater*, E. G. 4 ; **conteckours** (*pl.*) BEK. 196.
contemplaciōn, sb., *O.Fr.* contemplacion ; *contemplation*, AYENB. 204 ; contemplaciun A. R. 142.

contemplatif, adj., *Fr.* contemplatif; *contemplative,* AYENB. 247.
contempt, sb., *O.Fr.* contempt; *contempt*: in contempte of regalie GOW. I. 217.
contenance, sb., *O.Fr.* contenance; *countenance,* ROB. 333; CH. C. T. *B* 320; cuntenaunce WILL. 1397.
content, adj.,*Fr.*content; *content,*GENER.368.
contesse, sb., *O.Fr.* cuntesse, contesse, cuntesse; *countess,* SAX. CHR. 264; contas ROB. 159.
continuele, adj., *O.Fr.* continuel; *continual,* PR. C. 8947.
continue(l)-liche, adv., *continually,* P. L. S. xvii. 220.
continence, sb., *O.Fr.* continence; *continence,* GOW. I. 19.
continuance, sb., *continuance, patience,* GOW. II. 7, 14.
continuin, v., *O.Fr.* continuer; *continue,* PR. P. 91; continue LANGL. *B* xii. 39; contune APOL. 12; **continued** (*pret.*) TREV. I. 73.
conturben, v., *Lat.* conturbāre; *agitate*; conturbed (*pple.*) GOW. I. 49.
contrarie, adj., *O.Fr.* contraire; *contrary,* MISC. 30; AYENB. 136; contrare (*sb.*) A. P. ii. 3; contraire GOW. I. 22.
contrari-li, adv., APOL. 101.
contrarien, v., *O.Fr.* contrarier; *contradict,* CH. C. T. *F* 705.
contrarious, adj., *cf. Ital.* contrarioso; *contrary,* PR. P. 91; AYENB. 28; contrarius MISC. 228; PR. C. 1414.
contrait, sb., *contract,* SHOR. 62.
contre-, *see* **countre-**.
contrē, sb., *O.Fr.* contree, cuntree; *country,* LA3. 1282*; MAND. 244; contre [cuntre] CH. C. T. *A* 216; cuntre WILL. 6.
contrē-man, sb., *countryman;* **contraimen** (*pl.*) P. L. S. xii. 56.
contrevore, sb., *cf., O.Fr.* troveure, *and* **contróven;** *contrivance,* MAN (H.) 334.
contriciōn, sb., *O.Fr.* contriciun; *contrition,* LANGL. *B* xi. 130.
contróven, v., *O.Fr.* controver; *contrive*; contreove, contreve MAN. (F.) 7146, 8986; contreve LANGL. *B* x. 19; **contróves** (*pres.*) PR. C. 1561.
contubernial, adj., *Lat.* contubernālis; *having the same dwelling*: humble folk ben Cristes frendes; thei ben contubernial [*ed. Morris* conturnialli] with the Lord CH. C. T. *I* 760.
contumelie, sb., *O. Fr.* contumelie; *contumely,* CH. C. T. *I* 556.
conveie, v., *O.Fr.* conveier; *convey; accompany,* WILL. 5111; MAN. (F.) 13123.
convenant, covenant, sb., *O.Fr.* co-, convenant; *covenant,* ROB. 179, 185; covenant,

covenaunt SHOR. 64; covenaunt ALIS. 2036; conand BARB. i. 561; cunnand iii. 759.
convenient, adj., *Lat.* conveniens; *convenient, suitable,* CH. BOET. iii. 11 (97).
conventicul, sb., *O.Fr.* conventicule; *assembly,*WICL. PS. XV. 4.
convers, sb., *O.Fr.* convers; *proselyte,* convert, WICL. I PARAL. xxii. 2; DEEDS ii. 11.
conversaciōn, sb., *O.Fr.* conversation; *conversation, manner of life,* AYENB. 96, 241.
conversen, v., *O.Fr.* converser; *spend one's time*; **conversand** (*pple.*) PR. C. 4197.
converten, v., *O.Fr.* convertir; *convert,* GOW. II. 58; converte TREV. V. 445.
convicten, v., *convict*; **convict** (*pple.*) CH. BOET. i. 4 (19); WICL. I COR. xiv. 24; convicte [convicted] WICL. DAN. xiii. 61.
cop, sb., *O.E.* copp,= *O.Fris.* kop, *O.N.* koppr, *O.H.G.* choph; *summit, head,* P. S. 70; REL. I. 144; þa turres cop LA3. 7781; þe cop of þe hille MAND. 17; **coppe** (*dat.*) CH. H. F. 1166; PARTEN. 5911; bi þe coppe he him nam LA3. 684*; from þe tures coppe A. R. 228; **coppes** (*pl.*) TREV. III. 451; þe coppis of þe hillis WICL. GEN. viii. 5.
cōpe, sb.,= *O.L.G.* cōpa, *O.H.G.* chuopha; *coop*; coop '*ciphus*' (κύφος) VOC. 178.
cōpe, *see* **cāpe. cōpen,** *see* **coupen.**
cōpen, v., *put on the cope,* LANGL. *C* vii. 288; **cōpeþ** (*pres.*) *B* iii. 142; **cōpide** (*pret. pl.*) *C* iii. 240; **cōped** (*adj.*) *C* iv. 38.
copenere, *see under* **copnien.**
ooper, sb., *O.E.* copor (LEECHD. III. 16), *from Lat.* cuprum; *copper,* TREV. I. 261; CH. C. T. *G* 829.
coperōn, coperūn, sb., *O.Fr.* couperon; *ornament on the lid of a vessel, 'capitellum,'* PR. P. 91; **coperounes** (*pl.*) A. P. ii. 1461; coprounes GAW. 796.
coperōse, sb., *Fr.* couperose, *mod.Eng.* copperas; *sulphate of copper,* PR. P. 91.
copful, *see under* **cuppe.**
copi(e), sb., *Fr.* copie; *copy,* MAN. (H.) 293; PR. P. 92; (*abundance*) TREV. I. 301.
copiin, v., *Fr.* copier; *copy,* PR. P. 92.
copious, adj., *O.Fr.* (*Prov.*) copiös; *copious,* PR. P. 92; TREV. I. 399.
cople, *see* **couple.**
copmaker, *see under* **cuppe.**
copnien (? cōpnien), v., *? await longingly*; ich copni þi cume MARH. 21; **copnið** (*pres.*) KATH. 802; copneð 2378.
copenere (? cōpenere), sb., *O.E.* copenere; *lover,* TREV. II. 199; copenere [copinere] O. & N. 1342; copinere MISC. 150; ROB. 335; copiner S. S. (Web.) 2225.
coppe, sb.,= *M.Du.* koppe, *L.G.* kobbe; *spider,* MIRC 1937; (? *printed* loppe) CH. ASTR. i. 3 (4); *comp.* **atter-coppe.**
cop-web, sb., *cobweb,* TREV. VII. 343.

coppe, *see* cuppe.
copped, adj., *from* cop; *having a crest*: coppid as a lark HALLIW. 269.
cops, *see* cosp.
corăge, sb., *O.Fr.* corage; *courage*, AYENB. 164; MAN. (F.) 5384.
corageus, adj., *O.Fr.* corageus; *courageous*, ROB. 359.
coral, sb., *O.Fr.* coral; *coral*, SPEC. 25; CH. C. T. *B* 4049.
corbel, sb., *O.F.* corbel, corbeil; *raven*; corbial A. P. ii. 456; corbeles (*gen.*) GAW. 1355.
corbet, sb., *O.Fr.* corbet; *some architectural ornament, ? corbel*; corbets [corbettes] (*pl.*) CH. H. F. 1304.
corbin, sb., *O.Fr.* corbin (*corbeau*); *raven*, A. R. 84; C. M. 3332; corbun [corboun] C. M. 1892.
corde, *O.Fr.* corde; *cord*, P. L. S. xviii. 165; AYENB. 58; CH. C. T. *A* 1746; binde him... wiþ strong corden (*pl.*) P. L. S. xx. 68.
corden, v., *accord, agree*, CH. C. T. (W.) 17142; [accorde, acorde *H* 208].
cordiouste, sb., *courageousness*, WICL. PS. liv. 9.
corduaner, sb., *O.Fr.* cordouanier; *cordwainer, shoemaker*, PR. P. 92.
cordwane, sb., *O.Fr.* cordouan; *cordovan leather*, PR. P. 92.
córe, sb., *O.Fr.* coer; *core (of fruit)*; 'arula,' PR. P. 93; LIDG. M. P. 43; SACR. 757; kore REL. II. 79.
corfeu, sb., *O.Fr.* covrefeu, cuevrefu; *curfew*, CH. C. T. *A* 3645; corfu S. S. (Web.) 1429.
coriandre, coliaundre, sb., *O.Fr.* coriandre; *coriander*, WICL. EXOD. xvi. 31.
[corien, v., = *O.H.G.* corōn, cherōn, *M.Du.* coren; *taste*; *comp.* a-corien.]
coriour, [curiour], sb., *O.Fr.* conreeur; *currier*, WICL. DEEDS ix. 43; coriowre PR. P. 93.
coriūn, sb., *a musical instrument*, LAȝ. 7002.
cork, sb., = *M.Du.* kork; *cork*, 'suberies, cortex*,' PR. P. 93.
cork-bark, sb., '*cortex*,' PR. P. 93.
cork-trē, sb., '*suberies*,' PR. P. 93.
corkes, sb. pl., [*? misreading for* toskes]; *? tusks*; grassed as a mereswine wiþ corkes fulle huge D. ARTH. 1090.
corleu, sb., *Fr.* corlieu; *curlew*, LANGL. B xiv. 43; curlew WICL. PS. civ. 40.
cormoraunt, sb., *Fr.* cormoran; *cormorant*, WICL. LEV. xi. 18.
corn, sb., *O.E.* corn, = *O.L.G.* corn, *O.Fris., O.N.* korn, *O.H.G.* chorn, *Goth.* kaurn; *corn, grain*, ORM. 1500; O. & N. 1126; SHOR. 32; HAV. 699; P. S. 342; a corn JUL. 79; þet corn me deð in to gerner HOM. I. 85; heo freten þet corn and þat græs LAȝ. 3905; þet corn AYENB. 140; korn, koren HAV. 1167, 1879; coren GEN. & EX. 2134, 2237; corne (*pl.*) CH. H. F. 698; cornes PR. C. 3420; *comp.* barli-, hwēte-corn.
corn-ēr, sb., *ear of corn*; corn eres (*pl.*) TREV. II. 305.
corn-lond, sb., *corn-land*, TREV. II. 43.
corn-stak, sb., *stack of corn*; cornstakkes (*pl.*) MAN. (F.) 14690.
corn, sb., *O.E.* corn (LEECHD. III. 62), ? *O.Fr.* corn; *corn (on the foot)*, PR. P. 93.
cornardie, sb., *O.Fr.* cornardie; *deception*, AYENB. 130.
cornemūse, sb., *Fr.* cornemūse; *bagpipe*, CH. H. F. 1218; GOW. III. 358; R. R. 4350; cormuse PR. P. 93.
corner, sb., *O.Fr.* cornier; *corner*, MAND. 217; cornieres (*pl.*) AYENB. 124.
cornered, adj., *cornered, having corners*, TREV. I. 179, 305.
cornet, sb., *O.Fr.* cornet; *from* corn; *cornet (wind instrument)*, OCTOV. (W.) 1069, 1189.
corni, sb., *corny*, CH. C. T. *C* 315.
corniculēre, sb., *Lat.* corniculārius (*a Roman official*); CH. C. T. *G* 369.
Cornwaile, pr. n., *Cornwall*, LAȝ. 2246; HAV. 178.
corolarie, sb., *Fr.* corollaire, *Ital.* corollārio; *corollary*, CH. BOET. iii. 10 (91).
coronaciōn, sb., *coronation*, PR. P. 93.
coronal, sb., *from Lat.* coronālis (*adj.*); *diadem*, WICL. JUD. xvi. 10; coronall GOW. II. 46; curonalle ANT. AR. xlix; *coronal point of a lance* RICH. 6218; cornall B. DISC. 929, 1603; coronales (*pl.*) MAND. 209.
corōne, *see* crūne.
coroner, sb., *coroner*; coroners (*pl.*) E. G. 350.
corosif, adj. & sb., *corrosive*, CH. C. T. *G* 853; corsies (*pl.*) A. P. ii. 1034.
corour, sb., *O.Fr.* coreor; *courier*, WICL. JOB ix. 25.
corporal, sb., *Fr.* corporal; *corporal (altar-cloth)*; corporeals (*pl.*) HOM. II. 163.
corps, *see* cors.
correcciōn, sb., *correction*, PR. C. 9594.
correcte, v., *from Lat.* correctus (*pple.*); *correct*, PR. C. 9595; corette DEP. R. PROL. 59; corretted (*pple.*) CH. C. *D* 66.
correpcioun, sb., *Lat.* correptio; *rebuke*, WICL. 2 PET. ii. 16.
corrin, sb., *Lat.* corōna; *? tonsure*; ȝe holi monkes wiþ ȝur corrin REL. II. 175.
corrumpe, v., *O.Fr.* corrumpre (*corrompre*); *destroy, defile, become corrupt*, WICL. HOS. ii. 12; CH. BOET. iii. 11 (96); corompen (*pres.*) CH. BOET. iii. 11 (98); corrumped (*pple.*) PR. C. 2558.
corrupciōn, sb., *O.Fr.* corruption; *corruption*, AYENB. 227; corrupcioun TREV. V. 155.

corrupt, adj., *Lat.* corruptus; *corrupt*, GOW. I. 34; corupt AYENB. 82.

co(r)rupten, v., *corrupt*, WICL. 2 COR. iv. 16.

cors, sb., *O.Fr.* cors; *body; corpse*; ALIS. 2195; GAW. 1237; WICL. GEN. xxiii. 3; þet cors MISC. 28; ded cors MAN. (F.) 4492; corps [cors] LANGL. *B* xv. 23; CH. C. T. *F* 519; corps SHOR. 88; **cors** (*pl.*) ROB. 154.

cors, see **curs** and **cours**.

corsaint, sb., *Fr.* corps saint; *a holy body, relic of a saint*, LANGL. *C* viii. 177; *B* v. 539; DREAM 941; E. G. 97; D. ARTH. 1164.

corser, sb., *horse dealer*, OCTOV. (W.) 818; coresur E. T. 977; cosir '*mango*' VOC. (W.W.) 684.

corserie, sb., *(horsedealing), cheating trade*, WICL. S. W. III. 283; coseri D. ARTH. 1582.

corsete, sb., *O.Fr.* corset; *under-garment*, '*ventrale*,' VOC. 259; corsette TREV. II. 361.

corsies, see **corosif**.

corsing, sb., *dishonest trading*, M. H. 139.

cort, **corteis**, see **curt**, **curteis**.

cortin, sb., *O.Fr.* cortine; *curtain*, GAW. 1185; curtin CH. TRO. iii. 10; curtine CH. C. T. *D* 1249; cortines (*pl.*) WILL. 2055.

cortined, adj., *curtained*, GAW. 1181; ALIS. 1027.

corumpable, adj., *corruptible*, CH. C. T. *A* 3010.

corūne, see **crūne**.

corvee, sb., *Fr.* corvée; *forced labour*; **corvees** (*printed* tornees) (*pl.*) AYENB. 38.

corvesers, **corvisers**, sb. pl., *O.Fr.* corvoisier; *shoemakers*, E. G. 371, 384.

cos, sb., *O.E.* coss, = *O.N.* koss, *O.Fris.* kos, *O.LG.* cus, *O.H.G.* chus, cus; *kiss*, WICL. GEN. xxvii. 26; AUD. 60; þes cos A. R. 102; cos of pes JUL. 74; cos of pees TREV. V. 215; cus PR. P. 111; H. V. 12; kus HOCCL. i. 155; **cosse** (*dat.*) MISC. 42; REL. I. 29; **cosses** (*pl.*) A. R. 102; kosses WILL. 1011; **cossen** (*dat. pl.*) LA3. 30452.

cosche, sb., *hut*, '*tugurium*,' PR. P. 94.

cosīn, *O.Fr.* cosīn; *cousin*, HORN (L.) 1444; ROB. 38; MAN. (F.) 4753.

cosināge, sb., *O.Fr.* cosinage; *cousinship*, CH. C. T. *B* 1329; MIRC 168.

cosīne, sb., *O.Fr.* cosīne; *female cousin*, ROB. 330; WILL. 602.

[**cosp**, sb., *O.E.* cosp, cops; *fetter*; *comp.* fōt-, hand-, sweor-cops.]

cost, sb., *O.E.* cost (*manner*) = *O.N.* kostr, *O.H.G.* chost, *Goth.* kustus *m.* (δοκιμή); *from* chēosen; *choice, quality, manner*, GAW. 546; LANGL. (Wr.) 1491; þer næs cost nan oðer LA3. 18166; knewen he nogt ðis dewes cost GEN. & EX. 3327; **nēdes costes** *necessarily* ANGL. III. 61; ARCH. LII. 33; þe king þat kinde was of coste C. M. 8179; **costes** (*pl.*) HOM. I. 29; SHOR. 10; M. H. 147; son sum ic was waxen man þa flæh i childes costes ORM. 8056; ðe culver haveð costes gode REL. I. 226; costus DEGR. 364; we ne maȝen alre coste halden crist(es) bibode HOM. I. 21; nawiht heo nusten of heore vare costen [coste] LA3. 31914; *comp.* **far-**, **or-**, **un-cost**.

cost, sb., *Lat.* costus; *a herb*, PR. P. 94.

cost, sb., *O.Fr.* coust, *cf.* *M.Du.*, *M.H.G.* kost; *cost, expense*, ROB. 33; P. 40; LIDG. M. P. 208; hver lite profit liþ and moche cost AYENB. 83; upe his coust MARG. 281; bi lives coste MARH. 7; at min oune coste CH. C. T. *A* 804; **costes** (*pl.*) HOCCL. i. 362; costis ['*impensas*'] WICL. 2 PARAL. viii. 16.

cost-ful, adj., *expensive*, GEN. & EX. 3878; **cost-volle** (*pl.*) AYENB. 229.

cost-lewe, adj., *costly*, '*sumptuosus*,' PR. P. 95; TREV. IV. 213; CH. C. T. *I* 1418.

costāge, sb., *O.Fr.* costage; *expense*, ROB. 391; CH. C. T. *B* 1562.

costard, sb., *costard (apple)*, '*quirianum*,' PR. P. 94.

coste, sb., *O.Fr.* coste, *Lat.* costa; *coast*, GOW. III. 296; TOR. 1419; þei knew(e) ful wel þe cost(e) (*region*) FER. 1552; **costes** (*pl.*) LANGL. *B* ii. 85.

costeien, v., *O.Fr.* costeier; *coast, go by the side of*; **costes** (*pres.*) GAW. 1695; **costeiing** (*pple*) R. R. 132; costinge MAND. 127.

costen, v., *O.Fr.* couster, *from Lat.* constāre; *cf.* *M.Du.*, *M.H.G.* kosten, *O.N.* kosta; *cost, expend*: he schal costen þe ful deore C. L. 1092; **costiþ** (*pres.*) LIDG. M. P. 152; **coste** ['*impende*'] WICL. DEEDS xxi. 24; **coste** (*pret.*) CH. C. T. *A* 1908; and ȝet wolde i swere þat it coste me moche more LANGL. *B* xiii. 383; if þou have oȝt on hur **cost** (*pple.*) (*expended*) AV. ARTH. xxviii.

coster, sb., *med.Lat.* coster; *curtain, tapestry*; coostre '*subauleum*' PR. P. 94; **costerdes** (*pl.*) SQ. L. DEG. 833.

costevous, adj., *O.Fr.* costeous; *expensive*, WICL. 2 PARAL. xxxv. 24; costius D. TROY 3777; costuous '*sumptuosus*' PR. P. 95; AYENB. 228.

costnien, v., *O.E.* costnian; *try, tempt*: bute he **icostned** (*pple.*) weoren (*r.* weore) þrie inne compe LA3. 24669.

costnunge, sb., *O.E.* costnung; *temptation*, MK. iv. 17; ne led us noht in to **costnunga** (*pl.*) HOM. I. 67.

costnien, v., = **costen**; *cost, expend*; **costneþ** (*pres.*) AYENB. 75; **costnede** (*pret.*) A. R. 290; AYENB. 145; hii costnede ROB. 390; þouȝ it hadde **costned** (*pple.*) me catel LANGL. (Wr.) 406.

costninge, sb., *expense*: mid his aȝere costninge LA3. 22547; costnigge AYENB. 151.

costrelle, sb., *large bottle*, VOC. 176; PR. P. 95; CH. L. G. W. 2664.

costume, sb., *O.Fr.* custume; *custom*; custome REL. I. 131 (HOM. II. 11); P. L. S. xvii. 204; kustume MISC. 47; custome 29.

cot, cóte, sb., *O.E.* cot *n.*, cote, *cf. M.L.G.* kote *f. m., hut, O.N.* kot *n., M.Du.* kot *n.,* kote *f.; cot, cottage, hut*; cot '*cella*' FRAG. 4; mene mei nout wiþ uten swink a lutel kot areren A. R. 362; seþþe i ... cot hade to kepe P. S. 152 (A. D. 104); cote '*casa*' VOC. 273; HAV. 737; cóte (*dat.*) CH. C. T. *A* 2457; coten MAT. xxi. 13; cótes (*pl.*) LANGL. *B* viii. 16; WICL. WISD. xi. 2; *comp.* salt-, schēp-, swīn-cóta.

cot-lif, sb., *O.E.* cotlīf (SAX. CHR. 136), *O.N.* kotlífi; *cottage, dwelling*: wo is him þat uvel wiþ bringeþ to his cotlif REL. I. 178 (MISC. 118).

cotāge, sb., *O.Fr.* cotage; *cottage,* VOC. 232; CH. C. T. *B* 4012.

cóte, sb., *O.Fr.* cote, cotte, *cf. O.H.G.* cozo, cozzo; *coat,* '*tunica*,' VOC. 238; GOW. II. 47; GAW. 152; cote [coote] CH. C. T. *A* 103; WICL. GEN. xxxvii. 3.

cōte, coote, sb., *Du.* koet; *coot,* '*mergus*,' VOC. 188, 253; '*mergus, fulica*' PR. P. 95; ['*larum*'] WICL. LEV. xi. 16; a balled cote VOC. 165.

cóte-armure, sb., *cf. O.Fr.* cote a armure; *coat of arms*; a cote armure CH. H. F. 1326; GAW. 586; PR. P. 95; CH. C. T. *A* 1016; cote armur TRO. v. 1665.

coteler, sb., *O.Fr.* coutelier; *cutler,* PR. P. 96; BER. 3296.

cóten, v., *coat, provide with coats*; cóteþ (*pres.*) LANGL. *A* iii. 138.

cotidian, adj., *O.Fr.* cotidian, *from Lat.* cotīdiānus; *daily,* GOW. II. 142; a fever cotidiene PR. C. 2987; cotidien (*sb.*) *quotidian fever* R. R. 2401.

cotier, sb., *O.Fr.* cotier; *cottier*; cotiers (*pl.*) LANGL. *C* x. 97.

cotoun, sb., *O.Fr.* coton; *cotton,* MAND. 212; coton, cotun PR. P. 96.

cōðe, sb., *O.E.* coðu; *disease*: coðe oðer qvalm HOM. II. 177; coþe ALEX. 2815; cothe '*syncope*' PR. P. 96; TOWNL. 31.

cou, *see* cū.

couard, sb. *and* adj., *O.Fr.* cuard, couard; *coward,* H. H. 138 (140); coward (*v. r.* kouard) ROB. 285; ALIS. 2108; cueard A. R. 288*.

couard-li, adv., *cowardly,* WICL. S. W. I. 192; WILL. 3336; A. P. ii. 1629.

couarden, v., *O.Fr.* coarder; *cow, terrify*; cowardiþ (*pres.*) ALIS. 3344.

couardie, sb., *O.Fr.* couardie; *cowardice,* CH. C. T. *A* 2730.

couardīse, sb., *O.Fr.* couardise; *cowardice,* CH. TRO. v. 412.

couche, sb., *O.Fr.* couche; *couch, bedchamber,* AYENB. 171; GOW. II. 132; entre into þi couche ['*cubiculum*'] WICL. MAT. vi. 6; cowche (*den of a boar*) AV. ARTH. xii.

coucheor, sb., *jeweller,* D. TROY 1597.

couchin, v., *O.Fr.* colcier, colchier, couchier; *lay, lay down; place together; lie down;* '*colloco*,' PR. P. 96; couchid (*pple.*) MISC. 217; kouchid WILL. 2240.

coufel, *see* cuvel.

cough, sb., = *M.Du.* kuch; *cough,* '*tussis*,' PR. P. 97; PALL. viii. 123; couȝ [kouȝhe] TREV. IV. 287; coughe [coghe] CH. C. T. *E* 1957.

coughen [coghen], v., = *M.Du.* kuchen, *M.H.G.* kūchen; *cough,* CH. C. T. *E* 2208; coughen, couhin '*tussio*' PR. P. 97; oouwe (*pres.*) REL. II. 211; coghiþ FLOR. 248; koghe (*imper.*) MIRC 891; couhede [coughed] (*pret.*) LANGL. *A* v. 205; coughed, kouhed TREV. II. 195.

coul, sb., ? *M.H.G.* kobel; ? *cattle-pen,* '*saginarium*,' PR. P. 97; *see* cuvel.

coulte, *see* qvilte. coume, *see* cumte.

counte, sb., *O.Fr.* conte, cunte; *account,* MAN. (H.) 136.

countesse, *see* contesse.

countin, v., *O.Fr.* cunter; *count,* '*computo*,' PR. P. 98; counteþ (*pres.*) LANGL. *A* iii. 137; countes A. P. ii. 1685; counted (*pple.*) A. P. ii. 1730.

countour [counter], sb., *Fr.* comptoir; *counting-house,* CH. C. T. *B* 1403.

countour², sb., *O.Fr.* conteor; *calculator*; cowntere, counter '*computator*' PR. P. 98, 99; countour (*treasurer*) ROB. 538.

countour³, sb., *counter*; gold and silver and countours (*pl.*) RICH. 1939.

countrefēte, sb., *imitation, counterfeit,* MAND. 218; countirfete '*conformale*' PR. P. 99.

countrefēten, v., *counterfeit*; contrefeten CH. BOET. v. 6 (173).

countrepeis, sb., *counterpoise*; countirpeis, counterpois PR. P. 99.

countrepeise, v., *O.Fr.* contrepeser; *counterpoise,* CH. TRO. iii. 1357; counterpese GOW. III. 135; counterpeised (*pple.*) GOW. III. 190.

countreplēten, v., *plead against*; countreplēted (*pple.*) CH. L. G. W. 475.

countrevailen, v., *O.Fr.* contrevaloir; *prevail against*; contrevaile GOW. I. 28; countrevaileth (*pres.*) 270.

countre-, counterwaiten, v., *be on one's guard against,* CH. C. T. *B* 2509.

countrin, v., = encontren: *harmonise; encounter*: cowntrin in songe '*occento*' PR. P. 99; i wille contuur (*encounter, combat*) wiþ þe kniȝte ANT. ARTH. 36; countred (*pret.*), wiþ þe erle of Kent þei countred at Medeweie MAN. (H.) 38.

coupable, adj., *O.Fr.* coupable; *culpable,* LANGL. *B* xvii. 300.

coupare, sb, *cooper,* '*cuparius*,' PR. P. 99.

coupe, sb., *O.Fr.* cupe, coupe; *cup, drinking vessel,* '*crater,*' PR. P. 99; ROB. 118; mid gildene coupe (*first text* boile) LA3. 24612*; a coupe wiþ win sche hadde in hande MAN. (F.) 7563; **coupes** (*pl.*) AYENB. 35; coupes of clene golde LANGL. *A* iii. 22.

coupe, sb., *O.Fr.* colpe, *from Lat.* culpa*, fault, sin, guilt,* LANGL. *B* v. 305.

coupe, sb., ?=**cūpe**; *coop for poultry,* REL. I. 4.

coupen, v., *?Fr.* couper; *slash, slit;* **coupes** (*pres.*) D. ARTH. 798; **couped** (*pple.*) shon TOR. 193; galoches icouped LANGL. *B* xviii. 14.

coupen, v., *O.N.* kaupa; *see* **chēapien**; *buy*; coupe HAV. 1800; copen LIDG. M. P. 105.

couple, sb., *O.Fr.* couple, cople; *couple,* LEG. 70; LANGL. *B* ix. 140; **coples** (*pl.*) FER. 1328.

couplin, v., *O.Fr.* cupler, copler; *couple,* '*copulo,*' PR. P. 99; cople LANGL. *C* iii. 190; **kupleð** (*pres.*) boþe togederes A. R. 78; coupleþ ['*copulatis*'] WICL. IS. v. 8; **icouplet** (*pple.*) KATH. 1059.

courbe, adj., *O.Fr.* courbe; *curved, bent,* GOW. I. 99.

courbe, sb., *curve, bend,* GOW. II. 159.

courben, v., *Fr.* courber; *bend*; **courbed** (*pret.*) LANGL. *B* i. 79.

couren, v., *cf. Dan.* kūre, *Swed.* kūra, *Ger.* kauern; *cower*; coure P. S. 329; FLOR. 785; PL. T. 155; **kouriþ** (*pres.*) ALIS. 2053; **koured** (*pret.*) WILL. 47.

cours, sb., *O.Fr.* curs, cours; *course, running,* TREAT. 132; P. L. S. xxv. 125; ALIS. 712; GOW. I. 130; CH. C. T. *A* 8, *F* 76; cors FER. 1108; GAW. 116.

courser, sb., *O.Fr.* corsier, coursier; *courser,* CH. C. T. *A* 1704; curser PR. P. 110.

court, *see* **curt**.

courtepī, sb., *short jacket*; CH. C. T. *A* 290; R. R. 219; VOC. 196.

couschote, *see under* **oū**.

cousloppe, cousokulle(s), *see under* **oū**.

coutere, sb., *from O.Fr.* cute (*elbow*); *elbow-piece (of armour),* D. ARTH. 2566; GAW. 582.

couþen, *see* **cūðen**. **cōve**, *see* **oāf**.

cóve, sb., *O.E.* cofa, *cf. O.N.* kofi, *M.L.G.* kove, *M.H.G.* kobe; *cove, small room, cell,* C. M. 11617.

covē, *Fr.* couvée; *covey,* PR. P. 96.

coveiten, *see* **cuveiten**. **covele**, *see* **cuvele**.

covenable, adj., *O. Fr.* covenable (*convenable*); *suitable,* WICL. GEN. xl. 5; cuvenable MISC. 27; conabill BARB. v. 266.

covenab-lī, adv., *suitably,* WICL. MK. xiv. 11.

covenant, *see* **convenant**.

covent, sb., *Fr.* couvent; *convent,* P. L. S. xvi. 160; AYENB. 219; kuvent A. R. 12.

coverchief [kerchef], sb., *O.Fr.* couvre-, cuevrechief; *kerchief,* CH. C. T. *B* 837; kovercheef LIDG. M. P. 48; keverchief P. L. S. xxxiv. 126.

covercle, sb., *O.Fr.* covercle; *lid of a cup,* CH. H. F. 792; PR. P. 97; VOC. 198.

coveren, v., ?=**recoveren**, *gain, attain; heal, recover*; covere HAV. 2040; PR. C. 811; keoveri P. L. S. xxiii. 136; kevere ROB. 256; kuvere, kevere WILL. 128, 1521; **kevered** (*pret.*) GAW. 1755; *see* **acoveren**.

coveren, v., *O.Fr.* covrir, cueuvrir, *Lat.* cooperīre; *cover*; covere MAN. (F.) 14101; covere, kevere LANGL. *B* iii. 60; kevere WICL. HABAK. ii. 17; **kevered** (*pple.*) JOS. 176.

coverlit, sb., *Fr.* couvre-lit; *coverlet,* C. M. 11239; keverlet E. W. 4.

covert, *O.Fr.* covert; *covert,* WILL. 2217; PR. C. 4489.

covertūre, sb., *O.Fr.* coverture; *covering, bedclothes; horse-cloth,* HORN (L.) 696; kuvertur(e) A. R. 214.

covine, sb., *O.Fr.* co-, convine; *intrigue* WILL. 3147; CH. C. T. *A* 604.

Covintrē, pr. n., *O.E.* Cofantrēo; *Coventry,* ROB. 6.

crabbe, sb., *O.E.* crabba,=*M.Du.* krabbe, *O.N.* krabbi; *crab,* '*cancer,*' VOC. 189; PR. P. 99; HOM. I. 51; LIDG. M. P. 58; **crabben** (*pl.*) HOM. I. 51; ALIS. 4943.

crabbe, sb., *crab* (*apple*), PALL. i. 569.

crabbe-appule, sb., *cf. Swed.* krabbäpple; *crab-apple,* '*macium,*' PR. P. 99.

crabbe-trē, sb., *crab-tree,* '*macianus, arbutus,*' PR. P. 99; crabtre '*arbutus*' VOC. 192.

crabbed, adj., *cf. Swed.* krabbed; *crabbed,* CH. C. T. *E* 1203; LIDG. M. P. 132; crabbede wordes LANGL. *B* x. 104.

cracche, sb., *? itch*; crache C. M. 11823.

cracche, sb., *O.Fr.* crache, creche; *manger, crib,* '*praesepe,*' PR. P. 99; WILL. 3233; WICL. JOB vi. 5; cratche WICL. LK. ii. 7; creccħe A. R. 260.

cracchin, v., *cf. Swed.* kratsa, *Du.* kratsen, krassen, *L.G.* kratsen, krassen, kraschen; *scratch,* PR. P. 99; cracchen [cracche] us or clawen LANGL. *B* PROL. 154; cracche TREV. VIII. 37; crechen JUL. 35; **cracching** (*pple.*) PARTEN. 5892; **oracched** (*pret.*) ORF. 78; with taseles **oracched** (*pple.*) LANGL. *B* v. 446.

oracchinge, sb., *scratching,* CH. C. T. *A* 2834.

cradel, sb., *O.E.* cradol, *cf. Ir.* craidhal, *Gael.* creathall; *cradle,* A. R. 82; ALIS. 3655; CH. C. T. *A* 2019; credel, cradel PR. P. 101; credil S. S. (Wr.) 789; **cradele** (*dat.*) O. & N. 631; credile MAN. (H.) 243.

cradel-barn, sb., *child in cradle*; kradelbarnes (*pl.*) HAV. 1912.

cradel-bond, sb., *swaddling-cloth,* L. H. R. 134.
cræft, sb., *O.E.* cræft *m., cf. O.L.G.* craft, *O.Fris.* kreft, *O.H.G.* chraft *f., O.N.* kraptr *m., mod.Eng.* craft; *strength*; *art,* LA3. 8287; þe craft is ihate astronomie 24297; he cuþe þene uvele craft 2840; craft O. & N. 757; REL. I. 211; WILL. 635; CH. C. T. *A* 401; LIDG. M. P. 162; (*ms.* crafft) ORM. 18809; creft KATH. 872; AYENB. 35; þene creft FRAG. 1; þough he criede wiþ alle þe craft þat he coude MAND. 305; **craftes** (*gen.*) men *craftsmen* (*cf.* **craftmon**) TREV. I. 113; **crafte** (*dat.*) O. & N. 787; **cræftes,** craftes, cræfte (*pl.*) LA3. 2395, 10105, 15789; craftes O. & N. 568; PERC. 560; merci schal hir craftez kiþe A. P. i. 356; **cræften** (*dat. pl.*) LA3. 11797; *comp.* dri3-, dweomer-, lēche-, lēoð-, wicche-, wunder-craft.
[**craft-ful,** adj., *crafty*].
craftful-lîche, adv., *craftily,* REL. II. 176.
creft-lēas, adj., *O.E.* cræftlēas; '*iners,*' FRAG. 2.
craft-mon, sb., *craftsman,* CH. C. T. *A* 1899; **craft-monnen** (*pl.*) LA3. 28944.
cræften, v., *O.E.* cræftan, = *M.L.G.* kreften, *O.Fris.* (ur)krefta; *?accomplish*; crefte SHOR. 157; crafte PALL. i. 428; **crefteþ** (*pres.*) SHOR. 2.
crafti, adj., *O.E.* cræftig, = *O.H.G.* chreftig; *crafty, skilful,* M. H. 2; a crafti weorcman LA3. 22892; crafti and strang PR. C. 9088; crefti KATH. 125; MISC. 91; **craftier** (*compar.*) WILL. 1680; C. M. 8753.
crafti-lîche, adv., *craftily,* LANGL. *A* x. 5; craftili IW. 3104; **creftiluker** (*compar.*) KATH. 260.
crag, sb., *Ir., Welsh* craig, *Gael.* creag; *crag,* WILL. 2850; **cragge** (*dat.*) R. R. 4156; REL. I. 126; **cragges** (*pl.*) PR. C. 6393.
crahien, v., *?=* **crakien**; *crack, crash*; to crahien ant to crenchen mit swire MARH. 9.
craier, sb., *O.Fr.* craïer; *a small ship*; **craiers** (*pl.*) D. ARTH. 738.
crak, sb., = *M.Du.* crac, *M.H.G.* krach; *crack, crash,* ALIS. 641; TREV. I. 409; C. M. 18953; krak B. DISC. 962; **krakkes** (*pl.*) A. P. ii. 1402.
crâke, sb., *cf. O.N.* krāka (*crow*); *crake* (*bird*); **crâkes** (*pl.*) S. S. (Web.) 3532; *comp.* **night-crake.**
crakenelle, sb., *Fr.* craquelin; *cracknel,* PR. P. 100.
crakien, v., *O.E.* cracian, = *M.L.G.* kraken, *M.Du.* craken, *M.H.G.* krachen; *crack, break, make a cracking noise*; crake RICH. 5423; FLOR. 92; TRIST. 887; L. H. R. 144; REL. I. 2; krake HORN (H.) 1118; **crakeþ** (*pres.*) SHOR. 99; so chaunteþ he and crakeþ CH. C. T. *E* 1850; (þei) craken GOW. III. 94; and **craked** (*pret.*) boþe hire legges LANGL. *B* xviii.

73; banes þer **crakeden** (*pl.*) LA3. 1875; **kraked** (*pple.*) HAV. 1238; icraked GREG. 602.
crakinge, crakkinge, sb., *cracking, boasting,* '*crepor, jactancia,*' PR. P. 100.
crallen, v., *Ger.* krallen; *? twist, curl*; **cralle** (*imper.*) L. C. C. 35; **cralled** (*pple.*) IBID.; curious harneis qvaintli craliit PL. T. 134.
cram-cake, sb., *? pancake,* WICL. EX. xxix. 2.
crammel, sb., *crumb*; **crammeles** (*pl.*) AYENB. 253.
crammien, v., *O.E.* crammian; *cram*; cremmin PR. P. 101; **crommeþ** (*pres.*) P. S. 238; **crammid** (*pple.*) WICL. HOS. xiii. 6: beo ur mouþ crommed with clai P. L. S. xxv. 112; icrammed [icrommed] CH. C. T. *C* 348; i-crammed [icrommet] LANGL. *A* PROL. 41.
cramminge, cremminge, sb., *stuffing,* '*farcinacio,*' PR. P. 101.
cramp, sb., = *O.H.G.* chramph, *mod.Eng.* cramp; *hook; claw*; cromp L. H. R. 139.
crampe, sb., = *M.L.G., M.Du.* krampe, *O.H.G.* chrampho; *cramp* (*spasm*), '*spasmus,*' PR. P. 100; CH. TRO. iii. 1071; crampe [crompe] LANGL. *B* xiii. 335.
crampishen, v., *cramp,* CH. AN. 174.
cramsin, v., *? scratch,* PR. P. 100.
crâne, ? crâne, sb., *O.E.* cran, *? crān, cf. O.L.G.* krān, krōn, *M.Du.* craen, krane (*?* krāne) *f.*; *crane,* '*grus,*' VOC. 188; PR. P. 100; REL. II. 79; LIDG. M. P. 154; crane, cran CH. P. F. 344; cron [crane] LA3. 20163; **crâne** (*dat.*) AYENB. 56; **krânes** (*pl.*) HAV. 1726; cronez A. P. ii. 58.
crani, sb., *cranny,* '*rima,*' PR. P. 100; **cranis** (*pl.*) SACR. 710.
cranke, sb., *crank, winch,* '*girgillus, haustrum,*' PR. P. 100.
crapaute, sb., *a precious stone*; crepawnde, crapawnde, crepaud PR. P. 101; grapond VOC. 256; **crapawtes** (*pl.*) EM. 142; crepawdis SACR. 171.
crappe, sb., *? chaff*; '*acus criballum,*' PR. P. 100; **crappis** (*pl.*) '*curalis*' VOC. 201.
craschin, v., *crash,* PR. P. 100; **craschede** (*pple.*) brainez D. ARTH. 2114.
crâsen, v., *cf. Dan.* krase, *Swed.* krasa, *mod. Eng.* craze; *crack, break*: þe cablis crasen M. T. 128; þe pot was **crâsed** (*pple.*) CH. C. T. *G* 934; coveitise haþ crasid 3oure croune DEP. R. I. 8.
crask, adj., *?=* **cask**; *? burly,* '*crassus,*' PR. P. 100.
cratche, see **cracche.**
crâu, sb., *O.E.* crāw; *from* **crāwen**; *crow* (*of a cock*); **crōwe** (*dat.*) BEK. 1090; CH. C. T. *A* 3675; *comp.* **hane-crâu.**
crauke, see **croke.**
craulen, v., *O.N.* krafla, *cf. M.H.G.* krabelen; *crawl*; **craulande** (*pple.*) C. M. 6612.
cravant, see **creant.**

cráven, v., O.E. crafian, = O.N. krefja (pret. krafða); crave, GEN. & EX. 1320; crave C. L. 249; AN. LIT. 11; S. S. (Web.) 52; IW. 543; HOCCL. i. 432; oráve (pres.) SPEC. 72; craveþ SHOR. 61; crave LANGL. B iii. 221; we craven HOM. I. 59; orávede (pret.) GEN. & EX. 1418; HAV. 633; icráved (pple.) A. R. 2*; comp. bi-cráven.

crawe, v., = Dan. krave, O.H.G. chrago; craw, throat, PR. P. 101; WICL. 4 KINGS vi. 25.

cräwe, sb., O.E. cräwe, = O.H.G. cräwa, chräja, chräa, O.L.G. kräja; crow (the bird), 'cornix,' VOC. 188; crowe O. & N. 1130; crowe ROB. 490; CH. C. T. A 2692; crōwen (pl.) P. L. S. xvii. 185; crowe O. & N. 304; comp. niȝt-crōwe.

crōwe-fōt, sb., crow-foot, PR. P. 105.

crōwe-lēc, sb., O.E. cräwan lēac; name of a plant, FRAG. 31.

cräwen, v., O.E. cräwan (pret. crēow), cf. O.H.G. chrähan (pret. chräta); crow (as a cock); crowe MISC. 45; er þe cok crawe P. S. 238; crēow (pret.) MAT. xxvi. 74; creu S. A. L. 162; C. M. 15992; crew WICL. MAT. xxvi. 74; CH. C. T. B 4387; crewe S. S. (Web.) 2536; crōwen (pple.) TOWNL. 182; crowe LUD. COV. 278; icrowe CH. C. T. A 3357; deriv. cräu, crēd.

crōwing, sb., crowing, TREV. VII. 535.

creaciōn, sb., O.Fr. creation; creation, GOW. II. 158.

creance, sb., O.Fr. creance, med.Lat. credentia; credence, CH. C. T. B 915.

creant, adj., O.Fr. creant; craven; creaunt A. R. 288; cravant KATH. 133.

creatour, sb., O.Fr. creatour; creator, LANGL. B ix. 26; CH. C. T. C 901.

creatūre, sb., O.Fr. creature; creature, BEK. 2238; CH. C. T. A 2769.

crecche, see cracche.

Crekkelāde, pr. n., O.E. Crecca gelād; Cricklade (printed Creskelade), ROB. [v. r. creck-, creoke-, kreke-, kyrke-] 269.

crēd, sb., ? O.E. crēad; from crūden; ?crowd; for ... mikel crede MAN. (F.) 11244.

[crēd, sb., from cräwen; comp. han-crēd.]

crēde, sb., from Lat. crēdo; creed, HOM. II. 17; SHOR. 138; REL. I. 211.

credel, see cradel.

credence, sb., O.Fr. credence; belief, trust, faith, GOW. I. 59, 65, 152; S. A. L. 60.

credible, adj., Lat. crēdibilis; credible, GOW. I. 23.

creft, see cræft.

crei, sb., crowing, O. & N. 335.

crēke, sb., basket, crib, PR. P. 101; M. H. 64.

crēke, sb., ? creak; crēkes (pl.) CH. C. T. A 4051 [knakkes (Wr.) 4049].

crēkin, v., ? = M.Du. kreken, Ger. krechen; creak, croak, 'gracillo,' PR. P. 101; crēkes (pres.) REL. II. 79; a crowe ... crēked (pret.) TREV. VII. 535.

crelle, sb., ? Gael. criol; creel, 'sporta,' PR. P. 101.

crēme, sb., cf. Fr. crème, med.Lat., Ital. crema; cream, LANGL. (Wr.) 4365.

crēme, see crisme.

cremelen, v., cf. L.G. krömeln; crumble, L. C. C. 36.

cremmin, see crammien.

crempen, v., = M.Du. krempen, M.H.G. krempfen; contract, restrain; crempe O. & N. 1788; comp. for-crempen.

crenchen, v., ? cringe; crenchen [crenge] mit swire MARH. 9.

crenclen, see crinklen.

crēopen, v., O.E. crēopan, = O.N. kriupa, O. Fris. kriapa, M.L.G. krūpen; creep; kreopen P. L. S. xvii. 107; creope ALIS. 576; crepen LAȜ. 29313; cr(e)ope [crepe] O. & N. 819; crepe SHOR. 146; crēopeð (pres.) HOM. I. 23; creopþ, cropþ O. & N. 826; criepeð HOM. II. 199; crēop (imper.) A. R. 292; crēo-pinde (pple.) MARH. 11; crēap (pret.) KATH. 908; crep GEN. & EX. 2924; ALIS. 571; S. S. (Wr.) 479; crep [creep] CH. C. T. A 4226; krep S. & C. I. i; crap (for cræp) LAȜ. 29282; crop (ms. crope) AV. ARTH. lxv; crepte GOW. III. 258; CH. C. T. A 4193; (þou) creptest LANGL. A iii. 168; heo crupen [crope] LAȜ. 18472; cropen GEN. & EX. 2974; crope BEK. 2241; crepten WILL. 2235; crōpen (subj.) LANGL. B PROL. 186; crōpen (pple.) WICL. E. W. 296; H. V. 84; crope GOW. I. 198; CH. C. T. A 4259; LIDG. M. P. 240; icrope TREV. III. 397; comp. æt-crēopen.

crēpinge, sb., creeping, 'repcio,' PR. P. 101.

crēpere, sb., O.E. crēopere; creeper, PR. P. 101.

crepel, see crüpel.

cresce, v., Lat. crēscere; increase: bad hem cresce and multipli GOW. III. 276; cresen WICL. 4 KINGS xx. 10; cressing (pple.) WICL. S. W. I. 338.

crēsen, v., ? crush; her seed if that me crese (subj.) PALL. V. 77.

cresse, sb., O.E. cresse, cerse, = O.H.G. chresso, cresso, cressa, O.L.G. kerse; cress, 'nasturtium,' PR. P. 102; A. P. i. 343; kerse GOW. I. 299; is noȝt worþ a kerse LANGL. B x. 17; comp. water-, wel-cresse.

cresset, sb., ? Fr. creuset, mod.Eng. cressit; crucible; lamp; GOW. III. 217; cressit 'crucibulum' PR. P. 102.

creste, sb., O.Fr. creste; crest, 'crista,' A. P. i. 855; PR. P. 102; L. H. R. 212; creeste of the broche WICL. EX. xxviii. 23.

crete, sb., *cf. M.Du.* kratte (*basket*), *O.H.G.* crezzo (*calathus*); *? cradle*: þe kinges zone ... þet wepþ ine his crete AYENB. 137.

creulen, v., *?=Du.* krevelen; *crawl*; **creuland** (*pple.*) C. M. 6612.

crevace, sb., *O.Fr.* crevace; *crevice*, CH. C. T. *I* 363; crevas S. S. (Wr.) 768; crevice PR. C. 9186; crevisse GAW. 2183.

crevil, sb.,=*M.Du.* krevel; *? itching*, LIDG. M. P. 31.

crevis, sb., *O.Fr.* crevice; *crayfish*; krevis LIDG. M. P. 154.

crī, sb., *O.Fr.* crī; *cry*, LAȜ. 11991*; MAP 339; BEK. 81; kri WILL. 2174.

cribbe, sb., *O.E.* cribb, crybb,=*O.L.G.* cribbia, *O.H.G.* crippa, chripia; *crib*, '*praesepe*,' PR. P. 103; HOM. I. 277; ORM. 3321; MAND. 70; PR. C. 5200; ['*fiscella*'] TREV. IV. 353.

crīen, v., *O.Fr.* crier; *cry*, HAV. 2443; crie BRD. 22; **crie** (*imper.*) A. R. 136; **criande** (*pple.*) WILL. 4347; **criede** (*pret.*) LANGL. *B* v. 451; **crieden** (*pl.*) HOM. I. 279.

criing, sb., *crying*, FER. 2433.

crike, sb., *O.Fr.* crique, *cf. M.Du.* kreke; *creek*, '*scate(b)ra*,' PR. P. 103; CH. C. T. *A* 409; (*printed* trike) GEN. & EX. 2947; krike HAV. 708.

crike, sb., *O.N.* kriki; *? thigh*: his nese went unto þe crice (*r. w.* swike) HAV. 2450.

criket, sb., *Fr.* criquet; *cricket* (*animal*), VOC. 164; LANGL. *B* xiv. 42.

crikke, sb., *crick, cramp*, '*spasmus*,' PR. P. 103; thou might stomb.e and take the crik REL. II. 29.

crīme, sb., *Fr.* crīme; *crime*, CH. C. T. *G* 455; WICL. DEEDS xxiii. 29.

crimpil, sb., *wrinkle*, '*ruga*,' PR. P. 103.

crimplin, v., *crumple*, '*rugo*,' PR. P. 103.

crinklen, v., *?=Du.* krinkelen; *crinkle*: the hous is **crinkled** [crencled] (*pple.*) CH. L. G. W. 2012.

criour, sb., *O.Fr.* crieur; *crier*, LEG. 220; TREV. I. 247.

crious, adj., *clamorous*, WICL. PROV. ix. 13.

crip, sb., *pouch, scrip*, P. R. L. P. 156.

cripel, *see* crüpel.

crippen, v., *break, cut*; **crippid** (*pple.*), WICL. LEV. xxii. 24.

crips, *see* crisp.

crisme, sb., *O.Fr.* cresme, *Gr.* χρίσμα; *chrism*, PR. P. 103; GEN. & EX. 2458; creme MIRC 634; creime SHOR. 13; AYENB. 41.

crisme-child, sb., *child that dies within the month of birth*, MISC. 90.

crisme-clōð, sb., *chrism or chrisom cloth*, HOM. II. 95.

crisolite, sb., *O.Fr.* crisolite; *chrysolite*, MAND. 276.

crisopace, sb., *O.Fr.* crisopace; *chrysoprase*, MISC. 98.

crisp, adj., *O.E.* crisp, *from Lat.* crispus; *crisp, curly*, MAND. 168; his crispe her CH. C. T. *A* 2165; crips TREAT. 138.

crisp-heed, sb., '*crispitudo*,' PR. P. 103.

crispenesse, sb., '*crispitudo*,' PR. P. 103.

crispen, v., *curl*; **crispedde** (*pple.*) TREV. I. 53; cresped GAW. 187.

crist, sb., *O.Fr.* crist; *Christ*, KATH. 612; **cristes messe**, *Christmas*, AYENB. 213.

cristal, sb., *Fr.* cristal; *crystal*, FL. & BL. 274; CHR. E. 638; SPEC. 52.

cristen, adj. & sb., *O.E.* cristen; *christian*: a cristen man LANGL. *B* xi. 120; cristene men FRAG. 7; **cristene** (*sb.*) SHOR. 56; þis gode king þat þus cristene bicom ROB. 75; **cristine** [cristene] (*pl.*) LAȜ. 29773.

cristen-dōm, sb., *christendom*, A. R. 30; BEK. 108; þane cristendom SHOR. 5.

cristen-lī, adv., *O.E.* cristenlīce; *as a christian*, CH. C. T. *B* 1122.

cristianitē, sb., *Lat.* christiānitātem; *christianity*, CH. C. T. *B* 544.

cristnien, v., *O.E.* cristnian; *christen*: cristnie SHOR. 9; **cristnede** (*pret.*) P. L. S. xv. 177; **cristned** (*pple.*) ORM. 1782.

cristninge, sb., *christening*, AYENB. 14.

critouns, sb., pl., *O.Fr.* cretons; *greaves* (*refuse of tallow*), WICL. PS. ci. 4.

criðe, sb., *crib, manger*, M. H. 63.

crive, sb., *? grave*, krive MAN. (H.) 91.

croce, **croche**, sb., *O.Fr.* croce, croche; *crutch, crozier*: '*pedum*,' PR. P. 103, 104; a bischopes crosse [croce] LANGL. *B* viii. 94; croche '*sustentaculum*' VOC. 277.

crochet, sb., *Fr.* crochet; *crotchet* (*in music*), '*semiminima*,' PR. P. 104; TOWNL. 116.

crocke, sb., *O.E.* crocca; *crock, pot*; '*olla*,' A. R. 214; crokke SHOR. 106; TREV. III. 85; LANGL. *B* xix. 275.

crockere, sb., *potter*; '*figulus*,' WICL. WISD. xv. 7; crokkere SHOR. 106.

crocodile, sb., *O.Fr.* crocodile; *crocodile*; a **crocodilles** (*gen.*) hide PALL. i. 960; *see* cocodrill.

crcft, sb., *O.E.* croft,=*M.Du.* kroft, crocht; *croft, field*, LANGL. *B* v. 582; TOWNL. 199; LUD. COV. 36; **crofte** (*dat.*) S. A. L. 160.

crōh, sb., *O.E.* crōg, = *M.Du.* kroeg, *O.H.G.* cruag *m.*; *pitcher, jug*, H. M. 39; **croos** (*pl.*) MISC. 29.

crois, sb., *O.Fr.* crois, croiz, cruiz; *cross*, C. L. 1183; P. L. S. iii. 88; JOS. 446; CH. C. T. *E* 556; croiz HORN (R.) 1314; HAV. 1263; creoiz A. R. 18; croiz, croice BEK. 959, 971; cruice WILL. 350; *see* cros.

croisen, v., *O.Fr.* croiser, cruisier; *sign with the cross*: to croici þrie his foreheved P. L. S.

xvii. 73; **croosieð** (*imper.*) A. R. 64; **croised**
(*pple.*) L. H. R. 133.
croiserie, sb., *O.Fr.* croiserie; *crusade*, ROB.
486.
crōk, sb., = *Du.* croec, crōc (*curl*), *O.N.* krōkr
m. (*hook*); *crook, hook, 'uncus,'* VOC. 237;
'*pedum*' PR. P. 104; on his bake he bar a
crok TOR. 1018; crok *ringlet* P. S. 327;
crook ALIS. 4819; LIDG. M. P. 217; croc *fraud*
ORM. 11635; **crōkes** (*pl.*) *hooks* LEG. 169;
LANGL. *C* xxi. 296; þoȝ ȝur crune be ischave
fair beþ ȝur crokes (*locks*) REL. II. 175; cro-
keȝ *reaping hooks* A. P. i. 40; crokes *frauds*
A. R. 268; SPEC. 105; crefti crokes KATH.
125.
crōke, sb., *core* (*of fruit*), *coke*, '*arula*,' VOC.
267; crauke '*cremium* (*quod restat in frix-
orio*)' PR. P. 101; mi banes als **kraukan** (*pl.*)
dried þa PS. ci. 4.
crōke, sb., = *Du.* krōke (*curl*); *? for* **crōk**;
kroke D. ARTH. 3352.
crōken, v., *croak*; crouken, '*coaxo*,' PR. P. 105.
crōken, v., = *Du.* kroeken, krōken; *crook*; cro-
kin '*curvo*' PR. P. 104; S. S. (Wr.) 609; croki
S. A. L. 161; AYENB. 177; croke HICKES I.
229; GOW. II. 144; i **crōke** *I am bent* REL.
II. 211; crokeð HOM. II. 61; þe stature boweþ
and crokeþ TREV. II. 185; **crookeden** (*pret.*)
WICL. PS. lvi. 7; **crōked** (*pple.*) GAW. 653;
CH. C. T. *B* 560; croked, icroked O. & N. 80,
1676; þe crokede hond P. L. S. xvii. 345; þe
crōkede (*pl.*) AYENB. 224; *comp.* for-**crōken**.
crōkidnesse, sb., *crookedness*, WICL. S. W. l.
273.
croket, sb., *O.Fr.* croquet, = crochet *lock of
hair*, P. S. 329; GOW. II. 370; HALLIW.
281.
crokke, *see* crocke.
crol, crollen, *see* crul, crullen.
crombe, *see* crumbe.
crome, *see* crume. **crommen,** *see* crammien.
cromp, *see* cramp.
crompid, adj., *crisp*: a crompid cake of the
leepe of therf looves WICL. EX. xxix. 23.
crōn, *see* crāne.
crone, sb., *? O.Fr.* caroigne, *cf. M.Du.* kronie;
crone, CH. C. T. *B* 432.
crōnen (*? cronen*), v., *? = M.Du.* kronen,
kreunen (*groan, complain*), *O.H.G.* chrōnen
(*chatter*); *croon, moan*; ȝe croine (r. w.
mone) TOWNL. 116.
cronesank, sb., *name of a plant; 'persicaria,
saucheneie'* VOC. 140; REL. I. 36.
croniclen, v., *chronicle*; **cronculd** (*pple.*)
EGL. 1339; cornicled P. R. L. P. 10.
croniclere, sb., *historian*; '*historicus*' PR.
P. 104.
cronike, sb., *O.Fr.* cronique; *chronicle*, TREV.
III. 47; cronicle PR. P. 104; cronique GOW.
I. 31, 89; TREV. I. 5, II. 77.

crop, sb., *O.E.* cropp, = *M.Du.* krop, *O.N.*
kroppr, *O.H.G.* chroph; *crop* (*of a bird*),
throat; top of a tree; crop of corn; '*cyma*,'
VOC. 229; P. S. 238; LANGL. *C* xix. 75; CH.
BOET. iii. 2 (69); P. L. S. ii. 98; L. H. R. 69;
hit hadde crop so an heort ALIS. 688; crop
and more LEG. 105; a tre ... of whilk þe
crop es turned do(u)nward PR. C. 663; þe
crop of þe rede brere L. C. C. 42; croppe
'*annona*' PR. P. 104; **croppe** (*dat.*) C. M.
8458; in crop ant rote SPEC. 100; **croppes**
(*pl.*) R. R. 1396.
cropere, sb., *O.Fr.* cropiere; *crupper*, PR. P.
105; **croperes** [cropiers] (*pl.*) LANGL. *B* xv.
453.
cropon, sb., *O.F.* cropion, crepon; *haunch,
buttock;* '*clunis*,' PR. P. 105; **cropins** (*pl.*)
B. B. 140.
croppen, v., *O.N.* kroppa; *crop, pluck*; croppe
M. T. 167; þe wiði þet sprutteð ut þe betere
þet me hine ofte **croppeð** (*pres.*) A. R. 86;
suche (foules) cometh to mi croft and croppeth
mi whete LANGL. *B* vi. 33; hast þou ... crop-
ped (*pple.*) ȝerus (r. ierus) of corne MIRC 1502.
cros, sb., *O.N.* kross; *cross*, LAȝ. 31386; KATH.
727; LANGL. *A* vi. 13 (*B* v. 529 *has* cruche);
cros or crouche HALLIW. 282; one **crosse**,
across, D. ARTH. 3667.
cros-line, sb., *cross-line*, CH. ASTR. i. 12 (7).
cros-sail, sb., *cross-sail*, A. P. iii. 102.
crosse, sb., *madman*, LAȝ. 20325 (2*nd text* fol).
crosselet, croslet, sb., *O.F.* croisel; *crucible*,
CH. C. T. *G* 1147, 1191, 1198.
crossen, v., *O.N.* krossa; *cross*; **crossid**
(*pple.*) '*cruce signatus*' PR. P. 105.
crōte, sb., *? O.Fr.* crote, *cf. Ger.* krotze; *clod,
lump*, '*glebula*,' PR. P. 105; croote ['*cremium*']
WICL. PS. ci. 4; ilk a crote MAN. (F.) 2102;
crot (*v. r.* grot) C. M. 2528.
crouche, *see* crūche. **crouchen,** *see* crūchen.
crouden, croudinge, *see* crūden, crūdinge.
crouke, sb., *O.E.* crūce, = *O.L.G.* crūca;
? pitcher; CH. C. T. *A* 4158.
crouken, *see* crūchen. **croune,** *see* crūne.
croupe, sb., *O.Fr.* coupe; *hinder parts*,
ALIS. 2447; CH. C. T. *D* 1559; MAND. 289.
crouþ, sb., *Welsh* crwth, *prov.Eng.* crowd;
fiddle: fiele ne crouth SPEC. 53; harpe fidele
and crouthe B. DISC. 137; he herde a sym-
phonie and a crowde ['*chorum*'] WICL. LK.
xv. 25; **croudis** (*pl.*) ['*chori*'] JUDG. xi. 34.
crōwe, *see* crāwe, *and* crāu.
crūcche, sb., *O.E.* crycc, = *O.H.G.* krucka,
M.Du. krucke; *crutch*, H. V. 81; mid his
crucche LAȝ. 19482.
crūche, sb., = *O.L.G.* cruce; *cross*, KATH.
1171; crepe to cruche HOM. II. 95; cruche
[crouche] LANGL. *B* v. 529; crouche SHOR.
15; AYENB. 111; E. G. 54.
crūchen, v., *sign with the cross*; crouche

(*pres.*) CH. C. T. *A* 3479; crouche**þ** SHOR. 15; heo... crūchede (*pret.*) hire KATH. 628.
crūchen, v., *cf. Ger.* krauchen; *crouch*: i can nauther crouke ne knele TOWNL. 163; kni3tes croukeþ hem to & crūcheþ (*pres.*) full lowe PL. CR. 751; þei so lowe crouchen 302.
crucifle, v., *Fr.* crucifier; *crucify*, C. M. 18273.
crucifix, sb., *crucifix*, A. R. 16.
crucken, v., *cf. M.L.G.* krucken; *bend, twist*: ich foile a waie thai crucke (*pres.*) PALL. ii. 210.
crūd, sb., *crowd*, AR. & MER. 5510.
crudde, curde, sb., *curd, 'coagulum,'* PR. P. 105; cruddes (*pl.*) LANGL. *B* vi. 284; curdes VOC. 178.
cruddin, v., *curdle, 'coagulo,'* PR. P. 105; crudded (*pple.*) WICL. JOB x. 10.
crūde, sb., *barrow, handcart*; crowde, '*cenivectorium*,' PR. P. 105.
croude-wain, sb., *cf. M.Du.* kruiwaghen; *handcart*, AM. & AMIL. 1858.
crūden, v., *O.E.* crūdan (*pret.* crēad), *M.Du.* kruiden, (*pret.* krood); *crowd, thrust, push*; crude HORN (L.) 1293; croudin PR. P. 105; croude CH. C. T. *B* 801; out croude (? *printed* treude) SHOR. 33; croude (*imper.*) ALIS. 609; crodin (*pret. pl.*) P. R. L. P. 245.
crūdinge sb., *thrusting, pushing*; croudinge CH. C. T. *B* 299; crowdinge '*cenivectura*' PR. P. 105.
cruel, adj., *O.Fr.* cruel; *cruel*, A.R. 100; ROB. 57.
cruel-liche, adv., *cruelly*, CH. TRO. iv. 1274; crewelli MERL. i. 2 (127).
cruelness, sb., *cruelty*, TREV. I. 177; SACR. 769.
crueltē, sb., *cruelty*, A. R. 268; MAN. (F.) 5186.
cruet, sb., *cruet, 'phiala,'* REL. I. 7; crouet SHOR. 49; cruets (*pl.*) BRD. 14.
crul, adj., = *M.H.G.* krul, *M.Du.* krol; *curly*; (*ms.* crolle) ALIS. 1999; crulle (*pl.*) CH. C. T. *A* 81.
crullen, v., = *M.L.G.* krullen, *Du.* krollen; *curl*; crollid (*pple.*) FER. 1354; curlid PR. P. 111.
crumb, adj., *O E.*, crumb, = *O.L.G.* crumb, *O.H.G.* chrumb, *cf. Ir.* crum, crom, *Gael.* crom, *Bret.* kroumm, krommn; *curved*, ORM. 9207; croume (*dat. n.*) S. S. (Wr.) 2477.
crumbe, sb., *hook, bend*; crombe, crome, croumbe, '*uncus, bucus*,' PR. P. 104.
crumben, v., *cf. O.H.G.* (ge)chrumben, *M.Du.* krommen; *make curved, bend*; cromin PR. P. 104; crumpt (*pple.*) HALLIW. 284.
crume, sb., *O.E.* cruma (? *m.*), *cf. Ger.* krume, *Swed.* kruma, krumme *m.*; *crumb*, '*mica*,' VOC. 258; A. R. 342; crumme PR. P. 106; GOW. III. 35; crome TREV. IV. 399; MIRC 2013; ane croume LEB. JES. 155; cruman (*pl.*) MAT. xv. 27; crumen A. R. 344; crumes (*ms.* crummess) ORM. 1475; cromes CH. C. T. (T.) 15528.
crom-bolle, sb., *crumb bowl*, PL. CR. 347.

crūmelen, v., *Ger.* krümeln; *crumble*; kremelid (*pple.*) L. C. C. 36.
crummin, *cf. L.G.* krömen; *crumble, break into crumbs*, PR. P. 106.
crumpe, sb., *cramp, spasm*, TOWNL. 308.
crumplen, v., *crumple*; crumpled (*pple.*), C. M. 8087; was crompild and crokid FLOR. 1979.
crundel, sb., *O.E.* crundel (? *mound*); *cave*, HOM. II. 139.
crūne, sb., *cf. O.N.* krūna, *O.Fr.* corōne, corūne; *crown*, ORM. 8158; MISC. 48; þe þornene krune A. R. 258; crune [croune] LA3. 4251, 13110; crune, croune, corune HAV. 568, 1319, 2734; crune, corune GEN. & EX. 2638, 2642; his croune was... of ismite, blodi was his heved BEK. 2227; corone [croune] LANGL. *B* ii. 10; coroune AYENB. 168; crūnen (*pl.*) A. R. 238; crounen ROB. 242; *see* corrin.
crūnen, v., *cf. O.N.* krūna, *O.Fr.* corōner, corūner; *crown*; crouni BEK. 1728; to croune þe to king(e) ROB. 105; krūneð (*pres.*) A. R. 392; corouneþ AYENB. 72; crūneden (*pret.*) LA3. 31935; crūned (*pple.*) ORM. 5462; icruned HOM. I. 121.
crūninge, sb., *coronation*, PROCL. 8; crouning ROB. 430.
crüpel, sb., *O.E.* (eorč-) crüpel, cryppel,= *O.H.G.* crupel, *O.N.* krypill, kryppill, *M.Du.* krepel, kreupel, *O.Fris.* kreppel; *from* crēopen; *cripple*, H. M. 33; REL. I. 243; cripel CHR. E. 771; cripel [crepel] C. M. 12260; cripil, crepil '*claudus*' PR. P. 103; crepel GOW. III. 147.
crüpelen, v., ? *go like a cripple*; cripelande (*pple.*) REL. I. 211 (MISC. 5).
crūs, sb.,= *M.H.G.* krūs, *M.Du.* kruis; *curly, angry*; HAV. 1966; crus [crous] C. M. 14740.
[cruschel, sb., *cf. M.H.G.* kroschel, krossel, krustel, kruspel.]
cruschil-bōn, sb., '*cartilago*,' PR. P. 106.
cruschin, v., *O.Fr.* cruisir, croisir; *crush, 'quasso,'* PR. P. 106; cruschen D. ARTH. 1134.
crūse, crouse, sb., *M.Du.* kruise, = *O.N.* krūs, *M.H.G.* krūse; *cruse, drinking-vessel, bowl; 'cantharus,'* PR. P. 105; croos MISC. 29; cruce PALL. xi. 51; cruses (*pl.*) '*cyathi*' PALL. i. 584.
crūskin, sb., *a little cruse*, PR. P. 106.
cruste, sb., *cf. Ger.* kruste *f.*, krust *m.*, *from Lat.* crusta, crustum; *crust*, PR. P. 106; crust P. S. 204.
crusted, adj., *having a crust*: a crustid cake WICL. EXOD. xxix. 23.
cū, sb., *O.E.* cū, = *O.Fris.* kū, *O.N.* kȳr (*acc.* kū), *O.L.G., M.Du.* kō, *O.H.G.* chuo; *cow*, A. S. 4; ku '*vacca*' FRAG. 3; A. R. 418; ALIS. 5956; cou P. L. S. xiii. 221; AYENB. 56; LANGL. *B* vi. 289; kī [*O.E.* cȳ] (*pl.*) MAN. (F.) 4732; C. M. 4564; kie PS. lxvii. 31; kuin (*r. w.* sıen)

cū.   cüme.   143

ALIS. 760; **kyn** P. L. S. xiii. 235; CH. C. T. *B* 4021; kiin [kien] LANGL. *B* vi. 142; kien WICL. GEN. xxxii. 15; kin, ken WILL. 6, 244; ken AYENB. 191; OCTOV. (W.) 672.

Cou-bache, pr. n., P. L. S. xiii. 244.

cou-calf, sb., *cow calf*, LANGL. *B* xv. 462.

cou-herde, sb., *O.E.* cūhyrde; *cowherd*, WILL. 4.

cou-schote, sb., *O.E.* cūsceote, cuscote, *prov. Eng.* cushat; *wood-pigeon*, '*palumbus*,' CATH. 79; couscot '*palumbus*' VOC. 221; qvisht PALL. i. 758.

cou-sloppe, sb., *O.E.* cūsloppe, cūslyppe; *cowslip*, VOC. 162.

cou-sokulle, sb., *some plant*, *? cowberry*, *? cowslip*; '*vaccinium*' VOC. 176.

cubbel, sb., *staff*, A. R. 140.

cubicularie, sb., *Lat.* cubiculārius; *chamberlain*, WICL. JUD. xii. 6.

cubit, sb., *Lat.* cubitus; *cubit*, WICL. JER. xxxviii. 12; A. P. ii. 319; TREV. II. 235; TOWNL. 28; WICL. MAT. vi. 27; **cubits** (*pl.*) WICL. GEN. vi. 15; cupidez A. P. ii. 315.

cuccu, sb., *O.Fr.* cucu, coucou; *cuckoo*, A. S. iii.; cukkou TREV. I. 229; coccou AYENB. 59; CH. P. F. 358.

cüchene, [**kichene**], sb., *O.E.* cycene, *from Lat.* coquīna, *cf. O.H.G.* cuchina, chuchina; *kitchen*, LAȝ. 3316; kuchene A. R. 214; kichene, kechene WILL. 1681, 1707; kechene AYENB. 171; kechine PERC. 455.

[**cucking**, sb., *kicking ?*]

cucking-stōl, sb., *cuckingstool*, P. S. 345; co(c)kingstōl REL. II. 176.

cuc-stool, sb., *cucking-stool*, '*cadurca*,' PR. P. 107; cokstol P. 72.

cude, sb., *? = O.H.G.* cuti (*gluten*); *? pitch*: hwit cude *? mastic* LEECHD. III. 136; code, sowters wex PR. P. 85; DIGB. M. 35; coode ['*pice*'] WICL. EX. ii. 3.

eude, sb., *O.E.* cudu, cwudu, cweodu, cwidu; *cud*, ORM. 1237; cude [code] C. M. 1958; chewiþ kude [code, qvide, qvede] ['*ruminat*'] WICL. LEV. xi. 3, DEUT. xiv. 6.

cūf, sb., *O.E.* cȳf; *tub*, FRAG. 4; **kīve** (*dat.*) REL. II. 191; keve (*? printed* kove) BEV. 2415.

cuffe, sb., *cuff*, *sleeve*, '*c(h)irot(h)eca*,' PR. P. 106; **coffes** (*pl.*) LANGL. *B* vi. 62.

cüggel, sb., *O.E.* kycgel (*dart*), kuggel, *cf. Welsh* cogeil (*distaff*, *truncheon*); *? cudgel*, A. R. 292.

cukeweald, sb., *cuckold*; cukeweld O. & N. 1544; kukewald D. ARTH. 1312; cokewold LANGL. *A* iv. 140; CH. C. T. *A* 3152.

cul, sb., *stroke*: þe cul of þer eax A. R. 128.

cūl, *see* kēl. **cüle**, *see* **ouvele**.

culfre, sb., *O.E.* culfre, culufre, *mod. dialects* culver; *pigeon*, *dove*, ORM. 1258; kulvre A. R. 98; culver WICL. GEN. viii. 8; colvre AYENB.

142; colvre, colvere MARG. 293, 299; colvere [colver] LANGL. *B* xv. 396; **culfren**, culfre (*gen.*) HOM. I. 95, 141; culfre brid ORM. 7887; þet tu ... habbe kulvre kunde A. R. 292; **culveren** [colvere] (*pl.*) LAȝ. 24521; colfren ROB. 190; colveren ALIS. 5405; colveren, colveres MAND. 118; culvere briddis ['*pullos columbarum*'] WICL. LEV. x. 7.

colver-hous, sb., *pigeon-house*, AYENB. 142.

[**culien**, v., *? burn*; *comp.* **for-culien**.]

cüllen, v., *cf. M.Du.* killen, kellen (*kill*), *M.H.G.* kellen, *mod. Eng.* kill; *? = cwellen*; *strike*, *beat*; *kill*: oþur to culle oþur to bete P. L. S. xxx. 146; counseilede Caim to cullen [killen] his broþer LANGL. *A* i. 64; killin '*occido*' PR. P. 274; **culles** (*pres.*) JOS. 545; kulle al ut þet is i þe krocke A. R. 346; **cülle** (*subj.*) A. R. 126; kille CH. C. T. *D* 1041; **cülde** (*pret.*) S. A. L. 150; K. T. 179; ofte me hine culde LAȝ. 20319; culde [kilde] LANGL. *A* iii. 180; (h)a kulden hem doun FER. 2660; keld (*pple.*) OCTOV. (W.) 1063; þei were ikilde [ikeld] TREV. VIII. 5.

cullin, v., *O.Fr.* coillir, *from Lat.* colligere; *cull*, *gather*, *select*, PR. P. 107; coile DEP. R. iii. 200; sex hundred of hise he **colede** (*pret.*) out MAN. (F.) 2731.

culm, sb., *soot*, '*fuligo*,' PR. P. 108.

[**culmen**, v., *? cover with soot*; *comp.* **bi-colmen**.]

culmi [**colmi**], adj., *? sooty*, LANGL. *B* xiii. 356; his colmie snute HORN (L.) 1082.

cülne, sb., *O.E.* cyln, *cf. O.N.* kylna; *kiln*, *furnace*; kulne REL. II. 81; kilne PR. P. 274.

cülpe, sb., *mod. Eng.* kelp; *sea-weed*; **cülpes** (*pl.*) TREV. II. 81.

culrāge, sb., *Fr.* curage (*? O.Fr.* *culrage); *arse-smart*, *water-pepper*, M. T. 133; '*persicoria*' PR. P. 108.

culter, sb., *O.E.* culter, *from Lat.* culter; *coulter*, LANGL. *B* vi. 106; WICL. PROV. xxiii. 2; CH. C. T. *A* 3763; colter MAP 338.

cultūre, sb., *Fr.* culture; *culture*, PALL. i. 21.

culvere, *see* **culfre**.

culvert, adj., *O.Fr.* culvert, *Lat.* collibertus; *villanous*, A. R. 96; FL. & BL. 329; *cf.* **colward**.

cumb, sb., *O.E.* cumb *m.*; *coomb*, *a measure of capacity*; coume '*cumba*' PR. P. 97.

Cumberland, pr. n., *O.E.* Cumbra land; *Cumberland*, MISC. 146.

cumblen, *see* **comblen**.

cume, sb., *O.E.* cuma, = *O. H. G.* qvemo; *stranger*, MAT. xxv. 35; þu bist him cume deore LAȝ. 4373; **cumene** (*gen. pl.*) LK. ii. 7; *comp.* **wil-cume**.

cüme, sb., *O.E.* cyme, *m.*, *cf. O.L.G.* cumi, *O.H.G.* chumi, qvemi *f.*, *Goth.* qums *m.*; *advent*, *arrival*, A. R. 188; O. & N. 436; cume, kume, kime [come] LAȝ. 3962, 6646,

14827; cume, come KATH. 413, 671; come ORM. 718; GEN. & EX. 2267; HORN (L.) 530; C. L. 1031; WILL. 4192; D. ARTH. 1203; *comp.* ʒein-, hām-, hider-, on-, tō-, ūt-cūme.
[cūme, adj., *O.E.* cyme; *becoming.*]
cūme-līch, adj., *O.E.* cymlīc; *comely,* H. M. 25; kumli IW. 2886; comli ALIS. 6055; LANGL. *B* xv. 444; cūmelīche (*adv.*) MARH. 19; comeliche SPEC. 37; comloker (*compar.*) GAW. 869; comlokest (*superl.*) GAW. 53.
comli-hēde, sb., *comeliness,* GOW. II. 354.
comlinesse, sb., *comeliness,* PR. P. 89.
cumel, sb.; *? ambush, shelter under tents;* on cumelan, comelan, comlen, comele LAʒ. 6630, 11009, 20273, 30400.
cumeling, sb., = *O.H.G.* chomeling; *from* cumen; *stranger, new comer,* GEN. & EX. 834; cumling IW. 1627; cumling [comeling] WICL. LEV. xxv. 47; comeling PR. P. 89; komlinges (*pl.*) ROB. 18.
cumen, v., *O.E.* cuman, = *O.I.G.* cuman, *O. Fris.* kuma, koma, *O.N.* koma, *O.H.G.* choman, qveman, *Goth.* qiman; *come,* LK. xviii. 16; SAX. CHR. 250; HOM. I. 19; JUL. 53; ORM. 2179; GEN. & EX. 305; REL. I. 223; cumen [come] LAʒ. 3025; kumen A. R. 394; cumæn, cuman FRAG. 6, 7; cume KATH. 694; cume, come O. & N. 611; comen HAV. 413; come CH. C. T. *D* 1684; þa sunde to cumene LAʒ. 16029; makeþ to comene AYENB. 106; to cumende HOM. II. 117; þat is to cominge TREV. III. 471; cūmest, kimest [*O.E.* cymest, cymst], (*pres.*) JUL. 62, 63; kymst LK. xxiii. 42; comest O. & N. 585; cumeþ FRAG. 5; cumeð, kimeð A. R. 350; kumeð, kimeð, kimð HOM. I. 33, 81, 153; kemð LK. ix. 26: cumeþ, comeþ O. & N. 302, 1531; comeð KATH. 2460; comeþ LANGL. *A* i. 59; sche comeþ ride LAUNF. 867; (we) cumeð HOM. I. 51; ʒe comeþ P. L. S. xii. 111; hi comeð viii. 118; kume (*subj.*) A. R. 424; cume HORN. (L.) 143; cumen we *let us come,* LAʒ. 13006; cum (*imper.*) LAʒ. 12944; cum, kum A. R. 98, 292; cumeþ WICL. MAT. iv. 19; cominde (*pple.*) AYENB. 264; cam (*pret.*) GEN. & EX. 494; LEB. JES. 285; CH. C. T. *A* 547; S. S. (Wr.) 460; MAND. 12; kam HAV. 863; cam LANGL. *B* ix. 151; com (? cōm), come *A* x. 166, *B* ix. 137 (Wr. 5449, coom); com (? cōm) FRAG. 8; MARH. 2; KATH. 154; O. & N. 133; BEK. 4; WILL. 39; TOR. 662; (*ms.* comm) ORM. 101; (*r.w.* hom) L. N. F. 216; a vuhel com fl(e)on from h(e)ovene HOM. I. 81; þet com wel forð (*sprang up*) 133; s(e)oððen he com to monne (*he became man*) 167; þa com þer a mon irnen LAʒ. 5748; seinte Katerine of noble cunne com P. L. S. xix. 1; þo hit com to even AYENB. 191; so sone so she to him come AL. (L.³) 511; (þu) come ORM. 2812; O. & N. 1058; HORN (R.) 1178; JOS. 434; comen SAX. CHR. 249; MAT. ii. 2; ORM. 7492; GEN. & EX. 1979; S. S. (Wr.)

318; comen [coomen] LANGL. *B* xx. 219; coomen K. T. 189; come O. & N. 1671; ROB. 15; komen, keme HAV. 1012, 1208; þai kemen FER. 3130; kemin S. & C. I. xlvi; cōme (*subj.*) O. & N. 1015; ROB. 220; cumen (*pple.*) ORM. 134; GEN. & EX. 365; IW. 2956; comen MISC. 197; CH. C. T. *A* 671; *comp.* a-, an-, bi-, ʒe-, over-cumen; *deriv.* cume, cūme, owēme.
cominge, sb., *coming,* TREV. I. 29.
cumin, sb., *O.Fr.*, cumin, coumin (*cf. O.E.* cymen), *Lat.* cumīnum, cymīnum; *cummin,* MAT. xxiii. 23; comin PR. P. 89; SPEC. 27; ALIS. 6797; WICL. IS. xxviii. 25.
cumlen, v., ? *O.N.* kumla; ? *become cramped;* i comble (*pres.*) REL. II. 211; cumblid (*pple.*) [comelid] hondis ['*manus dissolutas*'] WICL. IS. xxxv. 3; comelid '*eviratus*' PR. P. 88; *comp.* a-cumlen.
cumsen, *see* comsen.
cūn, sb., *O.E.* cynn, = *O.N.* kyn, kynni, *O.Fris.* ken, *O.L.G.* cunni, *O.H.G.* chunni, *Goth.* kuni *n.; kin, kind, species,* KATH. 445; monna cun HOM. I. 97; cun, kun LAʒ. 319, 328; kun A. R. 308; O. & N. 714; fader moder ant al mi kun SPEC. 91; i have no kinne [kin, kun] þere ORM. Bv. 639; kin ORM. 2053; HAV. 393; his kin and his frendes MAND. 309; ken AYENB. 42; WILL. 722; GOW. III. 332; cūnnes (*gen.*) JUL. 11; alles cunnes wilde d(e)or HOM. I. 79; on ælches cunnes [kinnes] wise LAʒ. 8072; heora nexta cūnnes mon (*kinsman*) 2727; Daviþes kinnes man ORM. 12528; his cunnes men BEK. 1657; kunnes C. L. 855; ones kunnes treou A. R. 150; for nones kunnes mede P. S. 193; kinnes GEN. & EX. 756; eches kinnes chapman HOM. II. 193; cūnne (*dat.*) FRAG. 7; O. & N. 271; he is of aðele cunne LAʒ. 11465; of þises winʒeardes kynne ['*genimine*'] MK. xiv. 25; cūnna (*pl.*) LEECHD. III. 94; cunne A. R. 128; þreo cunne fan MARH. 1; on feole kunne wisen (*r.* wise) in many ways, LAʒ. 1717; a þre cunne wise MISC. 38; kinne HOM. II. 63; alle kinne sinnes LANGL. *B* xx. 370; tweire kunne salve O. & N. 888; tweire kinne HOM. II. 95; of alle kinne cwike der ORM. 14558; *comp.* dēor-, fuʒel-, man-, wīf-cūn.
kūn-rēd, sb., *kindred,* DEGR. 835; kenred SHOR. 45; kūnrēde (*dat.*) O. & N. 1677; kinrede MAND. 67; cūnrēdes (*pl.*) HOM. I. 261.
cūn-rēden, sb., *O.E.* cynrǣden; *race, kindred,* JUL. 60; cunraden (? *printed cum* raden) HICKES I. 225; kunrede ROB. 284; kinrede '*prosapia*' PR. P. 275; CH. C. T. *A* 2790; kinrede, -rade TREV. VII. 471; kinrade WILL. 522; þa twelf kunreden HOM. I. 141.
cūn-rūn, sb., *O.E.* cynryn; *generation,* '*generatio,*' FRAG. 2.
[cūnd, adj., *comp.* god-, gram-cūnd.]

[cund, adj., ?=oũð; *comp*. náme-cund.]
cünde, sb., *O.E.* cynd, = *O.N.* kyndi *n.*,
cf. Lat. gens *f.*; *kind, nature*, HOM. I. 99;
MARH. 8; þene wæi þe toward his cunde
(*sec. text* cuþþe) læi LAȝ. 21492; þat beoþ
of þine cunde O. & N. 251; he haþ angles
cunde TREAT. 134; þeos (beastes) doð hare
cunde ... in a time of þe ȝer H. M. 25;
þeo kunde A. R. 14; none nerre kunde þer
nas ROB. 169; kuinde JOS. 131; kinde ORM.
663; WILL. 2506; CH. C. T. *A* 2451; GAW.
5; þe kinde [kuinde] þat of him com C. L.
I 9; as kinde askeþ LANGL. *B* ii. 27; ðe
hertes haven an oðer kinde REL. I. 216; to
forsake his wedded wif and do his kinde oþer
wai WICL. DEUT. xxiii. 12; þe lawe of kinde GOW. III.
204; aȝenst kinde MAND. 223; kende, kinde,
'*genus, progenies, prosapia*' PR. P. 271;
kende SHOR. 9; AYENB. 28; þat it were
comen of riche kende LAI LE FR. 138; after
kindes wune GEN. & EX. 1652; *comp*. god-,
ȝe-, man-cünde.
cünde, adj., *O.E.* cynde, *mod.Eng*. kind;
natural, native; kind, TREAT. 136; he þat
is so cunde REL. II. 227; þe cunde folk of
þe lond ROB. 40; kuinde c. L. 1044; kinde
CH. C. T. *E* 602; (h)is kinde lond GEN. & EX.
1279; his kinde fader WILL. 309; kuinde
wit LANGL. *A* i. 53; kende, kinde PR. P. 271;
kende SHOR. 90; *comp*. ȝe-, un-cünde.
künd-[h]ēde [kindhēde], sb., *kindness*,
ROB. 452; kuindhede LEB. JES. 122.
cünde-lĭch, adj., *O.E.* cyndelīc, *mod.Eng*.
kindly; *natural*, KATH. 964; hit is a kinde-
lich þing AVOW. ARTH. xi.; kindeli WICL.
WISD. xii. 10; kendelich AYENB. 47; kündē-
liche (*adv*.) A. R. 120; kindelike GEN. & EX.
2500; kuindeli LANGL. *A* iii. 15; kindeli
PR. C. 1686.
kündenesse, sb., *kindness*, LEG. 185; kinde-
nes WILL. 321.
kinde-ship, sb., *benignity*, GOW. II. 292.
cündel, sb., *offspring*: þesne kundel A. R.
200; kündles (*pl*.) A. R. 200; kindles REL.
I. 222; kindlis ['*genimina*'] WICL. LK. iii. 7.
cündlen, v., *prov.Eng*. kindle; *bring forth*;
kindlin '*feto*' PR. P. 275; kündleð (*pres.*)
A. R. 194; wanne he is ikindled (*pple.*) REL.
I. 209.
cüne, *see* kine. cunger, *see* conger.
cunin, *see* coning.
cunnen, v., *O.E.* cunnan, = *Goth*. kunnan, *O.
Fris. O.N.* kunna, *O.H.G.* chunnan; *see* can;
know; be able; HOM. I. 73; ORM. 2958;
alle þe creftes þat clerke ah to cunnen KATH.
524; cunnen ... þonc [*cf. Germ*. dank wissen]
A. R. 124; cunne LAȝ. 25113; kunne WICL.
ECCLES. vii. 26; knowe and kunne [konne]
LANGL. *B* xv. 5; konnen C. L. 1071; conne
AYENB. 21; GOW. I. 200; S. S. (Wr.) 33;
PARTEN. PROL. 104; Creseide shal not conne

knowe me CH. TRO. v. 1404; konne ROB.
45; cune (*imper.*) HOM. II. 29; cunnand
(*pple.*) M. H. 93; þat heeld him self so kun-
ninge [konning] LANGL. *B* xi. 70; cūðe (*pret.*)
[*mod.Eng*. could] LAȝ. 904; cuðe, kuðe GEN. &
EX. 289, 1659; kuðe KATH. 1544; A. R. 66;
kuþe O. & N. 714; couþe HAV. 112; S. S.
(Wr.) 2319; couthe [kouþe] LANGL. *A* PROL.
182; coude SHOR. 79; koude CH. C. T. *A*
713; cuðest A. R. 280; cuðen KATH. 1330;
heo cuþen alle spechen HOM. I. 93; þa ...
þa weiȝes cuðen LAȝ. 26915; couþen P. S.
248; couthe MIR. PL. 95; oũþe (*subj*.) O. &
N. 663; couþe AYENB. 105; ? coud (*pple.*)
CH. D. BL. 787.
cunnen, v., *O.E.* cunnian, = *O.L.G.* (gi-)kun-
nōn, *cf. O.H.G.* chunnēn; *try, test*, ORM. 834;
kunnen HOM. I. 151; cunneð (*pres.*) HOM.
II. 87; heom i folhi ... þet cunnið to beon
cleane MARH. 13; smeihte ant cunnede
(*pret.*) þer of A. R. 114; *comp*. ȝe-cunnen.
cunninge, sb., *O.E.* cunning, *mod.Eng*.
cunning; *experience, skill, knowledge, wis-
dom*, '*scientia*,' PR. P. 109; kunninge LANGL.
B x. 446; WICL. GEN. xliv. 15; kunning LIDG.
M. P. 31; conninge AYENB. 115.
cunte, sb., *O.N.* kunta, = *O.Fris*. kunte;
'*vulva*,' VOC. 186; ANGL. IV. 190; counte
REL. II. 282.
cũpe, sb., *O.E.* cȳpe, *cf. M.Du*. cūpe; *? from
Lat*. cūpa; *basket*, FL. & BL. 447; cupe, kipe
'*sporta*' TREV. IV. 359; cũpen (*pl*.) FL. &
BL. 435; twelf cũpe ful C. L. 1278.
cupidez, *see* cubit.
cuppe, sb., *O.E.* cuppa; *cup*, HAV. 14; LANGL.
A v. 184; MAND. 52; cuppe ['*calicem*'] WICL.
JOHN xviii. 11; þa cuppe LAȝ. 14996; cuppe,
kuppe GEN. & EX. 2047, 210; cuppe [coppe]
CH. C. T. *A* 134; coppe ROB. 117; SHOR.
20; MAN. (F.) 1364; cuppes (*pl*.) ORM.
14043; coppis S. S. (Wr.) 1795.
cup-bord, sb., *cupboard*, A. P. ii. 1440.
cop-ful, sb., *cupful*, REL. I. 52.
cop-maker, sb., *cup maker*, '*cipharius*,'
VOC. 213.
cuppe-mēle, -māle, adv., *by cups*, LANGL. *A*
v. 139
cuppe-schoten, adj., *drunk* ['*enivré*'], MAN.
(F.) 7560.
curat, sb., *med.Lat*. cūrātus; *curate*, CH. C.
T. *A* 219.
curatour, sb., *Fr*. curateur; *curator*, MIRC 860.
cũre, sb., *O.E.* cyre, = *M.H.G.* küre *m.; from
chēosen; choice, custom*: þet wes þe bezste
cure LAȝ. 8077; hefde he þene cure 9467;
wind god of cure HORN (R.) 1446; cire
HOM. I. 221; rigt and kire GEN. & EX. 451;
after londes kire 1693.
cũre, sb., *O.Fr*. cūre; *cure*, '*cura*,' PR. P. 110;
FER. 1062; LANGL. *B* PROL. 88; CH. C. T.
B 188.

cūren, v., =Ger. küren; *from* cūre; *select*, KATH. (E.) 1870; icūred (*pple.*) A. R. 56*.
cūrin, v., O.Fr. cūrer, *from Lat.* cūrāre, *mod. Eng.* cure; *take care of,* '*curo*,' PR. P. 110; cūrede (*pret.*) WICL. 3 KINGS xviii. 30.
curiositē, sb., *Fr.* curiosité; *curiosity*, GOW. III. 383.
curiour, *see* coriour.
curious, adj., O.Fr. curious; *curious*, TREV. II. 169.
cūrnel, sb., O.E. cyrnel; *kernel*: þene curnel HOM. I. 79; kurnel '*granum*' FRAG. 3; kirnel '*granum*,' PR. P. 276; '*nucleus*' VOC. 267; kirnel [kernel] LANGL. *B* xi. 253; cūrneles (*pl.*) LA3. 29266; L. H. R. 26; L. C. C. 25; curnles A. R. 260*; kerneles MAN. (F.) 14682.
cūrnen, v., =Ger. körnen; *form grain*: curne ROB. 490; kurne [kerne] LANGL. *C* xiii. 180.
curraiin, v., O.Fr. conreer; *curry,* '*strigillo, cociodio*,' PR. P. 110; curri [currei] PL. CR. 365.
curre, sb., *cf. Swed.* kurre, *M.Du.* corre; *cur*, A. R. 140*; CH. L. G. W. 396; LIDG. M. P. 29; kurres (*pl.*) PL. CR. 644.
cūrre, adj., O.N. kyrr, kvirr, =M.H.G. kürre, *Goth.* qairrus; *? quiet, gentle*; kurre A. R. 288*.
curre, sb., O.Fr. curre; *chariot*; cure JUL. 9.
curs, sb., O.E. curs; *curse*, REL. I. 129; C. L. 1385; CH. C. T. *A* 661; LIDG. M. P. 53; curs [cors] P. S. 333 (P. 38); cors SHOR. 106; FER. 303.
curs-ful, adj., *accused*, WICL. PROV. xxviii. 9.
cursien, v., O.E. cursian; *curse*; cursi BRD. 26; cursen GEN. & EX. 4005; cursen [curse] CH. C. T. *D* 1624; curse GOW. II. 364; cursest, kursest (*pres.*) O. & N. 1178; kursed A. R. 198; curseþ [corseþ] LANGL. *B* xv. 166; cursede (*pret.*) SAX. CHR. 264; REL. II. 277; cursed (*pple.*) HOM. II. 11; ORM. 16059; icorsed MIRC 1261; *comp.* a-cursien.
cursed-hēde, sb., *cursedness*, WICL. BAR. ii. 33.
cursednesse, sb., *cursedness*, CH. C. T. *G* 1101.
cursunge, sb., O.E. cursung; *cursing*, HOM. I. 205; cursinge REL. I. 131 (HOM. II. 11); GEN. & EX. 3926; corsinge AYENB. 97.
curt, sb., O.Fr. curt, cort; *court*, SAX. CHR. 266; HAV. 1685; kurt A. R. 210; cort AYENB. 137; curt, court BEK. 165, 747.
curteis, adj.,O.Fr.cortois, courtois; *courteous*, MISC. 155; HAV. 2916; BEK. 1190; curteis, corteis WILL. 194, 231.
kurteis-līche, adv., *courteously*, WILL. 873.
curteisie, sb., O.Fr. courtoisie; *courtesy*, HAV. 194; P. L. S. xxiv. 229; CH. C. T. *A* 46; kurteisie A. R. 70.
cūrtel, sb., O.E. cyrtel, =O.N. kyrtill; *kirtle, tunic*, MISC. 49; BEK. 2361; SPEC. 40; anne curtel LA3. 4993; kurtel A. R. 10; kurtel [kirtel] TREV. VII. 355; kirtel ORM. 10137; PL. CR. 229; CH. C. T. *A* 3321; kertel AYENB. 191; S. S. (Web.) 1883; cūrtle (*dat.*) HOM. II. 139; cūrtles (*pl.*) TREV. VII. 401; kirtles ORM. 9292; kertles AYENB. 267; kertlen (*dat. pl.*) MAT. vii. 15.
curteour, sb., *courtier*; kourteour WILL. 342.
curtiler, sb., O.Fr. courtilier (*gardener*); *monastery gardener*, REL. II. 277.
curtine, *see* cortin.
cus, *see* cos.
cūssen, v., O.E. cyssan, =O.N. kyssa, O.Fris. kessa, O.H.G. cussan; *kiss*, A. R. 424; C. L. 552; cusse SPEC. 38; kissin '*osculor*' PR. P. 277; kisse M. H. 83; CH. C. T. *A* 3680; kesse WILL. 5045; OCTOV. (W.) 585; cūs (*imper.*) A. R. 102; cūste (*pret.*) LA3. 1194; MISC. 42; HORN (L.) 405; kiste GEN. & EX. 1652; LANGL. *B* xviii. 420; keste AYENB. 240; custen BEK. 288.
cūssinge, sb., *cf. M.H.G.* küssung; *kissing*, SPEC. 70; kessinge FL. & BL. 513.
cussin, sb., =O.H.G. cussin, O.Fr. cuissin, coissin; *cushion*; cushin PR. P. 111; kussinis (*pl.*) HALLIW. 500.
cūste, sb., O.E. cyst, =O.Fris. kest, O.L.G. cust, O.H.G. cust, chust, *Goth.* (ga-)kusts *f.*; *from* chēosen; *virtue, quality*; nane custe LA3. 21498; cūste (*pl.*) REL. I. 178; LA3. 31019; MISC. 118; cūste (*dat. pl.*) O. & N. 9; na non nuste of Baldulfes custe LA3. 20324.
cūsti, adj., O.E. cystig, = O.H.G. chustīg; *liberal, munificent*, FRAG. 3; LA3. 6366; kisti3 ORM. 4698: *comp.* mete-cūsti.
cūstinesse, sb., O.E. cystigness; *liberality*, HOM. I. 105.
custume, *see* costume.
cut, sb., *lot,* '*sors*' PR. P. 111; CH. C. T. *A* 835; kut REL. I. 7.
cutte, sb., M.Du. kutte; *pudendum muliebre*; kutte LUD. COV. 218.
cuttin, v., *cut,* '*scindo, seco*,' PR. P. 111; kutte ['*scindere*'] WICL. LEV. x. 6; cutte [kitte] CH. C. T. *C* 954; cotte MIRC 1929; kutte (*subj.*) MAND. 49; cutte (*pret.*) LA3. 8182*; kutte ALIS. 2336; kutten [kitten, ketten] LANGL *B* vi. 191; citte HAV. 942; cutted (*pple.*) PL. CR. 434; PR. C. 3715; *comp.* for-cutten.
cuttere, sb., *cutter*, VOC. 195.
cuttinge, sb., *cutting*, PR. P. 111.
cutte-pors, sb., *cut-purse, pick-pocket*, LANGL. *A* vi. 118.
cūð, adj., O.E. cūð, = O.L.G. cūth, *Goth.* kunþs, O.H.G. chund, O.N. kunnr; *known*, LA3. 747; 3ef þu cneowe ant were cuð (*acquainted*) wið þe king JUL. 22; cuþ ORM. 9240; MISC. 96; in ever euch londe ich am cuþ [cuuþ] (*known*) O. & N. 922; couþ BEK. 1198; GOW. II. 310; couþ, kouth CH. C. T. *E* 942; kouth LIDG. M. P. 25; heo beoð... al to ku̇će A. R. 204; þe cuddeste [cuðest,

cuddest] (*superl.*) KATH. (E.) 821; *comp.* for-, náme-, un-cūð.

cūð-lǣchen, v., *O.E.* cȳðlǣcan; *make acquainted, familiar*; cūðlēchen HOM. II. 45; he hine cūðlæhte LA3. 17103.

kūðlēchunge, sb., *acquaintance*, A. R. 68.

cūð-lich, adj., *familiar* : mid cūðliche [couþliche] worden LA3. 19679; and cūðliche speken 18809; cuþli3 ORM. 2204; cuthli C. M. 17696; couþli GAW. 937; kouþli WICL. PROL. I KINGS.

cūð-rēdne, sb., *familiarity*, A. R. 168*.

cūðen, v., *O.E.* cȳðan, = *O.Fris.* kētha, *O.L.G.* cūthian (*pret.* cūthda), *Goth.* (gasvi-)kunþjan, *O.H.G.* chunden (*pret.* kundta, chundita); *make known, show*, LA3. 1157; HOM. II. 223; kuðen his strencðe A. R. 222; cuþe P. L. S. viii. 50; REL. I. 183 (MISC. 124); cuiþe LEG. 38; JOS. 484; þat so much love him kuiþe wolde C. L. 590; kiðen HOM. II. 139; REL. I. 209 (MISC. 3); kiþen ORM. 210; kiþe WILL. 1184; MAN. (F.) 6690; PERC. 1234; þe soþ i wille þe kiþe OCTAV. (H.) 609; keþen SHOR. 20; couþe PL. CR. 17; kēðe (*pres.*) ANGL. VII. 220; he cuðeð MARH. 19; kiþe [couþe] LANGL. *B* v. 181; þu cuþest O. & N. 90; cuþeþ REL. I. 178 (MISC. 118); kiþeþ ORM. 1131; his craft he ðus kiðeð REL. I. 211 (MISC. 5); he cuþ O. & N. 132; kiþ HOM. II. 79; (we) cuðeð KATH. 1348; cuþ (*imper.*) MISC. 90; cuið HOM. I. 215; kiþe (*subj.*) CH. C. T. *B* 636; cūðde [cudde] (*pret.*) LA3. 15194; cudde 2462; cuþede 4494; cudde HOM. I. 123; KATH. 1354; ROB. 56; C. L. 756; muchele luve he us cudde P. L. S. viii. 97; kidde GEN. & EX. 1651; P. S. 342; LIDG. M. P. 125; kidde þat he was hende TRIST. 2415; kedde SHOR. 48; cuddest JUL. 62; kidden ORM. 17822; kidden [kidde] LANGL. *B* v. 440; kiþed (*pple.*) ORM. 16979; cud KATH. 814; kud FER. 1401; kid GOW. II. 299; MAN. (F.) 1621; it was ful leude kid HAV. 1060; of alle kudde & kuðe sunnen A. R. 342; *comp.* 3e-cūðen.

cūði, adj., *O.E.* cȳðig, = *O.H.G.* kundīg, *O.N.* kunnigr; *knowing, familiar* : cuðie meyes LA3. 5098.

cūðde [cüþþe], sb., *O.E.* cȳðð, cȳððu, *O.H.G.* chundida, *M.H.G.* künde; *kith, kindred, native country*, LA3. 2435; his cuþþe and (h)is kun LEG. 107; þe king þat þis kuþþe au3te JOS. 434; cuþþe [kiþþe] LANGL. *A* iii. 197; keþþe SHOR. 19; kiþþe TREV. IV. 267; kiþe ANT. ARTH. xii; fro kiþe and kinne GOW. II. 267.; cūðen, cheðen (*pl.*) HOM. I. 230, 235; *comp.* un-cūððe.

kiþþe-li3, adv., *familiarly*, ORM. 16532.

cuveiten, v., *O.Fr.* cuveiter; *covet*, A. R. 60 [v. r. 3irni]; coveite GOW. II. 136; coveiteþ (*pres.*) ROB. 306.

cuveitise, sb., *O.Fr.* coveitise; *covetousness*; coveitise SPEC. 49; AYENB. 137.

cuveitūs, adj., *O.Fr.* coveitūs; *covetous*; coveitus FL. & BL. 367; coveitous S. S. (WEB.) 1591; covaitous AYENB. 80; covetous MAN. (F.) 4529.

cuvel, sb., ? *cf. M.H.G.* kübel; *basket*; coul '*cupa, tina*' PR. P. 97; E. G. 382; in lepes & in coufles (*pl.*) so muche viss hii ssolde him bringe ROB. 265,

cuvel-staf, sb., *pole for carrying two-handled vessels*, GEN. & EX. 3710.

cuvele, sb., *O.E.* cufle, *cf. O.N.* kufl *m.*, *M.Du.* covele, covle *f.*, kovel *m.*; *cowl*; kuvele A. R. 10; ane cule [covele] LA3. 17698; covele BEK. 2228; under covele and cope SHOR. 110; cuvel, covel HAV. 768, 2904; coule (*ms.* cowle) BR. P. 97.

cwákien, v., *O.E.* cwacian; *quake, tremble*, MARH. 19; A. R. 116; qvakien [cwakie] LA3. 17915; qvakie MISC. 193; A. D. 241; ? hwakien HOM. I. 143; whakin, qvakin PR. P. 523; qwake, whake PR. C. 5411, 7343; cwákede (*pret.*) JUL. 21; qvakede HICKES I. 228; ROB. 24; OGTOV. (W.) 1713; qvakide WICL. I KINGS xxviii. 5; qvaked LANGL. *B* xviii. 246; qvōk CH. C. T. *A* 1576; qvoc M. H. 9; MAN. (H.) 292.

qvákinge, sb., *O.E.* cwacung; *quaking*, ROB. 336; WICL. MK. xvi. 8.

cwále, sb., *O.E.* cwalu, = *O.L.G.*, *O.H.G.* qvala, *O.N.* kvöl; *from* cwélen; *death, slaughter* : 3ef hine to cwale for us alle HOM. I. 121; qvale com on orve LA3. 31809.

qvále-hūs, sb., *torture-chamber*, LA3. 727.

qvále-sīð, sb., *mortality*, LA3. 31900.

cwalm, sb., *O.N.* cwealm, cwelm, = *O.L.G.* qvalm, *O.H.G.* qvalm, chvalm; *from* cwélen; *death, slaughter; torture* : (*printed* cwalm) H. M. 29; cwalm, cvalm, O. & N. 1157, 1199; qvalm ROB. 252; REL. II. 244; P. S. 342; C. M. 4721; þe qvalm muchele þe wes on moncunne LA3. 31877; qvelm P. L. S. iv. 9; cwalme· (*dat.*) HOM. I. 115; qvalme CH. C. T. *A* 2014; cwalmes (*pl.*) LK. xxi. 11; *comp.* man-, orf-cwalm.

cwalm-hūs, sb., *torture-chamber*, KATH. 600; A. R. 140.

cwalm-steou, sb., *O.E.* cwealmstōw; *place of execution*, A. R. 106; cwalm-stōwe (*dat.*), HOM. I. 283.

cwarterne, sb., *O.E.* cweartern; *prison*, MAT. v. 25; KATH. 670; ORM. 6168; qvarterne LA3. 19293; HOM. II. 213; qvarterne (*pl.*) SAX. CHR. 262.

[cwátien, v., *cf. M.H.G.* qvāzen; *satiate*; *comp.* over-qvatien.]

cwávien, v., *tremble*, MARH. 48*; qvavin '*tremo*' PR. P. 419; qvávide (*pret.*) WICL. I KINGS xxviii. 5; qvaved LANGL. *B* xviii. 61.

cwecchen, v., *O.E.* cweccan, = *M.Du.* qvicken; *twitch, shake*; qvecchen mid hafde LA3. 25844; qvecchen [cwecche] to cuchene

3316; qveche ALIS. 4747; qvicchin '*moveo*' PR. P. 421; **qva3te** (*pret.*) FER. 607; þat þa eorče a3æn qvehte [cwehte] LA3. 20141; he qveite toward þe qvene WILL. 4344; heo qvehten [cwehten] heore scaftes LA3. 23907; *comp.* **a-cweochen.**

qwēd, adj., *cf. O.E.* cwēd (*dung*), BLICKL. GLOSSES, = *O.Fris.* qvād, *M.Du.* qvaed, *M.H.G.* qvāt, kāt, kōt (*bad; dung*); *bad*; cved LA3. 29600; qved O. & N. 1137; ROB. 414; ALIS. 1243; P. S. 256; he dude more qved CHR. E. 443; þai þoghte to do him qved ISUM. 611; kved, kvead AYENB. 11, 14; qvead SHOR. 147; qvad GEN. & EX. 536; GOW. II. 246; þe qvede ROB. 314; MIRC 1658; þene qvede MISC. 44; he deð al to cweade A. R. 72; **qvēde** (*pl.*) P. L. S. iv. 31; qvade 3ere CH. C. T. *B* 1628.

kvēad-hēde, sb., = *O.Fris.* qvaedheed; *badness*, AYENB. 101.

qvēd-lio, adj., *badly*, PS. xvii. 22*; kveadliche AYENB. 8; cwedli (*sparingly*) HOM. I. 269.

kvēadnesse, sb., *iniquity*, AYENB. 10.

qvēd-schipe [**owēdsipe**], sb., *evil*, LA3. 5066; cweadschipe A. R. 310.

oweise, sb., *O.N.* kveisa, *cf. M.L.G.* qvese; *ulcer*, A. R. 328.

cwélen, v., *O.E.* cwelan, = *O.L.G.* qvelan, *O.H.G.* chelan; *die; be tormented*; **cwélað** (*pres.*) HOM. I. 111; **qvéle** (*subj.*) REL. I. 174; (MISC. 112); **qvēlen** (*pret.*) LA3. 31826; *deriv.* **owále, cwalm, cwúld.**

[**cwelle**, sb., *killer; comp.* **man-cwelle.**]

cwellen, v., *O.E.* cwellan, = *O.L.G.* qvellian, *O.H.G.* qvellen, chellen, *O.N.* kvelja; *from* cwale; *mod. Eng.* quell; *kill, torture*; (*ms.* cwellenn, *printed* cwellen) ORM. 1843; qvellen [cwelle] LA3. 644; qvellin '*suffoco*' PR. P. 419; cwelle R. S. v. (MISC. 168); ne mai him no fœned cwelle S. A. L. 153; qvelle ROB. 10; BEK. 767; WILL. 1246; LIDG. M. P. 109; M. H. 96; EGL. 521; the dokes criden as men wolde hem qvelle CH. C. T. *B* 4580; and with here axes out the braines **qvelle** (*knock*) TRO. iv. 46; **qvelde** (*pret.*) HORN (L.) 988; cwalden ORM. 15526; qvalden [cwelden] LA3. 1752; qvolde MISC. 92; **owelled** (*pple.*) HOM. I. 279; qvelled GAW. 1324; iqvald [icwelled] LA3. 10928; *comp.* **a-cwellen.**

cwellere, sb., *O.E.* cwellere; *killer*, MK. vi. 27; MARH. 22; qvellere WICL. TOB. iii. 9; qveller M. H. 40; *comp.* **man-qvellere.**

qvelling, sb., *killing*, ROB. 296.

owellen, v., = *M.Du.*, *O.H.G.* qvellen; *spring up as a well*: þe welle . . . þet alne wai kvelþ (? *ms.* kvel3) AYENB. 248.

owelm, *see* **owalm.**

cwelmen, v., *O.E.* cwelman, cwylman, = *O.L.G.* qvelmian; *from* **owalm**; *kill*: **qvelm**(e) ['*trucident*'] PS. xxxvi. 14

cwēme, adj., *O.E.* (ge)cwēme, *cf. O.H.G.* (bi-)qvām; *from* **cumen**; *convenient, agreeable*, ORM. 466; qveme HAV. 393; GAW. 2109; TOWNL. 2; hit wes him swiðe qveme LA3. 2427; qweme C. L. 500; D. TROY 633; wheme FLOR. 145; **qvēmere** (*compar.*) HOM. II. 63; **qvēmest** (*superlat.*) H. M. 11; GEN. & EX. 3764; *comp.* **3e-owēme.**

owēme, sb., *? pleasure*; to cweme HOM. I. 23; almahti3 god to cweme ORM. 1661; þan folke to qveme [cweme] LA3. 347; to qveme C. L. 1018; WILL. 3404; MAN. (F.) 7390; to qveme [qweme] P. S. 325 (P. 9).

qvēme-ful, adj. ['*placabilis*'], WICL. EXOD. xxxii. 12; qvemfull(e) qveene ALIS.² (Sk.) 582.

cwēmen, v., *O.E.* cwēman; *please*, HOM. I. 247; H. M. 5; R. S. V. (MISC. 184); hu þu miht drihtin cwemen ORM. 1217; cweme LA3. 13486*; qvemen MISC. 185; RICH. 3432; qveme O. & N. 209; GREG. 258; GOW. I. 166; PS. cxiv. 9; MAN. (H.) 286; qvemin PR. P. 420; kveme AYENB. 26; **owēmeð** (*pres.*): servises inedde ne cwemeð nout ure loverde '*coacta servitia deo non placent*' A. R. 338; **owēmde** (*pret.*) FRAG. 8; cwemmde ORM. 2595; *comp.* **3e-owēmen.**

owēmnesse, sb., *O.E.* cwēmness; *pleasure*, HOM. I. 213; qvemnesse II. 55.

owēn, sb., *O.E.* cwēn, cwene, *cf. O.N.* kvān, kona, *O.L.G.* qvān, qvena, *O.H.G.* qvena, Goth. qēns, qinō (γυνή), *mod.Eng.* quean *and* queen; *woman; queen*, MARH. 19: ORM. 2159; qven TRIST. 1193; qven, qvene [cwene] LA3. 182, 3729, 25843; qven, qvene MISC. 195, 196; kven, kvene AYENB. 80, 130; qwen [qwean], qwene C. L. 881, 1192; qwen, qwene LUD. COV. 80, 215; cwene A. R. 170, 296; kwene HOM. I. 193; qvene R. S. i. (MISC. 156); FL. & BL. 818; SHOR. 131; ROB. 26; CH. C. T. *B* 161; qwene PR. C. 4461; qviene S. A. L. 154; **qvēne** (*gen.*) ROB. 26; qvene red REL. 182 (MISC. 122); **qvēne** (*dat.*) LA3. 140; TOR. 766; **qvēne** (*pl.*) LA3. 24713.

cwenchen, v., *O.E.* (a-)cwencan; *quench*; qvenchen HOM. I. 175; REL. I. 132; qvenche SHOR. 19; AYENB. 204; TREV. I. 187; LIDG. M. P. 151; cwenken ORM. 1191; **qvenoheþ** (*pres.*) TREAT. 136; **owenchte** (*pret.*) JUL. 68; þat fur qveinte an on P. L. S. xv. 204; **qvenched** (*pple.*) MAND. 70; qvenchid WICL. MK. ix. 44; cwenked ORM. 4417; qveint GOW. II. 201; LANGL. *B* xviii. 344; CH. C. T. *A* 2321; ikvenct AYENB. 186; iqveint MIRC 1194; *comp.* **a-owenchen.**

qvenchinge, sb., *quenching, extinction*, TREAT. 135; qvenching MISC. 7.

cwerkin, v., = *O.Fris.* qverka, *O.N.* kyrkja; *choke, strangle*, '*suffoco*'; qverkin PR. P. 420.

cwerne, sb., *O.E.* cweorn, cwyrn, = *O.N.* kvern, *O.L.G.* qvern, *O.H.G.* qvirn, churhe, Goth. qairnus; *quern, hand-mill*; qverne '*mola*' PR. P. 420; P. L. S. xix. 233; AYENB. 181;

CH. H. F. 1798; WICL. EX. xi. 15; **qvernes**
(*pl.*) TREV. III. 391; *comp.* **pepir-qwerne.**
cweorn-stōn, sb., *O. F.* cweornstān; *mill-stone*, FRAG. 4; qwernston VOC. 233.
cwessen, *see* **qvasschen.**
cwéðen, v., *O.E.* cweðan, = *O.L.G.* qvethan, qvedan, *O.N.* kveða, *O.Fris.* qvetha, qveda, *O.H.G.* qvedan, chvedan, chedan, *Goth.* qiþan; *speak, say,* MAT. iv. 17; cweþen HOM. I. 37; qveðen II. 29; GEN. & EX. 3525; **owéðe** (*pres.*) HOM. I. 99; KATH. 869; i qveþe him qvite R. R. 6999; & cweðeð þe al cwite H. M. 41; cweþeð, cweð HOM. I. 31, 113; qveð HOM. II. 5; (we) cweðað HOM. I. 113; **qvéðende** (*pple.*) REL. I. 129; cweðinde HOM. I. 99; qwething LUD. COV. 362; **cwaþ** (*pret.*) *quoth* ORM. 5214; qvaþ WILL. 251; TRIST. 607; PL. CR. 98; qvað, qvad GEN.& EX. 755, 2881; qvaþ LANGL. *C* iv. 490; cwað, cwaþ, quaþ, qvad, qveþ O. & N. 117, 187, 1186; qvað, qveð [cwaþ] LA3. 696, 6203; qvaþ, qveþ MISC. 40, 86; cweð KATH. 379; A. R. 122; cweð, qvoð MARH. 4, 22; qvath, qvoth, qvodh, qvod, hwat HAV. 606, 909, 1650, 1800, 1888; qvoþ [qvod] CH. C. T. *A* 788; qvod GOW. I. 47; S. S. (Wr.) 668; coþ ANT. ARTH. xxxvii; hio **cwǣðen** [*O. E.* cwǣdon] (*pl.*) JOHN i. 22; cweþen HOM. I. 5; cweðen KATH. 134; cweðen, ?cweden JUL. 26, 27; qveðen LA3. 893; qveþen MISC. 146; qvoðen GEN. & EX. 3267; **qvéðen** [*O.E.* cweden] (*pple.*) GEN. & EX. 1496; *comp.* **a-, bi-, for-, 3e-, mis-cwéðen**; *deriv.* **cwide, cwiste.**
cwic, adj., *O.E.* cwic, cwyc, cuc, = *O.L.G.* qvic, *O.N.* kvikr, kykr, *O.H.G.* qvech, chech, *Goth.* qius (*accus.* qivana), *mod.Eng.* quick; *living,* KATH. 1890; ORM. 1370; qvic [cwic] LA3. 22; slou to fi3te & qvic to fle ROB. 455; qvic, qvik HAV. 1405, 2210; WILL. 1212, 1564; qvik CHRON. E. 762; CH. C. T. *A* 1015; qvik oþer ded BEK. 1822; qvik water WICL. GEN. xxvi. 19; kvic, qvic AYENB. 67, 205; qwik PR. C. 6390; qvek M. H. 26; qvik, whik PR. P. 421, 524; whik M. T. 156; TOWNL. 163; (þat) cwuce bread HOM. I. 241; nowiht **cwikes** (*gen.*) *nothing alive* A. R. 334; nawiht qvikes LA3. 25758; elc þing cuces HOM. I. 225; bi mine qvike [cwike] live LA3. 14595; þa andswarede þe king **qvickere** (*dat. fem.*) stefne 16874; mid qvickere [cwickere] stevene 15873; **cwike** (*pl.*) JUL. 62; cwike briddes KATH. 64; cwike & grene bo3hes ORM. 10002; demen ... cwike & deade HOM. I. 209; of qvike and of dede LANGL. *B* xix. 53; qvike [cwike] (*dat. pl.*) LA3. 27317; qvic ei3te ROB. 537; **cwickure** (*compar.*) A. R. 112; **cwikest** (*supl.*) A. R. 112; *comp.* **sām-cweoc.**
cwic-liche, adv., *quickly*, A. R. 246; qvicliche [cwicliche] LA3. 4697; qvic-, qvikliche WILL. 908, 2127; qvikliche ALIS. 2607; **cwicluker** (*compar.*) A. R. 270.

qvik-mire, sb., *quickmire*, PL. CR. 226.
cwicnesse, sb., *quickness*, A. R. 150; qviknesse PR. P. 421.
qvik-silver, sb., *O.E.* cwicseolfor; *quicksilver*, CH. C. T. *A* 629; MAND. 52.
cwidden, v., *O.E.* cwiddian, *cf. O.N.* kviðja, *O.H.G.* qvettan, chvettan; *say*, ORM. 19358; **cwiddest** (*pres.*) KATH. 2172; ase hire nome cwiddeð A. R. 174; qviddieð LA3. 25325; qviddeþ MISC. 85; **cwiddeden** (*pret.*) ORM. 8613; qviddeden (*sec. text* cwiddede) LA3. 13775; **cwidded** (*pple.*) ORM. 282; icwiddet HOM. I. 261.
cwide, sb., *O.E.* cwide, cwyde, = *O.L.G.*, *O.H.G.* qvidi, *O.N.* kviðr *m.*; *from* **cwéðen**; *saying; promise; legacy*, A. R. 208; þes wite3an cwide ... is ifulled HOM. I. 91; ich for3ive ælchere widewe hire laverdes qvide [cwide] LA3. 14857; qvide O. & N. 685; qvede GEN. & EX. 1463; qvethe GAW. 1150; **qvides** [cwides] (*pl.*) LA3. 9141; on ealden cwiden MAT. v. 27; *comp.* **bi-cwide.**
qveþe-word, sb., *promise, 'legatum,'* PR. P. 420.
cwíe, sb., *O.N.* kvīga: *heifer*; qwie *'juvenca'* VOC. 218.
qwie-calf, sb., *O.N.* kvīgukālfr, *prov.Eng.* whycalf; *female calf, 'vitula,'* VOC. 219.
cwikien, v., *O.E.* cwician, = *O.H.G.* qvichan, chichan; *enliven, make or be lively*; qwiken PR. C. 1723; qvikin PR. P. 421; qvikie [qvike] C. M. 8622; qvikie S. A. L. 159; **qvikie** [qvike] (*pres.*) LANGL. *B* xviii. 344; þe brond þe is al aqvenched ... ne qvikeð he nevre HOM. l. 81; qviken HOM. II. 177; **cwikede** (*pret.*) H. M. 43; qviked (*pple.*) CH. C. T. *F* 1050; *comp.* **a-cwikien.**
cwiknen, v., *O.N.* kvikna; *quicken, give life, receive life*; qviknin *'vivifico'* PR. P. 421; qvikene WICL. xvii. 33; **qvikne** (*pres.*) LANGL. *B* xviii. 344*; a3en qvikenid (*v. r.* qvikide) ['*revixit*'] WICL. GEN. xlv. 27*.
cwiste, sb., *O.E.* (ge)cwiss, = *Goth.* (missa-)qiss; *from* **cwéðen**; *bequest*; qviste HAV. 219; *comp.* **bi-qveste.**
cwiver [**cover**], adj., *O.E.* cwifer; *brisk, lively*, A. R. 140.
cwūld, sb., *O.E.* cwyld, cwild *m. f. n., cf. O.H.G.* qvelida *f.*; *from* **cwélen**; *death, slaughter, 'pestis,'* FRAG. 3.

d.

dā, sb., *O.E.* dā; *doe*, IW. 2027; do '*dama*' FRAG. 3; MAN. (F.) 15749; doo PR. P. 124; WICL. PROV. vi. 5.
dabbe, sb., *stroke, slap*, ALIS. 2306.
dabben, v., *cf. M.Du.* dabben; *slap, strike*; **dabbeþ** (*pres.*) P. S. 192.
dǣd, *see* **dēad.**
dǣde, sb., *O.E.* dǣd, = *O.L.G.* dād, *O.N.* dāð,

150   dēde.   [dǣl.

Goth. dēds, *O.H.G.* tāt *f.*; *from* dōn; *deed*;
dede LAȝ. 26556; A. R. 62; ORM. 2267;
ROB. 73; PR. C. 2485; or he dide ani oþer
dede HAV. 1356; bitvex him & þe was mad
a prive dede MAN. (H.) 259; in dede CH. C.
T. *A* 659; dade HOM. II. 187; dēde (*pl.*)
FRAG. 2; BRD. 27; dede, deden P. L. S.
viii. 5, 45; dæde, dede, deden [dedes] LAȝ.
4864, 6564, 14177; dede, dade, deden, dedes
HOM. II. 9, 15, 131, 222; dæden MAT. xviii.
31; deden C. L. 938; his uvele deden A. R.
86; mi gode deden SPEC. 99; in . . . mine
dearne deades KATH. 575; dēdan (*gen. pl.*)
HOM. I. 117; dēdan, dede (*dat. pl.*) HOM. I.
99, 159; deden FRAG. 7; LAȝ. 13976; dede
P. L. S. viii. 2; O. & N. 1376; *comp.* elmes-,
gōd-, harm-, mis-, ofer-, üvel-, wel-dēde.

dēd-bōte, sb., *O.E.* dǣdbōt; *atonement,
reparation for a crime*, ORM. 6025; þa ded-
bote HOM. I. 23; penitence þet is dedbote
A. R. 348; satisfac(c)ioun dedbote AYENB.
32; deedbote REL. II. 243.

dæi, sb., *O.E.* dæg, = *O.L.G.* dag, *O.Fris.* dei,
O.N. dagr, *Goth.* dags, *O.H.G.* tag, *day*, SAX.
CHR. 260; dæi, dai LAȝ. 833, 10246; deȝ HOM.
I. 223; dei & niht 65; dei KATH. 747; tō dai
to-day, 788; dei A. R. 20; to dai 278; daȝ HOM.
II. 257; þe lattste daȝ (*ms.* daȝȝ) ORM. 4168;
godes gast of hefne com . . . an daȝ at undern
time 19458; to daȝ 5415; daig MAT. vi. 34;
dai FRAG. 7; GEN. & EX. 83; (*ms.* day) PROCL.
7; **a dai by day** O. & N. 219; hit was neȝ
dai liȝt P. L. S. xvii. 277; as hi fischede a dai
bi þe se P. L. S. xx. 3; al dai [*O.E.* ealne dæg]
BEK. 1458; þet habbeþ al dai hare eȝe to hevene
AYENB. 75; nou a dai GOW. I. 64; **daiȝes**,
dæies [*O.E.* dæges] (*gen.*) SAX. CHR. 249, 251;
dæiȝes LAȝ. 30032; dæiȝes [daiȝes] and nihtes
3255; þes daȝes [daies] lihte 26464; deiȝes
HOM. I. 97; deies & nihtes 7; deies A. R. 256;
daies KATH. 1078; (*ms.* dayes) HAV. 2353; bi
daies lihte O. & N. 1431; haveþ daies kare
1590; be dæies (*for* dæie) SAX. CHR. 261;
nou a daies CH. C. T. *G* 1396; daȝe, dæie, daie
[*O.E.* dæge] (*dat.*) LAȝ. 82, 2775, 4923; on his
dæie [daiȝe] 9090; æfter his deie [daiȝe] 2942;
en Edwardes kinges deȝe ANGL. VII. 220;
deȝe, deiȝe, deie, daie HOM. I. 9, 191, 229;
daiȝe MK. x. 34; deie JUL. 10; bi deie A. R.
32; daie FL. & BL. 259; bi daie O. & N. 241;
dages (*O.E.* dagas) (*pl.*) MAT. xxviii. 20;
daȝes HOM. I. 11; daȝen 119; daȝhes ORM.
1902; daȝes, dæȝes, dæies, dawes [daȝes,
daiȝes, daies, dawes] LAȝ. 1113, 3895, 8724,
19216; daȝen 3615; daȝes, daies AYENB. 198,
214; dages, daies REL. I. 225, 226; daies,
dahes KATH. 1562, 1844; daies MISC. 28;
WILL. 3843; WICL. JOHN xi. 6; daies, dawes
BRD. 5, 6; daiges GEN. & EX. 2455; dawes A. R.
70; dawes MISC. 38; HAV. 2344; ALIS. 1436;
GOW. II. 113; LAUNF. 1; dæges LEECHD. III.
84; deaȝes FRAG. 5; **daiȝe** [*O.E.* daga] (*gen.
pl.*) MAT. xxiv. 29; fifti daȝa HOM. I. 87;

daȝene, dawene LAȝ. 3615, 4605; twenti dahene
gong KATH. 2502; daȝen SHOR. 126; **dagon**
(*dat. pl.*) LK. iv. 25; dagen MAT. ii. 1; daȝen
HOM. I. 11; an his daȝen LAȝ. 10932; after his
daȝen 19848; o þon dawen 1284; dagen HOM.
II. 47; daghen MISC. 35; on þan dæȝen
LEECHD. III. 84; dawen ALIS. 5631; of dage
brogten GEN. & EX. 3545; bi olde dawe MISC.
47; P. L. S. xiii. 19; þat he had broȝt of dawe
FER. 2143; mani a bold burn was sone brouȝt
of dawe WILL. 3817; *comp.* **dēaþ-, ēaster-,
ende-, ȝōl-, hāli-, lif-, love-, messe-, reste-,
somer-, wā-dæi (dei, dai).**

daies ēiȝe, sb., *daisy*, ALIS. 7511; daies ie
CH. C. T. *A* 332; daies eȝes SPEC. 43.

dæi-hwam-līc, adj., *O.E.* dæghwamlīc;
daily; ure daihwamliche bred HOM. II. 27;
heore daȝwhamlike swinc ORM. 6238; **dei-
hwamlīche** (*adv.*) HOM. I. 17.

dai-lī, adj., *O.E.* dæglīc; *daily*, A. P. i.
313.

dai-liht, sb., *O.E.* dæglēoht; *daylight*, LAȝ.
III. 89; TOWNL. 2.

daig-rēd, sb., *O.E.* dæg-, dægerēd, -rǣd, =
M.Du. dagheraed; *dawn*, JOHN viii. 2; R. S.
iv. (MISC. 162).

daiȝ-rēwe, sb., *dawn*, HOM. II. 255; dairewe
O. & N. 328*; daierewe MISC. 163; dairawe
A. P. ii. 893; ALEX. 392.

dai-rieme, sb., *O.E.* dægrima; *daybreak,
'aurora,'* REL. I. 130 (HOM. II. 167); dairim
O. & N. 328; **dæirime** (*dat.*) SAX. CHR. 249.

dæg-sang, sb., *day-singing*; wid daȝsang &
wid uhtensang ORM. 6358.

dai-spring, sb., *day-spring*, ALIS. 4290.

dai-steorre, sb., *O.E.* dægsteorra; *day-star*,
O. & N. 328; daisterre WICL. JOB xxxviii. 32.

dēl, dāl, sb., *O.E.* dǣl *m.*, dāl *n.*, *cf. O.L.G.,
O.Fris.* dēl *m. n.*, *O.N.* deili *n.*, *Goth.* dails *f.*,
O.H.G. teil *m. n.*, *mod.Eng.* deal; *part, portion*;
þe moare dæl of heom PROCL. 2; iwhilc dæl
ORM. 1722; del 2715; muchel dæl of his cunne
LAȝ. 9436; þat beste del [deal] 2951; mesten
dæl (? *ms.* dal) [del] alle *nearly all* 2153;
muche deal goldes 6079; nenne dal (? *for* dæl)
JOHN xiii. 8; del SHOR. 145; LANGL. *B* xv.
480; AMAD. (R.) xiv; þane del HOM. I. 229;
þe meste del A. R. 330; þet feirest del 276;
þat beste del HOM. II. 143; sum del O. & N. 870;
mi song were ispild ech del 1027; sum del
GEN. & EX. 353; BEK. 688; ha was sum del
offruht KATH. 668; mesten del MARH. 17;
il(c) del HAV. 818; þat oþer del BRD. 3; þe
furþe del WILL. 1284; deel TREV. I. 153;
þe heþ grat del ine his kende AYENB. 17; eche
daies dol 112; hi nolden þer of makie nones
cunnes dol MISC. 50; he hæfde to dæle þat
suðland LAȝ. 2111; him þat lond to dale
com 2117; from þe oþer dele of Engelond
TREV. II. 85; **dǣles** (*pl.*) FRAG. 1; dæles,
dales MAT. ii. 22, xvi. 13; deles, doles AYENB.

dǣl.   **daigening.**   151

17; he a fif dæle [deale] dælde his ferde LA3. 21125; **dǣle** (*gen. pl.*) FRAG. 1; *comp.* **after-, for-, 3e-, or-, tō-dǣl** (-dāl, -dŏl); *see also* **dāle.**

dāl-neominde, sb., *O.E.* dælneomende; *sharer,* HOM. I. 47.

dǣlen, v., *O.E.* dǣlan, = *O.L.G.* dēlian, *O.Fris.* dēla, *O.N.* deila, *Goth.* dailjan, *O.H.G.* teilan, *mod.Eng.* deal; *divide, share,* ORM. 6175; heo wolden al þis lond dælen [deale] heom bitwenen LA3 4053; to dælen and to dihten þis kinelond 23627; þer heo gunnen dælen (*separate*) 18897; nu wit scullen delen (*fight about*) þene dæð of mire ma3en 26041; heo gunnen delen (*fight*) 30417; þet ich mote delen (*take part*) ine ham A. R. 28; dealen lif & soule 224; to dealen his feder chetel to neodful(l)e 224; delen MISC. 49; to delen þat uvel from þe gode C. L. 139; to delen with swich poraille CH. C. T. *A* 247; dele AYENB. 76; S. S. (Wr.) 3442; PR. C. 3460; dele, deale O. & N. 954; hi dǣleð (*pres.*) FRAG. 6; þei deleþ LANGL. *B* x. 28; þe womman þat 3e with delen (*cohabit*) *B* vii. 90; on four doles delen he ðe ger GEN. & EX. 151; dǣl (*imper.*) GEN. & EX. 3239; deleð elmesse '*date ele(e)mosynam*' HOM. I. 111; þet ðu ne dēle (*subj.*) (*share*) noht þer inne 67; **dǣlde** (*pret.*) LA3. 21126; delde BEK. 1191; delden HOM. I. 91; **dǣled** (*pple.*) ORM. 598; deled ROB. 23; CHR. E. 370; þis þing was deled and di3t so hem þou3t best AR. & MER. 5349; *comp.* **bi-, 3e-, tō-dǣlen.**

dǣlare, sb., *O.E.* dǣlere; *divider,* '*partitor, distributor,*' PR. P. 117; FRAG. 2.

dǣlende, sb., *O.E.* dǣlend (LK. xii. 14); *partner:* non to him ne come ne delende nere of his eadinesse HOM. I. 217.

dǣlinge, sb., = *O.H.G.* teilunga; *dealing, partition, division,* TREV. I. 247; ['*distributio*'] WICL. NUM. xxxvi. 4; *comp.* **tō-dēlinge.**

dǣþ, *see* **dēað.**

daffe, sb., *fool, idiot,* PR. P. 111; deffe 116; P. S. 328; LANGL. *A* i. 129; CH. C. T. *A* 4208.

[**daffen,** v., *render foolish;* comp. **bi-daffen.**]

daft, adj., *O.E.* (ge-)dæft, *mod.Eng.* deft, daft; *mild, gentle; stupid:* doumb and daft MAP 343; dafte ORM. 2175; CHEST. I. 134; deft '(*k*)*ebes*' PR. P. 116; ðat defte meiden REL. I. 209; *comp.* **3e-daft.**

dafte-le3c, sb., *gentleness,* ORM. 2188.

dafte-like, adv., *meekly, becomingly,* ORM. 1215; deftli LAI LE FR. 360.

[**dafti3,** adj., *cf. L.Ger., Du.* deftig.]

dafti3-like, sb., *decently,* ORM. 15921.

da3, *see* **dǣi.**

dā3, sb., *O.E.* dāg, dāh, = *M.Du.* deegh, *O.N.* deigr, *Goth.* daigs, *O.H.G.* teig; *from root of Goth.* deigan (πλάσσειν); *dough;* dah '*massa*' FRAG. 4; dagh VOC. 201; do3 AYENB. 205; dogh MIRC 1882; doh LEECHD. III. 88; dou REL. II. 277; **dōghe** (*dat.*) L. C. C. 41; *comp.* **sūr-dā3.**

dōu-ribbe, sb., *baker's scraper,* '*sarpa, costa pasthalis,*' PR. P. 129; VOC. (W. W.) 575.

dōu-trough, -trou, sb., *kneading trough,* PR. P. 129.

dagen, *see* **da3ien.**

dagge, sb., *O.Fr.* dague; *strip of cloth,* '*fractillus,*' PR. P. 111; DEP. R. iii. 193; highe shoos knopped with dagges (*pl.*) R. R. 7260.

daggen, v., *O.Fr.* daguer; *tear into rags:* leet dagge his cloþes LANGL. *B* xx. 142; **dagges** (*pres.*) D. ARTH. 2102; **dagged** (*pple.*) CH. C. T. *I* 421.

dagging, sb., *act of slitting;* dagging of sheres CH. C. T. *I* 418.

[**daggen,** v., ?= **dēawen;** *comp.* **bi-daggen.**]

dagger, sb., *dagger,* CH. C. T. *A* 392.

daggered, adj., *wearing a dagger:* now swerded, now daggered MAND. 137.

da3ien, v., *O.E.* dagian, = *O.N.* daga, *O.H.G.* tagen; *from* **dǣi;** *dawn, become day;* (ms. dai3en) (da3e3e) LA3. 26940; dagen GEN. & EX. 16; daiin, dawin PR. P. 112; dawen SPEC. 96; S. S. (Web.) 2249; dawe WILL. 3261; LANGL. *B* xviii. 179; **dageð** (*pres.*) HOM. II. 103; daweð A. R. 352; þer daweþ him no dai CH. C. T. *A* 1676; dawe (*subj.*) P. S. 238; **da3ede,** dawede (*pret.*) LA3. 1694, 8523; dawed DEGR. 597; *comp.* **a-, of-da3en.**

dawunge, sb., *O.E.* dagung, = *M.H.G.* tagunge; *dawning,* A. R. 20; dawinge ROB. 208; dawing TREV. VIII. 343*; dagheinge HAMP. PS. xlv. 5; lxxiii. 17.

da3nien, v., *for* **da3ien;** *dawn;* dawnin PR. P. 114.

daigening, daiening, sb., = *Dan., Swed.* dagning; *dawning,* GEN. & EX. 77, 3264; dawening ALIS. 403; daweninge CH. C. T. *B* 4372; TREV. II. 9; dauninge PR. P. 115.

dagoun, sb., *piece* (*of cloth, etc.*), CH. C. T. *D* 1751.

dagswaine, sb., *blanket;* daggisweine PR. P. 112; dubbide wiþ dagswainnes (*pl.*) dowblede they seme D. ARTH. 3610.

dāh, *see* **dā3.**

dahet, sb., *O.Fr.* dahait, deshet; *misfortune;* dahet [*v. r.* dehaet] habbe þat ilke best... þat fuleþ his owe nest O. & N. 99; daþet (?*printed* dayet) MAN. (H.) 143; daþeit S. S. 2395; daþet (*interj.*), *woe to, evil befall,* AM. & AMIL. 1569; TRIST. 1875; daþeit HAV. 300, 926; dait JUL.[2] 202; dai þat P. L. S. xix. 357.

daheð, sb., *from* **da3ien;** *? dawn;* euch **daheðes** (*gen.*) dei *every day at dawn* JUL. 7.

dai, daig, *see* **dǣi.**

daierie, *see* **dēierie.**

daigening, *see under* **da3ien. dainen,** *see* **deinen.**

dalc, sb., *O.E.* dalc, dolc,=*O.N.* dalkr; *þin*, *brooch*, '(*spi*)*nter*,' FRAG. 2; dalke *firmaculum, monile* CATH. 89; dolc sor and blein GEN. & EX. 3027.

dále, sb., *O.E.* dæl, *cf. O.L.G., Goth.* dal, *O.H.G.* tal *n., O.N.* dalr *m.; dale, valley,* ORM. 9203; ROB. 362; LANGL. *A* PROL. 15; PR. C. 1044; þat dale LA3. 27166; **dále** (*dat.*) O. & N. 1; GEN. & EX. 19; ALIS. 2550; **dáles** (*pl.*) LA3. 20860; MAP 348; deales A. R. 282; **dálen** (*dat. pl.*) LA3. 21775.

dāle, sb.,=*M.L.G.* dēle, *Goth.* daila (μετοχή), *O.H.G.* teila, *mod.Eng.* dole; *division, part*; ane dale HOM. I. 123; KATH. 99; ne schaltu habben... dale of heovene riche MARH. 22; þe feorþe dale ORM. 8273; ne scalt þu næver halden dale of mine lande LA3. 3084; þa feorče dale 3311; ane dæle (*? for* dale) 17754; dole GEN. & EX. 152; C. L. 291; A. P. i. 136; þeos laste dole A. R. 412; heo eoden to þære dale LA3. 19666; **dōlen** (*pl.*) A. R. 10; *see* **dǽl.**

dali, sb., *? O.Fr.* daille; *die,* '*tessera, alea,*' PR. P. 112.

daliance [daliaunce], sb., *dalliance,* CH. C. T. *A* 211; daliaunce GAW. 1012.

dalien, v., *dally, play*; dali GAW. 1253; daile MAN. (H.) 116; disours dalie ALIS. 6991; **dailieden** (*pret.*) GAW. 1114.

dalke, sb., *? dim. of* **dále**; *little dale,* '*vallis,*' PR. P. 112; REL. II. 78; dalk PR. C. 6447.

dalke, *see* **dalc.**

dalle, sb., *mod.dial.* doll; *hand*; put furthe þi dalle TOWNL. 118.

dalmatik, adj., *O.Fr.* dalmatique, *Lat.* dalmatica; *dalmatic,* PR. P. 112; VOC. 249.

dam, sb., *O.N.* damr,=*O.Fris.* dam, dom, *M.H.G.* tam; *dam,* '*agger,*' PR. P. 113; '*stagnum*' VOC. 239; PS. cvi. 35*.

dam², sb., *O.Fr.* dam, dan, dans, *Lat.* dominus; *sir (prefixed to names),* HAV. 2468; þis boc is dan Michelis AYENB. 1; þe ersebisshop of Anxus, danz Guard MAN. (H.) 147.

damāge, sb., *O.Fr.* damage; *damage,* ALIS. 959; TREV. II. 391; MAN. (F.) 4552.

damaging, sb., *damage, injury*: withoute damagingue LEG. 45.

damasin, sb., *damson (plum),* PR. P. 113; VOC. 192; **damisins** (*pl.*) wiche withe þer taste delite LIDG. M. P. 15.

dáme, sb., *O.Fr.* dame; *dame, lady,* KATH. 2111; A. R. 230; R. S. vii; MAND. 302; PERC. 336.

damesele, sb., *O.Fr.* damisele, dameisele; *damsel,* HORN. (L.) 1169; damisele WILL. 401.

damnable, adj., *Fr.* damnable; *condemnable*; dampnable SHOR. 152.

damnacioun, sb., *Fr.* damnation; *damnation,* CH. A. B. C. 23.

damnen, v., *Fr.* damner; *condemn*; damni AYENB. 137.

dampen, v., *drown, suffocate*; damped (*pple.*) A. P. ii. 989.

dan, *see* **dam².** **dáne,** *see* **déne.**

danger, sb., *O.Fr.* dangier, daunger, *mod.Eng.* danger; *control, power; resistance,* A. R. 356; SHOR. 162; CH. C. T. *A* 663; now wolde God, i had her all wiþoute daunger at my wille GOW. II. 40.

dangerūs, adj., *O.Fr.* dangereus; *dangerous, hard to please,* A. R. 108; CH. C. T. *B* 2129.

dank, sb., *dampness*: on þe danke (*dat.*) of þe dewe many dede liggis D. ARTH. 3750.

dank, adj., *damp*; dannke D. ARTH. 313.

danken, v., *cf. Swed.* dänka; *bedew, damp*; dankit (*pret.*) D. TROY 7997.

danz, *see* **dam.**

daper, adj., *? M.Du.* dapper (*brave*),=*O.H.G.* tapher (*heavy, brave*); *dapper*; dapir '*elegans*' PR. P. 113.

[dappel, ? = *O.N.* depill (*macula*).]

dappel-grai, adj., *dapple-gray,* CH. C. T. *B* 2074.

dar, sb., *dace (the fish),* '*capito,*' VOC. 253; darce B. B. 156, 174.

dar², sb., *? O.N.* darr (*spear*); *dart,* '*jaculum,*' VOC. 253; (VOC. W.W. 558 *reads* dart, *but the index has* dar).

dar, *see* **dear** *and* **þarf.**

darial, sb., *O.Fr.* dariole; *kind of pastry,* **darials** (*pl.*) L. C. C. 38; with darielles endorride D. ARTH. 199.

dárin, v., *?=L.Ger., Du., Fris.* (be-)daren; *lurk, be concealed,* '*lateo,*' PR. P. 113; LIDG. M. P. 153; dare SPEC. 50; TRANS. XVIII. 26; WICL. MK. vii. 24; MAN. (F.) 5183; GAW. 2258; A. P. i. 838; **dárie** (*pres.*) MARH. 16; dare E. T. 553; i droupe and dare MIN. i. 9; darečs so ge ded were REL. I. 217; and dariþ þer for drede TRIAM. 321; we dearieč JUL. 43; deovelen þat in ham dearieč [daried] KATH. 553; daren ANT. ARTH. iv; dare CH. C. T. *B* 1293; **dáre** (*subj.*) O. & N. 384; **dearede** (*pret.*) KATH. 1135; dared WILL. 4055; *comp.* **at-dárien.**

dark, *see* **dearc.**

darnel, sb., *Fr.* darnel; *darnel,* TREV. VII. 525; M. H. 145; dernel WICL. MAT. xiii. 25, 29; '*zizania, lolium*' PR. P. 119; **dernels** (*pl.*) [*v. r.* derneiles, darnels] WICL. MAT. xiii. 30.

dart, sb., *O.Fr.* dart [*cf. O.E.* darǒč, *O.N.* darračr, *O.H.G.* tart]; *dart,* '*telum,*' PR. P. 114; MAND. 117; CH. C. T. *A* 1564.

darten, v., *cf. O.Fr.* darder; *pierce with a dart,* H. R. 143.

daschen, v., *cf. Dan.* daske, *Swed.* daska; ?= **dwēschen**; *dash, rush, strike*; dasche ALIS. 2887; dasche a doun P. L. S. xvii. 366;

dasse (*pres. pl.*) AR. & MER. 9135; **daschande** (*pple.*) A. P. iii. 312; **daschte** (*pret.*) ROB. 51; dassed AR. & MER. 6293; dast 9271.
dasewen, *see* **dásin.**
[**dasi,** adj., *cf.* Swed. dasig.]
dasi-berd, sb., *cf. L.G.* dösbart; *simpleton*, VOC. 217; dosebeirde, dossiberde CHEST. II. 34, I. 201.
dásin, v., *O.N.* dasa (*be sluggish*),=*M.Du.* dasen, dwasen (*rave, be foolish*), *O.E.* dwæsigean (*be foolish*), *mod.Eng.* dase; *grow dim, grow dizzy; stupefy, bewilder,* '*caligo,*' PR. P. 114; dase M. T. 311; þe iȝen schulen not dasewe ['*non caligabunt*'] WICL. IS. xxxii. 3; i **dáse** (*pres.*) and i dedir TOWNL. 28; þe eiȝen dasewetz P. R. L. P. 221; dasen [dasewen, daswen] CH. T. *H* 31; **dásed** (*pret.*) A. P. iii. 383; **dásed** (*pple.*) CH. H. F. 658; L. H. R. 216; PR. C. 6647; *comp.* **a-dásen.**
dásed-lī, adv., *coldly, indifferently*: when a man God dasedli loves PR. C. GLOSS. 289.
dásednes, sb., *coldness, indifference*, PR. C. 4904.
dastard, sb., *? from O.N.* dæstr (*weary*), *mod.Eng.* dastard; *stupid person*; dastard or dullard PR. P. 114.
daswen, *see* **dásin.**
dáte, sb., *Fr.* date; *date* (*point of time*), CH. C. T. *G* 1411; MAN. (F.) 1747.
dáte, sb., *O.Fr.* date; *date* (*fruit*), '*dactylus,*' PR. P. 114; **dátes** (*pl.*) MAND. 57.
daþeit, daþet, *see* **dahet.**
dau, daw, adj., *? melancholy*: if god helpe amang i mai sit downe daw TOWNL. 26.
dau-lī, dawlī, adv., *? sadly, miserably,* D. TROY 728, 870.
dawlī-lī, adv., *for* **dawlī,** D. TROY 5359.
daubin, v., *daub, plaster,* '*limo* [*? linio*], *muro,*' PR. P. 114; **daauben** (*pres.*) ['*liniunt*'] WICL. EZ. xiii. 11; **daube** (*imper.*) A. P. ii. 313.
dauber, sb., *dauber,* '*argillarius*' PR. P. 114; VOC. 181.
daubinge, sb., *plaster*, LANGL. *C* ix. 198.
daunce, sb., *O.Fr.* dance, danse; *dance*; þere was no daunce GOW. III. 291; daunse [daunce] CH. C. T. *A* 476; **daunces** (*pl.*) ALIS. 6990.
dauncen [daunsen], v., *O.Fr.* dancer, danser; *dance*, CH. C. T. *A* 2202; daunce GOW. II. 95; **daunsen** (*pres.*) ALIS. 5213; þoȝ þou daunce A. P. i. 345; **daunsid** (*pret.*) RICH. 185; daunsed GOW. 1026; þise damseles daunsede LANGL. *C* xxi. 471.
dauncere, sb., *dancer,* '*tripudiator, tripudiatrix,*' PR. P. 114.
daunceresse, sb., (*female*) *dancer*; daunseresse WICL. ECCLUS. ix. 4.
dauncing, sb., *dancing,* S. & C. II. xxii; dawncinge, idem est quod dawnce PR. P. 114.
dawncinge pipe '*carola*' PR. P. 114.

daunselen, v., *fondle, caress, cajole*; **daunseled** (*pple.*) LANGL. *A* xi. 30.
daunsen, v., *fondle, caress* (*v. r.* daunte), WICL. IS. lxvi. 12.
daunt, sb., *check, stoppage*: þe crosses dunt ȝaf him a daunt L. H. R. 145.
daunten, v., *O.Fr.* danter, donter, *from Lat.* domitāre; *subdue, tame*, LANGL. *A* iii. 268; daunte WICL. MK. v. 4; **daunted** (*pret.*) LANGL. *B* xv. 393.
daunten, v., *? fondle*; upon þe knes men shal daunte ȝou ['*blandientur vobis*'] WICL. IS. lxvi. 12; daunt LIDG. M. P. 35.
dáwe, sb., =*O.H.G.* tāha; *daw,* '*monedula,*' CATH. 91; *comp.* **cá-dáwe.**
dawien, *see* **daȝien.** **dawunge,** *see under* **daȝien. day,** *see* **dæi.**
de-, prefix, *imitating words from O.Fr. with* de- *for* des-, dis-; *see* **debreiden, debréken.**
dē, sb., *O.Fr.* dé; *die* (*for playing*); dee GOW. II. 209; **dēs** (*pl.*) AYENB. 45; dees GOW. II. 39; dees [dis] CH. C. T. *C* 467; dise TOWNL. 240; dise (*used as sing.*) '*alea*' VOC. 202; dice PR. P. 120; **dicis** (*pl.*) PR. P. 121.
dēad, adj., *O.E.* dēad, =*O.Fris.* dād, dāth, *O.L.G.* dōd, *O.N.* dauðr, *Goth.* dauþs, *O.H.G.* tōt; *dead*, HOM. I. 51; A. R. 134; R. S. v.; LIDG. M. P. 35; dead, dæd LAȝ. 196, 2540; dead [ded] O. & N. 1619; GEN. & EX. 217, 2493; diad, diead AYENB. 12, 79; after þat he was dæd for us ORM. 11551; ded HAV. 634; ded [deed] CH. C. T. *A* 148; ȝe dede se GEN. & EX. 750; þe dede slep *the sleep of the dead* CH. D. BL. 127; þe dide slep FL. & BL. 66; þa brude deade iweard LAȝ. 294; þas dædan FRAG. 5; **dēadne** (*acc. m.*) LAȝ. 7993; **dēade** (*pl.*) JUL. 62; hes beoð deade A. R. 310; þa deden HOM. I. 37; deden, dede [deade] LAȝ. 9279, 22873; þe deade A. R. 390; wiþ þe dede PERC. 155; **dēadre** (*gen.*) manne ['*mortuorum*'] MAT. xxii. 32; *comp.* **sám-dēd.**
dēad-lic, adj., *O.E.* dēad-, dēaðlic, =*O.H. G.* tōd-, tōtlīh; *deadly, deathly, mortal,* HOM. I. 223; deadlich KATH. 1104; A. R. 206; diadlich MISC. 27; a dedlich mon MISC. 46; deaðlic HOM. I. 221; deadliche senne SHOR. 99; deadliche ifoan PROCL. 6; þine dædliche ivan LAȝ. 8550; deadli [deedli] WICL. ESTH. xiii. 2; dedli GOW. I. 355; LANGL. *B* xiv. 78; **dōdliche** (*adv.*) MARH. 22; he ȝeneȝeþ diadliche AYENB. 86.
deadlīcnesse, sb., *O.E.* deadlīcness; *deadliness,* A. R. 382.
dēde-stoure, sb., *death-throe*, PR. C. 1820.
dēaden, *see* **dēden.**
dēaf, adj. & sb., *O.E.* dēaf, = *O.Fris.* dāf, *O.L.G.* dōf, *O.N.* daufr, *Goth.* daubs, *O.H.G.* toub; *deaf,* MARH. 20; diaf AYENB. 1; dæf ORM. 9887; def MAP 335; def [deef] CH. C. T. *A* 446; deef PR. C. 782; LIDG. M. P.

189; LUD. COV. 254; **dēave** (*pl.*) MARH. 6; deve HOM. II. 129; defe [deve] LANGL. *B* xix. 126; (þe) deave KATH. 1061.

dēf-li, adv., *deafly*, TOWNL. 100.

dēfnes, sb., *deafness*, 'surditas,' VOC. 224.

dēaȝ, sb., *O.E.* dēag, dēah; *dye, colour*; **dēhe** (*dat.*) MISC. 193.

dēaȝen, v., *O.E.* dēagan (*pret.* dēog), dēagian (MONE 356); *dye*; deie [die] CH. C. T. *F* 725 (Wr. 11037); diin '*tingo*' PR. P. 124; diȝed [idiȝed] (*pple.*) TREV. II. 331.

dēier, [dīere], sb., *dyer*, CH. C. T. *A* 362 (364); dihȝeres (*pl.*) E. G. 359.

dīestere, sb., *dyer*, LEG. 40.

dēah, v., *O.E.* dēah, dēag, = *O.L.G.* dōg, *Goth.* daug (συμφέρει), *O.H.G.* toug (*pret.-pres.*); *is powerful; is befitting* (*oportet*); deah, deh KATH. 1446, 1853; deh MARH. 1; deih HOM. I. 302; þet ou me deih A. R. 420; Thebald nouht ne deih MAN. (H.) 133; þat þing þat noht ne dæh ORM. 4872; hwile þine dages dugen REL. I. 184; *deriv.* duȝen, duȝeðe, duhtiȝ.

deakne, see **diacne**. **dēal**, see **dǣl**.

deale, interj. [*Stratm.* regards this as *imper.* of **dǣlen**; others compare *O.Fr.* deu le set (*God knows*)], ? *expressing wonder*: lo, deale, hwat he seið A. R. 362; 286; o, dele, þis is a fole Briton MAN. (H.) 167.

dear, v., *O.E.* dearr, dear, = *O.L.G.* (gi-)dar, *Goth.* dars, *O.H.G.* (ge-)tar, (*pret.-pres.*); *dare*, HOM. I. 187; dar MARH. 16; ORM. 10659; O. & N. 1110; H. H. 142; P. S. 324; AYENB. 32; WILL. 564; LANGL. *B* xv. 108; MAND. 249; SACR. 316; der HOM. I. 27; LAȜ. 6639; A. R. 206; SHOR. 5; **derst**, dærst, darst LAȜ. 20375, 24779, 24785; dearst HOM. I. 27; JUL. 47; darst ORM. 5615; O. & N. 853; C. L. 1081; hou þerstou . . . nemne his name BRD. 27; **durren** (*pl.*) JUL. 42; ne durren [dorren] heo me abiden LAȜ. 15063; durre ALIS. 1314; men durre (? *for* þurve) selde here orf in hous a wintre bringe ROB. 43; dorren, dorre AYENB. 22, 78; doren P. S. 325; WICL. GEN. xliv. 26; dur MAND. 271; dur [dore] CH. C. T. *G* 661; we ne þore abide noȝt BEK. 1375; durre (*subj.*) LAȜ. 24783; O. & N. 1706; dorre ROB. 112; durren A. R. 128; *deriv.* durren, durstiȝ.

dearc, adj., *O.E.* deorc; *dark*, GR. 26; darc, dorc JUL. 30, 31; derk '*tenebrosus, obscurus*' PR. P. 119; ROB. 560; C. L. 71; GOW. II. 120; MAND. 237; LUD. COV. 21; deorc LK. xi. 34; FRAG. 5; deork BEK. 1411; dorc HOM. I. 253; durk TREAT. 134; P. L. S. ii. 43; dirk ANT. ARTH. vi; LIDG. M. P. 144; darke niȝt P. 57; dorcke niþt (*r.* niht) LAȜ. 7563*; **derker** (*compar.*) LANGL. *B* x. 182; **darkest** (*superl.*) MARH. 8.

deork-hēde, sb., *obscurity*, HALLIW. 298; derkhede LEG. 86; durchede BRD. 2.

derk-līche, adv., *O.E.* deorclīce; *darkly*, LANGL. (Wr.) 6363.

derknesse, sb., *darkness*, LANGL. *B* xvi. 85; CH. C. T. *A* 1451.

deark, sb., *darkness*; derk, WILL. 1285; ALIS.[2] (Sk.) 714; bi þe derke HORN (L.) 1431.

derk-ful, adj., *O.E.* deorcfull; *dark* ['*tenebrosus*'], WICL. LK. xi. 34.

dearkien, v., ? *O.E.* (a-)deorcian; *make dark; lurk in the dark*: derkin '*obscuro*' PR. P. 119; derken CH. BOET. i. 4 (20); i durk(e) and dare C. M. 25432; derkede (*pret.*) B. DISC. 1379; þe child . . . darked in his den WILL. 17; **derked** (*pple.*) GOW. III. 307; derkid WICL. 3 KINGS xviii. 45; dirkid LIDG. M. P. 138; idurked BEK. 1414.

dearknien, v., = *O.H.G.* tarchnēn (*conceal*); *darken, grow dark*; durcnin HOM. I. 259*; **darkneþ** (*pres.*) REL. I. 241; dirkins ANT. ARTH. v; **dūrcninde** (*pple.*) KATH. 2049*.

dearne, see **derne**.

dēað, sb., *O.E.* dēaþ, = *O.Fris.* dāth, dād, *O.L.G.* dōþ, dōd, *Goth.* dauþus, *O.H.G.* tōd, *cf. O.N.* dauči; *death*, KATH. 1127; deaþ, diaþ SHOR. 25, 28; diaþ AYENB. 12; diath MISC. 27; dieð P. L. S. viii. 93; deað, deð, dæð [deaþ, deþ] LAȜ. 284, 2587, 20677; deþ [deeth] CH. C. T. *A* 964; dæþ ORM. 17450; deth, ded PR. P. 115; dead GEN. & EX. 508; ded HAV. 1687; MIRC 247; Iw. 1262; PR. C. 815; **dēaðes** (*gen.*) KATH. 1143; deaðes swot A. R. 110; ȝiveð deaðes dunt 274; deaþes (*in death*) O. & N. 1632; deaþes drench *deadly potion* AYENB. 130; deðes dom *sentence of death* HOM. I. 279; deþes wonde ROB. 49; deþes wounde FER. 851; diþes wunde HORN (L.) 640; hure deþes stounde (= *Ger.* ire todesstunde), 953; dæþes pine ORM. 1381; **dēaðe** (*dat.*) HOM. II. 97; Crist aras of deaðe HOM. I. 91; þa þe fader wes on deaðe LAȜ. 318; efter his deaðe A. R. 314; deaþe [deþe] O. & N. 1617; diaþe AYENB. 7; diþe HORN (L.) 58.

dēþ-dai, sb., *O.E.* dēaðdæg; *death-day*, LANGL. iii. 104.

dǣþ-shildiȝ, adj., *O.E.* dēaðscyldig; *worthy of death*, ORM. 10436.

dǣðshildiȝnesse, sb., *worthiness of death*, ORM. 10430.

dēaþ-sīþ, sb., *death*, LAȜ. 6348*.

dēþ-þrōwe, sb., *death-throe*, P. L. S. xv. 192; dedthrawe D. ARTH. 1150.

dēað-ūvel, sb., *fatal sickness*, A. R. 314; deþuvel BEK. 2211; deethevel TREV. VIII. 9.

dēau, sb., *O.E.* dēaw, ?= *O.Fris.* dau (*dat.* dawe), *O.H.G.* tau, tou, *O.N.* dǫgg; *dew*: deau, diau AYENB. 136, 144; daw (? *for* deaw) HOM. I. 233; dæw ORM. 13865; dew GEN. & EX. 3325; deu TREAT. 137; MAP 347; SPEC. 72; M. H. 26; þene deu HOM. I. 159; deuȝ II. 256; **dēwes** (*gen.*) GEN. & EX. 3327; dewes dropes

dēau.   **defaute.**   155

SPEC. 114 (A. D. 179); **dēwe** (*dat.*) TREAT. 137; **dēowes** (*pl.*) SPEC. 44; *comp.* mil-dēu.
   dēu-lappe, sb., *cf. Dan.* döglæp; *dew-lap,* '*palear*' PR. P. 120; VOC. 221; **dēulappes** (*pl.*) PALL. iv. 711.
   dēu-water, sb., *cf. M.H.G.* touwazzer; *dew water*: rein water o'ćer deu water HOM. II. 151.
   dēaven, v., *O.E.* (a-)dēafian, = *O.Fris.* dāva, *cf. O.N.* deyfa; *from* **dēaf**; *deafen, grow deaf, make deaf*; deve GAW. 1286; him deaveþ þa æren FRAG. 5; **dēvid** (*pple.*) LUD. COV. 348; *comp.* **a-dēaven**.
   dēawen, v., *O.E.* dēawian, *cf. M.Du.* dauwen, *O.H.G.* touwen (touuen), *O.N.* döggva; *dew, bedew*: dewin '*roro*' PR. P. 120; dæwen ORM. 13848; deweth (*imp.*) ['*rorate*'] WICL. Is. xlv. 8.
   debat, sb., *O.Fr.* debat; *debate, strife,* WILL. 4380; LANGL. *A* v. 181.
   debáte, v., *O.Fr.* debatre; *debate, do battle,* GOW. I. 40; **debateþ** (*pres.*) I. 124; **debetande** (*pple.*) wiþ himselfe GAW. 2178; **debated** (*pret.*) 67.
   debonaire, adj., *O.Fr.* de bon aire; *meek, gentle*: þet debonere child ... cussed þe ȝerd A. R. 186; ROB. 167; fortune was hem debonaire GOW. I. 22; deboneire CH. BOET. i. 5 (22); a maiden ... ful debonere A. P. i. 162.
   debonair-li, adv.: up his look debonairli he cast CH. TRO. ii. 1259; BOET. iv. 3 (122); bere me debonureli WILL. 730.
   debonernesse, sb., *mildness*: for treuthe and debonernesse WICL. PS. xliv. 5.
   debonairetē, sb., *meekness*; debonairiete CH. D. BL. 984; C. T. *I* 540; ðuruh his debonerte A. R. 390; debonerte A. P. iii. 418.
   de-breiden, v., *tear apart*; **debreidinge** [*v. r.* to breidinge] (*pple.*) WICL. MK. i. 26; IX. 25.
   de-bréken, v., *cf.* bréken, debríse; *break asunder*; **debrékinge** (*pple.*) WICL. MK. i. 26; **debróken** (*pple.*) WICL. EZ. xxxi. 15.
   debríse, v., *O.Fr.* debrisier, debruisier; *break in pieces,* WICL. EZ. xxxiv. 27; **debrüsede** (*pret.*) L. H. R. 40.
   decas, sb., *cf.* cas; *decay, ruin,* GOW. I. 32.
   deceit, sb., *deceit,* TREV. II. 391; deceite CH. C. T. *G* 1367.
   deceivable, adj., *O.Fr.* decevable; *deceptive,* GOW. I. 233; the juge was made favourable, thus was the lawe deceivable I. 216; R. R. 4836; desaivabel and trecherous PR. C. 4231.
   deceivance, sb., *O.Fr.* decevance; *deception*: here of a desceivaunce þei conseild him to do MAN. (H.) 133; desceivance 195.
   deceivaunt, adj., *deceitful*: ne be nought deceivaunt GOW. I. 82, 222.
   deceive, v., *O.Fr.* decevoir; *deceive,* CH. C. T. *C* 918; deceivi AYENB. 82.

   deceivar, sb., *deceiver,* '*fraudator*,' PR. P. 115.
   decembre, sb., *O.Fr.* decembre; *December,* ROB. 441; december GOW. III. 236.
   decepcioun, sb., *O.Fr.* deception; *deception,* LIDG. M. P. 76, 260.
   deces, sb., *O.Fr.* deces, *from Lat.* decessus; *decease,* MAN. (F.) 5352.
   decimacioun, sb., *Lat.* decimātio; *paying tithes,* LIDG. M. P. 135.
   deciple, *see* disciple.
   declaracioun, sb., *Lat.* dēclārātio; *declaration,* TREV. I. 243.
   declāren, v., *O.Fr.* declarer; *declare,* CH. C. T. *A* 3002; **declāringe** (*pple.*) CH. BOET. i. 1 (5).
   declīn, sb., *O.Fr.* declīn; *decline, decay,* P. S. 154.
   declīne, v., *O.Fr.* decliner; *decline,* A. P. i. 333; ȝif þou canst decline þilke tweie names and speke Latin TREV. I. 327; wiþ heed de-clinid (*pple.*) lowe LIDG. in HALLIW. 295.
   decoccioun, sb., *Fr.* décoction; *decoction*: the coke bi mesour sesonith his potages by decoccioune to take their avauntages LIDG. M. P. 82.
   decollacioun, sb., *med.Lat.* decollātio; *beheading*: of the decollacioun of Saint John TREV. V. 49.
   decópen, v., *O.Fr.* decoper; *cut, slash*; with shoon decoped (*pple.*) R. R. 842.
   decourren, v., *O.Fr.* decoire, decourre; ? *depart from*: of pride the parchemin decourreth (*pres.*) LANGL. (W.) 9302 [decorreth *B* xiv. 193].
   decrē, sb., *O.Fr.* decré; *decree,* CH. C. T. *A* 640.
   decrees, sb., *O.Fr.* decreis; *decrease,* GOW. III. 154.
   dēd, *see* dēad *and* dēað.
   dēde, *see* dēde.
   dēden, v., *O.E.* dēdan, dȳdan (*kill*), = *O.H.G.* tōden, *Goth.* dauþjan (*kill*); *cf. O.H.G.* tōdēn (*die*); *become dead*: þe olde tre bigan to dede S. S. (Wr.) 623; **dēadid** [dedid] (*pple.*) WICL. I KINGS xxv. 37; *comp.* **a-dēden**.
   dederen, *see* dideren.
   deduit, *O.Fr.* deduit; *amusement,* LEG. 6; CH. C. T. *A* 2177; dedut BRD. 2; WILL. 4998; *see* dūt.
   dēef, dēf, *see* dēaf.
   deface, v., *deface,* CH. C. T. *E* 510; de-fáced (*pple.*) AYENB. 191.
   defáden, v., *fade away*; diffade P. L. S. xxx. 8; es my face defádide (*pple.*) D. ARTH. 3305.
   defailed, pple., *O.Fr.* defaillir; *grown feeble, weak*: recreid and defailed AYENB. 33.
   defaute, sb., *O.Fr.* defaute; *default, fault, want,* ROB. 2; AYENB. 73; defaut MAN. (F.) 5113; i hungered and had defaute of mete

defaute.

PR. C. 6190; defaulte GOW. II. 145; **defautes** (*pl.*) A. R. 136; defau3tes TREV. I. 9.

defaut-lēs, adj., *without defect, faultless*: þat any man might ordaine defautles PR. C. 8699.

defauten, v., *cf. It.* difaltare; *want*: greetlich thei **defauten** (*pres.*) WICL. JUDG. viii. 5; **defautide** (*pret.*) WICL. NUM. xi. 33.

defauting, sb., *failure*, WICL. WISD. xi. 5.

defautif, adj., *faulty, defective*, WICL. EX. vi. 12*.

defende, v., *O.Fr.* defendre; *defend*, MAN. (F.) 14636; defendi AYENB. 157; we **defendeþ** (*pres.*) ROB. 198; **defendide** (*pret.*) WICL. JUDG. xv. 1.

defendour, sb., *O.Fr.* defendeour; *defender*, PR. P. 115; defendor ROB. 198.

defensable, adj., & sb., *O.Fr.* defensable; *defensible*: in hillis and moost defensable placis WICL. JUDG. vi. 2; hii hulde hem there **defensables** (*pl.*) to libbe oþer to deie ROB. 549.

defense, sb., *O.Fr.* defense; *defence*, ROB. 253.

defensin, v., *Lat.* dēfensāre; *defend*, PR. P. 115.

defensioun, sb., *O.Fr.* defension, *Lat.* dēfensio; *prohibition*: domes of defensioun WICL. ECCLUS. xlviii. 7.

defensour, sb., *protector*: yow be my defensour SAC. 854.

deffe, see **daffe**.

defféted, pple., *enfeebled*: þou languissed and art deffeted for talent and desiir of þi raþer fortune CH. BOET. ii. 1 (30); defet TRO. v. 627.

defformen, v., *fashion, engrave*: ministracioun of deeth **defformid** (*pple.*) by lettris in stones WICL. 2 COR. iii. 7.

deffuse, sb., *? prohibition*: fore gret dule of deffuse of dedes of armes D. ARTH. 255.

defiaunce, sb., *O.Fr.* deffiance; *defiance*, LIDG. M. P. 92.

defīe, v., *O.Fr.* de-, desfier; *defy*, MAN. (F.) 5975; **defied** (*pret.*) LANGL. *B* xx. 65.

defien, v., *digest; be digested, decay*, LANGL. *A* v. 219; þe bodi sal defien ANGL. III. 61; defiin '*digero*' PR. P. 115; to defie þe mete TREV. IV. 441.

deflōren, v., *O.Fr.* deflourer; *deflower*: þe which book Robert bisshop of Hereforde **deflōrede** (*pret.*) ['*defloravit*'] TREV. I. 39; she hadde be **defloured** (*pple.*) GOW. II. 322.

defoil, sb., *trampling*: under hors knightes defoile AR. & MER. 7999; defoil 9191.

de-foul, sb., *dirt, filth*, TREV. I. 109; defoule A. P. iii. 289.

defoule, v., *O.Fr.* defouler; *tread under foot*;

deignous.

insult, defoul, ROB. 57; WICL. PS. cxxxviii. 11; defoiled (*pret.*) WILL. 4614; **defouled** (*pple.*) AYENB. 167.

defoulinge, sb., *treading upon*: power of defoulinge on serpents WICL. LK. x. 19.

de-foulen², v., *make foul*, '*inquino, deturpo*,' PR. P. 116; A. P. ii. 1146; þei schulleþ ... defoule clerkes and holi places TREV. I. 129; defoule GOW. III. 20; þere mighte no envie ... defoule þe saule HAMP. TR. 38; **defouled** (*pple.*) CH. C. T. *F* 1398.

defoulinge, sb., *pollution*, '*deturpacio, maculacio*,' PR. P. 116; WICL. JUD. iv. 10; men forsakinge the **defoulinges** (*pl.*) or unclennesses of the world 2 PET. ii. 20.

defourme, adj., *ill formed*: other seven oxen in as miche defourme and leene WICL. GEN. xli. 19.

defrai, sb., *O.Fr.* defroi; *disorderly living*: thurch mi sinne and mi defrai ich am comen to mi last dai AR. & MER. 9695.

defrauden, v., *O.Fr.* defrauder; *defraud*; **defraudeþ** (*pres.*) LANGL. *A* vii. 71; *C* x. 64.

deft, see **daft**. **de3,** see **dæi**.

dē3en, v., *O.N.* deyja, = *O.Fris.* dēja, *Goth.* (af-)daujan, *O.L.G.* dōjan, *O.H.G.* touwan (touuan); *die*, ORM. 8090; de3en [dei3en] LA3. 283, 31796; deigen GEN. & EX. 3127; deien A. R. 134; KATH. 958; deien WILL. 3353; deiin PR. P. 117; de3e H. H. 54; GAW. 996; dei3e SHOR. 124; deie HORN (L.) 109; L. H. R. 22; (*ms.* deye) HAV. 168; ROB. 494; S. & C. I. lii; deie [die] CH. C. T. *A* 1797, *E* 364; deghe PR. C. 1939; di3e [die] LANGL. *A* ii. 187; dien C. L. 218; die MAND. 201; M. H. 79; **dēide,** de3ede [deide] (*pret.*) LA3. 4280, 7150; deide KATH. 1101; LANGL. *B* xi. 200; di3ede JOS. 134; deieden A. R. 301; dēiden MAND. 286; **idēied** (*pple.*) LA3. 3737.

degīse, degīsen, see **disguīse** *and* **disguīsen.**

degrāden, v., *O.Fr.* degrader, *Lat.* dēgradāre; *degrade*, TOWNL. 20; **degrāded** (*pple.*) TREV. V. 35; Agaminon degrated of his degre D. TROY 12574.

degrē, sb., *O. Fr.* degre, degret; *degree*, H. M. 15; CH. C. T. *A* 1891; **degrēs** (*pl.*) A. R. 288.

dēh, see **dēa3. dei,** see **dæi.**

dōie, sb., *O.N.* deigja; *dairy-maid*; (*ms.* deye) PR. P. 116; A. D. 259; CH. C. T. *B* 4036; (*ms.* deie) P. S. 327 (P. 15); daie REL. I. 129; (HOM. II. 163).

dēien, see **dēa3en** *and* **dē3en.**

dēierie, sb., *dairy*, CH. C. T. *A* 597; deirie PR. P. 117.

deification, sb., *O.Fr.* deification; *deifying, apotheosis*: the boke of his deification GOW. II. 166; deificacion 158.

deignous, adj. [*for* desdeinous]; *disdainful*, CH. TRO. i. 289; ye have to longe be deignous

R. R. 353; his name was hoote deinous Simekin CH. C. T. *A* 3941.

deinen, v., *O.Fr.* deigner, *from Lat.* dignāri; *deign*; **dainep** (*pres.*) AYENB. 18; **deined** (*pret.*) LANGL. *B* vi. 310.

deintē, sb., *O.Fr.* deinté, deintet (*dignity*), *mod.Eng.* dainty; *dignity, importance, value,* A. R. 412; WICL. E. w. 220; clopes of gret deinte ALIS. 7070; deintee LANGL. *B* xi. 47; dainte GAW. 1250; daintethe TOWNL. 245; **deintēs** (*pl.*) *articles of value, dainties,* BEK. 1202.

deintē-full, adj., *pleasant,* GOW. III. 28.

deis, sb., *O.Fr.* deis (*table*); *dais,* ROB. 349; SHOR. 102; LAUNF. 899; CH. C. T. *A* 370; des WILL. 4312; dees MAN. (F.) 9282.

deitē, sb., *O.Fr.* deité; *deity,* CH. C. T. *F* 1047.

dēkene, *see* **diacne**. **dēl,** *see* **dǣl**.

delai, sb., *O.Fr.* delai; *delay,* ROB. 421; wipoute delaie LAȝ. 17480*.

delaien, v., *O.Fr.* delaier; *delay,* ROB. 156.

delaiement, sb., *O.Fr.* delaiement; *delay,* GOW. II. 9, 297.

delāten, v., *Lat.* dīlātāre; *stretch out, increase*: it nedeth nought that i **delāte** (*subj.*) the pris GOW. III. 190.

dēle, *see* **dǣle**.

delectaciūn, sb., *O.Fr.* delectation; *delectation,* S. A. L. 74.

dēlen, *see* **dǣlen**.

delf, sb., *O.E.* delf, dælf, = *M.L.G.* delf *m.*; *ditch, hole dug in the ground, quarry*; **delfe** (*dat.*) TOWNL. 230; **delves** (*pl.*) ['*lapicidinis*'] WICL. 2 PARAL. xxxiv. 11.

delfen, v., *O.E.* delfan, = *O.Fris.* delva, *O.L.G.* (be-)delban, *O.H.G.* (pi-)telpan; *delve, dig, bury,* LK. xvi. 3; delven (*ms.* deluen) GEN. & EX. 2452; LANGL. *B* xix. 359; delven [delve] diches LAȝ. 9238; delvin PR. P. 118; LIDG. M. P. 145; delve P. L. S. xii. 144; AYENB. 108; CH. C. T. *A* 536; delve pittis WICL. GEN. xxvi. 25; **delfep** (*pres.*) ORM. 6485; delved HOM. I. 49; **dalf** (*pret.*) GEN. & EX. 2718; ROB. 131; S. S. (Web.) 2419; SHOR. 165; dulfen [dolve] LAȝ. 21998; dulven A. R. 292; dulve MARG. 219; delven GEN. & EX. 3189; LANGL. *A* vi. 178; dolve [delveden] WICL. PS. xxi. 17; dulve (*subj.*) A. R. 384; dolve AYENB. 263; dolven (*pple.*) WILL. 2630; MAND. 62; R. R. 4070; *comp.* **biȝe-, ümbe-delven**.

delvere, sb., *O.E.* delfere; *delver, digger,* LANGL. *A* PROL. 102.

delvinge, sb., *digging,* '*fossura,*' PR. P. 118; LANGL. *B* vi. 250.

delfin, *see* **dolfin**. **delful,** *see under* **doel**.

deliberen, v., *Lat.* dēlīberāre; *deliberate, resolve*; for which he gan deliberen for the beste CH. TRO. iv. 141; **delibered** (*pple.*) iv. 183.

deliberacioun, sb., *O.Fr.* deliberation; *deliberation*: whan i this supplicacion with good deliberacioun ... had after min entente write GOW. III. 352; deliberacioun LIDG. M. P. 72.

delicacie, sb., *med.Lat.* dēlicācia; *delicacy, luxury,* GOW. I. 14; III. 21.

delicat, adj., *Fr.* delicat; *delicate,* CH. C. T. *E* 927.

delicat-lī, adv., *luxuriously*: ne doth him nouȝte dine delicatli LANGL. *B* xiv. 250.

delice, sb., *O.Fr.* délice *from Lat.* dēlicia; *pleasure,* WICL. GEN. ii. 8; ROB. 195; P. R. L. P. ·248; **delices** (*pl.*) A. R. 368; AYENB. 24.

delicious, adj., *O.Fr.* delicieus; *delicious*; GOW. III. 24; PR. C. 9291; LEG. 204.

delicious-līche, adv., *luxuriously*: of a riche man ... pat ladde is liif wel deliciousliche LEB. JES. 150.

delīt, sb., *O.Fr.* delīt; *delight,* A. R. 102; H. M. 3; ALIS. 2096; CH. C. T. *A* 335.

delitable, adj., *O.Fr.* delitable; *delectable,* BRD. 2; WICL. GEN. iii. 6; CH. BOET. ii. 1; PR. C. 5239; places delitables (*pl.*) CH. C. T. *F* 899.

delīten, v., *O.Fr.* deliter; *delight,* A. R. 52; **delited** (*pret.*) PR. C. 8336.

delītinge, sb., *pleasure*; **delītingus** [*later ver.* delitingis] (*pl.*) in thi riȝtt hond WICL. PS. xv. 10.

deliverance, sb., *O.Fr.* delivrance; *deliverance,* PR. C. 3585; deliveraunce TREV. II. 291.

delivre, adj., *O.Fr.* delivre; *lively, active,* P. L. S. xvii. 250; delivere CH. C. T. *A* 84; deliver WILL. 3556; deliver *delivered of a child* A. P. ii. 1084; M. H. 168.

deliver-līche, adv., *promptly,* WILL. 1245; CH. TRO. ii. 1086; deliverli he dressed up GAW. 2009; deliverli R. R. 2283.

delivernes, sb., *suppleness*: delivernes and bewte of bodi PR. C. 5900.

delivren, v., *O.Fr.* delivrer; *deliver,* P. S. 216; delivere ROB. 93; MAND. 2; delivere, dilivere C. L. 1124; **delivrede** (*pret.*) A. R. 234.

delle, sb., = *M.Du.* delle; *dell, valley,* REL. II. 7; **dellun** (*dat. pl.*) ANT. ARTH. iv.

delūge, sb., *O.Fr.* deluge, *from Lat.* dīluvium; *deluge, flood,* LIDG. M. P. 251.

delven, *see* **delfen**.

demaien, *see* **desmaien**.

demaine, sb., *O.Fr.* demain; *domain, demesne, possession,* GOW. III. 349; demeigne [demeine] CH. C. T. *B* 3855.

demande, sb., *O.Fr.* demande; *demand,* ROB. 500; BEK. 817; CH. C. T. *G* 430.

dēme, sb., *O.E.* dēma, = *O.H.G.* tuomo; *judge,* MAT. v. 25; LAȝ. 363; ORM. 650; O. & N. 1783; dēman, demen (*dat.*) MAT. v. 25, xxvii. 2; demen P. L. S. vii. 48; dēmen (*pl.*) MAT. xii. 27; dēmen (*dat. pl.*) LK. xxi. 12.

demean, sb., *demeanour*: somewhat strange and sad of her demeane she is CT. L. 734.

demeine, sb., *O.Fr.* demeine, *from Lat.* dominium; *dominion*, CH. C. T. *B* 3855.

dēmen, v., *O.E.* dēman, = *O.Fris.* dēma, *O.N.* dœma, *Goth.* dōmjan, *O.H.G.* tuoman; *from* dōm; *mod.Eng.* deem; *judge, condemn; think, suppose*, ORM. 652; MAND. 41; þet tu schalt demen þi sulven wod A. R. 120; and demen (*condemn*) me to deaðe JUL. 24; MAT. vii. 1; deman HOM. I. 95; deme O. & N. 188; WICL. GEN. xv. 14; LIDG. M. P. 12; mi fader of heven has me doun sent to deme ioure dedes MIR. PL. 188; to demene HOM. I. 45; dēmeð (*pres.*) HOM. I. 105; he demað stiðne dom 95; dēm (*imper.*) A. R. 12; dēmde (*pret.*) FRAG. 8; LAȝ. 4936; A. R. 306; SHOR. 85; demden KATH. 330; HAV. 2820; dēmed (*pple.*) M. H. 7; PR. C. 1995; *comp.* for-, ȝe-dēmen.

dēmend, sb., *O.E.* dēmend; *judge*; dēmendes (*gen.*) HOM. II. 171.

dēmere, sb., *O.E.* dēmere; *judge*, HOM. I. 279; AYENB. 12; demare A. R. 286.

dēmester [**dempster**], sb., *cf. mod.Eng.* deemster (*in the Isle of Man*); *judge*, C. M. 7005.

dēminge, sb., *judgment*, '*judicium*,' PR. P. 118; in valse dēminges (*pl.*) AYENB. 27; MAN. (H.) 86.

demēnen, v. *O.Fr.* demener; *behave, manage*: to demene well his shaft RICH. 455; demene GOW. I. 196; William whiȝes ... demēned (*pret.*) hem douȝtili WILL. 1222.

demeoren, v., *O.Fr.* demorer, -murer, -meurer, *mod.Eng.* demur; *tarry, linger*: demeore (*imp.*) ȝe þe lengre A. R. 242; *see* demūre.

demer, *see* dwimer. **demére**, *see* demūre.

demmen, v., ? *O.E.* (for-)demman, = *O.Fris.* demma, *Goth.* (faur-)damjan (*dam, stop up*); ? *meet with a check, come to its boundary*: a mannez dom miȝt driȝli demme, er minde moȝt malte in hit mesure A. P. i. 223; uche a dale so depe þat demmed (? *pret.*) at þe brinkez ii. 384.

demoniak, adj. & sb., *Lat.* dæmoniacus; *possessed by a devil*: i hold him ... demoniak CH. C. T. *D* 2240; he nas no fool ne no demoniak 7874.

demonstraciōn, sb., *Lat.* dēmonstrācio; *proof*, GOW. II. 368; demonstratiōns (*pl.*) III. 46.

demonstratif, adj., *Fr.* démonstratif, *from Lat.* dēmonstrātīvus; *irrefragable, incontestable*, CH. C. T. *D* 2272.

demonstraunce, sb., *O.Fr.* demonstraunce; *show*, LYDG. M. P. 60.

demplen, v., *wrangle, dispute*: no more of þis to demple, tak þat þat ȝe first ches MAN. (H.) 196.

demūre, sb., *O.Fr.* demoere, -meure; *demur, delay*, FL. & BL. 591; demere (H.) 1011.

den, sb., *O.E.* denn (*cubile*), = *M.Du.* den, denne (*area, antrum*), *M.L.G.* denne, danne, *O.H.G.* tenni *n.* (*area*); *den, cave, 'specus,'* PR. P. 118; MISC. 152; þet den GR. 24; denne '*spelunca*' VOC. 241; WICL. JOHN xi. 38; denne (*dat.*) FRAG. 8; LAȝ. 22028; ALIS. 5400; WILL. 20; AV. ARTH. vi.

dēn, sb., *O.Fr.* dean, deien, *Lat.* decānus; *dean*, P. S. 332; deen E. G. 64; dēnes (*pl.*) LANGL. *A* ii. 150.

denaien, *see* deniin.

dēne, sb., *O.E.* dene *m.*, denu *f.*; *cf. M.Du.* dan *m.*; *valley*, '*vallis*,' FRAG. 3; '*convallem*' PS. lix. 8*; A. P. i. 295; dane ['*vallis*'] LK. iii. 5; þe dene of tieares AYENB. 160; dānes (*pl.*) 59.

Dene, sb. pl., *O.E.* Dene; *Danes*: **Dene** (*gen. pl.*) lawe MISC. 146.

dane-geld, sb., *Dane-tribute*, MAN. (H.) 110.

Dene-marke [**Denemarche**], pr. n., *O.E.* Dena mearc; *Denmark*, LAȝ. 4563; Denemark, Denemarch ROB. 3.

dene, denien, *see* dūne, dūnien.

dēnerie, sb., *from* dēn; *deanery*, PR. P. 118.

deniin, v., *O.Fr.* denier; *deny*, PR. P. 118; denie WICL. MAT. xxvi 34; deni TOWNL. 182; denaie GAW. 1497; deniede (*pret.*) WICL. GEN. xviii. 15; D. TROY 8009; denoied (*pple.*) CH. BOET. iii. 10 (88).

denne, *see* dene.

dennien, v., *shelter as in a cave or den, lodge*: wu he dennede (*pret.*) him in þat defte maiden REL. I. 209 (MISC. 2); þu was ... dennet (*pple.*) in a beastes cribbe HOM. I. 277.

denoumbren, v., *Fr.* denombrer; *count out; tell* ['*dinumerare*'], WICL. PS. lxxxix. 11.

denounce, v., *O.Fr.* denoncer, *from Lat.* dēnunciāre; *command*, WICL. 2 THESS. iii. 6.

Densc, adj., *O.E.* Denisc; *Danish*; **Densce** (*pl.*) LAȝ. 12854; Denshe HAV. 2575.

dent, *see* dūnt.

denten, v., *Lat.* dentāre; *indent*; *cf. O.Fr.* endenter; '*indento*' PR. P. 118; **dent** (*for* dented) (*pple.*) GOL. & GAW. vi. (65).

dentinge, sb., *morticing*: twei **dentingis** (*pl.*) schulen be in the sides of a table WICL. EX. xxvi. 17*.

dēofel, sb., *O.E.* dēofol, *m. n.*, *Lat.* diabolus; *devil*, HOM. I. 21; ORM. 671; deovel A. R. 208; deovel [deavel] LAȝ. 17669; dievel AYENB. 15; devel HAV. 446; WILL. 1976; divel REL. I. 209 (MISC. 2); **dēofles** (*gen.*) P. L. S. viii. 98; deovles, deoveles H. M. 17, 41; **dēofle** (*dat.*) A. R. 84; dievle MISC. 28; **dēofles** (*pl.*) P. L. S. viii. 49; dēofle MAT. ix. 34; HOM. I. 27; MISC. 152; deovlen JUL. 22; dievlen AYENB. 86; develen ROB. 506; dēo-

flene (*gen. pl.*) JUL. 38; deovlene O. & N. 932; **dēoflan**, d(e)ovelen (*dat. pl.*) HOM. I. 73, 103.

dēofel-ȝild, sb. (*ms.* -ȝyld), *O.E.* dēofolgild, = *O.L.G.* diobolgeld; *tribute to the devil*, HOM. I. 227.

dēofel-līc, adj., *O.E.* dēofollīc; *devilish*: þa deoflīche ȝītsunge HOM. I. 105.

dēofel-schīn, sb., *devilish magic*; **dēofel-shīne** (*dat.*) ORM. 8110.

dāvel-hēd, sb., *nature of the devil*: no develhede i ne habbe in me LEB. JES. 499.

dēvelnesse, sb. *demon*: alle goddes of genge dēvelnesses (*pl.*) ['*dæmonia*'] ere þa PS. xcv. 5.

deol, see **doel**.

dēop, adj., *O.E.* dēop, dīop, = *O.Fris.* diap, *O.L.G.* diop, diap, *O.N.* diupr, *Goth.* diups, *O.H.G.* tiuf; *deep*, A. R. 224; MARH. 15; deop [deap] LAȝ. 647; deop, deep LANGL. *A* PROL. 15; diep AYENB. 264; dep ORM. 16697; MAP 335; so dep oþ ROB. 233; dup FER. 1687; hu deope is þe eorðe A. R. 232; þe deope diȝhelnesse ORM. 5501; a dupe dich BRD. 27; **dēoppere** (*dat. f.*) FRAG. 8; **dēope** (*pl.*) SPEC. 62; **dēopen** (*dat. pl.*) LAȝ. 21776; **dēoppre** (*compar.*) HOM. I. 49; seoven voten deopere [deoppere]· LAȝ. 15895; deoppere [depper] LANGL. *A* x. 182; depper CH. C. T. *G* 250; **dēppest** (*superl.*) TREV. I. 45.

dēope, adv., *deeply*, H. M. 33; deope leared KATH. 388; deope ın his flesch hi wode BEK. 2232; depe læred MARH. ORM. 7207; þat ȝe ne falle to depe SHOR. 104.

dēop-lı̄che, adv., *O.E.* dēoplīce; *deeply*, A.R. 154; swor swiðe deoplı̄che JUL. 13; deplike HAV. 1417.

dēopnesse, *O.E.* dēopness; *deepness*, HOM. I. 49; diepnesse AYENB. 211; depnisse KATH. 980; depnesse D. ARTH. 746; dūpnesse (*dat.*) LEECHD. III. 84.

dēope, sb., *O.E.* dȳp, dȳpe, *cf. Goth.* diupei, *O.H.G.* tiufī; *deep*, P. L. S. xv. 84; depe CH. C. T. *A* 455; on deopan ['*in altum*'] LK. v. 4; ine þe depe SHOR. 146.

dēopien, v., *cf. Goth.* (ga-)diupjan; *deepen, penetrate deeply*: dēopeð (*pres.*) into þe soule A. R. 196; þa þe dic wes ... allunge idēoped (*pl.*) LAȝ. 15473.

dēor, sb., *O.E.* dēor, dior, = *O.Fris.* diar, *O.L.G.* dier, *O.N.* diur, dȳr, *Goth.* dius, *O.H.G.* tior, tier, *mod.Eng.* deer; *beast; deer*; þat deor LAȝ. 6495; deor, der ORM. 1177, 1312; der REL. I. 215; dur MISC. 199; **dēores** (*gen.*) A. R. 196; **dēore** (*dat.*) HOM. II. 37; dēor (*pl.*) HOM. I. 43; II. 35; LAȝ. 1125; MARH. 10; libbeþ al so wilde deor [dor] O. & N. 1012; duer CHR. E. 30; der GEN. & EX. 178; **dēoren** [deore] (*gen. pl.*) LAȝ. 20852; **dēoran** (*dat. pl.*) HOM. I. 115; deoren MK. i. 13; deoren LAȝ. 1128; dere GAW. 1322.

dēor-cen, sb., *O.E.* dēorcynn; *race of beasts*, HOM. I. 221.

dēr-fald, sb., *enclosure for deer*, SAX. CHR. 249.

dēor-frið, sb., *O.E.* dēorfrið; *deer forest*, LAȝ. 1436.

dēor, adj. & adv., *O.E.* dēor (*heavy, severe*, GREIN); *grievous, grievously*: nou fele we it dere PR. C. 1469; **dēre** (*pl.*) GAW. 564; sorwes-dere GEN. & EX. 3742; **dērure** (*compar.*) KATH. 948.

deorc, see **dearc**.

dēore, adj., *O.E.* dēore, diore, dȳre, = *O.Fris.* diore, diure, *O.L.G.* diuri, *O.N.* dȳrr, *O.H.G.* tiuri; *dear, precious, noble, beloved*, A. R. 408; deore, dure LAȝ. 143, 2963; deore, dere ORM. 2206, 2356; (*ms.* dyere) LK. vii. 2; þane diere time AYENB. 36; deore, dere CH. C. T. *A* 2453; dere MAND. 252; P. 78; of dere pris GEN. & EX. 2247; what him dere þouȝt WILL. 1268; þe cuntre was dere JOS. 37; a dere dai GAW. 92; Arthur þe dere PERC. 508; of duȝti men and of dere AV. ARTH. 1; dure frend FER. 282; duere REL. I. 110; **dēorre** (*compar.*) A. R. 392; dere ORM. 18221; his **dēoreste** (*superl.*) mon 8975; of derrest pris LANGL. *B* ii. 13.

dēore, adv., *dearly*, A. R. 392; deore aboȝt BEK. 112; diere ANGL. I. 15; dere HAV. 1637; RICH. 5312; deere LIDG. M. P. 217; dere, duere H. H. 59; duere P. S. 214; **dēorre** (*compar.*) A. R. 190; derrer AYENB. 36; heo him hadde **dēorest** iboȝt (*superl.*) H. M. 13; P. L. S. xiii. 136; durest LAȝ. 3081.

dēor-lı̄che, adv., *O.E.* dēorlīc; *dearly*, LAȝ. 31752; JUL. 76; drinke to him deorli SPEC. 111; derli WILL. 1421; **dēorluker** (*compar.*) LAȝ. 30060.

dērenesse, sb., *dearness*, S. S. (Web.) 3144.

dēor-wurðe, adj., *O.E.* dēorwyrðe; *precious*, FRAG. 6; deorewurðe JUL. 10; deorewurþe ORM. 6689; durewurðe LAȝ. 16686; derwurþe AV. ARTH. xxii; derewerþe FL. & BL. 289; derworþe C. L. 27; WILL. 1538.

dēorewurð-lı̄che, adv., *preciously*, H. M. 11; durewurðliche LAȝ. 15151.

dēre, sb., *cf. O.H.G.* tiurī; *dearness*; dere HAV. 824; ROB. 416; MAN. (F.) 16419.

Dēorebi, pr. n., *O.E.* Dēora bȳ; *Derby*, MISC. 146; Derbi ROB. 3.

deork, see **dearc**.

dēorling, sb., *O.E.* dēorling, dȳrling, = *O.N.* dȳrlingr; *from* **dēore**; *darling*, LAȝ. 6316; A. R. 56; derling ORM. 9219; WILL. 1538; PR. C. 8791; LUD. COV. 53; durling REL. I. 170 (MISC. 102); BRD. 3.

deorne, see **derne**.

dēovel, see **dēofel**. **dēp**, see **dēop**.

depart, v., *O.Fr.* despartir, *from Lat.* dispartīre; *mod.Eng.* depart; *divide, distribute*;

separate (trans. and intrans.); *depart*, WILL. 2334; departi TREAT. 140; þe Rede see . . . departeþ (*pres.*) þe southside of Inde from Ethiopia TREV. I. 63; **departede** (*pret.*) BEK. 483; ROB. 424; **departed** (*pple.*) PR. C. 3710.

departable, adj., *separable*, *distinct*: the Trinite, thre persones in parcelles departable fro other LANGL. *B* xvii. 26.

depeinten, v., *depict*, *paint*; **depeinted** (*pple.*) C. L. 704; WILL. 3217.

dēpen, v., *O.E.* dēpan, = *O.Fris.* dēpa, *O.L.G.* dōpean, *Goth.* daupjan, *O.H.G.* toufen; *baptize*: depe SHOR. 11; AYENB. 107.

depict, pple., *Lat.* dēpictus; *depicted*, *painted*: a liknesse depict upon a wal LIDG. M. P. 177.

depōse, v., *O.Fr.* depōser; *depose, put down*, LANGL. *B* xv. 514.

depost, sb., *O.Fr.* depost; *deposit*, WICL. I TIM. vi. 20.

Deppeford, pr. n., *Deptford*, CH. C. T. *A* 3906.

deprāven, v., *O.Fr.* depraver; *depreciate*, *defame*: deprave LANGL. *B* iii. 178; **deprāveden** (*pret. pl.*) WICL. PROV. i. 30.

depresen, v., *cf. Lat.* dēpressus *from* dēprimere; *depress, vanquish*: þou con . . . fro þat mariag al oþer depres A. P. i. 777; þat prince of pris **depresed** (*pret.*) him so þikke GAW. 1770; depreced prouinces 5.

depresen, v., *? O.Fr.* despresser; *release*: wolde 3e . . . desprece 3our prisoun GAW. 1218.

depressioun, sb., *O.Fr.* dépression, *from Lat.* dēpressio; *depression*, CH. ASTR. ii. 28 (34).

deprīve, v., *O.Fr.* deprīver; *deprive*, A. P. ii. 185.

dĕppþe, sb., *from* dēop; *cf. O.N.* dȳpt, *M.Du.* diepte; *depth*: derknessis weren on the face of **dŏpthe** (*dat.*) WICL. GEN. i. 2; thei descendiden into the depthe as a stoon EX. xv. 5; **dŏpthis** (*pl.*) of watris PS. cxlviii. 7.

deputatiōn, sb., *Fr.* députation; *deputation*: he shall . . . ordeigne his deputation of suche juges as ben lerned GOW. III. 178.

depūten, v., *Lat.* dēputāre; *ascribe*: al what evere to be **depúte** (*pple.*) to the grace of God WICL. ROM. PROL.

der, *see* **dear**. **dēr**, *see* **dēor**.

derai, sb., *O.Fr.* desroi; *disorder, tumult*, ALIS. 1177; derai B. DISC. 386; ANT. ARTH. xl; disrai ALIS. 4353; drai MIN. viii. 34.

deraien, v., *O.Fr.* deraier; *throw into disorder*: he **deraied** (*pret.*) him as a devel WILL. 2061; draied 1210.

deraine, sb., *O.Fr.* deraine, deresné; *claim*: this dereine by the barouns is imad ALIS. 7353.

deraine, v., *O.Fr.* derainier, -raisnier; *defend one's cause, vindicate a claim*, ALIS.² (SK.) 124; dereini ROB. 285; dreinen C. L. 974.

dére, sb., *O.E.* daru, = *M.Du.* dare, *dere*, *M.L.G.* dere, *O.H.G.* tara; *injury, harm*, GEN. & EX. 3214; FER. 4613; IW. 2577; RICH. 1696; E. T. 642; EGL. 513; TOWNL. 28; þis hete gret dere me doþ LEG. 5.

dēre, *see* **dēore**.

derf, adj., *O.E.* dearf, *O.N.* diarfr, *O.L.G.* dervi; *from* **derven**; *firm, hard, heavy; valiant*; MARH. 5; ORM. 16780; GAW. 1492; A. P. ii. 862; for þi derfe dede AV. ARTH. liv; **derfe** (*pl.*) TOWNL. 317; derfe dintes ALEX. 2091; destines derf(e) & dere GAW. 564; derve (*ms.* derue) MISC. 9 (*printed* derne REL. I. 215); **derfre**, dervre (*compar.*) JUL. 16, 17; H. M. 21; **derveste** (*superl.*) KATH. 565; **derf(e)** (*adv.*) M. H. 23; *comp.* **un-derf**.

derf-lic, adj., *cf. O.N.* diarfligr; *hard, brave*; þi derfli dede C. M. 1143; **derflīche** (*adv.*) ipined A. R. 114; deorflike ORM. 9752; derflike REL. I. 218; derfli ANT. ARTH. xxiv; A. P. iii. 109; derffli D. TROY 1339.

derfnes, sb., *cf. O.E.* gedeorfnyss; *severity, gravity*, C. M. 3996; dervenesse HOM. I. 21.

derf-schipe, sb., *obstinacy*, KATH. 978.

derf, sb., *cf. O.E.* gedeorf; *tribulation, affliction*: nas na man . . . þat durste him derf makien LA3. 10943; vor te drien derf ine godes servise A. R. 80; þe derf of deaðÞ KATH. 2426.

der(f)-ful, adj., *strict, severe*, A. R. 348.

derfful-liche, adv., *painfully*, KATH. 1090.

dĕrien, v., *O.E.* derian, = *O.L.G.* derian, *O. Fris.* dera, *M.Du.* deren, daren, *O.H.G.* terian, terran; *from* **dére**; *injure, hurt*, P. L. S. viii. 168; derian, derien HOM. I. 13; derie HORN (L.) 786; AYENB. 126; derie MISC. 76; SHOR. 28; ALIS. 3657; deren HOM. II. 73; REL. I. 212; LANGL. *B* vii. 50; dere HAV. 488; MAND. 13; CH. C. T. *A* 1822; PS. lxxxviii. 23; PR. C. 2290; MIN. i. 52; PERC. 1171; AV. ARTH. iii; **deređ** (*pres.*) MISC. 14; þas twa þing deriaðÞ oft þan alden HOM. I. 109; derieþ MARG. 226; **dérede** (*pret.*) LA3. 9657; GEN. & EX. 242; deredest FRAG. 7.

dēringe, sb., *O.E.* derung; *injury*, '*nocumentum*,' PR. P. 119.

derk, *see* **dearc**.

derne, adj., *O.E.* derne, dyrne, dierne, = *O. L.G.* derni, *O.H.G.* tarni; *dark, secret, hidden, retired*, MARH. 8; ROB. 289; C. L. 1030; WILL. 860; LANGL. *B* ii. 175; GAW. 1012; M. H. 166; Ƿo3 he be derne hunte MISC. 2; derne love CH. C. T. *A* 3278; bi a derne sti ISUM. 40; godes derne runes A. R. 96; derne stedes AYENB. 143; derne, deorne LA3. 304, 13604, 13624; dearne KATH. 574; dærne ORM. 2004; durne BEK. 23; **derne** (*adv.*) SPEC. 23; A. P. ii. 697; luvie derne O. & N. 1357; dierne HICKES I. 222 (ANGL. I. 11); **derne** (*sb.*) O. & N. 608; in derne ['*in abscondito*'] PS. ix. 29; AV. ARTH. lii; let us halde us in derne DEGR. 607; *comp.* **un-derne**.

derne-liche, adv., *secretly*, A. R. 146; O. &
N. 1423; M. T. 103; derneliche [deorneliche]
LAȝ. 4392; dearneliche KATH. 407; durne-
liche BEK. 27; dernelike MISC. 14; dernelike
and stille AN. LIT. 5; dærnelike, -liȝ ORM.
6914, 7370; dernli TOWNL. 141; **dernelüker**
(*compar.*) A. R. 128.

dearne-schipe, sb., *privity*, A. R. 152*;
darnscipe (? *for* dærn-) LAȝ. 258.

dernel, *see* **darnel.**

dernen, v., *O.E.* dernan, dyrnan, = *O.L.G.* der-
nian, dernean, *O.H.G.* tarnan; *conceal*: dernen,
dæmen, deorne, LAȝ. 6660, 18549; derni
SHOR. 79; **dærnden** (*pret.*) LAȝ. 7694; *comp.*
bi-dernan.

derner, sb., *door-head*; derner [dernere] C. M.
6075; dirner 6103.

dersten, *see* **dreste.**

Dertemūðe, pr. n., *Dartmouth*, LAȝ. 1786;
Dertemouþe CH. C. T. *A* 389.

dērþe, *see* **dierþe.**

derven, v., *O.E.* deorfan (*labour*), = *O.L.G.* (far-)
dervan, *O.Fris.* (for-)derva, *O.N.* (for-)diarfa;
grieve, afflict, injure, A. R. 382; C. L. 676;
to derven mine soule HICKES I. 227; derve
JOS. 47; derveð (*pres.*) KATH. 1684; **derve**
(*subj.*) MARH. 12; derfde (*pret.*) LAȝ. 8731;
comp. ȝe-**derven**; *deriv.* **derf.**

dervenesse, *see* **derfnes** *under* **derf.**

des, *see* **deis.**

desaivabel, *see* **deceivable.**

desali, *see under* **düsi.**

desaraien, v., *O.Fr.* desarroyer; *fall into
disorder*; **desaraied** (*pret.*) TREV. VII. 243.

desblāmen, v., *O.Fr.* desblâmer; *free from
blame, exonerate*; **deblāmeth** (*imper.*) CH.
TRO. ii. 17.

desceivaunce, *see* **deceivance.**

descenden, v., *O.Fr.* descendre; *descend*:
descend MAN. (H.) 134; **descendeþ** (*pres.*)
AYENB. 123; GOW. II. 280; **descendid** (*pret.*)
LIDG. M. P. 79.

descensioun, sb., *O.Fr.* descension; *de-
scent*, CH. ASTR. ii. 4 (32); discencioun ii. 4
(33).

descensorie, sb., *apparatus for extracting
oil*; **descensories** (*pl.*) CH. C. T. *G* 792.

descent, sb., *O.Fr.* descente; *descent, lineage*,
GOW. III. 207; dissent LIDG. M. P. 2.

deschargen, dischargen, v., *O.Fr.* deschar-
ger; *discharge*; discharging LANGL. *B* xv. 528;
deschargen *C* xviii. 231; dischargen MAND.
302; discharge WICL. JAS. v. 15.

de-sclandre, sb., *O.Fr.* esclandre, *from Lat.*
scandalum; *disgrace*, BEK. 2061; disclaundre
CH. TRO. iv. 537.

de-sclandren, v., *for* **sclandren**; *disgrace,
slander*: thu desclandrest (*pres.*) thin owe
loverd BEK. 2050; disclaundrid (*pret.*) CH.
C. T. *I* 623; for disobedience **disclaundrid**
(*pple.*) is perpetualli mi name LIDG. M. P. 143.

descolouren, v., *O.Fr.* descoulourer; *dis-
colour*; **descoloured** (*pple.*) GOW. III. 339.

descrīen, v., *O.Fr.* descrier; *describe*, 'descrībō,'
PR. P. 120; descrie EGL. 1177; discrighe ALIS.
137; discri TOWNL. 203; discrieth MAS.
323; **discried** [descried] (*pple.*) TRIAM. 781.

descripcioun, sb., *O.Fr.* description; *descrip-
tion*, TREV. I. 29; WICL. S. W. I. 316; de-
scription GOW. III. 144.

descrīven, v., *O.Fr.* descrivre; *describe, draw*,
CH. TRO. v. 1314; descrive WILL. 5005; GOW.
I. 264; descrife PR. C. 2304; discrive OCTOV.
(W.) 629; diskrive CH. D. BL. 915; **descrīveþ**
(*pres.*) AYENB. 168; **discrīven** (*pl.*) LANGL.
B xvi. 53; **descrived** (*pret.*) WILL. 3041;
discrivede WICL. NUM. xxxiii. 2; **desorēved**
[descrived] (*pple.*) TREV. I. 171; discrived
WICL. LK. ii. 1; discrived [descrived] WICL.
NUM. xi. 26.

descrīving, sb., *describing*, ROB. 60; dis-
criving WICL. LK. ii. 2.

descuren, descuveren, *see* **discoveren.**

deseriten, *see* **disheriten.**

desert, sb., *O.Fr.* desert; *desert, wilderness*,
GEN. & EX. 1227; AYENB. 240; deseert WICL.
NUM. xiii. 1; desart MAND. 42; dezert AYENB.
131; disert MAND. 42; diserd GEN. & EX. 973;
desertes (*pl.*) MAND. 63.

desert[2], sb., *O.Fr.* desert; *desert, merit*, PR. P.
120; WICL. JOB xxi. 4; desserte A. P. i. 594;
dissert A. P. iii. 12; **deserte** (*dat.*) ROB. 253.

deserven, v., *O.Fr.* deservir; *deserve*: deservin
'*mereor*' PR. P. 120; diserve GOW. I. 66; des-
serve CH. TRO. v. 273; disserve TREV. V. 213;
deserve (*pres.*) LANGL. *B* xiv. 86; **disserved**
(*pret.*) A. P. ii. 613; **deserveden** (*pl.*) MISC.
225; deserved (*pple.*) GOW. I. 29; disserved
GAW. 452; deservet MISC. 225; deservid
DEGR. 1131; is disservid (*well pleased*) WICL.
HEB. xiii. 16.

deserving, sb., *deserving*, IPOM. 452.

desēse, *see* **disēse.** **desi,** *see* **düsi.**

desirable, adj., *O.Fr.* desirable, *from Lat.*
dēsīderābilis; *desirable*, WICL. PS. xviii. 10.

desīre, sb., *O.Fr.* desier; *desire*, GOW. I. 65;
desir CH. C. T. *G* 671; **desires** (*pl.*) LIDG.
M. P. 187, 221.

desire-ful, adj., *desirous*, WICL. DAN. x. 3.

desīren, v., *O.Fr.* desirer; *desire*, PR. C. 8031;
desiri AYENB. 244; **desīri** (*pres.*) ROB. 309;
desires A. P. ii. 545; **desīreþ** (*pl.*) TREV. I.
137; desiren LANGL. *B* ix. 104; **desire** (*imp.*)
LIDG. M. P. 187; **desirede** (*pret.*) BEK. 225;
desirid LIDG. M. P. 109; **desired** (*pple.*) ROB.
253.

desiringe, sb., *desiring*, IPOM. 204.

desīrous, adj., GOW. I. 244; desirus CH. C.
T. *A* 1674.

de-skateren, v.; *scatter about*; deskatered (*pple.*) P. S. 337.
deske, sb., ? *Du.* disch (*table*); *see* **disch**; desk, *pulpit*, '*pluteum*,' PR. P. 120; '*lectrinum*' 299; W. & I. 39.
deslaien, v.; *cf.* **delaien**; *hinder*; deslaied (*pple.*) GOW. II. 60, 115.
desolacioun, sb., *O.Fr.* desolation; *solitude*, WICL. EZ. xii. 19*; LIDG. M. P. 114.
desolat, adj., *desolate, lonely*, CH. TRO. v. 540; desolate GOW. I. 248; dissolate TREV. III. 181.
desolaten, v., *make desolate*; desolatid (*pple.*) WICL. EZ. xii. 19.
des-ordeinen, v., *deprive of clerical orders*: if a clerk hadde misdo ... that me scholde him anon desordeinen BEK. 721; desordeini ROB. 473.
despeir, sb., = desespeir; *despair*, MAND. 93; in despeire GOW. III. 217; dispair LANGL. *B* xx. 163; in dispaire PR. C. 6293.
despeirable, adj., *hopeless*; ['*desperabilis*'] WICL. JER. xv. 18.
despeiren, v., *O.Fr.* desperer; *despair*; despeire GOW. I. 272; despeired (*pret.*) WICL. s. w. III. 135; GOW. I. 318; CH. TRO. v. 713; despaired AYENB. 34; dispeired (*pple.*) GOW. I. 281; LIDG. M. P. 76.
desperacioñ, sb., *Lat.* dēsperātio; *desperation*, LANGL. *C* xx. 289; disperacion MISC. 215.
desperischen, *see* **dispereschen**.
desperance, sb., *O.Fr.* desperance; *despair*; desperaunce CH. C. T. *I* 421 (*Pet. ms.*); GOW. II. 119; A. R. 8.
desperate, *see* **disesperat**.
despers, *see* **dispers**.
despisabil, adj., *despicable*, HAMP. PS. xlviii. 19.
despisen, v., *cf. O.Fr.* despire, *from Lat.* dēspicere; *despise*; despisin PR. P. 120; despise MAS. 326; despice PR. C. 9426; despise PR. C. 4252; LIDG. M. P. 118; despisest (*pres.*) ROB. 31; despiseth LANGL. *B* xv. 54; despíse (*pl.*) GOW. I. 87; dispisen MAND. 295; dispise LANGL. 10682 (W.); despised (*pret.*) TREV. I. 11; despised (*pple.*) RICH. 1837; TREV. I. 13.
 despeisere, sb., *despiser*, D. ARTH. 538.
 despising, sb., *despising*, TREV. III. 287.
despit, sb., *O.Fr.* despit, *from Lat.* despectus, *mod.Eng.* despite; *contumely, scorn, spite*, ROB. 547, 464; WILL. 3335; despite MAN. (H.) 54; RICH. 2177; dispit A. P. iii. 50; JOS. 580; dispite M. H. 70; despites (*pl.*) S. S. (Wr.) 1807; dispitis WICL. ROM. i. 24.
despitous, adj., *spiteful*, CH. C. T. *A* 516, *D* 762; dispitouse TRO. v. 199; dispitous TREV. V. 87.
 despitous-liche, adv., *scornfully*, TREV. III. 389; despitousli WILL. 1136; despitusli 1210;

destruien.

dispitousli D. TROY 7650; dispetusli MED. 615.
desplaien, *see* **displeien**.
despoilen, v., *O.Fr.* despoiller; *despoil, take away*; despoilen [despoillen] CH. C. T. *E* 374; dispoili AYENB. 45; MED. 615; dispuile WICL. I KINGS xxxi. 8; dispuilide (*pret.*) WICL. I KINGS xviii. 4; despuiled (*pple.*) A. R. 260; despuled AR. & MER. 1403; dispoiled GAW. 860; dispoilid WICL. 2 COR. v. 4; despuiled GOW. I. 116.
despoilinge, sb., *spoil*, CH. BOET. iv. 7 (147).
destance, *see* **distance**.
desten ?=**dusten,** v.; *throw*: ne non harm hine do(u)n deste SHOR. 52; over þe brigge he deste TRIST. 2393.
desténen, v., *O.Fr.* destiner; *destine*; desteined (*pple.*) D. TROY 2673.
desténing, sb., *destiny*, ALIS. 6866.
dester, sb., *O.Fr.* destre, *from Lat.* dextera (manus); *right hand*: þi stedes þat þouȝ haddest in dester leddes MAP 334.
destinal, adj., *pertaining to destiny*, CH. BOET. iv. 6 (135).
destinee, sb., *O.Fr.* destinee; *destiny*; destinee LANGL. *B* vi. 276; destine A. P. i. 757; iii. 49; GOW. II. 94; destene WILL. 315; destegne CH. TRO. iv. 931; destinie CH. BOET. iv. 6 (135); destenie TREV. V. 237; destanee CH. L. G. W. 952; destanie TREV. III. 401.
destitūte, adj., *Lat.* dēstitūtus; *destitute*, P. L. S. xxxi. 97; LIDG. M. P. 34.
destrer, sb., *O.Fr.* destrier; *war-horse*, B. DISC. 569; CH. C. T. *B* 2103.
destructioñ, sb., *destruction*, MAN. (H.) 202; GOW. II. 37; destructioun S. S. (Web.) 2761; destruccion PR. C. 4049; destruccione PR. P. 120; destruccioun S. S. (Web.) 393.
destruien, v., *O.Fr.* destruire; *destroy*; destruiie WILL. 2929; destrui C. M. 22348; destrue ROB. 236; destroie PR. C. 4453; destrie WICL. MAT. ii. 13; destrei P. L. S. iv. 37; distruie WICL. I MAC. ix. 73; distroie PR. C. 4472; distrie [destroie] LANGL. *B* ii. 14; disstrie A. P. ii. 907; destruie (*sb.*) ROB. 46; destruiþ (*pres. pl.*) AYENB. 35; destruide (*pret.*) P. L. S. xxiv. 196; destruied LANGL. (W.) 1139; destrude ROB. 242; destroied TREV. I. 97; destriede ROB. 55; distruide [distruiede] WICL. MAT. xxii. 7; distriede I MAC. ix. 73; destruied (*pple.*) JUDG. vi. 30; destruied PR. C. 4073; destrued WILL. 2646; destruit 2847; destrud AYENB. 30; destroied MAND. 95; destroiid RICH. 1358; destried WICL. MAT. xxiv. 2; distruiȝed L. H. R. 33; distruied GOW. III. 15; distroied LIDG. M. P. 85; distried ALIS. 130; djsstried A. P. ii. 1159.
destroiere, sb., *destroyer*, PR. P. 120; distriere WICL. JUD. viii. 25; destrieris (*pl.*) JUDG. iii. 17.

destroiing, sb., *destroying*; destroienge TREV. III. 449.
determinable, adj., *determinable*, A. P. i. 594.
determinat, pple., *Lat.* dētermīnātus; *determinate*, CH. ASTR. i. 21 (11), ii. 18 (29).
determine, v., *O.Fr.* determiner; *determine*, LIDG. M. P. 66.
detracciōn, sb., *O.Fr.* detraccion; *detraction*, AYENB. 10.
detractour, sb., *O.Fr.* detracteor; *detractor*, PR. P. 120.
dette, sb., *O.Fr.* dette, dete, debte; *debt*, PR. P. 120; A. R. 126; AYENB. 35.
dette-lēs, adj., *free from debt*: in honour dettles CH. C. T. *A* 583.
detted, adj., *from* dette; *owed*: to whom oni thing is detted, ethir owid WICL. DEUT. xv. 2.
dettūr, sb., *O.Fr.* detor, deteur, detteur; *debtor*, A. R. 312; dettour HOCCL. vi. 7; dettours (*pl.*) AYENB. 113.
dēŏ, *see* dēaŏ. **dēu**, *see* dēau *and* due.
deus, sb., *O.Fr.* deus, deu (*dieu*); God, HAV. 1312; a deu (*ms.* dew) TOWNL. 94; par de CH. C. T. *A* 1312.
deutē, *see* duetē. **dēvel**, *see* dēofel.
dēven, *see* dēaven *and* dŭven.
Devene [**Devenes**], pr. n., pl., *people of Devon*, LAȝ. 30880.
Devene scīre, pr. n., *O.E.* Defena scire; *Devonshire*, LAȝ. 21015; Devene (*printed* Denene) schire ROB. 5.
devĕr, sb., *O.Fr.* devoir; *duty*, SHOR. 54; WILL. 474; LANGL. *A* xii. 2; D. ARTH. 1940; E. G. 5.
devīn, devīnen, devīnour, *see* div-.
devīs, sb., *O.Fr.* devīs, vīse, cf. *Ital.* devisa; *device*, WILL. 3222; to maken aftur his devis LEG. 46; at his aun devise C. M. 11576.
devīsement, sb., *O.Fr.* devisement; *description*: i knew hit bi his devisement in þe apocalippez A. P. i. 1018.
devīsen, v., *from Lat.* dīvīsus (*pple.*); *divide*: þis buk... in seven partes devīsed (*pple.*) PR. C. 348, 986.
devīsen[1], v., *O.Fr.* deviser, devisier; *tell; devise, contrive; plan, determine*: devisi AYENB. 144, 103; nis no nede heore armes to devise ALIS. 7377; devise GOW. I. 31; device WILL. 1602; CH. TRO. iii. 407; ne devise hi miȝte best out of chambre wende BEK. 875; TREV. I. 293; ordain and divise a gene S. S. (Wr.) 2033; **devīsede** (*pret.*) LANGL. *C* xxii. 331; LEG. 46; devīsed (*pple.*) MAN. (H.) 24.
devīsinge, sb., *describing*, MAND. 5.
devīsiōn, *see* divīsiōn.
devociŭn, sb., *O.Fr.* devocion; *devotion*, A. R. 286; devocion ROB. 330; AYENB. 107; devocioun P. L. S. xii. 139; PR. C. 5906.

devoide, v., *O.Fr.* desvuidier (*dévider*); *put away*, WILL. 2044; A. P. ii. 908; devoided (*pple.*) R. R. 2929.
devoidinge, sb., *putting away*: in devoidinge þe vilanie þat venkqvist his þewez A. P. ii. 543.
devors, *see* divors.
devōt, adj., *O.Fr.* devōt; *devout*, A. R. 376; devout ROB. 369.
devōte-liche, adv., *devoutly*, WILL. 1245; devouteliche 2974; devoutliche AYENB. 211; devotli P. L. S. xxx. 6; A. P. ii. 814; CH. C. T. *A* 482; devoutli LYDG. M. P. 72.
devouren, v., *O.Fr.* devorer; *devour*, CH. C. T. *G* 21.
devowrar, sb., *devourer*, '*devorator*,' PR. P. 120.
devouresse, sb., *a female devourer*: a devouresse of men WICL. EX. xxxvi. 13.
dēw, dēwen, *see* dēau, dēawen.
dia, sb., *medicine*: dragge nor dia was none in buri towne LIDG. M. P. 4ϕ; with dias (*pl.*) and drogges LANGL. *C* xxiii. 174.
diacne, sb., *Fr.* diacne, *O.E.* diacon; *from Lat.* diaconus, *Gr.* διάκονος; *deacon*, AYENB. 190; HOM. I. 71, 81; deakne SHOR. 51; dēkenes (*pl.*) WICL. I TIM. iii. 18.
diad, *see* dēad.
diadēme, sb., *Fr.* diademe; *diadem*, BEK. 2153; CH. C. T. *F* 43.
diadēmed, adj., *crowned*: David shall be diademed LANGL. *A* iii. 268.
dial, sb., *dial*, PR. P. 120.
dialatik, sb., *Fr.* dialectique; *dialectics, logic*, WICL. PREF. EP. vii.
dialoge, sb., *Lat.* dialogus, *Gr.* διάλογος; *prophecy*: Daniel in his dialokes (*pl.*) devised A. P. ii. 1157.
diamaund, sb., *Fr.* diamant; *diamond*, SPEC. 25; **diamants** (*pl.*) CH. C. T. *A* 2147.
diapenidion, sb., *cf. Fr.* pénide, *mod.Eng.* pennet; *barley sugar, medicated sweetmeat*, LANGL. *B* v. 123.
diaper, sb., *O.Fr.* diaspre, diapre, *med.Lat.* diasprus; *diaper (kind of cloth)*: towelle of diaperi B. B. 129; diaper 268.
diapred, adj., *variegated like diaper*: cloth of gold diapred wel CH. C. T. *A* 2159; dighte in diaperde (*pl.*) wedis D. ARTH. 3251.
diaþ, *see* dēaŏ.
dīc, sb., *O.E.* dīc, m. f., cf. *O.L.G.* dīc, *O.Fris.* dīk, *M.H.G.* tīch m., *O.N.* dík, diki n.; *dike, ditch*: enne dic, ane dich [one dich] LAȝ. 646, 6425; þa dich [þe dich] 12570; dich A. R. 246; ROB. 86; BRD. 27; AYENB. 57; ALIS. 6632; þeovene dich (*den of thieves*) MISC. 39; dik GEN. & EX. 281; in a dik [dike, diche] falle LANGL. *B* xi. 417; to delven a dich [diche] xix. 359; diche MAND. 29; dīche (*dat.*) CH. C. T. *A* 4106; ORF. 347; to þare diche

O. & N. 1239; dike RICH. 6021; diches (*pl.*) LAȜ. 9238; ROB. 409; dikes HAV. 1923; diche P. L. S. viii. 21; HOM. I. 163; MISC. 59.

dīcen, v., *from dēs, see dē*; *play with dice; cut into cubes*: dicin, or pley with dicis '*aleo*' PR. P. 121; dicin, as men do brede '*quadro*' PR. P. 121.

dīcer, sb., *dicer, gambler*: she makis disers (*pl.*) to selle thare corne and thare catelle TOWNL. 243; disars 242.

dīcing, sb., *dice-playing*: at the dising he dos us no wrang TOWNL. 240.

dīch, *see* dīc.

dictour, sb., *? Lat.* dictātor, *or* = dihtere; *steward, viceroy*, D. ARTH. 709.

diderin, v., *cf. prov.Eng.* didder, dither; *shiver, tremble*, '*frigutio*,' PR. P. 121; dintus gerut him to dedur AV. ARTH. xxv; dedir (*pres.*) TOWNL. 28.

[**didren**, v., *O.E.* dyderian (*cheat*); *cf.* Dorset *dial.* dather (*bewilder*); *comp.* bi-didren.]

dīen, *see* dēaȝen *and* dēȝen.

dīep, *see* dēop. **dīere**, *see* dēore.

dīerþe, sb., = *O.N.* dȳrð, = *O.L.G.* diurtha, diuritha, *O.H.G.* tiurida; *from* dēore; *dearth*; dierþe AYENB. 256; derþe P. S. 323; TREV. II. 55; LANGL. B vi. 330; MAND. 38; (*beauty*) A. P. i. 99.

dīestere, *see under* dēaȝen.

diēte, sb., *Fr.* diète; *diet*, A. R. 112.

diēten, v., *from* diēte, sb., *diet*: if thow diēte (*subj.*) thee thus LANGL. B vi. 270.

dieð, *see* dēað.

diffamacioun, sb., *Fr.* diffamacion, *from Lat.* diffāmātio; *cf.* mod.Eng. defamation; *dishonour*: it were a greet diffamacioun for a man to use more ringes þan oon TREV. II. 313.

diffāme, defāme, v., *O.Fr.* defamer; *defame*, TREV. IV. 97, 99.

differen, v., *O.Fr.* differer; *defer*: differre (*pres.*) ['*differat*'] WICL. DEUT. vii. 10.

difference, sb., *O.Fr.* differance; *difference*, AYENB. 10; TREV. V. 401.

difficultē, sb., *O.Fr.* difficulté; *difficulty*, CH. C. T. B 218.

diffūse-lī, adv., *cf. Lat.* diffūsus (*adj.*); *at length, in detail*: Luk ... telliþ more diffuseli how man stieþ up to God WICL. S. W. I. 391.

diȝel, adj., *O.E.* dȳgol, dīgol, dēgol, dīegol, = *O.H.G.* tougal; *secret, hidden*: in one swiþe diȝele hale O. & N. 2; on diglen (*O.E.* dīglum) ['*in abscondito*'] MAT. vi. 4; diȝelen [diȝele] bi hælves LAȜ. 26935.

diȝel-līc, adj., *O.E.* dīgollīc; *hidden*: (his) digeliche, dieliche tocume HOM. II. 5, 7; diȝellīche (*adv.*) FRAG. 8; diȝelliche & stille LAȜ. 13539.

diȝelnesse, sb., *O.E.* dȳgelness; *secrecy* LAȜ. 2391; diȝhelnesse ORM. 5501.

[**dīȝen**, adj., = *O.H.G.* tougan; *secret.*]

diȝen-līo, adj., *secret*: mid diȝenlīche rūnen LAȜ. 415; diȝenliche ... biwitie 6659*.

dīȝen, *see* dēȝen *and* dēaȝen.

digest, sb., *med. Lat.* dīgestum; *the Pandects*: þe lawes of digest TREV. III. 255.

digest, adj., *Lat.* dīgestus; *digested*: when Phebus entrith in the Ariete, digest humoures upward doon hem dresse LIDG. M. P. 195.

digestible, adj., *O.Fr.* digestible; *easy of digestion*, CH. C. T. A 439.

digestioun, sb., *O.Fr.* digestion; *digestion*: cleer eir and walking makiþ good digestioun B. B. 54; to digestioun repastis be nat goode LIDG. M. P. 155.

digestive, sb., *O.Fr.* digestif; *a help to digestion*: digestives (*pl.*) CH. C. T. B 4151.

digge, sb., *duck*; digges (*pl.*) CHEST. I. 52 (MIR. PL. 9); L. C. C. 9.

diggin, v., ? = dikin; *dig*, '*fodio*,' PR. P. 121; diggen him up MAND. 107; digge TREV. IV. 329; LIDG. M. P. 145; ston... to digge WILL. 2243; digge (*v.r.* delve) pittis WICL. GEN. xxvi. 25; digg(e) it up S. S. (Wr.) 631; digged (*pret.*) up LANGL. B vi. 109 [A vii. 100 dikeden]; diggide WICL. IS. xxxiv. 15; deggid LIDG. M. P. 113; diggiden (*pl.*) WICL. NUM. xxi. 18*.

diggar, sb., *digger*, '*fossor*,' PR. P. 118.

digne, adj., *O.Fr.* digne, *from Lat.* dignus; *worthy, dignified*, ROB. 132; JOS. 252; WILL. 583; CH. BOET. ii. 4 (43); PR. C. 74; E. G. 29.

digne-līche, adv., *with dignity*, AYENB. 20; WILL. 520.

dignitē, sb., *O.Fr.* dignité; *dignity*, A. R. 140; BEK. 244; PR. C. 3872.

dihten, v., *O.E.* dihtan, = *O.H.G.* dihtōn, dictōn, *O.N.* dikta, mod.Eng. dight; [*from Lat.* dictāre]; *prepare, set in order*: þa setten heo biscopes þan folken (*r.*folke) to dihten LAȜ. 10201; KATH. 1471; dihtin, ditin '*dicto, paro*' PR. P. 123; hi leten hem diȝte a gret schip BRD. 5; him to dethe diȝte AV. ARTH. iv; diȝt(e) a baþ EGL. 526; dighte PERC. 652; al þat he dihteð (*pres.*) & demeð HOM. I. 267; dihte (*pret.*) MARH. 2; he dihte feole domes LAȜ. 7221; he hit his (kineriche) dihte and delde 9192; þus he us diste 25907; þe king dihte him for to wende K. T. 954; diȝte SHOR. 10; and þe dihte me dereli LANGL. B xix. 2; diȝt (*pple.*) WILL. 151; dight PR. C. 448; a lettre has he dight DEGR. 153; idiht KATH. 1607; or A. N. 641; idiȝt P. L. S. xxxv. 106; *comp.* a-dihten.

dihtende, sb., *disposer, guider*: dihtende of alle shafte HOM. II. 123.

diȝtere, sb., *O.E.* dihtere; *disposer, governor*, AYENB. 100.

diȝtinge, sb., *disposition; decoration*, AYENB. 1724.

dihtnare, sb., *O.E.* dihtnere; *steward,* '*dispensator*,' FRAG. 2.

dīk, see **dīc**.

dīkin, v., *O.E.* dīcian, = *M.Dut.* dīken, *O.Fris.* dīka, dītsa; *dig, make a ditch or dike,* '*fosso*,' PR. P. 121;|1 dīken, diche LANGL. *B* vi. 143; xix. 232; dike Gow. I. 15; CH. C. T. *A* 536; **dīked** (*pple.*) WILL. 2233; idiched C. L. 674.

dīkere, sb., *O.E.* dīcere; *ditcher*; **dīkers** (*pl.*) LANGL. *A* PROL. 102.

dil, adj., ?=**dul**; *dull, foolish*: dill & slaw ORM. 9885; dille GAW. 1529; A. P. i. 679; TOWNL. 136; domb & dille HALLIW. 303.

dilatacioūn, sb., *Lat.* dīlātātio; *dilatation; enlargement, diffuseness,* CH. C. T. *B* 232.

dile, sb., *O.E.* dile, = *O.H.G.* tilli; *dill,* '*anetl(h)um*,' VOC. 140; PALL. iv. 167; dille PR. P. 121; **diles** (*gen.*) LEECHD. III. 92.

dilȝien, v., *O.E.* (a-)dilgian, dilegian, = *O.Fris.* (ur-)diligia, *O.L.G.* (far-)diligōn, *O.H.G.* tiligōn; *efface, extirpate, extinguish*; dilȝhen (*ms.* dilȝhenn) ORM. 4083; *comp.* a-, for-dilȝien.

diligence, sb., *O.Fr.* diligence, *Lat.* dīligentia; *diligence*: AYENB. 238; Gow. II. 61, 88; CH. C. T. *B* 1729; oon hath slewthe anothir dilligence LIDG. M. P. 161.

diligent, adj., *O.Fr.* diligent, *from Lat.* dīligens; *diligent*, AYENB. 32, 220; Gow. II. 39; diligent travaile LIDG. M. P. 89.

diligent-līche, adv., *diligently*, AYENB. 70; **dīligentlier** (*comp.*) WICL. 3 KINGS iii. 21 (P.); 2 MAC. xi. 36.

dill, see **dil**. **dille**, see **dile**.

dillen, v., ?=**dullen**; *render dull, become dull*: dille C. M. 202; TOWNL. 136; **dillen** (*pres. subj.*) REL. I. 217.

diluvie, sb., *Lat.* dīluvium, *cf. O.Fr.* diluve; *cf.* **delūge**; *deluge, flood*: the diluvie or greet flood WICL. 2 PET. ii. 5; diluvie WICL. GEN. vi. 17 *.

dim, adj., *O.E.* dimm, = *O.Fris.* dim, *O.N.* dimmr; *dim, obscure*, O. & N. 577; GEN. & EX. 286; AYENB. 159; MAND. 60; PR. C. 1166; PERC. 1994; dim and derk C. L. 71; þe sonne dim bicom SHOR. 86; his dimme eiȝen FRAG. 5; dimme (*adv.*) Gow. II. 292; þauȝ i loke dimme LANGL. *B* x. 179; dimme (*pl.*) REL. I. 210 (MISC. 3).

dim-liche, adv., *cf. O.E.* dimlīc (*adj.*); *dimly*: dimli A. P. iii. 374; A. R. 210.

dimnesse, sb., *O.E.* dimness; *dimness,* '*obscuritas,*' FRAG. 7.

dīme, sb., *Fr.* dīme, *O.Fr.* disme, *from Lat.* decima; *tenth, tithe*, LIDG. M. P. 137; **dīmes** [dismes] (*pl.*) LANGL. *B* xv. 526.

diminuen, v., *Fr.* diminuer; *Lat.* dēminuere; *diminish, disparage*; **diminued** (*pple.*) ['*derogastis*'] or spoken ivel WICL. EZ. XIX. 13.

diminutiōn, sb., *Fr.* diminution, *from Lat.* dēminūtio; *diminution*, Gow. III. 89.

dimmin, v., *O.E.* dimmian, = *O.N.* dimma; *dim,* '*obscuro*,' PR. P. 121; dimmen REL. I. 65; **dimmiþ** (*pres.*) P. L. S. vi. 7; him dimmeþ (þa) eiȝen FRAG. 5; **dimmede** (*pret.*) TREV. VII. 411; dimmede [dimmed] LANGL. *A* v. 200.

dimminge, sb., *dimming*, RICH. 6977; bi (þe) dimminge of þe dai TOR. 514*.

dindelin, v., *cf. M.Du.* tintelen; *tinkle,* '*tinnio*,' PR. P. 121.

dine, **dinen**, see **dūne**, **dūnien**.

dīnen, v., *O.Fr.* disner; *dine*; dinen [dine] LANGL. *A* v. 58; **dinede** (*pret.*) ROB. 558.

dīner, sb., *O.Fr.* disner; *dinner*, RICH. 655; LANGL. *B* vi. 293.

dinge, see **dūnge**.

dingen, v., *cf. O.N.* dengja, = *M.H.G.* tengen, *prov. Eng.* ding; *beat, strike*, FER. 717; LANGL. *B* vi. 143; dinge HAV. 215; ALIS. 1732; PERC. 1967; **dang** (*pret.*) EGL. 550; wiþ his tail þe erþ(e) he dang IW. 3167; dong HAV. 1147; RICH. 5270; **dongen** (*pl.*) MAP 338; dungen (*pple.*) HAV. 227; PR. C. 3256; dongen MIN. vii. 74.

dinging, sb., *blow, stroke*: dongun wiþ mani **dingings** (*pl.*) APOL. 37.

dingle, sb., ?= *O.H.G.* tunculla (*whirlpool*); *mod. Eng.* dingle; *? sea-bottom*: deopre þen eni sea dingle HOM. I. 263.

dint, see **dūnt**.

diocesan, sb., *O.Fr.* diocesian, *med. Lat.* dioecēsānus; *diocesan, bishop*: yow be mi defensour in our **diocesans** (*gen.*) sight SACR. 854.

diocīse, sb., *O.Fr.* diocise, diocese; *diocese*, CH. C. T. *A* 664.

dippen, see **düppen**. **dirk**, see **dearc**.

directe, v., *from Lat.* dīrectus; *direct*, LIDG. M. P. 247; **directe** (*pres.*) 149; directiþ 244.

dirige, sb., *Lat.* dīrige (*the first word of a funeral hymn*); *dirge*: a placebo and dirige for all the sowles of the bredern and susters E. G. 190, 191; dirige, office for ded men '*exequie*' PR. P. 121; deregi E. G. 145; say his dorge and masse LIDG. M. P. 111.

disalouen, v., *O.Fr.* desalouer; *disallow*: **disalowed** (*pple.*) LANGL. *B* xiv. 130.

disalowing, sb., *disapproval*, LANGL. *B* xiv. 139.

disarmen, v., *O.Fr.* desarmer; *disarm*, CH. BOET. i. 4 (13).

dis-asenten, v., *disagree, refuse consent*; **disasent** (*pple.*) D. TROY 8016; dissaisent 9368.

disavauncen, v., *O.Fr.* desavancer; *hinder damage*: disavaunce CH. TRO. ii. 511.

disavauntāge, sb., *disadvantage, misfortune*: TREV. II. 161; **disadvauntāges** (*pl.*) III. 287.

disaventūre, sb., *misadventure, mischance*, CH. TRO. iv. 269, 725.

disc.

disc, see **disch.**
discerne, v., *O.Fr.* discerner; *discern,* CH. C. T. *A* 3003.
disch, sb., *O.E.* disc (*board, table*), = *O.N.* diskr (*dish*), *O.H.G.* tisc (*table*), *from Lat.* discus; *see* **deske**; *dish,* JOS. 297; (*quoit*) WICL. 2 MAC. iv. 14; ibroken nep oþer disch A. R. 344; disc LAȜ. 19692; dish '*discus, scutela*' PR. P. 122; **dische** (*dat.*) MAND. 52; disse HORN (L.) 1144; **disches** (*pl.*) MISC. 175: *comp.* **bǣr-disc.**
disch-ful, sb., *dishful*: thre dischful of blod S. S. (Web). 1906; disschfol 1918; disseful 1900; dissvol AYENB. 119; **dischfolles** (*pl.*) S. S. (Web.) 1892.
disc-þein, sb., *table servant,* FRAG. 4.
dischargen, see **descharge**n.
dischere, sb., *from* **disch**; *dishmaker, dishseller,* LANGL. *A* v. 166; *C* vii. 372.
   disaheres, sb., (*female*) *dishseller,* LANGL. *B* v. 323.
dischevelen, v., *O.Fr.* descheveler; *dishevel*: disheveled (*pple.*) CH. P. F. 235.
disciple, sb., *O.Fr.* disciple; *disciple,* P. S. L. xvii. 390; **disciples** (*pl.*) HOM. I. 141; MISC. 40.
disciplesse, sb., *female disciple*: a disciplesse (*v. r.* sum disciplisse) WICL. DEEDS ix. 36.
disciplīne, sb., *O.Fr.* disciplīne; *discipline,* P. S. L. xvii. 114; PR. C. 5556.
disciplīne, v., *O.Fr.* disciplīner; *discipline,* BEK. 2367.
disclandre, see **desclandren.**
disclōse, adj., *disclose,* GOW. I. 294; desclos GOW. II. 354.
disclōsen, v., *disclose, reveal,* GOW. I. 294; diclose LIDG. M. P. 26; **desclōsed** (*pple.*) GOW. I. 157.
discomfiting, sb., *defeat,* CH. C. T. *A* 2721.
discomfitūre, sb., *discomfiture,* CH. C. T. *A* 1008; AN. 326.
discomfort, sb., *O.Fr.* descomfort; *discomfort,* TREV. I. 363; disconforte CH. TRO. iv. 283; discoumfort WICL. EZ. vii. 19.
discomforten, v., *O.Fr.* desconforter; *discomfort, defeat,* CH. C. T. *A* 2704; desconfite MAN. (F.) 13944; descowmforten PR. P. 122; **disconforted** (*pret.*) WICL. NUM. PROL.; **discoumfortid** (*pple.*) JOSH. v. 1; disconfite GOW. I. 362; discomfit III. 200.
disconsolat, adj., *disconsolate,* CH. TRO. v. 542; LIDG. M. P. 205.
disconvenience, sb., *discord, unsuitableness*: LIDG. M. P. 82.
discordable, adj., *O.Fr.* descordable, *from Lat.* discordābilis; *not in accord with, incompatible,* GOW. II. 225; elements that ben so discordable CH. TRO. iii. 1704.
discordance, sb., *O.Fr.* descordance; *discordance,* AYENB. 259.

disēse.

discordant, adj., *O.Fr.* discordant; *discordant,* GOW. III. 163.
discorde, sb., *O.Fr.* des-, discorde; *discord,* PR. P. 122; discord AYENB. 43; descord ROB. 196; SHOR. 141.
discordin, v., *O.Fr.* descorder; *discord,* PR. P. 122; **discordeþ** (*pres.*) TREV. I. 123; **discordede** (*pret.*) TREV. III. 97.
discording, sb., *disagreement*: bituene hem nas non discording ROB. 255.
discoveren, v., *O.Fr.* descouvrer; *discover*: discurin PR. P. 122; H. V. 63; **diskoveres** (*pres.*) GAW. 418; discuretz E. G. 55; **discover** (*imp.*) I. 305; **discoveringe** (*pple.*) WICL. 2 KINGS vi. 20; **diskeveret** (*pple.*) JOS. 350.
discovering, sb.; discuringe of cownselle PR. P. 122; descuvering WILL. 1024, 1044.
discovert, adj., *O.Fr.* descovert; *uncovered,* DREAM 6.
discoverte, sb., *uncovered part*: Alisaunder smot him in the discoverte ALIS. 7417.
discreciōn, sb., *O.Fr.* discretion; *discretion,* AYENB. 155; discrecioun CH. C. T. *A* 2537.
discreet, adj., *O.Fr.* discret; *discreet,* CH. C. T. *A* 312; LIDG. M. P. 155; discrete TREV. V. 459; GOW. III. 167.
discrēt-li, adv., *discreetly,* WICL. S. W. III. 170.
discrēsen, v., *med.Lat.* discrescere; *decrease,* LIDG. M. P. 244; GOW. II. 189.
discrien, see **descrien.**
discussen, v., *from Lat.* discussus (*pple.*); *mod.Eng.* discuss; *examine, search into*: Crist sal discusse alle thing PR. C. 6247.
disdainen, v., *O.F.* desdeigner, desdaigner, *from Lat.* dēdignāri; *disdain*; disdeine LIDG. M. P. 37; **desdaineþ** (*pres.*) GOW. III. 227; disdainteþ [disdeintith] R. R. 5688; disdeigneth GOW. I. 84; **dedeineden** (*pple.*) WICL. MAT. xxi. 15.
disdainous, adj., *O.Fr.* desdeinous; *disdainful*; desdainous CH. TRO. ii. 1216.
[**dīse,** sb., *M.L.G.* dise (*flax prepared for spinning*).]
dise-stæf, sb., *O.E.* distæf; *distaff,* '*colus*' FRAG. 4; distaf VOC. 157; disestafe 269; distaf CH. C. T. *A* 3774; **distaves** (*pl.*) TREV. VIII. 211.
disdein, sb., *O.Fr.* desdaing, = *Ital.* disdegno; *disdain*; desdaine M. M. 11309; desdein [disdain] CH. C. T. *G* 41; dedein ROB. 172; JOS. 244; MIRC 1159.
disēren, v., *cf.* *O.Fr.* deseriter; *disinherit*: **desēredin** (*pret. pl.*) treu airs unriȝtfulli MISC. 211.
diseritē, sb., *O.Fr.* deserité; *cf.* **disheriten**; *a disinherited person*: so þat þe **deseritēs** (*pl.*) into þis lond come ROB. 85; þe kniȝtes were diserites in þe lond aboute wide 563.
disēse, sb., *O.Fr.* desaise; *disease, trouble,*

disēse.   **dispensacioun.**   167

GOW. I. 139; CH. C. T. *B* 3961; desese TREV. IV. 203; disease LIDG. M. P. 30; diseese WICL. 2 COR. i. 4*; **disēses** (*pl.*) TREV. II. 185; disesis WICL. S. W. III. 10.

disēse-ful, adj., *troublesome,* WICL. GEN. xxxix. 10; EX. xxiii. 9; this widowe is hevi, or diseseful, to me WICL. LK. xviii. 5.

disēse, v., *O.Fr.* desaisier; *trouble, annoy,* CH. TRO. iv. 1272; **disēseþ** (*pres.*) GOW. III. 3; **disēsed** (*pple.*) GOW. I. 89; disesid WICL. 1 KINGS xxviii. 15*.

disespeir, sb., *O.Fr.* desespeir; *despair*; in desespeire GOW. II. 125; dessespeir CH. TRO. i. 605.

disespeire, v., = **despeiren**; *Fr.* désespérer; *despair, be without hope,* LIDG. M. P. 236; **disespeired** (*pple.*) of our owne offence LIDG. M. P. 179.

disesperat, adj., *hopeless*: disesperat [desperate] of alle blis CH. H. F. 2015.

disesperaunce, sb., *hopelessness*; desesperaunce CH. TRO. ii. 1307.

disfigūre, sb., *deformity*: schulde tellen of his disfigure CH. C. T. *D* 960.

disfiguren, v., *O.Fr.* desfigurer; *deform*; **desfigurd** (*pple.*) PR. C. 2338.

disguīse, adj., *O.Fr.* desguisé; *fashionable*: thaire degise atire HAMP. PS. cxlvi. 11; degise CH. C. T. *I* 417; **degise** (*sb.*) PR. C. 1518; **degises** (*sb. pl.*) 1524.

disguīsen, v., *O.Fr.* desguīser; *disguise*; desguise GOW. II. 227; **desguisede** (*pret.*) MAN. (F.) 4744; **disguised** (*pple.*) WILL. 1677.

disgīsing, sb., *covering*: the wrecchid swollen membres that thai schewe thurgh desgising [disgising] CH. C. T. *I* 425.

[**disguīsi,** adj.]

disgīsi-li, adv., *strangely*: desparaged were i disgisili 3if i dede in þis wis WILL. 485.

disgīsines, sb., *strange appearance*: precious clothing is coupable for his straungenes, and disgisines CH. C. T. *I* 414.

disheriten, v., *O.Fr.* desheriter; *disinherit*; desherite HAV. 2547; A. P. ii. 185; **ideserited** (*pret.*) ROB. 375; see **diseritē.**

dishonŏr, *O.Fr.* deshonor; *dishonour*; deshonor FL. & BL. 655; MAN. (F.) 6242.

dishonouren, v., *dishonour*; **deshonoured** (*pple.*) of that she hadde be defloured GOW. II. 322; deshonoured 377.

dishoneste, adj., *O.Fr.* deshoneste; *dishonest,* CH. C. T. *H* 214.

dishonesten, v., *O.Fr.* deshonester; *dishonour*: whan thou hast dishonestid (*pple.*) thi frend WICL. PROV. xxv. 10.

disi, see **düsi.**

disjoint, sb., *O.Fr.* desjoinct; *dilemma, awkward position*: of what wight that stant in swich **disjointe** (*dat.*) CH. TRO. iii. 447; i stonde in this disjoint C. T. *B* 1601.

diskumfit, *see* **discomfite.**

dismaien, v., *cf. Span.* desmayar; *? for esmaien*; *dismay*; demaien JOS. 84; **desmaie** (*imper.*) 3ou no longer WILL. 3040; dismaie LIDG. M. P. 263; demai GAW. 470; **demaide** (*pret.*) ROB. 156; **dismaid** (*pple.*) GAW. 336.

disme, *see* **dime.**

dismembrin, v., *O.Fr.* des-, de-membrer; *dismember,* PR. P. 122; **demembred** (*pple.*) ROB. 559.

dismitte, v., *for Lat.* dīmittere; *dismiss,* WICL. JER. xxxii. 11; desmittiden (*pret. pl.*) DEEDS xvii. 10; **dismitted** (*pple.*) or relesid 1 MAC. x. 43.

disobedience, sb., *disobedience,* LIDG. M. P. 143.

disobeie, v., *O.Fr.* desobeir; *disobey,* GOW. I. 86; **disobeide** (*pret.*) I. 338.

disobeisaunce, sb., *O.Fr.* desobeisance; *disobedience,* GOW. I. 86.

disobeisaunt, adj., *O.Fr.* desobeissant; *disobedient,* CH. P. F. 428; GOW. I. 248; LIDG. M. P. 143.

disordēne, adj., *from O.Fr.* ordener; *inordinate, excessive,* AYENB. 34; desordene CH. BOET. ii. 2 (36); AYENB. 46; disordein CH. C. T. *I* 818.

desordéne-liche, adv., *inordinately,* AYENB. 55.

disordinat, adj., *immoderate, excessive,* CH. C. T. *I* 422; R. R. 4818; disordinat of language LIDG. M. P. 258.

disour, sb., *O.Fr.* disour; *speaker, teller of a story,* B. DISC. 139; **disours** (*pl.*) ALIS. 6991.

disparāge, sb., *want of equality,* CH. C. T. 908.

disparagen, v., *O.Fr.* desparagier; *disparage,* **disparagide** (*pret.*) TREV. VII. 385; **desparaged** (*pple.*) WILL. 485.

disparplin, v., *for* esparplin; *scatter*; disparplen PR. P. 122; disparple WICL. EZ. xii. 14; **disparplith** (*pres.*) JOHN x. 12; desparpleth MAND. 4; **disparpoilide** (*pret.*) GEN. xi. 9; **disparplid** (*pple.*) JOHN xvi. 32.

dispencer, sb., *O.Fr.* despensier; *steward*: Hue þe Dispencer ROB. 559.

dispenden, v., *O.Fr.* despendre; *spend, dissipate*; dispendin PR. P. 122; dispendi AYENB. 53; despende PR. C. 125; despendeth (*pres.*) GOW. I. 106; **dispended** (*pret.*) PR. C. 2435; despended LANGL. *B* xii. 49; despent GOW. II. 162; dispendede AYENB. 128; **dispended** (*pple.*) CH. C. T. *E* 1403; dispended, dispent GOW. I. 197, 309.

dispendour, sb., *steward*: desspendoure AYENB. 190; dispender [*later ver.* dispendere] WICL. LK. xii. 42; **dispenderis** (*pl.*) WICL. 1 COR. iv. 1; despendours CH. C. T. *B* 2843.

dispensacioun, sb., *O. Fr.* dispensacion;

dispensation, TREV. III. 469; dispensacioun wiþ þis lawe winnes miche money WICL. S. W. III. 162.
dispense, sb., *O.Fr.* despense; *expense, outlay*; dispence ALIS. 2616; despense AYENB. 21; **despenses** (*pl.*) CH. C. T. *B* 2842.
dispensin, v., *O.Fr.* despenser; *dispense*, PR. P. 122.
disperacioŭn, *see* **desperacioŭn**.
disperishen, v., *Lat.* disperīre; *disperse*, WICL. JUD. xi. 3; WISD. xvi. 29; **disperisht** (*pret.*) WICL. LAM. v. 18.
dispers, adj., *Lat.* dispersus; *dispersed*, GOW. II. 185; III. 175; **dispers** (*pple.*) II. 177.
displeien, v., *O.Fr.* despleier, -ploier; *display*; **displeied** (*pret.*) CH. C. T. *A* 966.
displesaunce, sb., *O.Fr.* desplesance; *displeasure*: CH. TRO. iii. 430; iii. 1245; LIDG. M. P. 71; displeasaunce DREAM 1461.
displésen, v., *O.Fr.* desplaisir, *from Lat.* displicēre; *displease*, '*displiceo*,' PR. P. 123; WICL. EZ. xx. 43; displease LIDG. M. P. 169; **displése** (*pres.*) LANGL. *B* xiii. 135; **displésed** (*pret.*) LIDG. M. P. 91; **desplésed** (*pple.*) GOW. III. 173.
displésing, sb., *displeasure*, TREV. II. 411.
dispōnen, v., *O.Fr.* despondre, *Lat.* dispōnere; *dispose*; **dispōneþ** (*pres.*) CH. BOET. iv. 6 (134); TRO. iv. 935; **dispōne** (*imper.*) v. 300.
disport, sb., *O.Fr.* desport; *disport, sport*; disporte GOW. II. 175; desport CH. C. T. *A* 775; sport LUD. COV. 185; **disportes** (*pl.*) DREAM. 104.
disporte, v., *O.Fr.* desporter; *sport, divert*, GOW. I. 75, 119; CH. TRO. ii. 1673.
dispōsen, v. *O.Fr.* dispōser; *dispose*: LIDG. M. P. 149; **dispōsith** (*pres.*) LIDG. M. P. 197; **dispōsed** (*pret.*) LIDG. M. P. 20, 176; TREV. I. 109; **dispōsid** (*pple.*) WICL. S. W. III. 68, 161; disposed LIDG. M. P. 159.
disposition, sb., *O.Fr.* disposition; *disposition*, CH. TRO. ii. 526; disposicion of Venus GOW. I. 50; after the disposition of natural complexion GOW. I. 92; dispocicioun LIDG. M. P. 174; **disposiciouns** (*pl.*) TREV. I. 51.
dispreisin, v., *O.Fr.* desprisier; *blame*, ' *culpo, vitupero*,' PR. P. 123; dispreise LIDG. M. P. 84.
dispreisinge, sb., *blaming*, CH. C. T. *B* 2876.
dispréven, v., *disprove*: schul... nouȝt hem despreve by despitusoun TREV. I. 17; þis **dispréveð** (*pres.*) nouȝt Gaufrede his storie TREV. V. 339.
dispúten, v., *O.Fr.* des-, disputer; *dispute*, LANGL. *B* viii. 20; dispute [dispuite] C. L. 1082; dispuite MIRC 673; desputi P. L. S. xix. 74; sputs KATH. 1315; spute JOS. 148; **despútede** (*pret.*) AYENB. 79.

dispúting, sb., *disputation, contention*: me þuncheð betere þa ha beo ear overcomen wið desputinge KATH. 558; whether mi disputing is aȝens man WICL. JOB xxi. 4.
disputesoun, sb., *O.Fr.* desputoison; *disputation*, CH. C. T. *B* 4428; disputacioun LEG. 139; desputeson GOW. I. 90.
[dis-rewli, adj., *from* rewle; *unruly*.]
disrewli-lī: lede his lif disrewlilie R. R. 4902.
disseisen, v., *O.Fr.* dessaisir; *disseize*; **disseised** (*pple.*) C. L. 1088.
disseisine, sb., *disseizin*, E. G. 361.
dissenciōn, sb., *O.Fr.* dissension, *Lat.* dissensio; *dissension*, PR. C. 4061; dessencioun WICL. S. W. III. 133; discencioun III. 141; dissenciun C. M. 22221, 22238.
dissenten, v., *from Lat.* dissentīre; *disagree*: if i **dissente** (*subj.*) LIDG. M. P. 44.
disseveraunce, sb., *O.Fr.* desseverance; *separation*, CH. TRO. iii. 1375; BOET. iii. 11 (96).
disseveren, v., *O.Fr.* dessevrer; *divide, sever*: i wolde him fro the court desever GOW. I. 332; **disseever** (*refl.*) GOW. II. 97; **deseverd** (*pple.*) MISC. 31; **dissevert** (*pret.*) D. TROY 1602; A. P. iii. 314.
dissimulatiōn, sb., *Fr.* dissimulation; *dissimulation, pretence*, GOW. I. 74.
dissimulen, v., *Lat.* dissimulāre; *dissimulate, hide, pretend*, CH. BOET. v. 6 (178): som can dissimele and blow the bukkis horn by apparence of feined kindenesse LIDG. M. P. 160; **dissimelide** (*pret.*) WICL. I KINGS x. 27; dissimilide I KINGS xxiii. 13.
dissimulinge, sb., *dissembling*, CH. TRO. v. 1625; **dissimulinges** (*pl.*) CH. C. T. *F* 285.
dissimulour, sb., *Lat.* dissimulātor; *dissembler*: CH. C. T. *B* 4418.
dissolucioun, sb., *Fr.* dissolution; *dissipation*, R. R. 4900; LIDG. M. P. 247.
dissolūt, adj., *Lat.* dissolūtus; *dissolute*: now passing besi, now dissolut, now idil LIDG. M. P. 245; dissolute laughters B. B. 26.
dissolven, v., *dissolve*; **dissolved** (*pple.*) S. A. L. 80; dissolvid WICL. S. W. III. 163; dissolved 68.
distaf, *see under* **dīse**.
distance, sb., *O.Fr.* distance; *distance*: '*distantia*' PR. P. 123; a distance (*disagreement*) there is ispronge BEK. 1285; þer was at londone a lute distance (*tumult*) ROB. 570; without destaunce RICH. 1669.
disteine, v., *O.Fr.* desteindre; *stain*, CH. L. G. W. 269; steine GOW. I. 225; **desteined** HOCCL. i. 340.
distempraunce, sb., *O.Fr.* destemprance; *unfavourableness*: the destempraunce of the hevene CH. BOET. iii. 11 (97).
distemperen, v., *O.Fr.* destemprer; *disorder*: **distemperes** (*pres.*) WICL. S. W. III. 157; distemperin '*distempero*' PR. P. 123.
distempring, sb., *want of due proportions*,

distemperen. divīn.

disorder: þe destempringe of þise vour qualites AYENB. 153.
distemperūre, sb., *cf. O.Fr.* tempereure; *intemperance, want of moderation,* WICL. S. w. III. 156.
distemprē, adj., *intemperate*: CH. BOET. iv. 3 (121).
distillatiōn, sb., *O.Fr.* distillation, *Lat.* distillātio; *act of distilling,* GOW. II. 86.
distillen, v., *O.Fr.* distiller, *from Lat.* distillāre; *drop, flow*; **distilleth** (*pres.*) GOW. l. 3; **distilling** (*pple.*) LIDG. M. P. 262.
[**distinct**, adj., *Lat.* distinctus; *distinct.*]
distinct-lī, adv., *distinctly,* LIDG. M. P. 63.
distincte, v., *O.Fr.* distincter; *distinguish,* R. R. 6199.
distincten, v., *from Lat.* distinctus; *distinguish*: to distincti betvene þe guode þinges and þe kveade AYENB. 152.
distinctiūn, sb., *O.Fr.* distinction; *distinction,* A. R. 12; distinccioun TREV. I. 111; CH. BOET. ii. 5 (46); **distinctiuns** (*pl.*) A. R. 12.
distinguen, v., *Fr.* distinguer, *from Lat.* distinguere; *distinguish*: wilde men **destingeð** (*pres.*) nouȝt noþer to sette der feeldes by boundes noþer by meres TREV. I. 135; art þou **distingwed** (*pple.*) and embelised bi þe springing floures CH. BOET. ii. 5 (47).
distract, adj., sb., *Lat.* distractus; *distracted*: distracte were thai stithli D. TROY 3219; distrauhte in thouhte LIDG. M. P. 206.
distracten, v., *med.Lat.* distractāre; *distract*: bodeli þingis **distractiþ** (*pres.*) men WICL. S. W. III. 84.
distractioun, sb., *detraction, slander*: suffre no distractioun LIDG. M. P. 67.
distreinen, v., *O.Fr.* destraindre; *constrain, compel*; destrigni BEK. 711; **destreine** (*imp.*) CH. TRO. v. 596; **destrainede** (*pret.*) i. 354; distreigned BEK. 751.
distresse, sb., *O.Fr.* destrece; *distress,* GOW. II. 268; RICH. 2763; distres A. P. ii. 1159; LIDG. M. P. 76; distresce BEK. 755; destresse ROB. 442; GOW. I. 333; LIDG. M. P. 227.
distresen, v., *distress*: (þay) **distresed** (*pret.*) him wonder strait A. P. ii. 879.
disturbance, sb., *O.Fr.* destourbance; *commotion*; desturbance REL. I. 265; destourbance ROB. 436.
disturben, v., *O.Fr.* destourber; *disturb*; desturben A. R. 162; desturbi P. L. S. xvii. 360; **destorbeþ** (*pres.*) AYENB. 179.
disturbing, sb., *disturbing*; destourbinge LEB. JES. 428; destorbinge AYENB. 225.
disturblen, v., *trouble*; disturbelin '*turbo, conturbo*' PR. P. 123; disturble WICL. PS. ii. 5; **destorblist** (*pres.*) HALLIW. 307; **distourblen** (*pl.*) WICL. S. W. III. 122; **disturblinge** (*pple.*) WICL. DEEDS xvii. 13; **distourblede** (*pret.*) R. R. 1713; **disturblid**

(*pple.*) JOHN xxii. 27; distourbled S. W. III. 135; distroubled CH. D. BL. 522; distrobled WICL. MAT. xxiv. 6.
disturbling, sb., *troubling, disturbance*: fro disturbling of men WICL. PS. xxx. 21; distrobelinge of pece '*disturbrum, turbacio*' PR. P. 123; distourbling of witte WICL. S. W. III. 135; disturbling LK. xxiii. 19.
disturbour, sb., *O.Fr.*destourbeur; *disturber*; desturbour BEK. 1110.
disturnen, v., *O.Fr.* destourner, *Fr.* détourner; *turn away*: thi fader prei al thilke harme desturne CH. TRO. iii. 669.
disūsen, v., *become unaccustomed, misuse,* '*obsoleo, dissuesco, abutor,*' PR. P. 123; virtues of God may no mon disuse WICL. S. W. III. 157; a riche mon þat **disūside** (*pret.*) his richesse II. 1.
dis-were, sb., *cf. were*; *doubt,* '*dubium,*' PR. P. 123; withoute diswaire L. C. C. 51; withouten diswaire 25.
ditane, sb., *Fr.* dictame; *dittany (a plant),* PR. P. 123.
ditē, sb., *O.Fr.* dité, dicté, *mod.Eng.* ditty; *poem, verse; singing,* PR. P. 123; WICL. DEUT. xxxi. 19; **ditees** (*pl.*) TREV. IV. 309.
dīten, see dihten. **diþ**, see dēað.
dīten, v., *O.Fr.* dicter, *Lat.* dictāre; *indite, indict*: ditin or inditen letters and speche '*dicto*' PR. P. 123; ditin or inditen for trespace '*indicto*' PR. P. 123.
dīting, sb., *composition,* '*dictamen, indictatio,*' PR. P. 123; (he) in his diting ... tellus D. TROY 3850; his diting of his dedis 7392.
dītour, sb., *historian, orator,* TREV. III. 163; advoketes and **dītoures** (*pl.*) II. 373.
dīven, see düven.
diveren, v.,= *M.Du.* daveren; *tremble,* KATH. 619; divere HOM. I. 283; spoeken i ne dar nawt, ah diveri ant darie MARH. 16.
divers, adj., *O.Fr.* divers; *divers,* SHOR. 142; AYENB. 15; C. M. 11054.
divers-liche, adv., *diversely,* TREV. V. 339; diversli pined PR. C. 7473; LIDG. M. P. 119.
diversitē, sb., *O.Fr.* diversité; *diversity,* TREV. III. 467; CH. C. T. *B* 220.
diversorie, sb., *Lat.* dīversōrium; *inn,* LEG. 90*.
divīden, v., *Lat.* dīvidere; *divide*; **divīden** (*pl.*) CH. ASTR. i. 7 (5); **divide** (*imper.*) WICL. EX. xiv. 16; **divīdeden** (*pret.*) WICL. PS. xxi. 19; **divīdid** (*pple.*) WICL. 4 KINGS ii. 8; divided S. W. III. 130; CH. ASTR. i. 15 (8); GOW. I. 7.
divīn, sb., *O.Fr.* di-, devīn, *Lat.* dīvīnus; *divine, augur*; **di-**, **devīnes** (*pl.*) TREV. III. 219; þe devines and þe wichen AYENB. 19.
divīn[2], sb., *cf.* divīnen, divīne; *prophecy;*

divination; theology: Merlin, in his devin, of him has said MAN. (H.) 282; a maister of divine (*dat.*) R. R. 6490.
divine, adj., *Lat.* dīvīnus, cf. *O.Fr.* divīn, devin; *divine*, LIDG. M. P. 95; devine 233.
[**divīnen**], **devīnen**, v., *O.Fr.* devīner, *Lat.* dīvīnāre; *divine, prophecy; interpret*: it is nought goode a sleping hounde to wake, ne yeve a wight a cause to devine CH. TRO. iii. 715; he wole devine soone LANGL. *B* xiii. 98; TREV. I. 159; IV. 385; Daniel of hire undoinge **devīned** (*pret.*) and seide LANGL. *B* xv. 589.
divīninge, sb., *divination*, TREV. III. 57; CH. BOET. v. 3 (157).
[**divīneresse**], **devīneresse**, sb., *a female diviner*: thou wenest ben a grete devineresse CH. TRO. v. 1535.
divinitē, sb., *O.Fr.* divinité; *divinity*, P. L. S. xvii. 237.
[**divīnour**], **devīnour**, sb., *O.Fr.* devineor; *diviner*, WICL. NUM. xxii. 5.
divīsen, *see* **devīsen**.
divisiōn, sb., *O.Fr.* division; *division*, CH. C. T. *A* 2476; GOW. I. 30; **divisiouns** (*pl.*) LIDG. M. P. 89; devisiouns CH. ASTR. i. 8 (6).
divors, sb., *O.Fr.* divorce, *Lat.* dīvortium; *divorce*, TREV. I. 251; be ech man war þat he procure no fals devours WICL. S. W. III. 192; **divorces** (*pl.*) LANGL. *B* ii. 75.
dō, *see* **dā**.
dobben, *see* **dubben**. **doble**, *see* **duble**.
doc, dok, sb., *O.N.* dockr; *tail*, GAW. 191.
docke, sb., *O.E.* docce; *dock* (*plant*), CH. TRO. iv. 461; sour(e) dokke *sour dock*, '*surel(l)e*,' rede dokke '*parel(l)e*' VOC. 162.
docken, v., *dock, cut short*; dokkin '*decurto*' PR. P. 126; docke WICL. E. W. 430; his top was docked [dokked] CH. C. T. *A* 590.
doctour, sb., *O.Fr.* doctur; *doctor*, CH. C. T. *A* 411.
doctrīne, sb., *O.Fr.* doctrine; *doctrine*, MAND. 167; CH. ASTR. PROL. (2).
dodden, v., *shave, clip*: ȝe shulen dodde ['*attondebitis*'] WICL. LEV. xix. 27; **doddeþ** (*pres.*) P. S. 192; **doddid** (*pple.*) PR. P. 125; idodded A. R. 422.
doddunge, sb., *shaving*, A.R. 14.
doder, sb., = *M.H.G.* toter; *dodder* (*a plant*), REL. I. 37; '*cuscuta*' VOC. (W.W.) 577.
doel, sb., *O.Fr.* doel, duel, deul, *from Lat.* (cor-)dolium, *cf. prov.Eng. and Sc.* dool, dule; *grief, mourning*, ALIS. 5121; MAND. 202; deol LANGL. *A* v. 216 (doel *B* v. 386); doel, dol, duel, dul, del WILL. 564, 781, 1510, 1909, 2757; doel [duil, deol, deil] WICL. 2 KINGS xiv. 2; duel SPEC. 34; deol HORN (L.) 1048; ROB. 166; dool DEGR. 1736.
deol-ful, adj., *doleful* LAȝ. 6901*; dul-, delful GAW. 560, 1517.

dulful-līche, adv., *dolefully*, P. L. S. xxiv. 219.
dōȝ, *see* **dāȝ**.
dogerel, adj., *doggerel*: rim dogerel CH. C. T. *B* 2115.
doȝeþe, *see* **duȝeðe**.
dogge, sb., *O.E.* docga, = *M.Du.* dogghe; *dog*, '*canis*,' VOC. 187; PR. P. 125; A. R. 290; ROB. 69; WILL. 46; MAND. 66; CH. C. T. *E* 2014; **doggen** (*pl.*) P. S. 239; *comp.* **band-, helledogge**.
doggid, adj., *dogged*, P. S. 199; so dogget (*base*) a dede D. TROY 10379.
dogged-līche, adv., *doggedly*, FER. 1289; doggetli (*meanly*) had done D. TROY 13071.
doggisch, adj., *doggish*; **doggische** (*dat. m.*) WICL. ECCLUS. xii. 22*.
dohter, sb., *O.E.* dohtor, = *O.L.G.* dohtar dohter, dohter, *O.Fris.* dochter, *O.N.* dottir, *Goth.* dauhtar, *O.H.G.* tohter, *Gr.* θυγάτηρ; *daughter*, KATH. 74; (*ms.* dohhterr) ORM. 128; dohter, doȝter, douter LAȝ. 142, 211, 3018; doȝter AYENB. 26; dogter GEN. & EX. 1646; doghter PR. C. 2130; doghtir EGL. 58; douhter FRAG. 8; A. R. 54; douhter, douther, dowter HAV. 120, 258, 2867; douhter, douȝter C. L. 301, 347; douȝter BEK. 22; dowter GEN. & EX. 1847; doughter, doutir, doster PR. P. 129; doȝter, doster HORN (L.) 249, 697; douter AN. LIT. 10; doftir (? dostir) B. DISC. 689; douȝter (*gen.*) WILL. 3152; doster [dohter] LAȝ. 2982; his dohtres ræd SAX. CHR. 254; **dohter, dochter, docter** (*dat.*) LAȝ. 3368, 3373, 3433; douter REL. I. 184; **dohter** (*pl.*) LK. xxiii. 28; dohtere, dohtren [dohtres] LAȝ. 2924, 24509; douhtren, douȝtren C. L. 289; dohtren (? dehtren) H. M. 19; dehtren HOM. I. 247; CHR. E. 545; deȝter A. P. ii. 270; dohtres ORM. 6383; douhtres HAV. 350; **dohter, dohtrenne** [dohterne] (*gen. pl.*) LAȝ. 2689, 2701; **dohtren** (*dat. pl.*) LK. i. 5; LAȝ. 3085; *comp.* **god-, steop-dohter**.
doughter-lēs, adj., GOW. III. 305.
dohti, *see* **duhtiȝ**.
dok, *see* **doc**. **doke**, *see* **dūke**.
doket, sb., *?from* doc; *?rag, clout*, TOWNL. 313.
doket[2], sb., *O.Fr.* ducat; *ducat* (*a coin*); **dokettis** (*pl.*) SACR. 315.
dol, *see* **dul** *and* **doel**. **dōl**, *see* **dǣl**.
dolc, sb., *ulcer, ? wound*; dolc sor and blein GEN. & EX. 3027; wiðute knotte and dolke A. R. 2.
dōle, *see* **dǣle**.
dolfin, sb., *O.Fr.* ? doulphin, *cf. Prov.* dalfin, *from Lat.* delphīnus; *dolphin*, DEGR. 1038.
[**dolken?** *comp.* **for-dolken**.]
dollen, *see* **dullen**.
dolour, sb., *O.Fr.* dolour, dolur; *grief*, MISC. 212; S. S. (Web.) 1270; FER. 2175; dolur LEG. 72.

dōm, sb., *O.E.* dōm,=*O.L.G., O.Fris.* dōm, *O.N.* dōmr, *Goth.* dōms, *O.H.G.* tuom, *mod. Eng.* doom; *judgment, decision, decree; authority*, ORM. 1472; C. L. 491; HAV. 2487; WILL. 1220; WICL. GEN. xviii. 19; þe dom ... ne lest he nawiht longe HOM. I. 169; þat rihtne dom us ʒive wolde O. & N 1692; þen dom ROB. 337; þane laste dom AYENB. 74; **dōmes** (*gen.*) O. & N. 1695; **dōmes dæi** LAʒ. 24274; domes dai R. S. iv; **dōmes man** *doomsman* (*judge*) A. R. 156; LANGL. *B* xix. 302: TREV. IV. 49; **dōme** (*dat.*) O. & N. 179; mid unimete dome heo ferden ut of Rome LAʒ. 9228; imong þissen dome dæd iwarð þe gode king 15064; þe dai of dome PR. C. 1859; **dōmes** (*pl.*) HOM. I. 103; LAʒ. 7221; þah þine domes derne beon MARH. 8; *comp.* **alder-, cristen-, eorl-, frēo-, hǣðen-, hāli-, kine-, king-, martir-, pāpe-, riche-, þēow-, wis-dōm**; *deriv.* **dēmen.**

dōm-hūs, sb., *judgment-hall*: dome-howse '*pretorium*' PR. P. 126.

dōm-kēte, adj., *swift of judgment*, HOM. II. 83.

dōm-place, sb., *place of judgment, 'forum'*: he disputide in the sinagoge ... and ... in the chepinge or domplace WICL. DEEDS xvii. 17; xvi. 19.

dōm-seotel, sb., *O.E.* dōmsetl; *judgment seat*, JUL. 55.

dōm-stōl, sb., *judgment-seat*, A. R. 306.

domb, see **dumb**.

dominacioun, sb., *Fr.* domination; *domination*, CH. C. T. *B* 3409.

domlen, v., *be dull or cloudy*; domland (*pple.*) PR. C. 1443.

dompen, see **dumpen**. **domping**, see **dopping**. **don**, see **dun**.

dōn, v., *O.E.* dōn,=*O.L.G.* dōn, doan, duan, duon, *O.Fris.* dua, *O.H.G.* tuon; *do*, KATH. 784; A. R. 16; MAND. 3; þe sculde þas ernde don LAʒ. 1421; don on *don, put on* 1701; harm don HOM. I. 213; don hire schome H. M. 17; don t(o) understandin ORM. 3067; don (*commit*) sunne MISC. 72; to deþe don (*put*) CATH. E. 908; ALIS. 730; he scholde ... in strong warde him do (*put*) BEK. 379; do (*commit*) þeof þe 396; schame do 1488; he ssel do a wai þe brondes AYENB. 205; do boke WILL. 1378; shal do (*make*) þe noʒt drede LANGL. *B* xx. 153; þei schule of her cloþes TREV. IV. 1; to donne KATH. 2201; A. R. 6; ORM. 2949; what him weore to donne [donde] LAʒ. 4769; to done BEK. 248; i have to done JOS. 161; what is best to done CH. C. T. *A* 3544; to donde MISC. 193; **dō** (*pres.*) A. R. 200; ich do þe wel to witene LAʒ. 3163; dest LAʒ. 13154; KATH. 754; A. R. 124; SPEC. 104; SHOR. 96; AYENB. 129; þat fruit þat þou dest bere LEG. 6; dest, dost O. & N. 49, 237, 321; dost ORM. 5258; deð A. R. 174; deþ HOM. II. 27; FRAG. 7; P. L. S. viii. 11; ROB. 321; AYENB. 5; deð [doþ] LAʒ. 674; deþ, doþ O. & N. 156, 564; he deþ [doþ] me gret wo C. L. 899; doþ ORM. 1042; bet heo heolden heore wurðing dei þene we doð HOM. I. 9; we doð sunne 55; ʒe doð LAʒ. 1434; heo doð A. R. 328; gret harm heo me doþ C. L. 896; ne do þu þeofðe HOM. I. 13; do sei me JUL. 41; do nim þe wreche R. S. ii. (MISC. 162); do of ðin son GEN. & EX. 2781; don (=do on) þin helm FER. 460; dof(=do of) WILL. 2343; do (*make*) me love þe so SPEC. 71; do out all poʒtes AYENB. 210; do a wei þi maumetes JOS. 102; do me sikernesse þer to 623; qvoth Ubbe doth him swiþe fete HAV. 2037; þat ich do ham wurðschipe KATH. 506; **dōende** (*pple.*) MAT. xxiv. 46; doinde AYENB. 194; **düde** (*pret.*) A. R. 102; O. & N. 1637; BEK. 1050; he dude him on þe wei P. L. S. xii. 119; he dude to dethe WILL. 3427; dude heom to understonde MISC. 86; dude [dede] LAʒ. 431; dude [dide] KATH. 1552; dide [dede] CH. C. T. *A* 2262; dede AYENB. 78; ISUM. 67; dede mankinde bote GEN. & EX. 24; god dede (*caused*) ðat he on swevene cam 224; alle þe Englis dede he swere HAV. 254; he ... dede him on gate WILL. 1119; dudest A. R. 306; deodest [dudest] LAʒ. 2294; duden A. R. 330; and duden hine i benden (*r.* bende) LAʒ. 31011; duden of claðes 16759; heore brugge heo duden a dun 19242; diden ORM. 429; and hi swa diden SAX. CHR. 250; þei diden dedli sinne LANGL. *B* xiv. 78; he deden hem binden GEN. & EX. 2193; we þin heste dude forleten H. H. 169 (171); dōn (*pple.*) ORM. 237; K. T. 813; he ben don ut of paradis GEN. & EX. 381; don [doon] CH. C. T. *A* 2092; *comp.* **bi-, for-, ʒe-, tō-, un-dōn**; *deriv.* **dǣde.**

[**dōere**, sb., *doer; comp.* **gōd-, mis-, üvel-dōere**.]

dōinge, sb., *doing*, TREV. I. 27.

donat, sb., *Lat.* Dōnātus; *a grammar; elementary book of instruction*: Donat and Dindimus GOW. II. 90; PR. P. 126; donet S. S. (Web.) 179; LANGL. *B* v. 209.

donge, see **dunge**.

dongeŏn, donjoun, sb., *O.Fr.* dongon, donjon; *dungeon*, CH. C. T. *A* 1057; dungun, dongeon LANGL. *A* PROL. 15, *B* PROL. 15; donguon FER. 2301; A. P. ii. 1224.

donken, v., *moisten*; donkeþ (*pres.*) SPEC. 44; donkande (*pple.*) GAW. 519; donkit (*pret.*) D. TROY 9639.

donkinge, sb., *moisture*, D. ARTH. 3249.

doppar, sb.; *cf.* **doupar**; didapper, '*mergulus*,' PR. P. 127.

doppe, sb., ?*O.E.* (dūfe-)doppa; ?*sea gull*, ALIS. 5776; *comp.* **dēve-doppe**.

dopping, sb., *the dabchick*; **doppinges** (*v. r.* dompinges) (*pl.*) LANGL. *C* xiv. 169.

dorc, see **dearc**.

dord, sb., *? whey* : dordus (*pl.*) '*serum*' VOC. 178.

dore, sb., *O.E.* dora, *?=Du.* tor ; *dor* (*beetle*) ; dorren (*pl.*) AR. & MER. 6428.

dore, *see* dure.

Dorcestre, sb., *O.E.* Dorca ceaster ; *Dorchester*, P. L. S. xiii. 36 ; Dorchestre ROB. 2.

Dorchestre-sǣten, sb., pl., *inhabitants of Dorchester*, LAȝ. 29615.

dorlot, sb., *O.Fr.* dorelot, dorlot ; *ornament for a woman's dress* ; dorlott '*trica, caliendrum*' PR. P. 127 ; vair dorilot AYENB. 177.

dormant, adj., *fixed* : his table dormant in his halle alway stood redi covered al the long dai CH. C. T. *A* 353 ; table dormounte HALLIW. 311.

dormous, sb., *dormouse*, '*glis*,' VOC. 220 ; PR. P. 127.

dornen, v., *deceive* : þer husbondes þei wil so dorne S. & C. ll. lvii.

Dorsēte, pr. n., *O.E.* Dorsǣte ; **Dorsǣtan**, Dorsætum (*dat.*) ; *Dorset*, LAȝ. 21014 ; O. & N. 1753.

dortour, sb., *O.Fr.* dortoir ; *dormitory*, PL. CR. 211 ; CH. C. T. *D* 1855.

dose, *see* duse.

doseper, sb., *O.Fr.* douze pairs (*pl.*) ; *one of the twelve peers ; champion* : ferst they sent out a doseper in blake armes OCTOV. (W.) 949 ; RICHD. 9 ; inne Franse weren italde twelfe iferan, þe Freinsce heo cleopeden dusse pers (*pl.*) (*sec. text* dosseperes) LAȝ. 1623 ; dosse pers of France ROB. 188 ; dozepers HALLIW. 315 ; duze pers MAN. (H.) 81 ; duseperis ANT. AR. 22 ; D. ARTH. 66 ; dusseperez 2029.

dosil, sb., *O.Fr.* dosil, dousil, dusil ; *spigot, faucet* ; dosille VOC. 198 ; dosele [doseil] S. S. (Web.) 1150 ; **dosils** (*pl.*) ROB. 542.

dosser, sb., *Fr.* dossier ; *pannier, basket* ; docer, dorcer PR. P. 125, 127 ; doser GAW. 478 ; **dossers** (*pl.*) CH. H. F. 1940.

dotāge, sb., *dotage*, CH. C. T. *A* 3898 ; A. P. ii. 1425.

dotard, sb., *dotard*, CH. C. T. *D* 331 ; **dotardes** (*pl.*) PL. CR. 825.

dōte, adj., *doting, foolish*, REL. I. 184 ; TRIST. 1912 ; BEV. 217 ; doote YORK xxxv. 5.

dotel, sb., =dotard : þenne þe dotel on dece drank þat he miȝt A. P. ii. 1517.

doteren, v., ? = totiren ; *totter* ; dotur AV. ARTH. xvi ; þe duc dotered (*pret.*) to þe ground DEGR. 1109.

dōtien, v., =*M.Du.* doten *O.Fr.* (re-)doter ; *dote* ; dotie LAȝ. 3294 ; doton '*deliro, desipio*' PR. P. 128 ; doten [dote] CH. C. T. *G* 983 ; dote LUD. COV. 98 ; AV. ARTH. xvi ; **dōtest** (*pres.*) LANGL. A i. 129 ; dotes tu KATH. 2111 ; he dotes PR. C. 785 ; þei doteþ TREV. IV. 403 ; dótie (*subj.*) A. R. 224 ; he dared as dóted (*ppls.*) man WILL. 4055 ; doted and dased L. H. R. 216 ; *comp.* a-dótien.

dottipol, sb., *cf.* dodden *and* pol ; *baldhead* : fi, dottipols, with youre bookes TOWNL. 145.

dōu, *see* dāȝ.

douaire, sb., *O.Fr.* doaire ; *dower*, CH. C. T. *E* 848 ; dowarie E. G. 361 ; dowere TREV. IV. 73 ; dower WICL. EX. xxii. 16.

douce, adj., *O.Fr.* dols, doux, *Lat.* dulcis ; *sweet* : he drawes into dowce Fraunce D. ARTH. 1251.

doucen, v., *from* douce ; *sweeten* ; dowce L. C. C. 7 ; PR. P. 129.

doucet, adj., *O.Fr.* doucet ; *sweet* : doucet drinkes HALLIW. 313 ; dowcet mete '*dulceum*' PR. P. 128.

doucette, sb., *a sweet pie or custard* ; **doucettes** (*pl.*) B. B. 60 ; dowcetes 148.

doucette[2], sb., *a musical instrument* : to pipe both in doucet and in riede CH. H. F. 1220.

doude, sb., *slut*, MAN. (F.) 11255 ; if she be never so foule a dowde TOWNL. 312.

douen, v., *O.Fr.* douer, doer ; *endow* ; dowe WICL. EX. xxii. 16 ; dowe [douwe] LANGL. *C* iv. 322 ; dūed (*pret.*) PL. CR. 1528.

dowinge, sb., *endowment*, WICL. S. W. III. 171 ; TREV. III. 37.

douȝter, douhter, *see* dohter.

douȝti, douhti, *see* duhtiȝ.

douken, *see* dūken.

doul, *see* duvel.

doun, *see* dūn.

dounen, v., *? O.N.* deyna ; *smell* : swet to downen (*ms.* dowwnenn) ORM. 6745.

doupar, sb. ; *cf.* doppar *and* dopping ; *the dabchick* : dowpar, brid [dooper, H.] '*mergus*' PR. P. 129.

douren, v., =*L.Ger.* düren, *M.H.G.* türen ; *? grieve* ; doured (*pret.*) A. P. iii. 372.

douse, sb., =*? M.Du.* duise (*concubina*) ; *harlot*, SPEC. 111 ; dowse TOWNL. 104.

dousour, sb., *O.Fr.* dulçor, douçor ; *sweetness* : now for singlerti o hir dousour we call her fenix of Arrabi A. P. i. 429.

doust, *see* dust. **doute**, *see* dūte.

douve, *see* dūve.

douvre, sb., *O.Fr.* douvre (*fossé, canal*) ; *rabbit-warren* ; douwere '*cuniculus*' PR. P. 128.

Dóvere, pr. n., *? O.E.* Dofere (*dat.* Doferan) ; *Dover*, HAV. 139 ; MAN. (F.) 4335 ; Dovere, Dovre LAȝ. 7415, 8583.

dowen, *see* douen *and* duȝen.

dowrie, sb., =douaire ; *dowry* : disherite & deprive dowrie of widoes A. P. ii. 185 ; MAN. (H.) 151 ; doure PR. P. 128.

dozeine, sb., *O.Fr.* dozaine ; *dozen*, LANGL. *B* iv. 37 ; CH. C. T. *A* 578.

drabelen, see **dravelen.**

drēd, sb., *dread, terror*; dred, drede A. R. 6, 364; i þon castle wes muchel dred [drede] LAȝ. 1682; heo hefden muchele drede 2088; he hadde of water dred GEN. & EX. 660; drede HOM. II. 71; MISC. 193; HAV. 828; ROB. 337; AYENB. 32; LANGL. *B* xvi. 85; CH. C. T. *B* 680; RICH. 5515; PR. C. 5263; hwone hit is alre mest on drede O. & N. 684; drade ALIS. 5740.

   drēd-ful, adj., *dreadful,* A. R. 302; C. L. 454; H. H. 200 (202); dredvol AYENB. 14.

   drēdful-lī, adv., *dreadfully,* LANGL. *B* xvii. 62.

   drēd-lēs, adj., *dreadless,* GAW. 2334; PL. CR. 524.

   drēd-lich, adj., *terrible,* A. R. 58; **drēdliche** (*adv.*) HOM. I. 14.

   drēdnesse, sb., *terror,* HOM. I. 235; JUL. 69.

drēden, v., *O.E.* drēden, (on-)drǣdan (*pret.* drēd), = *O.L.G.* (and-)drādan (*pret.* drēd), *O.H.G.* (in-)trātan (*pret.* triat, triet); *dread,* ORM. 1218, 5907; dreden HOM. I. 21; LAȝ. 31164; A. R. 136; drede GOW. I. 344; LANGL. *B* xx. 153; K. T. 429; **drēdest** (*pres.*) JUL. 24; dredeþ ORM. 6179; P. 47; dret MISC. 95; AYENB. 26; (hi) dredeþ AYENB. 74; ne dred þe nouȝt LEG. 81; ne drede ȝe ow nawiht KATH. 1403; **drǣdde** (*pret.*) ORM. 19965; GEN. & EX. 767; SHOR. 49; dradde BEK. 127; GOW. I. 341; *comp.* an-, for-, of-drǣden.

   drǣdung, sb., *dreading,* ORM. 5602.

drēdi, adj., *timid*; dredi GEN. & EX. 872; WICL. JUDG. vii. 3; L. H. R. 140.

drǣfen, v., *O.E.* drǣfan, = *O.N.* dreifa, *Goth.* draibjan, *O.H.G.* treiben, *Dorset dial.* dreve; *from* **drīfen**; *drive*; **drǣved** (*pret.*) A. P. i. 979; *comp.* a-, tō-drǣfen.

drēm, see **drēam.**

draf, sb., *cf.* M.L.G., M.Du., Swed. draf, *m. n.* O.H.G. *pl.* treber; *draff, dregs,* 'segisterium,' VOC. 233; LAȝ. 29256; draffe LANGL. *B* x. 11; draf CH. C. T. *I* 35; þet draf AYENB. 93; drof GEN. & EX. 3582; *comp.* **win-draf.**

   draf-sak, sb., *sack of dregs,* CH. C. T. *A* 4206.

drāf, sb., *O. E.* drāf, = *M.H.G.* treip; *from* **drīfen**; *drove, driving*: it hiled al ȝis werldes drof GEN. & EX. 102; wiþ duntes drof him al todraf L. H. R. 141; **drōve** (*dat.*) WICL. GEN. xviii. 7; drove of bestis WILL. 181.

draft, sb., = **draf**; *dregs,* WICL. PS. xxxix. 3.

draȝ-, *stem of* **draȝen,** v.

   draw(e)-brügge, sb., *drawbridge,* ALIS. 1205; drawebrigge D. ARTH. 2474.

dragē, draggē, sb., *O.Fr.* dragee; *meslin, mixed corn,* '*mixtilio,*' PR. P. 130; dragge '*dragetum*' (? *comfit, sweetmeat*) VOC. 178;

? **draggēs** (*pl.*) ? *medicated sweetmeats,* CH. C. T. *A* 426 [6-text has drogges; see **drogge**].

draȝen, v., *O.E.* dragan, = *O.L.G.,* Goth. dragan, *O.N.* draga, *O.Fris.* draga, drega, *M.L.G.* dragen, dregen, *O.H.G.* tragan; *draw, carry,* LAȝ. 10530; for to draȝen hine ut of þisse wutte HOM. I. 47; dragen HOM. II. 29; GEN. & EX. 2378; draȝhen ANGL. I. 9; nile i noht draȝhen upon me . . . þat maht ORM. 18406; drahen, draien, drehen, dreien KATH. 33, 1193, 2237; dreaien, dreien, drahen HOM. I. 257; draȝe AYENB. 12; to schupe we mote draȝe HORN (L.) 1420; draie TOWNL. 106; drahe, drawe O. & N. 1375; drawen A. R. 160; drawe P. S. 153; CH. C. T. *A* 1416; WICL. JOHN iv. 7; drawe his her P. L. S. xix. 266; qveþer i wit riht and lawe mai him wit me til helle drawe M. H. 56; draȝe (*pres.*) O. & N. 970; (hi) drageþ, dregeþ MISC. 150, 151; swa dreieð his erme saule in eche pine HOM. I. 27; drah (*imper.*) HOM. II. 149; drōh (*pret.*) MARH. 2; ORM. 769; þes duc . . . to þare sæ him droh LAȝ. 93; droh (*was obedient*) to his ræde 9527; purpre and pal he droh REL. I. 119; droȝ FL. & BL. 683; GAW. 1188; oþer folk þider droȝ ROB. 41; drog, drug GEN. & EX. 1746, 2717; drogh PR. C. 2249; ISUM. 364; AMAD. (R.) xxvi; drogh [drouȝ, drou] LANGL. *B* xiv. 106; droȝ, drouȝ, drou, dreuȝ WICL. EX. iv. 7, JUDG. v. 21, IS. x. 13; drouh A. R. 102; he drouh hine a bak MISC. 43; drouȝ . . . his swerd MARG. 309; to falshede evere he drouȝ LEB. JES. 772; drouȝ, drou WILL. 1068, 2208; drou HAV. 719; EGL. 316; hu þu deað drohe KATH. 2467; þu . . . drowe me to þe FRAG. 8; droȝen LAȝ. 818; GAW. 1463; droȝhen ORM. 8704; drohen KATH. 2155; drowen A. R. 110; drowen LANGL. *B* xi. 330; þe ministris . . . þat drowen þe water WICL. JOHN ii. 9; draȝhen (*pple.*) ORM. 7413; ut of latin ȝis song is dragen GEN. & EX. 13; drain TRIST. 706; drauhen MAN. (H.) 183; drawen HAV. 1925; MAND. 40; þar for þis buk es on Ingles drawen PR. C. 336; *comp.* a-, ȝe-, tō-, wið-draȝen.

   drawere, sb., *drawer,* WICL. S. W. I. 193.

   drawinge, sb., *drawing,* P. L. S. xxi. 133.

draggē, see **dragē.**

draggin, v., *cf.* Swed. dragga; *drag,* PR. P. 130.

dragme, sb., *O.Fr.* drame, *dragme, from Lat.* drachma, Gr. δραχμή; *dram (weight, measure, coin),* WICL. LK. xv. 8; drame PR. P. 130; three hundrid **dragmes** (*pl.*) *of silver* WICL. 2 MAC. iv. 19.

dragonce, sb., *Lat.* dracontium; *serpentine (herb),* REL. I. 301; dragaunce PR. P. 130; dragauns VOC. 256; dragans HALLIW. 315.

dragonet, sb., *from* **dragoun**; *a young dragon*: that signifieth the dragonet ALIS. 602.

dragoun, sb., *O.Fr.* dragon; *dragon,* MARG. 158; dragun GEN. & EX. 2924

draʒþe, sb., ?=draht, AYENB. 251.
drahen, see draʒen.
draht, sb.,=M.H.G. dracht f., O.N. drāttr m.;
from draʒen; *draught, pull; load; current
of air*; drinkeð a draht HOM. II. 199; to þe is
al mi draucht 256; agen he maden here dragt
GEN. & EX. 3745; draght [draʒt] C. M. 21266;
i wolde have drawe the same draught (*move
in chess*) CH. D. BL. 682; a draught [drauht,
drauʒt] of win C. T. *A* 396; draut (*ms.* drawte)
PR. P. 131; a þan vorme drahte swið(e)
monie he ilahte LAʒ. 29259; drahtes (*pl.*)
P. S. 153; drauʒtes as me draweþ in poudre
P. L. S. xvii. 225; drawe draghtes and (bere)
berþenes HALLIW. 315.
drauht-brigge, sb., *draw-bridge*, MAN.
(H.) 183; drautbrigge PR. P. 131; draʒt-
brigge FER. 1113.
draut-welle, sb., *draw-well*, PR. P. 131.
drai, see derai.
drāke, sb., O.E. draca, *from Lat.* draco;
dragon, ORM. 1843; R. S. v; GEN. & EX. 283;
K. T. 408; M. ARTH. 2607; dráken (*gen.*)
LAʒ. 17876; þe drake heaved a. R. 246;
dráken (*pl.*) LAʒ. 15935; see dragoun.
drāke², sb.,=L.G. drake, M.L.G. antdrake,
O.H.G. antrache; *drake*, HAV. 1241; CH. C.
T. *A* 3576; drákes (*pl.*) SPEC. 44; *comp.*
schel-dráke.
dráne, sb., O.E. dran, dræn, *cf.* O.L.G. *dran
(*pl.* drani), N.L.G. drone f., O.H.G. treno m.;
drone, 'fucus,' PR. P. 130; VOC. 177; LIDG.
M. P. 154; þa drane SAX. CHR. 256; dro(ne)
FRAG. 3; dránes (*pl.*) PL. CR. 726.
drāper, sb., O.Fr. drapier; *draper*, LANGL.
C vii. 250.
draperie, sb., O.Fr. draperie; *drapery*, REL.
II. 175; (P. L. S. xxxiv. 11).
drappen, v.,=droppen; *drop, sink*: neigh
to dede we gan drappe OCTOV. (W.) 567.
draste, drasti, see dreste, dresti.
drauʒt, drauht, see draht.
drauk, sb.,=M.Du.dravick; *weed,'sizanium,'*
VOC. 265; PR. P. 130; REL. II. 80; drauc
(*printed* dranc) M. H. 152.
dravelen, v.,=L.G. drabeln; *drivel, slaver,
talk foolishly*: þei don but dravele þer on
LANGL. *A* xi. 11; [drevele, drivele *B* x. 11];
drinken and drivelen [dravelen] *B* x. 41 (W.
5683); drabelin PR. P. 129; draveled (*pret.*)
GAW. 1750; draveled (*pple.*) P. 55; *comp.*
bi-dravelen.
drawebrügge, see under draʒ-.
drawen, see draʒen.
drēam, sb., O.E. drēam (*song, delight*),=
O.L.G. drōm (*dream, feasting*), O.Fris. drām,
O.N. draumr, O.H.G. traum, troum (*dream*),
mod.Eng. dream; *sound, music; dream,*
KATH. 1498; A. R. 210; þu iherdest þene
dream FRAG. 7; englene dream H. M. 19;
dream, dræm, drem LAʒ. 1010, 14286, 24554;

dræm ORM. 923; drem BEV. 1339; ALIS.²
(Sk.) 781; AL. (T.) 487; þe bemene drem
HOM. II. 115; þe drem... of harpe and pipe
O. & N. 21; belles (? belle) drem REL. I. 223;
dreem SPEC. 7; drem *dream* GEN. & EX.
2095; HAV. 1284; GOW. I. 24; PR. C. 8076;
mid te dredful dreame of þe englene bemen
A. R. 214; mid fulle dreme O. & N. 314;
drēmes (*pl.*) FRAG. 7; drēmen (*dat. pl.*) LAʒ.
22876; *comp.* belle-, glēo-, man-drēam.
drēm-rēdere, sb., *interpreter of dreams*,
TREV. III. 143; dreemreder WICL. GEN. xl.
23.
drecche, sb., *? delay*; dreche HALLIW. 317;
drechch(e) GAW. 1972.
drecchen, v.,O.E. dreccan,=M.H.G. trecken;
(? *draw), harass, delay*; drechen GEN. &
EX. 1420; drecche FER. 1997; GOW. II. 5;
CH. TRO. ii. 1264; P. R. L. P. 85; ac Sathanas
þe frecche þe saule wule drecche (*afflict*) MISC.
75; drecchep (*pres.*) SPEC. 113; PL. CR. 504;
wiles he drecched (*tarries*) ʒore REL. I. 211
(MISC. 4); (ha) drecched HOM. I. 251; drecche
(*subj.*) R. S. ii (MISC. 162); if it so betide þis
night þat þe in slepe dreche ani wight IW.
480; drecchand (*pple.*) PS. cviii. 10; draihte
(*pret.*) ALIS.² (Sk.) 752; *comp.* ʒe-drecchen.
drecchunge, sb., *harassing, delay*, H. M. 7;
drecchinge FER. 493; GOW. 218.
drēd, drēden, drēdi, see drǣd, drǣden,
drǣdi.
drēf, sb. (? *or* adj.),=O.H.G. truobi; *? trouble*;
? *or*=O.H.G. truobi; *painful*; idolatrie ut-
wrogte hem sorges dref GEN. & EX. 4144.
drēf-ful, adj., *sorrowful*: dreful and bleð
GEN. & EX. 2590.
drēfful-lī, adv., *sorrowfully*, HALLIW. 317.
drēfen, v., O.E. drēfan, = O.H.G. truoben,
Goth. drōbjan; *from drōf; *trouble, disturb*;
dreven HOM. II. 195; ic and Eve sulen alle
(h)is blisse dreve GEN. & EX. 318; drēveð
(*pres.*) REL. I. 220; drēfed (*pple.*) ORM. 147;
comp. for-, ʒe-drēfen.
dreg, sb., O.N. dregg f., = *Swed.* drägg *m.*;
dregs, PS. xxxix. 3; dregges (*pl.*) VOC. 198;
LANGL. *B* xix. 397; dreggis PR. P. 131.
drēʒ, adj., O.N. driugr, *prov.Eng.* dree;
from drēoʒen; *long; tedious; patient*, GAW.
1750; driʒe 724; dreʒ, dreiʒ, drih HOM. II.
49, 256, 258; his moder leof and driʒe LEG.
38; bi a river brode and dreghe HALLIW.
317; on drēghe, *at a distance*, D. ARTH.
786; drogh him o dreghe ANT. ARTH. xliv;
a dreʒ A. P. ii. 71; a dreigh [drei] MAN. (F.)
1042, 6048; on driʒe GAW. 1031; whi draghes
þou on dregh *why dost thou delay* D. TROY
11647; a drigh GOW. II. 46; derfe dintes
and drēʒe (*pl.*) ALEX. 2091; þe sinnez driʒe
A. P. i. 822; þou lovest Tristrem dreiʒe (*adv.*)
TRIST. 3035; *comp.* un-drēʒ.
drēʒ-lī, adv., = O.N. driugliga; *at great*

drē̆ȝ. *length, tediously,* GAW. 1026; dreȝli, driȝli A. P. ii. 74, 476; dreli TOWNL. 90; dreghli D. TROY 2379.

drēȝe, *see* drüȝe.

drēȝe, sb., *length*: alle the dreghe of the daie D. ARTH. 2915; dregh of the derke night D. TROY 678.

drēȝen, *see* drēoȝen.

dreggi, adj., = *Swed.* dräggig; *from* dreg; *dreggy,* '*faeculentus,*' PR. P. 131.

drehen, *see* draȝen.

dreie, sb., ? = *Swed.* drög (*traha*); *dray*; dreie ['*rheda*'] TREV. III. 145.

dreien, *see* draȝen. **drēm,** *see* drēam.

dreight, sb., *from* drēȝ, adj., *length*: the dai of þe dreight (*the longest day*) drivin uppo long D. TROY 10633.

drēmels, sb., *dream*, LANGL. A viii. 138.

drēmen, v., O.E. drēman, drȳman (*be joyful*), = O.N. dreyma, O.H.G. troumen (*dream*), *mod.Eng.* dream; *from* drēam; *sound, resound, sing aloud*; *dream*; heogunnen dremen LAȝ. 13586; harpen gunnen dremen 22885; dremen (*dream*) GEN. & EX. 2067; drēme (*pres.*) GOW. I. 281; murie dreameð engles HOM. I. 191; þet ower beoden ... dreamen wel ine drihtenes earen A. R. 430; a selkuth drem **drĕmde** (*pret.*) me nou HAV. 1284; him drempte GEN. & EX. 1941; þeines þer dremden LAȝ. 11575.

drēmere, sb., O.E. drēmere (*musician*), = O.H.G. troumāri (*dreamer*); *dreamer*, WICL. GEN. xxxvii. 19; dremare '*somniator*' PR. P. 131; dremer C. M. 4111.

drēminge, sb., *dreaming*, '*sompniacio,*' PR. P. 131; to hir he tolde of his dremeing S. S. (Web.) 3089.

drench, sb., O.E. drenc, *cf.* O.L.G. dranc, O.H.G. tranch *m.*, Goth. dragk *n.*, *mod.Eng.* drench; *from* drinken; *drink, potion*, R. S. 1; drench, drænc LAȝ. 10234, 16084; drench, drenche ROB. 68, 69; **drenche** (*dat.*) MISC. 82; HORN (H.) 1199; **drenches** (*gen.*) LAȝ. 19755; **drenche** (*gen. pl.*) LAȝ. 19759.

drenchen, v., O.E. drencan (*pret.* drencte), O.Fris. drenka, O.N. drekkja, O.H.G. trenchen, Goth. dragkjan, *mod.Eng.* drench; *drown, plunge in water*, LAȝ. 1507; HAV. 583; ich wille me drenchen in þe welle S. S. (Web.) 1464; i schal drenchen in þe depe CH. C. T. B 455; drenche O. & N. 1205; LANGL. B viii. 50; GOW. III. 295; heo let ... drenche boþe two ROB. 27; i schal drenche min arewis in blood ['*inebriabo sagittas meas sanguine*'] WICL. DEUT. xxxii. 42; to'drenchende HOM. II. 39; **drengte** (*pret.*) LAȝ. 12111; dreinte P. S. 217; MAN. (F.) 2008; dreint (*pple.*) ROB. 52; GOW. III. 10; idreint CH. C. T. A 3520; *comp.* a-, for-drenchen.

drenching, sb., *drowning*, TREV. III. 395; WICL. S. W. III. 158.

dreng, sb., O.E. dreng, ? *from* O.N. drengr; *warrior, man* (*male person*), HAV. 31; dring LAȝ. 12713; C. M. 15414; **dringen** (*dat. pl.*) LAȝ. 12933; *comp.* here-dring.

drēnien, v., O.E. drehnian, = *M.H.G.* trehenen (*from* trahen *drop, tear*); *strain out*: ge **drēnieð** (*pres.*) þanne (*r.* þane) gnet a weig MAT. xxiii. 24.

drenklen, *see* drinklen.

drēoȝen, v., O.E. drēogan (*accomplish, carry through, suffer*) *cf.* O.L.G. (bi-)driogan (*deceive*), Goth. driugan (στρατεύεσθαι), O.H.G. triugan (*deceive*); *endure*; *carry through to the end, accomplish*, P. L. S. viii. 145; drieȝen ANGL. I. 24; dregen GEN. & EX. 512; dreȝhen eche þine ORM. 1505; dreiȝen, driæn FRAG. 6, 8; drehen KATH. 626; deað drehen JUL. 7; pine to þolie ant dreȝe SPEC. 62; þat þou ne mist þis foreward holde ne dreȝe 105; dreye HORN (R.) 1047 (H. 1078); drei M. H. 59; dree ISUM. 379; driȝen, drien [dreȝen] LAȝ. 370, 6228; drighe, dreghe PR. C. 2044, 2235; driȝe GAW. 560; A. P. ii. 372; drien A. R. 80; drie MARG. 34; WILL. 459; R. R. 7484; K. T. 235; he smot as faste as he might drie HALLIW. 318; penance for to drie P. 27; drie (*pres.*) HICKES I. 228; DEGR. 560; drihð A. R. 356; þa sunfulle monne þe dreȝeð (*perform*) a heore uvele werkes HOM. I. 23; þat man his licames lust drige (*satisfy*) HOM. II. 31; drēȝ (*pret.*) GEN. & EX. 429; dreȝ AL. (T.) 337; þe sorewe þat he dreȝ (? *printed* dregh) S. S. (Web.) 2660; dreih A. R. 136; dreiȝh, drei WILL. 2796, 2864; al þat ha druhen [drehden] KATH. 628; **drógen** (*pple.*) GEN. & EX. 2402; *comp.* a-, ȝe-drēoȝen; *deriv.* drihte.

drēopen, v., O.E. drēopan, = O.L.G. driopan, O.Fris. driapa, O.N. driupa, O.H.G. triufan; *drip*: drepe LUD. COV. 170; dreepith (*pres.*) LIDG. M. P. 161; *deriv.* drope, drippe.

drēoriȝ, drēriȝ, adj., O.E. drēorig, = O.H.G. trūreg; *from* drēosen; *dreary, sad*, ORM. 4752, 4838; dreori '*moestus*' FRAG. 4; REL. I. 178; ich am dreori MARH. 15; dreori þoȝt BEK. 1273; dreori fustes A. R. 106; of dreori mod(e) SPEC. 70; dreri KATH. 2049; CH. C. T. E 514; PR. C. 791; ISUM. 125; AV. ARTH. lxvi; dreri, druri WICL. 2 ESDR. ii. 2; heo weoren ... an heorte druri [dreri] LAȝ. 14547; druri EM. 808; A. P. i. 323; **drērier** (*comp.*) WICL. GEN. xl. 7.

drīri-hēd, sb., = O.H.G. trūregheit; *dreariness, sadness*, GEN. & EX. 1122.

drēori-, drēri-līche, adv., *drearily*, KATH. 1898, 2316; dreriliche LEG. 173.

drēriȝ-mōd, adj., O.E. drēorigmōd; *sadminded*, ORM. 6541; drerimod AN. LIT. 6; ANGL. IV. 199; drurimod FER. 1103.

drēorinesse, sb., O.E. drēorigness; *dreariness*; drerinesse ['*tristitia*'] WICL. ECCLUS. iv. 8.

[**drēosen**, v., *O.E.* drēosan, = *O.L.G.* driosan, *Goth.* driusan, *fall*; *comp.* ȝe-, tō-drēosen; *deriv.* drēoriȝ.]

drepen, v., *O.E.* drepan, = *O.N.* drepa, *O.H.G.* trefan; *strike, beat*, HOM. I. 283; HAV. 1865; drepe D. TROY 9854; drepeð (*pres.*) REL. I. 221; drepez A. P. ii. 246; drap (*pret.*) MAP 343; drop HAV. 2229; drapen SAX. CHR. 262; drape PS. xciii. 6; drēpe (*subj.*) HAV. 506; dropen (*pple.*) GEN. & EX. 2648.

dreping, sb., *smiting, killing*: þer was swilk dreping of þe folk HAV. 2684.

drēpen, v., *O.E.* drȳpan, = *O.N.* dreypa, *M.H.G.* troufen, tröufen; *besprinkle*; heom me drēpeþ (*pres.*) mid þe piche MISC. 151; and elles where hem dripe (*imper.*) PALL. ii. 277.

drēpen, *see* drēopen. **drēri**, *see* drēoriȝ.

drēried, adj., *from* drēoriȝ; *saddened, wretched*; alle dai dreried i in went PS. xxxvii. 7.

dressen, v., *O.Fr.* dresser, *from med.Lat.* dīrectiāre, *from* dīrectus (*straight*); *mod.E.* dress; *make straight, direct, set in order, prepare, equip; dress; direct one's course, go*: CH. C. T. *A* 3468; dressinge (*pple.*) WICL. NUM. xxiv. 1; dressede (*pret.*) D. ARTH. 786; dressed (*pple.*) A. P. ii. 92.

dressinge, sb., *mod.Eng.* dressing; *making straight, directing, preparing*, ' *directio*,' PR. P. 131; dressingis (*pl.*) WICL. PS. xcviii. 4.

dressour, sb., *O.Fr.* drecoir, drechoir; *dresser, table for preparing food*; dressure ' *dressorium* ' PR. P. 131; dressore L. C. C. 20.

dreste, sb., *O.E.* drestan, derstan, dærstan, = *O.H.G.* trestir; *dregs, dross*, ['*faex*'] WICL. PS. lxxiv. 9; dersten ' *amurca* ' FRAG. 4; drestis PR. P. 131; drastis ' *faeces* ' VOC. 178.

dresti, adj., *full of dregs, ' faeculentus,'* PR. P. 131; þi drasti [darsti] speche CH. C. T. *B* 2113.

drevelen, *see* dravelen.

drēven, *see* dræfen *and* drēfen.

drī, sb., *O.E.* drȳ; *wizard*, ' *magus*,' FRAG. 2.

drīȝ-craft, sb., *O.E.* drȳ-, drēocræft; *magical art*, ORM. 16053.

drīȝ-man, sb., *O.E.* drȳman; *magician*, ORM. 16051.

drīe, *see* drūȝe.

drīen, *see* drēoȝen *and* drūȝen.

drīfen, v., *O.E.* drīfan, = *O.N.* drīfa, *O.Fris.* drīva, *Goth.* dreiban, *O.H.G.* trīban; *drive*, ORM. 16982; drive CH. TRO. v. 1179; gomen ... driuen LAȝ. 24706; ich isæh þæ uþen i þere sæ driven 28073; drife M. H. 31; drive BEK. 197; toward þe halle he gan drive S. S. (Web.) 967; drīvest (*pres.*) A. R. 230; swa hund þene heort driveð LAȝ. 26762; þat te deovel ... driveð ow to donne JUL. 26; drifþ AYENB. 75; hi driveþ IBID.; heo þe driveþ heonne O. & N. 66; þus þei drive forþ (*pass*) þe dai GOW. I. 16; drive (*subj.*) HOM. I. 21; drif (*imper.*) LAȝ. 17613; A. R. 274; none cheffare ne drive ȝe 418; drīvende (*pple.*) A. R. 244; drāf (*pret.*) MARH. 8; ORM. 8260; draf, drof JUL. 76, 77; LAȝ. 309, 7843 (*miswritten* dræf 9367); drof BEK. 675; MAND. 86; A. P. i. 1152; a wind ... drof hem intil Enge(l)lond HAV. 725; (H)avelok it sau and þider drof 1793; drof [droof] CH. C. T. *D* 1540; dref MAN. (F.) 1590; þou drive HORN (R.) 1279; heo driven balles LAȝ. 24703; heo driven [drive] in to þan castle 1675; driven ALIS. 5731; drive ROB. 21; driven [dreven] WICL. 2 KINGS vi. 3; dreve RICH. 5092; drifen (*pple.*) ORM. 8239; driven MAND. 67; to longe we haven driven ure dusischipes KATH. 1816; drive WILL. 979; dreven WICL. EX. viii. 9; L. H. R. 68; *comp.* bi-, for-, ȝe-, tō-, þurh-drifen; *deriv.* dråf, drifte.

drifer, sb., = *M.L.G.* drīver, *O.H.G.* trīpāri; *driver*, VOC. 213.

drifte, sb., = *M.Du.*, *M.L.G.* drift, *O.N.* dript, *M.H.G.* trift; *from* drīfen; *drift, act of driving; herd*, ' *armentum*,' VOC. 279; PR. P. 132; drift ALIS². (Sk.) 897; þe drift of þe snouh S. A. L. 221.

drīȝ, *see* dri *and* drēȝ. **drīȝe**, *see* drūȝe.

drīȝen, *see* drēoȝen *and* drūȝen.

drih, adj., *tame, gentle*: lomb is drih and milde HOM. 49.

drihte, sb., *O.E.* dryht, driht, = *O.Fris.* drecht, *O.L.G.* druht, *O.N.* drott, *Goth.* drauhts *f.*; *from* drēoȝen; *retinue, host*, LAȝ. 92.

driht-fare, sb., *retinue*, KATH. 1852.

driht-folc, sb., *O.E.* dryhtfolc, = *O.L.G.* druhtfolc; *dependants*, LAȝ. 111.

driht-ful, adj., *glorious*; þe drihtfule [*sec. text* kinewurðe] godd Apollo mi lauerd JUL. 13.

driht-līc, adj., *O.E.* dryhtlīc; *noble*: þis drihtliche lond LAȝ. 3784; drihtliche men 1623.

driht-mon, sb., *vassal*, LAȝ. 14715.

drihtnesse, sb., *majesty*, HOM. I. 101; KATH. 1346.

drihten, sb., *O.E.* dryhten, drihten, = *O.L.G.* drohtin, *O.Fris.* drochten, *O.N.* drottin, *O.H.G.* truhtīn; *lord*, HOM. I. 91; drihten [driste] LAȝ. 4; drihten, dristen REL. I. 171 (SAL. & SAT. 227); drihtin KATH. 1095; ORM. 2; driȝten REL. I. 186; driȝtin GAW. 996; drihte, dricte (*printed* dritte), drichte (*printed* drithte) P. L. S. viii. 40, 55, 60; drihte C. L. 27; M. H. 1; dryhte MISC. 83; driȝte HORN (L.) 1310; SHOR. 61; LANGL. *B* xiii. 269; (? *printed* drighte) ALIS. 6402; MAP 348; drihtenes (*gen.*) FRAG. 6; A. R. 430; drihtenes, drihtnes HOM. I. 11, 105; drihtene (*dat.*) LAȝ. 20; drihtene, drihtne HOM. I. 33, 105.

drillen. droppen.

drillen, v., = *M.Du.* drillen, *Swed.* drilla, *Dan.* drille; *? act deceitfully; elude*: selcuð vs thinc o þe, pilate wit drightin for to drill C. M. 16390; þe ded ai wen we for to drille 23715; *comp.* **a-drillen**.

drinc, sb., *O.E.* drinc (? =drync); *drink*, M. H. 24; þene drinc LA3. 1303; drinc, drinch ORM. 165, 15388; drinch HOM. I. 283; drink MAND. 248; P. 42; DEGR. 1739; **drinke** (*dat.*) BRD. 11; drinches [dringes] (*pl.*) LA3. 3558; drinkes HOM. II. 179; HAV. 1738; *comp.* **love-, over-drinc**.

drinke-lēs, adj., *without drink*, HOM. I. 141.

dring, *see* **dreng**.

drink, *see* **drinc**.

drinkelen, *see* **drinklin**.

drinken, v., *O.E.* drincan,=*O.L.G.* drincan, *Goth.* drigkan, *O.Fris.* drinka, *O.N.* drekka, *O.H.G.* trinchan, trinkan; *drink*, MAT. xx. 22; LA3. 5804; A. R. 44; HAV. 800; (*ms.* drinnkenn) ORM. 165; drinke SHOR. 26; drinca LEECHD. III. 128; **drinkeð** (*pres.*) HOM. II. 199; **drinc** (*imper.*) LA3. 14348; **dranc** (*pret.*) GEN. & EX. 1660; (*ms.* drannc) ORM. 1374; drank HOM. II. 111; RICH. 3090; CH. C. T. *B* 743; LIDG. M. P. 91; dronc A. R. 210; dronc, dronk [drong] LA3. 6928, 19796; drank LEB. JES. 323; heo drunken LA3. 14285; drunken Gow. III. 21; (*ms.* drunnkenn) ORM. 4797; dronken WILL. 1906; CH. C. T. *A* 822; dronken [dronke] LANGL. *B* xiv. 64; þu drunke (*subj.*) ORM. 14482; **drunken** (*pple.*) ORM. 14057; RICH. 661; dronken CH. C. T. *A* 135: *comp.* **a-, 3e-drinken**; *deriv.* **drinc, drench, drūnc, drunken**.

drinkere, sb., *O.E.* drincere,=*O.H.G.* trinchāre; *drinker*, TREAT. 138; AYENB. 52; MAN. (F.) 3986; **drinkeres** (*pl.*) HOM. II. 55; drinkares A. R. 216.

drinkinge, sb., *drinking*, HOM. II. 37; drinking ORM. 19063.

drinklin, v., *plunge, drown, 'mergo,'* PR. P. 132; ðe ðe childre so drinkelen bead GEN. & EX. 2768; **drenkled** (*pret.*) C. M. 1236; **drenkled** (*pple.*) MAN. (F.) 997.

drīpen, *see* **drēopen**.

drippe, sb.,=*Dan.* dryp, *M.Du.* druppe, *O.H.G.* trupha; *from* **drēopen**; *drip, drop,* '*gutta, stilla*,' PR. P. 132.

drippin, v.,=*Dan.* dryppe, *M.L.G., M.Du.* druppen, *M.H.G.* trüpfen; *drip*, '*stillo*,' PR. P. 132.

drīri, *see* **drēori3**.

drit, sb., *O.N.* dritr, *cf. M.Du.* drijt; *dirt, excrement,* '*stercus*,' PR. P. 132; TREV. IV. 423; P. L. S. i. 7; cattes drit P. S. 240; drit and donge ALIS. 4718; LANGL. *A* vii. 178; muk or drit WICL. E. W. 22.

drit-cherl, sb., *cf. L.G.* drītkerl; (*term of contempt*), HAV. 682.

drīte, v., *O.E.* (ge-)drītan, = *M.Du.* drijten, *O.N.* drīta; '*cacare*,' CATH. 109.

drivel, sb.,=*M.L.G., M.Du.* drevel; *bondservant*, H. M. 29; drivil PR. P. 132; **driveles** (*pl.*) KATH. 2154.

drivelen, *see* **dravelen**. **driven**, *see* **drīfen**.

drobli, droblin, *see* **drubli, drublin**.

drōf, adj., *O.E.* drōf,=*M.L.G.* drōve, *M.Du.* droeve, *O.H.G.* truobi; *troubled, sad*: drof he wes on mode LA3. 1040.

drōf-lic, adj., *O.E.* drōflic,=*M.L.G.* drōflīk; LA3. 1026.

drōf, *see* **drāf**.

drogge, sb., *O.Fr.* drogue; *drug*; **drogges** [drugges] CH. C. T. *A* 426.

drogman, sb., *med.Lat.* dragumānus, *from Arab.* tarjumān; *interpreter*, ALIS. 3401.

dromedarie, sb., *O.Fr.* dromadaire; *dromedary*, MAND. 243; **dromedaries** (*pl.*) LEG. 97.

dromelus, sb., *dromedary*, ORM. 6966.

dromound, sb.,= *O.N.* dromundr, *from O.Fr.* dromont, *Lat.* dromō, *Gr.* δρόμων; *a kind of war-vessel*: dromoun RICH. 1407; droumund 2525; droumound 2458; **dromouns** (*pl.*) ALIS. 90; AR. & MER. 113

dróne, *see* **dráne**.

drōnen, v.,=*M.L.G., M.Du.* dronen; *roar, bellow*: he drouned (*pret.*) as a dragon ALIS². (Sk.) 985.

dronken, *see* **drunken**.

dronklen, v., ?=**druncnen**; *submerge, be submerged, drown*: þe schip þat was so grete, it dronkled (*pret.*) in the flode MAN. (H.) 170; dronkeld 289; four & twenti þousand in Temse . . . wer dronkled (*pple.*) of Danes MAN. (H.) 43.

drope, sb., *O.E.* dropa,=*O.N.* dropi, *O.L.G.* dropo, *O.H.G.* tropho, tropfo; *from* **drēopen**; *drop*, '*gutta, stilla*,' FRAG. 3; HOM. I. 211; MAND. 51; CH. C. T. *A* 131; HOCCL. i. 415; PR. C. 3065; ænne drope blod [one blodes drope] LA3. 7650; a lutel deawes drope A. R. 184; a watres drope GEN. & EX. 1018; þer ne ful no3t a reines drope P. L. S. xvii. 369; o drope of blode xix. 294; no drope of water S. S. (Web.) 1153; þane drope AYENB. 92; **dropen** (*pl.*) A. R. 220; TREAT. 136; AYENB. 84; droppe LK. xxii. 44; *comp.* **rein-drope**.

drope-falling, sb., *rain*: as dropefalling droppende upon erthe WICL. PS. lxxi. 6; **dropefallingus** (*pl.*) lxiv. 11.

drope-mēle, adv., *O.E.* dropmǣlum; *by drops*, A. R. 282.

dropesie, *see* **idropesie**.

droppen, v., *O.E.* droppan,=*M.L.G., M.Du.* dropen, *M.H.G.* tropfen; *drop*; **droppeþ** (*pres.*) MAND. 50; **droppe** (*subj.*) MIRC 1938; **droppinde** (*pple.*) SAINTS (Ld.) 317; **dropped** (*pret.*) CH. C. T. *G* 580; þe clopes droppede TREV. IV. 429; as þei dropped a doun LANGL. *B* xvi. 79; *comp.* **bi-droppen**.

droppen.   drunken.

droppinge, sb., *dropping*, '*stillacio*,' PR. P. 132; dropping of rein CH. C. T. *B* 2276; droppinge of flesshe, or fishe in the rostinge '*cadula*' PR. P. 133.

dros, sb., *O.E.* dros, = *M.L.G.* dros, *O.H.G.* gitros; ? *from* drēosen; *dross*, A. R. 284; PR. C. 3339; L. H. R. 147.

drosne, sb., ? *O.E.* drosn (*pl.* drosna), *O.H.G.* trosena, trusana, truosana (*pl.*); *dregs*, '*fex*,' FRAG. 4; **drosenes** (*pl.*) and dregges LANGL. *C* ix. 193.

drotin, v., ? *O.N.* dratta; *drawl, lisp*, '*traulo*,' PR. P. 133.

droukinge, sb., = **droupinge**; *slumber*, PR. P. 113; als i lay in a winteris nit in a droukening (? = droupening) bifore the dai MAP 334; fordolled in a droukning dred L. R. H. 141.

drounen, *see* druncnen.
droupin, *see* drūpen.
droupnen, *see* drūpnen.

drōven, v., *from* drōf; *trouble, disturb*; drove C. M. 11974; **drōves** (*pres.*) PR. C. 1319; **drōved** (*pple.*) ['*turbata*'] PS. vi. 4; *see* drēven.

  drōving, sb., *trouble, affliction* ['*tribulatio*'], PS. xxi. 12; C. M. 22384; **drōvinges** (*pl.*) xxxiii. 20.

drōvi, adj., = *M.L.G.* drōvich; *turbid*, REL. I. 220; CH. C. T. *I* 816; A. P. ii. 1016.

drubli, drobli, adj., *muddy*, '*turbidus*,' PR. P. 132.

  drublinesse, sb., *muddiness*, '*turbulencia*,' PR. P. 133.

drublin, v., ? = trublen; '*turbo*,' PR. P. 133.

drūerie, sb., *O.Fr.* druerie; *love, friendship*, FL. & BL. 382; drurie HOM. I. 271; LANGL. *A* i. 85; driwerie A. R. 250; **drūries** (*pl.*) PR. C. 7825; GAW. 1506.

drūȝe, adj., *O.E.* drȳge, drīge, drēge = *L.G.* drüge, *M.L.G.* drūge, drōge, *M.Du.* droogh; *dry*; mid druȝe fotan HOM. I. 87; druiȝe L. H. R. 142; druie A. R. 276; druie ROB. 531; CHR. E. 346; LEG. 12; þoleð . . . hwile druie (*sb.*) & hwile wete HOM. II. 123; drue P. S. 193; druȝe, drīȝe A. P. ii. 385, 412; (*ms.* driȝȝe) ORM. 9883; þe drige stedes HOM. II. 85; driȝe wude FRAG. 3; driiȝe TRANS. XVIII. 23; drige, drie GEN. & EX. 616, 3910; drie REL. I. 226;. TREAT. 135; GOW. II. 266; drie [dreie] CH. C. T. *A* 420; CH. P. F. 380; for drie C. T. *E* 409; drege MAT. xii. 43; dreȝe SHOR. 145; dreie HOM. I. 227; draie AYENB. 240.

  drinesse, sb., *dryness*, PR. P. 132; LIDG. M. P. 194.

drūȝen, drūȝien, v., *O.E.* drȳgan, drūgian, drūwian, = *L.G.* drügen, *M.L.G.* drügen, drōgen; *dry*; drigen HOM. II. 87; driin '*sicco*' PR. P. 132; dreie LUD. COV. 230; whan þou druiȝst (*pres.*) LANGL. *A* i. 25; drieþ CH. C. T. *A* 1495; **drūide** (*pret.*) TREV.

V. 113; dride HOM. II. 155; driede MAND. 68; dreide LK. vii. 38; **driȝȝed** (*pple.*) ORM. 8625; dried GEN. & EX. 3681; PS. xxi. 16; *comp.* a-, for-drūȝen, -drūȝien (drūwien).

druggen, v., *drag*: drugge and drawe CH. C. T. *A* 1416.

  druggunge, sb., *dragging*: his owune rode on his softe schuldres so herde druggunge HOM. I. 207.

drūhþe, sb., *O.E.* drūgað, = *L.G.* drügde, *M.Du.* drooghte; *drought*; druhþe ORM. 8626; druȝþe AYENB. 68; druiþe [drouȝte] TREV. VII. 473; drouȝþe SAINTS (Ld.) 315; drouhþe, drouthe, drouȝte, droȝþe A. P. ii. 524; drouthe LANGL. *B* x. 296; drugte GEN. & EX. 2348; droughte [droghte] CH. C. T. *A* 2.

drūnc, drūnch, sb., *O.E.* drync, = *O.H.G.* trunch, *O.N.* drykkr; *from* **drinken**; *drink, drinking*, A. R. 14, 114; drunch MARH. 8; **drünche** (*dat.*) HOM. II. 41; mid unmete drunche HOM. I. 103.

drūnc-wil, adj., *greedy of drink*, A. R. 216*.

druncnen, v., *O.E.* druncnian, = *O.N.* drukkna, Swed. drunkna, drukkna, *mod.Eng.* drown; *be drowned; be, make drunk*: i shal drunkne ['*inebriabo*'] thee with mi teres WICL. Is. xvi. 9; **drunkenes**, dronkenes (*pres.*) M. H. 138; ha druncneð þer in MARH. 15; druncnen (*ms.* drunncnenn) ORM. 15398; druncnie (*subj.*) A. R. 58; **drunknede** (*pret.*) WICL. Is. lxiii. 6; þe swin urnen . . . into þe sæ & druncnede hem selven HOM. II. 39; dronkened PS. lxiv. 10; drouned A. P. ii. 372; **druncned** (*pple.*) ORM. 6795; drouned MAND. 57; LIDG. M. P. 149; *comp.* of-druncnen.

  druncning, sb., *drowning*, ORM. 14547.

drunken, adj., *O.E.* drunken, = *O.N.* drukkin, *O.H.G.* trunchan; *from* **drinken**, ORM. 14065; GEN. & EX. 871; þa heo weore swa drunken LAȜ. 13465; dronken MAND. 250; dronke AYENB. 75; CH. C. T. *A* 3128; þa drunkene cnihtes LAȜ. 13526; *comp.* for-, win-drunken.

  drunken-hēd, sb., *drunkenness*, SAX. CHR. 209; WICL. Is. v. 11; dronkenhede GOW. III. 20; dronkehede AYENB. 260.

  dronke-lēc, sb., *drunkenness*, MIRC 31.

  drunke-shepe, sb., *drunkenness*, '*ebrietas*,' PR. P. 134; dronkeshipe GOW. III. 20.

drunken, v., *drown, plunge in water*; drunkede (*pret.*) WICL. ECCLUS. xxxix. 28; dronked (*pple.*) WILL. 3516; *comp.* of-drunken.

drunken, sb., *O.E.* druncen, = *Goth.* drugkanei, *O.N.* drykkni, *O.H.G.* truncheni; *drunkenness*, HOM. I. 175 (HOM. II. 228; MISC. 67); LAȜ. 6070; the millere þat for drunken [dronken] was al pale CH. C. T. *A* 3120; drunke P. L. S. viii. 128.

drunken.   duʒeðe.

drunken-lēwe, sb., *drunkard*, WICL. MAT. xxiv. 49; drunkelewe, dronkelewe GOW. III. 5; dronkelewe LANGL. B viii. 83; drunke-, dronkenlewe CH. C. T. *D* 2043; drunkeleu '*ebriosus*' PR. P. 133; drunkleu LIDG. M. P. 68.

drunkenesse, sb., *O.E.* drunceness, druncenness; *drunkenness*, HOM. I. 13; O. & N. 1399; drunkennesse ORM. 166; dronkennesse [dronkenesse] CH. C. T. *C* 549.

drunken-som, adj., *given to drink*, A. R. 216*.

drūp, adj., *humble*, *drooping*; **drūpest** (*superl.*) MARH. 16; drupest alre monne KATH. 2050.

drūpen, v., *O.N.* drūpa, *droop; decline, sink down*: droupin '*latito*' PR. P. 113; droup(e) & dare TRANS. XVIII. 26; M. ARTH. 2575; **droupe** (*pres.*) MIN. i. 9; TOWNL. 223; droupus ANT. ARTH. v; **drupand** (*pple.*) [drupand, droupand] ... he sagh þeir chere C. M. 4457; **drouped** (*pret.*) his arwes drouped nought wiþ feþeres lowe CH. C. T. *A* 107; dropede FER. 1103.

droupinge, sb., *drooping*, '*latitatio*,' PR. P. 113; drouping GAW. 1750; D. TROY 3291.

drūpi, adj., *downcast*, HOM. I. 205; HALLIW. 321; makeð drupie chere A. R. 88.

drūpnin, v., = *O.N.* drūpna; *droop, be humble*, HOM. I. 259; i droupne ant dare SPEC. 54; **droupninde** (*pple.*) HORN (H.) 1126.

droupninge, droupening, sb., *dejection*, MAP 340.

drūri, see **drēoriʒ**.

drūð, sb., *O.Fr.* drūd, *from O.H.G.* drūt; *darling*, HOM. I. 269.

drūwien, see **drūʒien**.

dubben, v., *O.E.* dubbian, SAX. CHR. 219, = *O.N.* dubba; *dub, adorn*: to cnihte hine dubben [dobben] LAʒ. 22497; dubbe him knight ISUM. 484; þeo kniʒtis heore bodi **dubbeþ** (*pres.*) ALIS. 4311; **dubbede** (*pret.*) HAV. 2314; **dubbed** (*pple.*) GAW. 75; L. H. R. 127; dubbed and dight PR. C. 8790; dubbed wiþ precious stones MAND. 241; idubbed [idobbed] LAʒ. 19578; idobbed AYENB. 83.

dubbing, sb., *dubbing of a knight*, HORN (L.) 438; dobbinge SHOR. 15.

dubbement, sb., *O.Fr.* adobement; *embellishment*: the dubbement dere of doun & dalez A. P. i. 121.

duble, adj., *O.Fr.* duble, doble; *double*, A. R. 70; P. L. S. ii. 176; doble BEK. 417; double GOW. I. 7; i will have three sithe **double** (*sb.*) of his RICH. 2096; doublechinned TREV. I. 299.

doublenesse, sb., *duplicity, falseness*, CH. C. T. *G* 1300.

dublen, v., *O.Fr.* doubler, dobler; *double*: dublin, dobelin PR. P. 125; dubli BRD. 28;

doubleþ (*pres.*) SHOR. 34; dobleþ AYENB. 22; **dubled** [doubled] (*pret.*) C. M. 6954.

dobler, sb., *O.Fr.* doublier; *platter*, A. P. ii. 1146; **dobeleres** (*pl.*) LANGL. *B* xiii. 81, *C* xvi. 91.

dublet, sb., *O.Fr.* doublet; *doublet*; doblette, dobbelet PR. P. 125; GAW. 571; doublett LIDG. M. P. 54; dobelat VOC. 182; doplit 238.

dūc, sb., *O.Fr.* duc; *duke*, LAʒ. 86; A. R. 300; FL. & BL. 697; duc [duk] CH. C. T. *A* 893; duk [duik] WICL. MAT. ii. 6; duik L. H. R. 149.

duchē, sb., *Fr.*, duché; *duchy*, LANGL. *C* iv. 245; MAN. (F.) 3150.

ducherie, sb., *duchy, dukedom*: TREV. IV. 145; ducherie of Kent 187; that daie ducheries (*pl.*) he delte D. ARTH. 3615.

duchesse, sb., *O.Fr.* duchesse; *duchess*, CH. C. T. *A* 923.

dudde, sb., *? sort of hood or cloak*, '*birrus*,' PR. P. 134.

due, adj., *O.Fr.* deut, *from Lat.* dēbitus; *due* ʒif me be diʒt a destine due to have A. P. iii. 49; TREV. IV. 189; GOW. I. 19; in dewe time TREV. V. 407; LIDG. M. P. 207; þe most holi werke, and most duwe to prelatis WICL. S. W. III. 179; due (*sb.*): to singe againe as was hir due LIDG. M. P. 182.

due-liche, adv., *duly, properly*, GOW. III. 245; WICL. NUM. xxix. 24; GOW. III. 354; dewli LIDG. M. P. 253.

duel, see **doel**.

duer, see **dēor**.

duetē, sb., *duty*, GOW. III. 176; deute AUD. 24; dewtee LIDG. M. P. 141; dute PR. P. 135.

duʒe, adj., *from dēaʒ*; *? useful*; duwe P. L. S. xxv. 123; *comp.* ʒe-duʒe.

duʒen, v., *? O.E.* dugan = O.N. duga, *? O.H.G.* tugan; *from dēaʒ; avail, be valiant, be worth*; **dowes** (*pres.*) A. P. iii. 50; duʒende (*pple.*) LAʒ. 4123; duʒende þewas HOM. I. 109; doh(t)e [*O.E.* dohte, *cf. O.N.* dugða, *O.H.G.* tohta] (*pret.*) M. H. 149; al he solde þat outh douthe HAV. 703; dought TRIST. 1125; MAN. (F.) 7550; *comp.* ʒe-duʒen.

dūʒen, v., *O.E.* (ge-)dēgan, dȳgan, ?= *O.L.G.* dōgen; *? lack*; wel mei duhen ancre of oðer wim(p)lunge A. R. 420*.

duʒeðe, sb., *O.E.* duguð, dugoð, = *O.Fris.* duged, *O.N.* dygð, *O.H.G.* tuged, tugend; *virtue, virility, nobility, power, riches*: unʒearu to elchere duʒeðe HOM. I. 103; Brutus & his duʒeðe [doʒeþe] LAʒ. 1819; duweðe 4945; þat hi forleteþ in heore duʒeþe [duhþe] O. & N. 634; þi dugeþe gin þu delen REL. I. 184 (MISC. 133); duheðe JUL. 4; duþe MISC. 91; douthe GAW. 1365; doweþes (*pl.*) MISC. 112.

duʒeðe-king, sb., *prince*: a dun hem ferde Bedver to his duʒeðekinge LAʒ. 25956.

duȝeþe-cniht, sb., *retainer*, LAȝ. 10166.
duȝeð-līche, adv., *virtuously, nobly*, LAȝ. 16844.
duȝeðe-mon, sb., *retainer*, LAȝ. 14066.
duggen, v., *? cut*; mai he dug him a doket TOWNL. 313.
duȝti, see **duhtiȝ**.
dūhen, duheðe, *see* **dūȝen, duȝeðe**.
duhtiȝ, adj., *cf. O.E.* dyhtig, = *M.H.G.* tühtic; *doughty, powerful, good*, ORM. 113; duhti KATH. 782; þine domes ... beoð duhti MARH. 8; duhti [dohti] mon LAȝ. 14791; dohti 7652; duȝti GAW. 724; AV. ARTH. xiv. 1467; TRANS. XVIII. 25; AM. & AMIL. 207; doȝti A. P. ii. 1182; doghti ISUM. 273; douȝti WILL. 1101; WICL. EX. xvii. 25; duhtie men LAȝ. 7257; doȝtiere (*compar.*) FER. 531; douȝtiore LANGL. *A* v. 84; douȝtier *B* v. 102; doȝtiest (*superl.*) A. P. ii. 1306; þe doȝtieste FER. 1448; *comp.* **un-duhti**.
dughti-hēde, sb., = *M.H.G.* tüchtikeit; *bravery, goodness*, C. M. 10166.
duhtiȝ-leȝo, sb., *goodness*; (ms. duhhtiȝleȝȝc) ORM. 4904.
douhti-līche, adv., *doughtily*, JOS. 495.
duhtiȝnesse, sb., *doughtiness*, ORM. 17582; doȝtinisse FER. 3197; doughtinesse MAN. (F.) 2868.
dūke, sb., *O.E.* dūce, *from* **dūken**; *duck, 'anas,'* VOC. 220; duke [doke] LANGL. *B* xvii. 62; CH. C. T. *A* 3576; doke PR. P. 125; **dokes** (*pl.*) MAND. 216.
dokelinge, sb., *duckling*, PR. P. 125.
doke-wēd, sb., *duckweed*, PR. P. 125.
dūken, v., = *M.L.G.* dūken, *M.Du.* dūken, duiken, *M.H.G.* tūchen; *duck (plunge under water)*; doukand (*pres. pple.*) ALEX. 4091; **dūked** (*pret. pple.*) C. M. 23203.
dūkere, sb., = *O.H.G.* tūchāri; *diving bird*; doukere '*plounjoun*' REL. II. 83; dokare VOC. 253.
dul, adj., *O.E.* dol, = *O.L.G.* dol, *M.L.G., M.Du.* dul, dol, *O.H.G.* tol; *? = dwal; dull, 'hebes, obtusus,'* PR. P. 135; CH. C. T. *F* 279; dul wit KATH. 1268; þi brain was dul LIDG. M. P. 191; **dulle** (*pl.*) LANGL. *A* i. 129; dulle (*v. r.* dulte) neiles A. R. 292*; **duller** [doller] (*compar.*) TREV. III. 409; *see* **dil**.
dulnesse, sb., *dullness*, PR. P. 135; CH. D. BL. 879.
dul-, dol-witted, adj., *dull-witted*, TREV. III. 467.
dullard, sb., *cf. M.Du.* dullard; *dullard, 'duribuccius, agrestis,'* PR. P. 135.
dullen, v., = *M.Du.* dullen, dollen (*be insane*); *dull, make dull, grow dull*; dullin, dollin '*hebeto, tepefacio*' PR. P. 126, 135; it dulleþ me to rime CH. C. T. *G* 1093; min heed dullith LUD. COV. 343; **dullid** (*pple.*) LIDG.

M. P. 217; i am ner hande dold so long have i nappid TOWNL. 98; *comp.* **for-dullen**.
dult, adj., *cf. mod.Eng.* dolt; *dull, blunt*, HOM. I. 203; KATH. 1268*; dulte neiles A. R. 292.
dumb, adj., *O.E.* dumb, = *O.L.G., O.Fris.* dumb, *O.N.* dumbr, *Goth.* dumbs, *O.H.G.* tumb: *dumb*, HOM. II. 125; ORM. 211; O. & N. 416; MAP 335; domb, doumb AYENR. I, 51; a dombe best P. L. S. xiii. 220; domb [doumb] CH. C. T. *A* 774; doumbe LANGL. *B* x. 137; dum PR. P. 135; dom PR. C. 49; L. H. R. 148; doum LUD. COV. 126; **dumbe** (*pl.*) MISC. 39; oþer godes þet dumbe beoð ant deave MARH. 6; doumbe ROB. 131; **dumben** (*dat. pl.*) HOM. I. 229.
dumnesse, sb., = *O.H.G.* tumpnessi; *dumbness*, PR. P. 135.
dumbien, v., *O.E.* (a-)dumbian, *cf. O.H.G.* tumben; *become dumb*; i doumbed ['*obmutui*'] PS. xxxviii. 3; *comp.* **a-dumbien**.
dumpen, v., = *O.N.* dumpa; *beat, ? drive*; dumpe A. P. iii. 362; C. M. 22643.
dumping, sb., *diving bird*; **dumpinges** [dompinges] (*pl.*) LANGL. *C* xiv. 169.
dun, adj., *O.E.* dunn, *? Ir.* dunn, *Gael.* donn; *dun, dark-coloured*, R. R. 1213; **dunne** (*pl.*) A. P. i. 30; LIDG. M. P. 152; donne LAUNF. 988; L. H. R. 144; Dun (*pr. n.*) is in the mire CH. C. T. *H* 5.
dūn, sb., = *M.L.G.* dūn, *O.N.* dūnn *m.*; *down (of birds)*; doun '*pluma*' PR. P. 128; GOW. II. 103.
dūn, *see* **dūne**.
dunch, adj., = *O.Fris.* diunk; *dark*, HALLIW. 24.
dunch, sb., = *Dan.* dunk; *stroke, blow, 'percussio,'* PR. P. 135.
dunchin, v., = *Dan.* dunke, *Swed.* dunka; *beat, 'tundo,'* PR. P. 135; **dunchen** (*pres.*) HOM. I. 283.
dūne, sb., *O.E.* dyne, dyn, = *O.N.* dynr, *M.L.G., M.Du.* done; *din*: þene dune LAȝ. 8642; as a þunres dune KATH. 2024; dine PR. P. 121; HOM. II. 117; HAV. 1860; dene TREV. I. 415; dene [din] MAN. (F.) 9917; din A. P. ii. 862; PR. C. 7332; dine (*dat.*) GEN. & EX. 3467; dine [dene, deone] LANGL. *B* xviii. 62, *C* xxi. 65; *comp.* **erðe-dine**.
dūne, sb., *O.E.* dūn, *cf. O.Ir.* dūn, *mod.Eng.* down; *hill*, HOM. I. 143; O. & N. 919; GEN. & EX. 587; dun ORM. 14568; uppen þere dune LAȝ. 27256; doune ROB. 362; SPEC. 85; bi doune and dale ALIS. 1767; **a dūne** [*O.E.* a, of dune]; *adown, down*, LAȝ. 30297; a dun 551; a dun ward 9297; a dun A. R. 60; O. & N. 1454; duste him a dun riht (*downward*) to þer eorðe MARH. 12; a dune, a doun HAV. 567, 2735; a doun ROB. 208; CH. C. T. *A* 393; þe piler fel a doun S. S. (Wr.) 2045; knele a doun AUD. 79; **dūne** (*adv.*) *for* a dune

down LA3. 26546; he com dun ORM. 631; dune, dun, doun HAV. 888, 925, 1815; he fl(e)ah dūn rihte 25613; hewe him to the grounde dounright S. S. (Web.) 621; OCTOV. (W.) 1095; PS. CV. 18; ALIS. 2299; WILL. 1165; down-rightes slew there our English knightes RICH. 1761; dūn ward, *downward*, LA3. 13106; & draf þir to dun riht KATH. 2023; dun ward ORM. 2056; dunewardes KATH. 1191; dūnes (*pl.*) A. R. 380; dūnen (*dat. pl.*) LA3. 21775; dune HORN (L.) 154.

Dūn-holm, pr. n., *O.E.* Dūnholm; *Durham*: on Dunholme MISC. 146.

dunge, sb., *cf. M.Du.* dunge, *Swed.* dynga (*dung*), *O.N.* dyngja (*heap*), *M.H.G.* tunge *f.*; *dung*, A. R. 142; dunge, donge '*fimus*' PR. P. 127; donge ALIS. 4718; dung [dounge] LANGL. *A* iv. 130; ? dung MARH. 15; dong AYENB. 61; MAND. 49; CH. C. T. *A* 807; dunge (*dat.*) LK. xiii. 8 (*the earlier text has* meoxe); ROB. 310; ding(e) P. L. S. i. 7.

dung-, dong-cart, sb., *dung-cart*, CH. C. T. *B* 4226.

dung-heep, sb., *dung-heap*, SPEC. 103.

dong-hel, sb., *dung-hill*, AYENB. 81; S. S. (Web.) 2411; donghil CH. P. F. 597.

dungen, v., *cf. O.E.* dyngan, = *Swed.* dynga, *M.Du.* dungen, *M.H.G.* tungen = *dung*; dunge [donge] CH. C. T. *B* 4226; dongen PL. CR. 785.

dūnien, v., *O.E.* dynian, *O.N.* dynja, duna, = *O.L.G.* dunian, *M.Du.* donen; *din, sound, resound*, LA3. 30410; denie HORN (L.) 592; dūnede (*pret.*) MARH. 20; þe erþe dunede under hem ROB. 459; dinede an migtful hornes blast GEN. & EX. 3464; þondir dined(e) shille AL. (L.¹) 561; denede WILL. 5014; REL. ll. 7; *comp.* a-dūnien.

dūninge, sb., *cf. O.E.* dunung, = *M.Du.* doninge; *sound, din,* '*bombus*,' PR. P. 135.

dunnien, v., *O.E.* dunnian; *become dark*: þin heu dunnet (*pres.*) P. R. L. P. 221; dunnid (*pple.*) '*subniger*' PR. P. 135.

dunnir, sb., *? for* þuner; *thunder*: þer nis dunnir, slete, no hawle ALT. BL. I. 319 (P. L. S. xxxv).

dūnt, sb., *O.E.* dynt, *cf. O.N.* dyntr, *Swed.* dunt, *mod.Eng.* dint; *blow, stroke*, HOM. I. 15; LA3. 8420; KATH. 22; ALIS. 1505; GAW. 452; sweordes dunt A. R. 60; þene dunt SAINTS (Ld.) 315; dint ORM. 4290; LANGL. (Wr.) 12124; dint, dent WILL. 1234, 3750; dent HORN (L.) 152; LAUNF. 332; dinte, dente (*dat.*) FER. 617, 1843; dūntes (*pl.*) LA3. 22780; A. R. 284; O. & N. 1227; C. L. 1161; dintes HOM. II. 95; PR. C. 7017; M. H. 135; dūnte (*gen. pl.*) A. R. 424; dūnten (*dat. pl.*) LA3. 27051; *comp.* þonder-dent.

dūnten, v., = *O.N.* dynta, *Swed.* dunta; *strike, give a blow*: (the kinges men) dūnten him (*pret.*) HAV. 2448; (ha) dintede HOM. I. 281; dūnted (*pple.*) L. H. R. 138; dunet HOM. I. 281.

dūp, *see* dēop.

duplicitē, sb., *O.Fr.* duplicité, *from Lat.* duplicitas; *duplicity*, LIDG. M. P. 165, 170.

düppen, v., *O.E.* dyppan, = *Dan.* dyppe; *dip, immerse*; dippin '*intingo*' PR. P. 121; dippest (*pres.*) ORM. 1551; duppeþ TREV. I. 117; duppes JOS. 534; düpe (*imper.*) LEECHD. III. 118; dippe ['*intingat*'] WICL. LK. xvi. 24; dipped (*pple.*) PR. C. 8044; idept AYENB. 106.

dippere, sb., *diver (bird)* ['*mergulus*'], WICL. LEV. xi. 17.

dūr, *see* dēor.

duracioun, sb., *Lat.* dūrātio; *duration*: iaf hem eke duracioun, some to wexe & wane some CH. H. F. 1022.

duronien, *see* dearknien.

dūre, sb., *O.E.* duru, = *O.Fris.* dure, dore, = *M.L.G.* dore, *Goth.* daurō, *O.N. pl.* dyrr (*gen.* dura), *O.H.G.* turi, tura, *Gr.* θύρα, *Lat.* foris; *door*, LK. xi. 7; GEN. & EX. 1082; dure [dore] LA3. 25889; dore HAV. 1788; AYENB. 210; CH. C. T. *A* 550; þe dore ... sche fle3 out of þe hokes FER. 2182; dūre [*O.E.* dura, dura, duran] (*dat.*) MK. i. 33; HOM. I. 167; O. & N. 778; þere dure MISC. 44; dure [dore] LA3. 10181; wiƥuten dore 2382; dūren [*O.E.* dura, duru, duro, duran] SAX. CHR. 217 (*pl.*) JOHN XX. 19; HOM. I. 87; MISC. 153; duren [dores] LA3. 2363; doren ROB. 495; SPEC. 110; SHOR. 55; dūren (*dat. pl.*) MAT. xxiv. 33; *comp.* chamber-, chireche-dure.

dúr-herre, sb., *door-hinge*, VOC. 261.

dóre-nail, sb., *M.H.G.* türnagel; *door-nail*: ded as a dorenail WILL. 628; LANGL. *A* i. 161.

dúre-pin, sb., GEN. & EX. 1078; HORN (L.) 973.

dor-stode, sb., *O.E.* durustod, *O.N.* durastoð; *door-post*, VOC. 170.

dóre-trē, sb., *cf. Dan.* dörtræ; *door bar*, HAV. 1806; LANGL. *B* i. 185.

dúre-ward, sb., *O.E.* duruweard; *door-keeper*, LA3. 17672; MISC. 43; doreward SHOR. 46.

dūre, *see* dēore.

dūren, v., *O.Fr.* dürer; *last, continue*; dure ROB. 70; CH. C. T. *A* 2770; deore P. L. S. ix. 63; dūrede (*pret.*) LA3. 26708*; whi þat tempeste so longe time durede [dured] LANGL. *B* xviii. 63.

dūringe, pple. & prep., *during*, TREV. I. 261.

duresse, sb., *O.Fr.* duresce, *cf. mod.Eng.* duress; *hardship, harm*, WILL. 1074; S. S. (Web.) 2189; HOCCL. i. 12; LIDG. M. P. 118.

durk, *see* dearc. durne, *see* derne.

durren, v., *? O.E.* durran = *O.H.G.* (ge-)-turren, *Goth.* (ga-)daursan; *from dear*; *dare*; durn, dorn, darn PR. P. 114; dur PR. C. 4135; durste [*O.E.* dorste, *cf. O.H.G.* (ge-)torsta, *Goth.* (ga-)daursta] (*pret.*) durst, KATH. 1315;

durren.

A. R. 158; GEN. & EX. 2593; SPEC. 104; ISUM. 618; durste [dorste] LAȝ. 357; dorste LANGL. A viii. 118; CH. C. T. A 227; dorste AYENB. 143; JOS. 664; PERC. 1966; dorste, dorte HORN (L.) 388, 928; i ne þerste ... do such a fol dede MARG. 304; dorstest AYENB. 73; dorsten LK. ix. 45; dursten HOM. I. 93; HAV. 1866; MAND. 282; durst (*pple.*) MAN. (F.) 6362.

dürsti, adj., *O.E.* dyrstig, = *O.H.G.* (gi-)turstīg; *daring, bold*.

dürsti-līche, adv., '*audacter*,' FRAG. I; dirstiȝlike ORM. 16152.

dusc, adj., *O.E.* dosc (ACADEMY No. 849); *dusk*; dosc HOM. I. 259; dosk LEG. 203; deosc A. R. 94.

dusknesse, sb., *darkness* ['*caligo*'], WICL. JOB xxiii. 17.

duschen, v., ? = *M.L.G.* duschen; = **dwēschen**; *strike, beat*; **dusched** (*pret.*) AR. & MER. 5624; A. P. ii. 1538; dusched a doun ... hure ion FER. 3068; see **daschen.**

dusching, sb., *tumbling*; ... dinning and dusching of sinfulle PR. C. 7350.

düsi, adj., *O.E.* dysig, = *M.Du.* deusig, *O.H.G.* tusīg, *mod.Eng.* dizzy; *stupid, foolish*, KATH. 782; A. P. 208; dusi luve ne last noht longe O. & N. 1466; than waxes ... his heved feble and disi PR. C. 771; desi REL. I. 179; þe dusie mon HOM. I. 117; **desien** (*dat. m.*) MAT. vii. 26; **düsie** (*pl.*) A. R. 222; þa dusian HOM. I. 111; **düsien** (*dat. pl.*) LAȝ. 2811; **düsigest** (*superl.*) A. R. 182.

düsi-lēo, sb., *folly*, KATH. 425.

düse-līche, adv., *foolishly*, HOM. I. 119; desali BARB. vii. 210.

desinisse, sb., *O.E.* dysiness; *folly*; desynysse MK. vii. 22.

düsi-schipe, sb., *folly*, A. R. 182.

düsi, sb., *O.E.* dysig; *folly*, HOM. I. 111.

düsien, v., *O.E.* dysegian, = *O.Fris.* dusia; *behave foolishly*; **desigeð** (*pres.*) MK. ii. 7; desiet REL. I. 177.

dusken, v., *from* **dusc**; *darken, make or grow dark*: dusken his herte PL. CR. 563; þine ehnen schulen doskin H. M. 35; **dusked** (*pret.*) CH. C. T. A 2806.

dust, sb., *O.E.* dust, = *M.L.G., M.Du., O.N.* dust; *dust*, '*pulvis*,' PR. P. 135; HOM. I. 223; A. R. 122; ORM. 1636; LUD. COV. 225; þat dust [doust] LAȝ. 27646; doust REL. I. 28; þet doust AYENB. 108; **duste** (*dat.*) JUL. 41; douste P. L. S. xviii. 26.

dusten, v., ? = *O.N.* dusta (*dust, beat*); *strike, beat, throw down*, A. R. 212; ȝif hit dusteð 314; duste KATH. 1094; JUL. 48; he dust(e) him doun FER. 854; ich habbe a dun ... idust MARH. 11; *comp.* **a-dusten.**

dusti, sb., *cf. O.E.* dystig; *dusty*, '*pulverulentus*,' PR. P. 135; HICKES I. 224.

düven.

dūt, sb., = **dedūt**; *pleasure, joy*, SHOR. 129; P. L. S. xxxv. 9; GAW. 1020.

dūtable, adj., *doubtful*: doutable R. R. 5416.

dūtance, sb., *O.Fr.* dutance; *doubt, fear*: have you no doutance of all these English cowards RICH. 1862; he saide he hadde thereof dotaunce ALIS. 582; withouten **doutance** (*dat.*) RICH. 5872; out of doutaunce CH. TRO. iv. 933.

dūte, sb., *O.Fr.* doute; *doubt, fear*, A. R. 220; MISC. 44; doute MARG. 107; C. L. 1425.

dūte-lēs, adj., *doubtless*: nade he ben duȝti ... douteles he hade ben ded GAW. 724.

dūten, v., *O.Fr.* douter; *doubt, fear*, MISC. 148; **dūteð** (*pres.*) A. R. 244; doutede (*pret.*) HAV. 708; **douted** (*pple.*) C. L. 382.

dūtous, adj., *O.Fr.* doutous; *doubtful*; doutous CH. BOET. i. 1 (5); dotous RICH. 4839.

dütten, v., *O.E.* dyttan, ? = *M.H.G.* tützen; *shut*, SPEC. 110; me schulde dutten [ditten] his muð A. R. 82; dettan LK. xi. 53; ditten ORM. 18590; dutte [ditte] out LANGL. A vii. 178; ditte C. M. 19452; **dittes** (*pres.*) A. P. ii. 588; we ditteð HOM. II. 199; **düte** (*imper.*) A. R. 106; **dütte** (*pret.*) LAȝ. 19812*; MARG. 208; dutten A. R. 106; dit (*pple.*) GAW. 1233; idut REL. I. 90; C. L. 31; **iditte** (*pl.*) S. B. W. 242; *comp.* **for-, un-dütten.**

düpe, see **duȝeðe.**

düve, sb., *O.N.* dúfa, = *O.L.G.* dūva, *Goth.* dūbo, *O.H.G.* tūba; *dove*, HOM. II. 49; GEN. & EX. 605; douve MAND. 87; RICH. 5671; LANGL. B xv. 393; H. S. 304; doufe TOWNL. 33; doufe, douve, dofe (? dofe), dove C. M. 1895, 1901; (*ms.* dove, dowe) PR.P. 128; dove LUD. COV. 48; **dovene** A. P. ii. 481.

düve-brid, sb., *young dove*, HOM. II. 47.

[**düve,** *stem of* **düven.**]

dive-dap, sb., *didapper*, '*mergulus*,' PR. P. 127; divedap, devedoppe, devedep WICL. DEUT. xiv. 7, LEV. xi. 1, 17.

dúvel, sb., *cf. M.L.G.* dovel, *M.H.G.* tübel; *felly of a wheel*; **dowlis** ['*modioli*'] WICL. 3 KINGS vii. 33.

düvel-rihtes, adv., *headlong*: feollen ba (a) duvelrihtes KATH. 1599.

düvelunge, adv., *headlong, with a plunge*, ant te meiden duvelunges feol dun to þe eorðe MARH. 20; develing AR. & MER. 7762; BEV. 649.

düven, v., *O.E.* dūfan (*pret.* dēaf); *dive, plunge*; þet þet sweord in deæf (*pret.*) LAȝ. 6505; & def ... dun to þer eorðe JUL. 76.

düven, v., *O.E.* dȳfan (*pret.* dȳfde), = *O.N.* deyfa; *dive*; diven LANGL. B xii. 163; **dūveð** (*pres.*) A. R. 282; he diveð dun to grunde REL. I. 221; dēf (*imperat.*) MARH. 17; duve ['*demergat*'] HOM. II. 43; **dēfde** (*pret.*) MARH. 22; euch dunt defde in to hire liche JUL. 28.

duwe, duweðe, *see* duȝe, duȝeðe.

dwal, adj. & sb., *O.E.* dwol,=*M.L.G.* dwal (*fatuous*), *Dan.* dval, *Goth.* dwals (μωρός); *from* dwelen; *bad, foolish*: þat devel dwale GEN. & EX. 20; dwale *heretic* ORM. 7454; ne chid þu wiþ nenne **dwáles** (? *fools*) REL. I. 183; *see* dul.

dwal-kenned, adj., *misleading*: þurh dwalkende lare ORM. 7441.

dwále, sb., = *O.N.* dvöl (*delay*), *Swed.* dvala, *Dan.* dvale (*stupor*), *O.H.G.* twala (*delay*); *delay; stupefaction*, GEN. & EX. 1220; dwale [dvale] C. M. 14197; stod as he were in dwale MAN. (F.) 9059; dwale *soporiferous drink* GOW. III. 14; CH. C. T. *A* 4161; REL. I. 324.

dwéle, *see* dweole.

dwélen, v., *O.E.* *dwelan (*pple.* gedwolen), *cf. O.H.G.* twelan; *be stupefied*: þe child lai dwéling (*pple.*) S. S. (Web.) 770; *comp.* a-dwélen.

dwélien, v., *O.E.* dwelian, = *M.L.G.* dwelen; *err, be deceived*: ȝif þe larðeu **dwélað** (*pres.*) HOM. I. 109; ge dwelieð MAT. xxii. 29; dwele ['*errant*'] PS. xciv. 10; **dwéled** (*pret.*) PS. cxviii. 176; *comp.* bi-dwélien.

dwelle, sb., *delay*: withouten dwelle LEG. 57; dvelle FER. 648; dvell(e) C. M. 2831.

dwellen, v., *O.E.* dwellan, = *O.N.* dvelja (*pret.* dvalda), *O.H.G.* twellan (*pret.* twalta); *dwell, delay,* ORM. 9938; dwellen HAV. 54; i niȝle nouȝt longe dwellen S. S. (Wr.) 1625; dwelle ALIS. 225; SHOR. 19; WILL. 701; CH. C. T. *A* 2354; dvelle SPEC. 82; him reoweþ þat he **dwelleþ** (*pres.*) her swa swiþe lange on eorþe ORM. 5576; **dwelde** (*pret.*) LANGL. *B* xx. 342; mani winter he dwelde þere S. S. (Wr.) 3204; dwalde ORM. 13218; dwelden LEG. 4; **dwelled** (*pple.*) ORM. 226; *comp.* ȝe-dwellen.

dwelling, sb., *dwelling,* HAV. 1352; dvelling, dwelling LEG. 43; GREG. 395.

dweole, sb., *O.E.* gedweola; *error*: þat is dweole R. S. ii. (MISC. 160); dweole [dwele] O. & N. 1239; wend a wei mine eien vrom þe worldes dweole A. R. 62; dwele LEB. JES. 149; (*ms.* dwelle, *r. w.* wele) P. L. S. i. 13.

dweole-, dwéle-song, sb., O. & N. 926.

dweoleð, sb., *? error*: heo was igon a dweoleð (*v. r.* o dweole) A. R. 224.

dweolðe, sb., *?* = *Goth.* dvaliþa; *error, ? delirium*; þet ... dweolðe me ne derie HOM. I. 199; dweoluhðe 195; he spek o dwelthe ED. 3149.

dweomer, *see* dwimer.

dwer, sb., *cf.* diswére; *? doubt*; MAP 361; S. & C. I. liii; dwere LUD. COV. 17, 117; TOWNL. 302.

dwerȝ, sb., *O.E.* dweorg, dweorh, = *O.N.* dvergr, *O.H.G.* tverg; *dwarf*; dwergh IW. 2390; dweri (? *ms.* dwery, *printed* dwerþ) WILL. 362; dwerou, dweruh '*nanus*' PR. P. 134; dverw TRIST. 2062; dwerf TREV. I. 231; IPOM. 1746; **dwerghes** (*pl.*) MAND. 205; dwerewes [dv(e)rwes] ALIS. 6266.

[**dwēschen,** v., *O.E.* dwǣscan; ? *shake*; *comp.* a-dwēschen].

dwild, sb., *O E.* (ge-)dwild, dwyld; *error*; dwyld SAX. CHR. 258; dwilde ORM. 9736; *comp.* ȝe-dweld.

[**dwimer,** sb., *O.E.* dwimor (*phantom*); *comp.* ȝe-dwimor.]

dweomer-cræft, sb., *magic art,* LAȜ. 30634.
dweomer-láo, sb., *magic play,* LAȜ. 270; demerlaik ALEX. 414; A. P. ii. 1561.

dwīnen, v., *O.E.* dwīnan (*pret.* dwān),= *M.Du.* dwīnen, *O.N.* dvīna (*pret.* dvīnaða), *prov.Eng.* dwine; ['*tabesco*'] WICL. PS. cxviii. 139; dwinin '*evanesco*' PR. P. 134; dwine PR. C. 703; as gres in medowe i drie and dwine HALLIW. 326; dwineþ GOW. II. 117; **dwīned** (*pret.*) WILL. 578; **dwine** (*pple.*) ORF. 259; dwined R. R. 360; *comp.* for-dwinen.

dwole, sb., *O.E.* dwola, = *O.H.G.* (ga-)twola; *error,* O. & N. 825.

dwólunge, sb., *O.E.* dwolung; *delusion*: þer þe dwolunge rixað HOM. I. 117.

e.

e, *see* en. e-, *see* ȝe-. ē, *see* ǣ. ō-, *see* ǣ-.

ēa, int., *O.E.* ēa, ēaw; *ah*; ea le MAT. xxiii. 17.

ēa, sb., *O.E.* ēa, *O.Fris.* ā, ē,=*O.N.* ā, *O.L.G.,* *O.H.G.* aha, *Goth.* ahwa, *Lat.* aqua; *water, river*; eaa FRAG. 3; þas æ LAȜ. 2506; an æ Saba ȝehaten ORM. 7091; in are swiðe feire æ LAȜ. 1400.

ēa-frosk, sb., *waterfrog*; **ēafroskes** [*v. r.* eafraskes, eafreskes] (*pl.*) HOM. I. 251, 326.

ēac, conj., *O.E.* ēac, ēc, = *O.Fris.* āk, *O.L.G.* ōc, *O.N.,* *Goth.* auk, *O.H.G.* ouh, *later Eng.* eke; *also*; æac HOM. I. 221; ec, æc, eke [eak, eke] LAȜ. 3745, 8001, 25682; ec HOM. I. 3; MARH. 14; ORM. 159; þe is nemed ec armherfnesse HOM. II. 5; ec, eke A. R. 50, 168; ek HAV. 1025; ROB. 200; ALIS. 2164; and ek ich frovri fele wihte O. & N. 535; ek [eek] CH. C. T. *A* 41; *see* ōo.

ēacnen, v., *O.E.* ēacnian, = *Goth.* auknan; *increase, grow*: ekni hor robberie ROB. (W.) 2092*; þe beggere **ēcneð** (*pres.*) his bode HOM. II. 213.

[**ēad,** sb., *O.E.* ēad, = *O.N.* auðr; *wealth, happiness.*]

Éd·gār, pr. n., *O.E.* Ēadgār; *Edgar,* P. L. S. ix. 144.

Éd·mund, pr. n., *O.E.* Ēadmund; *Edmund,* P. L. S. xvii. 1.

ēdnesse, sb., *O.E.* ēadness; *beatitude,* HOM. II. 75; (*ms.* hednesse) SAL. & SAT. 230.

184   ĕad.

Ĕad-ward, pr.n., *O.E.* Eadweard; *Edward*, MISC. 145.
ĕadi, adj., *O.E.* ĕadig, *cf. O.L.G.* ōdag, ōdog, *Goth.* audags (μακάριος), *O.N* auđigr, *O.H.G.* ōtag; *rich, happy, 'beatus,'* FRAG. 1; MARH. 2; A. R. 28; SHOR. 129; eadi, eædi, edi LAȝ. 2361, 6638, 16559; edi HOM. I. 173; MISC. 100; REL. II. 228; ȝedi P. L. S. viii. 115*; ædiȝ ORM. 2333; þeo ædie burde LAȝ. 16271; ĕadine (*acc. m.*) HOM. I. 115; **ĕadiȝe**, ædie (*pl.*) HOM. I. 47, 113; **ĕadiure** (*comp.*) H. M. 13; **ĕadieste** (*superlat.*) H. M. 45.
ǣdiȝ-leȝo, sb., *happiness*, ORM. 5706.
ĕadi-līche, adv., *happily*, A. R. 328.
ĕadinesse, sb., *O.E.* ĕadigness; *happiness*, HOM. I. 217; A. R. 28.
ĕadmēde, -mōd, etc., *see under* ēađ.
ĕaȝe, sb., *O.E.* ĕage, = *O.Fris.* āge, *O.L.G.* ōga, *O.H.G.* ouga, *O.N.* auga, *Goth.* augō; *eye*: anre nedle eage LK. xviii. 25; eȝe O. & N. 426; þet eȝe HOM. I. 15; AYENB. 147; eie LANGL. B x. 123; eȝhe ORM. 9393; eghe PR. C. 2234; PERC. 691; ehe KATH. 1056; eie A. R. 60; HAV. 2545; þe neldis ei(e) P. L. S. i. 22; eiȝe [iȝe] WICL. MAT. v. 29; iȝe TREV. VIII. 159; MAN. (H.) 330; ie MIRC 62; CH. C. T. *A* 2680; **ĕaȝen** (*dat.*) MAT. vii. 4; LEECHD. III. 96; **ēȝan**, ēȝen [= *O.E.* ēagan, *Goth.* augōna] (*pl.*) HOM. I. 23, 43; eȝen P. L. S. viii. 38; BRD. 26; AYENB. 81; egen REL. I. 210; eȝen, eien O. & N. 75; eiȝen FRAG. 5; eiȝe ROB. (W.) 6716*; WILL. 463; eien A. R. 64; eien [ȝeȝen (=ieȝen)] C. M. 17837; ighen [ihen, eien] CH. C. T. *A* 152; ehne, ehnen KATH. 497, 2002; eghne ISUM. 620; **ĕaȝene**, eagen (*gen. pl.*) LEECHD. III. 94, 96; **ēȝan**, eȝen, æȝen, eȝenen [*O.E.* ĕagum, *Goth.* augam] (*dat. pl.*) LAȝ. 1885, 5736, 7247, 17076; egen, eien HOM. II. 23, 25; eien A. R. 16; AN. LIT. 91; eȝe BRD. 3; eȝhne ORM. 370; ene (*ms. w.* kene) ANT. ARTH. xlvii.
ēȝe-brĕu, sb., = *O.H.G.* ougebrā; *eyebrow*; **ēȝebrēwe** (*dat.*) P. S. 239.
ĕhe-lid, sb., = *M.H.G.* ougelit; *eyelid*, HOM. I. 265; **eiȝeliddes** (*pl.*) TREV. V. 189.
ēȝhe-salfe, sb., *O.E.* ĕagsealf; *eye-salve*, ORM. 1852.
ĕh-sȝone, eæhsēne, sb., = *O.H.G.* ougsiuni; *eyesight*, LAȝ. 3092, 9703; exsene REL. I. 103; out of hire eighesene TRIST. 2450.
eiȝe-siȝt, sb., *eyesight*, S. A. L. 164; iesiȝte MIRC 325.
ēh-sihđe, sb., *evesight*, MARH. 17; eihsihđe A. R. 58; eȝhesihþe ORM. 1868.
ēie-sōr, sb., *eye-sore*, REL. I. 110.
ēh-pürl, sb., *O.E.* ĕag-, ĕahþyrl; *window*, HOM. I. 83; eiþurl A. R. 62; (*ms.* eyþurl) MARH. 8.
eahte, ahte, card. num., *O.E.* eahta, = *O.Fris.* achta, *O.L.G., O.H.G.* ahto, *Goth.* ahtau, *O.N.*

            eald.

ātta, *Lat.* octo, *Gr.* ὀκτώ; *eight*, JUL. 60, 61; æhte [eahte, ehte] LAȝ. 3919, 26502; ehhte ORM. 580; eihte A. R. 12; eihte MISC. 145; eȝte AYENB. 45; egte GEN. & EX. 1349; eiȝte WICL. JOHN xx. 26; eiȝte and nienti ROB. 62; fifti & eiȝte 533; eighte [auht] MAN. (F.) 3714; eighte and twentithe CH. C. T. *A* 5; eite LUD. COV. 129; ahte CHR. E. 324; aughte D. ARTH. 278; aȝt A. P. iii. 11; aght IW. 1438.
ehte-tēne, card. num., *O.E.* eahtatȳne; *eighteen*, LAȝ. 18014*; æhtene 14252; eiȝtetene ROB. 407; eiȝte-, eiȝtene TREV. III. 17; eiȝtene PR. P. 137.
eiȝte-tĕoþe, ord. num., *O.E.* eahtatĕođa; *eighteenth*, P. L. S. xii. 5; eȝtetenþe PROCL. 7; eitetepe, eiȝtetepe, eiȝttene ROB. (W.) 1860*, 6490, XX. 409*.
eiȝte-ti, card. num., *O.E.* eahtatig, = *O.H.G.* ahtozug; *eighty*, ROB. 292; WICL. I KINGS xxii. 18; eiȝti '*octoginta*' PR. P. 137.
eahtuđe, ehtuþe, ord. num., *O.E.* eahtođa, = *O.H.G.* ahtodo, *Goth.* ahtuda, *O.Fris.* achtunda, *O.N.* āttundi; *eighth*, HOM. I. 81, 107; eihtuđe, eihteođe A. R. 14, 236; ehteđe, egteđe HOM. II. 47, 137; ehtende 87; eihteoþe MISC. 145; eiȝtepe ROB. 213; eighteþe LANGL. (Wr.) 9538; eghþe MIRC 498; (*ms.* ehhtennde) ORM. 4196; eȝtende AYENB. 10; SHOR. 99; egtende GEN. & EX. 1199; aghtend PR. C. 6895.
ĕake, sb., *O.E.* ĕaca, = *O.N.* auki; *addition*: tō ēken, *in addition*, HOM. II. 51; teken [to eke] MARH. 4; teken ORM. 747; teke [teken, to eke) A. R. 78; teke H. M. 25; P on **ēke** SPEC. 34; *comp.* **over-ĕake**.
ēke-name, sb., = *O.N.* aukanafn; *nickname*: a vile ekename H. S. 1531; ekename, nekename '*agnomen*' PR. P. 352.
eal, *see* al.
eald, adj., *O.E.* eald, ald, = *O.L.G.* ald, old, *O.H.G.* alt, *cf. Goth.* alþeis; *old*, P. L. S. viii. 2; ald HOM. I. 159; ORM. 747; AYENB. 104; IW. 1556; MIN. iii. 19; he was fiftene ȝer ald LAȝ. 301; an ald mon 18707; ȝld englisch MARH. 23; twelf winter ald SHOR. 44; old A. R. 6; O. & N. 25; eld, old PR. P. 137; CH. C. T. *D* 1213; þa ealde laȝe HOM. I. 9; eld OCTOV. (W.) 656; ĒD. 1656; S. & C. I. li.; an eld cloth HAV. 546; þe ealde lawe SHOR. 44; þe ialde (*ms.* yalde) laȝe AYENB. 7; iealde (*ms.* yealde) 97; þu alde monslahe MARH. 12; þe alde king LAȝ. 2959; olde 3001; þe olde man BRD. 2; **ealden** (*dat. m. n.*) MK. ii. 21; alde [olde] O. & N. 1183; þe þo ialde laghe MISC. 27; **alde** (*pl.*) ORM. 126; þa alde LAȝ. 28444; elde SPEC. 95; LUD. COV. 73; **ealden** (*dat. pl.*) MAT. v. 21; alden LAȝ. 6774; to olde [elde] men WICL. MAT. v. 21; **eldre** (*compar.*) *elder* ORM. 13215; MISC. 58; þe eldre [uldre] P. L. S. viii. 162; æ!dre, eldere [eldre] LAȝ. 3926, 4290; uldere ROB. (W.) 750*; ealdre HOM. I. 23; eldren (*pl.*) *elders, parents* ROB. 65;

eald.   ēare.   185

SHOR. 97; ælderen, ældere [eldre] LAȝ. 7354, 12516; ulderne ROB. (W.) 1495*; elder ROB. (W.) 907*; þe ealdren H. M. 27; eldren LANGL. *A* iii. 248; eldre MISC. 46; ure eldre HOM. II. 43; ildre REL. I. 175; eldres CH. C. T. *E* 65; eldrene (*gen. pl.*) KATH. 81; ælderne LAȝ. 13922; elderne (*ancestors*) DEP. R. i. 65; **eldest** (*superl.*)' MK. x. 43; eldeste CHR. E. 423; AYENB. 104; ældeste [eldeste] LAȝ. 2930; ealdeste H. M. 41; uldest ROB. (W.) 732*.

eld-fæder, sb., *O.E.* eald-, ealdefæder, = *O. Fris.* ald-, aldafeder, *O.L.G.* aldfader, *O.H.G.* altfater; *ancestor, grandfather; father-in-law, stepfather;* '*avus*' VOC. 205; el(d)fadir '*socer*' PR. P. 137; aldfader M. H. 122; ealdefader ANGL. VII. 220; aldevader LAȝ. 31009.

eald-lic, adj., *O.E.* ealdlīc; *oldish* : an oldli man WICL. JOB xli. 23; **aldelīke** (*adv.*) ORM. 1229; aldeliȝ 2553.

eld-mōder, sb., *O.E.* ealdmōder; *ancestress, grandmother*; *mother-in-law*; '*avia*' VOC. 205; C. M. 1189; eldmodir '*socrus*' PR. P. 137.

eldnesse, sb., *O.E.* ealdnyss; *oldness*; eldnesse WICL. DEUT. viii. 4.

ealde, sb., = *M.L.G.* olde, *O.N.* öld (*gen.* aldar), *Goth.* alþs (*gen.* aldais) *f.*; *old age*: þis weorldes ald ORM. 8831; þat him schal on ealde (? = elde) sore reowe REL. I. 184; for þas kinges alde (? *for* ælde) LAȝ. 19411; in olde S. S. (Wr.) 641; in to olde SHOR. 2.

ealder, sb., *O.E.* ealdor, aldor; *prince, chief*; ælder, alder LAȝ. 1365, 16562; alder HOM. I. 219; **ealdres** (*pl.*) ['*principes*'] MAT. ii. 4; **aldren** (*dat. pl.*) HOM. I. 231.

alder-dōm, sb., *O.E.* ealdordōm; *principality*, ORM. 18278.

alder-man, sb., *O.E.* ealdorman, = *O.Fris.* aldirmon, *mod.Eng.* alderman; *ruler, viceroy,* ORM. 14061; aldermon '*princeps*' FRAG. 2; LAȝ. 24109.

alder-scipe, sb., *rank of a ruler* ['*principatus*'], HOM. I. 219.

ealdien, v., *O.E.* ealdian, *cf. O.H.G.* alten, altēn, *Goth.* (us-)alþan; *grow old*; iealdi AYENB. 97; elden R. R. 396; **aldeð** (*pres.*) HOM. I. 35; eldeþ ORM. 18826; **elde** (*subj.*) HOM. I. 21; ældede (*pret.*) LAȝ. 2937; (mi bones) eldeden WICL. PS. xxxi. 3; *comp.* **for-ealdien**.

ealdinge, sb., *O.E.* ealdung; *growing old*, AYENB. 95.

ēam, ēm, sb., *O.E.* ēam, = *O.Fris.* ēm, *M.Du.* oom, *O.H.G.* oheim; *uncle*, LAȝ. 8831, 8897; eam, em GEN. & EX. 1758, 3747; eom SAX. CHR. 261; em HICKES I. 227; HAV. 1326; OCTOV. (W.) 1379; GOW. II. 267; WICL. I. PARAL. xxvii. 32; MAN. (F.) 4123; GAW. 356; M. ARTH. 1681; min em (*ms.* mi nem) TRIST. 921; eem PR. P. 139; B. DISC. 397; iem (*ms.* yem) LEECHD. III. 82; CHEST. II. 55; ēmes (*gen.*) WILL. 3426; emis S. S. (Wr.) 1054; for the manere of thee her ēme (*dat.*) CH. TRO. (BELL) i. 1022 (3-*Text* 1015 *has* em); ēmes (*pl.*) PERC. 1050.

eam, *see* **am**.

ēan, adj., *O.E.* (ge-)ēan; *filled*; **āne** [eene, ȝene] (*pl.*) WICL. PS. cxliii. 13.

ēanen, v., *O.E.* ēanian, = *Du.* oonen; *yean*; enin '*feto*' PR. P. 140; **ēnede** (*pret.*) TREV. IV. 451.

ēar, sb., *O.E.* ēar, *Northumb.*, eher, = *M.L.G.* ār, *O.H.G.* ehir, ahir, *Goth.* ahs, *O.N.* ax, *Lat.* acus (*gen.* aceris) *n.*; *ear* (*of corn*); er '*spica*' VOC. 233; PR. P. 141; CH. L. G. W. 76; **ēare** (*dat.*) MK. iv. 28; ere ALIS. 797; iere (*ms.* yere) AYENB. 28; **ēar** (*pl.*) MAT. xii. 23; eares A. R. 260; GEN. & EX. 2104; eres ROB. 490; *comp.* **corn-ēr**.

ēar, ēarlīche, *see* **ǣr**.

eard, erd, sb., *O.E.* eard, = *O.L.G.* ard, *M.H.G.* art; *land, country, dwelling* ['*regio*'], HOM. I. 13, 59; ærd LAȝ. 29174 (*miswritten* ard 13473); ORM. 1416; erd GEN. & EX. 210; ure erd is on hevene HOM. II. 149; **earde** (*dat.*) A. R. 358; þe king of þissen earde LAȝ. 7417; þa com he to þan ærde þer læi his ferde 19202; erde HOM. I. 115; LANGL. *B* vi. 203; A. P. i. 248; ich fare hom to min(e) erde O. & N. 460; *comp.* **kine-, middel-, ūten-eard**.

erd-folc, sb., *people*, GEN. & EX. 1880.

eardien, v., *O.E.* eardian, = *O.L.G.* ardōn, *O.H.G.* artōn; *dwell, inhabit*: ha ne muhen nawt somen earden in hevene H. M. 43; erden WILL. 5260; **erdest** (*pres.*) PS. xxi. 4; eardið MARH. 9; erdeden (*pret.*) HOM. I. 89.

earding, sb., *O.E.* eardung; *habitation*; erd-ing HOM. II. 159.

earding-stōwe, sb., *dwelling-place*, MAT. xvii. 4; eardingstowe, erdingstowe O. & N. 28; erdingstouwe HOM. II. 173.

ēare, sb., *O.E.* ēare, = *O.Fris.* āre, *O.L.G.* ōra, ōre, *O.H.G.* ōra, *O.N.* eyra, *Goth.* ausō *n.*, *cf. Lat.* auris *f.*; *ear*, KATH. 1734; þet eare, ieare AYENB. 177, 189; iare MISC. 36; ære ORM. 2800; ere P. L. S. xv. 118; ere '*auris, ansa*' PR. P. 141; **ēaren** (*dat.*) LEECHD. III. 90; **ēaran, earen** (*pl.*) MAT. xiii. 16; MK. iv. 9; earan, earen, eren HOM. I. 23, 49, 127; earen MARH. 20; A. R. 90; O. & N. 338; HORN (R.) 969; earen, æren FRAG. 5, 7; earen, ieren AYENB. 204, 257; eren ALIS. 6448; P. S. 154; eres MAND. 205; PR. C. 782; ires HORN (L.) 959; ȝeres (= ieres) HALLIW. 946; **ēaran, earen** (*dat. pl.*) MAT. xiii. 15; LK. iv. 21; it com þe kinge to ere ROB. 492.

ēre-lappe, sb., *O.E.* ēarlæppa; *earlap*, REL. I. 54.

ēar-prēon, sb., *O.E.* ēarprēon; *earring*, '*inauris*,' FRAG. 2.

ēre-ring, sb., *earring*, WICL. JOB xlii. 11.

3ēr-wigge, sb., *O.E.* ēarwicga ; *earwig*, PR. P. 143*.

ēared, adj., *from* ēare ; *eared (having a handle)* ; erid WICL. NUM. iv. 7.

ēaren, v., *from* ēar ; *come into ear* : atte crestemasse barlich beginneþ eere K. COL. 30, 31.

earewe, *see* arwe.

[earfeð, sb., *O.E.* earfoð, earfeðe, = *O.N.* erfiði, erfaði, *O.L.G.* arbed, arbid, arbedi, arbidi, arvithi, *O.Fris.* arbeid *n.*, *cf. Goth.* arbaiþs, *O.H.G.* arbeit *f.*; *labour, tribulation.*]

earfeþ-, earveþ-siþ, sb., *O.E.* earfoðsīð ; *calamity*, FRAG. 5.

earfeð, adj., *O.E.* earfoðe, earfeðe, = *O.N.* erfiðr ; *difficult* ; earf(e)ð [erveð] KATH. 999 ; erveð [arveð] for te paien A. R. 108 ; arfeþ ORM. 17334 ; erveðer (*compar.*) HOM. II. 63.

arveð-finde, adj., *difficult to find*, HOM. II. 27.

arveð-forþe, adj., *difficult to effect*, HOM. II. 131.

erveð-helde, adj., *difficult to hold*, P. L. S. viii. 157 ; arefeðheald(e) HOM. II. 229.

erveð-liche, adv., *O.E.* earfoðlice ; *with difficulty*, A. R. 328 ; arveðliche HOM. II. 123.

earveð-, ærfeð-, erfeðnesse, sb., *O.E.* earfoðness ; *difficulty*, HOM. I. 21, 105, 223.

ærfeð-telle, adj., *difficult to count, innumerable*, HOM. I. 231.

arveð-winne, adj., *difficult to win*, HOM. II. 49.

earm, sb., *O.E.* earm, = *O.Fris.* erm, *O.L.G.*, *O.H.G.* arm, *O.N.* armr, *Goth.* arms, *Lat.* armus ; *arm*, HOM. I. 189 ; erm 213 ; ærm [arm] LAȝ. 28040 ; arm ROB. 17 ; MAND. 172 ; an arm of þe se TRIST. 2246 ; arum HAV. 1982 ; earme (*dat.*) A. R. 112 ; earmes (*pl.*) LAȝ. 1872 ; SHOR. 123 ; earmes, ermes A. R. 394, 402 ; armes TREAT. 139 ; (*ms.* arrmess) ORM. 7616 ; ærmen, armen (*dat. pl.*) LAȝ. 2233, 21869 ; arme MISC. 150.

erm-ēddre, sb., *brachial vein*, A. R. 258.

arm-hole, sb., *arm-hole, armpit* ; (*ms.* harm-) VOC. 245.

earm², arm, sb., *O.E.* earm, = *O.L.G.* arm, *O.Fris.* erm, *O.H.G.* arm, *O.N.* armr, *Goth.* arms ; *poor, miserable*, H. M. 9 ; ærm on his mode LAȝ. 6608 ; earme steorve MARH. 12 ; þet ærme folc SAX. CHR. 253 ; þe arme gume REL. I. 186 ; his erme saule HOM. I. 27 ; earme (*dat. n.*) HOM. I. 35 ; ermne (*acc. m.*) 115 ; earme (*pl.*) P. L. S. viii. 115 ; arme O. & N. 537 ; ærmest (*superl.*) LAȝ. 14893 ; earmest JUL. 53 ; *deriv.* ermen.

arm-heorted, adj., *tender-hearted, merciful*, HOM. II. 95.

armhertnesse, sb., *mercy*, HOM. II. 95.

erm-lic, adj., *O.E.* earmlīc ; *poor, miserable*; HOM. I. 115 ; ærmliche biþrungen LAȝ. 9435 ; ærmliche, armliche (*dat. pl.*) LAȝ. 593, 1046.

earming, sb., *O.E.* earming, erming, yrming, = *M.Du.* arminc, erminc ; *poor, miserable creature* ; þa erming sauten HOM. I. 41 ; erming FRAG. 7 ; makede him ... erming (*a pauper*) HOM. II. 61 ; O. & N. 1111 ; ærming LAȝ. 16690 ; earminges (*pl.*) MISC. 69 (erminges HOM. II. 230).

earmðe, sb., *O.E.* earmðu, ermðu, yrmðu, = *O.H.G.* armida ; *misery*, H. M. 27 ; ermðe MK. xii. 44 ; HOM. I. 113 ; ærmðe LAȝ. 16143 ; armþe REL. I. 182.

earn, sb., *O.E.* earn, = *M.L.G.* arn, *O.N.* ōrn, (*gen.* arnar), *cf. O.H.G.* aro (*gen.* aren), *Goth.* ara (*gen.* arins) ; *eagle*, A. R. 134 ; ærn LAȝ. 2826 ; ORM. 5880 ; ern HAV. 572 ; WILL 3105 ; OCTOV. (W.) 196 ; LAUNF. 268 ; arn AYENB. 61 ; ernes (*gen.*) REL. I. 209 ; ROB. 177 ; earnes (*pl.*) A. R. 196 ; ærnes, arnes [earnes (*ms.* hearnes)] LAȝ. 21753, 21755 ; ernes MAN. (F.) 10202.

earnien, v., *O.E.* earnian, *cf. M.Du.* arnen, ernen, *O.H.G.* arnēn ; *earn* ; ernien HOM. I. 7 ; arne N. P. 14 ; earneð (*pres.*) H. M. 19 ; earnie ȝe HOM. I. 41 ; ernede (*pret.*) HOM. II. 5 ; earned (*pple.*) KATH. 2255 ; *comp.* ȝe-, of-earnien.

earninge, vbl. n., *O.E.* earning, earnung ; *earning, merit*, MISC. 60 ; erninge P. L. S. viii. 32 ; ernunge HOM. I. 19 ; earninges (*pl.*) P. L. S. viii. 161.

ease, *see* aise.

ēast, sb., *O.E.* ēast, = *O.Fris.* āst, *M.Du.* oost, *O.N.* aust(-maðr) ; *east*, H. M. 11 ; east (*in the east*) and west feor and neor i do wel faire mi mester O. & N. 923 ; þet ieast AYENB. 124 ; þat æst & west & suþ & norþ þis middelærd biluken ORM. 12125 ; verden heo æst [est] (*eastward*) LAȝ. 10590 ; est '*oriens*' PR. P. 143 ; GEN. & EX. 829 ; toward þan est BRD. 2 ; est and west P. S. 331 ; i shall walk eest MIR. PL. 172.

Ēst-angle, pr. n., *O.E.* Eastengle ; *East-Angles*, LAȝ. 12253 ; Estangle ROB. 4.

ēst-dale, sb., *O.E.* ēastdæl ; *eastern part*, ORM. 16400.

ēst-ende [ēasteande], sb., *O.E.* eastende ; *east-end*, LAȝ. 28305.

ēst-ȝet, sb., *east gate*, HOM. I. 5 ; estȝate TREV. IV. 451.

ēst-halve, sb., *O.E.* ēasthalf ; *east part*, LAȝ. 29287.

ēast-lond, sb., *O.E.* ēastland ; *the east* : alle þe meistres weren in ēstlonde (*dat.*) KATH. (E.) 535.

ēast-partie, sb., *east, east division*, MAND. 156.

ēst-rīche, sb., *the east*, HOM. II. 45.

ēst-sēe, pr. n., *O.E.* ēastsǣ ; *east sea*, P. L. S. xiii. 18.

East-sexe, pr. n., *O.E.* Eastseaxe; *Essex*, MISC. 146; Æstsæx [Estsex] LAȝ. 15390; Estsex ROB. 3.

ēst-side, sb., *east-side*, LAȝ. 21798; estside ROB. 2.

ēast-ward, adv., *O.E.* ēastweard; *eastward*, FRAG. 5; estward BRD. 2.

ēst-wind, sb., *east-wind*, PR. P. 143.

ēasten, adv., *O.E.* ēastan, = *O.N.* austan, *O.L.G.* ōstan, ōstane, ōstana, *O.H.G.* ōstana; *eastward*; esten fro čaⁿ GEN. & EX. 1264; A. R. 232; MAN. (H.) 45; bi este HORN (L.) 1325; P. L. S. xviii. 2; fram be easte SHOR. 122.

ēaster, sb., *O.E.* ēaster (*gen.* ēastres, *pl.* ēastro) n., ēastre (*pl.* ēastran, ēastron), *cf. O.H.G.* ōstra (*pl.* ōstrun) *f.*; *Easter*; ester BRD. 7; þa æstre [easter] wes aȝonge LAȝ. 24195; aster MIRC 143; iōstre (*dat.*) AYENB. 213; an ane æstere LAȝ. 24143; astere AUD. 41; ED. 3140; **ēastre** (*pl.*) MAT. xxvi. 2; eastren MK. xiv. 1; eestern '*pascha*' PR. P. 143; **ēastren** (*dat. pl.*) SAX. CHR. 256; befor estren E. W. 40; in estern (*ms.* esterne) GEN. & EX. 3290.

ēaster-dei, sb., *O.E.* ēasterdæg, = *O.H.G.* ōstertag; *Easter-day*, HOM. I. 123; esterdei A. R. 412.

ēster-ēven, sb., *O.E.* ēasterǣfen; *Easter-eve*, A. R. 70; HOM. II. 95; estereve TREV. V. 189.

ēster-feste, sb., *Easter-feast*, ROB. 441.

ēaster-lic, adj., *O.E.* ēasterlīc, = *O.H.G.* ōstarlīch; *Easter*: fram þan **esterliche** (*dat.*) deie HOM. I. 89.

āster-lomb, sb., = *Ger.* ōsterlamm; *paschal lamb*, ED. 88.

ēster-morewe, sb., = *Ger.* ōstermorgen; *Easter morning*, SPEC. 96.

ēster-tīd, sb., *O.E.* ēastertīd (TREAT. 6); *Easter-tide*, HOM. I. 87; estertide WILL. 1417; AR. & MER. 2849.

ēasterne, adj., *O.E.* ēasterne; *eastern*: of æsterne (? *ms.* æstene) weorlde LAȝ. 27393.

eatel, *see* atel.   **eaten**, *see* eten.

ēaþ, adj., *O.E.* ēaþe, ēþe, ȳþe (*easy, desert*), = *O.L.G.* ōthi (*easy*), *O.H.G.* ōdi (*easy, desert*), *O.N.* auþr (*empty*), *Goth.* auþs (ἔρημος); *easy*, KATH. 626; HOM. I. 279; OR. 13012; eð him wes on heorten LAȝ. 2234; þa wes his burte æþe 8178; an his mode him wes þa æþe 22359; is ... eð to overkesten A. R. 274; eþ ROB. 327; GOW. I. 60; MIN. v. 47; MAN. (H.) 194; eth WILL. 3571; eþe GAW. 676; A. P. i. 1201; CH. TRO. v. 850; bliþe hi bieþ and eaþe HICKES I. 224; **ēaðe** (*adv.*) HOM. II. 173; eaþe meiht tu beon prut A. R. 276; eaþe, ieþe P. L. S. viii. 143; æþe ORM. 17676; eþe HORN (R.) 61; C. L. 1281; iþe HORN (L.) 57; **ēþere** (*compar.*) LK. v. 23; hwæþer is eþre to seggene MK. ii. 9; mid eþran ledene FRAG. 1; þe æþ (*easier*) þe scal iwurðen LAȝ. 22100; *comp.* un-ēaðe.

ēð-bēte, adj., *easy to amend*, HOM. II. 63.

ēað-falle, adj., *easily overcome*: ho is eaþfalle (*v. r. for* eð-fallen), A. R. 62.

ēð-fēle, adj., *easily felt*, A. R. 194.

ēþ-gete, adj., *O.E.* ēaþgete; *easily got*, MISC. 74.

ēð-healde, adj., *O.E.* eþhylde; *easily held* ['*contenti*'], LK. iii. 14.

ēð-lēte, adj., *lightly esteemed*, P. L. S. viii. 37; þe oþre mannes wif was lef, his awene eðlete 130.

ēðe-lic, adj., ēaþe-, ēþe-, ȳþelīc, = *O.N.* auðligr; *easy, light, trifling*, HOM. I. 21; eðelich JUL. 13; on eðelich stiche A. R. 282; þurh eðeliche dede LAȝ. 24921; for æþelike gilte ORM. 10172; eðeliche & wake HOM. I. 255; eðeliche men II. 35; **ǣþeliȝ** (*adv.*) ORM. 12534; þe ēþelikeste (*superl.*) ston is cristal FL. & BL. 274.

ēð-lūke, adj., *easily pulled*, JUL. 70.

ēad-mēde, sb., *O.E.* ēad-, eaðmēdu, = *O.L.G.* ōdmōdi, *O.H.G.* ōt-, ōdmuotī; *grace*: þurh his ædmeden LAȝ. 10013; and ȝeorneden Arþures griþ & his aþmeden 21866.

ēad-mēde, adj., *O.E.* ēadmēde, = *O.L.G.* ōdmōdi, *O.H.G.* ōtmuoti; *humble*: þe edmeda riche HOM. I. 115.

ēd-mōd, adj., *O.E.* ēad-, ēaþmōd; *humble, gracious, 'humilis,'* FRAG. 3; A. R. 158; MISC. 141; ed-, admod HOM. II. 89, 187; he was ædmod & milde ORM. 2887; **ādmōde** (*pl.*) HOM. I. 115; mid ædmode worden LAȝ. 22422; we ahte to beon þe **ēdmōddre** (*comp.*) HOM. I. 5.

ēadmōd-leȝe, sb., *humility*, ORM. 19297.

ēadmōd-līche, adv., *O.E.* ēadmōdlice; *humbly, graciously*, HOM. II. 141; edmodliche A. R. 94; æþmodliche LAȝ. 26288; ædmodliȝ ORM. 1108.

ēadmōdnesse, sb., *O.E.* ēadmōdness; *humility, graciousness*, HOM. I. 17; edmodnesse A. R. 8; MISC. 193; ædmodnesse ORM. 19218.

ēd-mōdī, adj., *O.E.* ēadmōdig; *humble*: þa edmōdies (*gen.*) monnes bonen A. R. 246.

ēð-sēne, adj., *easily seen, plain*, KATH. 381; eðsene, eðcene A. R. 116.

ēð-winne, adj., *easy to win*, HOM. II. 49.

ēaðien, v., *ease*; **ēðede** (*ms.* eðtede) (*pret.*) his sorge GEN. & EX. 1439.

ēað-mōdien, v., *O.E.* ēadmōdian; *humble*; **ēadmōdieð** (*imper.*) A. R. 278*; (he) **ēadmōde(de)** (*pret.*) hine seolfne HOM. I. 17.

ēau, *see* æ.   **eaul**, *see* awel.

eaver, *see* ever.   **ēaw**, *see* æ.

[**ēawen**, v., *O.E.* ēawan, ēowan, iowan, iewan, ȳwan, = *O.Fris.* auwa, *O.H.G.* ougen, *Goth.* augjan; *show*; *comp.* æt-ēowen.]

eax, sb., *O.E.* eax, æx, acas (MAT. iii. 10), =

eax.

O.N. öx, O.L.G. acus, O.H.G. achus, Goth. aqizi; *axe*, A. R. 384; eax, æx LA3. 2312, 6473; æx '*securis*' FRAG. 4; axe VOC. 196; ORM. 10063; ROB. 17; ax [axe] WICL. MAT. iii. 10; CH. L. G. W. 2000; ax VOC. 234; O. & N. 658; HAV. 1894; LEG. 47; S. S. (Web.) 384; MAND. 251; P. S. 222; ex PR. P. 144; B. DISC. 1180; **eaxe** (*dat.*) LA3. 2310; **axen** (*dat. pl.*) LA3. 7478; *comp.* bol-, brād-, hand-, wī-**eax**(-**ax**).

[**eax**, sb., O.E. eax, = O.H.G. ahsa, Lat. axis; *axle*.]

ax-trēo, sb., *axle-tree*, JUL. 56; axtre MIRC 334; ax-, extre WICL. ECCLUS. xxxiii. 5; extre VOC. 180; PR. P. 145; CH. ASTR. i. 14.

eaxle, sb., O.E. eaxl, = O.Fris. axle, O.N. öxl, O.L.G. ahsla, O.H.G. ahsla, ahsela, ahsala, Lat. axilla; *shoulder*; æxle, exle LA3. 2263, 18032; **eaxle** (*pl.*) LEECHD. III. 120; LK. xv. 5; exlan MAT. xxiii. 4; axeles ['*scapulis*'] PS. xc. 4; he hit berð an his eaxlun HOM. I. 245.

eban, sb., Lat. ebenus, Gk. ἔβενος; *ebony*, PR. P. 135.

ebbe, sb., O.E. ebba, O.Fris. ebba, ebbe; *ebb*, ALIS. 6184; CH. C. T. F 259; MAN. (F.) 12317.

ebbin, v., O.E. ebbian; *ebb*, PR. P. 135; ebbe LUD. COV. 56; ebbe or flowe M. T. 131; ebbeð (*pres.*) REL. I. 128; ebbeþ TREAT. 137.

ebbinge, vbl. n., *ebbing*, HOM. II. 177.

ēbure, see **ǣbere**.

ēc, see **ēac**.

ecco, sb., Lat. ēchō; *echo*, PR. P. 135.

ēch, see **aighwilc**. **ēche**, see **ǣche**.

ēche, adj., O.E. ēce; *eternal*, MAT. xix. 16; KATH. 302; A. R. 108; REL. I. 130; ORM. 971; O. & N. 1279; eche reste HICKES I. 224; þet eche ful FRAG. 7; in eche (*for ever*) JUL. 35; **ēches** (*gen. m.*) MK. iii. 29; **ēchere** (*dat. f.*) ANGL. VII. 220; *comp.* efen-ēche.

ēche-līc, adj., O.E. ēcelīc; *eternal*: ¿eo echeliche riche HOM. I. 139; II. 23; KATH. 2387.

ēche-līche, adv., *eternally*, FRAG. 7; HOM. I. 139.

ēcnesse, sb., O.E. ēcness, ēcnyss; *eternity*, MARH. 7; KATH. 664; echnesse LK. i. 33; HOM. I. 109, 251; echenesse A. R. 144.

ēche, sb., ?=**ēake**, ?*increase*: wiþoute wane and eche SHOR. 10.

eched, sb., O.E. cced, æced, = O.L.G. ecid, *from Lat.* acētum; *vinegar*; æched LK. xxiii. 36; **echede** (*dat.*) MAT. xxvii. 48.

ēchen, v., O.E. ēcan, ȳcan, O.L.G. ōkian, *cf.* O.H.G. auchōn; *from* O.E. *ēacan (*pple.* ēacen), Goth. aukan (*pret.* aiauk), Lat. augēre, *mod. Eng.* eke; *increase, augment*, A. R. 124; to echen þin ahte R. S. v; echan LK. xii. 25; æchen [eche] LA3. 13065; eche ROB. 199;

ed-lǣchen.

SPEC. 92; SHOR. 38; ALIS. 6026; WICL. ECCLUS. xviii. 5; echen, eken HOM. II. 31, 57; eken ORM. DED. 57; eke MAN. (H.) 176; PR. C. 3256; **ēche** (*pres.*) CH. TRO. i. 705; echeð HOM. I. 103; ekes ['*adjiciet*'] PS. xl. 9; **ēked** (*pple.*) PL. CR. 244.

ēchinge, sb., *addition*; eking WINT. VIII. viii. 53; GOW. II. 22; i shal putte upon Dibon **ecchingus** (*pl.*) WICL. IS. xv. 9.

echin, sb., Lat. echīnus, Gr. ἐχῖνος; *echinus; sea-urchin*; **echinnis** (*pl.*) CH. BOET. iii. 9 (82).

ēchnesse, see **ēcnesse** *under* **ēche**.

ēchte, see **ǣhte**.

eclipse, sb., Fr. eclipse; *eclipse*, LANGL. C xxi. 140; esclepis [clipes, clippis] C. M. 16814.

eclipse, v., *eclipse*; **eclipsen** (*pres.*) GOW. II. 153.

ecliptik, adj. *and* sb., *ecliptic*: the ecliptik line CH. ASTR. i. 21 (12); a latitude fro the ecliptik ib. 4 (19).

ēcnen, see **ēacnen**.

[**ed-**, *prefix*, O.E. ed-, Goth. id-, O.N. ið-, O.H.G. it-; *again, back*.]

ēd, see **ēad**.

edder-wort, see *under* addre.

eddest, edist, adj. superl., ? *for* oddist, *see* od; ? *distinguished in war*, D. TROY. 5324, 5950.

eddre, see **addre**.

ēddre, sb., O.E. ǣdre, ǣddre, = O.Fris. ēddre, O.H.G. ādra; *vein*; (*ms.* heddre) REL. II 273; **ēddren** (*pl.*) A. R. 258; *comp.* erm-ēddre.

ēde, see **ēode**.

edera, sb., Lat. hedera; *ivy*: crownid with edera WICL. 2 MACC. vi. 7; eder JON. iv. 6.

ed-gān, v.; ich schal . . . undervongen deaʒes wunde and ich hit wulle heorteliche vortc ofgan [edgan C] þine heorte A. R. 390.

ed-grō(w)e, sb., *prov. Eng.* edgrow, edgrowth; *aftermath*, PR. P. 135.

ed-healden, v., ? *retain*; edhalde (? *for* ethalde) HOM. I. 149.

ēdi, see **ēadi**.

edificatiōn, sb., *a building*; **edificaciouns** (*pl.*) TREV. I. 405.

edifien, v., Fr. edifier, *from Lat.* ædificāre, *mod. Eng.* edify; *build, make, form* ['*edificare*'], WICL. GEN. xi. 8*; edifie LANGL. B xviii. 43; WICL. DEEDS xx. 32; **edifiede** (*pret.*) the rib into a woman GEN. ii. 22; edefiede an auter viii. 12.

[**edisch**, sb., O.E. edisc, edesc; *park*.]

edis(h)-henne, sb. ['*coturnix*'], PS. civ. 40.

edit, sb., O.Fr. edit, Lat. ēdictum; *edict*: ROB. 568.

[**ed-lǣchen**, v., O.E. edlǣcan; *repeat; comp.* ʒe-**edlǣchen**.]

ed-lēn.   efnen.   189

ed-lēn, sb., *O.E.* edlēan,=*O.H.G.* itlōn; *recompense*, HOM. I. 103.
ēdmōd, *see* ēadmōd *under* ēaŏ.
ēdnesse, *see under* ēad.
ed-wīt, sb., *O.E.* edwīt,=*O.L.G.* edwīt, *Goth.* idveit, *O.H.G.* it-, itawīz; *reproach, blame*: þet edwit A. R. 108; edwit ROB. 379; ædwit LAȝ. 5827; falle in edwite O. & N. 1233.
ed-wīte, v., *O.E.* edwītian, *cf. Goth.* idveitjan, *O.H.G.* itwīzōn; *reproach, blame*, LANGL. B v. 370; P. L. S. iv. 8; **edwīteŏ** (*pres.*) HOM. I. 253; edwiteŏ, edwiten H. M. 37; **edwite** (*subj.*) A. R. 426; edwite WICL. ECCLUS. viii. 6; **edwited** (*pret.*) LANGL. C vii. 421.
ed-wīting, sb., *reproach, blaming*; edwiting (*var. r.* upbreiding) WICL. WISD. v. 3*; ECCLUS. vi. 1*.
ee, *see* ēaȝe. **eek**, *see* ēac. **eest**, *see* ēast. **eem**, *see* ēam. **eete**, *see* ēten. **ef**, *see* if.
efen, adj. and adv., *O.E.* efen, emn, em, = *O. Fris.* even, iven, *O.N.* iafn, *O.H.G.* eban, epan, *Goth.* ibns ; *even, equal*, ORM. 1840 ; efne & smeŏe A. R. 2 ; þet is efne wiŏ þe HOM. I. 209 ; þole wiŏ efne heorte þe dom 265 ; þer scal þe hebȝe beon æfne [efne] þan loȝe LAȝ. 22928 ; his æfne witt of goʅde 30835 ; ete ... enes o dai & evene (*just*) fille HOM. II. 67 ; evene dom C. L. 490 ; evene juge CH. C. T. *A* 1864 ; þet makeþ þane wal emne AYENB. 151 ; an emne *equally* SHOR. 75 ; al an evene (*quietly*) ROB. (W.) 9567 ; efne þissen worden ... Beduer heo gon hirten LAȝ. 25939 ; he heom wes leof æfne al swa heore lif 13924 ; æfne forŏ rihten (*r.* rihte) 22773 ; ich singe efne O. & N. 313 ; evene GEN. & EX. 331 ; WILL. 747 ; þat is evene above þin heved TREAT. 132 ; to bere him evene CH. C. T. *A* 1523; em **forth** (*according to*) mi might 2235 ; em forth mi wit CH. TRO. ii. 997 ; evene forþ wiþ þi selve LANGL. (Wr.) 11637 ; evene weren þe endes two LEG. 48 ; whan þe dai and þe niȝt beþ evene TREV. I. 325 ; þei ben evene wiþ aungels ['*aequales angelis sunt*'] WICL. LK. xx. 36 ; *comp.* **an-efen**.
efen-ald, adj., *O.E.* efeneald,=*O.H.G.* epanalt; *of the same age*, ORM. 18605 ; evenald (*ms.* -hald) H. M. 41 ; evenold, -eld '*coaetaneus*' PR. P. 143.
even-cristene, sb., *fellow-christian*, HOM. I. 53; LANGL. (Wr.) 3353 ; evencristen C. L. 976 ; emcristen HICKES I. 223 ; emcristen AYENB. 10.
efen-ēche, adj., *O.E.* efenēce; *coeternal*, ORM. 18582.
even-hēde, sb., *equity* ['*aequitas*'], WICL. PS. x. 8.
efen-hēh, adj., *O.E.* efenhēah, = *O.H.G.* ebenhōh ; *equally high*, ORM. 15720.
even-kniȝt, sb., *fellow-soldier* ['*commilito*'], WICL. PHILIP. ii. 25.
even-læchen, v., *O.E.* efenlǣcan ; *resemble* ;
evenlēcheŏ (*pres.*) HOM. I. 113 ; *comp.* ȝeefenlǣchen.
geve-lengŏe, sb., *O.N.* iafnlengŏ; *? equinox*, GEN. & EX. 147.
even-lic, adj., *O.E.* efenlīc, *O.N.* iafnligr,= *Goth.* ibnaleiks ; *equal*, ORM. 1837; eveliche MISC. 90 ; gevelic REL. I. 213 ; GEN. & EX. 282 ; **evenliche** (*adv.*) REL. I. 172; E. W. 5 ; evenli WICL. JOB ix. 32.
efen-mahtiȝ, adj., *equally mighty*, ORM. 18571.
efen-mēte, adj.,=*O.H.G.* ebenmāzi ; *of the same size*, ORM. 3099 ; evenmete PS. xlviii. 13.
efennesse, sb., *O.E.* efennyss, emness ; *equity* ; evennesse ['*aequitas*'] WICL. DEUT. ix. 5 ; evennes PS. x. 8.
efen-nēxta, sb., *neighbour*, HOM. I. 17.
efen-rīke, adj., *equally powerful*, ORM. 11868.
efen-servaunt, sb., *fellow-servant*, WICL. APOC. xix. 10 ; **evenservanntis** (*pl.*) MAT. xviii. 28.
efen-soukere, sb., *brother*, WICL. 2 MACC. ix. 29.
even-worþ, adj., *equivalent*, WICL. JOB xxviii. 19.
ēfen, *see* ǣfen.
efenling, evenling, sb., *O.E.* efenling ; *equal*, HOM. I. 57, 67.
ēfeste, *see* ōveste.
effect, sb., *Lat.* effectus ; *effect, fruit, purpose* ; the swete effecte of Aprelle floures P. L. S. xxxi. 67 ; mi purchas is th' effect of al mi rent CH. C. T. *D* 1451 ; to tellen hem theffect of his entent *E* 1398 ; took effect CH. BOET. i. 4 (15).
effectual, adj., *effectual* ; effectueel CH. C. T. *D* 1870.
effectual-lī, adv., *effectually* : effectuali WICL. E. W. 388.
effectuōs, adj., *Lat.* effectuōsus ; *effectual*, APOL. 55.
effectuous-lī, adv., *effectually*, LUD. COV. 380.
efficāce, sb., *efficacy*, A. R. 246.
effiouren, v., *go out of bloom* : effioureth (*pres.*) ['*deflorescit*'] PALL. iii. 82.
effrai, sb.,=*affrai* ; *terror*, BARB. xi. 250.
effraien, v.,=*affray* ; effraiit (*pple.*) BARB. vii. 610.
effusciōn, sb., *dispersion*, CHEST. 92.
efne, sb., *O.N.* efni ; *ability, nature*, A. R. 6, 372 ; on mannes efene HOM. II. 137 ; after his evene *according to his ability* HOM. I. 187 ; bi his evene KATH. 57 ; bi here evene P. S. 157.
efnen, v., *O.E.* efnan, *cf. O.N.* iafna, *O.H.G.* ebanōn, *Goth.* (ga-)ibnjan ; *render even, equalise*, ORM. 1396 ; evenen H. M. 19 ; WICL. IS. xxviii. 25 ; evenin '*aequo*' PR. P. 143 ; emni AYENB.

16; efneð, eveneð (*pres.*) A. R. 82, 132; oure loverd him silf him eveneþ to soþnisse þere BEK. 1629; efnede (*pret.*) A. R. 126; efned, evened (*pple.*) HOM. II. 103, 211; evened PS. lxxxviii. 7; *comp.* ȝe-efnen.

efning, sb., *O.N.* iafningi; *equal,* HOM. I. 191; A. R. 182; efning, efening ORM. 10702, 10991; evening KATH. 119; O. & N. 772; MIRC 1229; þet nevede on eorþe non evening MISC. 95.

efre, see **æfre.**

eft, adv., *O.E.* eft, æft, = *O.L.G.*, *O.Fris.* eft; *afterwards; again,* KATH. 1449; ORM. 181; REL. I. 225; GEN. & EX. 1169; C. L. 751; WILL. 882; LANGL. *B* xvii. 111; GOW. II. 264; CH. C. T. *A* 1669; MAND. 14; WICL. GEN. xvii. 9; HOCCL. i. 408; ævric mon scal eft mowen bi þon þe he nu saweð HOM. I. 137; dude hit eft & eft A. R. 266; wanne he come eft aȝe ROB. 220; and ever eft he was lame B. DISC. 477; eft, æft LAȝ. 3264, 6445; efte ROB. (W.) 3628*; and **eft sōne** (*eftsoons*) cume þar to O. & N. 821; ef sone ROB. (W.) 1896.

eft, sb., *?=O.E.* æfest, æfst; *? malice;* eft and niþe and felounie M. H. 130; eft and niþe and felonni 125; iowes hauis eft and niþe at me for the ferlikes that i kithe 35.

efter, see **æfter.**

eft-sōne, adv., see under **eft.**

eft-white, v., *? repay,* TOWNL. 106.

ēg, see **ēi.**

egal, adj., *O.Fr.* esgal, egual, igal, *from Lat.* æquālis; *equal;* under ioure ierde egal to min offence CH. TRO. iii. 88; **egalle** (*pl.*) CT. LOVE 1041; E. G. 401.

egal-li, adv., *with equanimity, impartially,* CT. LOVE 365; agreableli or egali CH. BOET. ii. 4 (43).

egalitē, sb., *O.Fr.* egauté, egalité, *Lat.* æquālitas; *evenness of mind, equanimity;* she is as these martires in egalite CH. C. T. *I* 949; egalite CH. BOET. ii. 4 (42).

eȝe, eiȝe, sb., *O.E.* ege, *O.N.* agi = *O.H.G.* egi *m.,* for *Goth.* agis *n.;* *awe, terror,* HOM. I. 99, 113; lufe ne foreȝe (*ms.* eȝȝe) ORM. 4481; aȝhe 7185; eige MAT. xiv. 26; eige, age GEN. & EX. 432, 2550; eiȝe, æiȝe, eie, eaie LAȝ. 4733, 9126, 9129, 22881; þene muchelne æie [eie (*ms.* eye)] 16142; eie P. L. S. viii. 140; MARH. 5; A. R. 418; FL. & BL. 302; P. S. 196; eie BEK. 282; REL. I. 116; RICH. 3609; H. S. 38; þou haddest of him non eie MAN. (F.) 2894; awe 1850; eie, æie SAX. CHR. 261, 266; aghe TOWNL. 305; ahȝe LEG. CATH. 88; aighe AR. & MER. 465; of wham men stondeþ aie FER. 408; aie, awe ALIS.² (Sk.) 1243; awe '*pavor, terror*' PR. P. 17; HAV. 277; CH. C. T. *A* 654; HOCCL. i. 383; for love ne for awe WILL. 5430; aue C. M. 18050.

ei-fold, adj., *haughty,* ROB. (W.) 7729*.

ei-ful, adj., *O.E.* egefull; *awful,* KATH. 40; aȝheful ORM. 7172; **eifulle** (*pl.*) word HOM. II. 81; ahefulle develes I. 271.

eȝe-lēs, adj., *O.E.* egelēas, = *O.N.* agalauss; *aweless, fearless,* ORM. 6191; aȝlez GAW. 2335; **eielēse** (*pl.*) LAȝ. 19410.

eie-lēste, sb., *fearlessness,* LAȝ. 19291.

ei-lich, adj., = *O.H.G.* egilīh; *terrible,* HOM. II. 5; aghlich GAW. 136; **aȝelīche** (*adv.*) A. R. 56*; aȝli A. P. ii. 937.

ēȝe, see **ēaȝe.**

ēgede, adj. (*etymology unknown, cf.* **āgede**); *foolish, silly;* for nawt ne þunche hit hire egede H. M. 39; his egede orhel MARH. 11; hwu egede þing is orhel A. R. 282; (*printed* a gade) S. S. (Web.) 2638.

ēȝern, adj., ?= *O.N.* āgiarn; *lascivious;* ȝis oref is swiðe egerne HOM. II. 37.

[**eȝese, eise,** sb., *O.E.* egesa, egsa, = *O.L.G.*, *O.H.G.* egiso *m.; terror.*]

eiȝes-ful, adj., *O.E.* egesfull; *fearful, terrible,* LAȝ. 17972; eisful HOM. I. 111; MARH. 9; (*printed* eifful) A. R. 190.

eis-līc, adj., *O.E.* egeslīc, = *O.L.G.* egislic; *terrible,* FRAG. 3; HOM. I. 87; eisliche wihte P. L. S. viii. 142; eiseliche HOM. II. 67.

egg, see **ēi.**

egge, sb., *O.E.* ecg, = *O.Fris.* eg, *O.N.* egg, *O.L.G.* eggia, *O.H.G.* ekka, *Lat.* aciēs; *edge,* '*acies,*' PR. P. 136; LAȝ. 5202; ORM. 6639; ALIS. 1271; B. DISC. 1923; WICL. HEBR. xi. 34; L. H. R. 136; mid sweordes egge A. R. 60; under a wode egge JOS. 475; þe hiȝest of þe eggez A. P. ii. 451.

eghelinge, adv., *edgewise,* M. ARTH. 3676.

egge-tōl, sb., *edge-tool,* WILL. 3755; GOW. II. 251.

egged, adj., *O.E.* ecged, = *O.N.* eggiaðr; *edged,* MAN. (F.) 7862; a ... knif iegged in eiþer side ROB. 310.

eggement, sb., *from* **eggen**; *incitement:* thurgh wommanes eggement [egment] CH. C. T. *B* 842.

eggen, v., *O.N.* eggia, *cf. mod.Eng.* egg on; *provoke, incite,* A. R. 146; ORM. 11819; eggin '*incito*' PR. P. 136; **eggeð** (*pres.*) REL I. 131; **eggede** (*pret.*) LEB. JES. 897; TREV. IV. 93; egged WILL. 1130; PR. C. 5483; Adam and Eve he eggede (heggen) to (don) ille LANGL. *A* i. 63; eggiden ['*provocaverunt*'] WICL. DEUT. xxxii. 16.

eggunge, vbl. n., *egging on, instigation,* A. R. 82; eggunge, egginge H. M. 5; egging ORM. 11675; A. P. ii. 241; PR. C. 5487.

eggen, v., = *M.Du.* egghen, *O.H.G.* eckan; *cf.* eiþe; *harrow :* eggen oþer harwen LANGL. *C* vi. 19.

eghelinge, see under **egge.**

Egipcian, sb., *Egyptian,* WICL. DEEDS vii. 24.

egipstone, sb., *gypsum,* VOC. 94.

Egipte, pr. n., *Egypt:* of Egipte londe HOM. I. 11.

egiptisch, adj., *O.E.* egyptisc; *Egyptian:* þam egiptissen folche (*r.* folce) HOM. I. 87.

egle, sb., *O.Fr.* egle, aigle; *eagle*, MAND. 48; CH. C. T. *A* 2178; egle is ern MAN. (F.) 13757.
eglēche, adj., *O.E.* æglǣca, aglǣca; *? bold, valiant*; knihtes egleche REL. I. 170 (MISC. 102); sleiʒe men and egleche S. A. L. 148; þe lefdi was egleche ROB. (W.) xx. 125.
eʒlen, *see* eilen.
eglentier, sb., *O.Fr.* eglenter, eoglentier; *eglantine*, MAND. 14.
egre, adj., *O.Fr.* egre, aigre; *eager*, ROB. 80; REL. II. 277; WILL. 3636; CH. C. T. *E* 1199; WICL. PS. cvi. 11.
egre-lich, adv., *eagerly*, LANGL. *B* xvi. 64.
egren, v., *O.Fr.* aigrier; *urge, excite* : egren him to done felonies CH. BOET. iv. 6 (141); he... egerd (*pret.*) him with D. TROY 7329.
eʒte, *see* eahte. **eʒte**, *see* ǣhte. **ēhe**, *see* ēaʒe. **ehte**, *see* eahte. **ēhte**, *see* ǣhte.
ēhten, v., *O.E.* ēhtan; *persecute*; *?* egte GEN. & EX. 470.
ēhtere, sb., *O.E.* ēhtere; '*persecutor*,' FRAG. 2.
ehtende, *see* eahtuðe.
ei, int.,=*M.H.G.* ei; *alas*; ei CH. C. T. *A* 3768; ei god AYENB. 105; ei what is me HOCCL. i. 393.
ēi, egg, sb., *O.E.* ǣg, *O.N.* egg,=*O.H.G.* ei; *egg*; ey, O. & N. 104; ROB. 404; GOW. III. 76; CH. C. T. *B* 4035; WICL. LK. xi. 12; LIDG. M. P. 204; S. & C. I. xxix; ei, eiʒ LEG. 124, 125; non eiʒ (*ms.* no neiʒ) WILL. 83; ei, ai GAM. 610; aig LK. x. 1, 12; ai ALIS. 568; TRIST. 3167; MAN. (H.) 175; ei, eg PR. P. 136; ǣie (*ms.* eye) (*dat.*) TREAT. 132; ǣʒere [*O.E.* ǣgru,=*O.H.G.* eigir] (*pl.*) LEECHD. III. 134; eiren A. R. 66; P. L. S. xii. 60; eyren AYENB. 178; MAND. 49; LIDG. M. P. 29; L. C. C. 7; egges LANGL. *B* x. i. 343; S. & C. II. lvi; **ēir** (*gen. pl.*) moŋger, *egg-seller*, P. L. S. xii. 69; eire (*dat. pl.*) O. & N. 106; *comp.* adel-, gōs-ēi.
ai-schelle, sb., *egg-shell*, ALIS. 577.
ēi, *see* ǣni.
[**ēie**, sb., *O.E.* ēg, Ig,=*M.Du.* ei, *O.N.* ey *f.*; *island*].
ēi-lond, sb., *O.E.* ēg-, īgland,=*M.Du.* eiland, *O.N.* eyland; *island*, REL. I. 220; eland MAN. (H.) 77; ilond LAʒ. 1133*; OCTOV. (W.) 539; iland TRIST. 1024.
eie, *see* eʒe. **ēie**, *see* ēaʒe. **eier**, *see* heir.
eiʒ, *see* ēi.
eiʒe, *see* eʒe. **ēiʒe**, *see* ēaʒe.
eiʒte, eihte, *see* eahte. **eiʒtēne**, *see* ehtetēne *under* eahte. **ēihte**, *see* ǣhte.
ēihwēr, *see* aihwēr. **ēiland**, *see under* ēie.
eile, sb., *O.E.* egl *f.* (*point, bit of straw*) egla (*ear of corn*) VOC. 38, *cf. L.G.* aīle *f.* (*arista*); *ear of corn, bit of straw*, '*acus*,' HALLIW. 343; þa eigle ['*festucam*'] LK. vi. 41; eilen (*pl.*) A. R. 270.

eile, adj., *O.E.* egle,=*Goth.* aglus; *grievous, painful*: eile and hard C. L. 223; eile BEV. 513; þat water wes sturne and eile (*ms.* eille, *r. w.* seile) heore þuhte swiþe eille [eil] of æðelene hire fædere LAʒ. 3281; eil H. M. 25.
eile, sb.,=*Goth.* aglō (θλίψις); *pain*: deð lesse eile to þen eien A. R. 50.
eilen, v., *O.E.* eglan,=*Goth.* (us-)agljan; *ail, annoy, be painful*, A. R. 276; RICH. 3629; eʒlen ORM. 4767; eili H. M. 47; eileð (*pres.*) KATH. 1699; what eileþ þe FER. 1560; CH. C. T. *B* 1081; i wot wel what siknesse ʒou eileþ LANGL. *B* vi. 259; eilie (*subj.*) A. R. 418; þis eisful wiht þet hit ne eile [eili] me nawiht MARH. 9; eilede (*pret.*) WILL. 951; ailed (*pple.*) GAW. 438; MIN. ix. 28.
eimeri, eimbre, sb., *O.E.* ǣmerge, *O.N.* eimyrja; *ember*, '*pruna*,' PR. P. 136.
eir, *see* air, eire *and* heir.
eire, *see* īren.
eire, sb., *O.Fr.* erre, *cf. mod.Eng.* '*justices in eyre*;' *swiftness, journey* : alle the flote com wiþ gret eire MAN. (F.) 1486; as þe ssipes wiþ gret eir [heir, ire] come toward londe ROB. (W.) 1183; þe eire of iustize ROB. (W.) 10647.
eirēde, *see* ērēde.
eiren, v., *O.Fr.* errer, oirrer; *journey* ; **aires** (*pres.*) D. ARTH. 1329.
eischste, *see* askien.
eise, *see* aise *and* eʒese. **eiselich**, *see* aisie.
eisien, v., *O.E.* egesian, egsian,=*O.H.G.* egisōn; *terrify* : þet he his men eisian ne der HOM. I. 111.
eisil, sb., *O.Fr.* aissel; *vinegar*, A. R. 402; C. L. 1150; eisel R. 217; MIRC 1884; AUD. 64; eisel, aisel WICL. NUM. vi. 3, MK. xv. 36 (*v. r.* vinegre); C. M. 18019; **aisiles** (*gen.*) JOHN xix. 29; mid eisile (*earlier version* ecede) MK. xv. 36.
ēit, sb., *? O.E.* īgoð; *ait* (*eyot*), *small island* : þan æit LAʒ. 23873.
ēit-lond, sb., *small island*, LAʒ. 1117.
eiteteþe, eiteti, eiteþe, *see* eiʒte-tēoþe *under* eahte.
eiþe, sb., *O.E.* egeð, ?=*M.Du.* egede, *M.L.G.* egede, eide, *O.H.G.* egida; *harrow*; eiþes (*pl.*) LANGL. *C* xxii. 273.
ēiþer, *see* ǣiðer.
ēk, *see* ēac. **ēke**, *see* ēake. **ēken**, *see* ǣken.
ēken, *see* ēchen. **ēking**, *see* ēching.
eker, sb., *some sea-monster* : thei woneth in water iwis with eker [*v. r.* iker] and fisch ALIS. 6172; ekeris (*pl.*) 6202.
ēkni, *see* ēaonen.
[**el-**, *O.E.* el-, æl-, ele-, *cf. O.L.G.* eli-, *O.H.G.* eli-, el-, *Goth.* alja-, *Lat.* ali-, *Gr.* ἀλλο-].
el-hēowed, adj., *changed in colour* : his leor deaðlich ant blac ant elheowit HOM. I. 249.

ele-lende, sb., *O.E.* ele-, ellende, *O.H.G.* eli-, ellenti; (*exiled*) *foreigner*; aliande '*extraneus*' PR. P. 9.

ele-lendis, elendis, adj., *O.E.* elelendisc; *foreign*; (*ms.* helendis) HOM. I. 79, 81.

el-reordi, adj., *O.E.* elreordig; *speaking another language, barbarous*: elreordi (? *ms.* welreordi) feond LA3. 25658.

el-þēod, sb., *O.E.* elþēod; *foreign nation*: for alþēodene (*gen. pl.*) gold LA3. 2327.

el-ðēodi, adj., *O.E.* elþēodig; *foreign*, A. R. 348*; alþeodi FRAG. 2.

al-þeodisc, adj., *O.E.* elþēodisc; *foreign*, LA3. 2301; ealðēodisce (*pl.*) MAT. xxvii. 7.

ēl, *O.E.* ǣl, = *O.H.G.* āl, *O.N.* āll; *eel*, '*anguilla*,' PR. P. 137; ēles (*pl.*) ALIS. 5792; MAND. 161; elis L. C. C. 50.

ēl-ger, sb., *M.Du.* aelgheer; *eel-spear*, '*fuscina*,' PR. P. 138.

ēl, *see* awel.

elbowe, *see under* elne.

ēlch, *see* aighwilc. eld, *see* eald.

ēld, sb., *O.E.* ǣled, = *O.L.G.* ēld, *O.N.* eldr; *fire*, HOM. II. 258.

elde, sb., *O.E.* eldo, ældo, yldo, *cf. O.L.G.* eldī, *O.H.G.* eltī, altī, *O.N.* elli *f.*; *from* eald; *age*, HOM. II. 35; ORM. 201; GEN. & EX. 705; ROB. 11; SPEC. 48; SHOR. 168; AYENB. 69; WILL. 5227; LANGL. *B* xi. 43; CH. C. T. *A* 2447; MAND. 293; WICL. LK. i. 36; A. P. ii. 657; PR. C. 1513; elde me haþ overcome L. H. R. 22; fiftene 3er þan was his elde MAN. (F.) 9744; on hire elde LK. i. 36; ich was of swuche elde A. R. 318; wimman of elde (*of age*) HAV. 2713; elde, ulde P. L. S. viii. 9, 188; ælde [ealde] LA3. 25913; ulþe (*for* ulde) P. L. S. xix. 6.

elden, *see* ealdien.

ēlden, v., *cf. O.N.* elda; *from* ēld; *light a fire*; ? eilden GEN. & EX. 2892.

eldern, adj., ? *from, compar. of* eald; *elderly, ancient*: elderne mannes late ORM. 1213; min eldrin folk of juen lede C. M. 18016.

eldern-liche, adv., *of old time*, E.G. 352.

ēlding, sb., *cf. O.N.* elding, *Scotch* eildin; *fuel*, C. M. 3164; eilding '*focale*' PR. P. 136.

eldnesse, *see* ealdnesse.

eldringes, sb. pl., *parents*, AYENB. 35.

éle, sb., *O.E.* ele *m.*, ele, œle, = *O.H.G.* oli, olei *n.*, *O.L.G.* olig, *Goth.* ale, *O.Fr.* oile, uile; *from Lat.* oleum; *oil*, FRAG. 8; ORM. 13252; SHOR. 41; eli HICKES I. 229; eole KATH. 2512; eoile H. M. 45; eoli MARH. 11; A. R. 320; olie GEN. & EX. 1548; oli PS. iv. 8; oile, uile AYENB. 93.

éle-sǣw, sb., *oil*, ORM. 8667.

elebre, sb., *O.Fr.* ellebore; *hellebore*, PR. P. 138; PALL. i. 1044.

eleccioun, sb., *O.Fr.* election, *Lat.* ēlectio;

election, *choice of fit times*, H. S. 10990; MAND. 155; CH. C. T. *B* 312; elecciouns (*pl.*) of times ASTR. ii. 4 (18); election GOW. I. 18.

elect, sb., *election*; elect WINT. IX. xxvii. 141; electes N. E. D.

elect, adj., *elect*; eleckte CHEST. I. 212; elect (*sb.*) *bishop elect*, WINT. IX. xxvii. 121.

electre, sb., *O.Fr.* eleutre, *Lat.* ēlectrum; *a metal*, WICL. EZ. i. 4, 27.

elegeance, *see* enlegeance.

element, sb., *O.Fr.* element; *element*; elements (*pl.*) TREAT. 138.

[ēlen, v., *O.E.* ǣlan; *burn*; *comp.* an-ēlen.]

ēlenge, ēlenglich, ēlengenes, *see* ēlenge.

ēlet, sb., *O.E.* ǣled; *fuel*, HOM. II. 119; BEV. 3088.

elevacioun, sb., *O.Fr.* elevacion, eslevation, *Lat.* ēlevātio, *mod.Eng.* elevation; *altitude above the horizon*, CH. ASTR. ii. 23 (32).

elevat, adj., *Lat.* ēlevātus; *elevated*, CH. ASTR. ii. 23 (32).

elfe, *see* alfe.

Eli, pr. n., *O.E.* Elīg; *Ely*, ROB. 6.

élien, v., *M.H.G.* ölen, olen; *anoint*; elie SHOR. 41; élede (*pret.*) ROB. (W.) 5329; iéled (*ms.* iheled) (*pple.*) ROB. 457; he wes icruned and ieled LA3. 31941.

ēlinge, sb., = *M.H.G.* ölunge, olunge; *oiling*: þe laste elinge *extreme unction* MIRC 533; eliinge SHOR. 41.

elifaunt, *see* oliffant.

elite, sb., *election*: þe pape wild not consent, he quassed þer elite MAN. (H.) 209; elites (*pl.*) IBID.

eliten, v., *from* elite; *elect*: Creusa . . . þat Eneas afterward elit (*pret.*) to wed D. TROY 1490.

ellarne, sb., *O.E.* ellarn, = *M.L.G.* elhorn, alhorn; *elder (tree)*, '*sambucus*,' VOC. 140, 181; helren (*for* elren) 163; ellerne [helderne, illern, eller] LANGL. *A* i. 66; eldir PR. P. 137; *see* hiller.

elle, *see* elne. ellen, *see* elne.

elles, adv., *O.E.* elles, = *O.Fris.* elles, *O.H.G.* elles, alles, *Goth.* aljis, = *else*, ORM. 7983; WILL. 1132; MAND. 5; PR. C. 1281; HOCCL. ii. 23; in lenten and elles [ellis] LANGL. *B* PROL. 91; summe qveren ælles [elles] LA3. 893; ellis SACR. 211; elles hwar A. R. 78; 3if heo ouht elles understode O. & N. 662; elles hwider lokin HOM. I. 261; elles whoder P. L. S. xvii. 549; helles-hwat HOM. 215.

elleven, *see* endleven.

elm, sb., *O.E.* elm, = *O.H.G.* elm, *cf. O.N.* almr; *elm*, '*ulmus*,' PR. P. 138; TRANS. XVIII. 24; CH. C. T. *A* 2922.

elmesse, sb., *O.E.* ælmesse, *from Gk.* ἐλεημοσύνη; *alms*, A. R. 222; AYENB. 17; don elmesse HOM. I. 37; elmesse to wurchen II.

elmesse.   en.

59; almesse LANGL. *B* iii. 75; CH. C. T. *B* 168.

elmes-dēde, sb., *almsdeed,* HOM. I. 135;
almesdede R. S. iv; P. L. S. xvii. 385; C. M. 11350.

almes-disch, sb., B. B. 139; **almesdisches** (*pl.*) TREV. VIII. 183.

elmes-ful, adj., *charitable,* HOM. I. 143;
almesful HOM. II. 85; ORM. 9931; BEK. 1674; LANGL. *C* vii. 48.

elmes-ȝeorn, adj., *charitable,* HOM. I. 43.

ælmes-mon, sb., *almsman,* LAȝ. 19662.

almes-werc, sb., *almsdeed,* ORM. 10118.

elne, sb., *O.E.* ellen, *cf. O.H.G.* ellan, ellen, ellin, *O.L.G.* ellen, ellean, ellien, *Goth.* aljan *n.*, *O.N.* eljan, eljun *f.*; *strength, comfort,* HOM. I. 215; MARH. 10; A. R. 106; H. M. 27.

ellen-lēs, adj., *comfortless,* ORM. 10908.

elne, sb., *O.E.* eln, = *O.H.G.* elna, elina, *O.N.* öln, alin, *Goth.* aleina, *Lat.* ulna, *Gk.* ὠλένη; *ell*, ALIS. 2750; an elne long SPEC. 35; an elne (*printed* a nelne) brod D. TROY 170; elne, elle PR. P. 138; elle OCTOV. (W.) 934; **elne** (*pl.*) GEN. & EX. 563; elnen ROB. 429.

el-bowe, sb., *O.E.* elnboga, = *O.H.G.* elinbogo, *O.N.* öln-, ölbogi; *elbow,* FRAG. 2; elbowe TREAT. 139.

eln-ȝerde, sb., *ell yard,* GAW. 210; **elneȝerdes** (*pl.*) ROB. (W.) 8834.

elle-wand, sb., *ell-wand,* PR. P. 139.

elnen, v., *O.E.* elnian, = *O.N.* elna, *O.H.G.* ellinōn, *Goth.* aljanōn; *comfort,* HOM. I. 215; A. R. 10; **elnede** (*pret.*) KATH. 672.

elning, elnung, sb., *O.E.* elnung; *comfort,* HOM. I. 185, 201.

elongacioun, sb., *Lat.* ēlongātiō; *elongation, angular distance,* CH. ASTR. ii. 25.

elp, sb., *O.E.* elp, elpend, *cf. M.H.G.* elfant; *elephant,* N. R. I. 223; alpes (*gen.*) ban (*ivory*) L. N. F. 248; *see* olifant.

ēlpi, *see* ānlēpiȝ.

elring, sb., *?* = *M.H.G.* erling, *cf. Ger.* elritze; *a sort of fish, ? minnow*: als the quale fars wit the elring M. H. 136.

elsin, *see* alsene.

elten, v., *O.N.* elta; *knead,* GEN. & EX. 2892.

elvene, *see* alfe.   **em,** *see* am *and* efen.

ēm, *see* ēam.   **emang,** *see* en.

ēmatte, *see* āmete.

embassade, sb., *O.Fr.* embassade; *embassy; business or message of an ambassador;* DREAM 1993; now mi imbasset i have seid to you LUD. COV. 77.

embassadrie, sb., *embassy,* CH. C. T. *B* 233.

embe, *see* ümbe.

embelif, adv. & adj., *O.Fr.* en belif; *obliquely; oblique; not at right angles*: under the cercle of cancer, ben ther 12 devisiouns embelif CH. ASTR. i. 20 (11); embelif cercle

ii. 26; embelif orisonte ... embelif angles ii. 26.

embeþonk, *see* ümbe-þanc.

embir-dai, *see* ümbri-.

emb-snīðen, *see* ümbesnīðen.

emel, emell, *see* mel.

emeraude, sb., *Fr.* emeraude; *emerald,* SPEC. 26.

emeraudes, sb. pl., *O.Fr.* esmeroides, *from Lat.* haemorrhoides, *Gk.* αἱμορροΐδες; *emerods,* REL. I. 190; PR. P. 139.

ēmete, *see* āmete.

emforþ, *for* efen forþ: *see* efen.

emne, emnen, *see* efen, efnen.

[**emnetten,** v., *O.E.* emnettan; *from* **efnen**; *make equal; comp.* ȝe-emnetten.]

emparāle, sb., *med.Lat.* imperiālis; *imperial* (*a coin*): for **emperāles** (*pl.*) that were not smale i bought him thare OCTOV. (W.) 1911.

emperice, sb., *empress,* SAX. CHR. 264; WILL. 5343; TREV. IV. 189; emperisse SHOR. 117; emperesse (emperasse) ROB. (W.) 9064.

emperie, sb., *O.Fr.* emperie; *empire,* ROB. 85; TREV. III. 73; enpir MAN. (F.) 3068.

emperour, sb., *O.Fr.* empereor; *emperor,* ROB. 46; WILL. 5251; S. S. (Wr.) I; aumperour LEB. JES. 393; SAINTS (Ld.) 344; **aumperoures** SAINTS (Ld.) 248.

empiri, sb., *Fr.* empyree, *? from Gr.* ἔμπυρος; *empyrean*: þis heven is cald empiri PR. C. 7761.

emplastre, sb., *O.Fr.* emplastre, *from Gr.* ἔμπλαστρον; *plaster*: make an enplaster [*later ver.* plaster] upon the wounde WICL. IS. xxxviii. 21.

emplastren, v., *Lat.* emplastrāre; *plaster over, gloss*: als fair as ye his name emplastre (*v. r.* implastre) (*pres.*) he was a lecchour CH. C. T. *E* 2297.

emprīse, sb., *O.Fr.* emprīse, emprinse; *enterprise,* CH. C. T. *A* 2540; C. M. 9802; OCTOV. (W.) 1060, 769; GOW. I. 111.

ēmti, adj., *O.E.* ēmtig, ǣmtig, ǣmetig; *empty,* '*vacuus,*' PR. P. 139; HOM. II. 87; KATH. 393; AYENB. 143; emti [empti] CH. C. T. *A* 3894; emti, amti ROB. 17, 50; empti A. R. 156; M. H. 151.

ēmtien, v., *O.E.* ǣmtian, ǣmtigian; *empty*; empte CH. C. T. *G* 741; þo þet **ēmteþ** (*pres.*) þe herte of hire guode AYENB. 58; **ēmptede** (*pret.*) TREV. VIII. 89; ǣmteden LAȝ. 30408.

ēmtinge, sb., *emptying,* '*evacuatio,*' PR. P. 139.

ēn, *see* ēan.

en, prep., *cf. O.Fris.* en, = in; *in, on*: en Edwardes kinges deȝe ANGL. VII. 220; en mang *among* SAX. CHR. 261; en ende HOM. I. 227; en Enge(l)londe CHR. E. 336, 480; en middes PARTEN. 870; ene þe þridde dai MISC. 199; e mang TOWNL. 22; C. M. 7364; e mange C. M. 14342.

[en-, pref., O.Fr. en-, = in-.]
en-amelen, v., *for* amelen; *enamel*; enameled (*pple.*) MAND. 219; enamild PR. C. 8902.
enamūren, v., O.Fr. enamourer; *enamour*; enamūred (*pple.*) MAN. (F.) 9367.
enarmen, v., O.Fr. enarmer; *arm*; enarmed (*pple.*) C. L. 1351.
enbaissing, = abashinge, CH. BOET. iv. 1 (109).
enbanen, v., *? fortify*; enbaned (*pple.*) under þe abatailment GAW. 790; enbaned under batelment A. P. ii. 1458.
en-batailen, v., from O.Fr. batailler; *make battlements; entrench*: walled welle with highe walles enbatailed (*pple.*) R. R. 136; whan that he was embatailed GOW. I. 221.
enbaumen, v., O.Fr. en-, embaumer; *embalm, anoint*; enbaumed (*pret.*) LANGL. B xvii. 70.
enbelise, v., O.Fr. embelir; *embellish*, GAW. 1033.
enbénen, v., *? baste (in cookery)*: with ʒolkes of eiren enbéne (*imper.*) it L. C. C. 27; enbene hit wele withe þi riʒt honde 26.
enbībing, pple., *inbibing*, CH. C. T. G 814.
enblaunchen, v., O.Fr. enblanchir; *render white*: enblaunched (*pple.*) with bele paroles LANGL. B xv. 113.
enblemischen, v., A.Fr. emblemiss-, emblemir; *make ill, infect*: oo lepre left unheelid mai enblemissche mani folc WICL. S. W. I. 281.
en-blōwen, v., *inspire*; enblōwid (*pple.*) with the spirit of retorik WICL. PREF. EP. I. 77.
enbrácen, v., O.Fr. embracier; *embrace*, P. L. S. xxv. 113.
enbréven, v., O.Fr. embrever; *record*; enbréved (*pple.*) A. R. 344.
enbróche, v., O.Fr. embrocher; *put on the spit*, L. C. C. 35; enbróchid (*pret.*) 34.
enbrouden, v., *embroider*; embrouded (*pple.*) FER. 553; CH. C. T. A 89; enbrouden QUAIR 152.
enbusche, v., O.Fr. enbuscher; *lay in ambush*, MAN. (F.) 986; abuschid (*pple.*) WILL. 3633.
enbuschement, sb., *ambushment*, HALLIW. 333.
encens, sb., O.Fr. encens; *incense*, CH. C. T. A 2277.
encensen, v., O.Fr. encenser; *incense*; ensensede (*pret.*) LEG. 81.
encenser, sb., O.Fr. encensier; *censor*; encenseres (*pl.*) WICL. NUM. iv. 7; encensers EX. xxxvii. 16.
encenti, see ensenten.
enchácen, v., O.Fr. enchacier; *drive away*: enchase P. R. L. P. 45; enchácede (*pret.*) FER. 2906.
enchantement, sb., O.Fr. enchantement; *enchantment*, ROB. 10; an enchauntement SAINTS (Ld.) 248.

enchanten, v., O.Fr. enchanter; *enchant*; enchaunted (*pple.*) LANGL. B ii. 41.
enchaunteresse, sb., *female enchanter*, CH. BOET. iv. 3 (123).
enchanterie, sb., *enchantment*: þo þe clerc adde iseid his enchaunterie ROB. 10; enchanterie 148.
enchantour, sb., O.Fr. enchanteor; *enchanter*; enchanteor ROB. (W.) 668; enchantours (*pl.*) P. L. S. xxi. 122.
enchargen, v., O.Fr. encharger; *charge, enjoin*: vertue is encharged (*pple.*) ... to you CH. BOET. v. 6 (178).
enchaufen, v., *cf.* O.Fr. eschaufer; *become warm*: enchaufe (*pres.*) WICL. JOB vi. 17.
encheisōn, sb., O.Fr. enchaisoun; *occasion, cause*, WILL. 3697; encheson, enchesun ROB. 111, 452; en-, ancheisoun AYENB. 47, 205; ancheisun A. R. 158; enchesoun M. GOD 61.
enclīnaunt, adj., *inclining, prone*, WICL. EX. xxxiii. 22; MAN. (F.) 5320.
encline, sb., O.Fr. enclin; *salutation*: made his enclines (*pl.*) D. ARTH. 82.
enclīne, v., O.Fr. encliner; *incline*, CH. C. T. B 3092; A. P. i. 629; enclinede (*pret.*) P. L. S. xvi. 159.
encloien, v., O.Fr. enclouer; = acloien; *lame, obstruct*; encloie (*pres.*) LANGL. C xxi. 296*; encloied (ms. encloyde) (*pple.*) HALLIW. 333; see acloien.
enclōse, v., *enclose*, MAND. 84; enclōsed (*pple.*) WILL. 2220; aclosed SHOR. 145.
enclōser, sb., *a setter in metal*: alle craftese men and enclōsere (*pl.*) WICL. 4 KINGS xxiv. 14, 16.
enclūden, v., Lat. inclūdere; *include*; enclūdeth (*pres.*) PALL. iv. 435, 337.
encomberment, sb., O.Fr. encombrement; *trouble*: saved þam alle fro þer encumberment MAN. (H.) 148.
encombrance, sb., *encumbrance*, MAND. 284.
encombre, sb., O.Fr. encombre; *trouble*: withouten encombre MAN. (H.) 189.
encombren, v., *encumber, tire*, PL. CR. 483; encombriþ (*pres.*) HOCC. i. 355; encombred (*pple.*) LANGL. C ii. 31; CH. C. T. A 508; *see also* acombren.
encumbering, sb., *trouble*: allas this is a grete encumbering MAN. (H.) 117.
encombrous, adj., O.Fr. encombros; *cumbrous*: hard matere is encomberouse for to here CH. H. F. 861; ful encomberouse is the usinge COMP. M. 339.
encontre, sb., O.Fr. encontre; *encounter*, ROB. 391; acountre HALLIW. 17.
encontre, v., O.Fr. encontrer; *encounter*, D. ARTH. 1320; encountrede (*pret.*) BRD. 19; acuntred WILL. 3602.
encorporen, v., Lat. incorporāre; *incorporate*; encorpored (*pret.*) TREV. VIII. 285; encorporing (*pple.*) CH. C. T. G 815.

encorsife, adj., *from O.Fr.* encorser (*grow fat*); *fattened* ['*incrassatus*'], HAMP. PS. 516.
encrees, sb., *increase*, CH. TRO. ii. 1332; encresse iv. 1229; encrese P. R. L. P. 27; encres GOW. I. 215; encres or incres '*incrementum*,' PR. P. 139; **encrécis** (*pl.*) WICL. PROV. iv. 9.
encrésen, v., *O.Fr.* encreistre, *Lat.* increscere; *increase*; encrecin PR. P. 129; to encresse in Goddis service WICL. S. W. I. 358; encresse CH. C. T. *B* 1068; wel fele i alwai mi love encrease CH. TRO. ii. 549; A. P. i. 958; ever enduire and ever encres MISC. 218; for to encreceen her richesse R. R. 5739; encrese WILL. 683; mai God encrese our feith WICL. S. W. I. 94; encresce LANGL. *B* xi. 389; **encréssede** (*pret.*) TREV. IV. 191; encreest P. R. L. P. 211; incresed CH. BOET. iii. 6 (77).
encróchen, v., *O.Fr.* acrocher; *approach*: þai schal comfort encroche in kiþes ful moni A. P. iii. 18; D. ARTH. 3213; delit þat his come **encróched** (*pret.*) A. P. i. 1116.
end, *see* **and**.
endamagen, v., *O.Fr.* damagier; CH. BOET. i. 4 (15).
endaunture, sb., *taming*: huo þet tekþ colte endaunture AYENB. 220.
ende, sb., *O.E.* ende, *cf. O.L.G.* endi *m.*, *O.N.* endi, endir *m.*, *O.H.G.* endi, enti *m. n.*, *Goth.* andeis *m.* (ἄκρον, πέρας, τέλος); *end, district, territory*, ORM. 19326; LANGL. *B* ii. 100; se ende MISC. 35; hit ne me(i) ... neome nan ende HOM. I. 265; þen ende A. R. 208; þene ende REL. I. 175; þane ende FL. & BL. 819; þe ende þet tu ant heo habbeð in ierdet MARH. 16; ech man ... wende hom in his ende P. L. S. x. 41; have an ende CH. P. F. 495; hwonne come ich to ende A. R. 204; at þen ende LEG. 181; in eche ende ROB. 34; þo hit was ibrouȝt to ende P. L. S. x. 64; ende, ænde [eande] LAȝ. 243, 27505; to ende bringe C. L. 288; ænde LK. i. 33; PROCL. 3; ȝende (*for* iende) H. S. 2347; ED. 1846; EGL. 961; **endes** (*pl.*) LAȝ. 7835; **enden** (*dat. pl.*) MAT. xxiv. 31.
ende-daȝ, sb., *O.E.* endedæg; *day of one's death*, ORM. 7665; endedæi LAȝ. 3720; endedai BEK. 1963 (1973).
ende-land, sb., *O.N.* endiland; *? adjacent land*, ORM. 17916.
ende-léas, adj., *O.E.* endeléas; *endless*, A. R. 146; endeles HOM. II. 169; GOW. II. 231.
endelésnes, sb., *O.E.* endeléasnyss; *endlessness*, PR. C. 8122.
end-lī, adj., *M.H.G.* endelīch; *final*, PARTEN. 4011.
ende-sið, sb., *death-journey*, GEN. & EX. 3777.
ende, *see* **and** *and* **enede**.
endeine, v., *Lat.* indignāri; *be angry, indignant*, WICL. IS. lvii. 6; ne endein (*imper.*) mi lord EX. xxxii. 22; endeineden (*pret. pl.*) WISD. xii. 27; endeined (*pple.*) JOB xxii. 2.
enden, v., *O.E.* endian, = *O.N.* enda, *O.L.G.* endōn, *O.H.G.* endōn, entōn; *end*, A. R. 24; ORM. 3254; endie MISC. 192; endi AYENB. 110; ende H. H. 243 (247); GREG. 243; A. P. ii. 402; endeð, endeþ (*pres.*) O. & N. 943; endede (*pret.*) LAȝ. 8187; ROB. 32; *comp.* ful-, ȝe-enden.
endunge, sb., *O.E.* endung, = *O.H.G.* endunga; *ending*, MAT. xiii. 39; HOM. I. 71; endinge A. R. 428; KATH. 292; AYENB. 31; ending SPEC. 59; PR. C. 3772.
ending-dai, sb., *? last day*, S. B. W. 14.
endenten, v., *med.Lat.* indentāre; *fix in*: towrres endentid (*pple.*) with presios stonis TOR. (A.) 227; þen arne þai into the vine anon the dai with derk endente A. P. i. 627; endent 1012.
endentinge, sb., *joint, rabbeting*; endentingis (*pl.*) WICL. I PARAL. xxii. 3.
endentūr, sb., *med.Lat.* indentūra; *crevice*, A. P. ii. 313.
ender, adj., *latter, last past*: þis ender dai SPEC. 60; AN. LIT. 11; P. L. S. xxvi. 2; S. S. (Web.) 1080; WILL. 3042; GOW. I. 45; PL. CR. 239; þis ender niht C. M. 4561; ender niȝt AR. & MER. 917.
endetten, v., *O.Fr.* endeter; *indebt*; endetted (*pple.*) CH. C. T. *G* 734; andetted A. R. 126.
en-dirken, v., *make obscure*: no wickednesse shal endirken it CH. BOET. iv. 3 (120).
endīte, v., *O.Fr.* endicter, endīter; *indict*; indite, TREV. IV. 213; CH. C. T *A* 2741; adite RICH. 1174; indite '*indicto*' PR. P. 261; and doggez to dethe endite GAW. 1600.
endīter, sb., *inditer, writer, secretary*; enditers (*pl.*) and writeris WICL. ESTH. viii. 9*.
endītinge, sb., *style of composition*, '*dictamen, indictacio*,' PR. P. 139; ALEX.[2] (Sk.) 243; enditing CH. ASTR. PROL. (2).
endive, sb., *Fr.* endive; *endive*, PR. P. 140.
endleven, card. num., *O.E.* endleofan, ellefan = *O.Fris.* andlova, elleva, *O.L.G.* ellevan, *O.N.* ellifu, *cf. Goth.* ainlif, *O.H.G.* einlif; *eleven*, ROB. 298; endluve GEN. & EX. 1921; enlevene [ellevene] WICL. LK. xxiv. 33; onleven RICH. 2725; enleven (eolleve) LAȝ. 23364; bi ællevene *by elevens* 14531; enleve DEGR. 342; elleven C. M. 18870; elleovene FRAG. I; MISC. 55; elleve BEK. 489; aleven P. R. L. P. 216.
endleofta, ord. num., *O.E.* endleofta, ellefta, = *O.N.* ellifti; *eleventh*, HOM. I. 117; endleft (*misprinted* -lest) ALIS. 57; endlefte ROB. 270; eollefta MISC. 146; elleft M. H. 26; ellevend PR. C. 4798.
endōren, v., *O.Fr.* endorer; *varnish*; endōre (*imper.*) hit with ȝolkes of egges L. C. C. 37; endoured (*pple.*) pigions B. B. 278.

endōren, v.,=adōren; *adore*: i forloine mi dere endōrde (*pple.*) A. P. i. 368.
endōsen, v., *O.Fr.* endosser; *protect, guard*: ye and i agans the feinde are welle **endoost** (*pple.*) TOWNL. 166.
en-douten, v., *see* dūten; *doubt, fear*: if i ne hadde endouted (*pple.*) me R. R. 1664.
endowen, v., *endow*; the gode vertues that the bodi is endowed (*pple.*) with MAND. 252.
en-drīen, v., *from O.E.* drēoȝen; *suffer*: shuld ... shame in all mi life endri CT. LOVE 725.
endung, *see under* enden.
endūre, v., *O.Fr.* endurer; *endure*, P. L. S. xxix. 74; MAND. 256; enduire MISC. 218.
ēne, *see* ǣne.
enede, sb., *O.E.* ened,=*O.N.* ōnd, *O.H.G.* anut, anit, *Lat.* anas (*gen.* anātis); *duck*, REL. I. 302; ende '*anas*' PR. P. 139; (*ms.* hende) HAV. 1241; ende mete *ducks' meat* '*lenticula*' PR. P. 140.
enemi, sb., *O.Fr.* enemis, *Lat.* inimīcus; *enemy*, CH. C. T. *A* 1643.
   enemi-ful, adj., *hostile*: it shal be desolat as in enemiful wastete WICL. IS. i. 70.
   enemi-līche, adv., *hostilely*, WICL. NUM. xxv. 18; enmili (*later v.* enemili) 2 MACC. xiv. 11.
enemiable, adj., *O.Fr.* anemiable; *hostile*: a bure he made aȝen the enmiable (*v. r.* enemiable) fole WICL. ECCLUS. xlvi. 6.
enemien, v., *from* enemi; *be hostile*: overjoȝe not to me that enemien (*pres.*) to me wickeli WICL. PS. xxxiv. 19.
enemitē, sb., *O.Fr.* enemistié; *enmity*, WICL. GEN. iii. 15.
ēnen, *see* ǣanen.
enentischt, enentist, pple., *from O.Fr.* aneantiss-, aneantir; *exhausted* ['*exinanita*'] HAMP PS. lxxiv. 8.
en-erden, v., *dwell in*; enerdend (*pres. pple.*) D. TROY 12856; enerdond (*pple.*) 4117.
en-faminen, v., *O.Fr.* famine; *famish, hunger*: enfamined (*pret.*) CH. L. G. W. 2429; faste failed hem þe fode, enfaminied monie A. P. ii. 1194.
enfarsen, v., *O.Fr.* enfarcir; *stuff*: rost hit on broche of irne bigge **enfarsed** (*pple.*) L. C. C. 36.
en-fatten, v., *make fat*: the herte of this peple is enfattid (*pple.*) WICL. MAT. xiii. 15; infattid DEEDS xxviii. 27.
enfēblen, v., *O.Fr.* enfeblir; *render feeble*: we bi sinne enfēblen (*pres.*) oure feiþ WICL. S. W. I. 94; þe strengþe is enfēblid (*pple.*) I. 117.
enfēblishen, v., *O.Fr.* enfebliss-; *make feeble*; **enfēblished** (*later ver.* febled) (*pple.*) WICL. EX. xxii. 14.
enfecte, adj., *O.Fr.* infect, *from Lat.* infectus; *tainted, injured*, PALL. i. 294.
enfecten, v., *O.Fr.* infecter; *infect; taint*: a chanoun of religioun ... wold infecte [enfect T.] al a toun CH. C. T. *G* 973; **enfecte** (*pret.*) þi faire love to þe fairist of Grise D. TROY 2979; enfecte [*v. r.* infect] CH. C. T. *A* 320; he enfecte the firmament with his felle noise 936.
enfeffement, sb., *grant, fief*: ful riche was þin enfeffement P. R. L. P. 163.
enfeffen, v., *enfeoff; endow*: a wille þat stant **enfeffid** (*pple.*) in fraunchise P.R.L. P.64.
enfermen, v., *strengthen, fortify*: to enfermi þen toun ROB. 552.
enfermer, sb., *O.Fr.* enfermier; *superintendent of the infirmary in a monastery*, M. H. 29; *see* fermerere.
enflāmen, v., *O.Fr.* enflamer; *inflame*: pride covetise and envie han so **enflaumed** (*pret.*) the hertes MAND. 3.
enforce, v., *O.Fr.* enforcier; *enforce*, MIRC 1362.
enforsinge, sb., *fury*, GEST. R. 116.
enformaciōn, sb., *information*, GOW. I. 253; informacion I. 272.
enforme, v., *O.Fr.* enformer; *inform*, D. TROY 654; enformede (*pret.*) TREV. V. 451.
enfoublen, v., *O.Fr.* afublir; *wrap up*: hir frount folden in silk, **enfoubled** (*pple.*) ai qvere GAW. 959.
enfrai, sb., *cf. O.Fr.* esfrei, esfroi, effrei, effroi; *affray*: for ferdnes of a foulle enfrai TOWNL. 179.
eng, sb., *O.N.* eng; *cf. prov. Eng.* ing; *meadow*, CATH. 115.
engeilen, v., *O.Fr.* engieler; *congeal, freeze*: stones **engeiled** (*pple.*) falleth doun arow HALLIW. 334.
engel, sb., *O.E.* engel, ængel, *from Lat.* angelus; *angel*, HOM. I. 27; KATH. 666; A. R. 146; ORM. 143; ængel MAT. i. 29; HOM. I. 227; angel GEN. & EX. 67; SHOR. 120; engle (*dat.*) A. R. 66; **engles** (*pl.*) LAȝ. 29689; angles BRD. 9; engle (*gen. pl.*) ORM. 67; engle kinde 666; englene A. R. 92; englen (*dat. pl.*) MISC. 83; *comp.* hǣhengel.
   engel-wird, sb., *angel-host*, GEN. & EX. 4140.
engendren, v., *O.Fr.* engendrer; *engender*, CH. C. T. *E* 1272: **engendrede** (*pret.*) SHOR. 168.
engendring, sb., *begetting, production*: thei made a fulle good engendring ... thei engendrede the devel of helle R. R. 6117.
engendrūre, sb., *O.Fr.* engendrure; *generation*, SHOR. 167.
engin, sb., *O.Fr.* engin, *from Lat.* ingenium; *engine*; *understanding, skill*, FL. & BL. 759; SPEC. 58; ALIS. 1213.
   engine-ful, adj., *skilful*: hi ben ... gode and engineful to fighth ALIS. 4868.
enginen, v., *O.Fr.* engignier; *contrive; tor-*

ture, MAP 337; **enginid** (*pret.*) LANGL. *B* xviii. 250; thei hem have **engined** (*pple.*) GOW. l. 79; engined CH. C. T. *B* 4250.
enginour, sb., *O.Fr.* engigneur; *engineer, contriver,* MAN. (F.) 4571.
enginous, adj., *O.Fr.* engignos; *skilful,* GOW. III. 99.
Engle, pr. n., *O.E.* Engle; *Angles, Englishmen*; **Engle** (*gen.*) lond MISC. 145; Engle land SAX. CHR. 250; Engle lond (*printed* Engelond) A. R. 82; Enguelonde SAINTS (Ld.) 26, 47, 73; mang **Engle þēode** ORM. 4231; on **Engle spēche** GEN. & EX. 814; Ængle ANGL. VII. 220; Engle, Englene LAȝ. 17, 1980; Englene REL. I. 170 (MISC. 102); PROCL. I; he wolde of Engle þa æˣelæn tellen LAȝ. 13.
Englisch, adj. & sb., *O.E.* Englisc; *English*: an (on) Englisch HOM. I. 77; A. R. 130; BEK. 73; an Englisc LAȝ. 18231; Englich, Englischs, Engliss, Englisse ROB. (W.) 4802, 7543, 1450, 61; **Englisce** (*pl.*) men LAȝ. 1973; Englische men SAINTS [Ld.] xx. 81.
en-gleimen, v., *make clammy; besmear; 'visco, invisco,'* PR. P. 198; the man that muche honi eteth his mawe it **engleimeth** (*pres.*) LANGL. *B* xv. 56; alle englaimez þe gresse D. ARTH. 1130; **engleimed** (*pple.*) WICL. S. W. III. 150; englaimed in glotenie ALEX.² (Sk.) 676.
en-glūting, sb., *? smearing over*: of þe pot and glassis engluting (*v. r.* enluting) that of the aier mighte passe no thing CH. C. T. *G* 766; *see* **enlūting.**
en-gólden, v., *cover or deck with gold*; **engóldid** (*pple.*) with gold WICL. APOC. xvii. 4; engoldid and ensilvered WICL. BAR. vi. 7.
engreggen, v., *O.Fr.* engregier, *from Lat.* ingravāre; *make heavy*: everich of hem encreseth and **engreggith** (*pres.*) other CH. C. T. *I* 979; his herte engredgide (*pret.*) WICL. EX. viii. 15; **engregid** (*pple.*) vii. 14.
engreinen, v., *O.Fr.* engrainer; *dye in grain, of a fast colour*: of red scarlet **engreined** (*pple.*) LANGL. *B* ii. 15.
engréven, v., *O.Fr.* engrever; *trouble, burden*; no thing **engréveth** (*pres.*) me R. R. 3443.
en-grinen, v., *from O.E.* grinian; *ensnare*: þe herten **engrined** (*pple.*) ine þe dievles nette AYENB. 154.
enhabiten, v., *O.Fr.* enhabiter; *inhabit*; **enhabited** (*pple.*) MAND. 150; inhabited 187.
enhansen, v., *A.Fr.* enhauncer, *O.Fr.* enhaucer; *enhance, exalt*; enhaunse CH. C. T. *A* 1434; anhansi ROB. 198; enhauncen CH. C. T. *I* 614; enhaunce (*later ver.* enhaunse) WICL. EX. xv. 2; she deceivable **enhaunseth** (*pres.*) up the humble chere CH. BOET. ii. 1 (33); **enhaunside** (*pret.*) WICL. LK. i. 52; **enhaunsid** (*pple.*) D. TROY 13378; enhaunced

MAND. 95; enhaused CH. ASTR. ii. 26 (37); enhansed LANGL. *C* xii. 58.
enhaunsere, sb., *exalter,* WICL. EX. xvii. 15.
enhaunsing, sb., *elevation, exaltation,* CH. ASTR. ii. 39 (16); WICL. EX. xvii. 15.
en-haunten, v., *exercise*: **enhaunten** (*pres. pl.*) WICL. 2 PAR. xix. 6; bisili **enhaunte** (*imper.*) thi feeld WICL. PROV. xxiv. 27; **enhauntide** (*pret.*) ix. 26; enhaunteden WICL. TOB. ix. 12.
en-hēȝen, v., *raise, exalt*; **enhīed** (*pple.*) GEST. R. (H.) 123.
enherite, v., *O.Fr.* enheriter; *inherit,* A. P. ii. 240.
enhorten, v., *O.Fr.* enorter; *exhort*: ful wisli to enhorte the peple CH. C. T. *A* 2851; **enhurte** (*imper.*) hem WICL. 2 KINGS xi. 25; **enorteth** (*pres.*) the studie of lessoun WICL. PREF. EPIS. iii (63).
ēni, *see* **ǣni.**
enjoien, v., *O.Fr.* enjoir; *enjoy,* PR. P. 140; enjoie WICL. LK. i. 14.
enjoinen, v., *Fr.* enjoindre; *enjoin*; anjoini AYENB. 172; **enjunȝe,** angeonni (*pres.*) A. R. 346ª; i ajoine þee D. TROY 2197; **enjoinede** (*pret.*) ROB. 234; **anjoint** (*pple.*) (*printed* amoynt) A. P. i. 893.
enke, sb., *O.Fr.* enque, *Gr.* ἔγκαυστον; *ik*, HICKES I. 229; REL. II. 227; WICL. JER. xxxvi. 18; inke PR. P. 261.
enk-horn, sb., *ink-horn,* WICL. EZ. ix. 11.
enker, adj., *O.Fr.* (vert) encré; enker grene, *dark green,* GAW. 150.
[**ēnker-,** *? O.N.* einkar-; *? very.*]
ēnker-li, adv., *? O.N.* * einkarliga (*specially, particularly*); *earnestly,* D. ARTH. 507, 2222; BARB. i. 92; encreli i. 301, 425.
enlácen, v., *O.Fr.* enlacer; *bind, entangle, perplex*: þat man ... **enlāceþ** (*pres.*) him in þe cheine CH. BOET. i. 3 (13); **enlāced** (*pret.*) iii. 8 (80); v. 1 (149).
enlanguoured, adj., *O.Fr.* enlanguouré, *from* langor, *Lat.* languour; *sickly,* R. R. 7399.
enlargen, v., *O.Fr.* enlarger; *enlarge,* MAND. 45.
enlegeance [**elegeance**], sb., *O.Fr.* alegeance; *alleviation,* ROB. (W.) 1884.
enleven, *see* **endlefen.**
enliance, sb., *O.Fr.* aliance, alliance; *alliance in marriage,* ROB. 12.
enluminen, v., *O.Fr.* enluminer; *illumine*; **enlumined** (*pret.*) CH. C. T. *E* 33.
en-lūting, sb., *? med. Lat.* lūtāre; *daubing with clay,* CH. C. T. *G* 766; *see* **englūting.**
en-nēwen, v., *renew*; **ennēwith** (*pres.*) WICL. ECCLUS. xxxviii. 30; **ennēwe** (*imper.*) thou signes xxxvi. 6.
enoint, pple., *O.Fr.* enoint, enuint; *anointed*; CH. C. T. *A* 199; anoint R. R. 1889; TREV. III. 25; enoignt P. P. II. 12; inoint L. H. R. 224.
enointin, anointin, v., *anoint,* PR. P. 12, 140;

anointe WICL. GEN. l. 2; **anointed** (*pple.*) WILL. 139; enointed A. P. ii. 1446.

enointing, sb., PR. P. 140; anointing WICL. EX. xxx. 31.

enoumbre, v., *O.Fr.* enombrer, *med.Lat.* inumbrāre; *conceal in shadow,* MAND. 1; enumbred (*pret.*) 136.

en-ourlen, v., *? from O.Fr.* ourler; *? clothe*; enourled (*pret.*) in alle þat is clene A. P. ii. 17.

enournen, v., *cf. O.Fr.* aorner; *adorn* : enournen and araien WICL. ESTH. viii. 9; with vertuez enn(o)urned (*pple.*) GAW. 634, 2027; anurned A. P. i. 1027.

enourning, sb., *adornment* : wimmenis enourning WICL. ESTH. ii. 12, 9.

enpeirement, sb., *O.Fr.* empirement; *impairment,*AL.(L¹)255; emparementAYENB.148.

enpeiren, v., *O.Fr.* enpeirer, *cf. Sp.* empeorar; *impair,* CH. BOET. iv. 3 (120); empeire MAND. 316; ampairi AYENB. 10; apeire LANGL. *B* v. 573; **apeirede** (*pret.*) ROB. 279.

enpir, *see* **emperie.**

enpoisōne, sb., *poison,* D. ARTH. 213.

enpoisonen, v., *O.Fr.* empoisoner; *poison*; apoisonede (*pret.*) CHR. E. 781; enpoisoned [apoisounde, apoisoned] (*pple.*) LANGL. *B* iii. 127, *C* iv. 164.

enpoisoner, sb., *poisoner,* CH. C. T. *C* 884.

enpoisoning, *poisoning,* CH. C. T. *C* 891.

enpressen, v., *O.Fr.* enpresser; *? oppress* : þere as povert **enpresses** (*pres.*) A. P. iii. 43; enpreces 528.

enprisonen, v., *O.Fr.* enprisonen; *imprison*; emprisonede (*pret.*) ROB. 94.

enprisonment, sb., *imprisonment,* A. P. ii. 46.

en-prūden, v., *become proud*; enpridid (ms. enpriuide) (*pret.*) GEST. R. (H.) 174.

enqveintance, sb., = **acointance**; *acquaintance,* ROB. 330.

enqvēre, v., *O.Fr.* enqverre; *inquire,* BEK. 333; P. S. 325; TREV. V. 11.

enqvīringe, sb., *inquiry,* CH. C. T. *B* 888.

enqveste, sb., *O.Fr.* enqveste; *inquest,* BEK. 333; SHOR. 94.

enresonen, v., *converse with*; **enresonede** (*pret.*) his men ROB. 321.

enrolli, v., *O.Fr.* enroller; *enroll,* E. G. 359.

ensample,sb.,*O.Fr.*ensample; *example,*MISC. 27; ensaumple WICL. 1 THESS. i. 7; ansaumple SAINTS [Ld.] 65; *see* **asaumple, sample**.

ensaumpler, sb., *O.Fr.* essamplaire, examplaire; *pattern, copy* : the whiche oure **ensaumpleris** (*pl.*) [*earlier ver.* saumpleers] deliten WICL. JOSH. PROL. *page* 555.

ensēgen, v., *besiege*; he ... castelles **ensegges** (*pres.*) D. ARTH. 623; þei **ensēgen** (*pl.*) þe soulis of men WICL. S. W. II. 155; ensēgid (*pret.*) WICL. DEUT. xxviii. 52.

ensent, sb., *consent*; ensent [*v. r.* assent] ROB. 317.

ensenten, v., *assent*; encenti ROB. (W.) 2118; ensenteþ (*pres.*) ROB. (W.) 6204; **ensentede** (*pret.*) þerto ROB. 446; encented 171.

enserchen, aserchen, v., *O.Fr.* encerchier; *search into,* WICL. PROV. xxviii. 11, 3 KINGS xx. 6; **enserches** (*pres.*) D. ARTH. 4311.

enserchour, sb., *searcher,* GEST. R. 55.

en-silveren, v., *silver over* : engoldid and ensilvered (*pple.*) ben fals WICL. BAR. vi. 7.

ensoinen, v., *O.Fr.* ensoignier; = **assoinen**; *excuse* : mi sone from þe schulde beon ensoinet (*pple.*) L. H. R. 132.

en-speren, v., *from* spürien; *inquire*; enspered (*pret.*) GEST. R. 317.

enspīre, v., *O.Fr.* inspirer; *inspire,* P. L. S. xxix. 81; **enspīrud** (*pple.*) CH. C. T. (W.) 5.

enstōre, v., *cf. Lat.* instaurāre; *restore; store up* ; enstore, instore WICL. EPH. i. 10; enstooride (*pret.*) WICL. 4 KINGS xii. 14; instōrid (*pple.*) in this word WICL. ROM. xiii. 9.

enstōringe, sb., *reparation,* WICL. 4 KINGS xii. 12.

enstranglen, v., *O.Fr.* estrangler, *from Lat.* stranguläre; *strangle*; **enstrangled** (*pple.*) MAND. 194.

ensue, v., *O.Fr.* ensuire; *ensue,*P. R. L. P. 43.

ensūre, v., *for* **assure**; *ensure,* CH. C. T. *B* 1231; D. ARTH. 2324.

entached, *see* **entechen**.

entaile, v., *O.Fr.* entailler; *engrave, carve,* R. R. 608; entailled (*pple.*) with mani riche portraitures PL. CR. 139, 398.

entaille, sb., *O.Fr.* entaille; *carving; quality, fashion, sort*; FER. 730; MAN. (F.) 15846; of entaille *persons of quality* 14886.

entalenten, v., *O.Fr.* entalenter; *excite,* CH. BOET. v. 5 (168).

entāme, v., *O.Fr.* entamer, *for* *attamer, *Lat.* attāmināre; *begin,* CH. A. B. C. 79; **entāmede** (*pret.*) D. ARTH. 2203.

enteche, sb., *symptom* (*of illness*) : þe entecches (*pl.*) of min evele WILL. 557.

entechen, v., *O.Fr.* entechier; *infect, imbue with good or bad qualities*; **enteched** (*pple.*) and defouled CH. BOET. iv. 3 (120); entached wel ROB. (W.) *G* 165; on of the best enteched creature CH. TRO. v. 832.

entemperate, adj., *temperate,* ROB. (W.) 8848*.

entemprē, adj., *temperate,* ROB. 429.

entempri, v., *moderate,* TREAT. 289.

entencioun, sb., *O.Fr.* entencion; *intention,* R. R. 5361; intencion LUD. COV. 240, 247.

entendable, adj., *O.Fr.* entendable; *mindful,* GOW. III. 157.

entendement, sb., *O.Fr.* entendement; *discernment, instruction,* GOW. III. 142, 143; a tale of great entendement I. 179.

entenden, v., *O.Fr.* entendre, *Lat.* intendere *intend, be intent, look steadfastly,* P. L. S. xvii.

entenden.

227; ech to his owen nedes gan entende CH. TRO. iii. 375 ; to love min enemies i wolde not entende P. R. L. P. 199 ; this love to vertu alle intende (*pres.*) LUD. COV. 361; entendeth R. R. 5312; CH. BOET. i. 2 (8); **entende** (*imper.*) P. L. S. xvii. 234.

entente, sb., *O.Fr.* entente ; *intent*, A. R. 252*; MARG. 277 ; in ful good intent CH. C. T. *A* 958.

ententen, v., *O.Fr.* ententer ; *pay attention to; intend, attend,* CH. BOET. v. 1 (150); **ententid** (*pret.*) ALIS. 2833.

ententif, adj., *O.Fr.* ententif; *attentive*, WICL. 2 PARAL. vi. 3.

ententif-liche, adv., *attentively*, BEK. 460; AYENB. 210; ententiifli WICL. 2 PARAL. xxxiii. 13 ; ententifli P. CR. 624, 2550.

entēr, adj., *Fr.* entier; *entire,* L. H. R. 196.

entēr-lī, adj., *entire, whole* : besechinge you ever with min enterli hert P. R. L. P. 41.

enterchaunge, sb., *interchange*, CH. BOET. iii. 2 (65).

enteren, v., *Fr.* enterrer; *inter*; **entered** (*pple.*) MAND. 94.

enterlace, sb., *cf.* **entrelacen** ; *alternate rhyme*, MAN. (F.) 86.

enterlūde, sb., *O.Fr.* entrelude, *med. Lat.* interlūdium ; *interlude* ; **enterlūdes** (*pl.*) GAW. 471; plaiers of enterludes and plaies WART. III. 173 ; interlodies REL. II. 47.

entermedlen, v., *O.Fr.* entremesler, -meller ; *intermeddle* ; **entermedled** (*pple.*) CH. BOET. ii. 6 (54).

enterment, sb., *O.Fr.* enterrement; *interment, burial* : at the entierment of þe tru prinse D. TROY 9105 ; enterment MAN. (H.) 327.

enterpéle, v., *Fr.* interpeller ; *question*, WICL. DEUT. xxv. 7.

enteune, sb., *from O.Fr.* entoner, *see* **entūnen** ; *melody, music*; **enteunis** (*pl.*) CH. D. BL. 307.

enticement, sb., *enticement*, ALIS. (L.³) 264 ; entisment S. S. (Wr.) 3418 ; entisement CH. C. T. *I* 967.

entirférin, v., *O.Fr.* entreferir ; *interfere*, PR. P. 140.

entisen, v., *O.Fr.* enticier; *catch an infection; entice* : entise teches of filþe GAW. 2436; (he) **entisid** (*pret.*) man to glotoni TOWNL. 21 ; entisede ROB. 32.

entitelen, v., *entitle* ; **entitelid** (*pple.*) CH. P. F. 30.

entraile, sb., *Fr.* entraille ; *entrails*, CH. C. T. *E* 1188 ; intraile PR. P. 262.

entrecommunen, v., *from O.Fr.* communier; *mix together* : men most entrecommunen ifere CH. TRO. iv. 1325 ; **entercomuninge** (*communication*) of merchaundise CH. BOET. ii. 7 (57).

entredit, sb., *interdict*, ROB. 495.

entrediten, v., *interdict* ; **enterdīted** (*pret.*) MAN. (H.) 209; (hi) entreditede (*pl.*) ROB. 495.

enviroun.

entree, sb., *O.Fr.* entree; *entry*, LANGL. (Wr.) 6823 ; entre ROB. 158 ; MAN. (F.) 14091 ; entreie ROB. (W.) 3311.

entrelácen, v., *O.Fr.* entrelacier ; *entangle* : so **entrelácad** (*pple.*) þat it is unable to ben unlaced CH. BOET. iii. 12 (105).

entremes, sb., *O.Fr.* entremes ; *entremets* : trufles vor entremes AYENB. 56 ; this entremesse is dressed for iow all CH. P. F. 665.

entremeten, v., *O.Fr.* entremetre ; *meddle with; busy one's self about; interpose*, A. R. 414 ; to entremete hir of sich vice R. R. 5948; entremetti AYENB. 152 ; entermet MAN. (F.) 12615 ; i **entremete** (*pres.*) me of brokages 6973 ; entremetteth CH. C. T. *B* 2732 ; entremetiþ CH. BOET. iii. 12 (104).

entreparten, v., *from* **parten**, *O.Fr.* partir ; *share*, CH. TRO. i. 591.

entrēten, v., *O.Fr.* entreater ; *treat, handle; entreat*, P. R. L. P. 168; smitten and vilentli entrēted (*pple.*) MAND. 91; vileinsli entreted 95.

entriken, v., *O.Fr.* entriquer, *Lat.* intricāre ; *entangle; deceive; engage* (*in an affair*) : wherof that he the worde **entrīketh** (*pres.*) GOW. I. 359 ; **entrīked** (*pret.*) R. R. 1642.

entrin, v., *O.Fr.* entrer ; *enter*, PR. P. 140 entren MAND. 273 ; entre PR. C. 5340 ; entri SHOR. 46; **intered** (*pret.*) LIDG. M. P. 10.

entring, sb., *entering* : þis entriinge to þe sepulcre is cominge to þe service of Crist WICL. S. W. I. 132 ; entering P. L. S. xxxi. 197.

entunen, v., *O.Fr.* entoner ; *intone, sing* ; **entuned** (*pple.*) CH. C. T. *A* 123.

enui, sb., *O.Fr.* enoi, ennui, ani ; *annoy* ; anui [ennui] A. R. 94 ; anoi AYENB. 267 ; nui C. L. 442.

envelupen, v., *O.Fr.* envoluper, enveloper ; *envelope* : he is most **envoluped** (*pple.*) in sinne CH. C. T. *C* 942.

envenime, v., *O.Fr.* envenimer ; *envenom*, CH. C. T. *D* 474 ; en-, **envenimeþ** (*pres.*) AYENB. 26, 27 ; **envenemed** (*pple.*) WILL. 4428.

enveniminge, sb., *poisoning*, CH. C. T. *E* 2060.

envie, sb., *O.Fr.* envie ; *envy*, HORN (L.) 687 ; P. L. S. ix. 69 ; C. L. 833 ; anvie MISC. 33.

envie, v., *Fr.* envier ; *envy, vie*, CH. C. T. *D* 142 ; D. BL. 406.

envīnen, v., *O.Fr.* enviner ; *store with wine* : a bettre **envīned** (*pple.*) man was nowher noon CH. C. T. *A* 342.

envious, adj., *O.Fr.* envieus ; *envious*, AYENB. 27 ; envius FL. & BL. 356.

enviroun, adv., *O.Fr.* environ ; *round about* : the erthe is ... aboute enviroun ... 20425 miles MAND. 185 ; aboute the king stonden environ Attendaunce, Diligence and ... mani one CT. LOVE 1031 ; environ GOW. III. 76.

enviroun, sb., *O.Fr.* environ; *environs, circuit, compass*, WICL. GEN. xxiii. 17 ; alle the

Egipciens delviden bi enviroun of the floode EX. vii. 24.
enviroune, v., *Fr*.environner; *environ*, WICL. PS. lviii. 7.
environinge, sb., *circumference*, CH. BOET. v. 4 (164); longe **environingis** (*pl*.) of weie WICL. JOSH. v. 4.
ēode, v., *O.E.* ēode, = *Goth.* iddja (*pret*.); *went*, HOM. I. 41; A. R. 52; SPEC. 42; C. L. 320; he eode a lond LAȝ. 122; eode, ȝeode ROB. 53, 79; L. H. R. 26; ede HORN (R.) 115; MAP 335; geode (? = *O.E.* geeode) MAT. ix. 25; ȝeode, ȝede HORN (L.) 381, 1025; ȝede HOM. I. 229; WILL. 1767; S. S. (Wr.) 1964; MAN. (F.) 7552; CH. C. T. *G* 1281; ȝede into þe temple ORM. 136; gede GEN. & EX. 618; iede SACR. 299; to þe kirke iede HAV. 1355; for hem ne iede gold ne fe 44; giede HOM. II. 175; ȝode AMAD. (R.) lxvi; iode EGL. 531; M. H. 72; vde ROB. (W.) 8953*; þu eodest MISC. 139; eoden HOM. I. 3; beggeres faste aboute eoden [ȝeden, ȝede] LANGL. PROL. 40; iedon SAX. CHR. 250, 262; ieden (*ms.* yeden) AYENB. 74; *comp.* bi-, for-, ȝe-, of-, ofer-, under-ēode.
eole, *see* **ēle**. **eom**, *see* **am** *and* **ēam**.
eont, sb., *O.E.* ent; *giant*; **eontas** (*pl*.) HOM. I. 93.
ēored, sb., *O.E.* ēored, ēorod, = *O.L.G.* eorid; *legion*, *troop*: twelf ēorde (*pl*.) ængle MAT. xxvi. 53.
eorl, sb., *O.E.* eorl, = *O.L.G.* erl, *O.N.* iarl; *earl*, LAȝ. 7551; REL. I. 170; BEK. 507; erl AYENB. 71; CH. C. T. *D* 1157; ȝorl DEGR. 1881; **eorle** (*dat.*) LAȝ. 8927; HOM. II. 35; **eorles** (*pl.*) P. L. S. viii. 161; ORM. 3989; ȝierles HOM. II. 230; **eorlene** (*gen. pl.*) LAȝ. 4766; **eorlen** (*dat. pl.*) LAȝ. 24966; ærlen HOM. I. 231.
eorl-dōm, sb., *O.E.* eorldōm; *earldom*, LAȝ. 11560; erldom HAV. 2909.
erl-marschal, sb., *earl marshal*, ROB. 152.
eorne, adv., (? *for* ȝeorne); *earnestly*: crieð him eorne merci A. R. 44.
eornen, *see* **rinnen**.
eornest, sb., *O.E.* eornost, = *O.H.G.* ernust, *mod.Eng.* earnest; *battle; earnest, seriousness*: þer wes feht swiðe stor eornest ful sturne LAȝ. 16480; on eornest ic segge eow MAT. v. 18; on eornest S. A. L. 161; ernest '*seriositas*' PR. P. 142; GOW. l. 297; CH. C. T. *A* 3186; mid gode ernest ROB. 175; a ernest TREV. VII. 335; more for erneste ðan for gamen GEN. & EX. 411.
ernest-ful, adj., *earnest*, HOCCL. i. 293.
earnestful-li, adv., *earnestly*, BARB. viii. 144.
eornest, adj., *earnest*; earnest C. M. 26351; D. TROY 2713.
ernest-li, adv., *O.E.* eornostlīce; *earnestly*, A. P. ii. 277.
eorre, *see* **irre**.

eorðe, sb., *O.E.* eorðe, iorðe, earðe, = *O.L.G.* ertha, erðe, *O.Fris.* erthe, erde, *O.H.G.* erda, *Goth.* airþa, *O.N.* iörð; *earth*, A. R. 122; þeo eorðe HOM. I. 53; þa eorðe [þe earþe] LAȝ. 27817; eorþe ORM. 2596; C. L. 95; TREV. V. 163; eorþe [erþe, erthe] LANGL. *A* vii. 2; erþe GOW. III. 92; PS. xi. 7; erþe (*printed* erye), erthe, erde PR. P. 141; eerþe REL. I. 282; oerþe II. 226; erþe, ierþe AYENB. 8, 12; ȝorþe N. P. 50; ȝorthe GUY (Z.) 2825; yerthe D. TROY 8345; urþe TREAT. 132; (*ms.* vrþe) MIRC 483; **eorðan** (*gen*.) MAT. xi. 25; **eorðan** (*dat*.) HOM. I. 13; on eorðen LAȝ. 1150; to þere eorðe 25616; to þære eorþe FRAG. 6; þa cheorles... þa tileden þa eorðen LAȝ. 20958; & leide hit on urþen (*ms.* vrþen) 3863.
erð-chine, sb., *cleft in the earth*, REL. I. 217.
eorþe-qvake, sb., *earthquake*, TRANS. XVIII. 28; ertheqwake PR. P. 141.
erthe-qvave, sb., *earthquake*; **ertheqvaves** (*pl.*) WICL. ESTH. xi. 5.
eorð-dine, sb., *O.E.* eorðdyne; *earthquake*, SAX. CHR. 258; erðedine GEN. & EX. 1108; erthedin PR. C. 4790; erþedene PR. P. 141.
erð-grine, sb., *earthquake*: erðgrine strong inou ROB. 530.
erþ-gripe, sb., *earthquake*, ROB. 414.
eorð-hole, sb., *cave in the earth*, HOM. II. 139.
erðe-horn, sb., *a contrivance said to have been used at the battle of the Standard*: in ilke strete and wai þei ordeind an erþehorn MAN. (H.) 118; erþehornes (*pl.*) 118.
eorð-hūs, sb., *O.E.* eorðhūs; *house in the earth*, LAȝ. 2360.
eorð-ivi, sb., *O.E.* eorðifig; '*hedera terrestris*,' LEECHD. III. 88; oerþivi REL. I. 37.
eorð-lic, adj., *O.E.* eorðlic; *earthly*, LAȝ. 25875; eorþlic, -liȝ ORM. 7036, 10933; eorþlich ALIS. 429; urþlich P. L. S. viii. 269.
erthe-moving, sb., *earthquake*, WICL. MAT. xxviii. 2; erthemovinge AMOS i. 1; **erthemovingis** (*pl.*) ESTH. xi. 5; MAT. xxiv. 7.
eorþe-riche, sb., *O. E.* eorðrice, = *O.H.G.* erdriche; *earthly kingdom*, ORM. 12132.
erthe-schaking, sb., *earthquake*, WICL. MAT. xxviii. 2.
eorðe-tilie, sb., *O.E.* eorðtilia; *tiller of the ground*, LAȝ. 22117; A. R. 414; erþetilie CHR. E. 93; **eorðetilien** (*later ver.* erþe-tilies) (*pl.*) LAȝ. 22118.
erthe-tiliere, sb., *tiller of the ground*, WICL. GEN. iv. 2; erthtiliers [*earlier ver.* erthetilieris] (*pl.*) 4 KINGS xxv. 12.
erþe-tilþe, sb., *O.E.* eorðtilð; *agriculture* ['*agricultura*'] WICL. 2 PARAL. xxvi. 10.
eorðe-ware, sb. pl., *O.E.* eorðwaru; *inhabitants of the earth*, A. R. 322; HOM. II. 69.
erthe-werching, sb., *agriculture*: as the erthewerching ['*rusticatio*'] of a tree shewith the frute of him WICL. ECCLUS. xxvii. 7.

eorðen, adj., = *O.H.G.* erdīn, *Goth.* airþeins; *earthen*; erþen CH. C. T. *G* 761; wiċinnen one corċene castle A. R. 388.
[eorþien, v., *bury*]; erdit (*pple.*) BARB. xiii. 666; erdide WINT. IX. xii. 7.
erþing, sb., *burial*, C. M. 1190, 18041.
eotand, eotend [eatant], sb., *? for* eten; *? giant*, LAȝ. 1375, 1866.
eoten, *see* eten. **ēou** *see* ēow.
Eoverwīc, ȝeorc [ȝorc], pr. n., *O.E.* Eoforwīc; *York*, LAȝ. 2669, 2673; Everwik ROB. 2; Everwich MISC. 146; Yerk HAV. 1178.
eovese, *see* evese.
ēow, pron., *O.E.* ēow, iow (*dat.*), ēowic, iowih (*acc.*), *cf. O.Fris.* io, iu, *O.L.G.* iu, eu, *O.H.G.* iu (*dat.*), iuwih, iwih, iuh (*acc.*), *Goth.* izvis (*dat. acc. pl.*); *you* (*dat. & accus. plur.*), P. L. S. viii. 79; ȝe hit iseoð eow selven HOM. I. 35; eou 105; eow, geau ANGL. VII. 220; eou, eow, ȝeow [ȝou, ou] LAȝ. 737, 5453, 5455; eou R. S. vii; S. A. L. 153; ow KATH. 277; ow, ou, eu O. & N. 114, 1683, 1793; eu, giu HOM. II. 17, 35; ou H. H. 2; JOS. 73; ou [ow] C. L. 567; non of ou A. R. 256; demeð ou sulven 406; ȝou MARG. 136; WILL. 262 (*spelt* ȝow 238); AUD. 6; iou (*ms.* you) HAV. 169; ȝou [ou] LANGL. *A* i. 14; ȝou [iou] CH. C. T. *A* 728; ȝuw ORM. 89; ȝeu ANGL. I. 16; (*ms.* ȝew) PROCL. 7; ȝeu, ȝiu HOM. I. 223, 237; ȝu SPEC. 136; gu MAT. xxv. 45; GEN. & EX. 325; iu (*ms.* yu) MISC. 33; HAVEL. 2595; ȝo ANT. ARTH. xxv.
ēowde, sb., *O.E.* ēowde, = *O.H.G.* ēwit, *Goth.* awēþi; *flock of sheep*: to þara eowde oðer falde HOM. I. 245.
ēowe, sb., *O.E.* ēowu = *O.H.G.* awi, ouwi, *M.Du.* ouwe, oie, *O.Fris.* ei, *O.N.* ǣr; *ewe*; ewe REL. I. 161; an ouwe (*ms.* a nouwe) MAP 335; awe A. S. 3.
ēwe-lamb, sb., = *M.Du.* oilam; *ewe-lamb*, WICL. GEN. xxi. 28.
ēowen, *see* ēawen.
ēower, pron., *O.E.* ēower, = *O.L.G.* iuwar, *O.H.G.* iuwer, *Goth.* izvara (*gen. pl.*); *your*, *of you*: an eower MAT. xxvi. 21; eower ealre ix. 35; hwilc eower HOM. I. 245; eower alre sunne 21; eour 15; ower KATH. 1283; ower FL. & BL. 534; ȝour HORN (L.) 815; iour AM. & AMIL. 852; ȝure nan ORM. 9271; ilc gure GEN. & EX. 3471; ȝoure LANGL. *C* xxii. 473; ȝoure on BRD. 5.
ēower, ēuwer, pron., *O.E.* ēower, = *O.H.G.* iuwer, *O.L.G.* iuwar, iuwa, *O.Fris.* iuwe, *Goth.* izvar; *your*, HOM. I. 13; eouwer LAȝ. 3652; S. A. L. 153; ower, eur O. & N. 1699; ower ROB. 500; ower, ouwer, our A. R. 8, 46, 70; ower (*for* owres) swinkes lan KATH. 806; giwer HOM. II. 65; gur silver GEN. & EX. 2260; he is ȝour CH. TRO. ii. 587; i wolde it were ȝoures C. T. *B* 1464; ȝor P. L. S. xxx. 58; or SPEC. 37; eowre þeode LAȝ. 12526;

eoure sunne R. S. vii.; oure soule A. R. 50; eure saule REL. I. 171; ȝiure hierte HOM. I. 217; yure levedi HAV. 171; kristes ore and ioures 2798; ȝure (*for* ȝur) preost ORM. 934; oure [ȝoure] LANGL. *A* iii. 64; **ēowres** (*gen. m. n.*) MAT. x. 30; **ēowren**, eowre (*dat. m. n.*) MAT. x. 29, xxv. 8; in eowre londe LAȝ. 12524; ēowre (*pl.*) HOM. I. 91; eoure godes LAȝ. 13947; ȝiure HOM. I. 223; giure HOM. II. 115; iure sennen MISC. 32; oure douȝtris and ȝoure WICL. GEN. xxxiv. 16; in owre bokes KATH. 839; **ēowren** (*dat. pl.*) MAT. ix. 4.
ēpen, v., *O.N.* œpa (ǣpa), = **wēpen**; *call, call upon*; ēpeþ (*pres.*) ORM. 9198.
epetīte, sb., *Lat.* hēpatitis, *Gr.* ἡπατίτης; *a precious stone*, P. S. L. xxxv. 94.
epicicle, sb., *Fr.* epicycle, *Gr.* ἐπίκυκλος; *epicycle*, CH. ASTR. ii. 35 (44).
epiphani, sb., *Gr.* ἐπιφάνεια; *epiphany*, SPEC. 96.
epistle, sb., *O.Fr.* epistle; *epistle*, A. R. 8.
epitaf, sb., *Lat.* epitaphium; *epitaph*, MAN. (F.) 16682.
eppel, *see* appel.
eqvaciōn, sb., *Lat.* aeqvātio; *equation*, *equal partition; calculation*, CH. ASTR. ii. 37 (46); **eqvaciouns** (*pl.*) i. 22 (14); ii. 36 (44).
eqval, adj., *Lat.* aeqvālis; *equal*: the 24 houres **eqvals** (*pl.*) of the clokke CH. ASTR. i. 16 (8); eqvales ii. 8 (21).
eqvator, sb., *Lat.* aeqvātor; *equator*: same cercle is cleped also the weiere, 'eqvator,' of the dai CH. ASTR. i. 17 (9).
eqvinoxial, adj., *equinoctial*, CH. ASTR. i. 17 (9).
eqvinoxium, sb., *equinox*: upon the hour of mid dai whan it is eqvinoxium MAND. 183; are thise two signes called the **eqvinoxiis** (*pl.*) CH. ASTR. i. 17 (9).
eqvipolence, sb., *O.Fr.* eqvipollence; *equivalent*; **eqvipolences** (*pl.*) R. R. 7077.
eqvitē, sb., *O.Fr.* equitē; *equity*, LANGL. *B* xvii. 304; CH. C. T. *E* 439.
er, *see* ēiðer. **ēr**, *see* ǣr, ēar.
eranie, *see* aranie.
erbe, erber, *see* herbe, herber.
erber, sb., *O.Fr.* (h)erbiere; *first stomach of ruminants*; þe erber diȝt he ȝare TRIST. 486; siþen þai slit þe slot, sesed þe erber GAW. 1330; and begin in firste to make the erbere BK. ST. ALB. F. iii.
erchebischop, *see* archebischop.
erchedōkne, *see* archedōkne.
erd, erdien, *see* eard, eardien.
ērdēd, *see under* ǣr. **erdit**, *see* eorþien.
ērdne, *see* ǣrende. **ēre**, *see* ēare.
ē-rēde, adj., *destitute of counsel, at a loss*, O. & N. 1295; eirede MISC. 192.
erege, sb., *O.Fr.* herege, *Lat.* haereticus;

heretic: huanne ne draȝþ voulliche þet bodi of oure lhorde, ase doþ þe **ereges** (*pl.*) AYENB. 40.
eremin, *see* **ermine**.
eremite, sb., *O.Fr.* ermite, hermite, *from Lat.* erēmīta; *hermit*, HOM. II. 85; A. R. 12; ermite, hermite P. L. S. xv. 64, 78; þou schost have ben ermite or frere GREG. 907; eremite (heremites) (*pl.*) LAȝ. 29851; *deriv.* **ermitāge**.
ērende, *see* **ǣrende**.
eresie, *see* **heresie**.
erewe, *see* **arȝ**.
erfe, erve, sb., *O.E.* erfe, ierfe, yrfe,= *O.Fris.* erve, *O.H.G.* erbe, erbi, arbe, *Goth.* arbi *n.* (κληρονομία); *heritage; cattle*, GEN. & EX. 169, 183; of þat erfe þat tær was drihtin to lake ȝarked ORM. 1068; cwealm on men and on erve SAX. CHR. 254; erfes ['*pecora*'] PS. cxlviii. 10.
  erfe-blōd, sb., *blood of animals*, ORM. 1788.
  erf-kin, sb., *cattle*, GEN. & EX. 3177.
  arf-name, sb., *cf. M.Du.* arfname, *O.Fris.* erfnama, -noma; *heir*, ORM. 17744.
  er(f-)ward, sb., *O.E.* erfe-, yrfeweard; *heir*, GEN. & EX. 934.
erfeð, *see* **earfeð**. **erȝ**, *see* **arȝ**.
éri, adj., *mod.Eng.* eerie; *timid*, C. M. 17685.
  érines, sb., *eeriness*, BARB. ii. 295.
ērid, *see* **ēared**.
érien, v., *O.E.* erian, = *M.Du.* eren, *O.N.* erja, *O.Fris.* era, *O.H.G.* erren, *Goth.* arjan, *Lat.* arāre; *plough*: erien and sowe O. & N. 1039; ærien LAȝ. 10030; eriin '*aro*' PR. P. 141; erie AYENB. 214; LANGL. *B* vi. 4; eeren, ere WICL. EXOD. xxxiv. 21; ere MAND. 44; CH. C. T. *A* 886; érede (*pret.*) A. R. 384; ROB. 21.
  érere, sb., *ploughman* ['*arator*'], WICL. AMOS ix. 6.
  éringe, sb., *cf. O.H.G.* erunga; *ploughing*, LANGL. *A* PROL. 21.
erigant, *see* **herigant**.
ērinde, *see* **ǣrende**.
eritāge, sb., *O.Fr.* heritāge; *heritage*, ROB. 381; **eritāges** (*pl.*) 454.
eritāgen, v., *inherit, endow*, WICL. PS. xxxvi. 11; thi sed jentiles shal eritagen (*later ver.* enherite) Is. liv. 3; the lawe of lif he **eritāgede** (*pret.*) them ECCLUS. xvii. 9.
erite, sb., *from Lat.* hæreticus; *heretic*; þe **erites** (*pl.*) HOM. I. 143.
erl, *see* **eorl**.
erles, sb., ?=**erres**, *O.Fr.* erre (*pl.* erres); *earnest-money*: þis ure laverd ȝiveð ham her as on erles H. M. 7; giffen on erles D. ARTH. 2687.
ērlī, ērlīk, *see under* **ǣr**.
erm, *see* **earm**.

er-man, sb., *from* **érien**; *cultivator*; hearman H. M. 47.
ermen, v., *O.E.* yrman, ierman; *from* **earm**; *make miserable*; erme CH. C. T. *C* 312.
erming, sb., *O.E.* erming; *misery*: theo bisscheop weop for erming ALIS. 1525.
ermight, sb. ? if thow be a gentill man let thi beiting and thi ermight be, and come prove thi strenghe on me TOR. (A.) 1008.
ermine, sb., *O.Fr.* ermine; *ermine*, P. L. S. viii. 182; S. S. (Web.) 473; hermine MISC. 70; eremin MAN. (F.) 11315.
erming, *see* **earming**.
ermitāge, sb., *O.Fr.* ermitage, hermitage; *hermitage*, IW. 1672; ermitage, hermitage C. M. 8161; **hereitāges** (*pl.*) MAND. 93.
ermite, *see* **eremite**. **ermðe**, *see* **earmðe**.
[**ern**, sb., *O.E.* ern, ærn, ?=**ran**; *house; comp.* bak-, ber-, brēu-, cwart-, hēd-, shǣw-, slǣp-ern (-erne).]
ern, *see* **earn**.
ērnde, *see* **ǣrende**.
erne, *see* **hürne**.
ernen, *see* **rennen** *and* **rinnen**.
ernes, sb., ?=**erles**; *earnest-money*, P. R. L. P. 231; ernes, ernest ['*pignus*'] WICL. 2 COR. i. 22, v. 5; ernest '*arra*' PR. P. 142.
ernest, *see* **eornest** *and* **ernes**.
ernien, *see* **earnien**.
Ernlēȝe, pr. n., *Arley* (*dat.*) LAȝ. 5.
erratik, adj., *O.Fr.* erratique, *Lat.* errāticus; *erratic*: the erratik sterres CH. TRO. v. 1825.
erraunt, adj., *O.Fr.* errant, *from* errer; *arrant*: an outlawe, or a thef erraunt CH. C. T. *H* 224; that erraunte jewe D. ARTH. 2895.
erre, sb., *O.Fr.* erre; *earnest-money*; **erres** (*pl.*) L. H. R. 217; *see* **erles** *and* **ernes**.
erre, *see* **ar** *and* **irre**.
erren, v., *O.Fr.* errer; *err*, PL. CR. 846; erren (*pres.*) CH. C. T. *G* 449; errede (*pret.*) TREV. IV. 473; erride WICL. GEN. xxi. 14.
erring, sb., *error*, PR. C. 5728, 5974.
errour, sb., *O.Fr.* errour; *error*, SHOR. 30; AYENB. 69; LEG. 213; PR. C. 4266.
ers, *see* **ars**.
ertin, v., *O.N.* erta; *? provoke, 'irrito,'* PR. P. 142.
erþe, sb., *O.E.* yrð; *ploughing*; **erthes** (*pl.*) PALL. iv. 68.
erþe, *see* **eorðe** *and* **eardien**.
erþing, *see under* **eorþien**.
eruh, *see* **arȝ**.
erüke, sb., *caterpillar*, WICL. JOEL i. 4.
erve, *see* **erfe**. **ervest**, *see* **hervest**.
erveð, *see* **earfeð**.
es, ?=**se**, pron., (*acc. f.*); *her*, HOM. II. 163; hes 159; is, his SHOR. 77, 136; his ROB. 349;

AYENB. 58; **es**, is (*acc.pl.*) GEN. & EX. 135, 154, 1768 (*printed* it 2974); HAV. 970, 1174; is ROB. 338; hes, his HOM. I. 55, 237; his MISC. 34; þe þe ehte wile healden wel þe wile he mai his welden ʒive his for godes luve P. L. S. viii. 28; his, hise AYENB. 5, 13.

ēs, sb., *O.E.* ǣs,=*M.L.G.*, *M.H.G.* ās, *M.Du.* aes; *corpse, carrion; bait, decoy*; ees '*esca*' PR. P. 143; þet es HOM. I. 123; ierne to þe mete ase deþ þe hond to þe es (*ms.* hes) AYENB. 55; **ēses** (*gen.*) HOM. I. 123; **ēse** (*dat.*) IBID.

escápen, v., *O.Fr.* escaper; *escape*; eschape PR. C. 2678; aschape WILL. 1671; ascapie AYENB. 131; askape LANGL. *A* ii. 180; scapen MISC. 111; ARCH. LII. 37; **askápeþ** (*pres.*) MISC. 41; **ascápede** (*pret.*) LAʒ. 1611*.

eschaufen, v., *O.Fr.* eschaufer (*échauffer*); *warm, heat*; **eschaufeþ** (*pres.*) CH. BOET. i. 5 (22); **achaufe** [chaufe] (*subj.*) LANGL. *C* xv. 68*; **achaufed** (*pple.*) A. P. ii. 1143.

eschaufing, sb., *heating*, CH. C. T. *I* 537.

eschaunge, sb., *O.Fr.* eschange; *exchange*, LANGL. *C* vii. 280; eschaunge [eschaung, eschange], CH. C. T. *A* 298.

esche, *see* **asche** *and* **askien**.

escheker, *see* **cheker**.

eschel(e), sb., *O.Fr.* eschele (*échelle, troupe rangée en échelle*); *troop, battalion*, WILL. 3379; eschelle TOWNL. 47; **escheles** (*pl.*) MAN. (H.) 288.

eschend, *see* **ʒeschenden**.

eschēte, sb., *O.Fr.* eschoete, escheete; *escheat*; **eschētes** (*pl.*) LANGL. *B* iv. 175.

eschewen, v., *O.Fr.* eschiver, *mod. Eng.* eschew; *avoid, escape*, CH. BOET. v. 6 (177); for to eschewe that place MAND. 61; for to eschewe folie 293; WICL. LEV. xi. 11; P. L. S. xxv. 121; what to done best were, and what eschuwe CH. TRO. ii. 696; escheue GOW. I. 19; the puple **eschewide** (*pret.*) to entre in to the citee WICL. 2 KINGS xix. 3.

eschuing, sb., *avoiding*, CH. BOET. iii. 11 (99).

eschien, *see* **askien**.

eschieu, adj., *O.Fr.* eschiu; *unwilling, disinclined*; eschiewe CH. C. T. *I* 971.

escrien, v., *O.Fr.* escrier; *cry out*: thei being aferd **escried** (*pret.*) L. H. R. 169; *see also* **ascrien**.

escūsen, v., *O.Fr.* escuser; *excuse*, A. R. 304*; excusi AYENB. 7; **escūsede** (*pret.*) SHOR. 40; **excūsed** (*pple.*) PR. C. 6077.

ēse, *see* **aise**. **ēsen**, *see* **aisien**.

eakien, *see* **askien**.

esking, sb., *cf. prov. Engl.* esking; *penthouse, shed*, '*grunda*,' VOC. 236.

esmaien, v., *O.Fr.* esmaien; *dismay*: esmaie GOW. II. 239; *see* **amaien**.

espe, *see* **aspe**.

espeir, sb., *O.Fr.* espeir; *hope*: and for that suche is min espeir GOW. I. 370.

esperaunce, sb., *O.Fr.* esperance; *hope*, CT. LOVE 1032.

espiaille, sb., *from O.Fr.* espier; *spying*: ful subtilli he hadde his espiaille CH. C. T. *D* 1323; **espiailles** (*pl.*) C. T. *B* 2509.

espie, *see* **spie**. **espien**, *see* **spien**.

espirituel, adj., *O.Fr.* espirituel; *spiritual, heavenly*: a place espirituel R. R. 649, 671.

espleit, sb., *O.Fr.* espleit; *exploit, advantage*, LEG. 25; esploit GOW. II. 258.

essai, *see* **assai**.

esschien, essien, *see* **askien**.

essel, sb., *? O.Fr.* aissel; *? bar of a gate*, LAʒ. 18992.

essoigne, sb., *O.Fr.* essoigne, essoine; *cf.* **assoinen, ensoinen**; *essoin, excuse*, HALLIW. 340; assoigne P. S. 191; essoine, assoine E. G. 361; asoine ROB. 539.

ēst, *see* **east**.

establissen, v., *O.Fr.* establiss-, establir; *establish*, CH. BOET. i. 4 (15); *see* **stablen**.[2]

estat, *see* **stat**.

ēste, sb., *O.E.* ēst,=*O.Fris.* ēst, enst, *O.N.* āst, *O.L.G.*, *O.H.G.* ānst, *Goth.* ansts; *from* an; *favour, grace, pleasure*, P. L. S. viii. 181; HOM. II. 99; O. & N. 1504; flesches este A. R. 364; **ēste** (*dat.*) H. M. 29; TRIAM. 1416; for goddis este EGL. 904; **ēsten** (*pl.*) ['*deliciae*'] HOM. I. 241; estes (*ms.* esstess) *dainties* ORM. 7542.

ēst-dēde, sb., *deed of kindness*, GEN. & EX. 2758.

ēst-ful, adj., *O.E.* ēstful; *full of kindness*, A. R. 108.

ēst-mete, sb., *O.E.* ēstmete; *dainty food*, HOM. II. 37.

ēste, adj., *O.E.* ēste; *favourable, delicious*, A. D. 292; þat lond nis god ne hit nis este O. & N. 999; nas nan este (*ms.* esste) mete þær ORM. 829.

ēst-lich, adj., *O.E.* ēst-, ēstelīc; *delicious*: estliche inetes HOM. II. 179; esteliche eten II. 31; **ēstliche** (*adv.*) A. R. 204.

estellaciōn, sb., *astrology*, ALIS. 587.

ēster, *see* **ēaster**.

estimacioun, sb., *O.Fr.* estimation; *estimation*: withouten estimacioun MAND. 149, 239; bi estimatioun 41.

estrange, adj., *O.Fr.* estrange; *strange*: his manere estraunge CH. TRO. i. 1077 (1084); *see* **strange**.

ēstre, sb., *O.Fr.* estre; *state, quality; locality, inner part*; ALIS. 5468; MAN. (F.) 5398; **ēstres** (*pl.*) and the herberes WILL. 1768; the estres [eestres] of the grisli place CH. C. T. *A* 1971; talked of othir estres (*matters*) PERC. 1559.

et, *see* **æt** *and* **it**. **ēt**, *see* **æt**.

etel, adj., *O.E.* etel, *cf. O.H.G.* ezal; *gluttonous*; ætul MAT. xi. 19; *comp.* ofer-etel.

éten, v., *O.E.* etan, = *O.L.G.* etan, *O.N.* eta, *Goth.* itan, *O.Fris.* ita, *O.H.G.* ezan, *Lat.* edere; *eat*, ORM. 7806; CH. C. T. *E* 1890; eten, eoten, eaten HOM. I. 31, 45, 53; eten, æten [eaten] LAȝ. 13456, 23037; eoten MARH. 14; ete O. & N. 108; MISC. 38; WICL. GEN. iii. 14; AYENB. 51; (*spelt* ethe) 205; to etene A. R. 54; AYENB. 51; éte (*pres.*) M. H. 70; ette PR. C. 4675; etest O. & N. 599; REL. I. 264; est ROB. 238; AYENB. 54; eteþ SHOR. 23; et HOM. I. 103; MARH. 17; AYENB. 135; hi eteþ O. & N. 1007; et (*imper.*) C. L. 174; æt (*pret.*) LAȝ. 8725; et HAV. 656; P. L. S. xvii. 307; et ORM. 11549; eet C. L. 235; M. H. 39; at GEN. & EX. 342; BEK. 274; eet [ete] LANGL. *B* vi. 298; þu ete HOM. II. 181; æten MAT. xxvi. 21; LAȝ. 13444; eten ORM. 4797; H. H. 172; eten, eeten LANGL. *B* v. 612; eeten RICH. 113; ēte (*subj.*) C. L. 177; eete TREV. VIII. 67; éten (*pple.*) GEN. & EX. 329; HAV. 657; LANGL. *B* xvii. 97; CH. C. T. *A* 4351; IW. 763; WICL. LEV. vii. 16; etten S. S. (Wr.) 837; *comp.* fr(a)-, ȝe-éten; *deriv.* æt.

étere, sb., *O.E.* etere; *eater*, TREV. IV. 297; **éteres** (*pl.*) AYENB. 47.

étinge, sb., *eating*, HOM. II. 37; AYENB. 56; eting ORM. 19063.

eten, sb., *O.E.* eoton, = *O.N.* iötunn; *giant*, TRIST. 950; C. M. 7443; etin L. H. R. 118; yhoten (= ioten), eten PS. xviii. 6; **getenes** (= ietenes) (*pl.*) GEN. & EX. 545; *see* eotand.

etenisch, adj., *O.E.* eotonisc; *gigantic*: getenisse men GEN. & EX. 3715.

eterne, adj., *O.Fr.* eterne; *eternal*, CH. C. T. *G* 44.

eternité, sb., *O.Fr.* eternité; *eternity*, CH. BOET. v. 6 (171).

etfóren, ethálden, *see* ætfóren, æthálden.

etlen, etlunge, *see* ahtlien.   ēð, *see* ēað.

éþel, sb., *O.E.* ēðel, æðel, *m. n., cf. O.N.* ōðal *n., O.H.G.* uodal; *property, country, 'patria,'* FRAG. 3; HOM. I. 113, 115; æðel (*earlier version* eðel) MK. vi. 1; þat æðel heo biwunnen LAȝ. 4744; þat æðel (*ms.* aðel) wes his aȝene 20201.

éþel-þēowe, sb., *homeborn slave*, H. M. 31.

eðele, eþeling, *see* æðele, æðeling.

éþem, sb., *O.E.* ǣðm, ōðm, *cf. O.L.G.* āthom, *O.H.G.* atum, ādum; *breath*, HOM. I. 43.

éþen, *see* hæþen.

éþen, v., *cf. M.H.G.* eiden; *? from* āð; *? adjure*: i ēþe (*pres.*) þe GAW. 379.

ēðien, v., *O.E.* ēðian; *breathe*; eði MARH. 13.

ethique, sb., *O.Fr.* ethique; *ethics*: wherof the firste ethique is named GOW. III. 140.

ēu, *see* ēow *and* ǣw.   ēuch, *see* aighwilc.

ēur, ēuwer, *see* ēower.

evangelie, sb., *Lat.* evangelium; *gospel*, WICL. ROM. i. 1; R. R. 5453; **evaungeles** (*pl.*) CH. C. T. *B* 666.

evangelise, v., *O.Fr.* evangelizer; *evangelise, preach*, WICL. LK. i. 19; **evangelisist** (*pres.*) WICL. IS. xl. 19; **evangelísinge** (*pple.*) viii. 1; **evangelíside** (*pret.*) WICL. LK. iii. 18.

evangeliser, sb., *preacher, evangelist*; **evangeliseris** (*pl.*) WICL. PS. lxvii. 12.

evangeliste, sb., *Lat.* evangelista; *evangelist*; ewangeliste HOM. I. 81; A. R. 94; ewangelist SAINTS [Ld.] 77.

evel, evelien, *see* üvel, üvelien.

ēven, *see* ǣfen.

evene, evenen, *see* efen, efnen.

ever, sb., *O.E.* eofor, *cf. O.N.* iöfurr, *O.H.G.* eber, *Lat.* aper; *boar*; **eaveres** (*pl.*) H. M. 13.

ever-vern, sb., *O.E.* eoforfearn; *polypody*, REL. I. 36; **everferne** (*dat.*) 11 th. 438.

ēver, *see* ǣfre.   **everne**, *see* ȝe-fürn.

evese, sb., *O.E.* efese, yfese, *cf. M.L.G.* ovese, *O.Fris.* ose, *mod.Eng.* eaves; *edge, border, eaves*; *'stillicidium, imbrex,'* PR. P. 144; þe evese of þe hil WICL. TOB. xi. 5; the wode evese (*ms.* hevese) VOC. 159; evis (*ms.* euis *printed* enis) D. ARTH. 3376; evez GAW. 1178; ovese (*ms.* ouese) REL. I. 219 (MISC. 15); ovise PARTEN. 5504; **eovesen** (*pl.*) LAȝ. 29279; eveses LANGL. *B* xvii. 227; MAN. (F.) 14689; *comp.* hūs-evese.

evesien, v., *O.E.* efesian, efsian; *clip the edges*; **evesede** (*pret.*) A. R. 398; A. D. 258; **eveised** (*pple.*) PL. CR. 166; (*printed* enesed) GAW. 184.

evesunge, sb., *O.E.* efesung; *eavesing*, A. R. 142; evese or evesinge of a house PR. P. 144; **evesinges** (*pl.*) LANGL. *B* xvii. 227*.

evest, sb., *O.E.* æfest; *envy, malice*: in niþe and evest [eust] (*printed* enest [enst]) C. M. 23138; evist [eust] (*printed* enist [enst]) and hete C. M. 23279; *cf.* eft².

evete, sb., *O.E.* efete; *eft, n-ewt, 'lacerta,'* FRAG. 3; 'lesard' VOC. 157; ['*stellio*'] WICL. PROV. xxx. 28; LEG. 151; eute, neute PR. P. 355; **eveten** (*pl.*) P. L. S. viii. 138; evetes BEV. 1539; (*printed* enettes) TREV. I. 335; ewtes MAND. 61.

evidence, sb., *O.Fr.* evidence; *evidence*, LANGL. *B* xvii. 195; GOW. I. 14.

evident-lī, adv., *by observation*, ['*evidenter*'] CH. ASTR. ii. 23 (32).

ēvre, *see* ǣfre.   ēw, *see* īw.

ewāge, sb., *cf. Lat.* aqvaticus; *beryl*; **ewāges** (*pl.*) LANGL. *B* ii. 14.

ewangelist, *see* evangeliste.

ēwe, *see* ēowe *and* ǣ.

ewer, sb., *O.Fr.* aiguier, ewer; *ewer*, MAN. (F.) 11425; eware PR. P. 143.

ēwilch, *see* aighwilc.   ex, *see* eax.

exactour, sb., *torturer*; **exactours** (*pl.*) ben thei that enqveren the truthe bi mesurable betingis WICL. *marg. gloss to* DEUT. xvi. 18.

exalacioun, O.Fr. exhalation ; *exhalation* : of exalation i finde fire kinlid of the same kinde GOW. III. 96 ; **exalatiōns** (*pl.*) 95.

exaltacioun, sb., *exaltation* (*in astrology*), CH. C. T. *D* 702, *E* 2224.

exaltate, adj., *Lat.* exaltātus; *highest*: Pisces, wher Venus is exaltate CH. C. T. *D* 704.

examinen, v., O.Fr. examiner ; *examine* ; examini AYENB. 153 ; examine CH. C. T. *B* 2391 ; **examined** (*pret.*) CH. C. T. *B* 2400.

examining, sb., *examination* : i mi self shalle make examining TOWNL. 193 ; examining CH. C. T. *B* 2392.

excellence, sb., O.Fr. excellence ; *excellence*, CH. C. T. *E* 408.

excellent, adj., O.Fr. excellent ; *excellent*, MAND. 133.

excepte, prep., *except*, LANGL. *B* xv. 53.

exces, sb., O.Fr. exces ; *ecstasy of mind*, WICL. PS. xxx. 23 ; excess WICL. DEEDS xi. 5 ; axcess x. 10.

Exchestre [Excestre], pr. n., O.E. Exanceaster ; *Exeter*, LA₃. 30942 ; Excestre MISC. 145 ; ROB. 4.

exciten, v., O.Fr. esciter ; *excite* ; **excíteþ** (*pres.*) CH. C. T. *G* 744 ; **excítede** (*pret.*) TREV. III. 33.

exclūde, v., *Lat.* exclūdere ; *exclude*, WICL. PROL. ROM. ; **exclūdid** (*pple.*) PR. P. 144.

excusable, adj., O.Fr. excusable ; *excusable*, GOW. I. 76.

excusaciōn, sb., O.Fr. escusation, excusation, *from Lat.* excūsātiō ; *excusation*, PR. P. 145.

excūsement, sb., *excuse*, GOW. I. 76.

execuciōn, sb., O.Fr. execution ; *execution*, P. L. S. xxv. 37.

executen, v., O.Fr. executer ; *carry out* : to execute her lordis bidding P. L. S. xxxi. 8.

executour, sb., Fr. executeur ; *executor*, N. P. 11.

executrice, sb., *female executor* : fortune, executrice of wierdes CH. TRO. iii. 568.

exempt, adj., Fr. exempt ; *exempt*, PR. P. 145.

exempten, v., *exempt* ; exemptide (*pple.*) '*exemptus*' PR. P. 145.

exercen, v., O.Fr. exercer ; *exercise, practise*: mai exercen or haunten CH. BOET. ii. 6 (52).

exercísen, v., O.Fr. exercise ; *observe* : the new fest of whiche iij. in the ȝere we **exercíse** (*pres. pl.*) LUD. COV. 71.

exercitacioun, sb., O.Fr. exercitation ; *exercise*, CH. BOET. iv. 6 (140).

exhortacioun, sb., O.Fr. exhortation ; *exhortation* : taketh gode hede to this exhortacioun P. L. S. xxxi. 373.

exil, sb., Fr. exil ; *exile*, AYENB. 131.

exiltrē, *see* **axel-trē**.

exilin, v., Fr. exiler ; *exile*, PR. P. 145 ; **exiled** (*pple.*) TREV. III. 235.

exilinge, sb., *banishment*: þe exilinge of Anaxagore CH. BOET. i. 3 (11).

exinatores, sb. pl., *senators*, YORK xxx. 21.

existence, sb., *reality*, CH. H. F. 266 ; to se him that is freend in existence from him that is by apperence R. R. 5550.

exle, *see* **eaxle**.

exorcisacioun, sb., *from Lat.* exorcīzāre, *Gr.* ἐξορκίζειν ; *exorcism* ; **exorsisaciouns** (*pl.*) CH. H. F. 1263.

expans, adj., *Lat.* expansus ; *separate* (*in astrology*): his expans yeeres CH. C. T. *F* 1275 ; mine **expanse** (*pl.*) yeris ASTR. ii. 45 (56).

expectant, adj., O.Fr. expectant ; *expectant* : expectant ai telle i mai mete R. R. 4571.

expelle, v., *Lat.* expellere ; *expel*, CH. C. T. *A* 2751.

experience, sb., O.Fr. experience ; *experience*, CH. C. T. *B* 4168.

experiment, O.Fr. experiment, *from Lat.* experīmentum ; *experiment*, PR. P. 145 ; D. TROY 13215.

expert, adj., O.Fr. expert ; *experienced in*: (he) shal not ben expert ani thing of evel WICL. ECCLES. viii. 5 ; '*expertus*' PR. P. 145.

exposicioun, sb., O.Fr. exposition, *from Lat.* expositiō ; *exposition*, PR. C. 3856, 4715 ; expositioun of dremes MAND. 44.

expounen, v., O.Fr. expondre, *Lat.* expōnere ; *expound, interpret*, WICL. JOSH. xx. 9 ; writ PR. C. 4271 ; **expoune** (*imper.*) þe þis speche A. P. ii. 1729 ; **expoundeth** (*pres.*) GOW. I. 26 ; **expounden** (*pl.*) CH. TRO. v. 1276 ; **expouned** (*pret.*) MED. 735 ; expounid N. P. 2 ; **expounede** (*pple.*) WICL. GEN. xli. 8.

expounere, sb., *interpreter*, WICL. GEN. xl. 22 ; **expouneris** (*pl.*) GEN. xli. 8.

expouning, sb., *explanation* : expouning of speche A. P. ii. 1564 ; interpretinge or expouning of wordis WICL. 1 COR. xii. 10.

expresse, adj. & adv., O.Fr. expres ; *express, expressly* : a þinge expresse A. P. i. 909 ; proved expresse A. P. ii. 1158.

expresse-lī, adv., *expressly*, GOW. I. 357.

expresse, v., *express, tell*, CH. C. T. *B* 1666.

exstasie, sb., *ecstasy*, WICL. DEEDS iii. 10.

extainten, v., cf. O.Fr. estendre, *from Lat.* extinguere ; *extinguish, subdue*, D. TROY 4925.

extenden, v., *Lat.* extendere ; *survey, seize, extend* : extendours he sette for to extend þe land MAN. (H.) 83 ; wille King Richard alle his lond extende 202.

extendours, sb. pl., *surveyors*, MAN. (H.) 83.

extorciōn, sb., O.Fr. extortion, PR. P. 145.

extorcionere, sb., *extortioner*, '*extortor, exactor, predator, angarius*,' PR. P. 145.

ēy, *see* **ēi**. **eye,** *see* **eȝe**.

F.

fā, adj. & sb., *O.E.* fāh, fāg, = *O.H.G.* (gi-)fēh; *hostile*; *foe* : hold ofer fa HOM. I. 231; a foo cragge GAW. 1430; **fā** (*subst.*) IW. 874; faa PR. C. 1453; fo HAV. 1363; BEK. 870; he wole be fo to þine fon SHOR. 90; fo [foo] CH. C. T. *A* 63; vo, foa [fa] A. R. 62, 274; **fāwe** (*pl.*) D. ARTH. 747; fawe [fau] fellis ANT. ARTH. vii; **fōn** (*subst. pl.*) BEK. 711; C. L. 683; von AYENB. 255; voan [fan] A. R. 388; faas, fais M. H. 58, 137; *comp.* ʒe-fā.

fā-mon, sb., *O.E.* fāhman; *foe,* JUL. 24; H. M. 41; foman PR. P. 169; SHOR. 41; A. P. ii. 1175; TOWNL. 134; voamen [famen] (*pl.*) A. R. 186.

fō-shipe, sb., *enmity,* HOM. II. 45; fooschip, foschip A. P. ii. 918, 919.

fā, *see* **fēa.**

fable, sb., *O.Fr.* fable; *fable,* PR. P. 145; A. P. i. 591; fabull GUY (Z.) 3254.

fablen, v., *O.Fr.* fabler; *fable, talk;* **fableden** (*pret. pl.*) ['*fabularentur*'] WICL. LK. xxiv. 15 (*v. r.* talkiden.)

fabler, sb., *O.Fr.* fableor; *fabler;* **fablers** (*pl.*) WICL. BAR. iii. 23; fabulers LANGL. *A* ii. 157.

fabling, sb., *saying, discourse* : wicked **fablinges** (*pl.*) ['*fabulationes*'] talde to me bot noght als þe lagh of þe PS. cxviii. 85.

fāo, adj., *O.N.* feikr (*monstrous*); *treacherous* : Vortiger wes fac (*ms.* fæc) for her he his laverd biswac (*ms.* biswæc) LAʒ. 13507.

facchen, *see* **fecchen.**

fáce, sb., *O.Fr.* face; *face,* P. L. S. xvii. 171; ARCH. LII. 38; AYENB. 88; ALIS. 1314; everi signe [of the zodiac] is departid in 3 evene parties bi [10] degrees, and thilke porcioun thei clepe a face CH. ASTR. ii. 4 (19); faas P. L. S. xxviii. 22; faz M. H. 85; **fáces** (*pl.*) WICL. IS. xiii. 8.

fácen, v., *from* **fáce**; *soil, deface, disfigure; be unabashed* : facin or shewin boolde face '*effronto*' PR. P. 145; all **fácid** (*pret.*) hir face with hir fell teris D. TROY 9129.

fácinge, sb., *disfigurement*: he ... wesshed him anone, refreshing his face for facing of teres D. TROY 9215.

facioun, *see* **fasoun.**

facound, sb., *O.Fr.* faconde, *from Lat.* facundia; *eloquence* : of eloquence was never founde so swete a souning facounde CH. D. BL. 924; D. TROY 3791; CH. P. F. 557; facunde HAMP. PS. xi. 4*; '*facundia, eloquencia*' PR. P. 145.

facound, adj., *O.Fr.* facond, *from Lat.* facundus; *eloquent* : nature with facound vois P. F. 521.

facrēre, sb., *? Fr.* faire croire ; *? make-believe, art of dissembling* : a craft which cleped is facrere GOW. I. 230.

facultē, sb., *O.Fr.* faculté ; *faculty,* PR. P. 145.

fade, adj., *? great, powerful,* GAW. 149; TRIST. 153; fede 2474; fadde PERC. 615.

fáde, adj., *O.Fr.* fade, *from Lat.* fatuus; *withered,* SAINTS (Ld.) 318; GOW. II. 117; H. S. 3220; ['*marcidus*'] WICL. ECCLUS. xi. 12; þi faire hewe is al fade WILL. 891.

fáden, v., *fade,* CH. BOET. iv. 3 (119); fade P. L. S. xxx. 42; WILL. 579; D. TROY 784; **fáden** (*pres.*) GOW. II. 117; min herte **fádide** (*pret.*) ['*emarcuit*'] WICL. IS. xxi. 4.

fader, *see* **fæder.**

fadien, v., *O.E.* fadian, ? = *O.H.G.* (keun-)vatōn; *? dispose, suit;* PARTEN. PROL. 164.

fadme, *see* **faðme.**

fæc, sb., *O.E.* fæc, = *O.Fris.* fek, *O.H.G.* fah; *space* : bin(n)e fece HOM. I. 235.

fæder, fader, sb., *O*₁*E.* fæder (*gen. dat.* fæder), = *O.L.G.* fader (*gen. dat.* fader), *Goth.* fadar, *O.Fris.* feder (*gen.* feder, federes), *O.N.* faðir (*gen.* föður), *O.H.G.* fater (*gen.* fater, fateres); *father,* LK. i. 32, xxii. 42; LAʒ. 212, 3199; fader HAV. 1224; LANGL. *A* i. 14; TOR. 2058; vader (*ms.* uader) AYENB. 19; fadir ISUM. 313; feder REL. I. 1; feder, feader HOM. I. 11, 137; feder, veder, veader A. R. 10, 26, 54; **fader** (*gen.*) HOM. I. 171; LAʒ. 398; ORM. 186; ROB. 302; TOWNL. 182; feder, federes MARH. 2, 6; þi fader love FER. 1351; faderes LK. xi. 47; P. L. S. viii. 99; GEN. & EX. 1536; federes A. R. 406; **fader** (*dat.*) LAʒ. 2279; fader [fadir] CH. C. T. *A* 100; **faderes** (*pl.*) ROB. 127; **federen** (*dat. pl.*) LK. i. 55; faderen LAʒ. 5724; *comp.* eld-, fore-, fōster-, god-, hēh-fæder.

fader-cwellare, sb., *slayer of a father*; fader-qwellare '*patricida*' PR. P. 145.

fadir-hōd, sb., *fatherhood;* besoughte his holi fadirhode MAND. 315.

fadir-in-lawe, sb., *father-in-law, 'socer*,' PR. P. 145.

fader-lēs, adj., *O.E.* fæderlēas; *fatherless,* KATH. 78; federleas A. R. 10.

fæʒe, adj., *O.E.* fǣge, = *O.L.G.* fēgi, *O.N.* feigr, *O.H.G.* feigi, *Scotch* fey; *doomed to die; cowardly* : fæiʒe LAʒ. 9705; folc þer wes fæie 4694; his fæie blod 16647; þat bearn nas ne wi(h)t feie 298; feiʒe, feie JOS. 558, 569; LANGL. *C* xvi. 2; feie SPEC. 28; SHOR. 124; GAW. 1067; AV. ARTH. iv; (h)is feie blod him gan to pinge FER. 2430; ʃis feie folk ALIS. (Sk.) 397; veie BEV. 3032; mani fei schalle be first appone the felde levide D. ARTH. 517; MISC. 112.

fæie-solpe, sb., *slaughter,* LAʒ. 21258.

fæie-sīð, sb., *death,* LAʒ. 304; **fæiesīþe** [feaisiþe] (*dat.*) 26040.

fæʒen, adj. & adv., *O.E.* fægen, fægn, = *O.L.G.* fagan, fagin, *O.N.* feginn; *allied to O.E.* gefēon (*pret.* fēah), *O.H.G.* (gi-)fehan (*pret.* fah) (*rejoice*), *mod.Eng.* fain; *joyful; joyfully;* fæin, fain LAʒ. 4891, 11619; ic walde fein

pinian HOM. I. 35 ; vein A. R. 192 ; fagen REL.
I. 220 ; GEN. & EX. 15 ; faȝe FER. 308 ; fain
WILL. 1783; fain P. L. S. xvii. 412 ; PR. C.
4552; ISUM. 556; fain, fawe CH. C. T. A
2437, D 220; fain, vawe ROB. 120, 183;
fain, faun PR. P. 146, 152 ; fawen HAV. 2160;
fawe HOM. I. 199; fawe ALIS. 1956; K. T.
1058 ; with herte ful faine LUD. COV. 25;
feinre (compar.) JUL. 47 ; fainest (superl.)
WILL. 3933 ; A. P. ii. 1219 ; comp. ȝe-, un-
faȝen.

fain-hēd, sb., *gladness*, D. TROY 2446.

fainnes, sb., *gladness* ['*laetitiam*'] PS. l. 10.

fæȝer, adj., *O.E.* fæger, = *O.N.* fagr, *O.L G.*
fagar, *O.H.G.* fagar, *Goth.* fagrs ; *fair,
beautiful*: fæiȝer, feiȝer, fæier, fair, feier,
fæir LAȝ. 152, 3886, 4825, 7594, 7764,
31905 ; feier, feir HOM. I. 131, 137 ; (*ms.*
faȝȝerr) ORM. 6392; faiger, faier, fair GEN.
& EX. 126, 1058, 2636; faier REL. I. 226 ;
(*ms.* fayer) S. S. (Wr.) 2533; fair and god
HAV. 500; fair, vair (*ms.* feyr) O. & N. 579,
584; vair (*ms.* uayr) AYENB. 16; fair [feir]
LANGL. A i. 10; CH. C. T. A 3977 ; feir A. R.
206 ; MISC. 172 ; R. S. v. ; CHR. E. 603; K.
T. 445; **feire** [faire] (*adv.*) LAȝ. 4842 ; feire
CHR. E. 612 ; (*ms.* faȝȝre) ORM. 1215 ; faire
and wel HAV.224 ; he grette him faire BEK.34;
feȝre (*dat. n.*) HOM. I. 219 ; **veirne** (*acc. m.*)
A. R. 236; **faire** (*pl.*) PR. C. 9249; **væiren**
(*dat. pl.*) LAȝ. 15163; mid faire worde O. &
N. 158 ; **fehere** [*O.E.* fægerra] (*compar.*)
KATH. 2323; fairre WILL. 4437; feirure
[fairere] LAȝ. 2405 ; fairere BRD. 33 ; feirore
C L. 737 ; fairer HORN (L.) 13 ; **veȝereste**,
veierste, feireste, feiruste (*superl.*) LAȝ. 2217,
4080, 25305, 29663; fæirest 13894; *comp.*
un-fair.

fair-hēde, sb., *beauty*, BRD. 9 ; ALIS. 6392;
fairehede MAN. (F.) 696; feirhede FLOR.
1670 ; vairhede ROB. (W.) 2515.

feier-lēc, sb., *O.N.* fagrleikr ; *beauty*, HOM.
I. 261 ; feirlec MARH. 19; feirlek C. L. 145.

vair-liche, adv., *fairly*, AYENB. 59.

fair-schipe, sb., *beauty*, C. L. 690 ; fairsipe
LAȝ. 3139*.

fæȝer, sb., *O.E.* fæger, ? *cf. O.H.G.* fagarī ;
beauty: feir, feire JUL. 6, 7 ; heo never ne
beoð sead þi veir to iseonne HOM. I. 193;
fair ALIS. 164.

fæȝernesse, sb., *O.E.* fægerness, = *O.H.G.*
fagarnessi ; *fairness, beauty*: væȝernesse,
fæiernesse, feirnusse LAȝ. 3272, 22724, 24266;
fæirnesse FRAG. 1 ; veirness(e) A. R. 52 ;
faȝernesse ORM. 12253; faiernesse GEN. &
EX. 1233 ; fairnesse CH. C. T. A 1098.

fæȝnien, v., *O.E.* fægnian, fagenian, = *O.N.*
fagna, *O.L.G.* faganōn, faginōn, *O.H.G.*
faginōn, feginōn, *Goth.* faginōn ; *mod.Eng.*
fawn ; *from* fæȝen ; *rejoice ; flatter* ; fele shule
fagenien on his burde HOM. II. 135 ; fainen
LAȝ. 3588 ; faine sal ['*laetentur*'] alle þat
hope in þe PS. v. 12 ; faunin '*blandio*' PR. P.
152 ; þeonne veineð (*pres.*) he mid ou A. R.
194 ; wulves þat fainen of hare preie HOM. I.
277; he **fagnede** (*pret.*) hire GEN. & EX.
1441; fageneden MK. xiv. 11 ; heo væineden
þas LAȝ. 18807; fainede JOS. 243; fauhnede
[faunede] wiþ þe tailes LANGL. B xv. 295 (*C*
xviii. 31).

fainare, sb., *fawner, 'adulator,'* PR. P. 146.

fæȝnunge, sb., *O.E.* fægnung ; *fawning* :
vawenunge A. R. 290; faghning [fauning] C. M.
12350 ; fauning SPEC. 23.

fæȝrien, v., *O.E.* fægrian, = *O.N.* fegra ; *from*
fæȝer ; *make fair, become fair*: þus heo doð
for to feiren heom seolven HOM. I. 53 ;
fairiþ (*pres.*) ALIS. 2903; þis trau greneþ
and vaireþ be his virtue AYENB. 95 ; **feirede**
(*pret.*) C. L. 876 ; **fairede** (*ms.* fairhede) A. R.
302*.

fæiȝe, see **fæȝe**. **fæien**, see **feȝen**.

fæiȝe, see **fæȝe**. **fæin**, see **fæȝen**.

fæine, sb., ? *from* **fæȝen** ; ? *joy* ; faine FLOR.
844.

fæl, see **fal**.

fēle, adj., *O.E.* fæle, ? = *O.H.G.* feili (*venalis*) ;
proper, estimable: fele LAȝ. 3290*; O. & N.
1378 ; MAP 350, 352 ; PERC. 729 ; fele [feele]
TREV. I. 399; *comp.* un-**fēle**.

fællen, see **fellen**.

fæmen, see **fāmien**.

fēr, sb., *O.E.* fǣr, fēr, *cf. O.L.G.* fār *m.*, *O.N.*
fār *n.*, *M.H.G.* vār *m.*, vāre *f.*; *fear* : fer MAP
338; feer '*timor, terror*' PR. P. 156; fere
HORN (H.) 1285; BRD. 8; TREV. VII. 369;
S. B. W. 42 ; WICL. 2 PARAL. xiv. 14; CH. C.
T. D 1022; fere [feere] LANGL. B xiii. 162 ;
wiðutan f(e)ore HOM. I. 97.

fēr-ful, adj., *fearful*, GOW. II. 13 ; P. L. S.
xxx. 93.

fēr-lāc, sb., *terror*, A. R. 306 ; ferlak C. L.
672 ; fearlac KATH. 39 ; (*ms.* farlac) MARH. 10.

fēr-lic, adj., *O.E.* fǣrlīc ; *terrible, sudden*, PS.
cxxxviii. 6*; ferlich A. R. 362 ; ALIS. 5948 ;
feorlic [feorlich] LAȝ. 25553 ; ferli WILL. 3934;
A. P. i. 1083; ISUM. 235 ; an swiðe ferli sigt
GEN. & EX. 2774; þe færliche dæð LAȝ. 6835;
þurh ferliche deð HOM. II. 61 ; ferliche frechen
KATH. 732; **fērlich** (*sb.*), *miracle, wonder*,
LAȝ. 5381 ; FL. & BL. 456; feorlich KATH.
2086; ferlik HAV. 1849 ; ferli LANGL. A PROL.
6 ; PERC. 530; PR. C. 2955 ; ANT. ARTH. xli ;
fērliche (*adv.*) LAȝ. 10376 ; ferliche HOM. I.
89; H. M. 21 ; verliche A. R. 178 ; ROB. 299;
AYENB. 55 ; færliche ORM. 3074 ; ferlike GEN.
& EX. 2799 ; ferli A. P. ii. 269.

fērli-ful, adj., *wonderful, horrible*: a
ferliful frute D. TROY 179; a ferliful folke
13306.

vērlich-hēde, sb., *haste*, AYENB. 55.

fērli-lic, adv., *wondrously*, C. M. 11424;
ferlili A. P. ii. 962.

færde, *see* **ferde.**

fērde, sb., ? = *M.H.G.* (ge-)værde, fĕrde; *terror,* WICL. GEN. ix. 2; A. P. iii. 215; KN. L. 36; for ferde GAW. 2130; MIN. iv. 27; PR. C. 6864; PERC. 911; MIR. PL. 175.
 fĕrd-ful, adj., *terrible,* '*terribilis,*' PR. P. 156; WICL. EX. xix. 18; feerdful H. V. 14.
 fĕrd-laik, sb., *terror,* PR. C. 6427.
 fĕrd-lī, adj., *terrible,* N. P. 65.
 fērdnes, sb., *terror;* ferdnes PR. C. 2231.
fĕrdi, adj., *fearful*: be not ferdi (*v. rr.* sori, eri) C. M. 17685.
fēren, v., *O.E.* fǣran (*terrify*), = *M.Du.* vēren, vaeren (*fear*), *O.L.G.* fāran (*observe*), *O.H.G.* fāren (*observe, lie in wait*); *fear, terrify*: he wile him færen .. & skerren ORM. 675; fearen A. R. 230*; ferin '*terreo*' PR. P. 156; fere LANGL. *B* vii. 34; WICL. 2 COR. x. 9; PR. C. 2291; D. TROY 1929; fĕrde (*pret.*) GAW. 1588; fēred (*pple.*) SPEC. 24; M. H. 134; ferd MAN. (H.) 191; PERC. 925; þe3h 3e be ferd of 3our fon WILL. 3366; *comp.* a-, for-, of-**fēren.**
fēeren, *see* **fēren.**
fēringe, adv., *O.E.* fǣringa, fǣrunga, = *O.H.G.* fāringa; *suddenly* ['*subito*'], LK. ii. 13; fēringes MAN. (H.) 185.
 fēring-lī, adv., *suddenly*: ferinkli, bathe mare and læsse waned þai PS. lxxii. 19.
færlīc, *see under* **fær.**
fæst, adj., *O.E.* fæst, = *O.L.G.* fast, *O.N.* fastr, *cf. O.Fris.* fest, *O.H.G.* festi; *fast, firm*: fast '*fixus*' PR. P. 151; fast (*ms.* fasst) & findi3 laf ORM. 1602; fest HOM. l. 111; vest AYENB. 189; make faste þe dore P. L. S. xvii. 416; he makede his castles treowe & swiðe væste LA3. 11898; **faste** (*adv.*) O. & N. 796; BRD. 5; LANGL. *A* i. 42; RICH. 3331; PERC. 1020; stike(de) feste [faste] LA3. 7533; heore grið heo setten fæste 9562; heo riden vaste [faste] 9754; holdeð hine veste A. R. 34; so faste shal i binde þe H. H. 127; he slepen faste HAV. 2128; þanne bihelden he him faste 2148; vaste ROB. 568; faste bi (*close by*) Radistone LA3. 9*; faste bi þe Belle CH. C. T. *A* 719; on fest Radestone LA3. 9; & fusden an veste (*quickly*) 7986; þær on fast ORM. 3334; **fæstre** (*compar.*) LA3. 9775; vastre O. & N. 656; fest [fastor, fastore] ROB. (W.) 3392; *comp.* ār-, blǣð-, héte-, rōt-, schāme-, sōþ-, stéde-, tréow-, word-**fæst.**
 fæst-līce, adv., *O.E.* fæstlīce; *firmly, quickly*: 3ierneliche listede and fastliche hield HOM. II. 163; fastliche LA3. 13001, 23609; hine hicalde vestliche ine his wille AYENB. 166, 27775; his horn he vastliche (*violently*) bleu LA3. 808; festliche heom feht wið 11897; festliche HOM. II. 61, 77; I. 115; wunnen a3ean þe **vestlŭcher** (*comp.*) A. R. 238; te vestluker holde 234.
 fastnesse, sb., *O.E.* fæstness; *support, firmness, stability* ['*firmamentum*'], PS. xxiv.

14; of fastnesse ['*firmitatis*'] WICL. GEN. xli. 32; vestnesse AYENB. 104.
 fast-rēde, adj., *O.E.* fæstrǣd, = *O.N.* fastraðr; *wise in counsel,* O. & N. 211.
 fest-schipe, sb., *firmness;* vest-chipe A. R. 202.
fæste, sb., ? *O.E.* fæst, *cf. O.N.* festr, *O.L.G.* festi, *O.H.G.* fasti; *bond, fetter;* fest '*ligamen*' PR. P. 158.
fæsten, v., *O.E.* fæstan, *cf. O.H.G.* festan, *O.N.* festa, *O.L.G.* festian; *fasten, make fast*: in feteres ful faste festen HAV. 82; festin '*figo*' PR. P. 158; fasten GREG. 240; faste M. ARTH. 3324; and þat ich him wolde ... faste on honde ROB. 150; wo so festeð (*pres.*) hope on him REL. I. 221; **fasten** (*pret.*) P. S. 214; fested (*pple.*) PR. C. 5295; fest [fast] LANGL. *B* ii. 123; WILL. 1650; fest M. H. 79; *comp.* 3e-, hand-, līf-, staðel-, un-**fæsten.**
 festinge, sb., *O.E.* fæsting; *fastening,* '*fixura*' PR. P. 158.
fæsten, *see* **fasten.**
fæstnien, v., *O.E.* fæstnian, = *O.Fris.* festna, *O.L.G.* fastnōn, *O.H.G.* festinōn; *fasten, make fast*: væstnien LA3. 29061; festnen, festni KATH. 1180, 2011; (*ms.* fesstnenn) ORM. 1718; vestni AYENB. 117; festne CH. C. T. *A* 195; **fastnede** (*pret.*) LA3. 29118; **fastned** (*pple.*) ANT. ARTH. xxxix; festened WILL. 447; ifestned HOM. I. 121; *comp.* 3e-, un-**fæstnien.**
 fastnare, sb., *fastener,* PR. P. 151.
 fastning, sb., *O.E.* fæstnung; *fortress; confirmation;* ['*firmamentum*'] WICL. PS. xvii. 2; festning HOM. I. 67.
fa3, *see* **fāh.**
fagen, fagenien, *see* **fæ3en, fæ3nien.**
fa3er, *see* **fæ3er.**
fā3ien, v., *O.E.* fāgian, = *O.N.* fā, *cf. O.H.G.* (gi-)fēhen; *colour, stain*: **fā3eden** (*pret.*) LA3. 16413; **ifāwed** [ivowet] mid blode 4165; *see* fōwin.
fāgin, v., ? = **fæ3nien**; *flatter, coax*: sagin or flatterin '*adulor*' PR. P. 146; to fage and to speke plesantli to men WICL. S. W. I. 44; **faage** (*imp.*) to thi man WICL. JUDG. xiv. 15; by pleasunce him **fāged** (*pret.*) LIDG. M. P. 27; **fāginge** (*pple.*) wordis WICL. S. W. I. 56.
 fāginge, sb., *flattery, adulation,* '*adulacio,*' PR. P. 146; passe not the boondis of soþ for faging of men WICL. S. W. II. 6.
fagot, sb., *O.Fr.* fagot; *fagot,* TREV. III. 259; C. M. 3164.
fāh, adj., *O.E.* fāh, fāg, = *O.N.* (blā-)fār, *O.H.G.* fēh, Goth. faihus; *coloured, variegated,* LA3. 24653; fah [fou] P. L. S. viii. 182; foh and grei R. S. iv; foh (? *printed* feh) ant gris REL. I. 109; fouh FRAG. 3; fouh, vouh, fou MISC. 70, 96, 165; fowe and griis TRIST. 12209; fou and grene REL. I. 243; þe foa3e neddre HOM. I. 53; fa3e neddren I. 51; va3e LA3. 30999; *comp.* góld-**fāh.**

fai, sb., *O.Fr.* fee, faie, *cf. Ital.* fata; *fay, fairy*, GOW. I. 193.

fai, *see* **fei**. **faier,** *see* **fæʒer.**

faierie, sb., *O.Fr.* faerie (*féerie*), *mod.Eng.* fairy; *fairyland; enchantment; fairy*, CH. C. T. *E* 1743; fairie ALIS. 6924; feirie WILL. 230; **faieries** (*pl.*) CH. C. T. *D* 872.

faile, sb., *O.Fr.* faille; *fail, failure*; wituten faile HAV. 179; wiþouten faile C. L. 1162; faille SHOR. 109; al was elles turnd to faille MAN. (F.) 16428.

failen, v., *O.Fr.* faillir; *fail*, GOW. I. 337; faile [failie] LANGL. *B* vi. 326; faili GAW. 1067; **faileþ** (*pres.*) AYENB. 186; him ne failleþ noʒt BRD. 13; þei sein we failen MAND. 134; þe king ... **failede** (*pret.*) his mihte LAʒ. 2938*; and failede ... of his hure A. R. 404; win failede MISC. 29.

failing, sb., *failure, lack*: þurgh failing of fode þat faintes þe pepull D. TROY 11162.

-fain, fainen, *see* **fæʒen, fæʒnien.**

fainen, *see* **feinen.**

faint, faintise, *see* **feint, feintise.**

fair, *see* **fæʒer. faire,** *see* **fåre and feire.**

fait [feet], sb., *O.Fr.* feit, feet, *from Lat.* factum; *feat, action done, deed*, LANGL. *A* i. 160.

faiten, v., = **affaiten**; *mortify, tame*: forte faiten hire flesch þat frele was to sinne LANGL. *A* v. 49 [*B* 67 affaiten].

faiten², v., *dissemble*, LANGL. *B* vii. 94; faite H. V. 76; fait(e) TRIST. 3054; (hio) **faiteden** (*pret.*) LANGL. *B* PROL. 42.

faiterie, sb., *deceit,* '*fictio, simulatio, ficticium*,' PR. P. 147; GOW. I. 47.

faitour, sb., *O.Fr.* faiteor; *deceiver, begging impostor, 'fictor, simulator,'* PR. P. 146; **faitoures** (*pl.*) LANGL. *B* x. 71.

fåken, sb., *O.E.* fācen, = *O.L.G.* fēcan, *O.N.* feikn, *O.H.G.*feichan; *fraud, stratagem, crime*, ORM. 12797; facne ['*nequitia*'] MAT. xxii. 18.

fåken, adj., *cf. O.E.* fǣcne, *O.L.G.* fēcni, *O.N.* feikn; *fraudulent*: heo was faken biforen & atterne (*r.* attern) bihinden FRAG. 8; faken trowþe ORM. 12655; foken MAN. (H.) 194.

fåken-liche, adv., *O.E.* fǣcenlīce; *craftily*, FRAG. 8.

fåknien, v., = *O.H.G.* feihnōn; *? deceive*; **fōken** (*pres.* 3 *plur.*) REL. I. 179.

fal, sb. (*from* **fallen**), = *O.L.G., O.H.G.* fal, *O.Fris.* fal, fel, *O.N.* fall; *fall, 'casus, lapsus, ruina,'* PR. P. 147; KATH. 2322; H. M. 15; MAP 337; MAN. (F.) 10875; LIDG. M. P. 29; fall ORM. 11862; ALIS. 4412; val A. R. 326; þat heo wes al forfaren þurh þere leodene væl LAʒ. 2921; þæt ne mihte þes kinges folc of heom fæl (*slaughter*) makien 635; for his leodene valle (*ms.* uallen) 29994; *comp.* on-fal.

fåld, sb., *O.E.* falod, fald, *cf. Dan.* fold, *Swed.* fålle; *fold* (*for cattle*); '*ovile*' VOC. (W.W.)

670; alle folkes to fald sal falle PR. C. 4637; fold LEB. JES. 544; WICL. JOHN x. 16; folde REL. I. 209; CH. C. T. *A* 512; L. H. R. 141; **fålde** (*dat.*) HOM. I. 245; goð al se shep to volde HOM. II. 37; **fåldes** (*pl.*) ORM. 3339; *comp.* dēr-fald, pund-fold.

fåld², sb., *cf. M.H.G.* valt, valde, *Swed.* fåll; *from* **fealden**; *fold* (*of a garment, etc.*); ase hit his (*r.* is) in holie boke iwriten ine mani a fe(a)lde (*r. w.* tealde) SHOR. 91; a mong þe volde of harde rinde O. & N. 602; ne vint he red in one volde 696; robes in folde PERC. 32; vestement of riche fold M. H. 113; under felde SPEC. 24.

fålden, *see* **fealden.**

falding, sb., *a sort of cloth*, PR. P. 147; CH. C. T. *A* 391.

fale, *see* **fele, falu.**

fale? adj. *or* sb.: þaʒ þe fader þat him formed were fale of his hele A. P. iii. 92.

falʒe, sb., = *Ger.* falge; *fallow*: falghe, falowe '*novale*' CATH. 121; falowe WICL. JER. iv. 3; **falwes** (*pl.*) HAV. 2509; CH. C. T. *B* 656.

falʒen, v., = *Ger.* falgen, felgen; *fallow*; falwe '*novo*' PR. P. 148; hi **falleweden** (*pret.*) erþe CHR. E. 94.

fallace, sb., *O.Fr.* fallace, *cf. mod.Eng.* fallacy; *deceitfulness*, WICL. MAT. xiii. 22; fallas GOW. I. 63.

falle, sb., *? O.E.* feall, = *O.H.G.* falla; *trap,* '*decipula*,' PR. P. 147; felle CATH. 126; *comp.* mūs-falle.

fallen, v., *O.E.* feallan, = *O.L.G., O.H.G.* fallan, *O.Fris., O.N.* falla; *fall*, LAʒ. 801; ORM. 7640; vallen (*ms.* uallen) A. R. 214; þu schalt falle O. & N. 956; al þat heom wule þar falle (*befall*) 630; **falleð** (*pres.*) LAʒ. 1401; valleð (*ms.* ualleð) HOM. I. 49; also sone ase eni mon valleð into luðer speche A. R. 96; (heo) falleð HOM. I. 53; fallið, fallid ROB. (W.) 8601*, 132*; **falle** (*subj.*) A. R. 280: þet **fallinde** (*pple.*) üvel (*epilepsy*) 176; fallinge eville MAND. 69; fallinge eville or londe eville PR. P. 148; **fǣol** (*pret.*) MISC. 187; HORN (L.) 428; ALIS. 563; SPEC. 62; feol, veol A. R. 226, 280; feol, vel HOM. I. 79, 93; feol, fel HORN (L.) 334, 428; feol, ful LAʒ. 177, 10416; fel GEN. & EX. 72; WICL. GEN. xvii. 17; K. T. 1086; LAUNF. 755; hem fell to þolen wa ORM. 897; as vel (*it was due*) to an king ROB. 446; fel, ful HOM. II. 155; fel [fil] LANGL. *B* xiv. 79; CH. C. T. *A* 845; vil AYENB. 16; ful BRD. 1; FER. 591; **feollen** MAT. xiii. 4; LAʒ. 578; feollen, felle KATH. 1598; fellen LANGL. *B* xviii. 309; fullen C. L. 100; villen AYENB. 67; **fēolle** (*subj.*) A. R. 58; felle HAV. 1673; GREG. 968; **fallen** (*pple.*) MISC. 22; H. H. 110 (108); MAND. 52; *comp.* a-, æt-, bi-, ʒe-, ofer-, tō-fallen; *deriv.* fal, falle, fellen.

fallinge, sb., *falling*, A. R. 280; falling PR. C. 1558; vallinge ROB. (W.) 4241.

falowe, *see* falȝe. **falowen**, *see* falwen.

fals, adj. *O.Fr.* fals, faus, *from Lat.* falsus; *false*, A. R. 74; O. & N. 210; BEK. 1004; fals and fikel C. M. 786; false qverne P. L. S. xix. 232; false godes HOM. I. 237; false domes MISC. 149; þane **valsne** (*acc.*) peni AYENB. 24; **falsest**, valsest (*superl.*) LAȝ. 30182, 31422.

fals, sb., *O.E.* fals,=*O.N.* fals, *from Lat.* falsum; *falsehood*, SAX. CHR. 253; fals and flærd ORM. 7334, 10027; faus JOS. 208.

fals-dōm, sb., *falsehood*: ne con ich saien non falsdom AN. LIT. 4; falsedom ROB. (W.) 852*.

fals-hēde, sb., *falsehood*, ROB. 225; PL. CR. 419; GOW. II. 226; PR. C. 1176.

fals-lēk, sb., *falsehood*: to get i falle hem feole, for falsleke fifti folde SPEC. 32.

fals-li, adj., *false, deceptive*: mi fikel fleische, mi falsli blod SPEC. 32.

fals-liche, adv., *falsely*, LANGL. B xviii. 349; valsliche AYENB. 28.

fals-(s)chipe, sb., *falsity*, H. M. 27; falsshipe P. S. 150.

falsetē, sb., *O.Fr.* fauseté; *falsity*, AN. LIT. 5.

falsien, v., *O.Fr.* falser; *cf. O.N.* falsa; *falsify; deceive; break, damage; fail*: his hereburne gon to falsie [fausie] LAȝ. 23967; falsen CH. TRO. iv. 964; falsin '*falsifico*' PR. P. 148; **valseþ** (*pres.*) AYENB. 40; þet ower bileave falsie A. R. 270.

falsere, sb., *falsifier*: alse me valseþ þe kinges sel, ha ssel bi demd valsere ate daie of dome AYENB. 62; falsere . . . of holi scriptures WICL. PROL. CATH. EPP.

falsing, sb., *falsehood*: falsing and flateri D. TROY 11330.

falsnesse, sb., *falseness, fraud*, P. S. 220; CH. C. T. G 1304; **falsnessis** (*pl.*) WICL. JOB xiii. 9.

faltrin, v., *cf. Ital.* faltare; *falter, stumble, tremble; 'cespito'* PR. P. 148; þi limes faltren CH. C. T. B 772; **faltered** (*pret.*) GAW. 430; falterde D. ARTH. 1092.

falu, adj., *O.E.* fealo (*pl.* fealwe), = *O.L.G.* falu, *O.H.G.* falo, *O.N.* fölr (*pl.* fölvar), *mod.Eng.* fallow (deer); *brown, yellow*, A. D. 252; falwe CH. C. T. A 1364; falewe REL. I. 266; þe falewe feld RICH. 461; to þe fale erþe GAW. 728; falewe lockes LAȝ. 18449; veldes falewe wurðen 27468.

falwe, *see* falȝe.

falwen, v., *O.E.* fealwian, fealuwian, *cf. O.H.G.* falewen; *turn brown, fade*; valuwen HOM. I. 193; his heu shal falewen REL. I. 65: falewen shule þi floures SPEC. 89; falewi [falwi] R. S. i. (MISC. 156, 157); **valeweð** (*pres.*) A. R. 132; faleweþ MISC. 93; falowiþ P. L. S. vi. 7; valouweþ AYENB. 81; **falewede** (*pret.*) LAȝ. 4163;

falewed A. P. ii. 1539; **falwed** (*pple.*) L. H. R. 132.

falwen, *see* falȝen.

falwi, sb., *? brown colour*; falewi O. & N. 456.

fām, sb., *O.E.* fām, = *O.H.G.* feim; *foam*, DEGR. 1386; fom BRD. 19; SPEC. 102; FER. 699; fom [foom] CH. C. T. G 564.

famaciōn, sb., *cf. Lat.* (dif-)fāmātio; *defamation*: fals **famaciōns** (*pl.*) and fained lawez A. P. ii. 188.

fāme, sb., *O.Fr.* fāme; *fame*, A. R. 222; ROB. 29; S. S. (Web.) 1232.

fāmen, v., *spread fame of, make famous*: he watz fāmed (*pple.*) for fre þat feȝt loved best A. P. ii. 275.

fāmen, v., *O.Fr.* afamer; *starve*: Steven wille us traveille and famen us to dede MAN. (H.) 122; thin **fāmit** (*pple.*) folke LUD. COV. 105.

fāmi, sb., *O.E.* fāmig; *foamy*; fomi CH. C. T. A 2506.

fāmien, fēmen, v., *O.E.* fǣman, = *O.H.G.* feimen; *foam*; fomin '*spumo*' PR. P. 169; fome TREV. VII. 377; femin JUL. 68; feme LEB. JES. 223; fōmeþ [vomeþ] (*pres.*) WICL. MK. ix. 17; **fāmed** (*pret.*) S. S. (Wr.) 959; vemde ROB. 208.

familaritē, sb., *O.Fr.* familiarité; *familiarity*: she useþ ful flatring familarite CH. BOET. ii. 1 (30).

familier, adj., *O.Fr.* familier; *familiar*, CH. C. T. A 215.

famine, sb., *O.Fr.* famine; *famine*, LANGL. C ix. 347; CH. C. T. C 451.

famlen, v., = *Dan.* famle, *Swed.* famla, *? O.N.* falma; *grope, blunder*: stameren oþer famelen REL. I. 65; famplen H. M. 37.

famous, adj., = *O.Fr.* fameus; *famous*, TREV. V. 215.

fan, sb., *O.E.* fann, *from Lat.* vannus; *fan*, '*vannus*,' PR. P. 148; ['*ventilabrum*'] WICL. MAT. iii. 12; fanne VOC. 233; CH. C. T. A 3315: i shal scatere them with a fan in the ȝatus of the lond WICL. JER. xv. 7.

fān, v.,=*M.H.G.* vēhen; *set at enmity*: he fōde (*pret.*) man wið god HOM. II. 209.

fanc, sb., *O.Fr.* fanc (*fange*); *mud* (*printed* fauc), AYENB. 251.

fand, sb., *? from* finden; *experiment, trial*: of ðis fruit wile ic haven fond GEN. & EX. 336; after his owen fond 3150.

fandien, v., *O.E.* fandian,=*O.Fris.* fandia, *O.L.G.* fandōn, *O.H.G.* fantōn; *from* finden; *try, tempt, prove*; fandie HOM. I. 239; fanden ORM. 11336; fande Iw. 316; MIN. vi. 45; PR. C. 2228; fondian godes HOM. I. 93; fondien [fondi] LAȝ. 2949; on sæ and on londe his win he lette fonden 30679; fonden H. H. 68 (70); S. S. (Wr.) 1489; let Adam fonden ðe tre ðe Noe barg GEN. & EX. 3476; vonden A. R. 194; hit þohte fondi þas O. & N. 1442; vondi

fandien. farh.

AYENB. 15; fonde WILL. 1019; CH. C. T. B 347; PERC. 1466; he schal fonde þe dent of mine honde HORN (L.) 151; i wol fonde to helpe þe A. D. 258; **fande** (*pres.*) D. ARTH. 984; fondeþ LANGL. B xii. 180; GOW. II. 106; fonde we þis toun to were RICH. 4402; **fandede** (*pret.*) MAT. xxii. 35; fondede BEK. 717; JOS. 505; his fandeden MK. viii. 11; fondeden KATH. 121; **fanded** (*pple.*) PS. xi. 7; *comp.* ȝe-**fandien**.

fandere, sb., *tempter*; vondere AYENB. 116.

fanding, sb., O.E. fandung; *temptation*, ORM. 12262; PR. C. 314; fondunga A. R. 178; fondinge MIRC 240.

fāne, sb., O.E. fana, = Goth. fana, O.L.G., O.H.G. fano; *banner*; *vane*, PR. P. 148; chaunging as a fane [vane] CH. C. T. E 996; of red gold was his fane EGL. 1192.

fang, sb., O.E. fang, *cf.* O.Fris. fang *m.*, O.N. fang *n.*, M.H.G. fang, vanc *m.*; *from* **fōn**; *catching*, C. M. 3728.

[**fangel** ? *comp.* newe-fangel].

fangelen ? v., hold ȝou stil and fangel (*imp.*) noȝth REL. I. 257.

fangen, v., O.N. fanga, = O.H.G. (furi-)fangōn; *seize, catch*, ORM. 10799; fangin '*apprehendo,*' PR. P. 149; fange PS. xxiii. 5; GAW. 391; M.H. 80; i nolde fange [fonge] a ferþing LANGL. B v. 566; fongen R. S. ii (MISC. 162); PL. CR. 786; fonge FL. & BL. 300; ROB. 73; SHOR. 42; CH. C. T. B 377; M. ARTH. 3503; ne dar no fuȝel þar to fonge [vonge] O. & N. 1135; no cold þat þu ne fonge HAV. 856; *comp.* a-, an-, under-fangen; *see* fōn.

fangere, sb., = O.H.G. (in-)fangare; ['*susceptor*'] PS. iii. 4.

fannien, v., *from* **fan**; *winnow, fan; fly*: vanni his corn AYENB. 139; fanne '*vanno*' PR. P. 149; fannes (*pres.*) on the windez A. P. ii. 457; **fannand** (*pple.*) GAW. 181.

fanōne, sb., O.Fr. fanon; *priest's maniple*, '*fanula,*' VOC. 193; fanun or fanen '*fanula, manipulus*' PR. P. 149; fanoun MIRC 1917.

fant, *see* **font**.

fantasie, sb. O.Fr. fantasie; *fancy*, ALIS.² (Sk.) 384; CH. C. T. A 3191; fantesie PARTEN. 358.

fantise, *see* **feintise**.

fantosme, sb., O.Fr. fantosme, Gr. φάντασμα; *phantom*, GOW. III. 172; (? printed fantesme) A. R. 62; fantome PR. C. 1197; **fantums** (*pl.*) WICL. S. W. III. 20.

far, sb., O.E. fær, = O.N. far *n.*; *navigation*: on þam fare SAX. CHR. 248; *comp.* in-fer.

far-cost, sb., O.N. farkostr; *means of conveyance, boat, ship,* M. H. xix; *see* **fercost**.

farand, adj., *pleasing, handsome, joyous*: at uch farand fest among his fre meni GAW. 100; þat farand fest a P. ii. 1757; lest les þou leve mi talle farande i. 864; if thai wer farande and fre and faire ii. 607; fair and farand BARB. ii. 514.

farande-lī, adv., *pleasantly*: farandeli on a felde he fettelez him to bide A. P. iii. 435.

farcen, v., O.Fr. farcir; *stuff*; farce '*farcio*' PR. P. 150; **farsed** (*pple.*) B. B. 23; farsud CH. C. T. A 233.

fardel, sb., O.Fr. fardel; *bundle*; **fardels** (*pl.*) WICL. JUDG. xix. 17; C. M. 5004.

fardung, *see* **ferding** *under* **ferdien**.

fāre, sb., O.E. faru, = O.N. för *f.*, *mod.Eng.* fare; *journey; conveyance; equipment; behaviour; success, fortune,* H. M. 19; HAV. 1337; ALIS. 7072; LANGL. B xviii. 18; CH. C. T. B 569; S. S. (Wr.) 842; MIN. x. 5; A. P. ii. 861, iii. 98; M. ARTH. 945; PERC. 1037; ANT. ARTH. iv.; LUD. COV. 183; fare [faire] ROB. 52; se firste fare SAX. CHR. 257; swulc fare of fleoȝen her was LAȜ. 3904; her wes unimete fare 10236; þat durste þene king fræine of his fare coste 25562; þat na mon under criste of heore vare [fare] muste 25718; al most redi was here fare GEN. & EX. 3179; whar fore was as þis fare formest bigunne WILL. 4580; song and cri and suche fare MIRC 332; þei buskid þem wiþ riale fare EGL. 1054; *comp.* **chēap-, driht-, forð-, hām-, schip-, wel-fare**.

fāren, v., O.E. faran = O.L.G., O.H.G., Goth. faran, O.Fris., O.N. fara, *mod.Eng.* fare; *go, travel*, LAȜ. 2512; KATH. 1564; ORM. 3456; HAV. 264; JOS. 506; wolde hom faren GEN. & EX. 1418; faran HOM. I. 115; farin '*meo*' PR. P. 150; fare WILL. 5142; MAN. (F.) 6081; PR. C. 1863; PERC. 1113; fare wiþ H. M. 27; to chirche fare MIRC 265; after him for to fare S. S. (Wr.) 290; to fǣrene in to heovene FRAG. 6; **fāre** (*pres.*) O. & N. 460; þou farest ek bi me Pandarus as he CH. TRO. iv. 463; fareð, vareð A. R. 120, 214; swa hit fareð (*goes*) H. M. 7; & fareþ vort þe flod TRIST. 1304; he fariþ wel ['*valet*'] WICL. GEN. xxix. 6; he ferð HOM. I. 103; þer alle zaulen vareþ wel AYENB. 1; feareð HOM. I. 247; far (*imper.*) LAȜ. 17994; **fāre** (*subj.*) LANGL. B x. 405; ear we faren henne KATH. 1393; **fārinde** (*pple.*) LAȜ. 4262; wel farande ISUM. 333; fōr (*pret.*) ORM. 1807; O. & N. 1474; he for neh ut of his iwitte MARH. 6; he for to Lundene LAȜ. 11396; foor MAN. (F.) 7923; foren, voren LAȜ. 100, 5555; foren GEN. & EX. 2482; fore ANT. ARTH. lv; þei fore forþward PERC. 1425; **fāren** (*pple.*) REL. I. 225; LANGL. A v. 5; sinden faren ut of life ORM. 8361; hu habbe ȝe fare HORN (L.) 1355; *comp.* **for-, ȝe-, ofer-faren**; *deriv.* **fār, fǣre, ferde, fēre, fērien, fōre**.

farȝen, v., *farrow*: zoȝe huanne hi heþ ivarȝed (*pple.*) wel blepeliche bit men icloþed mid huit AYENB. 61; ifarwed TREV. III 213; þus beoð þeos pigges iveruwed A. R. 204.

farh, far, sb., O.E. fearh, = O.H.G. farch, *Lat.* porcus; *farrow* (*young pig*); **faren** (*pl.*) ALIS. 2441.

farme, *see* **feorme**. **farsen**, *see* **farcen**.
farsūre, sb., *Lat.* farsūra; *stuffing*, PR. P. 150; of alle þo þinges þou make farsure L. C. C. 26.
fart, sb., = *Ger.* farz; *crepitus ventris*, PR. P. 150; CH. C. T. *A* 3806; LUD. COV. 21; *see* **fert**.
farten, v., = *Ger.* farzen; *break wind*, LANGL. *B* iii. 231; fartin '*pedo*' PR. P. 150; *see* **ferten**.
fartare, sb., *one who breaks wind*, PR. P. 150.
fáse, sb., *Lat.* phase; *passover*: offre ʒe fase WICL. EX. xii. 21; religioun of fase 43.
faselin, v., = *Ger.* faseln; *unravel*, PR. P. 150.
fasil, sb., *Ger.* fasel; *fringe*, PR. P. 150.
fasoun, sb., *O.Fr.* faceon, fazon; *fashion*, P. L. S. xxv. 41; fasoun, facioun WILL. 500, 934; fasceon MAND. 205; fazoun S. S. (Web.) 1384.
fast, *see* **fest**.
fastare, *see under* **fæsten**.
faste, sb., = *ON., O.L.G. O.H.G.*, fasta, *O.Fris.* festa *f.*; *fast*; *abstinence*, '*jejunium*,' PR. P. 151; (*ms.* fasste) ORM. 11333; **fasten** (*dat. pl.*) P. L. S. viii. 74; festen A. R. 138.
fasten, v., *O.E.* fæstan, = *O.H.G.* fasten, *Goth.* fastan, *O.N.* fasta, *O.Fris.* festia; *fast, abstain from food*; (*ms.* fastenn) ORM. 11326; fæsten MK. ii. 19; festen HOM. I. 29; faste P. L. S. xv. 69; veste AYENB. 50; **fasteð** (*pres.*) REL. I. 211; **fastinde** (*pple.*) HAV. 865; **faste** (*pret.*) BRD. 5; veste A. R. 126; **ivast** (*pple.*) LAȝ. 22310; MISC. 38.
fasting, sb., *fasting*, P. L. S. xiii. 136; vastinge MISC. 28; festunge HOM. I. 207.
fæsten, sb., *O.E.* fæsten *n.*; *fast*; **festene** (*dat.*) HOM. I. 7; *comp.* mid-**fæsten**.
fæsten-dei, sb., *O.E.* fæstendæg; *fast day*; vestendæi A. R. 318.
fæsten, *see* **fæsten**. **fæstnien**, *see* **fæstnien**.
fat, sb., *O.E.* fæt, fat, = *O.L.G., O.N.* fat, *O.H.G.* faz, *mod.Eng.* vat; *vessel, cask, vat*, '*cupa*,' VOC. 233; PR. P. 151; '*cuve*,' REL. I. 81; fet MK. xi. 16; þet fet HICKES I. 229; feat, veat JUL. 68, 69; þet feat MARH. 17; a vet 18; **vete** (*dat.*) AYENB. 203; **fate** (*pl.*) MAT. xii. 29; faten MISC. 29; fattis RICH. 1491; *comp.* lēoht-, water-**fat**.
fāt, adj., *O.E.* fǣtt, = *M.Du.* vet, *O.N.* feitr, *O.H.G.* feizt, feizit; *from* ***fǣten**, = *O.N.* feita, *M.H.G.* veizen; *fat*, TREAT. 138; RICH. 6003; P. S. 332; CH. C. T. *A* 200; fatt ORM. 995; fat, fet '*pinguis*' PR. P. 151; fet LK. xv. 23; GEN. & EX. 2098; vet A. R. 136; AYENB. 53; þe vatte LAȝ. 19445; þet fette swin HOM. I. 81; **fāttere** (*comp.*) P. S. 330.
fett-hēd, sb., *fatness*, GEN. & EX. 1547.
fattisch, adj., *fat, plump*: armes eueri lith fattissh, flesshi, nat grete therwith CH. D. BL. 951.
fatnes, sb., *fatness*, '*pinguedo*,' VOC. 247; PR. P. 151: with fatnes of whete he fed am ai PS. lxxx. 17; fattnes cxlvii. 14; fattenes lxxii. 7; the fatnes of (his flok) WICL. GEN. iv. 4.

fǣtten, v., *O.E.* fǣttan, = *M.Du.* vetten, *O.H.G.* feizten; *fatten, make fat, grow fat*, WICL. PS. cxl. 5; fatte CH. C. T. *D* 1880; ase swin ipund ine sti vor te vetten A. R. 128; **vetteþ** (*pres.*) AYENB. 246; **fatted** (*pple.*) PS. xxii. 5; ivetted A. R. 136.

faðme, sb., *O.E.* fæðm *m. f.*, *cf. O.L.G.* fathom, faðom, *O.N.* faðmr, *O.H.G.* fadem *m.*; *fathom*; fadum, fadme '*ulna*' PR. P. 145; ane veðme LAȝ. 27686; fedme OCTOV. (W.) 1656; twenti feþme FER. 2312; fadme CH. C. T. *A* 2916; þreo hund fedme lang HOM. I. 225; five fedme long ALIS. 546.

faðmien, v., *O.E.* fæðmian, = *O.N.* faðma; *fathom; embrace*; fadmin '*ulno*' PR. P. 145; mine armes weren so longe that i **fadmede** (*pret.*) . . . Denemark HAV. 1295; frendez fellen in fere faþmed to geder A. P. ii. 399.

[**fauo**, *see* **fanc**.]

fauchōn, sb., *O.Fr.* fauchon; *falchion*, LANGL. (Wr.) 9622; fauchoun OCTOV. (W.) 105.

faucūn, sb., *O.Fr.* faucon; *falcon*, O. & N. 111; faucoun SPEC. 26.

faun, sb., *O.Fr.* faon; *fawn*; (*ms.* fawne) VOC. 188.

faunin, *see* **feȝnien**.

faunt, sb. *O.Fr.* fant; *child*: godes sone and maidens faunt L. H. R. 145; faunt A. P. i. 101; WICL. EX. ii. 3; LEV. xii. 3; faunte LIDG. M. P. 576; **fauntes** (*pl.*) LANGL. (W.) 4367; fauntis WICL. JOB xxi. 11.

faunteken, sb., *little child*; conforme **fauntekines** (*pl.*) LANGL. *B* xiii. 213; fele fauntekins of freeborne childire D. ARTH. 844.

fauntee, sb., *childishness*, LANGL. *B* xv. 146*.

fauntelet, sb., *little child; infancy*, LANGL. *C* xii. 310.

fauntelté, sb., *childishness*, LANGL *B* xi. 41.

faur, *see* **fēower**. **faus**, *see* **fals**.

fauset, sb., *Fr.* fausset; *faucet*, L. H. R. 211; faucet WICL. JOB xxxii. 19.

faute, sb., *Fr.* faute; *fault*, JOS. 208; ALEX.[t] (Sk.) 303; faut GAW. 2433; **fautes** (*pl.*) A. P. ii. 177.

faut-lēs, adj., *faultless*: fautles of hir fetures GAW. 1760; fautlez A. P. ii. 794; fautlez in his five wittez GAW. 640.

fauten, v., *cf. O.Fr.* falte (*faute*); *be wanting in; be lacking in*: fools that **fauten** (*pres.*) inwit, i finde that holi chirche sholde finden hem that hem fauteþ LANGL. *B* ix. 66.

fauti, adj., *faulty*, MAND. 175; GAW. 2386.

fautour, sb., *O.Fr.* fauteur *from Lat.* fautor; *favourer, follower, adherent*: fautour, or meintinore '*fautor*' PR. P. 152: him and his **fautours** (*pl.*) he cursed MAN. (H.) 209;

Simon and Iohn with here **fautores** (*dat.*) TREV. IV. 443.

favel, sb., *O.Fr.* favele, fauvel; *flattery, deceit*: both fals and favel LANGL. *B* ii. 6; favel with his fikel speche LANGL. *B* ii. 78.

faverous, adj., *favourable* : the time is þan so faverous R. R. 82.

favorabel, adj., *O.Fr.* favorable; *favourable*: til þam þe world es favorabel PR. C. 1344.

favorin, v., *favour*, '*faveo*,' PR. P. 152 : whi favure (*pres.*) ȝe þanne falce] godus ALEX.² (Sk.) 740; faveret (*pple.*) full wele D. TROY 3868.

favour, sb., *O.Fr.* favor; *favour*, AYENB. 230.

fawe, *see* fæġen *and* fēa.

fawen, *see* faȝen. **fawien**, *see* faȝien.

fawn, *see* faun.

fax, sb., *O.E.* feax,= *O.Fris.*, *O.N.* fax, *O.L.G.*, *O.H.G.* fahs; *hair*, WILL. 2097; REL. II. 176 (P. L. S. xxxiv. 15); FLOR. 1545; GAW. 181; A. P. ii. 790; ANT. ARTH. xxix.; MIR. PL. 183; vax (*ms.* uax) JUL. 29; væx (*sec. text* her) LAȜ. 21873; **faxes** (*gen.*) GR. 45; **vaxe** (*dat.*) LAȜ. 24843.

fē, *see* feoh.

fēa, adj., *O.E.* fēa,= *O.Fris.* fē, *O.L.G.* fāh, *O.N.* fār, *O.H.G.* fōh, *Goth.* faus, *Lat.* paucus; *few, scanty*: þair clothing was ... fa C. M. 8599; fo GEN. & EX. 2403; **fēawe**(*pl.*) KATH. 950; feawe, fewe, feuwe P. L. S. viii. 52, 176; feawe SHOR. 16; veawe þer bieþ zuiche AYENB. 162; fewe MAND. 255; a fewe men ROB. 18; fawe MISC 70; vawe 177; mid fewe worde REL. I. 183; feaue MISC. 34; ine feue ȝere LAȜ. 387*; fæwe ORM. 424; fowe, foue REL. I. 85; fone PS. cvi. 39; fone, fune MIN. ii. 28, 29; PR. C. 764; vewe contreies ROB. (W.) 7586.

fēunesse, sb., *O.E.* fēaniss; [*v.r.* fonenesse] *fewness*, PS. ci. 24.

[-**feald**, *O.E.* -feald, *O.L.G.*, *O.Fris.* -fald, *O.N.* -faldr, *O.H.G.* -falt, *Goth.* -falþs; -*fold*; *see* ān-, fāole-, fēower-, fīfhund-, mani-, twā-, þrēo-, þūsen-feald (-fald, -fold).]

fealden, **fālden**, v., *O.E.* fealdan (*pret.* feold),= *O.H.G.* faldan, *M.L.G.* valden, volden, *O.N.* falda, *Goth.* falþan (*pret.* faifalþ); *fold, clasp, bend, give way, falter*; falde Iw. 1425; ISUM. 307; foldin '*plico*' PR. P. 168; leves ... folde O. & N. 1326; þe feendes strengþe to folde K. T. 1118; sixti sir Roger doun can (*r.* gan) folde TRIAM. 326; for no fa(i)ntise Arthur nold folde M. ARTH. 2547; his herte began to folde EGL. 726; his legges gunne to volde FER. 4567; ant mei no finger felde SPEC. 48; aiþer oþer in armez con (*r.* gon) felde GAW. 841; care and kunde of elde makeþ mi bodi felde REL. I. 120; þi tunge **vóldeþ** (*pres.*) MISC. 101; falt mi tunge O. & N. 37; ope ane viealdinde (*pple.*) stole AYENB. 239; (h)is bodi a side he felde FER. 841; fólden (*pple.*) PL. CR. 227; MAN. (F.) 11889; þe folden fust LANGL. *B* xvii. 176; folden in silk GAW. 959; volden to grunde LAȜ. 15885; mi nest falde (*? allied*) cun JUL. 32; *comp.* bi-, ȝe-, ümb-, un-fealden (-fālden, -fólden).

feale, *see* fēle. **fearen**, *see* fāren.

fearn, sb., *O.E.* fearn *n.*, *cf.* *O.H.G.* farn *m.*; *fern*, '*filex*' (*sic*), FRAG. 3; fern, ferne CH. BOET. iii. 1 (64); ferne AR. & MER. 8876; værne (*dat.*) LAȜ. 12819; *comp.* ever-, fenfern.

fēawe, *see* fēa.

fēble, adj., *O.Fr.* fēble, fieble; *feeble*, HOM. I. 47; A. R. 56; R. S. vii.; GEN. & EX. 1072; P. L. S. xvii. 547; fieble HOM. II. 191; AYENB. 31; **fēblore** [feblor] (*comp.*) ROB. (W.) 3424; **fēblest** (*superl.*) GAW. 354.

fēble-liche [**fibleliche**], adv., *feebly*, ROB. (W.) 11771; febleliche HAV. 418.

fēblenis, sb., *feebleness*, ROB. (W.) 9110*; febilnesse PR. P. 152.

fēblesse, sb., *O.Fr.* feblesce; *feebleness*, ROB. 442; fieblesse CH. BOET. iv. 2 (112).

fēblin, v., *O.Fr.* febloier; *enfeeble*, PR. P. 152; febli P. L. S. xvii. 546; **fēblie** (*pres. subj.*) A. R. 368; **fēbleden** (*pret.*) WICL. JUD. xv. 4.

fec, *see* feo.

fecche, sb., *Lat.* vicia; *vetch*; fehche '*vicia*' PR. P. 153; feche VOC. 201; ficche WICL. IS. xxviii. 25.

fecchen, v., *O.E.* feccan,= *Ger.* facken (GR. WB. III. 1229); *fetch*, JUL. 69; ORM. 8634; LANGL. *B* ii. 180; CH. C. T. *G* 411; he wile hem fecchen into chirche HOM. II. 61; water fecchan JOHN iv. 15; vechchen A. R. 368; fecche HORN (R.) 357; AN. LIT. 10; P. L. S. xiii. 222; WILL. 26; hwuch este mihtestu þar vecche O. & N. 1504; facche P. S. 191; vacche FER. 2517; **fecched** (*pret.*) REL. I. 217 (MISC. 13); **feche** (*imper.*) JUL. 67; fæche (*printed* sæche) [feche] LAȜ. 3571; **fecche** (*subj.*) R. S. ii; if he fer fecchen fode REL. I. 216; feight(e) (*pret.*) MAN. (F.) 9058; þer he dæd fæhte LAȜ. 6460; foched MAN. (F.) 12690.

fecht, *see* fehten.

fēden, v., *O.E.* fēdan,= *O.Fris.* fēda, *O.N.* fœ̄a, *Goth.* fōdjan, *O.L.G.* fōdean, *O.H.G.* fuotan; *from* fōde; *feed*, LAȜ. 3253; ORM. 2080; feden, fede HAV. 621, 906; veden A. R. 214; fede MAND. 58; M. H. 43; vede AYENB. 199; **fēdeð**, fet (*pres.*) REL. I. 215, 225; fedeþ [fet] LANGL. *B* PROL. 194; fet HOM. I. 63; A. R. 198; vēd (*imper.*) A. R. 100; **fēdde** (*pret.*) KATH. 1843; GEN. & EX. 2630; CH. C. T. *A* 146; feddest JUL. 61; fēd (*pple.*) C. L. 1276; ifed P. L. S. xiii. 135; ived A. R. 206; O. & N. 1529.

fēdinge, sb., *O.E.* fēding, = *O.N.* fǣðing;

feeding, PR. P. 152; feding TREV. III. 183; MED. 39.

feder, *see* **fæder**. **fedme**, *see* **faðme**.
fee, *see* **feo** *and* **feoh**. **feel**, *see* **fēle**.
feend, *see* **fēond**. **feer**, *see* **fēre**.
feet, *see* **fait**.

fefering, sb., *from O.E.* feferian; *fever*; **feveringes** (*gen.*) MAN. (F.) 3925.

feffement, sb., *O.Fr.* fieffement; *enfeoffment*, LANGL. *B* ii. 72.

feffen, v., *O.Fr.* feffer, fieffer; *enfeoff, endow*; feffe WILL. 1061; **feffede** (*pret.*) ROB. 368.

fefre, sb., *O.E.* fefer (MAT. viii. 15), *from Lat.* febris; *fever*, A. R. 112; fevre AYENB. 29; fevre [fevere] LANGL. *B* xiii. 336; fivere PR. P. 163; fiver PR. C. 2989.

[**fēȝe**, adj., *O.E.* fēge; *fit; comp.* ȝe-fēȝe.]
fēȝe, *see* **fēȝe**.

fēȝen, v., *O.N.* fegja, fægja, = *M.Du.*, *M.H.G.* vegen; *polish, adorn; cleanse*: fæien heore steden LAȝ. 8057; **feaȝeð** (*pres.*) A. R. 58*; feg ðe ðus of ði brest filde (*r.* filðe) REL. I. 213; feahe þi meidenhad wið alle gode þeawes H. M. 45; **fēiede** (*pret.*) D. ARTH. 1114; fæȝeden heore wepnen LAȝ. 7957.

feahunge, sb., *adornment*, H.M. 43.

fēȝer, sb., = *M.H.G.* vegære; *cleanser*; feiar PR. P. 203.

fēȝen, v., *O.E.* fēgan, = *O.Fris.* fōga, *O.H.G.* fuogen; *adapt, fit, join*; veien A. R. 396; feȝe P. S. 154; fie S. S. (Wr.) 2981; vie TREAT. 139; **vieþ** (*pres.*) BEK. 658; [**fēȝede** (*pret.*)] feide þe lemes to ure licame HOM. II. 25; fiede LAȝ. 50; mannes bodiȝ fēȝed (*pple.*) is of fowre kinne shafte ORM. 11501; *comp.* ȝe-fēȝen.

fēiunge, sb., *O.E.* fēgung, = *M.H.G.* vüegunge, veiunge; *joining*, A. R. 78; feinge HOM. II. 25.

fēȝer, *see under* **fēȝen**.

feȝt, *see* **feht**. **feh**, *see* **feoh**.

feht, sb., *O.E.* feoht, fyht, = *O.H.G.* (gi-)feht *n.; fight*, KATH. 608; þet fecht, þis fecht HOM. I. 151; feȝt A. P. ii. 275; feht, fæht, feiht, feoht, fiht LAȝ. 172, 407, 1744, 4170, 18693; feight, feit PR. P. 153; fiht HAV. 2668; þat fiht C. L. 973; viht A. R. 358; figt GEN. & EX. 870; viȝt AYENB. 180; **fehtes** (*gen.*) LAȝ. 8609; **fehte** (*dat.*) HOM. II. 115; fihte, fuhte LAȝ. 605, 6807; *comp.* ȝe-feht.

fiht-lāo, sb., *O.E.* feohtlāc; *battle*, O. & N. 1699.

fioth-wite, sb., *O.E.* fiht-, fyht-, feohtwīte; *fine for fighting*, '*quite de medlee de la merci*,' REL. I. 33.

fehten, v., *O.E.* feohtan, = *O.Fris.* fiuchta, fiochta, *O.H.G.* fehtan; *fight*, KATH. 603; feohten, fihten LK. xiv. 31, 32; fechten, fihten HOM. I. 153, 155; fehten, feihten, fihten, fuhten LAȝ. 5765, 1491, 1580, 3939; feȝte ANT. ARTH. xxxii; feightin, feitin PR. P. 153;

fihten K. T. 1078; (*ms.* fihhtenn) ORM. 1842; figten GEN. & EX. 3227; fihte, vihte, fiȝte, viȝte O. & N. 172, 1069, 1679; fiȝte WILL. 3825; viȝte AYENB. 15; fighten LANGL. *C* xxii. 65; fiht, fiȝt (*pres.*) O. & N. 176, 1072; (we) fehtað HOM. I. 107; (heo) vihteð A. R. 268; **feaht**, faht fæht, feht (*pret.*) LAȝ. 1591, 4353, 8806, 11278; faht MARH. 2; faht, vaȝt O. & N. 1071; faȝt ROB. 274; FER. 465; fagt GEN. & EX. 3386; faght OCTAV. (H.) 535; fauht MAN. (H.) 170; fauȝt WILL. 3426; faught RICH. 5677; faut TOR. 668; fuhten A. R. 196; fuhten [fohte] LAȝ. 576; fohten (*ms.* feohten) 7482; fuȝten HORN (L.) 1375; fouhten HAV. 2661; fouȝten WILL. 3414; foȝtun ANT. ARTH. xliv; **foghten** (*pple.*) MIN. v. 62; foghtin EGL. 439; *comp.* for-, ȝe-, wið-fehten.

feightare, sb., *O.E.* feohtere, = *O.H.G.* fehtāri; *fighter*, '*pugnator*,' PR. P. 153; fiȝttere SHOR. 109; **fiȝteres** (*pl.*) TREV. I. 351; fechtaris BARB. xi. 106.

fihtinge [fiȝtinge], sb., *fighting*, O. & N. 1704; viȝtinge AYENB. 37.

fechting-sted, sb., *battlefield*, BARB. xv. 378.

fei, sb., *O.Fr.* fei, feid; *faith*, HAV. 255; BEK. 2062; JOS. 245; SACR. 589; sai SHOR. 139; DEGR. 428; feið GEN. & EX 2687; feiþ P. L. S. xxv. 136; MAND. 18; EGL. 440; feiȝþ WILL. 275.

feiþ-ful, adj., *faithful*, WILL. 5434; MAND. 139.

feiþful-li, adv., *faithfully*, MAND. 246.

feith-hēd, sb., *fidelity*, ROB. (W.) APP. G. 59*.

feith-liche, adv., *in faith, truly*, WILL. 2732; feiþli 777; feiþeli 201; feiȝþli 4793; feiȝþeli 230; feþli 132, 209; feȝtli 703; faitli ALIS. 804; faithli D. TROY 11447; faitheli GAW. 1635.

feide, sb., *med.Lat.* faida; *feud*, ALIS. 96.

fēie, *see* **fēȝe**. **fēien**, *see* **fēȝen** *and* **feoȝen**.
feier, *see* **fæȝer**. **feiȝ**, **feih**, *see* **feoh**.
feild, *see* **feld**. **fein**, *see* **fæȝen**.

feinin, v., *O.Fr.* feindre; *feign*, '*fingo*,' PR. P. 153; feine CH. C. T. *A* 736; PL. CR. 273; **feignede** (*pret.*) BEK. 42; feinede ROB. 336; **feined** (*pple.*) PR. C. 2556; fained A. P. ii. 188.

feinere, sb., *feigner*: the feinere in mouth desceiveth his frend WICL. PROV. xi. 19; feinare '*fictor, simulator*' PR. P. 153; **feineres** (*pl.*) WICL. JOB xxxvi. 13.

feining, sb., *pretending, pretence*, WICL. IS. xxxii. 6; love withoute feininge WICL. ROM. xii. 9; '*fictio, simulacio*' PR. P. 153.

feint, adj., *O.Fr.* faint; *faint*, '*segnis*,' PR. P. 153; SPEC. 25; MIRC 1193; saint PL. CR. 47.

feint-liche, adv. *faintly*, P. S. 325; feinteliche ROB. (W.) 10595.

feintnesse, sb., *faintness, segnities*,' PR. P. 153; MED. 594.

feintin. féle.

feintin, v., *faint*, '*fatisco*,' PR. P. 153; feinte WILL. 3638; DAV. DR. 118.

feintise, sb., *O.Fr.* feintise, faintise; *dissimulation, cowardice, languor*, MARG. 34; WILL. 436; MIRC 1207; faintise AYENB. 26; PL. CR. 251; IW. 79; PR. C. 3519; fantise ROB. (W.) 460*.

feir, *see* fæ3er.

faire, sb., *O.Fr.* feire; *fair, market*, FL. & BL. 216; WILL. 1822; feire, faire LANGL. *A* v. 119; *B* v. 205; faire AYENB. 76; GAM. 271.

feiren, *see* fæ3rien. **feirie**, *see* **fairie**.

feið, *see* **fei**.

fekel, *see* **fikel**.

fel, sb., *O.E.* fel, fell, = *O.L.G.*, *O.Fris.*, *O.H.G.* fel (*gen.* felles), *O.N.* (bōk-)fell, (ber-)fiall, *Goth.* (þruts-)fill *n.*, *mod.Eng.* fell; *hide, skin*, KATH. 1617; REL. I. 211; WILL. 1720; S. S. (Wr.) 2483; K. T. 752; (*ms.* fell) ORM. 10441; fel ['*pellem*'] WICL. JOB ii. 4; þet fel HICKES I. 227; fel, vel A. R. 120, 364; vel O. & N. 830; **felle** (*dat.*) ROB. 287; GAW. 1359; PR. C. 82; velle AYENB. 210; a feier þing of flesche and felle EGL. 26; **fallen, fellen** (*dat. pl.*) HOM. I. 225; *comp.* **barm-, bōo-fel**.

fel, adj., *O.E.* (wæl-)fel, = *M.Du.* fel, *O.Fr.* fel; *fell, fierce, cruel*, P. L. S. xxiv. 35; CHR. E. 791; AYENB. 66; RICH. 4419; CH. C. T. *D* 2002; LIDG. M. P. 145; a fel wind LANGL. *B* xvi. 31; fel and grim M. H. 123; **felle** (*pl.*) WICL. JOB xxxvi. 13; felle frekes LANGL. *B* v. 170; mid hire felle wrenches LA3. 5302*; wit wordez felle A. P. i. 367; he lokede felle OCTAV. (H.) 936; nas never feller (*comp.*) fever WILL. 897; **felliste** (*superl.*) AYENB. 61.

fel-hēde, sb., *cruelty*, AYENB. 29, 159.

fal-li, adv., *cruelly*, WILL. 3274; A. P. ii. 571; PR. C. 4449; PERC. 613; felle TRIST. 97.

felnes, sb., *atrocity, astuteness* ['*astutia*'], WICL. S. W. I. 55; fellnesse WICL. JOB v. 13.

fel, sb., *O.N.* fiall, *mod.Eng.* fell; *mountain*, M. H. 25; DEGR. 1149; **felle** (*dat.*) GAW. 723; D. ARTH. 2489; **felles** (*pl.*) ANT. ARTH. i.

fela3e, sb., *O.N.* fēlagi; *fellow, partner, companion*, HORN (L.) 996; SHOR. 161; felage GEN. & EX. 1761; felaghe PR. C. 5485; vela3e AYENB. 36; feolahe JUL. 49; fela3e, felawe HOM. I. 187, 201; felawe P. L. S. x. 42; ALIS. 2255; LANGL. *B* vii. 12; CH. C. T. *A* 395; PERC. 460; feo-, felawe A. R. 114; felowe MAND. 24; **fela3es** (*pl.*) GAW. 1702; felahes KATH. 2339; velaghes MISC. 34; felawes, felaus ROB. (W.) 1376, 2335; *comp.* **bord-fēlawe**.

feolau-lich, adj., *brotherly*, A. R. 282.

fela3-liche, adv., *brotherly*, A. R. 38.

feolau-rēden, sb., *company*; veolauredden A. R. 106; vela3rede AYENB. 9; felaurede RICH. 3137; K. T. 956; felaurade HORN (R.) 174.

fela3-schip, sb., *fellowship*, A. P. ii. 271; felawscipe HOM. I. 185; feolauschipe A. R. 160; felauschupe JOS. 165.

felawschipen, v., *associate with, unite in*: ne **felawship** (*imper.*) [*later vers.* felowschipe] with hem mariagis WICL. DEUT. vii. 3; **felawshipten** [*Purv.* felouschipiden] (*pret.*) hem selven with hem in the batail 1 KINGS xiv. 22; **felowshipte** [*Purv.* felouschipid] (*pple.*) þur3 mariage GEN. xxv. 7; felaschipid [felouschipid] PROV. xxvi. 23.

fela3en, v., *make a partner*; **vēla3eþ** (*pres.*) AYENB. 102.

feld, sb., *O.E.* feld, feald, *cf. O.Fris.* feld, field *m.*, *O.L.G.* feld, *O.H.G.* felt, feld *n.*; *field, plain*, ORM. 14568; SPEC. 105; LANGL. *B* i. 2; MAND. 50; DEGR. 269; þene feld LA3. 15285; a veld [on feolde] 17156; ænne bræne (*v.* bradne) fæld 14202; þen feld ROB. 213; veld (*ms.* ueld) A. R. 102; AYENB. 131; feld [feeld] CH. C. T. *A* 886; feild ALIS. 3403; fild PERC. 1679; TOR. 3; AMAD. (R.) xvi; **fēlde** (*dat.*) O. & N. 1714; REL. I. 217; vælde LA3. 15188; fielde S. A. L. 157; **fēldes**, felde (*pl.*) LA3. 4164, 24694; **fēlden** (*dat. pl.*) LA3. 18404.

feld-bēst, sb., *cattle*; oure . . . **feeldbeestes** (*pl.*) and housbeestis WICL. NUM. xxxii. 26.

fild-man, sb., = *Ger.* feldmann; *countryman*, '*rusticus*,' VOC. 213.

fēld-mous, sb., *field-mouse*, PALL. i. 918.

field-wode, sb., *name of a plant*; ? = fieldwort; ? *gentian*, GOW. II. 262.

fēlde, fēlden, *see* **fald²**, **fealden**.

fēldi, adj., *champain*: the feeldi places of Moab WICL. NUM. xxii. 1; feeldi GEN. xiv. 6; LK. vi. 17.

fēld3efare, fēldefare, sb., *O.E.* feldefare, feolufor, fealafor (*turdus pilaris*) ETTM. 344, ? = *O.H.G.* felefor (*onocratalus*); *fieldfare*, REL. II. 78; CH. P. F. 364; feldefare, felfare PR. P. 154; **fēldfares** (*pl.*) WILL. 183.

féle, adj., *O.E.* fela, feola, feala, feolu, feolo, = *O.Fris.* felo, *O.L.G.* filu, filo, *O.H.G.* filu, filo, file, *Goth.* filu, *Gr.* πολύς; *much, many*, SHOR. 16; WILL. 5; A. P. i. 21; M. ARTH. 6; ANT. ARTH. xxi; hu fele hlafe MAT. xv. 34; feole þinge MK. v. 26; fele 3ere HOM. I. 35; feole oðre godere werke 9; fele wundre 227; fele shulen fallen ORM. 7640; ne ilef þu nouht to fele uppe þe see þat floweþ REL. I. 174; þær wæren fele gode men ORM. 55; þe wise mon mid fewe word(e) can fele biluken REL. 183; hu fele ger GEN. & EX. 2400; fele wordes LANGL. *B* iii. 338; fele siþe HAV. 778; vele manne MISC. 75; fela þefas SAX. CHR. 253; feole huntes 256; feale tacne 249; þer weore feondes to feole [fale] LA3. 1286; feola wintre 2046; fele 3er 108; fele [fale] 3ere 13733; feole cnihtes 24537; væle þusend 22350; feole KATH. 89; JOS. 18; feole domes FRAG. 8; feole [veole] siðen

A. R. 236, 320; fele, feale P. L. S. viii. 5, 35; fele [veole] þeode O. & N. 387; fele [vele] wrenche 813; of so feole [fele] þinge 1772; swa vale wise 1663; fele, vale ROB. 9, 200; feel ROB. (W.) 208; fale HICKES I. 232; to velen AYENB. 102.

feole-fold, adj., *O.E.* felafeald; *manifold*; feolevold A. R. 180; feolefolde mede HOM. I. 135; feolevalde sorȝe LAȜ. 27129.

fele-faldien, v., *multiply*; **felefaldes** (*pres.*) PS. xi. 9.

fēle, sb., *O.E.* fēle(-lēas), = *O.Fris.* fēle; *feeling*, C. M. 17017; reaves me fele of pine HOM. I. 285.

[**fēle**, sb., *? O.E.* (unge-)fēle; *? sensible; comp.* eð-fēle.]

fēle, *see* **fæle**.

fēlen, v., *O.E.* feolan (*pret.* fealh), = *O.N.* fela, *O.Fris.* (bi-)fella, *O.L.G.* (bi-)felhen, *O.H.G.* felahan, *Goth.* filhan (κρύπτειν, θάπτειν); *hide, conceal*; fele D. ARTH. 3237; þat godes gift fra man wil fele (*printed* sele) M. H. 3; fēle (*pres.*) A. P. ii. 914; ie fele TOWNL. 67; *comp.* bi-fēlen.

fēlen, v., *O.E.* fēlan, = *O.Fris.* fēla, *O.L.G.* (gi-)fōlian, *O.H.G.* fuolan, fualan; *feel*, GOW. III. 281; fele A. P. ii. 107; APOL. I: fēleð (*pres.*) HOM. II. 93; veleð A. R. 178; fielez S. A. L. 148; ȝif þou fele þe siker P. L. S. xxix. 45; fēlde (*pret.*) ROB. 16; SHOR. 86; felte CH. C. T. G 521 (Wr. 12449); veiled ROB. (W.) 6962*; fēled (*pple.*) SPEC. 68; WILL. 638; *comp.* ȝe-fēlen.

fēlend-lī, adv., *sensibly*: he spak felendli or wiseli, weel WICL. ECCLUS. xiii. 27.

fēling, sb., = *Ger.* fühlung; *feeling*, PR.C. 3030; velunge A. R. 110; felunge H. M. 13; velinge AYENB. 241.

fel-fare, *see* **feldȝefare**.

felȝe, sb., *O.E.* felg, felge, = *M.Du.* velge, *O.H.G.* felga; *felloe (of a wheel)*; veli VOC. 180; felwe '*canthus*' PR. P. 154; felowe VOC. 234; **felien** (*pl.*) KATH. 1944; felies WICL. 3 KINGS vii. 33.

felȝen, *see* **folȝen**.

felicitē, sb., *O.Fr.* felicité; *felicity*, CH. C. T. A 1266.

felie, *see* **felȝe**.

feliole, sb., *round tower*; **felioles** (*pl.*) SQ. L. DEG. 835; filioles (*pl.*) A. P. ii. 1462; faire filiolez þat fiȝed and ferlili long GAW. 795.

fellen, v., *O.E.* fellan, fyllan, = *O.L.G.* fellian, fellean, fellien, *O.H.G.* fellen, *O.N.* fella; *from* **fallen**; *fell, cut down, knock down*, P. S. 189; fellin '*dejicio*' PR. P. 154; vellen heo to grunde MISC. 89: felle JOS. 368; M. H. 45; walles felle O. & N. 767; felle [fille] an oke CH. C. T. A 1702; fellen, fællen, feollen LAȜ. 4204, 5632, 8600; velle, fulle L. H. R. 30; he let fulle þe grete tren ROB. 170; **fel** (*imper.*)

LAȜ. 3697; **felde**, fælde, feolde, fulde (*pret.*) LAȜ. 1716, 1917, 3710, 4089; felde ROB. 70; HAV. 1859; fulde FER. 3734; felden ALIS. 5844; feolden CHR. E. 94; *comp.* a-, bi-, ȝe-fellen.

fallinge-ax, sb., *felling-axe*, WICL. PS. lxxiii. 6.

fellen, *see* **fullen**.

feloun, sb., *O.Fr.* felon, felun; *felon*, BEK. 565; AYENB. 29; felum FL. & BL. 329.

felon-liche, adv., *like a felon, cruelly*: falsliche and felonliche LANGL. B xviii. 349; felonlike MAN. (F.) 493; **felonloker** (*comp.*) 3028.

felonie, sb., *O.Fr.* felonie; *felony*, FL. & BL. 331; P. L. S. xiii. 97; AYENB. 149; felonie [feloniȝe, velonie] ROB. (W.) 1446.

felonous, adj., *O.Fr.* feloneus; *vicious, cruel, wicked*: felonouse and foule MAND. 65.

felschen, v., *? renovate*: gerte felschene his firez D. ARTH. 1975.

felt, sb., *O.E.* felt, = *M.Du.* vilt, *O.H.G.* filz; *felt*, '*filtrum*,' PR. P. 154; A. P. ii. 1689.

felt-wort, sb., *O.E.* feltwyrt; *verbascum*, LEECHD. GLOSS. II. 384.

felten, v., = *M.H.G.* vilzen; *felt*: **felted** (*pple.*) botes P. S. 330 (P. 26).

feltren, v., = *Fr.* feutrer, *Ital.* feltrare; *felt; join together*; **filter**, filtir (*pres.*) A. P. ii. 696, 224; **felterd** (*pple.*) TOWNL. 85; filtered D. ARTH. 1078.

felðe, *see* **fulðe**. **felwe**, *see* **felȝe**.

femelle [**femele**], adj. & sb., *O.Fr.* femelle; *female*, CH. C. T. D 122; femelles [femeles] (*pl.*) LANGL. B xi. 331.

fēmen, *see* **fāmien**.

feminin, adj., *O.Fr.* feminin, *from Lat.* fēminīnus; *feminine, womanly*: the feminin gender TOWNL. 309; feminine shamefastness KN. CUR. 97.

feminitē, sb., *womanhood*: o serpent under feminitee CH. C. T. B 360; a thing contrarie to feminite LIDG. M. P. 47.

fen, sb., *Arabic* fan; *section of Avicenna's Canon*, CH. C. T. C 890.

fen, sb., *O.E.* fenn *n. m., cf. O.N.* fen *n.*, *O.Fris.* fenne *m.*, *? O.H.G.* fenni *n.* fenna *f.*, *Goth.* fani *n.*; *fen*, GEN. & EX. 490; SPEC. 54; PR. C. 566; þet fule fen HOM. I. 81; a ful deop fen MISC. 150; ven A. R. 138; fenne (*dat.*) LAȜ. 21741; FER. 2331; venne O. & N. 832; fenne (*pl.*) P. S. 70; *comp.* lāȝe-, mōr-fen.

fen-fern, sb., *O.E.* fenfearn; fen vern '*salvia*,' VOC. 139.

fen-līc, adj., *marshy*; venliche A. R. 206.

fēnd, **fōnd**, *see* **fēon**, **fēond**.

fence, sb., *O.Fr.* defense; *defence, bulwark* '*protectio, defensio*,' PR. P. 155; '*municio, defensaculum*' PR. P. 155; he stood at fence agein them HALLIW. 352; the fens & the fin stuff of all the tulkes D. TROY 7363.

fencen, v., *defend, fence*: fast stand we to fence TOWNL. 308; fensin PR. P. 155; **fencid** (*pple.*) or defencid '*defensus, munitus, defensatus*' PR. P. 155.

fenden, v., *for* **defenden**; *defend,* LANGL. *B* xix. 61; fende MAN. (F.) 6491.

fenel, fenkil, sb., *O.E.* finul, *from Lat.* feniculum; *fennel,* PR. P. 155; fenil SPEC. 44; finkil VOC. 191.

fenel-seed, sb., *fennel seed,* LANGL. *A* v. 156.

fenestral, sb., *window*; fenestralle VOC. 237; PR. P. 155.

fenestre, sb., *O.Fr.* fenestre; *window,* BRD. 15; LANGL. *B* xviii. 15.

feng, sb., *O.E., O.Fris.* feng, = *O.N.* fengr; *from* **fōn**; *capture, seizing,* HOM. I. 39; **fenges** (*gen.*) LA3. 8610; **fenge** (*dat.*) O. & N. 1285; *comp.* **for-, here-feng.**

fēnix, sb., *O.E.* fenix, *from Lat.* (*Gr.*) phoenix; *phœnix,* MAND. 48; A. P. i. 430; fenex of Arabie CH. D. BL. 980; fenis VOC. 189.

fenken, v., = **vencuse**; *vanquish*: Philip fenkes (*pres.*) in fight ALIS.² (Sk.) 323; haddest þou fenked (*pple.*) þe fon þat in þi flech dwellen ALEX.³ (Sk.) 339; hee had fenked þe folke too fare ALIS.³ (Sk.) 111; ifenked 117.

fenkil, *see* **fenel.**

fenni, adj., *O.E.* fennig, fenneg, = *O.H.G.* fennig; *dirty, vile,* A. P. ii. 1113.

fenni-līche, adj., MARH. 15; H. M. 11.

fente, sb., *O. Fr.* fente; *the slit in a robe closed by a brooch or trimmed with fur, &c.,* '*fibulatorium,' fimbria,* PR. P. 156.

feo, sb., *O.Fr.* feu, fiu, *from med.Lat.* feudum; *fee,* ALIS. 7963; fee PR. P. 152; **fees** (*pl.*) A. P. ii. 960.

feo, *see* **feoh.** **feoȝen,** *see* **fēon.**

feoh, sb. *O.E.* feoh, = *O.N.* fē, *O.Fris.* fia, *O.L.G.* fehu, *O.H.G.* fihu, *Goth.* faihu, *Lat.* pecu, *mod.Eng.* fee; *cattle, property, money,* '*pecunia,'* FRAG. 4; feoh (feo) LA3. 4429; feh P. S. 152; (*ms.* fehh) ORM. 3279: þet feh HOM. I. 91; feih A. R. 326; feo MISC. 95; FL. & BL. 25; feiȝ, fei C. L. 467; gold ne fe HAV. 44; and gaf him lond and agte and fe GEN. & EX. 783; fee C. M. 11679; CH. C. T. *D* 630; ISUM. 90; EGL. 294; hirdes that kepe thar fee MIR. PL. 95; mi gold and fee SACR. 382.

feoht, *see* **feht.** feole, *see* **fēle.**

fēon, v., *O.E.* fēon, fēoȝan, = *O.H.G.* fīen, *O.N.* fiā, *Goth.* fijan; *hate*; **f(ē)ode** (*pret.*) HOM. II. 209; wiþ freomen þu art ferli feid MISC. 86; said þe laverd to þe fede [fedde, qvede, fende] (*devil*) C. M. 12948; *comp.* ȝe-fēoȝen; *deriv.* **fēond.**

fēond, sb., *O.E.* fēond, fiond, fȳnd, = *O.L.G.* fiond, *O.Fris.* fiand, fīund, *O.H.G.* fīant, fīent,' *Goth.* fijands, *O.N.* fiandi, *mod.Eng.*

fiend; *from* **fēon**; *hater, enemy, fiend;* '*osor, hostis,'* FRAG. 5; R. S. vii; SPEC. 93; L. H. R. 137; þe feond hine ferede LA3. 237; feond he wes þes kinges 11352; veond A. R. 66; feond [fend] C. L. 893; fend ORM. 12354; EGL. 564; SACR. 884; feend MAND. 87; voend REL. I. 243; fiend HOM. II. 191; viend, vend AYENB. I, 158; find TOR. 991; AUD. 2; **fēonde** (*dat.*) LA3. 25791; **fēond** (*pl.*) FRAG. 6; LA3. 10311; HOM. I. 13; fond 67; feondes MARH. 8; viendes AYENB. 79; **fēonda** (*gen. pl.*) HOM. I. 33; **fēonden** (*dat. pl.*) LA3. 373; feonde HOM. I. 13; P. L. S. viii. 111; viende ANGL. I. 20; *comp.* ȝe-fēond.

fēnd-, feend-līch, adj., *O.E.* fēondlīc; *fiendish,* CH. C. T. *B* 783; fendli WICL. JAS. iii. 15; **fēondlīche** (*adv.*) stor LA3. 85; feondliche wunden 28579.

fēond-rǣs, sb., *hostile course,* LA3. 23960.

fēond-scaðe, sb., *O.E.* fēondsceaða, -scača; *monster,* LA3. 26039.

fēond-scipe, sb., *O.E.* fēondscipe, = *O.L.G.* fiundscipi, *O.H.G.* fiantscaf; *enmity,* LA3. 7714.

fēond-slæht, sb., *slaughter of foes,* LA3. 16456.

fēond-ðēwes, sb. pl., *evil conduct*; feonðewæs LA3. 579.

feor, sb., *O.Fr.* feur; *price,* HOM. I. 287; A. R. 398; **feore** (*dat.*) C. L. 1091.

feor¹, sb., *O.E.* feorh (*gen.* feores), = *O.N.* fiör, *O.L.G., O.H.G.* ferah; *life*: þa ich wes an vore (? = veore) fiftene ȝere LA3. 15700.

feor, adj. & adv., *O.E.* feorr, fiorr, (*remote*), = *O.L.G.* ferr, fer, *O.Fris.* fir, *O.H.G.* fer, ferro, ferr, *O.N.* fiarri, fiarr, *Goth.* fairra (πόρρω), *Lat.* porro, *Gr.* πόρρω; *far,* C. L. 1304; ALIS. 3851; þe nes noht feor [for] from heom LA3. 543; he ferde to feor 1720; feor, veor A. R. 76, 104; feor ihc am iorne HORN (L.) 1146; feor, fer ORM. 6986, 8473; feor, veor, for, vor O. & N. 398, 653, 710; fer '*procul*' PR. P. 156; HAV. 359; IW. 1815; A. P. i. 334; PR. C. 3895; fur P. L. S. i. 50; as fur forþ as we mowe BEK. 880; of feor *from afar* HOM. I. 247; A. R. 250; of feor iboren MISC. 98; of se feor KATH. 825; on fer *afar,* C. M. 12352; a fer ['*procul*'] WICL. GEN. xxii. 4; GOW. I. 314; a ver AYENB. 91; hi stode o fur P. L. S. xviii. 43; bi fer JOS. 592; þe vee AYENB. 112; vram ver 164; in so feorre londe MISC. 85; of ferre londe ROB. 331; ferre londes WILL. 155; verre stedes AYENB. 204; **fīr** [*O.E.* fyrr, = *O.N.* firr, *O.Fris.* firra, ferra] (*compar.*) MARH. 10; þes þe fir HOM. I. 103; fir & neor 137; fur A. R. 192; no fur BEK. 1172; fur and ner TREAT. 133; feor [fur] and ner O. & N. 923, 1657; ner and feorre 386; ferre WILL. 2613; ferre, firre A. P. ii. 97, 766; ac furre fleeþ P. L. S. xxxv. 132; verrore ROB. (W.) 2292; **ferrer** [*O.H.G.* ferror] LK. xxiv. 28; MAN. (H.) 44; IW. 1813; þanne walkede i ferrer PL. CR. 207; ferrer forth PR. C. 2329; ferror, ferrore ROB. (W.) 8458*, 9011*; **ferrest** [*cf. O.L.G.* ferrist, *O.H.G.* ferrost], (*superl.*) WILL. 2433; *ms.* farreste *corrected to* ferreste ROB. (W.) 3072*; it strecche‍þ ferrest ALIS. 4826; þe ferreste CH. C. T. *A* 494; þe ferreste ende KATH. 1565; verroste ROB. (W.) 3072.

fer-caster, sb., *a far-seeing person*: forwise & a fercaster D. TROY 3949.

fer-casting, sb., *foresight, suspicion*: of malice and of **fercastinge** (*dat.*) thei passen alle men undre hevene MAND. 219.

für-wei, sb., = *O.L.G.* ferweg; *long way*: er he a furwei com BEK. 1226.

feor, *see* **fǣr**. **fēore**, *see* **fēre**.

feorling, sb., ?=*M.H.G.* vierling; *farthing*; ferling P. S. 69.

feorme, veorme, sb., *O.E.* feorm; *repast, banquet*, LAȝ. 14426, 14432; ferme LK. xiv. 12; REL. I. 131; TREV. VII. 217; farme DREAM 1752.

feorren, v., *O.E.* feorran, fyrran,= *O.H.G.* firren, *O.N.* firra; *remove*; ferre PS. li. 7; verri (*printed* nerri) SHOR. 164; **verre‍þ** (*pres.*) AYENB. 178; firres (? *printed* firnes) A. R. 76*; **iverred** (*pple.*) AYENB. 240; *comp.* a-**ferren**.

feorren, ferrene, adv. & adj., *O.E.* feorran, feorrane,= *O.L.G.* ferran, ferrane, *O.H.G.* ferron, ferrana; *afar, from afar* ['*a longe*'], MAT. xxvi. 58, MK. v. 6; þa iseȝen heo nawiht feorren [vorre] a muchel fur smokien LAȝ. 25733; þa isehȝen heo feorre [a vorre] ænne selcuði ste(o)rre 17864; þa com þe ilke Belial ... feorren to JUL. 71; þet stod er veorren to A. R. 288; is feorrene ikumen 70; þe sonne and mone and mani(e) sterren bi easte arise‍þ swi‍þe ferren SHOR. 137; figeren (*for* fieren) GEN. & EX. 3519; feorre, veorre, ferre O. & N. 327, 1322; furre REL. II. 175; of feorren icumen HOM. I. 249; of ferrene ifat KATH. 1296; ferne MAN. (F.) 5040; fro ferne HAV. 1864; ROB. 193; fro ferre GOW. III. 95; ferde on ferren [*earlier text* fyrlen] land LK. xix. 12; on ferrum GAW. 1575; C. M. 5751; o ferrum MIN. vii. 70; o ferrom MAND. 271; of ferrene [forne] londe 5328; of furrene londe P. L. S. xix. 20; of ferne londe HAV. 2031; ferrene kinges LAȝ. 3331; verrene londes MISC. 27; to ferne halwes CH. C. T. *A* 14.

feorsien, v., *O.E.* feorsian, fyrsian; *remove*; fersien HOM. II. 205; fersen ORM. 14198; firsin JUL. 16; **fürseð** (*pres.*) A. R. 76; *comp.* a-**fürsien**.

feorst, *see* **frist**.

fēorðe, adj., *O.E.* fēorða,= *O.L.G.* fiortho, *O.N.* fiorði, *O.H.G.* fiordo, fierdo; *fourth*, LAȝ. 3311; veorðe A. R. 228; feorþe MISC. 145; feorþe, ferþe ORM. 530, 4318; feorče HOM. I. 105; forče (*for* feorče) HOM. I. 397;

fierðe 237; ferþe GOW. III. 113; CH. C. T. *D* 364; PERC. 1118; ferþe [fierþe] LANGL. *B* xix. 293; furþe BEK. 587; CHR. E. 429; ALIS. 52; FER. 1466; feurče TREV. III. 19*; fourþe TREV. III. 13; MAND. 234.

fērðing, sb., *O.E.* fēorðing, feorčung,=*O.N.* fiorðungr; *farthing*, LK. xii. 59; ferþing LANGL. *A* iv. 41; verþing ROB. 507; ferthing (*bit*) CH. C. T. *A* 134; ferþing noke H. S. 5812.

feoutē, *see* **feutē**.

fēower, card. num., *O.E.* fēower, feðer-, fyðer-, = *O.Fris.* fiower, fiuwer, *O.L.G.* fiuwar, fiar, fior, *O.H.G.* fior, fier, fiari, fiere *m. f.*, fioru *n.*, *O.N.* fiorir, fiorar, fiögur, *Goth.* fidwōr (*dat.* fidwōrim), fidur-; *four*; feower, feouwer, fower feour, four LAȝ. 25, 194, 1902, 2092, 25395; feower, fouwer, fuwer HOM. I. 49, 159; fuwer, ? fuȝer II. 85, 211; fowwerr, fowre ORM. 507, 11275; vor, vour [fouwer] A. R. 160, 172; four & twenti ROB. 22; vour AYENB. 124; fowre JUL. 59; fowre, foure GEN. & EX. 559, 816; alle foure BEK. 2395.

fowre-cornered, adj., *four-cornered*, 'quadrangulus,' PR. P. 175; fourcornarde S. S. (Wr.) 139.

four-fald, adj., *O.E.* feowerfeald; *four-fold*, four-vald LAȝ. 1356*.

feðer-fōted, adj., *four-footed*, HOM. I. 43; fourfoted WILL. 191.

fēower-nōked, adj., *four-nooked*, LAȝ. 21999.

four-score, sb., *fourscore*: þe ȝer of grace a þousand ... and fourscore & sevene ROB. 382.

foure-square, adj., *square*, PR. P. 175.

fēower-tēne, card. num., *O.E.* feowertēnē, tyne, = *Goth.* fidwōrtaihun; *fourteen*, LAȝ. 25675; fowertene HOM. I. 123; fourtene WILL. 1337; vourtene, fourtine ROB. 271, 279; fourte(n) niȝt BRD. 19.; furten FL. & BL. 210.

four-tēoþe, ord., *O.E.* fēowertēoða; *fourteenth*, BRD. 15; fourteþe ROB. 300; fowrtende GEN. & EX. 5143; fourtend PR. C. 4808.

fēower-ti, card. num., *O.E.* fēowertig, = *O.L.G.* fiwar-, fiartig, *Goth.* fidwōrtigjus; *forty*, SAX. CHR. 253; feowerti LAȝ. 31932; fowertiȝ ORM. 15594; feortig MAT. iv. 2; feortiȝ HOM. I. 227; fourti TREAT. 139.

fēower-tiȝþe, ord., *O.E.* fēowertigoða; *fortieth*, PROCL. 8; fower-, fuwertiðe HOM. II. 47, 113; furteohte HOM. I. 229; vourtaȝte AYENB. 13.

fer, *see* **fær, feor, for,** *and* **fers**.

fēr, *see* **fǣr** *and* **für**.

feraunt, *see* **ferraunt**. **ferce**, *see* **fers**.

ferche, ferchs, *see* **fresh**.

fercost, sb., = **farcost**; *a kind of ship*: in floines and **fercostes** (*pl.*) D. ARTH. 742.

ferde, sb., *O.E.* ferd, fierd, fyrd,= *O.Fris.* ferd, *O.N.* ferð, *O.L.G.* fard (*gen.* ferdi), *O.H.G.* fart (*gen.* ferti); *from* **fǣren**; *military expedition, march*, HOM. II. 51; O. & N. 1668; HAV. 2535; WILL. 5326; ferde, verde, verd A. R.

74, 232, 264; ferde, færde LAȝ. 1413, 4429 (*misprinted* færð 1310); ferde, furde FER. 85, 95; ferd ORM. 14850; ROB. 19; WILL. 386; **ferde** (*dat.*) ALIS. 5579; þere ferde LAȝ. 4999; verde [varde] ROB. (W.) 7920; with grete furde hi come to Engelonde P. L. S. xviii. 10; **ferde** (*pl.*) LAȝ. 5146; **ferden** (*dat. pl.*) LAȝ. 5105; *comp.* **leod-, schip-, þrüm-ferde.**

ferd-wīte, sb., *O.E.* ferdwīte; *fine in lieu of military service,* '*quite de morance de ost,*' REL. I. 33.

ferde, ferdful, ferdlaik, ferdli, ferdnes, *see* **færde.**

ferdi, *see* **færdi.**

ferdien, v., *O.E.* fyrdian; *from* **ferde**; *go on a military expedition*; furdien (*ms.* furðien) HOM. II. 189.

ferding, sb., *O.E.* fyrding; *expedition,* GEN. & EX. 842; furding FRAG. 2; fardung HOM. II. 189.

fēre, sb., *O.E.* (ge-)fēra; *from* **fāren**; *companion,* A. R. 114; ORM. 8608; O. & N. 223; GEN. & EX. 338; HAV. 1214; SHOR. 69; H. H. 67; MIRC 190; AMAD. (R.) xii; þou þeves fere GREG. 897; hir fere [feere, fere] fleeþ fro hire LANGL. B xvii. 318; feere S. S. (Wr.) 244; L. H. R. 147; HOCCL. vi. 23; TOWNL. 6; Eve his feere C. L. 136; **fēren** (*pl.*) LAȝ. 26135; KATH. 1252; HORN (L.) 19; veren A. R. 86; alle mine fere P. L. S. xv. 58; *comp.* ȝe-, plei-, scōle-fēre.

fēr-hēde, sb., *society, company,* ALIS. 3060; ROB. 138; verhede ROB. (W.) 2917.

fēr-rēden, sb., *O.E.* gefērræden; *society, company,* KATH. 703; HOM. II. 33; feorreden A. R. 106*; ferrede P. L. S. xvi. 145; RICH. 2278; foredene ROB. (W.) G. 59; **ferrædene** (*pl.*) LAȝ. 6020.

fēre, sb., *O.E.* gefēr *n.*; *from* **fāren**; *companionship, company*: al the fere þat him folowes D. TROY 1132; in fere *in company, together,* MISC. 210; CH. C. T. B 328; A. P. i. 89; M. ARTH. 3702; MIR. PL. 79; in fere, i fere WILL. 1429, 2180; in (i) fere MIRC 25; i fere TREAT. 136; DEGR. 244; twein kinges þere ævere weoren i fere LAȝ. 27435; in feer ROB. (W.) APPEN. xx. 268; in feere S. S. (Wr.) 263; HOCCL. iii. 40; i veore LAȝ. 3286.

fēre, adj., *O.E.* (ge-)fēre,=*O.Fris.* fēre, *O.N.* fœrr (færr), *O.H.G.* (gi-)fuori; *able to go, in health,* HOM. I. 25; HORN (R.) 155; ALIS. 3510; þat makiþ þe sike þus fere FLOR. 2006; hal and fere ISUM. 601; hol & fere WILL. 1583; MAN. (F.) 9650; fere, feore LAȝ. 17618, 30601; feere FER. 517; GEN. & EX. 2812; *comp.* **un-fēre.**

fēre, sb.,=*O.Fris.* fēre, *O.N.* fœri, *O.L.G.* (gi-)fōri, *O.H.G.* (gi-)fuori; *ability, power*: after þine fere ORM. 1251; þus is þes world of false fere MISC. 95; *comp.* **un-fēre.**

[**fēre,** sb., *O.N.* (tor-)fœra; *comp.* **tōr-fēre.**]

fēre, *see* **fēr** *and* **fǣr.**

fēren, v., *O.E.* fēran (*go*), = *O.Fris.* fēra, *O.N.* fœra, *O.L.G.* fōrien, *O.H.G.* fuoran (*carry*); *go, travel,* HOM. I. 11; færen LAȝ. 4401; fērð, fearð (*pres.*) HOM. I. 103; fērde (*pret.*) KATH. 5; ORM. 2661; MISC. 139; WILL. 30; S. S. (Wr.) 573; AMAD. (R.) xix; þa he to wode ferde LAȝ. 302; for to lokien hu hit þer ferde HOM. I. 41; hwou Robert with here loverd ferde (*behaved*) HAV. 2411; and glad was he if ani wight wel ferde CH. TRO. iii. 1791; as a wod mon he ferde K. T. 98; ferde, verde FER. 3228, 3598; fierde S. A. L. 148; (heo) ferden FRAG. 7; LANGL. B ix. 143; forþ þei ferden ALIS. 181; furde BEK. 20; *comp.* **for-, ȝe-, þurh-fēren.**

fēren, v., *O.Fr.* aferir; *belong, be due*: þe fēres (*pres.*) lofsang PS. lxiv. 2.

fēren, *see* **færen.**

feret, *see* **foret.**

feri, sb., *O.N.* ferja,=*M.H.G.* vere; *from* **ferien**; *ferry,* '*pormeus,*' PR. P. 156.

feri-boot, sb., *ferry-boat,* PR. P. 156.

feriāge, sb., *ferryage,* '*feriagium, naulum,*' PR. P. 156.

ferialle, adj., *festival,* '*ferialis,*' PR. P. 156.

fērie, sb., *O.Fr.* fērie, *from Lat.* fēria; *festival, holiday,* LANGL. B xiii. 415; **fēries** (*pl.*) WICL. LEV. xxiii. 2, 4.

ferien, v., *O.E.* ferian,=*O.N.* ferja, *O.H.G.* ferren, *Goth.* farjan, *mod.Eng.* ferry; *carry, transport*; verien LAȝ. 32098; fere FLOR. 2086; fereð (*pres.*) HOM. l. 111; feriiþ P. L. S. v. (b) 42; fere (*imper.*) LAȝ. 26109; ferede [verede] (*pret.*) LAȝ. 237; feried (*pple.*) A. P. i. 945.

fēringe, *see* **fāringe.**

ferkien, v., *O.E.* fercian; *carry, proceed*; ferke WILL. 3630; D. ARTH. 984; **ferkeþ** (*pres.*) GOW. III. 295; ferkis ALEX. 926; ferkand (*pple.*) D. ARTH. 1451; he ferked (*pret.*) over þe flor A. P. ii. 133; þei ferkid hem forþ DEP. R. iii. 90; ferkid D. TROY 1036.

fērlien, v., *from* **fērlic**; *wonder*; **fērliede** (*pret.*) LANGL. C xiv. 173*.

fērling, *see* **feorling.**

fermacie, sb., *Gr.* φαρμακεία; *medicine*: **fermacies** (*pl.*) of herbes CH. C. T. A 2713.

ferme, adj., *Fr.* ferme; *firm,* '*firmus,*' PR. P. 156; CH. BOET. iii. 6 (78).

ferme, sb., *Fr.* ferme; *farm, rent,* '*firma,*' PR. P. 156; CH. C. T. A 252b; he sette his tounes & his londes to ferme ROB. 378; he sette to ferme ['*ad firmam tradidit*'] TREV. VII. 413.

ferme, *see* **feorme.**

fermen, v., *O.Fr.* fermer, *from Lat.* firmāre; *strengthen*: to fermie love bitwene hem two FER. 2113; ferme MAN. (F.) 15507.

fermerere, sb., *the officer in charge of the infirmary*: our sextein and our fermerere that han ben trewe freres CH. C. T. *D* 1859; fermerer *'enfermarius'* CATH. 127; *see* **enfermerere.**

fermerie, sb., *O.Fr.* enfermerie, *M.Lat.* infirmāria; *infirmary* : if ȝe fare so in ȝowre fermorie LANGL. *B* xiii. 108.; rewfulnes salle make the fermorie HALLIW. 353; *'valetudinarium'* a fermeri VOC. 231; *'refectorium'* a fermori 236.

fermien, v., *O.E.* feormian, fearmian; *cleanse*; ferme HALLIW. 353; he **fermeð** (*ms.* fermed) (*pres.*) his bernes flore LK. iii. 17; *comp.* a-**fermien.**

[**fermere,** sb., *cleanser*; *comp.* gong-**firmar.**]

fermin, v., *from* **ferme**; *farm, offer for hire*, *'firmo, vel ad firmam accipio*,' PR. P. 157.

fermisoun, sb., *med.Lat.* firmātiō; *close time (when animals are not allowed to be killed)*; in fermisoun time GAW. 1156; flesch fluriste of fermisone (*venison*) with frumentee noble D. ARTH. 180; faire bi **fermesōnes** (*pl.*) by frithis and felles ANT. ARTH. i.

fermour, sb., *farmer, bailiff* : a fermour, either a baili WICL. LK. xvi. 1; a fermour as keper of a toun S. W. I. 22; fermour CH. L. G. W. PROL. 376.

fern, adj. & adv.,=*O.L.G.* fern, *Goth.* fairnis (παλαιός); *past* : þe snou of ferne yere CH. TRO. v. 1176; i dar nat speke a word of ferne yeer HOCCL. i. 423; *see* **fürn.**

fern, *see* **fearn.**

ferne, ferren, *see* **feorren.**

ferrai, sb., *cf. Scot.* foray; *plundering* : som of ferrai TOWNL. 310; *see* **forrai.**

ferraunt, adj., *O.Fr.* ferrant; *? iron-gray* : on a sted ferraunt DEGR. 371; ferant, feraunte, feraunt D. ARTH. 22591, 1811, 2451; **ferauns** (*sb.*) DEGR. 1245.

ferriour, sb., *? O.Fr.* fourrageur; *plunderer* : **ferriours** (*pl.*) fers unto þe firthe ridez D. ARTH. 2753; *see* **forrier.**

ferrum, *see under* **feorren.**

fers, adj., *O.Fr.* fiers, fier; *fierce, wild*, BEK. 5; A. P. ii. 101, 217; so fers & so breme WILL. 3641; fers [feers, fiers] CH. C. T. *A* 1598; a feers man ['*ferus homo*'] WICL. GEN. xvi. 12; fers, fier, feer FER. 351, 409, 2073; wiþ ferse folke EGL. 42; ferce ROB. (W.) 5717; fierse bestes LANGL. *B* xv. 300.

fers-liche [**fresliche**], adv., *fiercely*, P. L. S. xxv. 32; fersli WILL. 1190, 1766.

fersnesse, sb., *fierceness*, WICL. JUD. iii. 1; D. RICH. ii. 7.

fers², sb., *O.Fr.* fierce; *the queen at chess*, CH. D. BL. 654; **ferses** (*pl.*) 723.

fers, *see* **fresch** *and* **vers.**

fersch, *see* **fresch. fersien,** *see* **feorsien.**

ferst, *see* **frist** *and* **fürst.**

fert, sb.,=*O.N.* fretr, *O.H.G.* firz; *peditum*, VOC. 209; REL. I. 260.

ferten, v.,=*O.N.* freta, *O.H.G.* firzen, *Gr.* πέρδειν; *break wind*; bucke **verteþ** (*pres.*) A. S. 4.

ferteren, v., *from* **fertre,** sb.; *deposit*; **fertered** (*pret.*) thaim at a nunrie M. H. 143.

fertre, sb., *O.Fr.* fiertre, *Lat.* feretrum; *bier, shrine, tomb* : the fertre of alabastre where the bones liȝn MAND. 60; thei setten him upon a blak fertre 225.

fērþe, fērþing, *see* **feorðe.**

fervent, adj., *Fr.* fervent; *fervent*, AYENB. 121.

fervent-liche, adv., *fervently* : ferventliche him preie CH. TRO. iv. 1356.

fervour, sb., *O.Fr.* fervour; *fervour*, WICL. DEUT. xxix. 20.

fesant, sb., *O.Fr.* faisan, faisant; *pheasant*, *'phasianus,'* VOC. 189; fesaunt PR. P. 158; CH. P. F. 357; **fesauns** (*pl.*) WILL. 183.

fēse, sb., *hurry*; vese [*glossed* '*impetus*'] CH. C. T. *A* 1985.

fēsin, v., *O.E.* fēsian, = **fūsen**; *from* **fūs,** *drive,* PR. P. 158; fese HALLIW. 354; fese a wei þe cat BER. 351; **fēseþ, vēseþ** (*pres.*) TREV. I. 339, II. 17; **fēsed** (*pple.*) MAN. (H.) 192, 274; D. ARTH. 2842; fesid P. R. L. P. 198; ifesid into helle P. L. S. ii. 172; *see* **fūsen.**

fest, *see* **fæst. fest,** *see* **füst.**

feste, sb., *O.Fr.* feste, *from Lat.* festum; *feast*, AYENB. 156; þat feste HAV. 2354; þe feste HORN (L.) 521; **feste** (*pl.*) A. R. 222.

festinge, sb., *feasting*, PR. P. 158.

fest-lich, adj.,=*Ger.* festlich; *festive*, CH. C. T. *F* 281.

festeien, v., *O.Fr.* festier; *feast* : to bringe to me to festeie WICL. WISD. viii. 9; his lordes **festeing** (*pple.*) CH. C. T. *F* 345.

festen, *see* **fæsten** *and* **fasten.**

festin, v., *O.Fr.* fester; *feast, make a feast*, PR. P. 158; he **festeþ** (*pres.*) hem CH. C. T. *A* 2193.

festival, sb. & adj., *O.Fr.* festival; *festival*, A. P. ii. 136; **festifulle** (*pl.*) daies MAND. 137, 208.

festival-li, adv., *gaily* : how a man scornede festivali and mirili swiche vanite CH. BOET. iii. 7 (59).

festnen, *see* **fæstnien.**

festour, sb., *feaster* : never festour fedde bett L. H. R. 220.

festre [**fester**], sb., *suppuration*, C. M. 11824; fester PR. P. 65; *? comp.* **gūte-festre.**

festrin, v., *fester, suppurate*; feestrin PR. P. 158; so **festred** (*pple.*) ben his woundes LANGL. *B* xvii. 92.

festu, sb., *O.Fr.* festu; *bit of straw*, LANGL. *B* x. 278; WICL. MAT. vii. 3.

fet, *see* **fat** *and* **fait.**

fet, adj., *O.Fr.* fait, *from Lat.* factus; *skilful, handsome* : so she goth in patens faire and **fēte** (*pl.*) CT. LOVE 1087; ye fele ther fete so fete ar thai HALLIW. 354.

fet. **fien.**

fet-li, adv., *from O.Fr.* fait ; *gracefully* : he þat fetli in face fettled alle eres A. P. ii. 585 ; fetli him kissed GAW. 1757.
fetel, fetil, sb., *O.E.* fetel, = *O.N.* fetill, *O.H.G.* fezel ; *girdle, fetter,* M. H. 140 ; **fetteles** (? *printed* festeles) (*pl.*) PS. cxlix. 8 ; *comp.* **fōt-fetel.**
feten, v., *O.E.* fetian, fettan, = *O.N.* feta, *M.Du.* vaten, vatten, *M.H.G.* vazzen ; *fetch,* GEN. & EX. 2744 ; to fetten watur LEB. JES. 310 ; i shal þe fete bred an chese HAV. 642 ; fette Fer. 1260 ; JOS. 167 ; GOW. II. 198 ; K. T. 363 ; OCTOV. (W.) 549 ; A. P. ii. 802 ; to fette me to helle MAP 338 ; fette, vette ROB. 147, 325 ; his fo fetteþ him in uche ende C. L. 430 ; **fette** (*pret.*) HOM. II. 61 ; FL. & BL. 790 ; GEN. & EX. 1535 ; LANGL. *B* ii. 64 ; fette wif *took a wife* MAT. xxii. 25 ; and mete inouȝ hem fette BEK. 888 ; he vette feþerhome HOM. I. 81 ; fætte, vætte [vette] LAȝ. 9177, 29673 ; fette [fatte] TREV. III. 259 ; fatte KATH. 720 ; vatte HOM. I. 83 ; **fet** (*pple.*) REL. I. 128 ; MAP 339 ; LANGL. (Wr.) 14569 ; CH. C. T. *A* 819 ; *comp.* ȝe-**fetten.**
feter, sb., *O.E.* fetor, feotor *f., cf. O.L.G.* feter, *O.N.* fiöturr *m., O.H.G.* fezera *f.* ; *fetter* ; fetir PR. P. 159 ; **fetteres** (*pl.*) HAV. 82 ; BEK. 15 ; GAM. 384 ; veteres AYENB. 128 ; vetres FER. 1313.
fetir-lok, sb., *chain-lock,* '*sera compeditalis,*' PR. P. 159 ; fetirlok of gold W. & I. 37.
feterien, v., *O.E.* (ge-)feterian, fetrian, = *O.Fris.* fitera, *O.N.* fiötra, *O.H.G.* (ka-)fezarōn ; *fetter* ; feterie LANGL. C iii. 212 ; feteren GAM. 384 ; binde and fetere HAV. 2758 ; **fetered** (*pple.*) MAN. (F.) 8568 ; fettred LANGL. *B* xvii. 110 ; *comp.* ȝe-, un-**feterien.**
fētfolk, *see under* **fōt.**
feþ, *see* **fei.**
fetis, adj., *O.Fr.* fetis, faitis, *from Lat.* facticius ; *skilfully made, neat ; skilful* ; WILL. 126 ; FER. 5883 ; CH. C. T. *A* 157.
fetis-līche, adv., *skilfully, neatly,* WILL. 96 ; fetiseli A. P. ii. 1462 ; fetisli R. R. 577 ; fetousli CH. C. T. *A* 273.
fetlak, sb., ? = *Ger.* fiszlach, -loch ; *fetlock* ; **fetlakes** (*pl.*) RICH. 5816 ; fitlokes AR. & MER. 5902.
fetlen, v., *fettle, make ready* ; **fetled** (*pple.*) GAW. 656 ; feteled D. ARTH. 2149 ; fetild TOWNL. 309.
fetles, sb., *O.E.* fætels (LEECHD. III. 16) ; *vessel,* ORM. 14450 ; þis bruchele vetles [fetles] A. R. 164 ; a strong vetles MARG. 207 ; fetles, feteles GEN. & EX. 561, 1225 ; veteles LEB. JES. 314.
fetten, *see* **fatten** *and* **feten.**
fetūre, sb., *O.Fr.* feture, faiture ; *feature,* P. L. S. xxv. 41 ; **fetūres** (*pl.*) WILL. 857 ; GAW. 145.

feðer, *see* **feower.**
feðere, sb., *O.E.* feðer, fiðer *f. n., cf. O.N.* fioðr, *O.L.G.* fethera, *OH.G.* federa *f., Gr.* πτέρον ; *feather,* LK. xvi. 6 ; feþere LAȝ. 49 ; feþer O. & N. 1688 ; feþer [feþere] CH. C. T. *A* 2144 ; fedir PR. P. 152 ; VOC. 221 ; fiþer A. P. ii. 1026 ; **fiþera** (*pl.*) MAT. xxiii. 37 ; veðeren A. R. 140 ; veþeren AYENB. 270.
feþer-bed, sb., *O.E.* feðerbed ; *feather-bed,* A. P. iii. 158.
feðer-hōme [feþerhame], sb., *O.E.* feðerhama, -homa ; *covering of feathers, winged body,* LAȝ. 2874 ; feþerham [feþerhome] ROB. (W.) E 2 ; feþerhome HOM. I. 81.
feðeren, adj., = *M.H.G.* vederen ; *made of feathers* : **veðerene** (*pl.*) balles LAȝ. 17443.
feðerien, v., *O.E.* (ge-)fiðerian ; *feather* : he **feþered** (*pret.*) his feet and his hondes TREV. VII. 223 ; **feþered** (*pple.*) WILL. 191 ; *comp.* ȝe-**fiðerien.**
feðme, *see* **faðme.**
feðren, v., *from* **foðer** ; *charge, load* ; veþren A. R. 140 ; **iveðred** [ifeðered] (*pple.*) þet is icharged 204.
feuer, *see* **fefre.** **feunesse,** *see under* **fēa.**
feurþe, *see* **feorþe.**
feutē, sb., *O.Fr.* feelté ; *fealty* : alle deden him feute ALIS. 2910 ; '*omagium, fidelitas*' PR. P. 159 ; feoute ROB. (W.) APP. xx. 530*.
feute, *see* **fuite.**
feuter, sb., *Fr.* feutre ; ? *a rest for the spear,* WILL. 3437 ; feutire D. ARTH. 1366.
feverer, sb., *February* : þe monþe of feuerer ROB. 399 ; feverȝere D. ARTH. 436 ; feverel ALIS. 57 ; februar GOW. III. 126 ; februarie LIDG. M P. 2 ; i þe sixtenðe dei of **feoverreres** (*gen.*) moneð JUL. 79.
fevre, *see* **fefre.** **fewe,** *see* **fēa.**
fī, interj., = *M.H.G., O.Fr.* fi ; *fie,* FER. 1578 ; WILL. 481 ; S. S. (Web.) 1599 ; K. T. 612 ; CH. C. T. *A* 1773.
fiaunce, sb., *O.Fr.* fiance ; *affiance, trust* ; fiaunce AYENB. 164 ; nor in her ieftis have fiaunce R. R. 5482.
fīblelīche, *see* **fēblelīche** *under* **fēble.**
fibreches, sb. pl., ? *contrivances* : the fibreches in forcerers LANGL. *B* x. 211.
fīche, *see* **fecche.**
fichen, v., *O.Fr.* ficher ; *fix,* CH. BOET. iii. 9 (88) ; **fichede** (*pret.*) D. ARTH. 4239.
ficching, sb., *print, impress* : the ficching of nailis WICL. JOHN xx. 25.
ficheu, sb., ? *O.Fr.* fissel ; *fitchew, polecat* ; **fitchewes** (*pl.*) PL. CR. 295.
fichs, *see* **fisch.** **fieble,** *see* **fēble.**
fīen, *see* **fāȝen.** **field,** *see* **fēld.**
fīen, v., *see* **dafien** ; *digest* : fiin or defiin mete and drink '*digero*' PR. P. 159 ; þi flesche foode þe wormes wol fie P. L. S. xxix. 65.

fiend. — fille.

fīend, *see* **fēond. fier,** *see* **fūr. fierðe,** *see* **fēorðe.**

fiers, *see* **fers.**

fīf, card. num., *O.E.* fīf, fīfe, = *O.L.G.* fīf, fīvi, *O. Fris.*fīf, *O.H.G.* fimf, finf, fimfi, finfi, *Goth.* fimf, *O.N.* fimm; *five,* K. T. 1017; A. P. i. 848; fif ʒere LAʒ. 11675; mid fif hundred cnihten 1425; fif moneþ ORM. 233; þe fif & þrittude KATH. 43; vif A. R. 26; þurh fife grimme wundes ORM. 1443; betere is on almesse before þanne ben after vive *(ms.* vyue) P. L. S. viii. 14; vif pors *(cinque ports)* ROB. (W.) 7888; cnihtes sunen vive LAʒ. 13993; þe vormeste vive A. R. 22; vive þe verste ROB. (W.) 10671.

fīf-feald, adj., = *O.H.G.* finffalt; *fivefold,* HOM. II. 35; fiffald ORM. 7836.

fīf-lēf, adj., *O.E.* fīflēaf; *fiveleaf,* '*quinquefolium*,' REL. I. 36.

fiff-sum, adj., *five in all,* BARB. vi. 149.

fīf-tēne, card. num., *O.E.* fīftēne, -tȳne; *fifteen,* LAʒ. 301; ROB. 70.

vīf-tēoþe, ord. num., *O.E.* fīftēoča; *fifteenth,* P. L. S. xii. 142; fiftefe DEGR. 1869; fiftened ORM. 9170; fiftend PR. C. 4812.

fīf-teoʒaðe, ord. num., *O.E.* fīftigoča; *fiftieth,* HOM. I. 89; fiftugeče, -tuče II. 117.

fīf-tiʒ, card. num., *O.E.* fiftig; *fifty;* (ms. fifti3) ORM. 8102; fifti HOM. I. 225; LAʒ. 1285.

fīfte, ord. num., *O.E.* fīfta, = *O.Fris.* fifta, *O.H.G.* finsto, fimfto, *O.N.* fimti; *fifth,* HOM. I. 103; LAʒ. 6532; ORM. 4320; GEN. & EX. 159; WILL. 1322; LANGL. *B* xiv. 298; PR. C. 3088; vifte A. R. 110; fifþe LAʒ. 6532; MIRC 157.

fīgarde, sb., *Lat.* pygargus; *? bison, ? roebuck,* WICL. DEUT. xiv. 5.

fīge, sb., *O.Fr.* fige; *fig,* MAND. 50; **figes** *(pl.)* A. R. 150.

fīge-trē, sb., *fig-tree,* PR. P. 159; figetree WICL. JOHN i. 48.

fīger, sb., *O.Fr.* figier; *fig-tree,* A. R. 148; LEB. JES. 842.

fīger-trē, sb., *fig-tree,* TRIST. 3082.

fīger, *see* **fūr. fīghten,** *see* **fehten.**

fiʒti, adj., *valiant in fight*: migti men and figti GEN. & EX. 546.

fīgūren, v., *from* fīgūre, sb.; *make;* gemini which be figured *(pple.)* redeli lich to two twinnes GOW. III. 119; as felon figured is a scorpion III. 122; he faireste figured folde that figurede was ever D. ARTH. 2151.

fīgūre, sb., *O.Fr.* figūre; *figure,* AVENB. 234; WILL. 447; CH. C. T. *B* 3412; **figūres** *(pl.)* A. R. 214; GEN. & EX. 1006.

fiht, fīhten, *see* **feht, fehten.**

fihsscheþ, *see* **fischoð.**

fīkel, adj., *O.E.* ficol, *mod.Eng.* fickle; *deceitful,* HAV. 1210; ALIS. 2661; LANGL. *A* iii. 117; TRANS. XVIII. 22; A. P. iii. 283; PR. C. 1088; fikel and fals HOM. I. 185; vikel MISC. 93; fikil S. S. (Wr.) 985; þis fikele world H. M. 7; fikele *(pl.)* LEG. 15; fikele & swikele reades A. R. 268.

fīkel-līche, adv., *deceitfully*: fike(l)li þai dide ['*dolose agebant*'] PS. v. 11.

fīkelien, v., *deceive, flatter*; fikele [v. r. vikeli] ROB. 31; fekel ROB. (W.) 713*; **vikeleð** *(pres.)* A. R. 84, 198; **fikelinde** *(pple.)* HOM. I. 253; **fikeled** *(pret.)* TREV. V. 169.

fīkelare, vikelare, sb., *deceiver, flatterer,* A. R. 84, 86.

fīkelunge, sb., *flattery,* A. R. 82; vikelinge [v. r. fekeling, fikeling] ROB. (W.) 711.

fīken, v., = *O.Swed.* fikja (RIETZ 136), *fidget; hurry about; trifle; flatter;* fikin aboute '*vagor*' PR. P. 162; a wai fike RICH. 4749; nulle we nout mit te fike *(? trifle)* HICKES I. 225; fike SPEC. 46; þu fīkest *(pres.)* MARH. 13; fikeð mid te heaved & stingeð mid te teile A. R. 206; fikeð & fondeð al his migt REL. I. 223; **vikīnde** *(pple.)* A. R. 256; **fīked** *(pret.)* GAW. 2274.

fīkenung, sb., *deceit*; mid fikenunge *(dat.)* fearð HOM. I. 103; *cf.* fikelunge.

fīl, *see* **vīl.**

filateri, sb., *Gr.* φυλακτήριον; *phylactery:* filateries *(pl.)* WICL. MAT. xxiii. 5.

filberd, sb., *filbert*; filberde, '*fillum*,' PR. P. 160; philliberd GOW. II. 30; **filbirdes** *(pl.)* hanging to the ground SQ. L. DEG. 37.

filberd-trē, sb., *filbert-tree,* PR. P. 160.

fild, *see* **feld.**

fīldor, sb., *O.Fr.* fil d'or; *gold thread*: rich riverez as fildor fin her bonkes brent A. P. i. 106; folden in with fildore aboute þe faire grene GAW. 187.

fīle, sb., *O.E.* fēol, = *O.H.G.* fīla, fihala, *? O.N.* þēl; *file,* '*lima*,' PR. P. 160; CH. C. T. *A* 2508; vile, file A. R. 184.

fīle-feste, adv., *? fast, securely*: ibunden vile veste [v. r. hetefaste, heleveste] mid te holie monnes beoden A. R. 244.

fīle², sb., *worthless person,* MAN. (H.) 95; MIN. vii. 139; REL. I. 194; fule file HAV. 2499; fals file HALLIW. 356; file *(concubine)* LANGL. *B* v. 60; **files** *(pl.)* MAN. (F.) 15215.

fīlen, *see* **fūlen.**

filet, sb., *O.Fr.* filet; *fillet,* P. S. 154; WICL. S. SOL. iv. 3; CH. C. T. *A* 3243.

filʒen, *see* **folʒen.**

fīlin, v., = *O.H.G.* fīlōn; *file,* '*limo*,' PR. P. 160; file CH. P. F. 212; **vīleð** *(pres.)* A. R. 184; **fīlede** *(pret.)* ED. 1421; **filed** *(pple.)* GAW. 2225; iviled A. R. 284.

fīliole, sb., *see* **feliole.**

fīling, *see under* **fūlen.**

fille, sb., *O.E.* fille (VOC. 79; LEECHD. III. 34); *chervil*; the fenil ant the fille SPEC. 44; worþ a fille ROB. 297; BEK. 946.

fille, *see* **fülle. fillen,** *see* **fellen** *and* **fūllen.**

filme, sb., *O.E.* fylmen ; *film*, '*folliculus*,' PR. P. 160.

filor, sb., *? grindstone* : a denez axe nue dixt ... filed in a filor GAW. 2225 ; filoure, of barbours crafte '*acutecula, filarium*' PR. P. 860.

filosofe, sb., *Fr.* philosophe ; *philosopher*, AYENB. 120 ; philosophre CH. C. T. *A* 297.

filosofie, sb., *Fr.* philosophie ; *philosophy* filozofie AYENB. 164 ; philosophie ROB. 130 ; SHOR. 137 ; CH. BOET. i. 3 (10).

filsnen, v., *lurk* : þar filsnes (*pres.*) þat fende D. ARTH. 881.

filsten, *see* fülsten. **filtren**, *see* feltren.

filþe *see* fülðe.

fin, sb., *O.Fr.* fīn ; *end*, MISC. 144 ; HAV. 22 ; FL. & BL. 441 ; ROB. 91 ; mad his fin (*made his peace*) MAN. (F.) 15966.

fin, adj., *O.Fr.* fīn, *from M.H.G.* fīn, vīn, *cf. O.N.* finn ; *fine*, CHR. E. 628 ; SPEC. 52 ; ALIS. 2657 ; OCTOV. (W.) 1754 ; **fineste** (*superl.*) LANGL. *B* ii. 9.

fin-liche, adv., *finely*, C. L. 1132 ; WILL. 768.

final, adj., *Fr.* final ; *final*, PR. C. 3990.

final-li, adv., *finally* : MAND. 38 ; CH. C. T. *B* 1781.

finch, sb., *O.E.* finc, *cf. O.H.G.* finco ; *finch*, CH. C. T. *A* 652 ; *comp.* **chaf-, gold-finch**.

[**finde**, adj., *O.E.* (ēað-)fynde, = *O.N.* (tor-) fyndr ; *comp.* arveð-finde.]

finden, v., *O.E.* findan, = *O.L.G.* findan, fithan, *O.H.G.* findan, *O.Fris.* finda, Goth. finþan, *O.N.* finna ; *find*, FRAG. 6 ; HOM. I. 107 ; LAȝ. 1232 ; ORM. 383 ; AN. LIT. 3 ; finde O. & N. 470 ; hi heten him sikernisse finde BEK. 800 ; to vinde hem meche ROB. 378 ; þu finst (*pres.*) MAT. xvii. 27 ; vindeð LAȝ. 21780 ; fint HOM. II. 87 ; vint O. & N. 696 ; AYENB. 74 ; hi vindeþ AYENB. 120 ; **fand** (*pret.*) LK. xiii. 6 ; ORM. 13 ; TRIST. 787 ; IW. 1705 ; ISUM. 374 ; vand AYENB. 57 ; fond LAȝ. 11362 ; GEN. & EX. 440 ; HORN (L.) 597 ; FER. 4849 ; WILL. 293 ; LANGL. (Wr.) 9926 ; CH. C. T. *A* 653 ; MAND. 220 ; ich him fond ligge BRD. 27 ; vond A. R. 258 ; funde MAT. xx. 6 ; HOM. I. 199 ; LAȝ. 22 ; MISC. 42 ; founde REL. II. 274 ; BEK. 168 ; where he it founde WILL. 396 (*see* ENG. STUD. III. 472) ; sunne ne fond(e) [foundest] þou H. H. 77 ; fundest JUL. 28 ; funden LAȝ. 277 ; ORM. 3398 ; GEN. & EX. 2948 ; HAV. 602 ; funde HORN (L.) 882 ; fonden MISC. 33 ; fonde BRD. 6 ; founden MAND. 17 ; founde P. L. S. xviii. 12 ; WILL. 2094 ; wen hi þen deþ founde LEG. 66 ; **funde** (*subj.*) P. L. S. viii. 34 ; ORM. 833 ; founde WILL. 2176 ; **funden** (*pple.*) HOM. II. 161 ; IW. 1734 ; PR. C. 4608 ; AV. ARTH. lvi ; funden, funde HAV. 1427, 2376 ; founden CH. TRO. iv. 944 ; founde WILL. 394 ; fonden PERC. 1902 ; *comp.* **a-, ȝe-finden** ; *deriv.* **fand, fandien, fundien**.

findere, sb., *finder* ; findare '*inventor*' PR. P. 161 ; beholdeth me therof no finder, her bokes ben mi shewer ALIS. 4794.

findinge, sb., = *O.H.G.* (ar-)findunga ; *finding*, '*inventio*,' PR. P. 161 ; finding WICL. WISD. xiv. 12 ; new **findinges** (*pl.*) of vanite PR. C. 1556 ; findingis WICL. DEUT. xxviii. 20.

findiȝ, *see* fundi.

findles, fundles, sb., = *Dan.* findelse ; *invention*, A. R. 6, 8, 208.

findling, *see* fundeling.

finen, finissen, v., = *O.Fr.* finer, finir ; *finish* ; fine HORN (L.) 262 ; **finede** (*pret.*) ROB. 140 ; fined A. P. ii. 450 ; **finischid** (*pple.*) WILL. 5398.

fining, sb., *death, end of life* : God geve alle good fining ALIS. 8015.

finen², v., *from* fin ; *pay as a fine* : ROB. (W.) 10520 ; hii finede (*pret.*) 9521.

finen³, v., = *M.H.G.* finen, *O.Fr.* (a-)finer ; *refine* ; fine PR. C. 4913 ; clenzeþ and fineþ (*pres.*) þet gold AYENB. 106.

finger, sb., = *O.E.* finger, = *O.H.G.* finger, fingar, *O.N.* fingr, Goth. figgrs ; *finger*, C. L. 1104 ; **vingre** (*dat.*) AYENB. 5 ; **fingres** (*pl.*) BEK. 1194 ; vingres A. R. 290 ; fingre MK. vii. 33 ; fingren (*dat. pl.*) LAȝ. 49.

finger-neil, sb., *finger-nail*, HOM. I. 281.

fingirling, sb., = *Ger.* fingerling ; *thimble*, '*digitabulum*,' PR. P. 161.

finisment, sb., *end, finish* : þe forme to be finisment foldes ful selden GAW. 499.

finissen, *see* finen. **finkel**, *see* fenel.

finne, sb., *O.E.* finn, = *M.Du.* vinne, *Lat.* pinna ; *fin*, VOC. 221 ; PR. P. 161 ; A. P. ii. 531 ; **finnes** (*pl.*) MARH. 9 ; vinnes (*r. w.* inne) ALIS. 6591.

finned, adj., *having fins* : of þe finnede (*pl.*) fihcs our fode to lacche ALEX.² (Sk.) 298.

fiole, sb., *O.Fr.* fiole, phiole, *Lat.* phiala ; *phial, viol*, WICL. NUM. vii. 13 ; viole JOS. 290.

fir, firen, firi, *see* für, füren, füri.

firmament, sb., *Fr.* firmament ; *firmament*, GEN. & EX. 95 ; ROB. 112.

firme, firmest, *see* forme, formest.

firmþe, sb., *O.E.* fyrmð, frymð ; *entertainment* ; frimtha ANGL. VII. 220.

firnen, v., ? = *M.L.G.* vernen ; *remove* ; **firnes** (*v. r.* furseð) (*pres.*) A. R. 76.

firre, sb., *O.E.* furh, = *O.H.G.* forha, foraha, *O.N.* fura, fyra ; *fir*, '*abies*,' VOC. 228 ; CH. C. T. *A* 2921 ; **firris** (*pl.*) WICL. 4 KINGS xix. 23.

firre-trē, sb., *fir-tree*, '*abies*,' VOC. 192.

firren, adj., *made of fir*: a firrene wowe HAV. 2078.
firren, *see* feorren.
firs, sb., *O.E.* fyrs (*rhamnus*) VOC. 80; fyrsas (*rubos*) GREIN I. 364; *furze*; firse ['*saliuncula*'] WICL. IS. lv. 13; with a wispe of firsen [firses] LANGL. *A* v. 195.
firsien, *see* feorsien.
first, sb., *O.E.* first, fyrst, = *O.H.G.* first; *ceiling*, '*laquear*,' FRAG. 4; firste, virste MISC. 178, 179 (ST. COD. 100).
first, *see* frist, fürst. **firþ**, *see* friþ².
firþer, firþren, *see* furðer, furðrien.
fis, *see* fisch.
fīs, sb., = *Swed.* fīs, *Dan.* fiis; *flatus ventris*, VOC. 209; *see* **fīst**.
fisch, sb., *O.E.* fisc, = *O.L.G.*, *O.H.G.* fisc, *O.N.* fiskr, *Goth.* fisks, *Lat.* piscis; *fish*, BRD. 8; ase fisch hal JUL. 59; fisch ... whon þe worm he swoleweþ C. L. 1129; þar is fuȝel þar is fisc [fis] LAȜ. 1235; inne þisse venne is fisc unimete 21964; fis HOM. I. 51; GEN. & EX. 162; fis, fihs O. & N. 1007; viss ROB. 265; þane viss AYENB. 50; **fisches** (*gen.*) BRD. 11; **fisces**, fisches (*pl.*) LAȜ. 2009, 21324; fisches MARH. 9; SHOR. 146; fiȝhes LANGL. *B* xv. 581; fiskes ORM. 13297; fisses HICKES I. 223; GEN. & EX. 2945; fisches, fische TREV. III. 67, VIII. 81; **fiscen** (*dat. pl.*) LAȜ. 21743; fische MAND. 103; *comp.* **sē-, schel-, stok-fisch**.
fisc-browe, sb., *a fish sauce*, '*garum*,' VOC. 241.
fisshe-dai, sb., *fast-day*: hasteletes on fisshedai L. C. C. 37; fihshedai P. S. 151.
fisch-hook, sb., *fish-hook*, TREV. II. 295.
fisch-leep, sb., *fish-basket*, '*nassa*,' PR. P. 163.
fi(s)ch-manger, sb., *fishmonger*, VOC. 212.
fish-net, sb., *O.E.* fiscnett; *fishing-net*, HOM. II. 175.
fisch-pōl, sb., *O.E.* fiscpōl; *fish-pond*; **fischpōle** (*dat.*) S. S. (Wr.) 883.
fisch-ponde, sb., *fish-pond*, PR. P. 163.
fisch-wer, sb., *O.E.* fiscwer (LK. v. 4); *fishweir*; **fischweris** (*pl.*) TREV. I. 423.
fischin, v., *O.E.* fiscian, = *O.N.* fiskja, *O.H.G.* fiscōn, *Goth.* fiskōn; *fish*, '*piscor*,' PR. P. 163; fisken ORM. 13297; fissen HORN (L.) 1136; **fischede** (*pret.*) P. L. S. xx. 3.
fishere, sb., *O.E.* fiscere, = *O.H.G.* fiscāri; *fisher*, HORN (R.) 1134; HAV. 2230; fiscære LAȜ. 9083; fischare PR. P. 162; fixere HOM. I. 97; vissere AYENB. 50; **fischeris** (*pl.*) WICL. IS. xix. 8; vissares ROB. (W.) 5359.
fisher-bōt, sb., *fishing-boat*, S. S. (Web.) 3568.
fischinge, sb., *fishing*, PR. P. 163; HORN (H.) 676; þat beþ ago ... a vissinge ROB. 265; fuschinge ROB. (W.) 2198*.

fischoð, sb., *O.E.* fiscað, fiscoð; *act of fishing*: gan on fissoð JOHN xxi. 3; (h)is men were iwend a visseþ ROB. 264; a fihsscheþ [visseþ] ROB. (W.) 5341*.
fisicien, sb., *O.Fr.* fisicien, phisicien; *physician*, LANGL. *A* vii. 170; fizicien AYENB. 174; phisicien CH. D. BL. 39; **fisiciens** (*pl.*) A. R. 370; P. L. S. xxi. 7.
fisike, sb., *O.Fr.* fisique, phisique; *physic*, AYENB. 53; S. S. (Web.) 186; phisik CH. C. T. *B* 4028.
fisiologet, sb., *Physiologus*: ðus it is on boke set, ðat man clepeð fisiologet MISC. 10.
fisk, *see* fūst.
fisken, v., *? cf. Swed.* fjeska; *scamper about*: fiskin aboute '*vagor*' PR. P. 162; **fiskeþ** (*pres.*) ... aboute LANGL. *C* x. 153; he fiskez hem bifore GAW. 1704.
fisonomie, sb., *O.Fr.* phisonomie; *physiognomy*: the childe couthe of fisenamie S. S. (Wr.) 1072; thou schuldest bi phisonomi be shapen to that maladi of love drunk GOW. III. 5; the faireste of fissnanni D. ARTH. 3332; fisnamie 1114.
fīst, sb., = *M.Du.* vijst; fiist PR. P. 163.
fīst, *see* fūst.
fīstin, v., = *Ger.* fīsten, *M.Du.* vijsten, *mod. Eng.* foist; *break wind silently*, PR. P. 163.
fīsting, sb., '*liridacio*,' PR. P. 163.
fit, adj., *fit*, '*congruus*,' PR. P. 163; þat oþer þing nis non his fitte (*? equal*) O. & N. 784.
fit² [? **fitte**], sb., *O.E.* fitt (GREIN I. 300); *contest*, CH. C. T. *A* 4184, 4230; fitt EGL. 254.
fitchew, *see* ficheu.
fiten, v., *quarrel with*: feng to fiten his maumez JUL. 70.
fiteren, v., *? adorn*; **fitered** (*pple.*) cloþes MIRC 1146.
fitin, fittin, sb., *falsehood*, '*mendacium*,' PR. P. 163.
fitte, sb., *OE.* fitt; *song*, *stanza*, LANGL. *A* i. 139; fitt(e) EGL. 344.
fitten, v., = *M.Du.* vitten; *fit*; **fittes** (*pres.*) D. ARTH. 1989; **fittid** (*pple.*) 2455.
fiðele, = *O.N.* fiðla, *from med.Lat.* fidula, *from Lat.* fidis; *fiddle*, LAȜ. 7002; fiþele BRD. 9; BEV. 375; LANGL. (Wr.) 5374; fithele CH. C. T. *A* 296; fiþele [fepele] ROB. H. 244; viþele AYENB. 105; **fiþeles** (*pl.*) MAN. (F.) 11386; **fiþelen** (*dat. pl.*) LAȜ. 3642.
fiþelen, v., *fiddle*: ich can nat tabre ... ne fiþelen at festes LANGL. *C* xvi. 206; fiþele *C* viii. 107; fithel *B* xiii. 447.
fiþelere, sb., *fiddler*, LANGL. (Wr.) 5791; **fiþeleres** (*pl.*) HORN (H.) 1522.
fiðelinge, sb., *fiddling*, LAȜ. 22701.
fiþer, *see* feþere. **fivere**, *see* fefre.
fix, adj., *Lat.* fixus; *fixed*: with eye fix looke

on his visage LIDG. M. P. 235; latitudes of sterres fixe CH. ASTR. PROL. (3); sterres fixes i. 21 (11).

fixatiōn, sb., *fixing*: that there be fixation with tempred hetes of the fire GOW. II. 86.

fixen, v., *Lat.* fixāre; *fix, make stationary; establish*: hir eien she **fixethe** (*pres.*) on him LYDG. M. P. 35; stelle eratice, nat **fixed** (*pple.*) 153; the wehle of fortunat fixid fast S. & C. II. vi.

fixene, sb.,=*O.H.G.* fuchsin; *from* **fox**; *vixen*: the fixene fox HALLIW. 359.

fiz, sb., *O.Fr.* fiz; '*Fitz*,' *son of*, ROB. 431; P. L. S. ii. 179.

flā, sb., *O.E.* flā,=**flān**; *arrow, dart*: ane fla [flo] LA₃. 1456; flaa A. R. 60*; flo '*telum*' FRAG. 4; CH. C. T. *H* 264; S. &. C. I. xxxv; **flān** (*pl.*) LA₃. 1844; flon ROB. 394; floon GAM. 648.

flacken, v.,=*M.Du.* vlacken, *Swed.* flacka; *palpitate*: her colde brest began to hete her berte al so to flacke and bete GOW. III. 315.

flǣrd, sb., ? *O.E.* fleard, ? *O.N.* flǣrd; *fraud, deceit*: fals & flǣrd ORM. 12177; flerd (*r. w.* erd) REL. I. 219 (MISC. 14).

flǣsc, sb., *O.E.* flǣsc,=*O.L.G.* flēsc, *O.Fris.* flēsk, flāsk, *O.H.G.* fleisc; *flesh*, FRAG. 6; flæsh ORM. 3532; flesc HOM. I. 81; MISC. 193; flesch BEK. 263; ALIS. 694; ban & flesch KATH. 1103; þet flesch, vleschs A. R. 80, 112; flesch, flehs, fleis O. & N. 1007, 1399; fleisch [flehs] WICL. GEN. ii. 23; bred and fles GEN. & EX. 3316; fless ROB. 243; þet vless AVENB. 47; **flēsches** (*gen.*) O. & N. 1390; flesches lust A. R. 274; þes fleisces HOM. I. 85; **flēsce** (*dat.*) MISC. 28; þa wes he . . . . oflust after deores flæsce LA₃. 30555; flesche, fleshe, vleisse O. & N. 83, 1387; *comp.* **calf-flēsch**.

flēsch-flīe, sb., *flesh-fly*, PR. P. 166; fleshfleȝe [flessflie] C. M. 5956.

flēsch-hēwere, sb., = *Ger.* fleischhauer; *butcher*, OCTOV. (W.) 750.

flēsch-hook, sb., *flesh-hook*, PR. P. 166.

flēschi, adj., = *Ger.*fleischig; *fleshy*, PR.P. 166.

flēsch-līch, adj., *O.E.* flǣsclīc; *fleshly, carnal*, A. R. 194; A.P. ii. 265; flæshlike man ORM. 17276; **flēschlīche** (*adv.*) KATH. 1101; C. L. 1388.

flēschlinesse, sb., *O.E.* flǣsclīcness; *fleshliness*, PR. P. 166; fleischlinesse WICL. DEUT. xvii. 17*.

flēsc-mete, sb., *O.E.* flǣscmete; *flesh-meat*, SAX. CHR. 259.

flēsch-schamil, sb., *meat-shambles, market*, CATH. 135.

flaȝe,sb.,=*M.L.G.* vlage,*M.Du.*vlaeghe (?*nimbus*); *flake*; a flai(e) (*v. r.* flake) of snow(e) VOC. 160; flawe '*floccus*,' PR. P. 164; a flawe of fire CATH. 133; a flaw(e) of snawe ALEX. 1756; **flawes** (*pl.*) of fire D. ARTH. 2556.

flagelle, sb., *Lat.* flagellum; *whip, scourge*: tak this flagel devoutli in thi hand LIDG. M. P. 146; **flagelle** (*dat.*) of eqvite and resoun IB.

flaget, *see* **flaket**.

flagge, sb., *sod; flag; 'cespes*,' PR. P. 163; **flagges** (*pl.*) and spraies TREV. IV. 157.

flaggi, adj.: flaggi place *place where flags grow*, WICL. EX. ii. 3.

flaȝt, sb., *sod*, A. P. i. 57; flaghte CATH. 132.

flaȝt², sb., *flake (of snow, fire)*: flaghte of snawe '*floccus*' CATH. 133; flaght (*printed* slaght) of fire C. M. 17372.

flaien, *see* **flēȝen**.

flailen, v., *O.Fr.* flaieler, *from Lat.* flagellāre; *scourge*: thei him nailid and il **flailid** (*pret.*) S. & C. II. lx.

flair, sb., *O.Fr.* flair; *odour*, PR. C. 9017.

flāke, sb., *cf. O.N.* fleckr, *Ger.* fleck; *fleck, blemish*: his flok is withouten flake A. P. i. 946.

flāke², sb., *O.N.*flaki; *flake,'floccus*,' PR. P. 163; LUD. COV. 140; a flake of snowe REL. II. 81; **flākes** (*pl.*) CH. H. F. 1192; flakes of soufre A. P. ii. 954.

flāken, v., *O.Fr.* flaquer; ?=**flasken**; *splash*; **flāke** (*printed* slake) (*imper.*) PALL. ii. 311.

flakeren, v.,=*O.N.* flökra, *M.Du.* flackeren; *flutter*; **flakereð** (*pres.*) A. R. 222; **flakerande** (*pple.*) A. P. ii. 1410.

flaket, sb., *flagon*, TREV. III. 171; flaget VOC. 257; **flaketes** (*pl.*) WILL. 1888; flagetes 1893.

flamme, sb., *O.Fr.* flamme; *flame*; flamme [flaumbe] CH. BOET. ii. 6 (51); flaume PR. C. 6737; flaumbe LANGL. *B* xvii. 207.

flammen, v., *flame*; **flaumeþ** [flaumbeth] (*pres.*) LANGL. *B* xvii. 225.

flamming, sb., *gleaming, flaming*: the flamming of þe flese was ferli to see D. TROY 970.

flān, sb., *O.E.* flān,=*O.N.* fleinn; *arrow*, A. R. 60*; H. M. 15; C. M. 4314; flon LA₃. 311*; ALIS. 785; GAW. 1161; *see* **flā**.

flān, *see* **flēan**.

Flandre, pr.n., *M.Du.* Vlandere; *Flanders*, LA₃. 7588.

flanke, sb., *cf. Swed.* (snö-)flanka; =**flāke²**; **flaunkes** (*pl.*) of fir A. P. ii. 149.

flanke, sb., *O.Fr.* flanc; *flank, 'ilium*,' PR. P. 163; alle þe flesche of þe flanke he flappes in sondire D. ARTH. 2782; flaunke 1156.

flap, sb.,=*Du.* flap; *flap*, TOWNL. 206; flappe '*alapa, flabellum*,' PR. P. 163; **flappes** (*pl.*) AR. & MER. 8084; flappes of scourges LANGL. *B* xiii. 67.

flappin, v.,=*Du.* flappen; *flap, clap, applaud*, PR. P. 164; **flappes** (*pres.*) D. ARTH. 2781; **flapped** (*pret.*) S. S. (Web.) 766; L. H. R. 176; flappiden [flappeden] wiþ hondes WICL. IS. iii. 16.

Q

flashe, sb., ? *O.Fr.* flache; *shallowpool,'lacuna,'* PR. P. 164; flosche GAW. 1430; PS. lxxxvii. 5.

flasken, v., *cf. O.Fr.* flasquer; *splash*: heo **vlasked** (*pres.*) water þer on A. R. 314; flascheþ TREV. I. 63.

flat, adj., = *O.N.* flatr, *O.H.G.* flaz; *flat, 'planus,'* PR. P. 164; WILL. 4414; BEV. 1040; IW. 259; **flat** (*subst.*) GAW. 507.

flatlinge, adv., *prostrate*: and leide him flatling on þe grounde HALLIW. 360.

flat-mouthed, adj., *flatmouthed*; flatmouthede as a fluke D. ARTH. 1088.

flatnesse, sb., *flatness*, PR. P. 164.

flat, sb., *cf.* Ger. flatz; *slap*, AR. & MER. 4910; BEV. 3256; RICH. 5265.

flateren, v., *cf. M.Du.* flatteren, ? *O.N.* flaðra; *flatter*, LANGL. B xx. 109; flaterin '*adulor*' PR. P. 164; vlateri AYENB. 61; **flattered** (*pres.*) A. R. 222*; **flateringe** (*v. r.* flikeringe) (*pple.*) CH. C. T. A 1962.

flaterere, sb., *flatterer*, LANGL. B ii. 165; flaltereres (*pl.*) WILL. 5480.

flatterunge, sb., *flattering*, A. R. 320; flateringe PR. P. 164; CH. D. BL. 639.

flaterie, sb., *O.Fr.* flaterie; *flattery*, S. S. (Web.) 2155; CH. C. T. B 4514; vlaterie AYENB. 197.

flatour, sb., *O.Fr.* flateor; *flatterer*, AYENB. 257; CH. C. T. B 4515.

flatrour, sb., *flatterer*, GOW. III. 170; flatroure (*pl.*) III. 159.

flatten, v., *pour, smite*, AR. & MER. 9562; fette water ... and flatte it on his face LANGL. A v. 224; **flatten** (*pret. pl.*) (*v. r.* flapten) on with flailes C ix. 180*.

fláþe, sb., *cf. O.H.G.* flado (*acc.* fladōn); *flat cake, flat fish*: flathe PR. P. 164; **fláthen** (*pl.*) VOC. 127.

flaumbe, *see* **flamme**.

flaun, sb., *O.Fr.* flaon ; = **fláþe** ; *pancake*, VOC. 241; PR. P. 164; **flaunes** (*pl.*) HAV. 644.

flaunke, *see* **flanke**.

flavor, sb., *O.Fr.* flaveur; *flavour*; so frech **flavorez** (*pl.*)of fritez were A. P. i. 87.

flawe, *see* **flaȝe**.

flax, sb., *O.E.* fleax, = *O.Fris.* flax, *O.H.G.* flahs; *flax, 'linum,'* PR. P. 164; VOC. 156; flax [flex] CH. C. T. A 676; flex MAT. xii. 20; LANGL. B vi. 13; **vlexe** (*dat.*) AYENB. 236.

flax-bolle, sb., = Ger. flachsbolle; *head of flax*; (? *printed* filaxlolle) VOC. 156.

flax-top, sb., *head of flax*: flaxtop WICL. ECCLUS. xxi. 10; flax top WICL. IS. i. 31.

flēa, sb., *O.E.* flēa, flēah, *cf. O.N.* flō, *M.L.G.* vlō *f.*, *O.H.G.* flōh, flōch *m.*; *flea*; flee '*pulex*' PR. P. 165; fle HICKES I. 231; **flee** (*pl.*) P. L. S. i. 5.

flē-wort, sb., *O.E.* flēawyrt; *flea-wort*, HALLIW. 362.

flēam, sb., *O.E.* flēam, = *O.H.G.* floum, *O.N* flaumr; *from* **flēon**; *flight, escape*: fleam makian LAȝ. 1577; flæm 577; he nam flem [fleom] 8857; vlem [fleom] 24070; þei hadde take flem (*ms.* flem) ALIS. 4341; we ben ... on fleme HOM. II. 149; he turnde to fleme LAȝ. 6407; torne ... in fleme PS. lxxxviii. 24.

flēan, v., *O.E.* flēan, = *M.Du.* vlaen, vlaeghen, *O.N.* flā; *flay, skin*: he heom lette qvic flan [flean] LAȝ. 6418; flon HORN (H.) 92; flo HAV. 612; HORN (R.) 92; P. S. 191; fleen '*excorio*' PR. P. 166; flen HORN (L.) 86; ALIS. 1734; WILL. 1682; **flēþ** (*pres.*) C. L. 1308; **flēa** (*subj.*) JUL. 24; riȝt his (*r.* is) þat fendes flea þe (*printed* fleathe) SHOR. 97; **flōgh** (*pret.*) IW. 1699; flow HAV. 2502; MAN. (F.) 12452; vloȝen LAȝ. 20957; **flawen** (*pple.*) HAV. 2476; flawin, flain PR. P. 163; flain REL. I. 152; PR. C. 9520; MIR. PL. 119; vlaȝe AYENB. 73; iflawe ALIS. 893; **ivlaȝene** (*pl.*) LAȝ. 27377; *comp.* bi-flēan; *deriv.* ? flaȝe ? flaȝt.

flēar, sb., = *M.Du.* vlāre; *flayer, 'excoriator,'* PR. P. 165.

flecchen, v., *Fr.* flechir; *bend; flatter*, P. S. 344; **flecheþ** (*pres.*) L. H. R. 137; **flecching** (*pple.*) BARB. v. 622*; **flechchi** (*subj.*) AYENB. 253; **flecchede** (*pret.*) P. L. S. xv. 116.

flecchere, sb., *O.Fr.* flechier, *mod.Eng.* fletcher; *arrowmaker, 'petularius, flectarius,'* PR. P. 165; **flecchours** (*pl.*) D. TROY 1593.

flecked, adj., = *O.H.G.* flecchōt; *flecked, spotted*: a flecked [flekked] pie CH. C. T. E 1848; flekked TREV. I. 159; **fleckede** (*pl.*) feþeres LANGL. (Wr.) 7234.

flēden, v., = *O.N.* flǽda, *M.Du.* vloeden, *M.H.G.* vluoten; *from* **flōd**; *flood, flow*, MARH. 9; whænne þa sæ **vlēded** (*pres.*) LAȝ. 22019; þe eadie flod þet of ham **flēdde** (*pret.*) HOM. I. 209; *comp.* bi-flēden.

flēn, v., = *M.Du.* vlieden, *cf. O.N.* flȳja (*pret.* flȳða), *Swed.* flȳ (*pret.* flȳdde); *take flight, flee*; flede MIRC 1374; **flēde** (*pret.*) M. H. 73; fleede D. ARTH. 1432; flēdde GEN. & EX. 3384; HAV. 1431; vledde AYENB. 206; fledden LANGL. A ii. 209; CH. C. T. A 2930; MAND. 61; **flēd** (*pple.*) RICH. 2301; TRIST. 2223; LIDG. M. P. 186; DEGR. 319.

flee, *see* **flēa**.

fleen, *see* **flēan**, *and* **flēon**.

flees, *see* **flēos**.

flēȝe, sb., ? *O.N.* fley *n.*; *ship*; **flēin** (*ms.* fleyne) (*pl.*) OCTOV. (W.) 1671.

flēȝe, *see* **flēoȝe**.

flēȝen, v., *O.E.* flēgan, flȳgan, = *O.N.* fleyja, *O.H.G.* (ar-)flaugen; *put to flight*: fleide (*pret.*) a wei þat fearlac KATH. 1602; flaied A. P. ii. 960; M. H. 69; **flaied** (*pple.*) MIR. PL. 122; *comp.* a-flēȝen.

flaiing, sb., *flight*: þe dai of flaiing and of afrai PR. C. 6112.

flēȝen.   **flēot.**   227

flēȝen, *see* **flēoȝen**.

flegge, sb., *flag (plant)*, '*acorus*,' PR. P. 165; VOC. 226.

flēie, flēien, *see* **flēoȝe, flēoȝen, flēȝen**.

fleil, sb., = O.H.G. flegil, M.Du. vleghel, O.Fr. flaiel; *flail*, '*flagellum, tribulum*,' PR. P. 165; fleȝl ORM. 1500; **fleiles** [flailes] (*pl.*) LANGL. *A* vii. 174.

  fleil-cappe, sb., *cf.* Ger. flegelkappe; *clown's cap*, PR. P. 165.

fleiðing, sb., ? = M.Du. vleidinghe (*flattery*); *instigation*, GEN. & EX. 692.

fleke, sb., O.N. fleki; *flake, hurdle,* '*crates*,' VOC. 201; PR. P. 165; **flekes** (*pl.*) MAN. (H.) 321.

flēken, v., ? O.N. flœkja; ? *entangle*; þei **flēked** (*pret.*) þam over thvert MAN. (H.) 241.

flekeren, *see* **flikeren**. **flēm**, *see* **flēam**.

flem, sb., = flum; *river*: þe grate flem of þi flod A. P. iii. 309; i þe flem Jurdan HICKES I. 229; to þe flim Jordan S. A. L. 158.

flēme, sb., O.E. flēma, flȳma; *from* **flēon**; *fugitive*, HOM. I. 157; HORN (L.) 1271; six ȝer and a monþ he was fleme BEK. 1850; **flāmen** (*pl.*) LAȝ. 5952; **flēamene** (*gen. pl.*) ANGL. VII. 220.

flēmen, v., O.E. flēman, flȳman, O.N. flǣma; *put to flight*; flemen, fleman LAȝ. 1579, 6574; i shal flemen þe HAV. 1160; fleme ROB. 562; MAN. (H.) 82; **flēmeþ** (*pres.*) ALIS. 3348; **flēmde** (*pret.*) ORM. 8243; heo hine flemden out of þane londe LAȝ. 323; **flēmed** (*pple.*) MISC. 196; CH. C. T. *G* 58; PR. C. 2977; flemid M. ARTH. 3560; TOWNL. 320; DEGR. 899; *comp.* **a-, ȝeflēmen**.

flēmere, sb., *one who puts to flight*, CH. C. T. *B* 460.

flēmen, v., *flow*: blode **flēmit** (*pret.*) o fer in flattes aboute D. TROY 10004.

flēn, *see* **flēan** *and* **flēon**.

flēoȝe, sb., O.E. flēoge, flȳge, = O.H.G. fliuga, M.Du. vlieghe; *fly (insect)*; vleȝe (ms. uleȝe) AYENB. 136; (ms. fleye) P. S. 238; vliȝe A. R. 8; flie MAND. 61; CH. C. T. *A* 4352; noȝt worþ a flie ROB. 428; **flēoȝen, fleȝen** (*pl.*) LAȝ. 3900, 3904; vleȝen AYENB. 58; vlien [fleȝen] A. R. 290; flien RICH. 2918; vliȝe, vlie O. & N. 600; *comp.* **buter-, flǣsc-, hors-, hūnd-flēoȝe**.

flēoȝen, v., O.E. flēogan, flīogan, = O.H.G. fliugan, fliogen, O.N. fliuga, M.Du. vlieghen; *fly (as a bird)*; fleȝhen ORM. 5991; flegen GEN. & EX. 610; fleghe PR. C. 7947; fleighe [flee] LANGL. *B* xii. 241; fleie HAV. 1813; MAN. (F.) 2257; fleon LAȝ. 2870; ALIS. 544; (*ms.* flon) HOM. I. 81; brid hwon hit wule vleon A. R. 130; fleen MAND. 48; fleo BRD. 9; flee EGL. 194; fliȝe GAW. 524; fliin PR. P. 167; flie MAP 335; ISUM. 375; vli AYENB. 254; **flēo, flo** (*pres.*) O. & N. 372; þu flihst [fliȝst] 227;

fliȝeð [flieþ] LAȝ. 21356; flegeð REL. I. 216 (MISC. 3); fleȝheþ ORM. 5889; flihð, vlið A. R. 132, 142; flihþ O. & N. 506; vliȝþ AYENB. 206; flið (*ms.* flid) HOM. I. 85; we fleoþ BRD. 9; (heo) fleoð LAȝ. 21759; fleoþ [floþ] O. & N. 278; **vlēon** (*subj.*) A. R. 130; **vlēoinde** (*pple.*) A. R. 130; vliinde AYENB. 71; **fl(ē)ah** fleh [fleah] (*pret.*) LAȝ. 25613, 27788; fleh HOM. I. 81; he flæh up intil heofne ORM. 5885; fleȝ BRD. 9; FER. 2182; flegh LAUNF. 473; fleiȝ P. L S. xxv. 18; flegh [fleigh, flei] CH. C. T. *B* 4607; fleigh MAND. 27; flei HAV. 1305; EGL. 311; M. H. 101; fluȝen HOM. I. 129; flewen, fluwen [floȝe, flowen] LAȝ. 813, 3901; floȝe FER. 2249; flowen CH. C. T. *B* 4581; RICH. 4366; A. P. i. 89; his eiȝen flowen out of his hed JOS. 362; **fluwe** (*subj.*) A. R. 132; **flōwen** (*pple.*) CH. H. F. 905; flowe GOW. II. 252; iflowe ROB. 29; *deriv.* **flēoȝe, flīe, flügge, flūht**.

flēon, v., O.E. flēon, flīon, = O.H.G. fleohan, fliohan, O.Fris. flia, Goth. þliuhan; *flee*, LAȝ. 1578; A. R. 160; HORN (R.) 887; fleon, flen ORM. 4144, 9803; C. L. 519; flen GEN. & EX. 1086; fleen PR. P. 166; fleo, flo O. & N. 406 1231; to fleo alle his fon BEK. 1072; flee PERC. 876; to **flēonne** (*ger.*) JUL. 44; to fleonne, flenne, flæinde [fleonde, flende] LAȝ. 1570, 4662, 5561; **flihst** (*pres.*) O. & N. 405; flihð, flicð LAȝ. 21339, 21343; A. R. 246; fliht [fliȝt] O. & N. 176; whan he fliȝþ out of londe BEK. 1489; fleoþ, fleþ ORM. 815, 9812; fleð HOM. II. 73; (heo) fleoð MARH. 13; fleð [fleoþ] LAȝ. 5894; vleþ AYENB. 41; **flih** (*imper.*) A. R. 162; flih, fliȝ LAȝ. 3092, 16078; þu flēo (*subj.*) LAȝ. 16080; **flēonde** (*pple.*) HOM. II. 175; fleoinde A. R. 288; **flēah** (*pret.*) KATH. 16; vleaȝ AYENB. 129; fleh SAX. CHR. 264; flæh, fleh, fleih [fleȝ] LAȝ. 552, 1612, 9360; flæh ORM. 823; fleg GEN. & EX. 430; feih JOS. 98; he fleih his holi kun A. R. 160; hit fleih vrom him 374; fleih [fleiȝ] to þe freeres LANGL. *A* ii. 186; fleiȝ TRIST. 2357; fleigh CH. C. T. *B* 3879; fleu LEB. JES. 559; (*printed* flen) ROB. 221; flew EGL. 786; **fluȝen**(*pl.*) MK. v. 14; heo hine fluȝen LAȝ. 12251; fluwen [floȝen] 5564; flowen 817; baþe fluȝhen fra þe folc ORM. 893; fluhen JUL. 52; flogen GEN. & EX. 861; floȝen FER. 1620; fluwen A. R. 154; flowen LANGL. *A* ii. 209; JOS. 18; MAND. 226; S. S. (Wr.) 822; **flōgen** (*pple.*) GEN. & EX. 1750; flowen RICH. 2203; *comp.* **a-, æt-, bi-, ȝe-flēon**; *deriv.* **flēam, flēme, flēmen, flūht**.

flēon, *see* **flēoȝen**.

flēos, sb., O.E. flēos, flȳs, = M.Du. vlies; *fleece*; flees '*vellus*' PR. P. 166; APOL. 104; flees [flus] LANGL. *C* x. 270; **flēose** (*dat.*) A. R. 66; flese WICL. GEN. xxx. 35.

flēot, sb., O.E. flēot m., = O.N. fliōt, M.Du. vliet, O.Fris. fleet, M.L.G. vlet, M.H.G. vliez n., *mod.Eng.* -fleet (*in place-names*); *creek, rivulet*; fleet '*aestuarium*' PR. P. 166.

flēote, sb. *O.E.* flēot; *fleet*: al his fleote LA3. 2155; flete '*classis*' PR. P. 166; RICH. 1653; MAN. (F.) 1462; **flēte** (*dat.*) GOW. I. 197; D. ARTH. 1189.

flēoten, v., *O.E.* flēotan, = *O.L.G.* fliotan, *O.N.* fliōta, *O.H.G.* fliozan; *flow, swim*, HORN (R.) 159; L. H. R. 33; vleoten [fleote] LA3. 22010; flete LANGL. *B* xx. 44; MAND. 100; TRIST. 350; fleete LIDG. M. P. 98; swa se water fræm a3 **flēteþ** (*pres.*) forþ ORM. 18093; fleteþ [flet] LANGL. *B* xii. 168; CH. C. T. *B* 463; flet REL. I. 220; FER. 4311; þe fisches þet i þe flodes fleoteð MARH. 9; **flēte** (*subj.*) HAV. 522; **flēotinde** [vleotinde] (*pple.*) A. R. 46; fletande L. C. C. 54; fletende water HOM. II. 177; fletinge CH. C. T. *A* 1956; **flēt** (*pret.*) LA3. 28960; GEN. & EX. 3187; P. L. S. xxiv. 251; it flæt up i þe lift ORM. 3466; fluten LA3. 32033; ðe fisses ... floten abuven GEN. & EX. 2946; flote BRD. 21; fletide WICL. 4 KINGS vi. 6; **flōten** (*subj.*) LA3. 1032; *comp.* over-, tō flēoten; *deriv.* **flēot, flēote, flot, flōte**.

flērd, *see* **flērd**. **fleren**, *see* **fliren**.

[**flēringe**, sb., *O.E.* flēring; *flooring; comp.* up-flēringə.]

flēs, *see* **flēos**.

flēsc, flēsch, flēss, *see* **flǣsc**.

flet, sb., *O.E.* flett, = *O.L.G., O.Fris., O.N.* flet, *M.H.G.* vletze, *O.H.G.* flazzi; *from* **flat**; *floor; apartment*, WILL. 5368; AN. LIT. 9; P. S. 337; LAUNF. 979; me wule swopen þine flor & þet flet clensien FRAG. 7; **flette** (*dat.*) ALIS. 1807, 2884; FER. 853; MIRC 273; GAW. 1374; he com to þan vlette þer þe feond lai LA3. 26023.

flēt, flēte, *see* **flēot, flēote**.

[**flēte**, sb., *O.E.* flēt; *cream*; *deriv.* **flētin**.]

[**flēten**, v., ? = *M.H.G.* flœzen; *comp.* bi-flēten.]

flēten, *see* **flēoten**.

fleteren, v., *? fit for flight*: with flonez **fleterede** (*pret.*) þai flitt fulle frescli þer frekes D. ARTH. 2097.

flētin, v., = *Dan.* flöde; *skim the cream*, PR. P. 167.

flēu, adj., = *M.Du.* flauw; *thin*, '*bassus*,' PR. P. 167.

fleumatike, adj., *O.Fr.* fleumatike; *phlegmatic*, AYENB. 157.

fleume, sb., *O.Fr.* fleume; *phlegm*, GOW. III. 99; (*ms.* flewme) LIDG. M. P. 195.

flēwort, *see under* **flēa**. **flex**, *see* **flax**.

flexpeng, sb., *? gudgeon*, '*fundulus*,' VOC. 253.

flēye, *see* **flē3e** *and* **flēo3e**.

flicche, sb., *O.E.* flicce, = *M.L.G.* flicke, *O.N.* flikki n.; *flitch*: þei don hem to Donmowe... to folwen after þe flicche LANGL. *B* ix. 169; [flucchen, flicche *A* x. 189]; fliche H. M. 37; flikke PR. P. 167.

flicht, *see* **flüht**.

flie, sb., *O.E.* flyge, *O.H.G.* flug; *act of flying*: in flie L. H. R. 221.

flīe, flīen, *see* **flēo3e, flēo3en**.

flī3e, *see* **flēo3e**. **fligge**, *see* **flügge**.

fliht, *see* **flüht**.

fliker, adj., *unsteadfast, wavering*: man of fliker þoht M. H. 36.

flikeren, v., *O.E.* flicerian, = *M.Du.* fliggeren, vleggeren; *flicker, waver; flatter*; flekerin '*volito*' PR. P. 165; **flikereð** (*pres.*) so mit þe A. R. 290; flekirs ALEX. 505; her gost þat **flikered** (*pret.*) ai a loft CH. TRO. iv. 1221; þis bischop flekerid in his þoht M. H. 92.

flinder, sb., = *Ger.* flinder; *splinter*; **flendris** (*pl.*) GOL. & GAW. 915.

flindre, sb., = *M.Du.* vlinder; *moth*: zvo long vli3þ þe vlindre aboute þe candle þet hi bernþ AYENB. 206.

flinder-mous, sb., *bat*: winges like a backe or flindermouse HALLIW. 363.

flingen, v., ? = *O.N.* flengja (*flog*); *fling*; flinge FER. 583; B. DISC. 338; TOR. 2027; Alisaundres folk forþ gon fling(e) ALIS. 1111; **flingande** (*pple.*) D. ARTH. 2757; þoru3 þe heorte þe launce **flang** (*pret.*) ALIS. 2749; flunge ALIS. 5892.

flint, sb., *O.E.* flint, = *M.Du.* vlint; *flint*, '*silex*,' FRAG. 4; PR. P. 167; HAV. 2667; TRIST. 1452; þene vlint A. R. 220; **flinte** (*dat.*) HOM. I. 129; LANGL. *B* xiv. 64; **flintes** (*pl.*) PR. C. 7018; vlintes AYENB. 136.

vlint-sex, sb., *flint knife*, HOM. I. 81.

flint-stōn, sb., = *M.L.G.* vlintstēn; *flintstone*, MAND. 150.

flipen, v., *pull off*: **flipit** (*pret.*) of the flese D. TROY 954.

firen, v., = *Dan.* flire, *Norw.* flira; *fleer, sneer*: lagh(e) and flire (*printed* flerye, *r. w.* atire) FLOR. 1769; **fleriande** (*pple.*) D. ARTH. 1088.

flischen, v., *slash, cut*; **flisches** (*pres.*) D. ARTH. 2768; **flischande** (*pple.*) D. ARTH. 2141.

flit, sb., *O.E.* flīt n., *cf. O.L.G.* flīt, *O.H.G.* flīz m.; *contest, strife*, KATH. 688; IW. 93; PS. cvi. 40*; A. P. ii. 421; þat flit LA3. 24966; flit & win REL. I. 130 (HOM. II. 165); flit ne strif AL. (L.³) 20; **flīte** (*dat.*) HOM. II. 55.

flīten, v., *O.E.* flītan, = *O.H.G.* flīzan; *quarrel*; KATH. 721; fliten ne chiden HOM. I. 113; flitin '*contendo*' PR. P. 167; fliten HORN (R.) 159; flite WILL. 2545; IW. 1027; TRIAM. 1227; A. P. i. 353; **flīteð** (*pres.*) & winneð HOM. II. 55; flīt HOM. I. 113; **flōt** (*pret.*) MAP 344; AMAD. (R.) xxxvi; hio fliten betweoxe heom hwilc heore wære ildest LK. xxii. 24; **fliten** (*pple.*) GEN. & EX. 3689; C. M. 13867.

flītere, sb., *O.E.* flītere; *one who quarrels*; **fliteris** (*pl.*) PR. P. 106; flitars MIR. PL. 179.

flīting, sb., *contention*, HOM. II. 13.

fliteren, v., = Ger. flittern; *flutter*: it flitterid (*pple.*) al a brode MAL. i. 137.
flitten, see **flütten**.
flix-rop, sb., *? spleen, milt, 'lien,'* VOC. 179.
flō, see **flā**.
floc, sb., O.E. flocc, = O.N. flokkr; *flock, troop*, HOM. I. 3; LAȝ. 4192; enne floc A. R. 202; (*ms.* flocc) ORM. 510; flok AR. & MER. 3866; a flok of briddis ALIS. 566; þane flok SHOR. 109; floc or drove of many hoggis WICL. MAT. viii. 30; **flocke**, flokke (*dat.*) LAȝ. 18005, 23801; **flockes** (*pl.*) O. & N. 280; GEN. & EX. 1637; C. M. 3992; and delde a þreo vlockes [flockes] his duhtie cnihtes LAȝ. 30964; flokkes TREV. V. 219.
floc-mēle, adv., O.E. floccmǣlum; *by flocks, in companies*, WICL. 2 MACC. xiv. 14; flokmele CH. C. T. E 86.
flocke, sb., = M.Du. vlocke, O.H.G. floccho, *? Lat.* floccus; *flock (of wool)*; **flockes** (*pl.*) O. & N. 427; flokkes LUD. COV. 241; flokkis PR. P. 167.
flocken, v., *flock together, congregate*; flokkin PR. P. 167; þei **flocken** (*pres.*) ANT. ARTH. xxvi; **flockede** (*pret.*) LAȝ. 4729*; flokked A. P. ii. 386.
flōd, sb., O.E. flōd m. *n.*, *cf.* O.L.G. flōd *m. f. n.*, *Goth.* flōdus *f.*, O.N. flōd *n.*, O.H.G. fluot *f.*; *from* **flōwen**; *flood, river, 'flumen,'* VOC. 239; ORM. 6793; O. & N. 946; GEN. & EX. 644; SPEC. 70; ALIS. 6185; þat flod HOM. I. 225; LAȝ. 20171; of a drope waxeð a muche flod A. R. 74; þe flod MISC. 150; al þe stret(e) a watere orn as hit were a gret flod P. L. S. xvii. 371; vlod AYENB. 247; **flōde** (*dat.*) HOM. I. 93; æfter who so roweþ aȝein þe flod P. S. 254; þan flode LAȝ. 19; **flōdes** (*pl.*) LANGL. B vi. 326; PR. C. 4706; *comp.* **sǣ-, water-flōd.**

flōd-ȝat, sb., *floodgate*, VOC. 233; flodȝet A. R. 72.
flōd-drī, sb., *mire*: hie secheð to þe fule **flōddrī** (*dat.*) HOM. II. 37.
flōde-wombe, sb., *river bed*: nakened shal be the flodwombe ['*alveus rivi*'] WICL. IS. xix. 7.
floiȝene, sb., O.Fr. flouin (*vaisseau léger*); *a kind of small ship*: ther were **floiȝenes** (*pl.*) on flote HALLIW. 365; in floines and fercostez and flemesche schippes D. ARTH. 743.
flōke, (**? flōk**), sb., O.E. flōc (*plaice* VOC. 65, 281), O.N. flōki *m.* (*sole*); *flook (sort of fish)*, '*phoca*,' VOC. 254; fluke D. ARTH. 1088.
flōke-mouthed, adj., *mouthed like a flatfish*: thou wenes for to flai us **flōke-mouthede** schrewe D. ARTH. 2780.
flōn, see **flān** *and* **flēan**.
flōr, sb., O.E. flōr *m. f.*, *cf.* O.N. flōrr *m.*, M.Du. vloer *m.*, M.H.G. vluor *m. f.*; *floor*, ORM. 15566; ROB. 288; MAP 349; A. P. ii. 133; i þene flor LAȝ. 22809; **flōre** (*dat.*) AN. LIT. 5; ISUM. 653; to þen flore FRAG. 5; **flōres** (*pl.*) D. ARTH. 3249.
flōr, see **flour**.
florin, sb., Fr. florin; *florin*; floring RICH. 5865; florein GOW. II. 138; florence ISUM. 551; D.TROY 1365; **florins**, florens(*pl.*)OCTOV. (W.) 392, 794; florencis OCT. (W.) 1907.
florischen, see **flourin**.
flosen, v., ? = Dan. flosse; *? be shaggy*; felt **flosed** (*pret.*) him umbe A. P. ii. 1689.
flosche, see **flasche**.
flot, sb., O.E. flot *n.*, M.L.G. vlot *m.*, = O.N. flot (*act of floating*); *from* **flȝoten**; *float (a brewer's utensil)*, E. W. 22; *grease* A. P. ii. 1011; and tagte ... ilc fis ... his **flōtes** (*gen.*) migt GEN. & EX. 162; when alle were ... o **flōte** (*afloat*) MAN. (F.) 12079.
flot-gres, sb., = M. Du. vlotgras; *floatgrass, 'ulva,'* PR. P. 168.
flōte, sb., O.E. flota, = O.N. floti, M.L.G., M.Du. vlote; *fleet*, LAȝ. 2155*, 4530*; MAN. (F.) 1737; BARB. iii. 601; *comp.* **sǣ-flote**.
flōte[2], sb., O.F. flote; *troop, flock*, HAV. 738; JOS. 28; þe lombe þer ... hatz feried þider his faire flote A. P. i. 945.
floteren, v., O.E. flotorian, *mod. Eng.* flutter; *be tossed in the waves; flutter (as a bird)*: to floteri in þe grete se SAINTS (Ld.) 303; **floterin** (*pres.*) þo on heȝe C. M. 1781; þe foules floostereð CH. BOET. iii. 11 (96); flotereþ ['*fluctuate*'] WICL. IS. xxix. 9; **floterande** (*pple.*) HALLIW. 364; **flotterede** (*pret.*) HORN (R.) 129.
flotering, sb., *rolling as the waves*: he shal not ȝive into withoute ende flotering to the riȝtwise WICL. PS. liv. 23.
floteri, adj., *flying about*: wiþ floteri [flotri] berde CH. C. T. A 2883.
flōti, adj., *waving*: þe firre i folȝed þose floti valez A. P. i. 127.
flōtien, v., O.E. flotian, = M.Du. vloten, O.H.G. flozen; *? float*: amanges ous to flotie SHOR. 21.
flotise, sb., *froth, scum*: flotise or flotice of a pott PR. P. 168.
flotten, v., *cf.* M.Du. vlotten; *swim*: a ... whal ... bi þat bot **flotte** (*pret.*) A. P. iii. 248.
floðer, sb., *cf.* O.E. flæðer; *flake (of snow)*; **floþre** (*? gen. pl.*) MISC. 149.
flounder, sb., *cf.* O.N. flyðra; *flounder (the fish)*; flondire REL. I. 85; **floundurs** (*pl.*) B. B. 171; flounders 282.
flour, sb., O.Fr. flour, flūr, flōr; *flower; flour*, HAV. 1719; C. L. 919; AYENB. 93. 95; CH. C. T. A 4; flour [flur] MISC. 195; **flūres** (*pl.*) A. R. 340; flures [flores] O. & N. 1605.
floure-lēs, adj., *flowerless*: an herbe he broughte flourelesse, all grene DREAM 1862.

flourette, sb., *O.Fr.* florete; *small flower*: alle in floures and **flourettes** (*pl.*) R. R. 890.
flouri, adj., *O.Fr.* flōri; *flowery*, A. P. i. 57.
flourin, florischin, v., *O.Fr.* florir; *flower, flourish; brandish*, PR. P. 167, 168; floure [florishe] WICL. HABAK. iii. 17; florishe L. C. C. 9; **flourep, florisseþ** (*pres.*) AYENB. 28, 95; florischeþ TREV. IV. 173.
flouroun, sb., *O.Fr.* floron; *flower-ornament*; a white coroune shee beer with **flourouns** (*pl.*) smale CH. L. G. W. PROL. 215.
floute, sb., *O.Fr.* flaute; *flute*, PR. P. 168.
floutour, sb., *O.Fr.* flauteur, fleusteor; *player on the flute*; **floutours** (*pl.*) minstrales R. R. 763.
floutin, v., *play on the flute*, PR. P. 168; **floutinge** [floitinge] (*pple.*) CH. C. T. *A* 91.
flōwen, v., *O.E.* flōwan (*pret.* flēow), *cf. O.N.* flōa (*pret.* flōda), *Du.* vloeijen (*pret.* vloeide); *flow*, ORM. 4783; flowen CH. TRO. iii. 1758; al þe leor schal vlowen o teares A. R. 64; flowe LUD. COV. 56; þe se bigan to flowe HORN (L.) 117; **flōweð** (*pres.*) KATH. 2519; floweþ O. & N. 946; þe see þat floweþ REL. I. 174; **flēaw** (*pret.*) HOM. I. 211; flew GEN. & EX. 3875; vleau A. R. 112; fleoweden 110; *comp.* over-flōwen.
flōwinge, sb., *flood, stream;* '*fluxus, venilia,*' PR. P. 168; flodis rereden up ther **flōwingis** (*pl.*) WICL. PS. xcii. 3; the flowingis of Jordan JOSH. v. 1*.
floxen, v., *Swed.* flaksa (*shake the wings*); *leap*; (þat child) **floxede** (*pret.*) and pleide togenes hire ['*exultavit infans in utero ejus*'] HOM. II. 127.
flügge, adj.,=*M.Du.* vlugge, *O.H.G.* flukke; *able to fly*; fligge PR. P. 167; flegge M. T. 124.
flüht, sb., *O.E.* flyht *m.*,=*M.Du.* vlucht *f.*; *from* **flēoȝen** (*pres.*); *flight, act of flying*; vluht A. R. 132; fligt GEN. & EX. 161; REL. I. 210; fliȝt (*?printed* flight) ALIS. 348; flicht (flith) LANGL. *C* xv. 172; **flühtes** (*dat.*) LAȜ. 2880; mid þisse fluhte he fleh in to h(e)ovene HOM. I. 81; **flühtes** (*dat. pl.*) wings LAȜ. 2885.
flüht², sb., *O.E.* flyht,=*O.H.G.* fluht, *M.Du.* vlucht; *from* **flēon**; *flight, act of fleeing*, A. R. 48; fluiȝt JOS. 506; fliht ORM. 19683; fliht makie *take flight* LAȜ. 21405*; fliȝt A. P. ii. 377; flight CH. C. T. *A* 988; we ... turneð to fluhte JUL. 45; he deð him o fluhte A. R. 248; bringeð him o fluhte 294.
fluke, see **flōke**.
flum, sb., *O.Fr.* flum; *river*, LAȜ. 542; MISC. 38; GEN. & EX. 806; H. H. 206 (208); (*ms.* flumm) ORM. 10342; flum [flom] AYENB. 202; *see* **flem**.
flumbarding, sb., *O.Fr.* flambard, *med.Lat.* flambardus; *fiery, ardent person*: hit is an hardi flumbarding ALIS. 1788; **flumbardinges** (*pl.*) 6700.
flunder, sb., *cf.* flinder; *spark*; **flunderis** (*pl.*) REL. I. 240.
flūr, see flour. **flūs**, see **flēos**.
flüschen, v., ? = *L.Ger.* flüschen; *flush*: flush(e) for anger DEP. R. ii. 166.
flüsen, v., ? — *L.Ger.* flüsen; *fly*: þat hit open **flüste** (*pret.*) HORN (R.) 1080; ? fliste FL. & BL. 473.
flütte, sb., *flitting, migration*; flitte REL. I. 235; flette 160.
flütten, v., *O.N.* flytja,= *Swed.* flytta, *Dan.* flytte; *flit, carry, migrate*: þet moni þusunt muhten bi flutten (*? subsist*) A. R. 202; flittin '*amoveo, transfero*' PR. P. 167; flitten GEN. & EX. 1522; to flitten men til hefnes ærd ORM. 15648; leden hem fra land to land ȝif þat teȝ flitten (*migrate*) sholden 2082; flitte PR. C. 3762; fele times have ich fonded to flitte it fro þouȝt WILL. 623; þannes nolde he flitte FER. 495; he xal nevir flitte out of þis grave LUD. COV. 341; ha **flütteð** (*pres.*) from þe heate to þe chele HOM. I. 251; **flüte** (*imper.*) HOM. I. 265; flitte (*subj.*) HORN (L.) 711; **flittinge** (*pple.*) LANGL. *B* xi. 62; **flütte** (*pret.*) LAȜ. 30503; flit (*pple.*) TRANS. XVIII. 23; iflut FRAG. 5; iflut hider KATH. 826; ivlut LAȜ. 27934; *comp.* for-flütten.
flüttunge, sb., *flitting, removal, ? subsistence;* MARH. 22; flittinge ORM. 18023; flitting C. M. 5227.
fl(u)we, flowe, sb., = *M.Du.* vlouwe; *flue, fluff*, PR. P. 168.
flüx, flix, sb., *Fr.* flux; *flux*, PR. P. 167; WICL. MAT. ix. 20; **flüxes** (*pl.*) LANGL. *B* xx. 80.
fnæd, sb., *O.E.* fnæd; *fringe*, '*fimbria,*' FRAG. 4; fned MAT. ix. 20; **fnæde** (*pl.*) MAT. xxiii. 5.
fnāst, sb., *O.E.* fnǣst; *breath*, O. & N. 44.
fnāsten, sb., = *O.H.G.* fnāstōn; *breathe*; fnaste HAV. 548; **fnāsted** (*pret.*) GAW. 1702.
fnāsting, sb., *snorting*: þe fnesting ['*fremitus*'] of his hors WICL. JEREM. viii. 16.
fnēosen, v., *O.E.* fnēosan, = *Du.* fniezen, *sneeze*, *Dan.* fnÿse, *Swed.* fnÿsa (*snort*); *sneeze*; fnese BER. 42; **fnēseþ** (*pres.*) CH. C. T. *H* 62.
fnēsinge, sb., *O.E.* fnēosung; *sneezing*, ['*sternutatio*'], WICL. JOB xli. 9.
fō, see **fā**.
fobbe, fobbere, see **foppe, foppere**.
focchen, v., *cf. O.E.* feccan; *fetch*: am i sent to foche the childre of Israelle TOWNL. 60; fotche 199; **fochches** (*pres.*) GAW. 1961; foch (*imper.*) 395.
fōdder, see **fōder**.
fōde, sb., *O.E.* fōda; *food; offspring;* '*ali-*

mentum,' PR. P. 168; HOM. I. 63; ORM. 828; O. & N. 94; MISC. 159; GEN. & EX. 176; ISUM. 134; fode, vode A. R. 142; mi child mi oune fode HORN (R.) 1350; þis freli fode EGL. 1254; to wedde þat freli fode AMAD. (R.) liv; vode P. L. S. i. 57; a liþer vode P. L. S. xxiii. 12; fude PERC. 1326; þo unlede fode AL. (T.) 333.

fōd-rēde, sb., *sustenance, means of living*: ʽe spinnere ... festeð atte hus rof hire **fōd-rēdes** (*pl.*) MISC. 15.

fōder, sb., *O.E.* fōdor, fōddor, fōddur, = *M.Du.* voeder, *O.N.* fōdr, *O.H.G.* fuotar, *mod.Eng.* fodder; *food, fodder; child, offspring*; fodir '*pabulum*' VOC. 264; þou hast born a sori foder (*child*) ALIS. 645; foder [fodder] CH. C. T. *A* 3868; foddur, foodir '*pabulum*' PR. P. 168; fodder LA3. 27031; **fōddre** (*dat.*) A. R. 416.

fōdien, v., *from* **fōde**; *feed*: **fōdes** (*pres.*) hire wiþ faire wordes WILL. 2050; **fōded** (*pret.*) it wiþ floures 57.

fōdinge, sb., *feeding*, PR. P. 168.

fōdme, sb., *? product*, GEN. & EX. 124.

fōdneð, sb., *? O.E.* fōdnoð: *sustenance*; to **fōdneðe** (*dat.*) & to scrude HOM. I. 137.

fōdrien, v., *M.Du.* voederen, = *O.N.* fōðra, *O.H.G.* fuoteren; *fodder, feed*; **fōddred** (*pple.*) WICL. I KINGS xxviii. 24; foþer PS. xxx. 4.

fō3, sb., = *M.H.G.* vuoc *m., mod.Ger.* fug; *fitness, decency*: mid fo3e and mid rihte O. & N. 184.

fo3el, *see* fu3el.

fogge, sb., *rank grass*, A. P. ii. 1683.

fōh, *see* fāh.

foil, sb., *O.Fr.* foil, fuil; *leaf*, D. ARTH. 2704; PALL. ii. 194.

foilen, v., *? O.Fr.* fuler, fouler, foler; *? trample under foot, subdue*; in vein þu **foilist** (*pres.*) þi flesch wiþ abstinens APOL. 44.

foilen, v., *defile*: a sinner that ... **foilithe** (*pres.*) the commandments of God GEST. R. 151; hast thowe **foiled** (*pret.*) mi dowter 143.

foine, sb., *O.Fr.* foine; *beech-martin*, PR. P. 168; furris of foine DEP. R. iii. 150.

foinen, v., *fence, thrust*: thei **foinen** (*pres.*) ech at oþer CH. C. T. *A* 1654; þei foine wiþ daggers & wiþ swerdes LIDG. TH. 4325; **foinede** (*pret.*) DEGR. 274; D. ARTH. 1898; foined GAW. 428.

foining, sb., *thrusting*: fell was the fight, foining of speires D. TROY 10287.

foisōn, foisoun, sb., *O.Fr.* foison, fuison; *abundance, power*, CH. C. T. *A* 3165; foisoun CHR. E. 711; fuisoun FER. 4457.

fōkel, adj. *or* sb., *? =* fāken; REL. I. 179.

fōken, *see* fāken.

fol, adj., *O.Fr.* fol; *foolish*, LA3. 1442*; A. R. 164; AYENB. 26; fol (*subst.*) *fool*, P. L. S.

xvii. 415; A. P. ii. 750; fool CH. C. T. *B* 3271; fule REL. 110; **fōles** (*pl.*) HAV. 2100.

fol-herdi, adj., *foolhardy*, A. R. 62.

folhardi-li, adv., *foolhardily*: if i hadde doon ... foolhardili WICL. 2 KINGS xviii. 13.

foolhardinesse, sb., *foolhardiness*, CH. BOET. i. 3 (10).

folherdi-schipe, sb., *foolhardiness*, A. R. 182.

fol-lich, adj., *foolish*: þerof wexeþ vele zennes ... simulacion, follich yeve AYENB. 22; ani foli þing WICL. JOB i. 22; foli thing I COR. i. 25; foli dedis R. R. 5009.

foli-liche, adv., *foolishly*: thou dest foliliche AR. & MER. 5064; folili MAND. 134; WICL. NUM. xii. 11; A. P. ii. 696.

fol, *see* ful.

fōlc, sb., *O.E.* folc, = *O.L.G.* folc, *O.Fris.*, *O.N.* folk, *O.H.G.* folc, folch, *mod.Eng.* folk; *people, troop*, ORM. 141; þat folc com to gadere LA3. 859; heo letten forð bi siden an oþer folc [folk] riden 5499; þat folc HORN (L.) 618; þat folc of Kent ROB. 269; folc, volc (*ms.* uolc), volk A. R. 156, 362; volc AYENB. 43; folc, folk HAV. 89, 438; WICL. JOHN xi. 50; folk CH. C. T. *A* 744; LIDG. M. P. 12; swa mikel folk com never to gider PR. C. 6013; **fōlkes** (*gen.*) MAT. xiii. 15; GEN. & EX. 2785; **fōlke** (*dat.*) HOM. I. 91; þa alre feireste wifman þe þa wunede on folke LA3. 2218; folo (*pl.*) HOM. I. 9; volke LA3. 23058; **fōlke** (*gen. pl.*) ORM. 12149; volke [folke] LA3. 19995; *comp.* burh-, driht-, fōt-, land-, Suð-folc.

fōlc-king, sb., *O.E.* folccyning; *king of a people*, LA3. 9501.

fōlk-rēde, sb., *O.E.* folcrǣden; *people*; folkerede AYENB. 196.

fōld, *see* fāld *and* feald.

fōlde, sb., *O.E.* folde, = *O.L.G.* folda, *O.N.* fold; *ground, land*, LANGL. *B* i. 153; FLOR. 342; GAW. 1694; M. ARTH. 3549; AV. ARTH. i; þe volde dunede aȝen LA3. 23946; uppen þissere **vōlden** (*dat.*) 26120; heo fullen to folde 5390; on folde SPEC. 24; A. P. ii. 403; **fōlden** (*acc.*) LA3. 7938.

fōlden, *see* fealden.

fōldin, v., *cf. Dan.* folde; *from* fāld¹; *fold (cattle)*, put in a fold, PR. P. 168.

fōle, *see* fol.

fōle, sb., *O.E.* fola, = *O.H.G.* folo, *O.N.* foli, *Goth.* fula, *cf. Lat.* pullus, *Gr.* πῶλος; *foal, 'pullus,'* FRAG. 3; PR. P. 168; HORN (R.) 587; LANGL. *B* xi. 335; MAND. 250; PERC. 717; ANT. ARTH. xlii; foole (*horse*) D. TROY 1245; foale 8341; þan **fōlen** (*accus.*) MK. xi. 5.

folebairie, sb., *O.Fr.* fole-baerie; *ambition*: folebairie, þet we clepieð ambicion AYENB. 17.

foleien, v., *O.Fr.* foloier, folier; *play the fool*, CH. BOET. iii. 2 (67).

fólen, v., = *Ger.* fohlen, *Dan.* fole; *foal, bring forth a foal;* **fóled** (*pple.*) CH. C. T. *D* 1545.

folet, folt, sb., *O.Fr.* folet; *fool, 'stolidus,'* PR. P. 168; MAN. (F.) 4527, 7229.

folt-hēd, sb., *folly, madness*: in fersnesse ne in foltheed DEP. R. ii. 7.

folȝen, v., *O.E.* folgian, fylgan, fylgean, = *O.Fris.* folgia, fulgia, *O.L.G.* folgōn, *O.H.G.* folgen, *O.N.* fylgja; *follow,* HOM. I. 33, 147; (*ms.* folien), folȝhen ORM. 944; folȝen, (*ms.* fulien) folien, fulien [folȝen] LAȜ. 1002, 4140; folgen, folwen GEN. & EX. 401, 3272; folwin PR. P. 169; LUD. COV. 268; folwe WILL. 189; GOW. I. 50; CH. C. T. *D* 1124; volewen, voluwen A. R. 28, 102; filghe PS. xvii. 38; filowe REB. LINC. 13; felowe MAN. (H.) 291; **felgie** (*pres.*) MAT. viii. 19; folȝeð P. L. S. viii. 7; volȝeþ SHOR. 40; AYENB. 12; folȝez A. P. ii. 6; folewes DEGR. 1561; folȝeþ, fulieð (*ms.* fulied), volewȩþ O. & N. 307, 1239; (hes) folȝiað HOM. I. 119; hornes him fulieð LAȜ. 21338; folhið, folhen KATH. 2340; buten we fulien þissen ræde LAȜ. 16756; **folȝede,** fulede (*pret.*) LAȜ. 95, 24328; folgede MISC. 31; folwede [folwed] CH. C. T. *A* 528; vulede MISC. 38; foleȝeden, fulieden HOM. I. 3, 151; folweden LANGL. *A* iv. 25; felgden MAT. viii. 1.

folwere, sb., *O.E.* folgere; *follower;* folwar LANGL. *B* v. 549; folware PR. P. 169; feole-ware A. R. 364; **folwers** (*pl.*) LANGL. *C* xviii. 103*.

folh-sum, adj., = *Ger.* folgsam; *from* folȝen; *obsequious,* ORM. 7750.

folie, sb., *O.Fr.* folie; *folly,* LAȜ. 3024*; A. R. 52; P. L. S. xiv. 3; SHOR. 139.

foliot, sb., *? foolish matter;* ne singe ich heom no foliot for all mi song is of longinge O. & N. 868.

folk, *see* folc.

folmarde *see* fūlmart *under* fūl.

folt, *see* folet.

folt-hēd, *see under* folet.

foltin, v., *from* folet; *act like a fool:* foltin or doon as a foole '*stultiso*' PR. P. 169; lad folted (*pple.*) men to sinne C. M. 2303; this is a foltid man MAN. (H.) 164.

foltisch, adj., *foolish:* wher God hath not maad the wisdom of this world foltisch WICL. I COR. i. 20; foltisch chaffering WICL. S. W. I. 309; a foltissh face LIDG. M. P. 166; suche **foltisshe** (*pl.*) foolis 168.

foltrie, sb., *folly, 'fatuitus, stoliditas, follicia,'* PR. P. 169.

folwen, *see* folȝen *and* fulwen.

fōm, fōmen, *see* fām, fāmien.

fon, adj. & sb., *? cf. Swed.* fåne; *foolish; fool:* þis folted fon MAN. (F.) 4051; MIRC 358; like a fon TOWNL. 80; fonne shepe GEST. R. 218; **fonnis** (*pl.*) LUD. COV. 367.

fōn, v., *O.E.* fōn, = *O.Fris., O.N.* fā, *O.L.G., O.H.G., Goth.* fāhan (*for* *fanhan); *seize, take,* HOM. I. 61; ORM. 3733; SPEC. 41; mede fon HOM. II. 93; fon ich hit wulle LAȜ. 5437; it wullen (*r.* wulle) on fon (*begin*) 21194; fo MISC. 80; AL. (L.³) 539; fēð [foð] (*pres.*) A. R. 88; foþ REL. I. 183; on me heo foþ C. L. 895; **fōð** (*imper.*) HOM. II. 187; **fēng** [*O.E.* fēng, = *O.L.G.* fēng, *O.H.G.* fiang, fieng, *O.N.* fěkk, fēngum] (*pret.*) LAȜ. 22878; S. S. (Web.) 924; ich hem feng of þe BEK. 783; feng on to tellen JUL. 10; feng to þe fliȝt A. P. ii. 377; veng to deliten A. R. 52; þu fenge FRAG. 6; þer fengen feole to LAȜ. 659; **fonge** [*O.E.* (ge-)fangen, = *O.L.G., O.H.G.* (ge-)fangan] (*pple.*) FLOR. 1831; fo we on (*let us begin*) O. & N. 179; fon MARH. 3; *comp.* a-, bi-, ȝe-, on-, under-fōn; *see* fangen.

fōn, *see* **fān. fond,** *see* **fand.**

fond, pple., *see* **fonnen.**

fondien, *see* **fandien** *and* **fundien.**

fondling, *see* **fundeling.**

fondour, *see* **foundeōr.**

fonel, sb., *funnel, 'fusorium,'* PR. P. 170; fonel, funel C. M. 3306.

fongen, *see* **fangen. fonke,** *see* **funke.**

fonnen, v., *be foolish, infatuated:* fonne and dote CT. LOVE 458; þou **fonnist** (*pres.*) LUD. COV. 36; **fonned** (*pple.*) *fond, infatuated,* R. R. 5367; WICL. DEUT. xxxii. 21; fond GEST. R. 20; *comp.* for-fonnen.

fonnednesse, sb., *foolishness:* WICL. JER. xxiii. 13.

font, sb., *O.E.* font, fant, *from Lat.* font-em; *cf. O.Fr.* font; *font,* HOM. I. 59; MARH. 1; funt ORM. 17208; GEN. & EX. 3290; fant FER. 548; founȝt SHOR. 11.

funt-fat, sb., *font,* MISC. 4.

font-stōn, sb., *font,* FRAG. 8; SHOR. 97; JOS. 7; CH. C. T. *B* 723; fantstane PR. C. 3309; fanston HOM. II. 95; funtstane PR. C. 3124; vanstone ROB. (W.) 5898*.

foppe, sb., *fop, fool*: foppe idem quod folet PR. P. 170; **fobbes** (*pl.*) LANGL. *C* iii. 193.

foppere, sb., *? = Ger.* fopper; *cheat;* **fobberus** [*v. r.* fobberes, fobbes, freres] and faitours (*pl.*) LANGL. *C* iii. 193, *B* ii. 182.

[**for-,** prefix, *O.E.* for-, = *O.H.G.* far-, fir-, *Goth.* fair-, fra-, faur-.]

[**for-²,** prefix, = **for,** *prep.*]

[**for-³,** prefix, = **fōre,** *prep.*]

for, prep. & conj., *O.E.* for, fær, *cf. O.L.G.* for, far, fur, *O.Fris.* for, fore, fori, *O.H.G.* fur, fure, furi, *O.N.* fyr, fyr, *Goth.* faur; *for*: þrouwede deð for al moncun HOM. I. 17; her to onswerede an for ham alle KATH. 1134; þe vor king halden LAȜ. 14613; al þat þu me seist for schame O. & N. 1283; he shulde ben iknowe … for treitour P. S.

218; stingeþ for wod MISC. 148; hit leide on for wod P. L. S. xvii. 370; morned neiȝh for mad (*as if she were mad*) WILL. 1761; zelþ ... vor þane valsne peni AYENB. 24; for (*by*) mi lif JUL. 16; for gode H. M. 25; P. L. S. xv. 153; GAW. 1822; heo ne dursten for gode don þer þa misbode LAȝ. 13249; for þire lufe 18890; god nam swa muchele wreche for ane misdede P. L. S. viii. 104; for twam þingen HOM. I. 135; for are misdede 173; þet heo ne gruchie ... vor none mete ne vor none drunche A. R. 108; he ne mihte for his live iseo þat man wiþ hire speke O. & N. 1078; his care was al for hire BEK. 131; he weren for (*of*) Ubbe swiþe adrad HAV. 2304; he died for hungre MAND. 230; for chele qvake LANGL. *B* x. 59; for þon [for þan] *therefore* LAȝ. 989; he scholde never die for þon C. L. 1072; for þon þe *because* 123; for þan þe he sunne atend HOM. II. 107; for þen þe FRAG. 1; for þon þet he scolde swote smelle HOM. I. 53; for þan þat hit no wit not O. & N. 780; vor þan þet he let him overcome AYENB. 181; for þan ['*qvia*'] LK. iv. 32; for þan þe ['*enim*'] MAT. xiv. 24; for **hwon** *wherefore* HOM. I. 85; vor hwon (*v. r.* for hwi) A. R. 314; for **þi** *because* LAȝ. 22691; for þi þe HOM. I. 41; for þi þat he is so with HAV. 2043; for þi þat PR. C. 375; for þi þat he was wroht of eorþe ORM. 77; for þat he was godes preost 131; for þi þat ich nule þe forsaken (*v. r.* for ich nule forsaken þe) JUL. 32, 33; for þi þat he hadde (*v. r.* for he hadde) slain Asahel WICL. 2 KINGS iii. 10; for þat he deleð þe sowle & þe lichame HOM. II. 7; for þat ich fleo bi nihte O. & N. 365; for þat he hade þe Sarazenes slain ISUM. 489; for ich hit wot O. & N. 1248; al folc him luvede for he dide god justise CHR. E. 268; for he nefde nenne sune LAȝ. 148; for eȝþer here ȝede swa riht after godes lare ORM. 119; for þu art lutel and unstrong O. & N. 561; for her in þe norþhalf ... for hit is so fur fram þe sonne no man ne woneþ for chele TREAT. 137; for **hwī** [for hwat] *for why, for what* KATH. 508; for we HOM. II. 77; for what he dwelled hafde ORM. 226; for lesen hi of bende HOM. I. 171; for beon ivedde MISC. 38; for to habben [for habbe] al þa æhte LAȝ. 2227; ha sende swiðe for to witen hwat wunder hit were KATH. 151; for to done PROCL. 5; wepne ... for us to weren HOM. I. 69; al þat þu seist for me to schende O. & N. 1287; for te seche JOS. 15; vor te bevli þane diaþ AYENB. 172; war þe for his hokes SPEC. 105; uniseli for (*before*) gode HOM. I. 113; for alle ure goden LAȝ. 13919; to holden and to knowe for evr(e) ech(e) oþere wiȝte HORN (L.) 671; vor þe feste A. R. 22; for alle oþer BEK. 721; for to (*until*) þet heo comen to his (? read heore) lives ende HOM. I. 155; ALIS. 5363; PL. CR. 311; for to, for te HOM. II. 23, 33; LAȝ. 7563*, 25803*; for te þe hete a morwe come TREAT. 137;

vort midniht A. R. 236; fort þet hit was non MISC. 50; fort hit was eve O. & N. 41; þat ece fer þe ham ȝearcod was fer (*for*) hare prede HOM. I. 221.

for, *see* **feor³**.

forâge, sb., *Fr.* fourrage; *forage*, SHOR. 122; CH. C. T. *E* 1422.

forager, sb., *O.Fr.* fourrageur; *messenger*: frenesies and foule iveles **foragers** (*pl.*) of kinde LANGL. *B* xx. 84.

for-arnen, v., *ride hard*; **vorarnd** (*printed* uor arnd) ROB. (W.) 7490 (H. 362).

for-bannen, v., = *M.Du.*, *M.H.G.* verbannen; *banish*: let forbonne O. & N. 1093.

for-barren, v., *bar*; forbarre WILL. 3333; P. R. L. P. 60; C. M. 8213.

for-bēaten, v., *beat down*; forbete LANGL. *B* xviii. 35; **forbētun** (*pple.*) ANT. ARTH. li.

for-bēoden, v., *O.E.* forbēodan, = *O.Fris.* for-, furbiada, *Goth.* faurbiudan, *O.N.* furbiōða, *O.H.G.* for-, far-, fer-, firpiotan; *forbid*, LAȝ. 27408; verbeoden MISC. 46; forbedin '*prohibeo, interdico*' PR. P. 170; **forbēdeþ** (*pres.*) MAND. 71; CH. C. T. *C* 643; forbedes A. P. ii. 1147; forbiet MISC. 28; vorbiet AYENB. 6; **forbēode** (*subj.*) A. R. 8; god forbeode A. D. 259; forbeode [forbede] LANGL. *A* iii. 107; **forbēad** (*pret.*) GEN. & EX. 311; SHOR. 157; vorbead A. R. 70; forbæd ORM. 1955; furbed MAN. (F.) 9158; vorbed ROB. 496; forbæd [*sec. text*] forbed LAȝ. 20579; furbed MAN. (F.) 9158; **forbude** (*subj.*) HOM. I. 245; **forbóden** (*pple.*) ORM. 12021; GEN. & EX. 325; MAND. 20; R. R. 6616; PL CR. 147.

for-bēren, v., *O.E.* forberan, = *O.H.G.* furi-, for-, far-, fer-, firberan; *forbear*: unðewes to forbern HOM. II. 39; he wule vorberen ou lesse A. R. 218; forbere ASS. 60; GOW. I. 164; CH. C. T. *A* 885; hi ne miȝte forbere no more BEK. 1426; vorbere AYENB. 148; verbere ROB. (W.) 6552; **forbére** (*pres. subj.*) P. L. S. xxxi. 362; **vorber** (*pret.*) A. R. 218; forbar HAV. 764; for baren SAX. CH. 262; þauh þu me vorbere HOM. I. 197; **forbóren** (*pple.*) HOM. I. 197; forbore R. S. vii.

vorbéringe, sb., *forbearing*, AYENB. 148.

forbernen, *see* **forbrennan**.

forbersten, *see* **forbresten**.

for³-bī, prep., *cf. Ger.* vorbei; *beside*, ALIS. 5487; MAND. 11; CH. C. T. *C* 125; AV. ARTH. xxv.

for-binden, v., *O.E.* forbindan, = *O.H.G.* furi-, ferpintan; *bind up*; **forbíndeþ** (*pres.*) FRAG. 5; ORM. 4524; **forbúnden** (*pple.*) ORM. 13775.

forbischin, v., *O.Fr.* forbir; *furbish*, PR. P. 170.

for³-bīsne, sb., *O.E.* forebȳsen; *example, parable*, KATH. 698; O. & N. 98; REL. I. 218; þere ... forbisne HOM. I. 133; vorbisne A. R. 76; AYENB. 46; forbisne, -bisene C. L. 555, 980; forbisene, forebisene, forbusne

LANGL. *B* viii. 29, *A* ix. 24, *C* xviii. 277; for-būsene (*dat.*) LANGL. *B* xv. 555.

for³-bīsnen, v., *exemplify* : ƿis forbisnede (*pple.*) ƿing REL. I. 222.

forbīseninge, sb., *parable* : i sal helde mi ere in forbiseninge PS. xlviii. 5; i sal open mi mouth in forbiseninges (*pl.*) lxxvii. 2.

for-bīten, v., = *Ger.* verbeiszen; *bite in pieces*; forbīteþ (*pres.*) LANGL. *B* xvi. 35; forbāt [forbot] (*pret.*) LAȜ. 6497.

for-blak, adj., *very black*, CH. C. T. *A* 2144.

for-blāwen, v., *O.E.* forblāwan; *blow to pieces*; forblōwe (*pple.*) GOW. I. 160.

for-blēden, v., *cf. Ger.* verblüten; *bleed to exhaustion*; forblēd (*pple.*) L. H. R. 191; TRIAM. 1243; M. ARTH. 3434.

for-blenden, v., = *Ger.* verblenden; *blind*, ORM. 15391.

for-bod, sb., *O.E.* forbod, = *M.H.G.* verbot; *prohibition, interdiction*, REL. I. 177; forbode KATH. 2232; GEN. & EX. 324; HORN (L.) 76; forbóde (*dat.*) LAȜ. 1446.

for-breiden, forbrēden, v., *O.E.* forbregdan, forbrēdan; *pervert, corrupt*; forbreideþ, forbrēdeþ (*pres.*) O. & N. 510, 1383; forbroiden (*pple.*) REL I. 211; forbroide men ROB. 21; forbrode O. & N. 1381.

for-brēken, v., *O.E.* forbrecan, = *O.H.G.* fer-, firprechan; *break to pieces*; forbrac (*pret.*) GEN. & EX. 3049; Richard ... vorbrec þere his necke ROB. 375; forbrōken (*pple.*) REL. I. 211; forbroken man SAX. CHR. 256.

for-brennen, v., *O.E.* forbernan, = *O.H.G.* fur-, for-, fer-, firbrennan; *burn up*; forbrennen, -bærnen, furbernen [forberne] LAȜ. 645, 7389, 16658; forbrenne LANGL. *A* iii. 88*, *C* iv. 125; forbernen HOM. I. 143; forberne HORN (R.) 692; furberne LEG. 18; forbrende (*pret.*) GEN. & EX. 3784; vorbernde AYENB. 67; forbarnde LAȜ. 23202; verbarnde ROB. 296; forbrend (*pple.*) MAP 339; for-, vorbrend L. H. R. 26; furbrend MISC. 152; forbrent ALIS. 4669; M. ARTH. 1925; vorbernd A. R. 54.

for-bresten, v., *O.E.* forberstan; *burst*; forberst (*pret.*) LAȜ. 1912.

for-brinnen, v., *O.E.* forbeornan, -byrnan, = *O.H.G.* far-, fer-, firprinnan; *be burnt up*; forbearnen JUL. 67; þu forbernest (*pres.*) wel neȝ for onde O. & N. 419; forbearn (*pret.*) SAX. CHR. 249; forburnen LAȜ. 29297.

for-brūsen, v., *break in pieces*; forbrūsed (*pple.*) CH. C. T. *B* 3804.

for-brūtnen, v., *break in pieces*; forbrittened (*pple.*) D. ARTH. 2273.

for-brütten, v., *O.E.* forbryttan; *break in pieces*; forbrett (*pres.*) MAT. xii. 20.

for-būgen, v., *O.E.* forbūgan; *decline, avoid*, MK. vi. 48; forbuȝhen ORM. 7514; forbuwen A. R. 206; forbūh (*imper.*) H. M. 17; vorbuwen (*pret.*) A. R. 306.

for-büggen, v., *redeem*; forbugge C. L. 1090; forbigge WICL. EX. vi. 6; hi couþen hire zennen vorbegge AYENB. 78; forbouȝt (*pple.*) SHOR. 164; forbought ELL. ROM. II. 355.

forbügger, sb., *redeemer* : i wote that mi forbier (*v.r.* forbigger) liveth WICL. PREF. EP. vii.

for³-bürþe, sb., = *Ger.* vorgeburt; *previous birth*, C. M. 3545.

[for-cálden ?], v., foroóld (*pple.*); *chilled*, S. S. (Web.) 2623.

for-casten, v., = *Dan.* forkaste, *Swed.* förkasta; *cast away, reject*; vorkest (*pple.*) AYENB. 186.

forkesting, sb., *rejection*, A. R. 278.

force, sb., *O.Fr.* force; *force*, WILL. 1217; CH. C. T. *C* 133; C. M. 13044; forss BARB. x. 784; fors iv. 132; ma na fors *make no account* v. 85; make no fors CH. C. T. *H* 68; mast fors *most especially* BARB. viii. 11; no fors *it is no matter* CH. C. T. *B* 285; *G* 1019.

forcelet, sb., *O.Fr.* forcelet; *strong place*, PR. P. 170.

forcement, sb., *fortifications*; forsemens (*pl.*) or strengthes WICL. IS. xxv. 12.

forcen, v., *O.Fr.* forcer; *compel* : his fader us forset (*pret.*) with his foule wille D. TROY 1924; forcede D. ARTH. 1070; i forced (*reflex.*) me for to luve Jesu HAMP. TREAT. 6; he has forsede (*pple.*) her and filede D. ARTH. 978.

forcinge, sb., *compulsion, violence* : whanne forsinge he made, he assentide not WICL. 4 KINGS v. 16.

forcer, sb., *O.Fr.* forcier; *chest, coffin*, WILL. 4432; S. S. (Wr.) 2949.

forceress, *see* fortress.

for-chēosen (? for³-), v., *? choose* : þat sche was forchōsen (*pple.*) from þe beginninge of þe world MAND. 132.

forchūre, sb., *O.Fr.* forcheure; *fork or dividing of the legs* : Firumbras ... was a ... long man in forchure FER. 549.

for-clemmen, v., = *Ger.* verklemmen; *? compass*; forclemmed (*pple.*) A. P. iii. 395.

for-clēve, v., *cleave in pieces*, FER. 543; forclēaf (*pret.*) LAȜ. 26455*; forclef BRD. 19; FER. 1619; verclef ROB. (W.) 8269*.

for-clingen, v., *O.E.* forclingan; *wither*; forclonge (*pret.*) P. L. S. xxiv. 216; forclungen (*pple.*) ORM. 13851.

for-clōsen, v., *cf. O.E.* forclȳsan; forclōsede (*pret.*) SAINTS (Ld.) 303.

for-clucchen, v., *? cramp* : up hor ton hi set al voroluȝt (*pple.*) & qvaked al vor fere LEG. 165.

for-cōld, *see* forcálden.

for-coveren, v., *cover wholly* : she forcoveride (*pret.*) the nakid of the nak WICL. GEN. xxvii. 16.

for-crāsen, v., *break to pieces; be in ruins*:

old werk, forcrásed (*pple.*) alle S. S. (Web.) 721.

for-crempen, v., =*M.H.G.* verkrempfen; *contract*; for-, vorcrempeþ (*pres.*) O. & N. 510.

for-cróken, v., *become crooked*: þe hond was ek forcróked (*pple.*) P. L. S. xvii. 336.

for-culien, v., *?set on fire, burn*; **vorkullinde** (*pple.*) hire sulven mid þe fure of sunne A. R. 306; þet te soðe sunne ... haveð wiðuten vorkuled (*pple.*) ou 50.

for-cumen, v., *O.E.* for-, forecuman, = *O.H.G.* furiqveman; *come before*; **forcom** (*imper.*) PS. xvi. 13.

for-cursien, v., *curse*; **forcursed** (*pple.*) SAX. CHR. 262.

for-cutten, v., *cut to pieces*; **forkutteþ** (*pres.*) CH. C. T. *H* 340; forkutte (*pret.*) TREV. III. 405.

for-cūð, adj., *O.E.* forcūð; *wicked*: sum forcūð [forcouþ] kempe LA3. 28240; **forcūðere** (*compar.*) HOM. II. 83; **forcūðest** (*superl.*) KATH. 2242.

for-cweðen, v., *O.E.* forcweðan, = *O.H.G.* far-, ferqvedan, *Goth.* faurqiþan; *forsake, renounce*: hwen þu **forowiðest** (*pres.*) ... ure ... godes KATH. 389.

for²-cwiddare, sb., *foreteller*, A. R. 212.

for-cwikien, v., *revive*; **forqvichieð** (*pres.*) þan here time cumeð HOM. II. 77.

ford, sb., *O.E.* ford, =*M.Du.* vord, *O.H.G.* furt; *ford*, '*vadum*,' FRAG. 3; ALIS. 4343; TRIST. 2818; þene vord [ford] LA3. 20159; ford [forþ] WICL. GEN. xxxii. 22; forde, forth LANGL. *A* vi. 57, *B* v. 576; forþ A. P. i. 150.

for²-dĭde, sb., *previous deed*, A. R. 394; WILL. 5182.

for²-dĕl, sb., = *M.H.G.* vorteil; *advantage*, HALLIW. 370.

for-dēmen, v., *O.E.* fordēman, = *O.N.* fordœma, *O.H.G.* fur-, fortuomen; *condemn*, HOM. I. 95; LA3. 3457; KATH. 428; fordeme O. & N. 1098; **fordēmde** (*pret.*) MARH. 2; fordēmed (*pple.*) C. L. 447.

for-dilȝien, v., *O.E.* fordilegian, = *O.L.G.* fardiligōn, *O.H.G.* fertiligōn; *exterminate, destroy*; fordilȝhed (*pple.*) ORM. 14541.

for-dolken, v., *? wound severely*; **fordolked** (*pple.*) A. P. i. 11.

for-dōn, v., *O.E.* fordōn, =*O.H.G.* fertuon; *ruin, destroy*, LA3. 2567; LANGL. *B* v. 20; MAND. 56; fordo PR. C. 3395; furdo MAN. (F.) 11663; to vordonne A. R. 210; **fordēð** (*pres.*) KATH. 214; vordeþ AYENB. 121; **fordŭde** (*pret.*) MARH. 2; fordede GEN. & EX. 426; furduden MISC. 151; fordeden PL. CR. 495; **fordōn** (*pple.*) ORM. 18923; CH. C. T. (T.) 17239.

for-drēden, v., *terrify*; *be afraid of*; **vordrădde** (*pret.*) ROB. (W.) 2088; **fordrĕd** (*pple.*) GEN. & EX. 1557; SPEC. 88; (*ms.* forrdredd) ORM. 147.

for-draȝen, v., *draw along*: þe devel þe fordrawe (*pres.*) FER. 1796; with flateringe of lippis she fordrōȝ (*pret.*) him WICL. PROV. vii. 20.

for-drēfen, v., *perturb*; **fordrēfed** (*pple.*) ORM. 2194.

for-drenchen, v., *O.E.* fordrencan, = *M.L.G.* vordrenken; *drown; intoxicate*, HOM. II. 213; fordrenche P. L. S. viii. 166; **fordrenct** (*pple.*) KATH. 2343; þas men beoð mid miste (*r.* muste) fordrencte HOM. I. 91.

for-drīfen, v., *O.E.* fordrīfan, = *O.H.G.* far-, fertrīban; *drive asunder*; **fordriven** (*pple.*) REL. I. 220; fordrive R. R. 3782; mid wedere fordreven LA3. 6206*.

for-drūȝen, v., *O.E.* fordrūgian; *dry up*; fordruie, fordrue O. & N. 919; **fordried** (*pret.*) TREV. VIII. 139; **furdrŭit** (*pple.*) LEB. JES. 596; **vordrūwede** (*pl.*) A. R. 148.

for-drunken, adj., *O.E.* fordruncen, =*M.L.G.* vordrunken; *drunken*; vordrunken A. R. 214; þa **fordrunkene** (*pl.*) cnihtes LA3. 13518.

for-dullen, v., =*M.L.G.* vordullen; *become dull*; fordolled (*pple.*) L. H. R. 141.

for-dütten, v., *O.E.* fordyttan; *shut up*; forditten RICH. 4170; **fordittĕð** (*pres.*) HOM. II. 197; fordut LA3. 17139; **fordütted** (*pple.*) FRAG. 7; fordit MAP 339; fordütte (*pl.*) FRAG. 7.

for-dwīne, v., =*M.Du.* verdwijnen; *fade away, decay*, P. L. S. xxiv. 215; **fordwinnen** (*pple.*) REL. II. 211; fordwined R. R. 366.

fóre, sb., *O.E.* fōr, = *O.H.G.* fuora; *from fáren; course, march, proceeding, expedition*, GEN. & EX. 2984; ROB. 386; ALIS. 2355; REL. I. 160; CH. C. T. *D* 110; Brennes ... heom beh æfter mid starkere fore LA3. 5568; þe cnihtes weoren on fore 5858; heo nomen heore vore into þas kinges bure 13667; and so forleost þe hund his fore O. & N. 817; he folwed the fore of an oxe TREV. I. 197; *comp.* forð-fóre.

fóre, prep. & adv., *O.E.* fore, = *O.L.G.*, *O.H.G.* fora, *O.Fris.* fara, *Goth.* faura; *before*: þet tu fore ibeden havest MARH. 21; þat ich fore habbe imurned LA3. 13472; non no spak him on word fore ÁLIS. 4038; þis ... ' perle ... þe joueler 3ef fore alle his god A. P. i. 733; (h)is sone þat al þe sorwe is fo re WILL. 2941; þu derst cumen biforen him fore þine gulte HOM. I. 27; þer fore LA3. 316; fore þe miracle þet hi seghe was here believe þe more istrengþed MISC. 30; bote ief hit bi vore zome niede AYENB. 7; þis Gilbert hire tolde fore BEK. 31; he tolde ous fore hou hit scholde beo P. L. S. xx. 37; he tolde him fore TREV. III. 143; nis nout ... god so grim ase 3e him vore makieð A. R. 334; so stille and derne he was þe fend fore C. L. 1030; þa þe fore stopen ['*praeibant*'] LK. xviii. 39; se time ... þe god fore scewede

HOM. I. 227; ich com ... for te warnin ow fore 253; ich warni þe vore [v. r. biforen] JUL. 47; for þe welþe ... i have him wrouȝt fore WILL. 2076; as þei fore seiden JOS. 208; as he fore tolde LANGL. A xi. 165; þe vore izede Jon AYENB. 190; god fore [for] wot it CH. C. T. B 4438.

for-eald, adj., *very old*; forold CH. C. T. A 2142.

for-ealdien, v., *O.E.* forealdian, *cf. O.H.G.* faralten; *grow old*; **vorólded** (*pple.*) L. H. R. 24.

fore-arsoun, sb., *saddle-bow*: his ax on his forearsoun hing RICH. 5053; on his stede ful þe dent, biside þe forarsoun FER. 3385.

fore-bēecne, forbēacne, sb., *O.E.* forebēacn; *omen*; (*pl.*) MK. xiii. 22; JOHN iv. 48.

foredene, see **ferrēden** *under* **fere.**

fore-fader, sb., *O.N.* forfaðir; *forefather*, TREV. VIII. 9; **forefadres** (*pl.*) LANGL. B v. 501.

[**fore-feng**], **forfeng,** sb., *O.E.* fore-, forfeng; 'quite de avant prise,' REL. I. 33.

fore-finger, sb., *forefinger*, VOC. 179.

fore-fōt, sb., *forefoot*; **forefēt** (*pl.*) WILL. 3284.

fore-ganger, -gōere, sb.,=*Ger.* vorganger, -genger, -geer; *a goer before*: i go before bodword to bere, and as forgangere am i TOWNL. 165; foregoere LANGL. A ii. 162; WICL. HEB. vi. 20; als anticrist lims and his **forgangers** (*pl.*) PR. C. 4151.

fore-ȝeard, sb., *forecourt, hall*; **foreȝerd** WICL. EZ. x. 3; in her stretis ether **forȝerdis** (*pl.*) 2 ESDR. viii. 16.

fore-gengle, sb., *predecessor*; **vorgenglen** (*pl.*) LAȜ. 25082.

fore-gessen, v., *anticipate, expect*: a conscience disturblid presumeth [*gl. marg.* that is bi **forgessing** (*pple.*) grete ivels to cominge on it seif] evere wickid thingis WICL. WISD. xvii. 10.

fore-gōere, see **fore-ganger.**

fore-hēved, sb., *O.E.* forhēafod, *cf. M.L.G.* forehouvet; *forehead*, BEK. 2200; forheafod HOM. I. 127; vorheaved A. R. 18; forheved PERC. 495; forheed CH. C. T. A 154.

forein, adj. & sb., *O.Fr.* forain; *foreign, foreigner*, MAND. 183; E. G. 361; some hadde **foreines** (*pl.*) to frendes LANGL. C x. 199.

forel, sb., *O.Fr.* forrel, fourrel; *sheath*, PR. P. 171; C. M. 15791; furel (*v. r.* scheþe) WICL. JOB xx. 25.

fore-land, sb., *foreland*; **forlondes** (*pl.*) TREV. I. 305; forlondez GAW. 699.

fóren, prep. & adv., *O.E.* foran, forne,=*O.L.G.* foran, forana. *O.H.G.* forna; *before*; foren ongen eow MAT. xxi. 2; forenan his hafde [*Ger.* vorn an seinem haupte] LAȜ. 23968;

foren [forn] to his breoste 20121; **foren** wenden 26899; forn at þere burȝe 24032; forn aȝan (*v. r.* aȝæn), (*opposite him*) 18528; min seoruwe is forn on FRAG. 6; þeȝ token eft forn on to serfen ORM. 553; forn aȝeins WICL. GEN. xvi. 12; swim þu foren me HOM. I. 51; foren us to gon GEN. & EX. 3541; *comp.* a-, æt-, bi-, tō-fóren.

for-ēode, v., (*pret.*) *forwent, let go*, SPEC. 23; forȝode HALLIW. 375; forȝede CH. TRO. ii. 1330; voreoden A. R. 406; furȝeden MAN. (F.) 15711.

fore-partie, sb., *forepart, front*: foreparti of the hede 'sinciput' VOC. 183.

fore-said, pple., *aforesaid*: this forsaid stret M. H. 52; this ilk forsaid nonnrie 58; þe foresaide folk ALEX.[2] (Sk.) III; tho forseide lake MAND. 199; þe vorȝede manne AYENB. 190.

fore-scēwing, sb., *O.E.* forescēawung; *foreshowing*; forsceuing C. M. 5745.

fore-schip, sb., *O.E.* forscip; *foreship*, RICH. 2618.

fore-siht, sb., = *O.H.G.* forasiht; *foresight*; forsiȝt, forsighte PR. P. 171.

fore-slēve, sb., *front of the sleeve*: of a freres frokke were the **forolēves** [foresleves] (*pl.*) LANGL. B v. 81.

fore-spēche, sb., *O.E.* fore-sprǣc, -sprēc; *preface*; vorespeche AYENB. 5.

forest, sb., *O.Fr.* forest; *forest*, ROB. 375: CH. C. T. A 1975; LAI LE FR. 145.

fore-stain, sb., *prow of a ship*: frekes one þe forestaine fakene þeire coblez D. ARTH. 742; 'prora' forstanig VOC. 274.

forester, forster, sb., *O.Fr.* forestier; *forester*, ROB. 499; LANGL. B xvii. 112; CH. C. T. A 117.

foret, feret, sb., *O.Fr.* furet; *ferret*, PR. P. 171.

fore-tāken, sb., *O.E.* foretācn, = *O.H.G.* forazeichan; *foretoken*; foretakning ORM. 16157; fortacne HOM. I. 87; foretoken GEN. & EX. 2994; GOW. I. 137; fortocne HOM. II. 81.

fore-tēþ, sb. pl., *O.E.* foretēþ; *front teeth*, LANGL. C xxi. 386; FLOR. 1609.

fore-top, sb., *foretop*, VOC. 183; fore-, fortop SAINTS (Ld.) 317 (TREAT. 137).

fore-þouht, sb., *forethought*, L. H. R. 145.

fore-wal, sb., *O.E.* foreweall; *front wall, bulwark*: the wal and the fore wal [biforeval either a strengthe bifore the wall] WICL. IS. xxvi. 1.

fore-ward, sb. & adv., *O.E.* fore-, forweard; *front part, first part; forward, forth*: on forward *in the beginning* HOM. I. 73; furst and a foreward BEK. 492; fro þat dai forward AM. & AMIL. 155; **forewardes** (*adv.*) *forward* MAND. 61.

fore-ward[2], sb., *O.E.* foreweard (SAX. CHR.

67), cf. O.N. forvörðr; *agreement, covenant,* A. R. 62; foreward C. L. 1055; voreward O. & N. 1689; foreward, forward LA3. 1091, 23657; LANGL. *A* vi. 36; forward CH. C. T. *A* 829; M. ARTH. 3695; **forewardes** (*pl.*) LA3. 31133; SPEC. 37.

fore-warde, sb., *vanguard*, CATH. 139; P. P. ii. 280.

for-færen, v., = M.L.G. vorvēren, *M.Du.* ververen, -vaeren; *terrify*; **forfǣred** (*pple.*) ORM. 665; forfered CH. C. T. *F* 527; IW. 1678.

for-fal, sb., O.N. forfall (*impediment*); *sickness*; forval (? *ms.* forwal) LA3. 31590.

for-fāren, v., O.E. forfaran, = O.H.G. furfor-, ferfaran, O.Fris. forfara; *perish, destroy*, GEN. & EX. 1087; let forfaren al mankin ORM. 14582; þe3 wolden him forfaren al & cwenken 19632; forfare WILL. 2762; A. P. ii. 1168; GAM. 74; EGL. 119; LUD. COV. 47; al þis lond he wule forfare LA3. 25683; forvare REL. I. 176; furfare LEG. 30; **forvāreð** (*pres.*) A. R. 138; **forfōren** (*pret. pl.*) LA3. 12380; **forfāren** (*pple.*) HAV. 1380; þeos utla3en þa þisne wei us habbeoð forvaren (*intercepted*) LA3. 27373.

[? **for-fehten**, v.], **forfohte** (*pple.*), *exhausted with fighting*, LA3. 26189*; forfou3ten JOS. 579; forfouten WILL. 3686.

[**for-fehten**, v., *fight for, defend.*] **forfi3tere**, sb., *defender*, WICL. IS. xix. 20.

for²-fenden, v., *keep, protect, prohibit*: wile thou not forfenden him that mai wel do WICL. PROV. iii. 27; thee also i shal not forfende JOB xxxiv. 31; forfendin PR. P. 171; **forfende** (*imp.*) thi foot from the sties of hem WICL. PROV. i. 15; **forfenden** (*pl.*) WICL. JOB xv. 11; from alle evel weie i **forfendede** (*pret.*) mi feet WICL. PS. cxviii. 101; **forfendid** (*pple.*) WICL. 2 KINGS xxii. 24; WICL. S. W. I. 241.

for-fēren, v., O.E. forfēran; *perish, destroy*; **forferde** (*pret.*) LA3. 7280; A. D. 298; GAW. 1617; A. P. ii. 571; vorverden A. R. 334.

forfēren, *see* **forfǣren**.

forfet, sb., O.Fr. forfait, *med.Lat.* foris factum, *mod.Eng.* forfeit; *offence, forfeit*: he schalle finde no forfete amonge us MAND. 294; that we falle into forfet with oure fre wille D. TROY 2295; of oulde **forfetis** (*pl.*) upbraide not þi felawe B. B. 29.

forfeten, v., *forfeit; transgress, commit sin*; forfetin '*forefacio, delinquo*' PR. P. 172; forfet D. TROY 4446; forfette his landez D. ARTH. 554; 3ef he **forfete** (*subj.*) in eni of hem MAS. 331; þa3 faurti forfete A. P. ii. 743; Jesus Crist that never **forfeted** (*pret.*) CH. C. T. *I* 273; ne forfeted ... þe mede A. P. i. 616; oure forme fader hit con forfete A. P. i. 636; we mone be **forfetede** (*pple.*) and flemide for ever 1155.

forfetour, sb., *forfeiter*, '*forefactor*,' PR. P. 172.

forfetūre, sb., O.Fr. forfaiture; *forfeiture*, LANGL. *B* iv. 131; forfeiture RICH. 131; '*forefacio, forefactura*,' PR. P. 172; this shall be thi forfeiture GOW. II. 268.

for-flütten, v., = *Dan.* forflytte, *Swed.* förflytta; *remove*; **forflitte** (*pple.*) AMAD. (Web.) 381.

for-fonnen, v., *become silly, senseless*: he might faithli **forfonnet** (*pple.*) be a fole holden D. TROY 632.

for-freten, v., = *Du.* vervreten; *devour, corrode*; **forfreteþ**, -fret (*pres.*) LANGL. *B* xvi. 29; vorvret A. R. 138; **forfrēten** (*pret. pl.*) MISC. 226; **forfrete** (*pple.*) WILL. 2376.

forfri3ten, *see* **forfürhten**.

for-fruschen, v., *dash to pieces*; **furfrusched** (*pple.*) MAN. (F.) 1180.

for-fürhten, v., *frighten*: ðis **forfrigted** (*pple.*) folc GEN. & EX. 3519.

for-gabben, v., *mock*: who so **forgabbed** (*pple.*) a frere PL. CR. 1257.

for-gān, v., O.E. forgangan, -gān, = O.L.G. for-, fargangan, *Goth.* faurgaggan, O.H.G. fergangan, -gān; *forgo, pass by; escape; dispense with; abstain from*; forga PR. C. 1842; forgon A. R. 8; SPEC. 88; his rihtes forgon BEK. 726; in whiche manere we mowe best þe develes poer forgon P. L. S. xvii. 301; forgon, -go CH. C. T. *E* 171; forgo R. S. vii; WILL. 5187; vergon ROB. (W.) 5903*; **furgō** (*pres.*) REL. I. 103; vorgeð al þet he luveð A. R. 364; **forgang** (*imper.*) þu ones treowes westm HOM. I. 221; þe his lond hafde **forgān** (*pple.*) LA3. 22130.

for-garen, v., O.N. fyrirgöra; *ruin, destroy; oppose*: þat home þat aungelez **forgart** A. P. ii. 240; hit watz **forgarte** (*pple.*) A. P. i. 321; full of sinne and all forgart 3æn God ORM. 14582.

forge, sb., O.Fr. forge; *forge, 'fabrica,'* PR. P. 172; CH. C. T. *A* 3762.

forgeable, adj., *that can be forged or made*: forgeable thingis WICL. PREF. EPIS. vi.

for-3earwien, v., = *Dan.* forgiöre, *Swed.* förgöra; *destroy, corrupt*; **forgart** (*pple.*) ORM. 14584, 17531; A. P. i. 321.

for-3elden, v., O.E. forgildan, = O.L.G. fargeldan, O.H.G. for-, far-, fergeltan; *requite*, HOM. I. 65; and þu mi muchele swinc mid sare **for3eldest** (*pres.*) LA3. 2298; for3helde PS. xvii. 21; **for3elde** (*subj.*) A. R. 428; LANGL. *B* vi. 279; GAW. 839; god for3elde þe DEGR. 860; (*ms.* foryelde) M. ARTH. 1548; for3ilde AV. ARTH. xlii.

for-yhéldinge, sb., = *M.H.G.* vergeltunge; *retribution*, PS. xxvii. 4; **foryhéldinges** (*pl.*) PS. cii. 2.

for-3elwen, v., ? = *M.H.G.* vergilwen; *turn yellow, fade*: ðu ... **forgelwes** (*pres.*) (*ms.* -gelues) REL. I. 212 (MISC. 6).

forȝēmen, v., *O.E.* forgȳman; *neglect*; vorȝemen A. R. 372; **forïēmeþ** (*ms.* -yemeþ) (*pres.*) MISC. 114; (ȝe) forȝemeð HOM. I. 13; forȝēmden (*pret.*) (*ms.* forrȝemmdenn ORM. 7502; forȝēmed (*pple.*) C. L. 947.

forȝerd, *see* fore-ȝeard.

for-ȝeten, v., *O.E.* forgitan, -gytan, = *O.L.G.* for-, fargetan, *O.H.G.* fergezan; *forget,* HOM. I. 161; forȝetin, -ietin (*ms.* -yetin) '*obliviscor*' PR. P. 174; forȝiete HOM. II. 221; forȝete, forȝuten LANGL. *B* xvii. 242, *C* xx. 208; forȝete WICL. GEN. xli. 51; A. P. i. 86; forȝiten P. L. S. viii. 17; vorȝiten A. R. 272; furgete MAN. (F.) 14119; forȝeteþ (*pres.*) ORM. 2965; voriet (*ms.* -yet) AYENB. 18; forȝut P. L. S. viii. 13; (ha) forȝeoteð MARH. 15; forȝete (*subj.*) L. C. C. 24; forȝat (*pret.*) P. L. S. xvii. 216; LANGL. *B* xi. 59; WICL. GEN. xl. 23; foriat (*ms.* -yat), -gat HAV. 249, 2636; forgat S. S. (Wr.) 1273; forȝæt [forȝet] LAȝ. 25833; forȝet KATH. 1835; forȝeten LAȝ. 5514; A. R. 330; P. S. 342; WILL. 1909; forȝēte (*subj.*) CH. C. T. *A* 1882; forȝeten (*pple.*) C. L. 998; forȝeten is god ['*oblitus est deus*'] WICL. PS. x. 11; forȝetin [-ieten, -geten] CH. C. T. *A* 1914; forgeten IW. 1584; PR. C. 3909; forȝete WILL. 4934; vorȝiten A. R. 100; verȝite ROB. (W.) 6428ᵃ (*errata*); forȝute BRD. 26.

forȝetinge, sb., '*oblivio*,' PR. P. 174; MAND. 5; voryetinge AYENB. 18.

forȝetingnes, sb., *forgetfulness,* WICL. 2 PET. i. 9.

forȝet-ful, adj., *forgetful,* CH. C. T. *E* 472; WICL. JAS. i. 25.

for-ȝetil, adj., *O.E.* forgytol, = *M.L.G.* vorgetel; *forgetful,* '*obliviosus*,' PR. P. 174; forȝetel (*? printed* foryetel) GOW. III. 98.

forgetelnesse, sb., *O.E.* forgytelness; *forgetfulness,* HOM. II. 71; forȝetelnesse GOW. II. 19; forȝetelnesse CH. C. T. *I* 827; forgetelnes PS. ix. 19.

forȝetil-schip, sb., *forgetfulness*: for a forgetilschip Richard and he boþe les MAN. (H.) 176.

forghe, *see* furh.

[**for-ȝife-,** *stem of* **forȝifen.**]

vorȝive-lĭch, adj., = *M.H.G.* vergebelich, *? O.E.* forgifendlīc; *pardonable,* A. R. 346.

for-ȝifen, v., *O.E.* forgifan, = *O.H.G.* fur-, for-, far-, fergeban; *forgive,* ORM. 1464; forȝive WICL. NUM. xxx. 9; forȝefen, -ȝeven HOM. I. 23, 37; forȝeve P. L. S. xvii. 214; forȝive, -give LANGL. *B* iii. 8; **forgieve** (*subj.*) MK. xi. 25; þou forȝeve A. D. 261; **forȝaf** (*pret.*) ORM. 19294; P. L. S. xxv. 47; voriaf (*ms.* -yaf) AYENB. 114; forȝef LAȝ. 4273; **forgǣfe** (*subj.*) ORM. 1143; forȝiven (*pple.*) A. R. 124; vorieve (*ms.* uoryeue) AYENB. 29; þine sunnen þe beð forgiven HOM. II. 145.

forȝifenesse, sb., *O.E.* forgifeness, -gifenness; *forgiveness,* ORM. 1477; vorȝivenesse,

forȝevenesse HOM. I. 29, 217; **forȝivenesse** LEG. 12; forȝeovenesse H. M. 43; voryevenesse AYENB. 32.

forȝevinge, sb., = *M.H.G.* vergebunge; '*remissio*,' PR. P. 174.

forgin, v., *O.Fr.* forgier; *forge,* PR. P. 172; forge WICL. EX. xxvii. 3; **forged** (*pple.*) CH. C. T. *A* 3256.

forgere, sb., *forger, fabricator, smith*: God that is forgere of alle thinges WICL. ECCLES. xi. 5; **forgers** (*pl.*) WICL. PREF. EP. vi.

forging, sb., *fabrication*: forging of gold WICL. ECCLUS. xxxii. 8.

for-glopnen, v., *terrify*; **forglopned** (*? ms.* forrgloppnedd) (*pple.*) ORM. 670.

for-gnaȝe, v., *gnaw to pieces,* FER. 1148; **forgnaȝeþ** (*pres.*) SHOR. 98; forgnaweð A-R. 338; vorgnōwe (*pret.*) LEG. 161.

for-gnīden, v., *O.E.* forgnīdan, = *O.H.G.* fargnītan; *bruise*; **forgnōd** (*pret.*) ['*contrivit*'] PS. cvi. 16.

for-greiðen, v., *prepare, make ready*: in þair levinges forgraiþe lickam of þa PS. xx. 13.

forgraiðing, sb., *preparation*: forgraiþinge ['*præparationem*'] of þair herte herd ere þine PS. ix. 38.

for-gremen, v., *deprive of (by displeasing God)*: þe mihtes þe Adam **forgremede** (*pret.*) us alle HOM. II. 35.

for-grōwen, v., *grow to excess*: **forgrouwen** (*pple.*) mid brimbles HOM. II. 129; forgrowe P. P. I. 363; GENER. (Wr.) 3667.

for-gülten, v., *O.E.* forgyltan; *render guilty; forfeit by guilt*: to forgilten us ȝæn god ORM. 2619; forgilt (*pres.*) HOM. II. 211; **forgülte** (*pret.*) HOM. I. 23; ear we weren **vorgülte** (*pple.*) A. R. 388.

for-hacchen?, v., *despise*; **forhecched** (*pres.*) H. M. 41ᵃ; **forhaht** (*pple.*) SPEC. 37.

for-hardien, v., *O.E.* forheardian, *cf. O.H.G.* far-, fer-, furihertan; *harden*; **forha(r)dede** (*pret.*) GEN. & EX. 3338.

for-hāren, v., *grow hoary*: thou olde and forhōrid (*pple.*) man GUY 11089.

for-hāten, v., *O.E.* forhātan; *promise; renounce*: ȝif þu wult ... vorhoten þine sunne A. R. 340; **forhōteð** (*pres.*) HOM. II. 199; forhēt (*pret.*) P. L. S. xvii. 86; þat he lang forhight C. M. 11334; vorheten A. R. 192; forhōte (*pple.*) SHOR. 162.

for-healden, v., *O.E.* forhealdan, = *M.L.G.* vorholden; *detain, retain*; **forhēld** (*pret.*) GEN. & EX. 2026; **forhōlde** (*pple.*) MISC. 149.

for-hēawen, v., *O.E.* forhēawan, *O.H.G.* furhouwan; *hew in pieces*; **forhēow,** -heou [forhew] (*pret.*) LAȝ. 4593, 28032; **forhēwe** (*pple.*) FER. 899.

for-hēden, v., *neglect*: wimmen he **forhēdde** (*pret.*) LAȝ. 2579*.

forheed, *see* **forehēved**.

for-hefednesse, sb., *O.E.* for-, færhæfedness; *continence*, HOM. I. 101.

for-hélen, v., *O.E.* forhelan, = *O.H.G.* far-, ferhelen; *conceal, hide, cover, protect*, GEN. & EX. 2593; forhele O. & N. 798; forhile him i sal for mi name knewe he PS. xc. 14; **forhéle** (*imper.*) REL. I. 177; **forhéle** (*subj.*) LA3. 4360; forheole HOM. I. 37; **forhal** (*pret.*) ORM. 233; AN. LIT. 8; MAP 337; it sholde wurþen wel forholen wiþ þe defel ORM. 2468; forhole ALIS. 6967; S. S. (Web.) 250; nis him nout forhole P. L. S. viii. 39.

forhiler, sb., *protector*: PS. xvii. 31, xxxvi. 39, lxxxiii. 10, cxiii. 9.

forhiling, sb., *cover, shelter, protection*: PS. xvii. 36, xc. 1, civ. 39.

for-hengen, v., = *M.H.G.* verhengen; *hang*; forhenge HAV. 2724.

for-ho3ien, v., *O.E.* forhogian; *contemn, despise*; forhohien KATH. 993; forhowien A. R. 166; forho3hen ORM. 3959; **forho3eð** (*pres.*) LA3. 31565; forhoweþ FRAG. 5; **forho3ie** (*subj.*) HOM. I. 49; **forho3eden** [forhowede] (*pret.*) LA3. 19421.

for-hoht, -hoght, sb., *contempt*, PS. cxviii. 22.

for-hōnen, v., ? *M.Du.* verhoonen ? *despise*; forhone PS. xliii. 6.

for-hōren, v., = *O.H.G.* for-, farhuorōn; *debauch*; vorhoren A. R. 394; **forhōred** (*pple.*) HOM. II. 81; ORM. 2043.

forhōren, *see* **forhāren**.

for-hūden, v., *O.E.* forhȳdan, = *L.G.* ferhüden; *hide*; **forhid** (*pple.*) GEN. & EX. 1875.

for-hu3ien, v., *contemn, despise*; **forhugien** (*pres. subj.*) MAT. xviii. 10; **forhugede** (*pret.*) GEN. & EX. 3814.

for-hungren, v., = Ger. verhungern; *famish*; **forhungred** (*pple.*) ORM. 5679; WILL. 2515; forhungrid PR. P. 172; forhongered LA3. 23562*.

for-huschen, v., ? *deride*; **forhuste** (*printed* forhusce) (*pret.*) LA3. 3171; forhusten 29021.

for-īdlen, v., = *M.H.G.* verītelen; *become idle*; **foridled** (*pple.*) A. R. 116.

for-irken, v., *disgust*: of manna he ben **forirked** (*ms.* forhirked) (*pple.*) to eten GEN. & EX. 3658.

for-justen, v., *overthrow, defeat*: jolili this gentille **forjustede** (*pret.*) anoþer D. ARTH. 2088; so mani groundes he forjustede D. TROY 296; forjusted A. P. ii. 1215; **forjustid** (*pple.*) DEGR. 1897; thus es þe geante forjuste 2896.

forke, sb., *O.E.* forc [ÆLF. HOM. I. (Sk.) 430], from *Lat.* furca, *O.Fris.* forke, *O.Fr.* furke; *fork*, '*furca*,' VOC. 180; SPEC. 110; **forken** (*pl.*) LA3. 21102; forkes (*gallows*) DEP. R. i. 108; *comp.* pic-forke.

forked, adj., *forked*, CH. C. T. *A* 270; C. M. 18843.

for-keorven, v., *O.E.* forceorfan; *cut to pieces*; vorkeorven A. R. 360; **forkerveþ** (*pres.*) CH. C. T. *H* 340; **forcarf** (*pret.*) LA3. 8186*; forkarf B. DISC. 1325; **fordorven** (*pple.*) H. M. 11; forcorvin FER. 617.

forkin, sb., *baker's shovel*, '*pala*,' VOC. 276.

for-lēden, v., *O.E.* forlǣdan, = *O.L.G.* farlēdean, *O.H.G.* for-, far-, ferleiten; *seduce*; **forlēdeþ** (*pres.*) LA3. 1333*; **forlēdde** (*pret.*) SHOR. 164.

for-lǣren, v., *O.E.* forlǣran; *seduce*; **forlēreð** (*pres.*) HOM. II. 29; þat þi dweolesong heo ne forlēre (*subj.*) O. & N. 926.

for-lǣten, v., *O.E.* forlǣtan, = *O.L.G.* for-, farlātan, *O.H.G.* fur-, for-, far-, ferlāzan; *forsake, leave*, ['*dimittere*'] MAT. xv. 32; ORM. 3769; forletan, -leten HOM. I. 19, 107; forleten LA3. 30599; A. R. 406; forlete HORN (L.) 218; CH. C. T. *C* 864; he scholde þe lif forlete C. L. 178; for-, furlete O. & N. 966; furlete HICKES I. 225; ferleten HOM. I. 219; forlatin '*desolo*' PR. P. 172; **forlēteð** (*pres.*) HOM. II. 27; forlet HOM. I. 119; alle þo þe here sinnen forleteð HOM. II. 41; **forlēt** (*pret.*) HOM. I. 19; Adam god forlet ORM. 355; al folc wel neh forlet to þenken oht of hefne 18875; forleten GEN. & EX. 4068; alle þe breme bestes ... forlete us & folwed him WILL. 2311; **forlǣten** (*pple.*) ORM. 3119; forlete ALIS. (Sk.) 679; vorlete L. H. R. 34.

forlētenesse, sb., *O.E.* forlǣtennyss; *contempt, scorn*, PS. cxxii. 3.

forlēting, sb., *neglect, scorn, contempt*, PS. cxxii. 4.

for-lǣven, v., = *O.H.G.* firleiben; *leave*; forleve WICL. LEV. xxv. 46; **forlēaf** (*imper.*) JUL. 33; **forlēft** (*pple.*) WILL. 2497; forlaft P. S. 340.

for-la3e, sb., ? *O.N.* forlög (*fate*); ? *opportunity*, HOM. I. 19.

for-lange, adj., *very long*, ORM. 6996.

for-langen, v., = *M.H.G.* verlangen; *be possessed with longing*: 3if þat tu **forlanged** (*pple.*) art to cumen up til Criste ORM. 1280.

vorlonginge, sb., *longing*, A. R. 274.

for-laped, pple., ? *satiated with drinking*, P. S. 238.

for-lēden, v., *lead away, bring forth*: þethen sal i forlede David horn PS. cxxxi. 17.

for-le3ernesse, sb., = *O.L.G.* farlegarnessi; *adultery*, ORM. 2032; forleirnisse MAT. v. 32; *see* **forli3er**.

for-lēinen, v., = *O.L.G.* farlōgnian, *O.H.G.* fur-, for-, ferlougnen; *deny*: þat mai he (*misprinted* be) nou3t forlain TRIST. 1586.

for-lengþen, v., *lengthen*; **forlengħþed** (*pret.*) ['*prolongaverunt*'] PS. cxxviii. 3.

for-lēosen, v., *O.E.* forlēosan, = *O.L.G.* for-,

farleosan, -liosan, *O.H.G.* fur-, for-, far-, ferliosan, -leosan; *lose*, LA3. 9486; KATH. 347; A. R. 108; ne let tu neaver mi sawle forleosen MARH. 3; forlesen ORM. 2278; forleose HORN (R.) 665; þu **forlēost** [-lost] (*pres.*) O. & N. 1649; vorleoseð A. R. 120; forleost MK. ix. 41; for-, vor-, furleost O. & N. 619, 693, 949; forliest MISC. 31; we forleosað HOM. I. 105; (hi) vorlieseþ AYENB. 57; **forlēose** (*subj.*) SPEC. 94; **forlēas** [forles] (*pret.*) LA3. 213; vorleas A. R. 232; AYENB. 181; forles SAX. CHR. 264; GEN. & EX. 189; (þu) forlure FRAG. 7; vorlure A. R. 310; verlore ROB. (W.) 4658*; (heo) forluren HOM. I. 93; ORM. 1412; forloren GEN. & EX. 241; **forlóren** (*pple.*) [*mod.Eng.* forlorn] A. R. 146; GEN. & EX. 1886; HAV. 580; H. H. 243; forlorn CH. C. T. *F* 1557; forlore O. & N. 1391; furlore MISC. 153.

forliesinge, sb., *loss*: vor þet me bevli3t hire folie and hire vorliezinge AYENB. 156.

forlórennesse, sb., *O.E.* forlorenness; *lost condition*; vorlorenesse A. R. 66, 110.

for-lēve, *see* **forlǣven.**

for-li3er, sb., *O.E.* forliger *n.* = *O.H.G.* forligiri; *fornication*, HOM. I. 103; **forleigre** (*pl.*) MK. vii. 21.

for-liggen, v., *O.E.* forlicgan, = *O.H.G.* furligan; *commit adultery*; **forlið** (*pres.*) H. M. 41; **forlai** (*pret.*) GOW. I. 347; vorlai AYENB. 206; forlæi3en LA3. 15375; **forle3en** (*pple.*) ORM. 1988; forleien SHOR. 65; forleie FL. & BL. 301; furlain MAN. (F.) 12271.

forli3er, sb., *O.E.* forligere; *adulterer*, '*adulter*,' FRAG. 5; forlier MAT. xii. 39; **forli3eres** (*pl.*) HOM. I. 117.

for-litenen, v., *? lessen*: we hafe as losels liffide ... and **forelitenede** (*pple.*) the loos þat we ar laitande (*printed* layttede) D. ARTH. 254.

for-livien, v., *?* = *M.H.G.* verleben; eni **forlived** (*pple.*) (*decrepit*) wrecche FL. & BL. *B* 98.

for³-lōkien, v., *forelook, look forward*; forluke PR. C. 1946.

forlōkere, sb., *provider, looker-out*: God is the forlookere of him that 3eldeth grace WICL. ECCLUS. iii. 34.

forloinen, v., *O.Fr.* forlonger; *forsake, depart, go astray, err*: þa3 i **forloine** (*subj. pres.*) A. P. i. 368; forloine ii. 750; uch freke **forloined** (*pret.*) fro þe ri3t waies A. P. ii. 282; þai forloine her faith and fol3ed oþer goddes A. P. ii. 1165.

forlond, *see* **foreland.**

forlórenesse, *see under* **forlēosen.**

for-lost, pple., *utterly lost*: she held hire self a forlost creature CH. TRO. iv. 728; she forloste iii. 228.

for-lüst, adj., *very anxious*: forlist after þe blisse of heofene ORM. 11475.

formaille, *see* **formel.**

formal, adj., *Lat.* formālis; *formal*: the cause formal is the maner of here werking CH. *B* 2590.

for-manging, sb., *change*: noght es to þam formanging, and þarwith drede þai na thing PS. liv. 20.

forme, sb., *O.Fr.* forme; *form, 'forma,'* PR. P. 172; CH. C. T. *B* 1294; hi makede a forme (*agreement*) P. L. S. xiii. 314; an hare whan he in forme liþ TREAT. 139; forme *bench* ['*scamnum*'] of þe chirche TREV. VII. 369; an fourme hii made þat eiþer helde is owe lond in his hond ROB. (W.) 8766; in þis fourme (*on this condition*) ROB. (W.) 8907.

forme-liche, adv., *according to proper rule*: that kanst so wel and formeliche arguwe CH. TRO. iv. 468.

forme, sb., *O.E.* forma, feorma, *O.L.G., O.Fris.* forma; ? = **frume** (*see* GR. GRAM. III. 627); *first,* JUL. 60; ORM. 14431; O. & N. 820; ALIS. 1292; S. S. (Web.) 1424; JOS. 685; ure forme fader gult HOM. I. 171; 3iefe him his forme mete 231; þe forme mon C. L. 1477; oure forme fader A. P. i. 638; PR. C. 483; forme, vorme LA3. 4942, 25151; þe vorme dole A. R. 10; furme P. S. 155; firme GEN. & EX. 59; formen (*dat.*) HOM. I. 243.

formel, formaille, sb., *cf. O.Fr.* (faucon) formel; *female (of birds of prey)*: his formel, or his make CH. P. F. 369; a formel egle 372; faukone ne formaille appone fiste handille D. ARTH. 4003.

for-melden, v., = *O.H.G.* for-, fermelden; *announce*; formelt (*pple.*) C. M. 13496.

for-melten, v., *O.E.* formeltan; *melt away*, FRAG. 6; **formelteð** (*pres.*) HOM. II. 151; formealten (*subj.*) H. M. 13; a ðet ha beon formealte (*pple.*) HOM. I. 251.

formen, v., *Fr.* former, *from Lat.* formāre; *form*; formin PR. P. 172; **formede** (*pret.*) HAV. 1168; fourmede (*pple.*) D. ARTH. 1061; fourmit D. TROY 1540.

former, sb., *former, creator,* MED. 795; former, formour, formeour, fourmour LANGL. *C* xx. 133, ii. 14, *B* xvii. 67, ix. 27; formiour of alle the world MAND. 2.

formere, comp. adj., *former*, MAT. xxi. 36; WICL. GEN. xxxii. 17; formere fader (*ancestor*) MAND. 2.

formest, adj. & adv., *O.E.* formest, fyrmest, = *O. Fris.* formest, ? *Goth.* frumist; *foremost, first,* LEG. 49; WILL. 939; LANGL. *B* x. 215; seþþen Adam formest sunne bigon C. L. 1140; a vormest LA3. 24611; formest, fermest MK. ix. 35, x. 44; formast A. P. ii. 494; furmest P. S. 154; firmest REL. 213; GEN. & EX. 1472; formeste MISC. 31; þe formeste LA3. 6855; þet formeste liht HOM. I. 139; vormest(e) A. R. 200; formeste MK. xii. 30.

formour, *see under* **formin.**

forn, *see* **fóren.**

fornaise, sb., *O.E.* fornaise; *furnace*; fornais AYENB. 131; forneis MAND. 35; WICL. DEUT. iv. 20; fornis A. P. ii. 1010; VOC. 233; fornis 276; furneis WICL. GEN. xv. 17; PR. P. 183; furnasse VOC. 200; fourneise WICL. MAT. vi. 30; fournes MISC. 211; **fornaise** (*dat.*) AYENB. 205; furneise JUL. 32; **forneises** (*pl.*) WICL. LEV. xi. 35.

forn-cast, ppl., *forecast*, CH. C. T. *B* 4407.

for-nean, adv., *O.E.* fornean; *almost*, '*pene*,' FRAG. I; fornean en ende þissere wurold HOM. I. 227.

for-nēh, adv., *O.E.* forneah; *nearly, almost,* H. M. 41; forneh wod MARH. 7.

forneis, *see* **fornaise**.

fornicari, adj., *Lat.* fornīcārius; *given to fornication*, WICL. PREF. EPIS. vii; fornicarie womman WICL. APOC. xvii. 16.

fornicatioun, sb., *O.Fr.* fornication, *from Lat.* fornīcātiō; *fornication*: thei seie that fornication is no sinne dedli MAND. 19; fornicacioun MAND. 69; fle ȝe fornicacioun WICL. I COR. vi. 18; fornicacion AYENB. 47, 206.

fornicatour, sb., *fornicator*: **fornicatouris**, fornicatours (*pl.*) WICL. HEB. xiii. 4, APOC. xxi. 8.

for-nimen, v., *O.E.* forniman; *take away*; **fornumen** (*pple.*) GEN. & EX. 2228; for-nomen PS. cviii. 23.

forōld, *see* **foreald**. **foroure**, *see* **furre**.

for-oute, prep., *without*: foroute alle greves of sauȝtes to the cite WILL. 2681.

for-painen, v., *torture severely*; **forpained** (*pple.*) A. P. i. 246.

for-pampren, v., *pamper*; **forpampred** (*pple.*) CH. APPEND. BOET. 5 (180).

for-pinchen, v., *pinch to pieces*: hit shal be so **forpinched** (*pple.*) totoilled, and totwiht P. S. 337.

for-pīnen, v., *torture, pine, famish*; **forpīnede** (*pret.*) LAȝ. 29130; vorpīned [forpeined] (*pple.*) ROB. (W.) 1159; forpined CH. C. T. *A* 205.

for-possen, v., *toss up and down*: as in ballaunce **forpossed** (*pret.*) up and doun HALLIW. 373; forpossed with woe LIDG. BOCH. i. 5 (f. iii.).

for-pricken, v., *spur violently*; **verpriked** (*pret.*) ROB. (W.) 7490*; vorpriked (*pple.*) ROB. 362.

for-rǣden, v., *O.E.* forrǣdan, = *O.H.G.* for-, ferrāten; *deceive, seduce*; **forrēadeð** (*pres.*) JUL. 18; **vorrădde** [forradde] (*pret.*) LAȝ. 14867; forrēd (*pple.*) GEN. & EX. 2192; forrad MAP 337.

forrai, sb., *foray*: sum war set to the forrai BARB. xvi. 612; *see* **ferrai**.

forraien, v., *O.Fr.* forrer; *forage, plunder*: to forrai no goudes A. P. ii. 1200; **forraise** (*pres.*) thi landez D. ARTH. 1247; **forraiede** (*pret.*) 3017.

for-raken, v., *overdo with walking*: i am weri **forraked** (*pple.*) and run in the mire TOWNL. 105.

for-recchen, v., = *O.H.G.* ferrecchan; *? pervert, corrupt*; forraht (*pple.*) ORM. 14540.

forreier, sb., *O.Fr.* forrier; *forager, harbinger*; forrier AYENB. 195; **forreiers** (*pl.*) MAN (F.) 13228; *see* **ferriour**.

forred, *see* **furrin**.

for-rennen, v., *cf.* Ger. verrennen; *bar by running*: forærnen þa wateres LAȝ. 12861.

for-rīdel, sb., *O.E.* forrīdel; *outrider, precursor*; **vorrīdeles** (*pl.*) A. R. 206.

for-rīden, v., *ride before, anticipate, intercept*: þat þa Romleoden heom **forrīden** (*pple.*) haveden LAȝ. 26931.

forrier, *see* **forreier**.

for-rotien, v., *O.E.* forrotian, = *M.L.G.* vorroten; *rot away*, R. S. v.; vorrotien A. R. 344; forroti P. L. S. v. I, 4; **vorrotede** (*pret.*) AYENB. 205; forroteden H. M. 13.

forrour, *see* **furrour**.

for-sāken, v., *O.E.* forsacan = *O.H.G.* fur-, for-, farsahhan; *forsake*, LAȝ. 23687; MAND. 226; forsake HAV. 2778; WILL. 1358; S. S. (Wr.) 65; PR. C. 4406; þu me schalt þries fursake MISC. 41; **forsáke** (*pres.*) LANGL. *B* v. 431; fursake HICKES I. 226; forsakeð A. R. 226; forsakeþ ORM. 17243; **forsōc** (*pret.*) GEN. & EX. 1833; BEK. 1982; forsok ALIS. 7715; þu forsoke A. R. 108; ha forsoken H. M. 21; vorsok ROB. (W.) 289; **forsāken** (*pple.*) GEN. & EX. 3811; fursaken REL. I. 103; forsake BEK. 661; vo.sake [versake] ROB. (W.) 6374*.

for-sākien, v., *cf.* *O.E.* sacian; *forsake; deny*: of thi frendes **forsākid** (*pple.*) thou be S. & C. I. xlv.

forsākinge, sb., *denial*, '*refutacio, derelictio, desercio*,' PR. P. 172.

for-schāden, v., *O.E.* forscēadan, *cf.* *O.H.G.* forsceiden; *depart*: al bið ðes faxes feirnes **forsoēden** (*pple.*) GR. 47.

for-schāken, v., *drive away*: **forschāken** (*pple.*) als gressop with gram PS. cviii. 23; swa sones of forschaken in land cxxvi. 4.

for-schalden, v., *scald*; **forscaldede**, -schaldede (*pret.*) JUL. 70, 71; **forschalded** (*pple.*) A. R. 246.

for-schāmen, v., *O.E.* forsceamian; *put to shame*; **forshāmed** (*pple.*) ORM. 2183.

for-s(ch)āpe, v., *transform*, AN. LIT. 11; **forschāped** (*pple.*) WILL. 2639.

for-schenden, v., *disgrace*; **forshend** (*pple.*) PARTEN. 3306.

for-scheppen, v., *O.E.* forsceppan; *deform, transform*; **forschüppeð** (*pres.*) A. R. 120; **forschōp** (*pret.*) WILL. 4394; **forshepte**, -shupte (*pret.*) LANGL. *B* xvii. 288, *C* xx. 270; **forshāpin** (*pple.*) TOWNL. 115; forschipt C. L. 634.

for-schipping, sb., *deformity*, C. L. 640.
for-schüppild, sb., *transformer*; vorschuppild A. R. 120.
for-schrinken, v., *O.E.* forscrincan; *shrink*; **forscrunken** (*pret.*) MAT. xiii. 6.
for-schütten, v., *O.E.* forscyttan; *shut up*; **forscütted** (*pple.*) FRAG. 7.
for-senchen, v., *O.H.G.* farsenkan; *submerge*; **forsenctest**, -senchtest (*pret.*) JUL. 60, 61.
for-sēon, v., *O.E.* forsēon, = *O.L.G.* forsehan, *O.H.G.* far-, fersehan; *despise*, ORM. 9619; vorsien ANGL. I. 31; **forsihð** (*pres.*) HOM. I. 111; (ha) forseoð MARH. 15; **forsēh** (*pret.*) HOM. I. 111; **forsēwen**, forseʒen (*pple.*) HOM. I. 227, 113.
for-sēoðen, v., *boil away*; forseþe SHOR. 165; leste ure owune teares **vorsēoðen** (*subj.*) us ine helle A. R. 312.
for-set, sb., *from* **forsetten**; *obstacle, stop*, MAN. (F.) 2912.
for-setten [? for-²], v., *O.E.* forsettan, = *M.H.G.* versetzen; *set before; bar, impede*; **forsettes** (*pres.*) A. P. ii. 78; **forsette** (*pret.*) M. ARTH. 3046; **forset** (*pple.*) JOS. 487.
forsetting, sb., *purpose*: i sal open in sauter mi forsettinge PS. xlviii. 5; speke sal i fra biginninge **forsettinges** (*pl.*) PS. lxxvii. 2.
for-singen, v., *tire with singing*: **forsongen** (*pple.*) R. R. 663.
for-sinken, v., = *O.H.G.* forsinchan; *sink away*; **forsanc** (*pret.*) GEN. & EX. 1114.
for-sitten, v., *O.E.* forsittan; *supersede, neglect*; **forsēte** (*pret. subj.*) LAʒ. 28518.
for-slēpen ? v., *overcome with sleep*; **forslēpt** (*pple.*) ['*sopitus*'] WICL. PROV. xxiii. 34.
for-slāwen, v., *O.E.* forslāwian; *neglect*; **forslēwiþ** (*pres.*) SHOR. 114; forsleweth CH. C. T. *I* 685; wanne hii vorsoke is & vorslēwede [*v. r.* forsleuþed] (*pret. pl.*) ROB. (W.) 4055.
for-sleupen, -slōuþen, v., *lose through sloth*, CH. C. T. *B* 4286; **forslēuþed**(e) (*pret.*) ROB. 197; **forslēuþed** (*pple.*) LANGL. *B* x. 445, *C* viii. 52.
for-sluggen, v., *neglect*; **forsluggeth** [forsloggeth] (*pres.*) CH. C. T. *I* 685.
for-smīten, v., *smite to pieces*; **forsmāt** (*pret.*) LAʒ. 1598; **forsmiten** (*pple.*) L. N. F. 213; forsmitten PALL. iii. 272.
for-spánen, v., *O.E.* forspanan, = *O.L.G.* forspanan, *O.H.G.* far-, ferspanan; *entice, seduce*: warþ þa þat wif **forspannen** (*pple.*) þurh þe deofles lare HOM. I. 223.
for-spékin, v., = *M.L.G.* vorspreken; *charm, enchant*, '*fascino*,' PR. P. 173; **forspókin** (*pple.*) TOWNL. 115.
for²-spéker, sb., = *O.H.G.* fersprechāre; *advocate*; vorspeker HOM. I. 83; vorspekere REL. II. 229.
for-spenden, v., *O.E.* forspendan, *cf. O.H.G.* forspentōn; *spend*; **forspende** (*pret. subj.*) HOM. I. 31.
for-spillen, v., *O.E.* forspillan, -spildan, = *O.H.G.* farspildan; *spill*; forspille PS. xciii. 23; wile ... forspille ['*perdiderit*'] MAT. xvi. 25.
for-sprǣden, v., *extend, spread*; **forsprēde** (*imper.*) þi merci thorgh the land PS. xxxv. 11.
forst, *see* **frost**.
for-stal, sb., *O.E.* forsteall; *forestalling*, REL. I. 33; **forstalles** (*pl.*) ANGL. VII. 220.
for-stallen, v., *forestall, intercept*: **forstalleþ** (*pres.*) mi feire LANGL. *A* iv. 43; **forstalle** (*pres. subj.*) E. G. 396.
forstallinge, sb., *forestalling*, TREV. II. 95.
for-standen, v., *O.E.* forstandan; *hinder*: and **forstōd** (*pret.*) heom þene vord LAʒ. 20159.
for-stélen, v., *O.E.* forstelan, = *M.L.G.* vorstelen, *O.H.G.* for-, fur-, ferstelan; *steal away*, HOM. II. 35; forsteolan HOM. I. 109; **forstóle** (*pple.*) MISC. 192; furstole 53.
for-stoppen, v., = *M.L.G.* vorstoppen, *M.Du.* verstoppen; *stop up*; **forstoppeð** (*pres.*) A. R. 72; **forstoppid** (*pret.*) RICH. 4843.
for-stormen, v., *toss about with storms*: the ship which on the wawes renneth and is **forstormed** (*pple.*) and forblowe GOW. I. 160.
for-sünezen, v., *O.E.* forsyngian, *cf. M.H.G.* versündigen; *sin*; **forsineged** (*pple.*) HOM. II. 143; þam forsünegede (*who has sinned*) HOM. I. 95; þo forsinegede II. 93.
for-swēlen, v., *O.E.* forswǣlan; *burn up*; forswǣlde, -welde (*pret.*) LAʒ. 16228, 29127; sie sunne hit forswælde MK. iv. 6; **forswēled** (*pple.*) LAʒ. 16271.
for-swēten, v., *spoil with sweating*: swart ant **forswāt** (*pple.*) P. S. 158.
for-swarten, v., *blacken*; **forswarted** (*pple.*) P. L. S. xxiv. 227.
for-sweiʒen, v., *go astray*: þei mowe nought forswei GOW. III. 275; if so be that a king forswei (*subj.*) GOW. III. 224.
for-swelʒen, v., *O.E.* forswelgan, -sweolgan, *M.L.G.* vorswelgen, *cf. O.H.G.* farswelgan; *swallow up*; vorzuelʒe AYENB. 56; forswalʒe [forsw(e)olʒe] LAʒ. 28453; forswolhen MARH. 9; forswolehen R. S. v; vorsuolwe ROB. 205; vorswoluwen A. R. 164; **forswoleʒeð** (*pres.*) HOM. I. 123; vorswoluweð [forsweolhes] A. R. 66; **forswealh** (*pret.*) HOM. I. 123; forsvalʒ MARG. 161; vorzualʒ AYENB. 67; (hi) vorzuolʒe 206; **forswolgen** (*pple.*) HOM. II. 43; forswolhen MARH. 13.
for-sweltan, v., *O.E.* forsweltan; *faint, die*, JUL. 19, 79.
for-swelten², v., *kill*, MARH. 5; JUL. 18; forswelt (*pple.*) ALIS. 7559.

for-swérin, v., *O.E.* forswerian, = *M.L.G.* vorsweren, *O.H.G.* fersweren; *forswear, commit perjury,* '*perjuro*,' PR. P. 173; he him vorzuerþ AYENB. 6; ne forswerie þu þe HOM. I. 13; vorsuerie ROB. (W.) 7945; **forswóren** (*pple.*) HAV. 1423; LANGL. *B* xix. 367; heo beoð forsworene LAȝ. 21185; versuore ROB. (W.) 7442.

forswérere, sb., *perjurer,* PR. P. 173.

forswéringe, sb., *perjury;* '*perjurium*' PR. P. 173; slaghter and forswering PR. C. 3367.

forswórenesse, sb., *O.E.* forsworennyss; *perjury,* HOM. I. 103.

for-swēten, *see* **forswǣten.**

for-swingen, v., *harass, bruise*: when þou were so **forswong** (*pple.*) among the jues þei did þe hong L. H. R. 194.

for-swinken? v., *exhaust with labour*; **forsw(u)nken,** forswunke (*pple.*) REL. I. 180.

for-swīðen, v., *burn up*; **forswīðande** (*pple.*) A. R. 306*.

[**for-swunden,** *pple.* of *for-swinden, v.,= O.H.G.* farswindan (*swoon, fail*).]

forswunden-lec, sb., *indolence*: unlust & forswundenlecg is drihtin swiþe uncweme ORM. 2623.

forswunden-nesse, sb., *indolence, remissness*: him is idelnesse laþ & all forswundennesse ORM. 4736.

fort, *see under* **for.**

for-tateren, v., *tear in tatters*: **fortatird** (*pple.*) and torne TOWNL. 239.

for-taxen, v., *tax heavily*: **fortaxed** (*pple.*) and ramid TOWNL. 98.

forteletes, sb. pl., *O.Fr.* fortelesse; *forts,* MAN. (F.) 4822.

for-tēon, v., *O.E.* fortēon,=*O.H.G.* farziuhan; *seduce, draw aside*; **fortēoð** (*pres.*) HOM. II. 87; fortēoþ (*? are seduced*) REL. I. 182.

for-travaillen, v., *tire out*; **fortravailled** (*pple.*) hi were sore P. S. L. xiii. 313.

for-treden, v., *O.E.* fortredan,=*O.H.G.* furtretan; *tread down*; fortrede HALLIW. 374; PS. xc. 13; **fortreden** (*pple.*) HOM. II. 155; fortroden CH. C. T. *I* 190.

fortress, sb., *O.Fr.* forteresse; *fortress*; **forceresses** (*pl.*) MAN. (F.) 7143.

for-trūsten, v., *cf. Dan.* fortröste, *Swed.* förtrösta; *trust, entrust*: lest sum **fortrūste** (*subj.*) him HOM. I. 249.

for-tühten, v., *O.E.* fortyhtan; *seduce*; **fortehten** (*pret.*) HOM. II. 87.

fortühting, v., *seduction,* HOM. II. 107.

fortunāte, adj., *Lat.* fortūnātus; *happy, auspicious*: that house mai not be fortunate P. L. S. xxxi. 198; borne, bi influence hevenli so fortunate LIDG. M. P. 37.

fortūne, sb., *O.Fr.* fortune; *chance, fortune,* CH. C. T. *A* 1252; the fortune of everi chaunce GOW. III. 12; fortune did your flesch to diȝe A. P. i. 306; þe guodes of fortune AYENB. 76; be fortune MAND. 266; þe levedi fortune AYENB. 26; dame fortune 181; dam fortone PR. C. 1273; governed bi foolisshe happes and **fortūnes** (*pl.*) CH. BOET. i. 6 (26).

fortunel, adj., *O.Fr.* fortunel; *fortuitous*: fortunel happes CH. BOET. v. 1 (152).

fortūnen, v., *O.Fr.* fortuner; *make fortunate; give fortune; occur by chance*: wel coude he fortune the ascendent CH. C. T. *A* 417; obedience mai well fortune a man to love GOW. I. 104; o stronge god that ... hem fortūnest (*pres.*) CH. C. T. *A* 2377; suche merveiles **fortūnede** (*pret.*) than CH. D. BL. 288.

fortunous, adj., *fortuitous*: be moeved bi fortunouse fortune CH. BOET. i. 6 (26); fortunous þinges ii. 3 (38).

forþ, *see* **ford.**

forð, adv., *O.E.* forð,=*O.L.G.* forth, forð, ford, *O.Fris.* forth, ford, *M.H.G.* vort; *forth, forward, away*: evre forð to domes dei HOM. I. 45; forth to þe wedding will i wende ALEX. (Sk.) 827; forð þe king wende LAȝ. 25751; he droh þat witness(e) forþ ORM. 3078; fareþ forþ 6406; he droȝ forþ a riche ring FL. & BL. 683; þat him hadde ifed & ... him ibroȝt P. L. S. xiii. 135; (hi) bere forþ boþe xviii. 84; þe pomp of pride ai forth shawis BARB. iv. 121; furth in wiþevin *far into the evening* ALEX. (Sk.) 3055; and so forþ TREV. II. 351; ase þet child wext and comþ vorþ AYENB. 119; hennes forþ WILL. 1050; ȝif þu wult þeonne vorð more vorhoten þine sunne A. R. 340; wulleð **forð rihte** (*straightway*) makien king of ane Peohte LAȝ. 13673; forð riht 6372; forð riht an an 8515; forþ riht an an he flæh a weȝ ORM. 3196; forswoleȝeð þene hoc **forð mid** (*together with*) þan ese HOM. I. 123; & swipte þat hæfved of forð mid þan helme LAȝ. 21426; **forþ wiþ** [for wit] (*forthwith*) C. M. 11001; & let it eornen forþ wiþ ORM. 1336; so fer forþ fram his men WILL. 209; so forð ant so feor MARH. 15; se forð KATH. 243; ase forð as (*as far as*) i mei JUL. 47; he wule to vorð A. R. 294; hire of þuhte þat heo hadde þe spede so feor forþ iladde O. & N. 398; vorþ to ROB. 7; forð þet ic alegge þine feond HOM. I. 91; vorþ niȝte (*late in the night*) hit was LEG. 91; whanne it was forþ daies (*late in the day*) WICL. MK. vi. 35; bilevede vorþ (*continued to remain*) ROB. (W.) 7100; smite vorþ (*continued smiting*) 6206; dude vorþ (*went on doing*) 6576.

forð-béren, v., *O.E.* forðberan; *bear forth*: þo hi þat heved **forþbēre** (*pret. pl.*) P. L. S. xviii. 84.

forð-bringen, v., *O.E.* forðbringan; *bring forth*: i seiȝ a clerk a boke forthe bringe

P. L. S. xxvi. 5; geres the erthe froit forthbring M. H. 1; frute furthbring TOWNL. 2; doghtirs þat þai forthebroght PR. C. 5866; an englisch þuse wordes forþbroȝte (*pret.*) P. S. L. xvii. 570; the childe was forthebroght (*pple.*) S. S. (Wr.) 3116; after mi wille this is furthbroght TOWNL. 1.

forð-callen, v., *provoke*: in þar graves at nithe forþkalled (*pret.*) him PS. lxxvii. 58.

forð-casten, v., *cast away*: forthkeste mi saghes hindward þare PS. xlix. 17.

forð-clepien, v., *O.E.* forðclipian; *call forth*: HOM. I. 231; as an egle fortholepinge (*pple.*) his briddis to flee WICL. DEUT. xxxii. 11.

forð-come, sb., *coming forth; departure*: fained es Egipt in forthcome of am PS. civ. 38.

forð-cutten, v., *cut up*: forthkutten and purge his erthe WICL. IS. xxviii. 24.

forð-dōn, v., *O.E.* forðdōn; *put forth, utter*: sal ic non wurd mugen forðdon uten ðat gode leið on GEN. & EX. 3993.

forð-draȝen, v., *draw forth or out*: þe fischer þan þe child forðdrouȝ (*pret.*) wiþ salt and wiþ þe crismecloþ GREG. 347.

forþen, see forthien, furþen.

for-þenchen, v., *O.E.* forþencan, = *O.H.G.* fordenchen; *repent*: (he) him ssel þer of vorþenche AYENB. 5.

forð-ēode, v. pret., *passed away*: ileiden þa untrummen men bi þere stret þere Petrus forðeode HOM. 91; dæi þer forðeode LAȝ. 13455; forthȝeden a litil WICL. GEN. xliv. 4; vii niȝt forðgeden GEN. & EX. 1755.

forðer, forðerlike, see furðer.

forð-fare, sb., *departure, decease*, LAȝ. 6009.

forð-fáren, v., *depart, die*: i sal forthfare PS. x. 2; care that dai ther letten forthfare ALIS. 6936; he moste deien and forðfare C. L. 218; alle þe forðfárinde (*pple.*) vondeþ to vordonne A. R. 210; ȝif Sikelin is forðfáren (*pple.*) LAȝ. 23164; þemperour was forðfare faire to Crist WILL. 5266.

forð-fadres, sb. pl., *O.E.* forðfæderas; *forefathers*, KATH. 94; forðfederes MARH. 4.

forð-fetten, v., *fetch forth*: anon his sone was forthefete (*pple.*) S. S. (Wr.) 2440.

forð-fōr(e), sb., *O.E.* forðfōr; *departure*, GEN. & EX. 3158.

forð-gān, v., *O.E.* forðgān; *come forth; pass away*: xiij. ger gan so forðgon GEN. & EX. 845; forthgoo S. S. (Wr.) 761; she was in feste daȝes forthgōende (*pple.*) with gret glorie WICL. JUDITH VII. 27; forthegōne (*pple.*) '*profectus*' PR. P. 173.

forð-gōing, sb., *progress*: forðgoing of profitende men WICL. PS. PROL.

forð-gang, sb., *O.E.* forðgang, = *O.Fris.* forthgong; *going forth, progress*: forthgang PS. cxliii. 14; ich was þe beginnunge hwi such þing hefde vorðgong A. R. 318; i vorðgong of gode live 374.

forð-glīden, v., *glide away, pass*; forðglōd (*pret.*) ðis oðer dais nigt GEN. & EX. 113; forðglod 129, 157.

forþien, v., *O.E.* forðian; *promote, effect, execute*; forðen HOM. II. 49; GEN. & EX. 341; REL. I. 212; forðest (*pres.*) JUL. 54; min erdne þu forðe (*imper.*) GEN. & EX. 1372; forþed (*pple.*) ORM. 212; *comp.* a-, ful-, ȝe-forðien.

forð-lǣden, v., *O.E.* forðlǣdan; *lead away*: there was mani a weping heie as the childe was forthlǣdde (*pple.*) S. S. (Wr.) 2442.

forð-lēapen, v., *leap forth*: moni ladde þer forth-lēp (*pret.*) to lave & to kest A. P. iii. 154.

forð-līch, adj., *healthy, likely to live*: ha haveð of þe forschuppet bearn sar care and shome, & fearlac of þat forðlich H. M. 35.

forð-lōkien, v., *O.E.* forðlōcian; *look forth*; forthlōked (*pret.*) over mennes sonnes PS. xiii. 2; forthloked lxxxiv. 12.

forð-nimen, v., *seize*: þes fures icunde is þet hit forðnimeð (*pres.*) swa hwet him neh bið HOM. I. 95; forðnam ðis folc GEN. & EX. 3351.

forð-passen, v., *pass over*: go and forthpasse (*imper.*) into Mesopotani WICL. GEN. xxviii. 2; he forthpassid (*pret.*) com into Mesopotanie 5.

for-þrǣsten, v., *O.E.* forþrǣstan; *distort*; forþrǣst (*pple.*) A. P. ii. 249; MISC. 224.

for-þrāwen, v., *overthrow*; vorþrawe AYENB. 86.

forðriht, see under forð.

for-þringen, v., *O.E.* forþringan; *oppress*; forþrungen (*pple.*) ORM. 6169.

for-þrūsmen, v., *O.E.* forþrysmian; *suffocate*; forþresmede (*pret.*) MAT. xviii. 28.

forð-schēwen, v., *show forth*: sal þi might forthschewe PS. cxliv. 4.

forð-sīð, sb., *O.E.* forðsīð; *departure, decease*; (ms. feorþsiþ), FRAG. 5; vorðsīðe (*dat.*) HOM. I. 197.

forð-tēon, v., *lead away; betray*: man mid is gele eggeð us and fondeth, and forðteð (*pres.*) to idele þonke HOM. II. 199; on ech of hise deden [he] is iefned to þe deore wuas geres he forð teoð HOM. II. 37; ðes feawe word þe ich nu here forðtēah (*pret.*) (*produced, alleged*) HOM. II. 185; forðtegh II. 145.

for-þünchen, v., = *O.N.* fyrirþykkja, = *M.H.G.* verdunken, *M.L.G.* vordunken; *be displeasing; repent*; vorðenche HICKES I. 224; hit ne ssel þe vorþenche AYENB. 159; forþuncheð (*pres.*) JUL. 16; forþinkeþ LANGL. B ix. 129*; þat forþinkeþ me MAND. 303; me forþinkeþ þat i so did(e) M. ARTH. 3849; vorþingþ AYENB. 27; forþinkes WILL. 5422; hit him forþouȝte (*pret.*) sore inou ROB. 11; his dedus him sore forþoȝte AMAD. (Rob.) xviii.

forðinchinge, sb., *repentance*, A. R. 110*; vorþenchinge AYENB. 20.

for-þürsten, v., *cf. Ger.* verdursten ; *be thirsty* ; **forthirst** (*pple.*) PR. P. 173 ; **forþrist** (*ms.* forrþrisst) ORM. 5679.

forð-ward, adv., *O.E.* forðweard ; *forward*, MISC. 11 ; swimmen forðward HOM. I. 51 ; þannen forðward HOM. II. 189 ; vorðward A. R. 242 ; forþward ORM. 5226 ; forþward BEK. 674 ; WILL. 3630 ; vorþward ROB. (W.) 3534 ; forðward [forþwardes] heo wenden LA3. 5370 ; heonne forðwardes KATH. 2099.

forð-werpen, v., *throw away*: **forthwerpand** (*pple.*) PS. xvi. 11.

foru, see **furh**.

[**for-wáken ?**] v., **forwáke** (*pple.*) *exhausted with watching*, SPEC. 28.

[**for-wákien ?**] v., **forwáked** (*pple.*), *exhausted with watching*, WILL. 790 ; CH. C. T. B 596 ; forwakid TOWNL. 104.

for-wal, see **forfal**.

[**for-walken ?**] v., **forwalked** (*pple.*), *exhausted with walking*, WILL. 2236 ; LANGL. B xiii. 204.

for-wallen, v., *boil away* ; **forwalleð** (*pres.*) HOM. I. 251.

for-wandren, v., *exhaust oneself with wandering* ; **forwandreþ** (*pres.*) WILL. 737 ; **forwandred** (*pple.*) LANGL. B PROL. vii ; R. R. 3336.

forwanien, see **forwenian**.

forward, see **foreward**.

for-warȝien, v., *cf. O.H.G.* for-, furwergēn ; *curse* ; **forwarȝed** (*pple.*) ORM. 8048.

forwe, see **furh**.

for-weaxen, v., *O.E.* forweaxan, *cf. M.H.G.* verwahsen ; *grow to excess* ; **forwoxen** (*pple.*) PARTEN. 2990.

[**for-welhen, ? = forwelken**] v., **?furweolewede** (*pret.*) LEB. JES. 846 ; **vorwelwed** (*pple.*) L. H. R. 22.

for-welken, v., = *Ger.* verwelken ; *become withered* ; **forwelked** (*pple.*) R. R. 361.

for-wenden, v., *cf. M.L.G.* vorwenden, *M.H.G.* verwenden ; *convert* ; **forwent** (*pple.*) GEN. & EX. 1121.

for-wénien, v., = *M.H.G.* verwenen ; *spoil by indulgence* ; **forweni, -wene, forwanie** LANGL. B v. 35, C vi. 138, A v. 33 * ; **forwéned** (*pple.*) HOM. II. 41 ; **forweined** DEP. R. i. 27.

[**for-wēpen ?**] v., **forwēped** (*pple.*), *exhausted with weeping*, CH. D. BL. 126 ; forwept WILL. 2868.

for-wēri, adj., *excessively weary*, WILL. 2443 ; R. R. 3336 ; M. ARTH. 2901.

for-wérien [forwérie], v., *wear out* ; vorwerien LA3. 14479 ; **forwéred** (*pple.*) R. R. 235 ; forwerd PL. CR. 736 ; ha weren alle forwerede HOM. I. 251.

for-wērien, v., *weary out* ; **forwēried** (*pple.*) GEN. & EX. 3894.

for-wernen, v., *O.E.* forwyrnan, -wiernan ; *prohibit, refuse* : hwi wolde god swa litles þinges him forwerne HOM. I. 221 ; forwurnen LA3. 3497 ; **forwerneþ** (*pres.*) FER. 2809.

for-werpen, v., *O.E.* forweorpan, = *O.L.G.* for-, farwerpan, *O.H.G.* for-, far-, ferwerfan ; *reject*, ORM. 1320 ; REL. I. 216 ; vorw(e)orpen A. R. 120 ; **forwarp** (*pret.*) PS. lxxvii. 60* ; **forworpen** (*pple.*) A. R. 218 ; ORM. 1393.

for²-wīse, adj., *O.E.* forewīs ; *prescient, farseeing* : a foole shulde be forwise soche ferlies to know D. TROY 2539 ; in fele thinges forwise 3949.

for-wit, sb., *foreknowledge*, LANGL. B v. 166.

[**for-wīten, v.**, *O.E.* forewītan,] **forwāt** (*pret.-pres.*) ; *foreknows* : what that God forwot most needes be CH. C. T. B 4424 ; forwoot TRO. 1042.

for-witer, sb., *foreknower* : biholder and forwiter of alle thinges CH. BOET. v. 6 (178).

for-witing [for-weting] sb., *foreknowledge*, CH. C. T. B 4434.

for-wiþ, adv., *before* ; forwit C. M. 14941.

for-wlenchen, v., *O.E.* forwlencean ; *render proud* ; **forwleint** (*pple.*) SPEC. 24.

for-woundien, see **forwundien**.

for-wrappen, v., *cover up* ; **forwrapped** (*pple.*) CH. C. T. C 718.

for-wrēien, v., *O.E.* forwrēgan ; *accuse*, P. L. S. viii. 49 ; JUL. 46 ; **forwrēied** (*pple.*) A. R. 172*.

for-wúndien, v., *O.E.* forwundian, = *M.H.G.* verwunden ; *wound* ; **forwúndede** (*pret.*) LA3. 14713 ; forwundeden HOM. II. 33 ; **forwúnded** (*pple.*) HOM. I. 83 ; forwonded ROB. 56 ; forwounded WILL. 3686 ; R. R. 1830 ; vorwounded 1287.

for-wundrien, v., = *M.H.G.* verwundern ; *amaze, astonish* ; **forwundred** (*pple.*) ORM. 3417 ; forwondrid M. T. 19 ; forwondret ANT. ARTH. xxvi.

for-würchen, v., *O.E.* forwyrcan, = *O.L.G.* for-, farwirkean, *M.H.G.* far-, ferwirchen, -wurchen ; *ruin, destroy* ; **forworhte** (*pret.*) HOM. I. 221 ; **forworht** (*pple.*) LA3. 16694 ; forwroht ORM. 17547 ; forwrogt GEN. & EX. 266.

for-wurðen, v., *O.E.* forweorðan, -wurðan, *O.H.G.* fur-, for-, farwerdan ; *perish, go wrong*, LA3. 28425 ; forwurčan HOM. I. 13 ; vorwurčen A. R. 210 ; forworþe P. S. 328 ; PS. i. 6 ; **forwurþeþ** (*pres.*) ORM. 18826 ; forworthes PR. C. 780 ; **forwurðe** (*subj.*) KATH. 2191 ; **forwarð** (*pret.*) HOM. II. 155 ; forworčen LA3. 1777 ; **forwurþen** [*O.E.* forworden] (*pple.*) ORM. 19216 ; forwurden REL. I. 211 ; forworþe, -wurde, -wurþe (*r. w.* borde) O. & N. 573, 1492.

forwurþen-líke, adj., *perverse*, ORM. 6245.

fosse, sb., *O.Fr.* fosse; *fosse*, MAND. 32.
fōster, sb., *O.E.* fōster, fōstor, fōstur,=*O.N.* fōstr; *connected with* **fōde**; *nursing, protection; foster-child;* MARH. 8; þet foster FRAG. 8; freo monne foster (*child*) KATH. 451; heo was a seli foster S. A. L. 148; Eleine min aȝen voster LAȝ. 25921; in oure fostre MIR. PL. 194.
fōster-child, sb., *O.E.* fōstercild; *fosterchild,* FRAG. 2.
fōster-fæder, sb., *O.E.* fōsterfæder; *fosterfather,* FRAG. 2; fosterfader ORM. 8855.
fōsterling, sb., *O.E.* fōstorling; *fosterling, nursling*; **fōsterlinges** (*pl.*) LAȝ. 28574.
vōster-mōder [**fōstermōder**], sb., *O.E.* fōster-, fōstormōder; *foster-mother*, LAȝ. 25899; vostermoder MARH. 8.
fōstre, sb., *O.E.* fōstre,=*O.N.* fōstra; *nurse,* GEN. & EX. 2624.
fōstrien, fōstren, v., *O.E.* fōstrian, *O.N.* fōstra, = *M.Du.* voedsteren, *mod.Eng.* foster; *nurse,* FRAG. 6, 8; fostrin MARH. 2; (*ms.* fosstrenn) ORM. 1558; fostre CH. C. *T. E* 593; PS. liv. 23; **fōstreð** (*pres.*) A. R. 296; **fōstrede** (*pret.*) LAȝ. 25858*; **fōstred** (*pple.*) GEN. & EX. 2618; HAV. 1434; HOCCL. i. 229.
fōstrunge, sb., *fostering,* H. M. 37; fostring CH. C. T. *D* 1845.
fōstrild, sb., *nurse,* A. R. 72.
fōt, sb., *O.E.* fōt,=*O.L.G., O.Fris.* fōt, *O.N.* fōtr, *Goth.* fōtus, *O.H.G.* fuoz; *foot,* ORM. 11369; treden under fot ORM. DEDIC. 73; broht to grund(e) & under fot 11773; ȝo dunes fot GEN. & EX. 1303; (*ms.* uot) A. R. 390; þan vot ROB. 490; and him deþ þe wordle onder vot AVENB. 85; & i þe leitende fur het warpen euch (*i.e. 'each man'*) fot KATH. 1371; and ever ilk fot of hem slowe HAV. 2432; com ofer drīȝe fōt (*dry foot*) ORM. 10308; drie foot [*'pede sicco'*] TREV. V. 239; drui fot JUL. 32; **hōt fōt** (*immediately*) MAP 339; fōt hōt S. S. (Web.) 843; K. T. 104; CH. C. T. *B* 438; we beoð under vote [fote] LAȝ. 21925; heo . . . is under vote MISC. 89; on fote A. P. ii. 79; gon on fote HAV. 113; on fote gon SPEC. 90; ten þusend men a vote [fote] LAȝ. 25211; **fēt** (*pl.*) LAȝ. 31973; ORM. 4775; CHR. E. 630; vet A. R. 122; fiet S. A. L. 150; fit S. & C. I. liv; fote (*gen. pl.*) LK. xx. 43; 8 fote long MAND. 75; thre fote brad C. M. 7447; fif foten [fote] he is deop LAȝ. 21997; foote JOS. 14; **fōtan** (*dat. pl.*) FRAG. 6; mid druȝe fotan HOM. I. 87; foten, foten MAT. vii. 6; JOHN xi. 32; foten LEECHD. III. 132; HOM. II. 207; foten, voten LAȝ. 4089, 14820; fote FL. & BL. 393; mid dreie fote HOM. I. 227; fallen him to fote (*Ger.* im zu füszen) SPEC. 51; fel to his fote MISC. 53; falleþ him to fete CH. C. T. *B* 1104; *comp.* **crāwe-, hāre-fōt.**
fōte-knave, sb., *footman:* of mi lioun no help i crave, i ne have none other foteknave IW. 2575.
fōt-cops, sb., *O.E.* fōtcops; *fetter;* **fōtcopses** (*pl.*) MK. v. 4.
fōt-fetel, sb., =*Ger.* fuszfeszel; *fetter;* **fōtfetteles** (? *printed* -festeles) (*pl.*) PS. civ. 18*.
fōte-fest, sb., *prisoner:* laverd fotefest unleses he PS. cxlv. 7; he herd sighinge of fōtefeste sone ci. 21; sighinge of **fōte-festes** (*pl.*) lxxviii. 11.
fōt-folk, sb., =*M.H.G.* vuozvolc; *infantry,* MAN. (F.) 12019; fotvolc ROB. 398; fetfolk ROB. (W.) 8210.
fōt-folower, sb., *follower on foot:* fōtfolowers (*pl.*) of the princis WICL. 3 KINGS xx. 14.
foot-grene, sb., *snare for the foot,* ['*pedica*'] WICL. JOB xviii. 10.
fōt-lame, adj., =*Ger.* fuszlam; *lame in the foot,* P. S. 335; fotlome 194.
fōt-man, sb., *footman,* ALIS. 1611; votman ROB. 199.
fōt-scamel, sb., *O.E.* fōtsceamol, = *O.L.G.* fōtscamel, fuozscamal; *footstool,* ['*scabellum*'] MAT. v. 35; **fōtsceomele** (*dat.*) HOM. I. 91.
fōt-schēte, sb., *footcloth,* carpet: make redi youre foteschete above þe coschin B. B. 177.
fōt-stake, sb., *support, base:* thre pilers, and so feele **footstakes** (*pl.*) WICL. EX. xxvii. 14; footstakis of the seintuarie xxxviii. 26; tablis with fourti silveren footstakis xxxvi. 24.
fōt-steppe sb., *footstep,* PR. P. 174.
foot-trappe, sb., *snare:* the foottrappe of him is hid in the erthe WICL. JOB xviii. 10.
fōt-welm, sb., *O.E.* fōtwelm, -wylm; *sole of the foot,* '*planta*' (*pedis*), FRAG. 2.
fōt-wunde, sb., *Ger.* fuszwunde; *wound in the foot;* votwunde A. R. 194.
fōtinge, sb., *footing,* PR. P. 174.
fōþer, sb., *O.E.* fōðer, =*O.L.G.* vōther, *M.H.G.* vuoder, *mod.Eng.* fother; *burden, load:* everi strok . . . falleþ doun as a foþer FER. 641*; on his head falleþ þe foþer RICH. 1732; þat hadde ilad of dong ful man̄ a foþer [fother, fothir] CH. C. T. *A* 530; foþir ALIS. 1809; voðer [foðer] to hevi vor te veðren mide þe soule A. R. 140; þritti voðere [foþer] LAȝ. 25762.
fōðere, v.,=?**fēðren**; A. R. 140*.
fou, *see* **fāh.**
fouaile, sb., *O.Fr.* fouaille; *fuel,* '*focale,*' PR. P. 174.
foudre, sb., *O.Fr.* fuldre, fuildre, foudre, *from Lat.* fulgur; *lightning:* dint of thonder, ne . . . foudre CH. H. F. 535.
fouh, *see* **fāh.** **foul,** *see* **fuȝel, fūl.**
foun, sb., *O.Fr.* faon; *fawn,* '*hinnulus,*' PR. P. 175; WICL. PROV. vi. 5; fowen MAN. (F.) 15750; **founes** (*pl.*) MAND. 290; CH. D. BL. 429.

foundacioun, sb., *O.Fr.* fondation; *foundation*, MAND. 81.
foundement, sb., *O.Fr.* fondement, fundement; *foundation*, L. H. R. 119; PL. CR. 250; WICL. 1 TIM. vi. 19; foundement, fundement ROB. 131, 310.
founden, *see* fúndien.
founden, v., *O.Fr.* funder, fonder; *found*; **founded** (*pple.*) P. S. 330; MAND. 30.
foundeōr, sb., *O.Fr.* fondeor; *founder*, JOS. 68; fondooure MAN. (H.) 84; **foundours** (*pl.*) LANGL. *A* xi. 213.
foundrin, v., *O.Fr.* fondrer; *founder, stumble; ruin*, PR. P. 175; **foundred** (*pret.*) CH. C. T. *A* 2687; foundret ANT. ARTH. xlii.
four, *see* feōwer.
fourche, sb., *O.Fr.* forche; *fork (of the body)*, MAN. (F.) 1824.
fourched, adj., *forked*: sat on the fourched tre TRIST. 503.
fourchen, v., *O.Fr.* fourchier; *fork (of harts)*: first whan an hert hath **fourched** (*pple.*) REL. I. 151.
fourches, sb. pl., *forks or haunches of deer*: bi hoȝes of þe **fourches** (*pl.*) GAW. 1356.
fourme, *see* forme.
fous, *see* fūs. **foute**, *see* fuite.
fōw, *see* fāh. **fowel**, *see* fuȝel.
fowen, *see* foun.
fowesōn, sb., *advowson*, ROB. (W.) 9678*.
fōwin, v., *O.N.* fága; *cf.* fāȝien; *cleanse, polish, 'purgo,'* PR. P. 175; fowen BEV. 1120; **fōwid** (*pple.*) PR. P. 175.
fōware, sb., *O.N.* fágari; '*purgator*,' PR. P. 174.
fōwinge, sb., '*emundacio, purgacio*,' PR. P. 175.
fox, sb., *O.E.* fox, = *O.H.G.* fuhs, fuchs, *M.L.G.*, *M.Du.* vos *m.*, *connected with O.H.G.* foha, Goth. fauhō *f.* (ἀλώπηξ); *fox*, REL. I. 217; fox, vox O. & N. 812, 819; vox, wox REL. I. 272; **foxes** (*gen.*) glōve, *foxglove*, 36; **voxe** [foxe] (*dat.*) LAȜ. 20840; **voxes** (*pl.*) A. R. 128.
fox-liche, adv., *cunningly*, HOM. I. 31.
foxerie, sb., *foxish manners*: wrie me in mi foxerie under a cope of papelardie R. R. 6795.
foxing, sb., *foxlike trick*: in ure skemting he doð raðe a foxing MISC. 14.
foxish, adj., *foxish*, '*vulpinus*,' PR. P. 175.
frā, prep. & adv., *O.E.*, *O.N.* frā, = *O.H.G.* frā; *from*: swa fer fra godes riche ORM. 1265; driþtin takeþ it fra me 4820; fra þat Adam god forlet 355; þe limes þat er cutted fra þe bodi PR. C. 3715; fro hevene to helle HOM. II. 111; god ledde hem fro helle nigt GEN. & EX. 89; fro ðan ðat he singen bigan 188; he ros fro dede REL. I. 209; dede hire fete ... fro Winchestre

HAV. 318; wende hire fro HORN (L.) 367; nevere heo nule him wende fro C. L. 1170; fro lond(e) to londe ROB. 9; to schilde hem fro schame 80; ne do min huerte þe turne fro SPEC. 71; comen ... fro þemperour of Grece WILL. 1424; fro whennes he come LANGL. *B* v. 532 (*A* vi. 16 *has* from); no þing þou mai take fro us MAND. 294; he þat cam doun fro hevene WICL. JOHN iii. 13; god schilde us fro schame EGL. 508; i am sent fro (*by*) god LUD. COV. 85; passen to and froo LIDG. M. P. 122.
fracchin, v., *cf. prov.Eng.* fratch (*speak peevishly*), '*strido*,' PR. P. 175.
frēt, *see* frēt.
fragilitē, sb., *O.Fr.* fragilité; *fragility*, LIDG. M. P. 44.
fraȝnen, *see* freinen.
fraht, sb., *M.Du.* vracht; *freight*: frauȝt H. V. 76; fraght D. TROY 1118; fraght of a shipe CATH. 141; fraught LUD. COV. 137; freight, freit '*vectura*,' PR. P. 177.
frahten, v., *M.Du.* vrachten; *freight*; frauȝt(e) CH. C. T. *B* 171; **frauȝt** (*pple.*) WILL. 2732.
frai, sb., *for* afrai; *terror*, L. H. R. 192; BARB. xv. 255.
fraiel, sb., *O.Fr.* fraiel, frael; *basket* ['*calathus*'] WICL. JER. xxiv. 2; RICH. 1549; fraiel [freiel] LANGL. *B* xiii. 94.
fraik, *see* freke. **frainen**, *see* freinen.
fraisen, v., *?O.E.* frāsian, = *O.L.G.* frēsōn, *O.H.G.* freisōn, Goth. fraisan; *?tempt*; **fraises** (he) (*pres.*) the pople D. ARTH. 1248 [*but perhaps an error for* fraieȝ].
fraisten, v., *O.N.* freista; *inquire, examine, try*; fraist(e) MAN. (F.) 8391; **fraiste** (*pres.*) A. P. i. 169; fraistes PR. C. 1090; ISUM. 669; **fraisted** (*pret.*) IW. 3253; **fraisted** (*pple.*) GAW. 1679; silver fraisted wiþ þe fire ['*argentum igne examinatum*'] PS. xi. 7.
fraked, adj., *O.E.* fraced, fracoð; *wicked*: þis frakede folc HOM. II. 83.
frakel, adj., *base, evil, ugly*, MISC. 93; AL. (L.³) 279; he bið wiðuten feire & frakel wiðinnen HOM. I. 25; hu vrakel is þe worldes blisse A. R. 182; þis fikele world & frakele H. M. 7; seiþ him vaire bivore and **frakele** (*adv.*) bihinde REL. I. 183 (MISC. 122).
frakin, sb., = *Swed.* fräkne, *cf. Dan.* fregne; *freckle, spot*, '*lenticula*,' VOC. 209; frakine, fraken, frakne, freken PR. P. 176; a fewe **freknes** (*pl.*) in his face ispreind CH. C. T. *B* 2169.
frakli, *see under* frec.
frakni, frekeni, adj., = *Swed.* fräknig; *freckly*, '*lentiginosus*,' PR. P. 176.
fraknid, pple., *freckled*, '*lentiginosus*,' PR. P. 176; frakned D. ARTH. 1081.
fram, prep., *O.E.* fram, from, = *O.L.G.*, *O.H.G.*, Goth. fram; *from*: ne mahtu ... wende min herte fram him KATH. 1506; icomen ... fram

þe se side HORN (L.) 203 ; þo þrie kinges ... þet comen fram verrene londes MISC. 27 ; hit is so fur fram þe sonne TREAT. 137 ; fram ȝere to ȝere BEK. 331 ; oure lhord aros vram diaþe to live AYENB. 7 ; vram þe ginninge of þe worlde 12 ; a litil fram his halle S. S. (Wr.) 750 ; þat freo beoð fram ham H. M. 37 ; to wite þe fram þe fende SHOR. 90 ; ofslagen ... fram (*by*) his agene manne SAX. CHR. 255 ; fram god ich am isend ROB. 264 ; from souþ to norþ 1 ; þei konne noȝt don it from [fram] hem LANGL. B i. 194 (Wr. 853) ; steorren sculen from heovene falle HOM. I. 143 ; þe from [fram] drihtene com LAȝ. 20 ; fare we from þisse londe 991 ; keccheð ei god from þe A. R. 324 ; vrom (*ms.* urom) deie to deie 218 ; ne schal me firsen him from JUL. 17 ; wenden heom from MISC. 152 ; he can schede from [vrom] þe rihte þat woȝe O. & N. 197 ; þat from hevene dude alihte C. L. 656 ; from morwe til eve WILL. 763 ; butan þe beon clene from all sake HOM. I. 113 ; from loðen alesen LAȝ. 1084 ; þet he wite & wardie ou vrom (*v. r.* wið) alle þeo þet ou awaiteð A. R. 174 ; schild þi suikeldom from [vram] þe lihte O. & N. 163 ; shild us from helle SPEC. 61.

fram-ward, prep. & adv., *O.E.* fromweard; *away from, away* : þat evene framward þan est toward þane west drouȝ BRD. 3 ; fromward MISC. 94 ; fromward, frommard [framward] LAȝ. 1899, 26168 ; fleo þe swuðere vrommard ham A. R. 92 ; heo makieð frommard hore nest 134.

fráme, sb., *O.N.* frami *m.,* = *M.Du.* vrame *f.*; *profit, advantage*, ORM. 961 ; REL. I. 169, 209 ; GREG. 998 ; MAN. (F.) 2483 ; he dede ðe Ebri(u)s frame GEN. & EX. 2540 ; note ant frame SPEC. 71 ; ȝif hit be for mi frame HALLIW. 378 ; frame *frame 'fabrica'* PR. P. 176.

frámien, v., *O.E.* framian, = *O.Fris.* framia, *O.N.* frama ; *be profitable ; frame, construct* : al ... þat ham wule framien H. M. 29 ; he sulden ... here orf framen GEN. & EX. 1642 ; framin '*dolo*' PR. P. 176 ; **frámes** (*pres.*) A. R. 126* ; litel hit frames MAN. (F.) 11112 ; **frámed** (*pple.*) RICH. 1859.

fráminge, sb., *O.E.* fremung ; *advantage, profit ; hewing* : framinge or afframinge, or winninge, '*lucrum, emolumentum*' PR. P. 176 ; framinge of timbri '*dolatura*' PR. P. 176.

France, pr. n., *O.Fr.* France ; *France*, LAȝ. 1231.

franchise, sb., *O.Fr.* franchise ; *franchise*, ROB. 47 ; PARTEN. 3745 ; fraunchise WICL. 1 MACC. x. 34.

franchisen, v., *make free* : to fraunchise our mortalite LIDG. M. P. 249 ; thus standen alle men **fraunchised** (*pple.*) GOW. I. 269 ; kinges ... were not fraunchised to make resistence LIDG. M. P. 128.

frangebill, sb., *O.Fr.* frangible, *from Lat.* frangere ; *breakable, brittle*, S. & C. II. lvii.

frank, sb., *O.Fr.* franc ; *pen for fattening cattle or birds, 'saginarium,*' PR. P. 177.

Franke, sb., *O.E.* Franca, *cf. O.H.G.* Franko ; *Frank, Frenchman* ; **Francene** (*gen. pl.*) LAȝ. 3715.

Frone-lond, sb., *O.E.* Francland ; *Frankland, France*, KATH. 7.

frankelein, sb., *franklin, freeholder, 'libertinus,*' PR. P. 177 ; CH. C. T. *A* 331 ; **frankeleines** (*pl.*) LANGL. *B* xix. 39.

franken, v., *fatten* ; **frankid** (*pple.*) '*saginatus,*' PR. P. 177.

frankinge, sb., *fattening, 'saginacio,*' PR. P. 177.

frankincens, sb., *frankincense, 'francum incensum,*' PR. P. 177 ; frank ensens L. H. R. 218.

frapaille, sb. pl., *attendants*, MAN. (F.) 13319 ; *see* **frape**.

frape, sb., ? *O.Fr.* frape ; *troop*, AL. (L.²) 390 ; CH. TRO. iii. 410 ; MAN. (F.) 9825.

frarie, sb., *fraternity, brotherhood* : nombre of this frari is 63 LIDG. M. P. 164.

fraternitē, sb., *O.Fr.* fraternité ; *fraternity*, CH. C. T. *A* 364.

fraude, sb., *O.Fr.* fraude ; *fraud*, TREV. IV. 9.

fraud-ful, adj., *fraudulent* : he is a þef and fraudful revar APOL. 112.

frauden, v.," *O.Fr.* frauder, *Lat.* fraudāre ; *defraud* : the hiire of ȝoure werkmen ... that is **fraudid** (*pple.*) of ȝou WICL. JAS. v. 4.

fraudulent, adj., *fraudulent, deceptive* : undir floures of fraudulent fresshenesse the serpent darethe LIDG. M. P. 160 ; dispoosid of kinde for to be fraudulent 197.

frauȝt, *see* **fraht**.

fraunchise, *see* **franchise**.

frā-ward, adv., prep. & adj., *mod.Eng.* froward ; *turned away ; averse from ; unfavourable*, SAX. CHR. 256 ; þa turnest tu þe fraward god ORM. 4672 ; fraward WICL. DEUT. xxi. 18 ; if he fraward be PR. C. 87 ; froward HOM. II. 121 ; GEN. & EX. 3322 ; þe weder was cold and froward S. S. (Web.) 2622.

frŏward-liche, adv., *frowardly*, TREV. I. 379.

fráwardnes, sb., *frowardness*, PR. C. 1173 ; frowardnesse PR. P. 180 ; LIDG. M. P. 145.

frē, *see* **frēo**.

freo, adj., *O.E.* frec, fric, = *O.N.* frekr, *Goth.* friks, *O.H.G.* freh, frech ; *insolent, daring* ; frek MIN. iv. 54 ; DEGR. 1365 ; vrech [frec] A. R. 128 ; frik '*crassus*' PR. P. 179 ; LIDG. M. P. 230 ; þe frecche MISC. 75 ; **fréche** (*pl.*) LAȝ. 9419 ; freke D. ARTH. 2821 ; **frikest** (*superl.*) L. H. R. 221 ; *see* **fréke**.

freo-liche, adv., *daringly*, FRAG. 6 ; vrecliche LAȝ. 31772 ; vrechliche A. R. 204 ; frekli D. ARTH. 1360 ; frakli BARB. vii. 166.

frēden, v., *O.E.* (ge-)frēdan, = *M.Du.* vroeden, *O.H.G.* fruotan; *be wise, perceive*; frede Gow. II. 119; **frēdeþ** (*pres.*) SHOR. 7; **frēdde** (*pret.*) MK. v. 29; SHOR. 120; S. S. (Web.) 1514; *comp.* ʒe-frēden.

frēfren, see **frōfren**.

freinen, v., *O.E.* fregnan, frignan (*pret.* frægn, gefrægnade MK. xv. 2 LIND.), ? = *O.L.G.* frignan (*pret.* fragn), *O.N.* fregna (*pret.* frā), *Goth.* fraihnan (*pret.* frah); *inquire, question, ask*, KATH. 1645; JUL. 36; H. M. 33; GEN. & EX. 1047; freine Gow. II. 384; OCTOV. (W.) 1381; Brien hine gon fræine of his fare coste LAʒ. 30734; ? fræinien 17116; fraʒnen (*ms.* fraʒʒnenn) ORM. 5664; fraine FER. 1216; PERC. 1293; **freineð** (*pres.*) A. R. 264; frainez A. P. i. 129; **freine** (*imper.*) MIRC 912; **fraine** (*subj.*) AMAD. (R.) lvi; **frain** (*pret.*) LANGL. B xvi. 174*; þaih þu fraini after freond MISC. 92 (*sec. text* axede]; freinede LAʒ. 7244; he fræinede þis leodfolc æfter heore kineleoverde (*v.* -loverde) 6627; freinede GEN. & EX. 2759; freined WILL. 1303; M. ARTH. 678; frainede LANGL. *A* i. 56; **fraʒned** (*pple.*) ORM. 12973; *comp.* ʒe-, of-freinen.

Freinsse, see **Frenkisch**.

freitour, sb., *hall for meals*, '*refectorium*,' PR. P. 177; BRD. 13; PL. CR. 220.

frek, see **frec**.

frēke, sb., *O.E.* freca; *cf.* **frēo**; *bold, insolent man*; *warrior, man*; ALIS. 2161; FER. 113; WILL. 402; A. P. ii. 6; ANT. ARTH. xxxii; freke, fraik, freek, freik, freike LANGL. *B* iv. 12, *C* viii. 21*, *C* xvi. 80, *B* xiv. 105*, *A* iv. 13; **frēchen**, freoken (*pl.*) KATH. 732.

freken, see **frakin**.

frekled, pple., *freckled*: ifracled wiþ whit & rede FER. 3659.

frēle, adj., *O.Fr.* frēle, fraile, *from Lat.* fragilis; *frail*, P. L. S. xxv. 136; LANGL. *A* iii. 117; WICL. WISD. xiv. 1.

frēlnesse, sb., *frailty*: the frelnes of mankende LUD. COV. 108; freilneesse '*fragilitas*,' PR. P. 177.

frēlēs, see under **frīe**.

frēletē, sb., *O.Fr.* frailetē; *frailty*, LANGL. *B* iii. 55; freeltee MAND. 5; frealte GEST. R. 25*; freilte TOWNL. 165.

frēlsen, see **frēolsen**. **fremde**, *mod.Eng. see* **fremede**.

freme, adj., *O.E.* freme, *mod.Eng.* frim; *good, tasty; beautiful, fresh, vigorous*; L. C. C. 5; A. P. i. 1078.

[**frem-som**, adj., *O.E.* fremsum; *useful*.]

fremsomnes, sb., *O.E.* fremsumness; '*benignitas*,' PS. lxiv. 12*.

frēme, sb., *O.E.* fremu; *profit, advantage*, HOM. I. 217; II. 195; for þe freme of þe loande PROCL. 3; vreme AYENB. 69; froeme FRAG. 5; A. R. 124*; he deð him selva froema LAʒ. 674; *comp.* un-frēme.

frem-ful, adj., *O.E.* fremfull; *advantageous*, HOM. II. 149; vremvol AYENB. 80; frem-, freomful HOM. I. 109, 135.

fremede, adj., *O.E.* fremede, fremde, fremðe, = *O.L.G.* fremidi, fremithi, *O.H.G.* fremidi, *Goth.* framaþis; *strange, foreign, not one's own*, HOM. I. 185; HORN (R.) 68; a vreomede [fremede] child A. R. 184; fremde HAV. 2277; MIRC 1352; of fremde londe CH. C. T. *F* 429; **fremde** (*pl.*) ANGL. I. 9; **fremden** (*dat. pl.*) MAT. xvii. 25; fremde (*ms.* fremmde) men ORM. 1250; fremde & sibbe ROB. 346; wiþ fremid(e) and sibbe P. S. 202.

fremed-lī, adv., *like a stranger, strangely*: fer floteþ fro his frendez fremedli he ridez GAW. 714; fremedli the Frenche tunge fei es belefede D. ARTH. 1250; fremidli 3405.

fremeðe, sb., = *M.H.G.* vremede, vremde; *strangeness*; flesses fremeðe GEN. & EX. 349.

frēmien, v., *O.E.* fremian, fremman, = *O.L.G.* fremmean, *O.N.* fremja, *O.Fris.* fremma, *O.H.G.* (gi-)fremen; *promote, perform, profit*, KATH. 288; þet havelese monnam meie fremian HOM. I. 111; vreomien A. R. 284; fremen GEN. & EX. 173; he sholden his wille freme HAV. 441; freme ['*proficere*'] PS. lxxxviii. 23; heo scullen me monradene ... fremmen (*do*) LAʒ. 24010; **frēmede** (*pret.*) MAT. xxvii. 24; KATH. 2399; fremede ['*profuit*'] HOM. I. 127; **frēmed** (*pple.*) HOM. II. 29; *comp.* ful-frēmien.

fremmen, see **fremien**.

fremðe, see **frümþe**.

frēn, see **frēoʒen**. **frēnd**, see **frēond**.

frenesie, sb., *Fr.* frenesie; *frenzy*, CH. C. T. *D* 2209; Gow. I. 287.

frenetike, adj., *Fr.* frenetique; *frantic, silly*, PR. P. 178; frantik [frenetike, frentik] LANGL. *B* x. 6; frentik *C* xii. 6, *A* xi. 6, *C* xii. 82*.

frenge, sb., *Fr.* frange; *fringe*, PR. P. 178; **frenges** (*pl.*) GAW. 598; CH. C. T. *D* 1383.

frengen, v., *Fr.* franger; *fringe*; **ifrenget** (*pple.*) L. N. F. 507.

Frenkisch, adj., *O.E.* Frencisc; *French*, GAW. 1116; Frensc LAʒ. 7663; Frensch C. L. 25; Freinsse [*v. r.* Frensse, Frensche] ROB. (W.) 7890; Frenchs, Franche 7539*; Frenisch 7542*.

frēo, adj., *O.E.* frēo, frio, frī, frȳ, *O.Fris.* frī, *O.H.G.* frī, *Goth.* freis *m.* frija *f.*; *free*; LAʒ. 23574; KATH. 1179; O. & N. 1507; BEK. 554; ALIS. 192; moni freo ʒeve HOM. I. 19; freo iboren JUL. 7; freo of heorte MISC. 96; of peines freo SPEC. 62; freo, vreo A. R. 220, 370; freo, fre ORM. 2974, 12201; fre GREG. 42; fre man (? freman) HAV. 628; þi merci is wel fre SPEC. 72; fre [free] CH. C. T. *A* 852; frie HOM. II. 53; fri SHOR. 102; vri AYENB. 86; þa barn senden frie MAT. xvii. 26; freo men (? freomen) MISC. 86; freo [fre] men

frēo.

TREV. III. 417; þan freo cnihten LAȝ. 20474; **frērre** (*compar.*) HOM. I. 271; freore C. L. 243; **vrēoest** (*superl.*) A. R. 398.
frēo-brōðer, sb., *O.E.* frēobrōðor; *younger brother* (? *ms.* frobroder), ALIS.² (Sk.) 23.
frēo-dōm, sb., *O.E.* freodōm; *freedom*, H. M. 5; freo-, fredom TREV. III. 61; fredom HAV. 631; MAND. 193; MAN. (H.) 71.
frē-hertid, adj., *freehearted*, PR. P. 177.
frēo-lāc, -laic, vrēoleic, frēolēc, sb., *O.E.* frēolāc (*oblation*); *liberality*, A. R. 192, 222, 386; freolaic KATH. 2398.
frēo-līch, adj., *O.E.* frēolīc; *free*, MARH. 13; KATH. 68; freli M. ARTH. 3121; **frēolīche** (*adv.*) *freely* LAȝ. 185; freliche TREV. VIII. 103; freli CH. C. T. *A* 1207; alle his **frēlīche** (*pl.*) felawes WILL. 428; **frēlokest** (*superl.*) WILL. 2634.
frēo-man, sb., *O.E.* frēoman; *freeman*: **frēmannes** (*gen.*) REL. I. 183; MISC. 128; **frēomen** (*pl.*) (? freo men) LAȝ. 19390.
frēness, sb., *liberality*, PR. P. 178; frenesse LANGL. *B* xvi. 88.
frēo-scipe [frēsipe], sb., *liberty*, LAȝ. 459; vreoschipe *liberality* A. R. 386; freshipe HOM. II. 121.
free-stōn, sb., *freestone*, E. W. 59.
frēo, sb., *O.E.* frēo, = *O.L.G.* frī; *noble woman*; fre GAW. 1549; DEGR. 745; fri FER. 3441.
frēoȝen, v., *O.E.* frēogan; *free, liberate*; freoiȝen, freoien LAȝ. 882, 5619; freoin MARH. 3; fren GEN. & EX. 2787; **vrī** (*imper.*) AYENB. 190; **frēode** (*pret.*) LAȝ. 6175; **frīed** (*pple.*) HOM. II. 103; *comp.* ȝe-frēoȝen.
frēolsen, v., *O.E.* frēolsian, = *O.N.* frelsa, frialsa; ? *for* *frēohalsen, *cf. O.Fris.* frī-, friahals, *Goth.* freihals (*liberty*); *keep free from labour, celebrate*: messedaȝ to freolsen (*ms.* freollsenn) ORM. 2720; **frēls** (*imper.*) REL. I. 22; **frēlsed** (*pple.*) C. M. 16942.
freome, freomien, *see* **frēme, frēmien**.
frēond, sb., *O.E.* frēond, frīond, frȳnd, = *O.Fris.* friond, friund, *O.L.G.* friund, *O.H.G.* friont, friunt, *Goth.* frijōnds, *O.N.* frǣndi; *from O.E.* frēogan, frēon, *Goth.* frijōn (*to love*); *friend*, LAȝ. 708; H. M. 11; freond, frend ORM. 1609, 17960; froend REL. I. 243; vriend (*ms.* uriend) AYENB. 158; frend WILL. 727; freend PR. P. 178; frende HAV. 375; frind AUD. 22; **fr(ē)ondes**, vrendes (*gen.*) O. & N. 1154; & dude us frendes dede SPEC. 112; **frēonde** (*dat.*) LAȝ. 14329; **frēond** [*O.E.* frȳnd, freondas] (*pl.*) LAȝ. 703; A. R. 250; MARH. 8; BEK. 367; freond, frend LK. vii. 6, xiv. 12; fr(e)ond, frend O. & N. 477; frend ORM. 443; GEN. & EX. 1775; MAP 334; freondes LAȝ. 1987*; frendes GREG. 953; **frēondene** (*gen. pl.*) LAȝ 14901; **frēondan** (*dat. pl.*) SAX. CHR. 248; freondan, freonden JOHN xv. 13, 15; freonden FRAG. 6; LAȝ. 197; freonde P. L. S. viii. 111; frienden HOM. I. 231; frende SHOR. 90.

frete.

frēndesse, sb., *a female friend*: clepe thou prudence thi frendesse WICL. PROV. vii. 4; mi frendesse WICL. S. SOL. i. 8.
frēnd-lēs, adj., *O.E.* frēondlēas; *friendless*, A. D. 299.
frēnd-līch, frēndlī, adj., *O.E.* frēondlīc; *friendly*, CH. C. T. *A* 2680; **frēondlīche** (*adv.*) LAȝ. 14845; **frēndeloker** (*compar.*) LANGL. *B* x. 225; frendloker *A* xi. 171.
frēndlī-hēde, sb., *friendliness*, GOW. II. 286.
frēond-mon, sb., *friend*; vreondmon HOM. I. 199; **frēndmen** (*pl.*) HOM. II. 183.
frēond-rēde, sb., *O.E.* freondrǣden; *friendship*, ALIS. 1488; vrendrede AYENB. 149.
frēond-scipe, sb., *O.E.* freondscipe, = *O.L.G.* friundscipi, -skepi, *O.H.G.* friuntskeph, -scaf; *friendship*, LAȝ. 5106; freondschipe A. R. 98; frendshepe PR. C. 1884.
frēndsom, adj., *friendly*: frendsome es thi merci PS. lxviii. 17.
frēonden, v., = *M.H.G.* friunden, vreonden; *make friends*, A. R. 420.
frēosen, v., *O.E.* frēosan, = *O.N.* friōsa, *O.H.G.* friusan; *freeze*; fresin PR. P. 178; frese ORF. 245; **frēoseþ** (*pres.*) TREAT. 137; fr(e)ost O. & N. 620; hi freoseþ TREAT. 136; **freese** (*subj.*) LANGL. *C* xiii. 192; **frēs** (*pret.*) MAN. (H.) 121; GAW. 728; frees WICL. ECCLUS. xliii. 22; **frōren** (*pple.*) MISC. 151; frore SPEC. 25; *comp.* bi-, ȝe-**frēosen**.
frēre, sb., *O.Fr.* frère; *friar*, BEK. 1124; LANGL. *B* iii. 35; CH. C. T. *A* 208; **frēres** (*pl.*) *C* xi. 8; freeres *A* ii. 186.
fresch, adj., *O.E.* fersc, = *O.N.* ferskr, *O.H.G.* frisc; *fresh*, P. L. S. xxx. 49; als fresch for to fiȝt(e) as þei were on morwe WILL. 3640; fresch flesch LANGL. *B* vi. 312; fresh ORM. 6348; CH. C. T. *A* 92; PR. C. 1254; versc HOM. I. 179; fersch TREAT. 136; fersch, verss ROB. 7, 217; ferche [versche], ferchs, fers ROB. (W.) 4424*, 1291*, 4424*; on fresche steden ALIS. 2405; of fresche watir MAND. 115.
fresch-lī, adv., *freshly, rashly*, '*recenter, noviter*,' PR. P. 178; GAW. 1294.
freshnesse, sb., *freshness*, LIDG. M. P. 245.
fresche, sb., *mod.Eng.* fresh; *flood of a river*; *onrush of men*: the fresshe was so felle of the furse grekes D. TROY 4730.
freschen, v., = *M.H.G.* vrischen; *refresh*: the water him **freschid** (*pret.*) HALLIW. 380.
frēse, sb., = *O.L.G.* frēsa, *M.Du.* vreese, *O.H.G.* freisa; *peril, fear*; no frese TOWNL. 30.
frēsen, *see* **frēosen**.
freslīche, *see* **ferslīche**, *under* **fers**.
frest, fresten, *see* **frist, fristen**.
frete, sb., *O.E.* frǣtu (*pl.* frǣtwe), = *O.L.G.* fratoh, *mod.Eng.* fret(-work); *ornament*: her fret of gold CH. L. G. W. 225; wiþ frette of perle GOW. II. 228.

frēt. **friðien.** 251

[frēt, frǣt, sb., cf. M.H.G. frāz (*food*).]
frēte-wil, adj., *voracious*, A. R. 128*.
freten, v., O.E. fretan, = O.H.G. frezan, Goth. fraītan, mod.Eng. fret; *eat, devour*, LAȜ. 31677; fretin '*corrodo*' PR. P. 179; frete SHOR. 161; PR. C. 6570; freteþ (*pres.*) ORM. 16133; vret A. R. 184; frat (*pret.*) PS. lxxix. 14; fret ROB. 203; ALIS. 703; WILL. 87; freet LANGL. (Wr.) 12468; frǣten MK. iv. 4; freten ALIS. 5171; freeten MISC. 229; freten (*pple.*) GEN. & EX. 2101; ALIS. 5179; CH. C. T. A 2068; ifreten FRAG. 7; MISC. 147.
fretinge, sb., *devouring, wasting; rust; ? pain in the bowels*: she died, as bi freting of the addres GEST. R. 278; fretinge WICL. 3 KINGS viii. 37; '*corrosio, torcio*' PR. P. 179.
fretien, v., O.E. frǣtwian, O.L.G. fratohōn; *fret, adorn*; fretted (*pple.*) LANGL. B ii. 11; A. P. ii. 1476; comp. ȝe-fratewen.
frette, sb., *release, redemption*: with him mak þer frette or with his bodi pas tille Gascoin MAN. (H.) 290.
freþ, Freþeric, see frið. freþien, see friðien.
frēvren, see frōfren.
frī, sb., O.N. frio, frǣ, = ? Goth. fraiw, mod.Eng. fry; *seed*: to the and to thi fri mi blissing graunt i TOWNL. 24.
frī, see frēo.
Frīe, pr. n., O.E. Frīg, = O.N. Frigg; *Venus*, ROB. 112; Frēon (*dat.*) LAȜ. 13931.
Frī-dæi, O.E. Frīgdæg, Frīgedæg, = O.N. Frīadagr, O.H.G. Frīatag; *Friday*, SAX. CHR. 258; Fridǣi LAȜ. 13932; Fridai KATH. 2531; ROB. 112; Vridei A. R. 422.
frī-niht, sb., O.N. frjānātt; *? night before Friday*: he þolede oðe longe friniht A. R. 122.
[frīe, sb., O.N. frȳja; *reproach, taunt*.]
frē-lēs, adj., cf. O.N. frȳja laust (*blamelessly*); *blameless*, A. P. i. 272.
frīen, v., O.N. frȳja; *reprove, blame*: frie HAV. 1998; to friȝȝenn & to tǣlen ORM. 16513.
frīen², v., O.Fr. frīre, *from Lat.* frīgere; *fry*; friin '*frigo*' PR. P. 179; frie CH. C. T. A 383; ifrid (*pple.*) AYENB. 111; ifriȝet LANGL. A vii. 298.
friinge, sb., *frying,* '*frixatura,*' PR. P. 179; þe dieveles panne ... huerinne he makeþ his friinges (*pl.*) AYENB. 23.
friing-pan, sb., *frying-pan,* '*frixorium,*' VOC. 199; '*sartago, fricsorium*' PR. P. 179, 256.
frīen, see frēoȝen. friend, see frēond.
friȝt, -en, friȝti, see fürht, -en, fürhti.
frik, see frec.
frikien, v., O.E. frician; *leap, dance*; frikieð (*pres.*) HOM. II. 211.

frim, see freme. frīnd, see frēond.
[Frīse, pr.n., O.E. Frisa, Frysa, Fresa, = O.Fris. Frisa; *Frisian*.]
Fris-lond, pr. n., O.E. Frys-, Fresland; Frisia, LAȜ. 23377.
frise, sb., Fr. frise; *frieze*, PR. P. 179.
frisen, v., Fr. friser; *put a nap on (cloth)*; '*villo,*' frise (*pres.*) PR. P. 179; frised (*pple.*) IBID.
frisare, sb., '*villator,*' PR. P. 179.
frist, sb., O.E. first, fyrst *m.*, cf. O.Fris. first, ferst *n.*, O.N. frest *n.*, O.H.G. frist *f.*; *space of time, term, respite*; frest PR. P. 178; ORM. 261; C. M. 15954; do þou nouth on frest þis fare HAV. 1337; first HOM. I. 161; first, feorst [forst] LAȜ. 4506, 12242; furst HOM. I. 19; BEK. 630; FL. & BL. A 638 (B 401); ferst P. L. S. viii. 19; & ferst ['*spatium*'] nǣfden þæt hio ǣten MK. vi. 31; he þet ... deþ hit a verst AYENB. 32; firste (*dat.*) HOM. II. 145; a þisses dǣies ferste [furste] LAȜ. 15853.
frist, see fürst.
fristel, sb., O.Fr. frestel; *flute*: with trompes, pipes, and with fristele IW. 1395.
fristen, v., ? O.E. firstan, = O.Fris. fersta, O.N. fresta, O.H.G. fristan; *respite, delay*; friste CATH. 143; frestin, or lende to freste PR. P. 178; no langer wold he freste HALLIW. 380; frist(e) (*pres.*) A. P. ii. 743; verste (*imper.*) AYENB. 173; firsten (*subj.*) MARH. 15; firstede (*pret.*) KATH. 2399.
frītūre, sb., O.Fr. frītūre; *fritter*, B. B. 167.
frið, sb., O.E. frið *n.*, friðo, freoðo *f.*, cf. O.N. friðr (*gen.* friðar), O.L.G. fritho, fridu, O.Fris. fretho, frede, ferd, O.H.G. fridu, frido (*gen.* frido, frides) *m.*; *peace, safety, protection*; HOM. II. 101; GEN. & EX. 681; bihahte to halden frið LAȜ. 2549; friþ ORM. 3380; on griðe & on friðe HOM. I. 13; comp. un-frið.
friþ-sōcne, sb., O.E. friðsōcn; *asylum*, REL. I. 33.
Frēþeric, pr. n., O.E. Freoðeric, = O.H.G. Fridurīh; *Frederick*, ROB. 480.
frið², firð, sb., O.E. frið; *but cf. O.E. fyrhð (? fir-wooa); *game-preserve, forest*, WILL. 822; IW. 157; GAW. 1973; A. P. ii. 534; friþ or forest toun or fild AMAD. (R.) lxxi; freþ DEGR. 486; ȝe huntieð i þes kinges friðe LAȜ. 1432; þe floures in þe frith(e) LANGL. B xii. 219; in freþe and in feld TOR. (A.) 586; freth P. S. 334; firthe D. ARTH. 1409; TOWNL. 131; comp. dēor-frið.
friðien, v., O.E. friðian, freoðian, = O.N. friða, O.Fris. frethia, ferdia, O.L.G. frithōn, Goth. (ga-)friþōn, O.H.G. (ge-)fridōn; *keep in peace, preserve, secure from disturbance*: eower lond ic wulle friþian HOM. I. 15; ne þat ... deade bodi nulen ha nawt friðie 283; friðen GEN. & EX. 786; friþe MAN. (F.) 8733; fruðien LAȜ.

16804; vreþie AYENB. 7; friðe me ane hwile JUL. 48; friðede (*pret.*) KATH. 2399*; friþed (*pple.*) ANT. ARTH. i; friþed [freþed] in LANGL. C viii. 228; *comp.* ʒe-friðien.

frō, *see* frā.

frobrōðer, *see* frēobrōðer *under* frēo.

frōde, sb., *? O.N.* frauði; *? frog, toad*; frōden (*pl.*) HOM. I. 326; frude P. L. S. viii. 138.

frōfre, sb., *O.E.* frōfor, = *O.L.G.* frōfra, *O.H.G.* fluobara; *consolation, comfort*, ORM. 8786; frovre (*ms.* froure) JUL. 11; MISC. 90; GEN. & EX. 54; frofre, frovre [frovere] LAʒ. 9075, 21898; vrovre A. R. 92; HOM. II. 258; frover(e) REL. I. 171; frēfre (*dat.*) HOM. I. 11.

frōfer-gōst, sb., *O.E.* frōfergāst; *Paraclete, Comforter, 'paracletus,'* FRAG. 3; frofregast HOM. I. 97; ORM. 10554.

frōfren, frēfren, v., *O.E.* frōfrian, frēfrian, *cf.* *O.L.G.* frōfrean, *O.H.G.* fluobiren; *console, comfort*; frofren ORM. 150; frovren KATH. 287; vrovren A. R. 72; froveren REL. I. 186; frefrien HOM. II. 215; vroæfrien LAʒ. 14844; freveri S. A. L. 150; frevre BEV. 183; frōvri, froveri (*pres.*) O. & N. 535; frevreð HOM. I. 145; freverɛþ SHOR. 7; frorɛþ SPEC. 73 (A. D. 203); frōvere (*? subj.*) C. L. 889; frōvrede (*pret.*) MARH. 8; frōfred (*pple.*) ORM. 2198; *comp.* ʒe-frōfren.

frēfring, frōfring, sb., *O.E.* frēfrung, frōfrung; *consolation*; frefringe HOM. II. 117; froring H. H. 164 (166).

frogge, sb., *O.E.* frocga, frogga; *frog, toad*, '*reine*,' VOC. 154; O. & N. 146; ROB. 69; TREV. IV. 397; ['*ranam*'] WICL. PS. lxxvii. 45; frogge, frugge '*bufo*' PR. P. 180; froggen, frogge (*pl.*) HOM. I. 51, 53; wroggen REL. II. 277.

frōh, adj., *O.N.* frār (*swift*)? *light, ? swift, capricious*; frogh PALL. iii. 671; frouh MISC. 94; fals and frouʒ MAP 337; CL. M. 36; fals or frow H. S. 2305; frow(e) (*adv.*) '*festine*,' 216.

froise, sb., *pancake*, PR. P. 180; VOC. 242; GOW. II. 93; L. C. C. 50.

froit, *see* frūt.

frok, sb., *O.Fr.* froc; *frock*, PR. P. 179; A. P. ii. 136; frokke (*dat.*) LANGL. A v. 64.

from, *see* fram. frome, *see* frume.

front, *see* frount.

frosch, sb., *O.E.* frox, forsc, = *O.H.G.* frosc, *O.N.* froskr; *frog*, '*rana*,' VOC. 223; frosh WICL. PS. lxxvii. 45; frosch, frosk PR. P. 180; froske (*dat.*) D. ARTH. 1081; froskes (*pl.*) GEN. & EX. 2977; PS. civ. 30; TOWNL. 62; froskis C. M. 5928; *comp.* ēa-frosk.

frosch, *see* frusch.

frost, sb., *O.E.* frost, forst, = *O.Fris.* forst, *O.N., O.L.G., O.H.G.* frost; *from* frēosen; *frost*, '*gelu*,' PR. P. 180; PR. P. 180; MAND. 12655; MAND. 130; frost [forst] WICL. PS. lxxvii. 47; forst TREAT. 137; GAW. 1694; vorst (*ms.* uorst)

HOM. I. 193; ROB. 265; forste (*dat.*) HOM. I. 35; vrostes (*pl.*) AYENB. 108; forstes O. & N. 524; *comp.* hōr-frost.

forst-tīme, sb., *winter*, TREV. IV. 467.

frosti, adj., = *O.H.G.* frostag; *frosty*, CH. C. T. A 268.

froten, v., *O.Fr.* froter; *rub*; frote WICL. DEUT. xxiii. 25; froteþ (*pres.*) AYENB. 155; CH. C. T. A 3747; frotede (*pret.*) TREV. IV. 25.

frotunge, sb., *friction*: þuruh so monie duntes & frotunges (*pl.*) A. R. 284.

froþe, sb., *O.N.* froða; *froth*, GAW. 1572; frothe '*spuma*' PR. P. 180.

froþen, v., *froth*: froþiþ (*pres.*) or someþ ['*spumat*'] WICL. MK. ix. 17; froþen [frothen] CH. C. T. A 1659; froþande (*pple.*) A. P. ii. 1721.

frouh, *see* frōh.

frounce, sb., *O.Fr.* fronce; *wrinkle, flounce*: þe lappe of hir garment iplitid in a frounce CH. BOET. i. 2 (9); frounces (*pl.*) LANGL. B xiii. 318.

frounce-lēs, adj., *without a wrinkle*: hir forheed frounceless al pleine R. R. 860.

frouncen, v., *O.Fr.* froncier; *wrinkle, gather up*: he frounces (*pres.*) boþe lippe & browe GAW. 2306; þe front ... fronces C. M. 3571; his nose frounced (*pple.*) full kiked stoode R. R. 3137; with pais fronst ALIS. 1630.

frounin, v., *O.Fr.* frognier; *frown*, PR. P. 180; froune LIDG. TH. 254.

frount, front, frunt, sb., *O.Fr.* front; *front*, PR. P. 180, 181; fround BEK. 1195; MAN. (F.) 3360; frount (*forehead*) ROB. (W.) 4426.

frountel, sb., *O.Fr.* frontel, fronteau; *frontlet, headband*: the bout and the barbet with frountel shule fyne P. S. 154; fruntel PR. P. 181; frontels (*pl.*) E. W. 5.

frounter, sb., *O.Fr.* frontier; *front, façade*: to make a frounter for a loveris herte P. R. L. P. 57; frikis þe frountere walle a five hundreth D. ARTH. 2899; att frounter of thees welles clere LIDG. M. P. 16; was writen in the frountures (*pl.*) 18.

frōvre, *see* frōfre.

frōw, *see* frōh.

fructifien, v., *O.Fr.* fructifier, *from Lat.* fructificāre; *fructify*; fructifie MAND. 50; no þing frutefiing (*pple.*) nor profitable destroien þe cornes plentevouse of frutes of reson CH. BOET. i. 1 (6); þet zed þet vil into þe guode londe fructefide (*pret.*) AYENB. 234.

fructuous, adj., *Lat.* fructuōsus; *fruitful*, MAND. 3.

fructuous-lī, adv., *fruitfully*: prechithe fructuouslie the word of God GEST. R. 233.

frūde, *see* frōde.

[frume, adj., *O.E.* fruma, = *Goth.* fruma, *cf.* *Gr.* πρύμος.]

frum-berdling, sb., *O.E.* frumbyrdling; *young man*; **frumberdlinges** (*pl.*) HOM. II. 41.

frum-ken(n)ed, adj., *O.E.* frumcenned; *first-begotten*, HOM. I. 87; hire frumkennede sune MAT. i. 25.

frum-rēs ? sb., *first onset*; æt þon **frum-rēsen** (*dat. pl.*) LA3. 8665.

frum-schaft, -scheft, sb., *O.E.* frumsceaft; *first creation*, JUL. 2, 3.

frum-schapen, adj., *O.E.* frumsceapen; *first created*: Adam þene frumscepene mon HOM. I. 123.

frume, sb., *O.E.* fruma; *beginning*, LA3. 13265; FL. & BL. 135; at þe frume MISC. 87; from þe worlde frume [frome] O. & N. 476; at te frume 1513; frome C. L. 595; ALIS. 5356; FER. 1104; *comp.* **ord-frume**.

frumentee, sb., *O.Fr.* fromentee; *frumenty (wheat boiled in milk)*, D. ARTH. 180; furmente L. C. C. 6.

frumpil, sb., *cf. Du.* frommel; *wrinkle,* 'ruga,' PR. P. 181.

frumplen, v., *cf. Du.* frommelen; *frumple, wrinkle*; **frumplid** (*pple.*) PR. P. 181.

frumþe, sb., *O.E.* frumð, frymð; *beginning*, ORM. 18558; MISC. 142; on frumþe FRAG. 8; i þe frumðe A. R. 8; on fremðe MAT. xix. 8.

frunt, fruntel, *see* **front, frontel**.

frunten, v., *O.Fr.* afronter; *strike, kick; rush, drive, tumble*: þe freke him **frunt** (*pret.*) with his fot A. P. iii. 187; with a sword ... frunt him in the fase D. TROY 6923; frunt him evin in the fase with a fin arow 6984; frunt unto Ector 6887; he frunt of his fol flat to þe ground 6890.

frusch, sb., *rush*: so fuerse was the frusshe when þai first met D. TROY 1196; þe freike, with the **frusshe** (*dat.*) fell of his horse 5830; ferkes one a frusche D. ARTH. 2900; frosch MAN. (F.) 12882.

fruschen, v., *O.Fr.* fruisser (=*mod.Fr.* froisser); *rub*: þei fruschen to gidere MAND. 238; frouschen DEGR. 1087; **fruschede** (*pret.*) JOS. 505; **frusht** [froust] (*pple.*) ALIS. 1630.

frūt, sb., *O.Fr.* fruit; *fruit*; fruit, HOM. I. 135; A. R. 150; TREAT. 133; S. S. (Web.) 559; fruit GEN. & EX. 327; frit A. P. ii. 1043; froit HAMP. PS. cxxv. 6; **frūtis** [froitis] (*pl.*) BARB. x. 191.

fruite-ful, adj., *fruitful*: hilles ... tries fruitefull and cedres alle PS. cxlviii. 9.

fruitestere, sb. (*female*) *fruiterer*: tombesteris fetis and smale and yonge **fruitesteres** (*pl.*) CH. C. T. C 478.

fruit-lēs, adj., *fruitless*, PR. C. 5666.

frūten, v., *bear fruit*, 'fructifico,' PR. P. 182; i as vine **frūted** (*pret.*) swotnesse of smel WICL. ECCLUS. xxiv. 23.

fuel, *see* **fu3el**.

fu3el, sb., *O.E.* fugel, fugol, = *O.N.* fugl, *Goth.* fugls, *O.H.G.* fogel; ? *for* *flu3el; *fowl, bird*, O. & N. 1097; fu3el, fo3el [fowel] LA3. 2832, 20174; fugel, fuel GEN. & EX. 160, 221; fuhel MARH. 3; fuel A. R. 126; vo3el AYENB. 71; foghel PR. C. 7075; fowel HORN (R.) 1414; TREAT. 139; fowel [foul] CH. C. T. A 190; foul ALIS. 1982; MAND. 48; TOR. 2050; **fu3eles** (*pl.*) HOM. I. 133; fugeles MAT. xiii. 4; fu3eles, vo3eles [fo3eles] LA3. 21754, 21759; fu3eles, fuheles, foweles O. & N. 1144, 1660; fuheles KATH. 2124; fo3eles SHOR. 146; foules LANGL. A v. 199; wilde foules ROB. 52; **fuwelene** (*gen. pl.*) A. R. 298; **foulen** (*dat. pl.*) WILL. 805; fu3ele, fo3le, vowele O. & N. 64, 277; fouweles LANGL. C xviii. 11; *comp.* **henne-, sēd-, water-fu3el**.

fu3el-oün, sb., *O.E.* fugelcynn; *bird-tribe*, HOM. I. 95; fo3elcun LA3. 8109; fuelkun [fowelcun] O. & N. 65.

fugel-fliht, sb., *flight of birds*, GEN. & EX. 3321.

fugitif, adj. & sb., *fugitive*: he preieth for the seruaunt fugitife WICL. PREF. EPP. vii; he is like a fugitif LIDG. M. P. 167; alle manere of **fugitifes** (*pl.*) MAND. 66.

foulin, v., *O.E.* fugelian; *fowl, catch birds*, 'aucupor,' PR. P. 175.

fo3elere, sb., *O.E.* fugelere; *fowler*; vo3elere AYENB. 254; foulere WICL. PROV. vi. 5; **fuheleres** (*gen.*) MARH. 3.

foulinge, sb., *fowling*, 'aucupium,' PR. P. 175.

fuerse, *see* **fers**. **fuhel**, *see* **fu3el**.

fuir, *see* **fūr**. **fuisoun**, *see* **foisōn**.

fuite, sb., *O.Fr.* fuite (*voie du cerf qui fuit*); *track, trace*, GAW. 1425; feute WILL. 90; foute 33; feute '*vestigium*' PR. P. 159.

ful, adj. & adv., *O.E.* full, = *O.N.* fullr, *Goth.* fulls, *O.L.G.* ful, *O.Fris.* ful, fol, *O.H.G.* foll; *full*, GEN. & EX. 110; LANGL. PROL. A 17; CH. C. T. A 90; hundred is ful tel A. R. 372; foch godes ful JUL. 3; a scip ful [fol] of golde LA3. 23694; ful neh HOM. I. 29; LA3. 124; ful iwis ORM. 687; O. & N. 1189; ful [fol] iwis LA3. 1324; ful wel HOM. I. 17; MARH. 4; A. R. 6; ORM. PREF. 17; ful briht HICKES I. 222; ful faste HAV. 82; ful hard TRANS. xix. 321; a ful bolde bacheler LANGL. B xvi. 179; ful wis A. P. i. 747; ful clene ANT. ARTH. xxx; ful late PR. C. 789; vol AYENB. 15; fol wel SHOR. 159; RICH. 1550; þe fulle give HOM. II. 109; þe fulle tale ORM. 11270; þat is mi fulle ivo MISC. 42; at þe fulle *at full* ['*plene*'] TREV. III. 443; mid fulle dreme O. & N. 314; at þe fulle flod WILL. 2745; mid fullere strenðen (*r.* strenðe) LA3. 29047; ane hand fulle LEECHD. III. 92; an(e) hand folle S. S. (Web.) 1588; enne koker fulne LA3. 6470; **fulle** (*pl.*) GEN. & EX. 2952; hi nefre ne beoð fulle HOM. I. 103; hare fulle fan

H. M. 31; twelf wilien fulle MK. vi. 43; fifti scipen fulle LAȝ. 1285; fulle seoven nihte 1632; weres fulle fowertiȝ ORM. 11210; fulle six ȝer HORN (R.) 926; ahte ant tventi folle ȝer CHR. E. 416; *comp.* aȝe-, bāle-, cáre-, drēd-, eȝes-, ēst-, fēr-, ȝeorn-, griϸ-, hih-, ȝelēaf-, luf-, mān-, miht-, milds-, nēod-, niþ-, rēd-, side-, sorh-, sun-, tir-, þōht-, wā-, wil-, wurþ-ful.

ful-hēde, sb., *fulness*, ['*plenitudo*'] PS. xxiii. 1; volhede AYENB. 119.

ful-līche, adv., *O.E.* fullīce; *fully*, HOM. I. 73; LAȝ. 14124; A. R. 124; O. & N. 1687; fullike ORM. 16302; fulli PR. C. 4570.

fulnesse, sb., = *O.H.G.* folnassi, folnessi, folnissi, folnussi; *fulness*, PR. P. 182; volnesse AYENB. 266.

ful-sum, adj., *plentiful*, GEN. & EX. 2153; fulsom D. TROY 3068.

fulsum-hēd, sb., *copiousness*, GEN. & EX. 1548.

fulsum-lī, adv., *copiously*, WILL. 4325.

fulsomnesse, *copiousness*, CH. C. T. *F* 405.

ful, sb., *O.E.* ful; *bumper*, LAȝ. 14335.

fūl, adj., *OE.*, fūl, = *O.N.* fūll, Goth. fūls, *O.H.G.* fūl; *foul*, A. R. 118; ORM. 2032; a poke ful and blac HAV. 555; ful, vul (*ms.* wl) O. & N. 94, 236; foul ROB. 69; SPEC. 103; IW. 1332; voul AYENB. 32; his fule saule LAȝ. 27634; his fule stench MARH. 11; mid þine fule holde FRAG. 7; **fūlne** (*acc. m.*) O. & N. 1196; ȝif þine vo enne fulne nome A. R. 316; fule lustes HOM. I. 243; foule airen ALIS. 4719; mid fule worde O. & N. 285; **fūle** (*adv.*) HOM. II. 37; ORM. 1201; stinkeϸ... fule A. R. 138; foule ALIS. 1118; LANGL. *A* v. 66; **fūlre** (*compar.*) HOM. I. 25; A. R. 84; ORM. 15831; **fūluste** (*superl.*) A. R. 216; fouleste P. L. S. xiii. 365.

fūl-ȝetóȝen, pple., *ill-educated, trained ill*; fulitowen A. R. 108, 186; never so angresfule, ne so fulitowune 244.

fūlȝetóȝen-schip, sb., *vulgarity of manners*: alle hise fūlitóhe-schipes (*pl.*) & hise unhende gomenes H. M. 33.

voul-hēde, sb., *foulness*, AYENB. 17.

fūl-līc, adj., *O.E.* fūllīc; *foul-seeming*, FRAG. 1; **fūlliche** (*adv.*) HOM. II. 173; A. R. 124.

fūl-mart, sb., *foulmart, polecat*, MIR. PL. 8; fulmard PR. P. 182; folmarde A. P. ii. 534.

fūlnesse, sb., *O.E.* fūlness, *O.Fris.* fūlnisse, *O.H.G.* fūlnussi; *foulness*; foulnes WICL. PREF. EPIST. 7.

fūl-som, adj., *foul*: sotte there thou ligges, for the fūlsomeste (*superl.*) freke that fourmede was ever D. ARTH. 1059.

ful-brengen, v., *cf. O.Fris.* fulbranga; *accomplish*; fulbröht (*pple.*) ORM. 16335.

fulcnen, v., *from* *fulc, *O.E.* fulloc (*baptism*); *baptize*, HOM. II. 137.

fulcnere, sb., *baptist*, HOM. 131.

fulcninge, sb., *baptism*, HOM. II. 9.

ful-dēde, sb., *perfection*, A. R. 372.

ful-dōn, v., = *O.H.G.* folletuon; *accomplish* A. R. 372; voldō (*pple.*) AYENB. 28.

ful-doun, adv., *flat down, completely down*: the wallis of the cite shulen fuldoun falle WICL. JOSH. vi. 5.

fūlen, fülen, v., *O.E.* fūlian, fȳlan, = *O.H.G.* fūlen; *M.Du.* vuilen; *foul, defile* ['*inquinare*'], A. R. 124; MARH. 13; fīlen HOM. II. 127; ORM. 4493; file PR. C. 1210; APOL. 22; foulin '*turpo, maculo*' PR. P. 175; **fūleð** (*pres.*) HOM. I. 53; fuleþ O. & N. 100; fouleth LANGL. *B* xix. 310; (þu) vilest ROB. (W.) 802; **fouled** (*pret.*) A. P. ii. 269; foulid (*pple.*) ['*polluta*'] WICL. LEV. vii. 20; ifuled FRAG. 5; iviled ROB. 435; *comp.* a-, bi-fūlen.

fīling, sb., *defouling*, PR. C. 2345.

ful-enden, v., *O.E.* fullendian, = Ger. vollenden; *finish, achieve, complete*, P. L. S. viii. 123; fulendi MISC. 66; fulende BEK. 2305; fulended (*pple.*) HOM. II. 61.

ful-fair, adj., *handsome*: us mai falle here a fulfaire gifte D. TROY 3155.

ful-fattid, pple., *quite fattened*: ful fat maad is the loved, and aȝen winsed; fulfattid, fulgresid WICL. DEUT. xxxii. 15.

ful-fēding, sb., *overfeeding*: no merke of fulfeding ȝovun WICL. GEN. xli. 20.

ful-festning, sb., *confirmation*, HOM. I. 67.

ful-forðien, v., *accomplish, achieve*; fulforÞie HOM. I. 237; fulforþed (*pple.*) ORM. 15597.

ful-fremien, v., *O.E.* fulfremian; *accomplish, perfect*; **fulfremed** (*pple.*) ORM. 2530.

fulfremed-līke, adj., *O.E.* fullfremedlīce; *perfectly*, ORM. 10751.

fulfremednesse, sb., *O.E.* fullfremedness; *perfection*, ORM. 6083.

ful-fūllen, v., *O.E.* fulfyllan; *fulfil*, A. R. 288; fulfillen GEN. & EX. 1222; fulfille A. P. ii. 264; fulfille, folfulle LANGL. *A* vi. 36; volvelle AYENB. 64; **vulvelden** (*pret.*) MISC. 29; **fulfild** [folfuld] (*pple.*) C. L. 561; folfeld SHOR. 147.

fol-vellinge, sb., *fulfilling*, AYENB. 260.

ful-gresid, pple., *quite fattened*, WICL. DEUT. xxxii. 15.

fulhten, v., *baptize*, HOM. I. 73; **fullehteð** (*pres.*) LAȝ. 29769; fullehtede (*pret.*) LAȝ. 29693.

fulhtnen, =**fulhten**, v., ORM. 94; fuluhtnie HOM. II. 17; ifulhtnet (*pple.*) KATH. 1391.

fulohtninge, sb., *baptism*, HOM. II. 15; fulhtning ORM. 10798.

fulien, *see* folȝen.

ful iwis, *see under* ful.

fülle, sb., *O.E.* fyllo, = *O.H.G.* fullī, follī, Goth. fullei; *fill, fulness*, FRAG. 7; HORN (L.) 402; EGL. 560; to eten hire fulle HOM. I. 53; þe

fülle.   fumetere.   255

vulle (*ms.* uulle) of endelese blisse HOM. II. 35; fille HAV. 954; P. L. S. xvii. 391; WILL. 768; S. S. (Wr.) 967; volle AYENB. 247; *comp.* ofer-fülle.

füllen, fullen, v., *O.E.* fyllan, fullian, *cf. O.N.* fylla, *O.Fris.* fella, fullia, *O.H.G.* fullen, *O.L.G.* fullian, fullōn, *Goth.* fulljan; *fill,* MARH. 18; AN. LIT. 8; þu woldest fullen al þet was his wille FRAG. 7; fulle LA3. 23352; ROB. 296; godes hese to fulle P. L. S. viii. 175; fille RICH. 6039; fellen LK. xv. 16; velle AYENB. 92; fülleð (*pres.*) HOM. I. 39; luve fulleð þe lawe A. R. 386; fulleþ R. S. vii; C. L. 731; me calleþ me fulle flat, *they call me Fill-the-hall,* SPEC. 47; fülde (*pret.*) LA3. 14965; A. R. 40; HORN (R.) 1155; þe swotnesse. . . fulde al þat lond L. H. R. 29; filde GOW. II. 204; feled ROB. (W.) 6220*; felden JOHN vi. 13; velden AYENB. 233; fülled (*pple.*) LA3. 12076; filled A. P. ii. 104; mine wordes þat filled shulen ben ORM. 215; *comp.* a-, ful-, 3e-, of-, ofer-füllen.

fillinge, sb., *filling,* PR. P. 160.

fullen, v., *O.Fr.* fuler, fouler, *from med.Lat.* fullāre; *full (cloth);* fulle clothe '*fullo*' PR. 182; fulled [foulled] (*pple.*) LANGL. B xv. 444.

fullere, sb., *O.E.* fullere; *fuller* ['*fullo*'] MK. ix. 3; fullare VOC. 194; PR. P. 182; volleres (*pl.*) AYENB. 167; fullaris P. S. 188.

fulling, sb., *fulling,* '*fullatura,*' PR. P. 182.

fulling-stokkes, sb. pl., *fulling frame,* LANGL. B xv. 444.

füllen, *see* fellen. **fullien,** *see* fulwen.

fulling, *see under* fulwen.

fulluht, sb., *O.E.* full-, fulwiht, -wuht, fulluht; *baptism,* ORM. 4054; MISC. 90; fullúht, fulleht [folloht] LA3. 36, 9607; fulht MARH. 19; fullouht, fullou3t JOS. 682, 693; fullo3t REL. II. 243; follouht LANGL. C xviii. 76; folht P. S. 157; fulhtes (*gen.*) HOM. I. 23.

ful-máken, v., *accomplish, perfect;* volmad (*pple.*) AYENB. 260.

fúlmart, -mard, *see under* fúl.

fulnað, sb., *O.N.* fullnaðr; *fulness:* of his fulnaþe (*ms.* full naþe) of hali3 gast ORM. 18362.

fülsenen, v., *? for* fülstnen; *aid, increase; support, maintain:* as fortune wolde fulsun hom the frairer to have GAW. 99; i shall filsin þis forward D. TROY 9242; filsin her strenght 9381; þat he **filsened** (*pret.*) þe faithful in the falce lawe A. P. ii. 1167.

ful-serven, v., *serve fully:* me can zigge, hus þet serveþ, and na3t volserveþ (*pres.*) his ssepe he liest AYENB. 33.

ful-sounen, v., *sound clearly:* whanne the trompe fulsouneþ (*pres.*) WICL. JUDG. vii. 18; thei fulsouneden (*pret. pl.*) 20.

ful-spēde, adv., *prepared, quick:* fulspede goo 3e before the Lord into fi3t WICL. NUM.

xxxii. 20; fulspeed goo 3e before 3oure britheren DEUT. iii. 18.

fülst, sb., *O.E.* fylst, fullēst, -æst, = *O.H.G.* folleist; *help, assistance,* HOM. I. 213; H. M. 17; fülste (*dat.*) LA3. 1747.

fülsten, v., *O.E.* fylstan, fullēstan, fullǣstan, = *O.L.G.* fullēstian, *O.H.G.* folleisten; *help, assist,* LA3. 5581; vulsten (*ms.* wlsten) 11302; filsten REL. I. 186; fülste (*pres.*) O. & N. 889; vulsteð (*ms.* uulsteð) HOM. II. 29; fülste (*pret.*) LA3. 1148; felsten LK. v. 7.

fülstnen, v., = fülsten; filstnen (*ms.* fillstnenn) ORM. 6170; **filstnede** (*pret.*) REL. I. 209; *see* fülsenen.

ful-timbren, v., *build completely:* þat was i sexe 3eres all & fowerti3 fulltimbred (*pple.*) ORM. 16321.

fultum, sb., *O.E.* fultum; *help;* fulteam ANGL. III. 151; HOM. I. 105; GEN. & EX. 2824; þur3 godes fultume PROCL. 1; fultume [foltome] (*dat.*) LA3. 14618; beon heom a fultume 16424.

fülþe, sb., = *O.L.G.* fullitha, *O.H.G.* fullida; *fulness,* M. H. 7; fulthe D. TROY 5414.

fülðe, sb., *O.E.* fȳlð, = *O.H.G.* fūlida; *filth,* A. R. 128; fulþe '*ordure*' VOC. 159; MISC. 159; C. L. 1138; MIRC 1942; filðe REL. I. 213; (MISC. 7); filthe '*sordes*' PR. P. 160; felðe MAT. xxxiii. 27; felþe SHOR. 4; velþe AYENB. 81; fülðen (*pl.*) A. R. 128.

fülþ-hēde, sb., *filth,* ROB. (W.) 5900.

[**ful-þēon**], v., **fulþógen** (? ful þógen) (*pple.*); *adult, grown up,* HOM. II. 41.

[**ful-þrifen**], v., **fulþrifen** (*pple.*), *full-thriven,* ORM. 5130.

ful-waxen, adj., = *O.H.G.* follewahsan; *full-grown,* ORM. 10884; fulwaxen P. L. S. xxx. 38; volwoxe ROB. 430; volwexe AYENB. 26.

fulwen, v., *O.E.* fulwian, fulligan; *? for* *fulwīhan (*wīhan = *Goth.* weihan ἁγιάζειν); *baptize,* LA3. 2402; folewen HICKES I. 229; folowe MIRC 85; fulli MISC. 56; **fulwede,** folwede (*pret.*) JOS. 683, 694; folewede H. H. 22; fullede, [folleode] TREV. V. 401; follede [fulled] LANGL. B xv. 440; ful3ed (*pple.*) A. P. ii. 164; fulled, ifulled FER. 1084, 5835; folut ANT. ARTH. xviii; ifulwed C. L. 1457; ivul3ed LA3. 16881; ifulhet MARH. 19; ivolled MISC. 38; ROB. 239.

fulling, sb., *baptism:* there is fullinge of fonte and fulling in blood shedinge, and þorugh fuir is fulling LANGL. B xii. 282; follinge C xv. 208.

ful-würchen, v., *O.E.* fullwyrcan, = *O.H.G.* fol(l)awurchan; *accomplish;* fulwroht (*pple.*) ORM. 15597.

fūme, sb., *O.Fr.* fum; *fume, smoke:* from the fire depertith fume HALLIW. 385.

fumetere, sb., *O.Fr.* fumeterre, *Lat.* fūmus terræ; *fumetory:* fumus terre VOC. 140; '*fumus terre,*' PR. P. 182; centuri and fumetere CH. C. T. B 4153.

fumōse, adj., *O.Fr.* fumos; *causing flatulence*; metes þat ar fumose in þeire degre B. B. 139.

fumositē, sb., *O.Fr.* fumosité; *indigestibility; heady quality (of wines)* : the fumosite of alle maner skinnes B. B. 140; win of Spaine . . . of which ther riseth such fumosite CH. C. T. *C* 567; þe **fumositees** (*pl.*) of fisch, flesche and fowles B. B. 139.

fundeling, fündeling, sb.,=*M.H.G.* vundelinc, *M.Du.* vondeling, *Swed.* fyndling; *foundling*, PR. P. 182; WILL. 481; fundling HORN (R.) 226; fondling GREG. 472; findling P. L. S. xxiii. 56; **foundelinges** (*pl.*) ALIS. 4604; LANGL. *B* ix. 193; foundlinges PS. lxvii. 6.

fundement, see **foundement**.

fünden, v., *O.E.* fundian,=*O.L.G.* fundōn, *cf.* *O.H.G.*funden; *from* **finden**; *seek, endeavour*, GEN. & EX. 2953; funde P. L. S. vii. 10; HORN (L.) 103; founden SPEC. 82; to fluiȝt founden JOS. 506; founde HORN (R.) 107; GREG. 462; TRIST. 1880; M. ARTH. 1965; AMAD. (Web.) 52; TOWNL-216; i mot heþen fonden (*go*) PL. CR. 408; **fúndie** (*pres.*) MISC. 192; when þou an hunting foundes EGL. 259; whænne swa æi ferde fundeð to þan ærde LAȝ. 21758; he fundeð (*seeks*) swiϸe me to forswolhen MARH. 10; þider fundeþ evrich man O. & N. 719; **founding** (*pple.*) WILL. 1749; **fündede** (*pret.*) HOM. II. 117; & fundede to varene LAȝ. 17858; foundeden JOS. 596.

fündi, adj., *O.E.* (ge-)fyndig (*capable*), findig (*heavy*), *cf.* *Swed.* fyndig, *M.H.G.* vündic (*inventive*) ; *firm, solid*; findiȝ ORM. 4129; findige speche HOM. II. 119; he hem makede fundie on worde 117.

fundiing, sb., *later Eng.* foundering; *benumbed with cold*: his maill eiss of ane fundiing begouth BARB. xx. 75.

funding, sb., = **fundeling**; *foundling*, HORN (L.) 220; M. H. 167.

fündles, see **findles**.

fundling, see **fundeling**.

funel, sb., *funnel*, '*fusorium, infusorium*,' PR. P. 170; ne mele, ne bucket, ne funell (*v. r.* fonel) C. M. 3305.

funerāl, adj., *med.Lat.* funerālis; *funeral*, CH. C. T. *A* 2942.

funke, sb.,=*O.H.G.* funcho, *M.Du.* vonke; *spark*, '*igniculus*,' PR. P. 182; þat ilke firi funke GOW. III. 18; a fonk(e) of fuir LANGL. *C* vii. 335; þat was not worth a fonk(e) MAN. (H.) 172.

funt, see **font**.

fur, see **feor** *and* **furh**.

fur-, see **for-**.

fūr, sb., *O.E.* fȳr,=*O.L.G.*, *O.H.G.* fiur, *O.Fris.* fiur, fior; *fire*, FRAG. 7; HOM. I. 39; P. L. S. viii. 125; LAȝ. 1187; A. R. 124; BRD. 8; þat fur R. S. iv; fuir C. L. 1253; ALIS. 547; JOS. 260; MAND. 35; fuir LANGL. *A* iii. 88; fir SAX. CHR. 249; ORM. 10452; HAV. 585; CH. C. T. *A* 1246; fir, fier GEN. & EX. 99, 103; fier S. S. (Wr.) 2505; WICL. LK. xxii. 25; LIDG. M. P. 35; figer GEN. & EX. 3522; fer HOM. I. 239; SHOR. 99; TRIST. 1475; RICH. 781; SACR. 494; þet fer MISC. 30; ver ANGL. I. 22; hit his zet alle a ver AYENB. 205; **fēres** (*gen.*) MAT. v. 22; **füre** (*dat.*) HOM. I. 89; mid fure & mid here LAȝ. 2159; *comp.* helle-fīr.

fīr-belowis, sb., '*reposilium*,' VOC. 261.

fūr-berninde, *pple.*,=*Ger.* feuerbrennend; *burning as fire*: þe furberninde drake R. S. V. (MISC. 180).

fūr-brond, sb.,=*Ger.* feuerbrand; *firebrand*, LAȝ. 25608; fuirbrond ALIS. 6848; firbrand PR. C. 7421.

fīr-drake, sb., *O.E.* fȳrdraca; *fire-drake*, GOW. III. 95.

fīr-forke, sb., *fire-fork*, PR. P. 161.

fīr-herth, sb.,=*Ger.* feuerherd; *fire-hearth*, PR. P. 161.

fūr-īre, sb., = *M.H.G.* viurīsern; *fire-iron*, BRD. 30; furirin PR. P. 161.

fīr-, fier-panne, sb., *O.E.* fȳrpanne; *fire-pan*, WICL. EX. xxxviii. 4.

fīr-reed, adj., *M.H.G.* viurrōt; *red as fire*, CH. C. T. *A* 624; fierreed WICL. LEV. xiv. 19.

fīr-sticke, sb., *fire-stick*, HAV. 966.

fīr-stōn, sb., *O.E.* fȳrstān=*Ger.* feuerstein; *firestone, flint*, PR. P. 161.

fier-vessel, sb., *fire-vessel*; **fiervessels** (*pl.*) WICL. EX. xxvii. 3.

fürde, fürdien, fürding, see **ferde, ferdien, ferding**.

furel, see **forel**.

füren, adj., *O.E.* fȳren, = *O.H.G.* fiurīn; *fiery*; firen C. M. 995; fiiren WICL. 4 KINGS ii. 11; of swilc firene kinde ORM. 17412; **fürene** (*pl.*) LAȝ. 18863; furene tungen HOM. I. 89; furene hweoles A. R. 356.

füren, v., *O.E.* fȳrian,=*M.L.G.* vüren, *O.H.G.* fiuren; *set on fire*; firin '*ignio*,' PR. P. 162; **fūre** (*imper.*) MARH. 18; **firid** (*pple.*) WICL. PROV. xxx. 5.

furgōn, sb., *O Fr.* fourgon, *cf. Ital.* forcōne; *poker*, PR. P. 182; frugon CATH. 144.

furh, sb., *O.E.* furh (*dat.* fyrh),=*O.H.G.* furh, furuh, *O.Fris.* furch, *M.L.G.* vore *f.*; *furrow*; furg REL. I. 217; furgh GOW. II. 63; furghe H. S. 2448; forghe CH. BOET. v. 5 (170); forȝ, forwe FER. 3720, 5593; vorouȝ, forowe TREV. VII. 535; forwe AR. & MER. 3470; LANGL. *B* xiii. 372; forw HAV. 1094; forowe, fore '*sulcus*' PR. P. 171; foure (ms. fowre) FLOR. 1300; **forȝes** (*pl.*) A. P. ii. 1547; forwes LANGL. *B* vi. 106; forewis WICL. JOB xxxi. 38; fores MAN. (F.) 13024; vores FER. 1565.

fur-land, sb., *ploughland*, ROB. (W.) 2198.*
furȝ-long, sb., *O.E.* furlang; *furlong*; furlong, furlonge LANGL. *A* v. 5, *B* v. 5; furlong WILL. 13; MAND. 190; forlang B. DISC. 306.
[**fürht**, adj., *O.E.* fyrht, forht,= *O.L.G.* forht, *O.H.G.* forht, *Goth.* faurhts; *fearing*: comp. **god-fürht, un-frigt.**]
fürht, sb., *O.E.* fyrhtu, fyrhto, *cf. O.L.G.*, *O.H.G.* forhta, *Goth.* faurhtei, *O.Fris.* fruchta; *fright, fear*; friȝt MAP 338; S. S. (Wr.) 948; frigt GEN. & EX. 1234.
frig(t)-ful, adj., *O.E.* forhtfull; *fearful, timid*, GEN. & EX. 3459.
fürhten, furhtien, v., *O.E.* fyrhtan, forhtian, *cf. O.H.G.* furhten, forhten, *Goth.* faurhtjan, *O.Fris.* fruchta; *be afraid, make afraid*; forhtigen ['*pavere*'] MK. xiv. 33; **frigtede** (*pret.*) GEN. & EX. 1861; *comp.* **a-, for-, of-fürhten.**
fürhti, adj., = *O.H.G.* forhtīg; *timid*; frigti GEN. & EX. 667, 984.
frigti-hēd, sb., *timidly*, GEN. & EX. 2222.
frigti-like, adv., *timidly*, GEN. & EX. 1617.
füri, adj., = *M.L.G.* fürich, *M.Du.* vierigh, *M.H.G.* viurec; *fiery*, BRD. 15; firi CH. COMPL. M. 96; FR. C. 7762; **fürie** (*pl.*) LAȝ. 18863*; fuirie LEG. 189.
furial, adj., *Lat.* furiālis; *raging, furious*: in that furialle pein of helle CH. C. T. *F* 448.
furie, sb., *O.Fr.* furie; *fury*, LIDG. M. P. 206.
furious, adj., *Lat.* furiōsus; *furious*, LIDG. M. P. 157; N. P. 2.
furme, see **forme**.
furmente, see **frumente**.
[**fürn**, adv., *O.E.* fyrn (*of old*),= *O.L.G.* furn; *comp.* **ȝe-fürn.**]
fürn-daȝes, sb., *former days, days of old*: i furndaȝen [*O.E.* in fyrndagum, *cf. O.L.G.* an furndagon] LAȝ. 27118.
fürn-ȝēr, sb. & adv., *O.E.* fyrngear; *years past; in former years*: þe kindenesse þat mine evencristene kidde me fernȝere LANGL. *B* v. 440; þe lost of vernȝere AYENB. 92.
furneien, v., *O.Fr.* furnir; *procure*; **furneie** (*imp.*) a tree RICH. 5517.
furre, sb., *O.Fr.* fuerre, forure; *fur*, PR. P. 183; **furres** (*pl.*) of armine SQ. L. DEG. 839; shepe . . . berithe furres P. R. L. P. 16; forours MAN. (F.) 11193.
fürren, see **feorren**.
furrin, v., *O.Fr.* forrer; *fur*, PR. P. 183; **furred** (*pple.*) GAW. 1737; furred, forred LANGL. *B* xiii. 227, *B* xx. 175.
furrour, forrour, sb., *O.Fr.* fourreur; *furrier*, MAN. (F.) 12453.
fürsien, see **feorsien**.
fürst, adv., *O.E.* fyrst,= *O.N.* fyrst, *O.H.G.* furist; *first*, P. L. S. xii. 6; furst þer sit an old cherl P. S. 156; first SAX. CHR. 253; for þi comen þeȝ him first to seken i þat ende ORM. 6876; first, verst ROB. 9, 196; first [ferst] CH. C. T. *A* 725; ferst WILL. 648; frist DEP. R. i. 107; a furst JOS. 553; a verst AYENB. 46.

fürste, adj., *O.E.* fyrsta,= *O.N.* fyrsti, *O.L.G.*, *O.H.G.* furisto; *first*, C. L. 300; firste LANGL. *B* xvi. 184; þe firste preost ORM. 293; ferste SHOR. 45; DEGR. 1522; verste AYENB. 5; friste M. ARTH. 149; E. G. 80; i þan virste ænde LAȝ. 20863.
fürst, see **frist**.   **fürþe**, see **feorðe.**
furþen, adv., *O.E.* furðon, furðum; *in the first place*: þer ne mot beon furþan on stef ofer itel FRAG. 2; forðon, forþon, forče HOM. I. 5, 7, 23; forþen ORM. 825; forðen, forče HOM. II. 13, 137.
furðer, adv., *O.E.* furður, furðor, = *O.L.G.* furthor, *O.Fris.* further, forther, *O.H.G.* furdor, furder, furdir, *M.H.G.* vurder, vurder; *further*, LAȝ. 4880; ne schalt tu gon no furðer A. R. 228; furþer REL. I. 173; EGL. 373; furþer mo MISC. 149; vorþeremore (*furthermore*) ROB. (W.) 2464; forþer, ferther LANGL. *A* ii. 176, *B* v. 6; furþer, firþer H. S. 337; flæh it ta na forþer mar ORM. 7338; forþir PR. C. 440; forþer, ferþer CH. C. T. *A* 36, 4117.
furþer(e), adj., *O.E.* furðra,= *O.L.G.* furthero, forthero, *O.H.G.* fordero; *earlier, former; fore*; forther(e) WICL. GEN. xxxii. 17; mines furþur ealde fader ANGL. VII. 220; his forþere fet BRD. 30; Iw. 2004.
furðer-lio, adv., *further*: als hi com swa forþerliȝ (*far forth*) ORM. 14812; þet he furðerlüker (*comp.*) echeð his pine A. R. 236.
furþest, adj., *furthest, farthest*; forþest CH. BOET. iv. 6 (136); þe fertheste ende of Northfolke LANGL. *B* v. 239 (Wr. 4950).
fürðrien, v., *O.E.* fyrðrian, *cf. M.L.G.* vorderen, *O.H.G.* fordarōn; *further, promote, help forward*: þo þe leveð þat swilch þing hem muge furčrie oðer letten REL. I. 131; (HOM. II. 11); furþren GOW. I. 228; firþren ORM. 5084; forþren SPEC. 99; **furčreð** (*pres.*) A. R. 156; **forþered** (*pple.*) CH. BOET. ii. 4 (41).
fortheringe, sb., =*M.L.G.* vorderunge, *O.H. G.* forderunga; '*promotio*,' PR.P. 174; furþering GOW. I. 228.
füs, adj., *O.E.* fūs,= *O.L.G.* fūs, *O.N.* füss, *O.H.G.* funs; *eager, ready*, ORM. 9065; FL. & BL. 368; C. M. 14089; fous S. A. L. 148; SPEC. 50; B. DISC. 288; vous REL. II. 243; **füse** (*pl.*) LAȝ. 4399; heo beoþ fuse to bringen þe ut of huse FRAG. 6; vouse MISC. 46.
füsen, v., *O.E.* fȳsan,= *O.L.G.* fūsian, *O.N.* fȳsa; *from füs; hasten, set out, prepare*: þa com þer fusen unimete ferde LAȝ. 5778; alle we mote fusen 13534; hem to scipe **füsde** (*pret.*) 1511; Brutus . . . fusde to fihte 1735; fusde hine sulfne 1865; *comp.* **ȝe-füsen.**

fusible, adj., *O.Fr.* fusible; *fusible*: oiles ablucioun and metal fusible CH. C. T. *G* 856.
fūst, sb., *O.E.* fȳst, = *M.Du.* vuist, *O.Fris.* fest, *O.H.G.* fūst; *fīst*, O. & N. 1538; fust [fist] LANGL. *B* xvii. 138 (Wr. 11644); fist PR. P. 163; **fūste** (*dat.*) FER. 1901; **fūstes** (*pl.*) A. R. 82; TREAT. 139; vustes [fustes] LAȝ. 22785; vestes ROB. (W.) 7081; **fēsten** (*dat. pl.*) MK. xiv. 65.
fustain, sb., *O.Fr.* fustaine; *fustian*, REL. I. 129; blankettes shall be of fustiane SQ. L. DEG. 841; of fustian he werede a gepoun CH. C. T. *A* 75; ʒe meshakele [is] of medeme fustane HOM. II. 163; fustian (*v. r.* fustein) '*furesticus*' PR. P. 183.
fuwel, *see* fuȝel.   **fūwer**, *see* fēower.

g and ȝ.

ȝa, *see* ȝe.   gā, *see* gangen.   ȝā, *see* ȝēa.
gabbe, sb., *O.N.* gabb, *mod.Eng.* gab; *jest, imposture*, FL. & BL. 489; wiþouten gabbe C. L. 507; gabbe ant gile SPEC. 49; **gabbes** (*pl.*) KATH. 2269.
gabben, v., *O.N.* gabba, = *O.Fris.* gabbia (*accuse*), *M.L.G.* gabben, *mod.Eng.* gab; *ridicule; mock, deceive; babble, chatter*: lauhwen oƿer gabben A. R. 200; we agen to gabben us selven for þat we synegeden HOM. II. 65; gabbin '*mentior*' PR. P. 183; gabbe LEG. 52; LANGL. *B* iii. 179; CH. C. T. *A* 3510; ne noþing nolleþ do er þan me **gabbeth** (*pres.*) of ham AYENB. 69; þo burnes þat so bleþeli gabbe WILL. 1994; þat i gabbe [*v. r.* lie] not WICL. 2 COR. xi. 31; **gabbed** (*pret.*) M. ARTH. 1105; gabbit BARB. iv. 290; **gabbid** (*pple.*) M. H. 57; igabbet KATH. 2305; *comp.* bi-gabben.
gabbere, sb., *mocker, deceiver*, CH. C. T. *I* 89; gabbar(e) '*mendax*' PR. P. 183; **gabberes** (*pl.*) MAND. 160.
gabbinge, sb., *mocking, lying,* '*mendacium*,' PR. P. 183; O. & N. 626; LANGL. *B* xix. 451; **gabbingis** (*pl.*) BARB. iv. 768.
gáble, sb., *O.Fr.* gable (SCHMIDL. CATHOL.), *cf. O.H.G.* gibil, *O.N.* gafl, *Goth.* gibla; *gable*, LANGL. *B* iii. 49; CH. C. T. *A* 3571; gabil LIDG. M. P. 204.
gáble², sb., *cable*: gabulle EGL. 1193; **gábulle-rope** N. P. 18; *cf.* cáble.
gad, sb., *O.N.* gaddr (*nail, sting*), = *O.H.G.* gart (*goad*), *Goth.* gazds m. (κέντρον); *rod, staff, bar, spike*, '*pertica*,' PR. P. 184; VOC. 234; GEN. & EX. 3185; HAV. 279; a gad of stele L. C. C. 6; gadde TREV. VII. 199; **gaddes** (*pl.*) HAV. 1016; grete gaddes of iren TREV. VI. 199; gaddes of stele D. ARTH. 3621.
[**gáde**, sb., *O.E.* (ge-)gada, = *M.L.G., M.Du.* gade, *M.H.G.* gate; *companion;* *comp.* ȝe-gáde.]

gāde, sb., *O.E.* gād; *goad*; gode '*stimulus*' FRAG. 2; PL. CR. 433; WICL. ECCLUS. xxxviii. 26.
gād-wand, sb., *carter's whip*, BARB. x. 232.
gadeling, sb., *O.E.* gædeling, = *O.L.G.* gaduling, *Goth.* gadiliggs, *O.H.G.* gateling, *M.H.G.* getelinc; *companion, fellow*, MISC. 44; HAV. 1121; LANGL. *B* xx. 156; a luþer gadeling ROB. 310; gadeling [gadling] GAM. 102; þat covetous gadling S. S. (Wr.) 1589; þou berdles gadling TOR. 1015; gadeling, gedeling REL. I. 180; **gadelinges** (*pl.*) LAȝ. 12335; stalworþe gadelinges ALIS. 1192.
gaderen, *see* gæderien.

[**gæder**, sb., *? O.E.* gador(-wist);] **tō gædere**, gadere [gedere], [*O.E.* tō gædere, gadore, = *O.Fris.* tō gadera, *M.L.G.* tō gadere]; *together*, LAȝ. 52, 10963; al to gædere ic am forlor(en) FRAG. 8; te gædere SAX. CHR. 262; to gadere O. & N. 807; MISC. 37; TREAT. 138; SHOR. 92; to gedere ROB. 32; al to gedere A. R. 320; to gedre ORM. 991; MAND. 70; to gidere AYENB. 43; to gidere [gidir] LANGL. *B* PROL. 46; **to gideres** xvi. 80; þe an is qvenched al to gederes HOM. I. 81; to gederes KATH. 114; A. R. 354; **æt gadere** [*O.E.* æt gædere] *together* ['*simul*'] JOHN xx. 4.
gæderien, v., *O.E.* gædrian, gaderian, = *O. Fris.* gadria, *M.L.G.* gaderen, *M.H.G.* gatern; *gather*; gædere(n), gaderen LAȝ. 25463, 30183; gederen KATH. 990; A. R. 146; (*ms.* gaddrenn) ORM. 13407; gaderen GEN. & EX. 2134; gaderin PR. P. 184; gadrie FER. 3338; gaderi AYENB. 120; gadere WILL. 30; gadre [gedere] WICL. EX. xxiii. 10; **gadereð** (*pres.*) MAT. vii. 16; gadereþ BEK. 617; **gederinde** (*pple.*) A. R. 128; **gæderede**, gaderede (*pret.*) LAȝ. 1480, 9255; gederede P. S. 70; he gederede michel ferde HOM. II. 51; gadred [gadrede] LANGL. *B* xvi. 80 (W. 10960); þu gæderedest FRAG. 6; **gadred** (*pple.*) HAV. 2577; P. 14; gedret, gedrit D. TROY 1174, 1275; *comp.* ȝe-gæderien.
gaderere, sb., *gatherer*, TREV. I. 13; **gaderares** (*pl.*) MISC. 67.
gederunge, gederinge, sb., *O.E.* gaderung, = *M.L.G.* gaderinge; *gathering*, A. R. 206, 286; gedering C. L. 643; gaderinge AYENB. 192; (? *ms.* garderynge) MAN. (F.) 4354; gadering PR. C. 8831.
gadie, sb., *? spike*; **gadien** (*pl.*) KATH. 1945; mid irnene gadien JUL. 56.
ȝǣn, ȝein.   ȝēp, *see* ȝēap.
gēr, *see* gār *and* ȝear.
gærsume, sb., *O.E.* gersume (*acc.* gersuman SAX. CHR. 177), = *O.N.* gersemi *f.*; *treasure*, FRAG. 8; gærsume, gersume, garsume LAȝ. 2642, 4428, 4561; gersume HOM. I. 91; FL. & BL. 405; gersum MARH. 3; KATH. 799; gersom REL. II. 217; garsum A. R. 350.
ȝēru, ȝērwen, *see* ȝearu, ȝearwien.

ʒæt, see ʒeat.
gǣte, sb., *care*: nimen gete FRAG. 6.
gǣte-lēas, adj., *without care*, ORM. 6190.
gǣten, v., *O.N.* gæta ; *guard, keep*: he sholde wel gæten hire & hire child ORM. 2079; gete HAV. 2762; AV. ARTH. lix; an angel has þe ʒate to gete C. M. 997; gētes (*pres.*) M. H. 23 ; þou geetis D. TROY 11746; gēateð (*imper.*) A. R. 50*; gĕtte (*pret.*) C. M. 7503 ; gate D. TROY 566.
gǣter, sb., *keeper, guardian* ; Mars ... geter of his good D. TROY 972 ; geeter of the god 11739.
[gǣten, adj., ? *O.N.* gætinn ; *diligent*.]
gǣten-liche, adv., ? *diligently* ; gētenlūker (*compar.*) HOM. II. 121.
ʒǣten, see ʒǣten.
gafel, see gavel.
gaffe, sb., *Fr.* gaffe; *gaff*, REL. II. 174.
gagates, sb., *Lat.* gagātes, *Gr.* γαγάτης ; *jet*, TREV. II. 17 ; gagates [gogathes] I. 337 ; a gagate REL. I. 53.
gǣge, sb., *for* cǣge, *enclosure* ; (*v. r.* cage) MAN. (F.) 1343.
gǣge, see wǣge.
gaʒel, sb., *O.E.* gagel, gagol, = *M.H.G.* gagel, *M.Du.* gaghel ; *the plant gale*, '*myrtus*,' VOC. 141 ; gawil, gaul PR. P. 189.
gagelin, v., = *M.L.G.* gagelen, *M.Du.* gaghelen ; *cackle (as a goose)*, PR. P. 184 ; gagult (*pret.*) REL. I. 86 ; gaglide DEP. R. iii. 101.
gagelinge, sb., *cackling*, PR. P. 184.
gágen, see gaugin. ʒaʒhen, see gain.
gaggin, v., *gag*, '*suffoco*,' PR. P. 184.
gai, adj., *O.Fr.* gai ; *gay*, PR. P. 184 ; CH. C. T. *A* 3339 ; A. P. ii. 830 ; þe gaie gerles WILL. 816.
    gai-liche, gai-li, adv., *gaily*, WILL. 1625, 2591.
    gaienesse, sb., *pleasure*, LANGL. *C* xii. 66 ; gainesse *B* x. 81.
gaignāge, see gaināge.
gaile, sb., *O.Fr.* gaole, geole ; *gaol, jail* ; jaiole (*ms.* iaiole), jaile (*ms.* laile) C. M. 13174.
gailer, sb., *O.Fr.* gaiolier ; *gaoler*, P. L. S. xxiv. 218 ; CH. C. T. *A* 1064 ; gailer, jailer LANGL. *A* iii. 133, *C* iv. 175.
gaillard, adj., *Fr.* gaillard ; *gay, merry*, CH. C. T. *A* 4367.
gain, sb., *O.N.* gagn ; *gain, advantage* ; TRIST. 614 ; gaʒhen ORM. 13923; gein MARH. 18.
    gaʒhen-lēas, adj., *O.N.* gagnlauss ; *gainless*, ORM. 2019.
gain, gainen, see gein.
gaināge, sb., *O.Fr.* gaignage ; *profit from cultivation of the soil* : the gainage of the ground PL. CR. 391 ; gaignage HALLIW. 389.

gaine, see ʒeinen.
gāinge, see ganging *under* gangen.
gainlīche, see *under* ʒein.
gaire, see geare.
gaisein, sb., *marsh* ['*lacuna*'], PALL. i. 36.
gaite, see gāt.
gaitre, sb., *dog-wood tree* : laxatives ... of catapus or of gaitre beriis CH. C. T. *B* 4155.
gal, sb., = *M.H.G.* gal ; *from* gálen ; *singing*, HOM. II. 197 ; gleo and gal MISC. 97.
    gal-ful, adj., *tuneful, melodious* : ʒe holden him [Mercurie] galful & god of the tounge ALEX.² (Sk.) 667.
gāl, sb., *O.E.* gāl, = *M.H.G.* geil ; *luxury* : þat gal MISC. 151.
gāl², adj., *O.E.* gāl, = *O.L.G.* gēl, *O.H.G.* geil ; *luxurious, lascivious*, ORM. 1201 ; MISC. 148 ; þe gole men HOM. II. 31.
    gōl-hēd, sb., *luxury*, GEN. & EX. 534.
    gāl-lich, *O.E.* gāllīc ; *luxurious* : ga(l)liche dede HOM. I. 149 ; golliche deden REL. I. 132.
    gālnesse, sb., *O.E.* gālness; *luxury, lasciviousness*, HOM. I. 103; ORM. 8015 ; golnesse A. R. 198 ; O. & N. 492.
    gālschipe, sb., *O.E.* gālscipe ; *luxury*, REL. I. 132 ; golsipe (*ms.* kolsipe) and ʒiscing MISC. 11 ; so kolde of kinde ðat no golsipe is hem minde 610.
galaunt, sb., *O.Fr.* galant, gallant ; *gallant* ; galauntes (*pl.*) B. B. 136.
galamelle, sb., *med.Lat.* calamella ; *sugar-cane* : thei drinken gode beverage and swete and norisshinge, that is mad of galamelle MAND. 142.
galantine, see galentine.
galaxie, sb., *Fr.* galaxie ; *galaxy*, CH. P. F. 56.
galban, sb., *Lat.* galbanum ; *the gum galbanum* : take galban (*ear. text* galbantum) of good odour WICL. EX. xxx. 34.
galder, sb., *O.E.* gealdor, galdor, *O.N.* galdr; *from* gálen ; *enchantment* ; galdere (*dat.*) LAʒ. 19257.
[gále, sb., *from* gálen ; *? singer* ; *comp.* nihte-gale.]
gále², sb., *O.Fr.* gale (*gaiete*), = *Ital.* gala ; *merriment*, SPEC. 26 ; þorʒ his oʒene gale SHOR. 107 ; it made michel gale S. A. L. 168 ; þe niʒtingale in wode makiþ miri gale ALIS. 2548.
galegale, sb., *from* gálen ; *noisy fellow* : thu hattest niʒtingale, thu miʒtest bet hoten galegale O. & N. 256.
galeie, see galee.
galee, sb., *O.Fr.* galee ; *galley*, '*galea*,' I R. P. 185 ; HORN (L.) 185 ; gale TOR. 1315 ; galai men MIN. iii. 57 ; galaies (*pl.*) MIN. iii. 51.
gálen, v., *O.E.* galan (*pret.* gōl), = *O.N.* gala ;

sing, cry out; gale CT. LOVE 1356; **gáles** (*pres.*) YORK xxxiii. 23 ; *comp.* **bi-gálen.**

gálere, sb., *O.E* galere ; *enchanter*, '*incantator*,' FRAG. 2.

galentine, sb., *O.Fr.* galentine ; *a kind of sauce*: sause of galentine CH. BOET. APP. 16 (180) ; B. B. 281 ; galantine 174.

galewes, see **galȝe.**

galȝe, sb., *O.E.* gealga, galga, = *O.Fris.*, Goth. galga, *O.L.G.*, *O.H.G.* galgo, *O.N.* galgi ; *gallows*; **galwe** (*dat.*) BEV. 1217; **galwes** (*pl.*) MAN. (H.) 172; L. H. R. 132; galewes P. S. 221 ; galous, galowes, galos D. TROY 12890, 12885, 13116.

galhe-forke, sb., *gallows*, A. R. 174*.

galwe-trē, sb., *O.E.* galgtrēow, galgatrē ; *gallows*, HAV. 43.

galian, sb., *a beverage named after Galen*; **galianes** (*pl.*) CH. C. T. C 306.

gálin, v., *O.E.* (be-)galian; *sing, make a loud noise*, '*crocito*,' PR. P. 185 ; **gálieð** (*pres.*) A. R. 128*; hundes þer galieð LAȝ. 20858; þar **gálede** (*pret.*) þe gouk D. ARTH. 927.

galingale, sb., *O.Fr.* galingal; *a kind of spice*, P. L. S. xxxv. 73 ; CH. C. T. *A* 381 ; L. C. C. 8.

galiote, sb., *O.Fr.* galiot *m.*, galiote *f.*; *small galley* : mani of **galiotes** (*pl.*) MIN. iii. 81 ; galietes TREV. VIII. 552.

galle, sb., *O.E.* gealla *m.*, *cf. O.N.* gall *n.*, *O.L.G.*, *O.H.G.* galla ; *gall, bile ; anything bitter ; bitterness, anger*, A. R. 106 ; ORM. 15383; REL. I. 226; HAV. 40; A. D. 294; ALIS. 5073; LANGL. *B* xvi. 155; A. P. ii. 1022; MIR. PL. 112; se swerta gealle LEECHD. III. 82; **gallen** (*dat. pl.*) MAT. xxvii. 34.

galle*, sb., *O.E.* gealla, *cf. O.N.* galli *m.*, *M.L.G.*, *M.H.G.* galle *f.*; *gall, sore place*, PR. P. 185 ; A. P. i. 1059 ; ȝif eni wiȝt wil clawe us on þe galle CH. C. T. *D* 940.

gallin, v., *O.E.* geallian; *gall*, '*strumo*,' PR. P. 185 ; þe hors was ... **galled** (*pple.*) upon þe bak(e) GOW. II. 46; gallid LIDG. M. P. 168.

gallinge, sb., '*strumositas*,' PR. P. 185.

galloc, sb., *O.E.* galluc ; *comfrey*, REL. I. 36 (VOC. 139).

galoche, sb., *O.Fr.* galoche ; *a sort of patten*, '*crepida*,' PR. P. 184 ; CH. C. T. *F* 555 ; **galoches** (*pl.*) LANGL. *B* xviii. 14.

galōn, galoun, sb., *O.Fr.* galon ; *gallon*, LANGL. *B* v. 346, *A* v. 191; galun R. S. vii; HORN (L.) 1123.

galopen, v., *O.Fr.* galoper ; *gallop*; **galopiþ** (*pres.*) ALIS. 460.

galoxie, see **galaxie.**

galpen, v., ?= *O.L.G.* galpōn (*cry out*), *M.Du.* galpen ; *gape, yawn*, LANGL. *B* xiii. 88; **galpeth** (*pres.*) ['*oscitat*'] TREV. V. 389;

galping (*pple.*) '(*h*)*iante*,' VOC. 126 ; CH. C. T. *F* 354.

galper, sb., *one who gapes*, REL. I. 291.

galpinge, sb., *yawning*, TREV. V. 389.

galstren, v., = *O.H.G.* galstrōn (*bewitch*), L.G. galstren (*demand*); *boast* ; ȝelstreð [*v. r.* galstres] (*pres.*) ... & ȝelpeð of hore god(e) A. R. 128.

galte, sb., *O.N.* galti (*boar*), *cf. O.H.G.* galza (*sow*) ; *boar*, PR. P. 185 ; VOC. 204 ; D. ARTH. 1101.

ȝalu, see **ȝeolu. galwe**, see **galȝe.**

galwen, v., *O.E.* (a-)gælwian; *scare, terrify*; galwed (*pple.*) L. H. R. 132 ; *comp.* **bi-galwen.**

gambesōn, sb., *O.Fr.* gambaison, gambeson ; *quilted doublet* : gaumbisoun ALIS. 5146 ; gomes with **gambassoune** (*dat.*) HALLIW. 390; his gloves and his **gamesuns** (*v. r.* gambesouns) (*pl.*) gloet as the gledes ANT. ARTH. xxxi.

gamelos, sb., *Gr.* χαμαιλέων; *chameleon* : þe gamelos þet leveþ bi þe eir AYENB. 62.

gamen, gáme, sb., *O.E.* gamen, gomen, = *O.L.G., O.H.G., O.N.* gaman, *O.Fris.* game, gome, *mod.Eng.* game, gammon ; *sport, jest, game*, GEN. & EX. 2015; HAV. 2250; TRIST. 2406 ; AM. & AMIL. 710 ; C. M. 3522 ; DEGR. 3 ; gamen & gleo P. L. S. viii. 145 ; gomen, gome, game LAȝ. 7014, 15856, 18594 ; gomen A. R. 214 ; R. S. ii ; MAP 347 ; game '*ludus, jocus*' PR. P. 185; HORN (L.) 198; ROB. 16, 26; CH. C. T. *A* 853 ; in ernest or in game GOW. I. 297 ; gammin *joy* BARB. xix. 804 ; gaume TREV. VII. 111 ; the gammin ga *affairs may turn out* BARB. xi. 319 ; game, gome O. & N. 521, 1443, 1649; gome CHR. E. 456; þat gome R. S. vii ; þet geme AYENB. 34 ; **gamene** (*dat.*) PERC. 1689; gomene LAȝ. 3045; **gomenes** (*pl.*) A. R. 318; SPEC. 24 ; gaumes D. TROY 1620.

gome-ful, adj., *jesting, sportive*, MARH. 10; mid gomenfulle worden LAȝ. 21430.

gamful-li, adv., *jocosely*, TREV. VII. 111.

game-gobelin, sb., *demon who plays with men*, VOC. (W. W.) 597.

gamen-līch, adj., *sportive*: mi gode gameliche game gurte to grounde REL II. 8.

game-līche, adv., *O.E.* gamenlīce; *jokingly*; gameli WILL. 427 ; gomenli GAW. 1079.

geme-man, sb., *gambler*; **gememen** (*pl.*) AYENB. 63.

gamensum, adj., *O.N.* gamansamr; *sportive*: gam(e)sum & glad WILL. 4193.

gamenien, gámen, v., *O.E.* gamenien, gamnian, = *O.N.* gamna ; *joke, play ; amuse, delight*; gomenin MARH. 14; **gamenen** (*pres.*) ALIS. 5461 ; **gamenede** (*pret.*) FL. & BL. 31 ; ne gamnede hire þat gle riȝt nouȝt BEV. 3016 ; gamede LEG. 68 ; gomede LAȝ. 4588 ; A. R. 368.

ȝamer, *see* ȝeomer.
gamme, sb., *Fr.* gamme; *gamut*, PR. P. 185.
gan, *see* ginnen. gān, *see* gangen.
gānde, sb., = *Swed.* gående; *journey, going*: abute furten niȝt gonde FL. & BL. 210.
gandre, sb., *O.E.* gandra; *gander*, REL. I. 217; gandres (*pl.*) ['*anseres*'] TREV. III. 297; MAND. 216.
gang, sb., *O.E.* gang, gong, geong, = *O.L.G., O.H.G.* gang, *O.N.* gangr, *Goth.* gaggs; *walk, act of going, gang, troop; passage; privy, sewer*, HOM. I. 229; ORM. 8910; gong H. M. 19; gong, ȝong KATH. 569, 2502; ȝong A. D. 252; feole dawen ȝong LAȝ. 1298; ȝeong 4605; þis proute ȝong ARCH. LII. 35; gong '*latrina*' PR. P. 203; S. S. (Web.) 1315; *comp.* chirche-, forð-, hand-, here-, in-, mis-, ūm-, ūt-gang.
ȝong-dawes, sb. pl., *O.E.* gangdagas; *rogation days* (? *ms.* ȝoing-), A. R. 412.
gong-firmar, sb., *scavenger*, PR. P. 203.
gong-hūs, sb., *privy*, A. R. 84.
gong-men, sb. pl., *scavengers*, A. R. 84.
gong-þurl, sb., *hole of a privy*: þes fikelares mester is to wrien & te helien þet gongþurl A. R. 84.
gangen, gān, v., *O.E.* gangan, gongan, geongan, gān (*pret.* gēong, gieng, gang), = *O.L.G.* gangan, gān (*pret.* gēng), *O.H.G.* gangan, gān (*pret.* giang, gieng), *O.N.* ganga, gā (*pret.* gekk), *Goth.* gaggan (*pret.* gaggida); *go*; gangen REL. I. 211 (MISC. 5); ORM. 1076; gan 7767; gange AN. LIT. 9; MIR. PL. 122; gange LANGL. *B* ii. 167; go slepe *B* vi. 303; gonge HAV. 1185; gon 1045; ȝeonge LAȝ. 27764; ȝonge 9061*; gan [gon] 597; ne scal him neoðer gon fore gold ne na gærsume 22853; ȝonge, ionge (*ms.* yonge) H. H. 132 (134); gan lw. 800; nouþer gold ne seolver ne moste gan for þe HOM. I. 9; gan, gon, go O. & N. 214, 952, 1431; gon TREAT. 137; gon ... slepen A. R. 270; gon seken GEN. & EX. 3598; so ne mai hit nouȝt gon C. L. 1084; he mai gon al gelde SPEC. 24; hou longe schalt þou maidin gon (*continue a maiden*) GUY (Z.) 7020; gon [goon] CH. C. T. *A* 12; ga PERC. 1462; PR. C. 4100; go MAND. 4; i wil go sittin LUD. COV. 20; guon AMAD. (Web.) 670; guo AYENB. 32; to ganne LAȝ. 22279; MARH. 4; gǣst (*pres.*) MARH. 46; i gest A. R. 86; AYENB. 129; þu gest al to mid swikelhede O. & N. 838; gast ORM. 4660; gangeð REL. I. 213 (MISC. 7); gangeþ, gaþ ORM. 1228, 1236; ȝeongeð, gaþ [goþ] LAȝ. 23499, 23665; ȝongeþ P. S. 216; hit geþ to naht 220; goð A. R. 364; geþ O. & N. 528; ROB. 205; C. L. 409; AYENB. 56; þus hit geþ bitvene hem tvo SPEC. 103; JOS. 394; geth TOR. 2142; HOM. I. 27; gað [goþ] LAȝ. 711; goð A. R. 10; guoþ AYENB. 34; ga we nu til þat ilke tun ORM. 3390; go we (*let us*) kiþe oure kniȝthod WILL. 1184; gā (*imper.*)

HOM. I. 35; LAȝ. 26107; gað HOM. I. 33; KATH. 1466; gonge (*subj.*) HAV. 690; gangende (*pple.*) MAT. xiv. 25; ganninde [goinde] LAȝ. 1582; goinde S. A. L. 148; guoinde AYENB. 120; gān (*pple.*) ORM. 4352; PERC. 1062; PR. C. 1995; gon EGL. 375; ga HOM. I. 21; ȝegan 33; *comp.* a-, æt-, bi-, for-, ȝe-, ofer-, þurh-, under-, ümbegangen (-gān); *deriv.* gang, genge; *see* ōode.
[ganger, sb., = *M.L.G.* ganger, genger; *goer*; *comp.* fore-ganger;] gōere (*ms.* goare) '*ambulator*' PR. P. 200; gōeres (*pl.*) MAND. 277.
ganging, gāing, sb., *going*: þat þe poveral get sum bote, and ganging þat ar lame o fote C. M. 12259; goinge WICL. JOB xxxi. 7; til þe time of þe son doungangíng PR. C. 4778; þei lepith als ligh(t)li a þe longe goinge (*death on the gallows*) out of the domes carte D. RICH. iii. 136; gāinges (*pl.*) PS. xvii. 37; goingis WICL. JOB xiv. 16; guoinges AYENB. 231.
ganglen, *see* janglen.
gānien, ȝānien, v., *O.E.* gānian, = *O.H.G.* geinōn, *Gr.* χαίνειν; *yawn*; gone GOW. II. 263; ȝanin '*hio, oscito*,' PR. P. 536; gāneth, [goneth] (*pres.*) CH. C. T. *H*. 35; ganes, gonis '*baaile*' VOC. 152; gones AV. ARTH. xii; gōninde (*pple.*) HICKES I. 228; ȝaninge WICL. 2 MACC. vi. 18; gapinge nor ganinge B. B. 135; ȝāned (*pret.*) RICH. 276.
gāninge, ȝāninge, sb., *O.E.* gānung; *yawning*, PR. P. 185.
gannok, sb., *banner*, MAN. (H.) 113.
ganokir, ganneker, sb., *alehouse-keeper*, PR. P. 185.
gant, *see* gaunt.
gante, sb., *O.E.* ganot, ganet (*swan*), *cf. M.L.G.* gante, *O.H.G.* ganazo; *gannet*, '*bistarda*,' PR. P. 186.
gap, sb., *O.E.* geap, = *O.N.* gap; *gap*, '*intervallum*,' PR. P. 186; gappe FER. 4989; gape (*dat.*) LIDG. M. P. 114; gappe CH. C. T. *A* 1639.
ȝāpe, *see* ȝēap.
gāpin, v., *O.E.* geapian, = *O.N.* gapa, *M.L.G., M.Du.* gapen; *gape, desire*, '*hio*,' PR. P. 186; gape LANGL. *B* x. 41; gapen and desiren CH. BOET. ii. 2 (36); gāpeð (*pres.*) REL. I. 220; gapes AV. ARTH. xii; gāpande (*pple.*) WILL. 2875; ȝeāpede (*pret.*) MARH. 46; i gaped aboute PL. CR. 156; gapeden CH. BOET. i. 4 (15); *comp.* bi-gāpen.
gāpinge, sb., *gaping, desire*, '*hiatus, hiacio*,' PR. P. 186; her cruel ravine devouringe al þet þei han geten, shewiþ oþer gāpinges (*pl.*) CH. BOET. ii. 2 (36).
gar, *see* ȝearwien.
gār, sb., *O.E.* gār, = *O.L.G., O.H.G.* gēr, *O.N.* geirr *m., cf. Goth.* gairu *n.*; *spear*; gare, gære [gar] LAȝ. 5079, 15225; gāre (*dat.*) OCTAV. (H.) 1527; ISUM. 453; gāres, gæres (*pl.*) LAȝ. 1751, 1847; geres HOM. II. 35; gōren (*dat. pl.*) GEN. & EX. 3458; *comp.* ēl-gēr, nave-gār.

gǎr-clīve, sb., O.E. gārclīfe; *agrimony (plant)*, '*agrimonia*,' VOC. 139.
gǎr-fangil, sb., *spear*, '*anguillaria, anguillare*,' PR. P. 186.
gǎr-fisch, sb., *garfish*, PR. P. 186.
gǎr-lēk, sb., O.E. gārlēac; *garlick*, HICKES I. 232 (P. L. S. XXXV. 105); L. C. C. 53; garlek, -leek CH. T. *A* 634; garlec REL. I. 37; (*sauce*) B. B. 152; grene garlike B. B. 278.
 gǎrlēk-monger, sb., *garlick dealer*, LANGL. *C* vii. 373.
garant, sb., *some dark coloured gem*: the blake [clustres of grapes] ben of onichez and **garantes** (*pl.*) MAND. 219.
garbāge, sb., *garbage*, '*exta*,' PR. P. 186.
garce, garcen, see **garse, garsen**.
ȝard, see ȝeard.
gard-brace, sb., O.Fr. garde-bras; *armour for the arm*, CH. D. BL. 1554.
[**garderinge**, *see* **gederunge** *under* **gæderien.**]
gardevian, sb., O.F. gardeviant; *meat safe*, B. B. 196.
gardin, sb., O.Fr. gardin; *garden*, AYENB. 94; S. S. (Web.) 419; CH. C. T. *A* 1051; A. P. i. 260.
 gardin-ȝate, sb., *garden gate*, MAND. 210.
gardiner, sb., O.Fr. gardenier; *gardener*, AYENB. 94; gardener (*later ver.* gardinere) WICL. JOHN XX. 15; garthinere TOWNL. 267.
gardwin, sb., *cf.* O.Fr. gueredun; *reward*, *guerdon*: gersoms, and golde and **gardwines** (*pl.*) D. ARTH. 1729; *see* **gverdon**.
gare, *see* **geare**. ȝare, *see* ȝearu.
gāre, sb., O.E. gāra, = *M.Du.* gheere, O.H.G. gōro, O.N. geiri; *gore, strip*, TRIST. 2868; gore '*lacinia*' PR. P. 203; VOC. 238; CH. C. T. *A* 3237; a gore (*printed* agore) AR. & MER. 6405; undergore (*gown, per synecdochen*) O. & N. 515; SPEC. 26; AN. LIT. 2; REL. II. 210; under þe wode gore SPEC. 91.
ȝāre, *see* ȝeāre.
gáren, ȝáren, *see* ȝearwien.
gargate, sb., O.Fr. gargate (*gorge*); *throat*, CH. C. T. *B* 4525; *see* **gorget**.
gargulie, sb., Fr. gargouille; *gargoyle*, PR. P. 186.
gargulūn, sb., *part of the inwards of a deer*: þai griped to the gargulun GAW. 1335; he tiȝt þe mawe on tinde, and eke tho gargiloun TRIST. 508.
garisōn, waresōn, sb., O.Fr. garisōn, gvarisōn, warisōn; *protection; remedy, cure; treasure, store*, ROB. 114, 409; garisoun C. L. 870; GAW. 1837; garison, garisoun ROB. (W.) 8461, 8558; garisun, warison WILL. 2259, 5073; warison FER. 1099; warisoun CHR. E. 836; A. D. 288; MAN. (F.) 1284.
garison, *see* **gærsume**.

garissen, warisse, v., O.Fr. garir, guarir, warir; *protect*, CH. C. T. *C* 906; warishen [warschen] LANGL. *B* xvi. 105; warische WILL. 4283; **guarisshed** (*pple.*) L. H. R. 155.
garite, sb., O.Fr. garite, *mod.Eng.* garret; *watch-tower, upper story*, '*specula*,' PR. P. 187; **garites** (*pl.*) PL. CR. 214.
ȝarkien, *see* ȝearkien.
garland, *see* **gerland**. **gǎrlēk**, *see under* **gǎr**.
ȝarm, sb., *outcry*, A. P. ii. 971.
ȝarmen, *see* ȝermen.
garment, *see* **garnement**.
ȝarn, sb., O.E. gearn, = O.N., O.H.G. garn; *yarn*, PR. P. 536; (*ms.* yarn) VOC. 157; ȝern N. P. 18.
 ȝarn-windel, sb., *yarn-winder*, '*girgillus*,' PR. P. 536; (*ms.* yar[n]windel) VOC. 157.
garnement, garment, sb., O.Fr. garnement; *garment*, LANGL. *B* xiv. 24; S. S. (Web.) 2775; **garniments** (*pl.*) FER. 1395.
ȝarnen, *see* ȝeornen.
garnet, sb., O.Fr. grenat; *garnet*; gernet SPEC. 25; granate ALEX. (Sk.) 3344; **grenas** (*pl.*) MAND. 219; garnettes EM. 156.
 garnet-appil, sb., *pomegranate*: the garnet appille of coloure golden hewid HALLIW. 392.
garnischin, v., O.Fr. garnir, guarnir, warnir; *garnish*, PR. P. 188; warnische MAN. (F.) 15907; **warnished** (*pple.*) WILL. 1083.
garnisōn, sb., O.Fr. garnison; *garrison*: a garnison she was of alle goodnesse P. R. L. P. 57; TREV. VIII. 522; CH. C. T. *B* 2217; **garnisōns** (*pl.*) MAN. (F.) 7127.
garrai, sb., *? armed force*; *commotion*: after us send his garrai TOWNL. 64; he made all the garrai 113.
garren, v., *cf. M.Du., M.L.G., M.H.G.* garren; *roar, chatter*; **garrende** [garringe] (*pple.*) WICL. 3 JOHN 10; ȝarrande GAW. 1595.
garring, sb., *chirping, chattering, roaring*: the garring and fliing of briddus APOL. 95.
garse, sb., *gash*, CATH. 150; garce '*caesura, incisio*' PR. P. 186; **garses** [garcen] (*pl.*) A. R. 258.
garsen, v., O.Fr. garser; *gash*; garse '*scarificare*' CATH. 150; garcin PR. P. 186.
 garsing, sb., *pricking the skin with a lancet*, HALLIW. 393; garcinge '*scarificacio, incisio*' PR. P. 186.
garsoun, sb., Fr. garçon; *boy*, S. S. (Web.) 1428.
garsume, *see* **gærsume**.
[**gart**? *comp.* **an-, ofer-gart**.]
gartere, sb., O.Fr. jartiere; *garter*, VOC. 196; PR. P. 188.
garteren, v., *garter*, '*subligo*,' PR. P. 188.
garth, *see* ȝeard. **garthiner**, *see* **gardiner**.
ȝaru, *see* ȝearu.
ȝarwe, ȝarowe, sb., O.E. gearwe, gearewe,

gearuwe, = *O.H.G.* garwa, garawa; *yarrow,* 'millefolium,' PR. P. 536; ʒarou VOC. 226; yarou REL. I. 53.

ʒarwien, *see* ʒearwien.

gāsen (?gǣsen), v., *cf. Swed.* gasa (*gape*) (RIETZ 188); *gaze*: loke and gase LIDG. M. P. 203; a gase B. B. 39; **gāsed** (*pret.*) CH. C. T. E 1003; *comp.* a-gāsen.

gāspin, v., *O.N.* geispa; *gasp*, PR. P. 188; gaspe GOW. II. 263; gaspe S. & C. I. lxi; **gaispande** (*pple.*) D. ARTH. 1462.

gāst, sb., *O.E.* gāst, gǣst, = *O.L.G.* gēst, *O.H.G.* geist; *ghost, spirit,* ORM. 259; GEN. & EX. 202; FLOR. 778; MAN. (H.) 185; mi gast ant mi bodi MARH. 20; gast, gǣst, gost LAʒ. 9071, 17130, 17136; gost A. R. 368; O. & N. 1401; JOS. 49; god is a ʒost AYENB. 211; þane gost 246; moni sori ʒost (*man, by synecdoche*) P. S. 70; a grimli gost FER. 539; so grisli a gost WILL. 1730; þe holi gost MAND. 18; gost [goost] CH. C. T. A 205; **gāstes** (*gen.*) GEN. & EX. 1486; gostes O. & N. 1398; **gāste** (*dat.*) HOM. I. 113; **gāstes** (*pl.*) ORM. 9046; **gāsten** (*dat. pl.*) MK. i. 27.

gāst-līc, adj., *O.E.* gāstlīc, = *O.H.G.* geistlīch; *spiritual,* M. H. 2; gastlic, -liʒ ORM. 14244, 14398; gostlich A. R. 194; þi gostlich fader BEK. 757.

gāstlīnes, sb., *spirituality*; gastlines [goostlines] C. M. 6448; in gastlines [goostlines, gasteli þingus] 14508.

gāst, sb., *terror,* ED. 3110.

gāst-ful, adj., *terrified,* WICL. DEUT. xx. 8.

gāst-lich, adj., *ghastly,* P. L. S. xv. 147; AR. & MERL. 1494; gastli CH. C. T. A 1984.

gāstnes, sb., *terror,* WICL. JOSH. ii. 9; gastnesse CH. BOET. iii. 5 (75).

gastan, *see* wastan.

gāsted, adj., *endowed with a spirit; spiritual;* gostid ALEX. (Sk.) 1874.

gastarios, sb., *a fish,* B. B. 234.

gāsten, v., *O.E.* gǣstan; *terrify, scare*: gaste crowen from his corn LANGL. *A* vii. 129; **gāste** (*pres. subj.*) WICL. 2 PARAL. xxxii. 18; **gāst** (*pple.*) GAW. 325; WICL. DEUT. xx. 8; igast A. R. 372; *comp.* a-, of-gāsten.

ʒat, *see* ʒeat.

gāt, sb., *O.E.* gāt, *cf. Goth.* gaits, *O.N.* geit, *O.H.G.* geiz f., *Lat.* haedus m.; *goat,* 'capra,' VOC. 219; ORM. 988; gat [got] LAʒ. 21315; got FRAG. 3; A. R. 100; GEN. & EX. 940; got [goot] CH. C. T. A 688; goot '(h)edus, capra' PR. P. 205; MAND. 47; geit WICL. LEV. xxiii. 19; gōte (*dat.*) GOW. III. 96; **gāt** [*O.E.* gǣt] (*pl.*) ORM. 1206; gæt [geat] LAʒ. 25682; get HOM. II. 37; CHR. E. 34; REL. II. 275; E. G. 354; geet P. S. 198; geat A. R. 100; gaite ['hircos'] HAMP. PS. xlix. 10; **gāten** (*gen. pl.*) LAʒ. 21310; efter gate horden A. R. 100.

goot-bukke, sb., *O.E.* gātbucca; *goat-buck,* TREV. III. 129.

goot-herde, sb., *O.E.* gāthyrde; *goat-herd,* PR. P. 206.

gáte, sb., *O.N.* gata (*gen.* götu), = *Goth.* gatwō, *O.H.G.* gaza, *mod.Eng.* gait, *prov.Eng.* gate; *road, street; gait, way of going;* 'via, iter,' PR. P. 188; MAP 338; LANGL. *B* iv. 42; PERC. 1961; A. P. i. 395; SACR. 629; thou canst ful wel þe ricthe gate to Lincolne HAV. 846; for lord knew the wai of rightwis and the gate of wicked sall perisch HAMP. PS. i. 7; whilc gate *in what way* ORM. 2281; schal no gom(e) ... oþer gate it make WILL. 3761; alle gate [*O.N.* alla götu] *by all means, always* BEK. 1136; A. D. 260; MIR. PL. 154; þet heo hit ʒelde alle gate A. R. 58; þær he bi gate ʒede ORM. 12749; in his gate GOW. III. 196; nou er þei alle on gate MAN. (H.) 209; other **gátis** (*gen.*) *otherwise* HAMP. PS. cxviii. 39*; **gátes** (*pl.*) H. H. 43; gatis HAMP. PS. lxvii. 26*, xvi. 6.

gáte-lēs, adj., *without a road,* ORM. 9211.

gáte-schādil, -shōdell, sb., *parting of roads,* 'compitum,' PR. P. 188; gateschedel VOC. 271.

gáte, ʒáte *see* ʒeat.

ʒāten, v., *O.E.* geātan (*pret.* gētte, gātte), *?O.N.* jātta, jāta, *cf. O.Fris.* gētta; *grant, concede,* ORM. 9819; ʒate (*ms.* yate) C. M. 26950; ʒetten LAʒ. 10052; ʒete A. P. i. 557; gete HICKES I. 230; ic **gāte** (geate, iete) SAX. CHR. 39; ʒetteð A. R. 170; **ʒētte** (*subj.*) A. R. 26; god ʒate PR. P. 201; **iētte** (*pret.*) SAX. CHR. 256; ʒatte ORM. 2372; gatte GEN. & EX. 1574; þe king him ʒette al þat he ʒirnde LAʒ. 4426; ʒetede JUL. 7; ʒettede KATH. 1590; ʒettedest HOM. I. 209; getton [ietten] SAX. CHR. 32; **ʒāted** (*pple.*) ORM. 154; iʒetted MARH. 16; hwanne he havede his wille yat (*printed* wat) HAV. 1674; *comp.* and-ʒǣten.

ʒettunge, sb., *concession,* A. R. 204.

gat-tōðed [? gat-], adj., *? from* gat = ʒeat; *or from* gāt; *? having interstices between the teeth; ? lascivious,* CH. C. T. A 468.

gaude, sb., *gaud, toy, finery,* 'nuga,' PR. P. 188; CH. C. T. *C* 389; **gaudes** (*pl.*) S. S. (Web.) 3957; L. H. R. 134; LIDG. M. P. 92.

[**gaude**², sb., *O.Fr.* gaude (*weld*); *? a green dye.*]

gaudi, adj., *light green*: gaudi grene 'subviridis' PR. P. 189; HALLIW. 394; gaudi (*sb.*) of grene GAW. 169.

gauden, v., *? dye with* gaude; *? adorn*: **gauded** (*pple.*) al with grene CH. C. T. *A* 159.

gaugin, v., *Fr.* jauger; *gauge,* PR. P. 189; **gáge** (*imp.*) PALL. iv. 427.

gauginge, sb., *act of measuring,* 'dimencionatus,' PR. P. 189.

gaul, *see* gaʒel.

ʒaulen, gauling, *see* goulen.

gaunt, adj., *gaunt*: gaunt or lene '*maciolentus*' PR. P. 189; gaunte or swonge [or slender] '*gracilis*' PR. P. 189.
gauren, v., *? look, stare,* CH. C. T. *A* 3827.
gavel, sb., *O.E.* gafol, gaful, gafel; *from* ʒifen; *tribute, tax, rent, usury,* LAʒ. 6105; A. R. 202; MISC. 46; þet gavel AYENB. 35; gafel MAT. xvii. 24; govel GEN. & EX. 844; goul '*fenus*' PR. P. 206; **gavele** (*dat.*) MISC. 150; gafele ['*usura*'] MAT. xxv. 27; *comp.* lond-gavel.
    gaveler, sb., *usurer,* PS. cviii. 11; **gavelers** (*pl.*) MISC. 150; gaveleres AYENB. 35.
    gavelinge, sb., *usury,* MISC. 31; AYENB. 34.
gavelen, v., *make into sheaves*; gavelin corne '*manipulo*' PR. P. 189.
gavelle, sb., *O.Fr.* gavelle; *sheaf of corn*; gavel PR. P. 189.
gavelok, sb., *O.E.* gafoluc, = *O.N.* gaflok, gaflak, *cf. Welsh* gafiach, *Gael.* gobhlag; *gavelock, spear,* ALIS. 1620; MAN. (H.) 297; **gavelokes** (*pl.*) PS. liv. 22; gavelockes AYENB. 207.
gawel, see gaʒel.
gāwen, v., *look*: ne make þou na mo men gawen on me JUL.² 125; *see* gōwen.
gazafilace, sb., *Gr.* γαζοφυλάκιον; *treasury*: þe golde of þe gazafilace A. P. ii. 1283.
ʒe, pron., *O.E.* ge, gie, = *O.L.G.* gi, *Goth.* jus, *O.N.* jer, er, *O.H.G.* ir; *ye,* LAʒ. 741; A. R. 4; ORM. 366; BEK. 26; WILL. 269; LANGL. *A* i. 16; PR. P. 537; ʒe (*ms.* ye) O. & N. 1730; CH. C. T. *A* 726; (*ms.* ye) HAV. 161; EGL. 4; ʒe, ge, gie, ʒie HOM. II. 5, 21, 143; ʒe GEN. & EX. 330; ʒie HOM. I. 217; yhe PR. C. 68; ʒe (yhe) ALEX. (Sk.) 1034; *see* ēow *and* ēower.
ʒe², conj., *O.E.* ge, = *O.L.G.* ge, gie, ja, *O.H.G.* joh, *Goth.* jah; *and*: þeos sunne fordeð eiðer ʒe saule ʒe lichoma HOM. I. 103; ʒa læwed folc ʒa læred ORM. 846.
ʒe, *see* he *and* ho. **ʒē**, *see* ʒēa.
[ʒe-, ʒi-, i-, e-, a-, prefix, *O.E.* ge, = *O.L.G.* ge-, gi-, *O.Fris.* ge-, gi-, je-, e-, i-, *O.H.G.* ga-, ge-, gi-, *Goth.* ga-; *see* GR. GRAM. II. 733; III. 50; WB. IV. 1, 1594.]
ʒēa, adv., *O.E.* gēa, jā, = *O.L.G., O.H.G., O.N.* jā, *Goth.* jā, jai, *O.Fris.* jē, gē; *yea,* KATH. 1234; H. M. 27; ʒea, ʒe FER. 1575, 2318; ʒea, ʒa, ʒe LANGL. *A* iii. 107; *B* iii. 111; ʒea ʒhe WICL. MAT. v. 37; ʒa (*ms.* yaþ), '*ita, etiam, imo,*' PR. P. 536; ʒa ORM. 2411; WILL. 258; GREG. 909; (*ms.* ya) HAV. 1888; ALIS. 3571; Iw. 1004; LIDG. M. P. 40; iaa FLOR. 1736; ioo EM. 888; ʒe HOM. I. 47; MARH. 4; KATH. 991; FL. & BL. 585; BEK. 36; MAND. 292; ʒe, ie CH. C. T. *E* 1345; ie TOR. 829; ʒe, ʒui A. R. 136, 334; ʒē ioh [*cf. M.H.G.* jā ich (*see* GR. GRAM. III. 765)], A. R. 408; ʒui [ʒeoi, ʒei] he 334; ʒe [ʒea] hit 52.
ʒū-se, adv., *O.E.* gese, gise, gyse (*see* GR. GRAM. III. 764); *yes,* LAʒ. 17208; A. R. 392*; ʒise A. P. iii. 117; ʒus, ʒis FER. 1573, 3799; ʒis PR. P. 539; WILL. 697; EGL. 55; ʒis [ʒus] LANGL. *A* v. 103; ʒes SHOR. 153.
ʒēao, sb., *O.E.* gēac, = *O.N.* gaukr, *O.H.G.* gauh, gouh, *prov.Eng.* gowk; *cuckoo; fool*; ʒek HALLIW. 951; gouk D. ARTH. 927; gok REL. I. 291.
    ʒēk-pintel, gaukpintil, sb., *cuckoo-pint* (*arum maculatum*), LEECHD. III. 319.
[ʒe-æðelien] i-æðelien, v., *O.E.* geæðelian; *ennoble,* LAʒ. 22496; iaðeled LAʒ. 23333.
[ʒe-āhnien] i-āhnien, v., *O.E.* geāgnian; *own,* LAʒ. 3743; **iāhnede** (*pret.*) LAʒ. 2483; iahned 1932.
[ʒe-ahtien] i-ahtien, v., *O.E.* geeahtian; *reckon*: moni mon for aihte uvele **iauhteþ** (*pres.*) MISC. 118.
[ʒe-an] i-an, v., *O.E.* gean (*pret. pres.*); *favour, grant*; iunne (*subj.*) HOM. I. 125.
ʒeant, sb., *O.Fr.* geant; *giant,* ROB. (W.) 349; geaunt ROB. (W.) 4158; HORN (L.) 802; MAN. (F.) 1471; jeant 287 (*spelt* yeant 301); giaunt WICL. JOB xvi. 15; jeaunt LANGL. *A* vii. 219; giaund D. TROY 5303; **geauntes** (*pl.*) LANGL. *C* xxiii. 215; jeauntez A. P. ii. 272; geans (*v. r.* geandes) ROB. (W.) 333*.
ʒēap, adj., *O.E.* gēap, *cf. O.N.* gaupa (*lynx*); *cunning, prompt, vigorous, bold*: ʒep and ... iwær LAʒ. 7581; ʒæp and war 13095; ʒæp & wis ORM. 8937; ʒiep HOM. II. 195; ʒep S. A. L. 158; GAW. 105; ʒape ALEX. (Sk.) 3304; ʒope 2201; C. M. 5370; ʒeep SPEC. 39; noþer ʒep ne wis O. & N. 465; þou art ʒong and ʒep LANGL. *C* xi. 287; ʒop MIRC 1763; a ʒop knight D. TROY 6642; þe ʒepe knight 902; þat iēpe (*sb.*) was with child D. TROY 13231; **ʒēape** (*pl.*) A. R. 362; ʒæpe wordes ORM. 13503; ʒepe MAN. (H.) 320; *comp.* hinder-ʒēp.
    ʒēp-hēde, sb., *cunning,* O. & N. 683.
    ʒǣp-leʒo, sb., *cunning,* ORM. 2523.
    ʒēp-liche, adv., *O.E.* gēaplīce; *readily, eagerly, cunningly,* LANGL. *B* xv. 183; ʒepli WILL. 3346; A. P. ii. 1708; ʒapeli ALEX. (Sk.) 80, 2406, 4866; ʒopeli 1393.
    ʒēap-scipe, sb., *O.E.* gēapscipe; *cleverness, cunning,* LAʒ. 2760; giap-, ʒiep-, ʒepshipe HOM. II. 195.
ʒeápen, see **gapen**.
ʒēar, sb., *O.E.* gēar, gēr, = *O.L.G.* gēr, jār, *O.Fris.* jēr (gēr), jār, *O.H.G.* jār, *Goth.* jēr, *O.N.* ār, *year*; gear, ger SAX. CHR. 252, 253; ʒer A. R. 412; ORM. 9503; O. & N. 101; ʒer [ʒier] LAʒ. 3672; ʒeer WICL. JOHN xi. 49; ger GEN. & EX. 152; jer (*ms.* yer) AYENB. 110; ʒar (*printed* yare) S. S. (Web.) 568; ʒere BARB. vi. 188; **ʒēres** (*gen.*) LAʒ. 29055; ʒeres ʒive LANGL. *B* viii. 52; ēare (*dat.*) PROCL. 8; to ʒere *in this year* LAʒ. 8039; BRD. 11; CH. C. T. *D* 168; to

iere TOWNL. 231; ʒēr (*pl.*) ORM. 8753; WILL. 5369; two and þritti ʒer A. R. 404; BARB. i. 39; ʒeer MAND. 12; ʒer [ieer] CH. C. T. *A* 601; ieer HOCCL. i. 110; ʒer, ʒier SHOR. 63, 71; ʒier ANGL. I. 15; gier REL. I. 130; ʒer, ʒere LAʒ. 301, 3416; HORN (L.) 524, 732; ʒere L. C. C. 34; ʒeres MARH. 2; A. R. 190; ʒēare, ʒiere (*gen. pl.*) HOM. I. 225; ʒera 93; ʒere 35; fif & twenti ʒere LAʒ. 7058; yhere PR. C. 741; ʒēren (*dat. pl.*) LAʒ. 377; *comp.* furn-, lēp-ʒēr.

ʒēr-dai, sb., = *M.H.G.* jārtac; *anniversary*, PR. P. 537; E. G. 281.

ʒeer-lī, adv., *O.E.* gēarlīc; *yearly*, HOCCL. i. 421.

ʒeard, garþ, sb., *O.E.* geard, *O.N.* garčr, = *O.L.G.* gard, *Goth.* gards, *O.H.G.* gart, *Lat.* hortus, *Gr.* χόρτος, *mod.Eng.* yard, *prov.Eng.* garth; *piece of land, yard, garden*; ʒeard, ʒerd, ʒord, *hortus'* PR. P. 537; ʒard P. L. S. xxiii. 73; ʒerd VOC. 270; CH. TRO. ii. 820; a ʒerd or a gardin WICL. JOHN xviii. 1; (*ms.* yerd) HAV. 702; garth PALL. i. 778; ʒarde (*dat.*) HALLIW. 950; appils garthis (*pl.*) HAMP. PS. lxxviii. 1*; throne garthis ['*sepes*'] HAMP. PS. lxxxviii. 39; *comp.* chirche-, fore-, middel-, win-, wort-ʒeard.

geare, sb., *O.E.* gearwe, = *O.L.G.* garewi, *O.H.G.* garawi, garewi, garwi, *O.N.* gervi f., *mod.Eng.* gear; *apparatus, clothing*; gere R. S. iv. (MISC. 164); SPEC. 36; WILL. 1716; GOW. II. 227; A. P. ii. 1811; PERC. 189; TOR. 652; gare TRIST. 2868; EM. 198; geir (*equipment*) BARB. ix. 709; ger (*property*) xviii. 160; (*provisions*) viii. 458; (*armour*) v. 110; gaire D. TROY 905; *comp.* messe-gere.

ʒeare, *see* ʒearu.

ʒēare, ʒāre, adv., *O.E.* gēara, *mod.Eng.* yore; *long ago*; LAʒ. 2671, 3415; ʒare hit is þet ich wuste her of A. R. 88; ase was ʒeare iseid 298; ʒare JUL. 17; BRD. 31; hit is ful ʒare HORN (L.) 1356; in helle ich habbe yare ibeo MISC. 147; ʒore FL. & BL. 653; SPEC. 28; WILL. 1503; MIRC 1304; GAW. 2114; S. S. (Wr.) 2153; so ʒore MAP 339; ʒore [yoore] CH. C. T. *B* 174; þat ʒore hedden him abide C. L. 1339.

ʒearkien, ʒarkien, v., *O.E.* gearcian, *from O.E.* gearc (*ready*); *prepare, proceed*, LAʒ. 2631, 19513; ʒarken KATH. 1752; (*ms.* ʒarrkenn) ORM. 96; ʒarki SAINTS (Ld.) 301; iong men iepeli iarke (*pres.*) into eld D. TROY 414; ʒerkeð A. R. 410; ʒarkeð H. M. 47; ʒarkeþ [ʒarketh] LANGL. *B* vii. 80; ʒarkieð 23275; ʒarke (*imper.*) LAʒ. 32070; ʒarkede (*pret.*) ROB. 12; garkede GEN. & EX. 3261; þai ʒarkit to þe iates D. TROY 10738; ʒarkeden ROB. (W.) 260*; giarked (*pple.*) HOM. II. 5; ʒarked A. P. ii. 1708; ʒarked, yarked C. M. 8982; iarked EM. 329; iarket to end D. TROY 5595; with ʒep men at þe ʒatis ʒarkit full þik D. TROY 11265; *comp.* ʒe-ʒearkien.

ʒarking, sb., *O.E.* gearcung; *preparation*, ORM. 10800.

ʒearnien, ʒearnung, *see* ʒeearnien, -ung.

ʒearu, ʒāre, adj., gearu, gearo, = *O.L.G.* garu, *O.H.G.* garo, garewo, *O.N.* görr; *ready*; ʒaru HOM. I. 153; ʒaru, ʒæru LAʒ. 7783, 22506; ʒeruh A. P. 394; geare MK. xiv. 38; ʒeare, ʒare FER. 4193, 5186; ʒare O. & N. 488; ROB. 52; WILL. 3265; MAN. (F.) 8831; AV. ARTH. lxiv; sorewe eou schal beon ful ʒare S. A. L. 153; ʒare (*ms.* yare) GAM. 90; iare GOW. II. 237; RICH. 6727; S. S. (Wr.) 305; M. ARTH. 218; TOWNL. 37; ʒærewe (*pl.*) LAʒ. 9457; ʒarewe KATH. 1750; O. & N. 378; iarwe RICH. 6751; he woren iare into Denemark for to fare HAV. 2954; ʒarewere (*compar.*) HOM. I. 213; ʒārest (*superl.*) WILL. 2729; *comp.* un-ʒearu.

ʒeāre, adv., *O.E.* geare, gearo, gearwe; *readily*, HOM. I. 223; þe he ful ʒeare (*sec. text* wel) wuste LAʒ. 525; tolde him ful ʒare hu he hadde ifare HORN (L.) 467; writen ful ʒare (*plainly*) A. P. i. 833; gare GEN. & EX. 390.

ʒære-witele, adj., *prudent*: næs þe king noht... swa ʒære witele LAʒ. 18547.

ʒearwien, garen, v., *O.E.* gearwian, gearuwian, gerwan, gyrwan, *O.N.* görva, gerva, göra, gera, = *O.L.G.* garuwian, gerewian, *O.H.G.* garwen, garewen, garen, *prov.Eng.* gar; *prepare; make*; ʒærwen LAʒ. 12450; yaren HAV. 1350; garen AN. LIT. 13; garen, geren GEN. & EX. 1417, 2441; ʒare MAN. (H.) 294; gare PERC. 1411; HAMP. PS. xii. 4*; gere ANT. ARTH. xxi; ger BARB. vii. 19; ʒarewieð eow to fihte LAʒ. 7473; gers (*pres.*) him sink HAMP. PS. i. 1*; þou gers ix. 3*; gare (*imper.*) iii. 6*; gerand (*pple.*) HAMP. PS. xxii. 7*; ʒǣrwede [gurede] (*pret.*) LAʒ. 16197; ʒared MAN. (H.) 58; garte RICH. 6037; ISUM. 402; garte, gerte LANGL. *B* x. 175, vi. 303; ʒarweden, ʒareweden, gereden LAʒ. 1873, 9761, 9782; gered (*pple.*) GAW. 179; A. P. ii. 1568; gert MIN. vii. 53; gert LANGL. *B* v. 130; HAMP. PS. xvii. 5*; *comp.* for-, ʒe-ʒearwien.

[ʒe-āskien] i-āskien, v., *O.E.* geāscian, = *O.H.G.* geeiscōn; *ask*; iēscad (*pple.*) HOM. I. 35.

ʒeat, sb., *O.E.* geat, *cf. O.L.G., M.Du.* gat, *O.Fris.* jet *n.*, *O.N.* gatt *f.*; *gate*: þæt narewe geat MAT. vii. 13; ʒæt [ʒet] LAʒ. 6059; ʒet A. R. 74; BEK. 2250; þet ʒet HOM. I. 5; ʒat ROB. 540; C. L. 699; þe giate HOM. II. 105; ʒate ORM. 4122; þe ʒate KATH. 2454; LANGL. *B* xi. 108; ʒate, yate, gate PR. P. 188, 536; þe gate AYENB. 189; si gate HOM. I. 237; þa nærewe gate LK. xiii. 24; ʒeāte (*dat.*) A. R. 424; FER. 1720; ʒete LAʒ. 20442; þan ʒate 19137; ʒate A. D. 260; WILL. 3757; ʒate HOCCL. i. 178; EGL. 281; æt þam gate JOHN x. 1; þare gate HOM. I. 239; ʒeāte (*pl.*) HOM. I. 127; gate MAT. xvi. 18; ʒate, ʒaten

ȝeat.

[ȝeate] LAȝ. 1604, 11241; ȝeten HOM. I. 141; A. R. 222; giaten HOM. II. 113; ȝates BRD. 4; yhates PR. C. 2127; *comp.* burȝ-, ēst-, flōd-, lid-ȝat.

ȝáte-herd, sb., *gate-keeper*; **gáteherden** (*pl.*) A. R. 100.

ȝæte-ward [ȝeateward], sb., *O.E.* geatweard; *gate-keeper*, LAȝ. 18998; ȝeteward A. R. 270; ȝateward H. H. 137 (139); LANGL. *A* vi. 85; C. M. 1245; gateward LANGL. *C* viii. 243; gatwarde *C* xiv. 92.

[ȝe-ban] **i-ban,** sb., *O.E.* gebann; *ban,* '*edictum,*' FRAG. 2.

[ȝe-bāned] **i-bōned,** adj., *boned*: wel iboned & strong ROB. 414.

[ȝe-bannen] **i-bannan,** v., *O.E.* gebannan; *summon*; **ibonned** [ibanned] (*? for* ibonnen, ibanne *r. w.* monnen, manne) (*pple.*) LAȝ. 20206; havestu... ibanned ferde O. & N. 1668.

[ȝe-bēat, sb., *O.E.* gebēat, = *M.H.G.* gebōz; *beating, stroke;* comp. bil-ibēat.]

[ȝe-bēaten] **i-bēaten,** v., *O.E.* gebēatan, = *M.H.G.* gebōzen; *beat*; **ibēaten** (*pple.*) A. R. 176; ibeten SPEC. 70; ALIS. 3848; ibeate, ibiate AYENB. 236, 239; ibete CH. C. T. *A* 3759.

[ȝe-bed] **i-bed,** sb., *O,E.* gebed, = *O.L.G.* gibed, *O.H.G.* ge-, gibet; *prayer*; **ibéde** (*dat.*) HOM. I. 7; **ibéde** (*? pl.*) P. L. S. viii. 150; ibeoden (*dat. pl.*) HOM. I. 89.

[ȝe-bedde] **i-bedde,** sb., *O.E.* gebedda, = *M.H.G.* gebette; *bed-fellow*, O. & N. 1570.

ȝe-bēȝen, v., *O.E.* gebēgan, -bȳgan; *inflect, incline*; **ibēiȝed** (*pple.*) FRAG. 1; ibuid TREAT. 139.

ȝe-belȝen v., *O.E.* gebelgan; *swell, be indignant*; **gebulge** [gebolgen] (*pret.*) MAT. xx. 24; MK. x. 41; **ibolwe** (*pple.*) O. & N. 145.

ȝe-bēoden, v., *O.E.* gebēodan, = *O.L.G.* gibiodan, -beodan, *O.H.G.* gi-, gepiotan; *command*; **ibóden** (*pple.*) LAȝ. 22122.

[ȝe-bēot] **i-bēot,** sb., *O.E.* gebēot; *menace*, LAȝ. 21029.

[ȝe-bérded] **i-bérded,** adj., = *M.H.G.* gebartet; *bearded*, TREV. II. 197.

[ȝe-bēre] **i-bére,** sb., *O.E.* gebǣre (*pl.* gebǣru, = *O.L.G.* gibāri, *O.H.G.* gebāre *n.*; *gesture; shouting*: of faire ibere MISC. 100; **ibēre** (*pl.*) O. & N. 222, 1348; reuliche iberen LAȝ. 15067.

[ȝe-béren] **i-béren,** v., *O.E.* geberan, = *O. L.G.* giberan, *O.H.G.* ge-, giberan, -peran; *bear*, LAȝ. 27850; **iber** (*pret.*) A.R. 194; MISC. 37; (þou) ibere REL. I. 49; **ibóren** (*pple.*) R. S. v; C. L. 21; CH. C. T. *E* 626; bezst iboren LAȝ. 16357; wel ibore 678; ibore BEK. 32, 1172; LIDG. M. P. 116; abore HALLIW. 9.

[ȝe-béren] **i-béren,** v., *O.E.* gebǣran, = *M.*

ȝe-bod.

H.G. gebāren, -bǣren; *behave*: þe mon þe swa ibēreð (*pres.*) LAȝ. 21010; **ibérde** (*pret.*) JUL. 52.

[ȝe-berȝen] **i-berȝen,** v., = *O.H.G.* gi-, gegabergan, *Goth.* gabairgan; *protect, preserve*; **iborȝen** (*pple.*) HOM. I. 71; LAȝ. 4265; iborȝe AYENB. 5; iborȝe [iborewe] O. & N. 883; iborhen JUL. 56; iboruwen A. R. 8; iborewe S. S. (Web.) 826.

ȝe-bēten, v., *O.E.* gebētan; *mend, repair*; ibeten HOM. I. 11; ibete MISC. 66; ȝebétte (*pret.*) HOM. I. 35; **ibēt** (*pple.*) KATH. 1219; A. R. 272; WILL. 4613.

[ȝe-bidden] **i-bidden,** v., *O.E.* gebiddan; *bid*; ibidde MISC. 144; ibidde (*pres.*) LAȝ. 20655; **ibiddeð** (*imper.*) A. R. 144; ibiddeþ eu MISC. 42; **ibed** (*pret.*) MISC. 42; **ibéden** (*pple.*) KATH. 2464; ibede LAȝ. 18433; P. L. S. xvii. 142; AYENB. 117; to colde gistninge he was ibede REL. II. 277.

[ȝe-bide] **i-büde,** sb., = *M.H.G.* gebite; *abode*: þu nahtes(t) i nane stude habben freo monnes ibude LAȝ. 15577.

[ȝe-bīden] **i-bīden,** v., *O.E.* gebīdan, = *Goth.* gabeidan, *O.H.G.* gebītan; *bide, remain; endure*, LAȝ. 4721; ibide FL. & BL. 175; þat þu bern **ibīdest** (*pres.*) MISC. 128; **ibād** (*pret.*) HOM. I. 35; he ibad þes wederes LAȝ. 9734; þer fore he sorȝen (*r.* sorȝe) ibad 13268; þe bedeles... ibide þe kinges heste BEK. 988; **ibiden** (*pple.*) LAȝ. 3419.

ge-binden, v., *O.E.* gebindan, = *Goth.* gabindan, *O.H.G.* gibintan (partic) *bind*, MK. v. 3; ibinden LAȝ. 2487; ȝebúnden (*pret.*) HOM. I. 229; ȝebúnden (*pple.*) HOM. I. 3; ibunden A. R. 254; mid sorȝen ibunden LAȝ. 12635; ibunde O. & N. 1354; þou art ibounden... to helpen me CH. C. T. *A* 1149; ibounde AYENB. 145.

[ȝe-bīten] **i-bīten,** v., *O.E.* gebītan, = *M.H.G.* gebīzen; *bite, eat*; ibite HOM. I. 233.

[ȝe-blenden] **i-blenden,** v., *O.E.* geblendan; *blind*; **iblend** (*pple.*) MARH. 13; TREV. V. 249; iblent SHOR. 111; ALIS. 3956; S. S. (Web.) 2523.

[ȝe-blēssien] **i-blēssien,** v., *O.E.* geblētsian; *bless*; **iblēssi** (*pres. subj.*) AN. LIT. 6; **iblēssed** (*pple.*) C. L. 1441; SHOR. 125; PL. CR. 520; CH. C. T. *D* 323; iblesced A. R. 376; REL I. 159; iblesset MARH. 5; ibletsede HOM. II. 5.

ȝe-blissien, v., *O.E.* geblissian; *be glad, rejoice; make happy*, JOHN v. 35; þa engles... ham **iblissieð** (*pres.*) HOM. I. 41; þat folc wes al **iblissed** (*pple.*) LAȝ. 27841.

[ȝe-blōwen] **i-blōwen,** v., *O.E.* geblōwan; *blossom*; **iblōwen** (*pple.*) MARH. 10; þat evre stont iliche iblowe O. & N. 618.

[ȝe-bod] **i-bod,** sb., *O.E.* gebod; *command, mandate, message*, REL. I. 184; **ibóde** (*pl.*) HOM. I. 11.

[ʒe-bódien] i-bódien, v., *O.E.* gebodian; *announce*; ibóded (*pple.*) HOM. I. 121; LAʒ. 23027.
[ʒe-bōn] i-bōn, *see under* ʒe-būen.
ʒe-bōned, *see* ʒe-bāned.
[ʒe-bórennesse] i-bórenesse, sb., *birth*, HOM. I. 205; A. R. 158; H. M. 37.
[ʒe-bréiden] i-bréiden, v., *O.E.* gebregdan; *braid*; ibræid (*pret.*) LAʒ. 15274; ibroiden (*pple.*) LAʒ. 23764, 29252; ibroide P. L. S. xvii. 156; (*ms.* ibroyde) O. & N. 645.
[ʒe-bréken] i-bréken, v., *O.E.* gebrecan, = *Goth.* gabrikan, *O.H.G.* gebrechan; *break*; ibróken (*pple.*) KATH. 1218; LANGL. A PROL. 68; TRIST. 2901; ibroke O. & N. 1558; BEK. 1005; SHOR. 161.
[ʒe-brengen] i-brengen, v.,*O.E.* gebrengan; ibrōht (*pple.*) LAʒ. 1852; MARH. 2; O. & N. 1559; SPEC. 39; ibrouht A. R. 144; C. L. 580; ibroʒt ROB. 473; ibrout ANGL. III. 63.
[ʒe-brennen] i-brennen, v., *M.H.G.* gebrennen; *burn*; ibrend (*pple.*) P. S. 213; ANGL. IV. 199; þe ibernde ver dret AYENB. 116.
[ʒe-brid] i-brid, sb., *young brood*; ?ibridde (*dat.*) O. & N. 123*.
[ʒe-bringen] i-bringen, v., *O.E.* gebringan; *bring*; LAʒ. 16993; ibringe O. & N. 1539.
ge-brōðre, sb., pl., *O.E.* gebrōðor, gebrōðru, = *M.H.G.* gebruoder; *brothers*, MAT. xii. 47; ibrodere, ibroðeren LAʒ. 3880, 10446; ibroðran HOM. I. 125.
[ʒe-brūcen] i-brūcan, v., *O.E.* gebrūcan; *enjoy*; ibrūce (*pres. subj.*) HOM. I. 233.
[ʒe-brūnied] (i-)brūnied, ibūrned, adj., *O.E.* gebyrnod; *provided with a coat of mail*, LAʒ. 26277.
[ʒe-būen] i-būen, v., *O.E.* gebūan (*pple.* gebūn); *make ready, prepare*; ibōn (? = ibūn) (*pple.*) LAʒ. 12805, 25788; iboen AN. LIT. 13.
[ʒe-brūsted] i-brūsted, pple., *made bristly*, LAʒ. 14296.
ʒe-būʒen, v., *O.E.* gebūgan, = *Goth.* gabiugan, *O.H.G.* ge-, gapiugan; *bow, bend*; ibuʒen HOM. I. 91; (ʒe-)ibūʒað (*pres.*) 13; ibóʒen (*pple.*) LAʒ. 11751.
ʒe-büggen, v., *O.E.* gebycgan: *buy*; ibie TOR. 1223; gebeið (*pres.*) MAT. xiii. 44; iboht (*pple.*) SPEC. 62; ibouht A. R. 398; iboʒt FL. & BL. 118; AYENB. 145; ibouʒt PL. CR. 569.
[ʒe-būhsum] i-būhsum, adj., *obedient*, HOM. I. 75, 113.
ibūhsumnesse, sb., *obedience*, HOM. I. 109.
[ʒe-būr, sb., *O.E.* gebūr, = *O.H.G.* gipūr; *settler*; *comp.* nēhe-būr.]
[ʒe-būrde, sb., *O.E.* gebyrd, = *O.L.G.* giburd, *O.H.G.* ga-, ge-, gipurt, -burt, *Goth.* gabaurþs; *birth*.]
geberde-tīde, sb., *birth time*, MK. vi. 21.

[ʒe-bürʒen] i-bürʒen, v., *O.E.* gebyrgan; *bury*; ibūried (*pple.*) HICKES I. 166; LAʒ 6014; KATH. 335; ROB. 23; ibiried GEN. & EX. 2520; ibured BEK. 321; ibered SHOR. 89.
[ʒe-bürʒen] i-bürʒen, v. (? *for* iberʒen) *protect*, LAʒ. 9988; þæt me ham ibureʒe from þam uvele pinan HOM. I. 43.
ʒe-būrien, v., *O.E.* gebyrian,=*O.L.G.* giburian, *O.H.G.* giburren; *happen, fall to, behove*; ibūreþ (*pres.*) REL. I. 172; iburd A. R. 420*; hit iburð (*ms.* iburd) breke þas word HOM. I. 79; (heo) iburiaþ FRAG. 2; geberede (*pret.*) MAT. xviii. 33.
[ʒe-bursten] i-bursten, v., ? *enrage*; iburst (*pple.*) HOM. I. 255; JUL. 69; heo weoren . . . laðliche iburste LAʒ. 1889.
[ʒe-camp] i-camp, sb., *O.E.* gecamp; *combat*; icompe (*dat.*) HOM. I. 107.
ʒe-cende, adj., *O.E.* gecynde; *natural*: si ʒecende lage HOM. I. 235.
[ʒe-cēosen, v.,*O.E.*gecēosan, = *Goth.* gakiusan, *O.H.G.* ga-, ge-, gichiosan; *choose*, HOM. I. 227; icheose REL. I. 182; gechēas (*pret.*) MAT. xii. 18; iches HOM. I. 97; ichæs LAʒ. 6356; icure 11555; icōren (*pple.*) MARH. 16; C. L. 203; wel icoren HOM. I. 195; icorn TRIST. 2280; icore HOM. II. 143; MISC. 38; BRD. 33; SPEC. 25; P. S. 247; FER. 766; ED. 23; icoren, ichosen LAʒ. 1539, 12312; KATH. 836, 1624; A. R. 56, 160; ichosen PROCL. 2; ichose BEK. 227; AYENB. 42; E. G. 349.
ʒe-cherren, v., *O.E.* gecerran, = *O.H.G.* gikerran; *turn*; icherren HOM. I. 117; gecherreð (*pres.*) MAT. x. 13.
[ʒe-chēu] i-chēu, sb., *chewing*, HOM. II. 35.
[ʒe-clǣmen] i-clǣmen, v., *O.E.* geclǣman; *smear*; iclēm (*imper.*) HOM. I. 225.
ge-clǣnsien, v., *O.E.* geclǣnsian, -clānsian; *cleanse*, MAT. viii. 2; iclense PL. CR. 760; iclānsed (*pple.*) LAʒ. 10835; ROB. 43; i-clensed HOM. I. 59; iclenzed AYENB. 74.
ʒe-clepien, v., *O.E.* geclypian; *call*, HOM. I. 231; ioleped (*pple.*) C. L. 1357; SHOR. 45; TRIST. 1674; CH. C. T. A 867; WICL. DEEDS i. 23; iclepet KATH. 2480; icliped BRD. 7; icluped FL. & BL. 140.
ge-cnāwe, adj., *O.E.* gecnāwe; *conscious*, LK. iv. 22.
[ʒe-cnōulēchen] i-cnōulēchen, v., *for* onōulēchen; *acknowledge*; ich icnoulēche (*ms. -*ie) (*pres.*) HOM. I. 205.
ʒe-cnāwen, v., *O.E.* gecnāwan; *know, recognise*, HOM. I. 121; icnawen [icnowe] LAʒ. 24805; ʒecnowen HOM. I. 223; to icnowen him sulven A. R. 182; iknowen C. L. 36; PL. CR. 647; iknawe AYENB. 82; iknowe HORN (R.) 1213; ALIS.² (Sk.) 607; CH. C. T. (Wr.) 6952; fleschliche iknowe SHOR. 63;

icnōwe (*pres.*) REL. I. 144; ich icnowe me gulti HOM. I. 205; ionōwe (*subj.*) O. & N. 477; icnēou, icneow (*pret.*) LA3. 6625, 9727; 3ecnew HOM. II. 143; icnew HOM. I. 93; ikneu FL. & BL. 509; BEK. 87; (þu) icneowe FRAG. 6; þou iknēwe (*subj.*) FER. 358; icnāwen (*pple.*) MARH. 22; KATH. 424; ich nes neaver ... wið him icnawen (*acquainted*) JUL. 15; beute 3if þu wulle icnawen beo þat Arður is king over þe LA3. 26433; beon icnowen of his pliht 18567; icnowen A. R. 64; beo iknawe ALIS. 724; wel ich am þer of iknowe BEK. 783.

[3e-cnéden] i-cnéden, v., *O.E.* gecnedan,= *O.H.G.* gichnetan; *knead*; iknéde (*pple.*) REL. II. 277.

[3e-cnütten] i-cnütten, v., *O.E.* gecnyttan; *knit*, LA3. 29272; icnüt (*pple.*) KATH. 1525.

[3e-crimpled] i-crimiled, pple., ? *with hair crimpled*, LANGL. C xvii. 351; see crimpil.

3ecðe, see 3icðe.

[3e-cumen] i-cumen, v., *O.E.* gecuman,= *Goth.* gaqiman, *O.H.G.* kaqveman; *come*; icōm(e) (*pret. subj.*) GREG. 271; icumen (*pple.*) LA3. 320; MARH. 4; A. R. 64; icume O. & N. 138; icomen, icome GREG. 53, 541.

[3e-cünde] i-cünde, sb., *O.E.* gecynd *n. f.*, *cf. O.H.G.* kikunt; *kind, nature, genus, property*: þet faire icunde HOM. I. 147; þereto nes him nout incunde L. N. F. 215; al swa tacheð his icunde LA3. 22004; to munien his ikunde 2033; þat ich mote ... bi3ite mine ikunde 16279; icunde, ikunde O. & N. 114, 1383.

[3e-cünde] i-cünde, adj., *O.E.* gecynde; *natural, native*: ure icunde lond LA3. 22155; his icunde speche MISC. 56; hit is him ikunde FRAG. 5; ioündere (*v. r.* icundur) (*comp.*) O. & N. 85; *comp.* un-ioünde.

ioünde-liche, adv., *O.E.* gecyndelīce; *naturally*, HOM. I. 99; O. & N. 1424.

[3e-cunnen] i-cunnen, v., *O.E.* gecunnian, =*O.H.G.* cachunnen; *try*; icunned (*pple.*) LA3. 26237.

[3e-cüðen] i-cüðen, v., *O.E.* gecȳðan; *make known*; ioüd (*pple.*) LA3. 8196; KATH. 540; A. R. 64; BEK. 2347; SPEC. 25; iked SHOR. 24.

ioüþnesse, sb., *O.E.* gecȳðness; *testimony*, '*testimonium*,' FRAG. 3.

3e-cwēme, adj., *O.E.* gecwēme; *convenient, pleasing*, HOM. I. 225; icweme FRAG. 8; A. R. 120; R. S. iv; iqveme LA3. 117; HOM. II. 9.

3e-cwēmen, v., *O.E.* gecwēman; *please*, HOM. I. 25; icweme 267; iqvemen [icweme] þan kinge LA3. 13288; icweme [qveme] O. & N. 1784; iqveme REL. I. 174; AYENB. 228; iqvēmeþ (*pres.*) HORN (L.) 485; iowēmde (*pret.*) HOM. I. 117; iqwēmed (*pple.*) C. L. 1394.

3e-cwēðen, v., *O.E.* gecweðan,=*O.L.G.* ge-, giqvethan, *Goth.* gaqiþan, *O.H.G.* giqvedan; *speak, say*; iqvēþe (*pres.*) O. & N. 502; iqveð (*pret.*)LA3. 2267; icwede (*pple.*) O.&N. 1653; icweþen FRAG. 1; iqveðen [icweþe] LA3. 9140.

3ed, sb., *O.E.* gedd, gydd, gidd; *saying*; 3eddes (*pl.*) LA3. 25853.

[3e-dǣlen] i-dǣlen, v., *O.E.* gedǣlan,=*O.L.G.* gedēlian, *Goth.* gadailjan, *O.H.G.* geteilen; *part, divide*, FRAG. 5; idǣled [idealed] (*pple.*) LA3. 12196; ideled A. R. 204; TREV. VIII. 169; ideld BEK. 332.

3e-dafte, adj., *O.E.* gedǣfte; *gentle, mild*, ['*mansuetus*'], MAT. xxi. 5.

[3e-dǣl] i-dǣl, sb., *O.E.* gedǣl; *separation, division, distribution*, HOM. I. 135; idol FRAG. 5.

3e-daven-līc, adj., *O.E.* gedafenlīc; *proper, fit*; (? printed 3edanfenlic) HOM. I. 221.

gedd, sb., *O.N.* gedda; *pike (fish)*; geddis (*pl.*) BARB. ii. 576.

ged-dēde, sb., ? *mistake for* god-dēde [*Stratm.* compares *Dan.* gied, *M.Du.* gade *something pleasing*]: love is geddede AN. LIT. 96.

3eddien, v., *O.E.* geddian, gyddian, giddian; *speak, sing*, LA3. 21429; 3edde LANGL. *A* i. 138; (ms. 3ede) S. S. (Wr.) 215; 3eddede (*pret.*) LA3. 7873; 3eoddede (*printed* 3eoðde) FRAG. 8.

3eddinge, sb., *O.E.* geddung, giddung; *proverb, saying*, PR. P. 537; geddinges (*pl.*) CH. C. T. *A* 237; geddingus DEGR. 1421.

3ōde, see ēode.

gedeling, see gadeling.

[3e-delven] i-delven, v., *O.E.* gedelfan; *delve, dig*; idolven (*pple.*) HOM. I. 49; A. R. 292.

[3e-dēmen] i-dēmen, v., *O.E.* gedēman,= *Goth.* gadōmjan; *deem, judge*; idēmden (*pret.*) LA3. 4054; idēmed (*pple.*) A. R. 170; C. L. 114; idemid SHOR. 2.

3eder, adj., ? *cf. O.E.* ædre, edre (*quickly*), *O.L.G.* adro (*quick*); *great; vehement*: with 3edire 3oskingis ALEX. (Sk.) 5042.

3eder-li, (*adv.*), ? *promptly*, GAW. 453; A. P. ii. 463.

geder, see gæder.

[3e-derven] i-derven, v., *O.E.* gedeorfan; *grieve, injure*; idorven (*pple.*) MARH. 16; idorve O. & N. 1158; idorven [iderved] A. R. 106; idervet of deovlen MARH. 20.

gedi, see gidi.

[3edihten] i-dihten, v., *O.E.* gedihtan; *ordain, dispose*: to dæðe idihte LA3. 19671; idihte (*pret.*) FRAG. 5; HOM. I. 13; idiht (*pple.*) KATH. 1607; O. & N. 641; þu us havest ful wel idiht R. S. ii; idight M. ARTH. 610.

3edire, see 3eder.

3e-dōn, v., *O.E.* gedōn,=*O.H.G.* ga-, ge-, gituon; *do, make*, HOM. I. 29; idon LA3. 24378;

ʒe-dōn. **ʒe-faʒen.** 269

idūde (*pret.*) LAʒ. 18432; idōn (*pple.*) A. R. 316; MAND. 10; þa burh wes swiðe wel idon LAʒ. 2029; idon [idoon] CH. C. T. *A* 1025; idoon HOCCL. vi. 58; edon MISC. 218; AUD. 16; ido O. & N. 463; ROB. 470; AYENB. 30; (h)is lifdawes wern ido FER. 994; idoo LIDG. M. P. 223; TRIAM. 411.

[ʒe-draʒen] i-draʒen, v., = *Goth.* gadragan, *O.H.G.* ketragan; *draw*; idrahen (*pple.*) KATH. 1200; idraʒe [idrawe] O. & N. 586; idrawe BEK. 1625; CH. C. T. *G* 1440.

gedre, *see* gædrien.

[ʒe-drecchen] i-drecchen, v., *O.E.* gedreccan; *trouble*; idreiʒt (*pple.*) P. L. S. xix. 45; idraht LAʒ. 4521; idrecched 5054; þat mi saule ne beo idriʒt ASS. 190; idrecchet H.M. 29.

[ʒe-drēfen] i-drēfen, v., *O.E.* gedrēfan, = *O.H.G.* ge-, ketruoban; *trouble*, *disturb*; idrēfed (*ms.* idrefeð) (*pple.*) LAʒ. 171; idreaved HOM. I. 193.

[ʒe-drēʒen] i-drēʒan, v., *O.E.* gedrēogan; *perform*, *endure*, *suffer*, HOM. I. 29; idrehen JUL. 27; hire willen idriʒen LAʒ. 1270; þat he ne mihte idriʒen to ihæren þene muche drem 6708; idrōhen (*pple.*) MARH. 21; þu havest for mi luve muchel idrohen & idrahen JUL. 35; idrowe REL. I. 174 (MISC. 112).

[ʒe-drēosen] i-drēosen, v., *O.E.* gedrēosan, = *Goth.* gadriusan; *beat*: he was to deþ idrōre (*pple.*) GREG. 155.

[ʒe-drinken] i-drinken, v., *O.E.* gedrincan, = *Goth.* gadrigkan, *O.H.G.* getrincan, -trinchan; *drink*; idrunken (*pple.*) LAʒ. 6692; idrunke MISC. 29; idronken LEG. 58; idronke AYENB. 51; idronken (*printed* ydroked) PALL. xi. 334.

[ʒe-drīven] i-drīven, v., *O.E.* gedrīfan, = *O.H.G.* getrīban; *drive*, *endure*; idriven (*pple.*) KATH. 1816*; idriven [idreve] LAʒ. 6213; we habbeoð idriven þat swa longe 25701; idrive BEK. 678; C. L. 199; idreve TREV. V. 147.

[ʒe-duʒe], i-duʒe, iduwe, v., ? *useful*, O. & N. 1582.

[ʒe-duʒen] i-duʒen, v., *O.E.* gedugan, ? = *M.H.G.* getugen; *thrive*: honoure oure godes ... while ʒou is wel idoʒt (*pple.*) P. L. S. xv. 182; þo þe king was hool and wel idouʒth ALIS. 5906.

ʒe-dweld, sb., *O.E.* gedwyld, -dwild; *error*, HOM. I. 227; gedwel(d) MAT. xxvii. 64.

[ʒe-dwellen] i-dwellen, v., *O.E.* gedwellan, = *O.H.G.* getwellan; *dwell upon*, *delay*: hevene is al idveld (*pple.*) SHOR. 147.

ʒe-dwilð, sb., *error*: þa asprang þis ʒedweld ofer all middenard HOM. I. 227; on monie gedwilþan (*dat. pl.*) 119.

[ʒe-dwimor] i-dwimor, sb., *O.E.* gedwimor; '*phantasma*,' FRAG. 3.

ʒe-dwole, sb., *O.E.* gedwola, = *O.H.G.* catvola; *error*; gedwolen (*acc.*) MAT. xxiv. 24.

ʒe-earnien, v., *O.E.* geearnian, = *O.H.G.* gearnēn; *earn*, *merit*; iernien HOM. I. 19; ʒearnien, ʒearnie 221, 223; ʒearnest (*pres.*) HOM. I. 221; ʒearnede (*pret.*) HOM. I. 233; iærned (*pple.*) LAʒ. 24154.

ʒe-earnung, sb., *O.E.* gearnung; *earning*, *merit*: efter his ʒearnunge HOM. I. 231; iearnunge 99.

ʒe-edlǣchen, v., *O.E.* geedlǣcan; *repeat*; ʒeedlēhte (*pret.*) HOM. I. 229.

ge-efenlǣchen, v., *O.E.* geefenlǣcan; *make like*, *be like*, MAT. vi. 8.

ge-efen-līc, adj., *equal*; o geuelike *on equal terms* MISC. 10.

[ʒe-efnen] i-efnen, v., *O.E.* geefnan, cf. *Goth.* gaibnjan, *O.H.G.* geebenōn, caepanōn; *make equal*; iefned (*pple.*) HOM. II. 37; A. R. 128.

[ʒe-emnetten] i-emnetten, v., *O.E.* geemnettan; *make equal*; iemnette (*pple. pl.*) FRAG. 2.

ʒe-enden, v., geendian, = *O.H.G.* gientōn; *end*, *finish*; iendað (*pres.*) HOM. I. 129; ʒeendode (*pret.*) HOM. I. 223; iended (*pple.*) FRAG. 2; BEK. 1768; SHOR. 150.

ʒiendunge, sb., *O.E.* geendung; *ending*, HOM. I. 217; iendung FRAG. 1.

[ʒe-ēode] i-ēode, v., *O.E.* geēode (*pret.*); *conquered*, LAʒ. 4253.

ʒeer, *see* ʒēar.

geet, *see* gēt *and* gāt.

geeten, *see* gǣten.

ʒe-eten, v., *O.E.* geetan, = *O.H.G.* geezzan, gezan; *eat*; ʒete C. M. 7116; ʒeetst (*pres.*) HOM. I. 221; ieten (*pple.*) LAʒ. 31773; iete ROB. 418; BRD. 14; C. L. 338; BER. 2782; iʒeten (*for* ieten, *as Germ.* gegeszen *for* geeszen) LAʒ. 6691; iʒete SHOR. 25; (*ms.* iyete) AYENB. 13; OCTOV. (W.) 757; iʒette P. L. S. iii. 33.

ʒef, *see* ʒif.

ʒe-fā, sb., *O.E.* gefāh; *foe*; ifa LAʒ. 15855; ʒefo HOM. I. 231; ivo O. & N. 1716; AYENB. 171; ifān (*pl.*) MARH. 5; ifon REL. I. 175; ifoan PROCL. 6.

[ʒe-fæʒrien] i-fæʒrien, v., ? *make fair*; ifeired (? *ms.* ileired) (*pple.*) mid golde LAʒ. 23954.

[ʒe-fǣren] i-fǣren, v., *terrify*; ifēred (*pple.*) LAʒ. 27140.

[ʒe-fǣsten] i-fǣsten, v., *O.E.* gefæstan, = *O.H.G.* gifestan; *make fast*; ivæste (*pret.*) LAʒ. 22551; ifæst (*pple.*) P. L. S. iii. 95; ifest GREG. 114.

ʒe-fæstnien, v., *O.E.* gefastnian; *fasten*; ʒefæstnede (*pret.*) HOM. I. 221; ivæstned [ifastned] (*pple.*) LAʒ. 31132; ifestned KATH. 1523; ivestned A. R. 218; ifastened ALIS. 179.

[ʒe-faʒen] i-faʒen, adj., *O.E.* gefægen; *fain*, *gladly*; ifaʒe SHOR. 67; ifaie REL. II. 276.

[ȝe-fallen] i-fallen, v., *O.E.* gefeallan, = *O.H.G.* gefallan; *fall*; ivēl (*pret.*) MISC. 29; ifallen (*pple.*) O. & N. 514; ivallen A. R. 58; ifalle TRIST. 1937; CH. C. T. *G* 61.

[ȝe-fandien] i-fandien, v., *O.E.* gefandian; *try, tempt*; ifonded (*pple.*) LAȝ. 16314; ivonded A. R. 58; MISC. 38.

[ȝe-fáren] i-fáren, v., *O.E.* gefaran; *fare, go*; ifare O. & N. 400; ivōr (*pret.*) LAȝ. 6090; ivaren (*pple.*) A. R. 366; hu heo ivaren weren LAȝ. 561; ifare HORN·(L.) 468; she was fro þis world ifare CH. TRO. iv. 1169.

[ȝe-fealden] i-fealden, v., *O.E.* gefealdan, = *O.H.G.* kifaldan; *fold, bend*; ivólden (*pple.*) A. R. 122; ifolde AL. (T.) 446; LANGL. *B* xvii. 166; ivolde FER. 5795; a doun he fel ifold(e) TRIST. 2790.

[ȝe-fēden] i-fēden, v., *O.E.* gefēdan; *feed*; ifēd (*pple.*) SPEC. 110; WILL. 768; R. R. 471; P. 26; ived LAȝ. 13573.

[ȝe-fēȝe, adj., *O.E.* (un-)gefēge. = *O.H.G.* kafōgi, *M.H.G.* gevüege; *suitable*; *comp.* un-ifēie.]

[ȝe-fēȝe, sb., *O.E.* gefēg, = *O.H.G.* kifōgi; *junction*; *comp.* stef-ifēiȝe.]

[ȝe-fēȝen] i-fēȝen, v., *O.E.* gefēgan, *cf. O.H.G.* ga-, kafōgan; *join*; ivēied [ifeȝet] (*pple.*) to gederes A. R. 26; er he be swo iveid (*disposed*) HOM. II. 11.

ȝe-feht, sb., *O.E.* gefeoht, = *O.H.G.* kafeht; *fight, battle*; ifiht LAȝ. 4347; gefehte (*pl.*) MK. xiii. 7.

[ȝe-fehten] i-fehten, v., *O.E.* gefeohtan, = *O.H.G.* gefehtan; *fight*; ivohten [ifohte] (*pple.*) LAȝ. 25693; ivoȝte AYENB. 176.

[ȝe-feiþed] i-feiþed, pple., *treated with enmity*, LAȝ. 14133*.

[ȝe-fēlen] i-fēlen, v., *O.E.* gefēlan, = *O.L.G.* gifōlien, *O.H.G.* gafuolan; *feel*; ivelen A. R. 232; ifele P. L. S. xxiii. 18; ivēlþ (*pres.*) AYENB. 31; ifēlde (*pret.*) HOM. I. 123; HORN (L.) 54.

[ȝe-fellen] i-fellen, v., *O.E.* gefellan, -fyllan, *M.H.G.* gevellan; *fell*; ifelde (*pret.*) HORN (R.) 58; ifelled (*pple.*) LAȝ. 988; iveld AYENB. 50.

ȝe-feoȝen, v., *O.E.* gifīoge, gefiage (JOHN vii. 7*); *set at variance*: mine sunnen habbeð . . . ivēied [ivēed] me toward þe HOM. I. 187, 202; wið þine sune þu beost ivæid LAȝ. 9837; heo wusten heom ifæied 21214; ? ivet C. L. 310.

[ȝe-fēond] i-fēond, sb., pl., *? for* fēond; *enemies*, LAȝ. 16077.

[ȝe-fēre] i-fēre, sb., *O.E.* gefēra, -fǣra; *companion*, JUL. 48; R. S. v; HORN (R.) 227; REL. II. 275; ivere HOM. I. 173; LAȝ. 26020; MISC. 66; ifēran, -feren (*pl.*) LAȝ. 588, 1621; ȝeferen HOM. I. 231; iveren A. R. 392; ifere P. L. S. viii. 116.

ifēr-rēd, sb., *company*, HOM. I. 243; ȝeferēd HOM. I. 231.

ȝefēr-rēden, sb., *O.E.* gefērrǣden; *company*; gefērrēdene (*dat.*) MAT. xviii. 17.

[ȝe-fēren] i-fēren, v., *O.E.* gefēran; *go*: þeo þat child wes vorð ivǣred (*pple.*) (*advanced*) & wes of twealf ȝere LAȝ. 11064; ȝet ne beoð fif dæiȝes allunge iverede (*pret.*) 8797.

[ȝe-feterien] i-feterien, v., *O.E.* gefeterian, = *O.H.G.* kafezarōn; *fetter*; ifetered (*pple.*) P. S. 217; CH. C. T. *A* 1229; iveotered A. R. 32.

[ȝe-fetten] i-fetten, v., *O.E.* gefetian, -fettan, = *M.H.G.* gevazzen; *fetch*; ifet (*pple.*) HOM. I. 147; P. L. S. xxi. 71; JOS. 428; CH. C. T. *F* 174; MAN. (F.) 1624; ifat KATH. 1296.

[ȝe-finden] i-finden, v., *O.E.* gefindan, = *M.H.G.* gevinden; *find*, LAȝ. 6219; KATH. 516; ivinden A. R. 156; ifinde S. S. (Web.) 2371; ifindeð (*pres.*) MARH. 20; ifond (*pret.*) KATH. 161; ivond A. R. 66; ivunden LAȝ. 12303; ifunden (*pple.*) A. R. 48; ifunde O. & N. 705; ifonden MISC. 27; ivonde, -vounde AYENB. 92, 186; ifounden, -founde LANGL. *B* xv. 225; ifounden PL. CR. 631.

[ȝe-flōerien] i-flōerien, v., *O.E.* gefiðerian; *feather*: earewe þet is iviðered (*pple.*) A. R. 60.

[ȝe-flēmen] i-flēmen, v., *O.E.* geflēman, -flȳman; *put to flight*; iflēmed (*pple.*) LAȝ. 1363; C. L. 113.

[ȝe-flēon] i-flēon, v., *O.E.* geflēon, = *O.H.G.* gefliehen; *flee*; iflōȝen (*pple.*) LAȝ. 4764; ivlowen A. R. 168; iflowen C. L. 470; iflowe ROB. 311; ALIS. 1907.

[ȝe-flīt, sb., *O.E.* geflīt; *contention.*]

iflīt-ful, sb., *O.E.* geflītfull; *contentious*, '*conten(tios)us*,' FRAG. 2.

[ȝe-fōg, adj., *O.E.* (un-)gefōg, = *M.H.G.* gevuoc; *suitable*; *comp.* un-ifōh.]

ȝe-folȝen, v., *O.E.* gefylgan, *cf. O.H.G.* gefolgen; *follow*; ȝefolged (*pple.*) HOM. I. 237.

[ȝe-fōn] i-fōn, v., *O.E.* gefōn, = *O.H.G.* gifāhan, *Goth.* gafāhan; *seize*, LAȝ. 4555; ifo FL. & BL. 694; ivo O. & N. 612; (he) ifēhð (*pres.*) HOM. I. 131; (hi) ifoð, -voþ O. & N. 1645; ifēng (*pret.*) HOM. I. 77; LAȝ. 820; ivongen, -fon (*pple.*) LAȝ. 26848, 28137; ifonge ALIS. 4573; ivonge MISC. 50.

ȝe-forðian, i-forðien, v., *O.E.* geforðian; *perform, execute*, LAȝ. 31, 37; þine heste ivorċen LAȝ. 31561; ivorðed (*pple.*) A. R. 408; þat worc wes iforċed LAȝ. 8709; his heast was iforċet KATH. 2278.

ȝe-fratewen, v., *O.E.* gefrætwian; *adorn*; gefratewed (*pple.*) MAT. xii. 44; ifretid BER. 3926.

[ȝe-frēden] i-frēden, v., *O.E.* gefrēdan; *perceive, experience*; ifrede, ivrede MISC. 78, 82; ivrede (*printed* inrede) SHOR. 7; he heom ivrēdde (*pret.*) LAȝ. 27138.

[ʒe-freinen] i-freinen, v., *O.E.* gefrignan, gifregna, -frægna,=*Goth.* gafraihnan; *inquire,interrogate*; ivreined (*pple.*) A. R. 338; ifreined CH. C. T. (Wr.) 12361.

[ʒe-frēoȝen] i-frēoiȝen, v., *O.E.* gefrēogan; *set free, liberate,* LAȜ. 29474; ifrēoȝed (*ms.* ifreoied) (*pple.*) LAȜ. 20895; ifreoed FRAG. 6; ivrid AYENB. 86.

[ʒe-frēonde] i-frēonde, sb., pl., *O.E.* gefrȳnd, =*M.H.G.* gevriunde; *friends,* LAȜ. 11591.

[ʒe-frēosen] i-frēosen, v., = *O.H.G.* gefriusan; *freeze*; ifrōre (*pple.*) MISC. 152; TREAT. 137.

[ʒe-friðien] i-friðien, v., *O.E.* gefriðian, -freoðian,=*Goth.* gafriþōn, *O.H.G.* gefridōn; *preserve*; ifreþed (*pple.*) LANGL. C viii. 228*.

[ʒe-frōfren] i-frōfren, v., *cf. O.E.* gefrēfrian; *console, comfort*; ifrēfrað (*pres.*) HOM. I. 97; ifrōvred [ifrēvered] (*pple.*) LAȜ. 19545.

ʒeft, see gift.

ʒe-füllen, ifülle, v., *O.E.* gefyllan,=*O.H.G.* gifullan, *Goth.* gafulljan; *fill,* HOM. I. 57, 119; ivullen LAȜ. 32184; ifülled (*pple.*) A. R. 156; MISC. 149; C. L. 1280; ifuld FL. & BL. 644; gefelled, gefeld MAT. ii. 14, xiii. 14.

ʒefüldnesse, sb., *O.E.* gefylledness; *plenitude*; ʒefildnesse HOM. I. 219.

ʒe-fulwen, ʒe-fullen, v., *O.E.* gefulwian; *baptize*: buton he richlice ʒelife on god, and þat he beo ʒefulled (*pple.*) HOM. I. 229; ifulled 241; MISC. 151; ifulled FER. 5835; LANGL. *B* xix. 40; ifulwed C. L. 1457; ifulȝed HOM. I. 37; ifuleh3ad 113; iful3ede men HOM. I. 101; ifulhet MARH. 1; ifolwed JOS. 7; ifolled FER. 5829; ivolled ROB. 239.

[ʒe-fülsta] i-fülsta, sb., *O.E.* gefylsta; *helper,* HOM. I. 113.

ʒe-fürn, adv., *O.E.* gefyrn; *of old, formerly*; ifurn MISC. 193; O. & N. 1306; REL. I. 182; ivurn, ifeorn [iv(e)orn] LAȜ. 24017, 25024; gefern ['*olim*'] MAT. xi. 21; ifern FER. 3207.

ifürn-daȝes, sb., pl., *days of old*: ine ivurndaȝen LAȜ. 32206.

ifürn-ȝēr, sb., pl., *years of old*: ine þan ivurnȝere(n) LAȜ. 25139.

[ʒe-fürne] i-fürne, sb., *? antiquity*: a vorbisne is of olde ivurne (*ms.* iwrne, iwurne) O. & N. 637.

[ʒe-fūsen] ifūsen v., *O.E.* gefȳsan; *set out, hasten*; LAȜ. 22123; forð he ivūsde (*pret.*) 10492.

ʒe-gada, sb., *O.E.* gegada,=*O.L.G.* gigado, *M.H.G.* gegate; '*complex*,' FRAG. 5.

ʒe-gæderien, v., *O.E.* gegæderian; *gather*; igederian HOM. I. 95; igædered (*pple.*) FRAG. 6; igedered A. R. 76; C. L. 1418; ʒegadered HOM. I. 229; igadered· LAȜ. 1501; PL. CR. 189; P. 52.

ʒegæderung, sb., *O.E.* gegaderung, igæderung; *gathering,* '*congregatio, concio*,' FRAG. 2; igederunge (*dat.*) HOM. I. 89.

[ʒe-gān] i-gān, v., *O.E.* gegān, -gangan, = *O.H.G.* gigān, -gangan, *O.L.G.* gigangan, *Goth.* gagaggan; *go*; igon A. R. 208; igån, -gon (*pple.*) LAȜ. 2064, 6046; igon LEG. 35; CH. C. T. *B* 1402.

ʒegōinge, sb., *return,* ['*regressus*'] TREV. III. 111.

[ʒe-gǣst ?].

igǣst-līche, adj., *terrible,* LAȜ. 17869.

[ʒe-ȝearkien] i-ȝearkien, v., *O.E.* gegearcian; *make ready*; iȝarked (*pple.*) LAȜ. 14259.

[ʒe-ȝearwien] i-ȝearwien, v., *O.E.* gegearwian, -gerwan, -gyrwan,=*O.H.G.* gigarawan; *make ready, equip*; iȝearwed, -ȝarwed (*pple.*) LAȜ. 220, 2076; iȝarwed HOM. I. 139; uvela heo weoren igarede LAȜ. 6272.

[ʒe-ȝel] i-ȝel, sb., *yell,* LAȜ. 17799.

[ʒe-ȝēlden] i-ȝēlden, v., *O.E.* gegyldan; *yield, give back*; iȝōlden, iȝolde C. L. 343, 1480; iȝolde FL. & BL. 809; iyolde AYENB. 120.

[ʒe-ȝēmen] i-ȝēmen, v., *O.E.* gegēman; *take care of,* A. R. 44*; iȝēmed (*pple.*) C. L. 448.

ʒēȝen, v., *O.N.* geyja (*bark*); *? shout*: ȝeien KATH. (E.) 205; A. R. 288; to ȝeȝen ne to reme ST. COD. 97; ȝēȝe (*pres.*) SPEC. 111; GAW. 1215; ȝeiȝeð HOM. I. 43; ȝēiede (*pret.*) A. R. 152; ȝeide MARH. 6; ȝeiden LAȜ. 27750.

ʒe-genge, i-geng(e), sb., *company,* HOM. I. 237, 243.

[ʒe-ȝernen] i-ȝernen, v., *O.E.* gegyrnan, gegernan (ZEIT. XXI. 36); *yearn, wish for*; iȝerned (*pple.*) A. R. 192; iȝirned SPEC. 28.

gegge, see gigge.

[ʒe-ȝifen] i-ȝifen, v.,=*O.H.G.* gegeben; *give*; iȝiven (*pple.*) A. R. 82; C. L. 60; iȝefen HOM. I. 19; iȝeven LAȜ. 3167; C. L. 608; CH. BOET. iv. 6 (141); iȝive O. &. N. 551; (*ms.* yyeue) AYENB. 79.

[ʒe-gladien] i-gladien, v., *O.E.* gegladian; *gladden*; igladed (*pple.*) LAȜ. 19587; SHOR. 132; WILL. 850; P. L. S. xxiv. 130.

[ʒe-glengen, v., *O.E.* geglengan; *adorn*; ȝeglenge (*pres. subj.*) HOM. I. 229.

[ʒe-glīden] i-glīden, v., *O.E.* geglīdan; *glide*; igliden (*pple.*) LAȜ. 9159*; MISC. 95.

gegnen, see ȝeinen.

[ʒe-gōdien] i-gōdien, v., *O.E.* gegōdian; *do good*; igōded (*pple.*) A. R. 386.

ʒe-grāmien, v., *O.E.* gegremian, *cf. O.H.G.* kagreman; *irritate*; ȝegrāmeden (*pret.*) HOM. I. 225; igrāmed, -gremed (*pple.*) O. & N. 1603; ure godes þat tu igremed havest KATH. 1467.

[ʒe-grēde] i-grēde, sb., *clamour,* O. & N. 1643.

[ʒe-grēden] i-grēden, v., *cry out*; ĭgrǎd (*pple.*) O. & N. 1149.
ʒegrémien, *see* ʒegrámien.
ʒe-grēten, v., *O.E.* gegrētan, = *O.H.G.* gigruozzan, -gruozan; *greet, salute*, KATH. 2303*; igrǣten LAӡ. 20523; ʒegrḗtte (*pret.*) HOM. I. 227; igrette LAӡ. 1260; igretten R. S. v; ĭgrḗt (*pple.*) SHOR. 119.
ĭgrḗtinge, sb., *greeting*, PROCL. 1.
[ʒe-grinden] i-grinden, v., *O.E.* gegrindan; *grind*; ĭgrounde (*pple.*) LANGL. *B* xviii. 78; CH. C. T. *A* 3991.
[ʒe-gripen] i-grīpen, v., *O.E.* gegrīpan, = *O.H.G.* kagrīfan; *gripe, seize*, LAӡ. 21513; igrīpe (*pres. subj.*) JUL. 72; igrǎp (*pret.*) MARH. 12; igrap [igrop] LAӡ. 1566; igripen 4559; ĭgripen (igripe) (*pple.*) LANGL. *A* iii. 175.
[ʒe-griðien] i-griðien, v., *O.E.* gegrīðian; *grant peace*; ĭgrĭðed (*pple.*) LAӡ. 18263.
[ʒe-grōwen] i-grōwen, v., *O.E.* gegrōwan; *grow*; ĭgrōwen (*pple.*) CH. C. T. *A* 3973.
[ʒe-grūre] i-grūre, sb., *? terror*, LAӡ. 812.
[ʒe-gülten] i-gülten, v., *O.E.* gegyltan; *sin*; ĭgŭlt (*pple.*) HOM. II. 200; igelt ANGL. I. 7.
[ʒe-gürden] i-gürden, v., *O.E.* gegyrdan; *gird*; ĭgŭrd (*pple.*) A. R. 418; ROB. 174; igert AYENB. 236.
[ʒe-habben] i-habben, v., *O.E.* gehabban, = *O.H.G.* gehabēn, *Goth.* gahaban; *have*; ĭhaved (*pple.*) KATH. 467; BEK. 292; ihaved [ihafd] LAӡ. 4501; iheved A. R. 108; ihad P. L. S. xii. 108.
[ʒe-hādien] i-hādien, v., *O.E.* gehādian; *ordain*; ĭhāded [ihoded] (*pple.*) LAӡ. 15643; iboded O. & N. 1177, 1311; AYENB. 49.
ge-hǣlen, v.,*O.E.*gehǣlan,=*O.H.G.*geheilan, *Goth.* gahailjan; *heal*, MAT. ix. 28; ʒehǣlde (*pret.*) HOM. I. 229; ĭhēled (*pple.*) LAӡ. 29991; A. R. 274.
ʒe-hǣse, sb., *command*; ʒehese HOM. I. 221.
[ʒe-hāl] i-hāl, adj., *O.E.* gehāl, = *M.Du.* gheheel, *M.H.G.* geheil; *whole*; ihal [ihol] & isund LAӡ. 821; ihol A. R. 256; SHOR. 27; ĭhōle (*pl.*) LANGL. *A* vii. 55.
ĭhōl-līche, adv., *wholly*, AYENB. 109.
ʒe-hālʒien, v., *O.E.* gehālgian,=*O.H.G.* geheilegōn; *hallow, sanctify*; gehǎleged (*pple.*) LK. xi. 2; ihaleʒed LAӡ. 29443; ihalʒed MISC. 193; ihalewed [ihaleʒed] A. R. 18; ihalewed P. L. S. xx. 75; ihalʒede stedes AYENB. 40.
ʒe-hāten, v., *O.E.* gehātan,=*O.L.G.* gihētan, *Goth.* gahaitan, *O.H.G.* ca-, geheizan; *call, bid*; ʒehāten (*pple.*) ORM. 112; ʒehaten, -hoten HOM. I. 219, 225; ihaten MARH. 2, 19; KATH. 2202; ihaten, -hoten -hoaten [ihote] LAӡ. 15, 219, 558; ihoten FRAG. 8; A. R. 58; JOS. 291; i(h)oten GEN. & EX. 2416; ihote BEK. 701; DAV. DR. 5; LANGL. *A* i. 61.

[ʒe-healden] i-healden, v., *O.E.* gehealdan, =*O.H.G.* gehaltan; *hold, keep*, P. L. S. viii. 28*; his scrift ihalden HOM. I. 9; þet he mihte ... us ihalden (*preserve*) 95; feht ihalden LAӡ. 5505; ĭhēold (*pret.*) LAӡ. 31544; þa wes Vortigernes hired for hehne ihalden LAӡ. 13988; ihólden (*pple.*) A. R. 250; iholde ROB. 470; CH. C. T. *A* 2958; HOCCL. i. 184; þe wrenne was wel wis iholde O. & N. 1723; ihealde SHOR. 34; ihialde MISC ӡo; þet me is ihialde to done AYENB. 8.
[ʒe-hēawen] i-hēawen, v., *O.E.* gehēawan; *hew*; ĭhēawen (*pple.*) FRAG. 3; ihewe TREV. V. 263.
[ʒe-hēden] i-hēden, v., *O.E.* gehēdan; *heed*: heo wēren wel ihédde (*pple.*) LAӡ. 2725*.
[ʒe-hēʒen] i-hēʒen, v., *O.E.* gehēan,=*O.H.G.* gihōhan; *exalt, elevate*; ĭhǣʒed [hihēʒed] (*pple.*) LAӡ. 1251; iheied A. R. 154; iheiet MARH. 11.
[ʒe-hélen] i-hélen, v., *O.E.* gehelan; *conceal*; ihel (*pret.*) KATH. 2055; ihólen (*pple.*) A. R. 146; ihole AYENB. 26.
[ʒe-helmed] i-helmed, adj., *O.E.* gehelmod, =*O.H.G.* gehelmōt; *helmeted*, LAӡ. 26277.
[ʒe-helpen] i-helpen, v., *O.E.* gehelpan,= *Goth.* gahilpan, *O.H.G.* gehelfan; *help*; ĭholpen (*pple.*) HOM. I. 81; A. R. 242; iholpe ROB. 405; AYENB. 184; TREV. V. 447.
[ʒe-hende] i-hende, adv., *O.E.* gehende; *at hand*; O. & N. 1131; MISC. 28; AYENB. 212.
[ʒe-hēnen] i-hēnen, v., *O.E.* gehēnan, = *O.H.G.* kihōnan, *Goth.* gahaunjan; *humble, oppress*; ĭhēned (*pple.*) HOM. I. 115.
[ʒe-henten] i-henten, v., *O.E.* gehentan; *take, receive, catch*; to ihente þe unstrong H. M. 21; ĭhent (*pple.*) SPEC. 28.
[ʒe-hēorted] i-hēorted, adj., *hearted*: swete iheorted A. R. 282; ha is hardre iheorted H. M. 37.
[ʒe-hēowien]i-hēowien, v., *O.E.* gehēowian, -hīwian; *colour*; ĭheouwed (*pple.*) A. R. 356; ihewed BEK. 2206.
ʒe-herbereʒen, v., *dwell, lodge*: ine zwo poure house ĭherberʒed (*pple.*) AYENB. 130; seven awergede gostes ware on hire ʒehereberʒede HOM. II. 143.
[ʒe-hēre] i-hēre, adj., = *M.H.G.* gehǣre; *? obedient*: þeʒ he ne be nauʒt ihere ac wikke SHOR. 27.
ĭhḗrsum, adj., *O.E.* gehȳrsum, = *O.H.G.* gahōrsam; *obedient*; HOM. I. 109; ihersam (*ms.* hihersam) 223.
ĭhḗrsumnesse, sb., *O.E.* gehȳrsumnyss; *obedience*, HOM. I. 109.
ĭhērsumien, v.,*O.E.*gehȳrsumian,=*O.H.G.* gihōrsamōn; *obey*; (*ms.* hihersamian) HOM. I. 221; ĭhḗrsumed (*pple.*) HOM. I. 141.
ʒe-hēren, v., *O.E.* gehēran, -hȳran,=*O.H.G.*

ȝe-hēren. ȝein.

gihōran, *Goth.* gahausjan; *hear, obey*, MARH. 6; A. R. 78; C. L. 67; iheren [ihiren] LAȜ. 3039; ihere O. & N. 224; SPEC. 46; S. S. (Web.) 1871; DEGR. 27; ihure REL. I. 170 (MISC. 102); TREAT. 135; ȝehiran HOM. I. 243; ihiere ANGL. I. 23; ahere OCTOV. (W.) 23; gehire (*pres.*) LK. ix. 9; ihered A. R. 90; we ihereð siggen HOM. I. 19; iheer (*imper.*) LANGL. (Wr.) 11643; ihereð R. S. v (MISC. 168); ihiereth MISC. 27; ihĕrde (*pret.*) MARH. 2; KATH. 149; O. & N. 1667; iburde BEK. 41; FER. 112; iherden HICKES I. 167; P. S. 189; ihĕrd (*pple.*) A. R. 92; AYENB. 97.

[ȝe-herien] i-herien, v., *O.E.* geherian; *glorify, celebrate*; ihered (*pple.*) BEK. 1213; AYENB. 23; P. 2; ihered & iheied beo þu KATH. 2413; iherid OCTOV. (W.) 865.

ȝehēse, *see* ȝehǣse.

[ȝe-heviȝen] i-heviȝen, v., *O.E.* gehefigian, -hefegian; *make heavy*; iheveged (*pple.*) A. R. 332; ihevied CH. BOET. v. 5 (171).

ge-hlūd, sb., *O.E.* gehlȳd, *cf. M.H.G.* gelūt; *clamour*, [' *tumultus* '] MAT. xxvii. 24; gehled MK. v. 38.

[ȝe-hōked] i-hōked, adj., *hooked*, O. & N. 1675.

[ȝe-hōld] i-hóld, sb., *O.E.* geheald; *hold, castle*, O. & N. 621.

[ȝe-hŏn] i-hŏn, v., *O.E.* gehōn, = *O.H.G.* gihāhan; *hang*: ȝif þu art þar over ihonge (*pple.*) O. & N. 1136; ihon LAȜ. 2086.

[ȝe-horsed] i-horsed, pple., *O.E.* gehorsod; *horsed*, WILL. 1950.

[ȝe-hósed] i-hósed, pple., *O.E.* *hosed*, MISC. 91; TREV. I. 29.

[ȝe-hudeked] i-hudeket, pple., *provided with a hood*, A. R. 424*.

[ȝe-hūden] i-hūden, v., *O.E.* gehȳdan; *hide*; ihede S. S. (Web.) 1314; ihūd (*pple.*) KATH. 1187; A. R. 146; ROB. 87; C. L 32; ALIS. 2403; ihed AYENB. 109; ihid PL. CR. 643.

[ȝe-hūren] i-hūren, v., *O.E.* gehȳran; *hire*, ihērede (*pret.*) MISC. 34; ihūred (*pple.*) H. M. 29.

[ȝe-hūrned] i-hūrned, pple., *O.E.* gehyrned, = *O.H.G.* gehurnt; *horned*, MARH. 9; i-horned TREV. III. 397.

[ȝe-hwa, pron., *O.E.* gehwa, = *O.L.G.* gihve; *each one*;] ihwat [*O.E.* gehwæt,*O.L.G.* gih-vat;] *each thing*; ? *something*, O. & N. 1056; *comp.* aihwa.

ȝe-hwǣr, adv., *O.E.* gehwær; *everywhere*; ihwær, -whær, -were [iwar, -ware] LAȜ. 260, 2968, 13765; ihwer KATH. 681; ant te worldes weldent is ihwer mi warant MARH. 12; ihwar A. R. 200; ȝewer, ihwer, uwer HOM. I. 165, 189, 231; ihware O. & N. 216*; *comp.* aihwǣr.

[ȝe-hwēnen] i-hwēnen, v., *vex, grieve?* god so þou schelt iwene (? printed i-wenne) SHOR. 33.

[ȝe-hwilc] i-hwilc, pron., *O.E.* gehwilc,= *O. L.G.* gihwillc, *O.H.G.* gahwelīh; *each*; iwilc, -wilch, uwilc, wilch HOM. I. 13, 59, 125, 129; iwhilc, ilc an *each one* ORM. 503, 513; iwil LAȜ. 18956; uich O. & N. 1378; i-, ūwilche (*dat. m. n.*) HOM. I. 45, 133; uiche dai MISC. 43; ihwülche (*pl.*) oþre *some others* FRAG. 1; *comp.* aihwilc.

[ȝe-hwīlen] i-hwīlen, v.,=*Goth.* gahweilan (παύεσθαι); *have leisure*: ne mei heo nout ihwulen vor to hercnen mine lore A. R. 422.

ȝei, *see* ȝēa.

ȝeie, sb., ?*for* *ȝe-eȝe; *awe, fear*: ȝeie and drednesse HOM. I. 233, 239.

gein, adj., *O.N.* gegn, *prov.Eng.* gain; *convenient, ready, 'directus,'* PR. P. 189; a gein paþ LIDG. TH. 2148; gain A. P. ii. 749; M. ARTH. 1904; þat gein(e) weede JOS. 299; geiner (*compar.*) MAN. (F.) 3376; geinest (*superl.*) SPEC. 29; gainest lw. 1979; þe geinest(e) gatis WILL. 4189; *comp.* un-gein.

geine, adv., *readily, quickly; near*; full gaine FLOR. 1986; hoo gainest (*superl.*) hem miȝt ride WILL. 3465.

gain-līch, adj., *mod.Eng.* gainly; *gracious*: mi gainlich god A. P. iii. 83; gainli ii. 728; gein-, gainlīch (*adv.*) WILL. 369, 391; geȝn-like ORM. 18084.

ȝein, prep. & adv., *O.E.* gegn, gēn, gean,= *O.N.* gegn, gögn, *O.L.G.* (an-)gegen, *O.H.G.* gagan, gagen; *against*; gein LIDG. M. P. 162; gain A. P. i. 138; gain þe dore PARTEN. 2791; þer yen ... strive HAV. 2271; if he ... bi ðor gen (*r. w.* ben) GEN. & EX. 2797; gon (*r. w.* gon) 1148; ȝæn kinde ORM. 2322; ȝānes 2320; yeines þi wille MISC. 90; gains C. M. 3958, 8108; *comp.* an-, in-, tō-ȝein.

ȝein, adv., *O.E.* gegn, for anȝēn; *again, back*; to habbe ȝein his owe LAȜ. 22137*; yee sal gain to yur maisturs wend C. M. 12809.

ȝein-call, sb., *counter demand*: oþer lettes him with gaincall C. M. 28778.

ȝein-char, sb., *O.E.* geancyrr; *turning again*, SPEC. 46.

ȝein-cherringe, sb., *return*; þar nis no ieincherringe ne ... non endinge MISC. 74.

ȝein-clap, sb., *blow in return*; ȝainclappes (*pl.*) KATH. 129.

ȝein-cūme, sb., *O.E.* geancyme; *again-coming, return*, A. R. 234; ȝancume 394; ȝeincome C. M. 2719.

ȝein-cumen, v., *return*: hit þohte him sove ȝere are he ȝeincüme (*pret.*) LAȜ. 4437*.

gaine-cumming, sb., *attack*, BARB. ii. 450.

ȝein-giving, sb., *giving back*; ganegeving BARB. i. 115.

ȝein-rǣs, sb., *onrush*; gainras ['*occursus*'] HAMP. PS. xviii. 7.

ȝein-sawe, sb., *gainsaying*; gainsawe M. H. 75; C. M. 8382.

T

ȝein-seggen, v., *gainsay, contradict, deny*: al þis mai she not ȝeinsei [gainsai] C. M. 883; þus we gainsaie (*pres.*) ȝoure gilt ALEX.² (Sk.) 396; þei gainsain hure saviour 420.

ȝein-segging, sb., *contradiction*: in tokenalso of ȝeinseiing [ienseiing, gainsaiing] C.M. 11361; ȝenseiing MED. 635; ganesaiing BARB. i. 580.

ȝein-standing, sb., *opposition*: gainstanding and restrening MASSBK. 69.

ȝein-turn, sb., *counterturn*, KATH. 2118; ȝaintorn WILL. 3552.

gein, see gain. ȝeinde, see joinen.

geinen, ȝeinen, v., *O.N.* gegna, gagna, = *O. H.G.* gaganen, gagenen; *go to meet; be profitable*, KATH. 179; geȝnen ORM. 12929; þer mai no miht ne ȝiftes ȝeine P. L. S. xxv. 89; me schal þe ȝene O. & N. 845; gaine WILL. 598; gaune TOWNL. 319; geineð (*pres.*) A. R. 362; H. M. 45; geineþ MISC. 92; P. S. 324; (h)is bone him geineþ noht A. D. 260; gaineþ SHOR. 41; us geineþ [gaineth] no raunsoun CH. C. T. *A* 1176; gaines M. ARTH. 1071; ȝained (*pple.*) GAW. 1724; *comp.* a(n)-ȝeinen.

ȝe-innian, v., *O.E.* geinnian; *retrieve, repair*: þa wolde god ȝefyllan & ȝeinnian þone lere HOM. I. 221.

ȝeir, see ȝear *and* geare.

geit, see gāt. ȝōk, see ȝeac.

[ȝe-kēlen] i-kēlen, *O.E.* gecēlan; *cool*; ikēled (*pple.*) HOM. I. 149; ikelet KATH. 2291.

[ȝe-ken] i-ken, adj., *known*: iken & icnawen KATH. 424.

[ȝe-kennen] i-kennen, v., *O.E.* gecennan; *learn, know*, LAȝ. 28559; ikende (*pret.*) LAȝ. 25430; ikenned (*pple.*) LAȝ. 4844.

ȝe-kennen, v., *O.E.* gecennan, = *O.H.G.* kichennan; *be born*; gekenned (*pple.*) MAT. i. 20; ikenned LAȝ. 26128; TREAT. 138; ikend AYENB. 12.

[ȝe-kēpen] i-kēpen, v., *keep; watch for;* ['*praestolari*'] A.R. 156; KATH. 399*; ikēpeþ (*pres.*) O. & N. 1228; ikēpte (*pret.*) H. M. 19.

ȝel, sb., *yell*, MAP 339; ȝelles (*pl.*) ANT. ARTH. vii; *comp.* ȝe-ȝel.

[ȝe-lacchen] i-lacchen, v., *O.E.* gelæccan; *seize, take*; ilecche (*pres. subj.*) JUL. 73; ilahte (*pret.*) LAȝ. 29260; JUL. 39; ilaht (*pple.*) P. S. 214; ilaut AN. LIT. 90.

[ȝe-lāden] i-lāden, v., *O.E.* gehladan, = *O. H.G.* cahladan; *load, burden*; ilāde (*pple.*) TREV. III. 231; E. G. 358; (*ms.* ilade) LAȝ. 15952.

ȝe-læden, v., *O.E.* gelædan, = *O.H.G.* gileitan; *lead*; ȝelædde (*pret.*) HOM. I. 221; ȝelæd [ilæd] (*pple.*) P. L. S. viii. 3; ilad LAȝ. 24989; KATH. 2233; BEK. 374; MAND. 13; CH. C. T. *A* 530; huere lif (was) al wiþ joie ilad SPEC. 106 (alad ARCH. LII. 34); iled A. R. 54.

[ȝe-lǣnen] i-lǣnen, v., *lend*; ilēned (*? printed*

ileued), ilēnet, ileaned (*pple.*) KATH. 1648, 2177; ileaned A. R. 208; ilend AYENB. 19; ilent CH. C. T. *G* 1406.

ȝe-lǣr, adj., *empty*; ilær LAȝ. 15961; iler ROB. 541; ȝelǣre (*acc. f.*) LEECHD. III. 92.

[ȝe-lǣren] i-lǣren, v., *O.E.* gelǣran, = *O.H. G.* gilēran, *Goth.* galaisjan; *teach*; ilǣred (*pple.*) LAȝ. 6898; ilered A. R. 64; BEK. 158; SHOR. 136; ilearet KATH. 1314; ilærede men FRAG. 6.

[ȝe-lǣsten] i-lǣsten, v., *O.E.* gelǣstan, = *O.L.G.* gilēstean, *O.H.G.* geleistan; *last, endure; fulfil*, LAȝ. 17001; ilaste P. L. S. viii. 122; HORN (L.) 660; ROB. 246; ileste O. & N. 341; P. L. S. xii. 108; AYENB. 68; ilēsteð (*pres.*) A. R. 320; ilasteþ TREAT. 132; ilast J. T. 32; ȝelēste (*pret.*) HOM. I. 235; ilaste BRD. 8; þa while his daȝes ilasten LAȝ. 27863; lāsted, ilasted, -last, alast (*pple.*) LANGL. *A* iii. 185*, *B* iii. 191.

ȝe-lǣte, sb., *O.E.* gelǣte, *cf. M.L.G.* gelāt, *M.H.G.* gelāz, gelæze *n.*; *visage*; ilete O. & N. 403, 1446.

i-lǣted, adj., *visaged*; ilatet H. M. 33; ilatet se lutere JUL. 33.

[ȝe-lǣten] i-lǣten, v., *O.E.* gelǣtan, = *O.H. G.* gelāzan; *let*; ilēten (*pple.*) A. R. 112; ilete LAȝ. 18980; AYENB. 193; CH. TRO. iii. 781.

[ȝe-lǣven] i-lǣven, v., *O.E.* gelǣfan; *leave, relinquish*; ilēved (*pple.*) LAȝ. 28583; þer nas noȝt ileved BEK. 2228.

[ȝe-lang] i-lang, adv., *O.E.* gelang, = *O.L.G.* gelang, *O.H.G.* gilang, *mod.Eng.* along (of); *related, dependent*; ilong HOM. I. 197; BEK. 1642; C. L. 229; SPEC. 61; whær on hit weore ilong LAȝ. 15502; on hire is al mi lif ilong R. S. ii; along CH. C. T. *G* 930; al is on mi self along GOW. II. 22.

[ȝe-lāð] i-lāð, adj., *O.E.* gelāð; *loath*; (*ms.* ylað) O. & N. 1607.

ȝe-láðie, v., *O.E.* gelaðian, = *Goth.* galaþōn, *O.H.G.* galadōn; *invite*, HOM. I. 231; ilāðet (*pple.*) KATH. 1918*; ilaðede (*pl.*) LAȝ. 19966.

ȝeláðere, sb., *inviter*; ȝeláðieres (*pl.*) HOM. I. 235.

ȝeláðunge, sb., *invitation*, HOM. I. 101.

ȝéld, sb., *O.E.* geld, gield, gi'd, gyld, = *O.L.G.* geld, *O.Fris.* jeld, *Goth.* gild, *O.N.* giald, *O.H.G.* gelt; *tribute, retribution*, KATH. 2959; A. R. 58; JUL. 75; (*? printed* yeld) ALIS. 2959; ȝeld [ȝield] LAȝ. 7194; ȝólde (*dat.*) HOM. I. 163; ȝilde ANGL. I. 9; ȝilde (*? printed* gilde) LAȝ. 4784; ȝéldes (*pl.*) ORM. 10170; *comp.* dēofel-ȝild.

ȝild-wite, sb., *fine*: he shall be in the gildwit of half a bushel of barlei E. G. 185.

gelde, adj., *O.E.* gelde, *O.N.* gcldr, = *M.H.G.* galt; *sterile, barren*, SPEC. 24; elde makiþ me geld(e) REL. II. 210; þat geld (sb.) in houses makes wenand PS. cxii. 9; 3if ha ne mai nawt teamen ha is iclepet gealde H. M. 33.

ʒelde-halle, *see under* gild.

gelden, v.,=*O.N.* gelda, *Ger.* gelten; *geld, castrate*; geld3en PR. P. 190; gelde [gilde] CH. C. T. *B* 3342; **geldid** (*pple.*) VOC. 250; gelded, gilded TREV. V. 173.

geldere, sb., *gelder*, '*castrator*,' PR. P. 190.

geldinge, sb., *O.N.* gelding; '*castratio*,' PR. P. 190.

ʒélden, v., *O.E.* geldan, gieldan, gildan, gyldan, *O.L.G.* geldan, *O.Fris.* jelda, *Goth.* (fra-, us-)gildan, *O.N.* gialda, *O.H.G.* geltan, keltan, *mod.Eng.* yield; *pay tribute; recompense*, KATH. 568; A. R. 58; ne scalt þu ʒelden uvel on3ein uvel HOM. I. 15; his mede ʒelden ORM. 19903; ʒelden, ʒulden LA3. 7372, 13481; gelden HOM. II. 5; GEN. & EX. 6; ʒelde SPEC. 69; WILL. 321; WICL. LK. x. 35; (ich) wole heore while ʒelde ROB. 115; here wed . . . ʒelde L. N. F. 216; he wolde . . . ʒelde him to godes servise A. D. 257; þe soule . . . op ʒelde SHOR. 86; acountes ʒelde (*give*) E. G. 357; (*ms.* yelde) HAV. 2712; AYENB. 18, 38; ʒiclde S. A. L. 157; ʒelde, ʒilde FER. 1638, 4015; ʒilde TREV. IV. 9; ʒulde FL. & BL. 176; P. L. S. xiv. 44; ʒulde acountes BEK. 778; þou ʒéldest (*pres.*) no3t but borwest LANGL. *B* v. 296; yeldeþ þonkes AYENB. 18; ʒelt A. R. 302; he me ʒilt [ʒelt] mede LA3. 21071; ha ʒeldeð him his gretunge HOM. I. 257; ʒéld (*imper.*) ORM. 5214; he ʒélde (*subj.*) ORM. 7378; god ʒilde you EGL. 271; ʒeald (*pret.*) KATH. 128; geald, ʒiald HOM. II. 45, 169; geald GEN. & EX. 2581; ʒald LANGL. *B* xii. 193; (*ms.* yald) M. H. 32; þu ʒulde A. R. 406; ʒolde BEK. 775; heo ʒulden A. R. 404; gulden GEN. & EX. 1062; ʒolden MAND. 105; yolde MISC. 39; ʒulde (*subj.*) KATH. 217; ʒólden (*pple.*) ORM. 6239; MAND. 251; GAW. 453; yholden PR. C. 5672; ʒolde FER. 3684; (*ms.* yolde) AYENB. 73; *comp.* a-, for-, ʒe-ʒélden.

ʒéldere, sb., = *M.H.G.* geltære; *yielder, debtor*; (*ms.* yeldere) AYENB. 163.

ʒéldinge, sb.,=*M.L.G.*geldinge,*M.H.G.*geltunge; *payment of debt*; '*redditio*' PR. P. 537;

yéldinges (*pl.*) AYENB. 262.

gelding, sb., *O.N.* geldingr; *gelding*, '*equus castratus*,' PR. P. 190; E. W. 53; ['*eunuchus*'] WICL. GEN. xxxvii. 36.

[ʒe-léaded] **i-léaded**, adj., *from* léad; *loaded with lead*, A. R. 418.

[ʒe-léafe] **i-léave**, sb., *O.E.* geléaf; *leave, permission*, SHOR. 46; AYENB. 50.

ʒe-léafe[2], sb., *O.E.* geléafa,=*O.L.G.* gilóbo, -lóvo, *O.H.G.* gilouho; *faith*; ileafe MAT. xv. 28; HOM. I. 5; ileave AYENB. 50; ilæfe LA3. 2974; gielefe HOM. II. 143; ʒeléafen (*acc.*) HOM. I. 229; ileafen 97.

ʒeléaf-ful, adj., *O.E.* geléaffull; *faithful*;

HOM. I. 5; ileafful FRAG. 3; ileaffulle men HOM. I. 101.

[**iléaf-léas**, adj., *O.E.* geléafléas; *incredulous.*]

iléfléaste, sb., *O.E.* geléafléast; *incredulity*, HOM. I. 95.

[ʒe-léapen] **i-léapen**, v., *O.E.* gehléapan,= *O.H.G.* giloufan; *run away, leap*: þe wicke giu (was) a wei ilópe (*pple.*) LEG. 33; (he) was ilope TREV. V. 5.

[ʒe-léfed] **i-léfed**, pple., *O.E.* gelýfed; *believing*: ileafen ilefede men HOM. I. 91.

ʒe-léfen, v., *O.E.* geléfan, -lýfan, = *O.L.G.* gilóvian, ge-, gilóbian, -lóbean, *O.H.G.* gelouban, *Goth.* galaubjan; *believe*, HOM. I. 229; he scal ileafan on þa hal3a þreomnesse 99; ileven LA3. 5762; A. R. 224; ileeven C. L. 1424; ileve KATH. 342; HORN (R.) 559; AYENB. 11; S. S. (Web.) 1198; TREV. VIII. 177; ilive FER. 1804; iléveð (*pres.*) A. R. 68; iluvet P. L. S. viii. 66; iléf (*imper.*) A. R. 266; SHOR. 31; ileveð A. R. 56; iléove (*subj.*) TREAT. 134; 3alife HOM. I. 229; iléfde (*pret.*) LA3. 29012; MARH. 18; O. & N. 123; AYENB. 191; ilefden A. R. 110; iléved (*pple.*) BEK. 2328; SPEC. 47.

ʒe-leggen, v., *O.E.* gelecgan,=*O.H.G.* gileggan, *Goth.* galagjan; *lay, place*; ileggen LA3. 26890; **ileide** (*pret.*) FRAG. 5; **geleigd** (*pple.*) MK. xv. 47; ileid SHOR. 126; PL. CR. 263; CH. C. T. *A* 3568; þe hen hwon heo haveð ileid A. R. 66.

gélen, v., *O.E.* gælan (*delay*), *cf. O.N.* gæla (*delight*), *Goth.* gailjan (εὐφραίνειν), *M.H.G.* geilen (*revel*); þer i con (*r.* gon) gele (*? delay*) A. P. i. 930; he géleð (*? dallies*) wið his herte HOM. II. 31; *? deriv.* gélunge.

[ʒe-lengen] **i-lengen**, v., *O.E.* gelengan,= *O.H.G.* gilengan; *prolong; reach, attain*: léteð me ilenge riht to Stanhenge LA3. 17834; **ilenged** (*pple.*) FRAG. 2; þenne beoð þine da3es ilengd HOM. I. 13; ilengd AYENB. 198.

[ʒe-léoden] **i-léoden**, v., *O.E.* geléodan; *grow, increase*: al ure iledene (*? for* ilodene *or* ilidene) (*pple.*) folc LA3. 13857.

[ʒe-léof] **i-léof**, adj.,=*M.H.G.* gelieb; *dear to one another*: þar two ileove [ilove] in one bedde liggeþ O. & N. 1047.

[ʒe-léo3en] **i-léo3en**, v., *O.E.* geléogan; *tell lies, deceive*; iló3en (*pple.*) HOM. I. 91; ilo3e [ilowe] O. & N. 847; treuþe ilo3e AYENB. 65; ilowe S. S. (Web.) 2272.

[ʒe-leornen] **i-leorne**, v., *O.E.* geleornian, =*O.H.G.* gelernen, -lirnen; *learn*, MISC. 93; ileorned (*pple.*) LA3. 13279; KATH. 386; ileorned [ilorned] O. & N. 216; ilierned AYENB. 70; ilerned LANGL. *B* vii. 49.

[ʒe-léoten] **i-léoten**, v., *O.E.* gehléotan; *cast lots*: þer vore him scal ileoten (*fall to his lot*) bitterest alre baluwen LA3. 31306; nas hit noht swa ilóten (*pple.*)(*destined*) 7819; þu . . . þat art ilóten [ilote] to him H. M. 11.

[ʒe-lēsen] i-lēsen, v., = *M.H.G.* gelœsen; *release, deliver*; **ilēsed** (*pple.*) HOM. I. 71; MISC. 62; ilus(e)d P. L. S. viii. 68*.
ʒe-lēsten, *see* ʒelǣsten. ʒe-lēte, *see* ʒelǣte.
[ʒe-leðered], i-leðered, adj., *from* leðer; *leathered, loaded with leather*: ne beate [ʒe] ou mid schurge ileðered A. R. 418.
[ʒe-letten] i-letten, v., *O.E.* gelettan, = *Goth.* gelatjan, *O.H.G.* gilezzan; *hinder*; **ilet** (*pple.*) A. R. 164; PROCL. 6; SHOR. 71; ilat ALIS. 1776; heo beoð ilette A. R. 350.
[ʒe-lēven] i-lēven, v., *O.E.* gelȳfan; *permit, concede*; **ilēvet** (*pple.*) (? *printed* ilenet) KATH. 771*.
ʒe-līc, adj., *O.E.* gelīc, = *O.L.G.* ge-, gilīc, *O. Fris.* gelīk, *O.N.* glīkr, *Goth.* galeiks, *O.H.G.* ga-, ge-, gilīch; *like*, HOM. I. 219; gelic, -lich LK. xiii. 18; ilik REL. I. 218; ALIS. 6995; ilik, -like LANGL. *B* i. 91; ilich H. M. 11; FL. & BL. 49; AYENB. 15; ilich ham [heom iliche] KATH. 502; þu wenest þat ech song beo grislich þat þine pipinge nis ilich O. & N. 316; godes riche þat evre is svete and evre iliche 358; iliche A. R. 4; S. S. (Wr.) 3451; þe him iliche (*earlier text* gelic) beo **iliche** [*O.E.* gelice] (*adv.*) A. R. 112; BRD. 33; CH. C. T. *A* 2526; LIDG. M. P. 15; iliche A. P. ii. 228; eliche (? = aliche) DEP. R. i. 66; elike TOWNL. 57; **iliche** (*pl.*) LAʒ. 19705; **ilicchest** (*superl.*) LAʒ. 29482; *comp.* un-ilīo.
ʒelīcnesse, sb., *O.E.* gelīcness; *likeness*, HOM. I. 127; A. R. 230; KATH. 992.
[ʒe-līche] i-līche, sb., *O.E.* gelīca, = *O.H.G.* gilīcho; *equal, peer*; ilike HOM. I. 151; his ilike, iliche LAʒ. 12789, 25378; þine ilike [iliche] O. & N. 157; P. L. S. xxiii. 66; nas non his iliche HORN (L.) 18; godes iliche SHOR. 167.
[ʒe-līche²] i-līche, sb., = *O.H.G.* gelīchī; *likeness*: in Hornes ilike HORN (L.) 289; iliche KATH. 1843; his iliche A. R. 136.
[ʒe-lided] i-lided, pple., *provided with a lid*, A. R. 58.
ʒe-līf-fæsten, v., *O.E.* gelīf-fæsten; *vivify*; **ʒeliffeste** (*pret.*) HOM. I. 219.
[ʒe-liggen] i-liggen, v., *O.E.* gelicgan; *lie*; ileien (*pple.*) A. R. 326; ileien [ileie] LAʒ. 24923; ileie HORN (L.) 1139: (*ms.* ileye) ROB. 282; TREV. VII. 353; ileiʒen [ileien, ileie] LANGL. *A* v. 65, *B* v. 82.
[ʒe-līhten] i-līhten, v., *O.E.* gelīhtan; *alleviate*; **ilihted** (*pple.*) A. R. 356; iliʒt P. L. S. ix. 20.
[ʒe-līhten²] i-līhten, v., *O.E.* gelȳhtan; *illumine*; **iliht** (*pple.*) C. L. 794.
[ʒe-līke] i-līke, adj., *? pleasing, agreeable*: ræd þat heom weore ilike LAʒ. 15117.
ʒelīke, *see* ʒelīche.
[ʒe-līkien] i-līkien, v., *O.E.* gelīcian, *cf. O.H. G.* gilīchan; *like, have pleasure*; **iliki** (*pres. subj.*) AYENB. 109.

[ʒe-limed] i-limed, adj., *limbed*, C. L. 624.
[ʒe-limpe, i-limpe, sb., *O.E.* gelimp; *accident, chance*; *comp.* un-ilimpe.]
ʒe-limpen, v., *O.E.* gelimpan, = *O.H.G.* gilimphan; *befall*; ilimpen LAʒ. 4508; ʒelamp (*pret.*) HOM. I. 231; ilomp A. R. 54; hit ilomp LAʒ. 386; on his daʒen ilompen reoðen on leoden LAʒ. 31791; ilumpe (*subj.*) HOM. I. 91; **ilumpen** (*pple.*) HOM. I. 93; þa wes hit ilumpen (*sec. text* bivalle) LAʒ. 7195.
[ʒe-līðe] i-līðe, adj., = *M.H.G.* gelinde; *? agreeable*, LAʒ. 4917.
[ʒe-līðen] i-līðen, v., *O.E.* gelīðan, = *Goth.* galeiþan, *O.H.G.* gilīdan; *go*; **ilīðen** (*pple.*) LAʒ. 26094.
[ʒe-līðeʒen] i-līðeʒen, v., *O.E.* gelīðegian; *mitigate*; **ilīðeʒað** (*pres.*) HOM. I. 97.
[ʒe-livien] i-livien, v., *O.E.* gelifian, -leofian, *cf. O.H.G.* gilebēn; *live*; ileve AYENB. 93; **ilīved** (*pple.*) ROB. 195; A. D. 237.
ʒelke, *see* ʒeolke.
gellē, sb., *O.Fr.* gelee; *jelly*, PR. P. 190.
ʒellen, v., *O.E.* gellan, giellan, gyllan, = *O.H. G.* gellan, *O.N.* gella, gialla, *M.L.G.* gellen, gillen; *yell, shout, scream, sound*, KATH. 2040; þe se ... bigan to ʒellen and to bellen HALLIW. 951; shal ʒellen ['*ululabit*'] WICL. IS. xv. 2; ʒellin '*vociferor*' PR. P. 537; ʒelle MAN. (F.) 10207; S. S. (Wr.) 805; GAW. 1453; EGL. 411; hellehoundes heore i ʒelle MAP 338; foulis herde sche ʒelle OCTAV. (H.) 330; (*ms.* yhelle) PR. C. 7341; helmes gunnen gullen [ʒelle] LAʒ. 16407; ʒulle and rore P. L. S. xix. 241; **ʒelle** (*pres.*) CH. C. T. *A* 2672; gelð HOM. II. 31; (hi) yelleþ AYENB. 71; **ʒeollinde** (*pple.*) LEG. 183; ʒal (*pret.*) O. & N. 112; BRD. 23; S. S. (Wr.) 801; gullen, gollen [ʒollen] LAʒ. 9797; ʒulle BRD. 27; ʒollen LEG. 43; ʒelled ROB. (W.) 4239*.
ʒellinge, sb., ['*ululatus*'] WICL. EXOD. xxxii. 17; ʒullinge BRD. 23.
[ʒe-lōʒien], v., *O.E.* gelōgian; *place*; **ʒelōgode** (*pret.*) HOM. I. 221; ilōgod (*pple.*) FRAG. 1.
[ʒe-lōken] i-lōken, v., *O.E.* gelōcian; *look, see, observe*, HOM. I. 45; ilōked (*pple.*) LAʒ. 5277; A. R. 372; AYENB. 7; þe lahen þet tu ham havest iloket MARH. 10.
[ʒe-lōme] i-lōme, adv., *O.E.* gelōme, = *O.H. G.* kilōmo; *frequently*, P. L. S. viii. 24, 46; ilome LAʒ. 16500; A. R. 136; O. & N. 49; ROB. 3; C. L. 435; A. D. 290; ilome and ofte BRD. 24; **ilōmest** (*superl.*) O. & N. 595.
[ʒe-lōsien] i-lōsien, v., *O.E.* gelōsian; *lose*; ilōsed (*pple.*) LAʒ. 12492; KATH. 2046.
ʒelp, sb., *O.E.* gelp, gielp, gilp, gylp, = *O.L.G.* gelp, *O.H.G* gelph, gelf; *boasting*, HOM. I. 103; ORM. 12041; C. L. 1364; MAN. (H.) 264; ʒelp [ʒeolp] LAʒ. 21007; (? *printed* yelp)

LAUNF. 718; IW. 2765; ȝelpe (dat.) A. R. 210.

ȝelpen, v., O.E. gelpan, gielpan, gilpan, gylpan,=M.H.G. gelfen; *boast*, A. R. 146; ȝelpen, ȝeolpen LAȝ. 12072, 22949; ȝelpen, ȝilpen ORM. 2042, 4925; ȝelpe MAN. (F.) 7463; BER. 3268; S. & C. I. xxxv; (*printed* yelpe) ALIS. 1065; GOW. II. 116; ȝilpe FER. 694; ȝelpest (*printed* ȝeolpest) [ȝulpest] (*pres*.) O. & N. 1299, 1650; ȝelpeð KATH. 1287; ȝealp [ȝalp] (*pret*.) LAȝ. 2870; ȝelp KATH. 476; (*ms*. yelp) MISC. 46; yalp AYENB. 208; þu ȝulpe LAȝ. 26835; iȝolpe (*pple*.) ALIS. 3368.

ȝelpere, sb., *boaster*; yelpere AYENB. 22.

ȝelpunge, sb., *boasting*, A. R. 330; (? *ms*. ȝelwunge) HOM. I. 11; ȝelpinge (ȝulpinge) & bost ROB. (W.) 4266; ȝelping GAW. 492.

ȝelstren, *see* ȝalstren.

gēlsunge, sb.,=O.H.G. geilsunge; *luxury*, A. R. 100ᵃ.

gelt, *see* gült.

ȝelte, sb., *cf*. M.L.G. gelte (*castrated sow*), O.H.G. gelza; '*scrofa*,' sow, VOC. 177; *see* gilte.

ȝelu, *see* ȝeolu.

[ȝe-lūken] i-lūken, v., O.E. gelūcan; *shut, lock*; iloken (*pple*.) LAȝ. 32202; iloke BEK. 824; ALIS. 2769; one ilokene cope A. R. 56; þe ȝeten weren ilokene HOM. I. 141.

gēlunge, sb., ? *from* ȝēlos; ? *luxury*; A. R. 100.

gelūs, adj., O.Fr. gelōs; *jealous*, A. R. 90; O. & N. 1077; GEN. & EX. 3495; jelous WICL. ECCLUS. xxvi. 8; CH. C. T. *A* 1329.

gelousnes, sb., *jealousy*: the spirit of gelousnes WICL. NUM. v. 14; jelousnesse WICL. PROV. vi. 34.

gelusie, sb., O.Fr. gelosie; *jealousy*, A. R. 90; gelousie WICL. NUM. v. 14ᵃ; jelousie, jelosie CH. F. P. 252; jelesie, jalousie LANGL. *A* x. 184, *B* ix. 166.

gelustē, sb., *jealousy*, WICL NUM. v. 15; to jelouste WICL. PS. lxxvii. 58.

[ȝe-luvien] i-luvien, v., O.E. gelufian; *love*; ilufed (*pple*.) FRAG. 7; iluved LAȝ. 13644; R. S. ii.

ȝe-mæcche, sb., O.E. gemæcca,=O.H.G. gimahho; *wife*; Marian þine gemæcchen MAT. i. 20; *cf*. ȝemāke.

ȝe-mæht, sb.,=O.H.G. kamaht; *might*; mid alle heore imæhte LAȝ. 30979; **gemihte** (*dat*.) LK. i. 17.

[ȝe-mǣlen] i-mǣlen, v., O.E. gemǣlan; *speak*; imelen HOM. I. 193.

ȝemǣne, adj. & adv., O.E. gemǣne,=O.Fris. gemēne, O.H.G. ge-, gimeini, Goth. gamains; *in common, universal, common, commonly*; imæne, imene, imone LAȝ. 978, 11037, 13614; þeȝ sungen alle imæn ORM. 3376; ȝemene HOM. I. 101; imene REL. I. 216; B. DISC. 608; þet heo alle habbeð imene A. R. 12; speken of alle imene 90; hit is fale oþer wiȝte imene O. & N. 628; more his (*r*. is) blisse god and clene a monge frendes to habbe imene SHOR. 125; þe imeane blisse HOM. I. 261; þet is þin wið me imeane KATH. 1867; mi kinedom is imone ROB. 311; hi gonne to singe imone BRD. 17.

imēnnesse, sb., O.E. gemǣnnesse; *community*, HOM. I. 217.

[ȝe-mǣne] i-mǣne, sb.,=M.H.G. gemeine; *companion*; imene HOM. II. 31; Aþulf wes his imone HORN (R.) 530; þeh þe wulf beon (*r*. beo) ane buten ælc imane [imone] LAȝ. 21308.

[ȝe-mǣne] i-mǣne, sb., *cf*. O.E. gemāna, O.H.G. kimeinī, Goth. gamainei; *communion, community, company*: þat wiþ þe fule haveþ imene O. & N. 301; imone HOM. I. 245; MISC. 85; wiþoute mannes imone SHOR. 118.

ȝe-mǣre, adj., O.E. gemǣre; *boundary, district*; gemǣren ['*finibus*'] MAT. ii. 16.

[ȝe-mǣrsien] i-mǣrsien, v., O.E. gemǣrsian,=O.L.G. gimārsōn; *celebrate*; **imērsed** (*pple*.) HOM. I. 243.

[ȝe-mǣte] i-mǣte, adj., O.E. gemǣte,=O.H.G. gemāzi, M. H. G. gemǣze; *meet, moderate, suited for*; imete HOM. I. 105; LAȝ. 6584; L. H. R. 30; S. A. L. 158; *comp*. un-imǣte.

imētnesse, sb., *moderation*, HOM. I. 101.

[ȝe-mǣten] i-mǣten, v., O.E. gemǣtan; *appear in a dream*: me imǣtte (*pret*.) a sweven LAȝ. 28016; imēt (*pple*.) JUL. 74.

[ȝe-māh] i-mōh, adj., O.E. gemāh; *bold*; imouh FRAG. 5.

imōuhnesse, sb., O.E. gemāhness; *boldness, 'procacitas,'* FRAG. 5.

[ȝe-mained] adj., *having strength*; *comp*. stīð-imained.]

[ȝe-mak] i-mak, adj., O.E. gemæc,=O.H.G. gemach; *adapted for, suitable*: wiþ middel smal ant wel imake SPEC. 28.

[ȝe-māke] i-māke, sb., O.E. gemaca,= O.L.G. gimaco, O.H.G. kamahho; *wife, partner, equal*, FRAG. 8; in worle nes nere non þin imake FL. & BL. *B* 77; **imāken** (*pl*.) LAȝ. 18206.

[ȝe-mākien], v., O.E. gemacian,=O.H.G. ka-, gimahhōn, -machōn; *make*; ȝemāked (*pple*.) HOM. II. 145; imaked A. R. 54; HAV. 5; TREAT. 138; SPEC. 111; SHOR. 62; LANGL. *A* PROL. 14; imad ROB. 470; imaad CH. C. T. *B* 693; HOCCL. i. 203.

ȝeman, *see* ȝoman.

ȝe-manoünn, sb., O.E. manncynn; *mankind*: þa wes þa sume hwille godes ȝei on ȝe mancinne efter the flode HOM. I. 225.

[ȝe-mang] i-mang, sb., O.E. gemang, -mong, =O.L.G. gimang, M.H.G. gemane; *mixture*, *crowd*; **imonge** (*dat.*) LAȝ. 10868; **imong** (*adv. and prep.*) *for* on imong [*O.E.* on gemang, *O.L.G.* an gimang] *among*, HOM. I. 27; imong þon scipmonnen LAȝ. 2229; her wes harpinge imong 22702; heom imong (*printed* imang) FRAG. 6; imong moncun MARH. 12; ťer imong MISC. 19; imong (*ms.* ymong) GEN. & EX. 1349.

ȝēme, sb., *O.E.* giēme, gȳme; *care, heed*, LAȝ. 6981; A. R. 32; FL. & BL. 38; ROB. 194; C. L. 502; SHOR. 11; LANGL. *B* x. 195; P. 9; MAN. (F.) 7125; mid his ȝeme (*earlier text* gymene) HOM. I. 117; nim ȝeme of þi ȝuheťe KATH. 1462; ȝeme, ieme (*ms.* yeme) O. & N. 649; yeme AYENB. 24; *see* gōme.

ȝēme-lēas, -lēs, adj., *O.E.* gēme-, gȳmelēas, = *O.H.G.* goumilōs; *negligent*, HOM. I. 109, 205.

ȝēmelēas-līche, adv., *heedlessly*, A. R. 92; gemelesliche REL. I. 129.

ȝēmelēas-(s)chipe, sb., *negligence*, A. R. 202.

ȝēmelēaste, sb., *O.E.* gȳmelēast; *negligence* A. R. 46; ȝemeleste HOM. I. 117; ȝemelæste ORM. 2913.

[ȝe-mearkien] i-merkien, v., *O.E.* gemearcian; *mark, note*; imerked (*pple.*) FRAG. 8; A. R. 42.

[ȝe-medemien] i-medemien, v., *O.E.* gemedemian, *cf. O.H.G.* gemetemēn; *humble*: þe almihti god hine seolf imedemede (*pple.*) HOM. I. 97.

gemels, sb., pl., *Lat.* gemellī; *twins*, WICL. GEN. xxxviii. 27.

[ȝe-melten] i-melten, v., *O.E.* gemeltan; *melt*; imolt(e) (*pple.*) TREV. VIII. 129*.

[ȝe-melten²] i-melten, v., *O.E.* gemyltan; *melt*; imulten REL. I. 183; imelt (*pple.*) A. R. 284; imealt H. M. 45.

[ȝe-membred] i-membred, adj., *cf. O.Fr.* membre; *parti-coloured*, A. R. 420.

gemen, *see* gamen.

ȝemēne, *see* ȝemǣne.

ȝēmen, v., *O.E.* gēman, gīeman, gȳman, = *O.N.* geyma, *O.L.G.* gōmean, *O.H.G.* goumen, *Goth.* gaumjan (βλέπειν); *take care of, care, observe, regard*, A. R. 98; ORM. 2911; ȝemen þes fehtes LAȝ. 8609; ȝeme P. S. 215; H. H. 24; WILL. 2734; LANGL. *B* viii. 52; S. S. (Wr.) 99; M. ARTH. 2512; (*ms.* yeme) PS. xi. 8; D. TROY 136; (*ms.* yeme) and gete HAV. 2960; ȝime LAȝ. 12581*; ȝime in store P. L. S. i. 18; ȝēmes (*pres.*) A. P. ii. 1493; þet ȝe ȝemen þenne (*r.* þene) halie sunne dei HOM. II. 11; ȝēmande (*pple.*) PERC. 1136; ȝēmde (*pret.*) LAȝ. 30845; ȝemede CHR. E. 152; gemden ['*observabant*'] LK. vi. 7; Bruttes her of ȝemden LAȝ. 9168; ȝemde (*ms.* yemede, *r. w.* fremde) HAV. 2276; ȝemit BARB. xi. 112; ȝemit (*pple.*) BARB. viii. 494; *comp.* bi-, for-, ȝe-ȝemen.

ȝēmer, sb., = *O.N.* geymari; *guardian*; yemer M. H. 114; emer TUND. 224.

gēming, sb., *care*, GEN. & EX. 2783.

[ȝe-mengen] i-mengen, v., *O.E.* gemengan; *mix, trouble*; imenged (*pple.*) LAȝ. 28561; ROB. 119; imenget KATH. 605; imengd HOM. I. 185; BEK. 2147; SHOR. 9; AYENB. 196; imeind A. R. 332; O. & N. 18; CH. C. T. *A* 2170.

ȝemer, *see* ȝeomer.

[ȝe-merren] i-merren, v., *O.E.* gemerran, -myrran; *mar*; imerred (*pple.*) H. M. 11.

Gemes-tīd, sb., *St. James' day* (*July* 25), ROB. (W.) 10278.

[ȝe-met] i-met, sb., *O.E.* gemet, = *O.L.G.* gimet, *O.H.G.* ca-, kimez; *measure; moderation*; þet rihte imet FRAG. 5; bi ťon ilke imet ťe ȝe meteð HOM. I. 137; best is ever imete A. R. 286; *comp.* un-imet.

[ȝemet-fæst], adj., *O.E.* gemetfæst; *moderate*].

imetfest-līche, adv., *moderately*, FRAG. 1.

imet-līc, adj., *O.E.* gemetlīc, = *O.H.G.* kimezlīh; *moderate*: an imetliche broc LAȝ. 21783.

[ȝe-met²], adj., *O.E.* gemet (*fit*); *comp.* un-imet.]

[ȝe-mēten] i-mēten, v., *O.E.* gemetan, = *Goth.* gamitan, *O.H.G.* gemezan; *measure*; imēten (*pple.*) LAȝ. 21995; REL. II. 217; imete FER. 2092.

ȝe-mēten, v., *O.E.* gemētan; *meet*; imeten FRAG. 7; P. L. S. viii. 67; LAȝ. 19187; ȝemete HOM. I. 231; imete R. S. v; HORN (L.) 940; REL. I. 144; FER. 72; imōtte (*pret.*) A. R. 154; ROB. 179; CHR. E. 611; imēt (*pple.*) K. T. 960; SACR. 237; such pine hi habbeþ imet MISC. 152.

imēting, sb., *O.E.* gemēting; *meeting*, '*conventus,*' FRAG. 2.

[ȝe-mildsen] i-mildsen, v., *O.E.* gemiltsian; *show clemency*: imilze þu Octa & his iveren al swa LAȝ. 16837; imilcien (*subj.*) HOM. I. 39.

[ȝe-missen] i-missen, v., = *M.H.G.* gemissen; *miss*: þat he me ne imisse REL. I. 102 (MISC. 195); imist (*pple.*) A. R. 78; O. & N. 581.

gemmaire, sb., *Lat.* gemmārius; *jeweller*: the graving of the gemmaire WICL. EX. xxviii. 11; gemmaire (*gen. pl.*) craft EX. xxxix. 6.

gemme, sb., *O.Fr.* gemma; *gem*, MISC. 98; gemis (*pl.*) ne gewellis D. TROY 1368; *see* gim.

[ȝe-mōded, adj., *having a mood*; *comp.* stið-imōded.]

ȝe-mōt, sb., *O.E.* gemōt; *convention, assembly*, '*synodus*;' imot FRAG. 2; witene imot LAȝ. 11545; gemōten (*dat. pl.*) MAT. x. 17; *comp.* hāli-mōt.

gēmsle, sb., *O.N.* geymsla; *care*, ORM. 5095;

ȝemsall BARB. xx. 231; to ȝemsall *under his care* BARB. xvii. 231; ȝeimseill BARB. xi. 329; ȝhemsell ii. 136; ȝeemsell xx. 231.

ȝe-münde, sb., *O.E.* gemynd, = *Goth.* gamunds, *O.H.G.* gimunt; *mind*; imunde MISC. 37; of lihte nabbeþ hi none imunde O. & N. 252; on his geminde ['*in memoriam ejus*'] MK. xiv. 9.

imūnd-lēas, adj., *O.E.* gemyndlēas; *without a mind*, '*amens*,' FRAG. 3.

[ȝe-münde²] i-münde, adj., *O.E.* gemynde; *? mindful*; þine beoden þe beoð þe so imunde MARH. 12.

[ȝe-münden] i-münden, v., *O.E.* gemyndan; *mind, be mindful of*; imende (*imper.*) AYENB. 262.

[ȝe-mündi] i-mündi, adj., *O.E.* gemyndig; *mindful*: ȝif we imundie beoð godes bibode HOM. I. 89.

ȝe-müneȝen, v., *O.E.* gemynegian; *remember, remind*; imüneget (*pple.*) MARH. 12; þanne beo ic ȝemeneȝed mines weddes HOM. I. 225; imeneȝed SHOR. 69.

[ȝe-munan] imunen, v., *O.E.* gemunan; *remember*, LAȝ. 16309.

[ȝe-münnen] imünnen, v., *O.E.* gemynnan; *remember*, LAȝ. 8037; iminne S. A. L. 169.

[ȝe-münten] i-münten, v., *O.E.* gemyntan; *intend*; imünt (*pple.*) A. R. 408; REL. II. 277; imint HOM. II. 101; FER. 576; iment HORN (L.) 795; ALIS. 5942; OCTOV. (W.) 1953.

ȝēn, *see* ȝein.

[ȝe-námen] i-námen, v., *O.E.* genamian; *name*; inámid (*pple.*) WICL. I MAC. x. 1.

genciane, sb., *O.Fr.* gentiane; *gentian* (*the plant*), PR. P. 190; VOC. 226.

ȝend, *see* ȝeond.

ȝende, *see* ende.

gender, sb., *O.Fr.* gendre, genre; *gender, kind*, '*genus*,' PR. P. 190.

gendrin, v., *O.Fr.* gendrer; *gender, beget*, PR. P. 190; gendre WICL. GEN. xvii. 20; gendrith (*pres.*) ALIS. 6589; gendride (*pret.*) WICL. MAT. i. 2.

gendrer, sb., *parent*; gendrers [*later ver.* gendreris] (*pl.*) WICL. ZECH. xiii. 3.

gendringe, sb., *engendering*, CH. H. F. ii. 457.

gendrūre, sb., *O.Fr.* (en-)gendrūre, *med.Lat.* generātūra; *begetting*, WICL. JOB xl. 12.

ȝene, *see* ȝeȝen.

genealogi, sb., *O.Fr.* genealogie, *Gr.* γενεαλογία; *genealogy*; (*v. r.* genologi) C. M. 7846; genelogie MAN. (H.) 111; withoute genelogi (*later ver.* genologie) WICL. HEB. vii. 3; genolgie, genolagie YORK 271, 208; nethir ȝive tent to fables and genologies (*pl.*) WICL. I TIM. i. 4.

[ȝe-nēden] i-nēden, v., *O.E.* genēdan, -nȳdan; *need; compel*; inēd (*pple.*) A. R. 72.

ȝe-nemnen, v., *O.E.* genemnan, = *O.H.G.* ginemnan, -nennan; *nominate, name*; inemnen LAȝ. 24366; ȝenamned (*pple.*) HOM. I. 229; inemned A. R. 252; P. S. 215; AYENB. 66; E. W. 27; inempned C. L. 61; inemd HOM. II. 39.

ȝeneow, sb., *yawn, gape*: (he) ȝeonede mid his wide geneow MARH. 9.

generacioun, sb., *O.Fr.* generacion; *generation*, TREV. II. 231; MAND. 206, 223.

general, sb., *O.Fr.* general; *general*, AYENB. 14; in generalle MAND. 296.

general-lich, adj., *universal, catholic*: holi cherche generalliche AYENB. 263.

generalliche, adv., *generally*: generalliche ech manere of volk, ac specialliche þe greate lhordes AYENB. 16; generali C. M. 29118; generalli CH. C. T. *I*. 371.

generūs, adj., *O.Fr.* generous, *from Lat.* generōsus; *free, generous*: ȝineris, ȝinerus, jenerus D. TROY 1242, 357, 3917.

[ȝe-nēwen] i-nēwen, v., *O.E.* genīwian; *renew, renovate*; inēwed (*pple.*) AYENB. 107.

genge, sb., *O.E.* genge (SAX. CHR. 207), *O.N.* gengi, *cf. O.H.G.* (ana-)genge; *company, retinue, people*, HOM. I. 87; LAȝ. 15095; ORM. 3918; MAP 348; WILL. 1600; A. D. 241 PS. ii. 8; þe ... bereð me genge MARH. 21; D. TROY 1225; him and his genge wel he fedde HAV. 786; ginge ALIS. 1509; RICH. 4978; genge ['*gentes*'] HAMP. PS. ii. 1, 8; ging ALEX. (Sk.) 3484; gingis (*pl.*) ALEX. (Sk.) 1648, 2435; *comp.* ȝe-genge.

genge², adj., *O.E.* genge, = *O.H.G.* gengi, *M.L.G.* genge, *M.Du.* ghenge; *from* gangen; *current, usual*, O. & N. 804, 1002, 1065.

gengen, v., *O.E.* gengan, = *M.H.G.* gengen; *pass, move*: swa þat it muȝhe gengen us to berȝhen ure sawle ORM. 4160; make þi clerk before þe ȝinge MIRC 1963; gengþ (*pres.*) O. & N. 376; geinde (*pret.*) LAȝ. 4568; forð gengden (geinde) þa qvenen 12865.

[gengle, sb., = *O.H.G.* gengil; *comp.* fore-gengle.]

ȝenien, *see* ȝeonien.

genillere, sb., *O.Fr.* genouillere; *armour for the knees*: þe strok ... ful opon is genillere bar awai his chaunceore FER. 5631.

ȝe-nimen, v., *O.E.* geniman, = *Goth.* ganiman, *O.H.G.* gineman; *seize*; ȝenam (*pret.*) HOM. I. 223; inom LAȝ. 71; inumen (*pple.*) HOM. I. 29; MARH. 2; inumen, -nomen [inome] LAȝ. 186, 5383; inume O. & N. 541; inomen ALIS. 4668; inome BEK. 655; SHOR. 126; ASS. 5; MIRC 495; inumene (*pl.*) A. R. 42.

genital, adj., *O.Fr.* genital, *Lat.* genitālis; *genital*, WICL. NUM. xxv. 8.

genitrise, *see* genterise.

ȝe-niþerien, v., *O.E.* genitherian, -netherian, *cf. O.H.G.* ginidiran; *debase, humble*; gene-

ȝe-niþerien.

þered (*pple.*) MAT. xxiii. 12; iniþered, -niþered LAȝ. 10218, 25235; iniþered HOM. I. 117.
ȝe-nōh, adj. & adv., *O.E.* genōh, -nōg, = *O.L.G.* ginōg, *O.N.* gnōgr, *O.H.G.* genuog, *Goth.* ganōhs; *enough*, LAȝ. 2558; KATH. 347; ORM. 731; SPEC. 28; H. H. 51; inoh, inouh O. & N. 1182; inoȝ ROB. 18; AYENB. 22; inogh PR. C. 1466; inouh FRAG. 7; A. R. 86; inouh [-nouȝ] C. L. 408; inouȝ LIDG. M. P. 226; inouȝ, inou WILL. 100, 714; (*ms.* inowȝ, inow) WICL. LEV. xiii. 28; inou TREAT. 140; HAV. 563 (*spelt* inow 706); MAND. 59; PL. CR. 230; inogh [-nouȝ, -nough, -nou] CH. C. T. B 1477, BOET. iii. 3 (71); inog, anog GEN. & EX. 600, 3670; i-, anouȝ TRIST. 1535, 1598; i-, enogh C. M. 18226; enogh PERC. 952; inōhe (*pl.*) KATH. 514; inohȝe, inowe LAȝ. 2367, 3388; inoȝe HOM. I. 13; O. & N. 16; treos inoȝhe ORM. 14; inowe PL. CR. 215; inowe men RICH. 5905; anowe S. S. (Web.) 921; AM. & AMIL. 872.

gent, adj., *O.Fr.* gent; *gentle, well-born*, HAV. 2139; ROB. 24; SPEC. 89; þis is þe ladi so gent and fre C. L. 859; gente (*pl.*) O. & N. 204.

ȝent, *see* ȝeond.

gentelerie, sb., *gentility, gentry*: þuru þis lore and gentelerie he amendit huge companie MISC. 138.

genterie, sb., *gentry*, CH. C. T. D 1146; gentrie (*v. r.* genterise) LANGL. C xxi. 21*.

genterise, sb., *O.Fr.* genterise; *genteel carriage, gentility*, A. R. 168; gentrise JUL.[2] 52; gentrise C. M. 27568; gentris D. TROY 131; genterise, gentrise LANGL. B xviii. 22, C xxi. 21; genitrise [gentrise] ROB. (W.) 1313.

gentil, sb., *noble*, D. TROY 128; (*lady*) 437; gentiles (*pl.*) MAND. 251; gentils EGL. 1000; gentiles TREV. VII. 99; gentilles TREV. VII. 87; gentillis B. B. 22.

gentil[2], adj., *O.Fr.* gentil; *gentle, noble, generous*, A. R. 358; AYENB. 75; CH. C. T. A 72; a gentil tree PALL. iii. 709; gentil (*thoroughbred*) maris PALL. iv. 779; gentiller (*comp.*) HOM. I. 273; gentileste (*superl.*) A. P. i. 1014.

gentil-liche, adj., *gently*, LANGL. (Wr.) 1381.

gentil-man, sb., *mod.Eng.*gentleman; *nobleman*, '*generosus, proceres,*' VOC. 182; jentilman TOR. 91; gentilmen (*pl.*) P. S. 213; gentilmen children beeþ itauȝt to speke Frensche TREV. II. 159.

gentilnesse, sb., *nobility* (*of rank and of manners*), CH. TRO. iii. 1364.

gentil-woman, sb., *noble-born woman*, '*generosa,*' PR. P. 190; gentilwomman CH. C. T. *I* 838.

gentilesse, sb., *O.Fr.* gentillise, gentillece (*gentillesse*), *gentility*, AYENB. 89; gentilesse [gentillesse] CH. C. T. B 3441; PALL. xi. 28.

gentiletē, sb., *gentility*, AYENB. 89.

geometrie.

[ȝe-nūht, sb., *O.E.* genyht, *cf. O.H.G.* ca-, genuht; *abundance.*]

[ȝenūht-sum, adj., *O.E.* genyhtsum, *cf. O.H.G.* canuhtsam; *abundant.*]

inihtsumnesse, sb., *O.E.* genyhtsumniss, '*abundantia,*' FRAG. 4.

ȝēo, *see* hēo. ȝeōȝeðe, *see* ȝūȝeðe.

ȝēol, *see* ȝōl *and* ȝōle.

ȝeolke, sb., *O.E.* geolca; *yolk*, SAINTS (Ld.) 317; ȝolke TREAT. 137; D. ARTH. 3283; yholke PR. C. 6448; ȝelke '*vitellus*' PR. P. 537; VOC. 267; yelke VOC. 150.

ȝeolp, *see* ȝelp.

ȝeolu, adj., *O.E.* geolo, = *M.Du.* ghelu, *O.H.G.* gelu; *yellow*, P. S. 158; ȝeoluh A. R. 88; geleu REL. I. 129; ȝeleu (? *printed* yeleu) RICH. 2644; ȝelou, ȝalou MAND. 48; ȝelu [yelou] as wex CH. C. T. A 675; ȝolou ALIS. 1999; yalu HALLIW. 943; yalow ALEX. (Sk.) 607; þe ȝeolewe claθ HOM. I. 53; ȝelwe (? *printed* yelwe) Gow. III. 255; hir ȝelwe [ȝelowe, yolwe] heer CH. C. T. A 1049; ȝeoluwe (*pl.*) S. A. L. 150; ȝeluwe froggen HOM. I. 51; ȝealwe FER. 5881.

ȝalou-souȝt, sb., *jaundice*, HALLIW. 950.

ȝeolu-mon, sb., *man dressed in yellow, bumbailiff*: ther stont up a ȝeolumon P. S. 158.

ȝelhwnesse, sb., *yellowness*, PR. P. 537; ȝalownes CATH. 425.

ȝeoman, *see* ȝoman.

geomancie, sb., *O.Fr.* geomancie *from Lat.* geōmantia; *mensuration*: geomaunce GOW. III. 45; gemensie, geomesie LANGL. A xi. 153, B x. 208; MAND. 234; geomancie CH. C. T. *I* 605.

ȝēomer, adj., *O.E.* gēomor, gīomor, *O.L.G.* jāmar, *O.H.G.* jāmar; *lamentable, miserable*, HOM. I. 193; ȝemer SHOR. 113; yemer MISC. 30; hare ȝeomere bileave KATH. 1831; ȝeomere spelles LAȝ. 24942; þa ȝemere scipen 12039; iemere (*ms.* yemere) þoȝtes AYENB. 215; ȝōmere (*adv.*) O. & N. 415; ȝēomerest (*superl.*) LAȝ. 16566.

ȝēomer-līc, adj., *O.E.* geōmorlīc; *lamentable*, LAȝ. 29564; ȝomerli A. P. ii. 971.

ȝēomer-līche, adv., *lamentably*, MARH. 6; gemerliche HOM. II. 35; ȝomerli GAW. 1453; ȝamerli ANT. ARTH. vii.

ȝēomernes, sb., *misery*, MISC. 28.

[? ȝēomer-rēd] iumpred, sb., *mourning*, A. P. ii. 491.

ȝēomerien, v., *O.E.* gēomerian, = *O.H.G.* jāmarōn; *lament*; ȝōmers (*pres.*) D. TROY 543; ȝēomerinde (*pple.*) HOM. I. 97; gemerinde MK. v. 38; ȝēomerede (*pret.*) LAȝ. 23492; ȝamurt ANT. ARTH. vii.

ȝēomerunge, sb., *O.E.* gēomerung; *lamentation*, H. M. 35; ȝomering D. TROY 1722.

geometrie, sb., *O.Fr.* geometrie; *geometry*, LANGL. B x. 208; gemetrie '*geometria*' PR.

geometrie. P. 190; gemettrie and gramer PR. C. 7801; gematri MAS. 53; gematri D. TROY 8394.

geometrien, sb., *geometrican*; **gemetriens** (*pl.*) LIDG. TREAT. 1, 2.

ȝeon, pron., *O.E.* geon (ALFR. P. C. 443), *cf. O.Fris.* jene, *O.H.G.* jener, *O.N.* enn, *Goth.* jains; *yon*; ȝeon [ȝon, ȝone] liȝt LANGL. *B* xviii. 145, *C* xxi. 149; ȝon A. P. i. 672; C. M. 654; in ȝone stede Iw. 2549; on ȝone hil MAN. (F.) 12300; ȝone kniȝtes WILL. 4572; gune men GEN. & EX. 3135.

ȝeond, adv. (adj.), *O.E.* geond, = *L.G.* gind, giend, gond, *Goth.* jaind (ἐκεῖ); *yonder*; ȝond O. & N. 119; WILL. 846; ȝond [yond] in the gardin CH. C. T. *A* 1099; ȝond hoves a rial kniȝt AMAD. (R.) xlvi; þe holi man was ȝund of Irlande BRD. 1; her and gund GEN. & EX. 3851; ȝent rid Maximion A. D. 250; (*ms.* yend *for* ȝen, ȝeon) AYENB. 256; ȝonde (*for* ȝone) liȝt LANGL. *B* xviii. 187; o ȝond half ORM. 10588; a ȝund half BRD. 33; ȝendis WICL. 1 ESDR. iv. 16.

ȝeond-ward, adv., *to that place*, LAȜ. 30781.

ȝeond[2], prep., *O.E.* geond, giond, gind; *through, across*: ȝeond þa eorðe HOM. I. 91; ȝeond, ȝuond, ȝond, ȝend LAȜ. 28, 113, 494, 23200; ȝeond, ȝeont A. R. 72, 164; ȝend HORN (R.) 1012; ȝent al þis world P. S. 246; ȝond al þe world C. L. 1448; ȝont MARH. 23. **ȝeonde**[n], adv., *O.E.* geondan, = *M.L.G.* genten; *yonder*: þat ȝeonde liggeþ LEG. 21; yeonde O. & N. 119*; ȝeonde, ȝende, ȝonde LANGL. *C* xxi. 263; ȝonde (? *for* ȝond) CH. C. T. *A* 1099*; *comp.* bi-ȝeonden.

ȝeonder, adv., = *M.L.G.* gender, ginder, *M.Du.* ghender, ghinder, *Goth.* jaindre (ἐκεῖ); *yonder*; ȝonder FER. 1557; MAN. (F.) 12299; C. M. 3148; þat faire child þat stondeþ ȝonder [yondur] CH. C. T. *B* 1018; yonder TOR. 2070; jondur EGL. 290; ȝender A. P. ii. 1617; ȝendir HALLIW. 952; go þu yunder HAV. 922.

ȝeong, see **gang** and **ȝung**.

ȝeonien, v., *O.E.* geonian, ginian, = *O.H.G.* ginen; *yawn*, A. R. 242; **ȝeoneþ** (*pres.*) R. S. v; (MISC. 182); ȝeneþ ST. COD. 101; ȝeniþ (? *printed* yenith) ALIS. 485; yoneþ MISC. 183; ȝyonie [vonie] (*subj.*) O. & N. 292; **ȝeoniinde** (*pple.*) LEG. 185; **ȝeonede** (*pret.*) MARH. 9; ȝenede MAP 338; LEG. 126; yenede BEV. 787; ȝeneden WICL. PS. xxxiv. 21.

ȝe-openen, v., *O.E.* geopenian, = *O.H.G.* giofanōn, *open*; **ȝeopenede** (*pret.*) HOM. I. 225; **iopened** (*pple.*) A. R. 242; P. S. 221; iopenet MARH. 12.

ȝeor, ȝur, sb., *cry, wail*, A. R. 306; ȝur JUL. 51; *see* **ȝeorre**.

ȝeorde, see **ȝerde**.

ȝeoren, v., ? = *O.L.G., O.H.G.* gerōn, *O.Fris.* jeria; *yearn for, desire*; **ȝeore** (? *for* ȝeorne) (*pres. subj.*) LANGL. *A* i. 33; **ȝirde** (? *for* ȝirnde) (*pret.*) LAȜ. 11514; ȝirden [ȝeorden] 10297.

ȝeorn, adj., *O.E.* georn, gyrn, = *O.L.G.* gern, *O.N.* giarn, *O.H.G.* gern, *Goth.* gairns; *willing, desirous, eager*; ȝerne CH. C. T. *A* 3257; ȝeorne (*adv.*) HOM. I. 11; MARH. 2; A. R. 108; ORM. 2718; LEG. 17; he þonkede hire ȝeorne [ȝerne] LAȜ. 1261; ȝeorne, ȝorne O. & N. 538, 1352; who se ... ȝerne [ȝeorne] biholdeþ þis ilke writ C. L. 76; ȝerne MIRC 70; CH. C. T. *D* 993; MAN. (F.) 7064; DEGR. 605; gierne HOM. II. 9; drepen him he wolden yerne HAV. 1865; ȝorne AV. ARTH. xxiii; ȝurne BRD. 5; CHR. E. 52; ȝirne ED. 727; ȝarne BARB. iii. 547; þe **gernere** *the more willingly* HOM. II. 63; *comp.* **elmes-, lof-, mēd-, sōft-ȝeorn.**

ȝeorn-liche, adv., *O.E.* geornlīce; *eagerly*, HOM. I. 259; ȝeorneliche A. R. 82; gierneliche REL. I. 129; **ȝeornelüker** (*compar.*) A. R. 234; ȝernloker JOS. 593.

[**ȝeorne**, = *O.H.G.* gerni, *Goth.* gairnei; *desire*; *comp.* **sōft-ȝeorne.**]

ȝeorn-ful, adj., *O.E.* geornfull; *desirous, diligent*, ORM. 1631; ȝornful L. H. R. 224; we schulde ... beon yeornfulle MISC. 144.

ȝeornfulnesse, sb., *diligence*, ORM. 2690; ȝernvolnesse ANGL. I. 31.

ȝeornen, v., *O.E.* gyrnan, = *O.L.G.* gernean, girnean, *O.H.G.* gernen, *O.N.* girna, *Goth.* gairnjan; *yearn, desire*, ORM. 3579; ȝeornen, ȝernen, ȝirnen LAȜ. 3434, 15409, 23128; irne (*ms.* yrne) MISC. 144; ȝerne WILL. 58; yherne PR. C. 4663; ȝarne BARB. ii. 507; ȝirne (*pres.*) A. R. 400; AN. LIT. 3; ȝerne HORN (L.) 915; ȝeorneð LAȜ. 8250; iwhilc man þat ȝeorneþ godes are ORM. 1363; ȝernes (? *printed* yernes) IW. 1242; yhernes, yhornes PS. li. 2; heo ȝirneð HOM. I. 207; ȝarnis BARB. ix. 20; ȝerne (*subj.*) LANGL. *A* i. 33; (*ms.* yerne) HAV. 299; ȝurne we his dohter LAȜ. 934; **ȝarnand** (*pple.*) BARB. vii. 11; **ȝernede** (*pret.*) KATH. 1591; ȝernde, ȝirnde [ȝeornde] LAȜ. 4427, 4720; ȝirnde MARH. 2; yeornden SAX. CHR. 250; gerneden GEN. & EX. 3657; ȝirnden SPEC. 43; ȝarnit BARB. xx. 209; ȝe ȝarnit xii. 282; **ȝerned** (*pple.*) HOM. I. 271; A. P. i. 1189; ȝerned, ȝirned H. H. 162 (164); *comp.* **ȝe-ȝernen.**

ȝirnunge, sb., *O.E.* geornung; *yearning*, A. R. 114; ȝirning SPEC. 72; ȝerning C. M. 7310; yherning PR. C. 1127; ȝarning BARB. xviii. 220.

ȝeorre, sb., *O.E.* ȝerre; *outcry*, ALEX. (Sk.) 5042; *see* **ȝeor**.

ȝeorren, v., *O.E.* georran, girran, gyrran, = *M.H.G.* girren; *roar, rattle*; ȝurren (*ms.* ȝuren) MARH. 16; ȝellen & ȝur(r)en KATH. 2040; he(o) yeorreþ (*pres.*) & heo gredeþ MISC. 83; ȝurren þa stanes mid þan blodstremes LAȜ. 28358; **ȝerand** (*pple.*) ALEX. (Sk.) 4745; **ȝürde** (*pret.*) JUL. 50.

ȝüring, sb., *crying, shrieking*: þe unwiht ȝurde þat monie weren awundret hwet te ȝurung [*sec. text* ȝur] mahte beon JUL. 50.

ȝēoten, v., *O.E.* gēotan, = *O.L.G.* geotan, giotan, *Goth.* giutan, *O.H.G.* giozan; *pour out, shed*: blod ȝeoten (*shed*) LAȝ. 17318; ȝeoten ... teres HOM. I. 39; he sholde melten bras & ȝeten (*found, cast*) him a neddre ORM. 17418; geten GEN. & EX. 3548; ȝetin PR. P. 538; ȝete [ȝeete] WICL. EXOD. xxvi. 19; ȝēoteð (*pres.*) A. R. 282; gēt (*imper.*) GEN. & EX. 2815; ȝēat (*pret.*) FRAG. 6; þat te blod ȝeat [ȝet] (*poured*) a dun of þe ȝerden JUL. 16, 17; gette, get GEN. & EX. 582, 585; ȝoten MAP 338; ȝote JUL.² 55; yhotten PS. lxxviii. 3; ȝóten (*pple.*) (*ms.* ȝotenn) ORM. 1773; (? *printed* yoten) RICH. 371; AM. & AMIL. 2024; yhotin PS. xliv. 3; igoten JUL. 38; iȝotten H. M. 45; iȝote P. S. 250; TREV. I. 233; *comp.* a-, bi-ȝēoten; *deriv.* góte, güte.

ȝēoter, sb., *O.E.* gēotere; *pourer, founder, caster;* (*printed* geoter) ALIS. 6735; ȝeetere WICL. JER. vi. 29; *comp.* belle-ȝēter.

ȝētinge, sb., *pouring, shedding*, '*fusio*,' PR. P. 538; ȝeting WICL. JER. li. 17.

ȝeove, ȝeoven, *see* ȝife, ȝifen.

ȝeoxe, sb., *O.E.* geocsa, gicsa, gisca; *hiccup*; ȝoxe HALLIW. 954.

ȝeoxen, v., *O.E.* giscian, = *O.H.G.* geskōn, *M.L.G.* gischen; *hiccup; sob*; ȝixin, yexen '*singultio*' PR. P. 539; ȝiske CATH. 426; ȝexeþ [ȝeskeþ, ȝoxeþ] (*pres.*) CH. C. T. *A* 4151; ȝoxide (*pret.*) WICL. 4 KINGS iv. 36; ȝoxede and siȝte ofte BEK. 1568.

ȝixinge, sb., *O.E.* giscung, gicsung; *hiccup, sobbing*, '*singultus*,' PR. P. 539; ȝoxing ROB. 34; WICL. LAM. iii. 56; ȝosking WR. DICT. 1038.

ȝēp, *see* ȝēap. gepoun, *see* gipōn.

ȝēpse, sb., = *M.L.G.* gǣpse, gēspe; ȝēspe '*vola*' PR. P. 537; (? yepsen, *printed* thepsen) (*pl.*) VOC. 147; yespon PALL. xii. (p. 220).

[ȝe-pünden] i-pünden, v., *O.E.* gepyndan; *impound*; ipünd (*pple.*) A. R. 128.

ger, *see* geare. gēr, *see* gār.

ȝēr, *see* ȝēar.

[ȝe-rād] i-rēd, adj., *O.E.* gerād, -rǣd, = *Goth.* garaids, *M.H.G.* gereit; *ready, prepared*: hi beoþ alle irede MISC. 40.

irād-, irǣd-līche, adv., *readily*, LAȝ. 11532, 29631; iredliche AYENB. 1.

ȝe-rǣchen, v., *O.E.* gerǣcan, -rǣcean, = *O.H.G.* gereichan; *reach*: sige gerechen SAX. CHR. 201; irāut (*pple.*) M. T. 88.

[ȝe-rǣden] i-rǣden, v., *O.E.* gerǣdan, = *Goth.* garaidjan, *M.H.G.* gereiten; *ordain*; irǣd (*pple.*) LAȝ. 18100; as biforen irad wes C. L. 654.

[ȝe-rǣden²] i-rǣden, v., *O.E.* gerǣdan, = *Goth.* garēdan, *O.H.G.* girātan; *counsel*; ireden HOM. I. 15; irǣd [irad] (*pple.*) LAȝ. 11622; irad BRD. 20; FER. 4083.

ȝerǣdnesse, sb., *O.E.* gerǣdness; *counsel*: of one þinge sei me irednesse (*miswritten* iredynesse) MISC. 85.

ȝe-rǣdi, adj., *ready*; iredi O. & N. 488; BRD. 30; AYENB. 173; FER. 354; ireadi JUL. 8; aredi LAȝ. 17947*; SHOR. 81; AYENB. 121; aredili WILL. 5006; ȝerēdie (*pl.*) HOM. I. 239.

[ȝe-rǣsen] i-rǣsen, v., *O.E.* gerǣsan; ? *rush, make an onset*; irǣsed (*pple.*) LAȝ. 27296.

gerard, sb.,? *villain*: þat gredi gerard [Herod] als a gripe C. M. 11811; gerard 11905; gerard [*other texts* devil, fend] 22307.

ȝerd, *see* ȝeard.

ȝerde, sb., *O.E.* gerd, gierd, gird, gyrd, = *O.L.G.* gerda, *O.H.G.* gerta, *mod. Eng.* yard (*measure*); *rod, staff*, '*virga*,' PR. P. 537; MARH. 11; ORM. 16181; ROB. 22; MAN. (H.) 292; WICL. EX. xiv. 6, DEUT. xxiii. 1; gerde GEN. & EX. 2851; a ȝerde [yerde] long CH. C. T. *A* 1050; ȝorde, ȝerd A. R. 184; ȝerd FRAG. 3; HOM. I. 243; O. & N. 777; SHOR. 132; yerd AYENB. 95; anne ȝerd [ȝeord] LAȝ. 14771; yeorde REL. I. 184; ȝurd BEK. 2368; ȝerde (*dat.*) MAND. 85; mid one ȝerde FRAG. 5; mid ter ȝerde A. R. 184; if men smot it with a ȝerde CH. C. T. *A* 149; ȝerden (*pl.*) A. R. 186; ȝerden [ȝurden] L. H. R. 26; ROB. (W.) 6985; ȝerdes LANGL. *A* v. 128; ȝerden (*dat. pl.*) LAȝ. 20318; JUL. 17; *comp.* eln-, kine-, līm-, seil-ȝerde(-ȝerd).

gerdel, *see* gürdel. gerden, *see* gürden.

ȝerdien, v., ? *beat with rods*: hwil me ȝerdede (*pret.*) hire MARH. 6.

gerdōn, *see* gverdōn. gere, *see* geare.

gére (? gēre), sb., ? = geare; *or* ? *Lat.* gȳrus (*turn*); *manner behaviour; change, vicissitude*: in his geare CH. C. T. *A* 1372; as don þes lovers in hir qveinte géres [geeres] (*pl.*) CH. C. T. *A* 1531; HOM. II. 35, 165; wilde geris PERC. 1351; *deriv.* géri, gériah.

gér-ful, adj., *changeable, unlucky*: gerful violence CH. TRO. iv. 256; right as hir dai (*Friday*) is gerful [*v. r.* grisful, gerful, gereful] CH. C. T. *A* 1538.

ȝēre, *see* ēare, ȝēar.

ȝerēdie, *see* ȝerǣdi.

ȝe-reard, sb., *O.E.* gereord; *language*, HOM. I. 225; irord 97.

[ȝe-rēaven] i-rēaven, v., *O.E.* gerēafian; *seize*; irēaved (*pple.*) AYENB. 143; irǣved LAȝ. 10508.

[ȝe-recchen] i-recchen, v., *O.E.* gereccan, -reccean, *O.H.G.* kirechan; *expound, narrate*; irǣht (*pret.*) FRAG. 2; ireht (*pple.*) HOM. I. 89; iraht LAȝ. 10842.

ȝerecchednisse, sb., *O.E.* gereccednyss; *relation, narration*; (*ms.* gerechednysse) MAT. i. 1; irecednesse *interpretation* HOM. I. 97; irǣcchednesse '*historia*' FRAG. 2.

ȝe-rēchen, v., *cf. O.L.G.* rōkian, *M.H.G.* geruochen; ? *reck, care*: wham so hit ireche

HORN (R.) 358; (reche H. 364, recche L. 352).

ʒe-rēfe, sb., *O.E.* gerēfa; *steward, sheriff* ['*villicus*'] LK. xvi. 3; ireve P. L. S. viii. 25*; irēfen (*dat. pl.*) HOM. I. 115.

ʒe-rēfen, v., *O.E.* gehrēfan; *roof, cover*; ʒerēf (*imper.*) HOM. I. 225.

[ʒe-rekenen] i-rekenen, v., *O.E.* gerecenian, = *O.H.G.* gerechenōn; *reckon*; irekened (*pple.*) H. M. 33; irikened A. R. 82.

ʒeren, *see* ʒearwien.

ʒe-rennen, v., *run*; ʒerne HORN (L.) 705.

ʒe-reordung, sb., *O.E.* gereordung; *dinner*. ireordung-hūs, sb., *refectory*, '(*refecto)-rium*,' FRAG. 4.

[ʒe-reste] i-reste, sb., *rest, repose*, HOM. I. 47.

[ʒe-resten] i-resten, v., *O.E.* gerestan, = *O.H.G.* girestan; *rest*: on heore irǣste (*pple.*) steden LAʒ. 26646.

gērfaucun, sb., *Lat.* gȳrofalcōnem; *gerfalcon* (*a kind of hawk*), PR. P. 190; gerfaukon WICL. DEUT. xiv. 16.

gerfaunt, sb., *?* there also ben mani bestes that ben clept orafles; in Arabie thei ben clept gerfauntz (*pl.*) MAND. 289.

gēri, adj., *cf.* gére; *changeable, changeful*, CH. C. T. *A* 1536; DEP. R. iii. 130; LIDG. M. P. 24.

[ʒe-rīden] i-rīden, v., *O.E.* gerīdan; *ride*; iriden (*pple.*) LAʒ. 24855; iride AR. & MERL. 3103.

[ʒe-riht, adj., *O.E.* geriht, *cf. O.H.G.* gerehti, Goth. garaihts; *right*;] irihte (*adv.*) HOM. I. 15.

iriht-lēchan, v., *O.E.* gerihtlæcan; *make right, correct*, HOM. I. 115.

ʒe-rihte, sb., *O.E.* geriht *n.*; *right*, LAʒ. 7906; furleosen his irihte MISC. 97; þas gerichtan (*pl.*) ANGL. VII. 220.

[ʒe-rihten] i-rihten, v., *O.E.* gerihtan, = *O.H.G.* ka-, gerihtan, Goth. garaihtjan; *make right, correct*; iriht (*pple.*) LAʒ. 14889; þou hast irist þat was a mis SHOR. 131; iriht up *erected* A. R. 364.

[ʒe-rīme, adj., *able to be counted*; *comp.* un-ʒerīm.]

[ʒe-rīmen] i-rīmen, v., *O.E.* gerīman, = *O.H.* G. girīman (*number*); *count*; irīmed (*pple.*) AYENB. 99.

[ʒe-rīnen] i-rīnen, v., *O.E.* gehrīnan; *touch*; irīneð (*pres.*) HOM. I. 77; alle heore vingeres irīnen (*pple.*) mid goldringes LAʒ. 24600.

[ʒe-rīp] i-rīp, sb., *O.E.* gerīp; '*messis*,' FRAG. 2.

ʒe-rīsen, v., *O.E.* gerīsan, = *O.L.G.* girīsan, *O.H.G.* kirīsan; *become, befit*; gerīseð (*pres.*) HOM. II. 141.

gérish, adj., *? from* gére; *? impetuous*; gerisshe LIDG. M. P. 243.

gerken, *see* ʒearkien.

gerl, gurl, sb., *cf. L.G.* gör, *mod.Eng.* girl; *boy or girl*, CH. C. T. *A* 3769; girl A. P. i. 205; girles (*pl.*) ALIS. 2802; P. S. 337; gerles WILL. 816; LUD. COV. 181; gerles, gurles LANGL. *B* i. 33, *C* ii. 29.

gerland, sb., *O.Fr.* gvirlande, garlande, gerlaunde; *garland*: þe garland Roberd tok MAN. (H.) 331; a garland (*v. r.* garlond, gerland) had he set upon his heed CH. C. T. *A* 666; in garlande gai A. P. i. 1185; garland, garlant, garlond VOC. 196, 262, 268; garlonde PR. P. 187; a garland of leves P. S. 218; gerlande LANGL. *B* xviii. 48; gerlondes (*pl.*) AYENB. 71.

germain, adj., *Fr.* germain, *from Lat.* germānus; *german*: broþer germain AYENB. 146; sister germain WICL. 3 KINGS xi. 19.

germaunder, sb., (*herb*), '*germandra*,' PR. P. 190.

ʒermen, v., *O.E.* gyrman; *from* ʒarm; *cry out, bellow*: þe fend biʒan to crie and ʒarme HALLIW. 951; ʒermis (*pres.*) D. ARTH. 3911; ʒarmand (*pple.*) ALEX. (Sk.) 4745.

germine, v., *Lat.* germināre; *bud*, PALL. xii. 48.

ʒern, *see* ʒeorn. ʒerne, *see* ʒerennen.

ʒerne-mouþe, ʒernemūðe, pr. n., *Yarmouth*, LAʒ. 30543; ROB. 227.

ʒernen, *see* ʒeornen.

gerner, sb., *O.Fr.* gerner, gernier, grenier, *med.Lat.* granārium; *garner*, HOM. I. 85; MAND. 52; þet gernier AYENB. 191; gernere LANGL. *B* vii. 129.

gernet, *see* garnet.

Gernesēie, pr. n., *Guernsey*, ROB. 243.

[ʒe-rōbed] i-rōbed, pple., *robed*: (þ)us irobed in russet LANGL. *A* ix. 1.

ʒerre, *see* ʒeorre.

gers, *see* græs. ʒersten-, *see* ʒestren-.

gersume, *see* gærsume. gerþ, *see* gurd.

[ʒe-rūmen] i-rūmen, v., *O.E.* gerȳman, = *O. H.G.* garūmman; *clear, evacuate*; irūm (*imper.*) LAʒ. 3698; ʒerīmed (*pple.*) HOM. I. 231.

[ʒe-rūsten] i-rūsten, v., *O.E.* gehyrstan, *cf. O.H.G.* kihrusten; *adorn*: irūst (*pple.*) al mid golde LAʒ. 25812.

ges, sb., *O.Fr.* get, giet; *jess*: ase me of halt þane voʒel beþe þe ges þet he ne vli to his wille AYENB. 254.

ʒes, *see* ʒū-se *under* ʒēa.

[ʒe-sǣle] i-sǣle, adj., *happy*, LAʒ. 7666; *comp.* un-isǣle.

[ʒe-sǣli] i-sǣli, adj., *O.E.* gesælig; *happy*; iseli HOM. I. 117; LAʒ. 28861; A. R. 60.

ʒe-sēlhðe, sb., *felicity*, HOM. I. 109; iseluhðe A. R. 382.

ʒe-sǣlþe, sb., *O.E.* gesǣlð; *felicity*; ʒeselþe, -selþi P. L. S. viii. 8; HOM. I. 161; HOM. II. 220; ANGL. I. 8; (*ms.* hiselþe) REL. I. 181 (*printed* his elþe MISC. 124).

[ʒe-saht] i-sauʒt, pple., *reconciled*, HOM. II. 256; isahte R. S. v (MISC. 176).

[ʒe-sahtnien] i-sahtnien, v., *reconcile*; isehtnede (*pret.*) HOM. I. 83.

[ʒe-samme] i-samme, adv., *alike*, LANGL. *A* x. 193.

[ʒe-samnien] i-samnien, v., *O.E.* gesamnian, -somnian, = *O.H.G.* gisamanōn; *assemble*; isomnie LAʒ. 24248; isomned (*pple.*) HOM. I. 135.

isomnunge, sb., *O.E.* gesamnung, -somnung; *assembly*, HOM. I. 93.

ʒe-sāwen, sb., *O.E.* gesāwan; *sow*; ʒesāwen (*pple.*) HOM. I. 241; isawe SHOR. 27; isowen LANGL. *B* v. 550; isowe O. & N. 1614.

ʒe-scēad, sb., *O.E.* gescēad, = *O.H.G.* gascait, -sceit; *distinction, discretion*, HOM. I. 97; þet iscead FRAG. 1; ʒesceod HOM. I. 231.

iscēad-wīs, adj., *O.E.* gescēadwīs; *reasonable*: þa isceadwise mon HOM. I. 105.

iscēadwīsnesse, sb., *O.E.* gescēadwīsness; *discretion*, HOM. I. 105.

ʒe-sceafte, sb., *O.E.* gesceaft, = *O.H.G.* gascaft, *Goth.* gaskafts *f.*; *creature*, FRAG. 8; ʒescefte HOM. I. 219; iscefte 75.

ʒe-scēaden, v., *O.E.* gescēadan, = *O.H.G.* gesceidan, *Goth.* gaskaidan; *shed, separate*; ʒesceodeð (*pres.*) HOM. I. 237; isched, -schod (*pple.*) TREV. V. 369.

ʒe-scheapien, v., = *O.H.G.* gescafōn; *shape, form*; ischeaped (*pple.*) A. R. 200.

ʒe-schēawen, v., *O.E.* gesceawian, = *O.H.G.* gascauwōn; *show*; ischēawed (*pple.*) KATH. 1573; A. R. 154; ischeawed SHOR. 161.

[ʒe-schenden] i-scenden, v., *O.E.* gescendan, -scyndan, = *O.H.G.* gescentan; *disgrace*, LAʒ. 25508; iscend (*pple.*) FRAG. 7; ischend MARH. 15; A. R. 248; O. & N. 1336; MIRC 1113; eschend MISC. 221.

iscendnesse, sb., *O.E.* gescendnyss; *disgrace*, HOM. I. 93.

[ʒe-schēoten] i-schēoten, v., *O.E.* gescēotan, = *O.H.G.* gisciozan; *shoot*; iscoten (*pple.*) LAʒ. 6487; REL. I. 183 (MISC. 176); ischoten JUL. 72; ischote, -shote, -scote O. & N. 23, 1121; ischote CHR. E. 928; ishote ALIS. 5953.

ʒe-scheppen, v., *O.E.* gesceppan, -scyppan, = *Goth.* gaskapjan, *O.H.G.* kisceffan; *shape, make, form*; ʒesceōp, -scop (*pret.*) HOM. I. 219; iscop HICKES I. 223; HOM. I. 77; LAʒ. 21090; ischop MISC. 57; ischeápen (*pple.*) HOM. I. 203; JUL. 5; iscæpen [isape] LAʒ.

15857; ischapen KATH. 221; R. S. iv; REL. I. 174; ALIS. 6465; WILL. 2634; CH. C. T. *G* 1080.

[ʒe-schēren] i-schēren, v., *O.E.* gesceran, = *O.H.G.* gisceran; *shear*; ischorn, -shorn (*pple.*) CH. C. T. *A* 589; ischore LEG. 182; S. S. (Web.) 597.

[ʒe-schilden] i-schilden, v., *O.E.* gescildan, -sceldan; *shield*; ischilde, -shilde O. & N. 781; iscilt (*pres.*) HOM. I. 111; iscilde (*subj.*) HOM. I. 53; LAʒ. 23735; ischilde A. R. 84; god almihti þat ischilde S. S. (Web.) 1461; ishilde REL. I. 245; ischeld (*imper.*) SHOR. 86.

[ʒe-schīren] i-schīren, v., *pronounce*: ne dar heo noht a word ischire O. & N. 1532; loke þat þu na mare swulc þing ne iscire (*pres. subj.*) LAʒ. 17129.

[ʒe-schrīven] i-schrīven, v., *O.E.* gescrīfan; *shrive*; iscrifen (*pple.*) HOM. I. 23; i-schriven A. R. 332; MISC. 152; ischrive BEK. 2188; ishrive LANGL. *B* v. 91.

ʒe-schrūden, v., *O.E.* gescrȳdan; *clothe*; ischrūd (*pple.*) KATH. 1187; A. R. 66; R. S. v; ischrid REL. II. 191; P. L. S. v. (b.) 11; ʒescridde (*pl.*) HOM. I. 225.

[ʒe-scōle] i-scōle, sb., *shoal, school, army*, HOM. I. 243; *comp.* heri-scōle.

ʒescung, *see* ʒiscung.

ʒe-sēchen, v., *O.E.* gesēcan, -sēcean, = *Goth.* gasōkjan, *O.H.G.* gisuochan; *seek*; isechen HOM. I. 31; LAʒ. 28827; ʒeseche HOM. II. 145; iseche O. & N. 741; isoute (*pret.*) LAʒ. 24556; isoute ST. COD. 97; isōht (*pple.*) P. S. 216; isoʒt R. S. v; BEK. 68; isouht MISC. 46.

ʒesecðe, *see* ʒesihðe.

[ʒe-seʒd] i-sēd, sb., = *M.H.G.* gesegede; ?*dictum*, P. L. S. xvii. 439.

[ʒe-seʒen], pple., ? *seen*; *see* ʒesēon.]

iseʒen-līc, adj., *O.E.* gesewenlīc; *visible*: alle iseienliche ðing HICKES I. 166; *comp.* un-iseʒenlīc.

[ʒe-seggen] i-seggen, v., *O.E.* gesecgan, = *O.H.G.* gisagen; *say*; isegge (*pres. subj.*) HOM. I. 15; isegd (*pple.*) HOM. I. 233; iseid MARH. 19; MISC. 26; C. L. 1123; iseid, ised, isæd LAʒ. 4150, 5428, 31706; iseid, ised O. & N. 395, 1037.

[ʒe-sellen] i-sellen, v., *O.E.* gesellan, -syllan, = *O.L.G.* gisellien; *sell*; iseald (*pple.*) HOM. I. 13; isold FRAG. 7; FL. & BL. 192; P. L. S. xxi. 77; C. L. 344.

ʒesēlðe, *see* ʒesǣlðe.

[ʒe-sēme ?]

isēme-liche, adj., *seemly*, LAʒ. 21785.

[ʒe-sēmen] i-sēmen, v., *O.E.* gesēman; *seem, accommodate, conciliate, befit*: on name þe hire mihte isemen LAʒ. 9587; þa he hafde al iset and al hit isēmed (*pple.*) 21128; isemet MARH. 23.

gēsen, adj., *O.E.* gǣsne, gēsne (*barren*), *cf.*
O.H.G. keisenī (*barrenness*); *scarce, rare;
barren*: mi wafres þere were gesene LANGL.
B xiii. 271 ; trew love is full geson S. & C.
II. viii ; when eggis and craime be gesoun B.
B. 170; for faute of witt her liif is gesoun
H. v. 64.

[ʒe-senden] i-senden, v., *O.E.* gesendan, =
O.H.G. gisentan, *Goth.* gasandjan; *send*;
isende (*pres. subj.*) MISC. 196; **isend** (*pple.*)
FRAG. 7 ; PROCL. 11 ; BEK. 1328 ; isent CH.
C. T. E 2220.

[ʒe-sēne] i-sēne, adj., *O.E.* gesēne, -sȳne ;
visible, LAȝ. 9548; O. & N. 166; MARG. 122 ;
CH. C. T. *A* 592 ; asene CHR. E. 44 ; ALIS.
847.

ʒe-sēon, v., *O.E.* gesēon, = *O.L.G.* gisehan,
O.H.G. gasehan, *Goth.* gasaihwan ; *see*; iseon
MARH. 7 ; A. R. 92 ; R. S. iv ; iseo BEK. 125 ;
C. L. 556 ; iseo, iso O. & N. 371 ; iseon, iseen
ALIS. 144, 527 ; gesien (*ms.* gesyen) MAT.
xxviii. 1 ; isien ANGL. I. 8 ; isuen SPEC. 101 ;
ise TRIST. 1337 ; CH. C. T. *E* 2402; isee P. L. S.
i. 14 ; isi SHOR. 107 ; **isihst** (*pres.*) A. R. 178;
isihst, isixt (*ms.* isixst) LAȝ. 5195, 21959; isihst,
-sist O. & N. 1225 ; isixt LEG. 193; isihð A. R.
6; isihþ C. L. 708; isihð, isið HOM. I. 125;
isikth LEB. JES. 539 ; iziȝþ AYENB. 81 ; (heo)
iseoð A. R. 196; iseoþ TREAT. 132; SHOR. 56;
isig (*imper.*) AYENB. 161 ; **iseiȝe** (*subj.*) FRAG.
6; **iseh,** iseh, iseih (*pret.*) LAȝ. 553, 1408,
4671; iseh HOM. I. 43 ; iseih A. R. 166 ; iseȝ,
-seih (*ms.* iseyh) O. & N. 29; iseȝ BEK. 93 ;
iseiȝ C. L. 319; isegh S. S. (Web.) 966 ; þou
iseȝe P. L. S. x. 55 ; iseȝe AYENB. 20 ; iseȝen
[isehe] LAȝ. 6420 ; (*ms.* iseien) A. R. 190;
isēhe, iseȝe (*subj.*) HOM. I. 31, 253; iseȝe
O. & N. 425; iseie L. H. R. 28; **isehen**
(*pple.*) KATH. 1746; iseȝen HOM. I. 97; LAȝ.
6626; SHOR. 160; iseien A. R. 92; iseiȝen
[iseȝe, iseien, iseie] LANGL. *A* v. 4 ; iseȝe BRD.
1; iseie WILL. 1874.

[ʒe-seowien] i-seowien, v., *sew*; **iseouwed**
(*pple.*) A. R. 200; isowed BEK. 1838; isewed
PL. CR. 229.

ʒe-setnesse, sb., *O.E.* gesetnyss; *constitution,
statute*; isetnesse HOM. I. 87; þas **isetnesse** (*pl.*) 115; isetnesses PROCL. 4.

ʒe-setten, v., *O.E.* gesettan, = *Goth.* gasatjan,
O.H.G. kesezzan; *set, constitute*; ȝesette
(*pret.*) HOM. I. 227 ; isette LAȝ. 22054; **iset**
(*pple.*) KATH. 1997; A. R. 254; BEK. 1366 ;
isette hure A. R. 428; ænne isetne dæi LAȝ.
15184.

[ʒe-sib] **i-sib,** adj. & sb., *O.E.* gesibb; *related,
relation*, ROB. 315; þe weren his moder isib
LAȝ. 411 ; **isibbe** (*pl.*) MISC. 144 ; heo weren
isibbe LAȝ. 30533; menie of hem him were
isibbe P. L. S. xvi. 85; *comp.* un-isibbe.

isibsum, adj., *peaceable*, HOM. I. 95.

[ʒe-sīȝen] i-sīȝen, v., *O.E.* gesīgan, = *O.H.G.*

gesīgan; *glide*; **isīȝen** [iseȝe] (*pple.*) LAȝ.
12537 ; isihen hider KATH. 2084.

ʒe-sihðe, sb., *O.E.* gesihð ; *sight*; isihðe LAȝ.
13990 ; HICKES 1. 224 ; ȝesichðe (*ms.* ȝesychðe), ȝesecðe HOM. I. 229, 239.

gesīne, sb., *O.Fr.* gesine; *childbed*, C. M.
3906; LUD. COV. 150.

ʒe-sinhēowen, sb., pl., *O.E.* gesinhīwan ;
husband and wife, 'conjuges,' FRAG. 2.

[ʒe-sitten] i-sitten, v., *O.E.* gesittan, = *Goth.*
gasitjan, *O.H.G.* gasizzan; *sit*: he þa **iset**
(*pret.*) (*possessed, occupied*) þet seld xxx ȝera
HOM. I. 93 ; **iseten** (*pple.*) LAȝ. 18532 ; MISC.
154 ; whan we beoþ isete BRD. 13.

[ʒe-slǣpen] i-slǣpen, v., *O.E.* geslǣpan, =
Goth. gaslēpan; *sleep*; **islǣpe** (*pple.*) BRD.
6; P. S. 343 ; AYENB. 128 ; islape AR. &
MER. 2377.

[ʒe-slēan] i-slēan, v., *O.E.* geslēan, = *O.H.G.*
geslahan ; *slay* ; islaȝen, -slæȝen, -slawen
(*pple.*) LAȝ. 322, 965, 7678 ; islaȝe O. & N.
1142 ; AYENB. 58 ; islawe BEK. 2189; ALIS.
725 ; JOS. 96 ; (*ms.* isleien) A. R. 156 ; islein
KATH. 201 ; islain TRIST. 1081 ; CH. C. T.
B 605.

gēsling, *see under* gōs.

[ʒe-smakien] i-smakien, v., *taste*; **i-smacked** (*pple.*) A. R. 316*; þet hedde wel
... ismacked þe ilke zvetnesse AYENB. 93.

[ʒe-smeocchen] i-smeocchen, v., *O.E.* gesmeccan, = *O.H.G.* kesmecchan ; *taste*; **i-smaht** (*pple.*) HOM. I. 189 ; ismeiht A. R.
92.

[ʒe-smērien] i-smērien, v., *O.E.* gesmerian,
-smirian, *cf. O.H.G.* gesmiran ; *smear*; **i-smēred** (*pple.*) MISC. 28; AYENB. 93 ; ismiret
H. M. 13*.

[ʒe-smīten] i-smīten, v., = *Goth.* gasmeitan,
O.H.G. gasmīzan ; *smite* ; **ismāt** (*pret.*) LAȝ.
25615 ; **ismite** (*pple.*) BEK. 2143 ; LEG. 28 ;
REL. I. 267 ; CH. BOET. iii. 7 (80) ; ismete
P. 73 ; TREV. III. 283.

[ʒe-sōm] i-sōm, adj., *O.E.* gesōm ; *agreed,
concordant*, R. S. v ; **isōme** (*pl.*) O. & N. 1735 ;
ROB. 40 ; to maken us isome S. J. 20 ; *comp.*
un-isōm.

ʒe-sōðien, v., *O.E.* gesōðian; *verify*, LAȝ.
29011 ; **isōðet** (*pple.*) HOM. I. 261.

[ʒe-spēde] i-spēde, sb., ? *for* spēde ; *success*,
LAȝ. 23417.

[ʒe-spēden] i-spēden, v., *O.E.* gespēdan, *cf.*
O.H.G. gespuotōn ; *speed*; **ispēde** (*pres.*)
MISC. 40 ; **ispēdden** (*pret.*) LAȝ. 3399 ; **ispēd**
(*pple.*) BEK. 1485 ; SPEC. 110 ; CH. C. T. *A*
4220.

[ʒe-spēken] i-spēken, v., *O.E.* gesprecan, =
O.H.G. gisprechan ; *speak*; **ispac** (*pret.*)
LAȝ. 19504 ; ispeken 3263 ; **ispēken** (*pple.*)
HOM. I. 51 ; LAȝ. 3136 ; A. R. 108 ; ispeke O.
& N. 1293 ; BRD. 15 ; C. L. 1062 ; AYENB. 44.

[ʒe-spillen] i-spillen, v., *O.E.* gespillan, = *O.H.G.* gispillan ; *spill, destroy, ruin* ; **ispilled** (*pple.*) HOM. I. 17; ispild MISC. 144 ; ASS. 18 ; AYENB. 75.
[ʒe-spinnen] i-spinnen, v., = *O.H.G.* kispinnan ; *spin* ; **isponne** (*pple.*) P. L. S. xvii. 156; SHOR. 95; ALIS. 7251.
ʒēspon, *see* ʒēpse.
[ʒe-sprǣden] i-sprǣden, v., *O.E.* gesprǣdan, = *O.H.G.* gispreitan ; *spread* ; **isprēd** (*pple.*) A. R. 390; isprad BRD. 6 ; CH. BOET. iii. 6 (78) ; espred AUD. 78.
[ʒe-springen] i-springen, v., *O.E.*,= *O.H.G.* gispringan ; *spring* ; **isprunge** (*pple.*) O. & N. 300 ; HORN (L.) 548 ; ispronge BEK. 1285.
gesse, sb., = *M.Du.* ghisse ; *guess, supposition*: up gesse LANGL. *B* v. 421 ; bi gesse LIDG. M. P. 58.
gesseraunte, *see* jesseraunt.
gessin, v.,=*M.L.G.* gissen, *M.Du.* ghissen, *Dan.* gisse, *Swed.* gissa ; *guess, suppose, have an opinion, expect*, '*aestimo, arbitror, opinor*,' PR. P. 190; gesse RICH. 4482 ; A. P. i. 498 ; he seide he wolde gesse to arive at Westnesse HORN (R.) 1187 ; gess BARB. xiv. 270 ; **gesse** (*pres.*) TRANS. XIII. 26 ; CH. C. T. *A* 82 ; gessist WICL. MK. iv. 41 ; **gesside** (*pret.*) WICL. I KINGS i. 13 ; gessiden WICL. MK. vi. 49.
gessare, sb.,=*M.L.G.* gisser ; *guesser*, '*aestimator*,' PR. P. 190.
gessinge, sb., = *M.L.G.* gissinge, *M.Du.* ghissinge ; *supposition, expectation*, '*aestimatio*,' PR. P. 190 ; TREV. II. 59 ; CH. BOET. i. 4 (21).
gest, sb., *O.E.* gest, gæst, giest, gist, gyst, = *O.N.* gestr, *O.L.G., O.H.G.* gast, *Goth.* gasts, *Lat.* hostis ; *guest*, '*hospes*,' PR. P. 191 ; SPEC. 30 ; AYENB. 249; gist A. R. 68 ; REL I. 130 (HOM. II. 165); gesse B. B. 342 ; gheste TREV. IV. 81 ; geste (*dat.*) GEN. & EX. 1054 ; **gestes** (*pl.*) WILL. 4904 ; PR. C. 1374 ; gistas HOM. I. 109; gistes A. R. 414 ; TREV. III. 461 ; geste GEN. & EX. 1070 ; HORN (L.) 1217 ; gustes ROB. (W.) 5788, 8853*.
gest-halle, sb., *guest-hall*, LAI LE FR. 258.
gest-hûs, sb., *O.E.* gæst-, gesthūs,= *O.H.G.* gasthūs ; *guest-house, inn*, ORM. 7040.
gest-, (gist-)wise, adv., *in manner of a guest*, TREV. III. 161.
ʒest, sb., *O.E.* gist,=*M.L.G.* gest, *M.H.G.* jest, gest ; *yeast* ; ʒeest '*spuma*' PR. P. 537.
[ʒe-standen] i-standen, v., *O.E.* gestandan, =*Goth.* gastandan, *O.H.G.* gistantan ; *stand* ; **istonden** LAʒ. 15505 ; **istonde** (*pple.*) HOM. I. 47 ; istond(e) TRIST. 973.
ʒe-staðel-fæsten, v., *O.E.* gestaðelfæstan ; *make stable* ; ʒesteþelfaste (*pret.*) HOM. I. 221.
ʒe-staðelien, v., *O.E.* gestaðolian ; *make stable* ; istaþeleð (*pres.*) HOM. I. 115 ; ʒestaþeled (*pple.*) HOM. I. 225 ; þis lond wes istaðeled LAʒ. 6777.

geste, sb., *O.Fr.* geste, *mod.Eng.* jest ; *achievement, story*, HORN (R.) SUPERSC. ; A. P. i. 277 ; **gestes** (*pl.*) LANGL. *C* xii. 23 ; jeestes *A* xi. 23 ; gestis HAMP. PS. xlvii. 12* ; of gret gestis (? *of large dimensions*) ane sow thai maid BARB. xvii. 597.
[ʒe-stefnen] i-stefnan, v., *O.E.* gestefnan ; *constitute* ; **istefned** (*pple.*) A. R. 310.
ʒesten, v., ? *overflow* : þai ʒeʒd & ʒolped of ʒestande (*pple.*) sorʒe A. P. ii. 846.
gesten, v., *lodge, feast* : to gesten in hir leif licam C. M. 10079 ; his men wer wel **gested** (*pple.*) with brede MAN. (H.) 160.
gestinge, sb., *entertainment, lodging* : his niʒtes gestinge FL. & BL. 125 ; gesting C. M. 11443.
gesten², v., *from gest*, sb., *story ; tell a story* : gestin in romaunce '*gestio*' PR. P. 191 ; i kan nat geeste, rum ram ruf, bi lettre ne, god woot, rim holde i but litel bettre CH. C. T. *I* 43.
gesting, sb., *telling a tale* : gestinge or romauncinge '*gesticulatus, rythmicatus*' PR. P. 191.
[ʒe-stēoren] i-stēoren, v., *O.E.* gestēoran, -stȳran, = *O.H.G.* gistiuran ; *steer, govern*, HOM. I. 95.
[ʒe-stīʒen] i-stīʒen, v., *O.E.*,=*O.H.G.* gestīgan, *Goth.* gasteigan ; *ascend* ; **istien** (*pple.*) A. R. 400; istihe H. M. 47 ; ? istoʒen HOM. I. 107.
ʒe-stillen, v., *O.E.* gestillan, = *O.H.G.* gastillan ; *still, allay* : he ʒestilde (*pret.*) windes HOM. I. 229 ; istild (*pple.*) SHOR. 133.
[ʒe-stinken] i-stinken, v., *O.E.* gestincan, = *O.H.G.* gestinchan ; *smell* ; **istinckeð** (*pres.*) A. R. 84.
gestnen, v.,=*M.L.G.* gesten, *O.N.* gista ; *to entertain ; lodge, be entertained* : he wule gistnen mid ou A. R. 402 ; **gestened** (*pret.*) C. M. 2712 ; DEGR. 935 ; **igistned** (*pple.*) SHOR. 13.
gestning, sb.,=*Swed.* gästning ; *entertainment, banquet*, GEN. & EX. 1507 ; ALIS. 1779 ; gestninge FL. & BL. 201 ; gistninge LAʒ. 14262 ; C. L. 1265 ; **gistninges** (*pl.*) A. R. 414.
gestonie, sb., = **gestninge** ; *entertainment* : a gestonie with alle maner of minstralsie TOR. (A.) 2374.
gestour, sb., *mod.Eng.* jester ; *a story-teller* ; gestoure '*gesticulator*' PR. P. 191 ; poetes and gestoures (*pl.*) TREV. IV. 101 ; gestiours CH. H. F. iii. 108.
[ʒe-strangien] i-strangien, v., *O.E.* gestrangian ; *comfort* ; **istronged** (*pple.*) LAʒ. 10301.
[ʒe-strecchen] i-strecchen, v., *O.E.* gestreccan, = *O.H.G.* gestrecchan ; *stretch* ; **istrǣhte** (*pret.*) LAʒ. 26778 ; **istreiht** (*pple.*) FRAG. 5 ; istreiʒt TREAT. 140 ; and fond þe dede ligge istreiʒht LEG. 52 ; istraht CHR. E. 756 ; istrauʒt JOS. 269 ; TREV. III. 211.

[ʒestren-], O.E. geostran-, gystran-, gyrstan-, =Goth. gistra-, O.H.G. gestren, kestre, Lat. hesternus; *yester-*.]

ʒersten-, ʒursten-dæi [ʒorstendai], sb. & adv., *yesterday*, LAʒ. 17063, 21299; ʒurstendai AN. LIT. 4; ʒisterdai TREV. III. 145; PERC. 509; gisterdai GEN. & EX. 2732; yhistredai PS. lxxxix. 4; ʒusterdai JOS. 330.

ʒistern-ēve, sb. & adv., *yestereven*, WILL. 2160; yistereven MIR. PL. 122; ʒusturevin AV. ARTH. xxxvii.

ʒester-, ʒister-, ʒüster-niʒt, sb. & adv., *yesternight*, FER. 5765; C. M. 15988; ʒerstenniʒt (?*printed* yerstenenight) BEV. 2912.

ʒe-strengen, v., *confirm*; ʒe-strenð (*pres.*) HOM. I. 239; istrenget (*pple.*) KATH. 2197.

[ʒe-strēon] i-strēon, sb., O.E. gestrēon, cf. O.L.G. gestriuni, O.H.G. kastriuni; *progeny, procreation, gain*, HOM. I. 19; LAʒ. 22597; REL. I. 175; MISC. 151; istrēones (*gen.*) FRAG. 7.

ʒe-strēonen, v., O.E. gestrēonan, -strȳnan, O.H.G. gastriunan; *generate, procreate*; i-strēonieð (*pres.*) HOM. I. 133; ʒestriende, -strienede (*pret.*) HOM. I. 225, 227; gestreonede, -strenede MAT. i. 3; istrēoned (*pple.*) A. R. 66; C. L. 1380.

[ʒe-sūnd] i-sūnd, adj., O.E. gesund, =O.L.G. gisund, O.H.G. gesunt; *sound, healthy*; i-sund FRAG. 3; isund [isond] LAʒ. 821; i-sunde (*pl.*) O. & N. 1102; iʒounde AYENB. 205.

[ʒe-sūnde] i-sūnde, sb., =M.L.G. gesunde, M.Du. gesonde, O.H.G. gisuntī; *health*: þine isunde LAʒ. 9112; mid 'isunde MISC. 140; *comp.* un-isūnde.

isūnd-ful, adj., O.E. gesundfull; *healthy*, HOM. I. 115.

[ʒe-sundren] i-sundrin, v., O.E. gesundrian; *sunder, separate*; isundred (*pple.*) A. R. 252.

[ʒe-sūneʒen] i-sūneʒen, v., O.E. gesyngian; *sin*; isūneged (*pple.*) A1 R. 306; A. D. 260; isuneʒet MISC. 193; iseneged (*printed* senoged) SHOR. 6; izeneʒed AYENB. 173; isinewed P. L. S. xiv. 19.

[ʒe-sutelien] i-sutelien, v., O.E. geswutelian; *manifest*; isuteled (*pple.*) A. R. 8.

ʒe-swebben, v., O.E. geswebban; *sleep, swoon*; ʒeswefede (*pret.*) HOM. I. 221; i-swewed (*pple.*) LAʒ. 3075.

ʒe-swelʒen, v., O.E. geswelgan, =O.H.G. geswelhan, -swelhan; *devour*; isuolʒe, -swolwe (*pple.*) O. & N. 146.

ʒe-swenchen, v., O.E. geswencan; *fatigue, afflict*; iswenchet (*pres.*) HOM. I. 13; ge-swenched (*pple.*) LK. iv. 38.

[ʒe-swérien] i-swérien, v., O.E. geswerian, =O.H.G. gesverran; *swear*; iswóren (*pple*) A. R. 96; R. S. V; isworn CH. C. T. A 3301; iswore P. 48; S. S. (Wr.) 2935; þa aŕes weoren iswórene LAʒ. 12171.

[ʒe-swīken] i-swīken, v., O.E. geswīcan, =O.H.G. gisvīchan; *cease*; iswiken, iswīcan HOM. I. 15, 17; iswīkeð (*pres.*) unrihtwisra dedan HOM. I. 117; iswīke (*subj.*) O. & N. 929; ʒesweao (*pret.*) HOM. I. 223; iswīken JUL. 43.

ʒe-swinch, i-swinch, sb., O.E. geswinc; *labour*, P. L. S. viii. 18; iswinc HICKES I. 223; iswinc, -swinch HOM. II. 181, 221; iswink MISC. 59; iswīnche (*dat.*) HOM. I. 129.

[ʒe-swingen] i-swingen, v., O.E. geswingan, =O.H.G. gesvingan; *swing, flog*; iswungen (*pple.*) WART. I. 24; iswongen SPEC. 84; iswonge REL. II. 278.

[ʒe-swingle] i-swingle, sb., *flogging*; i-swica(n) þenne weorð þa iswingla HOM. I. 13.

ge-swüstre, sb., pl., O.E. gesweostor, =M.H.G. geswester; *sisters*, MAT. xix. 29; isustren HOM. II. 219.

get, sb., ? *gain*; GAW. 1638; *comp.* an-ʒit, for-ʒet.

get², sb., O.Fr. get; *throw; quality; 'machina, modus,'* PR. P. 191; a singere of þe beste get MAN. (F.) 4024; jet P. S. 329; jette DEP. R iii. 159; ges (*pl.*) AYENB. 254.

get³, sb., O.Fr. jaiet; *jet (mineral)*, S. & C. I. xxvi; geet CH. C. T. B 4052; jete LIDG. M. P. 201; geete (*dat.*) DEGR. 1461.

ʒet, *see* ʒit and ʒeat.

ʒet, ʒete, adv., O.E. get, giet, git, gyt, geta, gita, gyta, cf. O.Fris. jeta, eta, ita; *yet*, LAʒ. 109, 28636; þa ʒet leovede Corineus 2245; ʒet sæiþ þeo soule FRAG. 6; et þan est ʒete ... þet ʒet me hat speciosa porta HOM. I. 5; þe formeste dei þet eaver ʒiete was iseʒen buven eorþe 139; ʒet, ʒete, ʒut A. R. 66, 92, 356; ah ʒet KATH. 70; þa ʒet 561; þe ʒet MARH. 1; godes engel seide þær of sant Johan ʒet mare ORM. 780; þat tu nart noht ʒet in heofne 7951; þeʒ ne wæren ʒet noht tahte 9802; ʒet ʒif we wole repente P. L. S. xxv. 141; ʒet GEN. & EX. 313; ʒiet HOM. II. 21; ʒet þu me seist of oþer þinge O. & N. 309; artu ʒut [jet] (*ms.* yet) inume 541; abid ʒete 747; ʒut þu aischest 995; þah mi lif me beo atschote þe ʒet ich mai do gode note 1624; (*ms.* yete) HAV. 495; ʒet [ʒit] LANGL. B PROL. 210; ʒet [yet], ʒit [yit] CH. C. T. A 70, 255; þo ʒit me mihten heo ... ileeven hit C. L. 1423; þat never ʒute iholde nas 266; ʒite DEGR. 986; ʒit GOW. III. 242; WICL. JOHN ii. 4; MAN. (H.) 7; EGL. 76; he is sekere þan evere ʒit he was P. S. 333; ʒette ROB. (W.) 6639*; (*ms.* yhit) PR. C. 105; ʒit, ʒut WILL. 186, 515; ʒut er þe worldes ende BRD. 3; þat he þe ʒut of londe wende BEK. 680; ʒute 2144; ʒute more HORN (L.) 70; ʒiet ANGL. l. 7; giet (*ms.* gyet), giot, geot MAT. xv. 16; MK. viii. 17; LK. xxi. 9; ʒeot, ʒuit SAINTS (Ld.) 302.

[ʒe-tācnien] i-tācnien, v., O.E. getācnian,

cf. O.H.G. gizeichnan; *give a token, signify*; **itācneden** (*pret.*) HOM. I. 101; **itācned** (*pple.*) LAȝ. 32115.
itācnunge, sb., *O.E.* getācnung; *signification*, HOM. I. 97.
ȝetōcnisse, sb., *speech*: dumben he forgeaf getocnisse HOM. I. 229.
[**ȝe-tǣchen**] **i-tǣchen**, v., *O.E.* getǣcan, -tǣcean; *teach; show*, LAȝ. 10395; **iteiht** (*pple.*) A. R. 170; itaȝt FL. & BL. 404; AYENB. 54; itaiht LAȝ. 758; itauȝt [-taught] CH. C. T. *A* 127.
{**ȝe-tǣse**] **i-tǣse**, adj., *O.E.* getǣse; *convenient, at hand*; itase LAȝ. 6502.
[**ȝe-tāmien**] **i-tāmien**, v., *O.E.* getemian,= *Goth.* gatamjan, *O.H.G.* gizeman; *tame*; **i-tāmed** (*pple.*) SHOR. 133; itemed LAȝ. 8834; KATH. 1291.
[**ȝe-tawen**] **i-tawen**, v., *O.E.* getawian, = *Goth.* gataujan (ποιεῖν), *O.H.G.* gizawan; *taw, tan*: velles wel **itauwed** (*pple.*) A. R. 418.
[**gete** (? **gēte**), adj., *O.E.* (ēaδ-)gete, ? *O.N.* (tor-)gætr; *comp.* ēþ-gete.]
ȝete, *see* ȝet. **gēte**, *see* gǣte.
getēe, sb., *Fr.* jetēe, *cf. mod.Eng.* jetty; *projecting upper story*, PR. P. 192.
ȝe-tēȝen, v., *O.E.* getīgan; *tie*; **getēged** (*ms.* getegeð) (*pple.*) LK. xix. 30; (*ms.* ieied) KATH. 1292; A. R. 14; ieied [itiȝed] LAȝ. 25972; (*ms.* iteyed), ieied O. & N. 778; CH. C. T. *A* 457; itiȝed C. L. 1130.
[**ȝe-tæiled**] **i-teiled**, adj., *having a tail*, A. R. 206; iteilede draken HOM. I. 251.
ge-tel, sb., *O.E.* getæl, = *O.L.G.* gital; *number*, MAT. xiv. 21; itel FRAG. 2; þat itel of þan scipen LAȝ. 7805; **itele** (*dat.*) FRAG. 2.
[**ȝetel** ? *comp.* bi-, for-ȝetel.]
[**ȝe-tellen**] **i-tellen**, v., *O.E.* getellan, = *O.L.G.* gitellean, *O.H.G.* gizellan; *tell; count; esteem*, HOM. I. 133; itelle LAȝ. 24627; **itāld** (*pple.*) LAȝ. 8392; KATH. 1293; AYENB. 24; itold A. R. 198; SPEC. 26; WILL. 1493.
geten, v., *O.E.* (bi-, for-, on-)gitan, gietan, geotan, gytan, = *O.N.* geta, *O.L.G.* (bi-, for-)getan, *Goth.* (bi-)gitan, *O.H.G.* (ar-, bi-, fer-)gezan; *get, obtain, beget*, HAV. 792; Gow. II. 242; to geten him gilte spores LANGL. *B* xviii. 14 (12098); ȝete TRANS. XVIII. 23; gete ROB. 152; JOS. 23; ISUM. 151; **gete** (*pres.*) GEN. & EX. 1497; þou getist EGL. 347; geteþ P. S. 334; get ORM. 10219; **gat** (*pret.*) WILL. 2895; gat ['*genuit*'] WICL. GEN. xi. 10; and gat upon hire Constantin MAND. 12; (þou) gete LANGL. *B* xviii. 332; (þei) geten xx. 156; geeten, **goten** WICL. GEN. vi. 4; JER. xvi. 3; goten MAND. 67; gaten WILL. 1592; geten (*pple.*) JOS. 523; MAND. 19; CH. C. T. *A* 291; þe good þat þou hast geten LANGL. *B* v. 295; befor þat he was geten and forth broght PR. C. 443; geten, gete WILL. 799, 1030; ȝeten, igete

GREG. 132, 339; *comp.* a-, and-, bi-, for-, of-, under-ȝeten (-ȝeoten, -ȝiten).
ȝeting, sb., *getting; begetting; gains*, C. M. 22035; in rightwise getinge es he ai PS. xiii. 6; thou shalt ete of the **getingus** (*pl.*) of it WICL. ECCLUS. vi. 20.
geten, *see* eten. ȝeten, *see* ȝeeten.
gēten, *see* gǣten *and* gāten.
ȝēten, *see* ȝēoten.
[**ȝe-tēon**] **i-tēon**, v., *O.E.* getēon, = *Goth.* gatiuhan, *O.H.G.* geziohan; *lead, draw*, LAȝ. 2418; itōȝen, -towen (*pple.*) O. & N. 1725; itohen JUL. 9; on itowen sweord A. R. 324; wel itohe (*educated*) H. M. 25; þa wimmen... alre bezst itoȝene LAȝ. 24646.
[**ȝe-tēonen**] **i-tēonen**, v., *vex*; **itāned** (*pple.*) P. S. 149; MIRC 1258.
[**ȝe-tīd**] **i-tīd**, sb., = *O.L.G.* getīd, *O.H.G.* gizīt; *time, hour*: on oþer two itide ANGL. l. 15.
ȝe-tīden, v., *O.E.* getīdan; *betide, happen*; i-tiden H. M. 31; itide O. & N. 1733; **itīt** (*pres.*) P. L. S. viii. 63; A. R. 186; **itīdde** (*pret.*) LAȝ. 27898; A. R. 152.
[**ȝe-tilien**] **i-tilien**, v., *O.E.* getilian; *till, cultivate*; itīled (*pple.*) LAȝ. 10026; A. R. 78.
[**ȝetilðe**] **i-tilðe**, sb., *O.E.* getilþ; *tilth*, ANGL. I. 10.
[**ȝe-timbren**] **i-timbren**, v., *O.E.* getimbrian, = *O.H.G.* gizimbrōn; *construct, build*; **i-timbred** (*pple.*) LAȝ. 26226; A. R. 124; i-timbret KATH. 1972.
[**ȝe-tīmien**] **i-tīmien**, v., *O.E.* getīmian; *befall, happen; ? use opportunities*, HOM. I. 53; itīmode (*pret.*) 93; itimede 123; i-timed (*pple.*) LAȝ. 27978.
ȝe-trēowe, -trēouwe, adj., *O.E.* getrēowe; *true, faithful*, LAȝ. 4451, 7395.
ge-trukien, v., *O.E.* getrucian; *run short, fail*: þa þat win **getrukede** (*earlier text* geteorode) (*pret.*) JOHN ii. 3.
ȝetrūmen, v., *O. E.* getrymian; *confirm, strengthen*; getremede (*pret.*) MK. xvi. 14.
getten, *see* ȝāten.
gettin, jettin, v., *O.Fr.* geter, jeter, *from Lat.* jactāre; *swagger; make a great show; 'lascivo, gesticulo'*, PR. P. 192, 258; jett N. P. 46; **jettand** (*pple.*) perles ALEX. (Sk.) 4444.
gettere [**jettere**], sb., *boaster*, WICL. E. W. 243; **getteris** (*pl.*) 23.
[**ȝe-tūhten**] **i-tūhten**, v., *O.E.* getyhtan; *train, discipline*; **itūht** (*pple.*) P. S. 220; ituht efter wittes wissunge HOM. I. 267; hwon he... haveð ituht hit wel A. R. 184; þei buþ to þe king itiȝt (*drawn*) ALIS. 7164.
[**ȝe-turnen**] **i-turnen**, v., *? for* turnen, LAȝ. 25574; iturnde (*pret.*) HOM. I. 97.
ȝe-tūðen, v., *O.E.* getīðian, = *M.H.G.* gezwīden; *grant*; **itūþed** (*pple.*) HOM. I. 157; itudet MARH. 9.
ȝe-twinnes, sb. pl., *O.E.* getwinnas; *twins*, LAȝ. 12256.

ʒe-þanc, sb., *O.E.* geþanc, -þonc, = *O.H.G.*
gidanc, -danch; *cogitation, thought*, HOM. I.
243; iþanc P. L. S. viii. 54; iþonc HOM. I.
101; geþankes (*pl.*) MAT. xii. 25.
[ʒe-þanked], i-þoncked, adj., *minded*, A. R.
210.
ge-þávian, v., *O.E.* geþafian; *permit*, ANGL.
VII. 220; iþavien HOM. I. 199; iþeven LAʒ.
15279; iþévað (*pres.*) HOM. I. 113; ʒeðáfode
(*pret.*) HOM. I. 229; iþeafede 121.
geþe, sb., ? *hurry* : before hur bedd lai a stone,
the ladi toke it up anon and toke it in a gethe,
on the mouth sche him hit FLOR. 1605.
[ʒe-þeawed] i-þēawed, adj., *mannered* : wel
iþeawed SHOR. 3; iðæwed [iþeuwed] LAʒ.
6536; iþewed CH. BOET. iv. 6 (139).
[ʒe-þeinen] i-þeinen, v., *O.E.* geþegnian;
serve; iþeinet (*pple.*) MARH. 23.
[ʒe-þenchen] i-þenche, v., *O.E.* geþencan,
-þencean, = *O.L.G.* githenkean, *O.H.G.* giden-
chan; *think on, consider, remember*, HICKES
I. 223; MISC. 36; iþench (*imper.*) LAʒ. 8257;
iþench þu þes HOM. I. 197; iþenche (*subj.*)
O. & N. 723; iþōht, -þouht (*pple.*) O. & N.
1560; iþouht A. R. 164; iþoʒt BEK. 110;
iþouʒt SHOR 115.
ʒe-þēon, v., *O.E.* geþēon, = *O.L.G.* gethīhan,
Goth. gaþeihan, *O.H.G.* gedīhan; *thrive,
flourish, grow*, HOM. I. 221; iþeon LAʒ. 9116;
iþeo MISC. 57; BRD. 7; iþi SHOR. 102;
ʒeðihð (*pres.*) HOM. I. 223; iðēʒ (*pret.*) BEK.
151; iþæh, -þai [iþeh] LAʒ. 299, 9622; iþeu
(*printed* yþen) ROB. 346; iðoʒen LAʒ. 30074;
iþóʒen (*pret.*) HOM. I. 107; iðoʒe [iþoʒe]
LAʒ. 19903.
[ʒe-þingen] i-þingen, v., *O.E.* geþingan;
thrive, grow; iþungen (*pple.*) HOM. I. 107.
[ʒe-þōht] i-þōht, sb., *O.E.* geþōht, = *O.H.G.*
gedāht; *thought*; iðōhte (*dat.*) HOM. I. 99;
iþōhtas (*pl.*) HOM. I. 109.
[ʒe-þólien] i-þólien, v., *O.E.* geþolian, = *O.
L.G.* getholōn, *cf. Goth.* gaþulan; *suffer*, A. R.
482; A. R. 122; iðolien HOM. I. 43; iþóled
(*pple.*) MISC. 34; ROB. 24; AYENB. 182.
[ʒe-þrǣsten] i-þrǣsten, v., *O.E.* geþræstan;
twist, afflict, torment; iþraste LAʒ. 28581;
iþræst (*pple.*) M. T. 110.
ʒe-þrēan, v., *O.E.* geþrēan, = *O.L.G.* githrōōn,
O.H.G. gedrōwan; *afflict*; geþrēd (*pple.*)
MAT. viii. 6.
[ʒe-þrēaten], v., *O.E.* geþrēatian; *compel*;
iðrǣt (*pple.*) A. R. 304*.
[ʒe-þringen] i-þringen, v., *O.E.* geþringan,
= *O.L.G.* gethringan, *O.H.G.* gedringan;
press; iþrunge (*pple.*) O. & N. 38; R. S. v;
iþrongen CH. BOET. ii. 7 (57).
[ʒe-þúden] i-þúden, v., *push*; þe iþúd (*pple.*)
beoð to hellen LAʒ. 9159.
[ʒe-þúld] i-þúld, sb., *O.E.* geþyld, *cf. O.L.G.*
githuld, *O.H.G.* gedult; *patience*, HOM. I. 105

[ʒe-þúldiʒ] i-þúldi, adj., *O.E.* geþyldig, =
O.H.G. gedultig; *patient*, HOM. I. 105.
[ʒe-þúnchen] i-þúnchen, v., *O.E.* geþyncan,
= *O.H.G.* gedunchan; *seem, appear*; iþúht
(*pple.*) A. R. 412; elche men wes iþuht HOM.
I. 93.
[ʒe-þwǣre] i-þwǣre, adj., *O.E.* geþwǣre;
united, accordant, 'concors,' FRAG. 2.
[ʒe-unnen] i-unnen, v., *O.E.* geunnan, = *O.
H.G.* giunnan, gunnan; *favour, grant*, LAʒ.
21083; iūðe (*pret.*) LAʒ. 16549; ʒif hit me
Crist ʒiuðe (*ms.* iʒuðe) MISC. 193; iunned
(*pple.*) A. R. 30.
ʒeve, *see* ʒife.
ʒeven, *see* ʒifen *and* efen. ʒever, *see* ʒifer.
[ʒe-wǣr] i-war, adj., *O.E.* gewær, = *O.L.G.*
gewar, *O.H.G.* giwar; *wary, cautious*, LAʒ.
7261, 7581; iwar A. R. 104; heo wel wiste
and was iwar þat heo song hire a bisemar
O. & N. 147; iwar LANGL. *B* i. 42; þe king
was þer of iwar ROB. 168; iwer AYENB. 100;
awar (*ms.* a ware) P. L. S. iv. 9; *comp.*
un-iwar.
iwarnesse, sb., *wariness*, O. & N. 1228.
[ʒe-wákien] i-wákien, v., = *M.H.G.* ge-
wachen; *wake*, LAʒ. 28082; iwáked (*pple.*)
KATH. 1760.
[ʒe-wáld] i-wáld, sb., *O.E.* geweald, -wald,
= *O.L.G.* giwald, *O.H.G.* gewalt; *power, sway*,
LAʒ. 1560; HOM. I. 103; MARH. 5; iwold FRAG.
6; iweld O. & N. 1543; *comp.* un-iweald.
ʒe-wálden, v., *O.E.* gewealdan, = *O.L.G.*
giwaldan, *Goth.* gawaldan, *O.H.G.* giwaltan;
rule, govern, LAʒ. 17213; iwolde ST. COD. 95;
alre sceafte ʒewalt (*pres.*) HOM. I. 231; þe
deað him wes iwealde (*pple.*) (*decreed*) HOM.
II. 45.
[ʒe-walken] i-walken, v., *O.E.* gewealcan;
walk, travel; iwalken (*pple.*) LAʒ. 112;
muchel ic habbe iwalken bi water ant bi
londe HICKES I. 228.
[ʒe-wán] i-wán, sb., *resource, device; for-
tune; property*, LAʒ. 7706; his freondes striveð
to gripen his iwon R. S. v; þeʒ ich have nou
liþer iwon BEK. 1022.
[ʒe-wánien] i-wánien, v., *O.E.* gewanian,
-wonian; *diminish, wane*; iwáned (*pple.*)
HOM. II. 33.
[ʒe-warnen] i-warnien, v., *O.E.* gewearn-
ian, = *O.H.G.* kiwarnōn; *warn*; iwarned
(*pple.*) A. R. 318.
ʒe-wassen, v., *wash*; ʒewasse (*pple.*) HOM.
I. 239; mi bed bie iwasshen mid mine
teares HOM. II. 65; i-waschen A. R. 288;
iwesscen, iweschen HOM. I. 37, 159; iwesse be
zoþe sscrifte AYENB. 112.
ʒe-waxen, v., *O.E.* geweaxan, = *O.H.G.* ka-
wahsan; *wax, grow*, HOM. I. 13; iwaxen
(*pple.*) A. R. 380; iwaxen LAʒ. 12902; iwoxe
P. L. S. xvii. 143.

U

[ʒe-wēde] i-wēde, sb., O.E. gewǣde,=O.L.
G. giwādi, O.H.G. kawāti; *garment, clothes,*
LAʒ. 26754; MISC. 193; alle his iwede LAʒ.
9333; on iwedan HOM. I. 109.
[ʒe-wélde, adj., O.E. (un-)gewylde; *? potent;
comp.* un-iwélde].
ʒe-wélden, v., O.E. geweldan, -wyldan; *rule,
restrain, tame,* [*'domare'*] MK. v. 4; iwelt
(*pres.*) HOM. I. 111; ʒewilde (*pret.*) HOM.
I. 229; þis lond he iwalde LAʒ. 9029; iwáld
(*pple.*) KATH. 190*.
[ʒe-weleʒen] i-weleʒen, v., O.E. gewelegian,
-welgian; *? make rich, luxurious;* hie beð
iwilegede (*? printed* iwilegeð) (*pple.*) HOM.
II. 209.
ʒe-wemmen, v., O.E. gewemman, = O.H.G.
giwemman; *defile, pollute;* iwemmed (*pple.*)
KATH. 1427; iwemmed ROB. 339; CL. M.
100; TREV. V. 213.
iwemmednesse, sb., O.E. gewemmednyss;
defilement, corruption, FRAG. I.
ʒe-wende, sb., = M.H.G. gewende; *? contri-
vances:* men habbeþ a mong opre iwende a
rumhus at heore bures ende O. & N. 651.
ʒe-wenden, v., O.E. gewendan, = Goth.
gawandjan, O.H.G. giwentan; *turn, return,
go,* MARH. 2; iwenden LAʒ. 527; iwende
FL. & BL. 61; ʒe-, ʒiwende (*pret.*) HOM. I.
225, 229; iwende A. R. 260; iwende LAʒ. 325;
MISC. 41; LEB. JES. 125; iwend (*pple.*)
FRAG. 8; O. & N. 1519; iwend-, -went BEK.
974, 1198; iwent KATH. 1300.
[ʒe-wénen] i-wénen, v., O.E. gewenian,
=O.H.G. giwennan; *wean:* þeo þet hefde
iwist and iwénet (*pple.*) hire MARH. 2.
[ʒe-wēnen] i-wēnen, v., O.E. gewēnan, =
Goth. gawēnjan, O.H.G. giwānan; *ween,
hope, think;* iwēnes (*pres.*) MAP 336;
iwēnde (*pret.*) LAʒ. 20237.
[ʒe-wēpen] i-wēpen, v., O.E. gewēpan; *weep;*
iwōpen (*pple.*) L. N. F. 215; iwope TREV.
IV. I.
ʒewer, *see* ʒehwǣr.
[ʒe-werc, v., O.E. geweorc, = O.H.G. giwerch,
Goth. gawaurki; *work; comp.* hand-ʒewerc.]
ʒe-werʒen, v., O.E. gewergian, = Goth. ga-
wargjan; *curse, condemn;* ʒewerged (*pple.*)
HOM. I. 243.
[ʒe-werpen] i-werpen, v., O.E. geweorpan,
=Goth. gawairpan, O.H.G. gewerfan; *throw;*
iworpen (*pple.*) A. R. 368; iworpe O. & N.
1121; iworpe JOS. 221; iwarpen JUL. 49.
ʒe-wēsten, v., *to make empty, vacant;* iwēsten
(*pret.*) LAʒ. 4116.
[ʒe-wéven] i-wéven, v., O.E. gewefan,=
O.H.G. geweban; *weave;* iwéve (*pple.*)
P. L. S. xvii. 156; TREV. V. 369; iwoven
'*contextus*' REL. I. 7; CH. BOET. i. 1 (6).
[ʒe-wiht] i-wiht, sb., O.E. gewiht,=M.H.G.
gewiht; *weight;* iwichte (*dat.*) HOM. I. 173.

[ʒe-wiht²] i-wiht, adj., *valiant, brave;* iwihte
(*dat. pl.*) LAʒ. 12175.
[ʒe-wil] i-will, sb., O.E. gewill; *will,* HOM.
I. 61; P. L. S. viii. 7; iwil LAʒ. 5935; MISC.
34; AYENB. 94.
[ʒe-wil²] i-wil, adj., *? agreeable:* þat him wes
ful iwil LAʒ. 29515.
ge-wille, sb., *will,* MAT. vi. 10; iwille P. L. S.
viii. 56; HOM. I. 101; iwille LAʒ. 6229; iwil-
lan (*acc.*) HOM. I. 93; iwillen LAʒ. 1996.
[ʒe-willed] i-willed, pple., = M.H.G. ge-
willet; *willed,* LANGL. C ii. 189*.
[ʒe-wilnien] i-wilnien, v., O.E. gewilnian;
desire; iwilned (*pple.*) A. R. 60; iwilned
LEG. 8.
iwilnunge, sb., O.E. gewilnung; *desire,*
HOM. I. 95.
[ʒe-win] i-win, sb., O.E. gewinn,=O.L.G.
giwin, O.H.G. gawin; *contest, strife; ? gain,*
LAʒ. 9044; (*ms.* iwyn) MISC. 144.
[ʒe-winden] i-winden, v., O.E. gewindan,
=O.H.G. gawintan; *wind, wrap up;* iwon-
den (*pple.*) WART. II. 2; iwounden LANGL.
B v. 525; iwounde LEB. JES. 696.
[ʒe-winne, sb., O.E. gewinna; *adversary,
rival; comp.* wiðer-iwinne.]
[ʒe-winnen] i-winnen, v., O.E. gewinnan,
=O.L.G. giwinnan, O.H.G. gawinnan; *win,*
LAʒ. 2194; iwinne O. & N. 766; iwinne ROB.
519; SPEC. 113; iwon (*pret.*) LAʒ. 2560;
(þou) iwonne FER. 478; iwunnen (*pple.*)
LAʒ. 7233; iwonne SHOR. 94; LANGL. B v.
93; CH. C. T. A 2659; ewonne AN. LIT. 87.
[ʒe-wis] i-wis, adj., O.E. gewis, -wiss,=O.H.
G. gewiss; *certain,* MARH. 6; A. R. 270; O. &
N. 35; GEN. & EX. 159; (*ms.* iwiss) ORM.
687; iwis LAʒ. 29481; TREAT. 132; PL. CR.
555; CH. C. T. A 3277; TRIAM. 216; TOR.
1213; M. H. 17; MIR. PL. 130; L. C. C. 5;
SACR. 483; ʒit was þe sonne þo seve siþe iwis
brihtore þen heo nou is C. L. 101; iwisse
[?=O.H.G. gewisso], adv., *certainly,* GEN. &
EX. 91; iwisse LAʒ. 19315*; WILL 697; M.
H. 41; A. P. ii. 84; TOR. 392; M. ARTH. 3633;
mid iwisse P. L. S. viii. 71; mid iwisse LAʒ.
7607; SPEC. 61; SHOR. 23; to iwisse LAʒ.
3545.
ʒewis-liche, adv., O.E. gewislīce; *certainly,*
HOM. I. 111, 115; iwisliche LAʒ. 26184;
iwislūour (*compar.*) FRAG. I.
[ʒe-wīsien] i-wīsien, v., O.E. gewīsian, -wis-
sian,=O.H.G. kawīsan; *direct, teach, show;*
iwisse (*pres. subj.*) REL. I. 102; iwissed
(*pple.*) LAʒ. 1525; SHOR. 122.
ʒewissunge, sb., *cf.* O.E. gewīsung; *in-
struction, direction,* HOM. I 93.
[ʒe-wist] i-wist, sb.,=O.H.G. giwist; *exist-
ence, living;* iwust A. R. 156*.
[ʒe-wit] i-wit, sb., O.E. gewitt,=O.L.G. giwit,
O.H.G. gewizzi; *wit, senses, intellect,* FRAG.

5; HOM. I. 105; O. & N. 774; iwit LAȝ. 17138; (he) for neh ut of his iwitte MARH. 6.

[ȝe-wita] i-wita, sb., *O.E.* gewita; *witness,* '*testis*,' FRAG. 3; gewiten (*pl.*) LK. xxiv. 48; gewitene (*gen. pl.*) SAX. CHR. 253.

[ȝe-wīteȝen] i-wīteȝen, *O.E.* gewītgian,= *O.H.G.* gewīzegōn; *prophesy*; iwitegede (*pret.*) HOM. I. 5.

[ȝe-witen] i-witen, v., *O.E.* gewitan; *understand, know*, LAȝ. 15800; C. L. 67; ALIS. 763; iwiten, -wite LANGL. *B* viii. 124; iwite FL. & BL. 206; ROB. 487; SHOR. 128; AYENB. 29; iwiteð (*imper.*) A. R. 64; iwiste (*pret.*) HOM. II. 220; iwist (*pple.*) MARH. 2; iwist P. L. S. x. 38; CH. BOET. v. 3 (156); iwist, -wust C. L. 261, 1473; iwust A. R. 48.

[ȝe-wīten] i-wīten, v., *O.E.* gewītan; *depart; see, see to, watch over*, LAȝ. 17235; hit cumeþ weopinde & woniende iwiteþ (*pres.*) FRAG. 5; þa feol he a dun & iwāt (*pret.*) HOM. I. 93; þe mete forð iwat LAȝ. 658; summe to þere sæ iwiten 18116; iwiten (*pple.*) FRAG. 6; wes i þere ilke wike þe ærchebiscop forð iwiten LAȝ. 13244; þe haveð iwiten al þis ærd 13572; he sculde beon iwite (*punished*) 2084; iwite LAI LE FR. 321.

[ȝe-witnesse] i-witnesse, sb., *O.E.* gewitness, '*testimonium*,' FRAG. 3; HOM. I. 91; KATH. 2491*.

[ȝe-wīven] i-wīven, v., *O.E.* gewīfian; *take a wife, marry*: so him is a live þat uvele iwiveþ (*r.* iwive) REL. I. 178 (MISC. 118).

[ȝe-wrāðien] i-wrāðien, v., *O.E.* gewrāðian; *make wroth*; iwrāðede (*pret.*) LAȝ. 27698; i-wreþed (*pple.*) HOM. I. 149; iwreþed AYENB. 161.

[ȝe-wrēȝen] i-wrēȝen, v., *O.E.* gewrēgan; *accuse*; iwrēied (*pple.*) A. R. 172; iwreied TREV. V. 117.

[ȝe-wrēken] i-wrēken, v., *O.E.* gewrecan, =*Goth.* gawrikan, *O.H.G.* gerechan; *avenge*; iwrēken (*pple.*) LAȝ. 3661; AN. LIT. 7; GEN. & EX. 1856.

[ȝe-wrench,=? *M.H.G.* geranc; *comp.* un-iwrench.]

[ȝe-writ] i-writ, sb., *O.E.* gewrit; *writing, letter, treatise*; iwrite (*dat.*) P. L. S. viii. 51; iwriten (*pl.*) REL. I. 173 (MISC. 108).

ȝe-wrīten, v., *O.E.* gewrītan; *write*; ȝe-, iwriten (*pple.*) HOM. I. 11; iwriten MARH. 2; A. R. 410; R. S. v; iwriten SHOR. 91; JOS. 317; iwrite C. L. 24.

[ȝe-wrīðen] i-wrīðen, v., *O.E.* gewrīðan,= *O.H.G.* kirīdan; *bind together, restrain*; iwrāð (*pret.*) HOM. I. 123; iwrīðen (*ms.* ywriðen) (*pple.*) LAȝ. 25974; iwriþen R. R. 160; iwriþe REL. II. 18.

ȝe-wúnden, v., *O.E.* gewundian,=*O.H.G.* giwuntōn; *wound*; gewúnden (*pret.*) MK. xii. 4; iwúnded (*pple.*) A. R. 240; iwonded AYENB. 148; iwounded TRIST. 85.

[ȝe-wune, adj., *O.E.* gewuna, = *O.L.G.* gew(u)no, -wono, *O.H.G.* gewon; *accustomed, habituated*.]

iwune-līche, adv., *O.E.* gewunelīce; *usually,* HOM. I. 131.

ge-wune, sb., *O.E.* gewuna,=*O.L.G.* giwono, *O.H.G.* giwona; *custom, habit* ['*consvetudo*'], JOHN xviii. 39; iwune HOM. I. 55; iwune LAȝ. 18805; iwune, -wune, -wone O. & N. 475, 1320.

[ȝe-wunien] i-wunien, v., *O.E.* gewunian,= *O.L.G.* gi-wonōn, *M.H.G.* giwonen; *inhabit; habituate, accustom*; iwuned (*pple.*) A. R. 230; iwuned MISC. 44; don al se heo ær weoren iwuned [iwoned] LAȝ. 12611; þa Bruttes hafden iwuned here wel feole wintre 31655; iwoned R. S. v (MISC. 172); iwoned BEK. 1409; AYENB. 106; a kniȝt ... þat was iwoned to pleie wiþ him TREV. VIII. 187; ase hui iwonede were LEG. 35.

ȝe-wurchen, v., *O.E.* gewyrcan, -wyrcean,= *O.L.G.* giwirkean, *Goth.* gawaurkjan, *O.H.G.* giwurchan, -wirchan; *work, make, perform,* iwurchen LAȝ. 28995; iw(u)rche, iwerche (*pres. subj.*) REL. I. 173; ȝeworhte (*pret.*) HOM. I. 219; iworhte, -wrohte LAȝ. 2066, 4208; iworht [iwroht] (*pple.*) LAȝ. 21139; iwraht MARH. 9; 'iwroht CH. E. 755; SPEC. 36; iwrouȝt PL. CR. 162; iwroght, [-wrouht, iwrouȝt] CH. C. T. *E* 1324.

ȝe-wurht, sb., *O.E.* gewyrht,=*O.L.G.* gew(u)rht; *work, deed, merit*: after heore i-wurhte LAȝ. 24189; buton gewerhtan JOHN xv. 25.

ȝe-wurðen, v., *O.E.* geweorðan, -wyrðan, -wurðan,=*O.L.G.* giwerthan, *O.H.G.* giwerdan; *be become, be made, happen*; iwurðen MARH. 7; al þe wo þet nu is ... & ever schal iwurðen A. R. 52; leteð hine iwurðen (*let him alone*) 96; freond iwurðen [iworþe] LAȝ. 5441; to reouþe iwurðen 24944; ær heom mihte iwurðen what heo don wolde 25333; ȝif þu þis nult iwurðen (*allow*) 8910; ȝif ȝe wolden iwurðen & don mine iwille 19318; iwurþen REL. I. 185; iwurþe (*r. w.* eorþe) 178; i-worþen PL. CR. 665; iworþe BEK. 1252; P. L. S. V. *A* 4; iworþe [aworthe] LANGL. *B* vi. 228; (heo) iwurðeð (*pres.*) HOM. I. 135; iwurþe (*let be done*) godes wille MISC. 134; iworþe 41; iworþe þi wil AYENB. 262; ȝeward (*pret.*) HOM. I. 227; iward A. R. 236; þa iwearð þer muchel eie on godes folke HOM. I. 93; iwearþ FRAG. 8; iwearð, iward, iwerð LAȝ. 259, 290, 6769; iwurðen KATH. 2487; alle þing iworþen FRAG. 8; iworðen [iworþe] (*pple.*) LAȝ. 3733; iworþe (*r. w.* worde) O. & N. 660.

[ȝe-wurðien] i-wurðien, v., *O.E.* gewurðian, -wyrðian, -weorðian, *cf. O.H.G.* gawerdōn; *honour*, LAȝ. 29687; iwurðed (*pple.*) LAȝ. 13422.

[ȝe-wurðiȝen] i-wurðiȝen, v.,=*M.L.G.* ge-

werdigen; *honour*; **iwurdget**, iwurget (*pple.*) JUL. 62, 63; **iwurðegede** (*pl.*) HOM. I. 137.
ȝexen, see ȝeoxen.
ȝh-, see ȝ-.
Giane, pr. n., *Guienne*, ALEX. (Sk.) 5667.
giaund, see geant.
gibbe, sb., *O.Fr.* gibbe, *Lat.* gibba; *hump*: knobbe in a beestis back or breste, þat is clepid a gibbe '*gibber, gibbus*' PR. P. 28c.
gibelet, sb., *O.Fr.* gibelet; *giblet*, '*idem quod garbage*,' PR. P. 193; gibelet of fowlis '*profectum*,' '*exta*,' VOC. 179; **giblettes**, giblotes (*pl.*) *additions* ['*appendicia*'] TREV. VII. 403.
gibet, sb., *O.Fr.* gibet; *gibbet*, A. R. 116.; ROB. 519; AYENB. 128; gibite [gebat] WICL. GEN. xl. 22; **gibetis** (*pl.*) WICL. JOSH. x. 27.
ȝicche, sb., *O.E.* gyccæ (ZEIT. V. 196),= *M.H.G.* jucke; *itch*, C. M. 11823; WICL. SEL. W. IV. 91; icche, ȝiche ['*pruritus*'] PR. P. 259.
ȝicchen, v., *O.E.* giccan (LEECHD. III. 50),= *O.H.G.* jucchan, juckan; *itch*; ȝichin, ȝikin, ȝekin, ichin, ikin, ekin '*prurire*' PR. P. 258, 538; icche H. V. 80; **ȝicchinde** (*pres. pple.*) A. R. 80; ȝitchinge WICL. 2 TIM. iv. 3; **ȝechid**, icched (*pret. pple.*) CH. C. T. *A* 3682.
ȝicchinge, sb., = *M.H.G.* juckunge; *itching*, A. R. 238; ȝokkin SPEC. 50.
ȝicðe, sb., *O.E.* gicða, giocða, giecða, = *O.H.G.* juchido; *itch*; ȝikthe '*prurigo*' PR. P. 538; ȝecðe H. M. 9.
gīde, sb., *Fr.* guide; *guide*, LANGL. *B* vi. 1; CH. C. T. *A* 804; gie WILL. 2727.
gīde², sb., ?=gīte; ?*dress*: dame Gainour he ledus ine a gliderand gide ANT. ARTH. ii; gide xxix.
gīden, gīen, v., *Fr.* guider, *O.Fr.* gvier; *guide*; gie CH. C. T. *A* 1950; S. S. (Wr.) 1; **giep** (*pres.*) FER. 4921; gides D. ARTH. 3005; gidis ALEX. (Sk.) 5387; **gied** (*pret.*) LANGL. *A* ii. 162; **gīdid** (*pret.*) ALEX. (Sk.) 4425; giit BARB. xix. 708.
gīder, sb., *guider, master*, S. & C. II. lvii.
gīderesse, sb., *female guide*, CH. BOET. I (108.).
gīdinge, sb., *guidance*: o sterre ... the giding of thi bemes bright CH. TRO. v. 642.
gidi, adj., *giddy, foolish*, (*v. r.* gudi) ROB. (W.) 1542; L. H. R. 58; þe gidie O. & N. 291.
gidi-hēde, sb., *madness*, MISC. 143; P. L. S. ix x. 13
gidi-līche, adv., *giddily*, O. & N. 1282.
gidinesse, sb., *giddiness*, ST. COD. 54.
gie, see ȝe. **gīe, gīen**, see **gīde, gīden**.
ȝield, see ȝeld. **ȝiēr**, see ȝēar.
ȝierne, see ȝerne. **ȝiet**, see ȝet.
gieste, see **giste**.
ȝif, conj., *O.E.* gif, gyf, = *O.Fris.* jef, *cf. Goth.* ja-

bai (see GR. GRAM. III.283); *if*, FRAG. 8; HOM. I. 7; A. R. 22; ORM. 1438; PROCL. 6; C. L. 181; WILL. 99; LANGL. *A* PROL. 37; MAND. 3; PL. CR. 62; H. S. 665; A. P. ii. 758; L. C. C. 32; ȝif (*ms.* yif) CH. C. T. *A* 145; (*ms.* yif) HAV. 126; gif EGL. 495; ANT. ARTH. xx; ȝif, ȝef LAȜ. 356, 5318; O. & N. 51, 1180; ȝef HOM. I. 221; MARH. 2; HORN (L.) 1094; ROB. 8; SPEC. 36; SHOR. 2; MIRC 85; gef GEN. & EX. 311; (*ms.* yef) MISC. 27; AYENB. 5; DEGR. 185; M. H. 30; ȝief HOM. I. 219; (*ms.* gyef) JOHN xx. 15; gife ALEX. (Sk.) 565; *see* if.
[**ȝife**, sb., *O.E.* gifa, geofa, = *O.H.G.* gebo; *giver; comp.* **rǣd-ȝive**.]
ȝife², sb., *O.E.* gifu, geofu, giofu, giefu, gyfu, = *O.Fris.* jeve, *O.H.G.* geba, *Goth.* giba; *gift*, ORM. 5482; ȝife, ȝefe, ȝeve (*ms.* ȝeue) HOM. I. 17, 19; ȝive (*ms.* ȝyue) P. L. S. viii. 37; give HOM. II. 105; HAV. 357; MAN. (H.) 155; geve (*ms.* geue) LK. ii. 40; ȝefe, ȝeve, ȝeove LAȜ. 401, 1790, 7704; ȝeove A. R. 202; ȝeove, ȝeoven, ȝeven, ȝiven (*pl.*) LAȜ. 930, 5445, 5464, 20494; ȝeoven A. R. 368; KATH. 37; gifes ORM. 5361; *comp.* **morȝen-ȝive**.
ȝeve-oūsti, adj., *O.E.* cystig; *liberal in giving*; (*ms.* ȝeue-, *printed* geue-) LAȜ. 4862.
ȝifen, v., *O.E.* gifan, giefan, giofan, geofan, gyfan, = *O.N.* gefa, *O.Fris.* jeva, *Goth.* giban, *O.H.G.* geban, keban, *give*, ORM. 1864; ȝiven (*ms.* ȝiuen) FRAG. 6; (*ms.* ȝyuen) PL. CL 54; ȝiven ... vorbisne A. R. 68; given GEN. & EX. 11; (*ms.* iuen) SAX. CHR. 264; ȝive (? *printed* yive) ALIS. 5526; gife AMAD. (R.) liii; ȝifen, ȝifven, ȝiven, ȝeven, ȝeoven LAȜ. 4921, 17013, 20879, 28273, 29235; ȝiven, ȝeoven KATH. 636; H. M. 19; ȝiven, ȝeven LANGL. *B* ix. 161; þat rihtne dom us ȝive wolde O. & N. 1692; ȝefe [yeve] answere 1710; ȝive, ȝeve CH. C. T. *A* 225, 505; ȝeve, ȝive C. L. IIII; jeve (*ms.* yeue), ive (*ms.* yue) AYENB. 7, 46; ȝefen, ȝevan HOM. I. 13, 19; ȝieven ANGL. I. 10; gieven HOM. II. 9; ȝieve MISC. 193; geven GEN. & EX. 1508; ȝevin PR. P. 537; ȝeve ROB. 13; SPEC. 39; MIRC 138; ȝeve souke *give suck*, '*lacto*' PR. P. 537; TREV. III. 141; yeve HOCCL. iii. 30; (*r. w.* live) HAV. 485; ȝeve, geve TOR. 933. 2088; geve EGL. 265; to ȝivene HOM. II. 179; to yevene AYENB. 193; mi hert ... mai nocht gif (*incline*) me till dwell BARB. xix. 107; ȝive, yeve (*pres.*) O. & N. 1686; al þis ic ȝife (*will give*) þe ORM. 11383; ȝiveð, ȝifð A. R. 60; ȝieveð HOM. II. 161; ȝeveþ, ȝifþ HOCCL. TREAT. 133, 134; iveþ (*ms.* yueþ) MISC. 60; AYENB. 45; giffs BARB. i. 227; ȝif (*imper.*) A. R. 294; ȝif me ... iseon A. R. 38; ȝif LAȜ. 8902; ȝef us drinken 13580; ȝef SPEC. 104; (*ms.* yef) MISC. 33; yeveþ LIDG. M. P. 48; lo ȝife (*subj.*) ORM. 5220; (þu) ȝeve LAȜ. 8253; god ȝuve þat ure end(e) beo god P. L. S. viii. 61; gifand BARB. xiii. 160; **geaf**, gæf, iaf, iæf,

ʒifen. gīlen. 293

(*pret.*) SAX. CHR. 255, 260; ʒeaf, ʒæf, ʒef LAʒ. 1089, 7170, 9179; ʒiaf HOM. I. 223; yeaf, yaf AYENB. 5, 81; ʒaf SHOR. 21; MAND. 97; (*ms.* ʒaff) ORM. 761; ʒaf, yaf CH. C. T. *A* 177, 496; yaf M. ARTH. 269; yaf, gaf WILL. 395, 5381; HAV. 218, 315; Goldeboru gret and yaf (*printed* was) hire ille 1129; gaf GEN. & EX. 232; EGL. 407; gaf a mikel cri C. M. 8630; þe ladi gret and gaf hire ille ISUM. 315; ʒaf [yaf], ʒef [yef] O. & N. 55, 1176; ʒaf, ʒef SPEC. 43, 106; ʒef A. R. 92; ROB. 58; H. H. 89; ʒef þan folke drinken *gave to drink* HOM. I. 129; ʒef him ... onswere KATH. 357; þet te dunt ʒef MARH. 22; gef GAW. 370; (þou) ʒeve JUL. 61; L. N. F. 222; ʒeve, ʒave BEK. 782, 784; H. H. 167; gæfen ORM. 6476; ʒeven LAʒ. 352; ʒeeven C. L. 616; ʒeve ROB. 269; ʒeven, ʒaven, ʒoven WICL. GEN. xix. 33, 2 ESDR. ix. 17, MAT. xxvi. 67; goven GEN. & EX. 844; SACR. 39; he .. . goven hem ille HAV. 164; gove WILL. 4781; ʒæfe (*subj.*) ORM. 3281; ʒefe HOM. I. 25; ʒeve BEK. 308; ʒifen (*pple.*) ORM. 2111; gifen IW. 3540; ʒiven HOM. I. 69; given HAV. 365; ʒive LANGL. *B* v. 390; ʒeven WILL. 2857; yeve M. ARTH. 88; yeoven REL. I. 168; ʒoven GOW. I. 79; MAND. 13; yoven HAV. 224; HOCCL. i. 99; ʒove, ʒovin PR. P. 538; *comp.* a-, for-, ʒe-ʒifen(-ʒefen).

ʒivere, sb., = *O.H.G.* gebāre; *giver,* LANGL. *B* vii. 70; yevere AYENB. 120.

ʒevinge, sb., *cf. M.L.G.* gevinge; *giving,* PR. P. 538; yevinge AYENB. 120.

ʒifer, *see* ʒifre.

ʒifveðe, ʒeveðe, adj., *O.E.* gifeðe, gyfeðe; *given,* LAʒ. 8160, 8366.

ʒifveðe², sb., *O.E.* gifeðe; *gift,* LAʒ. 8118; yeſþe (? *for* yeſte) AYENB. 13.

ʒiveness, sb., *O.E.* gifness; *indulgence, forgiveness;* gevenesse HOM. I. 33; II. 107; ANGL. I. 25.

ʒifre, adj., *O.E.* gīfre, *O.N.* gīfr; *greedy,* '*gulosus,*' FRAG. 5; ʒifer ORM. 10218*; ʒiver A. R. 84; ʒever (*ms.* ʒeuer, *printed* ʒener) D. TROY 3955; þe ʒivre glutun A. R. 214; ʒēfere [ʒifre] (*pl.*) LAʒ. 7337.

ʒiver-liche, adv., *greedily,* A. R. 240; ʒiver-, yeverli D. TROY 902, 13231.

ʒifernesse, sb., *O.E.* gīfernyss; *greediness,* HOM. I. 83; ORM. 9318; ʒivernesse LAʒ. 9491; A. R. 198; R. S. vii; givernesse REL. I. 216; ivernesse (*ms.* yuernesse) MISC. 38; ʒivernes, ʒevernes (*printed* ʒinernes, ʒenernes) D. TROY 869, 1275.

ʒift, sb., *O.E.* gift, *O.Fris.* jeft, = *O.H.G.* gift, *O.N.* gipt *f.*; *from* ʒifen; *gift,* BEK. 570; þet ilke ʒifte HOM. I. 71; ʒift [ʒifte] CH. C. T. *D* 2146; ʒifte PR. P. 538; P. S. 331; ʒeft LAʒ. 1790*; yeſt HAV. 2336; ʒifte (*dat.*) WICL. NUM. iii. 9; mid þare ʒift(e) LAʒ. 7705*; ʒiftes (*pl.*) A. R. 28; WILL. 5357; LANGL. *B* iii. 99; giftes GEN. & EX. 1416; ʒeftes SHOR. 45; giftis, giftes, giftez ALEX. (Sk). 3777, 3128, 2027.

gigante, gigaunte, sb., *giant,* TREV. II. 231, 367; *see* geant.

gīge, sb., *O.N.* gīgja, = *M.H.G.* gīge, *O.Fr.* gige, *mod.Eng.* jig; *fiddle,* LEG. 140; gigges (*pl.*) CH. H. F. 1942.

gigge, sb., ? *frivolous woman*; A. R. 204; gigges PL. T. 707; gigges [gegges] TREV. I. 403; gegges FL. & BL. 439; ? *comp.* hwirl-gigge.

gigging, sb., *clattering*; gigginge of shealdes CH. C. T. *B* 2504.

gigelot, sb., *a romping girl,* P. S. 154; giglot PR. P. 193; giglote TREV. VII. 409.

gigelotri, sb., *romping*; geglotries (*pl.*) BARB. *page* 530.

gigour, sb., *O.Fr.* gigeour; *fiddler,* HORN (L.) 1472.

gil, sb., ? *cf. O.N., M.L.G., O.H.G.* gil; *gill (of a fish)*; *throat*; (*ms.* gille) FLOR. 1419; gille '*branchia*' PR. P. 194; VOC. 222; gile WICL. TOB. vi. 4; giles (*pl.*) VOC. 159; A. P. iii. 269.

gil, sb., *Du.* gijl; *new ale,* '*celia,*' PR. P. 193.

ʒild, *see* ʒeld.

gilde, sb., *O.E.* gild, = *M.L.G.* gilde, *M.Du.* ghilde, *O.Fris.* jelde; *gild (guild),* '*fraternitas,*' PR. P. 193; CATH. 155; LIDG. M. P. 207; E. G. 29; yelde 370; ylde MISC. 96; ʒilden (*pl.*) LAʒ. 32001; gildes MAN. (F.) 14746.

ʒilde-, ʒelde-halle, sb., *guild-hall,* CH. C. T. *A* 370; gildehalle '*practorium*' PR. P. 193.

ʒilden, *see* ʒelden.

gilden, *see* gülden.

gildinge, sb., *see after* gülden.

gildre, sb., *O.N.* gildra; *snare*; gildire HAMP. PS. xxxvi. 33*; gildert PS. ix. 31; gilders (*pl.*) M. P. 69; gildirs HAMP. PS. cxxxix. 4*.

gildren, v., *O.N.* gildra; *catch in a snare*; gildirs (*pres.*) HAMP. PS. xxx. 10*; gilderd (*pple.*) C. M. 23307; gildird HAMP. PS. lxviii. 27*.

gīle, sb., *O.Fr.* gvīle; *guile, treachery,* LAʒ. 16382*; A. R. 128; ROB. 310; SPEC. 49; SHOR. 164; S. S. (Wr.) 1346; PERC. 1035; to do þe gile REL. I. 182; gile (gille) ROB. (W.) xx 61*; *see* wīle.

gīle-ful, adj., *guileful,* TREV. VII. 59; WICL. PS. v. 7.

gīleful-liche, adv., *guilefully,* TREV. VIII. 5; gilefulli WICL. PROV. xx. 19.

gīlen, v., *O.Fr.* gīler, gvīler; *beguile, deceive,* A. R. 128; gile S. S. (Wr.) 2637; gili AYENB. 15; gīleþ (*pres.*) REL. I. 116; giled (*pret.*)

ROB. (W.) xx 254; **gīled** (*pple.*) HORN (L.) 1452; WILL. 689; *comp.* **a-, bi-gilen.**

gīling, sb., *cunning*; mid grete gilinge ROB. (W.) xx 59.

gīling-liche, adv., *with guile*: thi brothir com gilingliche WICL. GEN. xxvii. 35; who goth gilendeli, shewith prive thingus WICL. PROV. xi. 13.

gilerie, sb., *O.Fr.* gillerie; *deceit*, S. A. L. 225; gileri, gilri HAMP. PS. ix. 31*; **gilres**, gilris (*pl.*) HAMP. PS. cxiii. 17*, ix. 25*.

[**gill**, sb., *O.N.* gil;] **gille-strēmes**, sb., pl.; *cascades*, ALEX. 3231 (*miswritten* gille-stormes *in Dubl. MS.*).

gille, sb., *O.Fr.* gelle; *gill* (*measure*), PR. P. 194; gille, jille LANGL. *A* v. 191.

Gille, sb., *Fr.* Gille; *clown*: þ(o)u art a grameful Gille LEG. 212.

gillen, v., *disembowel* (*fish*): gillin or gille fische '*exentero*' PR. P. 194.

gillinge, sb., '*exenteracio*,' PR. P. 194.

gilmins, sb., pl., *an abusive name for monks*: hail be ȝe gilmins wiþ blake gunes P. L. S. xxiv. 7.

gilofre, sb., *Fr.* girofle, *from Gr.* καρυόφυλλον; *gilliflower*, SPEC. 27; R. R. 1368; A. P. i. 43; giloffre ALEX. (Sk.) 5426.

gilour, sb., *O.Fr.* gileor; *deceiver*, LEB. JES. 873; LANGL. *A* ii. 89; WICL. PROV. iii. 32; CH. C. T. *A* 4321; **gilours** (*pl.*) WICL. PS. liv. 24.

gīlous, adj., *deceitful, treacherous*: gilous falshede WICL. COL. ii. 8; trecherous, or gīlous (*pl.*) workmen WICL. 2 COR. xi. 13.

ȝilpen, *see* ȝelpen. **gilt**, *see* gült.

gilte, sb., *O.E.* gilte, *O.N.* gilta; *sow*, PR. P. 194; VOC. 204.

gilten, *see* gülten.

ȝim, sb., *O.E.* gimm; *gem*; **ȝimmes** (*pl.*) HOM. I. 254; A. R. 342*; ROB. 489; gimmes ALIS. 3152: **ȝimmen** (*dat.*) FRAG. 2; ȝimme LAȝ. 6081; *see* gemme.

ȝim-stān, sb., *O.E.* gimstān; *gem-stone*, KATH. 1662; ȝimston A. R. 134; ȝimston (ȝemston) LAȝ. 21143; (*ms.* ymston) MISC. 98; **ȝimstōnes** (*pl.*) HOM. I. 193.

gimbire, gimbūre, sb., *O.N.* gymbr; *young sheep*, VOC. 187, 219.

gimelot, sb., *O.Fr.* gimbelet; *gimlet*, PR. P. 194; gimlet B. B. 121.

ȝimen, *see* ȝēmen.

ȝimmen, v., *O.E.* gimmian; *set with gems; bud*; wintreowe ȝimmeþ (*pres.*) FRAG. 2; þi ȝimmede (*pple.*) bur HOM. I. 273.

gimowe, gimew, sb., *Fr.* jumeau, jumelle; *mod.Eng.* gimbals; *anything consisting of a pair of jointed pieces; pair of tongs; hinge, etc.*; '*vertinella, gemella*,' PR. P. 194.

gin, sb., *? shortened from, of* **engin**; *but cf.* *O.N.* ginna (*deceive*), *mod.Eng.*gin; *ingenuity, contrivance; snare*, KATH. 1980; þurh snoter gin (*ms.* gyn) ORM. 7087; feondes·gin MISC. 144; ginne FL. & BL. 195; **ginne** (*dat.*) C. L. 93; ALIS. 1219; LANGL. *B* xviii. 250; ALIS.² (Sk.) 1135; M. ARTH. 3037; mid ginne O. & N. 669; P. L. S. xix. 222; windowes corven wiþ ginne MAN. (F.) 4580; **ginne** (*pl.*) LAȝ. 18839; vele ginnes heþ þe dievel AYENB. 54; **ginnen** (*dat. pl.*) LAȝ. 1336.

gin-ful, adj., *cunning, treacherous*, LANGL. *B* x. 208.

[**gin**², sb., *O.E.* (an-)gin, ginn, = *O.L.G., O.H.G.* (ana-)gin, ginni; *from* **ginnen**; *comp.* **an-gin**.]

ȝing, *see* ȝung. **ging(e)**, *see* **genge**.

gingebreed, sb., *cf. med.Lat.* gingibrētum; *gingerbread*, CH. C. T. *B* 2044; (*ms.* gyngebred) VOC. (W. W.) 587.

gingelin, v., *jingle*, PR. P. 195; gingle CH. C. T. *A* 170.

gingelinge, sb., *jingling, resounding;* '*resonancia*' PR. P. 195.

gingen, *see* ȝüngen. **gingere**, *see* **gingivere**.

gingivere, sb., *O.E.* gingifre, *O.Fr.* gengibre, *Gr.* (ȝyyίβερις; *ginger*, LAȝ. 17745; A. R. 370; gingivre SPEC. 27; gingere ALEX. (Sk.) 5426; B. B. 121; ginger sauce B. B. 152.

giniper, sb., *Lat.* jūniperus, *O.Fr.* geneivre; *juniper*, MAND. 28.

ginnen, v., *O.E.* (an-, be-)ginnan, = *M.L.G.* ginnen, *O.L.G., O.H.G.* (bi-)ginnan, *Goth.* (du-)ginnan; *begin*; ginne MAN. (F.) 201; **ginne** (*pres.*) SACR. 502; ginnest BEK. 760; þe blostme ginneþ springe O. & N. 437; **gan** (*pret.*) ORM. 2805; HAV. 2443; CH. C. T. *A* 301; he gan þenche P. L. S. ix. 173; he gan to sike WILL. 691; gon LANGL. *A* PROL. 11; Laȝamon gon [gan] liċen LAȝ. 27; þe mone gon to scine 17861; gon C. L. 209; heo gunnen LAȝ. 24695; GEN. & EX. 534; gunne HORN (L.) 51; K. T. 1037; ISUM. 448; gunne, gonne WILL. 1164, 1961; gonnen LANGL. *B* xiii. 267; gonne CH. C. T. *A* 1658; gonnen (*pple.*) MAN. (H.) 167; *comp.* **a-, an-, bi-ginnen.**

ginninge, sb., *beginning*, AYENB. 16.

ginnen², v., *? for* **enginen**; *but cf. O.N.* ginna (*deceive*); *devise, contrive*; iginned [*older text* idihte] (*pple.*) LAȝ. 28627*; þis pinful(l)e gin was o swuch(e) wise iginet KATH. 1981; *comp.* **bi-ginnen²**.

ginour, sb., *for* enginour; *workman*; ginnur FL. & BL. 323; **ginours** (*pl.*) RICH. 2913.

gīour, sb., *O.Fr.* gvieour; *conductor*, TREV. I. 349; giour [gwiour] LANGL. *B* xx. 71; gioure DEP. R. PROL. 29; **gīours** (*pl.*) MAN. (F.) 3379.

gipe, sb., *O.Fr.* gipe, jupe; *cassock*: beggars with ... botis reveling as a gipe R. R. 7262.

Gipeswich, pr. n., *O.E.* Gipes wic; *Ipswich*, ROB. 297.
gipōn, sb., *O.Fr.* gipon; *a short cassock, petticoat*, OCTOV. (W.) 1029; gipon, gepoun CH. C. T. *A* 75; gipoun TREV. I. 403.
ȝippin, v., *peep, chirp*, PR. P. 538.
gipsiere, gipsere, sb., *Fr.* gibeciere (*game-bag*); *pouch*, PR. P. 195; gipsere CH. C. T. *A* 357.
gird, girdel, girden, *see* **gürd**, *etc.*
girdiller, *see* **gürdlere** *under* **gürdel**.
ȝiren, *see* **ȝeoren**. **girl**, *see* **gerl**.
ȝirn, *see* **grin**. **ȝirnen**, *see* **ȝeornen**.
ȝirnen, v., *O.E.* geirnan, gerinnan, = *O.H.G.* girinnan, *Goth.* garennan; *run together; congeal*; þus ȝirnes (*pres.*) þe ȝere in ȝisterdaies moni GAW. 529; a ȝere ȝernes ful ȝerne 498; þe ȝonge men ... ȝornen þer oute A. P. ii. 881.
ȝirnunge, *see under* **ȝeornen**.
girþ, *see* **griþ**.
ȝis, *see* **ȝŭ-se** *under* **ȝēa**.
gisarme, sb., *O.Fr.* gisarme; *halberd*, LAȝ. 1567*; GEN & EX. 4084; ALIS. 2303; gisarmes (*pl.*) MAN. (F.) 12000.
ȝiscen, *see* **ȝitsen**.
gīse, *see* **gvīse**.
gīsel, sb., *O.E.* gīsel, = *O.N.* gīsl, *O.H.G.* gīsal; *hostage*, 'obses,' FRAG. 2; ȝīsles (*pl.*) LAȝ. 5324; ȝīslen (*dat. pl.*) LAȝ. 16853.
gisen, v., *O.Fr.* (de-)gviser; *dress, prepare*: þou **gised** (*pret.*) the gerne R. P. 91; thei gised them fulle gai TRIAM. 660; Triamoure was **gised** (*pple.*) fulle gai TRIAM. 710.
giser, sb., *Fr.* gesier; *gizzard*, CH. BOET. iii. 12 (107).
ȝissen, *see* **ȝitsen**.
gist, gistnir, *see* **gest, gestnen**.
giste, sb., *O.Fr.* giste, *from* gesir (*to lie*); *joist; lodging;* 'trabes,' PR. P. 196; LEG. 91; SHOR. 4; gīeste TREV. VII. 35; hieð toward his giste (*couch*) A. R. 350.
giste[2], sb., *? refreshment*: more him likede þat ilke giste þane ani flechs isode oþar irost LEG. 8.
gisten, v., *O.Fr.* gister; *agist; lodge (cattle)*; **joist** (*pple.*) A. P. ii. 434.
ȝistren-, *see* **ȝestren-**.
ȝit, pron., *O.E.* git, gyt, = *O.L.G.* git, *O.N.* it, *M.H.G.* ez; *you two*, HOM. I. 93; ORM. 4498; mine sunen ȝit beoð beien LAȝ. 5020; ȝet 5618; *see* **inc**.
ȝit, *see* **ȝet**.
gite, sb., *a sort of garment*, CH. C. T. *A* 3954.
giterne, sb., *O.Fr.* gviterne; *guitar*, LANGL. *B* xiii. 233; CH. C. T. *A* 3333; WICL. IS. v. 12; **giternes** (*pl.*) CH. C. T. *C* 466
giternen, v., *O.Fr.* gvisterner; *play on the lyre or guitar*: to harpe and gitterne R. R. 2321.
giternere, sb., *guitar-player*, A. P. i. 91.

giterning, sb., *playing on the lyre*: giterninge & daunsinge WICL. E. W. 8; giterning CH. C. T. *A* 3363.
gitōn, sb., *O.Fr.* gvidon; *pennon, streamer*, '*conscisorium*,' PR. P. 197.
ȝitsen, v., *O.E.* gītsian, = *M.H.G.* gītsen, gītesen; *covet*; ȝiscen A. R. 196; ȝīsoeð (*pres.*) þah after muchele deale mare H. M. 29; ne gisce þu nog(t) ðin nestes ðing GEN. & EX. 3515.
ȝitsere, sb., *O.E.* gītsere, = *M.H.G.* gītesære; *one who covets, a miser*, HOM. I. 101; ȝissare [ȝiscere] A. R. 202; ȝisceres (*pl.*) P. L. S. viii. 135.
ȝitsunge, sb., *O.E.* gītsung; *coveting*, HOM. I. 103; ȝitsunge, ȝitsinge LAȝ. 6560, 9490; ȝittsunng ORM. 4560; ȝissunge A. R. 258; ȝissinge P. R. L. P. 222; giscing GEN. & EX. 1874; (*misprinted* gisting) REL. I. 216; issing MISC. 38; icinge AYENB. 16.
gith, sb., *Lat.* gith, git; *gith*, PALL. x. 155.
Giu, sb., *O.Fr.* Giu, Jui; *Jew*, MISC. 47; LEG. 13; Jeu AYENB. 43; **Gius** (*pl.*) A. R. 114; Giwes MARH. 3.
Giugne, sb., *June*, ALEX. (Sk.) 3537.
giugou, v., *?* joujou; *gewgaw, toy*; gugau PR. P. 218; giuegouen (*pl.*) A. R. 196.
ȝive, ȝiven, giveness, *see* **ȝife, ȝifen, ȝifeness**.
gīven, v., *fetter*; **gīvede** (*pret.*) TREV. VI. 203; gived LANGL. *B* xx. 191; **gived** (*pple.*) WICL. GEN. xxxix. 22; here the weilingus of the givede PS. ci. 21.
ȝīver, *see* **ȝifre**.
gīves, sb., pl., *gives, fetters*, LAȝ. 15338; OCTOV. (W.) 222; wiþ feteres ant wiþ gives P. S. 221.
ȝixen, *see* **ȝeoxen**.
giwerie, pr. n., *Jewry*, A. R. 394; jewerie CH. C. T. *B* 1679.
glace, glas, sb., *ice*, ALEX. (Sk.) 3032.
glacen, v., *O.Fr.* glacer, glacier; *glance aside; flash*: gladande glori con to me glace A. P. i. 171; wheþer it wole glase or glente H. V. 109; his swerde **glasedde** (*pple.*) lowe GUY (Z.) 5067.
glacing, sb., *glancing*: glacinge or wrong glidinge of bolts or arowis PR. P. 197.
glácin, *see* **glásen**.
glad, *see* **glæd**.
gladene, sb., *O.E.* glædene; *iris plant*, REL. I. 36; gladen ALEX. (Sk.) 4094; *see* **gloden**.
gladien, v., *O.E.* gladian, = *O.N.* glaða, gleðja; *make glad, be glad*, LAȝ. 16947; to gladien & to blissen us HOM. II. 93; gladie BEK. 1204; gladie (gladiȝe) ROB. (W.) 3350; gladen ORM. 1128; CH. TRO. ii. 979; glade WILL. 827; LANGL. *B* x. 43; IW. 1440; MIN. vi. 53; gleadien HOM. I. 259; gledien A. R. 178; MARH. 21; gledie AYENB. 266; glathe LUD. COV. 171; gledie (*pres.*) MARH. 6; gladieþ REL. I. 123; he gledie ou and frovre ou A. R.

430; **gladede** (*pret.*) ROB. 265; þa gladede (h)is mod LAȝ. 4410; þat gladede his herte LANGL. (Wr.) 14267; Abraham ȝour fader gladide þat he schulde se mi dai WICL. JOHN viii. 56; **gladed** (*pple.*) WILL. 600; *comp.* ȝe-gladien.

glader, sb., *gladdener*: thou glader of the mount of Citheroun CH. C. T. *A* 2223.

gladinge, sb., *gladdening, gladness,* C. L. 841; WICL. I KINGS iv. 8; gleadunge HOM. I. 261; gledunge A. R. 94.

gledunde, sb., *? for gledunge*: mi gleo ant mi gledunde MARH. 3.

glæd, glad, gled, adj., *O.E.* glæd,=*O.L.G.* glad, *O.Fris.* gled, *O.N.* glaðr, *O.H.G.* glat; *brilliant, glad,* LAȝ. 3962, 7013, 9374; glað O. & N. 434; GEN. & EX. 4051; BRD. 6; P. L. S. iii. 34; (*ms.* gladd) ORM. 2811; glad under gore SPEC. 26; glead JUL. 71; gled MARH. 10; A. R. 282; REL. I. 180; AYENB. 265; glad GEN. & EX. 3671; wiþ glade mode SPEC. 80; **glade** (*pl.*) LAȝ. 12349; KATH. 1683; ORM. 160; O. & N. 424; LEG. 32; beoð glede A. R. 380; **gladder** (*compar.*) GOW. II. 53; þe gladdere ȝe was on heorte LAȝ. 2407*; gladere WICL. RUTH iii. 7; gladdere ROB. (W.) 7377; **gladdest** (*superl.*) ALIS. 5261; SPEC. 26.

glad-chēred, adj., *good-humoured,* MAN. (F.) 9752.

glad-līche, adv., *O.E.* glædlīce; *gladly,* LAȝ. 22305; P. L. S. xix. 145; gladlike ORM. 10463; HAV. 805; gledliche A. R. 126; **gladloker** (*compar.*) GAW. 1064; gledluker A. R. 188; gladliere HAMP. PS. lxxvi. 6*.

gladnesse, sb., *O.E.* glædness; *gladness,* PR. P. 197; gladnisse LAȝ. 12329*; glednesse A. R. 94; AYENB. 27.

glad-shipe, sb., *O.E.* glædscipe; *gladness,* ORM. 784; SPEC. 38; gladscipe LAȝ. 8397; gledscipe HOM. I. 45; gledschipe A. R. 180; glaidschip BARB. v. 298*.

gladsum, adj., *gladsome,* WICL. PS. ciii. 15; gladsom CH. C. T. *B* 3968; LUD. COV. 16.

gladsum-li, adv., *joyfully,* WICL. WISD. vi. 17; BARB. xvi. 20.

glæd, sb., *O.E.* glæd; *gladness*; glad GENER. (Wr.) 1255; a gladen he waitis (*watches for a lucky moment*) ALEX. (Sk.) 131; glath MAN. (F.) 3260; **glade** (*dat.*) TOR. 1143.

gled-ful, adj., *joyful,* A. R. 242.

glæs, sb., *O.E.* glæs,=*O.L.G.* gles, *O.H.G.* glas, *cf. O.N.* gler; *glass*; glas, gleas KATH. 1676, 2029; glas HORN (L.) 14; SPEC. 31; CH. C. T. *A* 198; A. P. i. 989; gles A. R. 164; AYENB. 82; þet gles HOM. I. 83.

glæs-fat, sb., *glass vessel* [*sec. text* urinal], LAȝ. 17725.

glaire, sb., *Fr.* glaire, *O.Fr.* clēre; *albumen; glossiness,* CATH. 157; glaire [gleire] of an ei CH. C. T. *G* 806; þat glent(e) as glaire A. P. i. 1025; with a glaire hoge D. TROY 5926.

glaive, sb., *O.Fr.* glaive; *sword,* A. P. i. 653; gleive HAV. 1770; ROB. 203; JOS. 497.

glam, sb., *O.N.* glam; *word, talk, noise,* GAW. 1426, 1652; A. P. ii. 499, 830, 849; glaam ALEX. (Sk.) 5504.

glárin, v.,=*M.L.G.* glaren; *glare, shine,* PR. P. 198; **gláreth** (*pres.*) MISC. 27; **gláringe** (*pple.*) eien CH. C. T. *A* 684.

glas, *see* **glace** *and* **glæs.**

glásen, v., *? O.N.* glæsa, *mod.Eng.* glaze; *polish, cause to shine*; glacin PR. P. 197.

glásing, sb., *polishing*: glacinge, or scouringe of harneis '*pernitidacio, perlucidacio*' PR. P. 197.

glasi, adj.,=*Ger.* glasig; *glassy,* LIDG. M. P. 53.

glásien, v., *glaze*; glasin '*vitro*' PR. P. 198; glase LANGL. *A* iii. 49; **iglásed** (*pple.*) CH. D. BL. 323.

glásinge, sb., *glasswork*: the stori of Troye was in the glasinge iwrought CH. D. BL. 326.

glasin, adj., *O.E.* glæsen,=*M.Du.* glasen, *O.H.G.* glesīn; *made of glass,* '*vitreus*,' PR. P. 198; a glasen houve LANGL. *B* xx. 171; þe glesne ehþurl HOM. I. 83.

Glæstingbūri, pr. n., *O.E.* Glæstinga byrig (SAX. CHR. 159); *Glastonbury,* ROB. 478.

glath, *see* **glæd.**

glaumen, v., *? O.N.* gleyma; *make a noise, yelp*; **glaumande** (*pple.*) GAW. 46.

glavir, sb., *chattering,* ALEX. (Sk.) 5504.

glaveren, v., *? Welsh* glafru; *chatter, flatter, deceive*; **glavereȝ** (*pres.*) A. P. i. 688; **glaver** (*subj.*) WICL. E. W. 330; **glaverande** (*pple.*) GAW. 1426; glaverande gomes D. ARTH. 2538; wiþ glaveringe wordes PL. CR. 51.

glē, *see* **gléo. glead,** *see* **glæd.**

glēam, *see* **glēm.**

glēaw, gleg, adj., *O.E.* glēaw, *O.N.* glöggr,= *O.L.G., O.H.G.* glau, *Goth.* glaggwus; *sagacious, skilful,* FRAG. 3; gleaw MISC. 104; gleu REL. I. 181; he is of worde swiþe gleu O. & N. 193; gleuȝ S. A. L. 158; gleg of ei C. M. 13448; **glēawun,** gleawen (*dat. pl.*) LK. x. 21, xi. 25; **glēwest** (*ms.* glæuest) (*superl.*) LAȝ. 16237.

glēbe, sb., *O.Fr.* glēbe; *glebe,* TREV. VIII. 335.

gled, *see* **glæd.**

glēde, sb., *O.E.* glida, *O.N.* gleða; *glede, kite,* '*milvus*,' VOC. 188, 220; A. P. ii. 1696; OCTAV. (H.) 680; **glédes** (*pl.*) MAND. 309; P. P. I. 344.

glēde, sb., *O.E.* glēd,=*O.Fris.* glēd, *M.Du.* gloed, *O.N.* glōð, *O.H.G.* gluot; *from* **glōwen**; *burning coal,* MISC. 43; HAV. 91; FER. 2241; GOW. I. 280; PERC. 756; M. ARTH. 780; ane berninde (*pple.*) glede HOM. I. 27; glede [gleede] LANGL. *B* ii. 12; CH. C. T. *A* 1997; gleede HOCCL. i. 159; **glēden** [*O.E.* glēda]

glēde.   glíen.   297

(*pl.*) JOHN xxi. 9; HOM. I. 43; A. R. 406; gleden [gledes] LA3. 18863; gledes ORM. 1067; M. H. 133; glodez A. P. i. 79; **glēdan** (*dat. pl.*) JOHN xviii. 18.
glēd-rēad, adj., *O.N.* glōðrauðr; *red like hot coals,* HOM. I. 249.
glēdien, *see* **gladien.**   **gleg,** *see* **glēaw.**
glei, *see* **glíen.**
gleim, sb., ? = **cleim** (clām); '*limus, gluten,*' PR. P. 198; PL. CR. 479.
gleimen, v., ? = **cleimen**; '*visco*' PR. P. 198.
gleimous, adj., *slimy,* PR. P. 198.
gleimousnesse, sb., *clamminess, stickiness,* '*limositas,*' PR. P. 198.
gleire, *see* **glaire.**   **gleive,** *see* **glaive.**
glēm, sb., *O.E.* glǣm [*from* *glimen, = *M.H.G.* glīmen v.]; *gleam, splendour, brightness,* HICKES I. 227; HAV. 2122; A. P. ii. 218; gleem SPEC. 57; glem, gleam MARH. 9, 12; gleam A. R. 94.
glēmin, v., *gleam,* '*radio,*' PR. P. 198; **glēaminde** (*pple.*) KATH. 1668; glemand BARB. viii. 226; **glēmede** (*pret.*) SPEC. 36; glemed FLOR. 379; GAW. 598.
glēminge, sb., *gleaming;* '*conflagracio, flammacio,*' PR. P. 199.
glen, sb., *glen:* in a glen thair galai dreuch BARB. iv. 372*.
glēne, sb., *O.Fr.* glene, glaine; ? *handful of corn ears;* '*spicatum,*' PR. P. 199.
glēnen, v., *O.Fr.* glener, glainer; *glean, gather;* glene A. P. i. 955.
glēnar, sb., *gleaner,* PR. P. 199.
glēninge, sb., *gleaning,* PR. P. 199.
[**glengen,** v., *O.E.* glengan; *adorn, trim* (*a lamp*); *comp.* 3e-**glengen.**]
glent, sb., = *Swed.* glänt; *glimpse; shining*; MAN. (F.) 12782; GAW. 1290.
glenten, v., = *Swed.* glänta, ? *M.H.G.* glenzen; *shine, look; move quickly*; glent(e) H. V. 109; **glente** (*pret.*) GEN. & EX. 1029; MAN. (F.) 12423; alshe bi Wawain glent (*passed quickly*) MAN. (F.) 12729; þe wal of jasper þat glent(e) as glaire A. P. i. 1025; her eie glent(e) a side CH. TRO. iv. 1223; when þe swird out glente OCTAV. (H.) 892; whiderward his i3en glente H. S. 6186; þe strok a doun him glente (*glanced*) FER. 616; gle(i)ves gletering glent(e) opon geldene scheldus DEGR. 279.
glēo, sb., *O.E.* glēow, glīw, glīg, = *O.N.* glý, *mod.Eng.* glee; *joy, song,* KATH. 146; MARH. 3; A. R. 210; MISC. 97; FL. & BL. 477; ALIS. 191; þat gleo LA3. 7006; glew GEN. & EX. 459; glew MAN. (H.) 295; gleu HAV. 2332; MAP 347; M. H. 23; glu '*musica*' PR. P. 200; gle WILL. 824; DEGR. 34; gle ant gome CHR. E. 456; hii 3eve him selver for (h)is gle ROB. 272; glie ANGL. I. 24; HOM. II. 229; SHOR. 103; **glēwe** (*dat.*) TRIST. 290.

glēo-bēam, sb., *O.E.* glēobēam; *harp*; **glēobēames** (*pl.*) HOM. I. 193.
glēo-cræft, sb., *O.E.* glēocræft; *art of music,* LA3. 7012.
glēo-drēm, sb., *O.E.* glēodrēam; *glee, song,* LA3. 1823.
glēo-man, sb., *O.E.* glēomann; *glee-man,* ALIS. 1152; gleomon LA3. 7004; glewman HOM. II. 29; glemon SPEC. 49; gleman LANGL. *B* ix. 101.
glēowien, v., *O.E.* glēowian, glīwian; *make music, play, amuse,* LA3. 20315; glewen MAP 340; glewe SPEC. 38; TRIAM. 108; **glēowede** (*pret.*) A. R. 368; glewed (? *called loudly*) A. P. iii. 164.
glēowinge, sb., *music,* HORN (L.) 1468.
gles, *see* **glæs.**
glēsen, v., *O.E.* glēsan; *gloss*; **glēsþ** (*pres.*) FRAG. I.
glēsing, sb., *O.E.* glēsing; *glossing,* FRAG. I.
glete, sb., *O.Fr.* glete; *gore; mud, clay;* glet(e), glette A. P. i. 1059, ii. 306; PR. C. 459; glett(e) ALEX. 4491; kastis out of thaire hert all glet HAMP. PS. *page* 512.
glēu, *see* **glēo.**   **glēu,** *see* **glēaw.**
glēw, *see* **glēo.**   **glēwen,** *see* **glēowien.**
glewishe, adj., *from* glū; *glutinous*: glewide it with glewishe clei WICL. EX. ii. 3.
[**glīde,** ? *stem of* **glīden,** v.]
glīde-worm, sb., ? *glow-worm,* '*incedula,*' VOC. 190.
glīden, v., *O.E.* glīdan, = *O.L.G.* glīdan, *O. Fris.* glīda; *glide,* LA3. 800; GEN. & EX. 370; glide ALIS. 2245; SHOR. 161; P. L. S. iii. 10; glideð (*pres.*) JUL. 3; glit LA3. 22043; MISC. 94; C. L. 1454; **glīdende** (*pple.*) HOM. I. 43; **glād** (*pret.*) LA3. 15714; PERC. 2116; glod CH. C. T. *F* 393; AMAD. (Web.) 761; GAW. 661; forð glod ðat firme ligt GEN. & EX. 75; gliden LA3. 24753; GEN. & EX. 733; þe tieres glide of hire lere FL. & BL. 501; **gliden** (*pple.*) GEN. & EX. 3460; CH. C. T. *E* 1887; *comp.* a-, 3e-, tō-**glīden,**
glīdare, sb., *glider,* '*serptor, serptrix,*' PR. P. 199.
[**glīder,** adj., = *O.L.G.* glidir (HEINE 120); *from* **glīden**; *slippery.*]
glethur-lī, adj., *smoothly, quickly,* HALLIW. 404.
gliderin, v., ? = **gliteren**; *flash, glitter,* '*rutilo,*' PR. P. 199; wiþ scharp sverdes on helmes gan glidre (*smite*) MAN. (F.) 4372; **gliderande** (*pple.*) ANT. ARTH. ii.
glīe, *see* **glēo.**
glīen, v., *O.N.* gliā; *squint*; glie SHOR. 100; **gliande** (*pple.*) VOC. 225; glide (*pret.*) LEG. 169; gleied [glized] C. M. 3862; gli3t (*pret.*) shone A. P. i. 114; (*looked*) iii. 453; **gleiit,** gliet (*pple.*) D. TROY 3772, 3943.

glíere, sb., *squinter,* '*strabo*,' VOC. 225; gliare PR. P. 199.

glíinge, sb., *squinting,* '*strabositas*,' PR. P. 199.

gliffen, *see* glüffen. **gliften**, *see* glüften.

glim, sb., *cf. Swed.* glim (RIETZ); *splendour;* **glimme** (*dat.*) A. P. i. 1087.

glimerin, v., *cf. Ger.* glimmern, *Dan.* glimre, *Swed.* glimra; *glimmer,* '*radio*,' PR. P. 199; **glimerand** (*pple.*) WILL. 1427; **glemirring** TOR. (A.) 426; **glemered** (*pret.*) & glent GAW. 172.

glimering, sb., *glimmering,* WICL. E. W. 339.

glimsen, v., ? = *M.Du.* glinsen; *mod.Eng.* glimpse; *shine*: (snou) þat **glimsede** (*pple.*) on hare eiȝen ROB. (W.) XX. 252.

glimsing, sb., *splendour,* CH. C. T. E 2383.

glisien, v., *O.E.* glisian, *cf. O.Fris.* glisa; *shine*; **glisiinde** (*pple.*) MISC. 91; glisiande ALIS. (Sk.) 180; sceldes þer **gliseden** (*ms.* cliseden) LAȝ. 21725; glised HORN CH. 173.

glisnien, v., *O.E.* glisnian; *glisten*; **glisinand** [*v. r.* glasinand] (*pple.*) ALEX. (Sk.) 3015*; glisnande A. P. i. 165; glisninge WICL. HABAK. iii. 11; **glissenede** (*pret.*) LAȝ. 21725*.

glissen, v., *O.E.* glissian (GREIN I. 516); *glance*; he **glisset** (*pret.*) up with his ene ANT. ARTH. xxviii; FLOR. 1659.

glisten, **glistnen**, v., *glisten*; **glistinde** (*pple.*) MARH. 9; glistinde & gleaminde KATH. 1668; **glistnede** (*pret.*) SPEC. 36; glistnede as gleam deð MARH. 9.

glistren, v., = *M.L.G.* glistern, *M.Du.* glisteren; *glister, shine*; **glistering** (*pple.*) EM. 350; **glistred** (*pret.*) GOW. II. 252; glistrid FER. 4438.

glitenien, v., *O.E.* glitinian, = *O.H.G.* glizinôn; *shine*: **glitene** on golde LAȝ. 15715.

glitren, sb., *O.N.* glitra, = *M.H.G.* glitzern; *glitter*; **glitren** [gliteren] (*pres.*) CH. C. T. A 977; glitteren ['*rutilent*'] WICL. JUDG. v. 31; **gliterand** (*pple.*) PS. xliv. 14; glitterand BARB. viii. 233; glitteringe DEGR. 1839; **glitered** (*pret.*) & glent GAW. 604.

glob, sb., *Lat.* globus; *mass, assembly,* WICL. JOSH. iii. 13; the men ... togidre gedred in a glob JUDG. ix. 47; glub 4 KINGS iv. 17; glubbe NUM. xvi. 11.

globbare, *see under* gulpen.

globben, *see* gulpen.

glocken, v., *shake violently,* PALL. viii. 131.

glōde, sb., (?) ALEX. (Sk.) 1334.

glōden, sb., '(*h*)*eliotropium*,' REL. I. 37 (VOC. 149); *see* gladene.

gloffare, sb., '*devorator*,' PR. P. 199; *see* globbare *under* gulpen.

gloghen, v., *O.N.* glugga; *gaze, stare*: to glogh uppon gomes D. TROY 2922.

gloiere, sb., = **glíere**; *squinter*: gloiere or gogileie '*strabo*' PR. P. 199.

glomben, **glommen**, v., ? = *Swed.* glomma, *L.G.* glummen; *observe; frown; be gloomy*; glombe R. R. 4356; **gloumbes** (*pres.*) A. P. iii. 94; gloumes ALEX. (Sk.) 4142; and **glommede** (*pret.*) als he were wraþ HALLIW. 404.

glop, sb., *surprise*: mi hert is risand now in a glope TOWNL. 146.

glōpen, v., ? = *M.Du.* gleopen, gluipen, *O.Fris.* glupa; *terrify*; **glōped** (*pret.*) A. P. ii. 849.

glopnen, v., *cf. O.N.* glúpna; *be astonished, be terrified,* A. R. 212*; **glopnede** (*pret.*) D. ARTH. 1074; **glopnid** (*pple.*) C. M. 11611; *comp.* a-, for-glopnen.

glōpned-lī, adv., *fearfully,* A. P. ii. 896.

gloppning, sb., *fright, amazement*: gloppning [*v. r.* gloppening] C. M. 19633; gloppininge D. ARTH. 3864.

gloppen, **gloppinge**, *see* gulpen.

glōren, v., = *Swed.* glōra (RIETZ 200), *M.Du.* gloeren; *glare, stare*: til þat his lippes þar of dude glore S. A. L. 47; **glōrand** (*pple.*) ALEX. (Sk.) 4552; than glopnede we gloton and **glōrede** (*pret.*) D. ARTH. 1074.

glōrie, sb., *O.Fr.* glorie; *glory,* A. R. 358; SHOR. 5; glori ALEX. (Sk.) 1730.

glōrien, v., *Lat.* gloriāri; *glory,* WICL. PROV. xx. 14.

glorifīin, v., *Fr.* glorifier; *glorify,* PR. P. 199; **glorifieþ** (*pres.*) AYENB. 25.

glorius, adj., *O.Fr.* glorius, glorios; *glorious,* MISC. 27; glorious TREV. IV. 201; **gloriōsest** (*superl.*) ALEX. (Sk.) 1611.

glorious-liche, adj., *gloriously,* LANGL. C xx. 15.

gloriousnesse, sb., *glory,* '*gloriositas*,' PR. P. 199.

glōse, sb., *O.Fr.* glōse; *gloss, flattery, falsehood,* ROB. (W.) 2381; AYENB. 187.

glōsen, v., *O.Fr.* glōser; *gloss, explain; pervert; flatter*; **glōseþ** (*pres.*) PL. CR. 345; glose ['*blandire*'] WICL. JUDG. xiv. 15; **glōsinde** (*pple.*) ROB. 497; **glōsed** (*pret.*) WILL. 60; MAN. (H.) 34.

glōsare, sb., *glosser, glozer,* PR. P. 199.

glōsinge, sb., *explanation, comment, flattery, deceit,* '*glosacio, adulacio*' PR. P. 200; CH. C. T. 7374; LANGL. B xiii. 74; **glōsinges** (*pl.*) and gabbinges LANGL. B xx. 124.

gloten, **glotoun**, *see* gluten, glutūn.

Gloucestre, pr. n., *O.E.* Glēawan ceaster; *Gloucester,* LAȝ. 16236; ROB. 2.

gloum, *see* glomben.

glouten, v., *look sullen*; **gloutid** (*pret.*) RICH. 4771.

glouting, sb., *? looking sulky,* B. B. 134.

gloðeren, v., *? flatter*: ne noȝt i kepe to gab ne gloþer C. M. 8401.

glōve, sb., *O.E.* glōf, glōfa, *O.N.* glōfi ; *glove,* '*chirotheca,*' PR. P. 200 ; GOW. II. 370 ; C. M. 8116 ; LIDG. M. P. 110 ; **glōven** (*pl.*) LA3. 28581 ; A. R. 420 ; HORN (R.) 800 (H. 823) ; glove HORN (L.) 794.

glōver, sb., *glover*, VOC. 181 ; glovare PR. P. 200.

glōw-berd, sb., *glow-worm*, '*nocticula,*' VOC. 255.

glōwin, v., *O.E.* glōwan (*pret.* glēow), = *O.N.* glōa, *M.Du.* gloejen, *O.H.G.* gluojan ; *glow,* '*cando,*' PR. P. 200 ; glowe LANGL. B xvii. 222 ; PR. C. 7360 ; **glōwende** (*pple.*) ORM. 1067 ; glowinge MARG. 214 ; **glōwid** (*pret.*) S. S. (Wr.) 2688 ; gloweden CH. C. T. A 2132.

glōwinge, sb., *glowing*, ' *candor, coruscacio,*' PR. P. 200.

glū, sb., *O.Fr.* glū, glūs ; *glue*, AYENB. 246 ; TREV. III. 451 ; *deriv.* **glewishe**, **glūwi**.

glubbere, *see under* gulpen.

glucchen, *see* gulchen.

glūffen, v., *dazzle, look bright*: no gai gere to gliffe in 3our e3en ALEX. (Sk.) 4599 ; 3if 3e þurh 3emeleaste glūffeð [gliffen] (*subj.*) of wordes A. R. 46 ; **gliffed** (*pret.*) ANT. ARTH. (M.) xxviii. (R. glisset) ; gliffnit BARB. vii. 184.

glūften, v., *look, gaze* ; **gliftes** (*pres.*) D. ARTH. 2525 ; **glifte** (*pret.*) GAW. 2265 ; A. P. ii. 849 ; (*? printed* glyste) FLOR. 1659 ; glifted þei þer eiene MAN. (F.) 3399 ; 3if þat he **glūfte** (*subj.*) in ani half LEG. 199 ; *comp.* **a-gliften**.

glug, sb., *clod* : place of safir is stones and the **gluggis** (*pl.*) of him gold WICL. JOB xxviii. 6.

glūin, v., *O.Fr.* gluer ; *glue*, PR. P. 200.

glūinge, sb., *gluing, sticking,* '*conglutinacio, conviscacio,*' PR. P. 200.

glummen, *see* glommen.

glut, sb., *O.Fr.* glout ; *glutton*, PL. CR. 67 ; **gluttis** (*pl.*) ALEX. (Sk.) 4532.

gluten, v., *O.Fr.* glotir, gloutir ; *glut* ; glotie LANGL. C x. 76*.

gluterie, sb., *gluttony* : gloterie MISC. 217 ; glotori, glotteri, glutiri, glutturi HAMP. PS. lxxxvi. 4, xiii. 5*, lxviii. 19, lxxxii. 6* ; **glotries** (*pl.*) ['*comessationibus*'] WICL. DEUT. xxi. 20.

gluternesse, sb., *? from O.N.* glutr ; *? luxury*, ORM. 11653.

glutūn, sb., *O.Fr.* glutun, gluton ; *glutton*; A. R. 214 ; glotoun AYENB. 50.

glotoun-liche, adv., *like a glutton* : þet þou sselt ete zviþe and glotounliche AYENB. 110.

glutunerie, sb., *O.Fr.* gloutonerie ; *gluttony* ; (*? ms.* glutenerie) HOM. I. 49.

glutunie, sb., *O.Fr.* gloutonie ; *gluttony*, A. R. 194 ; MISC. 31 ; glotonie [glotenі3e] ROB. (W.) 6782 ; SPEC. 49 ; LANGL. A PROL. 22 ; **glotonies** CH. C. T. C 514.

glutunous, adj., *gluttonous, greedy* ; glotonous CH. BOET. i. 5 (26) ; glotounius ALEX.[2] (Sk.) 790.

glūwi, adj., *from* glū ; *gluey* : pittis of gluwi clei WICL. GEN. xiv. 10.

gnacchen, v., *gnash*, REL. I. 240.

gnack, sb., *O.N.* gnak ; *trick* : laweieris wiþ here **gnackis** (*pl.*) & japes WICL. E. W. 184.

gna3en, v., *O.E.* gnagan, = *M.L.G.* gnagen, *O.H.G.* gnagan, nagan, *O.N.* gnaga, naga ; *gnaw* ; gnaghe HAMP. PS. cxviii. 40* ; gnawen FRAG. 6 ; gnawe ROB. 404 ; CH. TRO. iv. 621 ; PR. C. 6908 ; **gna3(e)st** (*pres.*) SHOR. 97 ; gnaweþ MISC. 151 ; **gnawe** (*subj.*) M. H. 142 ; **gnōgh** (*pret.*) H. S. 3581 ; gnou3 (*ms.* gnow3e), gnou (*ms.* gnow), gneu C. M. 6043 ; gnou (*ms.* gnow) RICH. 5074 ; CH. C. T. B 3638 ; gnowen WICL. JOB xxx. 3 ; MISC. 225 ; gnowe TREV. IV. 137 ; **gnōwe** (*subj.*) ROB. 539 ; **gnawen** (*pple.*) PR. C. 864 ; ignawe HICKES I. 227 ; *comp.* for-, tō-gna3en.

gnawinge, sb., *gnawing* : gnawinge, or foule biting '*corrosio*' PR. P. 200 ; bi gnawing of rattis CH. C. T. *I* 605.

gnaggen, v., *gnaw* ; **gnaggid** (*pple.*) up bi the gomis LUD. COV. 384.

gnaisten, *see* gnāsten.

gnappen, v., *? for* cnappen ; *? = M.Du.* knappen ; *? bite, snap at* ; sum(e) **gnappede** (*pret.*) here fete and handes H. S. 10208.

gnāre, sb., *snare* : be the boord of hem maad bifore hem into a gnare [*later ver.* gin] WICL. ROM. ii. 9 ; gnare of the devil WICL. 1 TIM. vi. 9 ; he hangede hem with a grane or a gnare WICL. MAT. xxvii. 5 ; gnare [grane] WICL. LK. xxi. 35* ; **gnāris** (*pl.*) WICL. 2 KINGS xxii. 6 ; WICL. S. W. II. 363.

gnāren, v., *choke, strangle* ; *snare, entrap* ; to gnare men in his net WICL. E. W. 437 ; as taren gnaren corn WICL. S. W. I. 96 ; **gnārid** (*pple.*) with the woordis of the mouth WICL. PROV. vi. 2 ; gnared WICL. IS. xxviii. 13.

gnāst, sb., *O.E.* gnāst, *cf. O.N.* gneisti, *O.H.G.* gneist ; *burning ashes* ['*favilla*'] WICL. IS. i. 31 ; þene ene gnast HOM. I. 81 ; gnast, knast '*emunctura*' PR. P. 277 ; **gnōstis** (*pl.*) HALLIW. 406.

gnāstin, v., *O.N.* gneista ; *gnash,* '*fremo, strido,*' PR. P. 200 ; he shal gnasten ['*frendet*'] WICL. IS. v. 29 ; he with his tethe gnaistes ALEX. (Sk.) 5321 ; gnaiste PR. C. 7338 ; **gnaisted** (*pret.*) '*fremuerunt*' PS. ii. 1 ; þeir teþ gnaisted MAN. (F.) 1821 ; gnaistid HAMP. PS. ii. 1.

gnāstere, sb., *gnasher,* '*fremitor,*' PR. P. 200.

gnāstinge, sb., *gnashing,* '*fremitus,*' PR. P. 200 ; gnastinge of horsis WICL. JER. viii. 16 ; þer endeles gnaisting is of tooth C. M. 26760 ; þe voices of gnastinge TREV. VII. 81.

gnat, sb., *O.E.* gnætt, ?=*Swed.* gnadd (RIETZ 204); *gnat*, MIRC 1937; CH. C. T. *D* 347; gnet MAT. xxiii. 24; þene gnet A. R. 8; **gnattes** (*pl.*) GEN. & EX. 2988; PS. civ. 31; TREV. V. 159.

gnawen, gnawing, *see* **gnaȝen**.

gnēde, adj., *O.E.* gnēde, (un-)gnȳde; *stingy*, MISC. 92; HAV. 97; MIRC 319; GREG. 823; C. M. 5392; TRIST. 2838; her beþ blisse gnede REL. I. 120; of gifte was he never gnede DEGR. 1159; a gnedi gloton with to grete chekes LANGL. *C* xvi. 85; (g)nede A. P. ii. 146; gnede, knede (*ms. in gloss.*), A. P. 154.

gnēde-līche, adv., *O.E.* gnēdelīce; *stingily*, A. R. 202.

gnēden, v., *? grudge* : these, ful securli mete and drinke at thi nede, non that dai shal thee gnede MAS. 667.

gnet, *see* **gnat**.

gnīden, v., *O.E.* gnīdan,=*M.L.G.* gnīden, *O.H.G.* gnīten; *rub, brush*, A. R. 238; gnide (*ms.* gnyde, *printed* guyde) REL. I. 175; gniden (*pret.*) A. R. 260; *comp.* **for-gniden**.

gnitte, sb., *cf. M.L.G.* gnitte; *? gnat*; **gnittus** (*pl.*) REL. I. 86.

gnof, sb., *? churl ; miser* ; a riche gnof CH. C. T. *A* 3188.

gnōst, *see* **gnāst**.

gnudden, v., *rub, brush, crush*, A. R. 238*; **gnodde** (*imper.*) HALLIW. 406; **gnodded** (*pret.*) CH. APPEND. BOET. i. 11; moni kniȝt ... gnodded (*printed* guodded) gras on þe grounde ALIS. 2374; gnuddeden A. R. 260*.

ȝo, *see* **hēo**.

gobbe, sb., *lump, mass*, ['*moles*'] WICL. IS. xl. 12.

gobben, v., *cut in lumps*; goben, gobone (*imp.*) B. B. 155, 281.

gobelin, sb., *Fr.* gobelin; *goblin*, WICL. PS. xc. 6; goblin ALEX. (Sk.) 5491.

gobet, sb., *Fr.* gobet; *small piece, 'massa, frustum,'* PR. P. 200; TREV. IV. 399; WICL. ROM. ix. 21; CH. C. T. *A* 696.

gobet-līche, adv., *piecemeal* ['*membratim*'], TREV. IV. 103.

gobet-mēle, adv., *piecemeal*, WICL. 2 MAC. xv. 33.

goblet, sb., *goblet*; **goblets**, goblettis, gobletis, goblettes ALEX. (Sk.) 2935, 3701, 5131.

goboun, sb., *fragment*; **gobouns** (*pl.*) TREV. IV. 155; gobins B. B. 161.

ȝoc, sb., *O.E.* geoc, gioc, joc, juc,=*Goth.* juk, *O.N.* ok, *O.H.G.* joh, *Lat.* jugum; *yoke*, A. R. 156; (*ms.* ȝocc) ORM. 4045; ȝok VOC. 234; C. L. 957; CH. C. T. *E* 113; APOL. 80; ioc FRAG. 5; yok AYENB. 255; yok [ȝhoc] PS. ii. 3; **ȝiōkes** (*pl.*) HOM. II. 195; ȝockis WICL. JOB i. 3.

god, sb., *O.E.* god,=*O.L.G.*, *O.Fris.* god, *O. H.G.* got, cot, *O.N.* goð, guð, *Goth.* guþ; *god*, LAȝ. 5354; BEK. 2; god woot [goddot] *God knows* C. M. 3729; goddot HAV. 606; AN. LIT. 13; **gōdes** (*gen.*) O. & N. 357; CHR. E. 630; for godes luve H. M. 35; godes (*ms.* godess) sune (*the son of God*) ORM. 267; þe godes peni AYENB. 91; **gōde** (*dat.*) HOM. I. 87; ORM. 1952; GEN. & EX. 2816; swa ich mote gode iþeon LAȝ. 9116; vor gode (*by God*) ROB. (W.) 7000; **gōdes** (*pl.*) KATH. 53; goden (*dat. pl.*) LAȝ. 8378.

god-child, sb., *godchild*, A. R. 210; **godchildere** (*pl.*) MIRC 152.

god-cund, adj., *O.E.* godcund, = *O.L.G.* godcund, *O.H.G.* gotchund; *divine*, ORM. 5873; sumne godcunde mon LAȝ. 10139.

godcund-hēde, sb., *divinity*, REL. I. 222.

godcund-leȝe, sb., *divine nature*, ORM. 1389.

godcundnesse, sb., *divinity*, KATH. 985; godcun(d)nesse P. L. S. viii. 196; HOM. II. 73.

god-cünde, sb.,=*O.H.G.* gotchundī; *divinity*; goddcunde LAȝ. 24960.

god-doȝter, sb., *O.E.* goddohter; *goddaughter*, AYENB. 48.

goddot, *see* **god**.

god-fāder, sb., *O.E.* godfæder; *godfather*, HOM. II. 17; SHOR. 69.

god-ful-hēd, sb., *divinity*, GEN. & EX. 53.

god-fürht, adj. & sb., *O.E.* godfyrht; *godfearing*, HOM. I. 27; godfruht, -friht II. 19, 167, 187.

godefrigti-hēd, sb., *piety*, GEN. & EX. 493; frigtihed 540.

god-hōd, sb.,=*O.H.G.* gotheit; *godhead*, A. R. 112; godhede C. L. 1335; AYENB. 12; MAND. 144.

god-mōder, sb., = *O.E.* godmōder; *godmother*, AYENB. 48; ED. 588.

godnesse, sb., = *O.H.G.* gotnissa; *deity*, HOM. I. 101.

god-sib, sb., = *O.E.* godsibb, *m.*; *gossip*, LANGL. *A* v. 152; gossib CHAUC. C. T. *D* 243; of his godzib oþer of his godzibbe AYENB. 48.

godsib-rēde, sb., SHOR. 69; gosibrede TREV. I. 357; gossiprede LIDG. M. P. 36.

god-sune, sb., *O.E.* godsunu; *godson*, VOC. 214; godsone BRD. 2.

gōd, adj. & sb., *O.E.* gōd,=*O.L.G.*, *O.Fris.* gōd, *Goth.* gōds, *O.N.* gōðr, *O.H.G.* guot; *good; goodness, goods*, BEK. 1; god, goud LAȝ. 1782, 19203; good MAND. 56; on good man MISC. 33; goed AN. LIT. 96; guod SAINTS (Ld.) 312; AM. & AMIL. 16; gud PR. C. 80; ISUM. 177; gude MIN. iii. 37; þet gōd (*sb.*) A. R. 248; al þat god of þisse londe LAȝ. 999; al hire god WILL. 3523; ȝif ȝe maȝen eni oþer god don HOM. I. 37; þu dest me god A. R. 124; hit doþ me god ASS. 210; guod AYENB. 6; AL. (T.) 190; se gode man HOM. I. 237; þat gode wif O. & N. 1578; þet gode & þet ufele HOM. I. 7; i praise þe gode man FER. 1729; guode man LEG. 32; one gode stunde MISC. 42; þe gode mannes ORM. 1459; gōdes (*gen. m.*) LAȝ. 15790; in so gode kinges londe A. & N. 1095; hwat dostu godes O. & N. 563; gōde (*dat. m.*) LAȝ. 27733; a gode Fridai BRD. 17; hu scolde oðer monnes goddede comen him to gode [=*Ger.* ihm zu gute kommen] HOM. I. 9; al þat þu maht don to gode 23; þe þe mest deð nu to gode P. L. S. viii. 31; what se we don to gode ORM. 426; and singe ... for hire gode O. & N. 1596; a ðat ha hit leose for gode H. M. 35; wiþ heore catel and heore gode TRANS. XVIII. 24; gōdere (*dat. f.*) LAȝ. 3597; mid godere heorte HOM. I. 3; efter godere lore A. R. 428; to godre heale 194; goder hele (*for the prosperity of*) ROB. (W.) 7570; gōdne (*acc. m.*) O. & N. 812; SHOR. 135; godne dai HORN (R.) 731; P. L. S. ix. 200; AN. LIT. 6; godne, goudne [godne] LAȝ. 3538, 8299; guodne AYENB. 238; gōde (*acc. f.*) LAȝ. 19195; gode (*pl.*) LAȝ. 521; O. & N. 605; gode men ORM. 3954; þeo goden FRAG. 7; þe gode A. R. 178; gode men HOM. I. 5; gōdere (*gen. pl.*) MAT. xv. 49; LAȝ. 5705; HOM. I. 9; gōdan (*dat. pl.*) HOM. I. 107; goden his gode dide P. L. S. xvii. 485; HOM. I. 229; LAȝ. 15206; of ealle gode men SAX. CHR. 257; to þe guoden AYENB. 72.

gōd-dēde, sb., *O.E.* gōddǣd, = *M.H.G.* guottāt; *good deed*, HOM. I. 9; LAȝ. 21072; A. R. 150; MISC. 81.

guod-dōere, *good-doer*, AYENB. 135.

gōd-ful, adj., *good*, LAȝ. 17038.

gōdful-līche, adv., *kindly*, MISC. 90.

gōd-hēde, sb.,= *M.H.G.* guotheit; *goodness*, LAȝ. 21072*; O. & N. 351; ALIS. 7060; FLOR. 1682; guodhēde AYENB. 233.

gōd-lies, adj., *O.E.* gōdlēas; *devoid of good;* *having no possessions, poor*, P. L. S. viii. 173; godles KATH. 846; H. M. 31.

gōd-leic, adj., *O.N.* gōðleikr; *goodness*, A. R. 136; godleic, -lec KATH. 290, 899; godlec MARH. 10; AN. LIT. 8; godleȝc ORM. 1768.

gōd-lich, adj., *O.E.* gōdlīc,= *O.L.G.* gōdlīc, *O.H.G.* guotlich; *goodly*, ANGL. III. 280; A. P. ii. 753; godli IPOM. 75; gudlīche cnihtes LAȝ. 860; mid godlīche scruden 5362.

gōdlīche (*adv.*) LAȝ. 18857; DEGR. 675; goodliche C. L. 1396; godli WILL. 169.

goodlī-hēde, sb., *goodness*, R. R. 4604; CH. TRO. ii. 841.

goodlinesse, sb., *goodness*, '*benignitas, benevolencia*,' PR. P. 201.

gōd-man, sb., *master, sir*, ALEX. (Sk.) 2407; gudman 436; goodman CH. C. T. *C* 361; gudmans (*gen.*) (*hero's*) ALEX. (Sk.) 3433; goodmen (*pl.*) (*wealthy men*) DEP. R. i. 66.

gōdnesse, sb., *O.E.* gōdness, =*O.H.G.* guotnassi; *goodness*, LAȝ. 6897; ORM. 2109; TRANS. XVIII. 28; guodnese AYENB. 18; godnisse P. L. S. xi. 20; goodnesse, gudnes ALEX. (Sk.) 1676, 3103.

good-schipe, -schüpe, sb., *goodness*; C. L. 503.

gōd-spel, sb., *O.E.*, godspell, (*whence O.L.G.* godspell, *O.H.G.* gotspel, *O.N.* guðspiall); *gospel*, O. & N. 1270; BEK. 1072; M. H. 5; þat godspel (*ms.* godd-) LAȝ. 29525; gospel CH. C. T. *A* 481; þet gospel A. R. 388.

gōdspel-bōc, sb., *O.E.* godspellbōc; *gospel*, ORM. 6458.

gōdspellere, sb., *O.E.* godspellere; *evangelist*, HOM. I. 89; A. R. 94*; AYENB. 12; M. H. 47; gospellere R. R. 6887.

gōdspel-wrihte, sb., *evangelist*, ORM. 5635.

godard, sb., *? O.Fr.* godart; *gutter, drain;* *the water gosshet through* godardis (*pl.*) D. TROY 1607.

goddesse, sb., *goddess*, TREV. III. 73; CH. C. T. *A* 2063; godas TREV. IV. 65.

ȝode, *see* ēode. gōde, *see* gāde.

godelen, v., *slander*: hvanne þe on godeleþ (*pres.*) þane oþrene AYENB. 66.

godelinge, sb., *slandering*, AYENB. 6; godelinges (*slanderers*) AYENB. 66.

gōden, v., *O.E.* gōdian,= *M.Du.* goeden, *M.H.G.* guoten, güeten; *make good, become good; endow with goods*, ORM. 10866, 15909; & gōded (*pret.*) (*improved*) it svithe SAX. CHR. 263; þat þing þat gōded (*pple.*) is & eked ORM. 2124; *comp.* ȝe-gōden.

gōdlēas, *see under* gōd.

gōere, *see under* gangen.

gōfisch, adj., *foolish*; goofish [gofisshe] CH. TRO. iii. 535.

gogathes, *see* gagates.

[gogel? sb. *or* adj.]

gogil-ēiid, adj., *goggle-eyed*, '*limus*,' PR. P. 201; gogiliȝed ['*luscus*'] WICL. MK. ix. 46.

gogelen, v., *look aside*; gogelen (*pres. pl.*) fer fro goddis lawe WICL. E. W. 341.

ȝoȝelinge sb., *? monotonous song*, O. & N. 40; ȝuhelinge JUL. 57.

goie, *see* joie.

gojon, sb., *O.Fr.* goujon, goignon; *pivot*; gojone of a polein '*vertibulum, cardo*' PR. P. 201.

gojon, sb., *Fr.* goujon; *gudgeon*, '*gobio*,' PR. P. 201, 202.

ȝok, *see* ȝoc. gōk, *see* ȝēac.

ȝokel, sb., *O.N.* iökull; *icicle*; yokle PR. P. 259.

ȝōken, v., *cf. Ger.* jochen, *Lat.* jugāre; *yoke*, GOW. II. 63; yoken '*jugo*' PR. P. 539; heo ȝeōkeden (*pret.*) heora earmes LAȝ. 1872;

ʒōked (*pple.*) TREV. VII. 445; iʒoket REL. II. 210.

gōki, sb., *mod.Eng.* gawky; *fool*, LANGL. *B* xi. 299; goukou LANGL. *C* xiv. 120*; *see* ʒēac.

ʒokkin[g], *see* ʒioching.

gol, *see* gul.

gōl, sb., ? *O.Fr.* gaule; *goal*, SHOR. 145.

[gōl? adj., *cf. O.N.* gōla (*well*), gōlastr (*best*), *O.H.G.* urguol (*famous*).]

gōl-lī, adj., ? *O.N.* gōligr, = *O.H.G.* guollīch; ? *noble, famous*, REL. I. 85; golike tun ORM. 15662.

gōl, *see* gāl.

ʒōl, sb., *O.E.* geōl, *O.N.* jōl; *yule, Christmas*, ORM. 1915; AN. LIT. 5; MAN. (F.) 10370; GAW. 284; ʒoill, yule, ʒhule BARB. ix. 204; ʒōles (*gen.*) ORM. 1910; ʒōle (*dat.*) PERC. 1803; *cf.* ʒōle.

ʒeōl-dæi, sb., *Yule day*, LAʒ. 22737; ʒoldaʒ ORM. 11063; ʒoldai S. & C. I. liii.

ʒoill-ēvin, sb., *Christmas-eve*, BARB. ix. 204.

iōl-niht, sb., M. H. 101.

góld, sb., *O.E.* gold, = *O.L.G., O.H.G.* gold, Goth. gulþ, *O.N.* gull; *gold*, LAʒ. 4779; ORM. 6474; þat gold REL. I. 173; þet gold AVENB. 167; golde (*dat.*) SPEC. 38; gulde Iw. 888.

góld-fæt, sb., *O.E.* goldfæt, = *O.L.G.* goldfat; *golden vessel*, FRAG. 6.

góld-fāh, adj., *O.E.* goldfāh; *gold coloured*, LAʒ. 31406; góldfōhne (*acc. m.*) FRAG. 6; góldfāʒe [goldfawe] (*pl.*) LAʒ. 26706.

góld-finch, sb., *O.E.* goldfinc; *goldfinch*, O. & N. 1130; ALIS. 783; CH. C. T. *A* 4367.

góld-flūr, sb., ? *the aurelia*; góldeflūrs (*pl.*) VOC. 162.

góld-hord, sb., *O.E.* goldhord; *gold-hoard*, HOM. I. 109; MARH. 17; A. R. 152; S. S. (Wr.) 2004.

góld-hous, sb., *treasury*, HALLIW. 408.

góldisch, adj., *like gold*: al is not golde that shinethe goldisshe hewe LIDG. M. P. 190.

góld-mestling, sb., *O.E.* goldmæstling; '*aurichalcum*' FRAG. 4.

góld-plante, sb., góldplantes (*pl.*) VOC. 162.

góld-qvarelle, sb., '*aurifodina*,' VOC. 271.

góld-ring, sb., *O.H.G.* goldring, *O.N.* gullhringr; *gold ring*, HOM. I. 193; LAʒ. 24600.

góld-smiᵭ, sb., *O.E.* goldsmiᵭ, *O.H.G.* goldsmid; *goldsmith*, A. R. 236; goldsmith CH. C. T. *G* 1337.

góld-smiᵭri, sb., *goldsmith's work*: herneis so ... riche wrought and wel of goldsmithri of brouding, and of steel CH. C. T. *A* 2498.

góld-þrēd, sb., *M.H.G.* goltdrāt; *gold-thread*, CH. C. T. *B* 3665.

góld-webbe, sb., *gold tissue*, AMAD. (R.) xlv.

góld-wir, sb., *gold-wire*, LAʒ. 7048; LANGL. (Wr.) 901; ALIS.² (Sk.) 180; PR. C. 9107.

góld², sb., *the turnsol (a plant)*: [Leuchothoe] sprong up out of the molde into a flour, was named golde Gow. II. 356; góldes (*pl.*) *marigolds* PALL. iv. 174; gouldes [*intubis*] *endive* PALL. i. 702.

gólden, *see* gülden.

góle, sb., *O.Fr.* gole, goule; *throat*, CHEST. I. 229; D. ARTH. 3725; goules (*pl.*) *gules* GAW. 610; gols ALEX. (Sk.) 4819.

ʒōle, sb., *O.E.* geōla; *December*, MAN. (H.) 47; H. S. 815.

golee, sb., *O.Fr.* goulee; *mouthful (of words)*, CH. P. F. 556.

golet, sb., *O.Fr.* goulet; *gullet; gorget*, PR. P. 202; CH. C. T. *C* 543; D. ARTH. 1772.

golf, sb., *O.N.* golf; *heap of sheaves*, PR. P. 202.

goliardeis, sb., *O.Fr.* goliardois, *from med. Lat.* goliardus; *buffoon; teller of ribald stories*: he was a jangler, and a goliardeis CH. C. T. *A* 560; a goliardeis a gloton of wordes LANGL. *B* PROL. 139.

golīke, *see under* gōl.

golanand, pple., ? *cf. O.N.* gola, gula (*breeze*); *tempestuous*, ALEX. (Sk.) 4796.

goliōn, *see* guliōn. ʒolke, *see* ʒeolke.

goll, sb., ? *mod.Eng.* gull; *young bird*; gollis (*pl.*) ['*pulli*'] WICL. DEUT. xxii. 6.

ʒollen, v., = ʒeollen, ʒellen; ? *howl*; ʒolle O. & N. 972; ʒolle (*v. r.* ʒelle) TREV. IV. 395; yolle (*pres.*) CH. C. T. *A* 2672; ʒollinge (*v. r.* ʒullinge, ʒellinde) (*pple.*) L. H. R. 44; ʒollide (*pret.*) ['*ululabat*'] WICL. JUDG. v. 28.

ʒollinge, sb., *yelling*, WICL. NUM. x. 6; yollinge O. & N. 1643.

ʒolpen, = ʒeolpen, ʒelpen; ? *boast*; ʒolped (*pret.*) A. P. ii. 846.

golsoght, *see under* gul.

ʒolu, *see* ʒeolu.

golven, v., *stack corn*; golvin or golvon, '*arconiso*,' PR. P. 202; golve VOC. 154.

ʒoman, sb., ? *for* ʒung man, *mod. Eng.* yeoman; *young man; manservant, steward*, WILL. 3649; qven he throded was to yoman, he was archer C. M. 3077; '*effebus, valleta*' CATH. 427; Heliceus, ʒoman and despencer of Abraham MAND. 123; kniʒte, squiere, ʒoman and knave AMAD. L.; yoman AM. 635; ʒomane D. ARTH. 2629; yeman [*v. r.* ʒoman] CH. C. T. *A* 102; ʒeman S. & C. II. xxx; ʒheman BARB. v. 235; ʒomans (*pl.*) ISUM. 408; ʒomen (*pl.*) WILL. 3649; MAN. (H.) 297; ʒhomen BARB. v. 257; ʒemen A. P. i. 534; CH. C. T. *A* 2511.

gomie, *see* gume.

gōme, sb., *O.N.* gaum, = *M.L.G.* gōm, *M.Du.* goom, *O.H.G.* gauma, gouma; *care*, R. S. V;

MISC. 45 ; P. L. S. ii. 5 ; (*printed* ȝome) GREG. 987; nime gome ROB. 38 ; nemaþ gome FER. 1745; gom ORM. 916 ; *see* ȝēme.

gŏme², sb., *O.E.* gōma, = *O.H.G.* guomo, *cf. O.N.* gōmr ; *gum, palate*, '*gingiva*,' PR. P. 202; VOC. 245 ; L. H. R. 218 ; gōmes (*pl.*) REL. II. 78 ; *see* gūme.

gomen, *see* gamen. ȝōmer, *see* ȝēomer.

gomme, *see* gumme. ȝon, *see* ȝeon.

gŏn, *see* gān.

ȝond, ȝonder, ȝone, *see* ȝeond, ȝeonder, ȝeon.

gonel, sb., *O.Fr.* gonelle, gonele ; *gown* ; gonéls (*pl.*) FER. 4345, 4369.

gonfanoun, *see* gunfanoun. gong, *see* gang. ȝong, *see* ȝung. gongen, *see* gangen. ȝonien, *see* ȝeonien. gōnien, *see* gānien.

goot, *see* gāt. ȝōp, *see* ȝēap.

góre, sb., *O.E.* gor, = *O.N., O.H.G.* gor, *mod. Eng.* gore ; *mud*, '*limus*,' PR. P. 203 ; A. P. ii. 306 ; (*ms.* gorre) AL. (L.) 1005 ; gore and fen B. DISC. 1471 ; gorred (*pret.*) ALEX. (Sk.) 4645.

gōre, *see* gāre. ȝōre, *see* ȝēare.

gorge, sb., *O.Fr.* gorge ; *throat, neck*, LANGL. B x. 66 ; D. ARTH. 3760 ; gorg ALEX. (Sk.) 4985.

gorgen, v., *O.Fr.* gorger ; *gorge* : all hei gorgen (*pres. pl.*) as a ravene ALIS. 5625.

gorgere, sb., *O.Fr.* gorgiere ; *armour for the throat* : RICH. 321 ; B. DISC. 1616 ; gorger (*neckerchief*) GAW. 957.

gorst, sb., *O.E.* gorst ; *gorse*, '*juniperus*,' REL. I. 37 ; WICL. IS. lv. 13 ; gorstes (*pl.*) A. P. ii. 534.

ȝorþe, *see* eorþe.

gōs, sb., *O.E.* gōs, = *O.N.* gās, *O.H.G.* gans, *f., Gr.* χήν *m. f.*; *goose*, HAV. 1240 ; REL. I. 217 ; P. S. 333 ; goos CH. C. T. A 4137 ; MAND. 49 ; guos AYENB. 32 : gēs (*pl.*) A. R. 128 ; gees HAV. 702 ; MAND. 49 ; LIDG. M. P. 118 ; gies S. A. L. 156.

gōs-ei, sb., *goose-egg*, PL. CR. 225.

gōs-flēsch, sb., '*caro aucina*,' goseflesche VOC. 300 (W. W.) 661.

gōs-hauk, sb., *O.E.* gōshafoc ; *goshawk*, ALIS. 483 ; WICL. JOB xxxix. 13 ; CH. C. T. B 1928.

gōs-herde, sb., *goose keeper*, PR. P. 204.

gōsis gres, sb., *a plant* : gosis gres or cameroche or wilde tanzi PR. P. 204.

gōsling, sb., *gosling*, '*ancerlus*,' VOC. 177 ; PR. P. 204 ; gesling VOC. 187 ; geslinge VOC. 220 ; gusling 252 ; whan ... gōslinges (*pl.*) hunt the wolfe to overthrow S. & C. II. lviii.

gosibrēde, *see* godsib *under* god.

ȝoaking, *see* ȝixing *under* ȝeoxen.

gōspel, *see under* gōd.

gosshien, v., *wag, shake*; þih and shonkes and fet oppieð, wombe gosshieð (*pres.*) and shuldres wrenchieð HOM. II. 211 ; *see* guschen.

gossib, *see* godsib *under* god.

gossomor, sb., *gossamer* ; gosesomer '*filaundre*' VOC. 147, 164 ; gossomire 239 ; gossummer 273 ; gossomer '*filandria, lanugo*' PR. P. 205 ; CH. C. T. F 259 ; LIDG. M. P. 26.

gōst, *see* gāst. gōstid, *see* gāsted.

gŏt, *see* gāt.

góte, sb., = *M.L.G., M.Du.* gote ; *prov. Eng.* goit ; *from* ȝēoten ; *channel, stream*, PR. P. 205 ; gótes (*pl.*) A. P. i. 607 ; gotis ALEX. (Sk.) 4796.

gotere, sb., *O.Fr.* goutiere ; *furrow, gutter*, PR. P. 206 ; '*aquaductum, guttarium aquaductile*,' VOC. 237 ; gotir 272 ; goter CH. TRO. iii. 737 ; goteres (*pl.*) TREV. I. 181 ; gutters HAMP. PS. xli. 9 ; goteris WICL. PS. xliv. 11.

gotous, adj., *O.Fr.* gutus, goteux ; *gouty* ; gotous mann or woman '*guttosus*' PR. P. 206.

gottes, *see* gut.

goþelen, v., = *Ger.* godeln, gudeln ; *sputter, bubble* : hise guttes bigonne to goþelen LANGL. B v. 347 ; a slab of ire þat glowinge a fure were in water hit wolde goþeli loude TREAT. 135.

ȝou, *see* ēow.

gouge, sb., *Fr.* gouge ; *gouge*, (*ms.* gowge) N. P. 18.

ȝouhþe, *see* ȝuȝeðe. gouk, *see* ȝēac.

gouki, *see* gōki. goul, *see* gavel.

goules, *see* góle.

goulen, ȝoulen, v., *O.N.* gaula ; *howl* ; goule MISC. 228 ; PR. C. 177 ; i shal ȝoule ['*ululabo*'] WICL. MIC. i. 8 ; ȝaule (*pres.*) GAW. 1453 ; goul (*imper.*) WICL. EZ. xxi. 12 ; goulende (*pple.*) REL. I. 291 ; gouleden (*pret.*) HAV. 164 ; ȝaulit ANT. ARTH. vii.

gound, *see* gund. goune, *see* gūn.

goupen, sb., *O.N.* gaupn, = *G.* gaufen ; *double handful* ; goupines (*pl.*) VOC. 147*.

ȝour, *see* ēower.

gourde, sb., *Fr.* gourde ; *gourd* ; CH. C. T. H 82 ; PALL. iv. 456 ; gurds (*pl.*) ALEX. (Sk.) 3701.

goute, sb., *O.Fr.* goute ; *gout*, ROB. 564 ; SPEC. 48 ; SHOR. 2 ; the goute lette hire nothing for to daunce CH. C. T. B 4030.

gouten, v., *Fr.* goutter ; *drop, drip* ; gouton as candelis '*gutto*' PR. P. 206.

goutous, adj., *Fr.* gutus ; *gouty* : a qvene goutus and croket REL. I. 196.

ȝouþe, *see* ȝuȝeðe. govel, *see* gavel.

govern, sb., *O.Fr.* governe ; *government, management* ; his bischopriche hadde ibeo withoute govern and rede BEK. 1789.

governail, sb., *O.Fr.* governail, *from Lat.* gubernāculum ; *rudder; power to govern* ;

governaile CH. C. T. *E* 1192; GEST. R. 263;
schippes ... born aboute of a litel governaile
WICL. JAS. iii. 4; knawin war of gud governale
BARB. xi. 161; of the marchis than had he
the governale xvi. 358; **governailis** (*later
ver.* governails) (*pl.*) WICL. DEEDS xxvii. 40.
governance, sb., *O.Fr.* gouvernance; *government*, CH. C. T. *E* 23; MAND. 38.
governen, v., *O.Fr.* governer, guverner;
govern; governe ROB. 106; governi SHOR.
109; how i mai governe me TOR. (A.) 779;
governe LANGL. *A* iii. 271; **governeþ** (*pres.*)
AYENB. 124; **governit** (*pret.*) BARB. xx. 603;
governit (*pple.*) BARB. vi. 366.
governour, sb., *O.Fr.* guverneur; *steersman,
ruler, governor*, WICL. DEEDS xxvii. 11; D.
ARTH. 1201; WICL. PROV. xxii. 34; **governers** (*pl.*) ALEX. (Sk.) 3552.
ʒow, *see* ēow.
gōwen, ? = gāwen, v., tu (= þu) gōwes (*pres.*)
þær onne ORM. 12233.
ʒoxe, ʒoxen, *see* ʒeoxe, ʒeoxen.
grā, *see* grai.
grāce, sb., *O.Fr.* grace; *grace*, HOM. I. 49;
LAʒ. 6616*; A. R. 8; KATH. 298; HORN (L.)
571; BEK. 421; as him grace (*chance*) fell D.
TROY 76; grass BARB. xiv. 361; þe borde
was leid ... þe **grāces** (*pl.*) seid MAN. (F.)
16086.
grāce-dōing, sb., *thanksgiving*: WICL.
Is. li. 3.
grāce-lēs, adj. & sb., *graceless*, '*ingraciosus*',
PR. P. 206; **grācelees** (*sb.*) CH. C. T. *G* 1078.
grācious, *O.Fr.* gracieus; *gracious, beautiful*,
WILL. 312; graceux ALEX. (Sk.) 3667, 798*;
gracieux 1964; **graciouser** (*compar.*) AYENB.
24; **graciousest** (*superl.*) ALEX. (Sk.) 4909.
gracious-liche, adv., *graciously* TREV. VII.
35; graciouslie PENIT. PS. 28; graciousli A. P.
ii. 488.
gradeuable, adj., *having a degree*; clerkes
that ben gradeuable B. B. 284.
grádid, pple., for **degrádid**; *degraded*, ALEX.
(Sk.) 2430.
grēd, sb., *? clamour*; gred GEN. & EX. 3230,
3717; grad ALIS. 5204.
grēden, v., *O.E.* grǣdan, grēden; *cry out*, A. R.
236; H. M. 47; greden LANGL. *A* iii. 63; grede
O. & N. 308; HAV. 96; BEK. 129; AYENB.
22; grede (*v. r.* grete) ant grone H. H. 82;
crie and grede P. L. S. i. 32; blowe and grede
M. ARTH. 791; wepe and grede LUD. COV.
361; graden ALIS. 2751; **gredeþ**, **gredeð**
(*pres.*) HOM. II. 129; ALIS. 142; gret A. R.
330; AYENB. 56; gred O. & N. 1533; (heo)
gredeþ O. & N. 1671; AYENB. 71; alle þo þat to
me grede (*cry*) SPEC. 82; **grēd** (*imper.*) A. R.
290; HOCCL. vi. 36; **grēde** (*subj.*) A. R. 284;
grēdde [gradde] (*pret.*) LAʒ. 8634; gredde
A. R. 244; GEN. & EX. 3585; HORN (R.)

1202; gradde O. & N. 1662; ALIS. 1067;
gredden SHOR. 84; gradde AL. (L.¹) 364;
comp. **bi-grēden**.
grēdinge, sb., *clamour*, LAʒ. 23564*; AYENB.
212; greding S. J. 156.
grēdi, adj., *O.E.* grǣdig, = *O.L.G.* grādag,
Goth. grēdags, *O.N.* grādugr, *O.H.G.* grātag;
greedy; grediʒ ORM. 10217; gredi FRAG. 7;
P. L. S. viii. 133; GEN. & EX. 1494; A. D.
292; þenne bið he gredi þes eses HOM. I.
123; þe gredie leo 127; **grēdie** (*pl.*) FRAG.
6; gredie hundes A. R. 324; **grēdiure**
(*compar.*) A. R. 416.
grēdiʒ-leʒo, sb., *greediness*, ORM. 3994.
grēdi-liche, adv., *greedily*, FRAG. 6; grediliche A. R. 240*; gredilike REL I. 215;
gredeliche HOM. II. 173; gredeli ALEX. (Sk.)
1435.
grēdiʒnesse, sb., *O.E.* grǣdignyss; *greediness*, ORM. 4522; gredinesse HOM. I. 103;
A. R. 416.
græf, sb., *O.E.* græf; *carved work*, '*sculptura*,'
FRAG. 2; **grāves** (*pl.*) PS. lxxvii. 58.
græfe, sb., *O.E.* grǣfe (*cavern*, MAT. xxi.
3 LIND.); *trench, quarry*; **græfes** (*ms.* græfess) (*pl.*) ORM. 9210; leien in greaves (*older
text* stangraffen) LAʒ. 31881*; greves D. ARTH.
1872; *comp.* **stān-grēfe**.
grǣnen, v., *? cf. M. Du.* graenen (*touwen*);
? prepare; heo grǣneden [greinede] (*pret.*)
heore steden LAʒ. 23909.
græs, sb., *O.E.* græs, gærs, = *O.L.G., O.H.G.,
O.N., Goth.* gras, *M. Du.* gras, gars, *O. Fris.*
gers; *grass*, FRAG. 3; græs, gras LAʒ. 3905,
16414; gres H. M. 35; gras O. & N. 1042;
TREAT. 137; WILL. 644; GOW. I. 152;
MIRC 1499; gres PR. P. 210; GEN. & EX.
3049; REL. I. 173; HAV. 2698; MAN. (H.)
336; PERC. 1192; gress BARB. ii. 361; þat
gras HORN (L.) 130; þet gers AYENB. 111;
girss BARB. viii. 445, xi. 572, xli. 582; **grases**
(*pl.*) SPEC. 114; graces ROB. (W.) 1011;
greses ORM. 8193; *comp.* **flot-gres**.
gras-bed, sb., *grass bed*; **grasbedde** (*dat.*)
LAʒ. 23985.
gras-grēne, adj., = *M.H.G.* grasgrüene;
grass-green, ALIS. 299.
gres-hoppe, sb., *O.E.* gærshoppa; *grasshopper*, '*locusta*,' FRAG. 3; VOC. 165; ORM.
9224.
grass-hopper, sb., = *M. Du.* grashopper;
grasshopper, VOC. 177.
gráfe, sb., *O.E.* græf, *cf. O.N.* gröf, *Goth.* graba
f., *O.L.G.* graf, *O.Fris.* gref, *O.H.G.* grab
n.; *grave*, L. H. R. 79; '*sepulcrum*' VOC.
249; TOWNL. 225 (MIR. PL. 150); grave VOC.
231; PR. P. 207; GEN. & EX. 3184; HAV.
408; TREV. VII. 21; WICL. JOHN xix. 41;
graffis, gravis (*pl.*) ALEX. (Sk.) 4451, 2101.
graf-makere, sb., '*bostarius*,' VOC. 231.

gráve-stán, sb., *stone-coffin*, MARH. 22; graveston *gravestone* '*cippus*' PR. P. 208.

gráfe, sb., *O.N.* greifi, = *O.H.G.* grāvo, *O.Fris.* grēva; *steward*, '*villicus, praepositus*,' VOC. 211; greive HAV. 1771; his bidel & his greȝfe (*ms.* greȝȝfe) ORM. 18365.

gráfere, *see under* **gráven**.

graffe, griffe, sb., *Fr.* greffe; *graft*, '*surculus*,' PR. P. 212; graffe LANGL. *C* ii. 201.

graffen, v., *Fr.* greffer; *graft*, LANGL. *B* v. 137; griffin, graffin '*insero*' PR. P. 212; **graffid** (*pple.*) WICL. ROM. xi. 17.

graffare, sb., *cf. O.Fr.* graffeur; *one who engrafts*, '*insertor*,' PR. P. 212.

gragge, sb., *? throat*, '*vicecolla*,' VOC. 222.

grai, grā, adj., *O.E.* grǣg, grēg, *O.N.* grār, *cf. O.Fris.* grē, *O.H.G.* grāu; *gray*; grai REL. II. 210; (*ms.* gray) SPEC. 34; grei H. M. 43; R. S. iv; GEN. & EX. 1723; grei as glas CH. C. T. *A* 152; his greie fel O. & N. 834; i ðe greȝe kuvele A. R. 12; greye monekes ROB. 440; **grei**, grai (*subst.*) P. L. S. viii. 182 (HICKES I. 224); (*ms.* gray) MISC. 96; B. DISC. 839; grei LANGL. *B* xv. 215; grai [gra] M. H. 42; gro LAUNF. 237; in gro ant in gris SPEC. 26.

grai, sb., *O.N.* grey; *badger*, '*taxus*'; grei PR. P. 209; ant tu grisliche gra þu luþere lium MARH. 6; *see* GRIMM'S MYTHOL. 945.

grai-hond, sb., *O.E.* grǣghund, ? = *O.N.* greyhundr; *greyhound*, S. S. (Web.) 755; greihound TRIAM. 473; greahund A. R. 332; grehound LIDG. M. P. 29; grohund PARTEN. 1389; grihond AYENB. 75; greuhond S. S. (Wr.) 738.

graid, graiden, *see* **greiþ, greiþen**.

graiel, sb., *O.Fr.* grael, = *Ital.* graduale; *gradual* (*part of the service of the mass, or the book containing this*), VOC. 193; REL. l. 291; graiel [grael] TREV. V. 231.

graien, v., = *O.H.G.* grāwen; *become gray*; **graies** (*pres.*) GAW. 527.

grain, sb., *Fr.* grain; *grain, small portion*: sum graine of godhede ALEX. (Sk.) 5622; grein LANGL. *A* vi. 121; **grains** (*pl.*) AYENB. 230; grains [granes] ALEX. (Sk.) 2024.

grain, see **grein**.

graine, sb., *? skins dyed in grain; ? tanned leather*; sum graine to be neþire gloves ALEX. (Sk.) 2767; grein B. B. 178.

graiþ, *see* **greiþ**.

gram, adj., *O.E.* gram, grom, = *O.L.G.* gram, *O.N.* gramr, *O.H.G.* gram; *angry*; AL. (T.) 406; gram (*ms.* gramm) & gril ORM. 7145; hete gram GEN. & EX. 1228; god was him gram HAV. 2469; bliþe oþer grom O. & N. 992; **gráme** (*pl.*) AM. & AMIL. 214; LAȜ. 24774*.

grome-lich, adj., *O.E.* gramlīc, = *O.N.* gramligr; *dreadful, harmful*, MARH. 9.

gramaire, sb., *O.Fr.* gramaire; *grammar*, Gow. III. 136; grammere LANGL. *C* xii. 123;

CH. C. T. *B* 1726; gramire TREV. II. 161; gramere ALEX. (Sk.) 631.

gramer-scole, sb., *grammar school*: he held a gramerscole TREV. V. 51.

gramarian, sb., *O.Fr.* gramarien; *grammarian*, TREV. V. 161; **gramariens** (*pl.*) LANGL. (Wr.) 8173.

gráme, sb., *O.E.* grama, *cf. M.L.G.* gram, *O.N.* gremi; *anger, harm*, P. S. 199; WILL. 2200; JOS. 539; CH. C. T. *G* 1403; A. P. iii. 53; MIN. v. 18; DEGR. 1372; TRIAM. 1223; TOR. 2029; he qvakede for grame FL. & BL. 712; & heore grame dærnden LAȜ. 7694; þer fore ȝe sculen han grome 1435; þu dest me grame [grome] O. & N. 49; al him turnde hit to grome 1090; grome MARH. 17; A. R. 180; of grome & of teone KATH. 1363; þer of hi hedde grome MISC. 39; þene eche grome 83; greme GAW. 312; A. P. ii. 947; **grámen** (*acc.*) HOM. I. 223; **grómen** (*pl.*) H. M. 7.

gram-cund, adj., *given to anger*, ORM. 1545.

gramcundnesse, sb., *irascibility*, ORM. 3833.

gráme-ful, adj., *irritating, vexatious*, LEG. 212; gremful P. L. S. ii. 156.

gramerci, *see* **grant merci** *under* **grand**.

grámien, v., *O.E.* gremian, = *Goth.* gramjan, *O.N.* gremja, *O.H.G.* greman; *anger, irritate*, HOM. II. 69; gromien [gramie] LAȜ. 25216; grame MED. 548; LUD. COV. 27; AUD. 77; gremien MARH. 12; gremen A. P. ii. 1347; greme HAV. 442; **grómeð** (*pres.*) MARH. 17; gremeð A. R. 334; summe laverdes ... god gremiað HOM. I. 111; ne grim (we) ALEX. (Sk.) 4653; **grámande** (*pple.*) MAN. (F.) 14423; **grámede** (*pret.*) SPEC. 36; him gromede [gramede] wið þene king LAȜ. 18552; him gremed(e) [gromede] wið ham KATH. 2106; gramed AL. (L.¹) 734; gremed ['*irritavit*'] PS. ix. 25; **grámed** (*pple.*) L. H. R. 132; *comp.* a-, ȝe-, of-grámien.

gráming, sb., *grief*: [in helle] is waning and graming [? *read* granung] and toþen grisbating HOM. I. 33.

grān, v., *from* *grīnen, = *O.H.G.* grīnan; *groan*, C. M. 3731; grane, grone ALEX. (Sk.) 726*, 3238*; gron MAP 343; **gránes** (*pl.*) ANT. ARTH. (M.) xlviii.

granate, *see* **garnet**.

[**grand**, adj., *O.Fr.* grand, grant; *great*.]

gran(d)-dame, sb., *grandam*, MARH. 22.

grand-sire, sb., *grandsire*, P. L. S. xvii. 492; grantsire ROB. (W.) 6353, 7101.

grant-merci, interj., *O.Fr.* grant merci; *many thanks*: grant merci GAW. 1037, 1392; graunt merci LEG. 58; GOW. I. 106; CH. C. T. *E* 1088; gramerci TOWNL. 80.

grane, sb., ? = **grin**; *snare*: grane (v.r. snare), WICL. LK. xxi. 35*.

grange, sb., *O.Fr.* grange; *grange, granary,* VOC. 178; grange [graunge] CH. C. T. *A* 3668; graunge, gronge PR. P. 208; gronge HAV. 764.
gránien [grōnie], v., *O.E.* grānian; *groan,* LA3. 25557; granen H. M. 47; gronen vor his eche A. R. 326; gronin '*gemo*' PR. P. 214; ne gronie ne sike P. L. S. xvii. 580; grone H. H. 80; TREV. XVII. 535; greōneþ (*pres.*) FRAG. 5; granis ALEX. (Sk.) 717; grōni (*subj.*) O. & N. 872; gráninde (*pple.*) HOM. I. 43; granand PR. C. 798; grōnede (*pret.*) B. DISC. 478; he groned(e) as a bere GREG. 620.
gránunge, sb., *O.E.* grānung; *groaning,* HOM. I. 253; ? granung (*printed* graming) 33; graning LA3. 17797; groninge MISC. 91; groning ANT. ARTH. xxvi ; greening FRAG. 5.
gránken, v., *groan*; gránkis (*pres.*) TOWNL. 155.
grant, sb., *O.Fr.* grant; *grant,* P. L. S. ix. 148; graunt A. R. 238.
Grantebrügge, pr. n., *O.E.* Grantan brycg; *Cambridge,* ROB. 6.
granten, v., *O.Fr.* granter; *grant; confess*; grante ROB. 115; granti P. L. S. xvi. 175; graunti (*pres.*) O. & N. 745; graunte CH. C. T. *C* 327; granteþ AYENB. 7; granti3eþ (*imp.*) ROB. (W.) 6896*; grantede (*pret.*) LA3. 4789*; GEN. & EX. 1423; grantit BARB. xix. 61; igranted (*pple.*) A. R. 34.
grantinge, sb., *granting, yielding,* AYENB. 10; grauntinge '*concessio, stipulacio*' PR. P. 208; grantinges (*pl.*) AYENB. 134.
grantise, sb., *grant, concession*; MAN. (H.) 130, 134.
gráp, sb., *O.E.* grāp, = *O.N.* greip; *from* grīpen; *art*; Galienes grápes (*pl.*) KATH. (E.) 853.
grápe, sb., *O.Fr.* grape, crape; *grape,* '*uva,*' PR. P. 207; VOC. 240; LANGL. *B* xiv. 30; grápes (*pl.*) BRD. 19; MAND. 219.
grápin, v., *O.E.* grāpian, = *O.N.* greipa, *O.H.G.* greifōn; *grope, handle*; grapin HOM. I. 251; grape HAMP. PS. cxiii. 15; gropin PR. P. 214; grope ALIS. 1957; LANGL. *B* xiii. 347; CH. C. T. *A* 644; FLOR. 1633; grōpeþ (*pres.*) O. & N. 1496; (hi) gropieþ SHOR. 125; grōpe (*imper.*) MIRC 912; grōpie (*subj.*) A. R. 368; grápede [gropede] (*pret.*) LA3. 30269; graped PR. C. 6566; gropede FER. 1388; groped here hondes (*gave a bribe*) TREV. VII. 7; grōpid (*pple.*) WICL. EX. x. 21; *comp.* a-grāpien.
grōpinge, sb., *groping, handling,* TREV. III. 467; grōpunges (*pl.*) A. R. 206.
grapnell [grapenell], sb., ?*from* *O.Fr.* grapin; *grapnel,* CH. L. G. W. 640.
gras(e), *see* gres.
grásen, v., *O.E.* grasian, = *M.H.G.* grasen; *graze*; grase LIDG. M. P. 121; gresin PR. P. 210; grāseþ (*pres.*) GOW. I. 142.

graspen, v., *cf. L.Ger.* grapsen; *grasp,* WICL. JOB v. 14; graspid (*pret.*) FLOR. 678; grasped bi þe walles CH. C. T. *A* 4293.
grāt, sb., *O.N.* grātr, = *Goth.* grēts; *weeping*; grot GEN. & EX. 1577, 1978, 2288, 3717.
gráte, sb., *cf. Ital.* gráte, *from Lat.* crātes; *grate,* PR. P. 207; P. R. L. P. 136.
gráten, v., *O.Fr.* grater, *from med.Lat.* crātāre; *grate*; gráte (*pres.*) PR. P. 207.
gráten, *see* grēten.
gráve, *see* gráfe.
gravelle, sb., *O.Fr.* gravele; *gravel,* VOC. 271; PR. P. 207; gravel HORN (L.) 1465; WICL. GEN. xxii. 17; MAND. 234.
gravel-li, adj., *made of gravel, like gravel or sand,* WICL. ECCLUS. xxv. 27; MAND. 272.
gravel-pitte, sb., *gravel-pit,* '*arenarium,*' PR. P. 207.
gráven, v., *O.E.* grafan, = *O.N.* grafa, *M.L.G.* graven, *O.H.G.,* *Goth.* graban, *mod.Eng.* grave; *engrave; dig; bury*: he lette þer on graven sælcuðe runstaven LA3. 9960; gold graven ANGL. IV. 194; gravin '*fodo, sculpo*' PR. P. 208; in erþe grave CH. C. T. *E* 681; grave (*for* bigrave) HAV. 613; gráves (*pres.*) HAMP. PS. vi. 5*; grōf (*pret.*) PS. vii. 16*; þai grofe L. H. R. 108; gráven (*pple.*) A. P. ii. 1332; a cave ðe was ðor in roche graven GEN. & EX. 1138; þere he sholde be graven (*for* bigraven) LANGL. *B* xi. 67; graivin ALEX. (Sk.) 423; igraven LA3. 7636; igrave HORN (L.) 566; TREV. III. 391; MED. 987; *comp.* bi-gráven.
gráfere, sb., *O.E.* grafere; *engraver,* '*sculptor,*' FRAG. 2; grafer VOC. 213; graver LIDG. M. P. 28; grávers (*pl.*) MAS. 208.
grávinge, sb., *digging; engraving,* '*fossio, fossatura; sculptura,*' PR. P. 208; smithes craft and gravinge TREV. II. 229; HALLIW. 414; grafeinge, gravinge HAMP. PS. lxxix. 17*, xxi. 17*.
gre, sb., *O.Fr.* gré; *step, degree,* '*gradus,*' PR. P. 208; ST. R. 23; M. ARTH. 48; þe gree (*prize*) ȝut haþ be geten LANGL. *C* xxi. 103; when the Grekes hade the gre & the ground won(n)en D. TROY 1352; grew ALEX. (Sk.) 3270; gre *victory* ALEX. (Sk.) 3296; *prize* 818; gree *superiority,* 3651; grēce, grecis (*pl.*) *stairs* ALEX. (Sk.) 5050, 332; grece PALL. i. 463.
gre², sb., *O.Fr.* gret, gre, *from Lat.* grātum; *favour, goodwill*: resave in gre ... this rolle AN. LIT. 83; receive in gre CH. C. T. *E* 1154; at þi gre A. P. iii. 347; to gree MAND. 295; at gre LIDG. M. P. 22; to Josepe he made is gre with guode wille LEG. 48; to his freont make þi gre 455.
greable, adj., *suitable,* B. B. 129.
greade, sb., *O.E.* greada; *bosom, lap*: þet me do þe elmesse into þe greade of þe povre

grēade. **greiþen.**

AYENB. 196; grede S. S. (Web.) 1802; þe coppe he putte undur his grede ALIS. 4187.

grēat, adj., *O.E.* grēat, = *O.Fris.* grāt, *O.L.G.* grōt, *O.H.G.* grōz; *great*, ALIS. 935; swa great swa a beam LA3. 2848; great, griat MISC. 31, 33; græt ORM. 2479; gret GEN. & EX. 2098; BEK. 71; MIRC 1173; 3eo was gret mid childe LA3. 19248*; gret [greet] CH. C. T. *A* 318; hire heorte was so gret (*swollen with anger*) O. & N. 43; hath þi herte be ... gret MIRC 1173; gret wiþ childe K. T. 538; grat AYENB. 18; mid grēten (*dat. n.*) ane huxe LA3. 27881; mid grēatere (*dat. f.*) heorte 569; **grēatne** (*acc. m.*) LA3. 2284; gratne AYENB. 238; grēate (*acc. f.*) BEK. 11; þurch griate luve MISC. 34; burřene grete LA3. 25970; grēate (*pl.*) A. R. 194; AYENB. 21; grete oþes HAV. 2852; grete lordes MAND. 13; alle þe grete of Grece WILL. 1595; grettis *great men* ALEX. (Sk.) 3651; grēaten (*dat. pl.*) AYENB. 139; of greate (*coarse*) heorden A. R. 418; grētture (*compar.*) A.R. 194; gretture, grettere O. & N. 74; grettere HAV. 1893; gretter MAND. 2; grettere [grettore, grettor] ROB. (W.) 4794; greter BARB. xx. 463; grēttest (*superl.*) BRD. 2; WILL. 928; hir gretteste oþ CH. C. T. *A* 120; gretteste [grettest] ROB. (W.) 8371; greste A. R. 66; SHOR. 8.

grēt-līche, adv., *greatly*, HOM. II. 13; WILL. 2444; gretli ALEX. (Sk.) 472; grētlūker (*compar.*) A. R. 426.

grētnisse, sb., *greatness*, BRD. 8; gretnesse TREV. II. 181; MAND. 297; R. R. 552.

grētum-lī, adv., *greatly*, BARB. i. 365, iii. 668, xiii. 210, xviii. 322, xix. 113.

grēaten, v., *O.E.* grēatian, *cf. O.H.G.* grōzen; *grow great*, A. R. 128; grete [greti] ROB. 68; **grēteþ** (*pres.*) ALIS. 464; greteth '*grandescunt*' PALL. iii. 1025.

grēatnen, v., *become pregnant*; grētnede (*pret.*) JOS. 88.

Grēc, Grīc, sb., *O.E.* Grēc; *Greek*; Gric [Greck] LA3. 382; **Grickes** (*pl.*) ORM. 17560; grekis [grekez] ALEX. (Sk.) 986; **grēken** [grecen] (*gen. pl.*) ALEX. (Sk.) 3216.

Grīc-lond [Grēclond], pr. n., LA3. 327; Gricland (*ms.* Griccland) ORM. 16423.

Grēce, pr. n., *Fr.* Grēce; *Greece*, ALIS. 997; WILL. 1424.

grēce, *see* gresse.

[**gred** ? *cf.* gredel.]

gred-īren, sb., *gridiron* ['*craticula*'] WICL. EX. xxvii. 4; gredire L. H. R. 58; gridire P. L. S. xv. 204; gredirne A. P. ii. 1277.

grēd, *see* grǣd. **grēde,** *see* grēade.

gredel, sb., *cf. Welsh* greidell, *Ir.* greideal; *griddle*, L. C. C. 13; gredil A. R. 122; L. H. R. 58*; as gridell full gai gretful of fiche D. TROY 13826.

grēden, *see* grǣden.

grēdi, grēdi3, *see* grǣdi.

grēf, sb., *O.Fr.* grief; *grief, harm*, A. R. 392; FL. & BL. 187; CHR. E. 738; WILL. 2473; greef [grief] CH. C. T. *G* 712; grefe ALEX. (Sk.) 4157.

grēfe, adj., *O.Fr.* grief, gref, *from Lat.* gravis; *grievous, harmful* : als a felon grefe MAN. (H.) 138; þou ert so grefe 259; greve 288.

grēf-ful-lī, adv., *grievously*; grefulli ALEX. (Sk.) 973.

grēf-hēd, sb., *? harmfulness* : [*v.r.* grenehede] CH. C. T. *B* 163.

grēf-lī, adv., *sadly* : greefli bigo ALIS.² (Sk.) 490; greefli bigo with a grim peeple 994.

grege, grig, sb., *cricket*, ALEX. (Sk.) 1753.

gregeis, sb., *O.Fr.* gregois; *Greek* : eche of his men a Gregeis ALIS. 2431; Gregoise WILL. 5104; GOW. II. 253; Gregious HALLIW. 416; Gregies ALIS. 3700, 3734; *see* **Grēc.**

gregen, v., *O.Fr.* greger; *make heavy, aggravate* : grege PR. C. 2990; gregge WICL. E. W. 319; **gregge** (*subj.*) ECCLUS. viii. 18.

greiles [greilles], sb., pl., *from O.Fr.* graile, graille; *fifes*, MAN. (F.) 3521.

grēi, *see* grǣi. **greife,** *see* grāfe.

grein, sb., *? socket* : scharpe as a sweord boþe bi the grein and at ord ALIS. 6534; þe grain al of grene stele GAW. 210.

grein, *see* grain.

greiþ, adj., *O.N.* greiřr; ? = 3erǣd; *prepared, equipped*; graiþ M. H. 99; AV. ARTH. xxxvi.; þe graiþe gate LANGL. *A* i. 181; **greithe** (*adv.*) MIRC 346; graid *excellently* ALEX. (Sk.) 3689; **greiðe** (*pl.*) A. R. 16; LEB. JES. 635; þe graiþest (*superl.*) gate MIN. vii. 48; graithest [grethest] *richest* ALEX. (Sk.) 1865; alþire graithist ALEX. (Sk.) 162.

greiþ-līc, adj., *O.N.* greiřligr; *suitable, well-planned*; mid greiřlicre speche LA3. 445; mid græi(ř)lichen (*sec. text* faire) worden 10039; **graiþliche** (*adv.*) PL. CR. 529; greiþli WILL. 984; graiþli M. H. 44; PERC. 491.

greiþe, sb., *O.N.* greiři; *preparation, contrivance*, JOS. 66; graiþe C. M. 3523; graithe ALEX. (Sk.) 5578.

greiþen, v., *O.N.* greiřa; *prepare, equip, build*, ALIS. 170; græiřien, græiþen [greiþi] LA3. 8058, 17288; gre3þen ORM. 98; greiþe HAV. 1762; WILL. 1719; MAP 334; greiþi MISC. 84; **greiðeð** (*pres.*) A. R. 236; graithes M. ARTH. 3530; greiþe me selver P. S. 151 (A. D. 103); **graithand** (*pple.*) HAMP. PS. lxiv. 7; **greiðede** (*pret.*) LA3. 1079; greiþede BEK. 931; greiþide ['*paravit*'] WICL. GEN. xxvii. 14; graiþed PERC. 123; graithid HAMP. PS. xxxii. 14; graithd lxvii. 11; graith lvi. 10; graid xxiii. 2; **greiþed** (*pple.*) WILL. 1945; igreiþed SPEC. 48; PL. CR. 196; igreiřet KATH. 1993; graithid (*ms.* grauithid) HAMP. PS. xlviii. 9; graid D. TROY 1664; *comp.* a-greiþen.

greiðing, sb., *preparation* : in the firste greithing of oure werc WICL. ECCLES. PROL.; cloth of oþer colur grene of swiþe guod greiþingue LEG. 42 ; there is putte to hem grete greithinge of melis WICL. 4 KINGS vi. 23; graithinge HAMP. PS. lxiv. 10.

greive, *see* **gráfe**.

Grēke, pr. n., *the Greek language*, ALEX. (Sk.) 5009.

Grēkin, sb., *Grecian*, ALEX. (Sk.) 5504.

Grēkisc, adj., *O.E.* Grēcisc ; *Greek*, FRAG. I; HOM. I. 97 ; þis Grickische fur A. R. 402 ; þe Grickishe se S. A. L. 156 ; mid Grickisce fure LAȝ. 628.

gréme, grémien, *see* **gráme, grámien**.

gremþe, sb., = *M.H.G.* gremde ; *from* gram ; *anger*, WILL. 2080 ; ALIS.² (Sk.) 279.

grenat, *see* **garnet**. **grene**, *see* **grin**.

grēne, sb., *O.N.* grein *f.*; *discord, quarrel*; in game ne in grene HAV. 996.

grēne, adj., *O.E.*, grēne, = *O.Fris.* grēne, *O.N.* grœnn, *O.L.G.* grōni, *O.H.G.* gruoni; *green*, LAȝ. 24652; GEN. & EX. 2776; ROB. 352; SPEC. 90; ALIS. 638; MAND. 54 ; greene CH. C. T. *E* 2037 ; grēne (*subst.*) MISC. 92; JUL.² 206 ; grene of conscience CH. C. T. *G* 90; grene boȝhes ORM. 10002 ; þe woundes grene C. L. 1433; **grēnnere** (*compar.*) BRD. 15 ; *comp*. gras-grēne.

grēne-fish, sb., *cod*, B. B. 174 ; (*printed* gronefish) 154.

grēn-hēde, sb., *greenness*, REL. II. 84 ; AYENB. 28 ; youthe withoute grenehede [*v. r.* grefhede] or folie CH. C. T. *B* 163.

grēnnesse, sb., *O.E.* grēnness; *greenness*, PR. P. 210.

Grēne-wich, pr. n., *O.E.* Grēne wīc ; *Greenwich*, CH. C. T. *A* 3907.

grēne, sb., *cf. M.H.G.* grüene *f.*; *green, grass-plot*, HORN (L.) 851 ; to pleien o þe grene P. S. 222 ; HAV. 2828 ; FER. 693 ; CH. C. T. *D* 998.

grēnin, v., *O.E.* grēnian, *cf. O.H.G.* gruonen ; *become green,* '*viresco*,' PR. P. 210 ; grennen H. M. 35 ; greni AYENB. 95 ; grēneð (*pres.*) A. R. 150.

grēning, sb., *becoming green*, C. M. 16867.

grenien, *see* **grinien**.

grēnling, sb., *cf. Ger.* grünling ; *? codfish*, PR. P. 210.

grennien, v., *O.E.* grennian, = *M.H.G.* grennen, *O.N.* grenja (*howl*); *grin; gnash the teeth*, FRAG. 7 ; gren nen A. R. 212 ; REL. I. 188 ; grennin '*ringi*' PR. P. 210 ; grenni with (h)is teth LEB. JES. 223 ; grenne PS. xxxvi. 12 ; grenne and berke ALIS. 1935; grenne and berke ALIS. 1935 ; **grenninde** (*pple.*) LEG. 185 ; þe teeþ grennand RICH. 3406; **grennede** (*pret.*) HOM. I. 227 ; D. ARTH. 1075 ; he siȝte & grente sore AL. (T.) 217; heo grenneden hin hon (*read* on) LAȝ. 29550 ; *see* **grünnien**.

grennunge, sb., *O.E.* grænnung (EPIN. GL.) ; *grinning*, A. R. 212 ; grenning TOR. (A.) 1126 ; grenninge. PR. P. 210.

grēot, sb., *O.E.* grēot, = *O.L.G.* greot, griot, *O. N.* griōt (*stone*), *O.H.G.* grioz (*gravel*); *grit, sand, gravel*, A. R. 70; me graveþ ... in greot (*ms.* greote) and in ston MISC. 92 ; gret '*gravele*' VOC. 159 ; neiðer ston ne gret GEN. & EX. 3774 ; TRIST. 2501 ; greet WICL. JOB xxi. 33 ; REL. II. 81 ; as grein þat lith in þe greot(e) [grete] LANGL. *C* xiv. 23 ; his fless lai under grete (*v. r.* stone) C. M. 16935.

grēpe, sb., *O.E.* grœp (*scrobis*) (EPIN. GL.) ; *? furrow* : hi nabbeþ never a grepe ORIG. 214.

gres, *see* **græs**.

grēs, grēselīche, *see* **gris, grisliche**.

grésen, v., *O.Fr.* gresser ; *grease*; gresin PR. P. 210.

grésinge, sb., *greasing*, '*saginacio*,' PR. P. 210.

gresse, grēse, sb., *O.Fr.* gresse, graisse, craisse ; *grease*, L. H. R. 58*; gresse [grese] CH. C. T. *C* 60; grese AYENB. 205 ; grece ROB. (W.) 8485.

grēt, *see* **grēat** *and* **grēot**.

grēte, sb., *? O.N.* grǣti; *weeping*; (*dat.*) C. M. 189 ; ANT. ARTH. xxv.; MIR. PL. 150.

[**grēte**, sb., = *O.H.G.* grōzī; *greatness*; *comp.* un-grēte].

grēt-full, adj., *quite full*, D. TROY 13826; (*printed* grecfull) 331.

grēten, grāten, v., *O.E.* grētan, *O.N.* grāta (*pret.* grēt), = Goth. grētan (*pret.* gaigrōt), *prov. Eng.* greet; *weep, cry*; gretin '*ploro, fleo*' PR. P. 210 ; grete HORN (L.) 889 ; TRIST. 730 ; A. P. i. 331 ; PR. C. 7099; grete LANGL. *A* v. 216*; grete and grone H. H. 82; TOWNL. 227; graten HAV. 329; groten GEN. & EX. 1984 ; grēte (*pres.*) ANT. ARTH. vii. ; greten AN. LIT. 11 ; grōtinde (*pple.*) HAV. 1390; gretand MAN. (F.) 6941; grēt (*pret.*) GEN. & EX. 2287; HAV. 615; MAN. (F.) 3613; M. H. 18; ISUM. 315 ; thou grete TOWNL. 292; greten GEN. & EX. 3207 ; he greten and gouleden HAV. 164; grēten (*pple.*) MAN. (F.) 15613 ; grete EGL. 926; graten, igroten HAV. 241, 285 ; *deriv*. grāt, grēte.

grētinge, sb., *weeping*, '*ploratus, fletus*,' PR. P. 211 ; greting HAV. 166 ; PR. C. 496.

grēting-ful, adj., *sorrowful*, HAMP. PS. xvii. 10.

grēten², v., *O.E.* grētan, = *O.Fris.* grēta, *O.L.G.* grōtean, *O.H.G.* gruozzan, gruozan ; *greet*, ['*salutare*'] MARK xv. 18 ; ORM. 2805 ; wult greten ure godes KATH. 2303 ; gretin PR. P. 211 ; greten, grǣten LAȝ. 8293, 13302 ; greten, grete LANGL. *A* v. 187, *B* v. 343 ; grete WILL. 1430 ; CH. C. T. *E* 1014; MIR. PL. 152; grēteð (*pres.*) LAȝ. 3157; GEN. & EX. 2382; grēt (*imper.*) KATH. 1466 ; greteð þe lefdi mid one ave Marie. A. R. 430 ; grētte (*pret.*)

LAȝ. 133; HORN (R.) 788; BEK. 452; LANGL. *B* x. 218; LAUNF. 252; gretten WILL. 4554: þat him and hise wiþ swerd(e) gretten ALIS. 5696; grēt (*pple.*) HAV. 2290; *comp.* ȝe- grēten.
grētunge, sb., *O.E.* grēting, *cf. M.H.G.* grüezunge; *greeting*, LK. i. 29; A. R. 250; gretinge LAȝ. 4512; greting BEK. 1238.
grēting-word, sb., *salutation*, ORM. 2799.
grēt-wurt, sb., *elecampane*, '*elna, enula*,' VOC. (W. W.) 554.
Greu, adj. & sb., *O.Fr.* Greu; *Greek*; writen in grew MAND. 76; Griu MISC. 50; Gru C. L. 24; þe **Grewes** (*pl.*) for gremþ ginneþ on me werre WILL. 2080.
greu, *see* **grēuwen** *and* **grē**.
grevance, sb., *O.Fr.* grevance; *grievance*, IW. 126; grevaunce ALIS. 965; MAN. (F.) 9495; PR. C. 3019.
grēve [? grévé], *cf.* **grōf, grǣfe**; *grove*, WILL. 3634; GAW. 1355, 1898; A. P. i. 320; **grēves** (*pl.*) TRIST. 14; GOW. II. 261; CH. C. T. *A* 1495; B. DISC. 551; PERC. 172; grevis ANT. ARTH. xxxiii; grevez D. ARTH. 927.
grēve, *see* **grǣfe**.
grēven, v., *O.Fr.* grever, *from Lat.* gravāre; *cf.* **gregen**; *grieve, burden, injure*; grevin, grevi (*ms.* greui, *printed* greni) H. M. 31; greve HAV. 2953; WILL. 689; MAND. 11; grevi BEK. 1522; AYENB. 39; **grēveð** (*pres.*) A. R. 236; GEN. & EX. 3818; greves ALEX. (Sk.) 2912; **grēve** (*subj.*) LANGL. *B* xvii. 111.
grēvinge, sb., *grieving, hardship*: þer doel ever dwellez, greving & greting & grisping harde of teþe A. P. ii. 158.
grēves, sb., *O.Fr.* greves; *greaves, armour for the legs*; ALEX. (Sk.) 3893; **grēves** (*pl.*) GAW. 575.
grevous, adj., *O.Fr.* grevous; *grievous*, P. L. S. xxi. 5; TREV. IV. 103; CH. C. T. *A* 1010; **grevousere** (*comp.*) WICL. JOB vi. 3.
grevous-liche, adv., *grievously*, AYENB. 47; TREV. II. 327; grevousli MAN. (F.) 4274; **grevosliere** (*comp.*) HAMP. PS. ii. 6*.
grevousnesse, sb., *grievousness*, '*gravamen*,' PR. P. 211.
Grīc, *see* **Grēc**.
gride, sb., ? *O.Fr.* gride; *outcry*; **gridis** (*pl.*) ALEX. (Sk.) 544.
gridlen, v.: sa gret plente als a grideld (*pple.*) [griddeled] frost (? *hoar frost*) C. M. 6518.
grien, v., ? =grūwen; gried (*pret.*) GAW. 2370.
griffe, *see* **graffe**.
griffōn, sb., *O.Fr.* griffon, *from Lat.* grȳphus; *griffin*, CH. C. T. *A* 2133; ALIS. 494; EGL. 848; griffoun '*grifo, grifes*' PR. P. 212; MAND. 269; griffin, griffun WICL. LEV. xi. 13; DEUT. xiv. 12; griffon, greffon, TOR. (A.) 1971, 1981; grefīne VOC. 220; **griffounes** (*pl.*) MAND. 268; griphonnes TREV. I. 135.
griffōn, sb., *O.Fr.* grifon; *a name applied to Greeks*: his baner upon the wall he pulte, mani a griffin it bihulte RICH. 1921; pleighed at the chesse with o griffoun of hethenesse ALIS. 3133; **griffons** (*pl.*) RICH. 1767; griffouns WILL. 1961.
grig, *see* **grege**. **gright**, *see* **grucchen**.
griking [griging], sb.; *morning twilight*, PS. lxxvii. 34; þe griginge of þe daie D. ARTH. 2510.
gril, adj., =*M.Du.* gril, *M.H.G.* grel; *keen, fierce*, '*horridus*,' PR. P. 212; AM. & AMIL. 1275; gril (*ms.* grill) & gram ORM. 7196; þis sper þat is so gril P. R. L. P. 226; **grille** (*adv.*) AL. (L.¹) 564; **grille** (*pl.*) R. R. 73; wordes grille MAP 334; woundes ... grille SPEC. 91; grones full grille ANT. ARTH. xlviii; griller, [grelere] (*comp.*) MAN. (F.) 4578.
gril-lich, adj., *horrible*; grilich D. ARTH. 1101.
grille, sb., =*M.L.G.* grille; *harshness*, GUY (Z.) 11488; E. T. 279; wiþouten grucching or grille S. A. L. 207.
grillen, v., *O.E.* grillan, griellan, = *M.L.G.* grellen, *M.H.G.* grellen, grillen, *Du.* grillen; *irritate, be grievous to*; grille REL. II. 19; ANT. ARTH. xlix; grill(e) SACR. 786; i shall ... never more the greeve ne grill(e) MIR. PL. 4; so gretli can (*r.* gan) he grille E. T. 165; þat ich seide ouȝt him for to grulle (*rhyming with* wille) LEG. 38; me grulleð aȝean mine pine A. R. 366; ȝef hire herte ther to grille MIRC 103; **grūlde** (*pret.*) FRAG. 6; riht so me grulde (*twanged*) schille harpe O. & N. 142; igrūld (*pple.*) HOM. II. 259; *comp.* a-grillen.
grim, adj., *O.E.* grimm, = *O.L.G.* grim, *O.N.* grimmr, *O.H.G.* grimm; *grim, cruel*, '*austerus, horridus*,' PR. P. 212; GR. 30; LAȝ. 15566; ALIS. 754; MIRC 1561; IW. 2183; MAN. (F.) 5208; PR. C. 2250; a grim word A. R. 100; he is to þe swiþe grim HAV. 2398; grim and wroþ S. S. (Web.) 818; grim and sturne TREV. V. 101; þe grimme wrastlare A. R. 280; **grimmere** (*dat. f.*) LAȝ. 18315; grimme (*acc. m.*) LAȝ. 2283; **grimme** (*pl.*) S. A. L. 152; grimme wundes ORM. 1443; **grimmen** (*dat. pl.*) LAȝ. 683; **grimmest** (*superlat.*) A. R. 202.
grim-leic, sb., *O.N.* grimmleikr; *cruelty*; grimmeleȝc ORM. 4719.
grim-lich, adj., *O.E.* grimlīc; *grim*, MISC. 63; þe grimli gost SPEC. 111; **grimliche** (*adv.*) LAȝ. 1914; A. R. 104; O. & N. 1332; **grimliche** (*dat. pl.*) LAȝ. 8176; **grimlokest** (*superl.*) ANT. ARTH. viii.
grimnesse, sb., *O.E.* grimness; *grimness*, '*austeritas*,' PR. P. 212; CH. C. T. *I* 864.

grim², sb.,=*M.H.G.* grim ; *fury, rage,* ALIS. (Sk.) 904.
   grim-cund-leȝo, sb., *cruelty*: þwert ut of grimcundleȝc ORM. 4704.
   grim-ful, adj., *cruel,* HOM. I. 253.
grim, sb., *cf. Dan.* grim ; *grime, soot*: grim or gore HAV. 2497.
Grīmes-bi, pr. n., *Grimsby,* LAȝ. 22692 ; HAV. 745.
grimin, *see* **gramien**.
grin, sb., *O.E.* grin, gryn *f. n.; snare, trap,* AYENB. 47 ; grine, grune O. & N. 1056 ; grune [' *laqueum* '] HOM. II. 209 ; grüne (*dat.*) MARH. 3 ; grene JUL. 73 ; & mid grine hine selfne aheng MAT. xxvii. 5 ; in one grine O. & N. 1059 ; **grines** [grenes] (*pl.*) WICL. JOB xxii. 10 ; JER. xviii. 22 ; grenes (*printed* greues) TREV. II. 385 ; girns BARB. ii. 576* ; *see* **grane** and **grone**.
grind, sb., *O.E.* gegrind; *act of grinding,* HOM. II. 183.
   grind-stōn, sb., *grind-stone,* A. R. 332 ; grindstoon [' *mola* '] WICL. NUM. xi. 8.
[**grindel**, ? sb. ; *from* **grinden**.]
   grindel-stān, sb., *prov.Eng.* grindlestone; *grind-stone,* A. R. 332* ; grindelston GAW. 2202.
grindel², adj., *angry, impetuous,* GAW. 2338 ; A. P. iii. 524.
   grindel-laik, sb., *anger, impetuosity,* GAW. 312.
   grindel-lī, adv., *wrathfully*: Gawain ful grindelli with greme þenne said GAW. 2299.
grinden, v., *O.E.* grindan ; *grind,* A. R. 70 ; grindin '*molo*' PR. P. 212 ; grinde A. P. i. 81 ; grinde ate qverne AYENB. 181 ; **grindest** (*pres.*) ORM. 1486 ; grint A. R. 70 ; WILL. 1242 ; grindeð HOM. II. 181 ; grinde CH. C. T. *C* 538 ; **grindand** (*pple.*) ALEX. (Sk.) 4552 ; **grónd** (*pret.*) JUL. 56 ; gronde ['*contrivit*'] WICL. EXOD. xxxii. 20 ; grunden GEN. & EX. 3339 ; **grúnde** (*subj.*) A. R. 70 ; **grúnden** (*pple.*) IW. 676 ; grunden stel HAV. 2503 ; grounden VOC. 155 ; GAW. 2202 ; groundin L. C. C. 30 ; *comp.* ȝe-**grinden**.
   grindere, sb., *grinder* ; WICL. ECCLES. xii. 4 ; **grínderis** (*pl.*) WICL. ECCLES. xii. 3.
   grindinge, sb., *grinding,* PR. P. 212 ; AYENB. 265.
grinien, v., *O.E.* (ge-)grinian, (be-)grynian ; *catch in a snare*; **grenede** [' *illaqueavi* '] WICL. JER. l. 24.
grīp, sb., *O.N.* grīpr,=*O.H.G.* grīf ; *raven, vulture,* HAV. 572 ; BRD. 20 ; ALIS. 6345 ; OCTOV. (W.) 447 ; gripe TOR. (A.) 1961 ; **gripes** (*pl.*) LAȝ. 28062 ; MISC. 151.
grip, sb., = *M.Du.* grippe ; *furrow, ditch*; grippe PR. P. 212 ; þan birþ men casten hem in poles or in a grip HAV. 2101 ; summe leie in dikes stenget, and summe in **gripes** (*pl.*) bi þe her drawen ware 1924.

gripe, sb., *O.E.* gripe,=*M.L.G.* gripe, grepe, *O.N.* gripr, *M.H.G.* grif ; *grip, act of seizing,* LANGL. *C* xx. 146 ; a growen grape of a gripe (*cluster*) ALEX. (Sk.) 1347 ; **gripen** (*for* gripe) (*dat.*) LAȝ. 15273 ; **grippis** (*pl.*) 544.
gripel, adj., *O.E.* gripul; *eager to seize,* LAȝ. 7336.
gripen, v., *O.E.* grīpan,=*O.L.G.* grīpan, *O. Fris.,O.N.* grīpa,*Goth.* greipan,*O.H.G.* grīfan ; *grip, seize, grasp,* FRAG. 6 ; REL. I. 174 ; his freondes strived to gripen his iwon R. S. v ; gripe RICH. 4471 ; **grīpeþ** (*pres.*) LANGL. *A* iii. 235 ; **gripes** (*imp.*) ['*adprehendite*'] PS. ii. 12 ; gripis gripis *vultures seize* ALEX. (Sk.) 5453 ; **grāp** (*pret.*) LAȝ. 27691 ; ORM. 8125 ; grure grap euch mon KATH. 1994 ; grop HAV. 1776 ; ? grep BEV. 2309 ; gripen LAȝ. 18027 ; HAV. 1790 ; grepen RICH. 5070 ; **gripen** (*pple.*) HOM. I. 273 ; PS. ix. 16 ; gripen [grepe] LANGL. *A* iii. 175* ; griped LANGL. *B* iii. 181 ; *comp.* bi-, ȝe-**gripen**; *deriv.* **gripe**, **gripel**, **grippen**, **grāp**.
grīpinge, sb., *griping, seizing,* '*constrictio, compressio,*' PR. P. 213 ; **gripinges** (*pl.*) PS. cxlix. 6.
grippel, sb.,=*Du.* grippel, greppel; *trench, ditch,* PR. P. 212.
grippen, v.,=*M.H.G.* gripfen ; *grip, seize, grasp*; **grippest** (*pres.*) M. T. 118 ; **gripte** (*pret.*) ROB. 22 ; he gript(e) his mantel WILL. 744 ; *comp.* bi-**grippen**.
gris, sb., *O.Fr., cf. O.L.G., O.Fris., M.H.G.* grīs ; *gray fur,* SPEC. 26 ; LANGL. *B* xv. 215 ; griis TRIST. 1220 ; gris and grai B. DISC. 839 ; gris and gro LAUNF. 237 ; somme manteles wiþ veir & gris MAN. (F.) 11418.
gris², sb., *O.N.* grīss (*pl.* grīsir); *young pig,* '*porcellus,*' VOC. 204 ; REL. II. 79 ; LANGL. *A* iv. 38 ; L. C. C. 55 ; wen me bedeþ þe gris opene þe shet ANGL. IV. 195 ; **grises** (*pl.*) A. R. 204*.
[**grīs³** (? grīse), sb., *cf. M.L.G.* grēse, *M.H.G.* grūs, grūse ; *horror.*]
   grīse-ful, adj., *horrible,* P. L. S. i. 33 ; **grīs-, grīseful** WICL. DEUT. ii. 10 ; WICL. WISD. xi. 19.
   grīsful-lī, adv., *dreadfully, horribly*: dredende grisfulli WICL. WISD. xvii. 3.
   gris-lich, adj., *O.E.* grīs-, grȳslic, *cf. O.Fris.* grīslīk, *M.Du.* grijselijk, *Swed.* grȳselig(RIETZ) *M.L.G.* grēselik, ?*M.H.G.* grous-, griuslich ; *grisly, horrible,* MARH. 8 ; A. R. 190 ; O. & N. 224 ; AYENB. 49 ; S. S. (Web.) 756 ; K. T. 168 ; grisslīȝ ORM. 3842 ; grislich, grisli ALIS. 684, 6633 ; grisli A. P. ii. 1534 ; grisli, griseli PR. C. 1404, 1757 ; gresli BER. 1577 ; greseli MIR. PL. 34 ; greseli N. P. 26 ; **grīslīche** (*adv.*) FRAG. 7 ; A. R. 118 ; ROB. 24 ; WILL. 4343 ; PL. CR. 585 ; grisliche [greseliche] ROB. (W.) 8659 ; griseli ALEX. (Sk.) 3879 ; grīslīche (*pl.*) LAȝ. 28063 ; **grīslūker**

grīs.

(*compar.*) HOM. II. 171 ; **grisloker** ROB. 560 ; þe **grislikeste** weder P. L. S. xvii. 353.

grīslines, sb., *grisliness*, PR. C. 2310 ; **griselinesse** WICL. DEUT. ii. 11.

grīse, adj. (*? for grīsi*) ; *horrible*, B. DISC. 597 ; C. M. 23249.

grīsen, v., *O.E.* (a-)grīsan, *cf. M.Du.* grīsen, *M.L.G.* grēsen ; *feel horror*, REL. I. 130 (HOM. II. 165) ; JUL. 57 ; grise S. A. L. 152 ; TRANS. XVIII. 26 ; S. S. (Wr.) 2674 ; L. H. R. 121 ; M. H. 23 ; LIDG. M. P. 113 ; MIR. PL. 177 ; me **grises** (*pres.*) A. R. 366* ; þet ou grise wið ham 92* ; **grōs** (*pret.*) HORN (L.) 1314 ; ham gros FRAG. 6 ; hit was no wundir þo3 him gros H. S. 7875 ; his herte ... gros & greu MAN. (F.) 8532 ; *comp.* **a-grīsen**.

grisung, sb., *horror*, A. R. 190* ; **grising** WICL. JOB xviii. 20.

[**grīsi**, adj., *O.H.G.* griusīg.]

grīsi-līche, adv., *horribly*, WILL. 4343.

grisines, sb. ['*horror*'], WICL. GEN. xv. 12.

grīsil, adj., '*horridus, terribilis,*' PR. P. 213.

grīsle, sb., *horror*, MARH. 15 ; ich cwaike of grisle & of grure HOM. I. 253.

grisping, sb.,= **gristbiting** ; *gnashing of the teeth*, A. P. ii. 158.

grist, sb., *O.E.* grist,= *O.L.G.* grist(-grimmo), *M.H.G.* gris(-gram) ; *grist, grinding*, E. G. 336 ; A. P. i. 465 ; þi mille haþ grounde þi laste grist H. V. 74.

gris-bāt, sb., *gnashing of teeth*, LA3. 5189.

grist-bēatien, v., *O.E.* gristbātian ; *gnash the teeth*, JUL. 69 ; **grisbātede** (*pret.*) A. R. 326.

grist-bātinge, sb., *hissing noise*, LA3. 1886 ; grisbating HOM. I. 33 ; MISC. 230.

grist-bīte, v., *O.E.* gristbitian ; *make a hissing noise* ['*dentibus stridere*'], TREV. VII. 377.

grist-biting, sb., *O.E.* gristbitung ; ['*stridor dentium*'] TREV. VII. 501.

gristel, sb., *O.E.* gristel,= *O.Fris.* gristel ; *gristle*, VOC. 179 ; gristil '*cartilago*' PR. P. 213 ; **gristles** (*pl.*) HOM. I. 251.

gristil-bōn, sb., '*cartilago*,' PR. P. 106.

gristen? v., *grind the teeth*: þi tethe be not pikinge, gris(t)inge (*pple.*) ne gnastinge B. B. 136.

grið, sb., *O.E., O.N.* grið *n. ; peace, security*, HOM. I. 45 ; A. R. 284 ; GEN. & EX. 560 ; hælden grið [griþ] LA3. 1416 ; grið & frið 2816 ; lifves grið (= *O.N.* lifs grið) 8866 ; griþ REL. I. 172 ; WILL. 3899 ; GREG. 580 ; MAN. (F.) 3659 ; griþ (*ms.* griþþ) & friþ ORM. 3380 ; hi nabbeþ noþer griþ ne sibbe O. & N. 1005 ; þat þider wol fleon ta sechen griþ C. L. 702 ; grith HAV. 511 ; ANT. ARTH. v ; griþ, griht H. H. 126 ; **griþes** (*gen.*) ORM. 6559 ; girth BARB. ii. 44, iv. 47 ; **grīðe** (*dat.*) LA3. 480 ; on grīðe & on frīðe HOM. I. 13 ; *comp.* **chirche-grið**.

griþ-brūche, sb., *O.E.* griðbryce ; *breach of the peace*, O. & N. 1734 ; **grithbriches** (*pl.*) ANGL. VII. 220.

grið-ful, adj., LA3. 9171 ; A. R. 406.

griðfulnesse, sb., *peacefulness*, A. R. 416.

grið-līche, adv., *peaceably*, LA3. 121.

grið-sergeant, sb., *bailiff*: bedels and greives, **grithsergeans** (*pl.*) HAV. 266.

griðien [griþie], v., *O.E.* griðian ; *make peace, grant peace, keep in peace*, LA3. 5551, 10605, 21908 ; **griðede** (*pret.*) LA3. 31032 ; *comp.* **3e-griðien**.

gro, sb., *horror*, ALEX. (Sk.) 3238 (*Dub. ms. has* grone: *see* grān).

grō, *see* grai. **grob**, *see* grubbe.

grobben, *see* grubben. **grōcere**, *see* grosser.

grochen, *see* grucchen.

grōf, sb., *? O.E.* grāf *m.* ; *grove*, AR. & MER. 1640 ; grove '*lucus*' PR. P. 215 ; MAND. 271 ; **grōve** (*dat.*) O. & N. 380 ; CH. C. T. *A* 1478 ; 3eond þan groven [grove] LA3. 469.

grōfe, sb., *O.N.* grōf, = *M.L.G.* grōve, *O.H.G.* gruoba, *prov.Eng.* (*Derbys.*) grove (*mine*) ; *cf. mod. Eng.* groove ; *cave*, ALEX. (Sk.) 5394.

grogginge, *see* grucchen.

groin, groni, sb., *O.Fr.* groing ; *snout*, '*rostrum*,' PR. P. 214 ; CH. C. T. *I* 156.

groinen, v., *Fr.* grogner ; *grunt* ; groine WICL. IS. xxix. 4 ; groniin '*murmuro*' PR. P. 214 ; **groigned** [groined] (*pret.*) C. M. 13590 ; **groininde** (*pple.*) 176.

groinere, sb., *murmurer* : WICL. PROV. xxvi. 20.

groininge, sb., *grunting (of swine)*, '*grunnitus*,' PR. P. 214 ; groining CH. C. T. *A* 2460.

groising, sb., *? from O.Fr.* grossir ; *growing thick*, PALL. i. 59.

grom, sb., *O.N.* gromr, *cf. M.Du.* grom ; *groom; boy* ; HAV. 790 ; HORN (R.) 971 ; BEK. 148 ; WILL. 1767 ; P. S. 218 ; grom oþer maide A. D. 258 ; moni knight and grom ALIS. 1150 ; **grōme** (*dat.*) LEG. 32 ; **grōmes** (*pl.*) A. R. 422 ; O. & N. 1115 ; AYENB. 210.

grōme, *see* grāme.

gromil, sb., *Fr.* gremil ; *gromwell* (*greymillet*), SPEC. 27 ; gromali PR. P. ; gromilioun A. P. i. 43.

grōn, grōne, *see* grān. **grond**, *see* grund.

grone, sb., ?= grin ; *snare*, A. R. 278 ; **gronen** [grunen] (*pl.*) A. R. 278.

grōnien, *see* grānien. **gronten**, *see* grunten.

grōpe, sb., = *O.Fris., M.L.G.* grōpe, *M.Du.* groepe ; *channel* ; groupe PR. P. 216 ; (*r. w.* scoupe = scōpe) MAN. (F.) 8165.

grōpien, *see* grāpien.

grōpin, v., = *M.L.G.* grōpen ; *groove* : groupin wiþ an iren '*runco*' PR. P. 216 ; grave & groupe MAN. (F.) 8166.

grōping-īren, sb., *gouge*, '*strofina*,' VOC. 276; the groping-iren than speke to the compas N. P. 14.

grōs, adj., *O.Fr.* gros; *large*; groos B. B. 145.

grōsen, v., *heap together*, '*ingrosso*,' PR. P. 214.

grosses, sb., pl., *green figs*, PALL. iv. 633.

grosser, sb., *Fr.* (marchand-) grossier; *grocer*; grocer PR. P. 213; **grossers** (*pl.*) 213*.

grot, sb., *O.E.* grot; *fragment, particle*, A. R. 260; LEG. 24; WILL. 4257; CH. C. T. *D* 1292; (karf) hem al to grótes (*pl.*) HAV. 472.

grōt, sb., *? O.N.* grautr; (*barley*) *groat*; grōtes (*pl.*) L. C. C. 47.

grōt, see **grāt**.

grōte, sb., *M.L.G.* grōte, cf. *O.Fris.* grāta; *groat* (*coin*), LANGL. *A* v. 31; grote, groote LIDG. M. P. 50, 152; CH. C. T. *B* 4148.

grōten, see **grēten**. **ground**, see **grúnd**.

groute, sb., *O.E.* grūt, = *M.L.G.* grūt, *M.Du.* gruite; *wort* (*of beer*), VOC. 178; PR. P. 217.

grōve, see **grōf**. **grovelinge**, see **grufelinge**.

grōwen, v., *O.E.* grōwan, = *O.Fris.* grōwa, *O.N.* grōa, *O.H.G.* grōen, grūen; *grow*; growe O. & N. 1134; groo D. TROY 1403; growe LANGL. *B* xx. 56; MAND. 88; **grōweþ** (*pres.*) REL. I. 123; grouweþ P. S. 332; grōwinde (*pple.*) SHOR. 159; groaund D. TROY 11462; grēu (*pret.*) LAȝ. 2014; HAV. 2333; FL. & BL. 483; ROB. 470; greowen LAȝ. 8696; gr(e)owe [grewe] O. & N. 136; grewen MISC. 48; **grēowe** (*subj.*) REL. I. 173; **grōwen** (*pple.*) PL. CR. 221; so riche were growen hise sunen GEN. & EX. 1897; *comp.* bi-, ȝe-grōwen.

grōwinge, sb., *growing*, '*crescentia*,' PR. P. 215.

grubbe, sb., *grub, caterpillar*, TR. FISH. 26; grub [grob] ALEX. (Sk.) 1753; **grobbes** (*pl.*) PALL. vii. 63.

grubbin, v., *dig up*, '*fodico*,' PR. P. 217; grobbe CH. APPEND. BOET. i. 29; grobbe (*imper.*) PALL. viii. 6; grubbed (*pret.*) L. H. R. 94.

grubbare, sb., *digger*: grubbare in the erthe '*fossor, confossor, fossatrix*' PR. P. 217.

grucchen, v., *O.Fr.* grouchier, groucier; *grudge, murmur*, '*murmuro*,' WICL. NUM. xiv. 36; grutche WICL. PS. lviii. 16; grochi AYENB. 67; grugge LUD. COV. 228; grughe YORK xxx. 473; **grucche** (*pres.*) A. R. 114; groches PR. C. 297; grogginge B. B. 135; grucche (*imper.*) WILL. 1450; grucched (*pret.*) MAND. 57; grucheden GEN. & EX. 3354; gratchiden WICL. PS. cv. 25; gruȝt A. P. ii. 810; gright D. TROY 9315, 9367; grochgede TREV. VI. 137; **groched** (*pple.*) ALEX. (Sk.) 1467; gricchit D. TROY 7072.

grucchende-līche, adv., *grudgingly*: mani thingus grucchendeli whistrende WICL. ECCLUS. xli. 19; grochindeliche and mid 2orȝe of herte AYENB. 193.

grucchere, sb., *grumbler*, A. R. 108*.

grucchild, sb., *grumbler*, A. R. 108.

grucchunge, sb., *grudging*, A. R. 114; grucching O. & N. 523; GEN. & EX. 3318; WILL. 1461; grichching A. P. iii. 53.

grudge, sb., *grudge*, B. B. 93.

gruel, sb., *O.Fr.* gruel; *gruel*, L. C. C. 47; growelle, gruell B. B. 150, 273; gruwel LANGL. *A* vii. 169.

grüen, see **grǖwen**.

grǖf? o grǖfe, phrase, *cf. O.N.* ā grūfu; '*supinus*'; CATH. 259; þei fillen (a)gruf (*on the face*) CH. C. T. *A* 949; and laide her gruf (*face downwards*) upon a tre EM. 656; on groufe fallen D. ARTH. 3944.

grufelinge, adv., *groveling*, '*supinus*,' CATH. 166; grovelinge '*supinus*' PR. P. 215; ['*pronus*'] WICL. DAN. viii. 18; grovelinge to his fete þai felle A. P. i. 1119; **gruflinges** C. M. 17709; groflinges TOWNL. 40; grovelings ALEX. (Sk.) 5276.

grǖfnen, v., *from O.N.* grūfa; *? bow down*; grūfnede (*? printed* grusnede) (*pple.*) and strekede and starf wið ðan GEN. & EX. 481.

grüllen, see **grillen**.

grunching, sb., *cf.* **grānken**; *murmuring*, BARB. xvi. 9.

grúnd, sb., *O.E.* grund, = *O.L.G.* grund, *Goth.* grundus, *O.H.G.* grunt, *O.N.* grunnr; *ground, soil; bottom; foundation, reason*, LAȝ. 2296, 3191; P. S. 196; þe grund of helle pit ORM. 12059; his hertes grund 13286; he valþ a grund AYENB. 91; grond PR. C. 7213; ground LANGL. (Wr.) 10924; he was leid ... in ground CHR. E. 750; the ground and cause of al mi peine CH. COMPL. M. 160; grount PALL. ix. 154; **grúnde** (*dat.*) A. R. 268; O. & N. 506; bringen him to grunde ORM. 12547; were ... brouht to grunde HAV. 1979; groundē AYENB. 23; and caste him into þe derkeste grounde MISC. 230; falle to grounde TREAT. 136; al is folc ȝede anon to gronde (*were beaten*) ROB. (W.) 1766; ground harme 1431; a ground hate D. TROY 1403; eode to gronde *perished* ROB. 79; on gronde and on lofte LANGL. *A* i. 88; hire coverchiefes ful fine were of grounde CH. C. T. *A* 453; *comp.* sē-grund.

ground-ebbe, sb., = *Ger.* grundebbe; LIDG. M. P. 50.

grúnd-fulled, pple., *filled throughout*, LAȝ. 1088.

grúnd-hāt, adj., *quite hot*, LAȝ. 5692.

grúnd-laden, pple., *laden throughout*, LAȝ. 1106.

ground-lias, adj., *O.E.* grundlēas; *groundless*, SHOR. 154.

grúnd-līch, adj., = *Ger.* gründlich; *profound, radical, solid*: mid grundliche stre(n)gðe LAȝ. 15813; **grúndliche** (*adv.*) JUL. 69;

grúnd. ʒülden.

grundliche onslowen LAʒ. 1739; ete grundlike HAV. 651; groundli BER. 4001.

ground-sope, sb., = *M.Du.* grondsop; '*faex, sedimen*,' PR. P. 216.

grúnd-stalworð, adj., *strong, powerful*: þe ston was mike ... grundstalworthe man he sholde be þat mouthe liften it to his kne HAV. 1025.

grúnde-swülie, sb., O.E. grundeswylige (LEECHD. GLOSS.); *groundsel*, FRAG. 3; grundeswilie REL. I. 37.

grúnd-wal, sb., O.E. grundweall; *foundation*, '*fundamentum*,' FRAG. 3; JUL. 72; ORM 13372; grundwal MISC. 97; grund-, groundwal C. M. 8424.

grúnden, gründen, v., O.E. gryndan, = M.H.G. gründen; *ground*; grounden '*fundo*' PR. P. 216; grendeþ (*pres.*) SHOR. 137; ʒe gronde ʒou noʒt on a god ALEX. (Sk.) 4490; **groundid** (*pple.*) WICL. 1 ESDR. iii. 10; igrounded CH. D. BL. 921; grune (*for* grunden) ALEX. (Sk.) 338.

grüne, *see* grin.

grünnien, v., *gnash (the teeth)*; grunni AYENB. 67.; *see* grennien.

grunten, v., = O.H.G. grunzen; *grunt*, A. R. 326; i grunte ant grone REL. I. 120; þei gronten MAND. 274; **grunte** (*pret.*) P. L. S. xv. 99; MAP 341; nevere grunte [gronte] he CH. C. T. B 3899.

gruntare, sb., *grunter*, '*grunnitor*,' PR. P. 217.

gruntinge, sb., *grinding, gnashing*, '*grunnitus*,' PR. P. 218; gruntinge of teeth CH. C. T. I 208; grinting, grenting, grunting WICL. MAT. viii. 2, xxii. 13; LK. xiii. 28; **grintingis** (*pl.*) GEST. R. 6.

grúre, sb., O.E. gryre, = O.L.G. gruri *m.*; *horror, terror*, LAʒ. 27716; KATH. 1994; MISC. 91; swuc grure he hefde A. R. 112; for muchele grure MARH. 7.

grúre-ful, adj., *horrible*, HOM. I. 271; A. R. 210.

grúreful-liche, adv., A. R. 320.

grúre-blōd, sb., *blood-stream*, A. R. 294; *see* gúre.

grúsen, grúselien, v.; *eat, nibble*; **grúse** (*pres. subj.*) [gruselie] A. R. 428*.

grusshen, v., *crush, gash*; **grusshet** (*pret.*) D. TROY 9482.

grut, sb., *cf. L.Ger.*, *Swed.* grut *n.*; *gravel, silt, glarea, limus*,' PR. P. 218; þe toundikes ... wer(e) ... full(e) of grut RICH. 4339.

grütte, sb., O.E. grytt (*pl.* grytta), = M.L.G. grutte, O.H.G. gruzze; *bran*; grut(t)a '*furfures*' FRAG. 4.

grütten, adj., *? made of bran*; þet tu ete gruttene bread A. R. 186.

grüwen, v., = M.L.G., M.H.G. grüwen, O. Swed. grúa, Dan. grúe; *shudder*; grue SACR.

155; C. M. 23027; **grēu** (*ms.* grew) (*pret*). MAN. (F.) 8532; growit BARB. xv. 541*, xx. 517; *comp.* a-grūwen.

greuing, sb., *horror*, BARB. xix. 555*; growing xix. 555.

[ʒu, adv., O.E. geo, io, iu, = O.L.G., O.H.G. giu, ju; *formerly*; *comp.* nŭ-ʒu.]

ʒu, *see* ðow.

gua-, *see* gva-. **gūd**, *see* gōd.

gubernaciōn, sb., *government*, TREV. IV. 33.

gue-, *see* gve-.

ʒuʒeðe, O.E. geoguð, iogoð, iugoð, = O.L.G. juguth, jugud, O.H.G. jugund; *youth*; iuʒeðe (*ms.* Ivʒeðe), ʒuheðe, ʒeoʒoþe HOM. I. 97, 109, 145; ʒuʒeðe, ʒeoʒeþe LAʒ. 6566, 19837; ʒuheðe KATH. 1462; ʒuwoþe FRAG. 2; ʒuweþe A. R. 156; guweðe HOM. II. 127; ʒeoʒeðe P. L. S. viii. 188; ʒeuʒeþe HICKES I. 224 (ANGL. I. 30); ieʒeþe (*ms.* yeʒeþe) AYENB. 69; gueþe (*printed* guewe) REL. I. 174; iouhþe (*ms.* youhþe) 173; ʒouþe A. D. 289; ʒoeþe, youhþe O. & N. 633; (*ms.* youþe) HAV. 2988; ʒouþe [youthe] CH. C. T. A 461; yhouthe PR. C. 5972; he was guð (*young, per metonymiam*) GEN. & EX. 2665.

ʒuweðe-hōd, sb., O.E. geoguðhād, = O.L.G. jugudhēd; *youth*, A. R. 342; guðhede REL. I. 209; ʒoutheid ISUM. 60; yhouthede PR. C. 5713; ʒoutheid, ʒouthede BARB. v. 277, x. 532.

ʒuhelunge, *see* ʒoʒelinge.

ʒui, *see* ʒēa. **ʒuile**, *see* hwīle.

gul, adj., O.N. gulr, golr; *yellow*; **gulle** (*pl.*) HALLIW. 424.

gul-soght, sb., = *Swed.* gulsot, *Dan.* guulsot, *jaundice*; '*aurugo*,' CATH. 168; golsoght HALLIW. 409.

gulchen, v., *cf. Ger.* gulken, kulken, glucken, klucken; *swallow greedily*; **gulcheð** [glucches] in A. R. 240; gulcheð [culcheð] ut *vomits* 88.

gulche-cuppe, sb., *drunkard*: ʒif þe gulchecuppe weallinde bres to drinken A. R. 216.

Gúldeford, pr. n., *Guildford*; Gǘldeforde (*dat.*) O. & N. 191.

gülden, adj., O.E. gylden, = O.H.G. guldīn, O.N. gullinn; *from* gōld; *golden*; gilden PR. C. 5360; LUD. COV. 76; a guldene crune KATH. 1582; guldene crune [goldene croune] LAʒ. 4251; þe gildene ʒate MAND. 81; gildene crunes ORM. 8180; geldene scheldus DEGR. 280.

gülden, v., O.E. gyldan, = O.N. gylla; *gild*; gildin '*deauro*' PR. P. 193; gilden WICL. EXOD. xxvi. 29; gilt (*pple.*) ALEX. (Sk.) 2384; gild (*gilt-plate*) B. B. 131; iguld FER. 1330; igelt AYENB. 26; *comp.* over-gülden.

gildinge, sb., = O.N. gylling; *gilding*, PR. P. 193.

ʒülden, *see* ʒelden.

gúle, sb., *Lat.* gula; *gluttony*: this vice ... is cleped gule GOW. III. 1; the lusti vice is hote of gule the delicaci GOW. III. 22.
gulion, sb., *O.Fr.* goleon; *collar*: cast on her his gulion which of the skin of a leon was made GOW. II. 358; golion '*gunella, gunellus*' PR. P. 202.
ȝüllen, see ȝellen.
gulpen, v., *cf. Du.* gulpen, golpen; *gulp*; **igulped** [igolped, iglubbed, iglobbed, igloppid] (*pple*). LANGL. B v. 346.
gloppinge, sb., *gulping, swallowing greedily*: gloppinge of drink PL. CR. 183; gloffinge '*devoracio*' PR. P. 199.
gulpere, sb., *cf. M.Du.* golper; *gulper, drunkard, glutton*; **glubberes** [globbares] (*pl.*) LANGL. B ix. 60; gloffare PR. P. 199.
ȝülpen, see ȝelpen.
gült, sb., *O.E.* gylt *m.*; *guilt*, LAȝ. 4272; O. & N. 1410; MAP 341; MIRC 1099; & nimeð þene gult uppen hire A. R. 258; þisne gult MISC. 49; as sone as he hedde þe gult idon C. L. 414; i nabbe þer of gult non BEK. 827; gilt HOM. II. 65; GEN. & EX. 2262; MAND. 134; (*ms.* gillt) ORM. 13730; gelt ['*debitum*'] MAT. xviii. 32; ANGL. I. 16; SHOR. 166; AYENB. 30; WILL. 4403; **gilte** (*dat.*) PR. C. 5559; **gültes** (*pl.*) FRAG. 7; HOM. I. 39; A. R. 356; giltes ORM. 1143.
gült-lēs, adj., *guiltless*, TREV. III. 389; gultelese, gulteles ROB.(W.) 5705, 6867; giltles FLOR. 2090; giltelæs ORM. 871.
gülten, v., *O.E.* gyltan; *incur guilt, sin*; gulte P. L. S. viii. 108; gilten WICL. PS. xxxiii. 22; he wolde noht on ane wise gilten (*ms.* gilltenn) ORM. 3111; **gülteð** (*pres.*) MARH. 17; **gülte** (*subj.*) O. & N. 1523; **gülte** (*pret.*) HOM. I. 83; **gült** (*pple.*) MIRC 419; gilt M. ARTH. 1377; *comp.* **a-, for-, ȝe-gülten**.
gültare, sb., *one who incurs guilt*, REL. I. 282; **gilteris** (*pl.*) WICL. PS. lxxiv. 5.
gülti, adj., *O.E.* gyltig; *guilty*, A. R. 58; BEK. 2111; MIRC 901; gilti CH. C. T. *A* 660; MAN.(H.) 112; PR. C. 2949; geltig MAT. xxiii. 18; gelti SHOR. 40; *comp.* **ungülti**.
gúme, sb., *O.E.* guma, *O.N.* gumi, = *O.L.G.* gumo, *Goth.* guma, *O.H.G.* gomo, *Lat.* homō; *man*, M. H. 127; REL. I. 186; gume [gome] LAȝ. 3590; gome SPEC. 36; ALIS. 705; WILL. 670; JOS. 531; S. S. (Web.) 1399; GREG. 543; LANGL. B xiii. 181; A. P. i. 231; ANT. ARTH. viii; Havelok was a ful god gome HAV. 7; **gúmen** (*pl.*) LAȝ. 4621; gomen HORN (R.) 169; ALIS. 1384; **gumene** (*gen. pl.*) LAȝ. 12178; gume JUL. 26; *comp.* **brúd-here-, scip-gume**.
gúme, sb., *cf. O.H.G.* giumo; *gum*, '*gingiva*,' VOC. 207; *see* **gōme**.
gumme, sb., *Fr.* gomme; *gum*, PR. P. 218; **gummes** [gommes] (*pl.*) LANGL. A ii. 202; *see* gome.

gun, *see* ȝeon.
gūn, sb., *gown*; goun '*toga*' VOC. 238; BARB. xix. 352; (*ms.* goune) CH. C. T. *A* 93; A. P. ii. 145; **gūnes** (*pl.*) REL. II. 174; gounes DEGR. 1604; BARB. viii. 468.
ȝúno, *see* ino.
gúnd, gound, sb., *O.E.* gund, ?=*Goth.* gund, *O.H.G.* gunt, gund; *purulent matter*, '*chacie*,' VOC. 145; gound PR. P. 206; REL. II. 78; red gound '*scrophulus*' PR. P. 426; r(e)ade goundes (*pl.*) LANGL. B xx. 82.
ȝund, *see* ȝeond.
gúndi, goundi, adj.,= *O.H.G.* gundīg; *full of sores*, '*chacious*,' VOC. 144.
gunfaneur, sb., *standard bearer*, A. R. 300.
gunfanoun, sb., *O.Fr.* gun-, gonfanon; *standard*, L. H. R. 118; gonfanoun ALIS. 1963; gunphanoun [gomfainoun] MAN. (F.) 13758.
ȝung, adj., *O.E.* giung, iung, geong, giong, geng,= *O.Fris.* jung, jong, *O.L.G.* jung, *O.H.G.* jung, *Goth.* juggs, *O.N.* ungr, *Lat.* juvencus; *young*, LAȝ. 376; KATH. 178; A. R. 6; ORM. 1212; BEK. 124; gung MISC. 121; ȝung, iung HOM. II. 199, 201; ȝiung, iung HICKES I. 222; ȝung, ȝing P. L. S. viii. 2; (*ms.* yung) HAV. 112; yhung, yhong PR. C. 214, 3785; ȝong C. L. 151; JOS. 437; A. P. i. 412; yong TOR. 1971; ȝing MAN. (F.) 2370; AMAD. (R.) xl; þe yunge eorl SAX. CHR. 265; þe ȝinge HORN (W.) 582; DEGR. 1807; ȝungne (*acc. m.*) LAȝ. 10566; yongne AYENB. 162; ȝunge (*pl.*) O. & N. 1134; AV. ARTH. vii; ȝonge HORN (W.) 563; ȝinge SPEC. 95; ISUM. 144; LUD. COV. 73; þa ȝeonge LAȝ. 28444; þan ȝungen 14158; to þe ȝunge A. R. 70; ȝüngre, ȝungre (*compar.*) ANGL. I. 27; A.R. 424; (*ms.* ȝunngre) ORM. 13271; gungere GEN. & EX. 1510; ȝengere, ȝungere [ȝeongere, ȝeongre] LAȝ. 3927, 9189; gingre LK. xv. 13; ȝonge [ȝongor, ȝongore, ȝonger] ROB. (W.) 7746; **ȝungeste, ȝengeste** [ȝeongeste] (*superl.*) LAȝ. 3460, 31257; þe ȝungeste JUL. 61; gungeste GEN. & EX. 2190; ȝongost [ȝongoste] ROB. (W.) 8682.
ȝung-hēde, sb., *youth*, BEK. 3; yonghede MISC. 71; ȝonghede ROB. (W.) 2195, 2822.
ȝung-lich, adj., *O.E.* geonglic; *young*, BRD. 33.
ȝüngen, v., = *O.H.G.* jungen; *make young*; gingen REL. I. 216.
ȝungling, sb., *O.E.* geongling, = *O.H.G.* jungeling; *youth, young man*, MISC. 21; gungling, geongling MAT. xviii. 2; MK. xiv. 51; ȝongling O. & N. 635; FL. & BL. 705; TRIST. 859; M. T. 110; ['*adolescens*'] WICL. GEN. xxxiv. 19; yongling PARTEN. 3843; ȝongeling ALIS. 2366; **yunglenges** (*pl.*) HOM. I. 237; ȝeonglinges LAȝ. 28681; ȝonglinges MAN. (F.) 14281.
ȝungþe=ȝuȝeðe, sb., *youth*, H. S. 2810; ȝungthe PR. P. 539; ȝongþe WICL. GEN. xlviii.

15; ȝonkþe [ȝouth] MAN. (F.) 1936; ȝengþe ALIS. 1323.
gunne, sb., *mod.Eng.* gun; *ballista, mangonel*, CH. L. G. W. 637; AV. ARTH. lxv; gonnes (*pl.*) ALIS. 3268; FER. 3263; gunnes [gunnez] ALEX. (Sk.) 2227.
gunnare, sb., *gunner*, PR. P. 219.
guod, *see* gŏd.
ȝur, *see* ēower, ȝeor.
gŭrd, sb., *O.E.* gyrd,=*O.N.* giörð *f.*, *cf. M. H.G.* gurt *m.*; *girth*; gird ALIS. 2272; ge þ RICH. 5733; gerthe PR. P. 190.
ȝürd, *see* ȝerde.
gürdel, sb., *O.E.* gyrdel, *cf. M.L.G.* gordel, *O.N.* gyrðill, *O.H.G.* gurtil; *girdle*, FRAG. 4; A. R. 420; SPEC. 35; þan gurdel FER. 2419; girdel ORM. 3210; girdel [gerdel] LANGL. *B* xv. 120; CH. C. T. *A* 358; gerdel MAT. iii. 4; AYENB. 236; gefe thaim up þe girdill (*submit to the inevitable*) ALEX. (Sk.) 131; gürdle (*dat.*) LAȝ. 1325; gerdles (*pl.*) AYENB. 236; *comp.* brēch-gerdel.
gürdlere, sb.,=*M.H.G.* gurtelære; *girdle-maker*: girdilhare '*lorimarius*' VOC. (W. W.) 651; gürdelers (*pl.*) VOC. 123; girdillers D. TROY 1584.
gürdel-stede, sb., *waist*, FER. 1707; gurdilstode B. B. 313.
gürdel-maker, sb., '*corrigiarius*,' VOC. 212.
gürden, v., *O.E.* gyrdan,=*O.N.* gyrða, *O.H.G.* gurten, *M.L.G.*, *M.Du.* gorden; *gird*; girdin '*cingo*' PR. P. 195; ȝe shulen girde about ['*accingetis*'] WICL. EX. xii. 11; gerde AYENB. 236; gerdeþ (*pres.*) WILL. 1240; gürdeþ (*imper.*) LANGL. *A* ii. 176; gürde (*pret.*) ROB. 435; wit swerdes he hem girte HORN (H.) 1513; hi gerten wel hare lenden AYENB. 236; gürd (*pple.*) GAW. 588; girt GEN. & EX. 3149; girt [gert] CH. C. T. *A* 329; *comp.* bi-, ȝe-gürden.
gürden[2], v., *strike, cut; rush headlong*: lete gurd of min heved FER. 4065; to girden of his heed CH. C. T. *B* 3736; i schal girde of ['*amputabo*'] WICL. 2 KINGS xvi. 9; he gürdus (*pres.*) to sir Gauane throȝhe ventaille and pusane ANT. ARTH. xlv; girdez GAW. 2160; gordez 2062; girdis out (*bursts out*) ALEX. (Sk.) 3159; (þai) girdis ALEX. (Sk.) 796; gird (*imper.*) TOWNL. 115; girdand (*pple.*) ALEX. (Sk.) 1243; girdid (*pret.*) out as gutars ALEX. (Sk.) 3231; gurd FER. 4117; A. R. 106; FER. 3932; he gurde Suard on þat hæfd LAȝ. 1596; his heed WICL. I KINGS xvii. 51; þe grounde of Gomorre gorde into helle A. P. i. 911; gürd (*pple.*) ALIS. 2299.
[**gŭre**], sb., *O.E.* gyr (*marsh, mire*).]
gŭre-blōd, sb., *? gory blood*; on gureblode (*? printed* gure blode) JUL. 28; (*? printed* grure blode) A. R. 294; *see* grūre.
gǖren, *see* ȝearwien. gürl, *see* gerl.
ȝürn, *see* ȝeorn.

gurnard, sb., *Fr.* gurnard; *gurnard* (*a fish*), PR. P. 219; VOC. 253; whan ... gurnardes (*pl.*) schot rokes out of a crose bow S. & C. II. lviii.
ȝürren, *see* ȝeorren. ȝürsten-, *see* ȝestren-.
guschen, v., *gush, rush*; gusches (*pres.*) D. ARTH. 1130; gosshet (*pret.*) D. TROY 1607.
ȝüse, *see under* ȝēa. güst, *see* gest.
gut, sb., *O.E.* gutt; *gut*, A. P. iii. 280; gut, gutte LANGL. *B* i. 36, *C* ii. 34; gutte '*viscus*' PR. P. 220; guttes (*pl.*) MARG. 112; ALIS. 2465; FER. 748; TOR. 192; guttes [gottes] TREV. III. 205; gottes ROB. 289.
ȝut, *see* ȝet.
[**güte**, sb., *O.E.* gyte, = *O.H.G.* guz; *from* ȝēoten; *shedding; comp.* blōd-güte.]
güte-festre, sb., *? running ulcer*, A. R. 328.
gutter, *see* gotere.
gutton, v., *gut*, '*exentero*,' PR. P. 220.
[**gūð**, sb., *O.E.* gūð, = *O.N.* gūðr, gunnr (*war*).]
gūð-strencðe sb., *? warlike strength*, LAȝ. 1595.
ȝuw, *see* ēow.
gverdonen, v., *O.Fr.* gverredoner; *reward, recompense*: gverdon him with nothinge but with sighte CH. TRO. ii. 1293; ȝe oughte the rathere to gverdoune hem CH. C. T. *B* 2465; gverdoned (*pret.*) *B* 2462.
gverdoning, sb., *reward*, R. R. 2380.
gverdōn-lēs, adj., *without reward*: gverdonlesse COMP. BL. KN. 397.
gverdōn, sb., *O.Fr.* gverdon; *guerdon, recompense*, PARTEN. 551; gver-, gerdon CH. C. T. *D* 1878.
gverre, *see* werre.
gvīse, sb., *O.Fr.* gvīse; *guise*, LAȝ. 19641*; P. S. 221; gise '*modus*' PR. P. 195; MISC. 111; CH. C. T. *A* 993; A. P. i. 1098.
gvīsen, *see* gīsen.
guweorn, sb., *spurge*, '*spurgia*,' VOC. 140.
ȝw-, *see* hw-, w-.

h.

ha, *see* hē.
hā, interj.,=*O.Fris., M.H.G.* hā; *ha*, CH. C. T. *B* 4571.
haare, *see* hǣr.
habben, v., *O.E.* habban, hæbban (*pret.* hæfde), =*O.L.G.* habbian, hebbean (*pret.* habde), *O. Fris.* habba, hebba (*pret.* hede), *O.N.* hafa (*pret.* hafti), *O.H.G.* habēn (*pret.* habēta), *Goth.* haban (*pret.* habaida); *have*, FRAG. 1; KATH. 291; A. R. 14; þu scalt ... habben þine sunne forȝevene HOM. I. 37; habben and owen C. L. 132; habben, hæbben, han LAȝ. 145, 1435, 23162; habbe O. & N. 258; MISC. 29; ALIS. 312; E. G. 352; man him ssel habbe wel (h)oneste AYENB. 214; habben, hafen, haven SAX. CHR. 250, 255, 256; habben, hafen ORM. 123, 4964; haven C. L. 351;

H. H. 98 (100); haven, have HAV. 78, 614; have WILL. 72; LIDG. M. P. 29; have ant holde SPEC. 35; havin, han PR. P. 225; have, han LANGL. *B* PROL. 109, vi. 148; CH. C. T. *A* 490, 654; han S. S. (Web.) 294; MIRC 1298; HOCCL. i. 31; hafe PERC. 915; to hæbben LA3. 10273; þet we a3en to habben deore HOM. I. 57; **hæbbe**, habbe [*O.E.* hæbbe, hafu] (*pres.*) LA3. 464, 3216; hebbe, habbe ANGL. VII. 220; habbe O. & N. 174; BEK. 353; C. L. 329; ic habbe ... ibeon P. L. S. viii. 2; ich habbe ... ibeo MISC. 147; as i befor has borne on hand BARB. xiii. 642; habbe, hafe ORM. 465, 958; have WILL. 519; havest LA3. 2275; A. R. 236; O. & N. 155; H. H. 57; hafest ORM. 12236; hast C. L. 950; JOS. 350; hest MISC. 29; hafeþ ORM. 153; haveð P. L. S. viii. 20; A. R. 10; haveþ O. & N. 113; haveð, hafð, hæfeð, hæfð LA3. 1331, 1926, 16019, 20624; hafð HOM. I. 105; haveþ, haþ BEK. 162, 184; haþ WILL. 477; CH. C. T. *A* 915; HOCCL. i. 437; LIDG. M. P. 28; heþ SHOR. 95; AVENB. 9; we habbeoð, habbeð LA3. 364, 6215; (3e) habbeð A. R. 2; h(e)o habbeð HOM. I. 165; habbeþ PROCL. 2; TREAT. 135; AVENB. 8; we habbeþ be FER. 277; habbet P. L. S. viii. 51; hæbbeð LK. x. 7; hass, has, hes BARB. xi. 273, xii. 179, xvii. 904; **hafe** [have] (*imper.*) LA3. 25787; have KATH. 1585; **habbe** (*subj.*) HOM. I. 21; O. & N. 99; A. D. 262; **hæfde**, hefde, hafde, havede, hevede (*pret.*) LA3. 110, 226, 759, 4887, 25414; hafde (*ms.* haffde) ORM. 6; hafde, hefde KATH. 289, 322; hefde HOM. I. 51; A. R. 124; havede HAV. 649; hevede SPEC. 36; H. H. 7; hadde GEN. & EX. 3392; MAND. 2; CH. C. T. *A* 48; WICL. JOHN v. 6; he hadde icome P. L. S. ix. 84; hadde, hedde O. & N. 216, 395; hedde C. L. 308; MISC. 29; JOS. 503; hæfden [hadden] LA3. 20918; þa ifaren hafden bi live 13994; hi hedden levere liese vour messen AVENB. 31; **haved** (*pple.*) KATH. 446; *comp.* bi-, 3ehabben.

having, hawing(e), sb., *having; behaviour,* BARB. vii. 135, 412; xi. 247.

haberdashere, sb., *haberdasher,* CH. C. T. *A* 361.

habergeon, *see* hauberjoun.

habilitē, sb., *O.Fr.* habilitē; *ability,* PARTEN. 2341; *see* abilitā.

habit, sb., *O.Fr.* habit; *habit, dress,* A. D. 259; MAN. (F.) 9002; abit A. R. 12; BEK. 265; habet ALEX. (Sk.) 3513.

habitable, adj., *O.Fr.* habitable, *from Lat.* habitābilis; *habitable*: the lond of Sarazin habitable MAND. 132; habitables (*pl.*) or trepassables 182.

habitacioun, sb., *O.Fr.* habitacion; *habitation,* CH. C. T. *B* 3406.

habitacle, sb., *O.Fr.* habitacle, *from Lat.* habitāculum; *dwelling, niche;* habitacle RICH. 4148; ALEX. (Sk.) 4334; WICL. DEEDS xii. 7; in ech of the pinacles weren sondri **habitacles** (*pl.*) CH. H. F. 1194.

habiten, v., *O.Fr.* habiter, *from Lat.* habitāre; *inhabit, frequent*: in thilke places as thei habiten (*pres.*) R. R. 657.

hable, habil, adj., *O.Fr.* hable; *fit, suitable,* PARTEN. 2355, 4536; TREV. VIII. 133; *see* able.

habi(l)-lī, adv., *fitly,* TREV. III. 237.

hablen, v., *strengthen;* hable (*pres. subj.*) ALEX. (Sk.) 1768*; *see* ablen.

hacche, sb., *O.E.* hæcc *f., cf. M.L.G., M.Du.* heck *n.; hatch, wicket-gate, hatch of a ship; ? hay-rack;* D. TROY 2005; (? *printed* hatche) VOC. 261; hecche, hek '*antica*' PR. P. 231; hek '*ostiolum*' VOC. 203; TOWNL. 106; **hacche** (*printed* hatche) (*dat.*) MARG. 222; to þan hacche O. & N. 1058; **hacches** (*pl.*) WILL. 2770; TREV. II. 233; CH. L. G. W. 648; hachches A. P. iii. 179; haches ANT. ARTH. xxxv.

hacchen, v., *cf. Swed.* häcka, *Dan.* hække, *Ger.* hecken; *hatch (eggs), bring forth,* DEP. R. ii. 143; ha3te, haihte (*pret.*) O. & N. 105; ihaht (*pple.*) P. S. 237.

[hacchen², v., *?; comp.* for-hacchen.]

hache, adj., *O.Fr.* hache; *axe,* FER. 1701; JOS. 503.

hache², sb., *Fr.* hachis; *hash,* MAN. (F.) 15759.

hache, *see* ache.

hachet, sb., *O.Fr.* hachet; *hatchet,* '*securicula,*' PR. P. 220; P. S. 223; LANGL. *B* iii. 304; hachit BARB. x. 174.

hacken, v., = *M.L.G., M.Du., M.H.G.* hacken, *O.Fris.* (to-)hakia; *hack, chop;* (*ms.* acken) HOM. II. 139; hakkin PR. P. 221; hakke and hewe CH. C. T. *A* 2865; **hacke** (? *strive, struggle*) after holinesse LANGL. *B* xix. 399; hakki ROB. (W.) 2982; hackeð (*pres.*) A. R. 298; hakken JOS. 512; hacke (*imper.*) L. C. C. 52; **hackede** (*pret.*) A. R. 298; ihacked (*pple.*) A. R. 298; *comp.* to-hacken.

hakkinge, sb., *chopping,* '*sectio,*' PR. P. 222.

hacken², v., *? be burdensome;* hakand [hakande] (*pres. pple.*) ['*molesti*'] PS. xxxv. 13, liv. 4.

hād, hēd, sb., *O.E.* hād, *O.N.* heiðr *m., cf. Goth.* haidus *m., O.H.G.* heit *m., f., O.L.G.* hēd, hēde *f., mod.Eng.* -hood, -head; *order, condition, quality, rank; person (of the Godhead)*: kanunkes had & lif ORM. DEDIC. 9; had [hod] LA3. 13267; hod AVENB. 235; (*ms.* hode) ['*ordinem*'] PS. cix. 4; **hādes** (*gen.*) HOM. I. 101; **hōde** (*dat.*) A. R. 318 (*v. r.* ordre); of hede þus dwineþ he GOW. II. 117; his cote of þe same hede PERC. 1103; **hādes** (*pl.*) MARH. 11; hodes [hades] A. R. 26; on þreom hadan HOM. I. 99; *comp.* oniht-,

hād.   hǣren.

man-, prēost-, widewe-hād (-hōd), child-, god-, ȝuȝeð-, mæiden-, þral-hād (-hōd), -hēde, bāld-, biter-, brōðer-, drunken-, fæȝer-, fals-, ful-, fūl-, fūrhti-, gāl-, ȝēap-, gōd-, ȝung-, hāli-, līht-, lūþer-, mād-, mēok-, siker-, sōþ-, swike-, wis-, wēri-, wlano-, wrecche-hēde.

hādien, v., *O.E.* hādian; *ordain*; **hāded** (*pple.*) ORM. 10881; hoded LAȝ. 21856*; þe hodede HOM. II. 31; *comp.* for-, ȝe-, un-hādien.

hāding, sb., *O.E.* hādung; *ordination*, ORM. 15967.

hadok, sb., *haddock*, REL. I. 81; haddok VOC. 222; PR. P. 220; B. B. 174.

hǣfd, *see* hēafed. **hǣh**, *see* hēah.

hēl, sb., *O.E.* hǣl, = *O.H.G.* heil, *O.N.* heill Goth. haili *n.*; *health, prosperity, salvation*; (interj.) *hail*: þat sal beon þin heal LAȝ. 17755*; heal us MARH. 22; hail AYENB. 262; dronk hire hail ROB. 118; hail seint Michel REL. II. 174; il hail C. M. 7320; bail, heil MISC. 42, 48; heil LUD. COV. 25; heele TREV. I. 399, V. 397, VIII. 183.

hēl-ful, adj., *salutary, healthful*, TREV. VII. 502; heelful WICL. ECCLUS. vi. 31.

hēlnesse, sb., *O.E.* hǣlness; *health*, GEN. & EX. 2068.

hāl-wende, adj., *O.E.* hālwende; *healthful*, HOM. I. 103; KATH. 1412; halwende LAȝ. 2851; healuwinde A. R. 190.

hēl, *see* hāl. **hǣlden**, *see* hélden.

hēle, sb., *O.E.* hǣlu, = *O.L.G.* hēli, *O.H.G.* heilī *f.*, *O.N.* heill; *from* **hāl**; *health*, ORM. 5378; hæle [hale] LK. xix. 9; JOHN iv. 22; heale TREV. VIII. 183; hele S. S. (Web.) 2201; WILL. 597; LANGL. B vi. 261; MAND. II; A. P. i. 16; PR. C. 1326; DEGR. 1766; þa hele LAȝ. 30551; mi soule hele M. ARTH. 3655; heele '*sanitas*' PR. P. 234; hele, heale A. R. 180, 312; hale S. S. (Web.) 693; REL. I. 274; hēle (*dat.*) MIRC 369; CH. C. T. A 3102; to godere þire hǣle LAȝ. 3597; to goder (*misprinted* geder) hele come þou hider AN. LIT. 9; to wroþere hele A. D. 243; heale KATH. 874; *comp.* un-hēle.

heale-water, sb., *holy water*, A. R. 106.

hāle-wēi, sb., *cf. M.H.G.* heilwæge *n.*, heila-wāc *m.*, *O.N.* heilivāgr *m.*; *balsam*; haliwhei '*balsamum*' PR. P. 223*; haliwei '*antidotum, salutiferum*' PR. P. 223; swottre þen eaver eni haliwei KATH. 1707; heo sculde mid **hāleweie** (*dat.*) helen his wunden LAȝ. 23072; halewi MARH. 14; healewi HOM. I. 200; A. R. 164; halwei P. S. lxxxv. 83 (ALTD. BL. 398); ant te deovel beot hire his healewi (*draught*) drinken A. R. 238.

hēlen, v., *O.E.* hǣlan, = *O.L.G.* hēlean, *O.H.G.* heilan; *heal*, MAT. xvii. 16; LEECHD. III. 94; ORM. 2218; hælen, helen [heale] LAȝ. 23072, 26102; helen, healen A. R. 112;

330; hele HAV. 2058; ISUM. 486; M. H. 127; heele WICL. JOHN iv. 47; hale S. S. (Web.) 1033; to helenne HOM. I. 95; **hēl** (*imper.*) A. R. 26; **hēlde** (*pret.*) MISC. 39; ROB. 244; helde [healde] LAȝ. 29541; þu heldest JUL. 62; (hi) helden AYENB. 96; **hēled** (*pple.*) WILL. 1329; haled MAN. (H.) 7; PR. C. 8323; *comp.* ȝe-hǣlen.

hǣlend, sb., *O.E.* hǣlend, = *O.L.G.* hēliand, *O.H.G.* heilant; *saviour*, LAȝ. 9144; hælende ORM. 2216; helend KATH. 185; helend, helind HOM. I. 3, 83; helinde A. R. 112; hē-lindes (*gen.*) LAȝ. 10191.

hǣlere, sb., = *O.H.G.* heilāri; *healer*, HOM. I. 83, II. 257; helare LAȝ. 9145*; MISC. 40.

hǣlunge, sb., *O.E.* hǣling, = *M.H.G.* hei-lunge; *healing*; healunge MARH. 19; belinge LANGL. B xvii. 115; heelinge '*sanatio*' PR. P. 235.

hǣleð, *see* heleð. **hǣlf**, *see* half.

hǣlle, *see* helle.

hǣlðe, sb., *O.E.* hǣlð, = *O.H.G.* heilida; *health*; helðe LAȝ. 29992; GEN. & EX. 2344; belþe AYENB. 172; LIDG. M. P. 69; healeth TREV. II. 185; helthe PR. P. 235; *comp.* un-hēlðe.

hǣne, *see* hēan.

hǣnen, v., *O.E.* hǣnan; *from* **hāne** (hōne); *stone*; henen JOHN xi. 8.

hǣnen, *see* hēnen. **hǣp**, *see* hap.

hǣp, *see* hēap. **hǣr**, *see* her.

hēr, **hār**, sb., *O.E.* hǣr, *O.N.* hār, = *O.Fris.* hēr, *O.L.G.*, *O.H.G.* hār; *hair*, ORM. 3208; hær (*miswritten* hæð) [heer] LAȝ. 7048; her A. R. 424; HAV. 1924; P. L. S. xix. 266; FER. 1580; mi brune her is hwit bicume MISC. 193; hire her is fair inoh SPEC. 28; he vorleas his her AYENB. 181; an her KATH. 2288; hear 1429; her, heer CH. C. T. A 589; heer '*capillus, crinis*' PR. P. 235; S. S. (Web.) 472; MAND. 81; har Iw. 823; haare ALEX. (Sk.) 5476; hor HAV. 235; ANT. ARTH. xlv; **hēr** (*pl.*) A. R. 398; here ALIS. 4989; **hēre** (*dat. pl.*) MK. i. 6; here, heare O. & N. 428, 1550; *comp.* hors-hēr.

heer-bond, sb., = *M.H.G.* hārbant; *hair-ribbon*, PR. P. 236.

hēr-seve, sb., = *Ger.* hārsib; *hair-sieve*, L. C. C. 7.

hǣrd, *see* heard.

hǣre, sb., *O.E.* hǣre, = *O.N.* hǣra, *O.H.G.* hārre, *O.Fr.* haire; *hair shirt, cilicium*; here LAȝ. 17697; MISC. 101; BEK. 2231; AYENB. 227; here, heare A. R. 126, 130; haire CH. C. T. G 133; hair TREV. V. 107; here [heire, haire] ROB. (W.) 8952; **hǣren** (*dat.*) MAT. xi. 21; **hēren** (*dat. pl.*) LK. x. 13; LAȝ. 19707; heren [hearen] A. R. 10.

hǣren, adj., *O.E.* hǣren, = *M.H.G.* hǣrin; *made of hair*; heeren WICL. EX. xxvi. 7.

hǣri, adj., *hairy*; heri TREV. III. 285; WICL. GEN. xxvii. 11; hari C. M. 8085.

hæring, sb., *O.E.* hæring, = *O.Fris.* hereng, *O.H.G.* harinc; *herring*, FRAG. 3; hering HAV. 758; ALIS. 6589; REL. I. 83; hit nere . . . w(u)rþ on hering MISC. 95.

hærm, *see* **hearm**. **hærre**, *see* **herre**.

hǣse, hěste, sb., *O.E.* hǣs *f.*, *for* *hǣst, *from* **hāten**; *behest, command*; hæse ORM. 3537; hese SAX. CHR. 251; hese, hes HOM. I. 165, 181; P. L. S. viii. 46, 174; hes MISC. 61; has HOM. II. 222; ALIS. 444; heste BEK. 381; C. L. 172; SHOR. 98; AYENB. 5; ALIS. 1330; CH. C. T. *A* 2532; M. ARTH. 3686; ane heste LAȝ. 2494; heaste KATH. 235; heste, hest HOM. I. 11, 125; A. R. 6, 58; heest AUD. 17; hěste (*pl.*) LAȝ. 31561; hesten A. R. 386; *comp.* bi-, ȝe-hēs, ūt-hēs, -hěste.

hěste-dei, sb., *holy day, festival*, HOM. I. 3.

hǣsne, sb., *command*; hesne HOM. I. 229, 237; ANGL. I. 12.

hěte, sb., *O.E.* hǣto, = *O.Fris.* hēte, *O.H.G.* heizī; *from* **hāt**; *heat*, ORM. 13855; heit, het BARB. xi. 611, 612; hete PR. P. 238; P. L. S. viii. 117; A. R. 120; MISC. 37; TREAT. 136; AYENB. 75; PERC. 862; AUD. 46; when þe hete is overcome A. D. 289; hete [heete] CH. C. T. *G* 1408; heate KATH. 1701; h(e)ate HOM. II. 227; hěte, hǣtan, hǣten (*dat.*) LEECHD. III. 94, 128.

hǣten, v., *O.E.* hǣtan, = *O.N.* heita, *O.H.G.* heizen; *heat, make or become hot*; heaten A. R. 404; his heorte feng to heaten JUL. 21; hetin PR. P. 238; hete MARG. 247; hětte (*pret.*) CH. P. F. 145; ihǣt (*pple.*) MISC. 148; *comp.* **an-, of-hǣten**.

hǣðe, sb., *O.E.* hǣð, = *O.N.* heiðr, Goth. haiþi, *O.H.G.* heida; *heath (moor, heather)*, LAȝ. 12819; heþe A. P. ii. 535; heþe, hethe CH. C. T. *A* 6, 3262; hethe PR. P. 238; heþ P. L. S. xxix. 30; heeþ [heth] LANGL. *B* xv. 451; heghte D. ARTH. 2295.

hǣþe-līch, adj., *O.N.* hæðiligr; *cf.* **hǣþ**; *contemptuous*; heþelich TRIST. 2897; hǣþelīȝ (*adv.*) ORM. 7408; hetheli M. H. 43; D. ARTH. 268.

hǣþen, sb., *O.E.* hǣðen, = *O.Fris.* bēthen, *O.L.G.* hēthin, *O.N.* heiðinn, *O.H.G.* heidan; *from* **hǣðe**; *heathen*, HOM. 1948; heþen LANGL. *B* xv. 451; MAND. 3; heþin OCTAV. (H.) 1598; haiþen M. H. 99; PR. C. 5521; ISUM. 424; þe heðene mon LAȝ. 12103; hǣðene [heaþene] (*pl.*) LAȝ. 14437; heþene ROB. 81; hǣðenen (*dat. pl.*) LAȝ. 14647.

hǣþen-dōm, sb., *O.E.* hǣðendōm, = *O.H.G.* heidantuom; *paganism*, ORM. 9673; heaðendom KATH. 35.

hǣðene-scipe [heaþensipe], sb., *O.E.* hǣðenscipe, *cf. O.H.G.* heidinscaft; *paganism*, LAȝ. 14849.

hǣðenesse, sb., *O.E.* hǣðennyss; *heathenism, heathendom*, LAȝ. 29388; heþenesse MISC. 26; ST. COD. 57; LANGL. *B* xv. 435; CH. C. T. *A* 49; the custom of his hethenenesse [*later ver.* hethenesse] WICL. JUDITH xiv. 6; bothe cristendome and hethinnesse E. T. 196; heþenisse FER. 121; in al hethenis is no Sarsin FER. 2187; hathennes TOWNL. 66.

hǣþen, v., *O.N.* hǣða; *mock, scorn*; hēþe SPEC. 37; hǣþen (*pres.*) ORM. 13682.

hǣþing, sb., *O.N.* hǣðing; *scorn, contempt*, ORM. 19702; heþing S. S. (Web.) 91; PS. lxxviii. 4; MAN. (H.) 273; A. P. ii. 710; FLOR. 1636; AMAD. (R.) II; hething TOWNL. 174; hetheinge [ethinge] HAMP. PS. ii. 4.

hething-full, adj., *contemptuous*, D. TROY 3953.

hǣved, *see* **hēafed**. **hēwen**, *see* **hēawen**.

hafen, *see* **habben**. **hafene**, *see* **havene**.

haft, sb., *O.E.* hæft, *cf. O.H.G.* hefti, *O.N.* hepti; *haft, handle*, P. S. 339; FLOR. 1636; WICL. DEUT. xix. 5; heft '*manubrium*' PR. P. 232; VOC. 238; under heft and under hand S. S. (Web.) 259; othir **haftis** (*pl.*) (*affairs*) in hande have we YORK xx. 76.

hag, sb., *? notch, cleft* : [þis castel] es hei sett apon þe crag, grai, and hard, wituten hag [hagg] C. M. 9885.

hagas, sb., *mod.Sc.* haggis ; *a kind of pudding*, '*tucetum*,' VOC. 242; PR. P. 220; L. C. C. 52.

haȝe, hahe, hawe, sb., *O.E.* haga, = *M.L.G.* hage, *M.Du.* haeghe, *O.N.* hagi; *hedge, enclosure, meadow*, O. & N. 585, 1612; hawe CH. C. T. *C* 855; hawch BARB. xvi. 336; haugh YORK iv. 35.

haȝe², sb., *= haȝe-berie*, = *M.Du.* haeghbesie; *haw* (*fruit of hawthorn*); hawe C. M. 505; CH. C. T. *D* 659; HOCCL. i. 380; al nas wurþ an hawe ROB. 524; hawen (*pl.*) ALIS. 4983; hawes WILL. 1811; LANGL. *B* x. 10; *comp.* **chirche-hawe**.

haȝ(e)-þorn, sb., *O.E.* haga-, hægþorn, = *O.N.* hagþorn, *M.H.G.* hagedorn; *hawthorn*, P. L. S. xiii. 187; haweþorn LANGL. *C* xix. 184.

haȝe³, sb., = *M.H.G.* hage *m.*; *pleasure* : mid gode haȝe LAȝ. 17507; helde (*r.* elde) wiþhouten hawe ANGL. III. 281; *comp.* **bi-haȝe**.

haȝel [**hawel**], sb., *O.E.* hagol, hægel, hægl, = *O.H.G.* hagal, *O.N.* hagl; *hail*, LAȝ. 11975; snou and haȝel (hawel) O. & N. 1002; hawel TREAT. 137; hail PR. P. 221; GEN. & EX. 3046; REL. I. 264; LANGL. (Wr.) 8362; haul SAINTS (Ld.) 317.

hawel-, hail-stōn, sb., = *M.L.G.* hagelstēn; *hailstone*, TREV. IV. 69; hailston WICL. WISD. v. 23.

haȝelen, v., = *M.H.G.* hagelen, haglen; *hail*; haweli BRD. 32; hailin PR. P. 221; **hailes** (*pres.*) VOC. 201.

haȝer, adj., *? cf. O.N.* hagr; *apt, dexterous*: a ful

ha3er [haher, hawur] smið A. R. 52; ha3her hunte ORM. 13471; haver (*for* hawer) P. S. 155; ha3er GAW. 352; þe ha3er stones trased aboute hir tressour GAW. 1738.
 ha3her-līke, adv., *aptly*, ORM. 1214; hagherlich(e) A. P. ii. 18.
 hagge, sb., *?M.H.G.* hacke; *hag, old woman*, LANGL. B v. 191; heggen (*pl.*) A. R. 216.
 ha3he-līke, -lī3, adv., = *O.N.* hagliga; *becomingly*, ORM. 1228, 1247.
 ha3ien, v., *O.E.* (on-)hagian, *cf. O.Fris.* hagia, *O.L.G.*(bi-)hagōn, *O.N.* haga, *M.L.G.*, *M.H.G.* hagen; *? be expedient*: 3ef me haheð (*pres. subj.*) hit HOM. I. 305; *comp.* bi-ha3ien.
 hahe, *see* ha3e.
 hāht, sb., *? from* hangen; *cf. O.N.* hætta; *danger*: hu michel haht hit is godes forbod te brekene V. & V. 11; hauht 87; his soule beð mikel hagt GEN. & EX. 486; to liven in hagt 2044; ic am in sorge and hagt 2082; Amalechkes folc fledde for agte of dead 3384.
 hai, *see* hei. hāi, *see* hēi.
 haifare, sb., *O.E.* hēahfore, hēafre; *heifer*, 'juvenca,' VOC. 177; heffre TREV. IV. 451; hekfere PR. P. 234; VOC. 250; an haifre (*gen.*) hude P. S. 239.
 hail, haile, *see* ha3el, hǣl, hāl.
 hailin, v., *O.N.* heilla; *salute, greet*; heilin '*saluto*' PR. P. 233; he3len (*ms.* he33lenn) ORM. 2814; haile (*pres.*) LANGL. B v. 101; hailede [haillede] (*pret.*) LA3. 14968; heilede LANGL. A ix. 10.
 hailinge, sb., *salutation*, LA3. 14442.
 hailsen, *see* hālsien.
 hain, sb., *cf. Dan.* hegn, *Swed.* hägn n., *M.H.G.* hagen, hain *m.*; *park, enclosure*: grete hertes in þe haines (*pl.*) HALLIW. 439; faiere parkes inwiþ hainus DEGR. 70.
 hainen, v., *? from Fr.* haine (*hatred*); *? hate*: þei schullen be hatid & hained (*pple.*) doune as houndis WICL. E. W. 250.
 haire, *see* hēre *and* hār.
 hairif, *see under* hei.
 hairōn, sb., = *O.Fr.* hairon; *heron*; '*ardea*,' VOC. 177; heiroun [heroun] CH. P. F. 346; heirōne (*dat.*) AYENB. 193.
 hairounsew, sb., *O.Fr.* herounceu, herouncel; *young heron*; heironsew B. B. 165; herunsew REL. I. 88; heronsewe '*ardiola*' CATH. 184; heronsewes (*pl.*) CH. C. T. F 68.
 hait, adj., *lively, cheerful*, ROB. (W.) 8650.
 hait, heit, interj., *cf. Ger.* hot; *gee up!* CH. C. T. D 1543.
 haite, v., *O.N.* heita; *? threaten*: ever þou art mi fo, febli þou canst haite, þere man schuld menske do TRIST. 3050.
 haiþen, *see* hǣþen.
 hak, sb., *cf. Du.* hak; *pickaxe, digging-fork*, '*bidens, fossorium, ligo*,' CATH. 170.

 hāke, sb., *cf. O.E.* hacod; *hake;* '*squilla*,' PR. P. 222; SPEC. 31; LIDG. M. P. 201.
 hakele, sb., *O.E.* hacele, = *Goth.* hakuls, *O.N.* hökull, *M.L.G.* (mis-)hakel, *O.H.G.* hachul; *cloak*; hakel GAW. 2081; *comp.* messehakele.
 hakenē, hakenei, sb., *Fr.* haquenee, *cf. Span.* hacanea; *hackney*; hakenai B. B. 155.
 hakenei-mon, sb., *? horse-dealer*, LANGL. A v. 161; C vii. 365, 378; B v. 318; hakeneimannes (*gen.*) C vii. 391.
 hakken, *see* hacken.
 hal, sb., *O.E.* hal, heal; *? secret place, corner*, SHOR. 160; hāle (*dat.*) MIRC 1384; in one swiþe di3ele hale O. & N. 2; from hale to hurne P. S. 150; hāles (*pl.*) MAN. (F.) 9280.
 hāl, adj., *O.E.* hāl, hǣl, = *O.L.G.*, *O.Fris.* hēl, *O.N.* heill, *O.H.G.* heil, *Goth.* hails; *well, healthy, sound, whole, hale*, JUL. 59; ORM. 14818; S. S. (Web.) 1064; hal & fere HOM. I. 25; hwil þe scheld is hal H. M. 15; hal [hail] beo þu LA3. 1498; hal and hæil 12528; hæl [hol] & isund 1252; hæil [hol] 6636; hail wurð þu 3516; hol GEN. & EX. 2776; HAV. 2075; ROB. 86; AYENB. 51; WILL. 1566; LUD. COV. 374; betere is for te gon sic toward heovene þen al hol toward helle A. R. 190; hol & sound MAN. (F.) 9657; hool PR. P. 242; WICL. JOHN v. 6; CH. C. T. C 357; (he) was mad hool MAND. 88; an hool moneþ 134; heil '*sanus*' PR. P. 233; heil and sund REL. I. 210; heil beo þou LEB. JES. 815; heil, hail MISC. 42, 48; hail ALIS. 3080; hail be þou MIRC 422; all haill *entirely* BARB. x. 793; haill and feir *safe and sound* BARB. xv. 514; þe hole half A. R. 112; of ane hale yhere PR. C. 3933; hōle (*pl.*) MISC. 38; LANGL. B vi. 61; hālen (*dat. pl.*) MAT. ix. 12; *comp.* 3e-hāl, un-hāl.
 hōl-līche, adv., *wholly*, WILL. 945; JOS. 456; holli M. ARTH. 935; GAW. 1049; holli [hoolli] CH. C. T. A 599; hali BARB. v. 57, xiv. 79; haleli iii. 45, iv. 772; hoili YORK viii. 24.
 hāli-lī, adv., *wholly*, BARB. i. 316.
 hālsum, adj., *O.N.* heilsamr, = *O.H.G.* heilsam; *wholesome*, MARH. 21; ORM. 2921; holsum '*saluber*' PR. P. 244; HOCCL. i. 248; holsom CH. TRO. i. 947; LIDG. M. P. 66; helsum APOL. 6.
 hōlsum-līche, adv., *wholesomely*, HOM. II. 107.
 hōlsumnesse, sb., *wholesomeness*, '*salubritas*,' PR. P. 244; HOM. II. 103.
 halata, sb., *? a fabled animal*, B. B. 234.
 halchen, v., *fasten, embrace*: 3et [he] hem halchez (*pres.*) al hole þe halvez togeder GAW. 1613; half his armes þer under were halched (*pple.*) 185; aither halched oþer GAW. 939.

háld, hálden, háldere, háldinge, *see* **heald, healden** *and* **hélden, healdere, healding.**
hále, sb., *Lat.* halō; *halo (of the moon)*, 'halo,' PR. P. 222.
hǣle, hǣlen, *see* **hǣle, hǣlen.**
hálen, *see* **hálien.**
hālewe, *see* **háliȝ.**
hālewēi, *see under* **hǣle.**
hālewin, *see* **hálȝien.**
half, adj. (adv.), *O.E.* healf, =*O.L.G., O.Fris.* half, *O.N.* halfr, *O.H.G.* halb, *Goth.* halbs; *half,* MAND. 99; M. H. 91; half þat ilke win LAȝ. 15006; hit is half mon & half fisc 1330; hælf [half] ȝaru 8657; half þat gavel 22439; þreo ȝer and an half BEK. 147; an half ȝer ROB. 492; an half ȝer, half a ȝer LANGL. *B* ii. 228, *A* ii. 204; half a ȝer P. L. S. xvii. 386; an (h)alf peni AYENB. 193; half a ȝer 173; half here lif BEK. 2424; ōðer half [*O.E.* ōðer healf, =*O.L.G.* ōthar healf, *O.H.G.* ander halp]; *one and the other (second) half, one and a half,* LAȝ. 7856; oþer half BEK. 11; CHR. E. 120; MAN. (F.) 3667; oþer half spanne FER. 744; other half MIR. PL. 141; þridde half [=*Ger.* dritte halb] yer *two years and a half* H. H. 45; vifte half *four and a half* LAȝ. 32195; half feorþe ȝer *three years and a half* ORM. 8621; half so strong HAV. 2245; half so freo SPEC. 40; þet halve ȝer LAȝ. 3377; þet oðer halve ȝer A. R. 412; halve a marke LANGL. *B* v. 31; **halfen** (*acc. m.*) MAN. (H.) 48; þe halven del MAND. 166; **halvendel** [halfendel, halfendele] (*adv.*) C. M. 2099; halvindel RICH. 1138; ȝif halvendel the child were þin K. T. 783; ne halvendel the dred CH. TRO. iii. 657; i sawe never wommon halvendell so gai EM. 443; **halve** (?*pl.*) þa hundes LAȝ. 22444; of halve þan blissen 24231.

half-acre, sb., *small piece of land*, LANGL. *C* vii. 267, ix. 23.

half-brōþer, sb., *half-brother*, LANGL. *C* xxi. 422.

half-dēd, adj., *O.E.* healfdēad; *half-dead,* ROB. 163; hi bieþ halfdeade AYENB. 86.

hælf-ȝaru, adj., *half ready*, LAȝ. 8657.

half-idiȝt, adj., *half dressed*; helfidiȝt FER. 3569.

halve-mon, sb., *coward*, ROB. (W.) 5793; **halvemen** (*pl.*) ROB. (W.) 4093, 4378.

half-peni, sb., *O.E.* healf pening; *halfpenny,* MAN. (H.) 238; half-peniworthez E. G. 425; halpeni ALIS. 3114; WICL. EZ. xlv. 12; LK. xii. 6.

half-qvic, adj., *O.E.* healf cwic; *half alive*, HOM. 79; whi hit seið alf qvic and noht alf ded 81; half qvik (*later ver.* half alive) WICL. LK. x. 30.

half-wōde, adj., *half mad*, GOW. III. 18.

half-süster, sb., *half-sister*, GAW. 2464.

half, sb., *O.E.* healf, =*O.L.G.* half, *O.N.* halfa, *O.H.G.* halb, halba, *Goth.* halba; *half, side, part, behalf,* ROB. 168; SHOR. 51; LANGL. *B* iii. 337; þe verste half of þe leave AYENB. 1; helfe FER. 159; **halfe** (*dat.*) HOM. 1. 37; an are halfe LAȝ. 20717; an oðer halve he wes glæd þat his ifon weoren dæd 9374; bi are halve 9460; æt þe oðer hælve 6474; halve JOS. 549; on ever iche halve A. R. 252; on eiþer halve O. & N. 887; on oþer half þes wateres MISC. 146; on þis half þe see MAND. 234; o godes halfe (*on the part, in the name, of God*) ORM. 624; on his halfe CH TRO. ii. 934; in þe kinges half WILL. 4831; bi halve (*beside*) (*later ver.* besides) þan castle LAȝ. 27913; bi halves France 11893; heo stod bi halves P. L. S. xix. 13; on boþe halve ALIS. 957; on alle halve MAP 338; *comp.* bac-, norð-, suð-half.

halfinge, adv., *O.E.* healfunga; *half, not wholly*; halving GOW. II. 65.

halflunge, adv., = **halfinge,** A. R. 354; **halflinges,** ORM. 16575.

halfter, sb., *O.E.* hælfter (*dat.* hælftre), *cf.* *O. H. G.* halftra, *M. Du.* halfter, halter, *M.L.G.* halter *f.*; *halter*; helfter HOM. I. 53; halter BEK. 1174; halter ne bridel O. & N. 1028; heltir, halter '*capistrum*' PR. P. 235; heltere TOWNL. 313.

hǎlȝien [hǎlȝi], v., *O.E.* hǎlgian, =*O.H.G.* heilagōn, *O.L.G.* hēlagōn, *O.N.* helga; *from* **hǎliȝ;** *hallow,* LAȝ. 17496; halȝhen (*ms.* hallȝhenn) ORM. 4413; halȝien HOM. I. 45; (h)aligen GEN. & EX. 258; halȝi AYENB. 237; halwin '*consecro*' PR. P. 224; halwe ROB. 154; GOW. II. 370; LANGL. *B* xv. 557; LUD. COV. 61; halewe [hallowe] WICL. JOHN xi. 55; haloe ['*celebrare*,' '*consecrare*'] TREV. III. 83, 109; halowe TREV. V. 231, 269; **hǎleweð** (*pres.*) A. R. 396; halweþ MISC. 232; **hǎlȝe** (*imper.*) SHOR. 93; **hǎleȝede** [halwede] (*pret.*) LAȝ. 22406; halȝed A. P. ii. 506; (*ms.* halyhed) PS. xlv. 5; halwide WICL. GEN. ii. 3; haloede TREV. V. 87; **hǎlewed** (*pple.*) MAND. 1; haloide TREV. VI. 113; *comp.* ȝe-hǎlȝien.

hǎlwinge, sb., *O.E.* hǎlgung; *act of making holy*, '*consecratio*,' PR. P. 224; TREV. III. 185; haloing V. 401.

halh, sb., *O.E.* healh; *haugh, meadow*; halche (*v. r.* hawch, hawgh) BARB. xvi. 336; haugh YORK iv. 35.

hǎli, *see* **hǎliȝ.**

halibut, sb., *a sort of fish*, B. B. 157.

hálien, v., ? *O.E.* (ge-)holian (ALFR. P. C. 209), =*O.Fris.* hālia, *O.L.G.* halōn, *O.H.G.* halōn, holōn; *hale, haul, drag*; halin '*traho*' PR. P. 223; to halie men fro helle LANGL. *B* viii. 95; hale GOW. II. 295; CH. P. F. 151; A. P. iii. 219; **hǎleð** (*pres.*) REL. I. 214; haliþ ALIS. 1416; halen ANT. ARTH. xxxv; **hǎlede**

hálien.   halt.

(*pret.*) LAȝ. 16712; **ihauled** (*pple.*) BEK. 1497.

halier, sb., *carrier, porter*: ne soffir not the **haliers** (*pl.*) to hale it all awei E. G. 425.

háliȝ, adj. & sb., *O.E.* hālig, hāleg, hǣlig, = *O.L.G.* hēlag, *O.N.* heilagr, *O.H.G.* heilīg, heileg, heilag; *from* hāl; *holy*, ORM. 541; hali KATH. 2073; R. S. v; PR. C. 3690; hali [holi] LAȝ. 10130; hali, heli GEN. & EX. 51, 54; holi PR. P. 243; A. R. 370; C. L. 7; SHOR. 13; MAND. 1; hooli WICL. JOHN xiv. 26; heli REL. I. 23; holie lore FRAG. 7; se halge gast LK. i. 35; þe halȝe gast HOM. I. 99; halie 85; þe halie [holie] qvene LAȝ. 11148; ʒe holie tid HOM. II. 3; þæt hilige ['*sanctum*'] MAT. vii. 6; **hâlghe** (*sb.*) *saint* PR. C. 6087; halewe BEK. 1085; þes hālȝan, halȝen, halȝe (*gen.*) gastes HOM. I. 99; one holie monnes A. R. 350; of þan **hālgen** (*dat.*) gaste MAT. i. 20; in þan halie godspelle HOM. I. 47; mid te holie monne A. R. 278; on halowe Thurs daie HALLIW. 430; **hāline** (*acc. m.*) HOM. I. 99; þa . . . **hālie** (*pl.*) daȝes HOM. I. 47; holie men A. R. 350; (þa) **hālȝen** (*sb.*, *pl.*) LAȝ. 10122; AYENB. 6; halȝhen (*ms.* hallȝhenn) ORM. 6009; crist . . . & his halechen SAX. CHR. 263; halewen A. R. 124; halighes PS. xlix. 5; halewes REL. I. 38; halwes [halowes] CH. C. T. *A* 14; **hāleȝene**, haluwene (*sb.*, *gen. pl.*) A. R. 94, 330; halewene P. L. S. ix. 181; alle halowene tid E. G. 351; **hōlieste** (*superl.*) JOS. 113; holiist(e) AYENB. 54; *comp.* **lif-hāli**.

hāli-dei, sb., *O.E.* hāligdæg; *holiday*, A. R. 20; haliȝdaȝ ORM. 4350; halidai LANGL. *B* v. 409; CH. C. T. *A* 3309; A. P. ii. 134.

hāli-dōm, sb., *O.E.* hāligdōm, = *O.H.G.* heiligtuom; *sanctuary, saintly relic*, LAȝ. 15343; BEK. 2273; E. G. 36; halidam GAW. 2123; **hāliȝdōmes** (*pl.*) ORM. 1031.

hāli-hēde, adj., = *O.H.G.* heilīgheit; *sanctity*, C. M. 1439; holihede AYENB. 247.

hōli-līche, adv., *holily*, AYENB. 74; haliliȝ ORM. 15920.

hālinesse, sb., *O.E.* hāligness; *holiness*, HOM. L. 99; ORM. 8864; halinesse [holinisse] LAȝ. 1820; holinesse O. & N. 900; holinesse [hoolinesse] CH. C. T. *B* 713.

hōli-niht, sb., (? holi niht), *the night before a holiday*, A. R. 22.

hōli-schipe, sb., *sanctity*, C. L. 1320.

hāli-water, sb., *O.E.* hāligwæter; *holy water*, A. R. 324; mid holiwatere FRAG. 7.

hāliwei, **-whei**, *see under* **hēle**.

halke, sb., *O.E.* healoc; *? from* hal; *corner*, '*angulus, latibulum*,' PR. P. 223; HORN (L.) 1087; AYENB. 210; CH. C. T. *F* 1121; **halkes** (*pl.*) TREV. I. 313; A. P. ii. 104; *deriv.* **halchen**.

halle, sb., *O.E.* heall, = *O.L.G.*, *O.H.G.* halla,

O.N. höll; *hall*, '*aula*,' PR. P. 222; A. R. 192; SPEC. 48; S. S. (Web.) 175; CH. C. T. *A* 2521; MIR. PL. 165; þa halle LAȝ. 28033; þare halle dure 20999; in halle and in bure KATH. 1470; **halle** (*pl.*) MISC. 170, 171; hallis (*tents*) ALEX. (Sk.) 4148; **hallen** (*dat. pl.*) LAȝ. 2025; *comp.* **gest-**, **ȝilde-**, **mōt-halle**.

halle-dure, sb., *hall-door*, LAȝ. 30153.

halle-flōr, sb., *hall floor*, B. DISC. 1765.

hal-imōt, sb., *court of the lord of the manor*, LAȝ. 31997; P. S. 154.

halm, sb., *O.E.* healm, halm, = *O.L.G.*, *O.H.G.* halm, *O.N.* halmr, *?Lat.* calamus, *Gr.* κάλαμος; *straw*, '*stipula*,' PR. P. 223; *handle*, GAW. 330.

halou, interj., = *Ger.* hallo; *halloo*, PR. P. 223.

halowen, v., *halloo*: halowin or criin as schipmen '*celeumo*' PR. P. 224; **halowes** (*pres.*) D. ARTH. 3319; thei **halowede** (*pret.*) an hight DEGR. 233; foule halowed him C. M. 15831; he was **halowid** (*pple.*) and ihuntid DEP. R. iii. 228.

halowinge, sb., *hallooing*: halowinge of hundis '*boema*' CATH. 172.

hals, sb., *O.E.* heals, hals, = *O.Fris.*, *O.L.G.*, *O.H.G.*, *O.N.*, *Goth.* hals *m.*; *neck, throat*, '*collum*,' PR. P. 224; ORM. 4777; HAV. 521; LANGL. *B* PROL. 179; CH. C. T. *E* 2379; RICH. 2561; S. S. (Wr.) 2223; GAW. 621; MAN. (H.) 279; D. ARTH. 764; AV. ARTH. lxv; LUD. COV. 342; *comp.* **wik-hals**.

hals-wort, sb., *O.E.* halswyrt; (*a plant*) '*auricula leporina*,' LEECHD. II. 390.

hālsien, v., *O.E.* hālsian, hǣlsian, = *O.H.G.* heilisōn, *O.N.* heilsa (*salute*); *conjure, deprecate, adjure; salute*, HOM. I. 45; þat his qvide durste halsien I.Aȝ. 13242; hailce GAW. 2493; **hālsie** (*pres.*) A. R. 348; halsi LAȝ. 32168; ich halsi þe o godes nome MARH. 17; halse JOS. 400; halse [hailse] CH. C. T. *B* 1835; hailse LANGL. *B* v. 101; hailses GAW. 972; **hailse** (*imper.*) PERC. 404; **hālside**, hailside, hailsed (*pret.*) LANGL. *A* viii. 10*, *B* viii. 10; hailsed L. H. R. 113; **hālsed** (*pple.*) P. R. L. P. 85; A. P. ii. 1621.

hālsunge, sb., *O.E.* hālsung; *supplication*, A. R. 330; halsinge ['*adjuratio*'] TREV. III. 11; halsinge BARB. vii. 117.

halsin, v., = *O.H.G.* halsen, *O.N.* halsa; *seize by the neck, embrace*, '*amplecti*,' PR. P. 224; halse CT. LOVE 1289; **halseþ** (*pres.*) and kisseþ LIDG. M. P. 32.

halsinge, sb., *embrace*; ['*complexus*'] TREV. VII. 139.

hālsnien, v., = **hālsien**; helsni AYENB. 253; ich **hālsni** (*pres.*) þe a godes name S. A. L. 161.

halt, adj., *O.E.* healt, halt, = *O.L.G.* halt, *O.N.* haltr, *Goth.* halts, *O.H.G.* halz; *lame*, '*claudus*,' PR. P. 224; MK. ix. 45; CH. D. BL. 622; A. P. ii. 102; MAS. 154; þe **halte** (*pl.*) HAV.

543; LEG. 30; holte MISC. 39; **halten** (*dat. pl.*) HOM. I. 229; halte ORM. 15499.

halten, v., *O.E.* healtian, = *O.L.G.* haltōn, *cf. O.N.* helta, *M.H.G.* halzen; *halt, be lame, limp*, GOW. I. 310; haltin '*claudico*' PR. P. 224; halte HOCCL. vi. 42; **haltinde** (*pple.*) SPEC. 48; **haltede** (*pret.*) TREV. III. 239; haltide WICL. GEN. xxxii. 31; halted PS. xvii. 46.

halter, sb., *one who is lame*, '*claudicarius, duplicarius,*' CATH. 172; haltare '*claudicator*' PR. P. 224.

haltinge, sb., *limping,* '*claudicacio,*' PR. P. 224.

halter, see **halfter.**

haltrin, v., *cf. M.Du.* halfteren, halteren; *halter*; heltrin '*capistro*' PR. P. 235; ihaltred (*pple.*) LEB. JES. 808.

halve, see **helfe.**

halven, v., *cf. M.H.G.* halben, helben; *halve,* WICL. PS. liv. 24; seiles þer **helfden** (*pret.*) LAȝ. 7851; *comp.* bi-halve.

hālwien, see **hālȝien.**

hām, sb., *O.E.* hām, = *O.L.G.* hēm, *O.H.G.* heim, *O.N.* heimr *m., cf. Goth.* haims *f.*; *home,* C. M. 994; hus & ham ORM. 1608; þa was Verolam a swiþe kinewurþe hom 19455; nute ȝe . . . his hom O. & N. 1751; at **hāme** (*dat.*) LAȝ. 2436; H. M. 31; ORM. 12985; PERC. 338; at home CH. C. T. *A* 512; **hāmes** (*pl.*) HOM. I. 49; hames [homes] LAȝ. 19537; Rome richest alre hōme (*gen. pl.*) REL. I. 122; **hāmen** (*dat. pl.*) LAȝ. 29416.

hām, adv., *home*: he brohte ham LAȝ. 31813; ham sho hied fast Iw. 1836; hwan he cumeþ hom [ham] O. & N. 1531; hom to faren GEN. & EX. 1711; come hom S. S. (Wr.) 2499; fire hem home PALL. v. 192; hame BARB. xvi. 667; hom JOS. 609; hem LUD. COV. 30.

hām-cūme, sb., *O.E.* hāmcyme; *home-coming,* H. M. 31; homcome AN. LIT. 5; homkome WILL. 807.

hām-fare, sb., *O.E.* hāmfaru; *attack on a house,* ['*insultus factus in domo*'] TREV. II. 95.

hām-holde, adj., = *O.E.* hāmheald; *domestic,* D. ARTH. 1843.

hām-lī, adj., = *M.L.G.* hēmelik, *O.H.G.* heimlīch; *homely,* HAMP. PS. iv. 1*; hoomli '*domesticus*' PR. P. 244; homli A. P. i. 1210; CH. C. T. *E* 1794; **hāmlī** (*adv.*) BARB. xviii. 345; homli PL. CR. 771.

hāmlī-lī, adv., *in a homely manner,* BARB. xvii. 4.

hāmlinesse, sb., *homeliness, familiarity,* HAMP. PS. PROL. 16; hoomlinesse CH. C. T. *B* 2876.

hām-sōcne, sb., *O.E.* hāmsōcn, = *O.N.* heimsōkn, *Sc.* hamesucken; *housebreaking,* ANGL. VII. 220; hamsokne '*quite de entrer en autri ostel a force*' REL. I. 33; TREV. II. 95.

hām-ward, adv., *homeward,* LAȝ. 23170; BEK. 254; hamward [homward] LANGL. *A* iii. 187; homward GEN. & EX. 2376; homwardis BARB. vii. 492.

hāme, sb., *O.E.* hama, homa, = *O.L.G.* (feþar-, līc-)hamo, *O.H.G.* (līh-)hamo; *skin, covering, garment,* PR. P. 224; ALIS. 391; **hāmes** (*pl.*) *plumage* ALEX. (Sk.) 4986; *comp.* feðer-, līc-hame (-home).

hāme², sb., = *Ger.* hame, *Du.* haam; *hame, horse collar*: so are þei bounde in þe fendes hame H. S. 11496; **hāmes** (*pl.*) VOC. 168; *comp.* beru-ham.

hamelen, v., *O.E.* hamelian, = *O.H.G.* hamalōn, *O.N.* hamla; *mutilate*; he **heomelede** (*pret.*) þa reven LAȝ. 11206; **hameled** (*pple.*) CH. TRO. ii. 944; ihamled PL. CR. 300.

hamelet, sb., *O.Fr.* hamelet; *hamlet*, '*villula,*' CATH. 172; a toun hamelet MAN. (H.) 269; hamlete 310; tounes and **hamelesse** (*for* hamelez *French pl.*) 321.

hāmen, v., ? *lame, cripple*; **hāmid** (*pple.*) TOWNL. 98.

hamer, sb., *O.E.* hamor, homor, = *O.L.G.* hamur, *O.H.G.* hamar, *O.N.* hamarr; *hammer,* HAV. 1877; TREV. III. 205; hamer [hamur] CH. C. T. *A* 2508; hamur PR. P. 225; **hameres** (*pl.*) BRD. 22; homeres A. R. 284.

hamer-bētere, sb., *worker with a hammer, blacksmith,* WICL. GEN. iv. 22*; JOB xli. 15.

hamer-smiþ, sb., = *Ger.* hammerschmied; *blacksmith,* WICL. GEN. iv. 22.

hameren, v., = *M.H.G.* hameren, hemeren; *hammer*; homered (*pret.*) GAW. 2311.

hamlounen, v., see **hanelōn**; *hamlounes about*: [þe fox] **hamlounes** (*pres.*) & herkenez bi heggez ful ofte GAW. 1708.

hamme, sb., *O.E.* hamm, homm, = *O.H.G.* hamma, *O.N.* höm; *ham* (*bend of the knee*), *thigh,* '*poples,*' PR. P. 225; **hamme** [homme] (*dat.*) TREV. V. 369; **hommen** [hammes] (*pl.*) A. R. 122; hammes '*garez*' VOC. 148; hommes A. P. ii. 1541.

hampren, v., *hamper, clog, hinder*; **hampris** (*pres.*) WILL. 668; **hamperde** (*pret.*) FLOR. 1175; **hampred,** hampered (*pple.*) WILL. 441, 4694.

han, see **habben.**

hanche, sb., *O.Fr.* hanke, hanche; *haunch,* D. ARTH. 1100; in the haunche riȝt Tristrem was wounded TRIST. 1088; haunche A. R. 280; honche B. DISC. 268.

hanchen, v., *eat, gnaw*; **hanchid** (*pple.*) ALEX. (Sk.) 774*.

hand, sb., *O.E.* hand, hond, = *O.Fris.* hand, hond, *O.L.G.* hand, *O.N.* hönd, *Goth.* handus, *O.H.G.* hant; *hand,* ORM. 14684; IW. 2086; LIDG. M. P. 49; an hand i ȝou hete DEGR. 1400; nime an hand AVENB. 143; hond GEN. & EX. 104; BEK. 299; MAND. 172; þeos hond A. R. 124; hond wiþ honde fuhten þa heȝe men

hand.

LA3. 174; þe ufere hond (*superiority, mastery*) habben 1520; þe herre hond habben KATH. 758; he hed(d)e þe heire hond CHR. E. 268; the herre hond have D. TROY 9571; þan deofle þu bist isold on hond FRAG. 7; here tuder... goð wel on hond HOM. II. 177; he wolde... luÞere him gon an hond (= *Ger.* an hand gehen) LA3. 22268; þeos children weoxen an hond 7165; þe wunde þet ever wursed an hond A. R. 326; for3if ous þat 3e ous bereþ an hond (*impute*) BEK. 1002; this false knight... bereþ hire on hond þat sche haþ don þis þing CH. C. T. B 620; an honde sullen LA3. 31580; heo eoden an honde (*submitted*) þan kinge Gurmunde 28964; þu me gest an honde O. & N. 1651; an hande (*gen.*) brede CH. C. T. A 3811; hande [O.E. handa, = O.N. hendi] (*dat.*) LA3. 3713; alle þa londes (*r.* londe) stondeð a mire honde 9475; wind heom stod an honde 22313; honde CH. C. T. A 2376; neih honde MISC. 85; mi net liþ her bi honde HORN (L.) 1137; habbe an honde SPEC. 41; þo he hadde... under honde ROB. 141; þe hundred thousand marc were ipaid bivóre hond (*beforehand*) 489; bivoren hond A. R. 212; neih hond 424; slo with his hend HAV. 1412; hande [O.E. handa, = O.L.G. hendi, O.N. hendr] (*pl.*) MK. ix. 43; ORM. 10996; honde MISC. 54; HORN (R.) 200; P. L. S. xvii. 170; SPEC. 80; FER. 2119; CH. C. T. B 606; hende IW. 3151; PR. C. 3214; TOWNL. 125; honde, hondan, honden HOM. I. 23, 91, 149; honde, bonden HOM. II. 21, 181; handen MAT. xv. 2; honden A. R. 114; handan (*dat. pl.*) JOHN xix. 3; LEECHD. III. 114; handen HOM. I. 223; honden FRAG. 5; LA3. 31006; AYENB. 235; JOS. 272; þet tu ne meiht... etfleon hore honden A. R. 390; honden, honde HOM. II. 89, 207.

hand-ax, sb., *hand-axe*, HAV. 2553; hand-ax [hond axe, handex] ROB. (W.) 584.

handax-schaft, sb., *shaft of a hand-axe*, BARB. xii. 57.

hand-bal, sb., *ball to play with*; handballe '*pila manualis*' CATH. 173; handball [-balle] ALEX. (Sk.) 1895.

hand-band, sb., O.N. handaband; *marriage-tie; ? covenanted portion*; handband [handbonde] C. M. 13426; God gif the to thi hand-band the dew of heven TOWNL. 43.

hand-barow(e), -barwe, sb., *hand-barrow*, PR. P. 225.

hande-brède, sb., O.E. handbrēd; *palm of the hand, span*, '*palmus*,' PR. P. 225; CH. C. T. A 3911; handibrede, handibreede WICL. Ez. xl. 5, 43.

hand-clōð, sb., O.E. handclāð; *towel*, REL. I. 129.

hond-cops, sb., O.E. handcops; *handcuff*, '*manica*,' FRAG. 5.

handi-dandi, sb., *juggling-trick with the hands; bribe*, LANGL. C v. 68.

hand-dēde, sb., *exploit*, HAV. 90.

hand. 323

hand-fæsten, v., O.N. handfesta; *betroth*; handfest (*pple.*) ORM. 2389; he heo hæfde ihondfæst LA3. 2251.

hand-ful, sb., *handful*, ORM. 8648; GEN. & EX. 1919; an honful 3erden A. R. 254.

hand-gang, sb., O.E. handgang; *laying on of hands*, ORM. 13254.

hand-3ewerc, sb., O.E. handgeweorc; *handiwork*; handiwerc HOM. I. 129; MARH. 10; handiwerc, hondiwerc REL. I. 48; hondiwerk SPEC. 60; handewerc (*ms.* handewerrc) ORM. 5054; hondewerc KATH. 1229.

hand-3ewrit, sb., O.E. handgewrit; *handwriting*; hande writt ORM. 13566.

hand-habbing, pple., O.E. handhæbbende; *having in one's hand*, FL. & BL. 668.

hond-hwīle, sb., O.E. handhwil, = M.H.G. hantwile; *moment*, MARH. 15; KATH. 2183*; handwhile ORM. 12166; LANGL. B xix. 267; hondhwule A. R. 94; hondwhile D. TROY 406; handqvile, handwhile ALEX. (Sk.) 5524, 3260*.

hond-legginge, sb., *laying on of hands*, TREV. V. 243.

hand-lēs, adj., *handless*, '*mancus, mancatus*,' CATH. 173; on hanles man served hem all S. & C. II. xxix.

handlinges, adv., O.E. handlunga; *hand to hand*: þat sammen handlinges wristeld þai C. M. 3933.

hand-maiden, sb., *hand-maid*, PR. P. 225; PS. cxxii. 2.

hond-sæx, sb., O.E. handseax; *dagger*, LA3. 6474.

hand-sale, sb., O.N. handsal, = M.Du. hanseel; *hansel, earnest-money, present; first occurrence*; hansale '*strena*' PR. P. 226; hansel GOW. II. 373; DEP. R. 30; hansel, hansell LANGL. A iv. 91, B v. 326; hanselle GAW. 491; hondeselle (*pl.*) GAW. 66.

hand-sellen, O.N. handselja; *handsel, betroth*; ha wes him sone ihondsald (*pple.*) JUL. 7.

handsom, adj., = M.Du. handsaem, *mod. Eng.* handsome; *easy to handle, convenient*, TOR. 1301; handsum '*manualis*' PR. P. 225.

hand-staff, sb., *walking-stick;* '*manutentum*' a handestaffe CATH. 133.

hand-tame, adj. & sb., = O.H.G. hantzam; *tame; mild, meek*, P. S. 341; right hand-tame ['*mites*'] he sal in dome PS. xxiv. 9.

handtamenesse, sb., *mildness, meekness*, PS. lxxxix. 10; handetamenes cxxxi. 1.

hond-werke, sb., O.E. handweorc, = M.H.G. hantwerc; *handiwork*, ALEX. (Sk.) 4346; WILL. 929.

hand-wimman, sb., *maid*, C. M. 10905; hand-womman 8381.

hand-worme, sb., *O.E.* handwyrm; *hand-insect*, '*cirus*,' VOC. (W.W.) 643; hondwerm VOC. 177.

hand-wriste, sb., *O.E.* handwyrst, = *O.Fris.* handwirst; *wrist*, VOC. 147.

handele, sb., *O.E.* handel; *handle*, VOC. 168; handil PR. P. 225; hondlen (*dat. pl.*) JUL. 59.

handlien, v., *O.E.* handlian, = *M.L.G.* handelen, *O.N.* höndla, *O.H.G.* hantalōn; *handle*; handlin '*manu tracto, palpo*' PR. P. 225; handlen ORM. 18913; FL. & BL. 450; handlen spere HAV. 347; hondlien [handli] LAȝ. 1338; hondlen A. R. 378; þe sternes for to handill ALEX. (Sk.) 2480; **handleþ** (*pres.*) AYENB. 235; heo hondleþ FRAG. 5; handilez D. ARTH. 1156; handil (*imper.*) H. S. 99; hondleþ MISC. 54; **handlede** (*pret.*) HOM. II. 47; BEK. 1983; LEG. 54; hondlede A. R. 318; **handillit** (*pple.*) BARB. xvii. 416; handlit x. 648.

handlinge, sb., = *M.L.G.* handelinge; *handling*: fole ziȝþe ... speche ... handlinge ... kesinge ... dede AYENB. 46; hondlunge A. R. 60; handling sinne H. S. 80, 86, 94, 114.

handlinges, *see under* hand.

[**háne**, sb., *O.E.* hana, = *Goth.* hana, = *M.L.G.* hane, *O.H.G.* hano, *O.N.* hani; *cock*.]

háne-craw, sb., *cock-crow*, '*galli cantus*,' HOM. II. 39.

han-crēd, sb., *O.E.* hancrēd, = *O.L.G.* hanocrād, *O.H.G.* hanachrāt; *cock crowing*; on hancrede MK. xiii. 35.

hanelōn, sb., *cf.* **hamlounen**; *doubling (of a fox)*; (*printed* hauelon) MAN. (H.) 308; **hanilouns** [hanelons] (*pl.*) LANGL. B x. 149.

hange-man, sb., *hangman*, LANGL. C vii. 368.

hangien, v., *O.E.* hangian, hongian, = *O.L.G.* hangōn, *cf. O.H.G.* hangen (*pret.* hangeta), *O.N.* hanga (*pret.* hangˀi); *from* **hōn**; *hang*: heo sculden hongien [hongie] on heȝe treowen LAȝ. 510; heo izeiȝen heore bearn hangen 5725; hongi O. & N. 816; AYENB. 31; hangen a feloun LANGL. B xviii. 377; hangen, honge HAV. 335, 2807; **hongeþ** (*pres.*) TREAT. 137; **hangede** (*pret.*) LK. xxiii. 39; hangede, hongede LAȝ. 13109, 29559; þer ure loverd hongede A. R. 106; hongede LANGL. A i. 66; hangide ['*suspendi*'] WICL. GEN. xxiv. 47; hongeden KATH. 331; **hanged** (*pple.*) LANGL. B PROL. 176; honged WILL. 2086; K. T. 979; *comp.* an-, bi-hangien.

hanginge, sb., *hanging*, PR. P. 226.

haniper, sb., *O.Fr.* hanapier; *hamper*, '*canistrum*,' PR. P. 226.

hanipeles, sb., pl., = ampulles, LANGL. C viii. 165.

hanken, v., *cf. Swed.* hanka (RIETZ); *? tie up*; hank(e) C. M. 16044; **ihaneked** (? ihancked) (*pple.*) mid golde LAȝ. 25872; [þe devel] hadde trecherously hankid þi chosen WICL. s. w. III. 28.

hanles, adj., *see* **handlēs** *under* hand.

hannen, v., *? struggle*: let þu þe hundes hannen togaderes LAȝ. 31676.

hans, sb., *? reward*: he gaf theo bischop, to gode hans, riche beighes besans and pans ALIS. 1571; to gode hans 2935.

hansale, *see* **handsale**.

hansen, v. = enhansen; haunsen JOS. 232.

hant, sb., *O.Fr.* hant; *usage; usual place, haunt*: tak of þam homage, as custom is & haunt MAN. (H.) 168; in wilde wode is his hont ALIS. 6530; þer he held his haunt MAN. (H.) 223.

hanten, v., *O.Fr.* hanter; *haunt, practise*; haunten PL. CR. 771; exercen or haunten CH. BOET. ii. 6 (52); **haunteð** (*pres.*) H. M. 33; þe self hantis *practise the same* ALEX. (Sk.) 4667; hants IW. 1470; **hauntede** (*pret.*) ROB. 534; **haunted** (*pple.*) PR. C. 6344.

hantinge, sb., *haunting, frequenting; dwelling*; hauntinge '*frequentacio, exercitacio*' CATH. 179; telle in what place is thin haunting R. R. 6084.

haunting-li, adv., *frequently*, PR. P. 231.

hap, sb., *O.N.* happ n.; *hap, fortune*, KATH. 187; JUL. 60; WILL. 414; LANGL. B xii. 108; PS. xc. 12; his hap wes þe bettere LAȝ. 4894; wurse hap 11999; god hap ROB. 412; SHOR. 52; al was hap upon heȝe GAW. 48; uvel hap LEG. 37; up happe (*perchance*) WILL. 2722; happe (*dat.*) LAȝ. 18215; wiþ happe and sele C. M. 8884; **happes** (*pl.*) SPEC. 24; LIDG. M. P. 225; harde happes TREV. III. 269; *comp.* un-, wiðer-hap (-hep).

hap-liche, adv., *haply, perhaps*, LANGL. A vi. 104; happeli *luckily* BARB. xvii. 438.

happen, adj., *O.N.* heppinn; *fortunate*, A. P. iii. 13; **hapnest** (*superl.*) GAW. 56.

happen[1], v., *cf. Swed.* happa (RIETZ 243); *happen*; happe LANGL. B vi. 47; CH. C. T. A 585; HOCCL. vi. 70; **happeþ** (*pres.*) MAND. 242; LIDG. M. P. 27; **happede** (*pret.*) TREV. V. 461; MAN. (F.) 5518; happed GOW. I. 199.

happen[2], v., *wrap up*: happin or whappine in clothis PR. P. 226; happe GAW. 1224; FLOR. 112; happe (*imper.*) A. P. ii. 626; **happed** (*pret.*) MAN. (F.) 9017; PERC. 2244; happid (*pple.*) TOWNL. 98.

happinge, sb., *wrapping*, HAMP. PS. 510; happing YORK xxix. 82.

happenen, v., *?* = happen; *happen*; **happeneþ** (*pres.*) MAND. 158; **happene** (*subj.*) D. ARTH. 1269.

happening, sb., *chance, luck*, YORK xxix. 39.

happi, adj., *happy*, PR. P. 226; PR. C. 1334; D. ARTH. 1741.

happi-liche, adv., *happily, luckily*, WILL. 2495.

hār, adj., *O.E.* hār, *O.N.* hārr; *hoar, hoary*;

hår.   harsk.

hor BRD. 12; JOS. 648; FER. 1580; ich am old and hor [hoor] LANGL. *A* vii. 76; hoor CH. C. T. *A* 3878; hor ilocket LA3. 25845*; to a forest highe and hore M. ARTH. 314; **háre** (*pl.*) TRIST. 378; PERC. 230; hore GAW. 743; ORF. 212; hore vrostes AYENB. 108; hi ben hore al so a wolf ALIS. 5031; þe holtis & þe haire heere ALEX. (Sk.) 776; **háreest** (*superl.*) ALEX. (Sk.) 1062.

hoor-frost, sb., *hoar-frost*, WICL. EX. xvi. 14; horforst TREAT. 137.

hōre-hūne, sb., *horehound*, '*maribium, maruil*,' VOC. 139; horhoune REL. II. 9.

hārnesse, sb., *O.E.* hārness, hōrnesse; *hoariness*, ['*canities*'] WICL. PROV. xx. 29.

hår, *see* **hǽr**.

harageous, adj., *violent*; harageous(e) knighttez D. ARTH. 1645, 1742.

haras, sb., *O.Fr.* haras, haraz; *stud of horses*, '*equitium*,' PR. P. 227; PALL. iv. 820.

haras², sb., ? *harass, annoyance*, DEP. R. iii. 27.

hard, harden, *see* **heard, hearden.**

hardi, adj., *O.Fr.* hardi; *brave*, KATH. 1745; MISC. 40; BEK. 70; AYENB. 83; LANGL. *B* xix. 285; A. P. ii. 143; hardi & bold GEN. & EX. 2121; herdi A. R. 56; **hardiere** (*compar.*) LA3. 4348*; BEK. 964; **hardieste** (*superl.*) LA3. 4181*.

hardi-liche, adv., *bravely*, KATH. 676; hardili A. P. i. 3.

hardinesse, sb.; *hardiness*, LANGL. *B* xix. 31; WICL. 2 PARAL. xvii. 6.

hardi-schipe, sb., *bravery*, HOM. I. 271.

hardien, v., *O.Fr.* hardier; *render hardy*, WILL. 1156; hardie ALIS. 1264.

hardiesse, sb., *Fr.* hardiesse; *boldness, hardiness*, LEG. 49; hardiesse strengþe an stedevestnesse AYENB. 83.

hardiment, sb., *O.Fr.* hardement; *boldness*, CH. TRO. iv. 505; hardement R. R. 3392; **hardimentis** (*pl.*) *deeds of valour* BARB. xiii. 179*.

hardissi, v., *O.Fr.* hardiss-, hardir; *encourage*, ROB. (W.) 4465; **hardissede** [hardesched] (*pret.*) ROB. (W.) 8976.

háre, adj., *O.E.* hara, = *O.N.* héri, *O.H.G.* haso; *hare*, O. & N. 373; HAV. 1994; ROB. 457; AYENB. 75; CH. C. T. *A* 684; MAN. (F.) 5184; L. C. C. 21.

háre-belle, sb., *harebell*, '*bursa pastoris*,' VOC. 226.

háre-fōt, sb., *harefoot (a plant)*, '*avencia*,' REL. I. 36.

háren, v., *O.E.* hārian; *from* **hår**; *become hoary*; hore REL. I. 121; ALIS. 1597; hōre (*pres.*) SPEC. 50; horeþ TREV. I. 81.

hōrunge, sb., *O.E.* hārung; *hoariness; age*, FRAG. 2.

harewe, *see* **harwe**.

hariin, v., *O.Fr.* harier; *drag*, '*traho*,' PR. P. 227; **haried** (*pple.*) CH. C. T. *A* 2726.

harlen, v., *O.Fr.* harler, hareler; *drag*; harli P. L. S. xxi. 131; **harlede** (*pret.*) BRD. 11; hii harlede him out of churche ROB. 536; harled (*pple.*) GAW. 744.

harlot, sb., *O.Fr.* harlot, *mod.Eng.* harlot; *disorderly person*, '*scurra*,' REL. I. 7; A. R. 356; LANGL. *B* xvii. 108; CH. C. T. *A* 647; A. P. ii. 39; LIDG. M. P. 52; TOWNL. 248; LUD. COV. 217; daunceinge of tumblers and **herlotes** (*pl.*) HAMP. PS. xxxix. 6.

harlotrie, sb., *tale-telling, buffoonery, evil-doing*, P. L. S. xxv. 132; CH. C. T. *A* 3145; LANGL. *B* v. 413, *C* viii. 76; harlotri ALEX. (Sk.) 4484, 4555.

harm, *see* **hearm**.

harmessai, interj., *alas!* BARB. *page* 528.

harneis, sb., *O.Fr.* harneis; *harness, armour*, '*arma, phalerae*,' PR. P. 228; AYENB. 24; WILL. 1582; harnais ALEX. (Sk.) 3791; herneis ['*pudenda*'] TREV. III. 453.

harneisin, v., *harness, equip;* '*armo*,' PR. P. 228; harnesche ALIS. 4708; **harnas** (*imper.*) ALEX. (Sk.) 998; harneischeaþ FER. 2929; **harnest** (*pple.*) ALEX. (Sk.) 3785.

harnette, sb., *O.E.* hyrnet; *hornet*, TREV. II. 211.

haro, interj., *O.Fr.* haro, harou (*a cry for help*); grede harou AYENB. 31; we, out, haro, help to blaw TOWNL. 14; out & harrou, what deville is here in SACR. 671; harrou, i die CH. C. T. *A* 4307; harrou and help! LANGL. *B* xx. 87.

harood, *see* **heraud**. **horowe**, *see* **harwe**.

harpe, sb., *O.E.* hearpe, *O.N.* harpa, = *O.H.G.* harpha, harfa; *harp*, A. P. i. 880; LIDG. M. P. 30; þa harpe [hearpe] LA3. 4898; **harpen** [harpes] (*pl.*) LA3. 14955; harpen (*dat. pl.*) LA3. 3642.

harpe-string, sb., *harpstring*, '*lira*,' VOC. 202; '*lira, fidicula*' CATH. 176; '*fides*' VOC. 240; for **harpestringis** (*pl.*) his ropis servithe ichoone P. R. L. P. 17; harpstringis '*fidis*' PR. P. 228.

harpien, v., *O.E.* hearpian; *play the harp*, LA3. 20311; harpe P. L. S. ix. 179; **harpide** (*pret.*) WICL. 1 KINGS xviii. 10; harpeden LANGL. *B* xviii. 405.

harpare, sb., *O.E.* hearpere, = *O.N.* harpari, *O.H.G.* harfere; *harper*, ROB. 272; **harperes** (*pl.*) HORN (H.) 1521.

harpinge, sb., *O.E.* hearpung; *playing the harp*, LA3. 22702.

harre, *see* **heorre**.

harriinge, sb., *snarling*, TREV. II. 159.

harrold, *see* **heraud**. **harrou**, *see* **haro**.

harsk, adj., *cf.* Dan. harsk, M.L.G. harsch; *harsh*, PR. P. 228; D. ARTH. 1084.

harwe, harowe, sb., *cf. O.Swed.* harva *f.*; *harrow,* PR. P. 228; harwe [haru, harou] C. M. 12388; harewe LEG. 46; harowe VOC. 234; **harwes** [harewes] (*pl.*) LANGL. *B* xix. 268.

harwen, harwin, v., *harrow,* PR. P. 228; harwe, harwen LANGL. *B* xix. 263.

harwen, *see* herȝien.

hās, adj., *O.E.* hās, = *O.N.* hāss, *cf. O.H.G.* heis, *M.Du.* heesch, heersch; *hoarse, harsh,* IW. 3620; a hase man HAMP. PS. lxviii. 4*; hos K. T. 599; TOWNL. 109; hoos, hors '*raucus*' PR. P. 248; hos [hoos, hors] LANGL. *B* xvii. 324; whether [his horne] were clere or horse of soun CH. D. BL. 347; mid stefne hose O. & N. 504; hoose, horse ['*raucae*'] WICL. PS. lxviii. 4.

   hoos-, hoors-hēde, sb., *hoarseness,* '*raucitas,*' PR. P. 248.

   hoosnesse, hoorsnesse, sb., *O.E.* hāsnyss; *hoarseness,* '*raucitas,*' PR. P. 248.

hās, *see* hǣse.

hasard, sb., *Fr.* hasard; *hazard,* HAV. 2326; hazard AYENB. 171.

hasarderie, sb., *gambling,* ROB. 195; CH. C. T. *C* 590.

hasardour, sb., *O.Fr.* hasardour; *gambler,* CH. C. T. *C* 596; C. M. 26852; haserder '*aleator*' VOC. 217; **hasardoures** (*pl.*) CH. C. T. *C* 613; hacerdouris B. B. 56.

hasel, sb., *O.E.* hæsel, *O.N.* hasl, = *O.H.G.* hasal; *hazel,* GAW. 744; hasil VOC. 181; besil PR. P. 238; REL. I. 53; **hasles** (*pl.*) LAȜ. 8696.

   hasel-bōu, sb., *hazel-bough,* REL. I. 243.

   hasel-note, sb., *O.E.* hæselhnutu; *hazel-nut,* WILL. 1811; MAND. 158.

   hasel-rīs, sb., *hazel bush,* ALIS. 3293.

   hasel-woode, sb., *hazel-wood:* CH. TRO. v. 1170; **haselwodes** (*pl.*) iii. 841; hasilwode v. 502.

hāsen, v., *be hoarse,* '*raucio,*' CATH. 177.

haspe, sb., *O.E.* hæpse, = *M.Du.*, *M.H.G.* haspe, *M.L.G.* haspe, hespe, *O.N.* hespa; *hasp,* CH. C. T. *A* 3470; GAW. 1233; and underneþe is an hasp(e) shet wiþ a stapil and a clasp(e) RICH. 4083; hespe '*sera*' FRAG. 3; VOC. 237; '*pessulum, mataxa*' PR. P. 238; **haspes** (*pl.*) MAP 338; of grete haspis wer(e) þe reinis OCTOV. (W.) 1442; þe haspes of his helme D. TROY 1270.

haspen, v., *O.E.* hæspian; *fasten with a hasp, clasp*; **hasppes** (*pres.*) GAW. 1388; **hasped** (*pple.*) GAW. 607; A. P. ii. 419; a dore ... haspet ful faste JOS. 205; ihaspet LANGL. *A* i. 171.

   hasping, sb., *embracing*: hasping in armis D. TROY 367.

hassell, sb., *? retainer;* **hassellis** (*gen.*) DEP. R. ii. 25.

hassok, sb., *? tuft of grass or rushes,* '*ulphus,*' PR. P. 228.

haste, sb., = *O.Fris., M.L.G.* hast, *M.Du.* haeste, *from O.Fr.* haste; *haste,* '*festinatio,*' PR. P. 228; FER. 403; CH. C. T. *A* 3545; an haste AYENB. 31; on haste HORN (L.) 615 (H. 631); in alle haste MAND. 243.

   haste-liche, adv., = *O.Fris.* hastelike; *hastily, quickly,* MISC. 29; BEK. 1929; AYENB. 65; ALIS. 2825; hasteli WILL. 597; GOW. II. 262.

hasteler, sb., *one who roasts meat*: hasteler and potagere L. C. C. 1.

hastelet, sb., *O.Fr.* hastellet, *mod.Fr.* hâtelettes (*pl.*); *harslet, haslet;* **hasteletes** (*pl.*) in galentine HALLIW. 436; hastlettez GAW. 1612; hasteletes on fisshe dai L. C. C. 37.

hasten, v., = *M.L.G.* hasten, *M.Du.* haesten, *from O.Fr.* haster; *make haste, hasten,* GOW. I. 336; CH. C. T. *E* 978; **haste** (*imper.*) þe LEG. 58; **hastede** (*pret.*) BEK. 272; AYENB. 174; hastide WICL. GEN. xxix. 12.

hasteri, sb., *? roasted meat*: potage, hasteri and bakun mete L. C. C. 1; hastere 38.

hasti, adj., = *O.Fris.* haestig, *M.Du.* haestigh; *hasty,* WILL. 475; MAND. 243; PR. C. 1548.

   hasti-hēd, sb., = *M.Du.* haastigheid; *hastiness*: eche of hem in hastihede shall other slee GOW. II. 245.

hastinesse, sb., *hastiness,* ROB. 475; TREV. III. 213.

hastif, adj., *O.Fr.* hastif; *hasty,* ROB. 119; CHR. E. 667; AYENB. 183; A. P. iii. 520; CH. C. T. *A* 545.

   hastif-liche, adv., *quickly, rashly*: hastifliche ant blire P. S. 190; hastiliche LANGL. *B* xix. 353; hastilich S. S. (Wr.) 317; he answerede hem ful hastifli and seid LEG. 54; ne so hastifli watz hot A. P. ii. 200.

hastiwes, sb., *? for *hastivesse;* *hastiness*: qven, we hald our hert fra wreth and hastiwes M. H. 159.

haswed, pple., *from O.E.* hasu, = *O.N.* höss; *marked with brown*: haswed arled or grei GEN. & EX. 1723.

hat, sb., *O.E.* hætt, *O.N.* höttr; *hat,* BEV. 408; RICH. 367; CH. C. T. *A* 470, 1388; hæt '*capitium*' FRAG. 2; **hatte** (*dat.*) LANGL. *B* v. 536.

hāt, adj., sb. & adv., *O.E.* hāt, = *O.L.G.* bēt, *O.N.* heitr, *O.H.G.* heiz; *hot,* ORM. 1564; IW. 2030; hat hunger HOM. I. 277; þat uvel hate (*hot evil, fever*) LAȜ. 30550; þe hote [hoote] somer CH. C. T. *A* 394; hat, hot LAȜ. 2850, 29281; hot A. R. 190; O. & N. 1275; MISC. 30; hot hunger LANGL. *B* xviii. 205, *C* xxi. 213; hoot '*calidus, fervidus*' PR. P. 249; MAND. 55; LIDG. M. P. 193; het BARB. iv. 114; **hōt** (*sb.*) AYENB. 129; hot and cold H. H. 50; **hāte** (*adv.*) it schon ALIS. 572; loveþ so hote [hoote] CH. C. T. *A* 1737; **hāte** (*pl.*) PERC. 1969; **hāttre** (*compar.*) P. L. S. viii. 126; A. R. 400; hatture MISC. 154; hattore ROB. 531.

   hāt-heorte, sb., *O.E.* hātheorte, = *O.H.G.*

heizhern; *anger*: on hatheorte MARH. 19; hatherte KATH. 2147.

hāt², sb., *O.E.* (ge-)hāt,=*M.L.G.* hēt, *O.N.* heit, *O.H.G.* (ge-)heiz; *see* **hioht**; *command, promise*, ORM. 13822; hot GEN. & EX. 935; MAN. (H.) 69; **hēte** (*dat.*) AMAD. (Web.) 440; hates, hotes '*vota*' PS. xlix. 14; *comp.* **bi-hāt**.

hate, *see* **hete**. **hāte**, *see* **hēte**.

hatel, adj., *O.E.* hatol, hetol,=*O.L.G.* hatul, *M.Du.* hatel, *O.H.G.* hazal; *full of hate, hostile*, GEN. & EX. 2544; A. P. ii. 227; heatel HOM. I. 253; hetel swerd A. R. 400; hatele seve MARH. 6; (þis) hatele tintreohe KATH. 1971; **hatelest** (*superl.*) MARH. 22.

hatell, *see* **haðel**.

hāten, v., *O.E.* hātan,=*O.L.G.* hētan, *O.Fris.* hēta, *Goth.* haitan, *O.N.* heita, *O.H.G.* heizan; *call; command; promise*, HOM. I. 31, 77; ȝet ich wule haten [hote] mare LAȝ. 23384; ich wule . . . haten hine hiȝindliche cumen to mine riche 31607; hotin '*promitto*' PR. P. 249; hote P. L. S. xix. 58; hete MIR. PL. 152; hoten *be called* O. & N. 256; hote Arcite CH. C. T. (Wr.) 1559 [hiȝte, hiht *A* 1557]; hicht, hecht BARB. v. 209, xii. 384; **hōte** (*pres.*) BEK. 479; S. S. (Wr.) 511; hote, hete WILL. 572, 1123; hete JOS. 412; PALL. iii. 936; DEGR. 1400; ANT. ARTH. xix; AUD. 28; Sathanas þet tu levest upon & ti feader hatest JUL. 55; hateȝ LAȝ. 3648; Wæ!sce men me heom hateð [hoteþ] 2124; he hat [hot] þe faren to Rome 26369; hoteþ ALIS. 1215; hat KATH. 364; A. R. 6; C. L. 1006; AYENB. 78; þenne þe preost hine hot aȝefen þa ehte HOM. I. 31; hit deþ þat mon hit hot O. & N. 779; hot, hoot MISC. 29; hi hoteþ AYENB. 122; **hāt** (*imp.*) LAȝ. 24001; **hātte** [*O.E.* hātte, hætte,=*Goth.* haitada, *O.H. G.* heizze] (*passive*) *am, is called* KATH. 22; MISC. 38; FL. & BL. 479; ROB. 15; AYENB. 1; S. S. (Wr.) 223; GAW. 381; M. H. 149; ich hatte Godlac LAȝ. 4643; þat nu hatte (*is called*) Normandie LAȝ. 24170; hette A. R. 134; hette AYENB. 41; þe furste douȝter hette Merci C. L. 300; het HAV. 2348; het, higte GEN. & EX. 747, 2589; hiȝte, hiȝt LANGL. *B* xviii. 115; highte CH. C. T. *A* 860; hight TOR. 101; PR. C. 966; þu hattest nihtegale O. & N. 255; what hattestou LANGL. *B* xx. 337; hettest JOS. 155; **hēt** [*O.E.* hēt, heht,=*O.N.* hēt, *O.L.G.* hēt, hiet, *Goth.* haihait, *O.H.G.* hiaz, hiez] (*pret.*) ORM. 4922; MISC. 27; GEN. & EX. 2365; BEK. 90; P. S. 257; AYENB. 5; het ham hihen KATH. 412; hehte 433; heet LANGL. *B* xx. 271; TREV. VII. 357; hat, hæhte, hehte, heihte LAȝ. 424, 2049, 4221, 17496; hiet SAINTS (Ld.) 300; hiet LEG. 45; het, hiȝt WILL. 58, 521; Crechanben hecht that montane BARB. x. 27; (he) hecht him full fair rewarding x. 579; to naime he hicht [heght] *was called* x. 153; hiȝte C. L. 176; þu hete KATH. 540; H. H. 224; (heo) hehten LAȝ. 26347; hehten

hine aredan hwa hit were HOM. I. 121; highten GOW. II. 173; hete BEK. 1020; **hēte** (*subj.*) LAȝ. 28519; **hāten** (*pple.*) LAȝ. 3156; ORM. 5200; hattin BARB. x. 750; hoten GEN. & EX. 101; HAV. 106; WILL. 405; JOS. 79; as þai wer(e) hoten (*bidden*) FER. 4901; was hoten Marcius S. S. (Wr.) 92; *comp.* bi-, for-, ȝe-hāten; *deriv.* hāt, hǣse.

hōtere, sb., *commander*, AYENB. 109.

hōtestre, sb., *mistress*, AYENB. 53.

hētinge, sb.,=*M.L.G.* hētinge, *O.H.G.* (pi-) heizunga; *promise*, HALLIW. 447; MIR. PL. 135; hetting YORK ix. 22; **hētingis** (*pl.*) YORK xliii. 187.

hatere, sb., pl., *O.E.* hæteru *pl. of* *hæt, ? cf. M.H.G.* hāȝ; *vestments, garments*; L. N. F. 218; he dude of al hire hatere (*printed* batere) ASS. 149; hater GREG. 433; C. M. 20211; hatere (*as sing.*) LANGL. *B* xiv. 1; alle his hateren weoren totoren LAȝ. 30778; hattren SPEC. 110; hattir ALEX. (Sk.) 4118; **hateren** (*dat.*) A. R. 104; hatere A. P. ii. 33; naked þei goþ wiþouten hater ALIS. 7054.

haterel, sb., *O.Fr.* haterel; *neck*, ['*cervix*'] WICL. IS. xlviii. 4; PR. C. 1492; betwen the haatreel and the schulders WICL. 2 PARAL. xviii. 33; **haterels** (*pl.*) MAC. i. 64.

hateringe, sb., *? cf. mod.Sc.* hatter; *state of disorder* (MÄTZN.); *? misery*: into þesse wrecheliche hateringe of þisse worelde ['*in defectus huius mundi*'] HOM. II. 33.

hateringe², sb., *from* **hatere**; *dress*: foliliche spenden in housinge, in hateringe LANGL. *B* xv. 76.

hátien, v., *O.E.* hatian, *cf. Goth.* hatjan, *O.N.* hata, *O.L.G.* haten, hatōn, *O.H.G.* hazēn, hazōn; *hate*, HOM. II. 5; A. R. 88; LANGL. *B* x. 93; hatien, hatiȝen LAȝ. 14681, 29781; hatien, heatien JUL. 50, 51; hatie MISC. 28; AYENB. 73; haten (*ms.* hatenn) ORM. 5062; to hetiene HOM. I. 15; **hátieð** (*pres.*) A. R. 224; hateþ O. & N. 230; hateð, heteð, hetað HOM. I. 19, 125; heateð 251; (we) hatieð MARH. 17; (heo) hatieð A. R. 310; hatieþ P. L. S. xi. 1; P. S. 157; AYENB. 72; **hátie** (*subj.*) A. R. 176; **hátede** (*pret.*) A. R. 130; HAV. 1188; hateden LAȝ. 6878; **háted** (*pple.*) SPEC. 37; ihated ALIS. 1544.

hátare, sb., *hater*, '*osor*,' PR. P. 229.

hátunge, sb., *O.E.* hatung; *hating, hatred*, A. R. 200; hatinge LAȝ. 8321; HOM. II. 165; MISC. 144.

hatterliche, *see* **haterliche** *under* **heter**.

[**haðð**, sb., *O.N.* hāð; *scorn, contempt*; *deriv.* hæþe-lich, hæþen, hæþing.]

haðful, adj., *scornful*, HOM. I. 279.

haðel,=**aðel**, adj. & sb., *noble, knight, man*, GAW. 221, 2056, 2065; hatill, hatell YORK xviii. 223, xxxiii. 293; **hatheles** (*pl.*) GAW. 895.

hauberc, sb., *O.Fr.* hauberc; *hauberk*, ROB. (W.) 2200, 6017; AYENB. 171; haubert,

hauberc.

haubrec 3609*; haubrik 4577*; haubergh(e) GAW. 203, 268.
haubergeoun, sb., *Fr.* haubergeon; *habergeon*; habergeon CH. C. T. *B* 2051; haubergeon, habergeon, habergoun, haburgoun, haberjon, haburjon(e) TREV. I. 411, III. 243, IV. 199, 437, VII. 243, 327, VIII. 215; hauberjoun WICL. I KINGS xvii. 5; **haberjounis**, haubrischounis (*pl.*) BARB. xi. 131*.
hauberjounen, v., *array with a habergeon*: thei sawen . . . men **hauberjounid** (*pple.*) WICL. I MAC. iv. 7.
haugh, *see* **halh. hauk**, *see* **haveo.**
hauken, v., *hawk*: for to hauke ne hunte ALEX.² (Sk.) 299; **haukid** (*pret.*) DEP. R. ii. 176.
  hauking, sb., *hawking*: on haukinge wold he ride CH. TRO. iii. 1730; went hauking bi the river ORF. 293; '*aucipium*' VOC. 221; '*aucupatus*' CATH. 179.
haunsen, *see* **hansen.**
haunt, haunten, -ing, -ingli, *see* **hant**, *etc.*
hautain, adj., *O.Fr.* autain, hautain; *proud, haughty*; PARTEN. 2829; hautein WILL. 472; the herti houndes hautein of cries WILL. 2187; an hautein speche CH. C. T. *C* 330; hauteine R. R. 6104; þei he hautein were ROB. 66; detraccioun makith an hautein man be the more humble CH. C. T. *I* 614; hauten ALEX. (Sk.) 4255; hautand YORK iii. 27.
  hauteine-lī, adv., *haughtily*, R. R. 5823.
hautesse, sb., *O.Fr.* haltece, hautece; *pride*; *nobility*, ROB. (W.) 687; so hiȝe hautesse GAW. 2454; hautes ALEX. (Sk.) 2835; hautesse of ȝeris *great age* DEP. R. iii. 13.
have, sb., =*M.L.G.* have, *O.Du.* have, *O.H.G.* haba; *? possession, property*, HOM. II. 217; *see* **haven.**
  have-lēs, adj., = *O.H.G.* habelōs; *poor*, HOM. I. 111; GOW. II. 214; P. R. L. P. 74.
  havelěste, sb., *poverty*, HOM. I. 115.
haveo, havek, sb., *O.E.* heafoc, hafoc, heafuc, =*M.L.G.* havek, *O.Fris.* hauk, *O.N.* haukr, *O.H.G.* habuh, hapuh; *hawk*, O. & N. 303; havek REL. I. 265; hauk JOS. 595; OCTOV. (W.) 727; CH. C. T. *D* 1938; **hevekes** (*gen.*) REL. I. 227; **haveke** (*dat.*) REL. I. 125; **havekes** (*pl.*) LAȜ. 3258; SPEC. 105; haukes LANGL. *B* iv. 125; *comp.* **gōs-, spar-hauk.**
[**haven**, sb., *O.E.* hæfen, *O.N.* höfn *f.*; *possession, property*.]
  haven-lēas, adj., *O.E.* hafen-, hæfenlēas; *poor*, '*inops*,' FRAG. 2; havenlese men HOM. II. 157.
  havenlěste, sb., *O.E.* hæfen-, hafenlēast; *poverty*, '*inopia*,' SAX. CHR. 38.
haven, *see* **habben** *and* **hebben.**
havene, sb., *O.E.* hæfene (*acc.* hæfenan, SAX. CHR. 162, 226), *cf. M.L.G.*, *M.Du.* havene, *M.H.G.* habene, *O.N.* höfn *f.*; *haven*, '*portus*,'

hé.

PR. P. 230; ROB. 64; HOCCL. iv. 9; þa havene LAȜ. 8566; **havene** (*dat.*) BEK. 1160; AYENB. 182; WILL. 569; to are hævene LAȜ. 9362; hafene 21812; to þe havene of heale JUL. 33; **havenes** (*pl.*) CH. C. T. *A* 407.
havin-toun, sb., *haven-town*, D. TROY 1789; havintoune CATH. 178.
havenen, v., *take harbour*; we **haveneden** (*pret.*) at Samum WICL. DEEDS xx. 15.
havere, sb., *O.N.* hafri, = *O.L.G.* havoro, havero, *O.H.G.* habaro, habero; *oats*; hafri, hafir VOC. 233; havir CATH. 178.
  haver-brēd, sb., = *O.H.G.* haberbrōt; *oat-bread*, '*panis avenacius*,' VOC. 198.
  haver-cake, sb., *oat-cake*, LANGL. *B* vi. 284.
  havir-straa, sb., *oat straw*, HALLIW. 438.
having, *see under* **habben.**
havoir, *see* **avēr. hawe**, *see* **haȝe.**
hawoh, *see* **halch, halh.**
hawe? D. ARTH. 3704.
hǎwe, adj., *cf. O.E.* hǣwen; *dark gray*: hawe as þe leed TEST. CRES. 257; hawe [haa] heu ANT. ARTH. ii; wiþ hawe bake CH. C. T. *B* 95.
hawe, *see* **haȝe. hawel**, *see* **haȝel.**
[**hāwen**, v., *O.E.* hāwian; *gaze at*; *comp.* **bi-hāwen.**]
hāwere, sb., *O.E.* hāwere; *spectator*; **hāuweres, hawres, ? haures** (*pl.*) LAȜ. 1488, 1492, 30465.
hawer, *see* **haȝer.**
hawing, *see* **having** *under* **habben.**

hé, pron., *O.E.*, = *O.L.G.* he, hi, *O.Fris.* hi, Goth. is, *O.H.G.* ir, er, *Lat.* is; *he*, A. R. 6; ORM. 7; GEN. & EX. 4; HAV. 8; he LAȜ. 3; hæ 12677; (h)a 1383*; he, ha MISC. 27; SHOR. 90; AYENB. 10; he, (h)a FER. 45, 127; he ['*aliquis*'] to delve aboute is diligent PALL. iv. 32; **his** (*gen.*) A. R. 32, 50; his heorte LAȜ. 149; hus [his] seolver 3212; hes 2956; his godes MARH. 4; ase ure loverd lerede alle his A. R. 130; aȝen þe king and his BEK. 1576; his, hes JUL. 21; **him** (*dat.*) him O. & N. 194; GEN. & EX. 3674; seide him þise wordes JOS. 21; sche swor him (*to him*) CH. C. T. *D* 961; liþe him beo drihten LAȜ. 48; mid him he hine lædde 584; heom 15079; him (*for* hine) SAX. CHR. 250; P. L. S. viii. 44; HOM. I. 165; KATH. 2270; ORM. 208; HAV. 30; ROB. 10; **hine** (*acc.*) FRAG. 5; HOM. I. 17; HOM. II. 143; A. R. 58; O. & N. 471; HORN (L.) 1028; CHR. E. 612; SHOR. 4; AYENB. 7; hine, hin GEN. & EX. 3004, 3468; hine, hin, hene, hune LAȜ. 323, 728, 4226, 6694; hin HOM. II. 109; MISC. 27; hine (*for* him) SAX. CHR. 255.

hēo, pron., *O.E.* hēo, hīo, hie, hȳ, hī, hig, = *O. Fris.* hio hiu (*accus.*), hia (*nom. acc.*); *she, her*, A. R. 8; ROB. 237; C. L. 301; MIRC 86; LANGL. *B* iii. 29; AUD. 59; heo, hi FRAG. 6, 7;

hé.

heo, hu, he, ha [ȝeo] LAȝ. 144, 1147, 1230, 2028, 3186; heo (ho), hi HOM. I. 83, 93, 105; heo, ha KATH. 80, 117; MARH. 2, 6; heo, ho, he, hi O. & N. 19, 32, 199, 401, 939; heo, he JOS. 83, 87; heo LANGL. *A* i. 10; hue LANGL. *C* ii. 10, 12; ȝo *C* ii. 44; hio, hie (*ms.* hyo, hye) hi MAT. i. 19; MK. v. 27; þa bewente hie hi JOHN xx. 14; hie LAI LE FR. 114; hie clensede heo selven HOM. II. 145; hie, hi MISC. 29; hue HORN (R.) 77; ALIS.⁵ (Sk.) 34; he P. S. 154; SPEC. 26; hi HOM. I. 227; ANGL. I. 14; SHOR. 136; AVENB. 16, 106; ho PL. CR. 411; MIRC 1353; A. P. i. 177; ANT. ARTH. i; ȝho ORM. 115; ȝho, ȝo P. L. S. iii. 79, 84; ghe, ge GEN. & EX. 237, 1024; ȝhe WILL. 119; **hire** [*O.E.* hire, hyre, hiere, = *O.Fris.* hire] (*gen. dat.*) *her*, MARH. 2; ORM. 235; BEK. 61; hire þuhte god in hire heorte to habbe monie under hire KATH. 85; bi hire side HAV. 127; hire, hir LANGL. *A* iii. 8; CH. C. T. *A* 925; hir PERC. 190; hire, hure, here, heore LAȝ. 192, 3211, 3281, 3999, 29286; al is hire A. R. 46; h(e)ore weaden 314; hire, here WILL. 153, 1716; hire (*for* heo) SAX. CHR. 264; A. R. 48; KATH. 126; O. & N. 1297; GEN. & EX. 971; HAV. 316; BEK. 68; ALIS. 525; i moot been hires (*for* hire) CH. C. T. *B* 227.

hit, pron., *O.E.* hit, = *O.Fris.* hit, *O.L.G.* it, *O.H.G.* iz, ? *Lat.* id (*nom. acc.*); *it*, LAȝ. 11; A. R. 4; BEK. 25; SPEC. 34; SHOR. 30; H. H. 160; WILL. 198; ALIS. 166; S. S. (Web.) 277; MIRC 20; EGL. 49; hit, it P. L. S. viii. 7, 9; O. & N. 41, 118; ROB. 1; LANGL. *A* PROL. 32; it SAX. CHR. 262; ORM. 763; HAV. 77; MAND. 13; CH. C. T. *A* 39; PR. C. 40; it, et GEN. & EX. 126, 590; hit ar ladies innoȝe GAW. 1251; **his** (*gen.*) TREAT. 139; it can cnawen swiþe wel his moder ORM. 1315; ȝef þat water his kende lest SHOR. 9; him (*dat.*) HOM. II. 119; O. & N. 682.

hēo, pron., *O.E.* bēo, hīo, hīe, hī, hȳ, hig, = *O. Fris.* hia (*nom. acc. pl.*); *they, them*, A. R. 142; C. L. 52; PROCL. 4; heo, hi, he (? hē), ha [hii] LAȝ. 16, 283, 402, 3800, 5365; heo hi dæleþ FRAG. 6; heo, ho, ha HOM. I. 5, 23, 81; heo, ha KATH. 264, 648; heo, ho, hi O. & N. 66, 76, 926, 1257; heo, hii ROB. 11, 166; LANGL. *A* PROL. 43; hio (*ms.* hyo), hie, hi (*ms.* hy) MAT. xxiii. 4, 7; hio, hi HOM. I. 223; hie REL. l. 128 (HOM. II. 161); SHOR. 16, 124; hie, hi MISC. 33; hi ANGL. VII. 220; P. L. S. viii. 49; AVENB. 9; hue HORN (R.) 38; H. H. 237; hee P. S. 215; hee, hi FER. 303, 1393; he GEN. & EX. 379, 1988; HAV. 162; SPEC. 75; hui SAINTS (Ld.) 300; ARCH. LII. 35; ha MARH. 2; **heore** [*O.E.* heora, hiora, hiera, heara, hyra, = *O.Fris.* hiara, hira] (*gen. pl.*), *of them, their*, P. L. S. viii. 146; heore beire wille HOM. I. 99; feole flowen . . . out of heore cuþþe JOS. 18; heore, here JOHN xvii. 12, 20; heore [hire] four wives LAȝ. 25; heore alre laverd 1805; heoræ 4228;

hēafed.

heora 420; whulc here (*of them*) 2950; heore, hore HOM. I. 157; A. R. 28; heore (hore), hire O. & N. 280, 1566; heore, here ORM. 119, 413; heara ANGL. VII. 220; here SAX. CHR. 251; GEN. & EX. 3673; HAV. 52; MAND. 11; CH. C. T. *A* 588; DEGR. 756; here beire red BEK. 2438; here, hoere L. N. F. 217; huere non HORN (R.) 1260; hura, hure LEECHD. III. 108, 132; hure FER. 305; hire guod AYENB. 6; þe kingdom of hevene is hare 144; hore FRAG. 7; hare HOM. I. 221; P. S. 69; he is hare alre schuppend KATH. 304; **heom** [*O.E.* heom, him, = *O.Fris.* hiam, him] (*dat. pl.*), *to them*, MAT. iii. 7; FRAG. 5; P. L. S. viii. 146; JOS. 367; ALIS. 61; heom, hem, him [ham, ȝam, him] LAȝ. 26, 413, 763, 6191; heom (hom), hem, him O. & N. 62, 539, 1448, 1615; him HOM. I. 89; him, himen FER. 106, 160; hem, him HAV. 1808, 1976; hem GEN. & EX. 305; WILL. 169; MAND. 11; CH. C. T. *A* 18; TOR. 1198; HOCCL. v. 12; (*ms.* hemm) ORM. 145; ech of hem TREAT. 132; ham FRAG. 6; A. R. 30; AYENB. 8; hom GAW. 819; DEGR. 2; ANT. ARTH. x; heom, *for* heo LAȝ. 358; O. & N. 929, 1253; hem HOM. II. 7; ham FRAG. 7; A. R. 8; KATH. 280; **hemen**, himen [*O.E.* heoman] (*dat.*) FER. 1963, 2201, 2559; HALLIW. 444.

hēad, *see* **hēafed**.

hēafden, sb., *O.E.* (be-)hēafdian, = *M.H.G.* houbeten; *behead; grow to a head*; hefedin, hedin '*decollo*' PR. P. 231; hede C. M. 13174; that it mai hede PALL. xi. 156; **hēfdid** (*pret.*) C. M. 171; heveded 13176; **hēded** (*pple.*) TREV. IV. 157; *comp.* bi-hēafden.

hēfdare, sb., *executioner*: hedare or hefdare, '*decapitator, lictor*' PR. P. 231; hevedare 238; TREV. IV. 157.

hēafed, sb., *O.E.* hēafod, hēafud, = *O.Fris.* hāved, hāfd, *M.Du.* hoofd, *O.N.* höfuð, *Goth.* haubiþ, *O.H.G.* haubit, houbit; *head*, MK. vi. 24; heaved (*ms.* heaued) KATH. 1360; þet heaved A. R. 130; AYENB. 51; heaved, heved, hefed SHOR. 23, 85, 149; heaved, hæfed, hæved, hæfd [hefved, hefd] LAȝ. 574, 1596, 3856, 15989; hæfed ORM. 1557; heved O. & N. 74; ALIS. 205; SPEC. 62; MAND. 10; PR. C. 771; ANT. ARTH. xlii; hafed HOM. I. 233; heved, hed ROB. 17; heved, heed WICL. MK. vi. 24; hefd M. H. 39; head RICH. 1732; LIDG. M. P. 106; hed [heed] LANGL. *B* xvii. 70; hed TOR. 704; off thine awine heid *as of your own will* BARB. ii. 121; **hēfdes** (*gen.*) MARH. 19; **hēafde** (*dat.*) FRAG. 8; heafde, heafede, heafode, bevede LEECHD. III. 82, 104, 130; **hēafde** (*pl.*) LK. xxi. 28; hæfden [hefdes] LAȝ. 14682; hefden A. R. 188; *comp.* fore-hēaved.

hēfd-bān, sb., *O.E.* hēafodbān; *skull*, LAȝ. 1467.

hēd-borwe, sb., *head of a frankpledge*, PR. P. 231.

hǣfed-burh, sb., *O.E.* hēafodburh, *O.N.* höfuð-borg ; *chief city*, ORM. 8469.

hĕved-chirche, sb., *O.E.* hēafodcirice ; *chief church, cathedral*, ROB. 69 ; hevedkirke MAN. (F.) 11060.

hĕved-clŏð, sb., *O.E.* hēafodclāð ; *head cloth*, A. R. 424.

heed-dēre, sb., *chief deer*, DEP. R. ii. 117.

hĕaved-eche, sb., *O.E.* hēafodece ; *headache*, A. R. 370.

hǣfed-folc, sb., *? rulers of the people* : þurh þat Judisken hæfedfolc þat he was boren offe ORM. 14492.

hǣfed-hird, sb., *chief family* : þa hirdes ... hafden an hæfedhird ORM. 587.

hǣfed-kinedōm, sb., *chief kingdom* : [Romes kinedom] was hæfed kinedom abufen oþre ORM. 9175.

hĕved-lārðĕow, sb., *chief teacher* : heved lorŕeau of alle holie chirechen HOM. II. 7.

hĕved-lēs, sb., *O.E.* hēafodlēas ; *headless*, S. S. (Web.) 1321 ; heedles PR. P. 232.

hĕved-lich, adj., *principal* : þe zeven hāvedliche (*pl.*) zennes AYENB. 15 ; iche hedli sinne WICL. S. W. III. 162.

hĕvedling, sb., *O.E.* hēafodling ; *chieftain*, LAȝ. 9986*.

hĕvedlinge, hēdlinge, adv. & prep., = *M.H. G.* houbetlingen ; *headlong*, WICL. DEUT. xxii. 8 ; LK. viii. 33 ; hedlinge ALIS. 2261 ; hēdlinges D. TROY 10175 ; D. ARTH. 3829.

hĕved-lond, sb., *O.E.* hēafudland ; *headland*, VOC. 154.

hĕaved-luve, sb., *chief love* : vour hēaved luven me ivint i ðisse worlde A. R. 392.

hǣfed-maht, sb., *chief power* : aȝ is set an hæfed maht onȝæn an hæfedsinne ORM. 4566 ; **hēafodmihtan** (*pl.*) HOM. I. 105.

hĕd-maiden, sb., *chief maiden* : [Pantasilia] and hir hĕdmaidons (*pl.*) D. TROY 10902.

hĕd-masse-penni, sb., *payment for masses for the dead* : E. G. 144, 145 ; TOWNL. 104.

hēaved-mon, sb., *O.E.* hēafodmann, = *O.H. G.* haubitman ; *head-man, chief*, '*primas*,' FRAG. 2 ; hæfedman ORM. 297 ; hevidman (*ms.* hevisdman) ALEX. (Sk.) 441 ; **hēfdmen** (*pl.*) ['*principes*'] HOM. I. 123 ; hæfdmen LAȝ. 16146.

hǣfed-pening, sb., *poll tax*, ORM. 3292.

hǣfed-pliht, sb., *chief danger* : idelleȝc is hæfedpliht ORM. 4738.

hēaved-ponne, sb., *O. E.* hēafodpanne ; *skull*, FRAG. 7.

hǣfed-prēost, sb., *high priest*, ORM. 299.

hĕde-rāp, sb., *head-rope* ; **hēderāpis** (*pl.*) ... þat helde upe þe mastes D. ARTH. 3668.

hĕad-shēte, sb., *kerchief*, SQ. L. DEG. 843 ; hedshete and pillow B. B. 179.

hĕde-soime, sb., *rope reaching to the heads of the oxen ; traces*, BARB. x. 180.

hĕd-stoupis, adv., *headlong* : hurlit (hurlet) doun hedstoupis to the hard urthe D. TROY 6638, 7249 ; hedstoupis of his horse 7434.

hēaved-sünne, sb., *capital sin*, A. R. 10 ; hevedsunne MISC. 37 ; hæfedsinne ORM. 4567.

hĕved-toun, sb., *capital town*, ROB. 23 ; hedtoun MAN. (F.) 14762.

hēaved-þēaw, sb., *chief virtue*, HOM. I. 247 ; hedþeu C. L. 799.

hĕde-vale, sb., *?=*hede wale ; *great value*, TOR. (A.) 2135.

heed-warde, adv., *towards the head*, TREV. III. 323.

heed-warke, sb., *headache*, '*cephalia*,' PR. P. 232.

hĕved-welle, sb., *source, head-spring*, GEN. & EX. 868.

hǣfved-wunde, sb., = *Ger.* hauptwunde ; *head-wound, mortal injury*, LAȝ. 7614.

hēah, adj., *O.E.* hēah, hēh, = *O.Fris.* hāch, *O.N.* hār, *O.L.G.* hōh, *O.H.G.* hōh, *Goth.* hauhs ; *high*, HOM. I. 225 ; heh ORM. 2347 ; inne Griclonde he was heh [heȝ] LAȝ. 559 ; an heh king 2042 ; hæh [hei (*ms.* hey, *printed* heþ)] 1173 ; heih 985 ; hei (*ms.* hey) 128 ; hiȝe noble GAW. 120 ; (*loud*) 307 ; (*tall*) 1154 ; (*heights*) 1152 ; hongeð hire on heh (*on high*) MARH. 5 ; he saide an heh (*aloud*) SPEC. 41 ; on heh, heih, hei O. & N. 1405, 1456 ; heȝ BEK. 649 ; an heȝ TREAT. 132 ; SHOR. 82 ; heg GEN. & EX. 2011 ; hegh PR. C. 1872 ; ISUM. 16 ; heih A. R. 130 ; heiȝ JOS. 159 ; on heiȝ WILL. 2020 ; hei (*ms.* hey) PR. P. 232 ; HAV. 1083 ; heigh [high] CH. C. T. *A* 316 ; hiȝ FL. & BL. 151 ; on high S. S. (Wr.) 2830 ; ane heȝe ȝefe HOM. I. 17 ; þe heȝe strete P. L. S. xvii. 367 ; þe heȝe ze AYENB. 182 ; hege HOM. II. 89 ; sing þare þine heiȝe masse SAINTS (Ld.) 302 ; þe heighe wei LANGL. *B* x. 155 ; þæs heiȝe kinges FRAG. 7 ; þis highe qvene GOW. II. 113 ; an hiȝe strete TOR. 1526 ; him þoȝt it was hie time HALLIW. 449 ; **hǣhes**, hæȝes (*gen. m. n.*) LAȝ. 15416, 21972 ; **hǣȝen** (*dat. m. n.*) LAȝ. 5849 ; hēahere (*dat. f.*) HOM. I. 243 ; mid hæȝere strengŕe LAȝ. 2188 ; mid hæhȝere stevene 11994 ; **hēhne** (*acc. m.*) HOM. I. 93 ; hæhne LAȝ. 8082 ; hēȝe (*pl.*) LAȝ. 855 ; eȝe word he spekeð 1503 ; hegedages HOM. II. 113 ; heye men HAV. 958 ; heiȝe and lowe LEG. 33 ; **hǣhre**, hæȝere (*gen. pl.*) LAȝ. 22448, 30909 ; **hǣȝen**, heȝe (*dat. pl.*) LAȝ. 511, 26278 ; **hēhre** (*ms.* hehhre) (*compar.*) ORM. 6297 ; herre KATH. 758 ; MARH. 6 ; A. R. 178 ; O. & N. 1637 ; LANGL. *A* ii. 21 ; þa herre endes LAȝ. 7835 ; heire CHR. E. 268 ; heȝere TREAT. 134 ; hegher PR. C. 992 ; hiere MAND. 92 ; heer PALL. i. 1058 ; **hēhste**, heihste, hexte, hæhȝeste [beheste] (*superl.*) LAȝ. 1807, 2325, 5733, 24142; hexte HAV. 1080; P. L. S. xv. 14; hexte, heixte A. R. 42, 138; heste JUL. 63; heȝeste FL. & BL. 560; heȝiste BEK. 291; heieste PR. P. 232; hecst, hekst O. & N. 687; behest KATH. 4; heȝhest ORM. 2146; heghest PR. C. 993; *comp.* **efen-hēh.**

hēȝe, adv., *high, highly*, O. & N. 989; þe cloþ þat heng heȝe BRD. 24; he halt hire hed heȝe P. S. 154; heȝhe fleȝhen ORM. 5991; ich am heie iclumben HOM. I. 211; he hit heveð to heie up A. R. 86; hæh iboren LAȝ. 4912.

hēah-engel, sb., *O.E.* hēahengel; *archangel*, HOM. I. 43; ORM. 1862.

hēah-fæder, sb., *O.E.* hēahfæder; *patriarch*, HOM I. 227; hehfader ORM. 17107.

hēi-fol, adj., *haughty*, ROB. (W.) 4011*.

hiȝ-hēde, sb., *altitude* : bihold of þe tur þe hiȝhede FL. & BL. 327 [(H.) 747].

hēh-līch, adj., *O.E.* hēahlīc; *powerful, complete* : hiȝlích here GAW. 183; hehliche grið LAȝ. 10291; hehliche dom AYENB. 264.

hēh-līche [hēhlīche], adv., *O.E.* hēalīce; *highly*, LAȝ. 8088; heȝliche P. L. S. xiii. 276; heih-, heiliche A. R. 56, 190; hehlike ORM. 11875; heȝli A. P. ii. 1527; (*devoutly*) GAW. 755; helich (*loudly*) D. ARTH. 1286.

hēh-messe, sb., *O.E.* hēahmæsse, *cf. M.H.G.* hōchmesse; *high mass*, SAX. CHR. 254; HOM. I. 97.

hēi-mon, sb., *man of rank*, ROB. (W.) 4561.

hēhnesse, [hēhnisse], sb., *O.E.* hēahness; *highness, haughtiness*, LAȝ. 29734; hehnisse KATH. 211; heihnesse A. R. 412; heȝnesse AYENB. 97; heiȝnesse C. L. 534.

hēh-rēve, sb., *O.E.* hēahgerēfa; *high prefect*, JUL. 8.

hēi-schipe, sb., *lofty dignity*, HOM. I. 189; H. M. 5; heihschipe A. R. 100.

hēh-sēotel, sb., *O.E.* hēahsetl; *throne*, JUL. 50; **hēhsetle** (*dat.*) LAȝ. 18527; hehsetle HOM. I. 113.

hēg-tīde, sb., *O.E.* hēahtīd, = *O.N.* hātíð, *M.H.G.* hōchzīt; *festival* : at hegtide and at gestning GEN. & EX. 1507.

hēiȝ-wei, sb., *highway*, LEG. 98; heiȝwai WILL. 1846.

hēahþe, sb., *O.E.* hēahðo, = *Goth.* hauhiþa, *O.H.G.* hōhida, *O.N.* hæð; *height*; heȝþe AYENB. 24; A. P. ii. 317; heiȝþe JOS. 192; WICL. EPHES. iv. 8; heighþe MAND. 40; heithe PR. P. 233; heghte ANT. ARTH. xli; heght PR. C. 4760; on hiȝte [highte] CH. C. T. *A* 1784; highte HOCCL. i. 172; into the hicht *openly* BARB. v. 487.

hēal, *see* **hēl**.

heald, hāld, sb., *O.E.* (ge-)heald, *O.N.* hald *n.*; *support, custody, stronghold, castle*; hald ORM. 5026; C. M. 9957; hold A. R. 74; P. S. 218; þei dide him in hold MAN. (F.) 3913; helpe and hold i shal him ȝeve TOR. 2088; **hālde** (*dat.*) IW. 170; hald(e) TRIST. 991; holde WILL. 2836; A. P. ii. 1597; þat not a peni had(de) in hold(e) R. R. 451; þe geant stod in his holde PERC. 2005; holde LAȝ. 3861; *comp.* ȝe-hóld.

healden, hālden, v., *O.E.* healdan, haldan, = *O.L.G., Goth.* haldan, *O.Fris., O.N.* halda, *O.H.G.* haltan, *M.L.G.* holden; *hold; keep; observe; consider*; healden P. L. S. viii. 28; PROCL. 4; halden HOM. I. 105; MARH. 5; S. S. (Wr.) 1233; ðat he nevre ma mid te king ... wolde halden (*side with*) SAX. CHR. 264; halden [holde] (*account*) þe for herre LAȝ. 1390; halden lond 2612; hælden (? *for* halden) grið 1416; godes laȝhes halden ORM. 941; þat we wolden evre to him holden HOM. II. 61; hie ne mai hire muð holden 181; holden one riwle A. R. 4; ich mei wel holden þene wei toward heovene 78; up holden (*uphold*) 140; þe devel mai ... holden his halimotes P. S. 154; healde, hialde AYENB. 5, 206; hialde ANGL. I. 10; halde A. P. i. 489; ISUM. 304; griþ to halde O. & N. 1369; he mot mid me holde 1680; holde H. H. 124 (126); helde HORN (R.) 314 (H. 319); his foreward to haldene LAȝ. 9879; **hāldest**, halst [holdest] (*pres.*) LAȝ. 18733, 26430; ȝif þu haldest her on *if thou perseverest herein* JUL. 13; halst LEB. JES. 333; haldeð, halt LAȝ. 14333, 29752; healdeþ SHOR. 17; holdiþ festis P. L. S. i. 23; (he) haldes þam wise PR. C. 794; halt A. R. 50; AYENB. 15; GOW. II. 128; LANGL. *B* xvii. 105; hwet halt (*avails*) þe wrecche HOM. I. 17; halt flit wið him HOM. II. 43; þeo þat ti stede halt H. M. 37; me hi halt ... fule O. & N. 32; wat halt it to telle longe ROB. 105; what halt hit muche her of to telle FER. 1602; what halt it longe to strive TRIST. 918; halt on H. M. 47; (we) haldeð [holdeþ] LAȝ. 7344; (heo) haldað HOM. I. 101; holdeð A. R. 130; **hēldand** (*pple.*) BARB. v. 153; **hāld** (*imper.*) LAȝ. 3329; hold þe to ham HOM. I. 213; **hālde** (*subj.*) HOM. I. 109; þat weo ... halden [holde] alle ure aðes LAȝ. 2334; halde þe godes laȝe HOM. I. 55; (ȝe) halden 11; **hēold** (*pret.*) A. R. 108; JOS. 360; ALIS. 323; heold, hold O. & N. 144; heold, heald, held SAX. CHR. 251, 252, 255; Ascanius heold [held] þis ... lond LAȝ. 216; wið Grickes he heold moni fiht 407; huld [heold] 3914; heold, held ORM. 2225, 11330; heold [held] on *continued* KATH. 434; his wai held doune *continued* BARB. xv. 173; hield REL. I. 129; (HOM. II. 163); LIDG. M. P. 86; hueld H. H. 159; heuld *maintained* TREV. V. 19; (*esteemed*) V. 297; þis Gilbert him huld stille BEK. 95; held [heeld] CH. C. T. *A* 182; heeld RICH. 1335; hild AYENB. 206; (þu) heolde A. R. 146; helde REL. I. 130 (HOM. II. 165); he helde [heelde] TREV. III. 231; heolden A. R. 152; heolden, hulden LAȝ.

2324, 8082; hielden *were feeding (swine)* MK. v. 14; wiþ þe false (þei) helden LANGL. *B* xix. 368; hĕolde (*subj.*) O. & N. 51; C. L. 181; gef he þat hielde sinne HOM. II. 31; ȝif ha ham wel helden KATH. 890; hálden (*pple.*) MIR. PL. 153; for forleȝen halden ORM. 2000; þus es ilk man halden to do PR. C. 5960; haldin M. H. 49; holden CH. C. T. *A* 141; þou shalt not be holden to þe oþ ['*non teneberis juramento*'] WICL. GEN. xxiv. 8; holde (*obliged*) WILL. 317; GOW. I. 368; *comp.* æt-, bi-, ed-, for-, ȝe-, of-healden.

hálder, sb., = O.Fris. haldere; *holder*: haldere in fee E. G. 362; holdere up of Troie CH. TRO. ii. 643; háldaris (*pl.*) BARB. iv. 82.

háldinge, sb., *holding; keeping possession,* '*detencio, retencio,*' PR. P. 242; halding wit trecheri C. M. 27844; mid louh holdunge of hire selven A. R. 176; wrang háldings (*pl.*) of gudes sere PR. C. 5994.

healden, *see* hélden.

hĕale, hĕalen, *see* hǣle, hǣlen.

hĕan, adj. & sb., O.E. hēan, = O.H.G. hōn, Goth. hauns; *base, wretched, poor*; hene, hæne, *? for* hen, hæn LAȝ. 15401, 30316; þis heane . . . tintreohe KATH. 1971; this cursed hein (*vile person*) CH. C. T. *G* 1319; hēne (*pl.*) P. S. 150; hǣnen (*dat. pl.*) LAȝ. 17829.

hĕanling, sb., *? a vile man*; hĕanlunges (*? for* heanlinges) (*pl.*) MARH. 14.

hĕanen, *see* hēnen.

hĕap, sb., O.E. hēap, = O.Fris. hāp, O.L.G. hōp, O.H.G. hauf, houf; *heap; troop, number*: þane greate heap AYENB. 130; þe hiap 159; hæp [heap] LAȝ. 816; hæp ORM. 4330; heep '*cumulus, acervus*' PR. P. 235; MAND. 62; hĕape (*dat.*) A. R. 314; LIDG. M. P. 106; þa weoren . . . feouwer hundred þusende cnihtes a þan hæpe [heape] LAȝ. 25396; hepe [heepe] CH. C. T. *A* 575; gadereþ . . . to hepe [an hepe] P. S. 325 (P. 9); been . . . han brouȝt it to hepe PL. CR. 727; hĕapes (*pl.*) HOM. I. 221; KATH. 1996; hapes HOM. I. 219; hēpen (*dat. pl.*) LAȝ. 29721; *comp.* dung-heep.

hĕapin, v., O.E. hēapian; *heap*; hepin '*cumulo*' PR. P. 235; hĕapeð (*pres.*) A. R. 314; hepen CH. BOET. v. 2 (153); hǣped (*pple.*) ORM. 4331.

hĕar, *see* hēr.

heard, adj., O.E. heard, = O.Fris. herd, O.L.G. hard, Goth. hardus, O.N. harðr, O.H.G. hart, hert; *hard; powerful, brave; cruel*: þe . . . pine is se heard HOM. I. 253; þe king hefde enne þein swiþe heard [hard] LAȝ. 1584; hærd 8164; herd ih8958; heard [herd] lif A. R. 126, 222; hard MAT. xxv. 24; O. & N. 1694; GEN. & EX. 3061; SPEC. 105; AYENB. 189; PR. C. 806; hard & starc ORM. 1596; hard & sharp 9663; herd PARTEN. 2586; herde here A. R. 186; þin harde fader CH. C. T. *B* 857; þis harde (*sb., hardship*) þou hast al for mi gelt WILL. 2339; heardes (*gen. neut.*) HOM. l. 255; hardne (*acc. m.*) P. L. S. viii. 86; pinen harde ant stronge A. D. 237; mid hearde worde FRAG. 8; harde (*pl.*) O. & N. 530; hardes (*sb.*) *hard parts* ['*duris*'] PALL. viii. 135; harder (*compar.*) AYENB. 174; hærdere LAȝ. 4349; herdure A. R. 430; hardest (*superl.*) LAȝ. 4181.

hǣrde, adv., *hard*, LAȝ. 8814; harde ORM. 14783; he smot Corineus harde inoȝ ROB. 213; swonken ful harde LANGL. *A* PROL. 21; chast him herd BARB. xviii. 482.

hard-grem, sb., *hardship*, D. TROY 4897.

hǣrd-ihĕorted, adj., *hard-hearted*, LAȝ. 11990; herdiheorted A. R. 400.

hard-laike, sb., O.N. harðleiki; *wrong; hardship*, D. TROY 2212; our vile grem and hardlaike 2768; hardlaike & harme 3475.

hard-lĭche [hardliche], adv., O.E. heardlīce; *hardly*, LAȝ. 7480; hardeliche O. & N. 402; ROB. 126; herdeliche A. R. 290.

hardnesse, sb., O.E. heardness, = O.H.G. hartnissa; *hardness*, GEN. & EX. 3067; AYENB. 29; WILL. 1816; two hardnesse ['*duramenta*'] (*pl.*) in oon vine PALL. iii. 240; herdnesse HOM. I. 47.

hard-nolled, adj., *stiffnecked*: if oon hadde be hardnollid, wondur if he hadde be gilties WICL. ECCLUS. xvi. 11*.

heard-schipe, sb., *hardship*, A. R. 6, 364; herdschipes (*pl.*) 354, 384.

hearden, v., O.E. heardian, *cf.* O.H.G. hertan; *make hard*, A. R. 220; hardin PR. P. 227; to hardi (h)is men ROB. 218; harde (*pres. subj.*) LAȝ. 5871; hardide (*pret.*) WICL. EXOD. xiv. 8; harded, iharded (*pple.*) CH. C. T. *F* 245; iharded ROB. 352; ihert AYENB. 29.

harding, sb., *hardening*, CH. C. T. *F* 243.

hardnen, v., O.N. harðna; *harden*, ORM. 18219; hardneþ (*pres.*) ORM. 1574.

hearm, sb., O.E. hearm, = O.L.G., O.H.G. harm, O.N. harmr; *harm, injury*, HOM. l. 253; MARH. 8; hearm, harm JUL. 14, 15; heærm, hærm [harm] LAȝ. 2171, 9999; harm O. & N. 1235; TREAT. 136; C. L. 896; AYENB. 8; GOW. I. 270; harum HAV. 1983; herm A. R. 116; þene herm HOM. I. 31; hǣrme (*dat.*) LAȝ. 6384; harme A. P. iii. 17; harmes (*pl.*) WILL. 453; WICL. JUDITH iii. 2; hermes A. R. 244; and hermes he worhte LAȝ. 3823; hǣrmen (*dat. pl.*) LAȝ. 13748.

harm-dēde, sb., *injurious action*, REL. l. 217.

harm-ful, adj., *harmful*, WICL. PROV. i. 22; HOCCL. i. 413.

harm-lēs, adj., *harmless*, BEK. 2113; WILL. 1671.

hearmin, v., O.E. hearmian, *cf.* M.H.G. hermen; *harm, injure*, HOM. I. 263; hermien A. R. 398; hermie FER. 1295; harmi AYENB.

23; harmi, hermi SHOR. 100, 112; harmen MAND. 190; harmeð (*pres.*) KATH. 2435; harmede (*pret.*) HOM. I. 97; harmed (*pple.*) LAȝ. 3072; ihermed A. R. 124.
harming, sb.: *harming*; in harminge of miself CH. TRO. ii. 1137.
hearpe, *see* harpe.
hēate, hēaten, *see* hǣte, hǣten.
hēaved, *see* hēafed.
hēawen, v., *O.E.* hēawan, = *O.L.G.* hauwan, *M.L.G., M.Du.* houwen, *O.Fris.* hauwa, hawa, bouwa, howa, *O.H.G.* hauwan, howan, *O.N.* höggva; *hew*; hæwen ORM. 10083; hewen CH. C. T. A 1422; hewe TRIST. 190; hewe to peses ROB. 142; hewe a doun a grete wode TREV. III. 145; to hewene LAȝ. 28030; hēweþ (*pres.*) FER. 1613; hewen MAND. 189; buen GAW. 1346; hēou (*pret.*) FRAG. 8; heu (*ms.* hew) HAV. 2729; S. S. (Web.) 592; Gow. II. 263; heowen JOS. 511; heowen, heuwen [hewen] LAȝ. 7480, 9796; heuen AV. ARTH. xlvi; hewe P. L. S. xv. 189; FER. 604; hēwen (*pple.*) S. S. (Wr.) 1712; GAW. 477; of golde hewen (*forged*) hewe SPEC. 110; *comp.* bi-, for-, ȝe-, to-hēawen.
[hēawere, sb., *hewer*; *comp.* flēsch-hēwere.]
hēwinge, sb., *O.E.* hēawung; *hewing*, '*seccio*,' PR. P. 239; '*dolatura*' CATH. 185.
hēawien, v., *O.E.* hēawian; *hew, cut*: Samuel hēwide (*pret.*) him into gobbetis WICL. I KINGS xv. 33; al to peces thai hewed thair sheldes IW. 641; PR. C. 3712; hēwid (*pple.*) WICL. GEN. xxii. 3.
hebben, v., *O.E.* hebban, = *O.L.G.* hebbien, *O.N.* hefja, *O.H.G.* heffan, *M.H.G.* heben, haben, *O.Fris.* heva, *Goth.* hafjan, *M.Du.* haven; *heave, lift,* A. R. 156; hebben, hæben = LAȝ. 13192, 17396; hebbe ROB. 17; FER. 1248; hefen ORM. 11865; heven A. P. i. 16; heve WILL. 348; CH. C. T. A 550; heoven MARH. 6; have (*pres.*) ANT. ARTH. xv; hevest MARH. 10; heveð A. R. 86; heveð up JUL. 19; hef (*imper.*) A. R. 290; heve WICL. GEN. xiii. 14; hebbe (*subj.*) SHOR. 18; hōf [*O.E.* hōf, = *O.L.G., O.N., Goth.* hōf, *O.H.G.* huob] (*pret.*) ORM. 16705; HAV. 2750; PS. cxx. 1; D. TROY 5259; hof, hæf, heaf [heof] LAȝ. 1914, 6768, 28018; hef A. R. 122; KATH. 184; ALIS. 2297; CH. BOET. i. 1 (5); haf LEG. 6; TREV. IV. 447; hevede HOM. II. 113; P. L. S. xvi. 168; hefde LAȝ. 16509*; þou hove HORN (R.) 1277; (þeȝ) hofen ORM. 16840; hoven ALIS. 5889; hoven LAȝ. 19928; & heoven [boven] hine to kinge 9025; Scottes huven up muchelne ræm 11280; heven 6789; heven KATH. 1418; SHOR. 68; hōfen [*O.E.* hafen, = *O.N.* hafinn, *Goth.* hafans, *O.H.G.* haban, *N.H.G.* (ge-)hoben, *O.Fris.* heven] (*pple.*) ORM. 2649; hoven REL. I. 130 (HOM. II. 167); A. P. ii. 206; PR. C. 3126; ihoven LAȝ. 28771; A. R. 282; ihove TREV. VII. 455;

heven PS. xii. 3; iheven HICKES I. 226; heved HOM. II. 111; *comp.* a-, an-, over-hebben.
Hebrēisch, adj., *O.E.* Hebrēisc, Ebrēisc, = *M.H.G.* Hebrēisch; *Hebrew*: þa Hebreisce men HOM. I. 3; an Ebreische ledene A. R. 302.
Hebreu, sb., *Fr.* Hebreu; *Hebrew*: on Ebreu A. R. 136.
hecche, *see* hacche.
hechele, sb., = *M.L.G.* hekele, *O.H.G.* hachele; *heckle (for flax)*, VOC. 156; (*printed* hethele) MAP 339; hechil REL. II. 176; hekele PR. P. 234; hekile VOC. 269.
hechelen, v., = *O.L.G.* hekilōn; *heckle (flax)*; hekelin PR. P. 234.
hecht, *see* hāten. hēd, *see* hēafed.
hēde, sb., *O.Fris.* hōde, = *O.H.G.* huota; *heed, care, attention*, P. L. S. ix. 25; AYENB. 32; WILL. 368; S. S. (Web.) 1169; RICH. 3766; PR. C. 592; taken hede SPEC. 35; nimen hede LANGL. B xi. 313; hede [heede] CH. C. T. A 303; heede LIDG. M. P. 66; hede, hiede GOW. I. 139.
hědd-ern, sb., *O.E.* hěddern; *storehouse*, '*cellarium*,' FRAG. 4; LK. xii. 24.
hēde, *see* hād, hēafden.
hēden, v., *O.E.* hēdan, = *O.Fris.* hōda, *O.H.G.* huoten; *heed, take care, guard*, JUL. 8; hede SPEC. 100; P. L. S. v. (b.) 33; þe hiȝe trone þer moȝt ȝe hede A. P. i. 1050; hēdd(e) (*pret.*) MISC. 193; heo leopen to þan bedde & þene king hedden LAȝ. 17801; *comp.* bi-, ȝe-, for-hēden.
hēden, *see* hūden. heder, *see* hider.
hedgin, *see* heggin.
hēdi, ? adj., ? *heedful* [*perhaps should be read* hendi], SPEC. 22.
hedoine, sb., (? *meaning*): herons in hedoine, hiled fulle faire D. ARTH. 184.
heed, *see* hēafed. heerdes, *see* heorde.
hēfd, hēfed, *see* hēafed.
hefen, *see* hebben. hefene, *see* heofene.
hefi, hefiȝ, *see* hevi. hefne, *see* heofene.
heft, *see* haft.
hēȝ, hēȝe, *see* hēah, hēhe.
heȝen, v., *O.E.* hegian, = *M.H.G.* hegen; *from* hei; *hedge in*; heghin HALLIW. 443.
hēȝen, v., *O.E.* hēgan, hēan, = *O.H.G.* hōhan, *Goth.* hauhjan; *from* hēah; *raise high; exalt, extol*: his monscipe heȝen LAȝ. 31490; (*ms.* heien) 5408; hæien þa toures 5983; HOM. II. 57; heghen PR. C. 4119; heien KATH. 460; heien ant herien MARH. 3; heȝen [hiȝen, hie] WICL. MAT. xxiii. 12; hiȝen JOS. 226; hēȝheþ (*pres.*) ORM. 2640; heȝeþ and hereþ AYENB. 136; hiȝeþ GOW. III. 295; hēȝi (*subj.*) SHOR. 52; hēȝede (*pret.*) LAȝ. 7097; hehede hire stefne JUL. 74; heiden MARH. 1; hēȝed (*pple.*) HOM. II. 197; *comp.* ȝe-hēȝen.
hēȝinge, sb., *exaltation*, AYENB. 35; heiunge JUL. 3; A. R. 174.

hegge, sb.,=*M.L.G.* hegge, *M.Du.* hegghe, *M.H.G.* hecke; *hedge,* SPEC. 110; ALIS. 783; LIDG. M. P. 116; hegge, hedge PR. P. 232; heg AYENB. 232; **hegge** (*dat.*) O. & N. 17; **hegges** (*pl.*) TREAT. 137; LANGL. *A* iii. 128, 132, *B* iii.

hegge, *see* **hagge**.

heggin, hedgin, v.,=*M.Du.* hegghen; *hedge,* '*sepio*,' PR. P. 232; **hegged** (*pple.*) LIDG. M. P. 181.

hegh, *see* hiȝ. hēgte, *see* hǣþe.

hēȝþe, *see* hēahþe. hēh, *see* hēah.

hēhe, sb., = *O.H.G.* hōhī, *Goth.* hauhei; *altitude, height,* H. M. 19; heghe D. ARTH. 1146; in þe heiȝe ['*in excelso*'] WICL. 1 KINGS ix. 12; harez ... to þe hiȝe runnen A. P. ii. 391.

hei, sb., *O.E.* hege (*pl.* hegas),=*M.L.G.* hege, *M.H.G.* hac (*gen.* hages); *hedge, enclosure;* hai R. R. 54; **heie** (*dat.*) O. & N. 819; þer is a stoute hare in hir hai(e) HALLIW. 439; **haies** (*pl.*) PS. lxxxviii. 41; *comp.* **chirche-hei**.

hei-hōve, sb., *ground ivy*; (ms. heyhowe) '*eire terestre*' VOC. 162; B. B. 184.

hai-net, sb., '*cassis*,' PR. P. 221.

hai-rif, sb., *O.E.* hegerife; *goosegrass, clivers,* '*rubia minor*,' PR. P. 221; heireve LEECHD. III. 391; B. B. 184.

hei-sugge, sb., *O.E.* hegesugge; *? hedgesparrow*, O. & N. 505; hei-, haisugge CH. P. F. 612.

hei-ward, sb., *farm bailiff,* A. R. 418; heiward '*agellarius*' PR. P. 234; haiward SPEC. 110; ALIS. 5756; LANGL. *C* vi. 16, *B* xix. 329.

hei², interj.,=*O.H.G.* hei; *hey!* KATH. 579; P. L. S. xix. 137; hai GAW. 1445.

hēi, sb., *O.E.* hēg, hīg, = *O.N.* hey, *M.L.G.* hoig, hoi, *M.Du.* hei, hoi, *O.H.G.* hewe, howe, houwe, *M.H.G.* houwe, höuwe, hou, höu, *Goth.* hawi (*dat.* hauja); *hay,* '*foenum*,' FRAG. 3; þat hei LEG. 92; (*ms.* hey) PR. P. 232; LAȝ. 24441; GOW. III. 357; heiȝ [hei] TREV. V. 177; WICL. PS. ci. 5; haig MK. vi. 39; hei (*ms.* hey) LK. xii. 28; hei [hai] CH. C. T. *A* 3262; hai Iw. 3078.

hāi-ook(k)e, sb., *haycock,* CATH. 170.

hēi-stak, sb., *haystack,* PR. P. 233; haistak VOC. 233.

hēi, hēien, *see* hēah, hēȝen.

heid, *see* hēafed. heifre, *see* haifare.

hēiȝ, hēiȝþe, *see* hēah, hēahþe.

heil, *see* hail.

heine, *see* hēan.

hēinin, v., *cf. Swed.* höjna (RIETZ); *exalt,* '*exalto*,' PR. P. 233.

heir, sb., *O.Fr.* heir; *heir,* BEK. 24; TREV. IV. 305; eir HAV. 410; P. L. S. i. 44; WILL. 709.

heiren, v., *inherit*; **heire** (*pres.*) MAN. (F.) 13483.

heirōn, heirounsew, *see* hairōn, hairounsew.

heit, *see* hait.

hek, *see* hacche. hekfere, *see* haifare.

hekele, *see* hechele.

heke, sb., *horse*; **hekes** (*pl.*) D. ARTH. 2284.

hel, *see* hül.

hēld, sb., ? = *M.H.G.* helde; *slope, hillside:* þe heiȝe held TRIST. 3274; **hélde** (*dat.*) ST. COD. 58; þare nitʃer(e) helde HOM. II. 230; **héldes** (*pl.*) HOM. II. 258; ȝeond hulles & ȝeond heldes LAȝ. 12867; heldes ['*devexa*'] PALL. viii. 22.

héld², sb., *O.E.* held, hyld *m.*; *grace,* HOM. I. 69.

hélde, sb., *O.E.* hyldo, = *O.Fris.* helde, hulde, *O.H.G.* huldī, *O.N.* hylli *f.*; *grace, faith, allegiance,* ROB. 285; þat he þe bere al þe helde þat man schal to his loverd ȝelde FL. & BL. 397; ihere þou me ... in helde SPEC. 37; mihtes(t) tu do þe in his (h)ilde MISC. 96.

hélde², sb., *O.E.* helde (VOC. 79); *tansy,* REL. I. 36.

[**hélde³**, adj., *O.E.* (ēaðʃ-)helde, hylde; *comp.* **erveðʃ-helde**.]

hélden, v., *O.E.* heldan, hyldan; *hold*, (? *for* healden), MISC. 136; S. S. (Web.) 1567; TRIST. 2797; **hélde** (*pres.*) H. H. 105 (107).

hélden³, v., *O.E.* heldan, hyldan, *cf. M.Du.* helden, *O.H.G.* heldan (*incline*), halden, *O.N.* hella (*pour*), halla (*incline*); *from O.H.G.* hald, *O.N.* hallr (*inclined*); *incline, pour:* helden hit wat HOM. II. 213; scipen gunnen helden LAȝ. 7848; heo scullen ... hæiden in to hælle 20539; me schal helden eoli and win beoðe ine wunden A. R. 428; heldin '*inclino*' PR. P. 234; helde M. ARTH. 261; min huerte ginneþ to helde (*sink*) SPEC. 48; of his hors he made him held(e) HORN 674; shal helde ['*fundet*'] WICL. LEV. iv. 17; helde [hilde] TREV. IV. 397; healden KATH. 685; JUL. 30; **héldeð** (*pres.*) A. R. 282; heldis A. P. ii. 1330; TOWNL. 221; helt AYENB. 177; þei heldeþ LANGL. *A* x. 60; **hélde** (*imper.*) L. C. C. 40; helde þine ere to me PS. xvi. 6; if þou ... helde it in PALL. i. 1132; **héldande** (*pple.*) GAW. 972; **hélde,** hulde, halde (*pret.*) L. H. R. 58, 59; helde WICL. MK. xiv. 3; þat he a dun hælde (*sec. text* ful) LAȝ. 2477; healde 1551; heolde 29642; he halde (? *for* hælde) [held(e)] þa milc in þat fur 1196; a wei ward he halde 8878; held ALIS. 2521; helt Iw. 368; haldit [heldit] ALEX. (Sk.) 2141; hælden [h(e)olle] LAȝ. 28038; hilde TREV. II. 347; AL. (L.³) 257; *comp.* **bi-, tō-hélden**.

héldinge, sb., *bending aside,* HAMP. PS. xlii. 4*.

helder, adv., *O.N.* heldr, = *Goth.* haldis;

rather, preferably, GAW. 376; S. S. (Wr.) 1835; hildire ALEX. (Sk.) 4657.

hēle, sb., *cf. O.E.* hel (*pretext*); *hiding-place*: gon to wode and maken **hēlen** (*pl.*) and crepen there inne ALIS. 4958.

hēle, sb., *O.E.* hēla, hæla, = *O.Fris.* hēla, *O.N.* hæll *m.*; *heel, 'calx,'* VOC. 179; PR. P. 234; A. R. 112; BEK. 2234; RICH. 3834; LIDG. M. P. 108; **hēlen** (*pl.*) MARH. 10.

hēle-spor, sb., *heel*, PS. lv. 7; wiknes of mi helespor sal umgive me ai xlviii. 6.

hēle-wŏu, sb., *end wall*: side walles hit hedde to, ac non helewou þer nas LEG. 90; (? *ms.* hilewoþ) LAȝ. 255887 [*earlier text* halle wah]; **hēle-wāges** (*pl.*) GR. 17; helewowes (*printed* helewewes) FRAG. 6; helewoghes MADDEN'S LAȝ. III. 506.

hēle, *see* **hǣle**.

hēlen, v., *O.E.* helan, = *O.L.G., O.H.G.* helan; *cover, conceal*, AN. LIT. 8; hele P. L. S. xix. 237; AYENB. 175; WILL. 960; CH. C. T. *D* 950; S. S. (Wr.) 1111; E. T. 1034; M. ARTH. 143; hele MIN. vi. 16; nule ich ... lengre heolen hit te JUL. 9; heole HOM. I. 57; ȝif þu wel hiles(t) te under godes wenges H. M. 47; heleð A. R. 314; MARH. 15; hel (*imper.*) AMAD. (R.) iii; heleþ ASS 188; hal (*pret.*) MAP 341; (þou) hele AL. (T.) 476; helen P. L. S. viii. 81; hóle (*pple.*) ALIS. 4203; OCTOV. (W.) 1355; iholen A. R. 146; ihole AYENB. 26; *comp.* for-, ȝe-hēlen.

hēlen, *see* **hǣlen**.

heleð, sb., *O.E.* heleð, hæleð, = *O.L.G.* helith, *O.H.G.* helid; *armed man, warrior*; hæleð LAȝ. 11989; **heleðes** (*pl.*) 1779.

heleð², sb., *O.E.* heoleð, hæleð, = *O.H.G.* helid; *shelter*: þa makeden heo hus & **hæledes** (*pl.*) sikere LAȝ. 1938.

helfe, sb., *O.E.* helfe (VOC. 35); hielf (*dat.* hielfe ALFR. P. C. 166), *cf. M.L.G.* helve *n.*, *M.Du.* helve, *M.H.G.* helb, halb *m.*, *O.H.G.* halb, halbe, helbe; *handle*, ORM. 9948; helve '*manubrium*' PR. P. 235; S. S. (Web.) 384; ELL. ROM. II. 84; hilve FER. 4434; **hilves** (*gen.*) FER. 4655; helve (*dat.*) WICL. DEUT. XIX. 5; halve JOS. 503.

helfin, v., *put a handle on*; helvin '*manubrio*' PR. P. 235.

helfter, *see* **halfter**. hēli, *see* hāliȝ.

hēlich, *see* hēahlīc *under* hēah.

hēlien, v., *O.E.* helian, *cf. O.L.G.* (bi-)helian, *O.H.G.* hellan; *conceal, cover, protect*: helien þet gongþurl A. R. 84; helien [hilien] hem wiþ leves LANGL. *B* xii. 231; helie [heliȝe, heli] ROB. (W.) 3170; a rof shal hile us þoþe HAV. 2082; hileð (*pres.*) REL. I. 223; hēle (*imper.*) A. R. 316; hile PS. xvi. 8; **hēlede** (*pret.*) HOM. II. 197; BRD. 29; his sconken he helede mid hosen of stele LAȝ. 21135; & helede hine under capen 30849; helid S. S. (Wr.) 1234; hilide WICL. GEN. vii. 20; hāled (*pple.*) GOW.

II. 327; helid [hiled] LANGL. *A* v. 599; hiled GEN. & EX. 3184; A. P. ii. 1397; iheled A. R. 70; P. L. S. xiii. 333; LAUNF. 284; ihæled [iheled] LAȝ. 18405; iheoled SAINTS (Ld.) 302; *comp.* bi-, un-hēlien.

hilere, heiler, sb., *protector*, HAMP. PS. xvii. 3, xxvi. 2.

hēlinge, sb., *concealment, covering*, TREV. III. 273; MAND. 247; hilinge ['*opertorium*'] PS. ci. 27; hiling VOC. 170; WICL. EX. xxxvi. 19.

hēlinge, *see* hǣlunge *under* hǣlen.

helle, sb., *O.E.* hell, = *O.N.* hel (*gen.* heljar), *O.L.G.* hell, hellia, *O.H.G.* hella, Goth. halja *f.*; *hell, 'infernus, tartarus,'* PR. P. 234; A. R. 290; ORM. 10223; SPEC. 39; MIRC 509; PR. C. 6437; **helle** (*gen.*) A. R. 324; etforen helle ȝete HOM. I. 41; helle fur (? hellefur) P. L. S. viii. 76; HOM. II. 258; helle fir ORM. 1529; in helle grunde MISC. 77; helle bale GEN. & EX. 2525; helle ȝates C. L. 1341; H. H. 40; helle (*dat.*) HOM. I. 19; ferde to helle LAȝ. 1924; hælle 20539.

helle-bearn, sb., (? helle bearn); *child of hell*, HOM. I. 281.

helle-dǣð, sb., *O.E.* death of hell: sinnes draȝhen sinful man til helledæþ ORM. 7781.

helle-dogge, sb., *dog of hell*, HOM. I. 273.

helle-ȝat, sb., *O.E.* hellegeat; *gate of hell*, HOM. I. 41; hellegate TOWNL. 314; **helle-ȝates** (*pl.*) C. L. 1341.

helle-grund, sb., *O.E.* hellegrund, (? helle grund), = *O.L.G.* helligrund; *bottom of hell*, ORM. 10508.

helle-hole, sb., *hell*: hurled into hellehole A. P. ii. 223.

helle-hund, sb., *dog of hell*; (? helle hund) MARH. 6; MISC. 151; hellehound MAP 337.

helle-pine, sb., *hell torment*, ORM. 12060; HAV. 405.

helle-pit, sb., *hell*: helle pit is nefre ful ORM. 10215; helle pitte PR. C. 6447.

helle-stench, sb., *stench of hell*, HOM. I. 193.

helle-þēod, sb., *people of hell*: all þe gaste floc, all helleþeod ORM. 6546.

helle-wā, sb., *woe of hell*, ORM. 10011.

helle-ware, sb., pl., *O.E.* hellwaru; *hell dwellers*, HOM. II. 53; A. R. 244*.

helle-wīte, sb., *O.E.* hellewīte, = *O.L.G.* helliwīti, *O.N.* helvīti; *punishment of hell*, FRAG. 6; HOM. I. 109.

helle-wūrm, sb., *worm of hell*: þe laȝe **hellewūrmes** (*pl.*) HOM. I. 251.

hellen, adj., *belonging to hell*: out of ... hellen wombe i calde A. P. iii. 306; þe hellene schucke H. M. 41.

hellen², v., *O.N.* hella; *see* hǣlden²; *pour out*; hel (*pres.*) HAMP. PS. cxli. 2; (thai) helles HAMP. PS. PROL. *page* 3; summe helle (*subj.*)

water B. B. 5; **hell** (*imp.*) lxviii. 29; helles ['*effundite*'] lxi. 8; **helland** (*pple.*) *page* 494; helt (*pret.*) xli. 4; helt (*pple.*) xxi. 13.

helm, sb., *O.E.* helm, = *O.L.G., O.H.G.* helm, *O.N.* hialmr, *Goth.* hilms; *? from* **hélen**; *helmet,* '*galea, cassis,*' PR. P. 235; HAV. 379; ROB. 49; GOW. II. 233; RICH. 2562; þane helm AYENB. 265; helm [healm] LAȝ. 23965; hælm [helm] 21419; **helme** (*dat.*) R. S. iv; **helmes** (*pl.*) LAȝ. 4542; TRIST. 190; helmis PERC. 1225; **helmen** (*dat. pl.*) LAȝ. 7578; *comp.* **kine-helm.**

helme, sb., *O.E.* helma, *cf. O.H.G.* (joh-)halmo *m., O.N.* hialm *f.*; *helm, rudder,* PR. P. 235; VOC. 274; TREV. VII. 17; A. P. iii. 149.

helmid, pple., *helmeted,* WICL. EZ. xxxviii. 5; *see* ȝe-helmed.

help, sb., *O.E.* help *f., m., cf. O.N.* hialp, *O.L.G.* helpa, *O.H.G.* helfa, hilfa *f.*; *help,* MARH. 6; A. R. 290; BEK. 162; C. L. 1363; GREG. 84; nenne help MISC. 43; help, hælp [healp] LAȝ. 16416, 20730; hilp FER. 3208; help [helpe] LANGL. *B* xiv. 255; helpe SAX. CHR. 265; ORM. 966; GEN. & EX. 1802; MIRC 1679; CH. C. T. *E* 1324; **helpes** (*gen.*) HOM. I. 13; **helpe** (*dat.*) MARH. 7; þet is ow on helpe HOM. I. 259; cumen him to helpe (*to his aid*) LAȝ. 8511.

help-ful, adj., *helpful,* WICL. HEB. viii. 12.

help-lēs, adj., *helpless,* HOM. I. 129; BEK. 798; helples LANGL. *A* viii. 23.

help-lich, adj., = *M.H.G.* helf-, helfelīch; *helpful,* P. L. S. i. 1; GOW. iii. 46; helpeli WICL. PROV. xii. 10; REL II. 52; **helpli** (*adv.*) D. TROY 3579.

helpe, sb., = *M.L.G.* helpe, *M.H.G.* helfe; *helper,* D. TROY 10803; helpe & hirde ORM. 3193; **helpes** (*pl.*) GEN. & EX. 3409.

helpen, v., *O.E.* helpan, = *O.L.G.* helpan, *O.N.* hialpa, *Goth.* hilpan, *O.H.G.* helfan; *help,* FRAG. 6; HOM. I. 27; A. R. 204; GOW. II. 78; helpen [helpe] CH. C. T. *E* 1453; helpin PR. P. 235; helpe (*pres.*) O. & N. 484; helpeð A. R. 196; hit helpeþ noht A. D. 258; **help** (*imper.*) LAȝ. 12768; helpe (*subj.*) FL. & BL. 128; swa me helpe drihten HOM. I. 33; **halp** (*pret.*) ORM. 1342; GEN. & EX. 26; WILL. 2206; halpe LANGL. *B* vii. 6; halp [help] CH. C. T. *A* 1651; help [halp] LAȝ. 9263; A. R. 88; help HOM. I. 81; þu me hulpe [holpe] LAȝ. 8931; þu ... hulpe þer to A. R. 320; (hi) holpen GEN. & EX. 3382; LANGL. *B* ix. 113; hulpe (*subj.*) LAȝ. 16181; A. R. 220; ORM. 12033; þat he hulpe him LEG. 169; holpe LANGL. *C* xxi. 443; **holpen** (*pple.*) ORM. 6201; HAV. 901; LANGL. *C* xii. 28; LIDG. M. P. 224; P. S. 332; holpe CH. C. T. *E* 2370; hulpen LANGL. *B* xv. 130; *comp.* ȝe-helpen.

helpere, sb., = *O.L.G.* helpere, *M.H.G.* helfære; *helper,* TREV. IV. 411; helpare '*adjutor*' PR. P. 235.

helping, sb., = *M.Du.* helpinge, *M.H.G.* helfunge; *help,* LAȝ. 23748; BARB. iii. 148.

hēlsni, *see* **hālsnien.**

helter, heltrin, *see* **halfter, haltrin.**

hēlðe, *see* **hǣlðe.**

helve, helvin, *see* **helfe, helfin.**

hem, sb., *O.E.* hemm; *hem, border*: þane hem LAȝ. 4995; hemme '*fimbria, limbus*' PR. P. 235; A. P. i. 217; **hemme** (*dat.*) MISC. 98; **hemmes** (*pl.*) WICL. MAT. xxiii. 5; D. ARTH. 1359.

hēm, *see* **hām.**

hēme, sb., *? from* **hām**; *? man, head of a family*; an heme P. S. 156; heme and hine O. & N. 1115.

hēme,² adj., *? from* **hām**; *fitting, suitable,* SPEC. 32.

hēme-lī, adv., *fittingly,* GAW. 1852.

heme-luc, sb., *O.E.* hemlēac, hemlic (VOC. 31), hymlic (LEECHD. III. 50); *hemlock,* '*herba benedicta,*' REL. I. 37; humlok '*cicuta*' VOC. 226, 265; whan brom will appeles bere and humlok honi S. & C. II. viii; homelok '*cicuta*' VOC. 191.

hemen, *see under* **hē.**

heming, sb., *O.N.* hemingr (*skin of the shanks*), *cf. O.E.* hemming (*a kind of shoe*); *part of the skin of a deer*; **heminges** (*pl.*) TRIST. 476.

hemisperie, sb., *Lat.* hemisphaerium, *Gr.* ἡμισφαίριον; *hemisphere*: so fast ai to oure hemisperie bound CH. TRO. iii. 1388.

hemmin, v., *hem,* '*limbo, fimbrio,*' PR. P. 235; **hemmid** (*pple.*) TOWNL. 311; *comp.* bi-hemmen.

hemp, sb., *O.E.* hanep, = *O.N.* hampr, *O.H.G.* hanaf, hanef, *Lat.* cannabis, *Gr.* κάνναβις; *hemp,* VOC. 217; HAV. 782; BARB. x. 352.

hemp-seed, sb., *hemp-seed,* VOC. 156.

hempen, adj., = *O.H.G.* hanafīn; *hempen,* PR. P. 235; hempin BARB. x. 360.

hen, sb., *O.E.* henn, hænn, = *M.L.G.* henne, *O.H.G.* henna, = *hanja; *cf.* **hāne**; *hen,* A. R. 66; O. & N. 413; LEB. JES. 438; GOW. II. 264; henne '*gallina*' VOC. 177; PR. P. 235; HICKES I. 229; HAV. 1240; TREV. V. 163; L. C. C. 22; **henne** (*gen.*) A. R. 66; **henne** (*dat.*) MAND. 49; **henne** (*pl.*) P. S. 198; hennen REL. II. 272; P. S. 151; AYENB. 38; *comp.* mōr-hen.

hen-ǣi, sb., *O.E.* henǣg; *hen's egg*: RICH. 2839.

hen-bane, sb., *henbane,* PR. P. 235; LEECHD. III. 331; hennebone REL. I. 37.

hen-belle, sb., *O.E.* henne belle; *henbane,* HALLIW. 444.

hen-cote, sb., *hencoop,* '*galinarium,*' VOC. 274.

henne-fugel, sb., *O.E.* henfugol; *hen,* SAX. CHR. 259.

henne-harte, adj., *chicken-hearted,* YORK xxiii. 198.

hēn, *see* hēan.
henche-man, sb., *page of honour*, FL. & LEAF 252.
hende, adj., *O.E.* (ge-)hende, = *M.Du.* hende, *M.H.G.* (be-)hende, ? *O.N.* hentr; *from* hand; *near, ready, prompt, gracious*, LAȜ. 2529; H. M. 7; BRD. 3; SHOR. 21; P. S. 192; GREG. 501; LANGL. *B* xx. 187; S. S. (Wr.) 3002; AM. & AMIL. 1583; A. P. ii. 612; M. ARTH. 332; ISUM. 177; god þat is so hende MISC. 52; fer an hende HAV. 359; fair and hende 1104; þat love min herte miȝte not come hende P. R. L. P. 199; nadde his help hende ben WILL. 2513; his hende wif 184; hinde EGLAM. 1297; AV. ARTH. xli; hendure (*compar.*) A. R. 192; hendore SPEC. 27; hender MAN. (F.) 8844; hendest (*superl.*) LAȜ. 13938; A. R. 398; IW. 74; GAW. 26; *comp.* ân-, ȝe-, rûm-, spar-, un-hende.
hende-leic, sb., ? = *O.N.* hentleikr; *graciousness*, HOM. I. 269; hendeleik HAV. 2793; hendelaic M. H. 49; hendelaik GAW. 1228; A. P. ii. 860.
hende-lich, adj., *gracious*; mid hendeliche worden LAȜ. 25942; hendeliche (*adv.*) A. R. 316; LANGL. *B* iii. 29; he servede him so hendeliche BEK. 167; hendeli, hendli GAW. 895, 829.
hendenesse, sb., *gentleness*: of hardinesse of herte & of hendenesse LANGL. *B* xix. 31.
hende-schipe, sb., *graciousness*, MARG. 189.
hende-spēche, sb., *mildness of speech*, LANGL. *C* xxiii. 348.
henden, v., *O.E.* (ge-)hendan, = *O.Fris.*, *O.N.* henda; *take by the hand, capture*; hende RICH. 4033; S. S. (Wr.) 2860; hende (*pret.*) LAȜ. 21365*; *see* henten.
hendi, adj., *O.E.* (list-)hendig, = *Goth.* handugs (σοφός), *O.N.* hentugr; *handy, apt, courteous, gentle*, LAȜ. 4833; HORN (L.) 1336; GREG. 951; curteis and hendi MISC. 155; (h)is hendi bodi P. L. S. vi. 8; his hendi (*v. r.* hende) children A. R. 186.
hendi-liche, adv., *fairly, courteously*, LAȜ. 1227 [*sec. text* hendeliche].
hēnen, *see* heonene.
hēnen, v., *O.E.* hēnan, hȳnan, = *O.Fris.* hēna, *M.Du.*, *O.H.G.* hōnen, *Goth.* haunjan; *from* hēan; *humiliate, oppress*, JUL. 50; hene HOM. I. 13; hænen LAȜ. 28870; heane [beanin] KATH. 1020; hēneð (*pres.*) HOM. II. 211; he heanið ant hateð me MARH. 8; heaneð us & harmeð H. M. 13; hēne (*subj.*) SAINTS (Ld.) 307; hēande (*pret.*) JUL. 5; hænde, hunde LAȜ. 6874, 14412; hēaned (*pple.*) HOM. I. 279; *comp.* ȝe-hēnen.
hēninge, sb., = *M.H.G.* hœnunge; ? *contempt*: ne kepte heo non hening here SPEC. 36; heo heveden him in hening(e) CHR. E. 1030.
hēnen, *see* hēnen.
henge, sb., = *M.L.G.*, *M.Du.* henge; *from* hangen; *hinge*; heeng(e) ['*cardine*'] WICL. PROV. xxvi. 14; henges (*pl.*) FER. 2181.
hengel, sb., = *M.H.G.* hengel; *hinge*: hengel of a dore or windowe '*vertebra, vectis*' PR. P. 235; '*gumser*' a hengille VOC. 261; lokis and henglis (*pl.*) WICL. 2 ESDR. iii. 13.
hengen, v., *O.N.* hengja (*pret.* hengða), = *M.L.G.* hengen, *O.H.G.* hengan, henchan (*pret.* hangta, hancta); *hang; suspend; be suspended*, HAV. 43; henge A. P. ii. 1584; henge i wile wið þe HOM. I. 285; hinge EGL. 557; hing C. M. 8905; þou hengest (*pres.*) ... so heȝe upon þe rode SPEC. 86; hengde (*pret.*) ORM. 13773; henged (*pple.*) ORM. 1018; henged on a tre HAV. 1429; *comp.* bifor-hengen.
hengest, sb., *O.E.* hengest, = *O.H.G.* hengist, *O.Fris.* hengst; *stallion*: hængest LAȜ. 3546.
henne, *see* hen.
henne, hennes, hens, *see* heonene.
hent, adv., = *M.L.G.* hent, hente, hento, *M.H.G.* hinz, hinze; *until*, AUD. 15, 74, 76.
henten, v., *O.E.* hentan, ? = henden; *seize, catch, take*, HOM. II. 209; SPEC. 32; henten, hente LANGL. *B* xiv. 239; hente ROB. 462; BEK. 2203; CH. C. *T. C* 710; A. P. i. 668; AV. ARTH. xiii. hentin, hintin '*rapio*' PR. P. 240; hentest (*pres.*) WILL. 2787; hentes PR. C. 2722; hente (*pret.*) LAȜ. 21365; GEN. & EX. 2715; JOS. 382; S. S. (Web.) 758; CH. C. *T. A* 698; hent (*pple.*) LIDG. M. P. 225; *comp.* ȝe-henten.
hēnðe, sb., *O.E.* hēnðo, hȳnðo, = *O.H.G.* hōnida; *from* hēan; *poverty*, HOM. I. 115; hinþ(e) '*damnum*' FRAG. 2.
hēo, *see* hé.
heofene, sb., *O.E.* heofone *f.*, heofon, hefon *m.*, *cf.* *O.L.G.* heben, *O.N.* hifinn, himinn, *Goth.* himins *m.*; *heaven*, HOM. I. 59; heovene (*ms.* heouene) SAX. CHR. 259; FRAG. 8; þe heovene HOM. I. 195; A. R. 166; heovene, heofne [heavene] LAȜ. 27455, 29633; hevene KATH. 1799; GEN. & EX. 40; TREAT. 132; heofne, hefne ORM. 10830, 13842; hevene [heven] CH. C. *T. A* 1090; heofen LK. ix. 16; heven DEGR. 1196; PR. C. 7756; hefen M. H. 98; hefne LUD. COV. 21; heofenen (*gen.*) MAT. vi. 26; þare heofene xxiv. 29; heovene A. R. 374; binimeð him hevene wele HOM. II. 11; heofenes MK. xiii. 27; hevene ȝat P. L. S. xix. 292; of hevene blisse heo beoþ iflemed C. L. 113; heofnes ORM. 801; bevones GEN. & EX. 287; heofenan, heofenen, heofena, heofene (*dat.*) MAT. xii. 30, xxiv. 29, 30; hevene A. R. 356; to þere heovene LAȜ. 29580; under hevene 26127; heovene [hovene], hevene O. & N. 728, 897, 916; hevene AYENB. 6; LANGL. *B* v. 516; toward þare hevene MISC. 55; on hevone GEN. & EX. 270; heofenes (*pl.*) MAT. iii. 16; hefenes HOM. I. 225; heofne (*earlier text* heofona) riche ['*regnum coelorum*'] MAT. iii. 2.

hevene-bēm, sb., *sky*; from ðe erðe up til hevenebem GEN. & EX. 1605.
hevene-bowe, sb., *rainbow*, C. L. 743.
heven-cope, sb., *canopy of heaven*: the which under the hevencope begripeth all this erthe round GOW. III. 102.
hevene-cwēne, sb., *queen of heaven*; hevenqvene SPEC. 93.
hevene-dēw, sb., *dew of heaven*, GEN. & EX. 1547; hevendeu and erðes smere 1573.
hevene-driht, sb., *lord of heaven*; iche þing vnder hevene driht C. L. 225.
hevene-engel, sb., *O.E.* heofonengel; *angel of heaven*: liflade ilich hevene engel H. M. 45.
hevone-hil, sb., *heaven-hill*: twen hevone il and helle dik GEN. & EX. 280.
hevenish, adj. *heavenly*: an hevenissh parfit creature CH. TRO. i. 104; hevenisshe melodie v. 1825; H. F. 1392.
heoven-king, sb., *O.E.* heofoncyning; *king of heaven*, HOM. I. 61; hevonking R. S. iv. (MISC. 168); hevenking REL. I. 224; P. L. S. ii. 718; heveneking C. L. 244; SPEC. 45.
heven-lich, adj., *O.E.* heofonlíc; *heavenly*, KATH. 1327; þe heovenliche hird A. R. 94; þan heovenliche deme LA3. 32053; þa hefenliche qvene 21239.
hevene-liht, hovene-li3t, sb., *O.E.* heofonleoht; *heaven light*, O. & N. 732.
heven-lōverd, sb., *heaven's lord*, BEST. 226.
heoven-riche, sb., *O.E.* heofonríce; *kingdom of heaven*, A. R. 150; hevenriche REL. I. 209; GOW. I. 265; S. S. (Wr.) 3450; A. P. i. 718; heofenriches (*gen.*) ORM. 2153.
hevene-rōf, sb., *O.E.* heofonhróf; *vault of heaven*, GEN. & EX. 101.
hevene-ward, adv., *heavenward*, GEN. & EX. 3025.
heoven-ware, sb. (*collective*), *O.E.* heofonwaru; *dwellers in heaven*, HOM. I. 143; hefneware ORM. 12919.
heolen, see **hélen**.
heonene, adv., *O.E.* heonane, heonan, heonone, heonon,=*O.L.G.*,*O.H.G.* hinana, hinan; *hence*, HOM. I. 11; A. R. 230; heonene, heonne, hunne [hinene, hinne, hinnes] LA3. 1581, 3365, 19119; heonen, henen MAT. ix. 24; MK. xiv. 25; henen HOM. II. 161; heonne REL. I. 175; heonne forð MARH. 12; hine ALEX. (Sk.) 4456; hiene D. ARTH. 2582; heonne, honne O. & N. 66, 850, 1673; henne P. L. S. viii. 199; HAV. 843; JOS. 215; FER. 2332; CH. C. T. *A* 3889; whan hi schulle henne wende BEK. 34; henne, hennes WILL. 329, 1746; hunne, hunnes BRD. 11, 33; hennes HICKES I. 224; SHOR. 41; LANGL. *A* i. 152; HOCCL. i. 49; hens TOR. 10; LIDG. M. P. 220.
hénen-sīð, sb., *O.E.* heonansíð; *departure, death*: sorehful is ure hidercume, and sorilich ure henensið HOM. II. 185.

heonone-ward, adv., *O.E.* heononweard; *hence*, A. R. 98; heonneward KATH. 1915.
heorde, sb., *O.E.* heord, =*M.Du.* herde, *Goth.* hairda, *O.N.* hiörd, *O.H.G.* herta; *herd* (*of animals*), *company*, HOM. I. 95; ane heorde [hierde] LA3. 305; heerde PR. P. 236; þou forhiled me fra herd of liþerand PS. lxiii. 3; he dede him on gate holli wiþ al his herde þat he had asembled WILL. 1119; king Pharaon... garkede his herd GEN. & EX. 3961; **heorden** (*pl.*) A. R. 100.
heorde, herde, sb., *O.E.* heorde, hiorde, hierde, hirde, hyrde,=*M.Du.* herde, *O.L.G.* hirde, *Goth.* hairdeis, *O.N.* hirðir (*gen.* hirðis), *O.H.G.* hirti (*gen.* hirtes), *mod.Eng.* herd; *shepherd, pastor*, MAT. ix. 36; MK. vi. 34; herde WILL. 6; S. S. (Web.) 903; herde, hirde WICL. JOHN x. 11; herde [hierde] CH. C. T. *A* 603; hirde MARH. 12; ORM. 3193; GEN. & EX. 456; REL. I. 209; PR. C. 4638; hurde REL. I. 170; **heordes** (*gen.*) MAT. xxvi. 31; **heordes**, herdes (*pl.*) HOM. II. 35; hirdes M. H. 63; hirdis TOWNL. 109; heordes, heordan LK. ii. 15, 18; **hirde** (*gen. pl.*) ORM. 3372; berdene HOM. II. 41; **hirden** (*dat. pl.*) JUL. 62; *comp.* cū-, gāt-, (h)reoðer-, nēat-, schēp-heorde, swīn-herde (-hirde, -hūrde).
herde-cnape, sb., *herd-boy*, S. S. (Web.) 930.
hirde-floc, sb., *company of shepherds*, ORM. 3372.
heorde-mon, sb., =*M.Du.* herdeman; *herdsman, shepherd*, A. R. 418; herdeman MAND. 255; hirde-man ORM. 6852; ISUM. 88.
hird(e)nesse, sb., *O.E.* hyrdnesse; *flocks and herds*, GEN. & EX. 1664, 1732, 1930, 2771.
hird-sipe, sb., *? guardianship*, MISC. 92.
heorde, sb., *O.E.* heorde (*pl.* heordan); *tow*; herdde ['*stuppam*'] PALL. i. 1122; **herdes** (*pl.*) *hards* (*refuse of flax*), L. H. R. 81; R. R. 1233; heerdes ROB. (W.) S. 7*, 12*; herdis '*stuppa*' PR. P. 247; WICL. DAN. iii. 46; **heorden** (*dat. pl.*) A. R. 418.
heorden, v., *form a flock; collect together*; herdeied (*pret.*) LANGL. *C* xiv. 148.
hēored, see **hīrēd**.
heorre, sb., *O.E.* heorr, *m. f.* heorre, hearre (ÆLFR. 317); hyrre (*dat.* hyrran) ZEIT. xxi. 40; *cf. M.Du.* herre *f.*, *O.N.* hiarri *m.*; '*cardo,*' FRAG. 4; **hinge**, HOM. II. 113; REL. I. 292; WICL. PROV. xxvi. 14; GOW. I. 36; herre other heengis WICL. PROV. xxvi. 14; 3 KINGS vii. 50; '*cardo*' VOC. 261; PR. P. 237; herris (*cardinal points*) of the world WICL. PROV. viii. 26*; harre CATH. 176; CH. C. T. *A* 550; har VOC. 237; **heorren** (*dat. pl.*) LEECHD. III. 84; *comp.* **dur-herre**.
heort, sb., *O.E.* heort, heorot=*O.L.G.* hirot, *M.Du.* hert, hirt, *O.N.* hiörtr, *O.H.G.* hirz, hiruz; *hart*, ALIS. 688; þene heort LA3. 26762; hert '*cervus*' PR. P. 237; ROB. 371; AYENB. 216; WILL. 2569; GOW. I. 54;

MAND. 238; CH. D. BL. 352; DEGR. 42; hertis tonge *hart's tongue* (*fern*) PR. P. 238; hertis tounge VOC. 162; hertis lethir '*nebris*' PR. P. 238; heortes (*pl.*) A. R. 398; hertis PERC. 218; heorten (*dat. pl.*) LAȝ. 306.

heort-(o)levre, sb., *O.E.* heortclæfre; *hart-clover*, LEECHD. III. 331; hertclovre IBID.

Hŭrt-ford, pr. n., *O.E.* Heorotford; *Hertford*, PROCL. 9.

heorte, sb., *O.E.* heorte, hearte *f.*, *cf. O.N.* hiarta, *O.L.G.* herta, *O.Fris.* herte, hirte, *Goth.* hairto, *O.H.G.* herza, *Lat.* cor (*gen.* cordis), *n.*; *heart*; MARH. 18; ALIS. 20; þeo heorte A. R. 282; heorte, horte O. & N. 37, 947; heorte, hurte LAȝ. 149, 8178; heorte, herte ORM. 1460, 1596; hierte HICKES I. 223 (ANGL. I. 13); HOM. I. 217; huerte HORN (R.) 281; REL. I. 110; SPEC. 58; herte RICH. 2928; GOW. III. 262; MAND. 2; CH. C. T. A 150; EGL. 153; god help þe dere herte FER. 324; hurte TREAT. 138; mi swete hurte P. L. S. xiii. 142; harte FLOR. 2075; TOR. 689; heortan (*gen.*) MAT. xii. 34; heorte HOM. I. 9; for mine heorte blode (? heorteblode) LAȝ. 15845; wraþþe meinþ þe heorte blod O. & N. 945; herte SPEC. 81; FER. 323; his herte wille HAV. 70; his herte rote CH. L. G. W. 1993; at his hurte grounde BRD. 2; heorten, heorte (*dat.*) MAT. xxiv. 15, 48; heorten, herten, hurten LAȝ. 663; to þare heorte 12964; mid godere heorte HOM. I. 3; MK. vii. 19; heorten (*acc.*) LAȝ. 3455, 6456; heorten (*pl.*) MISC. 37; ALIS. 2464; heortan, heorte HOM. I. 13, 95; heorten [heortes] LAȝ. 5826; herten AYENB. 46; heortan, heorten (*dat. pl.*) MK. ii. 6, 8.

heorte-blōd, sb., = *M.H.G.* herzebluot; *heart-blood*: min heorte blod HOM. I. 191; SPEC. 74; herteblod HAV. 1819; herteblod P. L. S. xxv. 46.

herte-bren, sb., *heartburn*, GEN. & EX. 4054.

hart-ful-lī, adv., *heartily*, BARB. iii. 510.

hĕrte-lēs, adj., *O.E.* heortlēas; *heartless*, RICH. 4410; WICL. PROV. xii. 8.

heorte-līch, adj., *hearty*; herteli GOW. I. 251, II. 267; herteliche (*pl.*) D. ARTH. 2551; heorteliche (*adv.*) *heartily*, A. R. 390; JUL. 74; hertelike HAV. 1347; herte-, hertili CH. C. T. A 762; D. ARTH. 2991, 3642.

hertlinesse, adj., *cordiality*, '*cordialitas*,' PR. P. 238.

heorte-pŭt, sb., *heart-pit*, ALIS. 2250.

heorte-rōte, sb., *bottom of the heart*: þe teares ... walleþ of þe heorte-rōtes (*pl.*) swo water doð of welle HOM. II. 151.

heorte-sār, sb., = *M.L.G.* hertsēr; *heartsorrow*, HOM. I. 149; heortesor A. R. 180; hertesōr HOM. II. 207.

herte-spōn, sb., *? midriff, ? breast-bone*, CH. C. T. A 2606.

herte-tēne, sb., *heart-pain*; mani hertetene him tideþ ANGL. IV. 193; GREG. 388.

heorte-þĕauw, sb., *disposition of the heart*; heorte-þēauwes (*pl.*), devociun, reoufulnesse ... and oðre swiche vertuz A. R. 368.

[heorte, ? adj.; ? *comp.* mild-heorte.]

heorti, adj., *? hearty*; herti '*cordialis*' PR. P. 238; WICL. DEUT. i. 13.

heortien, see hertin.

hēou, sb., *O.E.* hēow, hīw, = *Goth.* hiwi *n.*; *hue, colour, species, form*, A. R. 50; heou, hou O. & N. 619; hew ORM. 19251; hew, hiu HOM. II. 99; heu FL. & BL. 510; HAV. 2918; TREAT. 140; heuh, heuȝ C. L. 710; heowe LAȝ. 3071 : hewe WILL. 891; GREG. 794; heu (*ms.* hew), hieu, hewe CH. C. T. A 394; hīowes (*gen.*) LK. ix. 29; hĕowe [howe], hewe (*dat.*) O. & N. 152, 577; heo wolden of ane heowen [hewe] heore claðes habben LAȝ. 24649; heouwe A. R. 160; hewe GEN. & EX. 4051; in anes weres hewe ORM. 2172; hewe CH. C. T. A 3255; feir on hewe SPEC. 46; heue ANT. ARTH. ix; hiwe HOM. I. 219; hiwe P. L. S. ii. 43; hēowes (*pl.*) C. L. 705; grene over alle heowes frovreð mest (þe) eien A. R. 150; hewes LANGL. B xi. 357.

heoven, see hebben. **heovene**, see heofene.

hēow, hēowe see **hīw, hiwe.**

hēowe, see **hēou.**

hēowien, v., *O.E.* hēowian, hīwian; *colour*; hēowede (*pret.*) A. R. 392; hĕwed (*pple.*) D. ARTH. 3252; *comp.* ȝe-hēowien.

hep, see hap. **hēp**, see hēap.

hepe, sb., *cf. M.L.G.* hepe, *M.Du.* heepe; *scythe*: what wiþ hepe and what wiþ croke GOW. II. 223.

hepe, see hūpe.

hēpe, sb., *O.E.* hēope, = *O.L.G.* hiopa, *O.H.G.* hiufo (*tribulus*); *hip* (*fruit of the dog rose*); of hem ne ȝive i nout an hepe S. S. (Web.) 2532; þe rede hepe CH. C. T. B 1937; hēpen (*pl.*) VOC. 163; ALIS. 4983.

hēpe-trē, sb., *hip-tree*, VOC. 181.

hēr, adj., *O.E.* hēr, = *O.L.G.* hēr, *O.H.G.* hēr; *great, lofty*: an hær wude LAȝ. 16372.

hēr-līch, adj., *O.E.* hēr-, hǣrlīc, = *O.H.G.* hērlīch; *excellent*; hērlīche (*? for* erliche) (*adv.*) SAL. & SAT. 240.

hēr, adv., *O.E.* hēr, = *O.N.*, *Goth.* hēr, *O.L.G.* hēr, hier, hīr, *O.Fris.* hīr, *O.H.G.* hiar, hier; *here*, MARH. 6; A. R. 236; GEN. & EX. 184; HAV. 689; TREAT. 137; H. M. 46; her, heer CH. C. T. A 1610; her, here P. L. S. viii. 50, 51; ORM. 241, 3264; O. & N. 462, 931; heere LANGL. A PROL. 38; her, here, ? hire LAȝ. 21, 7057, 31765; hier AYENB. 18; hier, hiere ANGL. I. 12; hēr after, *hereafter*, GEN. & EX. 243; SHOR. 164; her aȝeines A. R. 94; hēr on, *hereon*, LANGL. B xiii. 130; hēr bī, *hereby*, O. & N. 127; BEK. 938; her biforen HOM. II. 83; hēr inne, *herein*, HAV. 458; H. M. 163; hēr mid, *here with*, LAȝ. 5355; hēr of, *hereof*, REL. I. 217; hier of

MISC. 193; her offe ORM. 7402; HAV. 2585;
hĕr-till, *hereto*, BARB. xiii. 241*; hĕr tŏ,
hereto, LA3. 25321; A. R. 388; O. & N. 657;
hĕr þurh, *by this*, ORM. 12710; go hĕr ût
(*out of here*), A. R. 290; her ute sitteð six men
LA3. 19704; heir and their BARB. vi. 27.

hĕr-anont, adv., *against it* : a3ein missawe
o'er misdede, lo, heranont remedie & salve
A. R. 124.

hĕr-biforne, adv., *before this*, *already*, CH.
L. G. W. PROL. 73.

hĕr-biwist, sb., *life here below* : þe erveð-
liche herbiwist HOM. II. 125; witegede þe
childes herbiwist 127.

hĕr, *see* **hĕr**.

herald, heraud, sb., *O.Fr.* heraut; *herald*,
CH. C. T. *A* 2533; heraud PL. CR. 179; harood
TOR. (A.) 1711; **harroldis** (*pl.*) TOR. (A.)
2365; herrodis BARB. xii. 371.

heraldie, sb., *heraldry* : the heraldie of hem
that usen for to lie GOW. I. 173.

herbe, sb., *Fr.* herbe; *herb*, ALIS. 5084; B. B.
184; erbe PR. P. 140.

herber, sb., *O.Fr.* herbier; *herbary, lawn,
flower-bed, orchard, arbour* ['*viridarium*'],
TREV. VII. 421; ALIS. 331; S. S. (Wr.) 329;
herber [erber] LANGL. *B* xvi. 15; erber WILL.
1752; FER. 1789; TOR. 1968; erbere, erber
A. P. i. 938; eerbir H. V. 6; herber CH. L. G.
W. 203; FL. & LEAF 64; herbier P. R. L. P.
56; **herberes** (*pl.*) WILL. 1768; *see* **arber**.

herber(e)we, *see* **hereber3e**.

herbergāge, sb., *O.Fr.* herbergage; *lodging,
dwelling*: herbergage of his stedis IPOM.
1349; herburgage bi night is perilous 4329;
herbergage GOW. II. 4; so streit of herber-
gage CH. C. T. *B* 4179; Julian that men clepe
to for gode herberghage MAND. 97.

herberge, herbergen, *see* **hereber3e, -en**.

herbergerie, sb., *O.Fr.* herbergie; *inn,
lodging, chamber*: the hous of herbergrie
WICL. GEN. xxiv. 32; herbergeri GOW. III.
99; where is the herborgerie LK. xxii. 11;
harburgerie FLOR. 1759; **herbergeries** (*pl.*)
WICL. JUDITH xiii. 1.

herbergeour, sb., *harbinger*: in helpe to
ben his herbergeour GOW. I. 204; **herbar-
jours** (*pl.*) D. ARTH. 2448; herbreouris BARB.
xvi. 465, xviii. 334.

herber3hlēs, *see under* **hereber3e**.

herberi, herbür3e, *see* **hereber3e**.

herce, sb., *O.Fr.* herce; *hearse*, PR. P. 236;
herse M. ARTH. 3532; CH. COMPL. PITY 15,
36.

hĕrc-wil, adj., *greedy of hearing*: to hercwile
& to spekefule ancren A. R. 100.

hĕrcnien, *see* **hĕrknien**. **herd**, *see* **heard**.

herde, *see* **heorde**. **herdel**, *see* **hürdel**.

herden, v., *O.E.* (a-)hyrdan, = *O.L.G.* herdian,
O.N. herða, *O.H.G.* hertan; *from* **heard**;

harden; **ihert** (*pple.*) AYENB. 29; *comp.*
a-herden.

herden, *see* **heorden**. **herdes**, *see* **heordə**.

hēre, sb., *O.E.* here, = *O.L.G.* heri, *O.Fris.*
here, hiri *m.*, *O.H.G.* heri, hari *n.*, *O.N.* herr,
Goth. harjis *m.*; *host, army*, H. M. 5; ORM.
3370; O. & N. 1702; GEN. & EX. 1787; HAV.
346; ALIS. 2101; GREG. 614; GAW. 59;
A. P. ii. 902; C. M. 13507; mid his here LA3.
1644; hære 7872; muchelne here LA3.
12174.

hēre-bürne, sb., *O.E.* herebyrne; *armour*,
LA3. 23966.

hēre-dring, sb., *soldier*, LA3. 8601.

hēre-feng, sb., *spoil, plunder*; (ms. herre-)
LA3. 11716.

Hēre-ford, pr. n., *O.E.* Hereford; *Hereford*,
P. L. S. xiii. 34; Herford WILL. 165.

Hēreford-schire, pr. n., *Herefordshire*,
MISC. 146.

hēre-gong, sb., *O.E.* heregang, = *O.Fris.*
heregong; *march of an army, military ex-
pedition*, SAL. & SAT. 229; GEN. & EX. 848;
AR. & MER. 4094; here-, hergong O. & N.
1191; hire3eong LA3. 18194.

hēre-gume, sb., *soldier*, LA3. 19164.

hēre-kempe, sb., *soldier*, LA3. 22573.

hēre-mærke [**hiremarke**], sb., *ensign of an
army*, LA3. 27469.

hære-scrūd, sb., *war clothing*, LA3. 5069.

hēre-to3a, sb., *O.E.* heretoga, = *O.L.G.* heri-
togo, *O.H.G.* herizogo; *leader of an army*,
HOM. I. 111; hereto3e LA3. 10319; heretowa
FRAG. 2.

hēr-isoōle, sb., *army*, HOM. I. 243.

here[2], sb., *Goth.* heoru, = *O.L.G.* heru, *O.N.*
hiörr, *O.H.G.* hairus *m.*; ? *sword*: mid here
and mid fure, ? *with sword and fire*, LA3.
8245.

[**hēre**, sb., *O.E.* hēre, = *O.H.G.* hēri; (*grand-
eur, praise, majesty*).]

hēre-word, sb., *O.E.* hēreword; *praise*,
HOM. II. 83; A. R. 148; here-, hæreword,
LA3. 11917, 24658.

hĕre-wurðe, sb., *worthy of praise*, JUL.
23.

hēre[2], adj., *O.E.* hēore, hȳre, = *O.N.* hȳrr,
O.L.G. (un-)hiuri, *M.H.G.* gehiure; *gentle,
bland*, LA3. 25867; AM. & AMIL. 16.

[**hēr-līc**, adj., *O.E.* (un-)hierlīc, = *O.N.* hȳrligr,
M.H.G. gehiurlich; *mild*; *comp.* un-hērli.]

[**hēre**[3], adj., *O.E.* (ofer-)hȳre, = *O.Fris.* (ovir-)-
hēre, *M.H.G.* gehœre; *from* **hēren**; *obedient*;
comp. 3e-hēre.]

hēre, *see* **hĕr**, **hære** *and* **hūre**.

here-ber3e, herbür3e, sb., = *O.H.G.* heri-
berga, *O.N.* herbergi, -byrgi; *from* **hēre** *and*
ber3en; *harbour, inn, lodging, guest-house*,
HOM. I. 37, 69; herberge GEN. & EX. 1392;

here-, herberȝe, -berwe, beorwe LAȝ. 12054, 22358, 24556, 28878; herberȝhe ORM. 6167; herbergh(e), -berwe, -burhe, -borowe CH. C. T. *A* 765; herberwe LANGL. *B* x. 406; herberewe ALIS. 5748; herberewe, -borwe, -borowe PR. P. 236; herberewe, -borewe, -bore WICL. PHILEM. 22, HEB. xiii. 1; herboruwe A. R. 260; herberie M. H. 63; herberi R. P. 28; herbri BARB. xvii. 535; herber IW. 2985; GAW. 812; PR. C. 6153; harbor TOWNL. 247.

herberȝhe-lǽs, adj., *shelterless, without a lodging*; herberȝhelæs ORM. 6166; herberlesse [*later ver*. herboreles] WICL. MAT. xxv. 38; to herbere þe herberles R. P. 28.

herebergen, v., = O.H.G. heribergōn, O.N. herbergia, -byrgia; *harbour, entertain*; herberȝen HOM. I. 61; herbergen GEN. & EX. 1057; herberȝi AYENB. 199; herberwin PR. P. 236; herberewen WICL. ECCLUS. xxix. 32; herborwen FRAG. 6; herberwe PL. CR. 215; **herberwed** (*pret*.) LANGL. *B* xvii. 73; herbered GAW. 2481; herberd PR. C. 6154; (he) herberid, (thai) herbreit BARB. i. 599, xix. 390; **herberged** (*pple.*) GEN. & EX. 1602; herborwed HAV. 742; herbarwed WILL. 1626; herbreit, herberiit BARB. v. 48, ix. 689.

herberere, sb., *innkeeper*, AYENB. 39.

herboring, sb., *lodging*: hospitalite, that is herboringe of pore men WICL. ROM. xii. 13; i am glad of mi herbouring IPOM. 1354.

hĕred, *see under* hīrĕd.

heremite, *see* eremite.

hēren, v., O.E. hēran, hȳran, hīeran, = O.Fris. hēra, O.L.G. hōrian, O.H.G. hōrran, O.N. heyra, Goth. hausjan; *hear; obey*, MARH. 15; ORM. 901; her heren [heeren] C. L. 521; to luvien god & heren him REL. I. 129 (HOM. II. 163); heren tidinge LAȝ. 24023; þi word ich wulle heren LAȝ. 18888; he nalde for nane dome mare heren to Rome 9199; hæren 4887; ich þe wulle huren 1210; hiren 14151; here HORN (L.) 398; PR. C. 526; TOR. 1307; SACR. 9; here [heere] CH. C. T. *A* 914; huren FER. 304; hure ROB. 165; WILL. 3270; huire LANGL. *C* viii. 22; hure, hire O. & N. 312, 1483; hire P. L. S. ii. 159; P. S. 200; TREV. I. 55; S. S. (Wr.) 457; hiere (*ms.* hyere) AYENB. 70; **hĕreð** (*pres.*) MARH. 6; þenne hereþ god (h)is bene A. P. 295; alle þo þe hereð one loverd HOM. II. 9; her to hereþ (*belong*) viii store schire MISC. 146; **hērande** (*pple.*) þise kniȝtes *in the hearing of these knights* GAW. 450; hēr (*imper.*) MARH. 10; **hĕrde** (*pret*.) LAȝ. 1164; KATH. 2352; O. & N. 293; GEN. & EX. 1285; HAV. 286; LANGL. *B* PROL. 189; CH. C. T. *A* 1123; DEGR. 77; (*ms.* herrde) ORM. 907; herden WILL. 1298; JOS. 2; **hĕrd** (*pple.*) GREG. 1005; i have herd sain GOW. I. 367; *comp*. ȝe-hēren.

hierere, sb., = M.H.G. hœrære; *hearer*, AYENB. 256.

hērunge, sb., = O.H.G. hōrunga; *hearing*, A. R. 48; MARH. 2; heringe PR. P. 237.

heresie, sb., O.Fr. heresie; *heresy*, AYENB. 267.

heretike, sb., *Fr.* heretique; *heretic*, AYENB. 19; D. ARTH. 1307.

herfest, *see* harvest.

herȝien, v., O.E. hergian, = O.N. herja, O.H.G. heriōn; *from* hére; *harry, lay waste, plunder*; hærȝien, heriȝen LAȝ. 3741, 5063; **heriede** (*pret.*) HOM. I. 205; herhede KATH. 336; herȝede þat lond LAȝ. 1640; he heregede helle HOM. II. 23; herȝed, heried A. P. ii. 1179, 1786; heried WILL. 3725; IW. 2874; herid M. H. 14; haried [harwed] CH. C. T. *A* 3512; harewede M. T. 25; harowed E. T. 256; **iherȝed** (*pple.*) LAȝ. 2210; iheriȝed DEGR. 140.

harwere, sb., *one who harries*: how harwere of helle was born this night LUD. COV. 159.

herȝunge, sb., O.E. hergung; *harrying, laying waste*, HOM. I. 115; heriunge REL. I. 172.

herien [? hērien], v., *cf.* O.E. hērian, hærian, herian, O.L.G. hērōn, O.H.G. hērēn, ? Goth. hazjan; *glorify, celebrate, praise*, MARH. 2; A. R. 88; REL. I. 242; (*ms.* heryen) SPEC. 51; herien & hersumen KATH. 147; we wulleð ... þine monscipe herien LAȝ. 6234; hærien 16844; to herien god WILL. 1875; herie AYENB. 23; WICL. LK. xix. 37; herie (*r. w.* merie) CH. C. T. *E* 616; (*r. w.* derie) SHOR. 28; to heriane HOM. I. 97; **herest** (*r. w.* biwerest) (*pres.*) O. & N. 1518; **heriȝe** (*subj.*) HOM. I. 113; **herede** (*pret.*) LAȝ. 14062; A. R. 414; hered, heired A. P. ii. 1060, 1527; hereden HICKES I. 167; hi ... herede god BEK. 288; *comp*. ȝe-herien.

herier, sb., *worshipper*: the **herieris** (*pl.*) of Baal WICL. 4 KINGS x. 89.

heri-ful, adj., *worthy of praise*: heriful, or worthi to be preised WICL. DAN. iii. 26.

herunge, sb., O.E. herung; *glorification, celebration*, HOM. I. 107; A. R. 86; heringe HOM. I. 5; CH. C. T. *I* 682.

heriet, sb., ? O.E. heregeatu; *heriot*, P. L. S. xvii. 464.

herigaut, sb., O.Fr. herigaut; ? *cloak*; erigaut (*printed* erigant) A. P. ii. 148; P. S. 156; **herigaus** (*pl.*) ROB. 548.

hering, *see* hæring.

heritāge, sb., O.Fr. heritage; *heritage*, H. M. 25; HORN (L.) 1281; P. L. S. xiii. 96; CH. C. T. *D* 1641.

heritāge-līk, adv., *heritable*: heritagelik of þe & of þin heires MAN. (H.) 251.

hĕrkien, v., ? = O.Fris. hērkia, M.Du. herken, horken, O. H. G. horechen; *from* hēren; *hearken*, HOM. I. 31; herken WILL. 213;

hĕrkien.

PL. CR. 155; CH. C. T. *A* 1526; herkin 'ausculto' PR. P. 237; herke LAI LE FR. 147; hĕrke (*imper.*) LUD. COV. 55.

hĕrknien, v., *O.E.* hērcnian, hyrcnigan; *hearken*; hǣrcnien (*ms.* harcnien) LA3. 14649; herknie TREAT. 133; hercnen KATH. 1735; A. R. 320; (*ms.* herrcnenn) ORM. 7748; herkne HOCCL. i. 263; hĕrkinand (*pple.*) BARB. vi. 107; hĕrkne (*imper.*) SPEC. 29; hercnia∂ mine lare LA3. 1517; hercnie∂ nu to me 26731; herkneþ H. H. I; CH. C. T. *A* 2208; hĕrcnede, hǣrcnede (*pret.*) LA3. 10163, 22638; hercneden MARH. 21; hĕrkned (*pple.*) A. P. ii. 193.

hĕrknere, sb., *listener*; hĕrkneres (*pl.*) AYENB. 58.

hĕrcnung, sb., *O.E.* hērcnung, hyrcnung; *giving ear, listening*, A. R. 104; hercnunge HOM. I. 229.

herle, sb., *cf. M.L.G.* herle, harle; *fibre*, GAW. 190; TREAT. FISH. 35.

herlot, *see* **harlot.**

herm, hermien, *see* **hearm, hearmien.**

hermine, *see* **ermine.**

hern, *see* **hairon.**

herne, sb., *O.N.* hiarni *m., cf. M.Du.* herne, hirne, *M.L.G.* herne, harne, *O.H.G.* hirni *n.; brain*; heɪnis (*pl.*) 'cerebrum' PR. P. 237; hernes HAV. 1808; MIN. iii. 68; hernez A. P. i. 58; hǣrnes SAX. CHR. 262; harnis BARB. iv. 625.

herne-panne, sb., *cf. M.L.G.* hernepanne; *skull*, 'cranium,' PR. P. 237; REL. II. 78; RICH. 5293; hernpanne HAV. 1991.

herne, *see* **hürne.**

herre, sb., (? hĕrre), sb., *O.E.* herra, heorra, hierra, hearra, *O.N.* herra, harra, = *O.L.G., O.H.G.* herro (? hērro), *M.H.G.* herre, hērre; *master, sovereign*, A. R. 6; MISC. 46; ROB. 102; herre, hære LA3. 5420, 7178; *comp.* **over-herre.**

herre, *see* **heorre.**

herse, *see* **herse.**

hĕrsum, adj., *O.E.* hy̆rsum, = *O.H.G.* hōrsam; *from* **hĕren**; *obedient*, HOM. II. 51; (*ms.* herrsumm) ORM. 2534; hǣrsum LA3. 19395; þe hersum (? *devout*) evensong GAW. 932; *comp.* 3e-hĕrsum.

hĕrsumian, v., *O.E.* hy̆rsumian, = *O.H.G.* hōrsamōn; *obey*, HOM. I. 37; hersumien II. 145; hersumen KATH. 147; hĕrsumest (*pres.*) MARH. 4; hi him hersumie∂ LK. viii. 25.

hĕrsum-lecg, sb., *obedience*; (*ms.* herrsummleccg) ORM. 2519.

hĕrsumnesse, sb., *O.E.* hy̆rsumness; *obedience*, LA3. 29731; REL. I. 131; hersamnisse HOM. I. 223.

hert, *see* **heort.** **herte,** *see* **heorte.**

herti, *see* **heorti.**

hete.

hertin, v., *O.E.* hyrtan, = *M.Du.* herten, *M.H.G.* herzen; *from* **heorte**; *take heart; encourage;* 'animo,' PR. P. 238; herte D. ARTH. 1181; hirten LA3. 25941; hertedin (*pret.*) GEN. & EX. 1980; herted (*pple.*) WILL. 3417.

herting, sb., *encouragement*; mai non herting on me ben wrogt GEN. & EX. 1982; herting L. H. R. 88; YORK xvii. 115.

herþ, sb., *O.E.* heor∂, = *O.Fris.* herth, hirth, *O.H.G.* herd; *hearth*, PR. P. 237; heorþe (*dat.*) LEECHD. III. 128; *comp.* **fir-herþ.**

herþ-stok, sb., *andirons*, PR. P. 237.

hervest, sb., *O.E.* herfest, hærfest, = *M.L.G.* hervest, *M.Du.* herfst, harfst, *O.H.G.* herbist, herbest; *harvest*, 'auctumnus,' PR. P. 238; ROB.59; AYENB. 86; LANGL. *B* vi. 292; HOCCL. ii. 27; herfest FRAG. 3; þe monþe of hervest August ROB. (W.) xx. 175; hervestes (*gen.*) LA3. 25403.

hervest-mōneþ, sb., *O.E.* hærfestmōna∂; *harvest month (August)*, ROB. 61.

herfest-tīd, sb., = *M.H.G.* herbeszīt; *harvest time*; ORM. 11254; hervesttid C. M. 4060.

hervest-tīme, sb., *harvest time*, LANGL. *C* ix. 121.

hervesten, v., = *M.Du.* herfsten, *M.H.G.* herbesten; *harvest, reap*, MAND. 300.

hes, *see* **es.** hēs, hēse, *see* **hǣse.**

hesel, *see* **hasel.**

heslen, adj., *of hazel*; hesline D. ARTH. 2504.

hesmel, sb., *? collar*, A. R. 424.

hespe, *see* **haspe.**

hete, háte, sb., *O.E.* hete, *cf. O.L.G.* heti, *M.Du.* hate, *O.H.G.* haz *m., O.N.* hatr, *Goth.* hatis (*gen.* hatizis) *n.; hate, hatred*, KATH. 2434; O. & N. 167; S. A. L. 153; S. S. (Web.) 1205; B. DISC. 198; GREG. 327; C. M. 18527; þurh hete (*ms.* hĕte) & niþ ORM. 1404; withoute hete LEG. 5; hunger & hete [hate] LA3. 20728; hǣte 20441; hete, hate SHOR. 84, 161; MAN. (F.) 3956; hate PR. P. 229; BEK. 1665; AYENB 29; GOW. I. 40; WICL. JOHN xv. 18; HOCCL. I. 19; (h)ate GEN. & EX. 373.

hete-feste, adv., *securely*: bind him hetefeste [heteveste] JUL. 36, 37; bunden hire þerto herde & hetefeste [heteveste] 58, 59; hetefeste [heteveste] ibunden MARH. 10, 12; heteveste A. R. 306, 35, 378.

háte-ful, adj., *hateful*, CH. C. T. *B* 99.

háte-lich, adj., *O.E.* hetelīc, = *M.Du.* hatelic; *hateful*, C. L. 682; **hetelīke** (adv.) HAV. 2655; hetelīch(e) ELL. ROM. II. 82; ha þe bunden swa heteli fasti HOM. I. 281.

háte-rēden, sb., *hatred*, PS. xxiv. 19; hatreden PR. C. 3363; hatredin, hateredin HAMP. PS. v. 6ᵃ, xxx. 11ᵃ; hatrede HOM. I.

233; MAN. (F.) 8992; hattrede LANGL. A iii. 136*.

hátesum, adj., *hateful*, WICL. PROV. i. 29; ʒe han maad me haatsum GEN. xxxiv. 30.

hēte, *see* **hǣte**.   **hetel**, *see* hatel.

hēten, *see* **hāten**.

heter, adj., = *M.L.G.* hetter; *quick, rough, cruel*; hatter ALEX. (Sk.) 490, 702; A. P. iii. 373.

heter-liche, adv., *roughly, quickly, fiercely*, KATH. 777; JUL. 47; hetterliche MARH. 6; A. R. 290; heatterliche JUL. 17; hatterli [heterli] ALEX. (Sk.) 803; heterli GAW. 1462; A. P. i. 402; hetterli WILL. 150; hitterli ALEX. (Sk.) 5322.

hetian, v., = *O.L.G.* hetian; *hate*: heore uvel ... þu aʒest to hetien HOM. I. 15; þet þa saule heteð (*pres.*) 19; hetieð 65.

hetunge, sb., *hatred*: þet hetunge habbeð hom bitwone HOM. I. 67.

hēþe, *see* **hǣðe**.

héþen, adv., *O.N.* heðan; *hence*; (ms. heþenn) ORM. 15570; PL. CR. 408; A. P. i. 231; PERC. 1904; go heþen HAV. 683; fra heþen forth PS. cxii. 2; heðen GEN. & EX. 1644; heðen forð HOM. II. 65; hethen PR. C. 509; hethun ANT. ARTH. xix.

héðen-sīð, sb., *departure, death*, HOM. II. 133.

heoðen-ward, adv., *away*, A. R. 248*; heþenward ORM. 5490.

hēþen, *see* **hǣþen**. **hēþing**, *see under* **hǣþen**.

hēu, *see* **hēou**.   **heuke**, *see* **huke**.

hēve, *see* **hūve**.   **hēved**, *see* **hēafed**.

hevek, *see* **havec**.

[**heveld**, sb., ? *O.E.* hefel, hefeld (*thread for weaving*).]

heveld-bed, sb., ? *curtained bed*, H. M. 21.

heven, *see* **hebben**.

hevene, hevene, *see* **heofene**.

hevenen, v., *O.N.* hefna; *avenge*; hevin M. H. xvi.

hevening, sb., *O.N.* hefning; *vengeance*, YORK xxxii. 284; HALLIW. 447.

hevi, adj., *O.E.* hefig, = *M.Du.* hevigh, *O.H.G.* hebīg; *heavy*; (ms. heui) SAX. CHR. 253; FRAG. 5; LAʒ. 26067; A. R. 232; HAV. 1050; AYENB. 31; (ms. heuy) WICL. LK. xi. 7; A. P. iii. 2; PR. C. 4583; TOR. 1270; APOL. 26; hevi & sor GEN. & EX. 2565; hefiʒ last ORM. 4522; hefi LEECHD. III. 88; **hevie** (*pl.*) P. L. S. xv. 192; **hevie** (*adv.*) A. R. 32; **heviere** (*compar.*) P. L. S. xv. 106.

hevi-chēred, adj., *of sad countenance*, GOW. III. 360.

hefiʒ-līche, adv., *O.E.* hefiglīce; *heavily*, ORM. 4771; hevali BARB. vii. 209.

hevinesse, sb., *O.E.* hefigness; *heaviness*, A. R. 132; AYENB. 31; hevinesse TREAT. 134.

hevisum-lī, adv., *grievously*, WICL. ECCLUS. vi. 26.

hēvid, *see* **hēafod**.

hevie, sb., *heaviness, weight*: tuei gegges þe cupe bere and for hevie wroð hi were FL. & BL. (H.) 853.

heviin, v., *O.E.* hefigian; *make heavy, 'gravo,'* PR. P. 239; heveʒi LAʒ. 18408*; hevie P. L. S. xv. 96; to hevin on þi harme *to think only of your wrong* D. TROY 2083; hevegeð (*pres.*) A. R. 424*; hevieð HOM. II. 29; hevieþ CH. BOET. v. 5 (171); **hevied** (*pple.*) WICL. MAT. xxvi. 43; *comp.* ʒe-heviʒen.

hēw, hēwe, *see* **hēou**.

hēwe, hēwen, *see* **hīwe, hīwen**.

hēwen, hēwien, hēwinge, *see* **hēawen, hēawien, hēawinge**.

hēy, *see* **hēi**. **hī**, *see* **hé**.

hiane, sb., *Lat.* hyæna; *hyena*: hiane, þet ondelfeþ þe bodies of diade men, and hise eteþ AYENB. 61; hiene CH. FORTUNE 35.

hicchin, v., = *L.G.* hicken, *mod.Eng.* hitch; *move*; hicchin (*printed* hitchin), hichin '*amoveo*' PR. P. 239; *see* **ichen**.

hicht, sb., = **hāt**; *promise*, BARB. xiv. 16.

hicht, *see* **hēahþe**.

hīdāge, sb., *from* hīd; *payment for land*, TREV. II. 97.

hīde, sb., *O.E.* hīd, hȳd, hīgid, = *hīwid; *hide* (*measure of land*); hīde (*dat.*) MAN. (H.) 110; eiʒte hīde (*pl.*) lond ROB. 297; sixti hiden of londe LAʒ. 18241.

hīde, hīdel(s), *see* **hūde, hūdels**.

hīden, *see* **hūden**.

hider, adv., *O.E.* hider, hyder, = *Goth.* hidrē, *O.N.* heðra; *hither*; (ms. hiderr) ORM. 209; O. & N. 462; GEN. & EX. 2344; HAV. 885; SPEC. 42; MAND. 44; CH. C. T. *A* 672; PR. C. 508; hider geond ['*illuc*'] MAT. xxvi. 36; **hider in** LAʒ. 36; **hider on**, 25326; hider tō, KATH. 447; A. R. 80; H. H. 116 (118); hedir BEK. 2439; PERC. 1153; LUD. COV. 52.

hider-cūme, sb., *O.E.* hidercyme; *hithercoming*, HOM. II. 133.

hider-ward, adv., *hitherward, -wards*, O. & N. 1690; hiderward JOS. 354; biderward, -wardes LAʒ. 10154, 30780.

hidor, sb., *O.Fr.* hidor, hisdor; *fear*: such a hidor hem hent & a hatel drede A. P. iii. 367; thou aʒtest habbe more hidour of þine oʒene unriʒte SHOR. 33.

hidous, adj., *O.Fr.* hideus; *hideous*, WILL. 3177; MAN. (F.) 14268; biduouss BARB. x. 594.

hidous-līche, adv., *hideously, horribly*; *greatly*, AYENB. 6; hidousli WICL. I KINGS xxxi. 3; WICL. 4 KINGS xvii. 18; (he) blewe so hidousli and hie CH. H. F. 1599.

hidousnesse, sb., *horror, dread*: orrour, ether hidousnesse WICL. DAN. vii. 15*; þe hidusnes of paine PR. C. 9485.

hidousen, v., *fear, dread*: a man kindeli hidousiþ (*pres.*) derknesse WICL. S. W. I. 269; mi spirit hidouside ['*horruit*'] (*pret.*) DAN. vii. 15.

hīe, see **hēʒen**.

hīen, see **hiʒien**. **hiene**, see **hiane**.

hieren, see **hēren**. **hierte**, see **heorte**.

hīerþe, sb., *cf.* O.L.G. gihōritha, O.H.G. gehōreda; *hearing*, AYENB. 56.

hīf, sb., O.E. hēof, ? *cf.* Ger. hief; ? *sound*: minne horn mid græte **hīve** (*dat.*) blowen LAʒ. 790.

hiʒ, see **hēah**.

hiʒe, sb., *haste*: wiþ mikel hih ORM. 2686; an hiʒe (*printed* highe) S. S. (Web.) 1478; in hiʒe LEG. 213; in hie CH. C. T. *B* 209; TRIAM. 277; ANT. ARTH. iv; hegh [hi] HAMP. PS. i. 1*.

hih-ful, adj., *hasty*, A. R. 302.

hiʒe, see **hüʒe**.

hīʒe, sb., O.E. hīge,=M.L.G., M.H.G. hīge, hīe; ?=hīwe; *domestic*; **hīʒes** (*pl.*) A. P. ii. 67.

hiʒe, **hīʒen**, see **hēhe**, **hēʒen**.

hiʒende, sb., ?=**hīʒinge**; *haste*: an hiʒende LAʒ. 5496.

hiʒend-līche, adv., *quickly, hastily*, LAʒ. 7312; hiendliche KATH. 2141; hihe(n)dliche MISC. 52.

hight, see **hēahþe**.

hiʒien, v., O.E. higian; *hie, hasten*; hiʒie MARG. 267; hihʒen HOM. I. 105; hiʒhen ORM. 2723; hihen KATH. 412; hien A. R. 92; hiʒe WILL. 1286; (*printed* highe) ALIS. 5133; hie S. S. (Wr.) 3108; SACR. 860; hīeþ (*pres.*) MISC. 93; hiʒez A. P. ii. 538; hīhe (*imper.*) MARH. 21; hiʒe LEG. 33; high(e) þe PS. xxx. 3; þet god . . . hiʒe ham ut of pine A. R. 30; hiʒede (*pret.*) HORN (L.) 968; BEK. 2224; A. D. 258; PL. CR. 155; hied [hiʒed] LANGL. *B* xx. 322; hiʒeden LAʒ. 2317; hiʒed (*pple.*) WICL. I THESS. ii. 17.

hiʒinge, sb., *haste*: an hiʒinge LAʒ. 2358; on hiing MISC. 50.

hiʒing-lī, adv., *hastily*, WICL. DEEDS xvii. 15; thei wenten hiinglī 2 KINGS xvii. 20.

hiʒt, see **hüht**, **hihte**.

hiʒt, see **hēahþe**. **hiʒten**, see **hāten**.

hiʒtlien, v., ? *from* hüht; *ornament*; hiʒtild (*pret.*) ALEX. (Sk.) 1541; a hatt . . . hiʒtild (*pple.*) o floures 4540; a wale wode . . . hiʒtild in þat hill with handis of aungels 4969.

hiht, see **hüht**.

hihte, sb., ?=**hihŏe**; *haste*; (*ms.* hiþte) SPEC. 110; hiʒt MIRC 559.

hīhte, see **hēahþe**. **hihten**, see **hühten**.

hihten, v., ? *from* hüht; *adorn*, HOM. II. 7ł; hiʒte TREV. IV. 37; hiuhteŏ (*pres.*) REL. I. 132 (HOM. II. 13); hiʒteþ CH. BOET. i. 2 (8); hiʒt SHOR. 155; **hihten** (*pret.*) HOM. II. 89; in uch an herd þin aþel is hiht (*pple.*) (? *extolled*) SPEC. 33.

hihŏe, sb., O.E. hihŏ; ? *haste*, A. R. 324; JUL. 77; *see* **hihte**.

hil, see **hül**. **hilde**, see **helde**.

hilden, see **hélden** *and* **hülden**.

hilder, see **hillor**.

hildinge, see *under* **hülden**.

hildire, see **helder**.

hilet (?=**heleŏ**²), sb., *shady place*, ['*umbraculum*'] (*later ver.* schadewing place), WICL. ECCLUS. xxxiv. 19.

hilien, see **helian**.

hilla, interj., *halloa*, ALEX. (Sk.) 1066.

hiller, **hillern**, sb., =**ellarne**, *elder*; hildir or eldir '*sambucus*' PR. P. 239.

hillor-trē, sb., *elder tree*; hildertre, VOC. 163; hillortre 191; hillerntre PR. P. 239.

hilt, sb., O.E. hilt *m. n.*, hilte *f.*, *cf.* O.N. hialt *n.*, M.L.G., M.Du. hilte, O.H.G. helza *f.*; *hilt*, '*capulus*,' PR. P. 240; LAʒ. 6506; he smot him on þe scheld igult þoruʒout þe bord þoruʒout þe hilte ALIS. 1270; hit him up to þe hult GAW. 1594; hilte (*dat.*) HORN (R.) 1434; TREV. III. 391; þere hilte [þan helte, heolte] LAʒ. 1559, 22509.

hilted, adj., *having a hilt*; hiltede (*pl.*) swerdez D. ARTH. 2274.

hilve, see **helfe**.

himlande, adj., *thorowe hopes and himlande hillis* D. ARTH. 2503.

himpne, sb., *Lat.* hymnus; *hymn*, '*impnus*,' CATH. 186; himpne maker ['*hympnista*'] 186; mi lippis shuln tellen out an impne WICL. PS. cxviii. 171; impne to his haleghs PS. cxlviii. 14; **impnes** (*pl.*) PS. xcix. 4; CATH. 186; imne A. R. 16; PR. P. 259.

himpner, sb., *med.Lat.* hymnārium; *hymnal, hymn book*, CATH. 186; VOC. 230, 249.

hind, adv., =O.H.G. hint; *backwards*, ALIS. 5200.

hind-ward, adv., *backwards*, ['*retrorsum*'] PS. cviii. 5; WICL. PS. lxix. 4; D. TROY 8553.

hinde, sb., O.E. O.N. hind, =O.H.G. hinta, hinda; *hind, female deer*, LAʒ. 2589; ROB. 376; WILL. 2866; ALIS. 1889; LANGL. *B* xv. 274; **hinde** (*ms.* hindes, *r. w.* finde) (*pl.*) LAʒ. 1448; (*ms.* hinden) 8108.

hinde-hēle, sb., *hind-heal*, '*ambrosia*,' REL. I. 36.

hindene, sb., ? *hiding place*: þe scawere, þet is þes deofles hindene HOM. I. 53.

[**hinden**, adv., O.E. hindan, =O.L.G. hindan, *Goth.* hindana, O.H.G. hintana; *hind*; *comp.* at-, bi-**hinden**.]

hinde-forð, adv., *backward*: hindeforth thei seten ALIS. 4708.

hinde-ward, adv., *O.E.* hindeweard; *backward*, PS. ix. 4, xx. 13; hindward lxix. 4; he had him of horse, hindward anon D. TROY 8553.

hinder, sb., *cf. O.Fris., M.L.G.* hinder *m.*, *O.N.* hindr *n.*; *hindrance*: of hindre þat is of bipeching HOM. II. 213.

[**hinder**, adj., *O.E.* hinder, = *Goth.* hindar, *O.H.G.* hintar; *after*.]

hinder-arson, sb., *back of the saddle*: bitwix him and his hinder-arsoun IW. 680; aswogh he fell adoun an his hinder-arsoun B. DISC. 1171.

hinder-cræft, sb., *deceitful craft, artifice*: of ane hindercræfte (? ms. hindere cræfte) LA3. 10489.

hinder-ful, adj., *deceitful*, HOM. II. 59; SAINTS (Ld.) 319.

hinderful-liche, adv., *deceitfully*, HOM. II. 83.

hinder-ȝēp, adj., *O.E.* hinderȝēap; *insidious*, ORM. 6646.

hinder-word, sb., *deceitful word*: mid his hinderworde bicherde him HOM. II. 59.

hinderling, adj., *O.E.* hinderling; *laggard, coward*, ORM. 4860; **hinderling** (sb.) whiche souneþ icast doun fro honeste, or ani image goinge bakward TREV. VII. 109.

hindre, adj., *O.N.* hindri, = *O.H.G.* hintaro; *hinder*, MAND. 107; WICL. GEN. xvi. 13; BRD. 30; at þe hinder gate R. R. 5850; **hindreste, hindereste** [= *O.H.G.* hintarōsto] (*superl.*) *hindermost* CH. C. T. A 622; hinmast BARB. viii. 245.

hendir-mār, adj., compar., BARB. vii. 599; hindermore (sb.) *hinder part* WICL. EX. xxxiii. 23; hindirmore WICL. GEN. xvi. 13; **hindirmōris** (*pl.*) WICL. 3 KINGS xxi. 21.

hindren, v., *O.E.* hindrian, = *O.N.* hindra, *M.L.G.* hinderen, *O.H.G.* hintran; *hinder, impede*: to hindren and to lette LIDG. M. P. 93; bindre CH. C. T. A 1135; hindire ALEX. (Sk.) 2497; hindreð (*pres.*) HOM. II. 193; hindren MISC. 226.

hindrer, sb., *hinderer*, GOW. II. 97; the sonne ... the hinderer of the night III. 111.

hindringe, sb., *hindering or harminge* '*dampnificacio*' PR. P. 240; hindring(e) GOW. I. 213, II. 64; hinderinge '*detrimentum, derogacio, peioracio*' CATH. 186.

hīne, sb., *O.E.* hīna, ? *mod.Eng.* hind; *domestic*, HOM. I. 197; BEK. 263; LANGL. A PROL. 39; CH. C. T. A 603; PS. xviii. 12; M. H. 145; TOWNL. 181; hīnen (*pl.*) FRAG. 6; LA3. 368; H. M. 7; ROB. 540; P. S. 149; ALIS. 1215; hine HOM. II. 51; MISC. 82; HAV. 620; *comp.* in-hīne.

hīne-folc, sb., *kinsfolk*, GEN. & EX. 3655.

hīne-hēd, sb., *family; service*: alle hīnehēdes (*pl.*) of genge PS. xxi. 28; and gresse to hinehed (*service*) of men PS. civ. 14.

hīnes-kin, sb., *kindred*: wið wifes and childre and hineskin GEN. & EX. 3775.

hinene, see heonene. **hingen**, see hengen.

hingren, see hüngren.

hinne, see heonene. **hīnþe**, see hēnðe.

hīpe, see hüpe. **hīpel**, see hüpel.

hippen, see hüppen. **hīrd**, see hīrēd.

hirde, hirdefloc, see heorde.

hirdel, see hürdel.

hirdnesse, hirdsipe, see heorde.

hire, pron., *gen. f.* and *gen. pl.* of **hē**, *inflected like a possessive pronoun*: of hiren AYENB. 38, 111.

hire, see here. **hīre**, see hūre.

hīrēd, hīrd, hīrd, sb., *O.E.* hīrēd, = *O.H.G.* hīrāt *m.* (*marriage*); *from* hīw; *cf.* hīwræden·; *family, household, retinue*; hired LA3. 6152; þat halie hired HOM. I. 89; hird A. R. 94; KATH. 81; ORM. 512; GEN. & EX. 3222; SPEC. 32; TRIST. 166; **hirēdes**, *herdes* (*gen.*) LA3. 2336, 4342; hirdes (*ms.* hyrdes), heordes MAT. xiii. 52, xx. 1; to hirede (*court*) hes comen LA3. 19443.

hīrēd-cnafe, sb., *attendant, domestic*, LA3. 28824; heoredcnave 20967.

hīrēd-, hīrd-cniht, sb., *O.E.* hīrēdcniht; *courtier*, LA3. 4316, 9856.

hīrd-ifēre, sb., *courtier*: þer he huntede (*ms.* hundede) on comelan wið his hirdifēren (*pl.*) LA3. 6631.

hīrēd-gume, sb., *courtier*, LA3. 12889.

hirdling, sb., *knight*, LA3. 12713*.

hīrēd-, hērēd-mon, sb., *O.E.* hīrēdmann; *retainer*, LA3. 2350, 6877; hirdmon KATH. 2247; heredmon GAW. 302; **hiredmen** (*pl.*) GAW. 302; hirdmen P. S. 157.

hīrēd-plæie, sb., *court-play*: mid haveken & mid hunden hiredplæie luvien LA3. 14481.

herd-swein, sb., *domestic servant*, LA3. 5662.

hīren, see hēren and hūren.

hirne, see hürne. **hirst**, see hürst.

hirten, see herten and hürten.

his, gen. of **hē**, pron., *sometimes inflected like a possessive pronoun*: hise write SAX. CHR. 250; vor te leren hise A. R. 114; an of hise men KATH. 406; þurh hise gode dedes ORM. 60; hise limes REL. I. 210; to alle hise holde PROCL. I.

his, see es.

hisiaus, sb., pl., *O.Fr.* hiziaus; ? *heralds*: þis hisiaus (*printed* hisians) and þise kempen ... þat vor pans oþer vor timlich profit yeveþ ham to crefte naȝt oneste AYENB. 45.

hissin, v., *cf. M.Du.* hissen, hischen; *hiss*, '*sibilo*,' PR. P. 242; **hissit** (*pres.*) '*sibilat*' VOC. 180.

hissing, sb., *hissing,* '[*sibilus*'] WICL. 2 PARAL. xxix. 8.

histoire, sb., *O.Fr.* histoire, estoire; *history, story,* GOW. II. 23, 80; storie R. R. 154; HAV. 1640; store WILL. 4805; '*argumentum, historia*' CATH. 366; **stória** (*pl.*) C. M. 21; the stories of Moises lawe WICL. IS. PROL.

historial, adj., *historical*: historial bookes WICL. IS. PROL.; no fable but knowen for a storial thing notable CH. C. T. *C* 156.

hit, *see* **hé.**

hitten, v., *O.N.* hitta; *hit, fall upon, touch*; hitte LANGL. *B* xii. 108; EGL. 269; wham so he hitteþ (*pres.*) wiþ (h)is hond FER. 873; þe fevere aguful sore him hatte MAN. (F.) 15729; we hitteð A. R. 176*; hitte (*pret.*) LAȝ. 1550; WILL. 2822; ALIS. 2357; A. P. iii. 289; hit (*pple.*) '*tactus*' PR. P. 242.

hitterlī, *see* **heterli.**

hīþe, sb., *O.E.* hȳð; *harbour,* '*statio*,' PR. P. 242.

hiu, *see* **hēou. hīve,** *see* **hūve.**

[**hīw, hēow, sb.,** *O.N.* hiu; *? family*; *cf.* Goth. heiwafrauja (οἰκοδεσπότης).]

hēow-ræden, sb., *O.E.* hīw-, hȳw-, heoræden; *family,* LUKE xix. 9.

hīw-scipe, sb., *O.E.* hīwscipe; *family,* HOM. I. 87.

hīwe, sb., *O.E.* hīwa (*nom. pl.* hīwan),= *O.H. G.* hīwo, *? O.N.* hio (*nom. pl.* hion); *domestic*; hewe AYENB. 195; AR. & MER. 1165; CH. C. T. *E* 1785; hēwen (*pl.*) LANGL. *B* iv. 55; heowes SPEC. 114; mid þine hiwun HOM. I. 225; ga ... to þinen heowen MK. v. 19; *comp.* **sin-hēowen.**

hīwen, sb., *O.E.* hīwen *n.*; *family*, (*ms.* hewenn) ORM. 594.

hl-, hn-, *see* **hl, hn-** (*in letters* l, n).

ho, *see* **hwá.**

hō, interj., *O.N.* hō; *ho!* : and cride ho CH. C. T. *A* 1706; hoo to him hoo hoo HALLIW. 457; how *outcry* ALEX. (Sk.) 4732.

hō², sb., *intermission* : wiþouten ho CH. TRO. ii. 1083; withoutten ho BARB. xx. 429.

hō-lī, adv., *O.N.* hōgliga; *tardily,* HAMP. PS. xxxix. 24.

hūlines, sb., *tardiness, lateness,* HAMP. PS. xxxix. 24*.

hō, *see* **hēo** (*under* hé), **hōh** *and* houȝ.

hobelen, v., *cf. M.Du.* hobbelen; *hobble, limp; saunter about*; hobelen (*pres.*) PL. CR. 106; hobland (*pple.*) BARB. iv. 447; hobled (*pret.*) TRIST. 1161; hobleden LANGL. *A* i. 113.

hobeler, sb., *O.Fr.* hobeler (*cavalier qui monte un hobin*); *? groom*; hobelers (*pl.*) OCTOV. (W.) 1598.

hobi, sb., *O.Fr.* hobin; *hobby (hawk),* '*alaudarius*,' PR. P. 242; **hobbis** (*pl.*) DEP. R. i. 90; hobinis BARB. xiv. 68, 400.

hoc, sb., *O.E.* hocc; *mallow,* '*malva*,' FRAG. 3; REL. I. 37; hok VOC. 265; *comp.* **holi-hoc.**

hōc, sb., *O.E.* hōc,=*M.Du.* hoek; *hook,* '*uncinus*,' FRAG. 4; þene hoc HOM I. 123; hok '*hamus*' VOC. 240; C. L. 1128; hanged worþe he on an hok HAV. 1102; **hōke** (*dat.*) MARH. 3; TOR. 2508; **hōkes** (*pl.*) P. L. S. xix. 248; SPEC. 105; AYENB. 264; GREG. 744; LANGL. *B* v. 603; hokis ALEX. (Sk.) 5519; *comp.* **angel-, fisch-, flesch-, wēodhoc.**

hūke-nebbide, adj., *hook-nosed,* D. ARTH. 1082.

hochen, v., *? M.Du.* hutsen, hotsen; *hack, chop*: (thai) **hotchene** (*pl.*) in holle the heþenne knightes D. ARTH. 3687.

hochepot, sb., *Fr.* hochepot, *cf. L.G.* hutspot; *hotchpot*: ye han cast all hire wordes in an hochepot CH. C. T. *B* 2247; goose in an hoggepot L. C. C. 32; hogpoch AUD. 29.

hock, sb., *caterpillar*; hockes (*pl.*) ['*campas*'] PALL. i. 882.

hōcour, *see* **hōker.**

hōd, sb., *O.E.* hōd, = *O.L.G.* hōd, *O.H.G.* huot; *hood,* MIRC 883; PL. CR. 423; GAW. 155; þere burne hod LAȝ. 21421; enne widne hod A. R. 56; als ich evere brouke min hod under min hat P. S. 332; hod, hood LANGL *A* v. 172, *B* v. 329; CH. C. T. *A* 195; hood LIDG. M. P. 103; hud ANT. ARTH. ii; hude BARB. xviii. 308; **hōdes** (*pl.*) TREV. I. 353.

hōd-lēas, adj., *hoodless,* A. P. ii. 643.

hōd, hōdien, *see* **hád, hádien.**

hōdin, v., *hood, provide with a hood*; hoodin PR. P. 242; **ihōdede** (*pple. pl.*) LAȝ. 7836.

hodren, v.,=*L.G.* hudren; *cover up*: hodur and happe FLOR. 112; hodred (*pple.*) in þer hottes MAN. (H.) 273.

hōen, v., *O.N.* hōa; *cry out*: hoen on him LANGL. *B* x. 61.

[**hof, sb.,** *O.E.* hof *n.*, *cf. O.L.G., O.H.G.* hof *m.; court.*]

hóve-daunce, sb., *M.Du.* hofdans, *cf. M.H. G.* hovetanz; *court-dance*: daunce and singe the hovedaunce & carolinge GOW. III. 6; the hovedaunce and the carole III. 365.

hōf, sb., *O.E.* hōf, *O.N.* hōfr,=*O.H.G.* huof; *hoof,* '*ungula*,' FRAG. 2; **hūfe** (*dat.*) PR. C. 4179; **hōves** (*pl.*) GAW. 459.

hōf², sb., *O.N.* hōf; *measure, reason,* ORM. 4742; **hōve** (*dat.*) C. M. 11973; wituten hove PR. C. PREF. xi; *? comp.* **bi-hōf.**

hōf-lēas, adj., *unreasonable,* A. R. 108; hofles MARH. 17.

hofer, sb., *O.E.* hofer,=*M.L.G.* hover, *O.H.G.* hovar; *hump,* '*gibb(us), struma*,' FRAG. 5.

hoferede, sb., *O.E.* hoferede,=*M.L.G.* hoverde; *humpbacked*: nowðer halt ne hoveret MARH. 20; healde halte & **hoverede** (*pl.*) KATH. (E.) 1063.

hōflen, v., *for* bi-hōflen; hōven (*pret.*) BARB. x. 39*.

hog, sb., *hog, pig*, ALIS. 1885; **hogges** (*pl.*) AYENB. 89; LANGL. *B* vi. 183; *comp.* þorn-hog.

hōʒ, *see* hōh.

hoʒe, sb., *O.E.* hoga (*cf. M.L.G.* hoge (*gen.* hogen), *O.N.* hugi *m.*; *thought, care*, O. & N. 601; FER. 4539; howe REL. I. 263; S. S. (Web.) 1450; howe (*dat.*) ROB. 461; ALIS. 1906; þu scalt faren al to howe FRAG. 6; *comp.* over-, ümb-hoʒe.

hoh-ful, adj., *O.E.* hohful; (*v. r.* houh-, howful) O. & N. 1292, 1295; hoʒheful ORM. 2902; hohfulle (*pl.*) LAʒ. 14096.

hogh, *see* houʒ.

hoʒien, v., *O.E.* hogian, *cf. O.H.G.* hogan (*pret.* hogeta); *take thought, meditate*; howien REL. I. 173; hoʒað (*pres.*) HOM. I. 113; hoʒeþ O. & N. 455; howeþ SPEC. 23; hoʒede (*pret.*) LAʒ. 13416; *comp.* bi-, for-, over-hoʒien.

hōh, sb., *O.E.* hōh, hō *m.*; *hough, hock*; bineþe at hire ho MARH. 160; hōʒes (*pl.*) GAW. 1357; hoghez ALEX. (Sk.) 3151.

hōuʒ-senu, sb., *O.E.* hōhsino, *cf. O.Fris.* hoxene, hoxne, *O.N.* hāsin, *M.H.G.* hahse, hehse, *M.L.G.* hesse; *hamstring*, WICL. I PARAL. xviii. 4.

hoxenen (? hōxenen), v., *cf. O.H.G.* hahsinōn, *M.H.G.* hehsenen, *M.L.G.* hessen; *hamstring*: þou shalt hoxe ['*subnervabis*'] WICL. JOSH. xi. 16; **hoxened** (*pple.*) TREV. VII. 139.

hōhin, v., *hough, hamstring*; houhin, houghin '*subnervo*' PR. P. 251.

hoist, *see* host².

hōk, *see* hōo.

hōked, adj., *hooked*, O. & N. 79; his . . . hokede neose MARH. 9.

hōken, v., *? hook; pick one's way*: [the hare] hōkeð (*pres.*) pathes swithe narewe O. & N. 376; [cucumber floure] is so ferd of oiles, that therfroo hit hoketh if me setteth it nigh ther under PALL. iv. 201; **hōkit** (*pret.*) out of havin D. TROY 4621.

hōker, sb., *O.E.* hōcor; *mockery, derision*, HOM. I. 153; MARH. 5; KATH. 778; ROB. 272; hoker & scarn LAʒ. 17307; hocour ALEX. (Sk.) 1714*; **hōkere** (*dat.*) JUL. 52; CH. C. T. *A* 3965; **hōkeres** (*pl.*) LAʒ. 29790; A. R. 188.

hōker-ful, adj., *scornful*, REL. I. 188.

hōkerful-līche, adv., *mockingly*: a proude dame and an envieous, hokerfulliche messegging LAI LE FR. 59.

hōker-lahter, sb., *scornful laughter*, HOM. I. 283.

hōker-l(ē)oð, sb., *song of mockery*, LAʒ. 28872.

hōker-liche, adv., *derisively*, LAʒ. 19412; KATH. 742; A. R. 198; ROB. 417; P. S. 204.

hōker-word, sb., *O.E.* hōcorword; *scornful language*, LAʒ. 19595.

hōkerien, v., *mock, scoff*; **hōkerest** (*pres.*) KATH. 458; (heo) hokerieð þan folke LAʒ. 15785; **hōkereð** (*imper.*) A. R. 248; **hōkerede** (*pret.*) MISC. 50; nes hit nan swa wac mon þat him ne hokerede on LAʒ. 14795.

hōkerere, sb., *mocker, scoffer*, ARCH. LII. 36.

hōkerunge, sb., *mockery, derision*, A. R. 188; hokeringe HOM. I. 281.

hoket, sb., *O.Fr.* hoquet; *? difficulty, obstacle*: moni hoket is in amours ALIS. 7000; him think no hoket TOWNL. 313; of care and of curstnes, hething and hoket 311.

hokillen, *? beat* : þe maidens . . . maʒtili **hokillen** (*pret.*) with þe swaif of þe sworde A. P. ii. 1267.

hokkerie, *see* hukkerie.

hol, adj. & sb., *O.E.* hol, = *O.Fris., M.L.G.* hol, *O.N.* holr, *O.H.G.* hol; *hollow, hole, cave*, '*cavus*,' PR. P. 242; **hōle** (*dat. n.*) O. & N. 965; hol (*subst.*) LAʒ. 30862; BEK. 1152; þat hol LEG. 25; hole WILL. 95; S. S. (Wr.) 2169; CH. C. T. *A* 3440; hoill BARB. xix. 669; **hōle** (*dat.*) MARH. 10; O. & N. 826; HAV. 1813; A. P. iii. 306; **hōle** (*pl.*) LK. ix. 58; þe haveð fif hole HOM. II. 201; holes A. R. 128; holis ALEX. (Sk.) 4045; holles BARB. xi. 153*; howis xi. 153.

hōl-lēk, sb., *O.E.* hollēac, = *M.H.G.* hollouch; *shalot*, '(*caepa*) *ascalonia*,' VOC. 225.

hōl-rische, sb., '*papyrus*,' PR. P. 244.

hōl, *see* hāl.

holard, sb., = huler; *debauchee*, TOWNL. 149.

hōld, adj., *O.E.* hold, = *O.Fris., O.L.G.* hold, *O.H.G.* hold, *O.N.* hollr, Goth. hulþs; *friendly, faithful*, GEN. & EX. 1389; P. S. 214; hold oðer fa HOM. I. 231; hold & trig ORM. 6177; holde MISC. 38; þin holde mon LAʒ. 14091; mid holde mode HOM. I. 81; **hōlde** (*pl.*) P. L. S. viii. 134; ROB. 377; WILL. 2833; M. H. 102; hulde Iw. 887; **hōlde** (*adv.*) GAW. 2129; **hōldeste** (*superl.*) LAʒ. 16369; *comp.* un-hōld.

hōlde-like, adv., *faithfully*, GEN. & EX. 1546; holdeli GAW. 1875, 2016.

hōld-ōþ, sb., *O.E.* holdāð; *oath of friendship, allegiance*, AR. & MER. 3588; hold-, holde-oþ HAV. 2781, 2816; holdeoþ ROB. 383.

hōld², sb., *O.E.* hold, = *O.N.* hold; *flesh, carcase*, ['*cadaver*'] HOM. II. 183; heo wulleþ freten þin fule hold FRAG. 6.

hōld, *see* heald.

hōlde, sb., = *M.H.G.* holde, hulde, *M.Du.* houde; *fidelity*, ALIS. 2912.

hólden, v., *see* **healden.**
hóle, *see* **hule.**
hólen, v., *peel*; **hooled** (*pple.*) barli WICL. PROV. xxvii. 22.
hólen¹, v., *O.E.* holian, = *O.H.G.* holan, *O.N.* hola, *Goth.* (us-)hulōn; *make a hole*; holin '*cavo*' PR. P. 243; **hólieð** (*pres.*) A. R. 130; **hólede** (*pret.*) MAN. (F.) 6836; H. S. 10736; **hóled** (*pple.*) ALIS. 5929.
    hólinge, sb., *? hollowing, excavation*: holiinge and perforacion GEST. R. 10.
hōlen, v., *O.E.* hōlian (*? calumniate*), *cf. Goth.* hōlōn (συκοφαντεῖν) SCH. GLOSS., *O.H.G.* huolēn; *? defraud*; þat hōleþ (*pres.*) o þe laʒhe leod & rippeþ hem & ræfeþ ORM. 9319.
holer, *see* **huler.**
holet, sb., *? from* hol; *but cf.* helet; *recess, hole*, WICL. S. W. II. 281; siche placis ... shulden be fled as fendis holetis (*pl.*) WICL. E. W. 322; holettez HALLIW. 455.
holh, adj. & sb., *O.E.* holh, *cf. M.L.G.* holich; *hollow, cave*, LAʒ. 761; holʒ, holeh, holeuh O. & N. 643, 1113; holʒ GAW. 2182; holgh PALL. iii. 257; holu ROB. 251; (*ms.* holw) WILL. 295; holouʒ TREV. III. 395; holou PR. P. 242; þet holh HOM. I. 23; in þe holwe asche LAI LE FR. 209; holʒe (*pl.*) A. P. ii. 1695; holwe ROB. 131; his eien holwe CH. C. T. *A* 1363; holʒes (*subst. pl.*) LAʒ. 20848.
holounesse, holouʒnes, sb., *hollowness*, TREV. III. 395.
holʒen, v., *hollow, excavate*; **holwed** (*pret.*) ROB. 415*.
holi, sb., = holin; *holly*, FRAG. 3; holie (*dat.*) A. R. 418.
    holi-hoo, sb., *? O.E.* holihocc; *holly-hock*, '*althaea*,' REL. I. 36.
hóli, *see* **háliʒ.**
holier, *see* **huler.**
holin, sb., *O.E.* holen, holegn; *holly*, '*hous*,' VOC. 163; A. R. 418*; REL. II. 280; CH. P. F. 178; hollin bobbe *holly bough* GAW. 206; *see* holi; *comp.* onè-hole.
holk, sb., *O.E.* holc; *hollow part*: et te breoste holke HOM. I. 251; *see* holh.
holke, *see* **hulc.**
holken, v., = *M.L.G.* holken, *Swed.* holka; *hollow out, thrust out*; **holkked** (*pret.*) A. P. ii. 1222; holket (*pple.*) ANT. ARTH. ix; *comp.* a-holken.
holm, sb., *O.E.* holm, = *O.L.G.* holm, *O.N.* holmr; *holm, hill, island*, PR. P. 243, 244; into þan hæʒe holme LAʒ. 20712.
holm², sb., *holm-oak*, PR. P. 244; CH. C. T. *A* 2921.
holmen, adj., *of the holm tree*: holmen leves ALIS. 4945.

holocaust, sb., *Lat.* holocaustum; *holocaust*, GEN. & EX. 1325.
holou, holouʒ, *see* **holh.**
holste, sb., (*name of a bird*), '*talendiola*,' VOC. 253.
holt, sb., *O.E.* holt, = *O.L.G., O.Fris., O.N.* holt, *O.H.G.* holz; *holt, wood*, '*saltus*,' FRAG. 3; VOC. 270; PR. P. 244; holte (*dat.*) LAʒ. 826; CH. C. T. *A* 6; AV. ARTH. xix; holtes (*pl.*) TRIST. 378; PERC. 230; holtis M. ARTH. 3029.
    holt-wode, sb., *O.E.* holtwudu; *wooded knoll*: into a forest, ful dep ... **holtwodes** (*pl.*) under GAW. 740; over hilles and hethes into holte woddes D. TROY 1350.
holu, *see* **holh. hōm,** *see* **hām.**
homāge, sb., *Fr.* homage; *homage*, ROB. 46.
homager, sb., *one who pays homage*; **homagers** (*pl.*) D. ARTH. 3147.
hóme, *see* **háme. homelen,** *see* **hamelen.**
homicīde, sb., *Fr.* homicīde; *homicide, murder*; that. .. vice of homicide GOW. I. 355.
homicīde, sb., *Lat.* homicīda; *homicide, murderer*: she that was an homicide GOW. I. 346; CH. C. T. *B* 1757, *E* 1994.
homme, *see* **hamme.**
hōn, v., *O.E.* hōn, = *Goth., O.H.G.* hāhan (*for* *hanhan); *hang*, LAʒ. 10009; hōþ (*pres.*) O. & N. 1123; hēng [*O.E.*, hēng = *O.Fris.* hēng, *O.H.G.* hiang, *O.N.* hēkk] (*pret.*) ORM. 7339; GEN. & EX. 3899; WILL. 734; ALIS. 6750; MAND. 93; he heng an his sweore ænne sceld deore LAʒ. 21149; þa heng heo hire hæfned 15688; hing 18374; heng (heeng) CH. C. T. *A* 160; hieng LEG. 23; hing RICH. 5053; hengen LAʒ. 5722; SHOR. 85; þær hio hine hengen LK. xxiii. 33; þe gostes þat þar on hengen LEG. 191; hengen, heengen LANGL. *A* i. 148; henge HAV. 2510; MAN. (F.) 3624; hengen GOW. II. 47; **hangen** [*O.E.* hangen, = *O.L.G., O.H.G.* (ar-, bi-, gi-) hangen, *O.N.* hanginn] (*pple.*) GEN. & EX. 4074; *comp.* **a-, an-, bi-, ʒe-hōn**; *deriv.* **hangien, hengen, henge, hengel.**
hōn², v., *? cease*: þou schuldist hoo of swering P. R. L. P. 195; hō (*pres.*) GOW. II. 103; hoo ALEX. (Sk.) 4437; hoo (*subj.*) E. T. 153; hō (*imper.*) B. DISC. 1938; ho [hoo] CH. C. T. *A* 1706; hoo ALEX. (Sk.) 2835.
hond, *see* **hand** *and* **hūnd.**
honden, v., *? from* hand; *attend upon*: luk ʒe hondene (*pres. pl.*) theme alle that in mine oste lengez D. ARTH. 3209.
hondertīde, *see* **undern-tide** *under* **undern.**
hōne, sb., *O.E.* hān (LEO 584), = *O.N.* hein *f*.; *whetstone*; hoone '*cos*' PR. P. 245.
hōne², sb., *delay, ? cessation*: wiþouten hone L. H. R. 109; IW. 3667; C. M. 14316; boute hone GAW. 1285; hone, hoin BARB. vi. 564; hune, hone YORK xxv. 272.

[hōnen, v., *comp.* for-hōnen.]
hōnen², v., *? delay, cease*; hone A. P. i. 920; C. M. 5873; and þar þe her na langer hone TOWNL. 11; M. H. 129.
honest, adj., *O.Fr.* honeste; *seemly, splendid*: arai all þi cite ... stoutli & faire þat it be honest [onest] all over ALEX. (Sk.) 1496; honest & hol A. P. ii. 594.
honeste-liche, adv., *honourably*: þe more qvainteliche and þe more honestliche AYENB. 47; forto be keped honestli L. H. R. 76; as honestli to his degre CH. C. T. *E* 2026.
honestē, sb., *O.Fr.* honesté; *honesty, decorum*, TREV. IV. 25; BARB. i. 548.
honesten, v., *Lat.* honestāre; *honour*: to honesten the pore WICL. ECCLUS. xi. 23.
honestetē, sb., *honour, worthiness*: weddid with fortunat honestete CH. C. T. *E* 422.
honger, *see* hunger. hongien, *see* hangien.
honi, *see* huniȝ.
honissen, v., *O.Fr.* honir, hunir (*honnir*); *degrade*; honesschen [honische, hunsen] LANGL. *A* xi. 48; honises (*pres.*) A. P. ii. 596; honishid [hunischi(s)t] (*pret.*) ALEX. (Sk.) 3004; honest (*pple.*) *brought to shame* ALEX. (Sk.) 3791.
honour, sb., *O.Fr.* honour; *honour, praise*, P. L. S. xvii. 508; CH. C. T. *A* 46; anour GUY 149; honouris (*pl.*) ALEX. (Sk.) 2121.
honourance, sb., *O.Fr.* honorance; *honour*: in honorance of Iesus Crist sitteþ stille ASS. *B* 1; honuraunce of swete Iesu LEG. 3; in the honouraunce of viftene salmes LEG. 75.
honourable, adj., *O.Fr.* honorable, *from Lat.* honōrābilis; *honourable*, GOW. II. 69; III. 225; honourable, honurable ALEX. (Sk.) 223, 1840.
honourabil-li, adv., *with honour*, R. P. 15; honorabille BARB. xiii. 664; honurabloker (*comp.*) MAN. (F.) 4477.
honouren, v., *O.Fr.* honōrer; *honour*; honouri MARG. 104; SHOR. 95; honoure LANGL. *A* iii. 204; anuri MISC. 26; aouri AYENB. 135; anouriþ (*pres.*) P. L. S. 6; anourest SHOR. 96; honūrede (*pret.*) BRD. 33; anourede KATH. 32; anourede [*v. r.* honowride] WICL. GEN. xix. 1; anourene R. P. 21; honorid [honourd] (*pple.*) ALEX. (Sk.) 3160; honorit BARB. xvi. 672.
honte, hontien, *see* hunte, huntien.
hop, sb., *O.E.* hop, *cf. Sc.* hope; *valley*: hope ALEX. (Sk.) 5390; thorowe hōpes (*pl.*) and himlande hillis D. ARTH. 2503.
hōp, hoop, sb., *O.Fris.* hōp, = *M.Du.* hoep *m.*; *hoop*, '*circulus*,' VOC. 276; PR. P. 245.
hōp-ring, sb., = *M.Du.* hoepring; *? hoop ring*, HALLIW. 458.
hōpe, sb., *O.E.* hopa *m.*, *cf. M.L.G.*, *M.Du.* hope (*gen.* hoppen) *m. f.*; *hope*, LAȜ. 13899;

MARH. 8; A. R. 78; ORM. 3816; AYENB. 5; LANGL. *A* iii. 193; þet to þe habbeð hope HOM. I. 202; hop BARB. iv. 104; *comp.* over-, tō-, un-, wan-hope.
hōpe-ful, adj., *hopeful*, A. R. 302.
hōpien, v., *O.E.* hopian, = *M.L.G.*, *M.Du.* hopen, *M.H.G.* hoffen; *hope, expect*, A. R. 78; hopen KATH. 1151; hopie AYENB. 89; hope RICH. 3474; hōpie (*pres.*) HOM. I. 197; BEK. 137; SHOR. 129; hope CH. C. T. *A* 4029; we hopeþ H. H. 165; hōpe (*imper.*) LAȜ. 17936; hōpede (*pret.*) HORN (L.) 1394; ROB. 33; hoped Iw. 1675; hopeden WILL. 4308.
hōping, sb., *hope*, ALEX. (Sk.) 4518.
hōpin, v., *hoop*; hoopin PR. P. 245.
[hoppe, sb., *O.E.* (gærs-)hoppa; *comp.* gres-hoppe.]
hoppe², sb., *cf. M.L.G.* hoppe, *O.H.G.* hopfo; *hop*, '*humulus*,' PR. P. 245.
hoppe³, sb., *O.E.* hopp (*bulla*); *head of flax*, '*linodum*,' PR. P. 246; hoppen (*pl.*) '*boccaus*' VOC. 156.
hoppen, v., *O.E.* hoppian, = *M.Du.* hoppen, *O.N.* hoppa, *M.H.G.* hopfen; *hop, jump, dance*, H. M. 21; hoppe LANGL. *A* iii. 193; CH. C. T. *A* 4382; (h)oppieð (*pres.*) HOM. II. 211; hoppen (*subj.*) MISC. 91; hoppede (*pret.*) ROB. 278; hopped (*pple.*) MAN (F.) 13509.
hoppere, sb., *cf. M.Du.* (gras-)hopper; *jumper, dancer*; (h)opperes (*pl.*) *locusts* GEN. & EX. 3096.
hoppestere, sb., *O.E.* hoppestre; *female dancer*; hoppesteres (*pl.*) CH. C. T. *A* 2017 [TEN BRINK suggests that Chaucer's ms. of Boccaccio's Teseide had ballatrici instead of bellatrici].
hoppere, sb., *hopper (of a mill); seed-basket*, REL. I. 7; hop(p)er LANGL. *B* vi. 63; hop-(p)er CH. C. T. *A* 4039; hopre PALL. x. 43.
hōr, sb., *O.E.* hōr(-cwene), = *O.Fris.* hōr, *O.H.G.* huor; *fornication, adultery*: & drieð hordom & of þe hore fule stinkeð HOM. II. 37.
hōr-oop, sb., *bastard*, '*spurius*,' PR. P. 246; TRIAM. 224.
hōr-dōm, sb., = *O.Fris.* hōrdōm, *O.N.* hōrdōmr; *fornication*, P. L. S. viii. 128; A. R. 204; SHOR. 59; MAN. (H.) 58; PR. C. 8259; horedom ORM. 4632; GEN. & EX. 3509.
hōr-ēie, sb., *lustful eye*, A. R. 204.
hōre-hous, sb., = *O.H.G.* huorhūs; *brothel*, '*lupanar*,' VOC. 274; PR. P. 246; S. S. (Web.) 1504.
hōre-man, sb., *fornicator*, GEN. & EX. 4072.
hōr-pleȝe, sb., *fornication*; horeplage GEN. & EX. 530.
hōr, *see* hār *and* hǣr.
hord, sb., *O.E.* hord, = *O.L.G.* hord, *O.H.G.* hort, *O.N.* hodd, *Goth.* huzd; *hoard, treasury*,

A. R. 224; SPEC. 54; AYENB. 185; þet hord FRAG. 6; hord of gold ORM. 6732; hord of apples CH. C. T. A 3262; legge on hord O. & N. 1224; horde (*dat.*) LAȝ. 6077; GOW. III. 155; ileid an horde P. L. S. viii. 6; hurde PR. C. 5567; horde (*gen. pl.*) FRAG. 7; ORM. 6733; *comp.* appel-, góld-hord.

hord-hous, sb., *treasury*, HALLIW. 459.

horden, v., *O.E.* hordian; *hoard*: & horden þat tu winnest ORM. 12281; horde WICL. E. w. 338; hordeþ (*pres.*) AYENB. 182; hordes ['*thesaurizat*'] PS. xxviii. 7.

hordere, sb., *O.E.* hordere; *hoarder*, SAX. CHR. 260; hordare '*cellarius*' FRAG. 4; hordier *treasurer* AYENB. 121.

horder-wīce, sb., *treasurership*; horderwīcan (*dat.*) SAX. CHR. 263.

hōre, sb., *O.E.* horu (*gen.* horwes), = *O.L.G.* horu, horo, *O.Fris.* hore, *O.H.G.* horo (*gen.* horawes); *dirt, filth, mud*, HOM. II. 49; O. & N. 596; P. L. S. xvii. 8; REL. II. 243; AYENB. 229; B. DISC. 1477; H. V. 83; wiþoute hore FER. 5725.

hōre, sb., *O.E.* hōre, = *O.N.* hōra, *M.Du.* hoere, *O.H.G.* huora; *whore*, LAȝ. 15579; A. R. 54; H. M. 31; GEN. & EX. 4082; SHOR. 62; ALIS. 1000; E. T. 653; LUD. COV. 218; houre ['*pellex*'] TREV. VII. 61; hōren (*dat. pl.*) LAȝ. 29133.

hōre-sone, sb., = *M.H.G.* huorensun; *bastard*, ALIS. 880; FER. 2016.

hōre, *see* ūre.

[**hōren**, v., *O.N.* hōra, = *O.H.G.* huorōn; *commit fornication*; *comp.* for-hōren.]

horȝ, sb., *O.E.* horg, horh; *filth, mud*; horuȝ P. L. S. xxxv. 34; horȝe (*ms.* horie) (*dat.*) HOM. I. 302; *see* hōre.

horȝen, v., = *M.H.G.* horgen; *cover with filth, defile*; horyen MISC. 92; horegede (*pret.*) HOM. II. 201; horwed (*pple.*) A. P. ii. 335; *comp.* bi-horȝen.

hori, adj., *O.E.* horig, = *M.L.G.* horeg, *M.H.G.* horec, horwec; *filthy, dirty*, HOM. II. 141; REL. II. 176; P. L. S. v. (b) 13; hoori WICL. LEV. xxii. 5; **horie** (*pl.*) LEB. JES. 418; wiþ tonges horwe CH. COMP. MARS 206; '*turbo*' TREV. VIII. 231.

horien, *see* horȝen.

horlen, *see* hurlen.

horlinge, *see* hurling.

hōrling, sb., *cf. O.H.G.* huorlinc (*bastard*); *fornicator*, ['*scortator*'] WICL. DEUT. xxiii. 17; AYENB. 52; S. S. (Wr.) 2189; P. 6; hōrlinges (*pl.*) P. L. S. viii. 52; R. S. vii.; P. S. 238.

horn, sb., *O.E.* horn *m.*, *cf. O.Fris.*, *O.N.*, *O.H.G.* horn, *Goth.* haurn, *Lat.* cornu *n.*; *horn*, LAȝ. 789, 4538; HORN (L.) 1109; P. S. 342; þene horn A. R. 200; horne (*dat.*) O. & N. 318; horne (*hoof*) PALL. iv. 795; hornes (*pl.*) MARH. 7; AYENB. 14; MAND. 47; horn SAX. CHR. 256; hornen (*dat. pl.*) LAȝ. 1424.

horn-blāwere, sb., *O.E.* hornblāwere; *horn blower*, SAX. CHR. 256.

horn-keke, sb., *a sort of fish*, PR. P. 247.

horn-pīpe, sb., *hornpipe*, PR. P. 247.

horned, pple., *cf. O.E.* hyrned; *horned*, OCTOV. (W.) 1335; ALEX. (Sk.) 4267.

hornen, adj., *cf. O.H.G.* hurnīn; *made of horn*: þe hornene trumpe WICL. PS. xcvii. 6.

horologe, sb., *O.Fr.* horloge, *from Lat.* hōrologium; *sun-dial, timepiece*, VOC. 249; diale or diel or an horlege (horlage, orlage) PR. P. 120; in the orloge (*later ver.* orologie) of Achaz WICL. 4 KINGS xx. 11; the cok that orlogge is of thropes lite CH. P. F. 350; orrelegge DEGR. 1453.

horrible, adj., *O.Fr.* horrible; *horrible*: made noise horrible FER. 3895; that ilke foul horrible vice of homicide GOW. I. 355; devels horribel til mans sight PR. C. 5618; orrible sinne CH. C. T. *I* 886.

horrible-lī, adv., *horribly*: how sculd i ... sinne so horribli CH. C. T. *I* 881.

hors, sb., *O.E.* hors, = *O.Fris.* hors, *O.N.* hross, *O.H.G.* hros (*gen.* hrosses); *horse*, A. R. 208; O. & N. 629; TOR. 1171; þet hors AYENB. 140; **horses** (*gen.*) A. R. 74; horse (*dat.*) REL. I. 180; on horse SPEC. 48; hors (*pl.*) HOM. I. 49; II. 179; ORM. 8704; MAND. 38; CH. C. T. *A* 74; hors, horses LAȝ. 897, 3561; horss BARB. viii. 446; horses (*gen. pl.*) BARB. ii. 359; horsen (*dat. pl.*) LAȝ. 1025; horse HOM. I. 9; *comp.* rōd-hors.

hors-bak, sb., *horseback*: to horsbak went thai TOR. 2565; forth he wente on horsbacke GOW. III. 256; horsebake I. 260.

hors-bēre, sb., *O.E.* horsbǣr, = *Dan.* rosbaare; *horse-litter*, PR. P. 247; MAN. (F.) 9605; hors-, horsebere ROB. 163, 165; horsebere LAȝ. 19431.

hors-brēde, sb., *horse-bread*: no baker shalle bake horsbrede, kepinge osteri E. G. 376, *cf.* 406.

hors-cam, sb., *O.E.* horscamb; *horse-comb*; horskam HALLIW. 461; horscomb VOC. 202; TREV. IV. 25.

horse-charche, sb., *horse toll*: an halpeni of custome ... and þe horsecharche a ferthinge E. G. 358.

hors-cnave, sb., *groom*; horsknave P. S. 237; horseknave HAV. 1019.

horse-colt, sb., *colt*, WICL. ECCLUS. xxiii. 30.

hors-flēȝe, sb., *horse-fly*, WICL. JOSH. xxiv. 12.

hors-hēr, sb., *horsehair*, P. L. S. xvii. 158.

hors-h(e)orde, sb., *O.E.* horshyrde; *horsekeeper, innkeeper*, HOM. I. 79.

hors-hūs, sb., *inn*, HOM. I. 85.

hors-kēpare, sb., *horse-keeper* or *inn-keeper*, '*eqvarius*,' PR. P. 447.

hors-li, adj., *like a [living] horse*: [the hors of bras] so horsli and so qvik of ye CH. C. T. *F* 194.

hors-lōde, sb., *horse-load*, E. G. 358.

hors-lāf, sb., *horseloaf*; **horselōfis** (*pl.*) E. G. 337.

hors-man, sb., *horseman*, '*eqvester*,' PR. P. 248; **horsmen** (*pl.*) LA3. 26617.

hors-minte, sb.,=*M.H.G.* rosminze; *horsemint*, '*mentastrum*,' PR. P. 248; REL. I. 36.

hors-monger, sb., *horse dealer*, OCTOV. (W.) 836.

hor(s)-sohō, sb., *horse-shoe*, PR. P. 248.

hors-þistel, sb., *endive*, LEECHD. III. 333.

hōrs, see **hās**.

horsen, v., *horse, provide with a horse*, MAN. (F.) 11794; how we can hors oure king TOWNL. 218; Pollux ... **horsit** (*pret.*) him in haste D. TROY 1280; horsid TOR. 2165; M. ARTH. 87; **horsede** (*pple.*) HALLIW. 460; horsed LIDG. M. P. 3; horset D. TROY 6468; horsutte AV. ARTH. xxxviii; ihorsed PARTEN. 886.

horsing, sb., *cavalry*: he hade no horsing AV. ARTH. xxxi; bi noumbre of horsinge arered WICL. DEUT. xvii. 16.

hortling, see **hurtling**.

horuþe, horþe, sb., *from* hori; *filth*, '*sordes*,' WICL. DEUT. vii. 26.

horwen, see **horȝen**.

hōs, see **hās**.

hōse, sb., *O.E.* hose,=*M.Du.* hose, *O.H.G.* hosa, hose (*pl.* hosun), *O.N.* hosa *f.*; *hose*, '*caliga*,' VOC. 196, 259; PR. P. 248; LA3. 15216; ROB. 125; TRIST. 1486; GOW. III. 236; **hōsen** (*pl.*) A. R. 420; TREV. V. 369; MAND. 59; CH. C. T. *A* 456; PL. CR. 426; hosen and shon HAV. 969; hosin W. & I. 32; hosen (hoses) ROB. (W.) 8013.

hōsen, v., *from O.Fr.* hoser; *put on hose*; hosun '*caligo*' PR. P. 248; hose CATH. 189; **hōsed** (*pple.*) pie SPEC. 111; cloþed, osed and shod HAV. 971.

hōsiinge, sb., *hose*: ine cloþinge, and in **hōsiinge** (*dat.*) and in ssoinge AYENB. 154.

hōsier, sb., *hosier, hose maker*, '*calicator*,' CATH. 189; hoseare [hoseȝere, hosiare, hoser] PR. P. 248.

hōsel, hōsalen, see **hūsel, hūslen**.

hospital, sb., *O.Fr.* hospital; *hospital*, BEK. 84; TREV. IV. 465; E. G. 350.

hospitaler, sb., *O.Fr.* hospitalier; *hospitaller*: the ile of Rodes, the whiche ile **hospitaleres** (*pl.*) holden MAND. 26; or prest, or hospitalers CH. C. T. *I* 891; templers and hospitelers R. R. 6694; hospitleres MAND. 81; **hospitelers** (*gen. pl.*) MAN. (H.) 178.

hōst, sb., *O.Fr.* host (*armée*); *host, army*, SHOR. 108; MAN. (F.) 3238; ost WILL. 3767.

hōst², sb., *Lat.* hospitium; *hotel, lodging*: an host ... to be eside inne GEST. R. 257; the host or herbore WICL. DEEDS xxviii. 23; an ooste, or hous to dwelle inn WICL. PHILEM. 22.

hōst, hoiste³, sb., *Lat.* hostia; *sacrifice, host (in the mass)*: how God is put in the holi host S. & C. II. xxv; hoste '*hostia*' CATH. 190; þe oost ... is maad goddis bodi WICL. E. W. 357; oste 345; that offreth of ȝou an oost to God WICL. LEV. i. 2; a livinge oost WICL. ROM. xii. 1; hoist TREV. V. 9; to offre spiritual **hoostes** (*pl.*) WICL. 1 PET. ii. 5.

hostāge, sb., *O.Fr.* hostāge; *hostage*, LA3. 5317*.

hostager, sb., = **hostāge**; **hostagers** (*pl.*) MAN. (F.) 4983.

hostaien, v., *O.Fr.* hostoier, ostoier; *lead an army; wage war*: to hostaie in Almaine D. ARTH. 555.

hōste, sb., *O.Fr.* hoste; *host, entertainer*, BEK. 1208; hoste [oste] CH. C. T. *A* 747.

hōstes, see **hōstesse**.

hōst(e), sb., *O.E.* hwōsta,=*O.N.* hōsti, *M.L.G.* hōste, *O.H.G.* huosto; *cough*, '*tussis*,' VOC. 224; PR. P. 248.

hostel, sb., *O.Fr.* hostel; *hostel, hotel*, GEN. & EX. 1397; GAW. 805.

hostelen, v., *O.Fr.* hosteler; *provide with lodgings*: hope shal ... hostel hem LANGL. *B* xvii. 118; ther **hostild** (*pret.*) thai alle thre TOWNL. 289; boþe þei weoren **hostelled** (*pple.*) þere S. R. 548.

hostelēr, sb., *O.Fr.* hostelier, *mod.Eng.* hostler, ostler; *innkeeper*, CH. C. T. *A* 241; hostiler TREV. VIII. 91.

hostellerie, sb., *O.Fr.* hostellerie; *hostelry*, CH. C. T. *A* 23.

hosterie, sb., *hostelry, hotel*: ordaine for me an honest hosteri GEST. R. 35; he...herberwed him at an hostrie LANGL. *B* xvii. 73; hostrie E. G. 376; calle to gestening or to osteri all þat went bi the wei GEST. R. 19; ostri 90.

hōstesse, sb., *O.Fr.* hostesse; *hostess*, S. A. L. 151; hostes BARB. iv. 635.

hostiari, sb., *Lat.* ostiārius; *doorkeeper*, ['*ostarius*'] TREV. V. 97.

hōstin, v., *O.N.* hōsta, = *M.L.G.* hōsten, *O.H.G.* huosten; *cough*, '*tussio*,' PR. P. 249.

hōt, see **hāt**.

hōten, v., *hoot*: hot him ut A. R. 290; hōtend (*pple.*) WILL. 2387; see **hūten**.

hōten, see **hāten**.

hotte, sb., *O.Fr.* hotte; *mod.Eng.* hod; *basket (to carry on the back)*; hott C. M. 5524; **hottes** (*pl.*) (*mss.* hattes) CH. H. F. 1940.

hotte², sb., (? *meaning*): þi nek, þi hotte, þe

hotte.

develle it breke MAN. (H.) 282; hodred in þer **hottes** (*pl.*) 273.
hou, *see* hwu.
houe, sb., *O.Fr.* houe; *hoe*; **houes** (*ms.* howes) (*pl.*) FER. 4993.
houȝ, sb., *? O.N.* haugr, = *M.H.G.* houc; *hill*; hogh C. M. 15826; hoo YORK iv. 36; **hōes** (*pl.*) ANT. ARTH. v.
houȝ, *see* hōh. **houlen,** *see* hūlen.
hound, *see* hund.
houpen, v., *Fr.* houper; *whoop, cry out*; houpide, houped, hoped (*pret.*) LANGL. *A* vii. 159, *B* vi. 174; houped CH. C. T. *B* 4590.
hour(e), *see* ūre.
hourschen, v., *? rush*: alle hoursches (*pres.*) over hede harmes to wirke D. ARTH. 2110.
hous, *see* hūs.
housel, *see* hūsel. **houten,** *see* hūten.
houve, sb., *O.E.* hūfe, = *O.N.* hūfa, *M.L.G.* hūve, *O.H.G.* hūba; *cap, head-dress, 'cidaris';* (*ms.* howe, howue) PR. P. 249; (*ms.* houue) ANGL. I. 82; (*printed* honne) P. S. 327; a silk houve LANGL. *A* iii. 276 (*B* iii. 293 howue, C iii. 451 houe); though i sette his houve CH. C. T. *A* 3911.
hove, sb., *? dregs of oil*, 'amurca,' PR. P. 250.
hōve, sb., *O.E.* hōfe; *ground ivy*, '(*h*)edera terrestris,' PR. P. 250; *comp.* hei-, tūn-hōve.
hovedaunce, *see under* hof.
hovel, sb. *hovel, hut*, W. & I. 19; hovil PR. P. 250.
hóven, v., = *M.Du.*, *M.L.G.* hoven; *inhabit, tarry*; hovin PR. P. 251; hove GOW. II. 370; TRIAM. 1471; LIDG. M. P. 4; whi nill þou over us hove CH. TRO. iii. 1427; he **hóveþ** (*pres.*) in ðe sunne REL. I. 210; and hoveþ þer a stunde TREAT. 136; hoves AMAD. (R.) xlvi; PR. P. 7579; hovez A. P. ii. 458; hoven JOS. 489; **hóvande** (*pple.*) PERC. 533; howand (*for* hovand) BARB. xv. 461*; **hóvede** (*pret.*) ROB. 172; TREV. VIII. 123; he hovede and abod S. S. (Wr.) 2825; and hoveden on heiȝe over þe lake ALIS. 5445; hoved LANGL. *B* PROL. 210; GAW. 2168; þai hoved on þe flode MIN. iii. 83; thei hovid & bihelde M. ARTH. 259.
hover, *see* hofer. **how,** *see* hō *and* hwu.
howe, *see* hoȝe. **hōwen,** *see* hāwen.
hox, sb., = **houȝsenu** (*q.v. under* hōh) : David kitte the **hoxes** (*pl.*) of all drawinge beestis WICL. 2 KINGS viii. 4*.
hoxen, *see* hoxenen *under* hōh.
hr-, *see* hr- (*in letter* r).
hū, sb., *O.Fr.* hu; *hue (and cry); cry, clamour*, MAN. (F.) 11984*; a hue from heven i herde A. P. i. 873.
hu, *see* hwu.
huche, sb., *O.Fr.* huche, *med.Lat.* hutica; *hutch, box*, '*cista, arca*,' PR. P. 252; BER. 2510; L. C. C. 33; hucche LANGL. *B* iv. 116; arke or hucche MAND. 85; *see* hwicche.

hūge.

hucken, *see* hukken.
hūde, sb., *O.E.* hȳd, = *O.Fris.* hūd, hēd, *O.L.G.* hūd, *O.N.* hūð, *O.H.G.* hūt; *hide, skin*, MARH. 18; þe hude þe wæs of þare hinde LAȝ. 1213; softe as is ... wummon(n)e hude A. R. 120; þine hude O. & N. 1114; huide K. T. 752; of huide ne of hewe L. N. F. 218; hide TRIST. 1451; PR. C. 5299; MIR. PL. 151; hur sone was ... feir of hide and hewe TRIAM. 468.
hūdels, sb., *O.E.* hȳdels; *hiding place*; hudels, huidels, hidels ['*latebra*'] TREV. I. 199, V. 117; hudles A. R. 146; an hudlese LAȝ. 1817; in hidils [hudlis] ['*in abscondito*'] WICL. DEUT. xxvii. 15; hidlis D. TROY 12304; hidels, hidilis HAMP. PS. ix. 30; bidil HAMP. PS. (*p.* 511); hiddillis BARB. vi. 382.
hidel-līke, adv., *? secretly*, GEN. & EX. 2882.
hūden, v., *O.E.* hȳdan, = *M.L.G.* hūden; *from* **hūd**; *hide, conceal*, A. R. 130; huide K. T. 305; MIRC 1105; hiden ORM. 1019; hide CH. C. T. *A* 1481; M. H. 54; M. ARTH. 110; hede AYENB. 44; **hūde** (*pres.*) O. & N. 265; hut A. R. 130; ȝef me hut ant heleð hit MARH. 15; þeo þet hudeð ham A. R. 174; hidis ALEX. (Sk.) 504; **hiden** (*pl.*) ALEX. (Sk.) 3214; hūd (*imp.*) A. R. 292; **hūdde** (*pret.*) LAȝ. 8586; KATH. 912; ROB. 226; ALIS. 2489; hudde, hidde TREV. V. 153; LANGL. *B* xvii. 108; hudden JOS. 13; hidden ORM. 13736; GEN. & EX. 3028; hūd (*pple.*) P. L. S. viii. 39; FER. 1400; bid CH. C. T. *E* 1944; hed WILL. 688; *comp.* bi-, for-, ȝe-hūden.
hūding-clōð, sb., *veil, curtain*: þat hudingcloþ to delde in the temple a to MISC. 50.
hūdnesse, sb., *O.E.* gehȳdness; *retreat*; hidnes MAN. (H.) 77.
hūdunge, sb., *hiding*, A. R. 174; hudinge P. L. S. ix. 53; hedinge AYENB. 196.
hue, *see* hēo.
[**hūen,** v., *O.Fr.* huer; *set up a hue and cry; see* hū.]
hūing, sb., *clamour*, O. & N. 1264.
hūen, *see* hēawen. **huerte,** *see* heorte.
hūf, sb., *? O.N.* hūfe; *? side of a ship*: i mai touch with mi hufe the ground evin here TOWNL. 32.
hufen, v., *?* = **hóven**; *remain*: long shalle thou hofe TOWNL. 32; ȝif þou hufe (*pres.*) alle þe daie D. ARTH. 1688.
hūge, adj., *O.Fr.* ahuge; *huge*, '*magnus*,' PR. P. 255; WILL. 2569; FER. 546; TREV. III. 183; LANGL. *B* xi. 242; MAND. 45; CH. C. T. *A* 2951; A. P. ii. 1659; houge TOR. 550; hoge [huge] ALEX. (Sk.) 821, 1062; hógere [huger, hugir] (*comp.*) ALEX. (Sk.) 3047, 1368.
hūge-liche, adv., *hugely, largely, greatly*; hugeliche ROB. 482; hugeli WICL. GEN. xvii.

2; WICL. DEUT. ix. 20; hogeli, hugeli ALEX. (Sk.) 269, 3226*.
hūgenis, sb., *bulk, greatness*: of strengþe, of schap, of hugenis FER. 51.
hüʒe, sb., *O.E.* hyge, *cf. O.L.G.* hugi, *O.H.G.* hugu, *O.N.* hugr, *Goth.* hugs *m.* (νοῦς); *mind*, LAʒ. 4910; huiʒe, huie 2337, 3033; hige & mihte HOM. II. 119; hiʒ(e) & hope ORM. 2777.
hüʒien, v., *O.E.* hycgan, = *Goth.* hugjan, *O. L.G.* huggien, *O.H.G.* huggan, *O.N.* huga, hyggja; *think, meditate*; **hüʒiende** (*earlier text* hogiende) (*pple.*) MAT. vi. 34; *comp.* for-, ofer-hüʒien.
hüht, sb., *O.E.* hyht, = *O.H.G.* huht (*feeling*); *hope, joy, delight*, HOM. I. 97; hiht ORM. 3816; hiht & hope HOM. I. 217; agon is al min hiʒt FER. 2782; hihte [hiʒte] O. & N. 272; mid gode huhte HOM. I. 109; hiʒt ALEX. (Sk.) 5313.
hiht-lich, adj., *O.E.* hyhtlīc; *joyous*, HOM. II. 213; **hiʒtlī** (*adv.*) *fitly* GAW. 1612; *comp.* un-hühtlic.
hühten, v., *O.E.* hyhtan; *hope, rejoice*; **hihteþ** [hiʒteþ] (*pres.*) O. & N. 436.
hühten, see **hihten**.
huire, see **hūre**.
hūke-nebbide, see under hōc.
hūke, heuke, sb., *? M.Du.* huike, *O.Fr.* huque; *cloak*, PR. P. 232.
hukel, sb., *cf. O.Sw.* hukli (IHRE); *cloak*: under vreondes huckel A. R. 88.
hukken, v., *hawk, sell*: to merchaunt and huk '*auccionor*' PR. P. 252*.
hukkerie, sb., *cf.* Ger. höckerei; *huckster's trade*; hokkerie [hukkerie, hukri] LANGL. B v. 227.
hukstere, sb., *Du.* heukster; *huckster*, PR. P. 252; hucster '*institorem*' VOC. 123; hokester REL. II. 176; **hucsteres** (*gen.*) ORM. 15817; **hoksters** (*pl.*) TREV. II. 171.
huksterie, sb., *huckster's trade*; hoxterie LANGL. A v. 141.
hül, sb., *O.E.* hyll, *?=M.Du.* hil; *hill*, FRAG. 3; A. R. 178; BEK. 1717; ænne hul LAʒ. 1645; hil GEN. & EX. 1293; HAV. 1287; RICH. 6048; (*ms.* hill) ORM. 9205; hel WILL. 2233; **hülle** (*dat.*) P. S. 152; ALIS. 2550; helle AYENB. 5; **hülles** (*pl.*) LAʒ. 5191; helles TREV. I. 399; hulle P. L. S. viii. 175; **hülle** (*dat. pl.*) HORN (L.) 208; *comp.* āmete-, dung-, muk-hül (-hil).
hulc, sb., *O.E.* hulc; *shanty, hut, 'tugurium,'* FRAG. 4; hulke WICL. IS. i. 8; holke VOC. 178; **hulke** (*pl.*) MAN. (F.) 8288.
hülden, v., *O.E* (be-)hyldan, *O.N.* hylda; *flay, skin*; hulde WILL. 1708; hilde FER. 1639; **hilden** (*pret.*) LAʒ. 20957*; hildiden WICL. MIC. iii. 3; **hüld** (*pple.*) TREV. VIII. 167*; ihuld S. A. L. 155.
hildinge, sb., *skinning*, TREV. II. 359.

hule, sb., *O.E.* hule; *husk, pod*: þese hule [hole LANGL. B vii. 194; hole '*siliqua*' PR. P. 242; **hulis** (*pl.*) WICL. S. W. II. 71; holes II. 69; *deriv.* hólen, hullen.
hul-wurt, sb., *fleawort, 'pulegium*,' REL. I. 36.
hule², sb., *hut, shelter*, REL. I. 214; hulen (*dat. pl.*) A. R. 100.
hülen, v., = *Goth.* huljan, *O.L.G.* (bi-)hullean, *O.H.G.* hullen (*pret.* hulta), *O.N.* hylja; *cover, conceal*: huie & huide HOM. I. 279; **hillin** '*operio*' PR. P. 240; hille DEP. R. iii. 326; **hüles** (*pres.*) A. R. 150*; WILL. 97; hilles IW. 741; **hüle** (*imper.*) MIRC 1872; hilde (*pret.*) AM. & AMIL. 2302; **hüled** (*pple.*) REL. I. 39; hulet A. R. 388*; ihulet LANGL. A vi. 80; *comp.* un-hülen.
hillinge, sb., *covering*, '*operimentum, tegumentum*,' PR. P. 240; ANT. ARTH. ix.
hülen, v., = *M.L.G.* hülen, *M.Du.* huilen; *howl*; houlin '*ululo*' PR. P. 250; houle GOW. II. 265; houleþ (*pres.*) CH. C. T. A 2817.
huler, sb., *O.Fr.* houlier (*homme débauché*); *lecher*, H. M. 31; holier AYENB. 51; **holers** [holours] (*pl.*) ROB. (W.) 624.
hulke, sb., *great awkward fellow*, D. ARTH. 1058, 1085.
hulke², sb., *O.E.* hulc, *cf. M.Du.* hulke, *M.L.G.* holk *m.*, holke *f.*, *O.H.G.* holcha, *from* Gr. ὁλκάς; *sort of ship*, '*hulcus*,' PR. P. 252.
hulken, v., *from* hulc; *hide*; hulked (*pret.*) MAN. (F.) 15888.
hullen, v., *peel, become peeled*: take wete, brai hit a litelle, with water it spring til hit **hulle** (*subj.*) L. C. C. 7; *see* hólen.
hülli, adj., *hilly*; hilli PR. P. 240; TREV. I. 333.
huls, ?v., *cf. M.Du.* hulse, *O.H.G.* hulsa (*pod*); *? gather pods*: everi puls ... is hervest nowe to huls PALL. vii. 56.
hülstren, v., *from O.E.* heolstor (*hiding-place*); *hide, conceal*: there i hope best to **hülstred** (*pple.*) be R. R. 6149.
hült, see **hilt**.
hulvir, sb., *O.N.* hulfr; *holly*, PR. P. 253; holvir S. & C. II. xl; **hulfere** (*dat.*) COMP. BL. KN. 129.
humanitē, sb., *Fr.* humanité; *humanity*, MIRC 457.
human-lī, adv., *humanely*: the goudwif ful humanli ... gave gounis S. & C. II. lvii.
humble, adj., *O.Fr.* humble; *humble*, CH. C. T. *E* 949.
humble-hēd, sb., *humble position*: from humblehede [*v. r.* humble bedd] to roial mageste CH. C. T. 16157 (W.)
humble-liche, adv., *humbly*; humbliche FER. 1041; humelich & faire 2050; humeli, humilli BARB. iii. 762, xviii. 404.

humblenesse, sb., *humility*: the apostle for humblenesse ... sette not his name to-fore WICL. HEB. PROL.
[**humble,** sb., = Ger. hummel, Du. hommel.]
hombul-bē, sb., cf. M.L.G. hummelbee; *humblebee,* REL. I. 81.
[**humblen,** v., = Du. hommelen; *make a booming sound.*]
humbling, sb.; = M.Du. hommeling; *rumbling*: like the last humblinge after a clappe of oo thundringe CH. H. F. 1039.
humblesse, sb., O.Fr. humblesse; *humility*: with lowe herte humblesse sue GOW. I. 118; humblesse and vertu CH. H. F. 630.
Humbre, pr. n., O.E. Humbre; *Humber*: he ferde over þe Humbre LAȜ. 3822; bi þare Humbre 3785.
humectate, pple., *made wet,* TREV. I. 267.
humiliacion, sb., Fr. humiliation; *humiliation,* CH. C. T. *I* 480.
humilitē, sb., O.Fr. humilité; *humility,* SHOR. 117; CH. C. T. *B* 1665.
hummen, v., = Ger. hummen; *hum*; humme CH. TRO. ii. 1199; humme (*pres.*) PALL. vii. 124.
humour, sb., O.Fr. humor; *humour,* CH. C. T. *A* 421; humours (*pl.*) AYENB. 129.
hūn, sb., cf. M.Du. hūn, O.N. hūnn; *top of a mast*: seil heo droȝen to hune LAȜ. 28978.
hūnd, sb., O.E. hund, = O.L.G. hund, O.Fris. hund, hond, O.N. hundr, Goth. hunds, O.H.G. hunt; *hound, dog, 'canis,'* VOC. 219; A. R. 324; MARH. 6; O. & N. 817; HAV. 1994; P. S. 197; hund [hond] LAȜ. 26762; he is an haðene hund 16623; an hund (*man, in a contemptuous sense*) him gan bihelde HORN (L.) 601; hond AYENB. 55; OCTOV. (W.) 1530; hound BRD. 6; WILL. 10; LANGL. *A* xi. 48; húndes (*gen.*) O. & N. 822; húndes tunge, *hound's tongue (a plant),* REL. I. 37; húnde (*dat.*) O. & N. 814; húndes (*pl.*) A. R. 324; ORM. 7405; hondes MAN. (H.) 75; húnden (*dat. pl.*) MAT. vii. 6; LAȜ. 1424; *comp.* grāi-, helle-, sē-hund.
hound-berie, sb., *morel,* LEECHD. III. 333.
hound-fisch, sb., *hound-fish,* CH. C. T. *E* 1825; houndfish LIDG. M. P. 201.
hound-flēȝe, sb., *dog-fly,* WICL. PS. lxxvii. 45; hundfleghe HAMP. PS. lxxvii. 50; hundflee C. M. 5956.
hund, card. num., O.E. hund, = O.L.G., Goth. hund, O.H.G. hunt, Lat. centum; *hundred*: nigon hund ȝeare HOM. I. 225; hund þousunt LAȜ. 83.
hund-fald, adj., *hundredfold,* HOM. I. 147.
hundred, card. num., O.E. hundred, = O.Fris. hundred, hunderd, O.N. hundrað, O.H.G. hundert; *hundred,* A. R. 42; O. & N. 1101; P. S. 344; hu he sette hundred LAȜ. 31998; an hundred (*ms.* hunndredd) ORM. 4333; twa hundred LAȜ. 1556; fower hundred ORM. 4321; hondred ROB. I; AYENB. 55; JOS. 476; hundreþ MAN. (H.) 35; hundreth PR. C. 4524; hondered, hundered ROB. (W.) 450, 10646; hunder BARB. xiv. 67*.
hundred-feald, adj., *hundredfold,* HOM. II. 227; hundredfald HOM. I. 163; ORM. 19903.
[**hund** (? hūnd); (? *meaning*).]
hund-limen, sb. pl., ? *servile limbs*: ilches mannes hundlimen alle swinkeð HOM. II. 181; mid foten and mid honden & mid alle here hundlimes II. 179.
[**hund-,** prefix, O.E. hund-, = O.L.G. ant-, O.Fris., M.Du. t-, Goth. tēhund; *prefix to the 'tens' in numerals.*]
hund-seventi, card. num., O.E. hundseofontig; *seventy,* HOM. II. 51; huntseventi REL. I. 173.
hŭnding, sb., *cynocephalus*: houndinges (*pl.*) men clepeth hem ... from the brest to the ground men hi ben, aboven houndes ALIS. 4962.
[**hūne,** sb., O.E. hūne; *horehound*; *comp.* hōrehūne (*under* hār).]
hŭnen, see **hēnen.**
hunger, sb., O.E. hungor, = O.L.G., O.H.G. hungar, O.Fris. hunger, honger, O.N. hungr, Goth. hūhrus; *hunger,* LAȜ. 4042; KATH. 1702; ORM. 5682; LANGL. *B* vi. 323; honger ROB. 378; H. H. 50; AYENB. 75; hungre (*dat.*) A. R. 260; CH. C. T. *B* 100.
hunger-storven, pple., *perished with hunger*: min eie wolde, as though he faste, ben hungerstorven GOW. III. 28.
hŭngren, hungren, v., O.E. hyngran, cf. O.L.G. (ge-)hungrean, O.H.G. hungeren, O.N. hungra, Goth. huggrjan; *hunger,* A. R. 214; him hŭngreð (*pres.*) REL. I. 220; us hungreth HAV. 455; whan þe hungreþ LANGL. *B* xiv. 49; þa þe hingreð MAT. v. 6; him hŭngrede (*pret.*) A. R. 162; ISUM. 557; *comp.* a-, an-, for-, of-hŭngren.
hungrere, sb., *hungry person*: voide he shal make the soule of the hungrere WICL. IS. xxxii. 6.
hungriȝ, adj., O.E. hungrig, = O.H.G. hungarig; *hungry,* ORM. 6162; hungri MISC. 154; H. H. 87; hungri gere GEN. & EX. 2136; hungri time CH. BOET. i. 4 (15); hungrie (*pl.*) FRAG. 6.
huniȝ, sb., O.E. hunig, = O.Fris. hunig, O.L.G. honeg, O.H.G. honig, bonag, honang, O.N. hunang; *honey,* ORM. 9225; huni A. R. 404; H. M. 9; PL. CR. 726; honi C. L. 78; SHOR. 90; MAND. 251; þet honi AYENB. 136.
huni-comb, sb., O.E. hunigcamb; *honeycomb, 'favus,'* MISC. 54; honicomb WICL. I KINGS xiv. 27.

honi-drope, sb., *honey-drop*, LEG. 65 ; S. J. 5.
honi-socle, sb., *honeysuckle*, PR. P. 245 ;
hunisuccles (*pl.*) REL. I. 37 ; ? honisoukis WICL. MAT. iii. 4, MK. i. 6.
huni-tiar, sb., *O.E.* hunigtēar ; *drop of honey*, HOM. I. 217 ; huniter HICKES l. 167.
huniȝen, v., = *M.H.G.* honigen ; *honey* : wiþ honi of hevene ihonied (*pple.*) swete S. A. L. 70.
hünne, see **heonene**.
hunte, sb., *O.E.* bunta ; *hunter*, HOM. II. 209; ORM. 13471 ; CH. C. T. *A* 2018 ; hunte [honte] LAȝ. 21337 ; **hunten** (*pl.*) LAȝ. 2590 ; REL. I. 120 ; huntes SAX. CHR. 256 ; huntes [hontes] TREV. VII. 357 ; of þe hunte (*gen. pl.*) grune ['*de laqueo venantium*'] HOM. II. 209.
Huntin-dūne, pr. n., *O.E.* Huntan dūn ; *Huntingdon*, MISC. 146 ; Hontindone ROB. 4.
Huntendone-schire, pr. n., PROCL. 1.
hunteð, sb., *O.E.* huntoð ; *hunting*, HOM. II. 209 ; honteþ ROB. 283.
huntien [honti], v., *O.E.* huntian ; *hunt*, LAȝ. 2586 ; hunten SAX. CHR. 256 ; ORM. 13460 ; MISC. 1 ; CH. C. T. *A* 1674 ; honti, honte ROB. 16 ; honte DEGR. 50 ; hount BARB. vii. 399 ; **hunteð** (*pres.*) HOM. I. 203 ; ȝe huntieð [honteþ] LAȝ. 1432 ; **huntand** (*pple.*) BARB. xx. 21 ; **hunted** (*pret.*) A. R. 344 ; honted (*pple.*) P. S. 150.
huntere, sb., *hunter*, GEN. & EX. 1481 ; huntare PR. P. 253.
huntunge, sb., *O.E.* huntung ; *hunting*, A. R. 330 ; huntinge LAȝ. 21342 ; hunting GREG. 717 ; hontine BARB. iv. 513.
hüpe, sb., *O.E.* hype, *cf. M.Du.* hupe, heupe, *Goth.* hups *m.*, *O.H.G.* huph, huf *f.* ; *hip*, A. R. 280 ; hipe PR. P. 241 ; hipe [hippe] WICL. GEN. xlvii. 29 ; hippe GOW. II. 159 ; hepe VOC. 179 ; P. S. 329 ; **hüpes** (*pl.*) ROB. 322 ; ALIS. (Sk.) 190 ; hipes [hippes] CH. C. T. *A* 472 ; hepis MED. 624 ; hepes ROB. (W.) 6580*.
hüpe-bān, sb., *hip-bone*, ATHENÆUM 2467 (*Roy. MS.* 4, A. xiv. fol. 106 *b*) ; hepeboon HALLIW. 445.
hippe-halt, adj., *lame in the hips*, GOW. II. 159.
hüpel, sb., *O.E.* hӯpel ; *little heap*, FRAG. 2 ; hipil WICL. GEN. xxxi. 47 ; **hüples** (*pl.*) TREV. IV. 137* ; huppels l. 179*.
hipil-mēlum, adv., *in heaps, summarily*, ['*acervatim*'] WICL. WISD. xviii. 23.
hüppen, v., = *M.L.G.* huppen, *M.H.G.* hüpfen ; = **hoppen** ; *bound, jump* ; huppe ROB. 537 ; JOS. 14 ; **hüppe** (*pres.*) SPEC. 38 ; hupþ O. & N. 379 ; (þei) huppe [hippe] LANGL. *B* xv. 557 ; **hüpe** (*imper.*) SPEC. 111 ; **hipping** (*pple.*) FLOR. 1993 ; hüpte (*pret.*) O. & N. 1636 ; ROB. 208 ; BRD. 8 ; *comp.* **over-hüppen**.
hürcheoune, see **ircheoun**.
hurde, sb., = *M.Du.* hurde, *O.H.G.* hurd, *O.N.* hurð, *Goth.* haurds (θύρα) ; *hurdle,*
grating ; **hurdes** (*pl.*) D. TROY 13459 ; hurdis MIN. x. 14 ; GOLAG. & GAW. 470.
hurd-reve, sb., '*centauria*,' REL. I. 36.
hürde, see **heorde**.
hürdel, sb., *O.E.* hyrdel ; *hurdle* ; hirdil '*crates*' PR. P. 241 ; herdil VOC. 279 ; **hürdles** (*pl.*) ALIS. 6104 ; herdles ROB. 232.
hurdice, sb., *O.Fr.* hurdeis, *med.Lat.* hurdicum ; *palisade* : hurdice or hustilment PR. P. 253 ; one hindire hurdace one highte helmede knightez D. ARTH. 3626 ; with targes and **hurdices** (*pl.*) thee gregeis heom wried ALIS. 2785.
hure, see **hwure**.
húre, sb., ? *O.Fr.* hure (*head*) ; *skull-cap,* '*pileus*,' HALLIW. 470 ; '*tena*' PR. P. 252 ; BEK. 2099 ; DAV. DR. 59 ; an old cherl in a blake hure P. S. 156.
hüre, sb., *O.E.* hȳr, = *O.Fris.* hēr, *M.L.G.* hüre, *M.Du.* huere ; *hire*, LAȝ. 31110 ; SPEC. 42 ; hure, huire A. R. 404, 428 ; bure [huire] LANGL. *A* ii. 91 ; huire H. M. 7 ; MAND. 285 ; hire HAV. 910 ; MIN. vii. 66 ; for here swinc hire he nu haven GEN. & EX. 3172 ; hire or mede WICL. JOHN iv. 36 ; here ALIS. 5221 ; *comp.* **hous-, schip-hire**.
hür-mon, sb., *O.E.* hȳrmann ; *one hired*, '*mercenarius*,' FRAG. 5.
hüre², sb., *cf. M.Du.* huere ; *courtesan* : wit hire no wolde (he) leike ne lie HAV. 997.
hüren, v., *O.E.* hȳrian, = *M.Du.* hueren, *M.L.G.* hüren, *O.Fris.* hēra ; *hire*, A. R. 126 ; hirin '*conduco*' PR. P. 241 ; hire A. P. i. 506 ; LIDG. M. P. 43 ; here MISC. 33 ; **hürede** (*pret.*) HORN (L.) 752 ; BEK. 1173 ; herde MAT. xx. 7 ; hureden LAȝ. 30696 ; **huired** [hired] (*pple.*) LANGL. *B* vi. 116 (Wr. 4024) ; *comp.* ȝe-**hüren**.
hüren, see **hēren**.
hürfte, sb., *O.E.* hwyrft ; *orb* : urthe is a lutel hurfte aȝen hevene TREAT. 4.
hurien, v., ? *hurry* ; horied (*pret.*) A. P. ii. 883.
hurkelen, v., *cf Du.* hurken, *O.N.* hurka, *prov. Eng.* hurkle (*to squat, nestle*) ; *hang down ; overhang ; nestle*: þat oþer burne watz abraist and **hurkeles** (*pres.*) doun with his hede A. P. ii. 150 ; [a litill brid] hurkils and hidis ALEX. (Sk.) 504 ; over the hiȝest hille þat hurkled (*pple.*) on erþe A. P. ii. 405.
hurle, sb. [? for **hwirl**], *wave*: the pure populand hurle [*v. r.* perle] passis it umbi ALEX. (Sk.) 1154 ; the pure poplande hourle plaies on mi heved A. P. iii. 319.
hurlen, v., ? *cf. M.Du.* horrelen ; *horrelen ; hurl ;* **hurlest** (*pres.*) CH. C. T. *B* 297 ; hurleð to gederes A. R. 166 ; horliþ P. S. 211 ; hele over hed hourlande (*pple.*) about A. P. iii. 271 ; þe see him **hurlede** (*pret.*) up and doun P. L. S. xxiii. 25 ; hurled WILL. 1243 ; to helle he horlede

L. H. R. 140; **hurled** (*pple.*) A. P. ii. 44; hurlid ['*impulsus*'] WICL. PS. cxvii. 13.

hurlung, sb., *contention* : hurling or strife '*incursio, conflictus*' PR. P. 253; ȝif ȝe weren iƷe worldes þrunge, mid a lutel **hurlunge** (*dat.*) ȝe muhten al vorleosen A. R. 166.

hurlid, adj., *? from O.Fr.* hure; *covered with bristles* : his hede is like a stouke, hurlid as hogges TOWNL. 313.

hūrling, sb., *O.E.* hȳrling; *hireling*; **hīrlingen** (*ms.* hyrlingen) (*dat. pl.*) MK. i. 20.

hürne, sb., *O.E.* hyrne, = *O.N.* hyrna, *O.Fris.* herne; *nook, corner*, MARH. 8; O. & N. 14; P. S. 150; REL. I. 264; som hurne of þe londe ROB. 178; huirne JOS. 378; hurne, hirne WILL. 688, 3201; hirne PR. P. 241; ORM. 1677; A. P. iii. 178; herne CH. C. T. *F* 1121; þare hernen [herne] MK. xii. 10; LK. xx. 17; **hürnen** (*pl.*) A. R. 314; huirnes, hirnes, hernis LANGL. *A* ii. 209; hirnes ALEX. 3215.

hirne-stān, sb., *corner stone*, ORM. 6824.

hurren, hurrin, v., = *Ger.* hurren, *Swed.* hurra, *M.Du.* horren; *whirr*, '*bombizo*,' PR. P. 254; *comp.* **to-hurren**.

hurrok, sb., *cf. prov.Eng.* (*Norfolk*) orruck-holes (*oar holes*); *? oar* : withouten maste .. baweline .. kable .. capstan .. hurrok .. handehelme A. P. ii. 419; (he) on helde bi þe hurrok A. P. iii. 185.

hurst, sb., = *M.H.G.* hurst, *M.L.G., M.Du.* horst, *mod.Eng.* hurst (*in place-names*); *copse, wooded hill*, S. A. L. 156; **hurste** (*dat.*) TREV. I. 419; opon þe hexte hurste SAINTS (Ld.) xlv. 18; hirste D. ARTH. 3369; **hurstes** (*pl.*) ANT. ARTH. v.

hūrt, sb., *O.Fr.*, hurt, *cf. M.H.G.* hurt, *M.Du.* hurt, hort; *hurt*, A. R. 112; hirt MAN. (F.) 12401; hurth YORK xl. 34; **hurtes** (*pl.*) HOM. I. 207; LAȝ. 1837; CH. C. T. *F* 471.

hürt-lēs, adj., *unhurt*, ALEX. (Sk.) 102.

hürte, *see* **heorte**.

hürten, v., *O.Fr.* hurter, *from M.H.G.* hurten, *cf. M.Du.* hurten, horten; *hurt, offend*, A. R. 8; þat tu noht ne shalt tin fot uppo þe stanes hirten (*ms.* hirrtenn) ORM. 11370; hurten [hirte] ['*laedere*'] WICL. EXOD. xii. 23 ; herte SHOR. 112; hirtiþ (*pres.*) ['*offendit*'] WICL. JOHN xi. 9; hurtes [hortes] PS. xxxvi. 24; **hürte** (*subj.*) LANGL. *B* x. 366; **herte** (*pret.*) RICH. 4715; hurten LAȝ. 1878; **ihürt** (*pple.*) A. R. 98; H. M. 21; ihert S. S. (Web.) 772.

hürtunge, sb., *hurting*, A. R. 344.

hurtlen, v., *run together, collide, stumble* : þei schulen ... hurtlen to gidere ['*collident*'] WICL. JER. xlviii. 12; hurtelin '*impingo, collido*' PR. P. 253; hurtle (*ms.* hurtel) WILL. 5013; ilk an of þam sal ... again other hortle (*ms.* hortel) PR. C. 4787; he him hurtleth (*v. r.* hurteþ) with his hors a doun CH. C. T. *A* 2616.

hurtlinge, sb., *collision, clashing together*, '*collicio, contactus*,' PR. P. 253; TREV. IV. 153; hard was the hurteling tho herti betwene D. TROY 10053; hortling MAN. (F.) 2946.

hūs, sb., *O.E.* hūs, = *O.L.G., O.H.G., O.N.*, Goth. hūs, *M.Du.* hūs, huis; *house*, A. R. 134; ORM. 1608; O. & N. 623; GEN. & EX. 1619; HAV. 740 (*spelt* hws 1141); C. M. 14742; huis P. S. 327; hous ROB. 20; MAND. 247; S. S. (Wr.) 2815; PS. lxxxiii. 4; hous and hoom CH. C. T. *H* 229; **hūses** (*gen.*) O. & N. 1155; **hūse** (*dat.*) FRAG. 6; O. & N. 479; hi (r. i) schal to house (*home*) þi douter do wel spuse HORN (H.) 1034; hūs (*pl.*) LAȝ. 1937; hous AYENB. 43; TREV. III. 417; huses HOM. I. 49; A. R. 296; O. & N. 1203; **hūsen** (*dat. pl.*) MAT. xi. 8; *comp.* **bak-, bēde-, brēu-, cwalm-, gang-, gest-, hōr-, hord-, rūm-, mōt-, tol-hūs**.

hūs-berner, sb., *house burner* : hūsberners (*pl.*) bakbiteres MISC. 30.

hūs-bonde, sb., *O.E.* hūsbonda, -bunda, *O.N.* hūsbōndi; *husband, small farmer,* '*paterfamilias*,' PR. P. 254; LAȝ. 31958; HOM. I. 247; MAND. 247; husbond BARB. x. 387.

hūsbonden, v., *practise thrift, husband* (*one's resources*) : husbondin or wiseli dispendin wordeli goodes '*dispenso iconomice*' PR. P. 254.

hūsbond-man, sb., *head of a family* : [maidins] lat liȝt be **hūsbandmen** (*pl.*) S. & C. II. xxii; '*paterfamilias, hic iconomus*' VOC. 211.

hūsbonderie, sb., *husbandry*, LANGL. *A* i. 55.

hūs-brenning, sb., *house burning* : mans slaghter and husbren(n)ing C. M. 26235.

hous-evese, sb., *house-eaves*, WICL. PS. ci. 7.

hūs-folc, sb., *cf. Dan.* huusfolk; *family* : everilc husfolc GEN. & EX. 3138.

hous-hire, sb., *rent of a house*, P. S. 330.

hous-hold, sb., = *Ger.* haushalt; *household*, LIDG. M. P. 67; **housholdes** (*pl.*) MAND. 209.

hous-holdere, -haldere, sb., *householder*, CH. C. T. *A* 339.

hous-kēpare, sb., *housekeeper*, PR. P. 251.

hūs-lāverd, sb. (*ms.* huse-) HOM. I. 247.

hūse-lēfdi, sb., *mistress of the house*, A. R. 414.

hous-lēk, sb., = *M.L.G.* hūslōk; *houseleek*, PR. P. 251.

hous-lēs, adj., *houseless*, J. T. 40.

hūs-lēwe, sb., *O.E.* hūshlēow; *protection of the house*, HOM. I. 277.

hūs-rōf, sb., *house roof*, REL. I. 219.

hūs-shipe, sb., *family*, HOM. II. 197.

hūs-ting, sb., *O.N.* hūsþing; *husting*, LAȝ. 2324.

hūs-wīf, sb., *housewife,* VOC. 215; PR. P. 255; (*ms.* husewif) A. R. 416; houswif LANGL. *B* xiv. 3.

hūsewīf-schipe, sb., *house management*; housewifschipe is Marthe dole A. R. 414.

[**hūscen,** v., *O.E.* hyscan, *from* husc (hux); *deride*; *comp.* for-hūscen.]

huschen, v., =*L.G.* huschen, hussen; *hush*; **husht** [hust] (*pple.*) CH. C. T. *A* 2981 (Wr. 2983).

hūsel, sb., *O.E.* hūsel,=*O.N.* hūsl, Goth. hunsl (θυσία); *eucharist,* A. R. 208; ORM. 6215; þat holie husel HOM. II. 61; housel LANGL. *B* xix. 390; R. R. 6386; TOR. 1273; housil MISC. 217; PR. C. 3402; hosel ROB. 419; hosil LIDG. M. P. 248.

hūsen, v., *O.E.* hūsian,=*M.L.G., M.H.G.* hūsen; *house, dwell*; housin PR. P. 251; house HALLIW. 464; D. ARTH. 4284: **housede** (*pret.*) ROB. 21.

hūsing, housing, sb.,=*M.L.G.* hūsinge, *M.H.G.* hūsunge; *housing,* C. M. 8591; housinge MIRC 1147; DEP. R. iii. 217; housing GOW. II. 352.

huske, sb., ? *M.Du.* hulsche; *husk,* '*corticillus,*' PR. P. 254; MAND. 188.

huske², sb., *a kind of fish,* '*sqvarus,*' PR. P. 254.

hūslen, v., *O.E.* hūslian, *cf. O.N.* hūsla, Goth. hunsljan; *administer the eucharist,* ORM. 6129; houselin PR. P. 250; housele MAND. 261; hoslen HAV. 212; **housled** [houseled] (*pple.*) LANGL. *B* xix. 3; ihuseled A. R. 16; ihouseled SHOR. 22; TREV. V. 417.

huspilin, v., *Fr.* houspiller; *plunder,* '*spolio,*' PR. P. 255.

hūsting, *see under* **hūs.**

hūten, v., *cf. Swed.* hūta; *hoot,* ORM. 2034; houtin '*boo*' PR. P. 251; LUD. COV. 179; grede & houte FER. 3225; **hūted** (*pple.*) ORM. 4875; ihouted LANGL. *B* ii. 218; *see* **hōten.**

hūting, hūtung, sb., *hooting,* JUL. 52, 53.

hutte, sb., *heap*; ['*gleba*'] PALL. ii. 188.

hūve, sb., *O.E.* hȳf,=*M.L.G.* hūve; *hive*; huive REL. II. 84; hive SAX. CHR. 256; P. L. S. iv. 31; CH. C. T. *A* 4373; A. P. ii. 223; hife VOC. 223; heve BEV. 1408.

hūven, v., *put into a hive*; hivin PR. P. 242.

hux, sb., *O.E.* hucs (hux), husc,=*O.L.G., O.H.G.* hosc; *taunt, mockery*: hux and hoker LAȜ. 28865.

hux-word, sb., *taunt,* LAȜ. 21682.

hvēȝel, *see* **hwēol.** **hvet,** *see* **hwat.**

hwā, pron., *O.E.* hwa,=*O.Fris.* hwa, *O.L.G.* hwe, *O.N.* hvar, *O.H.G.* hwer, Goth. hwas, *Lat.* qvis; *who,* MARH. 20; hwa was wurse þen heo KATH. 170; ȝif hwa (*if any one; cf. Lat. si qvis*) is swa sunful HOM. I. 9; wha LAȜ. 4626; PERC. 1613; PR. C. 90; wha ORM. 2091; hwao, hwo MISC. 192; hwo, hwoa A. R. 6, 18; hwa [hwo], wo, wa O. & N. 113, 1195, 1782; hwo, wo HAV. 76, 296; hvo (*ms.* huo) AYENB. 5; who CH. C. T. *A* 831; who, ho C. L. 268, 1159; wo ROB. 215; S. S. (Wr.) 1093; ho FL. & BL. 634; TREAT. 133; WILL. 1286; JOS. 466; K. T. 894; DEGR. 1433; ȝwo MAP 334; qva M. H. 3; qvo GEN. & EX. 359; ANT. ARTH. xxiv; qwo E. G. 30, 95; quha BARB. i. 391; **hwat** (*neut.*) [*O.E.* hwæt, = *O.Fris.* hwet, *O.L.G.* hwat, *O.N.* hvat, *O.H.G.* hwaz, *Lat.* qvid] *what* KATH. 150; H. M. 3; hwat herte is swa heard HOM. I. 269; hwat mihte... was icud A. R. 76; hwat tu dest wel 86; of hwat (*for* hwam) 66; hwat, what, wat O. & N. 60, 393, 1730; hwat, wat HAV. 117, 1951; hwet seggeð heo HOM. I. 29; mest hwet 137; hwet wene ȝe MARH. 6; qvhat kin *of what kind* BARB. iv. 649; of hwet cunde 16; & wite hwet he us lende ANGL. I. 14; hvet AYENB. 20; whæt [wat] heo don mihten LAȜ. 12262; whet he þer sohte 2393; what cnihtes we beoð 13845; **al what** it seȝþ & meneþ ORM. 5503; what C. L. 1061; nēȝ **what** BEK. 1958; what qvod þe prest LANGL. *A* vii. 130; **what swa** ['*qvodcunqve*'] PS. i. 3; **what lütles** þat he et P. L. S. xvii. 396; **what for** eie what for love BEK. 337; wat frend wat fa HOM. I. 237; wat þe was wo SHOR. 87; wet MISC. 27; H. H. 194; qvat REL. I. 292; M. H. 5; **hwǣs** (*gen.*) *whose* ['*cujus*'] MAT. xxii. 42; HOM. I. 151; god... hwas wreððe MARH. 9; ancren hwas blisse A. R. 348; hvas AYENB. 38; whas ORM. 3425; WILL. 1441; hwes MISC. 50; whes sune he weore LAȜ. 17111; was, hwos HOM. II. 43, 187; whos WICL. JOHN iv. 46; whos [hos] C. L. 61; wos REL. I. 226; ȝwas SAINTS (Ld.) lii. 49; **hwam** [*mod.Eng.* whom] (*dat.*) A. R. 56; þuruh hwam (*for* hwan) 352; to hwam HOM. II. 181; þurh hwam (*for* hwan) KATH. 225; hwæt is þes be hwam (*earlier text* þam) ic þellic gehire LK. ix. 9; his swete moder... of hwam he vleiss nom MISC. 57; hwam (*for* hwan) þie seche 53; hwam AYENB. 9; wham (*ms.* whamm) ORM. 6995; wham WILL. 314; PR. C. 91; wham [wam] he mihte bitæchen his dohter & his riche LAȜ. 11550 (*miswritten* whæm 11404); ȝwam SAINTS (Ld.) lv. 140; whom C. L. 296; **hwane** (*acc. m.*) ['*qvem*'] JOHN xviii. 4; whan [wan] LAȜ. 27487; þuruh hwon A. R. 320; make king wan he wole ROB. 502; mid **hwan** (*used as dat. masc., neut.*) ['*qvo*'] MAT. vi. 31; for hwan MK. iv. 30; to whan hit scal iwurðen LAȜ. 17903; for wan 2679; for hwan [wan] O. & N. 453; wos(t) tu to hwan [wan] man was ibore 716; bi hwan he lai 1509; to wan [whan] we sculle & of wan we come P. L. S. viii. 164; þe ston upe whan ich sitte BRD. 27; to hwon MARH. 16; vor hwon (*printed* hwou) A. R. 62; mid hwon gremeð he god 334; wite ye for hwon MISC. 38; *comp.* ȝe-hwā.

hwēr, *see* hwār *and* hweðer.
hwēte, sb., *O.E.* hwǣte, *cf. O.L.G.* hwēti, *Goth.* hwaiteis, *O.H.G.* hweizi *m.*, *O.N.* hveiti *n.*; *wheat*, MK. iv. 28 ; hwete, hweate A. R. 70, 270; hweate HICKES I. 224; whæte ORM. 10521; hvete AYENB. 141; whete LANGL. *A* iii. 41 ; MAND. 189; wete SHOR. 30; qvete M. H. 140; hwǣtes (*gen.*) MAT. xiii. 36 ; *comp.* sǣd-hwǣte.
    hwēte-corn, sb., *O.E.* hwǣtecorn, = *O.N.* hveitikorn; *grain of wheat*, HOM. I. 241.
hwǣten, adj., *O.E.* hwǣten, = *M.Du.* weiten, *M.H.G.* weizin; *wheaten*; whete bred LANGL. *B* vii. 120; in ane hvetene lhove AYENB. 82.
hwákien, *see* cwákien.
[hwal] whal, sb., *O.E.* hwæl, = *O.N.* hvalr, *O.H.G.* wal; *whale*; whal '*cetus*' VOC. 222 ; SPEC. 34; WICL. JOB vii. 12; CH. C. T. *D* 1930; whal, qwal PR. S. 523; qval VOC. 189; qval M. H. 136; of whāles [wales] (*gen.*) bone LA3. 2363.
hwān, sb., *O.E.* hwōn; *little, few* : lit hwan ['*pusillum*'] MAT. xxvi. 39; hwon ['*pusillum*'] MK. i. 19; a litel wan HOM. II. 69; nusten þa Bruttes na whon whæt Vortiger hæfde idon LA3. 13203; a qvon C. M. 19782 ; thocht thai war qvhein (*few*) thai war worthi BARB. ii. 244; qvhoin [qvhone] ix. 163.
hwanene, adv., *O.E.* hwanone, hwanan, hwonan, = *O.L.G.* hwanan, hwanen, *O.H.G.* (h)wanana, hwanan, (h)wannan; *whence*, HOM. II. 191; whanene, whonene, wonene [wanene] LA3. xvi. 1430, 13846; wanene, whonene, hwenene, hwenne O. & N. 138, 1300; wanene ROB. 376; hwanen MK. vi. 2; hweonene, hweonne HOM. I. 249; JUL. 38, 39; hwonne MARH. 16; from hwonne þe engles a dun f(e)ollen HOM. I. 61; whenne HORN (R.) 169; whine ALEX. (Sk.) 834*; hvannes AYENB. 115; whannes TREAT. 139; whennes WILL. 478; CH. C. T. *C* 335; whens TRIAM. 431; *comp.* aighwanen.
hwanne, adv., *O.E.* hwanne, hwonne, hwænne, = *O.H.G.* hwanne, (h)wenne, *O.L.G.*, *Goth.* hwan; *when*; hvanne AYENB. 6; whanne ORM. 133; whanne WICL. JOHN xii. 12; wanne REL. I. 209; whanne, whan WILL. 80, 303; hwanne, hwenne, hwan HOM. I. 35, 79, 81; hwanne, wanne, wane, wonne, hwenne, hwan, wan, hwon, won, wone, hwen O. & N. 38, 165, 324, 684, 1251, 1264, 1446, 1531, 1566; hwonne, hwon A. R. 6, 144; wonne, wenne, whenne, whænne [wane, wan] LA3. 714, 3570, 21757, 27174; whenne, when SPEC. 74; hwen MARH. 6; whan BEK. 53; CH. C. T. *A* 179; whan, whon LANGL. PROL. 1; whon JOS. 25; wen S. S. (Wr.) 994; hwan, qvanne HAV. 162, 312; qwanne (*ms.* quuanne) GEN. & EX. 190; qwan LUD. COV. 256; w. & l. 48; qvan S. & C. I. ii; qven A. P. i. 40; M. H. 2; AV. ARTH. iv; 3wane

SAINTS (Ld.) lii. 47, lx. 33 ; 3wan xxxvi. 295 ; *comp.* seld-hwonne.
hwār, adv., *O.E.* hwǣr, hwār, = *O.L.G.*, *Goth.* hwār, *O.H.G.* wār, wāra, *O.N.* hvār; *where*, FRAG. 6; A. R. 8; hwar, hwar, war, hware, ware O. & N. 64, 892, 938, 1049, 1727; hware, hwere HAV. 549, 1881; whar WILL. 394; PR. C. 357; war ne (*unless*) sin war(e) 2342; hwær LK. ix. 58; whær ORM. 1827; whær, wher [ware] LA3. 3320, 4454; hwer MARH. 10; R. S. v; hwer he mei wunian HOM. I. 27 ; hwer bicomen heo þa 129; wher HORN (L.) 416; wher, where WICL. JOHN vii. 11; wor REL. I. 223 (MISC. 20); whēr on *whereon*, LA3. 15502; hver an AYENB. 176; whār bi *whereby*, WILL. 2256; hwār fōre *wherefore*, A. R. 158*; wher fore MAND. 246; hvēr inne *wherein*, AYENB. 23; hwær mid MAT. viii. 25; wer mid REL. II. 274; hver mide AYENB. 23; hwār of *whereof*, A. R. 12; whar of TREAT. 136; wor of GEN. & EX. 3530 ; wher of LANGL. *B* iii. 56; whær ofe ORM. 14052; hwār tō *whereto*, A. R. 392; hwar [war] to O. & N. 464; hwer to MARH. 16; hwēr þurh *by which*, KATH. 236; wher þur3 PROCL. 6; hwar þurh A. R. 58; hvēr onder *under which*, AYENB. 221; hvēr oppe *where upon*, AYENB. 251; hwēr wið *wherewith*, H. M. 9; wher wiþ CH. C. T. *D* 131; whar with PR. C. 3835; 3ware with SAINTS (Ld.) lxi. 46 ; *comp.* ā-, 3e-hwār.
[hwarf], sb., *O.E.* hwearf *m.* (*turn, change, congregation*), *cf. O.L.G.* hwarf *m.* (*congregation, council*), *cf. O.N.* hvarf *n.* (*turning, shelter*), ? *O.H.G.* warb *m. n.* (*turn*); *from* hwerfen; *change*; ? *agreement* : þurh warf of þon folke LA3. 2070 ; he þer wærf makede 17485.
hwarfen, v., *O.E.* hwearfian, = *O.N.* hvarfa (*pret.* hvarfaði); *from* hwerfen; *turn, change*; wharfen ORM. 14137; hwarafeð (*pres.*) HOM. II. 173; wharfed (*pple.*) ORM. 9658; *comp.* blind-hwarven.
hwat, adj. *O.E.* hwæt, = *O.L.G.* hwat, *O.N.* hvatr; *swift, active, brave*; spac & hwat HOM. II. 183; wat 127; al se hwat se *as soon as*, HOM. l. 79; al wat (*until*) hi kam MISC. 27; al hvet (*ms.* huet) ich habbe idronke AYENB. 51; hvet hi is ido 87; wat comeþ his ascensioun SHOR. 126; on hwat *quickly*, HAV. 1932; þer weoren eorles swiðe whæte [wate] LA3. 7137; whāte (*adv.*) ALIS. 2639; B. DISC. 1741; wāte (*pl.*) LA3. 19136.
    hwat-līche, adv. *O.E.* hwætlīce; *swiftly*, O. & N. 1708; whatlike ORM. 12166; whatlokere (*compar.*) BEK. 1249; watloker ROB. 429; whatlokest (*superl.*) P. L. S. xiii. 315.
hwat, *see* hwā.
hwāte, sb., *O.E.* hwæt *n.* (*omen*); *omen, fortune* : þe man þe leveð upen hwate REL. I. 131 (HOM. II. 11); þe luþur wate ROB. 34; gode wate CHR. E. 163; qvate HALLIW. 656; after

sum geste stod him qvate GEN. & EX. 1054;
comp. un-hwáte.
hwaþer, see hweðer.
hwecche, see hwicche.
hwei [wei], sb., O.E. hwæg,=M.Du. wei;
whey, O. & N. 1009; whei '*serum*' PR. P.
523; qwhei REL. I. 9.
hwēl, see hwēol.
[hwēle] whēle, sb., *weal*; whele, whelle,
wheel '*pustula*' PR. P. 523; VOC. 267.
[hwēlen] whēlin, v., O.E. hwēlian; *blister,
swell;* '*pustulo,*' PR. P. 523.
hwelfen, v., O.E. (be-)hwylfan, = O.N. hvelfa,
O.L.G. (be-)hwelbean, M.H.G. welben; *roll*:
he hwelfde (*pret.*) at þare sepulchre dure
enne grete ston MISC. 51; *comp.* over-
hwelven.
[hwēlke] whēlke, sb., *diminut. of* whēle;
weal, swelling; whelke, qwelke '*pustula*' PR.
P. 523; whelke WICL. LEV. xiii. 2; whōlkes
(*pl.*) CH. C. T. A 632.
[hwelmen] whelmen, v., *turn*; [*v. r.* weilen,
whielen] CH. TRO. (T.) i. 139; whelmin
'*supino*' PR. P. 524; whelme (*imper.*)
HALLIW. 926; *comp.* over-hwelmen.
hwelp, sb., O.E. hwelp, hwylp,=O.L.G. hwelp,
O.N. hvelpr, O. H. G. welf; *whelp, puppy*:
hweolp A. R. 198; whelp ORM. 5838; whelp
'*catulus*' PR. P. 524; P. L. S. xviii. 70; welp
AN. LIT. 11; TRIST. 2399; hwelpes (*pl.*)
MK. vii. 28; whelpes LA3. 31679; whelpis
OCTOV. (W.) 314.
hwelpen, v., *bring forth whelps*; whelpede
(*pret.*) OCTOV. (W.) 470; whelped (*pple.*)
ORM. 5839; ihweolped A. R. 200.
[h]wēnen, v., O.E. (a-)hwǣnan; *? trouble,
grieve*: þat wēneþ (*pres.*) me umbe while
SPEC. 49; *comp.* a-, 3e-hwēnen.
hwenene, see hwanene.
hwenne, see hwanne.
hwēol, sb., O.E. hwēol, hwēohl, hwēogul,
hwēowol,=M.Du. weel, wiel, O.N. hvel, hiól
n., Gr. κύκλος; *wheel*, A. R. 322; þat hweol
KATH. 1951; wheol ORM. 3642; hefnes
whel 17531; hwel MISC. 149; hve3el AYENB.
24; 3weol, wheol, weol LEG. 163, 190, 191;
wheel CH. C. T. A 925; qwel HALLIW. 657;
qvheill BARB. xiii. 637; hwēole, hweoles
(*pl.*) KATH. 1942, 2017; hweoles A. R. 356;
weoles ROB. 408; wheles MAND. 241; *? who-
welen* SHOR. 109; *comp.* cart-wheel.
whēl-barowe, sb., *wheelbarrow*, FLOR.
2031.
whēl-spor, sb., *wheel-track*, '*orbita*,' PR.
P. 524.
whēl-wri3t(e), sb., *wheelwright*, REL. II.
8; qvelwri3te ANT. ARTH. xxi.
hwēolen, v., *wheel, rotate*; hwēolinde (*pple.*)
A. R. 356.

hwĕr, see hwār *and* hweðer.
hwerf, sb., O.E. hwerf,=M.Du., M.L.G. werf
m.; *wharf*; wherfe (*dat.*) MAN. (H.) 310.
[hwerfen, v., O.E. hweorfan,=O.N. hverfa
(*pret.* hvarf), O.H.G. werban, Goth. hwairban;
turn; comp. a-hwerfen; *deriv.* hwarf,
hwarfen, hwerfen, hwirl, hworvel.]
hwerfen², wherven, v., O.E. hwerfan,
hwyrfan,=O.N. hverfa (*pret.* hverfði), O.H.
G. werben (*pret.* warpta); *turn, change*;
whærven LA3. 31680; wervende (*pple.*) HOM.
II. 87; whǣrfde (*pret.*) hire nome LA3. 6319;
manege... agen hwærfden MK. vi. 31; wher-
fed (*pple.*) (*perverse*) folc ORM. 9721.
[hwēsen] whēsen, v., O.E. hwēsan (*pret.*
hwēos ÆLFR. HOM. I. 86); *wheeze*: whēse
(*pres.*) TOWNL. 152.
hwēstan, v., *? cough*; (he) hwēst (*pres.*)
LEECHD. III. 122; *see* hōstin.
hwet-stōn, sb. O.E. hwetstān,=M.Du. wet-
steen, M.L.G. wettestēn, O.H.G. wezzi-, wezi-
stein; *whetstone*, '*cos*,' FRAG. 5; whetston
PR. P. 524; TREV. I. 13.
hwēte, see hwǣte.
[hwetten] whettin, v., O.E. hwettan,=O.N.
hvetja, M.Du., M.L.G. wetten, O.H.G. wez-
zan; *from* hwat; *whet, sharpen*; '*acuo,*' PR.
P. 524; whete (*pret.*) TREV. VII. 341; whætte
LA3. 14215; wette S. S. (Web.) 911; iwhæt
[iwet] (*pple.*) LA3. 30579.
whettinge, sb., *whetting*, '*acucio,*' PR. P. 524.
[hweþen] wheþen, adv., O.N. hvačan; *whence*:
MAN. (H.) 236; whethen [weþen] PS. CXX. 1;
whethen PR. C. 5205; weðen HOM. II. 127;
wheþen, qveþen GAW. 461, 871; C. M. 4819;
qveðen GEN. & EX. 1401; qveþen M. H. 131.
hweþer, pron. & adv. (conj.), O.E. hwæðer,=
O.L.G. hwethar, Goth. hwaþar, O.H.G. hwedar,
O.N. hvārr, Gr. κότερος; *whether, which of
two*, HOM. I. 173; A. R. 64; hweťer þe beo leo-
vere KATH. 2312; hweþer unker O. & N. 151;
hweþer deþ wurse 1408; hweþer he schal
forþ þe a bak 824; weþer 1360; hwaþer, hwa-
þer 1198, 1362; wheďer, whæďer, weďer, whær
[waþer] LA3. 905, 5295, 13504, 20877; hweþer,
weþer, HAV. 292, 294; TRIST. 315; wheþer
SPEC. 59; weþer P. L. S. viii. 19; he nuste in
weþer ende turne ROB. 172; weþer est þe
west 220; wer [whether] ur(e) loverd wole
evere wroþ be 352; wheþr (*ms.* wheþþr) ORM.
526; wheþer, wer CH. C. T. A 1856, 2397;
WICL. JOHN vii. 17; 3weþur, 3weþer SAINTS
(Ld.) xxx. 13, xlv. 74; qveðer GEN. & EX.
1471; qveþer M. H. 18; wher C. L. 1040; WILL.
799; MAND. 219; hweðeres (*gen.*) fere
wult tu beon A. R. 284; to whaþere (*dat.*) heo
faren mihten LA3. 25742; *comp.* āuþer.
hweðere, conj., O.E. hweðere, hwæðere, hwæ-
ðre; *nevertheless, yet*, HOM. I. 225; þeih
hweðere II. 224; þoh wheþre (*ms.* þohh-
wheþþre) ORM. 18510; weþer PS. xxxviii. 6.

hwī, pron. & adv., *O.E.* hwī, hwȳ (*instrum. of* hwā), = *O.L.G.*, hwī, *O.N.* hvī, *O.H.G.* hwiu, hiu, *Goth.* hwē, *Lat.* qvī; (*with, for*) *what; why*: cuð me ... hwi þe worldes weldent wuneð in þe MARH. 16; mid hwi (*ms.* hwy) his hit agulden LK. vii. 42; for hwi HOM. I. 153; to hwi; ANGL. I. 13; hwi, whi, wi O. & N. 150, 905, 909; hwi, hwui FRAG. 6, 7; A. R. 162, 320; for wi (*printed* þi) 2578; whi, wi LAȝ. 1577, 3804; hwi HAV. 454; whi SPEC. 49; WILL. 48; MAND. 295; for whi (*for which reason*) ORM. 219; for whi SHOR. 43; PR. C. 709; ȝe habbeþ iherd ... for whi goð þe world maken wolde C. L. 568; ȝwi SAINTS (Ld.) xlv. 175; hve is hit voul dede AYENB 47; qvi GEN. & EX. 1759; GAW. 623; M. H. 31; AV. ARTH. xxxiii.

hwicche, sb., *O.E.* hwæcca; *chest*; whicche [whucche] LANGL. *A* iv. 102; whichche A. P. ii. 362; whiche, hoche (?=huche) PR. P. 242; whucche JOS. 39; wheche E. W. 27; *see* huche.

hwider, adv., *O.E.* hwider, hwyder, hwæder, *cf.* Goth. hwadrē; *whither*, KATH. 1299; REL. I. 128; hwider [wider] O. & N. 724; whider SPEC. 61; WILL. 701; PR. C. 2115; hvider (*ms.* huider) AYENB. 115; hweder REL. I. 185; whedir LUD. COV. 38; hwuder MISC. 43; whuder [woder] LAȝ. 1202; wuder FL. & BL. 114; whoder BRD. 32; qvider GEN. & EX. 2600; qvedur ANT. ARTH. xi; ȝwodere SAINTS (Ld.) li. 23; *comp.* **ā-hwider**.

whider-ward, adv., *in which direction*; (*ms.* whiderrwarrd) ORM. 16669; WILL. 105; hwuderward A. R. 168; whoderward BEK. 66.

hwik, *see* **cwic**.

hwilc, hwülc, pron. (adj.), *O.E.* hwilc, hwylc, hwelc, = *O.L.G.* hwilīc, *O.Fris.* hwelik, hwelk, hwek, *O.H.G.* hwelīch, *O.N.* hvilīkr, *Goth.* hwēleiks; (*for* * **hwī-līc**) *which*, HOM. I. 15, 99; ORM. 471; whilc, whulc [woch] LAȝ. 2167, 2305; whilk S. S. (Wr.) 23; PR. C. 144; hwic HOM. I. 243; hwich of him FER. 160; which GOW. I. 279; which a liȝt LANGL. *B* xviii. 124; a prest ... which was so plesant CH. C. T. *G* 1014; hwuch MARH. 6; A. R. 8; nat ich hwuch þi þoht beo KATH. 512; hwuch, wuch, hwich O. & N. 1378, 1443; whuch, wȝuch C. L. 110; wuch ROB. 220; hwilche mede MAT. v. 46; hwilche ȝife HOM. I. 19; on wilche wise REL. I. 130; whiche help god hem sente WILL. 2705; whuche JOS. 270; ȝwuch SAINTS (Ld.) lv. 143; **whilkes** (*gen. m. n.*) (*ms.* whillkess) ORM. 5287; whulches LAȝ. 20735; hwuches kunnes FRAG. 1; **whülche** (*dat. m.*) LAȝ. 2303; a wulche time P. L. S. viii. 66; **wülchere** (*dat. f.*) LAȝ. 4446; **whülche** (*acc. m.*) LAȝ. 10120; **hwülche**, hwiche (*pl.*) HOM. I. 11, 155; whulche, wulche [woche] LAȝ. 11770, 11772; **hvichen** (*dat. pl.*) AYENB. 15; *comp.* ȝe-hwilc.

hwīle, sb. (adv., conj.), *O.E.* hwīl, *cf. O.L.G.*, *O.H.G.* hwīla, *O.N.* hvīla, *Goth.* hweila (χρόνος, καιρός, ὥρα); *while, time*, MARH. 3; swuþe longe hire is þe hwile O. & N. 1591; þe ule one hwile [wile] hi biþohte 199; ane hwile HAV. 722; while ORM. 142; while ['*momentum*'] PR. P. 524; PR. C. 632; a while in þoȝte he stod BEK. 1243; litel while LANGL. *B* xvii. 46; hwule A. R. 246; qvile GAW. 30; LUD. COV. 73; longue ȝwhile SAINTS (Ld.) lxvi. 118; þa while [wile] LAȝ. 11309; þa, þe hwile P. L. S. viii. 11, 12; þeo hwile, hwule FRAG. 6; þe hwile [wile] O. & N. 1141; þeo hwule A. R. 422; hwule *for a while, once on a time,* HOM. l. 17; so hwile [wile] dude sum from Rome O. & N. 1016; while ROB. 9; SPEC. 28; þus menie kinges þer were while in Engelonde P. L. S. xiii. 73; a sonde me cam while er fram hevene ASS. 240; er while P. L. S. xx. 91; hwil *whilst* MARH. 12; while WILL 2537; while [whiles] CH. C. T. *A* 35; whiles PR. C. 3645; qvile GEN. & EX. 2041; **hwīle** ... hwīle REL. I. 128; while ma while nan LAȝ. 12036; **sume hwīles** (*for* hwile) A. R. 272; ōðer hwile *at another time* HOM. I. 23; oðer while LAȝ. 7062; oþer while REL. I. 110; CH. BOET. iii. 12 (105); oþer wile ROB. 10; oðer hwule [hwiles] A. R. 82; þēr hvīle AYENB. 7; þer while S. S. (Web.) 701; þor wile SHOR. 43; ðer wile he bieð a live HICKES I. 222; þer whiles WILL. 2736; **bī whīle** ORF. 10; **whīlum** (*dat. pl.*) *whilom, formerly* ORM. 4868; hwilem MISC. 30; whilom CH. C. T. *A* 859; hwilun LEECHD. III. 138; an usurer was ȝwilene SAINTS (Ld.) lxvi. 117; hwilon ['*ad tempus*'] LK. viii. 13; hwilen (*ms.* hwylen) MISC.145; whilen LAȝ. 8279; SPEC. 91; wilen MAP 340; hwulon *sometimes* FRAG. 1; *comp.* **hand-, līf-, morȝen-hwīle**.

hwīl-wende, adj., *O.E.* hwīlwende; *temporary*; hwilende H. H. 25; whilende HOM. I. 7; hwilinde MISC. 94.

whīlwend-līc, adj., *O.E.* hwīlwendlīc, hwīlendlīc; *temporary*, ORM. 18787.

[**hwīlen**, v., *cf. O.H.G.* wīlōn, *O.N.* hvīla, *Goth.* hweilan (παύεσθαι); *comp.* ȝe-hwīlen.]

hwīlende, *see* **hwīlwende** *under* **hwīl**.

[**hwīn**] **whīn**, v., *whin; 'saliunca',* VOC. 229; whinne '*saliunca, ruscus*' PR. P. 524; qvin Iw. 159.

[**hwīnen**] **whīnin**, v., *O.E.* hwīnan, = *O.N.* hvīna; *whine*; whinin '*ululo, gannio*' PR. P. 524; for chele ... hwine MISC. 82; whine CH. C. T. *D* 386; **whīne** (*pres.*) REL. II. 245.

whīninge, sb., *whining, 'ululatus,'* PR. P. 524.

hwinge, *see* **winge**.

[**hwippe**] **whippe**, sb., *M.Du.* wippe; *whip*, '*scutica*'; 'whippe PR. P. 524; MAND. 249; CH C. T. *E* 1671; HOCCL. i. 118.

[**hwippin**] **whippin**, v., *M.Du.* wippen; *whip*, PR. P. 524.

[hwirl, sb., *O.E.* hwyrfel, *O.N.* hvirfill, = *M.Du.*, *M.H.G.* wervel, *O.H.G.* werbil; *from* hwerfen; *whirl*; see hworvel.]
whirl-bōn, sb., =*M.Du.* wervelbēn; *vertebra*; whirlebone, or hole of a joint, '*anca, vertebrum, condulus*' PR. P. 524; whirlebone, wherlbone VOC. 183, 208; werelbone 179; qwhirlbone CATH. 298; qvirlilebone PR. P. 42.
whirl-puff, sb., *whirling blast*: a whirlpuff of wind WICL. WISD. v. 21.
whirl-gig(g)e, sb., *whirligig*, PR. P. 525.
whirl-wind, sb., *O.N.* hvirfilvindr, cf. *M.Du.* wervelwind; *whirlwind*, '*turbo*,' PR. P. 525; TREV. VII. 159; qwirlwind REL. I. 6.
[hwirlen] whirlin, v., *O.N.* hvirfla,=*M.Du.* wervelen; *whirl, rotate*; whirlin '*roto*' PR. P. 525; whirle CH. P. F. 80; whirlide (*pret.*) WICL. I KINGS xvii. 49; wirlede LEG. 167.
[hwispren] whisperin, v., *O. E.* hwisprian, = *M. Du.* wisperen; *whisper*; PR. P. 525; whispre LIDG. TH. 695.
whisperinge, sb., *O.E.* hwisprung; *whispering*; '*musitacio*' PR. P. 525; w(h)ispringes (*pl.*) CH. H. F. 1958; qwisperinge PR. P. 349.
[hwist] whist, interj., *whist, hist*; whist WICL. JUDG. xviii. 19.
whiste-lī, adv., *silently*: þe whele of fortun ... þat whisteli chaungez ALEX. (Sk.) 1851*.
hwistle, sb., *O.E.* whistle; *whistle*, '*fistula*,' FRAG. 2; whistle CH. C. T. A 4155; whistel LIDG. M. P. 27; W. & I. 41.
hwistlen, v., *O.E.* hwistlian; *whistle*; whistlen WICL. JER. xix. 8; whistlen (*pres.*) LANGL. B xv. 467; whistleden (*pret.*) ALIS. 5348.
whistlere, sb., *O.E.* hwistlere; *whistler*, LANGL. B xv. 475; hwistleres (*pl.*) MAT. ix. 23.
whistlinge, sb., *O.E.* hwistlung; *whistling*; *hissing, contempt*: scorpion with vile whistlinge ALIS. 5262; whistlinge LANGL. B xv. 466; to have hevene þoruȝ her whistlinge 471; whistelinge PR. P. 525; i shal sette this cite in to stoneing and in to whistling WICL. JER. xix. 8.
[hwistren] whistren, v., *whisper*; the whistrende (*pple.*) grucchere WICL. ECCLUS. xxviii. 15; grucchendli whistrende xii. 19.
hwīt, adj., *O.E.* hwīt, = *O.L.G.* hwīt, *O.N.* hvītr, *Goth.* hweits ,*O.H.G.* hwīz; *white*, A. R. 396; O. & N. 1276; hwit HAV. 1729; whit TREAT. 139; TOR. 458; qvit GEN. & EX. 2810; GAW. 1205; M. H. 43; ȝwite lof SAINTS (Ld.) xxxvi. 283; Hwite bi *Whitby* MISC. 146; þe white [wite] LAȜ. 15978; þe hvite robe AYENB. 228; hwīte sun(n)e del *Whitsunday*, A. R. 412; þan whiten sun(n)en dæi LAȜ. 17492; a whiten sunnen dæie 17484; on hwite sun(n)e dai HOM. I. 209; to þan white sun(n)e tide *Whitsuntide* LAȜ. 31524; hwītture (*compar.*) A. R. 324; whittore SPEC. 28; whittere BRD. 7; *comp.* milch-wit.
whit-brēd, sb.,=*M.H.G.* wīzbrōt; *white bread*, E. G. 354.
whit-flowe, -lowe, sb., *whitlow*, '*panaricium*,' PR. P. 525.
whit-lēd, sb., *white-lead*, PR. P. 525.
whit-limin, v., *white-lime, whitewash*, PR. P. 305; whītlīmed (*pple.*) LANGL. B xv. 111; iȝwītlīmede (*ppl. pl.*) LEB. JES. 422.
whit-mete, sb., *O.E.* hwītmete; *food prepared with milk*, '*lacticinium*,' PR. P. 525.
whītnesse, sb., *whiteness*, '*albedo*,' PR. P. 525.
wīt-þorn, sb., = *M.H.G.* wīzdorn; *white-thorn*, REL. I. 38.
hwīte, adj., *O.N.* hwīti,=*O.H.G.* wīzī; *whiteness*: hu hire hwite [white] like him A. R. 56.
hwītel (? hwitel), sb., *O.E.* hwītel, cf. *O.N.* hvitill; *blanket*, FRAG. 4; A. R. 214*; whitel LANGL. C xvii. 76.
hwīten, v., *O.E.* hwītian, cf. *Goth.* hweitjan, *O.H.G.* wīzen; *whiten, become white*; whiten LANGL. B iii. 61; whiton PR. P. 525; hwītēð (*pres.*) A. R. 150; ihvīted (*pple.*) AYENB. 178.
whitinge, sb., *O. E.* hwīting; *whiting*, '*dealbatio*,' '*albatura, candidacium*,' PR. P. 525.
whitstare, sb., *bleacher*, PR. P. 525.
[hwīting] whīting, sb., ? *Du.* wijting; *whiting (the fish)*, '*glaucus*,' VOC. 222; '*gemmarius, merlingus*' PR. P. 525; B. B. 156, 174; witing '*clamitus*' VOC. 189.
[hwītnen] whītnen, v., - *O.N.* hvītna; *whiten*; whītened (*pple.*) PS. l. 9.
[hwiðeren, v., ?*shake*; *comp.* to-hwiðeren.]
hwōn, see hwān. hwonene, see hwanene.
hwonne, see hwanne. hwore, see hwure.
[hworvil] whorvil, sb., ? *M.Du.* worvel; *from* hwerfen; *whorl*; whorvil, whorl PR. P. 526.
hwu (? hwū), adv., *O.E.* hwu, hu,=*O.L.G.* hwo, *O.Fris.* hu, ho, *O.H.G.* hweo, wio, *Goth.* hwaiwa; *how*, HOM. I. 237; hwu, hu A. R. 182, 256; hwu come þu (h)ider HOM. II. 97; hu vele 63; hvu (*ms.* hw), hu O. & N. 294, 1493; hvu (?huu; *ms.* hw) wis sho was HAV. 288; hwou Robert with here loverd ferde 2411; whou PL. CR. 141; wu REL. I. 172, 224; wou HICKES I. 225; hu LAȜ. 561; ORM. 938; GEN. & EX. 244; HORN (L.) 468; hu michel ['*qvantum*'] LK. xvi. 5; hu woc so hit ever beo (*however weak it be*) A. R. 138; hu ich hatte MARH. 13; hu nu KATH. 2111; hou BEK. 131; C. L. 569; SPEC. 39; AYENB. 17; WILL. 97; TRIST. 514.
howe-gates, adv., *in what manner*, YORK xxvi. 229.
hwüich, see hwilc. hwüder, see hwider.
hwülc, see hwilc. hwüle, see hwile.

hwure, adv., *O.E.* huru, *cf.* *Swed.* huru; *at least* : þet þu heom ʒefe rest la hwure þen sunne dei HOM. I. 45; hwure þinge ['*vel*'] MAT. xiv. 36; hwore MK. vi. 56; hure SAX. CHR. 260; MARH. 16; la hure H. M. 23; (*printed* lanhure) KATH. (E.) 558, 774, 1073; ne hure HOM. I. 131; hure and hure O. & N. 11; hure & hure ʒet he hefde vode A. R. 260.

[**hwürf,** sb., ?]
hwürf-bān, sb., *O.E.* hwyrfbān; '*vertebra*,' LEECHD. III. 98.

i.

i-, *see* ʒe- (*for many participles with this prefix see the simple verbs*).
ī, *see* ēie, ic, in.
iald, *see* eald. **iare,** *see* ēare.
ic, pron., *O.E.* ic, ih, = *O.L.G.* ic, *Goth.* ik, *O.N.* ek, *O.H.G.* ih; I, FRAG. 6; HOM. I. 225; P. S. 199; ic [ich] P. L. S. viii. 1; ic, ich MAT. v. 18, 20; ANGL. VII. 220; ic, ich, ihc LAʒ. 461, 697, 872; i 18886; ic, ich, ihc, ih, i O. & N. 1, 293, 868, 1049, 1698; ic, ich L. H. R. 38; ic, i ORM. 105, 4815; GEN. & EX. 309; M. H. 32; ik 11; ich HOM. II. 11; MARH. 1; KATH. 222; A. R. 12; SHOR. 129; AYENB. 1; ic, ich, ihc, i HAV. 3, 119, 288, 1377; ich, ihc, i FL. & BL. 44, 60, 61; ich, i C. L. 85, 326, 329, 495; WILL. 548; TRIST. 2, 764; LANGL. *A* i. 10, 21; i SAX. CHR. 262; MAND. 6; CH. C. T. *A* 730; PR. C. 1738; hic GEN. & EX. 35; REL. 188; hich MISC. 34; hi MISC. 123; HAV. 487.
icchen, v., ? = hicchen; *lift up* : icchen upward ORM. 11833; and evere lai þis maide stille hi ne miʒte hire enes icche P. L. S. xxi. 132; **icched** (*pret.*) ORM. 8123.
icchen, *see* ʒicchen. **ich,** *see* ic, ʒehwilo.
iche, *see* issen.
īdel, adj., *O.E.* ïdel, = *O.Fris.* ïdel, *O.L.G.* Idal, *O.H.G.* Ital; *idle*; *empty, unoccupied*; *vain,* A. R. 248; REL. I. 128; O. & N. 917; SPEC. 41; CH. C. T. *A* 2505; idel ʒelp ORM. 12041; HOM. I. 103; KATH. 471; idel þonc HOM. II. 129; an idel word ORM. 825; idel þoht M. H. 33; he nolde ... no time idel beo P. L. S. ix. 59; idel go SPEC. 104; on idel *in vain* HOM. I. 95; O. & N. 920; P. S. 326; on idel & wiþuten ned ORM. 12514; an idel LANGL. *B* xiv. 195; in idel GEN. & EX. 3497; CH. C. T. *C* 642; idele blisse AYENB. 23; of idele manne LAʒ. 3310; mid idele honden AYENB. 218; o sond ne groweð no god, and bitocneð idel A. R. 404.
īdel-hēd, sb., *vanity*, GEN. & EX. 28.
īdel-leʒo, sb., *idleness, folly*, ORM. 2165, 7847.
idel-līche, adv., *idly,* AYENB. 80; GOW. II. 42; idelleche SHOR. 96; idillich WICL. DEUT. v. 11; ideli WICL. 2 MAC. vii. 18.
idel-honded, pple., *empty handed,* AYENB. 218.
idelnesse, sb., *O.E.* ïdelness; *idleness, indolence, vanity,* LAʒ. 24911; ORM. 4736; idelnisse P. L. S. ix. 62; þe wordle is idelnesse AYENB. 164; **idelnesses** (*pl.*) speke þai PS. xi. 3.
īdel-schipe, sb., *idleness, uselessness,* REL. I. 180; MISC. 144; idelschepe SHOR. 93; idillchipe R. P. 5.
idiote, sb., *Lat.* idiōta, *mod.Eng.* idiot; *uneducated person,* LANGL. *B* xvi. 170; CATH. 194; idiote, neither foule ne righte wice PR. P. 258; **idiotes** (*pl. adj.*) LANGL. *B* xi. 308.
īdlen, v., *O.E.* ïdlian, *cf. O.H.G.* (ar-)ïtalen; *? render idle or vain*; **idils** (*pres.*) TOWNL. 313; *comp.* for-idlen.
īdolastre [idolaster], sb., *O.Fr.* idolastre; *idolater,* CH. C. T. *I* 860.
idolatrie, sb., *Fr.* idolatrie; *idolatry,* GEN. & EX. 4143; A. P. ii. 1173; LANGL. *C* i. 196.
īdole, sb., *O.Fr.* ydole, ydele; *idol,* CH. D. BL. 626; MAND. 173; **idoles** (*pl.*) MAND. 164; idolus ALEX.² (Sk.) 754.
idre, sb., *Lat.* hydria; *water pot*; **idres** (*pl.*) MISC. 29.
idre², sb., *Lat.* hydra; *hydra,* CH. BOET. iv. 6 (134).
idromancie, sb., *Lat.* hydromantīa; *hydromancy,* MAND. 134; idromaunce GOW. III. 45.
idropesie, dropesie, sb., *O.Fr.* idropisie; *from Lat.* hydropisis; *dropsy,* WICL. LK. xiv. 2; dropsie S. A. L. 5.
idropike, adj., *dropsical,* A. P. ii. 1096.
īe, *see* ēaʒe. **iēm,** *see* ēam. **iēr,** *see* ēar.
iernen, *see* eornen. **iēþe,** *see* ēaðe.
if, conj., *O.N.* ef, = *O.L.G., O.Fris.* ef, *O.H.G.* ibu, *Goth.* iba, ibai; ? = ʒif; *if,* HOM. I. 149; ORM. 589; GEN. & EX. 464; HAV. 513; S. S. (Wr.) 56; PR. C. 85; if (*v. r.* ʒif) O. & N. 51; LANGL. PROL. *A* 37; CH. C. T. *A* 145; if, ef M. H. 33, 52; ef ANGL. I. 14; REL. I. 179; HORN (L.) 537.
ifel, *see* üvel.
igain, *see* inʒein.
iʒe, *see* ēaʒe.
ignobilitē, sb., *O.Fr.* ignobilité; *meanness,* L. H. R. 161.
ignorance, sb., *O.Fr.* ignorance; *ignorance,* A. R. 278; CH. C. T. *B* 482; ignorans LUD. COV. 335.
ignoraunt, adj., *ignorant,* CH. BOET. v. 3 (160); ignorant CATH. 191.
ikil, sb., *O.E.* gicel, = *O.N.* iökull; *piece of ice, 'stiria,'* PR. P. 259; *comp.* is-ikel.
iker, eker, sb., ? = niker, ALIS. 6175.
il, sb., *O.E.* il, igl, igel, = *O.H.G.* igil, *O.N.*

igull; *hedge-hog*: prikiende so piles (*printed* wiles) on ile FRAG. 8; **illes pīl** *dart of a hedge-hog, for hedge-hog*, P. L. S. xviii. 47; iles (*ms.* yles) pilles felles A. R. 418; il(e)s piles ['*ericii*'] TREV. I. 339.

ilc, ūlc, adj., *O.E.* ylc=ǣlc, *mod.Sc.* ilk; *each, every*; ilc ORM. 503, 513; ? ilch REL. I. 131; ilc GEN. & EX. 119; ilk S. S. (Wr.) 638; MAN. (H.) 7; PR. C. 53; ilc on other wirwed lai HAV. 1921; ilk on *each one* 1842; ilk a BARB. ii. 74, viii. 26; il del HAV. 818; ich ever ilc *every* P. L. S. viii. 33; TRIST. 47; PL. CR. 432; LIDG. M. P. 59; M. ARTH. 2036; ich, uch WILL. 332, 1488; uch C. L. 1228; SPEC. 33; **ilkes** (*gen. n.*) ORM. 9199; **ilche** (*dat.*) LA3. 7006; iche REL. I. 235; DEGR. 89; **ilchere** (*dat. f.*) A. R. 132; **ilohene** (*acc. m.*) LA3. 7091; ulcne HOM. I. 51; ever ichne A. R. 214; *see* **aighwilc (ǣlc)** *and* **3e-hwilo.**

ilche, *see* **ilke.**

ilde, sb., *island*, '*insula*,' PR. P. 259; MAN. (F.) 271; idle ALIS. 4856; **ildes** (*pl.*) MAN. (H.) 282; idles ALIS. 5618.

ildre, *see* **eldre.**

ile, sb., *O.E.* ile *m., cf. ON.* il *f.*; *sole, underside of the foot*: to þe ile (*ms.* yle, *printed* ple) of hire helen MARH. 10.

īle, sb., *O.Fr.* isle, *cf. O.H.G.* isila; *isle*, HORN (R.) 1330; BRD. 8; A. P. i. 692; þe **īles** (*pl.*) of Anglesai GAW. 698; iles, isles MAND. 15, 23.

īlespīl, *see under* **īl.**

ilke, adj., *O.E.* ilca, ylca *m.*, ilce, ylce *f. n., mod.Eng.* ilk; *same*, A. R. 68; ORM. 755; O. & N. 99; GEN. & EX. 258; SHOR. 12; LANGL. *A* i. 81; CH. C. T. *A* 721; PERC. 340; TRIAM. 514; M. ARTH. 1765; SACR. 495; þis ilke dei KATH. 2315; ilke, ulke HORN (L.) 855, 1199; þat ilke lond LA3. 1640; þat ulke 3er 3668; ilche MISC. 142; **ilcan** (*dat. m.*) HOM. I. 129; on þam ilken huse LK. x. 7; bi þan ilche oþe PROCL. 5; in þer ilke nihte LA3. 5754; **ilken** (*dat. pl.*) LA3. 29906; ilca HOM. I. 43, 87.

ille, adj. (sb.), *O.N.* illr; *ill, bad*, P. L. S. viii. 37; HOM. II. 258; GEN. & EX. 4038; hit is him ille O. & N. 1536; þe ille 421; god or ille TRIAM. 113; don ille A. D. 294; heo gan him telle hire ille ALIS. 1147; an ille tre PR. C. 660; ille wiles ORM. 6647; **illis** (*sb. pl.*) ALEX. (Sk.) 3267*.

ille, adv., *O.N.* illa; *ill*, R. S. v; ORM. 6245; LANGL. *A* i. 51; þa swiken speken ille LA3. 5426; þei hire likede swiþe ille HAV. 1165; Rimenild wep wel ille HORN (R.) 677; wel or ille M. H. 37; ille heowet HOM. I. 325.

ille-willand, sb., *enemy*, PS. xx. 9; lxxxviii. 24; cv. 10; cix. 2.

ille-willed, adj., '*malivolus*,' CATH. 195.

illen, v., ? *O.N.* illa; *make, become evil; do harm to*: þat al þis world shal illen ST. COD. 95; to ill thi foe, doth get to thee hatred B. B.

100; thai **illid** (*pret.*) ['*malignaverunt*'] counsaile HAMP. PS. lxxxii. 3.

illern, *see* **ellarne.**

illing, sb., *O.N.* illing; *malice*, REL. I. 218; MISC. 419.

illuminen, v., *illumine*; illuminit (*pret.*) BARB. viii. 228; illuminit (*pl.*) BARB. xx. 229; *see* **enluminen.**

illūmininge, sb., *enlightening*, WICL. 2 COR. iv. 6.

illusioun, sb., *O.Fr.* illusiun, *from Lat.* illūsiōnem; *illusion*; **illusiouns** (*pl.*) MAND. 159.

imāge, sb., *O.Fr.* imāge; *image*, (*ms.* ymage) KATH. 1476; P. L. S. xxiv. 134; AYENB. 87; CH. C. T. *D* 1642; **imāgis** (*pl.*) ALEX. (Sk.) 4068.

imagerie, sb., *Fr.* imagerie; *imagery*, EM. 168; **imageries** (*pl.*) CH. H. F. 1190.

imageour, sb., *image maker*, HALLIW. 473.

imaginacioun, sb., *Fr.* imagination; *imagination*, CH. D. BL. 14; MAND. 251; AYENB. 158; GOW. I. 74.

imaginatif, adj. & sb., *O.Fr.* imaginatif; *imaginative; imagination*; to ben imaginatif CH. C. T. *F* 1094; imaginatif shal answere LANGL. *B* x. 115; considerethe in youre imaginatif LIDG. M. P. 5.

imaginen, v., *O.Fr.* imaginer; *think, reflect*; imagine LANGL. *B* xix. 272; imaginie *C* xxii. 277; imagenen *B* xiii. 289; imaginin (*mss.* imagyn) PR. P. 259.

imagining, sb., *plan*; **imagininges** (*pl.*) LIDG. M. P. 211.

imb, *see* **ümbe.**

imbrowe, v., *O.Fr.* embrouer, *cf. Ital.* imbrodare, *mod.Eng.* imbrue; *dirty*, B. B. 6.

imelle, *see* **mel.**

imes, adv., ? *O.N.* ȳmiss; *variously*: what men immess 3eornen ORM. 11510; ? on imis [*ms.* onuius, *perhaps* on mis *amiss*] HOM. I. 57.

immaculate, adj., *Lat.* immaculātus; *immaculate*, LIDG. M. P. 79; immacalat [inmaculate] LUD. COV. 272.

immortal, adj., *Lat.* immortālis; *immortal*; inmortal CH. C. T. *I* 1078; inmortalle MAND. 227; LIDG. M. P. 8.

immuin, adj., *Lat.* immūnis; *free from*, PALL. vi. 237.

immutable, adj., *Lat.* immūtābilis; *unchangeable*, LIDG. M. P. 25, 69.

imne, *see* **himpne.**

impacience, sb., *O.Fr.* impatience; *impatience*, A. R. 198; inpacience AYENB. 67.

impacient [inpacient], adj., *O.Fr.* impacient; *impatient*, CH. C. T. *I* 401.

impaiable, adj., *from O.Fr.* paier; *implacable*, HAMP. PS. lxxvii. 7*.

imparfit, adj., *from Lat.* imperfectus; *im-

perfect, LANGL. C iv. 389; inparfit C xxi. 136; inperfit CH. BOET. iii. 9 (83).

inparfitnesse, sb., *imperfection*, WICL. ECCLUS. xxxviii. 31.

impassible, adj., *O.Fr.* impassible; *incapable of suffering*: he is in generations **inpassibles** (*pl.*) HAMP. PS. lxxi. 5.

impe, sb., *O.E.* impe, = *Dan.* ympe, *Swed.* ymp (? *cf. M.Du.* inte, ente, *O.Fr.* ente); *scion, graft; young tree*; '*surculus*,' PR. P. 259; P. P. 218; S. S. (Web.) 577; **impen** (*pl.*) A. R. 378; AYENB. 94; impes LANGL. B v. 137; impis ALEX. (Sk.) 4819.

impe-trē, sb., *young tree*, ORF. 68.

impen, v., = *Dan.* ympe, *Swed.* ympa, *M.H.G.* impfen, impfeten (*cf. M.Du.* inten, enten, *O.Fr.* enter); *graft*; impin '*insero*' PR. P. 259; **imped** (*pret.*) LANGL. B v. 138; **impid** (*pple.*) '*insitus*' REL. I. 9; þe image of ipocricie imped upon fendes PL. CR. 305; iimped A. R. 360.

impare, sb., *engrafter, 'insertor, surculator,'* PR. P. 259.

imping, sb., *grafting*, PR. P. 260; CATH. 195.

imperfeccioun, sb., *O.Fr.* imperfection; *imperfection*; inperfeccion CH. C. T. I 1007.

imperial, adj., *O.Fr.* emperial, imperial, *from Lat.* imperiālis; *imperial*, CH. BOET. i. I (7); imperialle, emperial LIDG. M. P. 11, 237; imperiale Gow. III. 113.

impertinent, adj., *O.Fr.* impertinent; *impertinent, irrelevant*, CH. C. T. E 53; impertinente TREV. VI. 335.

impitous, adj., *pitiless*; impitous windes B. B. 248.

implien, v., *imply*; **impliep** (*pres.*) CH. BOET. v. 1 (152).

impne, *see* himpne.

impolut, adj., *O.Fr.* impollut; *from Lat.* impollūtus; *unpolluted*; inpolut WICL. HEBR. vii. 26.

importable, adj., *O.Fr.* importable, *from Lat.* importābilis; *unbearable*, CH. C. T. B 3792; TREV. I. 261; VII. 139; inportable CH. C. T. E 1144.

importen, v., *Lat.* importāre; *import*; whiche inportithe (*pres.*) LIDG. M. P. 117.

importūne, adj., *O.Fr.* importun; *importunate*, R. R. 5635.

imposition, sb., *imposition, tax*, CH. BOET. i. 4 (15).

impossible, adj., *O.Fr.* impossible, *from Lat.* impossibilis; *impossible*, MAND. 264; impossibille TOWNL. 93; inpossible WICL. WISD. xi. 18; ALEX.² (Sk.) 268; LUD. COV. 387; **impossible** (*sb.*) CH. C. T. D 688; LIDG. M. P. 134.

impotence, sb., *O.Fr.* impotence, *from Lat.* impotentia; *impotence*, LIDG. M. P. 246.

impotent, adj., *O.Fr.* impotent, *from Lat.* impotens; *impotent*, LIDG. M. P. 39, 154.

impressen, v., *from Lat.* impressus; *impress*; **impresse** (*pres. pl.*) CH. C. T. G 1071; impresse (*imper.*) it in the mind MAND. 295.

impressioun, sb., *O.Fr.* impression; *impression*, LIDG. M. P. 51; inpressioun 133.

improberubille, adj., ? *irreproachable*, B. B. 170.

[**improper**, adj., *O.Fr.* impropre; *improper.*] **improper-li**, adv., *improperly*, GOW. I. 21.

impudence, sb., *O.Fr.* impudence; *impudence*, CH. C. T. I 391.

impudent, inpudent, adj., *Fr.* impudent; *impudent*, CH. C. T. I 397.

impugne, v., *Fr.* impugner; *fight against*, **impugn**, WICL. I ESDR. vi. 12; inpugnen LANGL. B PROL. 109; (he) **impugnide** WICL. PS. lv. 2; inpugneden WICL. I MAC. xi. 41; **inpugned** (*pple.*) TREV. V. 195.

impulsiōn, sb., *Lat.* impulsiō; *dashing of the sea*, TREV. IV. 199.

imstōn, *see* ʒimstān *under* ʒim.

in, i, prep., *O.E.* in, *O.N.* i, = *O.H.G., Goth., Lat.* in, *Gr.* ἐν; *in, into*: þa children pleʒeden in þere strete HOM. I. 7; in (*on*) eorðan 13; god (r. goð) in þane castel 3; þe cnave wes iboren in þere burhe LAʒ. 293; in þan londe 397; in ane time 14063; faren in ænne tun 19186; i (*later text* o) þan hulle 21287; þu scalt do þe i þene wæi 29512; in hire breoste A. R. 230; in heovene & in eorðe A. R. 398; i þe worlde 10; i þen ende of al his live 404; four siðen i ðe ʒere 422; in eorðe KATH. 353; in þe marhen 603; in a stevene with one voice 1396; in halle & i bure 1470; i þon time JUL. 5; in his moder wambe ORM. 168; i þis middelærd 3496; in mine neste O. & N. 282; in o dai in sume tide 709; i ne vinde nenne gult in þisse monne MISC. 47; in eorþe 56; in gode weie 97; in godes hond GEN. & EX. 104; in Engeland HAV. 108; he was ... brod in þe sholdres 1647; in þ(e) ende HORN (L) 1378; in eiþer side ROB. 174; in one dai P. L. S. ix. 56; in þe rode xx. 42; slaʒþ þri in one stroke AYENB. 61; in þe nome of þe fader JOS. 10; in þe morwe 26; in godes name FER. 2943; wenten forþ in heore wei LANGL. A PROL. 48; in (*v. r.* on) Englisch B xiii. 71; in (*v. r.* on) þe cros TREV. VIII. 75; in erþe CH. C. T. A 1896; in live MAND. 135; in þe brinke WICL. JOHN xxi. 4; ones in þe ʒeer E. G. 354.

in², adv., *O.E.* in, inn, = *O.N., Goth.* inn, *O.L.G.* inn, in, *O.H.G.* in; *in*: þe hine in laðede LK. vii. 39; þa he in to þam huse eode MK. ix. 28; (he) rad in et þan estʒete HOM. I. 5; hwam ha leote in & ut 247; ne mai na mon cume in to godes riche 73; ne moste þer na mon in cumen LAʒ. 6712; & bad hine ...

gan in to þan kinge 17675; heo comen in to havene 5150; (heo) goð in A. R. 272; ðis cete ðanne . . . ðise fisses alle in sukeð REL. I. 220; fare in to þe se HAV. 1393; he orn in BEK. 88; þoru þe faste ȝat he con (r. gon) in teo C. L. 877; he com in at Newegate P. S. 218; lete in AYENB. 264; in come PS. xxiii. 7.

in¹, sb., O.E. inn,=O.N. inni; *inn, house,* LAȝ. 14263; A. R. 260; FL. & BL. 20; **inne** (*dat.*) S. S. (Web.) 1606; WILL. 1485; TRIST. 1239; LANGL. *B* viii. 4; þær he was at inne ORM. 12739; **innes** (*pl.*) MAND. 34; M. H. 63; **innen** (*dat. pl.*) LAȝ. 14007.

in-lēs, adj., *without lodging,* LEG. 88.

inabiliten, v., *med.Lat.* inhabilitāre; *disqualify;* **inabilitinge** (*pple.*) TREV. VIII. 448.

in-biggen, v., *inhabit*; inbigge PS. lv. 7.

in-blāwan, v., *inflate*; **inblōwith** (*pres.*) WICL. I COR. viii. 1; **inblōwin** (*pple.*) wiþ pride WICL. I COR. iv. 6.

in-borȝ, sb., *O.E.* inborh; *bail*; **inborȝes** (*pl.*) HOM. I. 73; inboreges II. 17.

in-bowen, v., *cf. O.E.* onbýgan; *bend*; inbowe WICL. IS. xxvi. 5; **inbowid** (*pple.*) WICL. JOHN xx. 5.

in-brēðen, v., *breathe into*; **inbrēthede** (*pret.*) WICL. ECCLES. iv. 12.

inbrēðinge, sb., *act of breathing into,* WICL. 2 KINGS xxxii. 16; inbrething PS. xvii. 16; JOB xxxii. 8.

inbuchen, v., *place in ambush*; **inbuched** (*pple.*) FER. 2879; *see* **enbusche.**

inbulled, pple., *cf. O.Fr.* embullé; *embodied in a papal bull,* TREV. VIII. 432.

inc, pron., *O.E.* inc,=*O.L.G.* inc, *M.L.G.* enk, *O.N.* ykkr, *Goth.* igqis (σφώ); *you two,* LAȝ. 695; JUL. 19; H. M. 11; of inc baðen MARH. 21; inc, ginc, gunc, MK. i. 17, xi. 2, 3; hinc HOM. I. 93; hunc (*ms.* hunke) O. & N. 1733; ȝunc ORM. 4493; ganc GEN. & EX. 2830; **inker** (*gen.*) H. M. 31; unker HAV. 1882; unker æiðer (*either of you two*) LAȝ. 32170; ȝunker ORM. 6183.

incantaciōn, sb., *Lat.* incantātiō; *incantation,* GOW. III. 45.

incarnaciōn, sb., *O.Fr.* incarnation; *incarnation,* ROB. 9.

incarnate, adj., *Lat.* incarnātus; *incarnate* : (he) becom man incarnate LIDG. M. P. 79.

incertain, adj., *O.Fr.* incertain; *uncertain,* LIDG. M. P. 121.

[**incessant,** adj., *Lat.* incessans; *incessant.*] **incessant-lī,** adv., *unceasingly,* S. & C. II. lx.

incest, sb., *Fr.* inceste; *incest,* A. R. 204; inceste SHOR. 70.

in-changen, v., *change,* WICL. JOB xiv. 20; **inchaungid** (*pple.*) WICL. I COR. xv. 51.

inche, *see* **ūnche.**

inclen, v., *give an inkling of, hint* : too incle þe truthe ALIS.² (Sk.) 616.

in-clepin, inclepe, v., *call upon, invoke,* WICL. ROM. x. 13; **inclepen** (*pres. pl.*) WICL. ROM. x. 12; **inclepinge** (*pple.*) WICL. DEEDS vii. 58; **inclepiden** (*pret.*) WICL. 2 MAC. viii. 2.

incleping, sb., *invocation,* WICL. 2 MAC. xviii. 15.

inclinatiōn, sb., *Lat.* inclīnātiō; **inclinatiōns** (*pl.*) LIDG. M. P. 91.

inclīnen, v., *Lat.* inclīnāre; *incline* : to me thou wille incline TOWNL. 324.

inclūden, v., *Lat.* inclūdere; *include*; **inclūdithe** (*pres.*) LIDG. M. P. 118.

inclōs, adj., *O.Fr.* enclos; *shut in,* MAN. (F.) 5107.

inclōsin, *see* **enclōsen.**

inclūs, sb., *Lat.* inclūsus; *recluse,* TREV. VII. 81.

in-oniht, sb., *O.E.* incniht,=*O.H.G.* inkneht; *indoor servant*; inkniht '*cliens*' FRAG. 2.

incombrous, adj., *heavy,* CH. H. F. 862; *see* encombrous.

in-come, sb., *coming in, entrance,* D. ARTH. 2009.

in-comen, v., *come in*; income RICH. 3305; **incomen** (*ppl.*) RICH. 3991.

incoming, sb., *coming in,* ['*ingressus*'] WICL. ECCLES. i. 7; incominge PERC. 493.

incomperable, adj., *O.Fr.* incomparable; *from Lat.* incomparābilis; *incomparable,* LIDG. M. P. 24.

incomprehensibele, adj., *O.Fr.* incomprehensible; *incomprehensible,* LUD. COV. 288.

inconstance, sb., *O.Fr.* inconstance; *inconstancy,* CH. C. T. *D* 1958.

inconstant, adj., *O.Fr.* inconstant, *from Lat.* inconstans; *inconstant*; inconstaunte LIDG. M. P. 57.

incontinence, sb., *O.Fr.* incontinence, *from Lat.* incontinentia; *incontinence,* MAND. 161.

inconvenience, sb., *inconvenience,* SACR. 897.

inconvenient, adj., *O.Fr.* inconvenient; *inconvenient,* CH. BOET. v. 3 (158).

incrementacion, sb., *means of increase,* PALL. xii. 294.

in-crēping, sb., *thrusting in, creeping in,* ALIS. 2168.

incrēsin, *see* **encrēsen.**

in-crōken, v., *bend*; **incrōke** (*imper.*) WICL. ROM. xi. 10.

incubus, sb., *Lat.* incubus; *incubus,* CH. C. T. *D* 880.

incūrable, adj., *O.Fr.* incurable; *incurable,* LANGL. *B* x. 327.

incurren, v., *Lat.* incurrere; *incur* (*a penalty*), LIDG. M. P. 141.

inde, sb., *O.Fr.* inde; *indigo*, C. L. 712; MAND. 48.
in-delven, v., *dig*, WICL. GEN. xxxv. 4.
inderlī, *see* **innerlī** *under* **inner**.
indeterminat, adj., *Lat.* indētermināatus; *indeterminate*, CH. ASTR. ii. 17 (27).
indewen, v., *A.Fr.* endouer; *endue, endow*; indewe '*subarrare*' CATH. 195; induin '*doto*' PR. P. 261; **indewed**, endewed (*pret.*) LIDG. M. P. 117.
[**indifferent**, adj., *O.Fr.* indifferent; *indifferent*.]
indifferent-lī, adv., *indifferently*, CH. BOET. v. 3 (157).
indigence, *O.Fr.* indigence, *from Lat.* indigentia; *indigence*, LIDG. M. P. 50, 188.
indignacioun, sb., *O.Fr.* indignacion; *indignation*, TREV. I. 33; WICL. E. W. 4.
indiscrēt, adj., *O.Fr.* indiscrēt; *indiscreet*, MIRC 825.
[**indistinct**, adj., *Lat.* indistinctus.]
indistinct-lī, adv., *without distinction*, PALL. iii. 1064.
indīten, *see* **endīte**.
indōsen, v., *O.Fr.* endosser; *load the back; flog*; **indoost** (*ppl.*) TOWNL. 201; *see* **endōsen**.
indre, *see* **inre**.
in-dronkenen, v., *be drunk*; **indronkenand** (*pple.*) PS. lxiv. 11.
induccioñn, sb., *O.Fr.* induction; *induction (of a priest)*, WICL. E. W. 248.
inducting, sb., *induction*, WICL. E. W. 450.
indulgence, sb., *O.Fr.* indulgence; *from Lat.* indulgentia; *indulgence*, CH. C. T. B 2964.
indurat, adj., *Lat.* indūrātus; *hardened, obstinate*, LIDG. M. P. 140.
indūren, v., = **endūren**; *endure*; induire, indure TOWNL. 24, 191.
in-dwellen, v., *dwell in*; indwelle WICL. PS. xxxvi. 27, lxvii. 7.
indwelling, sb., *indwelling*, WICL. WISD. ix. 15.
ine, *see* **innen**. **ineward**, *see under* **inne**.
in-fāren, v., *O.E.* infaran; *enter*; infare PERC. 1537.
infatten, *see* **enfatten**.
infecten, *see* **enfecten**.
in-fer, sb., *O.E.* infær; *entrance*, HOM. I. 231.
infernal, adj., *O.Fr.* enfernal, infernal; *relating to the lower regions, infernal*; Pluto the god infernal GOW. II. 263; [dremes] ben **infernals** (*pl.*) illusions CH. TRO. v. 367.
in-flocchen, v., *fix in, insert*; **inflocchid** (*pple.*) WICL. PS. xxxvii. 3, lxviii. 3.
in-fīhten, v., *fight against*; **infightand** (*pple.*) PS. xxxiv. 1; **infaght** (*pret.*) PS. cxix. 7; TREV. VII. 403.

infirmitē, sb., *O.Fr.* enfirmeteit, -eté; *infirmity*, LANGL. C x. 230; GEST. R. 69; LUD. COV. 398; LIDG. M. P. 161; **infirmits** (*for* infirmites) (*pl.*) ALEX. (Sk.) 4279.
inflacioun, sb., *flatulence*, PALL. xi. 504.
in-flēing, sb., *refuge*; ['*refugium*'] PS. cxliii. 2.
in-flokken, v., *flock in*; **inflokkes** (*pres.*) A. P. ii. 167.
influence, sb., *O.Fr.* influance; *influence*, LIDG. M. P. 16, 247.
influent, adj., *that is poured on, bestowed*, LIDG. M. P. 241.
in-folewing, sb., *consequence*; **infolewingis** (*pl.*) WICL. ECCLUS. xxxii. 23.
informacioun, sb., *Fr.* information; *information*, GOW. I. 272.
informin, v., *O.Fr.* enformer; *inform*, PR. P. 261.
infortunat, adj., *unfortunate, unlucky*, CH. ASTR. ii. 4 (19); C. T. B 302.
infortūne, sb., *O.Fr.* infortune, *from Lat.* infortūnium; *bad fortune; misfortune*, GOW. II. 208; CH. TRO. iii. 1577; R. R. 5496; LIDG. M. P. 75.
infortuned, adj., *unlucky*; infortuned night CH. TRO. iv. 716.
infortuning, sb., *misfortune*, CH. ASTR. ii. 5 (19).
in-gang, sb., *O.E.* ingang, = *O.H.G.* ingang; *entrance, admission*, PS. cxx. 8; ingonge LANGL. B v. 638; ingang C viii. 282; ingong HOM. II. 203; A. R. 62; LEG. 25; inʒeong LAʒ. 28370.
in-gangan, v., *O.E.* ingān; *enter*; inga PS. xxv. 4, xlviii. 20; ingo PS. v. 8; **ingaas** (*imper.*) PS. xcix. 2, 4; **ingōinge** (*pple.*) WICL. GEN. xxxviii. 16.
ingōing, sb., *entrance*, WICL. PS. lxvii. 25; inguoinge AYENB. 72, 105; **ingōingus** (*pl.*) WICL. PS. lxvii. 25.
[**in-ʒein**]**i-gein**, adv., *cf. O.N.* īgegn (*through*); *again, back*, M. H. 47, 89, 91, 114.
ingen, sb., ? = **engin**: againste jeauntis ongentill have we joined with **ingendis** (*pl.*) YORK xxxi. 13.
in-ʒetten, v., *pour in, infuse*; **inʒettis** (*pres.*) HAMP. TR. 2.
inʒetting, sb., *pouring on, bestowal*; inʒettinge of grace HAMP. TR. 4.
ingnel, adj., *O.Fr.* ignel; *quick*, AYENB. 141.
ingot, sb., *Fr.* ingot; *ingot*, CH. C. T. G 1223, 1228, 1233; **ingottes** (*pl.*) 818.
ingratitūde, sb., *O.Fr.* ingratitude; *ingratitude*, AYENB. 18.
ingredientes, sb., pl., *materials*, B. B. 127.
ingroost, pple., *comprehended*: God in persons thre; alle in oone substance air ingroost TOWNL. 170.

inhabitable, adj., *O.Fr.* inhabitable; *from Lat.* inhabitābilis; *uninhabitable*, MAND. 161.
inhabiten, *see* enhabiten.
inhabitting, sb., *dwelling*, ALEX. (Sk.) 3736.
in-hēd, sb., *cf. O.E.* ingehygd, -hȳd; ? *deliberation*, HOM. I. 69.
in-hélden, v., *pour in*; **inhielde** (*imper.*) CH. TRO. iii. 43.
inheritauns, sb., *inheritance*, LUD. COV. 242; enheritauns 244.
inheriten, v., *inherit*; inherite, ineritin PR. P. 261; *see* enherite.
in-hīne, sb., ? *domestic*, JUL. 33.
inhonest, adj., *Lat.* inhonestus; *dishonorable*; inhoneste AYENB. 220.
inhoneste-liche, adj., *dishonourably*, AYENB. 177.
iniqvitē, sb., *O.Fr.* iniqvité; *iniquity*, CH. C. T. *B* 358; ALIS. 131; **iniqvitees** (*pl.*) CH. C. T. *I* 442.
injoien, v., *see* enjoien.
injūre, sb., *O.Fr.* injure, *Lat.* injūria; *injury*, CH. TRO. iii. 967; injurie CH. C. T. *B* 2922; **injuries** (*pl.*) *B* 3001.
injuste, adj., *O.Fr.* injuste; *unjust*, LIDG. M. P. 120.
inke, sb., *O.E.* inca; ? *apprehension, misgiving*; inke (*ms.* hinke) and age GEN. & EX. 432.
inke, *see* enke.
inker, pron., *O.E.* incer, = *O.N.* ykkr, *Goth.* igqar; *from* inc; *of you two*, H. M. 3; inker (*ms.* incker), unker LAȝ. 5102, 26541; gunker GEN. & EX. 398; incre (*ms.* yncre) (*dat. m.*) MAT. ix. 29.
inkerlī, *see* enkerli.
in-lǣden, v., *lead, carry in*; **inlěd** (*pret.*) ['*induxit*'] PS. lxxvii. 54 [inladde WICL.]; inledde PS. lxxxvii. 8.
in-lǣten, v., *let in*; **inlēte** (*pret.*) TRIST. 629; he was inlǣte (*pple.*) OCTOV. (W.) 1186.
in-laȝe, sb., = *Ger.* einlasz; *inlet, entrance*, M. H. 51; C. M. 18078.
in-lawe, v., *inlaw, free from outlawry*, CATH. 196.
in-liche, adv., *cf. O.E.* onlīce; *alike*, A. P. i. 544, 603.
in²-liche, adv., *O.E.* inlīce, = *O.HG.* inlīho; *inly, sincerely*, LANGL. *B* xiv. 89; inli WICL. DEUT. ii. 30; HOCCL. i. 237.
in-liggen, v., *lie upon*; **inlai** (*pret.*) ['*incubuit*'] PS. ciii. 38.
in-līhten, v., *O.E.* inlȳhtan, = *O.H.G.* inliuhten, *Goth.* inliuhtjan; *enlighten, illuminate*; **inliȝted** (*pple.*) WICL. 2 COR. iv. 6.
in-līhtnen, v., *enlighten*; inliȝtne WICL. EPH. iii. 8; inliȝtened (*pple.*) WICL. EPH. i. 18.
in-loȝen, v., *inflame*; inloghed (*pret.*) PS. civ. 19; inlowed (*pple.*) PS. lxxii. 21.

inmelle, *see* mel.
in-met, sb., *intestines*, D. ARTH. 1122.
inmoeveable, adj., *O.Fr.* immouvable; *immovable*; inmoevable CH. BOET. v. 6 (173).
inmoeveabletē, sb., *unchangeableness*, CH. BOET. v. 6 (173).
inmong, inmonges, *see* mang.
inmortal, *see* immortal.
inne, adv., *O.E.* inne, = *O.L.G., O.H.G.* inne, *O.N.* inni, *Goth.* inna; *in*, A. R. 62, 280; HAV. 807; LANGL. (Wr.) 13597; CH. C. T. *F* 578; HOCCL. iii. 6; þan castle þer Æstrild wes inne [ine] LAȝ. 2485; he is inne sone forgeten REL. I. 184; þo he wes inne II. 272; þulke hous ... as seint Thomas was inne ibore BEK. 83; þat hus þat bræd is inne don ORM. 3530; þe put þat he was inne iworpe JOS. 221; a cloþ of silk sche wond him inne GREG. 133; he went inne PERC. 437.
innemest, adj., *O.E.* innemest; *inmost* : þe inemaste C. L. 809.
inne-warde, sb., *O.E.* inneweard; *intestines; womb*, ROB. (W.) 1547; ineward MISC. 151.
innen, adv. & prep., *O.E.* innan, = *O.L.G., O.H. G., O.N.* innan, *O.Fris.* inna (ina), *Goth.* innana; *in* : innen huse MAT. 10; innen þe FRAG. 6; þe inne 7; innan HOM. I. 43; inne griðe & inne friðe LAȝ. 184; inne [ine] lut ȝere 387; inne þe see P. L. S. viii. 42; inne, ine A. R. 20, 30; ine O. & N. 964; ine hevene AYENB. 103; ine an oþre stede 194; riche ine guodes 162; inewið A. R. 38; *comp.* **an-, bi-, wið-innen**.
inner, adv., *O.E.* innor, = *O.H.G.* innor, *O.N.* innar; *furtherin*: þe sparewe inner (*ms.* innere) crap (*read* cræp) LAȝ. 29282; *see* inrest.
inre, adj., *O.E.* inra, innera, = *O.N.* innri, *O. H.G.* innero; *inner, interior*, A. R. 4; innere TREV. I. 53; þe innere halle WICL. EZ. xliv. 18; hit entird as watir in his inerere ['*interiora*'] (*inward parts*) HAMP. PS. cxviii. 17.
inner-lī, adv., *Ger.* = innerlich, *Dan.* inderlig; *internally*, WICL. IS. xxxiv. 6; in(n)er-, inderli MAN. (F.) 3195; inderli GOW. I. 227.
inneste, sb., ? *O.E.* innosta; *intimate friend*, WICL. PROV. xxvi. 22.
inneð, sb., *O.E.* innað, innoð, = *O.H.G.* innōd; *womb*; **innǫþe** (*dat.*) HOM. I. 83; into ðe maidenes inneðe '*in virginis uterum*' HICKES I. 168.
innien, v., *O.E.* innian, = *O.Fris.* innia, *M.L.G.* innen; *lodge in an inn; get in (a harvest)*; inni ROB. 336; inne mi corn H. V. 69; **innes** (*pres.*) JOS. 174; **inned** (*pple.*) WILL. 1638; CH. C. T. *A* 2192; were our seed inned HOCCL. ii. 29; *comp.* ȝe-innian.
inninge, sb., *O.E.* innung; *getting in* our seed inninge, HOCCL. ii. 15.
in-nimen, v., *take in*; innomen (*pple.*) A. P. i. 703.

innocence, sb., *O.Fr.* innocence; *innocence*, AYENB. 181; LANGL. *B* xvii. 286; CH. C. T. *I* 325, *B* 2966.

innocent, adj., *O.Fr.* innocent; *innocent*, PR. P. 262; AYENB. 150; MAND. 134; ennosent AUD. 60; innossente A. P. ii. 672; þe innossent (*sb.*) A. P. i. 666; þis seli innocent (*babe*) LAI LE FR. 164; **innocents** (*pl.*) CH. C. T *B* 2368.

innumerable, adj., *Lat.* innumerābilis; *innumerable*, AYENB. 267; LUD. COV. 241.

inobedience, sb., *O.Fr.* inobedience; *disobedience*, A. R. 234; GOW. I. 83; WICL. ROM. v. 19; CH. C. T. *I* 391.

inobedient, adj., *disobedient*, CH. C. T. *I* 292; LANGL. *C* vii. 19; A. P. ii. 237.

inobeishaunce, sb., *Fr.* inobéissance; *disobedience*, ['*inobedientia*'] TREV. VI. 123.

inobeishaunt, adj., *disobedient*, WICL. DEUT. viii. 20.

inoint, see **enoint.**

in-over, adv., *also*, PS. viii. 8, xv. 7.

inp-, *see* **imp-.**

in-parken, v., *impark*, *enclose*; **inparkis** ALEX. (Sk.) 5499; **inparkid** (*pret.*) 4702.

in-putten, v., *place in, place on*; **inputtide** (*pret.*) WICL. 1 MAC. xi. 13; inputtiden WICL. DEEDS xxviii. 10.

in-rās, sb., *onrush, attack*, ['*irruptio*'] PS. xc. 6.

in-rēad, adj., *very red*, A. R. 402; inred S. S. (Wr.) 61.

inrest, adj.,= *O.H.G.* innerōst; *from* **inner**; *innermost*, ORM. 1017; CH. BOET. iv. 6 (136); **inreste** (*dat.*) PS. lxxxv. 13.

in-rīsen, v., *rise against, rebel* : wicked **inrāse** (*pret.*) in me PS. lxxxv. 14; inrisen WICL. PS. xxvi. 12.

inrīsere, sb., *rebel, insurgent*; **inriseris** (*pl.*) WICL. PS. xliii. 6.

inrollen, v., *O.Fr.* enroller, *med. Lat.* inrotulāre; *enroll*; **inrold** (*pple.*) TOWNL. 92; *see* **enrollin.**

insame, *see* **samne.**

in-scheden, v., *pour over; immerse*: in dewe of heven thou shalt be **inshed** (*pple.*) ['*infunderis*'] WICL. DAN. iv. 22; the teris enshed WICL. JUD. vii. 23.

in-schilder, sb., *defender*, PS. cxx. 5.

in-seil, sb., *O.E.* insegele,= *O.H.G.* insigili; *seal*, HOM. I. 127; MARH. 5; **inseȝles** (*pl.*) ORM. DEDIC. 260.

in-sēken, v., *seek*; **insēkinge** (*pple.*) WICL. HEB. xi. 6.

in-sēme, adv., *cf. O.E.* gesōme; *together*, A. P. i. 838.

in-senden, v., *send*; **insent** (*pple.*) PS. xxxix. 4.

in-setten, v., *O.E.* insettan; *place over, place in*; inset PS. xx. 6; **insettinge** (*pple.*) WICL. 2 MAC. vii. 21; **insett** (*pple.*) WICL. ROM. xi. 23.

in-siht, sb.,= *Ger.* einsicht; *insight, intelligence*, LAȝ. 30497; ORM. 14398; C. L. 558; M. H. 2; insiȝt TREAT. 132; WILL. 94; A. P. ii. 1659; insight PR. C. 253; mine insihte O. & N. 1187.

insipiens, sb., *Lat.* insipientia; *folly*: whan in women be found no incipiens, than put hem in tryst S. & C. II. lviii.

in-smīten, v., *smite in*; dreed is **insmiten** (*pple.*) ['*incussus est*'] WICL. 2 MAC. xii. 22.

insolence, sb., *O.Fr.* insolence; *insolence*, CH. C. T. *I* 391; LIDG. M. P. 90, 94.

insolent, adj., *Fr.* insolent; *insolent*, CH. C. T. *I* 399.

insolible, adj., *O.Fr.* insoluble; *that cannot be dissolved or solved;* ['*insolubilis*'] WICL. HEB. vii. 16; this is an insolible (*sb.*) LIDG. M. P. 43.

inspeccioun, sb., *Lat.* inspectiō; *inspection*, LIDG. M. P. 137.

inspiracioun, sb., *O.Fr.* inspiration; *inspiration*, TREV. V. 445; MAND. 16.

inspiren, v., *Lat.* inspirāre; *inspire*; inspire LIDG. M. P. 140; **inspīrid** (*pple.*) WICL. 2 TIM. iii. 16.

in-standen, v., *stand near, be near*; **instonding**, instoondinge, instondende (*pple.*) WICL. GEN. xxxviii. 27, JUDG. xi. 5, 3 ESD. v. 47.

instaunce, sb., *O.Fr.* instance; *instance*, CH. BOET. v. 6 (174); WICL. JUD. iv. 8, 1 MAC. xi. 40*; LUD. COV. 240.

in-steppen, v., *O.E.* insteppan; *step in*; instepped PS. cxxxviii. 3.

institūt, pple., *instituted*: this newe parsoun is institut in his churche P. S. 326.

institutiōn, sb., *O.Fr.* institution; *institution*, WICL. E. W. 248.

instōren, *see* **enstōre.**

instrument, sb., *O.Fr.* instrument; *instrument; musical instrument*, MAND. 60; S. & C. II. 78; BEK. 1886; enstrument AUD. 55; **instrumentes** (*pl.*) MED. 884; WICL. E. W. 218; PR. C. 9264; ALEX. (Sk.) 1564.

instuing, sb., *instituting (to office)*, WICL. E. W. 450.

insuffisance, sb., *O.Fr.* insuffisance; *insufficiency*, MAND. 315.

insuffisant, adj., *O.Fr.* insuffisant; *insufficient*, MAND. 293; insufficient LIDG. M. P. 240.

insūre, v., *insure*, TOWNL. 191; *see* **ensūre.**

intelligence, sb., *O.Fr.* intelligence; *intelligence*, LIDG. M. P. 9; intelligens LUD. COV. 248, 273.

intemper, adj., *intemperate*, ROB. (W.) 8848*.

intemperat, adj., *Lat.* intemperātus; *intemperate*, LIDG. M. P. 258.

intemperance, sb., *O.Fr.* intemperance; *foulness of weather,* ['*intemperies*'] TREV. II. 291.
intenciōn, *see* **entencioun.**
intenden, *see* **entenden.**
intent, *see* **entente.**
in-tēon, v., *march in*; inteo (? in teo) C. L. 877.
interen, v.,=**entrin**; *enter*: the king is intered (*pple.*) into this citee LIDG. M. P. 10.
interesse, sb., *Lat.* interesse; *interest,* LIDG. M. P. 210.
interpretacioun, sb., *O.Fr.* entrepretation; *interpretation,* LIDG. M. P. 238; interpretacion LUD. COV. 272.
interpretator, sb., *Lat.* interpretātor; *interpreter,* TREV. II. 221, 241; V. 397.
interrupciōn, sb., *O.Fr.* interruption, *Lat.* interruptiō; *interruption,* GOW. I. 36.
interrupt, adj., *O.Fr.* interrupte; *deprived of,* N. P. 6.
intervalle, sb., *O.Fr.* entreval; *interval,* CH. C. T. *B* 2723.
intestate, adj., *O.Fr.* intestat; *intestate,* LANGL. *B* xv. 134.
in-til, prep., *cf. Swed.* intill; *into, unto,* HAV. 128; TRIST. 1386; LANGL. *B* xiii. 210; WICL. E. w. 238; PR. C. 6644; M. H. 14; ʒeden þær intil þat hus ORM. 6452.
intīre, adj.,=**entēr**; *entire,* LIDG. M. P. 68; entier 100.
intīsen, intīsing, *see* **entīsen.**
in-tō, prep., *into, unto,* MARH. 4; KATH. 7; A. R. 54; ORM. 635; O. & N. 996; BRD. 32; MAND. 7; B. DISC. 460; heo hatieð þe swifte into þan bare dæðe LAʒ. 14099; from hevene into eorþe alihte C. L. 916; from encens into þe fire he caste CH. C. T. *A* 2429; into (*v. r.* unto) þe dai *G* 1045; inte MISC. 35.
intrēten, *see* **entrēten.**
introductorie, sb., *O.Fr.* introductoire; *introduction,* CH. ASTR. PROL. (3).
inventen, v., *O.Fr.* inventer; *invent*; **inventid** (*pple.*) LIDG. M. P. 64.
inviolate, adj., *Lat.* inviolātus; *inviolate,* LIDG. M. P. 92.
in-ward, adv. & adj., *O.E.* inweard,=*M.H.G.* inwart; *inward, internal; earnest,* MARH. 8; inward bone JUL. 44; wið inwarde heorte HOM. I. 209; in inwarde helle KATH. 1815; **inward** (*adv.*) A. R. 272; inwardes 92.
inward-lich, adj., *O.E.* inweardlīc; *inwardly; earnestly*; inwardliche bede HOM. II. 45; **inwardliche** (*adv.*) A. R. 282; inwardliʒ ORM. 697; inwardliche bonen JUL. 45; inwardliche (*later ver.* inwardli) bowe þm herte WICL. PROV. ii. 2; **inwardlūkest** (*superl.*) lerede alle his icorene A. R. 282.
inwardnesses, sb., pl., *inward parts*; ['*in praecordiis*'] WICL. WISD. iv. 14*.

in-wenden, v., *enter*; inwent (*pret.*) ['*ingrediebar*'] PS. xxxvii. 7.
in-wēten, v., *dip in*; **inwĕt** (*pple.*) WICL. PS. lxvii. 24.
in-wit, sb., *conscience,* A. R. 4; inwit BRD. 26; SHOR. 55; AYENB. 1; LANGL. *B* xvii. 278; GEST. R. 18; PR. C. 5428; **inwitte** (*dat.*) MAN. (H.) 155; **inwittis** (*pl.*) WICL. HEB. xii. 3.
in-wið, prep., *within,* KATH. 172; inwið his heorte HOM. I. 187; inwiþ SPEC. 48; inwith CH. C. T. *E* 1944; PERC. 611; A. P. i. 969; JUL. 7; inewið A. R. 38; iwið H. M. 29.
in-wlappen, v., *envelope*; **inwlappith** (*pres.*) himsilf WICL. 2 TIM. ii. 4; **inwlappinge** (*pple.*) WICL. EZ. i. 4; **inwlappid** (*pret.*) WICL. 2 PET. ii. 20.
in-wonen, v., *O.E.* inwunian; *inhabit*; inwone PS. lxviii. 36; **inwones** (*pres.*) D. TROY 133; **inwonet** (*pret.*) D. TROY 13864.
in-wrappen, v., *wrap up; involve*; inwrappe WICL. PROV. xxix. 6; lest i **enwrappe** (*subj.*) thee with hem ['*ne involvam te cum eo*'] WICL. 1 KINGS xv. 6; **inwrappide** (*pret.*) WICL. 4 KINGS ii. 8; **inwrappid** (*pple.*) WICL. NUM. iv. 15.
in-wrīten, v., *inscribe*; **inwrite** (*pple.*) WICL. ECCLUS. xlviii. 10.
ipocras, sb., *O.Fr.* ipocras; *hipocras,* CH. C. T. *E* 1807; B. B. 125, 280; of win and spices is maad good ipocras LIDG. M. P. 216.
ipocrisie, sb., *O.Fr.* ipocrisie, *from Lat.* hypocrisis, *Gr.* ὑπόκρισις; *hypocrisy,* A. R. 342; AYENB. 17; GOW. I. 63; CH. C. T. *I* 391; ipocresi AUD. 31.
ipocrite, sb., *O.Fr.* ipocrite; *hypocrite,* A. R. 128; GOW. I. 62; epocrite AUD. 15; **ipocrite** (*adj.*) manere WICL. E. W. 89; **ipocritis** (*pl.*) WICL. S. W. I. 177.
ipotame, sb., *O.Fr.* ypotame; *hippopotamus,* ALIS. 5179; ipotanos 6554; ipotamus ALEX. (Sk.) 156; **ipotaines** (*pl.*) MAND. 268.
ippen, *see* **üppen.**
irain, sb., *O.Fr.* iragne; *spider,* PS. xxxviii. 12; ireine, irein WICL. PS. xxxviii. 12; lxxxix. 9; **ireins** (*pl.*) WICL. JOB viii. 14; *see* **aranie.**
iral, sb., *cf.* iris; *some precious stone*; hir paietrelle was of irale fine ERC. 61; stones iraille ANT. ARTH. (R.) xlvi; stones of iral ANT. ARTH. (L.) xlvi.
irchoun, sb., *O.Fr.* ireçon; *urchin, hedgehog,* WICL. IS. xiv. 23; urchon '*ericius*' PR. P. 512; hircheoune BARB. xii. 353; **irchōnes** (*pl.*) PS. ciii. 18; urchounes MAND. 290.
ire, *see* **irre.**
īre, sb., *O.Fr.* ire; *ire, anger,* ROB. 185; AYENB. 147; CH. C. T. *A* 1782; RICH. 3633; PR. C. 8588.
īre-ful, adj., *angry, passionate,* RICH. 365; S. B. W. 20; D. TROY 1330.

īre, *see* ēare *and* eire.

īren, īsen, sb., *O.E.* īren, īsen, īsern,=*O.Fris.* īsern, *O.L.G.*, *O.H.G.*, *O.N.* īsarn, *Goth.* eisarn; *iron*; iren A. R. 74, 160; ORM. 4129; MAND. 50; CH. C. T. *A* 500; LIDG. M. P. 54; PR. C. 8033; þet iren HOM. I. 23; irin GEN. & EX. 467; iron RICH. 2529; irn JUL. 59; ire FL. & BL. 6; TREAT. 135; ise (*r. w.* wise) O. & N. 1030; izen AYENB. 139; ise ALIS. 5149; **īrene** (*dat.*) LAȝ. 7831; irne KATH. 2209; barres of irne D. TROY 6018; bonde fulle fast in **irens** (*pl.*) (*fetters*) TOWNL. 307; in isnes and ine veteres AYENB. 128; he sleped in his irnes (*armour*) GAW. 729; *comp.* fūr-īre.

īren-smiþ, sb., WICL. I KINGS xiii. 19.

īren², adj., *O.E.* īren, īsern, *cf. O.H.G.* īsarnīn, īsenīn, *Goth.* eisarneins; *made of iron*: irene ponne FRAG. 4; **īrene** (*pl.*) MAND. 30; irnene HOM. I. 149; KATH. 1947, 2150; JUL. 57; **īrenen** (*dat. pl.*) HOM. I. 121; irene LAȝ. 1019; RICH. 3981.

īrened, adj., *iron*, PS. ii. 9, cvi. 16.

īris, sb., *Lat.* Iris; *a sort of precious stone*, MAND. 219.

Īrisch, adj., *Irish*, O. & N. 322; þa Irisce LAȝ. 18059.

irk, adj., = *M.H.G.* erk(-lich); *distasteful*, MAN. (H.) 297; M. H. 23; FLOR. 1519; ANT. ARTH. vi; TOWNL. 155; erk R. R. 4870; **irke** (*pl.*) TRIAM. 463; ISUM. 118; SACR. 917.

irk-sum, adj., *irksome*, '*fastidiosus*,' PR. P. 266.

irksumnesse, sb., *irksomeness*, PR. P. 266.

irkin, v.,=*M.H.G.* erken; *be irksome*, '*fastidio*,' PR. P. 266; irke MIRC 526; MAN. (F.) 11122; PR. C. 8918; LUD. COV. 178; erke AUD. 74; **irked** (*pret.*) GAW. 1573; *comp.* for-irken.

Īr-lond, pr. n., *O.E.* Iralond; *Ireland*, LAȝ. 17292; Irland BRD. 15.

irnen, *see* rinnen. īrnen, *see* īren².

īroni, adj., *made of iron*, WICL. DEUT. xxviii. 23; irunni WICL. DAN. ii. 40.

irour, sb., *O.Fr.* iror; *anger*, S. S. (Web.) 954.

irous, adj., *O.Fr.* iros; *wrathful*; CH. C. T. *D* 2014; irrous ALIS. 329; irus MAN. (H.) 116; irose WICL. E. W. 307; irous, irus D. ARTH. 1329, 1957.

irous-li, adv., *wrathfully*; irouslie D. ARTH. 2530; irusli BARB. viii. 144*.

irre, adj., *O.E.* yrre, eorre,=*M.Du.* erre, *O.L.G.* irre, *O.H.G.* irri, *Goth.* airzeis; *angry, passionate*: irre (*ms.* ire, yr) on his mode LAȝ. 18597; eorre MAT. xviii. 34; A. R. 304.

irre², sb., *O.E.* irre, yrre, eorre, ierre,=*M.Du.* erre *n.*; *anger, passion*, ORM. 18000; eorre MISC. 67; urre REL. I. 175 (MISC. 114); erre MIRC 1225; **eorre** (*dat.*) HOM. I. 83; A. R. 116*.

irregularitē, sb., *O.Fr.* irregularité; *irregularity*, WICL. S. W. I. 87.

irregulēr, adj., *O.Fr.* irregulier; *irregulēr*, WICL. S. W. I. 87; irreguleer CH. C. T. *I* 782; ye are irregulere TOWNL. 198.

irreligiositē, sb., *O.Fr.* irreligiosité; *irreligiousness*, WICL. 3 ESD. i. 52.

[irren] **arren**, v.,=*M.L.G.* erren, irren, *O.H.G.* irran, *Goth.* airzjan (πλανᾶν); *irritate, make angry*; arrin LUD. COV. 316; **arreden** (*pret.*) SAINTS (Ld.) xliv. 296; WICL. DEUT. xxxii. 16.

irreverence, sb., *O.Fr.* irreverence; *irreverence*, CH. C. T. *I* 391, 403; HAMP. TR. 10.

irsien, v., *O.E.* yrsian, eorsian; *become angry*; **irseden** (*ms.* yrseden) (*pret.*) MK. xiv. 5.

is-, *see* es-.

īs, sb., *O.E.* īs, *cf. O.Fris.*, *O.H.G.* īs *n.*, *O.N.* īss *m.*; *ice*, HOM. I. 43; MISC. 148; LEG. 165; (*ms.* ys) GEN. & EX. 99; iis WICL. WISD. xvi. 22; PL. CR. 436; **īses** (*ms.* yses) (*gen.*) GEN. & EX. 97; **īse** (*dat.*) R. P. v; ROB. 463; MAND. 130.

īs-ikel, sb., *? O.E.* īsgicel; *icicle*; **isikles**, -ekeles (*pl.*) LANGL. *B* xvii. 227, *C* xx. 193; isseikkles GAW. 731.

Īs-lond, pr. n., *O.N.* Island; *Iceland*, LAȝ. 22488; Island MAN. (F.) 10475.

īsen, *see* īren. isle, *see* ūsle.

isope, sb., *O.Fr.* ysope; *hyssop*, PR. P. 266; isopp VOC. 265.

issen, v., *O.Fr.* issir; *go out*; isshen MAN. (H.) 3345; **iche** (*pres.*) D. ARTH. 1411; isschewis 4060, 3116; **isseden** (*pret.*) MAN. (F.) 3466; issit D. TROY 6631, 6998; issed LIDG. M. P. 6; isshit D. TROY 5784.

issue, sb., *O.Fr.* issue; *issue*, LANGL. *B* xvi. 196; MAN. 5084; issu LIDG. M. P. 44, 249; isshue MAN. (H.) 19; ischeue D. ARTH. 1943.

it, *see* hit *under* hē.

īþe, *see* ūðe, ēaðe.

iþen [iþand], adj., *O.N.* īðinn; *diligent*, BARB. iii. 285.

iþen-li, adv., *diligently, continually*, M. H. 108; C. M. 2871; iþenli [iþinlik] 23280; ithandli BARB. ii. 57, iii. 275, 288, vi. 327, x. 287.

īvel, *see* ūvel.

iven, sb.,=*M.Du.* ieven; *ivy*, CATH. 199.

iven-lēf (Þ iven lāf), sb., *leaf of ivy*; **iven lefes** (*pl.*) S. S. (Wr.) 181.

ivi, sb., *O.E.* ifig,=*O.H.G.* ebah; *ivy*, '*hedera*,' PR. P. 266; O. & N. 27; S. S. (Web.) 200; WICL. JONAH iv. 6; ive P. L. S. xxxi. 358; *comp.* eorþ-īvi.

ivi-berie, sb., *ivy-berry*, MAND. 168.

ivi-lēf, sb., *ivy leaf*; all nis worth an ivi lefe GOW. II. 21; he moot(e) pipen in an ivi leef CH. C. T. *A* 1838; pipe wiþ an ivi lefe WICL. E. W. 372.

ivi-stalke, sb., *stalk of ivy*, TREV. III. 199.

ivori, sb., *O.Fr.* ivoire; *ivory*, C. L. 737;

ivori.   **jerine.**

ivori [evori] TREV. III. 273; ivori, ivoire CH. C. T. *B* 2066; CH. D. BL. 946; ivore FLOR. 598; evorie ALIS. 7666.
ivoired, adj., *of ivory*, PS. xliv. 9.
īw, sb., *O.E.* īw, ēow, *cf. O.N.* ȳr *m.*, *O.H.G.* iwa *f.*; *yew*, '*taxus*,' FRAG. 3; eu (*ms.* ew) REL. I. 7; CH. C. T. *A* 2923.

j.

jáce, sb., *prov. Eng.* (*Devon*) jace; *kind of fringe*; **jáces** (*pl.*) DEP. R. iii. 130.
jácen, v., *trot, jog along*; **jácede** (*pret.*) LANGL. *C* xx. 50.
jacinct, sb., *cf. Prov.* jacint; *from Lat.* hyacinthus; *jacinth; stuff dyed blue*, H. M. 43; jacinkte ALIS. 5682; jasinkt WICL. EX. xxv. 3; jacinte WICL. 2 PARAL. ii. 7; **jacinctes** (*pl.*) FL. & BL. 283; jacinctis WICL. S. SOL. v. 14.
jacinctine, adj., *of the colour of hyacinth*: the coope al jacinctine WICL. EX. xxxix. 20; skinnes **jacinctines** (*pl.*) xxv. 5.
jáde, sb., (*ms.* Iade), *wretched horse*, CH. C. T. *B* 4002.
jagge, sb. (*ms.* iagge); *jag* (*of cloth*), PR. P. 255.
jaggen, v., *jag, chop*; **jaggede** (*pret.*) thame in sonder D. ARTH. 1123; **jaggid** (*pple.*) '*fractillosus*' PR. P. 225; jaggid bode TOWNL. 319; a jupone... jaggede in schredes D. ARTH. 905.
jaggen[2], v., *thrust*; **jogges** (*pres.*) D. ARTH. 2892; (thei) jaggede (*pret.*) D. ARTH. 2909.
jagounce, sb., *O.Fr.* jagonce; *a sort of gem*, LIDG. M. P. 188; **jagounces** (*pl.*) R. R. 1117.
jai, sb., *O.Fr.* jai, gai; *jay*, VOC. 177; SPEC. 52; P. S. 328; ALIS. 142; CH. C. T. *A* 642.
jaile, jailer, *see* **gaile, gailer**.
jakke, sb., = *O.Fr.* jaque, or *M.Du.* jakke; *jacket*, '*balteus*,' PR. P. 256; (*ms.* iakke) FER. 3689; **jackis** (*pl.*) TREV. VIII. 550.
jak-tēþ, sb., pl., *? for* *chēak-tēþ; *see* **chēake**; *double teeth*, LANGL. *C* xxiii. 191*.
jalous, *see* **gelūs**. **jalousie**, *see* **gelusie**.
jambē, adj., *O.Fr.* jambé; *active, nimble*; a jambe stede D. ARTH. 2894; a jambi stede 373.
jambeaux, sb., pl., *from O.Fr.* jambe; *armour for the legs*, CH. C. T. *B* 2065; jambeaus FER. 5613.
jamnis, sb., pl., *? jaws*, D. TROY 939.
jangle, sb., *O.Fr.* jangle; *jangling; idle talk, slander*, ALEX[2]. (Sk.) 458; LANGL. *C* v. 174*; ful of rouninges and **jangles** (*pl.*) CH. H. F. 1960; jangeles LANGL. *C* vii. 133.
janglen, v., *cf. Du.* jangelen, *O.Fr.* jangler; *jangle, prate, chatter*; jangelin '*garrio, blatero*' PR. P. 256; jangli (*ms.* iangli) REL. II. 243; AYENB. 214; to jangle and to jape LANGL. *B* ii. 94; jangle [gangle] ALIS. 7413; jangil HAMP. PS. xciii. 4; **gangles** (*pres.*) LEB. JES. 862; jangle CH. C. T. *F* 220; **ganglinde** (*pple.*) AYENB. 226; janglande A. P. iii.

90; jangillande YORK vii. 47; **jangled** (*pret.*) MISC. 226.
jangler, sb., *O.Fr.* jangler, jangleur; *jangler*, CH. P. F. 457; **jangeleres** (*pl.*) LANGL. *A* PROL. 35.
jangleresse, sb., *female jangler*, CH. C. T. *D* 638; **jangleresses** (*pl.*) *E* 2307.
janglinge, sb., *jangling*: janglinge is, whan a man speketh to muche CH. C. T. *I* 406; jangling D. TROY 671; janglinge LANGL. *C* xi. 270.
Janiver, sb., *Fr.* janvier; *January*, TREV. VIII. 129; MAND. 77; Jeniver ROB. (W.) 7259; Janevere GOW. III. 125.
jápe, sb., *joke, trick*, '*nuga*,' PR. P. 257; LANGL. *B* xx. 144; CH. C. T. *G* 1312; PARTEN. 5695; **jápes** (*pl.*) ['*ludicra*'] TREV. III. 459; MIRC 61; your japes ar... ille A. P. ii. 864.
jápe-worþi, adj., *ridiculous*, CH. BOET. v. 3 (157).
jáperie, sb., *jesting*, S. A. L. 70; **jáperies** (*pl.*) CH. C. T. *E* 1656.
jápin, v., *joke, play tricks*, '*illudo*,' PR. P. 257; **jápede** [japed] (*pret.*) LANGL. *A* i. 65; Jupiter [was] a jettoure þat japid mani ladis ALEX. (Sk.) 4415; **jáped** (*pple.*) CH. C. T. *A* 1729; *comp.* bi-**jápen**.
jápere, sb., *jester*, (*ms.* iapere) ['*nugax*'] TREV. VII. 453; CH. C. T. *I* 89; **jáperes** (*pl.*) and jangelers LANGL. *A* PROL. 35.
jápinge-stikke, sb., *plaything*, REL. II. 50.
jappon, sb., *jest, gibe*, YORK xxxi. 304.
jardine, sb., *almond*, B. B. 168.
jargoun, sb., *O.Fr.* jargon; *jargon, uproar*, ALEX.[2] (Sk.) 462; gargoun S. S. (Wr.) 3147, 3158.
jaspe, sb., *O.Fr.* jaspe; *jasper*; (*ms.* Iaspe) PR. P. 257; (*ms.* iaspe) MISC. 96; SPEC. 25; P. L. S. xxxv. 70; jaspre ALEX. (Sk.) 4444; jasper A. P. i. 999.
jaudewin, adj., *? Fr.* Jean des vignes; *simpleton*: þe jaudewin Jupiter ALEX.[2] (Sk.) 659; thow jawdewyne (*said to a Lollard*) HALLIW. 483.
jaumbe, sb., *? O.Fr.* jambe (*leg*); *? projection*: þe jaumbe of þe justarm D. TROY 11114.
jaumbers, sb., pl., *O.Fr.* jambiere; *leg pieces*, MAN. (F.) 10026.
jaunis, sb., *O.Fr.* jaunisse; *jaundice*, PR. C. 700; jaundis TREV. II. 113; jandis VOC. 224.
javele, sb., *base fellow* (*term of contempt*), A. P. ii. 1495; javel '*joppus, gerro*' PR. P. 257; **javellis** (*pl.*) *wranglers* YORK xxx. 235.
javellen, v., *wrangle*; do herke howe þou javell (*pres.*) jangill of lewes YORK xxx. 59.
jeant, *see* **geant**.
jectour, *see* **getter**. **jelous**, *see* **gelūs**.
jeniver, *see* **janiver**. **jentil**, *see* **gentil**.
jerine, sb., *? a sort of garment*: a jerine of Acres D. ARTH. 903.

jerodine? sb., *some fabric*: a jupone of jerodine jaggede in schredez D. ARTH. 905.
jeseine, sb., =**gesīne,** *childbed,* MIR. PL. 83.
jesseraunt, sb., *O.Fr.* jaserant ; *coat of mail,* D. ARTH. 904; gesseraunte 4238; jesserand ALEX. (Sk.) 4961 ; **jesserantis** (*pl.*) ALEX. (Sk.) 2450.
jeste, *see* **geste.**
jet, jete, jetten, *see* **get, getten.**
Jeu, *see* **Giu.**
jeu, sb., *O.Fr.* geu, jeu ; *game,* FER. 2224.
jeuparti, sb., *Fr.* jeu parti ; *jeopardy, hazard; hazardous plan, feat,* HALLIW. 484 ; juparti CH. C. T. *G* 743 ; juperdi BARB. x. 340, 413, 524, 539 ; **jeopardies** [*v. r.* punȝeis, punȝe] (*pl.*) *skirmishes* BARB. xii. 373 : juperdiss BARB. x. 145.
jobarde, sb., *O.Fr.* jobard ; *blockhead,* HALLIW. 485 ; **jobbardis** (*pl.*) LIDG. M. P. 119.
jobbe, sb., *piece, article*; **jobbes** (*pl.*) of gold D. TROY 11941.
jobbin, v., *job, peck*: jobbin withe the bille PR. P. 263.
jocaunt, adj., *Lat.* jocans ; *sportive,* GEST. R. 116.
jocund, adj., *Lat.* jocundus ; *merry, lively,* D. TROY 316 ; jocounde LIDG. M. P. 183.
jocundnes, sb., *mirth, pleasure,* AUD. 26.
jogelin, v., *O.Fr.* jogler, jugler, *from Lat.* joculāri ; *juggle,* PR. P. 263 ; jogele LANGL. *B* xiii. 232.
jogelour, sb., *O.Fr.* jougleor, jugleor ; *juggler,* AYENB. 172 ; jogeloure LANGL. *B* vi. 72 ; CH. C. T. *D* 1467 ; joglour '*mimus, histrio*' PR. P. 263 ; jugelour P. L. S. xv. 19 ; jogolour ALIS. 5991 ; **juglūrs** (*ms.* iuglurs) (*pl.*) A. R. 210 ; jogulours MAND. 237.
jogelrie, sb., *O.Fr.* joglerie ; *jugglery,* CH. C. T. *F* 1265.
joggen, v., *jog, go hastily*; **joggeth** (*pres.*) CH. L. G. W. 2705 ; **jogged** [jugged] (*pret.*) LANGL. *B* xx. 133.
joggen, *see* **jaggen.**
joie, sb., *O.Fr.* joie, goie ; *joy,* A. R. 218 ; SPEC. 76 ; (*ms.* ioie) FER. 2037 ; (*ms.* ioye) P. L. S. ix. 206; (*ms.* yoye) EGL. 4 : joie, goie AYENB. 75, 226 ; goie CH. BOET. v. 6 (179).

joie-ful, adj., *glad, joyful,* TRIST. 1920 ; joivol ROB. (W.) 786 ; joifol A. P. i. 288 ; joifulle N. P. 68.
joiful-lī, adv., *gladly*; joiveli D. TROY 374 ; joifulli 993.
joi-lēs, adj., *joyless,* A. P. ii. 252 ; iii. 146.
joiel, *see* **jouel.**
joien, v., *O.Fr.* joir ; *rejoice, be glad,* TRIST. 47 ; joie WICL. LK. i. 14 ; **joisseþ** (*pres.*) AYENB. 25 ; (ho) joien MISC. 223.
joiinge, sb., *gladness,* HAV. 2087.

joifnes, sb., *?youth,* GAW. 86.
joinen, v., *O.Fr.* jungre : *join*; joine A. P. ii. 726 ; **joine** (*pres.*) R. R. 2355 ; joineþ AYENB. 88 ; **joined** [joigned] (*pple.*) LANGL. *A* ii. 106.
joining, sb., *joining, encounter*; joinenige D. ARTH. 2133.
joinen², v., *for* **enjoinen**; *enjoin*; **joined,** joint (*pple.*) A. P. ii. 62, 355.
joinour, sb., *O.Fr.* joignour ; *joiner*, '*compaginator, archarius*' PR. P. 264.
joint, sb., *Fr.* joint ; *joint,* PR. P. 264 ; LANGL. *C* x. 215 ; þe stronge strok of the stonde strained his **jointes** (*pl.*) A. P. ii. 1540.
[**joint,** adj., *O.Fr.* joint (*pple.*) ; *joint.*]
joint-lī, adv., *together, continuously,* ALEX. (Sk.) 1470 ; D. TROY 1538.
jointūre, sb., *O.Fr.* jointure ; *joining,* CH. BOET. ii. 5 (46) ; **jointoure** (*pl.*) *joints, limbs,* ALEX. (Sk.) 722.
joious, adj., *O.Fr.* joious ; *joyous,* P. L. S. xii. 36 ; SHOR. 120.
jol, sb , ?=**chavel,** *mod.Eng.* jowl; *head,* '*caput,*' PR. P. 264.
jolif, adj., *O.Fr.* jolif ; *jolly, beautiful,* P. L. S. xii. 117 ; CHR. E. 362 ; SPEC. 52 ; ALIS. 155 ; A. P. i. 841 ; joli WILL. 3479 ; PR. C. 589 ; **joliere** (*comp.*) D. ARTH. 4110 ; **jolieste** (*supl.*) D. ARTH. 1658.
joli-lī, adv., *gaily,* D. ARTH. 245, 2088, 4109.
jolivetē, sb., *O.Fr.* joliveté ; *jollity, agretableness, happiness,* AYENB. 53 ; jolite P. P. 251 ; CH. C. T. *A* 680 ; ALEX. (Sk.) 3537, 4202, 4458.
jolle, v., *knock about,* YORK xxxii. 14.
joncate, sb., *med.Lat.* juncāta ; *junket,* B. B. 123, 266.
jopone, *see* **gipōn.**
jornee, sb., *O.Fr.* jornee, *cf. Ital.* giornata ; *mod.Eng.* journey ; *day's work,* AYENB. 113 ; journee CH. C. T. *A* 2738 ; journe (*task, fight*) MAN. (F.) 13874 ; BARB. xx. 494 ; journai A. P. iii. 355 ; jurneie A. R. 352 ; **jurnēs** (*pl.*) GEN. & EX. 1291 ; jornes (*journeys*) MAN. (F.) 15942 ; **journēs** (*gen. pl.*) (*days' work*) MAN. (F.) 7963.
jorneien, v., *O.Fr.* jornoier ; *journey*; journeied (*pret.*) MAN. (F.) 3383.
jottes, sb., pl., *peasants, mean people,* LANGL. *B* x. 460.
jouel, sb., *O.Fr.* jouel ; *jewel,* (*ms.* iowel) AYENB. 112 ; juel A. P. i. 249 ; juwel S. S. (Wr.) 2811 ; **jueles** (*pl.*) A. P. i. 278.
jouelēr, sb., *jeweller*; jueler(e) A. P. i. 252, 264.
jouken, v., *O.Fr.* jouquier ; *rest, slumber*: jouke in her chambre LANGL. *B* xvi. 92 ; þai **jouke** (*pres.*) in þa strandis ALEX. (Sk.) 4202 ; **jouked** (*pret.*) A. P. iii. 182.

joupe, sb., *Fr.* jupe; *tunic,* PR. P. 265; HAV. 1767.
joutes, sb., *O.Fr.* joute (*beet root, vegetables generally*); *pot herbs,* LANGL. *B* v. 158; MAND. 58; L. C. C. 15; joutis, potage '*brassica*' PR. P. 265; joutes C. B. 5.
jowe, jouwe, sb., *? O.Fr.* joue; *jaw,* '*mandibula*,' PR. P. 265; þe over(e) jawe [jowe] TREV. III. 109; jowe ['*branchiam*'] WICL. TOB. vi. 4; jowes (*pl.*) MAND. 107; of þe jowes ['*faucibus*'] CH. BOET. i. 4 (15).
jubulacioun, sb., *Lat.* jūbilātiō; *rejoicing,* WICL. PS. cl. 5.
judēisc, adj., *Jewish* : þa judeiscen (*ms.* iu-) men HOM. I. 89.
juge, sb., *O.Fr.* juge; *judge,* '*judex,*' PR. P. 266; juge [jugge] CH. C. T. *A* 1712.
   juge-men, sb., pl., *judges,* ALEX. (Sk.) 3402.
jugement, sb., *O.Fr.* jugement; *judgment,* P. L. S. xiii. 174; PR. C. 2802; juggement ROB. 53.
juggen, v., *O.Fr.* jugier; *judge, regulate,* A. R. 118; jugge C. L. 419; LANGL. *A* ii. 127; S. S. (Wr.) 3099; **jugged** (*pret.*) A. P. i. 7; gentilnes jugget justli his werkes D. TROY 10360; **jugged** (*pple.*) MAND. 92.
juise, sb., *O.Fr.* juise; *judgment,* P. R. L. P. 71; A. P. ii. 726; CH. C. T. *A* 1739.
jurdan, sb., *chamber-pot,* LANGL. *B* xiii. 83; jurdon '*urna*' PR. P. 267.
jurdisciōn, sb., *jurisdiction,* WICL. E. w. 57.
jurūr, sb., *juror*; **jurouris** (*pl.*) WICL. E. w. 63.
jūs, jous, sb., *Fr.* jus; *juice,* PR. P. 265; juis TREV. IV. 121; jous, juse ALEX. (Sk.) 339, 410.
jussel, sb., *O.Fr.* jussel (*jus, potion*); *a dish in cookery,* B. B. 53, 170.
just, juste, adj., *Fr.* juste; *just,* CH. C. T. *B* 4240; þi just werkes D. TROY 214.
   just-li, adv., *properly,* D. TROY 512.
juste, sb., *O.Fr.* jouste; *joust, tournament*; **justes** (*ms.* iustes) (*pl.*) LANGL. *B* xvii. 74; joustes ROB. 137; PARTEN. 988.
   justarme, sb., *tilting weapon,* D. TROY 11114; *see* **gisarme**.
   justen, v., *O.Fr.* jouster; *joust, tilt,* LANGL. *B* xviii. 82; juste WILL. 1237; jouste FER. 105.
   justinge, sb., *jousting,* D. ARTH. 1957, 2875.
justifiin, v., *O.Fr.* justifier; *justify*, '*justifico,*' PR. P. 268; **justifie** (*pres. subj.*) D. ARTH. 663; **justifiet** (*pple.*) A. P. i. 700.
justilen, v., *? from* **justen**; *cf. mod.Eng.* jostle; *? sport (sensu obscoeno)*; **justilet** (*pple.*) D. TROY 12738.
justise, sb., *O.Fr.* justice; *justice,* SAX. CHR. 261; justice PR. P. 268; HAV. 2202; Juno a justis of joies D. TROY 2385; **justis** [justice] (*justices*) (*pl.*) ALEX. (Sk.) 1601, 3402.

justisen, v., *Fr.* justicier; *administer justice,* C. L. 298.
justiser, sb., *O.Fr.* justicier; *judge, ruler,* MAN. (F.) 2221.
justour, sb., *O.Fr.* justeur; *jouster*; **justours** (*pl.*) MAN. (F.) 7657.
jusule, sb., *cf.* **justilen**; *? lechery*; þe jusule of Jupiter, & of his japis als ALEX. (Sk.) 4411.

k.

ka-, kā-, *see* **ca-, cā-**.
kāl, *see* **caul. kalengen,** *see* **chalengen.**
kastand, kastanid, pple., *made like the chestnut*; ALEX. (Sk.) 1537; *see* **chasteine.**
kateil, *see* **catel.**
kebben, v., *cf. Sw.* kebba, käbba; *contend* : ȝef þat **kebbede** (*pret.*) eni of ous ich woȝt (*r.* wot) wel þat he leȝ(e) SHOR. 111.
kebbinge, sb., *contention*; **kebbinges** (*pl.*) SHOR. 111.
kecchen, *see* **cacchen.**
kēchel, sb., *O.E.* cīcel (*for* cȳcel), coecil (*tortum*), = *M.H.G.* chüechel; *small cake*; (*ms.* kechell) ORM. 8662; kechel [kichil] CH. C. T. *D* 1747.
kechene, kechin, *see* **cūchene.**
kēȝe, sb., *O.E.* cǣg, cǣge, = *O.Fris.* kei; *key*; keȝe (*later ver.* keie) WICL. Is. xxii. 22; keiȝe LEG. 25; SHOR. 47; E.G. 360; (*ms.* keie) '*clavis*' FRAG. 3; LEG. 153; (*ms.* keye) P. R. L. P. 220; LANGL. *B* v. 613; PL. CR. 30; GOW. I. 10; CH. C. T. *E* 2044; LIDG. M. P. 62; **kēie** (*dat.*) O. & N. 1557; LUD. COV. 31; **kēien** (*pl.*) ROB. 186; kaigen MAT. xvi. 19; keies RICH. 4147; A. P. ii. 1438; kaies PERC. 2102.
   kāi-berere, sb., *key bearer,* '*claviger,*' VOC. 211.
   kēi-herde, sb., *key keeper,* HOM. II. 193.
   kēȝen, v., *key, fasten with a key*; **kēiȝed** (*? ms.* keived, *printed* keiþed) (*pple.*) L. H. R. 205; ikeiȝet LANGL. *A* vi. 103; ikeied *C* viii. 266.
kei, sb., *O.Fr,* cai, caie; *quay,* PR. P. 269; keie E. G. 374.
kēie, kēiȝe, *see* **kēȝe.**
keil, sb., *M.Du.* kegel, = *O.H.G.* chegil (*cone*); **cailis** (*pl.*) *skittles* REL. II. 224.
kēkin, v., ? = **kīken**; *peep,* '*intueo,*' PR. P. 269; **kēked** (*pple.*) CH. C. T. *A* 3445.
kēl, sb., *O.E.* cēol, = *M.Du.* kiel, *O.H.G.* chiol (kiol), cheol, *O.N.* kioll, kiöll; *keel (of a ship)*: from þe kele [cule] to þe hacches TREV. II. 233.
kelde, adj. *O.E.* cyldu, = *O.Fris.* kelde, kalde, *O.H.G.* chalti; *cold,* SPEC. 37; chelde ALIS. 5501; LANGL. *B* i. 23*.
kelden, *see* **cālden.**
kēlen, v., *O.E.* cēlan, *from* cōl; *cool,* ORM. 19584; heore þurst kelen HOM. I. 141; kelin PR.

374 **kēlen.** **keorven.**

P. 270; kele P. L. S. xv. 102; LIDG. M. P. 31;
ANT. ARTH. iv; TOWNL. 245; L. C. C. 6; to kele
þi lust H. M. 25; **kēleþ** (*pres.*) GOW. II. 360;
þat he ... kele mi tunge WICL. LK. xvi. 24;
kēled (*pple.*) REL. I. 53; *comp.* a-, ʒe-**kēlen**.
   kēlare, sb., *cooler,* '*frigidarium*,' PR. P.
   269.
   kēlinge, sb., *cooling, refreshing*: times of
   kelinge, or refreischinge ['*tempora refrigerii*']
   WICL. DEEDS iii. 20.
kelf, *see* **calf.**
kēling, sb., *large codfish,* HAV. 757; REL. I.
85; *comp.* lobbe-kēlinge.
kelk, sb., *cf.* Swed. kälk (*marrow*); *ova of
fishes*; **kelkes** (*pl.*) L. C. C. 19.
kelle, *see* **calle. kelp,** *see* **kilp.**
kemben, v., O.E. cemban, = M.H.G. kemben,
kemmen, O.N. kemba; *from* **camb**; *comb,* A.
R. 422*; kembe FL. & BL. 562; AYENB. 176;
kembeþ (*pres.*) P. S. 329; kemben LANGL.
B x. 18; **kembede** (*pret.*) D. ARTH. 3351;
kembed MAND. 24; **kembed** (*pple.*) CH. C.
T. *A* 2143.
kembstere, sb., = M.Du. kemstere; *female
comber*; kempstare '*pectrix*' PR. P. 270;
kemster VOC. 194.
kemeling, sb., = oümeling; *foreigner,* ROB.
(W.) 581*.
kemelin, *see* **kimlin.**
kemes, sb., O.E. cemes; *shirt,* M. H. 124;
withouten kirtele or kemse MAN. (H.) 122.
kempe, sb., O.E. cempa, = O.Fris., O.N.
kempa, O.L.G. kempio, O.H.G. chempho,
chemphio; *from* **camp**; *soldier, champion,
' miles, athleta,*' FRAG. 2; KATH. 803; ORM.
3587; HAV. 1036; AYENB. 50; WILL. 4029;
kempe, kempa LAʒ. 1575, 26022; **kempen,**
cempen (*pl.*) JOHN xix. 23, 32; cæmpen LK.
vii. 8; kempen MARH. 1; AYENB. 45; cem-
pen HOM. I. 243; kempen [kempes] LAʒ. 463;
kempes PERC. 47; CHEST. I. 259; **kempene**
(*gen. pl.*) A. R. 196; *comp.* hēre-, lēod-
kempe.
kempe[2], adj., *shaggy,* CH. C. T. *A* 2134;
campe A. P. ii. 1695.
kempen, *see* **campin.**
ken, adj., *knowing*: beo nu ken & cnawes
KATH. 2070; þu art ... ken & icnawen 2254.
kenbowe, sb.: and set his hond in kenebowe
(*akimbo*) BER. 1838.
ken, *see* **cün.**
kenchen, v., *laugh loudly,* KATH. 2042;
kenchinde (*pple.*) H. M. 17; *cf.* **kinken.**
kende, *see* **cünde. kene,** *see* **kine.**
kēne, adj. O.E. cēne, = O.N. kœnn, M.Du.
coene, cōne, O.H.G. chuoni; *keen, sharp,
bold, brave,* FRAG. 8; A. R. 140; KATH.
1932; HAV. 1832; P. L. S. xxi. 149; MAND.
173; EGL. 1248; TOR. 2710; ANT. ARTH.
xlvii; S. & C. I. lxi; he wes swa kene LAʒ.

1374; wit so kene O. & N. 681; nis of ou
non so kene þat durre abide mine onsene
1705; a kene ax ROB. 490; a swerd ... þat
wel isteled and kene were C. L. 1248; an
arewe kene ant smert(e) CHR. E. 929; **kēnen**
(*dat. m.*) LAʒ. 23570; þe þornes beþ kēne
(*pl.*) SPEC. 110; biforen riche & kene ORM.
16139; **kēnre** (*compar.*) KATH. 1953; **kēn-
nest** (*superl.*) LAʒ. 21300; kenest KATH. 815;
of þan alre kennuste MISC. 48; kēne (*adv.*)
D. TROY 1467.
   kēn-liche, adv., O.E. cēnlīce; *keenly, boldly,
bravely,* HOM. I. 107; LAʒ. 1573; REL. I. 172;
ken-, keneliche, -li WILL. 37, 152, 2532;
keneliche KATH. 2240; **kēnlūkeste** [kēnlo-
keste] (*superl.*) LAʒ. 25429.
   kēn-schipe, sb., *boldness,* LAʒ. 6364; MARH.
11.
kenel, sb., *Fr.* chenil; *kennel,* '*canicularium,*'
PR. P. 271; GAW. 1140.
kenet, sb., O.Fr. chenet; *hound,* '*canicula,*'
VOC. 219; PR. P. 271; GAW. 1701; S. S. (Wr.)
1740.
kennen, v., O.E. cennan, = O.Fris., O.N.
kenna, O.L.G. (ant-)kennian, O.H.G. (ar-, bi-)
chennan, Goth. kannjan; *from* **can**; *know, ac-
knowledge; make known; teach,* E. G. 43;
ne der ich noht kennen [kenne] ... þat ich
her king weore LAʒ. 6639; whar swa he
mihte hine kennen 11380; kenne JOS. 158;
GOW. I. 204; A. P. ii. 865; PERC. 407;
TRIAM. 506; SACR. 450; he schal ... kenne
þe & cuðen al þat tu easkest JUL. 37; ne
con him ous no man kenne L. N. F. 216; no
man scholde him kenne AL. (L.[2]) 96; and
þaim þe wai til hevin kenne M. H. 3; **kenne**
(*pres.*) MIRC 880; we kenniþ ... & cuðeð
KATH. 1347; we kenneð & cnaweð 2096;
heo kenneþ us care P. S. 159; **ken** (*imper.*)
MARH. 16; kenne me ... on Crist to bileve
LANGL. C ii. 78; **kende** (*pret.*) BRD. 2;
TOWNL. 245; þas word kende LAʒ. 32066; ase
þe angel hire kende HICKES I. 226; and
kende an oon þat (hit) was he S. S. (Wr.) 2875;
kenned (*pple.*) WILL. 343; kend SPEC. 25;
SACR. 15; *comp.* a-, bi-, ʒe-kennen.
   kenninge, sb., '*cognitio,*' PR. P. 271.
kennen[2], v., O.E. cennan, = O.L.G. kennian,
O.H.G.(ki-)chennan; *bring forth, beget*: child
kennen & beren HOM. II. 179; **kende** (*pret.*)
['*peperit*'] MAT. i. 25; ST. COD. 97; **kenned**
(*pple.*) ORM. 19268; þat þorgh þe holi gostes
might kenned was REL. I. 160; kened (*v. r.*
kennede) ROB. (W.) 1547; *comp.* a-, ʒe-
of-kennen.
Kent, pr. n., O.E. Cent; *Kent,* LAʒ. 7171.
Kentisc, adj., O.E. Centisc; *Kentish*: mid
Kentisce leoden LAʒ. 7441.
kēo, *see* **cā.**
keorven, v., O.E. ceorfan, = M.L.G., M.Du.
kerven, O.Fris. kerva; *carve, cut, split,* JUL.

56; kerven HOM. II. 87; HORN (R.) 241; kervin '*scindo, sculpo*' PR. P. 273; kerve LANGL. *B* vi. 106; WICL. LEV. i. 17; CH. C. T. *F* 158; A. P. ii. 1104; kerveþ (*pres.*) C. L. 1257; kervis ANT. ARTH. xlvii; **kerve** (*imper.*) L. C. C. 6; kerveð [kerveþ] LA҄. 5864; **keorvinde** (*pple.*) A. R. 250; kervinde AYENB. 66; kervond and kene D. TROV 8640; **carf** (*pret.*) ROB. 116; S. S. (Wr.) 3011; carf [karf] CH. C. T. *A* 100; karf HAV. 471; ALIS. 3629; heo cærf [carf] him þene swure a twa LA҄. 4012; þeo her þe me kerf of A. R. 398; (heo) curven [corve] LA҄. 21875; corven CHR. E. 757; corve ROB. 313; **kurve** (*subj.*) A. R. 384; P. L. S. xviii. 50; **corven** (*pple.*) CH. C. T. *A* 2696; corvin EGL. 279; icorven H. M. 17; hore her beo ikorven A. R. 424; *comp.* **bi-, for-, to-kerven.**

kervere, sb., *carver*, CH. C. T. *A* 1899; E. G. 446; purse **kerveris** (*pl.*) WICL. S. W. III. 320.

keorfunge, sb., *carving*, A. R. 344; kervinge PR. P. 273.

kerving-knif, sb., *carving knife*, B. OF C. 673.

kēp, sb., *heed, care*, GEN. & EX. 939; LEG. 116; hire sone to servi was alle hire kep ASS. 72; ҄ef þou nimest wel god keep SPEC. 103; take keep CH. C. T. *A* 2688; koep AN. LIT. 90; kepe SHOR. 12; GOW. III. 187; PR. C. 381.

kēpen, v., *O.E.* cēpan, = *M.Du.* kēpen; *keep, preserve*, A. R. 332; GEN. & EX. 3378; LANGL. *B* iii. 287; MAND. 252; þe duntes b(e)oð uvel to kepen (*ward off*) HOM. I. 153; whær he mihte þene kæisere iwisliche kepen (*take*) LA҄. 26184; þer heo wolden kepen (*wait*) 26937; kepin '*custodio, servo*,' PR. P. 272; kepe SPEC. 35; WILL. 66; WICL. GEN. xxvi. 5; kepe [keepe] CH. C. T. *A* 130; kinemede kepe (*receive*) KATH. 399; to kepe here fon wen þei to hem drowe ROB. 51; men schuld(e) him kepe and wake GREG. 623; to kepe him when he doun sal come PR. C. 5029; ne **kēpe** (*pres.*) (*like*) ich noht þat þu me clawe O. & N. 154; of þe ne kepe (*care*) i noȝt BEK. 998; ne kepeð (*cares*) he HOM. I. 55; kepeð (*awaits*) & copneð þi come KATH. 2457; gode ҄eme kepeþ SHOR. 11; **kēp** (*imper.*) HOM. I. 71; seiȝe heom þat hui kepen (*await*) me S. A. L. 161; **kēpte** (*pret.*) LA҄. 27714; HAV. 879; & god ne kepte (*ms.* kepte) noht of þat ORM. 3114; ne kepte heo non hening here SPEC. 36; and kepte wel his folde CH. C. T. *A* 512; kepten SAX. CHR. 256; þe ontful(l)e ne kepten nout þat me dealede of hore gode A. R. 248; he keppit him swithe D. TROY 1230; mi bede **kēpid** (*pple.*) has he ['*orationem meam adsumpsit*'] PS. vi. 10; *comp.* **҄e-kēpen.**

kēpere, sb., = *M.L.G.* kēpere, *M.Du.* kēper; *keeper*, LANGL. *B* xii. 128; GOW. III. 175; CH. C. T. *A* 172; kepare '*custos, conservator*' PR. P. 272; *comp.* **hous-kēpare.**

kēpinge, sb., *keeping*, ASS. 56; D. ARTH. 4205; **keping** PR. C. 4196.

keppe, see **cappe.**

ker, sb., *O.N.* kiarr, kiörr; *marshy ground*, PR. P. 272; at þe kerre side GAW. 1431; kerss BARB. xii. 392; **kerres** (*pl.*) MAN. (F.) 14574; *comp.* **alder-ker.**

kerling, sb., *O.N.* kerling; *from* **carl**; *old woman*, C. M. 11056.

kerlok, sb., *O.E.* cer-, cyrlic; *charlock, 'rapistrum,'* HALLIW. 492; carlok '*eruca*' VOC. 265; PR. P. 62.

kernel, sb., *O.Fr.* crenel (*créneau*); *battlement*, A. R. 62; FL. & BL. 231; **carnels** (*pl.*) C. L. 695; karnels MAN. (F.) 6046.

kernel, see **ournel.**

kernelen, v., *O.Fr.* creneler (*munir de créneaux*); *crenellate, embattle*; **kerneled** (*pple.*) LANGL. *B* v. 597.

kerse, see **cresse.**

kertel, see **curtel.** **kerven**, see **keorven.**

kessen, see **cüssen.** **kesten**, see **casten.**

ket, sb., *O.N.* kiöt; *flesh*, REL. I. 218.

kēte, adj., *brave, strong*, FER. 4596; as a king kete REL. II. 9; kete and beld LEG. 48; a borugh ... þat michel was & kete AL. (L.³) 201; þe kete MISC. 76; of þe sonne ... þe leomes beoþ so kete TREAT. 138; þe stormes beoth so kete S. A. L. 156; kete lordes WILL. 330; kete men LANGL. *A* xi. 56; *comp.* **dōm-kēte.**

kēt-li, adv., *quickly*, WILL. 1986.

kēte, see **kīte.** **ketel**, **ketil**, see **chetel.**

ketling, sb., *O.N.* ketlingr; *whelp*; ketling ['*catulus*'] of a lion WICL. DEUT. xxviii. 22; kitling '*catellus*' PR. P. 277.

kēþen, see **cūðen.** **keþþe**, see **cūððe.**

kevel, sb., *O.N.* kefli, kafli (*piece cut off*), *cf.* *M.Du.* cavel *m.* (*lot*), *O.L.G.* kavele *f.* (*lot*); *bridle-bit*; *clamp, hook*; *lot*: a kevel (*gag*) of clutes HAV. 547; kevil, keul '*camus*' PR. P. 274; kevil ['*camo*'] PS. xxxi. 9; þan kest þai cavel (*lots*) C. M. 18907; **keveles** PERC. 1426; kiviles (*? clamps*) MAN. (F.) 12062.

kevelen, v., *O.N.* kefla; *put a kevel on*: and keviles (*pres.*) his stede PERC. 424; *comp.* **un-kevelen.**

kēven, v., *? turn*; keve A. P. i. 320; **kēved** (*pple.*) A. P. i. 980.

keveren, see **coveren.**

keweri, sb., *from O.Fr.* queux (*cook*); *cookery*, TREV. I. 405; curi B. B. 150; **cūries** (*pl.*) 149.

kex, sb., *kex, reed*, VOC. 157; kex [kix] LANGL. *B* xvii. 219; kix '*calamus*' PR. P. 277.

kēȝe, see **kēȝē.**

kibe, sb., *? Welsh* cibi; *chilblain, carbuncle, ulcer*, ['*anthrax*'] TREV. VIII. 227.

kichel.

kichel, see **kōchel. kichene,** see **ouchene.**
kid, sb., cf. mod.Eng. kit; ? bundle, 'fascis,' PR. P. 274.
kide, sb., O.N. kið n.; kid (animal), 'haedus,' PR. P. 274; ORM. 7804; WICL. JUDG. XV. 1; CH. C. T. A 3260; REL. II. 80; **kides** (gen.) GEN. & EX. 1697; **kides** (pl.) GEN. & EX. 1535.
kid-nēre, sb., kidney, L. C. C. 10; kidenei VOC. 149; kednei 179; **kidneers** (pl.) [later vers. kidneris, kideneiren] WICL. EX. xxix. 13; kideneris LEV. iii. 4.
kīf, see **cūf.**
kigge, adj., cheerful : kigge or joli 'hilaris' PR. P. 274.
kīken, v., cf. Ger. kiken (prick); kick; kike ['calcitrare'] TREV. V. 355; LANGL. C v. 22; WICL. DEEDS ix. 5; CH. C. T. D 941; **kikide** (pret.) WICL. DEUT. xxxii. 15.
kīken, v.,= L.G. kīken (pret. keik), Du. kijken (pret. keek), Swed. kika; look, peep : and to þe roof þei **kīken** (pres.) and þei gape CH. C. T. A 3841; see **kōken.**
kikir, sb., 'tentigo,' VOC. 186, 246.
kīle, sb., O.N. kȳli; sore, 'ulcus,' VOC. 224; **kīles** (pl.) REL. I. 53.
killen, see **cūllen. kilne,** see **cūlne.**
kilp, kelp, sb., O.N. kilpr; handle of a vessel : kilpe [kelpe] of a caldron 'perpendiculum' CATH. 203; his swerd he pulte up in his kelp (? scabbard, ? sword-belt) L. H. R. 140.
kime, see **cūme.**
kīme, sb., ? wretch : þe silli kime PL. T. 643.
kīmen, v., cf. Du. kuimen, O.H.G. chūman (? complain); ikimet (pple.) ? become faint KATH. 1298; comp. **a-kīmen, bi-kōmen.**
kimlin, sb., ? from cumb; brewing-tub, PR. P. 274; kimelin [kemelin] CH. C. T. A 3548.
kin, see **cūn.**
kinch, sb., bundle, 'fasciculus,' VOC. 229.
kinde, kindel, see **cūnde, cūndel.**
kindlen, v., kindle, set fire to, (ms. kinndlenn) ORM. 13442; HAV. 915; kindlin 'accendo' PR. P. 275; kindle CH. C. T. C 481; **kündleð** (pres.) A. R. 296; **kindled** (pple.) MAND. 70; kindlid [kindeled] C. M. 6759.
kindling, sb., ardour (v.r. kindilling), ALEX. (Sk.) 3292.
kindlen, see **cūndlen.**
|**kine,** sb., O.E. cyne, cine,= O.H.G. chuni-(-riche); royal dignity.]
kine-ærd, sb., royal land, LAȝ. 19433.
kine-bearn, adj., O.E. cynebearn; royal offspring, HOM. I. 273; LAȝ. 199; kinebern MARH. 4; kine-, cunebern HOM. II. 47, 49.
kine-benche, sb., royal throne, LAȝ. 9693.
kine-boren, adj., O.E. cyneboren; of royal birth, LAȝ. 10098.

kining.

kine-burh, sb., royal city, KATH. 1883.
kine-dōm, sb., O.E. cynedōm; realm, KATH. 1472; A. R. 148; ORM. 2227; FL. & BL. 802; ROB. 173; C. L. 286; cune-, kenedom [kinedom] LAȝ. 6095, 15079.
kine-ȝerde, sb., O.E. cynegerd, -gyrd : sceptre, ORM. 8182; P. S. 215.
kine-helm, sb., O.E. cynehelm; crown, FRAG. 2; LAȝ. 6766; kenehelm JOHN xix. 2.
kine-lāverd, sb., O.E. cynehlāford; royal lord, LAȝ. 9831.
kine-līch, adj., O.E. cynelīc; royal : ane kineliche burh LAȝ. 14130.
kine-lond, sb., royal land, LAȝ. 183.
kine-mēde, sb., royal reward, KATH. 399.
kine-merke, sb., sign of royalty, FRAG. 8; kinemerk HAV. 604.
kine-rīche, sb., O.E. cynerīce, = O.H.G. chuni-, chunerīche; realm, royal power, KATH. 182; ORM. 2236; MISC. 47; kine-, kuneriche LAȝ. 2896, 28931; C. L. 1416; P. S. 215; kuneriche PROCL. 2; kunerike HAV. 2804; kinrik BARB. i. 158.
kine-ring, sb., royal ring, KATH. 409.
kine-sǣte, sb., royal seat, ORM. 2224.
kine-sorūd, sb., royal robe, HOM. I. 193.
kine-setle, sb., O.E. cynesetl; royal seat, throne, HOM. I. 115; KATH. 45.
kine-stōl, sb., O.E. cynestōl; royal seat, HOM. I. 191; LAȝ. 4517.
kine-þeode, sb., kingdom, LAȝ. 2947.
kine-wurðe, adj., royal, KATH. 567; þis kinewurðe [kineworþe] lond LAȝ. 13384; kenewurð(e) 8618; kineworþe C. L. 14.
kinewurð-līche, adv., royally; kinewurliche iwurðget JUL. 62.
kine, see **chine.**

kining, sb., O.E. cyning, cining, cyng, cing, = O.Fris. kining, kening, kinig, kenig, O.L.G. cuning, O.H.G. chuning, kuning, chunig, kunig, O.N. konungr, kongr; king, MK. xv. 2 (written kyning MAT. xxi. 5); kining (ms. kyning), king SAX. CHR. 249, 254; king FRAG. 1; LAȝ. 5962; KATH. 27; A. R. 138; **kinges** (gen.) BEK. 203; **kingis fischare,** king fisher, 'is(p)ida,' PR. P. 275; **kinge** (dat.) LAȝ. 25654; **kinges** (pl.) KATH. 226; kinges, kinge LAȝ. 5331, 29693; **kinge** (gen. pl.) HOM. I. 33; A. R. 398; ORM. 3588; kinge, kingen, kingene LAȝ. 2611, 5378, 21242; HOM. II. 45; MARH. 18; kingene LANGL. A i. 103; **kiningen** (ms. kyningen) (dat. pl.) LK. xxi. 12; kingen LAȝ. 23915; comp. folo-, lēod-king.
king-dōm, sb., O.E. cyningdōm, = O.L.G. cuningdōm, O.N. konungdōmr; kingdom, LANGL. B vii. 155; MAND. 40; PR. C. 8788; M. H. 96; þane kingdom AYENB. 77.
king-hōd, sb., kingship, WILL. 4059; kinghed LANGL. A xi. 216.

king-lēs, adj., *without a king*, ROB. 105.
king-lī, adj., = *O.Fris.* keninglik, *O.H.G.*
chuninglīch; *kingly*, LIDG. M. P. 20.
king-lond, sb., *kingdom*, GEN. & EX. 1262.
king-rīche, sb., = *O.Fris.* kiningrīke, *O.H.G.*
kuningrīchi; *realm, royal power*, MISC. 26;
AYENB. 122; ALIS. 5981; WILL. 2127;
LANGL. *B* PROL. 125; kingrike D. ARTH.
24; PR. C. 5780; kingrīk BARB. i. 57.
kinken, v., = *M.Du.* kinken; *pant, gasp*: i
laghe that i kinke (*pres.*) TOWNL. 309.
kinnen, v., ? *O.N.* kynda; *kindle, set on fire*;
kinned (*pple.*) A. P. ii. 915.
kīpe, *see* cūpe.
kippin, v., *O.N.* kippa, *cf. Du.* kippen; *seize*,
'*rapio*,' PR. P. 276; kippe HAV. 894; S. A. L.
166; i kippe (*pres.*) ant cacche P. S. 152; he
kippis TOWNL. 90; (þai) kippe A. P. ii. 1510;
kippe (*imper.*) MAN. (F.) 642; kipte (*pret.*)
GEN. & EX. 3164; HAV. 1050; L. N. F. 218;
kipte heore longe knives ROB. 125; he ne
kipte of hem non hure P. L. S. ix. 64.
kip-trē, sb., *from* kippin; *beam of a draw-
well*, '*telo*,' PR. P. 276.
kire, *see* cūre.
kirf, sb., *O.E.* cyrf, = *O.Fris.* kerf *n.*; *cut (with
a weapon), blow; piece cut*, GAW. 372; GOW.
II. 152; twine everi kirf a wei warde from the
grape PALL. i. 190.
kirke, *see* chireche. **kirne**, *see* chirne.
kirnel, *see* cūrnel. **kirtel**, *see* cūrtel.
kissen, *see* cüssen.
kiste, *see* cūste, chiste.
kīte, sb., *O.E.* cȳta (*buteo*, VOC. 29, 63); *kite*,
'*milvus*,' VOC. 177; REL. II. 19; DEP. R. ii.
159; kite [kete] CH. C. T. *A* 1179; kete
AYENB. 52; ALIS. 3048; like to kites (*pl.*)
(*printed* tokites) HALLIW. 879.
[**kitelen**, v., *cf. M.Du.* kitelen, ketelen,
O.H.G. chizilōn; *tickle*.]
    kitelinge, sb., *O.E.* citelung, = *M.Du.* kete-
linghe, *O.H.G.* chizelunge; *tickling*, HALLIW.
496; kitlinge HAMP. PS. ii. 4*.
kitling, *see* ketling.
kiton, sb., *cf. O.Fr.* chaton; *kitten*, LANGL. *C*
i. 205.
kitte, sb., *cf. M.Du.* kitte; *milking-pail*; kitt
'*mul(c)trum*' VOC. 217; kit BARB. xviii. 168,
223.
kitten, *see* oūttin. **kīðen**, *see* cūðen.
kippe, *see* cūððe. **kix**, *see* kex.
klēping, *see* clāping *under* clāpen.
kn-, *see* cn-. **ko-**, *see* co-.
kr-, *see* or-. **kū**, *see* cū.
kūn, *see* cūn. **kūrtel**, *see* cūrtel.
kvēd, *see* cwēd. **kvic**, *see* cwic.

1.
lā, interj., *O.E.* lā; *lo*, ORM. 741; GEN. & EX.
3113; la hwure HOM. I. 45; ea le MAT. xxiii. 17;
(wen)dest þu la (*oh*) erming her o to wunienne
FRAG. 7; wei la, le 6; la hwet scal þis beon
HOM. I. 89; wa la H. M. 29; la god hit wot
O. & N. 1543; la, leo, lou, le [lo] LAȝ. 5031,
15736, 21171, 25859; lo A. R. 52; ROB. 36;
WICL. JOHN vii. 26; lo sire whar ic am here
P. L. S. xix. 255; loo LIDG. M. P. 145; lo,
low KATH. 849, 2458; lowr (? = lo hwer) her
ich abide KATH. (E.) 2403; lour hit her *lo, it
is here* A. R. 152.
laak, *see* lac. **laas**, *see* lās.
labbe, sb., *talkative person, blabber*, PR. P.
282; CH. C. T. *A* 3509.
labben, v., *cf. M.Du.* labben; *blab, prate*;
labbe (*imper.*) LANGL. *C* xiii. 39; a labbing
(*pple.*) shrewe CH. C. T. *E* 2428; PARTEN.
3751.
label, sb., *O.Fr.* label; *label*, CH. ASTR. i. 22
(13); WICL. E. W. 331.
labor, sb., *O.Fr.* labour; *labour*; labour BEK.
49; A. P. i. 633.
laborer, sb., *O.Fr.* laboreor; *labourer*, LANGL.
A iii. 282; laborere *B* iii. 278.
laborin, v., *O.Fr.* labourer; *labour*, '*laboro*,'
PR. P. 283; laboure CH. C. T. *A* 186; la-
bourde (*pret.*) ALEX. (Sk.) 4814.
lac, sb., = *M.Du.* lac, *M.L.G.* lak; *lack, fault*,
HICKES I. 231; HAV. 191; AYENB. 62; lac
ne lest HOM. II. 258; lak '*defectus*' PR. P.
285; ROB. 412; LIDG. M. P. 158; lake OCTOV.
(W.) 1394; S. S. (Wr.) 2146; laak PALL. iv.
895; wiþoute lake SHOR. 146; laokes (*pl.*)
AYENB. 32; lakkes LANGL. *B* x. 262.
lak-lēs, sb., *faultless*, LANGL. *B* xi. 382.
lac², sb., *O.E.* lac *m., cf. M.Du.* lac *m.,* lake *f.,
O.H.G.* lacha *f.*; *lake*: over þen lac [þe lake]
of Silvius LAȝ. 1279; lak A. P. ii. 438; lake
'*lacus*' PR. P. 285; ich leade ham ... i þe
ladliche lake of þe suti sunne MARH. 14;
lāke (*dat.*) P. L. S. xxv. 162; MAP 337; CH.
C. T. *D* 269; LIDG. M. P. 153; LUD. COV.
309, 350, 387.
lāc, sb., *O.E.* lāc *n.*; *? from root of* līken;
offering, gift: heo nomen þat lac LAȝ. 17748;
bi þat alter was þe lac o fele wise ȝarked
ORM. 1062; lutel loc [lac] is gode lef P. L. S.
viii. 37; loc '*munus*' FRAG. 4; þreo kinges ...
lok him broȝte P. L. S. xix. 128; loac GEN.
& EX. 1798; lāke (*dat.*) LAȝ. 31953; brohten
to lake KATH. 62; lōc (*pl.*) HOM. II. 45;
lokes [lakes] A. R. 152; lakes ORM. 1157.
[**lāc³**] **leic**, sb., *O.E.* lāc *m., O.N.* leikr, = *Goth.*
laiks, *O.H.G.* leich *m.; sport, play, activity*;
leik HAV. 1021; JOS. 17; laik WILL. 678;
loveli laik was it nevere bitwene þe longe and
þe shorte LANGL. *B* xiv. 243; sinful laik M. H.
58; leȝkes (*pl.*) (*ms.* leȝȝkess) ORM. 2166;

laikes MIN. iii. 64; PERC. 1704; ANT. ARTH. xlii; *comp.* brūd-, cair-, clǣn-, dūsi-, dweomer-, feir-, fēr-, fiht-, frēo-, gōd-, hende-, idel-, love-, mēok-, rēaf-, schend-, siker-, trēu-, wed-, wōhlāc (-leic).

lacche, sb., *latch, 'cliket,'* VOC. 170; lahche, latche (? lacche) *'pessulus'* PR. P. 283; lache ED. 2929.

lācchen, v., *O.E.* (ge-)lǣccan (*pret.* lǣhte); *catch, seize,* ORM. 12300; lacche O. & N. 1057; JOS. 356; lacche foules LANGL *B* 355; lacche with foules *A* v. 199; lache GREG. 275; (hie) lācheð (*pres.*) HOM. II. 197; lacche me in þin armes WILL. 666; lecche (*subj.*) A. R. 164*; lāhte (*pret.*) A. R. 102*; HORN (R.) 249; lahte ut his tunge MARH. 9; laȝte A. P. i. 1204; lauȝte JOS. 222; LANGL. *B* xviii. 324; DEP. R. ii. 159; laute HAV. 744; lāht (*pple.*) ORM. 11621; P. S. 192; lagt GEN. & EX. 3141; laȝt GAW. 156; REL. I. 226; laght IW. 3622; lauȝt WILL. 671; (*printed* laught) ALIS. 685; lacched MAN. (H.) 120; *comp.* a-, bi-, ȝe-lacchen.

lācching, sb., *taking,* LANGL. *A* i. 101.

lāce, *see* lās.

lacerte, sb., *O.Fr.* lacerte; *fleshy muscle,* CH. C. T. *A* 2753.

lache, *see* lacche, lasche. **lāche**, *see* lǣche.

lachesse, sb., *O.Fr.* laschesse; *negligence, laziness,* LANGL. *A* ix. 32; lachesse LANGL. *C* ix. 253, x. 269.

lachet, sb., *Fr.* lacet; *latchet,* PR. P. 284; GAW. 591.

lācin, v., *O.Fr.* lacer; *lace,* PR. P. 283; lace HORN (L.) 717; lācinge (*pple.*) CH. C. T. *A* 2504; lāced (*pret.*) WILL. 1736; lāced (*pple.*) CH. C. T. *A* 3267; ilaced A. R. 620; MISC. 77.

lacken, *see* laken. **lācnien**, *see* lǣchnien.

ƕlad, sb., *? O.E.* hlæd, = *O.N.* hlað; *from* ƕláden; *draught, load*: we loden alle twinne lad of his godnesses welle ORM. 19313; ech on other laid good lade TOR. (A.) 1663.

lād, sb., *O.E.* (ge-)lād (*way*), = *M.H.G.* geleite *n.*; *? act of leading*; lādes [lōdes] mon (*sb.*) [= *M.L.G.* leides man, *M.H.G.* leites (geleites) man]; *pilot,* LAȝ. 6245; lodes man AYENB. 140; lodes mon A. P. iii. 179; loder (*for* lodes) man GEN. & EX. 3723.

[**lād-man**, sb., *pilot*.]

lōdemānge, sb., *pilotage,* CH. C. T. *A* 403.

ladde, sb., *lad, young man,* HAV. 1786; SPEC. III; P. S. 239; FER. 400; AL. (T.) 260; MAN. (F.) 5895; A. P. ii. 36; DEP. R. iii. 146; laddes (*pl.*) LANGL. *B* xix. 32; IW. 2266.

ƕladdre, sb., *O.E.* hlǣder, hlǣdder, = *O.Fris.* hleder (? hlēder), hladder, *O.H.G.* hleitra; *ladder*; laddre ROB. 333; C. L. 915; LANGL. *B* xvi. 44; laddre, leddre SHOR. 2, 3; lheddre AYENB. 246; leddre HOM. I. 129; A. R. 354; GEN. & EX. 1607; ledderis (*pl.*) BARB. ix. 314: þe two leddre stalen A. R. 354; laddren (*v. r.* laddrene, laddres, ladders) ROB. (W.) 8490.

leddir-staf, sb., *? rung of a ladder, 'scalare,'* PR. P. 293.

lāde, sb., *O.E.* lād, = *O.N.* leið, *M.Du.* lēde, leide, *O.H.G.* leita *f.*; *from* līðen; *path, road, journey; load*; PR. C.3421; he wile folȝhenaȝ þat ilke steornes lade ORM. 2140; ilc an sholde þrinne lac habben wiþ him o lade 3455; lode A. R. 268; TRIST. 419; TOR. 1676; E. G. 396; þe stede liked wel þe lode WILL. 3292; what þai in lode hadde *what they carried* FER. 2703; of stree ... mani a lode CH. C. T. *A* 2918; loode *'vectura'* PR. P. 310; *comp.* carte-, hors-, lif-, plōu-lāde(-lōde).

lōd-cniht, sb., *guide,* LAȝ. 25729.

lōde-sterre, sb., = *M.Du.* leidsterre, *M.H.G.* leitesterne; *loadstar,* MAND. 180; CH. C. T. *A* 2059; lode-, loodsterre TREV. I. 301; ladesterne D. ARTH. 751.

lād-þēow, sb., *O.E.* lād-, lāttēow, latt̃eow (ALFR. P. C. 305); *leader*; ladþeow ANGL. III. 152; JUL. 33; latteu HOM. II. 197; lādtēwes (*pl.*) MAT. xv. 14.

ƕlādel, sb., *O.E.* hlædel; *from* ƕláden; *ladle*; ladel LANGL. *B* xix. 274; CH. C. T. *A* 2020.

ƕláden, v., *O.E.* hladan, = *O.L.G.* hladan, *O.H.G.* hladan, ladan, *O.N.* hlaða, *Goth.* (af-)-hlaþan; *load; draw up*; ladin PR. P. 283; lade HORN (R.) 1409; lhade out þet weter AYENB. 178; ƕládeð (*imper.*) ['*haurite*'] JOHN ii. 8; lōden (*pret.*) ORM. 19313; láden (*pple.*) ORM. 14054; GEN. & EX. 1800; RICH. 1389; lade A. P. i. 1145; *comp.* ȝe-, over-láden; *deriv.* ƕlad, ƕládel, ƕlast.

lāden, *see* lǣden. **lādi**, *see* ƕlǣfdiȝ.

lǣche, sb., *O.E.* lǣce, = *Goth.* lēkeis, *O.Fris.* lētza, *O.H.G.* lāchi; *leech, physician,* ORM. 19354; leche A. R. 178; SPEC. 92; SHOR. 36; WILL. 576; LANGL. *B* xx. 302; MAND. 199; CH. C. T. *G* 56; S. S. (Wr.) 446; M. ARTH. 200; PR. P. 291; lache HOM. II. 229; lǣches (*gen.*) MAT. ix. 14; lǣches (*pl.*) P. L. S. xv. 190; lechis BARB. v. 437; lǣchene (*gen. pl.*) HOM. II. 41.

lǣche-craft, sb., *O.E.* lǣcecræft; *art of healing,* LAȝ. 7616; ORM. 1869; lechecraft A. R. 178; ROB. 141; LANGL. *B* xvi. 104; IW. 2736.

lǣche-dōm, sb., *O.E.* lǣcedōm, = *O.H.G.* lāchitoum; *medicine,* ORM. 1851; lechedom HOM. I. 111.

lǣche², sb., *O.E.* lǣce. = *M.Du.* lāke; *leech*; leche '*hirudo*' PR. P. 291.

lǣche³, sb., *? = O.N.* (mein-)leiki; *? countenance*: ladliche lǣches (*pl.*) LAȝ. 1884; þine

lēche.

leches beoþ grisliche O. & N. 1140; mid his lēchen (*dat*.) he gon liȝen LAȝ. 13703 ; *comp.* enǣwe-, wōh-lēche.

[**lēche**¹, sb., *O.E.* (æg-)lǣca ; *comp.* **eg-lēche.**]

[**lēchen**, v., *O.E.* lǣcan ; *from* **lā̆o**² ; *play* ; *comp.* enǣwe-, cūð-, ed-, even-, nēh-, riht-, þriste-lēchen.]

lēchen², v., = **lēchnien** ; *heal, act as physician*, ORM. 1856; leche WICL. Is. lxi. 1 ; leeche DREAM 854 ; lēched (*pret*.) LANGL. B xvi. 113.

lēchunge, sb., = **lēchnunge** ; *healing, surgery*, HOM. I. 187 ; leching D. TROY 10223 ; BARB. xiii. 46.

lēchnien, v., *O.E.* lǣcnian, lācnian, *O.N.* lǣkna, = *Goth.* lēkinōn, *O.H.G.* lāchenōn ; *act as physician* ; lechnien HOM. I. 23; lechnien, lacnien [lechnie] LAȝ. 16589, 19500 ; lecnen A. R. 330 ; lēchnede (*pret*.) LANGL. C ix. 189ª.

lēchnunge, sb., *O.E.* lācnung, *O.N.* lǣkning ; *healing, surgery*, HOM. I. 202 ; JUL. 6.

lēde, adj., *O.E.* (un-)lǣde, = *Goth.* (un-)lēds ; *trick* ; he(o) þat beoþ nu lede (*? ms.* leaþe, *r. w.* grede) MISC. 77; *comp.* un-lēde.

lēden, v., *O.E.* lǣdan, = *O.L.G.* lēdian, *O.Fris.* lēda, *O.N.* leiða, *O.H.G.* leitan ; *from* **liðen** ; *lead*, ['*ducere*'] LK. vi. 39 ; læden, leden, leaden [lede] LAȝ. 358, 828, 1000 ; laden, leden HOM. II. 7; leden A. R. 78; ORM. 938; S. S. (Wr.) 1636 ; god lif leden P. L. S. viii. 62 ; leden song GEN. & EX. 699; lede AYENB. 168 ; LANGL. B xvii. 117 ; TOR. 1061 ; ferde lede O. & N. 1684; folc ut lede HAV. 89 ; liȝte (charge) lede (*carry*) LEB. JES. 417; **lǣst** (*pres*.) R. S. i (MISC. 158); leadeð KATH. 261 ; let HOM. I. 111 ; A. R. 174 ; AYENB. 185 ; lat MISC. 101 ; MAP 336 ; (heo) ledeð A. R. 162 ; ledeþ AYENB. 50 ; **lēd** (*imper*.) A. R. 40 ; ne led ous naȝt in to vondinge AYENB. 116 ; **lēdde**, ladde, ledde [ladde] (*pret*.) LAȝ. 584, 5606, 6565 ; he leadde (*carried*) an his honde enne bowe stronge 1452 ; ledde HOM. I. 11 ; A. R. 160 ; ORM. 3204 ; GOW. II. 374 ; leadde KATH. 1592 ; ladde BEK. 887 ; ALIS. 1485; WILL. 1609; CH. C. T. A 2275; þu leddest [leaddest] JUL. 32, 33 ; ledden HAV. 2451 ; ladden REL. I. 129 ; **lēd** (*pple*.) GEN. & EX. 649; (*ms*. ledd) ORM. 9359; lad LANGL. B ix. 16; MAND. 14; *comp.* **æt-, bi-, for-, ȝe-lēden.**

lēdere, sb., *O.E.* lǣdere, = *O.H.G.* leitāri ; *leader*, WILL. 1355 ; LANGL. B i. 157 ; ledere [ledare] TREV. V. 217 ; ledare PR. P. 292; lord and ledar of Kintir BARB. iii. 660; **lēdaris** (*pl*.) BARB. xi. 160.

lēdunge, sb., = *M.L.G.* lēdinge ; *leading*, HOM. I. 207 ; ledinge PR. P. 293 ; leding PR. C. 4217.

lēfdi, *see* **hlǣfdiȝ.**

lǣre.

lēfe, *see* **lēave.**

lǣfel, sb., *O.E.* læfl, = *O.H.G.* label ; *cup, bowl*, '*scyphus*,' FRAG. 4 ; **lęflen** (*dat. pl*.) LAȝ. 22762.

lēn, lān, sb., *O.E.* lēn, *O.N.* lān, lēn, = *O.Fris.* lēn, *O.H.G.* lēhan n. ; *from O.E.* lēon, = *L.Ger., O.H.G.* lîhan, *Goth.* leihwan (δανείζειν) ; *loan* ; ORM. 1518; lane [leane] HOM. I. 257 (326); lone PR. P. 312 ; A. R. 208 ; P. L. S. xvii. 479 ; REL. I. 113 ; AYENB. 35 ; A. D. 247 ; GOW. II. 284; CH. C. T. B 1485 ; AMAD. (R.) xxxviii ; hit is godes lone (*printed* loue) REL. I. 175 (MISC. 114, 115) ; loone (lene) LANGL. B xx. 284.

lēne, adj., *O.E.* lǣne, = *O.L.G.* lēhni ; *from* **lān** ; *transitory, temporary* : ȝif we forleosað þas lēnan (*pl*.) worldþing HOM. I. 105.

hlēne, adj., *O.E.* hlǣne ; *lean, poor, thin* ; læne LAȝ. 19445 ; lene PR. P. 296 ; REL. I. 211 ; GEN. & EX. 2099 ; P. L. S. xiii. 236 ; P. 34 ; lene [leene] LANGL. B PROL. 123 ; CH. C. T. A 287; leene LIDG. M. P. 132 ; lene, leane A. R. 118, 368 ; lhene AYENB. 53 ; lenie BARB. i. 387 ; **lēnre** (*compar*.) HOM. I. 37.

lēnnesse, sb., *O.E.* lǣnnyss ; *leanness*, PR. P. 296.

lēnen, v., *O.E.* lǣnan, = *O.Fris.* lēna, *O.N.* lāna, lēna, *O.H.G.* lēhanōn ; *from* **lān** ; *lend* ; lenen LAȝ. 31621 ; A. R. 228 ; ORM. 15795 ; GEN. & EX. 3170 ; PL. CR. 741 ; hu mihte he leanen [lenen] lif to þe deade KATH. 1086 ; lene HAV. 2072 ; AYENB. 35 ; MIRC 1485 ; Iw. 757 ; lene hem wimmen ROB. 47 ; leene ['*commodare*'] WICL. DEUT. xv. 9 ; TRIAM. 683; leendin '*praesto, concedo*' PR. P. 296 ; lennen CATH. 213 ; lese wordes þu me lēnst (*pres*.) O. & N. 756; lord þat lenest us lif P. S. 153 ; ant leneð (*printed* leueð) his luve in liflese schaften JUL. 24 ; lenþ AYENB. 6 ; ge leaneð LK. vi. 34 ; (hi) leneþ AYENB. 35 ; **lān** [lean] (*imper*.) LAȝ. 11494; len P. L. S. xxiv. 234 ; (*ms.* lene) DEGR. 1599 ; len [leen] me ȝoure hond CH. C. T. A 3082 ; **lāne** (*subj*.) LAȝ. 4383 ; god lene him grace WILL. 327 ; **lēninde** (*pple*.) AYENB. 35 ; **lēnde** (*pret*.) P. L. S. viii. 61 ; BEK. 775 ; þis lond he hire lende LAȝ. 228 ; **lēned** (*pple*.) ORM. 4387; lend REL. I. 113; lent LANGL. B xiv. 39 ; mi love is lent and liht on Alisoun SPEC. 28 ; *comp.* **a-, ȝe-lǣnen.**

lēnere, sb., *lender*, AYENB. 35 ; leenere WICL. PROV. xxii. 7.

lenninge, sb., *lending, loan*, HAMP. PS. xxxvi. 27ª.

hlēnin, v., *O.E.* hlǣnian ; *grow lean, pale* ; lenin '*macero*' PR. P. 296 ; þi rudi neb schal leanen H. M. 35 ; lene PALL. iii. 810.

hlēnsen, v., *? make lean* ; **lēnsed** (*pple*.) his fleis HOM. I. 147.

lǣre, adj., = *O.L.G. O.H.G.* lāri ; *empty, useless* ; lere O. & N. 1528 ; ROB. 81 ; BER. 1953 ;

380   lēre.   lēten.

lēren, v., O.E. lǣran = O.L.G. lērian (*pret.* lērde), O.H.G. lēran, O.Fris. lēra, O.N. lǣra, Goth. laisjan; *teach; learn,* MK. vi. 2; ORM. 6218; leren A. R. 64; leren GEN. & EX. 354; SPEC. 82; lerin '*doceo, disco*' PR. P. 298; lere O. & N. 1017; HAV. 823, 2592; ROB. 67; MIRC 546; LANGL. *B* xviii. 225; CH. TRO. iv. 441; S. S. (Wr.) 131; PERC. 232; PR. C. 155, 5874; AUD. 13; lere, learen [leore] LA3. 15213, 23121; to lerene HOM. I. 131; lēareð (*pres.*) A. R. 64; and lereð prestes lore REL. I. 211; lēr (*imper.*) MISC. 128; lērde (*pret.*) HOM. I. 125; P. L. S. viii. 154; LA3. 8613; WILL. 341; and lerdest hi to don schome O. & N. 1053; lerden KATH. 470; lærde LA3. 7458; lēred (*pple.*) GEN. & EX. 4; CH. C. T. *C* 283; OCTOV. (W.) 715; M. H. 2; *comp.* 3e-, for-, mis- lēren.

lērare, sb., = O.H.G. lērāri, Goth. laisareis; *teacher,* '*doctor,*' PR. P. 297; lēreris (*pl.*) WICL. HEB. xii. 9.

lēs, adv., O.E. lǣs, = O.L.G. les (*compar.*); *less:* þi læs þe þi wiðerwinne þe selle þam deman MAT. v. 25; les A. R. 30; GEN. & EX. 3595; AYENB. 118; hit nis noht les (*r. w.* wes) HOM. I. 57; þe les *the less* ROB. 26; M. H. 19; no þe les O. & N. 374; iwend þe from uvele þi les þe (*lest*) ðu . . . losie HOM. I. 117; les te *lest* LA3. 6642; A. R. 58; KATH. 2386; heo is afered les te þeo eorðe hire trukie HOM. I. 53; for drede leste he wolde hire bite K. T. 404; þat treo him was forbode lest he hedde þe miht of gode C. L. 1068; las TRIST. 2508; last WILL. 641; les when ['*ne qvando*'] HAMP. PS. ii. 12.

lāsse, adj., O.E. lǣssa, m., lǣsse f. n., = O. Fris. lessa; *less,* LA3. 7042; P. L. S. viii. 107; ORM. 7906; a lasse hul ROB. 204; Inde þe lasse and þe more MAND. 4; lesse A. R. 86; GEN. & EX. 994; lesse (*n. absol.*) A. R. 92; þe him 3iveþ lesse P. L. S. viii. 36; lasse ORM. 4896; LANGL. *B* v. 252; lasse ne mare KATH. 1561; þa læsse [lasse] LA3. 12735; lasse O. & N. 482; ALIS. 68; lasse & mare M. ARTH. 687; lesse guodes AYENB. 90.

lēst, adv., O.E. lǣst, lǣsest (*superl.*); *least,* MARH. 13; AYENB. 36; er me lest wene A. R. 178; and lest it costeþ GOW. I. 153; least MARH. 15; lēaste, adj., *least* ORM. 15277; loaste HOM. I. 253; leste MAND. 173; þe leste man LANGL. *A* iii. 24; at the leste HORN (R.) 612; CH. P. F. 452; PR. C. 2322; et te leste A. R. 164; bi þe laste HORN (L.) 616.

lēs, see **lēas**.

lēssen, lēssenen, v., *lessen;* lessin '*minuo,*' PR. P. 298; lessi AYENB. 175; lassen GAW. 1800; lasse (*pres.*) REL. II. 211; lasseð KATH. 1718; la·seþ GOW. III. 747; lessith S. & C. II. xlvi; (þei) lasseþ [lasseneþ] TREV. VIII. 327;

lessinge, sb., *diminution,* AYENB. 268.

lēst, sb., O.E. lǣst, last (*footstep*), = O.H.G. leist (*forma*), Goth. laists (ἴχνος); *bootmaker's last;* lest of a boote VOC. 181; lest PR. P. 298; last VOC. 196; lēstes (*pl.*) P. L. S. xxxiv. 13; sutters with 3our mani lestes REL. II. 176.

[**lēst²,** sb., O.E. (ful-)lǣst, (ge-)lāst, = O.L.G. ful-, (ge-)leist, O.H.G. (ful-)leist; *help; comp.* fūlst.]

lāst-ful, adj., O.E. (ge-)lǣstfull; *helpful, lasting:* þu ware me lastful HOM. II. 183; lesteful lif GEN. & EX. 304.

lēsten, v., O.E. lǣstan = O.L.G. lēstean, O. Fris. lāsta, O.H.G. leisten, Goth. laistjan (διώκειν); *pursue; continue, last, endure;* lesten PL. CR. 855; hu þine sceal a lesten P. L. S. viii. 74*; heo wenden hit scholde lesten o MISC. 152; ðat ic ðe have hoten wel ic it sal lesten (*perform*) GEN. & EX. 2906; lestin '*duro*' PR. P. 299; leste ASS. 112; in sunne leste C. L. 1058; þat mai to hevene leste SHOR. 3; lasten KATH. 279; SPEC. 49; GOW. III. 239; (*ms.* lasstenn) ORM. 8549; laste HAV. 538; lēsteð (*pres.*) LA3. 1959; lesteð A. R. 20; lasteþ MISC. 100; WILL. 5538; leasteð MARH. 5; hit lasteð þre wuke HOM. II. 3; lest, last O. & N. 516, 1450, 1466; þei lasten noght þat þei behoten MAND. 252; lēstende (*pple.*) HOM. I. 159; lestinde PROCL. 7; evre lestinde AYENB. 104; lēste (*pret.*) LA3. 6542; leste HOM. II. 117; laste ROB. 9; lāsted (*pple.*) MAND. 10; *comp.* 3e-, þurh- lēsten.

lāsting-lī, adv., *constantly,* WICL. DEEDS i. 14.

lēte, lāt, sb., *cf.* O.N. lāt n., læti, M.L.G. lāt; *from* **lēten**; *appearance, pretence:* feir lete HOM. I. 69; he makeð lete of þoleburdnesse ll. 79; lat M. H. 123; þe lot of þe windes A. P. iii. 161; man haldeþ hem for gode men for þe3re gode late ORM. 1213; for þine fule lete O. & N. 35; lote ANGL. I. 74; wið reuli lote GEN. & EX. 1162; of lote & h(e)ue A. P. i. 895; weie lōt [*cf.* O.E. wega gelǣte] *meeting of roads:* in þe weie lot(e) ['*in bivio*'] WICL. GEN. xxxviii. 21; lātes (*pl.*) A. P. 90; luveliche lates MARH. 14; þe lates of þe foules ALEX. 149; latis ISUM. 180; his lætes weoren alle swulc he lome me weore LA3. 30776; ofte he hire loh to & makede hire letes 18543; wei(e) letes MIRC 748; mid swiðe værre læten LA3. 15661; summe (wenden) to weien læten 15509; *comp.* an-, 3e-, in-, ūt-, -lāte.

[**lēte²,** adj., O.E. (earfoð-)lǣte; *comp.*ēað-lēte.]

lēten, v., O.E. lǣtan, = O.Fris. lēta (*permit*), Goth. lētan (ἐᾶν, ἀφιέναι), O.L.G. lātan (*permit, send*), O.N. lāta (*put, permit, behave*), O.H.G. lāzan (*permit*); *let, permit; dismiss, leave; cause; think, esteem,* LA3. 8612; læten wel of oþre men ORM. 7527; leten GEN. & EX. 4142;

læten. hlāford.

WILL. 2184; GOW. II. 369; hic willeð here sinnes leten HOM. II. 27; hwanne (we) ure lif leten schule REL. I. 175 (MISC. 112); þeos ... beoð alle ine freo wille to donne oþer to leten A. R. 8; þet oðer þu most leten 102; leten to wel of hire sulven 176; lete [leoten] makie KATH. 1475; leoten JUL. 12; lete O. & N. 1445; SHOR. 147; AYENB. 56; teres lete *shed tears* AL. (L.[1]) 716; and lete [late] him in his prisoun stille dwelle CH. C. T. *A* 1335; laten HAV. 328; latin, laatin '*dimitto, relinquo, permitto, puto*' PR. P. 288, 289; late P. S. 338; MAND. 11; late him inne PERC. 961; **lāte** (*pres.*) HAV. 1741; swa þu lætest lasse of þe swa læteþ drihtin mare ORM. 4896; letest ANGL. III. 62; þat tu letest lutel of al þat tu schuldest luvien JUL. 15; þu lezst [letest] LA3. 18067; þu lest REL. I. 184; FL. & BL. 365; leteð REL. I. 211; lateþ modili3 ORM. 1296; lates PR. C. 1567; he ne let him nout blod A. R. 112; bvanne me let (*omits*) wel to done AYENB. 26; he let [leet] it soþ LANGL. *B* xv. 168; he ... lat hi grede O. & N. 308; of him leteþ wel lihtliche 1774; þo þet leteþ (*relinquish*) al þet hi habbeþ AYENB. 165; thai let as thai armid to stand with god HAMP. PS. lxxvii. 12; **lētande** (*pple.*) *appearing* D. ARTH. 3831; **lāt** (*imper.*) ORM. 7619; let HOM. I. 57; MARH. 8; let hine & nim þene oðer LA3. 13156; lat O. & N. 258; LANGL. *B* iii. 73; leteð HOM. I. 39; A. R. 42; **lāte** (*subj.*) P. L. S. viii. 170; ORM. 4859; lete BEK. 757; ure loverd me lete ibide þe dai FL. & BL. 175; lete we a wei þeos cheste O. & N. 177; **lēot** (*pret.*) SAX. CHR. 255; let GEN. & EX. 809; HAV. 314; BEK. 451; let it eornen ORM. 1336; let lihtli3 þær offe 16517; and let þat uvele mod ut O. & N. 8; lette 952; he let þat folk fasten SAINTS (Ld.) xlv. 78; his swete herteblod he let for us P. S. 257; hi hedde iwrite in hare testament þet hi him let (*bequeathed*) a þousend and vif hondred pond EXEMPL. 191; he let make WILL. 5532; sho let als sho him noght had sen Iw. 1809; let [leet] CH. C. T. *A* 128; leet MAND. 137; and leet li3t of þe lawe LANGL. *B* vi. 170; liet LEG. 30; let, lette LA3. 432, 7102; lette KATH. 792; A. R. 54; þu lete O. & N. 1308; leten ORM. 9821; BRD. 5; ALIS. 3278; RICH. 3305; þe lutel leten (*accounted*) of godes bode P. L. S. viii. 131; here lif hi lete þere HORN (L.) 1246; he letten after him sende A. D. 261; **lēten** (*pple.*) REL. II. 273; twe3en hafde he leten ... cwellen ORM. 8149; lete [laten] CH. C. T. *A* 4346; for a knight i mai be lete PERC. 803; laten HAV. 240; IW. 2423; S. S. (Wr.) 1811; MAN. (H.) 61; *comp.* **a-, æt-, for-, 3e-lǣten.**

lēven, v., *O.E.* lǣfan, = *O.Fris.* lēva, *O.N.* leifa, *O.H.G.* leiben, *Goth.* (bi-)laibjan; *from* **liven**; *leave, relinquish; remain, be left*; (*ms.* læuen) LA3. 994; leaven KATH. 429; A. R. 162; leven A. D. 243; GOW. I. 86; levin PR. P. 301; leve WILL. 2358; LANGL. *B* xv. 101; ich wole ... mi lond leve for love of þe BEK. 39; þat he ne mi3te leve þer 1246; leif BARB. iv. 608; **lǣfeþ** (*pres.*) ORM. 8664; **lēf** (*imper.*) A. R. 102; BEK. 136; **lēve** (*subj.*) DEGR. 933; **lǣfde** (*ms.* lafde) [lefde] (*pret.*) LA3. 766; lefde MAT. xxii. 25; leafde KATH. 480; lafte JOS. 707; laftin ALEX. (Sk.) 886; LANGL. *B* xx. 250; læfden LA3. 3909; lede B. B. 301; **lēfde** (*subj.*) A. R. 70; **lēved** (*pple*) HAV. 225; levid MIN. i. 55; *comp.* **bi-, for-, 3e-, lēven.**

lēving, sb., *residue*; **lēvenges** (*pl.*) TREV. III. 113, 117.

lǣwed, adj., *O.E.* lǣwed, *mod.E.* lewd; *lay, unlearned,* ORM. 846; læwed [lewed] LA3. 24625; lewed BEK. 378; AYENB. 25; MAND. 164; CH. C. T. *A* 574; OCTOV. (W.) 1715; lewide TREV. III. 319; leud '*laicus, ignarus*' PR. P. 301; AUD. 18; læwed, lawed SAX. CHR. 254, 255; lawed M. H. 5; lewed men *laymen* ROB. (W.) 9522; lewede men 9676.

lēudnesse, sb., *meanness, ignorance, lay manners,* '*ignorantia,*' PR. P. 301; lewednesse TREV. VI. 239, VII. 263, VIII. 217.

[**lēwen,** v., *O.E.* (be-,3e-)lǣwan, = *Goth.* lēwjan, *O.H.G.* *(gi-)lāhan (GRAFF II, 295); *betray*; *comp.* **bi-lǣwen.**]

hlāf, sb., *O.E.* hlāf, = *O.N.* hleifr, *Goth.* hlaifs, hlaibs, *O.H.G.* leib; *loaf, bread*; hlaf MK. iii. 20; laf ORM. 1474; lof FRAG. 1; HAV. 653; BRD. 13; TRIST. 382; a lof bred BEV. 1420; loof '*panis*' PR. P. 310; **hlāfe** (*dat.*) HOM. I. 227; lhove AYENB. 82; **hlāfes** (*pl.*) JOHN vi. 5; laves [loves] LA3. 22781; loves WICL. JOHN vi. 5; **hlāfe** (*gen. pl.*) MAT. xvi. 9; **hlāfan** (*dat. pl.*) MK. vi 52.

hlāmmesse, sb., *O.E.* hlām-, hlāfmæsse; *lammas*; lammesse PR. P. 286; lammasse ROB. 201; TREV. VIII. 185.

hlāfdi3, sb., *O.E.* hlǣfdige; *lady*; (*ms.* laffdi3) ORM. 1807; lafdi KATH. 88; læfdi [leafdi] LA3. 1256; lef-, leafdi A. R. 4, 38; lef-, leve-, lavedi O. & N. 959, 1051; lhevedi AYENB. 24; lavedi REL. I. 102; ISUM. 108; lade GAW. 1810; our **lādeis** (*gen.*) evin Mary *our Lady Mary's eve* BARB. xvii. 335; ladi SPEC. 113; MAND. 86; CH. C. T. *A* 88; **laidis** (*pl.*) MAN. (F.) 11233; ladisse D. ARTH. 3081.

lēfdi-schipe, sb., *ladyship,* A. R. 108.

hlāford, sb., *O.E.* hlāford *for* *hlāf-weard; *lord*; hlaford HOM. I. 217; laferd SAX. CHR. 249; ORM. 42; PR. C. 416; laverd LA3. 268; laverd, loverd O. & N. 959; hloverd HOM. II. 43; lhoaverd PROCL. 1; loverd A. R. 2; GEN. & EX. 30; HAV. 96; BEK. 490; lhord AYENB. 1; lord LANGL. *A* i. 89; MAND. 3; CH. C. T. *A* 837.

lāferd-dōm, sb., *O.E.* hlāforddōm; *lordship,* ORM. 11851; laverddom H. M. 11.

lāverding, sb., *lording, sir (title of address)*; laverding, lording (E.) C. M. 11769; loverding ROB. 431; **lāferdinges** (*pl.*) ORM. 918; laverdinges LAȜ. 27394; lhordinges AYENB. 67; lordinges PL. CR. 609.

lōverd-lēs, adj., *O.E.* hlāfordlēas; *lordless, widowed*, BEK. 670; moni wif loverdles ROB. 142.

lōverd-līch, adj., *lordly*, HOM. II. 23; lordlich LANGL. *C* iv. 199.

lāferdling, sb., *lordling*; **lōverdlinges** (*pl.*) LAȜ. 12664*; BEK. 524.

lāver(d)-scipe, sb., *O.E.* hlāfordscipe; *lordship*, HOM. I. 111; lordschipe C. L. 142; MAND. 9.

lāverd-swīke, sb., *O.E.* hlāfordswica; *traitor to his lord*, LAȜ. 22138; loverdsvike CHR. E. 1033; lordswike P. S. 220.

laȝe, sb., *O.E.* lagu, *O.N.* lög; *law*, SHOR. 50; AYENB. 97; þeos laȝe LAȜ. 6307; on þere alde laȝe HOM. I. 87; laȝe [lawe] O. & N. 969; laȝhe ORM. 2376; laghe PR. C. 2163; MIR. PL. 175; lahe KATH. 780; lawe BEK. 300; LANGL. *A* iii. 156; K. T. 387; broþer in lawe (*O.Fr.* frere en loi) ALIS. 4399; fadir in lawe '*socer*' PR. P. 145; some in lawe CH. C. T. *E* 315; laue AUD. 39; laȝe (*pl.*) HICKES I. 223; þa ten laȝe HOM. I. 11; þas laȝen 15; lawe P. L. s. viii. 156; laȝe, lawen [lawes] LAȜ. 1167, 18172; lawen FRAG. 8; lawen C. L. 167; lagas SAX. CHR. 254.

laȝhe-bōc, sb., *O.N.* lögbōk; *law book*, ORM. 1953.

lawe-breche, sb., *O.E.* lahbrice; *breach of law*, WICL. IS. i. 5.

lawe-ful, adj. *O.N.* lögfullr; *lawful*, TREV. III. 193; lawful H. V. 113.

laweful-līche, adv., *lawfully*, LANGL. *C* x. 59; lawefolich TREV. V. 297, 313.

lah-, lauhfulnesse, sb., *lawfulness*, O. & N. 1741.

lawe-lēs, adj., *O.N.* löglauss; *lawless*, TREV. III. 73; **laȝelēase** (*pl.*) HOM. II. 229.

lage-līche, adv., *O.E.* lahlīce, *O.N.* lag-, lögliga; *lawfully*, REL. I. 131; laȝhelike ORM. 2374; lagelike MISC. 22; mid laweliche deden 106.

Laȝa-mon [Laweman], pr. n., *cf. O.E.* lahmann, *O.N.* laga-, lögmaðr (*man of law*); Layaman, LAȜ. 2.

lage-wis, adj., *O.N.* lagavīss; *experienced in law*, LK. xi. 46.

laȝe², adj., *O.E.* lagu = *O.L.G.* lagu, *O.N.* lögr *m.*; *pool*; lage MAT. vii. 12; laie, leie, ARTH. & MER. 5306, 9486; lai LEG. 13; GOW. II. 5; **laies** (*pl.*) TREV. III. 367; lawes LEG. 12; **lawen** (*ms.* lauen, *r. w.* slawen) (*dat. pl.*) ALIS. 3856.

laȝe-fen, sb., *marsh, swamp*: laȝefen [leiven] LAȜ. 22835; leifen, leiven (*ms.* leiuen, *printed* leinen) H. M. 33; leiven (*printed* leinen) MARH. 14; **leievenne** (*dat.*) A. R. 328.

lei-mūre, sb., *fen*, A. R. 328*.

[laȝe², ? sb.; *comp.* in-, ūt-, wiðer-laȝe.]

lāȝe, see **hlāwe**.

laȝen, v., *O.E.* lagian, = *O.N.* laga; *institute, ordain*; lahede (*pret.*) KATH. 1213; for þe was wedlac ilahet (*pple.*) H. M. 21.

lāȝen, v., = *M.Du.* leeghen; *from* lāh; *make low*; laȝhen ORM. 2639; lawe S. B. W. 126; loȝi AYENB. 28; lowin '*humilio*' PR. P. 315; lōweþ (*pres.*) GOW. III. 295; þe sonne loweþ ALIS. 5746; everi man þat loweþ him self TREV. V. 107; lawes PR. C. 8505; loȝe þe SHOR. 107; lōwen (*subj.*) WICL. JUDG. xix. 24; lōwed (*pret.*) WILL. 695; lowudest A. R. 190; lōȝed (*pple.*) A. P. ii. 1650; lawed PR. C. 8522.

laȝere, sb., *lawyer*; lawere PR. P. 290; lawer [lawiere] TREV. III. 275; **lawieres** (*pl.*) LANGL. *A* vii. 59.

laggen, v.: theire launces thei lachene... laggene with longe speres D. ARTH. 2542.

laggin, v., *? splash, muddy*, '*palustro, labefacio*' PR. P. 283; **laggid** (*pple.*) IBID. *comp.* bi-laggen.

lagt, pple., *see* lacchen.

lāh, adj., *O.N.* lāgr, = *M.Du.* laegh, leegh, *O.Fris.* lēg, *M.H.G.* lāge; *low, humble*, GR. 15; ORM. 15246; laih [loh] LAȜ. 986; loȝ BEK. 1783; SPEC. 73; SHOR. 145; AYENB. 105; a loȝ [lou] LANGL. *B* xii. 234; bi loogh *below* A. P. ii. 116; louh A. R. 140; lau (*ms.* law) MIN. vi. 50; N. P. 17; lou (*ms.* low) TREAT. 136; þe laȝe [lowe] LAȜ. 22135; þe laȝhe leod ORM. 9319; laigh BARB. xiii. 651*; that held the plain ai & the law BARB. vi. 518; **lāge** (*pl.*) GR. 17; lowe FRAG. 6; lowe HAV. 1324; **lāhere** (*compar.*) H. M. 27; lahre, lahȝhre ORM. 2664, 13270; lowure A. R. 380; **laȝhest** (*superl.*) ORM. 15247; laheste MARH. 14; loȝeste AYENB. 119; loweste BEK. 1187.

lāhe, adv., *low*, MARH. 12; lihten swa labe JUL. 10; laȝe, lowe O. & N. 1456; lawe EM. 323; ich ligge lowe HOM. I. 211; heo holdeð ... þet heaved lowe A. R. 130; hie and law *wholly* BARB. iv. 594.

lōh-iboren, adj., *low born*, LAȜ. 22041.

lōȝ-li, adj., *O.N.* lāgliga; *lowly*, A. P. ii. 614; louli CH. C. T. *A* 99.

lōuhnesse, sb., *lowness*, A. R. 278; loȝnesse AYENB. 246; lounesse PR. P. 314; ? laghnes ALEX. (Sk.) 3293.

lōuh-schipe, sb., *humility*, A. R. 358.

lahe, see **laȝe**.

hlahhen, v., *O.E.* hlehhan, hlyhhan, hlihhan (*pret.* hlōh), = *O.H.G.* lahhen, *Goth.* hlahjan (*pret.* hlōh), *O.N.* hlæja (*pret.* hlō); *laugh*; lahhen REL. II. 4; lahȝhen ORM. 8142; lahen [lahhe] MARH. 14; laghe EGL. 522; ANT. ARTH. xxxiv; lauȝhe TREV. V. 73; laughen [lauhen, laughwen] CH. C. T. *A* 3849; lauhwen

A. R. 200; lauȝwe P. L. S. xxviii. 3; lauhin PR. P. 290; lauȝe PL. CR. 94; lawe FER. 386; laughwen [lauȝen, laghen, lauhen (*ms.* lawhen)] LANGL. *A* iv. 93; laȝhen [leiȝe] WICL. PROV. xxxi. 25; lehȝen, lihȝen [lahȝe] LAȝ. 22419, 23717; lheȝȝe AYENB. 58; leihe HORN (H.) 366; leighe RICH. 3451; liȝhe, lihe ROB. 93, 101; liyhe [liȝhe, liȝe, lawgh, laughe] ROB. (W.) 3066; **lauhweð** (*pres.*) A. R. 198; laghes PR. C. 1092; **lahhinde** (*pple.*) HOM. I. 257; lahinde KATH. 1556; A. D. 295; lauhwinde HAV. 946; laȝinge P. L. S. ix. 72; laȝande GAW. 988, 1068; **lōh** (*pret.*) LAȝ. 18542; HORN (R.) 361; SPEC. 28; logh TRIAM. 1558; OCTAV. (H.) 988; EGL. 948; louȝ BEK. 710; LANGL. (Wr.) 13880; WICL. GEN. xvii. 17; TRIST. 2870; lough CH. C. T. *C* 961; S. S. (Wr.) 3154; lou REL. II. 272; (*ms.* low) HAV. 903; loȝen FL. & BL. 477; loȝen [lowe] LAȝ. 12872; louȝe [louhe, loughe] CH. C. T. *A* 3858; lowen P. S. 341; lowe HICKES I. 228; laȝed A. P. ii. 653; leiȝede WICL. GEN. xvii. 17; lauȝeden WILL. 1784; **lōwe** (*subj.*) P. L. S. xviii. 46; **laughen** [lauhen, laughwen] [= *O.L. G.* hlagan] (*pple.*) CH. C. T. *A* 3855; *comp.* bi-liȝen.

laȝhing, sb., *laughing*; leiȝing WICL. JAS. iv. 9; lheȝ(ȝ)inges (*pl.*) AYENB. 63.

***h*lahter,** sb., *O.E.* hleahtor, = *O.H.G.* hlahtar, *O.N.* hlátr; *laughter*; lahter HOM. I. 283; laghter PR. C. 1451; laghtur TRIAM. 1558; laughter CH. TRO. ii. 1169; leihter *'risus'* FRAG. 4; leiȝtir WICL. JOB viii. 21; **leahtre** lahtre (*dat.*) KATH. 2326; lehtre HOM. II. 175; lehtre [lihtre] LAȝ. 3045; **leihtres** (*pl.*) A. R. 198.

lahter, *see* **lehter.**

lai, sb., *O.Fr.* lai; *lay, song,* HOM. I. 199; **laies** (*pl.*) LANGL. *A* viii. 66; MAN. (F.) 4027.

lai², adj., *O.Fr.* lai; *lay*: lai feo BEK. 556.

lai, *see* **lei. laie,** *see* **laȝe, leiȝe.**

laiere, *see* **leir. laif,** *see* ***h*lāf.**

laik, laiken, *see* **lāc², lāken².**

lain, lainen, *see* **lēin, lēinen.**

lainere, *see* **lanere.**

laire, sb., *O.N.* leir; *mud, clay,* HAMP. PS. xvii. 46; lare lxviii. 18; withouten lime or laire ALEX. (Sk.) 5088; **laire** (*dat.*) C. M. 519.

lairi, adj., *miry,* HAMP. PS. ii. 9*, xvii. 36.

lait, *see* **lēte** *and* **lēit.**

laiten, v., *O.N.* leita, = *O.E.* wlātian (*look on*), *Goth.* wlaitōn (περιβλέπεσθαι); *seek, look for*; laite IW. 237; lait TRIST. 3052; ALEX. 152; PERC. 255; to leȝten & to seken ORM. 3457; **laites** (*pres.*) GAW. 355; PR. C. 7535; **laitand** (*pple.*) PS. xxiii. 6; (*printed* layttede) D. ARTH. 254; **laited** (*pret. pple.*) A. P. ii. 1768.

laiten, *see* **lēiten. laiþ,** *see* **lāð.**

lak, lake, *see* **lac.**

lake, sb., = *O.L.G.* lacan, *O.H.G.* lachan *n.*; *linen cloth,* HALLIW. 502; CH. C. T. *B* 2048.

laken, v., = *O.Fris.* lakia (*attack*), *M.Du.* laken (*blame, be wanting*); *from* **lac**; *lack, be wanting; blame*: hem gan ðat water laken GEN. & EX. 1231; whan þai wil ani man lake S. S. (Web.) 1212; lakkin PR. P. 285; lakke MAND. 214; S. & C. I. lxvii; to lakke his chaffare LANGL. *B* v. 132; hem sholde lakke no liflode xi. 280; **lackeþ** (*pres.*) AYENB. 210; lakes PR. C. 797; **lackand** (*pple.*) HAMP. PS. v. 9*; wat **lacede** (*pret.*) ȝeu HOM. I. 233; lakkede CH. C. T. *A* 756.

lāken, v., *from* **lāc**; *make offerings, worship*: to þeowten god & laken ORM. 973; **lākest** (*pres.*) 1196; lakeþ 7354; þat tu **lāke** (*subj.*) 7945; **lākeþ** (*imper.*) 6412; **lākeden** (*pret.*) 7430; **lāked** (*pple.*) 6491.

lāken², **leiken,** v., *O.E.* lācan (*pret.* lēolc, lēc), *O.N.* leika (*pret.* lēk), = *Goth.* laikan (*pret.* lailaik), *M.H.G.* leichen (*pret.* leichte, *pple.* geleichen); *play, sport*: als if he wolde leȝken ORM. 12044; with him lake MIR. PL. 139 (TOWNL. 218); al so he wolde with hem leike HAV. 469; laike LANGL. *B* PROL. 172; **laikes** (*pres.*) A. P. ii. 872; **laiked** (*pret.*) WILL. 1026; GAW. 1554; laikid M. H. 71; leikeden HAV. 954.

lākin, sb., *cf. O.N.* leikni; *plaything*; laikin, lakan, leikin PR. P. 284.

lakken, *see* **laken.**

lallen, v., *cf. Dan.* lalle (*prattle*); *speak*; **lalled,** laled (*pret.*) A. P. ii. 153, 913.

lām, sb., *O.E.* lām, = *M.Du.* leem, *O.H.G.* leim; *loam,* M. H. 1; **lāme** (*dat.*) HOM. I. 221; N. P. 39; C. M. 11985; þu makedest mon of lame JUL. 60.

lamb, sb., *O.E.* lamb (*pl.* lombru), = *O.N.*, *O. L.G.* lamb, *Goth.* lamb (*pl.* lamba), *O.H.G.* lamb (*pl.* lember); *lamb,* ORM. 1312; M. H. 45; þet lamb AYENB. 232; lamb [lomb] CH. C. T. *B* 459; lomb MARH. 12; A. R. 304; ROB. 57; MAND. 264; MAN. (F.) 1592; **lambes** (*gen.*) ORM. 7752; ischrud mid lombes flosse A. R. 66; lombe (*dat.*) AYENB. 236; lambre (*pl.*), lambre ORM. 13329; lambren AYENB. 139; LANGL. *B* xv. 200; WICL. LEV. xxiii. 18; LIDG. M. P. 169; lombe (*r. w.* wombe) ROB. (W.) 7609; lambron PALL. V. 155; lamberne, lambren, lambrin TREV. II. 229, 303.

Lam-hüþe, -hēthe, pr. n., *O.E.* Lambhȳð, *Lambeth,* ROB. 326; Lambhiþe TREV. VIII. 69.

lambur, sb., *Fr.* l'ambre; *amber*: ladies with bedis of coralle and lambur B. B. 315.

lāme, adj., *O.E.* lama = *O.L.G.* lamo, *O.N.* lami, *O.Fris.* lam(a), loma, *O.H.G.* lam; *lame, infirm*; [*'paralyticus'*] MAT. viii. 6; *'claudus'* PR. P. 286; HAV. 1938; AN. LIT. 7; LIDG. M. P. 225; lame, lome O. & N. 364, 1732; lome [lame] LAȝ. 19479, 30777; he cwæð to þam lamen MK. ii. 5; **lāmen** (*pl.*) MAT. iv. 24; HOM. I. 229; *comp.* **fōt-lame.**

lāmin, v., *O.E.* lemian, = *O.H.G.* lemen, *O.N.*

lemja; *make lame, be lame*, PR. P. 286; **lámede** (*pret.*) D. ARTH. 4302; **lámed** (*pple.*) HAV. 2755; MAN. (F.) 1836; *comp.* **a-lámen.**
lamentacioun, sb., *Fr.* lamentation; *lamentation*, CH. C. T. *A* 935.
lāmi, adj., = *O.H.G.* leimīg; *loamy*, H. M. 47.
lámmesse, *see under* **hláf.**
lamp, sb., *O.Fr.* lame, *from Lat.* lāmina; *thin plate*, CH. C. T. *G* 764.
lampe, sb., *Fr.* lampe; *lamp*, MARH. 20; laumpe LANGL. *A* i. 163; lompe AYENB. 232; **lampen** (*pl.*) P. L. S. xiii. 121; lampes CH. C. T. *G* 802.
lampreie, sb., *O.Fr.* lamproie; *lamprey*, ROB. 442; lamprei B. B. 166, 174.
lān, *see* **lēan.**
hlanc, adj., *O.E.* hlanc; *lank, slender*: lonc he is & leane HOM. I. 249; þe lonke mon REL. I. 188.
lance, sb., *O.Fr.* lance; *lance*, ROB. 137; launce JOS. 264; D. ARTH. 1379; LANGL. iv. 461; ALEX. (Sk.) 1223; **lances** (*pl.*) 788.
lance², sb., *leap*; launce [lanss] BARB. x. 414.
lancegai, sb., *O.Fr.* launcegai; *a kind of spear*, CH. C. T. *B* 1942, 2011; launcegai PR. P. 290.
lanchin, v., *O.Fr.* lancier; *mod.Eng.* launch; *drop, leap, shoot*; launchin PR. P. 200; (þei) **launceþ** (*pres.*) heiȝe her hemmes PL. CR. 551; launches D. ARTH. 2560; launceþ LANGL. *C* xix. 10; þe leves lancen from þe linde GAW. 526; **launced** (*pret.*) luþerli after him WILL. 2755; lansed (ȝ *quaked*) A. P. ii. 957; lansit BARB. viii. 25; launschide D. ARTH. 194.
land, sb., *O.E., O.Fris.* land, lond, = *O.L.G., O.N., Goth.* land, *O.H.G.* lant, land; *land*, IW. 1023; PR. C. 1404; M. H. 98; þat land ORM. 7092; þet land þet he halt of his lhorde AYENB. 19; land [lond] CH. C. T. *B* 494; lond PR. P. 312; FRAG. 7; A. R. 208; HAV. 64; WILL. 2761; LANGL. *A* iv. 131; MAND. 6; AUD. 1; þat lond LAȝ. 241; he com on lond O. & N. 999; ROB. 5; se wide se þe lond was KATH. 49; water and lond GEN. & EX. 103; **londes** (*gen.*) BEK. 124; **lande** (*dat.*) PERC. 208; londe C. L. 554; AYENB. 37; A. P. i. 936; sumer com to londe (*cf. Germ.* kam ins land); LAȝ. 24242; a londe & a watre LANGL. *B* xvi. 189; loande PROCL. 5; lond, londe, londes (*pl.*) LAȝ. 1409, 5225, 28022; landes SAX. CHR. 263; **lande** (*gen. pl.*) ANGL. VII. 220; **londen**, londe (*dat. pl.*) LAȝ. 13314. 22755; londe BRD. I; *comp.* **ēi-, kine-, ūt-land.**
land-brist, sb., *cf. O.N.* brestr; *surf*, BARB. iv. 444.
lond-būgger, sb., *buyer of land*, LANGL. *B* x. 307.
lond-folc, sb., *O.E.* landfolc; *natives*, LAȝ. 30930; O. & N. 1158; ROB. 173.
lond-gavel, sb., *land tax*, LAȝ. 7789.
lond-spēche, sb., *language*, GEN. & EX. 669.
lond-tilie, sb., *ploughman*; londtilien (*dat. pl.*) LAȝ. 14850.
lond-üvel, sb., *epilepsy; epidemic disease*, A. R. 360; londivil '*epilencia*' PR. P. 312.
lond-weig, sb., = *Ger.* landweg; *path*, GEN. & EX. 2681.
lande, sb., *O.Fr.* lande (DIEZ 199), *mod. Eng.* lawn; *shrubbery, heath*; launde '*saltus*' PR. P. 291; AYENB. 216; CH. C. T. *A* 1691.
landen, v., *O.E.* landian, *cf. O.H.G.* lantan; *land*: a god schup... þat him scholde londe in ... HORN (L.) 753; londe '*appello, applico*' PR. P. 312; **londede** (*pret.*) TREV. VIII. 93; **landed** (*pple.*) ISUM. 231.
londinge, sb., *landing*, PR. P. 312.
landed, pple., *cf. M.H.G.* gelandet; *landed*; londid '*terra dotatus*' PR. P. 312.
landone, sb., *ȝ O.Fr.* landon; *ȝ field*: alle his lele lige mene o landone ascrieȝ D. ARTH. 1768.
lāne, sb., *O.E.* lane, = *O.Fris.* lane, lone; *lane*, '*viculus*,' PR. P. 286; '*venella*' VOC. 270; RICH. 4373; PR. C. 8919; lone A. P. i. 1065; PALL. ix. 170; **lānes** (*pl.*) '*venel(l)es*' VOC. 165; CH. C. T. *G* 658; lones, lanes LANGL. *A* ii. 192; *B* ii. 216.
lāne, *see* **lēn.**
laner, sb., *O.Fr.* lanier; *sort of hawk*, VOC. (W. W.) 761.
lanere, sb., *Fr.* laniere; *strap, thong, 'ligula,'* PR. P. 286; lainer WICL. GEN. xiv. 23; laineres [lanieris] (*pl.*) CH. C. T. *A* 2054.
laneret, sb., *O.Fr.* laneret; *a sort of hawk*; **lanerettes** (*pl., printed* lauerettes) TREV. I. 339.
lang, adj., *O.E.* lang, long, = *O.Fris.* lang, long, *O.L.G.* lang, *O.N.* langr, *O.H.G.* lang, *Goth.* laggs, *Lat.* longus; *long*, ORM. 15210; AYENB. 99; S. S. (Web.) 55; IW. 1479; PR. C. 632; langh PALL. i. 1033; long FRAG. 6; LAȝ. 6366; O. & N. 754; GEN. & EX. 563; HAV. 987; ROB. 22; SPEC. 35; 8 fote long MAND. 75; þat hir hadde holden seven ȝer long (*cf. Ger.* sieben jahre lang) S. A. L. 164; umbe long KATH. 518; drawe ... a long (*stretch*) LANGL. *A* v. 124; an long (*O.E.* and lang, *along*) þare sea LAȝ. 138; ande long nouht over þwert HAV. 2822; ende long MARH. 10; RICH. 2649; CH. C. T. *A* 1991; end lang PR. C. 8582; end long MAN. (F.) 12385; end longe be bord GOW. I. 182; end longes (*for* long) MAND. 49; **longes** (*gen. n.*) REL. I. 175; on **lang(e) Fridæi** *Good Friday*, SAX. CHR. 263; on lange Fridai HOM. II. 95; **longne** (*acc. m.*) LAȝ. 287; þenge longe dæi 28316; þene dæi longe 5668; al longe dai BEK. 394; alle longe niht LAȝ. 28000; O. & N. 331; al þe longe yeer LIDG. M. P. 152; al þe ȝer longe O. & N. 790; **longe**

(*pl.*) LA3. 28548; **lengre** (*compar.*) CH. C. T. *A* 330; PR. C. 3932; langir, langar BARB. i. 598; vi. 554; vii. 547; **lengust** (*superl.*) MISC. 124; lengest TREV. VIII. 65.

lange, adv., ORM. 1264; M. H. 72; lange ic habbe child iben P. L. S. viii. 2; longe A. R. 268; BEK. 10; AYENB. 205; OCTAV. (H.) 130; **leng** (*comp.*) O. & N. 42; BEK. 161; ne mihte he na leng libben LA3. 11015; þe leng þe more ALIS. 5864; i dar no leng abide TRIST. 2598; langar BARB. iv. 43; KATH. 810; A. R. 8; ORM. 13163; LA3. 471; WILL. 633; HOCC. i. 288; laingire ALEX. (Sk.) 2195; langir 3311; MISC. 153.

lang-mōd, adj., *O.E.* langmōd, = *O.H.G.* lancmuet; *patient, longsuffering* ['*longanimis*'] PS. cii. 8.

langnesse, sb., *length*, AYENB. 105.

lon(g)-sum, adj., *O.E.* langsum, = *O.L.G.* langsam, *O.H.G.* langsam; *long*, HOM. I. 107.

lange-wei, adv., *lengthwise*, TREV. I. 295.

lang², adv., = 3elang; *belonging to, due to*: al Cristene folkes hald is lang o Cristes helpe ORM. 13377; long (*v. r.* along) CH. C. T. *G* 930; mi lif is long on þe SPEC. 29.

langāge, sb., *O.Fr.* langage; *language*, BEK. 142; SHOR. 122; ALIS. 6857; CH. C. T. *A* 211.

lange, sb., *cf. M.Du.* lange; *length*: he is end longe (*sec. text* on lengþe) feouwer and sixti munden LA3. 21993; to þere worlde longe 15533.

langen, v., *O.E.* langian, longian, *cf. O.L.G.* langōn, *O.H.G.* langēn, *O.N.* langa; *from* **lang** *and* **lang²**; *long, desire earnestly; lengthen; reach forth, extend; belong*: hem sholde ... after his come langen ORM. 19364; him gon longen [longie] LA3. 18803; dæʒes gunnen longen [longi] 30627; (Brien) longien him to lette his maðmes 30896; longie SHOR. 123; longen CH. C. T. *A* 2278; longin '*pertineo, desidero*' PR. P. 312; longe MISC. 197; **longeð** (*pres.*) KATH. 1915; to þe me longeð HOM. I. 197; þe longeð [langeþ] after laÞe spelle LA3. 15808; hin longeþ O. & N. 890; me longeþ him to se ROB. 289; longiþ þe dai ALIS. 139; þat þer til longes HAV. 396; **lunginge** (*pple.*) *belonging* TREV. VIII. 446; **longede** [langede] (*pret.*) LA3. 10124; longede BEK. 45; longed A. P. i. 144, ii. 1747; longeden C. L. 1340; longed (*pple.*) WILL. 4570; *comp.* bi-, for-, of-langen.

longunge, sb., *O.E.* langung; *longing, desire*, A. R. 190; longinge O. & N. 869; SPEC. 28; longing GOW. III. 309.

langour, sb., *O.Fr.* langour; *languor, disease; ill fortune*, AYENB. 93; WILL. 918; ALEX. (Sk.) 3289; langoure D. ARTH. 4268; **langvores**, langours (*pl.*) WICL. MAT. iv. 24; LK. iv. 40.

langvish, sb., *languishing*; **langvisches** (*pl.*) ALEX. (Sk.) 2810.

langvissen, v., *O.Fr.* langvir; *languish*; **langvessande** (*pple.*) D. ARTH. 4338; **langvissed** (*pret.*) MAN. (F.) 9550; langvishide WICL. DAN. viii. 27.

hlanke, sb., = *M.Du.* lanke, *O.H.G.* lancha; *flank*: stiches i þi lonke H. M. 35; and leiþ (h)is leg o lonke P. S. 156.

[**lānhure**, *see* hwure.]

lanterne, sb., *O.Fr.* lanterne; *lantern, lamp*, FL. & BL. 238; AYENB. 195; WICL. MAT. v. 15; lantrine A. P. i. 1047; **lanterns** (*pl.*) ALEX. (Sk.) 5398.

lapin, v., *O.E.* lapian, = *M.L.G., M.Du.* lapen, *O.H.G.* laffan; *lap; taste, lick up*, VOC. 153; lape LANGL. *A* v. 207; A. P. ii. 1434; lappin '*lambo*' PR. P. 287; **lappeþ** (*pres.*) GOW. III. 215; lapiden (*pret.*) WICL. JUDG. vii. 7; lapede TREV. VIII. 121.

lappe, sb., *O.E.* lappa, læppa, = *O.Fris.* lappa, *M.H.G.* lappe; *lap; border; 'ora,'* FRAG. I; PR. P. 287; LEG. 34; P. R. L. P. 227; LANGL. *B* ii. 35; CH. C. T. *A* 686; GAW. 936; and leide (hit) uppe his lappe (*first text* bærm) LA3. 30261; þe lappe of oure loverdes cloþ(e) P. L. S. xxi. 29; and knit hit in his lappe S. S. (Wr.) 1262; nou es left me no lappe (*rag*) mi ligham to hele D. ARTH. 3286; *comp.* dēu-, ēre-, schūrte-lappe.

lappen, v., = *M.Du.* lappen; *wrap up, embrace*, WILL. 1712; lappin '*involvo*' PR. P. 287; lappe FLOR. 113; **lappeþ** (*pres.*) in his armes CH. COMPL. M. 76; **lapped** (*pret.*) GOW. II. 268; TRIAM. 417; lappid TOR. 557; lappide [wlappide] WICL. MAT. xxvii. 59; **lapped** (*pple.*) L. H. R. 69; PR. C. 523; lapped in cloutes PL. CR. 438; ilappid P. L. S. i. 39; *comp.* bi-lappen.

lappen, *see* lapin.

hlæpwinche, *see under* hlēap.

lar, *see* laire.

lard, sb., *Fr.* lard; *? lard, ? bacon*, PR. P. 288; C. B. 19.

lardenere, sb., *larder*, BARB. v. 410.

lardēr, sb., *O.Fr.* lardier; *larder*, P. L. S. xiii. 236.

lardin, v., *Fr.* larder; *lard, garnish with bacon*, PR. P. 288; **larde** (*imper.*) C. B. 18, 40, 78; **lardid** (*pret.*) MAN. (F.) 15756.

lāre, sb., *O.E.* lār, = *O.Fris.* lāre, *O.L.G., O.H.G.* lēra, *Swed.* lēra, *Dan.* lære; *lore, doctrine, precept*, HOM. I. 109; KATH. 469; ORM. 372; MIN. x. 28; PR. C. 6469; TOWNL. 59; lare [lære] MK xi. 18; JOHN vii. 16; lare, lære (*? for* lare) [lore] LA3. 693, 1014; lore, loare [lare] A. R. 80, 254; lore FRAG. 7; O. & N. 1208; HORN (L.) 412; SHOR. 59; WILL. 328; LANGL. *B* xii. 274; CH. C. T. *A* 527; A. P. ii. 1556; laire YORK xi. 181; loar(e) GEN.

C c

lāre.   **latinier.**

& EX. 181; lere ELL. ROM. II. 373; M. ARTH. 521; lāre (*pl.*) HOM. I. 115; lære (? *for* lare) LA3. 1014.
 lār-fader, sb., *cf. O.N.* lǣrifaðir; *teacher,* ORM. 16625; **lārefadirs** (*pl.*) HAMP. PS. xlix. 7*.
 lār-spel, sb., *O.E.* lārspell; *sermon,* HOM. I. 75; ORM. 12686; larspel [lorspel] LA3. 10162; lorspel REL. I. 129.
 lōr-þein, sb., *teacher,* FRAG. 5.
 lār-ðēow, sb., *teacher,* JOHN i. 38; larþew, -þeu, lorřeu HOM. I. 81, 135; II. 9; lorþeu MISC. 108; lōrðewes (*pl.*) HOM. II. 163.
 lārēow, sb., ? *O.E.* lārēow;=lārþēow; *preceptor, instructor,* ANGL. III. 152; lareaw HOM. I. 241; **lārēwes** (*pl.*) ORM. 7233.
 large, adj., *O.Fr.* large, *mod.Eng.* large; *large, wide; liberal, generous,* HOM. I. 143; A. R. 168; HAV. 97; ROB. 183; AYENB. 21; leves ... faire and large GOW. I. 137; a large mile LANGL. *A* xi. 118; hus laies and hus large (*bounteous dealing*) LANGL. *C* xxii. 43; largere (*compar.*) A. R. 168; largest (*superl.*) HOM. I. 271.
 large-liche, adv., *liberally,* A. R. 112; H. M. 29; AYENB. 37.
 largenesse, sb., *extent; liberality;* PR. P. 288; LANGL. *B* v. 632; TREV. III. 393; ALEX. (Sk.) 68.
 largesse, sb., *O.Fr.* largesse; *largess, bounty,* A. R. 166; AYENB. 102; LANGL. *A* vi. 112.
 larke, sb., *O.E.* lāwerce, *cf. M.Du.* lawerke, *O.H.G.* lēracha *f., O.N.* lǣvirki *m.; lark,* '*alauda*,' PR. P. 288; FER. 1498; LANGL. *B* xii. 262; CH. C. T. *A* 1491; laveroc SPEC. 26; L. C. C. 36; laverok GOW. II. 264.
 laroun, sb., *O.Fr.* larron, larun; *robber,* ALIS. 4209.
 las, *see* lǣs.
 lás, sb., *O.Fr.* las, laz; *lace,* ALIS. 7698; C. M. 15880; laas CH. C. T. *A* 392; lace GAW. 217.
 lasche, sb., *cf. L.G.* laske, *Ger.* lasche; *lash,* '*ligula*,' PR. P. 288; whippes lashe CH. P. F. 178.
 lasche², sb., ? = *O.H.G.* loskie; *morocco,* HALLIW. 706.
 lasche³, adj., *O.Fr.* lasche; *loose, lax; lazy;* PR. P. 288; lache CH. BOET. iv. 3 (122).
 laschin, v., *lash; draw swiftly;* '*verbero*,' PR. P. 288; **laschis** (*pres.*) ALEX. (Sk.) 1325; lasched (*pret.*) A. P. ii. 707; lashed EM. 298.
 laseir, laser, *see* leiser. **lásen,** *see* lácin.
 lasken, v., *O.Fr.* lascher, lasker (*lâcher*); *relax,* AL. (Lᵗ.) 681; lask(e) WILL. 950; laske his peines MIRC 1736.
 lasnen, *see* lǣssen.
 lasse, sb., *lass;* lasce M. H. 39; C. M. 2608.
 lāsse, *see* lǣs. **lássen,** *see* lǣssen.
 last, sb., *O.N.* löstr; *from* lēan; *fault, vice,* LA3. 22974; ORM. 4522; lest HOM. II. 258; it is no lest (*blame*) for hem FER. 459; laste (*dat.*) SPEC. 37; lastes (*pl.*) HOM. I. 145; A. P. iii. 198; lasten (*dat. pl.*) HOM. I. 197.
 laste-lēs, adj., *O.N.* lastalauss; *faultless,* KATH. 105; SPEC. 52; leasteles MARH. 12.
 hlast, sb., *O.E.* hlæst *n., cf. O.Fris.* hlest, *O.H.G.* last *f., O.N.* hlass *n.; from* hládan; *burden; last (a weight);* lest PR. P. 299; laste (*dat.*) DEP. R. iv. 74; a þousand last CH. C. T. *B* 1628.
 lastāge, sb., *market tax,* TREV. II. 97.
 lāst, *see* lǣst.
 lasten, v., *O.N.* lasta; *blame,* JUL. 70; þou lastest (*pres.*) hem REL. I. 243; lastes (*becomes faulty*) A. P. ii. 1141; laste (*imper.*) A. R. 352.
 lastunge, sb., *blame,* A. R. 66.
 hlasten, v., *O.E.* (ge-)hlǣstan; *burden:* þai ... wern laste (*pple.*) & lade A. P. i. 1145; *comp.* bi-lasten.
 lāsten, *see* lǣsten.
 lat, adj., *O.E.* læt,=*O.L.G.* lat, *O.N.* latr, *Goth.* lats, *O.H.G.* laz; *late, slow,* H. M. 37; JOS. 695; A. P. ii. 1172; slau & let HOM. II. 183; later (*compar.*) later P. L. S. viii. 67; O. & N. 963; þe latere (*latter*) A. R. 86; at þa(n) latere cherre 8356; latre ORM. 868; latste (*superl.*) last ORM. 4168; lateste HOM. II. 5; laste KATH. 585; A. R. 86; A. D. 237; at þan laste LA3. 3765; at þe laste CH. C. T. *A* 707; S. S. (Wr.) 2672; at þe laste ... seide he HAV. 1677; at te laste TREAT. 134; latst ORM. 11765; þanne i last spak with þe HAV. 678; a last A. R. 18; C. L. 1129; SPEC. 102; AYENB. 69; o last HOM. I. 207; þe latemeste (*superl.*) vers A. R. 20*; þe latemeste dai MISC. 171; þe latemiste read LA3. 11080*.
 láte, adv., *late,* LA3. 3075; ORM. 753; O. & N. 1147; LANGL. *A* iii. 56; leate, lete [late] A. R. 20, 240.
 láte-ful, adj., *late,* WICL. HOS. vi. 3; WICL. JAS. v. 7.
 lat-li, adv., *late,* HAMP. PS. xli. 2*; xlii. 5*; latlier (*comp.*) HAMP. PS. lxxi. 15*.
 lat-rēde, adj., *O.E.* latrǣde; *slow,* CH. C. T. *I* 718.
 latsum, adj., *O.E.* lætsum; *tardy,* WICL. EX. iv. 10; latsom and slaw PR. C. 793.
 latsomnes, sb., *backwardness,* HAMP. PS. xxiii. 3*.
 lat², sb., *hindrance,* BARB. xii. 516.
 lāt, lāten, *see* lǣt, lǣten.
 lāte, *see* lǣte.
 latīn, sb., *O.Fr.* latīn; *Latin,* JUL. 2; GEN. & EX. 13; C. L. 23; AYENB. 145; CH. C. T. *A* 638.
 latinier, sb., *O.Fr.* latinier; *interpreter,* MAN. (F.) 7573; (*printed* latimer) LA3. 14319; SPEC. 49; **latineres** (*pl.*) MAND. 58.

latis. **lāve.** 387

latis, sb., *Fr.* lattis; *lattice*; latiis WICL.
PROV. vii. 6; **latisis** (*pl.*) WICL. S. SOL. ii.
9.
latōn, sb., *O.Fr.* laton; *latten, a mixed metal
similar to brass, 'aurichalcum,'* PR. P. 289;
VOC. 255; GOW. I. 221; laton [latoun] CH.
C. T. *A* 699; latoun PR. C. 4371; latun PL. CR.
196.
latte, sb., *O.E.* lætta (VOC. 26), = *M.Du.* latte,
O.H.G. latta; *lath, 'asser,'* CATH. 209; VOC.
235; latthe, laththe '*tigillum*' PR. P. 288.
lattēow, *see under* **lāde.**
lāð, adj., *O.E.* lāð, = *O.L.G.* lēth, lēð, lēd, *O.N.*
leiðr, *O.H.G.* leid, *mod.Eng.* loath; *hateful,
unwelcome; hideous; reluctant*; HOM. I. 35;
MARH. 14; lað, loð [loþ] LA3. 244, 399 (*mis-
written* læð 8803); laþ ORM. 4140; IW. 135;
MAP 360; loð A. R. 168; GEN. & EX. 369;
loþ FRAG. 6; WILL. 5201; FER. 495; GREG.
346; ich was him loþ O. & N. 1088; loth
HAV. 261; loþ [loth] LANGL. *B* ix. 57; þe
him loþ [looth] or leef CH. C. T. *A* 1837;
laiþ H. S. 563; leith AUD. 31; þat laþe...
folc ORM. 8521; þe lathe Lazare TOWNL.
248; þe loþe gost P. L. S. viii. 135; lōþe (*pl.*)
HORN (L.) 1060; we beoð heom loaðe LA3.
967; laiðe(e) 3799; leiðe MISC. 15; laithe
M. H. 51; oure laith(e) sinnes A. P. iii. 401;
lāðen (*dat. pl.*) LA3. 507; **lōðre** (*compar.*)
A. R. 266; ich am him þe laðere [loþere] LA3.
872; þat he bie ... loðere men HOM. II. 95;
lāthere (*adv.*) HAMP. PS. lxxvi. 1*; **lāðest**
(*superl.*) MARH. 3; þat þe is alre laðest
[loþest] LA3. 2308; loðest A. R. 296; *comp.*
ʒe-lāð.
lāð-ful, adj., *hateful*; laðfule (*ms. and
printed* haðfule) hokeres HOM. I. 279.
lāð-lic, adj., *O.E.* lāðlic, = *O.H.G.* leidlīch;
loathsome, GR. 42; ladlich [loþlich] LA3.
4574; loðlic GEN. & EX. 749; lodlich A. R.
118; O. & N. 71; loþli WILL. 50; S. S. (Wr.)
3207; TOR. 963; lothli '*abominabilis*' PR. P.
314; lodli MAP 339; ladlich KATH. (E.) 2288;
lōdliche (*adv.*) C. L. 1136; **lāðliche** (*pl.*)
LA3. 1884; ladliche fend P. L. S. viii. 141;
lāðlūker (*compar.*) H. M. 25; ladluker LA3.
15967; lōþlokest (*superl.*) ALIS. 6312; lodlu-
keste A. R. 66.
lōdlichen, v., *make loathsome,* A. R. 256.
lōdlih-hēde, sb., *loathsomeness,* AYENB.
203.
lōthsum, adj., = *O.H.G.* leidsam; *loath-
some, 'abominabilis,'* PR. P. 314.
lāð, sb., *O.E.* lāð, = *O.L.G.* lēth, *O.H.G.* leid;
annoyance, injury; þat lað LA3. 16073; laþ
ORM. 11887; lath HAV. 76; he ne wile us
don non loð REL. I. 218; þat þe Sarasins ne
dud(e) him loþ FER. 3510; loth ED. 3276;
PERC. 1935; AV. ARTH. lvii; **lōþe** (*dat.*)
O. & N. 1146; wiþouten loþe L. H. R. 139;
from loðen (? *for* loðe) alesen LA3. 1084.

lōð-lēas, adj., *O.E.* lāðlēas; *innocent*; A. R.
188; loðles HOM. II. 167; þat ladlese meiden
JUL. 45.
lōðlēsnesse, sb., *innocency,* HOM. II. 33.
lāð-spæl, sb., *O.E.* lāðspel; *evil tidings,*
LA3. 20808.
hlāðe, sb., *O.N.* hlaða, *prov.Eng.* lathe; *barn*;
lathe '*horreum*' VOC. 204; M. H. 146; **lāðes**
(*pl.*) GEN. & EX. 2134.
[**laþer,** sb., *O.E.* leaðor, *O.N.* löðr *n.*; *lather.*]
laðer-clūt, sb., *lather-cloth,* H. M. 37*.
lāðien, v., *O.E.* laðian, = *O.Fris.* lathia, ladia,
O.N. laða, *Goth.* laþōn (καλεῖν), *O.H.G.* ladōn;
call, invite, LA3. 6673; **lāðeð** (*pres.*) HOM.
II. 203; laðieð A. R. 144; **lāþes** (*imper.*)
A. P. ii. 81; **lāðede** (*pret.*) LA3. 14427; þe
hine in laðede ['*qui vocaverat eum*'] LK. vii.
39; *comp.* ʒe-lāðien.
lāðere, sb., = *M.H.G.* lader; *one who in-
vites*; **lāðieres** (*pl.*) HOM. I. 237.
lāðunge, sb., *O.E.* laðung, = *O.H.G.* ladunga;
invitation, calling together, HOM. I. 93;
laðunge [laþinge] LA3. 5115.
lāðien, v., *O.E.* lāðian, *cf. O.N.* leiða, *O.H.G.*
leidēn; *loathe, detest*; laðien JUL. 16; laði H.
M. 9; loþin, '*abominor, detestor*' PR. P.
316; loþe ROB. 32; thei schulen hit loþe
MIRC 215; þat us loþeþ þe lif LANGL. *B*
PROL. 155; lōðie (*subj.*) A. R. 324; leoðede
(*pret.*) LA3. 6097; loþed ALIS.² (Sk.) 335;
comp. a-lāðien.
lōþinge, sb., = *O.H.G.* leidunga; *loathing,*
PR. P. 316.
lāðnesse, sb., = *O.H.G.* leidnissa; *loath-
someness,* HOM. I. 95; loðnesse A. R. 310.
lāðöe, sb., *O.E.* læððu; *hatred,* A. R. 310*
(*v. r.* loðnesse); lutel me is of ower luve
leasse of ower laððe JUL. 27; wraþþe & laþþe
ORM. 5451; laððe, læðe LA3. 2328, 18680;
muchel leððe to hire sunne HOM. II. 141;
laþe HAV. 2976; loþe SHOR. 57; leþe M. H.
81.
lauchtane, adj., *cf.* lake; *? made of cloth*; a
lauchtane mantill BARB. xix. 672.
laude, sb., *Lat.* laus, laudem; *praise,* CH. C.
T. *B* 1645, 3286.
lauʒen, *see* hlahhen.
lauhen, *see* hlahhen. **lauhte,** *see* lacchen.
laumpe, *see* lampe. **launde,** *see* lande.
laurēr, sb., *O.Fr.* laurier, lorer; *laurel,* CH.
C. T. *A* 1027; lorer C. M. 8235; lorel WILL.
2983; loriel PR. P. 313.
lauriat, adj., *Lat.* laureātus; *laureate*: his
triumphe lauriat [laureate, laureat] CH. C. T.
B 3886.
lausen, v., *loose,* GAW. 1784; *see* lēosen.
lāve, sb., *O.E.* lāf, = *O.Fris.* lāva, *O.L.G.* lēva,
O.N. leif, *Goth.* laiba, *O.H.G.* leiba; *from
līven; remainder; nas þer na mare ... to*

lave LA3. 28583; loaue A. R. 168; love, loove *widow* ['*relicta*'] TREV. VIII. 75, 173; þa lafe ['*reliquias*'] MAT. xiv. 20; laiff, lafe, laif BARB. v. 370, viii. 507, xvii. 920.

lǎvedi, *see* hlǎfdi3.

láven, v., *O.Fr.* laver, *mod.Eng.* lave; *wash; pour out a stream; stream (with blood, etc.)*: to lave & to kest(e) A. P. iii. 154; þe deu of grace upon me lave SPEC. 72; lávande (*pple.*) A. P. ii. 366; lávede (*pret.*) PERC. 2250; hie his fet lavede mid hire hote teres HOM. II. 145; he lavede a sweote LA3. 7489; it lavede a blode REL. I. 144; láved (*pple.*) LANGL. *B* xiv. 5; *comp.* bi-láven.

lavendēre, sb., *Fr.* lavandiere; *washerwoman*, SPEC. 49; lavender CH. L. G. W. 358; landar (*v. r.* lavender, lainder) BARB. xvi. 273; lavendēres (*pl.*) TREV. VIII. 191.

lavendre, sb., *lavender*, '*lavendula*,' REL. I. 37; '*lavandria, lavendula*' CATH. 210.

lavendrie, sb., *laundry*, LANGL. *B* xv. 182.

lǎverd, *see* hlǎford. laveroo, *see* larke.

lavor, sb., *O.Fr.* lavoir; *laver, washing vessel*, AYENB. 202; lavour REL. I. 7; B. B. 132; lavoures (*pl.*) PL. CR. 196.

lǎw, *see* lǎh. lawe, *see* la3e.

hlǎwe, sb., *O.E.* hlǎw, hlǎw, ?= *O.L.G.* hlēo (*dat.*) hléwe), *O.H.G.* hlēo (*pl.* (h)lēwa), *Goth.* hlaiw (τάφος); *mound, barrow, tomb, hill*; lawe GAW. 2171; A. P. ii. 992; ISUM. 392; ilc an lawe & ilc an hil ORM. 9205; lowe HAV. 1699; MAP 339; ALIS. 4348; REL. I. 120; B. DISC. 1000; TOR. 1967; leouwe [lehe] den, A. R. 368; in þe liunes lehe KATH. 1847; lā3es, lages (*pl.*) ['*saltus*'] HOM. II. 211.

lǎwed, *see* lǎwed. lawen, *see* lo3en.

lawer, lawiere, *see* la3ere.

lawmere, sb., *sluggard (a term of reproach)*, YORK xxxi. 180.

lax, sb., *O.E.* leax,= *O.N.* lax, *O.H.G.* lahs; *salmon*, HAV. 754; P. S. 151; lex FRAG. 3.

lay, *see* lēi. laye, *see* la3e.

lazar, sb., *leper*, LANGL. *C* xix. 273; lazars (*pl.*) CH. C. T. *A* 245.

lē, *see* lā, lēou.

lēac, sb., *O.E.* lēac,= *M.Du.* look, *O.N.* laukr, *O.H.G.* louch; *leek*; ic FRAG. 3; leek '*porrum*' PR. P. 295; LANGL. *A* v. 65; CH. C. T. *A* 3870; þer dedes ar nought worþ a leke MAN. (F.) 12654; lēc (*pl.*) & worten ROB. (W.) 6999; *comp.* ker-, gǎr-, hem-, hol-, hous-, pel-, schin-lēk (-lōk).

lēad, sb., *O.E.* lēad,= *Du.* lood, *M.H.G.* lōt; *lead; leaden vessel; plummet*; læd [leod] LA3. 5692; liad AYENB. 141; led HAV. 924; SPEC. 83; a led vol of water ORIG. 216; leed MAND. 75; (che) doth men rennen under the led S. & C. I. xlix; lēade (*dat.*) AYENB. 150; lede LANGL. *B* v. 600; CH. C. T. *A* 202; lēdes (*pl.*) MISC. 224; *comp.* brüþen-lēd.

lēaden, adj., *O.E.* lēaden; *leaden*; leden CH. C. T. *G* 728; ledin E. W. 46.

lēadin, v., = *M.H.G.* lœten; *from* lēad; *cover with lead*, '*plumbo*,' PR. P. 292; lede PALL. ix. 175; ilēaded (*pple.*) A. R. 418.

leedare, sb., *plumber*, '*plumbarius*,' PR. P. 292.

lēaf, sb., *O.E.* lēaf, *cf. O.Fris.* lāf, *M.Du.* loof, *O.N.* lauf, *O.H.G.* laub *n.*, *Goth.* laubs *m.*; *leaf*, MARH. 1; leaf, liaf, lieaf AYENB. 62, 230, 232; lef TREAT. 137; i falewe so doþ þe lef SPEC. 90; lef [leef] LANGL. *B* iii. 337; lef [leef] CH. C. T. *A* 3177; lēave, lieave (*dat.*) AYENB. 1; lēaf (*pl.*) MAT. xxi. 19; leaf [leves] LA3. 46; lef FL. & BL. 224; treo þe bereð lef & blosman HOM. I. 109; leaves A. R. 322; AYENB. 57; læfes ORM. 13737; leves O. & N. 1046, 1326; boþe leeves of þe 3ate WICL. JUDG. xvi. 3; lēve (*dat. pl.*) O. & N. 456; *comp.* ivi-lēf; *deriv.* lēavi, lēaven.

lēf-sel, sb., *cf.* Swed. löfsal *m.*, *Dan.* lövsal; *bower of leaves*, A. P. iii. 448; lef-, leefsel CH. C. T. *A* 4061; lefsal ANT. ARTH. vi; levecel '*umbraculum*' PR. P. 300.

[lēaf², adj., *O.E.* (unge-)lēaf,= *O.H.G.* (ge-)-loub; *believing*; *comp.* un-lēaf.]

lēafe, *see* lēave.

lēa3e, sb., *O.E.* lēah,= *M.Du.* looghe, *O.H.G.* louga; *lye*; le3e P. S. 154; AYENB. 145; leihe MISC. 193; lie '*lixivium*' PR. P. 294; lie '*lixivum*' REL. I. 8.

leahter, *see* hlahter. leahtrum, *see* lehtor.

lēal, adj., *O.Fr.* leal; *loyal*; leel MAN. (F.) 5924; lel WILL. 5119; leill [lele] BARB. v. 293; i. 375; lēlist (*superl.*) ALEX. (Sk.) 2877.

lēl-līche, adv., *loyally*, WILL. 999; leli HAMP. PS. *page* 1; leleli, leli BARB. ii. 171, xix. 190.

lealtē, sb., *O.Fr.* lealté; *loyalty*, SPEC. 53; leute MIN. *page* 101; LANGL. *A* iii. 273; (lewte [laute] *B* iii. 289); leaute MAN. (F.) 12892; laute, leaute BARB. v. 162, 530.

[lēan, v., *O.E.* lēan (*pret.* lōg), = *Goth.* laian (*pret.* lailō), *O.L.G.*, *O.H.G.* lahan; *reproach, blame*; *comp.* bi-lēan; *deriv.* lehter, last.]

lēan², sb., *O.E.* lēan,= *O.L.G.*, *O.H.G.* lōn, *O.Fris.* lān, *O.N.* laun, *Goth.* laun; *reward*, HOM. II. 222; ANGL. I. 10; ure swinkes lean MISC. 60; læn ORM. 1518; þat læn LA3. 16691; len GEN. & EX. 2838; lan HOM. I. 163; KATH. 806; lien P. L. S. viii. 32; REL. I. 183; *comp.* ed-lēan.

lēane, lēanen, *see* lǣne, lǣnen.

lēap, sb., *O.E.* lēap,= *O.N.* laupr; *basket; leep* '*sporta, corbis, nassa*' PR. P. 296; ['*fiscellam*'] WICL. EXOD. ii. 3; lēpe (*dat.*) O. & N. 359; S. & C. II. lxix; lēpes (*pl.*) ROB. 265; C.

lēap. **lēche.**

M. 13513; lepus AUD. 81; *comp.* bĕr-, brĕad-, fisch-, sēd-lēp.

hlēap, sb., *cf. O.E.* hlȳp, *O.Fris.* (bec-)hlēp, *M.Du.* loop, *O.H.G.* louf *m., O.N.* hlaup *n.; from hlēapen; leap*; lepe MAND. 113; leep '*saltus*' PR. P. 297; lupe H. M. 23; lupe [leope] LAȜ. 1928; lipe ANGL. IV. 198; lope GOW. I. 310; loup BARB. xiii. 652; lūpe (*dat.*) P. L. S. xv. 148; lēapes (*pl.*) LIDG. M. P. 32; lupes A. R. 48; *comp.* over-lōp (-lēpe).

lēp-ȝēr, sb., *O.N.* hlaupār; *leap-year*, VOC. 239; lepeȝeer MAND. 77; lepe-, lupeȝer TREV. IV. 199.

lhăp-winche, sb., *O.E.* hlēapwince (VOC. 62, 280); *lapwing*, AYENB. 61; lapwinke '*upupa*' PR. P. 288; lap-, leepwinke WICL. LEV. xi. 19; lapewink B. B. 143.

hlēapen, v., *O.E.* hlēapan, = *O.Fris.* hlāpa, *O.L.G.* hlōpan, *O.N.* hlaupa, *Goth.* hlaupan, *O.H.G.* hlaufan, loufan; *leap; run;* leapen A. R. 106; lepen [leape] LAȜ. 23697; læpen ORM. 11792; lheape AYENB. 89; lepen LANGL. *A* ii. 207; lepe FL. & BL. 465; MAND. 113; CH. C. T. *A* 4378; loupe HAV. 1801; lēapeð (*pres.*) A. R. 224; lepeð REL. I. 215; lēapinde (*pple.*) KATH. 196; lēop (*pret.*) A. R. 52; MISC. 44; ALIS. 1075; K. T. 1065; leop, leoup, leup LAȜ. 1462, 9284, 9331; leop [leep] LANGL. *A* ii. 191; leup JUL. 77; lup FER. 243; lep GEN. & EX. 2726; HAV. 891; WILL. 2756; A. P. iii. 179; S. S. (Wr.) 885; PERC. 479; lep [leep] CH. C. T. *A* 2687; lhip AYENB. 45; lip GREG. 479; the Brus lap on (*took horse*) BARB. ii. 28; leopen, lupen LAȜ. 1836, 2600; lepe MAN. (F.) 4746; lepe OCTAV. (H.) 476; lepe [lope] LANGL. *B* iv. 153; lopen HAV. 1896; lopin S. S. (Wr.) 2417; lepte ROB. 63; lēope (*subj.*) A. R. 140; lupe ORM. 12037; lōpen (*pple.*) GEN. & EX. 2647; S. S. (Web.) 739; LANGL. *B* v. 198; A. P. ii. 990; *comp.* a-, ȝe-, over-lēapen.

lēping, sb., *running away, escaping*, YORK xxvi. 292.

lēas, adj., *O.E.* lēas, = *O.Fris.* lās, *O.L.G.* lōs, *O.H.G.* lōs, *Goth.* laus, *O.N.* lauss; *from* lēosen; *void, false, vain*, MARH. 15; leas & lutiȝ FRAG. 6; læs [les] LAȜ. 19235; les ROB. 160; RICH. 3230; P. S. 214; S. S. (Wr.) 2470; REL. I. 123; lees '*falsus*' PR. P. 298; SPEC. 49; E. T. 1086; R. R. 8; lēas (*subst.*) A. R. 82; SHOR. 111; les LIDG. TH. 1777; leaveð pe lease and luvieð pe soðe JUL. 74; buten lese LAȜ. 28150; þi lease wit KATH. 1010; lēase (*pl.*) P. L. S. viii. 129; LAȜ. 751; lease swefnes A. R. 268; lese A. P. ii. 1719; lese wordes O. & N. 756; *comp.* āre-, bērd-, cāre-, eȝe-, ende-, fader-, ȝēme-, grúnd-, help-, herte-, lawe-, lif-, miht-, mōder-, nēad-, rǣd-, rēche-, sak-, schāme-, smēch-, stēor-, þēu-, wem-, wit-lēas.

lēas-līche, adv., *O.E.* lēaslīce; *wrongly*; leasliche icleopode FRAG. 1.

[**lēaste**, sb., *O.E.* -lēast; *from* lēas; *emptiness*; *comp.* eȝe-, ȝelēf-, ȝēme-, have-, mōd-, rēche-, schāme-, slēp-lēaste(-lēste).]

leasten, *see* **lēsten**.

lēasunge, sb., *O.E.* lēasung, lēasing; *falsehood*, HOM. I. 229; A. R. 82; læsinge, lesinge LAȜ. 2969, 3068; lesinge MISC. 37; LANGL. *B* iv. 18; leesinge PR. P. 298; lesing O. & N. 848; CH. C. T. *G* 479; OCTAV. (H.) 1660; PR. C. 4274; AUD. 27.

lēsing-mongere, sb., *liar*, WICL. ECCLUS. xx. 27; **lēsingmongeris** (*pl.*) WICL. I TIM. i. 10.

leautē, *see* **lealtē**.

lēave, sb., *O.E.* lēaf, = *M.H.G.* loube; *leave, permission;* (*ms.* leaue) A. R. 56; aske leve A. P. ii. 316: take leve A. P. ii. 401; leave, læve [leve] LAȜ. 1271, 4879; ich ȝeve þe leave [leve] JUL. 34, 35; lefe ORM. 10229; ISUM. 142; leve '*licentia*' PR. P. 300; GEN. & EX. 784; HAV. 1387; H. H. 175; LANGL. *B* xviii. 264; TOR. 440; ich ... nime leve O. & N. 457; leve [leeve] CH. C. T. *A* 1217; leve, live FL. & BL. 9, 124; live S. S. (Wr.) 1568; leif BARB. iv. 582; REB. LINC. 6; mid þes kinges leave MISC. 145; lēvis (*pl.*) *leavetakings* BARB. xvi. 689; *comp.* ȝe-lēave.

lēf-ful, adj., *allowed, permissible; lawful*, CH. C. T. *A* 3912; W. & I. 22; leefful WICL. LK. vi. 2; leful, leefful [leffol] TREV. I. 243; IV. 431.

lēfsum, adj., *allowable*, LANGL. *B* xi. 92*.

lēave², sb., = *O.Fris.* lāva, *M.L.G.* lōve; *for* ȝelēave; *belief, faith;* (*ms.* leave) HOM. I. 57; KATH. 316; SHOR. 143; læfe ORM. 16809; leve REL. I. 131; MISC. 134; MAN. (H.) 247.

lēaf-ful, adj., *faithful*, KATH. 1038; leaf-, læfful LAȜ. 3033, 10854; læfful ORM. 19242; lefful GEN. & EX. 3447; MISC. 23.

lēaf-līch, adj., *O.E.* (ge-)lēaflīc, = *O.H.G.* (ge-)loublīch; *credible;* levelik PS. xcii. 5; *comp.* un-lēaflich.

lēaven, v., *cf. O.H.G.* loubēn; *put forth leaves; grow to leaf;* leve PALL. iii. 276; levi P. L. S. xv. 126; **lēaved** (*pple.*) GEN. & EX. 3839; leved WILL. 22; LANGL. *B* xv. 95; ileved LEB. JES. 842.

lēaven, *see* **lēven**.

lēavi, adj., *from* lēaf; *leafy*, PALL. iv. 486.

lebard, *see* **leopard**. **leberalle**, *see* **liberal**.

leburd, *see* **leopard**.

lēc, *see* **lēac**. **lecchen**, *see* **lacchen**.

leccioun, sb., *Lat.* lectiō; *reading*, GREG. 986; *see* **lessōn**.

lēche, sb., *Fr.* lēche, *O.Fr.* lesche; *slice;* '*lesca*,' PR. P. 292; leche viaundez C. B. 34; leese bi lees (*slice by slice*) B. B. 159; leeches (*pl.*) B. B. 150.

lēche, lēchen, see lǣche, lǣchen.
lēchen, v., from lēche; cut into slices; lēche (imper.) C. B. 12, 31; lesshe 12; lēchist (pres.) C. B. 35; lēchide (pple.) D. ARTH. 265; ilechid C. B. 35.
lecherie, sb., O.Fr. lecherie; lechery, A. R. 60; GEN. & EX. 3510; P. L. S. ix. 140; AYENB. 9.
lecherous, adj., lecherous, AYENB. 111; ROB. (W.) 7208*; licherous ALEX. (Sk.) 4328.
lēchnien, see lǣchnien.
lechour, sb., O.Fr. lechour; lecher, unchaste person, TREAT. 133; lechur A. R. 216; MISC. 30; mid lechōrs (gen.) mod ROB. (W.) 7208; lechūrs (pl.) HOM. I. 53.
lĕd, see lĕad. lĕd, see lĕod.
leddre, see hlǣddre. lēde, see lǣde.
leden, sb., O.E. leden, læden, lyden; ?=latin; speech, language; on leden (Latin) FRAG. 1; an Englisc leoden LAȝ. 29677; ledene, leodene C. L. 32; leodene REL. II. 229; ledene [ledne] LANGL. B xii. 253; ludene LANGL. C xv. 179*; ledden A. P. i. 877; MIR. PL. 9 (leden CHEST. 52); ledene (dat.) MARH. 23; ledene, leodene A. R. 136, 170; ledne [ledene] CH. C. T. F 435; comp. bōc-leden.
lēden, see lǣden.
lederōn, sb., Fr. laideron; ugly person, ALIS. 3210; lidron PR. P. 303; lidderon, lidrone YORK xxxi. 167, 187.
lee, sb., skein; lee of threde, 'ligatura,' PR. P. 291.
lee², sb., delight, ALEX. (Sk.) 5615.
lee, see hlēou. lēf, see lēaf, lēof.
leege, see lige. leer, see lǣre.
leese, see lēse. lēfdi, see hlǣfdiȝ.
lēfe, see lēave. lēfen, see lēven.
lēffol, see under lēave.
lēfsel, see under lēaf.
left, leften, see lüft, lüften.
leg, sb., O.N. leggr (crus); leg, 'tibia,' PR. P. 293; ALIS. 1808; legges (pl.) LAȝ. 1876* (first text sconken); ROB. 338; TREAT. 139; CH. C. T. A 591; þeȝes legges fet ant al SPEC. 52.
legāt, sb., Fr. legat; legate, ambassador, LAȝ. 24501; MAN. (F.) 11083; legātis (pl.) WICL. PS. lxvii. 32.
legaunce, see ligence.
lege, leghe, see leuge.
lege, see lige.
lēȝe, adj., ?=M.L.G. lō; lea, fallow; leie (ms. leye) MAN. (F.) 6983; mi lond leie (ms. leye) liþ P. S. 152; see lēi.
leȝe, see lüȝe. lēȝe, see lēaȝe, lēi.
lēȝen, v., O.E. lēgan=M.H.G. lougen; from lēi; flame: lie and brenne CH. C. T. D 1142; ilēȝed (pple.) REL. I. 266.
lēȝen, see lēoȝen.

legende, sb., Fr. legende; legend, CH. C. T. A 3141; MED. 51.
legge, sb.,=M.H.G. lecke; from liggen; ledge, PR. P. 293.
leggen, v., for aleggen²; allege: loke noght ye legge (pres.) againe oure lai YORK xvii. 147; legge xxvi. 45.
leggen, v., O.E. lecgan, = O.L.G. leggian, O.N. leggja, O.H.G. leggan, leccan, Goth. lagjan; from liggen; lay, place, LAȝ. 8192; A. R. 346; ORM. 5097; leggen ... a dun lay down KATH. 773; legge BEK. 2278; LANGL. B ii. 34; CH. C. T. A 3937; lein HAV. 718; PR. P. 294; Lud king lette legge þane wal LAȝ. 7085; leie MAP 341; and sai a knight lei(e) him on wiþ a swerde EGL. 416; legge (pres.) A. R. 346; þu leist KATH. 1895; leigð LK. xiv. 29; leieð (ms. leieð) leið A. R. 212, 288; leið HOM. II. 209; (we) leggeð P.L.S. viii. 159; heo leggeoð [leggeþ] LAȝ. 15822; leggiþ ALIS. 6602; lege (imper.) LEECHD. III. 86; leie LAȝ. 5069; legge (subj.) FL. & BL. 376; thai legge PALL. i. 583; leigde (pret.) MK. xv. 46; leȝde ORM. 1334; leide O. & N. 467; FLOR. 740; he heom leide on mid sweord(e) & mid spere LAȝ. 547; sche leide hur doune be þe childe OCTAV. (H.) 366; he heom on leide þat weoren lawen gode LAȝ. 2077; laide 7632; þu leidest HAV. 636; leiden HOM. I. 101; KATH. 2252; (ms. leyden) JOHN xx. 13; heo leiden to gadere LAȝ. 5904; leȝd (pple.) ORM. 3401; leid GEN. & EX. 2426; GREG. 156; comp. a-, bi-, ȝe-leggen.
leggere, sb., layer; leggeres (pl.) (of stoon) WICL. 1 ESDR. iii. 7.
leȝhe, see leiȝe.
legistre, sb., O.Fr. legistre; jurist; legistres (pl.) and lawieres LANGL. B vii. 59.
legiūn, sb., Fr. legion; legion, LAȝ. 6024; legioun CHR. E. 633.
lēhe, see hlāwe. lehȝen, see hlahhen.
lēht, see liht.
lehter, sb., O.E. leahtor, cf. M.Du. lachter m., O.L.G., O.H.G. lastar, laster n.; from lēan; vice; þesne lehter HOM. I. 137; lehtres, lahtres (pl.) HOM. II. 55, 149; leahtrum (dat.) HOM. I. 235.
lehter, see hlahter.
lehtrien, v., O.E. leahtrian, cf. M.Du. lachteren, O.H.G. lastrōn; reprove; lehtrie (pres. subj.) HOM. II. 215.
lei, sb., O.Fr. lei; law, religion, KATH. 321; lai (ms. lay) MISC. 153; GEN. & EX. 1201: C. L. 240; BEK. 346; SHOR. 122; K. T. 383; C. M. 1428; DIGB. 3*.
lēi, sb., O.E. lēg, lȳg, līg,=O.H.G. loug m.; flame, KATH. 1412; þene lei (ms. ley) JUL. 66; lei [leie] TREV. IV. 153; lege HOM. II. 49; (ms. leie) P. L. S. viii. 140; R. S. v; leiȝe MAP 338; leie LANGL. B xvii. 207; lie BRD. 23; liȝe (printed lighe) ALIS. 3458;

lēi.

lēie (*dat.*) A. R. 202; lēies (*pl.*) HOM. I. 41; P. R. L P. 85.
lēi², sb., *O.E.* lēah, = *M.L.G.* lōh, lō, *O.H.G.* lō, lōch; *lea, -ley* (*in local names*); *untilled ground, grass land*; lai '*subsecivum*' PR. P. 285; TOR. 165; lee GAW. 849; lēie (*ms.* leye) (*dat.*) H. V. 95; erien his lei3es [leies] LANGL. A vii. 5; *comp.* wude-lēi.
lēi-land, sb., *fallow land*, TOWNL. 101; leilond '*ter(r)e fre(s)che*' VOC. 153.
lēih-tūn, sb., *O.E.* lāhtūn (VOC. 285), lehtun (LK. xiii. 19ᵃ), lectun(-ward) (VOC. 27); *garden*, MISC. 45; lahtoun REL. I. 264; lēi3htone (*dat.*) LEG. 54.
lēihtūn-ward, sb., *keeper of a garden*, MISC. 53.
leie, see la3e, lū3e.
lēie, see lē3e, lēa3e, lēi.
leien, see leggen. leif, see lēave.
lei3e, sb., *O.N.* leiga; *hire*; le3he ORM. 6234; lai C. M. 11814.
le3he-man, sb., *hireling*, ORM. 6222.
lei3e, see le3e. lēi3e, see lēi. lōi3t, see lēit.
lei3ter, leihter, see *h*lahter.
leik, leiken, see lāo², lāken².
leimūre, see *under* la3e.
lēin, sb., *cf. O.Fris.* lēine *f.*, *O.H.G.* lougen *m.*, lougna *f.*, *O.N.* laun *f.*; *denial*, AMAD. (Web.) 511; lāine (*dat.*) M. ARTH. 1964; withoute lain MIRC 810.
lēinen, v., *? O.E.* lēgnian, lȳgnian, = *O.Fris.* lēina, *O.N.* leyna, *O.L.G.* lōgnean, *O.H.G.* lougnan, *Goth.* laugnjan; *deny, hide*; leine C. M. 2738; laine YORK x. 187; laine WILL. 906; IW. 703; PERC. 1940; M. ARTH. 989: here liflode lignēð (*pres.*) hem selven HOM. II. 3; leines A. R. 314*; lāined (*pple.*) A. P. L 244; *comp.* a-, for-lēinen.
lāining, sb., *concealment*, YORK xxv. 101.
leinten, sb., *O.E.* lengten, lencten, *cf. M.L.G.* lenten, *O.H.G.* lenzo, lengiz(o); *spring; season of Lent*; '*ver*,' FRAG. 3; LA3. 30626; A. R. 70; leinte ROB. 187; lenten ORM. 8891; SPEC. 43; LANGL. B xx. 359; M. H. 122; ane lenten AYENB. 91; lente PR. P. 296; *comp.* mid-lenten.
leinte-mete, sb., *Lenten food*, HOM. II. 67.
lente-rine, sb., *Lent*, BARB. x. 815.
lenten-tide, sb., *O.E.* lenctentīd; *Lent*, SAX. CHR. 255.
leinten-tīme, sb., *season of Lent*: in leinten time uwilc mon gaðto scrifte HOM. I. 25.
leinþe, see lengðe.
leir, sb., *O.E.* leger, *cf. O.L.G.*, *O.H.G.* legar, leger, *O.N.* legr *n.*, *Goth.* ligrs *m.*; *lair; den; camp, sick bed*, L. H. R. 200; leire (*dat.*) HOM. II. 103; PALL. i. 52; laiere D. ARTH. 2293.
leir-stōwe, sb., *O.E.* legerstōw; *sepulchre*, LA3. 22874.

lēnden. 391

leire-wīte, sb., *O.E.* legerwīte; *fine for lying with a bondwoman*, TREV. II. 97.
Leirchestre, pr. n., *O.E.* Lægreceaster; *Leicester*, LA3. 2915; PROC. 9; Leicestre ROB. 2.
leiren, v., = *M.H.G.* legern (*stretch out*); *lay prostrate*; þe rihte bileve & þe soðe luve . . . ben leirede (*pple.*) . . . on his heorte HOM. II. 103.
leiser, sb., *O.Fr.* leisir; *leisure*, JOS. 164; MAN. (F.) 2753; CH. D. BL. 172; laseir, lasare, laser, lasair BARB. xiii. 602; v. 390; xiii. 59; vi. 660; lesure PALL. iii. 733; iv. 825.
lēit, sb., *O.E.* lēget, lȳget, līget; *lightning*, HOM. I. 43; GOW. III. 94; MAND. 292; WICL. DEUT. xxxii. 41; (*ms.* leyt) MAT. xxviii. 3; MISC. 224; lei3t ROB. 308; lait AYENB. 66; GAW. 199; laite *flame* TREV. V. 121; late ALEX. (Sk.) 553; lēite (*dat.*) LA3. 25599; A. R. 306.
leiten, see laiten.
lēiten, v., *? O.E.* lēgettan, = *Goth.* lauhatjan, *O.H.G.* lougezan; *lighten, flame out*, A. R. 202; JUL. 66; lēiteð (*pres.*) MARH. 13; lēite (*subj.*) GOW. III. 95; lēitinde (*pple.*) HOM. I. 185; lēitede (*pret.*) LA3. 18539; KATH. 671; laitid S. S. (Wr.) 2228.
leið, see lāð. leithlī, see *under* liht.
lōk, see lēac.
lēken, v., = *M.Du.* leken, *O.N.* leka, *M.H.G.* lechen; *leak, drop*; leke PALL. vi. 33.
lēl, see lēal. leme, see lim.
lemaille, see limaille.
lēme, lēmien, see lēome, lēomien.
lēmiren, see lēomiren.
lemman, see lēofman *under* lēof.
lēn, see lēan². lenāge, see lināge.
*h*lenchen, v., *O.E.* hlencan, = *? M.H.G.* lenken; *? bend, twist*; lench(e) (*pres.*) REL. II. 211.
lenden, sb., *O.E.* lenden (*pl.* lendenu), *cf. O.Fris.* *lenden (*dat. pl.* lendenum), *O.N.* lend (*pl.* lendar), *O.L.G.* *lendi (*pl.* lendin), *O.H.G.* lenti (*pl.* lentin, lendin); *loin*, '*lumbus*,' PR. P. 296; ORM. 4776; leende WICL. GEN. xlvi. 26; lendene (*pl.*) MK. i. 6; lenden MARH. 18; SHOR. 44; AYENB. 236; lendes ORM. 3211; CH. C. T. A 3237; leendes PALL. iv. 683; lendene (*dat. pl.*) LEECHD. III. 140; lenden A. R. 280; lende ROB. 377; lindes GAW. 139.
lend-bōn, sb., *loin-bone*, MISC. 12.
lenden, v., *O.E.* lendan, = *M.H.G.* lenden, *O.N.* lenda; *from land*; *land, arrive, reside, remain*, ORM. 2141; JOS. 81; lende HAV. 733; C. D. 504; WILL. 1466; IW. 1449; TOR. 2600; in Acris gunne þai lende ISUM. 508; here i mai no lenger lende M. ARTH. 565; lende (*pret.*) DEGR. 1560; neh him he heom lænde [lende] (*? placed*) LA3. 1989; lent GAW. 1002.
lēnden, see lǣnen.

lēne, lēnen, *see* **lǣne, lǣnen.**
lēnere, *see under* **lǣnen.**
lenge, sb., = *M.Du.* lenge, linge; *ling (fish),* '*lucius*,' PR. P. 296; HAV. 832.
lenge², sb., *O.E.* lengu, = *O.H.G.* lengī, *Goth.* laggei; *from* **lang**; *length*; lenghe REL. II. 281; A. P. i. 416.
[**lenge,** ? adj., *from* **lang**; *comp.* **ā-lenge.**]
lengen, v., *O.E.* lengan, = *O.H.G.* lengan, *O.N.* lengja; *from* **lang**; *prolong, linger, dwell*: þi lif lengen REL. I. 185; lenge HAV. 1734; AYENB. 173; JOS. 162; WILL. 5421; A. P. i. 261; AMAD. (R.) xxviii; i mai no lenger lenge LANGL. *A* i. 185; lenge and lende M. ARTH. 3276; **lenges** (*pres.*) DEGR. 1340; **lengden** (*pret.*) PL. CR. 310; *comp.* **ȝe-lengen.**
lengðe, sb., *O.E., O.N.* lengð, = *M.L.G., M.Du.* lengde; *length*, HOM. I. 261; on lengðe it sal him rewen REL. I. 221; lengþe LAȝ. 21993*; O. & N. 174; in lengþe (lenthe) and in brede LANGL. *B* ii. 88; lengthe PR. P. 296; lenkþe S. S. (Wr.) 2696; leinþe CHR. E. 26; REL. I. 125; lenþe A. P. ii. 425; lenthe PR. C. 5899.
lengþen, v., *lengthen*; lengþe WILL. 957; i wolde have **lengþed** (*pple.*) his lif LANGL. *B* xviii. 300.
lenien, *see* **hleonien.**
lennen, *see* **lǣnen.** **lent,** *see* **lenden.**
lente, sb., *O.Fr.* lente; *lentil*; (*v. r.* lentes or fetchis) WICL. 2 KINGS xxiii. 11.
lenten, *see* **leinten.**
lentil, sb., *O.Fr.* lentille, *from Lat.* lenticula; *lentil*, GEN. & EX. 1488.
lenþe, *see* **lengðe.**
lēo, sb., *O.E.* lēo, *cf. O.H.G., O.Fr.* leōn, liōn, *from Lat.* leō; *lion*, REL. I. 125; leo, le ORM. 5834, 5978; leo, leon, liun LAȝ. 1463, 4085, 28074; leon ROB. 302; leun REL. I. 208; GEN. & EX. 4025; HAV. 1867; leun, liun A. R. 120, 164; lioun AYENB. 14; **lēones,** leunes (*gen.*) ORM. 5927, 6027; liunes KATH. 1847; **lēones** (*pl.*) JOS. 222.
lēod, lēode, sb., *O.E.* lēod, līod, = *O.Fris.* liod, *O.L.G.* liud *f., O.N.* lioðr, lȳðr *m., O.H.G.* liut *m. n.; from* **lēoden**; *people, race, nation*; leode, lede, led ORM. 7166, 7446, 11313; over al þas leode LAȝ. 2054; lede man LANGL. *B* 522 (leod *v. r.* man *A* vi. 6); leude, lede GAW. 126, 675; uche leod þat liveþ in londe H. V. 106; lede FLOR. 716; OCTAV. (H.) 1459; ANT. ARTH. xxii; lued P. S. 155; lud WILL. 452; **lēodes** (*gen.*) MARH. 20; þisses ledes king LAȝ. 9656; **lēode** (*dat.*) ORM. 5371; þe king wes on leode LAȝ. 3877; i þissere leode 4807; on leode R. S. vi; in lede OCTAV. (H.) 183; M. ARTH. 653; in ȝon leede A. P. ii. 772; **lēode** (*pl.*) men ORM. 3237; MISC. 96; CL. M. 81; leode nere þar nane LAȝ. 1118; þa leoden [leode] 1784; wolde ye mi leode lusten eure loverde REL. I. 171 (MISC. 104); lede K. T. 124; MAN. (F.) 7345; þou losest lond & lede A. D. 120; his lond and his lede [leede] GAM. 71; lude, GAW. 133; lith(e) HAV. 2515; leoden LK. xix. 14; FRAG. 5; leodes P. S. 150; JOS. 168; ledes P. 65; ledes, ludes WILL. 195, 390; lithes D. ARTH. 994; þere leodene king LAȝ. 892; leof heo wes þon leoden 3234; inne feole leoden 8320.
lēod-bischop, sb., *O.E.* lēodbisceop, = *O.N.* lȳðbiskup; *diocesan*, CHR. E. 322.
lēodbiscop-rīche, sb., *jurisdiction of a diocesan*, MISC. 145.
lēod-ferde, sb., *folk army*, LAȝ. 5685.
lēod-kempe, sb., *warrior*, LAȝ. 6025.
lēod-king, sb., *O.E.* lēodcyning; *king of the folk*, LAȝ. 867.
lēod-līc, adj., = *O.H.G.* liutlīch; *native, national*: þat leodliche folc LAȝ. 14698.
lēod-qvide, sb., *national speech*, LAȝ. 2914.
lēod-rūne, sb., *O.E.* lēodrūn; *discourse,* LAȝ. 14553.
lēod-scome, sb., *disgrace of the people*; LAȝ. 26297.
lēod-spel, sb., *discourse,* LAȝ. 15757.
lēod-swike, sb., *betrayer of the people,* LAȝ. 12942.
lēod-ðēau, sb., *O.E.* lēodþēow; *servant of the people,* LAȝ. 2059.
[**lēoden,** v., *O.E.* lēodan, = *O.L.G.* liodan, *Goth.* liudan, *O.H.G.* liutan; *grow*; *comp.* ȝe-lēoden.] *deriv.* **lēod.**]
leoden, *see* **leden.**
lēodisc, adj., *national*, LAȝ. 2144; ledisch A. P. ii. 1556.
lēof, adj. & sb., *O.E.* lēof, līof, = *O.L.G.* liof, *O.Fris.* liaf, *O.N.* liūfr, *O.H.G.* liob, liub, *Goth.* liubs, mod. *Eng.* lief; *dear, beloved,* A. R. 250; BEK. 37; leof & wurð KATH. 2263; leof [lef] LAȝ. 344; leof, lef ORM. 733, 2356; leof, lof O. & N. 203, 1277; lief HOM. II. 7; ANGL. I. 11; luef REL. I. 110; SPEC. 99; lef GEN. & EX. 340; AN. LIT. 3; lef [leef, lief] CH. C. T. *A* 1837; leef [lief] or looþ LANGL. *B* ix. 57; **lēof** (*subst.*) A. R. 380; SPEC. 92; leof min LAȝ. 29624; hire leof ALIS. 2906; lef [leof] KATH. 786; Rimenild þi luef HORN (R.) 564; leef LANGL. *B* ii. 33; mi swete lef [leef, lief] CH. C. T. *A* 3792; in his leoves heorte A. R. 400; ya, leve HAV. 1888; enne leove mon LAȝ. 4486; mi leofve mon 8928; his leve mon AN. LIT. 12; leve [lieve] broþer CH. C. T. *A* 1136; lieve vader AYENB. 117; **lēove** (*pl.*) MISC. 178; JOS. 240; leve feren KATH. 1375; frendes lefe and dere PR. C. 2978; **lēovere** (*compar.*) A. R. 102; leovere heom his (*v.* is) to libben LAȝ. 466; levere [leovere] KATH. 2312; levere HAV. 1193; levre P. L. S. viii. 15; lever WILL. 453; levir OCTAV. (H.) 1183; AV. ARTH. xliv; luver TREV. VII. 27;

lēof.   **lēome.**   393

lēovest (*superl.*) A. R. 26; leovest, leofust Laʒ. 3288, 3766; levest me were PL. CR. 16; his leofeste cnihtes Laʒ. 28419; *comp.* ʒe-lēof.
lēof-līc, adj., *O.E.* lēoflīc, = *O.L.G.* liof-, lioblīc, *O.H.G.* liuplich, *Goth.* liubaleiks; *lovable, lovely,* Laʒ. 31787; swa leoflic and swa lufsum HICKES I. 167; leoflich A. R. 90; leflich SPEC. 52; lefli GREG. 59; hire leflich(e) [leofliche] lich KATH. 1553; **lēofliche** (*adv.*) A. R. 306; MISC. 92; he heom leofliche biheold Laʒ. 47; lefliʒ ʒho him fedde ORM. 3181; **lēoflūkest** (*superlat.*) MARH. 4.
lēof-mon, sb., *leman, dear one, one beloved,* Laʒ. 18611; A. R. 90; O. & N. 1430; lefmon AN. LIT. 11; lemman HAV. 1283; AYENB. 230; WILL. 663; CH. C. T. A 4240; LAUNF. 301; A. P. i. 762; M. ARTH. 586; lemmon HORN (R.) 550; **lēfmen** (*pl.*) ROB. (W.) 10206.
lēofsum, adj., = *O.H.G.* liebsam; *lovable,* JUL. 17; lefsum HOM. II. 181.
lēofe, see **lēove.**
lēoʒen, v., *O.E.* lēogan, = *O.L.G.* liogan, *O.H.G.* liogan, liugan, *O.N.* liūga, *Goth.* liugan; *lie, tell lies,* P. L. S. viii. 145; lieʒen ANGL. I. 24; legen REL. I. 175; leʒhen ORM. 4907; leʒe SPEC. 91; lieʒe AYENB. 63; liʒen [leʒe] Laʒ. 3034; liʒen HOM. I. 153; P. S. 324; liʒe, lie (*ms.* lye) O. & N. 853; lihe JUL. 37; lien A. R. 68; liin, liʒin PR. P. 304; lie BEK. 1183; S. S. (Web.) 2409; CH. C. T. A 763; ne schal i þe lie HORN (L.) 1451; **līest** (*pres.*) A. R. 236; O. & N. 367; lext AR. & MER. 912; lixt P. L. S. xx. 28; LANGL. B v. 163; CH. C. T. D 1618; legeð REL. I. 224; leghep MISC. 36; ligeð HOM. II. 131; liheð H. M. 39; leʒþ SHOR. 100; lihō A. R. 266; ofte him lieð (*fails*) þe wrench A. R. 338; R. S. i. (MISC. 156); lieþ [likth] LANGL. B xviii. 31; (hie) lieð HOM. II. 21; lih (*imper.*) A. R. 336; liʒe (*subj.*) A. R. 142; **līhinde** (*pple.*) JUL. 2; **lēh** [læh] (*pret.*) Laʒ. 12942. 17684; læh ORM. 12178; leh A. D. 260; leʒ SHOR. 111; leigh AM. & AMIL. 846; ne luʒe þu na HOM. I. 93; lowe LANGL. B xviii. 400; (heo) luʒen Laʒ. 15024; P. L. S. viii. 81; lowen MISC. 64; S. S. (Web.) 799; **loʒen** (*pple.*) HOM. II. 61; lowen LANGL. B v. 95; WICL. JUDG. xvi. 15; we han lowen on Marine A. D. 262; *comp.* **bi-, ʒe-lēoʒen;** *deriv.* **lūʒe.**
lieʒere, sb., *O.E.* lēogere, *liar,* AYENB. 62; lieʒer R. S. vi; lihʒare HOM. I. 125; ligher PS. cxv. 11; liere MISC. 185; IPOM. 928; AUD. 12.
lieʒinge, sb., *lying,* AYENB. 143.
lēoht, līht, sb., *O.E.* lēoht, = *O.L.G., O.H.G.* lioht, leoht, *O.Fris.* liacht; *light;* leoht MAT. iv. 16; liht P. L. S. viii. 140; KATH. 1594; (*r. w.* riht) O. & N. 230; (*r. w.* niht) R. S. v; (*ms.* lihht) ORM. 1918; liht [licht] A. R. 92; liht [liʒt] C. L. 723; liʒt AYENB. 270; (*r. w.* riʒt) TREAT. 132; ligt (*r. w.* nigt) GEN. & EX. 44; lith, lict HAV. 576, 588; lict (*printed* litt) HICKES I. 227; lihte (*r. w.* drihte) Laʒ. 18585; **lēohtes** (*gen.*) HOM. II. 11; lihtes REL. I. 132; **lihte** (*dat.*) O. & N. 366; go bi lihte hom A. D. 299; bi dæies lihte (*ms.* lihten) Laʒ. 19661.
liʒt-bēre, sb., *O.E.* lēohtbǣre; *Lucifer,* AYENB. 11; lig(t)ber GEN. & EX. 271.
lēoht-berinde, pr. n., *Lucifer,* HOM. I. 219.
lēoht-fet, sb., *O.E.* lēohtfæt; *lamp,* ['*lucerna*'] MK. iv. 21; lihtfat ORM. 13399.
light-lēs, adj., *lightless,* PR. C. 4729.
lēoht[1], **līht,** adj., *O.E.* lēoht, = *O.L.G.* lioht, leoht, *O.Fris.* liacht, *O.H.G.* lioht; *light, lucid,* LEECHD. III. 88; er hit were liht SPEC. 42; hit was dæi liht Laʒ. 5667; hit is dai liht [liʒt] (*r. w.* niht) O. & N. 332; liʒt TREAT. 134; S. S. (Wr.) 2037; til ... þat it were lith HAV. 1755; þe lihte dai HORN (R.) 497; þe sunne lihte (*r. w.* brihte) Laʒ. 17863; bi lihte dæie 6400; bi lihte daie MISC. 44; al þene dæi lihte Laʒ. 19566; **lihture** (*compar.*) A. R. 94.
lihte, adv., MISC. 149; lighte brenne CH. C. T. (Wr.) 6724 (lie and brenne *D* 1142).
lihtnesse, sb., *lucidity,* SPEC. 96; ligtnesse GEN. & EX. 1559; liʒtnesse CH. BOET. i. 2 (8).
liʒtsum, adj., *light, brightness,* WICL. PS. xviii. 9; lightsum PR. P. 304.
leohten, see **lēten.**
lēohten, līhten, v., *O.E.* lēohtan, līohtan, lȳhtan, *cf. O.H.G.* liuhten, *Goth.* liuhtjan; *light; shine; kindle;* lihten KATH. 1411; (*ms.* lihhtenn) ORM. 19084; ase þe dæi gon lihte (*r. w.* fihten) Laʒ. 28314; liʒte (*r. w.* riʒte) BEK. 1415; of his feire siʒte al þe bur gan liʒte HORN (L.) 386; lighte [lihte] (*r. w.* brighte) CH. C. T. A 2426; **lihteð** (*pres.*) HOM. II. 111; lihteþ C. L. 718; **līht** (*imper.*) SPEC. 93; light min(e) eghen PS. xii. 4; lihte (*pret.*) Laʒ. 25595; liʒte P. L. S. xiii. 121; þei lihten two torches JOS. 191; *comp.* **a-, an(d)-, bi-, in-lihten.**
lihtinge, liʒtinge, sb., *O.E.* lȳhtinge; *illumination, enlightenment; lightning,* L. H. R. 46, 47; liʒtinge TREAT. 135; liʒting WICL. PS. xliii. 4.
lēohtnen, v., = **lēohten;** *enlighten, illuminate;* lightenin PR. P. 304; **liʒtne** (*imp.*) WICL. PS. xviii. 9; **liʒtnede** (*pret.*) WICL. 2 TIM. i. 10.
liʒtnere, sb., *one who enlightens,* WICL. PROV. xxix. 13.
lightninge, sb., = **lihtinge;** *lightning, illumination,* '*fulgur*,' PR. P. 304; lightning TOR. 1512; liʒtning WICL. 2 TIM. i. 10.
leom, see **lim.**
lēome, sb., *O.E.* lēoma, = *O.L.G.* liomo, *O.N.* liōmi; *light, gleam, brightness,* KATH. 1594; A. R. 94; TREAT. 133; leome [leom] Laʒ.

394   lēome.   hlēou.

17873; leome, leom ORM. 658, 7627; mines lives leome HOM. I. 191; leme FL. & BL. 235; LANGL. *B* xviii. 124; leme [lem] C. M. 8048; lem ALIS. 6848; **lēomen** (*gen.*) LAȝ. 17874; **lēomen** (*pl.*) LAȝ. 17868; lemes CH. C. T. *B* 4120; **lēomene**, lemene (*gen. pl.*) HOM. II. 107.

lēmer, sb., *beamer*; lemer of light YORK xiv. 112.

*h*leomeke, sb., *O.E.* hleomoce; *brooklime*; leomeke REL. I. 36; lemeke LEECHD. II. 393.

lēomen, v., ? *O.E.* lēomian, lȳman, *cf. O.N.* liōma; *give light, shine*; **lēomeþ**, lemeþ (*pres.*) SPEC. 31, 33; swa þat liht leomeð ant leiteð MARH. 13; lemeþ ELL. ROM. I. 269; lumes SPEC. 52; **lēmand** (*pple.*) BARB. viii. 226*; leming TREV. VIII. 525; **lēomede** (*pret.*) JOS. 687; lemede MAN. (F.) 9036; LAUNF. 942; lemed GAW. 591; A. P. i. 119; lemid M. ARTH. 3308; *comp.* **a-lēomen**.

lēomiren, v., *glimmer*; **lēmired** (*pret.*) TOR. (A.) 291.

lēon, see **lēo**.

lēonesse, sb., *O.Fr.* lionnesse; *lioness*, CH. C. T. *D* 637; lionesse PR. P. 306.

*h*leonien, v., *O.E.* hleonian, hlinian, = *O.L.G.* hlinōn, *cf. O.H.G.* hlinen, *Lat.* (ac-, dē-, in-)clīnāre; *lean, incline*: lenie, lene TREV. III. 309; **hl(e)oneð** (*pres.*) HOM. II. 39; leneð REL. I. 223; leneþ LIDG. M. P. 29; he leneþ on (h)is forke SPEC. 110; **leonie** (*subj.*) A. R. 142; **lēnand** (*pple.*) S. S. (Wr.) 2895; **hlēnede**, lenede (*pret.*) JOHN xiii. 23, 25; leonede LAȝ. 10776; leonede [lenede] LANGL. PROL. *A* 9; lenede WILL. 2991; a doun hi linede P. L. S. x. 45.

leonīn, adj., *lionlike*, CH. C. T. *B* 3836.

leopard, sb., *Fr.* leopard; *leopard*; leopart, lebbarde PR. P. 291; lubard MAN. (F.) 13795; LANGL. *B* xv. 293; lipard AYENB. 14; MIN. xi. 3; lebard WILL. 2935; Iw. 240; **libardes** (*pl.*) PR. C. 1228; lepardes CH. C. T. *B* 3451.

*h*lēor, sb., *O.E.* hlēor, = *O.L.G.* hleor, hlear, hlier, *M.Du.* lier, *O.N.* hlȳr n., *cheek, face*; leor '*maxilla*' FRAG. 2; A. R. 64; KATH. 316; hire lufsum leor MARH. 3; lere OCTAV. (H.) 40; ANT. ARTH. xiii.; lure SPEC. 52; **lēre** (*dat.*) ALIS. 799; WILL. 227; EM. 294; A. P. i. 398; M. ARTH. 3624; leor(e) [lere, lire] LANGL. *A* i. 3; **lēores** (*pl.*) LAȝ. 5076; leres SPEC. 26; P. S. 330; lires HALLIW. 522; **lēre** (*dat. pl.*) FL. & BL. 501.

leornien [**leorni**], v., *O.E.* leornian, liornian, = *O.H.G.* lernen, lirnen, *O.Fris.* lerna, lirna; *learn*, LAȝ. 9897; leornen KATH. 110; leornen, lernen ORM. 9309, 13005; lernen HOM. II. 73; leorni [lorni] O. & N. 642; leorne [leurne, lerne] TREV. III. 279; V. 193; lerne ROB. 100; LANGL. *B* xx. 206; CH. C. T. *A* 308; TOR. 2202; lerni AYENB. 34; lurnen P. S. 155; **leorne** (*imper.*) A. R. 108; leorniað HOM. I. 117; **leornede** (*pret.*) LAȝ. 6297;

KATH. 833; A. R. 254; lurnede P. L. S. x. 19; lernede PERC. 221; lernde ORM. 7248; leorneden FRAG. 7; *comp.* **ȝe-leornen**.

leornere, sb., *O.E.* leornere; *learner*; **leorneres** (*pl.*) HOM. I. 7.

lerning, sb., *O.E.* leornung; *learning*, AUD. 10.

leorning-cniht, sb., *O. E.* leornungcniht; *disciple*, ORM. 2234.

lēosen, v., *O.E.* (be-, for-)lēosan, = *O.L.G.*, *O.H.G.* (far-)leosan, liosan, *Goth.* (fra-)liusan, *O.Fris.* (for-)liasa, liesa; *lose*, KATH. 805; A. R. 102; C. L. 1177; he scal lessen [leose] þa hond LAȝ. 15238; l(e)osen, lesen O. & N. 351; leose BEK. 950; SPEC. 111; ihc wene þat ihc schal leose þe fiss þat ihc wolde cheose HORN (L.) 663; liese MISC. 26; AYENB. 214; lesen RICH. 3182; lesin PR. P. 298; lese MIRC 325; CH. C. T. *A* 1215; PR. C. 2915; ANT. ARTH. xxii; lese [leese] WICL. GEN. xviii. 23; lese [luse] TREV. VII. 49; luse FER. 4469; lise S. S. (Wr.) 899; **lēse** (*pres.*) LIDG. M. P. 189; i leese mi game H. V. 76; þu lust þi bischopriche BEK. 859; (he) leost [lost], lust O. & N. 830, 1159, 1193; lest SHOR. 108; GOW. II. 147; þo sennen þurch wiche me liest þo luve of gode MISC. 31; ha leoseð MARH. 14; **lēas** (*pret.*) A. R. 54; leas, les, læs [leos, les] LAȝ. 637, 6931, 18202; leas, lieas AYENB. 85, 203; les ALIS. 951; WILL. 887; les [lees] LANGL. *B* v. 499; lees JOS. 125; S. S. (Wr.) 3425; las MAP 337; þou lore ROB. 428; (we, ȝe, hi) lure MISC. 151; loren P. S. 190; ALIS. 2842; LANGL. *B* xii. 122; lore SHOR. 18; **lōre** (*subj.*) P. L. S. xvii. 477; loren AYENB. 235; **lōren** (*pple.*) MAP 334; lorn CH. C. T. *A* 3536; S. S. (Wr.) 3065; PERC. 159; PR. C. 547; lore WILL. 1360; LANGL. *B* xviii. 79; GOW. I. 189; HOCCL. i. 349; iloren SPEC. 110; C. L. 204; K. T. 563; ilore LAȝ. 18152; ROB. 160; AYENB. 45; LIDG. M. P. 38; *comp.* **for-lēosen**; *deriv.* **lēas**, **lēsen**, **los**, **lōsien**, **lōre**, **lūre**.

*h*lēoten, v., *O.E.* hlēotan, = *O.L.G.* hliotan, *O.N.* hliōta, *O.H.G.* hleozan, liozan; *cast lots*, JOHN xix. 24; *comp.* **ȝe-lēoten**; *deriv.* **lot**.

lēoð, sb., *O.E.* lēoð, = *O.N.* lioð, *O.H.G.* liod, leod; *song*, REL. I. 129; spel & leoþ (*printed* leow) HOM. I. 153; leod (?leoð) H. M. 21; led GEN. & EX. 27; **lēoðe** (*dat.*) LAȝ. 30054; lede BEV. 2130.

lēoþ-creft, sb., *poetry*, FRAG. 1.

lēoð-scōp, sb., *poet*, LAȝ. 30609.

leoð, see **lið**.   **leoðe**, see **ðe**.

leoþi, **leoðien**, see **leþi**, **leðien**.

*h*lēou, sb., *O.E.* hlēow, hlēo, = *O.L.G.* hleo, *O.N.* hlȳ, hlǣ, *O.Fris.* hli, *mod.Eng.* lee, *prov.Eng.* lew; *shelter, protection*; lee GAW. 849; a lee DEP. R. iv. 74; we lurkede undir lee D. ARTH. 1446; le EM. 348; C. M. 23326; *comp.* **hūs-lēwe**.

lēow-stūde, sb., *O.E.* hlēowstede; *sheltered place*, '*apricus locus*,' FRAG. 5.
lēove, sb., ? = *M.L.G.*, *M.Du.* leve, *O.H.G.* liubī; ? *love*: leove (?= love) heom wes bitwune LA3. 4307; for cristes leofe 17712.
leovien, *see* livien.
lēovien, v., *O.E.* leofian, = *O.H.G.* liuban; *love*; **lēovie** (?= lovie) (*pres.*) LA3. 4556; **lēovede** (*pret.*) LA3. 4850; **ilēoved** (*pple.*) LA3. 4487; *comp.* bi-lēovien.
lēp, *see* lēap.
lepard, *see* leopard.
[**lēpe**, sb., *O.E.* (ān-)lēpe; *comp.* **sunder-lēpes**.]
lēpe, *see* lēap, *h*lēap. **lēpen**, *see* *h*lēapen.
[**lēpi**, adj., *O.E.* (ān-)lēpig, lȳpig; *comp.* **ān-lēpi**.]
lepre, sb., *O.Fr.* lepre; *leprosy*; MISC. 31; GEN. & EX. 3690; WICL. LEV. xiii. 44; TREV. III. 33.
leprūs, adj. & sb., *O.Fr.* lepros, leprus; *leprous*, A. R. 148; MISC. 31; lepros ALEX. (Sk.) 4593.
lēr, *see* *h*lēor. **lere**, *see* lire *and* lüre.
lēre, **lēren**, *see* lāre, lǣren.
lerke, sb., *wrinkle*; **lerkes** (*pl.*) D. TROY 3029.
lernien, *see* leornien. **les**, *see* lǣs.
lēs, *see* lēas.
lesarde, sb., *Fr.* lezard, *from Lat.* lacerta; *lizard*, PR. P. 298; lusarde LANGL. *B* xviii. 335; **lisardes** (*pl.*) PALL. i. 1056.
lese, *see* lesse.
lēse, sb., *O.E.* lǣs (dat., acc. lǣswe) *f.*; *pasture land*, ROB. 43; BRD. 7; WILL. 175; TREV. V. 303; GOW. I. 17; ine heovene is large leswe A. R. 94; **lēswe** [lesewe] (*dat.*) WICL. IS. vii. 25; **lēswe** (*acc.*) HOM. II. 37; **lēswa** [lesewes] (*pl.*) LA3. 2011; lesen ROB. (W.) 15; leseo ROB. (W.) 15*, 1005*, 3887*; lesow 7701*.
lēsen, v., *O.E.* lesan, = *O.L.G.*, *O.H.G.* lesan, *O.N.* lesa, *Goth.* lisan; *gather*; lese LANGL. *B* vi. 68; **lēseth** (*pres.*) PALL. viii. 48; **laas** (*pret.*) TREV. l. 11; **lēsid** (*pple.*) WICL. LEV. xix. 10.
lēsere, sb., *gleaner*, AYENB. 86.
lēsinge, sb., *collection*, P. S. 149.
lēsen, v., *O.E.* lēsan, lȳsan, = *O.Fris.* lēsa, *O.N.* leysa, *O.L.G.* lōsian, *O.H.G.* lōsen, *Goth.* lausjan; *from* lēosen; *release, deliver*, HOM. I. 171; ORM. PREF. 63; GEN. & EX. 2897; lesen of helle pine H. H. 213 (215); leosen ne leчien KATH. 1530; **lēses** (*pres.*) M. H. 167; **lēse** (*subj.*) HAV. 333; AV. ARTH. xxiii; **lēsande** (*pple.*) A. P. i. 836; **lēsde** (*pret.*) HOM. II. 69; lesede R. S. v; lesed Iw. 2864; **lēsed** (*pple.*) ORM. 4044; lesed [lesid] C. M. 22049; *comp.* a-, 3e-lēsen.

lēser, sb., *deliverer*, PS. xvii. 3, 48.
lēsinge, sb., *O.E.* lȳsing; *remedy*, '*solutio*,' PR. P. 298; B. B. 125, 267.
lēsnesse, sb., *remission*, ROB. 173; AYENB. 14; lisnisse P. L. S. xv. 75.
lēsen, *see* lēosen. **lēsewe**, *see* lēse.
leshe, *see* lesse.
lēsinge, *see* lēasunge *and under* lēsen.
leske, sb., *cf. O.Sw.* liuske, *Dan.* lȳske, *M.Du.* liesche; *loin*, '*inguen*,' PR. P. 298; **lesske** ORM. 4776; **leskes** (*pl.*) D. ARTH. 3279.
lesse, sb., *O.Fr.* lesse, lesche (*laisse*), *leash*; lees CH. C. T. *G* 19; leece PR. P. 291; lesc OCTOV. (W.) 767; leeshe HALLIW. 510.
lessen, *see* læssen.
lessōn, sb., *O.Fr.* leçōn; *lesson*, PR. C. 3857; lessoun AYENB. 135; lessoun, lessun WILL. 341, 4442; lescun A. R. 282.
lest, = þi lǣs þe; *see* lǣs.
lest, *see* last, lüst. **lōst**, *see* lǣst.
lēste, *see* lēaste. **lesten**, *see* lüsten.
lēsten, *see* lǣsten. **lesure**, *see* leisure.
lēswe, *see* lēse.
lēswien, v., *O.E.* lǣswian; *pasture, feed*; **lēsewed** (*pres.*) HOM. II. 39; **lēswe** (*imper.*) A. R. 100; **lēsiende** (*pple.*) MK. v. 11; **lēsew-eden** (*pret.*) WICL. LK. viii. 34.
let, *see* lat. **lētande**, *see* lǣten.
letanīe, sb., *O.Fr.* letanie; *litany*, PR. P. 299; A. R. 20; LEG. 180.
lēte, sb., (*court*) *leet*: amercin in a corte or lete PR. P. 11.
lēte, **lēten**, *see* lǣte, lǣten.
letere, *see* litere.
letron, **leteron**, sb., *cf. med.Lat.* lectrum; *lectern*, PR. P. 299.
lette, sb., = *M.Du.* lette, ? *M.H.G.* letze; *from* lat; *let, hindrance, delay*, HOM. I. 239; LA3. 4572*; SHOR. 71; WILL. 1340; GOW. II. 92; CH. C. T. *E* 300; S. S. (Wr.) 2439; ANT. ARTH. iii; without(e) lette MIRC 677; let BARB. i. 598; vii. 172.
let-lēas, adj. & adv., *without hindrance*; letless BARB. xvi. 568.
letten, v., *O.E.* lettan, = *O.L.G.* lettian, *O.N.* letja, *Goth.* latjan, *O.H.G.* lezzan; *from* lat; *obs.Eng.* let; *retard, impede*, A. R. 162; REL. I. 131; GOW. II. 72; lette HAV. 1164; SHOR. 69; WILL. 1253; LANGL. *B* xvii. 78; MAND. 173; i lette ʒou noʒt BRD. 27; letteð LA3. 22009; letteþ ORM. 14117; letteð, let A. R. 14, 156; lettes PR. C. 238; latteth PALL. xi. 135; lette (*pret.*) CH. C. T. *E* 389; lætten [lette] LA3. 1344; *comp.* ʒe-letten.
lettere, sb., *hinderer*, LANGL. *A* i. 67; lettir YORK xlvi. 143.
lettinge, sb., = *M.L.G.* lettinge; *impediment*, LA3. 7820; LANGL. *A* vi. 7; letting GEN. & EX. 1076; lettunge HOM. I. 187.

lettered, pple., *lettered, learned*, WILL. 4088; lettred TREV. V. 19, VII. 15, 17.
lettre, sb., *O.Fr.* lettre, letre; *letter*, GEN. & EX. 993; P. L. S. xxiv. 156; MAN. (F.) 941; letter BARB. x. 353; **lettres** (*pl.*) A. R. 422; lettris (*deeds*) BARB. xx. 44; lettres (*as sing.*) BARB. ii. 80.
lettrūre, sb., *O.Fr.* lettreūre, letreūre; *literature*, LANGL. C x. 198; lettireure HAMP. PS. lxx. 17; letrure ALIS. (Sk.) 1152.
letuarie, sb., *O.Fr.* lettuaire; *electuary*, PR. P. 300; A. R. 370; CH. C. T. *C* 307.
letuce, sb., *lettuce*, '*lactuca*,' PR. P. 300; PALL. ii. 202.
leþ, *see* līð.
leðe, sb., = *M.L.G., M.Du.* (un-, on-)lede; *alleviation, ease*, HOM. I. 35; leþe A. P. iii. 160; þer heo leoðe [lioþe] hafveden LA3. 12022.
leðer, sb., *O.E., O.N.* leðr,= *M.Du., O.H.G.* leder; *leather*: þet leðer A. R. 392; leþer A. P. ii. 1581; leþer [lether] CH. C. T. *A* 3250; leþir, ledir '*corium*' PR. P. 293; leder TREV. I. 165; II. 19; VIII. 283, 467; **leþeren** (*pl.*) *slings* ROB. (W.) 8124*.
lēþer, *see* lāðer.
leþeren, adj., *cf. M.Du.* lederen, *O.H.G.* lidrīn; *made of leather*, WICL. I KINGS v. 9; a leþerne [leþeren] purs LANGL. *A* v. 110; letherin MIN. xi. 19.
leðerien, v., *O.E.* leðrian, lyðrian; *from* laþer: leðeri (*pres. subj.*) JUL. 16; he **leþerede** (*pret.*) a swote LA3. 7489*; liðerede o blode MARH. 5; KATH. 1554.
leþi, adj., *O.E.* liþig, (ÆLFR. L. S. 10, 73),= *O.Fris.* letheg, *O.N.* liðugr, *M.Du.* ledigh, *M.L.G.* ledich, *M.H.G.* ledec, lidic; *? from* **leðe**: *loose, flexible, unoccupied*: 3ef eni bo3 (r. lo3) þer leþi (? *printed* lothy) were SHOR. 156; a ful leþi þing LANGL. *B* x. 184; leoþi and lene L. H. R. 147; lethi '*flexibilis*' P. P. 302; his erelappes waxes lethi REL. I. 54.
lēðien, v., ? *cf. O.N.* liða; *set free, alleviate, assuage*, HOM. I. 149; leosen (r. lesen) ne leðien KATH. 1530; (3)if he him wold(e) leoðien of laðe his benden LA3. 4775; leþe GAW. 2438; A. P. iii. 3; **leðeð** (*pres.*) HOM. II. 71; leþes ['*mitigas*'] PS. lxxxviii. 10*; **leoðe** (*imper.*) MARH. 13; leoðe ure benden LA3. 21922; lethe (*adjust*) PALL. vii. 45; **leoðede** (*pret.*) MARH. 13; þat weder leoðede LA3. 12042; leþed M. H. 86.
lēððe, *see* lāððe.
leuge, sb., *league (measure of distance)*; leuge, leuke, lege TREV. II. 11; V. 245.
hlēuke, hlēuc, adj.,= *Du.* leuk, *M.H.G.* lawec, lēwic, ? *from* hlēwe; *tepid*; lheuc AYENB. 31; leuk WICL. APOC. iii. 16; leuke PR. C. 7481*; (*ms.* lewke) '*tepidus*' PR. P. 302; luke LA3. 27557.
lēukenesse, sb., *lukewarmness*, '*tepor*,' PR. P. 302.

leūn, *see* lēo. **leurne**, *see* leornien.
levain, sb., *O.Fr.* levain; *leaven*, AYENB. 205; levein '*fermentum*' PR. P. 300.
lēve, *see* lāve, lēave, lēaven, lēof.
lēvedi, *see* hlǣfdiʒ. **lēveful**, *see under* lēave.
level, sb., *O.Fr.* livel; *level, 'perpendiculum,'* PR. P. 301; level and line LANGL. *B* x. 179 (livel *A* xi. 135); **levele** (*dat.*) AYENB. 150.
lēven, v., *O.E.* lēfan, lȳfan, = *O.N.* leyfa, *O.H.G.* (er-)louban, *Goth.* (us-)laubjan; *give leave, permit, concede*: eouer axe ich eou leve (*ms.* leue) LA3. 1053; lēf (*imper.*) JUL. 29; leaf me gan MARH. 12; lēve (*subj.*) A. R. 88; HORN (L.) 461; HAV. 334; C. L. 17; ROB. 139; PL. CR. 573; (*printed* lene) SPEC. 57; god leve him in his blisse spilen GEN. & EX. 2532; Crist leve (*printed* lene) þat he so mote P. P. 125; lefe ORM. 8873; lēfde (*pret.*) MK. v. 13; **lēved** (*pple.*) KATH. 771; *comp.* 3e-lēven.
lēven², v., *O.E.* lēfan, lȳfan, = *O.L.G.* (gi-)lōvian, *O.H.G.* (ge-)louben, *Goth.* laubjan; *believe*, MARH. 5; REL. I. 131; GEN. & EX. 4141; H. H. 231 (235); SPEC. 37; leven an (in) god JUL. 10, 12; ho scal leven o mine godes HICKES I. 226; leeven C. L. 615; levin PR. P. 301; lefen FRAG. 7; ORM. 1153; leve WILL. 4175; ALIS. 326; WICL. EX. iv. 1; lefe TOWNL. 98; lieven S. A. L. 153; to luvene HOM. I. 75; lēve (*pres.*) AYENB. 89; CH. C. T. *E* 2205; lefe ISUM. 253; leove MARG. 169; þou livest FER. 1050; þe loverd þat man on leves HAV. 1781; (hi) leveþ AYENB. 86; luveþ HORN (L.) 44; leven [liven] LANGL. *B* xv. 403; leeven MAND. 108; lēf (*imper.*) JUL. 13; SPEC. 113; lēve (*subj.*) S. S. (Wr.) 1506; lēfde (*pret.*) HOM. II. 125; KATH. 430; levede ROB. 265; lifde REL II. 244; lefden LK. xxiv. 41; MARH. 2; **leeved** (*pple.*) HOCCL. i. 220; *comp.* bi-lēven, 3e-lēfen.
lēvenesse, sb., '*confidentia*,' PR. P. 301.
lēven, *see* lēven, lēaven.
lēvene, sb., *cf. Swed.* lȳvna, lȳgna (RIETZ), *Goth.* lauhmuni; *flash of lightning, 'fulgur,'* PR. P. 301; GEN. & EX. 3265; GOW. III. 77; levin HAV. 2690; AV. ARTH. lxv; TOWNL. 116; **lēvene** (*dat.*) CH. C. T. *D* 276.
lēvenen, v., *flash, lighten*; **levenand** (*pple.*) HAMP. PS. *page* 510.
lever, sb., *O.E.* læfer,= *M.H.G.* leber; *bulrush*, '*scirpus*,' LEECHD. III. 335.
lēver, *see* lēof. **leverē**, *see* liverēe.
levien, *see* livien.
levour, sb., *O.Fr.* levier; *lever*, ROB. 126; WICL. IS. xxvii. 1; lever PARTEN. 4177.
hlēwe, adj., ? *O.E.* hlēowe, *cf. O.N.* blǣr, *M. Du.* lauw, *O.H.G.* lāwi; *lukewarm, warm, tepid*; lewe HOM. I. 7; HAV. 498; WICL. APOC. iii. 16; REL. II. 211.
lēwnesse, sb., *moderate warmth*, HOM. I. 21.

hlēwe. licken. 397

lēowþ, sb., *O.E.* hlēowþ; *sheltered warmth,* '*aprīclas*,' FRAG. 5.
[lēwe, ? adj.; *comp.* cost-, chēke-, drunken-, sik-, þürstlēwe, (-lēu).]
lēwed, *see* lāwed. lēwke, *see* hlēuke.
lēwse, *see* lēse. lewtē, *see* lēaltē.
lex, *see* lax. lēy, *see* lēi.
leye, *see* leȝe *and* lei. lēden, *see* hlāden.
liad, liaf, *see* lēad, lēaf.
liard, adj., *O.Fr.* liard; *gray*, P. S. 71; liarde (*grey horse*) PALL. iv. 806.
libard, *see* leopard.
[libbe, sb., *O.E.* lybb, = *M.Du.* libbe, lebbe, *M.H.G.* lüppe; *rennet*; *comp.* chēs-lippe.]
libben, *see* livien.
libel, sb., *Fr.* libelle, *mod.Eng.* libel; *little book; writing*; ['*libellum*'] WICL. MAT. v. 31; libelles (*pl.*) AYENB. 40.
liberal, adj., *liberal*; leberalle D. ARTH. 2318.
libertē, sb., *Fr.* liberté; *liberty*, CH. C. T. *E* 145; libertēs (*pl.*) ALEX. (Sk.) 4348.
librarie, sb., *Fr.* librairie; *library*, TREV. II. 37.
līc, adj., *O.N.* līkr; ?=ȝelīo; *like, similar,* ORM. 2569; REL. I. 227; lic [liic] WICL. MAT. xx. 1; lik GEN. & EX. 223; MAND. 47; lik [like] LANGL. *A* ix. 6; CH. C. T. *A* 412; leche TREV. II. 187; like ['*clemens*'] PALL. i. 52; like, liche RICH. 5498, 5900; lich HAV. 2155; liche S. S. (Wr.) 2991; WILL. 3678; nas non his liche FL. & BL. 88; it was weill lik (*probable*) BARB. xvi. 324; for þi þat teȝ him sinden swiþe like ORM. 8218; þei beþ no man lich(e) P. 56; *comp.* ār-, aȝe-, an-, āū-, atel-, beald-, biter-, blīðe-, brāð-, brēme-, briht-, cāf-, clǣn-, crafti-, cūme-, oünde-, oūð-, dēop-, dēor-, derne-, drēori-, earm-, ēaðe-, ēche-, efen-, eȝes-, fǣr-, fæst-, fēond-, flǣsch-, frēo-, frēond-, ful-, fūl-, gāl-, gāst-, ȝe-, ȝēap-, ȝēār-, ȝeōmer-, ȝeorn-, glǣd-, gōd-, grāme-, grēat-, grǣdi-, grim-, gris-, hǣþe-, hāl-, hām-, hēah-, help-, hende-, heorte-, heoven-, hēr-, hōker-, hūht-, hwat-, in-, inner-, kēn-, kine-, laȝe-, lāð-, lēof-, līf-, līht-, man-, mis-mōdi-, nāme-, open-, prūd-, rād-, hrēou-riche-, sār-, schāme-, schand-, sēm-, smerte-, sōð-, spēd-, staro-, stil-, strang-, stūrne-, sumer-, sunder-, swēte-, tīd-, tīme-, trēow-, þrā-, þūlde-, ütter-, wāc-, war-, weorld-, wis-, wōd-, wrāð-, wün-, wunder-, wurð-līo; *also* ǣlc, hwūlc, swūlc.
līk-lī, adj., *O.N.* līkligr; *likely*, CH. C. T. *A* 1172; HOCCL. i. 74.
līkli-hēde, sb., *likelihood*, CH. C. T. *B* 1786.
līklīnes, sb., *likeliness, likelihood*, BARB. iii. 88; xi. 244.
līknesse, sb., = *M.L.G.* līknisse; *likeness*, (*ms.* liccness) ORM. 1047; GEN. & EX. 202; AYENB. 92; (*v.r.* liknes) LANGL. *B* i. 113; līknesse WICL. LK. v. 36.

[līc², *stem of* līken.]
līc-vol, adj., *pleasing, agreeable,* AYENB. 217; likful P. L. S. xxxv. 80.
līc-wurðe, adj., *O.E.* līcwyrðe; *agreeable, acceptable,* A. R. 120; H. M. 11; HOM. II. 7.
līc-wurþiȝ, adj., *agreeable,* ORM. 15919.
līc³, līch, sb., *O.E.* līc, *cf.* *O.L.G.* līc, *O.N.* līk, līki, *Goth.* leik *n.* (σῶμα), *O.H.G.* līh, līch *f.*; *body, corpse*, LAȝ. 6682, 10434; ORM. 8183, 16300; lich JOHN xx. 12; MARH. 5; MISC. 149; hire leflīch lich KATH. 1553; þet rotede lich A. R. 216; þat lich AL. (T.) 565; lich, liche GEN. & EX. 2441, 2488; liche '*funus*' PR. P. 302; REL. I. 178; ALIS. 3482; whan he liþ a cold liche P. L. S. v.² 48; like ALEX. (Sk.) 2931; līche (*dat.*) BEK. 259; LANGL. *A* x. 2: hu mahtest þu gan to þine aȝene liche (*? be present at thy own funeral*) HOM. I. 29.
līc-hame, sb., *O.E.* līchama, -homa, = *O.L.G.* līchamo, *O.N.* līkami, *O.H.G.* līchamo, līhhamo; *body, corpse*, MAT. v. 29; P. L. S. viii. 153; REL. I. 128; licame LAȝ. 11046; lichome, licome O. & N. 1054; līghame YORK v. 110; D. ARTH. 3281, 3286; līghames (*pl.*) 4269; licome KATH. 215; A. R. 4; R. S. v; þes licome lust HOM. I. 19; licham GEN. & EX. 200; likame MISC. 48; WILL. 227; licam [likam] LANGL. *A* PROL. 30; licam AUD. 17.
līcham-līch, adj., *O.E.* licamlīc; *corporeal;* līcomliche (*pl.*) A. R. 240; licomliche pinen KATH. 42; līchamliche (*adv.*) REL. I. 130.
līch-hūs, sb., *sepulchre*, HOM. II. 169.
līch-raste, sb. (*? for* -ræste), *O.E.* līcrest; *sepulchre*, LAȝ. 17225.
līch-þrowere, sb., *O.E.* līcþrowere; *leper*; līchþrowēres (*pl.*) LK. iv. 27.
līch-wake, sb., *funeral-wake,* MIRC 1465; CH. C. T. *A* 2958.
licence, sb., *O.Fr.* licence; *licence*, LANGL. *A* PROL. 82.
licenciāt, sb., *Ital.* licenziāto; *licenciate*, CH. C. T. *A* 220.
līch, *see* līo.
liche, sb., *O.E.* (man-, swīn-)līca, = *Goth.* (man-)leika, *O.H.G.* (man-)līcha; *form, figure*, HOM. I. 141; SHOR. 20; a wifmonnes liche LAȝ. 1142; liche, like A. R. 224, 262; like ORM. 5813; GOW. I. 143; *comp.* man-liche.
[līchen, v., = *M.L.G.* līken, *M.H.G.* līchen; *resemble*; *comp.* at-līchen.]
licherous, *see* lecherous.
Liohet-feld, pr. n., *O.E.* Licetfeld; *Lichfield*; (*? printed* Lycchesfeld) MISC. 146.
licken, v., *O.E.* liccian, = *O.L.G.* liccōn, leccōn, *O.H.G.* lecchōn; *lick*; likkin '*lingo*' PR. P. 305; licke PS. lxxi. 9; lickest (*pres.*) AN. LIT. 90; lickeð H. M. 9; lickede (*pret.*) P. L. S. xviii. 69; likked IW. 2008; (*sipped*) A.

P. ii. 1521; lickeden LEB. JES. 157; **licked**
(*pple.*) REL. I. 114; ilicked HOM. l. 200; *comp.*
lik-pot.

likkare, sb., = *O.H.G.* lecchāri; *licker*, PR.
P. 305.

lickestre, sb. (fem.), *licker*: þe tonge þe
lickestre AYENB. 56.

likking, sb., *licking*, TREV. IV. 435.

licorice, sb., *Lat.* liqviritia, *Gr.* γλυκύρριζα;
licorice, PR. P. 303; licoriz LAȝ. 17745; licoris
SPEC. 26; ALIS. 6794; CH. C. T. *A* 3207.

licorous, adj., *Fr.* liquoreux; *dainty, pleasant*,
KN. L. 22; likerous AYENB. 95; LANGL. *A*
PROL. 30; CH. BOET. iii. 4 (72); CH. C. T. *C*
540; TREV. I. 11; likkerwis GAW. 968.

licorousnesse, likerousnesse, sb., *lecher-
ousness*, CH. C. T. *D* 611.

licour, sb., *O.Fr.* likeur; *liquor*, SHOR. 8;
CH. C. T. *A* 3; PR. C. 6763; licoure (*sauce*)
B. B. 141; licur A. R. 164; licour(e), likoure
C. B. 6, 11, 12.

lĭid, sb., *O.E.* hlid, = *O.N.* hlið, *M.L.G.* lid,
led, *O.H.G.* lit *n.*; *lid, cover*; lid P. L. S.
xvi. 168; W. & I. 23; þat lid of þe þrouwe
LEB. JES. 723; led CL. 272; hlide (*ms.* hlyde)
(*dat.*) MAT. xxvii. 60; **lides** (*pl.*) REL. I. 209;
comp. ēhe-lid.

lid-ȝate, sb., *O.E.* hlidgeat; *lidgate, postern*,
MIRC 1497.

lidderon, *see* lederon. **lide**, *see* lūde.

lĭiden, v., *O.E.* (be-, on-)hlītdan (*pret.* hlād);
cover, close; lideð (*? printed* liðeð), lides
(*pres.*) A. R. 84*; *comp.* un-liden.

lie, sb., *Fr.* lie; *lees, dregs, 'lia,'* PR. P. 303.

lie, *see* lūȝe. **līe**, *see* lēaȝe, lēi.

lief, *see* lēaf, lēof. **lieȝen**, *see* lēoȝen.

lien, *see* lēan.

lien, v., *O.Fr.* lier; *thicken soup*: make a
lioure of brede and blode, and lie hit þerwithe
L. C. C. 32; li(e) c B. 13, 15, 19; **liid** (*pple.*)
C. B. 13.

lien, *see* liggen, lēȝen, lēoȝen.

lier, sb., *O.Fr.* lieure (*liaison*); *thickening for
soup*, B. B. 60; C. B. 33; lioure L. C. C. 32.

lies, *see* lēas. **liessen**, *see* lēosen.

lieutenant, sb., *Fr.* lieutenant; *lieutenant*,
LANGL. *B* xvi. 47; leef-, levetenaunt TREV.
VIII. 143; luftenand BARB. xiv. 139, 255.

lif, sb., *O.E.* lif, cf *O.L.G.*, *O.Fris.*, *O.N.* lif,
O.N. lífi *n.*, *O.H.G.* lib *n. m.; from* liven; *life,
body, person*, ORM. 1625; H. H. 179; MAND.
100; S. S. (Wr.) 2816; lif & saule HOM. I.
71; mi leove lif 195; munechene lif 93; lif
& leomen LAȝ. 702; binom hire seolven þat
lif 3776; lif and lime O. & N. 1098; mi leve
lif LEG. 31; his douȝter þat leove lif ALIS.
2502; a pore lif (*man*) P. S. 331; ALEX. (Sk.)
599, 5287; lif (*man*) GOW. I. 362; LANGL. *C*
iv. 450; lif and soule *B* xii. 188; ech lif
hit loþede *C* viii. 50; ani lif MIRC 1300; liif

WILL. 357; WICL. JOHN iii. 15; liff BARB. x.
417; **lifes**, lives, lifves (*gen.*) LAȝ. 229, 2425,
8866; after þis lifes ende ORM. 2708; lives
REL. I. 235; HAV. 509; LANGL. *B* xix. 154;
lives boc *the book of life* A. R. 246; lives bec
MISC. 71; heo beoð lives [*O.N.* lifs] *alive*
HOM. I. 31; ah þu nevre mon to gode lives
ne deaþes stal ne stode O. & N. 1632; ever
uch best þat lives is A. D. 240; a lives mon
C. L. 1422; o lives (*for* live) MAP 338; **life**
(*dat.*) P. L. S. viii. 12; live A. R. 152; for his
live O. & N. 1078; on live *alive* FRAG. 6; S.
S. (Wr.) 56; DEGR. 966; sari he was on live
LAȝ. 1037; wa wes him on live JUL. 48; wo
is him a live R. S. v. (MISC. 182); if þu were
a live HORN (L.) 107; to live god him wal-
d(e) bring(e) GREG. 265; and leten ðe oðre
to live gon (*live*) GEN. & EX. 629; ȝef þu mote
to live go HORN (L.) 97; wheþer our to live
go TRIST. 1022; to bringe þe of live HORN
(R.) 695; bringe fro live R. R. 7260; bi life
quickly ORM. 17943; be life FLOR. 1654;
forð heo gunnen liðen a neouste bi life LAȝ.
25636; fæhten bi live 4191; bi live S. S.
(Wr.) 2693; be live LUD. COV. 230; bi live
[blive] KATH. 2311; bi live, blive WILL. 248,
1705; blive BRD. 20; *comp.* cot-, munec-
lif.

lif-daȝes, sb., pl., *O.E.* lifdagas, = *O.N.* lifda-
gar; *life-days, life*, HOM. I. 129; lifdages (*ms.*
liue-) GEN. & EX. 4119; lifdawes FRAG. 5;
lifdawes WILL. 3704; lifdaies LANGL. *A* i. 27;
lifdaȝen (*dat. pl.*) LAȝ. 11295; þe (h)wile þu
art on lifdaȝe O. & N. 1141; lifdawe P. L S.
xiii. 93; ibroht of lifdawe HORN (R.) 914.

[**lif-fæsten**, v., *O.E.* liffæstan; *vivify;
comp.* ȝe-liffæsten.]

lif-ful, adj., *life-giving*, KATH. 867.

lif-hāli, adj., *holy of life*, JUL. 2; lifholi A.
R. 346; HOM. II. 133; liifhooli PR. P. 303.

lif-hōlinesse, sb., *holiness of life*, HOM. I.
207; A. R. 142; LANGL. *C* vi. 80.

lif-(h)wīle, sb., *life time*, AN. LIT. 5.

lif-lāde, sb., = *O.H.G.* lībleita; *livelihood,
life, means of living*, MARH. 20; liflode A. R.
350; REL. I. 129; ROB. 41; LANGL. PROL.
30; MAND. 293; GAW. 133; A. P. ii. 561;
lif-, liiflode PR. P. 308.

lif-lēas, adj., *O.E.* liflēas, = *O.N.* liflauss,
O.H.G. lībelōs; *lifeless*, FRAG. 8; KATH.
896; lifles LEG. 151.

lif-lēovie?, sb., *? lifelong lover*, KATH. (E.)
1674.

lif-lich, adj., *O.E.* liflīc, = *O.N.* lifligr, *O.H.
G.* līblīch; *lively, vital, corporeal*; livelich
P. P. 218; A. R. 6; lifli WICL. WISD. xv. 11;
liifli '*vivax*' PR. P. 308; lifli (*adv.*) CH. C.
T. *A* 2087; **liifliche** (*pl.*) TRIST. 2845.

lif-sīð, sb., *lifetime*, H. M. 45.

lif-time, sb., *life-time*, REL. I. 224; WILL
999; BARB. i. 308.

lifisch, adj., *living* : lifishe man ORM. 2463; 5140, 6106, 6175, 18985; ilc lifishe man mennish 18942.

lifnoþ, *see* **livenað.**

lift, liften, *see* **lüft, lüften.**

lige, adj., *O.Fr.* lige, liege; *liege,* ROB. 457; MAN. (F.) 7455; mi lege man WILL. 1174; lege, liege, lige, ligge D. ARTH. 1901, 1200, 3080, 2221; lege man TREV. VIII. 175; ligmane D. ARTH. 420; lege pouste *full power* BARB. v. 165; ligge mene D. ARTH. 1518.

liȝe, *see* **lüȝe, ƕlahhen.** **lïȝe,** *see* **lēi.**

ligen, *see* **liggen.** **lïȝen,** *see* **lēoȝen.**

ligence, sb., *O.Fr.* ligence; *allegiance*; liegeaunce FER. 1270; TREV. VIII. 469, 481; legaunce (*v. r.* legeance) ALEX. (Sk.) 2791.

[**liȝer,** sb., = *O.H.G.* ligiri; *couch, bed;* comp. for-liȝer.]

liggen, v., *O.E.* licgan, licgean, = *O.L.G.* liggean, *O.N.* liggja, *O.Fris.* lidza, *O.H.G.* liggan, likkan, *Goth.* ligan; *lie, lie down, lie* (*with*), LEECHD. III. 88; LAȝ. 1437; KATH. 2286; A. R. 4; ligge O. & N. 1200; FL. & BL. 754; AYENB. 31; WILL. 2194; LANGL. *B* xi. 418; MIRC 219; S. S. (Wr.) 144; E. G. 350; PR. C. 475; ligge a doun ROB. 100; ligge, lien HAV. 876, 2134; ligge [lie] bi hire TREV. III. 257; ligge, liȝe MAND. 240, 276; liggin, ligin, liin PR. P. 304; ligen REL. I. 177; liȝe GAW. 1096; lien SAX. CHR. 262; MAP 335; lin ORM. 6020; GEN. & EX. 942; lie CH. C. T. *A* 3651; **list** (*pres.*) FRAG. 6; H. M. 9; O. & N. 1502; wher þe wrong liggeþ [lihþ] LANGL. *B* iii. 169; ligges PERC. 797; liȝþ, liþ C. L. 775; lið (liþ) LAȝ. 21434; A. R. 212; R. S. v; ne lið (hit) nawt to þe to leggen lahe upo me KATH. 779; liþ FRAG. 5; O. & N. 430; P. S. 152; al þat to þe bodiȝ liþ (*belongs*) ORM. 4608; ȝe liggeð [liggen] 2389; (heo) liggeð A. R. 316; heo liggeoð, liggeð LAȝ. 12740, 27943; þe londes þe þer to liggeð JUL. 13; liggeþ O. & N. 1048; PL. CR. 83; ligges M. H. 29; liȝe (*imper.*) LAȝ. 28724; lie A. R. 290; ligge (*subj.*) A. R. 424; SHOR. 30; **liggende** (*pple.*) GOW. I. 187; ligginde SHOR. 122; ligand, liand WILL. 2180, 2246; ligging CH. C. T. *A* 2390; **læig,** laig [*O.E.* læg, = *O.L.G., O.H.G., Goth.* lag, *O.N.* lā (*pret.*)] *lay,* MK. ii. 4, LK. v. 25; læi SAX. CHR. 251; læi, lei leai, lai [lai] LAȝ. 393, 650, 681, 28431; lei A. R. 54; þat lond þat lei into Rome KATH. 28; laȝ ORM. 3692; lai, lei (*ms.* ley) O. & N. 1494, 1509; lai JOS. 176; (*ms.* lay) BEK. 892; LANGL. *A* v. 46; þu læie [leie] LAȝ. 5030; leiȝe FRAG. 7; (heo) leien [leiȝen] LAȝ. 9804; of alle þon londen þa leȝen [leien] into France 1657; leien 16826; leiȝen P. S. 190; JOS. 418; leien A. R. 106; (*ms.* leyen) HAV. 475; leie WILL. 4307; (*ms.* leye) BEK. 2457; **læie** [leie] (*subj.*) LAȝ. 22254; leie HOM. I. 33; O. & N. 134; **leien** [*O.E.* (a-)-

legen, = *O.N.* leginn, *O.H.G.* (gi-)legan] (*pple.*) *lain,* (*ms.* leien) AN. LIT. 11; (*ms.* leyen) CHR. E. 742; LANGL. *A* iii. 38; RICH. 2477; lein MAND. 286; *comp.* a-, æt-, bi-, för-, ȝe-, of-, ümbe-, under-liggen; *deriv.* laȝe, legge, leggen, leir, liȝer.

[**liȝer,** sb., *O.H.G.* (bi-)legāri; *one that lies;* comp. for-liȝer (*under* forliggen).]

ligginge, leginge, sb., *lying down,* TREV. VI. 93, VII. 11.

ligiament, sb., *act of allegiance,* TREV. VIII. 55.

liȝhen, *see* **ƕlahhen.** **lignen,** *see* **leinen.**

lignāge, *see* **lināge.** **liȝt,** *see* **liht.**

lihen, lihȝen, *see* **ƕlahhen.** **lihen,** *see* **leoȝan.**

lihnen, v., ? *from* lēan; ? *blame, reprehend*: to lihnen (*ms.* lihhnenn) þat lærede folc ORM. 7440; to lihnen þeȝre spæche 18618.

liht, adj., *O.E.* līht, leoht, = *O.Fris.* licht, *O.H.G.* līhti, liehti, *Goth.* leihts, *O.N.* lettr; *light (in weight), easy,* A. R. 220; (*r. w.* riht) SPEC. 102; (*ms.* lihht) ORM. 4500; liht, liȝt C. L. 958; liȝt (*r. w.* briȝt) GREG. 428; hit is ... liȝt to zigge AYENB. 99; light GOW. II. 95; leoht MAT. xi. 30; þe lihte heorte A. R. 60; licht men and waverand BARB. vii. 112; licht and deliver x. 61; on licht hors xiii. 56; **lihte** (*adv.*) REL. I. 180; liȝte ROB. 25; **lihte** (*pl.*) LAȝ. 5903; lihte gultes A. R. 346; ne luvede ha nane lihte plahen KATH. 106; **lihture** (*compar.*) A. R. 140; liȝtere WILL. 2119; liȝter LANGL. *B* xvii. 39.

liȝt-hēd, sb., *levity,* (*later ver.* lihtnesse) WICL. JER. iii. 9.

liht-lich, adj., *O.E.* liht-, leohtlīc; *light, easy*; O. & N. 1759; **lihtliche** (*adv.*) A. R. 392; liȝtliche ROB. 79; LANGL. *B* xviii. 267; lehtliche [lihtliche] LAȝ. 26079; lehtliche H. M. 17; lihtlike ORM. 6487; leithli YORK ii. 72; **lihtlüker** (*compar.*) A. R. 254; liȝtloker ROB. 214; LANGL. *B* xii. 158; A. P. iii. 47.

lihtnesse, sb., *lightness, levity,* HOM. I. 83; liȝtnesse WICL. 2 COR. i. 17; lightnesse CH. C. T. *A* 3383.

liht-schipe, sb., *levity, lightness,* HOM. I. 261.

lihtsum, adj., = *M.H.G.* lihtsam; *merry, jovial,* '*facilis,*' PR. P. 304; lightsom R. R. 936.

lïht, *see* **lēoht.**

lïhte, sb., *lights, lung,* FRAG. 6; þa lihte LAȝ. 6499; **liȝtes** (*pl.*) TRIST. 498; D. TROY 10705.

lihten, v., *O.E.* līhtan, = *M.H.G.* lihten, *O.N.* lētta; *make light; alleviate; descend*; GR. 41; JUL. 8; a dun heo gunnen lihten LAȝ. 26337; hwat god þer of muhte lihten A. R. 96; ȝe schulen beon idodded four siðen i ðe ȝere vor to lihten ower heaved 422; licten REL. I. 234; ligten GEN. & EX.

1983; to ligten her on erþe REL. I. 209; ligten him of his birdene 217; lihte JOS. 81; lightin '*allevio*' PR. P. 304; lighte GOW. II. 371; lihteð (*pres.*) KATH. 1791; liȝteþ hem of children PL. CR. 79; liht (*imper.*) MISC. 50; SPEC. 58; lihte (*pret.*) H. M. 31; liȝte WICL. GEN. xxiv. 64; he liȝte a doun LANGL. B xvii. 64; þou lihtest SPEC. 73; lichtit BARB. xiv. 121; lihten KATH. 2494; heo lihten of heore steden LAȝ. 25731; liht (*pple.*) SPEC. 37; liȝt A. P. i. 987; light TOWNL. 107; *comp.* a-, ȝe-lihten.

lihten, *see* lēohten.

lihtnen, v., = lihten; *lighten, relieve*: heo was lihtned (*pple.*) of hire evel JOS. 644.

lihtnen, *see* lēohtnen.

līk, *see* līc. līke, *see* līche.

[līken, v., = ? *M.L.G.* līken (lycken), *O.H.G.* līchōn (*polish*); *comp.* bi-līken.]

līken, v., *O.E.* līcian, = *O.L.G.* līcōn, *cf. O.N.* līka, *Goth.* leikan, *O.H.G.* līchēn; *like, please*, A. R. 238; liken alle men HOM. II. 29; tet (= þe it) maȝ ille liken ORM. 18279; liki O. & N. 342; ROB. (W.) 11819; likeþ (*pres.*) TREAT. 140; CH. C. T. A 777; him likeþ MAND. 209; me likeþ wel ȝoure wordes LANGL. A i. 41; likes PR. C. 7851; we him þa (r. þæ) bet likieð LAȝ. 26738; þet þe gode likie HOM. I. 63; likinde (*pple.*) AYENB. 214; līkede (*pret.*) GEN. & EX. 2299; C. L. 214; hit þe likede wel LAȝ. 8746; *comp.* ȝe-, mis-līken.

līcunge, sb., *O.E.* līcung; *liking, pleasure*; *dainty*; A. R. 180; likinge HOM. I. 271; AYENB. 23; LANGL. B xi. 20; liking P. L. S. xxv. 140; WILL. 452; PR. C. 292; likinge TREV. III. 37, VII. 11, 27, 29.

līkinge-līche, līkinglī, adv., *attractively*, TREV. III. 465; VI. 251; VII. 405.

likken, *see* licken.

līknin, v., = *Swed.* līkna, *M.L.G.* līkenen, *O.H.G.* (gi-)līchinōn; *liken, make alike, compare*, '*similo*,' PR. P. 305; likni AYENB. 245; likne MAND. 48; licken ALEX. (Sk.) 3095; līkneȝ (*pres.*) A. P. i. 499; (he) līknede (*pret.*) MAN. (F.) 3632; līkned (*pple.*) CH. C. T. A 180; þe water is likned to þe worlde LANGL. B viii. 39; ilikned SHOR. 58; liknit BARB. i. 396.

līk-pot, sb., *forefinger of the right hand*, TREV. VII. 73.

līlie, sb., *O.E.* lilie, = *O.H.G.* lilia, *from Lat.* līlium; *lily*, SPEC. 33; CH. C. T. A 1036; þe lilie mid hire faire wlite O. & N. 439; leli MIN. iv. 91; līlien (*pl.*) LK. xii. 27.

līlie-whīt, adj., *white as a lily*, SPEC. 30.

līllen, v., *shine*; lilled (*pret.*) A. P. iii. 447.

lim, sb., *O.E.* lim n., *cf. O.N.* limr m.; *limb*, '*membrum*,' PR. P. 305; TOR. 2498; HOCCL. i. 31; PR. C. 1912; þet lim A. R. 360; lim & lið JUL. 13; lim and lið M. T. 80; lim, lime ROB. 17, 208; lim, lime [leme] LAȝ. 3011; 4227; lime TREAT. 137; SHOR. 23; LANGL. B xx. 194; leme AYENB. 47; WILL. 1736; lime (*dat.*) HAV. 1409; wiþ lime and lið(e) MAP 335; līme (*pl.*) LEECHD. III. 120; O. & N. 1098; leome, leomen, leomes [lime] LAȝ. 702, 6275, 19501; leme HAV. 2555; liman, limes SAX. CHR. 253, 262; leoman HOM. I. 109; limes A. R. 298; ORM. 4005; REL. I. 210; TREAT. 138; CH. C. T. E 1465; lemes MAND. 159; limen [leomen] KATH. 252; lime (*gen. pl.*) MAT. v. 29; līmen (*dat. pl.*) A. R. 110; mid alle mine lime MISC. 193.

lim-mēle, adv., *O.E.* limmǣlum; *limb by limb*; LAȝ. 25618; limmele [limemeele] TREV. v. 281; lim-[leme-]mele WICL. 2 MACC. i. 16; todrawe limemele BEK. 1813.

līm, sb., *O.E.* līm, = *O.N.* līm n., *M.L.G.*, *O.H.G.* līm m.; *lime; birdlime*; '*gluten*.' FRAG. 2; (*ms.* lyme) '*viscus, calx*' PR. P. 305; LAȝ. 15466; GEN. & EX. 2552; (*ms.* lym, liim) O. & N. 1056; (*ms.* lym) P. L. S. xii. 54; ALIS. 420; CH. C. T. G 806; þet lim A. R. 228; lim & stan ORM. 16285; līme (*dat.*) P. L. S. ii. 91.

līm-ȝerde, sb., *limed twig*, PR. P. 305; LANGL. B ix. 179; PL. CR. 564.

līme-rōd(e), sb., = *M.L.G.* līmrōde, *M.H.G.* līmruote; *limed-twig*, CH. C. T. B 3574.

līm-twig, sb., *lime-twig*, LIDG. M. P. 189.

limaille, lemaille, sb., *O.Fr.* limaille; *filings*, CH. C. T. G 853, 1162, 1197.

limbo, sb., *limbo*, YORK xxxvii. 102.

[līmien, v., *from* līm; *comp.* bi-, to-limien.]

līmen, v., *O.E.* līman, = *M.H.G.* līmen; *smear with bird-lime; whitewash with lime*, PR. P. 305; lime CH. TRO. i. 353; līmeð (*pres.*) KATH. 1792; līmed (*pple.*) GEN. & EX. 562; ilimed A. R. 226; *comp.* whīt-līmen.

līmunge, sb., = *M.H.G.* līmunge; *gluing together*, A. R. 138.

limit, sb., *Lat.* līmes, līmitem; *limit*, ALEX. (Sk.) 5069.

limiten, v., *set limits to*; lemete (*pret.*) D. ARTH. 457; lemett (*pple.*) ALEX. (Sk.) 4283.

limitour, sb., *a friar who begs within certain limits*, PL. CR. 597; CH. C. T. A 209.

limous, adj., *Lat.* līmōsus; *muddy*, PR. P. 305; PALL. ix. 139.

limp, limpe, sb., *O.E.* (ge-)limp, = *M.L.G.* (ge-)limp, limpe; *accident*; līmpes (*pl.*) HOM. II. 197; *comp.* ȝe-, un-limp (-limpe).

limp-līch, adj., *O.E.* (ge-)limplīc, = *M.L.G.* limplīk; ? *convenient, suitable*: limpliche mihte HOM. II. 25.

limpen, v., *O.E.* limpan, = *O.H.G.* limphan, limfan; *happen, be becoming*; limpe JOS. 213; limpeð (*pres.*) KATH. 471; to eiþer limpeð his dole A. R. 10; limpes A. P. ii. 174; limpus ANT. ARTH. xlviii; lomp (*pret.*) MARH. 4; *comp.* a-, bi-, ȝe-limpen.

lin. **lisēre.**

[līn, sb., = ? O.H.G. lun (*bar, peg*).]
lin-pin(n)e, sb., *linchpin*, VOC. 202.
līn, sb., O.E. līn, = O.L.G., O.H.G., O.N. līn, Goth. lein, *from Lat.* līnum, Gr. λίνον; *flax,* '*linum,*' REL. I. 7; līne (*dat.*) HAV. 539; in lin(e) SPEC. 46; *comp.* brĕost-līn.
līn-sēd, -seed, sb., *linseed*, VOC. 156, 217.
lināge, sb., O.Fr. lināge; *lineage,* MAN. (F.) 944; PARTEN. 5033; lignage ['*tribus*'] TREV. IV. 33, 247; lenage TOR. (A.) 491.
Lincolne, pr. n., O.E. Lindcylne; *Lincoln,* LA3. 20614; ROB. 2.
Lincolne-schire, pr. n., *Lincolnshire,* AN. LIT. 4.
lind, *see* liðe.
linde, sb., O.E. lind, = O.N. lind, O.H.G. linda; *lime-tree,* '*tilia,*' PR. P. 305; VOC. 228; B. DISC. 1039; CH. C. T. *A* 2922; SACR. 389; linde (*dat.*) ALIS. 2489; GOW. I. 119; LANGL. *B* i. 154; TRIAM. 426; in ore linde O. & N. 1750.
linde-wodes, sb., pl., *lime tree woods,* GAW. 1178.
linden, adj., O.E. linden; *made of lime-tree wood*: linden spon TRIST. 2050.
Lindes-ēie, pr.n., O.E. Lindes Ig; *Lindsey,* HAV. 734; ROB. 114.
līne, sb., O.Fr. līne, = O.N., O.H.G. līna; *line, rope, string,* '*chorda, funiculus,*' PR. P. 305; HORN (L.) 681; AYENB. 150; līnes (*pl.*) LANGL. *A* v. 199; *comp.* bŏȝ-līne.
līne¹, sb., O.Fr. ligne; *line,* '*linea,*' PR. P. 305; line P. L. S. xviii. 98; line bi line *from beginning to end* BARB. xvii. 84.
linen, līnen, adj. & sb., O.E. līnen, = O.Fris. linnen, O.H.G. līnīn; *made of linen; linen,* REL. I. 163; linen [line] WICL. EXOD. xxv. 4; linnen ['*linteum*'] TREV. III. 137; in linnen icloþed LANGL. *A* i. 3; here smok o line S. S. (Web.) 474; lufsum under line TRIST. 2816; no linene cloþ A. R. 418; þe linene kertel AYENB. 236; linnene cloþ O. & N. 1174; mid linene claþe JOHN xix. 40; mid linnene claþe LA3. 22290; lining BARB. xlii. 422.
līnin, v., *cf.* Swed. līna; *line (a garment),* '*duplo, duplico,*' PR. P. 306; pers lined (*pple.*) with taffata CH. C. T. *A* 440.
lininge, sb., *lining,* '*deplois,*' PR. P. 306.
ling, sb., O.N. lyng; *ling, heather,* PR. P. 305; M. T. 189; DEGR. 336.
ling¹, sb., = line²; in a ling *straight on* BARB. ii. 417; xix. 285; intill a ling BARB. vi. 560; xii. 49.
lingand, pple., *in a line,* BARB. xix. 356*.
linien, *see* hleonien.
liniment, sb., *Lat.* linīmentum; *smearing-stuff for casks,* PALL. xi. 440.
hlinke, sb., O.E. hlence, *cf.* O.N. hlekkr *m.* '(*chain*); ? *link*; linke '*hilla*' (i.e. '*link*' of *sausage*) PR. P. 306.

hlinken, v., O.E. (ge-)hlencian (LEECHD. II. 343); *link, make a chain;* linked (*pple.*) LIDG. TH. 1744.
linkwhite, sb., O.E. līnetwige; *linnet;* link-whittes (*pl.*) D. ARTH. 2674.
linnen, v., O.E. linnan, = O.N. linna, O.H.G. (bi-)linnan, Goth. (af-)linnan; *cease;* linne SPEC. 103; MAN. (F.) 8347; linneð (*pres.*) KATH. 1717*; linnen HOM. I. 67; linne (*subj.*) HORN (L.) 992; lan (*pret.*) TRIST. 38; *comp.* bi-linnen.
linnunge, sb., *cessation,* HOM. I. 259; MARH. 11; KATH. (E.) 1679.
linnen, *see* linen.
lins, sb., O.E. lynis (*axle tree*), *cf.* Du. luns, Ger. lüns (*linchpin*); *linchpin;* linses (*pl.*) SHOR. 109; *cf.* lin.
linse wolse, sb., *linsey woolsey,* B. B. 248.
lint, sb., = M.Du. lint (*linen tape*); *lint,* PR. P. 306; BARB. xvii. 612.
lintel, sb., O.Fr. lintel; *lintel,* WICL. EXOD. xii. 22.
liōn, *see* leo.   lipard, *see* leopard.
līpe, *see* lēpe.
lipnen, v., ? *for* litnen; *trust*: lipne (*imper.*) þou nouht to borewinge ANGL. IV. 198; lipnie (*subj.*) HOM. I. 37; ne lipnie na non to muchel to childe ne to wive 161; lipne HOM. II. 220; MISC. 59.
lipning, lippening, sb., *trust,* BARB. xii. 238.
lippe, sb., O.E. lippe, *cf.* M.Du. lippe *f.,* O.Fris. lippa *m.*; *lip,* '*labrum,*' PR. P. 306; ALIS. 6429; biting on mi lippe GOW. I. 283; lippen (*pl.*) FRAG. 5; SHOR. 82; AYENB. 210; FER. 141; lippes LA3. 29359; lippen (*dat. pl.*) A. R. 106.
lippē, sb., ? Fr. lippée; *morsel*: lene folke þat lese wol a lippe at every noble LANGL. *B* v. 250; Juwes han a lippe of owre bileve xv. 493.
lipsen, *see* lispen.
lire, sb., O.E. lira; *calf of the leg, thick flesh,* A. R. 130; JUL. 59; H. M. 21; B. DISC. 1325; ISUM. 262; TOWNL. 55; boon ne lire OCTOV. (W.) 1119; his white lire [lere] CH. C. T. *B* 2047; *comp.* spar-lire.
lire, *see* lūre.
līre, sb., *cf.* O.H.G. līra, *from Gr.* λύρα; *lyre,* LA3. 7003.
līre, *see* hlēor.
liri ? sb.: leide here legges a liri [leri] *across* LANGL. *A* vii. 115.
lirken, v., O.N. lerka; ? *compel*: i lirke (*pres.*) him up with mi hond HALLIW. 523.
lisard, *see* lesarde.
hlīse, sb., O.E. hlīsa, hlīosa; *sound, fame,* MAT. iv. 24.
lisēre, sb., O.Fr. lisiere; *edge of cloth, list,*

D d

LANGL. *B* v. 210, *C* vii. 216 [*A* v. 124 liste]; lisure PR. P. 307.

lisoun, sb., *? O.Fr.* luision (*shining*); *? glimpse*; A. P. ii. 887.

lispen, see **wlispen**.

lisse, sb., *O.E.* liss, lĭðs; *from* lĭðe; *lenity, tranquillity*, HOM. I. 15; P. L. S. viii. 119; LAȝ. 3261; MISC. 141; C. L. 757; SPEC. 57; WILL. 2828; LANGL. *A* x. 30; CH. C. T. *F* 1238.

lissen, v., *O.E.* lissian, lĭðsian; *ease, relieve*: ne lissen heore soruwe S. A. L. 152; lisse GOW. III. 82; R. R. 4128; hire care to lisse WILL. 631.

list, see **lüst**.

liste, sb., *O.E.* list *m.*, *cf. O.H.G.* list *m. f.*, *O.L.G.*, *O.N.* list *f.*, *? Goth.* lists (*acc. pl.* listins) *m.*; *art, cunning*, LAȝ. 17210; KATH. 1527; O. & N. 757; R. S. i; S. S. (Web.) 2046; betere is liste þen luðer(e) strencðe A. R. 268; **liste** (*dat.*) SHOR. 24; **listes** (*pl.*) MISC. 136; tech him of alle þe liste HORN (L.) 235.

liste-liche, adv., *cunningly*, REL. I. 188; listli WILL. 2742.

liste, see **hlüst**.

liste, *O.E.* līst, = *M.L.G.* līste, *O.N.*, *O.H.G.* līsta; *border of cloth*; *edge of anything*; LANGL. *B* v. 524; he smot me ... on þe list(e) (*edge of the ear*, = *? Ger.* ohrleiste, *or* = hlüst) CH. C. T. *D* 634; liiste PR. P. 307; and bond him wiþ a liste LEG. 91; þe list of þe lifte A. P. ii. 1761.

listen, see **lüsten**, **hlüsten**.

listes, sb., pl., *? O.Fr.* lice; *lists (for a tournament)*, CH. C. T. *A* 1862.

listre, sb., *O.Fr.* listre; *reader*; listere '*lector*' PR. P. 307; lister TREV. VI. 257; **listres** (*pl.*) LANGL. *B* v. 138; listris WICL. E. W. 298.

lit, sb., *O.N.* litr; *colour*, GEN. & EX. 1068; SPEC. 36; **littis** (*pl.*) ALEX. (Sk.) 4336.

lit, see **lüt**.

litarge, sb., *Fr.* litharge; *white lead*, CH. C. T. *A* 629, *G* 775.

lite, sb., *O.N.* lýti (*vice*); *flaw, vice*: wiþouten lite L. H. R. 112; TOWNL. 71; þus he haves hir led with lite IW. 1620.

litel, see **lütel**.

litin, v., *O.N.* lita; *dye*, '*tingo*,' PR. P. 308; **liteð** (*pres.*) A. R. 268; **lited** (*pple.*) PS. lxvii. 24; ilitet KATH. 1432; littid [*intingvatur*'] in blode HAMP. PS. lxvii. 25.

litster, sb., *dyer*, '*tinctor*,' VOC. 212; listare PR. P. 307; litestere CH. F. AGE 17.

litterate, pple., *Lat.* litterātus; *well-instructed*, TREV. IV. 81, 83.

litere, sb., *O.Fr.* litiere; *litter, bed*, PR. P. 307; TREV. IV. 461; C. M. 13817; liter MAN. (F.) 9604; letere ALEX. (Sk.) 4910; littar BARB. ix. 106; **literes** (*pl.*) WICL. IS. lxvi. 20.

litnen, v., *? diminish*: hwan Havelok sau ... his ferd so swiþe littene HAV. 2701.

litnen², v., *cf.* Swed. lita; *? trust*: þa þat litnen (*ms.* littnenn) to þin fode ORM. 6115; ne litnie (*? ms.* litmie) na mon to swiðe to þisse live HOM. I. 7; *see* **lipnen**.

litster, see under **litin**.

lið, sb., *O.E.* lĭð, *cf. O.Fris.* lith *n.*, *? cf. O.L.G.* lith, lĭð *m.*, *O.H.G.* lid *n. m.*, *O.N.* liðr, Goth. liþus *m.*; *limb, joint*, JUL. 13; H. M. 21; GEN. & EX. 1804; REL. I. 223; liþ LEG. 204; WILL. 1724; AR. & MER. 8504; GOW. I. 99; CH. C. T. (T.) 14881; TOR. 2498; TRIAM. 467; lith MIRC 1365; PR. C. 1917; brekeþ liþ from liþe FRAG. 7; **liðes** (*pl.*) A. R. 262; lithes HAV. 2163.

leoðe-beie, adj., *supple-jointed*, MARH. 16; leþebei(e) REL. I. 188.

leoþe-wōk, adj., *O.E.* liðu-, leoðuwāc, = *O.H.G.* lidoweich; *weak in limbs*, REL. II. 229.

liþe-wurt, sb., *O.E.* lĭðwyrt; *some plant, ? dwarf elder*, '*ive*,' REL. I. 37; liþewort '*ebulus*' LEECHD. II. 398.

lið, sb., *O.N.* lið (*order, assembly, help*); *? help, ? company*: nes þer nan oðer lið LAȝ. 5213; we wullet gan a leoðe (*? in a body*) 5307; þre leodes in oon liþ [lith] LANGL. *B* xvi. 181.

hlið, sb., *O.E.* hlið *n.*, *cf. O.N.* hlíð *f.*, = *O.H.G.* lita; *slope*: under hevene liðe(?) HOM. II. 117; ȝeond wudes & ȝeond **liðen** (*plur.*) LAȝ. 32219.

lith, see **leoð**.

liðe, adj., *O.E.* līðe, = *O.L.G.* līthi, *O.H.G.* lindi, *cf. O.N.* linr; *gentle, smooth*, A. R. 428; ðet weter ... wes liþe HOM. I. 129; liþe him beo drihten LAȝ. 4; þat weder wes swiðe liðe 7242; liþe ORM. 1307; lind B. B. 21; S. S. (Web.) 2517; CH. H. F. 118; RICH. 4859; EM. 348; PS. cvi. 29; ISUM. 494; liþe, lithe '*lenis, mollis, tranquillus*' PR. P. 310; (þe) efter(e) līð(e) (*sc.* moneð) *July* MARH. 23; liþe (*adv.*) TRIAM. 417; *comp.* ȝe-liðe; *deriv.* **lisse**.

liðe-liche, adv., *O.E.* līðelice; *gently*, HOM. I. 259; A. R. 428.

liðnesse, sb., *gentleness*, HOM. I. 95.

liþe, lithe, sb., *? = O.H.G.* linde; *mitigation*, '*malacia*,' PR. P. 310: he ne mouchte no liþe (*ms.* lyþe) gete HAV. 147.

lið-ful, adj., *gentle*: mid lĭðfulle (*pl.*) worden LAȝ. 1262.

liðen, liðan, v., *O.E.* lĭðan, = *O.L.G.* lĭthan, *O.N.* lĭða (*go, travel*), Goth. (af-, ga-, us-)-leiþan (ἔρχεσθαι), *O.H.G.* līdan (*carry*); *go, travel*, LAȝ. 27, 1202; he ne durste noht ... intil þat ende liþen ORM. 8374; lað (*pret.*) LAȝ. 4880; over sæ þu lite 5045; þer liþen to somne alle Scotleode 20046; **liðen** (*pple.*) LAȝ. 5783; *comp.* a-, ȝe-liðen; *deriv.* **lāde**, **leden**.

hlīðen.   **lōche.**   403

hlīðen, v., O.N. hlýða; *listen*; liþe ALIS. 5721; A. D. 238; GREG. 375; MAN. (H.) 93; TOR. 337; OCTAV. (H.) 9; M. ARTH. 676; AMAD. (R.) xxiii; AUD. 66; liþe LANGL. B viii. 66; liþe (*imper.*) HORN. (L.) 336; PS. xxx. 3; līðeð GEN. & EX. 2077; liþes HAV. 1400.

liþer, see lūðer.

liþere, sb., O.E. liðre, lyðre; *sling*; lūþeren (*dat. pl.*) ROB. 394; *comp.* staf-liþere.

liðerien, v., *from* liþere; *hurl with a sling, throw stones*: þese lourdeines litherep [litheren] (*pres.*) þer to þat alle þe leves fallen LANGL. C xix. 48; liðere (*imper.*) A. R. 290; iliþered (*pple.*) ROB. 549.

liðerien, see leðerien.

[liðien, v., = M.H.G. liden; *comp.* to-liðien.]

līðien, v., O.E. līðian, *cf.* O.H.G. lindian, O.N. lina; *from* līðe; *mitigate*; liþe ALIS. 433; CH. TRO. iv. 754; H. S. 2280; A. P. i. 357; þou schalt ... mi longe sorwe liþe HORN (H.) 428 (R. 412); liþeþ (*pres.*) our pine SHOR. 19; līðegede (*ms.* liðegedde) (*pret.*) HOM. I. 95; *comp.* ȝe-iliðeȝen.

liūn, see lēo.

[live, sb., O.E. (and-, big-)leofa; *means of living*; *comp.* bi-live.]

live, see lēave.   livel, see level.

[līven, v., O.E. līfan, O.Fris. (bi-)līva, O.H.G. (bi-)līban; *comp.* bi-līven; *deriv.* līf, livien, lāve, lǣven.]

liven, see lēven.

livenað, sb., O.N. lifnaðr; *food, means of living*, HOM. I. 63; liveneð A. R. 356; H. M. 29; lifnoþ AYENB. 138.

livere, see livre.

liveree, liverē, sb., O.Fr. livree; *livery*, CH. C. T. A 363; MAN. (F.) 10557; livere (*allowance of food*), MAN. (F.) 3117; liverie BARB. xix. 36; lufre xiv. 233; levere D. ARTH. 241; in ech levere (*division of an army*) D. ARTH. 3078.

liveren, v., = M.L.G. leveren, M.H.G. liberen; *coagulate*: livred (*pple.*) blod MISC. 148; þe liverede see ROB. 39.

liveren², v., Fr. livrer; *deliver, liberate*: livere JOS. 707; C. M. 5943; livers (*pres.*) ALEX. (Sk.) 3152.

livien, v., O.E. lifian, leofian, liofian, lyfian, libban (*pret.* lifode, lifde), *cf.* O.L.G. libbien, libbean, O.Fris. libba (*pret.* livade, lifde), O.N. lifa (*pret.* lifða), Goth. liban (*pret.* libaida), O.H.G. lebēn (*pret.* lebēta); *live*; livien, leovien, luvien, libben LAȝ. 6902, 6904, 18049, 27779; liven SAX. CHR. 263; GEN. & EX. 308; HAV. 355; MAND. 24; binimeð his underlinge þat he sholde bi liven HOM. II. 170; live CH. T. A 506; shalt þou never live (*cf. Ger.* erleben) þat dai SPEC. 90; life PR. C. 1869; live [libbe] LANGL. A iii. 220; leven E. G. 75; leve S. S. (Wr.) 534; S. & C. I. iii; leve, libbe SHOR. 2, 70; libben KATH. 1901; A. R. 38; ORM. 372; libben, libban HOM. I. 7, 109; libbe O. & N. 1192; HORN (L.) 63; ROB. 178; AYENB. 32; H. H. 247; ALIS. 7965; S. S. (Web.) 287; to libbenne LAȝ. 11775; līvie (*pres.*) HOM. I. 211; life AMAD. (R.) liii; libbe SPEC. 27; lifeð MISC. 192; lifeþ ORM. 2698; liveð MARH. 4; A. R. 352; leofeð LK. iv. 4; leveþ AYENB. 54; leviþ EGL. 120; (heo) luvieð, libbeð, libbað HOM. I. 53, 115, 119; we livieð (*?printed* luueð) MARH. 17; (heo) libbeð 10; heo livieð A. R. 310; we libbeð 360; libbeþ O. & N. 1012; AYENB. 53; līvieð, luvieð (*imper.*) JUL. 74, 75; liviende (*pple.*) LAȝ. 27213; KATH. 1227; liveand PS. xxxviii. 6; levand TOR. 315; libbinde A. R. 350; þe libbinde AYENB. 13; libbendre ['*viventium*'] MAT. xxii. 32; livede (*pret.*) HOM. I. 7; lefede 225; livede, luvede, leovede, leofede, levede LAȝ. 252, 299, 2680, 3236, 15074; livede, leovede S. A. L. 160; levede AYENB. 71; þu livedest HOM. I. 33; liveden LANGL. A PROL. 26; leveden HOM. I. 129; *comp.* ȝe-livien.

livre, sb., O.E. lifer, = O.N. lifr, O.Fris. livere, O.H.G. libara, lebara; *liver*, R. S. v; TREAT. 139; ALIS. 2156; FER. 1095; þa livere [livre] LAȝ. 6499; lifre FRAG. 6; livere CH. C. T. D 1839; liver GOW. III. 100; levir LUD. COV. 181.

liver-wort, sb., *liver-wort*, LEECHD. III. 336; livirwort PR. P. 309.

livreisūn, sb., O.Fr. livraison; *? award*: in þe day of livreisun (*judgment-day*) HOM. I. 85; lieversōns (*pl.*) *allowances* MAN. (F.) 7432.

lō, see lā.

lobbe-kōling, sb., *large codfish*, M. H. 136.

lober, sb., *lubber*; lobres (*pl.*) (*v. r.* loburs) LANGL. A PROL. 52.

lobi, sb., *lubber*, DEP. R. ii. 170; lobies (*pl.*) LANGL. A PROL. 52*.

loc, sb., O.E. loc, = O.Fris., O.N. lok, O.H.G. (bi-)loh; *from* lūken; *lock, 'clausura,'* FRAG. 3; AYENB. 255; lok '*sera*' PR. P. 311; LANGL. A i. 178; MAND. 179; loke (*dat.*) O. & N. 1557; lokes (*pl.*) AYENB. 151; *comp.* feter-, war-lok.

lok-smith, sb., *locksmith*, PR. P. 311.

lok-sonn(e)dai, sb., *? day of Pentecost*, SHOR. 127.

loc², sb., O.E. locc, loc, = O.N. lokkr, O.H.G. locch, lock; *lock (of hair)*: ænne loc MAT. v. 36; lok '*cincinnus, floccus*,' PR. P. 311; lockes (*pl.*) MAT. x. 30; LAȝ. 21875; SPEC. 34; lockes [lokkes] CH. C. T. A 81; lokkes ALIS. 4164; lockan, locken (*dat. pl.*) LK. vii. 44; JOHN xi. 2

lōo, see lāo.

lōche, sb., O.Fr. loche; *loach*, '*silurus*,' VOC. 189; PR. P. 310; REL. I. 85; lōches (*pl.*) L. C. C. 54.

D d 2

locuste, sb., *Lat.* locusta; *locust*, C. M. 6041.

lōd, lōde, *see* lād, lāde.

Lodelowe, pr. n., *Ludlow*, ROB. 448.

lof, sb., *O.E.* lof, = *O.L.G.*, *O.N.* lof, *O.H.G.* lob; *praise*, LA3. 8376; HOM. II. 91; PS. viii. 3; drihtin to lofe & wurþe ORM. 1141; þe sullere lat sum del of his lofe HOM. II. 213; ben at love (*printed* lone) & at bode PL. CR. 716.

lof-3eorn, adj., *O.E.* lofgeorn; *desirous of praise*, HOM. I. 103.

lof-līk, adj., *fit to be praised*, ['*laudabilis*'] PS. XCV. 4.

lof-sang, sb., *O.E.* lofsang, = *O.N.* lofsöngr, *O.H.G.* lob-, lobesang; *song of praise*, HICKES I. 167; (*ms.* loffsang) ORM. 18025; lofsong HOM. I. 5, 191; lofsong (*v. r.* loft song) C. L. 29; loftsong [lovesang] LA3. 68; loftsong HOM. I. 261; (*printed* lostsong) MARH. 19.

lof-songere, sb., *singer of praise*, HOM. I. 153.

lof-word, sb., = *M.H.G.* lopwort (*ms.* loveword); *word of praise*, C. M. 10614.

lōf, sb., = *Swed.* löf *m.*, *Du.* loef *f.*; *luff (of a ship)*: heo scuven ut heore lof LA3. 7859; he went þene lof A. R. 104; loof MAN. (F.) 12088; her loof and her windas RICH. 71; heo wenden heore lofes [loves] & liðen toward londe LA3. 20949; (hii) twinde hom to þe lofe ROB. (W.) 9026.

lōf, *see* lāf. **lofen**, *see* loven.

loft, sb., *O.N.* lopt *n.* (*air, upper region, upper chamber*); *cf.* lüft; *height; upper room, loft:* '*solarium*' PR. P. 311; and bereþ hire up into þe lofte S. A. L. 160; mi do3ter þat sitteþ on þe lofte HORN (L.) 904; in your lofte GAW. 1096; o loft *aloft, on high* ORM. 11823; on lofte LANGL. *A* i. 88; on, a lofte CH. C. T. *B* 277; bi loft *on high B* xviii. 45; bi lofte K. T. 686.

loftsong, *see* lofsang *under* lof.

lo3, sb., *? O.E.* luh, *? Gael.* loch; *lake*, A. P ii. 441; louh, lough MAN. (F.) 1423, 10211; louch BARB. iii. 430; loghe (*dat.*) ANT. ARTH. vii.

lō3, loo3, sb., *O.E.* lōh, = *O.Fris.* lōch (*dat.* lōge), *M.L.G.* lōg (*place*), *? O.H.G.* luog (*cave, den*); *place*, SHOR. 126, 145, 157.

lō3, *see* lāh.

lo3e, adj., *O.N.* logi, = *O.Fris.* loga, *M.H.G.* lohe, *NorthEng.* lowe; *fire:* lo3he ORM. 16185; lohe A. R. 356ᵃ; lowe GEN. & EX. 643; lowe PR. P. 314; JOS. 687; IW. 343; MAN. (F.) 8341; H. S. 484; PR. C. 9431.

[**lo3e, lowe**, sb., = *liar; comp.* war-, wedlowe.]

lo3en, v., *O.N.* loga, = *M.H.G.* lohen; *from* lo3e; *flame;* lowin '*flammo*' PR. P. 315; lowande (*pple.*) GAW. 236; lowinge DEGR. 1436; lawid (*pret.*) ALEX. (Sk.) 226.

lō3en, *see* lā3en.

logge, sb., *O.Fr.* loge; *lodge, tent, hut*, SAINTS (Ld.) xlv. 279; S. S. (Web.) 2603; B. DISC. 550; A. P. iii. 457; CH. C. T. *B* 4043; loge, luge BARB. xix. 660*; **luggis**, logis (*pl.*) xix. 392, vii. 550.

loggen, v., *O.Fr.* logier; *lodge*, MAND. 193; **loggede** (*pret.*) A. R. 264; þai logit þaim BARB. ii. 304; loged (*pple.*) WILL. 1918; logged CH. C. T. *B* 4186.

logging, sb., *lodging*, MAN. (F.) 9201; loging BARB. ii. 282; luging BARB. iv. 494.

lo3he, *see* lo3.

lō3ien, v., *O.E.* lōgian, *O.Fris.* lōgia; *from* lō3; *place*; **lō3eden** (*pret.*) MK. i. 19; *comp.* 3e-lō3ien.

loght, v., ? = lutien; *? lurk, lie in ambush*: i bide for him 3ou loghte (*subj.*) YORK xix. 181.

lōh, *see* lāh. **loht**, *see* lēoht.

loine, sb., *O.Fr.* logne; *loin*, '*lumbus*,' PR. P. 312; P. S. 191.

loitren, v., *cf. M.Du.* leuteren, loteren; *loiter*; loitron PR. P. 311; **loitrande** (*? ms.* loltrande) (*pple.*) A. P. iii. 458.

lok, *see* loc.

lōk, sb., *look*, '*visus*,' PR. P. 311; REL. II. 14; lok [look] CH. C. T. *A* 3342.

loke, sb., *O.E.* loca (*enclosed place*), *M.Du.* loke (*fence*); *enclosure, locked place*, SHOR. 79; loke '*valva*' PR. P. 311; þer weoren in ane loken fif hundred gaten LA3. 21309; ich am within thi loke GUY 17; loken (*pl.*) SHOR. 79; locun LA3. 5926; *comp.* clusterloke.

loken, v., *O.N.* loka, = *M.Du.* loken; *lock*, GEN. & EX. 3193; loke ALIS. 3936; CH. C. T. *D* 317; LUD. COV. 341; **lokede** (*pret.*) SHOR. 46; lokid S. S. (Wr.) 1222; M. ARTH. 2620; **flokked** (*pple.*) MAND. 265.

loker, sb., = *M.Du.* loker; *locker*, PR. P. 311.

loket, sb., *O.Fr.* loquet, loquette; *? curl*, P. S. 154.

lōkien, v., *O.E.* lōcian, = *O.L.G.* lōcōn, *M.Du.* lōken; *look, keep, observe*, GR. 37; LA3. 24294; þe nefre nalde Cristes la3en lokien HOM. I. 43; lokin MARH. 4; loken KATH. 1596; C. L. 494; to loken what te3 læren us ORM. 1815; him birþ loken him þat he ne gilte noht 7863; vor te loken riht bitweonen ou A. R. 286; lokie BRD. 9; loki SHOR. 55; AYENB. 5; ich can loki manne wike O. & N. 604; loke HAV. 376; ROB. 488; ALIS. 1823; TOR. 1492; luke IW. 849; PR. C. 205; to lokienne FRAG. 8; (heo) lōkieð (*pres.* LA3. 23077; lōke (*imper.*) LA3. 11770; HORN (L.) 748; **lōkiende** (*pple.*) MAT. xiii. 13; lokinde JOS. 278; **lōkede** (*pret.*) MK. vi. 41; LA3. 2266; KATH. 791; lokede, loked LANGL. *B* xiv. 47 (Wr. 9004); lukit BARB.

lōkien.   lost.

iv. 321; lōked (*pple.*) GEN. & EX. 193; god it hafde loked (*awarded, ordained*) swa ORM. 439; *comp.* bi-, 3e-, over-lōken.
lōkere, sb., *looker*, AYENB. 21.
lōkunge, sb., *looking*, A. R. 102; lokinge HOM. I. 145; H. M. 31; AYENB. 19; loking HORN (L.) 342; A. P. i. 1048.
lokere, *see* wei-lokker.
lokered, pple., *curled*, D. ARTH. 779.
lollen, v., *M.Du.* lollen; *loll*: loseliche he lolleþ (*pres.*) þere LANGL. *B* xii. 213; his chekes & his chin ... lollede (*pret.*) PL. CR. 224; lik a leþerne pors lullede [lolled] his chekes LANGL. *A* v. 110.
lollere, sb., *loller (lollard)*, CH. C. T. *B* 1177; loller AUD. 37; lolleres (*pl.*) LANGL. *B* xv. 207.
loltrande, *see* loitren.   lomb, *see* lamb.
lombard, sb., *a dish in cookery*, B. B. 164, 271.
lóme, *see* láme.
lōme, sb., *O.E.* (ge-)lōma, *mod.Eng.* loom; *tool, implement, vessel*, PS. ii. 9; GAW. 2309; A. P. ii. 314; PERC. 2032; REL. I. 54; loome '*utensile, instrumentum*,' PR. P. 312; lōmen (*pl.*) A. R. 384; SPEC. 41; lomes PALL. xi. 447.
lōme², adv., = 3elōme; *frequently*, P. L. S. viii. 6; ORM. 2178; P. S. 197; SHOR. 71; OCTOV. (W.) 1944; ofte and lome S. S. (Wr.) 1892; ED. 98; lōmere [lomer] (*compar.*) LANGL. *B* xx. 237.
lomente, sb., *mash*, ['*lomentum*'] PALL. xi. 366.
lomerande, pple., *mod.Eng.* lumbering; *cf.* lawmere; *hesitating, creeping*, A. P. ii. 1094.
lompe, *see* lampe *and* lumpe.
lonc, *see* hlanc.   lond, *see* land.
Londreis, *see* Lundreis.
lóne, *see* láne.   lōne, *see* læne.
long, longien, *see* lang, langien.
longe, *see* lunge.   lonke, *see* hlanke.
loof, *see* hláf.   loove, *see* láve.
loppe, sb., *O.E.* lopp, *cf. Dan.* loppe, *Swed.* loppa; *flea*, AN. LIT. 84; loppis (*pl.*) TOWNL. 62.
loppestre, sb., *O.E.* loppestre; *lobster*, FRAG. 3; loppister VOC. 176; lopstere 189; lopster REL. I. 81.
lopren, v., *curdle, coagulate*; lopred (*pple.*) PS. cxviii. 70; lopird PR. C. 459; HAMP. PS. lxvii. 16.
lopiring, sb., *curdling*, HAMP. PS. cxviii. 70*.
lor, sb., *O.E.* lor, = *O.L.G.*, *O.H.G.* (far-)lor; *from* lēosen; *loss*; lore MAN. (F.) 6731; GENER. 5457.
lōrd, *see* hláford.
lores, sb., pl., *laurel trees*, ALEX. (Sk.) 4972; *see* laurēr.

lordein, lurdein, sb., *O.Fr.* lourdein (*lourdaud*); *lazy person*, LANGL. *C* vi. 163; lurdein REL. I. 291; lordan, lurdan, lurdaine YORK xi. 226, i. 108, xliv. 77.
lōre, *see* láre.
lorein, sb., *O.Fr.* lorein (*rêne, bride*); *bridle-rein*; loreins (*pl.*) BEK. 190.
lorel, sb., *worthless person*, '*lurco*,' PR. P. 313; LANGL. *B* vii. 136; CH. C. T. *D* 273; *cf.* losel.
lorel, lorēr, *see* laurēr.
lorimer, sb., *O.Fr.* lorimier; *maker of straps, saddler*; lorimers (*pl.*) A. R. 184*.
lorken, *see* lurken.
los, sb., *O.E., O.N.* los; *from* lēosen; *loss*, '*perditio*,' PR. P. 313; MIRC 1279; CH. C. T. *B* 27; A. P. ii. 1589; D. TROY 5588; ga to lose LA3. 22844; loos LANGL. *C* xxii. 292.
lōs, lous, adj., *O.N.* lauss; *from* lēosen; *loose*: los in þe haft P. S. 339; whan þe hors was los [lous] CH. C. T. *A* 4064; loos '*solutus*' PR. P. 310; his lose tunge GOW. I. 131; þe louse ston A. R. 228*; loise ALEX. 2505*.
lōse-līche, adv., *loosely*, LANGL. *B* xv. 213.
lōs², sb., ? *O.Fr.* lōs; *praise*, ROB. 181; AYENB. 26; WILL. 1386; loos SHOR. 90; D. ARTH. 254; lose TREV. VIII. 25.
losel, sb., *worthless man*; loselle TREV. VIII. 41; losels (*pl.*) LANGL. *A* PROL. 74; losellis YORK xi. 78; *cf.* lorel.
losen, *see* lēosen.
lōsen, v., *praise*; lōsed (*pple.*) ALEX. (Sk.) 5316; losit 2505.
losengere, sb., *O.Fr.* losengeur; *flatterer*, ALEX. (Sk.) 1923; losangere 3543; losengeres (*pl.*) WILL. 5481; lozengeours MAN. (F.) 2825.
losengerie, sb., *flattery*, LANGL. *B* vi. 145; losengrie *A* xi. 36.
lósien, v., *O.E.* losian (*loose, perish*), = *M.Du.* losen, *O.N.* losa (*loose*); *also* lōsen, lousen, *from* lōs, lous; *loose, set free; lose*; losien LA3. 20538; losen (*v. r.* lesen) H. H. 36; losin '*solvo*' PR. P. 313; lose A. P. iii. 198; louse WICL. GEN. xxvii. 40; PERC. 1871; OCTAV. (H.) 1634; louse and binde AUD. 45; louses (*pres.*) PR. C. 1792; losen GOW. II. 150; þi les þe ðu steorles losie (*be lost*) HOM. I. 117; lósede (*pret.*) KATH. 1120; þat an þe him losede HOM. I. 245; al his folc he losede þer LA3. 2201; loused FLOR. 1545; loosed (*pple.*) R. R. 4511; loused ['*dissolutus*'] TREV. VII. 149; lost GOW. I. 153; MAND. 273; CH. C. T. *B* 1375; *comp.* 3e-lósien.
lósnen, v., *O.N.* losna; *become loose*: þe lord lósneþ (*v. r.* loosiþ) (*pres.*) þe givede WICL. PS. cxlv. 7.
lossom, *see* lufsum *under* luve.
lost, sb., = *O.L.G., O.H.G.* (far-)lust, *Goth.* (fra-)lusts; *loss, perdition*, TREV. IV. 213;

LANGL. *C* vii. 275; AUD. 13; goþ to lost GOW. I. 147.
lost, *see* **lust.**
lot, sb., ? *O.N.* lot; ? *from* lūten; ? *bow, inclination of the head*; lote (*dat.*) A. P. i. 238; TOWNL. 109.
hlot, sb., *O.E.* hlot, *cf. O.Fris.* hlot, *M.L.G., M.Du.* lot *n., O.L.G.* hlot (? hlōt), *O.N.* hlutr, *O.H.G.* hluz *m.; from* ƕlēoten; *lot,* MAT. xxvii. 35; lot A. R. 358; MISC. 50; RICH. 4262; (*ms.* lott) ORM. 133; hwa se ever wule habbe lot wiþ þe of þi blisse HOM. I. 187; þat lot AL. (L.¹) 607; hlote (*pl.*) MK. xv. 24; hloten LK. xxiii. 34; loten [lotes] LAȝ. 13858; lotes MAN. (F.) 7343; lottis WICL. PROV. xvi. 33.
lote, sb., ? *O.Fris.* (hūs-)lota; ? *tribute*: in Englond he arerede a lok (*v. r.* lote HALLIW. 530) of uche hous that come smok CHR. E. 445.
lōte, sb., *cf. Sw.* låt (*sound*); *see* **lǣte**; *noise*, A. P. 876; (*word*) ii. 668.
lōte, *see* **lǣte. lotien,** *see* **lutien.**
lotebī, sb., *paramour,* S. S. (Web.) 1443; R. R. 6339; AUD. 5; lutbi HAMP. PS. lxxv. 10*; lotebies (*pl.*) LANGL. *A* iii. 146.
lōð, lōðien, *see* **lāð, lāðien.**
lotterel, sb., *a term of opprobrium,* YORK xxxii. 259, 382.
louch, *see* **loȝ.**
louȝ, lough, *see* ƕlahhen. **lōuh,** *see* **lāh.**
louken, *see* **lūken.**
lounen, v., *cf.* lūne; *shelter*; lounit (*pple.*) BARB. xv. 276.
loupe, sb., *loop, noose*; loupis (*pl.*) D. TROY 2806.
loupe², sb., *mod.Eng.* loop(-hole); *window,* (*dat.*) LANGL. *C* xxi. 288; GAW. 792; loupes (*pl.*) PARTEN. 1175.
loup, *see* ƕlēap. **louren,** *see* **lūren.**
lous, *see* **lós, lūs.**
lousen, *see* **lósien** *and* **lūsin.**
louten, *see* **lūten. love,** *see* **luve.**
lōve, sb., *O.N.* lófi, = *Goth.* lōfa; *hand, palm*; (*ms.* loue, *printed* lone) '*vola*' VOC. 207; loove ALEX. 2569; lufe TOWNL. 32; loves (*pl.*) ii. 987.
lōve, *see* **lāve. loveache,** *see* **luvestiche.**
lóven, v., *O.E.* lofian, = *O.N.* lofa, *M.Du., M.L.G.* loven, *O.H.G.* lobōn; *from* lof; *praise; point out*: to lofen him & wurþen ORM. 208; love A. P. i. 285; to love god WICL. E. W. 320; lóve (*pres.*) D. ARTH. 369; loveð A. R. 408; þe sullere loveð his þing dere HOM. II. 213; lóved (*pret.*) PR. C. 321; lovid OCTAV. (H.) 727; loovid FLOR. 714; lóved (*pple.*) PS. ix. 24.
lóving, sb., *O.E.* lofung; *laudation,* '*indicatio,*' L. H. R. 75; PR. C. 321; loving &

los D. TROY 4878; bi lovinge (*ms.* louyinge, *printed* lonynge) & bedinge WICL. E. W. 167.
lover, sb., *O.Fr.* lover; *skylight; smoke-hole in a roof*; '*lodium,*' PR. P. 315; LANGL. *C* xxi. 288; lovir VOC. 236; lovers (*pl.*) PARTEN. 1175.
lōverd, *see* ƕlāford. **lovien,** *see* **luvien.**
lōw, *see* **lāh.**
lowable, adj., *O.Fr.* louable; *praiseworthy,* LANGL. *C* vi. 103, xviii. 130.
lowe, *see* **loȝe. lōwe,** *see* **lāh, ƕlāwe.**
lowen, *see* **loȝen. lōwen,** *see* **lāȝen.**
ƕlōwen, v., *O.E.* hlōwan (*pret.* hlēow), *cf. O.H.G.* hlōhen; *low (as cattle)*; loowen WICL. JOB vii. 5; lowin PR. P. 315; lōweþ [luoweþ] (*pres.*) P. S. 332; lhouþ A. S. 4.
lōwing, sb., *lowing,* KATH. 144.
lowere, sb., *O.Fr.* louier; *reward,* ALEX. (Sk.) 5368.
lubard, *see* **leopard.**
lucchen, v., *? pitch, throw*; luche (*pres.*) A. P. iii. 230.
luce, sb., *O.Fr.* luz; *pike (the fish),* '*lucius,*' PR. P. 316; CH. C. T. *A* 350.
lucre, sb., *Fr.* lucre; *lucre,* CH. C. T. *G* 1402.
lūd, *see* **lēod.**
ƕlūd, sb., *voice*; on hire lud to sing SPEC. 27.
ƕlūd², adj., *O.E.* hlūd, = *O.H.G.* hlūd, *O.H.G.* lūt, *cf. Gr.* κλυτός; *loud*; lud A. R. 210; O. & N. 6; crie lowde CH. TRO. i. 400; lauhinge a loude (*aloud*) LANGL. *C* vii. 23; loude & stille *in all conditions* ROB. (W.) xx. 352; BARB. iii. 745; lhūde (*adv.*) A. S. 3; lahȝhen lhude ORM. 8142; lude HOM. I. 43; GEN. & EX. 3585; HORN (L.) 209; heo song so lude O. & N. 141; lude [loude] clepian LAȝ. 852; lhoude AYENB. 212; loude TREAT. 136; ALIS. 283; CH. C. T. *A* 772; ƕlūdere (*dat. f.*) LK. i. 42; KATH. 208; ludere ludere stefne LAȝ. 929; mid ludere stefne 1429; lūddre, luddure (*compar.*) A. R. 266, 290; ludder, luddere TREV. VII. 531, 535.
ƕlūde, sb., *cf. M.L.G.* lūd *m. n.,* lūde *f., M.H.G.* lūde *m.,* lūte *f., O.H.G.* lūta, *f.*; *sound, noise*: mid muchelen lude [mochelere loude] LAȝ. 2591; lūden (*pl.*) REL. I. 188; þa luden heo iherden LAȝ. 27034.
luddok, sb., *buttock,* '*lumbus,*' PR. P. 316; L. C. C. 43; luddockes (*pl.*) '*nates,*' VOC. 186; luddokkis TOWNL. 313.
ƕlūde, sb., *O.E.* hlȳda; *March*; lude ROB. 571; as wederis don in lide P. 35.
[**ƕlūden,** v., *O.E.* hlȳdan, = *O.H.G.* hlūtan; *sound, cry out.*]
lūdinge, sb., *clamour,* KATH. 145; luding [loudinge] LAȝ. 24873.
lüdene, *see* **leden. lue-,** *see* **lēo-.**
lufe, *see* **luve.**

[**lüffeten**, v., *O.E.* lyffettan; *flatter*.]

lüffetung, sb., *O.E.* lyffetung; *flattery*, FRAG. 4.

lüfrē, see **liveree**.

lüft, adj., *cf. M.Du.* luft, lucht; *left* (*hand*), HOM. I. 213; bi his luft side (luftside?) LAȝ. 24461; lift 15263; leoft 28047; lufthond [*v. r.* left, lefthalf] LANGL. *A* ii. 5; lift HAV. 2635; ROB. 22; MAND. 31; left, lift WILL. 2961, 2965; CH. C. T. *A* 2953; left '*sinister*' PR. P. 293; on his lift half HOM. II. 11 (REL. I. 131); over her lifte schulder A. P. ii. 981.

lüft, sb., *worthless person*, LANGL. *B* iv. 62.

lüft[2], sb., *O.E.* lyft *m. f., cf. O.N.* lopt *n.* (see **loft**), *O.L.G., O.H.G.* luft *f.*, *Goth.* luftus *m.* (ἀήρ); *air, upper region*; '*aer*,' FRAG. 3; lift A. P. ii. 212; M. H. 26; sio lift MK. ix. 7; lifte PR. C. 1444; lift & land ORM. 17533; lüfte (*dat.*) KATH. 2124; MARH. 9; A. R. 244; JOS. 385; bi þan lufte HOM. I. 129; to þon lufte LAȝ. 2881; under lufte 10104; lufte, lifte (*printed* liste) ROB. 279, 280; lifte BRD. 9; LANGL. *B* xv. 351; foȝeles on ðar lefte HICKES I. 223 (ANGL. I. 12).

lüften, v., *O.N.* lypta, = *M.H.G.* lüften; *lift*; leften ORM. 2488; liften HAV. 1028; MAND. 190; liften, lifte LANGL. *A* v. 203, *B* v. 359; liftin '*levo*' PR. P. 303; lifte (*pret.*) FLOR. 767; lifte (lefte) TREV. VII. 349.

luftenant, see **lieutenant**.

lüȝe, sb., *O.E.* lyge *m., cf. O.H.G.* lug *m.*, lugi *f., O.N.* lygi *f.*; *from* lēoȝen; *lie, falsehood*; lighe PS. v. 7; lie CH. C. T. *A* 3391; K. T. 1056; leȝe (*printed* leghe) S. S. (Web.) 2887; (*ms.* leye) HAV. 2117; lee TOWNL. 216; liȝes (*pl.*) P. L. S. xxx. 141.

lüȝen, adj., *O.E.* (un- ge-)lygen, = *O.N.* lyginn, *O.H.G.* lugīn; *deceitful*: he is ... hardi and ofte lie SAINTS (Ld.) xlvi. 688.

luge, see **logge**.

luging, see **logging** *under* **loggen**.

lugge, sb., *pole*: and me mid stone and lugge þreteþ O. & N. 1609.

luggen, v., *cf. Sw.* lugga; *lug, drag*; lugge LIDG. TH. 4597; luggeþ (*pres.*) GOW. III. 140; luggid (*pret.*) DEP. R. ii. 173; *comp.* to-luggen.

luis, see *under* **lūs**. **luitel**, see **lütel**.

[**lūke**? adj.; *comp.* ēað-lūke.]

lūke, see **lēuke**.

lūken, v., *O.E.* lūcan, = *O.L.G.* (ant-, bi-)lūcan, *Goth.* (ga-, us-)lūkan, *O.Fris.* lūka, *O.N.* lūka, liuka, *O.H.G.* (ant-, ar-, pi-)lūchan; *close, lock; pull*; MARH. 6; REL. I. 209; luken & teon KATH. 2128; lette luken [louke] þa ȝeten LAȝ. 10736; we him sculleð to luken (*draw*) 31685; luke MISC. 97; louke LANGL. *B* xviii. 243; AL. (L.[3]) 611; snakes heore eien lukeþ MISC. 151; luken ORM. 16432; loukande (*pple.*) A. P. ii. 441; lēao, lec (*pret.*) JUL. 52, 53; þe ȝates læc [lok] ful feste LAȝ. 15311; Arður him læc to 21269; hit læc toward hirede folc unimete 28522; up he læc (*took*) þene staf 29661; þa læc þe water ofer hem ORM. 14814; lek AR. & MER. 5686; MAP 339; he lek his eȝen S. S. (Web.) 929; luken ut of scaþe sweordes longe LAȝ. 23211; luken heom bi vaxe 24843; loken AM. & AMIL. 492; & þe doren ... loke vaste ROB. 495; in armes ilk oþer þei loken MAN. (F.) 3258; loken (*pple.*) GOW. I. 226; PL. CR. 31; WICL. 3 KINGS vii. 9; S. S. (Wr.) 2951; DEGR. 552; he was loken þær wiþinnen ORM. 1091; loken kope HAV. 429; lokin M. H. 88; a Sarsins legge haþ he lokin OCTAV. (H.) 1274; *comp.* bi-, ȝe-, to-, un-lūken; *deriv.* loo, loke.

louker, sb., '*runcator*,' VOC. 218.

lukin, see **lokien**.

lukke, luk, sb., *cf. O.Fris., M.Du.* luck, *M.L.G.* lucke, *M.H.G.* (ge-)lücke *n., O.N.* lukka *f.*; *luck*, PR. P. 316.

lukken, v., *cf. M.Du., M.L.G.* lucken; *prosper, succeed*; lukke M. T. 225.

lullin, v., *cf. M.Du.* lullen; *lull*, '*lallo*,' PR. P. 317; lulled (*pret.*) L. H. R. 133; CH. C. T. *E* 553.

lulten, v., *sound*; loude alarom upon launde lulted (*pple.*) watz þenne A. P. ii. 1207.

lümen, see **lēomien**.

lüminen, v., *for* enluminen; *mod.Eng.* limn; *illuminate*; lumine [limne] TREV. VII. 295; lüminid [limnid] (*pple.*) '*elucidatus*' PR. P. 317.

lüminour, limnore, sb., *mod.Eng.* limner; *illuminator, 'elucidator*,' PR. P. 317; limenour E. G. 9.

lumpe, sb., = *M.Du.* lompe; *lump*, '*frustum*, VOC. 241; PR. P. 317; TOWNL. 307; lompe REL. II. 79; a lompe of chese CX. 150; lump (*heap*) BARB. xv. 229; (*company*) 342[*]; (*crowd*) xix. 377[*].

lumpen, adj., *lumpy, heavy*; heore hertes were colde as lumping led L. H. R. 141.

lunaire, sb., *moonwort*, CH. C. T. *G* 800.

lunatik, adj., *O.Fr.* lunatic; *lunatic*: lunatik lollers LANGL. *C* x. 107; þanne loked up a lunatik (*sb.*) LANGL. *B* PROL. 123.

lünd, sb., *O.N.* lund; *nature, disposition*, ORM. 7038.

Lunden, Lundene, Lunde [Londene], pr. n., *O.E.* Lunden; *London*, LAȝ. 7080, 18477, 18495; on Lundene MISC. 145; Lunde 94; Lounde SPEC. 92; Londen, Londe LANGL. *B* xv. 148, *C* xvii. 286.

Lundene-burh, sb., *London*, LAȝ. 4284.

Lundenisc, adj., *of London*; Lundenisce men LAȝ. 31146.

Lundreis, sb., pl., *Londoners*; Londreis ROB. (W.) 1126.

lūne, sb., cf. Dan. luun, Swed. lugn, O.N. logn; *quiet, rest*: of mine live ʒif me lune HOM. I. 197.
lunge, sb., O.E. lungen (*pl.* lungenu) *n.*, cf. O. Fris. lungen, O.H.G. lungunna, lunginna, lungun, lunga *f.*, O.N. lungu *pl. n.*; *lung*, '*pulmo*,' PR. P. 317; R. S. v (MISC. 178); FER. 1095; GOW. III. 100; WICL. 3 KINGS xxii. 34; LUD. COV. 181; longe ALIS. 2156; B. DISC. 602; longene (*pl.*) LAʒ. 6499*; longes VOC. 183; CH. C. T. *A* 2752.
longe-woo, sb., *lung disease*, PALL. i. 50.
lung-wurt, sb., O.E. lungenwyrt; *lungwort*, '*elle(b)ore*,' REL. I. 37.
lunginge, see **langen**. **lūpe**, see **hlēap**.
lurdane, see **lordein**.
lūre, sb., O.E. lyre; *from lēosen*; *loss*, FRAG. 2; LAʒ. 980; KATH. 805; A. R. 58; O. & N. 1153; D. TROY 2244; lur GAW. 355; luere, lere REL. I. 262, 263; lire GEN. & EX. 2920; lire of eorþlike ahte ORM. 5667; lere ROB. 526; AYENB. 36; AR. & MER. 8369; þone lere HOM. I. 221; leore ALIS. 1122; lūren (*pl.*) A. R. 298; (*dat. pl.*) H. M. 7.
lure, sb., O.Fr. loirre; *lure*, '*lurale*,' PR. P. 317.
lūre, see **hlēor**.
luren, v., O.Fr. loirrer, cf. M.Du. leuren, loren; *allure*; lure CH. C. T. *D* 415; lured (*pple.*) LANGL. *B* v. 439.
lūren, v., ?=M.L.G. lūren (*examine*); *lower, look sullen*; lure HORN (L.) 270; louren PL CR. 556; lourin '*oboculo, maero*' PR. P. 316; loure S. S. (Web.) 1539; P. S. 154 (A. D. 106); GOW. I. 47; TRIAM. 1032; loure on mi neʒebore LANGL. *B* v. 132; lourinde (*pple.*) AYENB. 256; lourand WILL. 2119; louring CH. C. T. *D* 1266.
lūring, sb., *louring*, O. & N. 423.
lūri, adj., cf. L.G. lürig; *sullen*, LIDG. M. P. 52.
lurken, v., ?*from lūren, as herkien from heren*; *lurk*, HAV. 68; lurkin '*lateo*' PR. P. 317; i lurk(e) (*pres.*) and dare TOWNL. 137; lurkes A. P. iii. 277; (hi) lurkeþ PL. CR. 83; lorkinde (*pple.*) WILL. 2213; lurkand(e) BARB. v. 192; x. 627; lurkinge LANGL. *A* ii. 192* (lorkinge *B* ii. 216); lurkinge CH. C. T. *G* 658; lurkide (*pret.*) WICL. I PARAL. xii. 8; lurkede LANGL. *A* ii. 192.
lurkere, sb., *lurker*, REL. I. 133; ALEX. (Sk.) 3543.
lurking, sb., *hiding-place*, PS. xvii. 12.
lurnien, see **leornien**.
[**lūrten**, v., =M.H.G. lürzen; *deceive*; *comp.* **bi-lūrten**.]
lūs, sb., O.E. lūs, =O.N., O.H.G. lūs; *louse*; lous P. S. 238; LANGL. *B* v. 198; it nas noʒt worþ a lous FER. 439; lūse [O.E. lȳs], (*pl.*)

P. L. S. i. 5; luse sed '*psyllium*' REL. I. 37; with luis [luise] TREV. VI. 387; lis LANGL. *B* v. 197; lise PR. C. 651.
lusarde, see **lesarde**.
lusch, adj., cf. L.G. lusch; *loose*, '*laxus*,' PR. P. 317.
luschen, v., *beat, flog*; ? *come down with a rush*: schall i ... lusshe all youre limmis with lasschis YORK xxxi. 10; þeir schipes alle in peril were ... mast & sail, down hit lusched [*v. r.* lussed] (*pret.*) MAN. (F.) 2977; luischede D. ARTH. 2226; lusshed YORK xlvi. 37.
lüschen, **lüsken**, v., cf. M.H.G. lüschen, M.Du. luischen, Dan. lüske; *lie hid*; lusk(e) MAN. (H.) 9; lüskand (*pple.*) TOWNL. 189.
lūsen, see **lēosen**.
lūsi, adj., =M.H.G. lūsec; *lousy*; lousi LANGL. *B* v. 195; CH. C. T. *D* 1467.
lūsin, v., cf. M.H.G. lūsen; *clear off lice*; lousin PR. P. 316; louseþ (*pres.*) P. S. 239; iloused (*pple.*) TREV. III. 353.
lust, lüst, sb., O.E. lust *m.*, lyst *f.*, cf. O.L.G., O.H.G. lust *f.*, Goth. lustus *m.* (ἐπιθυμία), O.N. losti *m.*, lyst *f.*, mod.Eng. lust; *desire; pleasure*; *lust*; MARH. 14; O. & N. 507; HOCCL. iii. 60; M. H. 165; AUD. 4; (*ms.* lusst) ORM. 1628; þene lust A. R. 272; let lust over go MISC. 159; ure lust and ure liking P. L. S. xxv. 140; fleisliche lust SPEC. 72; let lust over gan A. D. 290; we hadden gret lust to see his noblesse MAND. 220; lust '*voluptas, libido*' PR. P. 317; list '*delectatio, libitum*' 306, 307; lust, list, lest CH. C. T. *A* 132, 192, 1318; lost AYENB. 82; list GEN. & EX. 1230; sinful list REL. I. 221; list, liste A. P. i. 907, ii. 843; lustes (*gen.*) A. R. 318; luste (*dat.*) O. & N. 1397; mid muchelere liste þa childere he biwuste LAʒ. 13731; at here oune list(e) MAND. 50; lustes (*pl.*) MARH. 1; A. R. 176; ivele lustes REL. I. 129; listes [lestes] of love WILL. 740, 946; luston ['*voluptatibus*'] LK. viii. 14.
lost-vol, adj., O.E. lustfull; *lustful*, AYENB. 80; lostvoller (*compar.*) AYENB. 92.
lustfulnesse, sb., *pleasure* HOM. I. 21.
lust-lēs, adj., *without desire*, GOW. II. 111; listles PR. P. 307.
lust-liche, adv., O.E. lustlīce; *pleasantly*, REL. I. 129; lustlike MISC. 115.
lustsum, adj., O.E. lustsum; =O.L.G., O.H.G. lustsam, lussam; *pleasant*: lussum lif heo ledes SPEC. 34 (A. D. 156); þe lilie is lossom to seo SPEC. 44 (A. D. 164); a lussum (?lufsum) lond C. M. (*Trin. Coll. MS.*) 604.
lustre, sb., *Lat.* lustrum; *period of five years*, TREV. VIII. 29.
hlüst, sb., O.E. hlyst *m. f.*, cf. O.L.G., O.N. hlust *f.* (*hearing, ear*); *hearing*, HOM. II. 25; liste 61; lust HOM. I. 75; ALIS. 1916;

hlüst. lütlien. 409

Caredoc makede lust & þus spæc LA3. 11577; (*ear*) A. R. 212; luste FER. 1900.
lüsten, v., *O.E.* lystan, *cf. O.N.* lysta, *O.L.G.* lustean, *O.H.G.* lusten, lustōn, (*pret.* lusta, lustōta), *Goth.* lustōn; *be pleasing*; (*with refl. dat.*) *delight, be pleased*: al þat ham lüsteð (*pres.*) H. M. 25; lusteth E. W. 28; þer he him losteþ (*delights*) AYENB. 246; lust HOM. I. 103; JOS. 41; ne lust him nu to none unrede O. & N. 212; him lust MIRC 820; list PR. C. 795; whan hem list MAND. 38; if þe list CH. C. T. A 1183; 3ef þe luste A. D. 289; lüste (*pret.*) KATH. 1588; A. R. 238; BRD. 6; ne luste heom hider varen LA3. 28811; þo luste him ete MISC. 38; luste, [liste lest(e)] LANGL. B xvii. 139; luste, liste PL. CR. 71, 165; liste ORM. 8119; Gow. II. 366; A. P. i. 146; liste, leste CH. C. T. A 750, 1052; *comp.* for-, of-lüsten.
hlüsten, v., *O.E.* hlystan, *cf. Swed.* lysta; *listen, hear*; lusten P. L. S. viii. 114; 3if 3e hit lusten w(u)lle LA3. 919; þine songes luste O. & N. 896; listen (*ms.* lisstenn) ORM. 8574; hlesten ANGL. I. 20; lesten WILL. 31; lheste AYENB. 70; **hlisteð** (*pres.*) HOM. II. 155; listiþ LIDG. M. P. 189; lüst (*imper.*) MARH. 3; lust mire worden LA3. 21985; hleste (*subj.*) MK. vii. 16; lüste (*pret.*) LA3. 29526; O. & N. 253; lheste AYENB. 199.
lusti, adj., = *M.Du.* lustich, *M.H.G.* lustic, *O.N.* lostigr; *lusty, pleasant, mirthful*, KATH. 1693; GOW. I. 110; CH. C. T. A 80; PR. C. 4231; lusti on to loken HOM. I. 269; in þi youþ be lusti LIDG. M. P. 68; lusti, listi '*delectabilis, voluptuosus*' PR. P. 307, 317; lustier (*compar.*) CH. C. T. G 1345.
lusti-heed, sb., *M.H.G.* lusticheit; *hilarity,* CH. C. T. F 288.
lusti-liche, adv., *lustily,* JUL. 75; lustili CH. C. T. E 1802.
lustinesse, sb., *pleasantness,* CH. C. T. A 1939.
hlüstnen, v., *cf. Swed.* lyssna; *listen*; lustnen KATH. 110; (*v. r.* hercnen) A. R. 422; lüstneþ (*pres.*) SPEC. 24; listneþ LANGL. (Wr.) 9534; lestne (*imper.*) SHOR. 76; lustneþ C. L. 1027; listneð REL. I. 217; lestneþ ANGL. III. 61; lüstnede (*pret.*) LA3. 26357; listnede GEN. & EX. 2137; lisnit BARB. vi. 72; ix. 685; ilüstned (*pple.*) LA3. 25128.
lüt, sb., *O.E.* lyt, *cf. O.L.G.* lut, *O.N.* litt; (*a*) *little, few,* LA3. 252; KATH. 34; worldliche men ileveð lut A. R. 66; mid lut wordes 70; þese lit word HOM. II. 105; a lute liste O. & N. 763; his sone ... bi3at fule lute BEK. 2379; lute god TREAT. 133; lute and lute *little by little* 137; luite JOS. 148; to luite (*v. r.* lutel) C. L. 632; lite AYENB. 31; (*r. w.* write) HORN (L.) 932; to lite ich habbe an horde MISC. 193; a lite CH. C. T. A 1450; lüte (*adj.*) *little,* LA3. 22208; þet is lute wunder HOM. I. 187; a lute wiht A. R. 72; i lute hwile KATH.

2183; a lute fowel BRD. 9; lite (*r. w.* bite) HAV. 1730; þi sor3e is al to lite SHOR. 32; it is lite CH. C. T. A 2627.
lüte, sb., *lute,* PR. P. 318; lütes (*pl.*) CH. C. T. C 466.
lütel, adj., *O.E.* lȳtel, litel, *cf. O.L.G.* luttil, *O.H.G.* luzil, *O.N.* litill, *Goth.* leitils; *little,* O. & N. 561; þet is lutel wunder HOM. I. 202; a lutel lond KATH. 2178; an luttel [lutel] child LA3. 9124; luitel JOS. 39; litel LK. xviii. 3; HAV. 481; CH. C. T. A 490; (*ms.* litell) ORM. 3205; litil LIDG. M. P. 163; lütel (*sb.*) *a little* KATH. 354; A. R. 74; to lutel HOM. I. 213; a lutel MARH. 13; lutel, litel P. L. S. viii. 6, 69; luitel C. L. 73; MIRC 627; litel AYENB. 29; a litel ORM. 1715; REL. I. 211; a litel (*v. r.* lite) LANGL. B xiii. 268; litel woot Arcite CH. C. T. A 1525; a littel HICKES I. 228; ane lutle while LA3. 5818; lutle hwile O. & N. 1451; þis lutle ... stucchen A. R. 428; þis lutle pine KATH. 2182; þe litle wereld ORM. 17597; litill, littill BARB. i. 173; xii. 19; sum what litles (*gen.*) *little* ORM. 4681; litles what 6952; ænne lütelne (*acc.*) sune LA3. 6329; littlene AYENB. 238; þane lutle fu3el O. & N. 1097; lutle luve hi beren MISC. 42; lütle (*pl.*) A. R. 220; O. A. N. 631; litle HAV. 2014; **lütlen** (*dat. pl.*) *little at a time* LA3. 3569; lutlen and lutlan MARH. 12; litlum & litlum LANGL. B xv. 599.
lüten, v., *O.E.* lūtan, = *O.N.* lūta; *bow, incline the head, stoop,* ORM. 6139; GEN. & EX. 1926; loutin '*conqvinisco*' PR. P. 316; loute MAP 336; L. H. R. 34; CH. C. T. (T.) 14168; MAN. (H.) 333; lüteð (*pres.*) REL. I. 223; loutes DEGR. 1225; (hi) luteð KATH. 1781; lout (*lie*), B. B. 157; lüteð (*imper.*) A. R. 13; lout B. B. 13; lütende (*pple.*) A. R. 426; lēat (*pret.*) AYENB. 239; heo leat lahe to hire leove laverd MARH. 12; ðor ðe grave under let (*lay hid*) GEN. & EX. 3188; he ros and lutte 1055; lutte ORM. 8961; GAW. 2236; loutede [louted] LANGL. A iii. 111; his hed loutede a doun ROB. 115; louted WILL. 3485; loutid S. S. (Wr.) 406; loutit BARB. ii. 154; ofte heo luten a doun LA3. 1880; *comp.* a-lüten.
louting, sb., *inclination,* D. TROY 661.
lutenant, see **lieutenant.**
lutien, v., *O.E.* lutian, *cf. O.H.G.* luzzen; *from lüten; lurk, lie concealed*; hæhte heoin þere lutie [lotie] wel LA3. 21509; lotie TREV. IV. 396; þe hare luteþ (*pres.*) al dai O. & N. 373; deþ luteþ in his scho R. S. i; lotieþ LANGL. B xvii. 102; lotinge (*pple.*) CH. C. T. G 186; TREV. II. 83; lutede (*pret.*) KATH. 1848; loted TREV. II. 229; *comp.* æt-lutien.
lüti3, lüti, adj., *O.E.* lytig; *cunning,* FRAG. 6, 7.
lütlien, v., *O.E.* lytlian; *diminish, decrease,* LA3. 8838; ne make 3e nowðer mi luve ne min bileave lutlen JUL. 16; hit ne me(i)

neaver mare lutlin ne wursin HOM. I. 265; lutli O. & N. 540; i lutle REL. II. 211; lüttulde (*pret.*) JOS. 145; **litelid** (*pple.*) KN. L. 61.

lütling, sb., *O.E.* lytling; *little one*; litling MAT. xviii. 4.

hlŭtter, adj., *O.E.* hlūtor, hluttor, = *O.L.G.* hlutter, *O.H.G.* hlūter, hluttar, *Goth.* hlūtrs; *pure*; lutter ORM. 5707.

lŭðer, adj., *O.E.* lyðer; *evil, bad*, A. R. 96; luðer (luþer) LAȝ. 6833; luþer and qved O. & N. 1137; luþer ant lees SPEC. 49; luþer [liþer, leþer] LANGL. *A* v. 98; liðer REL. I. 131; GEN. & EX. 369; liþer BEK. 364; WILL. 2169; S. S. (Wr.) 2250; lither PR. C 1059; leþer Iw. 599; lider PR. P. 303; þe luðere reve MARH. 6; þat leoðre folc HOM. I. 241; luþre mede MISC. 39; **lŭðere** (*adv.*) JUL. 16; him ilomp wel luðere [luþre] LAȝ. 2785; ȝef æi mon him liðere dude 4270; þine lŭþere (*pl.*) deden FRAG. 8; luðre men HOM. I. 205; luðere wordes A. R. 424; luþre [luþere] wrenches MISC. 124, 125; **lŭðerest** (*superl.*) MARH. 18.

lŭþer-hēde, sb., *badness*, ROB. 240; liþerhede P. L. S. xiii. 88.

lŭðer-liche, adv., *wickedly*, MARH. 5; A. R. 290; luþerliche FRAG. 7; liþerliche S. S. (Web.) 972; liðerlike GEN. & EX. 1563; luþerli WILL. 1208; liþerli CH. C. T. *A* 3299; letherli MIR. PL. 114.

lŭðernesse, sb., *wickedness*, HOM. I. 197; luþernesse P. S. 239; lithernes PR. C. 226.

lüþere, see liþere.

luve, sb., *O.E.* lufu (*gen.* lufan), *Goth.* lubō, (*gen.* lubōns) (see ANGL. VI. 176); *love*; (*ms.* luue) GEN. & EX. 35; þeo luve A. R. 394; heo ches him to luve ant to leove mon MARH. 2; luve, lufe LAȝ. 413, 31412; luff BARB. ii. 515; lufe ORM. 1572; PR. C. 69; ISUM. 242; lufve AMAD. (R.) lii; luve, love O. & N. 968, 1510; love CH. C. T. *A* 1600; WICL. JOHN xiii. 35: Reginoldes love LANGL. *B* 49 (lemmon LANGL. *A* iv. 36); knichtis for thar **luffis** (*gen.*) (*sweetheart's*) sak BARB. iii. 349; þi love bonde SPEC. 58; luven (*dat.*) SAX. CHR. 251; for godes luven GEN. & EX. 4081; luven, lufe [lofve] LAȝ. 1257, 9630; for þi luve MARH. 8; **luve** (*pl.*) P. L. S. viii. 156.

love-dai, sb., *love-day, day for the amicable settlement of differences*, P. L. S. xvii. 414; LANGL. *A* xi. 20; CH. C. T. *A* 258; AUD. 26.

love-knotte, sb., *love-knot*, LANGL. *C* xviii. 127; CH. C. T. *A* 197.

love-drink, sb., *philter*, TRIST. 1710.

luf-ful, adj., *loving*, A. R. 222.

love-laik, sb., *amorous play*, TRIST. 2020.

love-longinge, sb., *love longing*, SPEC. 61.

love-lēs, adj., *loveless*, P. S. 255; LANGL. *A* v. 98.

luve-lich, adj., *O.E.* luf-, lufelīc; *lovely, affectionate*, A. R. 428; lovelich LANGL. *A* ix. 77; þat lufliche word HOM. II. 5; lufli BARB. i. 389; **luveliche** (*adv.*) A. R. 14; luveliche [lofveliche] LAȝ. 7892; bide hine luveliche þet he þe do riht HOM. I. 17; luvelike REL. I. 217; loveliche LEG. 35; JOS. 305.

lufle-lī, adv., BARB. xvii. 315*.

luf-rēden, sb., *O.E.* lufrǣden; *love*, M. H. 30; loverede AYENB. 146; lovered PS. cviii. 5.

luve-rūne, sb., *love talk*, KATH. 109.

love-song, sb., *love song*, SPEC. 74.

luve-spēche, sb., *love speech*, A. R. 204.

luf-sum, adj., *O.E.* lufsum; *loveable, lovely*, MARH. 3; ORM. 3583; ANT. ARTH. xxvii; þi leor is ... lufsum KATH. 316; lufsom Iw. 214; lossum he is SPEC. 26 (A. D. 145); lofsom LAUNF. 942; luf-, luve-, lovesum C. M. 604; lovesom CH. TRO. v. 465; **lufsumre** (*compar.*) H. M. 11; **lufsumest** (*superl.*) JUL. 13.

lufsum-līke, adv., *lovingly*, ORM. 1663; lusumli BARB. xvii. 315.

love-tēar, sb., *tear of love*; lovetēres (*pl.*) SPEC. 70.

luf-þing, sb., *love*, LAȝ. 169.

luve-wende, adj., *O.E.* lufwende; *loveable*, JUL. 65.

luve-wurðe (? luve wurðe), adj., *worthy of love*, A. R. 112; JUL. 17; **luvewurðest** (*superl.*) HOM. I. 187.

luve-wurði, adj., *worthy of love, loveable*, HOM. I. 269.

lŭven, see **lēven**. **lŭver**, see *under* **lēof**.

luvestiche, *O.E.* lufestice, = *M.H.G.* lubestecke, *O.Fr.* livesche, *Ital.* levistico; *from Lat.* ligusticum; *lovage*, '*levisticum*,' REL. I. 36; loveache PR. P. 314.

luvien, v., *O.E.* lufian; *love*; (*ms.* luuien) A. R. 14; REL. I. 212; luvien [lovie] LAȝ. 3056; luvian HOM. I. 11; luvien, luvie O. &. N. 1341, 1345; lufen ORM. 940; luven GEN. & EX. 9; lovien SPEC. 57; luvie FL. & BL. 392; MISC. 28; lovie AYENB. 6; (*ms.* lovye) SHOR. 91; loven MAND. 160; love WICL. JOHN viii. 42; **luvie** (*pres.*) MARH. 4; lovie BEK. 890; lovie [love] LANGL. *B* iii. 32; luvest A. R. 282; lufeð LK. vii. 5; lufeð, luveð, luvað HOM. I. 19, 99; luveð KATH. 231; luveþ O. & N. 230; gif ge lufieð þa þe eow lufieð LK. vi. 32; luvieð LAȝ. 998; KATH. 952; A. R. 282; luvieþ O. & N. 791; MISC. 36; luvigeð HOM. II. 37; lovieþ FER. 2003; lufen ORM. 3602; lufe (*imper.*) MAT. v. 43; luve HOM. I. 65; (þu) luvie (*subj.*) LAȝ. 14585; ȝe luvian HOM. I. 125; **loviinde** (*pple.*) AYENB. 145; luffand BARB. i. 363; lufede (*pret.*) LK. vii. 47; lufode, lufede, luvede [lovede] LAȝ. 156, 256, 17027; lufede ORM. 16712; luvede KATH. 106; lufedest FRAG. 6; lovedest BEK. 781; luveden SAX. CHR. 250;

luvien.   **mæden.**   411

A. R. 282; lufed (*pple.*) Iw. 1164; *comp.* bi-, ȝe-luvien.
lovere, lover, sb., *lover*, CH. C. T. *A* 1379.
luxurie, sb., *Lat.* luxuria; *luxury*, AYENB. 157; CH. C. T. *C* 484.
luxurious, adj., *luxurious*, CH. BOET. i. 4 (21).
lynx, sb., *Lat.* lynx; *lynx*, AYENB. 81.

m.

má, *see* mákien.
mā, adv., *O.E.* mā, = *O.Fris.* mā, mār, *O.L.G.*, *O.H.G.* mēr, *O.N.* meir, *Goth.* mais, *Lat.* magis (*compar.*); *more*, FRAG. 8; KATH. 1282; MARH. 8; FLOR. 1104; PR. C. 3997; ma monna *more men* HOM. I. 27; nefede he bern no ma LAȝ. 91; næfre ma ne shal he ben o nane wise filed ORM. 4206; mo O. & N. 564; GEN. & EX. 354; HAV. 1846; LANGL. *B* PROL. 147; MAND. 275; A. P. i. 869; AUD. 80; evre mo P. L. S. viii. 53; oðer mo oðer nes A. R. 42; monie moa þer beoð 328; fele oþere mo BEK. 571; no þe mo TREAT. 138; ne mo ne les AYENB. 118; mo þan þries ten CH. C. T. *A* 576.

māre, adj., *O.E.* māra *m.*, māre *f. n.*, = *O.Fris.* māra, *O.H.G.* mēro *m.*, mēra *f. n.*, *O.N.* meiri *m.*, meira *f. n.*, *Goth.* maiza, maizei, maizō, *Lat.* mājor, mājus (*compar.*); *more, greater*, PR. C. 1047; PERC. 229; nes nefre mare mon þenne he HOM. I. 131; mare luve LAȝ. 30055; ne aras he never mare 1555; eaver se þu mare wa & mare weane dost me ... se þu wurches(t) mi wil & mi weol mare KATH. 2140; þat is mare wurð 70; mare genge ORM. 19566; godes engel seȝde ... ȝet mare 780; mare lufest tu þat þing 4662; þe mare 10146; her ufer mar 1715; þæs þe mare MAT. xx. 31 (*earlier vers.* ma); more P. L. S. viii. 1; O. & N. 213; HAV. 982; LANGL. *B* v. 289; MAND. 4; HOCCL. i. 65; more wunder A. R. 54; þe more 194; more oþer lasse TREAT. 138; more grat AYENB. 18; nevre mor 220; hit was more þan ani stede ALIS. 692; þer nis no more to seie CH. C. T. *A* 2386; boþe more and lesse 6516; þe more fishes ... eten þe lasse HOM. II. 179; moare PROCL. 2; mor GEN. & EX. 993.

mǣst, adj. & adv., *O.E.* mǣst, mǣsta, mǣste, = *O.L.G.* mēst, mēsta, *O.Fris.* māst, māste, *O.H.G.* meist, meisto, meista, *O.N.* mestr (? mēstr), *Goth.* maists; *most, greatest*, LAȝ. 27601; mest P. L. S. viii. 4; O. & N. 684, 852; ealle mest (*nearly all*) SAX. CHR. 250; mest qvat *for the most part* ALEX. (Sk.) 5010; ever ich mest haveð on(e) olde cwene A. R. 88; þesne lehter habbeð mest hwet alle men HOM. I. 137; on mest 209; bo so haveþ of urþe mest TREAT. 138; þat is al mest (*almost*) ibroȝt to grounde BEK. 1966; þet bieþ mest worþ AYENB. 23; mest manne him gremede HOM. II. 169; mast mannen 7; ant tu schalt ... meast wunne ant weole welden MARH. 6; meast alle KATH. 29; mast hwat HOM. II. 11; it is mast & heȝhest ORM. 10734; tær was þeȝre king aȝ mast 8471; most worþi MAND. 1; þe mæste LAȝ. 11567; meste ROB. 9; þe meste del A. R. 330; (h)is meste fo SPEC. 24; þe meste and leste CH. C. T. *A* 2198; at te meste BRD. 31; maste Iw. 2123; þe maste lufe ORM. 5328; þe moste GEN. & EX. 189; þe moste swike HAV. 423; þe moste sinne MAND. 249.

macche, sb., *O.Fr.* mesche; *match (for striking a light)*, LANGL. *B* xvii. 213.
macche, *see* mæcche.
máce, sb., *O.Fr.* mace (*masse*); *club, mace*: mid mace mid ax & mid anlas ROB. 48; mace ALIS. 1901; máces (*pl.*) ALEX. (Sk.) 4100; maciss BARB. xii. 579.
máce², sb., *Ital.* mace, *Fr.* macis; *mace (plant, spice)*, ALIS. 6796; macis PR. P. 319; L. C. C. 13; máces (*pl.*) P. L. S. xxxv. 75.
mácer, sb., *Fr.* massier; *mace bearer*; máceres (*pl.*) LANGL. *B* iii. 76.
machūn, *see* masoun.
mād, adj., *O.E.* mād(-mōd), (ge-)mǣd, = *O.L.G.* gemēd, *Goth.* gamaids (ἀνάπηρος), *O.H.G.* gameit (*stultus*); *mad*, S. S. (Wr. 2091; maad B. DISC. 2001; i waxe mod (*ms.* mot, *r. w.* blod) SPEC. 31; *cf.* mād *pple.* of mǣden.
madame, sb., = *O.Fr.* ma dame, *from Lat.* mea domina; *lady, madam*, ALIS. 269.
mǣden, v., *from* mād *pret. pple.* of mǣden; *madden, make or become mad*; maddin '*insanio*' PR. P. 319; mǣdde (*pres.*) PL. CR. 280; þou maddes YORK xv. 38; mǣdde (*subj.*) GAW. 2414; if þou madde CH. C. T. *A* 3156; þat mǣddid (*pret.*) þi men DEP. R. i. 63.
mǣdding, sb., *madness*, ALEX. (Sk.) 1743, 3546; A. P. i. 1154.
mǣdem, *see* mǣðem.
mader, sb., *O.E.* mǣdere; *madder*, E. G. 358; madir PR. P. 319; VOC. 265.
mæcche, sb., *O.E.* (ge-)mæcca; *from* māke; *match, mate, equal*; macche LANGL. *B* xiii. 47; HOCCL. i. 307; Zakariȝes mache ORM. 290; þe schrewe fond his macche þo P. L. S. xiv. 48; mache M. ARTH. 1607; mecche ANGL. I. 79; MAN. (F.) 13565; ches ... Crist to meche REL. I. 225; mehche '*par*' PR. P. 331; macche *struggle* D. TROY 1324; mæcchen (*acc.*) MAT. i. 24; macchis (*pl.*) ALEX. (Sk.) 831; *comp.* ȝe-mæcche.
mæcchen, v., *match, compare*; mach GAW. 282; mache ALEX. (Sk.) 3607; maccheþ (*imper.*) LANGL. *A* x. 193 [*B* ix. 193 macche]; mached (*pret.*) YORK xxx. 199; mached (*pple.*) D. ARTH. 2904; machet ANT. ARTH. xxxiv.
mæche, *see* meche.
[mǣden, v., *O.E.* (ge-)mǣdan, = *Goth.* maidjan (καπηλεύειν), *O.N.* meiða (*hurt*); *madden*]; mād (*pret. pple.*), *driven mad, mad*, SPEC.

29; P. S. 331; GREG. 751; (*ms.* madde, *r. w.* glad) M. H. 53; *comp.* **a-mǣden.**

mǎd-hēde, sb., *madness,* MIRC 1657.

mǎd-liche, adv., *madly,* KATH. 2114.

mǎd-schipe, *madness,* KATH. 227; medschipe A. R. 148; KATH. (E.) 267, 325.

mǣȝe, māȝe, sb., *O.E.* mǣge, māge; *kinswoman*; meȝhe ORM. 3178; mehe [mowe] A. R. 76; mage (*earlier text* mæge) LK. i. 36; maȝe, moȝe P. L. S. viii. 15; maȝe, mawe [moȝe, mowe] LAȝ. 257, 25897; moge, mowe HOM. II. 125, 221, 225; mowe R. S. v; mowe MISC. 79; ROB. 316; mow(e) '*glos*' PR. P. 345; mēhen (*pl.*) MARH. 16; mowe P. L. S. v. 3.

mæht, *see* **meaht.**

mǣi, sb., = ? **mǣiden**; *maid, virgin*; mai P. L. S. xvi. 4; M. H. 39; þat mai FL. & BL. 743; (*ms.* may) SPEC. 26; WILL. 659; MIRC 1351; GREG. 525; GOW. II. 2; CH. C. T. *B* 851; AMAD. (R.) liii; TOWNL. 67; þat ilke mai (*first text* maide) LAȝ. 30486*; maȝ (*ms.* maȝȝ) ORM. 2489.

mǣi[2], v., *O.E.* mæg, = *O.L.G., O.H.G., Goth.* mag, *O.Fris.* mei, *O.N.* mā (*pret.-pres.*); *may, am able,* FRAG. 6; mei HOM. I. 7; mæi, mai [mai] LAȝ. 754, 1202; mæig, maig, mai MAT. iii. 9; MK. x. 26; JOHN iii. 27; mei, mai KATH. 227, 1527; ne maig he tilen him non fode REL. I. 210 (MISC. 3); mai [maiȝ] HICKES I. 223; mai A. R. 6; O. & N. 228; GEN. & EX. 371; C. L. 206; (*spelt* may) 1; (*ms.* maj) LEECHD. III. 104; kepe þe ȝates who so mai H. H. 141; maȝ ORM. 199; meȝ HOM. I. 216; mei A. R. 6; SPEC. 48; (þu) mæht (*ms.* maht, *r. w.* fæht) LAȝ. 14568; maht MARH. 4; SPEC. 91; maht, miht HOM. I. 17, 23; ORM. 1488, 1492; maiȝt C. L. 1109; mai, maith HAV. 641, 689; maut AN. LIT. 8; meiht HOM. I. 217; A. R. 102; miht LAȝ. 694; H. H. 80; miht, miȝt, mist O. & N. 64, 79; miȝt BRD. 30; AYENB. 7; LANGL. *B* xii. 10; maȝen [*O.E.* magon, = *Goth.* magum, *O.H.G.* magun, mugun, *O.L.G., O.Fris.* mugun, *O.N.* megum] (*pl.*) HOM. I. 43; maȝen, mawen, muȝen LAȝ. 1333, 5335, 12748; maȝe FL. & BL. 632; mahen KATH. 757; mawen SPEC. 96; mugen MAT. x. 28; muȝen HOM. I. 221; muȝhen ORM. 202; muȝe, mawe O. & N. 182; muwen A. R. 4; muwe MISC. 37; P. S. 328; moȝe, mowe, moun FER. 321, 2002, 4996; mowen CH. BOET. i. 6 (25); mowe ROB. 316; C. L. 23; WILL. 3903; MAND. 5; HOCCL. i. 148; E. W. 27; moun WICL. GEN. vi. 20; S. S. (Wr.) 1340; mǣie, maȝe [mawe], [*O.E.* mǣge, muge] (*subj.*) LAȝ. 1520, 3180; (*ms.* meie), maȝe HOM. I. 37, 111; mahe KATH. 267; mawe P. L. S. viii. 168; muȝe PROCL. 6; muge REL. I. 212 (MISC. 6); muhȝe HOM. l. 17; muȝhe ORM. 200; muhe [mowe] O. & N. 1581; moȝe AYENB. 7; þet he hit muwe iheren A. R. 96; mowe HAV. 183;

BEK. 141; maȝen LAȝ. 17947; mawen FRAG. 8; mowen CH. BOET. i. 5 (25); *deriv.* **mǣin, mǣiþ, meaht, muȝen.**

mǣi, māȝ, sb., *O.E.* mǣg, māg, = *O.L.G., O. H.G.* māg, *O.N.* māgr, *Goth.* mēgs; *relative, kinsman,* '*propinquus,*' FRAG. 2; SAX. CHR. 255; mæi [mei] LAȝ. 3838; mæi, mai HOM. II. 221, 225; mei I. 93; þi mei [mæi] ne þi moȝe P. L. S. viii. 15; mei R. S. v (MISC. 178); magh [mau] C. M. 2807; mog GEN. & EX. 1761; mǣie (*dat.*) LAȝ. 20445; mǣȝes mæies, meies [meies] (*pl.*) LAȝ. 457, 5098, 21812; mæiges, mages MK. xiii. 12; LK. ii. 27; meies ba ant mehen MARH. 16; meiis P. L. S. v (a.) 3; mǣgen (*dat. pl.*) LK. xxi. 16; moȝe PROCL. 10; *comp.* **wine-mǣi.**

mǣiden, maiden, maide, sb., *O.E.* mægden, = *M.H.G.* magedin; *maiden, virgin, girl,* LAȝ. 150, 3059, 3111, 22225; maigden, maiden MAT. xiv. 11, MK. xi. 28; meiden KATH. 66; A. R. 64, 166; maȝden ORM. 2102; maiden TOR. 2008; maide ROB. 206; CH. C. T. *D* 79; þat maide O. & N. 1459; maid GOW. I. 150; **mǣidenes** (*gen.*) LAȝ. 3202; meidenes A. R. 248; **mǣidene** (*dat.*) MAT. xiv. 11; **mǣidene,** maidene (*pl.*) LAȝ. 2214, 20963; meidene HOM. I. 143; maide [meide] O. & N. 1338; **mǣidene** (*gen. pl.*) MARH. 4; maidene REL. I. 128 (HOM. II. 161); **mǣidenen** (*dat. pl.*) LAȝ. 2741; *comp.* **būrmaiden.**

maȝden-child, sb., *O.E.* mægdencild; *female child,* ORM. 7897; maidin-, maidechild ['*puella*'] WICL. GEN. xxiv. 55, 57; mǣide-, maidechild LAȝ. 14378, 24529.

maȝden-hǎd, sb., *O.E.* mægdenhād; *maidenhood, virginity,* ORM. 4606; meiden-, meidehod A. R. 164, 394; maidenhod AYENB. 220 maidenhod, -hede CH. C. T. *A* 2329, *D* 69; maidenhed GEN. & EX. 1852; GOW. II. 230; maidenhede TRIST. 2134.

meide-lūre, sb., *loss of virginity,* A. R. 164, 204.

maȝden-man, sb., *O.E.* mægdenman; *virgin,* ORM. 2085; maidenmon SPEC. 82.

maide-kin, sb., *M.Du.* magdeken; *little girl*; '*puella,*' PR. P. 319.

mǣin, sb., *O.E.* mægen, mægn, = *O.L.G.* megin, *O.H.G.* magin, megin, *O.N.* magn; megin, megen *n., mod.Eng.* main; *from* **mǣi**[2]; *power, force*; magen [maigen] MAT. xiii. 54; xxii. 29; main LAȝ. 1541; ALIS. 656; P. L. S. xxxii. 10; LUD. COV. 25; mein MARH. 12; C. L. 1479; SPEC. 47; wiþ al his mein [main] FL. & BL. 17, 621; **mǣine** (*dat.*) LAȝ. 1918. meine MISC. 95; mid alle meine HOM. I. 123; maine O. & N. 760; ROB. 49; GOW. III. 4; TRIAM. 740; **mǣgene** (*pl.*) MAT. xxiv. 29.

mǣin-clubbe, sb., *heavy club,* LAȝ. 15292.

main-dint, sb., *hard blow*; **main dintes** (*pl.*) GAW. 336.

main-ful, adj., *powerful*, KATH. 2072; mainful A. P. i. 1092.
main-hors, sb., *powerful horse*, GAW. 187.
main-lēs, adj., O.E. magenlēas; *without might*, REL. I. 211.
main-liche, adv., *powerfully*, LAȝ. 808*; mainli A. P. ii. 1427; ALEX. (Sk.) 399, 1033, 1217; maineli 3969.
main-strong, adj., O.E. mægenstrang; *powerfully strong*, LAȝ. 27731.
mæȝnan, v., O.E. mægnian; *strengthen*; (? *printed* meȝhan) HOM. I. 15.
[**mæið**, sb., O.E. mægeð, mægð, = Goth. magaþs, O.H.G. magad; *virgin*.]
meið-hād, sb., O.E. mægðhād; *virginity*, MARH. 8; maiðhod HOM. II. 21; maȝþhad ORM. 2339.
mæiþ, sb., O.E. mægð, cf. O.H.G. (ge-)māgeda; *family, race*; '(*proge*)*nies, tribus*,' FRAG. 2; hire fader ... was of Asæres maȝþe ORM. 7678.
māl, sb., O.E. mǣl, = O.N. māl, mēl, māl, O.Fris. mēl, māl, O.L.G., O.H.G. māl, Goth. mēl *n.* (καιρός); *meal* (*repast*), LAȝ. 19690; mel KATH. 1839; GEN. & EX. 1020; BEK. 2395; mel [meel] CH. C. T. *D* 1774; mel [meal] A. R. 262; meel '*pastus*' PR. P. 331; P. L. S. xxx. 1; mēle (*dat.*) GAM. 636; et ane mele HOM. I. 31; to þon mele LAȝ. 8105; **mǣles** (*pl.*) ORM. 4959; *comp.* **underncuppe-, floo-, hīpel-, lim-, púnd-, scēaf-, stúnd-, wūke-mǣlen**, (-mālum, -mǎlum, -mēle).
mēl-seotel, sb., *seat at table*, MARH. 11.
mēl-tīd, sb., O.N. mæltīð, = M.H.G. mālzīt; *meal-time*, REL. I. 132; CH. TRO. ii. 1556.
mēl-tīma, sb., O.E. mæltīma; *meal-time*, HOM. I. 115; meeltime LANGL. *B* iii. 223.
mǣlen, v., O.E. mǣlan, = O.N. mǣla, O.H.G. mahalōn; *from* māl²; *see* maðelen; *speak*, ORM. 2919; mele MISC. 86; HAV. 2059; SPEC. 34; WILL. 4009; BEV. 1243; TRIST. 168; GAW. 2295; D. ARTH. 990; ANT. ARTH. vi; **mēaleð** (*pres.*) KATH. 1325; melez A. P. i. 496; melis [mellis] ALEX. (Sk.) 2078, 2953; **mēlen** (*subj.*) JOS. 46; **mēalde** (*pret.*) KATH. 1245; melid ALEX. (Sk.) 5113; *comp.* **ȝe-mǣlen**.
mēling, sb., *conversation*, WILL. 760.
mǣne, adj., cf. O.Fris. mēne; = ȝemǣne, *common*: þe mene and þe riche LANGL. *B* PROL. 18; þe mene folk MAN. (H.) 168; a mene kniȝtes douȝter TREV. III. 257; of mene lore MIRC 2037; þe mene men P. S. 342; þe mene sinnes PR. C. 3192; þeo beon to alle men ... meane (*v. r.* imeane) H. M. 19; **mēner** (*compar.*) LANGL. *B* xiv. 166; L. C. C. 7.
mǣne-lich, adj., *common, general*: oure meneliche loverd REL. I. 282; al was mænelike þing ORM. 2503.

mēne², **māne**, sb., *for* ȝemǣne; *companion*: Aþulf was his mone HORN (L.) 528.
mēne³, **māne**, sb., *for* ȝemǣne; *communion, participation, companionship*, ORM. 1948; mene GEN. & EX. 501; meane HOM. I. 275; wiðuten monnes man(e) MARH. 13; mone SHOR. 61, 70; mone (*sec. text* imone) LAȝ. 25916; wiþoute mone ROB. 315.
mǣnnesse, sb., O.E. gemǣnness; *communion*: þe mennesse of halȝen AYENB. 14.
mēne⁴, **māne**, sb., = O.Fris. mēne, O.H.G. meina (*opinio*); *communication, complaint*: to hire ich make min mene REL. I. 103; in a false mene LANGL. *B* xv. 535; mane REL. I. 60; Iw. 535; M. H. 119; MIN. iii. 8; mone O. & N. 1520; ROB. 34; SHOR. 89; ALIS. 1281; A. D. 247; FER. 910; CH. C. T. *F* 920; godes prophete makede swuche mone A. R. 64; and made hir mone to Piers LANGL. *B* vi. 125; bi mine mone HAV. 816; moone TRIAM. 182.
mēnen, **mēnen**, v., O.E. mǣnan, = O.Fris. mēna, O.L.G. mēnian, O.H.G. meinen, O.N. meina; *mean; communicate, indicate, signify; complain, moan*, LAȝ. 8294, 29613; menan HOM. I. 111; menen A. R. 274, 316; ORM. 4817; meanen KATH. 1243; mene C. L. 401; TRIST. 1135; GOW. I. 94; TRIAM. 28, 473; ne scal him no man mene þer of strengþe ne of wrange P. L. S. viii. 85; hwi wulleþ men of me hi mene O. & N. 1257; hwat mai þis mene HAV. 2114; hei(e) men ... wolde hem ... mene þat hii nadde non eir ROB. 330; to mene ant minne SPEC. 37; to mene þe soþe WILL. 2218; to whom miȝt i me mene 493; his biriels for to mene MAN. (F.) 9026; what hit wolde mene 9050; manen REL. II. 243; monen GEN. & EX. 180; mone RICH. 4636; PERC. 128; **mēne** (*pres.*) CH. C. T. *A* 2063; ȝif þu me dest woh ... ic hit mene to mine laverde HOM. I. 33; an oþer þing of þe ich mene (*indicate*) O. & N. 583; þu ... menis þe for litill ALEX. (Sk.) 2741; hit is a schep-(h)erde þat i of mene M. T. 74; hit ... mænet (*laments*) þeo weowe FRAG. 5; as Marc meneþ in þe gospel LANGL. *B* x. 276; and meniþ him bi name TOR. 759; so so bec mæneþ FRAG. 8; þei menen MAND. 132; **mēn** (*imper.*) HOM. I. 17; **mǣnde**, mende (*pret.*) LAȝ. 1904, 2438; meande A. R. 62; REL. II. 243; heo nuste hwat heo (*r.* he) mende MISC. 85; ase ich er mende SHOR. 129; menden MARH. 6; **mēned** (*pple.*) WILL. 1490; *comp.* **bimǣnen**.
mēninge, sb., = O.H.G. meinunge; *meaning, communication, quest, moaning*, PR. P. 332; HOM. II. 63; MAN. (H.) 25; PERC. 1986; ANT. ARTH. xlvi.
mēr [mǣr], sb., O.E. (ge-)mǣre, = O.N. mǣri *n.*; *limit, boundary, terminus*, LAȝ. 2133; meer '*limes*' PR. P. 333; mere LUD. COV. 171; mēre (*dat.*) A. P. ii. 778; **mēre** (*ms.*

mare) (*pl.*) LA3. 31220; meres ['*terminos*'] PS. ii. 8; þe meres and þe merkes TREV. V. 265; mæren ['*finibus*'] MK. V. 17; *comp.* ȝe-mǣre.

mēre-stān, sb., *boundary stone*, CATH. 235.

mǣre, *see* mere.

mǣre, adj., *O.E.* mǣre, = *O.N.* mǣrr, *O.L.G.* māri, *O.H.G.* māri, *Goth.* mērs; *famous, illustrious, glorious,* ORM. 806; mære [mere] LA3. 1139 (*miswritten* mare 2028); mere P. L. S. viii. 196; SPEC. 26; GAW. 878; mere, meare JUL. 62, 63; mēren (*dat. n.*) LA3. 409; mēren (*dat. pl.*) HOM. I. 221.

mǣr-līche, adv., *O.E.* mǣrlīce; *gloriously*, LA3. 2677.

mǣrsien, v., *O.E.* mǣrsian, = *O.L.G.* (gi-)-mārsōn; *celebrate, magnify*; mǣrsiað (*pres.*) MAT. xxiii. 5; *comp.* ȝe-mǣrsien.

mǣrðe, sb., *O.E.* mǣrðe, = *O.L.G.* māritha, *O.H.G.* mārida, *Goth.* mēriþa; *glory*: ne delende nere of his eadinesse nof his merðe (? *ms.* merhðe) HOM. I. 217.

mǣschen, v., *mash, beat into a mash*: mid þine clivres woldest me meshe [meisse] O. & N. 84.

mæsse [masse], sb., *O.E.* mæsse, *O.Fr.* messe; *mass (eucharistic service),* LA3. 18520; messe A. R. 32; SHOR. 27; S. S. (Wr.) 1631; messe, masse PR. P. 334; **oristes masse** *Christmas* O. & N. 481; **messen** (*pl.*) AYENB. 31.

messe-bōc, sb., *O.E.* mæssebōc; *mass-book*, ORM. DEDIC. 31; messebok HAV. 186.

messe-cos, sb., *mass-kiss*, A. R. 34; HOM. II. 91.

messe-daȝ, sb., *O.E.* mæsse dæg; *mass-day*, ORM. 2720; **messedaȝes** (*pl.*) AYENB. 214.

messe-gere, sb., *mass-garments*, HAV. 188.

messe-hakele, sb., = *M.L.G.* mishakel; *chasuble*, SAX. CHR. 249; meshakele HOM. II. 163.

messe-hwīle, sb., *time of celebrating mass*; messeqvile GAW. 1097.

masse-prēost, sb., *O.E.* mæssepreost; *mass priest,* LA3. 29872.

messe-rēf, sb., *O.E.* mæsserēaf; *mass-robe*, HOM. II. 215.

mæssien, v., *O.E.* mæssian; *say mass*; **messeð** (*pres.*) A. R. 268.

mæst, sb., *O.E.* mæst, = *O.H.G.* mast; *mast (of ship),* LA3. 4593; mast '*malus*' PR. P. 329; CH. C. T. *A* 3264; **mastes** (*pl.*) LA3. 1100.

mæst², sb., *O.E.* mæst, = *O.H.G.* mast; (*beech*)-*mast*; thei eten mast hawes and swich pounage CH. F. AGE 7; mast or apples 37; þe wilde bar þenne he i þan mæste [maste] monie swin imeteð LA3. 21263; *comp.* bōo-mast.

mast-hog, sb., *hog glutted with berries*, PR. P. 329.

mast-swīn, sb., = *M.H.G.* mastswīn; '*maialis*,' PR. P. 329.

mǣst, *see under* mā.

mæsten, v., *O.E.* mæstan, = *O.H.G.* masten, *M.Du.* mesten, mastin; *fatten up*, '*sagino*,' PR. P. 329.

mæsti, adj., *cf. Ger.* mastig; *over-fed, glutted with berries*: mastie swine CH. H. F. 1777.

mæstling, sb., *O.E.* mæstling; *mixture of anything; copper; brass*; mestling A. R. 284²; meastling H. M. 9; mastling ROB. 87; messeline ALEX. (Sk.) 4583; mastilyon '*bigermen, mixtilio*' CATH. 230; *comp.* gold-mestling.

mastling-smiþ, sb., *coppersmith,* FRAG. 2.

mēte, sb., = *M.L.G.* māte, = *M.Du.* maete, *O.H.G.* māza; *measure*; mete HOM. I. 247; mesure & mete H. M. 41; of his oune meete TREV. II. 27.

mēte², adj., *O.E.* mǣte, = *O.Fris.* mēte, *M.L.G.* māte, *O.H.G.* (ge-, eben-)māzi; *meet, moderate, suitable, fit*; mete SPEC. 36; PL. CR. 428; PERC. 802; LUD. COV. 318; þe tre was al sva mete and qveme C. M. 8809; mete [meete] CH. C. T. *A* 2291; meete ALIS. (Sk.) 184; þei wepen stille ant mete SPEC. 85; *comp.* efen-, ȝe-, or-, un-mēte.

mēt-leȝo, sb., *modesty*, ORM. 2659.

mēte-līke, adv., *meetly,* ORM. 10703; meteli GAW. 1414; meetli R. R. 822.

mētnesse, sb., *O.E.* (un-)mǣtnesse; *moderation,* HOM. I. 105.

metels, sb., *dream*; metels ['*somnium*'] WICL. GEN. xxxvii. 5; metels [meteles] LANGL. *B* PROL. 208; mēteles (*pl.*) AYENB. 165.

mēten, v., *O.E.* mǣtan; *paint; dream*: lette . . . a swiðe wunderlich hweol meten (*design*) & makien JUL. 57; meten [meeten] a . . . swevene LANGL. *A* PROL. 11; mete WILL. 658; mēteþ (*pres.*) REL. I. 262; met AYENB. 128; mētte (*pret.*) P. L. S. xiii. 132; JOS. 442; CH. C. T. *A* 3684; mēted (*pple.*) *painted* ORM. 1047; met *dreamed* HAV. 1285; *comp.* ȝe-mēten.

mētere, *O.E.* mētere; *painter; dreamer;* '*pictor*,' FRAG. 2; mēteres (*pl.*) AYENB. 32.

mētinge, sb., *O.E.* mǣting; *dream, picture,* AYENB. 143; meting ALIS. 327; WILL. 706; LANGL. *B* xiii. 4; meting '*pictura*' FRAG. 2.

mēðe [meþe], sb., *O.E* mǣð *f.*; *measure, moderation, modesty,* LA3. 977; mæþ ORM. 7515; meðe GEN. & EX. 3601; man ne can his muðes meðe REL. I. 131; methe ALEX. 4325; ED. 1716; meþ SPEC. 103; wiþouten meþ(e) C. L. 318; in mesure & meþe A. P. ii. 247; Mari ledd(e) hir lif wiþ meþe M. H. 107; *comp.* un-meþ.

mēð-ful, adj., *reasonable,* A. R. 430; meþful SPEC. 32; methful PS. iii. 6; meaðful HOM. II. 257.

mēð-lēas, adj., *immoderate*, A. R. 96; methles GAW. 2106.

mēðlēas-līche, adv., *unceasingly*, A. R. 330.

mēþe¹, adj., *modest, reasonable*; meþe HALLIW. 552; meþ C. M. 12271; *comp.* unmēðe.

mēðe-līche, adv., *moderately*, HOM. II. 7; meðelike GEN. & EX. 1758.

mēðeȝien, v., *O.E.* (ge-)mæðchian; *moderate, temper*: we sculleð meðegie heore mod LAȝ. 25231; efter þat þe he mēðegeð (*pret.*) nu his dede shal eft ben mēðeged (*pple.*) his mede HOM. II. 153.

mēðien, v., *? O.E.* mæðian; *moderate, accommodate, temper, spare*: ic sal meðen ðe stede GEN. & EX. 1046; þe man þe hit mēðeð (*pres.*) riht REL. I. 132; mēðede (*pret.*) þo his liflode swo þat he was bicumelich to swiche wike HOM. II. 139; an angel meðede hire þat ned GEN. & EX. 1242; ȝif þei hem self couþe have mēþed (*pple.*) MAN.(F.) 13615.

mēw, sb., *O.E.* mǣw,=*O.N.* mār (*larus*); *mew, gull*; meaw FRAG. 3; mowe PR. P. 346; *comp.* sē-māwe.

maflen, v., *cf. M.Du.* maffelen; *stammer*: he wot nouȝt what he maffleþ (*pres.*) TREV. II. 91; mafflid (*pret.*) DEP. R. iv. 63.

magat, magot, sb., *cf.* maðek; *maggot*, PR. P. 321; maked VOC. 255.

maȝ, see mæi. māȝ, see mǣi.

maȝe, sb., *O.E.* maga,=*O.H.G.* mago, *O.N.* magi; *maw, stomach*, AYENB. 56; mahe H. M. 35; R. S. v (MISC. 178); maghe ['*vulva*'] *womb* HAMP. lvii. 3; mawe FRAG. 6; A. R. 370; mawe MISC. 179; ROB. 311; ALIS. 1260; LANGL. *B* xi. 56; P. 43; CH. C. T. *B* 486; A. P. iii. 255; M. H. 124; mawen (*pl.*) MISC. 151.

[maȝe², adj., *O.E.* maga, *cf. O.H.G.* (un-)mag; *powerful*; *comp.* un-maȝe.]

māge, see māȝe. maȝden, see mæiden.

maggen, v., *cf. Sc.* magil, maggle; *mangle*; magged (*pple.*) ALEX. (Sk.) 1268.

magicien, sb., *Fr.* magicien; *magician*, CH. C. T. *B* 3397.

magike, sb., *enchantment*, CH. C. T. *B* 214.

magnanimitē, sb., *Fr.* magnanimité; *magnanimity*, AYENB. 164; magnanimitee CH. C. T. *G* 110.

magnete, sb., *O.Fr.* magnete; *magnet*, '*magnes*,' PR. P. 325.

magnificence, sb., *O.Fr.* magnificence; *magnificence*, AYENB. 164; CH. C. T. *B* 1664.

magnifien, v., *O.Fr.* magnifier; *magnify*, PR. P. 325; magnifie (*pres.*) WICL. MAT. xxiii. 5.

magot, see magat. magrē, see maugrē.

māȝþ, see mǣiþ.

māh, adj., *O.E.* māh; *eager*, LAȝ. 11201; þa itimede þan deofle al swa deð mahȝe fisce HOM. I. 123; *comp* ȝe-māh.

mahe, see maȝe.

mahimet, maumet, mahum (mahun), sb., *Mahomet, idol*, LAȝ. 230, 14585, 29221; mahounde YORK xi. 401; maumet P. L. S. xv. 226; MAN. (F.) 1346; maumes (*pl.*) JUL. 5; maumetes HAMP. PS. cxiii. 12; *deriv.* maumetri.

maht, see meaht.

mai, pr. n., *O.Fr.* mai; *May*, PR. P. 319; mæi [mai] LAȝ. 24200; ALEX. (Sk.) 3699.

mai, see mæi, mǣi.

maiden, maigden, see mæiden.

maien, v., *? for* amaien; *dismay*; maies (*imper. pl.*) not ȝour(e) hertes ALEX. (Sk.) 3010, 3570; maied (*pple.*) 5399.

mail, sb., *O.Fr.* mail, *Lat.* malleus; *mall, club, hammer*, FER. 4653; malle WICL. E. W. 351; TOR. 322; maul ROB. (W.) 4229; mealles (*pl.*) HOM. I. 253; melles PR. C. 6572; mellis ALEX. (Sk.) 4100.

maile, sb., *O.Fr.* maile, maille,=*Ital.* maglia, *Lat.* macula; *coat of mail*, PR. P. 320; maille MAN. (F.) 2725; mailes (*pl.*) ANT. ARTH. xxx; in starand mailis ALEX. (Sk.) 3615.

maillet, sb., *O.Fr.* maillet; *mallet*, PARTEN. 4698; maliet PR. P. 323.

maim, sb., *O.Fr.* mehaing; *maimed person*; maimes (*pl.*) AYENB. 135.

maimen, mainen, v., *O.Fr.* mahaigner, mehaigner; *maim*; maime CH. C. T. *D* 1132; maimin, mainin '*mutilo*' PR. P. 320; maines (*pres.*) ALEX. (Sk.) 5153; imaimed (*pple.*) ROB. 288; AYENB. 135; LANGL. *B* xvii. 189; mained ALEX. (Sk.) 1273; (*wretched*) 4544.

maining, sb., *maiming*, ALEX. (Sk.) 4088.

main, adj., *strong, large, chief*, ALEX. (Sk.) 3018, 3777, 3932.

main, see mein.

mainē, sb., *O.Fr.* maisnee (*maisonnée*); *household*, FL. & BL. 782; AYENB. 30; maine, meine ROB. 108, 167; WILL. 184, 416; meine HAV. 827; MAN. (F.) 8427; meinee MAND. 40; meneyhe [meinȝei] ALEX. (Sk.) 3120; meine *chessmen* MAN. (F.) 11396.

maineal, adj., *menial*; meineal TREV. VII. 413; WICL. ROM. xvi. 5.

mainpernour, sb., *O.Fr.* mainpreneur; *mainpernor*, LANGL. *A* iv. 99.

main-, meinprise, sb., *? O.Fr.* mainprise; *mainprise, bail*, LANGL. *A* iv. 75, *B* iv. 88; GAM. 744.

mainprisin, v., *mainprise*, '*mancipo*,' PR. P. 320; main-, meinprise LANGL. *B* iv. 179.

maintenaunce, sb., *O. Fr.* maintenance; *maintenance*, ALEX. (Sk.) 1179; mentenance SHOR. 100.

main-, meintēne, v., *O.Fr.* maintenir; *maintain, defend*, WILL. 2698, 3002; LANGL.

A iii. 178; manteine O. & N. 759; **mainteines** (*pres.*) ALEX. (Sk.) 4522; **mainten** (*pl.*) 1265.

maintenour, sb., *Fr.* mainteneur; *maintainer*; LANGL. *C* iv. 288.

maire, sb., *O.Fr.* maire; *mayor*, LANGL. *B* iii. 87; ALEX. (Sk.) 1557.

maister, sb., *O.Fr.* maistre, *Lat.* magister; *master*, O. & N. 1778; S. S. (Wr.) 36; maister mair ALEX. (Sk.) 1557*; maȝstre ORM. 5236; meister A. R. 236; **masteris** (*pl.*) BARB. iv. 411.

maister, adj., *chief*, ALEX. (Sk.) 2037, 5404.

maisterling, sb., *prince*; **maisterlinges** (*pl.*) HOM. II. 113; maisterlingis ALEX. (Sk.) 481.

maistir-ful, adj., *powerful*, WICL. LK. xii. 58.

maister-like, adj., *with dignity*, ALEX. (Sk.) 228.

maister-men, sb., pl., *craftsmen*, D. TROY 1599.

maister-shipmon, sb., *captain*, TOR. (A.) 1425.

maistren, v., *master*; meistren KATH. 1280; **maisterede** (*pret.*) D. ARTH. 2683; masterit BARB. vii. 211; *comp.* **a-, overmaistren**.

maistresse, sb., *O.Fr.* maistresse; *mistress*, AYENB. 34; CH. BOET. i. 3 (10); TRIST. 102; maistres ALEX. (Sk.) 3763.

maistrice, sb., *O.Fr.* maistrise; *mastery; feat of skill*; BARB. iv. 524, vi. 566; maistrise *powerful charms* ALEX. (Sk.) 333.

maistrie, sb., *O.Fr.* maistrie; *mastery, lordship, dominion*, PR. P. 320; ROB. 3; TRIST. 72; meistrie A. R. 140; **maistries** (*pl.*) YORK xxxvii. 216.

maið, see **mæið**.

maitlēs, see under **māte**.

maiþe, sb., *O.E.* mægþe, mageče; *mayweed*, '*camomilla*,' (*printed* maiwe) VOC. 140, (maithe) 162, 190.

majestē, sb., *O.Fr.* majesté; *majesty*, TREV. IV. 9; majeste [mageste] CH. C. T. *B* 3334; mageste P. L. S. xvii. 264.

māk, see **maðek**.

māke, sb., *make, construction*; make [makke] ALEX. (Sk.) 3218; (*timber*) PALL. ii. 437.

māke², sb., *O.N.* maki, *prov.Eng.* make, =ȝe-**māke**; *consort, partner, friend, equal*, A. R. 114; ORM. 1276; O. & N. 1159; REL. I. 224; HORN (L.) 1409; HAV. 1150; P. L. S. xix. 256; SHOR. 67; WILL. 1898; ALIS. 3314; LANGL. *A* iii. 114; S. S. (Wr.) 239; GOW. I. 45; DEGR. 1116; M. ARTH. 1062; LIDG. M. P. 153; þe turtle þat haþ lost hir make CH. C. T. *E* 2080; he wenes his mak(e) mai na man find(e) M. H. 49.

māke-lēs, adj., *without a mate*, MARH. 11; C. L. 819; CH. TRO. i. 172; ANT. ARTH. xxvii.

māke³, adj., *O.N.* makr; =ȝe**māke**; *easy*, '*aptus*,' PR. P. 321.

mak-lī, adv., =*M.L.G.* gemaclīch, *M.H.G.* gemechlīche; *easily*, '*faciliter*,' PR. P. 322.

makerel, sb., *O.Fr.* maquerel; *mackerel*, PR. P. 321; HAV. 758.

mākien, v., *O.E.* macian, =*O.Fris.* makia, *O.L.G.* macōn, *O.H.G.* machōn; *make*, A. R. 6; PROCL. 4; makien us stronge KATH. 1026; makien [maki] inc riche LAȝ. 5621; ane neowe Troie þar makian 1246; makeȝen sehtnesse and griȝ 31370; heo hine wolden maken [makie] duc 362; maken ORM. 1480; GEN. & EX. 278; C. L. 479; Grim dede maken a ful fair bed HAV. 658; make LANGL. *A* ii. 117; maken *B* ii. 147; maki TREAT. 138; AYENB. 27; maa (make) ALEX. (Sk.) 1761; **mākie** (*pres.*) SPEC. 86; ich makie moncun wurchen to wundre JUL. 38; make *write verses* LANGL. *B* xii. 22; makest O. & N. 339; he makeȝ A. R. 224; (þu, he) makis, makes [mase, mas] ALEX. (Sk.) 831, 2908, 2210, 2587; mace GAW. 1885; (ha) makieȝ MARH. 11; we makieþ P. L. S. xviii. 1; makieþ, makeþ O. & N. 650; **mākie** (*subj.*) LAȝ. 5880; **mākede** (*pret.*) A. R. 224; TREAT. 132; & makede mani(e) weorkes SAX. CHR. 263; he makede ane heȝe burh LAȝ. 218; (?) makode 1795; made MAND. 261; and made hem alle to knihte HORN (R.) 522; made [maade] C. L. 34; makeden hine to duke LAȝ. 419; maden GEN. & EX. 1992; made *wrote verses* LANGL. *C* vi. 5; **māked** (*pple.*) ORM. 995; SHOR. 71; WILL. 1951; maked, mad GEN. & EX. 183, 2470; mad [maad] CH. C. T. *A* 394; *comp.* ȝe-**mākien**.

mākere, sb., =*O.H.G.* machāre; *maker, author*, AYENB. 262, 269; makere, maker LANGL. *B* x. 240; maker CATH. 226; macare PR. P. 319.

māking, sb., =*O.H.G.* machunga; *making, verse-making; feature*; LANGL. *A* xi. 32; makinge AYENB. 92; LANGL. *C* xiv. 193.

māl, sb., *O.E.* māl, =*M.Du.* mael, ?*O.H.G.* meil, ?*Goth.* mail; *mole, spot*; mool REL. I. 108; **mōles** (*pl.*) and spottes LANGL. *B* xiii. 315.

māl², sb., *O.E.*, *O.N.* māl, =*O.L.G.*, *O.H.G.* mahal (*speech*), *mod.Eng.* (black-)mail; *speech, payment, tribute* : o Grickishe mal ORM. 4270; samnen laȝhelike & riht þe kinges rihte male 10188; mol HOM. II. 179; hi token unriht mol MISC. 151; moal GEN. & EX. 81; wiþouten male C. M. 5376.

maladie, sb., *O.Fr.* maladie; *malady*, MISC. 31; CH. C. T. *A* 419; malidi, maledi ALEX. (Sk.) 4281, 2127*.

malancoli, see **melancolie**.

māle, sb., *O.Fr.* male, *from O.H.G.* malha, malaha, *mod.Eng.* mail (*post*); *bag, wallet*, '*mantica*,' PR. P. 323 ; LA3. 3543 ; HAV. 48 ; BEV. 1297 ; MIRC 1342 ; SACR. 179 ; **máles** (*pl.*) LANGL. *B* v. 234.

mále, sb., *O.Fr.* mascle ; *male*, CH. C. T. *D* 122 ; **máles** (*pl.*) LANGL. *B* xi. 330, *C* xiv. 147.

maledight, pple., *O.Fr.* maledict ; *cursed*, C. M. 1134.

malegrēfe, *see* **maugrē.**

mālen, v., *cf. O.E.* (ge-)mǣlan ; *spot* ; **mōled** (*pple.*) LANGL. *B* xiii. 275 ; *comp.* **bi-mōlen.**

malencoli, *see* **melancoli.**

malēse, sb., *O.Fr.* malaise ; *discomfort, sickness,* LANGL. *C* ix. 233 ; maleese WICL. MAT. iv. 24 ; maill-eiss BARB. xx. 75.

malice, sb., *O.Fr.* malice ; *malice, evil*, AYENB. 26 ; CH. C. T. *B* 363 ; ROB. 570 ; **maleces** (*pl.*) *works of malice* ALEX. (Sk.) *page* 279.

maliciūs, adj., *O.Fr.* malicius ; *malicious*, A. R. 210* ; malicious S. S. (Web.) 1503 ; A. P. iii. 508.

malicoli, *see* **melancolie.**

malignitee, sb., *O.Fr.* malignité ; *malignity*, CH. C. T. *I* 573.

malingnen, v., *malign* ; ye malingne (*pres.*) YORK xxx. 506.

malisūn, sb., *O.Fr.* malizon, maleiçon ; *malediction*, HAV. 426 ; malisoun WICL. GEN. xxvii. 12 ; TRIST. 3057.

malkin, sb., *prov.Eng.* mawkin ; *oven cloth* ; '*dossorium*' PR. P. 323 ; VOC. 276.

mallard, sb., *O.Fr.* malart ; *mallard*, VOC. 177 ; malard '*anas*' PR. P. 323.

malle, *see* **mail.**

mallen, v., *O.Fr.* mailler ; *mall, strike with a mall*, JOS. 508 ; malle D. ARTH. 4037 ; deoflen þat ham meallið (*pres.*) HOM. I. 251 ; **malling** (*pple.*) þurgh metall D. TROY 9520 ; **malled** (*pple.*) PALL. ii. 17.

malliable, adj., *O.Fr.* malleable ; *malleable* ; CH. C. *B* 1130.

Malmesbūri, pr. n., *Malmesbury*, FRAG. 5.

malskren, v., *O.E.* *malscran (*bewitch* ; *cf.* malscrung = *O.H.G.* mascrunc *fascination*) ; *bewilder* ; *wander, be bewildered* ; **malscrande** (*pres. pple.*) A. P. ii. 991 ; maskinge ['*aberrantem*'] TREV. II. 67 ; **malskred** (*pret. pple.*) in drede A. P. iii. 255 ; hou he had(d)e . . . malskrid aboute WILL. 416 ; malscrid (? *ms.* malstrid) and mased ALEX. (Sk.) 1270 ; maskede men BRD. 6.

malt, sb., *O.E.* mealt, = *O.N.* malt, *O.H.G.* malz ; *from* **melten** ; *malt,* '*bracium,*' FRAG. 4 ; PR. P. 323 ; LANGL. *B* PROL. 197 ; CH. C. T. *A* 3991.

maltin, v., = *M.H.G.* malzen ; *malt,* '*brasio,*' PR. P. 323.

maltestere, sb., *maltster,* '*brasiatrix, brasiator,*' PR. P. 324.

maltinge, sb., *malting*, PR. P. 324.

malvesie, sb., *malmsey, wine from Napoli di Malvasia*, D. ARTH. 236 ; CH. C. T. *B* 1260.

malwe, sb., *O.E.* mealwe, *cf. Lat.* malve ; *mallow,* '*malva,*' PR. P. 324 ; **malues** (*pl.*) PALL. v. 206.

mamelen, -ere, *see* **momelen, -ere.**

mamere, v., ? *stammer,* '*mutulare,*' VOC. 203.

man, v., *O.E.* man, mon, = *O.N.* man, mon, mun, *Goth.* man, *Lat.* memini, *Gr.* μέμονα (*pret. pres.*) ; *remember, have in mind, think, will* (*used as sign of future tense*) ; mon PERC. 567 ; PR. C. 96 ; TOR. 1113 ; M. ARTH. 3230 ; mun L. H. R. 95 ; MIN. iii. 119 ; i mun walke on mi wai ANT. ARTH. xxv ; þou mone (*ms.* mowe, *r. w.* wone) REL. I. 113 ; þou mon be ded IW. 703 ; þai mun(e) MIN. i. 48 ; i wene that we deie mone HAV. 840 ; þer mone no dintus him dere AV. ARTH. iii ; we mon N. P. 41 ; ye mon TOWNL. 63 ; **mune** (*subj.*) ORM. 14356 ; þat all his gode dede ne mune him noht beon god inoh 7927 ; *deriv.* **mánien, múne, munen, múnien.**

man, sb., *O.E.* mann (man), monn, manna (*gen.* mannes, mannan), = *O.Fris.* man, mon, *O.L.G., O.H.G.* man (*gen.* mannes), *Goth.* manna (*gen.* mans, *dat.* mans, *acc.* mannan, *nom. pl.* mans, *acc.* mannans), *O.N.* mannr, maðr ; *man, human being ; male person ; adult male ; also as quasi-pronoun* [= *Ger.* man, *cf. Fr.* on] *one* ; ROB. 38 ; SHOR. 1 ; AYENB. 21 ; WILL. 377 ; ALIS. 1579 ; MAND. 1 ; IW. 2109 ; PR, C. 42 ; Richard þat was his man (*liegeman, vassal*) BEK. 4 ; man (*ms.* mann) hem halt for gode men ORM. 387 ; gef ðer is no man (*no one*) REL. I. 223 ; man, mon O. & N. 455, 477, 573 ; nan man LA3. 6257 ; what mai man vinden 15888 ; a wel ibore mon [man] LA3. 678 ; forð mon [me] brohte þat water 14948 ; mon FRAG. 6 ; KATH. 925 ; A. R. 8 ; ROB. 10 ; C. L. 622 ; MIRC 105 ; AUD. 6 ; **mannes** (*gen.*) ORM. 1459 ; CH. C. T. *B* 287 ; monnes [mannes] LA3. 1566 ; mannes, monnes HOM. I. 97 ; O. & N. 338, 1476 ; manne AYENB. 9 ; **men** (*dat.*) MAT. vii. 26 ; HOM. I. 93 ; II. 5 ; (*ms.* man, *r. w.* Moisen) GEN. & EX. 3110 ; manne LEECHD. III. 84 ; O. & N. 800, 1489 ; monne [manne] LA3. 65 ; monne A. R. 68 ; man P. L. S. viii. 10 ; **men** (*nom. acc. pl.*) LA3. 541 ; O. & N. 385 ; LANGL. *A* & *B* PROL. 32 ; (*ms.* menn) ORM. 123 ; men (*for* man, *one, impersonally*) shal of (h)im owen galle shenchen him REL. I. 113 (A. D. 294) ; swa men [me] dide sone KATH. 1552 ; what men [me] telle HORN (L.) 366, (R.) 372, (H.) 378 ; in eorðe me hine sette LA3. 27933 ; ase me seið A. R. 54 ; me . . . halt O. & N. 32 ; me him wiþnimþ AYENB. 17 ; monnan, monnen, monne HOM. I. 15, 21, 109 ; **manne** (*gen. pl.*) P. L. S. viii. 82 ; HOM. II. 19 ; ORM. 2597 ; ROB. 312 ; feower þusend manne MAT. xv. 38 ; to manne frame REL. I. 209 (MISC. 2) ; oþre manne þing AYENB. 11 ; manne, monne O. & N. 475, 585 ; monna, monne, monnan, HOM. I. 91, 97, 135 ; monne A. R. 384 ; monne,

man.

monnen LA3. 639, 24509; mannen HOM. I.
241; II. 7; menne [men] LANGL. C iv. 102;
mennes ORM. 386; WILL. 6; MAND. 104;
monnam, monnan, monnen, mennen, monne
(*dat. pl.*) HOM. I. 43, 111, 117, 129; mannan,
mannen MAT. v. 13; JOHN xvii. 6; HOM. I.
327, 231; monnen FRAG. 7; monnen [menne]
LA3. 344; manne LEECHD. III. 100; P. L. S.
xix. 297; manne, monne O. & N. 234, 389;
men SAX. CHR. 257; LA3. 350*; KATH. 406;
A. R. 286; BEK. 310; *comp.* aker-, alder-,
bēr-, bonde-, bur3-, carl-, chěp-, dri3-,
fā-, fōt-, glēo-, 30-, hēaved-, heorde-, hors-,
lēof-, mēre-, sǣ-, stēor-, þēow-, weorc-,
wēp-, wīf-man.

man-cün, sb., *O.E.* mancyńn, *O.N.* mannkyn;
mankind, P. L. S. viii. 153; man-, monkun
O. & N. 973; monkun LA3. 436; H. H. 110;
mankin ORM. 1; GEN. & EX. 240; A. P. i.
636; monkin SPEC. 95.

mon-drēam, sb., *O.E.* mandrēam; *shout
of men*; KATH. 2046; þa aras þe mondrem
þat þe volde dunede a3en LA3. 23945.

mon-ferde [manverde], sb., LA3. 10774,
16453.

man-hōd, sb., = *M.H.G.* manheit; *manhood*,
SHOR. 148; CH. C. T. *A* 756; manhede
WILL. 431; monhede ROB. 131; C. L. 649.

man-künde, mōnkuinde, sb., *mankind*,
L. H. R. 18, 19; monkuinde, -kinde C. L.
1066; mankinde SPEC. 81; GOW. II. 83;
mankende AYENB. 1.

man-līch, adj., = *O.N.* mannligr, *M.H.G.*
manlich; *manly, masculine, human*, P. L. S.
xxiii. 33; LANGL. *B* v. 260; manlich KATH.
1324; A. R. 272; manli IW. 3207; monlīche
(*adv.*) LA3. 26855; monlüker (*compar.*) A.
R. 422; manlokest (*superl.*) WILL. 3419.

manlīc-hēd, sb., = *M.H.G.* manlīcheit; *humanity*; GEN. & EX. 23; manlihed PARTEN.
4352.

man-lîche, sb., *O.E.* manlīca, = *Goth.* manleika, *O.H.G.* manlīcha; *human form*, REL.
I. 234.

mon-qvalm [manqwalm], sb., *O.E.* mancwealm; *mortal disease*, LA3. 3908; manqwalmes (*pl.*) ['*pestilentiae*'] MAT. xxiv. 7;
manqvalm HAMP. PS. i. 1*.

mon-qvelle, sb., *murderer*, R. S. vii.

manqvellere, sb., *homicide, slayer of man*,
['*homicida*'] WICL. MK. vi. 27; WILL. 993;
monqvellere HOM. I. 279; manqvellers (*pl.*)
ROB. (W.) 9333.

man-rēd, sb., ? = manrēden; SAX. CHR.
261.

mon-rēdne, -rādene, sb., *O.E.* manrǣden;
homage, LA3. 420, 6240; manrede HAV. 484;
P. L. S. xiii. 203; ALIS. 4665; monraden ANT.
ARTH. l; monrade H. H. 88 (90); manredin
BARB. xvi. 303; manrent v. 296.

man-scipe, sb., *dignity, honour*, HOM. I.

mandragore.

235; monscipe (mansipe) LA3. 345; manshipe
ORM. 19014; man(s)chipe WILL. 3337.

mon-slaht, sb., *O.E.* manslyht, *cf. O.H.G.*
manslaht; *manslaughter; murder*; LA3.
27826; monsleiht A. R. 56; manslagt GEN.
& EX. 485; manslá3t BEK. 365; manslau3t,
monslauht L. H. R. 30, 31; monsla3t MIRC
1535; AUD. 2; Marcure was mansla3t (? *manslayer*) ALEX. (Sk.) 4498.

mon-sla3e, sb., *O.E.* manslaga; *homicide,
manslayer*, HOM. I. 13; monslahe MARH.
11; monsla3en (*pl.*) HOM. I. 53.

man-sla3ter, sb., *manslaughter*, C. M. 25749;
manslauter TREV. III. 473; manslatir ALEX.
(Sk.) 4486.

man-sla3þe, sb., *for* mansla3e; *homicide*,
AYENB. 8; manslesþe SHOR. 132.

man-slēer, sb., *manslayer*, TREV. III. 41.

man-þēau, sb., *O.E.* manþēaw; *manly
habits*: ler him monþēwes (*pl.*) MISC. 128
(REL. I. 184).

mon-weored, sb., *troop of men*, LA3. 20393.

mān, sb., *O.E.* mān, = *O.L.G.* mēn, *O.N.,
O.H.G.* mein; *wickedness, sin*: þat tu þe
loke wel fra man in apes & i witness ORM.
4478.

mān-āð, sb., *O.E.* mānāð, = *O.L.G.* mēneth,
O.N. meineiðr, *O.H.G.* meineid; *perjury*,
HOM. I. 49; manaþ ORM. 4480; monoð HOM.
II. 215.

mān-dēde, sb., *O.E.* māndǣd; *crime*, HOM.
I. 99.

mōn-ful, adj., *O.E.* mānfull; '*profanus*,'
FRAG. 4.

mōn-sware, sb., *O.E.* mānswara, = *O.N.*
meinsvari; *perjurer*, FRAG. 7; monsware
LA3. 4148.

mān-sworn, pple., *perjured*, IW. 3938;
mansware LA3. 22139; monsworn A. P. ii. 182.

manáce, *see* menáce.

manciple, sb., *O.Fr.* mancipe; *maneiple*,
A. R. 214; CH. C. T. *A* 544.

mande, sb., *O.E.* mand, = *M.L.G., M.Du.*
mande; *maund, basket*; maund(e) '*sportula*'
PR. P. 330.

mandē, sb., *O.Fr.* mandé, *from Lat.* mandātum; *Maunday Thursday observance*, BRD.
17; maunde [maundee] LANGL. *B* xvi. 140.

mandement, sb., *O.Fr.* mandement; *command*, ROB. 194; mandement [maundement]
CH. C. T. *D* 1360; maundement WICL. NUM.
xv. 15; mandment ALEX. (Sk.) 3531, 3541.

manden, v., *O.Fr.* mander, *from Lat.* mandāre;
command, send forth: þe mone mandeth
(*pres.*) hire bleo SPEC. 44; þe mone mandeth
hire liht 44.

mandragore, sb., *O.Fr.* mandragore; *mandrake*; mondrake SPEC. 26; mandragge PR. P.
324; mandragores (*pl.*) MISC. 19; mandragis WICL. GEN. xxx. 14.

máne, sb., *O.E.* manu, = *O.H.G.* mana, *O.N.* mön; *mane (of a horse, etc.)*, '*juba*,' PR. P. 324; ALIS. 1957; FER. 244; TREV. III. 403; Iw. 1853; GAW. 187.

máne, see **mǣne**.

mánen, v., ? *O.N.* meina (*prohibit*); ? *blame*; mone MAP 336; þer dedes þou not mǭnes (*pres.*) MAN. (H.) 219.

mǣnen, see **mǣnen**.

manēr, sb., *O.Fr.* manoir; *manor, farm*, BEK. 480; maner [manoir] LANGL. *A* v. 595.

manēre, sb., *O.Fr.* maniere; *manner, sort, custom*, LAȝ. 18983*; A. R. 6; P. L. S. xvii. 301; manere [maneere] C. L. 663; an manere of fissce HOM. I. 51; of manere CH. C. T. *F* 546; maner doctrine CH. C. T. *B* 1669; maner thing 3951; maner sergeant *E* 519; **maners** (*pl.*) manars ALEX. (Sk.) 2515, 4223.

manēr-lī, adv., *courteously*, WILL. 5008; ALEX. (Sk.) 3953.

manēred, adj., *mannered*, LANGL. *B* ii. 27.

mang, sb. ? = ȝe-mang; *mixture*; mong A. R. 384; ich nabbe no mong ... wiþ þe world HOM. I. 185; wiþ false godes ȝe make mong MAN. (F.) 7384; mang (*for* a mang) wimmankin ORM. 239; on mang (*among*) wulfen MAT. x. 16; en mang SAX. CHR. 261; a mang ORM. 110; AYENB. 124; a mong LAȝ. 2229*; A. R. 2; he com a mong us HOM. I. 19; a mong manne O. & N. 553; þar a mong 497; Floriz siȝte & weop a mong FL. & BL. 431; a mong men H. H. 131; e mang PL. T. 793; emong TOWNL. 102; bi mong KATH. 200; SPEC. 35; bi mong wummen ['*inter mulieres*'] A. R. 100; **a manges** (*amongst*) PROCL. 7; SHOR. 21; PERC. 1148; a monges P. S. 324; MAND. 11.

mong-corn, sb., *mixed corn*, PR. P. 342; PL. CR. 786.

mangen, v., *O.Fr.* mangier; *feast, eat*; maunged (*pret.*) LANGL. *A* xii. 71; **maunged** (*pple.*) vi. 250.

mangen, v., ? *mingle*: he mihte hire murþes monge wiþ blisse SPEC. 34.

mangen², v., *O.E.* (ge-)mangian, = *O.N.* manga; *trade*; mange PS. ci. 27; **manges** (*pres.*) A. R. 408*.

mangere, sb., *O.E.* mangere, = *O.N.* mangari, *O.H.G.* mangeri, *mod.Eng.* (fish-)monger; *dealer, merchant*, ['*mercator*'] MAT. xiii. 45; mangare FRAG. 2; eir monger P. L. S. xii. 69; *comp.* **flæch-, hors-, wolle-mangere.**

[**manging, sb.**; *comp.* **for-manging.**]

manger, sb., *Fr.* mangeoire; *manger, stable*, WICL. E. W. 435; '*mansorium, presepium*,' PR. P. 325; manjores [mangers] (*pl.*) MAN. (F.) 11182.

mangerie, sb., *feast*, GAM. 345, 434; WICL. S. W. I. 4; mangeri YORK xxxi. 208; LANGL. *C* xiii. 46; A. P. ii. 52, 1365; BARB. xx. 67*.

manglen, v., = *M.L.G.* mangelen, *M.Du.* menghelen; *mingle*; mongleð (*pres.*) A. R. 338; monglinde (*pple.*) A. R. 116.

monglunge, sb., = *M.L.G.* mangelinge; *mingling*, A. R. 6.

mangonel, sb., *O.Fr.* mangonel; *machine for throwing stones*, P. S. 69; mangenel ROB. (W.) 11438; mongenel AYENB. 116; mangunels (*pl.*) AR. & MER. 2440.

manicle, sb., *O.Fr.* manicle; *manacle*, PR. P. 325; **maniclis** [*later ver.* manaclis] (*pl.*) WICL. PS. cxlix. 8.

manie, sb., ? *O.Fr.* manie; *madness*, CH. C. T. *A* 1374.

mǣnien, v., *O.E.* manian, manigean, monian, = *O.Fris.* monia, *O.L.G.*, *O.H.G.* manōn; *remember, mention*: mid muþe monegen SAL. & SAT. 240 (REL. I. 182); mǭneȝe (*pres.*) SHOR. 89; maneð & meneȝeð HOM. I. 241.

manifest, adj., *O.Fr.* manifeste; *evident*, CH. BOET. iii. 10 (91).

maniȝ, adj., *O.E.* manig, maneg, mænig, monig, = *O.L.G.* manag, *O.H.G.* manag, manig, *Goth.* manags; *many*; maniȝ word ORM. 43; maniȝ what 7086; mani GEN. & EX. 696; mani man SHOR. 8; mani, moni O. & N. 1323, 1575; CH. C. T. *A* 3907; moni MARH. 1; moni (*many a one*) hit forlet HOM. I. 15; moni [mani] ȝer LAȝ. 337; of moni ane londe 16189; on moni are wise 29131; moni enne deadne cniht 7993; moni dai A. R. 2; moni hwat 352; moni (*ms.* mony) on hungri hund MISC. 154; meni BEK. 654; meni a man TOR. 699; monie mus HOM. I. 53; **mǣnies** (*gen. m.*) P. L. S. viii. 18; monies HOM. I. 103; monies kunnes LAȝ. 1710; of mani (*dat.*) kine hewis ALEX. (Sk.) 3864; monies riches monnes sune 28932; **monine** (*acc. m.*) LAȝ. 3412; **manige** (*pl.*) GEN. & EX. 428; moniȝe HOM. I. 97; manie HOM. II. 27; AYENB. 26; monie A. R. 200; SPEC. 48; to monie tale O. & N. 257.

mani-feald, adj., *O.E.* manigfeald, = *Goth.* managfalþs, *O.H.G.* managfalt; *manifold*, HOM. I. 233; manifald Iw. 2973; monivold A. R. 176; manifold Gow. I. 344.

moni-volden, v., *O.E.* manegfealdian, = *O.H.G.* manigfaltōn; *multiply*, A. R. 402.

meni-tūwe, adj., *O.E.* menigtywe; '*sollers*' FRAG. 2.

manige, manage, menige, sb., *O.E.* manegu, mænego, menigo, mengu, = *O.H.G.* managī, *Goth.* managei; *many, multitude*, MAT. iv. 25, v. 1; LK. viii. 40.

manjoure, manjure, see **manger.**

manke, sb., *O.E.* mancus; (*a coin*); goldes feale manke P. L. S. viii. 35.

mankin, v., *cf.* *M.Du.* manken; *maim*, '*mutilo*,' PR. P. 325; mankit (*pret.*) GOLAG. & GAW. 1013 (ANGL. II. 432).

manna, sb., *Lat.* manna, *O.Fr.* manne; *manna*,

manna.

GEN. & EX. 3330; manne HOM. II. 99; AYENB. 181.

mannish, *see* **mennisc.**

mannisse, mennisse, sb., *human nature,* HOM. II. 163, 165; mannesse [mennesse] KATH. 1118; *see* **mennisc.**

manouren, v., *O.Fr.* manoevrer, maneurer; *govern*; manours (*pres.*) ALEX. (Sk.) 837.

mănsien, v., *curse, excommunicate; for* **amănsen**; mansen (*ms.* mannsenn) ORM. 10522; **mănsed** *for* **amănsed** MISC. 154; LANGL. *B* iv. 160; A. P. ii. 774.

mănsing, sb., *for* **amănsing**; O. & N. 1312; ROB. (W.) 9686; upe mansinge 10368.

mansiōn, sb., *O.Fr.* mansion; *mansion (in astrology),* CH. C. T. *A* 1974; *F* 50.

mantel, sb., *O.Fr.* mantel; *mantle,* LAȝ. 14755; BEK. 2100; CH. C. T. *A* 2163; mentel PR. P. 333; REL. I. 129; GEN. & EX. 2026; AYENB. 188; mantill ALEX. (Sk.) 3236; mantle (*dat.*) LAȝ. 15274; **mantles** (*pl.*) MARH. 7.

mantelet, sb., *little mantle,* CH. C. T. *A* 2163.

mapel, sb., *O.E.* mapel; *maple*; [mapil, -ul] CH. C. T. *A* 2923; mapul 'acer' VOC. 181; PR. P. 325.

mappe-mounde, sb., *O.Fr.* mappemonde, *Lat.* mappa mundi; *map of the world,* GOW. III. 102.

marble, marbre, *see* **marmon.**

marbrin, adj., *of marble,* ALEX. (Sk.) 4353.

March, pr. n., *Lat.* Martius; *March,* ORM. 1891; Mearch JUL. 79; Marz HAV. 2559.

[**march,** sb., *O.Fr.* marche; *march.*]
  march-gat, sb., *line of march*; march-gats (*pl.*) ALEX. (Sk.) 5076.

marchant, sb., *Fr.* marchand; *merchant,* CH. C. T. *A* 270; marchaunt FL. & BL. 42; LANGL. *B* iv. 132 (marchaund *A* iv. 115); **marchands** (marchaundez) (*pl.*) ALEX. (Sk.) 1557.

marchandise, sb., *Fr.* marchandise; *merchandise,* ROB. 99; H. H. 96 (98); LANGL. *B* PROL. 63.

marche, sb., *O.E.* mearc, = *O.L.G.* marca, *Goth.* marka, *O.H.G.* marcha; *march, boundary,* 'confinium,' PR. P. 325; LANGL. *B* xv. 438; þe marche of Wales TREV. VIII. 187; þe king of þe Marche P. L. S. xiii. 32; merke GEN. & EX. 440; **marches** (*gen.*) men *men of that region* ALEX. (Sk.) 2540; **marches** (*pl.*) WILL. 2214; MAND. 292; markes AYENB. 223; merkes TRIST. 2234.

marchen, v., = *O.H.G.* marchōn; *adjoin:* þe kingdom of Hungarie þat **marcheþ** (*pres.*) to þe lond of Polaine MAND. 6; monei and marchandise marchen to gideres LANGL. *B* PROL. 63.

Marchisc, adj., *cf. Ger.* Märkisch; *Mercian:* Marchisce monnen LAȝ. 30996.

markis.

măre, sb., *O.E.* mara, mera, = *O.N.* mara, *M. H.G.* mare; *nightmare; goblin; incubus;* 'ep(h)ialtes,' PR. P. 326; mirie ge singeð ðis mere REL. I. 221; *comp.* **niht-mare.**

măre, *see* **mére. măre,** *see* **măre** *under* **mă.**

mareis, sb., *O.Fr.* marois, mares; *morass,* LANGL. *B* xi. 344; CH. BOET. iii. 11 (971; mares AYENB. 250; mares CATH. 227; marras ALEX. (Sk.) 3893; marrass BARB. vi. 55.

măren, v., = *O.H.G.* mērōn; *increase, augment:* morin PR. P. 343; mori AYENB. 45; mōreþ (*pres.*) LIDG. M. P. 243; mōred (*pple.*) GOW. II. 181.

marescal, sb., *O.Fr.* marescal; *marshal,* PROCL. 9; mareschal ROB. 491; marschal BEK. 796; LANGL. *B* iii. 200.

margarite, sb., *Lat.* margarita; *pearl,* SPEC. 26; WICL. PROV. xxv. 12; margrite ALEX. (Sk.) 4901; **margarits** (*pl.*) ALEX. (Sk.) 3669.

margerie, sb., *pearl,* A. P. i. 1037, ii. 556; margaris (*pl.*) A. P. i. 199.

margine, sb., *Ital.* margine; *margin,* PR. P. 326; LANGL. *B* vii. 18; **margins** ['*margines*'] (*pl.*) TREV. I. 41.

margon, sb., *cf. Sc.* murgeon (*grumbling*); *muttering*: to sitt doune in margon and nolle ALEX. (Sk.) 628.

[**margrote,** sb., *O.E.* meregrot, *cf. O.L.G.* merigriota, *O.H.G.* marigrioz; *pearl.*]
  margrote-stăn, sb., *pearl*; margrote-stănes (*pl.*) ORM. 7407.

marȝ, *see* **mearȝ. marȝen,** *see* **morȝen.**

mari, *see* **mearȝ.**

mariăge, sb., *O.Fr.* mariage; *marriage,* ROB. 31; AYENB. 220; CH. C. T. *A* 212; A. P. i. 414.

marien, v., *O.Fr.* marier; *marry*: marie ROB. 30; A. P. ii. 52; marissi AYENB. 220; mariede (*pret.*) TREV. IV. 9.

marinere, sb., *O.Fr.* marinaire; *mariner,* CH. C. T. *A* 1627; **mariners** (*pl.*) MAN. (F.) 14467.

marjoran, sb., *marjoram,* GOW. III. 133.

mark, sb., *O.E.* marc, = *M.Du.* mark, merk *O.Fris.* merk, *O.N.* mörk; *mark (coin)* '*marca,*' PR. P. 326; sixti mark of golde LAȝ. 22392; marc ROB. 393; mark LANGL. *A* v. 31; for marke ne for punde P. L. S. viii. 149.

marke, *see* **marche, mearke.**

market, sb., *Lat.* mercātus; *market,* SAX. CHR. 252; REL. I. 219; MISC. 16; ALIS. 1515; marcat AYENB. 36; ALEX. (Sk.) 421.

  market-bētere, sb., *batteur de marché,* CH. C. T. *A* 3936.

  market-daschare, sb., '*circumforaneus,*' PR. P. 326.

markis, marqvis, sb., *O.Fr.* marchis; *marquis,* CH. C. T. *E* 64, 453.

markisesse, sb., *marchioness*, CH. C. T. *E* 283, 294, 1014.

marl, sb., =*M.Du.* margel, mergel, *O.H.G.* mergil; *marl*, PR. P. 327; TREV. II. 15.

marle-pit, sb., *marl pit*, CH. C. T. *A* 3460.

marlin, v., *cf. Du.* marlen; *marl, manure with marl; whitewash; 'illaqueo,'* PR. P. 327; **imarled** (*pple.*) TREV. II. 15.

[**marmon**] **marble, marbre**, sb., *Lat.* marmor, *Fr.* marbre; *marble*; marble ALEX. (Sk.) 1330.

marmon-, marme-stān, sb., *O.E.* marman-, mearmstān; *marble*, LA3. 1317, 7622; marbrestan KATH. 1489; marbreston LA3. 1317*; ROB. 476; marbelston HOM. II. 145; BEK. 2142; GREG. 946.

marmoset, sb., *? O.Fr.* marmoset; *some ape*; **marmosettes** (*pl.*) MAND. 210.

marou, sb., *prov.Eng.* marrow; *companion, mate*; (*v. r.* maru) '*socius*' PR. P. 327; maro TOWNL. 110.

marren, *see* merren.   **marte**, *see* martre.

martinet, martnet, sb., *Fr.* martinet; *martlet*, PR. P. 327.

Martinmesse, sb., *Martinmas*, MAN. (H.) 230; martimes BARB. ix. 127.

martir, sb., *O.E.* martyr, *Lat.* martyr; *martyr*, LA3. 24283; KATH. 2217; **martiren** (*dat. pl.*) HOM. I. 239.

martir-dōm, sb., *martyrdom, slaughter*, LA3. 10120; martirdome BARB. vi. 289.

martre, sb., *Fr.* martre, marte; *marten*; **martres** (*gen.*) P. L. S. viii. 182; *comp.* fūl-mart.

martren, v., *martyr, kill*; martri ROB. (W.) 1601; martur D. TROY 12985; **martrede** (*pret.*) LA3. 10901; **imartred**, imartired (*pple.*) ROB. 81, 82; martrid ALEX. (Sk.) 1268, 3644.

maschin, v., *mash*, '*misceo,*' PR. P. 328; *see* **māschen**.

masculin, adj., *Lat.* masculīnus; *male*, CH. BOET. ii. 3 (37).

māse, sb., *? O.E.* mase (*gurges*); *? maze, error, bewilderment*, ROB. 498; P. L. S. xxiii. 14; LANGL. *A* i. 6; CH. TRO. v. 468; A. P. ii. 395.

māse-līche, adv., (*? for* māsedlīche) A. R. 272.

māse, sb., *O.E.* māse, =*M.Du.* meese, *O.H.G.* meisa; *titmouse*, LIDG. M. P. 203; mose O. & N. 69; *comp.* col-, tit-māse.

māsed, pple., *see* māsen.

māsed-līche, adj., *stupidly*, A. R. 272*.

māsednesse, sb., *stupor*, CH. C. T. *E* 1061.

masel, sb., *M.Du.* masel; *measle*; masil '*serpedo*' PR. P. 328; **maseles** (*pl.*) VOC. 161.

maselin, sb., *O.Fr.* mazelin; *maple-bowl*, L. N. F. 219; CH. C. T. *B* 2042.

māsen, v., *maze, make or become dizzy*; i-

mase WILL. 438; ye mase CH. C. T. *E* 2387; **māsed** (*pple.*) GOW. III. 6; CH. C. T. *B* 526; mased of wine PS. lxxvii. 65; masid SACR. 653; masid and mad MIR. PL. 170; *comp.* a-, bī-māsen.

maser, sb., *O.N.* mösurr, =*M.Du.* maser, *O. H.G.* maser, masar, *O.Fr.* maser, mazer; *mazer, maple-wood, maple-bowl,* '*mur*(*h*)*a,*' VOC. 198; PR. P. 328; GREG. 890; W. & I. 35; hire nap of mazere REL. I. 129 (HOM. II. 163); **masers** (*pl.*) MAN. (F.) 11418.

maske, sb., *O.E.* max, =*M.Du.* masche, *O.H.G.* masca, *O.N.* möskvi; *mesh,* '*macula,*' PR. P. 329.

maskel, sb., *cf. M.Du.* maschel; *spot, flaw*; **maskle** (*dat.*) A. P. ii. 556; **mascles** (*pl.*) ALEX. (Sk.) 4989, 5138.

maskel-lēs, adj., *spotless*, A. P. i. 743.

masken, *see* malskren.

maslin, *see* mæstling.

masoun, sb., *O.Fr.* maçon, machon, maschun; *mason*, P. L. S. xii. 58; mascun FL. & BL. 326; **machūnes** [machuns] (*pl.*) LA3. 15478; masons LANGL. PROL. *A* 101; masouns TRIST. 2829; masonis BARB. xvii. 937.

masonerie, sb., *Fr.* maçonnerie; *masonry*, PR. P. 329.

masporie, sb., *some kind of gem*, A. P. i. 1018.

masse, sb., *O.Fr.* masse; *mass, lump*, PR. P. 328.

masse, *see* mæsse.   **mast**, *see* mæst.

māst, *see* mā.   **master**, *see* maister.

mastif, *see* mestif.

mastik, sb., *Fr.* mastic; *mastic*, PR. P. 329.

mastilyon, mastling, *see* mæstling.

mat, adj., *O.Fr.* mat; *dejected, weary*, A. R. 382; C. L. 1205; WILL. 2441; mate IW. 427; RICH. 6749; FLOR. 771; TOR. 679; to mourne nowe full mate and full madde YORK xlvi. 4; with mate chere BARB. xvii. 794; **māte** (*pl.*) KATH. 2015.

māte, sb., =*M.L.G.* mate, *M.Du.* maet, *O.H.G.* gimazo (*conviva*); *mate,* '*socius,*' PR. P. 329; ROB. 236; FER. 1372.

mait-lēs, adj., *matchless*, D. TROY 7861.

[**māte**, adj., *?*]

mōte-wōk, adj., *? moderately weak*, PR. P. 345.

māten, v., *O.Fr.* mater; *checkmate, overcome; become faint*; A. R. 98; mate A. P. i. 613; **māted** (*pple.*) C. L. 1324; no more mate ne dismaied GAW. 336.

mæting, sb., *mate, checkmate*: at ilka matting (*v. r.* mating) þei seide chek MAN. (F.) 11399.

materas, sb., *O.Fr.* materas; *mattress*; matteras PR. P. 329; matras VOC. 260.

materie, sb., *O.Fr.* matere, *Lat.* materia; *matter*, A. R. 270; AYENB. 49; SHOR. 8; matere WILL. 711; CH. C. T. *B* 322; matir, mater BARB. iii. 301, iv. 216; matier *wood* PALL. iii. 282.

mathematique, adj., *O.Fr.* mathematique; *mathematic*, GOW. III. 87.

matines, sb., pl., *Fr.* matines; *matins*, R. S. vii; MAN. (F.) 15136; matins [matines] LANGL. *A* v. 233; matins BRD. 10.

matrimoine, sb., *O.Fr.* matrimoine; *matrimony*, LANGL. *C* iii. 149; CH. C. T. *A* 3095; matermoin HAMP. PS. l. 6*.

matte, sb., *O.E.* meatte, *Lat.* matta; *mat*, VOC. 260; PR. P. 329; TREV. VII. 379.

mattok, sb., *O.E.* mattoc, mættoc, mattuc; *mattock*, '*ligo*,' PR. P. 330; VOC. 234; ['*bidente*'] TREV. V. 129.

maturitē, sb., *slowness, deliberation*, BARB. xi. 583.

máþe, sb., *O.E.* maða,=*Goth.* maþa, *O.L.G.* matho, *O.H.G.* mado; *insect, maggot,*'*cimex*,' FRAG. 3; maþe (*printed* maye), mathe '*tarmes, cimex*' PR. P. 230; máþen (*pl.*) AR. & MER. 484; meaðen HOM. I. 251.

maðek, sb., *cf. O.N.* maðkr, *Dan.* maddik, māk; *maggot*; mak '*tarmes, cimex*,' PR. P. 321; mauk '*cimex*' VOC. 190; **maðekes** (*pl.*) HOM. I. 326.

maðelen, v., *O.E.* maðelian, mæðlan, meðlan, *cf. Goth.* maþljan (λαλεῖν); *see* **mēlen**; *speak, discourse*; medle LANGL. *A* xi. 93*; melle A. P. i. 796; TOWNL. 163; **maðeleð** (*pres.*) A. R. 74; **maðelinde** (*pple.*) A. R. 86; medelede [melled] (*pret.*) LANGL. *B* iii. 36.

maðelere, sb., *O.E.* maðelere; *one who discourses*, A. R. 88*.

maðelild, sb., *one fond of talking*, A. R. 88.

maðelunge, sb., *O.E.* maðelung; *discoursing*, A. R. 76.

māðem, sb., *O.E.* māðum, māðm,=*O.L.G.* mēthom, *O.N.* * meiðm (*pl.* meiðmar), *Goth.* maiþms; *treasure*; **māðmes** (*pl.*) LAȝ. 896; madmes REL. I. 174; (*ms.* maddmess) ORM. 6471.

maucht, *see* meaht.

maugrē, prep., *O.Fr.* mal-, maugrē; *in spite (of)*, HAV. 1128; AYENB. 69; WICL. WISD. xix. 14; mau-, malgre LANGL. *C* xxi. 84; magre BARB. i. 453; magre his *in spite of him* ii. 124, iv. 194; maugre, maugref A. P. ii. 44, 54; maugref GAW. 1565; malegrefe, malegreve ALEX. (Sk.) 2782, 1747.

maugrē, sb., *ill-will, displeasure*, BARB. xvii. 60; LANGL. *B* vi. 149, ix. 153.

mauitē, sb., *O.Fr.* mauté; *wickedness, evil intent*, BARB. iv. 730; v. 524; vi. 212; xix. 235; xix. 235*.

maumet, *see* mahimet.

maumetri, sb., *from* **mahimet**; *idolatry*; maumentri ALEX. (Sk.) 4486; HAMP. PS. xcvi. 7*, 8*; maumetri MAN. (F.) 1337.

mavis, sb., *Fr.* mauvis; *mavis, thrush*, R. R. 619; mavice PR. P. 330.

mawe, *see* maȝe. **māwe**, *see* mēw, máȝe.

māwen, v., *O.E.* māwan,=*M.Du.* maejen, *M.H.G.* mæjen, mæwen, mæn; *mow (hay)*; mawen, mowen HOM. I. 131, 137; mawe AYENB. 314; mowen P. L. S. viii. 11; MISC. 108; mowe O. & N. 1040; **mēowen** [mewen] (*pret.*) LAȝ. 1942.

māwer, sb.,=*M.Du.* maejer; *mower*, VOC. 213; moware PR. P. 345.

mé, pron., *O.E.* me (*dat.*), mec, me (*acc.*),=*O.Fris., O.L.G.* mi (*dat. acc.*), *O.H.G.* mir (*dat.*), mih (*acc.*), *O.N.* mer (*dat.*), mik (*acc.*), *Goth.* mis (*dat.*), mik (*acc.*), *Lat.* mihi (*dat.*), me (*acc.*), *Gr.* μοί (*dat.*), μέ (*acc.*), *Ir.* me, *Welsh, Gael.* mi (*dat. acc.*); *me*, KATH. 470; A. R. 26; C. L. 330; arh ich was me self HOM. I. 277; lærest me to cwenken in me galnesses fule stinch ORM. 1191; i me self sah godes gast 12592; ic . . . have me hid þat he þe helpe . . . ase he wolde GEN. & EX. 358; me selve FL. & BL. 146; me, mi HAV. 2204, 2576; S. S. (Web.) 135, 383; help me LAȝ. 1199; þurh me [mi] seolfne 8333; wise mi 1200; mi self ich w(u)lle teo . . . to telde þas kinges 791; þat ich me draȝe to mine cunde O. & N. 273; bi mi seolve 835; mi (*ms.* my) selve so to bere SPEC. 93.

me, conj.,=*? O.Fris., M.Du.* men; *but*, KATH. 327; me þu heðene hund þe hehe healent is min help MARH. 6; me wenestu . . . þet ich chulle leapen on him A. R. 54.

me, *see* **man**.

meaht, sb., *O.E.* meaht, meht, mæht, micht, myht, miht, *cf. O.Fris.* macht, mecht, *O.L.G., O.H.G.* maht, *Goth.* mahts *f.*, *O.N.* máttr *m.*; *might, power*; maht SPEC. 34; maȝt A.P. iii.112; maght Iw. 3621; mauȝt TRIST. 2791; maucht BARB. ii. 421, xii. 534; mahte HOM. I. 59; cuð þi mahte MARH. 7; mehte (mihte) HOM. I. 113; miht P. P. 250; miht [miȝt] C. L. 1174; miȝt LANGL. *B* PROL. 113; if it lai in his might [miht, miȝt] CH. C. T. *A* 538; o mihte A. R. 26; mihte & mein JUL. 54; none mihte [miȝte] O. & N. 1670; miȝte AYENB. 15; mihte, mighte PR. P. 337; miste REL. I. 184 (MISC. 133); **mæhte** [mihte] (*dat.*) LAȝ. 6810; mihte (*pl.*) HOM. I. 47; P. L. S. viii. 39; þine mihte R. S. iv (MISC. 162); mæhte [mihtes] LAȝ. 3242; mihtes A. R. 298; mahtes ORM. 4936; mihta (*gen. pl.*) HOM. I. 101; alre mahte rote ORM. 4976; mehten, mihten (*dat. pl.*) LAȝ. 23016, 28701; mihten A. R. 134; *comp.* ȝe-mæht, un-miht.

miȝt-ful, adj., *mighty*, C. L. 588; migtful GEN. & EX. 100.

mightful-nes, sb., *strength*, PR. C. 754.

miht-lēs, adj., *O.E.* mihteléas; *powerless*, HOM. I. 111.

meaht[2], adj., *O.E.* meaht; *from* **mæl**; *mighty, powerful*; might SACR. 182; min miȝte name GEN. & EX. 3038; *comp.* al-miȝt, un-maht.

meahtiȝ, adj., *O.E.* meahtig, mæhtig, mehtig, mihtig,=*O.H.G.* mahtīg, *Goth.* mahteigs, *O.N.*

mǣttugr; *mighty*; mahtiȝ ORM. 806; mæhti [mihti] LAȝ. 2839; magti, migti GEN. & EX. 983, 3797; mihti A. R. 182; miȝti BRD. 16; AYENB. 103; mighti [mihti] CH. C. T. *A* 108; mehtiȝan (*dat. m.*) HOM. I. 129; *comp.* al-, un-mahtiȝ (-mihti).

miȝti-hēd, sb., *cf. O.H.G.* mahtīgheit; ['*po-tentatus*'] WICL. ECCLUS. x. 11.

maȝti-lī, adv., *O.E.* mihtiglīce; *mightily*, GAW. 2262.

mihtinesse, sb., *mightiness*, S. A. L. 83.

mēal, *see* mǣl.

mēane, mēanen, *see* mǣne, mǣnen.

mearȝ, sb., *O.E.* mearg, mearh, = *O.L.G.* marg, *O.Fris.* merg, *O.N.* mergr, *O.H.G.* marg, marc; *marrow* : þet meari JUL. 58; marȝ, mari, merȝ, merou, merouȝ, WICL. GEN. xlv. 18, JOB xxi. 24, PS. lxv. 15, EX. xvii. 3; mari, marou, maruh, marugh PR. P. 326; mari [meri] CH. C. T. *C* 542; margh PALL. iv. 477; merowe (*dat.*) APOL. 91.

mari-bōn, sb., *marrow-bone*, CH. C. T. *A* 380; LIDG. M. P. 165.

merewi, adj., *marrowy*, WICL. IS. xxxiv. 6.

meari, *see* mearȝ.

mearke, sb., *O.E.* mearc, = *M.H.G.* marc, *M.Du.* mark, merk, *O.N.* mark, merki; *mark*, *sign, boundary mark, mark for shooting*; marke LAȝ. 19099; CH. C. T. *D* 619; S. & C. I. xxxv; marke, merke MARH. 5, 13; merke PR. P. 334; A. R. 300; ORM. 17982; LANGL. *B* xv. 343; MAN. (H.) 129; merk GEN. & EX. 1003; PR. C. 4402; M. H. 57; as to a merke schote to him P. L. S. xviii. 44; marken, mærkes [marke, markes] (*pl.*) LAȝ. 18869, 29854; merkes PL. CR. 177; merken A. R. 364; *comp.* here-mærke, kine-merke.

merk-schot, sb., *distance between archery butts*, BARB. xii. 33.

mearkien, v., *O.E.* mearcian, *cf. O.N.* marka, merkja, *M.H.G.* merchen, merken; *mark*; markian HOM. I. 127; merkin '*signo*' PR. P. 334; merken CH. BOET. i. 4 (16); if i miȝt merke (*reach*) to Messedone ALEX. (Sk.) 5404; merke (*pres.*) LUD. COV. 308; markeþ SHOR. 7; markede (*pret.*) LAȝ. 5642; markedest MARH. 10; markid (*penetrated*) ALEX. (Sk.) 3674; mærcoden LAȝ. 26309; marked (*pple.*) LANGL. *B* xii. 186; markit S. S. (Wr.) 2595; merked A. P. ii. 1617; *comp.* ȝe-mearkien.

mærkung, sb., *O.E.* mearcung; *marking*, FRAG. I.

mearu, adj., *O.E.* mearu, = *O.H.G.* marawi, marwo; *tender, delicate* : mare MK. xiii. 28; mereuh MISC. 94; merou, merugh HALLIW. 550; meruwe (*pl.*) A. R. 378.

meaw, *see* mǣw. mecche, *see* macche.

meche, sb., *O.Fr.* meche; *match*, '*lichinus*,' VOC. (W. W.) 754.

mēche, sb., *O.E.* mēce, = *O.L.G.* māki, *O.N.*

mǣkir, *Goth.* mēkeis (*acc.* mēki); *sword*; mǣche (*dat.*) LAȝ. 7495; mēchen (*dat. pl.*) LAȝ. 178.

mechel, *see* müchel. mēd, *see* mǣd.

mēde, sb., *O.E.* meodu, medu, = *O.Fris.* mede, *O.H.G.* medo, meto, *O.N.* miöðr; *mead* ' *mulsum*,' PR. P. 331; LAȝ. 6928; SPEC. 88; SHOR. 9; mede, meode L. H. R. 138, 139; meþe VOC. 178; CH. C. T. *A* 3261; meeth PALL. ii. 282.

mēde, sb., *O.E.* mēd, = *O.L.G.* mēda, mieda, *O.Fris.* mēde, meide, mīde, *O.H.G.* mēta, meata, miata, mieta; *meed, reward*, '*praemium, merces*,' PR. P. 331; LAȝ. 17646; A. R. 94; ORM. 4381; GEN. & EX. 1419; HAV. 102; BEK. 34; SPEC. 42; AYENB. 43; WILL. 2135; RICH. 5404; WICL. JOHN iv. 36; PR. C. 96; meede [mede] LANGL. *A* iii. 203; CH. C. T. *A* 3380; ower mede ['*merces*'] is michel MAT. v. 12; to mede for hire hokeres MARH. 18; mēden (*pl.*) KATH. 1646; A. R. 240; *comp.* kine-mēde.

mēde-ful, adj., *meritorious*, ROB. (W.) 8975.

mēd-ȝeorn, adj., *desirous of meed*, P. L. S. viii. 129; med (-iern) HOM. I. 175.

mēde², sb., *O.E.* mǣd, = ? *O.Fris.* mēde; *mead, meadow*, O. & N. 438; FL. & BL. 434; ALIS. 8; CH. C. T. *A* 89; S. S. (Wr.) 1120; mede, medwe LEG. 200, 201; medewe '*pratum*' PR. P. 337; MAND. 312; mēdewe (*gen.*) MISC. 93; mēdewe (*dat.*) LAȝ. 30251; medewe [mede] P. S. 332 (p. 33); medue MAN. (H.) 195; mēdwe (*pl.*) SAX. CHR. 254; medewen, medewes LAȝ. 1942, 24263; mede ROB. 187; medewes GOW. II. 327; medes MISC. 108.

mēdwe-grēne, adj., *green as a meadow*, GOW. II. 266.

mēd-wurt, sb., *meadow-wort*, VOC. 139.

[mēde³, adj., *from* mōd; -*minded, -hearted*; *comp.* ēad-, hrēu-, wā-mēde.]

medeme, adj., *O.E.* medume, meodume, *cf. O.H.G.* metemo; *moderate* : medeme mel REL. I. 132 (HOM. II. 13).

[medemien, v., *O.E.* medemian, = *O.H.G.* metemen; *moderate*; *comp.* ȝe-medemien.]

mēden, v., *cf. O.L.G.* mēdean, miedōn, *O.H.G.* mietan; *reward, recompense* : he bihet to meden ham wiþ swiþe hehe mede KATH. 415; medin PR. P. 331; medi AYENB. 146; mēde D. TROY 5124; mēdeþ (*pres.*) P. 17; LANGL. *B* iii. 215; mēdede (*pret.*) TREV. III. 421; meded WILL. 4646; imēaded (*pple.*) HOM. I. 243.

mēdewe, *see* mēde.

mediacioun, sb., *Fr.* mediation; *mediation*, CH. C. T. *B* 684.

medicine, sb., *O.Fr.* medecine; *medicine*, HOM. I. 187; SPEC. 88; TRIST. 1204; medisine MAN. (F.) 13896; medessing PALL. i. 797.

medil, *see* middel.

meditaciōn, sb., *O.Fr.* meditacion; *meditation*; **meditaciūns** (*pl.*) A. R. 44; MED. I. [medle, sb., *O.Fr.* mesle (*mespilum*); *medlar*.] **medle-trē**, sb., *medlar tree*, BEV. 52; meletre VOC. 192.

medlē, sb., *O.Fr.* medlee, meslee; *medley*, *mixture, fight*, '*mixtura*,' PR. P. 331; melle IW. 505; BARB. vi. 361, x. 184; a medlee cote CH. C. T. *A* 328; **medlēs** (*pl.*) AYENB. 41; melleis BARB. xvii. 120.

medlen, v., *O.Fr.* medler, mesler; *mix, meddle*, HOCCL. i. 176; medlin '*misceo*' PR. P. 331; melle D. ARTH. 938; LUD. COV. 21; **medliþ** (*pres.*) SHOR. 28; and sir Pilate medill him YORK xxxiv. 327; mellis *cohabit* ALEX. (Sk.) 5430; **medled**, melled (*pret.*) WILL. 1709, 2323; **medled** (*pple.*) LANGL. *B* ix. 3; MAND. 76; melled PR. C. 9431; LIDG. M. P. 23; imedled [imelled] TREV. III. 469; imelled BRD. 13.

meddlinge, sb., *mixture, fighting*, WICL. JOHN xix. 39; melling TREV. I. 387; II. 159; melline BARB. v. 406.

medlen, see **maðelen**.

megge, sb.; al þus wiþ megge [*v. r.* menging] & wiþ monge bitwixt hem wax þer werre stronge MAN. (F.) 5889.

mēȝhe, see **mǣȝe**.

mégre, adj., *O.Fr.* maigre; *meagre*, LANGL. *B* v. 128; R. R. 218; A. P. ii. 1198; megire [meger] (*sb.*) *leanness* ALEX. (Sk.) 1164.

mēhe, see **mǣȝe**. **mehte**, see **meaht**.
mei, see **mæi**. **meiden**, see **mæiden**.
mein, see **mæin**. **meinē**, see **mainē**.
meineal, *see* maineal. **meister**, *see* maister.
meið, see **mæið**. **mēk**, see **mēoc**.

mel, sb., *O.N.* me**r**al, mi**ř**il; = **middel** : o mell(e), *prep.* [*O.N.* ā mi**ř**li, milli]; *between, among*, IW. 1436; o mell L. H. R. 90; a melle, e melle TOWNL. 55, 56; i melle [*O.N.* ī milli, mi**ř**li], L. C. C. 24.

mēl, see **mǣl**. **mel**, see **male**.

melancoli, adj., *melancholy*; malicoli ALEX. (Sk.) 2382, 2741.

melancolie, sb., *O.Fr.* melancolie; *melancholy, dudgeon*, CH. D. BL. 23; malencolie PR. P. 322; malancoli BARB. xvi. 128; melincoli PALL. iv. 883; malicoli ALEX. (Sk.) 1981.

melancolike, adj., *O.Fr.* melancolique; *melancholy*, CH. C. T. *A* 1375.

melche, see **milche**.

melden, v., *O.E.* meldian, = *O.H.G.* meldōn, *O.L.G.* meldōn; *announce, bear news of*: meld(e) REL. II. 210; yef þou þar of me melde M. H. 166; *comp.* bi-, for-melden.

mel-dēu, sb., *O.E.* meledēaw, = *O.H.G.* militou; *cf. Goth.* miliþs (*honey*); *mildew*, '*uredo*,' PR. P. 337; HOM. I. 269; meldew(e) ['*uredine*'] WICL. GEN. xli. 6.

mēle, sb., *O.E.* melo, meolo, mealo = *O.H.G.* melo, *M.Du.* mele, *O.N.* miöl; *meal, flour*, ORM. 1552; HAV. 780; LANGL. *B* xiii. 261; MAND. 189; CH. C. T. *A* 3995; A. P. ii. 226; þet mele AYENB. 93; melu [meele] WICL. EXOD. xii. 34; **melewes** (*gen.*) MAT. xiii. 33. **méle-sek**, sb., *meal sack*, IW. 2032.

mēle, sb., *O.E.* mēle, = *M.L.G.* mēle, *M.H.G.* miol; *cup, bowl*; (*Midl. text* bolle) C. M. 3306; **mēles** (*pl.*) HALLIW. 548.

mēlen, see **mǣlen**.

melencolie, see **melancolie**.

melk, see **milc**. **melle**, see **mail, mūlne**.

mellen, *see* medlen, **maðelen**.

mellere, *see* mūlnere. **melline**, *see* medling.

melodie, sb., *O.Fr.* melodie; *melody*, L. H. R. 28; AYENB. 151; CH. C. T. *A* 9.

melten, v., *O. E.* meltan, myltan (*pret.* mealt, melte); *melt, liquefy*, MARH. 6; ORM. 17417; REL. I. 185; GEN. & EX. 99; melte GOW. II. 37; melte [multe] TREV. VI. 335; þi mersi mai malte þi meke to spare A. P. li. 776; **melteð** (*pres.*) A. R. 270; melteþ LANGL. *B* xvii. 226; melt HOM. I. 159; **melte** (*subj.*) AYENB. 171; **malt** (*pret.*) GEN. & EX. 1017; S. S. (Wr.) 2043; LAUNF. 740; GAW. 2080; milte P. L. S. xv. 204; þet ... melten al of teares A. R. 110; ȝif ha ne mealte i teares H. M. 17; **mólten** (*pple.*) P. S. 253; LANGL. *B* xiii. 82; PR. C. 7126; M. H. III; molte CH. TRO. v. 10; *comp.* for-, ȝe-, to-melten.

meltinge, sb., *O.E.* meltung; *melting*, PR. P. 332.

melu, adj., *mellow*; melwe, melowe '*maturus*' PR. P. 332.

membre, sb., *O.Fr.* membre; *member*, PR. P. 332; P. L. S. xiv. 19; to na licherous lustes leeve ve (*r.* we) oure **membris** (*pl.*) ALEX. (Sk.) 4328; menbris 4544.

memorial, sb., *memorial*, GOW. II. 19.

memorie, sb., *O.Fr.* memorie; *memory*, AYENB. 107; A. D. 263; AL. (L.[1]) 53.

menáce, sb., *O.Fr.* menace, manace; *menace*; manace CH. BOET. i. 4 (12); PR. C. 4350; manauce BARB. iii. 608; menas ALIS. 843.

menácen, v., *O.Fr.* menacer; *menace*; manace A. P. iii. 422; **manácen** (*pres.*) LANGL. (Wr.) 10898; **manausit** (*pret.*) BARB. ii. 68.

manásing, sb., *menacing*, BARB. viii. 408; manasinge CH. C. T. *A* 2035.

menciōn, sb., *O.Fr.* mention; *mention*, ARCH. LII. 37; LANGL. *C* ix. 247; mencioun [mensioune] CH. C. T. *A* 893.

mende, see **münde**.

menden, v., = **amenden**; *mend*, WILL. 647; **mendes** (*imper.*) 845; **mendid** (*pple.*) ALEX. (Sk.) 464.

mendinant, sb., *O.Fr.* mendinant; *beggar*; **mendinants** (*pl.*) CH. C. T. *D* 1912.

méne, v., *? for* deméne, D. TROY 1750.

mēne, adj. & sb., *O.Fr.* moien; *mean, middle*:

ine mene time AYENB. 36; in þe mene while WILL. 1148; WICL. JOHN iv. 31; meene '*medium*' PR. P. 332; mene LANGL. *B* i. 158; CH. BOET. iv. 7 (146); wiþ treble, mene (*tenor*) & burdoun MAN. (F.) 11263.

mēne, mēnen, *see* **mǣne, mǣnen.**

meneȝen, *see* **münegen.**

menestral, sb., *O.Fr.* menestrel; *minstrel*, ROB. 272; **menestrals** (*pl.*) AYENB. 192; menestraus A. R. 84; ministrals [minstrals, menstreles] CH. C. T. *F* 78.

menestralcie, sb., *minstrelsy*, MAN. (F.) 11267; menstralcie CH. C. T. *A* 2671.

menever, *see* **menuver.**

mengen, v., *O.E.* mengan, mængan, = *O.Fris.* menga, *O.L.G.* mengian, *M.H.G.* mengen; *from* **mang**: *mingle, disturb, trouble*: wult þu balwe menge(n) LAȜ. 5016; his mod him gon mengen (*be troubled*) 3407; no durste heo nævere mængen imong Englisce monnen 31911; mengin '*misceo*' PR. P. 332; menge TREAT. 140; **mengeþ** (*pres.*) A. D. 252; wraþþe meinþ þe heorte blod O. & N. 945; **mengde** (*pret.*) GEN. & EX. 3581; mengde [meinde] LAȜ. 15530; meingde [mengde] A. R. 326; **menged** (*pple.*) PS. cv. 35; PR. C. 6738: mengid APOL. 87; meind SPEC. 24; *comp.* ȝe-mengen.

menginge, sb., *mingling,* '*mixtura*,' PR. P. 332; TREAT. 136; menging PR. C. 4705.

mengen, *see* **münegen.**

meni, *see* **maniȝ. menien,** *see* **münien.**

menisōn, sb., *O.Fr.* menison; *dysentery*, ROB. 568; menisoun LANGL. *B* xvi. 111.

mennisc, adj., *O.E.* mennisc, = *O.L.G.* mennisc, *O.H.G.* mennisc, *O.N.* menskr, Goth. mannisks; *from* **man**; *human*: mennesc flesc HOM. I. 91; in his menniske kinde ORM. DEDIC. 218; mennisc ?*mankind* HOM. I. 229; mennish, mannish II. 81.

mennisc-leȝo, sb., *humanity*, ORM. 85.

menske-liche, adv., *honourably*, A. R. 316; menskli GAW. 1312, 1983.

menniscnesse, sb., *humanity*, HOM. I. 99; ORM. 1373.

mennisc, sb., *O.E.* mennisc, = *O.H.G.* mennisco, mannisco; *man, human being*; þese fower mannisshe HOM. II. 39; *see* **mannisse.**

menovin, menowe, sb., *minnow*; menawe VOC.(W.W.) 704; **menouins** (*pl.*) BARB. ii. 557.

menske, sb., *O.E.* mennisc (ALFR. P. C. 39); *O.N.* menska (*humanity, virtue, honour*), *cf.* *O.L.G.* menniski (*humanity*); *dignity, honour*, KATH. 135; A. R. 38; ROB. 33; WILL. 313; AM. & AMIL. 690; TRIST. 2118; A. P. i. 162; PERC. 1423; L. C. C. 12; mensce, menske LAȜ. 2681, 3360; with menske and with manhede DEGR. 83.

menske-ful, adj., *honourable*, A. R. 358; menskful SPEC. 51; mensful M. H. 10.

menskful-lī, adv., *honourably*, BARB. xix. 86.

mensken, v., *dignify, honour*, HOM. I. 281; menskin JUL. 7; menske WILL. 4834; LANGL. *A.* iii. 177; **menskeð** (*pres.*) H. M. 23; menskez A. P. ii. 141; **menske** (*imper.*) KATH. 2008; **mensked** (*pple.*) JOS. 146.

mentel, *see* **mantel.**

menuse, sb., *O.Fr.* menuise; *minnow*, B. B. 168; menuce PR. P. 333.

menusen, v., *O.Fr.* menuser; *make less*: ȝif he withdrawe or **menuse** (*subj.*) [*v. r.* amenuse, amenusith] CH. C. T. *I* 377.

menuver, sb., *O.Fr.* menu ver; *miniver*; (*printed* meniuier) FL. & BL. 110; menever [meniver] LANGL. *B* xx. 137; menever MAN. (F.) 11194.

mēoc, adj., *O.N.* miūkr, = *M.Du.* muik, Goth. mūks; *meek*: meoc & milde & softe ORM. 667; meok P. L. S. xviii. 6; meoke A. R. 280; SPEC. 73; mek & milde ROB. 287; meke HAV. 945; LANGL. *A* i. 147; MAND. 132; CH. C. T. *A* 69; PR. C. 395; meoke & milde men ORM. 3606; meik BARB. i. 390; **mēokest** (*superl.*) MARH. 4; *comp.* un-mēoc.

mēok-hēde, sb., *meekness*, ROB. 389.

mēoc-leȝo, sb., *O.N.* miūkleikr; *meekness*, ORM. 1546; mekeleic KATH. 1240.

mēoke-līche, adv., *O.N.* miūkliga, *meekly*, MARH. 14; meoclike ORM. 11392; muekliche AYENB. 65; mukli FER. 1945; mek-, mekeliche WILL. 408, 808; mekeliche TRIST. 168; mekeli CH. C. T. *E* 548.

mēocnesse, sb., *meekness*, ORM. 10720; mieknesse P. S. 335; mueknesse AYENB. 65.

mēoken, v., *render meek*, A. R. 276; meoken, meken ORM. 9385, 13950; meeken WICL. I PARAL. xviii. 1; mekin '*humilio*' PR. P. 331; a man to meke him ALEX. (Sk.) 1746; meke LANGL. *A* v. 52; R. R. 3541; PR. C. 172; ȝif þei . . . hem **mēked** (*pret.*) WILL. 1276.

mēos, sb., *O.E.* mēos, = *O.H.G.* mios, mies; *moss*; **mēse** (*dat.*) ORF. 246.

mēr, *see* **mǣr.**

mercenarie, sb., *O.Fr.* mercenaire; *mercenary*, CH. C. T. *A* 514.

mercer, sb., *O.Fr.* mercier; *mercer*, A. R. 66; LANGL. *C* vii. 250.

[**merche,** sb., *O.E.* merce (*parsley*); *comp.* stan-, wude-merche.]

Merche, sb., *O.E.* Merce, Myrce; *Mercians*; **Merchene** (*gen. pl.*) LAȜ. 30935; Merkine riche CHR. E. 373.

merci, sb., *O.Fr.* merci; *mercy; thanks*, A. R. 30; O. & N. 1092; GEN. & EX. 1241; have merci on me HOM. I. 209; MARH. 5; SPEC. 59; in þe merci be ido *be fined* ROB. (W.) 11155.

merci-vol, adj., *merciful*, AYENB. 188.

merciable, adj., *O.Fr.* merciable; *having mercy*, HOM. I. 211; A. R. 30; JUL. 53; MISC. 226; PL. CR. 629; WICL. NUM. xiv. 19.

mercien, v., *thank*; **merciede** (*pret.*) LANGL. *C* iv. 21; mercied *B* iii. 20.
mercement, sb., *amercement, fine,* LANGL. *C* ii. 159; merciment *B* i. 160; CATH. 235.
Mercuri, pr. n. & sb., *Mercury; quicksilver*; CH. C. T. *A* 1385, *G* 774; Marcure ALEX. (Sk.) 4498.
merdale, sb., *O.Fr.* merdaille; *camp followers,* BARB. ix. 249.
mére, *see* máre.
mére, sb., *O.E.* mere *m., cf. O.L.G.* meri *f., O.H.G.* meri, mari *m., n., Goth.* marei *f., Lat.* mare *n.; lake, mere, sea;* '*mare,*' PR. P. 333; C. L. 671; A. P. i. 158; D. TROY 10924; mere LA3. 21739; þisne muchelne mære [mere] 21959; **méres** (*pl.*) PS. cxiii. 8*.
mére-maiden, sb., *mermaid,* R. R. 682; mermaidin '*siren*' PR. P. 334; mermaide [mermeidin] CH. C. T. *B* 4460.
mére-man, sb., *merman,* REL. I. 221.
mére-minne, sb., = *O.H.G.* meriminni, -menni, *M.L.G.* merminne; *siren*; **mere-minnes** (*gen.*) KATH. (E.) 1490; **mere-minnen** [mereminne] (*pl.*) LA3. 1337.
mére-neddre, sb., *O.E.* merenæddre; '*muraena,*' FRAG. 3.
mére-swín, sb., *cf. M.L.G.* merswīn; *delphin,* D. ARTH. 1091; mersvin M. H. 25.
mére², sb., *O.E.* mere, myre, = *O.H.G.* merhe, marhe; *mare,* HAV. 2449; AYENB. 185; PERC. 713; mere, mare CH. C. T. *A* 541, *H* 78; meere PR. P. 333; mure BEK. 1173; mare REL. II. 211; TREV. V. 447; MAND. 250; *comp.* cart-, stōd-mere.
mére-wōd [marewod], O. & N. 496.
mēre, *see* mǽre.
merel, sb., *O.Fr.* merel; *? counter or 'man' in the game of merils; ? ticket in a lottery*; under the clerkes lawe men seen the merel al misdrawe GOW. I. 18; merel III. 201.
mer3, *see* mear3.
merghid, adj. *full of marrow,* HAMP. PS. lxv. 14.
meridian, adj., *meridian,* CH. ASTR. PROL. (3).
meridional, adj., *O.Fr.* meridional; *southern,* CH. C. T. *F* 263.
merie, *see* mürie.
merien, v., *O.E.* (a-)merian; *purify*; **imered** (*pple.*) AYENB. 94; of merede golde MISC. 96; *comp.* a-merien.
merit, sb., *O.Fr.* merite; *merit,* A. R. 160; merite AYENB. 134; CH. C. T. *G* 33; merite [merit] LANGL. *A* i. 157; merote ALEX. (Sk.) 5226; merite GOW. III. 187.
merke, *see* mearke, marohe, mirke.
merling, sb., *O.Fr.* merlanc; *whiting,* '*gam-(m)arus,*' PR. P. 334; riht als sturjoun etes merling M. H. 136.
merliōn, sb., *O.Fr.* esmerillon; *merlinhawk,* P. L. S. xxv. 9; merlioun WICL. LEV. xi. 13; merlion [merilioun, emerlion] CH. P. F. 339.

merren, v., *O.E.* merran, myrran, = *O.L.G.* merrian, *O.H.G.* merren, marren (*hinder*), Goth. marzjan (σκανδαλίζειν), *mod. Eng.* mar; *hinder, injure*: he walde merrin hire meiþ-had MARH. 4; merre H. M. 17; marre PL. CR. 66; **marre** (*pres.*) A. P. ii. 279; merreð KATH. 1780; merres N. P. 39; a maide marreþ me SPEC. 29; marres ALEX. (Sk.) 2040; **marrande** (*pple.*) YORK i. 93; **merren,** mearren (*subj.*) JUL. 34, 35; **mærde** (*pret.*) LA3. 1903; merden H. M. 9; and merden (morde) Irisc folc LA3. 22345; marrid ALEX. (Sk.) 3546; **marred** (*pple.*) WILL. 664; *comp.* a-, 3e-merren.
merring, sb., *O.E.* myrring; *marring,* PR. C. 6114; marring WILL. 4362.
mersch, sb., *O.E.* mersc *m., cf. M.L.G.* mersch *f.; marsh*; þane merss AYENB. 251; mershe PS. cvi. 34; **mershe** [mershe] (*dat.*) O. & N. 304; mershe WICL. GEN. xli. 18.
merschi, adj., *marshy,* CH. C. T. *D* 1710; mershi WICL. GEN. xli. 2.
merþe, *see* mürhðe. **meru,** *see* mearu.
merveile, sb., *O.Fr.* merveille; *marvel,* CH. BOET. iv. 5 (132); mervaill, mervale, mervaile ALEX. (Sk.) 549, 1061, 1814.
merveilen, v., *O.Fr.* merveiller; *marvel,* CH. BOET. ii. 5 (46); me **mervailled** (*pret.*) LANGL. *B* xi. 342; **mervalled** [mervailled] (*pple.*) ALEX. (Sk.) 3218.
merveilous, adj., *O.Fr.* merveillus; *mar-vellous*; [marveillous, -velous] LANGL. *A* PROL 11; mervelous A. P. i. 1165; mervailous MAN. (H.) 174.
merveilos-like, adv., *marvellously,* MAN. (F.) 1691.
mes, sb., *O.Fr.* mes, *Lat.* missus; *mess,* MAP 337; TREV. V. 459; DEGR. 1202; vele mes AYENB. 55; mees LANGL. *B* xiii. 52; messe PR. P. 334; thei were served of **messes** (*pl.*) GAM. 467; messes A. P. ii. 637.
mēs, *see* mēos.
mesaise, sb., *O.Fr.* mesaise; *want of ease,* HOM. I. 279; meseise ROB. 34; mes-, meoseise A. R. 108, 220; mes-, miseise LANGL. *A* i. 24.
mesaise, adj., *diseased*; meseise ROB. (W.) 11985.
mesaistē, sb., *poverty*; miseiste, miseste WICL. JOB v. 21; MK. iv. 19; xii. 44; 2 COR. viii. 14.
mesaventūr(e), sb., *O.Fr.* mesaventūre; *misadventure,* HORN (L.) 326; mes-, misaventure CH. C. T. *B* 616.
mescheance, sb., *O.Fr.* mescheance; *mischance,* ROB. 278; meschance CH. C. T. *B* 602.
mēschen, *see* mǣschen.
mescheven, v., *O.Fr.* meschever; *come to bad fortune*; **mischeeve** (*pr. subj.*) P. R. L. P. 195; mischeve PALL, i. 614.
[**meschevous,** adj., *O.Fr.* meschevous; *un-fortunate.*]

meschevous-li, adv., *unfortunately*, MAN. (F.) 14107.
meschief, sb., *O.Fr.* meschief, *cf. Span.* menoscabo; *ill-luck*; mischeef LANGL. PROL. A 64; meschef WILL. 1045; MAN. (F.) 2508.
mesel, adj. & sb., *O.Fr.* mesel, *Lat.* misellus; *leper*, ROB. 86; mesel, misel '*leprosus*' PR. P. 339; TRIST. 3175; (his hande) was mesele C. M. 5824; **meseles** (*pl.*) PL. CR. 623.
mesellerie, sb., *O.Fr.* mesellerie; *leprosy*: meselrie ['*lepra*'] TREV. V. 119.
mesen, v., *for* **amesen**; *moderate, soothe*; mese A. P. ii. 764; TOWNL. 175; meese YORK xxvi. 64, xliii. 238.
meson-deu, sb., *O.Fr.* maison Dieu; *hospital*, LANGL. A viii. 28; maison dewe CATH. 229; **meson dieux** (*pl.*) LANGL. C x. 30.
messe, sb. ? : þe Jewes ... sall noʒt be merked with þat messe YORK xi. 162.
message, sb., *O.Fr.* message; *message*, MAN. (F.) 15027; (*messenger*) A. P. ii. 454; **messages** (*pl.*) AYENB. 122.
messager, messanger, sb., *O.Fr.* messager; *messenger*; messager A. R. 190; AYENB. 217; JOS. 324; messagere [messinger] ALEX. (Sk.) 1690; **messangers** (*pl.*) 897.
messe, *see* **masse**. **mest**, *see* **mā**-.
mester, sb., *O.Fr.* mester, *from Lat.* ministerium; *office, trade; need, necessity*; A. R. 72; O. & N. 924; MAN. (F.) 586; GEN. & EX. 536; HAV. 823; C. L. 478; mestier P. L. S. xv. 44; þet mestier AYENB. 187; mester [mister] CH. C. T. A 613; mister, misteir BARB. xvii. 435, 938; mestire ALEX. (Sk.) 1774; mister CATH. 241; PR. C. 3476; C. M. 15661; mistere, mistire HAMP. PS. iii. 7*, *page* 514; mistir YORK viii. 52; BARB. xi. 452, xvii. 743, 753.
mestif, sb., *O.Fr.* mestif, mestiz; *mastiff*, PR. P. 329; mastif MAN. (H.) 189; **mastives** (*pl.*) TREV. VIII. 187.
mestling, *see* **mæstling**.
mestrin, v., *need, require*; us **mistris** (*pres.*) ALEX. (Sk.) 4281; we mister no sponis here at oure manging TOWNL. 90; what mistris þe YORK vii. 54.
mesuage, sb., *O.Fr.* mesuage; *messuage*, CH. C. T. A 3979.
mesurable, adj., *Fr.* mesurable; *measurable*, LANGL. A i. 19.
mesūre, sb., *O.Fr.* mesure; *measure*, A. R. 372; H. M. 41; LANGL. A i. 33; PR. C. 7690; mesour BARB. xvi. 323; at all mesure x. 281.
mesūren, v., *O.Fr.* mesurer; *measure*, CH. BOET. iii. 2 (65); mesuri AYENB. 252.
met, sb., *O.E.* met, *cf. O.L.G.* (gi-)met, *O.H.G.* mez; *from* **mēten**; *measure*, '*mensura*,' PR. P. 335; REL. I. 131; H. M. 19; GEN. & EX. 439; L. H. R. 79; LANGL. B xiii. 359; MAN. (F) 14978; met & mæþ ORM. 4584;

mett ALEX. (Sk.) 25; méte (*dat.*) CH. C. T. I 799; *comp.* ʒe-, ofer-met.
[met-fæst, adj., *O.E.* (ge-)metfæst; *modest*.]
metfastnesse, sb., *O.E.* gemetfæstniss; *modesty*, ORM. 2524.
met-ʒerde, sb., *measuring yard*, ['*ulna*'] TREV. VIII. 105.
[met-līo, adj., *O.E.* gemetlīc, *cf. O.Fris.* metlīk, *O.H.G.* mezlīch; *moderate*; *comp.* ʒe-metlīo.]
met-wand, sb., *measuring rod*, '*ulna*,' PR. P. 336.
metal, sb., *O.Fr.* metal; *metal*, ROB. 28; AYENB. 26; MAN. (F.) 4483; metel PR. P. 335.
méte, sb., *O.E.* mete, *cf. O.Fris.* mete, *O.L.G.* meti, mat, *O.N.* matr, *Goth.* mats (*gen.* matis) m., *O.H.G.* maz n.; *meat, food*, '*cibus*,' PR. P. 335; A. R. 412; ORM. 3213; O. & N. 107; GEN. & EX. 573; HAV. 459; CH. C. T. A 1615; mete, mæte LAʒ. 658, 4466; þane mete HOM. I. 237; AYENB. 29; meite BARB. iii. 393; no schal i never ete mete GREG. 82; mete ne drink DEGR. 1739; hui wenden to heore mete S. A. L. 153; at þe firste mete EGL. 1275; **metes** (*pl.*) LAʒ. 3558; *comp.* flēso-, hwīt-, morʒen-, nōn-mete.
méte-bord, sb., *table*, ['*mensa*'] TREV. III. 67; **mete-bordes** (*pl.*) LAʒ. 3638*.
mæte-cūn, sb., *kind of food*, LAʒ. 941.
méte-cūsti, adj., *hospitable, liberal*, LAʒ. 348.
méte-ʒevare, sb., *host, entertainer*, '*dapsilis, dapaticus*,' PR. P. 335.
méte-lēs, adj., *O.E.* metelēas; *without food*, ROB. 170; LANGL. B x. 65.
méte-niþing, sb., *O.N.* matnīðingr; *food-niggard*; **meteniþinges** (*pl.*) HOM. II. 227.
méti-sūpe, sb., *O.E.* metescipe; *provision of food*, REL. I. 131; meteship WICL. TOB. ii. 1; C. M. 12565.
méte-sēl, sb., *dining hall*, MAN. (H.) 334.
mēte, *see* **mǣte**. **mētels, mēten**, *see* **mǣ**-.
méten, v., *O.E.* metan, = *O.L.G.* metan, *O.Fris.*, *O.N.* meta, *Goth.* mitan, *O.H.G.* meʒan; *measure*, HOM. II. 213; A. P. i. 1031; mete PS. cvii. 8; méteð (*pres.*) A. R. 232; mon hine met mid one ʒerde FRAG. 5; ge meteð MAT. vii. 2; HOM. I. 137; ʒe meten [mete] LANGL. A i. 151; met (*imper.*) FL. & BL. 328; mat (*pret.*) WICL. 2 KINGS viii. 2; met TOR. 701; EGL. 328; PR. C. 7695; heo meeten [mete] L. H. R. 30, 31; méten (*pple.*) GEN. & EX. 2701; REL. I. 46; *comp.* a-, ʒe-méten; *deriv.* met, māte, mæte.
métinge, sb., *O.E.* metung; *measuring*, '*mensuratio*,' PR. P. 336.
mēten, *see* **ʒe-mǣten**.
mēten, v., *O.E.* mētan,= *O.Fris.* mēta, *O.N.* mœta (mǣta), *O.L.G.* mōtian; *from* mōt; *meet, come together*, GEN. & EX. 2828; metin '*obvio*' PR. P. 335; mete WILL. 815; he

mēten.

igon mete þreo cnihtes LAȝ. 18127; mete wid him P. S. 324; mete [meete] LANGL. *B* xv. 246; CH. C. T. *C* 693; þei meeten MAND. 164; **mĕtte** (*pret.*) S. S. (Wr.) 1297; CH. C. T. *C* 713; metten GEN. & EX. 1790; ALIS. 5697; hio metten þæt child MAT. ii. 11; hi metten wiþ Ailmar king HORN (L.) 155; mette BRD. 14; wher mette ȝe ou A. D. 259; *comp.* ȝe-mēten.

mētinge, sb., *O.E.* meting; *meeting*, PR. P. 336; BARB. iii. 15; viii. 242.

métre, sb., *Fr.* metre; *metre*: in prose...and ech in meetre CH. C. T. *B* 3171; of metre, of rime and of cadence GOW. II. 82; metre ALEX. (Sk.) 3464; metir MAN. (F.) 196.

[**metsien**, v., *O.E.* metsian; *feed.*]

metsunge, sb., *O.E.* metsung; *repast*, LAȝ. 31769.

mette, sb., *O.E.* gemetta; *companion*, LANGL. *C* xvi. 55.

metz, sb., *pity*, A. P. ii. 215.

mēðe, *see* **mæðe**. **méven**, *see* móven.

mewe, *see* mue. **mex**, *see* mix. **mi**, *see* mé.

miche, sb., *O.Fr.* miche; *small loaf*, REL. II. 192; **micches** (*pl.*) R. R. 5585.

michel, *see* müchel. **michen** *see* müchen.

mid, prep. & adv., *O.E.* mid, miꝥ,=*O.L.G.* mid, midi, *O.Fris.* mith, mithe, *Goth.* miþ, *O.N.* með, *O.H.G.* mit, miti; *with*, KATH. 1953; ORM. 11077; SPEC. 93; ALIS. 1513; E. G. 359; mon hine met mid one ȝerde FRAG. 5; mid godere heorte HOM. I. 3; swingeð him með smele twige 149; þa clares... þe þe rapes weren mide biwunden 51; þeo wimon was mid childe LAȝ. 266; mid sweorde tohewen 1557; he wes swike mid þan meste 2547; weder mid þan bezsten 11966; he wolde... fleon a wæi mid his cnihten 7948; forfaren mid hungre 23614; and lai mid (*sec. text* bi) me seolven 25926; ich wulle wunien mid þe 29630; þe mide him weoren 2831; mid alle mihte A. R. 4; þet heo mei weopen & menen ... mide þe salmwurhte 274; valleð a dun mid þeos gretunge 32; imeind mid spire and grene segge O. & N. 18; ich alle blisse mid me bringe 433; þe ule... mid þisse worde hire eȝen abrad 1044; mid sw(e)orde... fihte 1068; he mot mid [*v. r.* wiþ] me holde 1680; þar he and oþer mide gr(e)owe 136; þat he mihte heom ilome beo mide 1768; hom rod Ailmar þe king and mid him his funding HORN (L.) 220; a tale mid the beste 474; mit te 628; schenk us mid þe furste HORN 1154; mid him he hadde a stronge axe ROB. 17; lat me speke mid mi broþer 289; i ne mai mid ȝou wende BRD. 23; mid þe furste he (a)manseþ me BEK. 1942; mid hem C. L. 439; mit te 399; him mide 1340; þe povere alle mid idone (*? added thereto*) S. A. L. 153; fifti mid idone L. N. F. 222; Crist is mid ous SHOR. 5; mid gode riȝte 129; mid, mide AYENB. 5, 50; þat menskful maide þat þere mid þe lies WILL. 3143; þat maide him mide 2133; þou art mid childe A. D. 259; mid [*v. r.* with] hem LANGL. *B* PROL. 147; mid, mide MARH. 4, 13; we willeð gan með þe JOHN xxi. 3; þe him mide ferden MK. xv. 41; mide R. S. v (MISC. 178); GEN. & EX. 2478.

mid-liggunge, sb., *lying with, together*, HOM. II. 13.

mid-þolinge, sb., *compassion*, AYENB. 157.

mid-wif, sb., *midwife*, '*obstetrix*,' PR. P. 337; PL. CR. 78; mid-, midewif MIRC 87, 98; midewif VOC. 143; mid-, medewiif WICL. GEN. xxxviii. 27; medewif SHOR. 12; *cf. Span.* comadre.

mid, adj., *O.E.* mid, *cf. O.L.G.* middi, *Goth.* midjis, *O.N.* miðr, *O.H.G.* mitt; *mid*: of **midden** (*dat.*) þine boseme ['*de medio sinu* (*tuo*)'] A. R. 146; a midden ane wælde LAȝ. 10001; in þe midde scheld WILL. 3605; at mid(d)e somer 1464; to **middere** (*dat. fem.*) nihte ['*media nocte*'] MAT. xxv. 6; on midre sæ ['*in medio mari*'] MK. vi. 47; to midder niht LAȝ. 25714; se hælend stod heom on midden LK. xxiv. 36; he stod a midde heom alle MISC. 54; a midden alle his fon C. L. 333; his bodi to barst o mid(de) heppes MARH. 10.

mid-dei, sb., *O.E.* middæg = *O.Fris.* middei, *O.H.G.* mittitag; *midday*, A. R. 34; middai BRD. 10; LANGL. *B* v. 500.

mid-festen, sb., *O.E.* midfesten (SAX. CHR. 175); *cf. M.Du.* midvasten; *middle of a fast*, LAȝ. 22256.

mid-lenten, sb., *O.E.* midlengten; *mid-Lent*, LANGL. *B* xvi. 172.

mid-morwen [midmareȝen], sb., *cf. O.H.G.* mittimorgan; *middle of the morning*, A. R. 24; midmorn GAW. 1073; midmore H. V. 83.

midmorwe-tide, sb., *middle of the morning*, LANGL. *A* ii. 42.

mid-niht, sb., *cf. O.H.G.* mittinaht; *midnight*, LAȝ. 5766; A. R. 236; midniȝt TREAT. 132.

mid-rede, sb., *O.E.* midhriðe = *O.Fris.* midrede; *midriff*, '*diaphragma*,' VOC. 208.

mid-rif, sb., *O.E.* midhrif, *cf. O.Fris.* midref; *midriff*, '*diaphragma*,' PR. P. 337; midref VOC. 183.

mid-side, sb., *middle of the side*; stonden in water to midside REL. I. 222; to þe midside MAP 338.

mid-somer, sb., *O.E.* midsumer, = *M.Du.* midsomer; *midsummer*, VOC. 372; ROB. 302; LANGL. *B* xiv. 160; MAN. (H.) 137; missomer LEG. 85; midsumer dæi SAX. CHR. 259.

mid-þēih, sb., *middle of the thigh*, MISC. 150.

mid-wei, sb., *midway*; midwei betweonen þet and ester A. R. 412.

mid-winter, sb., *O.E.* midwinter (SAX. CHR. 140), = *M.L.G.* midwinter; *midwinter*, HOM. II. 55; midwinter dæi SAX. CHR. 266; midwinter ROB. 452; P. L. S. xxxiv. 12.

midde, sb., *middle*; on **midden** [*O.E.* on middan, *O.L.G.* on middian, middion], *amid*; on midden þere se HOM. I. 87; þe stæf tobræc a midden LAȝ. 8154; kærf þis lond a midde 4836; mi nest is ... rum a midde O. & N. 643; a midde þe hevene TREAT. 132; a midde þe strete AYENB. 143; a middes (? *for* midden) *amidst* JOS. 602; LANGL. B xiii. 82; DEP. R. PROL. 3; þæt wif stod þær on middes (*earlier text* middan) JOHN viii. 9; in middes þe se PR. C. 2938; in þe middis DEP. R. iv. 78.

midden-eard, sb., *O.E.* middaneard; *middle world* (*between heaven and hell*), MK. viii. 36; middenerd HICKES I. 168; P. L. S. viii. 98; LAȝ. 24778; MISC. 52.

midde-night, sb., = *M. Du.* middennacht; *midnight,* S. S. (Wr.) 2541.

midde-ward, adj., *O.E.* middanweard; *midst*: inne middewardere (*printed* midde warde) helle HOM. I. 43; noght þe biginninge na þe midward (*sb.*) HAMP. PS. *page* 503.

mide-winter, sb., *O.E.* middanwinter; *midwinter,* BRD. 11; **midewinteres** (*gen.*) LAȝ. 22905; midewinteres A. R. 412.

middel, adj., *O.E.* midla (*superlat.* midlesta), = *O.Fris.* middel, *O.H.G.* mittil; *middle,* AYENB. 122; þe middel broþer LAȝ. 12909*; þe middel place MAND. 2; medil S. & C. ii.; ISUM. 170; **midlest** (*superlat.*) GEN. & EX. 710; midleste A. R. 370; CHR. E. 112; AYENB. 122; þe midleste broþer LAȝ. 2116.

middel-eard, sb., = **midden eard,** *earth,* HOM. I. 59; middelærd LAȝ. 11167; ORM. 3980; middelerd R. S. iv; GEN. & EX. 106; HAV. 2244; SPEC. 22; ALIS. 214.

middel-ȝard, sb., *O.L.G.* middilgard, *O.H.G.* mittelgart, *O.N.* meðalgarðr; *middle of the garden,* (*ms.* middel yard) CHEST. I. 67.

middel-niht, sb., *O.E.* middelneaht; *midnight,* LAȝ. 20607; a middelnihte O. & N. 325; abute middelniȝte HORN (L.) 1297.

Middel-sæx, pr.n., *O.E.* Middelseaxe; *Middlesex,* LAȝ. 15391; Middlesex ROB. 3.

middel-wei, sb., = *Ger.* mittelweg; *mid way, mean,* HOM. I. 255; A. R. 336.

middel-wereld, sb., *world,* ORM. 17538; middelwerld GEN. & EX. 98.

middel, sb., *O.E.* middel, = *M.Du.* middel, *M.H.G.* mittel; *middle,* A. R. 180; HOM. II. 85; HAV. 2092; þe middel of þis lond ROB. 229; hire middel smal SPEC. 35; medille TOWNL. 112; on heora middele ['*in medio eorum*'] MK. ix. 36; iveng me bi þan midle LAȝ. 28069; bi þe midle [middel] LANGL. A v. 202; in middel of his live S. S. (Web.) 1729.

middemiste, adj., *midmost,* LEECHD. III. 112.

midding, sb., *Dan.* mögdynge; *midding, dunghill,* '*sterquilinium,*' PR. C. 628; PALL. i. 750; miding TOWNL. 30.

mide, *see* mid.

miȝen, v., *O.E.* mīgan, = *M.L.G.* mīgen, *O.N.* miga; *make water*; **mǣh** [meh] (*pret.*) LAȝ. 17726.

migge, *see* mügge.

migge, sb., *O.E.* micge, *cf. M.H.G.* mīge, *M.Du.* mijghe; *urine,* A. R. 402; migga LEECHD. III. 132.

migrene, migreime, sb., *Fr.* migraine; *megrim, headache,* PR. P. 337.

Mihel, pr. n., *Michael,* KATH. 710.

Mihel-masse, sb., *Michaelmas,* ROB. 463; Mighel-messe HOCCL. ii. 14.

miht, *see* meaht.

mik, sb., *man,* C. M. 2807; **mikes** (*pl.*) *free labourers* A. P. i. 572.

mike, sb., *some part of a boat,* A. P. ii. 417.

mikel, *see* müchel. **mil,** *see* mel.

milc, sb., *O.E.* meoluc, meolc, milc, = *O.N.* miolk, *O.Fris.* melok, *Goth.* miluks, *Q.H.G.* miluh; *milk,* LAȝ. 1182; ORM. 12662; O. & N. 1009; milk A. R. 320; HAV. 643; SPEC. 36; CH. C. T. F 614; milk [melk, melke] LANGL. B v. 444; melk AYENB. 137; melke ROB. 361; SHOR. 90; mulc BRD. 7; milche GEN. & EX. 2788.

milc-hwit, adj., *O.E.* meolchwīt; *milk-white,* FRAG. 2; milcwhit LAȝ. 15938; melk-whit OCTOV. (W.) 1679; milkeqvite ALEX. (Sk.) 1579, 3776, 4533, 5468.

milc-rēm, sb., *cream,* HICKES I. 227.

milk-soppe, sb., *milksop,* CH. C. T. B 3100.

milce, milcien, *see* mildse, mildsien.

milche, adj., = *M.L.G.* melk, *O.H.G.* melch; *milch*: sche was melche LAI LE FR. 196; milche cou PR. P. 337; milche kie E. W. 57.

milde, adj., *O.E.* milde, = *O.L.G.* mildi, *O.N.* mildr, *Goth.* milds, *O.H.G.* milti; *mild,* P. L. S. viii. 13; LAȝ. 30809; A. R. 120; ORM. 668; ROB. 287; SPEC. 62; milde of herte AYENB. 133; þat mild (*sb.*) he besechis ALEX. (Sk.) 5097; **mildere** (*dat. f.*) LAȝ. 13032; onswerede him ... mildere stevene HOM. I. 45; **milden** (*dat. pl.*) LAȝ. 1192; **mildre** (*compar.*) A. R. 268; O. & N. 1775; **mildest** (*superl.*) LANGL. B xix. 250; *comp.* un-milde.

milde-hēde, sb., *clemency,* AYENB. 133.

mīld-heorte, adj., *O.E.* mildheort, *O.H.G.* miltherzi; *benign,* LAȝ. 16813; HOM. II. 121.

mīldhert-leȝc, sb., *clemency,* ORM. 1476.

mildheortnesse, sb., *clemency,* A. R. 120; ORM. 2896; mildhertnes PS. lxxxvii. 12.

mild-heorted adj., *mild-hearted,* HOM. II. 45.

mīld-līch, adj., *mild*; mid mildlīche (*pl.*) worden LAȝ. 8832; **mildeliche** (*adv.*) A. R. 40; BRD. 3; WILL. 1898; mildeliche LANGL. A iii. 21; mildelike GEN. & EX. 1371.

mildenesse, sb., = *O.H.G.* miltnissa; *mildness,* SPEC. 73; AYENB. 65.

milde-scipe, sb., *meekness,* LAȝ. 17146;

430   **mílde**   **minne.**

mildeschipe HOM. I. 269; mildschipe H. M. 41; mildshipe HOM. II. 49.

mílde², sb., *O.N.* mildi, = *O.H.G.* miltī; *clemency*, P. R. L. P. 167.

    milde-ful, adj., *mild, merciful*, PS. cxiv. 5; mildful JUL. 55.

milde, sb., *millet*, PALL. i. 556.

míldien, v., *cf. O.H.G.* milten; *grow mild*; mildi AYENB. 177.

míldse, sb., *O.E.* milds, milts; *clemency*; milze, mīlce, mildze, mildce, milzce LA3. 6616, 11055, 16831, 21889, 31391; milts(e) FRAG. 8; milce P. L. S. viii. 107; KATH. 297; A. R. 30; ORM. 1476; GEN. & EX. 3728; HAV. 1361; ROB. 57; C. L. 350; milse SHOR. 44; SPEC. 58; milse [milce] and ore O. & N. 1083, 1404; milse, milce L. H. R. 18, 19.

    mils-ful, adj., *merciful*, A. R. 264; C. L. 543; PS. cxiv. 5; milzful JUL. 56.

míldsien, v., *O.E.* mildsian, miltsian; *show clemency*; miltcien HOM. I. 29; milcen ORM. 1041; milce MISC. 141; milse (*pres.*) ['*miseror*'] PS. cxiv. 5; milœ (*imper.*) KATH. 2419; milce hore soulen A. R. 428; *comp.* ʒe-mildsien.

míle, sb., *O.E.* mil, = *O.N.* mila, *O.H.G.* mīla, milla, *Lat.* mille; *mile*: ane mile LA3. 5819; fif mile SAX. CHR. 256; fourti mile TREAT. 134; twenti mile weies ALIS. 4446; fiftene milen (*pl.*) MARH. 2.

milers, sb., pl., *thousands*, MAN. (F.) 13527.

milfoil, sb., *Fr.* mille-feuille; *milfoil*, REL. I. 36.

milioun, millioun, sb., *Fr.* million; *million*, CH. C. T. *D* 1685.

milkin, v., ? *O.E.* meolcian, *cf. M.L.G.* melken, *O.N.* miolka, *O.H.G.* melchan; *milk*, '*mulgeo*,' PR. P. 338; melke TREV. I. 359; milked (*pret.*) MAND. 71; imelked (*pple.*) P. L. S. xiii. 234.

mille, millere, milne, milnere, see **mülne, mülnere**.

milse, milsien, see **míldse, míldsien**.

milte, sb., *O.E.* milte, = *O.Fris.* milte, ? *O.N.* milti, *O.H.G.* milzi *n.; milt, spleen*, FRAG. 6; R. S. v (MISC. 178).

min, adv., *O.N.* minnr, = *O.Fris.*, *O.H.G.* min, Goth. mins, *Lat.* minus; *less*, L. C. C. 22.

minne, adj., = *O.Fris.* minni, = *O.Fris.* minnera, minra, *O.H.G.* minniro, Goth. minniza, *Lat.* minor; *lesser*, PS. ix. 6; þe minne GAW. 1881; þe more and þe minne FLOR. 549; PERC. 1608.

mīn, adj., *O.E.* mīn, = *O.N.*, *O.L.G.* mīnn, *O.H.G.* mīn, Goth. meins; *mine, my*: min feder HOM. I. 125; min hirde MARH. 12; min seoruwe FRAG. 6; min herte LA3. 7289; CH. C. T. *A* 1144; min child ORM. 2801; min hus O. & N. 623; min heorte 37; min loverd GEN. & EX. 1625; þe viht is min A. R. 266; sone min REL. I. 186; fader min C. L. 325; mi hlaford MAT. xxiv. 48; mi lare JOHN vii. 16; mi fader KATH. 466; mi sone HAV. 387; mi deþ CH. C. T. *A* 1566; mi sawle MARH. 3; mi soule A. R. 134; mi tunge O. & N. 37; mi bearn LA3. 2276; **mīnes** (*gen. m. n.*) LA3. 3588; MISC. 54; mines federes A. R. 406; mine-lustes brune 318; mine lives MARH. 13; mi laverdes 12; mine sønges O. & N. 1358; mine wives HAV. 698; to mi lives ende AYENB. 1; **mīnre**, mire (*gen. f.*) LK. xiv. 24, xv. 12; ANGL. VII. 220; mire LA3. 8407; þu ert mire soule light HOM. I. 191; **mīnan** (*dat. m. n.*) ANGL. VII. 220; minan, minen, mine MAT. viii. 6, x. 22; JOHN xvi. 26; mine LA3. 698; A. R. 148; O. & N. 46; AYENB. 89; min ORM. 10998; of mi necke MARH. 13; of mi londe BEK. 440; to ... mi broþer CH. C. T. *A* 1161; **mīre** (*dat. f.*) HOM. I. 13; LA3. 7879; O. & N. 1741; bi mi miʒte BEK. 1597; of mi soule LANGL. *A* iv. 123; **mīnne** (*acc. m.*) HOM. I. 113; A. R. 306; MISC. 53; minne, mine LA3. 789, 3384; mine O. & N. 36; min, mi ORM. 2957, 17725; mī broþer MARH. 12; **mīne** (*acc. f.*) A. R. 38; O. & N. 1188; min GEN. & EX. 277; min heorte KATH. 2163; mi hwile 765; mi mede HAV. 119; mi soule BEK. 356; **min** (*acc. n.*) GEN. & EX. 2882; s. & C. I. iii; min iwīt O. & N. 1188; min beed CH. C. T. *A* 782; mi lond LA3. 8349; BEK. 39; **mīne** (*nom. acc. pl.*) LA3. 492; MARH. 8; A. R. 62; ORM. DEDIC. 52; O. & N. 605; HAV. 385; BEK. 914; ʒif ʒe beon mine KATH. 1774; mine [min] eiʒen LANGL. *A* v. 90; mi gees iv. 38; min GEN. & EX. 1760; SPEC. 47; min [mi] fet M. H. 18; mīre (*gen. pl.*) LA3. 21985; **mīnan** (*dat. pl.*) LK. i. 44; minen LA3. 2946; mine MARH. 20; O. & N. 364; BEK. 478; in alle mine neoden HOM. I. 205; mine, min A. R. 62, 234; min SPEC. 61.

mincen, v., *O.Fr.* mincer; *mince*; mince (*imper.*) C. B. 16, 29, 110; **mincid** (*pple.*) L C. C. 18; mīncid, mencid, minced C. B. 14, 15, 76.

minchen, see **munechene**.

minde, minden, mindi, see **münde, münden, mündi**.

mīne, sb., *mineral*, PALL. i. 374; mine mine GOW. II. 87.

mīnen, v., *Fr.* miner; *dig a mine*, MAND. 267; mini AYENB. 108; **mīne** (*imper.*) PALL. iii. 334; minede (*pret.*) TREV. III. 269; mineden ['*suffoderunt*'] WICL. GEN. xlix. 6; *comp.* under-minen.

mingen, see **münegen**. **minien**, see **münien**.

ministración, sb., *service*, ALEX. (Sk.) 3554.

ministral, see **menestral**.

ministre, sb., *O.Fr.* ministre; *minister, servant*, CH. C. T. *G* I; **ministris** (*pl.*) ALEX. (Sk.) 1537.

ministren, v., *O.Fr.* ministrer; *minister*, LANGL. *B* xii. 54; ministre PR. C. 5958.

[**minne**, sb., *comp.* mēre-minne.]

minne², sb., *O.N.* minni; *memory, remem-*

minne. **mis-dōn.** 431

brunce, C. M. 8835; on þi pouer þen have þeu minne MIRC 1965.

minnen, v., *O.N.* minna (*remind*), minnaz (*remember*); *have in mind, remember*; minne A. P. i. 582; C. M. 112; ANT. ARTH. xviii; þat i mai minne on þe mon GAW. 1800; of one thinge i wolle iou minne M. ARTH. 169; me **minnis** [*O.N.* mik minnir] (*pres.*) TOWNL. 225; me minneþ (*ms.* mineþ) þat ic seȝde ȝuw ORM. 1817; me minez A. P. ii. 25; *see* **munien.**

minning, mining, sb., *O. N.* minning; *memory*, C. M. 13183.

minour, sb., *Fr.* mineure; *miner*: as a minour sekith gold hid WICL. GL. PROV. ii. 4; minur. MISC. 97; **minours** (*pl.*) LANGL. PROL. *A* 101; Gow. II. 198.

minster, *see* **münster.** **mint,** *see* **münet.**

minte, sb., *mite* (*insect*), *small piece*, '*mica*,' VOC. (W. W.) 767; **mintis** (*pl.*) '*bibiones* (*vermes*)' 623.

minte², sb., *O.E.* minte, = *O.H.G.* minza, *Lat.* menta, mentha; *mint*, '*menta*,' VOC. 190; PR. P. 338; minte [mente] WICL. MAT. xxiii. 23; *comp.* brōc-, hors-minte.

minten, *see* **münten.**

minūte, sb., *Fr.* minute; *minute*, PR. P. 338; in a minute [minte] while LANGL. *B* xi. 372, *C* xiv. 200; **minutes** (*pl.*) CH. ASTR. i. 7 (5).

miracle, sb., *O.Fr.* miracle; *miracle, wonder*, A. R. 152; HAV. 500; þat miracle CHR. E. 764; **miracles** (*pl.*) SAX. CHR. 263; AYENB. 56.

mīre, sb., *O.E.* mȳre, mīre, = *M.Du.* miere, *Dan.* mȳre, *Swed.* mȳra; *ant*, MISC. 8, 9; *comp.* pisse-mīre.

mīre, *see* **mūre.** **mirie,** *see* **mūrie.**

mirke, adj., *O.E.* mirce, myrce, *O.L.G.* mirki, *O.N.* myrkr; *dark*, '*obscurus*,' PR. P. 339; REL. I. 210; ANT. ARTH. vi; þe mirke nith HAV. 404; mirc GEN. & EX. 284; mirk MAN. (H.) 221; PR. C. 456; M. H. 98; merke R. R. 5339; þe merke dale LANGL. *B* i. 1; merke night N. P. 51; **merk** (sb.), *darkness*, A. P. ii. 894; in merke LANGL. *B* xvii. 240; in mirke H. S. 2164.

mirknesse, sb., *darkness*, GEN. & EX. 3104; merk-, merkenesse LANGL. *B* xviii. 136; merknes APOL. 98.

mirken, v., *O.N.* myrkja; *make dark*, HORN CH. 81; merke LUD. COV. 207; he sent mirknes and he **mirkid** (*pret.*) HAMP. PS. civ. 26; **mirkid** (*pple.*) lxxiii. 21.

mirour, sb., *O.Fr.* mireor; *mirror*, AN. LIT. 91; AYENB. 158; LANGL. *B* xi. 8.

mirous, adj., *wonderful*, PALL. iv. 358.

mirre, sb., *O.E.* myrre, *O.Fr.* mirre, myrre; *myrrh*, MAT. ii. 11; A. R. 372; MISC. 26.

mirt, sb., *Lat.* myrtus; *myrtle*, PALL. i. 568.

mirþe, *see* **mürhðe.** **mirþren,** *see* **mürören.**

mis, adv., *O.N.* mis; *?from* miþen; *badly*: iȝeven mis & inumen mis HOM. I. 205; heo wrencheð hore muð mis A. R. 212; on elpi word þet tu mis iherest 296; seið & deð so much mis (*ill*) 86; ȝif him mis biveolle 200; þu ert mis biþouht MISC. 45; ich (h)abbe mis ido ROB. 339; mis bilevinde AYENB. 69; mis for to donne H. M. 17; to (a)mende boþe þe mis MAN. (H.) 303; a mis (*O.N.* ā mis) *amiss* O. & N. 1365; ȝe þencheþ a mis BRD. 8; he dude a mis LEG. 14; is faren o mis MIR. PL 152; misse ... schaped WILL. 141.

[**mis-,** prefix, *O.E.* mis-, = *O.N.* mis-, *Goth.* missa-, *O.H.G.* missi-; *wrongly, amiss.*]

mis-, *see* **mes-.**

mis-bēode, v., *O.E.* misbēodan, = *O.N.* misbiōða, *M.H.G.* missebieten; *abuse, offend*, O. & N. 1541; **misbēode** (*imper.*) LANGL. *A* vii. 45 [misbede *B* vi. 46]; **misbēd** (*pret.*) MAN. (F.) 2088; **misbōden** (*pple.*) GAW. 2339; who haþ ȝou misboden or offended CH. C. T. *A* 909.

mis-bēre, v., *bear amiss*, TREV. III. 275; ȝif hit is **misborn** (*pple.*) H. M. 33; þeȝ be him hadde þer misbore BEK. 1248.

mis-bilēave, sb., *misbelief, unbelief*, KATH. 348; misbileve AYENB. 13; S. S. (Wr.) 2302; misbiliefe PR. C. 5521.

mis-bilēved, adj., *infidel*; misbilevede men ROB. (W.) 2442.

mis-beleven, v., *believe amiss*, Gow. III. 152.

mis-bōde, sb., *abuse, offence*, LAȝ. 11095; HOM. II. 79.

mis-cas, sb., *mishap*, ROB. (W.) 10047.

mis-chēosen, v., *choose ill*; **mischēs** (*pret.*) GEN. & EX. 190.

mischeroun, sb., *gnat*, MAN. (F.) 14706.

mis-comforten, v., *discomfort*; thai **miscomfort** (*pres.*) HAMP. PS. cxix. 4*; **miscomfortand** (*pple.*) 4.

mis-cwēmen, v., *displease*; **miscwēmeð** (*pres.*) A. R. 182; **misqvēme** (*subj.*) PL. T. 595 (P. P. 323).

mis-cweþen, v., *O.E.* miscweðan; *speak ill*; **miscweþen** (*pple.*) FRAG. 1.

mis-dēde, sb., *O.E.* misdǣd, = *Goth.* missadēds, *O.H.G.* missitāt; *misdeed*, A. R. 124; ORM. 7830; O. & N. 231; **misdēde** (*pl.*) C. L. 394; **misdēden** (*dat. pl.*) LAȝ. 18389.

mis-dēme, v., *misjudge*, WICL. NUM. xiv. 11; **misdēmeþ** (*pres.*) CH. C. T. *E* 2410.

mis-departen, v., *divide amiss*; **misdeparteth** (*pres.*) CH. C. T. *B* 107.

mis-dōn, v., *O.E.* misdōn, = *O.H.G.* missituon; *misdo, do amis*, O. & N. 1489; nalde na mon misdon wið oðre HOM. I. 15; misdo LANGL. *A* iii. 118; to misdone WILL. 2581; **misdēð** (*pres.*) HOM. I. 65; A. R. 124; **misdide** (*pret.*) KATH. 1207; misdede GEN. & EX. 1847; HAV. 992; MAP 336; misdiden ORM. 15154; **misdōn** (*pple.*) A. R. 98; SPEC. 72.

mis-dōere, sb., *misdoer*; **misdōeres** (*pl.*) AYENB. 8; MAND. 9.

mis-drawe, v., *misdraw*, SAINTS (Ld.) xlv. 168; **misdrawe** (*pple.*) GOW. I. 18.

misericorde, sb., *Fr.* misericorde; *mercy*, A. R. 30; CH. A. B. C. 25; miserecorde A. P. i. 366.

miserie, sb., *O.Fr.* miserie; *misery, servitude*, CH. C. T. *B* 3196; ALEX. (Sk.) 1774, 3550.

misentente, v., *cf. O.Fr.* mesentendre; *misunderstand*; **misetente** (*pple.*) A. P. i. 257.

mis-fal, sb., = *M.Du.* misval; *mischance*; misval AYENB. 30.

mis-fallen, v., = *M.Du.* misvallen; *turn out ill*; **misvalle** (*pres. subj.*) AYENB. 193.

mis-fangen, v., *take amiss*: þah he beo god me hine mai misfonge O. & N. 1374.

mis-fáre, sb., = *O.N.* misför; *ill faring*, L. H. R. 118; C. M. 315.

mis-fáren, v., *O.E.* misfaran, = *O.N.* misfara, *O.H.G.* missefaran; *go astray, fare ill*, GEN. & EX. 1911; **misfáre** (*pple.*) WILL. 995; AMAD. (R.) xxi.

mis-féren, v., *go astray, fare ill*; **misfèrde** (*pret.*) LA₃. 26229; HAV. 1869; S. S. (Wr.) 2765; misferden KATH. 93; misferde WILL. 2999.

mis-gān, v., = *M.Du.* misgaen; *go astray, err*: þou **misgōs** (*pres.*) HAV. 2707; (he) misgeþ AYENB. 94.

mis-gang, sb., *trespass*, C. M. 17235; misgong S. A. L. 163.

mis-ʒēmen, v., *O.E.* misgȳman; *neglect*; misseʒeme A. P. i. 322; **misʒēmed** (*pple.*) A. R. 344.

mis-gelt, sb., = gült, WILL. 1541.

mis-gīen, v., *misguide*; **misgīed** (*pple.*) CH. C. T. *B* 3723.

mis-governaunce, sb., *misconduct*, CH. C. T. *B* 3202.

mis-gülten, v., = gülten: what have we þe misgelt (*pple.*) S. S. (Web.) 1697.

mis-hap, sb., *mishap*, PR. P. 339; mishep A. R. 180.

mis-happen, v., *happen unfortunately*; **mishappe** (*pres. subj.*) CH. C. T. *A* 1646.

mis-hópien, v., = *M.L.G.* mishopen; *despair*; **mishópie** (*pres.*) HOM. I. 213; **mishópand** (*pple.*) HAMP. PS. xliii. 20*.

mīsi, sb., *cf.* mēos, *fen*, GAW. 749.

mis-kenninge, sb., '*mespris par oi u de fet*,' REL. I. 33.

mis-lǣden, v., *O.E.* mislǣdan; *mislead*; **mislěd(d)en** (*pret.*) CH. TRO. iv. 48.

mis-lēren, v., *seduce, deceive*; mis!ere P. L. S. xiv. 6; **mislērede** (*pret.*) LA₃. 4311*.

mis-lōre, v., *O.E.* mislār; *false doctrine*, HOM. II. 29.

mis-lēve, sb., = *M.L.G.* mislōve; *unbelief*, HOM. II. 73.

mis-lēven, v., *discredit*; **mislēveð** (*pres.*) A. R. 416; misleveþ AYENB. 180; **mislēfde** (*pret.*) HOM. II. 137.

mis-līch, adj., *O.E.* mislīc, = *O.L.G.* mislīc, *O.N.* mislīkr, *O.H.G.* misselīch, *Goth.* missaleiks; *various*, MARH. 1; A. R. 180; ʒiven ham misliche nomen KATH. 271; **misliche** (*adv.*) HOM. I. 119; mistlice HOM. I. 230; heo misliche foren LA₃. 6270; þat ich ... of þat matere so misseliche þenke WILL. 711.

mis-līche, adv., *badly*, HOM. I. 281; messeli WILL. 207.

mis-līken, v., *O.E.* mislīcian, = *O.N.* mislīka, *O.H.G.* misselīchen; *mislike, be displeasing*, A. R. 338; tis maʒ þe misliken ORM. 18287; **mislikeð** (*pres.*) P. L. S. viii. 7; mislikeþ O. & N. 344; **mislīke** (*subj.*) HORN (R.) 670; **mislīkede** (*pret.*) GEN. & EX. 1728; it mislikede me WILL. 2039.

mislīkunge, sb., *misliking*, A. R. 180; misliking SPEC. 72; IW. 537; PR. C. 9028.

mis-limpen, v., *O.E.* mislimpan; *befall amiss*: him mai sone mislimpe HOM. I. 243.

mis-nimen, v., = *O.H.G.* misseneman; *mistake*: **misnimeð** (*pres.*) A. R. 46; misnimþ AYENB. 83; þu **misnōme** (*pret.*) KATH. 455; **misnumen** (*pple.*) GEN. & EX. 3091; misnume O. & N. 1514.

misniming, sb., *malappropriation*, ROB. (W.) 10465.

mis-nótien, v., *abuse, misuse*; **misnóteð** (*pres.*) A. R. 130.

mispaien, v., *O.Fr.* mespaier; *displease*; mispaie YORK v. 64; HAMP. PS. xcix. 4; MAN. (F.) 7811; **mispaies** (*pres.*) HAMP. PS. xxxvi. 37*; **mispaie** (*pres. subj.*) A. R. 218; **mispaied** (*pret.*) YORK iii. 399; mispaide (*pple.*) GOW. I. 178.

mis-proud, adj., *unwisely proud*, LANGL. *C* viii. 96; **misproude** (*pl.*) ALIS.² (Sk.) 312; misseproude WILL. 2944.

mis-rǣden, v., *O.E.* misrǣdan, = *M.H.G.* misserāten; *give bad advice*; misrede O. & N. 1063; HORN (R.) 298; **misrēt** (*pres.*) AYENB. 184; **misrǣden** (*subj.*) LA₃. 13130.

mis-réken, v., *? go astray*: for sumeres tide is al to wlonc and doþ misreken monnes þonk O. & N. 490; and sone mai a word misreke þar muþ schal aʒen h(e)orte speke 675.

mis-rempen, v., *? go wide of the mark*: ʒef þe þincþ þat i **misrempe** (*pres.*) O. & N. 1787.

mis-reulen, v., *misgovern*; **misreuleth** (*pres.*) LANGL. *B* ix. 59; misreule GOW. III. 170.

mis-sawe, sb., *evil-speaking*, A. R. 124.

mis-scheppen, v., = *M.Du.* misscheppen; *deform*; **misschápen** (*pple.*) misshapen A. P. ii. 1355; misshape LANGL. *B* vii. 95 [misshapen *A* viii. 79*].

misse, sb., = *M.Du.*, *M.H.G.* misse, *O.N.* missa; *loss, privation, defect, injury*, M. ARTH. 3677; of hete hi habbeð misse P. L. S.

misse. — **miþen.**

viii. 118 ; be misse never so huge A. P. iii. 420 ; to (a)mende mi misse WILL. 532 ; i wol be vengid of this gret(e) misse LUD. COV. 43 ; **misse** (*dat.*) REL. I. 49 ; wiþute misse (*fail*) ASS. 112 ; wiþoute misse SHOR. 135.

mis-seggen, v., = *M.Du.* misseggen ; *speak evil* : missegge SHOR. 98 ; miszigge AYENB. 189 ; **misseist** (*pres.*) KATH. 457 ; misseið A. R. 34 ; **misseie** (*subj.*) E. G. 89 ; **missaid** (*pret.*) MAN. (F.) 3485 ; **misseid** (*pple.*) HAV. 1688.

mis-siggere, sb., *slanderer*, AYENB. 256.

mi(s)-sēmand, pple., *unseemly*, HAMP. PS. lxxii. 15*.

missen, v., O.E. missan, = O.H.G. missen, O.Fris., O.N. missa ; *miss* : he sulden missen hine GEN. & EX. 3336 ; missin '*careo*' PR. P. 340 ; misse SPEC. 57 ; WILL. 1016 ; PR. C. 5266 ; A. P. i. 329 ; LUD. COV. 50 ; heo ... moten misse þ(e)rof KATH. 651 ; hue wenden ... of huere live to misse HORN (R.) 126 ; **misseð** (*pres.*) A. R. 364 ; (ye) **misse** (*subj.*) MISC. 40 ; **miste** (*pret.*) GEN. & EX. 3872 ; BEK. 50 ; an an swa ich þe miste LA3. 18817 ; misten ORM. 8919 ; *comp.* 3e-**missen**.

missing, sb., *want, lack*, ALEX. (Sk.) 4595 ; YORK i. 48.

mis-spēche, sb., = *M.Du.* misspraeke ; *slander* ; missespeche WILL. 1523.

mis-spēden, v., *succeed ill* ; **misspēdde** (*pret.*) MAN. (F.) 6912.

mis-spenden, v., *misspend* ; **misspēne** (*pres.*) LA3. 13483*.

mis-st(e)orte, **-stūrte**, v., *start amiss*, O. & N. 677.

mis-swāre, sb., ? *perjury*, HOM. I. 205.

mist, sb., O.E. mist, = *M.Du.* mist ; *mist*, '*nebula*,' PR. P. 340 ; TREAT. 136 ; REL. I. 211 ; ALIS. 5761 ; LANGL. *A* PROL. 88 ; **miste** (*dat.*) P. L. S. viii. 9.

mis-tǣchen, v., O.E. mistǣcan ; *teach falsely* ; **mistāgte** (*pres.*) GEN. & EX. 475.

mis-tāken, v., O.N. mistaka ; *mistake* ; **mistākeþ** (*pres.*) R. R. 1540.

misti, adj., O.E. mistig, = *M.Du.* mistigh ; *misty*, '*nebulosus*,' PR. P. 340 ; REL. I. 265 ; **mistier** (*compar.*) LANGL. *B* x. 181.

misti-hēde, sb., *mystery*, CH. COMP. M. 224.

misti-lī, adv., *mistily*, PR. C. 4364.

mistinesse, sb., *mistiness*, ['*caligine*'] WICL. PROV. vii. 9.

mis-tīden, v., O.E. mistīdan ; *turn out ill* ; **mistide** (*pres. subj.*) O. & N. 1501.

mistil, sb., ? O.E. mistel, = O.H.G. mistil ; ? *mistletoe* ; peire bedis of mistill W. & I. 16.

mis-tīmen, v., O.E. mistīman ; *turn out ill* : **mistimeð** (*pres.*) A. R. 200.

mis-trēouþe, sb., *unbelief* ; mistrauthe A. P. ii. 996.

mistrin, *see* **mestrin**.

mis-trōst, sb., = *M.Du.* mistroost ; = O.H.G. missetrōst ; *mistrust*, LUD. COV. 126.

mis-trowe, sb., = *M.L.G.* mistruwe ; *diffidence*, WILL. 3314.

mis-trowen, v., O.N. mistrūa, = *M.Du.* mistrouwen, *M.H.G.* missetriuwen ; *mistrust* ; **mistrowande** (*pres. pple.*) WICL. BAR. i. 17 ; **missetrowede** (*pret.*) WILL. 1480 ; **mistrowet** (*pple.*) A. R. 68*.

mis-trum, ? adj., ? *infirm, meagre* (*diet*) : of mistrume (*dat.*) mel A. R. 262*.

mis-trūsten, v., *mistrust* ; mistriste CH. C. T. *C* 369 ; PARTEN. 4107 ; **mistrōstende** (*pple.*) WICL. BAR. i. 17.

mis-turnen, v., *turn amiss, pervert* ; misturne WICL. LAM. iii. 36 ; **misturnes** (*pres.*) PR. C. 1617.

mis-þenchen, v., *have evil thoughts* ; **misčenche** (*pres. subj.*) A. R. 62.

mis-þūnchen, v., O.E. misþyncan ; *seem amiss* : þat te misþūncheð (*pres.*) KATH. 982.

mis-wenden, v., O.E. miswendan ; *turn amiss* ; **miswendeþ** (*pres.*) AYENB. 40 ; **miswent** (*pple.*) FER. 1963.

mis-witen, v., *be heedless*, A. R. 202.

mis-wīven, v., *wive amiss*, GEN. & EX. 540.

mis-word, sb., = *M.H.G.* miswort ; *harsh word, slander*, A. R. 190.

mis-wrīten, v., O.E. miswrītan ; *miswrite* ; miswritene (*pple. pl.*) FRAG. I.

mis-wune, sb., *evil habit*, REL. I. 132 (HOM. II. 13).

mis-würchen, v., *do ill* ; miswerche WILL. 5148 ; **miswro3t** (*pple.*) ASS. 187 ; miswroght PR. C. 1993.

mit, *see* **mid**.

mīte, sb., O.E. mīte ['*tamus*'], = *M.Du.* mijte (*tick*), O.H.G. mīza (*gnat*) ; *mite* (*insect*) ; **mītes** (*pl.*) CH. C. T. *D* 560.

mīte², sb., = *M.L.G.* mīte, *M.Du.* mijte ; *mite, minute object*, '*minutum*,' PR. P. 340 ; WILL. 2017 ; LANGL. *B* xx. 178 ; for ... i nolde no3t 3ive a mite FER. 1579 ; weie a mite GOW. II. 275 ; nought worþ a mite CH. C. T. *A* 1558.

miteine, sb., *Fr.* mitaine ; *mitten, glove*, '*mitta, mancus*,' PR. P. 340 ; **miteines** (*pl.*) PL. CR. 428 ; mittens PALL. i. 1167.

mitigacioūn [mitigacioun], sb., *Fr.* mitigation ; *mitigation*, LANGL. *B* v. 477.

mīting, sb., *mite, trifle, little one*, TOWNL. 96 ; YORK xviii. 113 ; mighting xxxi. 110 ; mi miting meede YORK xxxii. 305.

mitre, sb., *Fr.* mitre ; *mitre*, JOS. 293 ; ALEX. (Sk.) 1541.

mitred, adj., *mitred*, DAV. DR. 79.

miþen, v., O.E. mīðan, = O.L.G. mīthan, O.H.G. mīdan ; *avoid, conceal*, SPEC. 24 ; miþe A. P. i. 359 ; HORN CH. 825 ; his sorwe he couþe ful wel miþe HAV. 948 ; **mīðe** (*pr. subj.*) GEN. & EX. 3807.

F f

mix, sb., *O.E.* mix, meox, = *Fris.* miux, *cf. O.H.G.* mist, *Goth.* maihstus; *dunghill, dung,* KATH. 204; SHOR. 109; **mixe** (*dat.*) REL. I. 183; mexe HOM. I. 113; **mixes** (*pl.*) *vile men* MISC. 140.

mixen, sb., *O.E.* mixen, myxen, meoxen; *dunghill,* R. R. 6496; **mixene** (*dat.*) LK. xiv. 35; (*ms.* mixenne) A. R. 140; mixne JUL. 41.

mixen, v., *O.E.* miscan, = *O.H.G.* miskan; *cf. Lat.* miscēre; *mix*; **mixid** (*pple.*) S. & C. II. vi.

mō, see **mā**.

mobard, sb., *clown*; **mobardis** (*pl.*) YORK xxxviii. 137; mobbardis xliv. 74.

moche, mochel, see **müche, müchel**.

mōd, sb., *O.E.* mōd *n., cf. O.L.G.* mōd, *Goth.* mōds (ὀργή, θυμός), *O.N.* mōðr, *O.H.G.* muot *m.*; *mood, mind, courage,* ALIS. 102; mod [mood] CH. C. T. *A* 1760; þi wreððe & þi mod HOM. I. 67; his mod him gon mengen LA3. 3407; whar þu þat mod nime 24777; þat uvele mod O. & N. 8; ðin milde mod GEN. & EX. 3602; let þi mod overgo MAN. (F.) 3214; **modes** (*gen.*) ORM. 9386; **mōde** (*dat.*) O. & N. 661; mid clene mode HOM. I. 65; hit com him on mode LA3. 11; þa (*r*. wa) hire wes on mode 3105; þu woldest beon of oþer mode MISC. 84; he arn of one mode REL. I. 216; he þohte on his mode HORN (R.) 287; wiþ glade mode SPEC. 80; wiþ . . . dreri mode ISUM. 186; mude PR. C. 2391; *comp.* over-**mōd**.

mōd-kare [**mōdcare**], sb., *O.E.* mōdcearu; *anxiety,* LA3. 3115.

mōd-ful, adj., *ambitious,* LA3. 31464.

mōd-lēste, sb., *O.E.* mōdlēast; *discouraged condition,* HOM. I. 111.

mōd-sorʒe, sb., *O.E.* mōdsorg; *sorrow of mind,* LA3. 8692.

mōd², adj., *O.N.* mōðr; *courageous; -minded*; **mōde** (*pl.*) MISC. 91; *comp.* **aðel-, ān-, blīðe-, drēoriʒ-, ēad-, hrað-, lang-, over-, or-, sāri-, pōle-, wēa-mōd.**

mōd, see **mād**.

moder, sb., *prov.Eng.* (*Norf.*) mauther; *young girl,* PR. P. 341.

mōder, sb., *O.E.* mōdor, mōdur, = *O.L.G.* mōdar, *O.Fris.* mōder, *O.N.* mōðir, *O.H.G.* muoter; *mother,* MAT. xii. 46; LA3. 210; MARH. 2; BEK. 153; LANGL. *B* xiv. 264; moder [mooder] CH. C. T. *B* 276; mooder '*mater, genitrix*' PR. P. 341; JOS. 98; modir PERC. 445; moodir LIDG. M. P. 243; **mōder** (*gen.*) LA3. 11058; ORM. 168; WILL. 1177; GOW. I. 352; PL. CR. 270; PR. C. 447; on his moder kne C. M. 11681; **mōder** [*O.E.* mēder] (*dat.*) MAT. ii. 11; KATH. 931; ORM. 248; mōder (*pl.*) MK. x. 30; modres P. L. S. xviii. 25; modren AYENB. 67; *comp.* **eald-, fōster-, god-, stēop-mōder.**

mōder-bern, sb., = *M.H.G.* muoterbarn; *mother's child,* MARH. 2.

mōder-burh, sb., *metropolis,* KATH. 46.

mōder-child, sb., *O.E.* mōdorcild; *mother's child,* HORN (H.) 664; P. L. S. xxi. 93.

mōder-chirche, sb., = *M.H.G.* müterkirche; *mother church,* CHR. E. 923.

mōder-hēde, sb., *motherhood,* SHOR. 117.

mōder-lēs, adj., = *M.H.G.* muoterlōs; *motherless,* KATH. 78.

mōder-lich, adj., *O.E.* mōdorlīc; *motherly*: i þi moderliche herte HOM. I. 285.

mōder-sune, sb., *mother's son,* HOM. I. 269; modersone GREG. 705.

mōdi, adj., *O.E.* mōdig, = *Goth.* mōdags, *O.N.* mōdugr, *M.H.G.* muotec, *mod.Eng.* moody: *full of passion, courageous, proud,* '*superbus,*' FRAG. 3; LA3. 8344; O. & N. 500; P. S. 220; OCTAV. (H.) 771; MIN. vi. 42; prud . . . & modi HOM. I. 43; modi & bold GEN. & EX. 2728; wel modi & wel murne HORN (L.) 704; modiʒ ORM. 8245; **mōdieste** (*superl.*) KATH. 1247; *comp.* **over-mōdi**.

mōdiʒ-leʒe, sb., *pride,* ORM. 73.

mōdiʒ-līke, adv., *courageously,* ORM. 2035; modiliche LANGL. *B* iv. 173.

mōdiʒnesse, sb., *O.E.* mōdigness; *courage, passion, pride,* ORM. 12040; modinesse HOM. I. 103; O. & N. 1405; prude and modinesse MISC. 74.

mōdien, v., *O.E.* mōdegian, mōdgian; *be proud*; to modienne HOM. I. 219; he mō-**digað** (*pres.*) 103.

modifie, v., *Fr.* modifier; *modify,* CH. C. T. *A* 2542.

mōdrie, sb., *O.E.* mōdrie, mōdrige, = ? *O.Fris.* mōdire, ? *O.H.G.* muotera; *aunt* (*ms.* moddrie) LA3. 30644.

moeble, adj., *O.Fr.* moeble, moble; *moveable,* CH. ASTR. i. 21 (47); meble S.A.L. 48; **moebles** (*sb. pl.*), *moveable goods, furniture,* CH. C. T. *E* 1314; mobles D. ARTH. 666.

mōʒ, mōʒe, see **māʒ, māʒe**.

moʒen, see **muʒen**. **moʒte**, see **mohðe**.

mohðe, sb., *O.E.* mohðe, moððe, = ? *M.Du.* motte; *moth*: mohðe fret te claðes H. M. 29; mogðe LK. xii. 33; mouʒþe [mouʒte] WICL. MAT. vi. 19; mouþe '*tinea*' REL. I. 6; mouþe [mothþe] LANGL. *C* xiii. 217; moþe VOC. 177; mouʒte '*tinea*' PR. P. 346; moughte VOC. 223; **mothes** [moþþes, mouhtes] (*pl.*) CH. C. T. *D* 560; moʒttes TREV. V. 119.

moiler, see **mulier**.

moisōn, sb., *O.Fr.* moison, muison; *measure,* REL. I. 192; alle þe musouns (*pl.*) in musike LANGL. *B* x. 172 [musons *A* xi. 128].

moiste, adj., *O.Fr.* moiste; *moist,* LANGL. *B* xvi. 68; CH. C. T. *A* 457.

moistin, v., *O.Fr.* moistir; *moisten,* '*humecto,*' PR. P. 341; **moisted** (*pret.*) PARTEN. 3574; moisted (*pple.*) MAND. 3.

moistūre, sb., *O. Fr.* moistour, moisteur; *moisture*, '*humor*,' PR. P. 341; TREV. III. 65.

móke, sb., *? net* : some can sette the moke awrie REL. I. 248.

móke², sb., ?=maček, mauk; *moth*, '*tinea*,' VOC. 190, 223.

mokkin, v., *O.Fr.* moquer; *mock*, '*ludifico*,' PR. P. 341.

mokren, *see* mukren. **mōl**, *see* māl.

molaine, sb., *? some ornament of a shield*; **molaines** (*pl.*) GAW. 169.

mólde, sb., *O.E.* molde,= *O.Fris.* molde, *O.N.* mold, *O.H.G.* molta, *Goth.* mulda; *mould, ground, earth*, HOM. II. 258; SHOR. 137; AYENB. 95; FER. 361; of þære mólde (*dat.*) FRAG. 5; of þar eorþe molde MISC. 142; on molde SPEC. 33; WILL. 917; LANGL. *A* PROL. 64; A. P. ii. 1114; under molde MISC. 93; HORN (L.) 317; AN. LIT. 91; CHR. E. 743.

móld(e)-ale, sb., *funeral banquet*, PR. P. 341.

móld-werp, sb.,=*M.H.G.* moltwerf; *mole*, ['*talpa*'] WICL. LEV. xi. 30; moldewarp REL. II. 83; APOL. 57; PALL. i. 924.

mólde², sb., *cf. Span.* molde, *O.Fr.* modle; *mould, model*, FER. 4939; LANGL. *B* xi. 341; mone of a mold(e) TRIST. 942; from þe nolde (*? neck*) to þe nolle ['*a cervice usqve ad occipitium*'] TREV. V. 369; ?mólden (*pl.*) A. R. 84.

mōlen, *see* mālen.

molle, sb.,=*M.L.G., M.Du.* mol; *mole*, '*talpa*,' PR. P. 342; VOC. 220.

molle², sb., *labour, trouble*, ALEX. (Sk.) 628, 4446.

molsh, adj., *soft*, PALL. ii. 141.

mōme, sb.,=*M.L.G.* mōme, mōne (*aunt, mother*), *M.Du.* moeme, *O.H.G.* muoma *aunt*), *O.N.* mōna (*mother*); *? aunt*, '*matertera*,' PR. P. 342; mone GOW. I. 97.

momelen, v.,= *M.Du.* momelen, *M.L.G.* mummeln; *chatter, discourse*; mameli [*v. r.* momele, mamelen] LANGL. *B* v. 21; momeleþ (*pres.*) P. S. 238; mamelit REL. I. 179; momellis YORK xxvii. 106.

mammlere, sb., *babbler*: Marcure (was) a mammlere of wordis ALEX (Sk.) 4498.

momurdotes, sb., pl., *sulks*, D. TROY 9088.

mon, *see* man. **mōn**, *see* mān.

monchen, v., *cf.* mouchen; *munch*; monche [muche, mucche, meche] hire mete CH. TRO. i. 907.

monde, sb., *O.Fr.* monde; *world*: in þis mounde MAN. (F.) 11974.

mone, *see* mune.

mōne, sb., *O.E.* mōna,= *O.L.G., O.H.G.* māno, *O.N.* māni, *Goth.* mēna, *Gr.* μήνη; *moon*, '*luna*,' PR. P. 342; ORM. 13843; HAV. 403; TREAT. 133; C. L. 103; S. S. (Wr.) 332; þe

---

mone, þene mone A. R. 166; mone [moone] CH.C.T. *A* 3352; **mōnen** (*gen.*) dælg *Monday* SAX. CHR. 258; monen dai ROB. 495; P. S. 340; mone dæi LAȝ. 13935; mone dai TREAT. 133; monen moruwe ARCH. LII. 38; mone niht SAX. CHR. 259; atte Janus mones (*month's*) idus PALL. ii. 29; mōnen, mone (*dat.*) LAȝ. 9128, 30498; mone KATH. 272; MAND. 51; under mone HAV. 2791; mōnen, mone (*pl.*) REL. I. 264, 268.

mōne, *see* mǣne, mōme.

moneie, sb., *O.Fr.* monoie, *Lat.* monēta; *money*, LANGL. *B* i. 44; CH. C. T. *A* 703; mone MAN. (F.) 8996; PR. C. 5570; *see* mūnet.

moneȝen, *see* manien. **monek**, *see* munec.

monen, *see* munen.

mōnen, *see* mǣnen, mǣnen.

monesten, v., *O.Fr.* monester; *admonish*; moniss BARB. xii. 383; **monestis** (*pres.*) ALEX. (Sk.) 2592; **monishit** (*pret.*) ALEX. (Sk.) 1379*; monest 3127, moneste [monishitt] 1173; þai monist BARB. xii. 379.

monesting, sb., *admonition*, WICL. 1 COR. xiv. 3.

mōneð, sb., *O.E.* mōnað, mōnoð, mōnþ *m., n.* = *O.Fris.* mōnath, *O.N.* mānaðr, *O.H.G.* mānod, *Goth.* mēnoþs *m., M.H.G.* mānot, mōnet *m., n.; month*, LK. i. 36; GEN. & EX. 619; þane moneð LAȝ. 7220; moneþ ROB. 59; WILL. 5074; PL. CR. 248; monþ BEK. 1850; mōnþes (*gen.*) TREAT. 134; mōneþe (*dat.*) MAND. 49; monþe PROCL. 7; LANGL. (Wr.) 1648; mōnðes (*pl.*) JOHN iv. 35; LAȝ. 7771; monethes PR. C. 4988; monithis TOR. 1860; monþes, monþ P. L. S. xvi. 155, 157; moneð HOM. I. 33; tweolf moneð A. R. 218; fif moneþ ORM. 433; mōneþe (*dat. pl.*) C. M. 11220; *comp.* hervest-mōneþ.

mong, *see* mang. **mongere**, *see* mangere.

moni, *see* maniȝ. **monien**, *see* manien.

moniment, sb., *Lat.* monumentum; *document*; **monumentes** (*pl.*) BARB. xx. 44*.

monstre, sb., *O.Fr.* monstre; *monster*, MAND. 47; CH. BOET. i. 4 (18).

mont, *see* munt.

mopisch, adj., *foolish*, BEK. 78; **moppische** (*pl.*) men BRD. 59.

moppe, sb., *cf. Du.* mop; *mop*, '*pupa*,' PR. P. 342; *? fool* S. S. (Web.) 1414; mop YORK xxxi. 196; **moppis** (*pl.*) DEP. R. iii. 276.

moppen, v., *bewilder, stupefy*; **mapped** (? mopped) (*pple.*) and mased L. H. R. 216.

mōr, sb., *O.E.* mōr *m.*=*M.Du.* moer, *M.H.G.* muor *n.; moor*, '*palustre*,' PR. P. 342; PERC. 1127; mōre (*dat.*) GREG. 719; to þan more O. & N. 818; mōres (*pl.*) LAȝ. 4817; ALIS. 6074; P. S. 70.

mōr-hen, sb., *moor-hen*, P. S. 158.

mōr-land, sb., *O.E.* mōrland; *moor-land* (*ms.* moreland) GEN. & EX. 2968.

mōr-ven [mōrfen], sb., *moor-fen*, LA3. 20164.
mōr², sb., *O.E.* mōr ; *mulberry* ; **mours** (*pl.*(HAMP. PS. lxxvii. 52.
mōr-bēam, sb., *O.E.* mōrbeam ; *mulberry-tree*, FRAG. 3.
mūr-berie, sb., *mulberry*, REL. I. 37.
mōr-trēe, sb., *mulberry-tree*, WICL. LK. xvii. 6.
móre, sb., *O.E.* moru (*gen.* moran) (*see* ANGL. VI. 176), = *M.Du.* more, *O.H.G.* morha, moraha (*carrot*) ; *root, stump, 'radix,'* VOC. 181 ; HOM. I. 103 ; O. & N. 1328 ; ROB. 352 ; LANGL. *B* xvi. 5 ; S. S. (Wr.) 1726 ; of þare more HOM. II. 217 ; **móren** (*pl.*) HOM. II. 139 ; mores BRD. 13 ; bi moren and bi rote(n) LA3. 31885 ; *comp.* **wal-more**.
mōre, *see under* **mā**.
moreine, sb., *O.Fr.* morine ; *murrain*, LANGL. *C* iv. 97 ; morein PR. P. 343 ; morin HAMP. PS. i. 1*.
móren, v., *uproot ; root* ; **mórede** (*pret.*) *took root* REL. I. 129 (HOM. II. 163) ; *uprooted* ROB. (W.) 10263 ; **móred** (*pple.*) 10264 ; hure love is mored (*rooted*) on þe ful vaste FER. 2834 ; imored L. H. R. 28.
moren, *see* **mor3en**. **mōren**, *see* **māren**.
mor3en, sb., *O.E.* morgen, mergen, = *O.L.G.*, *O.H.G.* morgan, *M.Du.* morgen, margen, mergen, *O.Fris.* morn, *O.N.* morginn, *Goth.* maurgins ; *morning, morrow* ; þane mor3en AYENB. 46 ; morgen GEN. & EX. 247 ; morwin LUD. COV. 257 ; morwin, morwe PR. P. 344 ; morwe ALIS. 1241 ; CH. C. T. *A* 1492 ; good morwe LANGL. *B* v. 306 ; moroun GAW. 1208 ; þe þridde morewe SPEC. 82 ; morn P. L. S. xxix. 20 ; A. P. ii. 493 ; more RICH. 6977 ; bi þe morghen, moreghen MISC. 33 ; a þe mar3en HOM. I. 79 ; a mor3en, mær3e, mærwe, marwen [morwe] LA3. 1694, 18474, 20019, 26854 ; on morgen, morwen GEN. & EX. 1161, 2305 ; til a moregen HOM. II. 75 ; a mor3e O. & N. 432 ; a morwen oþer a niht A. R. 22 ; to morwen 278 ; on þe morwen HAV. 811 ; a morewen SPEC. 26 ; a morwe BEK. 771 ; WILL. 1296 ; at morwhen [morihen, morn] PS. xxix. 6 ; at morwen MAND. 164 ; at morne PR. C. 2668 ; to mor3en, mær3en, mar3en [morwe] LA3. 16066, 23661, 26393 ; ær to marwen [morewe] eve 17732 ; to marhen KATH. 645 ; he sal to morwen þole deþ S. S. (Wr.) 647 ; to mar3an HOM. I. 21 ; to morwe BEK. 769 ; LANGL. *A* ii. 26 ; to morne DEGR. 1695 ; from morwe till eve WILL. 793 ; *comp.* **ǣr-**, **mid-morwen**.
morgen-give, sb., *O.E.* morgengifu, = *O.H.G.* morgangeba ; *a present made on the morrow after marriage*, GEN. & EX. 1428 ; morh3ive [marhen3ive] A. R. 94 ; marhe3ive H. M. 39 ; mor-, mær3eve LA3. 14394, 31090 ; morive PR. P. 343.
morgen-hwīle, sb., *morning* ; morgewile HOM. II. 39 ; mornwhile D. ARTH. 2001 ; morgenqvile GEN. & EX. 3275.

mor3en-līc, adj., *O.E.* morgenlīc ; *belonging to the morrow* : se morgendliche daig MAT. vi. 34.
mor3en-līht [moreliht], sb., *O.E.* morgenlēoht ; *morning light*, LA3. 17946 ; morewe li3t WICL. I KINGS xxv. 34.
mor3e-mete, sb., *O.E.* morgenmete, = *O.N.* morginmatr ; *morning meal*, HOM. I. 237.
moren-milk, sb., = *Ger.* morgenmilch ; *morning milk*, SPEC. 36.
morwe-song, sb., *morning song*, CH. C. T. *A* 830.
morowe-slēp, sb., *morning sleep*, CR. K. 10 ; morgesclep MISC. 131.
morwe-spēche, sb., = *M.L.G.* morgensprāke ; *morning meeting, 'crastinum colloquium,'* PR. P. 344 ; E. G. 54 ; mornspeche 45 ; þis gilde shal have iiij. **morwe-spēces** (*pl.*) be þe 3ere 60.
morwin-sterre, sb., *O.E.* morgensteorra ; *morning star*, PR. P. 344.
morgen-tīd, sb., *O.E.* morgentīd ; *morning time*, GEN. & EX. 59 ; more3entid FL. & BL. 570 ; morwetiþ FER. 2895 ; moretid ALIS. 4106.
mor3eninge, sb., *morning* : in·þare mor3en-(i)nge [moreweninge] O. & N. 1718 ; morweninge P. L. S. xvii. 584 ; morewening SPEC. 60 ; morwening, morninge '*diluculum, matutinum*' PR. P. 344 ; LANGL. PROL. *A* 5 ; CH. C. T. *A* 1062.
morken, *see* **murken**.
morknen, v., *O.N.* morkna ; *rot* ; **mourkne** (*pres.*) A. P. ii. 407.
mormal, sb., *cf. O.Fr.* mal mort (*espèce de lèpre*) ; *? mortification, 'malum mortuum,'* PR. P. 343 ; CH. C. T. *A* 386.
morn, *see* **mor3en**. **mornen**, *see* **murnen**.
morsel, sb., *O.Fr.* morsel ; *morsel*, AYENB. 248 ; GAW. 1690 ; CH. C. T. *A* 128 ; mossel ROB. 342 ; mussel WICL. GEN. xviii. 5 ; **morsellis** (*pl.*) BARB. ix. 398.
morsūre, sb., *O.Fr.* morsure ; *biting*, ALEX. (Sk.) 4088.
mortal, mortel, adj., *O.Fr.* mortel ; *mortal*, CH. C. T. *A* 1590.
morteis, sb., *Fr.* mortaise ; *mortise, 'gumphus, incastratura,'* PR. P. 344 ; MAND. 10.
morteisen, v., *mortise* ; **morteised** (*pple.*) YORK xxvi. 163.
mortēr, sb., *Fr.* mortier, *Lat.* mortārium ; *mortar*, ROB. 128 ; LANGL. *B* vi. 144 ; ALIS. 332 ; mortier AYENB. 116 ; a morter fast is made aboute the tree PALL. iv. 113.
mortifīe, v., *O.Fr.* mortifier ; *mortify*, CH. C. T. *G* 1431.
mortrels [mortreus, mortreux], sb., pl., *O.Fr.* mortreux ; *a sort of stew*, LANGL. *B* xiii. 91 ; mortreus [mortreux] CH. C. T. *A* 384 ; mortrewes C. B. 14, 19, 90.

morð, sb., *O.E.* morð, = *O.N.* morð, *O.L.G.*, *O.Fris.* morth, *O.H.G.* mord *n.*, *related to Lat.* mors (*gen.* mortis) *f.*; *death, murder*; þat morð LAȜ. 28715; morþ [murth] C. M. 1121; morth ALEX. 1279; mid morðe aqvellen LAȜ. 19739.

morþ-dēde, sb., *O.E.* morðdæd, = *M.H.G.* morttāt; *murder*, FRAG. 7.

morð-gomen, sb., *murderous play, murder*, LAȜ. 22908.

morð-slaȝe, sb., *O.E.* morðslaga; *murderer*; **morðslaȝa** (*pl.*) HOM. I. 29.

morð-spel, sb., *murder*, LAȜ. 19654.

morþer, morder, sb., *O.E.* morðor, = *Goth.* maurþr *n.; murder*, CH. C. T. *B* 1766 (Wr. 14987); PL. CR. 635; þane morþer (*ms.* morþre) LAȜ. 28715*; **morþre** (*dat.*) ROB. 144; murðre A. R. 310.

morþren, *see* **murðren**.

morwen, morweninge, *see* morȝen, morȝeninge.

mos, sb., *O.N.* mosi, = *M.Du., O.H.G.* mos; *moss*, 'muscus,' PR. P. 344; IW. 2040; TRIAM. 392; mose PALL. iii. 365.

mos², sb., *O.N.* mosi, = *O.H.G.* mos, *M.Du.* mose; *moss* (*bog*), M. T. 15.

[**mōs**, *O.E.* mōs, = *M.L.G.* mōs, *M.Du.* moes, *O.H.G.* muos; *pulp; comp.* **appelmōs**.]

mosardri, sb., *O.Fr.* musarderie; *indolence*, ALEX. (Sk.) 4486.

mōse, *see* **māse**.

mosel, sb., *O.Fr.* musel; *muzzle*, CH. C. T. *A* 2151.

most, *see* **must**. **mōst**, *see* **mā**.

mōste, v., *O.E.* mōste, = *O.Fris.* mōste, *O.L.G.* mōsta, *Goth.* (ga-)mōsta, *M.H.G.* muoste; *from* **mōt²**; (*pret.*); *must*, KATH. 1397; O. & N. 665; P. L. S. xiii. 249; C. L. 220; CH. C. T. *A* 712; (*ms.* mosste) ORM. 7602; ne moste þer na mon in cumen LAȜ. 6712; of al þe brode eorðe ne moste he habben a grot for te deien uppon A. R. 260; moste, muste HOM. I. 9, 27; muste GEN. & EX. 2624; mostes þu FRAG. 7; þu mostest BEK. 1214; mostist MAP 336; alle mosten to helle te H. H. 8; moste WILL. 1052; and bede... þat hi moste þane wei mid hem go BRD. 5.

mot, sb., ? *O.E.* mot, = *Du.* mot; *mote, atom*, WICL. LK. vi. 41; þet mot AYENB. 175; mote GAW. 2209; REL. I. 27; **móte** (*dat.*) LANGL. *B* x. 263; A. P. i. 725; **mótes** (*pl.*) CH. C. T. *D* 868; moten ELL. ROM. I. 317.

móte-lēs, adj., *spotless*, A. P. i. 899.

mot², sb., *Fr.* mot; *trumpet-note, bugle-note*, 'classicum,' PR. P. 344; blue bigli in buglez þre bare mote GAW. 1141; strankande ful stoutli moni stif **mótes** (*pl.*) 1364.

mōt, sb., *O.E.* mōt, = *O.N.* mōt; *meeting, assembly*, O. & N. 468; REL. I. 219; gewitene mot SAX. CHR. 253; þat mot MISC. 45; þat meidene mot (*assembly*) KATH. 2458; þis meidenes mot (*dispute*) 1321; wormes holdeþ here mot A. D. 237; **mōte** (*dat.*) HOM. II. 83; LAȜ. 12885; GAW. 910; *comp.* ȝe-mōt, wardmōt.

moot-halle, sb., *assembly-hall*, P. S. 336; LANGL. *B* iv. 135; GAM. 717.

mōt-hūs, sb., *meeting-house*, MISC. 46.

mōt², v., *O.E.* mōt, = *O.L.G., O.Fris.* mōt, *Goth.* (ga-)mōt (χωρεῖ), *O.H.G.* muoz; (*pret.-pres.*) *must*, LAȜ. 3494; KATH. 1919; A. R. 98; O. & N. 672; GEN. & EX. 1304; SHOR. 11; WILL. 548; MIRC 1578; PL. CR. 557; A. P. i. 31; PR. C. 4207; mot [moot] WICL. LK. xix. 5; moot CH. C. T. *A* 735; HOCCL. i. 75; þer fore ic mot ȝu telle TREAT. 136; þa hwile þe he mot libbe P. L. S. viii. 17; þu most LAȜ. 9854; A. R. 102; BRD. 1; K. T. 446; we moten GREG. 36; ȝe moten TRIST. 1754; motin CH. P. F. 546; ȝe ne mote bileve her no leng BRD. 3; heo moten LAȜ. 478; ha moten MARH. 14; þei mote LANGL. *B* ix. 108; **mōte** (*subj.*) LAȜ. 4481; MARH. 5; O. & N. 52; GEN. & EX. 1621; C. L. 332; SPEC. 57; H. H. 151; as evere mote i [i moote] drinke win or ale CH. C. T. *A* 832; ȝeornest tat tu mote sket up cumen intil heofne ORM. 1266; al so mote bitide þe S. S. (Wr.) 1185; welcome mot(e) he be MAN. (H.) 192; as mut(e) i þrive TOR. 1443; we moten HAV. 18; heo moten A. R. 298; *see* **mōste**.

mōte, sb., *O. Fr.* mote; *moat*, MISC. 97; LANGL. *B* v. 595; A. P. i. 142; PR. C. 8896; (*castle*) ALEX. (Sk.) 3831, 4353; (*palace*) 3218, 3324, 5602.

mōte, *see* **mot**. **mōtewōk**, *see* **māte**.

mōtien, v., *O.E.* mōtian; *moot, dispute, plead*, HOM. I. 43; moten KATH. 586; MARH. 17; mootin '*discepto*' PR. P. 345; mote LANGL. *A* i. 150; GOW. III. 296; IW. 3328; MIR. PL. 30; aȝens þe nile i not moote P. R. L. P. 202; **mōtest** (*pres.*) LAȜ. 1443.

mōtare, sb., *pleader*, '*disceptator, placitator*,' PR. P. 345; **mōteres** (*pl.*) KATH. 725.

mōtild, sb., *female advocate*, HOM. I. 205; KATH. 397.

mōtinge, sb., *pleading, advocacy*, LAȜ. 6559; MISC. 39; LANGL. *B* vii. 58.

motif, sb., *motive, suspicion*, CH. C. T. *B* 628.

motlee, adj., *O.Fr.* mattelé; *motley*, CH. C. T. *A* 271; motle '*stromaticus*' PR. P. 345; mottelai CATH. 244.

motōn, sb., *O.Fr.* mouton, multon; *sheep, mutton; gold coin so called from having a figure of a sheep impressed upon it; 'ovilla, moto*,' PR. P. 345; motoun of golde LANGL. *B* iii. 24 [mutoun *A* iii. 25].

moþe, moþþe, *see* **mohðe**.

mouchen, v., *cf.* **monchen**; ? *munch, eat*; **mouchid** (*pret.*) TOWNL. 320.

moue, sb., *O.Fr.* moe; *grimace*; (*ms.* mowe) PR. P. 346; mouwe P. S. 339; make **mowes** (*pl.*) on þe mone YORK xxxv. 286.
mouȝte, mouhte, *see* **mohðe**.
moule, sb., *Fr.* mule; *chilblain*, '*pernio*,' PR. P. 346.
moulen, *see* **muwlen. mount**, *see* **munt**.
mountūre, sb., *saddle horse*, GAW. 1691.
mournen, *see* **murnen**. **mous**, *see* **mūs**.
mousteren, v., *O.Fr.* mostrer, mustrer; *muster*; musterin PR. P. 349; **mustred** (*pple.*) PARTEN. 3003.
moustre, sb., *O.Fr.* moustre, mostre; *show, appearance, muster*, LANGL. *B* xiii. 362; WICL. 3 KINGS v. 13; **mustours** (*pl.*) *dials, clocks* ALEX. (Sk.) 130.
moutin, v., = *O.L.G.* (ge-)mūtōn, *O. H. G.* mūzōn; *moult*, '*plumeo, deplumeo*,' PR. P. 347; moute HALLIW. 564; **moutes** (*pres.*) PR. C. 781.
mouþ, *see* **mūð**. **mouwe**, *see* **mūȝe**.
móven, v., *O. Fr.* movoir, mevoir; *move*; move [moeve, meve] LANGL. *B* xvii. 194; meve CH. P. F. 150; moevi BRD. 31; meove TREV. IV. 157; moife YORK xvii. 48; **méven** (*pres.*) MAND. 13; moffes YORK v. 2; **meffid** (*pret. pl.*) ALEX. (Sk.) 2403; **móved** (*pple.*) PL. CR. 826; meved WILL. 4285.
mowe, v., *from* **moue**; *make grimaces*, YORK xxxvi. 78.
mōwe, *see* **mǣw, māȝe, moue**.
mowen, *see* **muȝen**. **mōwen**, *see* **māwen**.
muance, sb., *O.Fr.* muance; *change*; mowence BARB. i. 134.
muche, *see* **muchel**.
mūchel, muchel, adj. & adv., *O.E.* mycel, micel, = *O.L.G.* mikil, *O.N.* mikill, *Goth.* mikils, *O.H.G.* michil; *much, great, large*, P. L. S. viii. 107; wes þet folc swa muchel [mochel] LAȝ. 1998; much seolver 7283; muchel dæl 9436; he lette makien ænne dic þe wæs... muche 10350; muche londe he him ȝef 136; to muchel *too much* HOM. I. 213; muchel luvede he us A. R. 292; a muche flod 74; þet so muche [muchel] drohen MARH. 2; þah he muche þolie KATH. 229; ich con muchel more O. & N. 1207; muche strengþe 764; þer coupe he muchel [mochil] helpe CH. C. T. *A* 258; mochel MAND. 181; HOCCL. i. 370; mochel AYENB. 181; moche 7; mechel SHOR. 147; meche 139; michel PL. CR. 55; þat michel can TRIST. 1528; michel, mikel GEN. & EX. 26, 1209; mikel PS. xxi. 26; M. H. 2; PR. C. 925; mekill, mekil ALEX. (Sk.) 927, 69; mikel blisse ORM. 788; þe ston was mikel HAV. 1025; he was mike 960; mikil '*multus*' PR. P. 337; mukel A. P. ii. 366; mekil S. & C. I. liii; mekel qvat *many various things* ALEX. (Sk.) 130, 5468; much qvat GAW. 1280; muche wes þe sorewe P. S. 193; qvare on muse ȝe sa mekill ALEX. (Sk.) 268; a muche [moche] man LANGL. *A* viii. 70; he was... so moche P. L. S. xv. 147; miche WICL. GEN. xxix. 7; PERC. II; meche TOR. 270; E. G. 355; ALEX. (Sk.) 3306; miche 5602; þeo muchel blisse A. R. 38; þe mochele see BRD. I; þat micle god ORM. 3900; of hire micle selþe 2634; **mūcheles** (*gen. n.*) A. R. 102, 368; MISC. 86; mucheles þe mare HOM. I. 45; **mūchelen**, muclen (*dat. m. n.*) LAȝ. 13276, 26626; michelen LK. xxi. 27; **mūchelere**, muchelre (*dat. f.*) HOM. I. 87, 109; muchelere, muchelre, mochelere, muchere [mochere] LAȝ. 516, 3688, 8284, 28379; michelere stefne '*voce magna*' LK. iv. 33; mid michelere stefne xix. 37; **mūchelne** (*acc. m.*) HOM. I. 15; muchelne, muchene, LAȝ. 8722, 24835; **mūchele** (*acc. f.*) HOM. I. 123; **mūchele** (*instr.*) A. R. 186; O. & N. 906; muchele mare P. L. S. viii. 194; KATH. 1246; muchele [moche] þe balder LAȝ. 16508; micle lahre ORM. 2664; **mūchele** (*pl.*) KATH. 37; micle ORM. 8002; muche [moche, miche, meche] and lite CH. C. T. *A* 494; **mūchelen** (*dat. pl.*) LAȝ. 5256.
mūchel-hēde, sb., *greatness*, FL. & BL. 51; mochelhede AYENB. 93; mikelhede PS. viii. 2.
mīchelnesse, sb., *O.E.* mycelness, = *O.H.G.* michilnessi; *greatness, magnitude*, HOM. II. 135; michelnes WICL. EX. ix. 24; mikelnes PS. xxviii. 4.
mūchele, sb., *O.E.* mycelu, = *O.H.G.* michelī; *magnitude*: of one mochel(e) & miȝte LANGL. *B* xvi. 182.
mūcheli, v., *O.E.* myclian, miclian, = *O.N.* mikla, *Goth.* mikiljan, *O.H.G.* michilan; *magnify, increase*, MARH. 15; mucli JUL. 19; **mūcheleð** (*pres.*) A. R. 182; **mikled** (*pple.*) PS. xix. 6.
mūchen, v. *cf. O.H.G.* mūhhan (*rob*); *steal, pilfer*; michin '*manticulo*' PR. P. 337.
mūchere, sb., *cf. O.H.G.* mūhhāri; *pilferer*: michare '*manticularius, furunculus*' PR. P. 336; ALEX. 3542; micher VOC. 213; R. R. 6541; ED. 827; TOWNL. 236; **mūchares** [mucheres] (*pl.*) A. R. 150.
mud, sb., = *M.L.G.* mudde, mod, modde; *mud*, '*limus*,' PR. P. 347; P. L. S. xxxi. 2; mod RICH. 4360; **mudde** (*dat.*) A. P. ii. 428.
mud-li, adj., *muddy*, HAMP. PS. *page* 494.
mūe, sb., *O.Fr.* mue, *cf. mod. Eng.* mews; *coop to fatten poultry; cage, prison*; KN. L. 85; (*ms.* mwe) '*saginarium*' PR. P. 350; muwe, meue (*ms.* mewe) CH. C. T. *A* 349; meuwe WILL. 3336; mewe PALL. iv. 583; **mewes** (*pl.*) i. 526.
mūen, v., *Fr.* muer; *moult*; **imūwed** (*pple.*) FER. 1738.
mūge, sb., *O.Fr.* muge (*muguet*); *?musk*

plant, SPEC. 26; *? comp.* note-**migge** *under* **mute**.

mūȝe, sb., *O.E.* mūga, = *O.N.* mūgi; *heap (of corn)*; mughe, mowe '*moie*' VOC. 154; WICL. RUTH iii. 7; moghe ALEX. (Sk.) 4434; þourȝe felde or corn mowe or stak GEN. & EX. 6760; mow BARB. iv. 117; mūȝen (*pl.*) LAȜ. 29280.

mugen, v., *become cloudy*; **muged** (*pret.*) GAW. 142.

muȝen, v., *O.E.* mugan, *cf.* O.H.G. mugan, magan, *M.Du.* moghen, *Goth.* magan, *O.N.* mega; *from* maȝ; *be able*, GEN. & EX. 1818; muȝhen ORM. 2959; moȝe AYEN B. 21; mowen CH. TRO. ii. 1594; mowe WICL. GEN. xiii. 16; moun (*ms.* mown) PR. P. 346; **mahte** [mihte] [*O.E.* meahte, mihte, = *O.L.G.*, *O.H.G.* mahta, mohta, *Goth.* mahta, *O.N.* mātti], (*pret.*) *might*, KATH. 61; mahte MARH. 7; mahte, mehte, mihte, michte HOM. I. 33, 129, 161; mahte, mæhte, mihte, michte (*printed* mithte), micte (*printed* mitte), mohte LAȜ. 403, 1908, 3148, 5535, 9352, 24673; mihte ORM. 130; mihte, miȝte O. & N. 394; michte MISC. 27; miȝte BEK. 62; AYENB. 31; mihte, muhte A. R. 58, 94; micte HORN (H.) 10; micte, micthe, mithe, mouchte, moucte, moucthe, mouthe HAV. 42, 145, 147, 233, 356, 376, 1030; moht M. H. 7; moȝt GAW. 84; moght IW. 226; MIN. vi. 58; mught PR. C. 282; moute AN. LIT. 3; mihtest ORM. 4682; H. H. 95; miȝtest P. L. S. xxiv. 206; AYENB. 104; mæhten LAȜ. 12294; mihten FRAG. 6; migten GEN. & EX. 573; muhten A. R. 58; mouȝten JOS. 23; **might** (*pple.*) MAND. 298; CH. TRO. iii. 654.

mūȝen, mūwen, v., *mow, stack (hay)*; mughe '*archoniare*' CATH. 245; mowe other mowen *mow or stack* LANGL. *C* vi. 14.

mügge, sb., *O.E.* mycg, = *O.L.G.* muggia, *M. Du.* mugge, *O.H.G.* mucca; *midge, gnat*; mig(g)e VOC. 223.

muggel, sb., *tail* [vocatur . . cauda ab indigenis, patria lingva, mughel FORDUN. SCOTICHRON. i. 138]; **muggles** [moggles] (*pl.*) LAȜ. 29588.

mugling, sb., *tailed man*; **muglinges** (*pl.*) LAȜ. 29590.

mug-wurt, sb., *O.E.* mucgwyrt; *mug-wort*, '*artemisia*,' FRAG. 3; mugw(u)rt REL. I. 36; mugwort PR. P. 347.

muk, sb., *O.N.* mykr *f.* (FRITZ.); *muck, dung, manure*, HAV. 2301; GOW. II. 290; LANGL. (Wr.) 4081; WICL. 3 KINGS xiv.10; PR. C. 9008; muc GEN. & EX. 2557; mok P. L. S. i. 20; mok (*v. r.* wose) LANGL. *C* xiii. 229.

muk-hille, sb., *muck-hill*, '*sterquilinium*,' PR. P. 348; **mukhilles** [mokhulles] (*pl.*) TREV. VI. 213.

mukren, v., *? heap up*; mukre CH. TRO. iii. 1375; **mokeren** (*pres.*) CH. BOET. ii. 5 (45).

mukrere, sb., *one who heaps up*; **mokereres** (*pl.*) CH. BOET. ii. 5 (45); MISC. 214.

mul, sb., *cf.* O.E. myl, *M.L.G.*, *M.Du.* mul; *dust, mould, rubbish*; '*pulvis*,' PR. P. 348; HAV. 6200; GOW. II. 204; A. P. i. 904.

mul-rein, sb., *mizzling shower, drizzle*, '*plutina, pluviola*,' PR. P. 348.

[**mūl**, sb., *?* = mūr, mōr.]

mūl-beri, sb., = *M.H.G.* mūlbere; *mulberry*, '*morum*,' PR. P. 348; molberi PS. lxxvii. 47.

mūlc, *see* milc.

mūle, sb., *Fr.* mule, *Lat.* mūla; *mule*, HOM. I. 5; AYENB. 223; muile LEG. 95; ALIS. 175; **mūles** (*pl.*) ROB. 189.

mulier, sb., *O.Fr.* moillier, *Lat.* mulier; *woman, wife*: mede is moliere [*v. r.* muliere, mulirie] of amendes LANGL. *B* ii. 118; moillere, moiller *C* iii. 120.

mülle, *see* mūlne.

mullin, v., *cf.* O.H.G. mullen, *O.N.* mylja; *grind to powder*, '*pulveriso*,' PR. P. 348.

mullok, sb., *refuse, manure*, CH. C. T. *A* 3873.

mülne, sb., *O.E.* myln, = *O.N.* mylna, *M.Du.* molen, *O.H.G.* mulin, muli, *?Lat.* molīna; *mill*, A. R. 72; P. S. 69; GAW. 2203; milne VOC. 235; WICL. MAT. xxiv. 41; mulle ROB. 547; mille PR. P. 337; MAND. 189; melle AYENB. 24; CH. C. T. *A* 3923; at mulne dure O. & N. 778; at mulne 86; milnes (*pl.*) MAN. (H.) 173; *comp.* **wind-milne**.

milne-hous, sb., *mill*, HAV. 1967; millehous PR. P. 337.

milne-stōn, sb., *O.E.* mylnstān; *mill-stone*, REL. I. 81; milne-, milnstoon WICL. JUDG. ix. 53; milston VOC. 180; melston TREAT. 136 (mulleston SAINTS (Ld.) xlvi. 580); milleston E. G. 358.

mil-ward, sb., *O.E.* mylnweard; *miller*, REL. I. 85; mel(l)eward P. L. S. xxiv. 6; **milwardes** ['*molendinarii*'] (*pl.*) TREV. IV. 319.

mülnere, sb., = *O.N.* mylnari, *O.H.G.* mulnāri, mulināri; *miller*, LANGL. *A* ii. 80; milner, milner *C* iii. 113; *B* ii. 111*; milner VOC. 212; millere CH. C. T. *A* 3150.

mülten, *see* melten.

mültestre, sb., *O.E.* myltestre, miltestre; *harlot*, '*meretrix*,' FRAG. 5; **miltistran** (*pl.*) MAT. xxi. 31.

multiplicatioun, sb., *Lat.* multiplicātiō; *multiplying*, CH. C. T. *G* 849.

multiplie, v., *Fr.* multiplier; *multiply*, CH. C. T. *C* 365; **multiplieþ** (*pres.*) AYENB. 190.

multitūde, sb., *Fr.* multitude; *multitude*, PR. P. 348; ALEX. (Sk.) 69, 104, 927.

mummin, v., = *M.Du.* mommen; *mutter*, '*mutio*,' PR. P. 348; mum YORK xi. 175; **imummed** (*pple.*) DEP. R. iii. 371.

mun, *see* **man**.

mūnd, sb., *O.E.* mund,=*O.L.G.*, *O.N.* mund, *O.H.G.* munt; *palm of the hand, protection*, LAȝ. 25569; **múnde** (*dat.*) MISC. 197; he wende toward Bruges ... wiþ swiþe gret(e) mounde P. S. 189; michel of mounde GREG. 645; a knight of mochel mounde LAUNF. 597; feouwer & sixti munden [mundes] LAȝ. 21994; *comp.* **schaft-monde**.

mūnd-brēche, sb., *O.E.* mundbryce; ['*laesio majestatis*'] TREV. II. 95; mundebriche '*trespas vers seignur*' REL. I. 33.

münde, sb., *O.E.* (frēond-)mynd,=*O.N.* mynd (*form*), *Goth.* (ga-)munds, *O.H.G.* (gi-)munt (*memory*), *Lat.* mens (*gen.* mentis), *Gr.* μῆτις; *mind, memory*, MARH. 21; TREAT. 134; WILL. 4123; habbe on ine munde A. R. 66; for his fader munde [minde] ['*pro patris memoria*'] TREV. VII. 315; muinde P. L. S. xcvi. 38; minde ORM. 17577; GOW. II. 82; LANGL. *B* v. 288; PS. cviii. 15; PR. C. 59; a man þat is out of his minde CH. C. T. *C* 494; as þe bok makiþ mind(e) FLOR. 2168; wox so mikel minde (? *number*) of flies MAN. (H.) 2625; tur(t)les michel mind GEN. & EX. 3676; mende '*mens, memoria*' PR. P. 332; LUD. COV. 19; hi me conne mende have of þilke holi gode SHOR. 42; *comp.* **Pȝe-münde**, **wurð-münd**.

minde-dai, sb., *commemoration day*, TREV. II. 413; ENG. ST. I. 311; E. W. 109.

mind-lēs, adj., *mindless*, PR. C. 2288.

münde, sb., = ȝemünde; *memory*; minde REL. I. 186, 216; SPEC. 82; MAP 336; H. S. 727.

münden, v., = ȝemünden; *mind, bear in mind, remember*, minde (*pres.*) M. T. 134; mindende (*pple.*) WICL. PROL. ROM.

[**mündi**, adj., = ȝemündi; *mindful*.]

mindȝnesse, sb., *memory*, ORM. 11508.

múndian, v., *O.E.* mundian,=*O.L.G.* mundōn, *O.H.G.* muntōn; *protect*, HOM. I. 115.

[**mundlunge**, adv., *comp.* **un-mundlunge**.]

mune, sb., *cf. O.E.* myne,=*M.H.G.* mun, *O.N.* munr, *Goth.* muns; *mind, memory*: do þu þis mid gode mune (*r. w.* sune) HOM. I. 57; he hadde ... in mone (*r. w.* sone) P. L. S. x. 35.

mune-dei, sb., *anniversary*; **munedawes** (*pl.*) A. R. 22.

mūne, sb., *O.E.* myne, mene,=*O.N.* men, *O.L.G.* meni; *necklace*, '*monile*,' FRAG. 2.

munec [**monek**], sb., *O.E.* munec, munuc, *Lat.* monachus; *monk*, LAȝ. 12906; munuch HOM. I. 199; A. R. 318; monek ROB. 417; monk LANGL. *A* v. 233; **munekes** (*pl.*) O. & N. 729; **muneken** (*dat. pl.*) LAȝ. 29718.

munec-clāð, sb., *monk's garment*, LAȝ. 12984.

munec-līf, sb., *O.E.* munuclīf; *monastery*, LAȝ. 29717; ORM. 6292.

mūnechene, sb., *O.E.* mynecen; *nun*, LAȝ. 28476; monchen LANGL. *C* vii. 128; minchin TREV. VI. 53.

münegen, v., *O.E.* mynegian, myngian,= *O.H.G.* (bi-)munigōn; *bear in mind, remind*, A. R. 320; hare ahne deð ant drihtines munegin MARH. 15; mune gie [muneȝi] LAȝ. 24027; miniȝi 2033*; mungen C. L. 1193; munge, minge, menge WILL. 831, 1422, 1624; mengen LANGL. *B* vi. 97; munge *A* vii. 88; minge SPEC. 95; MIRC 1555; OCTAV. (H.) 7; EM. 926; A. P. i. 854; **münge** (*pres.*) P. L. S. xxv. 167; muneȝeð HOM. I. 145; A. R. 144; munegeð REL. I. 130; meneȝeð HOM. I. 241; meneȝi (*subj.*) SHOR. 104; **münegede** (*pret.*) HOM. I. 151; muneȝede hine to fusen LAȝ. 16648; *comp.* **ȝe-müneȝen**.

müneȝing, sb., *remembrance, commemoration*, HOM. I. 45; muniging GEN. & EX. 1623; munegunge A. R. 26.

munekien, v., *make a monk*, LAȝ. 12904.

mūngen, *see* **münegen**.

munen, v., *O.E.* munan, = *Goth.* *munan (*pple.* munands), *O.N.* muna, *prov. Eng.* mun; *from man; think, remember, have in mind; intend; be about to, have to*; GEN. & EX. 687; ðe hertes costes we ogen to munen REL. I. 217; monen II. 8; monin '*commemoro*' PR. P. 342; mone (*r. w.* sone) H. S. 1118; he wolde mone þat he was his broþer sone MAN. (F.) 4811; ȝho **munde** (*pret.*) ... to dæþe ben istaned ORM. 1967; he ne monede hit nout long S. S. (Web.) 1782; kind him mond (*v. r.* wolde) forbede C. M. 1105; *comp.* **ȝe-munen**.

münet, sb., *O.E.* mynet,=*O.N.* mynt, *O.H.G.* muniza, *Lat.* monēta; *mod. Eng.* mint; *money, coin*; '*numisma*' FRAG. 2; menet MAT. xxii. 19; AYENB. 241; mint MIRC 1775; PALL. iii. 1069; *see* **moneie**.

minitere, sb., *O.E.* mynetere; *minter, moneyer*, SAX. CHR. 253; **müneteres** (*pl.*) LEB. JES. 853.

münien, **münnen**, v., *O.E.* mynian, mynnan, *have in mind, bear in mind, call to mind*, LAȝ. 2033; ma wundres ich habbe iwraht þene ich mahte munien JUL. 41; ma murhðen þen alle men mihten ... munnen KATH. 1714; munne REL. II. 211; of hem we ohte munne SPEC. 112; i wolde nemne hire to dai ant i dorste hire munne 113; munne [min(n)e] C. L. 268; mene D. TROY 1799; minne MIRC 1397; **münie** (*pres.*) REL. I. 171; munne 125; munnest KATH. 972; þat þou mines [menes] of him ['*quod memor es ejus*'] PS. viii. 5; þe ofte munneð mi nome ant munegeð MARH. 21; ȝe minnen [menen] LANGL. *B* xv. 454; mene (*imper.*) PR. C. 5740; he **minede** (*pret.*) (*admonished*) alle men to forleten here sinnes HOM. II. 139; þai be **mined** ['*reminiscentur*'] (*pple.*) PS. xxi. 28; *see* **minnen**; *comp.* **ȝe-münnen**.

münien.   mūs.   441

mening, sb., *memento*, HAMP. PS. cxxxiv. 13, cxlviii. 1*.
münnen, *see* munien.
münster, sb., *O.E.* mynster, *Lat.* monastērium; *minster*, LA3. 13028; münstre (*dat.*) ROB. 419; minstre ORM. 1017; menstre E. G. 38.
munt, sb., *O.E.* munt, *cf. O.Fr.* munt, mont; *mount*, LA3. 18336; A. R. 106; KATH. 2498; ORM. 5374; GEN. & EX. 1744; munt, mont MAT. xiv. 23; JOHN vi. 3; mount ROB. 203; MAND. 12; mont HOM. I. 87; TREV. III. 227; munte (*dat.*) HOM. I. 5; muntes (*pl.*) SAX. CHR. 258.
münt, sb., *intention*, A. P. i. 1161; mint C. M. 463.
muntaine, sb., *O.Fr.* montaigne; *mountain*; montaine LA3. 1282; mountaine BRD. 24; **muntaines** (*pl.*) WILL. 2619.
muntance, sb., *O.Fr.* montance; *amount*; mountance WILL. 2391.
munten, v., *O.Fr.* munter, monter; *mount*; mounteþ (*pres.*) LANGL. A PROL. 64.
münten, v., *O.E.* myntan; *think, intend; point*: mede i mot munten P. S. 151; mintin PR. P. 338; minte TRIAM. 1513; mente (*pret.*) SHOR. 151; þou mintest GAW. 2274; al se he mint(e) to don SAX. CHR. 263; toward a mighti mountane him mintid with his finger ALEX. (Sk.) 1089; münt (*pple.*) REL. I. 131 (HOM. II. 11); mint S. S. (Wr.) 1660; TOR. 1616; PERC. 1667; *comp.* 3e-münten.
mūr, *see* mōr.
murcnen, v., *O.E.* murcnian; *murmur*, ORM. 7785; murcneden (*pret.*) LK. v. 30.
mure, *see* mére.
mūre, sb., *O.E.* mȳre (-næddre), *O.N.* myrr *f.; mire*, BEV. 2023; mire '*palus*' PR. P. 338; RICH. 6939; CH. C. T. *A* 508; MAN. (H.) 70; GAW. 749; miere REL. I. 7; **mūres** (*pl.*) P. S. 216; mures, mires WILL. 2619, 3507; *comp.* lei-mūre.
mūren, v., *Fr.* murer; *wall*, MAND. 278.
mür3e, mürghe, sb., ? *O.E.* myrg; *joy, mirth*, FER. 3350, 3440.
mür3en, v., *O.E.* (a-)myrgan; *make merry*; mürgeþ (*pres.*) ms. miryhes REL. I. 124; SPEC. 45; miryhes (*printed* mirþhes), miryes PS. xxxi. 11, xlvi. 2.
mürhðe, sb., *O.E.* myrhð; *mirth, amusement*, P. L. S. viii. 184; MARH. 11; KATH. 2382; murhče, muruhče A. R. 92, 162; murhče, murehče, murče [murhþe, murthe] LA3. 1794, 5111, 24268; mur3þe, mure3þe, murepe O. & N. 341, 355; merhþe, mer3þe ANGL. I. 16, 29; mire3þe FL. & BL. 682; murič̌e HOM. II. 185; murþe ALIS. 1575; murþe [merþe] C. L. 42; merþe WILL. 31; murþe LANGL. *A* iii. 11; mirthe [*v. r.* merþe] CH. C. T. *A* 773; **mürhðhe** (*ms.* murðhe) (*pl.*) HOM. I. 13; merthes GAM. 783.

mürhþen, v., *give mirth*: mirthe LANGL. *B* xvii. 240 [murthen *C* xx. 206].
mūri, adj., *muddy, miry*; miri M. T. 128.
mürie, adj., *O.E.* myrge, merge; *merry*, LA3. 10147; KATH. 317; O. & N. 345; BRD. 14; K. T. 288; murie, merie, mirie WILL. 1148, 1905, 2853; murie [merie] CH. C. T. *A* 235; merie (*ms.* merye) SHOR. 148; FLOR. 1766; mirie GEN. & EX. 212; miri '*laetus, jucundus, hilaris*' PR. P. 338; S. S. (Wr.) 261; PR. C. 904; **mürie** (*adv.*) HORN (R.) 592; merie LANGL. *B* PROL. 10; mirie HOCCL. i. 237; **mürie** (*pl.*) FRAG. 7; murie wordes A. R. 390; **mürgre** (*compar.*) LA3. 24964; muriere song BRD. 10; **mürieste** [meriest(e)] (*superl.*) LANGL. *B* xv. 211.
müri-, meri-liche, adv., *merrily*, CH. C. T. *B* 1300.
mirinesse, sb., *mirth*, CH. BOET. iii. 2 (66).
murken, v., *O.E.* murcian; *murmur*; murkeden [morkeden] (*pret.*) PS. cv. 25.
murne, adj., *O.E.* (un-)murne; *sad, mournful*, LA3. 16159; HORN (L.) 704; ART. & MER. 8338.
murne², sb., = *O.H.G.* morne; *sorrow*: mourne i make A. D. 251.
murnen, v., *O.E.* murnan, *cf. O.L.G.* mornian, *O.H.G.* mornēn, *Goth.* maurnan; *mourn*, A. R. 310; GEN. & EX. 2053; murnin MARH. 14; murne MAN. (H.) 20; mournen SPEC. 69; mornin PR. P. 344; mourne [morne] WICL. JOHN xvi. 20; **morne** (*pres.*) CH. C. T. *A* 3704; mornes(t) S. S. (Wr.) 1862; we murne M. H. 36; murne (*subj.*) HORN. (L.) 964; **murnende** (*pple.*) LA3. 18183; **murnede** (*pret.*) A. R. 366; murnede [mornede] LA3. 13090; mornede WILL. 825; mornede LANGL. *A* iii. 163 [morned *B* iii. 169]; *comp.* bi-murnen.
murnunge, sb., *O.E.* murnung; *mourning*, A. R. 342; murninge O. & N. 1598; BEK. 23; murning GEN. & EX. 3205; PR. C. 1846; mourning SPEC. 54; morning WILL. 746.
murnif, adj., *mournful*; mornif A. P. i. 262.
murten, v., *break, crush*; murte A. P. iii. 150.
mürðe, *see* mürhðe.
mürðren, murðren, v., *O.E.* myrðrian, = *Goth.* maurþrjan; *murder*, LA3. 21516; murčrin HOM. i. 247; murþri P. L. S. xxiii. 21; morþere LANGL. *A* iv. 42; mirþren ORM. 8124; morþeren PL. CR. 666; **mürðredest** (*pret.*) A. R. 310; murþered (*pple.*) WILL. 1774; morþered CH. C. T. *E* 725; imurčred A. R. 244; imorþred ROB. 110; *comp.* a-mürðrin.

murþrere, sb., *murderer*; mordrere MAND. 292; murþrereris [morþereres] (*pl.*) LANGL. *B* vi. 275.

mūs, sb., *O.E.* mūs, = *O.N.*, *O.H.G.* mūs, *Lat.* mūs; *mouse*, HOM. I. 53; mous SPEC. 111;

LANGL. *B* PROL. 12; CH. C. T. *A* 144; muis P. S. 326; mūs [*O.E.* mȳs] (*pl.*) *mice* O. & N. 87; muis TREV. VII. 297; mis LANGL. *B* PROL. 147; mise MAND. 291; S. & C. II. lviii; **mūse** [*O.E.* mūsum] (*dat. pl.*) O. & N. 591; *comp.* **fēld-**, **flinder-**, **rēre-mous.**

mūs-don, adj., *dun coloured*, PALL. iv. 812.

mūs-ēre, sb., *mouse-ear (plant)*, '*pilosella,*' VOC. 140.

mous-falle, sb., *O.E.* mūsfealle, *O.H.G.* mūsfalla; *mouse-trap*, '*muscipula,*' PR. P. 347.

mūs-hēred, adj., *dun haired*, PALL. iv. 896.

mūse-stock, sb., *mouse-trap*, '*muscipula,*' VOC. 132; (*ms.* musestoch) HOM. I. 53.

muscherōn, sb., *Fr.* mousseron; *mushroom*, '*bletus,*' PR. P. 349.

muschil, sb., *O.E.* muscle, *cf. O.H.G.* muscula, *from Lat.* musculus; *muscle*, PR. P. 348; muscle CH. C. T. *D* 2100.

muscle, sb., *mussel*, ALEX. (Sk.) 5469.

mūsen, v., *O.Fr.* muser; *muse*; muse PR. C. 6266; mose ALEX. (Sk.) 333; **mūse** (*pres.*) LANGL. *B* x. 181; mowsin '*muso, musso*' PR. P. 347; mūsi (*subj.*) AYENB. 104; **mūsed** (*pret.*) CH. C. T. *B* 1033.

mūsen[2], v., *cf. M.H.G.* mūsen; *catch mice;* mousin '*muricapio*' PR. P. 347; **mūseþ** (*pres.*) REL. I. 180.

musike, sb., *Fr.* musique; *music*, GEN. & EX. 460; ALEX. (Sk.) 2238.

musk, sb., *Fr.* musc; *musk*, PR. P. 349.

muskit, sb., *O.Fr.* moschet; *musket*, *male sparrow-hawk;* muskitte PR. P. 349; muskett '*capus*' CATH. 247; muskitt VOC. 220.

musōn, *see* **moisōn.**

must, sb., *O.E.* must, = *O.H.G.* most; *from Lat.* mustum; *must*, *new wine*, VOC. 257; WICL. JOB xxxii. 19; must [most] LA3. 8723; must, most LANGL. *B* xviii. 368, *C* xxi. 415.

mustarde, sb., *O.Fr.* moustarde; *mustard*, PR. P. 349; mustard AN. LIT. 9; mostard AYENB. 143.

musti, adj., *moist*, *new*: use this ferment for musti brede PALL. xi. 525.

mustre, *see* **moustre.**

mūte, sb., *O.Fr.* mute, muete, meute; *a pack of hounds*, WILL. 2192; GAW. 1451, 1720.

muteren, v., *mutter*; moteringe ['*mussitantes*'] (*pple.*) WICL. 2 KINGS xii. 19.

mūð, sb., *O.E.* mūð, = *O.N.* mūðr, munnr, Goth. munþs, *O.Fris., O.L.G., O.H.G.* mund; *mouth*, A. R. 60; REL. I. 211; muþ FRAG. 5; ORM. 13868; O. & N. 673; mudh MISC. 30; hold þi mouþ BEK. 2059; þane mouþ AYENB. 27; **mūðes** (*gen.*) REL. I. 131; mūþe (*dat.*) FL. & BL. 11; mouþe S. S. (Wr.) 2320; **mūðes** (*pl.*) LA3. 14823; GEN. & EX. 2216.

mūðe, sb., *O.E.* mūða, = *O.N.* munni; *mouth, estuary*, MAT. viii. 18; mouþe ROB. 20.

mūþen, v., *cf. M.H.G.* munden; *speak*, *utter;* mouþen LANGL. *B* iv. 115; **mouthed** (*pret.*) C xxi. 154.

[**muwel**] **moul**, sb., *cf. Dan.* mul, *Swed.* mögel *n.; mould, mildew*, '*mucor,*' PR. P. 346.

mūwen, *see* **mū3en.**

muwlen, v., *cf. O.N.* mygla; *mould, become mouldy*, A. R. 344; moulen CH. C. T. *B* 32; moulin PR. P. 346; **mouled** (*ms.* moweld) (*pple.*) PR. C. 5570; þi moulid mete P. R. L. P. 181; moulid bred REL. I. 85.

n.

nā, adv., *O.E.* nā, nō, = *O.H.G.* neo, nio, *O.N.* nei; *for* **ne ā**; *no, nay, not*, IW. 716; na swa swa heore bokeras ['*non sicut scribae eorum*'] MAT. vii. 29; þat he ne mihte na (*neither*) east na west SAX. CHR. 260; ne nom he na alle þa þe þer inne weren HOM. I. 123; na lengre ORM. 13163; na more HAV. 2363; H. H. 64; na þe mo AYENB. 41; na þe les WILL. 1751; CH. C. T. *B* 94; MAND. 14; ne beo þe dai na swa long LA3. 1327; nulle ich na so don 6239; na mare 15737; no durste þær bilæven na þæ vatte no þe læne 19444; na, no, neo þe les 141, 8033, 25611; nea swa strong 1552; he ne blakede no 7524; nouþer heort no hinde no mihte(n) heo ... ifinde 30568; nam mare [*earlier text* na mare] MK. xv. 5; nam more (*ms.* namore) FRAG. 5; nam more [na mare] A. R. 246; betere is þo þene no [*ms. Oxon.* '*melius est tunc qvam nunqvam*'] 340; no he seið 334; noa he seiðe 222; na þe mo ROB. 257; nere þe voreward no so strong 379; no more 273; 3ef þu nult no JUL. 10; 3ef þu ne dest no MARH. 7; neo de les 13; no [neo] ðe les KATH. 1023; na mo O. & N. 564; na, no, neo þe les 374, 827, 1297; no hwat scholde ich a mong heom do 997; nis it no so derne idon P. L. S. viii. 39; no mo BEK. 24; no leng BRD. 3; no but it were 3oven to þe from above WICL. JOHN xix. 11; soster no broþer P. S. 205; no peis no griþ GREG. 580; no *no* C. L. 1099; WILL. 67, 2701; MAN. (H.) 41.

nā, *see* **nān.**

nab, sb., *projecting point of a hill;* nabb ALEX. (Sk.) 5494.

naciōn [**nacioun**], sb., *Fr.* nation; *nation*, CH. C. T. *B* 268; nacioun TREV. V. 363; BARB. x. 331.

naddre, sb., *O.E.* nædre, næddre, *cf. O.L.G.* nadra, *O.H.G.* natra, natara *f., O.N.* naðra *f.*, naðr *m., Goth.* nadrs *m.; adder*, *viper*, LEG. 54; SHOR. 104; naddre [neddre] CH. C. T. *E* 1786; nedre HOM. I. 153; neddre A. R. 82; REL. I. 211; GEN. & EX. 323; GOW. III. 118; MAND. 205; nedire '*serpens*' VOC. 222;

neddire ALEX. (Sk.) 4757; **nedren** (*gen.*) HOM. I. 223; neddre A. R. 222; on neddre liche HOM. II. 59; **næddren** (*acc.*) MAT. vii. 10; **naddren** (*pl.*) P. L. S. viii. 138; neddren A. R. 214; neddren, neddreHOM. I. 43, 53; nadres SAX. CHR. 262; nedres ROB. 43; naderes VOC. 255; **neddre** (*gen.*) streon *offspring of vipers* ORM. 9265; *see* **addre**; *comp.* **mére-, water-neddre.**

neder-copp, sb., *for* **ättercop**; *spider*; VOC. (W. W.) 766.

næfre, adv., *O.E.* næfre; *for* ne **æfre**; *never*, ORM. 807; nævre, nævere LAʒ. 3104, 26253; nevre O. & N. 209; REL. I. 209; BRD. 3; AYENB. 26; nevre more HAV. 672; neavere KATH. 126; nevere, never LANGL. *A & B* PROL. 12; never þe lesse A. R. 218; never the latter ['*verumtamen*'] HAMP. PS. xxx. 7*, xlviii. 16; ne beo þe song never so murie O. & N. 345; never mo BEK. 2039; never te *never yet* MISC. 35; AYENB. 99; þou he be nevir so wilde EGL. 708; ner SPEC. 36, 102; ner, nere WICL. LEV. vi. 13, JOHN ix. 21.

něh, *see* **něh**.

næil, sb., *O.E.* nægl, nægel, = *O.H.G.* nagal, nagel, *O.N.* nagl, *O.Fris.* neil; *nail*, '*clavus*,' FRAG. 2; neil A. R. 404; nail '*clavus, unguis*' PR. P. 350; CHR. E. 629; nal PALL. ii. 199; **neiles** (*pl.*) MARH. 19; KATH. 2151; nailes LAʒ. 21879; HAV. 2163; LANGL. *A* vii. 56; CH. C. T. *D* 769; neilen (*dat. pl.*) HOM. I. 121; *comp.* **finger-neil (-nail).**

neil-onif, sb., *nail knife*; neilonīves (*pl.*) JUL. 56.

næil-sex, sb., *O.E.* nægelseax; *nail knife*, FRAG. 5; nailsax [nailsex] LAʒ. 30578.

næilen, v., *O.E.* næglian, *cf. Goth.* (ga-)nagljan, *O.H.G.* nagalen, negilen, *O.N.* negla or *nail*; nailin '*clavo*' PR. P. 351; nailen LEG. 186; naʒlen ORM. 2100; **nailed** (*pple.*) HOM. II. 21; ineiled A. R. 114: inailed BRD. 5.

næiðer, pron. & conj., *for* ne **æiðer**; *neither*, *nor*; here neiðer GEN. & EX. 1276; neiþer LANGL. *B* iv. 32, 130; neiþer, neither CH. C. T. *A* 946, 1135; neither (*ms.* neyther) knith ne knave HAV. 458; me liste not to whispre neither roune LIDG. TH. 695; neithir '*neuter*' PR. P. 352.

næniʒ, adj., *for* ne **æni**; *none*; nenig (*ms.* nengi) LEECHD. III. 98; naniʒ man ORM. 59; neng (*not*) sullen ... ah ʒefen HOM. I. 135; neng bi mine wrihte at for his milde wille HOM. II. 217.

náfe, *see* **náve**.

nagge, sb., ? *M.Du.* negghe; *nag, horse*, '*bestula, equillus*,' PR. P. 350; D. TROY 7727.

naht, sb., *O.E.* neaht, næht, neht, nyht, niht (*gen.* nihte), nihtes, = *O.L.G.*, *O.H.G.* naht (*gen.* naht, nahtes), *Goth.* nahts (*gen.* nahts), *O.N.* nátt, nótt (*gen.* nättar, nætr), *Lat.* nox (*gen.* noctis), *Gr.* νύξ (*gen.* νυκτός); *night*, HOM.

I. 57; SPEC. 34; PS. ciii. 24*; naʒt A. P. ii. 807; naght IW. 3897; nauht MISC. 90; naht, niht ORM. 972, 1904; nagt, nigt GEN. & EX. 76, 1678; þa burh born alle niht LAʒ. 29307; to niht þu scalt faren 709; niht & dai H. M. 15; a niht KATH. 1443; þu singest a niht [niʒt] O. & N. 219; niht, nith HAV. 404, 2669; nicht REL. I. 177; MISC. 27; nict HORN (H.) 131; wiste his bodi niʒt and dai P. L. S. x. 40; to niʒt AYENB. 51; **nahtes,** nihtes (*gen.*) ORM. 6492, 16897; nihtes HOM. I. 7; KATH. 1078; þu flihst nihtes [niʒtes] O. & N. 238; be nihtes (*for* nihte) SAX. CHR. 261; on **nighter tale** [? *O.N.* ā nāttar þeli] *in the middle of night* C. M. 6126; bi nither tale HAV. 2025; bi nighter tale CH. C. T. *A* 97; HOCCL. i. 306; bi niʒter tale ALEX. 324; **nihte** (*dat.*) P. L. S. viii. 39; in þere nihte LAʒ. 7576; bi nihte, niht (*ms.* nith) 2082, 2373; bi nihte A. R. 20; bi nihte [niʒte] O. & N. 365; **niht** (*pl.*) A. R. 278; CH. E. 157; seoven niht LAʒ. 20192; feowertene niht 25675; nigt GEN. & EX. 583; niʒt JOS. 6; seve niʒt HORN (L.) 448; þre niʒt ROB. 170; sefen naht ORM. 545; Marches nahtes 1901; nihtes O. & N. 523; **nihte** (*gen. pl.*) MK. i. 13; LAʒ. 4506; s(e)ove nihte blisse HOM. II. 169; **nihten,** nihte (*dat. pl.*) LAʒ. 5457, 11929; *comp.* **Fri-, mid-, middel-, Sater-niht.**

niht-, niʒt-, niht-cappe, sb., *night-cap*, CH. C. T. *B* 1853.

night-crake, sb., '*nicticorax*' (νυκτικόραξ); *night-bird*, VOC. 188.

niʒt-crōwe, sb., *night-crow*, WICL. LEV. xi. 16; nightcrawe CATH. 254.

niht-fuel, sb., = *M.H.G.* nahtvogel; *night-bird*, ['*nictocorax*'] A. R. 142.

nihte-gale, sb., *O.E.* nihtegale, = *O.H.G.* nahta-, nahtigala; *nightingale*, SPEC. 92; niʒtegale REL. I. 241; nihte-, niʒtingale O. & N. 13, 1512; nightingale CH. C. T. *A* 98.

niht-longe, adv., = *M.H.G.* nahtlanc; *through the night*: þe wal ... ne moste nihtlonges [nihtlonge] ... istonden LAʒ. 15504.

niht-līc, adv., *O.E.* nihtlīc; *nightly*, PS. xc. 5*; **nihtlīche** (*pl.*) deden REL. I. 131.

night-mare, sb., = *M.H.G.* nahtmare; *nightmare*, '*ephialtes*,' PR. P. 356; niʒtmare SAINTS (Ld.) xlv. 228.

night-raven, sb., *O.E.* nihthræfn; *nightraven*, CATH. 254; ['*nictocorax*'] HAMP. PS. ci. 7.

niht-þeoster, sb., *night-darkness*, HOM. II. 171.

niht-wecche, sb., *O.E.* nihtwæcce; *nightwatch*, HOM. II. 39; nightwacche D. TROY 7352.

naht, *see* **nawiht**.

náhwěr, adj., *for* ne **ähwěr**; *nowhere*; nawer AYENB. 210; nawer, nowher, neouwer [nohware] LAʒ. 753, 3301, 31800; nohwer

KATH. 1731; no-, nouhwar A. R. 134, 160;
nowhar (*ms.* nowwhar) ORM. 3566; nowhar
MARG. 113; nowar O. & N. 1168; nouȝwher
LANGL. *A* ii. 193 [nowhere *B* ii. 217]; nohwere
MISC. 85; nour ROB. 233; noure HAMP. PS.
i. 1.
    nŏure-whâre, adv.,=nâhwĕr; HAMP. PS.
iv. 5'; ix. 17*; nourwhare xxxi. 13*; nowre-
whare cxlix. 1*; noure where cxviii. 45.
  nâhwider, adv., *for* ne âhwider; *no-whither,
to no place*; nohwider MARH. 9; nowider
wardes SAX. CHR. 262; nouhwuder A. R.
424; noweder MAP 338.
  nai, adv., *O.N.* nei,=nâ; *no, nay, not*, A. R.
370; MARH. 18; O. & N. 464; WILL. 916;
(*ms.* nay) SHOR. 159; GREG. 421; IW. 1152;
MAND. 292; CH. C. T. *A* 1667; KATH.
777; naȝ ORM. 10285; nai, næi LAȝ. 13132,
23575; it is no nai CH. C. T. *B* 1956, *E* 817,
1139; GAM. 34; withoute nai GAM. 26; this
is no nai 433; nei HOM. I. 27.
  nail, *see* næil.
  nais, adj., *O.N.* neiss; *ashamed*; nakid and
nais M. H. 52.
  nait, adj., *? O.N.* neytr; *useful, vigorous,*
D. TROY 3878; *comp.* un-nait.
  nait-lī, adv., *dexterously, quickly,* A. P. ii.
480; D. TROY 2427; naiteli ALEX. (Sk.) 2896.
  naiten, v., *O.N.* neyta; *use*; naite A. P. ii.
531; -Ð. TROY 776; PERC. 185; note D.
TROY 402; naites (*pres.*) 2518, 2968.
  naiten², v., *O.N.* neita; *say no*; naitin '*nego*'
PR. P. 351; naiteth (*pres.*) CH. BOET. i. 1
(4)*; naitid (*pple.*) APOL. 77.
  nâked, adj., *O.E.* nacod,=*O.H.G.* nacot,
nachot, *O.N.* nöktr, nökkviðr, *Goth.* naqaþs;
naked, unprovided with defensive armour,
A. R. 316; ORM. 6164; BRD. 24; LANGL.
B xii. 162; S. S. (Wr.) 152; agane armit men
to ficht mai nakit men haff litill micht BARB.
xiii. 98; his nakede sweord LAȝ. 686; þai
sterte al nakede til hure FER. 2436; nakid
bare body D. TROY 6403; *comp.* steort-
nâked.
  nâked-hêd, sb., *nakedness,* ALIS. 7056;
nakidhed WICL. JER. ii. 25.
  nâked-lîche, adv., *nakedly,* A. R. 316; AYENB.
174.
  nâkedness, sb., *nakedness*, CH. C. T. *E*
866.
  nâken, adj., *naked*, LANGL. *C* xxi. 51*.
  nâken, nâkenen, v., *? for* *nâkeden, *O.E.*
(ge-)nacodian,=*O.H.G.* (ki-)nachatōn; *strip
naked*; nakin '*nudo*' PR. P. 351; nácnes (*pres.*)
HOM. I. 283; nâkens (*imper.*) ALEX. (Sk.)
4959; nâkide (*pret.*) WICL. JOB xx. 19.
  nakere, sb., *O.Fr.* nacaire; *a sort of drum,*
DEGR. 1085; nakeres (*pl.*) MAND. 281;
nakeris GAW. 1016; nakers CH. C. T. *A*
2511; nakrin (*gen. pl.*) GAW. 118.

nakenen, *see* nâkin. nal, *see* næil.
[nâme, sb., *from* nimen; *comp.* arf-nâme.]
  nâme, sb., *O.E.* nama, noma,=*O.Fris.* nama,
O.L.G., O.H.G. namo m., *Goth.* namo, *O.N.*
nafn *n.*; *name*, '*nomen,*' PR. P. 351; LK. i. 5;
ORM. 1831; GEN. & EX. 3497; ROB. 16;
AYENB. 120; LIDG. M. P. 67; nome, noma
[name] LAȝ. 1397, 1951; HOM. I. 59; O. &
N. 1762; JOS. 156; þene nome A. R. 50;
nâmen [name] (*dat.*) MAT. vii. 22; nomen
LAȝ. 10136; bi nome MARH. 2; nómen
(*acc.*) LAȝ. 7125; nâmen (*pl.*) MAT. x. 2;
HOM. I. 221; namen, nomen, noma [names]
LAȝ. 1802, 2067, 29417; nomen A. R. 204;
KATH. 271; C. L. 615; names HOM. II. 91;
comp. bi-, ĕke-, tō-nâme.
  nâme-cund, adj., ?=nâmecûð; *renowned*:
Balaam was an ful namecund prophete
ORM. 6863.
  nóme-cûð, adj., *O.E.* namcûð; *renowned,
famous*, KATH. 537; A. R. 334; namecouþ
AL. (L.) 44; namekouþ P. S. 327; namekouth
D. TROY 2630.
  nâmecouþ-hêde, sb., *renown*, AYENB. 25.
  nâme-lês, adj., *nameless,* CH. BOET. iv. 5
(131).
  nâme-lîche, adv., *namely, especially*, BEK.
21; AYENB. 21; WILL. 1203; CH. TRO. ii.
212; nomelîche KATH. 21; A. R. 18.
  nâmin, v., *O.E.* (ge-)namian; *name,* '*nomino,*'
PR. P. 351; nâmed (*pple.*) WICL. 1 MACC. x.
1; *comp.* ȝe-nâmen.
  nâming, sb., *naming*, HORN (H.) 216.
  nân, adj., *for* ne ân; *none, no,* ORM.
16164; nes ter nan þat mihte ... wrenchen
KATH. 124; na þing 227; na mon 925;
nan sunne HOM. I. 35; nam (*for* nan)
man LK. x. 22; nan [no] cniht LAȝ.
8593; næs þer nan [non] oðer 25468; na
[no] king 25378; nan mon, no man O. & N.
274, 1539; non fis GEN. & EX. 1124; noan
ne nime PROCL. 5; no þing A. R. 120; no
man BEK. 272; nânes (*gen. m. n.*) LAȝ.
26754; nanes weis KATH. 975; nanes kinnes
ORM. DEDIC. 274; none mannes SHOR. 93;
nânre (*gen. f.*) HOM. I. 245; nânun (*dat. m.
n.*) LK. iv. 26; nane [none] LAȝ. 24624;
nonen AYENB. 68; none A. R. 68; nâre
(*dat. f.*) LAȝ. 19468; nore MISC. 56; nænne
(*acc. m.*) ORM. 165; nænne, nenne [nanne]
LAȝ. 9862 & 19847; nenne A. R. 96; AYENB.
8; nanne P. L. S. viii. 60; O. & N. 812;
nōne (*acc. f.*) P. L. S. viii. 119; O. & N. 536;
MISC. 49; AYENB. 29; nâne (*pl.*) KATH.
106; i nane depe sinnes ORM. 12839; nane
(none) LAȝ. 15287; none A. R. 168; BRD. 29.
  nâniȝ, *see* næniȝ.

  *k*nap, sb., *O.E.* hnæp,=*O.L.G.* nap, *O.H.G.*
hnapf, *O.N.* hnappr (*button*); *cup, bowl*:
nap REL. I. 129; MAP 343; þene nap LAȝ.
14333; nep '*patera*' FRAG. 4; nep A. R.

344; **neppe** (*dat.*) A. R. 214; **nappes** (*pl.*) R. S. v.

nápe, sb., *nape*, '*cervix*,' PR. P. 351; '*haterel*' VOC. 144; ALIS. 1347.

nápe[2], v.: take a troute and **nápe** (*imper.*) him C. B. 102; take a tenche and nape him 105.

napet, sb., = napkin, PR. P. 351.

napkin, sb., *dimin. of* *nappe, *Fr.* nappe, *Lat.* nappa; *napkin*: napet or napekin '*napella*' PR. P. 351.

knappen, v., *O.E.* hnappian, hnæppian; *have a nap, sleep*: nappin '*dormito*' PR. P. 351; nappi LAȝ. 1219*; nappe LANGL. B v. 393; neppe (*pres.*) REL. II. 211; nappeð A. R. 324; HOM. II. 201; nappeþ CH. C. T. H 9; **nappide** (*pret.*) WICL. PS. cxviii. 28; nappid (*pple.*) TOWNL. 98.

nappinge, sb., *O.E.* hnappung; *napping, sleeping*, '*dormitatio*,' PR. P. 351; napping WICL. PROV. xxviii. 29.

naprōn, sb., *Fr.* napperon; *apron*, BER. 33; naprun '*limas*' PR. P. 351; VOC. (W. W.) 660.

narcotike, sb., *O.Fr.* narcotique; *narcotic*; **narcotikes** [nercotikes] (*pl.*) CH. C. T. A 1472; narcotiks CH. L. G. W. 2670.

nard, sb., *O.E.* nard, = *O.Fr.* nard, *Lat.* nardus; *spikenard, ointment*; **narde** (*dat.*) WICL. JOHN xii. 3.

nare, *see* **nēor** *under* **nēh**.

naru, adj., *O.E.* nearu, = *O.L.G.* naru; *narrow*, ORM. 3687; TRIST. 1942; (*ms.* narw) PS. lxxxiii. 4; nare, naru SAINTS (Ld.) xlv. 157, 163; nareu SAX. CHR. 262; nare P. L. S. viii. 174; TREAT. 139; nara MAT. vii. 14; narou, narwe MAND. 45, 69; narwe (? naru), narowe (? narou) '*strictus*' PR. P. 351; neruh A. R. 144; þæt narewe geat MAT. vii. 13; nærewe LK. xiii. 24; þene narewe wei P. L. S. viii. 171; **narewe** (*dat. m.*) LAȝ. 5511; nearowe JUL. 35; **narwe** (*pl.*) ORM. 9202; þauh ȝe þe **neruwure** (*comp.*) beon A. R. 430; forð and narwere GEN. & EX. 3965; þe parluris [þurles] lest & **nerewest** [narewest] (*superlat.*) A. R. 50.

narwe (*adv.*) LANGL. B xviii. 371; and heeld hir narwe in cage CH. C. T. A 3224; wel narewe þe biledet O. & N. 68; narewe herted HOM. II. 29; neruwe A. R. 268.

narou-hēde, sb., *narrowness*, '*strictura*,' PR. P. 351.

neruh-līche, adv., *narrowly*, A. R. 334.

naruhðe, sb., *narrowness*; neruhȝe A. R. 378.

narwen, v., *O.E.* nearwian; *make narrow*; **narweþ** (*pres.*) TREV. I. 57; narweþ MAN. (F.) 4577; **narwand** (*pple.*) ['*affligens*'] PS. xxxiv. 5.

náse, nóse, sb., *O.E.* nasu, nosu, *cf. O.H.G.* nasa, *O.Fris.* nose, *O.N.* nös, *M.L.G., M.Du.* nese *f., Lat.* nāsus *m.*; *nose*, SHOR. 6; AYENB. 154; GOW. I. 98; D. TROY 11; AMAD. (R.) vii; nose BEK. 2201; CH. C. T. A 152; S. S. (Wr.) 2070; LUD. COV. 137; nease HOM. l. 251; neose 127; nesa 23; neose [nose] LAȝ. 8181; neose FRAG. 5; MARH. 9; A. R. 100; SPEC. 34; nese, nose PR. P. 354; MAN. (F.) 1821; nese HAV. 2450; MAND. 204; IW. 260; PR. C. 626; D. ARTH. 2248; his nese smel REL. I. 208.

neose-þürl, sb., *O.E.* nasþyrl; *nostril*, R. S. v (MISC. 182); nosethirl, -þril CH. C. T. A 557; nose-, neseþirl, -þril WICL. 2 KINGS xxii. 9; nesethirl PR. P. 354.

nóselingis, adv., *laying on the back*, '*supinus*,' PR. P. 358.

nasel, sb., *O.Fr.* nasel; *nose-piece (of a helmet)*, [*Wace* '*nasaus*' 9518] MAN. (F.) 10043.

natif, adj., *Lat.* nātīvus; *native, slave*; TREV. VIII. 39.

nativitē, sb., *O.Fr.* nativité; *nativity*, A. R. 412; nativitee CH. C. T. B 3206, F 45.

natte, *Fr.* natte, = **matte**; *mat*, VOC. 197; '*matta, storium*' PR. P. 351.

natūre, sb., *O.Fr.* nature; *nature*, MISC. 35; (*natural power*) ALEX. (Sk.) 3379*; natour ALEX. (Sk.) 4027.

naturel, adj., *O.Fr.* naturel; *natural*, AYENB. 18; CH. C. T. D 1144; naturill brether, brether naturell D. TROY 6770, 7786.

naturel-līche, adv., *naturally*, MISC. 30.

naule, *see* **navele**. **nāut**, *see* **nāwiht**.

nāuþer, pron. & conj., *for* ne **āuþer**; *neither, nor*, M. H. 18; C. M. 11679; (*ms.* nawþer) A. P. i. 1086; nowčer MARH. 5; nowþer (*ms.* nowwþerr) ORM. 3124; nouťer A. R. 52, 350; nouðer, neouðer LAȝ. 6972, 8723; nouþer C. L. 37; (*ms.* nowþer) MIRC 386; ISUM. 149; nouþer of ham IW. 3230; nouther, nother PR. C. 167, 465; nouþer of gold nor of silver MAND. 239; noþer O. & N. 465; noþer of flesch ne of blod TREAT. 134; noþer . . . nor WILL. 1675; noiþer GREG. 712; LAI LE FR. 153; nor CH. C. T. A 946.

náve, sb., *O.E.* nafu, = *O.N.* nöf, *M.Du.* nave, *O.H.G.* naba; *nave (of a wheel)*, '*modiolus*,' PR. P. 351; WICL. 3 KINGS vii. 33; CH. C. T. D 2266; nafe VOC. 278.

(**ná**)**ve-gār**, sb., *O.E.* nafogār, = *O.H.G.* nabagēr; *auger*, FRAG. 4; nauger VOC. 170; nagere CHEST. I. 107.

navee, navie, sb., *O.Fr.* navee, navie; *navy, fleet*, '*classis*,' PR. P. 352; WICL. 3 KINGS ix. 26; PARTEN. 5673; navie MAN. (F.) 2152; CH. H. F. 216; navi ALEX. (Sk.) 1160; if ani nave [navi] *ship* 3376.

navele, sb., *O.E.* nafola, = *O.N.* nafli, *O.Fris.* naula, *O.H.G.* nabalo; *navel*, LEG. 164; SHOR. 44; navele [naule] LANGL. B xiv. 242; WICL. S. SOL. vii. 2; navele [navel] CH. C. T.

navele.

A 1957; navil IW. 1992; navil, novil PR. P. 360; novil LIDG. M. P. 199; naule A. P. i. 459; noule REL. I. 221.

navie, *see* **navee.**

nāwiht, nōht, nŏht, nŏt, pron. & adv., *O.E.* nā-,nōwiht, nāuht, nāht, nōht, *mod.Eng.* naught (nought), *not*; *for* **ne āwiht**; *nothing, not*; nawiht heardes HOM. I. 257; nawiht, nawt, naut MARH. 5, 7; nawiht, naht LAȝ. 473, 6129; heo nefden noht ane moder 209; ne beo he noht swa lohiboren 22041; nolde he nawiht leȝhen ORM. 10351; noht (*ms.* nohht) tat Crist maȝ cwemen 13117; god ne mihte noht þa belles heren ringen 910; ne don we nauht þus HOM. I. 111; nowiht, nowt, nout [nawt, naut] A. R. 2, 86, 144; nout mucheles 102; nawiht. naht, nawt, nowiht, nowiȝt, nouht, noht, noȝt, nout O. & N. 58, 884, 928, 1275, 1324, 1426, 1480, 1620; nacht, nocht MISC. 27, 28; naȝt AYENB. 18; naught RICH. 5678; naught, nouht, nought, noght, not CH. C. T. *A* 462, 744, 756, 789; nowicht (*ms.* nowicth), nouht (*ms.* nouth) HAV. 97, 249; noht H. H. 60, 109; noȝt BRD. 3; for noȝt ROB. 449; nouȝt [noȝt] LANGL. *B* iii. 268; be it nought so lite GOW. I. 174; nouȝt, noght, nout S. S. (Wr.) 53, 209, 210; noght forþi *nevertheless* HAMP. PS. xxxviii. 8; nocht for thi BARB. vii. 220; nat forþi H. S. 5885; nought withstonding *notwithstanding* GOW. H. 181; **nōhtes** (*gen.*) LAȝ. 13947; ne beoð ha riht nohtes JUL. 22; **nōuhte** [nouȝte] (*dat.*) C. L. 34; noȝte BEK. 864; bringe ... to noȝte SHOR. 163; *deriv.* **nōuhtī.**

nāwþer, *see* **nāuþer.**

ne, adv., *O.E.* ne, = *O.N.* ne, *O.Fris., O.L.G., O.H.G., Goth.* ne, ni, *Lat.* ne; *not*, GEN. & EX. 554; HAV. 49; he ne mihte speden LAȝ. 403; leode ne beoð þar nane 1244; ne aras [naros] he never mare 1555; þet we ne bicumen prude A. R. 232; no wunne ne schal wonten þe 398; þat hit ne forwurðe naut MARH. 5; nefde (= ne hefde) ha buten iseid swa þet an engel ne com JUL. 68; noht ne wære he þanne god ORM. 11637; wenst þu þat ich ne cunne singe O. & N. 47; hi ne seȝe no þing BRD. 11; hi ne knewe hire speche noȝt BEK. 66; hou miȝte heo iseo qvelle hire child þat hire hurte ne brac a tvo P. L. S. x. 15; þer ne was LANGL. *B* PROL. 177; whi ne had god mad us swa PR. C. 6228; i ne wot, i not WILL. 903, 911; i ne hadde [nadde] TREV. VIII. 69; i ne am [nam] CH. C. T. *A* 1122; nich = ne ich JOHN xviii. 17; nah = ne ah LAȝ. 28461; nam = ne am A. R. 38; ORM. 10281; nis = ne is JOS. 66; GREG. 177; nabbe = ne habbe LAȝ. 7876; KATH. 1765; nas = ne was ORM. 311; O. & N. 114; C. L. 6; nes A. R. 38; KATH. 307; nat = ne wat *I know not* LAȝ. 6243; ORM. 2445; HOCCL. i. 329; not BEK. 163; not [noot] CH. C. T. *A* 284; þauh þu hit nute [ne wite] nout A. R. 58; nulle = ne wille LAȝ. 1447; MARH. 22;

nēad.

nulle, nelle LANGL. *A* v. 238; nelle O. & N. 452; nille S. S. (Wr.) 1768; ne (*? for* na) mare FRAG. 7; HOM. I. 167; A. R. 96ª; ne ðe las LAȝ. 1346; ne ðe les HOM. II. 79; GEN. & EX. 3853; ne þe les HAV. 1108; RICH. 3812; GOW. I. 4; WICL. LK. xii. 31; ne beo þe þarm ne so smel MISC. 151; ne for thi *never the less* C. M. 11619.

ne², conj., *O.E., O.N.* ne, = *O.L.G.* ne, ni, *Goth.* nih, *O.H.G.* noh; *neither, nor*, MARH. 5: HAV. 44; C. L. 37; JOS. 593; þei we it nusten ne iseien P. L. S. viii. 51; ne dei ne niht HOM. I. 43; ne wurðe nan cniht swa wod ne kempe swa wilde LAȝ. 8593; ne ne mai na þing wiðstonden his wille KATH. 227; þat ȝho ne wære shamed ... ne shend ORM. 1992; noþer griþ ne sibbe O. & N. 1005; ne for sorewe ne for wo BEK. 63; ne mo ne les AYENB. 118; ne (*v. r.* nor) i LANGL. *B* v. 640; þat þei ne be hurt ne harmed MAND. 245; he ne had nouther strenthe ne might PR. C. 465; noþer gin ni monnes strengþe ROB. 7; ni lene to piler ni to wal MIRC 271.

nēad, sb., *O.E.* nēad, nīed, nēd, nȳd, *cf. O.Fris.* nēd, *O.L.G.* nōd; *O.H.G.* nōt, *O.N.* nauð, nauðr, *Goth.* nauþs *f., M.H.G.* nōt *f. m.*; *need*, MAT. xi. 12; neod xviii. 7; wher hit neod [neode] weore LAȝ. 5282; þe king isæh þe neode [nede] 9526; neod (nod), neode (node) HOM. I. 3, 11, 83; O. & N. 466, 638, 906; neod BEK. 874; ȝif hit neod is A. R. 80; hwar se ȝe habbeð neode 424; neode C. L. 19; nede, neode LANGL. *B* vii. 68, *A* viii. 70; ned, nede ORM. 906, 12965; WILL. 119, 3210; i hadde al þat me was ned MAP 335; nede '*necessitas*' PR. P. 352; MAND. 82; (h)is nede (*call of nature*) vor to do ROB. 310; **nēdes** [= *M.H.G.* nōtes], *of necessity* WILL. 1043; CH. C. T. *A* 1290; nedes costes *necessarily* ANGL. III. 61; ARCH. LII. 33; at þare neode (node) O. & N. 529; at nede HAV. 9; nede [neede] CH. C. T. *E* 461; nied, niede HOM. II. 121, 228; AYENB. 63, 95; nied BARB. i. 254; niede ANGL. I. 23; HOM. I. 221; MISC. 32; **nēade** [*cf. O.E.* nȳde, nēde, *M.H.G.* nōte], *necessarily* SHOR. 138; nede ORM. 13558; O. & N. 636; P. L. S. xvii. 392; JOS. 230; WILL. 3922; MIRC 154; he mot nede beien LAȝ. 1051; **nēode** (*pl.*) FRAG. 8; **nēoden** (*dat. pl.*) HOM. I. 205; A. R. 246; neden REL. I. 181.

nēod-ful, adj., *needful*, A. R. 260; nedful GEN. & EX. 2130; niedvol AYENB. 166; nudful LANGL. *C* ii. 21; **nēdfulere** (*comp.*) HAMP. PS. ix. 9.

nēod-lēs, adj., *needless*, BEK. 1662.

nēd-līche, adv., *O.E.* nȳdlīce; *necessarily*, AL. (V.) 116; nedli IW. 1184; PR. C. 2864; nedeli CH. BOET. iii. 9 (84).

nēd-swōt, sb., *sweat of anguish*, A. R. 110.

nēad. nēh.

neid-wai, adv., *of necessity*, BARB. xix. 156; neidwais *necessarily* v. 242.

nēadunga, nēadlunga, adv., *O.E.* nēadunga; *necessarily*; nedunga HOM. I. 123; nedunge, nedlunge MARH. 22; nedlunge A. R. 190; nedlinge HOM. II. 199; nedelingis M. ARTH. 753; TOWNL. 290; nedelonges AMAD. (R.) xii.

[**nēan**, adv., *O.E.* nēan; *near*; *comp.* for-nēan.]

nēat, nout, sb., *O.E.* nēat, *O.N.* naut, = *O.Fris.* nāt, *O.H.G.* nōz; *from* **nēoten**; *neat, cow, ox*; neet '*bos*' PR. P. 354; LANGL. *C* xxii. 266; OCTOV. (W.) 927; net GEN. & EX. 940; nout PS. cxliii. 14; **nētes** (*gen.*) HAV. 781; **nēte** (*dat.*) Iw. 252; **nēt** (*pl.*) SAX. CHR. 259; neet GEN. & EX. 2097; PALL. i. 506; neet [nete] CH. C. T. *A* 597; nete MAN. (H.) 117; naute AMAD. (R.) xv; nowt ORM. 1298; nēte [niete] (*gen. pl.*) LA3. 369; **nēte** (*dat. pl.*) MIRC 353.

neet-hirde, sb., *cowherd*, '*bubulcus*,' PR. P. 354; neetherde WICL. AMOS vii. 14; **net-herdes** [neethurdes] (*gen.*) CH. C. T. *B* 2746.

neb, sb., *O.E.* nebb, = *M.L.G.*, *M.Du.* nebbe, *O.N.* nef; *beak, face,* '*rostrum*,' PR. P. 352; REL. I. 124; FL. & BL. 615; AL. (L.³) 514; þet neb HOM. I. 121; his neb & his neose LA3. 8181; scheau þi neb to me '*ostende mihi faciem*' A. R. 90; neb [nebbe] ERC. 439; **nebbes** (*gen.*) HOM. II. 181; nebbe (*dat.*) A. R. 276; **nebbe** (*pl.*) HOM. I. 43; nebbes LA3. 4163.

neb-schaft, sb., *face*, KATH. 448; neb-scheaft JUL. 55; nebscheft A. R. 94.

nēce, sb., *O.Fr.* niece; *niece*, ROB. 203; A. P. i. 233; CH. C. T. *B* 1290.

necessarie, adj., *O.Fr.* necessaire; *necessary*, CH. C. T. *C* 681; necessari ALEX. (Sk.) 125.

necessitē, sb., *O.Fr.* necessité; *necessity*, P. L. S. xxxi. 85; CH. C. T. *F* 593.

knecke, sb., *O.E.* hnecca, = *O.Fris.* hnecka, *O.N.* hnakki; *neck*; necke LA3. 687; MARH. 12; A. R. 322; O. & N. 122; BEK. 2202; nekke '*collum*' PR. P. 352; LANGL. *B* v. 135; MAND. 48; CH. C. T. *A* 238; þane nhicke AVENB. 138; nicke HORN (R.) 1248.

nekke-bōn, sb., *neckbone, collarbone*: (he) brak his nekkebon in two LANGL. *C* i. 114*.

nēd, *see* nēad. **neddre**, *see* naddre.

nēde, *see* nēad, nēode.

nēden, v., *O.E.* nēdan, nȳdan, = *O.N.* neyða, *Goth.* nauþjan, *O.H.G.* nōten; *from* nēad; *need; compel*; HOM. II. 75; ORM. 11820; þe veond ne mei neden nenne mon to don sunne A. R. 304; nedin '*egeo*' PR. P. 352; neid BARB. xiii. 46; **nēdeð** (*pres.*) A. R. 72; REL. I. 213 (MISC. 7); nedeþ, neodeþ, nudeþ LANGL. *A* xi. 50, *B* x. 63, *C* xii. 48; al þat hem nedeþ MAND. 241; þer of nedeþ nouht to speke CH. C. T. *A* 462; net MAT. v. 41; A. R. 338; nēde (*subj.*) HOM. I. 15; nēdde (*pret.*) HOM.

I. 121; A. P. i. 1043; nedden LA3. 4048; *comp.* bi-, 3e-nēden.

nēdi, adj., *O.E.* nēdig, = *O.N.* nauðigr, *O.H.G.* nōtag; *needy*, TREV. III. 383; P. L. S. v (b.) 58; LANGL. *B* vii. 71; CH. BOET. iv. 5 (131); LUD. COV. 127; neodi HOM. I. 135.

nēdle, sb., *O.E.* nǣdl, = *O.Fris.* nēdle, *Goth.* nēþla, *O.H.G.* nādla, nādela, *O.N.* nāl; *needle,* '*acus*,' PR. P. 352; ORM. 6341; ROB. 99; TREV. IV. 211; LANGL. *B* xii. 162; anne nedle eage LK. xviii. 25; nelde A. R. 324; PALL. i. 602.

nēdle-, neelde-werk, sb., *needle-work*, WICL. EX. xxvi. 1.

nēdeler, sb., = *M.H.G.* nādelǣre; *needle-seller*, LANGL. *B* v. 318; neldere *A* v. 161.

nēdlunge, *see* nēdunga.

nedre, *see* naddre. **neet**, *see* nēat.

knēfe, sb., *O.N.* hnefi; *fist*; nefe PERC. 2087; neve HAV. 2405; D. TROY 13889; neeve FLOR. 1636; neefe [nave, new] BARB. xv. 129; **neffes** (*pl.*) YORK xxix. 370; nevis BARB. xx. 257.

nefe, *see* neve.

ne3, *see* nēh. **ne3en**, *see* ni3en.

[**nē3en**, v., ? *O.E.* nēgan (*satisfy*); ? *comp.* a-nē3en.]

nē3en, *see* nēhen.

knē3en, v., *O.E.* hnǣgan; *neigh*; ne3en WICL. IS. xxiv. 14; neyin PR. P. 352; neie (*ms.* neye) FER. 3669; TREV. III. 179; **nēide** (*pret.*) ROB. 459.

nēiing(e), sb., *neighing*, WICL. JOB xxxix. 19; JER. xiii. 27; **neiingis**, ne3ingus (*pl.*) JER. viii. 16, xiii. 27.

neghen, *see* ni3en.

negligence, sb., *O.Fr.* negligence; *negligence*; neclicgence CH. C. T. *A* 1881.

negligent [necligent], adj., *O.Fr.* negligent; *negligent*, CH. C. T. *D* 1816.

nēh, adj. & adv., *O.E.* nēh, neāh, nīh, = *O.Fris.* nēi, *O.L.G.*, *O.H.G.* nāh, *O.N.* nā, *Goth.* nēhw; *near*, MARH. 6; ORM. 13537; SPEC. 34; nech HOM. I. 141; al þat he neh com LA3. 1568; neh him 1989; þa Irisce men weoren nakede neh þan 22340; næh cun 10260; neih 1609 (*ms.* nehi 4996); neh, neih, nei (*ms.* ney) O. & N. 1252, 1267; þu ham nelh list FRAG. 6; ledde after him neih þan (*quite*) al his ofspreng HOM. II. 33; hit is . . . ful neih idon mid ham þet kumeð so neih to gederes A. R. 60; ancre þet naveð nout neih hond hire vode 424; of neih 250; he is neih (*ms.* neyh) honde (*near at hand*) MISC. 85; þat stood me neih C. L. 370; hit eode hire herte swiþe neih [nei3] 320; neg GEN. & EX. 1234; hit was ne3 eve HORN (L.) 464; ne3 þan ende BRD. 33; hi were ne3 what at te see BEK. 1958; nei3 LANGL. *B* iii. 144; marred nei3 honde *almost* WILL. 884; nei3[nigh] alle TREV.

VIII. 350; it was neigh ded LAI LE FR. 198; nehi MAN. (H.) 203; nei (*ms.* ney) HAV. 464; hit is nei (*ms.* ney) vif ȝer ROB. 195; (h)is men neī wat (*nearly*) alle 80; neȝ [niȝ] WICL. PROV. vii. 8; neigh [nigh] CH. C. T. *A* 1526; neoh LK. xix. 11; nieȝ AYENB. 212; nigh MAND. 44; S. S. (Wr.) 3185; ni PR. P. 355; *comp.* a-nēh.

nēor, adv. (*compar.*), *near, nearer,* HOM. I. 137; LAȝ. 6484; come neor and neor ALIS. 599; neor, ner O. & N. 386, 923, 1260; nier HORN (L.) 771; AYENB. 234; ner ORM. 15235; TREAT. 133; GOW. III. 212; ner [neer] LANGL. *B* xvi. 69; CH. C. T. *A* 839; ner [*O.N.* nǣr], *for* neh, ORM. 9638; nare YORK xxii. 52.

nĕrre, adj. (*compar.*), *nearer,* ORM. 15691; nerre þe half TREAT. 133; narre, nerre YORK ix. 62, xxxi. 321.

nēst, nĕst, adj. & adv. (*superl.*), *next,* '*proximus*,' PR. P. 354; H. M. 23; ORM. 1054; (*ms.* nesst) 4987; GEN. & EX. 3921; HOM. I. 247; necst, next, nest O. & N. 688, 700; next þe grounde TREAT. 132; his nexte cun LAȝ. 22837; þe nexte wike LANGL. *B* xiii. 154; þe nexte wai M. ARTH. 278; love þine nixte (*neighbour*) ase þi selve AYENB. 145.

nēst-fald, adj., *nearest*: mi nestfalde cun JUL. 33.

nēih-ebūr, sb., *O.E.* neāhgebūr, = *O.H.G.* nāhgipūr; *neighbour,* A. R. 368; neghebur PR. C. 5863; neȝȝebour, neȝebour, neȝibor AYENB. 10, 36, 38; neihȝebor LANGL. *A* v. 74; neighbore *B* v. 94; neighebour [niȝhebour] CH. C. T. *A* 535; nēhgebūres (*gen.*) HOM. II. 95.

nēighbour-hēde, sb., *neighbourhood,* PR. P. 352.

nēȝebūr-rēde, sb., *vicinity*; (*ms.* neȝeburredde) HOM. I. 137; nehebo(r)reden II. 83.

nēih-hende, adv. & prep., *near at hand*: þe dom is us neihhende MISC. 142; nerhand, nerand, nerehand HAMP. PS. i. l, lxx. 12*, xciii. 17, cxviii. 87.

nēh-lēchen, v., *O.E.* neāhlǣcan; *approach,* HOM. II. 57; JUL. 8; nēhlēcheð (*pres.*) HOM. II. 35; A. R. 60; neihlecheð REL. I. 131; nēhlēhte (*pret.*) LAȝ. 5267; neihleihte MISC. 84.

nēihlēchunge, sb., *approach,* A. R. 196.

nēh-weste, sb., *O.E.* neāhwest, = *O.H.G.* nāhwist, *O.N.* nāvist; *proximity, vicinity*: heo comen hire a neweste (= *prov. Eng.* anewst) LAȝ. 3507; a neoweste þan stane 17417; he com a neuste 25752; ga a neouste 26107.

nēhen, v., *? O.E.* nēhwan, = *Goth.* nēhwjan, *O.H.G.* nāhen; *approach, come near to*; nehe M. H. 17; neihen A. R. 134; neȝhen, nehȝhen ORM. 4491, 12571; neȝen [neighen] LANGL. *B* xvii. 58; neggen REL. l. 212; neȝe

GAW. 1575; neghe PR. C. 1208; neiȝen MAP 345; neiȝe WICL. MAT. iii. 2; neiȝhe WILL. 3230; neighe MAND. 241; newhen HAV. 1866; nighe M. ARTH. 2832; nēihede (*pret.*) A. R. 134; neiȝede WICL. MAT. viii. 5; neiȝhede [neiȝide] TREV. V. 249; neȝede [neghed] LANGL. *B* xx. 231; neghid S. S. (Wr.) 950; nighed TRIAM. 1512.

nei, *see* nā. nēi, *see* nēh.

nēien, *see* knēȝen. nēiȝ, nēih, *see* nēh.

nēiing, *see under* knēȝen.

neil, *see* nǣil. nēiðer, *see* nǣlðer.

nekar(d), *see* nigard.

neked, sb., *little or nothing*: & of þat ilk nuȝere bot neked nou wontez & i wolde loke on þat lede GAW. 1062; bot to dele you for drurie þat dawed bot neked 1805; þai noied bot a nikid ALEX. (Sk.) 3935.

nekke, *see* knecke. nēlde, *see* nēdle.

[nēme, adj., = *M.H.G.* (an-)nǣme; *comp.* ūtnēme.]

nemel, nemen, *see* nimel, nimen.

nemlen, v., = nemnen; *name*; nemelin PR. P. 353; nemeld(e) (*pret.*) GEN. & EX. 3533; nemeled (*pple.*) P. R. L. P. 23.

nemnen, v., *O.E.* nemnan, = *O.H.G.* nemnan, nemman, nennan, *Goth.* namnjan, *O.N.* nefna; *from* name; *name, call by name, tell, relate,* A. R. 204; ORM. 157; nemmen [nemni] LAȝ. 2910; nemmen A. R. 316; nemne SPEC. 113; PL. CR. 472; nemni TREAT. 132; AYENB. 57; nempnen C. L. 299; nempnen [nempne] LANGL. *A* i. 21; nemne, nevene MAN. (F.) 2291, 7357; LUD. COV. 173; nevene (*pres.*) ISUM. 27; nemned A. R. 10; nevenes GAW. 10; ? nenis YORK xxxii. 185; nem (*imper.*) A. R. 398; neven ALEX. (Sk.) 833*; nemne (*subj.*) A. R. 340; nemnede (*pret.*) HOM. I. 7100; BRD. 3; H. S. 2287; nemnede, nemde REL. I. 131 (HOM. II. 11); nemned WILL. 368; nemde A. R. 138; MISC. 53; AR. & MER. 9379; nevenid ALEX. (Sk.) 76; nemned (*pple.*) ORM. 468; WICL. HEBR. iii. 13; *comp.* a-, ȝe-nemnen.

nemnunge, sb., = *O.H.G.* nemnunga; *name, naming*; nemmunge A. R. 290; þi nevening (*ms.* þin evening) HORN (L.) 266.

neng, nēnig, *see* nǣniȝ.

nēod, nēode, *see* nēad.

nēode, sb., *? O.E.* nēod, = *O.L.G.* niud, *O.H.G.* niot; *? desire*: a þe is ure neode LAȝ. 25686; *comp.* un-nēode.

nēod-ful, adj., *desirous,* A. R. 400.

nēod-līche, adv., *O.E.* nēodlīce, *diligently*: heo ferden alle niht neodliche swiðe LAȝ. 26923; needeli ALIS. (Sk.) 747; ant heom i folhi nēodelūkest (*superl.*) MARH. 13.

neoȝen, *see* niȝen. neomen, *see* nimen.

neose, *see* nāse.

hnēosen, v., = O.N. hniōsa, O.H.G. niusan; *sneeze*; nesin '*sternuto*' PR. P. 354.

nēsinge, sb., = M.H.G. niesunge; *sneezing*, '*sternutatio*,' PR. P. 354; nesing, neesing WICL. JOB xli. 9 (v. r. fnesinge).

[**nēoten**, v., O.E. nēotan, = O.L.G. niotan, O.N. niōta, Goth. niutan, O.H.G. niozan; *use, enjoy*; *deriv.* nēat, nūten, nóte, nótien, nūt, nūtte, nütten.]

neoðer, neoðerien, *see* **niðer, niðerien.**

nēowe, *see* **nēwe. nēowel,** *see* **niwel.**

nēoweste, *see* **nēhweste** *under* **nēh.**

nep, *see* **hnap.**

nēp, sb., O.E. nēp(-flōd), *mod.Eng.* neap-(-tide); *scanty*; *low*: to serve the pouer people of halfpeny worthes in the neep sesons E. G. 425.

nēpe, sb., O.E. nǣp, = O.N. nǣpa, *from Lat.* napus; *turnip*, VOC. 191; PR. P. 353; D. TROY 3076.

nepte, sb., O.E. nepte, nǣpte, *Lat.* nepeta; *catmint*, PR. P. 353.

nēr, *see* **nǣfre. nercotik,** *see* **narcotike.**

nēre, sb., O.N. nȳra, = M.L.G. nēre, O.H.G. niero; *kidney*, '*ren*,' VOC. 186; L. C. C. 52; neere PR. P. 353; **neeres** (*pl.*) ['*renes*'] PS. xxv. 2; neres P. P. 264; *comp.* **kide-nēre.**

nerfe, sb., O.Fr. nerf; *nerve, physical strength*; nerf CH. TRO. ii. 642.

nĕrre, *see under* **nēh. neru,** *see* **naru.**

hnesche, adj., O.E. hnesce, = Goth. hnasqws; *prov.Eng.* nesh; *soft, tender*; nesche A. R. 134; TREAT. 138; AIJS. 915; SHOR. 146; S. S. (Web.) 732; TREV. I. 133; MAND. 303; nesche and softe O. & N. 1546; in hard & in nesche WILL. 495; neshe (*ms.* nesshe) ORM. 995; PR. C. 614; L. C. C. 33; nesch A. P. i. 605; nesh TOWNL. 113; nesh, neis HAV. 217, 2743; **neschere** (*compar.*) JUL.[2] 134.

ness-hēde, sb., *tenderness,* AYENB. 267.

nesse-liche, adv., *softly,* ROB. 435.

hneschen, v., O.E. hnescian; *make tender, mollify*; neschin PR. P. 353; neshen ORM. 15909; **nhesseþ** (*pres.*) AYENB. 94; neissis HAMP. PS. cxli. 6*; **nesched** (*pple.*) PS. liv. 22; neissid ere his wordis aboven oile HAMP. PS. liv. 24; nessid xc. 3*.

nēse, *see* **nāse. nēsin,** *see* **hnēosen.**

nest, sb., O.E., = M.L.G., O.H.G. nest; *nest,* O. & N. 100; WILL. 83; CH. C. T. *B* 1749; ȝet nest A. R. 134; **neste** (*dat.*) O. & N. 92; **nist** (*ms.* nyst) (*pl.*) MAT. viii. 20; nestes A. R. 132.

nestling, sb., *nestling*; **nestlinges** (*pl.*) DEP. R. iii. 75.

nēst, *see under* **nēh.**

nestien, v., O.E. nistian, *cf.* O.H.G. nistēn; *make a nest*; **nesteð** (*pres.*) A. R. 132; nǣstieð LAȝ. 21753.

nestlen, v., O.E. nestlian, nistlian, = M.L.G. nestelen; *nestle, build nests,* HOCCL. i. 288; nestiin PR. P. 354; **nestleþ** (*pres.*) LAȝ. 21753*; **nestild** (*pret.*) ALEX. (Sk.) 506.

net, sb., O.E. nett, = O.L.G., O.N. net, Goth. nati, O.H.G. nezi; *net,* P. L. S. xvii. 157; (*ms.* nett) ORM. 13474; **nette** (*dat.*) HOM. II. 209; AYENB. 170; net (*pl.*) MAT. iv. 22; nettes LAȝ. 29251; A. R. 334; *comp.* **fish-net.**

nēt, *see* **nēat. nete,** *see* **hnite.**

nēten, *see* **nūten.**

netle, sb., O.E. netle, netele, = M.L.G. netele, O.H.G. nezila; *nettle,* '*urtica*,' FRAG. 3; VOC. 139; TREV. VI. 461; LIDG. M. P. 171; blind(e) netele LEECHD. III. 340; netlen (*pl.*) AYENB 230; a mong þe netle O. & N. 593; netles H. S. 7515.

netlin, v., = Du. netelen, Ger. neszeln; *nettle,* PR. P. 355; nettild (*pple.*) with ire ALEX. (Sk.) 737.

neðen, neðer, *see* **niðen, niðer.**

nething, *see under* **niðerien.**

nēuste, *see* **nēhweste** *under* **nēh.**

neuth, *see* **niðen.**

nēve, sb., O.E. nefa, neofa, = O.Fris. neva, O.H.G. nefo, O.N. nefi; *nephew, grandson,* '*nepos*,' PR. P. 355; GEN. & EX. 724; nefe, neve SAX. CHR. 251, 255.

néve, *see* **hnéfe.**

nevelinge, *see* **nivelen.**

nevenen, *see* **nemnen.**

neveu, sb., O.Fr. neveu; *nephew, grandson,* ROB. 19; DEGR. 26; CH. H. F. 617; CH. L. G. W. 1440, 1442, 2659; neveu [nevou] MAN. (F.) 4920; nevu AYENB. 48.

nēvre, *see* **nǣfre.**

nēwe, adj., O.E. nēowe, nīowe, nīwe, = O.L.G. niwi, nigi, O.Fris. nie, O.H.G. niuwi, Goth. niujis, O.N. nȳr, *Lat.* novus, *Gr.* νέος; *new,* P. L. S. viii. 156; KATH. 2137; GEN. & EX. 1286; newe C. L. 780; AYENB. 97; LANGL. *A* v. 171; CH. C. T. *E* 857; S. S. (Wr.) 1489; of newe E. G. 387; YORK xi. 141 (new TOWNL. viii. 141); o newe *anew* GAW. 65; newe, nowe O. & N. 1129; newe, niwe ROB. 217, 517; newe, new, neow ORM. 3447, 7245, 11030; neowe HOM. I. 143; A. R. 8; neowe, niwe [neuwe] LAȝ. 2675, 23110; niwe FL. & BL. 296; SHOR. 163; niewe MK. i. 27; HICKES I. 223 (ANGL. I. 26); niwe, nue L. H. R. 56; nue TREAT. 133; neu C. M. 1281; **nēwes** (*gen. n.*) GEN. & EX. 250; **nēwene** (*acc. m.*) AYENB. 162.

nēow-cumen, adj., *newly come,* LAȝ. 8562.

nēwe-fangel, adj., *mod.Eng.* newfangled; *eager for novelty,* GOW. II. 273; CH. C. T. *F* 618; newfangel S. B. W. 35.

nēwefangelnes, sb., *fondness for novelty,* CH. C. T. *F* 610.

G g

nēw-ȝēr, sb., *new year*; **nēwȝēres** (*gen.*) daȝ ORM. 4230.

nēowe-liche, adv., *O.E.* nīwlīce; *newly*, A. R. 218; neweliche AR. & MER. 4658; neuliche CH. BOET. iv. 3 (122); neuli MAN. (H.) 67; REL. I. 146.

nēwlingis, adv., *newly, soon*, BARB. xiv. 86.

nēwen, adv., *O.E.* nēowan, nīwan; *recently; ancw, afresh*, ORM. 173, 7069; neowen, neouwen LAȝ. 3591, 20683; n(e)owe, newe O. & N. 1129; newe P. S. 246; WILL. 1354; CH. C. T. *A* 3221; TRIST. 188.

nēwen², v., *O.E.* nēowian, nīwian,=*O.H.G.* niuwōn, *cf. Goth.* (ana-)niujan; *make new, renew*; newe CH. TRO. iii. 305; **nēweð** (*pres.*) REL. I. 210; neweþ ['*innovat*'] WICL. WISD. vii. 27; **nēwed** (*pret.*) PR. C. 7460; þo niwede here sorwes ANGL. I. 308; **nēwed** (*pple.*) JOS. 588; MIRC 642; *comp.* a-, ȝe-nēwen.

nēwlingis, see under **nēwe**.

ni, see ne⋅. **niatt**, see **neat**.

nice, adj., *O.Fr.* nice, *mod.Eng* nice; *foolish*, '*iners*,' PR. P. 355; ROB. 106; SHOR. 46; AYENB. 59; S. S. (Web.) 412; HOCCL. i. 204; nice siȝtes LANGL. *B* xvi. 33; þat we ben wise and no þing nice CH. C. T. *D* 938; ? **nisechere** (*comp.*) TREV. VIII. 151.

nicen, v., *become foolish*; **nisen** (*pres. pl.*) GAW. 1206.

nicetē, sb., *O.Fr.* niceté; *folly, cowardice, licentiousness*, CH. C. T. *G* 495; nisste BARB. vii. 379; nisete DEP. R. iii. 144; nisete, niste TREV. I. 281, III. 317, IV. 51, 115, V. 227, VIII. 303.

nich, adv., *for* ne ich; *not I, no*, JOHN xviii. 17; O. & N. 266.

nicke, see **hnecke**.

nicken, v., ? *from* nich; *but cf. Sw.* neka; *deny, say no*; **nicke** (*pres.*) SPEC. 32; nickeð A. R. 308; nickes WILL. 4145; nikkes PERC. 1024; **nikked** (*pret.*) GAW. 2471; al nikked him with nai GAW. 706; **nekid** (*pple.*) ALEX. (Sk.) 1460.

nied, see **nēad**. **nien**, see **niȝen**.

niet, see **nēat**. **neiþe**, see **niȝeðe**.

nif, conj., ? *for* ne if; *cf. O.H.G.* nibu, *Goth.* niba; *unless*, GAW. 1769; A. P. ii. 424.

nifle, sb., ? *O.Fr.* nifle; *triviality*: he served hem wiþ **nifles** (*pl.*) & wiþ fables CH. C. T. *D* 1760.

nifte, sb.,= *O.E.* nift,= *O.Fris., O.H.G.* nift, *O.N.* nipt, *Lat.* neptis; *niece, step-daughter*, PR. P. 355; GEN. & EX. 1386; **niftes** (*pl.*) MAN. (F.) 11011.

nig, adj., ? *niggardly*: nig and hard in al (h)is live ARCH. LII. 36.

niȝ, see **nēh**.

nigard, adj., *niggard, miser*, LANGL. *B* xv. 136; WICL. ECCLUS. xiv. 3; CH. C. T. *D* 333;

nigart R. R. 1175; nekar, nekard ALEX. (Sk.) 1743.

nigardie, sb., *stinginess*, CH. C. T. *B* 1362.

niȝen, card. num., *O.E.* nigon, neogon,= *O. Fris., O.L.G.* nigun, *Goth., O.H.G.* niun, *O.N.* niu, *Ir., Gael.* naoi, *Lat.* novem; *nine*, HOM. I. 219; TRIST. 364; niȝen, nihen [niȝe] LAȝ. 1188, 5149; niȝen [niȝene] and þritti 2804; þer æhte þer niȝene 26502; niȝhen ORM. 1051; nien IW. 402; niȝe SPEC. 37; nie þinges A. R. 326; neȝen AYENB. 45; neghen PR. C. 729; kniȝtes neȝene FER. 2720; neghe OCTOV. (W.) 650; neoȝe TREAT. 134; ȝif ȝe siggeð niene A. R. 30; nine LANGL. *B* i. 119; nine and twenti CH. C. T. *A* 24; nene D. TROY 2638.

niȝen-tēne [neȝentēne], card. num., *O.E.* nigontȳne; *nineteen*, LAȝ. 1850; neoȝentene P. L. S. xiii. 82; neȝentene FER. 2699.

neoȝen-tēoþe, ord. num., *O.E.* nigontēoða; *nineteenth*, P. L. S. xiii. 351.

nigen-ti, card. num., *ninety*, GEN. & EX. 1027.

niȝeðe, ord. num., *O.E.* nigoða,= *O.L.G.* nigunda, *Goth.* niunda, *O.N.* niundi; *ninth*, P.L.S. viii. 170; nigeðe HOM. II. 137; niȝeðe, nieðe A. R. 198, 236; neoȝeþe BEK. 617; niȝhende ORM. 4488; neȝende AYENB. 10; SHOR. 100; neghend PR. C. 3988; ninþe LANGL. (Wr.) 9545; H. S. 2906.

niȝt, niht, see **naht**.

nigromancie, sb., *O.Fr.* nigromance; *necromancy*, LANGL. *A* v. 158; nigromance CATH. 255; nigramansi BARB. iv. 747; nigremaunci MAN. (F.) 2241; nigremansi TREV. I. 231; negremauncie LUD. COV. 189.

nigromaunciere, sb., *necromancer*, CATH. 255; nigramansour BARB. iv. 242; nigromansere, nigromancier TREV. V. 345, VI. 19, VIII. 135; **nigramancers** (*pl.*) APOL. 95.

nigun, sb., *niggard, miser*, H. S. 5578; niggoun [nigon] GAM. 323.

niker, sb., *O.E.* nicor,= *M.Du.* nicker, necker, ? *O.N.* nykr, ? *O.H.G.* nichus; *a water-sprite*; nikir '*siren*' PR. P. 356; **nikeres** (*pl.*) LAȝ. 21746; MAN. (F.) 1447; nikeren AYENB. 61; *see* **iker**.

nikid, see **neked**.

nimel, adj., ? *O.E.* nemol; *nimble*; nimil '*capax*' PR. P. 356; nemel LIDG. M. P. 168; nemil L. H. R. 113; TREAT. OF FISH. 8.

nem(l)-lī, adv., *nimbly*, D. TROY 1226, 10940; nemeli YORK xxix. 219, xxxv. 120.

nimen, v., *O.E.* niman, nyman, neoman,= *O.L.G., Goth.* niman, *O.H.G.* neman, *O.Fris.* nima, *O.N.* nema; *take, seize*, SAX. CHR. 254; FRAG. 7; HOM. I. 9; KATH. 2148; ORM. 2910; C. L. 547; S. S. (Web.) 1430; LANGL. *B* xiii. 373; al heora god we sculen nimen [nime] LAȝ. 993; æt Dovre he þohte nimen lond (*disembark*) 9737; nimen wrechе

nimen.   niþere.   451

GEN. & EX. 1042; nimin PR. P. 356; nime LEECHD. III. 96; O. & N. 1097; TREAT. 139; AYENB. 37; niman HOM I. 17; neoman 29; nemen 241; nemen JOHN vi. 21; neme RICH. 3876; neomen MARH. 3; hu durre 3e neomen ow to cristes icorne JUL. 46; to nimene LA3. 30118; AYENB. 9; nimeð (*pres.*) A. R. 6; nimeþ FL. & BL. 9; he nimþ þane diaþ AYENB. 30; nim (*imper.*) LA3. 13156; A. R. 324; numeð HOM. I. 75; nime (*subj.*) O. & N. 359; AYENB. 55; we numen HOM. I. 23; nam (*pret.*) FER. 257; GOW. I. 212; S. S. (Wr.) 461; (*ms.* namm) ORM. 916; his licham of erðe he nam GEN. & EX. 200; hunger him nam 1490; ðeðen he nam (*went*) to mirie dale 745; þe admiral hire nam to qvene FL. & BL. 791; þat men fro him his birþene nam HAV. 900; þe erl... nam until his lond 2930; þat nam he most to herte WILL. 1203; nam, nom KATH. 910, 1023; þe king nom [nam] þat writ on hond LA3. 484; þer he þa sæ nom (*il prit la mer*) 4966; nom HOM. I. 31; C. L. 917; BEK. 3; AYENB. 45; DEGR. 126; he nom leave A. R. 230; (þou) nome LA3. 5048; MISC. 139; HORN (L.) 1173; S. S. (Web.) 277; namen SAX. CHR. 261; MAN. (H.) PREF. 98; nomen HOM. I. 59; GEN. & EX. 1016; WILL. 1309; S. S. (Wr.) 317; MIN. ix. 53; nome P. L. S. xiii. 237; GREG. 269; nomen [nemen] LA3. 6723; nomen, neme HAV. 1207, 2790; neme HORN (L.) 60; nome (*subj.*) ROB. 66; nome [neme] LA3. 7093; numen (*pple.*) ORM. 6940; GEN. & EX. 409; nume HOM. II. 59; nomen JOS. 405; CH. TRO. v. 514; TRIAM. 1181; manrede of alle havede he nomen HAV. 2265; nome S. S. (Wr.) 2680; *comp.* a-, bi-, for-, 3e-, mis-, of-, ofer-, under-nimen; *deriv.* name, nume.

nimere, sb.,=O.H.G. nemāri; *one who seizes*, AYENB. 248.

nimunge, sb.,=O.H.G. nemunga; *act of taking*, A. R. 38; niminge AYENB. 164.

nimphe, sb., *O.Fr.* nymphe, *Lat.* nympha; *nymph*; nimphes [nimphus] (*pl.*) CH. C. T. B 2928.

nip, sb., *? from* nippen; *? place of 'nipping' cold*: out of þe nippe [nipe] of þe norþ LANGL. B xviii. 162, C xxi. 168.

hnipen, v., O.E. hnipian,=M.H.G. nipfen; *slumber*: þa sunne gon to nipen LA3. 31734; þa nipeden (*pret.*) hio ealle & slepen MAT. xxv. 5.

nipin, v.,=M.Du. nijpen; '*premo, stringo,*' PR. P. 357.

nippen, v., *?*=L.Ger. knippen; *nip*: nippe (*imper.*) of the hed TREAT. OF FISH. 24; nipping (*pple.*) hus lippes LANGL. C vii. 104.

hnite, sb., O.E. hnitu,=M.Du. nete, O.H.G. niz; *nit*; nite '*lens*' PR. P. 357; VOC. 190; nete 177; nites (*pl.*) PR. C. 651.

nīte, v., O.N. nīta; *deny*, L. H. R. 121; C. M. 883; nitte (*pret.*) M. H. 50; nit BARB. i. 52; nite (*pple.*) ALEX. (Sk.) 1460.

nitelen, v., *toil*: (þai) niteled (*pret.*) þer alle þe ni3t for no3t at þe last A. P. ii. 888.

nitten, *see* nütten.

nið, sb., O.E. nið *m.* (*contention, envy*), *cf.* O.L.G. nīth *m.*, O.H.G. nīd *m.*, O.N. nīð *n.*, Goth. neiþ *n.* (φθόνος); *contention, envy, malice*, A. R. 404; nið and win REL. I. 213; nið and strif GEN. & EX. 373; nið, niþ HOM. I. 153; niþ ORM. 123; niþ and wrake O. & N. 1194; niþ and onde 1401; niþe (*dat.*) FRAG. 7; LA3. 3934*; SHOR. 156; S. S. (Web.) 1205; AM. & AMIL. 208; of niþe ant of onde P. S. 212.

nið-craft, sb., *malice*, LA3. 7116.

nið-ful, adj., *envious*, HOM. I. 57; GEN. & EX. 369; niþful ORM. 18254; þurh niðfulne (*acc.*) craft LA3. 10219; þe niðfulle (*pl.*) P. L. s. viii. 138*.

nið[2], adj., *? O.E.* nið, *cf.* Goth. (anda-)neiþs; *? dire*; niþ hellepine ORM. 13677.

[niðe, adv.,=O.H.G. nida, M.H.G. nide (*down*).]

niðe-weard, adv., O.E. nyðe-, neoðeweard; *downwards*, ['*deorsum*'] MK. xv. 38; fro neþewarde HOM. II. 165.

niþemest, adj., O.E. niðemest; *lowest*, TREAT. 138; FER. 3257; neþemest C. M. 9926; þe neþemeste HOM. II. 219; þan neoþemeste pinan I. 117.

niðen, adv., O.E. niðan, neoðan, neoðane,= O.N. neðan, O.L.G. nithana, O.H.G. nidana; *beneath*; neðen *from beneath* HOM. II. 105; ge sint nyðene ['*de deorsum*'] JOHN viii. 23; neuth BARB. xi. 538; *comp.* bi-neoðen.

niðen, v., O.N. nīða,=O.H.G. nīden; *oppose, envy*; niþe ['*aemulari*'] PS. xxxvi. 8; niðede (*pret.*) GEN. & EX. 1521.

niðer, adv., O.E. niðor, neoðor,=O.L.G. nithar, O.N. niðr, O.H.G. nidar; *downwards*, LA3. 8182; falle niðer REL. I. 223; ne warp þu me nawt neoðer into helle MARH. 17; neoðer, neðer HOM. II. 111; sal gliden on his brest(e) neðer GEN. & EX. 370.

neoðer-stīenge, sb., *descent*, HOM. II. 111.

niðer-ward, adv., = M.H.G. niderwert; *downwards*, REL. I. 221; n(e)oþerward, neþerward O. & N. 144; netherward D. TROY 7717.

niþere, adj., O.E. niðera, neoðera,=O.Fris. nithere, O.N. neðri, O.H.G. nidaro; *nether, lower*, MARG. 160; þe niþer(e) ende BRD. 24; he beð neðer þanne he er was HOM II. 103; to þe niðer(e) wunienge 173; a niðer(e) helle grunde 229; his neþer(e) chave. TRIST. 1468; þe neþere lippe VOC. 146; neþere A. R. 332; nimes of 3our nethir glove (i.e. *boots*) & nakens 3oure leggis ALEX. (Sk.) 4959;

niþere.

neþire gloves 2767; in **neþerere** (*compar.*) of erth ['*in inferioribus terrae*'] HAMP. PS. cxxxviii. 14; **neþereste** (*superl.*) [= *O.H.G.* nidarōsta]; *lowest*, CH. BOET. i. 1 (5).

niðerien, v., *O.E.* niðerian, = *O.N.* niðra, *O.H.G.* niderran, nidiran; *make low, debase, humiliate*; (*ms.* nyðerien) LK. vi. 37; niþren (*ms.* niþþrenn) ORM. 13966; **neoðered** (*pple.*) LA3. 29992; *comp.* a-, 3e-niðerien.

nethring, sb., *abasement*, BARB. xix. 155*.

nīðing, sb., *O.E.* nīðing, = *O.N.* nīðingr; *wretch, villain*, LA3. 690; niþing HORN (R.) 204; AYENB. 139; ALIS. 2054; ISUM. 23; **nīþinge** (*dat.*) MISC. 30; *comp.* **méteniþing**.

nivelen, v., *Fr.* (re-)nifler; *snuffle*: nivelen & makien sure & grimme chere A. R. 240; **nifle** (*pres.*) REL. II. 211; **nivelinge** [nevelinge] (*pple.*) wiþ þe nose LANGL. *B* v. 135.

nīwe, *see* nēwe.

nīwel, adj., *O.E.* nēowol, nȳwol, nēol; *deep, right down*: and nuel feol to grunde LA3. 16777*.

nīuelinge, nēuelinge, adv., *flat down*, '*resupinus*,' TREV. II. 203.

nīwelnisse, nēowelnesse, sb., *O.E.* nēowel-, nȳwolness; *depth, abyss*, HOM. I. 225, 233.

nō, *see* nā, nān.

nōble, adj., *O.Fr.* noble; *noble, good*, A. R. 166; P. L. S. xiii. 119; nobill YORK xxv. 300; **nōbleste** (*superl.*) AYENB. 92; noblost ROB. (W.) 6346.

nōble-līche, adv., *nobly, excellently*, AYENB. 55; nobliche P. L. S. xvii. 423; nobli ALEX. (Sk.) 260.

nōble-man, sb., *person of high birth*; **nōblemen** (*pl.*) HOM. I. 273.

nōble[1], sb., *noble* (*coin worth 6s. 8d.*), LANGL. *C* iv. 47; **nōbles** (*pl.*) CH. C. T. *C* 907, *G* 1365.

nobleie, sb., *O.Fr.* noblei; *splendour, grandeur, nobility*, ROB. 46; MAN. (F.) 105; CH. C. T. *F* 77; noblei CH. C. T. *G* 449; noblai BARB. viii. 211; HAMP. PS. cviii. 2*; nobillai BARB. ix. 95.

nōblen, v., *ennoble*; **nōbledest** (*pret.*) [*trans.* Dante's '*nobilitasti*'] CH. C. T. *G* 40.

noblesse, sb., *O.Fr.* noblesse; *nobility, magnificence*, AYENB. 20; CH. BOET. ii. 3 (37); noblesce A. R. 166.

nōbletē, sb., *O.Fr.* nobleté; *nobility*, TREV. I. 235, IV. 195, VII. 487, VIII. 15.

nōces, sb. pl., *O.Fr.* noces; *wedding*, A. R. 78.

nocke, sb., = *M.Du.* nocke, Dan., Swed. nokke; *notch*; nokke PR. P. 357; **nokkis** (*pl.*) P. R. L. P. 17.

nocturne, sb., *Fr.* nocturne; *nocturn* (*prayer at 3 a.m.*), A. R. 270.

nor.

nodden, v., *nod*; nodde CH. C. T. *H* 47.

noddil, v., *strike with the fist*: dose noddil on him with neffes YORK xxix. 370.

nodile, sb., *noddle, top of the head*, '*occiput*,' VOC. 206; nodil, nodle PR. P. 357.

nō3t, nōht, *see* nāwiht.

nōhtunge, sb., *from* nāwiht; *depreciation*. H. M. 9, 31; sum lucer word ocer sum nouhtunge A. R. 426.

noi, *see* nui. **noien**, *see* nuien.

noious, adj., *hurtful, difficult*, WICL. 2 THESS. iii. 2; BARB. xix. 742; PALL. i. 485.

noise, sb., *O.Fr.* noise; *noise, quarrel*, A. R. 66; TREAT. 135; AYENB. 66; GREG. 615.

noisen, v., *make a noise*; **nois** (*pres.*) ALEX. (Sk.) 4744.

nōk, sb., *nook, corner, angle*, HAV. 820; **nōkes** (*dat.*) GAW. 660; of þe noke ['*anguli*'] PS. cxvii. 22; he held þe lettre bi þe noke DEGR. 165; **nōkes** (*pl.*) MIN. vii. 5; C. M. 17675.

[**nōked**, adj., *cornered; comp.* **fēower-nōked**.]

nokke, *see* nocke.

hnol, sb., *O.E.* hnoll, = *O.H.G.* hnol; *head*: nol '*vertex*' FRAG. 2; nol ['*cervicem*'] WICL. 4 KINGS xvii. 14; **nolle** (*dat.*) P. S. 157; TREV. V. 369.

nolpe, sb., *blow, stroke*, D. TROY 14037.

nolpen, v., *strike*; **nolpit** (*pret.*) D. TROY 6613, 13889; nolpit (*pple.*) 1257.

nombles, sb., pl., *O.Fr.* nomble; *? from Lat.* lumbulus; *entrails of a deer*, GAW. 1347: TRIST. 491; nombles of veneson C. B. 70; nomblis, nombles 10; numbles 114.

nombre, nombren, *see* numbre, numbren.

nóme, *see* náme, nume.

nōn, sb., *O.E.* nōn, *from Lat.* nōna (*scil.* hōra); *noon*, LA3. 14039; MISC. 50; ær none LA3. 17063; after none HORN (L.) 358; at none 801; **nōnes** (*pl.*) *meal at noon* LANGL. *B* vi. 147, *C* vii. 429, ix. 146.

nōne-mete, sb., *O.E.* nōnmete; *mid-day repast*, '*merenda*,' REL. I. 6; nunmete PR. P. 360.

nōne-(s)chenche, sb., *mod.Eng.* luncheon; *noon drinking*, LANGL. IV. *page* 165.

nōn-tīd, sb., *O.E.* nōntīd; *noon-tide*, SAX. CHR. 264; nontide MK. xv. 33.

nōn, *see* nān.

nōnes, *in phrase* for þe nōnes, = for þen ōnes; *see under* ān.

nonne, *see* nunne.

hnoppe, sb., *? O.E.* hnoppa, = *M.L.G., M.Du.* noppe; *nap* (*on cloth*); noppe '*villus*' PR. P. 358; CATH. 256.

hnoppe, v., *take the nap off*; noppe CATH. 256.

hnoppi, sb., = *M.Du.* noppigh; *with a nap, rough*; noppi '*villosus*' PR. P. 358.

nor, *see* nāuþer. **norice**, *see* nurice.

norissen. nout. 453

norissen, *see* **nurissen. nors,** *see* **nurice.**
norð, sb. & adv., *O.E.* norð (*adv.*), = *O.Fris.*
north (*adv., sb.*), *O.H.G.* nord (*sb.*) ; *north* :
Albanac hefde al þat norð LA3. 2134 ; (þat)
wunede norð [norþ] 3443 ; Hengest is ifaren
norð 16442 ; min sete norð on hevene maken
GEN. & EX. 278 ; norþ O. & N. 921 ; MISC.
96 ; she lokede norþ HAV. 1255 ; þet norþ
AYENB. 124 ; north '*septentrio*' PR. P. 358 ;
['*aquilonem*'] PS. lxxxviii. 13 ; in þe norþe CH.
C. T. *A* 4015.
norð-dēle, sb., *O.E.* norðdǣl ; *north part*,
HOM. I. 219 ; norþdale ORM. 16412.
norð-ēast, sb., *north-east*, SAX. CHR. 249.
norð-ende, sb., *O.E.* norðende ; *north
quarter*, LA3. 12729 ; norþende HAV. 734.
Norþ-folo, pr. n., *Norfolk*, MISC. 146.
norþ-half, sb., *O.E.* norðhealf; *north part*,
TREAT. 137 ; SHOR. 149.
Norð-humberlond, pr. n., *Northumberland*,
LA3. 6390.
Norþ-see, pr. n., *North-sea*, P. L. S. xiii. 17.
norð-side, sb., LA3. 24515 ; norþside P. L.
S. xvii. 350.
norþ-ward, adv., *O.E.* norðweard ; *north-
ward*, BEK. 1127 ; CH. C. T. *A* 1909.
Norð-weȝe, pr. n., *Norway*; **Norþweie**
[*O.E.* Norðwegum] (*dat.*) ROB. 182 ; Norweȝe
[Norweie] LA3. 4474 ; Norweie O. & N. 909 ;
MAN. (F.) 2878.
Norþ-wich, pr. n., *O.E.* Norðwīc ; *Norwich*,
MISC. 145 ; P. L. S. xiii. 64 ; Norwic SAX.
CHR. 263.
norðe, ? adj., *north* ; bi norðen LA3. 3742 ; bi
norðe 21043 ; bi norþe P. L. S. x. 1.
[**norþer,** adv., *O.N.* norðr ; *northernly*.]
norþer-man, sb., *man of the north* : bot
northir men (*north*) wald no þing swa BARB.
xvii. 846.
norþer², adv., *O.N.* norðar ; *more northward* :
þo ferde he norþer LA3. 2674*.
norðerne, adj., *O.E.* norðerne ; *northern* :
þat norðerne volc LA3. 31333 ; a northerne
wind LEG. 165 ; norþerne wind SPEC. 51 ;
the norþern light CH. C. T. *A* 1987.
nōse, *see* **nāse. nōt,** *see* **nāwiht.**
nōt, for ne wāt, *see* **ne.**
ḵnot, adj., *O.E.* hnot ; *cleanly shaved* : a not
hed had he CH. C. T. *A* 109 ; not of his
nolle DEP. R. iii. 46.
notable, adj., *O.Fr.* notable ; *remarkable*,
CH. C. T. *B* 1865.
notarie, sb., *O.Fr.* notaries ; *notary, solicitor,
scribe*, LANGL. *C* xvii. 192 ; **notaries** (*pl.*)
AYENB. 40 ; notories LANGL. *C* iii. 185.
nōte, sb., *O.E.* notu ; *from* nēoten ; *use, occupa-
tion, enjoyment*, PR. P. 359 ; P. L. S. xix. 53 ; CHR.
E. 927 ; SHOR. 36 ; AYENB. 159 ; S. S. (Web.)
992 ; MIRC 1484 ; RICH. 2651 ; CH. C. T.

A 4068 ; H. S. 2073 ; A. P. ii. 381 ; for ure
note HOM. I. 195 ; is in þe eni oþer note bute
þu havest schille þrote O. & N. 557 ; note and
frame SPEC. 71 ; him selve to note HOM. II.
183 ; note, noote YORK xix. 268, xxxvi. 383.
nōte-ful, adj., *useful*, WICL. E. W. 343 ;
CH. BOET. i. 1 (7) ; C. M. 8473.
notsum, adj., *profitable* : heore nutene
neotsume (? *for* notsume) weren LA3. 342.
nōte², sb., *O.Fr.* note ; *note* : a note of þe
nihtegale SPEC. 26 ; þis was a meri note
YORK xv. 65 ; note *tenor of a letter* ALEX. (Sk.)
1719 ; nótes (*pl.*) AYENB. 105 ; A. P. i. 883.
note, *see* **ḵnute.**
nōte, adj., *Lat.* nōtus ; *noted, excellent* : now
nar ȝe not fer fro þat note place GAW. 2091 ;
noied of þare note men ALEX. (Sk.) 1227 ;
our note men 4870.
nōten, v., *Fr.* noter ; *note, observe, indite*, A. R.
158 ; nótis (*pres.*) ALEX. (Sk.) 2795 ; noteþ
DEP. R. iv. 54 ; nóte (*imper.*) ALEX. (Sk.)
5655 ; so was nóted (*pret.*) þe note A. P. ii.
1651 ; notid ALEX. (Sk.) 4569.
nótien, v., *O.E.* notian ; *make use of, enjoy*,
HOM. II. 189 ; A. R. 106 ; noten GEN. & EX.
3144 ; notie SHOR. 21 ; note JOS. 588 ; H. S.
2602 ; ich nótie (*pres.*). . . mine þrote O. & N.
1033 ; note RICH. 5604 ; þu notest ORM.
12228 ; noteð JUL. 45 ; noteþ AYENB. 260 ;
þe king nuste whæt he inóted (*pple.*) hafde
LA3. 30603 ; *comp.* **bi-nótien.**
nōþe, adj., *O.E.* nōð, = *O.H.G.* nand ; *? bold-
ness* : and lete al þat to noþe (*r. w.* soþe)
SHOR. 65 ; ȝaf he let to noþe 111.
nou, *see* **nu.**
nouche, sb., *O.Fr.* nouche, *from O.H.G.* nusca ;
ouch, necklace, collar, jewel, 'monile,' PR.
P. 359 ; ['*fibulam*'] WICL. 1 MACC. x. 89 ; a
nouche of golde CH. C. T. *D* 743 ; **nouchis**
(*pl.*) CH. H. F. 1350 ; nouches [ouchez] ALEX.
(Sk.) 3134.
noucin, sb., *O.N.* nauðsyn ; *necessity, distress* ;
(*printed* noncine) C. M. 5372 ; nocin 5802 ;
nowcin MARH. 1 ; KATH. 1698.
nōuht, *see* **nāwiht.**
nōuhti, adj., *having naught, penniless, worth-
less* : men . . . þat nedi ben and nouȝti [naȝti]
LANGL. *B* vi. 226 (Wr. 4245) ; noȝti A. P. ii.
1359 ; more nedier and nāuȝtier (*comp.*)
LANGL. *B* vii. 72*.
noule, *see* **navele.**
noumpere, sb., *O.Fr.* nonper ; *umpire*,
S. A. L. 210 ; noun-, noumpere LANGL. *A* v.
181 (nompeir *C* vii. 388) ; noumpere WICL.
PROL. ROM. ; oumpere PR. P. 360.
nounāge, sb., *A.Fr.* nonaage ; *nonage, mi-
nority* ; **nounāges** (*pl.*) D. RICH. iv. 6.
nouncertein, sb., *uncertainty*, CH. COMP. V.
46.
nout, *see* **nēat. nōut,** *see* **nāwiht.**

nouthe, *see* **nu.**
nōuðer, *see* **nāuþer. novele,** *see* **navele.**
novellis, sb., pl., *news*: whens evere this barne mai be that shewes þer novellis nowe YORK xx. 106.
novelrie, sb., *O.Fr.* novelerie; *novelty*; novellerie GOW. II. 259; **novelreis** (*pl.*) BARB. xix. 394; CH. C. T. F 619; H. F. 686.
noveltē, sb., *O.Fr.* noveleté: *novelty, news*: for wonder of novelte of his doinge TREV. III. 67; slike novelte mai noght disease YORK xv. 127; what novelte xxv. 118; **noveltees** (*pl.*) CH. C. T. (T.) 10933.
Novembre, sb., *Lat.* November; *November*, CH. ASTR. i. 10 (6).
novis, sb., *O.Fr.* novice; *novice*, CH. C. T. B 3129; VOC. (W. W.) 681.
nowel, sb., *O.Fr.* noël *from Lat.* nātālem; *Christmas*, CH. C. T. F 1255.
nowele, *for* **an owele** (*owl*); an nowele YORK xxix. 119.
nowt, *see* **nēat. nōwðer,** *see* **nāuþer.**
nu, ? **nū,** adv., *O.E.* nu, = *O.L.G., O.H.G., O.N., Goth.* nu, *Gr.* νύ; *now,* O. & N. 46; P. S. 257; til nu ORM. 14066; nu 3u (*ms.* nu33u) [*cf. O.H.G.* nu ju] 9281; and was redi to slon him nu ge GEN. & EX. 1328; nu ðen MARH. 13, 21; nu þen MISC. 85; nu ða HOM. I. 9; nu ðe LA3. 29863; KATH. 2120; nu þe FL. & BL. 12; þat me ofþinchet nu þe P. L. S. viii. 5; ich beo nu (a)n an ilaht JUL. 72; nu (a)n on A. R. 270; nu, nou HAV. 120, 2421; nou TREAT. 135; AYENB. 87; JOS. 29; nou þe CH. C. T. A 462; A. P. iii. 414.
nūd, nūden, *see* **nēad, nēden.**
nue, *see* **nēwe. nūel,** *see* **nīwel.**
[**nüht,** sb., *O.E.* nyht; *abundance.*]
nühtsom [neghtsom], adj., = 3enühtsom; *abundant,* PS. xcviii. 8.
nühtsomen, v., *O.E.* genyhtsumian; *abound*; nuhtsome PS. lxiv. 14.
nehtsomnes, sb., *abundance,* PS. cxxix. 4.
nui, sb., *for* **anui**; *annoyance, hurt*: es ther any noies (*pl.*) of newe YORK xi. 386; ar ther any noies new TOWNL. viii. 386; noi LANGL. C iii. 554; *see* **anui.**
noi-ful, adj., *hurtful,* WICL. PS. xxxvi. 2.
nuiaunce, sb., *trouble*; noiaunce MAN. (F.) 3444.
nuien, v., *for* **anuien**; *annoy*; noi YORK i. 71; ALEX. (Sk.) 676; **noiis** (*pres.*) ALEX. (Sk.) 4182; **noied** (*pret.*) ALEX. (Sk.) 1227; HAMP. PS. cvi. 18*; noiede WICL. JUD. xi. 1, xvi. 7; **noied** (*pple.*) LANGL. C iii. 19.
nuisance, sb., *O.Fr.* nuisance, *mod.Eng.* nuisance; *annoyance, damage*; noisance PARTEN. 401.
nuisen, v., *O.Fr.* nuisir; *injure*; nusi SHOR. 20.
numbre, sb., *O.Fr.* nombre; *number*, P. L. S. xvii. 223; nombre CH. C. T. A 716; nounbre ALEX. (Sk.) 89, 215, 449, 3641.
numbren, v., *O.Fr.* nombrer; *number, enumerate*; noumbre ROB. 61; ALIS. 1396; nombre [noumbre] LANGL. B i. 115.
nume, sb., *O.N.* (her-)numa; *from* nimen; *act of taking; pledge, hostage*; nome REL. I. 227 (MISC. 25); GEN. & EX. 2268.
nümen, *see* **nimen. nunan,** *see* **nu.**
nunne, sb., *O.E.* nunne, *O.Fr.* nonne, *Lat.* nonna; *nun,* A. R. 316; M. H. 164; nunne [nonne] LA3. 15651; nonne ROB. 222; GOW. III. 281; CH. C. T. A 118; **nunnen** (*pl.*) MISC. 77; **nonne** (*dat. pl.*) P. L. S. ix. 149.
nunnerie, sb., *O.Fr.* nonnerie; *nunnery*, P. L. S. xxxv. 148; nonnerie LA3. 15642*; P. L. S. xvi. 150; nunrie ROB. (W.) 2728.
nurceri, sb., *nursery, nursing*; norceri ROB. (W.) 8938*.
nurice, sb., *O.Fr.* nurrice, norrice; *nurse*, A. R. 82; norice P. L. S. xiii. 135; AYENB. 161; nors PALL. iv. 35; norise MIR. PL. 141; nursche WICL. 1 THESS. ii. 7.
nurissen, v., *O.Fr.* nurrir, norrir; *nourish*; *nurse*; norissi AYENB. 154; norischi BEK. 1874; **norisseþ** (*pres.*) SHOR. 99; **norisse** (*subj.*) CH. BOET. iii. 6 (79); **nuriat** (*pple.*) PR. C. 4198.
norisschinge, sb., *nursing,* ROB. (W.) 8938*.
nuritūre, sb., *O.Fr.* norreture, nurture; *nurture*; nurture MAN. (F.) 4295; nurtur D. TROY 7885; noriture PARTEN. 3837; norture PR. P. 358; AYENB. 113; GAM. 4.
nurnen, v., *bring forward, proffer; propose; utter,* say: he nolde not ... nurne hir a3ainez GAW. 1661; to norne on þe same note 1669; i wil no giftez ... i haf none you to norne 1823; nou (? *ms.* how) norne 3e youre ri3t nome 2443; **nurned** (*pret.*) A. P. ii. 669; (þat prince) nurned him so ne3e þe þred GAW. 1771.
nurri, sb., *O.Fr.* nouri; *foster-child,* ['*alumnus*'] TREV. VII. 139; norie, norrei, norri, nori TREV. VI. 43, 79, VII. 379, 393, 519; nori WILL. 1511.
nurtren, v., *from* nuritūre; *nurture*; nurtrid (*pple.*) ALEX. (Sk.) 3177.
nurð, sb., ? *noise,* A. R. 92*; leaveð ower nurð ant ower ladliche bere MARH. 21; nurð, nurhð HOM. l. 247; H. M. 31.
nürvil, nirvil, sb., ? *for* **onürvil**; *dwarf,* '(*homo*) *pusillus*,' PR. P. 357, 361.
nüt, adj., *O.E.* nytt, = *O.Fris.* nette, *O.N.* nytr, *Goth.* (un-)nuts, *O.H.G.* nuzzi; *from* **nēoten**; *useful,* LA3. 9470; *comp.* un-**nüt.**
ḥnute, sb., *O.E.* hnutu (*pl.* hnyte), *cf. O.N.* hnot, *O.H.G.* hnuz; *nut*; nute HOM. l. 79; C. M. 18833; ane nhote AYENB. 143; note PR. P. 359; ALIS. 3293; he ne yaf a note of hise oþes HAV. 419; **nutes** (*pl.*) GEN. & EX.

3840; notes BEK. 1203; *comp.* **hasel-, pin-, wal-note.**

nute-brūn, adj., *nut-brown,* C. M. 18846.
nut-hak(k)e, sb., *nuthatch,* SQ. L. DEG. 55.
note-migge, sb., *nutmeg,* PR. P. 359; note-mugge ALIS. 6792; **notemigges** (*pl.*) C. B. 109.
note-schale, sb., =*M.H.G.* nuzschal; *nut-shell,* TREV. IV. 141; **nutescalen** (*pl.*) LA3. 29265.
nūten, sb., *O.E.* nȳten, nēten, nīeten; *cattle,* FRAG. 3; neten ['*jumentum*'] LK. x. 34; **nūtenu** (*pl.*) HOM. I. 105; nutene LA3. 341.
nūtte, sb., *O.E.* nytt, *cf. O.N.* nyt, *M.L.G.* nutte, *O.H.G* nuzzī *f.; use* : neoren noht to nuttes (*for* nutte) LA3. 13428.
nūtten, v., *O.E.* nyttian, = *M.L.G., M.Du.* nutten, *O.H.G.* nuzzan; *make use of, enjoy* : nutten hote spices A. R. 370; hu man birþ weoreldþing nitten ORM. 5543; nitte HAV. 941; **nūtteð** (*pres.*) REL. I. 132; ȝef ha nutteð hare nome MARH. I; **nūtted** (*pple.*) HOM. II. 23.

o.

o, *see* **on, of.**
ō, interj.,=*Goth., M.H.G.* ō; *oh,* LA3. 17126; KATH. 1453; A. R. 54; AYENB. 93.
ō, *see* **ā.**
obedience, sb., *O.Fr.* obedience; *obedience,* HOM. I. 213; AYENB. 140.
obediencer, sb., *a certain officer in a monastery,* LANGL. *C* vi. 91.
obedient, adj., *O.Fr.* obedient; *obedient,* A. R. 424.
obeiaunce, sb., *obedience,* ALEX. (Sk.) 5106.
obeiin, obeishe, v., *O.Fr.* obeir (obeiss-); *obey, reverence,* PR. P. 361; obeie [obeishe] WICL. GEN. xli. 40; obesche [obei] ALEX. (Sk.) 2416; **obes** (*pres.*) A. P. i. 886; obeschen ALEX. (Sk.) 1937; **obeising** (*pple.*) *obedient* CH. L. G. W. 1266; **obeide** (*pret.*) WICL. DEEDS vi. 7; **obéched** (*pret.*) A. P. ii. 745; obeschid [obeid] *made obeisance to* ALEX. (Sk.) 1620; obeisit BARB. ix. 304.
obeissant, adj., *O.Fr.* obeissant; *obedient,* ROB. (W.) 10355; CH. C. T. *E* 66; obeisand BARB. iv. 603, viii. 10; obeissiant. ALEX. (Sk.) *page* 279.
obeisaunce, sb., *obedience, obeisance*; obeissance CH. C. T. *A* 2974; *E* 24, 230, 502; obeishaunce, obeisaunce WICL. I KINGS xv. 22, ECCLES. iv. 17; **obeisances** (*pl.*) CH. C. T. *F* 515; obeisaunces CH. L. G. W. 149.
obelei, *see* **oblē.**
obite, sb., *Lat.* obitus; *death,* WICL. GEN. xxv. 11; R. W. 285; (*anniversary of death*) TREV. VI. 261.
obitte, pple., *from Lat.* obitus; *dead* : i schulde be obitte YORK xxxvii. 269.

object, pple., *Lat.* objectus; *placed in the way,* PALL. iv. 743, xii. 124.
oblē, ovelēte, sb., *O.Fr.* oublee, *O.E.* oflǣte, *from med.Lat.* oblāta; *offering; sacramental wafer; thin cake*; HALLIW. 585; obelei VOC. (W. W.) 598; ovelete HOM. II. 97; **oblēs** (*pl.*) L. C. C. 22; obles and offrandis ['*oblaciones et holocausta*'] HAMP. PS. l. 20; obleies C. B. 73.
obligen, v., *O.Fr.* obligier; *pledge* : ich wille obligi me to þe ROB. (W.) 280; to thi service i **oblissh** (*pres.*) me YORK xiv. 151; oblisheth WICL. PROV. xiii. 13; **obleged** (*pret.*) ROB. (W.) 6775; obleged MAN. (F.) 15266; oblishid, oblisht WICL. NUM. xxx. 4; WICL. PS. xix. 9.
oblivion, sb., *O.Fr.* oblivion; *oblivion,* GOW. II. 23.
obscure, adj., *O.Fr.* obscur; *obscure,* R. R. 5351.
obsequies, sb., pl., *O.Fr.* obseque, obseques, *A.Fr.* obsequies; *obsequies,* CH. C. T. *A* 993; ['*civilitates*'] TREV. VII. 191.
observaunce, sb., *Fr.* observance; *observance, duty,* CH. C. T. *A* 1045; **observaunces** (*pl.*) A. R. 24; CH. C. T. *F* 516; CH. L. G. W. 150.
observe, v., *O.Fr.* observer, *from Lat.* observāre; *favour,* CH. C. T. *B* 1821.
obstacle, sb., *O.Fr.* obstacle; *obstacle,* CH. C. T. *E* 1659.
obstinaci, sb., *obstinacy,* GOW. II. 117.
obstinacion, sb., *Lat.* obstinātiō; *obstinacy,* TREV. VII. 371.
obstinate, adj., *Lat.* obstinātus; *obstinate,* GOW. II. 117.
obstinaunce, sb., *O.Fr.* obstinance; *obstinacy,* TREV. VII. 371.
oc, conj., *O.N.* ok; *and*; (*ms.* occ) ORM. 1216.
ōc, conj., *O.N.* auk;=**ēac**; *also,* GEN. & EX. 54; & oc it makeð his egen brigt REL. I. 210; ok HAV. 187.
ōc, *see* **āk.**
occasioun, sb., *O.Fr.* occasion; *occasion,* CH. L. G. W. 994; **occasiōns** (*pl.*) of daliaunces CH. C. T. *C* 66.
occident, sb., *O.Fr.* occident, *from Lat.* occidentem; *west,* ALEX. (Sk.) 1045; CH. C. T. *B* 297.
occisoune, sb., *Lat.* occīsio; *slaughter,* BARB. xiv. 220.
occupacion, sb., *O.Fr.* occupation; *occupation,* GOW. II. 50.
occupie, v., *O.Fr.* occuper; *occupy, dwell, make use of,* TREV. IV. 109; occupien him LANGL. *B* xvi. 196; okupien *C* xix. 207; **occupied** (*pple.*) *B* v. 409.
ocean, sb., *O.Fr.* ocean; *ocean*; occean [occian] CH. C. T. *B* 505; occian BRD. I ; ALEX. (Sk.) 5503; occiane 2328.
ochen, v., *O.Fr.* ocher, hocher; *notch, nick*;

oches (*pres.*) D. ARTH. 2565; **ochede** (*pret.*) 4245.
Octōber, pr. n., *Lat.* Octōber; *October*, CH. ASTR. i. 10 (6).
od, *see* ord. **ōd**, *see* ād.
odde, adj., *O.N.* oddi; *odd; unique; distinguished, special;* '*impar*,' PR. P. 362; A. P. ii. 426; odd(e) or even GOW. III. 138; odde (*irregular*) weddinge MIRC 198; ALEX. (Sk.) 2121, 4750; oddc 27, 2631*; od 94; **oddest** (*superl.*) 2008; oddist(e) 189, 1751.
od, adv., *singly; specially*, MAN. (F.) 4614; D. TROY 7466, 9597, 10839.
od-lī, adv., *curiously, excellently*, ALEX. (Sk.) 275; D. TROY 6859.
od-men, sb., pl., *distinguished men, chieftains*, ALEX. (Sk.) 3783.
odious, adj., *Fr.* odieux; *odious*, CH. C. T. *D* 2190.
odūr, sb., *O.Fr.* odor; *odour*, P. L. S. xxxv. 76; odour TREV. III. 467; CH. C. T. *F* 913; odor [odour] C. M. 3701.
oerre, sb., = **irre**; *anger*, HOM. II. 228.
of, prep. & adv., *O.E.* of, æf, = *O.Fris.* of, af, ofe, *O.N.*, *Goth.* af, *O.L.G.* af, ava, *O.H.G.* ab, aba, abe, *Lat.* ab, *Gr.* ἀπό; *of, off*: alused . . . of bende P. L. S. viii. 68; ared me . . . of eche deaðe HOM. II. 169; heo wolden kecchen of þe al þet þu hefdest A. R. 324; heo tok . . . of hire finger a riche ring FL. & BL. 2; Wawain hem tok þe knave of AR. & MER. 7826; þa veol þe king of horse LAȝ. 28790; þe king lihte of his stede HORN (R.) 51; þe leves fallen of þe tree ELL. ROM. I. 269; þe stude þet we of feollen MARH. 17; þe weoren icumen of (*sec. text* fram) Rome LAȝ. 5580; faren of his londe 1028; þa he sculde of live wende 6851; & braid hine of (*sec. text* ut of) þere scæðe 8177; isend . . . of (*v. r.* from) heovene KATH. 1586; þu most of londe fleo O. & N. 1304; heo beþ of londe idrive C. L. 444; the blod ran of his sides HAV. 1850; he aros of deaðe HOM. II. 23; he borwede of me LANGL. *A* iv. 40; þat . . . kun þe we beoð of [ove] icomene LAȝ. 451; to clensen hem of (*ms.* off) sinne ORM. 4111; þis gode prest þat we nu mælen ofe (*ms.* offe) 462; a man of god(e) inwit of alle þulke him mai skere TREAT. 133; þe dome þat ic eow er of sede P. L. S. viii. 79; þeo þreo sunnen þet ich spec of A. R. 56; þe child þat Isaie þet tolde C. L. 646; þane gode mon þat of so feole þinge con O. & N. 1772; swulc he weore of witte LAȝ. 8226; of live i wolde be A. D. 252; if he were brouct of live HAV. 513; bringe of [o] live C. M. 11570; þat of his slepe awaked CH. C. T. *A* 2523; bicom of engel ate(l)lich deovel A. R. 52; he wrohte win of water ORM. 11081; þat ever wes mad of blod(e) ant bon(e) SPEC. 33; to warnie wummen of hore fol eien A. R. 54; he riht noht of hem ne rohte ORM. 9024; hi neren aferede of nane licamliche þinunge HOM. I. 97; men beoþ of þe wel sore ofdrad O. & N. 1150; þus wes Marlin . . . iboren of his moder LAȝ. 15793; ich biȝet hit iwriten of þe writere MARH. 2; ich wolde þet heo weren of alle . . . iholden A. R. 48; Adam was biswike of Eve ALIS. 7709; itend of wraððe KATH. 156; i love mi lorde of (*for*) all YORK xviii. 216; of attere ifulled LAȝ. 14987; deien of hungre A. R. 342; þe king of þam londe HOM. I. 87; þat god of þisse londe LAȝ. 999; þe ord of þan sworde 18094; þe ende of þe tale A. R. 72; tvo of ous AYENB. 219; þat weorc is of stane LAȝ. 17180; eawles of irne KATH. 2209; o drope of blode P. L. S. xix. 294; þonkeð him of his ȝeove A. R. 44; heo is gulti of þe bestes deaðe 58; to bere witnisse of þis falshede BEK. 1117; þer of ne yaf he nouth a stra HAV. 315; have merci of me 491; for love of þe BEK. 39; for love of me SPEC. 69; a . . . mon of þriti ȝeren LAȝ. 377; a king of muche miht C. L. 275; ȝung of ȝeres A. R. 158; he was . . . clene of sinne ORM. 3171; riche of welþe GEN. & EX. 1355; of love he wes ful trewe SPEC. 91; ful of witte C. L. 400; liht of fote C. M. 3730; it was ten of [*v. r.* at] þe clokke CH. C. T. *B* 14; i ron of [*v. r.* on] blode H. H. 53 (55); smiten of HOM. I. 29; & fret of þe oðres earen 251; of (h)acken HOM. II. 139; his heved of swippen LAȝ. 878; sloh him of þat hæveð 3856; and þat þih him of smat 26071; scheken of A. R. 144; swipte hire of þat heaved KATH. 2485; here . . . . hevedes he of bot GEN. & EX. 2926; deþ him wile of drive MISC. 93; of weve BEK. 953; hi strupten his cloþes of 2225; his croune was al of ismite 2327; kerve of P. L. S. xiv. 19; (h)is heved of to smite *to smite off his head* A. D. 130; stripe of þe skin TREV. III. 173; of stripe RICH. 3399; ȝif þin hefet were ofe (*ms.* offe) HOM. I. 29; þe he specð ofe (*ms.* offe) HOM. II. 93; hwonne þeos rinde is ofe (*ms.* offe) A. R. 150; a tere af þin ye HALLIW. 24; on æsthalf o þis middelærd ORM. 3432; nu wot Adam sum del o wo GEN. & EX. 353; bringe o dawe LUD. COV. 291; some wolde have him a dawe RICH. 973.

of², conj., ?= *O.Fris., M.Du.* of; *? or*: this nis nought romaunce of skof ALIS. 667.

ōf, *see* ōð.

ofærne, *see* ofrennen.

of-āsken, v., *inquire*; ofaxen AL. (L.) 362; he ofāschte (*pret.*) what men hit were P. L. S. xiii. 343; **ofācsed** (*pple.*) AYENB. 152.

of-cálden, v., *make cold*; ofcōld (*pple.*) ROB. 322.

of-clépen, v., *call forth*; ofclépiþ (*pres.*) ALIS. 1810.

of-cwellen, v., *for* acwellen; *kill*, ORM. 6897; ofcwalde (*pret.*) 8037.

of-dawen, v., *awake*, ALIS. 2265.

of-drǣden. ofer-flēoten. 457

of-drǣden, v., *O.E.* ofdrǣdan, *for* ondrǣden; *terrify*; **ofdrēde** (*pres.*) HORN (L.) 291; **ofdrēd** (*pple.*) LAȜ. 8425; A. R. 178; ORM. 7925; GEN. & EX. 3955; ne beo þu nawiht ofdred KATH. 674; ofdrad O. & N. 1150; S. S. (Web.) 903.

of-draȝen, v., *attract*: to ofdrawen hire heorte A. R. 392.

of-druncnen, v., *drown*; **ofdrunoneþ** (*pres.*) ORM. 14611; þat was in þe sæ **ofdrunoned** (*pple.*) 14852.

of-drunken, v., *drown*: al mankin was ... **ofdrunked** (*pple.*) ORM. 6793.

ofe, *see* **of**.

of-earnen, v., *earn*, KATH. 2167; **ofearneð** (*pres.*)A.R. 194; **ofrned** (*pple.*) HOM. II. 189.

ofen, *see* **oven**.

of-ēode, v. (*pret.*), *deserved*: þu ... ofeodest FRAG. 7.

ofer, prep. & adv., *O.E.* ofer, = *O.Fris.*, *M.Du.* over, *Goth.* ufar, *O.N.* yfir, *O.H.G.* ubar; *over*: ic wille senden flod ofer alne middenard HOM. I. 225; ðe halie gast com ofer þa apostlas 93; þa wes hit cuð over al þe burh 3; ofer erþe ORM. 14567; ich am duc ofer heom LAȜ. 461; þe heo weoren wældinde over 8386; over þene wal heo clumben 9420; over sæ varen 10512; over al *everywhere* 4868; þe herdes þe wakeden over here oref HOM. II. 31; he leapeð over ham A. R. 380; ofearneð ... hure over hure 354; ich holde her hetel sweord over þin heaved 400; over (*above*) alle þing him luvien 92; wende over lond BEK. 1178; over þe nabbe i no mihte C. L. 1110; muche blisse þer is over al 732; þet no viend ous vondi over oure miȝte AYENB. 170; over þre mile AR. & MER. 6648; over al RICH. 2940; uvel over uvel A. R. 52; over night CH. TRO. ii. 1549; over *through* þe ȝer L. C. C. 33; he is lovird over lef MISC. 105; over alle þe wode þei hur soght TRIAM. 349; þe see toeode & þet i(s)raelisce folc wende over HOM. I. 141; nule he nout ... wenden over A. R. 266; let lust over gan *go away* 118; it was over gon GEN. & EX. 3031; þo let Ubbe al his care and al his sorwe over fare HAV. 2063; þe þroli þouȝt ... he let over slide WILL. 3519; or PALL. i. 1032.

ofer-ǣt, sb., *O.E.* oferǣt, = *M.L.G.* overāt, *M.H.G.* überāz; *over-eating*; **overētes** (*pl.*) REL I. 131.

ofer-bēoden, v., *O.N.* yfirbjóða; *overburden with commands*; **oferbēden** (*pres. subj.*) ORM. 6233.

ofer-bīden, v., *O.E.* oferbīdan; *remain over, last out, survive*: overbide CH. C. T. *D* 1260; C. M. 22687; þe fader mai boþe overbide ANGL. IV. 198; **overbōd** (*pret.*) S. S. (Web.) 1731; ur bost ... is sone **overbide** (*pple.*) P. L. S. xxix. 92.

ofer-brǣdan, v., *O.E.* oferbrǣdan; *spread over, cover*: wes ... mid palle **overbrǣd** (*pple.*) LAȜ. 19045.

ofer-cáld, sb., *excessive cold*; overcolde PALL. xi. 54.

ofer-cark, v., *trouble*: shal noþer king ne kniȝt overcark þe comune LANGL. *C* iv. 472.

ofer-casten, v., *overcast*; overkesten A. R. 274; **overcaste** (*pret.*) P. L. S. xvii. 354; overkeste D. ARTH. 3932; **overcast** (*pple.*) GOW. III. 310.

ofer-clōsen, v., *overshadow*; **overclōseth** (*pres.*) LANGL. *C* xxi. 140.

ofer-clōþen, v., *cover*; **overclōþeth** (*pres.*) LANGL. *C* xxi. 140*.

ofer-cumen, v., *O.E.* ofercuman, = *M.L.G.* overkomen; *overcome*, ORM. 6275; overcumen LAȜ. 5535; þeo þet nimeð more an hond þen heo mei overcumen A. R. 198; overcome AYENB. 169; LANGL. *A* iv. 69; **overcōm** (*pret.*) CHR. E. 410; overcomen MARH. 1; **overcumen** (*pple.*) KATH. 133; GEN. & EX. 2108; overcume O. & N. 542; overcomen TRIST. 2795.

ovir-comere [**overcomere**], sb., *conqueror*, ALEX. (Sk.) 1610; ovircomer (*miswritten* ovircomers) [overcomere] 1903.

ofer-cwatie, v., *?satiate*; overqvatie O. & N. 353.

ofer-dēde, sb., = *M.L.G.* overdād; *exaggeration, intemperance*; over dede HOM. II. 55; O. & N. 352; AYENB. 55.

ofer-dēre, adv., *over-dear*; over dere ROB. 389.

ofer-dōn, v., *overdo*: ever ich þing me mei þauh overdon A. R. 286; **overdoon** (*pple.*) CH. C. T. *G* 645.

ofer-drinc, sb., *excessive drinking*; overdrinke (*dat.*) HOM. I. 153.

ofer-drīven, v., *O.E.* oferdrīfan; *pass over*: ȝe sall thame overdriff *survive* BARB. iv. 661; **ovirdrāfe** (*pret.*) ALEX. (Sk.) 1505; **overdrive** (*pple.*) *far gone in illness* MIRC 1813; ourdrivin *brought to an end* BARB. xix. 481.

ofer-ēake, sb., *O.E.* oferēaca; *surplus*; overeake HOM. I. 31.

ofer-ēode, v.(*pret.*),*O.E.* oferēode; *went over; passed away*: þe hunger þat Egipte overȝode C. M. 10524; overȝede ALEX. (Sk.) 350; þis ȝol overȝede GAW. 500.

ofer-etel, sb., *O.E.* oferetol; *given to over-eating*; 'edax' FRAG. 5.

ofer-fallen, v., *O.E.* offerfeallan, = *M.H.G.* übervallen; *fall over*: & tær fel dun þat hus ... & **oferfēl** (*pret.*) hem alle ORM. 4799.

ofer-fáren, v., *O.E.* oferfaran; *pass over*: and **overváreþ** (*pres.*) veole þeode O. & N. 387.

ofer-fealden, v., *fold over*; **ovirefólden** (*pple.*) ALEX. (Sk.) 5463.

ofer-flēoten, v., = *O.H.G.* ubarfliozan; *flow*

over; **overflēot** (*pres.*) C. L. 849; **overflēt** (*pret.*) GEN. & EX. 586.
ofer-flōwen, v., *O.E.* oferflōwan; *overflow*; **oferflōweþ** (*pres.*) ORM. 10721.
overflōwendnesse, sb., *superfluity*, HOM. I. 115.
ofer-fülle, sb., *O.E.* oferfyllo, = *Goth.* ufarfullei; *redundance*; overfulle A. R. 160; O. & N. 354.
ofer-füllen, v., = *Goth.* ufarfulljan, *M.H.G.* übervüllen; *overfill*; **overfüllet** (*pple.*) H. M. 19.
ofer-gangen, v., *O.E.* ofergangan, = *Goth.* ufargaggan, *O.H.G.* ubargān; *go over; surpass*; ORM. 10228; þanne sal þi child þi forbod overgangin MISC. 129; overgange HAV. 2587; overgan O. & N. 952; þat me ne mai mid swikedome overgan LAȝ. 15183; **oviregōs** (*pres.*) ALEX. (Sk.) 2534; þeo luve ... overgeð ham alle voure A. R. 394; overgeþ O. & N. 947; AYENB. 34; **overgān** (*pple.*) LAȝ. 6258; MARH. 16; C. M. 4029; þa he hefde al þat lond overgan KATH. 520.
ofer-gard, adj. & adv., *? excessive*; overgard REL. II. 226; þe world was so overgart (*? arrogant*) P. S. 341; overgart proud C. L. 993; overgart gret WILL. 1069.
ofer-gart, sb., *? arrogance*, ORM. 8163; overgart MARH. 16.
ofer-grēat, adj., = *M.L.G.* overgrōt; *overgreat, too great*; overgreet CH. C. T. G 648.
ofer-gülden, v., *gild over*; **overgüldeð** (*pres.*) A. R. 182; **overgüld** (*pple.*) MARH. 9; ofergilded ORM. 2612; overgilt PR. C. 8902; overgilte LANGL. B xv. 121.
ofer-hardi, adj., *too daring*; overhardi LANGL. C iv. 300.
ofer-hāt, adj., *over-hot, too hot*; overhoot CH. C. T. G 955.
ofer-hebben, v., *O.E.* oferhebban; *? neglect*; overhaf (*pret.*) MAP 341; MAN. (F.) 14728.
ofer-hēh, adj., *O.E.* oferhēah, = *M.H.G.* überhōch; *over-high, too high*, ORM. 12061.
ofer-hēlen, v., *O.E.* oferhelan; *cover*; overhelen WICL. GEN. ix. 14; **overhēleð** (*pres.*) HOM. II. 73; **overhēled** (*pple.*) PALL. ii. 16.
ofer-hélden, v., *overturn*; **overhéldis** (*pres.*) ALEX. (Sk.) 726.
ofer-hēren, *O.E.* oferhēran, -hȳran, = *M.H.G.* überhœren; *neglect*; **overhēr(e)d** (*pple.*) LEG. 17.
ofer-hiȝien, v., *overtake*; ourhi BARB. iii. 737; vi. 598.
ofer-hippen, v., = *M.H.G.* überhüpfen; *leap over, omit*; overhippin PR. P. 372; **overhippis** (*pres.*) MAN. (F.) 64; o worde þei overhuppen LANGL. B xiii. 68.
ofer-hoȝe, sb., *contempt*; overhohe H. M. 43; overhowe A. R. 276.
ofer-hoȝien, v., *O.E.* oferhogian; *contemn,*

despise; **overhoheð** (*pres.*) O. & N. 1406; oferhoweþ REL. I. 184.
ofer-hōpe, sb., *over-confidence, presumption*; overhope HALLIW. 595; H. V. 68.
ofer-hōven, v., *hover over*; **overhōveþ** (*pres.*) LANGL. B xviii. 169; overehoveþ C iv. 300.
ofer-huȝien, v., *contemn*; **oferhugeð** (*pres.*) LK. x. 16; **oferhuged** (*pple.*) MK. ix. 12.
ofer-hwēr, adv., *everywhere*; overwhere MAN. (F.) 107.
ofer-hláden, v., = *O.H.G.* ubarhladan; *overload*; **overláden** (*pple.*) A. R. 368; overlade LIDG. TH. 4557.
ofer-lǣden, v., *O.E.* oferlǣdan; *lead over; domineer*; ovirleden '*opprimo*' PR. P. 373; overlede LANGL. B iii. 314; **overlēde** (*pr. subj.*) PALL. x. 101.
ofer-lǣven, v., *O.E.* oferlǣfan; *leave over*: ȝe shulen overleeven ['*transmittetis*'] WICL. LEV. xxv. 46.
ofer-lang(e), adj., *over-long*; overlange PR. C. 7274; overlonge O. & N. 450.
ofer-lāte, adj., *over-late*; overlate PR. C. 1988; PERC. 1956.
ofer-hlēap, sb., = *M.L.G.* overlōp; *omission, skip*; overlop [overlepe] M. H. 32.
ofer-hlēapen, v., *O.E.* oferhlēapan, = *M.L.G.* overlōpen; *outrun, catch*; overlepe H. S. 2916; **overlēapeð** (*pres.*) A. R. 380; **overlēep** (*pret.*) LANGL. B PROL. 150 (Wr. 299).
ofer-leggen, v., = *M.H.G.* uberlegen; *overlay*: þei shulen overleie us wiþ stoonus ['*lapidibus nos obruent*'] WICL. EXOD. viii. 26; **overlaid** (*pple.*) D. ARTH. 3253.
over-leiing, sb., *pressure, trouble*, WICL. LK. xxi. 25.
ofer-lenden, v., *pass beyond*; ovirlende ALEX. (Sk.) 5069.
ofer-lifa, sb., *O.E.* oferlyfa; *? excess*: þe oferlifa on hete (*r.* ete) & on wete HOM. I. 101.
ofer-liggen, v., = *M.H.G.* uberliggen; *overlie*: þeos ilke ehte þe þeos þus **overliggeð** (*pres.*) HOM. I. 53; in hire slep(e) þat to a womman her owen child overlai (*pret.*) S. C. D. J. 35.
ofer-litil, adj., *too little*; ovirlitil PR. P. 373.
ofer-livien, v., = *O.H.G.* ubarleben, *O.Fris.* urlibba; *outlive, survive*; **overliveþ** (*pres.*) WICL. EXOD. xxi. 22; overlevede (*pret.*) TREV. V. 305.
ofer-lōken, v., *look over, peruse*; **overlōked** (*pple.*) CH. D. BL. 232.
ofer-macchen, v., *overmatch*; overmacche CH. C. T. E 1220; **overmacched** (*pple.*) WILL. 1216.
ofer-maistren, v., *overmaster*; **overmaistrith** (*pres.*) LANGL. B iv. 176.
ofer-met, sb., *O.E.* ofermet; *excess*, ORM. 10720.

ofer-mēte, adj., *O.E.* ofermǣte; *excessive*, FRAG. 7; A. R. 296.

ofer-mōd, sb., *O.E.* ofermōd,=*O.H.G.* ubermuot; *pride*: for his overmode (?ms. overmod, *printed* overmoð) HOM. I. 9.

ofer-mōd², adj., *O.E.* ofermōd; *proud*: ich was to overmod ANGL. III. 279; þe overmōde (*pl.*) MISC. 81.

ofer-mōdi, adj., *O.E.* ofermōdig, = *O.H.G.* ubermuotīg; *proud*; overmodi HOM. I. 5.

overmōdinesse, sb., *O.E.* ofermōdigness; *pride*, HOM. I. 19.

ofer-mōre, adv., *besides, moreover*; overmore LANGL. C ix. 35.

ofer-muche, adj., *overmuch*; overmoche SHOR. 35; overmiche CH. BOET. iii. 7 (79).

ofer-müchel, adj., *overmuch*; overmuchel A. R. 178; overmikel PR. C. 6662; ovirmikil '*nimius*' PR. P. 373.

ofer-nimen, v., *O.E.* oferniman; *apprehend*; overnome (*pple.*) P. 1.

ofer-nōn, sb., *afternoon*; overnon ROB. (W.) 7302, 7487.

ofer-plentē, sb., *excess*; overplente LANGL. C xiii. 234, B xiv. 73.

ofer-prūte, sb., *pride*; overprute (*sec. text* orgul prude) REL. I. 180 (MISC. 120).

ofer-rǣchen, v., *overreach, cheat*; overreche LANGL. B xiii. 374; overrought (*pret.*) MAN. (F.) 1562.

ofer-rēden, v., *read over*; overrede S. A. L. 81.

ofer-rennen, v., =*M.H.G.* uberrennen; *overrun*; orrennus (*pres.*) ANT. ARTH. xxi.

ofer-rīden, v., *O.E.* oferrīdan; *ride over*; override WILL. 4147; ourraid (*pret.*) BARB. ix. 513; overriden (*pple.*) AR. & MER. 9101; CH. C. T. A 2022.

ofer-rinnen, v., =*M.H.G.* uberrinnen; *run over*; overeorninde (*pple.*) met H. M. 19.

ofer-scēawian, v., *survey*; overscawian HOM. I. 117.

ofer-schēoten, v., *overshoot*; **oversheet** (*pres. subj.*) ALEX. (Sk.) 1767*.

ofer-seilien, v., *sail across*; oursaile BARB. iii. 686.

ofer-sēmen, v., *O.E.* ofersȳman; *overload*; oversēmd (*pple.*) HOM. II. 65.

ofer-sēn, v., *O.E.* oferscēon, = *O.H.G.* ubersehan; *oversee, superintend*; oversen LANGL. A vi. 115; LUD. COV. 197; **oversihð** (*pres.*) P. L. S. viii. 38; **oversah** (*pret.*) LA3. 28023; and hi bih(e)old and overse3 O. & N. 30; overse3en LA3. 1946; **oversein** (*pple.*) GOW. III. 304.

ofer-setten, v., *O.E.* ofersettan; *upset, conquer*; ovirsettin PR. P. 373; **oversette** (*pret.*) TREV. V. 199; þat londfolc hem oversette mid felefelde pine HOM. II. 51.

ofer-sitten, v., *O.E.* ofersittan; *gain possession of*: we m(a)3en oversitten þis lond LA3. 8035.

ofer-skippen, v., *skip over, omit (in reading)*; overskippin PR. P. 373; **overskipte** (*pret.*) CH. D. BL. 1208; **overskipped** (*pple.*) LANGL. B xi. 298.

over-skipper, sb., *one who omits in reading*; **overskippers** (*pl.*) LANGL. B xi. 302, C xiv. 123.

ofer-sleaht, sb., *top of a doorway*; oversleaht HOM. I. 87.

ofer-sleie, sb., *O.E.* oferslege; *top of a doorway*, '(*super*)*limen*,' FRAG. 4; ovirslai '*superliminare*' PR. P. 374.

ofer-slope, sb., *O.E.* oferslop, = *O.N.* yfirsloppr; *over-slop, over-jacket*; overslope, -sloppe CH. C. T. G 633.

ofer-sprǣden, v., *O.E.* ofersprǣdan; *overspread*; oversprǣden LA3. 14188; **oversprēdde** (*pret.*) A. R. 54; overspradde LANGL. B xix. 201; CH. C. T. A 2871.

ofer-steden, v.; **overstad** (*pple.*) *overwhelmed*, MAN. (F.) 12770.

ofer-stī3en, v., *O.E.* oferstīgan, = *Goth.* ufarsteigan, *O.H.G.* ubarstīgan; *surmount*; overstihen JUL. 22; **oferstieð** (*pres.*) R. S. iii. **oferstāh** (*pret.*) HOM. I. 225.

ofer-streccan, v., *overstretch*: how þeir hap was ner overstreit (*pple.*) MAN. (F.) 13270.

ofer-strīden, v., =*M.L.G.* overstrīden; *stride over*: **overstrit** (*pres.*) þe cnolles HOM. II. 111; **ovirestride** (*subj.*) ALEX. (Sk.) 5477.

ofer-strong, adj., *excessively strong*, A. R. 294.

ofer-swīfen, v., *conquer*, ORM. 1848.

ofer-swīþe, adv., *O.E.* oferswīðe, = *M.L.G.* overswinde; *far too much*; overswiþe O. & N. 1518; overswuðe A. R. 178.

ofer-tāken, v., = *O.N.* yfirtaka; *overtake*; overtaken LANGL. B xvii. 82; overtake Iw. 665; ourta BARB. iii. 97, viii. 190; **overtōc** (*pret.*) GEN. & EX. 1756; overtok HAV. 1816; ROB. 64; A. P. ii. 1213; overtoken A. R. 244*; **ourtāne** (*pple.*) *condemned* BARB. xix. 55.

ofer-tēon, v., *O.E.* oferteon, = *M.H.G.* überzichan; *overspread*: þanne ic ofertēo (*pres.*) hefenes mid w(o)lcne HOM. I. 225.

ofer-tilden, v., *O.E.* oferteldan; *furnish with an awning*; overtild (*pple.*) JUL. 9.

ofer-treden, v., =*M.L.G.* overtreden; *tread upon*; ofertrad (*pret.*) ORM. 12493.

ofer-trēowien, v., *O.E.* ofertrūwian; *trust presumptuously*; **overtrēoweþ** (?*for* ortreoweþ) (*pres.*) godes milce HOM. I. 21; **overtrowinge** (*pple.*) WICL. 1 COR. iv. 6.

ofer-trūst, sb., *presumption*; untrust and overtrust ['*presumptionem*'] A. R. 332.

ofer-trūsten, v., *be presumptuous*; overtrusten A. R. 332.

ofer-trūsti, adj., *presumptious*; þe overtrusti A. R. 334.
ofer-tülten, v., *upset, tilt over*; **overtilte**, overtulte (*pres.*) LANGL. C xxiii. 54, 135.
ofer-tumblen, v., *upset*; **ourtummillit** (*pret. pl.*) BARB. xvi. 643.
ofer-turnen, v., *overturn*; overturne LANGL. (Wr.) 11065; **overturneð** (*pres.*) A. R. 356; **overturnde** (*pret.*) LEB. JES. 857; overterned MAN. (F.) 4627.
over-turning, sb., *overturning*, LANGL. C xix. 164.
ofer-þōȝt, adj., *anxious*: alle he weren overčogt GEN. & EX. 2219.
ofer-þrāwen, v., *overthrow*; overþrowe LANGL. *B* viii. 36; hie **overþrēwe** (*pret.*) SHOR. 124; **overþrōwen** (*pple.*) CH. BOET. i. 4 (21); overþrawe AYENB. 15; overþrowe ALIS. 1113.
ofer-þünchen, v., = ofþūnchen; *grieve, repent*: it him oferþühte (*pret.*) ORM. 19596; overþoughte MAN. (F.) 2350.
ofer-þwart, adv., *across*; overthwart CH. C. T. *A* 1991; overthwert across MAN. (F.) 860; A. P. ii. 316; overþwerte *wrongly* MAN. (F.) 2318; ourthwort BARB. viii. 172.
ofer-wacche, adj., *awake too late at night*, DEP. R. iii. 282.
ofer-walten, v., *overflow*; **overwaltes** (*pres.*) A. P. ii. 370.
ofer-ward, adv., *across*; overward PALL. iii. 139.
ofer-weȝen, v., = *M.H.G.* überwegen; *overweigh*: luve overweið (*pres.*) hit A. R. 386.
ofer-wenden, v.; **oferwente** (*pret.*) overcame, GEN. & EX. 2285.
ofer-wēne, sb., = *O.H.G.* ubarwāni; *presumption*: pride & overwene REL. I. 216.
ofer-wēnen, v., *overween*; **overwēninde** (*pple.*) AYENB. 169.
overwēninge, sb., *overweening*, AYENB. 17; overwening MAN. (F.) 6289.
ofer-weorpen, v., *O.E.* oferweorpan, = *O.H.G.* ubarwerfan; *overthrow, subvert*: þet uðen ne stormes hit ne overw(e)orpen (*pres. subj.*) A. R. 142; oferwarp (*pret.*) ORM. 15807*.
ofer-werc, sb., *superstructure*, ORM. 1035.
ofer-whelmin, v., *overwhelm*; overwhelmin, ovirqwelmin PR. P. 374; overwhelme R. R. 3775; D. ARTH. 3261; overqwelmis (*pres.*) ALEX. (Sk.) 560.
ofer-whelve, v., *turn over, overwhelm*; overwhelve PALL. i. 161, 781; **overwhelveþ** (*pres.*) þe see CH. BOET. ii. 3 (39).
ofer-winnen, v., *O.E.* oferwinnan, = *O.H.G.* ubarwinnan; *vanquish*; **overwonnen** (*pret.*) PS. cviii. 3.
ofer-wrēon, v., *O.E.* oferwrēon (*pres.* ofer-wrīht ZEIT. XXI. 25); *clothe*; overwrie PALL. i. 143; **overwrīȝeþ** (*pres.*) C. L. 716.
of-fal, sb., *O.N.* affall, = *M.Du.* afval; *offal*, PR. P. 362; L. C. C. 29.
offe, *see* **of**.
of-fehten, v., *fight out*: þei were weri offouȝten (*pple.*) (*exhausted with fighting*) JOS. 552.
offenden, v., *O.Fr.* offendre; *offend*; **offended** (*pple.*) CH. C. T. *A* 909.
offense, sb., *offence*, QUAIR 38; offence, offens D. TROY 9700, 13911.
offensioun, sb., *offence, damage*, CH. C. T. *A* 2416; offencioun WICL. 2 COR. vi. 3.
of-fēren, v., *frighten off*, A. R. 230; offere SHOR. 129; **of-, affeare** (*pres. subj.*) JUL. 12, 13; **offæred** (*pple.*) SAX. CHR. 259; offæred, -fered LAȜ. 5270, 15491; offered FRAG. 7; offeared KATH. 669; H. M. 43; offerd GEN. & EX. 2844; FL. & BL. 475.
offertoire, sb., *O.Fr.* offertoire; *offertory*, CH. C. T. *A* 710.
office, sb., *O.Fr.* office; *office*, AYENB. 122; offiz GEN. & EX. 2071.
officer, sb., *O.Fr.* officier; *officer*, P. L. S. xxvi. 73; **officeres** (*pl.*) CH. C. T. *E* 190.
official, sb., *O.Fr.* official; *official*; **officials** (*pl.*) P. S. 332; AYENB. 37.
offrande, offrende, sb., *O.Fr.* offrende; *offering*, GEN. & EX. 1298, 1312; offrende HAV. 1386; offrandis (*pl.*) HAMP. PS. l. 20.
offrien, v., *O.E.* offrian, *from Lat.* offerre; *offer*, HOM. I. 87; offren A. R. 152; ORM. 1011; offrs (*pres.*) ALEX. (Sk.) 3658; **offrede** (*pret.*) AYENB. 193; offreden LAȜ. 8093.
offringe, sb., *O.E.* offrung; *offering*, AYENB. 194; **offrings** (*pl.*) ALEX. (Sk.) 164.
of-füllen, v., *fill up*; **offülled** (*pple.*) LAȜ. 20438.
of-fürhten, v., *frighten*; **offrihte** (*pret.*) LAȜ. 30267 *; **offrüht** (*pple.*) KATH. 669; offruiht MISC. 54; offrigt REL. I. 226; GEN. & EX. 3692; ofright MAN. (F.) 14570; offrihte MAT. viii. 26.
of-gān, v., *obtain, deserve, require*; of gon P. L. S. xviii. 21; vor to ofgon þine heorte A. R. 390; ofgon [agon] LANGL. *B* ix. 106; ic ofga et þe ... his blod HOM. I. 117; ofgeð A. R. 258; **ofgōn** (*pple.*) A. R. 386; ofguo AYENB. 13.
of-gāsten, v., *terrify*: so sore hi were **ofgāste** (*pple.*) P. L. S. xiii. 212.
of-ȝiten, v., *perceive*, LAȜ. 25777.
of-grāmien, v., *irritate*: hie ben **ofgrámede** (*pple.*) wið hem selfen HOM. II. 69.
of-grīsen, v., *horrify*; **ofgrisen** (*pple.*) HOM. II. 135, 173.
of-hæten, v., *heat*: he wes swiðe **ofhǣt** (*pple.*) LAȜ. 9314.
of-healden, v., *retain*: ofhealde, -hiealde AYENB. 24, 177.

of-hēren, v., *hear*; **ofhėrde** (*pret.*) HORN (L.) 41.
of-hüngren, v., *suffer hunger*; **ofhüngred** (*pple.*) AM. & AMIL. 1908; ʒif þu ert ofhungred efter þe swete A. R. 376; offingred 404; ofhungret KATH. 1030; offingred LAʒ. 31804; afingred BRD. 19; P. S. 342; afingred LANGL. *B* x. 59, *C* xii. 43.
of-kennen, v., *get to know; beget*; **ofkende** (*pret.*) LAʒ. 1659*; R. S. iv.
of-langen, v., *affect with longing*; **oflonged** [*O.E.* oflongod] (*pple.*) HOM. II. 183; O. & N. 1587; æfter þe ic wes oflonged LAʒ. 19034; alonged L. H. R. 23; RICH. 3049.
of-liggen, v., *lie exposed*; **ofligge** (*pres. subj.*) O. & N. 1505; þa weoren weri **oflæien** (*pple.*) (*exhausted with lying, cf.* **of-walked**) LAʒ. 19300.
of-lüsted, pple., *O.E.* oflysted; *excited with desire*: þa wes he ... oflust [alust] after deores flæsce LAʒ. 30554.
of-nimen, v., *O.E.* ofniman; *seize*; **ofnom** (*pret.*) ROB. 171; ofnomen LAʒ. 26669.
of-rǣchen, v., *reach, attain to*; ofreche HORN (L.) 1283; ROB. 285; WILL. 3874; **ofrāhte** (*pret.*) JUL. 57; ofrauʒte BEV. 867.
of-rēden, v., *surpass in counselling*, REL. I. 187.
of-rennen, v., *overtake*; ofærne LAʒ. 13149.
of-rīden, v., *surpass in riding*, REL. I. 187.
of-sāken, v., *O.E.* ofsacan, = *O.N.* afsaka (*excuse*); *deny*: i ne mai hit noʒt ofsake P. L. S. xv. 60; (heo) **ofsōke** (*pret.*) LEG. 97.
of-scāpe, v., *for escape*; *escape*, ROB. 20; ofscapie, ofskapie ROB. (W.) 459, 582; **of-scāpede** (*pret.*) ROB. (W.) 1196, 2676; **of-scāped** (*pple.*) ROB. (W.) 8200.
of-schāmed, pple., *ashamed*, SHOR. 160; heo was ... of(s)chamed [ofschomed] O. & N. 934; ofssamed ROB. 342; hie ... bieð swiðe ofshamede HOM. II. 173.
of-sēchen, v., *O.N.* ofsǣkja; *seek out*; ofseche ' P. L. S. xi. 13; **ofsécheð** (*pres.*) A. R. 232; ofsōʒt (*pple.*) ROB. 145; ofsouʒt WILL. 1676.
of-senden, v., *send for*, ALIS. 500; S. S. (Web.) 704; ofsende SHOR. 41; WILL. 5293; (h)is kniʒtes he let ofsende ROB. 122; **ofsende** (*pres. subj.*) LAʒ. 15748; **ofsent** (*pple.*) LANGL. *A* ii. 37.
of-sēon, v., *O.E.* ofsēon; *catch sight of*: lest eni segges ... hem ofse schuld WILL. 2223; ofseʒ (*pret.*) FER. 3739; ofsei REL. II. 272.
of-serven, v., *for deserven; merit*; ofservie MISC. 75; **ofserved** (*pple.*) A. R. 238.
of-setten, v., *O.E.* ofsettan; *set around*; **of-sette** (*pple.*) WILL. 2648.
of-sitten, v., *O.E.* ofsittan; *besiege, set round*; ofsit (*pres.*) FRAG. I; ofsitte (*subj.*) HOM. I. 115.

of-slēan, v., *O.E.* ofslēan, = *Goth.* afslahan (ἀποκτείνειν); *slay, kill*, LAʒ. 685; **ofslōh** (*pret.*) LAʒ. 2559; JUL. 63; **ofslaʒen**, -sclawen (ofslawe) (*pple.*) LAʒ. 554, 27127; ofslagen GEN. & EX. 4077; ofslahe, -slawe O. & N. 1611.
of-spring, sb., *O.E.* ofspring; *offspring*, P. L. S. viii. 105; ORM. 11034; BRD. 3; C. L. 1484; ospringe TREV. I. 203, 285; oxspring C. M. 11415.
of-springen, v., *spring*: of wam we beoþ ofspronge (*pple.*) LAʒ. 26418.
of-sprüng, sb., *offspring*, A. R. 54; MISC. 38; ST. COD. 97.
of-stingen, v., *O.E.* ofstingan; *cut through*; ofstinge (*pres.*) LAʒ. 5034; **ofstong** (*pret.*) 10653; ofstungen (*pple.*) 11441.
of-strengðen, v., *fortify*; **ofstrengþede** (*pret.*) ROB. (W.) 2968.
of-swinken, v., *procure by labour*: þat we miʒte ofswinke oure mete ROB. 40; **ofswonk** (*pret.*) L. H. R. 26.
oft, adv., *O.E.* oft, = *O.L.G.* oft, *O.H.G.* ofto, *Goth.* ufta, *O.N.* opt; *oft, often*, P. L. S. viii. 11; oft, ofte HOM. I. 109, 147; O. & N. 539, 1545; LANGL. *A* ii. 16; ofte LAʒ. 622; MARH. 15; A. R. 68; ORM. 9016; REL. I. 214 (MISC. 8); HAV. 226; BEK. 15; LIDG. M. P. 6; ofte [often] hadde ben CH. C. T. *A* 310, *B* 278; **ofture** (*compar.*) A. R. 284; ofter HOM. I. 43; WILL. 610; LANGL. *B* xviii. 378; MAND. 19; **oftest** (*superl.*) KATH. 114.
of-tāken, v., *overtake*: Cadwalan him after wende ah oftaken he hine ne mahte LAʒ. 31330; oftake BEK. 53; AYENB. 43; WILL. 2198; OCTOV. (W.) 1625; **oftōk** (*pret.*) HORN (R.) 1241; oftook RICH. 4367; oftoken A. R. 244; **oftāke** (*pple.*) E. G. 355.
often, *see* **oft**.
of-tēonen, v., *vex, irritate*; **oftēoned** (*pple.*) O. & N. 254; oftiened AYENB. 66.
ofte-sīðen, adv., *oftentimes, frequently*, A. R. 418; oftesiþe P. L. S. x. 17; HOCCL. vi. 51; oftsithe PR. C. 7460; **oftesīþes** CH. C. T. *A* 485; ofteziþes AYENB. 45.
ofte-tīme, adv., *oft-times*, CH. C. T. *A* 52; TRIAM. 28.
of-treden, v., *O.E.* oftredan; *tread down*, ORM. 11650.
of-þrüsmen, v., *O.E.* ofþrysman; *suffocate*; ofþresmeð (*pres.*) MK. iv. 19.
of-þünchen, v., *O.E.* ofþyncan, = *M.Du.* afdunken; *displease; repent*; ofþunche HOM. II. 179; ofþinche P. L. S. viii. 103; HORN (L.) 106; lest it shulde oþenkin him [' *ne poeniteret eum* '] WICL. EX. xiii. 17; ofþinke HORN (L.) 972; aþinke (*for* afþinke) TREV. IV. 461; **ofþüncheð** (*pres.*) JUL. 17; ofþunched, -þincheð [aþincheþ] LAʒ. 3364, 13577; ofþencheð ANGL. I. 7; ofþincheþ MISC. 58; sore ofþinkeþ it me ROB. 54;

aþinkeþ LANGL. *B* xviii. 89; aþinkeþ, -þenkeþ CH. C. T. *A* 3170; ofþünche (*subj.*) A. R. 118; ofþühte (*pret.*) HOM. I. 157; O. & N. 397; ofþuhte [ofþohte] LAȝ. 20903; ofþoȝte ROB. 171.

of-þünchung, sb., *displeasure*, A. R. 110; ofþunchinge KATH. 1703.

of-þürst, pple., *O.E.* ofþyrsted; *athirst*, A. R. 240; HOM. II. 199; MISC. 151; afurst (*for* afþurst) LANGL. *B* x. 59, *C* xii. 43; aferst HALLIW. 29; þe beggeres beoþ ofþurste HORN (L.) 1120 [afurste (R.) 1120].

of-wāken, v., *awake* (*intr.*); he ofwōk (*pret.*) AR. & MER. 3810.

of-walked, pple., *exhausted with walking*: whan þou art weri ofwalked [*v. r.* forwalked] LANGL. (Wr.) 8434 (*B* xiii. 204).

of-wundren, v., *O.E.* ofwundrian; *amase*; ofw(u)ndred (*pple.*) SAX. CHR. 261.

ōȝ, *see* āh. ōȝen, *see* āȝen. ōȝt, *see* āwiht.

ōh, *see* āh. ōht, *see* āht, āwiht.

oignement, sb., *O.Fr.* oignement; *ointment*, P. L. S. xxiii. 124; oinement AYENB. 93; WILL. 136; HOCCL. ii. 42; CH. C. T. *A* 631; oinementis (*pl.*) WICL. MK. xvi. 1.

oile, *see* éle. oinoun, *see* oniōn.

ointen, v., *anoint*, ANGL. I. 318; WICL. MK. xvi. 1; *see* enointin.

ointing, sb., *anointing*, HAMP. PS. *page* 515.

oistre, *see* ostire. ōk, *see* ōc, āk.

ōken, *see* āken.

ōker, sb., *O.N.* ōkr, = *O.E.* wōcor, *O.Fris.* wōker, *Goth.* wōkrs, *O.H.G.* wuocher; *usury*, A. R. 202; P. R. L. P. 236; MIRC 379; APOL. III; okir '*fenus*' CATH. 259; PS. xiv. 5; okir, okur H. S. 2395, 2457; feih þet he ȝiveð ... to okere A. R. 326.

ōkeren, v., = *Swed.* ockra; *increase by usury*; ōkered (*pres.*) A. R. 326; okerin H. S. 2456.

ōkering, sb., *usury*, H. S. 5944; HAMP. PS. lxxi. 14.

ōkerere, sb., = *Swed.* ockrare; *usurer*, H. S. 2563; okerer M. H. 142; okirere HAMP. PS. cviii. 10; ōkerars (*pl.*) TOWNL. 313.

ōld, ōldli, *see* eald.

olfend, sb., *O.E.* olfend, = *O.H.G.* olbenta, *Goth.* ulbandus; *camel*, FRAG. 3; olfentes (*gen.*) hær ORM. 3208; olvente (*dat.*) HOM. II. 127; olvende (*gen. pl.*) MAT. iii. 4.

ólie, *see* éle.

oliet, sb., *O.Fr.* oeillet, oillet; *eyelet*, PR. P. 363; oiletis (*pl.*) WICL. EXOD. xxvi. 4.

olifant, sb., *O.Fr.* olifant; *elephant*, IW. 257; olifont AYENB. 84; elifans 224; elifaunt, olifaunt PR. P. 138; of olifantes (*gen.*) bane (*elephant's bone, ivory*) LAȝ. 23778; eliphauntes teeth BARTH. xiv. 33; olifauns (*pl.*) ALIS. 854; olifuntz CH. BOET. iii. 8 (80).

olive, sb., *O.Fr.* olive; *olive*, HOM. II. 89; PS. cxxvii. 3.

olm, adj., *O.N.* olmr; *cruel, fierce*: Giwes weren ... olme and of luþere chere S. A. L. 152.

ōlühnen, v., *from O.E.* ōlyht (*flattery*, BL. HOM. 99); *flatter*, A. R. 248; ūleð (? *for* olehð) (*pres.*) KATH. 1496; H. M. 3; ōlhnede (*pret.*) JUL. 53.

ōlühnunge [ōlhtninge], sb., *flattery*, A. R. 192; olhnunge JUL. 12; olhnung [olhtnunge] KATH. 1502.

omell, *see* mell.

omnipotent, adj., *O.Fr.* omnipotent; *omnipotent*, CH. C. T. *D* 423.

on, *see* an. on-, *see* an-, un-, and-.

ōn, *see* ān. ond-, *see* and-.

onde, onden, *see* ande, anden.

onder, *see* under. ōnen, *see* ānen.

onerable, adj., *burdensome*, TREV. II. 143.

onerous, adj., *O.Fr.* onereux; *burdensome*, R. R. 5636.

ōni, *see* āēni.

onicle, sb., *O.Fr.* onicle; *onyx*, SPEC. 25.

oniōn, sb., *O.Fr.* oignon; *onion*, PR. P. 365; oingnun, oinon VOC. (W. W.) 555, 572; oniōns [oiniouns] (*pl.*) CH. C. T. *A* 634.

oof, *see* ōwef. op, *see* up.

ópen, adj., *O.E.* open, = *O.L.G.* opan, *O.N.* opinn, *O.H.G.* ofan; *open*, A. R. 60; ORM. 732; ope O. & N. 168; ópene (*pl.*) KATH. 1132; AYENB. 257.

ópe(n)-hēde, adj., *bareheaded*, ROB. (W.) 6967; open heved [openhede] 10938.

ópen-līc, adj., *O.E.* openlīc; *conspicuous*, M. H. 29; openlike bisne ORM. 2909; openlīche (*adv.*) *openly* A. R. 86; C. L. 556; SHOR. 62; openlike, openliȝ ORM. 281, 2316; opeliche A. D. 263; ópenlūker (*compar.*) A. R. 8.

openien, v., *O.E.* openian, = *O.L.G.* opanōn, *O.N.* opna, *O.H.G.* ofanōn; *open; explain*; (*ms.* oppenien) LAȝ. 19486; openen A. R. 70; opnen (*ms.* oppnenn) ORM. 4114; ase þe eie openeð A. R. 94; openede (*pret.*) P. L. S. x. 50; AYENB. 96; opnede GEN. & EX. 3773; opnede [opened] LANGL. *B* xviii. 247; openeden LAȝ. 5773; opened (*pple.*) KATH. 2455; *comp.* ȝe-openen.

openunge, sb., *O.E.* openung; *opening*, A. R. 60; openinge PR. P. 368.

operacioūn, sb., *O.Fr.* operation; *operation*, CH. C. T. *D* 1148; GOW. III. 128.

opie, sb., *O.Fr.* opie, *from Lat.* opium; *opium*, CH. C. T. *A* 1472.

opinioun, sb., *O.Fr.* opinion; *opinion*, CH. C. T. *A* 183; GOW. I. 267; WICL. MAT. iv. 24; opiniōns (*pl.*) AYENB. 69.

oppe, *see* uppe.

oppen, oppere, *see* hoppen, hoppere.

op(p)ortūne, adj., *O.Fr.* opportun; *seasonable*, LIDG. TH. PROL. 149.

opportunitē, sb., *O.Fr.* oportunité ; *opportunity*, WICL. MAT. xxvi. 16.

oppōsen, v., *O.Fr.* oposer ; *oppose, contradict in argument*, CH. C. T. *D* 1597 ; oppose GOW. I. 49 ; oposin, aposen PR. P. 13 ; aposen LANGL. *A* iii. 5 (appose *B* iii. 5, apose *C* iv. 5).

opposite, adj., *O.Fr.* opposite ; *opposite*, CH. C. T. *A* 1894.

opposition, sb., *O.Fr.* opposicion ; *opposition*, CH. C. T. *F* 1057.

oppresse, v., *O.Fr.* opresser ; *interfere with, suppress*, CH. FORTUNE 60.

 opressing, sb., *oppressing*, ALEX. (Sk.) 5336.

oppressioun, sb., *O.Fr.* oppression ; *oppression*, CH. L. G. W. 1868.

or, *see* **auþer, ēower, oþer**.

[or-, prefix, *O.E.* or-, = *O.Fris., M.Du.* or-, *O.N.* or-, ur-, *O.L.G.* ur-, *O.H.G.* ur-, *Goth.* us- ; *out of, from, destitute of.*]

ōr, sb., *O.E.* ōr ; *beginning* : buten ore & ende P. L. S. viii. 91 ; MISC. 64 ; are HOM. I. 171.

ōr², sb., *O.E.* ōr ; *ore, metal*, A. R. 284* ; oor TREV. II. 79 ; ōre [oore] (*dat.*) CH. C. T. *D* 1064 ; *comp.* **silver-ōre**.

ōr, *see* **ēr**.

oracle, sb., *Fr.* oracle ; *oracle* ; **oracles** (*pl.*) CH. H. F. 11.

orage, sb., *A.F.* orache, *Fr.* arroches ; *orach* ; C. B. 5.

oratorie, sb., *O.Fr.* oratoire ; *oratory*, S. A. L. 227 ; oratori ALEX. (Sk.) 1651 ; (he) doon make an auter and an oratorie (*closet for devotion*) CH. C. T. *A* 1905.

oratour, sb., *O.Fr.* orateur ; *orator*, CH. BOET. iv. 4 (129).

Orcaneiȝe, pr. n., *Orkney*, LAȝ. 9556.

orchard, sb., *O.E.* orceard, = *ortceard, ortgeard, Goth.* aurtigards ; *orchard*, '(*hor*)*tus*,' FRAG. 4 ; A. R. 378 ; FL. & BL. 271 ; ROB. 104 ; TRIST. 2058 ; orchærd LAȝ. 12955.

 orchard-weard, sb., *gardener*, 'ortolanus,' FRAG. 4.

or-cost, adj., *O.N.* orkostr ; *wealth* : ȝif þer is orcost oðer eni ahte KATH. 1724.

ord, sb., *O.E.* ord *n., cf. O.L.G., O.Fris.* ord *m., O.H.G.* ort *n., O.N.* oddr *m.* ; *point*, '*mucro*,' FRAG. 4 ; P. L. S. viii. 43 ; LAȝ. 8596 ; CHR. E. 174 ; AR. & MER. 1177 ; ord & ende ORM. 6775 ; FL. & BL. 47 ; C. M. 7770 ; heo is ord & ende of alle uvele HOM. I. 103 ; od MAN. (F.) 4614 ; orde (*dat.*) A. R. 212 ; mid speres orde O. & N. 1068 ; HORN (R.) 1389 ; orde (*pl.*) (*ms.* ordes, *r. w.* worde) LAȝ. 20658 ; mid stelene orden LAȝ. 8703.

 ord-frume, sb., *O.E.* ordfruma ; *beginning*, MARH. 8.

or-dāl, sb., *O.E.* ordāl, = *O.Fris.* ordēl, *O.H.G.* urteil ; *ordeal, judgment*, CH. TRO. iii. 1046.

ordenaunce, sb., *O.Fr.* ordenance ; *ordinance, provision*, C. M. 11292 ; A. P. ii. 698 ; CH. P. F. 390 ; ordinance AYENB. 124 ; PR. C. 8438.

ordenē, ordinē, adj., *O.Fr.* ordené ; *set in order, well-ordered*, CH. BOET. iii. 12 (102) ; ordine AYENB. 153.

 ordenē-liche, adv., *orderly*, AYENB. 125.

ordénen, v., *O.Fr.* ordener ; *ordain, appoint* ; ordeinin PR. P. 368 ; ordeine ROB. 139 ; ordeini AYENB. 94 ; ordane [ordaine] ALEX. (Sk.) 3176 ; **ordans** [ordains] (*pres.*) 3160, 3408 ; (þu) ordandis YORK xlvii. 87 ; ordeigned (*pret.*) LANGL. *B* PROL. 119 ; ordand ALEX. (Sk.) 52 ; ordaint A. P. ii. 237 ; ordand (*pple.*) ALEX. (Sk.) 3680, 3787.

 ordáning, sb., *intent*, BARB. xix. 26.

ordenour, sb., *O.Fr.* ordeneur ; *ordainer, arranger*, CH. TRO. iii ; ordeinour BEK. 211.

ordinat, adj., *Lat.* ordinātus ; *well ordered, regular* : a life blisful and ordinaat CH. C. T. *E* 1284.

ordre, sb., *O.Fr.* ordre ; *order ; religious orders* ; A. R. 10 ; MISC. 57 ; ROB. 440 ; AYENB. 48 ; ordere ALEX. (Sk.) 27 ; he had so long in ordere ibe ROB. (W.) 2315 ; an house of monekes to holde hor ordre bet 5720 ; bi ordre *in order* CH. L. G. W. 2514.

ordren, v., *order* ; ordreþ (*pres.*) SHOR. 47 ; iordret (*pple.*) HOM. I. 261.

ordūre, sb., *O.Fr.* ordure ; *ordure*, CH. BOET. i. 6 (29) ; CH. C. T. *I* 428 ; A. P. ii. 1092.

ōre, *see* **āre**.

oreisoun, sb., *O.Fr.* oreisun ; *orison, prayer*, MARG. 294 ; oreisun A. R. 16 ; P. L. S. xxxv. 165 ; oresun FL. & BL. 579 ; **orisōns** (*pl.*) CH. C. T. *B* 596.

orenge, sb., *Fr.* orenge ; *orange* : as orenge & oþer frit A. P. ii. 1044 ; oronge PR. P. 371.

Orewelle, pr. n., *Orwell*, CH. C. T. *A* 277.

orf, sb., *O.E.* orf ; (*inheritance*), *cattle*, LAȝ. 15316 ; GEN. & EX. 795 ; ROB. 6 ; P. S. 342 ; GOW. I. 17 ; þat orf, oref HOM. II. 35, 39 ; oreve, orve (*dat.*) O. & N. 1157.

 orf-cwalm, sb., *O.E.* orfcwealm ; *cattle plague*, SAX. CHR. 259 ; oriqvalm HOM. II. 61.

orfeverie, sb., *O.Fr.* orfevrie, orfaverie ; *goldsmith's work*, QUAIR 48.

orfreis, sb., *O.Fr.* orfrois ; *orfrey, gold fringe*, ALIS. 179.

organe, sb., *O.E.* organ, organa, orgel, *O.Fr.* *orgene *pl.* orgenes, *from Lat.* organum ; *organ, instrument of music*, PS. cl. 4 ; orgone '*organum*' PR. P. 369 ; her vois was murier than the murie orgon . . . in the church CH. C. T. *B* 4041 ; aungelles with instruments of **organes** (*pl.*) and pipes A. P. ii. 1081 ; organes MAN. (F.) 11266 ; we hangiden up oure orguns *harps* WICL. PS. cxxxvi. 2 ; orgins HAMP. PS. cl. 4 ; whil the orgues maden melodie CH. C. T. *G* 134; orgles, timbres, al maner gleo ALIS. 191; on the orgons plaide the porpos REL. I. 81.

organer, sb., *O.Fr.* organeor; *organist*, PR. P. 369.

organister, sb., *O.Fr.* organiste; *organist*, '*orgonista*' PR. P. 369.

orgeilūs, adj., *O.Fr.* orguillus, orgoillus; *proud*, MISC. 30; orgulous ALIS. 2006.

orguil, orgel, sb., *O.Fr.*, orgoil, orguel; *pride*, HOM. II. 43, 63; orȝel (orhel) A. R. 224*; orhel MARH. 11.

orȝhel-mōd, sb., *pride*, ORM. 6262.

orgul-prŭde, sb., *pride*, REL. I. 180 (MISC. 121); orgelpride GEN. & EX. 3767.

oriel, sb., *O.Fr.* oriol, *med.Lat.* oriolum; *oriel, boudoir*, '*cancellus*,' PR. P. 369; oriall SQ. L. DEG. 93; E. T. 307.

orient, sb., *O.Fr.* orient, *from Lat.* orientem; *east*, CH. C. T. *B* 3504; ALEX. (Sk.) 94, 1111, 3079.

orient, adj., *eastern*, ALEX. (Sk.) 5269.

oriental, adj., *O.Fr.* oriental; *oriental*, CH. L. G. W. 221; **orientales** (*sb. pl.*) *sapphires* LANGL. *B* ii. 14.

origine, sb., *O.Fr.* origine; *race*, ALEX. (Sk.) 91.

orloge, orologe, *see* **horologe.**

or-mēte, adj., *O.E.* ormǣte; *immense*, SAX. CHR. 263; ORM. 238.

or-mōd, adj., *O.E.* ormōd, = *O.H.G.* urmuot; *despondent*: þet we on unilimpan to ormode ne beon HOM. I. 105.

orne, adj., *? O.E.* orne; *? anxious*, SHOR. 80; was ornure (*comp.*) of mete & of drunche þen þe twei oðre A. R. 370; *comp.* **un-orne.**

ornement, sb., *O.Fr.* ornement, aornement; *ornament*; ournement WICL. GEN. ii. 1; **ornementes** (*pl.*) A. P. ii. 1799; ornamentes [aorne-, aournementes] CH. C. T. *E* 258.

ornen, v., *O.N.* orna (*heat, grow hot*), *cf.* Swed. orna; *warm, enrage; droop, sink, shrink*: if Elinus ... ournes (*pres.*) for ferde D. TROY 2540; ournand, ournond (*pple.*) D. TROY 2203, 13399; ournit (*pret.*) 6404; we have ournit (*pple.*) him with angur D. TROY 4857.

ourning, sb., *shrinking, terror*, D. TROY 4767, 12711.

ornen², v., *Fr.* orner; *adorn*; ourne WICL. GEN. xxiv. 47; **ourneden** (*pret.*) WICL. I PET. iii. 5; **ourned** (*pple.*) WICL. APOC. xxi. 19.

ourning, sb., *adorning*, WICL. I PET. iii. 3.

or-ped, adj., *O.E.* orped (*full grown*); *brave*, ['*strenuus*'] TREV. V. 231; AYENB. 183; AR. & MER. 2166; Gow. l. 129; orpud '*audax*' PR. P. 371.

orped-liche, adv. ['*strenue*'], *bravely*, TREV. V. 231; AR. & MER. 1729; orpedli GAW. 2232; A. P. ii. 623.

orped-schipe, sb., *bravery*, ALIS. 1413.

orphelin, sb., *Fr.* orphelin, orphenin; *orphan*, CH. BOET. ii. 3 (37).

orpiment, sb., *O.Fr.* orpiment; *orpiment*, CH. C. T. *G* 759.

orpin, sb., *Fr.* orpin; *orpine*, PR. P. 371.

or-rāþ, adj., *without counsel, perplexed*, ORM. 3150.

orrāþnesse, sb., *perplexity*, ORM. 3145.

or-reste, sb., *? O.N.* orrosta, orrasta; *combat, conflict*, SAX. CHR. 233; orrest ORM. 12539.

orrible, *see* **horrible.**

or-sorȝ, adj., *O.E.* orsorg, = *O.H.G.* ursorg; *free from care;* '*securus*,' orseoruh FRAG. 4.

ort, sb., *for* *or-ǣt; *cf. O.Fris.* ort, *M. Du.* oorete, ooraete; *leavings of a meal*; ortus (*pl.*) PR. P. 371.

or-trowe, adj., *O.E.* ortrȳwe, = *O.H.G.* urtri(u)wi; *diffident*, ORM. 11589.

or-trowian, v., *O.E.* ortrūwian; *suspect*, HOM. I. 113; **ortroweð** (*pres.*) A. R. 382; ortrowed (*pret.*) ALIS. (Sk.) 738; ortroweden ['*suspicabantur*'] WICL. JUDG. viii. 11.

or-trowþe, sb., = *O.H.G.* urtri(u)wida (*suspicio*); *diffidence*, ORM. 3145.

or-trŭwe, ortrowe, sb., *O.E.* ortrēow; *diffidence*, HOM. II. 43, 73; in ortrou [ortrewe] (*suspicion*) þou art more ROB. (W.) 7021.

[**ōs,** sb., *O.E.* ōs, *O.N.* āss (*god*).]

Ōsbern, pr. n., *O.E.* Ōsbeorn; BEK. 501.

ōsel, sb., *O.E.* ōsle, = *O.H.G.* amsala; *ousel* (*bird*), VOC. 164; L. C. C. 36; osul TREV. I. 237; osulle B. B. 144.

ōsen, v., *? cf. M.Du.* oosen (*haurire, effundere*), *?* = wōsen; *ooze*; ose ['*scatere*'] PALL. ix. 116.

osiere, sb., *O.Fr.* osier; *osier*, PR. P. 371.

ospringe, *see* **ofspringe.**

ossen, v., *cf. early mod.Eng.* osse (*omen*): *show*; **osses** [ossus] (*pres.*) ALEX. (Sk.) 2263; he ossed (*pret.*) him bi unninges A. P. iii. 213; what & hase þu ossed to Alexander ALEX. (Sk.) 2307.

ossinge, sb., *showing, prophecy*, ALEX. (Sk.) 868; **ossingis** (*pl.*) 732.

ost, *see* **host.**

ostire, sb., *O.E.* ostre, *from Lat.* ostrea; *oyster*, VOC. 189; oistre CH. C. T. *A* 182; **oestres** (*pl.*) TREV. II. 181.

ostrice, sb., *O.Fr.* ostrusce (*autruche*), *Span.* avestruz; *ostrich*, A. R. 132*; ostriche VOC. 220; WICL. LEV. xi. 16; **ostrigis** (*pl.*) WICL. JOB xxx. 29.

ōte, *see* **ǣte.**

oter, sb., *O.E.* oter, otor, otr, = *O.N.* otr, *O.H.G.* ottar, oter, ottir; *otter*, VOC. 251; MISC. 70; BRD. 30; otir LIDG. M. P. 158.

ōð, conj., O.E. ōð; *until*; oð þat ic þe segge MAT. ii. 13; of (=oð) se claþ drige beon LEECHD. III. 90; þer abide of all(e) his ʒeferen were ʒegadered HOM. I. 231; a þe (*? for* oþþe) HOM. I. 5.

ōþ, *see* āþ, wōd. ōþam, *see* āþum.

ōðer, adj. & adv., O.E. ōðer,=O.Fris. ōther, O.L.G. othar, Goth. anþar, O.H.G. ander, O.N. annarr; *other*; þe oðer LAʒ. 22758; A. R. 14; þe oðer (*second*) heste HOM. I. 11; þa corn þer an oðer sorʒe LAʒ. 31807; oþer ALIS. 51; þat oþer ʒer O. & N. 101; an oþer þing 583; an oþer (*ms.* a noþer) C. L. 626; þis oþer dai BRD. 25; til þe oþer dai HAV. 1755; oðer hwat *something else* A. R. 98; ʒet was oþer what for whi þeʒ wæren drihten laþe ORM. 9729; oþer what we mote do P. L. S. 137; ah hit ilomp an oðer LAʒ. 14028; al hit iwarð on oðer [iwarþ oþer] 21005: ich þe wulle an oþer segge O. & N. 903; Floriz þencheþ al on oþer FL. & BL. 32; (H)avelok þouthe al an oþer HAV. 1395; þo þis holi man iseʒ þat hit non oþer nolde beo P. L. S. xvii. 511; he wolde al seggen oþer (*otherwise*) viii. 75; ah al heo þohten oðer LAʒ. 5429; al oðer hit itidde 27898; wan it nolde oþer gon ROB. 161; oþer i ne kan REL. I. 102; ōþres (*gen. m.*) O. & N. 1499; he ssel more lovie his oʒene zaule þanne an oþres AYENB. 197; oðres [oþer] mannes fr(e)ond P. L. S. viii. 15; þe oðres earen HOM. I. 251; heore nan ne icnew oðres speche 93; oðres monnes 13; oðer monnes 9; ever ich on halt oðres hond A. R. 252; oðre monnes sunnen 108; oþeres TREV. VIII 187*; ōðren (*dat. m. n.*) MAT. vi. 24; to an oþren AYENB. 175; oðre HOM. I. 29; on oðre stede HOM. II. 89; oðere LAʒ. 12604; anne after oþer *one after another* O. & N. 802; ōðerne (*acc. m.*) A. R. 404; þet eni mon scal wið oðerne misdon HOM. I. 55; oðerne, oðren LAʒ. 3881, 4841; oþerne FER. 995; oþerne, oþren AYENB. 8, 162; ōðre (*pl.*) KATH. 1051; oþre O. & N. 1593; ORM. 692; hwan þe oþre sawen þat HAV. 2416; oðere GEN. & EX. 2199; oþere BEK. 571; ōðre (*gen. pl.*) HOM. I. 9; oþre manne wit AYENB. 136; ōðren (*dat. pl.*) LK. xxiv. 9; LAʒ. 2716; oþeren SHOR. 45; oþre O. & N. 1376.

ōðer-līche, adv., O.E. ōðerlīce; *otherwise*; ōðerlüker (*compar.*) HOM. II. 97; MISC. 63.

ōþer, *see* āuþer.

ōþer-*h*wīle, adv., *occasionally*, (*ms.* oþerhuil) AYENB. 21, 30, 40; LANGL. *C* vii. 160, *B* PROL. 164; otherwhile ... otherwhile (*conj.*) *sometimes* ... *sometimes* TREV. I. 71; oþerwhiles LANGL. *C* xvii. 364; other whiles among *at intervals* TREV. VII. 341.

ōþer-weies, adv., *otherwise*, LAʒ. 14029*; otherweies CH. C. T. *E* 1072.

ōther-wīse, adv., *on any other condition*, CH. C. T. *F* 534.

ōþom, *see* āþum.

[oðōer, *? for* O.E. oððe, *cf.* M.H.G. oder; *or*, LEECHD. III. 100.]

[ou-, prefix, O.N. ū-, = un-.]

ou, *see* ēow. ouch, *see* nouche.

ōuht, *see* āwiht. oul, *see* awel.

oule, *see* ūle.

ou-list, adj., *cf.* O.N. ūlyst (*bad appetite*), ūlystugr (*unwilling*); *listless*, '*deses*,' PR. P. 374.

oulist-hēde, sb., *listlessness*, PR. P. 374.

ou-mautin, v., O.N. ūmǣtta; *swoon*; (*ms.* owmawtyn) '*sincopiso*' PR. P. 374.

oumpere, *see* noumpere. ounce, *see* unce.

our, *see* ēower. oure, *see* ūre.

ournement, *see* ornement.

ournen, *see* ornen. ous, *see* ūs.

out, *see* ūt. ōut, *see* āwiht.

outrāge, sb., O.Fr. outrage, ultrage; *outrage, excess, conceit*: he dede non outrage in drinking TREV. VII. 367; outragie [outrage] ['*lasciviam*'] VI. 293; ['*insolentiam*'] VII. 339; outtrage IV. 131; P. L. S. xiii. 95; HOCCL. I. 114; utrage HAV. 2837; oultrage GOW. III. 206; outrāges (*pl.*) AYENB. 19.

outrāge-lī, adv., *superfluously, outrageously*, HAMP. PS. xxiv. 3; outragelich ['*insolenter*'] TREV. IV. 205.

outrageous, adj., O.Fr. outrageus; *outrageous, excessive*, HOCCL. iv. 14; BARB. vi. 126, viii. 270, xi. 32; (*adv.*) *extremely* vi. 19.

outrageus-lī, adv., *excessively*, HAMP. PS. xxv. 7, xxxiv. 8.

outragin, v., Fr. outrager; *outrage*, PR. P. 375.

ōuþer(e), *see* āuþer. ove, *see* of.

ovelēte, *see* oblē. ovemest, *see* uvemest.

oven, sb., O.E. ofen,=O.Fris. oven, O.H.G. ofan, O.N. ofn, ogn, Goth. auhns; *oven*, '*for(nax)*,' FRAG. 4; '*furnus*' VOC. 201; '*furnus, fornax, clibanus*' PR. P. 372; HOM. I. 41; MISC. 148; PS. xx. 10; ovin L. C. C. 38; ove TREV. I. 405; ofne (*dat.*) JUL. 38; ORM. 993; O. & N. 292; ovene CH. C. T. *I* 856; ovenes (*pl.*) TREV. I 417.

oven, *see* uven. over, *see* ofer.

ōver, sb., O.E. ōfer,=M.L.G. ōver, M.Du. oever; *shore*; ōvre [ofre] (*dat.*) LAʒ. 8584; on þe seis ovre HAV. 321; ovcre MAN. (F.) 4336.

overe, overeste, *see* uvere.

over-hand, -herre, -leþer, -ling, -lippe, -man, *see under* uver.

overte, adj., O.Fr. overt; *overt, open*; CH. H. F. 718.

ovese, *see* evese.

ōveste, sb., O.E. ōfost, ōfest, ēfest,=O.L.G. ōfst(-līco); *haste*: an oveste he wende ... LAʒ. 21493; mid efste MK. vi. 25.

ovet, sb., O.E. ofet,=M.L.G., M.Du. ovet, O.H.G. obaz; *fruit*: þet ovet of þine wombe AYENB. 262.

H h

ow, see ēow.

ōwef, sb., *O.E.* ōweb, ōwef, -wif; *woof*; oof '*subtegmen*' PR. P. 362; WICL. LEV. xiii. 47.

owel, see awel.

ōwen, see ȧȝen. ower, see ēower.

oxe, sb., *O.E.* oxa, = *O.Fris.* oxa, *O.N.* oxi, uxi, *O.H.G.* ohso, *Goth.* auhsa; *ox*, '*bos*,' VOC. 177; PR. P. 376; A. R. 32; AYENB. 111; SHOR. 122; **oxe tunge** *ox tongue (a plant)* VOC. 162; **oxen** *(acc.)* LK. xiii. 15; **oxen** *(pl.)* LAȝ. 31814; ROB. 275; ALIS. 760; oxin BARB. x. 381; **Oxene vord** *Oxford* LAȝ. 26241; Oxne ford CHR. E. 1003.

   oxe-land, sb., *land workable by one ox*, TREV. II. 97.

   oxe-stal, sb., *ox-stall*, CH. C. T. *E* 207; **oxestalle** *(dat.)* P. S. 257.

ōxien, see åskien.

oxspring, see ofspring.

oyas, v., *O.Fr.* oyez, *mod.Eng.* oh yes! *(call for silence)*; *hear!* YORK xxx. 368.

p.

pā, sb., *O.E.* pāwa, pēa, = *O.N.* pā(-fugl), *from Lat.* pāvō; *peacock*, TOWNL. 99; po P. S. 159; pō *(gen.)* LANGL. *B* xii. 257; **poos** *(pl.)* WICL. 2 PARAL. ix. 21.

   pā-ook, sb., *peacock*, VOC. 189; pa-, po-, pecok LANGL. *B* xii. 241; pokoc AYENB. 258; poocok MAND. 48; po-, pecok CH. C. T. *A* 104.

   pē-henne, sb., *pea-hen*, PR. P. 390; pohen [pehen], pohenne LANGL. *B* xii. 240, *C* xv. 175.

pace, see pas, passen.

pacche, sb., *patch*, ['*assumentum*'] WICL. MK. ii. 21; pacch(e), patche, pahche '*pittacium*' PR. P. 377.

pacience, sb., *Fr.* patience; *patience*, A. R. 180; AYENB. 167; LANGL. *B* xiv. 192; A. P. iii. 1, 36; *(as name of a plant)* C. B. 69.

pacient, adj., *Fr.* patient; *patient*, TREV. III. 283; CH. C. T. *D* 1984; H. V. 106; *(sb.)* LANGL. *C* xiv. 31; **pacientes** *(pl.)* *C* x. 178.

   pacient-liche, adv., *patiently*, LANGL. *C* xiii. 147.

padde, sb., *O.N.* padda, = *M.L.G.* padde, pedde, *M.Du.* padde, podde; *frog*, LUD. COV. 185; **paddis** *(pl.)* ['*ranae*'] WICL. EX. viii. 8; pades SAX. CHR. 262; podes GEN. & EX. 2977.

paddoke, sb., *frog or toad*, '*rana*,' REL. I. 8; paddok '*bufo*' PR. P. 376; LUD. COV. 164; **paddokes** *(pl.)* ALIS. 6126; TOWNL. 325.

   paddok-stōle, sb., *toad-stool*, CATH. 265.

pǣen, see paien.

pæti, adj., *O.E.* pætig; *cunning*, '*astutus*,' FRAG. 3.

páge, sb., *O.Fr.* pages; *page, boy*, HAV. 1730; P. S. 239; S. S. (Web.) 2445; CH. C. T. *C* 688; MAN. (F.) 6840.

pagine, sb., *O.Fr.* pagene; *page; pageant*; A. R. 286; C. M. 21295; pagent '*pagina*' PR. P. 377; PARTEN. 79; **pagens** [pagentis] *(pl.)* WICL. JER. xxxvi. 23.

paie, sb., *O.Fr.* paie; *satisfaction, pleasure*; to paie LANGL. *B* v. 556, *C* viii. 189, *C* xiv. 160, xx. 186; A. P. i. 1, 1164.

paiement, sb., *Fr.* paiement; *payment*, CH. C. T. *D* 131; A. P. i. 598.

paien, adj. & sb., *O.Fr.* paien; *pagan*; *(ms.* payen) HORN (R.) 45; MAN. (F.) 7382; paen AYENB. 12; **páens** *(pl.)* ROB. (W.) 4914, 8283.

paien², v., *O.Fr.* paier; *mod.Eng.* pay; *satisfy, pay*, A. R. 108; paie BEK. 315; AYENB. 39; LANGL. *B* iii. 62; **paieþ** *(pres.)* LANGL. *C* viii. 277; **paide** *(pret.)* A. R. 290; paid A. P. i. 1165; **paid** *(pple.)* GEN. & EX. 2215; ipaid LAȝ. 2340*; ipaied A. R. 124; *comp.* **mis-paien.**

paienie, sb., *O.Fr.* paienie; *pagan country*, FER. 761.

paiere, sb., *O.Fr.* paiere; *payer*, LANGL. *A* vi. 41, *C* viii. 194.

paile, sb., *O.E.* pægel; *pail*, '*multrale, multrum vel multre*,' PR. P. 377.

paiment, see pávement.

pain, sb., *Fr.* pain; *bread*, LANGL. *B* ix. 80; paine puffe [*Fr.* pain pouffé] C. B. 61, 68; pain purdeu, purdeuz [*Fr.* pain perdu] C. B. 42, 83; pain fondeu [*Fr.* pain fondu] F. C. 33; pein reguson [*Fr.* pain ragusain] C. B. 112.

paindemayn, sb., *O.Fr.* paindemain, *Church Lat.* pānis dominicus; *finest bread*, CH. C. T. *B* 1915; painmain, paiman VOC. (W. W.) 657, 788; painemain C. B. 8, 11, 12; take a painmain *(cake)* C. B. 90.

painime, sb., *O.Fr.* paenisme; *paganism, country of the pagans*, HORN (L.) 803; ROB. 401; *MISC.* 28; apparailled as a painim *(pagan)* LANGL. *B* v. 523; painim *B* xi. 157, *C* viii. 161; **painimes** *(pl.)* WICL. ROM. PROL.

painimeri, sb., *paganism*, CATH. 266.

painten, see peinten. pair(e), see peir.

pairen, see peiren.

pais, sb., *O.Fr.* pais, peis, pēs; *peace*, SAX. CHR. 265; LAȝ. 480*; GEN. & EX. 8; BEK. 404; SHOR. 122; DEGR. 1569; peis A. R. 166; pais [pes] O. & N. 1730; pes HOM. I. 141; MAN. (F.) 1936; MAND. 11; pees CH. C. T. *A* 532; peas PS. xxvii. 3.

paise, see peis, peisin.

paisen, v., ? = **apaisen**; and paisi *(make peace)* wiþ Cesare LAȝ. 8839*; pese D. TROY 3809; **peesid** *(pple.)* WICL. PS. lxxxii. 2; **pesed** MAN. (F.) 4570.

paisibilitē, sb., *? O.Fr.* paisibleté; *calm*; pesibilite WICL. LK. viii. 24.

paisible, adj., *O.Fr.* paisible; *peaceable,* AYENB. 261; peisible CH. BOET. i. 5 (23); pesible WICL. JOB v. 23, viii. 6; pesable MAN. (F.) 4040.

pēsiblenesse, pēsibilnesse, sb., *calm, calmness,* WICL. MAT. viii. 26; MK. iv. 39.

paitrūre, sb., *cf.* peitrel; *defence for the neck of a horse,* GAW. 168, 601.

pakke, sb., *O.N.* pakki, = *M.Du.* pack; *pack, ' sarcina,'* PR. P. 378; pakke [pak] LANGL. *B* xiii. 201; pak LUD. COV. 137; **packes** (*pl.*) A. R. 166; REL. II. 175.

  pake-neelde, sb., *pack-needle*; [*v. r.* pacneld, pakke nedle] LANGL. *A* v. 126.

pakken, v., *cf. M.Du.* packen; *pack*: and pakken hem to gideres LANGL. *B* xv. 184; pakkin '*sarcino, fardello*' PR. P. 378.

pākoc, *see under* pā.

pal, peal, sb., *O.E.* pæll, pell, = *O.N.* pell, *from Lat.* pallium; *pallium; pall; a costly sort of cloth*; LA₃. 897, 1296; REL. I. 119; pal [pel] KATH. 1461; pel MISC. 97; LAI LE FR. 185; pelle PR. P. 391; pall D. TROY 435; **palle** (*dat.*) R. S. v; GREG. 193; þat wæde ... al was it of þe betste pall(e) ORM. 8173; **palles** (*pl.*) LA₃. 2368.

pál, sb., *O.Fr.* pal, *from Lat.* pālus; *cf.* **pāl**; *pale, stake,* '*palus,*' FRAG. 4; '*palus, vallus*' PR. P. 378; a litil paal ['*paxillus*'] WICL. Ez. xv. 3; pale (*boundary*) D. TROY 13874; **páls** (*pl.*) (*ramparts*) D. TROY 5610.

pāl, sb., *O.E.* pāl, *O.N.* pāll, *from Lat.* pālus; *cf.* **pál**; *pole*; pole '*contus, pertica*' PR. P. 407; TREV. I. 369; **pōle** (*dat.*) AYENB. 203; LANGL. *B* xviii. 52.

palais, sb., *O.Fr.* palais; *palace,* HORN (L.) 1256; ROB. 352; paleis WILL. 2838; PR. P. 378; palaice, palais A. P. ii. 1389, 1531.

palat, sb., *O.Fr.* palat; *palate*: the tonge ... cleved to his palat [*ear. ver.* palet] WICL. LAM. iv. 4; palet '*palatum*' PR. P. 378.

pále, adj., *O.Fr.* pale; *pale, foaming,* GREG. 732; as pale as a pelet LANGL. *A* v. 61; pale [paal] *C* xxi. 59; pale CH. C. T. *A* 205; pale D. TROY 13874.

palefrai, sb., *O.Fr.* palefreid, *from late Lat.* paraveredus; *palfrey,* HOM. I. 5; palefrei HAV. 2060; ROB. 490; palfrai LANGL. *B* x. 308.

pálen, v., *from* pál; *fence or enclose with stakes*; pale MAN. (F.) 1055; **pálid** (*pple.*) ['*vallata*'] WICL. 4 KINGS xxv. 2.

palesie, *see* paralisie.

palet, sb., *? O.Fr.* palet; *head-piece,* '*pelliris, galerus*' PR. P. 378; a prevy pallette ... to hille here lewde heed DEP. R. iii. 325.

pali, sb., *O.Fr.* paille; *straw,* '*cantabrum,*' PR. P. 379.

paliet, sb., *Fr.* paillet; *pallet,* '*lectica,*' PR. P. 379.

palin, v., *deck with palls*; palit (*pple.*) D. TROY 8385.

palle, *see* pal.

pallen, adj., *O.E.* pællen; *made of pall*: ænne pallene curtel LA₃. 23762; pallen webis ALEX. (Sk.) 1517.

pallen, v., *beat, strike, knock*: i palle (*pres.*) him doun LANGL. *B* xvi. 30; polle *C* xix. 50*; pallit (*pret.*) thurgh the persans D. TROY 10022; and proude doun **pallede** (*pple.*) JOS. 499.

pallen², v., *O.Fr.* pallir; *become vapid; lose spirit*; pallin '*emorior*' PR. P. 379; palle GOW. III. 13; palle (*pres.*) REL. II. 211; palled CH. C. T. *B* 1292.

pallioun, sb., *O.Fr.* pallion; *pallium,* BEK. 248; palliun SAINTS (Ld.) xxvii. 3c6.

palme, sb., *O.E.* palm (VOC. 32), *O.Fr.* palme, paume; *palm (of the hand); palm-tree*; '*palma,*' PR. P. 380; ase palme oþer ase cipres AYENB. 131; palm REL. II. 244; paume P. L. S. xvii. 232; þe paume is pureli þe hand LANGL. *B* xvii. 141; **palmen** (*pl.*) REL. I. 267; paumez *antlers* GAW. 1155; palme sun(n)e dai *Palm Sunday* MISC. 39.

  palme-trē, sb., *O.E.* palmtrēo; *palm-tree,* GEN. & EX. 3305.

  palm-twig, sb., *O.E.* palmtwĭg; *twig of palm-tree,* FRAG. 3; HOM. II. 89.

palmere, sb., *palmer,* HORN (L.) 1027; palmeres [palmers] (*pl.*) LANGL. *B* v. 106.

palmi, adj., *made of palms*; palmi basket PALL. xi. 458.

palpable, adj., *? O.Fr.* palpable; *palpable, evident,* LANGL. *C* xix. 235.

paltok, sb., *O.Fr.* paltoc; *a sort of coat,* '*baltheus,*' PR. P. 380; LANGL. *B* xviii. 25.

páment, *see* pávement.

pampren, v., *pamper*: to pappe and pampe (*? read* pampre) her fleische REL. I. 41; þou pamprest (*pres.*) ANGL. III. 287; *comp.* forpampren.

pan, *see* páne.

pancēre, sb., *O.Fr.* panciere; *coat of mail,* ALEX. (Sk.) 4960.

panche, sb., *O.Fr.* pance; *paunch, coat of mail,* PARTEN. 5773; paunche LANGL. *B* xiii. 87; CH. P. F. 610; **paunces**, paunz (*pl.*) MAN. (F.) 13553, 10028.

páne, sb., *O.Fr.* pane, panne, pan, *from Lat.* pannus; *pane (of glass); patch; piece; garment*; '*pagina,*' PR. P. 380; '*pen(n)ula*' 381; MAN. (F.) 12463; IW. 204; GAW. 154; EGL. 858; PARTEN. 5654; a pane of menuver FL. & BL. 110; pane of riche skinne TRIST. 569; robes wiþ riche pane WILL. 5356; uch pane of þat place A. P. i. 1033; a pan þat was broken FER. 5188.

panel, sb., *O.Fr.* panel; *panel,* '*pagella, panellus,*' PR. P. 381; IW. 473; C. M. 14982; ne putte men in panell (*jury list*) LANGL. C iv. 472.

paneter, panter, sb., *Fr.* panetier; *keeper of the pantry,* LANGL. C xvii. 151; paniter panter ROB. 187, 203.

paneterie, sb., *Fr.* paneterie; *pantry*; panetrie A. D. 259; pantrie '*panetorium vel panitria*' PR. P. 382.

pani, *see* pening.

panier, sb., *O.Fr.* panier, *from Lat.* pānārium, *mod.Eng.* panier; *basket,* HAV. 813; TREV. V. 195; CH. C. T. E 1568.

[**panis,** *mistake for* **pavis.**]

panne, sb., *O.E.* panne, = *O.Fris.* panne, ponne, *O.N.* panna, *O.H.G.* phanna, *? from Lat.* patina; *pan; skull;* '*patella,*' PR. P. 381; AYENB. 23; CH. C. T. D 1614; L. H. R. 150; panne [ponne] LANGL. A iv. 64; ponne (*printed* poune) ALIS. 2770; irene ponne '*sartago*' FRAG. 4; erthen panne C. B. 54; *comp.* **brain-, hēaved-, herne-, knee-panne.**

pan-kake, sb., *pancake,* '*laganum,*' PR. P. 380; pancake C. B. 46.

pans, *see* pening.

panter, pantrie, *see* **paneter, paneterie, peinten.**

pantere, sb., *O.Fr.* panthere; *panther,* '*pant(h)era,*' PR. P. 381; ALIS. 6820; panter REL. I. 225.

pantere², sb., *O.Fr.* pantiere; *snare for birds,* '*laqveus, pedica,*' PR. P. 381; foules . . . that of the pantere and the nette ben escaped CH. L. G. W. 131.

pantin, v., *O.Fr.* pantoier; *pant, take short breaths,* '*anhelo,*' PR. P. 381; pante TOWNL. 217.

pāpe, sb., *O.E.* pāpa, *Lat.* pāpa; *pope,* PR. C. 1886; pape [pope] LAȜ. 14807; pope O. & N. 746; BEK. 249; LANGL. B xv. 485; pōpe (*gen.*) LANGL. A ii. 18.

pāpe-dōm, sb., *popedom,* SAX. CHR. 253.

pōpe-hōli, adj., *holy as a pope, hypocritical,* LANGL. B xiii. 284.

papejai, sb., *O.Fr.* papegai; *popinjay,* SPEC. 26; A. P. ii. 1465; papejai [papenjai, popinjai, popingai] CH. C. T. E 2322; popejai [papengai] TREV. IV. 307; popegai MAND. 274.

papelard, sb., *Fr.* papelard; *deceiver,* AYENB. 26; this paperlarde preste GEST. R. 401.

papelote, sb., *mess of porridge*; paplote CATH. 268; **papelotes** (*pl.*) LANGL. C x. 75.

papin, sb., *boiled pudding*; **papins** (*pl.*) C. B. 9.

papir, sb., *Lat.* papȳrus; *paper,* E. G. 5; paper GOW. II. 8.

papir-whīt, adj., *white as paper,* CH. L. G. W. 1198.

pappe, sb., *? Lat.* pappa, papa; *pap, breast,* teat, ORM. 6441; PR. C. 6767; OCTAV. (H.) 442; **pappes** (*pl.*) H. M. 35; A. R. 330*; HAV. 2132.

pappen, v., *? make soft,* REL. I. 41.

par-, *see* **per-**.

paradīs, sb., *Fr.* paradis, *from Gk.* παράδεισος; *paradise,* LAȜ. 24122; SHOR. 157; LANGL. B x. 463; parais A. R. 66; in paradise MISC. 50; peradis D. TROY 5496; **paraises** (*gen.*) KATH. (E.) 893.

paragal, sb., *O.Fr.* paragel; *companion;* DEP. R. i. 71.

parāge, sb., *O.Fr.* parage, pairage, *cf. mod. Eng.* peerage; *high birth, lofty dignity,* FL. & BL. (H.) 666; S. S. (Web.) 243; A. P. i. 419; LIDG. M. P. 26.

parail, sb., = **appareil**; *apparel, dress,* LANGL. C xiii. 121; paraille, paraile B xi. 228, 235*, C xi. 116*; ALEX. (Sk.) 4676.

parailen, v., = **appareilen**; *array, apparel;* **parrails** [*v. r.* apperels] (*pres.*) ALEX. (Sk.) 765; **parailede,** parailed (*pret.*) LANGL. C i. 25, iii. 224; **parailed** (*pple.*) ALEX. (Sk.) 1552; parreld 480, 4208; parraillid 5285.

paralisie, sb., *Fr.* paralysie; *palsy*; parlesi PR. C. 2996; L. H. R. 130; palesie WICL. MAT. iv. 24.

paramour, sb., *? O.Fr.* par amour; *paramour, lover, concubine,* CH. C. T. D 454; LANGL. C xvii. 107; ALEX. (Sk.) 5222; **paramouris** (*adv.*) *as a lover* BARB. xiii. 485; paramours CH. L. G. W. PROL. A 260; **paramours** (*pl.*) LANGL. C vii. 186; ALEX. (Sk.) 3769, 4337.

paraunter, adv., *O.Fr.* per aventure; *perchance,* LANGL. C viii. 297, ix. 43; perauntre xvii. 50; ROB. (W.) 2018; paraventure B xii. 184; peraventure WILL. 234.

parboilin, v., *O.Fr.* parbouillir; *parboil,* '*semibullio, parbullio,*' PR. P. 382; **parboile** (*imper.*) C. B. 6, 100; **parboiled** (*pple.*) 100.

parc, sb., *O.E.* pearruc, *O.Fr.* parc; *cf. M.H.G.* pferrich, *park,* LAȜ. 1432*; park P. L. S. i. 5; WILL. 2845; GOW. II. 45; park, parrok PR. P. 384; **parkes** (*pl.*) ROB. I.

parceiven, *see* **perceiven.**

parcelle, sb., *Fr.* parcelle; *parcel, part,* CH. ASTR. i. 21 (13); parcel LANGL. B x. 63; parcele ALEX. (Sk.) 4496; **parcells** (*pl.*) *shares* ALEX. (Sk.) 4318.

parcel-mēle, adv., *by bits,* LANGL. C xx. 28; percel mel A iii. 72.

parcenēr, sb., *O.Fr.* parcener, parconier; *sharer, partner* ['*particeps*'] WICL. PROV. xxviii. 24; parciner ROB. (W.) 6309; **parcenēres,** parceneris (*pl.*) WICL. PROV. v. 17; WISD. vii. 4; 1 COR. ix. 12.

parchementer, *see* **perchementer.**

parchen, v., *parch*; parche '*frigo*' PR. P. 382.

parchmen, *see* **perchemin.**

parclōs, sb., *O.Fr.* parclos; *enclosure, screen*; parcloos PR. P. 382.
pardōn, sb., *O.Fr.* pardon; *pardon,* CHR. ENG. 314; pardoun LANGL. *B* ii. 222 [pardun *A* ii. 198]; pardoun CH. C. T. *C* 926.
pardonēre, sb., *O.Fr.* pardonaire; *pardoner,* LANGL. *B* v. 648; pardoner CH. C. T. *A* 669.
párement, sb., *O.Fr.* parement; *adornment*: chambre of **párements** (*pl.*) CH. C. T. *F* 269; dauncing chambres ful of parements CH. L. G. W. 1106.
parfit, *see* **perfit.**
parget, sb., *plaster* (*of a wall*), PALL. i. 414.
pargetin, v., *O.Fr.* pargeter; *parget, plaster,* '*linio,*' PR. P. 384; **pargete** (*pres.*) WICL. EZ. xiii. 11.
párin, v., *Fr.* parer; *pare,* S. & C. I. xlvi; parie P. L. S. xxiv. 234; pare LANGL. *B* v. 243; **páred** (*pret.*) LANGL. *C* vii. 242; **páred** (*pple.*) *prepared, fitted up* ALEX. (Sk.) 4208.
paritorie, sb., *O.Fr.* paritoire, parietaire; *parietary, pellitory,* CH. C. T. *G* 581; paratori '*colitropium*' VOC. (W. W.) 787.
park, *see* **paro.**
parkere, sb., *park keeper,* '*indagator,*' PR. P. 384; E. W. 8.
parle, v., *O.Fr.* parler; *speak,* DEP. R. iv. 48; **parled** (*pret. pl.*) iv. 88; **parled** (*pple.*) LANGL. *B* xviii. 268, *C* xxi. 281.
parlement, sb., *O.Fr.* parlement; *parliament,* HAV. 1006; ROB. 463; MAN. (F.) 1726; perlament D. TROY 2095; parlament YORK xxxii. 33.
parlour, sb., *O.Fr.* parloir; *parlour, conversation-room,* MAN. (F.) 7066; '*colloqvotorium*' CATH. 269; parloure LANGL. *B* x. 97; **parlūrs** (*gen.*) A. R. 68.
parosche, sb., *O.Fr.* paroche; *parish,* BEK. 1879; paroche P. S. 157; paresche MIRC 17; parishe CH. C. T. *A* 491.
parisch-preest, sb., *parish priest,* LANGL. *C* xvi. 211; **parishepreestes,** parshepreestes (*pl.*) LANGL. *B* x. 268, *C* xxiii. 280.
paroschian, sb., *O.F.* parochien; *parishioner,* A. R. 198; parishen LANGL. *B* xi. 67; **parisschens** (*pl.*) *A* PROL. 79; parisshiens *B* xx. 280.
parrai, sb., *O.Fr.* parroie; *nobility,* ALEX. (Sk.) 4028.
parren, v., *enclose*; **parred** (*pple.*) HAV. 2439; IW. 3228; YORK xxxiii. 33.
parroken, v., *cf. Fr.* parquer; *Ger.* pferchen; *impark, enclose, shut in*; **parroked** (*pple.*) LANGL. *B* xv. 281.
parson, *see* **persōne.**
parsonāge, sb., *parsonage, benefice,* LANGL. *B* xiii. 245.
part, sb., *O.Fr.* part; *part,* FL. & BL. 522,

MARG. 308; P. S. 338; AYENB. 110; **a part apart** CH. C. T. *F* 252; **pars** (*pl.*) ALIS. 664; GREG. 378.
parten, v., *O.Fr.* partir; *part, participate, share; separate*; parte FL. & BL. 387; CH. BOET. i. 3 (10); **parteþ** (*pres.*) SHOR. 76; partis ALEX. (Sk.) 5418; (þai) part 1931; **parti** (*subj.*) A. R. 406; **parted** (*pple.*) MISC. 91; HAV. 2962.
partinge, sb., *imparting; departure*; DEP. R. i. 171; LANGL. *A* xi. 303; parting FL. & BL. 684; GREG. 480; TRIST. 165.
parténen, v., *O.Fr.* (a-)partenir; *pertain*; **perténis** (*pres.*) ALEX. (Sk.) 4309; (þai) pertines [pertenis] 1772; **parténed** (*pret.*) WILL. 1419; partenit BARB. xx. 313.
partener [partiner], sb., = **paroener**; *partner,* TREV. III. 477; partiner ROB. 309; AYENB. 256.
parti, sb., *Fr.* parti; *party; side*: for to fiȝt for our parti C. M. 7470; þere þat partie pursueth LANGL. *B* xvii. 302; leve þe trewe partie LANGL. *C* ii. 95; parti *A* i. 7; **parties** (*pl.*) LANGL. *B* xiv. 268.
parti², adj., *different*: þat þi personale proporcion sa parti is to mine ALEX. (Sk.) 668.
particulēr, adj., *Fr.* particulier; *particular,* CH. C. T. *E* 35.
partie, sb., *O.Fr.* partie; *part, portion; passage in a book*; L. H. R. 48; LEG. 3; SHOR. 166; LANGL. *B* i. 7, *C* xvi. 157; E. G. 382; more partie *most part* DEP. R. ii. 37; **a partie** *partly* LANGL. *B* xv. 17, *C* xvii. 168; **partis,** partise (*pl.*) ALEX. (Sk.) 3764, 3992.
partriche, *see* **pertriche.**
parvis, sb., *Fr.* parvis; *parvis, church close,* CH. C. T. *A* 310.
pas, sb., *O.Fr.* pas, *from Lat.* passus; *pace, passage; pass, path*; BEK. 69; SHOR. 133; CH. C. T. *F* 388; paas *A* 825; pace A. P. i. 677; passe YORK xxx. 116; ALEX. (Sk.) 2978; þe pas of Altoun LANGL. *C* xvii. 139; pace PR. P. 376; passe *canto* ALEX. (Sk.) 2845.
paschen, pasken, v., *cf. Swed.* paska; *dash*: pasken in þe water P. L. S. xx. 8; and al to duste **pashed** (*pret.*) kinges LANGL. *B* xx. 99; passhed YORK xlvi. 38; **passchet** (*pple.*) LANGL. *A* v. 16.
paske, sb., *Lat.* pascha, *Hebr.* פסח; *Passover,* ORM. 15850; LANGL. *B* xvi. 139; pasche GEN. & EX. 3157; pasc, pass YORK xxvii. 11, 29.
paske-daȝ, sb., *Passover-day,* ORM. 15552.
pasnepe, sb., *parsnip,* '*pastinaca,*' CATH. 270; parsnepe PALL. x. 158.
passāge, sb., *O.Fr.* passage; *passage, journey,* HORN (L.) 1323; ARCH. LII. 35; MAN. (F.) 14012; A. P. iii. 97; pasage ALEX. (Sk.) 32.
passagēr, sb., *traveller*; **passagērs** (*pl.*) MAN. (F.) 16593.

passen, v., *O.Fr.* passer; *pass, surpass, escape,* A. R. 330; passi LA3. 1341*; BEK. 1148; passe HAV. 1376; **passeth** (*pres.*) CH. C. T. *F* 404; **passe** (*imper.*) *B* 1633; **passinge** (*pple.*) LANGL. *C* xxii. 266; passunde A. P. ii. 1389; passande men MAN. (F.) 3297; passing *surpassing* ALEX. (Sk.) 1750; he is a passing (*excellent*) man CH. C. T. *G* 614; for passing of witt ALEX. (Sk.) 45; er i **pace** (*subj.*) (*ere I die*) CH. C. T. *F* 494; **passed** (*pple.*) CH. C. T. *E* 610.

passing-lī, adv., *passingly,* ALEX. (Sk.) 2904; passandli 1999, 3455, 3596.

passiūn, sb., *Fr.* passion; *passion,* HOM. I. 119; KATH. 1163; MISC. 154; passioun AYENB. 142; LANGL. *B* xiii. 90; passion *passion week* ROB. (W.) 11330.

páste, sb., *O.Fr.* paste; *paste, pastry,* LANGL. *B* xiii. 250; C. B. 39; make faire cofins of fine paast 75; past 45; paaste 98.

pastē, sb., *O.Fr.* pasté; *pastry, pie,* CH. C. T. *A* 4346; **pastees** (*pl.*) HAV. 644.

pasteláde, sb., *a dish in cookery,* C. B. 59; pistelade, petelade 62.

pastour, sb., *Lat.* pastor; *shepherd, herdsman*; **pastours** (*pl.*) LANGL. *A* xi. 300, *B* xii. 149, *C* xii. 293.

pastūre, sb., *O.Fr.* pasture; *pasture, food,* MAN. (F.) 7348; C. M. 18445; D. RICH. iii. 14; **pastours** (*pl.*) ALEX. (Sk.) 1198.

pasturen, v., *pasture, feed;* **pasturde** (*ppl.*) ALEX. (Sk.) 5425.

páte, sb., *pate, head,* P. L. S. xxiii. 83; P. S. 237; LIDG. M. P. 54.

paten, sb., *O.Fr.* patin; *patten;* (*ms.* patien) '*calopodium'* PR. P. 385.

patene, sb., *O.Fr.* patene; *paten,* '*patena,*' PR. P. 385; pateine SHOR. 53.

patente, sb., *Fr.* patente; *letter patent, open letter; indulgence, pardon;* CH. C. T. *C* 337; patent LANGL. *B* xiv. 191; **patentes** (*pl.*) *B* v. 194.

pateren, v., *patter, chatter*: me thinke he patris (*pres.*) like a pi YORK xxxv. 266.

patriarche, sb., *O.Fr.* patriarche; *patriarch,* HOM. I. 131; patriarke A. R. 154; patriarc ROB. (W.) 9869; **patriarkes** (*pl.*) LANGL. *C* viii. 88.

patrimoigne, sb., *patrimony,* LANGL. *B* xx. 233.

patrōn, sb., *O.Fr.* patron; *patron, pattern,* '*patronus, exemplar,*' PR. P. 386; ROB. 471; patroun P. S. 326; **patrōns** (*pl.*) E. G. 321.

paþ, sb., *O.E.* pæð,=*O.Fris.* path, *O.H.G.* phad; *path,* ALIS. 3219; paþ [path] LANGL. *B* xiv. 300; peþ '*semita'* FRAG. 3; AYENB. 127; peth BARB. xviii. 366; **paþe** (*dat.*) HAV. 2390; **paðes** (*pl.*) LA3. 17330; paþes O. & N. 380; HAV. 268; peðes HOM. II. 129.

paðeren, v., ? = puðeren; *poke about;* *pother*; **paðereð** [*v. r.* puðeres] (*pres.*) A. R. 214.

paue, sb., *O.Fr.* poue, poe, ?*L.G.* paute, pôte; *paw,* PR. P. 386; poue (*ms.* powe) AR. & MER. 1491; **paues** (*ms.* pawes) (*pl.*) B. DISC. 1997; ISUM. 181; poues (*ms.* powes) RICH. 1082.

paume, *see* **palme**. **paunce**, *see* **panche**.

pautenēr, sb., *O.Fr.* pautonier, paltonier; *vagabond,* ALIS. 1737; FER. 859; sa fell, sa **pautener** (*adj.*) BARB. i. 462, ii. 194.

pautenēr[2], sb., *purse,* P. S. 327; '*cassidile*' PR. P. 387.

pávement, sb., *O.Fr.* pavement; *pavement,* BEK. 2146; pavement [paviment, pament] CH. C. T. *B* 1867; paviment ROB. (W.) 9791; pament GEST. R. 81; paiment D. TROY 352.

páven, v., *O.Fr.* paver; *pave;* pave CH. C. T. *G* 626; **páved** (*pple.*) P. S. 190; ALEX. (Sk.) 3220.

pavilōn, sb., *O.Fr.* pavillon; *pavilion,* ROB. 272; LANGL. *A* ii. 43; PARTEN. 911; paviloun GREG. 565; ne pelour in hus paveilon (*coif*) LANGL. *C* iv. 452; **pavilōns** (*pl.*) MAN. (F.) 4645.

pavis, sb., *O.Fr.* pavois; *a sort of shield,* REL. II. 22; (*printed* panys) D. TROY 5722; pavice PR. P. 386; **paves** (*pl.*) ALEX. (Sk.) 2223.

pavis[2], adj.: a pavis pillion hatt D. ARTH. 3460.

pax, sb., *Lat.* pax (*peace*); *crucifix to be kissed*: kisse the pax LIDG. *in* L. F. M. B. 296; þo prest (þo) pax wil kis L F. M. B. 48. **pax-brede**, sb., '*osculatorium,*' VOC. (W. W.) 756.

paxwax, -wex, sb., *pax-wax, tendon of the neck,* PR. P. 388.

pē, *see* **pā**.

peautre, sb., *O.Fr.* peautre, peutre; *pewter,* E. W. 102; peutir PR. P. 395.

péce, sb., *O.Fr.* piece; *piece,* '*pars, crater,*' PR. P. 388; ROB. 555; LANGL. *B* xiv. 48; MAND. 10; Iw. 760; pece *man* ROB. (W.) 7314; piece P. S. 334; **péces** (*pl.*) *cups* LANGL. *B* iii. 89.

péce-mēl, adv., *piece-meal,* ROB. 22.

pechē, sb., *O.Fr.* pechet, *from Lat.* peccātum; *sin, fault;* pechche A. P. i. 841.

[**pēchen**, v., *O.E.* pǣcan (*deceive*); *comp.* bi-pēchen.]

pecken, *see* **picken**. **pēcok(e**, *see under* **pā**. **pecunie**, sb., *Lat.* pecūnia; *money,* LANGL. *C* iv. 393.

pecunious, adj., *rich, moneyed,* LANGL. *C* xiii. 11.

pedaille, *see* **pitaill**.

peddare, sb., *prov.Eng.* (*East Anglian*) pedder; *pedler,* '*calatharius,*' PR. P. 389; peoddare A. R. 66; **pedderis** (*pl.*) WICL. E. W. 12.

pedde, sb., *prov.Eng.* (*East Anglian*) ped; basket, '*idem quod panere*,' '*calathus*,' PR. P. 390.

pedlare, sb., *pedler*, PR. P. 390; pedlere LANGL. *B* v. 258.

peel, see **péle**. **peer**, see **peir**.

peere, see **pére**. **peering**, see under **péren**.

pegge, sb., *peg*, '*cavilla*,' PR. P. 390.

peggen, v., *stuff* (*with food*) : to pegge us as a peni hoge ALEX. (Sk.) 4278.

peine, sb., *O.Fr.* peine, poene, poine, *from Lat.* poena, *Gr.* ποινή ; *pain, penalty* ; BEK. 481 ; SHOR. 38 ; SPEC. 81 ; LANGL. *B* i. 167 ; MAND. 11 ; CH. C. T. *A* 1319 ; ROB. (W.) 7742.

peineble, adj., *taking pains, careful*, H. S. 5802 ; penible CH. C. T. *E* 714.

peinin, v., *O.Fr.* pener ; *give* or *cause pain, punish ; urge ;* '*crucio*,' PR. P. 390 ; peine WILL. 2898 ; i peine (*pres.*) me CH. C. T. *C* 330 ; þat peined (*pret.*) him to deþe LANGL. *B* i. 169 (Wr. 800) ; peined (*pple.*) WICL. DEEDS xxii. 5 ; painit D. TROY 10336.

peinten, v., *from O.Fr.* peint, *pple. of* peindre; *paint*; peinte CH. C. T. *C* 17 ; paint ALEX. (Sk.) 4427 ; peint (*pres.*) BEK. 2151 ; peinted (*pret.*) LANGL. *C* xxii. 11 ; painted A. P. i. 750 ; (þai) paintid ALEX. (Sk.) 1704 ; painted (*pple.*) ALEX. (Sk.) 4149 ; ipeint O. & N. 76.

paintour, sb., *painter*, ALEX. (Sk.) 5145 ; panter VOC. (W. W.) 687.

peintunge, sb., *painting*, A. R. 392.

peintūre, sb., *O.Fr.* peinture ; *painting*, A. R. 242 ; WICL. ESTH. i. 6.

peir, peer, sb., *O.Fr.* pair, (*couple*) ; *pair ; peer, equal ;* '*par*,' PR. P. 391, 394 ; per HAV. 2241 ; P. L. S. xvii. 380 ; paire gloves LANGL. *C* vii. 251 ; peire FL. & BL. 566 ; paire CH. C. T. *C* 623 ; pere LANGL. *A* iii. 198, xi 194 ; péres (*pl.*) LANGL. *B* vii. 16.

pér-lēs, adj., *peerless*, WILL. 933.

peirement, sb., *damage, destruction*, WICL. MAT. xvi. 26 ; 2 COR. vii. 9.

peiren, v., *make worse, impair* ; peire (? *for* empeire) C. M. 8407 ; paire YORK xxvi. 14, xxxiv. 22 ; PALL. iii. 964 ; peireth (*pres.*) LANGL. *A* iii. 123 ; peired (*pple.*) *B* iii. 127 ; peired MAN. (F.) 8716.

peiring, sb., *destruction*, WICL. LK. ix. 25.

peiren[2], v., *be peer to, compare to* ; périth (*pres.*) LANGL. *A* xii. 4 ; pere ALEX. (Sk.) 1842 ; peren [peeren] LANGL. xv. 410 ; pere *are like* ALEX. (Sk.) 4703.

peis, sb., *O.Fr.* pois ; *weight*, LANGL. *B* v. 243 ; MAN. (F.) 11283 ; in paise *in the balance* ALEX. (Sk.) 3260.

peis, see **pais**.

peisin, v., *O.Fr.* poiser ; *weigh*, '*pondero, libro, trutino*,' PR. P. 390 ; paise ALEX. (Sk.)

4618 ; peisede (*pret.*) LANGL. *A* v. 131 [poised *B* v. 217].

peitrel, sb., *O.Fr.* peitral ; *breastplate of a horse in armour*, CH. C. T. *G* 564.

peitrel, v., *furnish with a peitrel*, LANGL. *C* v. 23.

pekke, sb., *peck* (*measure*), '*batus*,' PR. P. 391 ; CH. C. T. *A* 4010.

pēkok, see under **pā**. **pel**, see **pal**.

[**pel**, sb., ? *O.Fr.* pel ; ? *skin*.]

pel-lēk, sb., ? *wild thyme*, '*serpillum*,' VOC. 266.

pēl, sb., *peel, fort* : (he) did mak a pele... wrouht of tre fulle welle MAN. (H.) 157 ; peill BARB. x. 137, 152, 193, 207 ; pēlis (*pl.*) x. 147 ; *cf.* **pīle**.

péle, v., *for* apéle ; *appeal*, '*appello*,' PR. P. 391 ; N. P. 3 ; pele [peel] LANGL. *B* xvii. 302.

pēle, see **pēl**.

pēle, sb., *O.Fr.* pēle ; *baker's shovel ;* '*pala*,' CATH. 273 ; A. S. (H.) 79 ; C. B. 51.

pelegrim, pelgrim, sb., *O.Fr.* pelegrin ; *pilgrim*, P. L. S. xiv. 29, 32 ; pelegrim, pilegrim LA3. 30730, 30744 ; pilegrim A. R. 348 ; pilgrim AYENB. 86 ; M. H. 54 ; *see* **peregrin**.

pelet, see **pelot**.

pelfir, sb., *O.Fr.* pelfre, *cf. mod.Eng.* pelf, pilfer ; *plunder*, '*spolium*,' PR. P. 391.

pelle, see **pal**.

pellen, v., *expel, throw out* : to morwen shall ich forth pelle HAV. 810 ; þe powere... pellid (*pret.*) doune his kni3tis ALEX. (Sk.) 117.

pellican, sb., *Gr.* πελεκάν ; *pelican* ; A. R. 118 ; pellicans (*pl.*) ALEX. (Sk.) 5129.

pellūre, *Fr.* pelure ; *fur*, WILL. 53 ; pelure LANGL. *A* ii. 9 ; pellure LANGL. *B* xv. 7 ; pelloure [pelour] ALEX. (Sk.) 2768.

pelot, pelet, sb., *O.Fr.* pelote, pilote ; *pellet, stone ball*, '*pileus, vel piliolus, rudus*,' PR. P. 391 ; as pale as a pelet LANGL. *B* v. 78 ; swifte as a pellet out of a gonne CH. H. F. 1643 ; pelote GOW. II. 306.

pelrināge, see **pilegrimāge**.

pelt, sb., ? *M.H.G.* pelz, pelliz, *from med.Lat.* pellicia ; *pelt*, P. R. L. P. 16.

pelten, see **pülten**.

pen, sb., *from* pennen ; *pen* (*for sheep, etc.*) ; penes (*pl.*) A. P. ii. 322.

penne-fēd, adj., *fed in a pen*, A. P. ii. 57.

penance, sb., *O.Fr.* peneaunce, penance ; *penance, suffering*, P. L. S. x. 26 ; penaunce SHOR. 5 ; LANGL. *C* iv. 101, vi. 84, 196 ; *B* x. 120 ; penaunces (*pl.*) LANGL. *B* xiii. 66 ; *C* i. 27 ; *see* **penitence**.

penaunce-lēs, adj., *without penance or suffering*, LANGL. *B* x. 462, *C* xii. 296.

penancēr, sb., *O.Fr.* peneancier ; *one who imposes a penance, confessor*, C. M. 26341 ; penauncer LANGL. *B* xx. 317* ; *see* **peni-tancer**.

penant, penaunt, sb., *O.Fr.* penant; *penitent,* GREG. 844, 870; penaunt LANGL. *C* v. 130; **penauntes** (*pl.*) *C* xvi. 101; *see* **penitaunt.**
pencel, sb., *O.Fr.* pincel; *pencil, paint-brush,* CH. C. T. *A* 2049.
pencel[2], sb., *O.Fr.* penoncel; *small banner,* ALIS. 2688; pensel LANGL. *C* xix. 189; **pensiles** (*pl.*) LAȝ. 27183*; penceles MAN. (F.) 12511.
penciōn, sb., *O.Fr.* pension, *mod.Eng.* pension; *payment, reward,* LANGL. *A* viii. 48.
pendaunt, sb., *O.Fr.* pendant; *hanging ornament*: pendande of a belt '*pendulum*' CATH. 274; **pendauntes** (*pl.*) LANGL. *B* xv. 7; pendauntez GAW. 2038, 2431.
pende, penden, *see* **pünde, pünden.**
penden v.; *for* **appenden**; *belong to*: þe apparement þat **pented** (*pple.*) to þe kirke A. P. ii. 1270.
peni, *see* **pening.**
pening, sb., *O.E.* pening, penig, = *O.N.* peningr, *O.Fris.* penning, pennig, panning, pannig, *O.H.G.* phenning, phenting; *penny,* ORM. 3287; peni LAȝ. 31961; R. S. v; BEK. 1174; AYENB. 23; panig MK. xii. 15; pani AR. & MER. 3639; **penie** (*dat.*) P. L. S. viii. 34; **peniȝes, paneȝes, panewes** (*pl.*) LAȝ. 3544, 14684, 29460; penies HAV. 776; MAN. (H.) 146; OCTAV. (H.) 726; penis M. H. 18; pens LANGL. *B* v. 243; S. & C. II. lvii; panes, panewes ROB. (W.) 1392, 1397*; pans BEK. 332; AYENB. 190.
peni-ale, sb., *poor ale (at a penny per gallon),* LANGL. *A* v. 134, *B* xv. 310; B. B. 208.
peni-lēs, adj., *penniless,* DEP. R. iii. 196.
penni-stāne, sb., *flat stone used as a quoit,* BARB. xiii. 581.
peni-worþ, sb., *pennyworth,* LANGL. *B* iii. 256 [peni, *v. r.* peniworth, *A* iii. 243]; **peniworthes** (*pl.*) *goods* LANGL. *C* vii. 384.
penitancēr, sb., *O.Fr.* penitencier; *one who imposes a penance, confessor*; penitancer LANGL. *C* xxiii. 319; penitancere *B* xx. 317; **penitauncērs** (*pl.*) LANGL. *C* vii. 256; *see* **penancēr.**
penitaunt, sb., *O.Fr.* penitent; *penitent,* LANGL. *C* v. 130*; *see* **penant.**
penitence, sb., *O.Fr.* penitence; *penitence, penance,* A. R. 8; HOM. II. 61; *see* **penance.**
? **penitote,** sb., *for* *peritote; *O.Fr.* peridon *from med.Lat.* peritot, pelidor, periodus (DU C.); *peridot, chrysolite*; **penitotes** (*pl.*) A. P. ii. 1472.
penne, sb., *O.Fr.* penne; *pen,* LEG. 85; P. S. 156; TREV. IV. 215; MAN. (F.) 11885; A. P. ii. 1724; þe **pennes** (*feathers*) (*pl.*) of þe pecok LANGL. *B* xii. 247; pennes of an aungell ALEX. (Sk.) 4529.
pennen, v., *O.E.* (on-)pennian; *pen (an animal), impound, shut in* : **penned** (*pple.*) HOM. II. 43; *comp.* **bi-pennen.**

pennēre, sb., *pencase,* CH. C. T. *E* 1879; pennare '*pennarium, calamarium*' PR. P. 392.
penōn, sb., *O.Fr.* penon; *pennon,* '*bandum, pennum*,' PR. P. 392; penoun CH. C. T. *A* 978; **penounes** (*pl.*) PL. CR. 562; pennons ALEX. (Sk.) 3028.
pensel, *see* **pencel.**
pensif, adj., *O.Fr.* pensif; *thoughtful,* A. P. i. 246; LANGL. *C* x. 299; GOW. II. 65; (*adv.*) *A* viii. 133.
penta(u)ngel, sb., *figure of five points,* GAW. 620, 636, 664.
Pentecoste, sb., *O.Fr.* pentecoste; *Pentecost,* SAX. CHR. 251; HOM. I. 89.
pentice, sb., *O.Fr.* apentis; *penthouse,* '*appendicium*,' PR. P. 392; pentis VOC. 236.
Peohtes [Peutes], pr. n., pl., = *O.E.* Peohtas; *Picts,* LAȝ. 9922; Peihtes MAN. (F.) 5697.
peolien, *see* **pilien.**
people, sb., *O.Fr.* pueple, peuple; *people,* OCTAV. (H.) 854; people [poeple, peple] CH. C. T. *E* 995; BOET. i. 4 (15); puple SHOR. 53; WILL. 499; peple, poeple LANGL. *A* i. 5 (*B* i. 5); peuple *C* xii. 21; peple MAND. 3.
peose, *see* **pēse.**
peper, sb., *O.E.* pipor, *from Lat.* piper; *pepper,* LANGL. *A* v. 155; MAND. 168; L. C. C. 19; piper PALL. vi. 168.
peper-corn, sb., *peppercorn*; pepirqwerne '*fractillum*' PR. P. 393; **pepercornes** (*pl.*) ALEX. (Sk.) 2025.
pepin, v., *Fr.* pepin, pupin, poupin; *pippin, kernel,* C. M. 8504; pepin, pipin PR. P. 401; pepin [popin] WICL. NUM. vi. 4; C. B. 32.
péple, *see* **people.**
[**per-, par-,** *prefix, O.Fr.* par-, per-; *through.*]
pér, *see* **peir.**
perantre, peraventure, *see* **parauntre.**
per-brēken, v., *break through*; perebrake [perbrake] MAN. (F.) 7950.
perceiven, v., *O.Fr.* percevoir; *perceive*; persawe BARB. i. 82; **parceiveþ** (*imper.*) WICL. JUDG. v. 3; **perceived** (*pret. pl.*) MAN. (F.) 12320; per-, **parceived** (*pple.*) LANGL. *B* v. 143.
persáving, sb., *perception,* BARB. iv. 358.
percen, perchen, perisshen, sb., *O.Fr.* percer, percher, ? pertuissier; *pierce*; percen CH. BOET. iii. 7 (81); persen LANGL. *C* xii. 295; perche CATH. 276; to perische wiþ dart WICL. E. W. 348; thirlith or **perissheth** (*pres.*) GEST. R. 47; persith DEP. R. iii. 11; (thei) persen WICL. 2 TIM. iii. 6; **pershaunt** (*pple.*) LANGL. *C* ii. 257; the king .. **perisshed** (*pret.*) the harnes GENER. 3367; perssched is (*r.* his) scheld FER. 941; percede ROB. 17; D. ARTH. 2075; parsed [perside] TREV. VIII. 85; **iperssshed** (*pple.*)

LANGL. *B* xvii. 189; his sherte that was pershed in .v. places KN. L. 143.

perche, sb., *O.Fr.* perche; *perch* (*fish*), '*perca*,' VOC. 189; '*percha, parcha*' PR. P. 393; REL. I. 85; C. B. 102.

perche², sb., *O.Fr.* perche; *perch, rod, pole*: in his hond (? ms. hong) he bar a long perche, his staf as theȝ hit were P. L. S. xv. 80; in his hond a long perche he bar SAINTS (Ld.) xl. 78; chauntecleer sat on his perche CH. C. T. *B* 4074; '*pertica*' PR. P. 393.

perchemin, sb., *O.Fr.* parchemin; *parchment*, LANGL. *B* xiv. 191; parchemin LEG. 85; P. S. 156; parchmen A. P. ii. 1134; perchement VOC. 210.

parchementer, sb., *preparer of parchment*, CATH. 269.

pére, sb., *O.E.* peru,=*O.N.* pera, *M.Du.* pere, *O.H.G.* pira, bira *f.; from Lat.* pirum *n.; pear*, VOC. 192; '*pirum*' PR. P. 394; AYENB. 208; FER. 5722; MAND. 245; peere DEP. R. PROL. 73; **péren** (*dat.pl.*) P. L. S. xxiii. 89.

pere-jonette, sb., *early pear*; **perejonettes** (*pl.*) LANGL. *C* xiii. 221.

per-trē, sb., *pear-tree*, VOC. 227; peretree LANGL. *A* v. 16; '*pirus*' PR. P. 394.

pére², sb., *O.Fr.* perre, pierre (*stone*); *stone, pier*, '*pila*,' PR. P. 394; oppon ech pere þar stent a tour FER. 1684; **piers** (*pl.*) ALEX. (Sk.) 4356.

pére, see peir.

perē, sb., *O.Fr.* perē; *perry*; perre ENG. ST. VII. 105; pereie SHOR. 8; VOC. (W. W.) 603; perre '*piretum*' PR. P. 394; pirrei, pirre CATH. 281.

peregrin, adj., *O.Fr.* peregrin; *foreign*; faucon peregrin CH. C. T. *F* 428; see pelegrim.

péren, v., *O.Fr.* pareir (*paroir*); *appear*; LANGL. *B* PROL. 173; see apéren.

peering, sb., *appearing*, LANGL. *C* xxii. 92*.

perfecciōn, sb., *O.Fr.* perfection; *perfection*, AYENB. 79; perfeccioun CH. BOET. ii. 4 (42); perfecciun (? *printed* perfectiun) A. R. 372.

perfīt, adj., *O.Fr.* parfez; *perfect*; parfit AYENB. 185; perfit CH. BOET. i. 2 (8); perfight, parfight, parfit, perfit CH. C. T. *A* 72, 338, 422, 532; **parfīter** (*comp.*) LANGL. *B* xii. 25; **parfītest** (*superl.*) LANGL. *C* xiv. 99.

parfit-liche, adv., *perfectly*, LANGL. *C* xvi. 180; perfitliche *B* xvi. 220; perfitli, parfitli WICL. AMOS v. 10, LK. i. 45; **perfītlīest** (*superl.*) HAMP. PS. cv. 24.

parfītnesse, sb., *perfection*, LANGL. *B* x. 200, xvi. 184; (*perfect life*) *C* vi. 90.

perfornie, v., *O.Fr.* parfournir; *perform*, FER. 2894; performe, -fourni CH. BOET. i. 4 (18), iii. 2 (67); parfourned (*pret.*) LANGL. *B* v. 607 [performede *A* vi. 88].

peril, sb., *O.Fr.* peril; *peril*, A. R. AYENB. 16; MAN. (F.) 4840, 10285; [perle] ALEX. (Sk.) 1783.

perilous, adj., *O.F.* perilleus; *perilous*, AYENB. 22; CH. C. T. *B* 1209; perlouse D. TROY 564; peralus ALEX. (Sk.) 530.

perilos-li, adv., *dangerously*, LANGL. *C* i. 170.

perimancie, see piromancie.

perishe, v., *O.Fr.* periss-, perir; *perish*, C. M. 8789; **perissiþ** (*pres.*) CH. BOET. iii. 11 (96); **perissi** (*subj.*) MISC. 33.

perisshen, see percen.

perken, v., *perk*: þe popejaies perken (*pres.*) & pruinen fol proude ANGL. I. 95.

perle, sb., *O.Fr.* perle, *cf. M.Du., O.H.G.* perla, perala; *pearl, 'margarita, glaucoma,*' PR. P. 394; AYENB. 158; A. P. i. 1; **perlis**, peerlis (*pl.*) LANGL. *B* x. 9, *A* xi. 12.

permutaciōn, sb., *exchange*, LANGL. *A* iii. 243, *C* iv. 316.

permūte, v., *exchange*, LANGL. *B* xiii. 110; **permūten** (*pres.*) *C* iii. 185.

pernen, v., ? = proinen; *preen*: papjaiez painted **perning** (*pple.*) GAW. 611.

perpetuel, adj., *O.Fr.* perpetuel; *perpetual*, LANGL. *B* xvii. 126; perpetuall ALEX. (Sk.) 3312.

perplexitē, sb., *O.Fr.* perplexité; *danger*, BARB. xi. 619; perplexitee GOW. III. 348.

perquer, adv., *O.Fr.* per quer, per cuer; *by heart*, BARB. i. 238.

perrē, perree, sb., ? *O.Fr.* perrée; *precious stones*, LANGL. *B* x. 12; CH. C. T. *D* 344; pirre ALEX. (Sk.) 3954, 4036; ? **perreies** (*pl.*) (? *ms.* perrieris) D. TROY 1670.

perreie, sb., *O.Fr.* porrée; *stew*, C. B. 32; perre F. C. 39; porre of peson L. C. C. 44.

pers, adj., *a blue colour*: in sanguin and in pers CH. C. T. *A* 439.

persawe, see perceiven.

persecucioun, sb., *O.Fr.* persecucion; *persecution*, TREV. V. 111; persecucioune BARB. iv. 5.

perseverance, sb., *O.Fr.* perseverance; *perseverance*, AYENB. 168.

perseveren, v., *O.Fr.* perseverer; *persevere*; persevere CH. C. T. *D* 148.

persil, sb., *Fr.* persil, *cf. O.E.* petersilie; *parsley*; percil [*v. r.* percile, percelle, persoli] LANGL. *B* vi. 288 [persil *A* vii. 273]; perseli L. C. C. 18; parcelli, perceli C. B. 5, 6, 7, 81, 100.

persōne, sb., *O.Fr.* persone; *person; parson;* '*persona*,' PR. P. 395; A. R. 316; AYENB. 12; persone [persoun] CH. C. T. *A* 478; persoun P. L. S. ix. 139; persun A. R. 126; **parsōnes** (*pl.*) LANGL. *B* x. 268.

personele, adj., *personal*, ALEX. (Sk.) 5142; personale 668.

pert, adj., *? for* apert; *pert, plain, clever, bold*, LAUNF. 294; wis and pert GEN. & EX. 3292; proud and pert CH. C. T. *A* 3950; stout he was and pert B. DISC. 123; pert in plai K. T. 18; a pert man D. TROY 1462; pert (*adv.*) ALEX. (Sk.) 2917; so pert *quite publicly* 2295; perte DEP. R. iv. 88.

  pert-lī, adv., *quickly, boldly, pertly*, TRIAM. 746; D. TROY 1033; perteliche WILL. 53; LANGL. *B* v. 15; perteli to hem he rad TOR. 1504; YORK xxix. 136.

pertnes, sb., *prettiness*, D. TROY 9205.

perténen, *see* parténen.

pertriche, sb., *O.Fr.* pertris, perdris, perdriz (GACHET, GLOSS.); *partridge, 'perdix,*' PR. P. 395; partriche DEP. R. iii. 38; **pertriches** (*pl.*) PL. CR. 764.

perturben, v., *O.Fr.* perturber; *perturb*, CH. C. T. *A* 906.

pervenke, sb., *O.E.* perfince, *O.Fr.* pervenche; *periwinkle*, FRAG. 3; P. S. 218.

perverten, v., *O.Fr.* pervertir; *pervert*; **perverted** (*pple.*) CH. BOET. ii. 1 (30).

pés, *see* pais.

pesche, sb., *O.Fr.* pesche, peske, = *Ital.* pesca, persica, *cf. O.E.* persoc; *peach*; peche, peshe, peske '*pomum Persicum*' PR. P. 388, 395.

pēse, sb., *O.E.* piose, *Lat.* pisum; *pea*, '*pisa,*' PR. P. 395; ALIS. 5959; MAND. 158; PALL. x. 64; pees LANGL. *B* vi. 171; peose A. D. 243; pise FER. 5847; **pésen** (*pl.*) AYENB. 120; LANGL. *B* vi. 198; RICH. 6004.

pés-codde, sb., *peascod,* '*siliqua,*' PR. P. 395; **pésecoddes** (*pl.*) LANGL. *A* vii. 279 [pesecoddes *B* vi. 294].

pēse-lōf, peese-lōf, sb., *loaf made of peameal*, LANGL. *B* vi. 181, *C* ix. 176.

pestel, sb., *O.Fr.* pestel; *pestle*, '*pila,*' PR. P. 395; GAM. 122; WICL. EXOD. xvi. 14.

pestilence, sb., *O.Fr.* pestilence; *pestilence,* '*pestilencia*,' PR. P. 395; CH. C. T. *B* 4600; pestilence time LANGL. *C* xi. 272; **pestilences** (*pl.*) LANGL. *A* v. 13.

pet, *see* püt.

petegreu, sb., *pedigree*, APPEND. ROB. 585; pedegru, petigru, '*stemma*' PR. P. 390.

Peter, pr. n., *Peter*; LANGL. *B* v. 544; **Petres bourh** *Peterborough* SPEC. 88.

petit, adj., *Fr.* petit; *petty, small*: poverte nis but a petit þing LANGL. *B* xiv. 242; peti *C* xvii. 84; peti fet *small stalks* PALL. iii. 902; pedi feet iv. 375.

pettaile, *see* pitaile.   **peuple**, *see* people.

peþ, *see* paþ.   **peuter**, *see* peautre.

pevard, sb., *O.Fr.* poivrade; *a sauce*, C. B. 71.

pēvisch, adj., *peevish*; peivesshe [pevische] schrewe LANGL. *C* ix. 151.

philosophe, phisike, *see* filosofe, fisike.

Phippe, sb., = Philip; *name for a sparrow*, LANGL. xi. 41.

piane, *see* pione.   **pibbel**, *see* pobble.

pic, *see* pich, picke.

pīc, sb., *O.E.* pīc, *cf.* Swed. pīk *m.*, Gael. pīc, *M.Du.* pijke *f.*; *pike, spike, peak*: þe pic LA3. 30752; þene pic 30857; pik MAN. (F.) 15835; *pike* (*fish*) CH. C. T. *E* 1419; pike LANGL. *B* v. 482; pike '*cuspis, lucius*' PR. P. 396; VOC. 189; S. S. (Web.) 1253; GREG. 845; ISUM. 497; **pikes**(*pl.*) FRAG. 8; KATH. 1946; MISC. 149; ROB. 51; FER. 4647; as ful as an illes pil is of pikes P. L. S. xviii. 47.

pik-staf, sb., *O.N.* pīkstafr; *pike-staff*, LANGL. *B* vi. 105.

Picardes, [Picars], sb., pl., *Picts*, ROB. (W.) 46, 956, 1700.

[**picche-, pic-,** *stem of* picchen.]

  pic-forke, sb., *pitchfork*, LA3. 21597; pik-forke '*merga*' PR. P. 397.

pitche-longes, adv., *headlong*, PALL. vi. 42.

picchen, v., *cf. M.Du.* picken, *O.N.* pikka; *fix* (*a stake*) *in the earth; pitch* (*a tent*); *pierce or divide with a sharp point; set* (*jewels*), set with jewels; picche TREV. I. 387; WICL. NUM. ii. 3; picche a two þe rotes LANGL. *B* vi. 105; and **piccheþ** (*pres.*) first his boþe P. 45; **picchinde** (*pple.*) stake SPEC. 110; per he **pihte** (*pret.*) his stæf LA3. 29653; pi3te TREV. VII. 349; stakes of irn ... he pi3te in Temese gronde ROB. 51; and wiþ hir bek hir selven so sche pighte CH. C. T. *F* 418; pi3te ... her(e) tentes ROB. 203; pi3t (*pple.*) WILL. 1627; A. P. i. 228; a spere þat is pight into þe erþe MAND. 183; paveluns were pi3te ANT. ARTH. xxxvii; ipi3t AYENB. 199; P. L. S. ii. 94.

pich, sb., *O.E.* pic, = *O.H.G.* pech, bech, *O.N.* bik *m., from Lat.* pix *f.*; *pitch*, P. L. S. viii. 110; MISC. 149; ROB. 410; St. COD. 54; S. S. (Web.) 1280; þat pich HOM. I. 251; pick, pik, '*pix, pissa*' PR. P. 396; pic M. H. 111; pik HOM. I. 269; REL. I. 53.

pichen, v., *cover with pitch*; pike HAV. 707; **ipiched** (*pple.*) BRD. 5.

picher, sb., *O.Fr.* picher; *pitcher*, LEG. 22; E. G. 354; PERC. 454; pecher H. S. 10749; C. B. 39; *see* biker.

picke, sb., *cf. M.Du.* picke, *M.H.G.* bicke; *pickaxe*: pikke '*ligo*' CATH. 278; pik VOC. 234; his pic and his spade AYENB. 108; pike H. S. 941.

picken, v., *O.N.* pikka, = *M.Du.* picken, bicken, *M.H.G.* bicken; *pick; peck; steal; adorn*; A. R. 84*; he did hewe tres and pikke MAN. (F.) 9939; þus pore men her part ai **pickes** (*pres.*) choose A. P. i. 573; pecken [picke] out WICL. PROV. xxx. 17; **pikke** [pekke] (*imper.*) CH. C. T. *B* 4157; pilours and plodders **piked** (*pret.*) þere goodes D. TROY 12862; þe pie haþ **pecked** (*pple.*) you

picken.   pīne.   475

N. P. 43; þe portalez picked (*adorned*) of rich platez A. P. i. 1036.

pikare, sb., *petty thief, thief, 'furculus,'* PR. P. 395; **pikers** (*pl.*) LANGL. *C* vi. 17.

pike-herneis, sb., *plunderers of armour*, LANGL. *C* xxiii. 263; pikehernois *B* xx. 261.

picke-purse, sb., *pickpocket*, CH. C. T. *A* 1998; **pikeporses** (*pl.*) LANGL. vii. 370.

picois, sb., *O.Fr.* picois; *pickaxe*, WICL. I KINGS xiii. 20; pikois LANGL. *B* iii. 307; pikeis '*ligo*' PR. P. 397.

pīe, sb., *O.Fr.* pie; *magpie*, O. & N. 126; S. S. (Web.) 2217; LANGL. *B* xi. 338.

pīe², sb., *pie*, '*artocrea(s)*,' PR. P. 395; L. C. C. 51; ? **pīes** (*gen.*) hele, ?*pie crust* LANGL. *B* vii. 194; hote **pīes** (*pl.*) *A* PROL. 104; pies of Paris C. B. 75.

pigeōn, sb., *O.Fr.* pigeon; *pigeon*, CATH. 277; pijon '*columbella*' PR. P. 396; **pejōns**, pejouns, pejonis (*pl.*) C. B. 58, 67, 109.

pigge, sb., *cf. M.Du.* bigghe; *pig, young swine;* '*porcellus*,' VOC. 177; '*porcellus*' PR. P. 395; **pigges** (*pl.*) A. R. 204; MAND. 72.

pik, see **picke**. **pīk**, **pīke**, see **pīc**.

pīked, adj., *piked*, CATH. 278; '*cuspidatus*' PR. P. 397; **pikede** (*pl.*) MISC. 73; L. N. F. 506; piked(e) schon MIRC 43.

pikeis, see **picois**.

piken, v., *cf. M.Du.* picken, ? *Fr.* piquer; *pick, hoe*: to piken it and to weden it LANGL. *B* xvi. 17; pikin '*purgo*' PR. P. 397; pike Gow. II. 351, III. 162; pikeþ (*pres.*) P. S. 150; ni at þe mete þi toþ þou pike (*imper.*) MAS. 746; (þei) **piked** (*pret.*) LANGL. *B* vi. 113; **piked** (*pple.*) A. P. ii. 1466; ipiked SAINTS (Ld.) xlv. 68.

piken, see **picken**.

pīken, v., *look, peep*; pike CH. TRO. iii. 60, 2909; N. P. 57.

pikerel, sb., *little pike*, PR. P. 397; CH. C. T. *E* 1419.

pikil, sb., *cf. M.L.G., M.Du.* pekel; *pickle*, '*picula*,' PR. P. 397; M. T. 126.

pil, sb., *Lat.* pilus; *peel*: pil and piþ ANGL. II. 247.

pīl, sb., *O.E.* pīl, = *M.Du.* pijl, *O.H.G.* phīl m., *from Lat.* pīlum n.; *pile, stake*, LANGL. *B* xvi. 86; longe **pīles** (*pl.*) & grete dide þei make faste in Temese dide þei hem stake MAN. (F.) 4611; pīles (*printed* wiles) (*darts*) on ile FRAG. 8.

pilāge [pelāge], sb., *Fr.* pillage; *plunder*, ALEX. (Sk.) 3179.

pilohe, sb., *O.E.* pylce; *pilch, flannel or fur garment*, '(*tunica*) *pellicia*,' PR. P. 397; A. R. 362; PL. CR. 243; LIDG. M. P. 154; **pilches** (*pl.*) GEN. & EX. 377; MAND. 247.

pilche-clūt, sb., *cloth*, HOM. I.253; A.R.212.

pīle, sb., *O.Fr.* pile; *pile, building*, '*pila*,' PR. P. 398; LANGL. *C* xxii. 366; if i dwelle in mi pile of ston TOR. 375; pile A. P. i. 686; **pilis** (*pl.*) H. V. 64.

pilegrim, see **pelegrim**.

pilegrimāge, sb., *O.Fr.* pelerinage; *pilgrimage*, LEB. JES. 647; pelrinage BEK. 5; pilgrimage LANGL. *B* vi. 86.

pilēr, sb., *O.Fr.* piler; *pillar*, HOM. I. 281; P. L. S. xv. 206; LANGL. *B* v. 602; S. S. (Wr.) 2022; pileer MAND. 91; pelare ALEX. (Sk.) 4707; **pilars** (*pl.*) ALEX. (Sk.) 5068.

pilewhei [piriwhit], sb., *some kind of drink*; LANGL. *A* v. 134.

pilien, peolien, v., *O.Fr.* peler, *from Lat.* pilāre; *peel; rob*, A. R. 86; pillin '*decortico*' PR. P. 399; rushes to pilie LANGL. *C* x. 81; pile Gow. I. 17; þus me pileþ (*pres.*) þe pore and pikeþ ful clene P. S. 150; þat pileþ holi kirke LANGL. *B* xix. 439; **pilede** (*pret.*) WICL. 3 ESDR. i. 36; piled (*pple.*) WILL. 5123; piled [pilled] CH. C. T. *A* 3935; peled PARTEN. 2169; ipiled P. S. 337; *comp.* **bi-pilien**.

pillinge, sb., *pillage*, DEP. R. i. 13.

pilion, sb., *sort of cap*: ne puten no pilion on his pil(e)d pate PL. CR. 839; a pavis pillione hatt D. ARTH. 3460.

pilken, v., *cf. Ital.* piluccare; ? *peel, pluck*: pilken & peolien A. R. 86; wolde he ... pileken 84.

pilori, sb., *Fr.* pilori; *pillory*, P. S. 345; pillori LANGL. *A* ii. 181 [pilorie *B* ii. 203]; pulleri *C* iii. 2.

pilour, sb., *Fr.* pilleur; *robber*, LANGL. *A* iii. 188; **pilours** (*pl.*) D. TROY 12862; MAN. (F.) 6682; piloures LANGL. *B* xix. 413.

pilten, see **pülten**. **pilwe**, see **püle**.

piment, sb., *O.Fr.* piment; *a spiced drink*, A. R. 404; HAV. 1728; AR. & MER. 3133; CH. BOET. ii. 5 (50).

pinacle, sb., *Fr.* pinacle; *pinnacle*, '*pinnaculum, pinna*,' PR. P. 399; **pinacles** (*pl.*) P. P. 251; pinnacles A. P. ii. 1463.

pinade, sb., *see* **pinnote** *under* **pīne²**; *a dish made with 'pine nuts'* C. B. 34; pinnonade F. C. 31.

pincardine, sb., *some gem*: **pinkardenes** (*pl.*) A. P. ii. 1472.

pinchen [pinche], v., *O.Fr.* pincer; *pinch; find fault*; CH. C. T. *A* 326; to pinchen *H* 74; pinche S. S. (Web.) 1243; **pinched** (*pret.*) LANGL. *B* xiii. 371; hir wimpul pinched (*pple.*) was CH. C. T. *A* 151.

pinde, pinden, see **pünde, pünden**.

pīne, sb., *O.E.* pīn, = *O.L.G., O.H.G., O.N.* pīna; *torture, pain*, ['*supplicium*'] MAT. xxv. 46; P. L. S. viii. 68; LA3. 2515; KATH. 1031; A. R. 24; ORM. 2987; O. & N. 1566; GEN. & EX. 955; HAV. 540; BEK. 8; SHOR. 83; ALIS. 1944; LANGL. *B* x. 388; CH. C. T. *A* 1324; HOCCL. i. 448; IW. 489; FLOR. 2087; MIN. 29; ISUM. 73; M. H. 55; **pīnen**, pine (*pl.*) HOM. I. 43; A. R. 134; AYENB. 130;

pines ROB. (W.) 10525 ; **pīnan** (*dat. pl.*) HOM. I. 43 ; *see* **peine**.
pīn-ful, adj., *painful*, A. R. 356 ; þis pinful(l)e gin KATH. 1980.
pīne², sb., *Lat.* pīnus ; *pine*, L. H. R. 70.
pīn-appel, sb., *pine-apple*, ANGL. I. 95.
pī(n)-note, sb., *O.E.* pīnhnutu ; '*nut' of the pignon pine*, '*pinum*,' PR. P. 400.
pinnote-trē, sb., *pignon pine*, S. S. (Web.) 544.
pingen, *see* **püngen**.
pīnien, v., *O.E.* pīnian, = *O.H.G.* pīnōn, *O.N.* pīna ; *mod.Eng.* pine ; *torture, cause pain; suffer torture* ; FRAG. 8 ; pinan HOM. I. 35 ; pinen A. R. 216 ; R. R. 3511 ; pinen þær þi bodiȝ a wiþ chele & þrist & hunger ORM. 1614 ; pini AYENB. 130 ; pine HAV. 1958 ; GREG. 708 ; pīneð (*pres.*) KATH. 1824 ; SPEC. 81 ; **pīnede** (*pret.*) LANGL. *A* i. 145 ; þe levedi pinede so sore CHR. E. 565 ; pineden SAX. CHR. 263 ; C. L. 314 ; **pīned** (*pple.*) M. H. 144 ; ipined A. R. 114 ; AYENB. 263 ; *comp.* **for-pīnen**.
pīnunge, sb., *O.E.* pīnung, pīning, = *O.N.* pīning ; *torture*, A. R. 368 ; pining SAX. CHR. 263.
pīning-stōle, sb., *stool of punishment, cucking-stool* ; **pīning(e)stōles** (*pl.*) LANGL. *B* iii. 78, *C* iv. 79.
piniōn, sb., *Fr.* pignon ; *pinion*, '*pennula*,' PR. P. 400 ; C. M. 12958.
pinken, v., *make figures* : heo **pinkes** (*pres.*) wiþ heore penne on heore parchemin P. S. 156.
pinne, sb., *? O.E.* pinn, = *M.Du.* pinne *f.*, *O. N.* pinni, *Gael.* pinne *m.*, *M.H.G.* phinne *f.*; *pin, nail, needle*, VOC. 203 ; '*cavilla, spintrum*' PR. P. 399 ; ALIS. 6146 ; CH. C. T. *A* 196 ; S. S. (Wr.) 1410 ; ED. 117 ; ȝe hitte þe pinne LUD. COV. 138 ; **pinnes** (*pl.*) P. L. S. xxxv. 59 ; *comp.* **dūre-pin**.
pinner, sb., *pin-maker*, D. TROY 1591.
pinnin, v., *pin, fasten with a pin*, '*concavillo*,' *enclose*, PR. P. 400 ; pinne L. H. R. 131 ; D. ARTH. 4047 ; þai **pines** (*pres.*) me in a prisoun A. P. iii. 79 ; **pinnede** (*pret.*) LANGL. *A* v. 127 [pinned *B* v. 213].
pinok, sb., *? Welsh* pinc ; *? hedge sparrow*, VOC. 177 ; pinnuc O. & N. 1130.
pinsōn, sb., *Fr.* pinçon ; *stocking or gaiter*, '*pedipomita*,' PR. P. 400 ; '*pedulus*' VOC. (W.W.) 601.
pīnte, sb., *O.Fr.* pinte ; *pint (measure)*, '*pinta*,' PR. P. 401.
pintil, sb., *O.E.* pintel (VOC. 65) ; '*veratrum*,' VOC. (W.W.) 632 ; *comp.* **ȝēk-pintel**.
pione, sb., *O.Fr.* pione, = *Lat.* paeonia ; *peony* ; pioni, piani (*pionia, poenia*) PR. P. 395, 401 ; pioine REL. I. 37 ; **piane** [*v. r.* peinie, pianie] (*pl.*) LANGL. *A* v. 155 ; piones *B* v. 312.
pīpe, sb., *? O.E.* pīpe, = *O.N.* pīpa, *M.L.G.* pīpe, *O.H.G.* fīfa ; *pipe, fife*, O. & N. 22 ; REL. I. 111 ; ALIS. 7769 ; OCTAV. (H.) 197 ; o pipe of bras FL. & BL. 225 ; a barel or a pipe PALL. ii. 381 ; **pīpen** (*pl.*) LAȝ. 5110 ; the pipes of his longes CH. C. T. *A* 2752 ; pipes PALL. ii. 389 ; pipis DEP. R. iii. 275 ; *comp.* **bagge-, water-pipe**.
pīpin, v., = *M.L.G.* pīpen, *M.H.G.* pfīfen ; *pipe, play the pipe*, PR. P. 401 ; pipen in an ivileef CH. C. T. *A* 1838 ; pipe P. S. 216 ; TREV. III. 207 ; **pīped**, pipede (*pret.*) LANGL. *B* xviii. 406, *C* xxi. 453.
pīpare, sb., *O.N.* pīpari, = *O.H.G.* phīfāri ; *piper*, PR. P. 401.
pīping, sb., *piping*, LAȝ. 5110 ; MAN. (F.) 1775 ; much piping þer repaires GAW. 1017.
pīpin², v., *squeak*, '*pipio*,' PR. P. 401 ; ac **pīpest** (*pres.*) al so doþ a mose O. & N. 503.
? pipined, adj., *furnished with pips*, PALL. iii. 72.
pi-poudre, sb., *court of Pie Poudre* ; **pi-poudris** (*sb., pl.*) *cases in the court of Pie Powder* DEP. R. iii. 319.
pippe, sb., *cf. M.Du.* pippe ; *pip (disease of birds)*, '*pituita*,' PR. P. 401 ; SACR. 525.
pīren, v., *peer* ; **pīreþ** (*pres.*) Gow. III. 29 ; piriþ DEP. R. iii. 49.
pirie, sb., *O.E.* pirige ; *pear-tree*, CH. C. T. *E* 2342 ; **piries** (*pl.*) LANGL. *A* v. 16 ; **pirie** (*dat. pl.*) S. S. (Web.) 555.
piriwhit, *see* **pilewhei**.
pirne, sb., '*needle' of a pine-tree ; roll of a weaver's loom;* '*panus*,' PR. P. 402 ; þai fande a ferli faire tre ... withouten bark oupir bast, full of bare **pirnes** (*pl.*) ALEX. (Sk.) 4981.
piromancie, sb., *pyromancy*, ALEX. (Sk.) 4612 ; perimancie LANGL. *A* xi. 158.
pīsan, *see* **püsane**.
pisse, sb., *Fr.* pisse ; *urine*, CH. C. T. *D* 729.
pisse-mīre, sb., *ant*, MAND. 301 ; CH. C. T. *D* 1825.
pis-pot, sb., '*maniodella, madula*,' PR. P. 402.
pissen, v., *O.Fr.* pisser ; MAND. 249 ; pisse P. L. S. xiv. 66 ; **pissed**, pissede (*pret.*) LANGL. *B* v. 348, *C* vii. 399.
piste, sb., *spikenard* ; piste Indik ['*spicae Indicae*'] PALL. xi. 411.
pistle, *for* **epistle**, sb., *epistle*, A. R. 350 ; WICL. DEEDS xxiii. 33 ; LANGL. *B* xii. 30 ; pistil *A* xi. 229 ; CH. C. T. *E* 1154 ; pistill ALEX. (Sk.) 1791 ; **pistilis** (*pl.*) WICL. DEEDS xxii. 5 ; pistils ALEX. (Sk.) 3420.
pit, *see* **püt**.
pitaill, sb., *A.Fr.* pitaille, *O.Fr.* pietaille ; *infantry*, BARB. xiii. 229* ; pitall xi. 420° ; pedaille MAN. (F.) 14885.
pitaunce, sb., *O.Fr.* pitance, *mod.Eng.* pittance ; *provision, share*, A. R. 114 ; LANGL. *B* v. 270, *C* xvi. 61 ; a good pitaunce CH. C. T. *A* 224 ; pietancia PR. P. 402.
pitē, sb., *O.Fr.* pité ; *pity*, A. R. 368 ; FL. & BL. 529 ; ROB. 143 ; MAN. (F.) 5210 ; CH.

pitĕ.

PITY 1, 5, 44; M. H. 7; piete SPEC. 89; petie D. TROY 8686.

pithe, sb., *O.E.* pičа, = *M.Du.* pitte; *pith*, '*medulla*,' PR. P. 402; piþ ANGL. II. 247; CH. C. T. *D* 475; pith PERC. 1640; (*strength, power*) GAW. 1456; BARB. iii. 599.

pitous, adj., *O.Fr.* pitous; *piteous*, AYENB. 150; ROB. 491; WILL. 643; CH. C. T. *A* 143.

pitous-lich, adj., *pitiable, piteous*, LANGL. *C* xxi. 59; pitouslich, pitousli (*adv.*) LANGL. *C* v. 94, ii. 77; pitevousli, piteouseliche, pituoslich ROB. (W.) 5884*; pitosliche 5607; pitousli WILL. 1168.

pittit, adj., *from* püt; *full of pits*; pittit [pottit] BARB. xi. 388.

pláce, sb., *O.Fr.* place; *place, house*, A. R. 258; BEK. 117; GREG. 910; ALEX. (Sk.) 952; **pláces** (*pl.*) LANGL. *C* xiii. 246.

pláge, sb., *Lat.* plăga; *region*, WICL. GEN. iv. 16; '*clima*' CATH. 282; **pláges** (*pl.*) CH. C. T. *B* 543; the 4 principals plages or quarters of the firmament CH. ASTR. i. 5 (5); 4 plages principalx ii. 31 (41).

pláge², sb., *Lat.* plāga; *plague*; [*v. r.* wounde] CH. C. T. *I* 593; LUD. COV. 125; plages PALL. iii. 396; **pláges** (*pl.*) WICL. GEN. xii. 17.

plaȝe, ? plāȝe, sb., = *M.H.G.* phlāge; *play, sport; fight*; GEN. & EX. 537; plawe P. S. 153; TRIST. 3101; þi moder luþer plawe ROB. 291; LEG. 26; þat trewe wes in uch plawe HORN (R.) 1094; at þare plawe L. N. F. 217; ploȝe LAȜ. 20843; A. R. 184*; plaȝen (*pl.*) LAȜ. 29219; plahen [plohen] KATH. 106; plawes SPEC. 45; M. H. 115.

plōw-efēre, sb., *play-fellow*, SPEC. 49; **plaȝe-ivēren** [*sec. text* pleiveres] (*pl.*) LAȜ. 15631.

plaȝen, v., *O.N.* plaga; *play*; plaigen GEN. & EX. 2016; seþe and plai(e) GREG. 1031; plawe ... at te bars 381; plawin '*bullio*' PR. P. 403; plawe HAV. 950; FLOR. 258; SACR. 664; **plaiand** (*pple.*) L. C. C. 37; plaȝede mid worden LAȜ. 17335.

plaice, sb., *Fr.* plaise; *plaice (fish)*, '*pecten*,' PR. P. 402; pleise REL. I. 81; plais C. B. 103; **plaices** (*pl.*) HAV. 896.

plaid, plait, sb., *O.Fr.* plaid, plait; *plea, debate*, O. & N. 5; plait AYENB. 39; plai E. G. 350; plei, plae '*placitum*' CATH. 283; ple WICL. HEB. vi. 16.

plaiden, v., *O.Fr.* plaidier; *plead*; plaidi O. & N. 184; P. L. S. xix. 77; plaiti AYENB. 99; plede C. L. 1024; LANGL. *B* vii. 42; plete CH. TRO. ii. 1468; DEP. R. iii. 382; **plédite** (*pret.*) LANGL. *C* xxii. 295*; plededen *B* PROL. 210; pledit DEP. R. iii. 319.

plaitere, sb., *Fr.* plaideur; *pleader*, AYENB. 98; **plaidūrs** (*pl.*) MISC. 76; pletours *fighting-men*, ALEX. (Sk.) 1731.

planten.

plaiding, sb., *pleading*, O. & N. 12; pleding LANGL. *C* iv. 452.

plain, adj. & adv., *O.Fr.* plain; *flat, even, clear* : no covert miȝt þei kacche, þe cuntre was so plaine WILL. 2217; hir sones plein entente CH. C. T. *B* 324; ful plat and ful plein *B* 3947; speketh so plein that we mai understonde *E* 19; to tellen short and plein *G* 360; plein MAN. (F.) 1772.

plein-lī, adv., *plainly, frankly*; CH. C. T. *A* 1733; planli BARB. ix. 512, x. 520, xix. 54.

plaine, sb., *O.Fr.* plaigne; *plain*, WILL. 3770; a lusti plaine CH. C. T. *E* 59; pleine PR. P. 404.

plainen, v., *Fr.* plaindre; *complain*; plaine ROB. 22; plaini AYENB. 132; pleine LANGL. *B* iii. 167 [plaine *A* iii. 161]; **pleine** (*subj.*) LANGL. *C* ix. 166; **plénand** (*pple.*) HAMP. PS. xii. 1*; **pleined** (*pret.*) WILL. 1845; pleinede LANGL. *C* i. 81; plainede ROB. (W.) 765; plained YORK xlviii. 296.

plaininge, sb., *complaint*, ROB. (W.) 9711.

plainte, sb., *O.Fr.* plainte, pleinte; *complaint*, LEG. 57; E. G. 349; plainte, pleinte ROB. 252, 328; pleinte HAV. 134; MAN. (F.) 3224; **pleintis** (*pl.*) DEP. R. iii. 306.

plaintif, sb., *O.Fr.* plaintif; *plaintiff*, E. G. 360.

plait, sb., *O.Fr.* pleit, ploit; *plait*, '*plica*,' PR. P. 402.

plait, *see* plaid.   **plaiten**, *see* plaiden.

plaitin, v., *plait*, '*plico*,' PR. P. 402; **plétede** (*pret.*) LANGL. *A* v. 126 [plaited *B* v. 212].

pláne, sb., *Fr.* plane; *plane*, PR. P. 402.

pláne², sb., *Fr.* plane; *plane (tree)*, '*platanus*,' PR. P. 402; WICL. GEN. xxx. 37; plone ANGL. l. 95.

planēte, sb., *O.Fr.* planēte; *planet*, TREAT. 132 (SAINTS (Ld.) xlvi. 418).

plánin, v., *O.Fr.* planer; *plane, make smooth*, '(*com*)*plano*,' PR. P. 403; **ipláned** (*pple.*) C. L. 696.

planir, *see* plenēr.

planke, sb., *Fr.* planche, planke; *plank*, WILL. 2778; H. S. 5261; ALEX. (Sk.) 3740.

plantain, plantein, sb., *O.Fr.* plantain; *plantain*, CH. C. T. *G* 581; plantein '*plantago*' PR. P. 403.

plante, sb., *O.E.* plant, = *O.Fr.* plante; *plant, tree*, CH. C. T. *D* 763; plante LANGL. *B* v. 591 [plonte *A* vi. 72]; plontte A. P. i. 104; **plants** (*pl.*) ALEX. (Sk.) 4995.

planten, v., *O.E.* plantian, = *O.N.* planta, *O.H.G.* phlanzōn, *cf. O.Fr.* planter; *plant*, MAND. 50; **plonteþ** (*pres.*) AYENB. 123; **plantede** (*pret.*) SAX. CHR. 263; plant [planted] ALEX. (Sk.) 1654, 3146, 5656.

plasche, v.,=*M.Du.* plasch; *plash, pool,* '*lacuna,*' PR. P. 403; D. ARTH. 2798; *see* **flasche.**

plaster, sb., *O.E.* plaster, = *O.N.* plaster, *O.H.G.* plaster, phlaster, *O.Fr.* plastre; *plaster,* WICL. IS. xxxviii. 21; plastre SPEC. 89; LANGL. *B* xx. 308; **plastres** (*pl.*) AYENB. 148; *see* **emplastre.**

plasterin, v., *O.Fr.* plastrer; *plaster,* '*cataplasmo, gipso,*' PR. P. 402; plastre LANGL. *C* xxiii. 310; **plastreþ** (*pres.*) xxiii. 314; **plastred** (*pple.*) *B* xvii. 95.

plat, adj., *O.Fr.* plat; *flat,* A. P. ii. 1379; legge hire plat to grunde JUL.² 41; i wol þe telle al plat CH. C. T. *C* 648; i slood doun plat to þe erþe WICL. DAN. viii. 18; plate feet ALIS. 2001; *see* **flat.**

plat-ful, adj., *brimful,* A. P. ii. 83.

plat-li, adv., *flatly,* '*plane,*' PR. P. 403.

pláte, sb., *O.Fr.* plate; *plate, piece,* '*lamina, vel lama,*' PR. P. 403; a fine hauberk ... ful strong ... of plate CH. C. T. *B* 2055; all pargestis of plate pure as þe noble ALEX. (Sk.) 3673; **plates** (*pl.*) GEN. & EX. 2370; a paire plates large CH. C. T. *A* 2121; þritti **pláten** (*pl.*) of selver REL. I. 144; in Peeres plates *armour* LANGL. *C* xxi. 24; plates A. P. i. 1036; platis [platis] *armour plates* ALEX. (Sk.) 2214, 2450.

pláte-rōfes, sb. pl., *roofs made of plates of gold,* ALEX. (Sk.) 5260.

pláte-werkis, sb. pl., *works of plate,* ALEX. (Sk.) 3223.

plater, sb., *platter, dish,* '*paropsis,*' VOC. 178; PR. P. 403; L. H. R. 137; A. P. ii. 638; platere C. B. 17, 27, 114; **platers** (*pl.*) D. ARTH. 182.

platten, v., *O.E.* plættan,=*M.Du.* platten, pletten, *Swed.* plätta, *M.H.G.* platzen, blatzen; *strike, break; throw down flat;* **platte** (*pres.*) LANGL. *C* xix. 34*; **plattinde** (*pple.*) HAV. 2282; **platte** (*pret.*) LANGL. *A* v. 45 (*B* v. 63, *C* vii. 3); þat on hem plat(te) AR. & MER. 9747; to armes al so swiþe plette HAV. 2613; his heved of he plette 2626.

plawe, *see* **plaȝe.**

pléchen, v., *O.Fr.* plecier, plessier (*plier, entrelacer*); *pleach;* **plécheth** (*pres.*) PALL. iii. 330.

plecke, sb., *O.E.* plæcca,=*M.L.G., M.Du.* plecke; *piece of ground,* '*porciuncula,*' PR. P. 405; plek HALLIW. 631; A. P. ii. 1379.

plecken, v.,=*M.Du.* plecken; *mark with spots;* **plekked(e)** (*pple.*) stones '*guttatos lapides*' TREV. I. 429.

pléden, *see* **plaiden.**

pleȝe, plege, sb., *O.E.* plega *m.* (*game, fight*), ? = *O.Fris.* plega, *M.H.G.* pflege *f.* (*custom, care*); *play, sport, battle,* HOM. II. 55, 211; (*ms.* pleie) HOM. I. 193; monine seorh-fulne pleiȝe LAȝ. 2282; plæȝe 15554; pleowe 8187; (*ms.* pleie) A. R. 344; pleouwe 318; (*ms.* playe) ISUM. 188; M. H. 85; childes plaie GREG. 612; **pleȝes** (*pl.*) AYENB. 207; pleies P. L. S. xvi. 68; *comp.* **bal-pleowe.**

plei-(i)fēre, sb., *play-fellow,* P. L. S. xvii. 64; OCTOV. (W.) 1232; PR. P. 404.

plei-ful, adj., *playful,* HOM. I. 205.

plege, plegge, sb., *O.Fr.* plege; *pledge,* '*obses,*' CATH. 283; plegge '*vas*' PR. P. 404; TREV. III. 129; E. G. 382; ALEX. (Sk.) 1783.

plegen, v., *from* **plege;** *pledge:* of all i plege (*pres.*) and pleine me YORK xviii. 170.

pleȝen, v., *O.E.* plegian (*play*), = ? *O.Fris.* plegia, *M.Du.* plegen, *M.H.G.* phlegen (*use*); *play;* pleien LAȝ. 8131; A. R. 94; H. M. 41; (*ms.* pleyen) P. L. S. xiii. 150; MAND. 50; pleien ant rage A. D. 237; pleien, pleie O. & N. 213, 486; (*ms.* pleie) WILL. 678; (*ms.* pleye) HAV. 951; GREG. 738; pleien, pleie, plaien CH. C. T. *A* 236, 758; pleie wiþ a plow(e) LANGL. *B* iii. 307; plaje M. H. 80; ȝe þet pleieð (? *have intercourse*) mit te worlde A. R. 76; we pleien H. H. 68; **pleiende** (*pple.*) KATH. 1691; pleiinge LANGL. *C* xix. 274; **pleiede** (*pret.*) A. R. 318; pleoȝede, pleuwede LAȝ. 6978, 29219; pleide FL. & BL. 31; pl(e)oȝeden HOM. I. 7; pleoweden [pleoiden] LAȝ. 8145.

pleiere, sb., *player,* TREV. IV. 297; pleiare '*lusor, ludibundus*' PR. P. 404.

plein, adj., *O.Fr.* pleins; *full,* WILL. 3158; MAN. (F.) 10615; LANGL. *A* viii. 87.

pleine, *see* **plaine.**

plenēr, adj. & adv., *O.Fr.* plenier; *full; in full:* þe feire is þere iliche plenere FL. & BL. 216 (H.) 618; P. L. S. xvii. 435; plenere time LANGL. *B* xvi. 103; whan þe peple was plenere comen *B* xi. 108; planir ALEX. (Sk.) 4138.

plenēr-li, adv., *fully,* H. S. 5811.

plentē, sb., *O.Fr.* plenté; *plenty,* A. R. 194; HAV. 1729; AYENB. 161; LANGL. *B* xi. 323; C. M. 4038; CH. C. T. *B* 443; plenteð GEN. & EX. 3709.

plenteūs, adv., *O.Fr.* plentieus; *plenteous, abundant,* ROB. 23; plentevous LANGL. *B* x. 80; plentivous ROB. (W.) 531; MAN. (F.) 1390, 6438; plaintiose D. TROY 3153.

plenteous-liche, adv., *plenteously,* WILL. 180; **plenteousliēr** (*comp.*) WICL. HEB. vi. 19.

plentive, adj., *O. Fr.* pleinteive, plentif; *fertile,* MAN. (F.) 6444.

plentuustē, sb., *plentifulness,* HAMP. PS. xxxv. 9.

plesaunce, sb., *O.Fr.* plaisance; *pleasure,* LANGL. *C* ix. 14; GAW. 1247; plesauns D. TROY 2311.

plesaunte, adj., *O.Fr.* plaisant ; *pleasing,* LANGL. *B* xiv. 101 ; plesaunt GAW. 808.

plésen, v., *O.Fr.* plaisir ; *please* ; plese WILL. 5435 ; LANGL. *B* xiv. 220 ; **pléses** (*pres.*) LANGL. *B* xv. 152* ; plesen *A* x. 209 ; **plésed** (*pret.*) *C* iv. 492 ; pleseden *A* iii. 98 ; **plésed** (*pple.*) ALEX. (Sk.) 593.

plésing, sb., *pleasure*, LANGL. *A* iii. 237.
pléte *see* **plaiden**. **pletten,** *see* **platten**.
pleume, *see* **plūme**.
plevine, sb., *O.Fr.* plevine (*garantie*) ; *pledge, contract*, IW. 1253.
plicchen, v., ? = **plucken** ; *pluck* : & **pliȝte** (*pret.*) him of (h)is sadel FER. 3029 ; he pliȝte [plighte] his hors aboute CH. C. T. *B* 15 ; and pliȝten him in AMS. 5831 ; **pliȝt** (*pple.*) MED. 626 ; þre leves have i pliȝt out of his boke CH. C. T. *D* 790.
plien, v., *Fr.* plier ; *bend* ; plie CH. C. T. *E* 1169 ; **plie** (*imper.*) PALL. xii. 61 ; **pliande** (*pple.*) grevez A. P. iii. 439 ; **plíed** (*pple.*) ovir with pure gold ALEX. (Sk.) 5260.
pliht, sb., *O.E.* pliht, = *O.Fris.*, *M.Du.* plicht, *M.H.G.* phliht ; *from O.E.* plīon (*pret.* plēah) (*risk*), *M.H.G.* phlegen (*pret.* phlac) ; *plight; danger* : þre dæȝes hit rinde blod . . . þat wæs swuþe mochel pliht LAȝ. 3897 ; ærst heo pleoweden and seoððe pliht makeden 8146 ; he bad him maken siker pligt (*engagement*) GEN. & EX. 1269 ; no pliȝt (*fight*) seche GAW. 266 ; i telle it ou a pliht (*on my faith*) P. S. 218 ; a pliht [pliȝt] C. L. 304 ; Joseph was wel bliþe a pliȝt SHOR. 120 ; i sigge a plight AR. & MER. 3909 ; pliȝt, plight (*guilt*) C. M. 8396 ; Crist deied for mannes pliht M. H. 99 ; have i no more plith HAV. 2002 ; pliȝt (*condition*) A. P. i. 1074 ; tiðende . . . of swiðe muchele plihte LAȝ. 13309 ; beon icnowen of his pliht 18567 ; Moises fastede . . . to pligt (? *duly*) XL daiges and XL nigt GEN. & EX. 3611 ; a spangel good of plight S. S. (Wr.) 1448 ; in mi plit CH. C. T. *E* 2335.

pliht-ful, adj., *risky, dangerous*, M. H. 117.
pliht-līc, adj., *perilous* ; **plihtlīche** (*pl.*) spelles LAȝ. 23528.
plihten, v., *O.E.* plihtan, = *M.H.G.* phlihten ; *plight, engage, pledge*, LAȝ. 13071 ; **pliȝte** HORN (L.) 305 ; FER. 1281 ; **plightin, plitin** PR. P. 405 ; **plihte** (*pres.*) MISC. 83 ; **pliȝte** SHOR. 145 ; i plihte [pliȝte] þe mi troupe LANGL. *A* vi. 35 ; **plihten** [plicten] (*pret.*) LAȝ. 5543, 6571 ; plihten, pliȝten LANGL. *A* PROL. 46 ; **pligt** (*pple.*) GEN. & EX. 1275 ; pliȝt SPEC. 30 ; GREG. 32 ; ipliȝt ROB. 184 ; ipluht A. R. 208.

plihti, adj., = *M.Du.* plichtig, *M.L.G.* plichtich, *M.H.G.* phlihtic ; *in danger, guilty* : he sal be plighti [*v. r.* gilti] for þis an C. M. 26842.
plít, *see* **pliht**.

plod, sb., ? *puddle* : in a foul **plodde** [pludde] (*dat.*) in þe stret ROB. 536.
plōȝe, *see* **plaȝe**.
plōh, sb., *O.E.* plōh, *O.N.* plōgr, = *M.Du.* ploeg, *O.H.G.* phluog ; *plough*, A. R. 384* ; ORM. 15902 ; plouh REL. I. 173 ; plouh AL. (L.³) 11 (T. plouȝ) ; plow LANGL. *B* vii. 119 [plouh *A* viii. 104] ; plogh [plough, plou] CH. C. T. *B* 1478 ; plou (*ms.* plow) HAV. 1017 ; MAND. 250 ; S. & C. I. xi.

plōu-bat, sb., *plough paddle*, LANGL. *A* vii. 96*, *C* xi. 64*.
plōu-beem, sb., *plough-beam*, VOC. 169 ; PR. P. 405.
plōuh-fōt, sb., *plough foot*, LANGL. *C* ix. 64 ; plou fote *B* vi. 105.
plōu-lōde, sb., 'carucata,' VOC. 270.
plōu-lond, sb., pl., *ploughlands*, ROB. (W.) 7676.
plōuȝ-mon, sb., *ploughman*, LANGL. *B* vii. 3 [plouman *A* vi. 3].
plōuh-pote, sb., ? = plouh-fōte ; LANGL. *A* vii. 96 ; plowpote *B* vi. 105*.
plōuh-schare, sb., = *M.H.G.* phluocschar ; *ploughshare*, TREV. II. 353.
plōu-staf, sb., *plough staff*, ROB. (W.) 2198.
plōu-stert, = *M.L.G.* plōchstert, *Swed.* plōgstiert ; *plough-tail,* 'stiva,' PR. P. 405.
plomaile, *see* **plumaile**.
plom, plomere, *see* **plumb, plumber**.
plomet, sb., *O.Fr.* plommet ; *plummet*, CH. ASTR. ii. 23 (33).
plont, *see* **plante**.
plot, sb., *O.E.* plot, ? = Goth. plats (ἐπίβλημα) ; *plot* (*of ground*), 'porciuncula,' PR. P. 405 ; LUD. COV. 47 ; mani foule **plottes** (*pl.*) LANGL. *B* xiii. 318 ; *see* **blot**.
plōu, plōuh, *see* **plōh**.
plover, sb., *O.Fr.* plovier ; *plover*, VOC. 221 ; 'pluviarius' PR. P. 405 ; **plovers** (*pl.*) PL. CR. 764 ; D. ARTH. 182.
pluck, sb., *stroke* ; **pluckis** (*pl.*) TOR. (A.) 1611.
plukkin, v., *O.E.* pluccian, = *M.Du.* plucken, *M.H.G.* phlücken ; *pluck*, 'vellico, excatheriso,' PR. P. 405 ; plucke LUD. COV. 146 ; plockien MAT. xii. 1 ; **plocke** (*imper.*) LANGL. *C* viii. 229 ; **plukked** (*pret.*) LANGL. *B* xi. 109 ; (þai) plucked DEP. R. ii. 32 ; **plukked** (*pple.*) LANGL. *B* xii. 249.
plumāge, sb., *Fr.* plumāge ; *plumage*, CH. C. T. *F* 426.
plumaile, sb., ? *O Fr.* plumail ; *plumage* ; plomaile DEP. R. ii. 32.
plumb, sb., *Fr.* plomb ; *plumb*, PR. P. 405.
plom-reule, sb., *plumb-rule*, CH. ASTR. ii. 38 (46).
plumber [plomere], sb., *Fr.* plombier ; *plumber*, PR. P. 406.

plūme, sb., *O.E.* plūme,=*L.G.* plūme, prūme, *O.N.* plōma, *from Lat.* prūnum; *plum*; ploume '*prunum*' PR. P. 405; **plōmes** (*pl.*) LANGL. *C* xiii. 221.

plŭm-trē, sb., *O.E.* plŭmtrēow; *plum-tree*, VOC. 192; PR. P. 406; **plŏmtrēs** (*pl.*) LANGL. *A* v. 16.

plūme, sb., *O.Fr.* plume; *plumes, feathers*, DEP. R. iii. 49.

plūmen, v., *pick feathers off the neck*; pleume DEP. R. ii. 163.

plump, adj., *plump*; plumpe (*dat.*) D. ARTH. 2199.

plumpen, v.,=*M.Du.* plompen; *plump; drop, throw*; plump (*imper.*) L. C. C. 51; plom hem in a boiling potte C. B. 76; hi plum(p)ten (*pret.*) doune as a doppe ALIS. 5776.

plunge, sb., *pool*, ALEX. (Sk.) 5546.

plungen, v., *O.Fr.* plungier, plongier; *plunge*; ploungen CH. BOET. iii. 2 (65).

pluralitē, sb., *plurality*, LANGL. *C* iv. 33; **pluralities** (*pl.*) *A* xi. 197.

plurel, adj., *O.Fr.* plurel; *plural*, LANGL. *B* x. 237.

pluttide, pluccid, adj., *? plump,* D. TROY 3078, 3837.

pō, *see* **pā.**

pobel, sb., *? O.E.* pabol, papol-, popol(-stān); *pebble*; (ms. pobble) A. P. i. 117; **publes** (*pl.*) S. A. L. 158.

pibbil-stōn, sb., *pebble,* WICL. PROV. xx. 17; publeston TREV. I. 353.

pocalips, sb., *for* **apocalips;** *Apocalypse*, LANGL. *B* xiii. 90, *C* xvi. 99.

pocke, sb., *O.E.* pocc,=*M.Du.* pocke; (*small*)-*pox, pustula*; pokke '*porrigo*' PR. P. 407; **pookes** (*pl.*) '*viroles*' VOC. 161; pokkes LANGL. *B* xx. 97; pokkis FLOR. 2024.

pōcok, *see* **pācok** *under* **pā.**

podde, *see* **padde.**

podel, sb., *puddle*, '*lacuna*,' PR. P. 406; MAN. (H.) 54; N. P. 53.

poding, sb., *O.Fr.* boudin; *pudding;* pudding LANGL. *B* xiii. 106; pudding of purpaisse C. B. 42; **podinges** (*pl.*) P. L. S. xxxv. 59.

poding-ale, sb., *thick ale*, LANGL. *C* vii. 226; pudding ale *B* v. 220*.

poeple, *see* **people.** **poēr,** *see* **pouēr.**

poete, sb., *O.Fr.* poete; *poet*, LANGL. *B* xii. 260; poite D. TROY 306; **poetes** (*pl.*) *C* xxi. 453.

poetrie, sb., *O.Fr.* poeterie; *poetry*, PR. P. 406.

poffen, *see* **puffen.**

pohe, sb., *O.E.* pohha; *? =* póke; pouhe LANGL. *A* viii. 178.

poinant, *see* **poniant.**

poinen, v., *O.Fr.* poindre; *prick, goad*;

poined (*pret.*) MAN. (F.) 16218; **? poined** (*pple.*) *? ornamented, trimmed* A. P. i. 217.

poinȝe, *see* **punȝe.**

point, sb., *O.Fr.* point; *point*, A. R. 178; ROB. 395; AYENB. 33; in god point (*condition*) CH. C. T. *A* 200; TREAT. 140; point A. P. i 891; at point devis *exactly* CH. C. T. *F* 560; puint LANGL. *C* xi. 94*.

pointel, sb., *O.Fr.* pointel; *style for writing on tablets,* '*stilus*,' PR. P. 406; A. P. ii. 1533; CH. C. T. *D* 1742; pointel(e) [pontel] C. M. 11087.

pointin, v., *Fr.* pointer; *point,* '*puncto*,' PR. P. 407; **pointest** (*pres.*) LANGL. *C* ix. 298; **pointe** (*imper.*) with venegre C. B. 29; princes **pointid** (*pret.*) it [*a diving box*] with pik ALEX. (Sk.) 5546.

poisie, sb., *O.Fr.* poesie; *poetry*, LANGL. *B* xviii. 406.

poisonen, v., *poison*; poisoun LANGL. *B* vi. 300; **poisoned** (*pple.*) A. P. ii. 1095.

poiseninge, sb., '*intoxicacio*,' PR. P. 407.

poisoun, sb., *O.Fr.* poison; *poison*, P. L. S. xiii. 99; puisun KATH. 2344; H. M. 33.

pōke, sb., *O.E.* poca,=*M.Du.* poke, *O.N.* poki, *O.Fr.* poche; *bag*, '*sacculus*,' PR. P. 407; HAV. 555; LANGL. *B* vii. 191; CH. C. T. *A* 4278; *see* **pouche.**

pōke-ful, sb., *bagful*, LANGL. *B* vii. 191.

pōken, pucken, v.,=*M.L.G., M.Du.* poken; *poke, thrust, throw;* **pōke** (*pres.*) REL. II. 211; pukketh [v. r. pukkes, pucketh, pouketh, poketh] LANGL. *B* v. 620; **pōkede** [poukede] (*pret.*) CH. C. T. *A* 4169; pokid RICH. 3459; pukked [poukede, poked] LANGL. *B* v. 643.

poket, sb., *Fr.* pochette, poquette; *pocket*, '*sacculus*,' PR. P. 407; **pokets** (*pl.*) CH. C. T. *G* 808.

pōkoc, *see* **pācok** *under* **pā.**

pol, sb., *cf. M.L.G.* poll, *M.Du.* pol, bol; *poll*, '*caput*,' PR. P. 407; MARG. 177; LANGL. *B* xi. 57; MAN. (H.) 279; **polle** (*dat.*) P. S. 237; ANT. ARTH. ix; pulden prestes bi þe polle A. P. ii. 1265.

pol-ax, sb., *cf. M.L.G., M.Du.* polexe; *pole-axe,* '*bipennis*,' PR. P. 407; polax, pollax CH. C. T. *A* 2544; pollax RICH. 6870; pollex VOC. 263; *see* **boleax.**

pol-bere, sb., *kind of barley,* '*trimensis*,' PR. P. 407.

pol-cat, sb., *pole-cat*, CH. C. T. *C* 855; pul-kat '*pecoides*' VOC. (W. W.) 601; PR. P. 407.

pol-hēved, ? adj.; polehēvedes (*sb., pl.*) (*tadpoles*) and froskes GEN. & EX. 2977.

pol-wigle, sb., *? for* ***polwigge;** *tadpole,* PR. P. 408.

pōl, sb., *O.E.* pōl,=*M.L.G.* pōl, *M.Du.* poel, *M.H.G.* pfuol; *pool, stream*, REL. II. 81; PERC. 682; pool '*stagnum*' PR. P. 407;

MISC. 149; pōle (*dat.*) LAȝ. 21748; FLOR. 1738; pōles (*pl.*) HAV. 2101; pulles PALL. i. 1032; *comp.* water-pōl; *deriv.* pullen².
polaile, sb., *O.Fr.* poulaille, polaille; *poultry,* PR. P. 407; polile A. P. ii. 57; pulaile BARB. xi. 120*.
póle, v., *? put a guard on (a horse's) head* (SKEAT): let peitrel him and pole him LANGL. *C* v. 23.
pōle, *see* pāl, pōl.
polein, sb., *O.Fr.* polein; *kneecap; pulley; 'troc(h)lea,'* PR. P. 407; poleins (*pl.*) MAN. (F.) 10027; polaines GAW. 576.
polete, *see* pulete.
policie, sb., *O.Fr.* policie; *policy,* CH. C. T. *C* 600.
polischen, v., *O.Fr.* poliss-; *polish;* polische WICL. 1 PARAL. xxii. 2; polische LANGL. *A* v. 257 [polsche *B* v. 482]; police A. P. ii. 1131; **policed,** polised (*pple.*) A. P. ii. 1068, 1134; pullishet D. TROY 4589.
polīve, sb., *? O.Fr.* poulie; *pulley* [r.w. drive] CH. C. T. *F* 184.
polk, sb., *small pool,* PR. P. 408; HAV. 2685; TRIST. 2865; MAN. (H.) 277.
poll, *see* pallen, pullen.
pollen, v., *poll, shave the head;* **pollid** (*pple.*) '*capitonsus*' PR. P. 407; ALIS. 216; WICL. JOB i. 20.
polment, *see* pulment.
pomade, sb., *O.Fr.* pommade (*ointment made from apples;* cider), *mod.Eng.* pomade; *cider*: no piement ne pomade ne presiouse drinkes LANGL. *C* xxi. 412.
pomel, sb., *O.Fr.* pomel; *pommel,* WICL. JUDG. iii. 22; MAN. (F.) 10037; **pomels** (*pl.*) PL. CR. 562.
pomelí, adj., *Fr.* pommelé; *spotted like an apple,* CH. C. T. *A* 616; his hakenei that was al pomeli gris *G* 559; pomli PALL. iv. 809.
pomgarnade, sb., *Lat.* pōmum grānātum; *pomegranate,* LANGL. *A* v. 155*; A. P. ii. 1466.
pomice, sb., *cf. Ital.* pomice, *Fr.* ponce; *pumice;* pomeis, pomice '*pomex*' PR. P. 408.
pompe, sb., *Fr.* pompe; *pomp,* SHOR. 110; LANGL. *B* iii. 66; CH. C. T. *A* 525.
pompous, adj., *O.Fr.* pompeus; *pompous,* CH. C. T. *B* 3661.
pond, *see* púnd.
ponde, sb., *cf.* pünde; *pond,* '*stagnum, vivarium,*' PR. P. 408; P. R. L. P. 26; ponde ['*lacum*'] TREV. I. 69; mi net his (*r.* is) nei honde in a wel fair ponde HORN (H.) 1173; *comp.* **fish-ponde.**
ponderūs, adj., *Lat.* ponderōsus; *heavy,* GEST. R. 66.
poniant, adj., *Fr.* poignant; *poignant,* '*acutus, acer,*' PR. P. 408; poinant, poinaunt C. B. 6, 33.
poniet, sb., *Fr.* poignet; *wrist-cuff,* '*premanica,*' PR. P. 408.

ponne, *see* panne. **pōpe,** *see* pāpe.
popejai, *see* papejai.
popelere, sb., *a sort of duck,* PR. P. 408.
pōpen, v., *blow a wind-instrument;* **pōped** [pouped] (*pret.*) CH. C. T. *B* 4589.
poperen, v., *trot*: (Religioun) poperiþ (*pres.*) on a palfrey LANGL. *A* xi. 210.
popet, sb., *puppet,* ALIS. 335; CH. C. T. *B* 1891.
popi, sb., *O.E.* popig; *poppy,* '*papaver,*' PR. P. 409; GOW. II. 102.
poplande, pple., *rushing*: þe pure poplande hourle plaies on mi heved A. P. iii. 319; þe pure populand hurle [perle] passis it umbi ALEX. (Sk.) 1154.
popler, v., *Fr.* poplier; *poplar,* '*populus,*' PR. P. 408; PALL. iii. 194.
poppere, sb., *dagger,* CH. C. T. *A* 3931.
[**popul,** sb., *Fr.* peuple, *Lat.* pōpulus; *poplar.*] **popul-trē,** sb., '*populus,*' PR. P. 408.
popul², sb., *a weed,* '*lolium,*' VOC. 201; popil '*gith, nigella*' CATH. 286.
  popil-mele, sb., *meal made of the seeds of this plant,* REL. I. 53.
porail, *see* pouraille.
porc, sb., *O.Fr.* porc; *pork, swine,* S. A. L. 156; pork RICH. 3049; porke D. TROY 3837; **porkes** (*pl.*) D. ARTH. 3121.
porche, v., *Fr.* porche; *porch,* ROB. 271; AYENB. 135; LANGL. *B* xvi. 225.
porciōn, sb., *O.Fr.* porcion; *portion,* CHR. E. 352; MAN. (F.) 14845; porcioun CH. C. T. *B* 1246; C. B. 18.
pōre, sb., *Fr.* pore; *pore (of the skin),* '*porus,*' PR. P. 409.
pōre, *see* povre.
pōren, v., *cf. M.Du.* poren; *pore, look;* pure HORN (L.) 1092; pore [poure] and prie CH. C. T. *D* 1738; pouri AYENB. 177; **pōred** (*pret.*) ALIS. (Sk.) 1080.
pōren, v., *pour;* porin PR. P. 409; pore C. B. 16; pouren (*pres.*) CH. C. T. *G* 670; **pourede** (*pret.*) LANGL. *A* v. 134; the water on his hede she poured out GOW. I. 302.
poret, *see* porrette. **porfil,** *see* purfil.
pork, *see* porc.
porknell, sb., *little pig;* Polidarius the porknell D. TROY 6368.
porpeis, sb., *O.Fr.* por(c)peis; *porpoise;* purpeis '*foca, vitula marina, suillus*' PR. P. 417; C. B. 105; porpeis in broth F. C. 53.
porren, v., *thrust;* porris (*pres. pl.*) ALEX. (Sk.) 5560.
porrette, sb., *cf. Ital.* porretta; *sort of leek;* poret LANGL. *B* vi. 300; PR. P. 409; **porettes** (*pl.*) LANGL. *B* vi. 288.
  porett-plontes, sb., pl., *leeks,* LANGL. *C* ix. 310.
porse, *see* purse.

port, sb., *O.E., O.Fr.* port, *Lat.* portus ; *port, harbour,* FRAG. 4 ; AYENB. 86 ; **Portes** moupe *Portsmouth* ROB. (W.) 5223 ; **porz** (*pl.*) LA3. 24415 ; pors ROB. (W.) 1169.
Port-chæstre [Portchestre], pr. n., *Porchester,* LA3. 11239.
port-dogge, port-hound, sbs., *town dog,* SAINTS (Ld.) xlv. 267, 274.
port-rēve, sb., *port-reeve,* ROB. 540 ; GREG. 501 ; portrēven (*pl.*) ROB. (W.) 11205.
port-toun, sb., *port-town, busy town,* SAINTS (Ld.) xlv. 267.
port², sb., *O.Fr.* port, *cf. Ital.* porto ; *deportment, bearing, 'gestus,'* PR. P. 409 ; CH. C. T. *A* 69 ; porte LANGL. *B* xiii. 278, *C* vii. 30.
portal, sb., *O.Fr.* portal ; *portal :* þe **portalez** (*pl.*) piked of rich plates A. P. i. 1036.
portatif, adj., *O.Fr.* portatif ; *portable, light,* LANGL. *B* i. 155, *C* ii. 154.
portehors, sb., *O.Fr.* portehors ; *breviary ;* portous [porthors, porthous, porthors, portos] LANGL. *B* xv 122 ; poortos *'portiforium, breviarum'* PR. P. 410 ; on mi porthos i make an oath CH. C. T. *B* 1321.
porter, sb., *O.Fr.* portier ; *porter, doorkeeper,* FL. & BL. 241 ; ROB. 159 ; portour LANGL. *C* xxiii. 330 ; **porteres** (*pl.*) *B* v. 628 [porters *A* vi. 108 ; portours *C* vii. 370].
Porteshām, -hōm, pr. n., *Portsham,* O. & N. 1752, 1791.
portoure, sb., *O.Fr.* porteor ; *porter, carrier, 'portitor, portator, gestor, calo,'* PR. P. 410.
portreie, porveance, *see* pur-.
pōse, sb., *O.E.* geposu (*pl.*) (LEECHD. I. 148), *catarrh, 'catarr(h)us,'* PR. P. 410 ; P. L. S. ix. 92 ; CH. C. T. *A* 4152 ; (he) fneseth faste, and eek he hath the pose *H* 62.
pōsen, v., *O.Fr.* poser ; *suppose,* LANGL. *B* xviii. 293, *C* xx. 275.
poshote, sb., *posset,* C. B. 15, 36 ; poshotte 36 ; possot *'balducta'* PR. P. 410.
posnet, sb., *O.Fr.* poçonet, *prov.Eng.* posnet (*saucepan*) ; *small pot ; 'urceus,'* PR. P. 410 ; E. W. 46 ; possenet C. B. 23, 72 ; **posnettis** (*pl.*) WICL. 2 PARAL. xxxv. 13.
possēde, v., *O.Fr.* posseder ; *possess,* ALEX. (Sk.) 2841.
possessiōn, possessioun, sb., *O.Fr.* possession ; *possession,* AYENB. 149, 150 ; possessioun CH. C. T. *A* 2242.
possessioner, sb., *beneficed clergyman ;* **possessioneres** (*pl.*) LANGL. *B* v. 144.
possibilitē, sb., *O.Fr.* possibilité ; *possibility,* CH. C. T. *A* 1291.
possible, adj., *O.Fr.* possible ; *possible,* CH. C. T. *E* 956 ; A. P. i. 452.
posson, v., *O.Fr.* poulser ; *push, 'trudo,'* PR. P. 410 ; posse HORN (L.) 1011 ; posshen LANGL *C* vii. 96 ; **possed** (*pret.*) LANGL. *B* PROL. 151 ; puste HORN (R.) 1079 ; **possid** (*pple.*) LANGL. *B* PROL. 151.

post, sb., *O.E.* post, *from Lat.* postis ; *post,* TREAT. 135 ; **postes** (*pl.*) LA3. 28032 ; LANGL. *B* xvi. 54.
postel, sb., *O.Fr.* postel ; *post, stake,* C. M. 14980 ; **postles** (*pl.*) HOM. I. 127 ; LA3. 1316 ; JUL. 56.
posterne, sb., *O.Fr.* posterne, posterle, *Lat.* posterula ; *postern,* ROB. 19 ; WILL. 1752 ; **posternes** (*pl.*) LANGL. *B* v. 628.
postle, sb., *for* **apostel** ; *apostle, preacher ;* **postles,** posteles (*pl.*) LANGL. *B* vi. 151, xvi. 159.
pot, sb., *cf. L.G., Du., Dan., Fr.* pot ; *pot,* A. R. 368 ; AYENB. 58 ; IW. 759 ; potte LANGL. *B* xiii. 255 ; **puttes** (*pl.*) PALL. ii. 253 ; pottis *round deep holes* BARB. xi. 364, 385 ; *comp.* **pis-, water-pot.**
pot-ful (? **pot ful**), sb., *potful,* LANGL. *B* vi. 189.
pot-schoord, sb., *potsherd,* VOC. 171 ; pot scarth HAMP. PS. xxi. 15*.
pot-spōn, sb., *ladle,* PR. P. 411.
potāge, sb., *O.Fr.* potāge ; *pottage,* A. R. 412 ; ROB. 404 ; CH. C. T. *B* 3623 ; L. C. C. 17 ; potage ware *potherbs* PALL. vii. 57 ; **potāges** (*pl.*) LANGL. *C* xvi. 47.
potagēr(e), sb., *Fr.* potager ; *pottage-maker,* LANGL. *B* v. 157, *C* vi. 132 ; *'leguminarius'* CATH. 288.
potel, sb., *O.Fr.* potel ; *pottle, 'laguncula,'* PR. P. 411 ; WICL. Is. x. 33 ; E. G. 59 ; potel, potell LANGL. *B* v. 348, *A* v. 192, *C* vii. 399.
poten, *see* **puten.**
potente, sb., *cf. M.Du.* potente ; *tipped staff,* LANGL. *B* viii. 96 ; CH. C. T. *D* 1776.
pottare, sb., *potter, 'ollarius,'* PR. P. 411 ; **potteres** (*gen.*) C. M. 16536
pouche, sb., ?= **pōke** ; *pouch, 'marsupium,'* PR. P. 411 ; CH. C. T. *A* 3931.
pouderon, v., *Fr.* poudrer ; *grind to powder, 'condio,'* PR. P. 411 ; **pūdrid** (*pple.*) P. L. S. xxxv. 110 ; poudered A. P. i. 36 ; pouderd salted C. B. 14.
poudre, sb., *O.Fr.* poudre ; *powder,* P. L. S. xvii. 225 ; SHOR. 162 ; poudre caste *covered with dust* PALL. viii. 12 ; **poudres** (*pl.*) AYENB. 148 ; pouderes LANGL. *C* xxiii. 359.
pouēr, sb., *O.Fr.* pouoir, pooir ; *power ; army ;* AYENB. 71 ; A. P. ii. 1654 ; (*ms.* power) SHOR. 21 ; PR. C. 5884 ; poer TREAT. 133 (paoer SAINTS (Ld.) xlvi. 427) ; pore, poeir, poer ROB. (W.) 2049, 7639, 4523 ; PR. P. 411 ; pouwere [power] ALEX. (Sk.) 2056.
pouke, *see* **pūke.**
poun, sb., *O.Fr.* peōn ; *pawn at chess,* CH. D. BL. 661 ; aufins and **pounis** (*pl.*) GEST. R. 70.
pound, *see* **pūnd.**
pounen, v., *O.E.* punian ; *pound ;* poune WICL. MAT. xxi. 44 ; *comp.* **to-ponen.**

pouraille (? povraille), sb., *O.Fr.* pouraille; *poor people*, P. S. 223; poraile WILL. 5123; poveraill, poveralȝe, poverale BARB. viii. 275, 368; poraille MAN. (F.) 6664; **purraileis** (*gen.*) DEP. R. ii. 165; **porails** (*pl.*) WICL. PROV. xxx. 14.

pouren, see **pōren**.

pous, sb., *O.Fr.* pous; *pulse*, LANGL. *B* xvii. 66, *C* xx. 66; pouce, veine '*pulsus*' PR. P. 411; MAN. (F.) 9011.

poustē, sb., *O.Fr.* poesté; *power, ability*, LEG. 12; H. H. 7; CH. BOET. iv. 5 (131); MAN. (F.) 1244; PR. C. 3996; **poustees** (*pl.*) *violent attacks* LANGL. *B* xii. 11.

pouten, v., *pout*; poute (*pres.*) REL. II. 211.

povertē, sb., *O.Fr.* poverté; *poverty, meanness*, HOM. I. 143; A. R. 260; P. L. S. xxv. 65; C. L. 854; AYENB. 132; LANGL. *B* viii. 116, *C* xi. 116; povert *A* ix. 111, *B* xi. 264.

povre, adj., *O.Fr.* povre; *poor*; (ms. poure) KATH. 50; A. R. 260; O. & N. 482; R. S. v; HAV. 138; povere LAȜ. 22715; C. L. 890; povere [pore] LANGL. *B* v. 257; pore BEK. 1120; pover (*r. w.* recover) GOW. I. 357; REL. I. 115; **povre** (*sb.*) *the poor* LANGL. *C* xx. 237; poverer (*comp.*) ROB. (W.) 7617*.

povre-hēde, sb., *poverty*, AYENB. 130.

povre-like, adv., *poorly*, HAV. 323; poureliche CH. C. T. *E* 213, 1055; she praeit him pourli (*beseechingly*) with hir pure hert D. TROY 11553.

povernesse, sb., *poverty*, MISC. 75.

practif, adj., *experienced*, ALEX. (Sk.) 1582.

practisoure, sb., *practitioner, man of experience*, LANGL. *B* xvi. 107; **practisirs** ALEX. (Sk.) 1582.

prai, see **preie**. **praiabill**, see **preiable**.

praiel, sb., *O.Fr.* praiel, prael; *meadow*, '*pratellum*,' PR. P. 411.

praiere, sb., *O.Fr.* praerie; *meadow*; GAW. 768.

prancen, v., *prance*, GOW. III. 41; praunce GAW. 2064; **prauncede** (*pret.*) FER. 5341.

prāne, sb., *prawn*, '*stingus*,' PR. P. 411.

pranglen, v., *cf. Goth.* praggan; *press, fetter*: i was þer with so harde prangled (*pple.*) HAV. 639.

prank, sb., *fold*; '*plica*,' PR. P. 411.

prankid, pple., *flounced*, '*plicatus*,' PR. P. 411; prankid gounes TOWNL. 312.

prat, adj., *O.E.* prætt, *cf. M.Du.* prat (*haughty, arrogant*; *cunning*; (ms. pratt) ORM. 6652; mid præt [pret] wrenchen (? prætwrenchen) LAȜ. 81, 5302.

prāten, v., =*Du.* praten, *Dan.* prate, *Swed.* prata; *prate*; prate LIDG. M. P. 155; LUD. COV. 353.

prati, adj., *O.E.* prætig, prættig (*cunning*); *pretty*, '*formosus*,' PR. P. 411; D. TROY 13634; LUD. COV. 104; S. & C. I. lxi.

prati-lich, adv., *prettily*, REL. I. 63; pratili LUD. COV. 82.

precep [precept], sb., *O.Fr.* precep, precept; *instruction*, ALEX. (Sk.) 982.

prēchen, v., *O.Fr.* prêcher, *cf. O.E.* prēdician; *preach, speak, utter*, A. R. 70; preche MISC. 44; **prēcheþ** (*pres.*) LANGL. *C* xxiii. 277; prechen, precheþ *A* iii. 216, *C* iv. 279; **prēchinge** (*pple.*) *C* i. 57; prechande A. P. ii. 942; **prēchede** (*pret.*) C. L. 1416; LANGL. *C* vi. 115; **prēchede** (*pple.*) LANGL. *C* i. 57.

prēchinge, sb., *preaching*, MISC. 56; AYENB. 191; LANGL. *C* viii. 286; prechingue SAINTS (Ld.) xxvii. 1933.

prechūr, sb., *Fr.* precheur; *preacher*, A. R. 160; prechour SHOR. 48; **prechoures** (*pl.*) LANGL. *B* xii. 19.

precious, adj., *O.Fr.* precius; *precious*, CL. M. 82; AYENB. 112; SPEC. 103; precios A. P. i. 4; **preciousest** (*superl.*) LANGL. *A* ii. 12.

prēde, see **prūde**.

predecessour, sb., *one going before*; predecessour of princes *superior of all princes* ALEX. (Sk.) 1723.

predicatioun, sb., *O. Fr.* predicatiun; *preaching*, BEK. 1957.

preiable, adj., *to be entreated*; praiabill HAMP. PS. lxxxix. 15.

preie, sb., *O.Fr.* preie; *prey*, ROB. 270; praie MAN. (F.) 4513; prai ALEX. (Sk.) 1335; C. L. 1054; bi **praies** (*pl.*) ['*de praedis*'] TREV. I. 127.

preien, v., *O.Fr.* preier; *pray*; preie HORN (L.) 763; GREG. 861; preie (*pres.*) HAV. 1440; preie SPEC. 58; preied (*pret.*) LANGL. *B* i. 80 [prieden *A* i. 78]; preieden WICL. JOHN iv. 31; praid (*pple.*) ALEX. (Sk.) 3183.

preiēre, sb., *O.Fr.* preiere; *prayer*, SAINTS (Ld.) xiv. 42; LANGL. *B* xiii. 135; CH. C. T. *A* 1204; MAN. (F.) 1373; preȝere AL. (V.) 304; **prairis** [praiers] (*pl.*) ALEX. (Sk.) 1483.

preis, sb., *O.Fr.* preis; *praise*, CH. TRO. ii. 1585; praise A. P. i. 301; pres A. P. 419; C. M. 6358.

preisen, v., *O.Fr.* preiser; *praise; appraise, value*; A. R. 64; preise HAV. 60; LANGL. *A* v. 174; CH. TRO. ii. 1583; praisi AYENB. 135; **preisede** (*pret.*) BEK. 1360; preiseden LANGL. *A* v. 177; **preised** (*pple.*) MAN. (F.) 3119; praised ALEX. (Sk.) 2666.

prejudice, sb., *O.Fr.* prejudice; *prejudice*, SHOR. 36.

prekien, see **prikien**.

prelāt, sb., *O.Fr.* prelat; *prelate*, LAȜ. 24502; CH. C. T. *A* 204; **prelās** (*pl.*) A. R.

484   **prelāt.**   **prikien.**

10; prelas AYENB. 39; prelates [prelatus] LANGL. *A* i. 101.
prengen, v., = *M.H.G.* phrengen, *M.Du.* prangen; *press*; **preinte** (*pret.*) LANGL. *B* xiii. 112; prengte *C* xvi. 121*; Richard preinte (h)is eʒe (*winked*) oppon... FER. 4507.
prente, sb., *O.Fr.* (em-)preinte; *print, imprint,* LEB. JES. 390; preinte [*v. r.* preente, prente] LANGL. *C* xviii. 73; prente [*v. r.* printe] CH. C. T. *D* 604; priente AYENB. 81; preente '*effigies, impressio*' PR. P. 412; print *signature* ALEX. (Sk.) 3162*.
prentin, v., *print,* '*imprimo,*' PR. P. 412; with pine printed (*pple.*) in hert D. TROY 195.
prentis, sb., *apprentice, pupil,* LANGL. *C* iii. 224, *B* xiii. 393, *A* v. 116; **prentises** (*pl.*) *C* xxii. 231; preentices *B* xix. 226; *see* **aprentis.**
prentis-hōde, sb., *apprenticeship,* LANGL. *B* v. 256, *C* vii. 251.
prēon, sb., *O.E.* prēon, = *L.G.* prēn, *M.H.G.* phriem; *pin,* A. R. 84; **prēne** (*dat.*) ANT. ARTH. xxix; **prēones** (*pl.*) KATH. 1947; prenes GEN. & EX. 1872; *comp.* **ēar-prēon.**
prēonen, v., *stick with a pin*; prene ['*configere*'] WICL. 1 KINGS xix. 10; SACR. 467; **prēoneð** (*pres.*) R. S. v; þurgh his herte he **prēned** (*pret.*) him MED. 859; **prēned** (*pple.*) ALIS. (Sk.) 420; iprened in an clout ST. COD. 98; *comp.* **bi-prēonen.**
prēost, sb., *O.E.* prēost, *cf. O.Fr.* prestre; *priest,* A. R. 16; BEK. 364; preost [prest] LAʒ. 1; preost [prost], prest O. & N. 322, 902; pruest P. S. 159; prest GEN. & EX. 3922.
   prēost-hood, sb., *O.E.* prēosthād; *priesthood,* TREV. IV. 105; LANGL. *C* xxii. 334.
presence, sb., *O.Fr.* presence; *presence,* LANGL. *B* PROL. 173; CH. BOET. i. 3 (10); i am here in your presente [*r. w.* tente] A. P. i. 389; & aprochen to his presens ii. 8.
present, sb., *O.Fr.* present; *present,* GEN. & EX. 1831; AYENB. 189; þet present A. R. 152; present *signature* ALEX. (Sk.) 3162; **presands** (*pl.*) 5466.
presenten, v., *O.Fr.* presenter; *present, represent,* PR. P. 412; presente MAN. (F.) 3219; thou shuld... present min estate D. TROY 2190; i **presend** (*pres.*) ʒou... foure hundreth fellis ALEX. (Sk.) 5138; (þai) presandis [present] *make presents* 1041; present *deliver* 1791; **presentede** (*pret.*) CHR. E. 625; presentide LANGL. *C* xxii. 92; presented A. P. 1217.
presōn, *see* **prisōn.**
press, sb., *from* **pressen**; *press; throng, crowd*: vor me is loð presse A. R. 168; put him in a presse LANGL. *B* v. 213; his presse (*cupboard*) icovered with a falding reed CH. C. T. *A* 3212; in grete presse P. L. S.

xxi. 30; as he eode in grete prece SAINTS (Ld.) xxvi. 30; prees or throng '*pressura,*' presse or pile of clothe '*pressorium,*' '*panniplicium,*' presse for grapis '*prelum*' PR. P. 412; pres, prees, *crowd* MAN. (F.) 369, 720.
pressin, v., *O.Fr.* presser; *press,* '*premo, comprimo, presso,*' PR. P. 412; prese ALEX. (Sk.) 3483; i **presse** (*pres.*) win L. H. R. 136; presis *hastens* ALEX. (Sk.) 954; **pressed** (*pret.*) MAN. (F.) 13811.
pressūre, sb., *O.Fr.* pressour, pressoir; *press,* PR. P. 412; pressour WICL. APOC. xix. 15; **pressours** (*pl.*) WICL. PS. viii. 1.
prest, adj., *O.Fr.* prest; *ready, prompt,* MARG. 98; WILL. 1598; LANGL. *B* xiv. 220; **prester** [prestiore] (*comp.*) LANGL. *B* x. 289.
prest-li, adv., *readily,* WILL. 1146; LANGL. *B* vi. 95; prestliche *C* iv. 308.
prēst, *see* **prēost.** **pret,** *see* **prat.**
presumcioūn, sb., *O.Fr.* presumpcion; *presumption, assumption,* AYENB. 17; presumciun A. R. 208; presompcion LANGL. *C* xiv. 232; **presompcions** (*pl.*) *C* xlii. 39.
presūmen, v., *O.Fr.* presumer; *presume*; **presūmen** (*pres. pl.*) LANGL. *C* i. 135; presūmit (*pret.*) BARB. i. 572, xi. 143.
pretenden, v., *O.Fr.* pretendre; *intend,* CH. TROI. iv. 922; (þes Jewes) **pretende** (*pres.*) me to take YORK xxviii. 52.
pretten, v., *cf. M.Du.* pratten; *take pride*: ief þe pokoc him **prette** (*pret.*) vor his vaire taile AYENB. 258.
prēven, *see* **prōven.**
pricasour, sb., *hard rider,* CH. C. T. *A* 189.
pricche, = **prike,** sb.; *? prick*; lecheries **pricches** (*pl.*) A. R. 60.
pricchen, = **prikien,** v., *? prick*; **priʒte** (*pret.*) HOM. II. 257.
pride, priden, *see* **prūde, prūden.**
priēn, v., *pry*; prie P. S. 222; WILL. 5019; CH. C. T. *A* 3458; **pried** (*pret.*) LANGL. *B* xvi. 168.
prike, sb., *O.E.* prica, pricca, = *M.Du.* prick; *prick, spike, spur, mark on a target,* MAT. v. 18; prike, prikke '*spintrum vel spinter, cavilla, broccus, meta*' PR. P. 413; pricke FRAG. 5; A. R. 228; GOW. I. 283; prikke AYENB. 71; CH. H. F. 907; C. T. *B* 119; prick ALEX. (Sk.) 45; (*point of time*) 4630.
priket, sb., *young buck,* '*capriolus,*' PR. P. 413.
priket², sb., *spike of a candlestick,* '*stiga,*' PR. P. 413.
prikien, v., *? O.E.* prician, = *M.Du.* pricken; *prick, spur,* FRAG. 8; priken HAV. 2639; prikie P. L. S. xxi. 131; prike WILL. 2382; prikie [prike prekie] LANGL. *B* xviii. 11; prikin, prikkin '*pungo, stimulo*' PR. P. 413; prikke S. & C. I. li.; **prikeð** (*pres.*) GEN. & EX. 3964; neddre... attreð hwat beo prikeð HOM. II. 191; prikeþ CH. C. T. *A* 1043;

prikien. procuracie. 485

(heo) prikieð A. R. 244; prikieþ, prekieþ AYENB. 230, 257; **prikiende** (*pple.*) FRAG. 8; prikinde A. R. 134; prekande PERC. 605; **priked** (*pret.*) S. S. (Wr.) 2551; PR. C. 5338; he priked his stede K. T. 1080; **priked** (*pple.*) TREV. V. 371; proudli prikid all in prose ALEX. (Sk.) 5074.

prikere, sb., *horseman*: a proud prikere of Fraunce LANGL. *A* x. 8; a priker on a palfrai *B* x. 308; prikiere LANGL. *C* xi. 134; prickker (*misprinted* pukken) PALL. iv. 845.

prikinge, sb., *pricking*; prikiunge A. R. 234; pricking (*remorse*) in hert D. TROY 2183.

prikil, sb., *O.E.* pricle,= *M.Du.* prikel, prekel; *prickle*, '*aculeus*,' PR. P. 413; H. S. 8486; prikel MAN. (F.) 16218.

prille, sb., *peg-top*, '*gyraculum*,' PR. P. 413.

primāte, sb., *O.Fr.* primat; *primate, chief*: of þissen londe he wæs primate LA3. 29736; þe primate in blisse HAMP. PS. xxiii. 6; MAN (F.) 15302.

prīme, sb., *O.Fr.* prīme, *from Lat.* prima (hōra); *prime* (*six o'clock in the morning*), A. R. 24; HORN (L.) 966; IW. 2304; CH. C. T. *B* 1396; bitvene þe prime and þe none GREG. 778; hei3 prime LANGL. *A* vii. 105.

prime-tīde, sb., *prime*, HORN (L.) 857.

prīme², adj., *prime, vigorous*, LANGL. *A* xii. 60; DEP. R. iii. 34.

primēr, sb., *primer*, '*primarius*,' PR. P. 413; CH. C. T. *B* 1707.

primerole, sb., *O.Fr.* primerole; *primrose*, SPEC. 26; CH. C. T. *A* 3268.

primseinen, v., *O.N.* primsigna; *sign* (*a person*) *with the cross, make a catechumen*; **primseȝnest** (*pres.*) ORM. 1542; Martin yet nou i-primsēned (*pple.*) AYENB. 188; primseȝned ORM. 16560.

prince, sb., *O.Fr.* prince; *prince*, MARH. 2; BEK. 1342; SHOR. 15; prins LANGL. *C* xiii. 176.

prins-hōd(e), sb., *princely dignity*, WICL. MK. x. 42, JUDE 6.

princesse, sb., *Fr.* princesse; *princess*, '*principisca*,' PR. P. 413; princes ALEX. (Sk.) 5099.

principal, adj., *O.Fr.* principal; *principal*, AYENB. 106; þe palais principale A. P. ii. 1531.

principal-liche, adv., *principally*, AYENB. 26; principaliche LANGL. *B* xiv. 194.

principalitē, sb., *O.Fr.* principalité; *principality, chief place*; '*principalitas*,' PR. P. 413; A. P. ii. 1672; principalete, principalte [principalite] ALEX. (Sk.) 648, 1737, 2311.

printe, *see* prente.

prior, sb., *O.Fr.* prior, priour, priur; *prior*; priour '*prior*' PR. P. 413; LANGL. *B* xi. 156; MAN. (F.) 7065; **prioures** (*pl.*) LANGL. *B* x. 267.

prioresse, sb., *O.Fr.* prioresse; *prioress*, CH. C. T. *A* 118.

priorie, sb., *priory*, HAV. 2522.

prīs, sb., *O.Fr.* prīs, *cf. M.Du.* prijs, *O.N.* priss *m.*; *prize, price, high esteem*, A. R. 392; GEN. & EX. 326; HAV. 283; FL. & BL. 750; BEK. 150; AYENB. 234; CH. C. T. *A* 815; A. P. i. 272; AV. ARTH. xxxiv; he berþ þat pris MISC. 98; þe pris for te winne SPEC. 103; *see* **preis**.

prīs-hēde, sb., *valour*, D. TROY 2907.

prīs-neet, sb., *prize ox*, LANGL. *B* xix. 261.

prīs-tale, sb., *excellent tale*, WILL. 161.

prīsin, v., *O.Fr.* prīsier, *cf. M.Du.* prijsen *O.N.* prīsa; *appraise, value; praise, extol: 'taxo, metaxo,'* PR. P. 414; priss BARB. vi. 505, vii. 99; **prīsit** (*pret.*) BARB. xvi. 672; prīsit (*pple.*) x. 776, xvi. 525.

prīsare, sb., *appraiser*, '*metaxarius*,' PR. P. 413.

prisōn, sb., *O.Fr.* prison; *prison*, LANGL. *A* ix. 94; prison [prisoun] C. L. 368; prisoun BEK. 7; (*prisoner*) WILL. 1251; prisun A. R. 126; GEN. & EX. 2040; preson DEP. R. iii. 303; in ane prisune HOM. I. 33; to prisune (*prisoner*) 13; of prisune LA3. 1016*; **prisōns** (*pl.*) *captives* LANGL. *C* viii. 277.

prisonēr, sb., *O.Fr.* prisonier; *prisoner*, WILL. 1267; prisuner (*prison keeper*) GEN. & EX. 2042; presonere A. P. ii. 1217; **prisonēres** (*pl.*) LANGL. *B* iii. 136.

privē, adj., *O.Fr.* privé; *privy, secret, intimate*, LA3. 6877*; A. R. 168; ROB. 25; privi CH. C. T. *G* 1452; previ DEP. R. iii. 111; **previest** (*superl.*) *C* xix. 98*; **prīvēs** (*sb., pl.*) *intimates* MAN. (F.) 9299.

prīvē-līche, adv., *secretly*, ROB. 104; AYENB. 225; previliche DEP. R. ii. 122; preveili LANGL. *C* xvi. 153.

prīven, v., *Fr.* priver; *deprive*; privin '*privo*' PR. P. 414; prife HAMP. PS. lxxvii. 65, lxxxiii. 13; **privid** (*pret.*) ci. 18.

privetē, sb., *O.Fr.* priveté; *secrecy, silence*, HOM. I. 185; privete, privite PR. C. 3775, 4651; privite A. R. 152; CH. C. T. *G* 701; privettee *G* 1052, 1138; in prevate ALEX. (Sk.) 4997.

privilege, sb., *O.Fr.* privilege; *privilege*, A. R. 160; AYENB. 15; **privilegies** (*pl.*) SAX. CHR. 263.

proces, sb., *Lat.* processus; *narrative*, CH. C. T. *B* 3511; proces holde (*keep close to my story*) *F* 658; ALEX. (Sk.) 4259; **proses** (*pl.*) D. TROY 247, 13774.

processiōn, sb., *O.Fr.* procession; *procession*, HOM. II. 89; processiun LA3. 18223; processioun P. L. S. xiii. 304; prosessioun A. P. i. 1096.

procuracie, sb., *procuracy, proxy*; prokecie '*procuracia*' PR. P. 414; **procuracies** (*pl.*)

P. L. S. xvii. 320; **procurases** (*pl.*) *agencies* (*misprinted* prouianses) LANGL. *B page* vi.

procuratour, sb., *procurator, proctor,* CH. C. T. *D* 1596; prokeratour, -ketour '*procurator*' PR. P. 414.

procūren, sb., *O.Fr.* procurer; *procure*; procuri BEK. 1276; (to) proker hir pes D. TROY 11555; **procūre** (*pres.*) MAN. (F.) 7462.

prokūring, sb., *procuring*: þurgh his prokuring (*intervention*) D. TROY 13766.

prodigalitē, sb., *O.Fr.* prodigalité; *prodigality,* AYENB. 21.

proēme, sb., *O.Fr.* proeme *from Lat.* procœmium; *proem, preface*; proheme CH. C. T. *E* 43.

profer, sb., *offer, proffer*; proffer D. TROY 262; þo **profers** (*pl.*) were made 250.

proferin, v., *O.Fr.* proferer; *proffer,* '*offero*,' PR. P. 414; profre LANGL. *B* xvii. 140; to proffer (*risk*) our persons D. TROY 3139; **profrest** (*pres.*) LANGL. *A* viii. 27; **profered** (*pret.*) WILL. 1267; profrede LANGL. *C* v. 91; proffrede *C* v. 67; **profert** (*pple.*) A. P. ii. 1463.

profess, sb., *profession*: þe abit of nonne heo tok ac me nolde hire profes nozt make anone wise ROB. (W.) 8944.

profession, -fessioun, sb., *O.Fr.* profession, professiun; *profession,* LANGL. *B* i. 98; professiun A. R. 6.

profit, sb., *O.Fr.* profit; *profit,* AYENB. 99; LANGL. *B* PROL. 169; CH. BOET. i. 4 (15); prophete DEP. R. iv. 10, 48; **profectes** (*pl.*) ALEX. (Sk.) *page* 280.

profitable, adj., *O.Fr.* profitable; *profitable,* AYENB. 185; LANGL. *A* i. 120.

profitin, v., *O.Fr.* profiter; *profit, grow,* PR. P. 414; profiti AYENB. 126; **profitide** (*pret.*) WICL. LK. ii. 52; profet ALEX. (Sk.) 2370.

profound, adj., *Fr.* profond; *profound,* P. L. S. xvii. 221.

progenie, sb., *O.Fr.* progenie; *progeny,* S. A. L. 145; WICL. GEN. xliii. 7; ALEX. (Sk.) 4021.

proinen, v., ? *OFr.* progner, *mod.Eng.* prune, preen; *preen*: **proineþ** [pruneþ] (*pres.*) him and pikeþ CH. C. T. *E* 2011 (Wr. 9885); he pruneþ him and pikeþ as doþ an hauke GOW. III. 75; pruinen ANGL. I. 95.

projecte, sb., *design,* ALEX. (Sk.) 3331.

proker, *see* procūren.

prókien, v., *cf.L.G.* proken; *stimulate*; prokie H. M. 47; **prókeð** (*pres.*) A. R. 204; prókie (*subj.*) A. R. 238; **prókede** (*pret.*) P. S. 343.

prókinge, sb., *goading*; prokinnge A. R. 266.

prokkin, v., *beg, arrogate,* '*procor*,' PR. P. 414; **proches** [prokes] (*pres.*) ALEX. (Sk.) 1926.

prolouge, sb., *prologue, announcement,* ALEX. (Sk.) 2730, 5066.

prollin, v., *prowl,* '*scrutor*,' PR. P. 415; **prolle** (*pr. subj.*) CH. C. T. *G* 1412.

pro-, purlongin, v., *O.Fr.* prolonguer, *mod. Eng.* purloin; *remove far off,* '*prolongo, alieno*,' PR. P. 417; **proloined** (*pple.*) GEST. R. 135.

promissiōn, sb., *O.Fr.* promission; *promise,* GEN. & EX. 4131; promissioun GEST. R. 134.

promōciōn, sb., *O.Fr.* promotion; *promotion,* '*promocio*,' PR. P. 415.

promptin, v., *Lat.* promptāre; *prompt,* '*promo, insenso*,' PR. P. 415.

pronge, sb., *cf.* M.L.G. prange, M.Du. pranghe; *pang,* '*aerumna*,' PR. P. 415; **prongis** (*pl.*) LUD. COV. 287.

pronounce, sb., *O.Fr.* pronuncer; *pronounce,* CH. C. T. *G* 1299; **pronounsand** (*pple.*) ALEX. (Sk.) 3395.

prophecie, sb., *O.Fr.* prophecie; *prophecy,* A. R. 158; ROB. 132; TREV. I. 421; propheci C. M. 18988; **profecies** (*pl.*) ii. 1158.

prophecīen, v., *prophesy*; **propheciede** (*pret.*) TREV. VIII. 35; **prophesīd** (*pple.*) ALEX. (Sk.) 1896; *see* prophetīsen.

prophēte, sb., *O.Fr.* prophete; *prophet,* ORM. 5195; profete 5801; A. P. i. 797.

prophetīsen, v., *O.Fr.* prophetizer, *from late Lat.* prophētīzāre; *prophecy*; **prophetīsed** (*pret.*) MAN. (F.) 16606; *see* propheciēn.

proporciōn, sb., *O.Fr.* proporcion; *proportion,* ALEX. (Sk.) 668.

proppe, sb., *cf.M.Du.* proppe; *prop,* '*contus*,' PR. P. 415.

propre, adj., *O.Fr.* propre; *proper; separate; handsome*; PL. CR. 569; of propre kind CH. C. T. *F* 610; thou art a propre man *C* 309; here is propre service LANGL. *B* xiii. 51; **propurest** (*superl.*) ALEX. (Sk.) 3331; **propre** (*sb.*) MAN. (F.) 2380.

propre-liche, adv., *properly,* A. R. 98; AYENB. 34; propreliche, propreli LANGL. *C* xvi. 153, *B* xiv. 274.

propretē, sb., *O.Fr.* propreté; *property, peculiarity*; propitte DEP. R. iii. 38; so passis þi propurti prete wemen all D. TROY 626; propurte 2530; **propertēs** (*pl.*) ALEX. (Sk.) 4257; propurtes DEP. R. iii. 65.

prōse, sb., *Fr.* prose; *prose,* LEG. 60; CH. C. T. *B* 2124; sais þe prose (*prose story*) ALEX. (Sk.) 2062.

prospectives, sb., pl., *perspective glasses,* CH. C. T. *F* 234.

prosperitē, sb., *O.Fr.* prosperité; *prosperity,* A. R. 194; ALEX. (Sk.) 1860.

prou, sb., *O.Fr.* prou; *profit, advantage,* P. L. S. xvii. 311; SHOR. 147; AYENB. 78;

prou. **puffen.** 487

MIRC 548; LANGL. *C*i. 145*; MAN. (F.) 1477; pru 8820.
proud, *see* **prūd.**
prouesse, sb., *O.Fr.* proesse; *prowess, valour,* ROB. 112; AYENB. 90; pruesse HORN (L.) 556; MAN. (F.) 3119; proues GAW. 912, 1249.
prous, preus, adj., *O.Fr.* prous, preus; *valiant,* AYENB. 83.
prout, *see* **prūd.**
próve, sb., *O.Fr.* prove, proeve; *proof,* SHOR. 62; preove A. R. 52; preve CH. P. P. 497.
próven, v., *O.Fr.* prover; *prove,* AR. & MER. 3011; proven, prove, provi BEK. 788, 791, 1006; prove HORN (L.) 545; provie SHOR. 137; provi AYENB. 158; proven LANGL. *B* viii. 120 [preven *A* ix. 115]; preoven A. R. 390; preve MAND. 50; próve ['*probet*'] (*imper.*) ech man him selven HOM. II. 93; he próvede (*pret.*) his wepne JOS. 500.
provende, sb., *O.Fr.* provende; *provender; prebend;* MAN. (F.) 11188; provende [provender] LANGL. *B* xiii. 243; **provendres** (*pl.*) *C* iv. 32; provenders *A* PROL. 80*; provendris WICL. E. W. 419.
provendren, v., *provide with provender;* **provendreþ** (*pres.*) LANGL. *C* iv. 187, *B* iii. 149.
provendrēres, sb., pl., *men holding prebends,* LANGL. *A* iii. 5; provendereris WICL. S. W. III. 211.
provēour, *see* **purveiour.**
proverbe, sb., *O.Fr.* proverbe; *proverb,* LANGL. *C* xviii. 51; WICL. JOHN xvi. 29; **proverbes** (*pl.*) LANGL. *C* ix. 265.
providens, sb., *O.Fr.* providence; *foresight, providence,* ALEX. (Sk.) 3990, 4062.
province, sb., *O.Fr.* province; *province,* A. P. ii. 1300; ALEX. (Sk.) 187.
províne, v., *? O.Fr.* provigner; *propagate by slips,* PALL. xii. 38.
provisour, sb., *Fr.* proviseur; *provisor,* LANGL. *B* iv. 133, *C* iii. 182.
provókin, v., *O.Fr.* provoquer; *provoke,* '*provoco,*' PR. P. 415.
provost, sb., *O.Fr.* provost (*for* prevost); *provost,* WILL. 2265; CH. BOET. i. 4 (14).
prūd, prūt, adj., *O.N.* prūðr, *O.E.* prūt; *proud;* prud HOM. I. 43; R. S. v; GEN. & EX. 1414; FL. & BL. 241; HAV. 302; prud, prut A. R. 176, 276; prut [prout] LAȜ. 8828; prut MISC. 114; HORN (L.) 1389; proud SPEC. 104; AYENB. 258; prout TREAT. 138; DEGR. 1559; **prūde** (*dat.*) KATH. 578; proude LANGL. *B* iii. 178; **prūttere** (*compar.*) MISC. 193; **prūdest** (*superl.*) A. R. 296; pruttest LAȜ. 20870.
proude-herte, adj., *proud of heart,* LANGL. *B* v. 63.
prūd-liche, adv., *proudly,* KATH. 577; ANT. ARTH. xxviii; proudliche AYENB. 168; prudli A. P. ii. 1379.

prūde, prūte, sb., *O.N.* prȳði, *O.E.* prȳt (*gay attire*); *pride;* prude A. R. 140; MISC. 38; pruide MAP 342; MIRC 1107; he heo lette scruden mid unimete prude (*splendour*) LAȜ. 14292; & nomen þer muchele prude (*? treasure*) prude 11715; Bruttes hafden ... unimete prute [prude] 19409; prute MISC. 95; ROB. 163; TREAT. 139; somdel of pruite SAINTS (Ld.) xlvi. 682; pride MISC. 11; LANGL. *B* x. 75; MAND. 3; S. S. (Wr.) 585; OCTAV. (H.) 560; prede HOM. I. 221; MISC. 33; SHOR. 110; AYENB. 16.
pride-lēs, adj., *without pride,* CH. C. T. *E* 930.
prūden, prūden, v., *cf. O.N.* prȳða; *be proud, pride one's self,* REL. I. 188; pridin '*superbio*' PR. P. 413; he ne ssel him not prede AYENB. 258; proudeþ (*pres.*) P. L. S. xxviii. 18; WICL. JOB xv. 20; **prūden** (*subj.*) A. R. 232*; iprūd (*pple.*) *adorned* KATH. 1460.
prudence, sb., *O.Fr.* prudence; *prudence,* AYENB. 125.
prudent, adj., *O.Fr.* prudent; *prudent,* CH. C. T. *C* 110.
pruinen, prūnen, *see* **proinen.**
prūst, *see* **prēost.** **prūt,** *see* **prūd.**
psalm, sb., *Lat.* psalmus, *Gr.* ψαλμός; *psalm,* A. R. 52; salmes (*pl.*) LAȜ. 23754.
salm-bōc, sb., *psalter,* HOM. II. 69.
salm-song, sb., *psalm,* FRAG. 6.
psalm-, salm-wrihte, sb., *psalmist,* H. M. 3; salmwurhte HOM. I. 135.
psalmen, v., *sing psalms;* salme PS. ciii. 80.
psautēr, sautēr, sb., *O.Fr.* psaltier, sautier; *psalter,* TREV. IV. 39; psauter LANGL. *A* iii. 277; (*psalmist*) *A* viii. 55, 107; sauter H. M. 3.
psautrie, sb., *O.Fr.* psalterie; *psaltery,* WICL. AMOS vi. 5; sautrie CH. C. T. *A* 3213.
psautrien, v., *play on the psaltery;* sautrien LANGL. *C* xvi. 208.
publicān, sb., *Lat.* publicānus; *publican,* **pupplicānes** (*gen.*) A. R. 328; **publicānes** (*pl.*) ORM. 10147.
publissen, v., *Fr.* publier; *publish;* **publisshe** (*imper.*) LANGL. *C* xiii. 38; publice *B* xi. 101; **publissed** [published] (*pple.*) CH. C. T. *E* 415.
puding, *see* **poding.**
pūe, sb., *O.Fr.* puie, *Lat.* podium; *pew, seat in church;* pūwes (*pl.*) LANGL. *C* vii. 144.
pūen, v., *O.Fr.* puier; *lean, support one's self;* pue TREAT. 139; pūed (*pret.*) M. T. 260.
puf, sb., *cf. Dan.* puf, *Ger.* puf, buf; *puff:* a windes puf A. R. 122; **puffis** (*pl.*) LANGL. *C* xx. 66*.
puffen, v., *cf. Dan.* puffe, *Ger.* puffen; *puff,* A. R. 272; poffe SAINTS (Ld.) xlv. 34; powȝe

488 **puffen.** **purchace.**

[powe] ROB. (W.) 6394*; **puffed** (*pple.*) LANGL. *B* v. 16; *see* **buffen.**

pugge, sb.; *refuse*; **pugges** (*pl.*) ['*vilia excrementa*'] of ... corne PALL. iii. 1079.

puint, *see* **point.**

pūke, sb., *O.N.* pūki, *cf. Ir.* pūca, *Welsh* pwca; *puck, demon, devil, hobgoblin,* MISC. 76; pouke LANGL. *B* xiv. 190; RICH. 566; **poukes** (*gen.*) LANGL. *C* xix. 282.

[**pukeres,** ? *mistake for* puberes (*Lat.*), SHOR. 63.]

pukken, *see* **pōken.**

pul, sb., *pull, trick*: pul or draȝte '*tractus*' PR. P. 416; CH. P. F. 164; MAN. (F.) 1809; mani il pul MAN. (F.) 3960.

pūle, sb., *O.E.* pyle, = *M.Du.* pulwe, *O.H.G.* phuluwi; *pillow,* '*pulvinar,*' FRAG. 4; pelewe [pile, pule] TREV. VII. 421; pilwe PR. P. 399; **pilwes** (*pl.*) GOW. I. 142; LIDG. M. P. 118.

pilwe-bere, sb., *pillow-case,* CH. C. T. *A* 694.

pulete, sb., *O.Fr.* polete; *pullet*; **poletes,** pulettis, pultis (*pl.*) LANGL. *A* vii. 267, *B* vi. 282.

pullen, v., *O.E.* pullian; *pull,* CH. C. T. *E* 2353; pullin '*traho*' PR. P. 416; pulle LANGL. *B* xvi. 73; A. P. ii. 68; let him þer inne pulle (*thrust*) L. H. R. 60; *comp.* **topullen.**

pullen², v., *from* pōl; *form pools*; pulle (*subj.*) ['*stagnet*'] PALL. i. 89.

pulment, sb., *O.Fr.* pulment, polment; *pottage,* GEN. & EX. 1490; C. M. 3532; polment A. P. ii. 628.

pulpit, sb., *Lat.* pulpitum; *pulpit,* PL. CR. 661.

puls, sb., *Lat.* puls; *pulse* (*plants*), *pease,* PALL. i. 723.

pūlt, sb., *knock, push,* LEG. 16.

pūlten, v., *mod. Eng.* pelt; *push, thrust, knock:* hit wule pulten on him A. R. 366; pulte ROB. 71; to deþe ... pulte REL. II. 244; pelte AR. & MER. 2926; **pūlte** (*pres.*) O. & N. 873; pilteð HOM. II. 197; **pūlte** (*pret.*) LAȝ. 7528*; FER. 774; hii pulte hem vorþ bivore þe oþere ROB. 479; pilte, pelte HORN (R.) 1433 (L. 1415); **pūlt** (*pple.*) C. L. 207; WILL. 4219; pilt GEN. & EX. 2214; S. S. (Wr.) 670; RICH. 4085; P. L. S. iii. 56; ipult LAȝ. 10839*; ARCH. LII. 36; heo weren ipult ut of paradise HOM. I. 129.

pūltunge, sb., *beating,* A. R. 366.

pulter, sb., *O.Fr.* poulletier; *poulterer,* '*gallinarius,*' PR. P. 416.

pulter², sb., *cf. Swed.* paltor (*pl.*); *rag,* DEP. R. ii. 165.

pultrie, sb., *poultry,* CH. C. T. *A* 598; E. G. 353.

pumpe, sb., *Fr.* pompe; *pump,* '*hauritorium,*' PR. P. 416.

punchin, v., ? = **bunchen;** *punch,* '*tundo,*' PR. P. 416; punche LUD. COV. 355; **punchiden** (*pret.*) WICL. EZ. xxxiv. 21.

punchoun, sb., *O.Fr.* poinchon; *punch, pricker,* '*stimulus, punctorium,*' PR. P. 416.

pūnd, sb., *O.E.* pund, = *O.Fris., O.N., Goth.* pund, *O.H.G.* phunt *n.*; *pound* (*weight*); pūnde (*dat.*) P. L. S. viii. 34; **pōnd** (*pl.*) AYENB. 190; pundes FRAG. 6; **pūnde** (*gen. pl.*) LAȝ. 4782; an hundred punde O. & N. 1101; an hundred pund HAV. 1633; pounde PL. CR. 410; GREG. 594; **pūnden** (*dat. pl.*) LAȝ. 5118.

pound-mēle, adv., *pound by pound,* LANGL. *A* ii. 198.

pūnde, sb., *from* pūnden; (?*pound, enclosure*): ? *pond;* min net liht her wel hende wiþinne a well feir pende HORN (R.) 1138; *see* **ponde.**

pin-fōld, sb., *pinfold, pound,* VOC. 239; '*inclusorium*' PR. P. 400; **pondfōlde,** pun-, pon-, pinfolde (*dat.*) LANGL. *B* v. 633; þe poukes poundfolde LANGL. *C* xix. 282.

pundelan, sb., *warrior, hero,* BARB. iii. 159.

pūnden, sb., *O.E.* pyndan; *impound, dam up* (*water*); orf to puinde L. N. F. 215; pinde '*includere*' CATH. 280; HALLIW. 625; in prison ... pende PL. T. 598; þe water hwon me pūnt (*pres.*) hit A. R. 72; (ȝe) pundeð IBID.; *comp.* ȝe-pūnden.

pinder, sb., *pinder,* '*inclusor,*' VOC. 214; pindare PR. P. 400.

punge, sb., *O.E.* pung, = *O.N.* pungr, *Goth.* puggs, *O.H.G.* fung; *purse,* ALIS. 1728.

pūngen, pungen, v., *O.E.* pyngan; *prick; thrust;* punge LANGL. *A* ix. 88; pinge FER. 1248, 2430; puinde [pungde] (*pret.*) LAȝ. 23933; he pu(n)gde him ofer þe brigge HORN (H.) 1117; **pungid** (*pple.*) WICL. PROV. xii. 18; *comp.* to-pūngen.

punginge, sb., *pricking,* HAMP. PS. xxi. 5.

punȝe, sb., ? *O.Fr.* poignée; *skirmish,* BARB. xii. 373; punȝhe [poinȝe] xvi. 307.

punischen, v., *O.Fr.* puniss-, punir; *punish,* LANGL. *B* iii. 78; CH. BOET. i. 4 (15); punishen, pun(s)chin PR. P. 416; punissi AYENB. 148.

pūple, *see* **people.**

[**pur-?**].

pur-blind, adj., = *Swed.* purblind (RIETZ); *purblind,* '*luscus,*' PR. P. 416; ROB. 376; pureblinde ['*luscos*'] WICL. EX. xxi. 26.

pūr, adj., *O.Fr.* pūr; *pure, simple;* (*r.w.* fur) ROB. 8; CH. E. 628; for pure [puire] teone LANGL. *B* vii. 116; puir(e) LANGL. *A* v. 13, *B* xiii. 166; **pūrest** (*superl.*) ROB. 106.

pūr-līche, adv., *purely, wholly,* BEK. 984; LANGL. *C* xvi. 226; purli CH. D. BL. 5; LANGL. *B* xvii. 141; he pureli forȝetes A. P. ii. 1660; pureli ALEX. (Sk.) 187.

purchace, sb., *O.Fr.* pourchas; *purchase;*

purchace.

earnings; endeavour; purchas CHR. E. 511; CH. C. T. *A* 256; BARB. v. 534.

purchacen, v., *O.Fr.* pourchacier; *purchase; earn; procure;* porchasen CH. C. T. *G* 1405; por chaci AYENB. 9; porchase ROB. 16; purchasede (*pret.*) LANGL. *A* vii. 3; purchesand (*pple.*) BARB. ii. 188.

purchesing, sb., *purchasing, acquisition,* CH. C. T. *A* 320; BARB. ii. 579.

purchaceour, -chasour, sb., *?earner of fees,* CH. C. T. *A* 318.

pured, adj., *furred,* GAW. 154.

pūred, pple., *purified,* LANGL. *A* iv. 82*, *C* v. 91*; GAW. 633, 912, 1737; MAND. 286.

puren, see poren.

pūretē, sb., *O.Fr.* pureté; *purity,* A. R. 4; purte AYENB. 202; purite A. P. ii. 1074.

purfil, sb., *purfle, border;* porfil A. P. i. 216; purfile LANGL. *B* v. 26; purfil '*limbus*' PR. P. 416.

purfilen, v., *Fr.* pourfiler; *border;* **purfiled** (*pple.*) with pelure LANGL. *B* ii. 9; purfiled CH. C. T. *A* 193.

purfire, sb., *porphyry,* ALEX. (Sk.) 4682; porfurie [porphurie] CH. C. T. *G* 775.

purgacioun, sb., *O.Fr.* purgacion; *purification,* TREV. VIII. 7; WICL. NUM. vi. 9.

purgatorie, sb., *O.Fr.* purgatoire; *purgatory,* A. R. 126; SHOR. 5; LANGL. *A* ii. 71, *B* xi. 128, *C* x. 11.

purgen, v., *O.Fr.* purgier; *purge, cleanse,* LANGL. *B* xv. 529; purgi BEK. 371; AYENB. 132; purge WICL. LK. iii. 17; **purgis** (*pres.*) ALEX. (Sk.) 4682; **purged** (*pple.*) PR. C. 6398.

pūrifiin, v., *O.Fr.* purifier; *purify,* PR. P. 417.

purpos, sb., *O.Fr.* propos; *purpose;* porpos ROB. 121; AYENB. 220; purpos CH. C. T. *A* 3981.

purposin, v., *O.Fr.* proposer; *propose, purpose,* PR. P. 417; **purposede** (*pret.*) CH. BOET. v. 6 (176).

purpre, sb., *O.Fr.* purpre; *purple,* KATH. 1461; REL. I. 119; purpre & pal he droh A. D. 245; pourpre AYENB. 229; MAN. (F.) 4744; mid purpren MK. xv. 17; **purpres** (*pl.*) LA3. 5928.

purpris, sb., *O.Fr.* porpris; *goods and chattels,* A. D. 236.

purpuresse, sb., *seller of purple,* WICL. DEEDS xvi. 14.

purse, sb., *O.E.* purs, *from Lat.* bursa; *purse,* R. S. vii; purs P. S. 338; purs, burs '*bursa*' PR. P. 417; purs, pors AYENB. 52; porse E. G. 357; pors P. 64; **purses** (*pl.*) A. R. 168; porses LA3. 5927*.

purs-berer, sb., *treasurer,* P. L. S. xxiii. 114.
purs-kervere, sb., *cut-purse,* TREV. VIII. 181.

puten. 489

pursen, v., *put into a purse;* **porse** (*imper.*) LANGL. *C* xiii. 164.

purseute, sb., *O.Fr.* poursuite; *succession:* twelve in pourseut (*printed* pourseunt) i con asspie A. P. i. 1035.

pursūin, v., *O.Fr.* por-, poursuir; *pursue, prosecute,* '*prosequor, insequor,*' PR. P. 417; **pursüeþ** (*pres.*) PL. CR. 664; porsueþ LANGL. *C* xx. 284, xxii. 432; pursueth *B* xvii. 302; **persewede** (*pret.*) D. ARTH. 1476; porsuede LANGL. *C* xviii. 167; **porsewed** (*pple.*) WILL. 2474.

purtenaunce, sb., *appurtenance,* LANGL. *B* xv. 184*; portinaunce *C* iii. 108; **purtenaunces** (*pl.*) *B* ii. 103.

purtreie, v., *O.Fr.* portraire; *portray;* portreie CH. C. T. *A* 96; **portreieþ** (*pres.*) LANGL. *C* xvii. 320; purtraied (*pple.*) A. P. ii. 1465; portreid (*pple.*) WILL. 445.

purveiaunce, sb., *A.Fr.* purveaunce, *O.Fr.* porveänce; *providence; provision; equipment:* al the purveiance that themperour .. hath shapen for his doughter CH. C. T. *B* 247; his prudent purveiance *B* 483; he schal make with temptacioun also purveiaunce WICL. I COR. x. 13; porveance ROB. 457; purveaunce CHR. E. 498; WILL. 1598.

purveien, v., *O.Fr.* porveir, -veoir; *purvey, provide;* purveie LANGL. *B* xiv. 28; porveie ROB. 305; porvai A. P. iii. 36; **porveiþ** (*pres.*) AYENB. 145; porvaies A. P. ii. 1502; **purveied** (*pple.*) WILL. 1605; CH. BOET. i. 4 (21).

purveiour, sb., *Fr.* pourvoyeur; *purveyor, provider;* purveour C. M. 11003; pur-, proviour TREV. VIII. 147; proweour, prowor, -er LANGL. *B* xix. 255, *C* xxii. 260.

pūsane, sb., *? O.Fr.* (gorgerette) pisainne; *gorget:* thro3he ventaille and pusane ANT. ARTH. xlv; pesan ALEX. (Sk.) 4960; pesane D. ARTH. 3458; pisan GAW. 204.

pussen, see possen.

put, sb., *throw,* '*putting*' *of a stone,* HAV. 1055; H. V. 73; *see* but.

püt, sb., *O.E.* pytt, = *O.N.* pyttr, *O.H.G.* puzzi, phuzzi, *O.Fris.* pet; *from Lat.* puteus; *pit,* LA3. 15961; A. R. 58; TREAT. 132; ALIS. 717; JOS. 4; þes put HOM. I. 49; pit MAND. 94; pet LK. vi. 39; **pütte** (*dat.*) A. R. 116; R. S. v; LANGL. *B* x. 370; pette REL. I. 160; AYENB. 207; *comp.* clēi-, col-püt.

püt-falle, sb., *pitfall,* P. S. 193; pitfalle VOC. 264; PR. P. 402.

puten, v., *cf. O.Fr.* boter; *throw, push, thrust,* A. R. 116; pute R. S. v; puten, putten HAV. 1033, 1051; puten [putte] LANGL. *B* iii. 84; putten MAND. 227; putte BRD. 8; MIRC 1660; puttin out S. S. (Wr.) 2068; putte [poten] WICL. MK. v. 10; poti AYENB. 135; potte MAN. (F.) 8885; puitten LANGL. *A* ix. 95; **pottist** (*pres.*) MAP 336; puteð REL.

I. 224; putteþ P. 16; heo puteð ... vorð A. R. 328; þai pottin AUD. 35; put in ... þi sweord MISC. 43; puiteþ LANGL. *A* vi. 100; (*pl.*) xi. 42; putte (*pret.*) LA3. 18092; MAND. 230; CH. C. T. *A* 988; puttest HOM. I. 15; put (*pple.*) LUD. COV. 29; iput MARH. 22; *see* butten.

putting(e), sb., *pushing, instigation*, HAMP. PS. xii. 5; xxxv. 12; potting MAN. (F.) 8891.
puttok, sb., *a sort of hawk*, '*milvus*' PR. P. 418; potok VOC. 252.
puðeren, v., *pother*; puðeres (*pres.*) A. R. 214*.-

q.

qvá, *see* hwá. qvād, *see* cwēd.
qvadrant, sb., *O.Fr.* cadrant; *quadrant*, '*quadrans*,' PR. P. 418; ? qvadrentes (*pl.*) (? *ms.* in adrentes) ALEX. (Sk.) 129.
qvaier, sb., *O.Fr.* qvaier; *quire (of paper), book,* '*quaternus*' PR. P. 418; qvaer A. R. 282; the qvair maid be King James, QUAIR *inscription*.
qvaile, sb., *O.Fr.* qvaille, caille; *quail*, VOC. 177; '*qvalia*' PR. P. 418; A. P. i. 1084.
qvailen, v., *O.Fr.* coaillier; *curdle*, '*coagulo*,' PR. P. 418; qvaile C. B. 27.
qvainen,=hwēnen; *grieve*; qvained (*pret.*) C. M. 10495.
qvaintan, sb., *O.Fr.* qvintaine; *quintain*, D. TROY 1627.
qvaintese, *see* cointese.
qvákien, *see* cwákien. qval, *see* hwal.
qvále, *see* cwále.
qvalitē, sb., *O.Fr.* qvalité; *quality*, TREAT. 133; ALEX. (Sk.) 4660; qvalitēs (*pl.*) AYENB. 153.
qvalm, *see* cwalm.
qvan, qwanne, *see* hwanne.
qvant, whánt, sb., *pole,* '*contus*,' PR. P. 418.
qvantitē, sb., *O.Fr.* qvantité; *quantity*, P. S. 334; P. L. S. xxx. 40; LANGL. *C* xxii. 376.
qvappen, v., *tremble*; qvappe ['*palpitare*'] WICL. TOB. vi. 4; CH. TRO. iii. 57; qvappid [cvappid] (*pret.*) ALEX. (Sk.) 2226.
qvarel, sb., *O.Fr.* qvarrel; *quarrel, square bolt*, ROB. 491; AYENB. 71; qwarel C. L. 826.
qvariere, sb., *quarrier*, '*lapidicida*,' PR. P. 419.
qvarrē, adj., *O.Fr.* qvarré; *square; stout of body*, LEG. 46; FER. 1072; MAN. (F.) 10310; qvarri '*corpulentus*' PR. P. 419.
qvarrēre, sb., *O.Fr.* qvarriere; *quarry*; qvarere '*lapidicina*' PR. P. 419; WILL. 2232.
qvart, sb., *O.Fr.* qvart; *quart*, '*quarta*,' PR. P. 419; CH. C. T. *A* 649; C. B. 35.
qvartēr, sb., *O.Fr.* qvarter; *quarter*, P. S. 341; CH. C. T. *D* 1963.

qvarterin, v., *cut into quarters*; qvarter (*imper.*) C. B. 18.
qvarterne, *see* cwarterne.
qvarteroun, sb., *O.Fr.* qvarteron; *quarter*, [*v.r.* qvartron, qvarterone, qvartroun] LANGL. *B* v. 217.
qvaschin, v., *O.Fr.* qvasser; *quash*, '*quassare*,' PR. P. 419; cwesse, qveisse O. & N. 1388; qvassed (*pret.*) MAN. (H.) 209; qvaschede [qvashte] LANGL. *C* xxi. 64.
qvási, adj., *queasy*, M. T. 333; it is a qvasi mete TREAT. OF FISH. 24; ? qvaisi P. R. L. P. 215.
qvávien, *see* cwávien.
qvecchen, *see* cwecchen.
qvēd, *see* cwēd. qveint, *see* coint.
qveint, sb.,=cunte; TRIST. 2254; CH. C. T. *D* 444.
qveisen, v., *? squeeze*; qveise (*imper.*) out the jus REL. I. 302.
qvélen, *see* cwélen. qvellen, *see* cwellen.
qvēme, qwēme, *see* cwēme.
qvēn, qwēn, *see* cwēn.
qvence, sb., *? Fr.* cognasse; *quince*, '*coctonum*,' PR. P. 420; qvinces (*pl.*) C. B. 27, 97.
qvenchen, *see* cwenchen.
qver, sb., *O.Fr.* cuer; *choir*, '*chorus*,' PR. P. 420; ROB. 224; MAND. 70; LIDG. M. P. 258; qveor P. L. S. xvii. 436; TREV. V. 183.
qverē, *see* qvirē.
qverēle, sb., *O.Fr.* qverēle; *quarrel*: qverēles (*pl.*) AYENB. 83; CH. BOET. iii. 3 (70).
qvéren, v., *for* enqvéren; *inquire*; qvíris [enqvirez] (*pres.*) ALEX. (Sk.) 1703.
qverister, sb., *chorister*, PR. P. 420; qveristres (*pl.*) P. L. S. xxvi. 9.
qverne, *see* cwerne.
qvert, whert, adj., *safe and sound*; '*incolumis, sospes*,' PR. P. 420; qvert S. S. (Web.) 771; LUD. COV. 202; hol and qvert LIDG. M. P. 38; qvert MAN. (F.) 9990.
qvert, sb., *sound health*, MAN. (F.) 9990; L. H. R. 108; in qverte FER. 325; his wif was not in qverte E. T. 821.
qvest, sb., *? O.Fr.* qveste; *inquiry, inquest, jury, verdict*, GAM. 786; qveste '*duodena*' PR. P. 420.
qvest-monger, sb., *inquest-holder*; qvestmongeres (*pl.*) LANGL. *B* xix. 367.
qvestioun, sb., *O.Fr.* question; *question*, SHOR. 136.
qvēðen, *see* cwēðen. qvī, *see* hwī.
qvibibe, sb., *O.Fr.* cubebe; *cubeb,* '*qviparum*,' PR. P. 421; SPEC. 27; ALIS. 6796; qvibibis (*pl.*) L. C. C. 16; C. B. 6, 37, 46.
qvic, *see* cwic. qvicchen, *see* cwecchen.
qvide, *see* cude.
qviete, sb., *O.Fr.* qviete; *quiet*, CH. C. T. *E* 1395.

qvik, *see* **owic. qvīle,** *see* **hwīle.**
qville, sb., *? L.G.* qviele (WŌSTE, VOLKS-ÜBERL. 104); *quill,* '*calamus*,' PR. P. 421.
qvilte, sb., *O.Fr.* cuilte, coulte; *quilt,* '*culcitra*,' VOC. 178; '*culcitra*' PR. P. 421; **qwiltes** (*pl.*) E. G. 350; coultes MAP 334.
qvin, *see* **hwin.**
qvinade, sb., *pottage made of quinces,* C. B. 27.
qvir-boilli, sb., *? O.Fr.* cuir boilli; *boiled leather (for making armour),* CH. C. T. B 2065; qwirbolle BARB. xii. 22.
qvirē, sb., *O.Fr.* cuiree (*curée*), *quarry, captured game;* qvirre TRIST. 459; qverre GAW. 1324.
qvisseux, sb., pl., *O.Fr.* cuissel; *armour for the legs,* MAN. (F.) 10027.
qvistrōn, sb., *O.Fr.* qvistron, coistron; *vagabond, beggar*: ther nas knave no qwistron ALIS. 2511; **qwistounes** (*pl.*) ALEX. (Sk.) 4660.
qvīt, *see* **hwit.**
qvitaunce, sb., *O.Fr.* qvitance; *quittance, payment,* '*acqvietancia*,' PR. P. 421; cwitaunce A. R. 126.
qvite (? qvīte), adj., *O.Fr.* qvite; *quit,* MISC. 46; FL. & BL. 724; M. ARTH. 490; cwite A. R. 6; qvit AYENB. 137; qvit and skere C. L. 1142; **qvite** (*adv.*) *quite* MAN. (H.) 50.
qvit-claim, v., *renounce,* D. TROY 1763, 13086; to qvit claim all qverels 1763; thai qvite claimit the qverell 13086.
qviten, v., *O.Fr.* qviter; *quit; requite, pay for;* R. S. vii (MISC. 190); PL. CR. 351; qvite WILL. 325; GAW. 2244; PR. C. 3920.
qviter, sb., *cf. L.G.* kwater, kwader, *H.G.* koder; *pus, suppuration,* REL. I. 192; qvetor I. 302; qvitere ['*saniem*'] WICL. JOB ii. 8; qviture [qwetour, qvetoure] ROB. 435 (W. 8956*); qvitoure P. L. S. xvii. 159; whitour PR. P. 525.
qviteren, v., *suppurate*; whitourin PR. P. 525; **qviterende** (*pple.*) WICL. WISD. v. 25.
qviver, sb., *O.Fr.* cuivre; *quiver,* '*pharetra*,' PR. P. 421; D. TROY 1730.
qvō, *see* **hwā. qvoin,** *see* **coin.**
qvoint, *see* **coint. qvōn,** *see* **hwōn.**

r.

rā, sb., *O.E.* rāh, = *O.N.* rā, *O.H.G.* rēh, rēch; *roe,* PR. C. 8938; roa [ra] MARH. 3; ro REL. I. 121; roo '*capreolus*' PR. P. 435; D. ARTH. 922; EGL. 261.
rā-buk, sb.,= *O.H.G.* rēchboch; *roebuck,* VOC. 219.
roa-dēor, sb., *O.E.* rāhdēor; *roebuck,* '*capreolus*,' FRAG. 3.
rabbische, adj., *O.Fr.* rabi (*mad*); *unruly,* TREV. VIII. 85.

rabbisch-lich(e), adv., *hastily,* TREV. VIII. 121, 135.
rabbischnesse, sb., *rashness,* TREV. VIII. 147.
rabbe, *see* **rāpe.**
rabel, sb., *pack (of hounds),* GAW. 1899.
rabet, sb., *O.Fr.* rabot; *rabbet, groove, grooving-plane,* '*runcina, runctura*,' PR. P. 421.
rabet[2], sb., *young rabbit,* '*cunicellus*,' PR. P. 421.
rabite, sb., *O.Fr.* arabi; *arab (horse),* GUY[2] (Z.) 10955; rabett 2222; **rabetis** (*pl.*) ALEX. (Sk.) 1320.
rablen, v.,= *M.Du.* rabelen; *mutter;* **rable** (*imper.*) HALLIW. 661.
rabūtin, *see* **rebūtin.**
rac, sb.,= *? M.Du.* rack; *? from* **rēken**; *rack,* MAP 335.
racche, sb., *O.E.* ræcc, *cf. O.N.* rakki; *sleuth-hound;* **racches** (*pl.*) ORM. 13505; MISC. 92; MAP 339; GOW. II. 274; D. ARTH. 3999.
rācen, v., *? for* **erācen**; *eradicate*: to race out pride LIDG. M. P. 162; of race PR. C. 6704.
rāchen, v., *?* = **rākien**; *prepare;* **rāchez** (*pres.*) him radli to ride ALEX. (Sk.) 2031*.
racke, sb., *? M.Du.* racke; *rack;* rakke '*praesepe*' PR. P. 422; HALLIW. 665; at racke & at manger WICL. E. W. 435; a rake of iren for to rost on his eiren E. W. 102; rekke and manger PARTEN. 913; a peire **rakkes** (*pl.*) E. W. 56; rakkes and brandernes of erne 57.
racoillen, *see* **recoillen.**
hrād, adj., *O.N.* hræddr; *afraid;* rad ORM. 2170; IW. 481; GAW. 251; A. P. ii. 1543; M. H. 73; TOWNL. 102; redd ALEX. (Sk.) 1040, 2510; **rāddest** (*superl.*) 1040, 2510*.
rādnesse, sb., *terror,* D. ARTH. 120.
hrad, *see* **hraδ. rād,** *see* **rēd.**
rāde, sb., *O.E.* rād (*journey, road*),= *O.N.* reiδ (*riding*), *M.Du.* reede (*naval station*), *M.H.G.* reite (*riding*); *from* **rīden**; *road, journey,* TRIST. 955; on rade toward Rome JUL. 76; rade [rode] C. M. 11427; rode MAP 339; roode PR. P. 435; D. TROY 1045.
rood-hors, sb., = *M.H.G.* reitros; *saddle horse;* **rood horsis** (*pl.*) (*earlier ver.* ridinge hors) WICL. 3 KINGS iv. 26.
rādegound, *see* **rēdgound** *under* **rēad.**
radevōre (? radenōre), sb., *piece of tapestry:* and weven in her stole the radevore (? *ms.* radeuore, ?radiuore, raduor) CH. L. G. W. 2352; Penelapie renewed her work in the raduore (*for* radeuor) *in* CH. L. G. W. (Sk.) *page* 188.
radish, sb., *Fr.* radis; *radish,* PALL. ii. 201.
ræchen, v., *O.E.* ræcan, ræccan, = *O.Fris.* rēka, rētsa, rēsza, *O.H.G.* reichan; *reach,* LAȝ. 21412; rechen LANGL. B xi. 353; reche

rǣchen.

PR. C. 3814; M. H. 61; rǣche (*pres.*) JOHN xiii. 26; þe schadewe... recheþ to Lempne MAND. 17; rēcheð (*imper.*) forð mid boðe honden A. R. 338; rāhte (*pret.*) LK. xxiv. 30; raht SPEC. 42; M. H. 162; raȝt A. P. ii. 1691; raghte [raughte] CH. C. T. *A* 136; raght OCTAV. (H.) 977; me him to rehte [reahte] anne sceld LAȝ. 23775; reiȝte P. L. S. xx. 95; rāuȝt (*pple.*) WILL. 4823; PL. CR. 733; raught LIDG. TH. 158; *comp.* a-, at-, ȝe-, of-, ofer-rǣchen.

hrǣd, see hrað.

rēd, rāð, sb., *O.E.* rǣd *m.*, *O.N.* rāð *n.*, *cf. O. Fris.* rēd, *O.L.G.* rād, *O.H.G.* rāt *m.*, *counsel*, *advice*; ræd, read [red] LAȝ. 610, 866 (*miswritten* rad 4411); hit þuhte him swiðe hærd ræd (*fate*) 8164; red HOM. II. 61; O. & N. 682; GEN. & EX. 309; ROB. 26; BEK. 100; C. L. 1001; SHOR. 127; P. P. 252; JOS. 491; S. S. (Wr.) 1260; PR. C. 2014; ANT. ARTH. viii; þesne red HOM. I. 63; he scholde nimen his red (*resolution*) FL. & BL. 798; reuthful is mi red A. D. 247; mi red is taken TRIST. 139; red [reed] LANGL. *B* xiii. 374; CH. C. T. *A* 665; reed '*consilium*' PR. P. 426; SPEC. 104; S. B. W. 118; HOCCL. i. 108; red, read A. R. 6, 66; ræd, raþ ORM. 1415, 18719; red, rath HAV. 75, 1194; read, reað, rað KATH. 6, 579, 2000; he wes rēdes (*gen.*) ful LAȝ. 129; rædes men *counsellors* PROCL. 2; reades mon A. R. 224; reaðes mon [*O.N.* rāðs maðr] KATH. 573; rǣde (*dat.*) LAȝ. 19238; heo nomen heom to ræde (*ms.* ræden) [reade] þat aȝæin heo wolden riden 20210; rede AYENB. 9; hwat scal us to rede *what shall help us* HOM. I. 165; if we... doþ al bi his rede MISC. 37; what is me to rede WILL. 903; rade AR. & MER. 2834; rǣdes (*pl.*) LAȝ. 2090; redes O. & N. 1222; *comp.* cün-, hī(w)-, un-, wan-rēd.

rēd-ful, adj., *wise*, LAȝ. 5292; (*ms.* redeful) C. L. 612.

rǣd-ȝive, rēd-ȝeve, sb., *O.E.* rǣdgifa, = *O.H.G.* rātgebo; *counsellor*, LAȝ. 11615, 24888.

rēd-lēas, adj., *O.E.* rǣdlēas, = *O.H.G.* rātelōs; *without counsel*, HOM. I. 211; redles O. & N. 691; WILL. 2915; TOWNL. 225.

rǣd-man, sb., = *M.H.G.* rātman; *counsellor*; readmen (*pl.*) KATH. 573*.

rēd-wis, adj., *wise in counsel*; rēadwisest (*superl.*) MARH. 13.

[rǣd², adj.; *comp.* ān-, fast-, lat-, sam-, twi-rǣd, (-rēd, -rēde).]

[rǣde, adj., *O.E.* rǣde, = *O.Fris.*, *M.L.G.* rēde, *M.H.G.* rcite; (*ready*).]

rede-lichē, adv., *O.E.* rǣdlīce; *readily*, O. & N. 1281; WILL. 5467; PL. CR. 811; readeliche A. R. 344.

rǣdels, sb., *O.E.* rǣdels, = *M.L.G.* rēdelse, *M.H.G.* rætsal; *riddle*, *enigma*; redels VOC. 160; WICL. JUDG. xiv. 16; redels [ridels]

rǣden.

TREV. III. 181; redels [redeles, rideles] LANGL. *B* xiii. 184.

[rǣden, sb., *O.E.* rǣden (*condition*); *comp.* brōðer-, cün-, cūð-, fēlaȝ-, fēr-, folc-, frēond-, hāte-, hēow-, luf-, man-, nēhebūr-, sib-rǣden (-rēden, -rāden).]

rǣden², rāðen, v., *O.E.* rǣdan, *O.N.* rā*a, = *Goth.* (ga-)rēdan, *O.Fris.* rēda, *O.L.G.* rādan, *O.H.G.* rātan; *counsel*; *explain*; *rule*; ræden LAȝ. 2330; reden CH. TRO. i. 668; reden, readan HOM. I. 37, 115; rede O. & N. 1697; ROB. 65; BEK. 831; AYENB. 154; GOW. I. 151; IW. 2153; P. L. S. iii. 60; PERC. 1248; ANT. ARTH. xliii; he kan rede þe a riȝt FL. & BL. 142; rede redels LANGL. *B* xiii. 184; þat dremes couþe rede A. P. ii. 1578; raþen ORM. 2948; rathe, rothe, rede HAV. 104, 1335, 2817; rǣde (*pres.*) ORM. 18336; rede S. S. (Wr.) 1689; HOCCL. i. 382; ic rede ðat ge flen GEN. & EX. 3118; reade A. R. 24; redeþ C. L. 943; who se riht redeþ SPEC. 26; read H. M. 9; yef me him wel ret AYENB. 22; rǣd (*imper.*) LAȝ. 18718; (ȝe) rædeð, reade LAȝ. 875, 881; rǣdde (*pret.*) ORM. 6496; FL. & BL. 761; HAV. 1353; BEK. 467; redde GEN. & EX. 3436; AYENB. 184; red L. H. R. 64; raddest O. & N. 159; ræden LAȝ. 11414: *comp.* a-, bi-, for-, ȝe-rǣden.

rǣdere, sb., *O.E.* rǣdere; *counsellor*; rēderes (*pl.*) AYENB. 184.

rǣden³, v., *O.E.* rǣdan, (*originally the same word as* rǣden²); *read*, *say*, *speak*; ræden [reade] LAȝ. 4497; A. R. 286; REL. I. 224, 263; HAV. 244; SHOR. 47; ne mahte hit na mon rikenin ne ræden (*v. r.* tellen) JUL. 51; clerkes þat conne reden C. L. 1241; no tonge ne mihte reden ne þouȝt þenken his mihtful deden 1359; rede L. H. R. 108; me hit mai no þinke rede O. & N. 350; hwa schal unker speche rede 1782; whi þei wolde nought of him rede MAN. (F.) 10598; þer herd(e) i rede in roune who Tristrem gat and bar TRIST. 3; rede and sai(e) PR. C. 6288; rēde (*pres.*) GEN. & EX. 34; redeþ ORM. 17286; redeð, ret A. R. 170, 244; ret HOM. I. 125; AYENB. 231; þei reden MAND. 83; rǣdde (*pret.*) REL. I. 59; redde [radde] LANGL. *B* iii. 334; radde LAȝ. 10; redden CH. C. T. *F* 713; rēd (*pple.*) ORM. 6870; rad GOW. I. 194; MAND. 132; DEGR. 962; ired MARH. I; irad FL. & BL. 578; P. L. S. xvii. 431; *comp.* a-rēden.

rǣdere, sb., *O.E.* rǣdere; *reader*, MARH. 20; BEK. 1068; SHOR. 47.

rēdunge, sb., *O.E.* rǣding; *reading*, HOM. I. 93; A. R. 286; on rædinge FRAG. I.

rǣden⁴, v., *O.E.* (ge-)rǣdan = *M.L.G.* rēden, *M.Du.* reeden, *Goth.* raidjan, *M.H.G.* reiten; *get ready*, *prepare*; rǣdde (*pret.*) MAN. (F.) 14088; and large roum about hem redde AR. & MER. 7906; þet setle swa h(e)o radden HOM. I. 61; *comp.* a-, ȝe-rǣden.

rǣdi [reàdi], adj., *cf. M.L.G., Swed.* rēdig; *ready, prepared*, LAȝ. 8651; rædiȝ ORM. 2527; redi R. S. ii; MISC. 42; GEN. & EX. 1066; JOS. 42; L. H. R. 139; GREG. 344; LANGL. *A* iv. 155; WICL. JOHN vii. 6; MAND. 236; C. M. 7469; a redi wei TOR. 868; readi HOM. I. 277; **rēdie** (*pl.*) HOM. II. 191; þe rēdieste (*superl.*) answere TREV. III. 181; *comp.* ȝe-rǣdi.

rēdi-līche, adv., *readily*, WILL. 1226; redili TRIST. 1523; CH. C. T. *C* 667.

rēdinesse, sb., *readiness*, PR. P. 426.

rǣdien, v., = ? *M.L.G.* rēdegen; *direct, prepare; discourse*; readien HOM. I. 249; redie MAND. 185; rēdies (*pres.*) IW. 1956; rēdi (*imper.*) the D. ARTH. 4137; and rēdied (*pret.*) hem forþ to wende C. M. 5040; ? *comp.* bi-rēdien.

rǣf, rǣfen, see **rēaf, rēaven**.

rǣft, sb., *O.N.* raptr, *mod.Eng.* raft; *beam, plank*; raft AV. ARTH. xxv.

rǣfter, sb., *O.E.* ræfter, = *M.Du., M.L.G.* rafter; *rafter*; refter 'tignum' FRAG. 4; 'trabs' VOC. 260; þane refter AYENB. 175; rafter CH. C. T. *A* 990; **rǣftres** [refteres] (*pl.*) LAȝ. 7829; rafters [refters] TREV. VII. 349.

rǣh, see **hrēoh**.

hrǣȝel, hrǣgel, sb., *O.E.* hrægl, = *O.H.G.* hregil, *O.Fris.* hreil; *robe, neckerchief*; reȝel O. & N. 562; reil HICKES I. 167; rail JOHN xiii. 4; ræglen ['*pannis*'] LK. ii. 12; *comp.* **setrǣiȝol**.

rǣil-hūs, sb., *O.E.* hrægelhūs; *vestry*, 'vestiarium,' FRAG. 4.

reil-þein, sb., *O.E.* hrægelþēn; *valet*, SAX. CHR. 260.

hrǣilen, v., *cf. O.H.G.* (ki-)hregilōd (*adorned*); *clothe*; railed (*pple.*) GAW. 745; real(l)i railed (*ms.* railled) wiþ wel riche clopes WILL. 1618; railid D. ARTH. 3263.

rǣm, see **hrēam**.

rǣmen [rēmen], v., *O.E.* (a-)ræman, = *M.H.G.* ræmen; *stretch out, extend; contend*; LAȝ. 4128, 16751; he gon ræmien (? for ræmen or ramien) [remi] *he began to stretch himself* 25991; holde everich his owene mester & nout ne reame (*imper.*) oðres A. R. 72; Brutus him **rǣmde** [remde] (*pret.*) to LAȝ. 682; remed *yawned* LANGL. *C* viii. 7; heo ... ræmden to gadere LAȝ. 623.

rǣren [reare], v., *O.E.* ræran, *from* rīsan; *rear, raise*, LAȝ. 17458; rere DREAM 468; up rere P. L. S. xii. 41; þei lete rere a halle S. S. (Wr.) 138; rēre (*imper.*) PS. l. 11; **rǣrde** (*pret.*) LAȝ. 22111; and ivcle laȝe rerde (*v. r.* arerde) P. L. S. viii. 86; ROB. 28; rēred (*pple.*) P. S. 249; rerid WICL. GEN. xxxiii. 20; *comp.* **a-rǣren**.

rǣs, sb., *O.E.* ræs, = *O.N.* rās, *M.Du.* raes; *from* rīsen; *race, rush, course*; res O. & N. 512; MISC. 93; JOS. 491; he was wroþ and maked a res S. S. (Web.) 2391; res [rees] GAM. 547; rees GOW. I. 335; TREV. VIII. 348; E. T. 1080; AV. ARTH. xxii; res, reas M. ARTH. 1957, 2961; moni grimne reas LAȝ. 2283; rase PR. C. 8938; **rǣse**, rese (*dat.*) LAȝ. 21367, 31236; on a rese PERC. 1366; A. P. ii. 1782; to þe bischope in a ras he ran M. H. 141; **rǣsen** (*dat. pl.*) LAȝ. 5200 (*miswritten* rasen 683); *comp.* fēond-rǣs, in-rās.

rǣsen, v., *O.E.* ræsan, *cf. O.H.G.* reisōn, *O.N.* rāsa, *M.Du.* rāsen; *race, rush, run*, LAȝ. 1004; rese IPOM. 1831; rase GOW. II. 264; Saladin began to rase for ire RICH. 3633; **rǣsde** (*pret.*) MK. x. 50; ræsde [resde] LAȝ. 6496; ant te drake resde to hire MARH. 10; resede TREV. VI. 377; resden to þan castle LAȝ. 1679; *comp.* ȝe-rǣsen.

raf, sb., *O.Fr.* raffe, *cf. mod.Eng.* riffraff; *rubbish*, '*purgamenta*,' PALL. i. 827.

rafies, sb., pl., *O.Fr.* rafle; *a game at dice*; tables and rafles CH. C. T. *I* 793.

raft, rafter, see **rǣft, rǣfter**.

rāge, sb., *O.Fr.* rage; *rage, folly, madness*, ROB. 216; C. L. 197; AYENB. 142; ALIS. 980; a rage and suche a veze CH. C. T. *A* 1985.

rāgerie, sb., *wantonness*, CH. C. T. *D* 455.

ragge, sb., *O.N.* rögg (*tuft*); *rag*, '*panniculus*,' PR. P. 421; SHOR. 110; **ragges** (*pl.*) P. S. 150; GOW. I. 100.

ragge-man, sb., *ragman*: ragman, or he that goith with jaggid clothis PR. P. 421; þat rageman [raggeman] (*sc. the devil*) þat first man deceivede LANGL. *C* xix. 122; rageman (*for* rageman-rolle) *a contemptuous name for a document with many seals*: (he) rauhte his his ragemon (*papal bull*) [ragman] LANGL. *A* PROL. 73.

ragged, adj., *ragged, shaggy*, MAP 338; a ragged colt ALIS. 684; raggede clopes LANGL. *B* xi. 33.

rāgin, v., *O.Fr.* ragier; *rage; be wanton*, '*rabio*,' PR. P. 421; rage ST. COD. 94; pleien ant rage A. D. 237; to rage & to pleie CH. C. T. *A* 3273; if any of his feris **rāged** (*pret.*) ALEX. (Sk.) 638; þou has **rāgid** (*pple.*) 460.

rai, sb., *for* arrai; *array*, DEP. R. iii. 125.

rai[2], sb., *Fr.* raie; *striped cloth*, '*stragulum*,' VOC. 238; the raie is turned overthvert that sholde stonde adoun P. S. 336; **raies** (*pl.*) LANGL. *A* v. 125, *B* v. 211, *C* vii. 217.

rai-cloth, sb., *striped cloth*, WICL. PROV. xxxi. 22.

raie, sb., *Fr.* raie; *ray* (*a fish*), '*ragadia*,' VOC. 222; raiȝe ROB. (W.) *page* 821.

raien, v., *for* arraien; *set in array*; rai YORK xxvi. 246; **rais** (*pres.*) him ALEX. (Sk.) 2031; **raied** (*pret.*) ROB. (W.) 4386*.

raike, sb., *O.N.* reik *n.*, *course, path*, D. ARTH. 2985; reike '*vagatio*' PR. P. 427.

raiken, v., *O.N.* reika; *wander*; raike PR. C. 4891; M. ARTH. 3373; M. H. 58; reike

MAP 342; **raikes** (*pres.*) A. P. iii. 89; **raikinde** (*pple.*) A. R. 140*; **raiked** (*pret.*) GAW. 1727; reikid FLOR. 1648.

rail, sb., *cf. M.L.G.,* Swed. regel, *O.H.G.* rigel; *rail,* '*paxillus,*' PR. P. 422; GOW. III. 75; **railes** (*pl.*) PALL. iv. 287.

railen, v., ?=*M.H.G.* regelen; *arrange in a row*: raile vinis PR. P. 422; **railed** (*pple.*) opon a rowe MIN. iv. 83; lettres railed a right M. ARTH. 3531.

railen, *see* hræilen, reilen.

raimen, v., ? = rāmien; *arrange; guide; direct*: raimen (?*govern*) þe realmes LANGL. A i. 93; and ham doþ raimi and kveadliche lede AYENB. 44; raime ALEX. 2488; falser men might no man raime E. T. 431; reime MAN. (H.) 185; al þat þe riche mai reime LANGL. C xiv. 96; **raimeþ** (*pres.*) P. S. 150; reimeþ P. R. L. P. 231; **reimed** (*pret.*) MAN. (H.) 29; raimed D. ARTH. 100; *comp.* a-reimen.

rain, *see* hrān.

raines, sb., *from* Rheims, pr. n.; *fine linen of Rheims*; serkis of raines ALEX. (Sk.) 4339; reines 1550.

raisen, v., *O.N.* reisa,=*Goth.* raisjan, *O.E.* (a-)rāsian; *raise, rear*; (*ms.* rezzsenn) ORM. 15599; reise CH. C. T. *D* 2102; WICL. JOHN xi. 11; nu **raise** (*pres.*) þai up þe rode HOM. I. 283; **reise** (*imper.*) SPEC. 100; **reisede** (*pret.*) REL. I. 224; *comp.* a-reisen.

raisin, *see* reisin.

raisōn, sb., *O.Fr.* raison, raisun; *reason, talk*; raisoun A. P. 191; reisun A. R. 78; resun KATH. 2248; P. L. S. III. 19; reson ROB. 196; reson [resun] C. L. 1080.

raisonable, adj., *O.Fr.* raisonable, resnable; *reasonable, eloquent*; resonable [*v. r.* resnable, renable] LANGL. *C* i. 176; renable ROB. 414; AYENB. 95.

rak, sb., ? *O.N.* rek; ?*cloud,* HALLIW. 662; A. P. iii. 176; D. TROY 1984; upon rak rises þe sunne GAW. 1695.

[**ráke,** sb.,*from* ráken; *comp.* ǽrend-réke.]

ráke², sb., *O.E.* race,=*M.L.G.,* *M.Du.* rake *f.*; *from* **réken**; *rake*, '*rastrum,*' PR. P. 422; VOC. 201; R. S. v; CH. C. T. *A* 287.

rake-stéle, sb., *rake-handle*; that tale is nat worth a rake stele CH. C. T. *D* 949.

ráke³, sb., ? *region, path,* GAW. 2144; out of þe rake [rakke] of rijtwisnes renne suld he nevire ALEX. (Sk.) 3383; þe rake on þe rijt hand 5070.

kráke, sb., *O.E.* hraca,=*M.L.G.* rake, *O.H.G.* racho; *throat*; rake MARH. 11; R. S. v (MISC. 180); of þe feondes rake KATH. 919.

rāke, sb., ?=ráike; (*r. w.* lake) TOWNL. 218.

rakel, sb., *hasty, rash,* CH. C. T. *H* 278; A. P. iii. 526; rakil HOCCL. i. 83; LUD. COV. 24; **rakele** (*pl.*) LEG. 37.

rakelnesse, sb., *rashness,* CH. C. T. *H* 283.

rakente, sb., *O.E.* racente,=*O.N.* rekendi, *O.H.G.* rahchinza; *chain*; **rekenthis** (*pl.*) ALEX. (Sk.) 5542.

raken-tēie, sb., *O.E.* racentēag (*for* racentēag); *chain*, BEV. 1636; raketeȝe LAȝ. 16752; raketiȝe ROB. (W.) 3001*; raketeie P. L. S. viii. 141; JUL.³ 112; raketehe HOM. I. 249; JUL. 46; **raketēgen** (*pl.*) MK. v. 4; raketeien LEG. 162.

raket, sb., *O.Fr.* rachette, rasquette; *racket*: pleien raket to and fro, netle in, dokke out, now this, now that CH. TRO. iv. 460.

rákien, v., *O.E.* racian, = *M.L.G., M.Du.* raken, *O.N.* raka (*scrape*), Swed. raka (*scrape, run*), Goth. ufrakjan (ἐκτείνειν), *mod.Eng.* rake; *wander, run, go*; *scrape*; rakin PR. P. 422; raken GEN. & EX. 2132, 3324; raken PL. CR. 72; rake AR. & MER. 8048; TOWNL. 167; Horn to halle **rákede** (*pret.*) HORN (R.) 1084; mid sweorden beom to rakeden LAȝ. 18058.

rákere, sb., *scavenger,* LANGL. *A* v. 165; racare '*fimarius*' PR. P. 421.

rakke, *see* racke.

ram, sb., *O.E.* ramm,=*M.L.G., O.H.G.* ram; *ram,* '*aries,*' VOC. 177; '*vervex*' PR. P. 422; ['*arietem*'] WICL. GEN. xv. 9; Iw. 3019; (*ms.* ramm) ORM. 1136; rom '*aries*' FRAG. 4.

ramal, sb., *old wood*; (*misprinted* rainal) PALL. iii. 292.

ramblen, v., *ramble*; **romblinge** (*pple.*) LANGL. *C* vi. 11*.

Ramesēie, pr. n., *O.E.* Rammes ēge; *Ramsey,* ROB. 283; Ramesæie SAX. CHR. 266.

rāmien, v.,=*M.L.G., M.Du.* rāmen, *O.H.G.* rāman, rāmen (*direct one's way*); *roam, direct one's course*; romen CH. TRO. ii. 516; rome HAV. 64; into þe toun he moste rome AL. (L.³) 290; and rome fro home LANGL. *B* xi. 124, *C* xiii. 63 (Wr. 6836); roume [rombe] LANGL. *B* xi. 109, *C* xiii. 48*; **rōmeþ** (*pres.*) ALIS. 7207; **rōminde** (*pple.*) S. S. (Web.) 1429; **rōmed** (*pret.*) WILL. 1608; þa Romleoden rameden ȝeond uþen LAȝ. 7854; *see* **rāmen, raimen**; *der.* **ramblen.**

rōmere, sb., *wanderer, roamer,* LANGL. *B* x. 306*; **rōmares** (*pl.*) LANGL. *C* iv. 120.

ramin, *see* ramne.

rammin, v., *ram,* '*trudo, pilo*' PR. P. 422; **rammed** (*pret.*) AR. & MER. 533.

rammin, *see* ramne.

rammisch, adj., *like a ram,* CH. C. T. *G* 887.

ramne, sb., *Lat.* rhamnus; *thorn, bramble,* ['*rhamnum*'] WICL. JUDG. ix. 14; rammin [ramin] HAMP. PS. lvii. 9.

rampe, sb., ? *mod.Eng.* romp; *common scold,* KN. L. 25.

rampen, v., ? *O.Fr.* ramper; *scratch with paws*: raumpe on him PR. C. 2225; she **rampeþ** (*pres.*) in mi face CH. C. T. *B* 3094; **rampend** (*pple.*) *rampant,* GOW. III. 74.

hramsen, sb. pl., *O.E.* hramsa, = *M.L.G.* ramese, *Swed.* rams; *wild garlic*; ramsis PR. P. 422.

ran, sb., *song*, S. S. (Web.) 2723; ron SPEC. 33; CL. M. 2; a luve ron MISC. 93; **ronnes** (*pl.*) KATH. 108.

[? **ran²**, sb., *O.N.* rann (*house*).]
ran-saken, v., *O.N.* rannsaka (*search the house*), *from O.N.* rann, *see* **ern**; *ransack*, GEN. & EX. 2323; ransake CH. C. T. *A* 1005; REL. I. 8; **ransakand** (*pple.*) PS. vii. 10.

hrān, sb., *O.E.* hrān, = *O.N.* hreinn; *reindeer*: þe ronke racches þat ruskit þe ron MISC. 92.

rain-dēr, sb., *reindeer*; raindere D. ARTH. 922.

ranc, adj., *O.E.* ranc, = *O.N.* rakkr; *rank*, *strong, brave, proud*, GEN. & EX. 2105; heþ folc & ranc (*ms.* rannc) ORM. 9622; rank MAN. (F.) 13805; H. S. 5095; ISUM. 200; ronk GAW. 513; A. P. i. 843; **ranke** (*pl.*) P. S. 341; ronke A. R. 268*; þe ronke racches MISC. 92.

rancle, sb., *festering sore*, REL. I. 52, 53.

ranclen, v., *rankle*: his flesch gan ranclen & rebelle BEV. (K.) 2832.

rancour, sb., *O.Fr.* rancœur, rancuer; *rancour*, CH. C. T. *A* 2732; ALEX. (Sk.) 2701.

rand, sb., *O.E.* rand, rond, *cf. O.H.G.* rand *m.*, *O.N.* rönd *f.*, *margin, border*; **rande** (*dat.*) GAW. 1710; **randes** (*pl.*) PL. CR. 763; randez A. P. i. 105.

randen, v.? = *O.Fris.* randa; *lacerate*; ronden KATH. 1998; rondin ant rendin MARH. 6.

randōn, sb., *O.Fr.* randon (*course*); *mod.Eng.* (at) random; *onrush, force; torrent of words, harangue*; PARTEN. 1727; '*haringa*' PR. P. 423; furre fleeth in o randun P. L. S. xxxv. 132; randoun M. ARTH. 2888; randoum MAND. 238; in a randoune BARB. xvii. 694; intill a randoune BARB. xix. 596.

rangale, sb., *rabble, camp-followers*, BARB. xii. 474; rangall xiii. 341; rangald viii. 198.

rank, *see* **ranc**.

ranken, v., *? grow rank*: er hit ronke (*subj.*) in rote ANGL. IV. 193.

ransaken, *see under* ran².

ransūn, sb., *O.Fr.* raençon, raenchon, *from Lat.* redemptio; *ransom*; raunsun A. R. 124; raunson MAN. (F.) 3332; raunsoun C. L. 514; raimson ROB. (W.) 6046*; raunceoun LANGL. *B* viii. 35; **ransōns** [raunsons] (*pl.*) ALEX. (Sk.) 1665.

ransunen, v., *ransom*; (i) **ransoun** (*pres.*) ... mine lige LANGL. *C* xxi. 398 (raunceon *B* xviii. 347); **raunsoned** (*pple.*) *B* xvii. 301.

rap, sb., *cf.* Dan. rap, *Swed.* rapp; *rap*; rappe '*ictus*' PR. P. 423; **rappes** (*pl.*) EM. 660; ALIS. (Sk.) 348; rappis OCTOV. (W.) 334.

hrap, adj., *cf. Dan., Du.* rap; *swift*; rape GAM. 101; **rápe** (*adv.*) R. R. 6516.

rap-lī, adv., *quickly*, WILL. 3179; FER. 384; LANGL. *A* v. 176; M. H. 32; MIN. vi. 67.

rāp, sb., *O.E.* rāp, *cf. M.L.G.* rēp *m.*, *Goth.* raip, *O.N.* reip *n.*, *O.H.G.* reif *m.*; *rope*, ORM. 15818; enne rap [rop] LAȝ. 20333; rop FRAG. 1; ROB. 448; FER. 2902; roop PR. P. 436; TREV. VII. 423; **rāpe** (*dat.*) REL. II. 282; rope SHOR. 110; **rāpes** (*pl.*) LAȝ. 1099; MIN. viii. 68; ropes GREG. 481; *comp.* **sti(ȝ)-rōp.**

rápe, ráve, sb., *Lat.* rāpa, *O.Fr.* rabe, rave; *rape (the plant)*, '*rapa*,' VOC. 191; PR. P. 423; **rabben** (*pl.*) ALIS. 4983; wilde raves PALL. v. 170.

hrápe, sb., *haste*; rape PR. P. 423; HORN (L.) 1418; S. S. (Web.) 1631; REL. I. 115; H. S. 2143; **rápe** (*dat.*) LANGL. *B* v. 333; GOW. I. 296; over þeo table he leop a rape ALIS. 4239; in rape L. H. R. 135.

hrápen, v., *O.N.* hrapa; *rush, hasten*; rapin PR. P. 423; rapen GEN. & EX. 2376; rape GOW. I. 335; SACR. 659; rape and renne CH. C. T. *G* 1422; rape þe to shrifte LANGL. *B* v. 399; **rápede** (*pret.*) GEN. & EX. 1221; þe folk þat escaped to Scotland þam raped MAN. (H.) 90.

rāpere, sb., = *M.L.G.* rēpere; *rope maker or seller*; ropere VOC. 212; TREV. V. 181; LANGL. *A* v. 166.

rappin, v., = *Swed.* rappa; *rap, beat, 'pulso,'* PR. P. 423; rappe LUD. COV. 183; rappe a doune LANGL. *C* ii. 91.

rār, sb., *O.E.* (ge-)rār; *roar*; a rore (*printed* arore) MISC. 216; rōre (*dat.*) GOW. III. 74; **rāris** (*pl.*) GOL. & GAW. 85 (ANGL. II. 411).

rārin, v., *O.E.* rārian, = *M.L.G.* rāren, *M.Du.*, *O.H.G.* rēren; *roar*, JUL. 49; HAMP. PS. lxxvi. 1; rare IW. 242; PR. C. 7341; rare, rore C. M. 12530; rair, rar BARB. iv. 423, x. 685; roren WICL. JOB vi. 5; roorin PR. P. 437; rore P. L. S. xix. 241; WILL. 86; EGL. 327; **rārinde** (*pple.*) MARH. 17; **rārede** (*pret.*) D. ARTH. 784; rorede OCTOV. (W.) 1739; he rorede als a bole HAV. 2438.

rārunge, sb., *O.E.* rārung; *roaring*, HOM. I. 253.

rās, *see* **rǣs**.

rascaile, rascalie, sb., *? O.Fr.* rascaille, *mod. Eng.* rascal; *refuse, worthless people*, PR. P. 423, 424; rascaille MAN. (F.) 6784; raskaille D. ARTH. 2881; rascaile, rasskaile *lean deer* DEP. R. ii. 119, 129.

rasch, adj., *O.N.* röskr, = *O.H.G.* rasc, *M.Du.* rasch; *rash, sharp, swift*; rasch & ronk A. P. i. 1166; **rashe** (*adv.*) L. C. C. 18.

raschen, v., *? O.N.* raska; *? rush*: riche stedes repended and **rasches** (*pres.*) one armes D. ARTH. 2107.

rāsen, *see* **rǣsen**.

rásin, v., *O.Fr.* raser; *scrape*, PR. P. 424; rásith (*pres.*) WICL. WISD. xiii. 11.
rasken, *see* raxen.
rásour, sb., *O.Fr.* rasour; *razor*, AYENB. 66; CH. C. T. *B* 3246; rasure HAMP. PS. li. 2; rásours (*pl.*) P. L. S. xix. 221.
raspen, v., *cf. Du.* raspen, *Dan.* raspe, *Swed.* raspa; *rasp, scrape*: rospen & raken GEN. & EX. 2132; rasped (*pple.*) A. P. ii. 1545.
rasse, sb., *raised mound, top*: a rasse of a rok A. P. ii. 446.
raste, *see* reste..
ʀratelen, v., = *M.Du.* ratelen, *M.H.G.* razzeln; *rattle, strike together*; ratelen REL. I. 65; ratled (*pret.*) AR. & MER. 7858.
ráten, v., ? *Swed.* rata; *rate, scold*: he schal be ráted (*pple.*) CH. C. T. *A* 3463; *comp.* a-ráten.
raton, sb., *O.Fr.* raton; *rat*, LANGL. *B* PROL. 158; CATH. 300; ratones (*pl.*) LANGL. *C* i. 165, 198.
ratoner, sb., *rat-catcher*, LANGL. *A* v. 165; ratonere *B* v. 322.
ratte, sb., = *M.Du.* ratte, *M.L.G.* rotte; *rat*: rattes (*pl.*) LANGL. *B* PROL. 200; MAND. 250; rotte VOC. 177.
ratte², sb., *rag*: i rattes (*pl.*) & i clutes HOM. l. 277.
ratten, v., *cf. M.H.G.* ratzen; *lacerate, tear*; ratted (*pple.*) A. P. ii. 144; *comp.* to-ratten.
ʀrað, adj., *O.E.* hræð, hræd, *O.N.* hraðr, = *O.H.G.* hrad; *swift*; rath PERC. 98; rad GEN. & EX. 617; to cheste rad O. & N. 1043; þar to he was ful rad S. A. L. 150; ræd ['*promptus*'] MAT. xxvi. 41; LA3. 12318; rathe mon ANT. ARTH. xxxiv; rathe men D. ARTH. 2550; grucching and luring him beoþ rade O. & N. 423; heo beoþ to rad(e) SPEC. 45; ráðe (*adv.*) *quickly, soon*, LA3. 4338; KATH. 554; ʀis sonde hem overtakeð raðe GEN. & EX. 2313; raþe ORM. 13766; HAV. 358; AYENB. 152; MAN. (H.) 87; M. H. 26; raþe oþer late O. & N. 1147; raþe [rathe] LANGL. *A* iii. 56; whi rise 3e so raþe [rathe] CH. C. T. *A* 3768; reaðe, reðe [raðe] A. R. 54, 86; reðe HOM. I. 91; hraþur (*compar.*) *rather* LEECHD. III. 120; raðer LA3. 3539; A. R. 190, 384; oþer raðer oþer later ANGL. I. 15; raþer BEK. 1652; SHOR. 160; CH. C. T. *E* 2302; reðer HOM. I. 115; (h)is raþere wif ROB. 285; þe raþere toun MAND. 46; ráþest (*superl.*) LANGL. *B* xiv. 203.
raðe-, read-liche, adj., *O.E.* hræð-, hrædlíce; *quickly, promptly*, A. R. 422; reačliche HOM. I. 247; redliche 3; radliche LA3. 25603; rathli L. H. R. 84; MIN. vii. 91; MIR. PL. 151; radli JOS. 629; GAW. 367.
red-mōd, adj., *O.E.* hrædmōd; *hasty, irritable*, HOM. I. 105.
ráþ, ráþen, *see* rǣd, rǣden.

ʀráu, adj., *O.E.* hrēaw, = *O.L.G.* hrā, *O.N.* hrār, *O.H.G.* rōw; *raw*; rau LEG. 36; P. S. 237; (*ms.* raw) '*crudus*,' PR. P. 424; ALIS. 4932; TREV. V. 431; MAND. 203; rau3 SAINTS (Ld.) xlv. 152; ra VOC. 200.
ráu-hēde, sb., *rawness*, '*cruditas*,' PR P. 424.
ráunesse, sb., *O.E.* hrēawness; *rawness*, PR. P. 424.
rauncesūn, *see* ransūn.   ráve, *see* rápe.
ʀráven, sb., *O.E.* hræfn, hræm, = *O.N.* hrafn, *M.L.G.* raven, *O.H.G.* hraban; *raven*; raven REL. I. 218; A. P. ii. 455; reafen [reven] A. R. 84; reven TREAT. 133; revin VOC. 177; reafnes (*gen.*) A. R. 84; remes LA3. 30392; réfnes (*pl.*) LK. xii. 24; ravenes S. S. (Wr.) 3147.
réven-fōt, sb., *a plant*, REL. I. 36.
rávin, v., *O.Fr.* raver, *from Lat.* rabere; *rave,* '*deliro*,' PR. P. 424; rave GOW. I. 282; MIRC 1326; LUD. COV. 44; ráve (*pres.*) HOCCL. i. 394; we rave CH. C. T. *G* 959; ráved (*pret.*) LANGL. *B* xv. 10.
ravine, sb., *O.Fr.* ravine; *rapine*, CH. P. F. 323; PR. C. 9448.
ravinour, sb., *plunderer*, CH. BOET. iv. 3 (121); ravenour TREV. VII. 445; raviners (*pl.*) CH. BOET. i. 4 (12).
ravissen, v., *O.Fr.* ravir; *ravish*: þou... ravissest (*pres.*) ROB. 194; shrewes ravissen CH. BOET. iv. 5 (131); ravischede (*pret.*) LANGL. *A* iv. 36; ravisched MAN. (F.) 436.
ravissour, sb., *Fr.* ravisseur; *ravisher*: ravischers (*pl.*) wiþ ravisschours MISC. 225.
rǣw, *see* hráu.
rǣwe, sb., *O.E.* rǣw, rǣw, = ? *M.L.G.* rēge; *row, line, series*, KATH. 1954; TRIST. 3095; A. P. i. 544; AV. AR. vi; a rawe FER. 4605; rowe '*series, linea*' PR. P. 438; HORN (R.) 1086: AM. & AMIL. 1900; TOR. 818; on rowe MIRC 123; for þre ni3tes a rowe he sei3 þat same si3t ED. 68; on a rowe SPEC. 3; rowe, rewe SHOR. 93, 95; rewe BEK. 2201; GOW. I. 50, III. 308; CH. C. T. *A* 2866; DEP. R. PROL. 54; a rewe A. R. 90; bi rawe 336; a rewe ROB. 252; bi rewe DAV. DR. 31; rǣwen (*pl.*) JUL. 21; *comp.* dai-rǣwe (-rēwe).
rǣwen, v., ? *beam*, ? *dawn, run*: hertes gonne rowe REL. I. 120; þe dai rōweþ (*pres.*) LANGL. *C* ii. 114; er þe dai rēwe (*subj.*) P. S. 239; rōwed (*pret.*) LANGL. *B* xviii. 123.
raxen, v., *stretch*; raske H. S. 4282; raskit (*pres.*) VOC. 152; raxes him REL. II. 80; raxed [roxed, roskid] (*pret.*) LANGL. *B* v. 398.
raxlen, v., *stretch*; roxle (*pres.*) REL II. 211; raxlede (*pret.*) LA3. 25992; raxled A. P. i. 1173; raxlede [rascled] & remed LANGL *C* viii. 7.
[re-, prefix, *O.Fr.* re-, *Lat.* re-; *again*.]

hrēac. **rebútin.** 497

hrēac, sb., *O.E.* hrēac,=*O.N.* (torf-)hraukr; *rick*, '*acervus*,' FRAG. 2; rek REL. II. 80; reek PR. P. 428; **rēkes** (*pl.*) WICL. EX. xxii. 6.

rēad, adj. & sb., *O.E.* rēad,=*O.Fris.* rād, *O.L. G.* rōd, *O.H.G.* rōt, *Goth.* rauds, *O.N.* rauðr; *red*, A. R. 112; ræd [read] LA3. 15940; red HOM. I. 83; R. S. v; red [reed] CH. C. T. *A* 153; reed MAND. 57; WICL. GEN. xxxviii. 27; HOCCL. i. 159; Ϸe reade se GEN. & EX. 2670; Mars yaf to her coroun reed *redness* CH. L. G. W. 533; **rēades** (*gen. m.*) A. R. 402; **rēade** (*dat. m. n.*) REL. I. 173; mid his reade blode FRAG. 6; of reade [rede] golde LA3. 1181; **rēde** [rede] (*pl.*) LA3. 1890; **rēddore** (*compar.*) C. L. 719; raddere P. S. 330; *comp.* **fūr-, in-rēad.**

rēd-brēst, sb., *redbreast*, PR. P. 426.

rēd-gound, sb., *mod.Eng.* redgum; '*scrophulus,*' PR. P. 426; **rēdegounes** (*pl.*) LANGL. *C* xxiii. 83.

rēdnesse, sb., *O.E.* rēadness; *redness*, PR. P. 426.

read, readen, *see* **rēd, rēden.**

rēaden, v., *O.E.* rēadian, *cf. O.H.G.* rōtēn, rōten; *make red*; **rēdes** (*pres.*) SPEC. 34; **irēaded** (*pple.*) A. R. 356.

rēaf, sb., *O.E.* rēaf,=*O.Fris.* rāf, *M.Du.* roof, *O. H.G.* roub; *robe, garment; spoil; plunder*; HOM. I. 225; warp he an his rugge a ræf [reaf] swiϸe deore LA3. 23760; **rēve** (*dat.*) O. & N. 458; AR. & MER. 8396; læten þa ræf liggen LA3. 8612; **rēafe** (*gen. pl.*) MAT. xxiii. 5; *comp.* **bed-, messe-rēaf** (-**rēf**).

rēaf-lāc, sb., *O.E.* rēaflāc; *rapine*, HOM. I. 39; ræflac LA3. 9939; reflac A. R. 202; GEN. & EX. 436; refloc HOM. II. 79.

rēal, adj., *O.Fr.* real; *royal*, WILL. 1597; real [rial, roial] CH. C. T. *A* 1018.

rēal-liche, adv., *royally*, TREV. III. 171.

rēalme, sb., *O.Fr.* realme, reaume, roiaume; *realm, kingdom*; rialme GAW. 691; realme DREAM 250; roialme MAN. (F.) 14763; reaume BEK. 948; WILL. 1964; reame LANGL. *C* i. 192; reume *B* viii. 105; reem TREV. I. 115, 121; reume WICL. MK. iii. 24; **rēalmes** (*pl.*) LANGL. *A* i. 93; reomes MAN. (F.) 5316; remes CH. C. T. *B* 4326.

rēaltē, sb., *O.Fr.* realté; *royalty*; rialte P. L. S. xxx. 88; realte, reaute WILL. 1926, 5006.

rēam, sb., ? *O.E.* rēam,=*L.G.* raum, *Du.* room; *cream*; rem AR. & MER. 1455; L. H. R. 146; *comp.* **milc-rēm.**

hrēam, sb., *O.E.* hrēam, ? = *O.N.* hreimr (? hreymr); *cry*; ream HOM. I. 209; A. R. 110*; ræm [ream] LA3. 11280; ræm ORM. 8137; rem O. & N. 1215; REL. I. 223; GEN. & EX. 1962; **rēames** (*pl.*) KATH. 164.

rēame, *see* **rēalme.** **reamen,** *see* **rēmen.**

rearde, sb., *O.E.* reord (*for* *reard),=*O.H. G.* rarta, *Goth.* razda, *O.N.* rödd; *voice,*

sound; saying; AYENB. 60; reord, rerd ORM. 9566, 16664; reorde [rorde] O. & N. 311; rorde ['*sonus*'] PS. xviii. 5; rerd S. S. (Web.) 910; Iw. 2073; TOWNL. 307; he him kneu wel bi his rerde REL. II. 274; rerid ALEX. (Sk.) 387, 488; *comp.* **3e-reard,** *deriv.* **reordien.**

[? **reardi**, adj., *comp.* el-reordi.]

reas, *see* **rēs. reaϸe,** *see* **hrāϸe.**

rēaume, *see* **rēalme.**

rēaven, v., *O.E.* rēafian, *cf. O.Fris.* rāvia, *M. Du.* rōven, *O.N.* raufa, reyfa, *O.H.G.* roubōn, *Goth.* (bi-)raubōn; *from* rēaf; *rob, plunder*, KATH. 1229; A. R. 266; ræfen ORM. 2015; reven GEN. & EX. 2802; HAV. 480; reven, reve H. H. 120, 132; revin '*spolio*' PR. P. 431; reave SHOR. 46; reve CH. C. T. *A* 4011; APOL. 48; **rēveϷ** (*pres.*) HOCCL. v. 21; reves PR. C. 251; revis S. S. (Wr.) 2348; if he rēve (*subj.*) me ini ri3t LANGL. *B* xviii. 274; **rēvede** (*pret.*) SAX. CHR. 261; LA3. 4038; reved MIN. iii. 122; refde MARH. 13; refte HAV. 2223; reveden MISC. 151; **rēved** (*pple.*) WILL. 2755; WICL. JER. l. 37; reft TOR. 2176; raft S. S. (Wr.) 1015; *comp.* **bi-, 3e-rēavien.**

rēvere, sb., *O.E.* rēafere, = *O.N.* raufari, reyfari, *O.H.G.* roubāre; *plunderer, robber*, ['*praedo*'] WICL. JER. iv. 7; **rēaferes** (*pl.*) HOM. I. 243; reaveres H. M. 29; reavares A. R. 150; ræveres SAX. CHR. 262; LA3. 14059; reveres HOM. I. 15; R. S. vii; LANGL. *B* xiv. 182.

rēverie, sb.,=*Ger.* räuberei; *spoliation*, ROB. 194; MAN. (F.) 5827.

rēvunge, sb.,=*O.E.* rēafung; *spoliation*, HOM. I. 35; ræving [reving] LA3. 2647; reving P. L. S. viii. 128.

rebāte, v., *O.Fr.* rabatre; *abate*, LUD. COV. 76.

rebel, adj. & sb., *O.Fr.* rebelle; *rebellious*; *rebel*; þo hii were rebel ROB. 72; SHOR. 101; AYENB. 68; ['*rebellantem*'] TREV. III. 41.

rebellin, v., *Fr.* rebeller; *rebel*, PR. P. 425; **rebelland** (*pple.*) BARB. x. 129*.

rebelliōn, sb., *O.Fr.* rebellion; *rebellion*, WICL. 3 KINGS xi. 27.

reboiting, *see under* **rebútin.**

rebounden, v., *O.Fr.* rebondir; *rebound*, WICL. PROV. III. 10.

rebours, *in phr.* at rebours, *O.Fr.* a rebours (*backward*); *evasively*: Bretons... ar bot avaunturs & manace mikel at rebours MAN. (F.) 12652; (he) answered him al at reburs 5165.

rebūke, v., *O.Fr.* rebouquer; *rebuke*, D. ARTH. 1333; **rebūked** (*pret.*) LANGL. *B* xi. 419.

rebútin, v., *O.Fr.* rebouter; *repulse*; **rebútit** (*pple.*) BARB. ii. 468; vii. 617; rabutit xii. 168; reboitit BARB. xii. 84.

reboiting, sb., *repulse*, BARB. xii. 339.

K k

recchen, v., *O.E.* reccan, reccean, = *O.H.G.* recchen, *O.L.G.* rekkean, *O.N.* rekja; *from* **réken**; *rule, direct; reach; expound, tell*: ich þe wulle ræcchen deorne runen LAȝ. 14079; if he can rechen ðis dremes wold GEN. & EX. 2122; wen hoe shulden þidere recche REL. II. 278; recche out TREV. IV. 317; þe sunne reccheð (*pres.*) hire rune MARH. 9; reccheð ever abuten A. R. 164; ricchis, riches GAW. 8, 1873; he recte (*printed* rette) (*pret.*) heom þa get oðer bispell MAT. xiii. 31; and rahte ut his tunge MARH. 10; þe king his hand up rauȝte M. T. 7; out of his slepe he raught M. ARTH. 3191; reiȝte MED. 642; rehten ['*narraverunt*'] MK. v. 16; ut of scipe heo rehten (*went*) LAȝ. 25646; heo muche runen ræhten heom bitweonen 25124; here armes whan hi upward reiȝte P. L. S. xx. 95; **rauht** (*pple.*) MISC. 90; i was rauht on roode tre P. L. S. xxv. 63; *comp.* a-, for-, ȝe-recchen.

[**recchend,** pple., *O.E.* reccend (*ruling*).]

recchen-dōm, sb., *O.E.* reccenddōm; *regency, government,* FRAG. I.

recching, sb., *interpretation*; reching GEN. & EX. 2058.

rĕcchen, *see* **rĕchen.**

receite, sb., *O.Fr.* recete (*recette*); *receipt, prescription,* CH. C. T. *G* 1353.

receive, v., *O.Fr.* receveir; *receive,* H. S. 236; **receiveth** (*pres.*) LANGL. *C* iv. 501; **received** (*pple.*) PR. C. 5436.

recet, sb., *O.Fr.* recet; *receptacle, refuge, harbour,* ROB. 98; MAN. (F.) 4464; reset BARB. v. 415; x. 139.

recetten, v., *from* recet; *take harbour, take refuge*; **recetteþ** (*pres.*) LANGL. *C* iv. 501; were **recetted** (*pple.*) had taken refuge, ROB. (W.) 4360, 4635.

recettor, sb., *harbourer,* LANGL. *C* iv. 501.

rĕch, *see* **rēk.**

[**rēche,** sb., = *M.L.G.* rōke, *M.H.G.* ruoche (*care*); *care.*]

rēche-lēs, adj., *O.E.* rēceléas, = *M.L.G.* rōkelōs, *M.H.G.* ruochelōs; *reckless,* HOM. II. 39; CH. C. T. *A* 179; LIDG. TH. 1039; rechelæs ORM. 932; rechelese hinen HOM. I. 245.

rēchelēs-liche, adv., *carelessly* ['*negligenter*'], TREV. VIII. 89.

rēchelēsnesse, sb., *recklessness,* LANGL. *C* ix. 259; rechelesnes *C* xii. 195; recchelesnes *B* xi. 33; reklesnes PR. C. 3909.

rēchelēste, sb., *O.E.* rēceléest; *heedlessness,* HOM. II. 45.

rēchelen, v., *cf.* O.E. rēcelsian; *offer incense*: to rēchelende (*dat. inf.*) þe alter HOM. II. 133.

rēchels, rēchels, sb., *O.E.* rēcels, rȳcels, rīcels, *cf.* O.N. reykelsi; *incense*; recheles HOM. II. 45; recheles, rechles A. R. 216, 376; rekels C. M. 11499; rekils TOWNL. 125; recles M. H. 105; (*ms.* recless, reccless) ORM. 1744, 6475; rek-les PS. cxl. 2; riche(l)s LAȝ. 8091; richelis PR. P. 433; rikels REL. I. 53.

rēchel-fat, sb., *O.E.* recelsfæt; *censer,* HOM. II. 133; reclefat ORM. 1736; recle-, reklefat GEN. & EX. 3761, 3782.

rechen, *see* **recchen.**

rĕchen, v., *O.E.* rēcan, rēccan, = *O.N.* rœkja (rækja), *O.L.G.* rōkian, *M.H.G.* ruochen; *reck, care*; rehchen LAȝ. 18042; ye nolden of me recchen (? *r. w.* wrecchen) MISC. 82; recche O. & N. 803; LANGL. *A* iv. 51 (65); rekken ORM. 16165; PR. P. 428; **recche** (*pres.*) P. L. S. viii. 112; ne recche ich noht his londes LAȝ. 17051; of oþer þing ne recche i noht SPEC. 69; i recche never who it here AUD. 51; recche, rekke CH. C. T. *A* 1398, 2257; me ne reccheð A. R. 104; reccheth [rekkeþ] LANGL. *B* xv. 172; recþ O. & N. 491; reches A. P. ii. 465; ȝe recheþ ALIS. 7319; þei recchen MAND. 64; reche (*subj.*) REL. I. 225; whan so hit recche (*r. w.* fecche) HORN (L.) 352; recke HAV. 2047; rōhte, rōhte (*pret.*) LAȝ. 11482; (*ms.* rohhte) ORM. 9024; þe nefre . . . nanes godes ne rohte HOM. I. 9; roȝte AV. AR. xxv; as him no þing ne roȝte BEK. 1053; rouhte A. R. 60; roghte [roughte] CH. C. T. *A* 3772; route REL. II. 277; **rōuhte** [roȝte] (*subj.*) O. & N. 427.

rēchen, *see* **rǣchen.**

reclaime, sb., *reclaim (term in falconry),* DEP. R. ii. 182.

reclaimen, v., *O.Fr.* reclaimer; *reclaim (in falconry)*: he wole . . . reclaime thee, and bringe thee to lure CH. C. T. *H* 72.

reclaiming, sb., *enticement,* CH. L. G. W. 1371.

reclūs, adj. & sb., *Fr.* reclus; *recluse*: the reclus frere E. W. 7; **reclūses** (*pl.*) A. R. 10.

reclūsen, v., *shut up*; religious outriders **reclūsed** (*pple.*) in here cloistres LANGL. *C* v. 116.

recoilen, v., *O.Fr.* reculer; *recoil,* A. R. 294.

recoillin, v., *O.Fr.* recueiller; *bring together*; (þei) **racoillede** (*pret.*) MAN. (F.) 5287.

recomanden, v., *O.Fr.* recommander; *commend*; recomende CH. C. T. *G* 544; **recomandeth** (*pres.*) CH. C. T. *B* 279.

recompense, v., *O.Fr.* recompense; *reward,* GOW. II. 278.

reconforten, v., *O.Fr.* reconforter; *comfort*; reconforte CH. C. T. *A* 2852; **reconforted** (*pple.*) LANGL. *B* v. 287.

reconforting, sb., *comfort,* BARB. xi. 499.

reconissance, sb., *O.Fr.* recoignisance; *recognisances (law term),* CH. C. T. *B* 1520.

reconsilen, v., *O.Fr.* reconciler; *from Lat.* reconciliāre; *recover, reconcile*; **recounselinge** (*pple.*) WICL. 2 COR. v. 19; **recounselide** (*pret.*) WICL. 2 COR. v. 18; **recoun-**

seiled (*pple.*) WICL. JUDG. xix. 3 ; MAND. (PROL.).
recouncelere, sb., *reconciler*, WICL. DEUT. v. 5.
recounseling, sb., *reconciliation*, WICL. ECCLUS. xliv. 17.
record, sb., *record, witness*, LANGL. C iv. 474, B xviii. 85.
recorden, v., *O.Fr.* recorder ; *report, repeat*, A. R. 256 ; recordi AYENB. 21 ; **recorde** (*pres.*) CH. C. T. A 829.
recours, sb., *O.Fr.* recours ; *recourse*, CH. C. T. F 75.
recoverer, sb., *recovery*, A. P. ii. 394 ; recovrere LANGL. B xvii. 67 ; recover C xx. 67.
recovri, v., *O.Fr.* recovrer, *from Lat.* recuperāre ; *recover*, AYENB. 32 ; recovere KN. L. 179 ; recovere, -coevre LANGL. B xix. 239 ; rekevere WICL. ECCLUS. ii. 6 ; **recuvered** (*pret.*) WILL. 3874 ; rekowered ALIS. 5835.
recraien, v. ; **recraied**, **recreizede** (*pple.*) *recreant*, LANGL. B iii. 257 ; A iii. 244.
recreant, adj., *O.Fr.* recreant ; *recreant, defeated*, PARTEN. 4781 ; recreaunt GAW. 456 ; LANGL. B xviii. 100.
recreatiōn, sb., *Fr.* recreation ; *amusement*, GOW. III. 100.
rectour, sb., *Fr.* recteur ; *rector* ; **rectours** (*pl.*) LANGL. C iii. 184.
red, *see* hrað.
[**rēd**, ? sb.; *comp.* dai-rēd.]
rēd², sb., *? trench* ; **rēdes**, reedes (*pl.*) [*'fossae, fossulae'*] PALL. iv. 219, xii. 73.
rēd, *see* rǣd, read, hrēod. **redd**, *see* hrad.
hredden, v., *O.E.* hreddan,=*O.Fris.* hredda, *O.H.G.* rettan ; *rid ; escape; deliver* ; redden ORM. 8126 ; ridde GAW. 2246 ; **riddes** (*pres.*) HOM. I. 273 ; **redde** (*pret.*) HOM. I. 19 ; ORM. 19316 ; þe children þer wiþ fram deþe he redde M. T. 133 ; ruddest JUL. 75 ; red (*pple.*) AR. & MER. 8606 ; *comp.* **a-redden**.
reddour, *see* redour.
[**rede ?**, *comp.* mid-rede.]
rēde, sb.,=*O.H.G.* rōtī ; *redness*, CH. C. T. B 356.
rēde, *see* rǣde. **rēdel**, *see* rǣdels.
redel, *see* ridel.
redempciōn, sb., *redemption*, WICL. LK. i. 68.
rēden, *see* rǣden. **rēdi**, *see* rǣdi.
redic, sb., *O.E.* rǣdic,=*O.H.G.* ratich, retich ; *radish*, FRAG. 3 ; redich REL. I. 36.
redingking, sb., (? *corruption of* *rīding-cniht* ; *cf. O.E.* rādcniht) ; *feudal retainer*, LANGL. B v. 323 ; **redingkinges** (*pl.*) LANGL. C iii. 112.
Rēdinges, pr. n., *O.E.* Rēadingas ; *Reading*, ROB. 424.

redolent, adj., ? *O.Fr.* redolent ; *fragrant*, BER. 2765.
redour, sb., *O.Fr.* reidur (*roideur*) ; *stiffness, violence* ; reddour WILL. 2953 ; P. R. L. P. 213 ; D. ARTH. 1456 ; reddur PR. C. 6091 ; riddour [raddour] ALEX. (Sk.) 2329 ; **redūrs** (*pl.*) D. TROY 1805.
redoutable, adj., *O.Fr.* redoubtable ; *terrible, venerable*, CH. BOET. iv. 5 (131).
redouting, sb., *reverence*, CH. C. T. A 2050.
redressen, v., *O.Fr.* redrecier ; *redress*, ANGL. I. 325 ; redresse TREV. IV. 191.
rēf, *see* rēaf, hrēof.
rēfe, sb.,=ȝerēfe ; *reeve*, MK. xv. 43 (*earlier text* gerefa) ; HOM. I. 163 ; reve *'praepositus'* PR. P. 431 ; LAȝ. 15597 ; MARH. 6 ; HAV. 1627 ; BEK. 49 ; reve [reeve] CH. C. T. A 542 ; **rēves** (*gen.*) LANGL. B v. 427 ; **rēven** (*pl.*) KATH. 1975 ; AYENB. 37 ; *comp.* burh-, chirche-, port-, rēp-, schir-rēve.
rēf-schipe, sb., *office of a reeve*, KATH. 11.
reeve-rolles, sb., pl., *reeve-rolls*, LANGL. C xxii. 465.
hrēfen, v., *O.E.* (ge-)hrēfan ; *from* hrōf ; *roof* ; refen SAX. CHR. 263 ; *comp.* ȝe-rēfen.
refēten, v., *feed, refresh* ; **refēte** (*pres. pl.*) ALEX. (Sk.) 4587.
reflǣren, v., *O.Fr.* reflairer ; *blow back* ; **reflars** (*pres.*) YORK xli. 367.
reflexiōn, sb., *reflexion* ; **reflexiōns** (*pl.*) CH. C. T. F 230.
reformen, v., *Fr.* reformer ; *reform* ; reforme GOW. I. 273 ; **reformeþ** (*pres.*) AYENB. 81.
refrein(e), sb., *O.Fr.* ? refrain ; *refrain (of a song)*, CH. TRO. ii. 1571.
refreinen, v., *O.Fr.* refrener ; *refrain, abstain*, *'refreno,'* PR. P. 427 ; refreine TREV. III. 187.
[**refreinen²**, v., *sing a refrain*.]
refraining, sb., *singing of a refrain*, R. R. 749.
refreschen, v., *O.Fr.* refreschin ; *refresh* ; refresche CH. C. T. A 2622 ; refreschede (*pret.*) REL. I. 40.
reft, *see* rēaven. **refter**, *see* rǣfter.
refuge, sb., *O.Fr.* refuge ; *refuge*, CH. C. T. A 1720.
refūsin, v., *O.Fr.* refuser ; *refuse*, PR. P. 427.
refūte, sb., *O.Fr.* refute, *cf.* fuite ; *refuge*, PR. P. 427 ; refuit WICL. DEUT. xix. 12 ; refut(e) CH. C. T. B 546.
reg, *see* hrūg.
regard, sb., *O.Fr.* regvard ; *regard, respect* ; at regard of CH. C. T. I 788 ; *see* reward.
regale, sb., *O.Fr.* regale ; *royalty* : al þe regal of Rome WILL. 282 ; regall PL. T. xix (P. P. 309) ; **regals** (*pl.*) CH. L. G. W. 2128.
[**reȝel**, sb., *O.E.* regol ; *rule*.]

, reʒhel-bōo, sb., *O.E.* regolbōc; *book of canons*, ORM. DEDIC. 8.

reʒol-stioke, sb., *rule*, '*regula*,' FRAG. 3.

hreʒel, *see* hræʒel.

regiben, v., *O.Fr.* regiber (*regimber*); *kick*; regibbeð (*pres.*) A. R. 138.

regioun, sb., *O.Fr.* region; *region*, A. P. i. 1177; CH. C. T. *C* 122.

registre, sb., *list, catalogue*, LANGL. *C* xxiii. 271; registres (*pl.*) *C* xii. 274.

registrēr, sb., *registrar, accountant*, LANGL. *C* xxii. 259; registrēres (*pl.*) LANGL. *B* ii. 173.

reʒn, *see* rein.

regne, sb., *O.Fr.* regne; *reign*, AYENB. 107; MAN. (F.) 7115; rengne HORN (L.) 901, 908.

regnen, v., *O.Fr.* regner; *reign*; regne LANGL. *A* iii. 271; reinin PR. P. 428; regneþ (*pres.*) P. S. 340; regne (*subj.*) HAV. 2586; regnede (*pret.*) MAN. (F.) 7287.

regraterie, sb., *O.Fr.* regraterie (*regratterie*); *act of regrating*, LANGL. *B* iii. 83.

regratour, sb., *regrator*, E. G. 353; regratour LANGL. *A* v. 140 [regratere *B* v. 226]; regrateres (*pl.*) *B* iii. 90.

regulēr, adj., *O.Fr.* regulier; *according to rule*; canouns regulērs (*pl.*) R. R. 6696.

regverdōn, sb., *from O.Fr.* regverdonner; *reward*, GOW. II. 206.

rēh, rēi, *see* hrēoh.

rehed, *see* hrēod.

reherce, v., *O.Fr.* rehercer; *rehearse*, PR. C. 2390; reherce, -herse CH. C. T. *B* 89; reherce (*imper.*) LANGL. *B* i. 22 [rehersen *A* i. 22.

rehercing, sb., *rehearsal*, CH. C. T. *A* 1650.

rehersaille, sb., *rehearsal*, CH. C. T. *G* 852.

rehéten, v., *O.Fr.* rehaitier; *refresh, cheer, encourage*; rehaite A. P. ii. 127; rehētes (*pres.*) ALEX. (Sk.) 3999, 5320; HAMP. PS. xxii. 2*.

rehétinge, sb., *comfort*, HAMP. PS. xxii. 2.

rehéten², v., *cf.* ráten; *rebuke*; rehete LANGL. *C* xiii. 35*.

reie, sb., *cf. M.Du., M.L.G., M.H.G.* reie; *round dance*; reies (*pl.*) CH. H. F. 1236.

reie, *see* rüʒe.

reihe, rouhe, sb., *O.E.* reohhe; *ray (fish)*, PR. P. 427, 438; rehʒen, rihʒen (rohʒe) (*pl.*) LAʒ. 29557, 29583; righe MAN. (F.) 15196.

reil, *see* hræʒel.

reilen, v.; *run, roll*; raileth (*pres.*) LIDG. M. P. 220; railling (*pple.*) P. R. L. P. 111; *cf.* roilen.

reimen, *see* raimen.

rein, sb., *O.E.* regn, rēn,=*O.N.* regn, *O.L.G.* regin, regan, *O.H.G.* regen, regan, *O.Fris.* rein, *Goth.* rign; *rain*, '*pluvia*,' PR. P. 428;

A. R. 246; GEN. & EX. 3265; TREAT. 136; LANGL. *B* xiv. 66; rein, rain LAʒ. 3898, 19745; reʒn ORM. 8622; ren HOM. I. 225; a reines drope P. L. S. xvii. 369; reine (*dat.*) R. S. i (MISC. 156); rene AYENB. 130.

rein-bowe, sb., *O.E.* rēnboga,=*O.H.G.* reginbogo; *rainbow*, VOC. 273; GEN. & EX. 637; P. L. S. ii. 170; renboge HOM. I. 225.

rein-drope, sb.,=*M.H.G.* regentrophe; *raindrop*, S. B. W. 11.

rein-foul, sb., '*picus*,' PR. P. 428.

rein-water, sb.,=*O.H.G.* regenwaʒer; *rainwater*, HOM. II. 151.

reine, *see* rēne. reinen, *see* regnen.

reines, sb., *O.Fr.* reins, *Lat.* rēnes; *reins, kidneys*, WICL. WISD. i. 6; renis LEECHD. III. 140.

reinin, v., *O. E.* regnian, rēnian (*pret.* rēnode, rān BL. HOM. 260), *cf. O.H.G.* regonōn, *O.N.* regna, rigna, *Goth.* rignjan; *rain*, PR. P. 428; reʒnen ORM. 8694; reine HOM. II. 99; rine LAʒ. 19745; AYENB. 49; reineþ (*pres.*) MAND. 45; reineþ LANGL. *B* xvii. 333; reineþ [*v. r.* rineþ, regneþ, raineþ] *C* xx. 315; rineþ ALIS. 4976; reine (*subj.*) A. R. 98*; rine TREAT. 136; rinde [reinede] (*pret.*) LAʒ. 3895; rinde MAT. vii. 27; reinede, rainde, ron, roon LANGL. *B* xiv. 66, *C* xvi. 270; roon TREV. II. 239; *comp.* bi-reinen.

reisen, *see* raisen.

reisin, sb., *O.Fr.* reisin; *bunch of grapes; raisin*; ['*racemus*'] WICL. JUDG. viii. 2; reisins (*pl.*) ALIS. 5193; raisins of Corauns currants L. C. C. 16.

reisūn, *see* raisōn.

rejoissen, v., *O.Fr.* rejoiss-, rejoïr; *rejoice*; rejoisen [rejoisshen] LANGL. *C* xviii. 198; rejoische WILL. 4102; his broþer rejoisede (*pret.*) (*held*) þe regalte MAN. (F.) 5344.

rēk, sb., *O.E.* rēc,=*O.Fris.* rēk, *O.N.* reykr, *M.Du.* rook, *O.H.G.* rouch; *from* rēoken; *vapour, smoke*, ['*fumus*'] PS. xvii. 9; reek PR. P. 428; rek [reech] C. M. 2744; rēke (*dat.*) PR. C. 9431; D. ARTH. 1041.

rēk, *see* hrēac.

rēke, sb., ? *from* rēken; ? *haste, hurry* [? or =rēk]; in a grete reke MED. 821; wiþ gret(e) reke AR. & MER. 7904.

rēkels, *see* rēchels.

rēken, v., ? *O.E.* recan (*rule, go*), = *M.Du.* reken, *O.N.* reka (*conduct*), *Goth.* rikan (σωρεύειν), *M.H.G.* rechen; *extend; direct one's way, go*: þis kniʒtes come reken in BEK. 2091; reke FER. 1249; PALL. i. 194; þe no mon mai at reke HOM. II. 258; ich wule forþur reke O. & N. 1606; to her sone sche gan to reke OCTOV. (W.) 182; let me in reke BEV. 394; in erþe þi bodi reke AR. & MER. 1027; þat ... al mai reke C. M. 11221; rak (*pret.*) FER. 2177; BEV. 3360; his spere to his heorte rac (*ms.* rack) LAʒ.

rékeṅ.   remūen.   501

9320*; **ráke** (*pple.*) BEV. 1686; in oure ashen olde is fir ireke CH. C. T. *A* 3882; *comp.* **mis-ráken**; *deriv.* **ráke, rákien, reochen.**
reken, adj., *O.E.* recen, = *M.L.G.* reken; *prompt, apt,* GEN. & EX. 3485; SPEC. 27; A. P. i. 5; **rekeneste** (*superl.*) D. ARTH. 4081; *comp.* **un-reken.**
  reken-li, adv., *promptly,* GAW. 251; A. P. ii. 127.
rēken, v., *O.E.* rēcan, *cf. O.N.* reykja, *O.H.G.* rouchan; *from* rēk; *reek, steam*; reke PS. cxliii. 5; LIDG. M. P. 114; **rēkes** (*pres.*) AV. ARTH. xv.
rekenen, v., *O.E.* (ge-)recenian, = *O.Fris.* rekenia, reknia, *O.H.G.* rechenōn; *reckon, enumerate*; reknin '*computo*' PR. P. 428; reknen GOW. III. 121; rekene TREAT. 133; WILL. 1934; LANGL. *B* ii. 61; MAND. 213; B. DISC. 2109; WICL. MAT. xviii. 24; rekene [rekne] CH. C. T. *A* 1954; rekeni MISC. 193; AYENB. 19; rikenen A. R. 210; JOS. 76; rikenin JUL. 51; þine peines rikene hit were long SPEC. 68; **rekenede** (*pret.*) P. L. S. xxiii. 71; **recned** (*pple.*) ORM. 2055; *comp.* **3e-rekenen.**
  rekenere, sb., *reckoner*; reknare '*computator*' PR. P. 428; **rikenares** (*pl.*) A. R. 214.
  rekeninge, sb., = *M.L.G.* rekeninge, *O.H.G.* rechenunga; *reckoning,* AYENB. 18; LANGL. *B* v. 434; CH. C. T. *A* 600; rikening JOS. 444; rekninge '*ratio, computatio*' PR. P. 428; rekning LIDG. M. P. 240; recning P. L. S. i. 23.
rekenthi, *see* rakente.
rekke, sb., *cf. M.Du.* recke (*pertica*); *? fetters, irons*: hevie **rekkes** (*pl.*) binde to hire fet P. L. S. xv. 192.
rōkken, *see* rēchen.
rēl, *see* hrēol.
relaciōn, sb., *O.Fr.* relation; *relation,* LANGL. *C* iv. 344, 346, 363.
relatif, sb., *O.Fr.* relatif; *relative (in grammar),* LANGL. *C* iv. 357.
reléf, sb., *O.Fr.* relief; *relief; remains of a meal*; A. R. 168; C. L. 1277; relefe GOW. III. 23; CATH. 303; releef '*reliqvie, fragmentum*' PR. P. 428; relif WICL. EX. xxix. 34; **relifs,** relives (*pl.*) WICL. EX. viii. 3, xxix. 34.
relente, v., *from O.Fr.* relent; *melt,* CH. C. T. *A* 1278.
relēs, sb., *O.Fr.* reles; *release,* C. L. 509; TREV. III. 421; ROB. (W.) Q 2.
relessen, v., *O.Fr.* relesser, -laisser; *release*; **relesse** (*pres.*) CH. C. T. *F* 1613; relesi (*subj.*) ROB. (W.) 10297; **relessed** (*pple.*) SHOR. 65; LANGL. *B* iii. 58.
reléven, v., *O.Fr.* relever; *relieve*; releve LANGL. *B* xviii. 141; **reléved** (*pple.*) CH. C. T. *A* 4182.

relien, v., *O.Fr.* relier, ralier; *rally*; reli BARB. iii. 34; **relied(e)** (*pret.*) LANGL. *B* xx. 147, *C* xxiii. 148; releit BARB. ii. 401; releit (*pple.*) BARB. vii. 91.
religioun, sb., *O.Fr.* religion; *religion,* P. L. S. xvii. 253; religiun A. R. 8, 74; HOM. II. 49.
religiūs, adj. & sb., *O.Fr.* religious, religius; *religius; bound by monastic vows,* A. R. 74; religiouse wommen *nuns* E. W. 7; of þo ilke **religiouses** (*pl.*) (*monks*) fond seint Austin mani houses MAN. (F.) 15281.
relike, sb., *O.Fr.* relique; *relic, remainder,* ROB. 274; **relikes** (*pl.*) AYENB. 64; relikes WICL. NUM. xxiv. 19.
rēlin, *see* hrēolen. **rem,** *see* hrāven.
rēm, *see* realme, hrēam, rēam.
remanant, sb., *O.Fr.* remanant; *remnant,* FER. 3273; remenant CH. C. T. *A* 724; remenaunt MAN. (F.) 6988; ALIS. 5707; remenout AYENB. 100.
rēme, *see* rime.
remedie, sb., *O.Fr.* remede; *remedy,* A. R. 124; AYENB. 207; CH. C. T. *A* 1216.
remembrance, sb., *O.Fr.* remembrance; *remembrance,* CH. C. T. *B* 3908; MAND. 252.
remembren, v., *O.Fr.* remembrer; *remember*; CH. C. T. *I* 1063; i **remembred** (*pret.*) me A. P. iii. 326.
rēmen, *see* rēmen, rūmen.
hrēmen, v., *O.E.* hrēman, hrȳman; *from* hrēam; *cry out*; remen KATH. 2371; R. S. iv; remen heo schule and grede MISC. 77; reme H. S. 7858; A. P. i. 1180; **rēmeð** (*pres.*) REL. I. 223; hrimð MAT. xii. 19; rēmde (*pret.*) HOM. I. 95; 3if me remde lude fur A. R. 242; remden MAT. viii. 29; LA3. 5795; MARH. 18; irēmd (*pple.*) A. R. 2; *comp.* **bi-rēmen.**
re-mēne, v., *interpret,* WICL. 2 ESDR. xi. 13.
remēner, remēnour, sb., *interpreter,* WICL. GEN. xl. 22; 1 ESDR. PROL.
remēning(e), sb., *interpretation,* WICL. JUDG. vii. 15.
remena(u)nt, *see* remanant.
remeue, *see* remūen.
remissiōn, sb., *O.Fr.* remission; *remission,* A. R. 346; remissioun CHR. E. 634.
remorden, v., *O.Fr.* remordre; *vex, cause remorse*; **remordiþ** (*pres.*) CH. BOET. iv. 6 (140).
remounten, v., *? O.Fr.* remonter; *cause to rise again* : thow hast **remounted** (*pple.*) and norisshed me CH. BOET. iii. 1 (63).
rempen, v., *O.E.* rempian; *? run*: þei **rempede** (*pret.*) þem to reste MAN. (F.) 3492; *? comp.* **mis-rempen.**
remūen, v., *O.Fr.* remuer; *stir, move,* CH. BOET. ii. 6 (52); remue ROB. 533; AYENB. 104; remeue TRO. i. 691; **remeueþ** (*imp.*) CH. C. T. *G* 1008; **remūed** (*pret.*) WILL. 1326.

rēn, *see* rein. rēnable, *see* raisonable.

renden, v., *O.E.* rendan, = *O.Fris.* renda; *rend, tear, lacerate*, KATH. 1999; rende WILL. 1851; LANGL. *B* PROL. 198; LIDG. M. P. 202; rende & rive C. M. 7507; **rende** (*pret.*) JUL. 70; HORN (R.) 727; ROB. 289; rente CH. C. T. *A* 990; rendden LAȝ. 7849; **rended** (*pple.*) M. H. 144; irend A. R. 148; *comp.* to-renden.

renden¹, v., *cf. O.N.* renna; *run into shape, melt*; rendid (*pret.*) HAMP. PS. cv. 9*; ? *see* rennen.

rendren, v., *O.Fr.* rendre; *render, restore; translate*; LANGL. *C* xviii. 322; rendreþ (*pres.*) *C* xi. 88; rendred (*pret.*) *C* vii. 217; rendred, rendret *A* ix. 82, *B* viii. 90.

rēne (? rĕn), sb., *O.N.* rein *f.*, *cf. M.Du.* reen, *M.H.G.* rein *m.*; *border*, PALL. i. 159.

rēne², sb., *Fr.* rēne, *cf. Ital.* redine; *rein*, '*habena*,' PR. P. 429; reine CH. C. T. *A* 4083; reines (*pl.*) TREV. IV. 77.

renegat, sb., *renegade*, CH. C. T. *B* 932; CH. L. G. W. (*earlier prol.*) 401.

reneie, v., *O.Fr.* reneier (*renier*); *deny, renounce*, AYENB. 57; LANGL. *B* xi. 120; CH. C. T. *B* 3751.

re-newen, v. (*for* anewen), *renew*; renewede (*pret.*) TREV. IV. 119; renewid (*pple.*) WICL. 2 COR. iv. 16.

[renewlen, v., *O.Fr.* renoveler, *from med.Lat.* renovellāre; *renew*.]

renūling, sb., *renewal*, WICL. MACC. xii. 17.

reng, sb., *O.Fr.* renc, rang, *cf. Welsh* rheng, rhenc, *Bret.* renk, *Ir.* rang, ranc; *rank, row*: on a reng AR. & MER. 1508; renk BRD. 12; out of þe renge he com ride BEV. 3631; renges [ringes] (*pl.*) CH. C. T. *A* 2594; *see* hring.

rengen, v., *O.Fr.* renger; *range, wander, roam*; renge MAN. (F.) 8257; rengeð (*pres.*) & reccheð ever abuten A. R. 164; his batail renged PARTEN. 2224; *see* ringen.

rēnien, v., *O.E.* rēnian, (ge-)regnian; *repair*; rēniende (*pple.*) ['*reficientes*'] heora nett MAT. iv. 21.

renisch, adj., *cf.* runisch; *furious, loud*, ALEX. (Sk.) 2943, 387.

renisch-lī, adv., *vehemently*, ALEX. (Sk.) 4931.

renk, *see* reng, rink.

renke, sb., *O.E.* renc (*pl.* renca); *from* ranc; *pride*; renoas (*pl.*) HOM. I. 7.

renne, sb., *cf. O.L.G., O.N.* renne, *O.H.G.* rinne; *from* rinnen; *run, course*; ren '*cursus*' PR. P. 429; rimes ren GEN. & EX. i; at a renne CH. C. T. *A* 4079.

rennels, sb., = ? *O.H.G.* rennisal; *rennet*; renlis '*coagulum*' PR. P. 429.

rennen, v., *O.E.* rennan, ærnan, = *O.H.G.* rennen, *O.Fris.*, *O.N.* renna, *Goth.* (ur-)ranhjan; *from* rinnen; *run, make to run*; ærnen LAȝ. 8129; erne O. & N. 1204; eorneð and eærne(ð) LAȝ. 6138; **rende** (*pret.*) HORN (H.) 1274; ernde HORN (R.) 1239; he ærnde to are hævene LAȝ. 9362; arnde ROB. 140; summe ærnden heore stede LAȝ. 8134; *comp.* for-, þurh-rennen.

rennare, sb., = *M.H.G.* rennære; *runner*, '*cursor*,' PR. P. 429; rennere LANGL. *A* xi. 208; urnare CHR. E. 900.

renning, sb., *stream, course*: the renningis (*pl.*) of watris WICL. PS. i. 3.

rennen, *see* rinnen.

renomē, sb., *O.Fr.* renumee; *renown*, GOW. II. 43; renomme BARB. iv. 774; renownee BARB. viii. 290.

renoun, sb., *O.Fr.* renon; *renown*, A. P. i. 985; CH. C. T. *A* 2240; MAN. (F.) 14753; men of grete renouns (*pl.*) MAN. (F.) 13774.

renouncen, v., ? *O.Fr.* renoncer; *renounce*; renounced (*pple.*) GOW. I. 258.

rental, sb., *rental*, LANGL. *B* vi. 92 (*C* ix. 99).

rente, sb., *O.Fr.* rente; *rent, revenue*, O. & N. 1773; CH. C. T. *A* 256; rentes (*pl.*) SAX. CHR. 263; renten A. R. 168.

renten, rente, v., *O.Fr.* renter; *provide with rents, endow*, LANGL. *B* vii. 32, *A* viii. 35.

renūling, *see under* renewlen.

rēod, adj., *O.E.* rēod, = *O.N.* riōðr; *red* (? *for* rēad) LAȝ. 3528, 19890.

hrēod, rēod, sb., *O.E.* hrēod, = *M.Du.* ried, *O.H.G.* riot; *reed, reed-bed*, MAT. xi. 7, xii. 20; reod REL. I. 37; ALIS. 6433; red VOC. 226; reed PR. P. 426; M. H. 36; rēode (*dat.*) LAȝ. 20168; reedes (*pl.*) MAND. 189.

rēd-ȝerde, sb., *reed-sceptre*, HOM. I. 281.

rēden, reeden, adj., *made of reed*, TREV. VII. 487.

rēodi, adj., *reedy*, TREV. VII. 487*; reedi place ['*carectum*'] WICL. JOB viii. 11.

hrēof, adj., *O.E.* hrēof, = *O.N.* briūfr, *O.H.G.* riob; *rough*; ref GEN. & EX. 3726.

hrēofel, adj., *O.E.* hrēofel; *leprous*; rēofle (*pl.*) LK. xii. 12; hrēoflin (*dat. pl.*) HOM. I. 229.

hrēoh, adj., *O.E.* hrēoh, = *O.L.G.* hrē; *fierce, bold*; reh LAȝ. 24784; rei REL. I. 188; reu weder MAT. xvi. 3; rēhere (*dat. f.*) LAȝ. 7934; rēhne (*acc. m.*) LAȝ. 3884; rēhere [reȝere] (*compar.*) LAȝ. 4062; rēhest (*superl.*) MARH. 13; *comp.* wel-rēow.

rēh-liche, adv., *roughly*, LAȝ. 9324.

rēh-scipe, sb., *roughness, fierceness*, LAȝ. 24943.

rēoken, v., *O.E.* rēocan, = *O.N.* riūka, *O.H.G.* riuchan; *give forth a vapour*; rēkeþ (*pres.*) CH. L. G. W. 2609; *deriv.* rēk, rēken, rōke.

hrēol, sb., *O.E.* hrēol; *reel* (*for thread*); reel,

rel, '*girgillus, alabrum*' VOC. 180, 269; PR. P. 428; REL. II. 81.

hrēolen, v., *wind on a reel; reel, stagger*; relin PR. P. 429; reole [rele, reli] LANGL. C x. 81; **rēled** (*pret.*) GAW. 304; A. P. iii. 147.

rēopen, see **rīpen**. **reorde**, see **rearde**.

reordien, v., *O.E.* reordian; *speak, say*, LAȜ. 22174.

hrēosen, v., *O.E.* hrēosan; *fall, be ruined*; reosen LAȜ. 15487; þe wal rēoseð (*sec. text* falleþ) (*pres.*) 15887; **rēas** (*pret.*) LK. i. 12; rees LAȜ. 15518*; ruren þer to grunde 27986; *comp.* a-, to-rēosen; *deriv.* hrūre.

hreoðer, sb., *O.E.* hrīðer, = hrȳðer, *O.Fris.* hrīther, *O.H.G.* hrind (*pl.* hrindir); *ox, bovine animal*; reoðer A. R. 140*; **reoþeres** [roþeres] (*gen.*) ALIS. 4719; reþeres P. S. 220; reoðeren (*pl.*) KATH. 60; reðeren HOM. II. 37; reþren LEB. JES. 853; reþeren, riþeren, ruþeren TREV. III. 205, IV. 439; ruðeren [roþere] LAȜ. 8106; roþeren ROB. 52; PL. CR. 431.

reoðer-heorde, sb., *O.E.* hrȳðerhyrde; *neatherd*, HOM. I. 97.

hreoþeren, adj., *O.E.* hrīþeren; *of cattle, bovine*: reþerne tounge *bugloss* HALLIW. 680.

[**hrēou**, adj., *O.E.* hrēow, = *O.N.* hryggr; *sad, sorrowful.*]

rēu-fol, adj., *rueful, pitiful*, ROB. (W.) 6709.

rēou-līc, adj., *O.E.* hrēowlīc, = *M.Du.* rouwelic; *sad, compassionate*, FRAG. 8; reowlic HOM. I. 39; reoulich LAȜ. 15080; reulich ROB. 296; reouli (*ms.* reowli) ALIS. 6907; rew-, reuli GEN. & EX. 1162, 1968; reuli HORN (R.) 1057; MAP 338; (*ms.* rewli) S. S. (Web.) 910; **rēowliche** (*adv.*) FRAG. 6; MARH. 4; reuliche AN. LIT. 10; WILL. 86; AR. & MER. 788; reuli M. H. 143 (*spelt* rewli 59); ruliche P. L. S. xii. 61.

? **rū-mēde**, sb., ? *sadness*, LAȜ. 12971.

rēounesse, sb., *O.E.* hrēowness, = *M.Du.* rouwenisse; *grief, misery*, A. R. 144*; reunesse HAV. 2227 (*spelt* rewnesse 502).

[**hrēous**, sb., *grief.*]

rēus-ful, adj., R. S. vii (MISC. 186).

hrēousien, v., *O.E.* hrēowsian, = *M.H.G.* riuwesen; *grieve, sorrow*; reusi(e)n HOM. I. 27; **rēowsiende** (*pple.*) MK. viii. 12; reousede on heorte LAȜ. 22173; *comp.* bi-rēowsen.

rēowsund, sb., *repentance*, ORM. 8799.

rēowsunge, sb., *repentance*, LK. x. 13; ORM. 5563.

hrēouðe, sb., = *O.N.* hrygð; *ruth, repentance, sorrow, grief, misery*; reouðe A. R. 32, 150; r(e)ouþe HOM. I. 79; reuþe 149; reouðe, reowðe [reuþe] LAȜ. 10869, 12116; reowðe KATH. 2372; rewðe GEN. & EX. 2339; reuþe, rewþe ROB. 103, 175; reuþe O. & N. 1445*; BEK. 541; AYENB. 186; WILL. 3270; S. S. (Wr.) 1389; MAN. (H.) 71; reuþe LANGL. A iv. 95; CH. C. T. A 914; reuthe PR. C. 6729; ruþe HORN (L.) 673; ruthe PR. P. 439.

rēouð-ful, adj., *ruthful*, A. R. 116; reouþful ALIS. 6501; reowðful HOM. I. 253; reuþful C. L. 378; REL. I. 121.

rēowðful-līche, adv., *ruthfully*, MARH. 4.

rēuþe-lēs, adj., *ruthless*, P. S. 255.

reoven, see **riven**.

hrēowe, sb., *O.E.* hrēow, = *O.H.G.* riuwa, *M.L.G.* rūwe, *M.Du.* rūwe, rouwe; *sorrow*; reowe O. & N. 1445; rewe BEK. 1051; in rew(e) GEN. & EX. 3151.

rēu-ful, adj., *rueful*, REL. I. 235; P. L. S. xvi. 25; GREG. 150; LANGL. B xiv. 148; M. H. 26; C. M. 14301; AUD. 7.

rēowfulnesse, sb., *ruefulness*, H. M. 41; reoufulnesse A. R. 368.

[**hrēowsum**, adj., = *M.L.G.* rūwesam; *repentant.*]

rēowsumnesse, sb., *repentance*, HOM. I. 21.

hrēowen, v., *O.E.* hrēowan, = *O.L.G.* hreuwan (*ms.* hreuuan), *O.H.G.* riuwan, *M.Du.* rouwen, *O.N.* hryggva, hryggja; *rue, grieve, repent; pity, be merciful*: ævere hit wule þe reouwen [reuwe] LAȜ. 16047; reowe REL. I. 184; SPEC. 37; ALIS. 3944; rewen (*printed* repen) REL. I. 221; riewe (*v. r.* reowe) ANGL. I. 8 (MISC. 59); rewe HORN (L.) 378; TRIAM. 1544; þe cok bigan of him to rewe HAV. 967; þat hii ssolde on him rewe ROB. 449; reue AUD. 42; ruwin '*poeniteo, compatior*' PR. P. 439; r(ē)oweþ (*pres.*) HOM. I. 149; it reoweþ him ORM. 3976; he reweþ me C. L. 541; me reweth sore for hende Nicholas CH. C. T. A 3462; he rewes ['*miseretur*'] PS. xxxvi. 26; (hie) riewed HOM. II. 63; **reewe** (*imper.*) HOCCL. i. 412; **rēw**, reu (*pret.*) GEN. & EX. 1166, 1828; reu HOM. II. 147; C. M. 4972; god ræw of man ORM. 65; rewede HAV. 503; rewide WICL. EST. x. 12; rewed M. H. 15; reude BEK. 298; *comp.* a-, bi-rēowen.

rēp, see **rīp**.

repaire, v., *O.Fr.* repairer; *from Lat.* repatriāre; *restore to one's country*, CH. C. T. B 1516; TRIST. 2735.

reparailen, v., *O.Fr.* repareiller; *repair*; **reparaild** (*pple.*) HAMP. PS. ii. 9*, xxi. 24.

reparailinge, sb., *restoration*, HAMP. PS. ci. 19*.

repárin, v., *O.Fr.* reparer; *repair, mend*, '*reparo*,' PR. P. 430.

repast, v., *O.Fr.* repast; *repast*, LANGL. C x. 148.

rēpe, sb., ? *from* rīpen; *cf.* rīp; *sheaf*, '*manipulus*,' VOC. 201, 233; WICL. DEUT. xxiv. 19; '*javele*' REL. II. 80; reepe TOWNL. 13.

repeir, sb., *resort, return*: umwhile to þe erþe þei make repeir MAN. (F.) 8078.

repel, sb., ?=ripel; *? cudgel;* **repples** (*pl.*) HOM. I. 231.
repéle, v., *? repeal:* þer mai no man þis doom repele ANGL. II. 243.
***h*repen, v.,** *O.E.* hrepian, hreppan,=*M.L.G., M.Du.* reppen, *O.N.* hreppa, *O.Fris.* reppa; *touch;* repen & rinen A. R. 128; repie [reppe] S. A. L. 150; hrepe (*imper.*) HOM. I. 221; **repie** (*subj.*) FRAG. 8; **repede** (*pret.*) MAT. viii. 3; *comp.* **a-repen.**
rēpen, *see* **rīpen.**
repentailles, sb., pl., *O. Fr.* repentailles; *penalty; penalties for breach of contract,* MAN. (F.) 11838.
repentance, sb., *O.Fr.* repentance; *repentance,* CH. C. T. *B* 680; repentaunce SHOR. 5.
repentant, adj., *O.Fr.* repentant; *penitent,* ROB. (W.) 5917.
repente, v., *O.Fr.* repentir; *repent,* CH. C. T. *C* 850; repenti ROB. 350; SHOR. 40; **repenteþ** (*pres.*) AYENB. 238.
replenissen, v., *O.Fr.* repleniss-; *replenish;* **replenissed** (*pple.*) CH. BOET. i. 4 (20).
replēte, adj., *O. Fr.* replet; *quite full;* repleet CH. C. T. *B* 4147; WICL. PHIL. iv. 18.
replíe, v., *O.Fr.* replier; *reply,* CH. L. G. W. 343.
reportin, v., *O.Fr.* reporter; *report,* PR. P. 430; reported (*pple.*) CH. C. T. *B* 152.
reportour, sb., *reporter,* CH. C. T. *A* 814.
reprehende, v., *Lat.* reprehendere; *blame,* CH. TRO. i. 510.
representen, v., *O.Fr.* representer; *represent;* represented (*pret.*) R. R. 7404.
represse, v., *repress,* Gow. III. 166.
reprévable, adj., *reprehensible,* WICL. PROV. xxv. 10; GAL. ii. 11.
repréven, *see* **repróven.**
repromissioun, sb., *Lat.* reprōmissiōnem; *promise,* WICL. HEB. xi. 39.
repróve, sb., *reproof,* WILL. 652; repreef WICL. JUD. vii. 16; repreve CH. C. T. *C* 595.
repróven, repréven, v., *O.Fr.* reprover, *mod. Eng.* reprove, reprieve; *reprove,* PR. C. 5314; repreven WICL. PROV. xxv. 10; repreve MAN. (F.) 11665.
   repréving, sb., *reproof;* **reprévinges** (*pl.*) MAND. 1.
repugne, v., *O.Fr.* repugner; *fight against,* WICL. I KINGS xv. 23..
reputacioun, sb., *Fr.* reputation; *reputation,* CH. C. T. *C* 602.
reqvére, v., *O.Fr.* reqverre; *require,* CH. C. T. *D* 1052; reqvíre (*pres.*) GAW. 1056.
reqveste, sb., *O.Fr.* reqveste; *request,* A. P. i. 281; CH. C. T. *E* 104.
***h*rēr, adj.,** *O.E.* hrēr (LEECHD. II. 272), *mod. Eng.* rare (*slightly cooked*); *tender; slightly cooked*; rer (*ms.* rere) '*dimollis*' PR. P. 430.

rerāge, sb., *arrears;* **rerāges** (*pl.*) LANGL. *B* v. 246; *see* **arerāge.**
rerbras, sb., *armour for the back of the arm,* MAN. (F.) 10030.
rerde, *see* **rearde.** **rere,** *see* **h*rūre.**
[**rēre, adv.,** *O.Fr.* riere; *backward; comp.* **arēre.**]
rēre-warde, sb., *rearguard,* D. ARTH. 1430; Gow. I. 220.
[***h*rēre-,** *? from* **h*rōre.**]
rēre-mous, sb., *O.E.* hrēremūs (VOC. 77), hrȳremūs (ZEIT. XXI. 43); *bat,* VOC. 164; WICL. LEV. xi. 19; **rēremīs** (*pl.*) DEP. R. iii. 272.
***h*rēren, v.,** *O.E.* hrēran,=*O.N.* hrœra, *O.L.G.* hrōrian, *O.H.G.* hruorian; *move;* **rēre** (*pres.*) D. ARTH. 2810; *see* **h*rōrien.**
rēren, *see* **rǣren.** **rerid,** *see* **rearde.**
rēs, *see* **rǣs.**
resalger, sb., *? O.Fr.* resalgar (*réalgar*), *Sp.* rejalgar; *realgar,* CH. C. T. *G* 814.
resche, *see* **rusche.**
reschen, v.,? hire leofliche lich **reschte** (*pret.*) of þe leie MARH. 18.
rescoue, v., *O.Fr.* rescourre; *rescue,* CH. BOET. iv. 5 (133); MAN. (F.) 4966; D. ARTH. 4131.
rescous, sb., *O.Fr.* rescousse (*deliverance*); *rescue,* CH. C. T. *A* 2643; rescu LUD. COV. 114.
resemble, v., *O.Fr.* resembler; *resemble,* CH. C. T. *D* 90.
rēsen, *see* **h*rīsien.** **rēsen,** *see* **rǣsen.**
reset, *see* **recet.**
reserven, v., *O.Fr.* reserver; *keep private;* reserved (*pple.*) CH. C. T. *A* 188.
residence, sb., *O.Fr.* residence; *residence,* CH. C. T. *G* 660.
residue, sb., *O.Fr.* residu; *residue,* LANGL. *A* vii. 93, *C* ix. 109.
resien, *see* **h*risien.**
resignen, v., *O.Fr.* resigner; *resign;* **resigne** (*pres.*) CH. C. T. *B* 780.
resild, pple., *? from O.Fr.* resel (*net*); *? reticulated, ? wrinkled:* resild as a resch ALEX. (Sk.) 4126.
resine, sb., *Fr.* resine; *resin;* recine WICL. JER. li. 8.
resistence, sb., *O.Fr.* resistence; *resistance,* CH. C. T. *G* 909.
resolven, v., *O.Fr.* resoudre; *loosen; melt;* **resolved** (*pple.*) CH. BOET. iv. 5 (133).
resōn, *see* **raisōn.**
resort, sb., *O.Fr.* resort (*ressort*); *resort,* CH. TRO. iii. 135.
resounen, v., *O.Fr.* resoner; *resound;* **resouneþ** (*pres.*) CH. C. T. *A* 1278.
respit, sb., *O.Fr.* respit; *respite,* BEK. 631; AYENB. 39.

respiten, v., *O.Fr.* respiter ; *respite*, CH. C. T. *F* 1582 ; respite S. S. (Web.) 1005.

respounen, v., *O.Fr.* respondre, responre ; *answer*; **respoune** (*pres.*) MAN. (F.) 4238.

respounse, sb., *O.Fr.* respons ; *response*, BEK. 825.

reste, sb., *O.E.* rest, *cf. O.H.G.* resti, *O.L.G.* resta, rasta, *? O.N.* röst, *? Goth.* rasta ; *rest*, A. R. 166 ; O. & N. 281 ; GEN. & EX. 252 ; C. L. 90 ; CH. C. T. *E* 1855 ; none reste FRAG. 6 ; reste & ro ORM. 4972 ; to reste [raste] eode þa sunne LA3. 28328 ; to eche reste KATH. 2373 ; whan þei were a reste LANGL. (Wr.) 2939 ; *comp.* **lich-raste, un-reste.**

reste-daȝ, sb., *O.E.* restedæg ; *day of rest*, ORM. 4175.

reste-lees, adj., *O.E.* restlēas ; *restless*, CH. C. T. *C* 728.

resten, v., *O.E.* restan, = *O.H.G.* restan, *O.L.G.* restian ; *rest*, MARH. 6 ; A. R. 260 ; ORM. 9598 ; GEN. & EX. 1369 ; BRD. 6 ; LANGL. *B* iii. 235 ; þer þu scalt resten LA3. 17231 ; and ich me wulle ræsten 19038 ; reste CH. C. T. *D* 1736 ; **resteþ** (*pres.*) SHOR. 133 ; AYENB. 31 ; **reste** (*pret.*) LA3. 3602 ; he þat reste him on þe rode SPEC. 52 ; *comp.* **ȝe-resten.**

rēsti, adj., *prov.Eng.* reesty ; *rancid*, '*rancidus*,' PR. P. 431 ; REL. II. 29.

restif, adj., *O.Fr.* restif ; *restive*, PALL. x. 73.

rēstin, v., *become rancid*; reestin '*ranceo*' PR. P. 431.

restitūtiōn, sb., *O.Fr.* restitution ; *restitution*, LANGL. *B* v. 235.

restōre, v., *O.Fr.* restorer ; *restore*, ROB. 194 ; WILL. 2953.

restreine, v., *O.Fr.* restreindre ; *restrain*, CH. C. T. *B* 3777 ; restreigne GOW. III. 206.

rēsūn, rēsūnable, *see* **raisōn.**

resurreccioun, sb., *O.Fr.* resurrection ; *resurrection*, BRD. 17 ; SHOR. 126.

retenaunce, sb., *O.Fr.* retenaunce, *from med.Lat.* retinentia ; *retinue, company* ; **retenaunts** (*pple.*) MAN. (F.) 15985.

retenue, sb., *O.Fr.* retenue ; *retinue*, CH. C. T. *A* 2502.

hrēde, adj., *O.E.* rēðe, hrēðe ; *fierce, severe* : þe weder als in somer smeþe son began be ruȝ and reþe M. H. xviii ; ræþe FRAG. 1 ; for þa reða dome HOM. I. 15 ; þa wæren swiþe reþe ['*saevi*'] MAT. viii. 28.

[**rēðe ?** *comp.* **wand-rēðe.**]

rēþer, *see* **hreoðer.**

rethor, sb., *Lat.* rhētōr ; *orator*, CH. C. T. *F* 38.

rethorike, sb., *rhetoric*, CH. C. T. *E* 32 ; retorik(e) LANGL. *B* xi. 98, *C* xiii. 35.

rētin, v., = *L G.* rauten, rōten, *? Swed.* röta ; *soak*, '*rigo, infundo*,' PR. P. 431.

retournen, v., *O.Fr.* retourner ; *return*, CH. C. T. *A* 2095 ; R. R. 382.

retrograd, adj., *Lat.* retrogradus ; *retrograde*, CH. ASTR. ii. 4 (19).

rettin, v., *O.Fr.* reter ; *account, impute*, '*reputo*,' PR. P. 431 ; rette WILL. 461 ; **rette** (*pres.*) CH. C. T. *A* 726 ; **rettid** ['*imputavit*'] HAMP. PS. xxxi. 2 ; *comp.* **? a-retten.**

rēu, *see* **hrēou.**

reule, sb., *O.Fr.* reule, riule, *from Lat.* rēgula ; *rule*, P. L. S. ix. 46 ; AYENB. 150 ; CH. C. T. *A* 173 ; riule A. R. 82* ; riwle 2 ; **riulen** (*pl.*) 428 ; rule *line, row* PALL. iv. 526.

reulen, v., *O.Fr.* riuler, *from Lat.* rēgulāre ; *rule*, WICL. PROV. iii. 6 ; reule LANGL. *A* iv. 9 ; riwlen A. R. 4 ; **reuleþ** (*pres.*) AYENB. 124.

reume, *see* **rēalme. rēusien,** *see* **hrēousien.**

rēuþe, *see* **hrēouðe.**

[**rēve,** sb., *? = O.H.G.* reba (*vitis*) ; *comp.* **hai-, hurd-reve.**]

rēve, *see* **rēfe.**

revel, sb., *O.Fr.* revel ; *revel*, CH. C. T. *A* 2717 ; this revel ... lasteth a fourtenight CH. L. G. W. 2251 ; **reveles** (*pl.*) WILL. 1953 ; LANGL. *B* xiii. 442.

revelen, v., *O.Fr.* reveler ; *revel* ; revele P. L. S. xxx. 15.

revelour, sb., *reveller*, CH. C. T. *A* 4371.

revelrie, sb., *revelry*, R. R. 720.

rēven, *see* **rāven. rēven,** *see* **rēaven.**

reverence, sb., *O.Fr.* reverence ; *reverence*, LANGL. *B* xiv. 204 ; SAINTS (Ld.) lii. 44 ; ROB. 553 ; AYENB. 20 ; CH. C. T. *A* 141.

revers, adj., *O.Fr.* revers ; *opposite*, GOW. I. 167.

reversen, v., *from* **revers** ; *reverse* ; **reversed** (*pple.*) GOW. I. 3.

revesten, v., *O.Fr.* revestir ; *clothe* ; (hii) **revested** (*pret.*) ROB. 406 ; **revested** (*pple.*) WILL. 1959.

revilen, v., *see* **avīli** ; *revile* ; reville MAN. (F.) 11677 ; **reviled** (*pret.*) MAN. (F.) 6361 ; reviled (*pple.*) PR. C. 8544 ; GOW. III. 247.

reward, sb., *O.Fr.* regvard ; *reward, regard*, WILL. 3339 ; LANGL. *B* xvii. 265 ; PR. C. 1880 ; *see* **regard.**

rewarde, v., *O.Fr.* regvarder ; *reward, regard ; agree* ; WILL. 3840 ; WICL. JOB xxxiii. 24 ; **rewardieþ** (*pres.*) FER. 3463 ; **rewarded** (*pret.*) LANGL. *B* xi. 361 ; **rewarded** (*pple.*) FER. 312.

rewarding, sb., *reward*, LANGL. *C* iv. 340*.

rēwe, *see* **rāwe, hrēowe.**

rēwen, rēwðe, hrēowen, hrēowðe, *see* **hrēowen, hrēowðe.**

riāl, *see* **rēal.**

riālme, riāltē, *see* **rēalme, rēaltē.**

ribald, sb., *O.Fr.* ribaud ; *ribald, worthless creature* ; ribaude [ribalde] LANGL. *B* xvi. 151 ; ribaud *C* xix. 170 ; ribaude (*the devil*) *B* xiv. 203 ; ribaud AYENB. 51 ; **ribalds** (*pl.*) LANGL.

ribald.   rif.

C xvii. 46; ribaudes C vii. 435; rebaldis BARB. xvi. 137; ribauz HOM. I. 279.

ribaldaille, sb., *O.Fr.* ribaudaille; *rabble*; rebaldaill BARB. i. 103.

riban, sb., *O.Fr.* riban, *cf. Bret.* ruban, *Ir.* ribin, *Gael.* ribean; *ribbon*, REL. II. 19; riband PR. P. 432; rebant VOC. 268; **ribanes** (*pl.*) LANGL. *B* ii. 16; rebans ANT. ARTH. ii.

ribaud, *see* **ribald**.

ribaudie, sb., *O.Fr.* ribaudie; *ribaldry*, P. L. S. xii. 59; AYENB. 128; LANGL. *A* PROL. 44; CH. C. T. *C* 324; *see* **ribaudrie**.

ribaudour(e), sb., *profligate fellow*, LANGL. *A* vii. 66, *B* vi. 75.

ribaudrie, sb., *O.Fr.* ribauderie; *ribaldry*, LANGL. *C* i. 45; *see* **ribaudie**.

ribbe, sb., *O.E.* ribb *n.*, *cf. M.Du.* ribbe, *O.H.G.* ribbi, rippi *f.*, *O.N.* rif *n.*; *rib*, 'costa,' VOC. 148, 226; PR. P. 432; S. S. (Web.) 1572; rib GEN. & EX. 227; of þan ribbe HOM. I. 223; **ribbes** (*pl.*) LAȝ. 1603; HAV. 1900; CH. C. T. *D* 506; ribben (*dat. pl.*) LAȝ. 1599; *comp.* **dou-ribbe**.

ribbe-wort, sb., *hounds-tongue (herb)*, 'lanciola,' PR. P. 433.

ribben, v., *L.G.* ribben; *dress with a rib*; ribbin flax '*metaxo*' PR. P. 433; to ribbe (*v. r.* rubbe) LANGL. *C* x. 81*.

ribibe, ribibour, *see* **rūbībe, rūbibour**.

ricchen, *see* **recchen**.

riche, adj., *O.E.* rīce, = *O.L.G.* rīki, *Goth.* reiks, *O.H.G.* rīche; *rich, powerful,* 'opulentus,' PR. P. 433; LAȝ. 128; KATH. 2360; A. R. 66; ORM. 6384; BEK. 341; SHOR. 57; RICH. 5899; rike M. T. 15; C. M. 1796; **riches** (*gen. m.*) LAȝ. 28932; **richere** (*dat. f.*) LAȝ. 764; **richne, richene** (*acc. m.*) LAȝ. 6593, 23791; þine riche cloþes A. D. 238; riche (*gen. pl.*) menne ROB. (W.) 8839; **richere** (*compar.*) HOM. I. 271; P. L. S. xiii. 92; P. S. 331; ricchere [richere] LAȝ. 9911; richere GEN. & EX. 1280; richore CHR. E. 409; **richeste** (*superl.*) HOM. I. 125; richcheste [richeste] LAȝ. 5732; ricchesste LANGL. *A* iii. 201; rihchest LAȝ. 18929; ricchest MISC. 96; *comp.* **efen-rike**.

riche-dōm, sb., = *O.L.G.* rīkidōm, *O.H.G.* richetuom; *wealth*, LAȝ. 3328; H. M. 3.

riche-liche, adv., = *O.E.* rīclīce; *richly*, LAȝ. 2728; AM. & AMIL. 689; TRIST. 1553; richelike GEN. & EX. 2442; **richlier** (*compar.*) WILL. 1934.

rīche², sb., *O.E.* rīce, = *O.L.G., O.N.* rīki, *Goth.* reiki, *O.H.G.* rīchi *n.*; *reign, realm, dominion*, MAT. iii. 5; A. R. 208; KATH. 47; O. & N. 357; HORN (R.) 20; TREAT. 132; SPEC. 94; AYENB. 66; GOW. II. 268; A. P. i. 600; þat riche HOM. II. 67; ORM. 7011; þe king sende swa wide swa ileste his riche LAȝ. 595; inne godes riche P. L. S. viii. 179; rike HAV. 290; H. H. 176 (178); IW. 142; PS.

xxi. 29; FLOR. 1809; **riche** (*pl.*) MAT. iv. 8; riche, richen LAȝ. 5396, 7899; *comp.* **abbod-, bischop-, eorð-, ēst-, heoven-, kine-, king-, weoreld-riche**.

richels, *see* **rechels**.

richen, v., = *M.Du.* rijken, *O.H.G.* rīchan; *enrich; become rich*; riche WILL. 3014; C. M. 7481; richeþ (*pres.*) WICL. I KINGS ii. 7; LANGL. *A* iii. 74.

richesse, sb., *O.Fr.* richesse; *riches*, 'opulentia,' PR. P. 433; ROB. 113; C. L. 1016; WILL. 5057; **richesses** (*pl.*) A. R. 168; AYENB. 24; ritchessis WICL. MK. x. 23.

richt, rict, *see* **riht**. **ridden**, *see* **hredden**.

ride, sb., = *Ger.* rit; *from* **riden**; *ride*, GEN. & EX. 3950.

ridel, sb., *O.Fr.* ridel (*rideau*); *curtain*, FER. 2537; redell ALEX. (Sk.) 4930.

hridel, sb., *riddle, sieve*; ridil '*cribrum*' PR. P. 433.

[**rīdel**, sb., *one who rides*; *comp.* **for-rīdel**.]

riden, *see* **rūden**.

rīden, v., *O.E.* rīdan, = *O.Fris.* rīda, *O.N.* rīða, *O.H.G.* rītan; *ride, go*, LAȝ. 432; A. R. 266; on horse riden HAV. 370; ridæn FRAG. 6; ridan HOM. I. 5; ride BEK. 1179; ALIS. 460; hi leten þat schup ride HORN (L.) 136; rideþ (*pres.*) ORM. 6966; O. & N. 494; P. S. 222; rit H. M. 11; rid A. D. 250; LANGL. (Wr.) 339; rid (*imper.*) LAȝ. 26551; **ridende** (*pple.*) LAȝ. 26795; WILL. 1954; ridinde A. R. 216; rād (*pret.*) HOM. I. 5; LAȝ. 7240; TRIST. 179; M. H. 135; PERC. 496; he ... rad ruglinge into helle MARH. 17; rod HORN (L.) 630; TOR. 505; rode LANGL. *B* xvii. 99 (rood (Wr.) 11567); CH. C. T. *A* 390; þu ride LAȝ. 26527; riden ALIS. 1038; FER. 1548; CH. C. T. *A* 825; ridden RICH. 4025; **riden** (*pple.*) CH. C. T. *A* 48; *comp.* **bi-, ȝe-riden**; *deriv.* **ride, rāde**.

ridere, sb., = *M.L.G.* rīder, *M.H.G.* rīter; *rider*, LAȝ. 9288; LANGL. *A* x. 306; **rideres** [ridares] (*pl.*) LAȝ. 19860

riding, sb., *riding*; **ridinges** (*pl.*) ORM. 9213; AYENB. 24.

hridlen, v., *riddle, sift*; ridlen A. R. 234; ridelin '*cribro*' PR. P. 433; **ridlide** (*pret.*) WICL. DAN. xiv. 13.

hridren, v., *O.E.* hridrian, = *M.L.G.* redern, *O.H.G.* hritarōn; *riddle, sift*; **riddrede** (*pret. subj.*) LK. xxii. 31.

rie, *see* **rūȝe**.

rif, sb., *O.N.* rif, = *M.Du.* rif; *reef (of a sail)*, GOW. III. 341.

[**hrif**, sb., *O.E.* hrif, = *O.H.G.* href, *O.Fris.* rif; *belly, womb*; *comp.* **mid-rif**.]

rīf, a., *O.E.* rīf, = *M.Du.* rijf, *O.N.* rīfr, *mod. Eng.* rife; *abundant, frequent, openly known*, GEN. & EX. 1252; SHOR. 112; HOCCL. i. 427; of riches þou art so rif EGL. 1041; rif

rif.

(rife) PS. xxvi. 1*; rife GOW. I. 213; rive H. M. 29; P. L. S. xvii. 52; P. S. 195; WILL. 5414; balu þer wes rive LAȝ. 20079; his craftes are so rife PERC. 560; rive (*adv.*) KATH. 2513; MAP 350; þat folc þat deide so rive ROB. 252.

rif-liche, adv., *greatly*, WILL. 1472; rifli REL. II. 7; M. H. 42.

riflin, v., *O.Fr.* rifler; *rifle*, '*spolio*,' PR. P. 433; **riflede** (*pret.*) LANGL. *B* v. 234; **ri-fild** (*pple.*) MIN. ii. 16.

riflinge, sb., *plunder*, LANGL. *B* vii. 238.

rifloure, sb., *plunderer*, PR. P. 433; rifeler LANGL. *C* vii. 316.

rift, sb., *O.E.* rift, ryft, reft, = *O.N.* ript, *? O.H.G.* reft; *garment, veil*: me hire hafd biwefde mid ane hali rifte LAȝ. 28475; *comp.* **wāȝe-rift**.

rifte, sb., *from* rīven; *rift*, '*rima*,' PR. P. 433; reft R. R. 2661.

riften, v., *rift*; rifte '*ructo*' CATH. 308; **riftes** (*pres.*) PS. xviii. 3; **rifted** (*pret.*) PS. xliv. 2.

riftere, sb., *O.E.* riftere; *reaper*, '*messor*,' FRAG. 2.

krig, sb., *? O.N.* hregg; *? storm*; rig A. P. ii. 382.

rig(ge), *see* *krüg*.

righe, *see* reihe.

rigour, sb., *O.Fr.* rigour; *rigour*, CH. C. T. *F* 775.

riht, adj., *O.E.* riht, ryht, = *O.L.G.* reht, *O.H.G.* reht, *O.N.* rēttr, Goth. raihts, *Lat.* rectus; *right; straight; just*; A. R. 8; (ms. rihht) ORM. 15362; mi riht arm LAȝ. 28040; richt REL. I. 23; MISC. 33; rith HAV. 1812; MAP 336; rist REL. I. 49; **riht** (*subst.*) LAȝ. 2511; vor te don alle men riht A. R. 286; riht, riȝt O. & N. 950, 969; rigt GEN. & EX. 3714; riȝt AYENB. 8; A. P. i. 621; a riht *aright*, LAȝ. 17631; A. R. 76; ȝif þu hit const a riht bilegge O. & N. 904; Jacob ʓus him bimeneð o rigt GEN. & EX. 2226; þe righte wai MAND. 6; mid riȝte BRD. 3; SHOR. 60; **rihtere** (*dat. f.*) LAȝ. 29092; rihtne (*acc. m.*) LAȝ. 4768; O. & N. 1238; **rihte** (*adv.*) HOM. I. 167; rihte, riht [riȝt] O. & N. 80, 1246; he fl(e)ah dun rihte [riht] LAȝ. 25613; forð riht heo wenden 7807; righte as þou were a god MAND. 295; righte whare scho lai ISUM. 194; þat him riht luvieð KATH. 1741; riht biȝeten ahte ORM. 1645; riht sone LIDG. M. P. 29; an on riht, rihtes A. R. 18, 42; al rihtes swa HOM. I. 133; & slowe doun riȝtes WILL. 1165; *comp.* ȝe-, un-, up-riht.

riht-ful, adj., *just*, L. H. R. 144; riȝtful LANGL. *B* PROL. 127; it is riȝtful WICL. GEN. xxx. 30; riȝtvolore (*comp.*) ROB. (W.) 5391.

riȝtvol-liche, adv., *rightfully*, AYENB. 196.

rihtfulnesse, sb., *righteousness*, SPEC. 53; riȝtfulnesse WICL. GEN. xviii. 19; riȝtfulnes H. S. 600; riȝtvolnesse AYENB. 29.

rime. 507

riht-lēchen, v., *O.E.* rihtlǣcan; *correct, rectify*, HOM. I. 17; REL. I. 130 (HOM. II. 9); rihtleche MISC. 86; riȝtleche WILL. 1310.

riht-liche, adv., *O.E.* rihtlīce; *rightly*, HOM. II. 27; riȝtli WILL. 232.

rihtnesse, sb., *O.E.* rihtness, rihtnyss; *rectitude*, LAȝ. 14; riȝtnesse AYENB. 154; riȝtnisse BEK. 1627.

riht-wīs, adj., *O.E.* rihtwīs; *righteous*, HOM. I. 35; rihtwis LAȝ. 6537; C. L. 63; P. L. S. xxv. 38; M. H. 1; rihtwis A. R. 268; ORM. 2880; riȝtwis WICL. GEN. vi. 9; A. P. i. 674; rightwis S. S. (Wr.) 2754; PR. C. 9154; D. ARTH. 3989; ðe rigtwise GEN. & EX. 1043.

riȝtwīs-hēd, sb., *righteousness, justice*, GEN. & EX. 3740.

rihtwis-leȝe, sb., *righteousness, justice*, ORM. 2531.

rihtwīs-līche, adv., *righteously*, KATH. 753; riȝtwisli A. P. i. 708.

rihtwīsnesse, sb., *O.E.* rihtwīsness; *righteousness*, A. R. 304; ORM. 10916; rihtwisnesse LAȝ. 6554; riȝtwisnesse LANGL. *B* xviii. 197; rightwisnesse MAND. 294.

rihten, v., *O.E.* rihtan, = *O.L.G.* rihtian, *O.H.G.* rihtan, *O.N.* rētta, *prov.Eng.* right; *straighten, direct, correct*, JUL. 9; to rihten eo(u)re leoden LAȝ. 6254; his ban rihten 19502; to rihten here lif ORM. 18148; rigten GEN. & EX. 3423; rihte MISC. 52; righte GOW. III. 170; rithe HAV. 2611; þe riwle þet **rihteð** (*pres.*) þe heorte A. R. 410; rihtes JOS. 451; **riht** (*imp.*) JUL. 31; righte ['dirige'] PS. xxiv. 5; rihteþ ORM. 9201; rihteð ou up *arise* A. R. 18; **rihte** (*pret.*) MARH. 20; rihten LAȝ. 25732; here arewes riȝte P. L. S. xviii. 43; **rihted** (*pple.*) ORM. 9208; *comp.* a-, ȝe-rihten.

rihtnen, v., = rihten, *make right, correct*, ORM. 10361.

rīke, *see* rīche.

rīkels, *see* rēchels.

rikenen, *see* rekenen.

rīkien, v., *O.N.* rīkja; *reign*; **rīked** (*pret.*) PS. xcii. 1.

rīm, sb., *O.E.* rīm, *cf.* *O.Fris.*, *O.N.* rīm n., *O.H.G.* rīm, hrīm m.; *rhyme, number, song*; (ms. rym) HAV. 23; he þat haveþ þis rim (ms. rym) iwriten MISC. 57; þurh tale & rime of fowertiȝ ORM. 11248; **rimes** (*gen.*) GEN. & EX. 1; **rīme** (*pl.*) C. M. 14922; and seide þes rime HORN (L.) 804; lat him rimes make CH. C. T. *B* 96; **rīme** (*dat. pl.*) SHOR. 165; HOCCL. i. 247; in prose ne in rime LEG. 60; writen o rime REL. I. 224.

krīm, sb., *O.E.* hrīm, = *O.N.* hrīm, *O.H.G.* rīm, *M.Du.* rijm; *rime, hoar frost*; rim LAȝ. 28525; (ms. ryme) '*pruina*' PR. P. 434.

rim-frost, sb., *hoar-frost*, '*pruina*,' VOC. 239; rimforst SAINTS (Ld.) xlvi. 627.

rime, sb., *O.E.* rima, reoma; *rim, border, margin*, VOC. 150; þe rime of his eȝen WICL.

TOB. xi. 14; rim of a whele PR. P. 434; rim, reme (*integument of the foetus*) PR. C. 520; rimes (*pl.*) GAW. 1343; *comp.* dai-, sǣ-rime.

rīmen, v., *O.E.* rīman,=*O.H.G.* (gi-)rīman; *rhyme, enumerate*, ORM. 11217; rime GOW. II. 173; CH. C. T. *B* 2122; MAN. (H.) 71; LIDG. M. P. 55; ich nelle eou noþer rede ne rime of king ne of eorl S. A. L. 148; rimeþ (*pres.*) SHOR. 104; *comp.* a-, ȝe-rīmen.

rīmen, *see* rūmen.

hrimple, sb., *O.E.* hrympele,=*M.L.G.*, *M.Du.* rimpel; *ripple, wrinkle*; rimple, rimpil '*ruga*' PR. P. 434.

hrimplen, v., *cf. M.Du.* rimpelen; *wrinkle; ripple*; rimplid (*pple.*) PR. P. 434; R. R. 4495; LIDG. M. P. 200.

rīmþe, *see* rūmðe.

rīn, sb., *O.N.* rīn, = *M.Du.* rijn; *stream*, HALLIW. 685.

Rīn, pr. n., *O.E.* Rīn,=*O.N.*, *O.H.G.* Rīn; *Rhine*; Ruin LANGL. *A* PROL. 108; Rine (*dat.*) TREV. V. 257.

rincen, v., *O.Fr.* rincer; *rinse*; rince REL. I. 7; rinsede (*pple.*) coupes D. ARTH. 3375.

rinde, sb., *O.E.* rind,=*M.Du.* rinde, *O.H.G.* rinda; *rind, shell*, O. & N. 602; L. H. R. 24; C. L. 1308; AYENB. 96; MAN. (H.) 333; þeos rinde A. R. 150.

rīnd-lēas, adj., *without rind*, A. R. 150.

rinele, *see* rūnele.

hrīnen, v., *O.E.* hrīnen, = *O.L.G.*, *O.H.G.* hrīnan; *touch* ; rineð (*pres.*) A. R. 320; al þat ha rineð to JUL. 56; rīn (*imper.*) A. R. 408; rine (*subj.*) CL. M. 65; rān (*pret.*) ORM. 15518; *comp.* a-, æt-, ȝe-rinen.

rinunge, sb., *O.E.* hrīnung; *touching*, A. R. 408.

rīnen, *see* reinen.

hring, sb., *O.E.* hring,=*O.L.G.*, *O.H.G.* hring, *O.N.* hringr; *ring*; ring A. R. 420; PERC. 425; þis ring whil he is þin FL. & BL. 4; þisne ring P. L. S. xxii. 9; ænne ring LAȝ. 30805; in a ringe ALIS. 1112; i widewene ring H. M. 21; ringes (*pl.*) GEN. & EX. 1872; HAV. 2740; ringe (*dat. pl.*) LAȝ. 30803; *comp.* ēre-, góld-, hōp-, kine-ring.

ring-worm, sb., *ring-worm*, '*impetigo*,' VOC. 255; ringwirm '*serpigo*' PR. P. 434.

hringen, v., *O.E.* hringan (*pret.* hringde),= *O.N.* hringja, *M.Du.* ringhen; *ring, sound*; ringen LAȝ. 16929; ORM. 901; HAV. 242; ringe CH. C. T. *A* 3896; ringden (*pret.*) SAX. CHR. 259; rang IW. 1397; rong ROB. 509; LAI LE FR. 181; CH. C. T. *A* 3215; bellen þer ringeden [rongen] LAȝ. 24486; rungen M. T. 15; rongen LANGL. *B* xviii. 425; ronge E. T. 319; rungen (*pple.*) HAV. 1132; irungen LAȝ. 29441; irunge HORN (L.) 1016.

ringinge, sb., *ringing*, P. L. S. xii. 45.

hringen², v., *O.E.* hringian, *cf. O.N.* hringja, *O.H.G.* (ge-)hringen; *form a ring, encircle, adorn with a ring*: let us alle aboute him ringe HALLIW. 686; ringinde (*pple.*) (? = renginde) abuten A. R. 140; fingres richeliche iringed (*pple.*) LANGL. *C* iii. 12.

Rīnisch, adj.,=*M.H.G.* rīnisch; *Rhenish*, D. ARTH. 203.

rink, sb., *O.E.* rinc,=*O.L.G.* rinc, *O.N.* rekkr; *man, warrior*, WILL. 1193; REL. I. 78; A. P. iii. 216; renk LANGL. *B* PROL. 192; GAW. 691; renke DEP. R. ii. 31; rinkes (*pl.*) LAȝ. 5188.

rinnen, v., *O.E.* rinnan, irnan, yrnan, eornan, =*O.L.G.*, *O.H.G.*, Goth. rinnan, *O.Fris.*, *O.N.* rinna, renna, *M.Du.* rinnen, rennen, runnen; *run*; rinne C. M. 10054; PERC. 1662; rinne [renne] CH. P. F. 247; rennen LANGL. *B* xv. 220; renne HAV. 1161; irnen, urnen, eornen LAȝ. 8130, 21229, 24696; eornen A. R. 86; KATH. 2300; ORM. 1336; eorne [urne] O. & N. 638; urne HORN (L.) 878; ROB. 514; (*ms.* yerne) AYENB. 173; OCTOV. (W.) 965; erne SPEC. 81; AR. & MER. 1228; rinnes (*pres.*) IW. 3245; renneð KATH. 2511; renneþ MAND. 32; rennip TOR. 1298; irneð LAȝ. 29664; as weter þet eorneð JUL. 74; eorneþ [urneþ] O. & N. 375; eorneþ [erneþ] C. L. 730; eorneþ [ȝerneþ] TREV. I. 105; ȝernes GAW. 498; his eghen rinnes PR. C. 781; runnande (*pple.*) M. H. 114; eorninde LEG. 33; ran (*pret.*) GEN. & EX. 1009; HAV. 216; SPEC. 83; MAND. 41; CH. C. T. *B* 661; TOR. 1050; PR. C. 5297; (*ms.* rann) ORM. 1364; ron LANGL. *A* v. 43; ȝarn, ȝorn *B* xi. 59, *C* xiii. 13; ron HOM. I. 207; HICKES I. 227; AL. (V.) 404; euch weoved ... ron of þat baleful blod KATH. 205; ran (*r. w.* barn) AR. & MER. 2587; earn LK. xv. 20; (*ms.* yarn) AYENB. 191; orn LAȝ. 18806; A. R. 188; ROB. 208; BEK. 88; SPEC. 58; þat blod orn a dun MISC. 42; runnen WICL. JOHN xx. 4; AV. ARTH. xxv; runne FER. 2438; ronnen CH. C. T. *A* 2925; urnen HOM. I. 3; II. 39; LAȝ. 4578; A. R. 112; urne BRD. 22; ȝornen A. P. ii. 881; urne (*subj.*) A. R. 164; JUL. 30; runnen (*pple.*) A. P. i. 26; ronnen, ronne LANGL. *B* viii. 90, *A* ix. 82; ronnin '*coagulatus*' PR. P. 436; ironne CH. C. T. *A* 8; iorne HORN (L.) 1146; LEG. 23; *comp.* æt-, bi-, of-, over-rinnen; *deriv.* renne, rennen, rūne.

riote, sb., *O.Fr.* riote; *riot, dissipation*, CH. C. T. *A* 4392; non wisure read ne mei bringen hire ut of hire riote A. R. 198; he ne heþ none hede of longe riote of tales AVENB. 99; men ... seide in olde riote BEV. 1192.

rīoten, v., *O.Fr.* rioter; *make a riot*; riote CH. C. T. *A* 4414; he oft rīot (*pret.*) to the land harried BARB. v. 181.

riotour, sb., *rioter*, CH. C. T. *C* 692; riotoures (*pl.*) CH. C. T. *C* 661.

riotous, adj., *O.Fr.* rioteus ; *riotous*, CH. C. T. *A* 4408 ; D. ARTH. 363.

riotrie, sb., *rioting*, MAN. (F.) 2406.

krip, sb., *O.N.* hrip ; *peat-basket* ; **rippe** (*dat.*) HAV. 893.

rīp, sb., *O.E.* rīp, rȳp *n., from* **rīpen** ; *cf.* **rēpe** ; *harvest* ['*messis*'], MAT. xiii. 39 ; rip [rīpe] TREV. VIII. 185 ; .rip [rep] WICL. 2 KINGS xxi. 9 ; JOB xviii. 16 ; **rīpis** (*pl.*) *sheaves* ['*manipulos*'] HAMP. PS. cxxv. 8 ; *comp.* **bed-rēp, ȝe-rīp.**

rīp-man, sb., *reaper*, MAT. ix. 37 ; repman S. B. W. 246 ; PALL. vii. 18.

rēpe-rēve, sb., *head-reaper*, LANGL. *C* vi. 15.

rēp-tīme, sb., *O.E.* rīptīma ; *harvest*, WICL. PROV. xxvi. 1.

rīpe, adj., *O.E.* rīpe, = *O.L.G.* rīpi, *O.H.G.* rīphi, rīfi ; *ripe, 'maturus,'* PR. P. 434 ; FRAG. 6 ; O. & N. 211 ; BRD. 33 ; AYENB. 28 ; ALIS. 5757 ; LANGL. *B* xvi. 71.

[**ripel**, sb., = *M.L.G.* repele, *M.H.G.* rifel ; *that which rips.*]

ripil-stok, sb., *instrument for cleaning flax*, VOC. 269.

ripelen, v., = *M.L.G.* repelen, *M.H.G.* rifeln ; *scratch, tear* : he **repulde** (*pret.*) his face GUY² (Z.) 9617.

ripen, v., = ? *Swed.* ripa (*repa*) ; *rip, tear open ; examine* : ripe þaire ware C. M. 4893 ; ripe up D. ARTH. 1877 ; **ripe** (*imper.*) TOWNL. 112 ; **ripande** (*pple.*) A. R. ii. 592 ; **riped** (*pret.*) M. H. 143.

rīpen, v., *O.E.* rīpan, rȳpan, rēpan, = *Goth.* raupjan ; *reap*, P. L. S. viii. 11 ; ripe AYENB. 214 ; TREV. VIII. 185 ; reopen JUL. 75 ; repen HOM. I. 161 ; MISC. 59 ; repe P. S. 152 ; PS. cxxv. 5 ; reepe H. V. 70 ; **rēpiþ** (*pres.*) WICL. JOHN iv. 36 ; **rēp** (*pret.*) LANGL. *B* xiii. 374 ; repen HOM. I. 241 ; LAȝ. 10033 ; LEB. JES. 358 ; ropen LANGL. *B* xiii. 374 ; WICL. RUTH i. 22 ; **rōpen** (*pple.*) CH. L. G. W. 74 ; rope PALL. x. 127 ; *deriv.* **rīp, rēpe.**

rīpere, sb., *O.E.* rīpere ; *reaper* ; repare PR. P. 430 ; **rīperen** (*dat. pl.*) MAT. xiii. 30.

rīpinge, sb., *reaping*, ['*messis*'] WICL. JUDG. xv. 1.

rīpen², v., *O.E.* rīpian, = *O.H.G.* rīfan ; *from* **rīpe** ; *ripen*, HOM. II. 220 ; LANGL. *B* xvi. 39 ; ripin '*maturo*' PR. P. 434 ; **ripest** (*pres.*) HOCCL. II. 33 ; **ripede** (*pret.*) HOM. I. 241 ; **ripid** (*pple.*) WICL. JOEL iii. 13.

rippen, *see* **rüppen.**

Rīpun, pr. n., *O.E.* Rīpum, Hrīpum ; *Ripon*, MISC. 146.

krire, *see* **krūre.**

rīs, sb., *cf. Fr.* riz, *Gr.* ὄρυζα ; *rice* ; (*ms.* ryȝs) MAND. 310 ; ris C. B. 22, 114.

krīs, sb., *O.E.* hrīs, = *O.N., O.H.G.* hrīs ; *twig* ; ris SPEC. 26 ; LAUNF. 937 ; on blowe ris O. & N. 1636 ; **rīse** (*dat.*) CH. C. T. *A* 3324 ; þer he under rise lið LAȝ. 740 ; **rīs** (*pl.*) O. & N. 586 ; hulen of ris(e) & of leaves A. R. 100 ; þe hare þat bredus in þe rise AV. ARTH. ii ; *comp.* **wode-rīs.**

rische, *see* **rüsche.**

[**rīse**, sb., *rise ; comp.* **up-rīse.**]

krisel, *see* **hrūsel.**

rīsen, v., *O.E.* rīsan, = *O.L.G.* rīsan (*rise*), *O.H.G.* rīsan (*flow, fail*), *M.Du.* rijsen (*rise*), *O.Fris., O.N.* rīsa, *Goth.* (ur-)reisan ; *rise*, HOM. II. 103 ; ORM. 4197 ; GEN. & EX. 4039 ; risen [rise] LANGL. *B* xix. 142 ; rise WICL. NUM. xxviii. 24 ; S. S. (Wr.) 1603 ; **rīs** (*imper.*) HAV. 584 ; **rās** (*pret.*) ORM. 2741 ; raas PS. iii. 6 ; ros REL. I. 209 ; GEN. & EX. 261 ; ALIS. 4378 ; WILL. 1193 ; roos LANGL. *B* v. 234 ; WICL. GEN. xix. 1 ; risen S. S. (Web.) 2089 ; GREG. 274 ; rise MAN. (H.) 222 ; resin TOR. 2558 ; reson EGL. 284 ; **rīsen** (*pple.*) ORM. 11552 ; CH. C. T. *A* 1499 ; risin S. S. (Wr.) 211 ; *comp.* **a-, bi-, ȝe-rīsen** ; *deriv.* **rist, rǣsen, raisen,** ? **rǣren.**

hrisien, v., *O.E.* hrisian, hrysian, = *O.L.G.* hrisian, *Goth.* hrisjan ; *quake, move* : þe eorðe gon to rusien LAȝ. 15946 : resie AYENB. 23 ; rese CH. C. T. *A* 1986 ; **rūsed** (*pret.*) LANGL. *B* xvi. 78* ; riseden burnen [rusede wepne] LAȝ. 26917 ; *comp.* **a-resien.**

rison, sb., *prov. Eng.* (*Chesh.*) rizzom ; *head of oats* ; **risonis** (*pl.*) ALEX. (Sk.) 3060.

rist, sb., *O.E.* (a-)rist, = *Goth.* (ur-)rists ; *from* **rīsen** ; *resurrection, rising*: þe sonne rist ALIS. (Sk.) 791 ; *comp.* **a-, up-rist (-riste).**

ritten, v., ? = *O.H.G.* rizzan ; *split* : for to ritte and for to flo HAV. 2495 ; **ritte** (*pret.*) GAW. 1332 ; TRIST. 479 ; þat hure haberkes ritte FER. 5030 ; *comp.* **to-ritten.**

rīþ, sb., *O.E.* rīð, = *O.L.G.* rīth, *M.L.G.* ride *f.* ; *small stream, 'rivus,'* FRAG. 3.

rīþer, *see* **hreoðer. rippe,** *see* **hrüppe.**

rīve, sb., = *M.L.G.* rīve, *M.Du.* rijve ; *from* **riven** ; *rake, 'rastrum,'* PR. P. 435.

rīve¹, sb., *O.Fr.* rīve ; *bank*, HORN (L.) 132.

rīve, *see* **rif.**

rivel, sb., *wrinkle*, TREV. I. 257 ; **rivelis** (*pl.*) ['*rugae*'] WICL. JOB xvi. 9.

rivelen, v., *wrinklen* ; **rivele** (*pres.*) REL. II. 211 ; **riveling** (*pple.*) R. R. 7214 ; **riveleden** (*pret. pl.*) LANGL. *B* v. 193* ; **riveled** (*pret. pple.*) LEG. 218 ; Gow. III. 370.

riveling, sb., *O.E.* rifling ; *a sort of shoe*, MAN. (H.) 282 ; (*nickname for Scotch*) MIN. ii. 19 ; his knichtis werid **revelinis** (*pl.*) off hidis WINT. viii. 4421.

rīven, v., *O.N.* rīfa (*break*), = *M.Du.* rijven (*rub*), *O.H.G.* rīban (*rub*) ; *rive, tear, break* ; rivin PR. P. 435 ; rive CH. C. T. *C* 828 ; PR. C. 888 ; SACR. 713 ; a sondir rive LIDG. M. P. 189 ; rife TOWNL. 11 ; **rīves** (*pres.*) GAW.

riven.

1341; **ráf** (*pret.*) IW. 2615; PERC. 2157; þat spere þurh raf [rof] LAȝ. 23943; roof WICL. 2 KINGS ii. 23; ref C. M. 7809; REL. I. 1; SACR. 48; **riven** (*pple.*) MAN. (H.) 148; his robes riven were TRIST. 582; rifen IW. 3539; reven S. & C. I. xlix; *comp.* to- riven; *deriv.* **rive, rifte.** .

rivēre, sb., *O.Fr.* riviere; *river*, HORN (L.) 230; ALIS. 5142; river FER. 3967; CH. C. T. *D* 2083.

rīxien, v., *O.E.* rīcsian, rīxian, = *O.H.G.* rīchisōn; *reign*; rixan SAX. CHR. 265; **rixeð** (*pres.*) HICKES I. 224; **rīxede** (*pret.*) MAT. ii. 22.

rīxlien, v., *reign*, LAȝ. 19323; rixlen HOM. I. 271; ORM. 2237; let hit a rixlie (*?ms.* arixlye) MISC. 130; rixle HOM. II. 27; **rixleð** (*pres.*) MARH. 19; A. R. 80; rixles D. TROY 2726; **rixlede** (*pret.*) LAȝ. 6907.

rixlunge, sb., *reign*, HOM. I. 111; A. R. 248; rixlinge KATH. 44.

rō, sb., *O.E.* rōw, = *O.N.* rō, *M.Du.* roe, *O.H. G.* ruowa, rāwa; *quiet, repose*, MARH. 20; ORM. 7042; C. L. 90; P. S. 149; MAP 336; M. H. 14; ro ant rest REL. I. 116; roo FLOR. 840; RICH. 7135; M. ARTH. 3614; TOWNL. 222; *comp.* **un-rō**.

rō-lēs, adj., *restless*; rooles ase the roo SPEC. 42.

rō, *see* **rā**.

robard, sb., *robber*, YORK vii. 47.

robben, v., *O.Fr.* rober; *rob, spoil*, HAV. 1958; PL. CR. 459; **robbeð** (*pres.*) A. R. 86; robbeþ AYENB. 39; **robbede** (*pret.*) ROB. 16; **irobbed** (*pple.*) H. M. 15; rebbe ROB. (W.) 6041*.

robbeour, sb., *O.Fr.* robeor; *robber*, ROB. 389; robbour MAND. 250; LANGL. *A* v. 242; robbere AYENB. 79; robbare A. R. 150.

rōbe, sb., *O.Fr.* robe; *robe*, MISC. 39; ROB. 313; AYENB. 119; **rōbes** (*pl.*) *clothes* LANGL. *C* xvi. 202.

rōbed, adj., *robed*, LANGL. *C* xi. 1.

roberie, sb., *O.Fr.* roberie; *robbery*, HOM. II. 61; MISC. 30; AYENB. 9; robberie BEK. 396.

robous, sb., *? O.Fr.* robeux; *rubbish*, '*petrosa*,' PR. P. 435.

roc, sb., *O.E.* rocc, = *O.N.* rokkr, *O.H.G.* roch (*tunica*); '*toral*,' FRAG. 4.

krōc, sb., *O.E.* hrōc, = *O.N.* hrōkr, *M.Du.* roec, *O.H.G.* hruoh; *rook*; roc '*graculus*' FRAG. 3; rok O. & N. 1130; rook PR. P. 436.

roche, sb., *O.Fr.* roche, roke, = *Ital.* rocca; *rock*, GEN. & EX. 256; ROB. 22; AYENB. 142; WILL. 2367; rokke '*rupes*' PR. P. 436; CH. C. T. *F* 1061; **rookes** (*pl.*) GOW. I. 314.

roche[2], sb., *cf. Dan.* rokke, *Swed.* rocka; *roach*, VOC. 189; PR. P. 435; REL. I. 85; *see* **reihe**.

rollen.

rochet, sb., *Fr.* rochet; *rochet*, ST. R. 501; rochette R. R. 4757.

rochi, adj., *rocky*, ROB. (W.) 2499.

rocke, sb., *M.Du.* rocke, *O.N.* rokkr, *O.H.G.* roccho; *distaff*, VOC. 157; KN. L. 79; rokke PR. P. 436; rok REL. I. 4; MIR. PL. 122.

rocken, *see* **rucken**.

rödde, sb., *originally same word as* **röde**; SAINTS (Ld.) xl. 123; O. & N. 1123, 1646; *comp.* **līm-röd(de)**.

rode, *see* **rude**.

rōde, sb., *O.E.* rōd (*pole, cross*), = *O.L.G.* rōda (*rod*), *O.Fris.* rōde (*?gallows*), *O.H.G.* ruota (*rod*); *rood, cross, crucifix*, LAȝ. 11165, 22101; KATH. 928; A. R. 26, 60; ORM. 5608; R. S. vii; GEN. & EX. 386; HAV. 431; SPEC. 85; AYENB. 114; WILL. 1669; A. P. i. 704, iii. 270; O. & N. 1382; roid BARB. xii. 256*; holi **rōde** (*gen.*) dai (*May* 3) ROB. (W.) 1932; **rōde**, roode (*dat.*) LANGL. *B* ii. 3; HOM. I. 121; *see* **rödde**.

rūde-ēvin, sb., *eve of the rood*, BARB. xviii. 634.

rōde-pīne, sb., *pain of the cross*, ORM. 2018.

rōde-tāken, sb., *sign of the cross*, MARH. 10.

rōde-trēo, sb., *cross, crucifix*, ORM. 5602.

rōde, *see* **rāde**. **rodi**, *see* **rudi**.

hrōf, sb., *O.E.* hrōf, = *O.Fris.* hrōf; *roof, cover*; rhōf ORM. 11351; rof FRAG. 6; HAV. 2082; ROB. 416; REL. II. 216; S. S. (Wr.) 2168; þe rof MISC. 179; þene rof LAȝ. 2894; **rōfe** (*dat.*) CH. C. T. *A* 3623; rove FRAG. 6; A. R. 152; **hrōfen** (*dat. pl.*) MAT. x. 27; *comp.* **hûs-rōf**.

rogge?, sb.: and let(e) that losinger go on the roge (*r. w.* dogge) CHEST. II. 94; that ever i regnede on þir rog D. ARTH. 3272.

roggen, *see* **ruggen**. **rohȝe**, *see* **reihe**.

roi, sb., *Fr.* roi; *king*, D. ARTH. 1670.

roial, *see* **rēal**.

roilin, v., *? O.Fr.* roeler; *wander*, '*vagor*,' PR. P. 436; roile aboute CH. C. T. *D* 653; **roileþ** (*pres.*) LANGL. *A* xi. 206; CH. BOET. i. 6 (29); roilend (*pple.*) REL. II. 175; **roillede**, roiled (*pret.*) TREV. I. 145; rueled A. P. ii. 953.

roinouse [**roinissche**], adj., *O.Fr.* roigneus (*rogneux*); *dirty, scabby*, LANGL. *B* xx. 82, *C* xxiii. 83*.

rōk, sb., *Fr.* roc; *rook* (*at chess*), MAN. (F.) 11397; rook PR. P. 436.

rōke, sb., *cf. M.Du.* roke (*odor*); *from* **rēoken**; *fog, vapour, cloud*, '*nebula*,' PR. P. 436; GEN. & EX. 1163; BEV. 2471.

Rokes-buru, pr. n., *Roxburgh*, HAV. 139.

rōki, adj., *foggy*, '*nebulosus*,' PR. P. 436.

rokke, *see* **rocke, roche**.

rolle, sb., *O.Fr.* rolle, *from Lat.* rotula; *roll*, A. R. 344; P. S. 157; CH. C. T. *C* 911.

rollen, v., *O.Fr.* roller; *roll*, CH. TRO. ii. 659; **rollede** (*pret.*) LAȝ. 22287*.

rom, *see* **ram**. **rōm**, *see* **rūm**.
romance, sb., *Fr.* romance; *romance*, ROB. 487; romaunce CH. D. BL. 48.
Rōmanisc, adj., *Roman* : þis Romanisce folc LAȝ. 5628; þe Romanishe king ORM. 8327.
romant, sb., *O.Fr.* romant (*roman*); *romance*; **romans** (*pl.*) HAV. 2327; SPEC. 34.
romblen, *see* **ramblen, rammelin**.
Rōme, pr. n., *O.Fr.* Rōme; *Rome*, LAȝ. 5238; O. & N. 1016.
  Rōme-burh, pr. n., *city of Rome*, LAȝ. 5347; ORM. 7010.
  Rōm-lēode, sb., *men of Rome*, LAȝ. 7187.
  Rōme-rīche, pr. n., *empire of Rome*, ORM. 8305.
  Rōme-scot, sb., *Peter's pence*, SAX. CHR. 250.
  Rōme-toun, pr. n., *town of Rome*, S. S. (Web.) 551.
  Rōme-þēod, pr. n., *Romans*, LAȝ. 9046.
  Rōm-ware, sb., *dwellers in Rome*, LAȝ. 7936.
rōmen, v., *? cf.* Swed. râma; *bellow, rumble*; romi AV. ARTH. xii ; HAMP. PS. xxxvii. 20; **rōmand** (*pple*.) ['*rugientes*'] PS. ciii. 21; rumiand HAMP. PS. xxi. 12; **rōmede** (*pret.*) D. ARTH. 784; romid ['*rugiebam*'] HAMP. PS. xxxvii. 8.
rōming, sb., *commotion* : fisshes . . . sal . . . mak swilk roming (*v. r.* roring) PR. C. 4772.
rŏmen, *see* **rămen**.
Romes-ēie, pr. n., *O.E.* Rumes ēg (īg); *Romsey*, ROB. 377.
romour, *see* **rumour**.
ron, *see* **ran**. **rōn**, *see* **hrān**.
rŏnd, adj., *O.Fr.* roond, *Lat.* rotundus; *round*, AVENB. 1 ; round ROB. 414; CH. C. T. *A* 3934; a round *around* BEK. 2152; MAN. (F.) 10536; a ronde BEV. 1373; a **rŏnde** (*sb.*) [rounde] of bacon LANGL. *C* x. 148; te grene bowes beoð . . . forwurðen to druie hwite rondes A. R. 148.
rŏndel, sb., *O.Fr.* rondel (*rondeau*); *roundel*, SAINTS (Ld.) xlvi. 452; rundel TREAT. 133; roundel CH. C. T. *A* 1529; **rŏndels** (*pl.*) L. G. W. 423.
ronden, *see* **randen**.
rŏnen, *for* *rōen, *cf.* Swed. rōa: *console*; **rōned** (*pret.*) me þou es ['*consolatus est me*'] PS. lxx. 60.
ronge, *see* **hrunge**. **ronk**, *see* **ranc**.
rop, sb., *O.E.* ropp (LEECHD. II. 230), = *M.Du.* rop; *intestine*, A. P. iii. 270; **roppes** (*pl.*) AVENB. 62; *comp.* **ars-rop**.
rŏp, *see* **răp**.
hrŏp, sb., *O.E.* hrōp, = *O.H.G.* hruof; *clamour* : þer wes wop, þer wes rop (*sec. text* cri) LAȝ. 12540; **rŏpe** (*dat.*) S. S. (Web.) 1185.
hrōpen, v., *O.E.* hrōpan (*pret.* hrēop), *cf. O.L.G.* hrōpan, *O.H.G.* hruofan, *Goth.* hrōpjan;

rotelen. 511

cry out : rope and rare Iw. 242 ; **rōpeð** (*pres.*) A. R. 330*.
rŏr, *see* **rǎr**.
hrōre, sb., = *O.L.G.* hrōra, *O.H.G.* ruora; *uproar, commotion* ; rore '*commotio*' PR. P. 436.
hrōren, *see* **rǎren**.
hrōrien, v., *cf.* hrēren; *move*; roorin PR. P. 437.
hrōs, sb., *O.N.* hrōs; *praise*; ros ORM. 4910 ; C. M. 11948 ; M. H. 43 ; rous H. S. 5160.
rōse, sb., *O.E.* rose, = *O.H.G., Lat.* rosa ; *rose*, KATH. 1434 ; **rōsen** (*pl.*) A. R. 276.
  rōse-garlond, sb., *rose-garland*, CH. H. F. 135.
  rōse-lēf, sb., *rose-leaf*; **rōselēves** (*pl.*) CH. L. G. W. 228.
  rōse-rēd, adj., *red as a rose*, HORN (L.) 16 ; rose reed CH. C. T. *G* 254.
hrōsen, v., *O.N.* hrōsa; *praise, glorify* ; rosen ORM. 4906 ; rose A. P. ii. 1371 ; TOWNL. 10 ; **rōses** (*pres.*) M. H. 49 ; **rōsed** (*pret.*) C. M. 2417.
rōsing, sb., *praising, glorifying*, ORM. 4902; PR. C. 7070.
rosēr, sb., *Fr.* rosier; *rose bush*, HAV. 2919.
rospen, *see* **raspen**.
[**hrŏst**, sb., *O.E.* hrŏst, = *O.L.G.* hrōst, *M.Du.* roest, *mod. Eng.* roost.]
rŏst, sb., *O.Fr.* rost (*rôt*), *O.H.G.* rŏst; *process of roasting; roast meat*; LANGL. *A* PROL. 108 ; þenne mot ich habbe hennen a rost (*O.Fr.* en rost) P. S. 151.
rŏst-īrin, sb., = *O.H.G.* rŏstīsan ; '*craticula*,' PR. P. 437.
rŏsten, v., *O.Fr.* rostir, *O.H.G.* rŏsten ; *roast*, L. H. R. 59; roste P. L. S. xv. 203 ; P. S. 191 ; roste [rooste] CH. C. T. *A* 383 ; **rŏsted** (*pple.*) Iw. 757 ; irost LEG. 8.
rot, sb., *cf. M.Du.* rot ; *rot*, ['*putredo*'] WICL. PROV. xii. 4 ; A. P. ii. 1079 ; TOWNL. 84.
[**rŏt**, sb., *O.E.* rŏt ; *joy, mirth, hilarity ; comp.* **un-rŏt**.]
rōte, sb., *O.Fr.* rote ; *psaltery*, C. L. 7408 ; SQ. L. DEG. 1071 ; TRIST. 1853 ; pleien on a rote CH. C. T. *A* 236 ; **rōtes** (*pl.*) A. P. ii. 1082.
rōte, *see* **route**.
rōte, sb., *O.N.* rŏt ; *root*, A. R. 54 ; SPEC. 57 ; SHOR. 109 ; AYENB. 34 ; P. L. S. ii. 98 ; WILL. 638 ; H. S. 7619; rote [roote] LANGL. *B* xv. 99 ; CH. C. T. *A* 2 ; roote C. L. 830 ; **rōtes** (*pl.*) HOM. II. 161 ; ORM. 3213 ; MAND. 190; **rōten** (*dat. pl.*) KATH. 2153; rote LAȝ. 31885; *comp.* **wode-rōte**.
rōt-fest, adj., *O.N.* rŏtfastr ; *established, secure*, SAX. CHR. 256.
rotelen, v., = *M.Du.* rotelen, *M.L.G.* roteln, ruteln ; *ruttle* : his þrote shal rotelen REL. I. 65 ; rotled (*pret.*) ALIS. 930.
rottilling, sb., *disturbance*, ALEX. (Sk.) 943.

roten, adj., *O.N.* rotinn; *rotten, putrid*, LANGL. *B* xv. 99; CH. C. T. *A* 3875; H. S. 6765; rotin A. R. 84*.

roters, sb., pl., *from med.Lat.* rutārii, rotārii; *mercenary soldiers*, ROB. (W.) 6032.

rotien, v., *O.E.* rotian, *cf. M.Du.* roten, *O.H.G.* rozzēn; *rot, become putrid*, FRAG. 7; A. R. 116; MAP 347; roten ORM. 4773; MAND. 49; rotie MISC. 92; SPEC. 101; AYENB. 32; rote HAMP. PS. xv. 10; rotie [rote] (*pres. subj.*) CH. C. T. *A* 4407; **rotede** (*pret.*) GEN. & EX. 3342; BEK. 2304; **roted** (*pple.*) A. R. 84; WILL. 4124; *comp.* for-rotien.

rotunge, sb., *O.E.* rotung; *rotting*, H. M. 13.

rōtin, v., *O.N.* rōta; *root*, '*radico*,' PR. P. 437; **rōted** (*pple.*) P. L. S. xxv. 157; iroted A. R. 386; AYENB. 26.

roþer, *see* hreoþer.

rōþer, sb., *O.E.* rōðer, = *O.H.G.* ruodar; *rudder, oar*, '*remus*,' FRAG. 2; AYENB. 160; GOW. I. 243; A. P. ii. 419; MAN. (F.) 6576; P. R. L. P. 22.

rouelle, sb., *O.Fr.* rouelle, roelle (*petite roue*); *rowel*, D. ARTH. 3262.

rouȝ, *see* rūh. **rouhe**, *see* reihe.

rouken, *see* rūken.

roum, **roumen**, *see* rūm, rūmen.

roun, sb., *O.N.* hrogn, = *O.H.G.* rogan; *roe* (*of fish*); (*ms.* rowne) PR. P. 438.

rounoi, *see* rūnci. **round**, *see* rōnd.

roune, **rounen**, *see* rūne, rūnen.

rouste, sb., *O.N.* raust; *voice*, ALEX. 488; (*ms.* rowwst) ORM. 9197.

route, sb., *O.Fr.* route, rote; *route, rote, way*: halt forð his rute A. R. 350; bi rote *by rote* REL. II. 245; CH. C. T. *B* 1712; be pure rote PL. CR. 377.

route[2], sb., *O.Fr.* route, = *Ital.* rotta (*rupture*); *rout, company*, P. L. S. xxi. 14; SHOR. 135; WILL. 1213; GREG. 600; LANGL. *B* PROL. 146; CH. C. T. *A* 622; uppen one route (*first text* weorede) of wolves LAȜ. 2598*; rute A. R. 92* (*v. r.* verd).

routen, v., *? Fr.* router; *assemble*; route ROB. 39; WILL. 5478; in al þe lond durste no cristen route CH. C. T. *B* 540; route, *?* rute C. M. 14618.

routen[2], v., *O.N.* rauta; *prov.Eng.* rawt; *roar*; route HAV. 1911; AV. ARTH. xii.

hrouten, *see* hrūten. **rouwen**, *see* rūhen.

rovaisoun, sb., *O.Fr.* rovaison; *rogation*; **roveisouns** (*pl.*) P. L. S. xvii. 348.

[**rōve** ? sb., *comp.* wude-rōve.]

Rovecestre, pr. n., *O.E.* Hrofeceaster; *Rochester*, MISC. 145; Roucestre, Rouchestre ROB. 4, 6.

róvare, sb., *?* = rēavere; *rover*, '*pirata*,' PR. P. 437.

rōwe, *see* rāwe.

rōwen, v., *O.E.* rōwan, = *O.N.* rōa; *row*, JUL. 77; rowen HORN (R.) 122; rouwen [rowe] LAȜ. 7813; rogen REL. I. 174; **rōweþ** (*pres.*) P. S. 254; rēowen (*pret.*) LK. viii. 26; rewen BRD. 5; TRIST. 1655; *comp.* bi-, ümbe-rōwen.

rōwere, sb., *rower*, '*remex*,' CATH. 312; roware PR. P. 437.

rōwen[2], v., *? cf. O.H.G.* ruowan (*rest*); *rest*; rowe BER. 284.

rōwen, *see* rāwen.

rowst, *see* rouste. **roxen**, *see* raxen.

rū, *see* rūh, hrēou.

rubbin, v., *rub*, '*frico*,' PR. P. 438; rubbe LANGL. *C* x. 81; rubbeþ (*pres.*) CH. C. T. *A* 3747; rubbede [rubbed] (*pret.*) LANGL *B* xiii. 99.

rūbi, sb., *O.Fr.* rubi; *ruby*, SPEC. 25; LANGL. *B* ii. 12; rubee CH. H. F. 1362; **rūbis** (*pl.*) AYENB. 76.

rūbibe [**ribibe, rebibe**], sb., *O.Fr.* rubebe: *violin*, CH. C. T. *A* 3331; ribibe *old woman* CH. C. T. *D* 1377; ribibe PR. P. 433; HALLIW. 682.

rūbibour, sb., *player on the rubibe*; ribibor, ribibour LANGL. *A* v. 165, *B* v. 322.

rubriche, sb., *O.Fr.* rubriche; *rubric*, CH. C. T. *D* 346.

ruoken, v., = *M.L.G.*, *M.Du.* rucken, *Swed.* rucke, rocke, *O.H.G.* rucchen; *rock, agitate*; rokken CH. C. T. *A* 4157; rokke ROB. 98; rocki AYENB. 116; rookeð (*pres.*) A. R. 82; rokked (*pret.*) LANGL. *B* xv. 11; rokked of þe roust of his riche bruni GAW. 2018; heo ruckeden (*? ms.* ruokeden) burnen LAȜ. 22287; *see* ruggen.

rūcken, *see* rūken.

ruoul, sb., *Lat.* eruca; *cankerworm*, PALL. i. 855; (*rocket*) PALL. i. 854.

rüdden, *see* hredden.

ruddok, sb., *O.E.* rudduc VOC. 29; *robin redbreast*, '*fri(n)gilla*,' PR. P. 438; CH. P. F. 349; SQ. L. DEGR. 46; roddoc VOC. 164.

rude, sb., *O.E.* rudu f., *cf. O.N.* roði m.; *red, redness, ruddy*, A. R. 330; O. & N. 443; MISC. 193; rudde GOW. III. 27; E. T. 200; rudde [rode] CH. C. T. *A* 3317; rode SPEC. 26; ST. COD. 60; ALIS.[2] (Sk.) 178; M. ARTH. 179.

[**rūde**, adj., *O.E.* gerȳde (*opportune*); *comp.* un-rūde.]

rūde[2], adj., *O.Fr.* rude; *rude, rough; undressed* (*of cloth*), WILL. 1851; CH. C. T. *B* 3998; ruide D. ARTH. 1049.

rūde-liche, adv., *rudely*, CH. C. T. *A* 734; ruidli, rudli BARB. ii. 349, ix. 750*.

rūdenesse, sb., *rudeness*, CH. C. T. *E* 397.

[**rudel**, sb., *ruddle*.]

rodel-wort, sb., LEECHD. III. 342.

ruden, v., ? *O.N.* roða; *become red, make red*; ruddon '*frico*' PR. P. 438; necke & heved ... he ruddede (*pret.*) ... wiþ his here P. L. S. xvii. 172; as rodi as a rose ruddede [roddede] hus chekes LANGL. *C* xvi. 108; **iruded** [irudded] (*pple.*) & ireaded A. R. 50, 356.

rūden, v., *O.N.* ryðja, hryðja (*empty*); *rid, clear*: þe shal ruden þine wei ['*qui praeparabit viam tuam*'] HOM. II. 133; **rid** (*pret.*) D. TROY 1533; **irūd** (*pple.*) C. L. 1227.

rudi, adj., *ruddy,* A. R. 330; H. M. 35; **ruddi** PR. P. 438; rodi ALIS. 7833; LANGL. *B* xiii. 99; CH. C. T. *F* 385; WICL. MAT. xvi. 2; **rudie** (*pl.*) KATH. 1431.

rudnin, v., *O.N.* roðna; *become red,* JUL. 27; þe reve rudnede (*pret.*) al o grome MARH. 19.

rue, sb., *O.Fr.* rue; *rue,* '*ruta,*' REL. I. 36; WICL. LK. xi. 42.

ruet, sb., *trumpet,* '*lituus,*' CATH. 313; ruet [ruwet] LANGL. *B* v. 349; ruwet ALIS. 3699.

ruffelin, v., *ruffle,* PR. P. 439; **ruffeld** (*pple.*) C. M. 26391.

krūg, sb., *O.E.* hrycg, = *O.N.* hryggr, *M.L.G.* rugge, *O.H.G.* hrucki, *prov.Eng.* rig; *ridge, back*; rug H. M. 17; TREAT. 139; þene rug A. R. 264; rug [rugge] LA3. 1912; rig HAV. 1775; IW. 1833; rigge ALIS. 5722; M. ARTH. 2178; þane reg AYENB. 116; **rügge** (*dat.*) LA3. 8157; O. & N. 775; LANGL. *B* xiv. 212; hrigge LEECHD. III. 120; rigge E. G. 354; **rügges** (*pl.*) LA3. 540; rigges PALL. i. 1151; rigges noþer vores FER. 1565; **rüggen** (*dat. pl.*) LA3. 27421.

rig-bōn, sb., *O.E.* hrycgbān; *backbone,* VOC. 245; LANGL. *C* vii. 400.

rūje, sb., *O.E.* ryge (*gen.* ryges), = *O.N.* rugr, *M.Du.* rogge, *O.H.G.* rocco; *rye,* '*secale,*' P. S. 152; (*ms.* reye) CH. C. T. *D* 1746; rie PR. P. 433.

rūjen, v., *cf. O.H.G.* (gi-)rūhen; *from* **rūh**; *roughen*; rouwe (*pres.*) REL. II. 211.

rugged, adj., *cf.Swed.* rugget (RIETZ); *rugged,* AR. & MER. 1501; ruggid '*hispidus*' PR. P. 439.

ruggen, v., *O.N.* rugga; = **rucken**; *rock, agitate*; roggin PR. P. 435; rogg(e) þam in sonder PR. C. 1230; **ruggede** (*pret.*) N. P. 41; roggede D. ARTH. 784; rogged LANGL. *B* xvi. 78; LIDG. M. P. 40.

ruggi, adj., *cf. Swed.* ruggig; *hairy,* CH. C. T. *A* 2883; roggi PALL. xi. 86.

krūglunge, adv., *cf. O. H. G.* ruckelingen; *backwards*; ruglunge FRAG. 6; JUL. 49; ruglinge MARH. 17.

rūh, adj., *O.E.* rūh, = *M.Du.* rū, rūgh, rouw, *O.H.G.* rūh; *rough, hairy*; (*ms.* ruhh) ORM. 9211; rugh TOWNL. 100; ru GEN. & EX. 1539; rou3 P. P. 216; WICL. GEN. xxv. 25; rough ALIS. 6261; MAND. 285; CH. C. T. *A* 3708; his ruhe necke MARH. 12; þet ruwe vel A. R. 120; ro(u)we (*pl.*) MAP 338; WILL.

4778; mid ru3e felle O. & N. 1013; **rūhure** (*compar.*) A. R. 284.

ruine, sb., *O.Fr.* ruine; *ruin,* CH. C. T. *A* 2463.

ruit, sb., *O.Fr.* ruit; ? *noise* : riot and ruit L. H. R. 132.

rūke, sb., *cf. O.Swed.* rūka, ? *O.N.* hrūga; *heap*; **rūken** (*pl.*) A. R. 214.

rukelen, v., *heap up,* A. R. 214; þu schalt rukelen on his heaved bearninde gleden 406.

rūken (þ*h*rūken), v., *cf. Swed.* rūga (RIETZ), *Dan.* rūge (*brood*), ? *O.N.* hrūga (*heap up*); ? *mount on the back*; *crouch*; *huddle together*: ne mei he nou'er on hire ne ruken ne riden A. R. 266; and in þi bedde to rouken (*v. r.* jouken) þus CH. TRO. v. 409; þe neddir þat on þam sal rouke PR. C. 6765; ruckin '*incurvor*' PR. P. 439; þe scheep þat roukeþ (*pres.*) in þe folde CH. C. T. *A* 1308; þei rucken in hire neste GOW. II. 57; **rukking** (*pple.*) LIDG. M. P. 118; this shep rukking in his folde P. R. L. P. 19; *deriv.* **rūke,** ? *hrēac*.

rūle₂ *see* **reule.**

rūm, adj., *O.E.* = *O.Fris.* rūm, *O.N.* rūmr, *O.H.G.* rūm, *Goth.* rūms; *spacious, large,* O. & N. 643; room ROB. 303; AR. & MER. 6936; CH. C. T. *A* 4126; heofnes rume riche ORM. 3689; in roume stede PS. xxx. 9; **roume** (*pl.*) A. D. 294; roume landes D. ARTH. 432; **roumer** (*compar.*) CH. C. T. *A* 4145.

rūm-handed, adj., *liberal,* HOM. II. 29.

rūm-hende, adj., *liberal,* LA3. 6538.

rūm-līche, adv., *largely,* LA3. 2452.

rūm¹, sb., *O.E.* rūm, *cf. O.L.G., O.H.G.* rūm *m., O.N.* rūm *n., Goth.* rūms *m.*; *room, space,* LA3. 1003; þe laferd hafde litel rum in al þat micle riche ORM. 8489; gede on rum *aside,* *apart* GEN. & EX. 4000; room S. S. (Web.) 599; CH. L. G. W. 1999; A. P. ii. 96; PR. C. 9168; 3iveþ me roum AL. (L.²) 481; roum '*spacium*' PR. P. 438; rom S. S. (Wr.) 615; roume (*dat.*) AR. & MER. 8065; a roume (*at a distance*) he stod TRIST. 2355; a roume he hovid RICH. 464; stand on roume TOWNL. 235.

[**rūm-,** *stem of* **rūmen.**]

rūm-hūs, sb., *latrina,* O. & N. 652.

rūmen, rūmen, v., *O.E.* rȳman, rūmian, *cf. O. N.* rȳma, *O.L.G.* rūmian, *O.H.G.* rūmman; *from* **rūm**; *make room; extend; empty; yield*; LA3. 10640; wanne he sal henne rimen REL. I. 175; rime MAN. (F.) 9868; reme AR. & MER. 4408; þi lond to reme HORN (L.) 1272; roume LANGL. *C* i. 181; **rēm** (*imper.*) LK. xiv. 9; remeþ AL. (T.) 505; **rūme** (*subj.*) C. M. 14922; and þene wæi **rūmde** (*pret.*) LA3. 28323; rumede ROB. 536; roumede JOS. 597; *comp.* 3e-**rūmen.**

rūmien, *see* **rōmen.**

rummelin, rumlin, v., *cf. Dan.* rumle, *Du.* rommelen; *rumble,* PR. P. 439; romblen CH. L. G. W. 1216.

L l

rumour, sb., *O. Fr.* rumeur; *rumour*; romour YORK xxvi. 34; **rumours** (*pl.*) CH. BOET. ii. 7 (59).

rumpe, sb., *cf. Dan.* rumpe, *Swed.* rumpa; *rump*, '*cauda*,' PR. P. 439.

rūmðe, sb., *O.E.* rȳmð, = *M.Du.* ruimte; *from* **rūm**; *room*; *space*; rimthe PR. P. 434; a rumðe *at large* LAȝ. 27492.

[**rūn**? sb., *comp.* oün-rūn.]

*h*rūn, sb., ? *O.N.* hryn; *noise*: ruten forð wið swuch rune KATH. 2031.

rūnci, sb., *O.Fr.* roncin (*cheval de service*); *stallion, hack*, HAV. 2569; rounci Iw. 252; CH. C. T. *A* 390; rounce GAW. 303; rounse '*mannus*' VOC. 187; rouncin P. S. 190; **rounsies** (*pl.*) MAN. (F.) 11422.

rūndel, *see* rōndel.

rūne, sb., *O.E.* ryne, = *O.Fris.* (blōd-)rene, *O.H.G.* run, *Goth.* runs *m.*; *from* **rinnen**; *running, course*, HOM. I. 207; MARH. 7; O. & N. 1156; hwon þe tunge is o rune A. R. 74; rine LK. viii. 44; *comp.* blōd-rūne.

rūne, sb., *O.E.* rūn, = *O.N.* rūn, *O.L.G.*, *O.H.G.*, *Goth.* rūna; *colloquy, conversation, counsel; language; letter*; O. & N. 1170; elche rune he ihurð P. L. S. viii. 45; ofte heo heolden rune LAȝ. 25332; rune, run ORM. 18719, 18786; on Sexisce runen (*r.* rune) LAȝ. 32000; roune ALIS. 806; TRIST. 3; ne mai no man wiþ þe holden roune AN. LIT. 4; herkne to mi roune SPEC. 29; wiþ briddes roune (*song*) 43; on Englische roun(e) MAN. (F.) 13757; **rūnes** (*pl.*) KATH. 574; godes derne runes A. R. 96; þat he write runen LAȝ. 25340; *comp.* lēod-, sōm-, sunder-rūne.

rūn-staf, sb., *letter*; **rūnstaven** (*pl.*) LAȝ. 9961.

rūnel, sb., *O.E.* rynel; *stream*, '*cursor*,' FRAG. 3; rinel D. TROY 5709.

*h*runge, sb., *O.E.* hrung, = *M.H.G.* runge, *Goth.* hrugga (ῥάβδος); *rung* (*of a ladder*); ronge of a ladder, of a carte CATH. 311; **ronges** (*pl.*) '*rideles*' REL. II. 83; LANGL. *B* xvi. 44; þe ronges and þe stalkes CH. C. T. *A* 3625.

rungen, v., ?*rouse*; **rung** (*imper.*) up & sture þe A. R. 290.

rūni, adj., *O.E.* rynig, ? = *M.H.G.* rünec; ?*fleet*: þe runie wulf LAȝ. 20123 (*printed* rimie 1545).

rūnien, v., *O.E.* rūnian, = *O.H.G.* rūnen, *M. Du.* rūnen, ruinen; *whisper, talk*, HOM. II. 107; runen, runan (rouni) LAȝ. 2331, 32116; rounen P. S. 326; rounin '*susurro*' PR. P. 438; roune CH. C. T. *D* 1572; M. ARTH. 3423; rouneþ (*pres.*) in his ere LANGL. *B* iv. 13; heo runeþ to gaderes R. S. vii; rounede (*pret.*) BEK. 1200; H. S. 6931; rouned ALIS. 7614; A. P. iii. 64.

rūninge [rouni(n)ge], sb., *conversation*, LAȝ. 14070.

runisch, adj., *cf.* **renisch**; ?*furious, terrible*, GAW. 457; A. P. ii. 1545.

runkel, *see* **wrunkel**.

rūnken, v., ?*from* rūnien, *as* **hērkien** *from* **hēren**; runk(e) or roune TOWNL. 68.

rūpere, sb., *O.E.* rȳpere; *robber*; **rūperes** (*pl.*) HOM. I. 15.

rüppen, v., ?*O.E.* ryppan, = *M.H.G.* rupfen, rüpfen; *seize*: to rippen hem & ræfen ORM. 10212; rüpten (*pret.*) LAȝ. 10584.

*h*rūre, sb., *O.E.* hryre; *from* **hrēosen**; *ruin, fall*; rure O. & N. 1154; rire (*ms.* ryre) MAT. vii. 27; rere MK. v. 13.

rūsch, sb., ? = *M.H.G.* rūsch; *rush*: & take hem at one rusche (*ms.* russche) FER. 2888.

rusche, **rüsche**, sb., *O.E.* risce, **resce**, = *M.L.G.* riske, rische, *M.H.G.* rusche; *rush*, '(s)*cirpus*,' REL. I. 6; rische, rusche PR. P. 435; rusche LANGL. *A* iii. 137; rusche [reshe] ['*scirpus*'] WICL. JOB viii. 11; rishe R. R. 1701; resche '*juncus, sirpus*' VOC. 191; GOW. I. 160; S. S. (Wr.) 2884; LUD. COV. 170; resse AYENB. 253; **risches** (*pl.*) RICH. 6038; *comp.* bul-rische.

rüschen, v., *cf. M.L.G.* rüschen, ?*M.H.G.* rüschen, riuschen; *rush*: & sau þe red(e) blod ruschen (*ms.* russchen) out FER. 497; rusche D. ARTH. 1339; **rūshes** (*pres.*) AV. ARTH. iv; **rūshinge** (*pple.*) CH. C. T. *A* 1641; **rūsched** (*pret.*) GAW. 2204; A. P. ii. 368; windis blewen and rusheden into þat hous WICL. MAT. vii. 25.

*h*rūsel, sb., *O.E.* hrysel, = *O.L.G.* rusel; *grease*, '*adeps*,' FRAG. 2; rusel, risel LEECHD. III. 112, 124.

rüsien, *see* *h*risien.

rusken, v., ? = *Swed.* ruska (*shake*): þe ronke racches þat ruskit (*pret.*) þe ron MISC. 92.

russet, sb., *O.Fr.* russet, rousset; *russet, red cloth*, MISC. 92; LANGL. *A* viii. 1.

rust, sb., *O.E.* rust, = *M.L.G.* rust, *O.H.G.* rost; *rust*, '*rubigo*,' PR. P. 439; A. R. 160; P. R. L. P. 183; PR. C. 5570; M. H. 105; roust GAW. 2018.

rusten, v., *O.E.* rustian, *cf. O.H.G.* rostēn; *rust*, A. R. 344; rustin '*rubigino*' PR. P. 439; ruste CH. C. T. *A* 502; **roustes** (*pres.*) SAINTS (Ld.) lv. 120; **irusted** (*pple.*) A. R. 160.

[*h*rüsten, v., *O.E.* hrystan, hyrstan, = *O.H.G.* hrusten; *comp.* ȝe-rüsten.]

rusti, adj., = *M.H.G.* rostic; *rusty*, '*rubiginosus*,' PR. P. 439; CH. C. T. *A* 618.

rūte, *see* **route**.

rūten, v., ?*rush, dart*: þai seȝe þe waȝes of þe se harde to gadre route FER. 1343; **rēat** (*pret.*) JUL. 58; ruten forð KATH. 2031; *comp.* æt-rūten.

*h*rūten, v., *O.E.* hrūtan, *cf. O.Fris.* hrūta, *M. Du.* rūten, *O.N.* hriōta, *O.H.G.* riozan; *snore*;

*h*rūten.   sǣ.   515

routin '*sterto*' PR. P. 438; route BEV. 1180; þe wind so loude began to route (*roar*) CH. TRO. iii. 743; RICH. 4304; routeþ (*pres.*) ['*stertit*'] WICL. PROV. x. 5; CH. C. T.*A* 3647; **rutte** (*pret.*) *snored* LANGL. *B* v. 398.
rūþe, see *hrēouðe*. **rūðer**, see *rēoðer*.
rūþþe, adj., O.E. ryþða, = M.H.G. rüde; *mastiff*; ? rith A. P. ii. 1543.

s.

sā, sb., *O.N.* sār; *tub, cask,* '*tina*,' VOC. 200; so HAV. 933; soo PR. P. 462.
sā, see **swā**. **saaf**, see **sauf**.
sabat, sb., *O.Fr.* sabat; *sabbath*, AYENB. 7; sabbat C. M. 11997; sabote WICL. MK. ii. 27; **sabothis** (*pl.*) 23; sabaz H. M. 17.
sabatūn, sb., *cf. Sp.* zabaton, *Ital.* ciabattone (*large boot*); *steel shoe*; **sabatouns** (*pl.*) GAW. 574; sabatons MAN. (F.) 10026.
sāble, sb., *O.Fr.* sable; *sable fur*; *sable colour*; PR. P. 440; CH. COMPL. M. 284; ALEX. (Sk.) 3946; sabille D. ARTH. 771; enamelede of sable D. ARTH. 2027.
sabeline, sb., *O.Fr.* sabeline; *sable, fur of sable*, HOM. II. 231; sabline MISC. 70.
sac, sb., *O.E.* sæcc, = *O.H.G.* sach, *O.N.* sekkr, *Goth.* sakkus, *Lat.* saccus; *sack*, HOM. II. 139; P. L. S. xvii. 186; sak CH. C. T. *A* 4017; sek PR. P. 451; Iw. 2032; PS. xxix. 12; a sek ful PR. C. 566; seck GEN. & EX. 2309; sech LK. x. 4; zech AYENB. 81; **sackes** (*pl.*) LEG. 92; seckes HAV. 2019.
sachel, sb., *? from O.Fr.* sache (*wise*); *philosopher*, ALEX. (Sk.) 716.
sachel², sb., *Lat.* saccellus; *satchel*, WICL. LK. x. 4; **sachels** (*pl.*) CH. BOET. i. 3 (12).
sacken, v., *cf. O.N.* sekka; *put into a sack*; **sakked** (*pple.*) CH. C. T. *A* 4070.
sacrament, sb., *O.Fr.* sacrement; *sacrament*, A. R. 268; sacrement AYENB. 14; TREV. V. 231.
sācren, v., *O.Fr.* sacrer; *consecrate*; *take a solemn oath*; JOS. 302; **sācreð** (*pres.*) A. R. 208; sacreþ AYENB. 235; sacrieþ ROB. (W.) 7209; **sācred** (*pret.*) ROB. (W.) 9147; **sācred** (*pple.*) sacred A. P. i. 1139; isacred TREV. II. 115.
sācringe, sb., *consecration*, TREV. II. 115; VI. 411; ['*sacrificium*'] TREV. V. 231; BEK. 1152.
sacrifīce, sb., *O.Fr.* sacrifice; *sacrifice*, AYENB. 187; sacrifis, sacrifese ALEX. (Sk.) 4461, 1486*; sakerfise A. P. i. 1064.
sacrificen, v., *sacrifice*; **sacrifised** (*pret.*) LANGL. *B* xii. 118.
sacrifien, v., *O.Fr.* sacrifier; *sacrifice*; sacrifie WICL. EX. x. 11.
sacrilege, sb., *O.Fr.* sacrilege; *sacrilege*, AYENB. 34; sacrelege TREV. V. 265; sacrilag ALEX. (Sk.) 4561.
sacristane, sb., *Fr.* sacristain, *mod.Eng.* sacristan, sexton; *sexton*, CATH. 315; sextein CH. C. T. *B* 3126.
sad, adj., *O.E.* sæd, = *O.L.G.* sad, *O.N.* saðr, *Goth.* saþs, *O.H.G.* sat; *sad*; *sated*; *resolute*; *quiet*; *solid*; '*solidus*,' PR. P. 440; WILL. 1463; MAND. 159; Childric . . . is sad of mine londe LAƷ. 50830; selden i am sad þat semli for te se SPEC. 29; of worldes winne sad MAP 341; hit was god and sad SHOR. 146; strong sad and sound GOW. III. 92; sad and trewe CH. C. T. *B* 135; sad, sæd, sed HOM. II. 75, 232; sed P. L. S. viii. 195; ANGL. I. 31; zed and stable AYENB. 83; þe sadde mon LANGL. *A* ix. 23; sad man *B* viii. 28; mani sadd hundreth ALEX. (Sk.) 3883; **sade** (*pl.*) O. & N. 452; **sadder** (*compar.*) LANGL. *B* v. 4; **saddest** (*superl.*) LANGL. *C* xi. 49.
sad-li, adv., *sadly, firmly, seriously*, WILL. 469; CH. C. T. *E* 1100; A. P. iii. 442; ALEX. (Sk.) 347, 2568, 1139; **sadloker** (*comp.*) LANGL. *A* v. 4.
sadnes (**sadnesse**), sb., *steadiness, steadfastness, discreetness*, ALEX. (Sk.) 1017; sadnesse CH. C. T. *E* 452; SHOR. 52.
sadel, sb., *O.E.* sadol, sadel, = *O.N.* söðull, *O.H.G.* satul, satol, satal, satel; *saddle*, GEN. & EX. 3949; LANGL. *B* iv. 19; IW. 422; CH. C. T. *A* 2162; GAW. 437; **sadele** (*dat.*) LAƷ. 6473; **sadeles** (*pl.*) LAƷ. 3408; sadles AR. & MER. 3881.
sadel-bowe, sb., *O.E.* sadelboga, = *O.H.G.* satelpogo; *saddle-bow*, REL. I. 176; AR. & MER. 8158.
sadelien, v., *O.E.* sadelian, = *M.L.G.* sadelen, *O.H.G.* satalōn, *O.N.* söðla; *saddle*, LAƷ. 13530; BEV. 757; **sadelede** (*pret.*) HORN (L.) 715; sadulde OCTAV. (H.) 1198; sadilt BARB. ii. 141; **sadled** (*pple.*) LANGL. *B* ii. 169 [sadelet *A* ii. 147].
sadien, v., *O.E.* sadian, = *M.L.G.* saden, *O.H. G.* satōn; *make solid*; *confirm*; *be serious*; sade P. L. S. xxx. 4; saddin '*solido*' PR. P. 440; to sadde us in bileve LANGL. *B* x. 242; comp. **a-sadien**.
sadiler, sb., = *M.L.G.* sadeler, *O.H.G.* satilāri, *O.N.* söðlari; *saddler*, VOC. 212.
sǣ, sb., *O.E.* sǣ m. f., cf. *O.N.* sǣr, siōr, siār, *O.L.G.* sēu, sēo, *O.H.G.* sēo, sē (*gen.* sēwes), *Goth.* saiws m.; *sea, lake*, REL. I. 128 (HOM. II. 161); ORM. 14796; sæ, sea [see] LAƷ. 123, 12005; þe sea [see] KATH. 1800; se REL. I. 220; see TREAT. 137; þe reade see A. R. 330; **sǣs** (*gen.*) MAT. xviii. 6; sees REL. I. 220; seis HAV. 321; þære sæ strond LAƷ. 7241; bi þere sæ side 25661; innan þan sea HOM. I. 43; in þere sea 51; i ðer see A. R. 230; bi þare see O. & N. 1754; comp. **Norþ-see**.

L l 2

sē̆-calf, sb., *sea-calf*; **seecalves** (*pl.*) TREV. II. 13.
sǣ-olif, sb., *O.E.* sæclif; *sea-cliff,* LAȝ. 12638.
sǣ-farinde, pple., *sea-faring,* REL. I. 128.
sǣ-fisc, sb., *O.E.* sǣfisc; *sea-fish,* LAȝ. 22550; seefisch TREV. I. 335.
sǣ-flōd, sb., *O.E.* sǣflōd; *sea,* LAȝ. 2630.
sǣ-flot(e), sb., *O.E.* sǣflota; *navy,* LAȝ. 4530.
see-froth, sb., *seaweed,* ['*algam*'] PALL. iv. 335.
sē-grúnd, sb., *O.E.* sǣgrund; *bottom of the sea,* REL. I. 220 (MISC. 16).
oee-hound, sb., *sea-dog,* ALIS. 5669.
sǣ-līðende, sb., pl., *travellers by sea,* LAȝ. 7821.
sǣ-man, sb., *O.E.* sǣmann; *seaman*; sǣmon LAȝ. 1165.
sē-māwe, sb., *sea-mew*; '*fulica*,' VOC. 189; semow(e) '*alcedo*' PR. P. 452; semewe LIDG. M. P. 202.
sǣ-rime, sb., *O.E.* sǣrima; *seashore,* LAȝ. 6216.
sǣ-sīde, sb., *seaside,* LAȝ. 9746.
sē-sond, sb., *sea-sand,* REL. I. 220 (MISC. 16).
sea-strēam, sb., *O.E.* sǣstrēam; *sea,* LAȝ. 326; MARH. 9.
sǣ-strond, sb., *O.E.* sǣstrand, -strond; *seashore,* '*litus,*' FRAG. 3; LAȝ. 9235; seestrond TREV. V. 11; bi þe seestronde P. S. 188.
sea-þistel, sb., *sea thistle,* '*tribulus marinus*' REL. I. 37.
see-water, sb., *O.E.* sǣwæter; *sea-water,* HOM. I. 159.
sǣ-wēri, adj., *O.E.* sǣwērig; *sea weary,* LAȝ. 4619.
sē-wolf, sb., *sea-wolf,* ROB. 132.
sēoc, sēolien, *see* **sōoc, sēolien.**
sēd, sb., *O.E.* sǣd, *cf. O.Fris.* sēd, *O.L.G.* sād, *O.N.* sāð *n., O.H.G.* sāt *f.*; *seed,* MAT. xiii. 3; sed ORM. 5070; O. & N. 1041; TREAT. 138; seed *children* LANGL. *C* xi. 251; þat sed JUL. 75; seed P. S. 152; LANGL. *A* iii. 261; seid *issue* BARB. i. 63; seð MISC. 9; þet zed AYENB. 143; sed, sad HOM. II. 161, 163; **sǣde** (*gen. pl.*) MAT. xiii. 32; *comp.* **hemp-, lin-sēd.**
sēd-āte, sb., *oat seed*; **sǣdāten** (*pl.*) SAX. CHR. 252.
sēd-foul, sb., *bird living on seeds,* CH. P. F. 512.
sēd-hwǣte, sb., *wheat-seed,* SAX. CHR. 252.
seed-lēp, sb., *seed-basket,* PR. P. 451; sede lepe REL. I. 7; seed leep LANGL. *B* vi. 63*; **sēdlǣpas** (*pl.*) SAX. CHR. 252.
seed-tīme, sb., *O.E.* sǣdtīma; *seed-time,* TREV. I. 131.
sǣden, v., *sow seed, plant,* '*semento*;' sedin PR. P. 451; sede PALL. vi. 71; seeden *beget offspring* LANGL. *C* xi. 251.

sǣdere, sb., *O.E.* sǣdere, = *O.H.G.* sǣter; *sower,* MK. iv. 3.
sǣȝen, v., *O.E.* sǣgan, = *M.H.G.* seigen; *from* sīȝen; *sink, go*; **sēȝes** (*pres.*) ALEX. (Sk.) 4333; segeð GEN. & EX. 2232; (þai) seȝen 1481; *comp.* **bi-sǣȝen.**
sēl, sēl, adj., *O.E.* sǣl, sēl, = *O.N.* sǣll, *Goth.* sēls (χρηστός, ἀγαθός); *happy, timely, good,* LAȝ. 1234, 4071; sel H. M. 47; **sēlere** (*dat. f.*) LAȝ. 21654; **sēle** (*pl.*) ALIS. 7430; **sēlere** (*gen. pl.*) LAȝ. 18011; **sēlen** (*dat. pl.*) LAȝ. 25162; **sēlre,** selere (*compar.*) LAȝ. 67, 21166; ge sind selren MAT. x. 31; **sēlest** (*superl.*) LAȝ. 918; þanne sǣlesten dæl ['*optimam partem*'] LK. x. 42; *comp.* **un-sǣl.**
sǣl-līche, adj., *fortunate,* LAȝ. 7863.
sēl¹, sēl², sb., *O.E.* sǣl *m. f., cf. O.N.* sǣla, *Goth.* sēlei *f.*; *happiness; fit season*; LAȝ. 12875, 24104; ORM. 14304; GEN. & EX. 417; M. T. 69; LUD. COV. 275; S. & C. I. lxxiv; mi sel mi saule hele HOM. I. 183; sele A. P. iii. 5; L. H. R. 72; AV. ARTH. lxiii; **sēle,** sele (*dat.*) LAȝ. 734, 1310; sele O. & N. 953; selden sal he ben on sele REL. I. 180; a sele HOM. II. 183; at sume sele 185; it turned him to sele C. M. 4432; i am sette þus out of seill YORK vii. 136; sele YORK ii. 13; *comp.* **barli-, mēte-, un-sēl.**
sēlehðe, sb., (? = **sǣlðe**); *happiness, blessedness*; selehþe LAȝ. 25136; seluhþe A. R. 354; selhþe KATH. 895; H. M. 39; *comp.* **ȝe-, un-sēlhðe.**
sǣlen, v., ? *O.E.* gesǣlan; *befit*: of kunde me ne **sǣlde** (*pret.*) þe to spouse welde HORN (R.) 425.
sǣli, adj., *O.E.* (ge-)sǣlig, = *O.L.G.* sālig, *O.H.G.* sālig, *mod. Eng.* silly; *happy, good, innocent* (*often in contemptuous sense*); seli PR. P. 452; LAȝ. 1484*; KATH. 1421; A. R. 352; PS. ii. 13; WICL. ECCLUS. xiv. 2; A. P. i. 658; CH. C. T. *D* 1702; PR. C. 5810: seli child is sone ilered BEK. 158; REL. I. 110; seli wif what eileþ þe an ALIT. 10; se:li HAV. 477; ROB. 33; P. S. 194; CH. C. T. *A* 3601; PL. CR. 442; a seli litil clout MAND. 293; þe sili man S. S. (Wr.) 1361; *comp.* **ȝe-, un-sēli.**
sēli-līche, adv., *happily,* A. R. 184; seliliȝ ORM. 17318.
sēlinesse, sb., *happiness,* CH. TRO. iii. 813.
sǣlþe, sēlþe, sb., *O.E.* sǣlð, = *O.L.G.* sālʳa, *O.H.G.* sālida; *blessedness; felicity*; selþe REL. I. 181; HAV. 1338; SPEC. 33; (*ms.* sellþe) ORM. 3851; *comp.* **ȝe-, un-sǣlðe.**
sǣr, *see* **sār. sǣre,** *see* **schēre.**
sǣte, sb., *O.E.* sǣte, = *O.N.* sǣti, *M.Du.* sāte, *O.H.G.* gesāze *n.*; *from* **sitten**; *seat,* ORM. 11961; sete HOM. II. 33; R. S. iv; MISC. 88; SHOR. 149; PS. xliv. 7: PR. C. 9318; DEGR. 1463; seete A. P. ii. 92; LIDG. M. P. 98; **sēte** (*pl.*) MISC. 73: *comp.* **kine-sǣte.**

[sǣte², sb., O.E. sæta, = O.H.G. sāzo ; *dweller*; *comp.* Dor-, Sumer-sēte.]
[sǣte ³, adj., O.E. sǣte ; *comp.* and-sǣte.]
Sæverne, pr. n., O.E. Sæfern ; *Severn*, LA3. 9579 ; Severne ROB. 2 ; MAN. (F.) 1960.
sǣw, *see* sēau.
sǣx, *see* sax.   sáf, *see* sauf.
saffing, *see under* sauven.
saffran, sb., *Fr.* safran ; *saffron*, REL. I. 129 ; saffroun CH. C. T. *B* 1920.
saffron, v., *colour with saffron*, CH. C. T. *C* 345 ; saffrond (*pple.*) ALEX. (Sk.) 4600.
saft, *see* schaft.
ságe, adj. & sb., *wise, wise person*, ALEX. (Sk.) 1649, 4704 ; LANGL. *B* x. 379 ; ságes (*pl.*) LANGL. *B* xiii. 423 ; DEP. R. iii. 257.
ságe-lī, adv., *wisely*, ALEX. (Sk.) 3359.
saȝe, sb., O.E. sage, = M.L.G. sage, O.H.G. saga, O.N. sög ; *saw* ; sawe '*serra*' VOC. 181 ; PR. P. 441 ; PL. CR. 753.
saȝe², sb., O.E. sagu, = M.L.G. sage, O.N., O.H.G. saga, *mod.Eng.* saw ; *saying* ; þeo saȝe HOM. I. 133 ; ælc his saȝe sæide LA3. 26345 ; sage GEN. & EX. 4153 ; saȝe, sahe, sawe A. R. 56 ; sahe MARH. 8 ; sawe CH. C. T. *A* 1163 ; SACR. 393 ; such wonder nas never iherd in sawe C. L. 619 ; alle seide at o sawe WILL. 1112 ; saghes (*pl.*) PS. xviii. 4 ; sahen KATH. 358 ; sawen (sawes) LA3. 749 ; sawen REL. I. 171 ; Salomones sawes LANGL. *B* vii. 137 ; *comp.* bi-, ȝein-, on-, wið-saȝe, (-sahe, -sawe).
[saȝel, adj., O.E. sagol ; *comp.* sōð-saȝel.]
sáȝel, sb., O.E. sāgol, = M.H.G. seigel (*round of a ladder*) ; ? *club, cudgel* : ælc bær an honde ænne saȝel|stronge LA3. 12280 ; sowel '*fustis*' FRAG. 4 ; mid sǣhlen (*dat. pl.*) ['*fustibus*'] MAT. xxvi. 47.
saȝen, v., = M.L.G. sagen, O.H.G. sagōn, O.N. saga ; *saw* ; sawin '*serro*' PR. P. 441 ; sageð (*pres.*) REL. I. 223 ; sahede (*pret.*) MARH. 22 ; isahet (*pple.*) JUL. 38.
sawer, sb., *sawyer*, VOC. 212.
saȝen, *see* seggen.
saggard, sb., ? *sluggard*, YORK xxxvi. 82.
saggin, v., *cf.* L.G. sacken, *Swed.* sacka ; *sag, sink down*, PR. P. 440.
sahe, *see* saȝe.
saht, adj., O.E. sǣht (SAX. CHR. 215), = O.N. sāttr ; *reconciled, at peace*, P. S. 214 ; saȝt A. P. i. 52 ; saght Iw. 3898 ; saught TRIST. 273 ; MAN. (F.) 2490 ; sahte ORM. 5731 ; SPEC. 47 ; saught (?*ms.* saughe) YORK iv. 34 ; sauhte (*pl.*) MISC. 97 ; bote mi sustren ben sauȝt(e) and some C. L. 520 ; *comp.* ȝe-, un-, wrang-saht.
sahtnesse, sb., O.E. sahtnyss (SAX. CHR. 203) ; *reconciliation, peace*, ORM. 3515 ; sauhtnesse [sauȝtnesse] C. L. 474 ; sahtnesse, sæht-

nesse, sehtnesse LA3. 2809, 8262, 30137 ; seihtnesse A. R. 120.
sahte, sb., O.N. sätt, sætt ; *reconciliation, peace*, A. R. 258* ; sæhte [sahte] LA3. 9844 ; sæhte SAX. CHR. 261 ; seihte A. R. 250 ; saughte D. ARTH. 1007.
sahten, v., *cf.* O.E. sehtian, O.N. sætta ; *reconcile, make peace* ; sauhten C. L. 546 ; sauȝte LANGL. *A* iv. 2* ; sauhte (sauȝte, saughte] GAM. 150 ; saute AN. LIT. 8 ; seite (*r. w.* eiȝte) ROB. 533.
sahtlen, v., O.E. sahtlian ; *reconcile, make peace*, ORM. 351 ; saghtlin, sauȝtle LANGL. *A* iv. 2* ; saghtle (*pres.*) PR. C. 1470 ; sauȝtle DEGR. 1757 ; saȝtill [saghtill] (*imper.*) ALEX. (Sk.) 865 ; sahtleden, sæhtleden (*pret.*) SAX. CHR. 264, 265 ; sahtled (*pple.*) ORM. 7976 ; saȝtled A. P. ii. 1139 ; saghteld Iw. 3952.
saughtling, sb., *reconciliation*, MAN. (F.) 3256.
sahtnien, v., *reconcile, make peace*, HOM. I. 39 ; sauȝtne LANGL. *A* iv. 2 ; sæhtnien [sehtne] LA3. 8776 ; seihtni [sachtni] A. R. 28 ; *comp.* ȝe-sahtnien.
saie, sb., O.Fr. saie ; *silk, serge*, WICL. EX. xxvi. 9 ; sai ALEX. (Sk.) 4600.
saien, v., *for* assaien ; *try* ; saie (*imper.*) YORK xxx. 99 ; saied (*pret.*) MAN. (F.) 823.
saien, *see* seggen.   saiff, *see* sauven.
sail, *see* seil.
sailen, v.,*for* asailen ; *assail* ; sailede (*pret.*) ROB. (W.) 382* ; (þai) sailid ALEX. (Sk.) 5559.
sailen, *see* sailin.
saim, sb., *cf. Ital.* saime, O.Fr. sain (*graisse*) ; *fat, lard*, HALLIW. 702 ; seim A. R. 412.
sain, sb., ? O.E. segen, sægen (? *saying, speech*) : leve we þis for sain (*ms.* sayn) ? *for truth* MISC. 91.
saine, *see* seine.
saint, seint, adj. & sb., O.Fr. saint ; *holy, saint*, AYENB. 13 ; seint LA3. 32 ; P. L. S. ix. 1 ; sant TOWNL. 101 ; sent Austin MAN. (F.) 15403 ; sanct BARB. i. 353 ; v. 336 ; seinte, seint, sein ROB. (W.) 5614, 9848, 10180 ; sontes (*pl.*) SPEC. 96 ; þe seintes legende of Cupide CH. C. T. *B* 61.
saint, *see* samit.
sainten, v., *Fr.* saintir ; *make a saint of isonted* (*pple.*) A. R. 350 ; sanctit BARB. xvii. 286, 875.
saintuarie, sb., O.Fr. saintuaire ; *sanctuary*, seintuarie WICL. EX. xv. 17 ; CH. C. T. *C* 953 ; seintewaire LANGL. *C* vi. 79 ; saintware ALEX. (Sk.) 1567.
saisen, v., O.Fr. saisir ; *seize, hold, take possession of* ; saise HAV. 251 ; seise LANGL. *B* xiii. 375 ; seise [sese] MAN. (F.) 7142 ; seisi BEK. 699 ; E. G. 362 ; sese WILL. 5391 ; sess BARB. x. 108 ; sésand (*pple.*) x. 774 ; séside (*pret.*) D. ARTH. 3067 ; sesed GAW. 822 ; sesit

BARB. vi. 447; xiv. 130; **seised** (*pple.*) HAV. 2513.
seising, sb., *seizing, conquest*, ALEX. (Sk.) 4396; sesing BARB. vi. 496.
saisine, sb., *O.Fr.* saisine; *seizin*, AYENB. 144; seisine ROB. 314; C. L. 237; sesine D. ARTH. 3588.
[**sáke**, sb., *O.E.* (ge-)saca, = *O.H.G.* sacho, *from* **sáken**; *comp.* wiþer-sáke.]
sáke², sb., *O.E.* sacu, = *O.L.G.* saca, *O.H.G.* sacha,*O.N.* sök; *sake; cause; litigation; injury*; FRAG. 7; GEN. & EX. 1392; TRIST. 2138; MAN. (H.) 135; A. P. i. 799; M. H. 130; þat he wid Romleode summe sake arerde LA3. 26290; sake & sinne ORM. 1335; cheste and sake O. & N. 1160; wiþute sake 1430; for hire sake A. R. 4; in hare senvolle sake SHOR. 66; withouten sake ['*sine causa*'] PS. iii. 8; saca & socne ANGL. VII. 220; sak YORK xii. 195; **sáken** (*pl.*) ·him weoren laĉe LA3. 31327.
sac-ful, adj., *O.E.* sacfull; *guilty*, HOM. I. 109.
sac-lēs, adj., *O.E.* sacléas, = *O.N.* saklauss; *innocent*; (*ms.* sacclæs) ORM. 1900; sacles GEN. & EX. 916; sakles Iw. 2526; MAN. (H.) 182; MIR. PL. 146; **saclēse** (*pl.*) HOM. II. 171.
[**sáken**, v., *O.E.* sacan, = *O.L.G.* sacan (*fight, chide*), *Goth.* sakan (μάχεσθαι), *O.H.G.* sahhan (*litigate, chide*); *comp.* æt-, for-, of-, wiðsáken.]
sal, sb., *O.E.* sæl (*gen.* sales) = *O.H.G.* sal *n., hall, vestibule; tent*; in 3our sall YORK xxxiii. 87; in his sale ALEX. (Sk.) 502; **sále** (*dat.*) HORN (L.) 1107; SPEC. 26; AM. & AMIL. 444; GAW. 197; A. P. ii. 107; PERC. 1586; L. C. C. 10; **sáles** (*pl.*) ALEX. (Sk.) 4016.
sal, *see* **schal.**
sál, sb., *O.E.* sál, = *O.L.G.* sēl, *M.Du.* seel, *O.N.*, *O.H.G.* seil *n.*; *rope*; sol MISC. 151; sool PR. P. 463.
saláde, sb., *? O.Fr.* salade; *helmet*, DREAM 1554.
salamandre, sb., *Fr.* salamandre; *salamander*, AYENB. 167.
salarie, sb., *O.Fr.* salaire; *salary*, LANGL. B v. 433; E. W. 31; salleri DEP. R. iv. 46.
sále, *see* **sáwle.**
sále, sb., *O.E.* sala, *cf. O.N., O.H.G.* sala; *sale*, '*venditio*,' PR. P. 440; W. & I. 31; or set hem up to ani sale PL. T. iii. 63 (P. P. 340).
salere, sb., *O.Fr.* saliere; *saltcellar*, B. B. 7; salure GAW. 886.
salfe, sb., *O.E.* sealf, = *O.H.G.* salba; *salve, ointment*, ORM. 6477; þeos sealfe MK. xiv. 5; salve A. R. 124; O. & N. 888; P. R. L. P. 173; CH. TRO. iv. 944; sealve SHOR. 2; *comp.* ē3e-salfe.
salfen, v., *O.E.* sealfian, = *Goth.*, *O.H.G.* salbōn; *salve, anoint*, ORM. 9427; salve (*imp.*) MARH. 5; **salvede** (*pret.*) LANGL. B xvi. 109; **isalved** (*pple.*) A. R. 274.
salving, sb., *salving*, YORK x. 334.
salhe, sb., *O.E.* sealh, = *O.H.G.* salha, salaha, *Lat.* salix, *Gr.* ἕλιξ; *sallow (tree), willow*; saluhe (*ms.* salwhe) '*salix*' PR. P. 441; salghe CATH. 317; sali PALL. xii. 139; **salyhes** (*pl.*) PS. cxxxvi. 2*; salwes CH. C. T. D 655; salewis WICL. LEV. xxiii. 40.
saliin, v., *O.Fr.* saillir; *dance*, PR. P. 441; saille LANGL. B xiii. 233; **sailede** (*pret.*) ROB. (W.) 5633.
salm, *see* **psalm.**
salmari, sb., *med.Lat.* salmāria; *baggage*, ALEX. (Sk.) 126.
salmen, *see* **psalmen.**
salmōn, sb., *O.Fr.* saumon; *salmon*, VOC. 189; salmond BARB. xix. 664; saumoun E. G. 354; **samoun** [samouns] (*pl.*) TREV. I. 369, 467.
salpetre, sb., *Fr.* salpetre; *saltpetre*, CHR. E. 183; CH. C. T. G 808.
sals, *see* **sause.**
salt, sb., *O.E.* sealt, salt, = *O.L.G.*, *O.N.*, *Goth.* salt, *O H.G.* salz; *salt*, MAT. v. 13; A. R. 138; ORM. 1002; salt saveth catel LANGL. B iv. 421; Iw. 2047; þet zait AYENB. 242; **saltes** (*gen.*) ORM. 1653; **sealte** (*dat.*) SHOR. 9.
salt-cote, sb., *saltcellar*, '*salina*,' PR. P. 441.
salt², adj., *O.E.* sealt, = *O.Fris.* salt, *O.N.* saltr; *salt, salted*, '*salsus*,' PR. P. 441; salt water P. L. S. viii. 126; þe salte se HAV. 1305; sealte (*dat.*) SHOR. 9; **saltne** (*acc. m.*) LA3. 6116; **salte** (*pl.*) ORM. 13849; MAND. 156; salte teres CH. C. T. A 1280.
salt, *see* **saut.**
salten, silten, v., *O.N.* salta, *O.E.* syltan; *season with salt*; saltin '*salio*' PR. P. 441; salte MAND. 149; **salte**, selte, silte (*pret.*) L. H. R. 58, 59.
salter, sb., *O.E.* sealtere; *salter, salt dealer*; '*salinator*,' VOC. 213; saltare PR. P. 441.
salūen, v., *Fr.* saluer; *salute*; **salūeþ** (*pres.*) CH. C. T. B 1284; salus YORK xxii. 184; **salūede** (*pret.*) WILL. 4017; salusit BARB. iv. 509.
salūing, sb., *salutation*, CH. C. T. A 1649.
saluh, salou, adj., *O.E.* salu, = *O.N.* sölr, *M. Du.* saluwe, *O.H.G.* salo; *sallow*, PR. P. 441.
salūs, sb., *O.Fr.* salut; *salutation*, ALEX. (Sk.) 4647; **salūtis** (*pl.*) 3088.
salvacioun, *see* **sauvaciūn. salve**, *see* **salfe.**
salven, *see* **salfen, sauven.**
salwe, *see* **salhe.**
sam, conj., *O.E.* sam; *whether; or*: sam ... sam HOM. II. 107.
[**sam-**, pref., *O.E.* sam-, = *O.N.* sam-, *? Gr.* ἅμα.]

sam. **sande.** 519

[**sam-rǣd**, adj., *O.E.* samrǣd, *O.N.* semrā̆ð; *harmonious.*]
somrēdnesse, sb., *O.E.* samrǣdness; *concord*, A. R. 254.
som-rūne, sb., *colloquy*, LAȝ. 5479.
sam-tal, adj., *agreed*: to ben **samtále** (*pl.*) & sahte ORM. 1535.
[-**sam**, *see* -**sum**.]
[**sǎm**, adj., *O.E.* sǎm-, = *O.L.G.* sǎm-, *O.H.G.* sāmi-, *Lat.* sēmi-, *Gr.* ἡμι-; *half-*.]
sǎm-cweoc, adj., *half alive*, LK. x. 30.
sǎm-dēd, adj., *half dead*, ROB. 163.
sǎm-rēde, adj., *half red, half ripe*, LANGL. *C* ix. 311.
sǎm-rīpe, adj., *half ripe*, LANGL. *C* ix. 311*.
sambue, sb., *O.Fr.* sambue (*housse*), *O.H.G.* sambūch; *housings*; sambu of silk ALIS. 176 (*see page* 373); **saumbues** (*pl.*) of the same threde M. ARTH. 2360; sambus LAUNF. 950; sambutes (*for* sambuces) ANT. ARTH. ii.
samburi, sb., *? from* sambue; *litter*; saumburi LANGL. *C* iii. 178.
sáme, adj., *O.N.* samr, *cf.* Goth. sama, *O.H.G.* sama, *? Gr.* ὁμός; *same*, P. L. S. xxv. 178; LANGL. *B* iii. 54; þe same seg WILL. 3435; þe same niȝt TREV. III. 131; þat same lond MAN. (H.) 136; of þe same tree MAND. 11; of þa same stanes ORM. 9914; some REL. II. 281; in the **sámin** (*dat.*) tim BARB. i. 252; on the sammin viss BARB. vii. 140; samine x. 563 *.
sáme, *see* **scháme**.
samed, adv., *O.E.* samod, somod, samed, somed, = *O.L.G.* samad, samod, samed, *Goth.* samaþ, *? O.H.G.* samant; *together, once*; þe ba somed læsinge speken LAȝ. 3068; gulcheð al ut somed A. R. 88; þet halt þe gode somed 254; somet MARH. 15.
samen, adv., *O.N.* saman, = *O.L.G.*, *O.H.G.* saman, *Goth.* samana; *together, in company*, GEN. & EX. 40; HAV. 467; WILL. 1288; IW. 1417; MAN. (H.) 88; A. P. ii. 400; þeȝ baþe samen cwemden god ORM. 377; bunden samen C. M. 8778; sam, same, samin YORK viii. 126, xiii. 301, x. 235; same DEGR. 1396; somen H. M. 43; AV. ARTH. xxvii.; ha somen (*v. r.* somet) seiden KATH. 532; sammin BARB. v. 72; vii. 513; x. 257; samin BARB. ii. 239.
samen-tale, adj., *harmonious*, C. M. 683; somentale A. R. 426 *.
samit, sb., *O.Fr.* samit; *a rich silk-stuff*, S. A. L. 215; samet [samite] R. R. 873; B. DISC. 833; saint (*? ms.* saynt) GAW. 2431.
samne? in phrases; at **somne** [*O.E.* æt samne (somne), = *O.L.G.* at samne (samna)]; *at one, together*, LAȝ. 24146; **to somne**, to sumne [*O.E.* to somne, = *O.L.G.* te samne, *O.H.G.* ze samana] *together* LAȝ. 61, 1393; to samen ORM. 649; to same HOM. II. 23; **in same in common, together** RICH. 4386; B. DISC.

2097; P. R. L. P. 141; i same FER. 1188; i some ROB. 40; C. L. 1418.
samnien, v., *O.E.* samnian, somnian, = *O. Fris.* samna, samena, *O.L.G.* samnōn, *O.H.G.* samanōn; *gather up, congregate, call together, join together*; samnen ORM. 3285; samne MISC. 105; A. P. ii. 53; somnien, sumnien LAȝ. 19183, 30628; somnen MISC. 104; sompnin MARH. 15; sumni (? = somoni) ROB. 181; **samme** (*imper.*) YORK xliv. 87; **samenand** (*pple.*) PS. xxxii. 7; **somnede** (*pret.*) LAȝ. 6398; BEK. 1879; samned MAN. (H.) 3; somnedest HOM. I. 209; **samned** (*pple.*) AM. & AMIL. 415; sammed YORK xxxiv. 43; samened HAV. 2890; *comp.* ȝe-**samnien**.
samninge, sb., *O.E.* samnung, somnung, = *O.H.G.* samanunga; *meeting, assembly, congregation*, HOM. II. 215; REL. I. 23; samning sampninge MAN. (F.) 3464, 6718; samening GEN. & EX. 458; somnunge H. M. 9.
sample, sb., *for* **asample**; *sample, example*; saumple LANGL. *C* xii. 288*; sampill ALEX. (Sk.) 5306.
samplēre, sb., *sampler*, PARTEN. 2947; saumpler WICL. DEUT. xvii. 18; saumplarie *instructor* LANGL. *C* xv. 47.
sanot, *see* **saint**.
san, prep., *O.Fr.* san, sen; *without*: saun ANGL. I. 304; GREG. 575; saunez PALL. iii. 1122; saun faile [san faille, samfaile] ROB. (W.) 8360.
sanctifien, v., *O.Fr.* sanctifier; *consecrate*; **sanctified** (*pple.*) GOW. III. 234.
sand, sb., *O.E.* sand, sond, n., *cf.* *O.L.G.* sand, *O.N.* sandr, *O.H.G.* sant, m.; *sand, land*, ORM. 14802; sond A. R. 402; GEN. & EX. 2718; HAV. 708; FER. 997; þat sond LAȝ. 123; SAINTS (Ld.) xlv. 162; be sand & be wattir ALEX. (Sk.) 4299; **sonde** (*dat.*) CH. C. T. *B* 509; *comp.* **sǣ-sond**.
sand-ohisel, sb., *O.E.* sandceosel; *sand*, ['arenam'] MAT. vii. 26.
Sand-wich, pr. n., *O.E.* Sandwīc; *Sandwich*, ROB. 300.
sandale, sb., *sandal*; **sandalies** (*pl.*) WICL. MK. vi. 9.
sande, sb., *O.E.* sand, sond, = *M.L.G.* sande *f.* (*mission*); *mission, message, messenger; dish at table*; M. H. 8; ðis sonde hem overtakeð raðe GEN. & EX. 2313; he sent his sande fra toune to toune ISUM. 689; sand TRIST. 2351; saande, seande YORK x. 244; xiii. 235; sande, sonde LAȝ. 3125, 4971; sonde A. R. 190; H. H. 150; LANGL. *B* iii. 349; S. S. (Wr.) 340; A. P. i. 942; sone se hire sonde com aȝain KATH. 153; ai welcome be þi sonde CH. C. T. *B* 826; sonde 'daps' FRAG. 4; sond '*missio*' PR. P. 464; gon on sond IPOM. 2283; of ever ilc sonde . . . most and best he gaf Benjamin GEN. & EX. 2295; **sondes** (*gen.*) mon *messenger* LAȝ. 13595; A.

520 **sande.** sāri.

R. 190; KATH. 518; sandis man, sandis men, sendes men ALEX. (Sk.) 4234, 2399, 1170*; sander man (*for* sandes man) ORM. 19383; sander men SAX. CHR. 249; sandir men C. M. 21408; sonder man GEN. & EX. 1410; sander bode HOM. II. 89; **sonden** (*pl.*) LAȝ. 4651; A. R. 246; hwer beoð þine disches mid þine swete sonde R. S. v; of alle his sonde PR. C. 3535; *comp.* **on-sande.**

sond-mon, sb., *messenger*, LAȝ. 12747.

sandi, adj., *O.E.* sandig, = *O.N.* söndugr, *sandy*; sondi TREV. I. 333; MAND. 34.

sandiver, sb., *Fr.* suin de verre; *glass-gall*; saundiver A. P. ii. 1036.

sang, sb., *O.E.* sang, song, = *O.H.G.* sang, *O.N.* söngr, *Goth.* saggws; *from* **singen**; *song*; ORM. 3923; REL. II. 193; IW. 396; PR. C. 9254; MIR. PL. 151; sange ALEX. (Sk.) 253; zang AYENB. 68; song LAȝ. 22701; MARH. 2; **songes** (*gen.*) O. & N. 196; **songe** (*dat.*) O. & N. 46; on songe no on spelle LAȝ. 12093; O. & N. 220; ˈcesne song HOM. I. 199; zonge AYENB. 105; **songes,** songe (*pl.*) LAȝ. 5109, 9539; **songen** (*dat. pl.*) LAȝ. 19575; songe O. & N. 82; *comp.* **ēven-, lof-, morwe-, uht-sang.**

song-bōc, sb., *O.E.* sangbōc; *song-book*; **song bōkes** (*pl.*) FRAG. 1.

songere, sb., *O.E.* sangere, = *O.H.G.* sangāri, *O.N.* söngari; *singer*, HOM. II. 117.

sangvin, adj., *O.Fr.* sangvine; *blood red*: of his complexion he was sangvin CH. C. T. *A* 333.

sanke, v., *O.N.* sanka, samka; *assemble*, C. M. 13840.

sannen, v., *O.N.* sanna (*from* sannr *sooth*); *demonstrate*, ORM. 11289.

sant, *see* **saint.**

santrelle, sb., *stroller* (*term of reproach*): to take Jesus, þat sauntrelle YORK xxviii. 190; sauterell xxxi. 310, xxxii. 91, 274.

santren, v., *? mod.Eng.* saunter; *? hesitate*; **santred** (*pret.*) and doubted PARTEN. 4653.

sauntering, sb., *sauntering*, YORK xxxv. 70, 150.

sap, sb., *O.E* sæpp, = *M.L.G., M.Du.* sap, *O.H.G.* saph, saf; *sap*, P. P. 218; þet zep AYENB. 96.

sāpe, sb., *O.E.* sāpe, = *M.Du.* sēpe, *O.H.G.* seipha; *soap*, HOM. I. 53; sope A. R. 66; ROB. 6; LANGL. *B* xiv. 6.

sāper, sb., *soap dealer*; **sōpers** (*pl.*) LANGL. *C* vi. 72.

saphir, sb., *Fr.* saphir; *sapphire*, MISC. 96; SPEC. 25; P. L. S. xxxv. 89; safir AYENB. 82; **safferes** [saphirs, saphires] (*pl.*) LANGL. *B* ii. 13.

sapience, sb., *O.Fr.* sapience, *Lat.* sapientia; *wisdom*, CH. C. T. *G* 101; ALEX. (Sk.) 1022; **sapiences** (*pl.*) CH. C. T. *G* 338.

sappi, adj., = *M.Du.* sappigh; *sappy*; (*ms.* sapy) PR. P. 441.

sār, sb., *O.E.* sār = *O.N.* sār, *Goth.* sair, *O.L.G., O.H.G.* sēr; *sore, grief; wound; disease*; HOM. I. 121; sar, sær LAȝ. 7998, 8477; nowðer sar ne sorhe KATH. 1170; sor A. R. 376; O. & N. 1234; HAV. 234; P. S. 159; ALIS. 4397; A. P. i. 130; þat sor P. L. S. x. 56; sor and blein GEN. & EX. 3027; **sāre** (*dat.*) LAȝ. 12511; sore WILL. 891; D. ARTH. 932; þare sare ['*dolorum*'] anginne MAT. xxiv. 8; *comp.* **ēle-sōr.**

sār[2], adj., *O.E.* sār, = *O.N.* sārr, *O.L.G.* sēr, *O.H.G.* sēr; *sore, grievous, sad*, H. M. 35; sar, sær LEECHD. III. 108; þe king was on mode sar [sor] LAȝ. 638; þer fore is min herte sær 7289; sor A. R. 208; sek and ser MAP 338; **sāre** (*adv.*) MARH. 17; ORM. 3809; PR. C. 7402; PERC. 1114; sare [sore] þu hit salt abuggen LAȝ. 8158; wepen alle swiþe sare HAV. 401; him hungrede swiþe sore 654; sore FRAG. 8; O. & N. 885; GEN. & EX. 1166; C. L. 314; WILL. 593; CH. C. T. *A* 148; sere ST. COD. 96; of hire sore mode O. & N. 1595; **sārne** (*acc. m.*) LAȝ. 10423; his leomes þat beoð sare LAȝ. 19501; woundes sore SPEC. 68; **sārure** (*compar.*) LAȝ. 149; sarre A. R. 112; H. M. 27; MIRC 1565; WILL. 2025; zorer AYENB. 238; sararre YORK xi. 160; **sōrest** (*superl.*) A. R. 382; HOM. II. 173; sarrest JOS. 620.

sār-līc [**sōrlich**], adj., *O.E.* sārlīc; *sore*, LAȝ. 28457; **sōrliche** (*adv.*) FRAG. 5.

Sarasene, sb., *O.Fr.* Sarazin; *Saracen, heathen*, LANGL. *B* xi. 151; **Saracenes,** Sarasenes (*pl.*) *B* iii. 325, xi. 115; Sarazins HORN (L.) 68, 607.

sardein, sb., *? O.Fr.* sardine; *sardine*; **sardeines** (*pl.*) C. B. 24.

sardoine, sb., *O.Fr.* sardoine; *sardonyx*; **sardoines** (*pl.*) and ... calsidoines FL. & BL. 285 (H. 700).

Sares-būri, pr. n., *O.E.* Searobyrig; *Salisbury*, MISC. 145; Salesburi LAȝ. 15290.

sarge, sb., *O.Fr.* sarge; *serge*, WICL. EX. xxvi. 9; CH. C. T. *A* 2568.

sāri, adj., *O.E.* sārig, *cf. O.H.G.* sērag; *sorry, miserable*, ORM. 8945; sari HOM. I. 81; MARH. 17; PR. C. 3468; PERC. 158; sari, særi [sori] LAȝ. 166, 1476; sori '*tristis*' PR. P. 465; A. R. 88; O. & N. 994; GEN. & EX. 974; HAV. 477; ROB. 52; P. S. 203; LANGL. *B* x. 75; a sori þouȝt WILL. 3696; ? seri GEN. & EX. 408; **sārine** (*acc. m.*) HOM. I. 111; **sōrie** (*pl.*) A. R. 32; **sārier** (*compar.*) Iw. 2126; soriure A. R. 310; soriere P. L. S. xxiii. 105; WICL. GEN. xl. 7; **sārȝest** (*superl.*) LAȝ. 28459.

sāri-līche, adv., *sorrowfully*, MARH. 11; sarili Iw. 431; soriliche FRAG. 6; A. R. 224.

sāri-mōd, adj., *O.E.* sārigmōd; *sorry of mood*, LAȝ. 29791; sorimod O. & N. 1218; GEN. & EX. 3520.

sārinesse, sb., *O.E.* sārigness; *sorrow*, LAȝ. 27560; sorinesse MISC. 76; HORN (L.)

sāri.

922; sorinisse BEK. 1943; **sārinesse** (*pl.*) HOM. I. 103.

sārigen, v., *O.E.* sārgian; *grieve*, MK. xiv. 33.

sarmōn, see **sermōn**. **sarp**, see **scharp**.

sarpe, sb., *O.Fr.* sarpe (*serpe*); *pruning hook*; WICL. I KINGS xiii. 20.

sarpelēre, sb., *O.Fr.* serpeliere; *woolpack, bag*, LIDG. M. P. 204; **sarplērs** (*pl.*) FER. 4371.

sars, sb., *?O.Fr.* saas (*sas*); *sieve*; sarce PR. P. 441; CATH. 318; F. C. 67; W. & I. 82.

sarsin, v., *O.Fr.* sasser; *strain*; **sarce** (*imper.*) it smothe PALL. xi. 414; sarse it thrugh a sarce CATH. 318*.

sat, *see* **schat**.

Satanas, pr. n., *Lat.* Satanas; *Satan*, D. ARTH. 3812.

Satern, pr. n., *Saturn*; **Saternes** (*gen.*) daig [*O.E.* Sæternes dæg], *Saturday*, MK. xvi. 1; Sateres dai LAȝ. 13933*.

Sater-daȝ, pr. n., *O.E.* Sæterdæg,=*M.Du.* Saterdag; *Saturday*, ORM. 4350; Saterdai P. L. S. ix. 199; Sater-, Seterdai LANGL. *A* v. 14; Sætterdæi LAȝ. 13933.

Sater-niȝt, pr. n., *night before Saturday*, ROB. 557.

satin, sb., *Fr.* satin; *satin*; **satins** (*pl.*) CH. C. T. *B* 137.

satisfac(c)iōn, sb., *Fr.* satisfaction; *satisfaction*, AYENB. 32; satisfaccioun LANGL. *B* xiv. 94.

sattlen, *see* **setlen**.

sauf, adj., *Fr.* sauf; *safe*, AYENB. 36; WILL. 868; sauf, sauve BEK. 434, 435; saf LANGL. *C* xv. 112; saaf WICL. MK. v. 23; save ROB. 54.

    sauf-līche, adv., *safely*, WILL. 3051; saveli YORK xxxviii. 307; saufli BARB. x. 484; savelich TREV. VII. 533; **sāveloker** (*comp.*) TREV. IV. 163.

sauge, sb., *O.Fr.* sauge; *sage* (*herb*), 'salvia,' PR. P. 441; SPEC. 26; SACR. 585; *see* **sāve**.

saughe, *see* **saht**, **sēon**.

sauht, *see* **saht**. **sāule**, *see* **sāwle**.

saulee, *see* **suvel**. **saumburi**, *see* **samburi**.

saumoun, *see* **salmōn**. **saunez**, *see* **san**.

sause, sb., *O.Fr.* sause, sauce; *sauce*, AYENB. 55; sause [sauce] CH. C. T. *B* 4024; sauce LANGL. *A* vii. 249; sals BARB. iii. 540.

saut(e), sb., *for* asaut; *assault*; ROB. (W.) 11869; HAMP. PS. xii. 4*; ciii. 23*; saute TREV. IV. 429; ALEX. (Sk.) 2221; **saltis** (*pl.*) BARB. xviii. 68.

sauten, v., *for* asauten; *assault* (*a city*); **sauted** (*pret.*) TREV. VIII. 552.

sauter, *see* **psalter**.

sauterien, *see* **psalterien**.

sauturoure, sb., *O.Fr.* saultoir; *saltire* (*in heraldry*), GAW. 4182.

sāwen.   521

sauvaciūn, sb., *O.Fr.* sauvatiōn; *salvation*, A. R. 242; sauvacion SHOR. 29; salvacioun CH. COMPL. M. 213.

sauvāge, adj. & sb., *O.Fr.* sauvāge; *savage*; leounes sauvage ST. COD. 94; a colt savage ALIS. 767; liouns savage A. D. 237; **savāgius** (*pl.*) ALEX. (Sk.) 3914.

sauven, v., *O.Fr.* sauver, salver; *save*, A. R. 98; sauven [salvin] KATH. 1025; salven HOM. I. 202; saven C. L. 554; sauvi ROB. (W.) 1260; sovi AYENB. 98; saiff YORK iv. 12; **sāveþ** (*pres.*) SPEC. 26.

    sāfing, sb., *salvation*; saffing YORK xiv. 103.

sauveour, sb., *O.Fr.* sauveour; *saviour*, SHOR. 136; saveour MAN. (F.) 5358; saviour LANGL. *C* viii. 121.

sāve, sb., *Lat.* salvia; *sage* (*herb*), CH. C. T. *A* 2713; *see* **sauge**.

sāve[2], prep. & conj., *O.Fr.* sauf *from Lat.* salvus; *save, except*, CH. C. T. *G* 1355; LANGL. *A* PROL. 77, ii. 210, vii. 24.

saveine, sb., *O.E.* safine; *savine* (*shrub*), GOW. III. 130.

savel, sb., *O. Fr.* sable; *sand*; **savelles** (*pl.*) PALL. i. 353.

sāvetē, sb., *O.Fr.* sauveté; *safety*, C. L. 354; saufte, savite BARB. iii. 183, iv. 536.

savour, sb., *O.Fr.* savour, savor; *savour, smell*, SPEC. 87; CH. C. T. *D* 2196; A. P. ii. 510; PR. C. 656; savor WILL. 638; savur A. R. 102; saver PALL. i. 751.

    saver-lī, adv., *tastily, carefully*, YORK xxix. 80; (he) kisses him ... saverli GAW. 1937; and hade ben sojourned saverli 2048.

savouren, v., *O.Fr.* savourer; *savour*; savoure CH. C. T. *D* 171; **savoreþ** [savoureth] (*pres.*) LANGL. *B* viii. 108; **severed** (*pret.*) TREV. VIII. 17; savourd ALEX. (Sk.) 4821; flouris weill **savourit** (*pple.*) BARB. xvi. 70.

savouri, adj., *savoury*; **saveriour** (*comp.*) LANGL. *C* xix. 65.

sawe, sawen, *see* **saȝe, saȝen**.

sāwen, sāwe, v., *O.E.* sāwan, sǣwan (ALFR. P. C. 427) (*pret.* sēow),=*O.L.G.* sājan, sēhan (*pret.* sēu, saida), *O.H.G.* sāan, sāhan, sāwan (*pret.* sāta), *O.Fris.* sča [*pple.* (e-)sēn], *O.N.* sā (*pret.* sēri, sādi) *Goth.* saian, saijan (*pret.* saisō); *sow* (*seed*), HOM. I. 133, 135; zawe AYENB. 214; sowen GEN. & EX. 2347; sowen ROB. 496; sowen [sowe] LANGL. *A* v. 548; sowe O. & N. 1039; **sāwen** (*pres.*) ORM. 5071; sawen PS. cxxv. 5; **sēow** (*pret.*) HOM. I. 133; siew, sew II. 151; seu ROB. 470; MAP 347; M. H. 145; sew LANGL. *C* vii. 271; sewe *B* xiii. 375; seowen P. L. S. viii. 11; JUL. 75; seowen [sewen] LAȝ. 1941; siewe ANGL. I. 8; sewe ROB. 21; **sāwen** (*pple.*) PR. C. 445; sowen CH. C. T. *C* 375; *comp.* bi-, ȝe-**sāwen**; *deriv.* **sǣd**.

sāwere, sb., *sower*, HOM. I. 133; sawer TREV. VIII. 469.

sōwing, sb., *sowing*, LANGL. A PROL. 21.

sāwle, sb., *O.E.* sāwel, sāwul, sāwl, sāul, = *O.N.* sāla, *O.L.G.* sēola, *O.H.G.* sēla, *Goth.* saiwala; *soul, mind,* MARH. 3; KATH. 215; ORM. 1555; sawle A. P. ii. 1599; sawle [saule] MK. xiv. 34; LK. i. 46; saule LAȝ. 27634; SHOR. 41; FER. 318; ISUM. 733; ANT. ARTH. xvii; sowle, soule FRAG. 5; soule A. R. 10; GEN. & EX. 486, 2525; TREAT. 139; CH. C. T. E 1134; þe soule loveþ þe bodi so þat nevere heo nule him wende fro C. L. 1169; sale ALEX. (Sk.) 1640; **sōwle** (*gen.*) HOM. II. 27; saule HOM. II. 77; mi saule hele HICKES I. 167; oure soule leche A. D. 262; **sāule** (*pl.*) ANGL. I. 24; saule, saulen HOM. I. 119, 129; saulen LAȝ. 18320; MISC. 56; zaulen AYENB. 1; soule P. L. S. ix. 181; soulen A. R. 30; alle soulen dai *All Souls' Day* BEK. 1149; þam wrecche saule HOM. I. 41.

sāwle-healethe, sb., *healing, salvation, safety,* TREV. I. 365, 371, II. 253.

sāwlen, v., *cf. M.H.G.* gesēlen; *endow with a soul;* **sōuled** (*pple.*) CH. C. T. G 329.

sax [sex], sb., *O.E.* seax, = *O.N.* sax, *O.H.G.* sahs; *knife, dagger,* LAȝ. 15214; sex '*cultellus*' FRAG. 4; MAN. (F.) 7874; **sexe** (*dat.*) LAȝ. 5034; **sexes** [seaxes] (*pl.*) LAȝ. 15252; saxes, sexes ROB. 125, 144; **sexen** (*dat. pl.*) LAȝ. 16148; *comp.* flint-, hond-, nœil-sex.

Saxe, pr. n., *O.E.* Seaxa; *Saxon;* **Saxes** (*pl.*) LAȝ. 15219.

Sex-lond [Saxlond], pr. n., *land of the Saxons,* LAȝ. 15083.

Sex-lēode, pr. n., *Saxon people,* LAȝ. 15137.

Sæx-þēode, pr. n., *Saxon people,* LAȝ. 14494.

Saxisc, adj., *Saxon* : a Sexisc wimmon LAȝ. 14143; Rouuenne (spæc) Saxisc [Saxisse] 14979.

Saxon, pr. n., *Fr.* Saxon; *Saxon;* **Saxons** (*pl.*) LAȝ. 1976.

sayen, *see* **seggen**.

scabbe, sb., *O.E.* sceabb, = *Swed.* skabb; *scab, sore,* '*scabies*,' PR. P. 442; scabbe [shab] WICL. LEV. xxii. 22; scab MISC. 31; **scabbe** (*dat.*) CH. C. T. C 358; **scabbes** (*pl.*) LANGL. B xx. 82*; shabbes P. S. 239.

scabbed, pple., *scabbed*, HAV. 2449; schabbid LEG. 119; schabbede (scabbide) schep LANGL. A viii. 17.

scaberge, sb., *scabbard, sheath;* '*fourrel*,' PARTEN. 2790; scauberk, scaubert '*vagina*' PR. P. 443; scaubert ROB. 273; CHR. E. 628; **scaberke** [scabarge] (*dat.*) TREV. V. 373.

scafald, sb., *O.Fr.* eschafaut; *scaffold, war-like engine,* CATH. 320; skaffold [scafold] CH. C. T. A 2533; **scaffaldis** [scaffalis] (*pl.*) BARB. xvii. 343.

scaft, *see* **schaft**.

scailen, *see* **schailin**.

scaived, adj., *? wild;* skaived GAW. 2167.

scal, *see* **schal**.

scalo, sb., *scalp;* skalke [skalk] HAMP. PS. lxvii. 23; (he) shal hew downe the **skalkis** (*pl.*) of sinful HAMP. PS. cxxviii. 4.

scáld, sb., *O.N.* skáld; *poet;* **scáldes** (*pl.*) ORM. 2192.

scalden, v., *O.Fr.* *escalder, eschauder; *cf. Ital.* scaldare, *Lat.* excaldāre; *scald*, HICKES I. 229; PR. C. 6576; **scoldeþ** (*pres.*) AYENB. 66; **schaldinde** (*pple.*) A. R. 246; scaldand PS. lxxxii. 10; scalded (*pret. pple.*) C. M. 15988; iscalded CH. C. T. A 2020.

scāle, scăle, sb., *O.E.* scealu (*husk*), *O.N.* skāl (*cup, scale-pan*), *cf. M.L.G., M.Du.* **schale** (? schāle), *O. H. G.* scala (? scāla) (*bowl, shell*), = *M. H. G.* schale, schăle, *mod. Eng.* shale; *scale; shell; bowl;* '*sqvama*,' PR. P. 442; REL. I. 7; ane scale of rede golde LAȝ. 5368; scale [shale] LANGL. C xiii. 145; schale of a not '*testula*' PR. P. 443; L. C. C. 30; scole '*lanx*' PR. P. 449; a bolle oþer a scole A. P. ii. 1145; a disch ine his one hond & a scoale [skale, schale] in his oþer A. R. 214; milc wes i þere scale [scole] LAȝ. 1182; in cupp(e) and schal(e) M. H. 120; **scálen** (*pl.*) LAȝ. 21327; scales GOW. I. 275; *comp.* knute-, wæȝe-scale.

scāle [schāle], sb., *O.N.* skáli; *shanty*, C. M. 8592.

scálen, *see* **schailen**.

scálin, schálin, v., *shell, peel;* '*exqvamo*,' PR. P. 442, 443; þe peces faste gunne schali FER. 3282.

scalle, sb., *cf. O.N.* skalli (*skull*); *scab*, '*glabra*,' VOC. 179; '*s(q)vama*' 222; '*glabra*' PR. P. 442; CH. ADAM 3; to kepe his heved . . . fro þe scalle HALLIW. 959; scalle [skalle] C. M. 11819; scalle PALL. vi. 138.

scallid, pple., *scalled;* '*glabrosus*,' PR. P. 442; scalled browes CH. C. T. A 627; þe scallede AYENB. 224.

scalōn, sb., *onion, shallot;* **scalōnes** (*pl.*) LANGL. C xi. 310; scalons (*printed* stalons) PALL. iv. 267.

scalop, sb., *O.Fr.* escalope; *scallop*, PR. P. 442; **skalopis** (*pl.*) D. ARTH. 3474.

scáme, *see* **schâme**.

scamoine [scamoiene], sb., *Lat.* scammonia; *scammony*, LAȝ. 17740.

scandle, sb., *O.Fr.* escandle, esclandre; *scandal, slander,* A. R. 12; schandle 380; shaundre TREV. III. 421; *see* **sclaundre**.

scant, adj., *scant,* '*parcus*,' PR. P. 442; skant (*adv.*) *scarcely* MIR. PL. 78; BARB. xx. 434*.

scantilōn, sb., *O.Fr.* eschantillon; *? mod.Eng.* scantling; *mason's rule,* C. M. 2231; scantlion '*mensura*' PR. P. 442; schauntillun FL. & BL. 325.

scápen, *see* **escápen**.

scaplori, sb., *Church Lat.* scapulāre; *scapular, sort of scarf*; CATH. 321; PR. P. 442; **scapeloris** (*pl.*) A. R. 424*; chapolories PL. CR. 550.

scar, sb., *? O.Fr.* escar (*mépris, raillerie*); *mockery*: ure frenden to scare LA3. 5835.

scarlat, sb., *O.Fr.* escarlate; *scarlet*, MISC. 22; LEG. 40; scarlet ROB. 313; LANGL. *A* ii. 13; scharlette D. ARTH. 3459.

scarle, *see* **skerrel**.

scarmichen, v., *O.Fr.* escarmoucier; *skirmish*; scarmish PARTEN. 2079; skirmishe TREV. IV. 399.

scarmeshing, sb., *skirmish*, CH. L. G. W. 1910.

scarmoche, sb., *Fr.* escarmouche; *skirmish*, skarmysch [scarmich, scharmus] CH. TRO. ii. 611; skarmoch A. P. ii. 1186.

scarn, sb., *O.Fr.* escarn, escharn, eschern, *cf.* O.H.G. scern, *M.Du.* scherne; *scorn, derision*, LA3. 17307; skarn ORM. 4402; scorn AYENB. 22; schorn [scarn] A. R. 108, 290; scorn '*derisio*' PR. P. 450; skorne MAND. 212; **scorne** (*dat.*) HOM. II. 169; schorne S. & C. II. xii.

schorn-leihter, sb., *scornful laughter*, A. R. 344.

scorn-liche, adv., *scornfully*, BEK. 710.

scarnen, v., *O.Fr.* escarnir, escharnir, eschernir, *cf.* O.H.G. scernōn, *M.Du.* schernen; *scorn, deride*: scornin '*derideo*' PR. P. 450; scorni AYENB. 211; to scorne and to scolde LANGL. *B* ii. 81; **scarneð** (*ms.* scarned) (*pres.*) REL. I. 176; schorneð A. R. 248; **scornede** (*pret.*) BEK. 80; scorned MAN. (H.) 278; schorned WILL. 554; DEP. R. iii. 236; **skarned** (*pple.*) ORM. 7397; scorned MAND. 14.

scorner, sb., *scorner*; LANGL. *B* xix. 279; scornere *C* xxii. 284; scornare '*derisor*' PR. P. 450.

scœrninge [**scorninge**], sb., *scorning, derision*, LA3. 2791; scornunge HOM. I. 207; schornunge A. R. 200; skorning [schorning] C. M. 18231.

scarp, *see* **scharp**.

scarre, sb., *O.Fr.* escarre; *scar*; '*rima*,' PR. P. 442; scar ['*cicatricem*'] WICL. LEV. xxii. 22; *see* **aker**.

scars, adj., *O.Fr.* escars; *scarce*, BEK. 274; scars and chinche S. S. (Web.) 1244; scarse AYENB. 54.

scars-liche, adv., *scarcely*, AYENB. 34; TREV. III. 171; scarseliche ROB. (W.) 10614.

scarsnesse, sb., *scarceness*, AYENB. 159.

scarsitē, sb., *OFr.* escarsité; *scarcity*, TREV. IV. 87; skarste TREV. III. 465; scarsete CH. C. T. *G* 1393.

[**scarþ**, sb., *O.N.* skarð;=**scheard**; *comp.* **pot-scarþ**.]

scáte, sb., *O.N.* skata; *skate (fish)*, '*sqvatus*,' PR. P. 443; '*ragadia, scatus*' CATH. 322; REL. I. 81; schate VOC. 254.

scaterin, v.,=*M.Du.* scheteren; *scatter, shatter*, '*spargo*,' PR. P. 443; **schaterande** (*pple.*) GAW. 2083; **scatered** (*pret.*) SAX. CH. 261; skatered ['*dissipavit*'] PS. xvii. 15; **scatered** (*pple.*) CH. C. T. *G* 914; schaterid APOL. 81; ischatred AR. & MER. 553; *comp.* **to-scaterin**.

scáðe, sb., *O.E.* scaða, sceaða, *cf.* O.L.G. scatho, *O.N.* skaði, *O.H.G.* scado, *mod.Eng.* scaith; *injury, wound, loss, odium; enemy*; REL. I. 221; GEN. & EX. 302; ne doð heo noht muchel scaðe [scaþe] LA3. 15784; þer wuneð þe scaðe (*sec. text* feond) inne þa (*r.* þe) scendeð þas leode 25691; scaþe HAV. 2006; S. A. L. 159; RICH. 5002; A. P. ii. 21; AVOW. A. xvi.; hit is scaþe GAW. 674; scaþe, scathe '*damnum*' PR. P. 443; scaþe LANGL. *A* iv. 83; [skaþe *B* iv. 96]; scathe [skaþe] CH. C. T. *A* 446; skaþe AN. LIT. 8; MAN. (F.) 5179; schaþe WILL. 3084; scaðen ['*latrones*'] MK. xv. 27; *comp.* **feond-, wald-scaðe**.

scáðe-dēde, sb., *harmful deed*, LA3. 29578.

skáþe-lēs, adj., *O.N.* skaðalauss; *scathless*, ORM. 11356; scaþeles ANT. ARTH. xxxvii.

skáþe-lī, adv., *with injury*, ALEX. (Sk.) 642.

scáðe-wero, sb., *harm*; (*sec. text* harm) LA3. 1547.

scaþel, adj.,=*Goth.* skaþuls, *O.H.G.* scadel; *harmful, noxious*, A. P. iii. 155; skathil D. TROY 4067; schathill [schatell] ALEX. (Sk.) 2992; skathill 4802.

[**scáðī**, adj., *O.E.* sceaðig; *noxious*; *comp.* **un-sháþig**.]

scáþin, v., *O.E.* sceaðian,=*O.N.* skaða, *O.H.G.* scadōn, *cf. Goth.* (ga-)skaþjan; *harm, wound*, PR. P. 443; i schal scaþie hem FER. 759; skathe TOWNL. 213; **scáþed** (*pret.*) A. P. ii. 1776; skaþed DEP. R. ii. 105; **skáþed** (*pple.*) ORM. 4964.

scauten, v., *cf. O.N.* skota; *push, thrust*; **skautand** (*pple.*) ALEX. (Sk.) 4200.

sceaft, *see* **schaft**. **sceal**, *see* **schal**.

scēap, *see* **schēp**. **scéld**, *see* **schild**.

scēnen, *see* **shēnen**.

sceonien, *see* **schunien**. **sceort**, *see* **schort**.

sceptre [**ceptre, septre**], sb., *O.Fr.* sceptre, ceptre; *sceptre*, CH. C. T. *B* 3334; septre PR. C. 4098; septer, septour ALEX. (Sk.) 502, 2324.

scēt, *see* **schēat**.

schabbe, *see* **scabbe**. **schād**, *see* **schēad**.

scháde, schadewe, sb., *O.E.* sceadu *f.*, scead, scæd *n.*, *cf. O.L.G.* scado *m.*, M.L.G. schede *m., n., O.H.G.* scato, *Goth.* skadus *m.*; *shade, shadow*: schade ROB. 107; P. L. S. i. 38; schade, schadue WILL. 22, 754; CH. C. T. *B*

scháde.

7; schadwe HICKES I. 167; sceadewe HOM. I. 29; scheadewe A. R. 190; shadewe HOM. II. 29; schadewe MISC. 94; MAND. 16; schadowe PR. P. 443; schadue ALIS. 2628; schadu HORN CH. 526; ssed AYENB. 95.

schadowen, v., O.E. sceadwian, cf. Goth. (ufar-)skadwjan, O.L.G. scadowan, O.H.G. scatewan; shadow, shade, 'umbro,' PR. P. 443; ssedvi AYENB. 97; **schadeweþ** (pres.) MAND. 157; **schadewede** (pret.) C. L. 875; schadowed A. P. i. 42; comp. bi-, **ümschadewen**.

schǣd, see **scheád**.

schǣnen, v., O.E. scǣnan, = O.H.G. sceinan, O.N. skeina; from **schinen**; break: sceldes gunnen scenen LAȝ. 31234; **scǣnden** (pret.) LAȝ. 5186; comp. to-**schǣnen**.

schǣþe, sb., O.E. scǣð, sceáð, = O.N. skeið, O.H.G. sceida; sheath; shæpe ORM. 14675; scæðe, scaþe [seþe, seaþe] LAȝ. 8177, 23211; scheþe ROB. 135; MAND. 86; CH. C. T. B 2066; schethe, schede PR. P. 444; schede S. & C. I. lxi.; W. & I. 40.

schǣwen, see **schēawen**.

schaft, sb., O.E. sceaft, = O.L.G., O.H.G. scaft, O.N. skapt; ? from **scheppen**; shaft (arrow; pole; spear-handle), 'hastile,' PR. P. 443; B. DISC. 930; schaft [shaft] CH. C. T. A 1362; saft GEN. & EX. 3899; ssaft ROB. 419; scæft [scaft] LAȝ. 6494; schaft [scheft] TREV. III. 449; **schafte** (dat.) PERC. 52; **schaftes** (pl.) AMAD. (R.) lv; sceaftes, scaftes [saftes] LAȝ. 4228; schafte FER. 1594.

schaft-monde, sb., O.E. sceaftmund; palm, D. ARTH. 2546, 3843, 4232.

schafte, sb., O.E. sceaft, = O.H.G. (ga-)scaft, Goth. (ga-)skafts; from **scheppen**; creation, creature, KATH. 239; shafte LANGL. B xi. 387; safte GEN. & EX. 3628; schaft ['figmentum'] PS. cii. 14; þulke schaft to underfonge C. L. 661; **schafte** [shafte] (pl.) O. & N. 788; god þat alle shafte (ms. shaffte) wrohte ORM. PREF. 58; sceafte [scefte] P. L. S. viii. 42; schefte SHOR. 35; **schafte** (gen. pl.) MARH. 11; comp. frum-, ȝe-, neb-**scheaft** (-**sceafte**).

schaȝe, sb., O.E. sceaga, = Fris. skage, O.N. skagi m. (low cape); shaw, grove; schawe FLOR. 1504; **schaȝe** (gen.) GAW. 2161; **schaȝe** (dat.) A. P. iii. 452; schawe GOW. II. 45; DEGR. 1652; as goldfinch in þe schawe [shawe] CH. C. T. A 4367; shawe REL. I. 244; **schawes** (pl.) ALIS. 6109; WILL. 178; MIN. xi. 2; comp. wude-**scaȝe**.

schailin, **scheilin**, v., cf. Swed. skiäla (go to pieces) (RIETZ 588); disperse, break up; 'disgredi' PR. P. 443; scale BARB. vi. 575; scaill xvii. 99; **shailande** [skailand] (pple.) C. M. 18836; schailande ? straddling wide, D. ARTH. 1098; **scaild**, skailed (pret.) C. M. 2524; scalit BARB. vi. 428, ix. 429; **scálit** (pple.) vi. 28, xvi. 211.

schalk.

schak, sb., shock; charge; ALIS. 232; FER. 2663; schakke D. ARTH. 1759.

scháken, v., O.E. sceacan, scacan, = O.L.G. *skacan (pret. skōc), O.N. skaka; shake, gallop, move: he wole shaken his berd P. S. 324; schake ALIS. 4255; FER. 928; FLOR. 1978; þe maister him gan hom schake LEG. 41; shake SPEC. 110; schake, ssake ROB. 25, 218; ssake AYENB. 130; scake PR. C. 5410; ich muhte ... scheken ham ... of me A. R. 344; Corineus com sceki (ms. sccecky) LAȝ. 1536*; heo **schékeð** (pres.) hire spere A. R. 60; **schek** (imper.) A. R. 206; **sácande** (pple.) MISC. 21; **schōk** [shook] (pret.) CH. C. T. A 2265; schok his heved S. S. (Web.) 1069; out of þe sadil he schok PERC. 694; schok, ssok ROB. 24, 208; nes þer nan biscop þat forð on his wæi ne scoc LAȝ. 13246; schoke MAN. (H.) 39; **scháke** [shake] (pple.) CH. C. T. A 406; ischake LEG. 46; comp. a-, at-, to-**scháken** (-**scéken**).

schakle, sb., O.E. sceacul, scacul (pillory), M.Du. schakel (ring), O.N. skökull; ? from **scháken**; shackle, 'numella,' PR. P. 433; **scheakeles** (pl.) A. R. 94.

schaklin, v., shackle, PR. P. 443.

schal, v., O.E. sceal, scel, = O.L.G. scal, O.N., Goth. skal, O.H.G. scal, scol, sal, sol; (pret.-pres.); shall, owe, KATH. 403; C. L. 354; MAND. 26; hit schal þunche þe swete A. R. 136; i schal [shal] slee ['interficiam'] WICL. GEN. vi. 17; schal, shal, scal, sal O. & N. 346, 530, 960, 1199; shal (ms. shall) ORM. 155; it shal be knowe GOW. I. 229; scheal, schel SHOR. 1, 108; scal, scæl, scel [sal] LAȝ. 1247, 5449, 5964; scal, sæl [sceal] P. L. S. viii. 13, 45; sal REL. I. 132; GEN. & EX. 12; MISC. 27; S. S. (Wr.) 268; MAN. (H.) 37; PR. C. 34; M. H. 11; sal, sel HICKES I. 223; sel ANGL. I. 8; voryef me þet ich þe ssel AYENB. 115; xal LUD. COV. 216; þu scalt HOM. I. 7; schalt KATH. 516; þu schalt falle O. & N. 956; þou schalt hit sone finde LANGL. A iv. 57; shalt ORM. 157; xalt S. & C. I. i; schulen C. L. 57; WICL. GEN. vi. 20; ȝe schulen beon (as future) A. R. 166; schulen ORM. 159; schullen PROCL. 2; sculen FRAG. 7; HOM. I. 7; sculen, scullen [sollen] LAȝ. 702, 5417; sulen GEN. & EX. 308; shule [schulle] O. & N. 1673; schulle TREAT. 133; WILL. 3690; MAND. 56; sulle ANGL. I. 8; sholen HAV. 621; schole ALIS. 30; ssolle AYENB. 5; ssolle [schelle] ROB. (W.) 7205; shule (subj.) ORM. 1832; schulle [shulle] O. & N. 442; lest ihc schulle hit forgo FL. & BL. 182; þat ha schulen lasten a KATH. 279; deriv. **scholde**, **schuld**.

schále, see **scále**.

schalk, sb., O.E. scealc, = O.L.G. scalc, O. Fris. skalk, schalk, O.H.G. scalc, scalh, O.N. skalkr, Goth. skalks (δοῦλος); servant, man, ALEX.[2] (Sk.) 20; GAW. 160; A. P. ii. 1029; scalc (sec. text cniht) LAȝ. 19126; schalke YORK xxx. 295; **scalkes** (pl.) LAȝ. 4219.

schalke, sb., *for* chalk; *chalk*, D. ARTH. 1226, 1363.

schalowe, adj., *shallow, thin; 'bassus,'* PR. P. 447; TREV. III. 131; shalou PARTEN. 739.

scháme, sb., *O.E.* sceamu, scamu, sceomu, scomu, = *O.L.G., O.H.G.* scama, *O.N.* skömm; *shame, 'verecundia, ignominia,'* PR. P. 443; BEK. 11; SHOR. 35; MIRC 905; PR. C. 7145; shame HOM. II. 173; ORM. 7284; HAV. 1939; schame, schome, shome O. & N. 50, 363, 1483; scame P. L. S. viii. 84; scame, schome, scome HOM. I. 35, 59; scame, scome, sceome [same] LA3. 1434, 2294, 3493; same GEN. & EX. 234; ssame AYENB. 8; schome KATH. 91; schome ant schonde CHR. E. 542; shome H. H. 51; scheome A. R. 60; ALIS. 7819; ha haveð us alle scheome idon JUL. 72; þi stefne goþ... to schome (*perit*) O. & N. 522; *comp.* léod-**scome.**

sham-fast, adj., *O.E.* scamfæst; *modest*, (ms. shammfasst) ORM. 2175; scham-, schamefast CH. C. T. *A* 2055; schamefast *'verecundus'* PR. P. 443; shamefast HOCCL. i. 431; LUD. COV. 124; ssamvest AYENB. 222; sceomefest FRAG. 5; **schómevaste** (*pl.*) MISC. 80.

shamfestnesse, sb., *modesty, 'verecundia,'* HOM. II. 71; schamfestnesse CH. C. T. *A* 840.

scheóme-ful, adj., *shameful*, A. R. 302; schamful CH. C. T. *C* 290.

ssamvol-liche, adv., *shamefully*, AYENB. 181.

schóme-léas, adj., *O.E.* scamléas, = *O H.G.* scamalōs; *shameless*, A. R. 170; schomeles R. S. vi; shameles LANGL. *C* iv. 47 [shamlees *B* iii. 44].

scámeléast, sb., *O.E.* sceamléast; *shamelessness*, MK. vii. 22.

scheóme-lich, adj., *O.E.* sceamlīc, = *O.H.G.* scamalīh; *shameful*, A. R. 116; schamli WILL. 556; **schómeliche** (*adv.*) H. M. 31; R. S. vii; schamliche TRIST. 1474; shameliche P. R. L. P. 229; shamelike HAV. 2825; mid scome-liche witen LA3. 20462.

schamel, sb., *O.E.* sceamul, scamul, sceomol, = *O.L.G.* scamel, *O.H.G.* scamal; *mod. Eng.* shambles; *stool, bench,* ['*scabellum'*] PS. cix. 1; schamil (*printed* sthamil) REL. II. 176; schamel [scheomel] A. R. 166*; shamill HAMP. PS. xcvii. 5; *comp.* fōt-**scamel**.

schámien, v., *O.E.* sceamian, scamian, *cf. O. H.G.* scamen, *Goth.* skaman, *O.N.* skamma; *shame*; scamien P. L. S. viii. 83; shamien HOM. II. 69; schamin '*verecundor*' PR. P. 443; and schamen al mi kinrede CH. C. T. *F* 1565; it shal ne shamen þe ['*non te pudebit*'] WICL. IS. liv. 4; ssamie AYENB. 229; schame PR. C. 7159; scomien [samie] LA3. 25209; scheomien MARH. 7; scheomen A. R. 312; eu schal sore schomie (*ms.* schomye) MISC. 41; **shámeþ** (*pres.*) ORM. 18284; **schámie** [schomie](*imper.*) þe O. & N. 161; þai **schame**

['*erubescant'*] (*subj.*) PS. vi. 11; þet eow sceamie HOM. I. 35; **schómedest** (*pret.*) LANGL. *A* iii. 183 [shamedest *B* iii. 189]; ham þas scamede HOM. I. 223; him swiKe scomede þat he swa iscend wes LA3. 4851; **shámed** (*pple.*) ORM. 1986; HAV. 2745; schamid and schent AUD. 1; schamede ['*confusi'*] REL. I. 8; *comp.* a-, for-, of-**schámien.**

schámous-lī, adv., *shamefully*, YORK xxxii. 143.

schande, sb., *O.E.* sceand, scand, sceond, scond, = *Goth.* skanda, *O.H.G.* scanda, scanta: *disgrace, ignominy*; shande ORM. 11956; schonde O. & N. 1733; HORN (L.) 714; CHR. E. 329; ROB. 65; P. S. 221; WILL. 555; duden him muchele schonde MISC. 49; he makede to sconde (*disgraced*) LA3. 7032; sonde REL. I. 221.

scond-ful, adj., *disgraceful*, HOM. I. 31.

schand-lich, adj., *O.E.* scandlīc; *shameful*, AR. & MER. 4286; s(c)andlic HOM. I. 239; wið scondliche deaðe LA3. 2274.

schandle, *see* **scandle**.

schanke, sb., *O.E.* sceanca, scanca, sceonca, sconca; *shank, 'crus,'* PR. P. 444; MAN. (H.) 189; sceonke FRAG. 2; **scanken** (*pl.*) JOHN xix. 31: sconken LA3. 1876; schonken JUL. 49; **shankes** (*pl.*) ORM. 4775; HAV. 1903; schankes CH. C. T. *B* 1392; schonkes MIRC 892; **schonken** (*dat. pl.*) A. R. 258.

schantillōn, *see* **eschantillōn**.

schap, sb., *O.E.* (ge-)sceap, = *M.Du.* schap, *O.N.* skap, *M.H.G.* (ge-)schaf; *from* **scheppen**; *shape, 'forma,'* PR. P. 444; WILL. 2885; TREV. III. 399; CH. C. T. *A* 1889; shap & hiu HOM. II. 99; þe shap(pe) ne þe shaft(e) LANGL. (Wr.) 7346 (*B* xi. 387); shap *membrum genitale* ORM. 5937; REL. II. 28; schape KATH. 449; JUL. 20; þi shape dide þat hit ne sholde HOM. II. 67; **scheápe** (*dat.*) A. R. 424; et þe schape þe d(e)ovel smuzeð in derneliche hwenne hit bið 3aru to ga(l)-liche deden HOM. I. 153.

schap-, scap-lēs, adj., *shapeless*, C. M. 350.

schap-lī, adj., *shapely, fit*, CH. C. T. *A* 372; WICL. GEN. xxiv. 16.

shaplinesse, sb., *beauty*, WICL. PS. xliv. 5.

schápien, v., *O.E.* sceapian, = *O.N.* skapa, *O.H.G.* scafōn; *shape*; schapen [shapen] CH. C. T. *A* 2541; shape LANGL. *B* ix. 131; for to schape (*make*) þe chamberleines linnen cloþes TREV. VII. 269; **shápeþ** (*pres.*) ORM. 17583; schapeþ MAND. 160; **schépieð** (*imper.*) A. R. 420; **schéped** (*pret.*) A. P. iii. 247; **sháped** (*pple.*) HAV. 424; H. H. 194; *comp.* for-, 3e-**schéapien.**

schápare, sb., *O.N.* skapari, = *O.H.G.* sca-fari; *shaper, 'formator, creator,'* PR. P. 444; shapere WICL. IS. li. 13.

schápinge, sb., =*O.H.G.* skafunga; *shaping,* '*formatio,*' PR. P. 444.

schar, sb., *O.E.* scear, =*O.H.G.* scar; *from* **schéren**; *ploughshare; shears;* '*vomer,*' VOC. 169; WICL. DEUT. xxxi. 3; schar [schare] CH. C. T. *A* 3763; **scháre** (*dat.*) LANGL. *B* iii. 306; REL. I. 7; **ssáres** (*pl.*) ROB. 335; *comp.* **plōh-schar.**

scháre, sb., *O.E.* scearu; *share-bone, groin,* '*inguen, pubes,*' CATH. 333; TREAT. 139 (SAINTS (Ld.) xlvi. 727); schore VOC. 148; PR. P. 448; schere VOC. 246; A. R. 272.

scháren, v., *from* **scháre**; *cut, shear;* **scharde** (*pret.*) DEGR. 1630; **schard** (*pple.*) *formed* ALEX. (Sk.) 4675; like schepe þat were scharid awai schall ȝe schake YORK xxviii. 141.

scharlette, *see* **scarlat**.

[**scharn**, sb., *O.E.* scearn, =*O.N.* skarn, *O. Fris.* skern; *dung.*]

sharn-bude, sb., *cf. mod.Eng.* shornbug; *dung beetle,* GOW. I. 173; scar(n)bude VOC. 255; scearn-budda FRAG. 3; sharn-bodde PALL. ix. 60; **ssarnbodes** (*pl.*) AYENB. 61.

scharp, adj., *O.E.* scearp, =*O.L.G.* skarp, *O.Fris.* skerp, scherp, *O.N.* skarpr, *O.H.G.* scarf, sarf; *sharp,* MARH. 9; ALIS. 6536; P. P. 216; MAND. 50; sharp ORM. 9211; scarp wes þe pic LAȝ. 30752; scarp hunger 20728; sarp GEN. & EX. 3577; ssarp AYENB. 165; scherp A. R. 212; P. L. S. xxi. 149; ane wiæxe... swiϸe scærpe LAȝ. 4592; mid scearpe mire eaxe 2310; þe sharpe spere SPEC. 70; scharpe salve LANGL. *B* xx. 304; **scharpe** (*adv.*) O. & N. 141; schearpe wordes A. R. 82.

scharp-liche, adv., *sharply,* WILL. 178; TREV. V. 171.

scharpnesse, sb., *sharpness,* PR. P. 444; TREV. III. 455; ssarpnesse AYENB. 165.

scharpen, v., *cf. O.E.* scerpan, scyrpan, =*M. Du.* scherpen; *sharpen,* '*acuo,*' PR. P. 444; his nese shal sharpen REL. I. 65; sharpe WICL. WISD. v. 21; **scharpeþ** (*pres.*) CH. C. T. *A* 3763; him scerpeþ þe neose FRAG. 5; **scharped** (*pret.*) PS. lxiii. 4.

schat, sb., *O.E.* sceatt, =*O.L.G.* scat, *O.N.* skattr, *Goth.* skatts, *O.H.G.* scaz; *money, treasure;* sat GEN. & EX. 795.

schateren, *see* **scateren**.

schaþe, *see* **scáðe**. **schaþel**, *see* **scaþel**.

schaud, *see* **scheald**.

schavadri [**chevaldri**], sb., *baseness,* ALEX. (Sk.) 3371.

schavaldour, sb., *wanderer;* schaveldoure '*discursor, vacabundus*' PR. P. 444.; **schavaldouris** (*pl.*) BARB. v. 205; schaveldours WICL. E. W. 249.

scháve, sb., *O.E.* sceafa, scafa, = *O.H.G.* scaba; *scraper,* '*scalprum,*' PR. P. 444.

scháven, v., *O.E.* scafan, =*O.N.* skafa, *O.H. G.* scaban, scapan, *Goth.* scaban, *Lat.* scabere; *shave, scrape;* schavin '*rado*' PR. P. 444; schafe PERC. 2095; **schóf** (*pret.*) IPOM. 1640; schoof WICL. I PARAL. xix. 4; **scaft** [safde] LAȝ. 22293; **scháven** (*pple.*) MAND. 33; R. R. 941; A. P. ii. 1134; shaven GEN. & EX. 2120; schavin REL. I. 51; ischaven A. R. 422*.

scháving, sb., *shaving; slice cut off;* shaving CH. C. T. *G* 1239.

schawe, *see* **schaȝe**.

scháwen, *see* **scheáwen**.

schē, *see* **schēo**.

scheád, sb., *O.E.* (ge-)scēad, scād, =*O.H.G.* sceit, *mod. Eng.* shed; *from* **scheáden**, *distinction, discrimination*: schead ba of god & of uvel KATH. 240; schad HOM. I. 255; nis bitwenen ȝunc & hem nan shæd ORM. 6229; shæd & skil 5534; *comp.* **scead**.

scheáde, sb., *O.E.* scāde, *? cf. M.H.G.* scheide; *division; parting (of the hair), top of the head;* schade '*discrimen*' VOC. 183; shede D. TROY 3023; schode AR. & MER. 1480; schode [shode] CH. C. T. *A* 2007.

[**scheádel**, sb., *?* =*O.H.G.* sceitila; *division; comp.* **gate-schēdel (-schádil).**]

scheáden, v., *O.E.* scēaden (*pret.* scēod), = *O. L. G.* sceʿan, skēdan, *O.H.G.* sceidan (*pret.* scied), *Goth.* skaidan (*pret.* skaiskaid); *shed, separate, divide,* A. R. 270; shæden ORM. 1209; schede O. & N. 197; MAN. (H.) 159; A. P. i. 411; schode GOW. I. 101; **shōdeð** (*pres.*) HOM. II. 67; **shǎdde** (*pret.*) ORM. 3200; schadden MAN. (F.) 991; **shǎd,** sad (*pple.*) GEN. & EX. 58, 148; *comp.* **for-, ȝe-, to-scheáden.**

shǎding, sb., *?* =*O.H.G.* sceidunga; *division, separation,* ORM. 16863; scheding TOR. 518; schodinge PR. P. 447.

scheáf, sb., *O.E.* scēaf, =*M.L.G., M.Du.* schōf, schoof, *O.N.* skauf, *O.H.G.* scoub; *from* **schūven**; *sheaf;* shef LANGL. *B* iii. 324; schef [sheef] CH. C. T. *A* 104; scheef TREV. VIII. 335; scheef, schof '*merges*' PR. P. 444; **shæfes** (*pl.*) ORM. 1481; sheves WICL. JUD. viii. 3; **schēve [shēve]** (*dat. pl.*) O. & N. 455.

scēaf-mælen, adj., *O.E.* scēafmǣlum; *by sheaves,* MAT. xiii. 30.

scheal, *see* **schal**.

scheáld, adj., *thin, shallow*: þe water was scheld HALLIW. 730; schold '*bassus*' PR. P. 447; schoolt [schoold] TREV. III. 131; inne senne so schealde SHOR. 93; **schaudest** [shaldest] (*superl.*) BARB. ix. 354.

scheap, *see* **schap**. **schēap**, *see* **schēp**.

scheard, sb., *O.E.* sceard, =*O.N.* skarð; *from* **schéren**; *shred, fragment;* sherd LIDG. M. P. 114; scherd, schord '*testa*' PR. P. 445; scherd [shord] WICL. IS. xxx. 14; **scherdes** (*pl.*) LEG. 34; TREV. IV. 151;

a dragon whos scherdes schinen as þe sonne GOW. III. 68; *comp.* **pot-schord.**
schēat, sb., *O.E.* scēat, *cf. O.Fris.* skāt, *M.Du.* schoot, *Goth.* skauts *m., O.N.* skaut *n., O.H. G.* scōz *m. f.*; *sheet*; scet '*mantele*' FRAG. 4; scat HOM. II. 231; sciet (?*printed* scier) P. L. S. viii. 183*; opene þe shet ANGL. IV. 195; schene under schete REL. I. 180; *see* **schēte.**
schēawe, sb., *O.E.* scēaw, = *M.H.G.* schouwe; *show*; schewe '*monstratio*' PR. P. 446; schew DEP. R. iv. 56; schawe YORK xxx. 56.
shāw-erne, sb., *show-house,* [*interpretation of '*Ephratah*'* MIC. v. 2] ORM. 7025.
schēawen, scheauwen, v., *O.E.* scēawian, = *O.Fris.* skowia, *O.L.G.* scawōn, *O.H.G.* scauwōn, scouwōn, *cf. Goth.* (us-)skawjan; *show, point out,* A. R. 154, 210; scheawen, sceawen HOM. I. 49, 203; scheawen HOM. II. 73; schawen MARH. 15; shæwen ORM. 105; schewen MAND. 279; schewen GOW. I. 50; schewin PR. P. 446; scheawe SHOR. 152; sseawi, ssewi AYENB. 44, 56; schewi [sewi] O. & N. 151; schewe P. L. S. ix. 152; PS. iv. 6; schewe [shewe] LANGL. *A* i. 2; of his craft som what we wille hem schewe [shewe] CH. C. T. *D* 283; so fair it was to shewe H. F. 1305; shewe LIDG. M. P. 96; ssewe ROB. 210; schawe GAW. 27; A. P. ii. 1599; M. H. 96; for to se and for to shawe HAV. 2784; schowen C. L. 35; **sēaweþ** (*pres.*) MISC. 33; **schēau** (*imper.*) A. R. 292; schewe WICL. JOHN xiv. 8; **schēawede,** scheawude (*pret.*) A. R. 154, 160; scæwede, scewede, scawede [sewede] LAȝ. 1405, 2020, 7241; seawede MISC. 27; sseawede AYENB. 13; schewede MISC. 54; MAND. 86; sceawede sceaude HOM. I. 41; scheaude KATH. 915; seweden GEN. & EX. 2661; showeden A. D. 262; **schēwed** (*pple.*) MAN. (H.) 8; *comp.* ȝe-, ōfer-**schēawen.**
shēawere, sb., *O. E.* scēawere, = *O.H.G.* scauwāri; *pointer out; mirror*; HOM. II. 29; sseawere, ssewere AYENB. 84, 202; scheauware A. R. 90; schewere ALIS. 18; shewer P. 16; scawere ['*speculator*'] HOM. I. 117; *mirror* 53; **shēweres** (*pl.*) WICL. IS. iii. 23.
sēawinge, v., *O.E.* scēawung; *vision,* MISC. 26; sseawinge AYENB. 14; **schēauwinges** (*pl.*) A. R. 268.
schēawles, *see* **schēoules.**
sched, *see* **schāde.**
scheden, v., = *O.Fris.* schedda (*shake*), *M.L. G., M.Du.* schudden, *O.H.G.* scuttan, scutan (*pret.* scutta, scutida); *shed, pour,* MISC. 47; schedin PR. P. 444; schede P. L. S. xx. 69; LEG. 87; þou schalt schede ['*fundes*'] WICL. EX. xxix. 7; **schedde** (*pres.*) O. & N. 1616; shedeð, shat REL. I. 128 (HOM. II. 161); schet HOM. I. 159; (hio) schedeð A. R.

166; **schedde** (*pret.*) SHOR. 4; WICL. EX. xxiv. 6; god schedde his blod for alle men A. R. 312; schedde, scedde HOM. I. 157; scedde R. S. vii. (MISC. 186); sce(d)de [sadde] LAȝ. 5187; ssedde AYENB. 107; shedde [shadde] LANGL. *B* xvii. 288; mi brain schadde on þe ground BEK. 1578; hi ... schedden his ... blod MISC. 39; **shed** (*pple.*) H. H. 37; schad SHOR. 20; xad LUD. COV. 275; isched A. R. 402; ischad ALIS. 2772; *comp.* **a-, bi-scheden.**
schedunge, sb., *shedding,* A. R. 262.
schēden, *see* **schēaden. schēf,** *see* **schēaf.**
schefte, *see* **schafte. schēi,** *see* **schēoh.**
schēken, *see* **schāken.**
schel, *see* **schal, schil.**
schelchene, sb., = *M.H.G.* schelkin; *from* **schalk**; *female servant,* MISC. 45; schelchine A. R. 12.
schéld, *see* **scheald, schíld.**
schelfe, sb., *O.E.* scylf (BL. HOM. 27), = *M.Du.* schelf, schelve, *M.L.G.* schelf; *shelf,* PR. P. 445; **schelves** (*pl.*) CH. C. T. *A* 3211.
schelle, sb., *O.E.* scell, sciell, scyll, = *O.N.* skel, *M.L.G., M.Du.* schelle, *Goth.* skalja (κέραμος); *shell; drinking-vessel; anything hollow; '*testa,*'* VOC. 230; PR. P. 444; ALIS. 571; GOW. III. 76; shelle LANGL. *B* xi. 252; schelle [schille] TREV. III. 397; schille '*testa*' VOC. 254; skell YORK ii. 65; **schelles** (*pl.*) MAND. 193; schelles oþer coppes TREV. V. 449; schellis TREV. II. 215; schelles [skellis] MAN. (F.) 14683; schelles *hollows in the ground* [*O.E.* scel] ALEX. (Sk.) 4049; *comp.* **āi-schelle.**
schel-drake, sb., *sheldrake,* PR. P. 444; REL. I. 84.
shel-fish, sb., *O.E.* scelfisc, = *O.N.* skelfiskr; *shellfish,* CH. BOET. ii. 5 (50).
schellen, v., = *M.L.G.* schellen, *M.Du.* schollen, schillen; *shell*; schillin '*excortico*' PR. P. 446.
schellen², v., = *M.H.G.* schellen, *O.N.* skella; *from* **schillen**; *make a harsh noise:* to þe knight sche gan to skille OCTOV. (W.) 326; **schilled** (*pret.*) AR. & MER. 4750; þai schulde so doþ þe þonder FER. 631; schilde 727.
schemeren, *see* **schimeren.**
schench, sb., *O.E.* scenc, = *M.H.G.* schanc; *draught (of wine); cup*; scench S. S. (Web.) 562; **scenche** (*dat.*) P. L. S. viii. 167; **schenches** (*pl.*) LAȝ. 13461; *comp.* nōn-, water-, win-**scenc.**
schenchen, v., *O.E.* scencan, = *O.N.* skenkja, *O.H.G.* scenchan; *pour out*; scenchan LAȝ. 14962; shenchen REL. I. 113; schenche HORN (L.) 370; ALIS. 7581; þe drink for to schenche ROB. 118; and water on him gan schenche S. S. (Web.) 2247; schenkin PR. P. 445; **shenkest** (*pres.*) ORM. 15403; schen-

chiþ [schenke] CH. C. T. *E* 1722 (Wr. 9596);
schenche (*subj.*) MISC. 175; weoren þa bernes
isoængte (*pple.*) mid beore LAȝ. 8124.
[**schende**, sb., = *M.H.G.* schende (*disgrace*);
? = **schande**.]
schend-ful, adj., *ignominious*, A. R. 356;
REL. I. 180; WICL. 1 KINGS xx. 30; CH. C.
T. *C* 290*; schindful P. L. S. xiii. 366.
schendful-liche, adv., *disgracefully*, A. R.
400; P. L. S. xi. 10; schend-, shenfulliche
LANGL. *A* iii. 261.
schendfulnesse, sb., *vileness*, A. R. 322.
schend-lāc, sb., *ignominy*, KATH. 1285; A.
R. 106.
schend-lic, adj., = *M.H.G.* schentlīch; *ignominious*: silde fram sindliche (*first text*
scondliche) deaþe LAȝ. 2274*.
schendnesse, sb., *O.E.* scendnyss; *disgrace*,
MISC. 45; LEG. 36; ssendnesse ROB. 342;
schendnes TREV. V. 245; schindnisse BEK.
1302; *comp.* ȝe-**scendnesse**.
schend-schüpe, sb., *ignominy, hurt*, JOS.
496; schendschepe PR. C. 7146; schenschepe
PR. P. 445; schenschip WILL. 556; WICL.
LEV. xviii. 17; schenchipe D. ARTH. 2435.
schenden, v., *O.E.* scendan, scindan, scyndan,
= *M.Du.* schenden, *O.H.G.* scendan, scentan;
from **schande**; *disgrace, revile, confound*, A.
R. 316; schenden ure wiþerwin(n)e MISC. 79;
shenden LANGL. *B* xi. 416; CH. H. F. 1016;
schendin '*confundo*' PR. P. 445; scenden
HOM. I. 21; scenden [sende, synde] LAȝ.
14167, 23682; schende O. & N. 274; MISC. 52;
HORN (L.) 680; BEK. 763; MIRC 1646;
WILL. 556; S. S. (Wr.) 501; WICL. ECCLUS.
xiii. 8; GAW. 2266; LUD. COV. 52; shende
HAV. 1422; H. H. 130; scende JUL.² 222; to
ssende and to destrue AYENB. 28; schinde
FER. 523; **schendest** (*pres.*) MARH. 7;
schent A. R. 298; H. M. 31; hou þis man me
schent BEK. 973; **schende** (*pret.*) P. L. S.
xix. 74; O. & N. 285; schente HORN (L.) 322;
shente LANGL. *B* xvii. 288; scenden LAȝ. 29787;
shended, shend (*pple.*) ORM. 1985, 4965;
shent GEN. & EX. 754; *comp.* **a-**, **ȝe-schenden**.
schending, sb., = *M.H.G.* schendunge; *disgracing*, PL. CR. 94; sending REL. I. 218.
schene, see **schine**.
schēne, adj., *O.E.* scēne, scӯne, scēone, = *O.
Fris.* skēne, scōne, *O.L.G.* scōni, *O.H.G.*
scōni, *Goth.* skauns, *mod. Eng.* sheen; *beautiful, splendid*, KATH. 448; A. R. 100; FL. &
BL. 263; WILL. 2396; A. P. i. 1144; ISUM.
550; ANT. ARTH. vi; as schene as schininde
sunne MARH. 19; maiden schene C. L. 1191;
schene, scene HORN (H.) 97, 174; schene
[sheene] CH. C. T. *A* 115; shene LANGL. *B*
xviii. 409; M. ARTH. 51; sheene LIDG. TH.
1801; scene MISC. 196; feir & scene P. L. S.
viii. 171; scene, sceone, scone [scene] LAȝ.
2094, 2299, 3098; shene, scone ORM. 3431,

15665; **schēnre** (*compar.*) KATH. 1661; A.
R. 100.
schēnen, see **schēnen**.
schenken, see **schenchen**.
schēo, pron., *she*, ALIS. 151; scheo,
scho MAN. (F.) 435; sheo E. W. 74; scheo,
sche FER. 1201, 2133; scæ SAX. CHR. 264;
sche WILL. 836; TRIST. 1669; MAND. 90;
sche, she, sge GEN. & EX. 335, 1444, 1925;
sche, she CH. C. T. *A* 121; sche [she], scho
LANGL. *A* i. 10 (*v. r.* heo); sche, she, scho,
sho HAV. 126, 192, 1232, 1721; sche, se MED.
843, 1034; scho MIRC 95; IW. 198; S. S.
(Wr.) 295; GAW. 1259; PERC. 157; M. H. 15;
sho PR. C. 583; scho [sco] C. M. 5611.
schēoh, adj., *O.E.* scēoh, = *M.H.G.* schiech,
Dan. skȳ, *Swed.* skygg, *cf. O.N.* styggr; *shy,
fearful, timid*; scheouh A. R. 242; schei, skei
PR. P. 444; **schēowe** (*pl.*) A. R. 242; *see*
skig.
scheóme, see **scháme**.
scheort, see **schort**.
schēoten, v., *O.E.* scēotan, = *O.N.* skiōta, *O.
Fris.* skiata, schiata, *O.H.G.* sciozan; *shoot,
throw, send, fall, rush*; sceoten LAȝ. 313; he
wile ... sheten in his heorte ORM. 3839; þoh
þat him sholde sheten to þolen for his soþe
word ful grimme dæþes pine 19952; scheten
GEN. & EX. 474; PL. CR. 773; scheten wiþ
bowe MAND. 154; schetin PR. P. 445; sheten
[schete] WICL. PS. lxiii. 6; schete HORN (L.)
939; WILL. 2399; schete [sheete] CH. C. T.
A 3928; schete, ssete ROB. 11, 377; schute
P. L. S. xvi. 139; FER. 3254; **schēte** (*pres.*)
S. S. (Web.) 1982; heo scheot þe earewen A.
R. 60; þe sunne gleam þe scheot from est
into west HOM. I. 265; schet GOW. I. 258;
hit schut forþ TREAT. 135; scheotec̆ forþ sum
word KATH. 812; **schēat** (*pret.*) JUL. 71;
sceat, scæt [set] LAȝ. 254, 5081; schet GEN.
& EX. 475; CHR. E. 57; FER. 3962; MAN.
(F.) 1522; S. & C. x; schet, sset ROB. 11,
537; ssat AYENB. 45; schet (*ms.* schete),
schotte WICL. 4 KINGS xiii. 17; (? schot)
IW. 1664; GAW. 317; PERC. 2114; scuten
HAV. 2431; scuten [soten] LAȝ. 12574; schoten GREG. 586; shoten LANGL. *B* xx. 224;
and shoten on him so don on bere dogges
HAV. 1838; schote ALIS. 2791; ssote ROB.
263; **schute** (*subj.*) HOM. I. 225; **schoten**
(*pple.*) JUL. 73; shote A. D. 291; *comp.* **æt-**, **ȝe-**,
to-, **þurh-schēoten**; *deriv.* **schēat**, **schēte**,
schot, **schote**, **schótien**, **schute**, **schütten**.
ssietere, sb., *shooter, hurler*, AYENB. 174;
sheter WICL. GEN. xxi. 20; **ssētares** (*pl.*)
[schetors, scheoteres] ROB. (W.) 7482*.
schēotunge, sb., *shooting*, A. R. 60.
schēoules, sb., *cf. M.H.G.* sch(i)usel, = *M.Du.*
schouwsel; *scarecrow*; sheules, scheawles
O. & N. 1128, 1648.
[**schēowelen**, v., *frighten*; *comp.* **a-schēowelen**.]

schēowen.

schēowen, v., ? *cf. M.L.G.* schüwen, *M.Du.* scūwen, *O.H.G.* schūhhan; *from* **schēoh**; *shy, go astray, avoid*; scheuen or eschuen '*vito*' REL. I. 7; skewe D. ARTH. 1562; *see* **eschewen**.

schēp, sb., *O.E.* scēp, scēap,=*O.L.G.* scāp, *O.H.G.* scāf; *sheep*, A. R. 122; shep ORM. 988; sep GEN. & EX. 940; þet ssep AYENB. 140; scep HOM. I. 121; sceap 245; **shēpes** (*gen.*) skin ORM. 3210; **scēp** (*pl.*) HICKES I. 225; scep [sceap] LA3. 25681; shep HOM. II. 37; ORM. 3760; scheep WICL. JOHN ii. 14; sep REL. I. 209; seop MISC. 41; **scēpe** (*gen. pl.*) MAT. xviii. 12; **scēpan** (*dat. pl.*) MAT. xv. 24; scheapen LA3. 1546.

schēp-cot, sb., *sheep-cot*, VOC. 236; schepcote PR. P. 445.

Scēp-ēie, pr. n., *O.E.* Scēapēg, -īg; *Sheppey*, ROB. 259.

schēp-fālde, sb., *sheep-fold*, CATH. 335.

shēp-hirde, sb., *shepherd*, ORM. 3587; schep-, sheepherde CH. C. T. *A* 514; schephurde BEK. 2134.

schepe, *see* **schipe**.

schēpe, sb., *O.E.* *scēapa (scēpa), *prov.Eng.* (*Linc.*) shep; *shepherd*; scheep [shepe] LANGL. *A* PROL. 2 [shepherde *C* i. 2]; a chēpis (*gen.*) croke LIDG. (*in Skeat's Langl.*).

schēpish, adj., *meek as a sheep*; shepisshe ORM. 6654.

scheppen, v., *O.E.* sceppan, scyppan,=*O. Fris.* skeppa, scheppa, *O.N.* skepja, *O.H.G.* sceffan, scaffan, *Goth.* (ga-)skapjan; *form; create; make ready*; **scheppeþ** (*pres.*) SHOR. 5; sseþ AYENB. 209; bote þou ... **schippe** (*subj.*) þe an on to fi3te FER. 542; **schōp** [*O.E.* scēop, scōp, = *O.L.G.* (gi-)scōp, *O.Fris.* skōp, schōp, *O.N.* skōp, *Goth.* (ga-)skōp, *O.H.G.* scuof] (*pret.*) A. R. 138; SHOR. 147; CH. C. T. *D* 1780; AMAD. (R.) xxxix; schop þe & al þe world KATH. 219; scheop R. s. v (MISC. 184); scop P. L. S. viii. 42; David þe þe salm scop HOM. I. 7; scop [sop] LA3. 14877; scupte [sipte] 1951; shop ORM. 1411; WICL. ls. xlv. 8; shoop LANGL. (Wr.) 5288; ssop AYENB. 87; shupte P. S. 238; þou shoope EM. 2; þou me shope [shuptest] of eorþe H. H. 156; schuptest MARH. 20; shuptest H. H. 158; schopen ALIS. 6970; þe frend shopen þe child(e) name HOM. II. 87; schope PS. cxviii. 73; **shāpen** [*O.E.* sceapen,=*Goth.* (ga-)skapans, *O.H.G.* scafan] (*pple.*) *shapen* HOM. II. 105; ORM. 3551; schapen WILL. 126; CH. C. T. *A* 1392; *comp.* for-, 3e-, misscheppen; *deriv.* schap, schafte, schōp.

sceppende, sb., *O.E.* sceppend, scyppend; *creator*, HOM. I. 227; scheppande REL. I. 219; scuppend HOM. I. 129; schuppend KATH. 305; schuppinde A. R. 260; shippend ORM. 346.

scheppare, sb.,=*M.L.G.* schepper, *M.H.G.*

schēw(e). 529

schepfære; *creator*, REL. I. 282; sseppere AYENB. 7; scheppere [shepper] LANGL. *B* xvii. 167; shuppere REL. II. 229; schuppare A. R. 138; C. L. 1510; shuppare P. S. 238.

scheppinge, sb., = *M.H.G.* schepfunge; *creation*; **sseppinges** (*pl.*) AYENB. 158.

schepstre, sb., *cf. M.Du.* schepper (*tailor*); *sempstress*; schipster TREV. VII. 269; a **shepster** (*gen.*) shere LANGL. *B* xiii. 331 (shappesters *C* vii. 75).

scheppþe, sb.,=*M.H.G.* geschepfede; *creature, form*; sseppþe AYENB. 81, 92.

scherd, *see* **scheard**. **schēre**, *see* **schāre**.

schēre, sb., *O.Fris.* skēre, schēre,=*M.L.G.* schēre, *O.H.G.* scēra, *M.H.G.* schære; *pair of shears*;'*forfex*' PR. P. 445; schere [shere] CH. C. T. *A* 2417; shere LANGL. *B* xiii. 331; s(o)ēres (*pl.*) LA3. 14215; sh(e)res HAV. 857.

schēre, *for* chēre, sb., *mien*, GAW. 334.

schēre, *see* **skēre**.

scherēn, v., *O.E.* sceran, = *O.H.G.* sceran, *O.Fris.* skera, schera, *O.N.* skera; *shear*; sceren [seren] LA3. 20307; sheren GEN. & EX. 2347; sheren shep REL. I. 267; schere ROB. 150; RICH. 6038; PS. lxxxiii. 13; GAW. 213; **schar** (*pret.*) TRIST. 1493; AM. & AMIL. 2298; M. H. 55; of all(e) þe met(e) þat she schar DEGR. 801; shar HAV. 1413; he scar [sar] his crune LA3. 17663; scher MARH. 22; sceren LA3. 22291; schare MAN. (H.) 221; **schōren** (*pple.*) GEN. & EX. 1200; schorn RICH. 3001; schore TREV. V. 25; *comp.* 3e-, ümbe-schēren; *deriv.* schēre, schar, schāre, scōre, scheard.

schērer, sb.,=*O. H. G.* scerāri; *shearer, 'messor*,' VOC. 213.

schēren², v., ? =*M.L.G.* scheren; ? *tremble*: for doute les te he valle he shoddreþ and **shēreþ** (*pres.*) SPEC. 110

scherp, *see* **scharp**. **scherte**, *see* **schürte**.

schēt, *see* **schēat**.

schēte, sb., *O.E.* scēte, scȳte; *from* **schēoten**; *sheet*, '*linteum*,' PR. P. 445; LEB. JES. 696; scheete [shete] CH. C. T. *G* 879; shete MED. 955; scete HICKES l. 224; ssete ROB. 435; **scheetis** (*pl.*) ['*linteamina*'] WICL. JOHN xx. 5; schetes LANGL. *B* xiv. 233; *see* **schēat**.

schetel, *see* **schütel**. **schēten**, *see* **schēoten**.

schetten, *see* **schütten**. **schēþe**, *see* **schāþe**.

schēuen, **schēules**, *see* **schēowen**, **schēoules**.

scheve, sb.,=*M.L.G.* scheve, *M.H.G.* schebe; ? *from* **schāven**; *shaving*; **schevis** (? *ms.* chewis) (*pl.*) VOC. 269; schifes of line CATH. 337.

schēven, *see* **schūven**.

schevere, **scheveren**, *see* **schivere**, -en.

schēw(e), **schēwen**, *see* **schēawen**, **schēawe**.

schīde, sb., *O.E.* scīde,=*O.Fris.* skīd, *O.N.* skíð, *M.H.G.* schīt ; *splinter, split wood, lath, 'assula'* PR. P. 446 ; ALIS. 6421 ; **schīdes** (*pl.*) AR. & MER. 531 ; RICH. 1385 ; schides [shides] and bordes LANGL. *B* ix. 131 ; GOW. I. 314 ; cleven shides HAV. 917.

scīd-wal [sīdwal], sb., *O.E.* scīdeweall ; *wall of stakes*, LAȝ. 10354.

[**schīdren**, v.,=*Ger.* scheitern ; *go to pieces ; comp.* **to-schīdren**.]

schift, sb., *O.E.* scift, *O.N.* skipt ; *shift, trick* ; at a schift *suddenly* M. H. 26 ; skifte YORK xxvi. 130.

schiften, v., *O.E.* sciftan, scyftan, *O.Fris.* skifta, *M.Du.* schiften, *O.N.* skipta ; *mod.Eng.* shift ; *change, move away ; assign, divide* ; schiftin PR. P. 446 ; leten riht scuften [sufte] LAȝ. 4131 ; to schede and to schifte TREV. III. 477 ; schifte [shifte] CH. C. T. *D* 104 ; schifte, skifte D. ARTH. 1213, 1643 ; skifte AMAD. (Web.) 656 ; **soift** (*ms.* scyft) (*pres.*) HOM. I. 237 ; **shifte** (*pret.*) LANGL. *B* xx. 166 ; (*printed* shiste) PARTEN. 2792 ; shiftede GEN. & EX. 1732 ; shifteden ORM. 470 ; **schifted** (*pple.*) AR. & MER. 1482 ; skifted GAW. 19 ; *comp.* **to-schiften**.

schiftinge, sb., *change, turn*, PR. P. 446 ; shifting ORM. 467.

schiggen, v., *shake* : schigge clothis '*excutio*' PR. P. 446 ; he come **schig(g)inge** (*pple.*) ayene DEGR. 345.

schil, adj., *O.E.* scyll,=*M.Du.*, *M.H.G.* schel ; *shrill, sonorous*, WART. II. 41 ; ORF. 478 ; shil PARTEN. 1997 ; schel LUD. COV. 180 ; schille harpe O. & N. 142 ; **schille [shille]** (*pl.*) CH. C. T. *B* 4585 ; sille REL. I. 221 ; **schille** (*adv.*) WILL. 37 ; OCTOV. (W.) 563 ; MAN. (H.) 30 ; TRIST. 3284 ; EGL. 300 ; schille and loude GREG. 879 ; schille [schulle] O. & N. 1683 ; LANGL. *C* vii. 46 ; schulle HORN (L.) 207 ; *cf.* **schril**.

schild, sb., *O.E.* scild, scyld, sceld,=*O.L.G.* scild, *O.Fris.* skeld, *Goth.* skildus, *O.N.* skiöldr, *O.H.G.* scilt, skilt, schilt ; *shield*, EGL. 730 ; scheld A. R. 52 ; scheld [sheld] O. & N. 1022 ; sheld HAV. 624 ; sseld AYENB. 1 ; sceld HOM. I. 69 ; þene sceld LAȝ. 7535 ; sceold HOM. I. 243 ; **schilde** (*dat.*) OCTAV. (H.) 825 ; schelde KATH. 810 ; PERC. 52 ; **sceldes**, sculdes (*pl.*) LAȝ. 4187, 4193 ; **schélden** (*dat. pl.*) LAȝ. 6699.

sceld-trume, sb., *O.E.* scildtruma ; *troop, band*, LAȝ. 16371 ; scheldtrome OCTOV. (W.) 1505 ; BEV. 993 ; scheltrome RICH. 5629 ; scheltrone '*acies*' VOC. 240 ; scheltrun [shiltroun] ['*aciem*'] WICL. I KINGS iv. 2.

schilden, v., *O.E.* scildan, scyldan,=*O.N.* skilda ; *shield, defend*, A. R. 82 ; scilden [silde] wið scondliche deaðe LAȝ. 2274 ; sculden 5745 ; shilden ORM. 3794 ; silden GEN. & EX. 214 ; schilde K. T. 537 ; shilde hem from sunne P. S. 153 ; shilden [shelden] LANGL. *B* x. 407 ; schulde BRD. 26 ; **schilt** (*pres.*) A. R. 392 ; sculdeð P. L. S. viii. 174 ; **schild** (*imper.*) O. & N. 163 ; scild LAȝ. 1072 ; scheld SHOR. 84 ; **schilde** (*subj.*) O. & N. 1253 ; schilde, shilde GEN. & EX. 2525, 4157 ; shilde HAV. 16 ; Crist shilde us alle þer wið HOM. II. 43 ; silde 11 ; ssilde AYENB. 271 ; **schilde** (*pret.*) HOM. I. 259 ; scilde, scelde LAȝ. 8431, 20155 ; *comp.* **ȝe-schilden**.

schélder, sb., *shielder*, PS. xvii. 7.

schildiȝ, *see* **schüldi**.

schile, sb., = *M.L.G.* schele, *M.Du.* schil, *O.N.* skil ; *skill ; distinction, discrimination ; reason, excuse* ; LIDG. M. P. 229 ; schil E. G. 30 ; schil, skil A. R. 204, 306 ; skil HOM. I. 61 ; ORM. 1652 ; GEN. & EX. 1425 ; H. S. 113 ; skil, skile C. L. 489, 1074 ; skill YORK xliii. 113 ; scule HOM. II. 13 ; skele SHOR. 154 ; skele, scele AYENB. 7, 11 ; **skiles** (*gen.*) A. R. 288 ; **skile** (*dat.*) O. & N. 186 ; **skiles**, skilles (*pl.*) LANGL. *B* x. 301, xvii. 330.

skil-ful, adj., *skilful*, PR. P. 457 ; skilfull YORK iii. 22 ; scelvol AYENB. 169.

skelvol-liche, adv., *skilfully*, AYENB. 6.

skilfulnesse, sb., *skilfulness*, PR. P. 457.

skil-lǽs, adj., *ignorant*, ORM. 3715.

scil-wis, skilwise, adj., *reasonable*, HAMP. PS. xxxvii. 11* ; lvii. 11* ; *comp.* **un-scilwis**.

scilwis-li, adv., *reasonably*, HAMP. PS. xxxi. 6*.

schilien, v., *O.N.* skilja,=*M.Du.* schillen (*differ*), *M.L.G.* schelen ; *divide, distinguish ; be skilful* ; schillin '*segrego*' PR. P. 446 ; schille M. H. 152 ; **skilede** (*pret.*) HOM. II. 119 ; **skiled** (*pple.*) ORM. 16860.

schille, schillen, *see* **schelle, schellen**.

schillen, v., = *O.H.G.* scellan (*pret.* scal), *O.N.* skella (*pret.* skal) ; *clang, sound* ; schille ORF. 270 ; wið **schillinde** (*pple.*) stefne MARH. 19 ; schillinge TREV. VII. 331 ; *deriv.* **schellen**.

schilling, sb., *O.E.* scilling,=*O.H.G.* scilling, *O.N.* skillingr, *Goth.* skilliggs ; *shilling*, TRIST. 304 ; M. H. 141 ; shilling Iw. 3058 ; an hundred **schillinge** (*gen. pl.*) FL. & BL. 126.

schim, adj., *cf. O.E.* scima (*brightness*) ; *bright*, A. P. i. 1077.

schimeren, v.,=*Ger.* schimmern, *M.Du.* schemeren, *Swed.* skimra ; *shine, dazzle* ; **schimereð** (*pres.*) HOM. I. 326 ; **schimerinde** (*pple.*) H. M. 22 ; schemerande YORK i. 69, **schemered** (*pret.*) GAW. 772.

schimeringe, sb., = *O.H.G.* scimeringe ; *shining, brightness*, CH. C. T. *A* 4297 ; A. P. i. 80 ; skimering [skemering] YORK xvii. 123.

schimien, v., *O.E.* scimian, *cf. O.H.G.* sciman, *O.N.* skima ; *shimmer, glitter* ; **schiminde** (*pple.*) JUL. 55 ; **schimede** (*pret.*) MARH. 44.

[**schīn**, sb., *O.E.* scīn ; *magic ; comp.* **dēofelshīn**.]

schinde, schinden, *see* **schende, schende.**
schine, shine, sb., *O.E.* scin, = *O.H.G.* scina, *M.L.G., M.Du.* schene; *shin,* O. & N. 1060; shine P. R. L. P. 220; scine '*tibia*' FRAG. 2; schine [schene] CH. C. T. *A* 386; schene VOC. 184; **shines** (*pl.*) LANGL. *B* xi. 423.
schin-bande, sb., *? shin-plate,* (*? ms.*-bawde) D. ARTH. 3846; **schinbandes** (*pl.*) ANT. ARTH. (R.) xxxi.
schin-, schine-boon, sb., *O.E.* scinbān, = *O.H.G.* schinebein; *shinbone,* TREV. VIII. 65.
schīnen, v., *O.E.* scīnan, = *O.H.G.* scīnan, *O.L.G.* skīnan, *O.Fris.* skīna, schīna, *O.N.* skīna, *Goth.* skeinan; *shine,* A. R. 364; MISC. 142; schine BEK. 1409; scine LA3. 16644; ssine AYENB. 188; **scīneð,** schīneð (*pres.*) HOM. I. 83; shineþ ORM. 2138; **schine** [shine] (*subj.*) O. & N. 963; **schininde** (*pple.*) A. R. 224; **schān** (*pret.*) MARH. 2; C. M. 12574; shan ORM. 16169; PR. C. 6243; shane HAMP. PS. xcvi. 4; scean HOM. I. 43; scean, scan [son] LA3. 20608, 28773; schon [shoon] CH. C. T. *A* 198; **scinen** (*pl.*) LA3. 27361; shinen GOW. III. 16; **sinen** (*pple.*) REL. I. 209; *comp.* **bi-schīnen** (*deriv.*) **schēnen.**
schīning, sb., *lightning,* WICL. PS. cxliii. 6.
schīning-lī, adv., *splendidly,* WICL. LK. xvi. 19.
schingle, sb., *? for* ***schindle,** = *O.H.G.* scindela; *shingle*; schingil '*scindula*' PR. P. 446; ALIS. 2210; **scingles** (*pl.*) P. L. S. xxxv. 57.
schinglen, v., *? cf. Ger.* schindeln; *cover with shingles*: in þi **schinglede** [*v. r.* sengle] (*pple.*) schup LANGL. *A* x. 170 [shingled *B* ix. 141].
schip, sb., *O.E.* scip, scyp, = *O.Fris.* skip, schip, *O.L.G., O.N., Goth.* skip, *O.H.G.* scif, scef; *ship,* A. R. 142; þat schip AL. (T.) 190; MAN. (H.) 124; scip, schip [sip] LA3. 4536, 4753; a schip ful þer of ROB. 70; ssip 542; scip JUL². 215; ssip AYENB. 112; ship, schup LANGL. *A* ix. 131; schup HORN (L.) 597; **schipes** (*gen.*) A. R. 142; **schipe** (*dat.*) LA3. 3500; schipe, schepe WILL. 5088, 5212; to schipe he wende BEK. 1825; ssipe MISC. 32; **scipe** (*ms.* scype) (*pl.*) MK. iv. 36; scipe, schipe, scipen [sipes] LA3. 100, 6182, 6184; schipes O. & N. 1205; ALIS. 1511; **scipen** (*dat. pl.*) LA3. 14248; mide alle þa scipe SAX. CHR. 201.
ship-breche, sb., = *M.Du.* schipbreke; *shipwreck* ['*naufragium*'] WICL. 2 COR. xi. 25.
schip-brüche, sb., = *M.H.G.* schifbruch; *shipwreck,* TREV. II. 369.
shippe-craft, sb., *shipbuilding,* YORK viii. 67.
schip-fare, sb., *voyage,* TRIST. 926; schip-fair BARB. iii. 686.
scip-ferde, sb., *O.E.* scipfyrd; *navy,* LA3. 2156.

scip-gume, sb., *sailor*; **scipgumen** (*pl.*) LA3. 4560.
schip-hire, sb., *passage money,* '*naulum,*' PR. P. 446; WICL. JONAH i. 3.
schip-man, sb., *O.E.* scipmann; *sailor; pirate*; CH. C. T. *A* 388; **scipmen** (*pl.*) LA3. 28308; ssipmen AYENB. 140.
schip-wri3t, sb., *O.E.* scipwyrhta; *shipwright,* ALIS. 3665.
schipe, schepe, sb., *O.E.* scipe, VOC. 20; *wages, reward,* CH. C. T. *I.* 568; ssepe AYENB. 33.
[-**schipe,** suffix, *O.E.* -scipe, -scype, *cf. O.Fris.* -skipe, *O.L.G.* -scipi, -skepi, *O.N.* skapr, *O.H.G.* -scaf, -skeph; *from* **scheppen**; -*ship*; *comp.* **āht-, bisi-, oniht-,' owēd-, düsi-, ear3-, fēla3-, fēond-, frēond-, gāl-, gōd-, 3ēap-, hard-, hēh-, hende-, kēn-, lāferd-, mād-, man-, mēte-, rēf-, schend-, sōð-, trēow-, tūn-, þral-, war-, wild-, wit-, wurð-schipe (-schepe, -schüpe).**]
schipen, v., *O.E.* scipian, = *M.L.G.* schepen, *M.H.G.* schiffen; *take ship, navigate*; shipen WICL. DEEDS xx. 3; **schipeþ** (*pres.*) ALIS. 1495; **shipede** (*pret.*) HORN (R.) 978; schipeden S. A. L. 152; **schipped,** i-schipped (*pret.*) TREV. VII. 95, 99.
schipping, sb., *shipping*: till his schipping [*v. r.* schippes] is he gane BARB. xvi. 16; schippine iii. 400.
schipien, v., *? from* **schipe**; *? remunerate, reward*: scipien heom mid londe LA3. 20012.
scipinge, sb., *wages,* LA3. 13656.
schipne, *see* **schüpne.**
schippen, *see* **scheppen.**
schīr, adj., *O.E.* scīr, = *O.L.G.* skīr, *O.N.* skīrr, *Goth.* skeirs, *M.H.G.* schīr; *clear, pure,* A. R. 144; LAUNF. 247; schir, scir, sir GEN. & EX. 518, 1835, 3848; a lith ful shir HAV. 588; shir water REL. I. 87; shir atter ORM. 15383; of galnesse skir & fre 8015; schir(e) schome KATH. 1286; schire (*dat. n.*) PR. C. 6934; **schīre** (*pl.*) A. P. ii. 1278; **schire** (*adv.*) FLOR. 98; þei brenne... shire H. S. 12439; þat schinist so schire YORK xlvi. 202; **schīrer** (*compar.*) GAW. 956.
Schire-burne, pr. n., *O.E.* Scīre burna; *Sherborne,* MISC. 145; P. L. S. xiii. 50.
schir-līche, adv., *purely,* A. R. 154; schirli GAW. 1880.
schīrnesse, sb., *purity,* A. R. 386; shirnes HAMP. PS. vi. 2.
schīre, sb., *O.E.* scīr (*charge, province*), = *O.H.G.* scīra (*charge*); *shire, province,* PR. P. 447; scur '*provincia vel pagus*' FRAG. 3; ane muchele schire A. R. 334; schire [shire] CH. C. T. *A* 584; shire P. 71; **schīren** (*pl.*) ROB. 3; sciren LA3. 31995; schiren, schirene MISC. 146.
schir-rēve, sb., *O.E.* scīrgerēfa; *sheriff,* MARH. 2; MISC. 60; CH. C. T. *A* 359; scir-

reve P. L. S. viii. 25; shirreve P. S. 338; serreve ANGL. I. 10; schirreff BARB. xvi. 583; ssereve ROB. (W.) 11601; scirerēvan (*pl.*) ANGL. VII. 220.

schīren, v., *O.E.* scīran,=*M.L.G.* schīren, *O.N.* skīra, *Goth.* (ga-)skeirjan; *make bright; make clear, declare*; nes þer nan swa hæh mon þat durste word sciren (*utter*) LAȝ. 16822; schīreð (*pres.*) & brihteð þe heorte A. R. 384; god almigtin ʀe soče shīre (*subj.*) GEN. & EX. 2036; *comp.* ȝe-schīren.

schirte, *see* schürte.

schirkin, v., *from* schīren; *clear, brighten*; **schirkind** (*pple.*) ALEX. (Sk.) 4816.

schismatike, adj. & sb., *Lat.* schismaticus; *schismatic*: sarrasins and scismatikes (*pl.*) LANGL. C xiii. 54.

schisme, sb., *O.Fr.* cisme; *schism*; scisme Gow. I. 15.

schīte, sb.,=*M.L.G.* schīte, *M.H.G.* schīze; *excrement, diarrhœa*; schit TREV. VII. 51.

schīt-word, sb.,=*M.L.G.* schītword; *foul language,* O. & N. 286.

schitel, *see* schütel.

schīten, sb., *O.E.* scītan,=*M.L.G.* schīten, *O.N.* skīta, *M.H.G.* schīzen; *cacare*; schitin PR. P. 447; schite REL. II. 176; TREV. IV. 329; shīteþ (*pres.*) ALIS. 5670; schoot (*pret.*) TREV. V. 153; schite [ischete] (*pple.*) TREV. IV. 329; *comp.* bi-schīten.

schitte, sb., *O.E.* scitta; *from* schīten; *excrement*; skitte PR. P. 458.

schitten, *see* schütten.

schīve, sb..=*M.L.G.* schīve, *M.Du.* schijve, *M.H.G.* schibe; *scrap, slice, 'lesca, scinda,'* PR. P. 447; A. R. 416*; schife VOC. 241; **schives** (*pl.*) L. C. C. 17.

schīven, *see* schüven.

schivere, sb., = *M.H.G.* schivere, schevere, *M.Du.* schevre; *shiver, splinter,* PR. P. 447; CH. C. T. *D* 1840; shever IW. 3234; schiver (*slice of bread*) B. B. 322; **scifren,** scivren (*pl.*) LAȝ. 4537, 27785; schevires TOR. 177.

schiverin, v.,=*M.Du.* schevren; *shiver, splinter,* PR. P. 447; ther schiveren schaftes CH. C. T. *A* 2605; **scheverede** (*pret.*) D. ARTH. 1813; **schivered,** scheverd (*pple.*) WILL. 3411, 3616; scheverid RICH. 5309; *comp.* to-schiveren.

schō, sb., *O.E.* sceō, sceōh,=*O.L.G.* scōh, *O.N.* skōr, *Goth.* skōhs, *O.H.G.* scuoh, scuoch; *shoe,* VOC. 197; R. S. i; schoo PR. P. 447; scho [sho] CH. C. T. *A* 253; sho ORM. 10438; sso AYENB. 220; schu REL. I. 83; **scoōs** (*pl.*) HOM. I. 37; scheon A. R. 362; schon WILL. 14; schoon MAND. 59; shon HAV. 860; E. G. 359; shoon LANGL. (Wr.) 9581; son GEN. & EX. 2781; **scōne** (*gen. pl.*) MK. i. 7; **schōn** (*dat. pl.*) MISC. 193; *comp.* hors-schō.

shō-þwang, sb., *O.E.* sceōþwang; *shoe-thong,* ORM. 10387; shoþvong HOM. II. 137.

schōde, schōden, *see* scheáde, scheáden.

schoderen, *see* schuderen.

schōf, *see* schēaf.

schoggin, v., *cf. M.Du.* schocken, *M.H.G.* schoggen, schucken; *shog, jog, shake up and down,* 'agito,' PR. P. 447; **schogs** (*pres.*) ALEX. (Sk.) 5018; thei schokke D. ARTH. 4114; was **schoggid** ['jactabatur'] (*pple.*) WICL. MAT. xiv. 24; ishogged PALL. xi. 322; *cf.* schiggen.

schōin, v., *O.E.* sceōian,=*O.H.G.* scuohōn: *shoe*; 'calceo,' PR. P. 447; sho HAV. 1138; scheōinde (*pres. part.*) A. R. 16; **scōiden** (*pret.*) LAȝ. 22291; ischood (*pple.*) LANGL. *A* ii. 134; shodde [*v. r.* shoed, ischoud, schod] *B* ii. 163; iscod LAȝ. 7831; ischode (*pl.*) MISC. 91.

schōing, sb., *shoeing,* ['calceamentum'] WICL. EXOD. iii. 3, 5; ssoinge AYENB. 154.

schokke, sb.,=*M.Du.* schocke, *M.H.G.* schoche; *shock (of corn),* PR. P. 447; VOC. 264.

schokken, v.,=*M.Du.* schocken, *M.H.G.* schochen; *heap up*; schokkin, PR. P. 447; þei wille schokken hem to gidre MAND. 252.

schokken, *see* schoggen.

schōld, *see* scheáld.

scholde, v., *O.E.* sceolde, scolde, = *O.L.G.* scolda, scolde, *Goth.* skulda, *O.N.* skuldi, skyldi, *O.H.G.* scolta, solta; (*pret.*) *should; owed; ought*; SHOR. 28; MAND. 6; i ne scholde do no þing aȝen his wille þat he ne scholde sigge þat ich wolde holi churche aspille BEK. 1602; ne scholde [sholde] he ... so don O. & N. 381; til þat godes sune ... him sholde on eorþe shæwen ORM. 268; scolde, scholde, sculde [solde] LAȝ. 2079, 2084, 3746; scolde, sculde HOM. I. 9; cride on him þat he ssolde helpe hire ROB. 237; ȝif ure loverd demde him al efter rihtwisnesse ... wo scholde him iwurðen A. R. 332; þe stronge ... pinen þet he schulde drien (*which he was to endure*) 112; sholde [shulde] LANGL. *B* iii. 202; þu scholdest ... bisechen A. R. 102; schuldest KATH. 459; WILL. 5194; we scolden P. L. S. viii. 164; þei sholden HAV. 1195; ssolden AYENB. 6; sulden GEN. & EX. 957.

scholdre, *see* schuldre.

schōme, *see* schāme.

schonde, *see* schande.

schonien, *see* schunien.

schonke, *see* schanke.

schoppe, sb., *O.E.* sceoppa ['gasophylacium' LK. xxi. 1]; *shop, tent, hut,* PR. P. 448; schoppe [shoppe] CH. C. T. *A* 4376; shoppe E. G. 358; ssoppe ROB. 541; **shope** (*pl.*) (*v. r.* shoppes) LANGL. *B* ii. 213 [schoppes *A* ii. 189].

schor, sb., *cf. O.Sw.* skorra, *O.N.* skara; *menace, clamour*; schoir BARB. vi. 621; schour MAN. (F.) 6820.

schord, *see* scheard.

schóre, sb.,=*M.Du., M.L.G.* schore; *?from* **schóren**; *shore,* GAW. 2161; A. P. i. 230.
schóre², sb.,=*? M.Du.* schore; *prop, support,* PR. P. 448.
schóre³, adj., *steep, sheer,* BARB. x. 600; schoir x. 22.
schóre, *see* **sóore, scháre.**
schóren, v.,=*M.Du.* schoren; *shore up, prop*; **issóred** (*pple.*) AYENB. 207; *comp.* **underschóren.**
schorier, sb., *support, prop*; **shoriers** (*pl.*) LANGL. *C* xix. 20.
schorn, *see* **scarn.**
schort, adj., *O.E.* sceort, = *O.H.G.* scurz; *short,* '*curtus, brevis,*' PR. P. 448; BEK. 776; schort, short CH. C. T. *A* 306; short ORM. 16279; his minde es short PR. C. 774; short [scort] O. & N. 73; ssort AYENB. 81; scheort A. R. 146; an sceort [sort] bat LA3. 28624; at the schorte *soon* D. ARTH. 1325; **schortest** (*superl.*) CH. C. T. *A* 836.
ssort-hēde, sb., *shortness,* AYENB. 99.
scheort-liche, adv., *shortly, briefly,* A. R. 308; schortliche GREG. 962; shortlike ORM. 12788; shortli PR. C. 4848.
schortnesse, sb., *O.E.* sceortness; *shortness,* PR. P. 448.
schortin, v., *O.E.* sceortian; *shorten,* '*brevio,*' PR. P. 448; schorten MAN. (H.) 175; schorte [shorte] CH. C. T. *A* 791; **scorteð** (*pres.*) HOM. I. 25; **i-schorted** (*pple.*) TREV. III. 259; *comp.* **a-schortien.**
schorved, *see* **scurved.**
schot, sb., *O.E.* (ge-)sceot,=*O.Fris.* scot, *O. N.* skot, *M.L.G.* schot, *O.H.G.* scoz *n.; from* **schēoten**; *shot, missile,* TREV. IV. 431; schot [shot] CH. C. T. *A* 2544.
schotte-men, sb., *shooters,* D. ARTH. 2467.
schot-windowe, sb., *sliding window*; CH. C. T. *A* 3358.
schot, *see* **scot.**
schote, sb., *cf. M.Du., M.L.G.* schote *m.*; ?=**schüte**; *shot, act of shooting,* S. & C. I. xxxv; schote '*tetanus*' PR. P. 448; at o schote MAN. (F.) 1738; **schotis** (*pl.*) D. ARTH. 3627; with stanis, schot and othir thing BARB. xvii. 35; *comp.* **bowe-schote.**
schótien, v., *O.E.* scotian, = *O.N.* skota; *shoot*: scotien mid heore flan LA3. 16555; schote WILL. 178; PERC. 213; schote PR. C. 1906; schotte D. ARTH. 1992; **schóteð** (*pres.*) H. M. 15; þei schoten MAND. 190.
schotten, *see* **scotten.**
schour, *see* **schūr, schor.**
schouren, v., *hasten*: hit is beter þat we to heom **schoure** (*subj.*) ALIS. 3722.
schoute, *see* **schūte.**
schoutin, v., *shout,* '*vocifero,*' PR. P. 448; shoute CH. TRO. ii. 614; TOR. 1854; MIR. PL. 165; *see* **schūte.**

schouven, *see* **schūven.**
schovele, sb., *O.E.* sceofol, sceofl,=*M.L.G., M.Du.* schufel, schuffel; *? from* **schūven**; *shovel,* ROB. 99; schovele, schoule L. H. R. 42, 43; **schoveles** [shoveles] (*pl.*) LANGL. *B* vi. 192; *comp.* **stēor-scofle.**
schovelle-fōtede, adj., D. ARTH. 1098.
schovelin, v., *shovel, shuffle,* PR. P. 448; **shoveling** (*pple.*) forþ [*v.r.* stumblende] WICL. TOB. xi. 10*.
schoveler, sb., *shoveler,* PR. P. 448.
schoven, v., *O.E.* scofian,=*M.H.G.* schoben; *from* **schūven**; *shove, push*; to shove hit up LANGL. *C* xix. 20; **ssofþ** (*pres.*) at his dore AYENB. 174.
schōwen, *see* **schēawen.**
schragge, sb., *scrag, jagged end*; **schragges** (*pl.*) D. ARTH. 3473.
schraggen, v., *trim, lop off*; schragge PR. P. 448.
schreggare, sb., *trimmer,* PR. P. 449.
schrápien, v.,=*M.L.G., M.Du.* schrapen, *M.H.G.* schrapfen; *scrape*: schreapien A. R. 116; shrapin LIDG. M. P. 184; schrapin, scrapin PR. P. 450; skrape H. S. 7045; **scrápeþ** (*pres.*) P. S. 239; LANGL. *B* xi. 423; screapeð A. R. 344; scrapiþ N. P. 3; LUD. COV. 41; **scrápe** (*subj.*) AYENB. 98; **scrápe** (*imper.*) PALL. iv. 608; **scrápede** (*pret.*) TREV. VIII. 213; scraped TRIAM. 392; ha beoð **iscrepte** (*pple.*) ut of lives writ H. M. 23.
schrēade, sb., *O.E.* screāde,=*M.L.G.* scrōde, *M.Du.* schroode, *O.H.G.* (a-)scrōta; *shred, cutting*; screade SHOR. 30; schrede PR. P. 448; AR. & MER. 1540; shrede HAV. 99; **schrēaden** (*pl.*) A. R. 416.
schrēaden, v., *O.E.* scrēadian, = *M.L.G.* scrōden, schrōden (*pple.* geschroden), *M.Du.* schrooden, *O.H.G.* scrōtan (*pret.* screot); *tear up, cut*; shræden ORM. 8118; of shreden GOW. I. 138; schredin PR. P. 448; (heo) **schrēdeþ** (*pres.*) MISC. 83; **scrādieð** (*imper.*) LA3. 5866; **schrēd** (*pret.*) CH. C. T. (Wr.) 8103; þei schrede DEGR. 293; ANT. ARTH. xliv; schredde WICL. 4 KINGS iv. 39; schrede (*pple.*) D. ARTH. 2688; *comp.* **to-schrēden.**
schreapien, *see* **schrápien.**
schrēawe, sb., *cf. O.E.* screāwa (*barn mouse*); *shrew, evil person,* VOC. 24; schrewe '*pravus*' PR. P. 449; TREAT. 133; WILL. 4643; S. S. (Wr.) 1705; CH. C. T. *D* 291; schrewe levedi P. L. S. xiii. 202; shrewe, screwe P. S. 153, 154; shrewe LANGL. *B* x. 437; ssrewe AYENB. 32; **schrēawes** (*pl.*) SHOR. 108; schrewes MIRC 1481; schrewis AMAD. (R.) xxxix; schrewen BRD. 22; ne lust me wiþ þe screwen chide O. & N. 287.
schrēu-hēde, sb., *depravity,* P. L. S. xxiv. 31; SHOR. 158.
schrēward, ssrēward, sb., *villain,* ROB. (W.) 5441.
schrēawen, v., *deprave; curse*; schrewin '*de-*

pravo' PR. P. 449; i schrewe ʒou CH. C. T. *D* 446; **shrēwede** (*pret.*) LANGL. *C* vii. 75; **schrēwed** (*pple.*) [*mod.Eng.* shrewd] TREV. IV. 179; schrewed folk CH. BOET. i. 4 (18); schrewede havenes MAND. 46; schrewede aventures RICH. 2678; *comp.* **bi-schrēwen.** **schrēwed-hēde**, sb., *wickedness*, ROB. (W.) 5676*.
schrēwednesse, sb., *corruption, fierceness*, TREV. I. 29, 153, V. 23.
schrōde, *see* **schrēade**.
schrōden, *see* **schrēaden**, **schrūden**.
schrenche, sb., ?=*M.Du.* schrenke (*cancellus*); *shed*: men iseoth ofte liʒtingue brenne hous and schrenche SAINTS (Ld.) xlvi. 588.
schrenchen, v., *O.E.* screncan, = *O.H.G.* screnchen; *supplant, deceive*, JUL. 34; screnche P. L. S. viii. 167; screnken ORM. 11861; **shrenche** (*pres. subj.*) HOM. II. 209; **schrencte** (*pret.*) KATH. 1189; *comp.* **a-schrenchen**.
schrēwed, pple., *see* **schrēawen.**
schrīchen, v., = *O.L.G.* scrīcōn, *Swed.* skrīka; *screech*; schrichen FLOR. 454; M. T. 99; schrikin '*vagio*' PR. P. 449; shrike P. S. 158; TOWNL. 26; scriche GREG. 297; skriche REL. II. 192; S. S. (Web.) 1290; skrike PR. C. 7347; **schrichest** (*ms.* schirchest) [scrichest] (*pres.*) O. & N. 223; shrikeð HOM. II. 181; scriken ANT. ARTH. x; **scrikede** (*pret.*) ED. 1671; schriched CH. C. T. *D* 4590; shrighte ALIS. 5738; GOW. III. 321; CH. C. T. *A* 2817; *comp.* **bi-schrichen.**
schrīden, *see* **schrūden.**
schrift, sb., *O.E.* scrift *m.* (*confession*), *cf. O.H. G.* scrift (*writing*), *O.N.* skript *f.* (*script, picture, ecclesiastical discipline*); *from* **schriven**; *shrift, confession*, A. R. 8; his schrift ihalden HOM. I. 9; scrift LAʒ. 11391; sopne scrift FRAG. 8; schrifte '*confessio*' PR. P. 449; SHOR. 33; shrifte ORM. 9262; ssrifte AYENB. 14.
schrift-fader, sb., *confessor*, P. L. S. x. 69; schriftfader [schrefader] TREV. VI. 457; shriftfader P. 18.
schrifte, sb., *confessor*; scrifte HOM. I. 19.
schriftes (*gen.*) A. R. 418.
schrīken, *see* **schrichen.**
schril, adj., *cf. L.G.* schrell; *shrill*; **schrille** (*adv.*) LANGL. *C* vii. 46*; ORF. 102; (*ms.* schirlle) GREG. 415; **schrille** [shrille] (*pl.*) CH. C. T. *B* 4585; *see* **schil.**
schrillen, v., *sound shrill*; **schrilliþ** (*pres.*) ALIS. 777; scrilles and scrikes ANT. ARTH. xlii; *see* **schillen.**
schrimp, sb., *shrimp*, PR. P. 449; **schrimpes** (*pl.*) CH. C. T. *B* 3145; schrimpe (*applied to a dragon*) D. ARTH. 767.
schrīn, sb., *O.E.* scrīn, = *O.N.* skrīn, *O.H.G.* scrīne, *Lat.* scrinium; *shrine*, ALIS. 4670;

schrin, shrin FER. 2116, 2134; shrin A. D. 258; **schrīne** (*dat.*) BEK. 2434.
schrīnin, v., *lay in a shrine*, PR. P. 449; **ischrined** (*pple.*) BEK. 2426.
schrinken, v., *O.E.* (for-)scrincan, = *M.Du.* schrinken, *O.Swed.* skrinka; *shrink, contract*; schrinke MISC. 80; S. A. L. 161; þanne his senewees gonne to schrinke TREV. III. 411; scrinkin LAʒ. 2278; **scrinkeþ** (*pres.*) P. S. 158; him scrinkeþ þa lippen FRAG. 5; **schrank** (*pret.*) GAW. 2313; schronk CH. BOET. i. 1 (5); **shrunken** (*pple.*) GOW. I. 98; your schronken lippis AN. LIT. 84; shrunke LIDG. M. P. 201; *comp.* **for-schrinken.**
schrippe, *see* **scrip.**
schrīven, v., *O.E.* scrīfan (*prescribe penance*), = *O.Fris.* skrīva (*write, prescribe penance*), *O.N.* skrīfa, *O.H.G.* scrīban (*write*); *from Lat.* scrībere; *shrive, prescribe penance, confess*: ich chulle schriven me A. R. 340; he shal shrifen þe ORM. 6128; scriven LAʒ. 32074; schrive (*ms.* schryve) MISC. 79; SHOR. 33; shrife PR. C. 3508; **schrif** (*imper.*) A. R. 266; **scrāf** (*pret.*) LAʒ. 32192; schraf M. H. 10; schrof A. R. 68; schrof [shrof] LANGL. *A* iii. 44; **scrive** (*subj.*) HOM. I. 25; **schriven** (*pple.*) CH. C. T. *D* 1440; shriven HAV. 364; *comp.* ʒe-**schriven**; *deriv.* **schrift.**
ssrīvere, sb., *confessor*, AYENB. 174.
schrob, sb., *O.E.* scrobb; *shrub*; **schrobbes** (*pl.*) TREV. II. 61; shrobbis [schrubbes] LANGL. *C* i. 2.
Schrop-schire, pr. n., *O.E.* Scrobscīre; *Shropshire*, P. L. S. xiii. 30.
schrogge, *see* **scrogge.**
schrōp, sb., *? from root of* **schrāpien**; *? scraping*; schroup DEP. R. ii. 154.
schrūd, sb., *O.E.* scrūd, = *O.N.* skrūd; *mod. Eng.* shroud; *garment*, R. S. v (MISC. 172); shrud ORM. 17591; HAV. 303; scrud P. L. S. viii. 183; srud GEN. & EX. 795; þet ilke ssroud AYENB. 258; **schrūde** (*dat.*) A. R. 300; schroude A. P. ii. 47; **sorūd** [srud] (*pl.*) LAʒ. 10180; schrudes MARH. 19; shroudes LANGL. *B* PROL. 2; **scrūden** [scrude] (*dat. pl.*) LAʒ. 5362; *comp.* **here-, kine-scrūd.**
schrūden, v., *O.E.* scrȳdan, = *O.N.* skrȳða; *enshroud, clothe*, A. R. 214; scruden LAʒ. 8945; shrude P. S. 153; shriden ORM. 3676; sriden GEN. & EX. 351; schride MAP 337; shride HAV. 963; schrede AM. & AMIL. 934; shrede HORN (R.) 718; ssrede AYENB. 90; **schrūdde** (*pret.*) KATH. 912; A. R. 302; schrudden MISC. 81; **shrid** (*pple.*) ORM. 137; HAV. 978; schred GREG. 535; *comp.* ʒe-**schrūden.**
schruggin, v., *cf. Dan.* skrugge, skrukke; *mod.Eng.* shrug; *shiver*, '*frigulo*,' PR. P. 449.
schucke, sb., *O.E.* scucca, sceucca; *adversary; devil*, MARH. 7; A. R. 316, 326; H. M. 41; scucke LAʒ. 276; **schucken** (*pl.*) JUL. 56.

schudde, sb., *shed*, PR. P. 449.
schuderen, v., *cf. M.Du.* schuderen; *shudder*, KATH. 809; **shoddreþ** (*pres.*) SPEC. 110; **schudrinde** (*pple.*) MARH. 15; **schoderide** (*pret.*) D. ARTH. 2106; ischodred þen SHOR. 92.
schudering, shodering, sb., *crashing*, ALEX. (Sk.) 2624.
schüften, *see* **schiften**.
schühten, v., *? cf. M.H.G.* schiu(h)zen; *terrify*; **schüchteð** (*pres.*) A. R. 312*.
schül, *see* **schil**.
schüld, sb., *O.E.* scyld, *cf. O.N.* skuld, skyld, *O.H.G.* scult; *from* **schal**; *debt, fault*; sculd FRAG. 5.
schulde, *see* **scholde**.
schülden, *see* **schilden**.
schüldig, adj., *O.E.* scyldig, = *O.H.G.* sculdīg; *from* **schüld**; *guilty*; sculdig HOM. I. 113; sculdi FRAG. 5; schuldi KATH. 2296; A. R. 206; H. M. 35; sceldig MAT. xxiii. 16; *comp.* **dǣþ-shildiȝ**.
schuldre, sb., *O.E.* sculdor, = *O.Fris.* sculder, *M.L.G.* schulder, *O.H.G.* scultera; *shoulder*; (*ms.* shulldre) ORM. 4776; schulder WILL. 3290; A. P. ii. 981; shulder PR. C. 5206; **schuldre** (*dat.*) MISC. 49; BEK. 2234; shuldre HAV. 604; sculdre [soldre] LAȜ. 19127; **shuldre** (*pl.*) SPEC. 52; schuldren JUL. 49; ssoldren ROB. 313.
schuldir-bōn, sb., = *M.H.G.* schulterbein; *shoulder-bone*, PR. P. 449; scholderbon OCTOV. (W.) 1139.
schulder-blad, sb., = *M.H.G.* schulterplat; *shoulder-blade*, IW. 2614.
schuldren, v., *shoulder*; **shuldreden** (*pret. pl.*) HAV. 1056.
schulen, *see* **soulen**.
schulle, sb., = *Ger.* scholle, *Swed.* skolla; *plaice*, HAV. 759.
schunchen, v., *terrify*, JUL. 34; **we schuncheð** (*pres.*) hine veor a wei A. R. 312; *comp.* **a-schunchen**.
schunien, v., *O.E.* scunian, sceonian; *shun*, *abhor, avoid*, KATH. 811; A. R. 82; H. M. 35; scunien, sceonien LAȜ. 14605, 14872; shunen ORM. 4502; sunen REL. I. 217; GEN. & EX. 1864; shonie LANGL. B PROL. 174; mannes mone shonie AL. (T.) 161; schone S. A. L. 159; MAP 336; JOS. 496; D. ARTH. 1719; schonie TREV. VI. 27; **schunest** (*pres.*) O. & N. 590; schoneþ TREAT. 133; schones ['*reprobat*'] PS. xxxiii. 10; we schoneþ '*devitamus*,' TREV. III. 459; men þe schunieþ O. & N. 792; hi shoneþ ALIS. 4919; **schunie** (*subj.*) A. R. 92; **scunede** (*pret.*) HOM. I. 79; scunede [sonede] LAȜ. 3112; ich wolde þet ōþre schuneden ase ȝe doð gederunge A. R. 286; *comp.* **an-, bi-schunien**.
schunten, v., *avoid*; schount ALEX. (Sk.) 180; þe skerre hors ... þet **schuftes** (*pres.*)

A. R. 242*; schuntes, schountes D. ARTH. 1055, 3816; **schunt(e)** (*pret.*) GAW. 1902.
schüp, *see* **schip**.
schüpene, sb., *O.E.* scypen; *shed, stable*, LEG. 88; schipne [shepne] CH. C. T. A 2000; shipnes (*pl.*) D 871.
schüppen, schüppere, *see* **scheppen, scheppere**.
schūr, sb., *O.E.* scūr, *cf. O.H.G.* scūr *m.*, *O.N.* skūr *f.*; *shower, rain*; schour WILL. 4514; TRIST. 1936; B. DISC. 1156; schour [shour] CH. C. T. A 3520; **shūres** (*pl.*) HOM. II. 175; sures MISC. 9; schoures MAN. (H.) 333; shoures LANGL. B xviii. 409; mi sharpe shoures smerte CH. M. P. (Sk.) xxii. 66.
schūr[2], sb., *O.N.* skūrr; *shed*; **schūrris** (*pl.*) ALEX. (Sk.) 4049.
schūrte, sb., *O.N.* skyrta, = *M.L.G.*, *M.Du.* schorte; *shirt*, BEK. 260; shurte HOM. II. 139; scurte [seorte] LAȜ. 23761; schurt(e) [schirte, scherte] ['*camisia*'] TREV. V. 445; schirt(e) '*interula*' PR. P. 447; schirte [sherte] ['*subucula*'] WICL. LEV. viii. 7; shirte HAV. 768; scherte [sherte] CH. C. T. A 1566; sherte LANGL. B xv. 330; sserte AYENB. 191.
shūrte-lappe, sb., *shirt-lap*, HORN (R.) 1209.
schürten, v., *? cf. M.H.G.* schürzen; *amuse*; **schürteð** (*pres.*) ou to gederes A. R. 422.
schūte, soūte, sb., *O.E.* scyte, = *O.Fris.* schet, *O.H.G.* scuz *m.*; *from* **schēoten**; *shoot, shot*, A. R. 60, 62; þene scute LAȜ. 1461; ech ȝeres scute (*sprout*) L. H. R. 28; such shute com in þe woman(n)es hed A. D. 262; ssute ROB. 537; *comp.* **ūt-schūte**.
schūte, sb., = *M.Du.* schuite, *O.N.* skūta; *flat bottomed boat*; shoute M. T. 120; **schoute** (*pl.*) ALIS[2]. (Sk.) 484; schoutes RICH. 4785.
schūtel, sb., *O.E.* scytel; *from* **schēoten**; *shuttle*; sc(h)itil, webstaris instrument PR. P. 447; schetil VOC. 235.
schūtel[2], adj., *O.E.* scytel; *headstrong, unstable*; schitil '*praeceps*' PR. P. 447.
schütels, sb., *O.E.* scytels; *bolt*; scutles HOM. I. 127.
schütte, sb., *O.E.* scytta, = *M.L.G.*, *M.Du.* schutte, *O.N.* skyti, *O.H.G.* scuzzo; *shooter*, *archer*; **soütten** (*pl.*) LAȜ. 27046.
schüttel, sb., *O.E.* scyttel; *bolt*; schittil '*pessulus*' PR. P. 447; tvo ssetteles AYENB. 94.
schütten, v., *O.E.* scyttan, *cf. M.Du., M.L.G.* schutten, *O.Fris.* sketta, *M.H.G.* schützen; *shut*; shutte [shette] LANGL. B PROL. 105; schitte WICL. IS. xxii. 22; schitte þe dore FER. 2027; schetten ALIS. 5821; ssette AYENB. 179; **ssete** (*imper.*) AYENB. 210; schutteð al þet þurl to A. R. 96; **schette** [shette] (*pret.*) CH. C. T. A 3634; shitte PARTEN. 3295; schutten ALIS. 2640; shetten GEN. & EX. 1078; schetten WILL. 3267; **schet** (*pple.*)

536   schütten.   scóren.

A. P. iii. 452; ischet S. S. (Web.) 2455; FER. 1952; *comp.* bi-, for-schütten.
schüven, schüven, v., *O.E.* scūfan, scēofan, *M.L.G.* schüven, *O.Fris.* skūva, *O.H.G.* sciuban, *mod.Eng.* shove; *push,* A. R. 314; scuven [seve] LA3. 17396, 21590; ure loverd ... him ... wile shufe fro him HOM. II. 53; shivin, shive LANGL. C xix. 20*; schive ... a wei ['*abigere*'] WICL. JUDG. xvi. 19*; schouve [shouve] CH. C. T. *A* 3912; scheve BEV. 1407; schēf (*pret.*) MISC. 51; BRD. 19; FER. 1369; þæ wile þe he þa scipen ut scæf [sef] LA3. 9366; schof ALIS. 4250; S. S. (Wr.) 1411; shof HAV. 892; GOW. I. 165; CH. P. F. 154; scufen, scuven [soven] LA3. 7859, 20925; shoven ALIS. 5889; schove BEK. 2241; shoven (*pple.*) GOW. III. 202; schove [shove] CH. C. T. *F* 1281; iscoven HOM. I. 129; *deriv.* schēaf, schoven.

shouving, sb., *pushing*, CH. C. T. *H* 53.
science, sb., *Fr.* science; *knowledge*, CH. C. T. *G* 896; PR. C. 5946; LANGL. *A* xi. 145.
sciment, sb., *for* ciment; PALL. vi. 190.
scip, *see* schip. sclabbe, *see* slabbe.
sclæht, *see* slaht.
sclákien, *see* slákien. sclat, *see* slat.
sclaundre, sb., *O.Fr.* esclaundre; *slander; scandal*; ROB. 333; sclaunder WILL. 4045; sclondre AYENB. 6; sclaunder, slaunder PR. P. 458; slaundre FER. 132; *see* scandle.
sclaundren, v., *slander; cause to offend*; sclaundre CH. C. T. *G* 998; schal sclaundre ['*scandalizaverit*'] WICL. MK. ix. 41; sclaundrid (*pple.*) LUD. COV. 7.
sclaundrer, sb., *slanderer*; sclaunderers (*pl.*) PR. C. 7042.
sclavine, sb., *O.Fr.* esclavine; *pilgrim's cloak*, HORN (L.) 1054; sclavene VOC. (W.W.) 773; slavine ISUM. 497; slavein DEP. R. iii. 236; slaveine PR. P. 458; slavin CATH. 343.
scleire, *see* sleir. sclender, *see* slender.
sclēpen, *see* slǣpen. sclice, *see* slice.
sclūse, sb., *O.Fr.* escluse; *sluice*, AYENB. 255.
scō, *see* schō.
scof, sb.,=*O.Fris.* schof, *cf. O.H.G.* scopf; *scoff*, MIRC 902; bourd and scof MAN. (F.) 7586; kof ALIS. 6986; scoffes (*pl.*) AYENB. 128.

scoffing, sb., *scoffing*, LANGL. B xiii. 277.
scofle, *see* schovele.
scōgh, sb., *O.N.* skōgr; *wood*, C. M. 15826; scōghe (*dat.*) ALEX. (Sk.) 3915; scōghes (*pl.*) ANT. ARTH. v.
scólde, sb., *scold, blamer*, PR. P. 449; REL. I. 188; LANGL. *B* xix. 279; E. T. 653; skolde P. S. 335; ? skalde Iw. 69.
soólden, v., *scold, blame, reprimand*; scolde LANGL. *B* ii. 81.
scōle, sb., *O.E.* scōl (ÆLFR. 304), *cf. O.N.* skōli, *O.H.G.* scuola; *school*, LA3. 9897; A. R.

422; AYENB. 34; LANGL. *B* xx. 271; CH. C. T. *A* 125; drawing [oxen] bi the horne is noo goode scole (? *method, practice*) PALL. ii. 14.
scōle-fēre, sb., *school-fellow*, TREV. III. 449; VII. 397.
scōle-maistre, sb., *schoolmaster*, KATH. 522; scolmeistre A. R. 422.
scōle, *see* scale (scāle).
scoleie, v., *attend school, study*, CH. C. T. *A* 302; scolaid (*pret.*) ALEX. 645.
scōler, sb., *O.E.* scōlere,=*O.H.G.* scuolāre; *scholar*, MIRC 845; CH. C. T. *A* 3190; scōlers (*pl.*) AYENB. 39.
scolle, *see* sculle. scōm, *see* scūm.
scomfiten, v., *for* discomfiten; *discomfit*; sconfited [scomfitede] (*pret.*) TREV. III. 375; sckonfet ALEX. (Sk.) 4802.
sconde, *see* schande. scōne, *see* schēne.
sconse, sb., *O.Fr.* esconse; *sconce, candlestick fixed in a wall, '*absconsus,*'* VOC. (W. W.) 649; sconce '*absconsa*' PR. P. 450.
scōp, sb., *O.E.* scōp, sceōp,=*O.H.G.* scōf; *from* scheppen; *poet*; scōpes (*pl.*) LA3. 30615; *comp.* lēoþ-scōp.
scōpe, sb.,=*Swed.* skōpa, *M.H.G.* schuofe; *scoop*, '*alveolus,*' PR. P. 450; scōpes (*pl.*) MAN. (F.) 8168.
scōpen, v., *lade out (water)*, A. P. iii. 156; do scope þis water MAN. (F.) 8164.
scorchen, v., *from* scóren; *score, cut*; scortche (*imper.*) B. B. 80.
scorchen², v.,=scoronen; *scorch*: þe peoples þat þe violent wind notus scorchiþ [*v. r.* scorklith] (*pres.*) CH. BOET. ii. 6 (55); scorched (*pple.*) PARTEN. 3678.
scorclen, v.,=scoronen, *as* brütlen=brütnen, drunklen=druncnen; *scorch*; scorklin '*ustulo*' PR. P. 450; scorklith [scorchiþ] (*pres.*) CH. BOET. ii. 6 (55).
scorcnen, v., *for* *scorpnen [*O.N.* skorpna] *as* droukníen *for* droupnen; *crack, furrow*: þat te land was ... scorcned (*pple.*) þurh þe druhþe ORM. 8626.
scóre, sb., *O.E.* scor,=*O.N.* skor; *from* schēren; *notch; number; score, twenty*; PR. P. 450; AR. & MER. 3109; LAUNF. 419; four score BRD. 14; ten score LANGL. *B* x. 180; skore oþer writ E. G. 362; schore DEP. R. ii. 42; ani shore or hol or reft R. R. 2660; foure schore WILL. 1102; score (*rank, manner*), MAN. (F.) 5028; score (*track*), MAN. (F.) 3377, 13694.
scorel, sqverel, sb., *O.Fr.* escurel, esqvirel; *squirrel*, PR. P. 450.
scóren, v.,=*O.N.* skora (*cut*),=*M.L.G.,* *M. Du.* schoren (*split); score*; scorin taliis '*tallio dico*' PR. P. 450; score (*printed* seore) PALL. vi. 119; on his 3erde skore shalle he alle messis in halle þat servet be B. B. 312; ?*comp.* wiþ-scóren.

scóren, v.,= *M.H.G.* schoren; *? thrust*: (þet) softe was iwend to þe sulven & efre þet scerpe **scóred** (*pple.*) me touwar(d) FRAG. 8.

scorf, *see* **sourf**.

scorge, sb., *O.Fr.* escorgie; *scourge*, PR. P. 450; scourge WICL. JOHN ii. 15; schurge A. R. 418; **scurges** (*pl.*) MISC. 140; scourgen MARG. 121; sqvorges ['*flagella*'] PALL. iii. 113.

scorgen, v., *scourge*; **scourged(e)** (*pret.*) ROB. 263.

scorn, scornen, *see* **scarn, scarnen**.

scorpioun, sb., *O.Fr.* scorpion, scorpiun; *scorpion*, AYENB. 62; LANGL. *B* xviii. 153; scorpiun A. R. 198.

scort, *see* **schort**.

scot, sb., *O.E.* scot, sceot, *O.Fris.* scot, schot, *M.H.G.* schoz; *from* **schēoten**; *scot, tribute, payment*, ROB. 296; P. S. 71; OCTOV. (W.) 282; ['*symbola*'] WICL. PROV. xxiii. 21; þet scot AYENB. 51 : schot S. & C. II. lxxiv.

Scot, sb., *Scot,* '*Scotus,*' PR. P. 450; **Scottes** [*O.E.* Scottas, *O.N.* Skotar] (*pl.*) LAȝ. 10808.

  Scot-lond, pr. n., *O.E.* Scotland; *Scotland,* LAȝ. 2130; O. & N. 908.

  Scot-lēode, sb., pl., *Scottish people* (*pl.*), LAȝ. 20047.

  Scot-þēode, pr. n., *Scottish nation*, LAȝ. 20417.

scotifer, sb., *Lat.* scūtifer; *shieldbearer*; **skotiferis**, skottefers (*pl.*) D. ARTH. 3034, 2468.

scotele, *see* **scutele**. **scotien**, *see* **schotien**.

scotten, v.,= *M.H.G.* schozzen; *pay scot*, HOM. I. 201; ȝe schulen scotten (*participate*) mid him of his blisse ine heovene A. R. 348; ȝe schotteð (*pres.*) IBID.; ne gabbe þu ne schotte (*imper.*) ne chid þu wiþ none sotte REL. I. 183 (MISC. 126).

Scottisch, adj., *cf. O.E.* Scyttisc; *Scottish*; **Scottishe** (*pl.*) P. S. 222.

scoulen, *see* **scūlen**.

scourin, v., *cf. M.L.G., M.H.G.* schuren; *? from O.Fr.* escurer; *scour*; '*erugino, verbero*' PR. P. 450: scoure L. C. C. 9.

scourge, *see* **scorge**.

scoute, sb., *O.Fr.* escoute; *scout*, S. S. (Wr.) 2218; LUD. COV. 136.

  scoute-wach, sb., *guard*, A. P. ii. 838; **skoutte waches** (*pl.*) D. ARTH. 2468.

scoute², sb., *O.N.* skūti; *cave formed by projecting rocks*; **scoutes** (*pl.*) GAW. 2167.

scouten, v., *O.Fr.* escouter, ascouter; *scout, pry*; **akoute** (*pres.*) A. P. 483.

scouten³, v., *O.N.* skūta; *project*; **scūtis** (*pres. pl.*) ALEX. (Sk.) 4865.

scoverour, sb., *for* **discoverour**; *explorer*, *scout*; **scoverours** (*pl.*) D. ARTH. 3118; scurreours BARB. xiv. 487*.

scragen, adj., *scraggy*: scragen & unefne A. R. 4*; *see* **scroggi**.

scrápe, scrápien, *see* **schrápien**.

scrappe, sb., *scrap*; **scrappes** (*pl.*) TREV. I. 15.

scratte, sb., *O.N.* skratti,= *O.H.G.* scraz; *wizard; monster;* '*armifraudita*' VOC. (W. W.) 695; skratt VOC. 217.

scrattin, v., *cf. Dan.* kratte, *Swed.* kratta, *scratch,* '*scalpo, scabo,*' PR. P. 450; scratte PR. C. 7378; **scratteð** (*pres.*) A. R. 186*.

screade, *see* **schreade**.

screamen, v., *scream*, H. M. 37; **scremeþ** (*pres.*) P. S. 158.

scrén, sb., *O.Fr.* escren, escran; *screen*, VOC. 197; PR. P. 450.

screnchen, screnken, *see* **schrenchen**.

screwe, *see* **schreawe**.

scribe, sb., *Lat.* scrība; *scrībe*, WICL. MAT. viii. 19; **scribes** (*pl.*) LANGL. *C* xxi. 26.

scrichen, scriken, *see* **schrichen**.

scrift, *see* **schrift**.

scrimming, sb., *from O.Fr.* escrimer; *see* **skirmen²**; *skirmishing*, BARB. xix. 521.

scrinken, *see* **schrinken**.

scrippe, sb., *O.N.* skreppa; *scrip, bag,* '*pera,*' PR. P. 450; HORN (R.) 1069; TREV. III. 309; CH. C. T. *D* 1737; scrippe LANGL. *B* v. 542; schrippe *A* vi. 26.

scriptūre, sb., *O.Fr.* escripture; *writing*; i have put in it scripture CH. BOET. i. 4 (17); scripture is hir name LANGL. *B* x. 150.

scrit, sb., *O.Fr.* escrit; *writing*: bi skore oþer bi scrit E. G. 357; **scrites** (*pl.*) MAN. (F.) 8071.

scrið, sb., *O.E.* scriðe, *O.N.* skriðr (*gliding*); *urging, entreaty*, GEN. & EX. 1419.

scriðen, v., *O.E.* scrīdan,= *O.N.* skrīða, *O.L.G.* scrīdan, *O.H.G.* scritan; *glide; escape*: þa com Scottene king scriðen to hirede LAȝ. 10799; skrith(e) MIN. v. 68; **scrād** (*pret.*) LAȝ. 4109; Tarbis him scrod (*urged*) GEN. & EX. 2695; **scriðen** (*pl.*) LAȝ. 8405; *comp.* þurh-scriðen.

scrivein, sb., *O.Fr.* escrivain, *mod.Eng.* scrivener; *scribe*, WICL. IS. xxxvi. 22; scrivener PR. P. 450; **scriveins** (*pl.*) AYENB. 44; scrivaines LANGL. *C* xii. 97.

scriven, *see* **schriven**.

scrobben, *see* **scrubben**.

scrof, adj., *cf.* **sourf**; *rough*; (*ms.* strof) A. P. ii. 1546.

scrof, *see* **sourf**.

scrog, sb., *cf. Dan.* skrog, *? O.N.* skrokkr, *Scotch* scrog; *shrub, brushwood*; **skrogges** (*pl.*) D. ARTH. 1641; shrog(g)es TOWNL. 110.

scroggi, adj., *covered with brushwood*; þe

538 **scroggi.**

wei was stoni, thorni and scroggi GEST. R. (H.) 19.
scroue, sb., *O.Fr.* escroue, escroe (*cédule*); *scroll,* PR. P. 450; scrowe A. R. 282; **scrowis** (*pl.*) WICL. MAT. xxiii. 5.
scrubben, v., = *L.G.* schrubben, *Dan.* skrubbe; *scrub*; **scrobbeþ** (*pres.*) ALIS. 4310.
scrūd, scrūden, *see* **schrūd, schrūden.**
scruf, *see* **scurf.**
scrūple, sb., *? O.Fr.* scrupule; *scruple*; scriple of herte WICL. I KINGS xxv. 31; (*the weight so called*) PALL. ii. 418; **scripilles** (*pl.*) ['*obolos*'] WICL. EX. xxx. 13.
scucke, *see* **schucke.**
scūe, sb., *O.E.* scūwa, scūa, *cf. O.N.* skuggi; *shadow*; scu PR. P. 450; **skūes** (*pl.*) GAW. 2167.
scuften, *see* **schuften.**
[**scūl,** adj., *cf. O.H.G.* scelah, *O.N.* skialgr (*oblique*); *deriv.* **scūlen.**]
scūl-ēiȝed, adj., *O.E.* sceolēged; *squinting,* FRAG. 3.
scūld, *see* **schūld. scūlden,** *see* **schilden.**
scūle, *see* **schile.**
scūlen, v., *O.E.* (be-)scylian, = *O.H.G.* scilehen; *squint at*; schulen A. R. 210.
scūlen, v., = *Dan.* skūle, *Swed.* skūla, *M.L.G.* schūlen, *M.Du.* schuilen; *scowl*: skoul(e) and stare PR. C. 2225; scoule '*obocūlo*' PR. P. 450.
scūlken, v., *cf. Dan.* skulke, *L.G.* schulken; *from* **soūlen,** *as* lūrken *from* lūren; *sculk, lie hid; loiter*; sculke PS. xxxviii. 12; **skūlkeþ** (*pres.*) GOW. II. 93; sculke PR. C. 1788; **skūlked** (*pret.*) MAN. (F.) 6976.
scouking, sb., *skulking, cowardice,* BARB. viii. 140; into scouking *traitorously* vii. 130.
soūlkere, sb., *skulker*, REL. I. 133; skulker D. ARTH. 3119; sculcare PR. P. 451; **scōlkers** (*pl.*) TREV. VII. 491.
sculkeri, sb., *ambush*; skoulkeri D. ARTH. 1644.
scūlle, sb., *skull,* '*cranium,*' PR. P. 450; BEK. 2166; sculle [skulle] CH. C. T. *A* 3935; schulle A. R. 296; skulle [scolle] TREV. V. 371; scolle VOC. 179; ROB. 16; FER. 353.
scūm, scōm (? **scūm, scōm**), sb., *O.N.* skūm, = *O.H.G.* scūm; *scum,* '*spuma,*' PR. P. 449; scom REL. I. 52; **soōme** (*dat.*) AYENB. 44.
scūmen, v., = *O.H.G.* scūman; *foam*; (*ms.* scummyn) PR. P. 450; (h)a **skūmede** (*? ms.* skuntede) (*pret.*) als a pore FER. 3888.
scumer, sb., *O.Fr.* escumeur; *pirate, rover*; scummar BARB. xiv. 375; **skumers** [skumeres] (*pl.*) TREV. IV. 175.
scunien, *see* **schunien.**
scunneren, v., *Scotch* scunner; *loathe, avoid*; **skounrand** (*pple.*) BARB. v. 201*; **skunnirrit** [scounrit] (*pret. pl.*) BARB. xvii. 651.

sēar.

scurf, sb., *O.E.* scurf, scruf (LEECHD. I. 316); *M.L.G.* schorf, *O.H.G.* scorf; *mod.Eng.* scurf; *rubbish,* PR. P. 451; C. M. 11823; scorf PALL. vi. 138; scrof VOC. 179; þe schroff and schroup DEP. R. ii. 154.
scurge, *see* **scorge. scūrte,** *see* **schūrte.**
scurved, adj., *O.E.* scurfed, = *M.L.G.* schorvet; *scabby*: þe ssorvede (*printed* ssornede) AYENB. 224.
scut, adj., *short;* '*curtus, brevis*' PR. P. 451.
scut[2], sb., *short coat,* '*nepticula,*' PR. P. 451.
scūte, *see* **schūte.**
scutele, sb., *O.E.* scutel, = *M.L.G.* schutel, schotel, *O.H.G.* scuzela; *dish*; scotile '*scuttella*' VOC. 257.
scūven, *see* **schūven.**
sē, dem. prn. & def. art., *O.E.* se, *O.N.*, *Goth.* sa, *Gr.* ὁ; *that; the*; se deofel MAT. iv. 5; se man, se sa gealle LEECHD. III. 84; se king, se burch; se fir SAX. CHR. 249; se fader HOM. I. 219; se man HOM. II. 223; se tiȝinge 31; se king MISC. 26; se þe *he who* 221; se ȝe HICKES I. 222; ze þet AYENB. 117; fram se biscop SAX. CHR. 250; **sie** [*O.E.* sēo, sīo, *cf. O.N.* sia, sū, *Goth.* sō], (*fem.*) MK. xv. 40; si moder HOM. I. 233; si mirre MISC. 28; zi þet AYENB. 102; si [? = *Goth.* si, *O.L.G., O.H.G.* siu, sia, sie] (*she*) ȝeleste sume wile HOM. I. 235; **ses** (*? gen., for* þes) helendes IBID.; **sa** (*? pl.*) handa LEECHD. III. 112; abutan sa earan 94.
se, *see* **swā.**
sē, sb., *O.Fr.* sed; *see (of a bishop)*; *seat, throne*; CHR. E. 363; hus se þar he sat LANGL. C i. 114; ȝe were sette in ȝoure se DEP. R. i. 86; oure sire in his see above þe sevene sterris iii. 352; þe king sat adoun in is (*r.* his) see SAINTS (Ld.) xxvii. 815; see BEK. 809.
sē, sea, *see* **sā̆. sealfe,** *see* **salfe.**
sēam, sb., *O.E.* sēam, = *O.Fris.* sām, *M.L.G.* sōm, *O.H.G.* saum, soum, (*border*), *O.N.* saumr (*seam*); *seam;* seem '*sutura*' PR. P. 452; þe coote was wiþout(e) seem WICL. JOHN xix. 23; **sēames** (*pl.*) HOM. l. 225; MAND. 9.
sēam[2], sb., *O.E.* sēam, = *O.L.G.* sōm, *O.H.G.* saum, soum, *from Lat.* sagma, *Gr.* σάγμα; *horse load, burden*; seem PR. P. 452; a seem of whete LANGL. *A* iii. 40; sæm ORM. 3724; **sēames** (*pl.*) '*sarcinas*' LK. xi. 46; semes O. & N. 775; GEN. & EX. 1368; WILL. 2554.
sēamǣre, sb., *O.E.* sēamere; *one who sews,* '*sartor,*' FRAG. 2.
sēamestre, sb., *O.E.* sēamestre; *sempstress*; **sēmsteris** (*pl.*) D. TROY 1585.
sēar, sb., *O.E.* sēar, *cf. M.L.G.* sōr; *sere, dry, arid*; seer '*aridus*' PR. P. 453; MAN. (H.) 18; seere braunches CH. R. R. 4749.
seernesse, sb., *aridity,* PR. P. 453.

seare.   **seggen.**   539

seare, sb., *O.E.* searo, *cf. O.N.* sörvi, *Goth.* sarwa, *O.H.G.* (ge-)sarwe, serwe; *armour, apparel*; sere HOM. I. 33.

sēarien, v., *O.E.* sēarien, = *M.L.G.* sōren; *become sere; wither*; seerin '*aresco*' PR. P. 453; sere ALIS. 796; **sērid** (*pple.*) LIDG. M. P. 241; *comp.* a-sēarien.

sēað, sb., *O.E.* sēað, = *O.Fris.* sāth, *M.L.G.* sōd, *M.H.G.* sōt; *from* **sēoðen**; *grave, pit*; **sēaþe**, sæþe (*dat.*) FRAG. 6, 7; **sēaðen** (*dat. pl.*) LA3. 841.

sēau, sb., *O.E.* sēaw, = *O.H.G.* sou; *juice, pottage, savoury dish*; seu (*ms.* sew) VOC. 266; PR. P. 454; REL. I. 81; seeu (*ms.* seew) WICL. GEN. xxvii. 4; sewe GOW. II. 325; sæw ORM. 994, 1470; **sēwe** (*dat.*) GAW. 892; L. C. 43; **sēwes** (*pl.*) CH. C. T. *F* 67; *comp.* éle-sǣw.

sēc, see **sēoc**.

sēchen, v., *O.E.* sēcan, sēcean, = *O.Fris.* sēka, *O.N.* sǣkja, *O.L.G.* sōkean, *Goth.* sōkjan, *O.H.G.* suochan; *seek*, A. R. 164; C. L. 26; sechan LK. xii. 29; ANGL. VII. 220; sechen, sæchen LA3. 12863, 17321; seche O. & N. 1759; ROB. 209; WILL. 223; MIRC 651; GOW. I. 267; MAND. 59; TOR. 1013; sechen to chirche JUL. 45; he scholde þider seche JOS. 528; zeche AYENB. 94; siche MARG. 28; FER. 1935; seche [seke] LANGL. *A* PROL. 47; CH. C. T. *A* 17, 784; seken ORM. 2718; GEN. & EX. 3598; sekin PR. P. 451; seke ISUM. 130; **sēche** (*pres.*) MARH. 14; secst HOM. II. 29; secheð HOM. I. 173; secheþ SPEC. 26; secð HOM. II. 226; sekþ MISC. 65; (3e) secheþ MISC. 42; (hio) secheð MAT. vi. 32; **sēch** (*imper.*) A. R. 336; HOM. II. 9; **sēchinde** (*pple.*) HOM. I. 127; sechinde [sechinge] LA3. 1383; **sōhte** (*pret.*) KATH. 976; SPEC. 41; (*ms.* sohhte) ORM. 2942; souhte A. R. 130; so3te HORN (L.) 39; sohten LA3. 11168; **sōht** (*pple.*) SPEC. 53; (*ms.* sohht) ORM. 6454; sogt, sowt GEN. & EX. 848, 2870; *comp.* a-, **æt-, an-, bi-, 3e-, of-, þurh-, under-sēchen.**

sēkere, sb., *seeker*, WICL. GEN. xxxi. 35.

sēching, sb., *seeking*, WILL. 2190.

sēclien, v., *O.E.* sȳclian; *to be ill*; **sēcli** (*pres. subj.*) A. R. 50; **asēclede** (*pret.*) SAX. CHR. 266; **isēcled** (*pple.*) LA3. 30549; iseclid BER. 2583.

sēcnien, v., *sicken, become ill*; sekenin PR. P. 451; **sēcned** (*pres.*) A. R. 368; **siiknede** (*pret.*) WICL. 4 KINGS xx. 1; **sēcned** (*pple.*) ORM. 4771.

secrē, adj. & sb., *O.Fr.* secroi; *secret, private*, CH. C. T. *G* 178, 643; secree *B* 3211; secre *a prayer in the Mass* ROB. (W.) 12044; L. F. M. B. 143; secre of secretes *name of a book* CH. C. T. *G* 1447.

secrē-lī, adv., *secretly*, CH. C. T. *E* 763.

secrēnesse, sb., *secrecy*, CH. C. T. *B* 773.

secrēte, sb., *O.Fr.* secrete; *secret, private prayer*, '*oracio*,' CATH. 327; **secrētes** (*pl.*) CH. C. T. *G* 1447.

secte, sb., *Fr.* secte; *sect, set, company, class of mankind, likeness*, LANGL. *B* xi. 237; TREV. IV. 175; CH. C. T. *E* 1171, *F* 17; in that secte our saveoure saved al mankind LANGL. *B* xiv. 258; secte *form C* viii. 130.

sectour, sb., *for* **executor**; *executor*, CATH. 327; sektour D. ARTH. 665; seketoure PR. P. 451; **secturs** (*pl.*) TOWNL. 326; secatours REL. I. 314; secutors LANGL. *C* xvii. 277.

seculēr, adj. & sb., *O.Fr.* seculer; *secular*, BEK. 2229; CH. C. T. *E* 1322; (*layman*) BARB. iv. 12; (*secular priest*) LANGL. *B* ix. 177.

secunde, adj. & sb., *O.Fr.* second; *second*, ROB. 282; SHOR. 45; TREV. IV. 275.

sed, see **sad**.   **sēd**, see **sǣd**.

sedeful, see **sideful**.   **sedewal**, see **zedewal**.

sedill, sb., *?from* *side *cf. O.N.* sižugr; *?modest*; sedill douvis ALEX. (Sk.) 3937.

sēdin, see **sǣdin**.

see, see **sē**.   **sefen**, see **seofen**.

seg, sb., *O.E.* secg, = *O.L.G.* segg, *O.N.* seggr; *messenger, man*, WILL. 772; seg, sæg LA3. 4443, 8015; segge LANGL. *B* iii. 63; A. P. ii. 398; ANT. ARTH. xxiii; **segges** (*pl.*) LA3. 20854; of segge werke ALEX. (Sk.) 4473.

seg², sb., *O.E.* secg, = *M.Du.* segghe; *related to* saje; sedge, '*carex*,' FRAG. 3; segge PR. P. 451; VOC. 191; **segge** (*dat.*) O. & N. 18; **segges** (*pl.*) PALL. i. 525; seggis WICL. GEN. xli. 18.

sēge, sb., *O.Fr.* sēge, siege; *seat, throne; siege*; A. R. 238; ROB. 132; JOS. 292; MAN. (F.) 5082; sege *seat* ALEX. (Sk.) 236, 1872, 5182; (*siege*) 1029, 3020; (*camp*) 2442; seige *siege* 1282; **sēgis** (*pl.*) ['*sedes*'] HAMP. PS. cxxi. 5.

sēgen, v., *lay siege to*; **sēgande** (*pple.*) BARB. xvii. 511; **sēgid** (*pple.*) ALEX. (Sk.) 4296; **sēgit** (*pret.*) BARB. xi. 114.

seggen, v., *O.E.* secgan, sæcgan, secgean, sagian, = *O.L.G.* seggean, *O.Fris.* sedza, sidza, *O.N.* segja, *O.H.G.* sagen, sagan; *say, speak, tell*, MAT. xi. 7; KATH. 635; ORM. 55; FL. & BL. 281; segge O. & N. 393; ROB. 17; SHOR. 23; seggen, segen HOM. II. 27; seggen, siggen FRAG. 7, 8; seggen, siggen, suggen HOM. I. 19, 127, 133; LA3. 512, 983, 1164; siggen A. R. 24; sigge MISC. 28; TREAT. 136; ALIS. 4198; S. S. (Wr.) 1708; zigge AYENB. 5; suggen R. S. iv; REL. I. 245; sugge C. L. 420; seggen, seie LANGL. *A* iii. 166, *B* iii. 172; sægen SAX. CHR. 263; (*ms.* seien) H. M. 3; REL. I. 128; SPEC. 84; (*ms.* seyen) HAV. 2886; seien, seigen GEN. & EX. 1139, 2494; sein PR. P. 451; S. & C. I. xlix; sein, seie CH. C. T. *A* 779, 1151; seie WILL. 1279; MAND. 2; WICL. GEN. xxxvii. 20; H. S. 37; seie, sei3e JOS. 142, 161; sagen REL. I. 186;

540 **seggen.**

(*ms.* saien) AN. LIT. 3 ; (*ms.* sayen) SPEC. 36 ; MAP 347 ; sain RICH. 1339 ; to seggene MK. ii. 9 ; **segge** (*pres.*) HOM. I. 21 ; sugge [segge] LA3. 6321 ; seist KATH. 392 ; O. & N. 265 ; seið HOM. I. 21 ; A. R. 48 ; hit seið in þere tale LA3. 22889 ; seiþ, sæiþ FRAG. 5, 7 ; (hio) seggeð MAT. v. 11 ; HOM. I. 29 ; seggeþ FRAG. 8 ; siggeð A. R. 52 ; **seie** (*imper.*) A. R. 238 ; LEG. 32 ; seie, sæi3e, saie [sei] LA3. 2269, 2270, 30283 ; seie, sei O. & N. 217, 556 ; suggeð [seggeþ] LA3. 865 ; **segge** (*subj.*) O. & N. 844 ; **sægde** (*pret.*) LK. xiv. 16 ; saigde, saide MK. vi. 31, xvi. 15 ; se3de ORM. 149 ; seide SAX. CHR. 249 ; A. R. 72 ; KATH. 154 ; C. L. 860 ; LANGL. *A* iii. 48 ; CH. C. T. *A* 776 ; WICL. GEN. ii. 18 ; seide, sæide, saide [seide, saide] LA3. 672, 1256, 3379 ; seide, sede O. & N. 9, 217 ; HORN (L.) 271, 309 ; sede FL. & BL. 3 ; BEK. 130 ; segden MK. ii. 18 ; seiden, seden HOM. I. 91, 97 ; heo was hohful and erede hwat heo þar after hire **séde** (*should say*) O. & N. 1296 ; **seid** (*pple.*) GEN. & EX. 2425 ; SPEC. 105 ; H. H. 15 ; *comp.* **bi-, 3e-seggen.**

[**seggere**, sb., *sayer* ; *comp.* **sðþ-siggere.**]

seignior, sb., *O.Fr.* seigniour ; *prince, lord* ; seniour YORK xxx. 73 ; seniour(e) 2634, 3073 ; **seneiours**, seneours (*pl.*) 1614, 2487.

seignorie, sb., *O.Fr.* seignorie ; *seigniory, lordship*, ROB. 284 ; seignurie MAN. (F.) 2648 ; seniourie [senori] ALEX. (Sk.) 1913, 1536 ; sen3ori, sen3hori, sen3eroi, sen3houri BARB. v. 232, i. 97, xv. 324, i. 151.

[**sehen**, ? *pret. pple. of* **séon.**]

sehen-lich, adj., *O.E.* (ge-)sewenlīc ; *visible* ; **seheliche** (*pl.*) MARH. 11 ; KATH. 250 ; *comp.* 3e-, un-sehenlich (-sewenlich).

seht, sehtnien, *see* **saht, sahtnien.**

seien, *see* **seggen.**

seil, sb., *O.E.* segl *m., n., cf. O.N.* segl *n., O.L.G.* segel, *O.H.G.* segal *m.*; *sail*, '*velum*,' FRAG. 2 ; PR. P. 451 ; LA3. 4595 ; HAV. 711 ; BEK. 1837 ; **seile** (*dat.*) CH. C. T. *A* 696 ; saile WILL. 568 ; **seiles** (*pl.*) LA3. 1339.

seil-clað, sb., *sail-cloth*, (*ms.* -clæð, -cloþ) LA3. 4549.

seil-3erd, sb., *O.E.* segelgyrd ; *sail-yard*, '*antenna*,' FRAG. 2 ; PR. P. 451.

seil[2], sb., *O.E.* sigle, (in-)segele, = *O.N.* sigli, *Goth.* sigljō ; *seal*, H. M. 11 ; seel PROCL. 7 ; MAND. 231 ; sel AYENB. 62 ; sehel LANGL. *B* vii. 23[a] ; *comp.* **in-seil.**

seilien, v., *O.E.* seglian, = *O.H.G.* segelen, *O.N.* sigla ; *sail*, LA3. 25525 ; seiglien LK. viii. 22 ; seilen [seile] WICL. WISD. xiv. 1 ; seile MAND. 305 ; saile WILL. 2673 ; **seillinge** (*pple.*) LANGL. *C* xxi. 344 ; seillinge *B* xviii. 304 ; sailand ALEX. (Sk.) 161 ; sailande *flowing* GAW. 865 ; **seileden** (*pret.*) L. N. F. 217 ; ALIS. 5640 ; seilide TREV. V. 265.

sailer, sb., *sailor* ; **sailers** (*pl.*) ALEX. (Sk.) 4359.

séld.

seilien[2], v., *O.E.* (in-)seglian, *cf. Goth.* sigljan ; *seal* ; seelin '*sigillo*' PR. P. 452 ; sele LUD. COV. 340 ; **iseilet** (*pple.*) MARH. 5 ; isealed A. R. 388 ; selid ALEX. (Sk.) 1170.

seeling, sb., *sealing*, WICL. JOB xxxviii. 14.

seim, *see* **saim.**

seine, sb., *O.E.* segn, = *O.Fr.* seigne, signe ; *sign*, LA3. 9282[a] ; JOS. 197 ; MAN. (F.) 10162 ; signe BEK. 411 ; WILL. 3213 ; singe, senge YORK ix. 290, xi. 100 ; seni, sine PR. P. 453, 456 ; **signes** (*pl.*) A. R. 70 ; singes YORK xi. 156.

seine[2], sb., *O.E.* segne, sagene, = *O.L.G.* segina, *O.Fr.* seine, *from Lat.* sagēna ; *fishing net ; snare* ; VOC. 159 ; HORN (H.) 700 ; **saines** (*pl.*) ALEX. (Sk.) 4270.

seinian, v., *O.E.* segnian, = *O.H.G.* segenōn, *O.N.* signa, *O.Fr.* seignier ; *sign, mark with a sign ; bless* ; HOM. I. 127 ; PERC. 287 ; i sal saine ['*benedicam*'] PS. lxii. 5 ; signe þer wiþ þi foreheved P. L. S. xvii. 66 ; **saine** (*subj.*) FLOR. 297 ; and **seinede** [signed] (*pret.*) him LANGL. *B* v. 456, *C* viii. 63 ; he sanit him (*crossed himself*) BARB. vii. 98 ; **iseined** (*pple.*) wiþ ure seel PROCL. 7 ; iseinet (*printed* isemet) MARH. 23.

seint, *see* **saint, ceint.**

seis, *see* **sés.** **seisen**, *see* **saisen.**

sek, sb., = *O.H.G.* sech ; *ploughshare*, '*vomer*,' VOC. 234.

sék, *see* **séoc.**

sēken, sīken, v., *cf. M.L.G.* süken, *O.H.G.* siuchan ; *be ill* ; seeken ['*aegrotare*'] WICL. I KINGS xxx. 13 ; seke PALL. xi. 117 ; **siikide** (*pret.*) WICL. 4 KINGS xiii. 14.

sēken, *see* **sēchen.** **sekir**, *see* **siker.**

sél, *see* **sǽl, seil.** **selo**, *see* **silk.**

selcouð, *see under* **séld**[2].

séld, sb., *O.E.* seld ; ? = **setl** ; *seat*, HOM. I. 93 ; **sélde** (*dat.*) LA3. 25988.

séld[2], adj., *O.E.* seld ; *seldom, few* ; **sélde** (*pl.*) time CH. C. T. *E* 146 ; **sélde** (*adv.*) *E* 427 ; **seldere** (*compar.*) HOM. II. 207.

sél-cuð, adj. & sb., *O.E.* sel-, seldcuð ; *rare, strange, wonderful ; wonder*, GEN. & EX. 3972 ; sel-, sulcuð LA3. 280, 3894 ; selkuð A. R. 8 ; selcuþ ORM. 19217 ; selcouþ ALIS. 154 ; selkouþ LANGL. (Wr.) 7309 ; þe selcouþe si3t WILL. 2329 ; ænne **sélcuðne** (*acc. masc.*) mon LA3. 19059 ; **sélcouthe** (*pl.*) maners PR. C. 1518.

sélkouthen, v., *make wonderful* ; **sélkoath** (*imper.*) HAMP. PS. xvi. 8 ; **sélkouthid** (*pret.*) HAMP. PS. xxx. 27 ; **sélkouthid** (*pple.*) HAMP. PS. iv. 4.

sélcuð-liche, adv., *seldom*, LA3. 10301 ; selcuþlike ORM. 2586 ; selcouþli WILL. 2650 ; selcutheli ALEX. (Sk.) 3076.

séld-hwonne, adv., *O.E.* seldhwonne ; *seldom*, A. R. 428 ; sildwhanne (*ms.* silde-) TREV. I. 333.

séld.   selten.

sel-lic, adj & adv., *O.E.* sel-, syl-, seldlīc, = *O.L.G.* seldlīc, *Goth.* sildaleiks; *strange, marvellous, illustrious,* GEN. & EX. 466; sellich AN. LIT. 96; sel-, sillich [sul-, seollich] LAȝ. 6438, 7328; a selli man TRIST. 83; S. S. (Web.) 248; IW. 107; MAN. (H.) 174; sellic (*a wonder*) FRAG. 8; P. L. S. viii. 92; LAȝ. 23050; sullic HOM. I. 171; sullich JUL. 55; of selliche [seolliche] wisdome O. & N. 1299; **sellichne** (*acc. m.*) LAȝ. 18847.

séld-sēne, adj., *O.N.* sialdsēnn; *rarely seen, rare;* seltsene H. M. 27; our speche schal beon seldcene A. R. 80.

séld-spēche, sb., *taciturnity,* A. R. 76.

sélden, adj., *O.E.* seldan, seldon, seldum, = *O.N.* sialdan, *O.H.G.* seltan; *rare;* (ms. seldenn) ORM. 8468; REL. I. 180; GOW. I. 30; OCTAV. (H.) 72; HOCCL. i. 165; PR. C. 260; selden [seldom] LANGL. *B* vii. 137; seldum GEN. & EX. 2181; REL. I. 214; seldom PR. P. 452; seldoum ALEX. (Sk.) 4220; selde HOM. II. 73; LAȝ. 8018; A. R. 72; O. & N. 944; FL. & BL. 462; CH. C. T. *A* 1539; sielde S. A. L. 157; P. S. 330.

[**séle,** sb., *O.E.* sele, = *O.L.G.* seli, *O.N.* salr; *house, hall;* comp. lēf-, wun-sele.]

séle[2], sb., *O.E.* seolh, = *O.N.* selr, *O.H.G.* selach; *seal (animal),* PR. P. 452; HAV. 755.

seel-skin, sb., *seal-skin,* REL. I. 51.

séle[3], sb., = *M.L.G.* sele, *O.N.* seli, *O.H.G.* silo m.; *seal, signet,* PR. P. 452; sile GEN. & EX. 2978.

sēlen, *see* **sǣlen. seler,** *see* **celler.**

self, adj., *O.E.* self, seolf, sielf, silf, sylf, = *O.L.G., O.Fris.* self, *O.N.* sialfr, *O.H.G.* selbēr, *Goth.* silba; *self, himself, same:* he is god self KATH. 1093; heo was hire self þer imong 1579; þe biscop self ORM. 1022; self his kinde GEN. & EX. 1806; self (*? for* selfe) ȝe fon 2610; god self ... seiþ SHOR. 23; he self [*v. r.* him self] was on þe feld C. M. 4059; what man self es PR. C. 128; ȝe self H. S. 6301; ȝe [ȝou] self C. M. 14691; ne beo þe levre þan þi self þi mei ne þi moȝe P. L. S. viii. 15; zelf AYENB. 59; þu seolf LAȝ. 3192; he [him] seolf wende 14201; al swa þe king sulf 4261; heo seolf (*for* seolfe) 5990; þeih heo seolf nabbe non MISC. 128; sulf A. R. 56; þu sulf O. & N. 497; þo com our loverd silf P. L. S. xix. 290; þe seolfe [seolve] coc O. & N. 1679; þe selve duk WILL. 1368; þe sulve moder A. R. 328; **selfem** (*dat. m.*) JOHN i. 22; seolfan LAȝ. 828; selven KATH. 1130; seidest þe selven (*for* selve) 631; of mi selven ISUM. 120; me seolven HOM. I. 253; of þe seolven MARH. 4; sulven A. R. 296; selve B. DISC. 75; at þe selve huse FL. & BL. 21; seolve ALIS. 2323; þe seolve hit turneþ to grome O. & N. 1284; þe kat ful wel him sulve liveþ 810; **sǔlfne** (*acc. m.*) P. L. S. viii. 7; hine seolfne HOM. I. 95; seolfne, sulfne, seolfan, seolven, sulven [seolve] LAȝ. 493, 1865;

2227, 8333, 8457; seolfen, seolven JUL. 26, 27; þe selfen ORM. 4469; þurh god selfen 4131; and make him selven wood CH. C. T. *A* 184; sulfen FRAG. 6; he huld him silve forlore BEK. 663; **seolve** (*pl.*) LAȝ. 25381; þise selve word(e)s WILL. 889; þe sulve stottes O. & N. 495; **selven** (*dat. pl.*) KATH. 1298; beon eow selven riche LAȝ. 5802; selven [selve] LANGL. *A* v. 35; to us sulven A. R. 302; **selven** (*acc. pl.*) KATH. 362; us selfen ORM. 12970; seolven LAȝ. 5199; þuruh us sulven A. R. 248; eow selfe HOM. I. 15; þo heo hadde ... heo selve forsineged HOM. II. 143; ou selve SPEC. 101; ȝou self LANGL. *B* ii. 38; for ous silve BEK. 1668.

seolf-cwale, sb., *O.E.* sylfcwala; *suicide,* HOM. I. 103.

silf-grēne, sb., *house leek,* VOC. 265.

self-wil, sb., *O.E.* selfwill; *self-will;* **selfwilles** ['*ultro*'] MK. iv. 28; wilt þou silfwilles lete þe slen FER. 221.

self-wille, sb., *O.N.* sialfvili, = *O.H.G.* selbwillo; *self-will,* P. L. S. xxxi. 195.

sel(f)-willi, adv., = *M.Du.* selfwilligh; *following his own will only,* PR. P. 452.

sēli, *see* **sǣli.**

sēlin, *see* **seilien**[2].

selk, *see* **silk.**

selle, sb., *O.Fr.* selle; *seat;* **sellis** (*pl.*) WICL. 2 MACC. xiv. 21.

selle, *see* **celle.**

sellen, v., *O.E.* sellan, syllan, = *O.H.G.* sellan, *O.L.G.* sellian, *O.Fris.* sella, *O.N.* selja, *Goth.* saljan (θύειν); *from* **sále**; *sell, give,* ORM. 6345; sellen [sille] WICL. GEN. xlvii. 22; sellin PR. P. 452; selle APOL. 9; selle AYENB. 36; selle LANGL. *B* iii. 195 [sulle *A* iii. 189]; selle [sulle, sille] TREV. VIII. 105; seollen, sullen LAȝ. 29057, 31053; sullen HOM I. 135; A. R. 190; H. M. 27; sulle ROB. 223; P. S. 151; sillen LK. xi. 7; sille P. L. S. xxiii. 130; to sellenne MAT. xx. 23; **sūlest** (*pres.*) H. M. 27; selleþ, sulleþ E. G. 355; sulleþ A. R. 398; silð MAT. xiii. 44; **sele** (*imper.*) me drinken ['*da mihi bibere*'] JOHN iv. 10; sule A. R. 290; sule, sile LEECHD. III. 106, 108; **sealde** (*pret.*) SHOR. 47; salde, sælde [solde] LAȝ. 10020, 13437; salde IW. 1703; PR. C. 4849; solde A. R. 398; GEN. & EX. 1843; BRD. 25; sealden [salden] HOM. I. 91; salden ORM. 15557; **sóld** (*pple.*) LANGL. (Wr.) 11089; *comp.* ȝe-**sellen.**

sellere, sǔllere, sb., = *O.Fris.* seller; *dealer, giver,* E. G. 355; sullere HOM. II. 213; **selleres** (*pl.*) CH. C. T. *A* 248; MAND. 86; sellers [silleris] WICL. EZ. xxvii. 22; sullares LEB. JES. 633.

sellinge, sb., *selling,* '*venditio,*' PR. P. 452.

seller, *see* **celler.**

sellīc, *see under* **séld**[2].

selten, *see* **salten. sëlþe,** *see* **sǣlþe.**

selūre, *see* **celūre**.
sēm, *see* **sēam**.
semblable, adj., *O.Fr.* semblable; *like*, LANGL. *B* x. 367, xviii. 10, *C* iv. 337, xix. 213.
semblance, sb., *appearance*, ALEX. (Sk.) 5192; sembalaunce 4098.
sembland, adj., *like*, LANGL. *B* x. 367*.
semblant, sb., *Fr.* semblant; *semblance, show, aspect*, HOM. I. 247; ROB. 129; WILL. 228; semblaunt A. R. 90; FL. & BL. 50; sembland YORK xvii. 93.
semblē, sb., *for* **assemblē**; *meeting, army*, ALEX. (Sk.) 797, 3978; semle 1573; LANGL. *A* PROL. 97; DEP. R. iv. 85.
semblen, v., *Fr.* sembler; *seem*; **sembeles** (*pres.*) M. H. 136.
semelen, v., *Fr.* sembler (*? for* **assemblen**); *assemble*, GEN. & EX. 3865; semelin E. G. 47; semble D. ARTH. 63; semple ALEX. (Sk.) 2796; **semblis** (*pres.*) *attacks* ALEX. (Sk.) 1333; hi semblep AYENB. 176; **sembled** (*pret.*) ALEX. (Sk.) 617; (þai) sembled DEP. R. iii. 357; **sembled** (*pple.*) WILL. 2147; semblid iv. 32.
sembling, sb., *assembling*, ALEX. (Sk.) 769.
sēme, adj., *O.N.* sœmr; *befitting, decent*, GAW. 1085; A. P. ii. 549; *comp.* ȝe-**sēme**.
sēme-lich, adj., *O.N.* sœmiligr; *seemly*, B. DISC. 849; semlich A. R. 94*; GOW. III. 299; semeli '*decens*' PR. P. 452; PR. C. 73; sem-, semeli CH. C. T. *A* 751; semli ISUM. 268; simli TOR. 126; þi semliche schape KATH. 449; þat semliche child WILL. 49; **sēme-līche** (*adv.*) TREV. VIII. 87; semelike GEN. & EX. 1504; semeli ALEX. (Sk.) 281, 424; **sēmloker** (*compar.*) GAW. 83; **sēmlokest** (*superl.*) SPEC. 27; semelokest ANT. ARTH. vi.
sēmelīnesse, sb., *seemliness*, '*decentia*,' PR. P. 452.
sēmelitē, sb., *seemliness*, YORK xxv. 116.
sēmen, v., *O.E.* sēman, = *O.N.* sœma; *befit, be becoming, suit*; *seem*; SPEC. 32; preostes heo þer setten as þer to mihte(n) semen LAȝ. 10207; fendes made hem semen to ben so hoke MAND. 284; seme O. & N. 187; **sēmep** (*pres.*) ORM. DEDIC. 66; LANGL. *A* PROL. 32; as hit best semeþ HOM. I. 271; þat semiþ þe wel N. P. 56; semiþ non to hur but he EGL. 112; semes HAV. 2916; me semes WILL. 620; þine eien semen dede CH. TRO. iv. 1092; **sēmde** (*pret.*) A. R. 112*; WILL. 2880; it was nevere man ... þat so wel semde (*ms.* semede) king or caiser for to be HAV. 976; semed [semid] ALEX. (Sk.) 2108; semden MARH. 9; *comp.* bi-, ȝe-**sēmen**.

sēming, sb.: to mi seminge *as it appears to me* CH. C. T. *B* 1838.
sēmen[2], v., *O.E.* sēman, sȳman; *from* **sēam**[2];

selver, *see* **silver**.
burden; *press upon*; ge sēmeð ['*oneratis*'] (*pres.*) LK. xi. 46; semeþ HOM. II. 93; **sēmde** (*pret.*) SHOR. 85; semdest me mid sunne FRAG. 6; *comp.* over-**sēmen**.
[**semi-**, prefix, *Lat.* sēmi-; *half.*]
semi-cōpe, sb., *short cope*, CH. C. T. *A* 262.
sen, *see* **sippen**, **seofen**. **sēn**, *see* **sēon**.
senāt, sb., *Fr.* senat; *senate*, CH. BOET. i. 4 (18); (*ms.* senaht) LAȝ. 25388.
senatour, sb., *Fr.* senateur; *senator*, ROB. 89; D. ARTH. 227; CH. C. T. *B* 1044; **senatūrs** (*pl.*) LAȝ. 25337.
senchen, v., *O.E.* sencan, = *O.L.G.* (bi-)senkian, *O.H.G.* senkan, senchan; *from* **sinken**; *make to sink*, JUL. 79; in sunne had sorewe i am **seint** (*pple.*) SPEC. 24; *comp.* a-, bi-, for-**senchen**.
sencinge, sb., *for* **censinge**; PR. P. 452.
sendal, *see* **cendal**.
senden, v., *O.E.* sendan, = *O.L.G.* sendean, *O.N.* senda, *O.H.G.* sentan, *Goth.* sandjan; *from* **sande**; *send*, LAȝ. 27879; A. R. 422; GEN. & EX. 1683; CH. C. T. *A* 2976; þenne sende (*shall send*) ic eou rihte widerunge HOM. I. 13; sendeþ BRD. 13; he sent [sendeþ] þe his sonde LAȝ. 26367; sent HOM. I. 7; A. R. 246; TREAT. 136; (heo) sendeð LAȝ. 476; **send** (*imper.*) MARH. 3; **sende** (*subj.*) O. & N. 1570; **sende** (*pret.*) KATH. 48; ORM. 1861; HAV. 136; P. S. 248; sende, sente MK. vi. 27, ix. 37; þou sent ALEX. (Sk.) 2022; sendest H. M. 209 (211); heo senden LAȝ. 662; **send** (*pple.*) ORM. 97; sent LANGL. *B* xvii. 146; *comp.* a-, bi-, ȝe-, of-**senden**.
sendere, sb., *sender*, HOM. II. 111.
sendinge, sb., *sending*, '*missio*,' PR. P. 452.
senden, *see* **schenden**.
sendren, *see* **sindren**.
sēne, sb., *O.E.* sien, sȳn, = *O.L.G.* siun, *O.N.* siōn, sȳn, *Goth.* siuns; *from* **sēon**; *sight (act or power of seeing)*, HOM. II. 25; ORM. 9394; ich habbe god sene O. & N. 368; *comp.* an-, ēah-**sēne**.
sēne[2], adj., *O.E.* (ge-)sēne, sȳne, = *M.L.G.* sūne, *O.N.* sēnn, sȳnn; *visible*, '*manifestus*,' PR. P. 452; ORM. 2173; GEN. & EX. 1173; HAV. 656; SPEC. 58; LANGL. *B* i. 147; CH. C. T. *A* 134; *? truthful* GAW. 148, 341; *comp.* bī-, ēð-, ȝe-, sēld-**sēne**.
seneȝen, *see* **süneȝen**.
senevel, sb., *O.Fr.* seneveil (*sénevé*); *mustard seed*, WICL. MAT. xiii. 31; senvei PALL. viii. 149.
senewe, *see* **sinewe**. **senge**, *see* **seine**.
sengin, v., *O.E.* (be-)sengan, = *M.H.G.* sengen; *from* **singen**; *singe*, '*ustulo*,' PR. P. 453; senge CH. C. T. *D* 349; **ȝengþ** (*pres.*) AYENB. 229; **seind** (*pple.*) CH. C. T. *B* 4035; *comp.* bi-**sengen**.
seniour(e), *see* **seignior**.

senne, *see* **sünne**.

sens, sb.,=**cense** *for* **encens**; *incense*, ALEX. (Sk.) 4184; sence CATH. 330; sense LANGL. *B* xix. 82, *C* xxi. 86.

sensitife, adj., *Fr.* sensitif; *sensitive*, ALEX. (Sk.) 4381.

sensour, sb., *for* **encenser**; **sensours** [censours] (*pl.*) ALEX. (Sk.) 1565.

sent, sb., *for* **assent**; WILL. 1983; sente YORK xxxii. 144.

sent², sb., *? from O.Fr.* sentir; *scent*, D. ARTH. 1040; BARB. vi. 500.

sentement, sb., *O.Fr.* sentement; *feeling*, CH. L. G. W. 69.

sentence, sb., *O.Fr.* sentence; *sentence, opinion, verdict*, A. R. 348; P. L. S. xvii. 518; CH. C. T. *B* 4167; sentens *I* 58.

senuwe, *see* **sinewe**. **senvei**, *see* **senevel**.

sēo, *see* **am**.

sēoc, sēc, adj., *O.E.* sēoc, sīoc,=*O.L.G.* seoc, sioc, *O.Fris.* siek, siak, *O.N.* siūkr, *Goth.* siuks, *O.H.G.* sioch; *sick, ill*, ORM. 6165, 8073; seoc, sec, sæc [seac] LAȝ. 2794, 6667, 6781; siec ANGL. I. 19; sec HOM. I. 23; sek GEN. & EX. 1175; AN. LIT. 7; PR. C. 772; M. ARTH. 158; seek PR. P. 451; MAND. 11; PALL. iii. 939; SACR. 556; sec, sic A. R. 176; sik [sek] CH. C. T. *D* 1592; siik [seek] WICL. MAT. xxv. 39; sik MISC. 31; HORN (L.) 272; BEK. 892; seik BARB. ix. 112; zik AYENB. 148; þe sike man SHOR. 29; süone (*acc. m.*) LAȝ. 17682; sēoke (*pl.*) LAȝ. 29541; heo beoð boče seke A. R. 364; alle sike 32; seeke HOCCL. i. 49; sike LANGL. *B* xv. 568; sēoken (*dat. pl.*) MAT. ix. 12; sēcoure (*compar.*) A. R. 46.

sik-lēwe, adj., *unhealthy*, TREV. I. 257, III. 303.

sēk-li, adj., *sickly*, WILL. 1505; seekli HOCCL. i. 15.

sēocnesse, sb., *sickness*, LAȝ. 19303; seocnysse LEECHD. III. 126; seknesse MAND. 89; secnesse, sicnesse A. R. 178, 182; sicnesse HOM. II. 167; sekenes TREV. III. 265; seiknes BARB. iv. 191; .siknisse BRD. 14.

seofen, seofe, card. num., *O.E.* seofon, seofone, =*M.L.G.* seven, soven, *Goth.* sibun, *O.H.G.* sibun, siben, *O.Fris.* siugun, sigun, *O.N.* siau; *seven*, HOM. I. 41, 43; he haveð sefene 27; scofen, sefen ORM. 545, 8573; seofan, seofen, sefen, seofe MAT. xii. 45, xv. 36; MK. viii. 20; seoven, seove LAȝ. 463, 716; seoven, seove, seovene A. R. 22, 62, 278; seovene FRAG. 8; MISC. 59; seven KATH. 1680; seven LANGL. *A* iv. 73 [sevene *B* iv. 86]; seaven MIR. PL. 7; sevene HICKES I. 222; HAV. 2125; P. S. 157; SHOR. 45; FER. 1493; sevene and fifti TREV. I. 45; soven HOM. I. 13; sove TREAT. 132; þare seofene MAT. xxii. 28.

seoven-fāld, adj., *O.E.* seofonfeald,=*O.N.* siaufaldr, *O.H.G.* sibunfalt; *sevenfold*, HOM. I. 261; sefenfald ORM. DEDIC. 267; seovevald MARH. 23; seovevold A. R. 38; sevefeald HOM. II. 171.

seoventēne, card. num., *O.E.* seofontȳne,= *O.N.* siautian, *M.H.G.* sibenzehen; *seventeen*, LAȝ. 2140; seventene AR. & MER. 8905; seventenþe HAV. 2559.

seventēþe, ord. num., *O.E.* seofontēoða; *seventeenth*, AL. (L.²) 325.

seofentiȝ, card. num., *O.E.* seofontig, = *O. H.G.* sibunzug; *seventy*, ORM. 4319; seoventi A. R. 62; seventi GEN. & EX. 706.

seventiþe, ord. num., *O.E.* seofontigoða; *seventieth*, ROB. 282.

seofeðe, ord. num., *O.E.* seofoða,=*O.H.G.* sibendo, *O.Fris.* siugunda, *O.N.* siaundi; *seventh*, HOM. I. 39; seoveðe MARH. 8; A. R. 14; seveþe HORN (R.) 927; JOS. 577; A. D. 240; soveþe TREAT. 138; sefþe P. L. S. ii. 97; sefte LUD. COV. 83; sevenþe HAV. 1825; LANGL. (Wr.) 9531; CH. C. T. *A* 1462; seveneth LANGL. *B* xiv. 306; seofende MAT. xxii. 26; sefende ORM. 4464; sevende GEN. & EX. 445; SHOR. 52; sevend PR. C. 362.

sēoke, sb., = *M.L.G.* sūke, *O.H.G.* siuchī; *illness*; for sike [seke] þei miȝte uneþe stonde CH. C. T. *D* 394; in sik(e) and sor(e) GEN. & EX. 1239.

seolf, *see* **self**. **seolk**, *see* **silk**.

seolver, *see* **silver**.

sēon, sēn, v., *O.E.* sēon, sīon,=*O.Fris., O.N.* sia, *O.L.G., O.H.G.* sehan, *Goth.* saihwan; *see*, ORM. 47, 318; seon LANGL· *A* i. 146, see *B* i. 170; sien ANGL. I. 16; suen SPEC. 100; sen GEN. & EX. 279; RICH. 129; sen, seen CH. C. T. *A* 1709; seo, se H. H. 219; to seonne JUL. 47; zienne AYENB. 108; se sene SPEC. 96; sende HOM. II. 139; **sixt** (*pres.*) TREAT. 134; C. L. 8; SHOR. 140; (*ms.* sixst) R. S. vi (MISC. 184); sixt [suxt] LANGL. *C* xi. 158; TREV. VIII. 219; sext S. S. (Web.) 362; sichst, sist (*ms.* syst) O. & N. 242; sist JUL. 31; A. D. 289; sest HOM. II. 137; KATH. 1074; HAV. 534; sihþ (*ms.* syhþ), siþ O. & N. 950; siȝþ TREAT. 133; ziȝþ AYENB. 11; siht HOM. I. 29; sið LAȝ. 4380; seoð, seð H. M. 15; seoþ, seþ ORM. 670, 3829; we seeþ [seth] LANGL. *B* iii. 216; ȝe seoþ BEK. 897; (hi) seoþ, soþ O. & N. 884; **seh** (*imper.*) A. D. 258; **seah** (*pret.*) MAT. iv. 21; sah (*ms.* sahh) ORM. 148; sag GEN. & EX. 26; saȝ FER. 4563; saȝ, sauȝ HORN (L.) 125, 167; sauh MAN. (H.) 31; saugh MAND. 24; TOR. 1718; sauh LANGL. *A* v. 9, 10; saw [*v. r.* seiȝ, sey, sauȝ], say LANGL. *B* v. 9, 10; saugh, seigh CH. C. T. *A* 193, 850; sau MAP 336; REL. I. 61; sau, saw HAV. 1251, 2410; saw PERC. 873; seh MARH. 10; KATH. 173; SPEC. 41; seȝ BEK. 28; A. P. i. 158; seȝ, sei L. H. R. 36; seih C. L. 369; (*ms.* seyh) MISC. 53; seiȝ JOS. 58; (*? printed* seigh) ALIS. 5718; seiȝ, siȝ TREV. III. 127; sei DEGR. 1567;

sai EGL. 380; se AUD. 78; see S. S. (Wr.) 480; S. & C. II. lxxiv; sigh GOW. I. 46; (þu) sehe HOM. I. 259; seȝe P. L. S. x. 56; SHOR. 83; sei (*ms.* sey) [seie, seiȝ, sawe] LANGL. *B* viii. 75; seȝe *A* ix. 66; þeȝ A. D. 263; FER. 4017; seghen MISC. 27; sæȝhen ORM. 3342; sehen KATH. 280; seȝen P. L. S. viii. 49; seghe ISUM. 17; sawen MAND. 91; sogen, sowen GEN. & EX. 3108, 3522; sowen HAV. 957; **sēhe** (*subj.*) H. M. 17; sæȝe LAȝ. 6275; seȝe TREAT. 135; seiȝe LANGL. *B* v. 86; soge REL. I. 220; sowe HAV. 1323; zeȝen AYENB. 204; **seȝhen** (*pple.*) ORM. 3335; seȝen MISC. 229; seiȝen [sein] LANGL. *B* x. 68; seien, seie WILL. 264, 5003; sein MAND. 70; CH. C. T. *B* 172; EGL. 450; seiȝe P. P. 216; sewen GEN. & EX. 1195; *comp.* bi-, for-, ȝe-, of-, ofer-, þurh-sēon; *deriv.* **sēne, siht, sihðe.**

sēere, sb., = *Ger.* seher; *seer, prophet,* WICL. 2 KINGS xv. 27.

sēon[2], v., ?= *O.H.G.* sīn, *M.Du.* sijn; ? *be*; hu mai ðis sen GEN. & EX. 1923.

sēon, *see* **sihen. seorȝe,** *see* **sorȝe.**

sēoðen, v., *O.E.* sēoðan, = *O.N.* sioða, *O.Fris.* siatha, *O.H.G.* siodan; *seethe, boil, cook*; sethin '*coquo*' PR. P. 454; seþe ROB. 404; RICH. 1493; CH. C. T. *A* 383; P. 43; **sēþen** (*pres.*) MAND. 129; **sēþe** (*subj.*) A. P. ii. 631; **sēoþinge** (*pple.*) MARG. 251; **sēð** (*pret.*) GEN. & EX. 1487; seþ L. H. R. 60; IW. 1699; seeþ CH. C. T. *E* 227; suden LAȝ. 20978; soden BRD. 8; soden [soþen] LANGL. *B* xv. 288; **soden** (*pple.*) RICH. 3069; MAND. 251; soþen IW. 1701; sode WILL. 1849; isoden [isothen] LANGL. *B* xv. 425; isode BRD. 8; LEG. 8; *deriv.* **sēað.**

sēoþing, sb., *cooking,* TREV. IV. 439.

seoððen, *see* **siþþen.**

seoven, seoveðe, *see* **seofen, seofeðe.**

sēowen, v., *O.E.* sēowian, sīwian, *O.H.G.* siuwan, sīwan, *cf. Goth.* siujan, *Lat.* suere; *sew*; sewe EM. 59; DEP. R. iii. 138; sowe LANGL. *B* vi. 9; souwe [sewe] *A* vii. 9; souwe JOS. 427; **sowe** (*pres.*) '*suo*' PR. P. 466; seweð MK. ii. 21; **sēouweð** (*imper.*) A. R. 420; **sēwede** (*pret.*) LEG. 74; sewide, souwide WICL. JOB xvi. 16; **sēwed** (*pple.*) WILL. 3060; sewed [sowed] CH. C. T. *A* 685; *comp.* bi-, ȝe-sēowen.

sēwer, sb., *sewer,* CATH. 331; **sēweris** (*pl.*) LANGL. *A* xi. 301; sewars APOL. 106; sowers DEP. R. iii. 165.

sēowestre, sb., *stitcher, sempstress*; sewestre [siwestere] LANGL. *C* vii. 362; sewstare, sow- stare, soware '*sutrix*' PR. P. 454.

sep, *see* **sap. sēp,** *see* **schēp.**

septre, *see* **sceptre.**

septemtrioun, sb., *O.Fr.* septentrion; *north,* CH. C. T. *B* 3657.

sepulcre, sb., *O.Fr.* sepulcre; *sepulchre,* HOM. II. 21; A. R. 170; ROB. 411; SHOR. 124; sepulcre MISC. 52.

sepultūre, sb., *Fr.* sepulture; *sepulture, sepulchre,* ROB. 166; SHOR. 128; CH. C. T. *C* 558.

sēr, adj., *O.N.* sēr; *several, particular,* ORM. 18653; AV. ARTH. x; **sēre** (*pl.*) FLOR. 331; GAW. 822; P. R. L. P. 139; PR. C. 48; seere MAN. (H.) 19.

sēre-lĕpi, adj., *separate, various* : sekenes of serelepi kendis ALEX. (Sk.) 4440; a sere- lepi gifte 4521; **sērlĕpes** (*adv.*) ORM. 513; GAW. 501; LANGL. *B* xvii. 164.

sēr-līche, adv., = *Dan.* særlig; ?*particu- larly,* WILL. 2149; sereli YORK xliv. 24.

sērnes, sb., *variety,* ['*varietate*'] HAMP. PS. xliv. 11; **sērnesis** [sernessis] (*pl.*) xliv. 15.

sērtē, sb., *variety*; **sērties** (*pl.*) ALEX. (Sk.) 4654.

sēr, *see* **sēar, sār.**

sercle, *for* **cercle**; *circle,* ALEX. (Sk.) 3736; WICL. PROV. xi. 22.

sēre, *see* **seare. serewe,** *see* **sorȝe.**

sergant, sb., *O.Fr.* sergant, serjant; = **servant**; *sergeant, servant, man-at-arms*; *serjeant-at- law*; *overseer of labourers*; MISC. 33; sergant, serjaunt (*v. r.* servaunt) C. M. 15915; serjant BEK. 687; serjaunt P. S. 327; sergeaunt PR. C. 6084; D. ARTH. 1173; sergont, serjont AYENB. 32, 188; **sergans** (*pl.*) HAV. 2088; sergeants CH. C. T. *G* 361.

serge, sb., = **cerge**; *wax candle,* CATH. 330; **serges** [cirges] (*pl.*) C. M. 20701; serges A. P. ii. 1489.

serȝe, *see* **sorȝe.**

sergeantie, sb., *men at arms*; serjauntie MAN. (F.) 11979.

serie, sb., *Lat.* series; *series,* CH. C. T. *A* 3067.

serious, adj., *O.Fr.* serieux; *serious* : serious, sad and feithefulle PR. P. 453.

cerious-lī, adv., *seriously,* CH. C. T. *B* 185.

serke, sb., *O.E.* serce, syrce, = *O.N.* serkr; *shirt,* LANGL. *B* v. 66; P. R. L. P. 128; EM. 501; serk HAV. 603; **serke** (*dat.*) S. S. (Wr.) 1391; wiþoute serke GAM. 259.

sermōn, sb., *O.Fr.* sermon, sermun; *sermon, talk,* AYENB. 20; sermun MISC. 187; sarmoun MAN. (F.) 9240; **sarmōns** (*pl.*) LANGL. *C* xv. 201.

sermonen, v., *O.Fr.* sermoner (*sermonner*); *talk, preach,* HOM. I. 81; sermone CH. C. T. *C* 879; sermonie MISC. 77; **sermōnes** (*pres.*) YORK xxx. 302.

serpent, sb., *O.Fr.* serpent; *serpent,* P. L. S. iii. 26; CH. C. T. *D* 1994; **serpentis** (*pl.*) ALEX. (Sk.) 3707.

serrai, adj., ? *O.Fr.* seré; *close*; **sarrai** (*adv.*) BARB. viii. 296.

serri-lī, adv., *closely*; sarrali BARB. viii. 222; ix. 140; xvii. 96; xviii. 195; sarreli MAN. (F.) 13536.

sertane, adj., *for certein*; *certain* : a sertane folk ALEX. (Sk.) 3956; sertein MAN. (F.) 8151; a **sertan** (*sb.*) of giftes ALEX. (Sk.) 5121.

sertes, adv., *for certes*; *certainly,* MAN. (F.) 1223; sertis ALEX. (Sk.) 4371.

sērtie, *see uuder* **sēr.**

servāge, sb., *Fr.* servage; *servitude, service,* ROB. (W.) 257, 263, 1059; CH. C. T. *E* 147; D. BL. 769; PR. C. 1157.

servant, sb., *O.Fr.* servant; *servant,* A. R. 428; servaunt A. P. i. 698; servand, sirvand ALEX. (Sk.) 2779, 1962; **servandis** (*pl.*) 2753; her servant (i. e. *lover*) for to be CH. L. G. W. 1957.

serven, v., *for deserven*; *deserve*; **serve** (*pres.*) HAMP. PS. iv. 5; **served** (*pple.*) *earned* ALEX. (Sk.) 3426.

servien, v., *O.Fr.* servir; *serve,* A. R. 12; serven GEN. & EX. 5; HAV. 1230; SPEC. 74; serfen ORM. 471; servie BEK. 156; **serveð** (*pres.*) KATH. 2104; serveþ O. & N. 1579.

servinge, sb., *serving,* LA3. 8097; serving SPEC. 69.

servisable, adj., *useful, obliging,* CH. C. T. *G* 1014; MAN. (F.) 3139.

servise, sb., *O.E.* serfise,=*O.Fr.* servise, service; *service,* LA3. 8071; A. R. 312; GEN. & EX. 1672; BEK. 136; service H. H. 244; here is propre service (*serving*) LANGL. *B* xiii. 51; godes service to hiure *C* x. 227; servise (*duty*) *C* iv. 451; serves ALEX. (Sk.) 918.

servitour, sb., *O.Fr.* serviteur; *attendant*; **servitūrs** (*pl.*) MAN. (F.) 11300.

servitūte, sb., *O.Fr.* servitut; *servitude,* CH. C. T. *E* 798.

serwe, *see* **sor3e.**

sēs, sb., *for* *cēs, *O.Fr.* ces; *cessation, conclusion,* MAN. (F.) 182; AR. & MER. 3188; seis YORK viii. 19.

sēsen, *see* **saisen, cessen.**

sēsonen, v., *season*; **sēsonde** (*pple.*) ALEX. (Sk.) 2923.

sēsoun, sb., *O.Fr.* saison; *season,* WILL. 29; seson, sesun LANGL. *A, B* PROL. 1; seson, [sesoun] CH. C. T. *G* 1343; cesoun WICL. ECCLES. viii. 6.

sessen, *see* **cessen.**

sester, sb., *Lat.* sextārius; *a measure of capacity,* PALL. viii. 148.

set, sb., *O.E.* set, = *O.N.* set, *O.H.G.* sez; *from* **sitten**; *seat*; **sēte** (*dat.*) P. P. 218; sette A. R. 358; séten (*dat. pl.*) LA3. 30841.

set-ræi3el, sb., *O.E.* sethrægel; *chair-cover, 'tapete,'* FRAG. 4.

set², sb., *from* **setten**; *trap for game*; **setis** (*pl.*) BARB. iii. 479.

sēte, adj., *proper, ? suitable,* L. C. C. 8; PALL. ii. 420; sete, seete SPEC. 89, 114; i dide al þat þe was sete MAP 337; sete for mannis bodi E. G. 397; sete qvile *fitting time* ALEX. (Sk.) 3081; *comp.* **un-sēte.**

sēte, *see* **sǣte.**

setel, sb., *O.E.* setol (ZEIT. XXI. 25), setl, *n., cf.* *O.H.G.* sezal; *mod.Eng.* settle; *seat, throne*; ['*sedem*'] MAT. xxv. 31; ['*cathedra*'] PS. i. 1; setil PR. C. 6122; þet setle (*printed* secle) HOM. I. 61; **setle** (*dat.*) HOM. II. 59; O. & N. 594; **setle** (*pl.*) MAT. xxi. 12; *comp.* dōm-, hēah-, kine-, mōl-, þrūm-setel (-seotel).

setel-gang, sb., *O.E.* setlgang; *down-going*: fram sonne-springe to setel-gang PS. xlix. 1.

Seterdai, *see* **Saterda3** *under* **Satern.**

setlen, v., *O.E.* setlan; *settle, place together; sink down*; satelin '*basso*' PR. P. 440; setliþ (*pres.*) ALIS. 484; **sattles** (*pres.*) YORK 248; **setlede** (*pret.*) FER. 3281; setled (*pple.*) ORM. 14049; WILL. 2452.

setnesse, sb., *O.E.* setness; *constitution, statute*; HOM. I. 261; ORM. 16837; zetnesse AYENB. 104; sætnesse LA3. 4258; *comp.* 3e-setnesse.

setten, v., *O.E.* settan,=*O.L.G.* settean, *O.N.* setja, Goth. satjan, *O.H.G.* sezzan; *from* **sitten**; *set, place,* FRAG. 1; LA3. 5309; MAND. 72; setten a chirche JUL. 77; gif he wile setten us over (*carry over*) þat michele water HOM. II. 43; þe swel schal setten (*subside*) A. R. 274; til þat to sette bigan þe sunne HAV. 2671; on kneus þei schule hem sette MIRC 272; (we) **setteð** (*pres.*) HOM. I. 19; ac men setten nat bi (*value*) songewarie LANGL. *C* x. 302; **sete** (*imper.*) LA3. 3699; MISC. 85; LEG. 58; SPEC. 57; **sette** (*pret.*) MARH. 19; BEK. 1593; CH. C. T. *B* 329; & sette þas la3e HOM. I. 17; þe king sette to fleonne LA3. 1570; and sette treen GEN. & EX. 1278; Havelok sette him dun HAV. 927; schi(r)-reves he sette (*constituted*) 266; (þu) settest JUL. 61; setten P. L. S. xxxi. 296; P. S. 215; setten a sertein dai WILL. 1462; **set** (*pple.*) SPEC. 31; þa setten heo biscopes LA3. 10200; (*ms.* sett) ORM. DEDIC. 41; *comp.* a-, bi-, for-, 3e-, of-, ofer-, ümb-setten.

seþen, *see* **seoðen.** **seþþen,** *see* **siþþen.**

seūr, adj., *O.Fr.* seūr; *sure,* S. S. (Web.) 2033; HOCCL. i. 320; sur WILL. 973; suir P. P. 216.

seūr-lī, adv., *surely*; seurli, sureli ALEX. (Sk.) 1986ª, 1833.

seūrement, sb., *assurance*; surement ALEX. (Sk.) 2748.

seūrtē, sb., *O.Fr.* seūrté; *surety,* WILL. 1463; seurtee CH. C. T. *B* 243.

seute, sb., *O.Fr.* sieute, suite; *mod.Eng.* *suit, suite; following, company, retinue,*

N n

WILL. 1080; siute ROB. 36; seute [suite, sute] LANGL. *B*. v. 504; suite CH. C. T. *A* 2873; soite, soute D. ARTH. 81, 3931, 3941.
seven, *see* **seofen**.
severen, v., *O.Fr.* severer, sevrer; *sever*; **severes** (*pres.*) GAW. 1797; **severed** (*pple.*) TREV. IV. 325.
sēw, *see* **sēau**.
sewe, sb., *from* **sewen**; *pursuit*, PALL. v. 184.
sewen, v., *O.Fr.* sewir, sivir, suir; *follow*; sewe (? seue) MAND. 226; sewe, seuwe WILL. 581, 2821; sewe [suwe] LANGL. *B* xi. 21 (Wr.) 6615; siwi LAʒ. 1387*; suin PR. P. 483; sue WICL. GEN. xxiv. 8; **seweð** (*pres.*) HOM. II. 85; siweþ SPEC. 24; siweþ [siveþ] O. & N. 1526; suweð A. R. 208; **suwede** (*pret.*) C. L. 1274.
siwinge, sb., *carrying out orders*, ROB. (W.) 10320.
sēwen, *see* **schēawen, sēowen**.
sewen[2], v.: to sewe at þe meteʒ *set upon the table* '*deponere*' CATH. 331; '*ferculo*' PR. P. 454.
sewer, sb., *waiter (at table)*; '*depositor*,' CATH. 331; ['*dapifer*'] TREV. VI. 435; A. P. ii. 639.
sex, *see* **sax, six**.
sextein, *see* **sacristain. shaft**, *see* **schaft**.
shalmie, sb., *O.Fr.* chalemie; *shawm, trumpet*; **shalmies** (*pl.*) CH. H. F. 1218.
shaundre, *see* **scandle**.
si, *see* **se, siʒe. sī**, *see* **am**.
sib, adj. & sb., *O.E.* sibb, sib,=*O.Fris.* sib, *O.H.G.* sipp, *Goth.* (un-)sibjis, *O.N.* sifi; *related, relative*, ORM. 307; GEN. & EX. 228; TOWNL. 162; ʒef ho were sib to the MIRC 1353; sib or fremde 1558; sibbe LANGL. *B* v. 634 [sib *A* vi. 113]; sibbe '*consanguineus*' PR. P. 455; HORN (R.) 68; AR. & MER. 8914; TRIST. 722; **sibbe** (*pl.*) P. L. S. viii. 17; A. R. 204; HAV. 2277; SHOR. 69; sibbe men LAʒ. 1360; sibbe & fremde MAN. (F.) 6484; *comp.* **god-, ʒe-sib**.
sib-man, sb., *relative*, '*affinis*;' **sibmen** (*pl.*) LAʒ. 1360*.
sib-rēden, sb., *O.E.* sibræden; *kinship, affinity*, SAX. CHR. 255; sibredin D. ARTH. 691; sibrede PR. P. 455; ROB. 492; GOW. III. 284.
sib-sum, adj., *O.E.* sibsum,=*O.H.G.* sibbisam; *amicable, peaceable*: þa **sibsume** (*pl.*) ['*pacifici*'] MAT. v. 9; *comp.* **ʒe-sibsum**.
sibsumnesse, sb., *O.E.* sibsumness; *peace, amity*, HOM. I. 91; MISC. 54.
sib,sibbe,sb.,*O.E.*sibb,=*O.Fris.* sibbe,*Goth.* sibja, *O.H.G.* sippa, sibba, ? *O.N.* sif (*pl.* sifjar); *peace; kindred*; MAT. x. 13; HOM. I. 193, 243; sibbe O. & N. 1005; P. L. S. v (b.) 56; ALIS. 5982; S. S. (Web.) 288; sæhte and sibbe he luvede LAʒ. 6096; of Daviþes kin & sibbe ORM. 3315.

sibnesse, sb., *O.E.* (ge-)sibness; *peace; kindred*; HOM. I. 275; MISC. 92; LEG. 53; H. H. 204 (206).
sīc, sb., *sigh*, JUL. 21; sik SPEC. 92; **sīke** (*dat.*) CH. C. T. *A* 1117; **sīkes** (*pl.*) A. R. 284; siches HOM. II. 83.
sīc, *see* **sēoc. sīcer**, *see* **sīder**.
sīche, sīchen, *see* **sīc, sīke, sīken**.
sicomore, sb., *O.Fr.* sicomore; *sycamore*; **sicomoris** (*pl.*) WICL. 3 KINGS x. 27; sichomures ALEX. (Sk.) 4973.
sīd, adj., *O.E.* sīd, =*M.L.G.* sīd, sīt, *O.N.* sīðr; *wide, ample, far*, PR. C. 1534; siid '*talaris*' PR. P. 455; þe side coote WICL. GEN. xxxvii. 23; **sīde** (*pl.*) H. S. 3227; side robes SPEC. 37; **sīde** (*adv.*) LAʒ. 29902; wide & side ORM. 5900; **sidder** (*compar.*) LANGL. *B* v. 193.
[**sīde**, sb.,*O.E.* sido,=*O.L.G.* sidu, *Goth.* sidus, *O.H.G.* situ, *O.N.* siðr; *custom*.]
side-ful, adj., *well-behaved, moral*; '*pudicus*,' FRAG. 5; sedeful ORM. 2175.
sīde, sb., *O.E.* sīde,=*O.L.G.* sīda, *O.N.* sīða, *O.H.G.* sīta; *side*, A. R. 294; ORM. 4777; C. L. 1154; SPEC. 88; side bi side LAʒ. 19824; C. M. 1786; **sīden** (*dat.*) JOHN xx. 25; on ælchere siden [side] LAʒ. 621; al so þu dost on þire side O. & N. 429; Horn stant bi þi side HORN (H.) 1007; **a sīde** *aside* GOW. II. 372; CH. C. T. *A* 896; stoude a side FER. 1826; bi siden, bi side, bi sides *beside, besides* LAʒ. 5498, 12426, 24411; bi side þe buregh HOM. II. 31; bi sides hem IBID.; þar bi side O. & N. 35; bi side þe urþe TREAT. 134; **sīden** (*pl.*) A. R. 392; side HOM. I. 147; *comp.* **ēst-, norþ-, sūþ-, west-, wiðer-side**.
side-benche, sb., *side-bench*, WILL. 4565.
sid-bord, sb., *side-table*, GAW. 115; sideborde LANGL. *B* xiii. 36.
sideling, adv., =*M.H.G.* sītelingen; *sideways*, D. TROY 7320; sidling, sidlinges MAN. (F.) 10348, 10869; sidelinges GENER. 206; sidlinges D. ARTH. 1039.
sid-waʒ, sb., *side-wall*; **sidwages** (*pl.*) GR. 18; sidwowes FRAG. 6.
sīder, sb., *O.Fr.* sidre, *low Lat.* sicera, *Gr.* σίκερα, *Heb.* שֵׁכָר; *cider, strong drink*, LEG. 81; sidir '*sicera*' PR. P. 455; cider [siþer, sicer, ciser] CH. C. T. *B* 3245; sider (cidre, siþer, ciser, cisar, sidur] WICL. JUDG. xiii. 14; sicher, sycher VOC. 178; cithir WICL. JUDG. xiii. 14; C. M. 10982, 12679.
sie, *see* **sē. siec**, *see* **sēoc**.
sīen, *see* **siʒen, sīhen. sife**, *see* **sive**.
sifte, sb.,=*M.Du.* sifte; *sieve*; cifte [cive] '*cribrum*' PR. P. 78.
siften, v., *O.E.* siftan,=*M.Du.* siften; *sift*, C. M. 15523; siftin '*cribro*' PR. P. 455; **sifted** (*pple.*) CH. C. T. *G* 941.

siȝ (? sīȝ=sīo), sb., *sigh*; sighe (*dat.*) CH. C. T. *A* 1117; sighes [sikes] (*pl.*) P. F. 248.
sigaldren, *see under* siȝe².
siȝe, sb., *O.E.* sige, *cf. O.H.G.* sigi, *m., Goth.* sigis *n.*; *victory,* HOM. I. 13; LAȝ. 23896; ORM. 5461; si (*ms.* sy) JUL. 10.
siȝe-fast, adj., *victorious,* ORM. 16958; siȝefest (*printed* siȝefeit) FRAG. 4.
[**siȝe²,** P.]
siȝe-craft, sb., *? magic art,* LAȝ. 15501.
si-galdren, v., *enchant,* A. R. 208; **sigaldride** (*pret.*) H. S. 503.
sigaldrie, sb., *enchantment,* A. R. 208*; ALIS. 7015; CHEST. II. 69.
siȝen, v., *from* siȝ; *cf.* **siken**; *sigh*; sighen GOW. II. 319; S. S. (Wr.) 1860; sihghin, sihin, *sigh,* '*suspiro,*' PR. P. 455; sihin LUD. COV. 391; **siȝh(e)** (*pres.*) WILL. 909; sihð O. & N. 1587; sighes PERC. 1064; **sigande** (*pple.*)GEN. & EX. 1436; **siȝede** [siȝhede] (*pret.*) LANGL. *B* xviii. 263; siȝede PL. CR. 442; siȝide WICL. JOSH. xv. 18; siȝed TOR. 2388; sighed EGL. 832; siked [sighed] MAN. (F.) 9073.
siȝing, sb., *sighing,* FER. 1040; **sighinges** (*pl.*) ALEX. (Sk.) 441.
siȝen, v., *O.E.* sīgan,=*O.L.G., O.H.G.* sīgan, *O.Fris., O.N.* sīga; *glide, fall, sink*: siȝen to helle LAȝ. 14589; forð heo gunnen siȝen 29071; sihen KATH. 2353; sieȝe ALEX. (Sk.) 716; sie CH. TRO. v. 182; PALL. xi. 326; **siheð** (*pres.*) H. M. 47; hie arist anes a dai and eft sigeð HOM. II. 109; sieð R. S. iii; **siȝe** (*subj.*) SHOR. 3; sah, seh (*pret.*) LAȝ. 2918, 10255; doun bi (h)is chin (h)it seȝ FER. 589; siȝen LAȝ. 8682; sihen JUL. 76; *comp.* **a-, an-, ȝe-, to-siȝen.**
siggen, *see* **seggen. signe,** *see* **seine.**
signet, sb., *O.Fr.* signet; *signet*; **singettez** (*pl.*) A. P. i. 838.
signifiaunce, sb., *Fr.* significance; *significance,* WILL. 2958; signefiaunce MISC. 28.
signifien, v., *Fr.* signifier; *signify*; signifie ROB. 154; **signifieth** (*pres.*) ALIS.² (Sk.) 853; **signified** (*pret.*) ALEX. (Sk.) 515.
siȝt, *see* **siht.**
sīhe, sb.,=*O.H.G.* sīha, *M.Du.* sijghe, *O.N.* sīa; *strainer, colander,* '*colum,*' PR. P. 79*.
sīhen, sēon, v., *O.E.* sēon,=*O.H.G.* sīhan, *M.Du.* sijghen, *O.N.* sīa; *strain, run*; **si** (*imper.*) L. C. C. 7; þet rede blod sēh (*pret.*) ut HOM. I. 121.
sihen, *see* **siȝen.**
siht, sb.,=*O.H.G.* siht *f.*; *?* =**sihðe**; *from* **sēon**; *sight, vision,* LAȝ. 20929; R. S. v; SPEC. 25; sigt GEN. & EX. 1626; siȝt SHOR. 33; WILL. 762; GREG. 1048; sight MAN. (H.) 174; S. S. (Wr.) 2414; sith LUD. COV. 117; sihte P. L. S. viii. 184; HOM. II. 61; CHR. E. 769; siȝte MARG. 155; *comp.* **an-, bi-, fore-, ēaȝe-, ēiȝe-(ie), in-siht (-sihte, -aiȝt).**

sighte-lēs, adj., *sightless,* GEN. & EX. 1528.
siht², sb., *sigh*; siȝt GREG. 13; **siȝtes** (*pl.*) WILL. 924.
sihten, v., *O.E.* siccettan; *sigh*; sighte REL. I. 71; s. & C. II. lxii; **sihte** (*pret.*) HOM. II. 169; (*ms.* sihtte) L. N. F. 217; sihte [siȝte] O. & N. 1291; siȝte FL. & BL. 59; BRD. 28; TREV. VIII. 227; sighte CH. C. T. *B* 1035; DEGR. 209.
sihti, adj.,=*M.H.G.* sihtic; *visible*; sighti '*visibilis*' PR. P. 455.
sihðe, sb., *O.E.* (ge-)sihð *f.; from* **sēon**; *vision,* MK. xvi. 8; A. R. 48; KATH. 497, 1620; sigðe (*ms.* sigðhe) GEN. & EX. 1630; sihþe ORM. 12670; ziȝþe AYENB. 47; *comp.* **an-, ēaȝe (ēh-), ȝe-sihðe.**
sīk, *see* **sīo.**
sīke, sb., *O.E.* sīc,=*O.N.* sīk, sīki *n.*; *trench, rill,* '*rivus,*' VOC. 195; **siche** (*dat.*) SHOR. 123; **sikes** (*pl.*) MAN. (F.) 8165; sikes, sikis BARB. xix. 742, xi. 300.
sīke, *see* **sēoke.**
sikel, sb., *O.E.* sicol,=*O.H.G.* sichila, *from Lat.* secula; *sickle,* KATH. 827; TREAT. 133; sikel [sikul] LANGL. *B* iii. 306 (Wr. 1983); sikil '*falx*' PR. P. 455; REL. I. 7.
sīkel, adj., *? sickly*: Lazarus was swiþe sikel a man S. A. L. 151.
sīken, v., *O.E.* sīcan (*pret.* sāc); *sigh,* A. R. 110; H. M. 27; siken ... & suhȝhen ORM. 6924; sike HORN (L.) 426; HAV. 291; WILL. 691; CH. C. T. *A* 1540; sike & grone P. L. S. xix. 266; siken, siche(n) LAȝ. 12772, 13626; sike, siche BEK. 536, 1446; siche MISC. 50; REL. I. 274; TREV. VII. 535; LAUNF. 249; **sikeð** (*pres.*) HOM. I. 43; sikeþ O. & N. 1352; **sikande** (*pple.*) A. P. ii. 715; **sikede** (*pret.*) LANGL. *B* xviii. 263; siked MAN. (F.) 9073; **sīked** (*pple.*) SPEC. 92; *comp.* **bi-sichen.**
siking, sb., *sighing,* HAV. 234; SPEC. 53; WILL. 5451.
siken, *see* **sēken.**
siker, adj.,=*O.Fris.* siker, sikur, *O.L.G.* sikur, *O.H.G.* sichur, *from Lat.* secūrus; *secure,* P. L. S. viii. 20; LAȝ. 15092; KATH. 25; ORM. 4844; GEN. & EX. 869; ROB. 116; WILL. 2361; CH. C. T. *F* 1139; PR. C. 8558; sekir TOR. 1001; **sikerure** (*compar.*) A. R. 164; sikerer LANGL. *B* xii. 162.
siker-hēde, sb., = *O.H.G.* sichurheit; *security,* O. & N. 1265.
siker-lēo, sb., *security,* MARH. 14.
siker-liohe, adv.,=*O.H.G.* sichurlīcho; *securely,* A. R. 62; O. & N. 1139; sikerlike GEN. & EX. 1500; HAV. 422; sekirli PERC. 2002.
sikernesse, sb., *security,* A. R. 342; HAV. 2856; JOS. 623; sikernisse BEK. 800; sekirnes PERC. 1204.
sikerien, v., *O.E.* sicerian; *trickle*: þat

sikeries (? *printed* sikenies) (*pres.*) out of þe se SAINTS (Ld.) xlvj. 641.
sikerin, v., = *O.Fris.* sikura, sikeria, *O.L.G.* sicorōn, *O.H.G.* sicherōn; *make sure*, '*securo*,' PR. P. 455; sikeri ROB. 545; FER. 2041; sikere S. S. (Wr.) 47; **sikerede** (*pret.*) MAN. (F.) 14716; **sikered** (*pple.*) WILL. 1463.
sikil, *see* **swikel**. **sīknen**, *see* **sēcnen**.
silden, *see* **schilden**. **sile**, *see* **séle**.
silen, v., *glide*; *go*; sile DEGR. 343; YORK xviii. 196; **siles** (*pres.*) he a doune AV. ARTH. xvi; silis, silez ALEX. (Sk.) 111, 2922*; & **siled** (*pret.*) firre A. P. ii. 131.
silen[2], v., *Swed.* sīla; *strain*; sīle '*colare*' CATH. 339; **siled** (*pple.*) HALLIW. 743; silud L. C. C. 21.
silence, sb., *O.Fr.* silence; *silence*, A. R. 22.
silf, *see* **self**.
silk, sb., *O.E.* seolc, = *O.N.* silki; *silk*, SPEC. 36; P. L. S. i. 11; MAND. 212; CH. C. T. F 613; silke ALEX. (Sk.) 4016; selc FL. & BL. 536; selk B. DISC. 223; selke SHOR. 34; **seolke** (*dat.*) LA3. 22764; A. R. 420.
silk-þrēd, sb., = *O.N.* silkiþrăĕr; *silk thread*, WILL. 4430.
selk-werk, sb., *embroidery of silk*, JOS. 427.
silk-wirm, sb., *O.E.* seolcwyrm; *silk-worm*, PR. P. 456.
silken, adj., *O.E.* seolcen; *silken*, LIDG. M. P. 104; silkin EM. 377; selkin ALIS. 278; mid **seolkene** (*dat. pl.*) þrede MISC. 77.
sillable, sb., *O.Fr.* sillabe; *syllable*, PR. P. 455; CH. C. T. E 101; silipp YORK x. 26.
sille, *see* **sülle**. **sillen**, *see* **sellen**.
silour, *see* **celūre**.
silte, sb., *silt*; cilte '*glarea*' PR. P. 77.
silten, *see* **salten**.
silver, sb., *O.E.* silofor, seolfor, sylfor, = *O.N.* silfr, *O.H.G.* silbar, silabar, *Goth.* silubr; *silver*, BEK. 1472; silfer ORM. 15796; selver [silver] LANGL. PROL. *A* 78, *B* 81; CH. C. T. *A* 115; selfer MAT. x. 9; selver KATH. 270; R. S. vii; WILL. 2554; P. 5; zelver AYENB. 35; seolver HOM. I. 9; A. R. 152; O. & N. 1366; seolver, sulver LA3. 884, 3570; suelfer P. L. S. viii. 133; **selfre** (*dat.*) HOM. I. 227; seolvre MISC. 89; selvre 28; seolvere, selvere LA3. 2451, 4388; *comp.* **qvik-silver**.
silver-ōre, sb., *silver-ore*, P. S. 338.
silveren, adj., *O.E.* sylofren, seolfren, silfren, = *O.H.G.* silberīn, *Goth.* silubreins; *made of silver*, WICL. GEN. xliv. 2; mid selvrene stikke ANGL. IV. 194; bi þe selverne bi3e L. H. R. 29; **seolverne** (*pl.*) LA3. 22783; silverene D. ARTH. 1949.
silverin, v., *cover with silver*, '*deargento*,' PR. P. 456.
siment, *see* **ciment**.
simfan, sb., *O.Fr.* symphans, sinfanie; *musical instrument*; ['*symphonies*'] MAN. (F.) 11387.

similacre [**semilacre**], sb., *O.Fr.* simulacre, *Lat.* simulācrum; *image*, ALEX. (Sk.) 2997; **semilacris** (*pl.*) 5637; simolacries 4460.
simile, sb., *simile*, LANGL. *C* xix. 299.
similitūde, sb., *Lat.* similitūdō; *comparison, proposition*, CH. C. T. *G* 431; LANGL. *C* xx. 160*.
simle, adv., *O.E.* simle, simble, = *O.L.G.* simbla, simla, *O.H.G.* simble; *always*, HOM. l. 239.
simnel, sb., *O.Fr.* simenel; *fine sort of bread*, VOC. 198; PR. P. 456; **simenels** (*pl.*) HAV. 779.
simonde, sb., *for* **ciment**; *cement*, YORK viii. 102.
simonie, sb., *O.Fr.* simonie; *simony*, A. R. 202; P. L. S. xvii. 145; simonie LANGL. *A* PROL. 83.
simple, adj., *O.Fr.* simple; *simple, ignorant*, A. R. 128; REL. I. 226; BEK. 1058; AYENB. 134; WILL. 714; sempill ALEX. (Sk.) 4404.
simple-liche, adv., *simply*, AYENB. 134.
simpilnesse, sb., *simplicity*, PR. P. 456; ALEX. (Sk.) 4040, 4051.
simplesse, sb., *O.Fr.* simplesse; *simplicity*, AYENB. 140; LANGL. *A* xi. 121*.
simpletē, sb., *O.Fr.* sempleté; *simplicity*, LANGL. *B* x. 165; simplite *A* xi. 121*.
simulaciōn, sb., *O.Fr.* simulacion; *simulation*, AYENB. 23.
[**sin-**, *O.E.* = *O.L.G.*, *O.H.G.* sin-, *O.N.* si-; *always, perpetually.*]
sin-fulle, adj., *O.E.* sinfulle; *endless*, REL. I. 38.
sin-grēne, sb., *O.E.* singrēne, = *M.H.G.* singrüene; *house leek*, '*Jovis barba*,' REL. I. 37; '*semperviva*' PALL. i. 853; sengrene PR. P. 251.
[**sin-hīwen**, sb., pl., *O.E.* sinhīwan; *husband and wife*; *comp.* **3e-sinhēowen**.]
sinagins, sb., pl., ? *monsters*, ALEX. (Sk). 5452.
sinagoge, sb., *synagogue*, ALEX. (Sk.) 1058.
sinder, sb., *O.E.* sinder, = *M.L.G.* sinder, *O.N.* sindr, *O.H.G.* sintar; *cinder*, '*scoria*,' CATH. 340; sindir PR. P. 456.
sinder, *see* **sünder**.
sindren, v., *L.G.* sin(d)ern; *purify*: þe ilke welle is zvo clier and zvo **izendred** (*pple.*) AYENB. 251.
sinegen, *see* **süne3en**.
sinewe, sb., *O.E.* sinu, seonu, = *O.Fris.* sine, *M.L.G.* sene, *O.N.* sin, *O.H.G.* senewa; *sinew*, '*nervus*,' PR. P. 456; S. S. (Web.) 1048; sinue (*ms.* sinwe), senewe WICL. GEN. xxxii. 25; senwe GEN. & EX. 1805; **sinuen** (*pl.*) P. L. S. xv. 194; senuwen LA3. 6498; seonewen MARH. 7; sina, sinan LEECHD. III. 88, 120; senewes SPEC. 101; senous, sinnous YORK xxxv. 108, 133; *comp.* **hōu3-senu**.

sinowi, adj., *sinewy*; senowi PALL. iv. 684.

singable, adj., *singable*; singabil ['*cantabiles*'] HAMP. PS. cxviii. 54.

singe, see **seine**.

singen, v., *O.E.* sigan,=*O.L.G.*, *O.H.G.* singan, *Goth.* siggwan, *O.N.* syngva, syngja; *sing*, A. R. 44; LANGL. *B* xv. 219; zinge AYENB. 22 ; **singe**þ (*pres.*) ORM. 1725; SHOR. 23 ; þu **singe** (*subj.*) O. & N. 226 ; **singende**, singinge (*pple.*) LA3. 26946, 29714; **sang** [song] (*pret.*) CH. C. T. *A* 2212 ; song O. & N. 20 ; songe LANGL. *B* xix. 206; þu sunge O. & N. 1049; sungun, sungen HOM. I. 5, 7; sungen SAX. CHR. 249; MARH. 22 ; ORM. 3373 ; GEN. & EX. 3288; O. & N. 1663; sunge GOW. II. 176; sunge, songen BRD. 17, 20 ; songen MAND. 278; **sunge** (*subj.*) O. & N. 1026; sunge [songe] LA3. 17435; **sunge**, songe (*pple.*) CH. C. T. *A* 266; isungen [isonge] LA3. 18520; *deriv.* **sang**, **sengen**.

singare, v., *singer*, PR. P. 456.

singstere, sb., *female singer*, WICL. 1 ESD. ii. 65.

sin3en, *see* **süne3en**.

single, adj., *O.Fr.* single, sengle; *single*; sengle SHOR. 65 ; AYENB. 48.

singnette, *see* **signet**.

singuler, adj., *O.Fr.* singuler; *singular*, TREV. IV. 17.

sinke, sb.,=*M.Du.* sinke; *sink; well of a lamp; 'exceptorium, mergulus'* PR. P. 456.

sinken, v., *O.E.* sincan,=*O.L.G.* sincan, *O.H.G.* sinkan, sinchan, *Goth.* sigqan, *O.N.* sökkva ; *sink, glide, fall*, LA3. 20156 ; MARH. 7; CH. C. T. *A* 951 ; **sinke**þ (*pres.*) ORM. 13381 ; **sank** (*pret.*) GOW. I. 229 ; LANGL. *B* xviii. 67 ; sunken LA3. 4582 ; JUL. 79 ; GEN. & EX. 3775 ; sonken MAP 339 ; i **sonke** (*ms.* songe, *r. w.* lonke) (*subj.*) P. S. 156 ; **sunken** (*pple.*) ORM. 14569; sonken WILL. 4111 ; MAND. 101 ; isunken LA3. 28485 ; *comp.* **a-**, **bi-**, **for-sinken**; *deriv.* **senchen**.

sinne, *see* **sünne**.

sinoper, sb.,*O.Fr.* sinople; *red earth, 'sinopis,'* CATH. 341 ; sinopir PR. P. 456.

sinoþ, sb., *O.E.* synoð, *Lat.* synodus, *Gr.* σύνοδος ; *synod*, FRAG. 2 ; sinað LA3. 25338 ; sinod TREV. V. 231.

sioun, *see* **ciün**. **sip**, *see* **schip**.

siphre, sb., *Arab.* çifr ; *cipher*, DEP. R. iv. 53.

sippin, v.,=*M.Du.* sippen, *M.H.G.* supfen ; *sip*, PR. P. 456; sippe CH. C. T. *D* 176.

sire, sb., *O.Fr.* sīre; *sire, sir*, LA3. 22485; A. R. 86 ; R. S. vii ; HAV. 310; sire bischop BEK. 997 ; ser YORK xxii. 151 ; sire soile *fatherland* ALEX. (Sk.) 5021 ; **sires** (*pl.*) WILL. 2248 ; CH. C. T. *A* 3909.

sirurgien, see **cirurgian**.

sirupe, **sirope**, sb., ? *O.Fr.* syrop; *syrup*, CATH. 341 ; sorip PR. P. 465.

sis, sb., *O.Fr.* sis ; *six of dice*, CH. C. T. *B* 3851

sīse, sb., *for* **asīse**; *mod.Eng.* size ; *session, meeting*, MAP 337 ; *due measure* MIRC 1282 ; '*dome of lond*' PR. P. 456.

sīse², sb., *size* : sise for bokis lymininge PR. P. 456.

sīsen, v., *for* **asīsen**; *constitute*; **sised** (*pret.*) ALEX. (Sk.) 4654.

sīsour, sb., *for* **asīsour**, *? juryman, ? witness* : a sisoure and a sompnoure LANGL. *B* iv. 167 ; sīsoures [sisours] GAM. 881 ; fals men þat bein sisours H. S. 1335.

sissen, v., *cf. Du.* sissen; *hiss* ; **cisses** (*pres.*) VOC. 152.

sīser, *see* **sīder**.

siste, *see* **sixte**. **sister**, *see* **süster**.

sīte, sb., *Fr.* sīte; *position*, CH. ASTR. ii. 17 (28).

sīte², sb., *O.N.* sȳti; *sorrow, pain*, L. H. R. 63 ; ALEX. 546 ; TRIST. 1940; MIN. vii. 65; M. H. 149; ANT. ARTH. xvii: sorowe and site MAN. (H.) 5 ; FLOR. 1631 ; ser3he & sit ORM. 4852 ; in site and care C. M. 1410.

sīten, v., *O.N.* sȳta; *be sorrowful, be anxious*; sīte (*pres.*) C. M. 11675.

sitole, sb., *for* **citole**; *guitar*, A. P. i. 91.

sitten, v., *O.E.* sittan,=*O.L.G.* sittean, *O.N.* sitja, *Goth.* sitan, *O.H.G.* sizzan, *Lat.* sidere ; *sit*, LA3. 23035; KATH. 1574; A. R. 22 ; ORM. 14086 ; LANGL. *B* ii. 96; sitte BRD. 24; to sittenne MAT. xx. 23 ; þu **sittest** (*pres.*) O. & N. 89; (he) sit A. R. 332; MARH. 17; K. T. 699 ; (we) sitteþ O. & N. 1682; heo sitteð LA3. 14118; **site** (*imper.*) HOM. I. 91 ; REL. I. 186 : AN. LIT. 3 ; sitteð a dun LA3. 24865 ; sitte (*subj.*) A. R. 10; þet mon ... er timan to his borde ne sitte HOM. I. 105 ; ne sitte hit hire se uvele H. M. 7 ; **sittinde** (*pple.*) A. R. 16; sittende [sittinge] LANGL. *B* xvii. 48; inne wel sittende schon MISC. 193; **sat** [*O.E.* sæt,=*O.L.G.*, *O.N.*, *Goth.* sat, *O.H.G.* **saz**] (*pret.*) ORM. 5807; O. & N. 939; RICH. 3454; CH. C. T. *A* 615 ; PERC. 968; LIDG. M. P. 12 ; he sat at te bordes ende BEK. 1186 ; he sat a dun 1172; þer he sæt [sat] ... an his kinebenche LA3. 9692 ; þe swike set [sat] a dun 12958 ; set A. R. 156 ; KATH. 139; seet L. N. F. 217 ; FER. 1200; (þu) sete FRAG. 6; A. R. 238; FER. 1403; LANGL. (W'r.) 12653 ; **sæten** (*pl.*) ORM. 15560; heo sæten [seten] stille LA3. 25121 ; heo seten to borde 14950; seten A. R. 258 ; JOS. 432 ; RICH. 3471 ; CH. C. T. *F* 92 ; seeten MISC. 229 ; seten [saten] WICL. JOSH. viii. 9; sete BRD. 6 ; TRIST. 549; **sēte** (*subj.*) BEK. 1213 ; WILL. 1622 ; **seten** [*O.E.* seten, = *O.N.* setinn, *Goth.* sitans, *O.H. G.* (ge-)sezen] (*pple.*) HOM. II. 103 ; HAV. 1738; S. S. (Web.) 2649 ; MIRC 1179; WICL. LK. vii. 37 ; seten [siten] CH. C. T. *A* 1452; siten PS. cxxvi. 2 ; *comp.* **æt-**, **bi-**, **for-**, **3e-**, **wiþ-sitten**; *deriv.* **set**, **setel**, **setten**, **sǣte**.

sittunge, sb., =*M.H.G.* sitzunge; *sitting,* A. R. 156.

siþ, adv., *O.E.* sip, *cf. O.N.* sīð, *O.H.G.* sīd, *Goth.* (þana-)seiþs; *?after,* GOW. I. 104; siþ whanne LANGL. *B* xx. 186; *see* **siþþen**.

sīð, sb., *O.E.* sīð, *cf. O.L.G.* sīth, sīð, *O.H.G.* sind, *Goth.* sinþs *m., O.N.* sinn *n.*; *journey; time; chance*; H. M. 9; hwet unseli sīð JUL. 47; Ebri(u)s (h)adden seli sīð GEN. & EX. 2546; siþ AN. LIT. 9; þane seoruhful(l)e siþ FRAG. 5; dreiȝen... wrecche siþ 6; oðer siðe HOM. I. 37; þridde siðe *thirdly* HOM. II. 95; sum siþe ORM. 5372; ðis one siðe GEN. & EX. 3093; þe þridde siþe O. & N. 325; hu þe beon (*r.* beo) on siðe *in what condition art thou* LAȝ. 30284; aris... to þine fæie siðe (*death*) 26040; at sume siþe O. & N. 293; in unker siþe 993; of here līwes (*r.* lives) siþe L. N. F. 217; wanede hire **sīðes** (*pl.*) LAȝ. 25847; his wrecche sīðes HOM. II. 169; þreo sīðes REL. I. 130; ten sīðes GEN. & EX. 1731; siþes LANGL. *B* v. 431; MAND. 291; seofen siðan, siðen (*ms.* syðan, syðen) ['*septies*'] LK. xvii. 4; fif siðen A. R. 18; siþen P. S. 151; siðe LAȝ. 1103; fif siðe KATH. 794; siþe HAV. 778; FL. & BL. 212; SPEC. 134; CH. C. T. *B* 1155; feole siþe K. T. 470; mani þousand siþe [siþes] WILL. 103, 1696; feill siss *many times* BARB. v. 178; *comp.* **bāle-, cwāle-, dēaþ-, earfeþ-, forð-, heðen-, līf-, sorh-, wā-, wēn-sīð.**

siþe, sb., *O.E.* siðe, =*M.L.G.* sigde, segede *f., O.N.* sigðr *m.; scythe*, HAV. 2553; LANGL. *B* iii. 306; RICH. 6788; GAW. 2202; sithe '*falx*' VOC. 277; PR. P. 457.

siþid, adj., *armed with a scythe,* ALEX. (Sk.) 3598, 3821.

siþenes, siþenes, *see* **siþþen**.

siþien, siþian, v., =*O.E.* sīðian, =*O.L.G.* sīthōn, *O.H.G.* sindōn, *O.N.* sinna; *from* **sīð**; *make a journey*; FRAG. 8; þet ure saule moten eft sīðian to him HOM. I. 119; siðen REL. I. 224; forð siðen LAȝ. 21279; (heo) **siþieþ** (*pres.*) FRAG. 8.

siþreþ in phr. **of siþre,** *?=O.N.* of sidir; *of late,* ORM. 322.

siþþen, adv., *O.E.* siððan, siþþon, seoððan, syððan; =**sīþ þan**; *since, ago,* ORM. 231; siþþen [sithen, siþþe, sithe] þat þe world bigan CH. C. T. *A* 2102; siþ [sin] þat i hadde a wif *E* 1545; siððe MISC. 163; siþþe TREAT. 132; siþþe [seþþe] he burede him L. H. R. 26; siþþe [sith] LANGL. *B* v. 441; siþen [sithhen, siþenes, sitthenes] vi. 65; siþe [sith, sin] xx. 320; siþþe a longe time PL. CR. 158; siþe Criste deide 353; siððan, seoððan HOM. I. 43, 109; seoððen A. R. 146; R. S. v; seoþþen his deaȝes beoþ igon FRAG. 5; seoððen, suð ðen LAȝ. 1725, 3915; seþþen C. L. 46; TRIST. 109; seþþen, seþþe WILL. 104, 433; seoþþe [soþþe], seþþe O. & N. 324, 1402; seððe LK. vii. 45; þat furst is feir ant seþþe unsete SPEC.

23; zeþþe AYENB. 14; siððen (? siðen) [*O.N.* siðan], siðen, seðen HOM. II. 3, 21, 183; siðen GEN. & EX. 84; REL. I. 210 (MISC. 3); siþen HAV. 399; JOS. 4; MAND. 75; MAN. (H.) 2; A. P. i. 13; ISUM. 146; sithe M. ARTH. 126; seþen RICH. 5562; seþin ANT. ARTH. xx; sithen, sen PR. C. 731, 2212; sin HOCCL. i. 71; sen DEGR. 1648; sen, sin YORK xxv. 66, i. 139; sethens E. G. 414.

sive, sb., *O.E.* sife, =*M.Du., M.L.G.* seve, *O.H.G.* sib; *sieve, 'cribrum,'* PR. P. 457; GOW. I. 294; CH. C. T. *G* 940; sife FRAG. 4; VOC. 201; *comp.* **hēr-seve.**

siveþe, sb., *O.E.* sifoða; *bran, 'acus,'* sifethe FRAG. 4; **sivedis** (*pl.*) '*furfur*' PR. P. 457.

sivin, v., =*M.Du.* seven, *M.H.G.* siben; *strain, sift, 'colo,'* PR. P. 457.

siwen, *see* **sewen**.

six, card. num., *O.E.* six, seox, siex, sex, = *O.N.* sex, *O.L.G.* sehs, *O.H.G.* sehs, sehse, *Goth.* saihs, *Lat.* sex, *Gr.* ἕξ; *six,* BRD. 28; six, sixe A. R. 30, 298; CH. C. T. *F* 391 (W. 10705); six hundred LAȝ. 613; þa sixe 25387; sixe HAV. 2788; LANGL. *B* v. 431; siexe P. S. 157; sex GEN. & EX. 577; MAN. (H.) 66; C. M. 18877; LIDG. M. P. 34; E. G. 355; þe sexe daȝhes ORM. 4166.

six-tēne, card. num., *O.E.* sixtēne, -tȳne; *sixteen,* LAȝ. 1103; A. R. 298; sextene ORM. 572; AR. & MER. 3948.

six-tēoþe, ord. num., *O.E.* sixtēoða; *sixteenth,* P. L. S. xii. 81; sixteþe ROB. 261; sixtenðe JUL. 78.

six-ti, card. num., *O. E.* sixtig, = *O.L.G.* sehstig; *sixty,* LAȝ. 27446; BEK. 1851; sextiȝ ORM. 7675; sexti PR. C. 4525.

sixti-fāld, adj., *sixty-fold,* H. M. 23.

sixtiaȝte, ord. num., *O.E.* sixtigeða; *sixtieth,* AYENB. 234.

sixte, ord. num., *O.E.* sixta, =*O.L.G.* sehsta, *O.H.G.* sehsto, *Goth.* saihsta, *Lat.* sextus; *sixth,* A. R. 14; BEK. 601; sexte ORM. 4322; GOW. III. 121; S. S. (Wr.) 83; PR. C. 3982; siste, seste HOM. I. 39, 43; seste A. D. 240.

skaffaut, *see* **scafald**.

skalk, *see* **scalc**.

skar, *see* **sker**. **skarn,** *see* **scarn**.

skec, sb., *plundering,* AR. & MER. 4736; skek [skec, scek, shekke, checke, cheke] ROB. (W.) 5131.

skēi, *see* **schēoh**.

skeine, sb., *O.Fr.* escaigne; *skein,* PR. P. 457.

skek, *see* **skec**. **skele,** *see* **schile**.

skell, *see* **schelle**. **skellen,** *see* **schellen**.

skelp, sb., *blow, stroke*; schath of skelpis (*pl.*) YORK xxxiii. 35.

skelpen, v., *prov.Eng.* skelp; *beat, flog*; skelp ALEX (Sk.) 1924; he **skelpte** (*pret.*) oute of score YORK xxvi. 81.

skelten, v.: scoleres **skelten** (*pret.*) þeratte þe

skelten. **slā.** 551

skil for to find A. P. ii. 1554; skete skarmoch skelt (*pple.*) much skathe lached 1186.

skelting, sb. : for skelting of harme D. TROY 1089, 6042.

skemering, *see* **schimeringe** *under* **schimeren.**

skemten, v., *O.N.* skemta ; *amuse, delight* : and skente hi mid mine songe O. & N. 449 ; **skente** (*pret.*) 1085.

skemting, sb., *amusement, pleasure,* ORM. 2165; skempting REL. I. 218; skenting LA3. 30625; skentinge O. & N. 446.

skenten, *see* **skemten.**

skeppe, sb., *O.N.* skeppa (*measure*); *skep, carrying-basket,* '*sporta,*' PR. P. 457 ; PALL. iii. 209.

sker, sb., *O.N.* sker *n.; projecting rock;* scarre ['*scopulus*'] WICL. I KINGS xiv. 5 ; undir a skerre HALLIW. 709.

sker², adj., *O.N.* skiarr ; *scared, timid;* skar TOWNL. 198 ; þe skerre hors A. R. 242⁴.

skēre, adj., *O.E.* scǣre,=*O.N.* skǣr ; *sheer; clear, pure*; C. L. 1073 ; LEG. 85 ; qvit and skere [schere] LAUNF. 429, 881 ; **schēre** þūrs dai *Holy Thursday* (*cf. Dan., Swed.* skær Torsdag] BRD. 16 ; MIRC 640; schere þors dai MAND. 19; scere þors dai REL. I. 144 ; shere þurs dai SACR. 398 ; sheer þurs dai LIDG. M. P. 253 ; **skēre** (*adv.*) B. DISC. 1914; habbeð iqveċen us scere LA3. 12752; of blisse 3e beoþ skere R. S. iv ; makie we us clene and skere MISC. 73 ; **skērre** (*compar.*) A. R. 314.

skēren, v., *cf. O.Dan.* skǣre, *O.Swed.* skǣra ; *purify,* A. R. 308 ; skere ROB. 334 ; REL. I. 241 ; ALIS. 3295 ; S. S. (Wr.) 3398 ; þar of þu ... most þe skere O. & N. 1302 ; of scaþe i wol me skere P. S. 156 ; skere, schere MISC. 190, 191.

sker(r)el, sb., *? scarecrow,* '*larva,*' PR. P. 457 ; scarle CATH. 321.

skerren, v., *cf. O.N.* skirra, *Swed.* skiarra ; *from* **sker** ; *scare,* ORM. 676 ; skeren a wei '*abigo*' PR. P. 457 ; **scarres** (*pres.*) A. P. ii. 598 ; **skerrid** (*pret.*) ALEX. (Sk.) 4802; skerrit D. TROY 13404 ; *? comp.* **a-scürren.**

skēt, adj., *O.E.* scēot, *O.N.* skiōtr ; *quick;* **skēte** (*adv.*) AR. & MER. 294 ; GAM. 187; TRIST. 896 ; GAW. 19; A. P. iii. 195 ; skete, skeet ALIS. 3047, 5637 ; sket ORM. 1266; HAV. 1926 ; B. DISC. 484.

skīt-lī, adv., *suddenly,* ALEX. (Sk.) 5040.

skēwed, adj., *? from* **skīe** ; *piebald* : the skewed ['*varii*'] goos PALL. i. 703 ; skewed horses CHEST. II. 142.

skēwen, *see* **schēowen.**

skīe, sb., *O.N.* skȳ *n., cf. O.L.G.* skio, sceo *m.* ; *sky, cloud,* '*nubes,*' PR.P.457 ; ALIS. 318; GOW. II. 50 ; LIDG. M. P. 161 ; þat brigte skie biforen hem fleg GEN. & EX. 3643 ; þat it ne lefte not a skie in al þe welken CH. H. F 1600 ;

skēwes (*pl.*) C. L. 1494 ; A. P. ii. 1206; skewis ALEX. 561; skiwes REL. I. 262 ; skies 210.

skiffte, skiften, *see* **schift, schiften.**

skig, adj.,=*M.L.G.* schügge, *Swed.* skygg, *? O.N.* styggr; *?*=**schēoh**; *timid, carefu.l,* A. P. ii. 21.

skil, skile, *see* **schile.**

skilli, *?* adj.: þen watz a skilli skivalde, qven scaped alle the wilde A. P. ii. 529.

skin, sb., *O.E.* scinn,=*O.N.* skinn ; *skin,* CH. C. T. *A* 3811 ; LIDG. M. P. 133 ; þet skin AYENB. 81 ; scin 230 ; skinne '*pellis, cutis*' PR. P. 457; **skinne** (*dat.*) EM. 954 ; **skinnes** (*pl.*) MAND. 216; skinnes DEP. R. ii. 32 ; *comp.* **barm-, bēre-skin.**

skinden, v., *O.E.* scyndan,=*O.N.* skynda, *O.H.G.* scuntan ; *hasten* : ðe chapmen **skinden** (*printed* skiuden) (*pret.*) here fare GEN. & EX. 1989.

skine, *see* **schine.**

skinnere, sb., *skinner,* VOC. 181 ; skinnare PR. P. 457.

skinneri, sb., *skins, furs,* B. B. 180.

skip, sb., *hop, jump,* '*saltus,*' PR. P. 458.

skippin, v., *skip, jump,* '*salto,*' PR. P. 458 ; skippe HORN (R.) 1361 ; ALIS. 768 ; WICL. I KINGS x. 6 ; CH. C. T. *A* 3259; HOCCL. I. 120 ; skippe (*pret.*) LANGL. *B* xi. 103 ; MAN. (F.) 11365 ; *comp.* **over-skippen.**

skippare, sb., *skipper,* '*saltator,*' PR. P. 458 ; **skipperes** (*pl.*) GEN. & EX. 3087.

skīr, *see* **schīr.**

skirmen, v., *scream* ; **skirmand** (*pple.*) ALEX. (Sk.) 5157.

skirmen², v., = *O.H.G.* scirman, *M.L.G.* schermen ; *fence,* A. R. 212 ; bigunnen mid sceldes to scurmen LA3. 8144 ; skirme ALIS. 662 ; schirme O. & N. 306 ; **skirmden** (*pret.*) LA3. 8406.

skirming, sb., *fencing,* HAV. 2323.

skirmishen, *see* **scarmishen.**

skirpen, v., *O.N.* skirpa (*spit*); *spit out; reject* : þat unfæle folc þat **skirpeþ** (*pres.*) þar ongænes ORM. 7389.

skirt, sb., *skirt,* PR. P. 458 ; MAN. (F.) 7884 ; **skirtes** (*pl.*) MAND. 221.

skirwit, sb., *parsnip,* '*pastinaca,*' PR. P. 449.

skitte, *see* **schitte.**

skivalde? sb.: þen watz a skilli skivalde, qven scaped alle þe wilde A. P. ii. 529.

sklaire, *see* **sleir.**

sklither, sklitheringe, *see* **slith-.**

skof, *see* **scof.** **skrat,** *see* **scrat.**

skrichen, skriken, *see* **schrichen.**

skulken, *see* **sculken.**

skunniren, *see* **scunneren.**

slā, sb., *O.E.* slähe,=*O.H.G.* slēha, *M.Du.* slee ; *sloe* ; slo '*prunum*' PR. P. 459 ; HAV.

2051; R. R. 928; þis lives blisse nis wurð a slo R. S. ii (MISC. 160); **slōn** (*pl.*) VOC. 163; ALIS. 4983.
slōe-thorn, sb., *O.E.* slāhþorn, = *Ger.* schlēhdorn; *sloethorn*, VOC. 163.
slabbe, sb., *slab; plate, sheet*: a slab [ane sclabbe] of ire TREAT. 135; SAINTS (Ld.) xlvi. 531; **slabbes** (*pl.*) FER. 3313.
slabben, v., *cf.* Swed. slabba (RIETZ); *? wallow*: hou ist thet hi ine helle **slabbeþ** (*pres.*) SHOR. 151.
slaberen, *see* **slaveren**.
slac, sb., *ravine*, ANT. ARTH. xxiii; slak DEG. 333; **slake** (*dat.*) ISUM. 622.
slac², adj., *O.E.* slæc, sleac, = *O.L.G.* slac, *O.N.* slakr, *O.H.G.* slach; *slack, loose, lax, 'piger,'* FRAG. 2; slac, slak AYENB. 32, 141; slak '*laxus*' PR. P. 458; ALIS. 1252; þe slake skin CH. C. T. *E* 1849.
slacnesse, sb., *O.E.* sleacness; *slackness*, AYENB. 33; slaknesse PR. P. 458; CH. C. T. *I* 680.
slácien, *see* **slákien**.
slæd, sb., *O.E.* slæd; *valley*; **slæde**, slade (*dat.*) LAȝ. 8585, 26887; slade GAW. 2147; A. P. i. 141; PALL. ix. 176; **slādes** (*pl.*) LAȝ. 28365; GOW. II. 93.
slǣn, *see* **slēan**.
slǣp, **slāp**, sb., *O.E.* slǣp, = *O.Fris.* slēp, *Goth.* slēps, *O.L.G.* slāp, *O.H.G.* slāf; *sleep*, ORM. 1903, 3148; slep A. R. 144; AYENB. 31; sleep LANGL. *A* PROL. 45; slepe *B* PROL. 45; CH. C. T. (Wr.) 1392 (sleepe *A* 1390); **slǣpes** (*gen.*) ORM. 2971; **slǣpe** (*dat.*) ORM. 8352; heo weren on slæpe LAȝ. 1159; slepe TOR. 927; slape LK. ix. 32; HOM. II. 77; HORN (R.) 1315; a slape WILL. 1995; on slope FLOR. 1632.
slēp-ern, sb., *O.E.* slǣpern; *sleeping room, bed room, 'dormitorium,'* FRAG. 4.
slēp-lēs, adj., *O.E.* slǣplēas; *sleepless*, CATH. 344.
slēplēaste, sb., *O.E.* slǣplēast; (*? printed* slop-), *sleeplessness*, FRAG. 3.
slēp-wurt, sb., *lettuce, 'lactuca,'* REL. I. 37.
[**slǣpel**] **slāpel**, sb., *O.E.* slāpol; *one fond of sleep*, FRAG. 3.
slǣpen [**slēpe**], v., *O.E.* slǣpan, slēpan (*pret.* slēp, slǣpte) (ALFR. P. C. 101), = *Goth.* slēpan (*pret.* saislēp), *O.Fris.* slēpa, *O.L.G.* slāpan, *O.H.G.* slāfan (*pret.* slief); *sleep*, LAȝ. 733; slepen A. R. 4; slepin PR. P. 459; sclepen REL. I. 177; slepe AYENB. 29; FLOR. 1657; sclepe LUD. COV. 41; slapen HOM. II. 7; slape S. S. (Web.) 929; AR. & MER. 814; **slēpeð** (*pres.*) A. R. 212; slepð MISC. 192; **slēpinde** (*pple.*) A. R. 224; **slēp** (*pret.*) GEN. & EX. 967; MISC. 24; ROB. 151; **slǣp** [sleap], **slǣpte** LAȝ. 4005, 26009; slep [sleep, slepte] LANGL. *B* v. 382; sleep [slepte] CH. C. T. *A* 98; slepte A. R. 236; MAND. 222; (*ms.* sleppte)

ORM. 2484; þu sleptest FRAG. 7; slepen HAV. 2128; **slǣpe** (*subj.*) ROB. 213; **slēped** [slept] (*pple.*) LANGL. *B* v. 4; *comp.* **a-**, **ȝe-slǣpen**.
slǣpere, sb, *sleeper*, TREAT. 138; slepare A. R. 258.
slǣping, sb., *sleeping*, H. S. 5739.
slēpi, adj., *O.E.* slǣpig, = *M.L.G.* slāpich, *O.H.G.* slāfag; *sleepy*; slepi GEN. & EX. 871; GOW. II. 113; **slēpie** (*dat.*) A. R. 272.
slǣten, v., *incite (dogs); hunt*; ORM. 13485; him to slete mid grete houndes REL. II. 278; heo ... **slētten** [sleatten] (*pret.*) him wið hundes JUL. 52; a slat (*pple.*) swin P. S. 154. *ae. slǣtan (Sk. H.)*
slǣting, sb., *inciting (dogs), hunting*, [*later text* honting] LAȝ. 12304; bole slating ALIS. 200.
[**slaȝe**, sb., *O.E.* slaga, = *O.H.G.* slago; *from* **slēan**; *slayer*; *comp.* **aȝen-**, **man-slaȝe**.]
slaht, sb., *O.E.* (wæl-)sleaht, slyht *m.*, *cf. O.H.G.* slaht *f.*; *from* **slēan**; *slaughter, death*, KATH. 200; slaȝt ROB. 56; FER. 5519; slaȝt, sclaȝt A. P. i. 800, ii. 56; slauht JOS. 266; slaught ALIS. 1910; GOW. I. 348; slaht, slæht, sleȝht, sclæht LAȝ. 2544, 11252, 17951, 28730; sleight AR. & MER. 4936; ELL. ROM. I. 279; ofte the mannes sleȝte (*printed* sieȝte) arift were man hiȝt weneth wel litel SHOR. 98; *comp.* **fēond-**, **man-**, **wæl-slaht**.
slahter, sb., *O.N.* slātr *n.*, *slaughter*, M. H. 38; slaghter PR. C. 3367; slauhter MAN. (H.) 91; slaughter AR. & MER. 3918; slautir PR. P. 458.
slaȝþe, sb., *? =* **slaht**; *slaughter*, AYENB. 90.
slaie, sb., *O.E.* slahæ, slae; *sley (of a loom)*, '*pecten*,' VOC. 217, 234; PR. P. 458.
slak, *see* **slac**.
slákien, v., *O.E.* (a-)sleacian (*from* slac), = *M. Du.* slaken. *O.L.G.* slekian; *loose, set free, slacken, slake*, A. R. 134; JUL. 26; þet ... his sunbendes nule slakien HOM. I. 51; sclakien P. L. S. viii. 19; slakie ... his bendes LAȝ. 23345*; þe pride of sir David bigon fast to slaken MIN. ix. 49; slakin '*laxo*' PR. P. 458; slake CH. C. T. *E* 802; S. S. (Wr.) 1210; PR. C. 6224; LIDG. M. P. 53; TOWNL. 117; his wraþþe for to slake WILL. 728; ne mi þurst slake LANGL. *B* xviii. 366; to slake his lust M. H. 80; in slep(e) i **slāke** (*pres.*) SPEC. 54; fasteð til his fel him slakeð REL. I. 211; slakeþ SHOR. 30; swa þat i slakie to ofearnen hevenriche KATH. 2166; and **slāked** (*pret.*) his spere PERC. 1696; *comp.* **a-slákien**.
slān, *see* **slēan**.
slante? sb.; *in phrase* on **slante** [slonte]; *aslant*, ANT. ARTH. xlviii; o slante D. ARTH. 2254; a slonte '*oblique*' PR. P. 6.
slāp, **slāpen**, *see* **slǣp**, **slǣpen**.
slappe, sb., = *Ger.* slappe; *slap, blow*, PALL. iv. 763.

slaschen, v.,=*Dan.* slaske, *? Swed.* slaska ; *lash* ; **slascht** (*pple.*) WICL. 3 KINGS v. 18.
slat, **sclat**, sb., *? O.Fr.* esclat ; *slate, tile,* PR. P. 458 ; **slattes** (*pl.*) MAP 350 ; sclattes TREV. I. 399 ; WICL. Is. ix. 10.
slatten, v., *? O.N.* slatta, sletta (*dab*) ; *hang down ; fall* : heo **sleateð** [sclattes, sletteð] (*pres.*) a dun boa two hore earen A. R. 212 ; þat heo to grunde... **sletten** (*pret.*) ALIS. 2262.
slāu, adj., *O.E.* slāw,=*M.Du.* sleuw, *O.L.G.* slēu, *O.N.* slǣr, sliōr, *O.H.G.* slēw ; *slow* : slau & let HOM. II. 183 ; (*ms.* slaw) '*hebes, tardus*' PR. P. 458 ; slaw H. M. 37 ; ORM. 9885 ; slou R. S. vi ; TREAT. 138 ; slouh A. R. 258 ; slouȝ end dul TREV. V. 255 ; **slāwe** (*pl.*) PR. C. 5546 ; LUD. COV. 251 ; slowe CH. C. T. *D* 1816 ; slouwe P. S. 325 ; **slāweste** (*superl.*) SPEC. 176.
slāw-līche, adv., *slowly* (*printed* slapliche), REL. I. 131 (slawliche HOM. II. 11) ; slauli PR. C. 3193.
slāunesse, sb., *slowness*, PR. P. 458.
slō(w)-wurm, sb., *O.E.* slāwwyrm ; *slow-worm,' stellio,'* FRAG. 3.
slauht, *see* **slaht**. **slaunder**, *see* **sclandre**.
slāuþe, *see* **slēwðe**.
slaveren, v., *cf. M.Du.* slabberen, *Swed.* slabbra ; *slaver* ; **slavers** (*pres.*) PR. C. 784 ;
slaverit (*pret.*) '*bave*' VOC. 143 ; *comp.* **bi-slaberen**.
slavine, *see* **sclavine**. **slāw**, *see* **slāu**.
slāwe, sb., *sloth, slowness* ; witoute slow(e) L. H. R. 214.
slāwen, v., *O.E.* slāwian ; *be slow*, HOM. I. 161.
slē, *see* **slēh**.
slēan, v., *O.E.* slēan (*pret.* slōh),=*O.N.* slā, *O.L.G., O.H.G., Goth.* slahan ; *strike, beat ; slay, kill* ; A. R. 138 ; slæn [slean] LAȜ. 3952 ; slen HORN (L.) 85 ; P. L. S. xiii. 98 ; ALIS. 1735 ; slen, sleen '*occido*' PR. P. 459 ; slen LANGL. *A* iii. 267 ; sle TOR. 240 ; slee FER. 55 ; slen [sleen, sle, slee] CH. C. T. *A* 661, 1645 ; slæn, slan ORM. 4450, 8040 ; slea, slaȝe AYENB. 8, 223 ; slaa ISUM. 302 ; slon MISC. 27 ; GEN. & EX. 1328 ; SPEC. 91 ; sclon S. & C. II. xliii ; slo HAV. 1364 ; PERC. 925 ; to slenne A. R. 130 ; **slēað** (*pres.*) A. R. 118 ; slað H. M. 29 ; sloð REL I. 218 ; heo slaȝeð HOM. I. 53 ; **slēa** (*imper.*) A. R. 206 ; **slōh** (*pret.*) LAȜ. 767 ; ORM. 3590 ; HORN (R.) 611 ; sloȝ, slouȝ, slou ROB. 19, 20, 23, 175 ; slogh EGL. 448 ; fir... he slogh IW. 2039 ; slouh A. R. 118 ; slouȝ BEK. 2356 ; slough [slou] CH. C. T. *A* 987 ; slou HAV. 501 (*spelt* slow 2633) ; LANGL. *B* xx. 149 ; S. S. (Wr.) 1028 ; A. P. i. 1221 ; TOR. 698 ; slog, slug GEN. & EX. 2668, 3913 ; slooȝ, sleu (*ms.* slew) WICL. LK. xv. 27 ; sleu (*for* slu) TRIAM. 1436 ; þu sloȝe LAȜ. 10999 ; slowe HAV. 2069 ; P. L. S. xxiv. 189 ; heo sloȝen (*pitched*) heore teldes wide ȝeond þa feldes LAȜ. 7865 ; sloȝ-

hen ORM. 13782 ; sloghe PR. C. 5526 ; slowen A. R. 270 ; slowen MAND. 280 ; **slōȝe** (*subj.*) HOM. I. 39 ; slowe FER. 467 ; **slaȝen** (*pple.*) ORM. 4458 ; slagen GEN. & EX. 509 ; slawen HAV. 2000 ; SPEC. 96 ; sclawen HICKES I. 228 ; slawe K. T. 1055 ; S. S. (Wr.) 1646 ; slain MAND. 280 ; CH. C. T. *A* 992 ; slan PERC. 555 ; slon TOR. 2128 ; sleie WILL. 379 ; *comp.* **a-**, **ȝe-**, **of-slēan** ; *deriv.* **slaȝe**, **sleȝe**, **alegge**, **slaht**, **slahter**.
slēere, sb., *slayer*, TREV. V. 373.
slēc, adj., *sleek, smooth*, KATH. 1677 ; sleek PALL. ii. 152.
slecken, v., *O.E.* (ge-)sleccan,=*Swed.* släcka ; *from* **slac** ; *slack, slake, extinguish* : to slecken fir & cwenken ORM. 10126 ; slekken wel þin þirst 14484 ; slekkin '*extinguo*' PR. P. 459 ; slecche M. T. 200 ; **slecked** (*pple.*) ORM. 5689.
slede, sb.,=*M.Du.*, *M.L.G.* slede, slide, *O.N.* sleði, *O.H.G.* slito ; *from* **sliden** ; *sledge ; 'traha,'* PR. P. 458 ; VOC. 232 ; **sledis** (*pl.*) WICL. I PARAL. xx. 3.
sleȝ, *see* **slēh**.
sleȝe, sb., *O.E.* slege, slæge, *cf. O.L.G.* slegi *m. ; from* **slēan** ; *slaughter* : ure drihten wes iled to sleȝe al swa me dede a scep HOM. I. 121 ; *comp.* **ofer-sleie**.
slegge, sb., *O.E.* slecg, *O.N.* sleggja ; *from* **slēan** ; *sledge (hammer)*, FER. 1308 ; TREV. VI. 199 ; **slegges** (*pl.*) PARTEN. 3000.
slēh, adj., *O.N.* slœgr (slǣgr) ; *sly, clever*, LAȜ. 14366 * ; ORM. 13498 ; sleȝ ASS. 144 ; BEK. 2050 ; FER. 1446 ; L. C. C. 19 ; sleeȝ WICL. 2 PARAL. ii. 12 ; sle BARB. iv. 512 ; slegh MIRC 856 ; scleȝ B. DISC. 351 ; sleih (*ms.* sleyh) MISC. 88 ; slei (*ms.* sley) HAV. 1084 ; MAN. (F.) 9849 ; sleigh [sli] CH. C. T. *A* 3201 ; sliȝ ALIS. 9 ; sligh LIDG. M. P. 29 ; sli '*astutus, callidus*' PR. P. 459 ; **slēȝe** (*pl.*) AYENB. 265 ; sleghe PR. C. 7570 ; (*ms.* sleye) SPEC. 86 ; **slēiere** [slihere] (*compar.*) CH. C. T. *D* 1322 ; slear BARB. xvii. 244 ; **slēhest** (*superl.*) MARH. 12 ; sleast BARB. xvii. 435.
slēh-līche, adv., *O.N.* slægliga ; *slily*, LANGL. *C* vii. 107 ; sleiliche WILL. 637 ; sleiȝ-, slili CH. C. T. *A* 1444 ; sleli YORK xxx. 8 ; BARB. xix. 528.
slinesse, sb., *slyness*, '*astucia*' PR. P. 459.
slēih-schüpe, **-schipe**, sb., *? skilfulness*, C. L. 801.
slēhþe, sb., *O.N.* slǣgð ; *sleight, contrivance*, LAȜ. 17212* (*first text* liste) ; sleȝþe AYENB. 18 ; FER. 2405 ; sleghþe MIRC 364 ; sleghte YORK xxii. 88 ; sleiȝþe WILL. 2151 ; sleiȝþe [sleiþe] TREV. IV. 93 ; sleithe '*calliditas, astutia*' PR. P. 458 ; sleihte MAN. (H.) 129 ; sleithe, sleiȝte LANGL. *B* xix. 94, *C* xxii. 98 ; sleithe [sleighte] CH. C. T. *A* 604 ; sleighte MAND. 301 ; slicht BARB. v. 105, 488.
slēi, **slēih**, *see* **slēh**.

sleir, sb.,=*M.H.G.* sleier; *veil*: a ladi in a sklaire LANGL. *B* vi. 7 (skleir *A* vi. 7).

sleithe, *see* slēhþe. **slēk**, *see* slēo.

slēkin, v., *?polish*, '*lucibricennulo*,' PR. P. 459.

sleknen, v., *slacken*; sleken PR. C. 6558; **slekenid** (*pple.*) APOL. 19.

slēn, *see* slēan.

slender, adj., *cf. M.Du.* slinder; *slender*, '*gracilis*,' PR. P. 459; RICH. 3530; slendir LIDG. M. P. 50; sclender MAND. 291; CH. C. T. *A* 587.

slengen, v., *cf. O.N.* slöngva; *from* **slingen**; *sling*; slenge HAV.2435; þre hondred hevedes of (h)a **slende** (*pret.*) BEV. 248; Crist on crois was **sleint** (*pple.*) P. R. L. P. 248; grete slabbes of stel(e) & ire to þe walles þo wer(e)n islente FER. 3313.

slente, sb., ?=**slante**; *slope*: bi slente oþer slade A. P. i. 141.

slenten, v., *cf. ? Swed.* slinta; *glide, fall*: into þe erþe hit **solente** (*pret.*) HALLIW. 711; he sleint o wai AM. & AMIL. 2279; *comp.* **to-slenten**.

slenting, sb., *shooting*: slenting of arwes GAW. 1160.

slēp, **slēpen**, *see* **slēp**, **slǣpen**.

slēt, sb., *cf. M.H.G.* slōz (*hail*); slete; *sleet*, HICKES I. 231 (P. L. S. xxxv. 39); sleet '*nicula*' PR. P. 459; CH. C. T. *F* 1250; L. G. W. 1220; **slēte** (*dat.*) IW. 375; GAW. 729; TOWNL. 99.

slēten, *see* **slǣten**. **sletten**, *see* **slatten**.

sleðrende, adj., *falling like sleet*, HOM. II. 99.

sleuth, *see* slōþ. **slēuþe**, *see* slēwðe.

slēve, sb., *O.E.* slēfe, slȳfe, slȳf; *sleeve*, '*manica*,' PR. P. 459; GREG. 790; OCTAV. (H.) 1027; sleve [sleeve] CH. C. T. *G* 1224; **slēfes** (*pl.*) M. H. 111; **slēven** (*dat. pl.*) A. R. 56; P. S. 156.

[**slēwe**, sb.,=*M.H.G.* slewe; *from* **slǣu**; *sloth, languor*.]

slēu-vol, adj., *slothful*, AYENB. 32.

slēuvol-līche, adv., *slothfully*, AYENB. 32.

slēwðe, sb., *O.E.* slǣwð; *sloth*, '*desidia*,' HOM. I. 103; sleuþe ROB. 195; AYENB. 31; SHOR. 34; SPEC. 49; TREV. VI. 235; sleuȝthe LANGL. *A* PROL. 45; sleuthe *B* PROL. 45, *C* i. 45; slauče HOM. I. 107; slauþe LAȝ. 27039; PL. CR. 91; A. P. ii. 178; LUD. COV. 404; sloupe CH. C. T. *B* 530; slouhře A. R. 144.

slēuhþen, v., *be slow*, ANGL. I. 9; *comp.* **for-slēuþen**.

slī, *see* slēh.

slīce, sb., *O.Fr.* esclice; *slice, splinter; spatula*; '*spat(h)a*,' PR. P. 459; þei braken speris to **solīces** (*pl.*) ALIS. 3833.

slich, sb.,=*M.L.G.* slik, *M.H.G.* slich; *slime, wet mud*, MIR. PL. 4; slik BARB. xiii. 352.

slīden, v., *O.E.* slīdan, =*M.H.G.* slīten; *slide,*

glide, A. R. 252; uppe þi breste þou schalt sliden (*ms.* slyden) S. A. L. 222; slide O. & N. 1390; CH. TRO. v. 351; LIDG. M. P. 65; **slīdeð**, slit (*pres.*) A. R. 74; slit AYENB. 149: SPEC. 110; **slōd** (*pret.*) WILL. 792; L. H. R. 136; LAUNF. 214; A. P. i. 59; slod [slood] TREV. VII. 237; slood WICL. LAM. iii. 53: slaid BARB. iii. 701, x. 700; **slide** (*subj.*) LEG. 169; **sliden** (*pple.*) WICL. PROV. xxiv. 10; islide O. & N. 686; hit is forþ islide P. L. S. xxix. 88; *comp.* **a-slīden**; *deriv.* **slede, slider**.

slider, adj., *O.E.* slidor; *from* **sliden**; *slippery*, LEG. 168; TREV. I. 63: GOW. III. 14; CH. C. T. *A* 1264; AM. & AMIL. 1843; þe wei is slider O. & N. 956; slidir '*lubricus*' PR. P. 459; sledir H. S. 5262; sclider '*labilis*' CATH. 322; sklither HAMP. PS. xxxiv. 7, xxxviii. 1*.

slidirnesse, sb., *slipperiness*, WICL. PS. xxxiv. 6; PR. P. 459.

slideri, adj., *cf. Swed.* sliddrig; *slippery*, VOC. 160; WICL. PS. xxxiv. 6; slidri LEG. 221; sliddri A. R. 74.

sliderin, v., *O.E.* sliderian (ALFR. P. C. 276), =*M.Du.* slideren; *slip*, '*labor*,' PR. P. 459; slidre GENER. 4152.

sliþering, sb., *slipperiness*; sklithiringe [*v.r.* sclitering] HAMP. PS. cxiv. 8*.

sliȝ, *see* slēh.

sliȝt, adj.,=*M.Du.* slicht, slecht, *O.H.G.* sleht, *O.N.* slēttr, *Goth.* slaihts; *slight, smooth*, A. P. i. 190; sleght TOWNL. 145.

slih, *see* slēh. **slīk**, *see* **swūlc**.

slike, adj., *? from* **sliken**; *smooth, sleek*, PR. P. 459; HAV. 1157; R. R. 542; PALL. i. 689.

sliken, v.,=*M.L.G.* slīken, *O.H.G.* slīchan; *glide*; **slikes** (*pres.*) ANT. ARTH. xlviii; *comp.* **a-slīken**.

slikien, v., *from* **slike**; *polish, make smooth*: he can so wel his wordes slike GOW. II. 365; **slikeð** (*pres.*) R. S. i; til sleuþe and sleep sliken his sides LANGL. *B* ii. 98 (Wr. 1080); **isliked** (*pple.*) O. & N. 841; AYENB. 99; isliket KATH. 1675.

slīm, sb., *O.E.* slīm,=*O.N., M.L G., M.H.G.* slīm; *slime*, A. R. 276; SHOR. 105; **slime** (*dat.*) GOW. III. 96; PS. lxviii. 3; WICL. GEN. ii. 7.

slīmi, adj., *slimy*, LANGL. *B* v. 392.

slinge, sb.,=*O.Fris., M.Du.* slinge, *O.H.G.* slinga, '*funda*,' PR. P. 459; SHOR. 132; LANGL. *B* xx. 162; sclinge REL. I. 6; **slinges** (*pl.*) ALIS. 1191; *comp.* **staf-slinge**.

slingen, v., *O.E.* slingan, =*O.H.G.* slingan, *M. Du.* slinghen, *O.N.* slyngva; *sling*; slingin PR. P. 459; **slang** (*pret.*) SHOR. 132; slong JUL. 63; S. S. (Web.) 1316; and out at þe dore him slong [sclong] CH. C. T. *H* 306; slungen RICH. 5227; slonge ROB. 362; **slongen**

(*pple*.) PERC. 672; sloungen MAP 338; *deriv.* **slinge, slengen.**

slingare, sb., *slinger*, PR. P. 459; slinger OCTOV. (W.) 1599; **slengers** (*pl.*) ALEX. (Sk.) 2219.

slinken, v., *slink*; sclink BER. 3334.

slip, sb., = *M.L.G.* slip, *mod. Eng.* slip; *from* **slipen**; *wet clay*, '*limus*,' PR. P. 459.

slip², sb., ? = *M.Du.*, *M.L.G.* slippe (*lacinia, sinus vestis*); *mod.Eng.* slip; *lappet of a garment*, '*lacinia*,' PR. P. 459.

slip³, sb., *blow*, A. P. ii. 1264.

slipen, v., *O.E.* (to-)slīpan, = *M.L.G.* slīpen (*glide, sharpen*), *M. Du.* slijpen (*polish, sharpen*), *O.H.G.* slīfan (*glide*); *glide*; slipe F. C. 15; **slipeþ** (*pres.*) GOW. II. 347; *deriv.* **slip, sliper, slippen.**

sliper, adj., *O.E.* slipur, = *M.L.G.* slipper, *M.H.G.* slipfer; *from* **slipen**; *slippery*; (*v. r.* clīper) P. P. 215; PS. xxxiv. 6; WICL. PROV. xxvi. 28; D. TROY 11295.

slippe, sb., = *M.H.G.* slipf; *slip, descent*, E. G. 374.

slippen, v., = *M.Du.*, *M.L.G.* slippen, *M.H.G.* slipfen; *from* **slipen**; *slip, glide, escape*; slippe (? = sluppe) HUNT. 114; er þai slippe (*escape*) miȝt A. P. ii. 1785; **slippus** (*pres.*) ANT. ARTH. xlviii; **slipte** (*pret.*) GOW. II. 72; **slipped** (*pple.*) GAW. 244.

slite, sb., *O.E.* slite, = *O.N.* slit, *O.H.G.* sliz; *from* **sliten**; *slit, crack, cleft; opening in a garment*; ['*scissura*'[MK. ii. 21 ; stones hi doþ in heore slitte O. & N. 1118; **slitte** (*dat.*) GOW. I. 15; þu most habbe... twenti marc ine þi slitte FL. & BL. 348; and tok þe messanger bi þe slit(e) AR. & MER. 1406.

sliten, v., *O.E.* slītan, = *O.L.G.* slītan, *O.Fris.*, *O.N.* slīta, *O.H.G.* slīzan; *slit, split, break*; slitin PR. P. 459; **slitende** (*pple.*) MK. ix. 26; **slāt** (*pret.*) MAT. xxvi. 65; **slitin** (*pple.*) PR. P. 459; *comp.* **to-sliten**; *deriv.* **slite, slitten,** ? **slǣten**.

slitten, v., = *M.H.G.* slitzen; *from* **sliten**; *slit, pierce, split*; slitte PS. lxxxviii. 24*; CH. C. T. F 1260; þe longage of þe Norþhumbres... is scharp **slitting** (*pple.*) & froting & unschape TREV. II. 163; **slitte** (*pret.*) OCTOV. (W.) 1664; TREV. V. 39; **islit** (*pple.*) LAȝ. 14221; *comp.* **to-slitten**.

slittinga, sb., *slitting*, HOM. I. 33.

sliþer, *see* **slider**.

sliven, v., *O.E.* (to-)slīfan, *cut, cleave*; slivin '*findo*' PR. P. 459.

sliver, sb., *from* **sliven**; *part, portion* : al hool or of hem sliver CH. TRO. iii. 1013.

slō, *see* **slā, slōh.**

slober, sb., '*faeces immundae*,' PR. P. 459; D. TROY 2529.

slobren, v., = *M.Du.* slobberen, ? *Swed.* slub-bra (RIETZ 628), *mod.Eng.* slobber; ? *wallow* : þei slober in þe mere S. & C. II. lvi.

? **sloder,** sb., = ? *M.H.G.* sloter(-gruobe); *puddle* : hie secheð to þe fule sloddre (? *ms.* floddri) & þar on waleweð HOM. II. 37.

slogardie, *see* **slugardie.**

slōh, sb., *O.E.* slōh, slōg; *slough, bog*, KATH. 1677; slogh TRIAM. 366; slough CH. C. T. B 3988; slo O. & N. 1394; **slōghe** (*dat.*) ISUM. 403; slowe ALIS. 6075; WICL. 2 PET. ii. 22; **slōwes** (*pl.*) DEGR. 1656.

sloknin, v., *O.N.* slokna; *quench, extinguish, stop,* '*extinguo*,' PR. P. 459; slokin TOWNL. 117; HAMP. PS. i. 1; **slokenes** (*pres.*) M. H. 37; **slekind,** slokind (*pple.*) HAMP. PS. xii. 4, xvii. 10.

slomen, slomer, *see* **slumen, slumer.**

slōn, *see* **slēan.**

slop, sloppe, sb., *O.E.* slop, *O.N.* sloppr *m.*; *from* **slūpen**; *slop, robe*, PR. P. 460; slope H. S. 522; **sloppes** (*pl.*) CH. C. T. *I* 422; *comp.* **over-slope.**

slop², sb., *gap*, BARB. viii. 274; **sloppis** (*pl.*) BARB. viii. 179.

slop³, sb., *pool*; **sloppes** (*pl.*) D. ARTH. 3923.

slōpe, sb., *slope*; a slope *aslope* R. R. 4464; H. V. 54.

slor, sb., ? *mod.Eng.* slur; *mud*, '*coenum, limus*,' PR. P. 460.

slot, sb., *O.Fris.* slot, *O.H.G.* sloz; *mod. Eng.* slot; *bar, bolt*, '*vectis*,' VOC. 237; '*pessulus*' PR. P. 460; **slottes** (*pl.*) ['*vectes*'] PS. cvi. 16; slot *pit of the stomach* GAW. 1330, 1593; slote D. ARTH. 2254.

sloterin, v., ? = *M.Du.* slodderen; *bespatter*, '*maculo*,' PR. P. 460; **slotered** (*pple.*) GENER. 7066; PR. C. 2367.

slōþ, sb., *O.N.* slōð; *mod.Eng.* sleuth(-hound); *track*, ORM. 1194; C. M. 1254; sleuth BARB. vii. 21, 44.

sleuth-hund, sb., *sleuth-hound*, BARB. vi. 484, 669; sluthe hunde CATH. 345.

slōu, *see* **slāu.**

slouh, sb., ? = *M.H.G.* slūch; *slough, skin*, PR. C. 520*; slughe ALEX. (Sk.) 4456; **slūghe** [slouȝe] (*dat.*) C. M. 745; **slōȝis** (*pl.*) ALEX. (Sk.) 5085.

slōupe, *see* **slēwðe.**

slovein, sb., ? *from M.Du.* slof; *sloven*, LUD. COV. 218.

sluchched, adj., *cf.* **slich**; *muddy*, A. P. iii. 341.

slude, sb., *sludge*; sloude D. ARTH. 3179.

sluggardi, sb., *sloth*; sloggardie, slogardie [slogardrie] CH. C. T. *A* 1042, *G* 17.

slugge, sb., *sluggard*, '*deses, segnis*,' PR. P. 460.

sluggen, v., *be sluggish*; sluggin '*desidio, torpeo*,' PR. P. 460; *comp.* **for-sluggen.**

sluggi, adj., *lazy,* '*desidiosus, torpidus*,' PR. P. 460; A. R. 258; REL. I. 13; LIDG. M. P. 52;

sluggi [sloggi] CH. C. T. *1706*; sloggi P. R. L. P. 26.
slume, sb., *O.E.* sluma; *slumber, sleep*; sloumbe A. P. iii. 186.
slumen, v., *cf. M.H.G.* slummen, *M.L.G.* slomen; *slumber, sleep*; slumen, slume, slumme LAȝ. 17995, 18408, 32058; **slomande** (*pple.*) ALEX. 176.
slumer, sb., = *M.H.G.* slummer; *slumber*; **slomere** [slumber(e), slomber(e)] (*dat.*) CH.C. T. *A* 3816; slomoure D. ARTH. 3221.
slumeren, v., *O.E.* slumerian, *cf. M.H.G.* slumern, slummern; *slumber, sleep*; slomire D. ARTH. 4044; **slumeren** (*pres.*) REL. I. 231; **slumberde** (*pret.*) LANGL. *A* PROL. 10; slombered *B* PROL. 10.
slumi, adj., *sleepy, drowsy*: slummi & sluggi A. R. 258.
[**slūpen,** v., *O.E.* slūpan, *cf. M.L.G.* slūpen, *Goth.* sliupan, *O.H.G.* sliufan; *slip, glide*; *comp.* **æt-slūpen**; *deriv.* **slūppen, slop.**]
[**slūppen,** v., = *M.H.G.* slüpfen; *from* **slūpen**; *slip*; *comp.* **a-slūppen.**]
slutte, sb., *? cf. M.Du.* slodde; *slut, sloven,* PR. P. 460; LUD. COV. 218; crabbe is a slutte to kerve B. B. 158.
slutti, adj., *dirty, 'coenulentus,'* PR. P. 460; a slutti coppe HALLIW. 761.
sluttish, slottisch, adj., *slovenly,* CH. C. T. *G* 636.
smac, sb., *O.E.* smæcc (smæc), = *M.L.G.* smak, *O.Fris.* smek, *O.H.G.* smach, smac; *smack, taste, flavour*; (*ms.* smacc) ORM. 1653; smac, smak AYENB. 33, 177; smak *'gustus'* PR. P. 460; O. & N. 823; smach M. T. 199; smech P. L. S. viii. 140; A. R. 94; **smakke** (*dat.*) P. L. S. xxxv. 77; **smackes** (*pl.*) AYENB. 112; **smecche** (*gen. pl.*) MARH. 9.
smech-lēas, adj., *tasteless,* A. R. 138.
smæl, sb., *O.E.* smæll, smell, = *Swed.* smäll; *blow, shock of battle*; **smællen** (*dat. pl.*) LAȝ. 27052.
smæte, adj., *? O.E.* smæte; *from* **smīten**; *? polished, pure*; smeate KATH. (E.) 1655; **smeatest** (*superl.*) MARH. II.
smakin, v., *? O.E.* smacian, = *O.Fris.* smakia, *M.Du., M.L.G.* smaken; *smack, taste,* PR. P. 460; (J)osep dede his lich... swete smaken GEN. & EX. 2443; a word þat of god smakeþ (*pres.*) SHOR. 48; al þet hi zieþ and smackeþ of þe guodes... of þise worlde AYENB. 92; **smake** (*subj.*) REL. I. 208; *comp.* ȝe-**smakien.**
smal, adj., *O.E.* smæl, = *O.Fris.* smel, *O.L.G.* smal, *O.H.G.* smal, *Goth.* smals; *small, slender, thin,* HOM. I. 85; O. & N. 73; TREAT. 138; REL. I. 120; CH. C. T. *A* 153; smal folc LAȝ. 15367; ne smal ne grat AYENB. 137; mi middel smal & long A. D. 246; smel A. R. 278; **smále** (*pl.*) GEN. & EX. 656, 2107; MAND. 49; **smálere** [smelre] (*compar.*) A. R. 314*.

smal-līche, adv., *small,* AYENB. III.
smalnesse, sb., *smallness,* TREV. II. 181.
smálin, v., *cf. M.L.G., M.Du.* smalen; *become less, 'minoro,'* PR. P. 460.
smaragde, sb., *O.Fr.* smaragde; *emerald,* MISC. 98; *see* **emeraude.**
smaragdene, sb., *emerald,* ALEX. (Sk.) 3356; smaragdans, smaragdens (*pl.*) 3678, 5424.
smart, *see* **smerte.**
smateren, v., *? cf. L.G.* smaddern; *defile*; **smaterid** (*pple.*) wiþ smoke REL. I. 240.
smateren², v., *cf. Swed.* smattra, *M.H.G.* smeteren; *chatter, prate*; smatter S. & C. II. lxxii.
smēade (*pret.*) HOM. I. 219.
smeate, *see* **smǣte.**
smēc, sb., *O.E.* smēc, smȳc, smīc, = *M.Du.* smook; *fume, vapour,* ORM. 1088; smek *'fumus'* PR. P. 460; M. H. 104; S. & C. II. xlvii; smech P. L. S. viii. 140; MISC. 28; AYENB. 66; **smēke** (*dat.*) P. L. S. viii. 9 (smīke HOM. I. 161; smeche ANGL. I. 8; ZUP. ÜBUNGSB. 52); HOM. II. 220; SHOR. 96; smiche HOM. II. 258; MISC. 75; **smēkis** (*pl.*) AV. ARTH. xv.
smecchen, v., *O.E.* smeccan, = *O.Fris.* smekka, *O.H.G.* smecchan; *from* **smac**; *smack, taste*: swa swoteliche he **smeccheð** (*pres.*) me KATH. 1537; **smeihte** [smachte] (*pret.*) A. R. 106; smauhte, smauȝte LANGL. *B* v. 363, *C* vii. 414; **smaught** (*pple.*) BER. 3122; *comp.* ȝe-**smecchen.**
smecchunge, sb., *tasting,* A. R. 64; H. M. 13; smechunge HOM. I. 245.
smech, *see* **smac.**
smēch, smēk, *see* **smēc.**
smēkin, v., *O.E.* smēcan, = *M.Du.* smōken; *give of vapour, 'fumo,'* PR. P. 460; **smēkende** (*pple.*) MAT. xii. 20; **smēkide** (*pret.*) WICL. ECCLUS. xxiv. 21; **smēkid** (*pple.*) REL. I. 240.
smel, *see* **smal.**
smel, sb., *smell, 'odor,'* PR. P. 460; HOM. I. 53; A. R. 104; O. & N. 822; REL. I. 208; ROB. 43; CH. C. T. *A* 2427; þane smel AYENB. 178; smel, smul L. H. R. 26, 27; smeal KATH. 1600*; smeol ALIS. 2573; smul HOM. II. 99; smil BRD. 4; TREV. IV. 137; **smelles** (*pl.*) A. R. 104; **smelle** (*gen. pl.*) KATH. 614.
smellen, v., *smell,* A. R. 88; CH. C. T. *A* 3691; smelle HOM. I. 53; smellin PR. P. 460; smeallen MARH. 4; smullen HOM. II. 35; smille P. L. S. xii. 148; **smelleð** (*pres.*) KATH. 1537; REL. I. 225; smelleþ LANGL. *B* xi. 426; smul-

leþ SPEC. 88; smulliþ ALIS. 6793; smilleþ FER. 2546; **smellinde** (*pple.*) A. R. 340; smellinge MAND. 11; **smelde** (*pret.*) CH. H. F. 1685; C. M. 16562; smelde, smilde, smulde L. H. R. 26, 27; S. A. L. 150; smilde P. L. S. xii. 146; **ismelled** (*pple.*) HOM. I. 189.

smellunge, sb., *smelling*, A. R. 48; smellinge C. L. 1176; smeallunge HOM. I. 245; H. M. 13.

smelt, sb., *O.E.* smelt, smylt; *smelt* (*fish*); smelte PR. P. 460.

smeorte, smeorten, *see* **smerte, smerten**.

smeoþen, *see* **smiðien**.

[**smer**, sb., ? = *M.H.G.* smier (*laughter*); *mockery*; *comp.* bi-smer.]

sméreˊ, adv., ? *scornfully*: (heo) louȝ smere a non LEG. 34; gan to lawe smere FER. 386; he smere loh LAȜ. 14981*; & wel smere louȝ P. L. S. xxi. 152; smere he lou REL. II. 272; smare TRIST. 2870.

sméreˊ², sb., *O.E.* smeru, smeoru,= *O.H.G.* smero, *O.N.* smiör *n.*; *anointing, ointment*, ORM. 13244; GEN. & EX. 1573; E. G. 356.

smér-gavel, sb., *tax on unguents*, E. G. 359.

smérien, v., *O.E.* smerian, smirian, smyrian, = *M.Du.* smeren, *M.H.G.* smeren, smiren, smirwen; *smear, anoint*; smeren GEN. & EX. 2442; smerie [smirie] L. H. R. 18; smurien A. R. 372; smirie P. L. S. xix. 183; **sméreþ** (*pres.*) SHOR. 14; hi smerieþ AYENB. 60; smurieð HOM. I. 53; **smíre**, smure (*imper.*) LEECHD. III. 86, 114; **sméréde** (*pret.*) AYENB. 187; S. S. (Web.) 1151; smered PS. xliv. 8; smereden KATH. 1613; **sméred** (*pple.*) ORM. 994; *comp.* bi-, ȝe-smérien (-smerwen).

sméringe, sb., *smearing, anointing*; **sméringes** (*pl.*) AYENB. 148.

smerles, sb., *O.E.* smerels, smyrels,=*O.N.* smyrsl, *M.Du.* smersel; *ointment*, GEN. & EX. 2454; smerlis M. H. 97; þe smerieles ne is naȝt worþ AYENB. 217; smirles KATH. 1612; H. M. 13; smuriles A. R. 372; smerl C. M. 11504.

smerte, sb.,=*M.Du.*, *M.L.G.* smerte, *O.H.G.* smerza; *smart, grief*, P. L. S. viii. 57; A. R. 294; C. L. 1153; REL. I. 111; AL. (L.) 281; CH. C. T. *A* 3813; smert PR. P. 460; S. S. (Web.) 777; HOCCL. i. 40; smierte HOM. II. 223.

smerte², adj., *smart, sharp, rough*, A. R. 294; HAV. 2055; smerte & kene MARG. 121; oure sorewe þat is so smerte MAN. (F.) 6922; smearte HOM. I. 243; one smerte ȝerde A. D. 298; wiþ a ȝerde smerte CH. C. T. *A* 149; esi fir and smart CH. C. T. *G* 768; **smerte** (*adv.*) B. DISC. 601; smit ... so smerte LANGL. *B* xi. 426; to gaa smert *promptly* ALEX. (Sk.) 5575; **smerte** (*pl.*) gier HOM. II. 61; þornes smerte H. V. 93; **smærte** [smorte] (*dat. pl.*) LAȜ. 20318.

smert-liche, adv., *smartly, quickly*; smit smertliche KATH. 2016; biddiþ him smeortli ALIS. 1911.

smerten, v.,=*M.L.G.*, *M.Du.* smerten, *O.H.G.* smerzan (*pret.* smarz); *smart, be sorrowful*, HOM. I. 83; HOM. II. 207; smertin PR. P. 460; smeorten A. R. 238; smerte SPEC. 70; S. S. (Web.) 2642; MIRC 1260; þe dint bigan ful sore to smerte HAV. 2647; smurte TREAT. 140; **smerteð** (*pres.*) H. M. 31; smertes PR. C. 1317; **smerte** (*subj.*) A. D. 295; CH. C. T. *A* 230; smeorte REL. I. 177; **smeart** (*pret.*) HOM. II. 21; þo him smart [smert] so sore LEG. 186, 187; smurte P. L. S. xvii. 116; smerten ALIS. 5848.

smertinge, sb., *smarting*, HOM. I. 83; HOM. II. 165; smeortung A. R. 294.

smeþ, *see* **smið**.

smēðe, smōðe, adj. & adv., *O.E.* sméðe, *cf.* *M.L.G.* smōde; *smooth, flat*; smeˊðe A. R. 2; smeþe ROB. 424; PS. liv. 22*; WICL. GEN. xxvii. 11; smeþe & softe waȝe ORM. 9666; smethe A. D. 240; PR. C. 6349; L. C. C. 47; smoþe A. P. i. 6; smoþe [smothe] CH. C. T. *A* 690; smothe PR. P. 461; LIDG. M. P. 245; **smēðere** (*compar.*) HOM. II. 189.

smēðe-liche, adv., *smoothly*, KATH. 356; smeþeliche TREV. VII. 259.

smēþe², sb., *level surface, 'planities,'* PR. P. 460.

smeþen, *see* **smiðien**.

smēþien, smōðien, v., *O.E.* smēˊðian, *cf.* *L.G.* smœden; *render smooth*; smeþien HOM. I. 31; smeˊðen A. R. 4; **ismēðet** (*pple.*) KATH. 1675; ismoþed AYENB. 57.

smēthnes, sb., *O.E.* smēˊðnyss; *flatness, level surface, 'planities,'* PR. P. 460.

smīc, smīch, *see* **smēo**.

smiker, adj., *O.E.* smicer,=*O.H.G.* smechar; *elegant*, ORM. 13679.

smil, *see* **smel**.

smil, sb., *cf.* Dan. smiil, *M.H.G.* smiel; *smile*, BRD. 4.

smīlin, v.,=*Dan.* smile, *Swed.* smila, *M.H.G.* smielen; *smile, 'subrideo,'* PR. P. 461; smile FER. 452; CH. C. T. *D* 1446; MAN. (H.) 185; DEGR. 804; **smiland** (*pple.*) WILL. 991.

smīlere, sb., *smiler*, CH. C. T. *A* 1999.

smirien, *see* **smerien**.

smirken, v., *O.E.* smercian; *smirk, smile constrainedly*; **smirkende** (*pple.*) KATH. 356.

smirles, *see* **smerles**.

smite, sb.,=*M.L.G.* smite, smete, *M.Du.* smete, *O.H.G.* smiz; *from* **smīten**; *blow, stroke, throw*, GEN. & EX. 2990; S. S. (Wr.) 1959; þane smite AYENB. 140; smete HALLIW. 762; **smīten** (*dat. pl.*) HOM. II. 207; smite LAȜ. 535.

smīten, v., *O.E.* smītan,=*O.Fris.* smīta, *M. L.G.* smītan, *Goth.* (bi-, ga-)smeitan, *O.H.G.* sinīzan; *smite, throw*, LAȝ. 9204; A. R. 324; ORM. 14677; O. & N. 78; for to smite þis holi man his swerd he drouȝ BEK. 2122; children ... he wolde smite and bete P. L. S. xxiii. 49; smite fur BRD. 30; **smit** (*pres.*) A. R. 60; TREAT. 136; CH. C. T. *E* 122; ut of his ȝrote it smit an onde REL. I. 220; (heo) smiteð LAȝ. 20172; **smīt** (*imp.*) GEN. & EX. 3360; **smāt** (*pret.*) MAT. xxvi. 68 (*earlier text* slōh); MARH. 9; IW. 377; Brutus heom smat on LAȝ. 534; uppen þene helm he hine smat [smot] 7512; smot GEN. & EX. 2925; ROB. 185; HAV. 1676; AYENB. 48; B. DISC. 1185; þu me smite [smete] bi þon rugge LAȝ. 8157; smiten REL. I. 101; Gow. II. 72; heo smiten [smete] to gædere LAȝ. 5183; smite ROB. 217; smeten RICH. 3988; **smite** (*subj.*) C. L. 1255; AN. LIT. 10; **smiten** (*pple.*) MAN. (H.) 178; wið lepre smiten GEN. & EX. 3690; smeten FLOR. 1620; *comp.* bi-, ȝe-**smiten**; *deriv.* **smite, smitten**.

smitare, sb., *smiter*, A. R. 156.

smitten, v.,=*M.L.G.* smitten, *M.Du.* smetten, *M.H.G.* smitzen; *from* **smiten**; *contaminate, pollute*; **smitted** (*pple.*) PS. cv. 39; TREV. I. 359*; smittid WICL. E. W. 436; ismittet H. M. 13; *comp.* bi-**smitten**.

smið, sb., *O.E.* smið,=*O.N.* smiðr, *O.Fris.* smeth, *O.H.G.* smid; *smith, workman*, A. R. 52; GEN. & EX. 466; smið [smiþ] LAȝ. 21131; smith CH. C. T. *A* 2025; **smiþes** (*pl.*) O. & N. 1206; SPEC. 86; smeþes REL. I. 240; *comp.* gōld-, mæstling-**smið**.

smiðien, v., *O.E.* smiðian, = *O.N.* smiða, *Goth.* (ga-)smiþōn, *O.H.G.* smidōn; *forge*; smiðie, smiðeȝe LAȝ. 30743, 30749; smiþie LANGL. *B* iii. 305; smeoðien A. R. 284; smethe '*fabricare*' CATH. 346; ALEX. (Sk.) 5515; smeoðið [smiðes] (*pres.*) A. R. 52; smeoðede [smiþede] (*pret.*) LAȝ. 1563; smithed CH. C. T. *A* 3762.

smiððe, sb., *O.E.* smiððe,=*O.Fris.* smitha, *O.N.* smiðja, *O.H.G.* smidda; *smithy, forge*, A. R. 284; smiþþe P. L. S. ix. 60; smithi PR. P. 461; smeþi [smeþei] C. M. 23238.

smoc, sb., *O.E.* smocc, smoc, *O.N.* smokkr, *cf. O.H.G.* smoccho; *smock, chemise*, REL. I. 129 (HOM. II. 163); smok '*interula*' PR. P. 461; A. D. 106; GOW. I. 115; PL. CR. 79; CH. C. T. *A* 3238; schetis ether **smockis** (*pl.*) WICL. IS. iii. 22*.

smoc-lēs, adj., *without a smock*, CH. C. T. *E* 875.

smod, sb., *cf. Sc.* smot, *mod.Eng.* smut; *filth*, A. P. ii. 711.

smok, *see* **smoc**.

smōke, sb., *O.E.* smoca; *smoke*, '*fumus*,' PR. P. 461; MARH. 9; BRD. 23; ALIS. 4352; LANGL. *B* xvii. 321; MAND. 247; CH. C. T. *D* 278.

smōki, adj., *smoky*, PR. P. 461.

smōkien, v., *O.E.* smocian; *smoke*, LAȝ. 25734; and **smōkeþ** (*pres.*) as þei a fere were TREV. I. 119; **smōkede** (*pret.*) BRD. 23; & smoked heom mid ful smoke SAX. CHR. 262.

smólder, sb., *smoulder*, PALL. i. 929; smoke and smolder MAP 345; LANGL. *B* xvii. 321.

smóldren, v., *smoulder, suffocate*: in smolderande (*pple.*) smoke A. P. ii. 955.

smólt, adj., *O.E.* smolt,=*M.Du.* smolt; *clear, serene, quiet*, ['*serenus*'] MAT. xvi. 2; GAW. 1763; A. P. ii. 732.

smōre, sb., *dense smoke*, LANGL. *C* xx. 303*.

smōren, v., *O.E.* smorian,=*M.L.G., M.Du.* smoren; *suffocate*; smore C. M. 5573; smore '*fumigo*' PR. P. 461; **smōred** (*pple.*) PR. C. 7601.

smorten, v., *cf. L.G.* smorten, smurten; *? smart*; **smourte** (*pret.*) ROB. 322.

smorðer, sb., *smother, thick smoke*, HOM. I. 43; smorþer (*ms.* smorþre) LANGL. *C* xx. 303; smorther ROB. 407*; D. TROY 911; smoþer MAP 339; to helle smurðre A. R. 272.

smorðren, v., *smother, suffocate*; **smorðrinde** (*pple.*) HOM. I. 251; smeorðrinde [smoðrinde] smoke MARH. 9.

[**smoter?**]

smoter-līch, adj., *dirty, smutty*; she was somdel smoterlich CH. C. T. *A* 3963.

[**smoteren**, v., *cf. Du.* smoderen; *comp.* bi-**smoteren**.]

smotten, v., *? cf. M.H.G.* smutzen; *? smut*; ismotted (*v. r.* smitted) (*pple.*) TREV. I. 359.

smoþe, *see* **smēðe**. **smoþer**, *see* **smorðer**.

[**smudden**, v., *cf. L.G.* smudden; *besmut, soil; comp.* bi-**smudden**.]

[**smudelen**, v., *cf. L.G.* smuddren; *pollute; comp.* bi-**smudelen**.]

smūȝen, v., *O.E.* smūgan, *cf. O.N.* smiūga, *M.H.G.* smiegen; *creep, glide*; **smuȝeð** (*pres.*) HOM. I. 153; smuȝð II. 191; *deriv.* **smēaȝ**.

smūl, smūllen, *see* **smel, smellen**.

smūlting, sb., *O.E.* smylting; *mixed metal*, '*electrum*,' FRAG. 4.

smūrien, *see* **smerien**.

snacchen, v., *cf. M.Du.* snacken; *snatch, seize*; snecchen A. R. 324; **snacches** (*pres.*) MAN. (F.) 13889; **snache** (*subj.*) ALIS. 6559.

snāde, sb., *cf. O.E.* snǣd,=*O.N.* sneið; *from* **snīðen**; *piece, bit*, C. M. 15387; snode '*offa*' FRAG. 4; AYENB. 77; mid þer ilke snode MISC. 40; snede HOM. II. 181; **snōdes** (*pl.*) ['*frusta*'] PS. cxlvii. 17.

[**snǣden**, v., *O.E.* snǣdan,=*O.N.* sneiða, *M.H.G.* sneiten; *cut*; *comp.* to-**snǣden**.]

snǣsen, v., *O.E.* snǣsan, = *O.N.* sneisa; *strike*; snesen A. R. 212*; *comp.* a-**snǣsen**.

snaile, sb., *O.E.* snegl, snægl *f.*, *cf. M.L.G.* snegel, sneil, *O.N.* snigill *m.*; *snail,* '*limax,*' PR. P. 461; LUD. COV. 209; snawile P. L. S. xxxv. 40; snele VOC. 190; snile 223; HALLIW. 766; **snailes** (*pl.*) O. & N. 87; MAND. 169.

[**snaipe**, sb., *O.N.* sneypa; *disgrace.*]
snaipe-li, adv., *? O.N.* sneypiliga; *? disgracefully*, ANT. ARTH. vii.

snaipen, v., *O.N.* sneypa (*outrage*); *nip; check*; snaipe C. M. 13027; **snaiped** (*pret.*) GAW. 2003; ALEX. (Sk.) 3633, 3995.

snáke, sb., *O.E.* snaca, = *M.L.G., M.Du.* snake, *O.N.* snakr; *snake,* '*anguis,*' PR. P. 461; GEN. & EX. 2805; GOW. III. 118; **snáken** (*pl.*) LK. x. 19; P. L. S. viii. 138; MISC. 148; ALIS. 5972; snakes SAX. CHR. 262; PS. xiii. 3.

snakeren, v., *? sneak*: hwon he **snakereð** (*pres.*) toward ou A. R. 380; **snakerinde** (*pple.*) 290.

snápe, sb., *cf. O.N.* snöp, *? winter pasture*, ALEX. (Sk.) 1560.

snapren, v., *trip, stumble*; snapre ERC. 381; þi foot schal not snapere ['*pes tuus non impinget*'] WICL. PROV. iii. 23; **snapirs** [snappers] (*pres.*) ALEX. (Sk.) 847; **snaperid** (*pret.*) TREV. VII. 187.

snáre, sb., *O.E.* snear, = *M.Du., M.L.G.* snare, *O.N.* snara; *snare, noose, halter,* '*laqveus, pedica,*' PR. P. 461; '*pedica*' REL. I. 7; P. S. 192; CH. C. T. *A* 1490; PS. ix. 16; LIDG. M. P. 168.

snárin, v., *cf. O.Swed.* snærja; *set a snare, ensnare,* '*illaqueo,*' PR. P. 461.

snarl, sb., = *Swed.* snarel; *noose, halter*: (he) heng him self wiþ a snarl (*v. r.* snare) TREV. V. 209; **snarles** (*pl.*) TREV. II. 385.

snarlin, v., *entangle,* '*illaqueo,*' PR. P. 461; **snarlede** (*pret.*) TREV. VII. 431.

snart, adj., *severe*, ALEX. (Sk.) 3633; (*adv.*) GAW. 2003.

snatiren, v., *stumble*; **snatirs** (*pres.*) ALEX. (Sk.) 3995.

snattid, adj., *snub-nosed,* '*simus,*' PR. P. 461; snatted nose TREV. III. 285; (*printed* fuatted) ALIS. 6447.

snáu, sb., *O.E.* snāw, = *Goth.* snaiws, *M.Du.* sneeuw, *O.L.G., O.H.G.* snēo (*gen.* snēwes), *O.N.* snǣr, sniār, sniōr; *from* **sniwen**; *snow*, LA3. 27459; C. M. 18498; (*ms.* snaw) AYENB. 267; IW. 375; A. P. ii. 222; PR. C. 1440; snow HOM. II. 99; snou VOC. 160; O. & N. 430; (*ms.* snow) PR. P. 462; TREAT. 136; MAND. 130; CH. C. T. *B* 3942; snou3 LEG. 165; snouh (*ms.* snowh), snou3 (*ms.* snow3) C. L. 722; **snáwe** [snowe] (*dat.*) LA3. 20125; snowe O. & N. 413.

snáw-water, sb., *snow-water*, HOM. I. 159.
snáw-hwīt, adj., *O.E.* snāwhwīt; *snow-white*, MARH. 18; snauwhit LA3. 24521; snouhwit A. R. 314.

snáwen, v., *snow*; snowin PR. P. 462; **snáwes** (*pres.*) VOC. 201.

snáwi, adj., = *M.H.G.* snēwic, *O.N.* snǣugr, sniougr; *snowy*, HOM. I. 251.

snecchen, see **snacchen**. **snēde**, see **snāde**.

snegge, sb., = *O.H.G.* sneggo, snecco, *M.L.G.* snigge; *snail*; þane snegge AYENB. 32.

snekke, sb., *prov.Eng.* sneck; *latch, lock,* '*pessulus,*' PR. P. 461; snek VOC. 237; TOWNL. 106; snekk 346.

snel, adj., *O.E.* snell, snel, = *O.L.G.* snel, *O.H.G.* snell, *O.N.* sniallr; *quick, active,* LA3. 28860; REL. I. 132 (HOM. II. 13); O. & N. 829; MISC. 97; MIRC 121; **snelle** (*pl.*) S. S. (Wr.) 316; þreo snelle sunen LA3. 7064; kni3tes swiþe snelle HORN (L.) 1463; þine cokes snelle MAP 334; **snelle** (*adv.*) ALIS. 2670; EM. 309; PERC. 2170.

snēle, see **snaile**.

snellen, v., *cf. M.H.G.* snellen; *incite*; **snelles** snellus (*pres.*) ANT. ARTH. vii.

snēp, adj., *cf. O.N.* snāpr; *foolish*: hit þincheþ boþe wise and snepe noht þat þu singe ac þat þu wepe O. & N. 225.

snerchen, v., *O.N.* snerkja; *sputter*: þe hude ... as hit **snarohte** (*pret.*) [snercte] ant barst MARH. 18.

snéren, v., *sneer*; sal snere ['*subsannabit*'] PS. ii. 4; **snéred** (*pret.*) ['*deriserunt*'] xxxiv. 16.

snēsen, v., *sneeze*; **snēseth** (*pres.*) TREV. V. 389; CH. C. T. *H* 62 (*v. r.* fnesep).

snēsinge, sb., *sneesing*, TREV. V. 389.

snēsen, see **snǣsen**.

snevel, sb., *snivel*: snevel of þe nose '*pus nasi*' VOC. (W. W.) 631.

snevelen, v., ?= **snüvelen**; *snivel*: sneveling (*v. r.* nevelinge) wiþ þe nose LANGL. *B* v. 135*.

snevien, v., *? cf. Dan.* snive; *sniff*: & **snevieð** (*pres.*) avre fule HOM. II. 37; & alse mid nose **sneved** (*pret.*) 207.

snēwen, see **sníwen**.

snibbin, v., *cf. Dan.* snibbe, *Swed.* snebba; *snub, reprove,* '*reprehendo,*' PR. P. 461; snibbe [snebbe] CH. C. T. *A* 523; **snibbed** (*pret.*) PS. ix. 6; M. H. 38; C. M. 18228; snibid HAMP. PS. xv. 7; **snibbid** (*pple.*) APOL. 6; LIDG. M. P. 256; see **snubben**.

snibinge, sb., *reproof*, HAMP. PS. xv. 7*.

sni3en, v., *creep*: þan **sni3es** (*pres.*) þar out of þat snith hill ALEX. (Sk.) 4095.

sníken, v., *O.E.* snīcan, = *Dan.* snīge, *Swed.* sniga; *creep*; **snīkeð** (*pres.*) HOM. I. 251.

sníle, see **snaile**.

snípe, sb., *cf. O.N.* (mȳri-)snīpa; *snipe*, PR. P. 461; REL. I. 82.

snīte, sb., *O.E.* snīte (VOC. 29, 62); *? snipe;* '*ibis*,' VOC. 177; HALLIW. 767; WICL. IS. xxxiv. 11; (*spelt* snighte) LIDG. M. P. 192.

snīten, *see* **snūten**.

sniteren, v., *? drive;* **sniterand** (*pple.*) ANT. ARTH. vii; þe snau **snitered** (*pret.*) GAW. 2003.

sniþ, adj., *from* **snīþen**; *? smooth :* þat sniþ hill ALEX. (Sk.) 4095.

snīðen, v., *O.E.* snīðan, =*O.L.G.* snīthan, *O.Fris.* snītha, *O.N.* snīða, *Goth.* sneiþan, *O.H.G.* snīdan; *cut;* **sniþ** (*imper.*) ORM. 14666; **snāþ** (*pret.*) ORM. 1338; *deriv.* **snāde**.

snivelen, *see* **snüvelen**.

snīwen, v., *O.E.* snīwan, =*O.H.G.* snīwan, *O.N.* *snīva, *snȳja (*pres.* snȳr, *pple.* snivinn), *M.Du.* sneeuwen; *snow;* snewe ORF. 245; hit **snīwiþ** (*pres.*) ALIS. 6450; sniuþ [sniwe(þ)] O. & N. 620; sneweth LAUNF. 293; **snēwe** (*imper.*) *sprinkle* PALL. xi. 332; **snēuwinge** (*pple.*) C. L. 722; **snēu** (*ms.* snew) (*pret.*) MAN. (F.) 13551; snewede CH. C. T. *A* 345; *comp.* bi-snīwen; *deriv.* snāu.

snobben, v., *hiccup;* **snobbe** (*pres.*) REL. II 211; weping and **snobbinge** (*pple.*) ED. 1978.

snochinge, sb., *speaking through the nose :* mi barein speche, hosnes and snochinge TREV. I. II.

snōd, sb., *O.E.* snōd; *Sc.* snood; *chaplet,* '*vitta*,' FRAG. 2.

snōde, *see* **snāde**.

snoff, *see* **snuff**.

snōk, sb., *promontory;* snuk BARB. i. 188.

snōken, v., = *L.G.* snōken, *Swed.* snōka; *sniff, smell,* '*nicto*,' PR. P. 462.

snóre, sb., *O.E.* snoru, *cf. O.Fris.* snore, *O.N.* snōr, snor, *O.H.G.* snur, snor; *daughter-in-law,* '*nurus*,' FRAG. 2; LK. xii. 53.

snórin, v., = *L.G.* snoren; *snore,* '*sterteo*,' PR. P. 462; **snóreth** (*pres.*) CH. C. T. *B* 790*.

snorkil, sb., *wrinkle, blemish,* HAMP. PS. cxlvii. 5*.

snorten, *see* **snurten**.

snot, sb., =*M.L.G.* snot, snotte, *O.Fris.* snotte, *M.Du.* snot, snut, *? M.H.G.* snuz; *nasal mucus,* '*mucus*,' VOC. 245; snotte VOC. 186; PR. P. 462; ED. 1281.

snóter, adj., *O.E.* snotor, *O.N.* snotr, =*Goth.* snutrs; *wise, prudent,* '*prudens*,' FRAG. 3; (*ms.* snoterr) ORM. 7087; **snóterne** (*acc. m.*) HOM. I. 117.

snoternesse, sneternesse, sb., *O.E.* snotorness; *prudence, wisdom,* HOM. I. 95, 97.

Snoting-hām, pr. n., *O.E.* Snotinga hām; *Nottingham,* MISC. 146.

snotte, *see* **snot**. **snōu**, *see* **snāu**.

snoute, *see* **snūte**.

snubben, v., *O.N.* snubba; *snub, reprove;* snube [snib] HAMP. PS. lviii. 17*; **snuband** (*pple.*) ii. 1; *see* **snibben**.

snuff, sb., *candle snuff;* **snoffes** (*pl.*) WICL EX. xxv. 38*.

snoff-dish, sb., *snuff-tray,* WICL. EX. xxv. 38.

snuffen, v., *snuff;* **snuffid** (*pple.*) WICL EXOD. xxv. 38.

snuffers, sb., *snuffers,* WICL. xxxvii. 23.

snūk, *see* **snōk**.

snurtin, v., *cf. L.G.* snurten; *snort, snore,* PR. P. 462; he **snorteþ** (*pres.*) in his slepe CH. C. T. *A* 4163.

snūte, sb., =*M.L.G.* snūte, *M.Du.* snuite; *snout, nose,* HORN (L.) 1082; REL. I. 224; snoute '*rostrum*' PR. P. 462; HORN (R.) 1088; ALIS. 6534; GOW. I. 283; CH. C. T. *B* 4095.

snūtel, sb., *snuffers;* **snītels** (*pl.*) WICL NUM. iv. 9 (*later ver.*).

snūten, v., *O.N.* snȳta, =*M.Du.* snuiten, *M.L.G.* snūten, *O.H.G.* snūzan; *blow (the nose);* snitin '*emungo*' PR. P. 461; þi nese snite MAS. 745; **snēting**, snitinge (*pple.*) B. B. 13, 134; **snitte** (*pret.*) P. L. S. ix. 85; **snitid** (*pple.*) WICL. EXOD. xxxvii. 23; isnit P. L. S. ix. 91.

snūter, sb., *snuffers;* **snīters** (*pl.*) WICL NUM. iv. 9 (*earlier ver.*).

snüvelen, v., = *L.G.* snüfeln, *Swed.* snöfla, *Dan.* snœvle; *snivel;* snivele VOC. 173; snivelle CATH. 347; **snüvelinde** (*pple.*) nose SAINTS (Ld.) xlvii. 678 (TREAT. 138); *see* **snevelen**.

snüven, v., =*M.L.G.* snüven, *Swed.* snūfva, *M.Du.* snuiven, *M.H.G.* snüben; *pant;* to **snüvende** (*pple.*) HOM. II. 191.

só, *see* **swā**. **sō**, *see* **sā, schō**.

sobbin, v., *sob,* '*singulto*,' PR. P. 462; sobbe LIDG. TH. 3380; **sobbeþ** (*pres.*) GOW. I. 289; þei sobbe LUD. COV. 105; **sobband** (*pple.*) ALEX. (Sk.) 3249; **sobbed** (*pret.*) LANGL. *B* xiv. 326.

sobbing, sb., *sobbing,* HAV. 234; zobbinge AYENB. 211.

sóbre, adj., *O.Fr.* sobre; *sober,* AYENB. 254; LANGL. *B* xiv. 53; CH. C. T. *B* 97.

sóbre-liche, adv., *soberly,* AYENB. 248; sobirli ALEX. (Sk.) 2356, 4643, 5340; sobire ALEX. (Sk.) 4266.

sóbretē, sb., *O.Fr.* sobrieté; *sobriety,* LANGL *C* xvi. 187, *B* xiii. 217; sobirte *A* xi 121*.

sócien, v., *form an alliance with;* **sócied** (*pret.*) TREV. VIII. 147; he socied to him þe emperour VIII. 333; **isócied** (*pple.*) III. 133; socied VII. 533.

socke, *see* **sōk**.

sōcne, sb., *O.E.* sōcn, *cf. O.N.* sōkn, *Goth.* sōkns, *O.H.G.* sōhni; *from* **sāken**; *inquiry ; refuge; territory; custom;* ANGL. VII. 220;

inne swiþe feire (r. ferre) stude from socne þes folkes LAȝ. 2365; sokne CH. C. T. A 3987; sookne PR. P. 463; sokene LANGL. B ii. 110; *comp.* bi-, chirch-, frið-, hām-sōcne.

sodain, sb., *O.Fr.* soudain, *from Lat.* subitāneus; *sudden*, PR. C. 1951; sodein CH. BOET. i. 3 (10); C. T. B 421.

sodain-liche, adv., *suddenly*, AYENB. 64; sodeinliche CH. C. T. A 1575; sodanli ALEX. (Sk.) 1052.

sode, sb., *cf. M.L.G.* sode, *O.Fris.* satha; *sod, turf*: a grene sod L. C. C. 6.

soffren, *see* **suffren**.

sōfte, adj. & adv., = *O.E.* sēfte *adj.*, sōfte *adv., O.H.G.* samft, semft, *? M.L.G.* sachte; *soft, mild, warm*, KATH. 1539; A. R. 304; O. & N. 6; GEN.& EX. 335; C. L. 957; LANGL. A PROL. I; (*r. w.* ofte) HAV. 991; SPEC. 62; (*ms.* sofſte) ORM. 1307; heo þuhten (r. þuhte) him wel softe LAȝ. 14897; **sōfte** [*O.E.* sōfte,= *O.L.G.* sāfto] (*adv.*) GOW. II. 45; wer he læi softe LAȝ. 4004; sitte softe P. S. 154; **sōftre** (*compar.*) LAȝ. 16109; **sōftest** (*superl.*) MARH. 11.

sōft-gern, adj. & sb., *luxurious*: þe **sōft-gern** (*pl.*) HOM. II. 75.

sōft-gerne, sb., *luxury*, HOM. II. 75.

sōfte-liche, adv., *softly*, A. R. 368; LEG. 6; softeli LANGL. A iii. 37; softli ALEX. (Sk.) 2952.

sōftnesse, sb., *O.E.* sōftness; *softness*, LAȝ. 25549; A. R. 196.

sōftin,v.,? = *M.L.G.*sachten; *makesoft,'mollio,'* PR. P. 462; softi LAȝ. 12042*; **sōfteð** (*pres.*) A. R. 244; **sōfte** (*imper.*) MARH. 5; **sōftid** (*pple.*) WICL. PS. liv. 22.

sōftnen, v., *soften*; softne HOCCL. iv. 11; softene D. ARTH. 2691.

soȝe, *see* **suȝe**. **sōȝen**, *see* **swōȝen**.

soht, *see* **suht**.

soile, sb., *O.Fr.* soile; *soil, country.* 'solum,' PR. P. 463; A. P. ii. 1039; ALEX. (Sk.) 3728.

soilen, v., *for* **assoilen**; *absolve*; i **soile** (*pres.*) YORK xxxii. 361.

soilen², v., *O.Fr.* soillier (*souiller*); *soil*; **soileð** (*pres.*) A. R. 84; **soiled** (*pple.*) L. H. R. 143; soiled [suiled] LANGL. B xiv. 2; isoilled P. L. S. xvii. 10.

soilūre, sb., *O.Fr.* soillure; *soil, pollution*, ROB. (W.) 8501.

sojournen, v., *O.Fr.* sojourner; *sojourn*; sojourne MAN. (F.) 3560; sojorne CH. L. G. W. 2476; **suggeourns** (*pres.*) D. ARTH. 54; **sojournede** (*pret.*) P. L. S. ix. 104; sudjornet (*pret.*) BARB. xvi. 47.

sudjorning, sb., *staying*, BARB. vi. 26.

sok, sb., *O.E.* soc; *from* **sūken**; *suck*, WICL. IS. xi. 8; seser childes of her sok A. P. iii. 391.

sok², sb., *O.E.* socc,= *O.H.G.* soc, soch, *O.N.* sokkr, *M.Du.* socke, *Lat.* soccus; *sock*, VOC. 259; socke PR. P. 462; **soakes** (*pl.*) P. S. 330; sokkes P. 26.

sōke, sb., *O.E.* sōc; *?=***sōcne**; *soke, jurisdiction, territory*: in þe sok(e) E. G. 350.

soket, sb., *O.Fr.* soket; *socket*, PR. P. 463; ALIS. 4415.

sōkin, v., *soak*, PR. P. 463.

sol, adj., *soiled, dirty*, REL. I. 129 (HOM. II. 163); a sol cloð A. R. 324.

sōl, *see* **sāl**.

solace, sb., *O.Fr.* solaz; *solace*, A. P. i. 130; PR. C. 3729; solas ROB. 16; LEG. 12; AYENB. 72; WILL. 1550; solauce D. ARTH. 239, 659.

solacen, v., *O.Fr.* solacier; *solace*, LEG. 91; solaci AYENB. 63; ROB. (W.) 11511; solace ALIS. 433; **solaseth** (*pres.*) LANGL. B xiii. 453; **solaced** (*pple.*) B xix. 22.

solaciūs, adj., *agreeable*, BARB. x. 290.

solain, adj. & sb., *O.Fr.* solain, *mod.Eng.* sullen; *alone; solitary person; solitary meal*; PARTEN. 5431; solein '*solitarius*' PR. P. 463; GOW. III. 6; CH. P. F. 607; WICL. JOB iii. 14; LIDG. TH. 249; sulaine D. ARTH. 2592.

sōlde, sb., *Fr.* solde; *wages, hire*, O. & N. 764; soud MAN. (F.) 14234; soude '*stipendium*' WICL. 2 COR. xi. 8.

sōldiour, sb., *O.Fr.* soldoier, soudoier; *soldier*; soudiour WILL. 3954; saudeor, saudiour TREV. VI. 437, VII. 339; **soudeurs** (*pl.*) AYENB. 146; saugeours, sougeours ALEX. (Sk.) 2172, 2828.

sōle, adj., *O.Fr.* sol; *sole, solitary*, GOW. I. 320.

sōle², sb., *O.E.* sole,= *O.H.G.* sola, *Goth.* sulja, *Lat.* solea; *sole (of the foot),* '*planta, solea*' PR. P. 463; þe **sōles** (*ms.* sooles) of his feet TREV. IV. 351.

sole³, sb., *Fr.* sole, *Lat.* solea; *sole (fish)*, PR. P. 463.

solemne, adj., *O.Fr.* solemne; *solemn, famous*, A. P. ii. 1171; solempne CH. C. T. A 209; TREV. I. 95, IV. 379, V. 299, VI. 37.

solempne-li, adv., *with pomp*, CH. C. T. B 317, 691, G 272; TREV. VII. 271.

solempnetē, sb., *O.Fr.* solemnité; *solemnity*, P. S. 249; solempnitee D. ARTH. 514.

soler, sb., *O.E.* solere, *O.Fr.* solier; *upper chamber, summer room,* '*solarium*,' PR. P. 464; P. L. S. xiii. 340; LEG. 31; CHR. E. 847; WICL. JOSH. ii. 6; soler, solere TREV. III. 285, VI. 277.

solȝ, *see* **suluh**.

soli, adj., ?=**solwi**; VOC. 171.

soli², sb., *? Lat.* solium; *throne*; soli(e) A. P. ii. 1171, 1678.

solide, adj., *O.Fr.* solide; *solid*, CH. ASTR. i. 17 (9).

solien, v., *O.E.* solian, = *M.L.G.* solen, *Goth.* (bi-)sauljan; *sully, soil, defile* : nis ... noht so hwit þat hit ne soleþ (*pres.*) O. & N. 1276.

solitarie, adj., *O.Fr.* solitaire; *alone,* LANGL. C xviii. 7.

solitūde, sb., *O.Fr.* solitude; *solitude,* CH. COMPL. M. 65.

solp, *see* **sulpen**.

solsecle, sb., *Lat.* solseqvium; *turnsol,* SPEC. 6.

solstice, sb., *Fr.* solstice; *solstice*; **solstices** (*pl.*) GEN. & EX. 150.

soluȝ, *see* **suluh**.

soluciōn, sb., *O.Fr.* solution; *discharge,* GOW. II. 86.

solwi, adj., *dirty,* VOC. 171; TRIST. 1777.

solwin, solowin, v., *cf. M.Du.* soluwen; *soil, 'maculo,'* PR. P. 464; **solowede** (*pret.*) H. S. 9153; **solwid** (*pple.*) C. M. 22491.

som, *see* **sum**. **som-,** *see* **sam-**.

sōm, adj., *O.E.* (ge-)sōm, *cf. O.L.G.* sōmi, *Goth.* samjan sis (εὐπροσωπῆσαι); *convenient, accordant*; **sōme** (*pl.*) LAȝ. 9883; C. L. 520; some & sauhte MISC. 97; *see* **sēme,** *comp.* ȝe-sōm.

sōm-lich? adj., *fit*: hit is riht & somlich (*v. r.* semlich) A. R. 94.

sōm[2], sb., *cf. O.N.* saumr; *trace of a cart*; soim BARB. x. 180; *see* **sēam**.

sóme, *see* **sáme**.

sōme, sb., *O.E.* sōm; *concord,* LAȝ. 2552; A. R. 426; mid sib and mid some MISC. 89.

somed, somen, *see* **samed, samen**.

somer, sb., *O.Fr.* somier, sumer (*sommier*); *sumpter horse,* PR. P. 464; *summer* BARB. xix. 746; **somers** (*pl.*) MAP 334; someris ALIS. 850.

somer, *see* **sumer**. **somnien,** *see* **samnien**.

somonen, v., *O.Fr.* somoner, sumuner, semoner; *summon*; somoni MISC. 26; AYENB. 87; somone MAN. (F.) 3265; somoni, someni(?) ROB. 377, 568; somni, sumni(?) BEK. 397, 737; somne CH. C. T. *D* 1361; sompne LANGL. *B* iii. 314; **somondis** (*pres.*) HAMP. PS. vii. 12*; **somnede** (*pret.*) TREV. III. 201; sommed, somned (*pple.*) TREV. VII. 529, VIII. 151.

somonour, somnour, sb., *O.Fr.* semoneor; *apparitor,* CH. C. T. *A* 543; somonour [sompnour] LANGL. *B* iv. 167.

somounce, sb., *O.Fr.* sumunse, semonce; *summons,* L. H. R. 38; somons MAN. (F.) 977; somouns D. ARTH. 91.

son, sb., *O.Fr.* son; *sound,* WILL. 39; PR. C. 4971; soun TREAT. 135; ALIS. 772; CH. C. T. *D* 2273.

sond, *see* **sand**.

sonde, *see* **sande, schande**.

sonder, *see* **sunder**. **sone,** *see* **sune**.

sōne, adv., *O.E.* sōna, = *O.Fris.* sōn, *O.L.G.* sāna, sāno, sāne, sān; *soon, forthwith,* LAȝ. 200; O. & N. 1058; TREAT. 132; AN. LIT. 11; S. S. (Wr.) 362; PR. C. 68; so sone so he haveð overkumen A. R. 374; sone se (*as soon as*) ich seh þe leome KATH. 477; þa seȝde Zacarias þus til godes engel sone ORM. 198; & sone swa þat steorne stod 6450; sone so Loth ut of Sodome cam GEN. & EX. 1109; sone [soone] CH. C. T. *E* 1617; þen(n)e he asoilede hire sone [soone] LANGL. *A* iii. 47; so sone so *B* xvii. 63; sune MIN. v. 5; eft sones god seide to Abraham WICL. GEN. xvii. 9; **sōnre** (*compar.*) A. R. 58; **sōnest** (*superl.*) A. R. 392; sonnest LANGL. *B* i. 70.

sonet, sb.,.*O.Fr.* sonete; *a musical instrument,* A. P. ii. 1516; symbales & **sonetes** (*pl.*) 1415.

song, *see* **sang**.

songewarie, sb., *from O.Fr.* songe (*dream*); *interpretation of dreams,* LANGL. *C* x. 302, *B* vii. 148, 150.

sonne, *see* **sunne**. **sont,** *see* **saint**.

sope, sb., *O.E.* sopa (LEECHD. II. 134), = *M.Du.* sope, *O.N.* sopi; *from* **sūpen**; *sup, small quantity (of water,* &c.), MISC. 152; A. P. ii. 108; *comp.* **grund-sope**.

sōpe, *see* **sápe**. **sopen,** *see* **soupen**.

sophime, sb., *sophism,* CH. C. T. *E* 5; **sophimes** (*pl.*) *F* 554.

sophister, sb., *teacher, professor,* TREV. V. 175; sophistre LANGL. *C* xviii. 311.

sophistrie, sb., *O.Fr.* sophisterie; *sophistry,* AYENB. 65; CH. L. G. W. 137; LANGL. *B* xix. 343; sofistri CATH. 348.

soppe, sb., = *M.L.G., M.Du.* soppe, *O.N.* soppa; *from* **sūpen**; *sop, steeped morsel,* PR. P. 465; soppe [sop] LANGL. *B* xv. 175; CH. C. T. *A* 334; sop GAW. 1135; MAN. (F.) 7547; zop AYENB. 107; *comp.* **milk-soppe**.

soppe[2], sb., *crowd, troop,* D. ARTH. 1493, 2818, 3729; sop BARB. iii. 47, vii. 567; **soppis** (*pl.*) *heap* BARB. viii. 326.

sōr, *see* **sār**.

soroer, sb., *O.Fr.* sorcier; *sorcerer*; **sorsers** (*pl.*) A. P. ii. 1579.

sorceress, sb., *sorceress*; **sorceresses** (*pl.*) CH. H. F. 1261.

sorcerie, sb., *O.Fr.* sorcerie; *sorcery, magic,* LANGL. *A* x. 210; sorceri MIRC 973; sorsoir A. P. 1576.

Sóre, pr. n., *Soar,* MAN. (F.) 2270.

sóre, sb., *O.Fr.* sore (*blonde*); *sore* (*buck of the fourth year*) : founs, **soures** (*pl.*), bukkes CH. D. BL. 429.

sorel, sb., *?Fr.* surelle; *sorrel, 'acetosa,'* PR. P. 465; L. C. C. 54.

sóren, v., *Fr.* essorer; *soar, mount aloft*; soor CH. C. T. *F* 123.

[**sorȝ?** adj.; *comp.* **or-sorȝ**.]

sorȝe, sb., O.E. sorg, sorh, = O.N. sorg, O.L.G. sorga, O.H.G. sorga, suorga, Goth. saurga (λύπη, μέριμνα); *sorrow,* P. L. S. viii. 98; SHOR. 32; zorȝe AYENB. 27; sorge, sorwe GEN. & EX. 68, 268; sorȝe, seorwe [sorwe] LAȝ. 2919, 31807; sorȝe, sorwe, sorewe, seorhe, seorwe, serewe O. & N. 431, 884, 1599; soreȝe FL. & BL. 528; sorhe MARH. 6; þat wurřeř al to sorhe & to care H. M. 27; sorwe BEK. 1516; MAND. 25; CH. C. T. *D* 1079; in sorwe and pine ligge HAV. 1374; ham to sorwe and teene REL. I. 243; sorowe '*dolor, moeror*' PR. P. 465; serwe LANGL. *A* ii. 89; sorwe *B* ii. 120; seorȝe R. S. iii; seorwe FRAG. 5; seoruwe A. R. 88; serȝhe ORM. 4852; serwe JOS. 705; K. T. 250; serwe and deol C. L. 110; serewe REL. I. 262; soru [sorou] C. M. 1281; sorȝe (*pl.*) ANGL. I. 17; sorȝe, sorȝen [sorewe] LAȝ. 12332, 27129; sorouse YORK xii. 7; sorȝen (*dat. pl.*) HOM. I. 71; sorghen MISC. 32; sorewen H. H. 44; *comp.* **mōd-sorȝe.**

sorh-, soruful [sorhfol], adj., O.E. sorg-, sorhfull, = O.H.G. sorgfoll; *sorrowful,* LAȝ. 167, 325; seorh-, seoruhful FRAG. 5, 6; seoruhful A. R. 88; soruful TREV. V. 433; soru (*ms.* sorw)-, sorful HAV. 1248, 2541; sorful A. D. 235.

seorhful-liche, adv., *sorrowfully,* H. M. 17; seoruhfulliche A. R. 400.

sorh-liche, adv., O.E. sorglice; *sorrowfully,* LAȝ. 21883; sorh-, seoruhliche FRAG. 5.

sorh-sīð, sb., *misfortune*; **sorhsīðes** (*pl.*) LAȝ. 11109.

sorȝien, v., O.E. sorgian, *cf.* O.L.G. sorgōn, O.H.G. sorgen, Goth. saurgan; *sorrow, grieve*; zorȝi AYENB. 171; sorhen H. M. 27; sorwen '*doleo, lugeo*' PR. P. 465; LUD. COV. 361; sorwi SHOR. 32; sorwe WILL. 691; sorowe APOL. 7; seoruwen A. R. 308; serȝhen ORM. 8950; **sorewe** (*pres.*) REL. I. 122; serewe SPEC. 93; sorweþ CH. C. T. *A* 2652; **sorȝede** (*ms.* sorȝeden) [sorewede] (*pret.*) LAȝ. 5078.

sorȝinge, sb., O.E. sorgung; *sorrowing*; sorewing SPEC. 53; serwinge C. L. 1390.

sorhe, *see* **sorȝe. sōri,** *see* **sāriȝ.**

sorname, *see* **surnoun. sort,** *see* **schort.**

sort, sb., O.Fr. sort; *lot, destiny, chance,* CH. C. T. *A* 844; sort(e) WICL. LK. i. 5, EPH. i. 11.

sortelegie, sb., Lat. sortilegium; *divination by lots,* TREV. I. 411.

sorwe, *see* **sorȝe. soster,** *see* **süster.**

sot, adj. & sb., O.E. sot, O.Fr. sot; *foolish; fool,* LAȝ 1442; A. R. 66; sotte songes KATH. 107; lat **sottes** (*pl.*) chide O. & N. 297; sottes LANGL. x. 256.

sot-hēde, sb., *folly,* O. & N. 1375; sothed C. M. 18235.

sot-lich, adj., *foolish*: heora sotliche cure LAȝ. 1970; **sotliche** (*adv.*) KATH. 359; sotlice SAX. CHR. 261.

sot-scipe, sb., *folly,* SAX. CHR. 260; LAȝ. 23178; sotschipe A. R. 362.

sōt, sb., O.E. sōt, = O.N. sōt, M.Du. soet; *soot,* ALIS. 6636; sot [soot] TREV. VII. 379; soot '*fuligo*' PR. P. 465; sote P. S. 195.

sōte, *see* **swēte.**

sotel, *see* **sutel. sotelen,** *see* **sutilen.**

soten, v., O.Fr. (a-)soter; *besot, toxicate*; **soted** (*pple.*) CH. C. T. *G* 1341.

sōti, adj., O.E. sōtig, = O.N. sōtugr; *sooty,* '*fuliginosus,*' PR. P. 465; O. & N. 578; soti [sooti] CH. C. T. *B* 4022.

sōð, adj. & sb., O.E. sōð, = O.L.G. sōd, O.N. saðr, sannr; *sooth, true,* KATH. 873; A. R. 52; GEN. & EX. 1032; soþ ORM. 313; WILL. 2799; PL. CR. 841; S. S. (Wr.) 2470; soth PR. C. 7687; A. P. i. 481; **sōð, sōþ** (*subst.*) *truth* O. & N. 217, 950; soþ CH. C. T. *A* 845; soðe KATH. 155; GEN. & EX. 74; þat soþe P. L. S. xx. 39; for soðe A. R. 88; for soþe JOS. 3; vor zoþe AYENB. 16; to soðe LAȝ. 2177; þenne segge ic eou to soðe HOM. I. 9; þat wit tu wel to soþe ORM. 234; as me mai to soþe iseo TREAT. 132; **sōðes** (*gen.*) A. R. 102; H. M. 17; **sōðere** (*dat. f.*) HOM. II. 191; soþere LAȝ. 673; **sōðne** (*acc. m.*) HOM. I. 227; soþne FRAG. 8; þa(n) soðen ileafan HOM. I. 97; **sōðere** (*gen. pl.*) LAȝ. 20734; **sōðen** (*dat. pl.*) LAȝ. 25204; on soðe sagen GEN. & EX. 14; sōþer (*compar.*) SHOR. 31; sōþest (*superl.*) LANGL. *B* x. 441.

sōð-cnāwes, adv., *? aware of the truth*: beo nu soð cnawes KATH. 1079; beo soð cnawes JUL. 54.

sōð-cwide, sb., *true saying*; **sōðqvides** (*pl.*) LAȝ. 9524.

sōð-fæst, adj., O.E. soðfæst; *truthful,* LAȝ. 6535; A. R. 26; soþfest FRAG. 3; soþfast C. L. 639; H. H. 18; sothfast WICL. JOHN iii. 33.

sōþfastlike, adv., *truthfully,* ORM. 2995.

soðfestnesse, sb., O.E. sōðfæstnyss; *truthfulness,* HOM. I. 119; soþfastnesse ORM. 17850.

zōþ-hēde, sb., *truth,* AYENB. 105.

sōð-liche, adv., O.E. sōðlice; *truly, in truth,* HOM. I. 15; A. R. 12; H. M. 9; soþlike ORM. 6445; sothlike PS. ii. 6; soþli CH. C. T. *A* 1199; sothli WICL. JOHN iii. 2; soothli HOCCL. iii. 42.

sōþnesse, sb., *truthfulness,* MISC. 47; soþenesse LANGL. *B* iii. 24; soþnisse BEK. 1629.

sōþ-saȝe, sb., *true saying,* O. & N. 1038.

sōð-sagel, adj., O.E. sōðsagol; *truth-speaking,* HOM. II. 131; soþsawel '*veridicus*' FRAG. 3.

sōþ-schūpe, sb., *truth,* C. L. 1020.

soþ-siggere, sb., *speaker of truth*; **zoþ-ziggeres** (*pl.*) AYENB. 256.

sōðien, v., O.E. (ge-)sōðian, *cf.* O.N. sanna; *prove true,* LAȝ. 8491; *comp.* **ȝe-sōðien.**

souchen, v., *O.Fr.* souchier, suscher ; *suspect* ; souche WILL. 1983 ; **souches** (*pres.*) PR. C. 788 ; **souched** (*pret.*) TOWNL. 319.

soudan, sb., *O.Fr.* soldan ; *sultan*, CH. C. T. *B* 177.

soudanesse, sb., *sultaness*, CH. C. T. *B* 358.

soude, *see* sólde.

souden, v., *O.Fr.* souder, *from Lat.* solidāre ; *strengthen* ; **soudid** (*pple.*) WICL. DEEDS iii. 7 (*later ver.*).

souen, v., *gall, grieve* : soure [sure] suld him soue ALEX. (Sk.) 2313, 5348.

soufre, sb., *O.Fr.* soufre ; *sulphur*, A. P. ii. 954.

sough, sb., ?=*M.L.G.* sō, *mod.Eng.* sough ; *sewer*, PALL. i. 515.

souʒt, *see* suht. **souken**, *see* sūken.

sōule, *see* sāwle. **soun**, *see* son.

sound, *see* súnd.

sounen, v., *O.Fr.* soner, suner ; *sound* ; soune CH. BOET. ii. 3 (37) ; **sūne** (*imper.*) HORN (L.) 209 ; **souned** (*pret.*) PARTEN. 4718.

soupen, *see* sūpen.

soupen, v., *O.Fr.* souper, soper ; *sup, eat supper* ; soupe HAV. 1766 ; soupi AYENB. 52 ; **souped** (*pple.*) WILL. 2997 ; soped GREG. 1037.

souper, sb., *O.Fr.* super, soper ; *supper* ; super HAV. 1762 ; soper FL. & BL. 23 ; BRD. 6.

souple, adj. *O.Fr.* souple ; *supple*, ROB. 223 ; CH. C. T. *A* 203.

sour, souren, *see* sūr, sūren.

sour, sb., *O.N.* saurr ; *dirt*, '*coenum*,' PR. P. 466.

souri, adj., *O.N.* saurugr ; *dirty*, '*coenosus*,' PR. P. 466.

sournoun, *see* surnoun.

sours, sb., *O.Fr.* surse ; *rising* ; *source* ; CH. C. T. *E* 49 ; D. ARTH. 1978, 2511.

soute, *see* seute.

soutere, *see* sūtere.

souþ, sb., *O.N.* sauðr ; *sheep* ; **sowþes** (*pl.*) ORM. 15565.

souþ, *see* sūð. **sovel**, *see* suvel.

soven, *see* seoven.

soverain, adj. & sb., *O.Fr.* soverain ; *sovereign, superior*, SHOR. 110 ; AYENB. 189 ; WILL. 3954 ; soverein ROB. 15 ; sufferaine YORK xiv. 46 ; our suffraind sire YORK x. 163 ; þe soveraine sire ALEX. (Sk.) 1724 ; **sovereignes**, -eines (*pl.*) *persons of consequence* LANGL. *C* xii. 269, *B* xii. 200 ; **soverainest** (*superl.*) ALEX. (Sk.) 1913 ; soverinest 3097.

soverainetē, sb., *O.Fr.* souveraineté ; *sovereignty*, ALEX. (Sk 1859 ; sovereinte CH. C. T. *D* 1038.

sowe, *see* suʒe. **sowel**, *see* suvel.

sowen, *see* sēowen. **sōwen**, *see* sāwen.

sōwenen, *see* swōʒnen. **sōwle**, *see* sāwle.

sowþ, *see* souþ.

spā, sb., *O.N.* spā ; *prophecy*, C. M. 14526.

spā[2], v., *O.N.* spā ; *prophesy* : wit propheci to spa C. M. 18988.

spac, adj., *O.N.* spakr (*quiet, wise*) ; *active, ready* ; *wise* ; *quiet, gentle* ; spac (?*for* sprac) to uvel & slaw to god HOM. I. 305 ; spac & hwat II. 183 ; spak H. S. 319 ; K. T. 774 ; **spakest** (*superl.*) A. P. iii. 169.

spac-liche, adv., *O.N.* spakliga ; *readily, speedily*, SPEC. 37 ; spakliche (*v. r.* spracliche) LANGL. *B* xvii. 81, xviii. 12 ; spakli WILL. 3357 ; A. P. iii. 338.

spáce, sb., *O.Fr.* espace ; *space*, CH. C. T. *A* 1896 ; PR. C. 3933 ; spess BARB. xv. 285.

spáde, sb., *Q.E.* spadu (*pl.* spadan), = *O.L.G.* spado, *O.Fris.* spada, ?*Gr.* σπάθη ; *spade*, '*vanga*,' FRAG. 4 ; PR. P. 467 ; A. R. 384 ; R. S. V ; AYENB. 108 ; IW. 3225 ; CH. C. T. *A* 553.

spæche, sb., *O.E.* spǽc, sprǽc, = *O.Fris.* sprēke, sprītze, *O.L.G.* sprāca, *O.H.G.* sprácha, spráhha ; *from* **spéken** ; *speech, oration, decision* : him was his spæche ... biræfed ORM. 2831 ; þare spæche FRAG. 1 ; þe spæche, speche, speke LAʒ. 1971, 4018, 13076 ; spræche JOHN xviii. 32 ; speche PR. P. 467 ; KATH. 808 ; O. & N. 13 ; BEK. 66 ; C. L. 22 ; AYENB. 21 ; CH. C. T. *A* 307 ; S. S. (Wr.) 445 ; on ure speche HOM. I. 89 ; gief he him set a speche HOM. II. 179 ; uvel speche A. R. 80 ; þat wiþ þe holde speche MISC. 86 ; al was on speche ʒor biforen GEN. & EX. 665 ; speke HAV. 946 ; **spræche** (*pl.*) MAT. xix. 1 ; spechen C. L. 25 ; heo cuþen alle spechen HOM. I. 93 ; his spechen weoren gode LAʒ. 30161 ; spæches ORM. 16057 ; *comp.* fōre-, morwe-spēche.

spǣc-hūs, sb.,=*M.H.G.* sprāchhūs ; *audience-room* ; spæchūse (*dat.*) LAʒ. 13036.

spær, *see* spar.

spǣten, v., *O.E.* spǣtan ; *from* spāt ; *spit*, MK. xiv. 65 ; speten O. & N. 39 ; J. T. 45 ; WICL. DEUT. xxv. 9 ; spete TREV. IV. 327 ; **spǣted**, spet (*pres.*) A. R. 80, 82 ; **spǣtte** (*pret.*) A. R. 106 ; P. L. S. iii. 59 ; WICL. JOHN ix. 6 ; spatte LEB. JES. 1 ; TREV. III. 317 ; & spetten him on MK. xv. 19 ; spatten MISC. 45 ; *comp.* bi-spǣten.

Spaine, pr. n., *Fr.* Espagne ; *Spain*, LAʒ. 1351.

spaniel, sb., *O.Fr.* espagneul ; *spaniel*, CH. C. T. *D* 267 ; H. V. 91 ; spangel S. S. (Wr.) 1448.

Spainisc, adj., *Spanish* : of Spainisce (e)ard(e) LAʒ. 30703.

spāke, sb., *O.E.* spāca, = *M.L.G.* spēke, *O.H.G.* speicha ; *spoke (of a wheel)*, '*radius*,' VOC. 202 ; spoke PR. P. 469 ; **spāken** (*pl.*) JUL. 56 ; spoken MISC. 149 ; spokes P. R. L. P. 238 ; CH. C. T. *D* 2257.

spákien, v., *from* spac ; ? *hasten* : he mot

spakie to donde sunne a wei MISC. 192; **spákid**
(*pret.*) *soothed, quieted* ALEX. (Sk.) 237.
spalde, sb., = *M.H.G.* spalte; *chip, splinter, splinter*;
spalle [spolle] '*assula*' PR. P. 467.
spalden, v., = *M.L.G.* spalden, *O.H.G.* spalten
(*pret.* spielt); *chip, split*; **spaldid** (*pple.*)
D. ARTH. 3699.
spále, sb., = *M.H.G.* spale (*rung of a ladder*),
? *O.N.* spölr (*plank*); *splinter,* O. & N.
258; **spális** (*pl.*) GOLAG. 629 (ANGL. II.
424).
spán, *see* **spōn.**
spánin, v., *O.E.* spanan, = *O.H.G.* spanan
(*entice*), *M.Du.* spanen (*wean*); *wean,* ' *ablacto*,' PR. P. 467; and his ibedde from him
spanne O. & N. 1490; **spáned** (*v. r.* wenid)
(*pple.*) & taken fro milke HAMP. PS. CXXX.
4; spenned A. P. i. 53; *comp.* **for-spánen.**
spangel, sb., = *M.H.G.* spengel (*brooch*);
spangle, '*lorale*,' PR. P. 467.
spanne, sb., *O.E.* spann, sponn, = *O.H.G.*
spanna, *O.N.* spönn; *span,* PR. P. 467; LEG.
67; FER. 1607; CH. C. T. A 155; D. ARTH.
2060; sponne lengore SPEC. 35.
spannen, v., *O.E.* spannan (*pret.* spēonn,
spenn), = *O.H.G.* spannan (*pret.* spien); *span,
stretch, fold*: þe king **spans** (*pres.*) his spere
AV. ARTH. xiii; mi honde i **spenned** (*pret.*)
A. P. 49.
[**spar**, sb., ? *O.E.* spær, = *M.H.G.* spar; *spar.*]
spær-stōn, sb., '*gypsum*,' FRAG. 4.
spar², adj., *O.E.* spær, = *O.N.* sparr, *O.H.G.*
spar; *spare, parsimonious* : upon spare wise
GAW. 901; the schortte ribbis aboune the
spare (*waist*) D. ARTH. 2060.
spar-hende, adj., *O.E.* spærhende; *niggardly*, '*parcus*,' FRAG. 3.
spar-lēs, adj., *plentiful*, ALEX. (Sk.) 5467.
[**spar-liche**, adv., *O.E.* spærlīce, *O.N.* sparliga; *sparingly* ; *comp.* **un-sparlíche.**]
spar-lire, v., *O.E.* spær-, spearlira; *calf
of the leg,* OCTOV.(W.)330; BEV. 2311; sparlir
GAW. 158; sperlire FRAG. 2; VOC. 148;
sparliuer (*printed* sparlyver) TREV. V. 355;
sparliuers [*v. r.* -luris] (*pl.*) WICL. DEUT.
xxviii. 35.
sparcle, *see* **spearcle.**
spáre, sb., = *O.H.G.* spari; *parsimony,* C. M.
2909.
sparewe, *see* **sparwe.**
spárien, v., *O.E.* sparian, = *O.N.* spara, *O.H.
G.* sparen; *spare*, LAȝ. 27487; ȝif heo mei
sparien eni povre schreaden A. R. 416; sparen
MAN. (H.) 114; sparie ROB. 428; ALIS.
2624; spari AYENB. 157; þe to telle null(e) i
spare for whi hit is þat i care A. D. 258;
spáreþ (*pres.*) C. L. 419; sparieð KATH.
808; **spáre** (*subj.*) PR. C. 3928; **spárede**
(*pret.*) HOM. I. 121; LAȝ. 21066; BEK. 62;
spáred (*pple.*) GEN. & EX. 3587; ispared A.
R. 364; SPEC. 70; *comp.* **a-spárien.**

sparke, *see* **spearke. sparowe**, *see* **sparwe.**
sparplin, v., *O.Fr.* esparpeiller (*éparpiller*);
sprinkle, scatter, '*dispergo*,' PR. P. 467;
sparpled (*pret.*) MAN. (F.) 8488; sperpolid
ALEX. (Sk.) 4162; **sparplid** (*pple.*) WICL.
DEEDS v. 36.
sparre, sb., *O.N.* sparri *m.*, = *O.H.G.* sparro,
M.Du. sparre, sperre; *spar, beam, rafter,*
'*tignum*,' PR. P. 467; VOC. 236; sparre and
rafter CH. C. T. A 990; **sparres** (*pl.*) WICL.
ECCLUS. xxix. 29.
spar(r)el, sb., *bolt* : sperel or closel '*firmaculum*' PR. P. 469.
sparren, v., *O.E.* sparrian, *cf. O.H.G.* sparran,
sperren, *O.N.* sperra; *close,bar*; sperin '*claudo*'
PR. P. 469; speren GEN. & EX. 2194; sperre
MAN. (H.) 240; **sperriþ** (*pres.*) APOL. 34;
spers PR. C. 3835; **spareð** (*imper.*) A. R.
70*; **sparred** (*pret.*) FLOR. 1774; sperrid
TOR. 364; sperid M. ARTH. 2997; **sperred**
(*pple.*) HOM. I. 285; Iw. 2979; sperd ORM.
4122; isperred [ispered] LANGL. B xix. 162*;
he ferde to þe tour þer he woren sperde HAV.
448; *comp.* **bi-, un-sparren, (-sperren).**
sparþe, sb., *O.N.* sparða; *halberd,* GAW. 209;
CH. C. T. A 2520; sparthe '*bipennis*' PR. P.
467; **sparrethis** [sparthis] (*pl.*) ALEX. (Sk.)
2458.
sparwe, sb., *O.E.* spearwa, spearuwa, = *Goth.*
sparwa, *O.H.G.* sparo, *O.N.* spörr; *sparrow,*
PS. x. 1; spaɼwe [sparowe] CH. C. T. A 626;
sparuwe, sparewe A. R. 142, 152; sparewe
BEK. 1098; sparowe '*passer*' PR. P. 467;
sparewen (*pl.*) LK. xii. 6; sparewen LAȝ.
29258.
spar-, sper-hauk, sb., *O.N.* sparrhaukr;
sparrow-, sparhawk, '*nisus*,' PR. P. 468; C.
M. 1789; sperhauk LANGL. B vi. 199 (Wr.)
4191); sperhauk CH. P. F. 338.
spāt, sb., *cf. O.E.* spēd; *spittle*; spot C. L.
1147; **spōte** (*dat.*) SHOR. 88.
spáte-, spéte-, speat-wil, adj., *inclined to
spit,* MARH. 9, 12.
spátel, sb., *O.E.* spātl, spādl, = *O.Fris.* spēdel ;
spittle, HOM. I. 279; spotel TREV. I. 195;
spotle ' *sputum*' PR. P. 467; A. R. 288; WICL.
JOHN ix. 6; **spōtle** (*dat.*) LEB. JES. 2.
spátlen, v., *O.E.* spātlian, spǣtlian; *spit
upon*; **spátle** (*pres.*) REL. II. 211; **spátled**
(*pple.*) MAN. (F.) 8196.
spōtlunge, *O.E.* spātlung; *spitting,* A. R.
188; spateling HOM. I. 279.
spaunin [**spánin**], v., *spawn (of fish)*, PR. P.
467.
spauninge, sb., *spawning,* PR. P. 467.
spaveine, sb., *O.Fr.* esparvain; *spavin (in
farriery)*, PR. P. 467.
spearcle, sb., *spark*; sparcle TREV. VII.
379; CH. C. T. B 2095; WICL. IS. i. 31;
sparkle K. T. 194; **sparkles** (*pl.*) LEG. 194;
MAN. (F.) 8544.

spearclen, v.,=*M.Du.* sparkelen; *sparkle*; sparklin '*scintillo*' PR. P. 467; **sperolinde** (*pple.*) A. R. 34; sparclinge [sparklinge] CH. C. T. *A* 2164; of his spetewile muð(e) **sperklede** (*pret.*) fur ut MARH. 9.

spearke, sb., *O.E.* spearca,=*M.Du., M.L.G.* sparke; *spark*; sparke, sperke A. R. 96, 296; sparke HAV. 91; GOW. I. 258; CH. C. T. *B* 2095; sparc, spærc LAȝ. 21482, 23508; **spearken** (*pl.*) AYENB. 137.

sparkin, v., *O.E.* spearcian,=*M.L.G.* sparken; *give out sparks;* '*scintillo*,' PR. P. 467; **sparkede** (*pret.*) HAV. 2144.

spéce, see **spíce**. **spēche,** see **spǣche**.

special, adj., *Fr.* special; *special*, ROB. 422; AYENB. 15; ALIS. 7609; A. P. i. 235; speciall BARB. v. 501.

    special-liche, adv., *specially*, AYENB. 7; specialli CH. C. T. *A* 15.

specialtē, sb., *partiality*, BARB. vii. 246.

specke, sb., *O.E.* specca; *speck, spot*; spec A. P. ii. 551; spekke '*pittacium*' PR. P. 468; **speckes,** speches (*pl.*) A. R. 288*.

speckid, adj., *specked*, WICL. GEN. xxx. 32; spekked TREV. I. 189.

spectacle, sb., *O.Fr.* spectacle; *spectacle*, CH. C. T. *D* 1203; HOCCL. vi. 57.

spēde, sb., *O.E.* spēd,=*O.L.G.* spōd, *O.H.G.* spuot; *speed, hurry; issue, success*: he that was ur moste spede P. P. 215; thurgh helpe and spede of praier PR. C. 2882; sped AN. LIT. 6; ahtes sped (*abundance*) ORM. 12252; ðat hem sal bringen ivel sped GEN. & EX. 310; ernep toward te sæ wiþ mikel sped ORM. 18094; **spēde** (*dat.*) LAȝ. 23417*; *comp.* ? ȝe-, un-, **wan-spēde**.

    spēd-ful, adj., *speedy*, WICL. TOB. iii. 6; CH. BOET. iv. 4 (125); spedeful TREV. III. 11; speidfull BARB. v. 486.

    spēd-li, adv., *O.E.* spēdlíce; *speedily*, ALIS. 3451; WILL. 5468; A. P. ii. 1729.

spēden, v., *O.E.* spēdan,=*M.Du.* spoeden. *O.H.G.* (ge-)spuotōn; *speed, hasten, follow after; prosper*; LAȝ. 403; ORM. 12317; GEN. & EX. 2303; þei mighte not spede in hire viage MAND. 305; spede HORN (L.) 461; HAV. 1634; LANGL. *B* xvii. 81; S. S. (Wr.) 1965; PR. C. 3585; **spét** (*pres.*) JUL. 42; O. & N. 763; **spēdeþ** (*imper.*) P. S. 240; spedeþ ȝou MAN. (F.) 8907; god spede ȝou CH. C. T. *A* 2558; **spēdde** (*pret.*) LAȝ. 13214; homward he him spedde CH. C. T. *A* 1217; heo spedde O. & N. 1792; hi ne spedde noȝt þere BRD. 22; *comp.* ȝe-**spēden**.

    spēdar, sb., *helper*, YORK i. 110.

spēdi, adj., *O.E.* spēdig,=*O.H.G.* spuotīg; *speedy*; **spēdiast** (*superl.*) BARB. vi. 591; *comp.* **wan-spēdi**.

    spēdi-lī, adv., *speedily*, CH. C. T. *B* 1442.

speir, sb., *the opening in a garment,* '*cluniculum*,' PR. P. 468; **spaire** (*dat.*) D. ARTH. 2060.

speir[2], sb., *for* **espeir**; *hope*, MAN. (F.) 2360.

[**spéke,** sb., *O.E.* sprec, ? =*M.H.G.* sprech (*speaking*).]

    spéke-ful, (? spēke-), adj., *talkative*, A. R. 100.

    spéke-man, sb., *spokesman*, AYENB. 99; spékemen (*pl.*) 60.

spēke, see **spǣche**.

spéken, v., *O.E.* specan, spreacan,=*O.L.G.* sprecan, *O.Fris.* spreka, *O.H.G.* sprechan; *speak*, HOM. I. 35; LAȝ. 2977; KATH. 315; A. R. 48; ORM. 2733; GEN. & EX. 2027; speke O. & N. 261; ROB. 199; CH. C. T. *F* 652; speoken HOM. I. 89; MARH. 16; spreken MAT. vi. 7; to spekene LAȝ. 24722; AYENB. 94; to spekende HOM. II. 35; **spékest** (*pres.*) O. & N. 1282; spext BEK. 768; REL. I. 265; spekeð HOM. I. 73; A. R. 82; specþ O. & N. 1072; (heo) specað HOM. I. 89; **spec** (*imper.*) LAȝ. 12945; spek A. D. 293; speke we *let us say* A. R. 104; **spékende** (*pple.*) MAT. xv. 31; spekinde FRAG. 6; **spæc,** spac (*pret.*) LAȝ. 121, 2841; spac SAX. CHR. 264; HOM. II. 11; A. D. 263; ORM. 224; O. & N. 396; GEN. & EX. 925; BEK. 28; spak HAV. 2389; ALIS. 231; WICL. JOHN ix. 29; CH. C. T. *A* 124; spec A. R. 56; P. S. 248; spek KATH. 311; AYENB. 251; speek C. L. 458; þu **spǣke** O. & N. 554; MISC. 139; þou speke M. T. 83; spæken, spræken, LK. iv. 36, ix. 30; spæken, speken LAȝ. 3248, 8249; spæken ORM. 1027; speken GREG. 294; CH. C. T. *B* 214; speeken LANGL. *A* ii. 201 (spoke *B* ii. 225); spoken GEN. & EX. 2913; **spǣke** (*subj.*) ORM. 16260; speke BRD. 21; **spéken** [*O.E.* sprecen, *cf. O.L.G.* (gi-)-sprocan, *O.H.G.* (ge-,sprochen] (*pple.*) HOM. II. 51; HAV. 2369; AN. LIT. 8; speke WILL. 4605; spoken MAND. 40; MAN. (H.) 77; spoken, spoke CH. C. T. *A* 31, *B* 58; spoke GOW. I. 60; *comp.* bi-, for-, ȝe-**spéken**; *deriv.* **spǣche**.

    spékere, sb.,=*O.H.G.* sprechāre; *speaker*, TREV. IV. 141; speker H. S. 8292.

    spékinge, sb., *speaking*, AYENB. 50.

spekelen, v.,=*M.Du.* speckelen, spickelen; *speckle*: þei ben ... alle **spekelede** (*pple.*) MAND. 290.

spel, sb., *O.E.* spell,=*O.L.G., O.H.G.* spel, *O.N.* spiall, *Goth.* spill (μῦθος); *mod.Eng.* spell; *speech, narrative*, LAȝ. 16397; MIRC 170; (*ms.* speli) ORM. 10025; spel & leoð REL. I. 129 (HOM. II. 163); spel ne song SPEC. 68; **spelles** (*gen.*) ORM. 13474; **spelle** (*dat.*) O. & N. 1794; HAV. 338; CH. C. T. *B* 2083; M. H. 63; of godes spelle AYENB. 11; listeþ to þis spelle FER. 4002; with speche and spelle LUD. COV. 123; **spelles** [*r. w.* helle, tellen], (*pl.*) LAȝ. 8100, 26538; spellen 22052;

spelles A. R. 120; *comp.* bi-, gōd-, lār-, lāð-, lēod-, morð-, wil-spel.

spélde, sb., *O.E.* speld (*torch*), = *M.H.G.* spelte, spilte *f.* (*splinter*); *spill*, LEG. 162; ofte gret fuir ... wext of a luitel spielde S. A. L. 157; **spélden** (*pl.*) LEG. 166; speldes WILL 3392.

spelder, sb., = *M.L.G.* spelder, *M.H.G.* spelter, spilter; *splinter*; **spildurs** (*pl.*) AV. ARTH. xiii.

speldren, v., *spell*; ʒif þat tu canst speldren hem, Adam þou findest **speldred** (*pple.*) ORM. 16440.

spélien, v., *spare*, HOM. II. 213; al þat tu miht spelen ORM. 10133; spelie AL. (T.) 208; FER. 458; spele MAP 339; MAN. (F.) 12428; spele and spare LANGL. *C* xiv. 77; gef þu ani þing **spélest** (*pres.*) & levest HOM. II. 31; **ispéled** (*pple.*) S. S. (Web.) 542.

spelke, sb., *O.N.* spialk; *splinter, chip*, PR. P. 468.

spellien, v., *O.E.* spellian, = *M.Du.*, *M.H.G.* spellen, *O.N.* spialla, *Goth.* spillōn; *spell, speak, say, narrate*: þat folc gan to spel-(l)ien Irlondes speche LAʒ. 10068; spellen P. S. 240; LUD. COV. 157; þe (a)postles foren sone an an til hæþen folc to spellen ORM. 8528; spellin '*syllabico*' PR. P. 468; spelle LEG. 3; GREG. 611; Gow. II. 20; no tonge ne mai hit telle ... ne mouþ spelle C. L. 692; speke and spelle LANGL. *B* xv. 600; **spelle** (*pres.*) HAV. 15; speleð A. R. 170; **spellede** (*pret.*) SHOR. 133; hio spelleden LK. xxiv. 15; speleden LAʒ. 4051; **spelled** (*pple.*) ORM. 5747.

spellunge, sb., *story, narration*, A. R. 64; spelling H. S. 10976; spellinge '*syllabicatio*' PR. P. 468.

spelonk, sb., *Lat.* spelunca; *cave*, ALEX. (Sk.) 5392; **spelonkes** (*pl.*) LANGL. *B* xv. 270.

spenden, spenen, v., *O.E.* (a-, for-)spendan, *O.N.* spenna, ? = *O.H.G.* spentōn, *from Lat.* expendere; *spend*; spendin '*expendo*' PR. P. 468; spende CH. C. T. *A* 4135; spene P. S. 151; P. L. S. i. 16; **speneþ** (*pres.*) O. & N. 1525; þat have no **spending** (*pple.*) silver LANGL. *B* xi. 278; **spende** (*pret.*) LAʒ. 13657; **spended** (*pple.*) WILL. 4324; LANGL. *B* v. 380; spende PALL. iv. 541; ispended AYENB. 171; ispend P. L. S. viii. 6; ispened A. R. 322; *comp.* a-, for-**spenden**.

spendere, sb., = *M.H.G.* spendære; *spender, spendthrift*, AYENB. 190; spendour LANGL. *C* vi. 28.

spendinge, sb., *spending*, AYENB. 21; LANGL. *B* xiv. 197.

spenen, *see* **spenden**.

spenne, sb., ? *O.N.* spenna; *space, interval; quickset hedge*; GAW. 1074, 2316; spene ALEX. (Sk.) 4162.

spennen, v., = *M.H.G.* spennen, *O.N.* spenna; *from* **spannen**; *stretch out, embrace; fasten*; spain BARB. iii. 582; up **spende** (*pret.*) his feder tunge A. R. 158; spainit BARB. iii. 583; **spenned** (*pple.*) A. P. i. 53; spend GAW. 587; *comp.* un-**spennen**.

spense, sb., *O.Fr.* dispense; *expense; provision-room*; A. R. 350; P. L. S. xvii. 31; boteri or celere PR. P. 468; spence, spens YORK xxxvi. 241, xxxii. 134; **spencis** (*pl.*) D. ARTH. 3163; spences LANGL. *C* xvii. 40.

spenser, sb., *O.Fr.* despensier; *steward*, TREV. IV. 331.

speoren, *see* **spūrien**.

spēowen, *see* **spiwen**.   **sper**, *see* **spar**.

sperclen, *see* **spearclen**.

spére, sb., *O.E.*, spere = *M.Du.* spere, *O.H.G.* sper, *O.N.* spiör *n.*, *Lat.* sparum, sparus; *spear*, '*hasta*', PR. P. 468; O. & N. 1022; HAV. 347; CHR. E. 631; CH. C. T. *A* 2894; OCTAV. (H.) 853; PR. C. 5292; þat spere LAʒ. 18082; **spéres** (*gen.*) LAʒ. 8596; **spére**, speren [speres, speares] (*pl.*) LAʒ. 5864, 27462; speres A. R. 110; *comp.* bōr-, wal-spere.

spér-man, sb., *spearman*, ROB. 378.

spére-scæft, sb., *spear-shaft*, LAʒ. 14752.

spére-wurt, sb., *spear-wort*, REL. I. 37; sperewort PR. P. 469.

spēre, sb., *sphere*, PR. P. 468; PR. C. 4887; PARTEN. 6509; TREV. I. 227.

sperel, *see* **spar(r)el**.

spéren, v., *spear*; **spérid** (*pret.*) ALEX. (Sk.) 3649.

speren, *see* **spūren**.

sperhauke, *see* **sparhauk** *under* **sparwe**.

sperke, *see* **spearke**.

sperling, **spirling**, sb., = *M.L.G.* spirling; *sparling (small fish)*, '*cammarus*,' VOC. 189, 222; sperling M. H. 136; **sperlinges** (*pl.*) L. C. C. 54.

sperme, sb., *O.Fr.* sparme; *sperm*, CH. C. T. *B* 3199.

sperren, *see* **sparren**.   **spete**, *see* **spite**.

spēten, *see* **spǣten**.   **spēwen**, *see* **spiwen**.

spic, sb., *O.E.* spic (VOC. 82), = *O.N.* spik, *O.H.G.* spec, spech; *lard; bacon fat; 'lardum*,' FRAG. 4; LAʒ. 24437; spik PR. P. 469; MAN. (F.) 12345; spiche (*dat.*) MISC. 151.

spice, spéce, sb., *O.Fr.* espice, espece; *spice; species*; A. R. 78, 208; spice SHOR. 90; JOS. 193; **spices** (*pl.*) A. R. 370; WICL. GEN. xxxvii. 25; speces (*printed* spetes) MAP 334.

spicen, v., *embalm*, TREV. V. 287.

spicer, sb., *O.Fr.* espicier; *grocer*, VOC. 212; PR. P. 469; **spicers**, spiceres (*pl.*) LANGL. *C* iii. 235; *B* ii. 225; spiserez A. P. ii. 1038.

spicerie, sb., *O.Fr.* espicerie; *grocery, spices,* P. S. 333; PL. CR. 301; D. ARTH. 162.
spie, espie, sb., *cf. M.Du.* spie, *O.Fr.* espie; *spy;* '*explorator*,' PR. P. 469; FL. & BL. 332; ALIS. 3556; ISUM. 249; espie GOW. I. 81; **spies** (*pl.*) GEN. & EX. 2169; aspies ROB. 557; espies D. TROY 13424.
spien, espien, v., *cf. M.Du.* spien, *O.N.* speja, *O.H.G.* spehōn, *O.Fr.* espier, *Lat.* specere; *spy, espy*, GEN. & EX. 2172; spiin '*exploro*' PR. P. 469; spie A. P. ii. 780; spien [espien] CH. C. T. *D* 316; espie LIDG. M. P. 64; **aspien** MAND. 66; aspie WILL. 774; **aspieþ** (*pres.*) AYENB. 253; **aspieden** (*pret.*) A. R. 196.
spiere, sb., *spy*, WICL. ESTH. viii. 5; **spiares** (*pl.*) LAȝ. 1492*.
spigot, sb., *spigot*, PR. P. 469; WICL. JOB xxxii. 19.
spik(e), sb., *Lat.* spīca; *ear of corn*, LANGL. C xiii. 180.
spikenard, sb., *spikenard*, LEB. JES. 770; ['*nardi spicati*'] WICL. MK. xiv. 3.
spilder, see **spelder**.
spile, sb., ?=*O.N., O.L.G., O.H.G.* spil, O. *Fris.* spil, spel; *sport, game*: ðunder and levene made spile (*r. w.* qvīle) GEN. & EX. 3462; froskes & podes spile GEN. & EX. 2977.
spil-qverne, sb., *spinning-top*, '*gyraculum*,' REL. I. 9.
spilen, v., *O.E.* spilian, = *O.N.* spila, *O.L.G., O.H.G.* spilōn; *play, sport*, GEN. & EX. 2532; **spilede** (*pret.*) LAȝ. 13816; SHOR. 120; **spiled** (*pple.*) GEN. & EX. 3183.
spille, sb., *cf. M.Du.* spelle (*acicula*); *pin*: hit nis noȝt worþ a spille BEK. 850 (*v. r.* fille SAINTS (Ld.) xxvii. 856).
spillen, v., *O.E.* spillan, spildan, = *O.N.* spilla, *M.L.G., M.Du.* spillen, spilden, *O.H.G.* spildan; *spill, lose; kill; be destroyed*; LAȝ. 880; JUL. 24: spillin '*effundo*' PR. P. 469; spille BEK. 204; C. L. 903; WILL. 966; LANGL. *B* xix. 298; GOW. II. 114; MAN. (H.) 279; PR. C. 1320; ISUM. 193; al his hwile he scholde spille O. & N. 1020; late ye nouth mi bodi spille HAV. 2422; **spilleð** (*pres.*) HOM. II. 213; spilþ AYENB. 182; **spille** (*subj.*) HOM. I. 17; PALL. viii. 164; **spilde** (*pret.*) REL. I. 48; spilden LAȝ. 28863; þai spilden mani a man TRIST. 40; **spilled** (*pple.*) ALIS. 1062; spilt GOW. I. 270; *comp.* **a-, for-, ȝe-spillen.**
spillinge, sb., *spilling*, PR. P. 469.
spindle, sb., *O.E.* spinl, = *O.H.G.* spinnela; *spindle*, '*fusus*,' FRAG. 4; LEG. 105; spindele VOC. 157.
spink, sb., *cf. Swed.* (gul)-spink; *prov.Eng.* spink; *? chaffinch*, VOC. 189.
spinnen, v., *O.E.* spinnan, = *Goth., O.H.G.* spinnan, *O.N.* spinna; *spin*; spinnin '*neo*' PR. P. 469; spinne LANGL. *A* v. 130; spinnen *B* v. 216; he **spinnes** (*pres.*) him out a grete space ALEX. (Sk.) 3033; þe **spunniande** (*pple.*) aspaltoun A. P. ii. 1038; **span** (*pret.*) LEG. 74; LIDG. M. P. 90; sponne CH. TRO. iii. 734; **sponnen** (*pple.*) WICL. JUDG. xvi. 9; *comp.* **ȝe-spinnen.**
spinnere, sb., = *M.L.G.* spinnere; *spinner, spider*, REL. I. 219; spinnare '*filatrix*, '*aranea*,' PR. P. 469; spiþre (*for* spinþre) AYENB. 164.
spinnestere, sb., = *Du.* spinster; *mod.Eng.* spinster; *woman who spins*; **spinnesteres** (*pl.*) LANGL. *B* v. 216; spinsters *A* v. 130.
spīr, sb., *O.E.* spīr, *cf. M.L.G.* spīr *n., O.N.* spīra *f.*; *sprout*, PALL. iii. 1034; shal nevere spir springen up LANGL. *C* xiii. 180; spire '*hastula*' PR. P. 469; as an ok comeþ of a litle spire CH. TRO. ii. 1335; imeind mid spire and grene segge O. & N. 18.
spirakle, sb., *Lat.* spirāculum; *breath, spirit,* A. P. ij. 408.
spiren, see **spūrien.**
spīrin, v., *sprout*, '*spico*,' PR. P. 469; **spīred** (*pple.*) '*germée*' REL. II. 81.
spirit, sb., *O.Fr.* espirit, esprit; *spirit*, GEN. & EX. 203; CH. C. T. *A* 2765; sprit RICH. 394.
spiritualtē, sb., *O.Fr.* esperitualité; *spiritualty*, LANGL. *C* vii. 125.
spirituel, adj., *O.Fr.* spirituel; *spiritual*, LANGL. *C* vii. 125*.
spirling, see **sperling.**
spīsen, v., *for* **despīsen**; *despise*; **spīse** (*pres.*) ALEX. (Sk.) 2931; spiseth LANGL. *C* vii. 122*.
spit, see **despit.**
spīte, sb., *cf. O.E.* spitu *f., M.Du.* spit, spet *O.H.G.* spiz *m.*; *spit*, '*veru*,' FRAG. 4; ROB. 207; OCTOV. (W.) 122; B. DISC. 582; spite, spete PR. P. 469; spete VOC. 256; **spetes** (*pl.*) MAP 334; spiten *? fins* LAȝ. 21329.
[**spitel**, sb., *small spike*.]
spitil-forke, sb., *spiked fork*; **spitill forkes** (*pl.*) TUND. 739.
spitel-staf, sb., *spiked-staff*, A. R. 384*.
spitel², sb., = **hospital**; *hospital*.
spitel-üvel, sb., *leprosy*, A. R. 148.
spitien, sb., = *M.Du.* spiten, speten, *M.H.G.* spizzen; *from* **spite**; *put on a spit*; **spite** (*pres.*) PR. P. 469; **spiteden** (*pret.*) KATH. 2210*; **ispited** (*pple.*) LAȝ. 26522; ROB. 207; *comp.* þurh-**spitien.**
spitous, spetous, adj., *spiteful, angry, terrible*, ALEX. (Sk.) 2458, 4567; spetos GAW. 209; *see* **despitous.**
spitten, v., *O.E.* spittan; *spit*, JUL. 49; **spit** (*pres.*) H. M. 17; spitte CH. C. T. *C* 421; spitten and spewen LANGL. *B* x. 40; **spit** (*imper.*) A. R. 290; **spitte** (*subj.*) MIRC 890;

spitte (*pret.*) ALIS. 890; spitten C. M. 16635; spitte L. H. R. 189; *comp.* bi-spitten.

spīþre, *see* **spinnere.**

spīwen, v., *O. E.* spīwan (*pret.* spāw, spēowde),=*O.L.G.* spīwan, *O.H.G.* spīwan, spīan, *M.H.G.* spīwen spīen (*pret.* spei, spīwete), *O.Fris.* spīa, *Goth.* speiwan, *M.Du.* spēeuwen, *O.N.* spȳja, *Lat.* spuere; *spew, vomit*; speowen A. R. 240; JUL. 49; spuwe TREV. VII. 503; spewen out WICL. JOB xx. 15; spewe P. S. 336; CH. C. T. *B* 2606; **spēoweð** (*pres.*) HOM. I. 251; spuwþ LEECHD. III. 140; speweð HOM. II. 37; REL. I. 211; spewen LANGL. *B* x. 40; **spī** (*imper.*) A. R. 310; **ispēwed** [ispūwed] (*pple.*) TREV. IV. 439; *comp.* a-spēowen.

splatten, v., *cut open*; to splatt(e) þe bor EGL. 490; **splatte** (*imper.*) (? *for* platte) *press flat,* PALL. ii. 123.

splecken, ? =plecken; **splekked** [plekked] (*pple.*) stones ['*guttatos lapides*'] TREV. I. 429.

spleien, v., *display, spread*; splai PALL. i. 625; COMP. BL. KN. 33; **splaied** (*pple.*) LUD. COV. 242; *cf.* displeien

splēn, sb., *Lat.* splēn; *spleen,* PR. P. 469.

splent, sb.,=*M.L.G.* splente, splinte; *splinter, small plate of armour*; REL. II. 84; D. ARTH. 2061; **splentes** (*pl.*) of steel RICH. 4979.

splentide, adj., *adorned with small plates,* D. ARTH. 3264.

[**splot,** sb., *O.E.* splot; *spot.*]

splotti, adj., *spotty,* WICL. GEN. xxx. 35.

spoile, sb., *booty, spoil*; spoile ALIS. 986; **spuilis** (*pl.*) WICL. GEN. xlix. 27.

spoilin, v., *Fr.* spolier; *unclothe, rob, 'spolio,'* PR. P. 470; to spoile helle MIRC 509; 3e shulen spoile [*spoliabitis*'] WICL. EX. iii. 22; **spoilis** (*pres.*) ALEX. (Sk.) 4962; spulȝeit (*pple.*) BARB. xiii.

spōke, *see* **spāke.**

spōle, sb.,=*M.Du.* spoele, *O.H.G.* spuole; *spool, 'panus,'* VOC. 180; PR. P. 470.

spōn, sb., *O.E.* spōn,=*O.Fris.* spōn, *O.N.* spōnn, spānn, *O.H.G.* spān, *M.Du.* spaen; *chip, splinter; spoon*; VOC. 232; PR. P. 470; TRIST. 2050; spoon S. & C. I. xlix; **spōne** (*dat.*) PERC. 2250; L. C. C. 51; **spōnes** (*pl.*) ['*astulis*'] TREV. V. 455; spones [spoones] CH. C. T. *C* 908.

spōn-nēowe, adj., *quite new,* ALIS. 4055; spannewe HAV. 968; CH. TRO. iii. 1665.

sponge, sb., *O.Fr.* esponge; *sponge,* A. R. 262; spunge MK. xv. 36.

[**spor,** sb., *O.E.* spor,=*O.N., O.H.G.* spor; *track, foot-print; comp.* hwēl-spōr.]

spore, *see* **spure. spornen,** *see* **spurnen.**

sport, *see* **disport.**

spot, sb., *cf. M.Du.* spotte; *spot,* '*macula,*' VOC. 206; PR. P. 470; þe spot AYENB. 228; þane spot 237; **spottes** (*pl.*) REL. I. 225; LANGL. *B* xiii. 315.

spōt, spōtel, *see* **spāt, spātel.**

spotti, adj., *spotty,* AYENB. 192; L. H. R. 213; WICL. GEN. xxx. 35.

spotton, v.,=*M.Du.* spotten; *spot, 'maculo,'* PR. P. 470; **spotted** (*pple.*) GEN. & EX. 1721; spottid WICL. GEN. xxx. 35; *comp.* bi-spotten.

spous, *see* **spūs.**

spoute, spouten, *see* **spūte, spūten.**

[**sprac,** adj., *cf. O.N.* sprǣkr (*lively*), ? *prov. Eng.* (*Berks.*) sprack; *energetic, lively; see* **spac.**]

sprac-, sprak-liche, adj., *sprightly, lively,* LANGL. C xxi. 10; *B* xviii. 12*.

sprǣche, *see* **spǣche.**

sprǣden, v., ? *O.E.* sprǣdan,=*M.Du.* sprēden, *O.H.G.* spreitan; *spread*; sprǣde [sprede] LA3. 14203; spreden A. R. 400; spredin '*expando*' PR. P. 470; sprede O. & N. 437; LANGL. *B* iii. 308; S. S. (Wr.) 622; MAN. (H.) 38; þat writ an an he gan sprede AL. (T.) 450; sprēt (*pres.*) HOM. I. 77; A. R. 98; AYENB. 17; **sprēdde** (*pret.*) P. L. S. xiii. 118; spradde LA3. 1215; GOW. I. 182; A. P. iii. 365; spredden GEN. & EX. 2567; **sprēd** (*pple.*) ORM. 1015; sprad GREG. 566; LUD. COV. 373; *comp.* bi-, 3e-, over-, to-sprǣden.

sprai, sb., *cf. Dan.* sprag;=**sprec**; *spray, sprout, sedge*; (ms. spray) FL. & BL. 275; ROB. 552; SPEC. 27; CH. C. T. *B* 1960; **spraies** (*pl.*) TREV. IV. 157.

spraien, v.,=*Dan.* spraga, ? *Swed.* spraka; *sprout*; spraie (ms. spraye) ERC. 335; TOWNL. 145; sprai S. & C. II. xlii.

spranke, sb., = *M.Du.* spranke; *spark*; spronke LEG. 159; *sprout* PALL. xii. 116.

spraulin, v., *O.E.* sprēawlian; *sprawl, 'palpito,'* PR. P. 470; spraule WICL. TOB. vi. 4; **spraulend** (*pple.*) GOW. II. 5; **sprau-lid** (*pret.*) LUD. COV. 186; sprauleden HAV. 475.

sprec, sb., *O.N.* sprek; ? *sprout*; **sprēkes** (*pl.*) MARH. 15.

sprecchen, v., *O.E.* (on-)spreccan; *sprout*: ant sprechi in ham sprekes of lustes MARH. 15.

sprēden, *see* **sprǣden. sprēken,** *see* **spēken.**

sprenge, sb.,=? *O.H.G.* springa (*trap*); ? *springe*: þu schalt hwippen on a sprenge O. & N. 1066.

sprengen, v., *O.E.* sprengan,=*O.H.G.* spren-gan, *O.N.* sprengja; *from* **springen**; *make to spring; sprinkle*; WICL. IS. xxxviii. 25; sprengen [springen] CH. C. T. *B* 1183; **spren-geð** (*pres.*) GAM. 503; sprengeð ou mid hali water A. R. 16; **sprengde** (*pret.*) LEG. 180;

spreinde 181; spreind(e) ALIS. 341; sprende LEG. 156; spreinden JOS. 314; **sprenged** (*pple.*) TREV. V. 7; misbileve ... a mong men was isprenged ROB. 119; spreind [ispreind] CH. C. T. *A* 2169, *B* 422; sprent ALEX. (Sk.) 743; **isprengde**, isprinde (*pl.*) A. R. 92; *comp.* **bi-sprengen.**

sprenkelin, v., = *M.Du.* sprenkelen; *sprinkle*, PR. P. 470; **sprancleth** [sprankeleþ] (*pres.*) TREV. I. 319.

sprenten, v., = *M.H.G.* sprenzen; *leap, run*: sparkes of fire þat obout sal sprent PR. C. 6814; sprenten ALEX. (Sk.) 786*; **sprente** (*pret.*) OCTAV. (H.) 473; to the chambirdore he sprente M. ARTH. 1846; sprent GAW. 1896; PERC. 1709.

sprentinge, sb., *leaping*, TREV. I. 369.

sprēot, sb., *O.E.* sprēot, = *M.L.G.* sprēt, *M.Du.* spriet; *from* **sprūten**; *sprit, pole*, ALIS. 858; spret '*contus*' PR. P. 470; OCTOV. (W.) 601; WILL. 2754; **sprēte** (*dat.*) A. P. iii. 104; *comp.* **bōȝ-sprēt.**

sprēþ(e), adj., ?= *Ger.* spröde; ? *fragile*: þaȝ ich be spreþ(e) ⟨*r. w.* dēþe⟩ SHOR. 103.

sprigge, sb., ? *cf.* *M.L.G.* sprick *n.*; *sprig*, LANGL. *C* vi. 139.

sprind, adj., *O.E.* sprind; *lively*: be a man never so sprind SHOR. 2.

springal, sb., = *M.L.G.*, *M.H.G.* springal, *O.Fr.* espringalle; *an engine for casting stones*; **springols** (*pl.*) FER. 3310; spri[n]galdis (springaltez) ALEX. 1419; springaldis BARB. xvii. 247.

springe, sb., *O.E.* springe, spring, = *O.L.G.* (aha-)spring, *O.H.G.* (ur-)spring *m.*; *spring* (*fountain, vernal season*), *upspringing; dawn; twig, rod;* '*scaturigo, planta*,' PR. P. 470; GEN. & EX. 581; C. M. 11699; who so spareþ þe springe [spring] ['*qui parcit virgae*'] LANGL. *B* v. 41; on þe spring(e) of þe dai FER. 3513; *comp.* **dai-, of-, wel-spring.**

spring-flood, sb., *spring-tide*, CH. C. T. *F* 1070.

springen, v., *O.E.* springan, = *O.L.G.*, *O.H.G.* springan, *O.N.* springa; *spring, jump, rise*, A. R. 282; springe C. L. 593; þe blostme ginneþ springe and sprede O. & N. 437; þis word bigon to springe AL. (V.) 223; þe dai bigan to springe CH. C. T. *A* 822; TOR. 1958; a welle ... ðat **springeð** (*pres.*) ai REL. I. 210; **sprang** (*pret.*) KATH. 2488; ORM. 10258; ALIS. 5539; sprong GEN. & EX. 60; LANGL. (Wr.) 9041; K. T. 194; of hire wisdome sprong [sprang] þat word wide LAȝ. 6302; sprungen HOM. I. 141; senwe sprungen fro ðe lið GEN. & EX. 1804; **sprungen** (*pple.*) ORM. 511; HAV. 1131; sprunge HORN (L.) 1015; sprongen GOW. III. 249; *comp.* **a-, at-, ȝe-, to-springen**; *deriv.* **springe, sprengen, sprung.**

springing, sb., *springing*: in springing time ['*verno tempore*'] TREV. I. 65.

sprintel, sb., *twig*: ofte druie **sprintles** (*pl.*) bereþ winberien A. R. 276.

sprit, *see* **spirit**. **spronke**, *see* **spranke**.

sprōte, sb., *O.E.* sprote, = *M.Du.* sprote, *O.N.* sproti, *O.H.G.* sprozo; *from* **sprūten**; *sprig, sprout*, TOWNL. 14; i ne have stikke i ne have sprote HAV. 1142; **sprōtes** (*pl.*) ALEX. 790.

sprotte, sb., = *L.G.* sprotte; *sprat*, VOC. 222; M. T. 119.

sprouten, *see* **sprūten**.

sprung, sb., = *O.H.G.* sprung; *from* **springen**; *jump, rising*, KATH. 322; **sprunges** (*pl.*) JUL. 50; CHR. E. 195; *comp.* **of-sprung**.

sprūte, sb., = *M.L.G.* sprūte, *M.Du.* spruite, *sprout*; **sproutes** (*pl.*) PS. lxxvii. 51.

sprūten, v., *cf.* *O.E.* sprēotan, *O.Fris.* sprūta, *M.Du.* spruiten, *M.H.G.* spriuzen; *sprout, germinate*, HOM. II. 217; sprute C. M. 11216; sproutin '*pullulo*' PR. P. 471; **sprūteð** (*pres.*) H. M. 11; **sproutand** (*pple.*) PS. lxiv. 11; *deriv.* **sprūte, sprēot, sprōte, sprūtten.**

sprūtten, v., *O.E.* spryttan, = *M.H.G.* sprützen; *sprout*: þe wiði þet **sprūtteð** (*pres.*) ut A. R. 86.

spudde, sb., *spud, digging-knife*, '*cultellus*,' PR. P. 471.

spure, sb., *O.E.* spura, spora, = *O.H.G.* sporo, *O.N.* spori; *spur,* '*calcar*,' VOC. 221; O. & N. 777; spore PR. P. 470; HAV. 2569; ROB. 396; **spuren** [spores] (*pl.*) LAȝ. 23772; sporen HOM. I. 243; ALIS. 817; spores LANGL. *B* xviii. 12; CH. C. T. *A* 473.

spore-lēs, adj., *without a spur*, P. S. 71.

spurgen, v., *O.Fr.* espurger; *ferment*; sporgen '*spumo*' PR. P. 470; **spourgide** (*pret.*) GEST. R. 403.

spurien, v., *cf.* *O.H.G.* sporōn; *spur, urge on, incite*; spurie [sporie] LAȝ. 21354; **spureð** (*pres.*) H. M. 13; GEN. & EX. 3970; **spurede** (*pret.*) JUL. 59; spored PARTEN. 4214.

spūrien, v., *O.E.* spyrian, = *O.N.* spyrja, *O.H.G.* spurian; *track; inquire*; spire WILL. 4594; GOW. I. 198; MAN. (H.) 112; M. H. 95; sperin '*percunctor, inquiro*' PR. P. 469; spere '*investigo*' REL. I. 6; FLOR. 293; TRIAM. 592; **spire** [spere] (*pres.*) LANGL. *B* xvii. 1; speore *C* xx. 1*; **spūred** (*pple.*) GAW. 901; spired HAV. 2620.

spirring, sb., *questioning*, B. B. 2; **spirringes** (*pl.*) YORK xxxiii. 64.

spurn, sb., = *O.H.G.* (ana-)spurn; *stumbling-block*: his fot sal finde a spurn C. M. 4324.

spurnen, v., *O.E.* spurnan, spornan, *cf.* *O.N.* spyrna, *O.L.G.*, *O.H.G.* spurnan; *spurn, kick*, A. R. 188; spurnin '*calcitro*' PR. P. 471; þei schulen not spurne þer inne ['*non* *impingent in ea*'] WICL. JER. xxxi. 9; þe wiket op spurne HORN (H.) 1115; in speche i sporne REL. II. 211; þe ground he sporneþ GOW. II. 72; þat þou ne spurn(e) þi fot til stan ['*ne offendas ad lapidem pedem tuum*'] PS. XC. 12; **spurnde** (*pret.*) ROB. 341; *comp.* **æt-spurnen.**

spūs, sb., *O.Fr.* espus, espous, espos: *spouse, husband,* A. R. 10; **spūse** (*O.Fr.* espūse) *wife* A. R. 98; O. & N. 1527; spouse AYENB. 118.

spūs-hād, sb., *marriage;* marriage vow, HOM. I. 143; spushod II. 45; spoushed TREV. VII. 245.

spūsāge, sb., *wedlock;* spousage TREV. IV. 173.

spousaile, sb., *O.Fr.* espousaille; *spousal,* MIRC 532; spousaile [spousaille] CH. C. T. *E* 115; **spōsailes** (*pl.*) AYENB. 189; spousails TREV. III. 365.

spūse, sb., *marriage vow;* breke spuse O. & N. 1334.

spous-breche, sb., *adulterer,* SHOR. 64.

spous-brekere, v., *adulterer,* TREV. VIII. 25.

spūs-brūche, sb., *adultery,* A. R. 56; spousbruche ROB. 220; spousbreche AYENB. 37.

spūsen, v., *O.Fr.* espouser; *espouse, betroth,* HAV. 1123; spouse P. L. S. xvi. 11; spousi AYENB. 225; **spoused** (*pple.*) SPEC. 72; ispoused JUL.² 10.

spūsing, sb., *espousal,* O. & N. 1336; HAV. 1164.

spūte, sb.,=*M.Du.* spuite (*siphon*); *spout;* spoute PR. P. 470.

spūten, *see* dispúten.

spūten, v., *cf. M.Du.* spuiten, *O.N.* spȳta, *M. H.G.* spiutzen; *spout, vomit;* spoute ANGL. I. 81; PALL. i. 1097; **spouted** (*pple.*) CH. C. T. *B* 487; MAN. (F.) 8196.

sputten, v., ?=putten; *urge*: ich ... ham ... **sputte** (*pres.*) to more MARH. 14; þet flesch sput (*v. r.* put) ... toward swetnesse A. R. 196*; as þe feond **sputte** (*v. r.* spurede) (*pret.*) ham te don JUL. 58.

sqvachen, v., *O.Fr.* esqvacher; *squash;* sqvacche [swacche] PS. cvi. 6*; **sqvached** (*pple.*) LEG. 224.

sqvaimus, *see* sqveimous.

sqvāre, adj., *O.Fr.* esqvarre; *square,* CH. C. T. *A* 1076; PALL. ii. 107; sqware '*qvadrus*' PR. P. 471; sware A. P. i. 837.

sqvārin, v., *O.Fr.* esqvarir, *cf. Ital.* squadrare; *square;* '*qvadro*,' PR. P. 471.

sqvames, sb., pl., *from Lat.* sqvama; *scales,* CH. C. T. *G* 759.

sqvatten, v., ?*O.Fr.* esqvatir; *squat;* sqwat-(te) PS. cix. 6; **sqvat** (*pple.*) WICL. 2 KINGS xxii. 8; L. H. R. 142; *comp.* **to-sqvatten.**

sqveimous [sqvaimous], adj., *cf. A.Fr.* escoimous; *squeamish, disdainful,* CH. C. T.

A 3337; sqveimous PR. P. 419; sqvaimus (*v. r.* scaimes, scoimes) TREV. VII. 461; scoimous A. P. ii. 21.

sqvēlen, v., *cf. Swed.* sqväla; *squeal;* **sqvēlande** (*pple.*) C. M. 1344.

sqvāling, sb., *squealing,* M. H. 167; sweling ALEX. (Sk.) 4112.

sqviari, sb., *O.Fr.* escuyerie; *company of esquires,* BARB. xx. 320.

sqvier, sb., *O.Fr.* esqvier, escvier; *squire, esquire,* CH. C. T. *A* 79; WICL. 1 KINGS xiv. 6; sqwier D. ARTH. 1179; scwier P. S. 219; swiere ALEX. (Sk.)⊦4507; **swiars** (*pl.*) ALEX. (Sk.) 1184.

sqville, sb., *Fr.* squille; *squill* (*herb*), PR. P. 471.

sqviler, sb., *O.Fr.* sculier; *scullion;* H. S. 5913; sqvillare, dische wescheare '*lixa*' PR. P. 471.

sqvinacie, sqvinanci, sb., *Fr.* esquinancie; *quinsy,* TREV. III. 335; sqvinacie PR. P. 471.

sqvint, ?=a sqvint, adv., *asquint,* A. R. 212.

sqvire, sb., *O.Fr.* esqvire, esqvierre (*équerre*), *cf. Ital.* squadra; *square,* FL. & BL. 325; C. M. 2231; **sqvires** (*pl.*) CH. AST. i. 12.

sqvire, *see* swire.

sqvirel, sb., *O.Fr.* escurel; *squirrel,* S. S. (Web.) 2777; scurel VOC. 251; **sqvirelles,** sqverels (*pl.*) CH. D. BL. 431; P. F. 196.

srīden, *see* schrūden. **srūd,** *see* schrūd.

ssaft, *see* schaft.

stabbe, sb., *stab,* '*stigma*,' PR. P. 471.

stāble, sb., *O.Fr.* estable; *stable,* O. & N. 629; ROB. 280.

stāble², adj., *O.Fr.* estable; *stable, firm,* ROB. 54; AYENB. 83; JOS. 245; stabill YORK i. 62.

stābel-(l)ī, adv. *firmly,* YORK xvii. 6, 140; stabilli BARB. xiii. 635.

stāblen, v., *O.Fr.* establer; *put in stable;* **stāblede** (*pret.*) CHR. E. 310; **istābled** (*pple.*) TREV. IV. 179.

stāblen², **stablissen,** v., *O.Fr.* establir, (-iss-); *establish,* LEG. 71; stablen [stablische] WICL. PS. xx. 12; stabiisse LANGL. *B* i. 120*.

stac, sb., *O.N.* stakkr; *stack,* HAV. 814; stack '*acervus*' PR. P. 471; **stakkes** (*pl.*) MAN. (F.) 14690; *comp.* **corn-, hēi-stak.**

staciōn, v., *O.Fr.* stacion; *station,* PR. P. 471.

stacionere, sb., *mod.Eng.* stationer; *bookseller,* '*bibliopola*,' PR. P. 471.

stackin, v., = *Dan.* stakke, *Swed.* stacka; *stack;* stakkin PR. P. 471; **stacke** (*imper.*) VOC. 154.

stad, sb., *? position, status;* mannes stad SHOR. 158; in what stad his fader were S. S. (Wr.) 3325.

stad, *see* steden.

stæf, staf, sb., *O.E.* stæf,=*O.Fris.* stef, *M. Du.* staf, *O.N.* stafr, *O.H.G.* stab; *staff; letter, verse*; LAȝ. 8154, 22105; stef FRAG. 1; staf GEN. & EX. 3149; ROB. 126; SPEC. 48; CH. C. T. *A* 495; PARTEN. 6555; (*ms.* staff) ORM. 4312; **stáve** (*dat.*) LAȝ. 8152; O. & N. 1167; H. V. 85; steave A. R. 292; **stáfes** (*pl.*) ORM. 16391; staves ROB. 126; MAND. 247; steves AYENB. 156; **stáven** (*dat. pl.*) LAȝ. 21154; *comp.* bōō-, candel-, cart-, di(s)-staf.

stef-creft, sb., *O.E.* stæfcræft; *grammar*, HOM. I. 235.

[**Staf-ford**, pr. n., *O.E.* Stæfford; *Stafford*.]

Stafford-schire, pr. n., *O.E.* Stæffordscire; *Staffordshire*, MISC. 146; P. L. S. xiii. 26.

staf-ful, adj., *quite full*, GAW. 494.

stef-ifēȝ, sb., *O.E.* stæfgefēg; *alphabet*; **stefifēiȝe** (*dat.*) FRAG. 1.

staf-lîc, adj., *O.E.* stæflīc; *literal*; staflike drinch ORM. 14478.

stef-liþere, sb., *O.E.* stæfliðer; *sling*, '(*f*)*undibulum*,' FRAG. 4.

staf-slinge, sb., *staff-sling*, C. M. 7528; CH. C. T. *B* 2019; **staffslingis** (*pl.*) BARB. xvii. 344.

stæffing, sb., *thrusting*; staffing BARB. xvii. 785.

stēir, adj., *cf. L.G.* stēger, *M.H.G.* steigel; *from* **stiȝen**: *steep*: so staire & so stepe ALEX. (Sk.) 4828; staire A. P. i. 1022.

stēire, sb., *O.E.* stæger,=*M.Du.* stēger *m.*; *from* **stiȝen**; *stair, step, ladder*; steire HOM. II. 165; A. R. 248; CH. COMPL. M. 129; steir L. H. R. 134; **staire** (*dat.*) LEG. 31.

stēiren, v., *ascend*; **stairis** (*pres.*) ALEX. (Sk.) 4834; **stairand** (*pple.*) ALEX. (Sk.) 3923.

stēle-wurðe, stālwurðe, adj., *O.E.* stælwyrðe, *?for* staðolwyrðe, *see* **staðelwurðe** *under* **staðel**; *stalwart, strong*; stelewurðe HOM. I. 25; stealewurðe JUL. 45; stalewurðe MARH. 15; stalewor þe LAȝ. 3812*; ROB. 39; stalwurþe ANT. ARTH. lv; stalworþe HAV. 904; stalworþ WILL. 1950; TRIST. 90; APOL. 108; stalworth PR. C. 689; stalword ALEX. (Sk.) 3937.

stálward-hēde, sb., *courage*, ROB. (W.) 4337.

stálwurþ-lîȝ, adj., *stalwart, strong*; (*ms.* stall-) ORM. 11947; stalworthli, stalwartli ALEX. (Sk.) 1149, 2625.

stæne, sb., *O.E.* stæna; *waterpot*; stene MISC. 85; ['*hydria*'] WICL. 3 KINGS xviii. 12; PALL. iv. 666; **stēnen** (*pl.*) LEG. 58; stenes ['*urnas*'] TREV. V. 165.

stæned, adj., *built with stones*; staned strenthis ALEX. (Sk.) 4352.

stænen, adj., *O.E.* stænen,=*O.H.G.* steinīn, Goth. staineins; *from* **stān**; *of stone*; stonen PR. P. 477; WICL. GEN. xxxv. 14; stænene [stonene] wal LAȝ. 9241; ine stonene þruh A. R. 378; stanene fetles ORM. 14029.

stænen[2], v., *O.E.* stænan, *cf. O.H.G.* steinōn, Goth. stainjan; *stone*, JOHN x. 32; stene AYENB. 213; stonin PR. P. 477; stonie LANGL *B* xii. 77; **stānde** (*pret.*) REL. I. 144; stenede A. R. 122; **istēnet** (*pple.*) JUL. 40; staned, istaned ORM. 1968, 1978.

stēp, *see* **stēap**. **stæpe**, *see* **stápe**.

stæro, *see* **staro**.

[**stēðe ?**]

stēðe-lī, adj.,=*O.Fris.* stēdelīk, *? M.H.G.* stætelīch; *strong, mighty*: nes þer nan swa stæðeli þat lengore mihte stonden LAȝ. 1600.

staf, *see* **stæf**.

stáge, sb., *O.Fr.* estage; *stage*, FL. & BL. 255; ALIS. 7685; PARTEN. 4925; A. P. i. 410; **stáges** (*pl.*) AYENB. 122.

stágen, v., *erect, build*; stage MAN. (F.) 3090.

staien, v., *O.Fr.* estaier; *stay, remain*, PR. P. 473; **staid** (*pret.*) LIDG. M. P. 103.

stair, *see* **stēir**.

stáke, sb., *O.E.* staca,=*O.Fris.* stake; *from* **stēken**; *stake,* '*sudes*,' PR. P. 471; HAV. 2830; WILL. 1723; CH. C. T. *A* 2552; FLOR. 1665; E. G. 362; to ane stake binde LAȝ. 16684; **stáke** (*pl.*) SPEC. 110; *comp.* **ále-stáke**.

stáken, v.,=*M.Du.*, *M.L.G.* staken; *stake*; stake MAN. (F.) 1852.

stakerin, v.,=*O.N.* stakra,*cf. M.Du.* staggeren; *stagger*, '*vacillo, titubo*,' PR. P. 471; stakir YORK xxx. 84; stakirs [staker] ALEX. (Sk.) 845; **stakereþ** (*pres.*) CH. L. G. W. 2687; **stakered** (*pret.*) MAN. (F.) 12377; stakerd TOWNL. 308.

stal, sb., *O.E.* steall,=*O.Fris.*, *M.Du.*, *O.H.G.* stal, *O.N.* stallr; *stall, station*, H. M. 5; H. S. 11874; E. ȝ. 353; heo stal makeden LAȝ. 1671; þer tok he stal MAN. (F.) 14144; þu nevre mon ... stal ne stode O. & N. 1632; steal HOM. I. 263; stel MISC. 99; þe bone ... no stel ne schel him stonde SHOR. 28; **stalle** (*dat.*) REL. I. 219; ALIS. 1885; P. S. 188; MAN. (H.) 327; Iw. 695; ANT. ARTH. xxxv; i stude & i stalle KATH. 682; oxe a stalle O. & N. 629; i stall þat heȝhest is in heofne ORM. 2145; **stalles** (*pl.*) LANGL *B* xvi. 128; stallis *choir seats* ALEX. (Sk.) 4543.

stal-feht, sb., *stubborn fight*, LAȝ. 1841.

stále, stála, sb., *O.E.* stalu,=*O.H.G.* stala; *from* **stélen**; *theft*, HOM. I. 13, 39; stale P. L. S. viii. 128; AYENB. 9; bi stale *stealth* HOM. I. 249; **stále** (*pl.*) MAT. xv. 19; stales *conspiracies* YORK xxxi. 75.

stále[2], sb.,=*M.L.G.* stale, *M.Du.* stael; *stalk of a plant; rung of a ladder; handle*; A. P. i. 1001; PALL. xi. 194; a ladel ... with a long stale

stale.   standen.   573

LANGL. *C* xxii. 279*; þeos two **stálen** (*pl.*) of þisse leddre A. R. 354; stales SHOR. 3.

stále³, adj., *cf*.*M.Du.* stel; *stale,* '*defaecatus*,' VOC. 198; PR. P. 472; CH. C. T. *B* 1954; wiþ stale ale REL. I. 52.

stálin, v., '*defaeco*,' PR. P. 472.

stalke, sb., *diminut.* of **stále**²; *stalk, reed,* '*calamus*,' VOC. 210; PR. P. 472; LANGL. *C* xix. 39; R. R. 1701; P. R. L. P. 2; to climben bi þe ronges and þe **stalkes** (*pl.*) CH. C. T. *A* 3625.

stalkin, v., *cf.* Dan. stalke, *mod.Eng.* stalk; *go softly*, PR. P. 472; FER. 2389; stalke and crepe GOW. II. 351; **stalkeþ** (*pres.*) CH. C. T. *A* 1479; and stalke ye þeder ful stille LIDG. M. P. 112; **stalked** (*pret.*) TRIST. 2578; A. P. i. 152; stalkeden WILL. 2728.

stalking, sb., *stalking*, YORK xxx. 157.

stallen, v., *O.E.* steallian,=*M.H.G.* stallen; *place in a stall; locate*; stalle A. P. i. 188; þar holi soulen stalleþ SHOR. 91; **stall** (*imper.*) ALEX. (Sk.) 589; **stallid** (*pret.*) ALEX. (Sk.) 195; **stalled** (*pple.*) A. P. ii. 1334; stallid LIDG. M. P. 168; istalled CH. H. F. 1364; *comp.* for-**stallen**.

stalōn, sb., *O.Fr.* estalōn; *stallion*, VOC. 187; PALL. iv. 782; stalun P. L. S. xxxv. 167.

stalðe, sb., *? Swed.* stöld; *stealth*, GEN. & EX. 1767; stalþe ROB. 197.

stálworthe, see **stǽlewurðe**.

stam, *see* **stem**.

stameren, v.,=*M.L.G.*, *M.Du.* stameren, *O. H.G.* stammalōn; *stammer*, REL. I. 65; **stamered** (*pret.*) AR. & MER. 2864.

stamin, *see* **stemin**.

stamin, sb., *O.Fr.* estamine; *linsey-woolsey*, A. R. 418; BEK. 2228; '*stamina*' PR. P. 472; CH. C. T. *I* 1052; TREV. VII. 307; (*v. r.* stames) CH. L. G. W. 2360.

stampin, v., *cf.M.L.G.*,*M.Du.* stampen, *O.N.* stappa, *O.H.G.* stamfōn; *stamp, pound*, PR. P. 472; stampe WICL. Is. xiv. 23; **stampe** (*pres.*) CH. C. T. *C* 538; **stamped** (*pple.*) ALIS. 332.

stān, sb., *O.E.* stān,=*O.L.G.*, *O.Fris.* stēn, *O.H.G.* stein, *O.N.* steinn, *Goth.* stains; *stone*, KATH. 1260; ORM. 9879; Iw. 361; þene stan HOM. I. 141; stan [ston] LA3. 2315; ston GEN. & EX. 1604; þes deorewurþe ston A. R. 134; al so stille als a ston HAV. 928; þane ston SHOR. 124; stoon MAND. 90; WICL. JOHN xi. 31; **stánes** (*pl.*) *testes* SAX. CHR. 253; stanes [stones] LA3. 5694; stones O. & N. 1118; AYENB. 140; **stánen** (*dat. pl.*) MAT. iii. 9; LA3. 626; stane HOM. I. 9; he rode stond in stone SPEC. 86; *comp.* fir-, 3im-, marmon-, milne-**stán** (-stōn).

stōn-bowe, sb., '*arcuballista*,' PR. P. 477.

stōn-croppe, sb., *O.E.* stāncrop; *stonecrop* (*a herb*), '*crassula minor*,' PR. P. 477.

stān-cūn, sb., *class of stone*; (*ms.* stæncun) LA3. 2847.

stān-deed, adj., *stone-dead*, TREV. I. 205; standed HAV. 1815; PARTEN. 115.

stān-gráf, sb., *stone-pit*; **stāngrǣfen** (*? ms.* graffen, *sec. text* greaves) (*dat. pl.*) LA3. 31881.

stōn-hard, adj.,=*Ger.* steinhart; *hard as stone*, L. H. R. 139; stonharde *fast* A. P. ii. 884.

Stán-henge, pr. n., *Stonehenge*, LA3. 15191; Stonhenge ROB. 149.

stōn-hēp, sb.,=*Ger.* steinhaufe; *stone heap*, WICL. 4 KINGS x. 8.

Stān-lē3, pr. n., *Stanley*; **Stánlēghe** (*dat.*) P. L. S. xvii. 387.

stān-marche, sb., *O.E.* stānmerce; *a herb*, '*macedonia, alexandria*,' PR. P. 472.

stōn-stille, adj., *stone-still*, A. R. 414; stane still MIN. ii. 32.

stān-wall, sb., *O.E.* stānweall; *stone-wall*, LA3. 15846.

stanc, sb., *O.Fr.* estanc; *pool, tank, reservoir*, A. P. ii. 1018; staunke ALEX. (Sk.) 3854, 3923; **stankes** (*pl.*) MAND. 209; stangis HAMP. PS. cvi. 35.

stanchen, v., *O. Fr.* estanchier; *stanch*, TREV. VII. 289; staunchen CH. BOET. iii. 3 (7); staunche GOW. I. 138; astaunche LIDG. M. P. 30; stonchi AYENB. 73.

stand, sb., *cf. M.Du.* stand, *M.H.G.* stant; *stand, position*, C. M. 1694.

standard, sb., *O.Fr.* estendard; *standard*, ROB. 303.

stande, sb., *O.E.* stand,=*M.Du.* stande, *O.H.G.* stanta; *from* **standen**; *cask*; stonde '*futis*' PR. P. 477; R. S. v; ['*cupa*'] PALL. i. 1051; **stondis** (*pl.*) WICL. JER. lii. 19.

standen, v., *O.E.* standan, stondan,=*O.L.G.*, *Goth.* standan, *O.N.* standa, *O.Fris.* stonda, *O.H.G.* stantan; *stand*, ORM. 649; standen in 2149; stonden FRAG. 6; LA3. 25938; A. R. 22; GEN. & EX. 1607; HAV. 689; CH. C. T. *A* 88; stondin PR. P. 477; stande, stonde LANGL. *B* xvii. 54 (Wr. 11478); **stondest** (*pres.*) HOM. I. 35; stonst A. R. 236; mare eie stondeð men of monne HOM. I. 161; stondeþ C. L. 693; for þe me stondeþ þe more rape HORN (L.) 554; stondeð, stant HOM. II. 103, 220; stondeð, stont, stond, stant, stænt [stend] LA3. 107, 1397, 8214, 18850, 21321; stant GOW. II. 136; stont O. & N. 623; MAND. 73; hu stont ham A. R. 80; stont, stond SPEC. 35, 86; stont, stent P. L. S. viii. 10; stent MAT. xii. 25; HOM. I. 221; P. L. S. x. 10; FER. 1147; 3e stondeð KATH. 632; (heo) stondeð LA3. 9475; A. R. 366; (þu) **stonde** (*subj.*) ORM. 5008; þat he to dai stonde us bi MAN. (F.) 9223; **stondende** (*pple.*) GEN. & EX. 3149; stondinde A. R. 16; **stōd** (*pret.*) LA3. 1175; A. R. 352; ORM. 141; TOR. 241; te king(e) stod eie of him HOM. II. 139; al Engelond of him stod awe HAV. 277; heo stod up MARH. 21; he stod up & seide ROB. 141; (þu) stode HOM. l. 195; O. & N. 1632; stoden GEN. & EX. 3543; GOW. III. 146; **standen** (*pple.*) L. H. R. 116; MAN. (H.) 191; A. P. i. 518; standen, stonden CH. C. T. *E* 1494 (Wr. 9368); stonden E. T. 322; *comp.* a-, æt-, bi-, ȝe-, ümbe-, wið-standen; *deriv.* stand, stande.

stānen, *see* stǣnen. stang, *see* stanc.

stange, sb., *cf. M.Du.* stange, *O.H.G.* stanga, ? *O.N.* stöng; *from* stingen; *pole*, GAW. 1614.

stange², sb., ? *from* stingen; *sting*: þe scorpion forbare is stange C. M. 693.

stangen, v., *O.N.* stanga: *sting, prick*; stanged (*pret.*) C. M. 12528; PR. C. 5293; L. H. R. 117.

stanging, sb., *stinging*; stangine HAMP. PS. xlviii. 13.

stāni, adj., =*O.H.G.* steinīg, *Goth.* stainahs; *stony*, H. M. 17; M. H. 52; stoni '*lapidosus*' PR. P. 477.

stápe, sb., *O.E.* stæpe, stepe, =*M.Du.* stap, *O.H.G.* staph; *from* stápen; *step*, '*gradus*'; stæpe FRAG. 3; stape [steape] O. & N. 1592; stape ROB. 338; AYENB. 47; FER. 3989; steapes (*pl.*) HOM. I. 187.

stápe-fole, adj., *high*, A. P. iii. 122.

stapel, sb., *O.E.* stapul, =*O Fris.* stapul, stapel, *M.L.G., M.Du.* stapel, *O.H.G.* stafol, stafel; *staple; step*; FER. 2181; the staple to be reduced from Mirbonrach to Caleis TREV. VIII. 488; the marchauntes of the staple 571; thei borowed .. of the staple 582; ech stapel of his bed S. S. (Web.) 201; stapil, stapul PR. P. 472; C. M. 8288; schet wiþ a stapil and a clasp RICH. 4084; þe steire of fifteene **stoples** (*pl.*) REL. I. 130; (HOM. II. 165).

stápen, v., ? *O.E.* stapan, =*O.L.G.* stapan, ? *O. Fris.* stapa; *proceed, go*; stape FER. 5793; stepen HOM. I. 207; MARH. 15; stápeth (*pres.*) TREV. VII. 527; stépe (*subj.*) FL. & BL. 303; stōp [*O.E.* stōp, =*O.L.G., O.Fris.* stōp] (*pret.*) LAȝ. 23861; L. N. F. 213; stap ROB. 338; TRIST. 2865; step KATH. 714; P. L. S. xv. 82; ALIS. 4448; (þu) stepe JUL. 62; stopen MK. xv. 29; stopen, stepen LAȝ. 9235, 21035, 28408; stápen (*pple.*) CH. C. T. *E* 1514; *deriv.* stápe, stapel, steppe, steppen.

staplen, v., *O.E.* (under-)staplian, = *M.Du.* stapelen; *furnish with a staple*; stapled (*pple.*) GAW. 606.

star, sb., *O.N.* störr; *sedge*, '*carex*,' PR. P. 472; HAV. 939.

starc, adj., *O.E.* stearc, =*O.Fris.* sterk, *O.L.G.* starc, *O.N.* starkr, styrkr, *O.H.G.* starch; *stark, strong, severe*, MARH. 9; starc & hard ORM. 1472; starc and strong O. & N. 5; starc and stor 1473; stark '*rigidus*' PR. P. 472; HAV. 341; SPEC. 87; ALIS. 5527; CH. C. T. *E* 1458; MAN. (H.) 174; stærc, sterc [starc] LAȝ. 9197, 10905; sterc HOM. I. 5; sterk ne sterch ne kene MISC. 156, 157; S. S. (Web.) 2123; FER. 3241; þe sterke dom A. R. 144; **starkere** (*dat. f.*) LAȝ. 5568; stærcne (*acc. m.*) LAȝ. 21227; sterke (*adv.*) LAȝ. 16683; heoræ sceaftes weoren starke (*pl.*) LAȝ. 4228.

stark-blind, adj., *stark blind*, TREV. III. 97.

stark-dēd, adj., JOS. 567; IW. 1880.

starc-liche, adv., *harshly*, KATH. 718; stærcliche LAȝ. 26973; starkli LUD. COV. 124.

starche, sb., *cf. M.H.G.* sterke; *starch*, PR. P. 472.

stāre, sb., *O.E.* stær, =*O.N.* stari, *O.H.G.* stara; *starling*, '*sturnus*,' HALLIW. 798; TREV. iv. 307; CH. P. F. 348; LIDG. M. P. 150; ster '*turdus*' FRAG. 3.

[stáre², sb.]

stáre-blind, adj., *O.E.* stareblind, =*O.Fris.* stareblind, *O.H.G.* starablind; ? *quite blind*, O. & N. 241.

stárin, v., *O.E.* starian, =*O.H.G.* staren, *O.N.* stara; *stare; glitter, gleam, shine*; '*patentibus oculis respicere, niteo*,' PR. P. 472; stare GOW. II. 63; CH. C. T. *B* 1887; A. P. i. 149; PR. C. 7426; stárest (*pres.*) O. & N. 77; stareþ R. S. v; stárinde (*pple.*) HAV. 508; staringe, starinde TREAT. 140 (SAINTS (Ld.) xlvi. 798); stáred (*pret.*) LANGL. *B* xvi. 168; *comp.* bi-stáren.

stark, *see* staro.

starken, v., *O.E.* stearcian, *cf. O.H.G.* starchēn, sterchen; *strengthen; become rigid*, P. R. L. P. 224; þe stormes starked (*pret.*) C. M. 1845.

starling, sb., *from* stáre; *starling*, '*sturnus*,' PR. P. 472; starling [sterling] C. M. 1789; sterling VOC. 188; SQ. L. DEG. 56.

start, *see under* steort.

stát, sb., *O.Fr.* estat; *state, estate*, ROB. 43; C. L. 1206; AYENB. 48; stat, estat A. R. 178, 204; estat H. M. 13; E. G. 6; estat [astat] CH. C. T. *G* 1388; state YORK xxvi. 23; astás (*pl.*) A. R. 160.

státe-lī, adv., *in proper position*, YORK xxvi. 82.

statue, sb., *O.Fr.* statue; *statue*, A. P. ii. 995; CH. C. T. *B* 3349.

statūre, sb., *O.Fr.* stature; *stature*, PR. P. 472; PR. C. 4980.

statūt, sb., *O.Fr.* statut; *statute*, BEK. 697; GAW. 1060; statūs (*pl.*) P. S. 188.

stáþe, sb., *O.E.* stæð n. m. (?), *cf. O.Fris.* sted, *O.L.G.* stath, *O.H.G.* stad, stat, *Goth.* staþs m.; *landing-place, bank*, '*statio*,'

stápe.   **stefnen.**   575

PR. P. 473; steþ '*ripa*' FRAG. 3; uppen Sevarne staþe LAȝ. 7.
staðel, sb., *O.E.* staðol, = *O.N.* stöðull, *N.L.G.* stadel, *O.H.G.* stadal; *foundation, base*, LAȝ. 15911; stathel VOC. 264; buldeð ower boldes uppon treowe **staðele** (*pl.*) JUL. 72.
staðel-fest, adj., *stable*, KATH. 71; **staðel-væste** (*acc. f.*) LAȝ. 9819; *comp.* un-staþel-fest.
[**staðelfæsten**, v., *make stable*; *comp.* ȝe-staðelfæsten.]
staþelnesse, sb., *stability*, PS. lxviii. 3.
staðel-wurþe, adj., *firm*, A. R. 272*.
staðel[2], adj., *stable*; þurh **staðele** (*dat.*)... ȝefe LAȝ. 401.
staðelien, v., *O.E.* staðolian; *make stable, establish*; **staðelede** (*pret.*) HOM. II. 127; staþeled PS. viii. 4*; *comp.* ȝe-staðelien.
steal, *see* **stal**.
stēam, sb., *O.E.* stēam, = *M.Du.* stoom; *steam; flame*; steem '*vapor, flamma*' PR. P. 473; stem H. S. 2526; a stem als it were a sunnebem HAV. 591.
stēap, adj., *O.E.* stēap, = *O.Fris.* stāp; *steep; difficult; bright*: moni steap mon LAȝ. 1532; stæp & heh ORM. 11379, þe paþ... was narwe and step ALIS. 7041; þe strem step AR. & MER. 7910; wiþ vois ful stepe RICH. 5985; **stēpne** (*acc. m.*) LAȝ. 19815; in uche steppe iȝe A. P. ii. 583; stepe staired stones 1396; **stēpe** [steepe] (*pl.*) CH. C. T. *A* 201; eiȝen stepe K. T. 15; ehnen **stēappre** (*comp.*) þene steorren MARH. 9.
stēpnesse, sb., *steepness*, '*elevacio*,' PR. P. 474.
steape, *see* **stápe**. **steoche**, *see* **stücche**.
stede, sb., *O.E.* stede, styde, *cf. O.N.* staðr, Goth. staþs (*gen.* stadis) *m.*, *O.H.G.* stat *m.*, state *f.*, *M.H.G.* stat, state, stete, *O.L.G.* stad, stedi, *M.Du.* stad, stede, *O.Fris.* sted *f.*; *stead, place*; (*ms.* stēde) ORM. 10101; (*ms.* stede) 13786; TREAT. 136; ISUM. 511; PR. C. 5002; þane stede HOM. I. 221; he toc him on sunes stede GEN. & EX. 2637; in stede MAND. 227; stande in stede *stand in stead* P. P. 252; stonde in stede MIRC 328; strengþe stont us in no stide P. L. S. xxix. 90; stede, stude O. & N. 966, 1654; stude MARH. 9; we stude hatte Camelford LAȝ. 28534; i þan stude (*there*) he hine wolde slæn 6370; þene stude A. R. 6; in hore stude *instead of them* 426; i stude H. M. 23; toward þan ilke stude MISC. 49; ure loverd heom onswerede an on ine þe stude 39; he heveden a stude (*place, estate*) þer bi side A. D. 259; in þe stude S. S. (Wr.) 1738; an oon in the stude LEG. 15; **stede**, stude (*pl.*) O. & N. 590; studen A. R. 342; stedes HAV. 1846; AYENB. 140; **stüden** (*dat. pl.*) LAȝ. 10214; in menie stede P. L. S. xii. 42; *comp.* bed-stede, hleow-stüde.

stede-fæst, adj., *steadfast*, PROCL. 3; stedefast ORM. 1597; BEK. 38; SHOR. 159; GOW. III. 115; stedevest AYENB. 84; studevest A. R. 302; JUL. 75; stidefast LIDG. M. P. 65; *comp.* un-stedefast.
stedfast-hēde, sb., *stability*, S. B. W. 286.
stedefæst-līche, adv., *steadfastly*, PROCL. 4; stedefastliche MISC. 28.
stedefastnesse, sb., *steadfastness*, '*stabilitas*,' PR. P. 473; MISC. 6; stidfastnesse CH. BOET. iii. 11 (97).
stüdefast-schipe, sb., *stability*, C. L. 282.
stēde, sb., *O.E.* stēda; *steed, horse*, HAV. 1675; ALIS. 692; OCTAV. (H.) 718; PERC. 605; þene stede LAȝ. 6496; **stēden** (*dat.*) LAȝ. 26796; **stēden** (*pl.*) ROB. 185; CHR. E. 621; SPEC. 48; A. D. 236; AR. & MER. 3372.
steden, v., *cf. M.L.G., M.Du.* steden, *O.N.* steðja (*pple.* staddr); *stand, place*: i schall nott stedde in no stede YORK xlvi. 94; ne **stüdeð** (*pres.*) (*avails*) h(e)om nawiht HOM. I. 77; **stedd** (*imper.*) ALEX. (Sk.) 3977; **stedid** (*pple.*) P. 13; sted TOWNL. 25; o mang þi fas her sted ertou IW. 2987; stad JOS. 397; GAW. 644; in sorowe was he stad FLOR. 1313; *comp.* bi-, wið-steden.
stedi, adj., *O.E.* stedig, = *M.Du.* stedigh, *M.L.G.* stedich, *M.H.G.* stetic; *steady, stable*: stunt & stidiȝ ORM. 9885.
stee, *see* **stīȝe**. **steem**, *see* **stefne**.
stef, *see* **stæf**.
stēf, adj., *cf. O.Fris.* stēf, *Swed.* styf; *? = stīf*; *rigid, strong*, WILL. 2984; strong and stef GREG. 574; a stef strem WICL. PROV. xviii. 4; stef on stede TRIST. 3079; **stēvere** (*compar.*) WICL. DEUT. ix. 14.
stēf-hēde, sb., *rigour*, AYENB. 263.
stēf-līche, adj., *rigidly*, AYENB. 258.
stefne, sb., *O.E.* stefn, stemn, = *O.N.* stefna, Goth. stibna, *O.Fris., O.L.G.* stemna, *O.H.G.* stimna; *voice; constitution, appointment*; MAT. ii. 18; FRAG. 1; HOM. II. 43; MARH. 21; A. R. 82; ORM. 10680; stefne, stevene KATH. 717; stefne, stevne, stevene O. & N. 317, 522, 898; stefne, stefene, stevene [stemne] LAȝ. 11994, 19525, 20790; stevene GEN. & EX. 622; HAV. 1275; SHOR. 128; GOW. II. 30, 253; H. S. 10062; ISUM. 36; PR. C. 4559; wiþ merie stevene CH. C. T. *A* 2562; þei setten stevene 4383; bi her boþe assent was set a steven CH. COMP. M. 52; stevine TRIAM. 12; over gestes it has þe steem (*preeminence*) MAN. (F.) 98; **stefne** (*gen. pl.*) MARH. 20.
stefnen, v., *O.E.* (ge-)stefnian, (a-)stemnian, = *O.N.* stefna, stemna; *give voice for, appoint*; stevene P. R. L. P. 113; TRIST. 2937; **stēmes** (*pres.*) ALEX. (Sk.) 2960; þan stemes he with *then he considers with himself* ALEX.

(Sk.) 5301 ; **stemmed** (*pret.*) *resolved* GAW. 230; *comp.* ȝe-**stefnen**.
stevening, sb., *shouting, appointment,* SPEC. 46 ; stevening YORK xxxii. 6.
stefneten, v., *? stop*; hwi ... **steven(e)tlð** (*pres.*) se stille KATH. (E.) 1265.
steiin, v.,= *M.Du.* steghen, *M.H.G.* stegen ; *from* **stiȝen** ; *climb, ' scando,'* PR. P. 473 ; **steied** (*pret.*) HALLIW. 804.
steike, sb., *O.N.* steik ; *steak, ' carbonella, frixa, assa,'* PR. P. 473 ; **stēkis** (*pl.*) of venson or bef C. B. 40.
steil, sb., *cf. O.H.G.* stiagil ; *from* **stiȝen** ; *step, ' gradus,'* PR. P. 473.
steinen, *see* **disteinen**. **stēire**, *see* **stēire**.
stéken,v.,= *O.L.G.* stecan (*pret.* stac), *O.H.G.* stechan (*pret.* stach) ; *prick, fix, fasten ; close* ; A. R. 62 ; let hem steken in an hus ORM. 8087 ; steke H. S. 11225 ; þe dore to steke faste BEK. 683 ; **stékis** (*pres.*) ALEX. (Sk.) 5485 ; steke 2139 ; **stak** (*pret.*) R. R. 458 ; IW. 699 ; steken A. P. ii. 884 ; **stéke** (*pple.*) S. S. (Wr.) 1360 ; RICH. 4282 ; isteke TRIST. 2999 ; stiken wiþ þe spere JOS. 273 ; stoken ALIS. 1132 ; IW. 695 ; GAW. 782 ; stoke GOW. I. 60 ; **istékene** (*pl.*) A. R. 50 ; *comp.* bi-, to-**stéken**; *deriv.* **stáke**.
stekien, *see* **stikien**. **stel**, *see* **stal**.
stēl, sb., *O.E.* stȳle, *cf. O.N.* stāl, *M.Du.* stael, *O.H.G.* stāl, stahal ; *steel,* LAȜ. 25879 ; A. R. 160 ; C. L. 1254 ; SHOR. 132 ; steel MAND. 190; CH. C. T. *E* 2426 ; stiel TRIST. 3324 ; mid **stēles** (*gen.*) egge LAȜ. 9799 ; **stile** (*dat.*) FER. 4433 ; PARTEN. 2259.
stēl-boȝe, sb. : ? Arthur stop a stel boȝe and leop an his blancke LAȜ. 23899.
stēl-gere, sb., *armour,* GAW. 260.
stéle, sb., *O.E.* stel,= *M.L.G.* stel, stil, *M.Du.* stele, *O.H.G.* stil *m. ; stake, stalk, handle ; ' ansa,'* PR. P. 473 ; stele [' *ligno* '], stile PALL. iii. 770, xii. 77 ; **stéle** (*dat.*) CH. C. T. *A* 3785 ; a ladel ... with a longe stele LANGL. *B* xix. 274 ; *comp.* **ráke-stele**.
stélen, v., *O.E.* stelan,= *M.L.G., O.H.G.* stelan, *O.Fris., O.N.* stela, *Goth.* stilan (κλέπτειν) ; *steal, hide,* GEN. & EX. 1035 ; stelen swa we wolden LAȜ. 736 ; stoelen (*go stealthily*) ut of hirede 2353 ; stelen [stele] CH. C. T. *A* 562 ; stele AYENB. 79 ; **stéle** (*pres. subj.*) ORM. 4467 ; GEN. & EX. 3511 ; **stal** (*pret.*) LANGL. *B* xiii. 367 ; CH. C. T. *A* 3995 ; LIDG. M. P. 255 ; S. & C. I. lxxii ; Marie ... stal a wei fram hire kunne S. A. L. 160 ; stel ROB. 564 ; þu stele O. & N. 103 ; (heo) stelen P. L. S. viii. 81 ; stolen LANGL. *B* xix. 151 ; **stólen** (*pple.*) GEN. & EX. 1748 ; istolen HOM. I. 31 ; istole BEK. 810 ; *comp.* bi-, for-**stélen** ; *deriv.* **stále, stalðe**.
stēlen, adj., *O.E.* stȳlen, = *M.L.G.* stēlen ; *made of steel,* ALIS. 1980 ; WILL. 3535 ; stilen PARTEN. 256 ; þe stelene brond LAȜ. 7634.

stēlen[2], v., *O.E.* stȳlan,= *O.N.* stǣla; *steel, sharpen ; provide with steel* ; **istēled** (*pple.*) C. L. 1248 ; þet istelede irn JUL. 59.
stellen, v., *O.E.* stellan,= *M.L.G., M.Du.* stellen, *O.H.G.* stellan ; *from* **stal** ; *set, establish* ; hire nome ... þe me ærst hire on **stálde** (*pret.*) LAȜ. 7132 ; stolde MISC. 92 ; riwle þet mon stolde A. R. 8 ; **istáld** (*pple.*) A. R. 6 ; H. M. 19 ; *comp.* **a-stellen**.
stem, sb., *O.E.* stemn, stefn, stæin,= *O.N.* stafn, *O.L.G.* stamn, *O.H.G.* stam ; *stem,* MAN. (H.) 296 ; stam *foreship* D. ARTH. 3664 ; one the **stamine** (*dat.*) D. ARTH. 3658 ; on stamin ho stod A. P. ii. 486.
stēm, *see* **stēam**.
stēmin, v., *O.E.* stēman, stȳman; *from* **stēam**; *steam ; blaze ; 'flammo,'* PR. P. 473 ; eien ... þat stēmed (*pret.*) as a forneis of a leed CH. C. T. *A* 202.
stemmen, v., = *M.H.G.* stemmen, *? O.N.* stemma ; *stop* ; **stemme** (*pres. subj.*) A. P. ii. 905.
stemne, *see* **stefne**.
stench, sb., *O.E.* stenc,= *O.L.G.* stanc, *O.H.* G. stanc, stanch ; *from* **stinken** ; *stench, smell, odour,* MARH. 11 ; A. R. 216 ; MISC. 63 ; BRD. 23 ; AYENB. 248 ; **stenche** (*dat.*) HOM. II. 167 ; R. S. v (MISC. 174) ; TREV. V. 99 ; **stenches** (*pl.*) HOM. I. 193.
stenchen, v., *O.E.* stencan; *annoy with stench* : þe smoke þere of hem ssolde boþe stenche & blende ROB. 407 ; *comp.* **a-stenchen**.
stēnen, *see* **stǣnen**.
steng, sb., *O.E.* steng *m.*,= *M.Du.* stenge *f. ; from* **stingen** ; *? crowbar, ' vectis,'* FRAG. 4.
stente, sb., *O.Fr.* estente ; *valuation, ' taxacio,'* PR. P. 474 ; **stentes** (*pl.*) ROB. (W.) 7678*.
stenten, *see* **stūnten**.
steolen, *see* **stélen**. **stēon**, *see* **stiȝen**.
[**stēop ?**]
stēop-bern, sb., *O.E.* stēopbearn,= *O.N.* stiūpbarn ; *step-child ; orphan* ; HOM. I. 115.
stēop-brōthir, sb.,= *O.H.G.* stiefbruoder ; *step-brother* ; stepbrothir PR. P. 474.
stēop-child, sb., *O.E.* stēopcild ; *step-child* ; **stēpchild** (*pl.*) JOHN xiv. 18 ; stepchildre PS. xciii. 6.
stēop-doghter, sb., *O.E.* stēopdohtor,= *O.N.* stiūpdóttir, *O.H.G.* stieftohter ; *step-daughter* ; stepdoghter VOC. 205 ; stepdouȝter [' *privignam* '] TREV. V. 103.
stēop-fader, sb., *O.E.* stēopfæder,= *O.Fris.* stiap-, stiepfeder, *O.N.* stiūpfaðir, *O.H.G.* stiuf-, stiof-, stieffater ; *step-father* ; stepfader TREV. I. 93 ; M. H. 123.
stēop-mōder, sb., *O.E.* stēopmōder,= *O.N.* stiupmōðir, *O.H.G.* stiufmuoter ; *step-mother,* LAȜ. 14421 ; stepmoder WILL. 2640 ; stepmoodir LIDG. M. P. 219 ; stipmoder P. L. S. xii. 88.

stēop-sune, sb., *O.E.* stēopsunu, = *O.N.* stiūpsonr, *O.H.G.* stiufsun; *step-son*; stepsune LAȝ. 32138; stepsone '*privignus*' PR. P. 474; ROB. 61.

stēop-sistir, sb., = *O.H.G.* stiefswester; *stepsister*; stepsister PR. P. 474.

stēor, sb., *O.E.* stēor, = *O.H.G.* stior, Goth. stiur; *steer, young ox*; ster [steer] CH. C. T. *A* 2149.

stēor[2], sb., *O.E.* stēor, *cf. M.Du.* stier, stuir, stuer, *M.H.G.* stiur, *O.N.* stȳri *n.; helm, rudder*; ster ORM. 15258; mi seil and ek mi stere [steere] CH. C. T. *B* 833; steere WICL. PROV. xxiii. 34; **stēores** (*gen.*) man ORM. 2135; steores mon [steres man] LAȝ. 11985; **stēre** (*dat.*) P. L. S. xxxv. 154; stere [steere, stiere] LANGL. *B* viii. 35; þu most to stere (*boat, by synecdoche*) HORN (L.) 101.

stĕr-bord, sb., *O.E.* stēorbord, = *M.Du.* stier-, stuirbord; *starboard*; **stĕrburde** (*ms.* stere-) (*dat.*) D. ARTH. 3665.

stĕr-lēs, adj., *rudderless*, CH. C. T. *B* 439.

stēor-(mo)n, sb., *O.E.* stēormann, = *M.H.G.* stiurman; *steersman, 'gubernator,'* FRAG. 2; sterman VOC. 274; TOWNL. 31; **stēormen** (*pl.*) LAȝ. 28436.

stēor-scofle, sb., *O.E.* stēorsceofol; *rudder*, FRAG. 2.

steer-staf, sb., *tiller*, WICL. PROV. xxiii. 34.

stĕre-trē, sb., *tiller*, TOWNL. 31.

stēore, sb., *O.E.* stēor, stȳr, = *O.H.G.* stiura *f.; government, discipline*, HOM. I. 117; stere GEN. & EX. 3418.

stēor-lēas, adj., *O.E.* stēorlēas; *without discipline*, HOM. I. 117.

stēore[2], sb., *O.E.* stēora, = *O.H.G.* stiuro, *O.N.* stiōri *m.; governor*; stere GEN. & EX. 3420; he þat is lord of fortune be þi stere [steere] CH. C. T. *B* 448.

stēoren, v., *O.E.* stēoran, stīeran, stȳran, *cf. O.H.G.* stiuran, *O.Fris.* stiura, stiora, *O.N.* stȳra, Goth. stiurjan (ἱστάναι); *steer, govern, guide*; ORM. 1559; stere FLOR. 825; PS. ii. 9; TRIST. 2571; A. P. iii. 27; þu **stēorest** (*pres.*) te sea stream þet hit fleden ne mot fir þan þu markedest MARH. 10; stereth LANGL. *B* viii. 47; stureth *A* ix. 42; **stēor** (*imper.*) me ant streng me JUL. 33; þin herte nu þu stere (*govern, restrain*) HORN (L.) 434; Maxence **stēorede** (*pret.*) þe refschipe KATH. 11; steered P. P. 216; *comp.* ȝe-**stēoren**.

stĕringe, sb., *steering*, MISC. 18.

stēoren, *see* **stēren**.

steorne, sb., *O.E.* steorn, *O.N.* stiorn, = *O.Fris.* stiorne, stiarne, *mod.Eng.* stern; *rudder (of a ship)*; LANGL. *A* ix. 30; sterne CH. H. F. 437; M. T. 129; þe helme & þe sterne A. P. iii. 149; steerne WICL. PROV. xxiii. 34.

steorne, *see* **steorre**.

steorre, steorne, sb., *O.E.* steorra *m.*, *O.N.* stiarna *f., cf. O.L.G.* sterro, *O.H.G.* sterro, sterno *m.*, Goth. stairnō *f.; star*: steorre KATH. 1663; þanne steorre MAT. ii. 10; þe steorre LAȝ. 17870; ænne ... sterre [st(e)orre] 17865; sterre PR. P. 474; GEN. & EX. 132; SHOR. 123; LANGL. *B* xviii. 231; CH. C. T. *A* 2061; MAND. 70; si sterre MISC. 26; steorne ORM. 3464; sterne C. M. 11391; MAN. (F.) 9031; M. H. 95; þat **steorne** (*gen.*) leom ORM. 6536; **steorran** (*pl.*) MAT. xxiv. 29; steorren HOM. I. 143; MARH. 9; ALIS. 134; steorrene SAINTS (Ld.) xlvi. 402 (sterren TREAT. 132); sterren AYENB. 267; steorre O. & N. 1329; **sterren** [storre] (*dat. pl.*) LAȝ. 9127; *comp.* **dai-, ēven-, lōde-, morwensterre**.

st(e)orre-wis, adj., *'learned in the stars*, O. & N. 1318.

ster-wort, sb., *starwort*, LEECHD. III. 345.

steorred, steorned, pple., *cf. O.H.G.* gestirnōt; *starred*; sterned PR. C. 993; þe stirrede bur MARH. 22.

steorri, adj., *starry*; sterri CH. BOET. ii. 2 (36).

steort, sb., *O.E.* steort, = *O.Fris.* stert, stirt, *O.H.G.* sterz; *tail; plough handle; stalk*; stert PR. P. 474; REL. I. 208; HAV. 2823; **stortes** (*pl.*) ['*acutis surculis*'] PALL. iv. 387; *comp.* **plōu-stert**.

start-blind, adj., *quite blind*, TREV. VI. 235; start- [*v. r.* streiȝt-, stark-]blind III. 97.

steort-nāket, adj., *quite naked*, MARH. 5; JUL. 16, 17; steort-, stertnaked (*printed* steorc-, stercnaked) A. R. 148, 260; startnaked C. L. 431; (*printed* starcnaked) P. S. 336.

steorve, sb., *O.E.* steorfa, = *O.H.G.* sterbo; *pestilence*, MARH. 12; JUL. 49; steorfa HOM. I. 13.

steorven, v., *O.E.* steorfan, = *O.Fris.* sterva, *M.L.G.* sterven, *O.H.G.* sterban, *mod.Eng.* starve; *die, perish*; steorve S. A. L. 153; sterven Gow. II. 28; CH. C. T. *E* 1991; stervin PR. P. 474; sterve AYENB. 70; LIDG. M. P. 32; PALL. i. 931; **steorveð** (*pres.*) A. R. 222; stervep S. S. (Web.) 348; sterfst MISC. 31; **sterve** (*subj.*) LANGL. *B* xi. 422; sterven HOM. I. 71; **starf** (*pret.*) GEN. & EX. 481; ALIS. 579; CH. C. T. *A* 933; LIDG. M. P. 149; sterf A. R. 360; (þou) storve REL. II. 275; sturven SAX. CHR. 262; sturfe HOM. I. 233; storven GEN. & EX. 2975; ALIS. 5082; storven, storve AYENB. 12, 67; CH. C. T. *C* 888; **storve** (*subj.*) GEN. & EX. 1958; **storven** (*pple.*) GEN. & EX. 3162; S. S. (Web.) 1126; storve WILL. 1515; istorven A. R. 308; istorve CH. C. T. *A* 2014; þe **storvene** (*sb.*) KATH. 1043; *comp.* **a-steorven**; *deriv.* **steorve, sterven**.

stervinge, sb., = *M.H.G.* sterbunge; *dying* AYENB. 95.

stēowien (? for **stēawien**), v., *cf. M.L.G., M. Du.* stouwen, ? *M.H.G.* stouwen, stöuwen;

stēowien.

coerce, restrain: he sette stronge lawen to steowien [stewe] his folk LA3. 6266; steowi MISC. 193; stew þine unwittie wordes MARH. 6; stou LUD. COV. 217; **stēwede** (*pret.*) D. ARTH. 1489; **stēwed**, stowed, stouwet (*pple.*) LANGL. *A* v. 39, *C* vi. 146 (*B* v. 48 ruled); istewet KATH. 657; *comp.* wiÞ-stēwen.

stēp, *see* stēap, stōop.

stēpel, sb., *O.E.* stēpel, stȳpel; *steeple, high tower*, ROB. 528; LAI LE FR. 152; anne stepel HOM. L 93; stepul VOC. 193; stipul FLOR. 1887; **stēples** (*pl.*) AYENB. 23.

stēpen, *see* stāpen.

stēpin, v., *O.N.* steypa (*pour*); *steep, soak*, '*infundo*,' PR. P. 474; stepe PALL. ii. 281; **stēped** (*pple.*) L. C. C. 6.

steppe, sb., = *M.Du.* steppe; *from* stāpen; *step*, PR. P. 474; **steppes** (*pl.*) C. L. 740; TREV. IV. 153; MAND. 81; Iw. 2889; *comp.* fōt-steppe.

steppen, v., *O.E.* steppan, stæppan, = *O.Fris.* steppa, *O.H.G.* steffan; *step, go*, LA3. 18420; steppin PR. P. 474; steppe ROB. 336; LANGL. *B* v. 352; **steppeÞ** (*pres.*) REL. I. 208; **stapte** (*pret.*) OCTOV. (W.) 1435.

ster, *see* stāre. **stēr**, *see* stēor.

sterc, *see* starc.

stēre, adj., ? = *O.H.G.* stiuri; *? strong, steadfast*, HORN (L.) 1344; GUY² (Z.) 662.

stēr-līche, adv., *? strongly; harshly*; (*v. r.* sterneliche) CH. TRO. iii. 677; swa hwet swa þe laverd speke to his men sterliche HOM. I. 111.

stēre, *see* stēore.

stēren, v., *O.E.* stēran; *from* **stōr**; *offer incense*: me schal ham steoren mid guldene chelle HOM. I. 193.

stēren², v., *O.E.* stēran, = *O.Fris.* (to-)stēra, *M.H.G.* stūren; *move*: ne **stēreÞ** (*imper.*) ge nogt of Þe stede REL. I. 217 (MISC. 13); *comp.* a-stēren.

stēren, *see* stēoren. **sterien**, *see* stūrien.

sterk, *see* starc.

sterling, sb., *cf. M.H.G.* sterlinc; *sterling penny*, LANGL. *B* xv. 342; **sterlinges** (*pl.*) ROB. 294; CH. T. *C* 907; an hondred schillinges sterlinges TREV. VIII. 167.

sterling, *see* starling.

sterne, *see* steorre, stūrne. **sterre**, *see* steorre.

stert, sb., *start; moment*, HAV. 1873; CH. C. T. *A* 1705; C. M. 14298; stirt '*saltus, momentum*' PR. P. 476.

stert-hwūle, sb., *moment*, A. R. 336.

stert, *see* steort.

sterten, v., *O.N.* sterta, = *M.H.G.* sterzen; *start, leap*; sterte CH. C. T. *A* 1044; stirtin PR. P. 476; stirte MAN. (F.) 5027; bulluc **sterteþ** (*pres.*) A.S. iv; **sterte** (*pret.*) WILL. 2277; S. S. (Web.) 1472; DEGR. 1205; M. ARTH.

stif.

2989; heil maister he seid(e) and to him sterte MED. 421; sturte ROB. 212; sturte [storte] LA3. 23951; stirte HAV. 566; AR. & MER. 3338; Pharaon stirte up GEN. & EX. 2931; stirte forth HAV. 873; *comp.* a-, at-, mis-sterten.

stertil, adj., *hasty*; stirtil or hasti, '*praeceps*' PR. P. 476.

stertlen, v., *rush, stumble along*; **stertlinde** (*pple.*) MAP 335; a courser stertling as the fir CH. L. G. W. 1204.

[**sterven**, v., *O.E.* (a-)sterfan, styrfan, = *M.L.G.* sterven, *M.H.G.* sterben; *from* steorven; *put to death*; *comp.* a-sterven.]

sterven, *see* steorven.

stēten, v., *cf. O.Fris.* stēta, *O.N.* steyta; *beat*; **stētten** (*pret.*) AR. & MER. 3322, 3817.

stevene, *see* stefne. **stewe**, *see* stūve.

stēwe, sb., ? = *M.L.G.* stouwe; *fish-pond*, PALL. i. 769; stewe, stue '*vivarium*' PR. P. 481; **stēwe** (*dat.*) CH. C. T. *A* 350; stiewe M. T. 119.

stēwien, *see* stēowien.

stī, *see* sti3, sti3e.

stiburn, **stoburn**, adj.. *stubborn*, '*austerus*,' PR. P. 475; stiburn LIDG. M. P. 168; stiborn CH. C. T. *D* 456.

stiburnesse, sb., *stubbornness*, PR. P. 475.

sticche, *see* stūcche.

sticchen, v., = *M.L.G.*, *M.Du.* sticken, *O.H.G.* sticchan, stecchan; = **stikien**; *stitch, stick*; stichin, stikkin up '*succingo*' PR. P. 475; **sticheÞ** (*pres.*) H. M. 9; **sti3te** (*pret.*) HOM. II. 257; **sti3t** (*pple.*) WILL. 4425; istiht (*ms.* istihd) A. R. 424; *comp.* þurh-sticchen.

stiche, sb., *O.E.* stice, = *O.Fris.* steke, *Goth.* stiks, *O.H.G.* stich *m.*; *stitch*, PR. P. 475; A. R. 110; H. M. 35; stik(e) Iw. 3053; **stiches** (*pl.*) PL. CR. 553.

stich-wurt, sb., *stitch-wort*, REL. I. 37.

sticke, sb., *O.E.* sticca, = *M.L.G.* sticke, *O.H. G.* steccho, stecko *m.*; *stick, fragment*; stike [steke] ALEX. (Sk.) 1311; FRAG. 3; O. & N. 1625; enne sticke A. R. 370; stikke PR. P. 475; LANGL. *B* xii. 14; CH. C. T. *G* 1265; **stikkes** (*pl.*) ORM. 8651; *comp.* candel-, fīr-, re3ol-sticke.

stide, **stidi3**, *see* stede, stedi3.

stīe, **stīen**, *see* sti3e, sti3en.

stif, adj., *O.E.*, = *M.L.G.* stīf, *M.Du.* stijf; *stiff, strong, valiant*; '*rigidus, fortis, robustus*,' PR. P. 475; FRAG. 5; BEK. 637; WILL. 3535; OCTOV. (W.) 1041; Iw. 31; GAW. 107; stif [stif] C. M. 18140; stif he wes on þonke LA3. 2110; stif and starc O. & N. 5; þe wind was strong and stif inou3 BRD. 21; stif hit stod up riht A. D. 254; stif and toght CH. C. T. *D* 2267; a stif spere ALIS. 2745; stiffe ALEX. (Sk.) 1149, 4758; stive here HOM. II. 139; **stive** (*pl.*) LEG. 92; **stivest** (*superl.*) ST. COD. 58; LANGL. *B* xiii. 294; þe stiffeste P. S. 337.

stif-liche, adv., *valiantly, strongly*, BEK. 171; stifli IW. 3186.

stifnesse, sb., *stiffness*, PR. P. 475.

stiȝ, sb., *O.E.* stīg, = *O.H.G.* stīg, *O.N.* stīgr *m.; from* **stiȝen**; *path, way*; stih ORM. 12916; sti '*semita*' PR. P. 475; REL. I. 213; GEN. & EX. 3958; HAV. 2618; S. S. (Web.) 712; WILL. 212; WICL. JOB xvi. 23; IW. 599; HORN CH. 172; ISUM. 40; **stīȝe** (*dat.*) A. P. iii. 402; **stīȝes** (*pl.*) HOM. I. 7; rihteþ ... drihtines narwe stiȝhes ORM. 9202; stihes ['*semitas*'] PS. viii. 9; sties MAN. (F.) 8432; **stīȝen** (*dat. pl.*) LAȝ. 16366; *comp.* **up-stīȝ**. [**stiȝe** ? *from* **stiȝen**.]

sti-rŏp, sb., *O.E.* stigrāp, = *O.N.* stigreip, *M.L.G.* stegerēp, *O.H.G.* stegereif; *stirrup*, FRAG. 6; PR. P. 476; HORN (L.) 758; BEK. 190; AR. & MER. 3260; CH. C. T. *D* 1665; LAUNF. 977; GAW. 2060; **sterops** (*pl.*) ALEX. (Sk.) 840*; steropes 792*.

stīȝe, sb., *O.E.* stīg, = *O.H.G.* stīga *M.Du.* stijghe *f.*, *prov.Eng.* stee; *ladder; rising, ascent; sty*; sti S. S. (Web.) 3295; stie '*hara*' VOC. 178; L. H. R. 215; sti PR. P. 475; A. R. 128; CH. C. T. *D* 1829; sti an ye (*stye in the eye*) PR. P. 475; stee [stegh] ALEX. (Sk.) 2481; **stīes** (*pl.*) ALEX. 1437; *comp.* **swīn-stī**.

stī-ward, sb., *O.E.* stīweard, = *O.N.* stī-varčr; *steward*, PR. P. 476; A. R. 386; GEN. & EX. 1991; HAV. 666; MAND. 236; S. S. (Wr.) 1508; DEGR. 1577; stiward, -wærd LAȝ. 1475, 13571.

stiȝele, sb., *O.E.* stigel, = *M.L.G.* stegel, *M.H.G.* stigele *f.; stile* | *stile* '*scansile*' PR. P. 475; CH. C. T. *C* 712; MIN. i. 88.

stiȝen, v., *O.E.* stīgan, = *O.L.G.*, *O.H.G.* stīgan, *O.Fris.*, *O.N.* stīga, *Goth.* steigan, *Gr.* στείχειν; *rise, ascend*, HOM. I. 149; LEB. JES. 206; stiȝhen ORM. 2753; stihen KATH. 1012; stien A. R. 40; CH. BOET. iii. 9 (88); stige HOM. II. 111; stiȝe P. R. L. P. 200; stiȝe [stie] TREV. IV. 411; stie MAND. 134; steiȝen C. L. 164; steȝe, sti (*r. w.* be) SHOR. 126; þer þu wenest heȝest to steo R. S. i (MISC. 158); sten REL. I. 49; **stihð** (*pres.*) A. R. 216; stiȝþ O. & N. 1405; þe stench þet of þi muð stiheð MARH. 13; steþ C. L. 1490; stighen PS. xxi. 30; **stig** (*imper.*) GEN. & EX. 4100; **stāh** [*O.E.* stäg, stäh] (*pret.*) ORM. 16700; steaȝ AYENB. 13; steah KATH. 338; steah, steh HOM. II. 3, 23; steg HOM. II. 111; GEN. & EX. 319; steȝ P. L. S. xx. 94; stegh MIRC 518; steegh ALIS. 5827; steh MARH. 1; steih A. R. 250; MISC. 88; steiȝ PL. CR. 810; steiȝ [stiȝ] TREV. III. 125; steigh MAND. 96; stei ROB. 322; PR. C. 4603; (þu) stihe, stuhe JUL. 62, 63; stehe SPEC. 69; (heo) stiȝen LAȝ. 26005: stihen MARH. 19; stiȝe A. P. ii. 389; **stiȝhen** (*pple.*) ORM. 2783; stigen GEN. & EX. 4130; stoȝen FER. 5027; *comp.* **a-**, **ȝe-**, **over-stiȝen**; *deriv.* **stīȝ, stiȝe, stīȝe, stiȝele, steil, stǣire**.

stǣghere, sb., *climber*, HAMP. PS. *pages* 506, 509.

stǣhinge, sb., *mounting*, HAMP. PS. cxix. 1.

stiggin, v., *cf. O.N.* styggja; *start*; **stiggis** (*pres.*) ALEX. (Sk.) 5301.

stīh, stīhen, *see* **stiȝ, stiȝen**.

stihten, v., *O.E.* stihtan, = *M.Du.* stichten, *O.H.G.* stiftan; *dispose, destine*: æfter þam þe him for **stihted** (*ms.* stihteð) (*pple.*) wæs LK. xxii. 22; stiȝt ALEX. (Sk.) 4897; stight *written* ALEX. (Sk.) 2693*.

stihtlen, v., *dispose, order, rule*; stiȝtle PL. CR. 315; ? stigh(t)ill YORK xxxi. 75; **stiȝtles** (*pres.*) GAW. 2213; stighillis (? *for* stightillis) ALEX. (Sk.) 755*; **sti(h)tlede** [**stiȝtlīde**] (*pret.*) LANGL. *C* xvi. 40; stiȝtled WILL. 1199; ALEX. 195; **stiȝtled** (*pple.*) A. P. ii. 90.

stike, *see* **stiche**.

stikel, adj., *O.E.* sticol, = *M.L.G.* stekel, *O.H.G.* stechal; *difficult*, PARTEN. 5848.

stikil-liche, adv., *with difficulty*, ALIS. 219.

stikelinde, stikelunge, adv., ? *intently*, H. M. 17.

stikeling, sb., = *M.Du.* stekelingh, *M.H.G.* stichelinc; *stickling (fish)*, '*silurus*,' PR. P. 475; stikling VOC. 222.

stikien, v., *O.E.* stician, *cf. Gr.* στίζω; *stick, stab, prick*; stikie LEG. 189; stekie LANGL. *B* i. 121; **stikeþ** (*pres.*) TREAT. 140 (stikez SAINTS (Ld.) xlvi. 782); earewe þet ... stikeð i ðe heorte A. R. 60; **stikinde** (*pple.*) H. M. 35; **stikede** (*pret.*) BEV. 828; þat sweord stike(de) [stekede] feste LAȝ. 7533; ful he stikede of arewen P. L. S. xviii. 48; he stiked fast S. S. (Wr.) 1246; heo stikeden [stekede] mid cnifes LAȝ. 20962; **istiked** (*pple.*) CH. C. T. *A* 1565; istiked ase swin P. S. 190.

sticking, sb., *stabbing*, ALEX. (Sk.) 2623.

stikil, adj., ? *piercing*: þe stikill stormes ALEX. (Sk.) 4186.

stikke, *see* **sticke**.

stil, sb., *Lat.* stilus; *stylus, pen*; **stile** (*dat.*) TREV. V. 297.

stile, *see* **stiȝele**. **stīl**, *see* **stāl**.

stillatorie, sb., *still (for distilling)*; '*stilla-torium*' PR. P. 475; **stillatories** (*pl.*) CH. C. T. *G* 580.

stille, adj., *O.E.* stille, = *M.Du.* stille, *O.H.G.* stilli; *still*, '*qvietus, tranqvillus*,' PR. P. 475; KATH. 373; A. R. 116; ORM. 1177; C. L. 1030; APOL. 5; CH. C. T. *F* 1472; Joram wes stille (*silent*) LAȝ. 15890; beo nu stille O. & N. 261; he lai þer stille ROB. 11; **stille** (*adv.*) LAȝ. 6747; GEN. & EX. 2428; HAV. 2997; PR. C. 3782; ȝif þis child dvelle stille (*yet*) here GREG. 77.

stille-hēde, sb., = *M.H.G.* stilheit; *quietude, rest*, AYENB. 142.

stil-lich, adj., *O.E.* stillíc ; *quiet* : mid stilliche ginne LA3. 2374 ; **stilliche** (*adv.*) A. R. 82 ; R. S. i ; ALIS. 1566 ; H. S. 2432 ; stilleliche ROB. 19 ; stilli he mournes ALEX. (Sk.) 1136.

stilnesse, sb., *stillness*, HOM. I. 115 ; A. R. 414 ; WICL. JOHN xi. 28.

stille[2], sb.,= *O.H.G.* stillī ; *calm, quiet* : þet makest stille efter storme A. R. 376.

stillen, v., *O.E.* stillan,= *O.H.G.* stillan, *M.Du.* stillen, *O.N.* stilla ; *still*, GEN. & EX. 3924 ; stillin '*pacifico*' PR. P. 475 ; stille HORN (L.) 676 ; FLOR. 831 ; his wraþþe for to stille BEK. 467 ; **stilleð** (*pres.*) his teares A. R. 186 ; *comp.* 3e-stillen.

stillin, v., *drop, trickle,* '*stillo,*' PR. P. 475.

stilte, sb.,=*M.L.G., Dan.* stylte, *Swed.* stylta, *M.Du.* stelte, *O.H.G.* stelza ; *stilt*, '*calepodium, lignipodium*' PR. P. 475 ; REL. I. 86.

stilðe, sb.,= *O.H.G.* stillida ; *quiet, tranquillity*, A. R. 156 ; H. M. 41.

stīme, sb., *? particle* : ne he iwis might se a stime C. M. 19652.

stinc, sb., *? O.E.* stinc ; *smell, stench*, GEN. & EX. 2975 ; stink '*foetor*' PR. P. 475 ; MISC. 228 ; CH. C. T. *D* 2274, *B* 3810 ; LUD. COV. 275 ; stinch ORM. 1192 ; **stinche** (*dat.*) BEK. 2406.

stingen, v., *O.E.* stingan,= *O.N.* stinga, *Goth.* (us-)stiggan, *Lat.* (in-)stingvere ; *sting, puncture ; vex* ; PL. CR. 648 ; **stingeð** (*pres.*) A. R. 82 ; stingeþ MISC. 149 ; **stinginde** (*pple.*) A. R. 82 ; **stang** (*pret.*) S. S. (Web.) 759 ; stong LA3. 11363 ; GEN. & EX. 3896 ; stungen ORM. 17441 ; stungen MAND. 286 ; **stunge** (*subj.*) HOM. II. 209 ; stungen (*pple.*) GEN. & EX. 3901 ; PS. iv. 5[*] ; stongen CH. C. T. *A* 1079 ; E. T. 645 ; istungen HOM. I. 121 ; istunge LA3. 27597 ; O. & N. 515 ; istongen PL. CR. 553 ; istonge SPEC. 84 ; *comp.* of-, to-, þurh-**stingen** ; *deriv.* **stange, steng**.

stinken, v., *O.E.* stincan (*smell*),= *M.L.G.* stinken, *O.H.G.* stinchan (*smell*), *Goth.* stigqan (κύπτειν) ; *cf. O.N.* stökkva (*run, leap*) ; *smell*, ORM. 4781 ; heo hit ne muwen stinken (*smell*) A. R. 86 ; stinkin '*foeteo, oleo*' PR. P. 475 ; þeo þet rotieð and **stinkeþ** (*pres.*) A. R. 84 ; & stinkeð fule ORM. 1201 ; **stinkinde** (*pple.*) AYENB. 32 ; þat stinkende lic ORM. 8195 ; stinkinge ROB. 214 ; **stanc** (*pret.*) ORM. 8077 ; stank LANGL. (Wr.) 10753 ; MAND. 97 ; CH. C. T. *B* 3807 ; H. S. 8313 ; stonc A. R. 326 ; stonk BEK. 2404 ; C. L. 1284 ; stunken A. R. 230 ; þat stunken swiþe swete ORM. 8194 ; stunken (*subj.*) A. R. 86 ; **stonken** (*pple.*) MAND. 10 ; *comp.* 3e-**stinken** ; *deriv.* **stinc, stench, stünch**.

stinten, *see* **stünten**. **stīpel**, *see* **stēpel**.

[**stīpen**, v.,=*L.G.* stīpen ; *prop up ; comp.* under-**stīpen**.]

stiper, sb., *cf. L.G.* stiper ; *prop, support* : þe stipre þat is under þe vine set L. H. R. 135.

[**stipren**, v., *prop up ; comp.* under-**stipren**.]

stirien, *see* **stürien**.

stirk, sb., *O.E.* stirc, styric ; *bullock*, '*juvencus*,' VOC. 204.

stirke, sb., = *M.L.G.* sterke, *M.H.G.* stirke, sterke ; *heifer,* '*juvenca*,' PR. P. 476.

stirne, *see* **stürne**. **stirred**, *see* **steorred**.

stirt, *see* **stert**. **stirten**, *see* **sterten**.

stirtil, *see* **stertil**.

stith, sb., *O.N.* steði ; *anvil, stithy*, HAV. 1877 ; CH. C. T. *A* 2026 ; stithe '*incus*' PR. P. 476 ; steþi C. M. 23237.

stīð, adj., *O.E.* stīð, = *O.Fris.* stīth ; *hardy, strong, brave*, LA3. 10083 ; stīð & strong GEN. & EX. 1591 ; stiþ ALIS.[2] (Sk.) 91 ; stith MAN. (H.) 194 ; strong and steith PALL. iv. 892 ; **stīðne** (*acc.*) dom HOM. I. 95 ; **stīþe** (*adv.*) M. H. 4 ; a3ein þe stiþ(e) i stod SPEC. 99 ; **stīþe** (*pl.*) PS. x. 7 ; stīðe men LA3. 24886 ; stedes stiþe K. T. 338 ; kni3tes stiþe on stede TRIST. 66 ; stiþe stormes AMAD. (R.) xlviii ; **stīther** (*compar.*) PR. C. 3173.

stīð-imained, adj., *strong in might*, LA3. 25820.

stīð-imōded, adj., *strong in mind*, LA3. 26022.

stīþ-lī, adj., *bravely*, GAW. 431.

stīven, v.,=*M.L.G.* stīven, *M.Du.* stijven, *O.Fris.* stīva ; *from* **stīf** ; *stiffen, make robust* ; stive TRIST. 1169 ; **stīved** (*pple.*) WILL. 3033.

stob, sb.,=*M.Du.* stobbe, *? O.N.* stobbi ; *stub, stump* ; stob ant stokke REL. I. 168 ; **stobbus** (*pl.*) ED. 4326.

stoble, *see* **stuble**. **stoburn**, *see* **stiburn**.

stoc, sb., *O.E.* stocc,=*O.Fris.* stok, *O.N.* stokkr, *O.H.G.* stoc, stoch ; *stock, trunk*, FRAG. 3 ; stoc, stok O. & N. 25, 1113 ; WICL. JOB xiii. 27 ; stok VOC. 236 ; SAINTS (Ld.) xlv. 233 ; AR. & MER. 3865 ; PR. C. 676 ; over stok and over ston ORF. 332 ; stok, stock SHOR. I, 109 ; stock MAND. 10 ; **stocke** (*dat.*) AYENB. 19 ; **stockes** (*pl.*) '*ceps*' VOC. 163 ; LA3. 5694 ; MARH. 1 ; stokkes LANGL. *A* iv. 95, v. 585 ; FLOR. 1150 ; **stocken** (*dat. pl.*) LA3. 626 ; *comp.* **cāl-, herth-, mūse-stoc**.

stok-douve, sb.,=*M.Du.* stockduive ; *stockdove* ; (*ms.* -dowe) PR. P. 476.

stok-fish, sb.,=*M.H.G.* stocvisch ; *stockfish*, PR. P. 476.

stoc[2], sb., *O.E.* stoc(-weard) ; *place* ; **stōkes** (*pl.*) (*ms.* stokess) ORM. 15694.

stōd, sb., *O.E.* stōd, *cf. O.N.* stōð *n.*, *O.H.G.* stuot *f.* ; *stud, stable*, HICKES I. 231 ; stode PERC. 326 ; stood GOW. III. 204 ; **stōde** (*dat.*) O. & N. 495 ; þou come of liþer stode P. S. 201.

stōd-mere, sb., *O.E.* stōdmyre ; *stud-mare*, A. R. 316 ; PERC. 367.

stóde, sb., *O.E.* stod, = *O.N.* stoð; *post*; sto‖e PR. P. 478; **stoodes** (*pl.*) WICL. ECCLUS. xxix. 29; *comp.* dor-stóde.
stode, stodul, *see* **stude, studul.**
stoffe, sb., *stuff* (*cloth*); stuffe ALEX. (Sk.) 2980*.
stoffen, v., *O.Fr.* estoffer; *stuff; suffocate*; stuffin PR. P. 481; **stoffes** (*pres.*) JOS. 601; **stuffede** (*pret.*) D. ARTH. 3616; **stoffed** (*pple.*) GAW. 606; stuffed ['*suffocatus*'] TREV. VI. 449.
stofnen, v., *O.N.* stofna; *institute*; **stofned** (*pple.*) ORM. 14561.
stok, *see* **stoc.**
stóken, v., = *M.L.G., M.Du.* stoken; *stab*; stoke CH. C. T. *A* 2546; & **stókeþ** (*pres.*) him bitwene (h)is browes FER. 4615; stokes D. ARTH. 2554.
stoken, v., = *M.Du., M.L.G., M.H.G.* stocken; *put in the stocks*; stokken '*coigner*,' VOC. 163; **stookid** (*pret.*) him an a stol WART. II. 106; stocked in prison CH. TRO. iii. 380.
stoki, adj., = *Ger.* stockig; *stock-like*; stoki L. H. R. 148.
stōl, sb., *O.E.* stol, = *O.L.G., O.Fris.* stōl, *O.N.* stōll, *Goth.* stōls, *O.H.G.* stuol; *stool, seat*, A. R. 166; MISC. 145; S. S. (Web.) 1889; stool '*scabellum*' PR. P. 476; **stōle** (*dat.*) AYENB. 239; LANGL. *B* v. 394; **stōles,** stooles (*pl.*) CH. C. T. *D* 288; stoles TREV. IV. 365; *comp.* bischop-, dōm-, kine-stōl.
stóle, sb., *Lat.* stola; *stole*, TREV. IV. 365.
stomak, sb., *Fr.* estomac; *stomach*, PR. P. 476; stomake ALEX. (Sk.) 4436.
stomeren, *see* **stumren.**
stomlen, *see* **stumlen.**
stompe, *see* **stumpe.** **stōn,** *see* **stān.**
stónd, *see* **stúnde.**
stonde, stonden, *see* **stande, standen.**
stōnen, *see* **stǣnen. stonien,** *see* **stunien.**
stoppe, sb., *O.E.* stoppa, *cf. O.E.* stēap, = *O.N.* staup, *mod.Eng.* stoup; *bucket, wooden mug*, '*situla*,' PR. P. 477.
stoppel, sb., *stopper* (*of a bottle*), '*ducillus*,' PR. P. 477; CHEST. I. 142.
stoppin, v., *O.N.* stoppa, = *M.L.G., M.Du.* stoppen, *M.H.G.* stopfen; *stop*, '*obturo*,' PR. P. 477; stoppen CH. TRO. ii. 804; stoppen here mouþ P. S. 326; P. 10; stoppi AYENB. 257; **stoppeð** (*pres.*) A. R. 72; **stoppede** (*pret.*) ISUM. 448; & stoppede (h)is wounde FER. 215; he stopped heore wai ALIS. 1224; **stopped** (*pple.*) PR. C. 7368; istopped SHOR. 156; *comp.* for-stoppen.
stōr, sb., *O.E.* stōr, ? = *O.H.G.* stūr; *incense*, VOC. 140; LEG. 96; MISC. 26; AYENB. 211; (*printed* scor) SHOR. 123.
stōr², sb., *O.Fr.* estōr, *low Lat.* staurum; *store; farm stock*, ROB. 395; JOS. 456; A. P. i. 846; stoor PR. P. 477; CH. C. T. *A* 598; **stōre** (*dat.*) DEGR. 72.

stōr³, sb., ? *O.Fr.* estor, estour, ? *from O.H.G.* (ki-)stōr; *tumult, battle; army*; FLOR. 1659; stour IW. 2633; PR. C. 1838; M. ARTH. 3064; PARTEN. 2231; stoure ALEX. (Sk.) 785, 3501; stour BARB. ii. 355; bale stour *death-pang* A. P. iii. 427; **stōre** (*dat.*) ALIS. 2110; S. S. (Web.) 956; stoure WILL. 4214; EGL. 9; ANT. ARTH. xliii; **stoures** (*pl.*) CH. C. T. *B* 3560; stures M. H. 23.
stōr⁴, adj., *O.E.* stōr, = *O.Fris.* stōr, *O.N.* stōrr; *great, strong*, LAȝ. 85; O. & N. 1473; GEN. & EX. 842; HAV. 2383; stor ant stark CHR. E. 464; stoor '*austerus, rigidus*' PR. P. 477; þe strimes urneþ store FL. & BL. 228; **stōre** (*pl.*) GAW. 1923; ANT. ARTH. (R.) lv; his mæhte weren store LAȝ. 3242; store windes IW. 373.
stōr-līo, adj., *great, strong*: þat feht wes swiðe storlic [storlich] LAȝ. 10647; **stōrlīche** (*adv.*) KATH. 1274.
storben, v., *for* disturben; *trouble*; **storbis** (*pres.*) ALEX. (Sk.) 667; storbet (*pple.*) 3605; stourbed 934.
stordi, *see* **sturdi.**
stōren, v., *O.Fr.* estōrer, *Lat.* (in-)staurāre; *store*; store P. S. 70; astore (? = enstore) ROB. 107; ALIS. 5817; astori AYENB. 136; he **stōrede** (*pret.*) þem wiþ corn MAN. (F.) 2916; **istōred** (*pple.*) LAȝ. 13412*.
storial, adj., *historical*; storial mirour [= '*Speculum historiale*'] CH. L. G. W. PROL. *A* 307; storial sooth 702; *see* **historial.**
storie, sb., *O.Fr.* istoire, estoire; *story, history, legend*, A. R. 154; CH. C. T. *G* 35; store ALEX. (Sk.) 3854, 4828; stori 2050; **stories** (*pl.*) LANGL. *B* vii. 73; *see* **histoire.**
stōrien, v., = *M.Du., O.H.G.* stōren; *move*: þat folk gan to storie LAȝ. 23756*; sturie(n) ... ne storen KATH. 362; store E. T. 755; W. & I. 78; hwen ha . . . ne **stōrið** (*pres.*) ham seolf MARH. 14; loke ye store not of þat stede GUY² (Z.) 3869; **stōrede** (*pret.*) LAȝ. 9334*.
stork, sb., *O.E.* storc, = *M.L.G.* stork, *O..N.* storkr, *O.H.G.* storch, storach; *stork*, '*ciconia*,' PR. P. 477; MAN. (F.) 14574; CH. P. F. 361.
storm, sb., *O.E.* storm, = *M.L.G., M.Du.* storm, *O.N.* stormr, *O.H.G.* sturm; *storm, tumult*, ['*tempestas*'] HOM. II. 43; SHOR. 161; CH. C. T. *A* 1980; M. H. 136; **storme** (*dat.*) HOM. I. 143; LAȝ. 25587; A. R. 376; **stormes** (*pl.*) JUL. 79; GOW. I. 143; storme (*dat. pl.*) HOM. II. 43.
stormi, adj., *O.E.* stormig, = *M.H.G.* stürmec; *stormy*, LIDG. M. P. 2.
stort, *see* **steort.**
stot, sb., *O.E.* stotte, = *M.Du.* stutte (*mare*); *horse*, '*caballus*,' PR. P. 477; CH. C. T. *A* 615; **stottes** (*pl.*) O. & N. 495.
stot², sb., *cf. Swed.* stut (*bullock*); *bullock*; (*ms.* stott) '*buculus*' VOC. 218; stotte ISUM. 92; **stottes** (*pl.*) LANGL. *B* xix. 262.

stot³, sb., *stoat*, (*ms.* stott) LUD. COV. 218.
stotin, v., *stutter; hesitate, pause;* '*titubo*,' PR. P. 477; **stote** (*pres.*) A. P. i. 149; **stote** (*pres. subj.*) VOC. 173; **stotiand** (*pple.*) REL. I. 291; þere þei **stotede** (*pret.*) (*stayed*) a stound DEGR. 226.
stoþe, *see* **stode**. **stouke**, *see* **stūke**.
stounde, *see* **stúnde**. **stoupen**, *see* **stūpen**.
stour, *see* **stōr**, **stūr**.
stout, adj., *cf. M.Du.* stout, *O.N.* stoltr, *O.H.G.* stolz, *? O.Fr.* estout (*hardi, téméraire*); *stout, bold, proud,* SPEC. 52; SHOR. 150; GREG. 883; CH. C. T. *A* 545; LAI LE FR. 249; stout ... and fers BEK. 512; so proud & so stout S. A. L. 224; stout and kene K. T. 936; **stoute** (*pl.*) P. S. 255; **stoutar** (*comp.*) BARB. xv. 524; **stoutest** (*superl.*) BARB. xi. 470.
stout-liche, adv., *stoutly, proudly,* WILL. 1950; stoutli ALEX. (Sk.) 279.
stoutnes, sb., *stubbornness,* BARB. vii. 356.
stout, *see* **stūt**.
stoven, sb., *O.N.* stofn; *stalk, stem,* C. M. 8037.
stover, sb., *O.Fr.* estouvoir (*provision*); *food,* S. S. (Web.) 2606; TRIST. 1149.
stōwe, sb., *O.E.* stōw, = *O.Fris., O.N.* stō, *mod.Eng.* -stow *in place-names; place,* MAT. xiv. 15; an o̅ere stowe HOM. I. 219; stou SPEC. 98; to þere stowe [stouwe] LAȝ. 1174; **stōwen** (*dat. pl.*) MK. i. 45; HOM. II. 207; *comp.* owalm-, earding-, leir-**stōwe**.
stōwien, *see* **stēowien**.
stōwin, v., *from* **stōwe**; *stow away; place,* '*loco,*' PR. P. 478; **staues** (*pres.*) A. P. ii. 480; **stōwide** (*pret.*) ['*collocavit*'] TREV. III. 277; wel wern þai **stōwed** (*pple.*) A. P. ii. 113; staued A. P. ii. 352; *comp.* bi-**stōwen**.
strā, *see* **strāu**.
strāc, sb., = *M.H.G.* streich; *from* **striken**; *stroke;* stroc ROB. 17; strok MAND. 260; TRIAM. 1229; GAW. 287; þane strok AYENB. 34; strok [strook] CH. C. T. *A* 1709; **strākes** (*pl.*) Iw. 640; strakis ALEX. (Sk.) 1015; strokis EGL. 310.
strēte, sb., *O.E.* strǣt, = *O.L.G.* strāta, *O.H.G.* strāza; *road, lane, street,* LAȝ. 4823; ORM. 7358; strete KATH. 1671; O. & N. 962; strate HOM. II. 227; MIN. vi. 56; **strǣte** (*pl.*) LK. x. 10; (*ms.* strætte) LAȝ. 4843; **strēten** (*dat. pl.*) LAȝ. 4839.
Strēt-ford, pr. n., *Stratford,* DAV. DR. 113.
strai, sb., *cf. mod.Eng.* stray (*large open common*): *wandering,* '*vagacio*,' PR. P. 478; on strai *astray* BARB. xiii. 195; o strai C. M. 6827; a straie A. P. 1161.
straiin, v., *O.Fr.* estraier; *stray, wander,* '*vago*,' PR. P. 478; straie LUD. COV. 74; **straie** (*pres.*) M. H. 52; **astraied** (*pple.*) GOW. II. 132.
strail, sb., *O.E.* strǣgl, *from Lat.* strāgulum; *bedclothing* ['*stratum*'] PS. vi. 7*; straile '*stragulum*' PR. P. 478.
strait, *see* **streit**.
straives, sb., pl., *strays:* waives and straives LANGL. C i. 92.
strākien, v., *O.E.* strācian, = *M.H.G.* streichen; *from* **striken**; *stroke;* strōke CH. C. T. *F* 162; þei over lond **strākeþ** (*pres.*) (*run*) PL. CR. 82; **strōked** (*pret.*) TRIST. 3108; sterin stevin upon strake straked (*? sounded*) þar trumpis ALEX. (Sk.) 1386; þire traitours trouthis has **strākid** (*pret.*) (*have made a covenant*) 3192.
strāl, sb., *O.E.* strǣl *m. f.* (*arrow*), *cf. M.Du.* straele (*arrow*), *O.H.G.* strāla *f.* (*arrow, shot*); *? arrow*; **strāles** (*pl.*) LAȝ. 5695.
strand, sb., *O.E.* strand, = *M.H.G.* strant *m., M.Du.* strande *n.* (*shore*), *O.N.* strönd *f.* (*shore, river*); *strand, shore, river,* C. M. 8191; strond GEN. & EX. 2717; ALIS. 1981; GREG. 281; þat strond LAȝ. 19916; stronde '*litus*' PR. P. 480; ['*flumen*'] TREV. I. 429; ['*torrentem*'] WICL. DEUT. ix. 21; **strande** (*dat.*) ORM. 19450; stronde HORN (R.) 115; P. L. S. xxiii. 31; A. P. i. 152; CH. C. T. *B* 825; framward þan stronde [þare stronde] LAȝ. 9408; up to þe nekke in þe stronde ANGL. l. 306; **strandis** ['*torrentes*'] (*pl.*) HAMP. PS. xvii. 5; *comp.* **sǣ-strond**.
strang, adj., *O.E.* strang, strong, = *O.L.G.* strang, *O.N.* strangr, *O.H.G.* strang, streng; *strong, severe, powerful, brave,* SHOR. 14; AYENB. 32; IW. 2386; S. S. (Wr.) 2655; PR. C. 881; strang & mihti HOM. I. 231; strang & hard ORM. 6326; strong LAȝ. 173; MARH. 12: A. R. 6; O. & N. 5; strong and stark HAV. 608; ALIS. 5527; strong and stif BRD. 21; strong & stor P. R. L. P. 101; **strongen**, stronge (*dat. m. n.*) LAȝ. 11733, 27551; me wolde to stronge deþe him bringe BEK. 1076; **strangere** (*dat. f.*) LAȝ. 27773*; **strangne** (*acc. m.*) AYENB. 227; stronge LAȝ. 6392; **stronge** [strang(e)] (*acc. f.*) LAȝ. 1567; **strange** (*adv.*) S. S. (Wr.) 197; stronge O. & N. 254; BRD. 24; **strange** (*pl.*) ORM. 19963; stronge GEN. & EX. 3713; AYENB. 83; gares swiſte stronge LAȝ. 26282; stronge (*distressing*) tidinge 5271; **strongen** (*dat. pl.*) LAȝ. 17395; **strengre** (*compar.*) MARH. 12; A. R. 326; strengor K. T. 657; strenger CH. C. T. *C* 825; **strengeste** (*superl.*) LAȝ. 2109; KATH. 734; þe strengeste HORN (L.) 823 (H. 852); ROB. 111; strengest A. R. 280; GOW. III. 147; *comp.* un-**strang**.
strang-liche, adv., *O.E.* stranglīce; *strongly,* P. L. S. xvii. 295; strongliche MARH. 14; strongliche [stra(n)gliche] LAȝ. 7843; **stronglūker** (*compar.*) H. M. 15; **stronglūkest** (*superl.*) A. R. 218.
strange, adj., *O.Fr.* estrange; *strange,* ROB. 16; strange [straunge, stronge] TREV. IV. 13; straunge '*extraneus*' PR. P. 479.

strangen, v., *become strange* ; **strangeþ** (*pret.*) GOW. II. 264.

stranger, sb., *O.Fr.* estrangier; *stranger*; straunger PR. P. 479.

strangien, v., *O.E.* strangian,=*O.H.G.* strangen; *become strong, make strong*: þet ... eower feond stronȝian HOM. l. 13; **strangede** [strongede] (*pret.*) LAȜ. 4461; *comp.* ȝe-, un-**strangien**.

stranglen, v., *O.Fr.* estrangler; *strangle*; astrangli AYENB. 50; **strangled** (*pple.*) HAV. 640; astrangled ROB. 342.

strapil, sb., *?O.E.* strapul; *leggings*, '*tibiale*,' VOC. 259; **strapeles** (*pl.*) A. R. 420; straples BEK. 1477; strapeles [straples] TREV. V. 355.

strāu, sb., *O.E.* strēaw, strāw,=*O.N.* strā, *O.Fris.* strē, *O.L.G.* strō, *O.H.G.* strau, strou, strō; *straw*, (*ms.* straw) LANGL. *B* xiv. 251, *C* xvii. 93; stra IW. 2655; þer of ne yaf he nouth a stra HAV. 315; stro BARB. iii. 320*; streuw LEECHD. III. 114; strea A. R. 296; stre GOW. I. 282; stre [stree] CH. C. T. *A* 2918; stree MAND. 253; *comp.* **bed-strāu**.

strāu-beri, sb., *O.E.* strēawberie; *strawberry*, '*fragum*,' PR. P. 478; streberi VOC. 141.

strawen, v., *O.E.* strēowian,=*O.Fris.* strewa, *O.H.G.* strewen, *M.H.G.* streuwen, strauwen, strouwen, *O.N.* strā, *Goth.* straujan (*pret.* strawida), *cf. Lat.* sternere (*perf.* strāvi); *strew*, FL. & BL. 436; strawen (*ms.* strawwenn) ORM. 8193; strowin PR. P. 480; **strewes** (*pres.*) PS. cxlvii. 16*; **strewe** [strawe] (*subj.*) CH. C. T. *F* 613; **strewed** (*pret.*) TRIST. 2195; streoweden MAT. xxi. 8; **strawed** (*pple.*) ALIS. 1026; WILL. 1617; EGL. 376; strawid S. S. (Wr.) 2692; strowed LIDG. M. P. 186; istrawed FER. 421; *comp.* **bi-strēwen**.

strē, **strēa**, *see* **strāu**.

strēam, sb., *O.E.* strēam,=*O.Fris.* strām, *O.L.G.* strōm, *O.H.G.* straum, stroum, *O.N.* straumr; *stream, river*, MARH. 5; AYENB. 72; stream, stræm, strem LAȜ. 2849, 6116, 19756; striem P. L. S. viii. 126; strem GEN. & EX. 2096; S. S. (Wr.) 3191; strem [streem] CH. C. T. *A* 3895; **strēame** (*dat.*) ANGL VII. 220; swimmen ... mid þe streme HOM. I. 51; **strēmen** (*dat. pl.*) LAȜ. 31229; **strēames** (*pl.*) A. R. 188; strimes FL. & BL. 228; *comp.* **sēa-, water-strēam**.

strecche, sb., *?compass, grasp*: bið swa mihtles on his modes streche HOM. I. 111.

strecchen, v., *O.E.* streccan,=*M.Du.* strecken, *O.H.G.* strecchan; *stretch, extend*, JUL. 27; strecche WILL. 219; MAND. 2; CH. C. T. *G* 469; strechche AYENB. 103; **strecched** (*pres.*) A. R. 280; strecchep MISC. 101; þe over Germania strecchep ['*se extendit*'] bi sides Alpes to ... TREV. I. 255; strekis [straight] ALEX. (Sk.) 1953; strekez D.

ARTH. 1229; **streche** (*imper.*) KATH. 2265; **streahte**, stræhte, strehte [strahte] (*pret.*) LAȜ. 1910, 17886, 21227; streihte A. R. 280; streiȝte P. L. S. xvii. 345; MED. 641; TREV. II. 107; he strahte forþ his riht earm HOM. I. 189; he strahte him MARH. 9; straughte CH. C. T. *A* 2916; strehten MK. xi. 8; and a wei streiȝten JOS. 456; **streiht** (*pple.*) JOS. 519; streiȝt P. R. L. P. 252; William streiȝt (*adv.*), *straightway, forthwith*) went hem to WILL. 3328; streȝt ALEX. (Sk.) 1758; strauȝt CH. BOET. v. 5 (170); straught OCTOV. (W.) 959; unto þe helle straught he went GOW. III. 36; streȝt on *near* ALEX. (Sk.) 1574; *comp.* **a-, ȝe-strecchen**.

strecour, sb., *dog for the chase*, BARB. vi. 487.

streek, *see* **strike**.

strēȝen, v., *O.E.* strēgan; *strew*; strie PALL. iii. 10.

streȝten, v., *march*; **streiȝtis** (*pres.*) ALEX. (Sk.) 2032.

streiȝt, *see under* **strecchen**.

streikin, *see* **streken**.

streinin, v., *O.Fr.* estreindre; *strain, stretch; constrain; restrain;* '*stringo*,' PR. P. 479; streine CH. C. T. *E* 1753; **stránes** (*pres.*) out ALEX. (Sk.) 840*; **straini** (*subj.*) AYENB. 263; **streine** (*imper.*) L. C. C. 43; **streined** (*pple.*) ALEX. (Sk.) 3121; strenȝeit BARB. xii. 248; istreind BEK. 1477.

streinour, sb., *strainer*, '*colatorium, constrictorium*,' PR. P. 479; L. C. C. 16; C. B. 90.

streinðe, *see* **strengðe**.

streit, adj., *O.Fr.* estreit; *strait*, '*strictus*,' '*angustus, artus*,' PR. P. 479; LAȜ. 22270; BEK. 260; CH. C. T. *A* 174; streit þat is to seie narou MAND. 45; strait AYENB. 54; streiȝt blind TREV. VI. 235; till a **stráte** (*sb.*) thai held thair wai BARB. iv. 458; **strátest** (*superl.*) BARB. vi. 463.

streit-, strait-liche, adv., *straitly*, AYENB. 7, 34.

straitnes, sb., *narrowness*, BARB. xii. 430.

streitin, v., *straiten*, PR. P. 479; **streitid** (*pple.*) WICL. JOB xviii. 7.

streke, adv. (*from O.E.* strec *adj.*),=*M.Du.* strek, strak, *M.H.G.* strac; *straight*, D. ARTH. 1792; strek, strik PR. C. 2623, 3378.

strik-lī, adv., *straight*, PR. C. 3288.

streke, *see* **strike**, **strecchen**.

stréken, v., *cf. Swed.* streka; *stretch*; REL. I. 65; streke PS. lxxxiv. 6; streikin '*extendo*' PR. P. 479; **strékes** (*pres.*) D. ARTH. 2085; **strékede** (*pret.*) GEN. & EX. 481; **stréked** (*pple.*) MAN. (F.) 12703; ?striked WILL. 1617.

strékinge, sb., *stretching*, HAMP. PS. xxi. 17.

stréken, *see* **striken**. **strōm**, *see* **strēam**.

strēmen, v., *O.N.* streyma; *from* **strēam**;

strēmen.

stream, flow; welthes if þai **strēmen** (*pres.*) ['*affluant*'] PS. lxi. 11; **strēminge** (*pple.*) JOS. 560; **strēmden** [streamden] (*pret.*) A. R. 188*; **strēmed** (*pple.*) WICL. PROV. v. 16.

strēmere, sb., *streamer*: stremere of fane, '*cherucus*' PR. P. 479.

strēn, see **strēon**.

strench?, sb.: alle he (*sc.* deaþ) riveþ in one strench R. S. i (MISC. 156).

strencðe, see **strengðe**.

strēnen, see **strēonen**.

streng, sb., *O.E.* streng, = *M.L.G.* streng, *O.N.* strengr, *O.H.G.* stranc; *string*, GEN. & EX. 479; ROB. 456; TREV. III. 211; þene streng LAȝ. 1454; streng [string] CH. C. T. *D* 2067; string '*funiculus*' PR. P. 480; **strenge** (*dat.*) O. & N. 1230; **strenges** (*pl.*) P. L. S. xvii. 156; stringes MAP 339; ALIS. 208; PS. xxxii. 2; **strengen** (*dat. pl.*) JOHN ii. 15; LAȝ. 17983.

strenge, sb., *O.E.* strengu, = *O.L.G.* strengīn, strengī, *O.H.G.* strengī; *from* **strang**; *strength, force; strong place*; REL. I. 130; GEN. & EX. 714; ROB. 302; GREG. 238; (? *ms.* strenȝe) LAȝ. 26690; L. H. R. 44*; strenghe REL. 1. 185; **strenghes** (*pl.*) D. ARTH. 2242.

strengen, v., *O.E.* strengan, = *O.H.G.* (er-)-strengan, *O.N.* strengja; *make strong, fortify*, KATH. 942*; ORM. 2614; **strengeð** (*pres.*) MARH. 14; strengeþ SHOR. 26; strengith TOR. 6; **streng** (*imper.*) JUL. 33; **strenged** (*pple.*) ORM. 2748; strenghed PS. xxvi. 14*; *comp.* ȝe-, un-strengen.

strengðe, sb., *O.E.* strengðu, = *O.H.G.* strengida; *strength, fortitude*, KATH. 647; H. M. 11; GEN. & EX. 581; strengðe, strengða, strenðe [strengþe] LAȝ. 1540, 3727, 17213; strengðe, strencðe, strenðe A. R. 140, 280; strengþe C. L. 801; SHOR. 17; strengþe, strencþe, strenþe O. & N. 173, 781, 1713; strencðe MARH. 19; strencþe ORM. 5519; streinðe HOM. I. 69; streinþe SPEC. 57; strenþe A. P. ii. 1155.

strencþe-lēs, adj., *strengthless*, ORM. 12530.

strengðen, v., *strengthen*; strengðe KATH. 942; strengþi AYENB. 86; **strengþeþ** (*pres.*) LANGL. *B* viii. 47; strenðeð A. R. 140; **strengþede** (*pret.*) ROB. 140; & streinþede (*exerted*) him . . . to serve god A. D. 257; **gestrænceþed** (*pple.*) LK. i. 80; istrengþed MISC. 30.

strenken, v., *sprinkle*, ORM. 1099; **strenked** (*pple.*) ORM. 1771.

strenkelin, v., *sprinkle, scatter; disperse, destroy*; '*aspergo*,' PR. P. 479; strenkle A. P. ii. 307; strenkil HAMP. PS. lx. 9.

strenkilinge, sb., *sprinkling*, HAMP. PS. l. 8*.

strenkil, sb., *aspergillum*; hāliwater stik, '*aspersorium, isopus*' PR. P. 479; PS. l. 9; **strencles** (*pl.*) ORM. 1095.

strenðe, see **strengðe**.

strike.

strēon, sb., *O.E.* (ge-)strēon (*treasure*), *cf.* *O.L.G.* (ge-)striuni, *O.H.G.* (ka-)striuni (*gain*); *progeny*, H. M. 3; þat holi streon MISC. 153; þe streon (*embryo*) a midde þe eiȝe SAINTS (Ld.) xlvi. 396; and biȝete on him a steorne streone ALIS. 511; streon, stren ORM. 27, 16396; C. L. 155; stren SAL. & SAT. 230; SHOR. 64; stren [streen] CH. C. T. *E* 157; strēne (*dat.*) HOM. II. 19; **strēones** (*pl.*) A. R. 208; *comp.* ȝe-strēon.

strēonen, strēonien, v., *O.E.* strēonan, strȳnan, *cf. O.H.G.* striunan, *O.L.G.* (ge-)striunian; *beget*, LAȝ. 18844, 18846; strenen REL. l. 222; **strēoneð** (*pres.*) A. R. 234; streoneþ ALIS. 7057; strenes HAV. 2983; strinen PS. lxxii. 27; **strēonede** (*pret.*) H. M. 9; C L 1388; enne sune on hire he streonede [strenede] LAȝ. 2571; strende HOM. II. 19; strēoned (*pple.*) ORM. 33; *comp.* ȝe-strēonen; *deriv.* strūnd.

strēonunge, sb., *procreation*, H. M. 33; streoninge C. L. 1389.

strēpen, see **strūpen**.

stresse, sb., *for* **destresse**; *force*: take noȝt be stresse his wiffe YORK xx. 188.

strēte, sb., *O.Fr.* estrēte; *estreat; rate-book*; strete, catchepol bok to gader by mercimentis PR. P. 480.

strēte, see **strǣte**.

strewen, see **strawen**.

stride, sb., *cf. M.L.G.* strede, *M.H.G.* strit; *from* **strīden**; *stride, step*, PR. P. 480; ALIS. 4447; FER. 3221; **strides** (*pl.*) HICKES I. 168 (HOM. II. 111); ten stride TRIST. 1488; an hundred stride FER. 4643.

strīden, v., *? O.E.* (be-)strīdan, = *M.L.G., M. Du.* strīden; *stride, step*, LAȝ. 17982; striden on stede AN. LIT. 96; stride C. M. 10235; IW. 1552; **strit** (*pres.*) SPEC. 110; **strid** (*imper.*) SPEC. 111; **stridende** (*pple.*) HICKES I. 168; **strād** (*pret.*) IW. 3193; *comp.* bi-, over-strīden; *deriv.* stride.

strie, sb., *O.Fr.* estrie; *hag, hideous woman*, HAV. 98; stri TOWNL. 148.

strien, see **struien**.

strien, see **strēȝen**.

strīf, sb., *O.Fr.* estrīf; *strife*, KATH. 680; A. R. 200; LAȝ. 24966*; GEN. & EX. 373; BEK. 1642; C. L. 273; CH. C. T. *A* 1187; **strivis** (*pl.*) ALEX. (Sk.) 4251.

strike, sb., *O.E.* strica; *from* **strīken**; *streak, stroke, line*: this chapitre . . . that . . . with obels, that is, with a stric, we han befor notid WICL. ESTH. x. 3*; a gret strike MAN. (F.) 1420; streke PR. P. 479; **strikes** (*pl.*) TREV. III. 249; (*lines*) CH. ASTR. i. 7 (5).

strike², sb., = *L.G.* strike, streke; *from* **strīken**; *hank; strickle*; '(*h*)ostorium,' VOC. 201; strek(e) PR. P. 479; stric of line '*lini*

strike. *manipulus'* VOC. 217; streek of flax PR. P. 479; a strike of flex CH. C. T. *A* 676.

strikile, sb., *cf. M. Du.* strekel; *strickle,* '(*h*)*ostorium*,' VOC. (W. W.) 726.

strīken, v., *O.E.* strīcan, = *M.L.G.* strīken, *M. Du.* strijken, *O.H.G.* strīchen, ?*cf. O.N.* strūka; *strike, stroke, rub,* LAȜ. 20303; strike S. S. (Web.) 1254; PR. C. 7018; A. P. i. 1124; strike þer on blak sope REL. I. 108; robes... strike (*iron*) MAN. (F.) 11192; strekin PR. P. 479; **strīkeð** (*pres.*) KATH. 2514; strem þat strikeþ (*runs*) stille SPEC. 44; **strīk** (*imper.*) A. R. 408; **strāo** (*pret.*) LAȜ. 9318; MARH. 5; strac in after godes folc ORM. 14810; strak APOL. 3; a mous... strok [strook] forþ LANGL. *B* PROL. 183, *C* i. 197; he strok his berd S. S. (Web.) 142; & loveli strek (h)is mane FER. 244; strek (*fell*) into a studie WILL. 4038; þe strunden þe striken a dun of þine... fet HOM. I. 187; striken men þiderward MARH. 17; hue striken seil HORN (R.) 1023; **striken** (*pple.*) JOS. 519; MAP 341; strekin PERC. 1371; *deriv.* **strike, strikile, strāo, strāken.**

strīnd, see **strūnd.** **strīnen,** see **strēonen.**

string, see **streng.**

strīpe, sb., *cf. M.L.G., M.H.G.* strīfe *m., M.Du.* strijpe; *stripe*, '*vibex*,' PR. P. 480; VOC. 267; S. & C. II. lxxiv.

strīpen, see **strūpen.**

strippe, stripe, sb., *position of legs when placed firmly,* GAW. 846, 2305.

strīvin, v., *O.Fr.* estriver; *strive,* '*contendo*,' PR. P. 480; strive HORN (R.) 729; CH. C. T. *A* 3040; WICL. JOHN xviii. 36; strife M. H. 48; **strīveð** (*pres.*) A. R. 84; R. S. v (MISC. 172); **strīvede** (*pret.*) BEK. 1576; strived WILL. 4099; striveden LEG. 31; ALIS. 2870; strof A. R. 398; CH. C. T. *A* 1038.

strōo, see **strāo.**

strogelin, v., *struggle*, '*colluctor*,' PR. P. 480; strugle [strogle] CH. C. T. *E* 2374.

stroien, v., see **struien.**

strōken, see **strāken.** **strond,** see **strand.**

strong, see **strang.** **strōt,** see **strūt.**

strope, sb., ? *O.N.* storð; *small wood*; bi a strothe rande GAW. 1710.

stroþe², adj.?; qven stroþe men slepe A. P. i. 115.

stroupe, see **strūpe.**

strout, -en, see **strūt, -en.**

strowen, see **strawen.**

strūcion, sb., *Lat.* strūthiō; *ostrich,* A. R. 132*; WICL. LEV. xi. 16.

struien, v., *for* **destruien**; *destroy*; struien JOS. 507; strien A. P. ii. 307, 1768; stroien LANGL. *B* xv. 587; **struieð** (*pres.*) HOM. II. 161.

strumpet, sb., ? *from O.Fr.* strupe, stupre; *strumpet*, '*meretrix*,' PR. P. 481; P. S. 153; strompet TREV. III. 333; LANGL. *C* xv. 42; **strumpetis** (*pl.*) CH. BOET. i. 1 (6).

strūnd, sb., *O.E.* strȳnd; *from* **strēonen**; *generation*; strend PS. xxi. 32; ne boȝ ne strind O. & N. 242; **strūnde** (*dat.*) JUL. 55; of heore strund(e) [*v. r.* streone] LAȜ. 2736; strinde FLOR. 2174; strinds (*pl.*) ALEX. (Sk.) 5104; **strūnden** (*dat. pl.*) A. R. 28*.

strūnde, sb., *stream*; **strūnden** (*pl.*) HOM. I. 187; A. R. 188*; H. M. 35; þi strivande stremeȝ of strindeȝ so moni A. P. iii. 311.

strūpe, sb., *O.N.* strūpi; *throat*; stroupe PR. P. 480; ANGL. I. 83; MAN. (H.) 190.

strūpen, v., *O.E.* (be-)strȳpan, = *M.Du.* stroopen, *O.H.G.* stroufen; *strip,* KATH. 1548; stripe MARG. 238; hem for to stripe [strepe] of harneis and of wede CH. C. T. *A* 1006; **strēpeþ** (*pres.*) AYENB. 105; **strīpe** (*imper.*) L. C. C. 48; **strūpte** (*pret.*) P. L. S. xx. 81; strepte HOM. II. 195; struptest JUL. 63; heo strepten of heore cloþes LEB. JES. 812; **istrūped** (*pple.*) A. R. 148*; istrupt C. L. 431; *comp.* **be-strūpen.**

strūt, sb., = *M.H.G.* strūz; *swelling, contention*; H. S. 3350; C. M. 3461; P. S. 334; he maden mikel strout HAV. 1039; stintst of thi strot A. P. i. 353; strot ne strif 848; a strut [strout] '*turgide*' PR. P. 480; a strout P. S. 336 (P. 55); his eghne stode on strout ISUM. 620.

strūten, v., *cf. M.H.G.* striuzen; *strut; swell out*; stroutin '*turgeo*' PR. P. 480; stroute contend HAV. 1779; **stroutende** (*pple.*) REL. II. 15; **strūted** (*pret.*) AR. & MER. 233; his heer (was) strouted (*pple.*) as a fanne CH. C. T. *A* 3315.

stūbbe, stubbe, sb., *O.E.* stybb, = *M.L.G.* stubbe, *O.N.* stubbi; *stock of a tree,* GAW. 2293; IPOM. 1270; **stubbes** (*pl.*) CH. C. T. *A* 1978; a mong þe stubbe O. & N. 506.

stuble, sb., *O.Fr.* estuble, *cf. M.Du.* stoppel *M.H.G.* stupfel; *stubble* ['*stipula*'] WICL. JOSH. ii. 6; stubble PR. C. 3185; stubbil, stobul PR. P. 481; stouple ROB. 2185.

stubbel-, stobel-goos, sb., *stubble-goose,* CH. C. T. *A* 4351.

stūcche, sb., *O.E.* stycce, = *M.L.G.* stucke, *O.H.G.* stucchi *n.*; *piece, fragment,* '*frustum*,' FRAG. 4; MISC. 64; a sticche of ure brede P. L. S. viii. 96; stecche ANGL. I. 18; **stūcchen** (*pl.*) KATH. 2032; stucchen [sticches] LAȜ. 16703; stechches AYENB. 111.

stūcchen, sb., *small piece,* A. R. 428; **stūcchenes** (*pl.*) A. R. 14; KATH. 2032*.

stude, sb., *O.E.* studu (*destina*), = *M.H.G.* stud (*post*); *stud, button*; stode '*bulla*' VOC. 175; **stodis** (*pl.*) E. W. 46.

stūde, see **stede.**

studie, sb., *O.Fr.* estudie; *study, thought,* P. L. S. xvij. 217; AYENB. 78; WILL. 4056; stodý ALEX. (Sk.) 263.

studien, v., *cf. O.H.G.* (ga-)studian, *O.N.* stýðja; *prop, support; stop*; heo ne studeð [stut] (*pres.*) never ancre wununge A. R. 142;

hwi studgi [studiȝe] ȝe nu KATH. (E.) 1264; ne studgeð ah sturieð MARH. 9; studis ALEX. (Sk.) 2960; ine þise vour virtues ham **studede** (*pret.*) þe iealde filozofes AYENB. 126.

studien², v., *O.Fr.* estudier; *study*; studie P. L. S. xvii. 279; AYENB. 24; stodi ALEX. (Sk.) 2480; **astudieð** (*imper.*) A. R. 200; **studieden** (*pret.*) LANGL. *B* xv. 587.

studul, stodul, sb., = *O.H.G.* studil, *O.N.* stuðill; *support, prop,* '*telarium*,' PR. P. 481.

studel-fast ?, adj., *steadfast*, JUL. 74.

stue, see **stēwe**, **stüve**.

stüf-bæþ, see under **stüve**.

stuff, stuffen, see **stoffe, stoffen**.

stūke, sb., *L.G.* stūke, *prov. Eng., Sc.* stook; *pile of sheaves*; stouke '*arconius*' CATH. 366; his hede is like a stouke TOWNL. 313.

stull, sb., *great piece*: stuffis so ȝour stomake with **stullis** (*pl.*) ALEX. (Sk.) 4436.

stulpe, sb., *cf. ON.* stolpi; *peg, post,* '*paxillus*,' PR. P. 481; **stulpes** (*pl.*) PALL. i. 1054.

stumlen, stumblen, v., = *M.Du.* stomelen; *stumble*, PL. CR. 591; stummelin, stomelin '*caespito*' PR. P. 476, 481; stumble VOC. 143; REL. I. 6; stomble LANGL. *A* ix. 27; **stomble** (*pres.*) REL. II. 211; stomblen CH. C. T. *A* 2613; **stomling** (*pple.*) TOR. 661; **stumbled**, stombled (*pret.*) MAN. (F.) 12435, 13050; stomelid M. ARTH. 115.

stombling, stomling, sb., *stumbling*, ALEX. (Sk.) 2623.

stumpe, sb., = *M.Du.* stompe, *M.L.G.* stump, *M.H.G.* stumpf; *stump, trunk*, PR. P. 481; TOWNL. 308; **stompe** (*dat.*) JOS. 681; EGL. 739; **stumpes** (*pl.*) LIDG. M. P. 30; stompus TRIAM. 1561.

stumpen, v.; *stumble*: þat **stumpeþ** (*pres.*) at þe flesches more O. & N. 1392.

stumren, v., *O.N.* stumra; *stumble*; **stomere** (*pres.*) REL. II. 211.

stunch, sb., = *O.H.G.* stunc; *from* **stinken**; *odour, smell*, HOM. I. 43; A. R. 104; ARCH. LII. 36; **stunche** (*dat.*) MISC. 77.

stúnde, sb., *O.E., O.N.* stund, = *O.Fris.* stunde, stonde, *O.L.G.* stunda, *O.H.G.* stunt, stunta; *moment, hour, time*, KATH. 1269; HORN (L.) 739; ane lutele stunde LAȜ. 3440; sume stunde O. & N. 1353; stund GEN. & EX. 2041; stunt HAMP. PS. li. 5*; stonde ALEX. (Sk.) 2831; oþer stund [= *O.H.G.* andera stunt] ORM. 996; stounde SAINTS (Ld.) xlvi. 605; LANGL. *B* viii. 65; M. ARTH. 114; he þolede mani a biter stounde S. S. (Web.) 849; a longe stounde A. D. 262; **stúnde** (*dat.*) A. R. 190; O. & N. 802; HAV. 2614; stounde A. P. i. 658; help nou in þis stounde K. T. 1076; **stúndum** (*dat. pl.*) *at times* HAMP. PS. xliii. 11*.

stúnd-mēle, adv., *O.E.* stundmælum; *moment by moment*, HICKES I. 168 (HOM. II. 113); stoundemele WILL. 736; stoundmeel WICL. NUM. x. 7; stoundemele CH. TRO. v. 674.

stúnden, v., = *M.L.G.* stunden, *O.Swed.* stunda; *? remain*: no þing he ne stinte ne **stounded** (*pret.*) MAN. (F.) 10902; ðor he stunden (*? for* stundeden) til helpe cam GEN. & EX. 1987.

stountinge, sb., *delay*, D. ARTH. 491.

stunien, v., *stun, astonish*; stoniin '*percello, stupefacio*' PR. P. 476; **stonede** (*pret.*) AUD. 78; stouned GAW. 301; stonaid ALEX. (Sk.) 2589; **stoned** (*pple.*) PARTEN. 2940; stunaid men HAMP. PS. *page* 510; *comp.* **a-stunien**.

stoniing, sb., *astonishment*, WICL. MK. v. 42; stoneinge WICL. 4 KINGS xxii. 19; stoininge PR. P. 477.

stunt, adj., *O.E.* stunt, = *O.N.* stuttr, *M.H.G.* stunz; *obtuse, foolish,* '*stultus*,' FRAG. 1; stunt & dil ORM. 3714.

stunt-lio, adj., *stupid*, HOM. I. 109.

stuntnesse, sb., *O.E.* stuntnyss; *folly*, HOM. I. 117.

stünten, v., *O.E.* (a-)styntan, = *O.N.* stytta; *from* **stunt**; *stint, cease, stop*: þe qvale gon to stunte LAȜ. 31891; stinten ORM. 12844; to stinten al oure strif LIDG. M. P. 95; stintin PR. P. 475; stinte WILL. 1042; LANGL. *B* i. 120; AV. ARTH. xxviii; stinten, stenten CH. C. T. *A* 903, 2732; **stüntep** (*pres.*) C. L. 894; stinteþ MIRC 897; stunt A. R. 202; (hi) stinteþ P. L. S. xxxv. 99; **stünte** (*pret.*) A. D. 247; stinte E. T. 241; er he stinte in eni stede BEK. 1126; stente M. ARTH. 1844; **stünt**, istunt (*pple.*) REL. I. 123; stunt is al mi plawe A. D. 251; *comp.* **a-, æt-stünten**.

stinting, sb., *stoppage*, BARB. vii. 40, xii. 14.

stüpen, v., *O.E.* stūpian, = *O.N.* stūpa, *M.Du.* stuipen; *stoop*, JUL. 72; þat mon ne mæi mid strengðe stupen [stoupe] hine to grunde LAȜ. 25950; stoupin '*inclino*' PR. P. 478; stoupe '*nutare*' REL. I. 6; LANGL. *B* v. 394; B. DISC. 322; over þe table he gon stoupe ALIS. 1103; stope FER. 4065; **stoupeþ** (*pres.*) TREV. II. 185; CH. C. T. *E* 2348; stoupi (*subj.*) AYENB. 151; **stüpede** (*pret.*) MISC. 53; FL. & BL. 697; he stoupede doun H. S. 5615; Iw. 3255.

stür, adj., ? = *M.L.G.* stūr; *rigid, strong*; stour SPEC. 87; H. S. 11473; sture BARB. x. 158, xii. 92; *? cf.* **stör**.

sturdi, adj., *O.Fr.* estourdi, estordi; *sturdy,* '*contumax*,' PR. P. 481; REL. I. 6; stordi [stordi] CH. C. T. *E* 698; stordi ALIS. 1332; GOW. III. 289; stordi, stourdi ROB. 157, 186.

sturdi-li, adv., *sturdily*, BARB. ii. 363.

sturdinesse, sb., *sturdiness,* '*contumacia*,' PR. P. 481; REL. I. 7; CH. C. T. *E* 700.

Stūre, pr. n., *Stour*, P. L. S. viii. 126; Ailmar rod bi Sture [Stoure] HORN (L.) 685 (R. 688); Stoure LAȜ. 2472.

stūren, see **stēoren**.

sturgiūn, sb., *O.Fr.* esturgeon; *sturgeon*, HAV. 753.

stürien.   sucuren.

stürien, v., *O.E.* styrian; *stir, move, excite,* LAȝ. 17403; KATH. 1273; A. R. 130; sturie S. A. L. 159; FER. 876; sture HORN (R.) 1445; stiren ORM. 2810; AR. & MER. 2842; stirin PR. P. 476; stire, stere LANGL. *B* xvii. 54, 220; CH. C. T. *C* 346; sterie AYENB. 173; steren MAND. 22; stere GOW. II. 13; stere strif AUD. 35; **stireð** (*pres.*) REL. I. 209; ne he sake ne sturað HOM. I. 113; he ... sturieð aa mare MARH. 9; sturieð leihtres A. R. 198; **sture** (*imper.*) A. R. 290; ohtliche eou sturieð LAȝ. 15254; **stürinde** (*pple.*) A. R. 152; **sturede** (*pret.*) KATH. 2146; ROB. 17; JOS. 567; sturede his tunge LAȝ. 17434; he stired þe coles CH. C. T. *G* 1278; stureden þa leoden LAȝ. 10717; **stired** (*pple.*) GEN. & EX. 3961; stired ['*motus*'] PS. xii. 15; istured LAȝ. 8118; isturedhidere KATH. 797; *comp.* **a-, an-, bi-, to-stürien.**

stürunge, sb., *O.E.* styrung; *stirring,* HOM. I. 189; stiring [stering] WICL. MAT. viii. 24; steringe P. R. L. P. 251.

stürmen, v., *O.E.* styrman, = *O.N.* styrma, *O.H.G.* sturmen; *from* **storm**; *storm; be stormy; agitate;* **storminge** (*pple.*) CH. BOET. i. 6 (29); **stürmden** (*pret.*) LAȝ. 18327; þa Freinsce weoren **istürmede** (*pple.*) LAȝ. 1670.

stürne, adj., *O.E.* styrne; *stern, severe, austere,* A. R. 268; FL. & BL. 701; MAP 336; ROB. 27; P. S. 153; SPEC. 31; þat feiht was swiðe sturne LAȝ. 2473; he wes ... sturne [sterne] wið þa dusie 6586; þe sturne hit bigripte GAW. 214; stirne ORM. 15514; sterne PR. P. 474; AYENB. 130; B. DISC. 402; sterne and stout DEGR. 105; steorne ALIS. 2390; sterine, sterinne D. ARTH. 157, 735, 3622; **sterinneste** (*superl.*) D. ARTH. 3872; **stürne** [sterne] (*adv.*) O. & N. 112.

sterene-fulle, sterinfulle, adj., *fierce,* D. ARTH. 2692, 3824.

stürn-hēde, sb., *severity,* ROB. 132.

stürn-liche, adv., *O.E.* styrnlīce; *sternly,* LAȝ. 27461; sturneliche ROB. 321; sterneliche LANGL. (Wr.) 5603; sterinli D. ARTH. 745.

sturte, sb., *impetuosity:* be noȝt to sturten with þi sturte ALEX. (Sk.) 3758.

sturten, adj., *impetuous, quarrelsome,* ALEX. (Sk.) 3758; to sterin or to sturtin 4257.

sturten, *see* **sterten.**

stūt, sb., *O.E.* stūt; *midge,* '*culex*,' FRAG. 3; gnattes and **stoutes** (*pl.*) TREV. V. 159.

stuten, v., *O.Fr.* estoutir; *become foolish;* **stotais** (*pres.*) D. ARTH. 1435, 3467, 4271.

stutten, v., = *M.L.G.* stutten, *M.H.G.* stutzen; *cease, stay:* þah monie etsterten us summe schulen stutten JUL. 51; þa ne cuðen ha neaver stutten [*v. r.* stunten] hare cleppen A. R. 72*; stitte P. L. S. xiii. 239; **stutteð** (*pres.*) HOM. I. 267; **stute** (*imper.*) KATH. 1540; **stuttinge** (*pple.*) WICL. IS. xxxii. 4; **stutte**

(*pret.*) JUL. 70; þe stefne stutte MARH. 21; *comp.* **æt-stutten.**

stüve, sb., *O.Fr.* estuve; *hot bath; brothel;* stue, steue (*ms.* stewe) '*stupha, terme*' PR. P. 481; **stuives,** stives, stiues (*ms.* stiwes), steues (*ms.* stewes), stuwes, stues (*pl.*) LANGL. *A* vii. 65, *B* vi. 72, *C* ix. 71; stives CH. C. T. *D* 1332; steues (*ms.* stewes) GOW. III. 291; MAND. 131; stues PL. CR. 631.

stūf-bæþ, sb., *hot bath,* LEECHD. III. 92.

stuwin, stuin, v., *O.Fr.* estuver; *stew, give a hot bath,* '*stupho, balneo*' PR. P. 481.

suāgin, v., *for* **aswāgen**; *assuage,* '*mitigo*,' PR. P. 481; suage PALL. iv. 883; **suāgede** (*pret.*) TREV. V. 285; **suāged** (*pple.*) MAN. (F.) 4570.

subact, adj., *Lat.* subactus; *well worked:* in lande subact PALL. xii. 216; *lying low* TREV. I. 145; *subject* II. 103.

subjeccioun, sb., *subjection, service,* CH. C. T. *B* 270; COMP. M. 32.

sublimatories, sb., pl., *vessels for sublimation,* CH. C. T. *G* 793.

sublimen, v., *Lat.* sublīmāre; *sublimate;* **sublimed** (*pple.*) CH. C. T. *G* 774.

subliming, sb., *sublimation,* CH. C. T. *G* 770.

submitten, v., *Lat.* submittere; *submit;* summitte TREV. III. 125; **submittede** (*pret.*) CH. BOET. i. 4 (19).

subsidie, sb., *? A.Fr.* *subsidie (subside); *subsidy,* CR. K. 36.

substance, sb., *O.Fr.* substance; *substance,* AYENB. 113; CH. C. T. *C* 539.

substanciel, adj., *O.Fr.* substanciel; *substantial,* AYENB. 113.

substantif, sb., *substantive:* adjectif and substantif LANGL. *C* iv. 345, 363.

suburb, sb., *Lat.* suburbium; *suburb,* PR. P. 482; **suburbes** (*pl.*) CH. C. T. *G* 657.

subverten, v., *Lat.* subvertere; *subvert,* WICL. TIT. iii. 11.

sūc, *see* **sēoc.**

succedent, sb., *Lat.* succedens; *follower,* CH. ASTR. ii. 4 (19); (he) maketh to crafte nature a succedent PALL. iii. 1124.

successōr, sb., *O.Fr.* successur; *successor,* TREV. IV. 14; CH. C. T. *E* 138; successoure ALEX. (Sk.) 4286.

such, *see* **swülc.**

suclen, v., = *L.G.* sukeln; *suckle;* **suclid** (*pple.*) WICL. JOB iii. 12.

sucre, sb., *O.Fr.* sucre; *sugar,* AYENB. 83; SPEC. 26; sucre [sugre] CH. C. T. *F* 614; sucre, sugre, suger LANGL. *A* v. 100, *B* v. 122.

sucuren, v., *O.Fr.* succurre; *succour;* socoure WILL. 1186; MAN. (F.) 7469; soucouri AYENB. 186; socori ROB. 399; **sucurede** (*pret.*) MISC. 32.

sucurs, sb., *O.Fr.* sucurs; *succour,* A. R. 244; socurs MAN. (F.) 5166; socours ST. COD. 95; sucur FL. & BL. 674; socour CH. C. T. *B* 664; places of socour [soker] ['*xenodochia*'] TREV. IV. 137.

sudarie, sb., *Lat.* sūdārium; *napkin,* YORK xxxvi. 387; TREV. V. 189.

sudeakne, sb., *O.Fr.* subdiacne; *subdeacon,* SHOR. 50.

sudēn, sb., *subdean*; **sudēnes** (*pl.*) LANGL. *A* ii. 150.

sudūen, v., *O.Fr.* souduire; *subdue*; **sodewed** [sudewid] (*pret.*) TREV. III. 19; **sodūed** [sudued] (*pple.*) TREV. III. 123.

suen, *see* **sēon.**

suet, sb., *cf. O.Fr.* seu; *suet*; suet(e) '*liquamen*' PR. P. 483.

suffisant, adj., *O.Fr.* suffisant, *Lat.* sufficiens; *able, sufficient,* CH. C. T. *B* 243, *C* 932; sufficiant ALEX. (Sk.) 4396; sufficiand BARB. i. 368.

suffise, v., *O.Fr.* soufire; *suffice*; souffise HOCCL. i. 356; **suffice** (*subj.*) ALEX. (Sk.) 3196.

suffrable, adj., *tolerable, merciful,* MAN. (F.) 16513; suffrabil HAMP. PS. cvi. 29*.

suffraunce, sb., *O.Fr.* sufrance; *sufferance, permission, patience,* TREV. V. 135; LANGL. *C* i. 124, *A* iii. 93, *B* xi, 370; suffrance *B* vi. 146; unsittinge suffraunce *C* v. 189.

suffraunt, adj., *patient,* CH. D. BL. 1010.

suffren, v., *O.Fr.* sufrir, soffrir; *suffer,* LANGL. *C* xxii. 68; soffri LA3. 24854*; i **suffre** (*pres.*) LANGL. *A* iv. 1; soffreþ AYENB. 139; **suffride** (*pret.*) LANGL. *C* xiv. 17*; **suffred** (*pple.*) WILL. 1014.

su3e, sb., *O.E.* sugu, = *M.L.G.* suge, soge; *sow*; suwe A. R. 204; zo3e AYENB. 61; soghe TOWNL. 91; sowe LANGL. *B* xi. 333; CH. C. T. *A* 2019; sowe [souwe] WICL. LEV. xi. 7, PROV. xi. 22; sowe [*cf. med.Lat.* sus, scrofa] *a warlike engine* ROB. (W.) 8480; sow BARB. xvii. 597, 621.

suge-þistel, sb., *sow-thistle,* LEECHD. III. 346; southistile PR. P. 466.

suget, adj. & sb., *O.Fr.* subgiet; *subject*: i am simpill sugett of thine YORK xiv. 64; soget WILL. 473; PL. CR. 650; þe citee was lower and sogett to þe temple TREV. I. 111; soget 287; þerh is suget Devenschire ... þe Est-Saxons ... were **sogettis** (*pl.*) to þe bisshop of Londoun TREV. II. 123; subgetz CH. C. T. *E* 482.

sugetten, v., *subject*; **sugettide** (*pret.*) WICL. GEN. xlvii. 20.

sugge, sb., *O.E.* sucge; *name of a bird,* '*curruca,*' PR. P. 483; *comp.* **hei-sugge.**

süggen, *see* **seggen.**

suggestioun, sb., *O.Fr.* suggestioun; *criminal charge,* LANGL. *B* vii. 67; CH. C. T. *B* 3607.

suh3hen, v., = *Dan.* sukke, ? *Swed.* sucka; *sigh, pant,* ORM. 7924; **suggeþ** (*pres.*) ST. COD. 54; **suggeden** (*pret.*) REL. I. 224.

suht, sb., *O.E.* suht, = *O.L.G., O.H.G.* suht, *O.N.* sött; *sickness*; soght C. M. 14157; *comp.* 3alou-, gol-sou3t.

suite, *see* **seute.**

[**sūke** ? sb.; *from* **sūken**; *comp.* huni3-**souke.**]

sūken, v., *O.E.* sūcan, sūgan, = *O.H.G.* sūgan, *O.N.* sūga, *cf. Lat.* sūgere; *suck,* LA3. 13194; souken C. L. 78; 3eeven ... souken ['*lactaverunt*'] WICL. LAM. iv. 3; þou shalt souke ['*suges*'] þe milc IS. lx. 16; souke GREG. 109; LANGL. *B* xi. 116; 3eveþ zouke AYENB. 60; **sūkeð** (*pres.*) H. M. 39; REL. I. 220; souketh PALL. xi. 16; souƙes PR. C. 6767; neddren heore breosten sukeþ MISC. 151; **sūkende** (*pple.*) LA3. 20973; sukinde HOM. I. 5; soukend GOW. I. 268; **sēo** (*pret.*) A. R. 330; sek AR. & MER. 2861; sæc [soc] LA3. 12981; sek S. A. L. 159; sok OCTOV. (W.) 555; P. L. S. iv. 39; S. & C. II. xlvi; þu suke LK. xi. 27; þa titles þæt þu suke [soek] LA3. 5026; soke AR. & MER. 2954; AL. (L.') 1045; soken ALIS. 6119; **soken** (*pple.*) LUD. COV. 28; soke H. S. 6024; isoke TREV. III. 267; *deriv.* **sok.**

[**sukle,** ? sb., *from* **sūken**; *mod.Eng.* (honey-) suckle.]

sokil-blome, sb., ? *honeysuckle*; '*locusta*' VOC. (W. W.) 787.

sukling, sokelinge, sb., *a herb,* '*locusta,*' PR. P. 463.

sūkling, sokling, sb., = *M.H.G.* sūglinc; *suckling*; sokelinge '*sububer*' PR. P. 463.

sulaine, *see* **solain.**

sulc, *see* **swülc.** **sūlf,** *see* **self.**

sul3e, *see* **suluh.**

sūlien, v., *O.E.* sylian, = *O.L.G.* sulian, *M.H.G.* suln; *soil, defile, pollute*; **sūleð** (*pres.*) H. M. 35; sulieþ O. & N. 1240; **isūled** (*pple.*) PL. CR. 752; isuled, isuiled A. R. 158, 396; isulet MARH. 3; *comp.* bi-sülien.

sülle, sb., *O.E.* syll, = *O.N.* sylla, *M.Du.* sulle, *Goth.* sulja; *sill, base, platform,* '*basis,*' FRAG. 5; sille PR. P. 456; **sille** (*dat.*) GAW. 55; selle CH. C. T. *A* 3822.

sūllen, *see* **sellen.** **süllīo,** *see* **sellīo.**

sulpen, v., ? *pollute*; solp ALEX. (Sk.) 4292; **sulpande** (*pple.*) A. P. i. 725; **sulped** (*pret. pple.*) A. P. ii. 15; *comp.* bi-sulpen.

suluh, sb., *O.E.* sulh *f.*; *plough,* A. R. 384; sul3e LA3. 31811; solu3 LEG. 46; solou3 [solowe] TREV. VII. 535; solou VOC. 180; zuol3 AYENB. 242; þritti solh (*pl. carucates*) of londe LA3. 18779; twenti sulhene [sol3ene] lond LA3. 13176; sul3ene [solwene] 18789.

sülver, *see* **silver.**

sum, adj. & pron., *O.E.* sum, = *O.L.G.* sum, *O.N.*

sumr, *O.H.G.* sum, *Goth.* sums ; *some, certain,* '*aliqvis*,' PR. P. 484 ; MAND. 265 ; sum blind man O. & N. 1237 ; sum was king GEN. & EX. 834 ; swilc oþer sum 686 ; er he sum þing þer of wiste P. L. S. xiii. 134 ; sum man ['*homo qvidam*'] WICL. LK. xv. 11 ; HOCCL. i. 261 ; sum time WILL. 780 ; oþer sum *others* C. M. 18967 ; te sea sencte him on his prituŕe sum (*him with thirty others*) JUL. 79 ; sum [som] LAȝ. 12055 ; som CH. C. T. *C* 409 ; som time ROB. 5 ; his fiftend som TRIST. 817 ; **sumes** (*gen. m. n.*) HOM. II. 217 ; ORM. 18702 ; sumes weis A. R. 354 ; summes cunnes LAȝ. 21765 ; sume kunnes FL. & BL. 415 ; sum kin BARB. x. 519 ; **sumen** (*dat. m.*) MAT. xxv. 15 ; sume O. & N. 293 ; et sume time A. R. 48 ; **summere** (*dat. f.*) LAȝ. 16842 ; **sumne** (*acc. m.*) LAȝ. 10139 ; A. R. 28 ; FL. & BL. 318 ; somne (*printed* soume) reed REL. II. 276 ; **sume** (*acc. f.*) A. R. 390 ; **sume** (*pl.*) ORM. 6574 ; sume men HOM. II. 37 ; O. & N. 879 ; A. R. 8 ; summe [some] LANGL. *A* PROL. 20 ; some SHOR. 24 ; hii clupede me samdede king some ROB. (W.) 3415 ; þe angvisses some 7204 ; bigonne to fle some 8171 ; **summen** (*dat. pl.*) LAȝ. 24111.

sum-dēl, adv., *somewhat* ; sumdeill grai BARB. i. 383 ; SAINTS (Ld.) xlv. 168 ; she was som del deef CH. C. T. *A* 446.

sum-tīme, adv., *sometimes,* LANGL. *C* xviii. 99* ; '*aliqvando*' CATH. 371.

sum-whăr, adv., *somewhere,* ORM. 6929 ; sumwher SPEC. 110 ; sumwar P. L. S. xii. 78.

sum-what, pron. & adv., *somewhat,* KATH. 507 ; A. R. 44 ; sumwhat ORM. 958.

sum², conj., *cf. Dan., Swed.* som, *O.N.* sem ; *O.E.* some, same, = *O.H.G.* sama ; *so, as, soever,* C. M. 1149 ; al swa hit sum iwarð LAȝ. 1497 ; swa sum (*for so*) þe godspel kiþeþ ORM. 302 ; whær sum (*wheresoever*) we finden 1827 ; whare sum þai ȝede IW. 30 ; sum (*for* swa sum) i þe telle AMAD. (R.) lxix ; what som evere SHOR. 103 ; what som ever EGL. 56 ; hou som it be IW. 1507.

[**-sum,** suffix, *O.E.* -sum, = *O.L.G., O.H.G.* -sam, *O.N.* -samr, *Goth.* -sams ; *-some* ; *comp.* ang-, bēi-, būh, folȝ-, glad-, hāl-, hand-, hēr-, lāð-, luf-, lust-, not-, nüht-, sib-, wan-, wlat-, wün-sum (-som, -sam).

sumer, sb., *O.E.* sumor, *cf. O.Fris.* sumur, *O.L.G., O.H.G.* sumar, sumer *m.*, *O.N.* sumarr *m.*, sumar *n.* ; *summer,* MAT. xxiv. 32 ; A. R. 20 ; ORM. 11254 ; REL. I. 220 ; sumer [somer] LAȝ. 22250 ; somer CH. C. T. *A* 394 ; M. H. 22 ; **sumeres** (*gen.*) LAȝ. 2861 ; sumeres tide O. & N. 489 ; þe someris dai P. L. S. xxxv. 151 ; **sumere** (*dat.*) FRAG. 2 ; O. & N. 416 ; zomere AYENB. 131 ; *comp.* **mid-sumer.**

somer-dai, sb., = *M.H.G.* sumertac ; *summer-day,* GOW. I. 184.

somer-game, sb., *summer game,* LANGL. *B* v. 413.

sumer-lich, adj., *O.E.* sumorlīc ; *summer-like,* KATH. 1678.

Sumer-sēte, pr. n., *O. E.* Sumorsǣte ; *Somerset,* LAȝ. 21013 ; Somersete ROB. 3 ; Sumersete scire SAX. CHR. 249.

sumer-tīd, sb., = *O.H.G.* sumerzīt ; *summer time,* GEN. & EX. 1224 ; somertide CH. C. T. *F* 142.

somer-time, sb., *O.N.* sumartīmi ; *summer time,* LANGL. *B* xv. 94.

sumer²? adj., *? certain* : in one sumere dale O. & N. 1.

summe, sb., *O.Fr.* somme ; *sum, amount, number,* BEK. 332 (SAINTS (Ld.) xxvii. 386) ; somme AYENB. 260 ; D. ARTH. 448 ; soumme A. P. iii. 509.

summer, *see* **somer.**

summitee, sb., *O.Fr.* sommette ; *summit* ; PALL. iv. 240 ; summite BARB. iii. 706.

sumne, sumnien, *see* **samne, samnien.**

sumpter, *see* **somer.**

sŭnd, sb., *O.E.* = *O.L.G.* (ge-)sund, *O.H.G.* (ge-)sunt ; *sound, healthy,* LAȝ. 15762 ; ORM. 14818 ; FL. & BL. 364 ; REL. I. 210 ; sound HORN (R.) 580 ; CHR. E. 749 ; P. L. S. xii. 109 ; SPEC. 89 ; IW. 2740 ; sauf and sound LANGL. *B* viii. 34 ; sond REL. I. 161 ; **sounde** (*adv.*) OCTAV. (H.) 72 ; *comp.* ȝe-sŭnd.

sŭnd-fullen, v., *O.E.* gesund-fullian ; *be healthy, prosper* ; soundfulle PS. i. 3.

sŭnd², sb., *O.E.* sund, = *O.N.* sund ; *? for* swund ; *sound (of the sea), strait, frith,* LAȝ. 21326 ; C. M. 621 ; sound HORN (R.) 628 ; PR. P. 466.

sŭnde, sb.,;*cf. O.Fris.* sunde, *O.H.G.* (gi-)suntī ; *health* ; mid sunte LAȝ. 4967 ; wiþ sounde LAI LE FR. 86 ; JOS. 675 ; in sounde GAW. 2489 ; *comp.* ȝe-sŭnde.

sunder, adj. & adv., *O.E.* sundor, = *O.L.G.* sundor, sundar, *O.N.* sundr, *O.H.G.* suntar ; *separately* ; **in sonder** [= *O.N.* I sundr, *O.H. G.* in suntar] *in sunder* PR. C. 1787 ; EGL. 389 ; in sondir TRIAM. 200 ; in sinder P. P. 216 ; on sunder *asunder* ['*seorsum*'] MAT. xvii. 1 ; on sunder, o sunder GEN. & EX. 116, 3909 ; a sundir H. S. 1671 ; a sonder CH. C. T. *A* 491 ; on sundren [*O.E.* on sundran, sundrum, = *O.L.G.* an sundron] MAT. xvi. 22 ; a sundren ['*saorsum*'] MK. iv. 34.

sunder-blēo, sb., *divers colour* ; **sunder-blēs** (*gen.*) GEN. & EX. 1729.

sunder-hälȝe, sb., *O. E.* sundorhālga ; *pharisee,* HOM. I. 245.

sŭnder-lĭch, adj., *O.E.* synderlīc, = *O.H.G.* sunterlīch ; *separate, divers, particular* ; sunderliche þinges A. R. 14 ; **sünderliche** (*adv.*) H. M. 3 ; sinderliche C. L. 1508.

sunderlinge, adv., = *O. Fris.* sunderlinge ;

separately: to uch one sunderling he 3af a dole C. L. 290.
sunder-lĭpe, -lĭpes, adv., ? *O.E.* sundorlēpe, -lēpes, = *O.Fris.* sunderlēpis ; *separately, particularly,* HOM. I. 11, 137 ; sunderlepes 261 ; A. R. 90* ; sunderlupes HOM. II. 5 ; A. P. iii. 12 ; sonderlipes MAN. (F.) 3879.
sunder-rēd, sb., *divers counsel,* GEN. & EX. 3808.
sunder-rūne, sb., *private conversation, particular counsel,* LA3. 31414 ; HOM. II. 29 ; sunderrun ORM. 16978 ; GEN. & EX. 991.
sunder², sb., *O.E.* suner (LIND. MT. viii. 30) ; *herd of swine,* GAW. 1440.
sundren, v., *O.E.* sundrian, syndrian, = *O.N.* sundra, *O.H.G.* suntarōn ; *sunder, separate,* GEN. & EX. 468 ; sundren god from uvele A. R. 270 ; nan ne mei sundren fram oðer KATH. 1794 ; sondre PR. C. 4789 ; **sundreð** (*pres.*) H. M. 23 ; sundren REL. I. 224 ; **sundrede** (*pret.*) A. R. 414 ; sundride WICL. DEUT. xxxii. 8* ; **sundred** (*pple.*) GAW. 659 ; *comp.* 3e-sundren.
sundring, sb., = *M.H.G.* sunderunge ; *sundering,* GEN. & EX. 458.
sundri, sŭndri, adj., *O.E.* syndrig, = *O.N.* sundrugr, *O.H.G.* suntrig ; *sundry, separate, diverse,* GEN. & EX. 1985 ; sundri, sindri LA3. 2688, 11832 ; sondri GOW. II. 261 ; CH. C. T. B 181.
sune, sb., *O.E.* sunu, = *O.L.G.* sunu, *O.Fris.* sunu, sune, sun, *O.H.G.* sunu, sun, *O.N.* sunr, sonr, *Goth.* sunus ; *son,* A. R. 26 ; ORM. 494 ; GEN. & EX. 46 ; MISC. 29 ; sune, suna MAT. i. 20, ii. 15 ; suna LEECHD. III. 82 ; sune [sone] LA3. 246 ; sune HAV. 660 ; SHOR. 132 ; WICL. JOHN xvii. 1 ; CH. C. T. A 79 ; **sune** [*O.E.* suna] (*gen.*) MAT. xxiv. 27 ; HOM. I. 123 ; JUL. 48 ; MISC. 191 ; sune [sones] LA3. 9630 ; sunes MAT. xxii. 2 ; MARH. 2 ; GEN. & EX. 1984 ; sone ROB. 479 ; **sune** (*dat.*) HOM. I. 41 ; sune [sone] LA3. 309 ; **sune** [*O.E.* suna] (*pl.*) HOM. I. 55 ; sunan SAX. CHR. 248 ; sunen A. R. 270 ; sunen [sones] LA3. 2541 ; sunes, sunas MAT. xx. 21, xxi. 28 ; sunes ORM. 488 ; HOM. I. 225 ; sunes, sunen GEN. & EX. 540, 2175 ; sone, sones L. H. R. 18, 20 ; **sune** (*gen. pl.*) MAT. xxvii. 56 ; **sunan** (*dat. pl.*) LA3. 2538 ; *comp.* god-, mōder-, stēop-sune.
sŭnegen, v., *O.E.* syngian, = *M.L.G.* sundigen ; *sin,* A. R. 56 ; sune3an HOM. I. 103 ; singen GEN. & EX. 172 ; MIRC 1073 ; sunegie MISC. 78 ; sunegi LEG. 154 ; sunge 178 ; sene3i SHOR. 32 ; zene3i AYENB. 20 ; sinewi P. L. S. xvii. 450 ; **sŭne3eð** (*pres.*) HOM. I. 153 ; sin3heþ ORM. 3970 ; sungeþ, singeþ, singeþ, sinneþ LANGL. A ix. 17, B viii. 22, C xi. 23 ; we sunegieð HOM. I. 17 ; **sŭnge** (*imper.*) H. V. 110 ; **sŭnegie** (*subj.*) A. R. 58 ; sunegi O. & N. 928 ; **sŭne3ede** (*pret.*) P. L. S. viii. 142* ; sunegede JUL. 60 ; sinied P. L. S. iii.

24 ; þu sungedest HOM. I. 9 ; sunegeden MISC. 68 ; sungeden C. L. 1381 ; singeden P. R. L. P. 243 ; *comp.* for-, 3e-sŭne3en.
sene3ere, sb., *sinner,* AYENB. 113.
sŭnegild, sb., *female sinner,* H. M. 43.
sŭnegunge, sb., *sinning,* A. R. 52 ; suneginge MISC. 141.
sunien, v., *see* schunien.
sunne, sb., *O.E.* sunne, = *O.L.G.* sunna, sunne, *O.N.,* *O.H.G.* sunna, *Goth.* sunnō ; *sun,* MARH. 9 ; A. R. 140 ; ORM. 7273 ; GEN. & EX. 132 ; WILL. 3073 ; ALIS. 639 ; AV. ARTH. lxv ; LUD. COV. 21 ; sunne, sonne [sonne] LA3. 7239, 8122 ; sunna LEECHD. III. 98 ; sonne SAINTS (Ld.) xlvi. 436 ; C. L. 101 ; CH. C. T. A 7 ; **sunnen** (*gen.*) **dai** (*Sunday*) M. H. 5 ; sun(n)en dei A. R. 412 ; sun(n)en da3 ORM. 4360 ; sunnen, sunne dei HOM. I. 139 ; sonnen dai ROB. 495 ; sun(n)en niht A. R. 22 ; after sunna upgange LEECHD. III. 98 ; þe sunne hete HOM. II. 151 ; ase is þe sunne gleam A. R. 94 ; it malt at ðe sunne sine (*sunshine*) GEN. & EX. 3337 ; on one sun(n)e ni3te MISC. 162 ; þe sunne upriste HORN. (L.) 1436 ; **sunnen** (*dat.*) LK. xxi. 25 ; under sunnan LA3. 108 ; under þere sunnen 24982 ; under sunne A. R. 250 ; MARH. 15.
sunne-bēm, sb., *O.E.* sunnebēam ; *sunbeam,* ORM. 7278 ; sunnebem HAV. 592 ; sonnebem SPEC. 33 ; zonnebiam AYENB. 108.
sŭnne, sb., *O.E.* synn, sinn, senn, *O.N.* synd, *O.L.G.* sundia, sundea, *O.H.G.* sunta ; *sin,* KATH. 1177 ; A. R. 10 ; H. M. 35 ; sunne, sinne C. L. 232 ; sinne ORM. 816 ; GEN. & EX. 182 ; HAV. 536 ; MIRC 71 ; LANGL. B i. 147 ; MAND. 249 ; senne MAT. xii. 31 ; MISC. 28 ; SHOR. 32 ; senne AYENB. 16 ; **sŭnne** (*pl.*) HOM. I. 33 ; O. & N. 1395 ; sinne C. L. 828 ; sinne, senne, sinnen MAT. ix. 6 ; MK. ii. 5 ; LK. v. 20 ; sinne, senne, sinnen, sennen, sinnes HOM. II. 5, 11, 69, 73 ; FRAG. 8 ; sunne, sinnes L. H. R. 30 ; sunnen (*r. w.* wunne) LA3. 24116 ; sunnen MARH. 20 ; A. R. 144 ; REL. II. 276 ; **sŭnna** (*gen. pl.*) HOM. I. 37 ; HOM. I. 29 ; **sŭnnen** (*dat. pl.*) O. & N. 858 ; sunnan, sunne HOM. I. 35, 127 ; sinnen MAT. i. 21 ; HOM. II. 87 ; *comp.* hēaved-sŭnne.
sŭn-bōte, sb., *expiation of sin,* HOM. I. 51 ; sinbote HOM. II. 83.
sŭn-ful, adj., *O.E.* syn-, synnfull ; *sinful,* A. R. 56 ; R. S. ii ; ALIS. 4627 ; sinful ORM. 12048.
sinful-līke, adv., *sinfully,* ORM. 16155.
sinful-hēd, sb., *sinfulness,* GEN. & EX. 180 ; sunfolhēde S. A. L. 50.
sinfulnesse, sb., *sinfulness,* PR. P. 456.
sinne-lēas, adj., *O.E.* synlēas ; *sinless,* JOHN viii. 7 ; sinnelæs ORM. 5742 ; senneles SHOR. 3.

sünni, adj., *O.E.* synnig ; *sinful* ; sinni PARTEN. 5218.

sūpen, v., *O.E.* sūpan,=*M.L.G.* sūpen, *O.N.* sūpa, *O.H.G.* sūfan ; *sup, drink up, suck up, sop* ; soupen LANGL. *B* ii. 96 ; me wille soupen win ST. COD. 100 ; soupe P. S. 334 ; soupe '*sorbeo*' PR. P. 466 ; **sōp** (*pret.*) ANGL. I. 314 ; soop up ['*absorbuit*'] WICL. APOC. xii. 16 ; **sopen** (*pple.*) WICL. PS. cxxiii. 4 ; *deriv.* **sope, soppe.**

superfluitē, sb., *O.Fr.* superfluité ; *superfluity,* ALEX. (Sk.) 4277.

supowell, sb., *extraneous aid,* ALEX. (Sk.) 4300 ; suppowale BARB. xvi. 139.

supowellen, v., *support* ; suppowelle D. ARTH. 2818.

supplement, sb., *Lat.* supplēmentum ; *patch,* WICL. MK. ii. 21.

supplīen, v., *supplicate* ; supplíed (*pret.*) ALEX. (Sk.) 163.

suppōsen, v., *O.Fr.* supposer ; *suppose* ; suppose CH. C. T. *D* 786 ; PR. C. 3776.

suppōsinge, sb., *supposition,* CH. C. T. *E* 1041.

suppriour, sb., *sub-prior,* LANGL. *C* vii. 153.

suprīsen, v., *from O.Fr.* surpris-, surprendre ; *take by surprise* ; suprise ALEX. (Sk.) 2390 ; suppriss BARB. vi. 37 ; **supprīsed** (*pple.*) D. ARTH. 2616 ; supprisside 1420 ; supprised R. R. 3235 ; supprisit BARB. xviii. 426.

sūr, adj., *O.E.* sūr,=*M.L.G.* sūr, *O.N.* sūrr, *O.H.G.* sūr ; *sour,* HOM. I. 129: ORM. 15208 ; O. & N. 866 ; MISC. 77 ; sour SPEC. 114 ; a soure lof LANGL. *B* xiii. 48 ; **sūrre** (*compar.*) A. R. 114 ; **sūre** (*adv.*) O. & N. 1082 ; *deriv.* **sūren.**

sūr-dāgh, sb.,=*M.H.G.* sūrteic ; '*fermentum,*' *sour dough, leaven,* VOC. 201 ; sourdoużz WICL. MAT. xiii. 33.

sūr, *see* **seūr.**

sūrance, sb., *for* **assūrance** ; *assurance* ; surrauns D. ARTH. 1381.

surcharge, sb., *Fr.* surcharge ; *additional load,* BARB. xvi. 458.

surcote, sb., *O.Fr.* surcote ; *surcoat,* CH. C. T. *A* 617 ; surcott(e) D. ARTH. 2434, 3252.

[**sūre,** sb., *O.E.* sūre,=*O.H.G.* sūre, *O.N.* sūra (*acid*) ; *comp.* **wode-sūre.**]

sūren, v., *O.E.* sūrian,=*O.H.G.* sūren ; *turn sour* ; sourin '*acesco*' PR. P. 466 ; **sourep** (*pres.*) AYENB. 205 ; sourid (*pple.*) WICL. MAT. xiii. 33.

sūren, v., *for* **assūren** ; *promise* ; sūred [ensurid] (*pple.*) ALEX. (Sk.) 2633.

sūretē, sb., *O.Fr.* seureté ; *careless confidence,* CH. AN. 215.

surfēt, sb., *O.Fr.* surfait ; *surfeit,* '*excessus*' PR. P. 484 ; LANGL. *A* v. 210 ; surfeet TREV. IV. 329.

surgerie, sb., *O.Fr.* cirurgie (?*cirurgerie) ; *surgery,* CH. C. T. *A* 413 ; surgerie [surgenrie] LANGL. *B* xvi. 106.

surgien, *see* **cirurgian.**

surmīsen, v., *blame* ; **surmísing** (*pple.*) TREV. VIII. 526.

surmounten, v., *O.Fr.* sur-, sour-, sormonter ; *surmount* ; sourmounten CH. BOET. iii. 7 (80) ; **surmontes** (*pres.*) ALEX. (Sk.) 4449 ; surmountid (*pret.*) 2361.

surnoun, sb., *O.Fr.* sur-, sornom ; *surname* ; sournoun CHR. E. 982 ; surname TREV. III. 265 ; sorname LANGL. *C* iv. 369.

surplīs, sb., *O.Fr.* sur-, sorpliz, -peliz ; *surplice,* '*superpellicium,*' VOC. 231 ; CH. C. T. *A* 3323 ; surplice PR. P. 485 ; **surples** (*pl.*) ALEX. (Sk.) 1550.

surqviderie, sb., *O.Fr.* surqviderie (*présomption) ; *presumption,* A. R. 56 ; surqvidrie CH. C. T. *I* 403 ; surqvidri, surqvitri ALEX. (Sk.) 4293, 4254 ; surqvidre GAW. 2457 ; sorqvidrize A. P. i. 309 ; succudri BARB. xi. 11, xvi. 327 ; sukudri BARB. xi. 11*.

surqvidour, sb., *proud man* ; **sorqvidours** (*pl.*) LANGL. xx. 341.

surtraien, v., *strain* ; surtrai PALL. iii. 1097.

surtraiten?, v., *withdraw* ; **surtreet** (*imper.*) PALL. iv. 460.

surveiance, sb., *inspection,* CH. C. T. *C* 95.

[**surveien,** v., *A.Fr.* surveer ; *survey, oversee.*]

surveior, sb., *surveyor,* E. W. 54.

sus, adv., ?=*O.L.G., O.H.G.* sus ; *thus:* þo þe sus (?*for* þus) biggeð and sulleð HOM. II. 215.

suspeciōn, sb., *O.Fr.* souspection ; *suspicion, expectation,* MAN. (F.) 2905 ; LANGL. *C* xviii. 315 ; suspecioun CH. C. T. *D* 306 ; suspectioun TREV. III. 117.

suspect, adj., *O.Fr.* suspect ; *open to suspicion,* CH. C. T. *E* 905.

suspenden, v., *O.Fr.* suspendre ; *suspend* ; **suspendede** (*pret.*) ROB. 563 ; **sospendiez** (*pres.*) SAINTS (Ld.) xxvii. 856.

sustenance, sb., *O.Fr.* soustenance ; *sustenance,* P. L. S. xvi. 70 ; sustenaunce P. S. 340 ; SHOR. 90 ; sustinance ALEX. (Sk.) 4269.

sustēne, v., *O.Fr.* sus-, sous-, sostenir ; *sustain,* ROB. 108 ; sustene-, -teine LANGL. *B* ix. 108 ; susteene CH. C. T. *B* 160 ; sostieni AYENB. 56 ; **sousteined** (*pret.*) ROB. (W.) 2386.

susteininge, sb., *support, sustenance,* TREV. II. 219.

süster, sb., *O.E.* sweostor, swustor,=*O.Fris.* swester, suster, *O.N.* systir, *O.L.G., O.H.G.* svester, *Goth.* swistar, *Russ.* сестра, *Lat.* soror ; *sister,* H. M. 17 ; WILL. 2643 ; MIRC 831 ; suster LANGL. *A* iii. 54 ; sustre *B* iii. 63 ; CH. C. T. *A* 871 ; E. G. 9 ; suster [soster

LAȝ. 25534; C. L. 358; soster P. L. S. xiii. 144; P. S. 205; zoster AYENB. 89; sister GEN. & EX. 766; PR. P. 457; **suster** [soster] (*gen.*) LAȝ. 3813; þere qvene suster sunen 3757; **swüstre** [*O.E.* sweostor] (*pl.*) MAT. xiii. 56; sustre HOM. I. 7; sustren A. R. 2; C. L. 462; MAND. 102; sustren [sostres] LAȝ. 3032; sustres ORM. 6382; *comp.* half-, stēop-süster.

süster-sone, sb., = *M.H.G.* swestersun; (? suster sone) ROB. 37; we are **sistersones** (*pl.*) PERC. 1441.

sūtare, sb., *O.N.* sūtari, = *O.H.G.* sūtāri; *bootmaker*, A. R. 324; soutere PL. CR. 752; E. G. 358; soutare '*sutor*' PR. P. 466; **souteres** (*gen.*) AYENB. 66; a souter son TREV. VII. 135.

souteresse, sb., *female shoe-dealer*, LANGL. *B* v. 315.

sutel, adj., *O.E.* sweotol, swutol, sutol; *manifest, evident*, KATH. 381; A. R. 154; ORM. 18862; sutel [sotel] LAȝ. 1519; sotel SPEC. 23; swutel MK. vi. 14.

sutel-līche, adv., *O.E.* sweotollīce; *plainly*, HOM. I. 41; KATH. 1340.

sutelin, v., *O.E.* sweotulian; *manifest, make evident*, JUL. 18; **soteleþ** (*pres.*) SPEC. 23; **sutelie** (*subj.*) A. R. 154; **sutelede** (*pret.*) KATH. 1036; *comp.* ȝe-sutelien.

sutelte͞e, sb., *O.Fr.* sotilleté; *subtilty, skill, ingenious contrivance*, PR. C. 5903; subtilte CH. C. T. *G* 844; sotelte L. C. C. 5; C. B. 68, 69; sotilte TREV. I. 231; sutelte BARB. iii. 611; sutell BARB. xix. 32.

suti (**p͞suti**), adj., *sooty, foul*, A. R. 228; H. M. 35; mi saule þet is suti HOM. I. 185; hu swart þing ant hu suti is sunne MARH. 15; sutti OCTAV. (H.) 885.

sutil, adj., *O.Fr.* soutil; *subtle*; sotil AYENB. 24; LANGL. *B* xv. 12; sotil [soutil, subtil] CH. C. T. *A* 2049; sotel [sotil] TREV. III. 369.

sotel-(l)iche, adv., *cleverly, skilfully*, TREV. IV. 141, 391; suttili YORK viii. 77.

sutilen, v., *make subtle; reason subtly*; **sutils** (*pres.*) HAMP. PS. ii. 2*; suteleþ LANGL. *C* xxii. 459; **sotelide** (*pret.*) xxi. 336.

sūð, sb. & adv., *O.E.* sūð, = *O.H.G.* sund, *O.N.* sunnr; *south*, GEN. & EX. 829; REL. I. 211; Merlin ferde riht suð [suþ] LAȝ. 18898; suþ ORM. 12125; MISC. 96; suth, south HAV. 434, 1255; wheþer i be souþ oþer west SPEC. 59; south '*auster*' PR. P. 466; þet zouþ AYENB. 124.

sūþ-dāle, sb., *O.E.* sūðdǣl; *south part*, ORM. 16418.

sūð-ende, sb., *south quarter*, LAȝ. 3372.

Sūþ-folk, pr. n., *O.E.* Sūðfolc; *Suffolk*, MISC. 146; Souþfolk P. L. S. xiii. 64.

sūð-ȝæt [sūþ-ȝeat], sb., *south gate*, LAȝ. 27932.

suð-half, sb., *O.E.* sūðhealf; *south quarter*, LAȝ. 15937; souþhalf LEG. 192.

Sūð-hǎmtūn, pr. n., *Southampton*, LAȝ. 19917.

sūð-lond, sb., *O.E.* sūðland; *southern land*, LAȝ. 2111.

Sūð-sæxe, pr. n., *O.E.* Sūðseaxe; *Sussex*, LAȝ. 15368; Suþsexe MISC. 146; Souþsex P. L. S. xiii. 51.

souþ-sīde, sb., *south side*, TREV. V. 297; MAND. 73.

sūð-ward, adv., *O.E.* sūðweard; *southward*, LAȝ. 20193; souþward ROB 113.

South-werk, pr. n., *Southwark*, CH. C. T. *A* 20.

souþ-western, adj., *south-western*: þe souþwesterne wind LANGL. *A* v. 14.

sūþ, see **swīð**.

sūðe, adj., *O.E.* sūða (*dat.* sūðan); *south*: bi suðen (*ms.* suððen) [suþe] LAȝ. 30214; bi souþe AR. & MER. 3117; bi souþe þe boru HAV. 2828.

sūðen, adv., *O.E.* sūðan, = *O.N.* sunnan (*ab austro*), *O.H.G.* sundan (*meridies*); *from the south*, GEN. & EX. 1167.

sūðen-wind, sb., *south wind*, GEN. & EX. 3084; southenwind PS. lxxvii. 26; **souþinwindes** (*pl.*) M. T. 128.

[**sūðer**, sb., *O.N.* suðr, = *O.H.G.* sundar (*south, south wind*).]

Souþer-ēie, pr. n., *O.E.* Sūðrīge; *Surrey*, P. L. S. xiii. 53.

[**sūþer²**, adj., = *M.L.G.* süder (*southern*).]

sūþer-wude sb., (? for sūþerne wude), '*abrotonum*,' FRAG. 3.

sūðerne, adj., *O.E.* sūðerne, = *M.H.G.* sundern; *southern*, LAȝ. 32038; a souþerne wind BRD. 22; southerne wode [*O.E.* sūðerne wudu] *southernwood*, '*abrotonum*' PR. P. 467.

sūððen, see **siþþen**.

suvel, sb., *O.E.* sufol, sufl, = *O.N.* sufl, *prov. Eng.* (*Pem.*) sowli; *savoury food*, P. L. S. viii. 23; A. R. 192; sovel LANGL. *C* ix. 286; saulee ['*edulium*'] *B* xvi. 11; (*ms* sowel, *r. w.* covel) HAV. 767; souel (? *ms.* sowel) ['*pulmentum*'] WICL. GEN. xxvii. 4; souel (*printed* sonel) WICL. S. W. I. 63; sowlle TOWNL. 87; sowel '*edulium*' VOC. (W. W.) 579.

suwe, see **suȝe**. **suwen**, see **sewen**.

sūwien, see **swīȝien**. **svá**, see **swá**.

swá, adv., *O. E.* swa (? swā), swǣ, swe (? swē), se (? sē), = *O.N.* svā, svo, so, su, *Goth.* swa (οὕτως), swē (ὡς), *O.L.G., O.H.G.* sō; *so, as*, PERC. 1463; PR. C. 28; swa [so] strong LAȝ. 600; a swa hende gome 3812; swa [so] sone swa [so] heo mihten 25645; wha swa [se] *whoever* 4841; wer swa [so] heo wolleð 479; hu swa his riche men ræden him wolden 30227; swo 2348; swe he dude

swá.   **swăr.**   593

29805; sa [so] me scal lacnien his leomes 19500; swa hwet swa *whatsoever* HOM. I. 111; swa se hi mihten 235; hwen se *whensoever* 85; swa, se H. M. 5, 7; ORM. 63, 6450; swa wraŕe workes KATH. 173; swa as *so as* 1055; so kene 181; se wide se þe lond was 49; se lengre se mare 1720; swa þat heo ches him MARH. 2; so lengre so leovere IBID.; sone so heo icumen wes 4; riht swo [so] hi weren ipeint mid wode O. & N. 76; þah þu iseo þe steorre al swa (*r. w.* mo) 1329; so sone so þu sittest a brode 518; sva, sa M. H. 5, 38; swo wel swo ANGL. I. 11; for to friĉen hise geste swo GEN. & EX. 1070; so fagen so fueles arn 15; swo P. S. 150; swo we mowe sigge MISC. 28; wo so hath beleave IBID.; zvo (*ms.* zuo) AYENB. 14; so C. L. 104; SHOR. 3; LANGL. *A* PROL. 10; so hit al iwearþ FRAG. 8; so so *so that* FRAG. 1; hwo so 7; so sone so A. R. 374; hwam so he luveð 184; hu woc so hit ever beo 138; o hwuche wise se heo ever wule 8; hwon se ʒe ever willeð 412; se lengre se betere 8; ʒo whit so eni lilie flour HORN (R.) 15; so þat ... inome hi were at te laste BEK. 6; so god a mon SPEC. 74; to þe simple so as to þe riche WILL. 338; whit so feþer of swon K. T. 12; what so him list CH. C. T. *D* 1291; sa ALEX. (Sk.) 146, 269; sa gates *in such a manner* YORK x. 30; sa gat BARB. vii. 368*.

swac, adj., = *M.L.G.* swak, *M.H.G.* swach; *weak,* GEN. & EX. 1528; *comp.* un-**swac**.

swǣlen, v., *O. E.* swǣlan, ? = *O. N.* svǣla (*smoke*); *sweal, burn*; swele BER. 2349; **swēlde** (*pret.*) LAʒ. 25594; **iswēled** (*part.*) ['*ustulatum*'] TREV. VIII. 143; *comp.* for-**swǣlen**.

swēt, *see* **swāt**.

swēten, v., *O.E.* swǣtan, = *M.L.G.* swēten, *O.N.* sveita, *M.H.G.* sweizen; *from* **swāt**; *sweat, perspire*; sweten LAʒ. 19797; sweten A. R. 362; sveten SPEC. 70; swete O. & N. 1716; swete HORN (L.) 1407; SAINTS (Ld.) xlvi. 596; swete [sweete] CH. C. T. *G* 522; **swĕt** (*pres.*) A. R. 360; **swĕtte** (*pret.*) A. R. 110; swette MAND. 96; CH. C. T. *G* 560; swatte FER. 5753; WICL. ECCLES. ii. 19; *comp.* bi-**swēten**.

swēting, sb., *sweating,* LAʒ. 17763.

swaif, sb., = *O.H.G.* sveib; *from* **swīven**; *blow*: þe swaif of þe sworde A. P. ii. 1268; swaife ALEX. (Sk.) 806.

swain, *see* **swān**.

swaiven, v., *O.E.* swǣfan, *cf. O.H.G.* sveibōn; *go swiftly*; **swaives** (*pres.*) to þe see boþem A. P. iii. 253.

swále, sb., *? O.N.* svöl (*pl.* svalar) (*covered walk*); *shed, awning, 'umbra, umbraculum,*' PR. P. 481; M. T. 43.

swálen, v.; *burn up, dry up*: heo heom letten swalen inne swærte fure LAʒ. 10188; **swáleð**

(*pres.*) heore bures 6147; þei **swáliden** ['*aestuaverunt*'] (*pret.*) WICL. MAT. xiii. 6.

swalewe, sb., *O.E.* swealewe, swealwe, = *M.Du.* swaluwe, *O.H.G.* swalawa, swaluwa, swalewa, *O.N.* svala; *swallow,* ALIS. 3787; swaluwe S. A. L. 158; swalowe PR. P. 481; swalwe CH. C. T. *A* 3258; swalu TRIST. 1366; swalo VOC. 188; swolwe FER. 4232.

swalʒ, sb., = *M.L.G.* swalg, swalch *m.*; *from* **swelʒen**; *whirlpool*; swalgh D. TROY 13299.

swalm, sb., *swelling*; (*v. r.* swel) A. R. 274*; svalm *? suffering, ? swoon,* C. M. 20758.

swalmen, v., *swell*: soche a sweme his harte can swalme FLOR. 770.

swalterin, v., *faint, 'ex(h)alo, sincopizo,*' PR. P. 481.

swalu, swalwe, *see* **swalewe**.

swalwen, *see* **swelʒen**.

swan, sb., *O.E.* swan, = *M.H.G.* swan, *O.N.* svanr; *swan,* CH. C. T. *A* 206; B. DISC. 1367; swon SPEC. 28; **swanes** (*pl.*) ALEX. (Sk.) 4276.

swān, swein, sb., *O.E.* swān, *O.N.* sveinn, = *O.H.G.* svein; *swain, countryman, young man*; swon PALL. iii. 1086; swein SAX. CHR. 257; swein HAV. 273; P. S. 189; GREG. 684; swein, swain LAʒ. 3505, 3530; CH. C. T. *A* 4027; swain S. S. (Wr.) 2131; OCTAV. (H.) 1241; **sweine** (*dat.*) LAʒ. 3576; **sweines** (*pl.*) ROB. 53; þreo cnihtes & heore sweines LAʒ. 18128; sweinen (*dat. pl.*) LAʒ. 22776.

swange, sb., *O.N.* svangi; *loins,* GAW. 138; D. ARTH. 1129.

swăp, sb., *O.E.* swāp, = *O.N.* sveipr, *? M.H.G.* sweif; *swoop, stroke,* TOWNL. 206; LUD. COV. 8; swap, sweip PR. P. 482; **swappe** (*dat.*) CH. H. F. 543; sqwappe ANT. ARTH. xlii.

swāpen, v., *O.E.* swāpan (*pret.* sweōp), = *O.N.* sveipa (*pret.* sveip), *M.H.G.* sweifen (*pret.* swief); *swoop; sweep*; swopen R. S. v (MISC. 176); swope [swoope] þe floor CH. C. T. *G* 936 (Wr. 12864); zvope AYENB. 109; **swōpeð** (*pres.*) A. R. 314; **swōpeþ** (*imper.*) P. L. S. xv. 184; **swēp** (*pret.*) RICH. 6929; swaines ful swiþe swepen þer til A. P. ii. 1509; **swōpen** (*pple.*) HOM. II. 87; swopen TRIST. 2193; isvope ROB. 338; *comp.* bi-**swāpen**.

swappen, v., *from* **swăp**; *cf. O.N.* sveipa (*pret.* sveipta), *? M.H.G.* sweifen (*pret.* sweifte); *strike; move quickly*: his heed of for to swappe CH. C. T. *E* 586; **swappes** (*pres.*) D. ARTH. 4244; **swapte** (*pret.*) L. H. R. 142; Beofs to him swapte LAʒ. 26775*; he swapte his hed undir the watir GEST. R. 3; sweppede D. ARTH. 1795; **swapped** (*pple.*) WILL. 3609.

swăr, adj., *O.E.* swǣr, swǣr, = *O.L.G.* svār, *O.N.* svārr, *O.H.G.* svār, *O.Fris.* swēr, Goth. swērs (ἔντιμος); *heavy, sore,* FLOR. 90; GAW. 138; for sware ungriþ ORM. 16280; **swēre** (*adv.*) JUL. 46.

Q q

594 swār.   swelȝ.

swērnes, sb., O.E. swǣrnyss; *sadness*, APOL. 107.
swarde, sb., O.E. sweard, cf. O.Fris., M.Du. swarde, M.H.G. swarte f., O.N. svörðr m.; *sward, skin,* 'cespis, coriana' PR. P. 482; swarthe (dat.) D. ARTH. 1466.
[swáre, sb., *one who takes an oath; comp.* mǎn-sware.]
swáre², sb., O.E. (and-, āð-)swaru, = O.N. svara; *oath*, A. R. 344; HOM. II. 163; false sware HOM. II. 259; sware LAȝ. 10893*; P. S. 247; LEG. 35; sware [? O.N. svar] *response, answer*, ORM. 2422; comp. and-, mis-sware.
swáren, v., O.E. (and-)swarian, = O.N. svara; *answer, respond,* ORM. 8938; swáred (pret.) GAW. 2011.
swarm, sb., O.E. swearm, = M.H.G. swarm, O.N. svarmr (*swarm, tumult*); *swarm,* 'examen,' VOC. 223; PR. P. 482; swarm of bees CH. C. T. B 4582; his breste is bored wiþ deþes swarmes (pl.) L. H. R. 135.
swarmin, v., = M.Du. swermen; *swarm,* 'examino,' PR. P. 482; swarmen RICH. 5751; swarmen [swermen] CH. C. T. D 1693.
swart, adj., O.E. sweart, = O.Fris., O.L.G. svart, O.N. svartr, Goth. swarts, O.H.G. svarz, swarz; *swart, black,* MARH. 15; GEN. & EX. 286; swart P. L. S. xvii. 354; RICH. 465; L. H. R. 223; DREAM 1864; svart ROB. 490; þe swarte pich MISC. 149; swarte (dat. m.) LAȝ. 28053; swarture (comp.) A. R. 284.
swartnesse, sb., *swartness*, PR. P. 482.
swarten, v., O.E. sweartian, cf. O.N. svarta, O.H.G. svarzēn; *become swarthy*; swartede (? ms. swartete) (pret.) MARH. 18; comp. for-swarten.
swartish, adj., *darkish*; swartish (adv.) red CH. H. F. 1647.
swāt, sb., O.E. swāt, cf. O.Fris., O.L.G. svēt, O.H.G. sveiz, O.N. sveiti; *sweat, perspiration,* HOM. I. 281; ORM. 1616; swat (? ms. swæt) [swot] LAȝ. 2281; swot A. R. 110; swot HAV. 2662; C. L. 200; swot [swoot] TREV. III. 227; WICL. LK. xxii. 44; CH. C. T. G 578; swoot LUD. COV. 30; zvot AYENB. 96; sot [soot] FER. 719; swete PR. P. 483; swāte (dat.) LAȝ. 17803; swote SHOR. 162; comp. nēd-swōt.
swāti, swōti, adj., O.E. swātig, = O.N. sveitugr, M.H.G. sweizic; *covered with perspiration,* A. R. 104; swoti D. TROY 2366.
[swápe, sb., *swathe, bandage*.]
swaþe-bend, sb., *bandage, swaddling-band*; swáthebendes (pl.) SHOR. 121.
swaþ-olūt, sb., *swaddling cloth*, VOC. 143.
swápe², sb., O.E. swaðu (*vestigium*), = M.Du. swade (*striga*); *foot-steps, track; row of mown grass,* PR. P. 482; 'andeine' VOC. 154; cam him no fieres sware ner GEN. & EX. 3786; swáthes (pl.) D. ARTH. 2508.

swáþin, v., cf. O.E. (be-)sweðian; *swathe, bind,* 'fascio,' PR. P. 482; swáþe (pres.) MED. 976; swáþed (pret.) C. M. 11236; swēthed (pple.) PALL. vi. 19; iswaþid VOC. 143.
[swaþel, sb., O.E. swæðil, sweðel, = M.Du. swadel; *swaddle, bandage.*]
sweþel-band, sb., *swaddling cloth*, C. M. 1343.
sweþel-clout, sb., *swaddling cloth*, M. H. 91.
swaþel², adj., *tightly bound*: swaþel & toȝt AL. (T.) 116.
swaþlen, v., *swaddle, bind*; swetheled (pret.) C. M. 11236; swaþild (pple.) VOC. 203; sweþled GAW. 2034.
swaðrien, v., O.E. swaðrian; *sleep, dream, swoon*: he bigan to swoudri as a slep him nome SAINTS (Ld.) lxiii. 268; (*printed* swondrie) P. L. S. xvii. 257.
swoddringe, sb., *sleep, dream*: a svoddringe him nom ROB. 264; þo boȝte him in his swoudringe SAINTS (Ld.) lxiii. 269 (*printed* swondringe P. L. S. xvii. 258).
swebben, v., O.E. swebban, = O.N. svefja, O.H.G. (in-)sweppan, Lat. sōpire; *sleep, swoon*; he sweveð (pres.) HOM. I. 233; swevede (pret.) LAȝ. 25548; he swefede þe mid þen sweiȝe FRAG. 7; comp. a-, ȝe-swebben.
swēȝ, sb., O.E. swēg; *from* swōȝen; *sound*; sweig LK. xv. 25; sweih FRAG. 1; swei HOM. I. 87; swēiȝe (dat.) FRAG. 7.
swēȝen, v., swēgan, = L.G. swögen (*groan*); *sound*; sweiȝen FRAG. 1; (ms. sweieð) & singeð HOM. I. 193; swēȝand (pple.) ALEX. (Sk.) 5019; it swēied (pret.) so murie LANGL. B PROL. 10.
swēying, sb., *noise,* YORK xxx. 371.
sweȝer, sb., O.E. sweger, = O.H.G. swiger, cf. Goth. swaihrō, Lat. socrus, Gr. ἑκυρά, 'so(crus),' FRAG. 2; swegre, swigre (ms. swygre) ['socrum'] MAT. viii. 14, x. 35.
sweiȝ, sb., O.N. sveigr; *sway, movement* CH. BOET. ii. 1 (32); sweght of our swappes YORK xxxiii. 362.
swēiȝ, swēiȝen, see swēȝ, swēȝen.
sweiȝen, v., O.N. sveigja; *sway, move*; swēied (ms. sweyed) (pret.) GAW. 1429; þe sail sweied on þe see A. P. iii. 151.
swiere, see sqvíer.
swein, see swan.   sweip, see swap.
swel, sb., ? O.E. swell, = M.L.G., M.Du. swel; *swelling, tumour,* S. S. (Web.) 1566; þene swel A. R. 274.
swēlen, see swǣlen.
swelȝ, sb., = M.Du. swelgh, M.L.G. swelch, O.N. svelgr; *whirlpool, pit*; zvelȝ AYENB. 55, 82; sweluȝ WICL. 3 KINGS xi. 27; swoluȝ WICL. PROV. xiii. 15; sweluh 'vorago' PR. P. 482; swelu, sveluh (ms. swelw, svelhu) MAN. (F.)

1453; swelogh MAND. 33; swolʒ A. P. iii. 250; swolouʒ ['*vorago*'] TREV. V. 139;
swolowe (*dat.*) CH. L. G. W. 1104; **swelowes** [swolwes] (*pl.*) TREV. I. 65.

swelʒen, v., *O.E.* swelgan, sweolgan, = *O.L.G.* (far-)svelgan, *O.N.* svelga (*pret.* svalg), *O.H. G.* swelgan, swelhan; *swallow; overwhelm;* swelghe PR. C. 6232; swelwen LIDG. TH. 4073; swelwin '*glutio*' PR. P. 482; swelewe P. R. L. P. 237; swelowe [swolwe, swolewe] TREV. VIII. 241; swolhen (*for* sweolhen) JUL. 74; swolʒhen ORM. 10224; swolwe CH. C. T. *H* 36; swolewe BEK. 2192; **svelʒþ** (*pres.*) AYENB. 123; swelewith TREV. I. 119; swolegeð HOM. II. 181; swoluweð A. R. 8; swolewe C. L. 1129; swelighis ['*devorant*'] PS. xiii. 4; **swelge** (*subj.*) HOM. II. 43; **swalh** (*pret.*) ORM. 14592; **swolgen** (*pple.*) GEN. & EX. 1976; swolʒed A. P. iii. 363; swolihed PS. xliii. 25*; *comp.* a-, for-, ʒe-**swelʒen**; *deriv.* **swelʒ, swalʒ**.

swelle, adj., *tumid, proud*; bolde and swelle OCTAV. (H.) 1557.

swellen, v., *O.E.* swellan, = *M.L.G.* swellen, *O.H.G.* swellan, *O.N.* svella; *swell*, LAʒ. 19800; swelle MISC. 80; LANGL. *B* xix. 278; CH. C. T. *A* 2752; **swelleð** (*pres.*) H. M. 31; **swelle** (*subj.*) A. R. 274; **swal** [sval] (*pret.*) O. & N. 7; swal CH. C. T. *D* 967; for hunger ich swal MISC. 82; þer hit up swal A. D. 293; **swollen** (*pple.*) CH. C. T. *E* 950; swolle P. L. S. xxv. 162; *comp.* **to-swellen**; *deriv.* **swel**.

swellinge, sb., = *M.H.G.* swellunge; *swelling*, LANGL. *B* v. 122.

swelm, sb., = ? *O.H.G.* swilm (*sleep*); *heat, glow*; (*ms.* swelme) ALEX. 750; þe swelme leþe A. P. iii. 3.

swelten, v., *O.E.* sweltan, = *O.L.G.* sweltan, *O.N.* svelta, *Goth.* swiltan, *O.H.G.* swelzan; *become faint; die*; ['*mori*'] MAT. xxvi. 35; MARH. 7; ORM. 915; swelten ich schal & beornen HOM. I. 197; swelten LAʒ. 19801; JOS. 377; swelte LANGL. *B* v. 154; LIDG. M. P. 38; D. ARTH. 813; i **swelte** (*pres.*) and swete CH. C. T. *A* 3703; **swealt** (*pret.*) HOM. I. 225; swælt LAʒ. 26566; swalt ORM. 31; swalt A. P. i. 815; swelt WILL. 1494; swulten LAʒ. 6071; swulten ORM. 5321; *comp.* **a-, for-swelten**.

swelten², v., *O.N.* svelta (*pret.* svelta); *kill*; **swelt** (*pple.*) ALIS. 7559*; *comp.* **for-swelten**.

swelwen, *see* **swelʒen**.

swēm, sb., *O.N.* sveimr (*tumult*), = ? *M.H.G.* sweim; *sorrow, care*, GEN. & EX. 391; swem(e) FLOR. 770; LUD. COV. 72, 109; sweem '*tristitia, molestia*' PR. P. 482; (*trance*) CR. K. 29; for verai **swēme** (*dat.*) LIDG. M. P. 38.

swēm-ful, adj., *sorrowful*, SACR. 798; LUD. COV. 72; swemeful LIDG. M. P. 38.

swēm-li, adj., *swooning*: a swemli swouh L. H. R. 135.

swēmen, v., *O.E.* (a-)swǣman, = *M.L.G.* swēmen, *M.H.G.* sweimen (*wander*), ? *O.N.* sveima (*swim, soar, wander about*); *swoon, fall into a trance, grieve*: he scal alle þa swiken swemen (? *printed* swenien) mid eiʒe LAʒ. 16099; ne sweamen hire heorte mid wernunge A. R. 330; **swēmith** (*pres.*) LUD. COV. 148; **swēmande** (*pple.*) A. P. ii. 563; **isweamed** (*pret. pple.*) H. M. 17.

swemilen, *see* **swimilen**.

swenchen, v., *O.E.* swencan, swencean, *from* **swinken**; *fatigue; torment, afflict*, HOM. I. 13; A. R. 134; swenche P. L. S. viii. 125; swenchen, swenken ORM. 8942, 12216; **swenchest** (*pres.*) H. M. 35; þu swenchest te to swiftþe MARH. 5; monine mon on swevene ofte heo swencheð LAʒ. 15787; **swencten** (*pret.*) HOM. I. 101; *comp.* **ʒe-swenchen**.

sweng, sb., *O.E.* sweng, = *O.Fris.* sweng; *from* **swingen**; *beat, stroke*, O. & N. 799; sweng SAINTS (Ld.) xlv. 173; **swenges** (*pl.*) MARH. 14; A. R. 80; **swenge** (*dat. pl.*) O. & N. 803.

swengen, v., *O. E.* swengan, = *O.Fris.* swenga; *swing; beat, lash*; swengin PR. P. 482; **sweng** (*imper.*) A. R. 290; swengeð LAʒ. 22839; **sweinde** (*pret.*) A. R. 280; sweinde LAʒ. 8183, 21138; swende MARH. 10.

swengil, sb., = *M. Du.* swenghel, ? *M.H.G.* swengel; *rod, scourge*, PR. P. 482.

sweor, sb., *O.E.* sweor, *cf. O.H.G.* swehur, sweher, *Goth.* swaihra, *Lat.* socer, *Gr.* ἑκυρός; *father-in-law, 'socer,'* FRAG. 2.

sweor², sb., *O.E.* sweor; '*columna*;' (*printed* speer) FRAG. 3.

sweord, sb., *O.E.* sweord, sword, swyrd, swurd, = *O.Fris.* swerd, swird, *O.L.G.* swerd, *O.N.* sverð, *O.H.G.* swert; *sword*, MARH. 5; A. R. 212; sweord ALIS. 147; þat sweord [swerd] LAʒ. 1558; sword ORM. 16284; GEN. & EX. 1307; swerd CH. C. T. *A* 112; WICL. JOHN xviii. 10; E. 265; W. & I. 41; þat swerd FER. 743; sverd ROB. 207; sword MAND. 291; þet zvord AYENB. 148; swird FLOR. 585; **sweordes** (*gen.*) A. R. 60; **sw(e)orde** [swerde] (*dat.*) O. & N. 1068; **sweord** [sweordes] (*pl.*) LAʒ. 22813, 24472; swerd [sverde, swerdes] LANGL. *A* i. 97; **sweordan** [sweorden] (*dat. pl.*) MAT. xxvi. 47, 55; sweorden LAʒ. 6699.

sweord-berare, sb., *sword-bearer*, PR. P. 483.

sweord-brōðer, sb., = *M.H.G.* swertbruoder; *comrade in arms*; **sweord brotheren** (*pl.*) LAʒ. 30523.

swerd-man, sb., *swordsman, gladiator*, TREV. V. 23.

sweore, *see* **swire**. **sweoven**, *see* **sweven**.
swēp, sb., *O.E.* swǣp; *scope, meaning*: ðes dremes swep ne wot he nogt GEN. & EX. 2112; swepe ALEX. (Sk.) 248.
swēpe, sb., *O.E.* swipe, sweope, = *O.N.* svipa, *M.Du.* swepe; *whip, scourge*, ORM. 15562; sweipe PR. P. 482; **swēpis** (*pl.*) TOWNL. 227; **swēpen** (*dat. pl.*) HOM. I. 231.
swēpen, v., *seize*; swepe A. P. iii. 341.
swēpen, v., *cf. O.N.* sōpa (*for* svōpa); *sweep, glide*; swepin PR. P. 482; swepe CH. C. T. *E* 978; FLOR. 138; þe water con (*r.* gon) swepe A. P. i. 111; **swēped** (*pple.*) PR. C. 4947.
swēpare, sb., *sweeper*, PR. P. 482.
sweper, *see* **swiper**. **swerd**, *see* **sweord**.
swēre, *see* **swāre**, **swīre**.
swērien, v., *O.E.* swerian, = *O.L.G.* swerian, *O.H.G.* swerian, swerran, *O.N.* swerja, *cf. Goth.* swaran; *swear*, LAȝ. 5403; swerien A. R. 70; swerie ROB. 346; zverie AYENB. 6; swerie [swere] TREV. VIII. 139; swere LANGL. *A* i. 97; CH. C. T. *A* 1821; **swērie** (*pres.*) MARH. 21; swereð A. R. 98; (hi) swerieþ BEK. 2022; **swōr** [*O.E.* swōr, = *Goth.*, *O.L.G.*, *O.H.G.* swōr, *O.N.* svōr, sōr] (*pret.*) *swore*, LAȝ. 3446; HAV. 398; BEK. 719; swor GEN. & EX. 1338; swor ROB. 347; swor P. S. 192; swor LANGL. *A* ii. 146; zvor AYENB. 45; swar IW. 521; M. H. 39; PERC. 381; swer EGL. 430; TOR. 889; þu swore LAȝ. 5041; BEK. 1015; sware þou PS. lxxxviii. 50; (heo) sworen LAȝ. 6170; LANGL. *B* xv. 586; swore CH. C. T. *A* 1826; swore MAN. (H.) 28; **swóren** [*O.E.* (for-)sworen, = *O.H.G.* (gi-)-sworan, *O.N.* svarinn] (*pple.*) *sworn*, GEN. & EX. 1525; sworen HAV. 439; LANGL. *B* v. 376; sworn CH. C. T. *B* 1331; swore GREG. 788; *comp.* **for-**, **ȝe-swērien**; *deriv.* **swāre**, **swōr**.
swērare, sb., *swearer*, PR. P. 482.
swerken, v., *O.E.* sweorcan, = *O.L.G.* swerkan; *be obscure*; **swærkeð** (*pres.*) LAȝ. 22030; **swurken** (*pret.*) LAȝ. 11973.
swermen, *see* **swarmen**.
swerven, v., *O.E.* sweorfan, = *O.N.* sverfa (*scour*), *O.Fris.* swerva, *M.Du.* swerven (*wander*), *O.H.G.* swerban, *Goth.* (af-)svairban; *swerve*: þat it mai swerve to no side GOW. III. 92; **swarf** (*pret.*) FER. 743; þe dint swarf AR. & MER. 9369; heo swerf to Criste KATH. 2212.
swēte, adj., *O.E.* swēte, = *O.Fris.* swēte, *O.L.G.* swōti, *O.N.* sœtr, *Goth.* sūtis, *O.H.G.* suozi, *M.H.G.* süeze, *Lat.* svāvis (*for* svādvis), *Gr.* ἡδύς; *sweet, pleasant*, HAV. 2927; ROB. 244; MAND. 57; PR. C. 4915; swete, swete, svete O. & N. 358, 866; sweote HOM. I. 53; swet ORM. 1258; GEN. & EX. 3302; sqvete ANT. ARTH. xxv; swite S. S. (Wr.) 2080; swete, swote KATH. 613, 1600; A. R. 80, 98;

swete, swote SPEC. 23, 57; swete, swote, sote CH. C. T. *A* 3205, 3206; swete [sote] WICL. NUM. xxviii. 13; swote MARH. 4; þet swete FRAG. 7; HOM. I. 215; mi swete (*dear one*) ALEX. (Sk.) 2826; lose þe swete (*scil.* life) A.P. iii. 364; ALEX. (Sk.) 3068; has the swete levede D. ARTH. 3360, 3703; **swōte** (*adv.*) FRAG. 7; HOM. I. 53; A. R. 238; swote L. H. R. 24; **swēttere** (*compar.*) HOM. II. 33; H. M. 29; svettere SPEC. 68; swettere WICL. JUDG. xiv. 18; swetture MISC. 97; swetter PR. C. 3699; swottre MARH. 11; **swētteste** (*superl.*) REL. l. 220; swotest KATH. 614.
swēt-līo, adv., *O.E.* swētlīc, = *sweetly*; a svetli svire SPEC. 52; **swēt-līke** (*adv.*) ORM. 1647; sweteliche KATH. 673; A. R. 264; R. S. iv; sweteliche WILL. 1329; swoteluche H. M. 41.
swētnesse, sb., *O.E.* swētness, = *O.H.G.* suoznissi; *sweetness*, H. M. 7; swetnesse C. L. 582; swetnesse, swotnesse A. R. 80, 102; swotnesse, svotnesse L. H. R. 28, 29.
swēte, sb., ? = *O.N.* sœti, *O.H.G.* suozī; *? sweetness*: a bende ... in swete to were GAW. 2518.
swēte, *see* **swāt**.
swēten, v., *O.E.* swētan, = *O.H.G.* suozan; *sweeten*; swetin '*dulcoro*' PR. P. 483; salt þat ure mete **swēteþ** (*pres.*) ORM. 1649.
swēten, *see* **swǣten**.
swēting, sb., *sweet one, darling*, HOM. I. 271; sweting WILL. 916; TOWNL. 96; sveting SPEC. 51; swetting (*loved one*) YORK xl. 40.
sweþel, **sweþen**, *see* **swaþel**, **swaþen**.
sweven, sb., *O.E.* swefen, swefn *n.*, *cf. O.N.* svefn, *O.L.G.* sweban (*dat.* swefne), *Lat.* somnus, *Gr.* ὕπνος *m.*; *sleep, dream, vision*, KATH. (E.) 1560; JUL. 75; sweven HORN (L.) 679 (R.) 681); GOW. I. 24; S. S. (Wr.) 1936; a sweven LAȝ. 25552; þat swesoun LAȝ. 23963; a selco(u)þe sweven ... sche mette WILL. 2869; svevin OCTAV. (H.) 158; TOWNL. 108; sweven [swevene, swefne] CH. C. T. *B* 3930; swevene LANGL. *A* PROL. 11; PR. P. 483; swevene P. L. S. xiii. 147; **swefne** (*dat.*) A. R. 224; swefne [swevene] LAȝ. 1221; swevene GEN. & EX. 225; **swefnes** (*pl.*) A. R. 268; **swefnen** (*dat. pl.*) MAT. ii. 22; swefnen LAȝ. 1158.
swevenen, v., *O.E.* swefnian; *dream*; **swevenep** (*pres.*) WICL. IS. xxix. 8; **swevenid** (*pret.*) LANGL. *A* PROL. 10*.
swevenere, sb., *dreamer*; **sweveneres** (*pl.*) (*later ver.* dremeris) WICL. JER. xxvii. 9.
swēvet, sb., *O.E.* sweofot; *sleep, dream*; **swēvete**, sweovete (*dat.*) LAȝ. 17773, 17802; sweovete KATH. 1438.
swīc, sb., *O.E.* swīc, = *M.H.G.* swīch; *from* **swīken**; *deception*; **swīke** (*dat.*) REL. l. 220; swike C. M. 11556; D. TROY 11837; swiche HOM. II. 258.

swic-ful, adj., *crafty*, LA3. 8022; swikfull HAMP. PS. lxxiii. 14.
swich, *see* **swulc**.
swīe, adj., *O.E.* swīge: *silent*: þe devel com to þis maide swie MARG. 157.
swī-messe, sb., *low mass*, HOM. II. 97.
swī-wike, sb., *Holyweek*, A. R. 70*.
swīen, *see* **swi3en**.
swift, adj., *O.E.* swift; *? from* **swiven**; *swift*, ORM. 6972; swift MISC. 94; REL. I. 179; AR. & MER. 535; **swifte** (*pl.*) LA3. 5902; CH. C. T. *A* 190; A. P. i. 570; swifte wateres A. R. 252; **swiftre** [swiftere] (*compar.*) LA3. 26068; swifture A. R. 94.
swift-hēde, sb., *swiftness*, AYENB. 78.
swift-līche, adv., *O.E.* swiftlīce; *swiftly*, KATH. 689; swiftliche LEG. 41; **sviftlīker** (*compar.*) HALLIW. 826.
swiftnesse, sb., *O.E.* swiftness; *swiftness*, A. R. 94; swiftnes PR. C. 9029.
swift-schipe, sb., *swiftness*, A. R. 398.
swi3en, **sūwien**, v., *O.E.* swīgian, sūgian, sūwian, *cf. O.Fris.* swīgia, *O.L.G.* svīgōn, *O.H.G.* svīgēn; *be silent*; **swīgeð** (*pres.*) HOM. II. 103; **sūwinde** (*pple.*) A. R. 256; **swiede** (*pret.*) HOM. II. 101; swi3eden LA3. 16820.
swike, sb., *O.E.* swica, = *O.N.* sviki; *from* **swīken**; *deceiver, traitor*, A. R. 98; swike HAV. 423; SPEC. 46; D. TROY 11833; svike ROB. 221; sweoke H. M. 45; **swiken** (*gen.*) LA3. 22858; **swiken** (*pl.*) LA3. 3816; MISC. 61; þe swichen (*printed* þes wichen) HOM. II. 223; *comp.* **lāverd-**, **lēod-swike**.
swike, adj., *O.E.* swice; *deceptive, treacherous*, LA3. 14865; swike GEN. & EX. 2845.
swike-dōm, sb., *O.E.* swicdōm, = *O.N.* svikdōmr; *treachery*, HOM. I. 55; ORM. 3997; GEN. & EX. 2883; swikedom LA3. 8310; P. S. 220; swike-, svikedom O. & N. 167; svikedom ROB. 36.
swike-hēde, sb., *treachery*, O. & N. 162*.
swike, sb., *O.E.* swice; *trap*, '*decipula*,' VOC. 221; RICH. 4081; IW. 677; he bindeð uppon þa swike chese HOM. I. 53.
swikel, adj., *O.E.* swicol, = *O.N.* svikall; *deceptive, treacherous*, HOM. I. 43; swikel HAV. 1108; FER. 4589; PS. v. 7; MAN. (F.) 3828; svikel CHR. E. 791; þe swikele king LA3. 15026; þe swikele wimon REL. I. 144; sikil HAMP. PS. xlii. 1*; **swikelne** (*acc. m.*) REL. I. 183; **swikele** (*pl.*) P. L. S. viii. 127; **swikelure** (*compar.*) A. R. 180; **swikelest** (*superl.*) LA3. 15221.
svikel-dōm, sb., *deception*, O. & N. 163; swikeldom ROB. 110*.
svikel-hēde, sb., *deception*, O. & N. 162.
swikel-(l)īche, adv., *deceptively*, H. M. 39; swikelli '*dolose*' PS. xiii. 3; swikilli HAMP. PS. v. 11.
swikelnesse, sb., *deception*, MISC. 74.

swīken, v., *O.E.* swīcan, = *O.L.G.* swīcan, *O.N.* svīkja (*pret.* sveik), *O.H.G.* swīchan; *cease, fail, deceive*, REL. I. 223 (MISC. 20); 3if he nule nefre swiken (*cease*) HOM. I. 23; swiken [swike] LA3. 4101; **swike** (*pres.*) O. & N. 1459; swike SPEC. 48; zvikeþ AYENB. 157; **swic** (*imper.*) REL. I. 213 (MISC. 7); **swīke** (*subj.*) MARH. 5; **swiken** (*pret.*) HOM. I. 43; his men him sviken SAX. CHR. 264; *comp.* **a-**, **bi-**, **3e-swiken**; *deriv.* **swic**, **swike**, **swike**, **swikel**.
swiking, sb., *O.E.* swīcung; *deception*, REL. I. 222.
[**swīkende?** *pres. pple. of* **swiken**.]
swicande-līche, adv. (*printed* swicanŕliche); *deceptively*, HOM. I. 25.
swilc, *see* **swulc**.
swilen, v., *O.E.* swilian; *swill, wash*: dishes swilen HAV. 919; swile H. S. 5828; þe flume shal hit swile A. D. 239.
swīme, sb., *O.E.* swīma, = *O.Fris.* swīma, *O.N.* svīmi; *dizziness*, MAN. (F.) 8400; H. S. 11287; DEGR. 1211; D. ARTH. 4246; TOWNL. 8; swime [svime] C. M. 14201.
swimel, sb., *giddy motion*; swimbel (*v. r.* rumbel) CH. C. T. *A* 1979.
swimilen, v., *feel dizzy*; **swemile** (*pres.*) ALEX. (Sk.) 156.
swimmen, v., *O.E.* swimman, = *O.H.G.* swimman, *O.N.* svimma, *M.Du.* swimmen, swemmen; *swim*, HOM. I. 51; swimmen LANGL. *B* xii. 163; swimme HORN (R.) 1432; CH. C. T. *A* 3575; swemme LA3. 28078*; **swim** (*imper.*) HOM. I. 51; **swam** (*pret.*) HOM. I. 51; swam WILL. 2760; GOW. II. 272; swam, svam BRD. 8, 31; swam, swom FER. 3958, 3965; swummen HOM. I. 129; swommen WICL. DEEDS xxvii. 42; svommen [swomme] LA3. 1342; swomme LEG. 166.
swimmere, sb., = *M.H.G.* swimmer; *swimmer*, LANGL. *B* xii. 167.
swīn, sb., *O.E.* swīn, = *O.Fris.* swīn, *O.N.*, *O.L.G.* swīn, *O.H.G.* swīn, Goth. swein; *swine*, A. R. 128; swin CH. C. T. *C* 556; þat wilde swin LA3. 468; þet zvin AYENB. 255 (*spelt* zuyn 179); **swines** (*gen.*) HOM. I. 169; swunes P. L. S. viii. 73; **swin** (*pl.*) A. R. 230; ORM. 7410; swin LA3. 25682; MAND. 248; svin REL. I. 62; **swine** (*gen. pl.*) LK. viii. 32; **swinen** (*dat. pl.*) MK. v. 16; HOM. I. 135; *comp.* **mast-**, **mer-swin**.
swiīn-kote, sb., *swine-cote*, PR. P. 483.
swiīn-flēsch, sb., *pork*, VOC. 200.
swiīn-herd(e), sb., *swine-herd*, PR. P. 483; swinhirde CATH. 374.
swīn-stī, sb., *O.N.* svīnstī, = *M.Du.* swijnstije, *O.E.* swīnstīge; *pig-sty*, PR. C. 9002.
swinc, sb., *O.E.* (ge-)swinc; *from* **swinken**; *labour*, A. R. 94; ORM. 6102; swinc [swinch] LA3. 2297; swink HAV. 770; C. L. 200;

TRIST. 1116; CH. C. T. *A* 188; PR. C. 755; LUD. COV. 30; zvinch AYENB. 83; **swinkes** (*gen.*) HOM. I. 163; KATH. 806; **swinke** (*dat.*) A. R. 220; swinche P. L. S. viii. 186; swinche BEK. 9; **swinkes** (*pl.*) A. R. 240; *comp.* ȝe-**swinch**.

swinc-ful, adj., *laborious*, HOM. I. 7; ORM. 2621.

swincfulnesse, sb., *laboriousness*, ORM. 2526.

swinden, v., *O.E.* swindan, = *M.Du.* swinden. *O.H.G.* swintan; *vanish, decrease, consume*, P. L. S. viii. 29; swinde P. S. 150; *comp.* a-swinden.

swing, sb., *O.E.* swing; *swing, blow with a sword*; **swinge** (*dat.*) D. TROY 1271.

swingen, v., *O.E.* swingan, = *O.L.G., O.H.G.* swingan; *swing, vibrate, beat*, MAT. xxvii. 26; ORM. 6362; swingen hit swiftliche abuten JUL. 58; swinge HAV. 214; **swingeð** (*pres.*) HOM. I. 149; (þai) **swengen** (*rush out*) A. P. ii. 109; **swenged** (*pret.*) A. P. ii. 667; **swing** (*imper.*) L. C. C. 11; **swang** (*pret.*) A. P. i. 1058; swong MAN. (F.) 13054; he swong hire al abuten his swire MARH. 9; with swerdes swonge þei to gider WILL. 3856; sw(u)ngen (*pple.*) HAV. 226; swungen [swongen] PS. lxxii. 5; swongen with swepis TOWNL. 227; swonge L. H. R. 142; *comp.* bi-, ȝe-, to-**swingen**; *deriv.* **swing, sweng, swengen, swingle**.

swinginge, sb., *beating*, HOM. II. 57; swinging ORM. 5527.

swingle, sb., *O.E.* swingele, = *M.Du.* swinghel; *rod, whip*, VOC. 156.

swinglen, v., = *M.Du.* swinghelen; *whip, beat*; *swingle* (*flax*); swingle VOC. 156; i bete and **swingile** (*pres.*) flex REL. II. 197.

swinisch, adj., = *M.H.G.* swīnisch; *swinish*: swinisse men HOM. II. 37.

swink, *see* **swinc**.

swinken, v., *O.E.* swincan; *labour; travel*; HOM. I. 19; A. R. 358; GEN. & EX. 3778; swinken after mete ORM. 6100; swinken fer til halȝhen 15760; swinke ROB. 99; MIRC 1346; CH. C. T. *A* 186; ISUM. 396; **svinke** (*pres.*) AYENB. 171; swinkeð H. M. 39; **swanc** (*pret.*) ORM. 17699; GEN. & EX. 2014; swank HAV. 788; SHOR. 165; swonc A. R. 110; swonc LAȝ. 7488; þat ich ... hider swonk [swonc] O. & N. 462; swunken GEN. & EX. 1656; swunken [swonke] LAȝ. 17408; swunke P. L. S. viii. 128; swonken LANGL. *A* PROL. 21; swonke RICH. 3762; **swunke** (*subj.*) HOM. II. 229; swunche we P. L. S. viii. 160; swunke [swonke] LAȝ. 17909; **swunken** (*pple.*) ORM. 6103; iswunken A. R. 404; i-swonke FER. 152; *comp.* a-, bi-, of-**swinken**; *deriv.* **swinc, swenchen**.

swinkere, sb., *worker, toiler*, CH. C. T. *A* 531; **svinkeres** (*pl.*) AYENB. 90.

swincunge, sb., *labour*, HOM. I. 69.

swipe, sb., *O.N.* svipr, = *M.H.G.* (nider-, umme-)swif; *stroke*, PR. P. 482; þat of þen ilke sweorde enne swipe [swip] hefde LAȝ. 7648.

swiper, adj., *O.E.* swipor; *quick*, ANGL. I. 154; TREV. III. 361; swipir '*agilis*' PR. P. 484.

sweper-li, adv., *quickly*, D. ARTH. 1128, 1465.

swippen, v., *O.E.* swipian, = *O.N.* svipa; *brate, beat* : & lette hit a dun swippen LAȝ. 16510; ich wulle mid swerde his heved of swippen 878; **swippes** (*pres.*) PR. C. 2196; sqvippand (*pple.*) ANT. ARTH. v; **swipte** (*pret.*) MAN. (F.) 12117; and his sweord ... swipte mid maine LAȝ. 23978; swipte hire of þat heaved KATH. 2485; heo bið sone iswipt forð A. R. 228.

swird, *see* **sweord**.

swire, sb., *O.E.* swira, swyra, swiora, sweora, = *O.N.* sviri; *neck*, MARH. 9; swire HAV. 311; SPEC. 28; FER. 997; B. DISC. 230; A. P. ii. 1744; PERC. 790; MIN. viii. 68; sqvire ANT. ARTH. xl; swire, sweore A. R. 58, 394; swiere ANGL. I. 15; HOM. II. 224; þene swure, sweore [swere] LAȝ. 4012, 26565; sweore, swore HOM. I. 49, 169; sweore, swere, swere O. & N. 73, 1125; swere P. L. S. viii. 73; swere ALIS. 2000; S. S. (Web.) 461; GOW. II. 30; svere ROB. 389; zvere AYENB. 155; **sweoren** (*dat.*) MK. ix. 42; **sweoren** (*dat. pl.*) LAȝ. 22786.

swire-bān, sb., *O.E.* swir-, sweorbān; *neckbone*, D. ARTH. 2959.

sweor-bēah, sb., *O.E.* sweorbēah; *necklace*, '*monile*,' FRAG. 2.

sweor-cops, sb., *O.E.* sweorcops; '*boja*,' FRAG. 5.

swið, adj., *O.E.* swīð, swȳð, = *O.L.G.* swith, Goth. svinþs, *M.H.G.* swind, *O.N.* svinnr; *strong*; **swiðe** (*adv.*) *strongly, greatly, quickly*, MARH. 5; GEN. & EX. 1009; swiþe wel ORM. 2157; swiþe HAV. 111; C. L. 320; WILL. 41; TRIST. 165; LANGL. *B* v. 456; CH. C. T. *B* 730; S. S. (Wr.) 2; TOR. 1956; swiþe fele SHOR. 104; high þe swiþe PS. xxx. 3; þis mai ran til hir moder swiþe M. H. 39; sviþe BRD. 2; CHR. E. 341; MAN. (H.) 112; swithe PR. C. 5713; sqviþe ANT. ARTH. xiv; swiðe, swuðe A. R. 58, 236; swiðe, swuðe LAȝ. 1349, 4170; swiþe, sviþe, swuþe, suþe O. & N. 2, 376, 1245, 1591; swuþe FRAG. 5; suþe FL. & BL. 355; **swiþer** (*compar.*) LAȝ. 1580; swiþþer FER. 816; þe swiðre (*pointed* spiðre) H. M. 39; on þar swiðeran (*right*) halfe HOM. I. 229; mid his swiðren honde LAȝ. 21424; **swiðest** (*superl.*) KATH. 734; swa we hit swiðest maȝen don LAȝ. 25794.

swiðe-liche, adv., *O.E.* swīðlīce; *quickly*, LAȝ. 4421.

swīðen.   **táble.**   599

swīðen, v., *O.N.* svíða ; *burn, light up* ; swiþe PS. cxx. 6* ; **swīðeð** (*ms.* swideð) (*pres.*) REL. I. 210 (MISC. 3) ; swiþez A. P. iii. 478 ; **swāth** (*pret.*) ['*combussit*'] PS. cv. 18 ; *comp.* for-**swīðen.**

swīven, v., *O.E.* swīfan, = *O.N.* svīfa, *O.Fris.* swīva ; (? *move quickly*) ; *have sexual intercourse with* : yon wenche wol i swive CH. C. T. *A* 4178 ; *comp.* ofer-**swifen** ; *deriv.* **swaif, swaiven.**

swīving, sb., P. S. 69 (A. D. 98).

swó, *see* **swá. swodrien,** *see* **swaðrien.**

swōft, swōfte, sb., *sweepings*, MISC. 176, 177.

swōȝ, sb., ? = **swēȝ** ; *soughing (of the wind), sound; swoon* ; GEN. & EX. 484 ; þe swogh of þe see D. ARTH. 759 ; fel ... doun in swogh Iw. 824 ; swogh, swough CH. C. T. *A* 1979, 3619 ; swouȝ BEV. 1563 ; swough AR. & MER. 7142 ; M. ARTH. 903 ; swouh L. H. R. 135 ; swou (*ms.* swow) RICH. 796 ; sou EGL. 374 ; **swōȝe** (*dat.*) ALEX. 5020 ; swoghe ISUM. 89 ; Clement lai in swoghe OCTAV. (H.) 900 ; he com with a swowe MAN. (H.) 170 ; fel doun on swowe WILL. 87 ; þe swoughes and þe cries LIDG. TH. 4348.

swōȝen, v., *O.E.* swōgan, = *O.L.G.* swōgan, *Goth.* (ga-)swōgjan (στενάζειν) ; *sough (as the wind) ; sound ; swoon* ; swowe ALIS. 7874 ; swowe or swelte LANGL. *B* v. 154 ; **swōwinde** (*pple.*) A. R. 288 ; **swēȝ** (*pret.*) GAW. 1796 ; þe soun ... swei in his ere A. P. iii. 429 ; swowed [swouned] LANGL. *B* xiv. 326 ; soghe, soghed, soughid PARTEN. 1944, 2890 ; souȝed A. P. iii. 140 ; **iswōȝen,** iswowen (*pple.*) LAȝ. 3074, 4516 ; a dun he feol iswoȝe dead HORN (L.) 428 ; isvoȝe BRD. 1 ; iswowen JOS. 203 ; iswowe ROB. 290 ; ALIS. 2438 ; iswowe, isowe TREV. VI. 477 ; *deriv.* **swōg, swēȝ, swēȝen.**

swōhinge, sb., *O.E.* (ge-)swōwung ; *groaning, fainting,* HORN (H.) 464 ; swoȝing ALEX. (Sk.) 4385.

swōȝne, sb., *swoon* ; swoune (*ms.* swowne) GOW. I. 268 ; PR. C. 7289 ; sche fel in swoune TRIAM. 375 ; she fil (on) swoune [a swoune] CH. C. T. *C* 245.

swōȝnen, v., *swoon* ; swounin ' *bilbio, syncopo*' PR. P. 484 ; swowene MAN. (F.) 1841 ; swoune & swelte CH. COMPL. M. 216 ; **swōghened** (*pret.*) ALIS. 5857 ; swounede WICL. ESTH. xv. 18 ; swouned WILL. 2098 ; LANGL. *B* xx. 104 ; DEGR. 360 ; swounid OCTAV. 983 ; sowenede, sounede FER. 1080, 4221 ; sowened EM. 780 ; sounid TOR. 1886 ; **swōuned** (*pple.*) CH. C. T. *A* 913.

swōȝning, sb., *swooning,* HORN (L.) 444 ; svoweninge S. A. L. 156 ; swouninge JOS. 543 ; soȝening, sowening FER. 1134, 2585.

swolȝ, swolȝen, *see* **swelȝ, swelȝen.**

swon, *see* **swan. swōn,** *see* **swān.**

swōpen, *see* **swāpen.**

swōr, sb., = *M.H.G.* swuor ; *from* **swérien** ; *oath* ; **swōre** (*dat.*) MIRC 1067.

sword, *see* **sweord. swōt,** *see* **swāt.**

swōte, *see* **swēte.**

swōu, swōuȝ, swōuh, *see* **swōȝ.**

swōwen, *see* **swōȝen.**

swülc, adj., (adv., conj.), *O.E.* swylc, swilc, swelc, = *O.L.G.* sulic, *O.H.G.* su-, solich, *Goth.* swaleiks, *O.N.* slíkr ; *such ; like as, as if* : a swulc mon LAȝ. 31585) swilc 1375 ; he ferde ... sulc (*sec. text* al se; he walde awede 6486 ; sulch 4085 ; such [soch] werc 491 ; swilc ORM. 1632 ; nis no loverd swilc se is crist P. L. S. viii. 40 ; swilc tiding GEN. & EX. 407 ; metal swilc he wolde 3620 ; swilk HAV. 1118 ; RICH. 6019 ; PR. C. 155 ; ISUM. 11 ; swilch REL. I. 131 ; swilch, swich HICKES I. 222 ; swuch MARH. 16 ; KATH. 690 ; A. R. 12 ; H. M. 7 ; swuch man O. & N. 1496 ; amansed swuch [such] þu art 1307 ; svich worð bold non swuch þer nas iseiȝe LEG. 48 ; swic E. G. 360 ; swich [such] CH. C. T. *A* 3 ; a such kniȝt ROB. 217 ; such is evel ant elde SPEC. 48 ; soch EGL. 30 ; sich PERC. 159 ; TOWNL. 27 ; sech TOR. 2241 ; selk AN. LIT. 5 ; sllk Iw. 141 ; MIN. viii. 35 ; swiche drede WILL. 781 ; **swülches** (*gen. m. n.*) LAȝ. 20337 ; **swülc(h)ere** [solchere] (*gen. f.*) LAȝ. 487 ; **swülchen** (*dat. m.*) LAȝ. 2087 ; swuche A. R. 318 ; **swülchere** (*dat. f.*) LAȝ. 4449 ; mid sucher sorȝe SHOR. 33 ; swulcne (*acc. m.*) LAȝ. 18934 ; swilcne HOM. I. 37 ; nenne swuchne mon A. R. 96 ; swichne ANGL. I. 32 ; **swülche** (*pl.*) LAȝ. 6564 ; swilke [swiche, suche] LANGL. *A* PROL. 32 ; suche BEK. 174 ; DEGR. 112 ; oþere suche TREV. VIII. 327 ; soche AUD. 81 ; **svlchen** (*dat. pl.*) AYENB. 37.

swüre, *see* **swíre. swüð,** *see* **swið.**

t.

tá, *see* **táken.**

tā, sb., *O.E.* tá, = *O.N.* tā, *O.H.G.* zēha ; *toe,* C. M. 5932 ; taa PR. C. 1910 ; to HAV. 1743 ; BEK. 1478 ; P. L. S. vi. 13 ; too PR. P. 495 ; S. S. (Wr.) 1131 ; **tōn** (*pl.*) SAINTS (Ld.) xlv. 68 ; PL. CR. 426 ; toon CH. C. T. *B* 4052 ; tase YORK xxxv. 180 ; **tān** (*dat. pl.*) JUL. 59.

tabard, sb., *O.Fr.* tabard, tabart ; *tabard, short coat,* CH. C. T. *A* 541 ; REL. I. 62 ; tabard [tabart] LANGL. *A* v. 111 ; tabarde LANGL. *C* vii. 203 ; tabbard '*colobium*' PR. P. 485 ; taberd VOC. (W. W.) 734.

taber, *see* **tabour.**

tabernacle, sb., *O.Fr.* tabernacle ; *tabernacle,* GEN. & EX. 3174 ; ROB. 20.

táble, sb., *O.Fr.* table ; *table,* HOM. I. 11 ; þe kniȝtes ȝeden to table HORN (L.) 587 ; table *food* DEP. R. i. 58 ; (*picture*) TREV. V. 399 ;

táble.

table mele ['*tabulatim*'] PALL. iii. 148;
tábles (*pl.*) GEN. & EX. 3578; tables of ston
AYENB. 5; gemenes of des and of tables
backgammon 45; ROB. (W.) 3965; tables
garden beds ['*areæ*'] PALL. i. 810; *see* **tavel.**

tábille-man, sb., *piece used in playing at
draughts, dice, chess, etc.*, '*seaccus, calculus,*'
CATH. 376.

tabler, sb., *O.Fr.* tablier (*board for games
with moveable pieces*), MAN. (F.) 11395.

tablette, sb., *O.Fr.* tablette; *tablet*; tabulette PALL. vi. 195; **tablettes** (*pl.*) SHOR. 92.

tabour, sb., *O.Fr.* tabour; *tabour, small
drum*, HAV. 2329; CH. C. T. *D* 2268; taboure '*timpanum, terrificium*' PR. P. 485; tabor '*tympanum*' REL. I. 6; ROB. (W.) 8166; **tabours** (*pl.*) WILL. 3813; taberes *drummers* LANGL. *A* ii. 79.

tabre, v., *play on the tabour*, LANGL. *C* xvi. 205, *B* xiii. 230.

taburn, sb., *tambourine, small drum*, CATH. 376; taburnes (*pl.*) [*v. r.* taburs] ALEX. (Sk.) 1385; timbres & tabornes A. P. ii. 1414.

taburner, sb., *player on the tambourine*, CATH. 376; taberner VOC. (W. W.) 688.

taburnistre, sb., *female tambourine player*; **taburnistirs** (*pl.*) HAMP. PS. lxvii. 27.

tache, sb., *touchwood*, LANGL. *C* xx. 211; tacche *B* xvii. 245*.

tache², sb., *O.Fr.* tache, teche; *manners, quality*; teche, tecche '*mos, conditio*' PR. P. 487; **tacches** (*pl.*) LANGL. *B* ix. 146; tecches AYENB. 32; wikked tecches MAN. (F.) 3899.

tache³, adj., *touchy; redoubtable*; es nane so teche of þi time ALEX. (Sk.) 663.

tache, *see* **takke**.

tachen, v., *? for* **atachen**; *attach*: to tache & teie MAN. (F.) 12056; **tacchis** (*pres.*) ALEX. (Sk.) 5065; tasselez þerto **tacched** (*pple.*) GAW. 219; þer hit onez is tachched, twinne wil hit never 2512; in me weore tacched sorwes two L. H. R. 142; tached oþer tiȝed A. P. i. 464.

tácnen, v., *O.E.* tácnian, = *O.N.* tákna, teikna, *cf. Goth.* taiknjan, *O.H.G.* zeichenan, zeichnan; *from* **táken**; *betoken, signify*, ORM. 1639; toknin PR. P. 495; **tócnede** (*pres.*) GEN. & EX. 638; þet tokeneþ holi þinges SHOR. 8; WILL. 2937; **tácnede** (*pret.*) LAȝ. 2832; **tákned** (*pple.*) PS. iv. 7; *comp.* **bi-, ȝe-tácnen.**

tácninge, sb., *O.E.* tácnung, *cf. O.H.G.* zeichenunga; *betokening, signification*, LAȝ. 15974; O. & N. 1213; tokning GEN. & EX. 1624; tokeninge C. L. 557.

táde, tadde, sb., *O.E.* tádie; *toad*; tade '*bufo*' VOC. 190; tadde '(*rana ru)beta*' FRAG. 3; HOM. I. 53; P. S. 238; tode MAP 339; toode '*bufo*' PR. P. 495; **tadden** (*pl.*) A. R. 214; tadden,

tail.

tadde HOM. I. 51, 53; toden LEG. 188; tades PR. C. 6900; todes P. L. S. xxv. 56; MAND. 61.

tǽchen, v., *O. E.* tǽcan, tǽcean; *teach, show*, ORM. 3468; (*ms.* tachen, *r. w.* sæchen) LAȝ. 17320; teachen 2419; ic þe wulle tache Bruttisce spæche 26833; techen A. R. 210; GEN. & EX. 2792; LANGL. *B* xvii. 40; teche O. & N. 1021; CH. C. T. *A* 308; PR. C. 5548; ihc schal þe teche a trewe ifere ASS. 46; teache P. L. S. viii. 152; t(e)achen HOM. II. 17; **tácheþ** (*pres.*) FRAG. 5; techeȝ, tecȝ HOM. I. 95, 109; techeȝ A. R. 220; tekþ AYENB. 6; hi techeþ 8; **tǽch** (*imper.*) HOM. I. 51; DEGR. 914; **tǽhte**, tahte, taute [tehte] (*pret.*) LAȝ. 804, 3705, 10240; tehte, tahte HOM. I. 89, 107; tahte KATH. 1821; CHR. E. 105; (*ms.* tahhte) ORM. 1071; tachte MISC. 35; me taȝte hire þe wei BEK. 75; tauȝte LANGL. *A* i. 74; tauȝte þai sche was free FER. 1391; he taughte him sone to þe kiste PERC. 2109; taute AN. LIT. 8; taite REL. I. 187; teihte A. R. 144; teiȝte P. L. S. xvii. 47; toȝte AYENB. 96; **taht** (*ms.* tahht) (*pple.*) ORM. 18741; tauȝt LANGL. *B* x. 223; *comp.* **bi-, ȝe-tǽchen.**

tǽchere, sb., *teacher*, ALIS. 17; TREV. III. 219; **tǽchours**, techers (*pl.*) LANGL. *C* xvii. 246, xxiii. 120.

tǽchinge, sb., *O.E.* tǽcung; *teaching*, MISC. 44; AYENB. 17; teching LANGL. *B* x. 151.

tǽlen, v., *O.E.* tǽlan, = *O.N.* tǽla; *blame, reprove*, LK. xiv. 29; LAȝ. 3334; ORM. 2033; telen, tele O. & N. 1377, 1415; tele AN. LIT. 96; tǽleþ (*pres.*) REL. I. 176; MISC. 116; **tǽlden** (*pret.*) LAȝ. 3801; telden ['*vituperaverunt*'] MK. vii. 2; **tǽled** (*pple.*) ORM. 16743.

[**tǽse**, adj., *O.E.* tǽse (*mild*); *comp.* **ȝe-tǽse.**]

tǽsel, sb., *O.E.* tǽsel, = *O.H.G.* zeisala; *teasel*; tesel VOC. 141; tasil '*carduus*' VOC. 191; PR. P. 487; WICL. IS. xxxiv. 13; **tǽseles** (*pl.*) LANGL. *B* xv. 446.

tǽsen, tásen, v., *O.E.* tǽsan, = *M.Du.* tēsen, *Swed.* tēsa, *M.H.G.* zeisen; *pull about; card* (*wool*); *tease*; tese wolle CATH. 380; tosin '*carpo*' PR. P. 497; toose REL. II. 197; þei tōse (*pres.*) and pulle GOW. I. 17; **taised** (*pple.*) GAW. 1169; *comp.* **to-tǽsen.**

taffata, sb., *Fr.* taffetas; *taffeta*, CH. C. T. *A* 440; taffata (*v. r.* tafeta) ALEX. (Sk.) 1515.

taggen, v., *see* **toggen**; *? pull*: he shal þe **taggud** (togged) (*pple.*) wundersare ERC. 437.

tail, sb., *O.E.* tægel, tægl, = *O.H.G.* zagel *m.* (*tail*), *O.N.*, *Goth.* tagl *n.* (θρίξ); *tail; retinue*; HOM. II. 197; BRD. 8; AYENB. 61; MAND. 291; CH. C. T. *D* 466; þe teil, þenc teil A. R. 208; **teile** (*dat.*) A. R. 254; **tailes** (*pl.*) LAȝ. 29557; tailles LANGL. *B* v. 19.

taille-end, sb., *tail-end*, LANGL. *B* v. 395.

tail-lēs, adj., *tailless*, LEG. 151.

tail-rōp, sb., '*avaluer*,' VOC. 168.

taile, talie, sb., *O.Fr.* taille ; *tally,* '*talea*,' PR. P. 486 ; taile [taille] CH. C. T. *A* 570 ; be taile and be score LAUNF. 419 ; taile oþer scrit E. G. 362 ; tale (*v. r.* tailȝe, tailyie) *agreement* BARB. xx. 134 ; tailyie *tax* xii. 320 ; tail *man* MAN. (F.) 15363 ; taile LANGL. *B* iii. 130 ; **tailes** (*taxes*) AYENB. 38.

tailed, pple., *having a tail,* MAP 338 ; þe tailede sterre ROB. 416 ; *comp.* ȝe-**teiled.**

tailed², pple., *entailed*; londes tailede and not tailede TREV. VIII. 502, 503.

tailende, sb., *for* **taillinge**; *reckoning by tally,* LANGL. *B* viii. 82.

tailin, taliin, v., *O.Fr.* tailler; *mark on a tally; set down; agree upon; tax*; PR. P. 485, 486 ; taille MAN. (F.) 16550 ; **itailed** (*pple.*) SHOR. 165 ; ȝif i bigge ... auȝt but ȝif it be itailed [itailled] i forȝete it ȝerne LANGL. *B* v. 429 ; talit [tailȝeit] BARB. xix. 188.

taillāge, sb., *O.Fr.* taillage ; *tallage,* BEK. 343 ; LANGL. *B* xix. 37 ; taliage WILL. 5124 ; **talāges** (*pl.*) LANGL. *C* xx. 37*.

tailōn, sb., *O.Fr.* taillon ; *slip of a tree*; **taliōns** (*pl.*) [*'taleas'*] PALL. iii. 991.

tailour, sb., *O.Fr.* tailleor ; *tailor*; **tailōrs** (*pl.*) ROB. 313 ; taillours LANGL. *A* PROL. 100 ; *B* PROL. 220 ; tailours *C* i. 223 ; **tailloures** (*gen. pl.*) LANGL. *B* xv. 447.

taisen, *see* **tēsen.**

tait, adj. & sb., *O. N.* teitr (*cheerful*), = *O. H.G.* zeiz (*tender*) ; *joyous, lively; cheerfulness*: tait ... & qvoint A. P. ii. 871 ; **tait(e)** (*pl.*) bestes GAW. 1377 ; þe laddes were kaske and teite HAV. 1841 ; with taite at þaire hertes ALEX. (Sk.) 1208 ; taite *sport, conflict* ALEX. (Sk.) 3979.

takel, sb., *cf. M.L.G., Du.* takel ; *tackle, gear, implement, arrow,* GEN. & EX. 883 ; CH. C. T. *A* 106 ; A. P. iii. 233 ; ur takel ur tol WART. II. 109 ; takil MAN. (F.) 12081 ; TOR. 1404.

takelen, v., *from* **takel**; *ensnare, catch*; **takild** (*pple.*) with sum luv HAMP. PS. *page* 512.

takelinge, sb., *tackling*: takellinge for theire shippes TREV. IV. 63.

taken, tāken, v., *O.N.* taka (*touch, seize*), *M. L.G.* taken (*touch*), *cf. Goth.* tēkan ; *take, touch, seize, give,* ORM. 85 ; GEN. & EX. 1318 ; to þan fehte taken LAȜ. 23688 ; hu heo mihten taken on þat þe scucke weore fordon 25965 ; take MISC. 95 ; GREG. 85 ; MAND. 167 ; S. S. (Wr.) 240 ; take, tan TRIST. 881, 1418 ; on þe sakles he suld ta wrake C. M. 11554 ; **takeþ** (*pres.*) SHOR. 99 ; he takeþ nu to fulhtnen ORM. 18269 ; tais BARB. ii. 146 ; tac (*imper.*) SPEC. 106 ; þet ne mai naȝt þolie þet me him take AYENB. 22 ; **tōo** (*'pret.*) HOM. II. 167 ; LAȜ. 7976 ; JUL. 70 ; þat Adam god forlet & toc him to þe deofel ORM. 356 ; ȝho toc wel wiþ godes word 2457 ; tok ALIS. 3813 ; ure lord ... tok (*touched*) his lepre MISC. 31 ; þe gailer him tok (*gave*) an appel P. L. S. xxiv. 231 ; took LANGL. (Wr.) 10735 ; tuk ISUM. 189 ; (þou) toke HAV. 1216 ; JOS. 438 ; CH. D. BL. 483 ; þei token S. S. (Wr.) 1463 ; token to ȝeien KATH. 2091 ; he token leve GEN. & EX. 2200 ; ant token him a kine ȝerde P. S. 215 ; hii toke (*first text* bitahten) him ... al þe borh LAȜ. 24039* ; he **tōke** (*subj.*) GEN. & EX. 1531 ; **taken** (*pple.*) ORM. 1150 ; C. L. 202 ; CH. C. T. *A* 1439 ; tan GAW. 490 ; LUD. COV. 15 ; HOM. I. 27 ; itaken LAȜ. 680 ; itake BEK. 619 ; *comp.* **a-, bi-, of-, over-, under-tāken.**

tāking, sb., *catch,* [*'captio'*] WICL. PS. xxxiv. 8.

tāken, sb., *O.E.* tācen, tācn, *cf. O.Fris.* tēken, *O.L.G.* tēcan, *O.N.* tākn, teikn, *O.H.G.* zeichan *n., Goth.* taikns *f.; token, sign,* MAT. xii. 38 ; KATH. 195 ; ORM. 3335 ; PS. lxxxv. 17 ; þat taken LAȜ. 17956 ; token GEN. & EX. 646 ; tocne A. R. 316 ; AYENB. 226 ; tokne PR. P. 495 ; **tācne** (*dat.*) LAȜ. 17900 ; in tokne þat pais scholde be bitvext god and manne SHOR. 131 ; **tāken,** tacne [*O.E.* tācen, tācnu] (*pl.*) MAT. xxiv. 24 ; LK. xxi. 11 ; tacna, tacne HOM. I. 91 ; tacne LAȜ. 32151 ; **tācnen** (*dat. pl.*) LAȜ. 1158 ; *comp.* fore-**tāken.**

takke, sb., *clasp, 'fibula,'* PR. P. 485 ; tak L. H. R. 145 ; tache CATH. 376*.

takkin, v., *tack, sew,* PR. P. 485 ; **tacked** (*pple.*) PARTEN. 4802 ; *see* **tachen.**

tal, adj., *O.E.* (ge-)tæl (*pl.* getale), (un-)tala (*North.* MAT. xxvii. 23), = *Goth.* (un-)tals (πειθής, παιδευτός), *? O.H.G.* (gi-)zal (*agilis*) ; *tall, seemly; docile; 'elegans,'* PR. P. 486 ; she made him ... so humble and talle (? *obsequious*) CH. COMPL. M. 38 ; þer is no bagpipe half so tal LIDG. M. P. 200 ; a talle man LUD. COV. 215.

tal-liche, adv., *becomingly*: talliche hire atired WILL. 1706 ; talli '*eleganter'* PR. P. 486 ; D. TROY 8813.

tāle, sb., *O.E.* talu, = *O.Fris.* tale, *O.N.* tala, *O.H.G.* zala ; *tale, speech, narration; number*; LAȜ. 7397, 12765 ; KATH. 637, 1293 ; A. R. 68, 320 ; ORM. 4310 ; HAV. 2026 ; AYENB. 234 ; LIDG. M. P. 44 ; iherde ich holde grete tale O. & N. 3 ; and tolde Eve a tale GEN. & EX. 321 ; sevene ger bi tale 1673 ; on Engel(e) tale 2526 ; þe palmere seide on his tale HORN (H.) 1072 ; folc wiþoute tale ROB. 393 ; he ȝaf answere and tale SHOR. 123 ; þe tale (*v. r.* noumbre) of tvelve C. M. 18910 ; taill BARB. xvii. 835 ; **tāle** (*pl.*) O. & N. 257 ; talen LAȜ. 15869.

tāle-teller, sb., *tale-bearer,* TREV. I. 337 ; LANGL. *B* xx. 297 ; **tāletellours** (*pl.*) *C* xxiii. 299.

tāle-wīs, adj., *skilled in speech; loquacious, slanderous*; LANGL. *A* iii. 126 ; talwis *B* iii,

130; talewiis B. B. 12; talewise men HOM. II. 193.

tāle, tǣl, sb., *O.E.* tāl, tǣl (*reproach, calumny*) = *O.N.* tāl (*injury*), *O.H.G.* zāla (*danger*); *calumny*, LK. iii. 14; tel HAV. 191; teil H. S. 2042; tole SHOR. 36.

tāl-līoh, adj., *O.E.* tāl-, tǣllīc; *blasphemous*: talliche word MAT. xv. 19.

talent, sb., *talent* (*sum of money*); **talentes,** talentis (*pl.*) ALEX. (Sk.) 1666, 3154.

talent², sb., *O.Fr.* talent; *desire, appetite, purpose,* LEG. 12; '*appetitus*' PR. P. 486; BARB. iii. 694; YORK xxi. 69.

talentif, adj., *desirous,* GAW. 350.

talevas, sb., *O.Fr.* talevas (*sorte de bouclier*); *a sort of shield*; **talevaces** (*pl.*) HAV. 2323.

talʒ, sb., = *M.L.G.* talg, talch, *M.Du.* talgh *Swed.* talg; *tallow*; talgh REL. I. 53; PALL. i. 444; taluʒ (*ms.* talwʒ) WICL. LEV. vi. 12; E. G. 359; talugh RICH. 1552; taluh PR. P. 486; *deriv.* **talwi.**

talʒen, v., *tallow*; talwin '*sepo*' PR. P. 487; **talwid** (*pple.*) IBID.; taloghid ALEX. (Sk.) 4208.

talie, *see* taile.

tálien, v., *O.E.* talian, = *O.Fris.* talia, *O.N.* tala, *O.H.G.* zalōn; *tell a tale,* KATH. 795; talen CH. C. T. *A* 772; tale WILL. 160; tale ni telle ED. 3677; **tálie** (*pres.*) A. R. 356; hunten þar talieð LAʒ. 20857; þeo mariners crieþ and taleþ ALIS. 1415; **táliinde** (*pple.*) AYENB. 207; **tálede** (*pret.*) KATH. 1827; taleden LAʒ. 3800; **táled** (*pple.*) GOW. III. 329.

talkin, v., *talk,* '*fabulo, sermocino,*' PR. P. 486; MARH. 13; talke LANGL. *B* xvii. 82; **talkeð** (*pres.*) A. R. 422; H. M. 17; **talkie** (*subj.*) LAʒ. 788; talkede (*pret.*) TREV. IV. 359; A. P. ii. 132; PERC. 1526; talkeden WILL. 3077.

talkinge, sb., *talking,* LEG. 3.

talmen, v., *O.N.* talma (*hinder*), = *M.L.G., Du.* talmen (*delay*); *? fail*; talme FLOR. 769; til mi tonge **talmes** (*pres.*) REL. I. 292; mi harte talmes D. ARTH. 2581.

talōn, sb., *O.Fr.* talon, *talon, claw*: **talōns** (*pl.*) ALEX. (Sk.) 5454; taloundes TREV. I. 83.

taluʒ, *see* talʒ.

talwi, adj., *from* talʒ; *tallowy,* PR. P. 486.

táme, adj., *O.E.* tam, tom, = *M.L.G.* tam, *O.N.* tamr, *O.H.G.* zam; *from root of Goth.* (ga-)timan, *O.H.G.* zeman (*be fitting*); *tame,*GEN. & EX. 174; SPEC. 71; GOW. I. 144; tom KATH. 1318; **támere** (*dat. f.*) MAT. xxi. 5; tóme (*pl.*) O. & N. 1444; P. S. 194; **tommure** (*compar.*) A. R. 144.

táme-hēd, sb., *tameness,* GEN. & EX. 1485.

támen, v., *for* attámin; *broach* (*a cask*); *pierce*; **támed** (*pple.*) ALEX. (Sk.) 2622.

támien, témien, v., *O.E.* temian, *cf. M.L.G.* temen, *O.Fris.* tema, *Goth.* (ga-)tamjan, *O.N.*

temja, *O.H.G.* zeman; *from* **táme**; *tame*, tamin PR. P. 486; tame MIRC 1728; temieɪ HOM. II. 63; A. R. 138; temie LAʒ. 25231*; teme MAP 335; **téme**þ (*pres.*) REL. I. 245 **témede** (*pret.*) A. R. 176; TREV. I. 18 **témed** (*pple.*) P. S. 214; *comp.* **a-, ʒe-támi** (**-témien**).

táminge, sb., *taming,* PR. P. 486.

tán, *see* **táken.**

tange, sb., *O.E.* tang (ÆLFR. 67), = *O.Fris., M.L.G.* tange, *M.Du.* tanghe, *O.N.* töng. *O.H.G.* zange; *pair of tongs,* '*forceps,*' VOC. 232; FER. 1308; tonge PR. P. 496; O. & N. 156; P. L. S. ix. 79; tangen (*dat. pl.*) BRD. 22.

tange², sb., *O.N.* tangi; *sting; dagger;* '*pugio,*' VOC. 221; tonge '*aculeus*' PR. P. 496.

tangid, pple., *stung,* ALEX. (Sk.) 3637, 3886, 4798.

tangil, adj.: tanggil or froward and angri PR. P. 486.

tankard, sb., *O.Fr.* tanqvart; *tankard,* '*amphora,*' VOC. 178; PR. P. 486.

tanni, tauni, adj., *cf. Du.* tanig; *tawny,* PR. P. 486; tauni LANGL. *B* v. 196; taunde (*for* taune) ALEX. (Sk.) 4335.

tannin, v., *cf. M.Du.* tannen, tanen, *O.Fr.* tanner, taner; *tan,* PR. P. 486; **itanned** (*pple.*) E. G. 358.

tannere, sb., = *M.Du.* taner; *tanner,* E. G. 359; **tanneris** (*pl.*) LANGL. *A* PROL. 100.

tape, *see* **tappe²,** tappen.

taper, sb., *O.E.* tapur; *taper,* HOM. II. 47; P. L. S. ix. 12; SHOR. 49; taper, tapur, tapir TREV. VII. 425; **tapre** (*dat.*) LANGL. *B* xvii. 203; **taperes** (*pl.*) MARH. 18; BEK. 1883.

tapet, sb., *O.Fr.* tapit; *cloth, tapestry,* '*tapetum,*' PR. P. 486; tapit '*tapete*' VOC. 242; GAW. 568; **tapetis** (*pl.*) WICL. 2 KINGS xvii. 28; tapites GAW. 77.

tapicēr, tapecēr, sb., *O.Fr.*tapicier; *tapestryworker,* CH. C. T. *A* 362; tapecer, tapesere PR. P. 486.

tapicerie, sb., *tapestry*; tapecerie HALLIW. 850.

tapissinge, sb., *hangings,* HAMP. PS. xvii. 13.

tappe, sb., *O.E.* tæppa, = *M.L.G.* tappe,*O.H.G.* zapho; *tap,* PR. P. 486; CH. C. T. *A* 3890; teppe AYENB. 27.

tappe², sb., *O.E.* tæppe; *tape,* '*taenia,*' VOC. 196; **tapes** (*pl.*) CH. C. T. *A* 3241.

tappe³, sb., *tap, blow,* GAW. 2357.

tappen, v., = *M.L.G.* tappen; *tap, beat*: your foot ye **tappin** (*pres.*) AN. LIT. 86; **tep** (*imper.*) A. R. 296; tape GAW. 406.

[**tappen²,** v., *draw liquor.*]

tæppare,sb., *O.E.* tæppere, = *O.Fris.* tapper; '*caupo,*' FRAG. 2.

tappestere, sb., *O.E.* tæppestre; *tapster*, CH. C. T. *A* 241; **tapesters** (*pl.*) *barmaids* LANGL. *A* ii. 79.

táre, sb., *tare (weed)*, CH. C. T. *A* 4000; **táren** (*pl.*) AR. & MER. 7364; taris ['*sizania*'] WICL. MAT. xiii. 25.

tarettes, sb., pl., *from O.Fr.* teride; *transport vessel*, MIN. iii. 80.

targe, sb., *charter*, '*carta*,' PR. P. 486.

targe[2], sb., *O.E.* targe, = *O.N.* targa, *O.Fr.* targe; *small shield*, P. P. 217; CH. C. T. *A* 471; PARTEN. 4212; **targes** (*pl.*) ROB. 361.

targen, v., *O.Fr.* targier; *retard*; targi MISC. 36; targe ALIS. (Sk.) 211; PALL. iii. 1075; **targede** (*pret.*) P. L. S. xiii. 179.

tarȝen, see **terȝen**.

target, sb., *O.Fr.* targette; *target, shield*, PR. P. 487; **targetes** [targettes] (*pl.*) ALEX. (Sk.) 2622.

tarien, see **terȝen**. **tarne**, see **terne**.

tarse, sb., *silk of Tartary*, LANGL. *B* xv. 163; tars ALEX. (Sk.) 1515, 4673.

tartarine, sb., *?O.Fr.* tartarin; *silk of Tartary*, LANGL. *B* xv. 224.

tarte, sb., *O.Fr.* tarte; *tart, small pie*, PR. P. 487; **tartes** (*pl.*) R. R. 7041.

tartre, sb., *Fr.* tartre; *tartar*, CH. C. T. *G* 813.

tas, sb., *O.Fr.* tas; *heap*; (*ms.* taas) CH. C. T. *A* 1005; tasse PR. P. 487.

tāsel, see **tǣsel**.

tásen, see **teisen**. **tāsen**, see **tǣsen**.

taske, sb., *O.Fr.* tasque, tasche; *assessment, task*, '*taxa*,' PR. P. 487; C. M. 5872.

tasker, sb., *thresher*, VOC. (W.W.) 697; taskar BARB. v. 318.

tassel, sb., *O.Fr.* tassel; *tassel*, PR. P. 487; C. M. 4389.

tást, sb., *O.Fr.* tast; *taste*, TREV. III. 467; CH. P. F. 160; '*gustus, sapor*' PR. P. 487; **tástes** (*pl.*) *investigations* LANGL. *B* xii. 131.

tásten, v., *O.Fr.* taster; *feel, touch, taste; kiss*; taastin PR. P. 487; taste FLOR. 109; he gan taste aboute þe mouþ LANGL. *B* xiii. 346; **tásteþ** (*pres.*) AYENB. 245; **táste** (*imper.*) CH. C. T. *G* 503; **tástede** (*pret.*) LANGL. *C* xx. 122; tasted S. S. (Web.) 1048; architriclin tastide þe watir WICL. JOHN ii. 9; tastit BARB. ix. 388.

tásting, sb., *groping*, LANGL. *C* xx. 122*.

[**tater**, sb., *O.N.* töturr, = *L.G.* tater; *rag*.]

tatered, adj., *tattered, lacerated*, PL. CR. 753; tatird PR. C. 1537; TOWNL. 4.

taterin, v., = *M.L.G.*, *M.Du.* tateren; *babble*, '*blatero*,' PR. P. 487.

tateringe, sb., = *M.Du.* tateringhe; '*garritus*,' PR. P. 487; WICL. E. W. 192.

[**taþ**, sb., *O.N.* tað; *dung, manure*.]

taþin, v., '*stercoro*,' *manure*, PR. P. 487.

taunen, v., = *M.L.G.* tōnen, *M.Du.* toonen, *M.H.G.* zounen; *point out*, GEN. & EX. 1022; **taunede** (*pret.*) REL. I. 226.

tauni, see **tanni**.

tavel, sb., *O.E.* tæfel, = *O.N.* tafl, *O.H.G.* zabel; *game played with moveable pieces*: somme pleoide mid tavel LAȝ. 8133*.

tævel-bred, adj., = *O.H.G.* zabelbret; *game board*, LAȝ. 8133.

tavelin, v., *O.E.* tæflan, = *O.N.* tefla, *M.H.G.* zabelen; *play at tables (backgammon, draughts, etc.)*, MARH. 13; **taveleþ** (*pres.*) O. & N. 1666; **teveli** (*subj.*) KATH. 822.

teveling, sb., *sport*; (*printed* teneling) GAW. 1514.

taverne, sb., *Fr.* taverne; *tavern*, ROB. 195; AYENB. 56; CH. C. T. *A* 3334; **tavernes** (*pl.*) LANGL. *C* iii. 98.

tavernēr, sb., *Fr.* tavernier; *innkeeper*, CH. C. T. *C* 685; **taverniers** (*pl.*) AYENB. 44.

tawe, sb., *O.E.* (ge-)taw, = *M.L.G.* tawe, tauwe, touwe, *M.Du.* touwe, *M.H.G.* (ge-)zouwe *n.*; *tackle*; towe PALL. vii. 36; teu (*ms.* tew) '*piscalia*' PR. P. 490; (*tawing of leather*) '*frunicio*' 489.

tawen, sb., *O.E.* tēawian, tāwian, = *M.L.G.* tawen, tauwen, touwen, *M.Du.* touwen, Goth. taujan (*pret.* tawida) (ποιεῖν), *O.H.G.* zawan, zowan, *mod. Eng.* taw; *prepare (leather)*; *dress (hemp)*; (*ms.* tawwenn) ORM. 15908; tewin PR. P. 490; tewe MAN. (F.) 12453; **tawiþ** (*pres.*) REL. II. 175; *comp.* ȝe-tawen.

tawer, sb., *O.E.* tawere; *tawer*, ['*coriarius*'] WICL. DEEDS ix. 43; teware PR. P. 490.

tax, sb., *Fr.* taxe; *tax*, P. S. 151.

taxāciōn, sb., *Fr.* taxation; *taxation*, P. S. 337.

taxen, v., *tax*; **taxeþ** (*pret.*) LANGL. *C* ii. 159.

taxour, sb., *assessor of a fine*, LANGL. *C* ix. 37; taxoure *B* vi. 40.

te, see **tō**. **te-**, see **to-**.

tēafor, sb., *O.E.* tēafor; *red paint*, '*minium*;' (*ms.* teapor) FRAG. 2.

tealt, sb., *? O.E.* tealt (*vacillans*); *unstable condition*: cristninge stant te tealte SHOR. 9.

tēam, sb., *O.E.* tēam (*progeny*), = *O.Fris.* tām (*bridle, progeny*), *M.L.G.* tōm, *M.Du.* toom, *O.N.* taumr, *O.H.G.* zaum, zoum (*reins*); *from* tēon; *team; progeny*; FRAG. 8; weox swa his team JUL. 60; þene team A. R. 336; tæm ORM. 2415; tem ROB. 261; ALIS. 2350; PS. cxxxvi. 7; teem CHR. E. 147; a tem of foure grete oxen LANGL. *B* xix. 257; **tēames** (*gen.*) HOM. II. 133; **tēme** (*dat.*) TOR. 2022; **tēmes** (*pl.*) O. & N. 776; P. L. S. xxi. 129; **tēame** (*gen. pl.*) H. M. 41; *comp.* **barn-tēam**.

tēar, sb., *O.E.* tēar, tēagor, *cf. O.Fris.* tār *m.*,

tēar.

O.N. tār, Goth. tagr n., O.H.G. zaher m., Ir. dear, deor, deur, Gael. deur, Welsh dagr, Gr. δάκρυ n.; tear; ter HAV. 285; MAP 338; teer LUD. COV. 213; þe ter, tere HOM. I. 159; tere [teere] CH. C. T. B 3251; tēares (pl.) KATH. 2361; A. R. 110; teares [teres] LAȝ. 5075; tæres ORM. 13849; teres O. & N. 426; GEN. & EX. 2356; GOW. I. 143; tiares AYENB. 173; tieres, tires HORN (L.) 654, 960; tēaren (dat. pl.) LK. vii. 38; HORN (R.) 970; tere S. A. L. 163; comp. huni-tiar.

teche, see tache. **techen**, see tæchen.

tedir, see teþer. **teen**, see tēon.

tēȝe, sb., O.E. tēge, tȳge m., teag, = O.N. taug f.; tie, chain; teiȝe SAINTS (Ld.) xiv. 301; **tēis** (pl.) JOS. 504; **tēȝen** (dat. pl.) LAȝ. 20998; comp. **rake-tēȝe**.

tēȝ-doggue, sb., chained dog (ms. doggue) SAINTS(Ld.)xlv.301; teidoggeWICL. E.W. 252.

teȝele, sb., O.E. tigele, from Lat. tegula; tile, AYENB. 167; tigel GEN. & EX. 2552; tile CH. C. T. D 2105; der. tilette, tilin, tilare.

teghel-stān, sb., tile, brick, REL. I. 54; tielstoon WICL. IS. xvi. 11.

tēȝen, v., ? O.E. tēgan, tȳgan; tie, bind, HOM. II. 257; teien [tiȝe] LAȝ. 20997; teiȝen LANGL. A i. 94; tien B i. 96; (ms. teye) P. L. S. xxi. 130; PALL. iv. 752; **tēide** (pret.) A. R. 140; tiȝed [tied] C. L. 407; **tēiȝed**, teied (pple.) WILL. 3226, 3232; tiȝed A. P. i. 464; tighed ALIS. 779; teid CH. C. T. E 2432; comp. ȝe-, un-tēȝen.

teie, sb., O.Fr. teie, toie, from Lat. thēca, coffer, (ms. teye) 'theca' PR. P. 487; tie GOW. II. 246; S. S. (Wr.) 2951; DEGR. 552; biloken in hire teye R. S. vii (MISC. 190).

tēie, see tēȝe. **teil**, see tail.

tein, sb., O.E. tān, = M.Du. teen, O.N. teinn, Goth. tains, O.H.G. zein; thin plate of metal: a tein of silver CH. C. T. G 1225; teines (pl.) 1337.

teint, adj., O.Fr. taint; tinged, red, MAN. (F.) 10903.

teinten, v.; for ateinten; attaint; tainte YORK xxvi. 6.

teisen, v., O.Fr. teser, toiser (string a bow); poise a blow; **teisande** (pple.) MAN. (F.) 10906; he tāsit (pret.) þe vire fixed the bolt on the cross-bow BARB. v. 623; teised MAN. (F.) 12368.

teit, see tait.

tek, sb., cf. M.Du. tick, M.H.G. zic; tick; tek, or litille touche 'tactulus' PR. P. 487.

teke, see tike.

tel, sb., O.E. (ge-)tæl, = O.N. tal, O.L.G. (gi-)tal; number, A. R. 372; comp. ȝe-tel.

tēl, see tāle.

tēld, sb., O.E. teld, = M.Du. telde, O.N. tiald, O.H.G. zelt; from **tēlden**; covering, tent, LAȝ. 31384; M. ARTH. 2624; teld, tgel

tēme.

(=tield) GEN. & EX. 2025, 3769; telt PR. P. 488; telde MAN. (F.) 649; tild ALEX. (Sk.) 1343, 3860; **tēldes** [tealdes] (gen.) LAȝ. 26335; **tēlde** (dat.) IW. 2053; A. P. ii. 866; tēld [teldes] (pl.) LAȝ. 16462; telde (ms. teldes, r. w. velde) (gen. pl.) LAȝ. 17491; (ms. telden) 24436; **tēlden** (dat. pl.) LAȝ. 17367.

tēlden, v., O.E. (be-, ofer-)teldan (pple. tolden), = O.N. tialda (pret. tialdaða); pitch (a tent); erect; dwell; set (a trap); telde ALIS. 5067; tilden his musestock HOM. I. 53; tillen þe nettes A. R. 334; he tēldeð (pl.) þe grune HOM. II. 211; tildeð A. R. 334*; þei **tīldeden** ['tetenderunt'] (pret.) Absalon a tabernacle WICL. 2 KINGS xvi. 22; **tēlded** (pple.) GAW. 884; telded on lofte A. P. ii. 1342; teldit [iteldid, itilled] LANGL. A ii. 44; itælded LAȝ. 17489; a paviloun iteld he sigh LAUNF. 263; itild PALL. iv. 164; comp. bi-, over-tīlden; deriv. tēld.

tildunge, sb., setting of traps, A. R. 278.

tēle, sb., cf. M.Du. teelingh (qverqvedula); teal (bird), 'cercele,' VOC. 165; 'turcella, turbella' PR. P. 487; SQ. L. DEG. 320.

tēle[2], sb., ? = tile, sorcery: with cha(r)mes & with tele he is ibroȝt aȝein to hele MIRC 368.

tēlen, see tǣlen. **telien**, see tilien.

[**telle**, adj.], comp. **earfeð-telle**.]

tellen, v., O.E. tellan, = O.Fris. tella, O.L.G. tellian, O.N. telja, O.H.G. zellan; from tāle; tell, narrate; number; account; LAȝ. 14; ORM. 4550; GEN. & EX. 497; CH. C. T. B 247; telle O. & N. 293; HAV. 2615; AYENB. 17; OCTAV. (H.) 575; here nomes i shal telle SPEC. 104; him i **telle** (pres.) a loverd þat þus con bete bales A. D. 240; (þu) telest FER. 1578; telest, tellest JUL. 54, 55; (he) tele ð LK. xiv. 28; tele (imper.) HOM. I. 249; hit teldeð A. R. 74; telleþ [telþ] O. & N. 340; tel 133; tel [telle] LAȝ. 26089; **tealde** (pret.) HOM. II. 31; SHOR. 52; AYENB. 239; talde KATH. 1318; ORM. 1297; IW. 359; talde [tolde] LAȝ. 1350; tolde A. R. 66; LANGL. B v. 252; mo þen ten siþen told(e) i mi tax P. S. 151; twenti pund he þem tolde OCTAV. (H.) 587; he ne tolde þer of noȝt (thought nothing of it) ROB. (W.) 8636; tolde [telde] WICL. GEN. xl. 9; telde S. S. (Web.) 798; tolden GEN. & EX. 2221; þene mahum þe heo tolden (accounted) for god LAȝ. 231; **tēld** (pple.) PR. C. 213; told A. R. 356; he was for a kempe told HAV. 1036; teld RICH. 5345; comp. bi-, ȝe-tellen.

tellere, sb., teller, WILL. 334; comp. **tāle-teller**.

tellinge, sb., numbering, speaking, AYENB. 1; LANGL. C xxiii. 8.

telwin, v., O.N. telgja; cut, chop, 'reseco,' PR. P. 488.

tēm, see tēam.

tēme, sb., O.Fr. tesme, Gr. θίμα; theme, instruction, PR. P. 488; LANGL. A iii. 86; **tēmes** (pl.) ALEX. (Sk.) 2519.

tēmen, v., *O.E.* tēman, tȳman, *O.N.* teyma; *from* **tēam**; *lead, bring forth*: *to witnesse* . . . temen (*take*) P. L. S. viii. 54; teman FRAG. 8; þer to þu scalt teman (*draw*) LAȝ. 1265; he hehte Tennancius to Cornwale temen 7174; teamen H. M. 33; ȝho ne mihte tæmen (*conceive*) ORM. 130; teme O. & N. 499; H. S. 9546; A. P. iii. 316; innes for to teme & take MAN. (F.) 11177; i nul nout teme (? *contend*) SPEC. 32; timen GEN. & EX. 982; PL. CR. 742; **tēmeð** (*pres.*) A. R. 220; **tǖmde** (*pret.*) LAȝ. 27919; he temde (ms. temed) him to þe king *he appealed to the king* TRIST. 431; hine to hærre temden 1956.

tēminge, sb., *childbirth,* H. V. 4.

tēmin, v., *O.N.* tœma; *from* tōm; *prov.Eng.* teem; *make empty; pour out;* '*vacuo,*' PR. P. 488; **tēmes** (*pres.*) D. ARTH. 1801; þei teme sadils HALLIW. 857.

Temese, pr. n., *O.E.* Temese; *Thames,* ROB. 2; MAN. (F.) 4331; þa Temese LAȝ. 7404; Temse TREV. IV. 185.

témien, *see* **támien.**

temperance, sb., *Fr.* temperance; *temperance,* AYENB. 124.

tempeste, sb., *O.Fr.* tempeste; *tempest, plague,* MISC. 32; SAINTS (Ld.) xlv. 195; AYENB. 73; REL. I. 265; MAN. (F.) 2984.

temple, sb., *O.Fr.* temple, *O.E.* tempel; *temple,* PR. P. 488; LAȝ. 1137; KATH. 1489; þæt temple MAT. xii. 6.

templērs, sb., pl., *knights templar,* LANGL. *C* xviii. 209.

temporal, sb., *O.Fr.* temporel; *temporary, short lived,* WICL. MK. iv. 17.

temporalitē, sb., *O.Fr.* temporalité; *revenues of the church;* LANGL. *C* xxiii. 128; **temperaltēs** (*pl.*) LANGL. *B* xx. 127.

temprē, adj., *modified, temperate,* HAMP. PS. L 1*; cxxxvii. 5*.

tempren, v., *O.E.* temprian, *O.Fr.* temprer; *temper, moderate,* PL. CR. 743; tempre WICL. Ez. xxvi. 9; tempire ALEX. (Sk.) 3466; tempreþ (*pres.*) AYENB. 254; **tempred** (*pple.*) ORM. 2893; REL. I. 111.

temprūre, sb., *due proportion; moderation* : þe elementis . . . so travailed out of temperoure ALEX. (Sk.) 543.

tempten, *see* **tenten.**

temptour, sb., *O.Fr.* tempteor; *tempter,* CH. C. T. *D* 1655.

temse, sb., *cf. M.L.G.* temes, *M.Du.* tems; *temse, sieve,* VOC. 200; PR. P. 488.

temsin, v., *O.E.* temsian, = *M.Du.* temsen; *strain; pass through a sieve;* PR. P. 488.

tēn, card. num., *O.E.* tēn, tīen, tȳn, tēne, tȳne, = *O.Fris.* tian, tien, *O.N.* tiu, tio, *O.L.G.* tehan, *Goth.* taihun, *O.H.G.* zehan, zehani, *Lat.* decem, *Gr.* δέκα, *Ir., Gael.* deich, *Welsh* deg; *ten,* AYENB. 5; GREG. 115; ten, tene, A. R. 200, 244; SHOR. 92; ten siþen P. S. 151; bi tene 188; ten, tȝen (=tien) GEN. & EX. 1955, 3413; ten ȝer LAȝ. 2514; tene [ten] beoð inohȝe 3388; tene KATH. 794; BEK. 1851; teon, tien (ms. tyen) MAT. xviii. 24, xxv. 28; tien HOM. I. 219; *comp.* **eahte-, fēower-, fīf-, niȝen-, seven-, six-, þrēo-tēne.**

tēn-fōld, adj., *tenfold,* HOM. II. 135.

tēn, *see* **tēon.**

tenaunt, sb., *Fr.* tenant; *tenant,* LANGL. *B* vi. 39; **tenauntes** (*pl.*) *C* xviii. 45*.

tenche, sb., *O.Fr.* tenche; *tench,* VOC. 189; PR. P. 488; REL. I. 51.

tēnde, *see* **tēoþe.**

tenden, v., *O.E.* (on-)tendan, = *Goth.* tandjan; *set on fire, burn,* HOM. I. 81; tende [tiende] TREAT. 135 (SAINTS (Ld.) xlvi. 523); he shal teenden ['*incendet*'] WICL. EXOD. xxx. 7; tende PARTEN. 2136; tende (*pres. subj.*) A. R. 296; tende (*pret.*) S. S. (Wr.) 2183; hi tende here liȝt P. L. S. ix. 16; tendeden LANGL. *B* xviii. 238; itend (*pple.*) KATH. 197; TREV. III. 395; tend lowe ALEX. (Sk.) 4179; *comp.* **a-, on-tenden.**

tenden², v., *Fr.* tendre; *attend*; tende (? *for* atende) L. H. R. 120; ȝe tendiþ (*pres.*) to idelnes ['*vacatis otio*'] WICL. EX. v. 17.

tender, sb., *O.E.* tender; *tinder,* LANGL. *C* xx. 211*; *see* **tinder, tunder.**

tendoir, v., *Fr.* tendoir; *stretching frame*; tentoure PR. P. 489.

tendre, adj., *Fr.* tendre; *tender, delicate,* A. R. 372; HAV. 217; AYENB. 31.

tender-liche, adv., *tenderly,* TREV. II. 307.

tendren, v., *O.N.* tendra; *set on fire*: & feng his neb to rudnin ant tendrin JUL. 29; **tendreð** (*pres.*) H. M. 31.

tendrōn, sb., *Fr.* tendron; *tender shoot, bud,* PR. P. 488; PALL. iii. 774.

tēne, *see* **tēone.**

teneis, sb., *tennis;* '*teniludus,*' PR. P. 488.

tēnel, sb., *O.E.* tænel; *basket,* '*tenella, cartallus,*' PR. P. 489.

tenement, sb., *Fr.* tenement; *tenement,* PR. P. 488; E. G. 362.

tēnen, *see* **tēonen.**

Tenet, pr. n., *O.E.* Tenet; *Thanet,* ROB. 122; TREV. II. 43.

tenge, adj., *O.E.* (ge-)tenge, = *O.H.G.* (gi-)-zengi; *near to* : cludes h(e)ovene tenge (ms. tinge, r. w. genge) O. & N. 1001.

tenoun, sb., *Fr.* tenon; *tenon,* '*tenaculum,*' PR. P. 489.

tenour, sb., *meaning, contents,* ALEX. (Sk.) 3566, 4239; '*tenor*' PR. P. 489.

tenserie, sb., ? *for* * **censerie**; *extraordinary impost,* SAX. CHR. 262.

tentāciūn, sb., *O.Fr.* tentation; *temptation, trial*, A. R. 232.
tente, sb., *O.Fr.* tente, tende, *cf. Ital.* tenda; *tent*, '*tentorium*,' PR. P. 489; hor **tentes** (*pl.*) and hor pavilons ROB. 203; tentes LANGL. *A* ii. 44.
tente[2], sb., *O.Fr.* tente, *cf. Ital.* tenta; *probe*: tente of a wounde or a soore '*tenta*' PR. P. 489.
tente[3], sb., *for* **entente**; *intention*: tac tente ['*attende*'] WICL. PROV. vii. 24; DEP. R. ii. 92; tent P. L. S. xxv. 8; LIDG. M. P. 34; HAMP. PS. liv. 7.
tenten, v., *O.Fr.* tentèr, tempter; *stretch; try, tempt*, A. R. 236; tente ('*extendo*') cloth PR. P. 489; **temptide** (*pret.*) WICL. DAN. i. 14; **itented**, itempted (*pple.*) A. R. 226, 228; itouked and itented LANGL. *B* xv. 447.
tentoure, *see* **tendoir**.
tēnþe, *see* **tēoþe**.
teolie, teolien, *see* **tilie, tilien**.
tēon, v., *O.E.* tēon, = *O.L.G.* tiohan, Goth. tiuhan, *O.Fris.* tia, *O.N.**tiuga (*pple.* toginn), *O.H.G.* ziohan, ziuhan, *Lat.* dūcere; *lead, draw; go, mount*; LA3. 1831; C. L. 821; ALIS. 6954; teon [teo] KATH. 2129; teo O. & N. 1232; ALIS. 729; a þousend men ne mowe hire enes of þe stede teo P. L. S. xxi. 112; ten AR. & MER. 1435; towarde Egipte he gunne ten GEN. & EX. 1953; he wulde ꝥat he sulde hem ten ꝥat he wel ꝥewed sulde ben 1913; tee ROB. 40; RICH. 5137; LUD. COV. 33; te ORF. 280; M. ARTH. 1015; tuen H. H. 234; **tēo** (*pres.*) LEG. 48; tihþ O. & N. 1435; hit hine tið to þan bittre deꝥe HOM. I. 27; teoꝥ, teð HOM. II. 35, 37; **tīh** (*imper.*) LA3. 17416; **tīe** (*subj.*) JOHN vi. 44; ten REL. I. 246; **tēah**, teh (*pret.*) HOM. II. 139, 185; teh I. 129; teah (*ms.* tah), tæh, teih LA3. 640, 805, 21616; te3 FL. & BL. 617; teg GEN. & EX. 320; tei3 JOS. 57; AL. (T.) 449; tei3e ROB. (W.) 6579*; tei REL. II. 278; tigh GOW. II. 318; hio tugen LK. v. 11; tu3en, tuwen LA3. 1834, 2619; tuhen MARH. 22; **togen** (*pple.*) GEN. & EX. 3647; towen GAW. 1093; A. P. i. 251; *comp.* **a-, bi-, 3e-, ofer-, to-, wið-tēon**; *deriv.* **tē3e, tēam, to3e, to3en, toggen, tü3e, tü3el, tuggen, tuken, tuoken, tüht, tühten**.
tēon[2], v., *O.E.* tēon, = *Goth.* teihan, *O.H.G.* zīhan, *Lat.* dīcere; *accuse*: holi churche... þat me ti3þ (*pres.*) on BEK. 1180.
tēon, *see* **tēn**.
tēone, sb., *O.E.* tēona, = *O.L.G.* tiono; *? from* **tēon**; *vexation, injury*, A. R. 114; BEK. 829; ALIS. 2980; A. D. 291; þene teone FRAG. 6; ne do he þe nevre swa muchelne teone HOM. I. 15; wiðute teone & treie 193; for to don him teone MISC. 49; hi hedden teone and seorewe 89; teone [tone] and schame O. & N. 50; teone, tuone LA3. 176, 6013; teone [tene] KATH. (E) 402; tene ORM. 19866; GEN. & EX. 2992; HAV. 729; SHOR.

130; LANGL. *B* vi. 119; S. S. (W^r.) 1797; MAN. (F.) 8212; TRIAM. 345; PERC. 1345; M. ARTH. 1449; i lede mi lif wiþ tene and kare AN. LIT. 7; he livede in tene & wo L. H. R. 18; 3if i told(e) him treuli mi tene and min anger WILL. 552; tene [teene] CH. C. T. *A* 3106; tiene AYENB. 31; teine BARB. xviii. 233; tuene REL. I. 263; **tēonen** (*dat.*) LA3. 4362; **tēonen** (*acc.*) MAT. xx. 13; **tēonen** (*pl.*) LA3. 11689; H. M. 7.
tēon-ful, adj., *O.E.* tēonfull; *painful*, '*injuriosus*,' FRAG. 2; LA3. 4585; tenful WILL. 2666.
tēnful-lī, adv., *sorrowfully*, A. P. ii. 160.
tēonen, v., *O.E.* tēonian, tȳnan, = *O.L.G.* (ge-)tiunean, *O.Fris.* tiona, tiuna; *harm, irritate*; tenin PR. P. 489; **tene** GAW. 2002; S. S. (W^r.) 2434; H. S. 7443; EGL. 444; **tēne** (*pres.*) A. P. ii. 759; teoneð [teneð] KATH. (E.) 550; heo teoneð A. R. 118; alle wordes him tieneþ and greveþ AYENB. 142; teneþ LANGL. *B* xv. 412; þu **tēonedest** (*pret.*) MISC. 139; **tēned** (*pple.*) WILL. 1992; tenid REL. II. 196; DEP. R. iii. 81; *comp.* **a-, 3e-, of-tēonen**.
tēonðe, *see* **tēoþe**.
teorien, v., *O.E.* teorian, = *O.L.G.* (far-)terian, *? M.H.G.* zern; *tire*; tire TOWNL. 126; him **teoreþ** (*pres.*) his miht FRAG. 5; *comp.* **a-teorien**.
tēoþe, tēnde, sb., *O.E.* tēoða, tēogoða, *O.N.* tiundi, tiondi, = *O.L.G.* tehando, Goth. taihunda, *O.H.G.* zehanto; *tithe, tenth*; teoþ BEK 619; teþe SHOR. 101; teithe MIRC 347; tigeꝥe, tieꝥe HOM. II. 83, 137; tiþe LANGL. *B* xv. 480; A. P. ii. 216; tigꝥe, tende GEN. & EX. 597, 895; tend TOWNL. 9; C. M. 1062; tiþe, tenþe WILL. 4715, 5346; tende ORM. 2715; AYENB. 2; tend PR. C. 3990; teonꝥe HOM. I. 219; tenþe H. S. 2926; **tēndis** (*pl.*) and offrandis HAMP. PS. lxxviii. 1*; tendes W. & I. 78.
tēoþien, v., *O.E.* tēoðian, tiogoðian; *tithe, give a tenth*; teoþe (*ms.* theoþe) MISC. 77; teꝥien HOM. II. 215; teþen [tiþen] LANGL. *C* xiv. 73; teithe MIRC 349; tithin PR. P. 495; tende CATH. 379; **tēþe3ede** (*pret.*) ROB. 261; **itēoþeged** (*pple.*) A. R. 28.
tēoþere, sb., *tither*; **tiþeres** (*pl.*) CH. C. T. *D* 1312.
tēoþing, sb., *O.E.* tioðung; *tithing, title*, P. L. S. xii. 40; teþinge ROB. 267; E. G. 361; tiꝥinge HOM. II. 129; tiþing ['*decimationem*'] WICL. TOB. i. 7; teondunge LK. xviii. 12; **tēndingis** (*pl.*) GEST. R. 17.
teppe, *see* **tappe**. **tēr**, *see* **tēar**.
tercel, adj. & sb., *O.Fr.* tercel, terce; *? male hawk, ? male eagle*; tercel egle CH. P. F. 392, 449; the tercel gan she calle CH. P. F. 405; tercel hawk '*tercellus*' PR. P. 489; tercel tercelle VOC. (W. W.) 616, 701; terselle CATH. 380; these egles **teroels** (*pl.*) CH. P. F. 540.

tercelet, sb., *Fr.* tiercelet; *small hawk*, CH. C. T. *F* 504; **tercelets** (*pl.*) CH. P. F. 659.

tercian, adj., *Lat.* tertiāna; *tertian* (*fever*), LANGL. *A* xii. 80.

tere, sb., *O.E.* teru, teoru, = *M.Du.* tere, ? *O.N.* tiara; *tar*, VOC. 279; terre PR. P. 489; ter GEN. & EX. 662; tarre LANGL. *C* x. 262.

tēre, adj., *difficult, tiresome*, ALEX. 150; DEGR. 1409; ANT. ARTH. (R.) x; to tere ALEX. (Sk.) 4767; *see* **tōr**.

tēre², adj., ? *Fr.* (*Pic.*) tere (*tendre*); *fine*; tere (teer) flour ['*similae*'] TREV. III. 9; a sqvier tere HALLIW 859.

teren, v., = *M.L.G.* teren; *tar, cover with tar*; tere HAV. 707; terrin PR. P. 489; **terred** (*pple.*) GEN. & EX. 2596.

tēren, v., *O.E.* teran, = Goth. (ga-)tairan, *O.H.G.* zeran; *tear, tire, lacerate*, P. L. S. xxv. 150; tere ALIS. 5985; CH. C. T. *B* 1326; DEGR. 1688; tire FL. & BL. 736; tereþ (*prés.*) MISC. 67; he tireð on his ket REL. I. 218; tar (*pret.*) K. T. 100; AL. (T.) 146; and tar hire bi þan ere LAȝ. 25850*; sche tar hire her S. S. (Web.) 472; teren MAND. 81; ED. 3036; tiere LAȝ. 24843*; some . . . þe holi mannes clothes tere AL. (T.) 326; tōren (*pple.*) S. S. (Web.) 782; tore L. H. R. 143; *comp.* **to-tēren**.

terflen, v., *O.E.* tearflian; *wallow*, ['*volutabatur*']; **terflede** (*pret.*) MK. ix. 20.

terȝen, v., *O.E.* tergan, tyrgan, = *M.L.G.* tergen, *M.Du.* terghen (*vex, irritate*); *delay, hinder; provoke*; teriin '*irrito, moror*' terwin '*fatigo*' PR. P. 489; gef him . . . bilimpeð for to tirgen REL. I. 216; targe RQB. (W.) 2363; i wol not tarien you CH. C. T. *F* 73; tarie ALIS. 2010; tariȝ (*pres.*) MAND. 160; þat ȝe terren him to wraþþe ['*ut eum ad iracundiam provocetis*'] WICL. DEUT. iv. 25; he tarȝede a lute while P. L. S. xiii. 179; **taried** (*pret.*) ['*irritaverunt*'] PS. cv. 16; itaried ['*fatigatus*'] REL. I. 9.

terring, sb., *provocation, delaying*; **terringes** (*pl.*) WICL. 4 KINGS xxiii. 26; targinge ROB. (W.) 4216.

terme, sb., *O.Fr.* terme; *term, period*, A. R. 338; FL. & BL. 432; AYENB. 33; **termes** (*pl.*) *expressions* LANGL. *B* xii. 237; termis, teermes *ends* WICL. DAN. iv. 19, MAT. xxiv. 31.

terminen, sb., *O.Fr.* terminer; *determine, limit*; **termineth** (*pres.*) WICL. HEB. iv. 7; **termined** (*pple.*) WICL. 1 KINGS xx. 33; iterminet LANGL. *A* i. 95; termenid *C* ii. 93.

terminour, sb., *termination*; **terminours** (*pl.*) LANGL. *C* iv. 409*.

terne, sb., *O.N.* tiörn; *tarn, lake*, A. P. ii. 1041; D. TROY 11187; tarne AV. ARTH. x.

ternen, *see* **turnen**. **terre**, *see* **tere**.

terren, *see* **terȝen**.

Tervagant, pr. n., *O.Fr.* Tervagant; *an idol*, LAȝ. 13911.

terven, v., *O.E.* (ge-)tyrfian, = *O.H.G.* zerben; *roll*: truit & treget to helle schal terve L. H. R. 207.

testament, sb., *Fr.* testament; *testament*, AYENB. 191.

testēre, sb., *O.Fr.* testiere; *tester; head-piece; helmet*; teester of a bed PR. P. 489; testre ALEX. (Sk.) 4914; beddis **testēris** (*pl.*) WICL. E. W. 434; testeres CH. C. T. *A* 2499.

testif, adj., *testy, headstrong*, CH. C. T. *A* 4004.

testifien, v., *testify, preach*, LANGL. *B* xiii. 93.

teter, sb., *O.E.* teter, *cf. O.H.G.* zitaroch (*impetigo*); *tetter*, VOC. 267; **tetres** [teteres] (*pl.*) TREV. II. 61.

teter-wert, sb., *celandine*, LEECHD. III. 346.

tette, *see* **titte**.

tēþe, tēðien, *see* **tēoþe, tēoþien**.

teþer, sb., *O.N.* tioðr, = *O.Fris.* tiader, tieder; *tether*; tedir VOC. 234.

teþren, v., *O.N.* tioðra, *cf. L.G.* tudern; *tether*; **teþrid** (*printed* teyryd) (*pple.*) ERC. 437.

tew, tewen, *see* **tawe, tawen**.

texte, sb., *O.Fr.* texte; *text, saying*; text CH. C. T. *B* 45; CATH. 380; text LANGL. *C* ii. 202; *B* ii. 121; tixte LANGL. *B* x. 270.

textual, adj., ? *O.Fr.* textuel; *literal*, CH. C. T. *I* 57.

tīar, *see* **tēar**.

ticchen, sb., *O.E.* ticcen; *cf.* ? *O.H.G.* zikki; *kid*,' *hoedus*,' FRAG. 3; A. R. 100; (*ms.* tycchen) LK. xv. 29; **ticchenan** (*dat. pl.*) MAT. xxv. 32.

tīd, tīt, adv., *cf. O.N.* tīðr (*frequent*) *neut.* tītt (*frequently, quickly*); *quickly*; tid, tit WILL. 1013, 4167; tit GOW. II. 320; H. S. 1764; TOR. 2063; PR. C. 1914; M. ARTH. 3713; *also* tīd, als tit, as tit *immediately* A. P. ii. 64; LANGL. *B* xiii. 319; AMAD. (R.) lvi; **tittire** (*comp.*) ALEX. (Sk.) 2519.

tīd-līche, adv., *O.N.* tīðliga; *quickly*, JUL. 58; KATH. 1956*; tidlike GEN. & EX. 1231; titli LANGL. *C* ii. 92*, xxi. 469*.

tīde, sb., *O.E.* tīd, = *O.L.G., O.Fris.* tīd, *O.N.* tīð *f., O.H.G.* zīt *f. n.; tide, time, season, hour*, FRAG. 1; MARH. 18; O. & N. 489; WILL. 859; PR. C. 379; þeos tide HOM. I. 89; þ(e)o tid 87; þe tide is wel neih icume MISC. 42; þe tide is ebbid H. V. 69; eche tide . . . of þe dai BRD. 10; al tide PS. lxxviii. 4; sum tide MIN. i. 17; it chaungeþ as þe tide CH. C. T. *B* 1134; tid ORM. 13402; ðe holie tid þat me c'epeð advent HOM. II. 3; it sal ben ðe laste tid GEN. & EX. 263; **tide** (*dat.*) GOW. I. 133; AM. & AMIL. 281; an are tide LAȝ. 14924; in þe same tide LIDG. TH. 3409; **tide** (*pl.*)

tide.

HOM. I. 89; O. & N. 26; hadde he ibeon þer anne dai oþer twa bare tide P. L. S. viii. 70; þare tide ['*temporum*'] MAT. xvi. 3; **tīden** (*dat. pl.*) A. R. 22; *comp.* būrð-, ēven-, hēȝ-, herfest-, lenten-, mēl-, morȝen-, nōn-, sumer-, ūhten-, undern-, winter-tide.

tīde-ful, adj., *seasonable* : in tideful time HAMP. PS. xxxi. 7.

  tidfulnes, sb., *times of necessity*, HAMP. PS. ix. 9*.

tīden, v., *O.E.* tīdan, *O.N.* tīða; *betide, happen*, JOS. 392; CH. C. T. *B* 337; tidin PR. P. 493; tide WILL. 3017; HOCCL. vi. 39; **tīdeþ** (*pres.*) BEK. 1928; tid LANGL. *C* xiv. 213*; tit MARG. 308; S. S. (Web.) 292; P. S. 334; Aþulf tit no wounde HORN (R.) 1352; him ne tit non oþer mede P. L. S. xii. 48; **tīde** (*subj.*) A. D. 294; **tidde** (*pret.*) CHR. E. 542; WILL. 198; *comp.* bi-, ȝe-, mis-tīden.

tider, *see* þider.

tīdi, adj.,=*M.Du.* tijdigh, *M.L.G.* tīdich, *O.H.G.* zītīg, *mod.Eng.* tidy; *seasonable; honest*; GEN. & EX. 2105; LANGL. *B* ix. 104; WICL. JAS. v. 7; PARTEN. 5722; þe tidi child WILL. 160; *comp.* un-tīdi.

tīdinde, tīdende, tīðinde, sb., *O.N.* tīðindi; *message*, LAȜ. 2052, 3734, 5153; tiþende ORM. DEDIC. 158.

tīdinge, sb.,=*Du.* tijding, *Ger.* zeitung; *event, tidings, message*, LAȜ. 24907; H. M. 45; S. S. (Web.) 423; tiding GEN. & EX. 407; bringe heom l(e)ove tidinge [tiþinge] O. & N. 1035; tiding, tiþing ROB. 79, 172; tiþinge A. R. 70; tiþinge BEK. 1527; **tīðinge** (*pl.*) HOM. II. 33.

tidive, sb., *? some small bird*; **tidives** (*pl.*) CH. C. T. *F* 648.

tidren, *see* tūdren. **tīe,** *see* tēȝe.

tiel, *see* tūȝel. **tiele,** *see* teȝele.

tien, *see* tēn. **tīen,** *see* tēȝen.

tīene, *see* tēone. **tier,** *see* tēar.

tiffen, sb., *O.Fr.* tiffer (*orner*); *adorn, carve*, ALIS. 4109; GAW. 1129; **tiffed** (*pple.*) WILL. 1725; ALEX. (Sk.) 4465.

  tiffung, sb., *finery*, A. R. 420*.

[-tiȝ, *suffix*, *O.E.* -tig,=*O.N.* -tigr, *Goth.* *tigus (*pl.* tigjus), *O.H.G.* -zig; -*ty*; *comp.* ahte-, fēower-, fif-, niȝen-, seven-, six-, þri-tiȝ (-ti).]

tiȝe, *see* tūȝe. **tiȝel,** *see* tūȝel.

tiȝele, *see* teȝele. **tiȝen,** *see* tēȝen.

tīgre, sb., *Fr.* tigre; *tiger*, CH. C. T. *A* 1657; **tigirs,** tigris (*pl.*) ALEX. (Sk.) 3850, 3573.

tiȝten, *see* tihten.

tiht, sb., *O.E.* tiht; *from* tēon; *accusation*; ? tiȝt M. T. 163.

tiht, *see* tūht.

tiht, adj.,=þīht; *thick, dense* : a wod(e) þat wase full tight TOR. (A.) 589.

tiȝt-lī, adv., *tightly*, WILL. 66.

tilien.

tihten, v., *? Ger.* tichten, dichten (*think*); *devise, ? intend*; **tiȝt** (*pres.*) GAW. 2483; þe sones of Israel . . . tiȝten shiltron WICL. JUDG. xx. 33; þe foli þat his breþeren tiȝt(e) C. M. 4124; **tiht** (*ms.* thit) (*pple.*) HAV. 2990; tiȝt P. R. L. P. 177; tight OCTOV. (W.) 1476; AM. & AMIL. 1697; IW. 111; itiȝt PL. CR. 168; itiȝt he hadde his paviloun GREG. 565; *see* **dihten**.

tihten, *see* tūhten.

tīke, sb., *? O.E.* ticia, *cf. M.L.G., M.Du.* teke, *O.H.G.* zeche; *tick* (*insect*), PR. P. 493; P. S. 238; teke VOC. 255.

tīke, sb., *O.N.* tīk, *prov. Eng.* tike; *dog; rustic*; **tīkes** (*pl.*) LANGL. *B* xix. 37; D. ARTH. 3642.

tikel, adj., *ticklish*; *frail, wanton*; LANGL. *A* iii. 126; A. D. 237; CH. C. T. *A* 3428; MAN. (F.) 13413; tikil '*titillosus*' PR. P. 493; tekil LUD. COV. 134.

tikelin, v., *tickle*, '*titillo*,' PR. P. 493; **tikled** [tikeled] (*pret.*) CH. C. T. *D* 395; tikelid HOCCL. i. 204.

til, prep., *O.N.* til,=*O.Fris.*, til; *till, to*, GEN. & EX. 85; HAV. 141; SPEC. 30; LANGL. *A* i. 95; WICL. JOHN xvi. 24; M. H. 3; til hi iafen up here castles SAX. CHR. 261; he seȝde þus til him ORM. 803; goþ til him WILL. 266; til Athenes CH. C. T. *A* 2964; if he be til god bousom PR. C. 85; til þat men com KATH. 719 [(E.) aðet me come]; til þat he scholde to hevene wende C. L. 44; til þat it be night GOW. II. 109; til ORM. 10229; *comp.* in-, on-, un-til.

tilden, *see* telden.

tile, sb.,=*O.H.G.* zila (*studium*); *cultivation; produce; goods* : so mikel wex his tile GEN. & EX. 1519; *see* **tēle**.

til-man, sb.,=*M.Du.* teelman; *cultivator*, '*cultor*,' VOC. 218; ANGL. I. 314; tilmon D. TROY 2462; **tilmen** (*pl.*) C. M. 4696.

Tile, pr. n., *O.E.* Tile; *Thule*, TREV. I. 325; CH. BOET. iii. 5 (77).

tīle, *see* teȝele.

tīlette, sb., *small tile*, PALL. vi. 195.

til-hēwen, v., *for* to-hēwen; *hew, cut up*; till hēwit (*pret.*) BARB. ii. 381; **tillhēwin** (*pple.*) BARB. xx. 367.

tilie, sb., *O.E.* tilia; *cultivator*, HOM. II. 181; teolie HOM. I. 133; tilien (*pl.*) MK. xii. 7; A. R. 416; REL. I. 129; (HOM. II. 163); *comp.* eorðe-, lond-tilie.

tilien, v., *O.E.* tilian, teolian (*study, strive, cultivate*), *cf. O.L.G.* tilian, *O.Fris.* tilia, *M.L.G., M.Du.* telen (*cultivate*), *O.H.G.* zilēn (*study, strive*); *till*, LAȜ. 2618; A. R. 384; PL. CR. 743; tilien [tulien] þe eorþe LANGL. *A* viii. 2, *B* vii. 2; tilie ROB. 21; tilen REL. l. 210; GEN. & EX. 363; teolien S. A. L. 149; teolie LEB. JES. 245; tulien HOM. II. 155; to teoliende efter istreone I. 133; **tīleð** (*pres.*)

A. R. 78; þei tilen not þe lond MAND. 64; **ilede** (*pret.*) SAX. CHR. 262; ure loverd more þen two and þritti ʒer tiled(e) efter hore luve A. R. 404; tileden LAʒ. 1940; no mete ne tiliden [teleden] LANGL. B xiv. 67; tilede here liflode ROB. 41; tiled (*pple.*) SAX. CHR. 262; MAN. (F.) 1854; *comp.* ʒe-tilien.

tiliere, sb., = *M.L.G.* teler; *tiller, farmer*, GEN. & EX. 1482; DEP. R. i. 54; teoliare LEB. JES. 589; *comp.* erþe-tiliere.

tilunge, sb., *O.E.* tilung, teolung, = *M.L.G.* telinge, *M.Du.* teelinghe; *husbandry; culture; sorcery*; A. R. 296; wichecraft and telinge MIRC 360; teliinge SHOR. 95; tuliinge LANGL. B xiv. 63; **telinges** (*pl.*) TREV. III. 265; teolunges A. R. 208.

tílin, v., *from* teʒele; *tile*, PR. P. 494.

tilare, sb., *tiler*, PR. P. 494.

tillen, v., *O.E.* (ge-)tillan, = *O.H.G.* *zillan (*pret.* zilta); *touch, reach, extend*; tille TREV. III. 131; alle þat he miʒt(e) tille FER. 59; to fraude wild(e) he never tille MAN. (H.) 128; **tilde** (*pret.*) TREV. V. 193; þe leome þat tilde westward ROB. 152; þe niþer(e) ende tilde to his chinne BRD. 24.

tillen, see **tüllen**, té den.

tilten, v., *mod.Eng.* tilt; *be overthrown*: þis ilk(e) toun schal tilte to grounde A. P. iii. 361; **tiltis** (*pres.*) ALEX. (Sk.) 1303; feole temples ... **tülten** (*pret.*) to þe eorþe JOS. 100.

tilðe, sb., *O.E.* tilð; *tilth, culture, toil; produce*; A. R. 78; tilþe P. L. S. viii. 29; CHR. E. 20; Gow. II. 190; LANGL. B xix. 430; þe tilþe of riʒtfulnesse schal be stilnesse WICL. IS. xxxii. 17; *comp.* ʒe-tilðe.

timber, sb., *O.E.* timber, = *O. Fris.* timber, *O.N.* timbr, *O.H.G.* zimbar; *timber, material*, LAʒ. 22929; CH. C. T. A 3666; timbre LANGL. B xix. 316.

timbre, sb., *O.Fr.* timbre; *tambourine*, A. P. ii. 1414; ['*tympanum*'] WICL. IS. v. 12; timbir, litil taboure '*tempanillum*' PR. P. 494; timbre [tembre] *helmet-crest* ALEX. (Sk.) 1230; **timbres** (*pl.*) ALIS. 191.

timbrien, v., *O.E.* timbrian,= *O.N.* timbra, *O.H.G.* zimberēn; *build*, LAʒ. 5940; timbren A. R. 124; ORM. 13368; timbre LANGL. B xi. 352; timbred (*pple.*) WILL. 2015; *comp.* ʒe-timbrien.

timbrunge, sb., *O.E.* timbrunge; *building*, HOM. I. 93; A. R. 124; timbringe HOM. I. 227.

time, sb., *Lat.* thȳmus; *thyme*, PR. P. 494.

time[2], sb., *O.E.* tīma, = *O.N.* tīmi; *time*, ORM. 63; HAV. 1714; SHOR. 83; SAINTS (Ld.) xlvi. 606; CH. C. T. A 35; þa þe time com LAʒ. 291; þene time REL. I. 175 (MISC. 112); sum time A. R. 92; er tīman (*dat.*) HOM. I. 103; on þan timen LAʒ. 9668; an ane timen 30068; on ane time 30064; on a time KATH. 2; on rihte time HOM. I. 133; bī time (*betimes*) he aros P. L. S. xii. 118; in olde time AL. (L.[1]) 2; be time GENER. 522; tīmen (*pl.*) C. L. 1403; time HOM. II. 3; fele times LANGL. B xiii. 330; *comp.* æven-, hervest-, lif-, sumer-, un-, winter-time.

tim-lich, adj., *timely, seasonable*, AYENB. 44; **tīmlīche** (*adv.*) HOM. I. 25; LAʒ. 31369; JUL. 9; A. D. 261; timeli JOS. 415; timlūker (*compar.*) KATH. 2117.

tīmen, v., *O. E.* (ge-)tīmian, = *O.N.* tīma; *happen; befall*: us sal timen ȝe betre sped GEN. & EX. 3820; hit timeð H. M. 35; so me wel time WILL. 3570; timede (*pret.*) D. ARTH. 3150; *comp.* bi-, ʒe-timen.

timinge, sb., *accident, event*, GEN. & EX. 31; timing HORN (H.) 166.

tīmen, see **tēmen**.

timpan, sb., *Lat.* tympanum; *drum*, WICL. EX. xv. 20; timpan C. M. 21309.

tin, sb., *O.E.* tin,= *O.N.* tin, *M.Du.* tin, ten, *O.H.G.* zin; *tin*, REL. I. 129; ROB. 6; PL. CR. 195; E. G. 358.

tinclen, v., *O.E.* tinclan (*tinkle*); *tinkle, tingle*; boþe his eeris shulen tinclen WICL. 1 KINGS iii. 11; **tenclis** (*printed* tenelis) [tinkill] (*pres. pl.*) ALEX. (Sk.) 1385.

tind, sb., *O.E.* tind, = *O.N.* tindr, *M.L.G.* tinde; *M.H.G.* zint; *tine, tooth*, TRIST. 507; tínde (*dat.*) A. P. i. 78; LIDG. M. P. 203; **tindes** (*pl.*) A. R. 354; tindes of harowis ALEX. 3908; tindis TRIAM. 1085.

tinder, sb., *O.E.* tynder; *tinder*, LAʒ. 29267; see tunder.

tine, adj., *tiny*: a litil tine egg ALEX. (Sk.) 507; littell tine child LUD. COV. 414.

tīnen, v., *O.N.* tȳna; *lose*; tine WILL. 299; LANGL. B i. 112; APOL. 43; MIN. x. 18; AMAD. (R.) lxiv; PERC. 911; M. H. 73; þu tīnes (*pres.*) GEN. & EX. 3518; he tines PR. C. 2027; þei tine MAN. (F.) 4514; tīne (*subj.*) PS. xxv. 9; tinte (*pret.*) HAV. 2023.

tīnen, see **tūnen**.

tinglen, v., *cf. M.Du.* tinghelen; *tingle, tinkle*: hise eeris tingle ['*tinniant*'] (*subj.*) WICL. JER. xix. 3; **tinglinge** (*pple.*) 1 COR. xiii. 1*.

tinken, v.; *make a tinkling noise*; **tinkinge** (*pple.*) WICL. 1 COR. xiii. 1.

tinkere, sb., *tinker*, LANGL. A v. 160; tin-kare '*tintinarius*' PR. P. 494.

tinnen, adj., *O.E.* tinen, tinnen, = *O.H.G.* zinīn; *made of tin*, PALL. vi. 99.

tinnin, v., *tin, cover with tin*, PR. P. 494; tinned (*pple.*) CH. H. F. 1482.

tinsel, sb., *loss, ruin*, C. M. 916; MAN. (F.) 9836*; tinsale BARB. V. 455; tinsill HAMP. PS. lxxxvii. 12.

tinte, sb., *O.N.* tinta (*pint, small bottle*); *a vessel holding half a bushel*, PR. P. 494.

tintreȝe, sb., *O.E.* tintrege; *torment*; tintrehe, tintreohe KATH. 404, 620; **tintreohen** (*pl.*) HOM. I. 261.

tintreȝen, v., *O.E.* tintregian; *torment*; tintraȝeð (*ms.* tintraȝed) (*pres.*) HOM. I. 13.

tip, sb., *cf. Du., Dan.* tip, *M.H.G.* zipf; *tip; extremity*: tip of the nese '*pirula*' PR. P. 494; vort þe nede tippe A. R. 338.

tippen, v., *tip*: a staf tipped (*pple.*) wiþ horn CH. C. T. *D* 1740; þose traitoures arn tipped (*consummate*) schrewes A. P. iii. 78.

tippen², v., *cf. Sw.* tippa; *overthrow*: tipe doun ȝonder toun A. P. iii. 506.

tippet, sb., *? O.E.* tæppet; *tippet*, MAN. (H.) 280; tipett '*liripipium*' PR. P. 494; tipet [tepet] CH. C. T. *A* 233; tipit VOC. 238.

tir, sb., *for* atir; *attire, equipment*, WILL. 1725; tire ROB (W.) 1188*.

tīr, sb., *O.E.* tīr, tȳr, = *O.L.G.* tīr, *O.N.* tīrr; *glory, authority*, LAȜ. 2051, 4237.

tīr-ful, adj., *mighty*: þe tirfulle feond LAȜ. 2893.

tīr, *see* tēar.

tirannie, sb., *O.Fr.* tirannie; *tyranny*, CH. C. T. *A* 941.

tirant, sb., *O.Fr.* tirant; *tyrant*, ROB. 374; tiraunt LANGL. *C* xxiii. 60; **tirauntes** (*pl.*) DEP. R. i. 54; tirauns LANGL. *C* iii. 211.

tirantrie, sb., *tyranny*; terauntrie PR. P. 488; (*ms.* tirauntire: *? read* tirauntrie *or* tirauntise) A. P. ii. 187.

tirdil, sb., *O.E.* tyrdel (LEECHD. II. 408); *diminut. of* tord; *dung, ? dunghill*, '*rudus*,' PR. P. 494; tr:dels (*pl.*) REL. I. 53.

tiren, *see* teren.

tirf (? tirfe), sb., *turning up of a hat or sleeve*. PR. P. 494.

tirȝen, *see* terȝen.

tirnen, *see* turnen.   **tirpeil**, *see* trepeil.

Tīsdæi, *see under* Tīu.

tisen, v., *O.Fr.* tiser; *entice*; tise TRIAM. 107; **tisen** (*pres.*) LANGL. *C* viii. 91*; **tised** (*pret.*) MIRC 1424.

tisik, sb., *O.Fr.* tisique, *from Lat.* phthisica; *phthisis, consumption*, PR. P. 494; tisike 389.

[**tit**, sb., = *O.N.* tittr; *small bird*.]

tit-māse, sb., *titmouse*, VOC. 188; titemose VOC. 165; PR. P. 494.

tīt, *see* tīd.

[**titelen**, v., *tattle*.]

titelere, sb., *tattler*; **titeleres** (*pl.*) LANGL. *B* xx. 297; tituleris DEP. R. iv. 57.

[**titeren**, v., *cf. O.N.* titra, *M.H.G.* zitern (*tremble*), *mod.Eng.* titter.]

titerere, sb., *tattler*; **titereres** (*pl.*) LANGL. *B* xx. 297, *C* xxiii. 299.

title, sb., *O.Fr.* title; *title, claim; tittle*; LANGL. *C* xiv. 106; titel [titil] ['*apex*'] WICL MAT. v. 18.

titler, sb., *? hound*; **titleres** (*pl.*) GAW. 1726.

titte, sb., *O.E.* titt, = *M.L.G., M.Du.* titte, *M.H.G.* zitze; *teat*; tette GEN. & EX. 2621; tete '*uber*' PR. P. 489; GOW. I. 268; CH. C. T. *A* 3704; **tittes** (*pl.*) LAȜ. 5025; KATH. 2129; A. R. 330; SPEC. 35; **titten** (*dat. pl.*) LAȜ. 11936.

titte², sb., *pull, tug*, PR. C. 1915; tit WINT. viii. 2037.

titten, v., *pull tightly*: in strang pains be streined and titted (*pple.*) PR. C. 7216.

tīðe, adj., *O.E.* tīða; *sharing in*: ben (þere) bene tīðe HOM. II. 27.

tīþe, *see* tēoþe.

tīðen, v., *O.E.* tīðian, tȳðian, = *O.L.G.* tvīthōn, *M.H.G.* (ge-)zwīden; *concede, grant*; tiþe ROB. 114; tīþe (*pres.*) LUD. COV. 35; tiþeþ ORM. 5365; tuðe me mine bone HOM. I. 207; tīðed (*pple.*) HOM. II. 135; tid C. M. 10966; *comp.* ȝe-tūðen.

tīþien, *see* tēoþien.   **tīðinde**, *see* tīdinde.

tīðinge, *see* tīdinge.

Tīu, sb., *O.E.* Tīw, = *O.N.* Tȳr; *Mars*; **Tīwes dai** [*O.Fris.* Tīwes dæg, = *O.Fris.* Ties dei, *O.N.* Tȳs dagr, *O.H.G.* Zies tag] *Tuesday* BEK. 2462; AR. & MER. 8787; Tīwes niȝth (*r.* niȝt) DAV. DR. 43; Tisdæi, Tisdei LAȜ. 13924*, 13932.

[**to-, te-**, prefix, *O.E.* to-, *O.Fris.* to-, te-, ti-, *O.L.G.* te-, ti-, *O.H.G.* zar-, zer-, zir-, za-, ze-, zi-, *?Goth.* twis-, *Lat.* dis-; *to-, asunder, apart.*]

tō, prep., & adv., *O.E.* tō, = *O.L.G., O.Fris.* tō, te, *O.H.G.* zuo, zo, za, ze; *to*; ȝif eni man seið eawiht to eou HOM. I. 3; þeo þat ham to (*v. r.* to heom) luteð KATH. 1781; gað to bedde LAȜ. 711; þat gærsume þe scolde þe to cume 10509; Sæxes him sette to 15276; cum to me A. R. 98; valleð to þer eorðe 18; godes engel com him to ORM. 143; his soule mote cume to hevene MISC. 155; he ... ȝede to londe HORN (L.) 1022; þan he was to þe erþe brouth HAV. 248; he ... steigh to hevene MAND. 133; þeo men þe ic þene herm to dude (*to whom I did the harm*) HOM. I. 31; þær it to bilimpeþ ORM. 1657; make hine to kinge *make him king* LAȜ. 11468; þa hine to monne iber 65; to preoste ihoded O. & N. 1311; me ches him to kinge ROB. 302; cheosen him to lemmon SPEC. 62; þeo þet is iwend to wulvene A. R. 120; demde hire te deaðe MARH. 19; þa he to (*for*) bisne nom LAȜ. 30; habben to wife 145; ȝeve ... to wive CH. C. T. *A* 1860; that i might borow(e) it to this dede M. ARTH. 172; he hem gaf to andswere HOM. II. 81; tac þe rode to þi staf SPEC. 106; werp nu to token dun ðat wand GEN. & EX. 2803; him to luve, to wurþscipe HOM. I. 5; mare hit him deð to herme þenne to gode 27 ; and warni men to h(e)ore note O. & N. 330 ; ever ich brewestere . . . þat breweþ to (for) sale E. G. 354 ; þat þai be sold . . . to (at) as hie pris ne hit mai E. W. 70 ; efre forð to domes dei HOM. I. 45 ; heo him wolden beon liǩe a to heore live LAȝ. 10017 ; ævere to his live 10396 ; hi is zik to þe diaþe AYENB. 197 ; to (for to) þam until) we be gon TOWNL. 64 ; tō dei to-day HOM. I. 3 ; to dai A. R. 278 ; te dai MISC. 33 ; to dæi, to daie LAȝ. 5442, 25908 ; tō morgen to-morrow GEN. & EX. 3017 ; tō niȝt to-night BEK. 1574 ; to middelnihte at midnight O. & N. 731 ; teven (=te even) at even AYENB. 51 ; to ȝere this year LAȝ. 8039 ; P. S. 214 ; þe king gon to spekene LAȝ. 24722 ; hwat heo haveð to donne A. R. 52 ; to luvien JUL. 5 ; ta like 37 ; þat is te cumen HOM. II. 5 ; þa . . . iwende godes engel to HOM. I. 87 ; alle heo hiȝeden to LAȝ. 2317 ; stercliche (heo) to stopen 9798 ; þa Bruttes to ræsden 26645 ; it was . . . toiled to and fro MAP 338 ; hie tuneð to hire fif gaten HOM. II. 181 ; schutteð al þet þurl to A. R. 96 ; and stek to þe dore S. S. (Wr.) 1398 ; to (too) softe ORM. 2899 ; to longe P. L. S. viii. 178 ; to strang AYENB. 51 ; to too, also MAT. v. 40 ; WILL. 11 ; too badde is mi witte 5024 ; comp. in-, on-, un-tō.

tō, see tā, twā.

tō-ayēns, prep., against, AYENB. 10.

to-bēaten, v., O.E. tobēatan ; beat severely ; **tobēteþ** (pres.) LAȝ. 3308 ; O. & N. 1610 ; **tobēot** (pret.) P. L. S. xxiii. 53 ; ase me tobeot his cheoken A. R. 106.

to-belle, v., swell extremely, BEV. 2656 ; **tobollen** (pple.) A. R. 122 ; him wæren fet & þeos tobollen & toblawen ORM. 8080 ; tobollen, -bolle LANGL. B v. 84.

to-bēren, v., O.E. toberan ; bear asunder ; **tebeoreð** (pres.) H. M. 31 ; **tobar** (pret.) GEN. & EX. 2146 ; hou his sustren hem tobeeren C. L. 522 ; **tobōren** (pple.) C. L. 49.

tō-bilimpen, v., belong to ; **tōbilimpeþ** (pres.) ORM. 1657.

to-bīten, v.,=M.L.G. tobīten, M.H.G. zerbīzen ; bite in pieces ; **tobōt** (pret.) ANGL. I. 318.

to-blāsten, v., blast asunder ; **toblǣst(e)** (pret.) MAN. (F.) 9293.

to-blāwen, v., O.E. toblāwan ; inflate ; **toblāwen** (pple.) ORM. 8080 ; toblowen & tobollen A. R. 122.

to-brǣden, v., O.E. tobrǣdan ; spread out ; hio **tobrēdeð** (pres.) MAT. xxiii. 5 ; **tobrēddest** (pret.) PS. xvii. 37.

to-breiden, v., O.E. tobregdan ; draw asunder ; **tobraid** (pret.) GOW. II. 53 ; WICL. LK. ix. 42 ; tobreid AL. (L.¹) 396 ; **tobróde** (pple.) O. & N. 1008.

to-brēken, v., O.E. tobrecan,=O.Fris. to-, tebreka, O.H.G. zebrechan ; break in pieces ; be hine up bræid swulc he hine tobreken wolde LAȝ. 16520 ; tobreocan HOM. I. 127 ; tobreke O. & N. 1554 ; S. S. (Wr.) 301 ; WICL. LK. xx. 18 ; H. V. 29 ; **tobrékeð** (pres.) A. R. 164 ; tobrekeþ AYENB. 64 ; **tobrao** (pret.) LEG. 12 ; tobrak WILL. 3237 ; ALIS. 570 ; GOW. III. 296 ; **tobróke** (pple.) LANGL. B vii. 28.

to-brēsten, v., O.E. toberstan,=O.L.G. tebrestan, O.H.G. za-, ze-, ziprestan ; burst asunder, ORM. 16147 ; tobreste DEGR. 1509 ; **toberſteð** (pres.) A. R. 214 ; **toberste** (subj.) O. & N. 122 ; **tobraſt** (pret.) SACR. 48 ; tobrast, -barst WICL. DEEDS i. 18 ; tobarst LAȝ. 1921 ; MARH. 10 ; WILL. 374 ; ALIS. 2325 ; toborsten JOS. 509 ; toborste LAȝ. 5926* ; (printed toberste) MARG. 243 ; **tobroſten** (pple.) CH. C. T. A 2691.

to-brūsen, v., O.E. tobrȳsan ; bruise in pieces ; tobrisen ORM. 12032 ; **tobrūsede** (pret.) WICL. 4 KINGS xviii. 4 ; **tobrised** (pple.) MAT. xxi. 44 ; HAV. 1950.

to-brütnen, v., break up ; **tobrittenith** (pres.) PARTON. 596 ; **tobritned** (ms. tobrittnedd) (pple.) ORM. 9468.

to-brütten, v., O.E. tobryttan ; break up ; **tobrütte** (pret.) LAȝ. 1602.

to-būnen, v., beat severely : and þe totorveþ and tobūneþ (pres.) O. & N. 1166 ; so tobete and so tobōned (pple.) SHOR. 85.

to-büsten, v., ? beat, bruise greatly : and me tobüsteþ [toburste(þ)] (pres.) and tobeteþ O. & N. 1610.

to-chēowen, v., O.E. tocēowan ; chew in pieces ; **tochēoweð** (pres.) & tovret A. R. 202 ; (heo) tocheoweð HOM. I. 251.

to-chīnen, v., O.E. tocīnan ; split up ; tochine O. & N. 1565 ; **tochīneð** (pres.) HOM. II. 199 ; tochān (pret.) HOM. I. 141 ; þa heorte tochan [tochon] LAȝ. 21235 ; tochon FER. 3001 ; þe roche tochon MISC. 92 ; toc(h)oon ALIS. 573 ; tochine (pple.) ORF. 260.

to-clateren, v., shatter in pieces ; **toclatirſ** (pres.) ALEX. (Sk.) 799 ; **toolatered** (pple.) WILL. 2858 ; þai had hit al toclatrid FER. 897.

to-clēoven, v., O.E. toclēofan, = O.H.G. zechliuban ; cleave asunder ; tocleve AYENB. 56 ; LANGL. B xii. 141 ; CH. TRO. v. 613 ; **toclēf** (pret.) ORM. 14798 ; toclef ROB. 186 ; GOW. III. 296 ; þe naddre toclef LEG. 54 ; tocleef TREV. VII. 463 ; tocluven LAȝ. 1920 ; toclove L. H. R. 137 ; **toolóven** (pple.) JOS. 516 ; L. H. R. 142.

to-combren, v., discomfit ; **tocombirſ** (pres.) ALEX. (Sk.) 1302.

tō-comen, v., come together ; **tōcomen** (pret. pl.) LANGL. C xxii. 343.

tō-coming, adj., future, ['ventura'] WICL. PS. xxi. 34.

to-cruschen, v., crush in pieces ; tocrusshe HAV. 1992 ; þe walles tobreke & al **tocruschede** (pple.) FER. 5153.

tō-cūme, sb., *O.E.* tōcyme; *coming*, HOM. I. 89; tocom(e) M. H. 8.

tō-cwēme, adv., *agreeably*, ORM. 1087.

to-dǣl, sb., *O.E.* todāl; *division*, LK. xii. 51; þet forme todol FRAG. 1.

to-dǣlen, v., *O.E.* todǣlan, = *O.Fris.* todēla, *O.L.G.* tedēlian, *O.H.G.* za-, ze-, ziteilen; *divide, separate*, LAȜ. 9519; ORM. 10495; todelen FRAG. 6; todealen A. R. 186; todele AYENB. 80; TREV. VIII. 151; **todēleþ** (*pres.*) C. L. 845; TREV. I. 133; **todǣlde** [todelde] (*pret.*) LAȜ. 772; **todǣled** (*pple.*) FRAG. 7.

to-dēlinge, sb., *division, separation*, AYENB. 72.

to-daschen, v., *dash in pieces*; **todaschte** (*pret.*) P. L. S. xxiii. 84; C. L. 1342; **todashed** (*pple.*) TREV. III. 63; ba weoren todascte LAȜ. 1469.

tōde, *see* **tāde**.

to-dōn, v., *O.E.* todōn; *separate*, LAȜ. 2945; **todede** (*pret.*) LAȜ. 6507.

to-drǣven, v., *O.E.* todrǣfan; *disperse*; todreven A. R. 254; **todrēfde** (*pret.*) HOM. I. 93; **todrēfed**, todreved (*pple.*) LAȜ. 330, 16141; todreved MISC. 37; C. L. 446; groundes of hilles todreved are PS. xvii. 8; todreaved KATH. 92.

to-draȝen, v., *draw asunder; draw out fully*; LAȜ. 1506; todragen GEN. & EX. 191; todraȝe HORN (L.) 1492; todrawe WICL. GEN. xl. 19; AMAD. (R.) xvi; **todrauhð** (*pres.*) A. R. 122; **todrōh** (*pret.*) LAȜ. 25618; todrogh Iw. 823; todrough ALIS. 4659; todrowe P. L. S. xix. 249; LANGL. B x. 35; **todraȝe** (*pple.*) O. & N. 1062; todrawen HAV. 2001; todrawe WILL. 1564; S. S. (Wr.) 877.

to-drēosen, v., *fall to pieces, decay*: he schal todreosen so lef on bouh MISC. 94; todrese LAȜ. 9245*; **todrōren** (*pple.*) ST. COD. 98; todrore MISC. 152.

to-drīven, v., *O.E.* todrīfan, = *O.Fris.* todrīva, *O.H.G.* zetrīban; *drive asunder*, LAȜ. 26048; al todrive SAINTS (Ld.) xlvi. 580; C. L. 862; P. L. S. ii. 122; **todrāf**, -drōf (*pret.*) LAȜ. 549, 1604; L. H. R. 141; **todriven** (*pple.*) KATH. 2079; todrifen ORM. 16397.

to-dünnen, v., *strike with a sounding blow*; **todünnet** (*pple.*) HOM. I. 281.

to-ēode, v., pret., *O.E.* toĕode; *went apart, separated*, HOM. I. 141; toȝeode LAȜ. 23980*.

to-fallen, v., *O.E.* tofeallan, = *O.L.G.* tefallan, *O.H.G.* zifallan; *fall in pieces*, LAȜ. 18867; **tofalleþ** (*pres.*) TREV. I. 133; tovalþ AYENB. 184; **tofēol** (*pret.*) LAȜ. 16496; **tofēlle** (*subj.*) ORM. 16185; **tofallen** (*pple.*) LAȜ. 22092; tofalle FER. 5011.

to-fáren, v., *O.E.* tofaran, = *O.L.G.* tefaran, *O.H.G.* zefaran; *go asunder*; the folk . . . shall tofare ANGL. III. 546.

to-fēren, v., *O.E.* toféran; *go apart, separate*; **tofērden** (*pret.*) HOM. I. 93.

to-filchen, v., *seize*; **tofilched** (*pret.*) GAW. 1172.

to-flēon, v., = *O.H.G.* zefliugan; *fly asunder*; **toflōȝen** (*pple.*) LAȜ. 28668.

to-flēoten, v., = *O.H.G.* zafliozan; *be dissipated*; **toflēoteð** (*pres.*) A. R. 76; **tovlēoten** (*subj.*) A. R. 72.

tō-flight, sb., = *M.L.G.* tovlucht, *O.H.G.* zuofluht; *refuge*, PS. ix. 10, xvii. 3.

tō-foren, prep. & adv., *O.E.* tōforan, = *O.L.G.* teforan; *before*, MAT. xxv. 32; HOM. I. 121; LAȜ. 14071; KATH. 51; of þan toforen iseide redes men PROCL. 3; toforn S. S. (Web.) 304; GREG. 191; tofore TREAT. 133; WILL. 142; LANGL. B v. 457; tofore þe kinge O. & N. 1728; tovore AYENB. 7.

to-freten, v., *corrode*; **tovret** (*pres.*) A. R. 202.

to-fruschen, v., *break in pieces*; tofrusshe HAV. 1993; **tofrusched** (*pret.*) RICH. 5032.

toft, sb., *O.E.* toft, *O.N.* topt; *toft, piece of ground, 'campus,'* PR. P. 495; LANGL. A PROL. 14.

to-gān, v., *O.E.* togangan, = *O.L.G.* tagangan, *O.H.G.* zegān; *go asunder*; **togāð** (*pres.*) HOM. I. 239; togō (*subj.*) SHOR. 29.

[**toȝe**, sb., *from* tēon; *leader; comp.* heretoȝe.]

tō-ȝein, prep., *O.E.* tōgegn, tōgegnes, = *O.L.G.* tegegnes; *against, opposite*, A. R. 130; þeo þet stalewurðe beoð ant starke toȝein me MARH. 15; toȝæn, -ȝeines, -ȝenes, -ȝænes LAȜ. 1439, 3586, 3626, 9792; toȝeines HOM. I. 121; JUL. 35; HORN (R.) 1328; C. L. 386; þat scholde me socouri toȝen min enimis FER. 172; (*ms.* toyeynes) MISC. 42; to-, tegenes HOM. II. 9; toȝænes ORM. 8632; toȝeanes P. L. S. viii. 175; toyens AYENB. 113.

toȝen, v., *O.N.* toga, = *M.L.G.* togen, *M.Du.* toghen, *O.Fris.* toga, = *M.H.G.* zogen; *tow*; towe A. P. iii. 100; towen (*pres.*) JOS. 374; toȝede (*pret.*) LAȜ. 7536*.

to-ȝescēoden, v., *separate*, HOM. I. 237.

toggen, v., = *M.L.G., M.Du.* tocken, ? *O.H.G.* zocchōn; *tug, pull*: ne toggen (*dally*) mid him ne pleien A. R. 424; toggin PR. P. 495; **toggið** (*pres.*) MARH. 14; toggiþ P. L. S. xxxii. 5; **toggid** (*pret.*) ALIS. 2305; REL. I. 59; **togged** (*pple.*) MAP 339; *comp.* to-toggen.

toglen, v., = *M.H.G.* zoglen; = **toggen**; toggle A. R. 424*.

to-glīden, v., *O.E.* toglīdan, = *O.L.G.* teglīdan; *glide asunder*; toglide MISC. 94; **toglād** [toglōd] (*pret.*) LAȜ. 18083.

to-gnaȝen, v., *gnaw in pieces*; tognawe ALIS. 4629; PR. C. 863; **tognōwe** (*pret.*) P. L. S. xix. 248; ALIS. 6119; **tognawe** (*pple.*) REL. I. 167.

to-gnīde, v., *crush, grind*, PS. xvii. 43*; **tognōd** (*pret.*) PS. civ. 33*.

to-grinden, v., *grind in pieces*; **togrint** (*pres.*) LANGL. C xii. 62; **togrounde** (*pple.*) PALL. i. 1135.
toȝt, *see* **toht**.
tōh, adj., *O.E.* tōh, *cf. M.L.G.* tā, *O.H.G.* zāhi; *tough, tenacious*, M. H. xv; touh, tou MAN. (F.) 13038; touȝ WICL. GEN. xi. 3; tough R. R. 1726; tough, tou PR. P. 498; tou ROB. 175; REL. II. 29; tōȝen (*dat. n.*) LAȜ. 9319; towe ROB. (W.) 5890; tōȝe (*pl.*) LAȜ. 5865*; toghe OCTOV. (W.) 1084; **tōwer** (*comp.*) LANGL. C xiii. 187.
tōughnesse, tōunesse, sb., *toughness*, PR. P. 498.
to-hacken, v., = *O.Fris.* tohakia, *M.H.G.* zerhacken; *hack in pieces*; tohakke ROB. 141; **tohakked** [tohacked] (*pple.*) TREV. VI. 445.
to-harwen, v., *harrow completely*; **toharewide** (*pret.*) LANGL. C xxii. 268.
to-hēawen, v., *O.E.* tohēawan, = *O.Fris.* tahāwa, *M.H.G.* zerhouwen; *hew in pieces*: þaȝ me ssolde hine al toheawe AYENB. 178; tohewe HORN (R.) 1324; GAW. 1853; **tohēwen** (*pres.*) CH. C. T. *A* 2609; **tohēu** (*pret.*) P. L. S. xix. 228; (þai) tohewe FER. 897; **tohēawen** (*pple.*) LAȜ. 178; tohewen HAV. 2001; tohewe WILL. 3412.
to-hélden, v., *glide away*; **tohélden** (*pret.*) LAȜ. 27464.
tō-hópe, sb., *O.E.* tōhopa, = *O.L.G.* tōhopa; *hope*, HOM. I. 155, 191; II. 149.
toht, adj., *mod.Eng.* taut; *tough, tight, firm, binding*; toȝt ROB. 22; A. P. i. 521; þe kniȝt so toȝt GAW. 1869; he makeþ his mawe touht P. S. 331; toght [touht, touȝt, tought] CH. C. T. *D* 2267; tout P. 28; ROB. (W.) xx. 150; mi tohte rude MISC. 193; þe tohte ilete O. & N. 1446; ifillid **toȝte** (*adv.*) FER. 4390.
to-hurlen, v., *dash in pieces*; **tohurles** (*pres.*) JOS. 533.
to-hurren, v., *? hurry apart*, A. R. 426*.
to-hwiðeren, v., *whirl in pieces*: þat alle þise fowr hweoles **tohwideren** (*pres. subj.*) to stucches KATH. 2018; **tohwiðered** (*pple.*) o hweoles A. R. 362.
toil, sb., *toil, labour*; **toile** (*dat.*) D. ARTH 1802.
toilen, v., *? O.Fr.* toiller, toilier; *mod.Eng.* toil; *pull about, harass; labour*: to toilen wiþ þe erþe PL. CR. 742; it was … reuliche **toiled** (*pple.*) to and fro MAP 338; tore and toiled L. H. R. 143.
tōken, *see* **tāken**.
to-kerve, v., *O.E.* toceorfan, = *O.Fris.* tokerva; *carve in pieces*, A. P. ii. 1700.
tokker, *see* **touker** *under* **tuken**.
tōknen, *see* **tāknen**.
tol, sb., *O.E.* toll, = *O.L.G.* tol, *O.N.* tollr, *O.H.G.* zol; *toll*, '*vectigal*,' PR. P. 495; LAȜ.

13316; AYENB. 192; S. S. (Web.) 2050; LANGL. C xiv. 73; **tolle** (*dat.*) P. S. 237; **tolles** (*pl.*) ANGL. VII. 220.
tol-bōþe, sb., *custom-house*, '*telonium*,' VOC. 274; WICL. MAT. ix. 9.
tol-gaderer, sb., *toll-gatherer*, WICL. MAT. PROL.
tol-hous, sb., *custom-house*, '*telonium*,' PR. P. 496.
tōl, sb., *O.E.* tōl, = *O.N.* tōl; *tool, instrument*, WILL. 2243; tol and takel GEN. & EX. 469; tool PR. P. 496; tole ALIS. 815; GAW. 413; toile ALEX. (Sk.) 4708; **tōlen** (*pl.*) LAȜ. 29253; tooles LANGL. *A* xi. 133; toles *B* x. 177; **tōle** (*dat. pl.*) AR. & MER. 507; *comp.* **egge-tōl**.
tōle, *see* **tāle**.
toli, sb., *scarlet dye*, ALEX. (Sk.) 4335; tuli '*puniceus*' PR. P. 505.
tō-liggen, v., *pertain to*; **tōlið** (*pres.*) ORM. 1408.
to-limien, v., *dismember*: **tolimeð** (*pres.*) A. R. 84; **tolimede** (*pret.*) JUL. 58; **tolimet** (*pple.*) H. M. 21.
to-liðien, v., *O.E.* toliðian, = *M.L.G.* toleden, *M.H.G.* zerliden; *dismember*; **tolideden** (*pret.*) LAȜ. 4226; **toleðed** (*pple.*) LAȜ. 25929.
tollen, v., *O.N.* tolla, = *Du.* tollen, *M.H.G.* zollen; *pay or take toll*, PR. P. 496; LANGL. C xiv. 51; CH. C. T. *A* 562.
tollere, sb., *O.E.* tollere, = *M.H.G.* zoller; *toll collector*, H. S. 5572; tollare '*telonarius*' PR. P. 496; **tolleres** (*pl.*) LANGL. *B* PROL. 220.
tollen[2], v., *cf.* tüllen; *draw, allure, entice*: drawen or tollen CH. BOET. ii. 7 (56); tollin '*incito*' PR. P. 496; tolli O. & N. 1627; SAINTS (Ld.) xlv. 307; þis **tolleð** (*pres.*) him touward þe A. R. 290; **tolleð** (*misprinted* colleð) men to him REL I. 221; ha tollið to gederes ant toggið MARH. 14; tolls ALEX. (Sk.) 3640; **tollede** (*pret.*) TREV. VI. 149; tollid his oune wif a wai S. S. (Wr.) 3052; tolled LANGL. *B* v. 214; *comp.* **to-tollen**.
to-luggen, v., *drag about*; **tologged** (*pple.*) LANGL. *A* ii. 192; tolugged *B* ii. 216.
to-lūken, v., *O.E.* tolūcan; *tear asunder*, KATH. 2123; **tolēac** (*pret.*) MARH. 7; toluken LAȜ. 2602; JUL. 78; **toloken** (*pple.*) MARH. 6.
tom, *see* **tāme**.
tōm, adj., *O.E.* tōm, = *O.N.* tōmr, *cf. O.L.G.* tōmi; *empty, unoccupied*; toom '*vacuus*' PR. P. 496; FLOR. 144; MAN. (H.) 192; tome saule ['*animam inanem*'] PS. cvi. 9*; toim, tume BARB. v. 642, xvii. 735; **tōme** (*pl.*) C. M. 17798; TOWNL. 113.
tōm[2], sb., *O.N.* tōm; *ease, leisure*, WILL. 3778; A. P. i. 134; toom PR. P. 496; i have no toom [tome] to telle LANGL. *A* ii. 160; tome ROB.

557; S. S. (Web.) 3; GREG. 275; MAN. (F.) 3409; PR. C. 6248; TOWNL. 176.
to-marred, pple., *defiled,* A. P. ii. 1114.
tombe, sb., *O.Fr.* tombe, tumbe; *tomb,* TREV. I. 35; tombe [toumbe] CH. C. T. *F* 518; tumbe LAȝ. 6080*; P. L. S. xii. 141.
tomben, tomblen, *see* tumben, tumblen.
tomberel, sb., *O.Fr.* tomberel; *tumbrel, dung-cart;* tomerel, tumrel PR. P. 496, 506.
to-melte, v., *dissolve,* HOM. I. 269.
tō-náme, sb., = *M.L.G.* tōname, *M.H.G.* zuoname; *surname,* HOM. II. 143; LANGL. *C* xiii. 211; WICL. ECCLUS. xlvii. 19; MAN. (F.) 7000; tonome [toname] LAȝ. 9383.
tonge, *see* tange, tunge.
tonne, *see* tunne.
top, sb., *O.E.* topp, top, = *O.Fris., M.Du.* top, *O.N.* toppr, *M.H.G.* zopf; *top, tuft of hair, head,* PR. P. 496; ALIS. 1417; CH. C. T. *A* 590; top ne more O. & N. 1328; top and tail AR. & MER. 8136; top over tail WILL. 2776; a top of heer VOC. 144; a top of flax REL. II. 78; **toppe** (*dat.*) JUL. 28; O. & N. 1422; BRD. 16; LANGL. *A* iii. 135; P. 11; TRIAM. 764; D. ARTH. 1144; bi þone toppe he hine nom LAȝ. 684; teon seiles to toppe 1339; bi toppes and bi here O. & N. 428; *comp.* **foretop.**
top², sb., *cf. M.Du.* dop, top, *O.H.G.* toph; *top, teetotum,* PR. P. 496; ALIS. 1727.
to-parti, v., *for* disparti; *depart,* MISC. 57; **toparted** (*pple.*) P. S. 332.
to-ponen, v., *pound completely;* **toponede** (*pret.*) ['*contrivit*'] WICL. PS. civ. 16.
toppe, *see* tōuppen.
toppin, v., = *M.Du.* toppen; *wrestle,* '*colluctor,*' PR. P. 496; hi **toppede** (*pret.*) ofte P. L. S. xxiv. 15.
topping, sb., *? mane, ? head:* þe tail and his topping GAW. 191.
topte, *?adj.:* a topte sail (*topsail*) DEP. R. iv.72.
to-pulle, v., *pull in pieces,* MAN. (F.) 10210; **topullid** (*pple.*) WICL. IS. xviii. 7.
to-pungen, v., *prick;* **topungid** (*pple.*) WICL. PS. xxix. 13.
to-qvaschin, v., *shake asunder;* **toqvashte** (*pple.*) LANGL. *C* xxi. 259.
tor, sb., *tor, hill-top;* tor, toure ALEX. (Sk.) 2109.
tōr, adj., *O.E.* tor, = *O.N.* tor-, *O.H.G.* zur-, *? Goth.* tuz-; *difficult, strong,* GAW. 165; tor for to paien A. R. 108*; tor & hefiȝ lif ORM. 6350; tor, toor WILL. 1428, 5066; *see* tēre.
tōr-fēre, sb., *O.N.* torfœra; *hardship, difficulty,* C. M. 8662; D. ARTH. 3451; ALEX. (Sk.) 3729; torfere [torfer] 1261; torfar 1193; torfoir YORK xl. 160, 174.
to-rácen, v., *tear to pieces,* CH. C. T. *E* 572; **toráced** (*pple.*) GAW. 1168.

to-rāsen, v., *? fly to pieces:* & reat to þet hweol swa þet hit al toresde (*? printed* to refde) JUL. 58.
to-ratten, v., *rend asunder;* **torattis** (*pres.*) D. ARTH. 2235.
torche, sb., *O.Fr.* torche; *torch,* FL. & BL. 238; LANGL. *B* xvii. 203; **torches** (*pl.*) JOS. 191; GAW. 1119.
tord, sb., *O.E.* tord, = *M.Du.* tord; *excrement,* '*stercus,*' VOC. 208; O. & N. 1686; CH. C. T. *B* 2120; toord PR. P. 497; þou art not worþ a tord N. P. 16; *deriv.* **tirdel.**
to-rēaven, v., *take completely away;* **torēveþ** (*pres.*) LANGL. *C* iv. 203.
to-renden, v., *O.Fris.* to-, terenda; *rend in pieces,* FRAG. 6; torende MARG. 132; LANGL. *B* x. 112; **torendeð** (*pres.*) A. R. 362; **torente** (*pret.*) S. S. (Wr.) 484; torent (*pple.*) REL. I. 46.
to-rēosen, v., *O.E.* tohrēosan; *fall to pieces,* LAȝ. 9245; **torēs** (*pret.*) LAȝ. 9426.
torf, *see* turf.
to-ritten, v., *tear in pieces;* **toritte** (*pret.*) ORF. 79*.
to-rīven, v., *tear, break up, rend asunder,* MAN. (H.) 170; torōf (*pret.*) LAȝ. 7844*; HAV. 1792; GOW. III. 296; AMAD. (R.) xlviii; LANGL. *C* xxi. 63; toriven (*pple.*) HAV. 1953; A. P. i. 1197; torive L. H. R. 138.
torment, sb., *O.Fr.* torment, turment; *tempest; torment, suffering;* AYENB. 79; torment, turment PR. P. 497; CH. C. T. *A* 1298; tourment P. L. S. xx. 58; turment LEG. 3.
tormenten, v., *Fr.* tourmenter; *torment;* turmentin PR. P. 506; **tormenteþ** (*pres.*) AYENB. 53; **itourmented** (*pple.*) P. L. S. xvii. 170.
tormentinge, sb., *torture,* CH. C. T. *E* 1038.
tormentise, sb., *torture,* CH. C. T. *B* 3707.
tormentour, sb., *tormentor,* CH. C. T. *B* 818; turmentour S. S. (Web.) 498.
torne, tornen, *see* turne, turnen.
torpelnesse, sb., *distraction, whirl,* A. R. 322.
torplen, v., *fall headlong:* torplen into helle A. R. 322; **torpleð** (*pres.*) A. R. 324.
tortle, *see* turtle.
tortu, sb., *O.Fr.* tortue; *tortoise,* KN. L. 15; *see* tortuce.
tortuce, sb., *? med.Lat.* tortūca; *tortoise,* PR. P. 497.
tortuous, adj., *oblique (in astrology)* CH. C. T. *B* 302.
to-rŭschen, v., *shatter;* **torŭsshed** (*pple.*) and tobroke ['*confracta*'] TREV. IV. 399.
torvien, v., *O.E.* torfian; *throw;* **torfede** (*pret.*) MK. xii. 41; torvede LAȝ. 16703*; *comp.* **to-torvien.**
to-scailen, v., *scatter;* **to-scailed** (*pret.*) ALEX. (Sk.) 4150.

to-scateren, v., *scatter asunder*: toscatere we ['*dissipemus*'] WICL. JER. v. 5; it al toschatird ALEX. (Sk.) 4150; **toscatered** (*pple.*) CH. C. T. *D* 1969.

tosch, *see* **tusch**.

to-schǣden, v., *O.E.* tosceādan, ? *O.H.G.* za-, zisceidan; *separate*; toshædan ORM. 19862; **toschēdeþ** (*pres.*) TREV. I. 133; **toscēdde** (*pret.*) LA3. 30262; **toschǣd** (*pple.*) TREV. III. 241.

to-schēnen, v., *O.E.* toscǣnan; *break in pieces*; toscæne [to sene] LA3. 2309; **toschēneþ**, -sheneþ (*pres.*) O. & N. 1120; **toscǣnde**, -sceande (*pret.*) LA3. 2315, 16492; ? þat floc þat was **toske3ned** (*pple.*) *scattered* (? *ms.* toske33redd) ORM. 1498.

to-scháken, v., *O.E.* tosceacan; *shake to pieces*; toshake ANGL. III. 546; PALL. ii. 240; **toschákeð** (*pres.*) O. & N. 1647; **toschōk** (*pret.*) BEV. 742; **tosháken** (*pple.*) WICL. IS. xxiv. 20.

to-schellen, v., *shell, peel*; **to-schullen** (*pple.*) LANGL. *B* xvii. 191.

to-schēoten, v., *O. E.* toscēotan; *break asunder*; **toshětt** (*pret.*) ALIS. (Sk.) 1008.

to-schideren, v., *shiver in pieces*: þer speres can toschider GUY² (Z.) 1468.

to-schifte, v., *shift asunder, divide*, SHOR. 27; TREV. I. 97; **toschift** (*pple.*) SHOR. 27.

to-schivere, v., *shiver in pieces*, ALIS. 2728; toshivere HAV. 1993; **toshivrede** (*pret.*) HICKES I. 168; **toschivered** (*pple.*) WILL. 3603; toshivered CH. P. F. 493.

to-schrēaden, v., *shred in pieces*; **toschrēde** (*pres.*) CH. C. T. *A* 2609.

tōsen, *see* **tǣsen**.

to-sī3en, v., *fall into decay*: þe bodi schal tosie ARCH. LII. 33 (*printed* tofye SPEC. 101; A. D. 225).

to-skilen, v., *divide*; **toskiled** (*pple.*) ORM. 18652.

to-slenten, v., ? *fly to pieces*: þat al þat heved **toslente** (? *printed* toflente) (*pret.*) FER. 4940.

to-slīten, v., *O.E.* toslītan, = *O.H.G.* zislīzan; *break asunder*; **tosliten** (*pres. subj.*) ['*dirumpant*'] MAT. vii. 6.

to-slitten, v., = *M.H.G.* zerslitzen; *slit in pieces*; **toslitte** (*pret.*) JUL.² 146; **toslit** (*pple.*) O. & N. 694.

to-snǣden, v., *cut in two*; **tosnǣdde** (*ms.* tosnæde) (*pret.*) LA3. 4015; tosnadde (*ms.* tosnaðde) 28050.

to-soillen, v., *soil all over*; **tosoilled** (*pple.*) MAN. (F.) 12345.

to-sprǣden, v., = *O.H.G.* zispreitan; *spread about, scatter*: þe schep wolleþ **tosprēde** (*printed* to sprede) BEK. 2134; **tosprět** (*pres.*) A. R. 402; **tosprěd** (*pple.*) HOM. I. 147; tospred, -sprad HOM. II. 21, 205; tosprad ROB. 134.

to-springen, v., = *M.L.G.* tospringen, *O.H.G.* zispringen; *burst asunder*; tospringe AL. (L.¹) 1020; er him ou3te þe herte tospringe (*printed* to springe) C. L. 593; **tosprunge** (*pret.*) H. S. 10673.

to-sqvatten, v., *bruise, crush*: shal tosqvatte ['*conteret*'] þin heed WICL. E. W. 461; **tosqvat** (*pple.*) S. A. L. 16; treuþ(e) is al tosqwat P. 72.

tōst, adj., *toast*; toost '*tostus*' PR. P. 497.

to-stēken, v., = *M.H.G.* zerstechen; *prick*: **tostēke** (*pret.*) hī his swete hefed with one thornene coroune SHOR. 85.

tōsten, v., *toast*, PR. P. 497.

to-stere, v., *move completely*, WICL. PS. xxviii. 8.

to-stingen, v., *sting severely*; **tostingeþ** (*pres.*) MISC. 152.

to-stonai, v., *astound completely*, BARB. xviii. 547.

to-swellen, v., *O.E.* toswellan, = *O.H.G.* zisvellan; *swell to excess*: toswelle shul his flodes ['*intumescent fluctus ejus*'] WICL. JER. v. 22; **toswal** (*pret.*) MAN. (F.) 10876; **toswollen** (*pple.*) KATH. 842; A. R. 282; toswollen LA3. 17815; toswolle LEG. 54; S. S. (Web.) 1588.

to-swingen, v., = *O.L.G.* tesvingan; *swing in pieces*; **toswungen** (*pple.*) LA3. 8026.

to-swinken, v., *labour greatly*; **toswinke** (*pres. pl.*) CH. C. T. *C* 519.

tō-tagge, sb., *appendage*, A. R. 318.

to-tāsen, v., = *M.H.G.* zerzeisen; *pull to pieces*; totose O. & N. 70.

tote, sb., = *M.Du.* tote (*apex*), *O.H.G.* zota (*tuft*); *heap*: of a tote ['*cumuli*'] TREV. V. 163*.

tote², sb., ? *toe*; **totes** (*pple.*) A. P. ii. 41.

[**tōte-**? *stem of* **tōten**.]

tōte-hil, sb., *mount of observation, '*specula*,*' PR. P. 497; toothil ['*speculam*'] WICL. IS. xxi. 5; MAND. 312.

totelen, *see* **tutelen**.

tōten, v., *O.E.* tōtian; *peep, look, view*, HOM. II. 211; A. R. 52; and bad me toten on þe tree LANGL. *B* xvi. 22; tote GOW. II. 143; **tōtes** (*pres.*) GAW. 1476; totz A. P. i. 513; tōte (*imper.*) P. L. S. xxix. 27; **tōtede** (*pret.*) HAV. 2106; his ton toteden out PL. CR. 425.

tootere, sb., *one who looks*, WICL. IS. xxi. 6.

tōtild, adj., *fond of peeping*: totilde ancre A. R. 102.

to-tēon, v., *O.E.* totēon, = *O.H.G.* ziziuhan; *draw away*, HOM. I. 9.

to-téren, v., *O.E.* toteran; *tear in pieces*, GEN. & EX. 2089; teteren A. R. 84; totoeren JUL. 12; totere HAV. 1839; totire TOWNL. 143; **totéreþ** (*pres.*) MISC. 153; tetireð REL. I. 218 (MISC. 13); totar (*pret.*) CH. C. T. *B* 3801; AL. (L.³) 530; totere MARG. 126; **totóren** (*pple.*) LA3. 4994; SPEC. 70; totorn LANGL. *B* v. 197.

toteron, v., cf. M.Du. touteren; *totter*, '*vacillo*,' PR. P. 498; **totrede** (*pret.*) *swung*, TREV. II. 387.

toti, adj., *dizzy*, N. P. 1; min heed is toti CH. C. T. A 4253.

totir, sb., cf. M.Du. touter; *see-saw*, *swing*, '*oscillum*,' PR. P. 498; **totres** (*pl.*) TREV. II. 387.

to-toggen, v., *pull in pieces*; **tetoggeð** (*pres.*) & tetireð hem mid hire teð REL. I. 218 (MISC. 13).

to-tollen, v., *drag to pieces*; **totolled** (*pple.*) P. 59.

to-torvien, v., O.E. totorfian; *throw away*; (*ms.* totorvion) HOM. I. 9; **totorveð**, -torveþ (*pres.*) O. & N. 1119.

to-tréden, v., = O.H.G. zitretan; *tread in pieces*, A. R. 166; **totrad** (*pret.*) ['CONCULCAVIT'] WICL. PS. lv. 2; **totreden** LAȝ. 26771; **totraden** ALIS. 3946; **totréden** (*pple.*) HOM. I. 133; LAȝ. 380; **totrede** SHOR. 29.

to-tühten, v., *stretch asunder*; **tospred** & **totüht** [totiht] (*pple.*) HOM. II. 205.

tō-turn, sb., *refuge*, MARH. 11.

to-tūsen, v., = Ger. zerzausen; *rumple thoroughly*; **totüsed** (*pple.*) HAV. 1948.

to-twǣmen, v., O.E. totwǣman; *divide*, *separate*; **totwǣmde** (*pret.*) MARH. 17; totwemde (*printed* totweinde), -tweamede A. R. 396; ær heo totwemden LAȝ. 26593.

to-twicchen, v., *twitch in pieces*; **totwiccheð** (*pres.*) HOM. I. 53; **totwiccheþ** O. & N. 1647; **totwiȝt(e)** (*pret.*) WILL. 2097; **totwiht** (*pple.*) P. S. 337; totwiȝt P. 59.

to-twinnen, v., *divide asunder*; **totwinneþ** (*pres.*) ORM. 19060; **totwinnede** (*pret.*) A. R. 396*.

tōð, sb., O.E. tōð, cf. O.Fris. tōth, O.L.G. tand, O.N. tönn. Goth. tunþus, O.H.G. zand, zan, Welsh dant, Lat. dens, Gr. ὀδούς; *tooth*, A. R. 218; GEN. & EX. 4148; toþ GOW. II. 252; **tēð** (*pl.*) KATH. 194; A. R. 288; teþ FRAG. 8; O. & N. 1538; S. S. (Wr.) 2592; unðonc his teð *in spite of his teeth* A. R. 236*; betvene his teþ AYENB. 67; **tōþe** (*gen. pl.*) MAT. xxv. 30; **tōþan**, toþa, toþe (*dat. pl.*) LEECHD. III. 102; toðen HOM. II. 183; toðen, toþen LAȝ. 21384, 27631; *comp.* wang-tōþ.

tooth-draware, sb., *tooth-drawer*, '*edentator*,' PR. P. 498.

tooth-lēs, adj., *toothless*, PR. P. 498.

tōþid, adj., *toothed*; '*dentatus*' PR. P. 498.

to-þrüsten, v., *thrust in pieces*; **toþrüste** (*pret.*) HOM. I. 131.

tou, sb., ? O.E. tow, = M.Du. touw, O.N. tō; *tow*; (*ms.* tow) GOW. II. 315; CH. C. T. A 3774; towe LANGL. B xvii. 245.

tōu, *see* tōh.

towaille, sb., O.Fr. touaille; *towel*, FL. & BL. 563; MAND. 250; CH. C. T. B 3935;

towaille, touwaile SHOR. 50, 51; (*ms.* twaille) ED. 64; **tuailes** (*ms.* twailes) (*pl.*) JOS. 285; towailes MIRC 1871.

touch, sb., *touch*, *contact*, A. P. iii. 252; *request*, GAW. 1301; **touches** (*pl.*) *sounds* 120; (*covenants*) 1677.

touchen, v., O.Fr. toucher; *touch*, C. L. 1309; touche CH. C. T. D 87; **touchend** (*pple.*) WILL. 1383; **touchede** (*pret.*) LANGL. B xvii. 147, C xx. 122.

tōuȝ, *see* tōh. **touken**, *see* tuken.

toun, *see* tūn.

tō-uppen, adv. & prep., *on the top of*, *above*: toup alle oþren SHOR. 127; toppe alle þing AYENB. 106.

tour, *see* tūr. **tourment**, *see* torment.

toute, *see* tūte. **tow**, *see* tou.

to-wǣven, v., = O.H.G. zeweiban; *waft away*; **toweaved** (*printed* to weaved) (*pple.*) A. R. 148.

to-walten, v., *overflow*; **towalten** (*pret.*) A. P. ii. 428.

tō-ward, adj. & prep., O.E. tōweard, = O.L.G. tōward; *toward*, HOM. I. 3; KATH. 412; ORM. 5038; O. & N. 1254; toward SAINTS (Ld.) 470; TREV. III. 99; sum ben devout holi and toward (*well disposed*) P. L. S. xxxi. 315; toward, -wardes LAȝ. 515, 566; towarde *at hand* LANGL. C i. 214.

to-warplen, v., ? *scatter*: hwon alle þe leaves schulen beon **towarpled** (*pple.*) A. R. 322.

to-wǣwen, v., = O.H.G. ziwāhan; *scatter by blowing*: þe wind hem wolde towowen ANGL. III. 279.

towe, *see* tawe. **towen**, *see* toȝen.

to-wenden, v., O.E. towendan; *turn aside*, *divert*; *go to pieces*: mid þusendfeld wrenches he þe harte **towendeð** (*pres.*) HOM. II. 191; towent A. R. 324; hit al **towende** (? *ms.* to wode) (*pret.*) to scifren LAȝ. 4537; and towende ... a muchelere wraððe 29429.

to-werpen, v., O.E. toweorpan, = O.L.G. tewerpan; *throw away*; **towerpeð** (*pres.*) HOM. I. 109; **toworpen** (*pple.*) ORM. 16277.

to-winden, v., *go to pieces*: al to pieces he towond (*pret.*) FER. 2568.

to-wrǣsten, v., *wrest asunder*; **towrǣsten** (*pret.*) MAP 338.

to-wringen, v., *distort*; **towrong** (*pret.*) HORN (L.) 1074.

to-wrīþen, v., O.E. towrīðan; *distort*; towriþen TRIST. 3179.

to-wurðen, v., *perish*: for hungere **towurðen** (*pple.*) LAȝ. 20744.

trāce, sb., Fr. trace; *trace*, *track*, PR. C. 4349; trace of a wei over a felde '*trames*' PR. P. 498; traiss BARB. vi. 553; traise YORK xxx. 118; tras A. P. i. 1113.

trācin, v., Fr. tracer; *trace out*, PR. P. 499; what wei we **trāce** (*pres.*) CH. P. F. 54.

[**traht**, sb., *O.E.* traht; *exposition.*]
trahtnen, v., *O.E.* trahtnian; *treat of, expound*; **trahtned** (*pple.*) ORM. 11680.
traice, sb., *trace, horse harness,* '*restis,*' PR. P. 499; trais CH. C. T. *A* 2139; traise CATH. 391.
traie, *see* treȝe.
traien, traissen, v., *O.Fr.* trair, traiss-; *betray*; traie S. S. (Web.) 1526; WICL. MAT. xxvi. 46; traise JOS. 624; **traiest** (*pres.*) MISC. 42; **traiid** (*pret.*) P. L. S. iii. 42; **traied** (*pple.*) JOS. 102; traised CHR. E. 830; traissed (*printed* traisted) WILL. 2075.
traile, sb., *Fr.* traille; *trail*, PR. P. 499.
trailed, adj., *from O.Fr.* treille (*trellis*); *intertwined; fenced around*; A. P. ii. 1473; DEP. R. i. 47.
trailen, v., *Fr.* trailler; *trail*; traile PALL. iii. 289; þe geaunt to lond for to traille TOR. 1316; **trailende** (*pple.*) REL. II. 15; trailinge WICL. ESTH. xv. 7.
  trailling, sb., *dragging,* LANGL. *B* xii. 242.
train, sb., *O.Fr.* trahin; *enticement, stratagem,* D. ARTH. 4192; BARB. xix. 360; trane viii. 440; TOR. 803, 1455; traine YORK x. 102; '*proditio*' PR. P. 499.
traine, sb., *O.Fr.* trahine; *race*: God haþ taken in þe his flexhli trene L. H. R. 147.
trainin, v., *O.Fr.* trahiner; *draw on; delay; entice; lay a stratagem*; PR. P. 499; traine D. ARTH. 1683.
traisōn, sb., *O.Fr.* traison; *treason,* HAV. 444; traisoun ROB. 107; AYENB. 37; A. P. ii. 187; treison LANGL. *C* xxi. 326; treisun A. R. 56; tresone MAN. (F.) 14034; D. ARTH. 878; tresun HOM. I. 279; **traisōns** (*pl.*) MAN. (F.) 7128.
traisonable, adj., *treasonable*; tresonabill BARB. v. 550.
traissen, *see* traien.
traiþe-li, adv., *? surely,* A. P. ii. 907; & entises him to tene more traiþli þen ever 1137.
traiterous-li, adv., *treacherously*; treterousli MAN. (F.) 14360.
traitorie, sb., *treachery,* CH. C. T. *B* 781; traiterie MAN. (F.) 9698.
traitre, sb., *O.Fr.* traitre (*acc.* traitor); *traitor,* traitour P. L. S. xiii. 106; C. L. 1333; treitur HOM. I. 279; **treitres** (*pl.*) H. M. 9; treitours [tretours] LANGL. *C* xxi. 425.
tramaile, sb., *Fr.* tramail; *trammel,* '*tragum,*' PR. P. 499.
tramme, sb., *machine, contrivance,* A. P. iii. 101; **traimmes** (*pl.*) ALEX. (Sk.) 127.
tramountaine, sb., *O.Fr.* tramontaigne, *late Lat.* transmontāna (stella); *pole star*: i (*sc.* Lucifer) schal telde vp mi trone in þe tramountaine A. P. ii. 211.
trampelin, v., = *Du.* trampelen, *L.G.* trampeln; *trample,* PR. P. 499; **tramplíþ** (*pres.*) WICL. PROV. vi. 13.

trampin, v., = *M.L.G.* trampen, *Dan.* trampe; *tramp,* PR. P. 499; **trampíþ** (*pres.*) WICL. PROV. vi. 13.
transcrit, sb., *O.Fr.* transcrit; *transcript,* BEK. 547.
transe, sb., *Fr.* transe; *trance*; traunce CH. C. T. *A* 1572.
transgressour, sb., *O. Fr.* transgresseur; *transgressor*; **transgressōrs** (*pl.*) LANGL. *B* ii. 92*.
translacioun, sb., *O.Fr.* translation; *translatiōn,* TREV. IV. 37.
transmigraciōn, sb., *O.Fr.* transmigration; *deportation,* ROB. 9.
transporten, sb., *Fr.* transporter; *transport,* CH. BOET. i. 4 (19).
transversen, v., *transgress*; **transverseþ** (*pres.*) LANGL. *C* iv. 449; **transversede** (*pret.*) LANGL. *C* xv. 209; *see* traversen.
trant, sb., *? cf. M.Du., Swed.* trant (*step*); *trick,* TOWNL. 145; trante YORK xxix. 234, xxxii. 252; **trantes** (*pl.*) P. P. 265; trantis YORK xlii. 168.
tranten, v., *cf. M.Du.* tranten, *Swed.* trant (*walk*) (RIETZ); *deceive*; **trantes** (*pres.*) GAW. 1707.
trappe, sb., *O.E.* treppe, = *M.Du., O.Fr.* trappe; *trap,* '*decipula,*' PR. P. 499; VOC. 264; ORM. 12301; CH. C. T. *A* 145.
trappe², sb., *trappings,* ALIS. 3421; **trappis** (*pl.*) RICH. 1516.
trappen, v., *O.E.* (be-)træppan, = *M.Du.* trappen; *trap*; **trappid** (*pple.*) '*illaqueatus, deceptus*' PR. P. 499; YORK xxvi. 267; trapped LIDG. TH. 1830; *comp.* bi-trappen.
trappen², v., *furnish with trappings*; trappin PR. P. 499; **trappid** (*pple.*) '*phaleratus,*' PR. P. 499; trapped CH. C. T. *A* 2890; trappede stedes D. ARTH. 1757.
trappure, sb., *trappings of a horse,* PR. P. 499; **trappures** CH. C. T. *A* 2499.
trasch, sb., *? trousers*: with rent cockrez at þe kne & his clutte **trashes** (*pl.*) A. P. ii. 40.
trāste, *see* trūst.
tratte, sb., *trot*; trate FER. 1370; **trattes** (*pl.*) WILL. 4769; trattis TOWNL. 150.
travail, v., *Fr.* travail; *toil, labour, trouble, travel,* MISC. 33; CHR. E. 487; AYENB. 130; FER. 2123; travaille CH. C. T. *E* 1210; travel WICL. I COR. xv. 58; travailȝe BARB. i. 23; **travailes** (*pl.*) LANGL. *C* x. 234.
travailin, v., *O.Fr.* travailer; *travail, labour; travel*; '*laboro,*' PR. P. 499; travaili AYENB. 33; travaile PR. C. 5942; i wolde **travaille** (*pres.*) ... twenti hundred mile LANGL. *B* xvi. 10; þu travaillest þer aboute noȝt P. L. S. xiii. 163; traveilist WICL. MK. v. 15; travaland BARB. xi. 369; **travalit** (*pret.*) BARB. vi. 27; **travalit** (*pple.*) vii. 376.
  travailinge, sb., *labour,* LANGL. *A* v. 235.

travaillour, sb., *O.Fr.* travailleur; *labourer*; **travaillours** (*pl.*) LANGL. *B* xiii. 239.

travailous, adj., *laborious, troublesome*; travailous, travelous, traveilous WICL. EX. vi. 6, JOB vii. 3, I TIM. iii. I.
    travailous-li, adv., *laboriously*, WICL. WISD. xv. 7.

tráve, sb., *frame in which unruly horses are confined*, CATH. 391; CH. C. T. *A* 3282; (*ms.* trawe) PR. P. 500.

travers, sb., *something placed across; drawback*; (love) hath ever some travers GOW. III. 384; travas (*? screen*) '*transversum*' PR. P. 499; trifled a traverce wer alle A. P. ii. 1473.

traversen, v., *O.Fr.* traverser; =transversen; *transgress*; **traversed** (*pret.*) LANGL. *B* xii. 284; traversit BARB. xvii. 532.

trē, see **trēo**.

treble, adj., *O.Fr.* treble; *treble*, PR. P. 501; tribill BARB. xviii. 30*; treble song '*precentus*' PR. P. 501.

trecherie, see **tricherie**.

tréde, sb., =*M.L.G.*, *M.Du.* trede, *M.H.G.* trit *m.*; *tread, step*, FLOR. 1882; **tréden** [treoden] (*pl.*) A. R. 380; treoden H. M. 15.

tréden, v., *O.E.* tredan, =*O.Fris.* treda, *M.L.G.* tredan, *O.H.G.* tretan, *Goth.* trudan, *O.N.* troča (*pret.* trač, träčum, *pple.* tročinn); *tread*, ORM. 2571; trede ROB. 132; **tréde** (*pres.*) CH. C. T. *A* 3022; trad (*pret.*) ORM. 2561; TREV. III. 347; þo þou into hevene trede REL. I. 49; treden [traden, troden] WICL. LK. xii. 1; trede ED. 2940; troden LANGL. *B* xi. 347; trod engendered LANGL. *C* xiv. 166; **tréden** (*pple.*) ORM. 4416; FER. 2297; treden [troden] CH. C. T. *C* 712; troden WILL. 3402; itrede O. & N. 501; *comp.* **for-, of-, to-tréden**.

tredil, sb., *O.E.* tredel; *treadle, step*, '*gradus*,' PR. P. 501.

tree, see **trēo**.

trēen, adj., *O.E.* trēowen; *wooden*, WICL. EX. vii. 19; C. M. 12392; PALL. iv. 916; trein BARB. x. 361.

treȝe, sb., *O.E.* tryge, = *? L.G.* trügge; *trȧy*; **treies** (*pl.*) RICH. 1490.

treȝe¹, sb., *O.E.* trega, *cf. O.L.G.* trego, *O.N.* tregi *m.*, *Goth.* trigo *f.* (λύπη); *affliction, grief*, ANGL. IV. 195; þer is blisse a buten treȝe P. L. S. viii. 187; treie HOM. I. 193; AN. LIT. 6; WILL. 2073; REL. I. 113; (*ms.* treye) GREG. 736; PR. C. 7327; al þat whilom was murþe is turned to treie and tene P. S. 340; beo ibroȝt out of treie P. L. S. xix. 172; traie S. S. (Web.) 1681.

treȝen, v., *O.E.* tregian, =*O.N.* trega; *afflict, grieve*: ču **tregest** (*pres.*) me GEN. & EX. 3975; **traied** (*pret.*) PS. v. 11; traid S. S. (Web.) 523; war for þi herte treide HORN (H.) 1313; **traied** (*pple.*) ALIS. 3046; *comp.* **a-treȝen**.

treget, sb., *O.Fr.* tresgiet (*magie*); *deceit*: þat never did treget ne truite L. H. R. 198.

tregetten, v., *O.Fr.* tresgetter; *juggle*, '*praestigio*,' PR. P. 501.

tregettour, sb., *O.Fr.* tresgetteres (*magicien*): *juggler*, C. M. 12247; CH. H. F. 1277; **tregetours** (*pl.*) CH. C. T. *F* 1141, 1143.

treget(t)rie, sb., *piece of trickery*, R. R. 6376, 6384.

treie, see **treȝe**.

treie, sb., *O.Fr.* trei, treis; *from Lat.* trēs; *three (throw at dice)*, CH. C. T. *C* 653.

trein, see **traien**.

treisten, see **trūsten**.

trelest, adj., *trelliced*, ALEX. (Sk.) 3343.

trelis, sb., *Fr.* treillis; *trellis*, PR. P. 501.

tremblen, v., *O.Fr.* trembler; *tremble*, CH. C. T. *I* 598; tremble H. V. 80; **tremblede, trembled** (*pret.*) LANGL. *A* ii. 211; tremled LANGL. *B* v. 357*. ⸺ ⸺
    tremelinge, sb., *trembling*, PR. P. 501.

trenchaunt, adj., *O.Fr.* trenchant (*tranchant*); *cutting, sharp*, FER. 537; trenchaunt or pliant '*versatilis*' PR. P. 501.

trenche, sb., *O.Fr.* trenche; *trench, hollow walk*, CH. C. T. *F* 392.

trenchūr, sb., *O.Fr.* tranchoire; *trencher; carving knife*; P. S. 204; trenchoure PR. P. 501; trencherre VOC. 178.

trenden, v., =*M.L.G.* trenden; *roll*: rollen & ttenden CH. BOET. iii. 11 (100); and in his armes **trende** (*pret.*) HORN (H.) 452 [trente (R.) 434]; and hire bokes went(e) and trent(e) S. S. (Web.) 2370; **itrent** (*pple.*) FER. 5881; aboute itrent SHOR. 137; *comp.* **bi-, untrenden**.

trendil, sb., *O.E.* trendel, =*M.H.G.* trendel, *M.L.G.* trendel, trindel; *roll, roller, wheel*, ['*sphaera*'], WICL. IS. xxix. 3; '*troc(h)lea*' PR. P. 502; '*insubulum*' HALLIW. 887; trendul D. TROY 453.

trended, adj., *? O.E.* tryndeled; *rounded*: trendled als a wel REL. l. 225 (MISC. 23).

trendlen, v., *O.E.* (a-)trendlian, = *M.H.G.* trendeln, *M. L. G.* trendelen, trindelen; *roll*: letten teares trendlen KATH. 2361; trendlin, trendelin PR. P. 502; þeȝ appel **trendli** (*pres. subj.*) from þon tr(e)owe O. & N. 135; **trendeled** (*pret.*) A. P. i. 41; trendelid RICH. 4506; be trendlid ['*volvi*'] WICL. JUDG. vii. 13; þe bedde trendild on þe borde GUY² (Z.) 3712.

tréne, see **traine**.

trenket, sb., *O.Fr.* trenchet (*tranchet*): *shoemaker's knife*, PR. P. 502.

trennen, v., =*? M.Du.*, *M.H.G.* trennen (*separate*): uch toþ fram oþer is **trent** (*pple.*) REL. II. 212.

trental, sb., *thirty masses for the dead*; **trentalis** (*pl.*) LANGL. *B* xi. 146*.

trēo, sb., *O.E.* trēo, trēow, trēu,=*O.L.G.* trio, *Goth.* triu (*gen.* triwis), *O.Fris., O.N.* trē, *cf. Gr.* δόρυ; *tree*, KATH. 1192; FL. & BL. 291; þat treo LAȝ. 26061; þet treou, treo A. R. 150, 392; trew GEN. & EX. 3301; tree LANGL. *B* xvi. 4; tre '*arbor, lignum*' PR. P. 500; HAV. 1022; S. S. (Wr.) 599; trou SHOR. 157; þet trau AYENB. 26; **trēowes**, trowes (*gen.*) HOM. I. 221; treouwes A. R. 150; **trēowe**, trowe (*dat.*) O. & N. 135; trowe SHOR. 159; trewe AR. & MER. 1599; treuwe HOM. II. 107; **trēowa** (*pl.*) LK. xxi. 29; treowe HOM. I. 5; treowen, treon LAȝ. 1835, 25978; treon SAINTS (Ld.) xlvi. 587; treon, tron O. & N. 1133, 1201; two treon '*duo ligna*' A. R. 402; treos HOM. 14; trowes ALIS. 6762; **trēowe** (*gen. pl.*) MAT. iii. 10; **trēowen** (*dat. pl.*) LAȝ. 511; trewen MK. xi. 8; *comp.* appel-, bōc-, box-, cheri-, dōre-, galwe-, per-, plŭm-, rōde-, ulm-, warȝ-, wintrēo.

trēo-werk, sb., *woodwork*, LAȝ. 22899.

trēosien, trousien, v., *O.E.* trēowsian, trȳwsian; *have faith, trust*, LAȝ. 8315, 8489; þe king him **trēousede** (*pret.*) on 9308.

trēou, see trēo.

trēouðe, trēowðe, trēuweþe [trēuþe], sb., *O.E.* trēowð,=*O. H. G.* (ga-)triuwida, *O.N.* trygð; *truth, faith*, LAȝ. 4340, 9819, 25471; treowþe ALIS. 4115; on ure treowþe PROCL. 3; treouðe HOM. I. 205; treouþe S. A. L. 153; trewðe REL. I. 130; GEN. & EX. 1524; trewþe HORN (L.) 305; AYENB. 221; gaf treuth *believed* BARB. iv. 223; treuþe ROB. 172; SPEC. 30; SHOR. 60; WILL. 2006; FER. 1281; LANGL. *A* i. 12; WICL. JOHN iv. 23; ure treuþe [trouþe] and ure hope C. L. 1294; treuthe SAX. CHR. 261; truþe FL. & BL. 396; trouðe A. R. 310; treuþe, trouthe CH. C. T. *A* 46; trouthe PR. P. 503; PR. C. 4388; trowþe (*ms.* trowwþe) ORM. 1350; trawþe A. P. i. 495; *comp.* or-, un-, wan-trēuþe (-trouþe).

trowþe-lēas, adj., *truthless*, ORM. 188.

trēowe, sb., *O.E.* trēow,=*O.L.G.* treuwa, *O. Fris.* treuwa, triuwa, trouwa, *O.H.G.* triuwa, trūwa, *O.N.* trū, *Goth.* triggwa; *fidelity; agreement; truce, respite*; trewe CH. TRO. iv. 1312; MAN. (H.) 195; TRIAM. 1251; D. ARTH. 879; trewe, truwe LANGL. *B* vi. 332, *C* ix. 355; *comp.* mis-, or-trūwe.

trow(e)-fest, adj., *O.E.* trēowfæst; *faithful*, HOM. I. 89.

trēw-, trēofestnesse, sb., *fidelity*, HOM. I. 99, 109.

trēu-fol, adj., *O.E.* (ge-)trēowfull; *faithful*, A. R. 203.

trēounesse, sb., *faithfulness*, A. R. 294; trewnesse FL. & BL. 500.

trēowe, trig, adj., *O.E.* trēowe, trȳwe, *O.N.* trūr, tryggr,=*O.L.G.* triuui (=triuwi), *O. Fris.* triuwe, trouwe, *O.H.G.* (ge-)triuwi, trūwi, *Goth.* triggws; *true, faithful*; treowe HOM. I. 143;

KATH. 231; A. R. 100; treowe, treouwe [trewe] LAȝ. 8851, 31068; trewe GEN. & EX. 720; trewe HAV. 1756; SHOR. 124; TRIST. 110; LANGL. *A* i. 86; EGL. 262; trewe [truwe] TREV. V. 447; treue ST. COD. 95; triewe LIDG. M. P. 55; triwe ROB. 488; FER. 3502; truwe PR. P. 503; true P. L. S. xvi. 125; trig (*ms.* trigg) & trowe (*ms.* trowwe) ORM. 6177; **trēowe** (*pl.*) PROCL. 6; **trēowere**, treoure [treuwere, treuere] (*comp.*) LAȝ. 8932, 18840; trewere luve HOM. I. 275; **trēoweste** (*superl.*) LAȝ. 25487; *comp.* or-, un-, ȝe-trēowe (-trēwe.)

trēu-lāo, sb.,=*O.N.* trūleikr; *fidelity*, HOM. I. 215.

trēow-līche, adv., *O.E.* trēowlīce; *truly*, MARH. 13; treouliche A. R. 218; treou-, treuliche LAȝ. 5545, 26403; treuliche ROB. 348; treu-, treweliche LANGL. I. 153; treuli MAND. 48.

trēow-soipe, sb., *fidelity*, HOM. I. 109; treow-, treouscipe [treou-, treusipe] LAȝ. 6541, 9818; treoweschipe A. R. 8.

trēowen, v., *O.E.* trēowian, trūwian, *cf. O.H.G.* triuwen, trūwen, trūen, *O.N.* trūa, *Goth.* trauan; *trust, believe*; trowen HOM. I. 67; (*ms.* trowwen) ORM. 214; treuwen (*printed* treuþen) feondes lore MISC. 196; trowe HAV. 1656; LANGL. *B* xvii. 162; PR. C. 3776; ȝe mowe us wel trowe WILL. 4840; þou shalt not trowe ['*non credes*'] WICL. DEUT. xxviii. 66; **trowe** (*pres.*) CH. C. T. *A* 691; H. S. 483; trouwe JOS. 216; troue ANT. ARTH. xxii; true REL. I. 22; þu treowest hire mid muchel wouh MISC. 94; treoweð KATH. 1334; trewið GEN. & EX. 2037; (heo) treoweð [troueþ] LAȝ. 3413; troweþ (*imper.*) MAND. 6; **trowande** (*pple.*) A. P. i. 662; **trowede** (*pret.*) LAȝ. 2351; ROB. 110; trawed A. P. i. 282; troud (*printed* croud) (*pple.*) HAV. 2338; *comp.* mis-, ortrowian (-trowen).

trouabile, adj., *credible*, HAMP. PS. xcii. 7.

trēowes, sb., *? plur. of* **trēowe**; *truce, faith*, ALIS. 2808; trewes RICH. 3207; TRIST. 111; B. DISC. 537; MAN. (F.) 7743; triws A. R. 286; triwes ROB. 488; truwes K. T. 215; truwes [trues] ['*foedus*'] TREV. V. 433; trewis, trowis BARB. xiv. 96, xv. 102; truwis, truis PR. P. 503; trues P. L. S. xvi. 23.

trēowðe, see **trēouðe**.

trepeil, sb., *O.Fr.* trepel; *agitation, disturbance*; tirpeil MAN. (H.) 98; turpel, turpeil, turpail MAN. (F.) 1665, 6866, 15422.

trepget, sb., *O.Fr.* trebuchet; *trap; engine for casting stones*; LANGL. *A* xii. 86; trebgot PR. P. 501; **tribochetes** (*pl.*) ALEX. (Sk.) 1296.

tressaunce, sb., *corridor*, '*transcencia*' PR. P. 502.

tresche, sb., *O.Fr.* tresche (*danse, bal*), *Ital.* tresca (*spesie di ballo*); *a sort of dance*; in a tresche ROB. (W.) 7067.

trēsōne, see **traisōn**.

tresŏr, sb., *O.Fr.* tresor; *treasure, money,* SAX. CHR. 261; A. R. 126; SPEC. 89; tresore tresour LANGL. *A* i. 81, *B* i. 83, *C* ii. 79; tresur MISC. 97.

tresorēr, sb., *O.Fr.* tresorer; *treasurer,* TREV. VIII. 209; tresourer P. L. S. xvii. 382; tresoriere AYENB. 231; tresorere, treserour LANGL. *B* xx. 259, *C* xxiii. 260.

tresorie, sb., *O.Fr.* tresorie; *treasury,* ROB. 274; LEB. JES. 448; A. P. ii. 1317; ALEX. (Sk.) 1666.

trespas, sb., *O.Fr.* trespas; *trespass, sin,* P. L. S. ix. 196; MAP 348 (A. D. 241); MAN. (F.) 209; BARB. xii. 485.

trespassen, v., *O.Fr.* trespasser; *trespass*; **trespasseþ** (*pres.*) LANGL. *A* iii. 274; **trespasside** (*pret.*) TREV. III. 263; trespassit BARB. xi. 553; **trespassed** (*pple.*) LANGL. *B* v. 375; trespast LANGL. *C* vii. 426*.

trespas(s)our, sb., *trespasser,* PR. P. 502; **trespassours** (*pl.*) LANGL. *C* ii. 92*.

tresse, sb., *O.Fr.* tresce; *tress, plait of hair,* CH. C. T. *A* 1049; **tresses** (*pl.*) ARCH. LII. 35; S. S. (Web.) 478; trisses ALEX. (Sk.) 3450.

tressour, sb., *head-dress,* GAW. 1739.

trēst, *see* **trūst.**

trestel, sb., *O.Fr.* trestel; *trestle*; **trestlis** (*pl.*) WICL. EX. xxvi. 20; trestes A. P. ii. 832; GAW. 884, 1648.

trēsten, *see* **trūsten.** **trēsūn,** *see* **traisōn.**

trētable, adj., *O.Fr.* traitable; *tractable,* PR. P. 502; AYENB. 94.

tretē, sb., *Fr.* traité; *treaty,* PR. P. 502; CH. C. T. *A* 1288; H. V. 78.

trēten, v., *Fr.* traiter; *treat; handle; manage:* to treten of folie CH. C. T. *C* 64; trete WICL. COLOSS. ii. 21; **trēteþ** (*pres.*) AYENB. 142; **trētit** (*pret.*) BARB. iii. 741; (*made a treaty*) BARB. iv. 172.

trēting, sb., *negociation,* BARB. xiv. 8.

tretis, adj., *O.Fr.* traitis (*allongé, bien fait*); *Lat.* tractīcius; *well made, pretty,* ENG. ST. VII. 103; fair & tretis FER. 5883; it was gentil and tretis R. 'R. 1216; tretis BARB. xi. 35, x. 125; tretiss xix. 145.

tretis², sb., *treatise; short poem; treaty,* TREV. III. 369; MAND. 314; CH. ASTR. PROL.; CH. C. T. *E* 331; DEP. R. PROL. 51.

treu, sb., *O.Fr.* treü, *Lat.* tribūtum; *tribute*; (*ms.* trew) FER. 4393.

treuāge, sb., *O.Fr.* treuage, truage; (*ms.* trewage) HORN (L.) 1498; truage LAȜ. 7189*; ROB. 46; truwage FER. 1731.

trēuþe, *see* **trēouðe.** **trēw,** *see* **trēo.**

trēwe, trēwes, trēwðe, *see* **trēowe, trēowes, trēouðe.**

triacle, sb., *O.Fr.* triacle, *mod.Eng.* treacle; *antidote to poison, sovereign remedy,* AYENB. 17; ALIS. (Sk.) 198; CH. C. T. *B* 479; love is triacle of hevene LANGL. *B* ii. 146.

tribochet, *see* **trepget.**

tribulaciōn, sb., *Fr.* tribulation; *tribulation,* PR. C. 4133; **tribulaciūns** (*pl.*) A. R. 402.

tribut, sb., *Fr.* tribut; *tribute,* LANGL. *B* xix. 37; tribute ALEX. (Sk.) 888, 1044.

tributarie, v., *Fr.* tributaire; *tributary,* CH. C. T. *B* 3866.

trichen, v., *O.Fr.* trichier, trechier; *trick,* P. S. 69; **itricohet** (*pple.*) H. M. 9.

tricherie, sb., *O.Fr.* tricherie, trecherie, triquerie; *treachery, trickery,* A. R. 202; LEB. JES. 826; SPEC. 45; tricherie, trecherie SHOR. 162, 163; tricherie, treccherie LANGL. *A* i. 172, *B* i. 196; trecherie HAV. 2988; P. L. S. xiii. 107.

tricherous, adj., *treacherous,* MAN. (F.) 16519; trecherous PR. C. 4232.

trichōr, sb., *O.Fr.* tricheor; *traitor,* ROB. 455; trichour SPEC. 45; **trichūrs** (*pl.*) MISC. 153.

tridel, *see* **tirdel.**

triē, adj., *Fr.* trié; *tried, choice,* SHOR. 165; WILL. 761; LANGL. *B* xvi. 4.

trien, v., *O.Fr.* trier; *try,* DEP. R. ii. 83; triin '*eligo, discerno*' PR. P. 502; **triede** (*pret.*) D. ARTH. 1947; **tried** (*pple.*) LANGL. *B* i. 205.

tried, adj., *choice,* LANGL. *B* xvi. 4; **triedest** (*superl.*) *A* i. 126.

tried-liche, adv., *excellently*; (*v. r.* trielich) LANGL. *B* PROL. 14.

triennels, sb., pl., *masses said for three years,* LANGL. *B* x. 330.

trifle, *see* **trūfle.**

trifled, pple., *? ornamented with trefoils*; so trailed and trifled A. P. ii. 1473.

trig, *see* **trēowe.**

triklen, v., *trickle*; **trikilen** (*pres.*) P. R. L. P. 207; **trikland** (*pple.*) IW. 1558; **trikled** (*pret.*) CH. C. T. *B* 1864; trikild ALEX. (Sk.) 4974.

trillin, v., *cf. Dan.* trille, *Swed.* trilla; *twirl*; '*volvo*,' PR. P. 502; trille A. P. i. 78; ȝe mote trille a pin CH. C. T. *F* 316; **trillid** (*pret.*) OCTAV. (H.) 269.

trimen, *see* **trūmen.**

trind, adj., *cf. O.Fris., Dan., Swed.* trind, *M. L.G.* trint, trent (*round*): umbe trind (*? ms.* trin) [= *M.L.G.* umme trint, trent] *around,* ORM. 17563.

trindil, sb., *? O.E.* tryndel; *roller, pulley,* '*troc(h)lea*,' VOC. 217; *see* **trendil.**

trindlen, v., ? =**trendlen**: *roll:* his hevid trindeld (*pret.*) on þe sand IW. 3259.

trīne, adj., *O.Fr.* trīne; *threefold*; trine compass *earth, sea, and heaven,* CH. C. T. *G* 45.

trīnen, v.,=*Swed.* trīna (*pret.* trān) (RIETZ 750), *Dan.* trīne (*pret.* treen); *go, march*; trine YORK i. 5; trīne (*pres.*) D. ARTH. 1757; trines

trinen.   truken.

ALEX. (Sk.) 5171, 5195, 5231; trīnande (*pple.*) A. P. ii. 976; trŏn (*pret.*) A. P. ii. 132.

trīnen[2], *? for* atrīnen; *touch*, LANGL. *C* xxi. 87; he ne dorste hem trine AL. (T.) 429.

trinitē, sb., *O.Fr.* trinité; *trinity*, P. L. S. xvii. 236; LANGL. *C* xix. 211, 264.

tripe, sb., *O.Fr.* tripe; *tripe*, PR. P. 502; VOC. 208; (? *morsel*) CH. C. T. *D* 1747.

tripet, sb., *? O.Fr.* tripout (*mauvaise manœuvre, complot*); *evil scheme*; tripet ne truit L. H. R. 132; truit and tripet 147.

trippe, sb., *flock, troop*: a trippe of gaite PERC. 186; trip MAN. (H.) 203.

trippin, v.,=*M. Du.* trippen, *Dan.* trippe, *Swed.* trippa; *trip*, 'caespito,' PR. P. 503; trippe and daunce CH. C. T. *A* 3328; thei trippe (*pres.*) on trappede stedis D. ARTH. 3713.

trīse, sb., *cf. L.G.* trisse, *Swed.* trissa, *Dan.* tridse; *windlass, roller*; triiste, triis '*troc(h)-lea*' PR. P. 503.

trīsen, v., *cf. M.L.G.* tritzen, *Dan.* tridse; *trice, hoist up*: out of his sete i wol him trise CH. C. T. *B* 3715; thei trīsen (*pres.*) up þaire sailez D. ARTH. 832.

trīst, trīsten, *see* trūst, trūsten.

tristre, sb., *tryst* (*station in hunting*), *rendezvous*, A. R. 332; trister GAW. 1712; i stand at mi tristur TOWNL. 310; triste MAN. (F.) 858; trist BARB. vii. 23; set trist *appointed* BARB. vii. 235; tristeres (*pl.*) GAW. 1170; tristors 1146.

trīwe, *see* trēowe.

troched, adj., *? ornamented*; troched toures A. P. ii. 1383.

trod, sb., *O.E.* trod; *from* trēden; *step*; trodes (*pl.*) A. R. 380*; trodus (*pl.*) ED. 513.

trodden, v., *tread, trace out*; troddeð (*pres.*) A. R. 232; trodde (*subj.*) A. R. 380.

troȝ, sb., *O.E.* trog,=*O.H.G.* trog *m.*, *O.N.* trog *n.*; *trough*; trogh VOC. 200; trogh, trough CH. C. T. *A* 3627; trouȝ WICL. JOSH. iii. 16; trough, trou PR. P. 503; trou '*auge*' VOC. 155; trowes (*pl.*) PALL. iv. 916; *comp.* dŏu-trough.

Troie, pr. n., *Gr.* Τροία; *Troy*, LAȝ. 205.

Troiisc, Troiniso, adj., *cf. M.H.G.* troisch; *Trojan*: of þan Troiscen monnen LAȝ. 410; þa Troinisce men LAȝ. 1955.

troilen, v., *O.Fr.* troiller (*enchanter*); *beguile*; þou troiledest (*pret.*) LANGL. *C* xxi. 321; troiled (*pple.*) 334.

trokien, *see* trukien.

trollin, v., *L.G.* trullen; *troll, roll; walk, wander*; '*volvo*,' PR. P. 503; þus haþ he trolled (*pple.*) forþ þise two and þritti winter LANGL. *B* xviii 296, *C* xxi. 334.

trome, *see* trume. trompe, *see* trumpe.

tronchŏn, sb., *O.Fr.* tronchon; *truncheon, staff*, M. ARTH. 3071; tronchoun CH. C. T. *A* 2615; trunchone PR. P. 504; trunsioune BARB. xvi. 129.

tronchōn[2], sb., *intestinal worm*; trunchon PR. P. 504.

trōne, sb., *O.Fr.* trone; *throne*, A. R. 40; HAV. 1316; LIDG. M. P. 12.

trōnen, v., *enthrone*, LANGL. *A* i. 122*; trōneþ (*pres.*) LANGL. *B* i. 131.

tropel, sb., *O.Fr.* tropel; *troop*; tropellis (*pl.*) BARB. xiii. 275.

trōst, trōsten, *see* trūst, trūsten.

trot, sb., *O.Fr.* trot; *trot*, A. P. ii. 976; CH. C. T. *G* 575; C. M. 15872.

trotevale, sb., *idle talk*, H. S. 47, 5972, 8081, 9245; (*printed* trotenale) MAP 337.

trotton, v., *O.Fr.* troter; *trot*, PR. P. 503; trotted (*pret.*) LANGL. *A* ii. 135, *B* ii. 164.

trou, trouȝ, *see* troȝ.

troute, sb., *O.Fr.* truite; *trout*, '*tructa*,' VOC. 222; PR. P. 503; troute [trute] C. M. 11884; troutis (*pl.*) BARB. ii. 577.

trouðe, *see* trēouðe.

trowe, trowen, *see* trēowe, trēowen.

truāge, *see* treuāge.

truandise, sb., *O.Fr.* truandise (*imposture*); *begging*; mid iseli truwandise (*dat.*) ['*trutannisatione*'] A. R. 330.

truant, sb., *O.Fr.* truant, truand; *truant*, GOW. II. 13; truont AYENB. 174; trouaunt '*trutannus*' PR. P. 503.

truanten, v., *O.Fr.* truander; *play the truant*; trouantin '*trutannizo*' PR. P. 503.

truble, sb., *O.Fr.* tourble, trouble; *trouble*, trubuil H. M. 29; turble, torble PR. P. 497.

trublen, turblen, v., *O Fr.* trubler, turbler; *trouble*, A. R. 268; troubleþ (*pres.*) AYENB. 150; turblide (*pret.*) WICL. MK. ix. 19; trobled *stumbled* LANGL. *C* vii. 408; tribled (*pple.*) HAMP. PS. ix. 22*; troblid DEP. R. PROL. 15.

truele, trulle, sb., *O.Fr.* truele, *Lat.* truella, trulla; *trowel*, WICL. AMOS vii. 7.

trūfle, sb., *O.Fr.* trufle; *trifle, nonsense*, ROB. 417; FER. 3459; LANGL. *B* xii. 140, xviii. 147; trifle PR. P. 502; trefele LANGL. *C* xv. 83*; trūfles (*pl.*) A. R. 106; AYENB. 58; trifles GAW. 108.

trūflen, v., *O.Fr.* trufler; *trifle, beguile*; trufli AYENB. 214; trifelin PR. P. 5 ·; trofle (*pres. subj.*) D. ARTH. 2932.

trifflour, sb., *trifler*, DEP. *L*. iii. 118.

truit, sb., *O.Fr.* trut (*ruse*); *evil design*; L. H. R. 132, 147.

truke, sb., *? lack*: ðat he ne be dead for truke of ðin helpe GEN. & EX. 3508.

truken, v., *Fr.* troquer, *cf. Span.* trocar; *truck*,

exchange; trukkon '*cambio*' PR. P. 503;
trukie (*pres. subj.*) H. M. 5; þet for ani worldliche luve his luve trukie A. R. 408.
trukien, v., *O.E.* trucian; *fail, be lacking*,
KATH. 1814; eaver se þu mare haves se þe
schal mare trukien (trukie) H. M. 7; trukien
[trokie] LAȝ. 17171; truke MISC. 96; troken
GEN. & EX. 105; trukeþ (*pres.*) FRAG. 5; þat
heo trukieð ... treoče to halden LAȝ. 16861;
trukie (*subj.*) HOM. I. 53; **trukede** [trokede]
(*pret.*) LAȝ. 16416; ȝif bileave him trukede
A. R. 230; *comp.* ȝe-, **wan-trukien**.
trukunge, sb., *failing, defection*, A. R. 12;
trukinge HOM. I. 79.
[**trum**, adj., *O.E.* trum; *firm, robust; comp.*
mis-, un-trum.]
trume, sb., *O.E.* truma; *troop, army*, H. M.
21; MISC. 149; GEN. & EX. 1829; trume
[trome] LAȝ. 28352; trome HAV. 8; SHOR.
108; AR. & MER. 5108; FER. 2372; D. ARTH.
3592; *comp.* **schild-trume**.
trümen, v., *O.E.* trymian, trymman; *from
trum*; *? become strong*; ge sal of a sune
trimen (*become pregnant*) GEN. & EX. 1024;
trimede (*pret.*) 1198; *comp.* **bi-, ȝe-trümen**.
trumpe, sb., *O.Fr.* trompe, *cf. O.N., O.H.G.*
trumba; *trumpet*, '*tuba*,' PR. P. 503; VOC.
202; trumpe [trompe] CH. C. T. *A* 674;
trompe MAN. (F.) 9916; **trumpes** (*pl.*)
ALIS. 185; trumpen A. P. ii. 1402.
trumpen, v., *trumpet*; trumpon PR. P. 504;
gert trump BARB. viii. 293; **trumpand** (*pple.*)
ix. 137; **trumpit** (*pret.*) xvii. 356.
trumper, sb., *trumpeter*, '*tubicen, buccinator*,' VOC. 218; trumpoure PR. P. 504.
trumpet, sb., *Fr.* trompette; *small trumpet*,
PR. P. 504.
trunk, sb., *Fr.* tronc, *mod.Eng.* trunk : trunke
for kepinge of fische '*gurgustium, nassa*' PR.
P. 504.
trunken, v., *truncate*; trunke PALL. iv. 86.
trunsioune, *see* **tronchōn**.
trusse, sb., *O.Fr.* trousse; *truss, pack, bundle*,
PR. P. 504; PARTEN. 720; D. ARTH. 3592;
trous SPEC. 110; **trusses** (*pl.*) A. R. 168*.
trussel, sb., *O.Fr.* troussel (*trousseau*); *bundle*;
trusselle D. ARTH. 3655.
trussen, v., *O.Fr.* trusser, trousser; *pack up;
be off; go away*, A. R. 322; trussin PR. P.
504; trusse HAV. 2017; LANGL. *A* ii. 194;
trossi ROB. 487.
trūst, trŭst, sb., *cf. O.N.* traust (*reliance*), Goth.
trausti *n.* (διαθήκη), *O.Fris.* träst, *O.H.G.* tröst
m. (*consolation*); *trust*, HOM. I. 187; A. R. 202;
MAND. 283; have trust on his help H. M. 11;
trist P. S. 304; E. T. 550; P. L. S. v. 5; EGL.
546; trist to longe lif HOM. II. 75; trist
[trost] WICL. IS. xxxi. 6; trest FL. & BL. 408;
DEP. R. i. 47; trost PR. P. 503; *comp.* **mis-,
over-, un-, wan-trŭst**.

trūst, trŭst[2], adj., *cf. O.N.* traustr (*trusty*),
O.H.G. (gi-)tröst (*confident*); *trusty, trustful*:
þat ȝe arn trust on A. R. 66*; trest AR. &
MER. 271; trost MAN. (H.) 60; E. G. 46.
trŭst-liche, adv., *trustfully*, HOM. II. 9;
trustli MED. 1107; trostli(i)ke REL. I. 223;
trostli '*confidenter*' PR. P. 503; WICL. PROV.
x. 9; traistli HAMP. PS. lxvii. 1*.
traistnes, sb., *confidence*, HAMP. PS. xxix. 7.
trŭsten, trüsten, v., *O.N.* treysta (*confide*), =
O.H.G. trösten (*console*); *trust, confide*, HOM.
I. 213; MAND. 226; traste LANGL. *A* viii. 166*;
truste ROB. 33; tristen HAV. 253; triste
SHOR. 118; GOW. I. 176; E. T. 230; tresten
REL. I. 181; trosten, triste WICL. PS. cxvii.
8; trosten, tresten PL. CR. 237; trosti AVENB.
242; **triste** (*pres.*) O. & N. 760; trestep LAȝ.
17941*; tristeþ MISC. 94; treistes MAN. (H.)
119; traistes PR. C. 1091; HAMP. PS. ii. 13;
we truste CH. C. T. *A* 501; **trŭste** [triste]
(*subj.*) O. & N. 1273; þet alle meidenes ...
trustin on þe MARH. 7; ȝif þei ... trusten in
god almiȝti LANGL. *B* xi. 279; **trōstende**
(*pple.*) E. G. 53; **trŭste** (*pret.*) KATH. 2222;
ROB. 204; triste BRD. 5; TREV. III. 343;
comp. **mis-, over-trŭsten**.
traistinge, sb., *confidence*, HAMP. PS. lxx. 4*.
trŭsti, trŭsti, adj., = Dan. tröstig (*confident*);
trusty, faithful, MARH. 13; A. R. 334; SPEC. 47;
LANGL. *B* viii. 82; trusti [tristi] TREV. V. 443;
tristi DEP. R. ii. 103; A. P. ii. 763; tristi and
trew(e) WILL. 596; trosti PR. P. 503.
tristi-liche, adv., *trustfully*, WICL. GEN.
xxxiv. 25; trustili *confidently* WILL. 3904.
trŭþ, sb., *O.E.* trŭð, = *O.N.* trŭ̈r (*histrio*);
trumpeter, '*liticen*,' FRAG. 2.
trŭþe, *see* **trēouðe**. **trŭwe**, *see* **trēowe**.
tubbe, sb., *L.G.* tubbe, *Du.* tobbe; *tub*, PR.
P. 504; CH. C. T. *A* 3621.
tucken, v.,=*M.L.G.* tucken, *O.H.G.* zucchen;
tuck, draw: tucken [tukken] up PR. P. 504;
tucked [tukked] (*pple.*) CH. C. T. *D* 1737.
tuder, sb., *O.E.* tudor, tuddor; *product*, HOM.
II. 177.
tüdren, v., *O.E.* tydran, tyddran; *produce,
beget*: to tidren (*ms.* tiddrenn) & to tæmen
ORM. 18307; **tüderið** (*pres.*) HOM. II. 177;
tüdered (*pple.*) GEN. & EX. 630.
tüderende, tüderinde, sb., *? for* **tüderinge**,
production, HOM. II. 55, 177.
tüel, sb., *O.Fr.* tuel (*tuyau*); *pipe, tube*, L.
C. C. 38; tuwel CH. C. T. *D* 2148.
tuen, *see* **tēon**.
tuft, sb., *? O.Fr.* tuffe; *tuft*: a tuft [toft] of
heres CH. C. T. *A* 555; **tufte** (*dat.*) TREV. V.
163; **tuftes** (*pl.*) TREV. I. 83.
tüȝe, sb., *? O.E.* tyge, = *O.H.G.* zug: *from
tēon*; *draught, pull*; tige *draught of liquor*
HOM. II. 67.

tū-brügge, sb.,=*Ger.* zugbrücke; *drawbridge*; ROB. 543; P. S. 222.

tüʒel, sb., *O.E.* tygel,=*O.N.* tygill, *O.H.G.* zugil; *from* tēon; *rein, traces*; tiʒel '*tractorium*' FRAG. 4; þe reines oþer þe tiels (*pl.*) TREV. IV. 77.

tuggen, v., *cf.* toggen, tucken; *tug, draw*; tugge H. S. 9287; tugge (*pres.*) MED. 441; ituggid (*pple.*) HOCCL. i. 197.

tüht, sb., *O.E.* tyht, = *M.Du.* tucht, *O.H.G.* zuht; *from* tēon; *discipline, conduct, usage*, HOM. I. 247; abide .. in that tiʒt HALLIW. 878; what for laughinge & oþer **tihtes** (*pl.*) MAN. (F.) 9307; *comp.* un-tüht.

tühten, v. *O.E.* tyhtan, = *M.L.G.* tuchten, *M.H.G.* zühten; *draw; conduct, persuade, instruct*; *discipline*: tuhten & teachen HOM. I. 267; tuhten ne chasten A. R. 268; tiʒt(e) A. P. i. 717; teʒt (*pres.*) SHOR. 97; to Mahune heo tuhteð (*draw to*) LAʒ. 27321; tihten (*ms.* tihhtenn) & turnen hæþen folc ... to lefen uppo Criste ORM. 7048; tühte (*subj.*) HOM. II. 247; tühte (*pret.*) FRAG. 7; þe deofel heom tuhte to þan werke HOM. I. 121; tihte II. 228; tuhten LAʒ. 810; to Charlis host aʒen þai tiʒt(e) FER. 1015; tiʒt (*pple.*) BEV. 3047; Alisaunder þo to reste is tight (*gone*) ALIS. 4485; *comp.* bi-, ʒe-, to-tühten.

tuihting, sb., *O.E.* tyhtung; *leading*, HOM. II. 29; tihtinge I. 229.

tühtle, sb., *discipline, usage*: for þerę ilke tuhtle (*later text* þinge) LAʒ. 24675; *comp.* un-tühtle.

tuken, v., *O.E.* tucian; *pluck, tease; full* (*cloth*); tukest (*pres.*) O. & N. 63; tukeð KATH. 550; & tukeð hire al to wundre H. M. 17; tuked (*pple.*) HOM. II. 21; he was ... so scheomeliche ituked and so seoruhfu(l)liche ipined A. R. 366; itouked [itukked] (*tucked up*) CH. C. T. (Wr.) 7319 (*D* 1737); itouked LANGL. *B* xv. 447; *cf.* tucken.

touker, sb., *fuller*, '*fullo*,' VOC. 181; WICL. MK. ix. 2; tokkeris [toukers, toucheris] (*pl.*) LANGL. *A* PROL. 100.

tülien, *see* tilien.

tulk, tolk, sb., *O.N.* tulkr (*interpreter*); *man*, GAW. 3, 1966; tolk A. P. ii. 687.

tüllen, v., *O.E.* (for-)tyllan; *draw, entice*; tille S. S. (Wr.) 1563; as muche place as mid a þvong ich mai aboute tille ROB. (W.) 2492; to þe scole him to tille C. M. 12175; to tille þis yong man to foli M. H. 113; tülleþ (*pres.*) R. S. vii (MISC. 188); tilles PR. C. 1183; tülde (*pret.*) A. R. 320; he havede ... al þe folk tilled (*pple.*) intil his hond HAV. 438.

tumbe, *see* tombe.

tumben, v., *O.E.* tumbian,=*O.N.* tumba; *jump, dance*; tumbede (*pret.*) MAT. xiv. 6; tombede (*pple.*) [tombed] TREV. IV. 365.

tumbestre, sb., *female dancer*; Herodias douʒter .. was a tumbestre HALLIW. 894;

tombester TREV. IV. 15; **tumbesteris** [tombesteres] (*pl.*) CH. C. T. *C* 477.

tumblen, v.,=*M.L.G.* tumelen, *Dan.* tumle, *Swed.* tumla (*stagger, wallow*); *tumble, dance*; tumlin '*voluto*' PR. P. 506; tomblen ALIS. 2465; tummill BARB. ix. 452; tumbleþ (*pres.*) SHOR. 34; tumblide (*pret.*) ['*saltavit*'] WICL. MAT. xiv. 6; tomblede TREV. IV. 365; his heved ... tomblede on þe sond FER. 997; tumlit BARB. iv. 182; tombled MAN. (H.) 70; sche ... tombled over þe hacches WILL. 1776; tumlit (*pple.*) BARB. iv. 229.

tumbler, sb., = *M.L.G.* tumeler; *tumbler*, '*saltator*,' VOC. 218; WICL. ECCLUS ix. 4; tumlare PR. P. 506.

tümen, *see* tēmen. **tumrel**, *see* **tomberel**.

tūn, sb., *O.E.* tūn,=*O.L.G.* tūn, *M.Du.* tuin, *O.H.G.* zūn *m.*, *O.N.* tūn *n.*; *enclosure, farm, town*, ORM. 7016, 8629; REL. I. 217; GEN. & EX. 713; HAV. 764; tonge GREG. 569; þen toun ROB. 184; i have bouʒt a toun ['*villam*'] WICL. LK. xiv. 18; toun and tour CH. C. T. *E* 2172; **tūnes** [tounes] (*gen.*) LAʒ. 1639; **tūne** (*dat.*) A. R. 418; O. & N. 1169; Averil eode of tune LAʒ. 24196; somer com to toune (*first text* to londe) 24242*; lenten is come ... to toune SPEC. 43; **tūnes** [tounes] (*pl.*) LAʒ. 1639; tounes AYENB. 30; **tūnen** (*dat. pl.*) LAʒ. 31894; *comp.* æppel-, burʒ-, leih-, wert-, wike-tūn.

tūn-folk, sb., *townfolk*, ROB. 70.

tūn-mon, sb., *townsman*, '*villanus*,' FRAG. 4; tounemen (*pl.*) DEP. R. ii. 41.

tūn-scipe, sb., *O.E.* tūnscipe; *township*, SAX. CHR. 262.

tunder, sb., *O.N.* tundr,=*M.L.G.* tunder, *M.H.G.* zunder; *tinder*, REL. I. 220; MAN. (F.) 14683; tundir PR. P. 506; tunder [tonder] LANGL. *B* xvii. 245; *see* tinder, tender.

tūne, sb., *tune*, LANGL. *C* xxi. 470*; '*tonus, modulus*' CATH. 396.

tünen, v., *O.E.* tȳnan,=*M.L.G.* tūnen, *M.Du.* tuinen, *O.Fris.* (be-)tēna, *O.H.G.* zūnen; *from* tūn; *enclose*, A. R. 62; tuinen MIRC 490; tinin PR. P. 494; tine CL. M. 69; P. R. L. P. 167; tǖn (*imper.*) A. R. 104; tǖnden (*pret.*) LAʒ. 15320; *comp.* bi-, un-tǖnen.

tunge, sb., *O.E.* tunge,=*O.L.G.* tunge, *O.N.* tunga, *Goth.* tuggō, *O.H.G.* zunga, *Lat.* lingva for *dingva; tongue, '*lingva*,*' tunge of a bocle '*lingula*,' tunge of a balance '*examen*' PR. P. 506; KATH. 194; A. R. 70; ORM. 4869; GEN. & EX. 372; GOW. I. 64; tunga LEECHD. III. 102; tunge [tonge] O. & N. 37; L. H. R. 26; tonge [tunge] CH. C. T. *A* 265; tonge ROB. 12; AYENB. 24; LANGL. *A* viii. 80; PERC. 628; his tunge (*gen.*) bend MK. vii. 35; **tunga** [tunge] (*dat.*) LEECHD. III. 102; **tungen** (*pl.*) A. R. 410; tongen SHOR. 100; **tungen** (*dat. pl.*) HOM. I. 93; tunge MISC. 56.

tunicle, sb., *O.Fr.* tunicle; *tunic*, LANGL. *B* xv. 163; CATH. 396.

tunne, sb., *O.E.* tunne, = *O.N.*, *O.H.G.*, *Ir.*, *Gael.* tunna; *tun*: tun cask A. R. 214; R. S. v; tonne AYENB. 27; GREG. 86; CH. C. T. *A* 3894; to are tunne LAȝ. 14957; **tunnen** (*pl.*) 30672; tonnes of bras MAN. (F.) 2246; *comp.* **win-tunne**.

tun-hŏve, sb., *ground ivy*, 'hedera terrestris,' PR. P. 506.

tuppe, sb., *tup*, *ram*, 'vervex,' VOC. 219; PALL. viii. 78; **tupis** (*pl.*) ALEX. (Sk.) 5566.

tūr, sb., *O.Fr.* tur, tor, *Lat.* turris; *tower*, SAX. CHR. 234; A. R. 226; GEN. & EX. 661; FL. & BL. 222; ane tur [anne tour] LAȝ. 7763; tour HAV. 2073; H. H. 31; LANGL. *A* PROL. 14; tor A. P. i. 965; **tūres** (*gen.*) A. R. 228; **tūres**, turres [toures] (*pl.*) LAȝ. 7781, 23888.

turble, turblen, *see* **truble, trublen**.

turbot, sb., *O.Fr.* tourbot; *turbot*, VOC. 189; turbut PR. P. 506; HAV. 754.

turet, sb., *O.Fr.* tourette; *turret*, FER. 2441; toret CH. C. T. *A* 1909; toret 'turricula' PR. P. 497; SAINTS (Ld.) xlv. 15.

turet², sb., *O.Fr.* touret; *ring on a dog's collar*; **tourettes** (*pl.*) CH. C. T. *A* 2152.

turf, sb., *O.E.* turf (*dat.* tyrf), *cf. O.H.G.* zurba *f.*, *O.N.* torfa *f.*, torf *n.*, *O.Fris.* turf *m.*; *turf*, *sod*, LAȝ. 15395; tŏrf TREV. I. 339; mid ... turf and clute O. & N. 1167; **turves** (*pl.*) HAV. 939; turves [torves] CH. C. T. *E* 2235.

turken, turknen, v., *cf. O.Fr.* torquer; *turn*, *twist*; he **torkans** [torkis] with *turns towards* ALEX. (Sk.) 2967.

turment, *see* **torment**.

turn, sb., *O.Fr.* tourn; *turn*, *trick*, A. R. 280; H. M. 47; GEN. & EX. 63; a freendes turn [torn] CH. C. T. *C* 815; tourn SAINTS (Ld.) xlv. 176; torn FER. 2019; **turnes** (*pl.*) KATH. 853; *comp.* ȝein-, tŏ-turn.

turnai, v., *Fr.* tornei, tornoi (*tournoi*); *tourney*, ALEX. (Sk.) 5429; tournei BEK. 213.

turnaien, v., *turn*, *wheel*, *engage in a tournament*; **tornaiees** (*pres.*) GAW. 1707; **tournaied** *pret.*) GAW. 41.

turneiment, tournement, sb., *O.Fr.* tornoiement; *tournament*, CH. C. T. *B* 1906; turnement A. R. 390; tornement AYENB. 101; **turnemens** (*pl.*) ROB. (W.) 11041*.

turnen, türnen, v., *O.E.* tyrnan, turnian, = *O.N.* turna, *O.H.G.* turnen, *from O.Fr.* torner, *Lat.* tornāre; *turn*, ORM. 169; ich ule turnen me a wei A. R. 76; turne riht to wronge A. D. 237; turne [teorne] LAȝ. 12734; tuirne LEG. 51; tornen C. L. 1211; torne [tourne] LANGL. *B* xx. 46; terne AR. & MERL. 7940; FER. 869; MIRC 2034; B. DISC. 581; tirne of þe hide A. P. ii. 630; **turneð** (*pres.*) R. S. i; turneð giu to me HOM. II. 59; **turninde** (*pple.*) A. R. 356; **turnde** (*pret.*) LAȝ. 4092; O. & N. 1090; BRD. 24; turnden MARH 19; tirnden (*ms.* tirneden) HAV. 603; **iturnd** (*pple.*) HOM. I. 53; R. S. v; of Latin iturnd into Englisch JUL. 2; iterned HORN (H.) 460; *comp.* a-, bi-turnen.

turnare, sb., *turner*, PR. P. 507; **turners** (*pl.*) D. TROY 1586.

turninge, sb., *turning*, PR. P. 507; **turninges** (*pl.*) MAN. (F.) 12860.

turren, v., *butt (as a ram)*; **turred** (*pret.*) ALEX. (Sk.) 5567.

turtle, turtre, sb., *O.E.* turtle, *O.Fr.* turtre; *turtle-dove*, ORM. 989; AL. (L².) 129; tortle SPEC. 38; **turtres** (*gen.*) REL. I. 224; **turtles** (*pl.*) MAND. 87; tortors GAW. 612; **turtlen** (*dat. pl.*) HOM. II. 49.

turtle-brid, sb., *young turtle*, HOM. II. 47.

turtel-douf(e), sb., = *O.H.G.* turteltūba; *turtle-dove*, M. H. 159.

tusch, sb., *O.E.* tusc, tux, = *O.Fris.* tusk, tusch; *tusk*, EGL. 383; tosch PR. P. 497; **tuskes** (*pl.*) JUL. 68; REL. I. 8; tusches S. S. (Web.) 914; toskes PS. lvii. 7; tuxes A. R. 280; ALIS. 6547.

tusked, adj., *tusked*, CH. C. T. *F* 1254; tuskid, toschid PR. P. 497.

tuschel, sb., *O.E.* tuxel; *tusk*; **tuxlis** (*pl.*) OCTOV. (W.) 929.

[**tūsen**, v., *Ger.* zausen; *comp.* to-tūsen.]

tūte, sb., *backside*, *buttocks*; toute P. L. S. xxxv. 136; CH. C. T. *A* 3812; TOWNL. 9; touten (*pl.*) ENG. ST. I. 102.

tutel, sb., *beak*; A. R. 74; **tuteles** (*pl.*) A. R. 80.

tutelen, v., *whisper*; totelin 'susurro' PR. P. 498; **tuteleð** (*pres.*) A. R. 212.

tutelere, sb., *tittler*, *tattler*; **tutelers** (*pl.*) LANGL. *B* xx. 297.

tutling, sb., *tooting*: a tutling of his horne herd thai BARB. xix. 664.

tutour, sb., *O.Fr.* tutor; *guardian*, LANGL. *A* i. 54*; *B* i. 56; ii. 52.

tūðen, *see* **tīðen**.

[**tūwe** ? *comp.* maniȝ-tūwe.]

tüwel, *see* **tüel**. **tux**, *see* **tusch**.

twā, *see* **twēȝen**.

twǣmen, v., *O.E.* twǣman; *divide*, *separate*; twemen LAȝ. 2948; twemen (*printed* tweinen) H. M. 27; tweamen A. R. 252*; tweamin MARH. 5; *comp.* to-twǣmen.

[**twecche**, sb., *O.E.* twecca; *twitch*; *comp.* angel-twæcche.]

twēȝen, card. num., *O.E.* twegen, = *O.Fris.* twēne, *O.L.G.* tvēne, *O.H.G.* zvēne, zwēne, *Goth.* tweihnai, twai, *O.N.* tveir, *Lat.* duo, *Gr.* δύο; *twain*, *two (masc.)*, HOM. I. 229; ORM. 12722; tweigen MAT. xviii. 20; heo tweien twē3en. twies. 625

FRAG. I; HOM. I. 41; twein 81; tweien [tveie] cnihtes LA3. 9462; twei3e [twei] 1113; twein 2530; þei tweine WILL. 1528; hem tweie 2147; tweien (*ms.* tweyen), tweie, tweine LANGL. *B* v. 32; tweie deles TREV. III. 7; twei3e, twei E. G. 350, 359; tveie [twei] men O. & N. 795; hi tveie P. L. S. x. 41; tvaie bo3es AYENB. 67; twei A. R. 370; twei kinges ROB. 38; a schaft or twei S. S. (Wr.) 747; tweine CH. C. T. *A* 1134; PR. P. 504; hise twe3en (*for* twa) dohtres ORM. 6386; of twe3en (*for* twam) prestes 483; **twā** (? twa) [*O.E.* twā *f.*, twa, tu *n.*,=*O. Fris.* twā *f.*, twa (? twā) *n.*, *O.L.G.* tvā *f.*, tve *n.*, *O.N.* tvær *f.*, tvö *n.*, *Goth.* twōs *f.*, twa *n.*, *O.H.G.* zvā, zvō *f.*, zvei *n.*, *Lat.* duae *f.*, duo *n.*]; *two* (*fem., neut.*), H.M. 9; twa sunne HOM. I. 33; twa gildene crunes ORM. 8179; tweamin a twa (*in two*) MARH. 5; hire twa sustren LA3. 3067; tva [two] niht LA3. 1113; twa children 7145; two dolen A. R. 10; two & þrittuče HOM. II. 47; tvo 3er ROB. 225; two & fourti 60; tvo & tventiþe 440; tvo ziden AYENB. 153; a two JOS. 103; DEGR. 1620; breke a two SPEC. 40; to smite þe corde a two CH. C. T. *A* 3569; two, to GEN. & EX. 377, 423; on two, on to HAV. 471, 1823; tvo, to WILL. 1698, 2877; to P. S. 329; E. G. 30; PR. P. 495; twa (*for* twe3en) men SAX. CHR. 262; twa prestes ORM. 487; twa daies S. S. (Wr.) 3180; **tweigre**, tweire (*gen. m. f. n.*) MAT. xviii. 16, xxi. 31; tweire A. R. 406; tweire cunne O. & N. 888; tweire LA3. 17560; FER. 311; **twam** (*dat.*) HOM. I. 31; P. L. S. viii. 155; of twam þinge O. & N. 1477; twam L. N. F. 217; ich habbe . . . i3even hit mine twam [two] dohtren LA3. 3167; bitweone twom (*ms.* twō) monnen 22968; twan HOM. I. 241; bituhen unc twa MARH. 8; of þa twa prestes ORM. 490.

twā-fāld, adj., *twofold*, HOM. I. 151; ORM. 14034; twovold A. R. 50.
tweien, twein, see **twē3en.**
tweinen, *see* **twinen.**
twelf, card. num., *O.E.* twelf, twelfe,=*O.Fris.* twelf, twelef, twilif, *O.L.G.* tvelif, twelifi, *Goth.* twalif, *O.N.* tolf, *O.H.G.* zvelif, zvelife; *twelve*, KATH. 1844; twelfmoneth LANGL. *B* xiii. 337; tvelf TREAT. 139; AYENB. 11; twelf [twelve] winter LANGL. *B* v. 196; twelf, twælf, twealf LA3. 1168, 8106, 11065; twelfe iferan 1621; þas twælfe 25275; tweolve of þine witi3(e)n 4368; (*ms.* twellfe, twellfte) ORM. 537, 11069; tweolf, tweolve A. R. 200, 218; twelve O. & N. 836; tvelve AR. & MER. 934; an of þam twelfen MAT. xxvi. 14.
twelfte, ord. num., *O.E.* twelfta, = *O.H.G.* zwelifto; *twelfth,* ORM. 11047; twelfte PR. C. 4802; LUD. COV. 84; tvelfte AYENB. 14; tweolfte A. R. 412.
twēmen, see **twǣmen.**
twengen, v.,=*O.H.G.* zvengan, dwengan; *from*

twingen; *twinge, press tightly*; þat me ne twenge þine hude O. & N. 1114; þu **twengest** (*pres.*) þar mid so doþ a tonge 156; he **tvengde** (*pret.*) and schok hire bi þe nose P. L. S. ix. 81.
twēnti3, card. num., *O.E.* twēntig, = *O.L.G.* tvēntig, *O.H.G.* zveinzig, *Goth.* twai tigjus; *twenty*; (*ms.* twennti3) ORM. 1894; twenti SAX. 252; KATH. 2502; tventi HAV. 259; TREAT. 139; SAINTS (Ld.) xlvi. 716.
twēntüðe, ord. num., *twentieth,* MARH. 23; tventeoþe [twentiþe] TREAT. 139 (SAINTS (Ld.) xlvi. 714); twentiþe WILL. 5354.
tweolf, *see* **twelf.**
[**twēon,** *O.E.* twēon; *see* **bi-twēonen.**]
twēonian, v., *O.E.* twēonian, twȳnian; *doubt, debate, be at variance*; HOM. I. 109; **twēoneð** (*pres.*) MK. xi. 23; **twēoneden,** twineden (*pret.*) LA3. 907, 3791.
twēoninge, sb., *O.E.* twēonung, twȳnung; *doubt*: and weren a tweninge (*ms.* at wenynge) MISC. 54.
[**twī-,** prefix, *O.E.* twī-, = *O.Fris.* twī-, *O.N.* tvī-, *O.H.G.* zvī-; *twi-; two.*]
twī-bil, adj., *O.E.* twībill; *two-edged axe, 'bipennis,'* VOC. 196; PR. P. 505; SPEC. 110; N. P. 13; in brade axe and twibile HAMP. PS. lxxiii. 7.
twī-feald, adj., *O.E.* twīfeald,=*O.Fris.* twīfald, *O.N.* tvīfaldr, *O.H.G.* zvīfalt; *twofold, double,* HOM. II. 187; twifald ORM. 4997; twi-, tvifald M. H. 19, 37; twifold REL. I. 131; twifold PS. cviii. 29.
twī-light, sb., = *Ger.* zwīlicht; *twilight,* '*diluculum, crepusculum,*' PR. P. 505.
twī-rǣd, adj., *O.E.* twīrǣd; *of different opinion*: weoren alle twirǣde [twireade] LA3. 19416.
twī-spēche, sb., *O.E.* twigsprǣc; *equivocation, double meaning,* REL. I. 129 (HOM. II. 163).
twicchen, v., ? *O.E.* twiccan,=*M.H.G.* zwicken; *twitch*: twichin, twikkin PR. P. 505; tvicche P. L. S. xxi. 131; **twik** (*imper.*) PALL. vi. 26; **twi3t(e)** (*pret.*) WART. II. 258; hure swerdes out þai twi3te FER. 1596; twight(e) M. ARTH. 1038; **twight** [twi3t] (*pple.*) CH. C. T. *D* 1563; þe bord he fond of tvi3t TRIST. 1952; *comp.* **to-twicchen.**
twie, adj., *O.E.* twiwa,=*O.Fris.* twīa, *M. L.G.* twīe, twige; *twice,* GEN. & EX. 808; twie HORN (L.) 1452; tvie CHR. E. 247; twige, twewe MK. xiv. 30, 72; twie, twien A. R. 23, 36; twien, tweien [twie] LA3. 7908, 10504; twi3en HOM. I. 37.
twies, adv.,=*M.L.G.* twīes, twiges, *M.H.G.* zwīes; *twice,* HOM. I. 227; A. R. 70; twies LANGL. *C* viii. 29; MAND. 261; tvies AYENB. 35; twiges SAX. CHR. 248; twi3es (*ms.* twi3-3ess) ORM. 566; twi3es WILL. 3721; E. G. 357.

S s

twig, twīg, sb., *O.E.* twĭg, = *M.Du.* twijgh, *M.L.G.* twich, *O.H.G.* zvīg *n.; twig, branch,* CH. C. T. *I* 391; tvig AYENB. 22; twigge PR. P. 505; twi MAT. xxiv. 32; **twigga** (*pl.*) HOM. I. 5; twigges PS. lxxix. 11; DEP. R. iii. 87; twīge (*dat. pl.*) HOM. I. 149; *comp.* **līm-, palm-twīg.**
twiȝe, see **twíe.**
[**twih,** adv., *O.E.* twih; *comp.* **bi-twih.**]
twin, sb., *O.N.* tvinnr, tvennr; *twin, two:* þis twinne seolþe ORM. 8769; twinne srud GEN. & EX. 2367; in twinne *in two* S. S. (Wr.) 1499; a twinne *asunder* JOS. 49; o twinne REL. I. 214.
twinling, sb., ? = *O.H.G.* zvinelinc; *twin, 'gemellus,'* VOC. 213; PR. P. 505; **twinlingis** (*pl.*) WICL. GEN. xxv. 24.
twīn, sb., *O.E.* twīn, = *M.Du.* twijn; *twine, doubled thread,* PR. P. 505; **a twīnes** (*gen.*) þræd LAȜ. 14220; twines þreed CH. C. T. *A* 2030.
twinclen, v., *O.E.* twinclian; *twinkle*; **twincleþ** (*pres.*) WICL. PROV. vi. 13; **twinkled** (*pret.*) CH. C. T. *A* 267.
twinclere, sb., = *M.H.G.* zwinkeler; *twinkler,* WICL. ECCLUS. xxvii. 25.
twinkling, sb., *twinkling,* CH. COMPL. M. 222; tvinkling REL. II. 14; twinkelinge PR. P. 505; N. P. 50.
twingen, v., = *O.Fris.* twinga, dwinga, thwinga, *O.L.G.* thvingan, ? *O.N.* þvinga, *O.H.G.* dwingan; *press, oppress*; **twinges** (*pres.*) ['*affligit*'] PS. xli. 10; **twungen** (*pple.*) PS. xxxvii. 9*; *deriv.* **twengen.**
twīnien, see **twēonien.**
twinin, v., = *M.Du.* twijnen; *twine, twist, 'torqueo,'* PR. P. 505; **twineþ** (*pres.*) REL. I. 240; twinande (*pple.*) A. P. ii. 1691; **twined** (*pple.*) LAȜ. 14220*; LANGL. *B* xvii. 204.
twinkin, v., = *M.H.G.* zwinken; *wink, 'nicto,'* PR. P. 505; twinke (*pres.*) GAM. 453.
twinne, sb., *O.E.* getwinn *m.; twin, 'gemellus, geminus,'* PR. P. 505; **twinnes** (*pl.*) TREV. I. 211; *comp.* ȝe-twinne.
twinnen, v., *twin, divide, separate,* A. R. 332; H. M. 27; twinnen PL. CR. 496; twinne WILL. 1572; LIDG. M. P. 247; P. R. L. P. 109; twinne [tvinne] C. M. 9634; **twinne** (*pres. subj.*) HOCCL. i. 17; er ȝe twinne CH. C. T. *G* 182; þa twin(n)eden here þonkes (= *quarrelled*) LAȜ. 3791; **tvinned** (*pple.*) TRIST. 2694; *comp.* **a-, to-twinnen.**
twinnunge, sb., *O.N.* tvenning; *separation,* A. R. 396; twinninge H. M. 27.
twinsien, v., ? *retreat*; **twinseden** (*pret. pl.*) cnihtes LAȜ. 4236.
twint, sb., ?*M.Du.* twint; *jot*: had(de) nat a twint BER. 433; twinte DEP. R. iii. 81.
twisel, adj., = *O.H.G.* zvis(e)l; *double*: twisil tunge WICL. ECCLES. v. 16.

twiselen, v., *divide, fork*; tunge **twiselende** (*pple.*) *cloven tongues (of fire)* HOM. II. 117.
twist, sb., = *M.Du.* twist; *twist, branch,* PR. P. 505; **twiste** (*dat.*) CH. C. T. *E* 2349.
twisten, v., = *M.L.G., M.Du.* twisten; *strip boughs; twist;* twiste CH. C. T. *F* 566; '*defrondare*' CATH. 399; **twisteð** (*pres.*) *is nauseated* HOM. II. 213; hi tvisteþ ine tvo AYENB. 159.
twister, sb., *stripper of boughs,* CATH. 399.
twiteren, v., = *O.H.G.* zvizarōn; *twitter*: **twitereþ** (*pres.*) TREV. I. 237; þilke brid . . . twitriþ [twiterith] CH. BOET. iii. 2 (68).
twix, adv., *O.E.* (be-)twix, = *O.L.G.* tvisc, *O.H. G.* zvisk; *among*: tvix (?*for* atvix) þe thorns C. M. 3179; *comp.* **a-, bi-twix.**
twō, see **twēȝen.**

þ.

þā, see *under* **þe.**
þā, adv., *O.E.* þā, = *O.N.* þā, *O.Fris.* thā, *O. L.G.* thō, *O.H.G.* dō; *then, when,* KATH. 24; ORM. 453; þa ȝet seiþ þeo soule FRAG. 7; þa ȝet HOM. I. 31; þa þe heo comen 87; þa ča he wolde 219; þa ča 223; þa če 227; þaa PERC. 497; þa wes Turnus sari LAȜ. 166; þa [þo] al þis wes idon 849; þæ (?*for* þa) 1253; þeo 3037; þo HOM. II. 5; FL. & BL. 53; HAV. 291; BRD. 10; AYENB. 141; WILL. 1865; HOCCL. i. 12; L. C. C. 11; þo stod on old stoc þar bi side O. & N. 25; þo heo bet do ne mihte 1070; þoo, þo LANGL. *A* ii. 119, *B* ii. 148; þo [tho] CH. C. T. *A* 993; *to* REL. I. 209; GEN. & EX. 717; tho M. ARTH. 249; þo, þeo, þoa, þeoa A. R. 52, 78, 236, 314.
þæ, see **þe.** **þǣr,** see **þār.**
þǣw, see **þēau.** **þǣwen,** see **þēwen.**
þāflen, see **þāvien.**
þāh, adv. & conj., *O.E.* þēah, þěh, = *O.Fris.* thāch, *O.L.G.* thōh, *O.H.G.* doh, *Goth.* þauh, *O.N.* þō; *though,* MK. xiv. 31; SPEC. 29; no wonder þah (*ut*) me be wo 81; þah he muche þolie KATH. 229; as þah (*tamqvam*) þe almihti ne mihte . . . 987; þah MARH. 8; þe(h)hweťere 11(47); ac hi þah ledað to deťe HOM. I. 119; þah hweťre his saule wes in helle 131; ase þah he saide 189; þach 147; þaȝh 15; þauh 203; þech 171; þah, þaih, þeah, þeih [þoh, þeh] LAȜ. 244, 2345, 2513, 4039; al se þæb (?þæh) he ne mihte libben 6702; nute we . . . þeh he heo nabbe to wife 25678; þah, þaih, þeh, þeih, þeȝ O. & N. 811, 1235, 1425, 1724; þaȝ MIRC 214; GAW. 350; AUD. 52; þaȝ þer bi zome bronches þet ne bieþ naȝt diadlich(e) zenne AYENB. 9; þaȝ les þe wone is kveadvol 6; þagh L. C. C. 5; heo hit mai don þauh A. R. 6; þauh hit þunche attri hit is ȝauh healuwinde 190; ase þauh hit were 338; þauh [þauȝ] C. L. 1296; þauh

þāh.   þár.   627

[þeiȝ] LANGL. *A* i. 10; þau, þei MAN. (F.) 4878, 4879; þeȝ FL. & BL. 62; TREAT. 134; þeȝh ANGL. I. 7; þeȝh, þeiȝh, þei WILL. 451, 919, 1563; þei ROB. 30; E. G. 350; SAINTS (Ld.) xlvi. 493; hit nis no wonder þei me be wo ANGL. II. 254; nis no sellic þei heom beo wo P. L. S. viii. 92; þoh wethere SAX. CHR. 261; it was þoh (*ms.* þohh) ful mikel riht ORM. 23; þoh swa þeh (*ms.* þehh) *notwithstanding* 249; þoh wheþre 310; ðog GEN. & EX. 4; þogh EGL. 727; thogh [þough, þouh] CH. C. T. *A* 253; þouȝ E. G. 75; þou HAV. 299; TOR. 1020; SACR. 702.

þak, sb., *O.E.* þæc, = *O.N.* þak, *O.H.G.* dach; *thatch, roof*, VOC. 237; PR. P. 490; **þakkes** (*pl.*) MAN. (F.) 14689.

þāke, adj., *? O. E.* þāce; *loose-textured, flabby*; thoke '*insolidus*' PR. P. 491.

þakken, v., *O.E.* þaccian; *pat, stroke*; **þakkeþ** (*pres.*) P. L. S. xxxv. 142; **þakked** (*pple.*) CH. C. T. *A* 3304.

þakkin, v., = *M.H.G.* dachen; *thatch*; thakkin PR. P. 490.

þan, conj., *O.E.* þonne, þanne (SAX. CHR. 178), ðon (LK. xii. 23) = *O.L.G.* than, *O.H.G.* danne, denne; *than*, ORM. 1761; þe leste steorre is ... more þane al þe eorþe SAINTS (Ld.) xlvi. 398; ðan HOM. I. 223; þan, þanne SAX. CHR. 264, 265; þan, þon, þane, þene O. & N. 24, 39, 505, 564; ðan, ðanne GEN. & EX. 142, 144; þane, þanne, þonne, þene, þenne [þan, þane] LAȝ. 3014, 3453, 6515, 6903, 8916; panne MAT. vi. 25; AYENB. 16; þanne, þænne P. L. S. viii. 1; þenne HOM. I. 27; bið ... fulre þene he wes 25; er þeonne, þon 37, 93; þen FRAG. 7; KATH. 170; SPEC. 38; JOS. 592; er þen C. L. 492; þen, þene, þenne A. R. 8, 84, 108.

þan², conj. & adv., *O.E.* þon, þonne, þanne, þænne, = *O.L.G.* than, *Goth.* þan, *O.H.G.* danne, denne; *then, when*; Iw. 1804; PR. C. 4712; hie lieð þan (*when*) hie Crist loverd clepieð HOM. II. 21; þan, þane, þanne ORM. 469, 557, 8401; þan, þanne HAV. 156, 232; ðan sal him (god) almightin luven GEN. & EX. 9; ðan (*when*) man hem telleð sofe tale 17; ðanne 999; þane, þon, þonne, þenne [þanne] LAȝ. 711, 1546, 3413, 3616, 25799; þane (*when*) he cumeð HOM. II. 5; þanne SAX. CHR. 265; P. L. S. viii. 3, 20; SAINTS (Ld.) xlvi. 397; AYENB. 128; WICL. JOHN xii. 16; þanne, þonne, þenne O. & N. 508, 822; þonne FRAG. 5; þanne [þenne] LANGL. *A* ². 56; CH. C. T. *G* 1193, 1211; þenne HOM. I. 133; SPEC. 37; H. H. 80; þenne, þen KATH. 373, 562; þene, þeone, þenne, þeonne A. R. 42, 46, 108, 218.

þanc, sb., *O.E.* þanc, þonc, = *O.L.G.* thanc, *Goth.* þank, *O.H.G.* danch; danc; *thanks, thought, favour*, P. L. S. viii. 36, 45; he cuðe him ðer of wel gret ðanc (*ms.* ðhanc) GEN. & EX. 1659; þanc, þonc LAȝ. 4360, 5068; þank

AYENB. 18; GOW. I. 66; MAND. 285; þank [thank] CH. C. T. *A* 1808; god þank HAV. 2005; þank have ȝe TRIST. 2081; þonc A. R. 222; ROB. 485; A. P. i. 900; nenne þonc HOM. I. 137; hire þonc wenden JUL. 14; gode ðonc *thanks to God* HOM. II. 11; þonc, þonk O. & N. 461, 490; þonk REL. I. 109; GAW. 1380; his **þankes** [= *O.H.G.* sīnes danches] (*gen.*) *willingly* CH. C. T. *A* 1626; his þonkes HOM. I. 31; BEK. 291; hire þonkes O. & N. 70; here þankes SAX. CHR. 265; MAT. xvi. 8; on gode þanke HOM. II. 5; habben in his þonke HOM. I. 29; wende on his þonke þat hit were for unðeawe LAȝ. 3063; **þankes** (*pl.*) MAT. xv. 19; þonkes LAȝ. 3791; AYENB. 18; gode þonkes A. D. 287; *comp.* ȝe-, ümbe-, un-þanc.

[þanc-ful, adj., *O.E.* þancfull; *thankful*.]

þankful-līche, adv., *thankfully*, P. S. 156.

þanc, see **þan**.

þanen, adv., *O.E.* þanon, þanone, = *O.Fris.* thana, *O.L.G.* thanan, *O.H.G.* danan, dannan; *thence*, MAT. iv. 21; þanen hit was ibroht up into heofene HOM. I. 241; þanene, þonene, þeonene, þonne, þeonne, þenne [þanene, þanne] LAȝ. 235, 654, 1297, 5971, 16257, 31362; þanene LEG. 49; þanene, þanne ROB. 288; 377; þat comen þanne P. L. S. viii. 71; þonne, þenne, O. & N. 132, 1726; þenen, þeonen SAX. CHR. 249, 251; þenene REL. I. 282; hwa hefde ... þat licome ilad þeonne KATH. 2233; þenne HAV. 1185; H. H. 5; JOS. 25; RICH. 2947; þeonne LANGL. *A* i. 71; **þennes** LANGL. *B* i. 73; þannes ANGL. I. 15; BEK. 1141; AYENB. 12; þennes WILL. 2191; CH. C. T. *B* 510.

þene-ward, adv., *thence*, H. M. 43; þeone-ward A. R. 296.

þank, see **þanc**.

þankien, v., *O.E.* þancian, þoncian, *cf. Goth.* þagkjan, *O.L.G.* thancōn, *O.H.G.* danchōn, *O.N.* þakka; *thank*; þanken CH. TRO. ii. 848; (*ms.* þannkenn) ORM. 3900; þanke S. S. (Wr.) 2421; þonkien HOM. I. 5; we sculan þonkian him þere (*thank him for the*) muchele mildheortnesse HOM. I. 121; þonkie MISC. 81; þonke WILL. 3522; **þankie** (*pres.*) LAȝ. 3534; ich hit þonkie þe HOM. I. 191; þonki KATH. 2415; BRD. 3; AYENB. 6; þe ich þonki ... alle þine deden JUL. 61; **þank** (*imper.*) GEN. & EX. 1320; þonkeð A. R. 430; **þonke** (*subj.*) A. R. 256; **þankede** (*pret.*) ISUM. 501; he þonkede hire LAȝ. 1261; **iþonked** (*pple.*) LAȝ. 20827.

þanking, sb., *O.E.* þancung; *thanking*, PR. C. 7842; **þankingis** (*pl.*) ['*gratias*'] WICL. 2 KINGS viii. 10.

þanne, see **þan**, **þanen**.

þar, see **þarf**.

þār, adv., *O.E.* þǣr, þār, = *O.Fris.* thēr, *O.N.*, *Goth.* þar, *O.L.G.* thār, *O.H.G.* dār, dāra;

S s 2

þār.

there, MISC. 154; ALIS. 2130; PR. C. 361; EGL. 341; þar, þare, þær, þære SAX. CHR. 251, 255, 261, 263; þar, þare, ðere HOM. II. 5, 7, 171; þar, þear, þær, þer, þare, þære, þere, LAȝ. 8, 123, 259, 607, 716, 1830, 3378, 27332; þar, þare O. & N. 26, 295; þar, þor, þer FER. 102, 150, 544; þær FRAG. 5; ORM. 55; þær, þære JOHN xi. 31, 32; þer HORN (L.) 523; C. L. 491; ROB. 69; AYENB. 1; þer þe heo beoð HOM. I. 9; & wunede sum hwile þer [þear] KATH. 8; þer, þere P. L. S. viii. 22, 50; A. R. 68, 80; WILL. 216, 1627; CH. C. T. *A* 43; *C* 689; ðor GEN. & EX. 211; þor, þore HAV. 922, 1044; ðore REL. I. 211; þore H. H. 63; RICH. 316; MAN. (F.) 2930; þēr *aboute* A. D. 263; WILL. 972; þēr **æfter** *thereafter* LAȝ. 1220; þar after O. & N. 393; þer after LANGL. *A* v. 137; ðor after GEN. & EX. 146; þrafter KATH. 191; þēr **an** *thereon* HORN (R.) 573; þer an [þar on] LAȝ. 7275; þar Rome nou on stondeð 107; þer on A. R. 178; þar on, one O. & N. 104, 1240; þær one ORM. 957; þer one HOM. II. 89; þær onȝæn ORM. 5304; þer aȝen BEK. 294; H. H. 86; þer a mong R. S. ii; þer ate FL. & BL. 138; þēr bī *thereby* A. R. 160; H. M. 23; þe abbot þat þer bi stod CHR. E. 763; þer bifore P. S. 221; þer bivore MISC. 43; þer buve FL. & BL. 294; þēr **fore** *therefore* ORM. 2431; þer fore LAȝ. 316; KATH. 301; þere for HOM. I. 135; þar fore O. & N. 758; þer vore AYENB. 6; ðor fore GEN. & EX. 1215; þer fram BRD. 24; þer from O. & N. 137; ðor **gen** GEN. & EX. 2797; þerien HAV. 2271; þēr **inne** *therein* ORM. 1651; þer inne A. R. 352; TREAT. 138; þat folc þer inne LAȝ. 642; þer inne, þrinne SHOR. 9; þrinne JUL. 30; þrin AYENB. 34; þar mid O. & N. 81; þer mid P. L. S. xix. 169; þer mide A. R. 150; C. L. 374; WILL. 5358; ðor mide GEN. & EX. 2656; þār nēh HOM. I. 43; þēr **of** *thereof* FRAG. 6; þar of O. & N. 120; þer of H. M. 25; LANGL. *B* xiii. 420; þer offe HOM. II. 167; ðor of GEN. & EX. 234; þrof KATH. 818; SHOR. 6; þār **over** O. & N. 1136; þer over BRD. 27; þor of till HAV. 1443; þēr **tō** *thereto* A. R. 6; BEK. 37; AYENB. 8; þar to þu stele in o dai O. & N. 103; ne schal þar nevre cume to 611; þēr **tōȝeines** A. R. 80; þer teyens AYENB. 11; þēr **þurh** ORM. 2325; þar þurh O. & N. 1558; þer ufenen LAȝ. 17696; þēr **under** *thereunder* S. S. (Wr.) 2055; ðor under GEN. & EX. 3184; þer **uppe** BRD. 6; þer uppe [þruppe] A. R. 42; þer oppe SHOR. 2; þer uppon HOM. I. 53; þer upon MARH. 21; þēr ūtī MK. iii. 31; þer ute LAȝ. 1179; Peter stod þer ute MISC. 43; þar oute Iw. 2156; þēr wið *therewith* MARH. 15; þer wiþ BEK. 272; LANGL. *A* i. 16; þēr wiðinne H. M. 11.

þāre, *see* þār.

þarf, v., O.E. þearf, = O.N., Goth. þarf, O.L.G. tharf, O.H.G. darf, (*pret. pres.*) *it is required;* *it behoves;* (*he*) *needs*; HOM. II. 69; H. M. 5; REL. I. 174; O. & N. 803; TRIST. 3053; (*ms.* þarrf) ORM. 12886; þarf, þerf P. L. S. viii. 22, 23; þerf A. R. 192; þarf [þar] MAN. (F.) 7237; darf ANGL. I. 9; FL. & BL. 315; SHOR. 64; derf HOM. I. 187; þar CH. C. T. *A* 4320; thar GAW. 2355; PR. C. 2167; TOWNL. 14; ne þar [dar] he seche non oþer leche C. L. 733; þer P. L. S. xvii. 516; dar OCTOV. (W.) 1337; þearft þu FRAG. 6; þerft HOM. I. 37; þerf(t) tu, þer(t) tu A. R. 136; þart LEG. 40; dert [þert] LAȝ. 22923; þat tu wenen ne þarf [þerf] KATH. 1160; þarst GOW. II. 61; þerst BRD. 29; tharst þou [darstou] nevere care LANGL. *B* xiv. 55; þurfen ȝe LAȝ. 18042; þurven A. R. 6; þurve HOM. I. 253; (we) þorven LEG. 211; (ȝe) þore P. L. S. xxi. 158; þurfe (*subj.*) ORM. 7766; þurve A. R. 172; MISC. 75; þat tes unseli ne þurve nawt seggen JUL. 69; *comp.* **be-þarf**; *deriv.* **þarfe, þurfen.**

þarfe, sb., O.E. þearf, = O.L.G. therva, O.N. þörf; *need*: alle þa þat hafden ned & þarfe to þin heipe ORM. 12247; nir hit nan þerf HOM. I. 9.

þarfe[1], sb., O.E. þearfa; *poor person*: þærfa (*printed* wærfa) FRAG. 2; ic em þarva & wrecche HOM. I. 115; **þearfen** (*dat. pl.*) MAT. xix. 21.

þarm, sb., O.E. þearm, = O.N. þarmr, O.Fris. therm, O.H.G. darm; *bowel*, MISC. 151; tharm VOC. 247; PR. P. 490; **þærmes**, þermes [þarmes] (*pl.*) LAȝ. 318, 18451; þermes FRAG. 6; þarmes H. M. 35; þarmis H. S. 702.

þarnen, v., O.N. þarna, þarfna; *lack, lose*: þat ilke þing þat tu ful wel ne miht te self noht þarnen (*ms.* þarrnenn) ORM. 10142; þarne HAV. 2835; tharne PR. C. 8509; AV. ARTH. lxvi; TOWNL. 126; **þarnes** (*pres.*) ALEX. (Sk.) 2709; **tharned** (*pret.*) ALEX. (Sk.) 3071.

þat, *see under* þe.

þávien, v., O.E. þafian; *permit*; þeavien (*ms.* þeauien) JUL. 18; ðaven GEN. & EX. 3139; þave HAV. 2696; **þávieð** (*pres.*) ant þolieð MARH. 15; ne þave þu þat storm me duve HOM. II. 43; þat god ne þole noht ne þafe ORM. 5457; *comp.* ȝe-þávien.

þáfunge, sb., O.E. þafung; *permission*, A. R. 344*.

þau, þauȝ, þauh, *see* þāh.

þāwe, sb., O.N. þá; *thaw, melting*; thowe PR. P. 492.

þāwen, v., O.E. þāwian, *cf.* O.N. þeyja, M.L.G. dāwen, douwen, O.H.G. do(u)wan, de(u)wan (*digest*); *thaw, melt*; thowin PR. P. 492; **thōwes** (*pres.*) VOC. 201.

þe, dem. adj., dem. & rel. pron., O.E. þe, = O.L. G. the, O.Fris. the, thi, O.H.G. der; *the, that, who, which,* HAV. 9; AYENB. 5; þe man LEECHD. III. 98; þe creft FRAG. 1; þe man þe wule siker ben P. L. S. viii. 20; þe ðe *he who* HOM.

þe.

I. 109; þe king LAȝ. 126; þæ 6153; þa [þe] dai 1327; þe is al so federleas A. R. 10; þe þe 86; Moises... þe havede þe lawe to ȝeme H. H. 24; ẽe GEN. & EX. 47; þerl (=erl) GREG. 1; his broðer þa wæs eorl of Norðhamtune(s)scire SAX. CHR. 253; þa (*for* þeo) wæte LEECHD. III. 82; þe (*for* þat) land SAX. CHR. 262; þe bred HOM. II. 97; þe child LAȝ. 295; þe lond KATH. 49; þe water A. R. 72; þe liht O. & N. 734; þe folc ORM. 141; þe child ROB. 11; after þan þe he haved idon P. L. S. viii. 87; þe [þat] we swa take him on LAȝ. 3333; wið þon þa [þe] he mote libben 886; and wiste wel... þe wraþþe binimeþ monnes red O. & N. 941; þe (*for* þes) kinges SAX. CHR. 264; þe mannes HOM. II. 73; þe deofles HOM. I. 223; A. R. 268; þe gostes O. & N. 1398; þe (*for* þere) assa fet HOM. I. 5; bi þe tunge 41; to þe (*for* þam) kinge KATH. 1307; ine þe londe HOM. I. 151; of þe blod ORM. 1070; þæt bed þe se lame on laig MK. ii. 4; þe (*for* þene) SAX. CHR. 262; KATH. 117; bihealden þe forbodene appel HOM. II. 35; to þan ilke weie þe he ful ȝeare wuste LAȝ. 525; þe dom ORM. DEDIC. 75; me taȝte hire þe wei BEK. 75; þene fule onkume... þa þe d(e)ovel haveð in (e)ow ibroht HOM. I. 149; þe (*for* þa) teþ LEECHD. III. 104; þe wilde deor HOM. II. 35; þa þe þæt word gehereð MK. iv. 18; þe þeo sunne wrohten FRAG. 7; we þe... misdoð HOM. I. 173; alle þa þe wolden... LAȝ. 20479; þe (*for* þam) eȝen HOM. I. 41; þe hi hit bitechan willað ANGL. VII. 220; þa þe was to l(e)of wre(c)che men to swenchen HOM. I. 175.

þēo (*fem.*) [O.E. þēo (=O.L.G. thiu, O.H.G. diu)] JOHN xix. 20; þeo, þe FRAG. 5; þæs deofles lore þeo (*qvae*) þe likede wel 7; þeo, þo, þe HOM. I. 83, 87, 89; þeo, þe, þæ LAȝ. 4010, 9815, 12005; þeo deð al so A. R. 52; þeo heorte 282; þe (? þē) heorte 50; þ(e)o, þe ule O. & N. 26, 187; þe qvene ROB. 26; þe þrote AYENB. 14; a... chaumbre þe clerli was peinted WILL. 4422; to þe (þe ? *for* þere) eorðe MARH. 9; to þe soule biheve A. R. 388; þe (þe ? *for* þa) speche O. & N. 13.

þæt (*nom. acc. n.; also as conj.*) [O.E. þæt, =O.N. þat, O.L.G. that, Goth. þata, O.H.G. daz, *mod.Eng.* that] LK. i. 21; PROCL. 2; þæt, þet SAX. CHR. 249; þæt, þet P. L. S. viii. 4, 7; þat LAȝ. 297; þet 1239; þæt [þat] weder 7843; þæt [þat] he cume swiðe 11500; hit is feole ȝere þat heore þrættes comen here 26294; þat KATH. 70; H. M. 3; O. & N. 1259; þat fur R. S. iv; þat heved ROB. 186; þat folc MARG. 250; þat child HAV. 575; SHOR. 12; þat gode hors FER. 244; þou hast duere aboht þat þou levedest me noht H. H. 60; þet FRAG. 6; JUL. 39; AYENB. 1; þet beoð ure eȝan HOM. I. 127; al þet me eaver deð A. R. 4; þet

water 314; þat (*for* þe) gode man ORM. 2105; þat oþer knight CH. C. T. *A* 1014; mon... þet [þat] þeos boc rede LAȝ. 58; þe þet is idel A. R. 212; þat (*for* þeo) burde WILL. 683; þat (*for* þes) folkes ORM. 1689; after þat (*for* þam) 6792; alle þet (*for* þeo) luvieð þe A. R. 282; þe þat seggeþ SHOR. 99; þut lond ROB. (W.) 5077, 12014; þut water 5354; þut scoble 4237; þut on, þe oþer 10671; he was glad of þut cas 6773.

þæs (*gen. m. n.*) [O.E. þæs, =O.L.G. thes, O.N. þess, Goth. þis, O.H.G. des, Gr. τοῦ], FRAG. 5; þæs þe ma MK. x. 48; an man þæs name wæs Jairus LK. viii. 41; þas folkes i. 10; þæs þes SAX. CHR. 249; þæs kinges LAȝ. 806; þes [þe] kinges sune 332; wa wes Lumbardisce folc þes [þas] 2745; þas (? *for* þæs) kinges ferde 713; þeos [þes] sweordes 7560; þes HOM. I. 5, 9; A. R. 62; MARH. 2; þes te mare ORM. 444; þes wateres MISC. 146; þes þe bet SAL. & SAT. 234; þes, þas O. & N. 338, 822, 882, 1442; wel was him þas P. L. S. xii. 122; Oliver wax hol sone þas FER. 1387.

þēre (*gen. f.*) [O.E. þǣre] HOM. I. 5; LAȝ. 331; þare LK. i. 10; þare ule O. & N. 28; þer saule SHOR. 4; þer hvile AYENB. 217.

þam (*dat. m. n.*) [O.E. þæm, þam, þan] MAT. ii. 8; after þan LK. x. 1; þam HOM. I. 37; þan 17; þon 41; to þa deðe 121; þan PROCL. 5; on þan londe LAȝ. 127; under þan (*meanwhile*) 9660; nas he noht to þan iboren 30779; hit was... iseid þon kinge (*to the king*) 8001; wið þon þe þu him ȝeve grið 8253; he redde þæn [þan] kæisere 9266; þen kinge 1626; for þan *because, therefore*, REL. I. 128; for þan þe HOM. I. 225; for þan com ic of hefne dun ORM. 17621; mid þan [þon] O. & N. 801; at þan [þen] ende 1288, 1514; with þan þu wilt his child take HAV. 532; fram þan time SHOR. 123; er þan AM. & AMIL. 2398; bī þan he com bi þat barn WILL. 220; ief to god be þan þet he heþ þe AYENB. 195; inne þo time 12; at þo daie 14; to ðan GEN. & EX. 2792; bi ðan sal Sarra selðe timen 1023; for ðo 1046; on þen flore FRAG. 5; of þen epple A. R. 66; wið þen þet 284; þat reafde þen [þe] riche Job his ahte JUL. 40, 41; to þen inne AN. LIT. 3; at þen ende TRIST. 3287; at ten (*for* at þen) ende H. M. 7; R. S. vii; atte (*for* at þe) LANGL. *A*, *B* PROL. 42; at ten ale CH. C. T. *D* 1349; to þen unwiht MARH. 12; wið þon þat 5; after þon *afterwards* CHR. E. 303; bi þon C. L. 556; under þon M. T. 107; in þa tune SAX. CHR. 256; in þa time MISC. 29; þo tides of þo daie 34; for þo þe HOM. II. 25; or þo CH. D. BL. 234.

þēre (*dat. f.*) FRAG. 6; þære, þare LAȝ. 93, 1233; on þere helle grunde P. L. S. viii. 149; on þere alde laȝe HOM. I. 87; bi þer heorte 41; in þar sæ 143; þare JOHN xvii. 11; to þare wunda LEECHD. III. 86; of þare ule O. & N. 31; in þare tide SHOR. 86; þere A. R. 54; to þer eorðe 18.

þē *(instr. neut.)*, [*O.E.* þē, þȳ, *Goth.* þe, *O.L.G.* thiu, *O.H.G.* diu, *O.N.* þvi]; þe, þæ bet LAȝ. 701, 30597; for þi 26134; þe bet A. R. 58; for þi, þui 6, 152; þe wurs O. & N. 34; nartu þe wisere 1330; for þe, þi 65, 69; ich rede þi þat men beo ware 860; þe bet BRD. 7; þe leng þe more BEK. 46; þe bet CH. C. T. *D* 1951; for þi A. 1841; for þui (*printed* forþ in) FRAG. 2; þi HOM. I. 93; þi les 117; to ði 223; þi læs MAT. xv. 32; þi sathanas ... þe saule wule derie MISC. 76; for þi KATH. 85; ORM. 361; HAV. 1194; C. L. 85; PR. C. 189; DEGR. 29; ANT. ARTH. xxxiv; for ði GEN. & EX. 1581; wi(þ) þi MAN. (F.) 8997.

þene *(acc. m.)* [*O.E.* þæne, þane, þone] FRAG. 1; HOM. I. 31; P. L. S. viii. 171; S. A. L. 157; þene, þen A. R. 10, 52; MARH. 11; KATH. 1188, 1189; þane, þene, þen LAȝ. 133, 418, 3253; þane, þene O. & N. 249, 1093; þane PROCL. 7; SHOR. 5; AYENB. 7; þane wei BEK. 701; þen toun ROB. 184; þen appel H. H. 10; þan FER. 2419; inne þane (*for* þam) fehte LAȝ. 214; to þone kinge SAX. CHR. 252.

þā *(acc. f.)* JOHN xix. 17; HOM. I. 37; þa mol(de) FRAG. 5; he nom þa Englisca boc þa makede seint Beda LAȝ. 31; þo MISC. 29; þa (*for* þeo) drane SAX. CHR. 256; þa laȝe HOM. I. 9; þa qvene LAȝ. 198; on þa (*for* þere) ealde laȝe HOM. I. 9.

þā, þēo *(nom. acc. pl.)* [*O.E.* þā, þæge, = *O.Fris.* thā, *O.L.G.* thia, thea, *Goth.* þai, *O.N.* þeir, *O.H.G.* dia, die, *mod.Eng.* they] FRAG. 1; þa oðre men HOM. I. 5; þa songes þa we nu singeð 125; þeo þe ihereð 47; þa, þæ, þea, þo, þeo, þe, þaie, þai LAȝ. 2009, 2020, 3068, 3638, 6420, 7095, 7121, 7789, 19542, 21868; þa kinges ORM. 6451; þa þat wæren gode men 53; þeȝ (*ms.* þeȝȝ) ledden heore lif 125; þa [þai] wandes C. M. 1423; þa, þai PR. C. 152, 1253; þo ANGL. I. 13; HOM. II. 3; MISC. 27; AYENB. 6; þo þe luveden unriht P. L. S. viii. 47; þ(e)o O. & N. 843; þeo þe haveþ ... 1675; þoa þinges KATH. 360; þeo þat 501; þea, þe HOM. II. 107; þo, þei WILL. 318, 1757; MAND. 10, 20; þo wordes CH. C. T. *A* 1123; þei [thei] were 407; þo, þe HAV. 1841, 2044; þo hote baþes ROB. 28; þe twei breþeren 38; þei were agaste 50; þeo BEK. 421; CHR. E. 492; þeo, þe A. R. 2, 166; þe fet MARH. 18; men þe ani god cunnen REL. I. 130; þei LANGL. *A* i. 8; þei þat nolden on me leven H. H. 235; alle þei þat god drede LUD. COV. 84; þai doȝti(e) men FER. 458; þa (*for* þam) ORM. 2796; of þa oðre SAX. CHR. 252; bi þa honden HOM. I. 41; of þa men KATH. 145; al þa Grickes þea heo neih comen LAȝ. 581; non of þo SPEC. 29; oon of þoo CH. C. T. *A* 2351; to þeo þet tin nome munnið MARH. 21.

þāra (*gen. pl.*) [*O.E.* þāra, *O.N.* þeirra] HOM. I. 221; þare LK. i. 4; ANGL. VII. 220; O. & N. 1584; þare, þere LAȝ. 1776, 3346; ðere monne HOM. l. 135; þair PR. C. 52; þeȝre ORM. 127; eȝþer þeȝres 2508.

þām (*dat. pl.*) [*O.E.* þām, þǣm] MK. v. 2; P. L. S. viii. 134; PR. C. 202; ISUM. 148; þam, þan HOM. I. 93; þa ilke wepne þa þe apostel spekð of 155; þeȝm ORM. 1142; þan MAT. v. 44; O. & N. 1762; PROCL. 3; bi þan dagen HOM. II. 47; þan, þon, þen LAȝ. 714, 747, 7806; þan, þon, þe AYENB. 11, 30, 139; þon HOM. I. 175; to þen eien A. R. 50; ich am on of þe A. D. 253.

þe², *conj.*, *O.E.* þe, = *O.L.G.* the, *O.Fris.* tha, *Goth.* þau; *either, or*, O. & N. 824, 1064; weþer est þe west ROB. 220; þe, þa LAȝ. 1418, 16812.

þe³, *conj.*, ? *O.E.* þe, = *O.Fris.* tha; *for* þan; *than*, HOM. II. 119; if ȝe beoð strengre þe heo I. 151; na mo þe [*v. r.* þene] O. & N. 564.

þe⁴, *conj.*, ? *O.E.* þe; *for* þā; *then, when:* þe þe (*earlier text* ðā þā) he was '*cum esset*' FRAG. 1; þe ȝet þa ȝet 7; þe ȝet LAȝ. 263; MARH. 1; O. & N. 1624; þe [*sec. text* þō] Dunwale havede isæd LAȝ. 4150; þa þe HOM. I. 87; þo þe he him shop HOM. II. 35; þa þæ he hine beseag MK. viii. 24.

þe⁶, *adv.*, ? *O.E.* þe; *for* þǣr; þer ðe (*where*) nevre deað ne com HOM. I. 193.

[þē-, *stem of* þēon.]

þē-dōm, þēodōm, *sb.*, *prosperity, thrift*, LANGL. *A* x. 105, *C* viii. 53; thedom S. S. (Web.) 587; evil thedom LUD. COV. 139; þedam '*vigencia*' PR. P. 490.

þē, *see* þe, þēoh. þēah, *see* þǣh.

þearf, *see* þarf.

þēau, *sb.*, *O.E.* þēaw, = *O.L.G.* thau, *O.H.G.* dau; *manner, virtue*: þes þeau A. R. 278; þeau, þeu HOM. II. 47; theu (*ms.* thew) '*mos*' PR. P. 490; PS. lxiv. 7; þæw JOHN xix. 40; þurh haliȝ þæw ORM. 6754; of maine and of þēauwe (*dat.*) LAȝ. 6361; þēawes (*pl.*) A. R. 240; H. M. 3; ivele þeawes HOM. II. 71; þeawes AYENB. 17; þeauwes, þewes, þæwes [þeuwes] LAȝ. 2147, 6899, 7161; gode þewes O. & N. 1017; þewes C. L. 763; WILL. 189; MIRC 1482; A. P. ii. 1436; CH. C. T. *E* 409; fele þewes REL. I. 109; þewes PR. C. 1883; þewis LIDG. M. P. 256; M. ARTH. 1081; AMAD. (R.) xxxix; *comp.* fāond-, lēod-, man-, un-þēau.

þēau-ful, *adj.*, *moral, virtuous*: þ(e)awfulle mihtes H. M. 45; mid þeauful(l)e talen A. R. 422; mid þeufulle worden LAȝ. 1797; *comp.* un-þēufol.

þēu-lēs, *adj.*, *immoral*, (*ms.* þeweles) P. S. 255.

thowlēsnes, *sb.*, *heedlessness*, BARB. i. 333.

þēawed, *adj.*, *mannered; virtuous*; so boner

þēawed. þēoh.

& þewed A. P. ii. 733; wel ðewed GEN. & EX. 1914; *comp.* un-þēwed.
þecchen, v., *O.E.* þeccan, =*O.N.* þekja, *O. H.G.* decchan; *thatch, cover*; þecche LANGL. B xix. 232; *comp.* bi-þecchen.
þeker, sb., *O.E.* þecere, =*O.H.G.* dechari; *thatcher, coverer,* VOC. 212.
þechene, sb., *O.E.* þecen; *covering,* ['*tectum*'] LK. vii. 6.
þechene², *for* þechele, sb., *O.E.* þecele, þæcele = fæcele, *O.H.G.* fachala, *O.L.G.* fakla, *from Lat.* facula; *torch,* LAȝ. 8084.
þēde, sb., *prov.Eng.* (*Norf.*) thead, fead; *brewer's wicker strainer*: hatz þou broȝt beverage in þede A. P. ii. 1717; thede, breuares instrument '*qvalus*' PR. P. 490.
þēde, *see* þēode. þeder, *see* þider.
þēdbm, *see under* þē-.
ðef, sb., *O.N.* þefr; *taste,* GEN. & EX. 3340.
þēf, þēfte, *see* þēof, þēofðe. þēh, *see* þāh.
þēh, þeiȝ, *see* þēoh. þei, þeiȝ, þeih, *see* þāh.
þēfe, sb., *O.E.* þӯfe; *leafy branch, twig*; theve, brusch (*brushwood*), PR. P. 490.
þēfe-þorne, sb., *O.E.* þēfeþorn; *buckthorn,* ['*rhamnus*'] HAMP. PS. lvii. 9*; þeveþorn WICL. JUDG. ix. 14; þefþorn REL. I. 37.
þein, sb., *O.E.* þegen, þegn, þēn,=*O.N.* þegn, *O.L.G.* thegan, *O.H.G.* degan; *thegn, thane; man, soldier; 'minister, satrapa,'* FRAG. 2, 4; LAȝ. 1584; thein HAV. 2466; þeign, þen MK. ix. 35, x. 43; þeinas (*pl.*) ANGL. VII. 220; þeignes MAT. viii. 8, 9; þeines MARH. 17; R. S. v; P. S. 217; CHR. E. 583; ðeines, þeignes SAX. CHR. 250, 255; þeigne (*gen. pl.*) HOM. I. 229; þeignen (*dat. pl.*) MAT. xxviii. 12; HOM. I. 231; LAȝ. 3349; *comp.* būr-, disc-, lār-, reil-þein.
þeinen, v., *O.E.* þegnian; *be a thegn; minister, serve;* LAȝ. 30786; þeine (*pres. subj.*) REL. I. 181; þeignede (*pret.*) MAT. viii. 15; þeineden LAȝ. 24595; *comp.* ȝe-þeinen.
þēninge, sb., *O.E.* þegnung; *ministration,* HOM. I. 233.
þelc, *see* þulc. þellich, *see* þullic.
þen, *see* þan. þēn, *see* þēon, þein.
þenchen, v., *O.E.* þencan, þencean,=*O.L.G.* thenkean, *O.N.* þenkja, *Goth.* þagkjan, *O. H.G.* denchan; *from* þanc; *think,* HOM. I. 15; KATH. 1736; A. R. 204; þenchen on his saule LAȝ. 18139; þenchen, þenche C. L. 17; þenche AYENB. 47; RICH. 4574; CH. C. T. *A* 3253; þenken ORM. 1761; þenke WILL. 4908; MAND. 278; thenkin PR. P. 490; þenche (*pres.*) O. & N. 485; whan i þenke [þinke] þer on LANGL. *B* v. 609; thenkeste (=thenkest þu) HAV. 578; þencheþ FL. & BL. 32; þenkes HAV. 306; ȝe þencheþ BRD. 8; ðenkeð (*ms.* ðhenkeð) GEN. & EX. 2028; þench on LAȝ. R. 120, 122; þench on me MISC. 50; SPEC. 92; þenk on me AL. (T.) 173; þenke

(*subj.*) WILL. 711; þōhte (*pret.*) KATH. 137; SPEC. 41; (*ms.* þohhte) ORM. 2377; þohte, þoute LAȝ. 1255, 14410; ðogte GEN. & EX. 333; þouthe, þoucte HAV. 504, 1869; þōht (*pple.*) HOM. II. 71; (*ms.* þohht) ORM. 2364; *comp.* bi-, ȝe-, ümbe-þenchen.
þenchinge, sb., *thinking,* AYENB. 6.
þenken, *see* þenchen.
þenne, *see* þan, þanen, þunne.
þennen, v., *O.E.* þennan, þenian,=*O.L.G.* thennian, *O.N.* þenja, *O.H.G.* dennan, *Goth.* (us-)þanjan, *Gr.* τείνειν; *stretch*; þinne ['*extendam*'] PS. cvii. 10.
þēo, *see* þe, þēoh.
þēode, sb., *O.E.* þēod,=*O.L.G.* thioda, *O. Fris.* thiada, *Goth.* þiuda (ἔθνος), *O.N.* þiōð, *O.H.G.* diota, diot; *people, nation; country;* ['*gens*'] LK. xxi. 10; LAȝ. 5218; C. L. 20; K. T. 995; þeod ORM. 3438; of þissere þeode LAȝ. 5417; ine unkuðe þeode A. R. 250; wo þere þeode R. S. vi (MISC. 184); into þare þeode O. & N. 1583; in þeode SPEC. 23; þiode HOM. I. 237; þede HAV. 105; MAN. (H.) 19; PERC. 1255; A. P. i. 482; M. ARTH. 61; Babiloine þeo riche þede ALIS. 7959; in þe heþen þede OCTAV. (H.) 615; þēode (*pl.*) MAT. xxviii. 19; HOM. I. 15; þeode [þode] O. & N. 387; ase fele þede ase fele þewes REL. I. 109; ðeden GEN. & EX. 2302; alle þēde (*gen.*) spæches ORM. 16057; *comp.* kine-þēode.
[þēodi, adj., *from* þēode; *comp.* el-þēodi.]
þēodisc, adj.,=*Goth.* *þiudisks, *O.H.G.* diutisc; *belonging to a nation or country:* þa þeodisce men LAȝ. 5838; *comp.*el-þēodisc.
þēof, sb., *O.E.* þēof,=*O.L.G.* thiof, *O.Fris.* thiaf, *O.N.* þiōfr, *Goth.* þiubs, *O.H.G.* diob, diub; *thief,* A. R. 174; H. M. 17; BEK. 384; þu fule þeof HORN (L.) 323; þief AYENB. 37; þuef SPEC. 106; ðef GEN. & EX. 1773; þef [thef] LANGL. *B* xii. 206; þif S. S. (Wr.) 512; þēofes (*pl.*) MAT. vi. 19; þeoves (*ms.* þeoues), þeves HOM. I. 15, 29; þeoves A. R. 174; O. & N. 1372; þiefes HOM. II. 61; thiafes ANGL. VII. 220; þefes MAND. 250; thefes PR. C. 5210; þēovene (*for* þeove) (*gen. pl.*) MISC. 39; þēove [þeve] (*dat. pl.*) P. L. S. viii. 22; þieve ANGL. I. 9.
þēof-liche, adv., *stealthily,* BRD. 13; ALIS. 4002; þeefliche TREV. VIII. 155; thevelich, þefliche LANGL. *B* xviii. 336 ((Wr.) 12755).
þēofðe, sb., *O.E.* þēofð, *O.N.* þӯfð, *O.Fris.* thiufthe; *theft,* HOM. I. 13; LAȝ. 4263; A. R. 202; þeofþe BEK. 396; þiefþe AYENB. 9; þufþe ROB. 503; þefte MISC. 31; CH. C. T. *A* 4395; H. S. 2073; ðefte GEN. & EX. 3512.
þēoh, sb., *O.E.* þēoh,=*O.Fris.* thiach, *O.N.* þio, *O.L.G.* thio, *O.H.G.* dioh, *? from* þēon; *thigh*: þeo O. & N. 1496; þeȝ B. DISC. 476; þe HAV. 1950; thee D. ARTH. 1046; þeh LAȝ. 30581; þat þih 26071; þeiȝ [þiȝ] TREV.

þēoh. ... **þes.**

IV. 185; þih FRAG. 2; þi ROB. 244; thi PR. P. 490; þeȝ (pl.) HOM. II. 258; þih 211; þeos ORM. 8079; þies MISC. 51; þeȝes SPEC. 52.

þēon, v., O.E, þēon, þīon, = O.L.G. thīhan, thion, Goth. þeihan, O.H.G. dīhan; *increase, prosper, flourish*: ðen GEN. & EX. 803: þen LUD. COV. 340; so mot i þen AR. & MER. 1048; theen '*vigeo*' PR. P. 490; þe CH. C. T. D 2207; þee EGL. 430; þīeð (*pres.*) HOM. II. 177; þīoh (*imper.*) REL. I. 22; þēoinge (*pple.*) BEK. 149; þēah (*pret.*) LK. ii. 52; þeagh REL. I. 129; his welðe ðeg GEN. & EX. 2012; he ... ðogen wel 2542; þogen (*pple.*) HOM. II. 127; þowen SPEC. 23; *comp.* ȝe-þēon; *deriv.* þicke, þīht.

þeorf, adj., O.E. þeorf, = O.N. þiarfr, M.Du. derf, O.H.G. derb; *prov.Eng.* tharf (cake); *unfermented*, ORM. 997; þerf bred MAND. 19; þerf breed WICL. GEN. xix. 3; þerf brede TREV. V. 9; therf ['*azymus*'] PR. P. 490; þerve (pl.) A. P. ii. 635.

þerfling, sb., O.E. þeorfling; *anything unfermented*, ORM. 1590.

þēos, *see* þes.

þēoster, þēster, sb., O.E. þēoster, þȳster (pl. þēostru); *darkness*; þuster O. & N. 230; þeostra, þeostre ['*tenebrae*'] MAT. vi. 23; LK. xi. 35; þustre SHOR. 121; þēostron (*dat. pl.*) LK. xii. 3; þeostran HOM. I. 131; *comp.* niht-þēoster.

þēoster-ful, adj., O.E. þēoster-, þȳsterfull; *dark*, MAT. vi. 23.

þēosternesse, sb., O.E. þēosterness; *obscurity, darkness*, A. R. 142; ORM. 3787; þiesternesse REL. I. 131; þusternesse [þesternesse] O. & N. 369; ðiesternesse GEN. & EX. 58; þisternesse HAV. 2191; þesternesse LANGL. B xvi. 160.

þēostre, þēstre, adj., O.E. þēostre, þȳstre, = O.L.G. thiustri, O.Fris. thiustere, ? M.H.G. diuster; *obscure, dark*; þeostre LK. xi. 34; þiestre AYENB. 159; þester AR. & MER. 1705; JOS. 160; (*ms.* þessterr) ORM. 13426; þuster REL. I. 89; þister SHOR. 140; þe þestere niht LAȝ. 7563; þustere 9802; bi þeostre nihte O. & N. 1432; þūstre (*pl.*) P. L. S. viii. 38; ðiestre HICKES I. 222; þūstrore (*compar.*) MISC. 150.

þiester-liche, adv., *darkly*, AYENB. 244.

þēostren, þēstren, v., O.E. þēostrian; *become dark*; þeostren HOM. I. 143; þester JOS. 235; þēostreð (*pres.*) A. R. 94; þēostrede [þustrede] (*pret.*) LAȝ. 4575; þa þestrede þe dæi SAX. CHR. 260; *comp.* a-þēostren.

[**þēote,** sb., O.E. þēote; *comp.* weter-þēote.]

þēoten, v., O.E. þēotan, = O.N. þiōta, O.H.G. diozan; *howl*, MARH. 22; þuten ORM. 2034; þēoteð (*pres.*) A. R. 120; þēotinde (*pple.*) KATH. 163.

þēow, adj., O.E. þēow; *servile*: þeow wum-mon MARH. 4; þeu HAV. 2205; þeu, þu BEK. 648, 652; þēwe (*dat.*) WILL. 5514; þēowe [þeue] (*pl.*) LAȝ. 334; þewe & freo AL. (L.³) 2.

þēow-dōm, sb., O.E. þēowdōm; *servitude*, H. M. 5; (*ms.* þeowwdom) ORM. 3617; þeowdom [þeudom] LAȝ. 454; þeoudom A. R. 218; þedom C. L. 247.

þēou-līo, adj., = M.H.G. dielīch; *servile*: þewlike dede ORM. 4177.

þŭ-man, sb., O.E. þēow-, þēomann; *serf*, ROB. (W.) 9655; þēwemen (*pl.*) ROB. (W.) 10317.

þēow, sb., O.E. þēow, = Goth. þius (*pl.* þiwōs); *slave, servant*, FRAG. 6; þeow, þew (*ms.* þeoww, þeww) ORM. 31, 7454; þeou LAȝ. 29390; þeu HOM. II. 181; *comp.* lād-þēow, lār-þēu.

þēowe, sb., O.E. þēowa; *slave*, MAT. xviii. 28; MARH. I; A. R. 372; þewe C. L. 245; þeowen (*acc.*) LK. xiv. 17.

þēowe², sb., O.E. þēowe, = Goth. þiwi, O.L.G. thiu, O.N. þȳ, O.H.G. diu; *female slave*, MARH. 4; *comp.* aðel-þēowe.

þēowien, v., O.E. þēowian; *serve*, LAȝ. 10015; þēowest (*pres.*) HOM. I. 25.

þēowten, v., *from O.E.* þēowet (*service*); *do service*, ORM. 44.

þer, *see* þarf. þēr, *see* þār.

þerf, *see* þarf, þeorf.

þerfling, *see under* þeorf.

þerl, þerlen, *see* þurl, þurlen.

þerm, *see* þarm.

þerne, sb., = O.N. þerna, O.L.G. thiorna, O.H. G. diorna, dierna; *girl*, HAV. 298; SHOR. 63; H. S. 7354; þierne AYENB. 129.

þes, prn., O.E. þes, þys, = O.L.G. these, O. Fris. this, thisse, O.N. þessi, O.H.G. des, dis; *comp. of* þe *and* se; *this*, HOM. I. 33; KATH. 230; FER. 1146; þes nome A. R. 170; þes dai O. & N. 259; þes boȝ AYENB. 41; ðes GEN. & EX. 3967; þes [þis] cniht LAȝ. 398; þus [þes] dom 16937; þis gode man ORM. 461; þis king C. L. 307; **þēos** [O.E. þēos, = O.L.G. thius], (*fem.*) A. R. 84; þeos weorld HOM. I. 33; þeos (þos) ule O. & N. 41, 1667; þeos, þes LAȝ. 7083, 10110; þies JOHN vii. 36; þis [O.E. þis, þys] (*neut.*) LAȝ. 6287; O. & N. 113; þis beoð godes wordes A. R. 144; þis water 246; þis mot O. & N. 468; þis, þus KATH. 1047; þis (*for* þeos) lare H. M. 3; þis (*for* þisses) folkes LAȝ. 824*; þis lifes ORM. 2708; to þis (*for* þisen) lande SAX. CHR. 254; of þis (*for* þisse) dede MARH. 22; þis (*for* þisne) ard LAȝ. 13473; **þisses** [O.E. þisses, þises] (*gen. m. n.*) HOM. I. 97; LAȝ. 823; þisses hweolpes A. R. 198; **þisse** [O.E. þisse, þusse] (*gen. f.*) MAT. xiii. 22; þisse HOM. I. 21; þissere 103; **þisan,** þise [O.E. þisum, þysum, þissum] (*dat. m. n.*) HOM. I. 225, 227; þisen, þissen MAT. viii. 9, xvii. 20;

þissen, þisse FRAG. 7, 8; in þissen [þisse] londe LAȝ. 10391; et tissen one cherre A. R. 266; to ȝise lande SAX. CHR. 253; þisse HOM. I. 5; in þisse live BRD. 30; **þisse** [*O.E.* þisse, þysse] (*dat. f.*) A. R. 320; on þisse wise MARH. 13; þisse, þissere MAT. xii. 32, xiii. 22; HOM. I. 9, 89; þissere SHOR. 53; i þissere [þisse] burh LAȝ. 5320; þisser, þesser, þeser HOM. I. 235; **þisne** [*O.E.* þisne] (*acc. m.*) P. L. S. xiii. 141, xxii. 14; þisne, þesne HOM. I. 5, 27; þisne, þesne, þusne LAȝ. 827, 4081, 10453; þesne A. R. 58; þerne AYENB. 94; SHOR. 161; **þås** [*O.E.* þās] (*acc. f.*) HOM. I. 235; LAȝ. 2044; þas (*for* þeos) weorld HOM. I. 35; þas burh LAȝ. 2061.

þås [*O.E.* þās, þǣs, = *O.L.G.* these, *O.H.G.* dise, dese, *mod.Eng.* those] (*nom. acc. pl.*); *those, these*, PS. xxii. 5; þas, þos, þeos, þes HOM. I. 11, 49, 53, 163; þas, þæs, þes, þeos, þus LAȝ. 476, 1038, 1250, 2219, 3816; þas, þir PR. C. 257, 491; þos P. L. S. viii. 21; ALIS. 6477; þes HORN (L.) 804; H. M. 9; ȝes GEN. & EX. 1643; þeos A. R. 94; MARH. 5; þeos, þos O. & N. 139; þos, þise AYENB. 7, 10; þese REL. I. 132 (HOM. II. 13); þese, þise LANGL. *B* PROL. 184; þise ORM. 4573; WILL. 889; þus, þuse FER. 660, 1174; þuse TREAT. 135; þeos SAINTS (Ld.) xlvi. 513); þir M. H. 9; in þeos (*for* þissen) wordes A. R. 158; **þisse**, þissere [*O.E.* þissa] (*gen. pl.*) LAȝ. 2463, 7180: þissere MAT. xiii. 22; **þisen** [*O.E.* þissum] (*dat. pl.*) MAT. iii. 9; þisan xxvii. 21; þissen FRAG. I; LAȝ. 10461; þisse HOM. I. 11; bi þisse twam worde P. L. S. viii. 155.

þêstre, *see* þêostre.

þeþen, adv., *O.N.* þaðan; *thence*, ORM. 1098; HAV. 2498; PR. C. 5831; ȝeðen REL. I. 225; summe for pride fellen ȝeðen GEN. & EX. 65; ȝeðen (*ms.* ȝeden) ut comen vii neet 2097.

þêu, þêw, *see* þêau, þêow.

þêwe, *see* þêowe.

þêwen, v., *O.E.* þēowan, þēwan, þȳwan, þȳn, = *M.H.G.* diuhen, dūhen, diuwen, *M.L.G.* dūwen, *M.Du.* douwen; *oppress*: þat he miȝte þat liþere folc so þewe P. L. S. xxiv. 57; to þæwen ȝunker childre ORM. 6217; ne þeawe þine servanz A. R. 268*; *comp.* under-þêwen.

þī, *see* þē *under* þe, þeoh, þīn.

þioke, adj., *O.E.* þicce, = *O.L.G.* thikki, *O.N.* þiokkr, þykkr, *O.H.G.* dicchi; *from* þihen; *thick*, LAȝ. 12578; A. R. 382; O. & N. 580; þikke LANGL. *B* xix. 398; CH. C. T. *A* 1056; thikke '*spissus, densus*' PR. P. 490; thurgh thikke & thurgh thenne CH. C. T. *A* 4066; **þicke** (*adv.*) FRAG. 8; BEK. 77; þat folk cam wel þicke aboute o(u)re loverd LEB. JES. 411; he þankit him þicke (*often*) D. TROY 9972; ȝicke GEN. & EX. 2988; isawe al to þikke SHOR. 27; **þiccure** (*compar.*) A. R.

50; þickure MISC. 148; þenne Crist assoiled þicker (*oftener*) men WICL. E. W. 344.

þicke-liste, adj., *? hard of hearing*, HOM. II. 129.

þiknesse, sb., *O.E.* þicness, = *O.H.G.* dicnissi; *thickness*, TREV. I. 45; thikkenesse PR. P. 491.

þioke², sb., = *? O.H.G.* dicchī; *thickness*; thikke D. ARTH. 3755; ine þe þicke O. & N. 1626.

þicken, v., *O.E.* þiccian; *thicken*; thikkin PR. P. 491; þicke GOW. II. 327; **þickeþ** (*pres.*) TREAT. 139.

þider, adv., *O.E.* þider, þyder, = *O.N.* þaðra; *thither*, A. R. 128; ORM. 1700; O. & N. 719; HAV. 850; BEK. 73; CH. C. T. *A* 1263; MAN. (H.) 6; þider in LAȝ. 544; þider ut 31559; nulle we þuder [þider] wende 12625; þider, þeder WILL. 33, 2235; þuder ROB. 539; AL. (T.) 202; þeder P. 32; þedur EGL. 432; tider MAN. (F.) 12423.

þider-ward, adv., *thitherward*, O. & N. 143; þiderward LAȝ. 1662; PR. C. 7539; þiderward, -wardes KATH. 160, 2059.

þief, *see* þêof.   **þierne**, *see* þerne.

þiestre, *see* þêostre.   **þifel**, *see* þūvel.

þiggen, v., *O.E.* þicgan, = *O.N.* þiggja, *O.L.G.* thiggean, *O.H.G.* diggen; *take* (*food, drink*); *receive; beg*; thiggin PR. P. 28; þigge D. TROY 13549; mi mete to þigge HAV. 1373; þiggieð (*pres.*) MK. vii. 5; þiȝe (*imper.*) LEECHD. III. 92; þet mon ... to muchel ne þigge on ete & on wete þigge HOM. I. 105; **þiggand** (*pple.*) PS. xxxix. 18.

þigging, sb., *begging*, '*mendicacio*' PR. P. 490.

þih, *see* þêoh.

þīht, adj., = *M.H.G.* dīhte, *O.N.* þēttr; *from* þêon; *firm, solid*, '*solidus*,' PR. P. 491; *see* tīht.

þīhtin, v., *make solid*, '*solido*,' PR. P. 491.

þikke, *see* þicke.   **þilo**, *see* þūlc.

þild, *see* þüld.

þille, sb., *shaft of a cart*, '*temo*,' PR. P. 491; þilles '*timons*' REL. II. 83; PALL. vii. 38.

thil-hors, sb., *shaft-horse*, VOC. 202.

þimbel, *see* þümel.

þīn, adj. & pron., *O.E.* þīn, = *O.L.G.* thīn, *O.N.* þīnn m., þīn f., þītt n., Goth. þeins m., þeina f., þein n., *O.H.G.* dīnēr m., dīniu f., dīnaz n.; *thine, thy*: þin feder HOM. I. 125; þin name AYENB. 107; þin moder JOHN xix. 27; þin blisse FRAG. 6; þin wif ORM. 156; þin herte 1460; þin heved O. & N. 74; þi bodi 73; he is þin FL. & BL. 4; al þat þin is SPEC. 42: þi fader LAȝ. 2292; þi man HAV. 2173; þi wille BEK. 341; þi broþer CH. C. T. *A* 1131; þi moder A. R. 54; þi tunge R. S. v; **þīnes** (*gen. m. n.*) FRAG. 6; HOM. I. 11; þines [þine] cunnes LAȝ. 16546; þine songes O. & N. 896; þine wifes SHOR. 69; **þīre** (*gen. f.*) LAȝ.

þin.

28104; MISC. 88; of þi luve MARH. 18; þinan (*dat. m. n.*) JOHN xvii. 12; þinen, þine MAT. iv. 10, vi. 6; þine LAȝ. 1247; A. R. 26; ORM. 1251; O. & N. 221; SPEC. 62; SHOR. 69; of þine gode FRAG. 6; of þin owe bodi BEK. 846; þinre (*dat. f.*) MK. vii. 29; þire FRAG. 6; HOM. I. 33; LAȝ. 1576; O. & N. 915; þinne [þine] (*acc. m.*) LAȝ. 5074; þinne, þine A. R. 38, 106; þine HOM. I. 17; O. & N. 339; AYENB. 8; þine flor FRAG. 7; þin ORM. 1319; þi KATH. 444; BEK. 141; þine (*acc. f.*) A. R. 48; O. & N. 258; þine sunne R. S. i; þine saule SHOR. 87; þine strengþe AYENB. 54; for þine sake SPEC. 28; þine [þin] lare LAȝ. 697; þurh þi muchele mihte KATH. 654; neih þine (*for* þinre) heorte FRAG. 7; bi þine tale A. R. 334; þīn (*acc. n.*) R. S. v; þin fule hold FRAG. 6; ȝin GEN. & EX. 397; þi swerd LAȝ. 5072; þe (þin) sweven 25577; þine (*nom. acc. pl.*) LAȝ. 3093; A. R. 100; ORM. 6727; HAV. 620; for þe and þine freende SHOR. 28; þine fon BEK. 1648; þin LAȝ. 25878*; þin fet SPEC. 80; þin armes (*ms.* þi narmes) WILL. 666; for þi children BEK. 424; þinre (*gen. pl.*) MAT. v. 29; þinra HOM. I. 111; þire LAȝ. 22448; þine (*dat. pl.*) FRAG. 6; BEK. 979; SHOR. 90; of þine fan KATH. 688; don þine [þin] uniwinen wa LAȝ. 14466; for þine wounden SPEC. 82.

þinchen, *see* þunchen.

þing, sb., *O.E.* þing, = *O.N.* þing, *O.L.G.*, *O. Fris.* thing, *O.H.G.* ding; *thing*, ORM. 1839; heo ne seide na þing soð LAȝ. 3013; and na ȝing ne rohten 6274; evrich þing O. & N. 229; he þat þer of no þing (*v. r.* nowiht) not 1247; þe þouȝt no þing i not C. L. 1050; wislikes þinges (*gen.*) *certainly* ORM. 3186; for godes þing(e) (*dat.*) *for God's sake* HOM. I. 67; for þine þinge LAȝ. 5033; for hire þinge O. & N. 1597; þing (*pl.*) HOM. I. 75; C. L. 8; MAN. (H.) 158; M. H. 1; þurh alle þing LAȝ. 2722; O. & N. 771; over alle þing JUL. 75; ORM. 3640, 8644, 13664; þinge H. M. 7; þing, þinges A. R. 52, 286; MARH. 8, 9; þing, þinge, þinges, þinge (*gen. pl.*) LK. i. 1; KATH. 254; A. R. 398; þingen (*dat. pl.*) HOM. I. 133; þinge LAȝ. 16042; O. & N. 1540; SHOR. 100; in alle þinge ORM. 1655; PROCL. 3; *comp.* brūd-, hūs-, wīf-, wonder-þing.

[þingen, v., *O.E.* þingan; *grow, increase;* *comp.* ȝe-þingen.]

þingen², v., *O.E.* þingian, = *O.N.* þinga, *O.L.G.* thingōn, *O.H.G.* dingōn; *conciliate*, HOM. II. 43; to þingen (*ms.* þingenn) us wiþ ure god ORM. 8997.

þinken, *see* þunchen.

þinne, *see* þunne.

þinnesse, *see under* þunne.

þiode, *see* þeode. þirde, *see* þridde.

þirl, þirlen, *see* þurl, þurlen.

þirs, *see* þurs.

þirst, þirsten, *see* þurst, þursten.

þólien.

þis, *see* þes.

þistel, sb., *O.E.* þistel, = *O.N.* þistill, *O.H.G.* distill; *thistle*; thistil (*ms.* thystylle) '*carduus*' PR. P. 491; þistles (*pl.*) REL. I. 264; *comp.* hors-, sea-, suȝe-þistel.

þistre, *see* þeostre. þiwien, *see* þeowien.

þixel, sb., = *O.H.G.* dehsala, dehsela, *M.Du.* diechsel; *adze*, ['*ascia*'] PS. lxxvii. 6; thixil PR. P. 491; VOC. 234.

þō, sb., *O.E.* þōhe, = *Goth.* þāhō, *O.H.G.* dāha; *clay*; (*printed* yo, *r. w.* tough) PALL. i. 402.

þō, *see* þā.

þode [þodde], sb., *O.E.* þoden; *wind*, LAȝ. 27645.

þoȝt, *see* þōht. þōh *see* þāh.

þōht, þoht, sb., *O.E.* (ge-)þōht, = *O.N.* þōttr, *O.H.G.* (ge-)dāht; *thought*, LAȝ. 18549; KATH. 512; P. S. 220; (*ms.* þohht) ORM. 2577; þoht [þoȝt] O. & N. 492; þoȝt FL. & BL. 34; BEK. 861; ȝoȝt GEN. & EX. 1558; þouht A. R. 62; þouht [þouȝt] C. L. 6; þouȝt CH. D. BL. 4; þouȝt, þout WILL. 4054, 4116; þouth HAV. 1190; þout S. S. (Web.) 688; þōhte (*dat.*) O. & N. 940; ich am in grete þohte SPEC. 113; þoȝte AYENB. 6; þōhtes (*pl.*) H. M. 5.

þōht-ful, adj., *thoughtful*, ORM. 3423; þoȝtful FL. & BL. 168.

þōke, *see* þāke.

þol, sb., *O.E.* þoll, = *O.N.* þollr, *M.Du.* dol, dolle, *M.L.G.* dolle; *peg*, '*cavilla*;' (*ms.* tholle) PR. P. 492.

þóle, sb., *O.N.* þol *n.*; *patience*: min ðole is long GEN. & EX. 3496.

þóle-burde, adj., *patient*, HOM. II. 79.

ðolebūrdnesse, sb., *patience*, HOM. II. 53.

þóle-mōd, sb., *patience*, HOM. I. 69.

þóle-mōd, adj., *O.E.* þolemōd, *cf. O.N.* þolinmōðr; *patient*, LAȝ. 3141; KATH. 177; A. R. 158; C. L. 854; SPEC. 72; H. S. 10925; hwi nule we... beo þolemode SPEC. 91; tholemode HAMP. PS. lxxii. 14*.

þólemōd-līche, adv., *patiently*, A. R. 46; P. R. L. P. 240; tholemodeli HAMP. PS. xxxvi. 11.

þólemōdnesse, sb., *patience*, A. R. 8; H. M. 41; C. L. 985; AYENB. 68; tholemodnes HAMP. PS. ix. 19*.

þólien, v., *O.E.* þolian, *cf. O.N.* þola, *O.L.G.* tholean, tholōn, *O.H.G.* dolan, dolen, dolōn, *Goth.* þulan, *Lat.* *tulere (*perf.* tuli); *bear, suffer*, KATH. 1006; A. R. 6; þolien deþ C. L. 410; þolien sore SPEC. 28; þene deað þolien [þolie] LAȝ. 284; þolen ORM. 897; ALIS. 5361; þolen hunger HOM. II. 35; ȝolen SAX. CHR. 256; GEN. & EX. 3664; þolie MISC. 148; BEK. 36; AYENB. 22; þolie, þole LANGL. A iv. 71; þole WILL. 918; GOW. II. 355; S. S. (Wr.) 647; H. S. 1449; APOL. 56; A. P. ii. 190; (þu) þólest (*pres.*) LAȝ. 4322; (he) þoleð 8285; ȝe þolieð A. R. 188; þóle (*imper.*)

þólien.   **þral.**   **635**

AYENB. 117; ich þólie (*subj.*) A. R. 352; þólede (*pret.*) TREAT. 136; SHOR. 25; PL. CR. 90; þóled (*pple.*) WILL 4514; CH. C. T. *D* 1546; *comp.* ȝe-þólien.

þóling, sb., *O.E.* þolung, = *O.H.G.* dolunga; *sufferance*, APOL. 5.

þombe, þóme *see* **þūme. þon**, *see* **þan.**

þonc, *see* **þanc. þonder, þoner**, *see* **þuner.**

þong, *see* **þwang. þonkien**, *see* **þankien.**

þŏr, *see* **þǣr.**

Pōresdai, *see under* **þuner.**

þorh, *see* **þurh.**

þorn, sb., *O.E.* þorn, thorn, = *O.N.* þorn,*O.L.G.* thorn, *O.H.G.* dorn, *Goth.* þaurnus; *thorn*, CH. C. T. *A* 2923; hou Moises iseȝ a þorn berne BRD. 16; þorne LANGL. *B* xii. 228; þorne (*dat.*) ISUM. 103; þornes (*pl.*) A. R. 134; ORM. 9212; O. & N. 586; H. S. 7514; čornes GEN. & EX. 1334; þornen (*dat. pl.*) MAT. vii. 16; LAȝ. 649; *comp.* haȝe-, hwīt-, slō-, þēfe-þorn.

   thorn-bak, sb., *thornback*, VOC. 189; PR. P. 492; þornbake HAV. 832.

   þorn-hog, sb., *hedgehog*, AYENB. 66.

þornen, v., *O.E.* þyrnen, = *O.Fris.* thornen, *O.H.G.* durnīn; *made of thorns*: þe þornene krune A. R. 258; þernene helm MK. xv. 17.

þorni, adj., = *M.H.G.* dornec; *thorny*, A. R. 134; M. H. 52.

þorp, sb., *O.E.* þorp, = *O.N.* þorp, *O.L.G., O.Fris.* thorp, *Goth.* þaurp (ἀγρός), *O.H.G.* dorf; *mod.Eng.* thorp(e) (*in local names*); *village, town*; thorp, throp '*oppidum*' PR. P. 492; þrop HOM. II. 89; CH. C. T. *E* 199 (Wr. 8057); þorpe (*dat.*) LIDG. M. P. 140; þorpes (*pl.*) A. P. ii. 1178; þropes WILL. 2141.

þorst, *see* **þūrst.**

þoru, þoruȝ, þorw, *see* **þurh. þos**, *see* **þus.**

þost, sb., *O.E.* þost, = *O.H.G.* dost; *dung*, ['*stercus*'] PS. lxxxii. 11*; TREV. IV. 423; WICL. ECCLUS. ix. 10; thost PR. P. 492; PALL. iv. 348; þoste (*dat.*) P. S. 237.

þou, *see* **þū. þou, þouȝ, þouh**, *see* **þāh.**

þouȝt, þouht, *see* **þōht. þoume**, *see* **þūme.**

þout, *see* **þōht. þouten**, *see* **þūten.**

þōwe, þōwen, *see* **þāwe, þāwen.**

þrā, adj., *O.N.* þrār; *bold; severe, strong*; IW. 3570; C. M. 14392; M. H. 124; þro MAP 336; TRIST. 37; K. T. 1078; OCTAV. (H.) 547; M. ARTH. 1525; þe dupe river þat wilde was & thro FER. 3968; his þro þoȝt GAW. 645; men þat þro were to fiȝt(e) WILL. 3264; hur peinis were so þroo TRIAM. 405.

þrā-lī, adj., *O.N.* þrāligr, = *O.E.* þrēalīc, *O.H.G.* drōlīh; *bold; eager*: þe þroli þouȝt WILL. 3518; þrālī (*adv.*) L. H. R. 110; ANT. ARTH. xv; þroli into þe develez þrote man þringez A. P. ii. 180; þroli LANGL. *A* ix. 107.

þrā², sb., *O.N.* þrā, ? *O.E.* þrēa *n.; cf.* **þrāwe**;

struggle, victory, mastery; þro H. S. 10570; A. P. ii. 754; ani werre or ani þro MAN. (F.) 10204; þe knight bihaldez him in þroo PERC. 673.

þrǣd [þrēd], sb., *O.E.* þrǣd, = *O.Fris.* thrēd, *O.N.* þrāˇr, *O.H.G.* drāt; *from* **þrāwen**; *thread*, LAȝ. 14220; þrēde (*dat.*) MISC. 77; WILL. 4430; þrēdes (*pl.*) CH. BOET. i. 1 (5); *comp.* gŏld-, silk-þrēd.

   þrēd-bare, adj., *threadbare*, LANGL. *A* v. 113; CH. C. T. *A* 290.

þrǣpen, *see* **þrēapen.**

þrǣst, sb., *crowd, host*; **þrŏste** (*dat.*) AYENB. 121; þrast(e) GAW. 1443; thonere **thrăstis** (*pl.*) ALEX. (Sk.) 554.

þrǣsten, v., *O.E.* þrǣstan; *press, force*: mine cnihtes balde scullen þræsten [þreaste] biforen me LAȝ. 23373; preste ALIS. 3326; CH. C. T. *A* 2612; TRIAM. 774; þurles þer þet water þrest in A. R. 314; **thrēste** (*imper.*) PALL. xi. 86; **þrāste** (*pret.*) LAȝ. 27644; CH. C. T. *C* 260; þreaste ... smoke ut MARH. 9; heo þresten (*printed* wresten) in uppon me A. R. 220; þrasten [preste] ut of telden LAȝ. 26318; þraste MAP 338; **þrast** (*pple.*) P. L. S. xxx. 69; þo he wes at þe ȝate out þrast A. D. 260; *comp.* for-, ȝe-þrǣsten.

þrǣt, *see* **þrēat.**

þrāȝe, sb., *O.E.* þrāg (HOLTZM. I. 176); *course or space of time*, HOM. I. 35; þraȝhe ORM. 3475; þrawe ALIS. 3836; RICH. 5062; MAN. (H.) 180; M. H. 142; in a lite þrawe HAV. 276; þroȝe HORN (L.) 336; lat me nu habbe mine þroȝe [þrowe] O. & N. 260; and blisse mid heom sume þrowe 478; þrowe LAȝ. 640; WILL. 679; CH. C. T. *D* 1815; P. S. 343; one þrowe MISC. 79; none þrowe P. L. S. xvii. 292; umbe þrowe SPEC. 25; thre dais out a thrawe ALEX. (Sk.) 2046.

þrāȝen, *see* **þrēan.**

þral, adj., *O.E.* þearl, = *O.Fris.* thral, *M.L.G., M.Du.* dral; *? severe*, REL. II. 118; was in hert(e) thral GENER. 3947.

þral², sb., *O.E.* þræl, *cf. O.N.* þrǣll; *thrall, slave*, MARH. 12; R. S. vi (MISC. 184); HAV. 527; ROB. 198; C. L. 242; SPEC. 89; SHOR. 102; þral [thral] and bonde CH. C. T. *D* 1660; ðral GEN. & EX. 2881; þral [þrel] H. M. 7; þrel LAȝ. 14852; A. R. 370; AYENB. 19; thrill BARB. i. 243; **þralles** (*gen.*) C. L. 547; **þralle** (*dat.*) HORN (L.) 419; **þrales** (*pl.*) HOM. II. 121; þreles P. L. S. viii. 95; þralles LAȝ. 242; H. M. 5; þrelles A. R. 130; **þrallen** (*dat. pl.*) LAȝ. 10014; þralle AL. (T.) 252.

   þral-dōm, sb., *O.N.* þrældōmr; *servitude*, LAȝ. 29156; ROB. 12; LANGL. (Wr.) 12281; LIDG. M. P. 63; PR. C. 8005; threldome, thirldome BARB. i. 265; i. 236.

   þral-hŏd, sb., *servitude*, HORN (L.) 439; þralhede HORN (R.) 443; ROB. 47.

   þral-shipe, sb., *servitude*, HOM. II. 37.

þrel-weorc, sb., *O.N.* þrǣlverk; HOM. I. 47; þrelwerc LAȝ. 455.

þrallāge, sb., *slavery*; thrillage BARB. i. 101, 275.

þralle, sb., *slavery*: that helpeth soules out of þralle P. R. L. P. 91.

þrallen P, v., = *O.N.* þrǣla; *make thrall, enslave*, R. R. 882; þrallede (*pret.*) LAȝ. 11205; þralled MAND. 2.

þrang, sb., *O.E.* (ge-)þrang, = *M.Du.* drangh, *M.H.G.* dranc; *from* þringen; *throng, crowd*, ALIS. 3409; Iw. 839; TOR. 1057; thrang PR. C. 4704; þrong A. P. ii. 135.

þrangien, v., *throng, press*; thronge (*pres.*) D. ARTH. 3755.

þrāve, sb., *O.N.* þrefi m.; *bundle, number*, HALLIW. 867; thrave [þreve] LANGL. *B* xvi. 55; thrafe TOWNL. 12.

þrāwe, sb., *O.E.* þrēa, = *O.N.* þrā, *O.H.G.* dra(u)wa, dro(u)wa, droa f.; *from O.E.* þrēowan; *throe*, ALIS. 616; throwe 'a*r*rumna,' PR. P. 493; þrōwe, þrowes (*pl.*) HOM. II. 181; þrowe (*ms.* þrowes, *r. w.* blowe) S. A. L. 156; þrawes M. H. 181; þrowes ROB. 12; TRIAM. 411; on his last(e) þrowe ASS. *B* 533; in al his harde þrowe L. H. R. 150; *comp.* dēþ-þrāwe.

þrāwe, *see* þrāȝe.

þrāwen, v., *O.E.* þrāwan, *cf. O.H.G.* drājan (*pret.* drāta); *throw; turn round;* þrawe PS. cxxxix. 11; and ssel þrawe þet chef into þe vere AYENB. 139; þrowe R. S. i; þrowe TREV. III. 171; LANGL. *B* xvi. 131; þrēou (*pret.*) LAȝ. 807; (*ms.* þreow) ALIS. 2427; þreu HORN (L.) 1076; AYENB. 133; (*ms.* þrew) LANGL. *B* xx. 163; þu þrewe HORN (L.) 1172; þa cheorles up þreowen [þreuwen] LAȝ. 12321; þrāwen (*pple.*) GAW. 194; þrauwen mid winde LAȝ. 27359; was þrowen ['*jactabatur*'] WICL. MAT. xiv. 24; þrowe CH. C. T. *F* 326; iþrowen C. L. 739; mine lo(c)kes were iþrowe ANGL. III. 279; *comp.* for-, over-þrāwen; *deriv.* þrǣd.

þrē? sb., = þrā: þureh his þre creftes (? þrecreftes) HOM. II. 167.

þrē, *see* þrī.

þrēan, v., *O.E.* þrēan, þrēawian, þrēagean, *cf. O.L.G.* githrōōn, *O.H.G.* dra(u)wan, dro(u)wan; *castigate, threaten*; þrāghand ['*castigans*'] PS. cxviii. 18*; þrēde (*ms.* þredde) (*pret.*) ['*increpavit*'] MAT. xvii. 18; þrād (*pple.*) A. P. ii. 751; *comp.* ȝe-þrēan.

þrēap, sb., *contradiction*, ROB. (W.) 2391; þrep (*ms.* þrepe) D. TROY 9845; a þrep MISC. 149; wituten threpe C. M. 13310; witouten þrep A. P. ii. 350.

þrēapen, v., *O.E.* þrēapian (*rebuke*); *speak against, contradict*: him birþ þræpen ... onȝænes alle sinnes ORM. 5744; þrepe H. S. 6067; D. TROY 12134; threpe PS. xciii. 10; TOWNL. 102; þrēapeð (*pres.*) aȝain þe KATH. 1939;

þreap ... & þreate 1509; thrēpide (*pret.*) D. ARTH. 930.

þrēping, sb., *strife*, A. P. ii. 183.

þrēapnen, v., *threaten*; þreapni AYENB. 84.

þrēapninge, sb., *threatening*, AYENB. 65.

þrēat, sb., *O.E.* þrēat, = *M.L.G.* drōt; *from O.E.* þrēotan; *crowd; oppression; threat*; HOM. II. 61; þe þræt wes þa mare LAȝ. 9791; þræt þas kaiseres 22582; ˜ret GEN. & EX. 2021; þrat A. P. iii. 55; þrēte (*dat.*) O. & N. 58; LEG. 24; þrēates (*pl.*) KATH. 40; þrættes [þretes] LAȝ. 26294; nule heo forgo Robin for al heore þrete R. S. vii (MISC. 190).

þrēaten, v., *O.E.* þrēatian, = *O.N.* þreyta, *M.L.G.* drōten; *oppress, threaten*, KATH. 623; A. R. 248; þretien LAȝ. 17300; þrete GREG. 396; CH. L. G. W. 754; H. S. 6398; A. P. i. 560; þrēteþ (*pres.*) O. & N. 1609; BEK. 1553; SPEC. 43; þreat H. M. 17; (heo) þretiað LAȝ. 493; þrete ['*arguas*'] PS. vi. 2; þrēatede (*pret.*) ['*increpavit*'] LK. ix. 55; treatede (*printed* preateð), LAȝ. 641; prætede [þretede] 7644; ˜reated GEN. & EX. 4125; þrette A. R. 366; HAV. 1163; ˜rette GEN. & EX. 2023; þreteden WICL. MK. x. 13; summe þrætteden [þrettede] heore veond LAȝ. 27131; þrēted (*pple.*) GAW. 1725; þrat P. S. 158; *comp.* ȝe-þrēaten.

þrēatunge, sb., *O.E.* þrēatung; *menace*, A. R. 156; þretinge LAȝ. 19369*; LANGL. *B* xviii. 279; þreting MISC. 156.

þrēatnen, v., = þrēaten, *threaten*; þrētneþ (*pres.*) ROB. 457; þrētnede (*pret.*) BEK. 1804; LEG. 31.

þrētninge, sb., *threatening*, P. L. S. xiii. 248; (*ms.* þretningue) S. A. L. 152.

þrēd, *see* þrǣd. þrel, *see* þral.

þreng, sb., = *M.H.G.* gedrenge; *from* þringen; *crowd*; AR. & MER. 6109; a mong þe þrenge LAȝ. 2229*.

þrengen, v., ? *O.E.* þrengan, = *O.N.* þrøngva, *M.H.G.* drengen; *press*; þrengden (*pret.*) ORM. 16182; (hi) þrengde þe man þær inne SAX. CHR. 262.

þrēo, *see* þrī. þreoie, þreowe, *see* þrie.

þrēowien, v., *O.E.* þrēowian; ? = þrowien: he þrēowede (*pret.*) longe LAȝ. 11389.

þrēp, þrēpen, *see* þrēap, þrēapen.

[þresch-, *stem of* þreschen.]

þresch-wold, sb., *O.E.* þresc-, þrex-, þerscwald, -wold, þerscold, ? *O.N.* þreskiöldr; *threshold*, '*limen*,' PR. P. 492; þreshwold CH. C. T. *A* 3482; thressewolde LANGL. *B* v. 357 [threswolde *A* v. 201]; þreoxwold FRAG. 4; þriswald Iw. 3222; þerswald VOC. 170.

þreschen, v., *O.E.* þrescan, þerscan, = *O.N.* þreskja, Goth. þriskan, *O.H.G.* dresken; *thrash, beat*; threschin '*trituro*' PR. P. 492; þressin AN. LIT. 84; þresche REL. I. 6; þresche [threshe] CH. C. T. *A* 536; þreshe

þreschen. þringen.

[thresche] (*pres.*) LANGL. *B* v. 553 (Wr. 3596); þu þreshest (*ms.* þresshesst) tine shæfes ORM. 1481; þreosche (*subj.*) A. R. 306; þroshen (*pple.*) ORM. 1530; iþroschen A. R. 186; iþor(s)chen HOM. I. 85; iþorsse AYENB. 139.
  threschare, sb., = *M. H. G.* drescher; *thrasher*, PR. P. 492.
þreschwold, *see under* þresch-.
þrēst, *see* þræst.
þrēsten, *see* þræsten, þrūsten.
þrēt, **þrētien**, *see* þrēat, þrēaten.
þréve, *see* þráve.
þrī, card. num., *O.E.* þrī, þrȳ *m.*, þrēo *f. n.*, = *O. Fris.* thrē *m.*, thria *f.*, thriu *n.*, *O.L.G.* thria, thrie *m. f.*, thriu *n.*, *O.H.G.* drī *m.*, drio *f.*, driu *n.*, *O.N.* þrīr *m.*, þriar *f.*, þriū *n.*, *Goth.* þreis *m.*, þrija *n.*, *Lat.* trēs, trīs *m. f.*, tria *n.*, *Gr.* τρεῖς *m. f.*, τρία *n.*, *Welsh, Ir., Gael., Bret.* trī; *three*: þri dages MK. viii. 2; þri reaferes HOM. I. 243; godes þri SHOR. 142; þri hestes AYENB. 7; þri þing 170; þru dæges LEECHD. III. 134; þreo hlafes LK. xi. 5; þreo men LAȝ. 22144; þreo kinges ORM. 6526; þreo sunnen A. R. 56; þreo ȝer BEK. 147; þreo niȝt JOS. 6; ȝour þreo HORN (L.) 815; þreo & twentuꝛe KATH. 2213; þrie kinges MJSC. 27; þrie þing HOM. II. 27; þre niht LEECHD. III. 134; þre dagas SAX. CHR. 256; þre daies HAV. 655; þre sones CHR. E. 107; þre siþes MAND. 291; we þre K. T. 810; þre and twenti ROB. 62; þre & þrittiþe 441; þrē (*gen. pl.*) sum *three at a time* BARB. iii. 420; þrēom (*dat.*) HOM. I. 99; LAȝ. 11517; æfter þreom dagen MK. viii. 31; þrem MAT. xxvi. 61.
þrēo-fāld, adj., *O.E.* þrie-, þrȳfeald, = *O. Fris.* thrīfald, *O.H.G.* drīfalt; *threefold*, MARH. 11; þreovold A. R. 82; þrefald ORM. 14034.
þrēo-hād, sb., *trinity*, HOM. I. 267; JUL. 78.
þrēo-tēne, **þrītēne**, card. num., *O.E.* þrēotȳne; *thirteen*; þreottene LAȝ. 7771; A. R. 234; þrittene ORM. 11071; þrettene BEK. 2435; þrettene LANGL. *A* v. 128 [threttine *C* vii. 220].
þretteþe, ord. num., *thirteenth*, ROB. 232; þreotteoþe MISC. 146; threttende PR. C. 7173.
þrī-ti, **þritti**, card. num., *O.E.* þrītig, þrittig, = *O.L.G.* thrītig, *O.H.G.* drīzug; *thirty*, LAȝ. 377, 2688; þritti SAX. CHR. 256; FRAG. I; A. R. 46; BEK. 814; H. H. 72; MAN. (H.) 6; þrittiȝ ORM. 3207; thretti, thirti PR. P. 492; after þan þrittie LAȝ. 26631.
þritti-fāld, adj., *thirtyfold*, H. M. 23.
þrittūðe, ord. num., *O.E.* þrītigoꝺa; *thirtieth*, H. M. 23; KATH. 43; HOM. II. 47; þrittiþe ROB. 441; þrittaȝte AYENB. 234.
þricche, *see* þrūcche.
þridde, ord. num., *O.E.* þridda, = *O.L.G.* thriddio, *Goth.* þridja, *O.N.* þriði, *O.H.G.* dritto, *Lat.* tertius; *third*, A. R. 14; BEK. 583; LANGL. *B* xvi. 188; CH. C. T. *C* 836; MAND. 48; L. C. C. 55; ꝥridde GEN. & EX. 761; thredde PR. C. 4210; þirde S. S. (Wr.) 49.
þrīe, *see* þrī.
þrie, adv., *O.E.* þriga, þriwa, *O.Fris.* thrīa, thrija, *O.L.G.* thrijo, thriwo; *thrice*, H. M. 23; ROB. 191; ALIS. 1263; S. S. (Wr.) 2179; CHEST. II. 25; þreowe MK. xiv. 30; þrie, þrien, þreie, þreoien LAȝ. 14338, 14352, 17432, 26066; þrien REL. I. 144.
þries, adv., = *M.H.G.* drīes; *thrice*, LAȝ. 26066; A. R. 106; AYENB. 35; SHOR. 11; þries, thries CH. C. T. *A* 63; ꝥries REL. I. 209; þriȝes ORM. 1149.
þrif, sb., *O.N.* þrif; *increase, fortune*; þref FER. 2017.
þrīfen, v., *O.N.* þrīfa; *thrive*; þrifen ... & waxen ORM. 10868; þrive (*ms.* þriue) HORN (L.) 620; HAV. 280; LANGL. *B* v. 284; TOR. 1155; þrive [thrive] CH. C. T. *A* 3675; thrife TOWNL. 8; if þretti þrivande be þrad A. P. ii. 751; fele þrivande þonkkez GAW. 1980; þrāf (*pret.*) ORM. 3182; PERC. 212; M. H. 109; þrof ROB. 11; þriven (*pple.*) SPEC. 23; i-þriven REL. I. 121; mani þrevin dukis ALEX. (Sk.) 1326.
þrift, sb., *O.N.* þrift; *from* þrīfen; *thrift, prosperity*, P. L. S. xiv. 70; TRIST. 3060; þrift, thrift CH. C. T. *G* 1425; þriftes (*pl.*) SPEC. 47.
þrifti, adj., *prosperous*, CH. C. T. *B* 138; thrifti '*vigens*' PR. P. 492; D. ARTH. 317.
þrīle, adj., *cf. M.H.G.* drīlich; *threefold*, A. R. 26; þrile i þreo hades MARH. 11.
þrille-hōd, sb., *trinity*, C. L. 1239.
þrillen, *see* þūrlen. **þrim**, *see* þrūm.
þrimnesse, sb., *cf. O.E.* þrīness, þrȳness, *O.H. G.* drīnissa; *trinity*; (*ms.* þrimmnesse) ORM. 11177; þrumnesse A. R. 160; MARH. 11; (*ms.* þrunesse) HOM. I. 259; þremnesse HOM. II. 137; þreomnesse HOM. I. 99.
þrin, adj., *O.N.* þrinnr; *threefold, triple*: þrinne lac ORM. 1144; on þrinne wis(e) M. H. 163; his sones þrinne (*for* þri) HAV. 716.
þring, sb., *O.E.* geþring, = *O.L.G.* gethring; *throng, crowd, press*, BEV. 1365; þringe (*dat.*) MISC. 86; ALIS. 2533; atforen al þan dringe [þringe] LAȝ. 14966.
þringen, v., *O.E.* þringan, = *O.L.G.* thringan, *O.H.G.* dringan; *throng, press*; þringe MISC. 42; ALIS. 2388; þringeþ (*pres.*) HOM. I. 237; þringez A. P. ii. 180; þringen WICL. LK. viii. 45; þringe (*subj.*) O. & N. 796; þringing (*pple.*) R. R. 656; thrang (*pret.*) PS. lxxvii. 59; þrong LAȝ. 10652; þe blod þurch brini þrong TRIST. 3264; þrough her herte it þrong GOW. II. 262; þrungen MK. v. 24; JUL. 67; LANGL. *B* v. 517; binnen heo þrungen [þronge] LAȝ. 9421; þrongen A. P. ii. 1775; þronge EM. 659; **thrungen**

þringen.

(*pple*.) PS. lxxii. 22 ; WICL. E. W. 319 ; *comp.* bi-, for-, ȝe-þringen; *deriv.* þring, þrang, þreng, þrengen, þrung.

þripel, adj., *for* *triple ; *triple*, ORM. 6770.

þrist, *see* þurst.

þrīste, adj., *O.E.* þrīste,=*O.L.G.* thrīsti ; *bold*, HOM. I. 117 ; LAȝ. 356 ; O. & N. 171 ; arȝe we beoþ to done god to uvele al to þriste P. L. S. viii. 10.

þrīste-lēchen, v., *O.E.* þrīstlǣcan ; *make bold*, HOM. l. 25.

þristen, *see* þursten. **þrīsten**, *see* þrūsten.

þrīven, *see* þrifen. **þrō**, *see* þrā.

þrobben, v., *throb* ; **þrobbant** (*pple*.) LANGL. A xii. 48.

þrōȝe, þrōȝen, *see* þrāȝe, þrāȝen.

þroh, *see* þruh. **þrōlī**, *see* þrālī *under* þrā.

þrom, *see* þrum.

þrōn, v., *O.N.* þrōa-sk, = *Ger.* drühen ; *grow, increase* ; þro M. H. 112.

þrong, *see* þrang. **þrop**, *see* þorp.

þrostle, sb., *O.E.* þrostle,=*M.H.G.* trostel ; ?=þruschel ; *throstle*, O. & N. 1659 ; þrostel GOW. I. 54 ; þrostil H. S. 7481 ; þrustle SPEC. 26 ; þrustele WILL. 820.

þrostel-coc, sb., *throstle-cock* ; (? *ms.* þrestel-) SPEC. 43 ; þrostel-, thrustelcok CH. C. T. B 1959.

þrōte, sb., *O.E.* þrotu (*gen.* þrotan),=*O.H.G.* droza, ? *cf. O.Fris., M.Du., M.L.G.* strote ; *throat*, A. R. 216 ; O. & N. 558 ; AVENB. 14 ; ALIS. 5952 ; MAND. 290 ; S. S. (Wr.) 2070 ; PS. v. 11 ; GAW. 1740 ; throte '*guttur*' PR. P. 492 ; SAX. CHR. 262 ; þrota LEECHD. III. 106.

þrōte-bolle, sb., *O.E.* þrotbolla ; *larynx*, R. S. v (MISC. 178) ; CH. C. T. A 4273 ; REL. II. 78.

þrotlen, v.,=*Ger.* droszeln ; *throttle, strangle* ; throtlet (*pret*.) D. TROY 12752.

þrouȝ, *see* þruh.

þrōwe, *see* þrāȝe, þrāwe.

þrōwen, *see* þrāwen.

þrowin, v., *O.E.* þrowian, = *O.H.G.* drōen, trōen, druoēn, truēn ; *bear, suffer, endure*, KATH. 1140 ; þrowede (*pret*.) HOM. II. 101 ; þrouwede I. 17 ; he ȝrowede and ȝolede GEN. & EX. 1180.

þrowunge, sb., *O.E.* þrowung, þrowing,=*O.H.G.* druunga ; *suffering*, HOM. I. 119 ; A. R. 372 ; þrowinge ORM. 15205 ; þrowinge MISC. 38 ; ȝrowing GEN. & EX. 1317.

þrublen, v., *press* ; **þrublande** (*pple*.) A. P. ii. 504 ; **þrobled** (*pret*.) A. P. ii. 879 ; threpild [threpelitt] (*congregated*) ALEX. (Sk.) 1476.

þrūcche, sb.,*O.E.*(of-)þrycce,=*M.H.G.* druc; *push, rush* ; thriccche D. TROY 12752 ; þrich GAW. 1713.

þrūcchen, v., *O.E.* þryccan,=*O.H.G.* drucchan ; *push, rush* : a dún þrucche LAȝ. 19483; þriȝt (*pret*.) GAW. 1443 ; þriȝt (*pple*.) A. P. ii. 135.

þruh, sb., *O.E.* þruh,=*O.H.G.* druha, truha, *M.H.G.* truhe, *O.N.* þrō ; *coffin*, HOM. I. 51 ; KATH. 2515 ; þeos þruh A. R. 378 ; one þruh of stone MISC. 51 ; thrugh TOWNL. 290 ; þroh CHR. E. 747 ; þrouȝ P. L. S. xvi. 168 ; SHOR. 4 ; TREV. VII. 535 ; H. V. 13 ; þrowe (*dat*.) REL. I. 161 ; throghes (*pl*.) PS. lxxvii. 6 ; thurghis ALEX. (Sk.) 4452.

þruh, *see* þurh.

þrum, sb.,=*O.H.G.* drum (*finis, stirps*), *M. Du.* drom (*licium*) ; *thrum* ; thrum '*licium*,' PR. P. 493 ; throm VOC. 235.

þrum, þrüm, sb., *O.E.* þrymm ; *troop, power, glory* : on a thrum [þrom] MAN. (F.) 13459 ; þrom C. M. 7423 ; on a throm *in a heap* ALEX. (Sk.) 3642.

þrüm-ferde, sb., *troop*, LAȝ. 1356.

þrim-setel, sb., *O.E.* þrymsetl ; *throne*, MAT. v. 34 ; þrimsetles (*pl*.) HOM. I. 219.

þrumlen, v.,=*Ger.* drumeln ; *stumble* : he thromlide [thrumbled] (*pret*.) at þe þreshefold LANGL. C vii. 408 ; thrompelde A v. 201.

þrummen, v.,=*M.Du.* drommen ; *compress* : þa þre boc þrumde (*pret*.) to are LAȝ. 54.

þrümnesse, *see* þrimnesse.

þrung, sb., *from* þringen ; *throng, crowd*, A. R. 162 ; þrunge (*dat*.) LAȝ. 27524.

þrungen, v., *throng, press close* : þeo þrungeð (*pres*.) alle to gederes A. R. 252.

þruppe, sb., ? *passage, defile* : Brutus hefede gode cnihtes ... ilead to þære þruppe (*later text* to gadere) LAȝ. 531 ['*trespas*' WACE 271.]

þrüsche, sb., *O.E.* þrysce, *cf. O.H.G.* drosca ; *thrush*, O. & N. 1659 ; WILL. 820 ; þruisse P. L. S. xxxv. 96.

þrushil, sb., = *M.H.G.* droschel ; *thrush* ; (*ms.* thrushil) '*merula*' PR. P. 493 ; *see* þrostle.

[**þrüsmen**, v., *O.E.* (a-)þrysman, = *O.Fris.* t(h)resma ; *suffocate* ; *comp.* a-, for-, ofþrüsmen.]

þrüst, *see* þurst.

þrūsten, v., *O.N.* þrysta,=? *O.H.G.* drüsten ; *thrust* ; þruste LEG. 22 ; thristin '*premo*' PR. P. 491 ; i shal þristen uth þin heie (*r.* eie) HAV. 1152 ; þat he mouthe in seckes þriste HAV. 2019 ; þrīstiþ [prestiþ] ['*premit*'] (*pres*.) WICL. PROV. xxx. 33 ; þrūste (*pret*.) CHR. E. 671 ; þruste [þriste, þreste] CH. C. T. E 2003 (Wr. 9877) ; ȝrist(e) GEN. & EX. 2110 ; þurch his bodi he þreste TRIST. 2391 ; hi þresten out hare eȝen AVENB. 204 ; þriste MAN. (F.) 8886 ; *comp.* to-þrūsten.

þrustle, *see* þrostle.

þu, þū, pron., *O.E.* þu, þū, = *Goth.* þū, *O.N.* þū, *O.L.G.*, *O.Fris.* thu (? thū), *O.H.G.* du, *Ir.*, *Gael.*, *Lat.* tū, *Gr.* τύ (σύ); *thou*, FRAG. 6; KATH. 217; ORM. DEDIC. 11; O. & N. 33; HORN (L.) 91; BEK. 40; ðu GEN. & EX. 360; þu, þou, þeou LAȝ. 475, 482, 2978; HAV. 527; þou C. L. 326; AYENB. 5; GREG. 37; LANGL. *A* i. 25; þou [thou] CH. C. T. *A* 1094; wil(t) te (*for* tu) HAV. 528; ne þarf þe (*for* þu) H. M. 11; þīn [*O.E.*, *O.N.* þīn, *O.L.G.* thīn, *Goth.* þeina, *O.H.G.* dīn] (*gen.*) HAV. 1128; þe [*O.E.* þe, = *O.L.G.*, *O.Fris.* thi, *O.N.* þer, *O.H.G.* dir, *Goth.* þus], (*dat.*) *thee* KATH. 210; A. R. 12; BEK. 39; CH. C. T. *A* 1129; hider am ic send to þe þis blisse þe to kiþen ORM. 210; hwi leavestu ham þe ane JUL. 22; ȝif þu þe self wel nimest gom ORM. 4162; of þi sulf A. R. 276; þou wost þi selve CH. C. T. *A* 1174; þe [*O.E.* þec, þe, = *O.L.G.* thi, thic *O.Fris.* thi, *O.N.* þik, *Goth.* þuk, *O.H.G.* dih, dich] (*acc.*) LAȝ. 474; KATH. 219; ORM. 670; O. & N. 34; þou sselt þe resti AYENB. 7; for to preise þe selve FER. 158; þi selven LANGL. *A* i. 131; þi zelve AYENB. 145.

þū, *see* þēow. þū, *see* þē *under* þe.

þücke, sb., = *O.N.* þykkr (? *indignation, offence*); *trick, injury*: vor te don þe eft swuche þucke A. R. 326.

þüden, v., *O.E.* þȳdan; *press, push*; þüdde (*pret.*) LAȝ. 1898; MARH. 12; *comp.* ȝe-, under-þüden.

þüder, *see* þider. þuef, *see* þēof.

puf**te**, sb., *? female servant*, A. R. 4; puf-te**n** (*gen.*) H. M. 45.

þülc, adj., *O.E.* þylc, = *O.N.* þvilīkr; *such, that*; þulke time ROB. 182; þulke dom C. L. 180; þilke stevene FL. & BL. 54; þilke text CH. C. T. *A* 182; þelke sone SHOR. 140; þilke (*pl.*) H. H. 135; WILL. 3530; þilke daies LAȝ. 1284*.

þüld, sb., *O.E.* (ge-)þyld, = *O.L.G.* (gi-)thuld, *O.H.G.* dult; *patience*; þild ORM. 2613; PS. . jx. 19.

þülde-līche, adv., *O.E.* þyldelīce, = *O.H.G.* (ka-)dultlīcho; *patiently*, A. R. 106; JUL. 29; þildeliȝ ORM. 1186; *comp.* un-þüldelīche.

þüldi, adj., *O.E.* (ge-)þyldig, = *O.H.G.* dultīg; *patient*, KATH. 177.

þüllich, adj., *O.E.* þyllīc, þys-, þuslīc; *such, of this kind*, KATH. 849; A. R. 8*; þullich, þulli H. M. 9, 25; þulh [þulli] mot MARH. 7; þellic MK. ii. 12; þe oþer heste is þellich AYENB. 6; þellīche (*acc. m.*) MAT. xviii. 5; þülliche (*pl.*) A. R. 84*; þelliche þinges AYENB. 27; of þulliche nesche wepnen HOM. I. 255.

þūme, sb., *O.E.* þūma, = *O.Fris.* thūma, *O. H.G.* dūmo; *thumb*, A. R. 18; þoume REL. I. 190; SAINTS (Ld.) xlv. 356; AYENB. 43; thoumbe PR. P. 492; þome VOC. 184; þombe, thombe LANGL. *B* v. 439; CH. C. T. *A* 563.

þūmel, sb., *O.E.* þȳmel (LEECHD. II. 150), = *O.N.* þūmall; *thimble*; thimbil '*theca*' (*follicis*) PR. P. 491; N. P. 13.

[þun P.]

þun-wange, sb., *O.E.* þunwange, -wenge, -wonge, = *O.N.* þunnvangi, *O.H.G.* dunwengi; *temple*, '*tempus*,' REL. I. 54; thunwonge PR. P. 493; thonwange HALLIW. 866.

þünchen, v., *O.E.* þyncan, = *O.L.G.* thunkean, *O.N.* þykkja, *O.H.G.* dunchan, *Goth.* þugkjan; *seem*, KATH. 691; A. R. 122; hit walde me þunchen þet softeste beð HOM. I. 35; þunche P. S. 194; þinchen P. L. S. viii. 31; HOM. I. 33; þinche O. & N. 346; ðinken GEN. & EX. 234; þenche MISC. 35; þinchest (*pres.*) MISC. 84; þuncheð KATH. 346; hit þuncheð fisc LAȝ. 1325; swa heom bezst þincheð 22578; þuncheþ C. L. 720; heom þuncheþ FRAG. 5; me þuncheþ H. H. 138 (140); þincheð HOM. II. 220; þinkeþ ORM. 15667; FL. & BL. 42; þincheþ, þuncþ, þincþ, þinkþ O. & N. 255, 541, 1672; þincþ P. L. S. viii. 3; þinkþ MISC. 58; SHOR. 30; me þinkeþ, þinkes WILL. 430, 839; þingð HOM. I. 145; ase me þingþ AYENB. 18; (weies) ... þe monnen þuncheð rihte HOM. I. 119; þünche (*subj.*) LAȝ. 13584; KATH. 278; þinke LANGL. *B* xviii. 249; þūhte, þühte (*pret.*) KATH. 85; (ms. þuhte) ORM. 8936; hit þuhte read blod A. R. 112; þuhte HOM. I. 129; þuhte, þucte (*printed* þutte), þuste [þohte] LAȝ. 770, 4435, 5268; þuhte, þuȝte O. & N. 21, 1661; þuȝte FL. & BL. 54; BEK. 56; ðugte (ms. ðhugte) GEN. & EX. 407; þuste ASS. 226; þoȝte, þouȝte ROB. 14, 181; þouȝte LANGL. *B* xi. 47; him þouhte [þouȝte, thoughte] CH. C. T. *A* 954; *comp.* bi-, for-, ȝe-, mis-, of-þünchen.

þuner, sb., *O.E.* þunor, = *O.H.G.* donar; *thunder*; þoner IW. 370; PS. lxxvi. 19; thoner TOWNL. 63; ðunder GEN. & EX. 1108; þonder MAND. 292; CH. C. T. *D* 732; þunres (*gen.*) KATH. 2024; (*printed* wunres) HOM. I. 43; þonres ST. COD. 54; Þunres dæi [*O.E.* Þunres dæg, = *O.Fris.* Thunres dei, *M.H.G.* Dunres, Donres tag, *O.N.* Þōrs dagr] *Thursday* LAȝ. 13929; Þurs dei A. R. 40; Þurs, Þors dai LANGL. *B* xvi. 140; Þores dai ROB. 297; C. L. 1417; SHOR. 126; þunre (*dat.*) HOM. I. 43; þondre ROB. 308; AYENB. 130.

þoner-blāst, sb., *peal of thunder*, IW. 339; þonderblast FLOR. 1643.

þonder-clap, sb., *thunder-clap*, CH. C. T. *I* 174.

þonder-dent, sb., *thunder-clap*, CH. C. T. *A* 3807.

þuneren, v., *O.E.* þunerian, þunrian, = *O.H.G.* donarōn; *thunder*; thunderin '*tonat*' PR. P. 493; þoneres (*pres.*) VOC. 201; þunrede (*pret.*) JOHN xii. 29; þonord HAMP. xvii. 15; thunret D. TROY 3691; thonered PS. xvii. 14; þonderde JOS. 235; þonrid S. S. (Wr.) 2213.

þünne, adj., O.E. þynne, = O.N. þunnr, O.H.G. dunni, cf. Lat. tenuis, Gr. ταυύς; *thin,* A. R. 144; REL. I. 120; MAP 336; SPEC. 47; þinne CH. C. T. E 1682; þenne SHOR. 99; þünne (*adv.*) O. & N. 1529.
   thin-hēde, sb., *thinness,* 'tenuitas,' PR. P. 491.
   thinnesse, sb., O.E. þynnyss; *thinness,* 'tenuitas,' PR. P. 491.
þünnen, v., O.E. (ge-)þynnian; *make thin;* thinnin 'tenuo,' PR. P. 491.
þurfe, adj., O.N. þurfi; *needful*: al þat hem was þurfe (*ms.* þurrfe) ORM. 9628.
þurfen, v., ? O.E. þurfan (*pret.* þorfte), ? = O.N. þurfa (*pret.* þurfti), Goth. þaurban (*pret.* þaurfta), O.H.G. (be-)durfan (*pret.* dorfti); *from* þarf; *need;* þurfte (*pret.*) A. R. 336; P. S. 338; (*ms.* þurrfte) ORM. 16164; þurte HOM. II. 35; M. H. 40; armed ... as semli ... as ani segges þurte WILL. 3788; ẗurte GEN. & EX. 234; thurte TOWNL. 317; þorte FL. & BL. 253; ne þorte us have friȝt MAP 338; *comp.* **bi-þurfen.**
þurh, prep., O.E. þurh, þyrh, þerh, = O.L.G. thurh, thuru, O.H.G. durh, duruh, O.Fris. thruch, Goth. þairh (διά); *mod.Eng.* through, thorough; *through; by means of; by*: þurh muchele ȝeoven KATH. 37; þah he were deadlich þurh þat he mon was 1117; as ha wes iwisset þurh þen engel JUL. 39; isahet þurh & þurh IBID.; þurh Cristes helpe ORM. DEDIC. 26; he heold þe stronge castles þurh [þorh] ... his fader ȝefe LAȝ. 401; þurh elleoven ȝere þe king wunede þere 31871; þorh 283; þurch (*ms.* þurhc), þur SAX. CHR. 263, 264; þurh, þurch HOM. I. 223; þurh þuruh A. R. 92; and ich so do þurȝ niht and dai O. & N. 447; þurȝ [þureh] ginne castel and burȝ me mai iwinne 765; þurh, þurch 1401; þurw, þur 1405; þurch MISC. 30; þurch godes grace GREG. 55; ẗurg GEN. & EX. 195; þurȝ A. P. i. 669; ichosen þurȝ us PROCL. 2; þurȝh, þurch (? *printed* burth) WILL. 635, 655; þurgh [thurgh] CH. C. A 920; thurgh PR. C. 1428; thurght HAMP. PS. iv. 6*; ix. 14*; lxx. 10*; þureȝ FL. & BL. 312; þuregh HOM. II. 33; þorȝ SHOR. 14; MIRC 502; þet iziȝþ þorȝ þane wal AYENB. 81; þorgh MAND. 3; þoruh, þoruȝ, þoru, þurf L. H. R. 18, 19; þoru HAV. 631; (*spelt* þorw 367); þoru, þorw, þorw ROB. 1, 3, 84; þoru (*ms.* þorw) DEGR. 1263; þoru (*ms.* þorw) deþ he scholde þe lif forlete C. L. 178; þourh SPEC. 31; boþe were maked þourh me H. H. 94 (96); þorouȝ LANGL. A ii. 123; thorw B ii. 152; þorou APOL. 30; þurf, þoruȝ TREAT. 132 (SAINTS (Ld.) xlvi. 424); þruh REL. I. 102; þur LEECHD. III. 94.
þurh-bóren, v., = O.H.G. durhporōn; *bore through*; þoroubore MAN. (F.) 16184.
þurh-costnen, v., *completely provide*; þurh-costned (*pple.*) LAȝ. 25440.
þurh-driven, v., O.E. þurhdrīfan; *drive*

---

through, KATH. 1943; þurhdriven (*pple.*) KATH. 1204.
þurh-ēode, v. (*pret.*), *passed through*: heo þurheoden [þorhȝeode] Francene þeode LAȝ. 5217.
þurgh-fare, sb., *thoroughfare,* CH. C. T. A 2847; thurghfare PR. P. 493.
þurh-fēren, v., *go through*; þurhfērde (*pret.*) KATH. 1147.
þurh-gān, v., O.E. þurhgangan; *go through,* ORM. 12860; þurhgon LAȝ. 19645.
þurh-gengen, v., *go through, spread over,* LAȝ. 1207.
þurh-leasten, v., *endure,* HOM. I. 251.
þurh-lōken, v., *look through,* ORM. DEDIC. 68.
þurh-rennen, v., = M.H.G. durchrennen; *run through*; þurhærnen LAȝ. 16657; þurh-arnden (*pret.*) LAȝ. 12129.
þorou-rīde, v., = M.H.G. durchrīten; *ride through,* MAN. (F.) 14516.
þurh-schēoten, v., O.E. þurhscēotan; *shoot through*; þorghschoten (*pret.*) MAN. (F.) 4373.
þurh-scrīden, v., *go through,* LAȝ. 10887.
þurh-sēohen, v., *seek through*; þurhseken ORM. 242; þurhsēcheð (*pres.*) HOM. II. 191; þurhsicheþ HOM. I. 165; þorwsöuȝte (*pret.*) ROB. 151; þurhsōht (*pple.*) KATH. 520; þorhsoht SPEC. 99; þurchsouȝt GREG. 74.
þurh-sēon, v., O.E. þurhsēon; *see through, perceive,* A. R. 50; þurhsihð (*pres.*) HOM. II. 222; ẗurhsiȝð HICKES I. 223.
þurh-spitien, v., *cover with spikes*: and þurh spitien hit [þe hweol] al wið irnene gadien JUL. 57.
þurh-sticchen, v., *stitch through*; þuruh-stihten (*pret.*) A. R. 272.
þurh-stingen, v., *sting through*; þourh-stong (*pret.*) SPEC. 70; þurhstungen (*pple.*) HOM. I. 147.
þurh-ūt, adv. & prep., *throughout,* MARH. 22; ȝif he wile heo þurhut forleten HOM. I. 23; þurhut al his kinelond LAȝ. 4826; þurh-, þurȝut O. & N. 879; ẗurgut GEN. & EX. 3704; þuruhut A. R. 212; þourhout al France P. S. 193.
þurh-waxen, v., = M.H.G. durchwahsen; *grow over*: wes þe munt þurhwexen (*pple.*) mid ane wude feiren (*r.* feire) LAȝ. 18338.
þurh-wunden, v., *wound through*: sinnes þat ... þurhwúnden (*pres.*) all þat bodiȝ ORM. 17443.
þurh-wunian, v., O.E. þurhwunian; *continue,* LAȝ. 1384; þurhwunest (*pres.*) KATH. 662.
þürl, sb., O.E. þyrel; *perforation, window*: þet þurl A. R. 96; ẗiril REL. I. 211; þürle (*dat.*) A. R. 344; þürles (*pl.*) A. R. 50; þurles, thirles C. M. 18687; þerles AYENB. 204; *comp.* ēh-, nóse-þürl.

þürlen.   ug.   641

þürlen, v., *O.E.* þyrlian, *from O.E.* þyrel, = *O. H.G.* durchil (*pierced*); *mod.Eng.* thrill; *drill, pierce*; A. R. 392; C. L. 1152; thirlin, thrillin '*perforo*' PR. P. 491; þirle [þrille] WICL. NUM. xxiv. 8; þrulle TREV. I. 339; þirles (*pres.*) WILL. 612; þirle (*imper.*) H. V. 26; þürlede (*pret.*) JUL. 40; TREV. VII. 349; þerlede L. H. R. 223; þurleden A. R. 292; JOS. 509; þurleden, þirled LANGL. *A* i. 148, *B* i. 172; þürled (*pple.*) SPEC. 62; thirled CH. C. T. *A* 2710; thirlid MIR. PL. 151; iþurled MISC. 140; iþurled [iþorled] LA3. 4541.

þürlunge, sb., *O.E.* þyrelung; *perforation*, HOM. I. 207.

þurrok, sb., *? O.E.* þurruc, = *M.Du.* durk; *sink*, CH. C. T. *I* 363; thurrok '*sentina*' PR. P. 493.

þūrs, sb., *O.E.* þyrs, = *O.N.* þurs, *O.H.G.* durs; *gigantic spectre*, KATH. 1880; MARH. 11; thurs D. ARTH. 1100; þirs WICL. IS. xxxiv. 15.

þürst, sb., *O.E.* þurst, þyrst, = *O.L.G.* thurst, *O.H.G.* durst; *thirst*, A. R. 114; ALIS. 5058; MISC. 37; CH. C. T. *B* 100; þurst [þorst] LA3. 6224; þurst [þrust] KATH. 1702; þurst, furst, þrist, þrest LANGL. *B* xviii. 366, *C* xxi. 413; þorst AYENB. 73; þurst, þirst HOM. II. 35, 75; þirst, þrist ORM. 5682, 14484; thirst, thrist PR. P. 491; þerst FER. 2810; þrist LIDG. M. P. 53; thrist PR. C. 6204; LUD. COV. 105; thrist, threst PR. C. 3254, 6204; þrest Iw. 2974; MAND. 230; þürste (*dat.*) LA3. 18951.

þürst-lēu, adj., *thirsty*, LIDG. M. P. 75.

þürsten, v., *O.E.* þyrstan, = *O.N.* þyrsta, *O.H. G.* dursten; *thirst*: ne schal him þurste nevere MISC. 85; þristen [þirste] WICL. ECCLUS. xxiv. 29; thristin, thirstin PR. P. 491; þürsteþ (*pres.*) GOW. II. 135; me þursteþ [þristeþ] LANGL. *B* xviii. 365; þirsteþ ORM. 14485; (hio) þirsteð MAT. v. 6; þürste (*pret.*) A. R. 188; *comp.* a-, for-, of-þürsten.

þürsti, adj., *O.E.* þurstig, ðrystig, = *O.H.G.* durstag; *thirsty*; þristi3 ORM. 6163; thristi PR. P. 491; thresti PR. C. 6165.

þus, adv., *O.E.* þus, = *O.L.G.*, *O.Fris.* thus; *thus*, FRAG. 7; A. R. 10; ORM. 237; C. L. 610; LANGL. *B* ix. 92; MAN. (H.) 164; þus, thus PR. P. 493, 536; þus he hine bipecheð HOM. II. 217; þus [þos] hafeð Modred idon LA3. 28136; þus sone 29625; þus þriste O. & N. 758; þus old A. D. 253; þos SHOR. 3; þos, þous, þus AYENB. 52, 71, 189.

þüs, see **þes**.

þüsend, sb., *O.E.* þūsend, = *O.N.* þūsund, *Goth.* þūsundi, *O.H.G.* dūsunt; *thousand*, A. R. 236; þusend, þusund [þousend] LA3. 465, 24613; a þusend mile HORN (L.) 319; an þusende ORM. 1316; þousend(e) TREAT. 134 (SAINTS (Ld.) xlvi. 492); þousend [þousand] CH. C. T. *A* 1954 (Wr. 1956); þousond AYENB. 71; þüsende, þusunde (*pl.*) LA3. 545, 1669; twa þusende MK. v. 13; feower þusend manne

MAT. xv. 38; fowr þusend KATH. 2037; mid teon þusenden LK. xiv. 31.

þüsend-fald, adj., *thousandfold*, KATH. 2323; þusendfeld HOM. II. 191.

þūstre, see **þēostre**.

þüten, v., *cf. M.H.G.* duzen; *say '*thou*' to a person*; thoutin PR. P. 492.

þüten, see **þēoten**.

þüvel, sb., *O.E.* þýfel; *shrub*: þifel '*frutex*' FRAG. 3; þüvele (*dat. pl.*) O. & N. 278.

þwang, sb., *O.E.* þwang, þwong, = *O.N.* þvengr; *thong*, ORM. 10439; þwang Iw. 3160; þwong [þwang] LA3. 14219; þwong WICL. JOHN I. 27; GAW. 194; þong ROB. 116; REL. I. 115; þwanges (*pl.*) M. H. 10; þwonges [þwanges] LA3. 22295; þwonges [þonges] TREV. V. 369; þonges WILL. 1720; þwange MK. i. 7; *comp.* schō-þwang.

þwanged, adj., *thonged*: þwongede [þongede] scheon A. R. 362.

þwarle, adj., *? intricate*: a þwarle knot GAW. 194.

þweorh, adj., *O.E.* þweorh, = *Goth.* þwairhs (ὀργίλος), *O.N.* þverr, *O.H.G.* dverh (*transverse, perverse*); *perverse*: þweore cneores MAT. xvii. 17.

þwert, adv., *O.N.* þvert *acc. neut. of* þverr; *athwart, across*: over þwert HAV. 2822; over þvert MAN. (H.) 241; a thirt *athwart* PARTEN. 169; þwert over MARH. 10; A. R. 82; þwert over þe ilond TREV. V. 225; his herte ðo wurð ðwert (*for* þwer *perverse*) GEN. & EX. 3099.

þwert-ūt, adj., *completely*, ORM. 194; þvertut forlore HOM. II. 123.

þwerten, v., *thwart, hinder, prevent*; ðwerted (*pret.*) GEN. & EX. 1324.

þwitel, sb., *whittle, jack-knife*, TREV. IV. 329; CH. C. T. *A* 3933.

þwiten, v., *O.E.* þwītan; *cut up*; thwitin PR. P. 488; þwiten (*pple.*) R. R. 933.

u.

üch, see **3ehwilc**.

üder, sb., *O.E.* ūder, ūdr, = *M.Du.* uider, *M. H.G.* ūter, *Gr.* οὖθαρ; *udder*; uddir, iddir '*uber*' PR. P. 258.

üfel, see **üvel**.   **ufere**, see **uvere**.

ug, sb., *O.N.* uggr; *fear*; ugge (*dat.*) HOM. I. 209.

ug-lī, adj., *O.N.* uggligr; *mod.Eng.* ugly; *horrid, frightful*, '*horribilis*,' PR. P. 509; S. S. (Web.) 2782; CH. C. T. *E* 673; Iw. 1730; PR. C. 6683; MIR. PL. 164; an uglike snake GEN. & EX. 2805.

uglinea, sb., *ugliness*, PR. C. 2364.

ugsome, adj., *frightful*, D. TROY 877.

uggin, v., *O.N.* ugga; *shudder, feel horror,* '*horreo*,' PR. P. 509; ugge PR. C. 6419; þat ow uggi (*pres. subj.*) wiþ ham A. R. 92*; uggid (*pple.*) APOL. 109.
  ugging, sb., *horror*, GEN. & EX. 950; HAMP. PS. *page* 514.
ūhte, sb., *O.E.* ūhte,=*O.L.G.* ūhta, *O.H.G.* ūhta, uohta, *Goth.* ūhtwō, *O.N.* ōtta; *early morning*: on uhten ORM. 2484; hi sloȝen and fuȝten þe niȝt and þe uȝten HORN (L.) 1376 [(R.) 1424; ouȝten (H.) 1415]; upon uȝten A. P. ii. 893.
  ūht-song, sb., *O.E.* ūhtsang,=*O.H.G.* ūhtisang, *O.N.* ōttusöngr; *matins*, A. R. 20; uhtensang ORM. 6360.
  ūhten-tīd, sb., = *O.N.* ōttutīd ; *morning*, ORM. 5832.
ūlde, *see* elde.
ūle, sb., *O.E.* ūle,=*O.H.G.* ūla, uwila, *O.N.* ugla; *owl*, '*bubo, strix*,' FRAG. 3; O. & N. 26; oule AYENB. 27; GOW. I. 100; CH. P. F. 343.
ūlke, *see* ilke.
[**ulm**, sb., *Lat.* ulmus; *elm.*]
  ulm-tree, sb., *O.E.* ulmtrēow; *elm-tree*, WICL. Is. xli. 19.
ümbe, umbe, prep. & adv., *O.E.* ymbe, ymb, embe,=*O.L.G.* umbi, *O.H.G.* umpi, umbi, umbe, *O.N.* umb, um, *Lat.* ambi, amb-, *Gr.* ἀμφί; *round, about, after*, SPEC. 49; GAW. 589; A. P. ii. 879; PALL. vii. 106; beo umbe me MARCH. 6; is umbe (*ms.* vmbe) ... þet heo him luvie A. R. 218; umbe stunde 344; umbe stount BARB. vii. 398; umbe hwile *sometimes* KATH. 12; umbe (*ms.* ummbe) trin(d) [=*M.L.G.* umme trint] *around* ORM. 17563; þat we nu mælen umbe 304; umbe, embe HOM. I. 51, 95; umbe fif winter LAȝ. 6617; he þohte embe uvel 6563; umbe þrowe SPEC. 25; umbe, umbi ALEX. (Sk.) 1154, 2209, 3250; ævre um wile SAX. CHR. 262; um while LANGL. B v. 345; MAN. (H.) 241; um qvile ALEX. (Sk.) 23, 3079, 4745; embe MAT. xvii. 12; REL. I. 131; to speke so embe noȝt P. L. S. xix. 164.
ümbe-breid, sb., *reproach*; umbraid ALEX. (Sk.) 1800; **umbreides** (*pl.*) MAN. (F.) 3485.
ümbe-breiden, v., *address; reproach*; umbreide (*subj.*) MAN. (F.) 8004; **umbraide** (*pret.*) A. P. ii. 1622.
ümbe-casten, v., *throw round*; umbecast BARB. v. 552; **umbekesten** (*pret.*) GAW. 1434; **umbecast** (*pple.*) WILL. 4693.
ümbe-clappen, v., *surround*; **umbiclappis** (*pres.*) ALEX. (Sk.) 4171; (þai) umclappis 2473; **umbiclappid** (*pple.*) 3451.
ümbe-clōsen, v., *enclose*; **umbclōsed** (*pret.*) MAN. (F.) 4080.
ümbe-clüppen, v., *O.E.* ymbclyppan; *embrace*; **umbeclipped** (*pret.*) GAW. 616; umclipped PS. cxviii. 61.

ümbe-delven, v., *dig round*; **umbidelve** (*imper.*) PALL. iv. 324.
ümbe-fālden, v., *fold around*; **umbefōldes** (*pres.*) GAW. 181; **umfāldin** (*pple.*) *enclosed* ALEX. (Sk.) 4717.
ümb-ēode, v., *O.E.* ymbēode; *go round*; umyhode ['*circumivi*'] PS. xxvi. 6; umbiyeden (*ms.* un-) HAV. 1842.
ümbe-gang, sb., *O.E.* ymbegang, = *O.H.G.* umbi-, umbegang, *O.N.* umgangr ; *circuit, circumference*; umgang ['*circuitus*'] PS. xi. 9; C. M. 9192.
ümbe-gangen, v., *O.E.* ymbegangan, ymbgān, =*O.H.G.* umbigangan, umbegān; *go about, go round*; umga HAMP. PS. lviii. 7, 16; umbigonge (*pple.*) PALL. iv. 197, 435; umbigoon HALLIW. 899.
  umganginge, sb., *circuit*, HAMP. PS. cxii. 3*.
ümbe-ȝiven, v.,=*O.H.G.* umbigeban; *place round*; **umgivand** (*pple.*) PS. iii. 7.
ümbe-grōwen, v., *grow around*; **umbegrōwen** (*pple.*) A. P. ii. 488.
ümbe-hēden, v., *guard about*; **umhēde** (*imper.*) ALEX. (Sk.) 731*.
ümbe-hilen, v., *cover up*; **umhild** (*pret.*) HAMP. PS. xliii. 21.
ümbe-hoȝe, sb., *O.E.* ymbehoga; *care, anxiety*; embhogan (*dat.*) MAT. vi. 34 (*earlier text* ymbehogan).
ümbe-hwīle, *see under* ümbe.
ümbe-keorvunge, sb., *circumcision*, HOM. I. 207.
ümbe-lappe, v., *wrap around, embrace, envelop*, CATH. 402; **umlapped** (*pret.*) PS. xxxix. 13; **umblapped** (*pple.*) WICL. HEB. v. 2; umlappe HAMP. PS. xxvi. 5; **umlappis** (*pres.*) HAMP. PS. i. 1*; umlappid HAMP. PS. xxxix. 16.
ümbe-leggen, v., *lay around*; **umbeleid** (*pple.*) MAN. (H.) 187.
ümbe-liggen, v.,=*M.H.G.* umbeligen; *lie around*; umbeliȝe A. P. i. 836.
ümbe-lōken, v., *look around*; umbiloke C. M. 8468.
ümbe-lūken, v., *shut round, enclose*; umlouke HAMP. PS. cxliv. 3.
ümbe-rōwen, v., *row around*; **umbirōwen** (*pple.*) LAȝ. 114.
ümbe-schāden, v., *shade around*; umshade TOWNL. 75.
ümbe-schēren, cf. *Dan.* omskære; *circumcise* (*ms.* ummbesherenn) ORM. 4138; **umbeshēren** (*pret.*) ORM. 4084; **umbeshoren** (*pple.*) ORM. 4080.
ümbe-schīnen, v., *O.E.* ymbscīnan; *shine around*; **umbeschōn** (*pret.*) A. P. iii. 455.
ümbe-sēgen, v., *besiege*; **umsēged** (*pret.*) HAMP. PS. xxi. 11.
ümbe-sēon, v., *look about*; **umsē** (*imper.*) ALEX. (Sk.) 3728.

ümbe-setten. **un-boȝsam.** 643

ümbe-setten, v., *O.E.* ymbsettan; *surround*; **umsette** (*pret.*) C. M. 195; **umset** (*pple.*) with sere enmis PR. C. 1250.

ümbe-snīþen, v., *O.E.* ymbsnīčan; *circumcise*; embsniþen HOM. I. 81; embscničen LK. i. 59.

ümbe-standen, v., *O.E.* ymbe-, ymbstandan; *stand around*; **umbistōde** (*pret.*) HAV. 1875.

ümbe-strīden, v., *bestride, mount (a horse)*: he **umstrād** (*pret.*) a nobil stede IW. 1302.

ümbe-wealden, v., *surround*; **ümbe-walt** (*pres.*) A. P. ii. 1181.

ümbe-sweien, v., *surround*; **umbesweied** (*pple.*) wiþ seven grete wateres A. P. ii. 1380.

ümbe-þanc, sb., *O.E.* ymbeþanc; *thought*; **embeþonke** (*dat.*) HOM. II. 87.

umbe-þenken, v., *meditate*, ORM. 1240; umbi-, umthinke the TOWNL. 4, 251; **umbiþōghte** (*pret.*) ISUM. 426; umþoght M. H. 79.

ümbe-ūten, prep., *O.E.* ymbūtan; *round*; embeuten MK. xiv. 47.

ümbe-wǣven, v., *enclose*; **umbewēved** (*pret.*) GAW. 581.

[**ümbri,** sb., *O.E.* ymbren; *Ember fast.*]
    ümbri-dei, sb., *O.E.* ymbrendæg, cf. *O.N.* imbrudagr; *Ember-day*, A. R. 70; embirdai PR. P. 139.
    imbri-wike, sb., *Ember-week*, (ms. ymbri-) A. R. 70*.

[**un-, on-,** prefix, *O.E.* un-,=*O.L.G.*, *O.H.G.*, Goth. un-, *O.N.* ū-, ō-, *Lat.* in-, *Gr.* ἀν-; *expressing negation.*]

[**un²-,** prefix, *O.E.* un-,=*O.Fris.* un-, und-,=and; *expressing reversal of an action.*]

[**un³-,** prefix,=*O.Fris.*, Goth. und-, ? *Q.L.G.* und-, unt-; *until.*]

un-abāsit-lī, adv., *boldly*, BARB. vi. 20.

un-ablī, adv., *without ability*, ALEX. (Sk.) 2308.

un-achteled, adj., *innumerable*, GEN. & EX. 796.

un-ēled, adj., *unburnt*; uneled PALL. ix. 103.

un-afüllendlīc, adj., *O.E.* unafyllendlīc; *insatiable*: unafillendliche gredinesse HOM. I. 103.

un-aȝeten [onaȝete], adj., *unnoticed*, LAȜ. 25797.

un-aneomned, adj., *unnamed*, HOM. I. 43.

un-armed, adj., *unarmed*; onarmed AYENB. 170; unarmit BARB. vii. 552.

un-aserved, adj., *undeserved*, ROB. (W.) 1256*.

un-āsked, adj., *unasked*, A. R. 338.

un-avanced, adj., *unprompted*, GOW. II. 205.

un-bain, adj., *cf. O.N.* ūbeinn; *not ready*, C. M. 17735; unbein ANGL. IV. 186.

un-báld, adj., *O.E.* unbeald; *timid*, C. M. 15914; unbolde REL. I. 120; **unbálde** [onbolde] (*pl.*) LAȜ. 995; unbolde SPEC. 100.

un²-bálden, v., *discourage, enfeeble*; unbálded [onbalded] (*pple.*) LAȜ. 11547.

un-beden, adj., *O.E.* unbeden; *unbidden* ORM. 17081.

un-bélden, v., *discourage*; ounbelde ANGL. V. 280.

un²-benden, v., *unbend*, ALEX. (Sk.) 1974*; unbende (*pret.*) GOW. I. 108; unbente GEN. & EX. 483.

un-bēne, adj., *comfortless*: in moni a bonk unbene GAW. 710.

un-berind, adj., *O.E.* unberende,=*Goth.* unbairands; *unbearing*, HOM. II. 125.

un-bermed, adj., *unfermented*, ORM. 1591.

un-bibüried, adj., *unburied*, KATH. 2275.

un-bicomelīch, adj., *uncomely*; he makede him unbicomelich HORN (L.) 1065.

un-biden, adj., *unbidden*, C. M. 14912.

un-bigged, adj., = *Swed.* obyggd; *uncultivated*, ORM. 3199.

un-bigunnen, adj., *not begun*, ORM. 18574.

un-bihēve, adj., *unprofitable*, HOM. II. 7; **unbihēfre** (*compar.*) HOM. I. 265.

un-bihēve², sb., *disadvantage*, HOM. II. 121.

un-bihōf, sb., *disadvantage*; unbihōve (*dat.*) LAȜ. 8576.

un-bilēave, sb., *for* *unȝelēave, *O.E.* ungelēafa; *unbelief*, KATH. 261; unbileve HOM. II. 81; **unbelēfen** (*acc.*) MK. xvi. 14.

    unbilēve-ful, adj., *unbelieving*, WICL. JUDG. xx. 5; WISD. x. 7.

    unbilēvefulness, sb., *unbelief*, WICL. MK. ix. 23.

un²-binden, v., *O.E.* unbindan, = *O.Fris.* undbinda; *unbind*, HOM. I. 7; ORM. 3682; unbinden [unbinde] LANGL. B PROL. 101; onbinde AYENB. 172; unbond (*pret.*) P. L. S. viii. 95; GEN. & EX. 2223; heo unbunde LAȜ. 5926; unbounden HAV. 601; **unbúnden** (*pple.*) HOM. I. 7; MISC. 55; unbounde ALIS. 85; M. T. 103.

un-bischoped, pple., *unconfirmed*: and longe beon unbishoped A. R. 208.

un-bisehenesse, sb., *inattention*, A. R. 344*.

un-bisorȝelīch, adj., *negligent*; **unbisorȝeliche** (*adv.*) HOM. I. 43.

un-blisse, sb., *unhappiness*, FRAG. 5.

un-blessid, adj., *unblessed*, WICL. ECCLUS. xxvii. 24; onblissede (*pl.*) AYENB. 41.

un-blīþe, sb., *O.E.* unblīðe,=*O.H.G.* unblīdi; *sad, joyless*, O. & N. 1585; HAV. 141; SPEC. 30; A. P. ii. 1017.

un²-bocle, v., *unbuckle*, CH. C. T. F 555.

un-boȝsam, adj., *disobedient*; onboȝsam AYENB. 21; unbousom PR. C. 8596.

T t 2

unbo3samnesse, sb., *disobedience*; onbo3samnesse AYENB. 33.
un-boht, adj., *unbought, unatoned for*, ANGL. I. 10; A. D. 296; unbocht HOM. I. 163; unbouht MISC. 60.
un-boren, adj., *unborn*, ORM. 17327; unbore REL. I. 184.
un-bōtlīc, adj., *irremediable*; unbotliche lure H. M. 17.
un-bowed, adj., *unbowed*, CH. BOET. iv. 7 (148).
un-brasten, adj., *unburst*, A. P. ii. 365.
un-brīche, adj., *O.E.* unbrȳce; *profitless*, HALLIW. 900.
un-būhsum, adj., *disobedient*, REL. I. 184 (MISC. 185); onbuxum PR. P. 364.
 unbūxum-hēd, sb., *disobedience*, GEN. & EX. 345.
 unbūxsumnes, sb., *disobedience*, HAMP. PS. lxxvii. 64*.
un-būried, adj., *unburied*, A. R. 352.
unc, pron., *O.E.* unc,=*O.L.G.* unc, *Goth.* ugk, ugkis, *O.N.* okkr (*dat. acc. dual*); *us two*, FRAG. 7; LA3. 25901; MARH. 5; REL. I. 186; GEN. & EX. 1776; (*ms.* unnc) ORM. DEDIC. 27; bitweonen unc (*v. r.* us twa) KATH. 1526: unker [*O.E.* uncer, *O.H.G.* unker, *O.N.* okkar (*gen. dual*), LA3. 23665; (*v. r.* us tvæ) hweþer unker O. & N. 151.
un²-cacchen, v., *let loose*; uncacohid (*pret. pl.*) hertes ['*timuerunt*'] *lost courage* ALEX. (Sk.) 2588.
un-callid, adj., *uncalled for*, ALEX. (Sk.) 832.
únce, ounce, sb., *O.Fr.* once, *Lat.* uncia; *ounce*, CH. C. T. G 1121.
un-chaunce, sb., *mischance*, ALEX. (Sk.) 822*.
ünche, sb., *O.E.* ynce, *from Lat.* uncia; *inch, ounce*, LEG. 56; inche PR. P. 261; enchen (*pl.*) FER. 4660; seveñ inche MAN. (F.) 10039; enches BEV. 746; feoūwer unchene long LA3. 23970.
un²-clāpen, v., *unclothe*; unclope WICL. EZ. xlix. 19; unclepe ALEX. (Sk.) 5505; unclōpede (*pret.*) HAV. 659.
uncle, sb., *O.Fr.* uncle; *uncle*, ROB. 58; WICL. PARAL. xxvii. 32; uncles (*pl.*) 3443.
un²-clenchen, v., *unclench*; unclainte (*pret.*) þe barres ALIS.² (Sk.) 1172.
un-clēne, adj., *O.E.* unclǣne; *unclean*, HOM. I. 27; ORM. 1712; O. & N. 91; GEN. & EX. 1867; onclene PR. P. 364; a draught of unclene (*poison*) ALEX. (Sk.) 1106.
 onclēn-līch, adj., *uncleanly*, AYENB. 42; vor unclēnlīche (*dat.*) cause IBID.
 unclēnnesse, sb., *uncleanness*, ORM. 2168; onclennesse AYENB. 203; unclannesse A. P. ii. 30; unclennes ALEX. (Sk.) 4218.

un-clēnsed, adj., *uncleansed*, ORM. 10617.
un-cnāwen, adj., *unknown*; unknawen PR. C. 337; ALEX. (Sk.) 3715; unknowen CH. C. T. D 1397.
un-cnāwing, sb., *ignorance*; unknawinge HAMP. PS. cxlvii. 5*.
un²-cnütten, v., *O.E.* uncnyttan; *unknit, loosen*; unknitten CH. BOET. v. 3 (154); unknette TREV. II. 43; uncnütte (*subj.*) HOM. II. 137; uncnette MK. i. 7; unknitte (*pret.*) WICL. ECCLUS. xxviii. 18; uncnūt (*pple.*) KATH. 1156.
un-coint, adj., *unwise*; unqvaint HAMP. PS. ciii. 26*.
un-comberen, v., *cease from encumbering*, PALL. vi. 51.
un-conninde, adj.,=*Goth.* unkunnands; *ignorant*, AYENB. 59; unconand HAMP. PS. page 4.
 onconninde-hēde, sb., *ignorance*, AYENB. 33.
 unconand-lī, adv., *ignorantly*, HAMP. PS. lxxiv. 2*.
un-conninge, sb., *ignorance*, BEK. 1024; onconninge AYENB. 131; unkunning PR. C. 169.
un-corrigible, adj., *incorrigible*, WICL. PROV. xxiv. 19.
un-corrumpid, adj.; *uncorrupted*; uncorrumpid ALEX. (Sk.) 4334.
un-corsaid, adj., *unridden*, ALEX. (Sk.) 3775.
un-cost, sb., *vice*, REL. I. 213.
un-covenable, adj., *unsuitable*; uncunable HAMP. PS. lxxi. 9*.
 uncunabil-lī, adv., *unsuitably*, HAMP. PS. xxxviii. 1*.
 unconabilnes, sb., *unreasonableness*, HAMP. PS. cv. 31*.
un²-coveren, v., *uncover*; unkevered (*pret.*) JOS. 559.
un-coverlīch, adj., *? irrecoverable*, H. M. 27.
un-cristen, adj., *unchristian*; uncristene (*pl.*) LANGL. *A* i. 91 [uncristne *B* i. 93].
un-cumelīch, adj., *uncomely*, H. M. 25; oncomeli LANGL. *B* ix. 160 [uncomeli *A* x. 180].
un-cunabiltē, sb., *inconvenience*; unconabilitēs (*pl.*) HAMP. PS. lxxii. 14*.
un-cinde, adj., *O.E.* uncynde; *unnatural, unkind*, TREAT. 135; unkuinde JOS. 242; unkinde GEN. & EX. 449; TRIST. 2758; onkinde PR. P. 365; onkende AYENB. 188.
 unkünde-līch, adj., *unkindly, unnatural*, A. R. 116; unkíndelīke (*adv.*) HAV. 1250; unkindeli, -lich, GOW. I. 348.
un-cūrabil, adj., *incurable*, HAMP. PS. cxxxix. 3*.
un-curteis, adj., *uncourteous*; uncortoise A. P. i. 303.
un-cūsti, adj., *O.E.* uncystig; *illiberal, 'parcus,'* FRAG. 3.
un-cūð [oncūþ], adj., *O.E.* uncūð,=*Goth.*

unkunþs, *O.N.* ūkunnr; *uncouth, strange, foreign*, LAӠ. 6624; uncuþ ORM. 228; uncouþ C. L. 586; into uncuþe londe HORN (L.) 729; **unkūðe** (*pl.*) A. R. 348; uncouþe PERC. 1047; unkouþe LANGL. *B* vii. 155.
uncūþ-līӡ, adj., *strangely*, ORM. 14341.
un-cūððe, sb., *O.E.* uncyððu; *foreign country*, A. R. 140.
un-cwēme, adj., *disagreeable*, ORM. 1527; unqveme HOM. II. 9.
un-cwenked, adj., *unquenched*, ORM. 10491.
un-dampned, adj., *uncondemned*, WICL. DEEDS xvi. 37.
un-dēadlīch, adj., *O. E.* undēadlīc; *immortal*, KATH. 965; H. M. 39; undedlich MARH. 10; undeedli WICL. I TIM. i. 17.
undēadlichnesse, sb., *immortality*, KATH. 1122; undēðlicnesse HOM. II. 33; undeadlinesse WICL. WISD. iii. 4.
un-dēad, adj., *not dead* : undede ALEX. (Sk.) 158.
un-defouled, adj., *not trodden down, undefeated*, ALEX. (Sk.) 2630.
un-dēmed, adj., *unjudged*, ORM. 16725.
un-dēore, adj., *O.E.* undēore; *not dear*, A. R. 408.
un-dēp, adj., = *O.H.G.* untiuf; *not deep*, SAX. CHR. 262.
under, prep. & adv., *O.E.* under, = *O.L.G.*, Goth. undar (*imó*), *O.N.* undir, *O.Fris.* under, onder, *M.Du.* onder, *O.H.G.* untar, *Lat.* inter; *under; between, among; during*; under (*ms.* vnder) þere sunnen LAӠ. 24982; under [onder] þan wude 4734; liggen under laðest mon H. M. 31; under (*ms.* unnderr) water dippest ORM. 1551; þat sit at mulne under cogge O. & N. 86; under ure wede C. L. 657; under an holu ok WILL. 295; under a brode banke LANGL. *A* PROL. 8; under mire onwalde HOM. I. 13; under godes warde H. M. 7; þat holi churche under fote were so BEK. 2019; te veorðe valleð under þe uttre A. R. 222; þe wes under wedlac iboren LAӠ. 395; under eou alle nis þar nan 915; under are stunde 16501; under þan comen tiðende 9660; under þis com þe þurs KATH. 1880; he þolede diaþ onder Pouns Pilate AYENB. 12; þat þou ne go nauӡt onder (*intereas*) SHOR. 163; *comp.* **an-under**.
under-beren, v., *O.E.* underberan; *support*; underbern WICL. ECCLUS. xii. 14; onderbere AYENB. 84.
under-delvin, v., *dig under*, '*suffodio*,' PR. P. 511; underdelve WICL. ECCLUS. xii. 18.
under-dōn, v., = *O.H.G.* untartuōn; *put under, subject*, GEN. & EX. 4041.
under-ēode, v., (*pret.*) *went under*; onderӡede SHOR. 122.
un-derf, adj., = *O.N.* ūdiarfr; *infirm* : þat underve flesch KATH. 1174.

under-fangen, v., *seize, receive*, ORM. 11728; undervongen A. R. 190; underfongin PR. P. 511; underfange LAӠ. 10141*; underfonge HORN (R.) 335; C. L. 661; A. D. 257; WILL. 5259; ondervonge AYENB. 14; **undervongest** (*pres.*) HOM. I. 51; underfangð HOM. I. 239; undervongeð A. R. 190; **undirfangid** (*pret.*) ALEX. (Sk.) 910.
under-fōn, v., *O.E.* underfōn, = *O.H.G.* untarfāhan; *seize, receive*, HOM. I. 65; LAӠ. 3222; HOM. II. 96; KATH. 702; ORM. 3956; GEN. & EX. 1679; CHR. E. 994; undervon A. R. 14; underfo MAP 343; to underfonne MARH. 20; **underfēs**, -vest (*pret.*) KATH. 983; underfeð H. M. 41; A. R. 190*; (ha) undervoð H. M. 19*; **undervōh** (*imper.*) LAӠ. 16880; (he) underfō (*subj.*) HOM. I. 119; **underfēng** (*pret.*) LAӠ. 3271; KATH. 1102; GEN. & EX. 480; underveng A. R. 40; underfonge [underfeng] LANGL. *B* i. 76; onderving AYENB. 5; **underfongen**, -fonge (*pple.*) LANGL. *A* v. 635; underfonge BEK. 1391; undervonge LAӠ. 26257; underfon [onderfon] 3431; underfon KATH. 702.
under-gangen, v., *O.E.* undergangan; *undergo*, ORM. 10661; undergon GEN. & EX. 1147; undergo P. L. S. xiii. 280; hi **undergōþ** (*pres.*) SHOR. 11.
under-ӡiten, v., *O.E.* undergitan; *perceive, understand*, A. R. 150; underӡite P. L. S. xxiii. 54; underӡete S. C. D. J. 41; underӡat (*pret.*) O. & N. 1055; FL. & BL. 35; underӡat, -ӡæt [onderӡeat] LAӠ. 15028, 26988; underӡet ROB. 62; undirgat S. S. (Wr.) 3151; þu underӡete P. L. S. xxiv. 200; (heo) underӡeten LAӠ. 1811; underӡete P. L. S. xiii. 291; **underӡeten** (*pple.*) LAӠ. 26869; underӡete O. & N. 168.
under-ӡōke, v., = *Ger.* unterjochen; *subjugate*, WICL. JUDITH ii. 3.
under-king, sb., *viceroy*, LAӠ. 31340.
under-lein, v., *O.E.* underlecgan, = *O.H.G.* untarleccan; *underlay*, WICL. JER. xxvii. 11; **underleiden** (*pret.*) GEN. & EX. 3388; underleid (*pple.*) FRAG. 6.
under-liggen, v., = *O.H.G.* untarliggan; *lie under*; underligge WICL. EX. xxi. 31.
underling, sb., *inferior, subject*, LAӠ. 3657; A. R. 198; underlinge LANGL. *B* vi. 47; ALEX. (Sk.) 1861; onderlinges (*pl.*) AYENB. 39.
under-lūten, v., *O.E.* underlūtan; *submit*; **underlūte**, -loute (*pple.*) C. M. 7163; undirloute WICL. GEN. xxxvii. 8.
under-mīne, v., *undermine*, WICL. MAT. vi. 20.
undern, sb., *O.E.* undern, = *O.L.G.* undorn, undern, *O.N.* undorn, Goth. undaurns, *O.H.G.* untarn *m.; the time from nine to twelve o'clock in the morning*, A. R. 24; CH. C. T. *E* 260; at undren and at middai MISC. 33; undurn WICL. JOHN iv. 6; undorne

undern.

ALEX. (Sk.) 3853; **underne** (*dat.*) BEK. 2465; at þon heie undarne MISC. 56; undurne MAND. 163; DEGR. 1209; aboute onderne S. A. L. 160; at ondre SHOR. 84.
  under-mēl, sb., *O.E.* undernmǣl; *morning meal*, CH. C. T. *D* 875.
  under-tīd, sb., *O.E.* underntīd; *morning time*, HOM. I. 91; A. R. 400; undertide ORF. 179.
  undern-tīme, sb., *morning time*, ORM. 19458; undirtime M. ARTH. 2807.
un-derne, adj., *O.E.* underne; *not secret*, JUL. 75.
under-nēþen, adv., *underneath*, PL. CR. 695; undirneþe TREV. V. 123; CH. BOET. iii. 5 (75).
under-nimen, v., *O.E.* undernyman, = *O.H.G.* untarneman; *seize, catch; undertake; perceive; take to, agree to; blame*; KATH. 123; A. R. 202; (*ms.* undernymen) MAT. xix. 12; ondernime AYENB. 83; underneomen H. M. 19; undernemen MAND. 139; underneme '*reprehendo*' PR. P. 511; **undernimeþ** (*pres.*) LANGL. *B* v. 115; **undernam** (*pret.*) GEN. & EX. 1553; undirnam S. S. (Wr.) 3236; undernomen LAȜ. 8067; C. L. 598; **undernumen** [ondernome] (*pple.*) LAȜ. 26734; undernomen MAP 336; undirnomen WICL. JOHN iii. 20; undernome P. S. 323; undirnome S. S. (Wr.) 2858.
under-putten, v., *place under, subjugate*; **underputt** (*pple.*) ALEX. (Sk.) 5402.
under-schóren, v., = *M.Du.* onderschoren; *shore or prop up*; **undershóred** (*pple.*) LANGL. *C* xix. 47.
under-sēchen, v., = *Ger.* untersūchen; *examine*; **onderzēkþ** (*pres.*) AYENB. 184.
under-settin, v., = *M.L.G.* undersetten, *M.Du.* ondersetten; *underset, prop, 'suffulcio*,' PR. P. 511; undersette S. S. (Web.) 2101; **underset** (*pres.*) A. R. 254; REL. I. 223; **undersette** (*pret.*) MAN. (F.) 284.
under-standen, v., *O.E.* understandan, = *O.N.* undirstanda, *O.Fris.* understonda; *understand, perceive; receive*; ORM. 1763; understonden HOM. I. 35; A. R. 50; understonde P. L. S. viii. 97; O. & N. 1262; HAV. 2814; C. L. 953; onderstonde SHOR. 24; AYENB. 14; **understond** (*r. w.* wend) (*pres.*) O. & N. 1463; **understōd** (*pret.*) LAȜ. 4484; KATH. 2145; WILL. 877; Josep al it understod GEN. & EX. 2210; Josep wel faire him understod (*received*) 2293; understoden (*received*) him mid procession HOM. II. 89; **understanden** (*pple.*) PR. C. 1681; HOCCL. iii. 4.
  understondinge, sb., *understanding*; onderstandinge AYENB. 24; þe xij **understandings** (*pl.*) ('*intelligences*,' in astrology) ALEX. (Sk.) 279.
under-stipen, v., = **understipren**; A. R. 142*.

un-ēðe.

under-stipren, v., *cf. M.H.G.* understivelen; *shore up, support*, A. R. 142.
under-tāken, v., *undertake*, ORM. 10314; WICL. PS. xlvii. 4; **undertōc** (*pret.*) SPEC. 41; undiretuke ALEX. (Sk.) 2967; **undertōke** (*subj.*) HAV. 377.
under-þēode, sb., *subjects*: (he) scal spenen among al his underþede HOM. I. 85.
undur-þēwe, v., = *Du.* onderdouwen; *subject*; underþewe ALIS. 1406.
under-þūden, v., *O.E.* underþȳdan, -þēodan; *subject*; underþeden SAX. CHR. 260; alle þ(e)o þet him b(e)oð **underþēde** (*pple.*) HOM. I. 85.
under-wīten, v., = *O.L.G.* undarwītan; *perceive*; **underwāt** (*pret.*) O. & N. 1091.
under-wrōte, v., *O.E.* (under-)wrōtan; (ÆLFR.); *root up, undermine*, MISC. 97.
un-digne, adj., *unworthy*, CH. C. T. *E* 359.
un-discreet, adj., *undiscerning*, CH. C. T. *E* 996.
un-distreined, adj., *uncompelled*, ALEX. (Sk.) 2779.
un-distrobbed [-tourblett], adj., *undisturbed*, ALEX. (Sk.) 3418.
un¹-dōn, v., *O.E.* undōn, = *O.Fris.* un-, unndūa; *undo*, GR. 39; GEN. & EX. 2114; didden hem dereli undo *cut them up* (*hunting term*) GAW. 1327; ondo SHOR. 78; AYENB. 106; **undūde** (*pret.*) HOM. I. 121; undede WILL. 4846; LAI LE FR. 183; **undōn** (*pple.*) FRAG. 7; LAȜ. 19206; ondon SHOR. 61.
un-dreȝ, adj., *impatient*; undreh SPEC. 41; undrēghe (*pl.*) HALLIW. 901.
un-dühti, adj., = *M.H.G.* untühtic; *unprofitable, unworthy*, JUL. 4.
un²-dütten, v., *unfasten*, S. B. W. 254; undütte (*pret.*) KATH. 1821; undüt (*pple.*) LEG. 36.
un-efen, adj., *O.E.* unefen; *uneven*: unefne chaunge A. R. 312; **unevene** (*pl.*) MISC. 75; unevene (*adv.*) MISC. 86.
  unefen-līch, adv., *unevenly*, A. R. 410; un-evenli ['*iniqve*'] WICL. GEN. xvi. 5.
un-ended, pple., *O.E.* ungeended; *infinite*, GEN. & EX. 3518.
un-endlīche, adv., *infinitely*, A. R. 398.
un-erned, adj., *unearned*, HOM. II. 33.
un-ēsen, v., *make uneasy*; **unēseth** (*pres.*) PALL. iii. 562; **unēsid** (*pple.*) ALEX. (Sk.) 5054.
un-ēðe, adj., *O.E.* uneāče; *difficult*, LAȜ. 2259; uneāðe (*adv.*) *with difficulty, scarcely*, HOM. II. 225; uneaþe (*ms.* unneaþe) O. & N. 1605; unæþe ORM. 16289; uneþe TREAT. I 36; MAND. 282; GAW. 134; oneþe PL. CR. 217; **unēðes** GEN. & EX. 2341; uneþes GOW. III. 6; unneths HAMP. PS. iv. 6*.

un-fǣle, -vēle, adj., O.E. unfǣle; *improper, ungracious*, LAȝ. 22018, 23868; his unfǣle þeowes ORM. 8034; unfele gast MK. vi. 49; þe unfele (*wicked*) man HOM. II. 79; unfele, -vele O. & N. 1003, 1381; unvele MISC. 73; unfeale A. R. 198*; onvele S. A. L. 153.
un-fain, adj., O.E. unfægen; *not desirous, displeased*, M. ARTH. 2691; M. H. 90; unfein REL. I. 113; unfawe LAUNF. 732.
un-fair, adj., O.E. unfæger, = Goth. unfagrs; *unfair, frightful*; unfaire (*pl.*) A. P. ii. 1801; ALEX. (Sk.) 4864; unfair (*adv.*) *extremely, cruelly; horribly*, ALEX. (Sk.) 1189, 2041, 1224, 837, 555.
un-fāken, adj., O.E. unfæcne; *not deceptive*, ORM. 4149.
un²-fálden, v., O.E. unfealdan; *unfold*; unvolden A. R. 100; unfolde LANGL. B xvii. 176; unfáldis (*pres.*) 3027; unfēold [onfeold] (*pret.*) LAȝ. 10544; unfeld LK. iv. 17; unfeelde LANGL. C iii. 73; unfólde (*pple.*) M. ARTH. 1044.
un-fanded, adj., *untried*; unvonded A. R. 232.
un²-fasten, v., *unfasten*; unvesten A. R. 218; onfestin PR. P. 365.
un²-fastnen, v., *unfasten*, WICL. IS. xiv. 27; unvestnen A. R. 252.
un-fēawe, adj., *not few*; unfǣwe ORM. 792.
un-fēre, adj., O.E. unfēre, = O.N. ūfœrr; *indisposed*, LAȝ. 6780; unfer GEN. & EX. 2810; unfēre (*dat. pl.*) L. H. R. 114.
un-fēre², sb., *infirmity*, C. M. 3556.
un-festlīch, adj., *unfestive*, CH. C. T. F 366.
un²-feteren, v., *unfetter*; unfetere LANGL. A iii. 134 [unfettre B iii. 138].
un-filed, adj., *unpolluted*, HOM. II. 133.
un-flīchand, adj., *from O.Fr.* flechir; *unflinching*, HAMP. PS. ii. 9*.
un-forȝólden, adj., O.E. unforgolden; *unrequited*, HOM. I. 41, 163; unforȝolde AN. LIT. 91.
un-forgült, adj., *without guilt*, H. M. 43.
un-fráme, sb., *disadvantage*, GEN. & EX. 1566.
un-frē, adj., *unfortunate*, A. P. ii. 1129.
un-freined, adj., *unasked*, A. R. 338*.
un-fréme, sb., O.E. unfremu; *disadvantage, mischief*, P. L. S. viii. 114*; HOM. II. 195.
un-frēond, sb., = M.H.G. unvriunt; *hostile person*; onfrēondes (*pl.*) LAȝ. 17612*.
unfrīnd-schip, sb., *enmity*, ALEX. (Sk.) 2722.
un-freten, adj., *not devoured*, FRAG. 7.
u(n)-frigt, adj., O.E. unforht; *intrepid*, GEN. & EX. 3713.
un-friþ, sb., O.E. unfrið, = O.N. ūfriðr; *discord, dissension*, LAȝ. 2557.
un-fruitous, un-fructuous, adj., *unfruit-*

ful, WICL. EX. xxiii. 26; JOB xxiv. 20; EPH. v. 11; TIT. iii. 14.
un-fulhtned, adj., *not baptized*, ORM. 16895.
un-füllable, adj., *insatiable*; unfilabil HAMP. PS. c. 7*.
un²-ȝarken, v., *unfasten*; unȝarkid, unȝarked (*pret.*) ALEX. (Sk.) 2147, 3209.
un-garnist, adj., *unadorned*, A. P. ii. 137.
un-gāstlī, adv., *unspiritually*, ALEX. (Sk.) 4430.
un-ȝeare, adv., O.E. ungeare; *unexpectedly*; unghere GEN. & EX. 3047.
un-ȝearu, adj., O.E. ungearu; *unprepared*, HOM. I. 103.
un-gein, adj., *perilous*: þes gates are ungaine FLOR. 1421.
ungein-liche, adv., *ungainly*, MARH. 9.
un-ȝerīm, adj., O.E. ungerīme; *innumerable*, ORM. 18993.
un-glad, adj., O.E. unglæd, = O.N. ūglaðr; *not happy*, SPEC. 29; WILL. 747; A. P. iii. 63.
ungled-liche, adv., *sorrowfully*, A. R. 338.
un-gōd, adj., O.E. ungōd, = O.H.G. unguot; *not good*, ORM. 16739; P. L. S. xxiii. 22; A. D. 235; sum ungōd (*sb.*) O. & N. 1364.
un²-ȝōken, v., *unyoke*; unȝōked (*pple.*) TREV. V. 367.
un-greiþ, adj., = O.N. ūgreiðr; *unprepared*, SPEC. 99.
un-grēte, sb., *smallness*, O. & N. 752.
un-griþ, sb., O.E. ungrið; *dissension*, ORM. 16280.
un-gülti, adj., O.E. ungyltig; *not guilty*; ungilti WICL. GEN. xxxvii. 22; ongulti PR. P. 365.
un-gürde, adj., *ungirt*, TREV. VIII. 213; ungert GAM. 215.
un²-hādien [on-hōdi], v., *deprive of clerical functions, 'unfrock,'* LAȝ. 13169.
un-hǣle, sb., O.E. unhǣlu; *infirmity, mischief*, LAȝ. 11546; ORM. 4779; unhele HOM. I. 7; CH. C. T. C 116; FLOR. 1340.
un-hǣled, adj., *unhealed*; unhealed A. R. 328.
un-hǣlðe, sb., O.E. unhǣlð; *sickness*; unhelðe HOM. II. 35; unhelþe P. L. S. viii. 8; MISC. 108.
un²-hǣren, v., *deprive of hair*; unheerid (*pple.*) ['*depilatus*'] WICL. EZ. xxix. 18.
[un-haȝer], adj., *not apt.*]
unhaȝher-liȝ, adv., *cf. O.N.* ūhagligr; *unskilfully*, ORM. 425.
un-hāl, adj., = O.N. ūheill, O.H.G. unhail, Goth. unhails; *not whole; sick, ill*; ORM. 4778; M. H. 129; unhol A. R. 370; unhāle [onhole] (*pl.*) LAȝ. 19647; unhole MISC. 82.
un-hālsum, adj., = O.N. uheilsamr; *unwholesome*, ORM. 7177; onholsum PR. P. 365; unhalesome ALEX. (Sk.) 4387.

un-hap, sb., = *O.N.* ūhapp; *unhap, mischance, misfortune,* H. M. 29; O. & N. 1267*; GAW. 438; A. P. ii. 143; unhappe ALEX. (Sk.) 4554; onhap PR. P. 365; unhep A. R. 180.
un-happen, adj., *bad*; unhappen glette A. P. ii. 573.
un-happi, adj., *unhappy,* CH. C. T. (Wr.) 4726; LIDG. TH. 821; onhappi PR. P. 365; **unhappiest** (*superl.*) ALEX. (Sk.) 713.
un²-hardelen, v., *from O.Fr.* hardelle (*troupe*); *disperse*; **unhardeled** (*pret.*) GAW. 1697.
un-hardi, adj., *not bold,* LANGL. B PROL. 180.
un²-haspen, v., *disclose*; unhaspe A. P. ii. 688.
un-heled, adj., *unhidden, open,* TREV. I. 367; unhelid ALEX. (Sk.) 3450.
un²-helien, v., *O.E.* unhelian; *uncover, reveal, make known*: unhilen ORM. 12944; unhile WICL. RUTH iii. 4; **unhelen** (*pr. subj.*) HOM. II. 77; **unheled** (*pple.*) A. R. 150; TREV. VIII. 161; ounhelid FER. 586; unhiled LANGL. B xvii. 319.
un-hemed [un-hemmid], adj., *unrestrained,* ALEX. (Sk.) 2835.
un-hende, sb., *discourteous, rude,* A. R. 204; H. M. 9; P. R. L. P. 191; IW. 2943; unhende [onhende] LAȝ. 28826.
    unhende-liche, adv., *rudely,* KATH. 2148; ROB. (W.) 8540.
un-hent, adj., *uncaught,* WILL. 1671.
un-hērlī, adj., *O.E.* unhīerlīc (BL. HOM. 203), unhȳrlīc (B. D. D. 11), = *O.N.* ūhȳrligr; *monstrous,* M. H. 129.
un-hērsamnesse, sb., *O.E.* unhērsumness; *disobedience,* HOM. I. 235; (*ms.* unnherrsummnesse) ORM. 4277.
un-hēwen, adj., *unhewn,* ALEX. (Sk.) 1945.
un²-hūden, v., *uncover; make public*; **unhid** (*pple.*) ALEX. (Sk.) 3437.
un-hōld, adj., *O.E.* unhold, = *O.L.G.* unhold, *O.H.G.* unhold; *not friendly, hostile* ['inimicus'] MAT. xiii. 28; **unhōlde** (*pl.*) SPEC. 24; unholde HOM. I. 161; A. R. 222.
un-honourable, adj., *dishonourable,* ALEX. (Sk.) 2950.
un-hōpe, sb., *despair,* HOM. I. 251; A. R. 8.
un-hühtlīo, adj., *without joy,* LAȝ. 5101.
un²-hülen, v., *uncover*; unhillen GEN. & EX. 1912; onhillin PR. P. 365; **unhülede** (*pret.*) A. R. 58*; unhüled (*pple.*) JOS. 515.
un-hurt, adj., *unhurt,* JUL. 31; ALEX. (Sk.) 5530.
un²-hūsen, v., *unhouse*; unhoused (*pple.*) JOS. 455.
un-hwarfed, adj., *unchanged*; unwharfed ORM. 18794.
un-hwāte, sb., *misfortune,* O. & N. 1267.
ūnicorne, sb., *O.Fr.* unicorne; *unicorn,* A. R. 120; **ūnicornes** (*pl.*) ALEX. (Sk.) 3593.

un-icunde [onicunde], adj., *O.E.* ungecunde; *foreign,* LAȝ. 18429.
un-ifēie, adj., *enormous,* LAȝ. 5573.
un-ifēle, adj., *O.E.* ungefēle; *? insensible*: mid unifele þingen LAȝ. 21744.
un-ifōh, [onifōh], adj., *O.E.* ungefōg, = *O. Fris.* unefōg; *enormous,* LAȝ. 8674; unifouh FRAG. 7.
un-ihērsamnesse, sb., *disobedience,* HOM. I. 221.
un-ihōded, adj., *not ordained,* O. & N. 1178.
un-ilīc, adj., *O.E.* ungelīc, = *O.H.G.* ungelich; *unlike,* LAȝ. 9919; unilich JUL. 60; **uniliche** (*pl.*) P. L. S. viii. 179.
un-ilīke, sb., *unlike*: þin unilike O. & N. 806.
un-ilimp, sb., *O.E.* ungelimp (SAX. CHR. 219); *misfortune,* HOM. II. 117; unilimpe REL. I. 174.
un-iloȝe, adj., *? = Ger.* ungelogen; *without a lie*; ouniloȝe FER. 511*.
un-imāke, sb., *what is unlike*: elches wurmes unimake [onimake] LAȝ. 17961.
un-imeaðˇ, sb., *want of moderation,* JUL. 5.
un-imet, sb., *O.E.* ungemet; *excess*; **unimēte** (*dat.*) A. R. 74.
un-imet², adj., *O.E.* ungemet, = *O.H.G.* ungimez; *immense*: in his unimete (? unimēte) blisse A. R. 40; **unimēte** (*adv.*) A. R. 102; H. M. 19.
un-imēte, adj. & adv., *O.E.* ungemǣte, *O.H.G.* ungemāz; *immoderate, immense; immensely*; HOM. I. 101; MISC. 73; unimete [onimete], LAȝ. 4964.
    unimēte-liche, adv., HOM. I. 281; A. R. 398.
un-iqvēme, adj., *inconvenient,* REL. I. 184.
un-irīmed, adj., *innumerable,* LAȝ. 433.
un-irūde, adj., *O.E.* ungerȳde, *enormous, cruel*: unirude duntes HOM. I. 253; *see* **unrūde.**
    unirēd-līce, adv., *roughly*; uniredlice underfangeth HOM. I. 239.
un-isaht, adj., *unreconciled, at enmity*; **unisahte** (*pl.*) HOM. I. 39.
[**un-iseȝen,** adj., *unseen.*]
    uniseȝen-, un-isewenlīch, adj., *O.E.* ungesewenlīc; *invisible,* HOM. I. 97.
un-isēle, adj., *unhappy, unfortunate,* P. L. S. viii. 101; LAȝ. 26446; O. & N. 1004.
unisēlī, adj., *O. E.* ungesǣlig; *unhappy, unfortunate,* LAȝ. 4010; A. R. 68.
    unisē(l)-līche, adv., *unhappily,* LAȝ. 7022.
un-isēlðˇe, sb., *O.E.* ungesǣlðˇ; *infelicity,* HOM. I. 171; LAȝ. 2545.
un-isibbe, adj., *unfriendliness,* LAȝ. 9845.
un-isōm, adj., *at variance*; **unisōme** (*pl.*) O. & N. 1522.

un-isúnde. **un-mévable.** 649

un-isúnde, sb., *unhealthy*, LA3. 18452.
un-itáld, adj., *untold*, HOM. I. 233.
ūnitē, sb., *O.Fr.* unité; *unity*, CH. C. T. E 1334.
ūniversitē, sb., *Fr.* université; *university*, P. L. S. xvii. 245.
un-iwar, adv., *unawares*, ROB. 88.
un-iwasse, adj., = *M.H.G.* ungewaschen; *unwashen*, HOM. I. 237.
un-iweald, sb., = *O.Fris.* unewald, *M.H.G.* ungewalt; *impotence*, HOM. II. 63.
un-iwealde, adj., *impotent*; uniwælde, LA3. 5901.
un-iwider, sb., *O.E.* ungewider (BL. HOM. 125), = *O.L.G.* ungiwideri, *O.H.G.* ungiwitiri; *tempest*; uniwidere (*dat.*) HOM. I. 115.
un-iwil, sb., *unwillingness*, HOM. I. 69.
un-iwrench, sb., *evil trick* : for þin(e) uniwrenche MISC. 174, 175.
unker, adj., *O.E.* uncer, = *O.N.* okkarr; *see* unc ; *of us two*, LK. xii. 13; FRAG. 7; ORM. DEDIC. 80; O. & N. 1689; unkere (*dat. pl.*) LA3. 8891.
un²-kevelen, v., *take off the gag*; unkeveleden (*pret.*) HAV. 601.
un-lǣred, adj., *O.E.* unlǣred; *unlearned*, *untaught*, ORM. 17117; unlered PR. C. 5947; unlerid WICL. I COR. xiv. 16.
un-la3e, sb., *illegality*, GEN. & EX. 1762; unlawe BEK. 602.
[unla3e-ful, adj., *unlawful*.]
u(n)lá3e-liche, adv., *illegally*, HOM. I. 115; unla3helike ORM. 15867; unlahfulliche SPEC. 53.
un-lēaf, adj., *O.E.* ungelēaf, = *unbelieving* : þu art unlef (*thou disbelievest*) mine worde HOM. II. 125.
un-lēafful, adj., *unlawful*, '*illicitus*'; onleefful PR. P. 366; H. V. 111; unlefful D. TROY 13686; unleveful CH. C. T. *I* 593.
un-lēafich, adj., *O.E.* ungelēaflīc, = *O.H.G.* ungloublīch; *incredible* : unleflich HOM. II. 125 ; un-lēfliche (*pl.*) KATH. 345.
un-lēde, adj., *O.E.* unlǣde, = *Goth.* unlēds; *poor, miserable*; (*ms.* vnlede) O. & N. 1644; MISC. 122 (*printed* vulede REL. I. 182); AL. (T.) 333.
un-lengþe, sb., *brevity*, O. & N. 752.
un-lēod, sb., *foreign people*; unlēoden [onleode] (*pl.*) LA3. 6939; onlede SHOR. 109.
un-lēof, adj., *O.E.* unlēof, = *O.H.G.* unliub, *Goth.* unliubs; *not dear*; unlef and unqveme HOM. II. 189; unl(e)ofne breð HOM. I. 153.
un-līc, adj., *cf. O.Fris.* unlīk, *O.N.* ūlīkr, = unilīc ; *unlike*, ORM. 16859; unlich JUL. 14; unliche (*adv.*) P. L. S. v. (b.) 55.
unlik-lī, adv., *unlikely*, ALEX. (Sk.) 5552.
un²-liden, v.; *uncover* : unliden (*pres.*) A. R. 58*; unlūded (*pret.*) 58ᵃ.

un-ligel, adj., *for* unligen, *? O.E.* ungelygen : *truthful*, HOM. II. 131.
un²-līkien? v.; *? feel dislike*; onlīkede (*pret.*) LA3. 3266*.
un²-līmen, v., *unfasten, separate*, A. R. 256.
un-limp, sb., = unilimp; *misfortune*, HOM. II. 61; A. R. 274.
un-litel, adj., *O.E.* unlytel; *not little*, ORM. 726.
un-loked, adj., *not guarded*, GREG. 964.
un²-lósen, v., *unloose*, LANGL. *B* xvii. 139.
un-lōōnesse, sb., *innocence*, A. R. 340.
un²-louken, v., *O.E.* unlūcan; *unlock, unfasten*, C. L. 77; LANGL. *B* xii. 112; onlouken SHOR. 55 ; onlēak (*pret.*) AYENB. 67; unlek S. S. (Web.) 2251; B. DISC. 1816; unloke (*pple.*) MISC. 147 ; TREV. VI. 203.
un-lovelich, adj., *unlovely*, LANGL. *B* xv. 114.
un-lust, sb., *O.E.* unlust, = *O.H.G.* unlust, *Goth.* unlustus ; *displeasure*, H. M. 35; ORM. 2623 ; MAP 336 ; idelnesse and unlust CH. C. T. *I* 680; unlust HOCCL. i. 189.
un-lusti, adj., = *M.H.G.* unlustig ; *idle, slothful*; 3emeleas & unlusti HOM. I. 205; þe onlosti þat bieþ slacke to godes service AYENB. 170; onlisti PR. P. 366; unlustie (*pl.*) H. M. 43.
unlusti-lī, adv., *slothfully*, P. L. S. xxv. 143.
un-lūved(e), adj., *unlawful*, HOM. II. 71.
un-mád, adj., *unfinished*, GEN. & EX. 671.
un-ma3e, adj., *O.E.* unmaga, = *O.H.G.* unmag; *impotent*; on-, ounmawe FER. i. 2658, 2766.
un-maht, adj., *impotent*; unmahte (*dat. m.*) A. D. 297.
un²-mensken, v., *disgrace*; unmenskeð (*pres.*) MARH. 14.
un-mēoc, adj., *not meek*, ORM. 9880; unmek C. M. 11815.
un-merred, adj., *unmarred*, MARH. 10.
un-mēte, adj., *O.E.* unmǣte, = *O.H.G.* unmāzi ; *not meet* ; *immoderate, immense* ; HOM. I. 103; SPEC. 23 ; B. DISC. 1629 ; GAW. 208 ; A. P. i. 758; D. ARTH. 4070 ; unmete [unmeete] C. L. 634; unmaite HAMP. PS. lxxii. 14*.
unmēte-lī, adv., *unfittingly*, ALEX. (Sk.) 321.
un-mēþ, sb., *immoderateness*, FL. & BL. 675; mid unmeþe O. & N. 352.
un-mēþ², adj., *immoderate*, A. R. 50; unmeð muchel hird JUL. 4; unmeth C. M. 11815.
unmeaðe-liche, adv., MARH. 15 ; unmēðlūker (*compar.*) A. R. 238.
unmēðschipe, sb., *immoderateness*, A. R. 122.
un-mévable, unmóvable, adj., *immoveable*, WICL. EX. xv. 16; I PARAL. xvi. 30; HEB. vi. 18; unmoebles (*sb., pl.*) LANGL. *B* iii. 267.

un-miht,· sb., *O.E.* unmiht,=*O.H.G.* unmaht, *Goth.* unmahts; *impotence*; (*ms.* vnmyþt, *r. w.* liht) A. D. 290; unmight MAN. (F.) 15564; unmihte KATH. 1022; unmiȝte (*dat.*) BEK. 1441.

un-mihti, adj., *O.E.* unmehtig,=*O.H.G.* unmahtīg; *powerless*, HOM. II. 35; SPEC. 22; unmiȝti CH. BOET. i. 4 (13); WICL. WISD. xi. 18.

un-milde, adj., *O.E.* unmilde,=*O.H.G.* unmilt; *ungentle*, ORM. 9880; O. & N. 61; BEK. 1494.

un-mind(e), adj., *unmindful*, C. M. 1572.

un-mündlunge, adv., *O.E.* unmyndlinga; *unexpectedly*, HOM. I. 249; (*ms.* unmunlunge) A. R. 280.

un-mūrie, adj., *not merry*, O. & N. 346.

un-nait, adj., *useless*, ['*inania*'] PS. ii. 1; i sall not make unnait ['*non faciam irrita*'] HAMP. PS. lxxxviii. 34; unneite (*pl.*) A. R. 130*; unnaite (*adv.*) C. M. 5976.

un-nēd, adj., *not compelled*, ORM. 11457; unnet A. R. 340.

unnen, v., *O.E.* unnan,=*O.H.G.* unnan, *O.N.* unna; *from* an; *favour, grant*, A. R. 282; HOM. II. 79; ich unne (*pres.*) hire wel SPEC. 40; ȝif þu hit wel unnest A. R. 282; (heo) unneþ A. R. 22; ūðe, ūþe (*pret.*) LAȝ. 193, 13035; uþe ORM. 3451; ūðe (*subj.*) A. R. 90; ouþe MAP 336; unned (*pple.*) H. M. 13; *comp.* ȝe-unnen.

unnunge, sb., = *M. H. G.* (g)unnunge; *favour, sign*, A. R. 282; he ossed him (? *read* hem) bi unninges (*pl.*) A. P. iii. 213.

un-nēode, sb., ? *displeasure*: to his aȝre unneode [onneode] LAȝ. 308.

un-neomelīch, adj., *incapable*, KATH. 1185.

un-noiandnes, sb., *innocence, harmlessness*, HAMP. PS. xxv. 11; xl. 13.

un-nombirable, adj., *innumerable*, ALEX. (Sk.) 2365.

un-nūt, adj., *O.E.* unnytt=*Goth.* unnuts, *O.N.* ūnytr, *O.H.G.* unnuz; *unprofitable*, P. L. S. viii. 3*; MISC. 192; unnet A. R. 82; REL. I. 129; unnit HOM. II. 83; ORM. 4921; unnüt (*sb.*) A. R. 352; unnit ORM. 8059; on unnet HOM. I. 107; unnutte speche HOM. II. 129; unnitte 65; unnette (*pl.*) JUL. 45.

un-ofserved, adj., *undeserved*, ROB. (W.) 1256.

un-orne, adj., *O.E.* unorne; *feeble, frail, plain, rude*, A. R. 108; O. & N. 317, 1492; HORN (R.) 338; ure unorne fleis HOM. I. 85; his fode was unorne ORM. 828; unorne læfe 16809.

unorne-līke, adj., *basely, meanly*, HAV. 1941; unorneliȝ ORM. 3750.

un-pāred, adj., *unpared*, P. L. S. xxiv. 232.

un-perfeccioun, sb., *imperfection*, WICL. ECCLUS. xxxviii. 31.

un-perfīt, unparfīt, adj., *imperfect*, WICL. PS. cxxxviii. 16.

un-pīned, adj., *not pained*, ORM. 1367; P. L. S. xvii. 173.

un-pinnen, v., *unpin*: þe ȝate unpinne A. P. i. 727; unpinnede (*pret.*) LANGL. *B* xi. 108, *C* xiii. 47.

un-pliȝt, sb., ? *peril*; that mi soule have no unpliȝt ASS. *B* 194.

un-possible, adj., *impossible*, ALEX. (Sk.) 4249.

un-profītable, adj., *unprofitable*, (spelt̩ unprophetable) ALEX. (Sk.) 3560.

un-prōvednes, sb., *inexperience*, ALEX. (Sk.) 1019.

un-punissinge, sb., *impunity*, HAMP. PS. xciii. 11*.

un-rǣd, sb., *O.E.* unrǣd,=*O.N.* ūráð; *bad counsel, imprudence, ill-fate*, LAȝ. 6517; unrað [onread] 3038; unred O. & N. 1464; GEN. & EX. 1906.

un-rēde, sb., ? *O.E.* unrǣden; *imprudence; folly*, O. & N. 1355.

un-rēdi, adj., *unready*, WICL. 2 COR. ix. 4; PR. C. 1990.

un-reken, adj., *unready, not apt*, GEN. & EX. 2817; SPEC. 100.

un-reste, sb.,=*M.L.G.* unreste, -raste; *unrest*, CH. TRO. iv. 879; WICL. JUDITH xiv. 9.

un-resti, adj., *restless*; unristi HAMP. PS. cxl. 10*.

un-rīde, *see* unrūde.

un-riht, adj., *O.E.* unriht,=*O.L.G.* unreht, *O.H.G.* unreht; *wrong*; unriȝt BEK. 330; WICL. ECCLUS. v. 10; unriht (*sb.*) P. L. S. viii. 47; LAȝ. 6553; unrigt GEN. & EX. 1276; unright RICH. 2125.

unriht-ful, adj., *wrongful*; onriȝtvolle (*pl.*) AYENB. 39.

unrihtfulnesse, sb., O. & N. 1742.

unriht-wīs, adj., *O.E.* unrihtwīs; *unrighteous*, HOM. I. 115; ORM. 390; unrigtwis GEN. & EX. 2014.

un-rīpe, adj., *O.E.* unrīpe,=*O.H.G.* unrīfi; *unripe*, O. & N. 320.

un-rō, sb., = *O.N.* ūrō, *O.H.G.* unrāwa; *disquiet*, C. M. 7438; unroo PERC. 362.

un-rōt, adj., *O.E.* unrōt; *sad, sorrowful*, ['*tristis*'] MAT. xxvi. 38.

un-rūde, adj., *enormous, cruel*, HOM. I. 249; unride ORM. 4784; REL. I. 220; HAV. 964; AR. & MER. 886; K. T. 142; MAN. (F.) 3435; PERC. 1131; TOWNL. 84; ALEX. (Sk.) 871; a geaunt unride TRIST. 2712; ounride FER. 747; þe unrīdeste (*superl.*) HAV. 1985.

unrūde-līche, adj., *cruelly*, JUL. 54; unrideli HOM. I. 281; GAW. 1432; ALEX. (Sk) 638; unruidli 566.

un-sad, adj., O.E. unsæd; *light, unsteady*, CH. C. T. *E* 995.

un-sæhte, sb., =O.N. ûsätt; *discord, dissension*, LA3. 11459; unseihte FRAG. 7.

unsahtnesse, sb., *discord*, ORM. 7187.

un-sǽl, adj., O.E. unsǽl, O.N. ûsǽl; *unhappy*; unsel LA3. 30541; unsele REL. I. 113; usel (*ms.* usell) ORM. 3668.

onsǽl-liche, adv., *unhappily*, LA3. 7022*.

un-sǽl², sb., *infelicity, misfortune*; unsel MISC. 149; O. & N. 1263*; unsele ALEX. (Sk.) 1106; on unsele (*inopportunely*) REL. I. 131.

un-sǽlhðe, sb., *infelicity*; unselhče A. R. 86; JUL. 47.

un-sǽli3, adj., O.E. unsǽlig, =O.H.G. unsälig; *unhappy*; unseli3 ORM. 4812; unseli KATH. 1811; A. R. 174; unceli GAW. 1562; GEN. & EX. 1073; JOS. 704; GOW. II. 142; CH. C. T. *G* 468; Iw. 2939.

un-sǽlðe, sb., O.E. unsǽlð; *infelicity*, LA3. 4748; unselþe ORM. 1561; O. & N. 1263; unselče GEN. & EX. 3026.

un-samen, adv., *not together*, ALEX. (Sk.) 605.

un-sauht, pple., =O.N. ûsättr; *irreconciled, at enmity*, JOS. 64; unsaught GOW. III. 153; unsahte (*pl.*) LA3. 3930.

un-scápeful, adj., *harmless*; unskaþeful ORM. 1176.

un-schámefast, adj., *immodest* ['*impudens*'] WICL. DAN. viii. 23; onschamefast PR. P. 367.

un-schent, adj., *unharmed*, ALEX. (Sk.) 2143.

un-schōd, adj., O.E. unscōd; *without shoes, unshod*, WICL. IS. xx. 3.

un-schaplĭch, adj., *unshapely*: unshaplich REL. I. 129.

un-scháþi3, adj., *innocent*, (*ms.* unnshaþi3) ORM. 2889.

un-sháþi3nesse, sb., *innocence*, ORM. 58.

un-schrivel, adj., *? neglectful of confession*; onssrivel AYENB. 32.

un-schriven, adj., *unshriven*, A. R. 314.

un²-schütten, v., *open*; unschette (*pret.*) CH. C. T. *E* 2047; unschüt (*pple.*) MISC. 228; unshet Iw. 63.

un-se33end-lĭc, adj., *inexpressible*, ORM. 2823.

un-sehen, adj., *unseen, invisible*, MARH. 10; unseie SAINTS (Ld.) xlv. 66; unseiene [unsehene] gostes A. R. 312; unsene *unique* ALEX. (Sk.) 1026.

unse3hen-lĭc adj., *invisible*, ORM. 17296; unsehelich KATH. 255.

un²-seilen, v., *unseal*; unsélid (*pret.*) MISC. 216.

un-sēmlī, adj., =O.N. ûsǽmiligr; *unseemly*, MAP 335; SPEC. 31; D. ARTH. 1044.

un-sēne, adj., *unseen*, HOM. II. 47; GEN. & EX. 2878.

un-sēouwed, adj., *not sewed; without seam*; A. R. 344; unsued P. L. S. xxiv. 169.

un²-sēowen, v., *unsew, slit open*; unsowen LANGL. *B* v. 66.

un-sēsōn, sb.; in unseson *out of season* ALEX. (Sk.) 4439.

un-sēte, adj., =M.Du. onsäte; *? improper*, SPEC. 23, 31, 49; his sorwe was unsete TRIST. 1238; unsete mete TREV. IV. 11.

un-sib, adj., *not related*; unsibbe (*dat. pl.*) ORM. 2474.

un-sibbe, sb., O.E. unsibb, =O.H.G. unsippe; *enmity*; onsibbe LA3. 9845*.

un-sĭker, adj., *insecure*, A. R. 144; TREV. VIII. 327; PR. C. 1089.

unsikernes, sb., *insecurity*, PR. C. 9049.

un-sīþ, sb., *misfortune*; unsīþe (*dat.*) O. & N. 1164.

un-skil, sb., =O.N. ûskil; *indiscretion*, GEN. & EX. 3506; MISC. 148; (*ms.* unnskill) ORM. 427; unskile HOM. I. 65; P. S. 333.

un-skĭlwis, adj., *unreasonable*; unscilwis HAMP. PS. lxxxv. 10*.

unscilwīs-lī, adv., *unwisely*, HAMP. PS. xxvi. 4*; xxxv. 7*.

un-slagen, adj., *unslain*, GEN. & EX. 1332; unslaine ALEX. (Sk.) 2475.

un-slēgh, adj., =O.N. ûslœgr; *not sly*, PR. C. 1938; unslei3 WICL. PROV. xxiii. 28; þe unsleie MISC. 82.

un-smēþe, adj., O.E. unsmēðe; *rough*, ORM. 9209.

un-sode, adj., O.E. unsoden; *unsodden*, O. & N. 1007.

un-sŏfte, adj., O.E. unsŏfte; *hard, severe*, MISC. 91; CH. C. T. *E* 1824.

un-sōm, adj., *discordant*; unsōme (*pl.*) LA3. 3931.

un-sōuht, adj., *unsought*, A. R. 324.

un-soumid, adj., *unnumbered*, ALEX. (Sk.) 1991.

un-sparlīche, adv., =O.N. ûsparliga; *unsparingly*, JUL. 59; unspareli GAW. 979; D. ARTH. 3160.

un-spēde, sb., O.E. unspēd; *misfortune*, C. M. 15420.

un-spēdful, adj., *unsuccessful*, HAMP. PS. cxxviii. 4.

un²-spennen, v., *unbind, loose*; unspennede (*pret.*) A. R. 158*.

un²-sperren, v., *unbolt, open*, ORM. 12158; unsperre, -spere LANGL. *B* xviii. 259, *C* xxi. 272; unspere LIDG. M. P. 54.

un³-spurne, v., *push open*, HORN (L.) 1074.

un-stáble, adj., *unstable*, A. R. 122; P. L. S. xxiv. 183.

un-staþelfest, adj., O.E. unstaðolfæst; *un-*

stable, [*inconstans*'] HOM. I. 151; unsta-ŏelvest A. R. 208.
un-stedefast, adj., *unsteadfast*, P. L. S. viii. 122; HOM. II. 61; TREV. I. 357.
　unstedefastnesse, sb., *unsteadfastness*; onstedefastnesse PR. P. 367.
un²-stéke, v., *unfasten*, HOM. II. 258; LEG. 26.
un-stirabil, adj., *immovable*, HAMP. PS. *page* 506.
un-strang, adj., *O.E.* unstrang; *infirm, weak*, ORM. 7911; unstrong LAȝ. 10474; MARH. 12; A. R. 6; O. & N. 561; **unstrengre** (*compar.*) A. R. 222.
un²-strangien, v., *enfeeble*; unstronge REL. I. 119.
un²-strengen, v., *enfeeble*; **unstrengeð** (*pres.*) JUL. 44.
un-strengðe, sb., *infirmity*, KATH. 1027; unstrengþe O. & N. 751; unstrencŧe A. R. 232; unstrencþe ORM. 16915.
un²-strengðen, v., *enfeeble*; unstrencðen A. R. 138; **unstrengðet** (*pple.*) KATH. 1275.
un-stréoned, adj., *not begot*, LAȝ. 18882.
un-suffrabil, adj., *insufferable*, ['*intolerabilem*'] HAMP. PS. cxxiii. 4.
un-suget, adj., *not subject*, WICL. HEB. ii. 8.
un-súnd, adj., *unsound*; unsond M. ARTH. 2859.
un-súnde, sb., *mortality, death*, LAȝ. 39315; unsounde A. D. 263.
un-súre, adj., *insecure*, ALEX. (Sk.) 2136.
un-swac, sb., ?=Ger. unschwach; *displeasing*, GEN. & EX. 1212.
un-tâght, adj., *untaught*, PR. C. 5873.
un-táld, adj., *untold*, PR. C. 7447; ALEX. (Sk.) 2677; untold OCTOV. (W.) 821.
un-talelích, adj.,=*M.Du.* ontallik, *M.H.G.* unzallich; *innumerable*, HOM. I. 251; A. R. 410.
un²-téȝen, v., *O.E.* untȳgan; *untie*; untiȝe BEV. 3384; **untēigeð** (*imper.*) MK. xi. 2.
un-témid, adj., *untamed*, WICL. ECCLUS. xxx. 8; untamed HAMP. PS. xxiv. 11*.
un-tīdi, adj.,=*M.L.G.* untīdich, *O.H.G.* unzītig; *mod.Eng.* untidy; *unseasonable, improper, mean, dishonest*, KATH. 2433; WILL. 1455; LANGL. B xx. 118; C iv. 87.
un-tiht, -tiȝth, adj.,=*M.H.G.* unzuht; *vice*, MAP 336, 342.
un²-til, adv., *until*, LANGL. B PROL. 227; PR. C. 555; ISUM. 243; ontil HAV. 761.
un-tiled, adj., *untilled*, LANGL. B xv. 451; untuled ROB. 372.
un-tīme, sb., *O.E.* untīma,=*O.N.* ūtīmi; *unseasonableness*, REL. I. 132; in untime A. R. 344; LANGL. B ix. 186; CH. C. T. *I* 1051; ontime LEG. 14.

un-tīmelīche, adj., *untimely*, REL. I. 131.
un³-tō, prep.,=*O.L.G.* unto; *unto, until*, HAV. 2399; CH. C. T. *A* 488; FLOR. 1335; PERC. 1273; M. H. 37; a while unto i cum ogain IW. 930; onto LUD. COV. 126.
un-todǣled, adj., *undivided*, ORM. 11518.
un-todēlinde, adj., *indivisible*; ontodelinde AYENB. 266.
　untodēlend-līch, adj., *indivisible*, HOM. I. 99.
un-towen, adj.,=*M.L.G.* untogen, *M.H.G.* ungezogen; *untrained, rude*, A. R. 372; untohe H. M. 31; untoun SPEC. 32; untohene (*pl.*) HOM. I. 245.
　untohe-līche, adv.,=*M.L.G.* untogelīke; *rudely*, HOM. I. 247; H. M. 17.
　untoweschipe, sb., *rudeness*, A. R. 170.
un²-trenden, v., *unroll*; untrende (*pres. subj.*) MISC. 99.
un-trēwe, adj.,=*M.L.G.* untrūwe; *untrue*, HORN (R.) 645; SPEC. 46; ontrewe AYENB. 18; PR. P. 368.
　untrēwnesse, sb., *untruthfulness*, HOM. II. 228; untreunesse P. L. S. viii. 134.
un-trīst, *see* untrūst.
un-troupe, sb., *O.E.* untrēowǒ; *untruth*, CH. C. T. *B* 687; ontreuþe AYENB. 17.
un-trum, adj., *O.E.* untrum; *infirm*, MK. xiv. 38; untrume (*pl.*) MARH. 22; þa untrummen men HOM. I. 91.
　untrumnesse, sb., *O.E.* untrumness; *infirmity*, HOM. I. 103; ORM. 72; untrumnisse JOHN xi. 14.
un²-trumen, v., *O.E.* untrumian; *enfeeble*; **untrumed** [ontromed] (*pple.*) LAȝ. 15037.
un-trūst, sb., *distrust, diffidence*, A. R. 332; CH. C. T. *E* 2206; untrust, -trist WICL. ROM. iv. 20.
un-trūsti, -trīsti, adj., *untrusty*, TREV. III. 265; ontrusti, ontristi PR. P. 368.
un-tuderi, adj., *barren*, GEN. & EX. 964.
un-tühtle, sb., *want of discipline*, LAȝ. 24655.
un²-tūnen [on-tūne], v., *O.E.* untȳnan; *unenclose*, LAȝ. 18949; **untīneð** (*pres.*) HOM. II. 115; untūnden (*pret.*) LAȝ. 9781.
un-twēmet, -tweamet, adj., *undivided*, JUL. 54, 55.
unðe, *see* ūðe.
un-þank, sb., *O.E.* unþanc,=*O.H.G.* undanc, -danch; *ingratitude, displeasure*, P. S. 327; unthank CH. C. T. *A* 4082; unðonc LAȝ. 22370; A. R. 202; unþonk A. P. ii. 183; onþank þan AYENB. 69; his **unþankes** (*gen.*) unwillingly ORM. 7194; here unþankes SAX. CHR. 265; hire unðonkes [onþonkes] LAȝ. 4502; min unþonkes P. L. S. xxiii. 102; hit is þe an unðonke (*dat.*) *it displeases thee* LAȝ. 11769.
un-þēaw, sb., *O.E.* unþēaw; *bad manner, vice*, H. M. 9; unðeau A. R. 152; unþeu O. &

unþēaw.

194; **unðēawe** [onþeue] (*dat.*) LAȜ. 3064; **unþǣwes** (*pl.*) ORM. 17782; unþewes REL. 110.

unþēu-fol, adj.; *vicious*; (*printed* unþenfol) P. S. 159.

ɪ-þēwed, adj., *ill-mannered*, MISC. 185; nþewed GEN. & EX. 2555; unthewed PR. C. 373; unþæwed ORM. 2186.

ɪ-ðēode, sb., *strangers*, A. R. 312.

ɪ-þólelīch, adj., *intolerable*, HOM. I. 251.

ɪ-þóliinde, adj., *intolerable*; onþoliinde ol of brene AYENB. 264.

ɪ-þrift ?, sb., *folly*; unþrifte (*dat.*) A. P. ii. 16.

ɪ-þriftī, adj., *unthrifty*; onthrifti PR. P. 367.

ɪ-þrīvande, adj., *uncourteous*, GAW. 1499.

ɪ-þūldelīche, adv., *impatiently*, KATH. 163.

ɪ-waker, adj., *unwatchful*, A. R. 272.

ɪ-wāldes, adv., *O.E.* unwealdes; *from weakness*, HOM. I. 23.

ɪ-war, adj., *O.E.* unwær; *unwary*, WICL. ROV. xxiii. 28; HOCCL. i. 41; unwar [onvar] LAȜ. 7810; þe unware soule A. R. 274.

unwar-liche, adv., *O.E.* unwærlīce; *unvarily*, HOM. II. 191; unwarli ALEX. (Sk.) 329.

ɪ-warned, adj., *unwarned*, ROB. 51; WICL. 2 MACC. viii. 6.

ɪ-waschen, -weaschen, adj., *unwashen*, HOM. I. 187, 202; unwaschen A. P. ii. 34.

ɪ-wedded, pple., *unwedded*, LEG. 30; unweddede (*pl.*) H. M. 13.

ɪ-weder, sb., = *M.L.G.* unweder, *M.Du.* onweder, *M.H.G.* unweter; *bad weather, tempest*, GEN. & EX. 3058.

ɪ-wēlde, adj., *impotent*, GEN. & EX. 347; his limes arn unwelde MISC. 3; unwelde GOW. I. 312; R. R. 359; TOWNL. 76.

ɪ-wēldi, adj., = *M.L.G.* unweldich; *unwieldy*, CH. C. T. *H* 55.

ɪ-wēli, adj., *poor*, PS. lxxviii. 8*.

ɪ-wemmed, adj., *spotless*, A. R. 10; ORM. 14735; CH. C. T. *B* 924.

ɪ-weote, sb., *O.E.* unweota; *ignorant person*, A. R. 8; unwiten, unweoten (*pl.*) KATH. 1054; unweoten MARH. 6.

unwitenesse, sb., *ignorance*, A. R. 278; unweotenesse HOM. I. 255.

unwit-schipe, sb., *ignorance*, HOM. I. 275.

ɪn-wępned [onwępned], adj., *unarmed*, LAȜ. 5654; unwępnede (*pl.*) HOM. II. 191.

ɪn-węrȝed, adj., *unwearied*; unweried ALEX. (Sk.) 3622; unwęrȝede (*? printed* unwerȝeð) (*pl.*) HOM. I. 261.

ɪn-wīd, adj., *not wide*; unwīde (*pl.*) C. M. 8667.

ɪn-wiht, sb., *monster*, LAȜ. 15734; unwiht A. R. 238; H. M. 41; O. & N. 33.

ɪn-wiht², adj., *frightful*, O. & N. 339.

un-wil, sb., *O.E.* unwill (*gen.* unwilles);

un-wrīen. 653

? *displeasure*: min unwil [unwil] *against my will* MARH. 13; hire unwilles (*gen.*) JUL. 6.

un-wille, sb., *O.E.* unwilla, = *O.H.G.* unwille; *displeasure*; his unwille HOM. II. 123.

un-wille², adj., ? *displeasing*: ever ich blisse him is unwille O. & N. 422; mid unwille heorte A. R. 238.

un-willi, adj., = *O.H.G.* unwillīg; *unwilling*, '*invitus*,' CATH. 418.

un²-windin, v., *O.E.* unwindan; *unwind*; onwindin PR. P. 368; **unwond** (*pret.*) LAI LE FR. 189.

un-wine, sb., *O.E.* unwine; *enemy*, KATH. 1228; A. R. 178; ORM. 19838; unwines (*pl.*) LAȜ. 1628.

un-winne, adj., *invincible*, TRIST. 1235.

un-wīs, adj., *O.E.* unwīs, = *O.L.G.* unwīs, *O. H.G.* unwīs, *Goth.* unweis; *unwise*, ORM. 16954; unwis SPEC. 42; unwis [onwis] LAȜ. 16022.

unwis-dōm, sb., *folly*, A. R. 278; unwisdom [onwisdom] LAȜ. 3383.

unwis-līche, adv., *O.E.* unwīslīce; *unwisely*, A. R. 338.

un-wit, sb., *O.E.* ungewit; *folly*, JUL. 22; (*ms.* unwitt) ORM. 6003; unwit CH. COMPL. M. 271; onwit AYENB. 82.

un-witer, adj., *O.N.* ūvitr; *ignorant, unknowing*, LAȜ. 16023.

unwitter-lī, adv., *unwittingly*, A. R. 294.

un-witinde, adj., = *O.L.G.* unwitandi, *O.N.* ūvitandi, *M.H.G.* unwizzende; *unwitting*: of healde oþre manne þinges ... onwitinde and wiþoute wille of þe lhorde AYENB. 37; unwitinge, -wetinge CH. C. T. *G* 1320.

unwetand-lī, adv., *secretly*, ALEX. (Sk.) 134.

un-witti, adj., = *O.N.* ūvitugr, *O.H.G.* unwizzig; *foolish*, LAȜ. 786; WICL. WISD. iii. 12.

unwitti-lī, adv., *foolishly*, LANGL. *A* iii. 101; *B* iii. 105.

un-wrēst [on-wrēst], adj., *O.E.* unwrǣst; *infirm, invalid*, LAȜ. 16307; unwreast HOM. I. 237; unwrest A. R. 274; unwrest CHR. E. 921; ALIS. 620; B. DISC. 2118; unwreste ORM. 4889; unwreste C. L. 1149; unwraste HAV. 2821; þe unwreste herd ['*iners pastor*'] HOM. II. 39; unwraste dede S. S. (Web.) 1917; unwrēste (*pl.*) O. & N. 178; unwreaste men KATH. 1266.

unwrēst-līche, adv., *wickedly*, C. L. 1468; unwreastliche A. R. 294.

unwrēstschipe, sb., *wickedness*, A. R. 304; unwrestschupe C. L. 1143.

un²-wrappen, v., *unwrap*, CH. BOET. iv. 6 (133).

un-wrench, sb., *evil turn, trick, sin*, A. R. 268; unwrenches (*pl.*) HOM. II. 79; **unwrenche** (*dat. pl.*) O. & N. 169; *cf.* **uniwrenche**.

un²-wrīen, v., ? *O.E.* *unwrīhan, -wrēon; *dis-*

cover, reveal, A. R. 328; unwre CH. TRO. i. 860; ounwrie FER. 1849; unwreon ALIS. 336; unwreo MISC. 91; BEK. 2300; **unwrihð** (*pres.*) A. R. 84; heo unwreoð 88; **unwrīh** (*imper.*) A. R. 316; **unwrēah** (*pret.*) KATH. 1769; unwreag MAT. xvi. 17; unwreih FRAG. 5; A. R. 56; unwreiȝ AL. (T.) 434; unwrien A. R. 58; **unwrien** (*pple.*) P. L. S. viii. 81; unwrien, -wroȝen, -wroȝe, -wrowe O. & N. 162, 848; onwriȝe AYENB. 88; unwrogen LK. xvii. 30.

un-wūnded, adj., *unwounded,* ORM. 14735; unwondid ALEX. (Sk.) 1235.

un-wune, adj., *unaccustomed;* unwone C. M. 10139.

un²-wunien, v., *disuse; discontinue;* onwoneþ (*pres.*) AYENB. 32.

un-wünne, sb., = *O.H.G.* unwunna; *sadness,* P. L. S. viii. 105; (*printed* unwune) HOM. I. 71; unwunne SPEC. 47; unwinne P. L. S. vii. 6; unwin ALEX. (Sk.) 531.

unwin-li, adj., *sadly,* D. ARTH. 955.

un-wurð, adj., *O.E.* unweorð; *not worth,* A. R. 94; unwurþ FRAG. 6; ORM. 16163; O. & N. 770; REL. I. 181; unworð [onworþ], unwurðe LAȝ. 3464, 24656; unworþ C. L. 1112; onworþ AYENB. 132.

onworþ-hēde, sb., *unworthiness,* AYENB. 17.

unwurð-lich, adj., *unworthy,* H. M. 33; onworþlich AYENB. 132; unworthli [unworthelī] ALEX. (Sk.) 869.

onworþnesse, sb., *unworthness,* AYENB. 19.

un-wurð², sb., ? *unworthliness:* ne schalt (t)u ... wite þe wið unworð H. M. 33.

un-wurði, adj., = *O. H.G.* unwirdīg; *unworthy,* HOM. I. 281; onwurþi PR. P. 368; unworþi BEK. 1397; SPEC. 73.

un²-wurðien, v., *O.E.* unweorðian; *disdain, dishonour;* onworþi AYENB. 22; **unwurðeð** (*pres.*) HOM. II. 181; unwurþeþ ORM. 18285; **geunwurðed** (*pple.*) HOM. I. 227.

up, prep. & adv., *O.E.* up, = *O.L.G.* up, upp, *O. Fris.* up, op, *O.N.* upp, *cf. Goth.* iup (ἄνω), *O.H.G.* ūf; *up; upon:* þe beoð up on (*earlier text* uppan) munt aset MAT. v. 14; þe prophete stod ... in þe venne up to his muðe HOM. I. 47; up arisen FRAG. 7; walkeð ... up & dun P. L. S. viii. 121; heo wunden up seiles LAȝ. 1101; he þene streng up braid 1454; þa hit alles up brāc 3077; he aras up 28008; he stod up 11422; þat maide dronc up (*sec. text* ut) þat win 14349; hebben up [up hebbe] 24781; þa postes ... þa heolden up þa halle 28033; nu raise þai up þe rode HOM. I. 283; up an heih A. R. 130; þet we holden hit up 138; ȝiven oðre strenðe & up holden ham 140; ȝelden up 266; hebben up 264; stien up to þer heovene 356; ant rihte hire up MARH. 20; kesten kang eien up on ȝunge wummen A. R. 56; up o þe rode 24; biheold after help up toward hevene KATH. 745; ȝeven an an up hare ȝeomere bileave 1830; up (*ms.* upp) cumen ORM. 1267; ȝho ras up 2741; up springen 10543; up hofen 12148; & berep up his hæfed 1297; up in heofnes ærd 3886; up to þe chinne O. & N. 96; hong up þin ax 658; ariseþ up MISC. 42; corn ðat was up sprungen GEN. & EX. 3050; slep ðor non ðe ða ne up waked 3466; mi dore he broken up HAV. 1960; bere up ROB. 7; up walle 28; bulde up 67; up in þe lifte TREAT. 136; if þe deu is up idrawe 137; oure riȝtes up to holde BEK. 1283; up risen C. L. 578; up holden (*uphold*) 609; up rered 1394; he us up nom 1488; heve up WILL. 348; up drawe ALIS. 2633; B. DISC. 637; up breke OCTOV. (W.) 190; WICL. GEN. xix. 9; up rapen S. S. (Web.) 1620; up lifte RICH. 4474; up reise MAN. (H.) 78; ful boldeli shal trouthe hire heed up bere HOCCL. i. 286; up swal CH. C. T. *B* 1750; he ȝaf up þe gost *B* 1862; turned up swa doune PR. C. 7230; up so doun(e) LANGL. *B* xx. 53; APOL. 19; ROB. (W.) 6831²; up so doun CH. C. T. *A* 1377; up stonde OCTAV. (H.) 362; up stande ISUM. 324; & stiȝen up (*sec. text* uppe) þan hulle LAȝ. 26005; and sat up one vaire boȝe O. & N. 15; me mai up (*v. r.* uppe) one smale sticke me sette 1625; to honte up þe kinges lond(e) ROB. 16; up qvam ðu it findes GEN. & EX. 2320; up erthe LANGL. *B* ix. 99; up peril of mi lif CH. C. T. *D* 2271; op winde REL. II. 273; op ȝelde FER. 4015; op nime *aspire* AYENB. 83; þer op wexeþ alle guodes 75.

[**up-ahefed,** pple., *elated.*]

upahefednesse, sb., *elation,* HOM. I. 115.

up-an, prep., = *O.N.* uppā; *upon,* M. T. 97; upon KATH. 131; R. S. vii; HAV. 2061; BEK. 1502; S. S. (Web.) 190; þei leveden upon him LANGL. *B* i. 117; þu bohtest us upon þe rode SPEC. 58; upo loft 114; evrich upon oþer rideþ O. & N. 494; and hupte uppon on blowe ris 1636; habbeð attir uppon (? = uppen) heore heorte HOM. I. 51; trust uppon godes strencþe A. R. 280; þat muche wo us brouȝte uppon C. L. 1482; uppon, uppo ORM. DEDIC. 69, 105; þeo hwile ðet ich truste uppo mon HOM. I. 213; sorhe upo sorhe H. M. 37; opan, oppon SHOR. 56, 86; opon MAN. (H.) 37; oppon AN. LIT. 10.

up-arisinge, sb., *resurrection;* oparisinge AYENB. 213.

up-ariste, sb., *resurrection,* HOM. I. 207.

up-astīhunge, sb., *ascension,* MARH. 1.

up-brēid [upbreid], sb., *reproach,* LAȝ. 26036; upbraide ALEX. (Sk.) 1800; upbreid AL (L.²) 155; oupbreid ST. COD. 961.

up-breiden, v., *upbraid:* and flesches lustes hire upbreide O. & N. 1414.

up-breidinge, sb., *upbraiding;* **upbreidinges** (*pl.*) LAȝ. 19117.

up-brixle, sb., *reproach,* ORM. 4871.

up-brüd, sb., *reproach,* H. M. 33; þet upbrud A. R. 108.

upen, *see* uppen.

up-flēringe, sb., *? upper chamber*: on wittesunnedeie ... com ferliche muchel swei of heofne and fulde al þa upfleringe (*? printed* upfleunge) mid fure HOM. I. 89.

up-flōr, sb., *upper story,* '*solarium*,' FRAG. 4; upflōre (*dat.*) HOM. I. 89.

up-gang, sb., *O.E.* upgang, = *O.N.* uppgangr, *O. H. G.* ûfgang; *rise*; **upgange** (*dat.*) LEECHD. III. 98.

up-hāld, sb., = *M.L.G.* upholt, *O.N.* upphald; *uphold, support*; (*ms.* upphald) ORM. 9217.

up-hēping, sb., *accumulation,* CH. BOET. ii. 3 (37).

up-hóldere, sb., *smallware dealer,* '*velaber*,' PR. P. 512; uphólderes (*pl.*) LANGL. *A* v. 168.

up-land, sb., *upland,* MAN. (F.) 10453.

up-londisch, adj., *uplandish,* PR. P. 512.

up-līc, adj., *O.E.* uplīc; *upper*; **upplican** (*dat.*) HOM. I. 41.

uppe, adv., *O.E.* uppe, = *O.L.G.* uppe, *O.N.* uppi, *cf.* Goth. iupa; *above, up,* ORM. 1169; ROB. 185; ʒe schulen habben þer uppe þe brihte sihte of godes nebscheft A. R. 94; he was uppe JOS. 234; heo stiʒen uppe on ... treowe HOM. I: 5; uppe on his heved LAʒ. 17495; uppe on þe rode MISC. 167; uppe in þe lufte SAINTS (Ld.) xlvi. 599; his dore is uppe (*open*) CH. C. T. *F* 615; drink it al oppe HORN (H.) 1161; ief hi vindeþ þe gate oppe AYENB. 255.

uppen, prep., *O.E.* uppan, = *O.L.G.* uppan, *O.Fris.* uppa, oppa, *O.H.G.* ûfen, üffen; *over,* HOM. I. 5; þe holie gast wile cumen uppen þe HOM. II. 21; uppen Sevarne staþe LAʒ. 7; uppen æstre 22309; ich þe wulle swerien uppen mine sweorde þat ... 1078; uppe [uppen] þere Tambre 28544; uppen [uppe] lif & uppen leome 500; treo uppen treo 20719; uppen eorðe REL. I. 178; uppen, uppe A. R. 242, 286; uppen, upe O. & N. 733, 1683; upen HOM. I. 243; rideþ uppe stede R. S. iv; uppe a lasse hul ROB. 204; upe þe doune 174; upe BRD. 11; leide upe (*v. r.* up) þis dede man L. H. R. 44; ope þe heved Jesum he smot LEG. 49; ope þe steple AYENB. 180; a glose ope þe sautere 187; ssete þe dore ope þe 210; *comp.* **an-, tō-uppen.**

üppen, v., *O.E.* yppan, = *O.N.* yppa; *disclose,* A. R. 146; **ippen** (*pres.*) REL. I. 129 (HOM. II. 165); **üppede** (*pret.*) A. R. 146.

üppinge, sb., *O.E.* ypping; *disclosure,* A. R. 148.

upper, adj., = *M.L.G.* uppere; *upper,* ALIS. 5691.

up-riht, adj., *O.E.* upriht, = *O.H.G.* ufreht; *upright,* A. R. 266; C. L. 695; i ne mai stonde upriht A. D. 246; uprigt GEN. & EX. 3248; opriʒt AYENB. 56.

up-rīse, v., *O.N.* upprīsa; *uprise,* C. M. 18571.
uprīsinge, sb., = *M.L.G.* oprīsinge; *uprising,* HORN (L.) 844; ROB. 379; uprising REL. I. 57; oprisinge AYENB. 227.

up-rist, sb., *resurrection, rising,* S. S. (Web.) 1649; REL. I. 161; **upriste** (*dat.*) CH. C. T. *A* 1051; RICH. 3194; tofore þe sunne upriste HORN (L.) 1436; opriste LEB. JES. 704; SHOR. 124.

up-stīʒ, sb., *O.E.* upstīg, = *O.H.G.* ufstīc *m.; ascension*; upstīʒe (*dat.*) HOM. I. 89.

up-ward, adv., *O.E.* upweard; *upward, upwards,* LAʒ. 15244; upward KATH. 1989; ORM. 2056; upward, -wardes A. R. 72, 122; uppard JUL. 74.

ürchōn, *see* irchoun.

üre, pron., *O.E.* ūre, ūser, = *O.L.G.*, *O.Fris.* ūser, *O.H.G.* unser, *Goth.* unsara (*gen. pl.*); *our, of us,* MISC. 142; HORN (L.) 815; ure an HOM. I. 21; ure fifti LAʒ. 16311; hwuch ure KATH. 803; ure alre meader A. R. 52; ure nan ORM. 7766; ure elre land 7491; ure eiþer O. & N. 185; ur GEN. & EX. 2262; oure CH. C. T. *A* 823; our FER. 2629; our TRIST. 1022; our on WILL. 3388.

ūre², adj. pron., *O.E.* ūre, ūser, *O.L.G., O.Fris.* ūse, *Goth.* unsar, *O.H.G.* unser; *our,* A. R. 90; HAV. 13; JOS. 32; þe bur is ure O. & N. 958; in ure londe LAʒ. 735; for ure lorde ORM. 3883; ure (*earlier text* urne) hlaf MAT. vi. 11; ure (*for* ures) forme fader gult HOM. I. 171; ures hlafordes HOM. I. 235; **ūren** (*dat. m.*) LK. i. 73; **ūrne** (*acc. m.*) LK. xvii. 5; þine aldren and ure LAʒ. 7356; ure godes KATH. 458; ure seckes GEN. & EX. 2261; **ūren** (*dat. pl.*) LK. i. 71; mid ure honden LAʒ. 975; oure BEK. 132; AYENB. 6; WILL. 876; LANGL. *B* PROL. 102 (Wr. 204); she shal ben oure CH. TRO. iv. 539; þat is oures CH. C. T. *B* 1463; **ūres** (*gen. m.*) HOM. I. 235; P. L. S. viii. 99.

ūre³, sb., *O.Fr.* ūre, hūre, ōre, hōre; *hour,* MISC. 34; ure, oure, hour(e), hore C. M. 15664; oure AYENB. 19; houre TREV. V. 191; **ūres** (*pl.*) A. R. 6; oures [houres] CH. C. T. *C* 671.

ūre, sb., *O.Fr.* eur, eur, *from med. Lat.* *agurium, Lat.* augurium; *destiny, luck, fate,* BARB. i. 312; vi. 17, 377; ix. 68; xv. 376; CT. LOVE 634.

ūri, adj., *? O.E.* ūrig, *? O.N.* ūrigr; *dirty*: his ouri wed M. H. 88.

urinal, sb., *O.Fr.* urinal; *urinal,* LAʒ. 17725*; S. S. (Web.) 1049.

urīne, sb., *O.Fr.* urīne; *urine,* P. S. 333; CH. C. T. *D* 121; urin ALEX. (Sk.) 3826.

urisoun, sb., *O.Fr.* hourson; *an appendage to a helmet,* GAW. 608.

urnement, sb., *O.Fr.* ournement; *ornament*; **urnements** (*pl.*) A. P. ii. 1284.

urnen, *see* **rinnen.**   **ürre,** *see* **irre.**
ürþe, *see* **eorðe.**
ürþe, sb., *O.E.* yrþ; *act of ploughing*: erþe BARTH. XVII. 18.
   ürþling, sb., *O.E.* yrþling; *husbandman, 'arator,'* FRAG. 2.
ūs, ŭs, pron., *O.E.* ūs, ūsic (*acc.*), = *O.L.G.*, *O.Fris.* ūs, *O.N.* oss, *Goth.* uns, unsis, *O.H.G.* uns (*dat.*), unsih (*acc.*); (*dat. acc.*) *us,* KATH. 402; GEN. & EX. 1620; LANGL. *B* PROL. 154; CH. C. T. *A* 748; nan of us HOM. I. 51; swa us w(u)rse bið LA3. 972; us selve we habbet cokes 3315; ous 1509; þat blisse als us (*ms.* uss) se3þ seþ boc ORM. 1064; ous SPEC. 73; SHOR. 5; AYENB. 6.
ūs, sb., *O.Fr.* ūs; *use,* A. R. 16; ROB. 458; AYENB. 55; ALEX. (Sk.) 2950.
ūsāge, sb., *O.Fr.* usāge; *usage,* ALIS. 1286; CH. C. T. *E* 1706; PR. C. 3790.
ūsaunce, sb., *O.Fr.* usance; *custom, habit,* FER. 2217; CH. P. F. 674.
ūsaunt, adj., *accustomed,* FER. 3296.
uscher, sb., *O.Fr.* uissier; *usher, 'ostiarius,'* VOC. 210; PR. P. 512; ARCH. LII. 38.
ūsen, v., *O.Fr.* user; *use,* PL. CR. 63; usi AYENB. 48; use MIRC 1144; **ūseð** (*pres.*) HOM. I. 207; **ūsede** (*pret.*) LA3. 24293*.
ūsle, sb., *O.E.* ysle, = *M.H.G.* usele, üsele, *O.N.* usli; *embers,* A. P. ii. 747; isil PR. P. 266; **ūseles** (*pl.*) TREV. IV. 431; **iselen** (*dat. pl.*) HOM. II. 65.
ūsūre, sb., *O.Fr.* usūre; *usury,* MIRC 372; WICL. LEV. xxv. 37.
ūsurēr, sb., *O.Fr.* usurier; *usurer,* PR. P. 513.
ūt, prep. & adv., *O.E.* ūt, = *O.L.G., O.N., Goth.* ūt, *O.H.G.* ūz; *out (of)*: me sculde leten ut þe king of prisun SAX. CHR. 264; to bringen þe ut of huse ... ut æt þire dure FRAG. 6; & þe ... drinkes ut spewed HOM. II. 37; ne mihte he þat sweord ut dra3en LA3. 7537; driven ut 4982; of Spaine ich wes ut idriven 6213; ibrout ut of þon qvarterne 726; out 286; sched ut ['*effunde*'] A. R. 320; ut of þe heorte 404; þet tet blod barst ut MARH. 5; ut of teone 29; ti neb ... tendreð ut of teone H. M. 31; ut bresten of þe deofles band ORM. 61; ut lesen 3619; mankin ... was lesed ut of helle DEDIC. 166; w(e)orp hit ut O. & N. 121; ne mai me hem ut driven R. S. v; get ne migte ðis folc ut gon GEN. & EX. 3021; qvan he weren ut tune went GEN. & EX. 2311; ut lede HAV. 89; he droū ut ... his gode swerd 2733; he wenten ut of halle HORN (L.) 71; out te ROB. 214; seche out 127; icome out Irlond 103; al out *altogether* 54, 121; hi ... fonde hit out P. L. S. xiii. 288; þe angel ... þat drof me out at þe 3ate L. H. R. 22; out of londe heo mot fle C. L. 440; of on fulnesse heo weren out riht 283; out þisse londe CHR. E. 246; þare cam an naddre out þe gras LEG. 54; þou shalt never out wende H. H. 129; out inome (*except*) þe dede of spous-

hod AYENB. 221; king Alisaundre is out iriden ALIS. 4110; out scrape WILL. 448; out breide RICH. 4523; out breke FER. 2996; out louke PS. li. 7*; out taken GOW. I. 146; MAND.250; i shal out drie ['*exsiccabo*'] WICL. IS. xlii. 15; he goþ ... out at þe dore CH. C. T. *E* 367; out wele *choose* MAN. (F.) 7340; *comp.* þurh-ūt.
ūt-bīwiste, ? *for* **ūt-wiste**; *exile*; min utbiwiste is ... longe ituþed HOM. I. 157.
ūt-cume, sb., *outcome, issue,* A. R. 80.
ūte, adv., *O.E.* ūte, = *O.L.G.* ūte, *O.N.* ūti, *Goth.* ūta, *O.H.G.* ūze; *out,* A. R. 150; REL. I. 184; hwen he beoð ute H. M. 31; her ute sitteð six men LA3. 19704; þe folc þær ute stod ORM. 141; oute P. L. S. i. 42; MAN. (F.) 12419; þat hii ne solde oute wende ROB. 170; stonde þer oute P. S. 324; whan þe candel is oute 329.
ūte-wið, adv., *beyond,* A. R. 38; H. M. 31.
ūtemest, adv., *O.E.* ūte-, ȳtemest; *utmost, lost*; utmest ORPH. 347; outemest RICH. 2931; þe utemæste LA3. 11023; þe utmeste ende TREV. VI. 359.
ūten, v., *O.E.* ūtan, uton, wutan, wutun, = *O.L.G.* wita, *M.Du.* weten; *uten don elmessen let us do alms* HOM. I. 107; uten we beom to liðe LA3. 20635; ute we (*misprinted* þe) us biwerien P. L. S. viii. 168; ute we þah to him fare O. & N. 1779.
ūten, adv. & prep., *O.E.* ūtan, ūton, = *O.L.G., O.N.* ūtan, *Goth.* ūtana, *O.H.G.* ūzan; *out, beyond, without,* LA3. 5699; uten childre GEN. & EX. 653; uten erd 2406; uten herdes (r. erdes) 2410; *comp.* **bi-, ūmbe-, wið-ūten.**
   ūten-lādde, sb., *foreigner,* HAV. 2153.
   outen-land, sb., *foreign land,* PS. cxxxvi. 4.
   ūten-stede, sb., *foreign place,* GEN. & EX. 1741.
   ūten-wiþ, adv., *beyond,* ORM. 4778.
ūten[2], v., *O.E.* ūtian, = *M.Du.* ūten, *O.H.G.* ūzōn; *put out*; outen ENG. ST. I. 308; CH. C. T. *G* 834.
ūt-gang, sb., *O.E.* ūtgang, = *O.H.G.* ūzgang; *outgoing, exit,* C. L. 878; outgang PS. cvi. 35; out3ong C. L. 878.
ūt-gangel, adj., *fond of going out*: if þi loverd is neufangel ne be þou nout for þi outgangel ANGL. IV. 197.
ūt-hēse, sb., *hue and cry*; outhees CH. C. T. *A* 2012; uthest, uheste O. & N. 1683, 1698.
ūt-halve, adv., *? on the outside*: he isez ... his nest ifuled uthalve O. & N. 110.
ūt-lēte, sb., *outlet*: bi þare see in ore utlete O. & N. 1754.
ūt-la3e, sb., *O.E.* ūtlaga, = *O.N.* ūtlagi; *outlaw,* LA3. 10568; utlage GEN. & EX. 431; utlawe FRAG. 2; outlawe CH. C. T. *H* 231; **ūtla3en** (*pl.*) LA3. 1121; utlagen HOM. II.
ūt-la3ien, v., *O.E.* ūtlagian; *outlaw*; out-

lawin PR. P. 375; **outlawed** (*pple.*) REL. I. 267; TREV. V. 175.

ūt-land, sb., *O.E., O.N.* ūtland; *foreign land*; **outlandes** (*pl.*) MAN. (F.) 3212; outlondis D. ARTH. 3697.

ūtlandisch, adj., *O.E.* ūtlendisc; *foreign*: outlandische kinges MAN. (F.) 11127; of outlondisse manne HORN (H.) 613.

ut-līche, adv., *utterly*; utleche ROB. 66.

ūt-nēme, adj., *exceptional, extreme*, C. M. 4827.

ūt-nimen, v., *take out*; **ūtnumen** (*pple.*) *exceptional, extraordinary*: he shal ben ut numen ORM. 163; hire ut num(e)ne (*exquisite*) feire JUL. 7.

ūtren, v., = *L.G.* ütern, *H.G.* äuszern; *utter*; outre PARTEN. 1563.

ūt-rīder, adj., *rider out*; an outridere that loved venerie CH. C. T. *A* 166.

ūt-schūte, sb., *? O.E.* ūtscyte; *excess*: loþ me beoþ wives utschute O. & N. 1468.

ūtter, adv., *O.E.* ūtor, ūttor, = *O.N.* ūtar; *outwards, out*, MAT. xx. 28.

ūttre, adj., *O.E.* ūtera, ūttera, ȳtra, = *O.Fris.* ūtera, *O.N.* ȳtri, *O.H.G.* ūzero, ūzzero; *utter, outer*, A. R. 4; utter CH. TRO. iii. 664; PR. C. 4815.

ūtter-līch, adj., = *M.L.G.* ūterlīk, *M.H.G.* ūzerlich; *outward*; **ūtterlīche** (*dat. pl.*) [*v. r.* openliche] sunnen A. R. 344*.

ūtterlīche, adv., *outwardly; utterly, to the uttermost*; A. R. 206; utterlike ORM. 16510; utter-, outerli CH. C. T. *D* 664.

ūttereste, adj., = *O.Fris.* ūtersta, ūtrosta, *O.H.G.* ūzarōsto; *last, extreme, 'extremus,'* PR. P. 513; L. H. R. 69; uttereste, outereste CH. BOET. i. 1 (7), ii. 6 (55); uttermest (*for* utemest) *uttermost*, TREV. I. 75.

ūt-ward, adv., *O.E.* ūtweard; *outward*, A. R. 100; utwardes 92; outward BEK. 2189; TREV. III. 469.

ūt-wiþ, adv. & prep., *on the outside; out of; beyond*; ORM. 13116; outwiþ JOS. 186; outwith PR. C. 6669.

ūðe, sb., *O.E.* ȳð, = *O.N.* ūðr, unnr, *O.L.G.* ūthia, *O.H.G.* unda; *wave*, HOM. II. 143; ūþe (*pl.*) HOM. I. 43; uðen LAȝ. 4578; þet uðen [unðes] ne stormes hit ne overw(e)orpen A. R. 142; iþes A. P. iii. 147; ithes D. TROY 1992; ithis ALEX. 63.

ūðien, v., *O.E.* ȳðian; *flow*; ūþiende (*pple.*) FRAG. 2.

ūþ-wite, sb., *O.E.* ūðwita; *philosopher*; **ūþwites** (*pl.*) (*ms.* uþwītess) ORM. 7083.

[**uve**, adv., = *O.Fris.* ova, *O.H.G.* oba, obe (*above*).]

uve-ward, adj., *O.E.* ufeweard; *above*: fram ufewearden MAT. xxvii. 51; to uvewarde REL. I. 130 (MISC. 165).

üvel, adj. & sb., *O.E.* yfel, = *O.Fris., M.Du.* evel, *O.H.G.* ubil, *Goth.* ubils; *evil*; (*ms.* vuel) P. L. S. viii. 47; A. R. 52; C. L. 5; (*ms.* uuel) FL. & BL. 441; an uvel ræd LAȝ. 3777; his uvel wille BEK. 2291; ufel FRAG. 5; HOM. I. 35; ifel SAX. CHR. 252; ORM. 1742; ivel GEN. & EX. 3718; S. S. (Web.) 1878; TRIST. 1682; efel MAT. vii. 17; evel ANGL. I. 14; eovel SPEC. 75; ALIS. 753; þat ufel *malady* LAȝ. 17598; þeo þet ou eni uvel [eil] doð A. R. 186; þat uvel P. L. S. xii. 108; ivel HAV. 114; el (*r. w.* del = devel) MIRC 365; **üvelne** (*acc. m.*) REL. I. 182 (MISC. 122); uvelne [uvele] ræd LAȝ. 2541; his uvele deden A. R. 86; evele willes AYENB. 66; to oþre uvele dede O. & N. 1376; *comp.* londüvel.

üfele [üvele], adv., LAȝ. 1903; þat heo him uvel walden 7686; uvele [el] iheowed A. R. 368; uvele bicom him BEK. 1179; ivele LANGL. (Wr.) 2808; ivle FER. 2557; evile MAND. 10; el [*v. r.* ille] heowet HOM. I. 249.

üvel-dēde, sb., *O.E.* yfeldǣd, = *O.H.G.* ubeltāt; *evil deed*, HOM. I. 247; iveldede GEN. & EX. 502; eveldede TREV. III. 143.

evel-dōer, sb., *evil doer*, TREV. IV. 221.

üfelnesse, sb., *O.E.* yfelnesse, = *M.H.G.* übelnisse; *evil*, HOM. I. 95.

üvelien, v., *O.E.* yfelian, yflian; *do evil; hurt; become evil; fall sick*: ne scal us na mon uvelien (*ms.* uuelien) þer vore HOM. I. 15; men . . . þat evelep nouȝt TREV. I. 81; **üvelede** (*pret.*) ROB. (W.) 7162; evilde H. S. 8032; uvelede, evelled ROB. (W.) XX. 429; iüveled (*pple.*) LAȝ. 31774.

uvemest, adj., *? O.E.* ufemest, yfemest; *topmost*: þe uvemeste bou HOM. II. 219; an afre uvemeste A. R. 328; þe ovemeste TREAT. 132; ovemast C. L. 789; an ovemast 715.

uven, adv., *O.E.* ufan, ufane, = *O.N.* ofan, *O.H.G.* obana; *above, from above*: oð ðe ge seon ufene gescredde LK. xxiv. 49; *comp.* an-, bi-uven.

uvenan, adv., *O.E.* ufenan (*from above* (JOHN iii. 31), ufenan, ufenon (*above*) (B. D. D. 144, 212); *O.H.G.* obenan (*above*); *above*: he cnelede þar ufenan (? ufen an) LAȝ. 1217; and Walwain heom uvenon [ovenon] 27706; oveno (*ms.* oueno, *printed* oneno) þe sherte HORN (R.) 1485.

uver, adv., *O.E.* ufor, *O.N.* ofar; *higher up*, ORM. 1715.

uvere, adj., *O.E.* ufera, = *M.L.G.* overe, *O.N.* öfri, efri, *O.H.G.* obero; *upper*, A. R. 332; þe ufere [overe] hond habben LAȝ. 1520; heore uvere (*ms.* vuere) breih MISC. 150; overe WICL. LEV. xi. 29; þe overe lippe VOC. 146; þe overe side SAINTS (Ld.) xlvi. 463; his overe cheoke MARG. 159; in þe over side TREV. I. 127; on þe ovir ende FLOR. 600; an uvere daȝe(n) LAȝ. 27794.

overeste, adj., = *M.Du.* overste, *O.H.G.*

oberōsto; *highest, uppermost*, CH. C. T. *A* 290; overest WICL. EX. xxxix. 21.

over-hand, sb., = *M.Du.* overhand, *M.H.G.* oberhant; *upper hand, superiority*, ORM. 5458; til Josue wan þe overhand C. M. 6956; overhond ROB. 83.

over-herre, sb., = *M.H.G.* oberherre; *overlord*, H. M. 29; MIRC 1226.

over-leþer, sb., = *Ger.* oberleder; *upper-leather*, VOC. 181; ovirlethir PR. P. 373.

overling, sb., *superior*, AYENB. 141; D. ARTH. 289; **overlingis** (*pl.*) HAMP. PS. lxv. 10.

over-lippe, sb., = *Ger.* oberlippe; *upper-lip*, GOW. II. 140; CH. C. T. *A* 133.

over-man, sb., = *M.Du.* overman, *M.H.G.* oberman; *overman, superior officer*, GEN. & EX. 3424; C. M. 6968.

V.

v-; *for many words beginning with this letter, see* f-, *also* w-.

vacaunt, adj., *Fr.* vacant; *vacant*, PR. P. 507; vacant ALEX. (Sk.) 4774; vacauns ROB. (W.) 9697.

vache, sb., *O.Fr.* vache; *cow, beast*, CH. TRUTH 22.

vacherie, sb., *O.Fr.* vacherie; *dairy*, '*vaccaria*,' PR. P. 507.

vaile, v., *O.Fr.* valoir; *be well, aid, avail*, LEG. 49; MAN. (F.) 12580; **vailes** (*pres.*) ALEX. (Sk.) 103.

vain, adj., *O.Fr.* vain; *vain*, MAN. (F.) 10706; vaine ALEX. (Sk.) 389.

vair, sb., *O.Fr.* vair, *Lat.* varius; *a sort of fur*, TRIST. 1381; veir MAN. (F.) 615; veir ant gris REL. I. 121.

vaires, sb.: in vaires (*O.Fr.* en voire), *in truth*, GAW. 1015.

val, sb., *O.Fr.* val; *valley*, L. H. R. 26*; vaal 27; vaile, vale ALEX. (Sk.) 1205, 3980, 4164.

val, *see* **fal.**

valē, sb., *O.Fr.* valée; *valley*, ASS. *B* 590; BARB. vii. 4; valeie L. H. R. 18, 26; **valaiis** (*pl.*) BARB. xi. 185.

vallauntise, sb., *O.Fr.* vaillantise; *bravery*; vaillauntise MAN. (F.) 12193.

valliant, adj., *Fr.* vaillant; *valiant*, MAN. (F.) 6952; vailʒeand BARB. xvii. 218.

valour, sb., *O.Fr.* valour, valur; *valour*: wordes ... of greet valour LAUNF. 984; valour ALEX. (Sk.) 2493.

value, sb., *O.Fr.* value, *cf. Ital.* valuta; *value, rank*, LANGL. *C* xiv. 202; CH. C. T. *B* 1361; valou MAN. (F.) 4911.

vampe, sb., *Fr.* avant-pied; *vamp, front of a boot or hose*, PR. P. 508; **vaumpes** (*pl.*) A. R. 420.

vanissen, v., *Lat.* vānescere; *vanish*, CH. BOET. iii. 4 (74); **vanischiþ** (*pres.*) TREV. VIII. 157; **vanesched** (*pret.*) LANGL. *B* xii. 293.

vanitē, sb., *O.Fr.* vanité; *empty space, vanity,* H. M. 27; PR. C. 7228; it was bot vacant & wide as vanite it were ALEX. (Sk.) 4774; **vanitēs** (*pl.*) AYENB. 77.

[**vant,** *for* **avant.**]

vant-warde, sb., *Fr.* avant-garde; *vanguard*, ROB. 362; vauntwarde LANGL. *B* xx. 94; vaward ALEX. (Sk.) 3617; vangard BARB. xi. 164.

vant², sb., *cf. Ital.* vanto; *vaunt*: he dorste make a vant [vaunt] (? *printed* avant, avaunt) CH. C. T. *A* 227.

vanten, v., *O.Fr.* vanter; *vaunt*; vaunton PR. P. 508; **vant** (*imper.*) ALEX. (Sk.) 2713.

vapour, sb., *O.Fr.* vapour; *vapour*, CH. C. T. *F* 393.

variacioun, sb., *O.Fr.* variation; *variation*, CH. C. T. *A* 2588.

variance, sb., *variance*, PR. C. 1446; variaunce PR. P. 508.

váriin, v., *O.Fr.* varier; *vary*, PR. P. 508; **váriande** (*pple.*) PR. C. 1447.

[**vassal,** sb., *O.Fr.* vassal; *vassal.*]

vassalāge, sb., *O.Fr.* vassalage; *prowess, valour*, FER. 1671; CH. C. T. *A* 3054; BARB. xvi. 4; MAN. (F.) 12331.

vath, interj., *fie!* WICL. MAT. xxvii. 40; vah WICL. Is. xliv. 16.

vaumbras, sb., *Fr.* avant-bras; *armour for the front of the arm*, MAN. (F.) 10030.

vavasour, sb., *O.Fr.* vavassour; *vavasor, sub-vassal*, FER. 430; **vavasours** (*pl.*) MAN. (F.) 10996.

vax, *see* **fax.**

veāge, sb., *O.Fr.* veiāge, viage; *voyage, journey,* (*v. r.* veiage) ROB. (W.) 4112; viage MAN. (F.) 8840; CH. C. T. *A* 77; BARB. v. 207; LIDG. TH. 1311.

vecchen, *see* **fecchen.**

vecke, sb., *old woman*, R. R. 4286, 4495.

veile, sb., *O.Fr.* veile; *veil*, PR. P. 508; CH. C. T. *A* 695; veil GEN. & EX. 3616; **veiles** (*pl.*) A. R. 420.

veilen, v., *O.Fr.* veler; *veil*; **veilede** (*pret.*) TREV. V. 305.

vein, *see* **fein.** **veir,** *see* **vair.**

vel, *see* **fel.**

vēl, veel, sb., *O.Fr.* veel; *veal*, CH. C. T. *E* 1420; veel PR. P. 508.

velim, sb., *Fr.* velin; *vellum*, PR. P. 508.

velvet, velwet, sb., *Ital.* velluto; *velvet*, PR. P. 508; felvet LAUNF. 950.

ven, *see* **fen.**

vencuse, v., *O.Fr.* vaincre; *vanquish*, MAN. (F.) 7396; WILL. GL. 1 COR. i. 25; venqvise

D. ARTH. 1984; **venkisched** [venkised] (*pple.*) LANGL. *C* xxi. 106; venqvissed, venqvished CH. C. T. *B* 291; fenked ALIS.² (Sk.) 111; vencust, vencuste ALEX. (Sk.) 3122, 3875.

vendāge, sb., *O.Fr.* vendenge; *vintage*, LANGL. *B* xviii. 367 (*C* xxi. 414).

vēne, sb., *O.Fr.* vēne; *vein*, TRIST. 2214; veine ER. P. 508; **vánis** (*pl.*) BARB. vii. 173.

veneisūn, sb., *O.Fr.* venoison; *venison*, HAV. 1726; veneson ROB. 243; venison MAN. (F.) 1500.

venemostē, sb., *O.Fr.* venimosité; *poison*, LANGL. *C* xxi. 161.

venerie, *see* **venorie**.

vengeance, sb., *O.Fr.* venjance; *vengeance*, ROB. 334; PR. C. 4852; vengance ALEX. (Sk.) 1484; vengeans BARB. vi. 506; venjaunce LANGL. *A* iii. 245.

vengeaunt, adj., *avenging*, HAMP. PS. xcviii. 9.

vengin, v., *O.Fr.* venger; *avenge, vindicate*, PR. P. 508; venge WILL. 5197; LANGL. *A* v. 106; MAN. (F.) 6501; PERC. 568; vengid (*pple.*) ALEX. (Sk.) 2090; vengit BARB. xix. 151.

venial, adj., *O.Fr.* venial; *venial*, AYENB. 16.

venie, sb., *Lat.* venia (*pardon*); *request for pardon*, A. R. 46, 258, 426.

venim, sb., *O.Fr.* venin; *venom, poison*, AYENB. 22; MAN. (F.) 9689; HOCCL. i. 211; fenim SHOR. 105; charmers and venim makers HAMP. PS. lvii. 5*.

venimin, v., *O.Fr.* envenimer; *envenom*, PR. P. 508; **venimed** (*pple.*) WICL. WISD. xvi. 10.

venimous, adj., *O.Fr.* venimeus; *venomous, malarious*, BEK. 440; AYENB. 203; venimouse MAN. (F.) 16594.

venorie, sb., *Fr.* venerie; *game, hunting*, WILL. 1685; venerie CH. C. T. *A* 166; MAN. (F.) 856.

ventousen, v., *O.Fr.* ventouser; *cup*: **ventoused** (*pple.*) HALLIW. 908.

ventūsinge, sb., *cupping*, CH. C. T. *A* 2747.

veor, *see* **feor**.

ver-, = **for-**, *see under this prefix*.

verai, adj. & adv., *O.Fr.* verai (*vrai*); *true, very*, A. P. i. 1184; AUD. 11; verrai HOCCL. i. 71; verrei JOS. 341; LANGL. *B* xvji. 289; verrei [verri] WICL. LK. xvi. 11.

verai-li, adv., *verily*, GAW. 866; verreiliche JOS. 351; verrali ALEX. (Sk.) 2928.

verdegrese, sb., *O.Fr.* vert de gris; *verdigris*: verte grece '*viride graecum*' PR. P. 509; verdegrece VOC. (W. W.) 619; verdegrees CH. C. T. *G* 791.

verdit, sb., *O.Fr.* verdit; *verdict*, ROB. 141; CH. C. T. *A* 787.

verdūre, sb., *verdure*, ALEX. (Sk.) 4979.

verge, sb., *O.Fr.* verge; *verge*: verge in a writis werke, '*virgata*' PR. P. 508.

vergeous, sb., *O.Fr.* verjus; *verjuice*, L. H. R. 137.

vergier, sb., *O.Fr.* verger; *orchard*, ALIS. 1920.

vermiliōn, sb., *Fr.* vermillon; *vermilion*, PR. P. 508; ALEX. (Sk.) 4336; vermeon 3945.

vermine, sb., *O.Fr.* vermine; *vermin*, CH. C. T. *E* 1095; **vermins** (*gen. pl.*) ALEX. (Sk.) 4797.

vernāge, sb., *O.Fr.* vernage; *Italian white wine*, PR. P. 509.

verniole, sb., *copy of the handkerchief of St. Veronica*, LANGL. *B* v. 530.

vernisch, sb., *O.Fr.* vernis; *varnish*, PR. P. 509.

vernischin, v., *varnish*, PR. P. 509.

verre, sb., *O.Fr.* voirre, verre; *glass*, PR. P. 508; ver WICL. PROV. xxiii. 31; ALEX. (Sk.) 4351; **verris** (*pl.*) ANT. ARTH. xxxvi.

vers, sb., *O.E.* fers, *O.Fr.* vers; *verse*, BRD. 10; vers, fers FRAG. 1; fers ORM. 11943.

verset, sb., *O.Fr.* verset (*verset*); *short verse*, A. R. 16.

vers(e)len, *O.Fr.* verseiller; *say versicles*, A. R. 44; **versalie** (*pres. subj.*) 120; veraled (*pret.*) MAN. (F.) 16472.

versifiin, v., *O.Fr.* versifier; *versify*, PR. P. 508.

verti, *for* **averti**, adj., *prudent*, BARB. xviii. 439.

vertū, sb., *O.Fr.* vertu, vertut; *virtue, valour*, H. M. 13; MARG. 316; ALEX. (Sk.) 5324; **vertūs** (*pl.*) A. R. 340; vertous ALEX. (Sk.) 4410; vertuis BARB. x. 295.

vertuous, adj., *O.Fr.* vertuous; *virtuous, precious*, CH. C. T. *A* 251; A. P. ii. 1280.

verveine, sb., *O.Fr.* verveine; *vervain*, GOW. II. 262; vervein VOC. (W. W.) 711.

vessel, sb., *O.Fr.* vessel; *vessel*, JOS. 298; MIRC 114; CH. C. T. *D* 100; fessel SHOR. 56; make we na vessal of virre ALEX. (Sk.) 4351; vessail A. P. ii. 1713.

vesselment, sb., *vessels*, A. P. ii. 1280, 1288.

vest, *see* **fest**.

vestiment, sb., *O.Fr.* vestiment; *vestment*, PR. P. 509; vestement C. M. 3701; **vestimens** (*pl.*) A. R. 418.

vestrie, sb., *O.Fr.* vestiaire; *vestry*, PR. P. 509.

vestūre, sb., *O.Fr.* vesture; *vesture, clothing*, LANGL. *B* i. 23; vestoure ALEX. (Sk.) 1539.

vet, *see* **fet**.

veuter, sb., *one who tracks deer by the fuite*; **veuters** (*pl.*) GAW. 1146.

vexin, v., *O.Fr.* vexer; *vex*, PR. P. 509.

viage, *see* **vēāge**.

viaunce, sb., *food*, ALEX. (Sk.) 4121.

viaundour, sb., *hospitable person*, MAN. (F.) 4076.

vicari, sb., *Fr.* vicaire, *Lat.* vicārius; *vicar*, SHOR. 54; vicair [viker] CH. P. F. 379; viker LANGL. *B* xix. 477; vicar PR. C. 3837.

vice, sb., *O.Fr.* vice; *vice, defect*, ROB. 195; AYENB. 27; viss BARB. vi. 355.

vicious, viciūs, adj., *O.Fr.* vicious, vicieus; *vicious*, CH. C. T. *B* 3653.

victorie, sb., *O.Fr.* victorie; *victory*, SHOR. 148; ALIS. 7663; LANGL. *B* iii. 348; CH. C. T. *G* 34.

vie, sb., *O.Fr.* vie; *life (biography)*, JUL. 2; ASS. *B* 879.

vien, v., *for* envíen; *vie* : to vie [*v. r.* envie] who miȝt slepe best CH. D. BL. 173.

vīen, *see* fēȝen.

vigile, sb., *Fr.* vigile; *vigil*; **vigiles** (*pl.*) A. R. 412.

vigour, sb., *O.Fr.* vigour; *vigour*, FER. 961.

vīl, adj., *O.Fr.* vīl; *vile*, TREAT. 138; C. L. 1112; AYENB. 82; vil, fil P. L. S. i. 3, 4; fil ROB. 47.

    vīl-hēde, sb., *vileness*, AYENB. 130.

    vīl-līche, adv., *vilely*, P. L. S. xi. 9; AYENB. 133.

vilans, adj., *? O.Fr.* vilāins; *vile, base, ugly*; (*printed* vilaus) D. TROY 527; a velans vale ALEX. (Sk.) 4164.

vīle, *see* **fīle**.

vilein, sb., *O.Fr.* vilain; *villain*, AYENB. 18.

vileinie, sb., *O.Fr.* vilainie; *villainy*, A. R. 216; CH. C. T. *B* 4477; vilainie S. S. (Web.) 1794; velani ALEX. (Sk.) 4550.

villāge, sb., *Fr.* villāge; *village*, CH. C. T. *C* 687.

viltē, sb., *O.Fr.* vilté; *meanness*, A. R. 354; ROB. 519; BEK. 763; S. S. (Web.) 1220.

vinden, *see* **finden**.

vīne, sb., *O.Fr.* vine, vigne; *vine*, LEB. JES. 244; AYENB. 96; vignè SHOR. 30; **vinyhes** (*pl.*) PS. civ. 33; **vīnes** ALEX. (Sk.) 4899.

vinegre, sb., *Fr.* vinaigre; *vinegar*, PR. P. 510; WICL. MK. xv. 36.

vinēre, sb., *vineyard*, HAMP. PS. lxxix. 9; **vinērs** (*pl.*) lxxvii. 52.

viniter, sb., *vintner*, ROB. 542.

viniterie, sb., *vintry*, ROB. 542.

viole, *see* **fiole**.

violence, sb., *O.Fr.* violence; *violence*, PR. P. 510; CH. C. T. *G* 908.

violent, adj., *O.Fr.* violent; *violent*, PR. P. 510; CH. C. T. *C* 867.

violet, vialet, sb., *O.Fr.* violette; *violet*, PR. P. 509.

vīre, sb., *O.Fr.* vire; *cross bolt*, BARB. v. 595.

virelai, sb., *sort of rondeau*; **virelaies** (*pl.*) CH. C. T. (T.) 11260; balades, roundels, virelaies CH. L. G. W. 423.

virgine, sb., *O.Fr.* virgine; *virgin*, SPEC. 88; vergine A. P. i. 1099; **virgines** (*pl.*) KATH. 2342.

virginitē, sb., *O.Fr.* virginité; *virginity*, CH. C. T. *D* 62; verginte, verginite A. P. i. 767, ii. 1071.

virnin, v., *Fr.* vironner; *environ;* '*vallo, circumdo*' PR. P. 510.

virole, sb., *O.Fr.* virole; *ferrule*, PR. P. 510.

virre, *see* **verre**.

vīs, sb., *O.Fr.* vis; *look, face*, ALIS. 267; B. DISC. 60; MAN. (F.) 3747; vice *fine appearance* ALEX. (Sk.) 1539.

vīs², sb., *O.Fr.* vis; *screw, spiral staircase*, ['*cochleam*'] WICL. 3 KINGS vi. 8.

[**vīs³**, sb., *O.Fr.* vise;=devis; *device*.]

visāge, sb., *O.Fr.* visāge; *visage*, AYENB. 45; ALIS. 5652; CH. C. T. *E* 949; fisage FER. 1079.

visēre, sb., *O.Fr.* visiere; *visor*, PR. P. 511; viser MAN. (F.) 8552.

visioun, sb., *O.Fr.* vision, visiun; *vision*, P. L. S. xvii. 226; visioun [visiun] C. M. 4454; vision ALEX. (Sk.) 1508.

visiten, v., *O.Fr.* visiter; *visit*, MAN. (F.) 3866; visite CH. C. T. *A* 493; visiti MISC. 28; **visitis** [viseten] (*pres.*) ALEX. (Sk.) 1964; **visitede** (*pret.*) A. R. 154.

vitaille, sb., *O.Fr.* vitaille; *from Lat.* victuālia; *victuals*, MAN. (F.) 10786; vitaille [vitaile] CH. C. T. *A* 248; **vitailes** (*pl.*) WILL. 1121.

vītal, adj., *Fr.* vital; *vital*, CH. C. T. *A* 2802.

vitremite, sb., *woman's cap*, CH. C. T. *B* 3562.

vitriol, sb., *Fr.* vitriol; *vitriol*, CH. C. T. *G* 808.

vittalit, pple., *victualed, stored*, BARB. iv. 63; vetelid TOR. 2188.

vittelleris, sb. pl., *foragers*, BARB. xiv. 407; vittelouris xiv. 429; vitaillers LANGL. *B* ii. 60.

vivēre, sb., *O.Fr.* vivier, *Lat.* vivārium; *pool*; (*printed* vinere) C. M. 13764; *see* wiwere.

vlēon, *see* **flēon**.

vocat, sb., *for* **advocat**; *advocate, pleader*; vokite VOC. (W.W.) 680; **vocates** (*pl.*) LANGL. *B* ii. 60.

voide, adj., *O.Fr.* void, vuid; *void*, TREV. III. 329; CH. BOET. ii. 5 (50); PR. C. 390.

voidin, v., *O.Fr.* vuidier; *make void*, PR. P. 512; voide CH. C. T. *A* 2751; MAN. (F.) 5388; HOCCL. v. 25; **voidis** (*pres.*) doun þe levis ALEX. (Sk.) 4145.

voiz, sb., *O.Fr.* voiz, vois; *voice*, HAV. 1264; BEK. 1097; vois JUL.² 73; voice ALEX. (Sk.) 1000; voce BARB. xi. 407; xii. 200.

volāge, adj., *O.Fr.* volage; *giddy*; thought volage R. R. 1284.

volageous, adj., *giddy*, BARB. viii. 455.

volatile.   wacchen.

volatile, sb., *fowl, birds*, ALEX. (Sk.) 4637;
volatilis (*pl.*) ['*altilia*'] WICL. MAT. xxii. 4.
volc, *see* **folc**.
volume, sb., *Fr.* volume; *volume*, CH. C. T. *D* 681.
volupēr, sb., *woman's cap*, CH. C. T. *A* 3241;
volupeer 4303; voleper CATH. 404.
vomen, v., *Fr.* vomir; *vomit*; **vome** (*pres. subj.*) WICL. LEV. xviii. 25.
voming, sb., *vomiting*, WICL. JER. xlviii. 26.
vomit, sb., *vomit*, '*vomitus*,' PR. P. 512; CH. C. T. *A* 2756.
vor, *see* **for**.
vou, sb., *O.Fr.* vou; *vow*, SHOR. 75; C. M. 15256.
vouchen, v., *O.Fr.* voucher; *vouch* : i vouche hur safe AMAD. (R.) liii; i vouche it save LUD. COV. 336; vouche sauf þat his sone hire wedde WILL. 1449; **vouchid** (*pret.*) safe ALEX. (Sk.) 303
vouin, v., *O.Fr.* vouer; *vow*, PR. P. 512.
vouren, v., *O.Fr.* vorer; *devour*; **voure** (*pres.*) MAN. (F.) 10318.
voute, sb., *O.Fr.* voute, volte; *vault*, PR. P. 512.
voutrière, sb., *for* avoutrière; *adulteress*, ALEX. (Sk.) 4532.
voutūr, sb., *O.Fr.* voutour, voltour; *vulture*, WICL. JOB xxviii. 7; **voutres** (*pl.*) ALEX. (Sk.) 3945.
vrēo, *see* **frēo**.   **vūst**, *see* **fūst**.

w.

wá, *see* **hwá**.
wā, wē, wei, interj., sb., adv., & adj., *O.E.* wā (*adv., interj.*), wēa (*sb.*), *O.N.* vei, *cf. O.L.G., O.H.G.* wē, *Goth.* wai, *Lat.* vae; *woe; calamity, illness; sorrowful*; wa la wa *alas* FRAG. 8; wei la 6; wa [wo] la wa LAȝ. 7971; wa [we] le 28092; wæi [wei] la wæi 8031 ; we [wo] la 3456 ; wo la wo A. R. 88; wei la wei 50; wo la wo O. & N. 412; wai 120, 220; wo la wo SPEC. 74; cried he neiþer wo ne wai MAN. (F.) 15879; wai HICKES I. 223 ; R. S. v; wai la wai ISUM. 140; wai [wei] la wai [wei] CH. C. T. *B* 1308; wei HOM. I. 33; MARH. 16; wei la wei GEN. & EX. 2088; wei HAV. 462 ; WILL. 935 ; a wei C. L. 188 ; wa is me HOM. I. 35; him was ful wa TRIST. 2769 ; then wes he wa BARB. i. 348; wa worth(e) þe PR. C. 7396; wa [wo] wes him LAȝ. 317; wa [wo] worče þan monne 3359; wa (*printed* þa) 3105, 4281; wao 316; wæ 28329; wo me þet ic libbe FRAG. 5 ; wo þere þeode R. S. vi; Jacob was wo GEN. & EX. 1833 ; him was waȝ (*ms.* waȝȝ) ORM. 11904; inoh wa þu havest idon me MARH. 11 ; þat us wa deð JUL. 51 ; þolen wa ORM. 897 ; in wele and waa ISUM. 305 ; wa ALEX. (Sk.) 528,

2721, 3075, 5606; þeone is al þet wo iwurčen to wunne A. R. 218; wo & weane 80; wirchen ... wo HAV. 510; woa HOM. I. 213; wee P. S. 152; **wāes** (*pl.*) ALEX. (Sk.) 4592; **wāer** (*comp.*) BARB. xvi. 245*; he þe **wāest** (*superl.*) of þe werd ALEX. (Sk.) 2004.
wā-dæi, sb., = *M.H.G.* wētac ; *day of woe*, LAȝ. 8750.
wō-fare, sb., *sorrow*, H. S. 6482.
wō-ful, adj., *woeful*, CH. C. T. *A* 2056.
wā-mēd(e), adj., *angry*, LAȝ. 6368; wemed(e) HICKES I. 167.
wei-mēre, sb., *? = Goth.* wajamērei (*blasphemy*); *lamentation* ; ah schulen **weimēres** (*gen.*) leod ai mare (singen) in helle H. M. 21.
wēa-mōd, adj., *O.E.* wēamōd ; *angry*, A. R. 118 ; wemod HOM. I. 5 ; wemod TREAT. 138.
wēmōdnesse, sb., *O.E.* wēamōdness ; *anger*, ['*ira*'] HOM. I. 103.
wā-sīð, sb., *time of woe*, H. M. 37 ; wosið HOM. II. 209; wosith MAN. (F.) 15712 ; weisið LAȝ. 25846 ; **wēasīþes** (*pl.*) FRAG. 8.
wā-word, sb., *sentence of woe*, A. R. 306*.
waast, *see* **wást**.
wac, adj., *cf. M.Du.* wack ; *feeble*, GEN. & EX. 1197.
wāc, waik, adj., *O.E.* wāc, *O.N.* veikr, = *O.L.G.* wēc, *O.H.G.* weich ; *from* **wiken** ; *weak*, HOM. I. 185 ; ORM. 6185 ; wac LAȝ. 10775 ; woc A. R. 12 ; min wlite is wan & min herte woc REL. I. 186 (MISC. 135); wooc GEN. & EX. 1874 ; wok REL. I. 123; MISC. 93; waik LANGL. *C* vi. 23 ; weik '*debilis, imbecilis, lentus*,' PR. P. 520; ant teos wake world MARH. 1 ; þis waike [weike] womman CH. C. T. *B* 932 ; **wāke** (*pl.*) ORM. 13671; woke A. R. 268 ; waike HAV. 1012 ; **wāore** (*compar.*) KATH. 1267 ; wacre, wackere LAȝ. 4539, 23593; *comp.* (liþ-), leoþ-wōk, mōte-wok.
wōo-līc, adj., *O.E.* wāclīc ; *weakly*, '*vilis*, FRAG. 4 ; **wāclīche** (*adv.*) H. M. 9 ; wocliche A. R. 294.
wācnesse, sb., *weakness*, HOM. I. 273; wocnesse A. R. 66 ; waiknes PR. C. 9026.
wacche, sb., *O.E.* wæcce, = *O.H.G.* wacha; *from* **wáken** ; *watch, vigil*, MISC. 139 ; FER. 1696; GOW. II. 96; LANGL. *B* ix. 17 ; M. ARTH. 2605 ; wecche A. R. 114 ; ORM. 1451 ; **wecche** ('*vigilias*'] (*pl.*) HOM. II. 95 ; wecches ORM. 1617 ; **wacchis** (*pl.*) *watchmen*, ALEX. (Sk.) 5215; BARB. iii. 187; (*scouts*) xix. 442; **wecchen** (*dat. pl.*) A. R. 138; KATH. 1766; *comp.* niht-wache.
wacche-man, sb., *watchman*; **wacchemen** (*pl.*) ALEX. (Sk.) 5164.
wacchen, v., *O.E.* wæccan (BL. HOM. 137); *watch, keep a vigil*; wacche GOW. I. 162; HOCCL. i. 305 ; PARTEN. 5375 ; wecche LUD. COV. 280; **wecchinde** (*pple.*) MARH. 15.

waohet, waget, sb., *sort of blue cloth*, CH. C. T. *A* 3321.

waosen, *see* **waxen**.

wād, wōd, sb., *O.E.* wād,=*O.Fris., M.Du.* weed, *O.H.G.* weit; *woad (dye)*; PR. P. 513; wod FRAG. 3; wod REL. I. 36; wood CH. F. AGE 17; **wōde** (*dat.*) O. & N. 76.

wáden, v., *O.E.* wadan,=*O.Fris.* wada, *O.N.* vaða, *O.H.G.* watan; *wade*, FRAG. 6; GEN. & EX. 1799; waden CH. C. T. 1684; wadin '*vado*' PR. P. 513; wade HAV. 2645; ROB. 99; AM. & AMIL. 1364; AL. (L¹.) 548; heo **wádeð** (*pres.*) ine wete A. R. 74; **wōd** (*pret.*) LAȝ. 18095; P. L. S. xv. 92; FER. 591; GAW. 787; ISUM. 178; he wod into þe water P. S. 287; þe knotten wode in his flesch BEK. 1479; woude BARB. ix. 388.

wǣde, sb., *O.E.* wǣde, *cf. O.Fris.* wēde, *O.L.G.* wādi *n., O.H.G.* wāt *f., mod.Eng.* (widow's) weeds; *garment; dress, armour*; þat wæde ORM. 8171; wede '*vestimentum*' PR. P. 519; LAȝ. 26754*; HAV. 94; TRIST. 1512; WILL. 3535; OCTAV. (H.) 600; A. P. ii. 793; wede GEN. & EX. 1972; **wǣde** (*pl.*) FRAG. 6; wede PERC. 1252; weden C. L. 547; all his garisons in glissinand wedis ALEX. (Sk.) 3015; in ani here wedis 1010; weaden A. R. 424; **wōden** [wede] (*dat. pl.*) LAȝ. 23773; *comp.* ȝe-**wēde**.

wǣdle, sb., *O.E.* wǣdl; *poverty*, LAȝ. 1002.

wǣdle⁹, sb., *O.E.* wǣdla; *poor person*, MK. x. 46; ORM. 5638; þe **wǣdlen** (*pl.*) LAȝ. 5872; (*spelt* weaðlen 427; weðlen 497).

wǣdlien, v., *O.E.* wǣdlian; *be poor; beg*; þe king wædlien (? *ms.* wæilien) agon LAȝ. 28880; me scamed (*r.* scameð) þæt ic **wǣdlie** ['*mendicare erubesco*'] (*pres. subj.*) LK. xvi. 3.

wǣfelea, sb., *O.E.* wǣfels; *coat* ['*pallium*'] MAT. v. 40.

wǣȝe, sb., *O.E.* wǣg, = *O.N.* vág, *O.H.G.* wāga; *weighing machine, balance; wey*; weie A. R. 60; TREV. VI. 267; (*ms.* weye) LANGL. *B* v. 93; waie AYENB. 256; weihe WILL. 947; WICL. Is. xl. 12; **wǣien** (*pl.*) A. R. 372; twelf weien (makieþ) on foþir REL. I. 70; breken brǣde weiȝes [weies] (*some offensive weapon; ? a different word*) LAȝ. 30982; mid spæren and mid grǣte waȝen 21505.

wēie-scale, sb., *O.E.* wǣgscalu,=*M.H.G.* wāgeschale; *scale of a balance*; (*ms.* weye-) ARCH. LVII. 313.

wǣȝen, v., *O.E.* wǣgan (*afflict, deceive*),=*O.H.G.* weigen (*afflict, harass*); ? waye SHOR. 159.

wǣi, *see* **wei**.

wǣken, v., *O.E.* wǣcan; *from* **wāc**; *weaken, enfeeble*; weken CH. TRO. iv. 1144.

wæl, sb., *O.E.* wæl,=*O.N.* val, *O.H.G.* wal; *death, slaughter*; þat wæl, wal, wel [wal] LAȝ. 4111, 6427, 10830; **wæles** (*gen.*) 812; on wæle liggen 9497.

wæl-kempe, sb., *mighty warrior*, LAȝ. 23810.

wal-kirie, sb., *O.E.* wælcyrige,=*O.N.* valkyrja; *necromancer*; wichez & **walkiries** (*pl.*) A. P. ii. 1577.

wel-rēow, adj., *O.E.* wæl-hrēow; *cruel, murderous*, HOM. I. 229.

wæl-slaht, sb., *O.E.* wæl-sleaht; *slaughter*, LAȝ. 1369.

wal-spere, sb., *O.E.* wæl-spere; *spear*, LAȝ. 28577.

wæl, *see* **wel**.

wǣl, sb., *O.E.* wǣl, = *M.L.G.* wael, *M.Du.* wæl; *whirlpool,* '*gurges,*' FRAG. 3; wel MISC. 149; helle wel MAP 339; weel ['*torrente*'] PS. xxxv. 9; wele C. M. 2903.

wæld, *see* **wáld**.

wǣling, ? adj., ? *wanton* : unþæwful word & wæling word ORM. 2192.

wǣllen, *see* **wellen**.

wǣne, wāne, sb., *misery*, LAȝ. 2198, 5655; weane JUL. 46; H. M. 9; weane & teone A. R. 114; wene HOM. I. 169; in wo & wane II. 224; wan(e) and wrake K. T. 66; ant wenden of þeos weanen to weolen MARH. I.

wān-līch, adj., ? *miserable*; wanliche iberen LAȝ. 30288; wanliche weoren þa sonden 25990.

wǣn-sīð, sb., *misery, woe*; **wan-, wensīðe** (*dat.*) LAȝ. 539, 3088.

wǣn-slaht, sb., *slaughter*, LAȝ. 9520.

wānsum, adj., *miserable*, GEN. & EX. 1099; wansom PERC. 1065.

wǣne, *see* **wēne**.

wǣpen, sb., *O.E.* wǣpen, = *O.Fris.* wēpen, Goth. *wēpn (*pl.* wēpna) (ὅπλα), *O.N.* vápn, *O.L.G.* wāpan, *O.H.G.* wāfan; *weapon*; ʒet it muʒe ben til us god wapen ʒæn þe deofel ORM. 2616; wepen CH. C. T. *A* 1591; DEGR. 1606; wepne *membrum virile* LANGL. *B* ix. 180; wapen MAN. (H.) 187; PR. C. 1707; wopen GEN. & EX. 469; **wǣpen** (*pl.*) ORM. 4556; wæpne LK. vi. 22; wæpne, wapen [wepne] LAȝ. 499, 1702; wepne HOM. I. 23; O. & N. 1369; **wepne** HAV. 89; FER. 171; LANGL. *B* xii. 107; wapne HOM. II. 11; wēpne (*gen. pl.*) MARH. 22; **wēpnen** (*dat. pl.*) P. L. S. viii. 169; A. R. 60; wepnen, wapnen [wepne] LAȝ. 367, 947; wapnen, wapne HOM. II. 9, 230.

wēp-man, sb., *O. E.* wǣpmann, wǣpenmonn; *man, male*, MAT. xix. 4; (*ms.* weppmann) ORM. 7998; wepmon O. & N. 1379; wepmon MISC. 85; P. S. 153; wep-, wapmon LAȝ. 1868, 19055; wapman HOM. II. 21; GEN. & EX. 1001; **wēpmen** (*pl.*) KATH. 2355; wep-, weopmen A. R. 10, 54; wapmen MISC. 151.

wǣpmon-cūn, sb., *male sex*, LAȝ. 498; wepmankin ORM. 4092.

wēpen-take, sb., *O.E.* wǣpengetace, -getæce, *O.N.* vāpnatak; *wapentake*, TREV. II. 87.

wǣpnien, v., *O.E.* wǣpnian, = *O.Fris.* wēpna, *O.N.* vāpna, *O.H.G.* wāfenen; *provide with weapons, arm*; wæpnien LA3. 20347; **wēpne** (*imper.*) LA3. 17945; **wēpnede** (*pret.*) KATH. 191; **wǣpned** (*pple.*) ORM. 677; wopened GEN. & EX. 3373; iwæpned LA3. 17375; wapenned bernes ALEX. (Sk.) 1250.

wǣr, *see* **war. wǣrf**, *see* **hwarf.**

wǣsand, sb., *O.E.* wǣsand, = *O. Fris.* wāsende, *O.H.G.* weisunt; *windpipe*; wesand VOC. 207; '*isophagus*' VOC. (W.W.) 676; BARB. vii. 584*; wesaunt GAW. 1336.

wæstme, *see* **wastum.**

wēt, adj., *O.E.* wǣt, = *O.Fris.* wēt, *O.N.* vātr; *wet*; wes ich al wet LA3. 28080; MAN. (F.) 15576; mid wet eien A. R. 278; wet GEN. & EX. 2356; weet C. L. 1433; MAND. 100; þis halwende wēt (*sb.*) HOM. I. 187; in wate and drie PR. C. 7611; the pure fettres . . . weren . . . **wēte** (*pl.*) CH. C. T. *A* 1280; þai wate war BARB. iv. 380; wete DEGR. 824.

wēt-, wǣt-shōd, adj., *wetshod*; LANGL. *B* xiv. 161, *C* xvii. 14.

wǣte, sb., *O.E.* wǣta *m.*, wǣte *f.*, *O.N.* vǣta *f., moisture, drink*, ORM. 7852; wete A. R. 164; HOM. II. 123; REL. I. 210; wete TREAT. 138; **wēte** (*dat.*) HOM. I. 103; **wēten** (*acc.*) Lk. viii. 6; þane wæten LEECHD. III. 120; **wǣten**, wǣtun (*pl.*) LEECHD. III. 82, 86; **wēten** (*gen. pl.*) LA3. 19769.

wǣten, v., *O.E.* wǣtan, = *O.N.* vǣta; *wet, moisten*; wete ROB. 321; MAN. (F.) 10340; **wētes** (*pres.*) SPEC. 36; weeten WICL. JOB xxiv. 9; **wēte** (*subj.*) MAND. 158; **wātte** [wette] (*pret.*) ROB. 322; **wēt** (*pple.*) SPEC. 30; *comp.* **bi-wēten.**

wēter, *see* **water.**

wēven, v., *O.E.* (be-)wǣfan, = *O.N.* veifa, *Goth.* (bi-)waibjan, *O.H.G.* (ze-)weiban; *wave, twist, shake; move; go*; weve ROB. 64; A. P. i. 318; into þe cloistre . . . hi gonne weve BEK. 2077; **wēveð** (*pres.*) HOM. II. 85; wonderliche it þe weves WILL. 922; and smot of Modred his hefd þat hit **wēfde** (*pret.*) a (þene) feld LA3. 28049*; his brond aboute he wevede B. DISC. 505; & weved up a window(e) WILL. 2978; and wefden [wefde] up þa castles 3æte LA3. 19003; wafte A. P. ii. 422, 453; **wēved** (*pple.*) ENG. ST. I. 102; he wolde his heved fro þe bodi have iweved ALIS. 3807; hii were a doun iweved BEV. 954; *comp.* **bi-, to-, ūmbe-wēven (-wēven)**; *deriv.* **wǣfeles.**

wafre, sb., *O.Fr.* waufre, gaufre; *wafer, thin cake*; **wafres** (*pl.*) LANGL. *B* xiii. 271; HOCCL. i. 146.

wafrere, sb., *maker* or *seller of wafer-cakes, confectioner*, LANGL. *B* xiii. 266; waferer *A* vi. 120; **wafereres**, waifrers (*pl.*) CH. C. T. *C* 479.

wafrestre, sb., *female maker* or *seller of wafer cakes*, LANGL. *C* viii. 285.

wa3, *see* **wai.**

wā3, sb., *O.E.* wāg, wāh, wǣg, = *O.Fris.* wach, *M.Du.* weegh, *O.N.* veggr, *Goth.* waddjus; *wall*; wah LA3. 25887; wah oðer wal A. R. 104*; wagh PS. lxi. 4; waghe [wagh] *bank of snow* ALEX. (Sk.) 1757; as till waghe heldid and till wall down put ['*tanquam parieti inclinato et macerie depulse*'] HAMP. PS. lxi. 3; wo3 AYENB. 72; wouh JOS. 204; wough PALL. i. 785; **wāghe** (*dat.*) PR. C. 6619; wo3e GAW. 858; woughe WICL. PS. lxi. 4; wawe, wowe HAV. 474, 2078; wowe P. L. S. xvii. 293; **wā3es** [wowes] (*pl.*) LA3. 10182; wa3hes ORM. 6825; wahes HOM. I. 247; H. M. 31; wowes O. & N. 1528; wowes, woawes A. R. 172, 346; wowes LANGL. *B* iii. 61; MAND. 247; **wō3e** (*dat. pl.*) HORN (L.) 970; *comp.* **hēle-, sid-wā3.**

wā3he-rift, sb., *O.E.* wāhrift; *wall covering, veil*, ORM. 1014; wahreft '*velum*' FRAG. 2.

wā3e, sb., ?= *M.L.G.* wage *f.*, *M.Du.* waeghe, *M.H.G.* wage, *cf.* ***wēi**; *flood, wave*, AYENB. 207; wawe GOW. I. 184; M. T. 130; **wa3es** (*pl.*) LA3. 11977*; waghes D. TROY 270; wa3es, wawes FER. 1343, 1345; wawes BRD. 24; TRIST. 371; LANGL. viii. 40; CH. C. T. *B* 468; LIDG. M. P. 63; waughes TOWNL. 31.

wāge, sb., *O.Fr.* wage, gvage, gage; *wage; pledge; 'stipendium,'* PR. P. 513; ALIS. 904; HOCCL. i. 119;; D. ARTH. 302; **wāges** (*pl.*) LANGL. *B* xi. 283.

wāgen, v., *O.Fr.* wager, gvager, gager; *wage, engage*; wage TREV. VII. 321; LANGL. *A* iv. 84; D. ARTH. 547; i wagene mine hevede 2445.

wāgeour, sb., *hired soldier*; **wāgeouris** (*pl.*) BARB. ix. 48*.

wageoure, sb., *O.Fr.* gageure; *wager*, P. S. 218; wajoure H. S. 5598, 5601.

waggin, v., *cf. Swed.* vagga, ? *M.H.G.* wacken; *wag, shake, move, 'moveo, vacillo*,' PR. P. 513; wagge '*vacillare, titubare*' REL. I. 6; he wole wagge his urine in a vessel P. S. 333; wagge aboute þe cloistre 332; wepne wagge HAV. 89; **waggeð** (*pres.*) A. R. 374; waggeþ LANGL. *B* xvi. 41; P. 44; he waggeþ þe lippen AYENB. 211; **wagginge** (*pple.*) as a reed TREV. VII. 321; **wagged** (*pret.*) PL. CR. 226; waged [wagged] ALEX. (Sk.) 968.

waghe, *see* **wa3.**

wa3ien, v., *O.E.* wagian; *cf.Goth.* wagjan, *O.H. G.* wagan; *move*: wa3e3en LA3. 26941; he ne mai . . . wawic fot ne hond SAINTS (Ld.) xiv. 234; wawe ROB. 207; ALIS. 2634; WILL. 19; **wawes** (*pres.*) JOS. 52; wagiende (*pple.*) HOM. II. 175; **wawede** (*pret.*) TREV. VI. 427; wawid (*pple.*) WICL. Lk. vii. 24.

wagren [**wageren**], v., ? *O.N.* vagra; *reel,*

wagren.

stumble, stagger, ['*nutare*'], WICL. ECCLES. xii. 3; þe **wageriṅde** (*pple.*) wind H. V. 86.
waȝn, *see* **wain**. **wāh**, *see* **wāȝ**.
wai, *see* **wā, wei**.
waif, sb., *O.Fr.* gaif; *waif*; **waives**, weives (*pl.*) LANGL. *B* PROL. 94, *C* i. 92.
waik, *see* **wāc**.
wailen, v., *cf. Swed.* veila, vaila, *O.N.* væla; *wail, lament*; waile AR. & MER. 2573; CH. C. T. *A* 1295; weilen WICL. MAT. ix. 15; weilin PR. P. 520; **wailend** (*pple.*) GOW. I. 144; **wailede** (weiled) (*pret.*) LANGL. *B* xiv. 332; weiled WILL. 1515; *comp.* **bi-wailen**.
waimentin, v., *O.Fr.* gvaimenter; *mourn, wail*, '*lamento*,' PR. P. 513; **waimente** (*imper.*) ANGL. I. 306.
waimentinge, sb., *lamentation*, CH. C. T. *A* 995; HAMP. PS. xxxiji. 21.
wain, sb., *O.E.* wægn, wæn, = *O.Fris.* wain, wein, *O.N.* vagn, *O.L.G.* wagon, *O.H.G.* wagan; *wain, waggon*, '*plaustrum*,' PR. P. 513; MAP 338; ROB. 416; C. M. 11653; wain [wein] WICL. I KINGS vi. 7; wein FRAG. 4; waȝn ORM. PREF. 21; wane BARB. xi. 25; **waines** (*pl.*) GEN. & EX. 2362; waines AR. & MER. 4722; TREV. VII. 355; MAND. 250; *comp.* **croude-wain**.
wain[2], sb., *O.Fr.* gaaiṅg; *gain, booty*, AYENB. 43; waine SHOR. 80; MAN. (F.) 5953.
wainoun, sb., *O.Fr.* waiṅgnon (*chien*); *a term of abuse*, SPEC. 47.
waiour, sb., *O.Fr.* gayoir; *horse-pond*; (*ms.* wayoure) PR. P. 513; **waiers** (*pl.*) MAN. (F.) 11186.
waite, sb., *O.Fr.* waite, gvaite, gaite; *mod. Eng.* wait; *watchman, spy*, AYENB. 121; D. TROY 352; **waites** (*pl.*) S. S. (Web.) 1490; C. M. 11541.
wairingle, *see* **wariangel**.
waiten, v., *O.Fr.* waiter, gaitier; *watch, wait, heed*, HAV. 512; WICL. 2 ESDR. xii. 24; CH. C. T. *B* 246; waitin '*observo*' PR. P. 513; his profit to waite LANGL. *B* v. 202; **waiteþ** (*pres.*) AYENB. 179; lokeþ and waiteþ wane he come to londe LAȜ. 23077*; waites PR. C. 1243; **waiteand** (*pple.*) ALEX. (Sk.) 3835; waitand BARB. xiii. 598; **waited**, waitid (*pret.*) ALEX. (Sk.) 1764, 5621; vatit BARB. v. 36, 640; waiteden HOM. II. 87; weiteden A. R. 196*; *comp.* **a-waiten**.
waitere, sb., *watchman*, ['*speculator*'] WICL. 4 KINGS ix. 17.
waiþe, *see* **wāþe**.
waiven, v., ? *A.F.* weiver, *from O.N.* veifa, = *Goth.* (bi-)waibjan, *O.H.G.* (zi-)weiban; *see* **wǣven**; *waive, move, send*: to waiven [waive] up þe wiket LANGL. *B* v. 611; and of hire herte alle zenne to waivie (*ms.* wayuye, *printed* waynye) AYENB. 18; waife ALEX. (Sk.) 297; **waife** (wafe) (*pres.*) 723; waives 4656; **waived** (*pres.*) (*printed* wayned) from þe beres WILL. 2386; and waived a wei wanhope LANGL. *B* xx. 867; waived his berd GAW. 306; fro þennes art þou **weived** (*pple.*) CH. C. T. *B* 308; waifid ALEX. (Sk.) 822.

waknen.

wāke, sb., *O.E.* (niht-)wacu, = *O.N.* vaka, *M. L.G.* wake; *wake, watch, vigil*, A. R. 314; O. & N. 1590; *comp.* **lich-wake**.
wāke-man, sb., *watchman*; wakemon A. R. 14; wak(e)man S. S. (Wr.) 1443; **wakemen** (*pl.*) (*ms.* wǣkemenn) ORM. 3812.
wāken, v., *O.E.* *wacan (*pret.* wōc); *wake, be awake; keep a vigil*; REL. I. 221; (*ms.* wakenn) ORM. 7484; þat ǣver alc god mon to niht **wākie** (*subj.*) LAȜ. 23732; leste ... sake wo & wraþþe bitwene hem wake MIRC 1654; **wōc** (*pret.*) GEN. & EX. 2111; þo he wōc (*first text* awoc) of sleape LAȜ. 25566*; wok TRIST. 2616; aboute þe middel of þe nith wok Ubbe HAV. 2093; wok [wook] CH. C. T. *A* 1393; wook E. T. 778; hirdes woke ORM. 3752; woken LANGL. *B* xiv. 69; woke BEK. 681; **wāken** (*pple.*) MIN. ix. 34; wakin TOR. 280; *comp.* **a-wāken**.
waker, adj., *O.E.* wacor, = *O.N.* vakr, *O.H.G.* wachar; *watchful*, A. R. 142; REL. I. 132; waker LANGL. *C* x. 259; P. R. L. P. 187; waker and snel MISC. 97; wakir '*pervigil*' PR. P. 514; **wakere** (*sb.*) LANGL. *A* v. 223*; wakere (*pl.*) MARH. 17; *comp.* **un-waker**.
wākien, v., *O.E.* wacian, wacigan, *cf. Goth.* wakan, *O.N.* vaka, *O.L.G.* wacōn, *O.H.G.* wachēn; *awake, watch*, MAT. xxvi. 40; A. R. 6; H. M. 37; ne mihtestu one tide wakien mid me MISC. 42; wakegen HOM. II. 41; i shal yemen þe and waken (*for* biwaken) HAV. 630; waki AYENB. 52; wake WILL. 2007; wauch him BARB. vi. 95; **wak** (*printed* walk) (*pres.*) BARB. xvii. 930; **wākieþ** (*imper.*) MISC. 42; **wākiinde** (*pple.*) A. R. 144; **wākeden** (*pret.*) LAȜ. 9859; þe herdes þe wakeden over here oref HOM. II. 31; al to late þeih wakeden P. S. 343; wakit (*printed* walkit) BARB. xvii. 324; **wāked** (*pple.*) GEN. & EX. 2516; þat haveth ... fele nihtes waked HAV. 2999; wakid OCTAV. (H.) 30; wakit (*printed* walkit) BARB. xiv. 455; *comp.* **a-, an-, bi-, for-, ȝe-wākien**.
wākinge, sb., *waking, watch*, PR. P. 514; waking WICL. ECCLUS. xxxviii. 27; wacunge HOM. I. 69; **wākingis** (*pl.*) WICL. WISD. xiii. 23.
wākien, v., *O.E.* wācian; *from* **wāc**; *weaken, soften, moisten*: his heorte gon to wakien [wokie] LAȜ. 2798; wakie [wokie] ... wikkede hertes LANGL. *C* xv. 25; water to woke with Themes LANGL. *B* xv. 332; **wōkeþ** (*pres.*) MISC. 101; and with warme water ... wokeþ hit LANGL. *C* xvii. 332; **wākede** (*pret.*) LAȜ. 2938.
waknen, v., *O.E.* wacnian, wæcnan, *O.N.* vakna, = *Goth.* (ga-)waknan; *be awakened*: wakenen H. M. 31; wakne HAV. 2164; **wacneþ** (*ms.* waccneþþ) (*pres.*) ORM. 5845;

wakened MARH. 11; wakeneþ SPEC. 60; þer wakeneþ in þe world wondred ant wee P. S. 152; wakens ALEX. (Sk.) 2222; **wakned** (*pret.*) M. H. 134; wakened P. L. S. xxv. 148; *comp.* **a-waknen.**

wal, sb., *O.E.* weall, = *O.Fris.*, *O.L.G.* wal, *Lat.* vallum; *wall,* A. R. 104; þane wal LAȝ. 7085; FL. & BL. 273; ROB. 98; CH. C. T. E 1047; **walle** (*dat.*) REL. I. 272; **walles** (*pl.*) LAȝ. 1135; O. & N. 767; walles ORM. 14801; walles, walle P. L. S. viii. 21; HOM. I. 163; **wealle** (*pl.*) SAX. CHR. 123; *comp.* **burh-, fore-, grúnd-, stán-wal.**

wal-wurt, sb., *O.E.* wealwyrt; *wall-wort, 'ebulum,'* REL. I. 36.

[**wal-,** *? stem of* **wallen.**]

wal-hát, adj., *boiling hot,* JUL. 31; ORM. 14196.

wal, *see* **wæl, wel, walh.**

walc, sb., *O.E.* (ge-)wealc, = *M.H.G.* walc, *O.N.* valk; *from* **walken**; *walk, march*; was nouthire waldis in þar walke ALEX. (Sk.) 3799; walc and win LAȝ. 2542; **walke** (*dat.*) REL. I. 223; walke CH. C. T. A 1069.

walcnien, v., *? =* **walkien**; **walcnið** (*pres.*) MARH. 9.

wáld, wéld, sb., *O.E.* weald, = *O.L.G.*, *O. Fris.* wald, *O.H.G.* wald, walt, *O.N.* völlr (*plain*); *weald, wold, woodland,* LAȝ. 21339, 31216; wold GEN. & EX. 938; wold LUD. COV. 16; **wálde** [wolde] (*dat.*) LAȝ. 20842; wolde O. & N. 1724; REL. I. 222; wolde MISC. 38; **wáldes** (*pl.*) MARH. 10; woldes LAȝ. 20138; walde 16265; **wálden** (*dat. pl.*) 12832.

wáld-scaðe, sb., *destructive monster,* LAȝ. 25859; wældscæðe 6446.

wáld², sb., *O.E.* (ge-)weald n. m. (*?*) cf. *O.Fris.* wald m., *O.N.* vald n., *O.L.G.* (gi-)wald, *O. H.G.* (ge-)walt m. f.; *power, dominion, realm*: i ... ah it wald ORM. 11815; wald C. M. 18044; he ... haveð his soule weald HOM. II. 79; wold GEN. & EX. 2000; wold FER. 3324; **wáldes** (*gen.*) H. M. 27; willes & woldes A. R. 6; **wálde** (*dat.*) ORM. 38; walde L. H. R. 93; þet alle þing haveð on¹ wealde ANGL. I. 31; þer wes swa mochel folc ... þat a nevere nane walde [wolde] ne mihte hit al halde LAȝ. 5253; wolde PERC. 2006; M. ARTH. 745; his herte she hadde in wolde EM. 399; gif þu havest welþe a wold(e) REL. I. 174; *comp.* **an-, ȝe-wáld.**

wáld³, *?* adv., *O. E.* weald (*perchance*); *perhaps*: and wald he hit forȝete SHOR. 34.

wáld⁴, sb., *O.N.* valdr; *governor*; wold GEN. & EX. 3412.

walde, sb., cf. *Sp.* gualda, *Port.* gualde, *Fr.* gaude; *weld (the plant reseda luteola)*; wolde LEECHD. III. 349; wolde, welde 'sandix' PR. P. 520, 532; welde CH. F. AGE 17.

wald-ēȝed, adj., *O.N.* valdeygðr; *wall eyed; with glaring eyes,* ALEX. (Sk.) 608; wawil eȝed [waugheeghed] 1706.

wálden, wélden, v., *O.E.* wealdan, waldan, *O.L.G.* waldan, *Goth.* waldan, *O.Fris.* walda, *O.H.G.* waltan; *have in one's power, govern, rule*: to walden kineriche LAȝ. 2966; wealden HOM. II. 79; H. M. 39; welden (*r. w.* ihealden) P. L. S. viii. 28; HOM. I. 163; welde HORN (R.) 313 (H. 318); wolde HORN (L.) 308; P. L. S. xv. 10; CH. C. T. D271; MAN. (H.) 264; **wealdeð** (*pres.*) P. L. S. viii. 195; wealdeð, weldeð JUL. 4, 5; wialdeð ANGL. I. 11; drihte þe alle domes waldeð LAȝ. 16378; walt 32049; walt HOM. II. 195; wealdeð ['*dominantur*'] MAT. xx. 25; ȝoure tongen ȝe wealde SHOR. 100; **wealdinde** (*pple.*) KATH. 934; wældinde LAȝ. 8386; **wield** (*pret.*) HOM. II. 169; heo welden LAȝ. 183; *comp.* **a-, ȝe-, on-wálden**; *deriv.* **wáld, wélde, wélden.**

wéldere, sb., *possessor,* WICL. ECCLES. vii. 13.

wáldend, wáldende [**wéldende**], sb., *O.E.* wealdend; *governour, ruler,* LAȝ. 25568, 28205; wealdende HOM. II. 17; weldende HOM. I. 75.

wálding [**wélding**], sb., *O.E.* wealdung; *power, possession,* LAȝ. 19011; weldinge HAMP. PS. cxxxiv. 4.

[**wále,** sb.; *comp.* **wude-wale.**]

wále², sb., *O.N.* val n., cf. *O.H.G.* wala f.; *choice, option,* D. TROY 11952; ic þin wale iwearþ FRAG. 8; to wale C. M. 5375; ANT. ARTH. xxvii.

wále³, adj., cf. *Goth.* walis (γνήσιος, ἠγαπημένος); *noble, choice, famous*: þe wale burde GAW. 1010; þi wale regne A. P. ii. 1734; feres wale GEN. & EX. 888; wale ALEX. (Sk.) 75, 2261, 3561, 4772; waile qvile *good time* 4597.

wále⁴, sb., *O.E.* walu, = *? O.Fris.* walu, *O.N.* völr (*round stick*), *Goth.* walus (ῥάβδος); *wale, weal, wheal; gunwale*; MAN. (F.) 12062; D. ARTH. 740; wale or stripe, wale of a schippe PR. P. 514; *comp.* **wort-wale.**

wále, *see* **wéle.**

wálen, v., *choose*; wale SPEC. 33; ALEX. (Sk.) 1667, 4655; D. TROY 127; **wále** (*imper.*) ALEX. (Sk.) 1014; **wáled** (*pple.*) GAW. 1276; *see* **wélen.**

walet, sb., *? =* **watel**; *wallet,* LANGL. C xi. 269; CH. C. T. A 686.

walewen, *see* **walwen.**

walh, adj., *O.E.* walh, cf. *M.L.G.* walg(-haftich); *that has a sickly taste,* H. M. 35; walhwe swete PR. P. 515.

Walh, sb., *O.E.* Wealh, = *O.H.G.* Walh, *O.N.* *Valr* (*pl.* Valir); *Welshman, foreigner, slave*: ælc wælh wurðe ivreoid LAȝ. 14852.

Wáles, pr. n., *Wales,* LAȝ. 2121.

wal-more, sb., *O.E.* wealmore; *parsnip, carrot,* '*pastinaca,*' FRAG. 3.

wal-note, sb., *O.N.* valhnot; *foreign nut, walnut,* PR. P. 514; LANGL. (Wr.) 7082.

walnote-shale, sb., *shell of walnut,* CH. C. H. F. 1281.

walnot-trē, sb., *walnut-tree,* VOC. 192.

Waling-ford, pr. n., *O.E.* Wealinga ford; *Wallingford,* ROB. 299.

Walisc, Welisc, adj., *O.E.* Weallisc, Wælisc, = *O.N.* Valskr, *O.H.G.* Walhisc; *Welsh, foreign,* LA3. 13021, 31632; þe Walsche LANGL. *A* v. 167 [Walsche *B* v. 324]; **Wælsce,** Welsce [Walse] (*pl.*) LA3. 2120, 2124.

[**walk-,** *stem of* **walken.**]

walk-milne, sb.,=*M.L.G.* walkemole, *M.H.G.* walkmüle; *fulling-mill,* TOWNL. 313.

walk, *see* **walc, wakien.**

walken, v., *O.E.* wealcan,=*M.H.G.* walken, walchen; *walk, roll, toss,* WILL. 2129; CH. C. T. *A* 2309; wide walken LANGL. *B* viii. 14; walkeð (*pres.*) HOM. I. 173; he walkeþ & wendeþ FRAG. 5; walkeþ GREG. 846; **walkende** (*pple.*) HOM. II. 51; **welc** (*pret.*) KATH. 916; welk PR. C. 4390; PERC. 209; AMAD. (R.) xliv; þa ... scipen þa 3eond þa sæ weolken LA3. 12040; welken GEN. & EX. 568; **walke** (*pple.*) HORN (L.) 953; *comp.* 3e-walken; *deriv.* walc.

walkere, sb., *? O.E.* wealcere, = *O.H.G.* walchāre, *mod.Eng.* walker; *fuller;* ['*fullo*'] WICL. MK. ix. 2; walker '*fullo*' VOC. 212; at a walkeres (*gen.*) hous BEK. 1135.

walkien, v., *O.N.* valka; *walk,* A. R. 4; walkede (*pret.*) C. L. 1376; walkide WICL. JOHN vii. 1; walkeden GEN. & EX. 3882; walkede LA3. 12040* (*first text* weolken); **walked** (*pple.*) LANGL. *B* v. 537; cloth ... **iwalked** [*v. r. for* itouked] (*fulled*) *B* xv. 447*.

walkne sb., ?=**wolcne**; **welkin,** GEN. & EX. 103, 136; tagte fuel on walkene his fligt 161.

walle, sb., ? *O.E.* weall,=*O.Fris.* walla *m.; well,* MARH. 11; FL. & BL. 291; L. H. R. 32; at þe walle MISC. 84; **wallen** (*pl.*) HOM. I. 189; wallen REL. I. 267.

wallen, v., *O.E.* weallan,=*O.L.G., O.H.G.* wallan, *O.Fris.* walla; *well up, boil,* ORM. 10507; REL. I. 101; **walleð** (*pres.*) A. R. 118; HOM. II. 227; þar melke and honi walleþ SHOR. 90; **weallinde** (*pple.*) A. R. 216; wallinde hat *boiling hot* JUL. 70; wallinde MISC. 149; wallande A. P. i. 365; walling ALIS. 1622; **wēol** (*pret.*) KATH. 1925; JUL. 58; þe blod out of his wounde wel K. T. 1087; wul HOM. II. 167; **weolle** (*subj.*) JUL. 70; *comp.* for-wallen; *deriv.* **walle, wel, welle, wellen, walm, welm.**

wallen[2], v., *surround with a wall; build a wall;* walle ROB. 51; **wallede** (*pret.*) GEN. & EX. 435; **wallit** (*pple.*) BARB. i. 107, ii. 220; **walled** (*pple.*) PL. CR. 164; *comp.* bi-wallen.

wallare, sb., *cf. prov.Eng.* (dry-)waller; *stonemason,* PR. P. 514.

walm, sb., ? *O.E.* wælm,=*O.H.G.* walm; *from* **wallen**; *well, spring; bubbling up;* S. S. (Wr.) 2390; walme (*dat.*) LA3. 22124; **walmes** (*pl.*) HOM. I. 141; *see* **welm.**

walm-hāt, adj., *boiling hot,* JUL. 68.

walop, sb., *O.Fr.* galop; *gallop,* WILL. 1770.

Walne, pr. n., *O.E.* Wyln,=*M.H.G.* Welhin; *Welshwoman, foreigner, slave;* wealne MAT. xxvi. 71.

walopen, v., *O.Fr.* galoper; *gallop:* walopande (*pple.*) D. ARTH. 2827; waloping PARTEN. 4827; **walopit** (*pret.*) BARB. ii. 440.

walten, v., *O.E.* wealtan, = *M.H.G.* walzen (*pret.* wielz), *O.N.* velta (*pret.* valt, *pple.* oltinn); *roll, overturn;* walt(e) D. TROY 909; **waltez** (*pres.*) A. P. ii. 1037.

walterin, weltrin, v., *cf. M.L.G.* waltern, woltern, weltern, *M.Du.* welteren; *welter, roll about, overturn,* '*voluto,*' PR. P. 521; waltre TREV. VII. 203; weltiren BARB. xi. 25; walterep (*pres.*) L. H. R. 201; **weltrand** (*pple.*) BARB. iii. 719; **waltered** (*pret.*) A. P. ii. 415; waltrid DEP. R. ii. 187; **walterid** (*pple.*) LUD. COV. 342; he was waltrid ['*volvebatur*'] WICL. JUDG. v. 27; weltrit BARB. iii. 719.

walwen, v., *O.E.* wealwian, *cf. Goth.* (af-, at-)-walwjan, *Lat.* volvere; *turn, wallow, roll;* walwe LEG. 221; welwin PR. P. 521; i walwe (*pres.*) and winde CH. C. T. *D* 1102; i walowe YORK xxxix. 10; waleweð HOM. II. 37; þeos walewið in wurðinge H. M. 13; walweþ AYENB. 126; walweth aboute LANGL. *B* viii. 41 [waleweth *A* ix. 46]; **walloing** (*pple.*) TOR. (A.) 189; walowand ALEX. (Sk.) 4064; **walewede** (*pret.*) LEB. JES. 227; D. ARTH. 3838; walewide WICL. JUD. xiii. 10; weolewede JUL. 41; þe wawes walwede agein þe wal FER. 1345; **walwed** [iwalwed] (*pple.*) TREV. VI. 301; *comp.* bi-walwen.

walewing, sb., *wallowing, rolling,* A. R. 294; walewing [walwing] WICL. 2 PET. ii. 22.

wámbe, sb., *O.E.* wamb, womb,=*O.N.* vömb, *Goth., O.H.G.* wamba; *belly, womb,* ORM. 2471; wambe PS. xvi. 14; PR. C. 4161; wombe FRAG. 7; A. R. 78; wombe LA3. 19800: AYENB. 50; **wómbe** (*gen.*) HOM. II. 11; wómbe (*dat.*) MAND. 157; to þere wombe HOM. II. 181.

wamlin, v., *cf. Dan.* vamle, *Swed.* vámla (*valta*); *belch, vomit, feel sick; ? roll about;* '*nauseo,*' PR. P. 515; to wamel at his hert A. P. iii. 300; he womblede (*pret.*) & tomblede ED. 3213.

[**wan,** adj., *O.E.* wan, won,=*O.Fris.* wan, won, *O.L.G.* wan, *O.H.G.* wan, *O.N.* vanr, *Goth.* wans; *wanting.*]

wan-belēve, sb., *want of faith,* '*diffidentia,*' PR. P. 515.

wan-belēvenesse, sb., '*perfidia*,' PR. P. 515.
wan-bode, sb., *one who bids a low price*, '*invalidus licitator*,' PR. P. 515.
wan-hope, sb., *cf. M.Du.* wanhope; *despair*, ROB. 333; AYENB. 29; LANGL. *B* ii. 99; MAND. 285 ; CH. C. T. *A* 1249; TOWNL. 184; SACR. 67 ; wonhope C. L. 951.
wan-hopien, v., *cf. M.Du.* wanhopen; *despair*; **wanhope** (*pres. subj.*) ANGL. I. 68.
wan-mōl, adj., *not eloquent*, GEN. & EX. 2817.
wan-rēd, sb., (? *for* **wandrēd**); ? *misfortune*: wanne hie segen men wanred þolien HOM. II. 147.
wan-shápe, sb., *deformity*, ANGL. I. 81.
wan-spēde, sb., *O.E.* wanspēd; *ill fortune*, D. TROY 9327.
wan-spēdi, adj., *O.E.* wanspēdig; *unfortunate*; wanspedie men HOM. II. 177.
wan-toȝen, adj., *wanton; irregular*; wantowen LANGL. *C* iv. 143; wantowe, -toun '*insolens*' PR. P. 515; wantoun CH. C. T. *A* 208; wanton werkis ALEX. (Sk.) 12.
wantoun-hēde, sb., *wantonness*, PR. P. 515; wantonhede D. TROY 2911.
wantounesse, sb., *wantonness*, LANGL. *A* iii. 120.
wan-trowþe, sb., *incredulity*, ORM. 3148.
wan-trukien, v., *fail, be wanting*; bote þe wantrokie of live SHOR. 34.
wan-trūst, sb., *cf. M.Du.* wantroost; *one without trust*, CH. C. T. *H* 281.
wan-wit, sb., *O.E.* wanwit; *folly*, L. H. R. 180.
wan², adj., *O.E.* wann, wonn; *wan, pale, faint*, P. S. 191 ; P. L. S. ii. 43 ; TREV. III. 371 ; AM. & AMIL. 2445; K. T. 285; CH. C. T. *A* 2456; WICL. EX. xxi. 25; min wlite is wan REL. I. 186 (MISC. 135); wan, won SPEC. 54, 83, 93; won H. M. 43.
wannesse, sb., *wanness*, ['*livor*'] WICL. PROV. xx. 30.
wan, see **hwan**.
wān, sb., = **wēne**; *hope; store, quantity*: al mi worldli wan REL. II. 96; wane IW. 1429; PERC. 422 ; MIN. iii. 93 ; BARB. xvii. 249; won FER. 3571 ; AN. LIT. 6 ; P. S. 341 ; CH. TRO. iv. 1134; riche won FL. & BL. 386; god won HAV. 1791 ; S. S. (Web.) 2420 ; of god(e) corn gret won (*plenty*) ROB. 2 ; þo he sai non oþer won (*chance*) 12; nis þer non oþer won P. S. 149; þis worldes won SPEC. 24; hit is wicked won REL. I. 263; woon LANGL. *B* xx. 170; wone, woone '*copia*' PR. P. 532; wone HOCCL. i. 294; ne con ich me no wone L. N. F. 215; bi mine wone (*opinion*) HAV. 1711 ; *comp.* ȝe-**wān**.
wān-lēs, adj., *hopeless*, MARH. 11.
wand, adj. & sb., *O.N.* vandr; *evil*: þu schalt in þe putte wunie mid þe **wonde** (*sb.*) *devil*, MISC. 175.
wand-lich, adj., ? *O.N.* vandligr; *wicked*; enne swiðe wandliche sune LAȝ. 6358.
wand-rāþ, sb., = ? **wandrēðe**; *suffering*, ORM. 4846.
wond-rēd, sb., = **wandrēðe**; P. S. 152.
wand-rēðe, sb., *O.N.* vandræði; *misery, distress, peril*, LAȝ. 12511; þat wandreðe JUL. 22 ; wandreþe C. L. 1116; wandrethe TOWNL. 137; wandreth M. H. 21 ; ALEX. (Sk.) 528 ; wondreðe MARH. 4 ; A. R. 156.
wandsom-li, adv., *sorrowfully*; weri and wandsomdli D. ARTH. 4012.
wand, sb., *O.N.* vöndr, = *Goth.* wandus ; *wand, rod*, ORM. 16178; wand TRIST. 909 ; PR. C. 5880; LUD. COV. 95; wond GEN. & EX. 2715; wond MAP 336; **wandes** (*pl.*) C. M. 1418; *comp.* elle-, met-**wand**.
wande, sb., ? *O.N.* vandi (*difficulty*); *hesitation, doubt, refusal*; wiþouten wande C. M. 8465, 11518.
wandelard, sb., *A.Fr.* wandelard; ? *vagabond, ? criminal*: þise men lift þer standard agein David wandelard MAN. (H.) 115.
wandien, v., *O.E.* wandian; *from* **winden**; *cf.* **wenden**; *flee, hesitate, fear*; wande TRIAM. 1526 ; wonde P. S. 335 ; MIRC 384 ; JOS. 399 ; WILL. 4071 ; GOW. I. 332 ; RICH. 228 ; AM. & AMIL. 550; CH. L. G. W. 1185; to love nul i noht wonde SPEC. 29; wondi SHOR. 103; **wonde** (*pres.*) HORN (L.) 337 (R. 343); þu ne wandest for nane men MAT. xxii. 16; **wand** [waned] (*pret.*) *flinched* ALEX. (Sk.) 1411 ; vaindist [wandist] BARB. xii. 109; wonded A. P. ii. 855.
wandlessour, see **wanlasour**.
wandrien, wondrien, v., *O.E.* wandrian, = *M.L.G., M.Du.* wanderen; *wander*, LAȝ. 12044, 14796; wandren LANGL. *B* vi. 304; wandrin, wanderen '*vagor*' PR. P. 515; schal wandre ['*ambulaverit*'] WICL. JOHN xi. 9; wandreð (*pres.*) HOM. II. 85; **wondrinde** (*pple.*) MARH. 11; **wondrede** (*pret.*) LAȝ. 21969; P. S. 240.
wanderare, sb., *wanderer*, PR. P. 515.
wandringe, sb., = *M.L.G.* wanderinge; *wandering*, LANGL. *A* PROL. 7; wanderinge PR. P. 515.
wáne, sb., *O.E.* wana, = *O.N.* vani ; *wane, decline, decrease, lack*; GEN. & EX. 1028, 3353 ; no god nis him wane P. L. S. viii. 185 ; wane PR. P. 515 ; SHOR. 121 ; P. S. 341 ; AR. & MER. 3132; GOW. II. 307; MAN. (F.) 8329; E. G. 30; wone H. M. 29; to muche wone HOM. I. 213; vor wone of witnesse A. R. 68; two wone of twenti KATH. 67; wone REL. I. 171 ; C. L. 229; ful lutel þer wæs wone LAȝ. 1905 ; wone of wit SPEC. 30; *comp.* and-**wane**.

wane, *see* **wune.** **wāne,** *see* **wǣne.**
wanelasour, *see* **wanlasour.**
wang, sb., *O.E.* wang, wong; = *O.L.G.* wang, *O.N.* vangr, *Goth.* waggs; *plain, field*; wong '*territorium*' PR. P. 532; **wonges** (*pl.*) HAV. 397.
wange, sb., *O.E.* wange, wonge, wenge, *cf. O. L.G., O.H.G.* wange, *Goth.* wanga *n., O.N.* vangi *m.; cheek*, LK. vi. 29; wænge MAT. v. 39; **wongen** (*pl.*) LAȝ. 30268; wonges SPEC. 28; TRIST. 732; JOS. 647; *comp.* þun-**wange.**
wang-tōth, sb., *cheek-tooth, grinder*, CH. C. T. *B* 3234; PR. P. 515; wang-, wongtooþ WICL. JUDG. xv. 19; wongtoth VOC. 207.
wangere, wongere, sb., *O.E.* wangere, = *O.H.G.* wangāri, *Goth.* waggareis; *pillow*, CH. C. T. *B* 2102.
wānien, v., *O.E.* wanian, wonian, = *O.Fris.* wania, wonia, *O.H.G.* wanōn, *O.N.* vana; *wane, lessen; make pale*: Bruttes gunnen wonien [wanien] LAȝ. 26991; heo w(u)lleð wonien us 982; wanie LANGL. *B* vii. 5 [wonien *A* viii. 59]; wanie FER. 1645; CH. C. T. *A* 2078; MAN. (F.) 1255; wane GOW. III. 109; MAND. 44; **wōneþ** (*pres.*) ROB. 42; þe mone waxeð & woneð A. R. 166; wanieð hire rihtes HOM. II. 177; wannes ALEX. (Sk.) 4142, 4627; (hi) wanieþ BRD. 15; wonieð KATH. 2218; **wānand** (*pple.*) YORK ix. 204; **wāniand** (*used as sb.*) *the waning moon, unlucky time*: in þe waniand xvi. 37; waneand vii. 45; **wānede** (*pret.*) ROB. 410; wonede C. L. 232; *comp.* ȝe-**wānien.**
wānunge, sb., *O.E.* wanung, wonung; *waning*; wiðute wanunge [wonunge] KATH. 922; wonunge HOM. II. 35; woning C. L. 228.
wānien, v., *O.E.* wānian, = *M.Du.* weenen, *O.H.G.* weinōn, *O.N.* veina; *wail*; wanen ORM. 5653; wepen and weinen [woni] LAȝ. 25827; wonie and grede O. & N. 975; heo woneþ & groneþ MISC. 152; **wōniende** (*pple.*) FRAG. 5; **wānede** (*pret.*) LAȝ. 25847.
wānunge, sb., *O.E.* wānung; *wailing*, H. M. 37; waning LAȝ. 17796; woninge [wanunge] & wop P. L. S. viii. 117; woaning FRAG. 5; woninge MISC. 74; woning O. & N. 311; REL. I. 227.
wankel, adj., *O.E.* wancol, = *O.L.G.* wancol, *O.H.G.* wanchal; *unstable*, REL. I. 221; wankill M. P. 138.
wanlace, sb., *winding in the chase*, HALLIW. 915; **wanlaces** (*pl.*) MAN. (F.) 12860.
wanlasour, sb., *one who drives game*; wanelasour '*alator*' VOC. (W. W.) 562; **wandlessours** (*pl.*) IPOM. 387.
wanne, *see* **hwanne.**
wansin, v., *O.E.* wansian; *become less, 'decresco*' PR. P. 515; Marches nahtes wansen (*ms.* wannsenn) ORM. 1901; **wansit** (*pret.*) P. R. L. P. 234.
want, adj. & sb., *O.N.* vant *n.; lacking, deficient; want, deficiency*: hem was want (*ms.* wannt) gastlic insiht ORM. 14398; wante P. S. 341; þet tu hevedest wonte þer of A. R. 284.
wantsum, adj., *poor*, ORM. 14824; M. H. xviii.
wanten, v., *O.N.* vanta; *want, be lacking*: o word ne schal þer wonten A. R. 344; **wanteþ** (*pres.*) LANGL. *B* xiv. 173; wonteþ C. L. 649; nawiht ne wonteð ham KATH. 1685; all þat wanteþ Cristes hald ORM. 13380; **wantede** (*pret.*) GEN. & EX. 1233; wantede HAV. 1243; wanted PR. C. 6194.
wānunge, *see under* **wānien.**
wǣpen, *see* **wǣpen.**
wǣpman, *see under* **wǣpen.**
wappe, sb., *blow*, D. TROY 6405; whapp YORK xxiii. 199; wap ALEX. (Sk.) 5318; at a wapp *in a moment* 3040.
wappen, v., *wrap up; beat*: wappin in clothis '*involvo*' PR. P. 515; **wappond** (*pple.*) *lashing about* D. TROY 9513; þe ȝonge men . . . upon þe wiket **wapped** (*pret.*) *struck, beat* A. P. ii. 882; wappit [*v. r.* swappit] out the stane BARB. xvii. 691; in wrathenesse ar wapped YORK xxxi. 12; his bodi is **wappid** (*pple.*) al in wo S. & C. II. xxxiii. *comp.* a-, at-, bi-**wappen.**
wappin, v., *bark*, '*nicto*,' PR. P. 515.
war, adj., *O.E.* wær, = *O.L.G.* war, *O.H.G.* (gi-)war, *Goth.* wars; *ware, wary*, A. R. 48; GEN. & EX. 721; ich ulle makien þe war of alle mine wiheles MARH. 16; ȝif man wihte wurþen war (*perceive*) þat ȝho wiþ childe wære ORM. 1963; war '*cautus*' PR. P. 516; HAV. 788; CHR. E. 477; WILL. 1201; FER. 4635; IW. 12; PR. C. 2022; þat no man ne scholde . . . war of him beo BEK. 1151; war & wis SPEC. 30; CH. C. T. *A* 309; war, wær LAȝ. 1486, 2967; war, wer, wear O. & N. 170, 1638; wer S. S. (Web.) 410; **ware** (*pl.*) O. & N. 860; **warre** (*compar.*) HOM. I. 253; warre P. S. 339; **wareste** (*ms.* warreste) (*superl.*) LAȝ. 2108; *comp.* ȝe-, un-**war** (-wær).
war-liche, adv., *O.E.* wærlīce; *warily*, LAȝ. 12300; warliche A. R. 138; KATH. 82; wearliche HOM. I. 245; warli ANT. ARTH. xxviii.; LUD. COV. 334.
warnesse, sb., *O.E.* wærness; *wariness*, WICL. DEUT. xxxii. 28.
war-scipe, sb., *O.E.* wærscipe; *caution*, LAȝ. 5603; warschipe A. R. 252; H. M. 41; warsipe REL. I. 218 (MISC. 14).
war[2], interj. & sb., *hunters' cry*; with hai & war GAW. 1158.
war[3], sb., *cf. Swed.* var; *pus, humour*; war & wirsen ORM. 4782; ware [wore] C. M. 11835.

[**wār**, sb., O.E. wǣr, O.N. vár (pl. vāra), O.H.G. wāra ; *fuith*.]

wār-loghe, sb., O.E. wǣrloga, = O.L.G. wār-logo ; *liar, traitor, sorcerer*, D. TROY 4439 ; warlow ALEX. (Sk.) 1706 ; **wărlowes** (gen.) A. P. iii. 258 ; warlowe YORK xxx. 258 ; **wărlaȝes** (pl.) ALEX. (Sk.) 3795, 4425 ; warlaus *devils* C. M. 23250.

wăr, see hwǎr.

warant, sb., O.Fr. warant, gvarant, garant ; *guarantee, safeguard*, MARH. 8 ; warant HAV. 2067 ; waraunt MISC. 94 ; warand BARB. 502 ; held his wai his warand (*place of safety*) till BARB. xix. 679 ; warrand x. 247 ; warrande xiii. 434 ; to warrand *in safety* xiii. 710.

warantie, v., O.Fr. warandir, gvarantir, garantir ; *defend, save*, MISC. 77 ; warante MAN. (F.) 5919 ; CH. C. T. C 338 ; warand BARB. ii. 504 ; warantie (pres. subj.) MISC. 89.

warantise, sb., O.Fr. warentise, garantise ; *guarantee* ; **warantises** (pl.) D. ARTH. 1614.

war-brace, sb., Fr. gardebras ; *bracer*, PR. P. 516.

warch, warchen, see werk, werken.

ward, sb., O.E. weard, = O.L.G. ward, Goth. wards, O.H.G. wart, O.N. vörðr ; *warden, keeper, guard* : set ilk man sine till his ward BARB. xvii. 627 ; **wardes** (gen.) men (*for* O.E. weardmen) *wardsmen* LAȜ. 19304 ; **warde** (dat.) LANGL. B xviii. 320 ; **wardes** (pl.) ALIS. 1977 ; till thar wardis thai went BARB. xvii. 349 ; **wearden** (dat. pl.) MAT. xxvii. 66 ; *comp.* bére-, dúre-, erf-, ȝáte-, hei (hai-), múl-, sti-, wude-ward.

ward², adv., O.E. weard (TREAT. 15), = O.L.G. O.Fris.-ward, Goth. -wairþs, O.N.-verðr, O.H.G. -wert, -wart ; *towards* : a bac ward LAȜ. 20086 ; onȝein wærd 1673 ; a dune ward A. R. 130 ; a dune ward, dune ward [wardes] KATH. 1992, 2022 ; a wei ward O. & N. 376 ; til hevene ward GEN. & EX. 3025 ; to gode ward MISC. 28 ; to me ward HORN (L.) 1118 ; to hevene ward WILL. 102 ; a wei wardes 2188 ; *comp.* after-, bac-, east-, fore-, forð-, fram-, ȝeond-, hám-, heone-, hider-, hinde-, hwider-, in-, niðe-, niðer-, norð-, suð-, tō-, þene-, þider-, up-, út-, uve-, west-, wiðer-ward.

warde, sb., O.E. weard, = M.L.G. warde, O.H.G. warta ; *guardianship ; district* ; A. R. 6 ; warde '*custodia*' PR. P. 516 ; LAȜ. 19402 ; MARG. 35 ; WILL. 376 ; MAN. (H.) 132 ; under godes warde H. M. 7 ; his air, but ward, releif or taill BARB. xii. 320 ; ward *guard* ALEX. (Sk.) 5614 ; (*troop*) 3040 ; warde *charge* ALEX. (Sk.) 77, 5172 ; wardes *watch towers* FER. 1344 : PR. C. 9083 ; *comp.* bac-, efter-, for-warde.

ward-mōt, sb., *meeting of the ward*, LANGL. B PROL. 94.

wardecorce, sb., Fr. gardecorps ; *cloak*, PR. P. 516.

wardein, sb., O.Fr. gvardains ; *guardian*, A. R. 272 ; wardein P. L. S. xiii. 105 ; WILL. 1104 ; wardan ALEX. (Sk.) 75 ; wardane BARB. xiv. 512 ; **wardanis** (pl.) *regents* xiv. 33 ; wardeines *umpires* GAM. 279.

wardanri, sb., *wardenship*, BARB. viii. 362*.

wardien, v., O.E. weardian, = O.Fris. wardia, O.L.G. wardōn, cf. O.H.G. wartēn ; *guard* ; wardie P. L. S. xii. 24 ; warde LEG. 19 ; GREG. 980 ; ALEX. (Sk.) 5374 ; **wardeð** (pres.) A. R. 182 ; wardiþ ALIS. 906 ; **wardede** (pret.) ROB. 27 ; wardide WICL. 1 MACC. iv. 61 ; warded (pple.) WILL. 101.

wardone, sb., *sort of pear*, '*volemum*' PR. P. 516.

wardrere, sb., *club*, ALEX. (Sk.) 838 ; warder '*bacillus*' PR. P. 516.

wardrop, sb., O.Fr. garderobe ; *wardrobe*, D. ARTH. 4203 ; wardrope D. ARTH. 901, 2622 ; warderope '*vestiaria*' PR. P. 516 ; wardrobe *latrina* CH. C. T. B 1762.

warderopere, sb., '*vestiarius*,' PR. P. 516.

wăre, sb., O.E. waru, = O.N. vara, M.Du. ware ; *wares, goods, merchandise*, P. L. S. viii. 346 ; A. R. 66 ; GEN. & EX. 1990 ; ware LAȜ. 11356 ; ALIS. 7077 ; A. D. 279 ; LANGL. A ii. 189 ; CH. C. T. D 522 ; M. T. 204 ; IW. 2992.

wăre², sb., O.E. waru, = O.H.G. wara ; *caution* ; be on war(e) SPEC. 46.

war-lok, sb., *prison*, '*sera compeditalis*,' PR. P. 517 ; A. P. iii. 80.

wăre³, sb., pl., O.E. waru ; *the inhabitants of a place ; host, collection* ; waters ware, windes ware PS. xvii. 11, 16 ; al englene were HOM. I. 195 ; *comp.* burh-, Cant-, eorðe-, helle-, heoven-, Rōm-ware.

wăre, see wēre.

Wărehām, pr. n., *Wareham*, ROB. 288.

wareine, sb., O.Fr. warene ; *warren*, PR. P. 516 ; LANGL. B PROL. 163.

wăren, v., *lay out, spend* ; ware H. S. 5798 ; wair '*commutare*' CATH. 408 ; *comp.* bi-wáren.

Warewik, pr. n., *Warwick*, PROCL. 10.

warf, see hwarf. **warh**, see wari.

wari, sb., O.E. wearg, werg, werig, = O.H.G. warch, O.N. vargr, Goth. (launa-)wargs ; *villain, felon*, MARH. 4 ; weri [wari] A. R. 352 ; warien (gen. pl.) LAȜ. 28215.

warȝ-trēo, sb., O.N. vargtrē ; *gallows*, BEK. 2216 ; warhtreo HOM. I. 283 ; waritreo A. R. 122 ; MISC. 51 ; waritreo [weritreo] LAȜ. 5714.

wari², adj., O.E. warig (*dirty*), = O.H.G. warag ; ? Swed. varig (*purulent*) ; *dirty* ; wori P. L. S. viii. 72 ; A. R. 386 ; wori BRD. 12 ; in worie watere HOM. I. 29.

wariangel, sb., ? O.E. weargincel, = O.H.G.

warchengil, *M.L.G.* wargingel; *dimin. of* wari; *butcher-bird*; wairingle ALEX. (Sk.) 1706; **wariangles** (*pl.*) CH. C. T. *D* 1408.

warien, v., *O.E.* wergian, wyrgean, = *O.H.G.* (for-)wergen, *Goth.* (ga-)wargjan (κατακρίνειν); *curse, condemn*, A. R. 70; wariin PR. P. 516; warie H. S. 1288; HOCCL. i. 63; curse or warie WICL. ROM. xii. 14; weri PR. C. 7422; **warie** (*pres.*) CH. C. T. *B* 372; werieð HOM. I. 109; wergeð, weregeð MAT. xv. 4; MK. vii. 10; **warie** (*subj.*) HAV. 433; **weried** (*pret.*) PS. lxi. 5; PR. C. 4202; **waried** (*pple.*) KATH. 203; GEN. & EX. 544; waried GOW. II. 144; TOR. 1540; wereged REL. I. 131; þe weregede gastes HOM. I. 239; *comp.* a-, for-, ȝe-warien (-warȝen, -werȝen).

wariunge, sb., *O.E.* wyrigung; *malediction*, A. R. 200; warienge HOM. II. 179; wariinge PR. P. 516.

wárien, v., *O.E.* warian, = *O.Fris.* waria, *O.N.* vara, *O.L.G.* warōn, *O.H.G.* (be-)warōn; *beware*, A. R. 418; waren GEN. & EX. 2154; warie ALIS. 4083; ware ROB. 115; FLOR. 405; **wáre** (*imper.*) GOW. II. 388; ware þe for wanhope LANGL. *A* 225; war þe S. & C. l. xxxv.

warissen, warisōn, *see* **garissen, garisōn**.

warke, *see* **werk**.

wárlaȝe, -loghe, *see under* **wár**.

warm, adj., *O.E.* wearm, = *O.L.G.* warm, *O.N.* varmr, *O.H.G.* warm; *warm*, ORM. 10146; O. & N. 622; warm CH. C. T. *D* 1827; **warme** (*pl.*) A. R. 418; **warmer** (*compar.*) LANGL. *B* xviii. 410.

warmen, wermen, v., *O.E.* wearmian, wyrman, *cf. Goth.* warmjan, *O.H.G.* warmen; *warm*; warmen ORM. 2711; warmen [wormie] LAȝ. 16209; warme s. s. (Wr.) 2526; **warmen** (*pres.*) REL. I. 220; wurme (*imper.*) LEECHD. III. 114; wermende (*pple.*) MK. xiv. 67; **wermde** (*pret.*) JOHN xviii. 18; wermede MISC. 43.

warmþe, sb., = *M.L.G.* wermede; *warmth*; wermþe HOM. I. 37.

warne, sb., = *M.L.G.* wearn; *? denial*; wiþouten more warne C. M. 11133.

warne², conj., *for* wære ne, *cf. O.H.G.* neware, *O.L.G.* ni wāri; *were it not that*, HAMP. PS. xli. 8.

warnere, sb., *from* **wareine**; *warrener*, PR. P. 517.

warnestūre, sb., *O.Fr.* garnesture, warnesture; *garniture, garrison*, ROB. 94.

warnien, v., *O.E.* wearnian, warnian, = *O.N.* varna, *O.H.G.* warnōn; *warn, admonish*: ic wulle... warnie ow wið herme P. L. S. viii. 115; vor to warnie wummen of hore fol eien A. R. 54; to warnie þe beforn FER. 1808; wearnen H. M. 37; warnen GEN. & EX. 1581; warne ROB. 45; **warni** (*pres.*) O. & N. 330; þat warneþ men men from wo SPEC. 35; heo hi wernað wið drunkenesse HOM. I. 111; warnie (*subj.*) A. R. 270; **warne** (*imper.*) MK. i. 44; **warnede** (*pret.*) LANGL. *A* iv. 55; he warnede alle his cnihtes LAȝ. 7984; he warnede hine seolven 28499; tvei serjantz... warnede him þat me wolde to stronge deþe him bringe BEK. 1076; **warned** (*pple.*) C. L. 390; CH. C. T. *A* 3535; *comp.* ȝe-warnen.

warninge, sb., *O. E.* wearnung, = *O.H.G.* warnunge; *warning, admonition*, A. R. 256*; warninge LEG. 95; MIRC 1247.

warnischen, *see* **garnischen**.

warp, sb., *O.E.* wearp, = *M.L.G.* warp, *M.Du.* werp, *O.H.G.* warf; *from* weorpen; *warp*, '*stamen*,' VOC. 218; PR. P. 517; werpe (*dat.*) WICL. LEV. xiii. 48.

warpin, v., *O.N.* varpa; *throw, bend*, '*curvo*,' PR. P. 517; warpe ['*ordiri*']... a webbe TREV. V. 365; **warpes** (*pres.*) JOS. 257; all þe wordis at (= þat) he þaim **werpid** (*pret.*) *uttered* ALEX. (Sk.) 202; unethis werped [warpid] he þat worde 709; wid open werped [warpid] he þe ȝatis 1526; thou art **warpid** (*pple.*) alle in wo TOWNL. 226; warpid in sonder ALEX. (Sk.) 798*; a... worde has werpid (*pple.*) & spoken 243; *cf.* **weorpen**.

warre, sb., *O.E.* wearr (*wart*), *cf. O.H.G.* werra (*varix*); warre, knotte of a tre PR. P. 516.

warrok, sb., *girth*, '*sirentorium*,' VOC. (W.W.) 612.

warroke, v., *girth, fasten with a girth*, LANGL. *C* v. 21, *A* iv. 19; warrok *B* iv. 20; ye warrok (*imper.*) YORK xxx. 525.

warte, sb., *O.E.* wearte, = *O.N.* varta, *M.Du.* warte, wrate, *O.H.G.* warza; *wart*, '*verruca*,' VOC. 207; werte 179, 267; CH. C. T. *A* 555; werte, wrete PR. P. 533.

warþ, sb., *O. E.* wearoð, wearð, = *O. H. G.* warid; *shore*, A. P. iii. 339; **waruðe** (*dat.*) MAT. xiii. 2; warþe GAW. 715.

was, *see* **wesen**.

wascheles, sb., *? washing vessel*, JOS. 288.

waschen, weaschen, weschen, v., *O.E.* wascan, = *O.L.G.*, *O.H.G.* wascan, wescan (*pret.* wōsc, wasc); *wash*, HOM. I. 159, 189, 202; washen (ms. wasshen) HOM. II. 57; (ms. wasshenn) ORM. 2711; washen HAV. 1233; waschen GOW. II. 137; wascen [wassen] LAȝ. 10182; wassen GEN. & EX. 2291; wasche BRD. 30; wasche, wasse FL. & BL. 304, 564; weschen SHOR. 4; wesche CATH. 415; wesse AYENB. 371; woshen A. D. 262; **wascheð** (*pres.*) A. R. 300; wosheþ REL. I. 264; **wōsch** (*pret.*) P. L. S. xxiii. 125; ARCH. LVII. 241; MAND. 91; wosch, wesch HOM. I. 79, 157; weosch A. R. 300; wesh (ms. wessh) ORM. 1103; wesch SHOR. 86; woschen LANGL. *A* ii. 196; wosche BRD. 12; CH. C. T. *A* 2283; weshen LANGL. *B* ii. 220; wessen HOM. II. 65; wesche GREG. 887; wesse MISC. 29; **waschen** (*pple.*) WILL. 5070; GREG. 1004; MAND. 92; waschen, iweschen HOM. I.

waschen.

157, 159; iwaschen A. R. 288; iwasche BEK. 2223; *comp.* **a-weschen.**

waschestre, sb., *female washer*; **waschestren** *(dat. pl.)* HOM. II. 57.

waschunge, sb., *washing,* A. R. 332.

wáse, sb.; *cf. M.L.G., M.Du.* wase *(bundle, torch),* Dan., Swed. vase *(fascis) m.; torch*; wase '*stupa*' VOC. 180 (W. W. 627); þe lie of þe fur stod on heȝ as hit a was(e) were BRD. 23; a brenning wase BER. 2351.

wāse, waise, sb., ? *O.E.* wās, = *O.N.* veisa *(pool, cesspool), O.Fris., M.L.G.* wāse *(slime); slime*; wase, waise CATH. 409; waise MAN. (H.) 70; wose PR. P. 532; AYENB. 87; BER. 1742; as weodes wexen in wose and in donge LANGL. *C* xiii. 229.

waspe, sb., *O.E.* wæps, = *O.H.G.* wafsa, wefsa, *Lat.* vespa; *wasp,* VOC. 190, 222; PR. P. 517; PL. CR. 648; ALEX. (Sk.) 738; **waspis** *(pl.)* 3011.

wassail, *see under* **wesen.**

wást, sb., = *O.H.G.* wahst, Goth. wahstus; *from* **waxen**; *stature; waist*; PR. P. 517; GAW. 144; ANT. ARTH. xlv; waast CH. C. T. *B* 1890; **wáste** *(dat.)* GOW. II. 373; wacste HOM. I. 77.

wást², adj., *O.Fr.* wast, gast, *Lat.* vastus; *waste, void, solitary,* ROB. 372; WILL. 690; he haþ maad mi covenaunt wast ['*pactum meum irritum fecit*'] *(later ver.* voide) WICL. GEN. xvii. 14; in ore waste [vaste] þicke hegge O. & N. 17; waste *(wasteful expenditure)* CH. C. T. *C* 593; waste wahes H. M. 31; waist BARB. vii. 151*.

wáste, sb., = *M.H.G.* waste; *waste, desert,* HOM. II. 163; waste E. T. 451; GAW. 2098.

wastel, sb., *O.Fr.* wastel, gastel *(gâteau); cake made of finest flour,* '*libellus*;' PR. P. 517; HAV. 878; LANGL. *B* v. 293.

wastel-breed, sb., *bread,* CH. C. T. *A* 147.

wásten, v., *O.Fr.* waster, gvaster, gaster, *Lat.* vastāre; *lay waste, waste away,* LAȜ. 22575; waste MAND. 239; gaste SPEC. 90; **wásteð** *(pres.)* A. R. 138; H. M. 29; wasteþ AYENB. 19; **wástede** *(pret.)* ROB. 136; **wásted** *(pple.)* WILL. 2620.

wastine, sb., *O.Fr.* wastine, gvastine; *waste, desert*; in þe wastine HOM. I. 141; in the wastin(e) ALIS. 7121.

wastme, *see* **wastum.**

wástour, sb., *waster,* LANGL. *B* vi. 176; wastoure ALEX. (Sk.) 5310.

wastum, sb., *O.E.* wæstum, westem, wæstm, = *O.L.G.* wastom; *from* **waxen**; *fruit; growth; stature*; MARH. 2; wæstme ['*fructus*'] MAT. xxi. 19; wastme ORM. 1939; westum KATH. (E.) 63, 310; **westme** (*ms.* vestme) *(dat.)* LAȜ. 15698; wastme HOM. II. 127; **wæstmes** *(pl.)* MAT. vii. 17; westmes HOM. I. 13; wastmes LAȜ. 32108; **wæstme** *(gen. pl.)*

wateren.

MAT. xxi. 34; **westman** *(dat. pl.)* MAT. vii. 16; westme SAX. CHR. 252.

wastme-lēas, adj., *O.E.* wastemlēas; *without fruit,* ORM. 13858.

wat, *see* **hwat. wāt,** *see* **wāt. wáte,** *see* **hwáte.**

watel, sb., *O.E.* watel; *hurdle woven with twigs; basket*: a watel (? *v. r.* walet) ful of nobles LANGL. *C* xi. 269.

watel-ful, sb., *basketful,* LANGL. *C* xi. 269.

watelen, *see* **watlen.**

water, sb., *O.E.* wæter, = *O.Fris.* weter, *O.L.G.* water, *O.H.G.* wazar, *Gr.* ὕδωρ; *water, river, sea,* A. R. 314; ORM. 3212; GEN. & EX. 749; þat water AL. (T.) 190; water, wæter LAȜ. 113, 5263; weter HOM. I. 129; ANGL. I. 15; MARH. 19; þet weter AYENB. 106; weater JUL. 31; wattir BARB. ix. 683; **watres** *(gen.)* GEN. & EX. 1246; **watre** *(dat.)* LANGL. *B* xvii. 228; watere HOM. I. 225; **wætere** *(pl.)* JOHN iii. 23; watere MAT. xiv. 28; watres SAX. CHR. 122; wateres LAȜ. 2007; wateres A. R. 402; **wateren** [watere] *(gen. pl.)* LAȜ. 24262; *comp.* **rein-, see-, wellewater.**

water-brēþ, sb., *vapour,* TREAT. 137 (SAINTS (Ld.) xlvi. 629).

water-bulge, sb., *water-bag,* H. M. 35.

water-cresse, sb., *water-cress*; water kresse ALIS. 5767; waterkirs(e) VOC. 190; **watercrasses** *(pl.)* LANGL. *C* vii. 292.

water-drinch, sb., *water-drink,* ORM. 14482.

water-fet, sb., *O.E.* wæterfæt; *water-pot,* ['*hydriam*'] JOHN iv. 28; **waterfate** *(pl.)* ii. 6.

water-fetles, sb., *water-pot*; (*ms.*) **waterr fētless** *(pl.)* ORM. 14411.

water-flōd, sb., *O.E.* wæterflōd; *waterflood,* ORM. 18088.

water-foul, sb., = *M.H.G.* wazzervogel; *water-fowl,* CH. P. F. 504.

water-gate, sb., *water-gate,* FER. 4651.

watir-lili, sb., *water-lily,* PR. P. 518.

watir-nedire, sb., *water-snake,* '(*h*)*ydrus,*' VOC. 223.

water-pípe, sb., *water-pipe,* VOC. 202.

water-pōl, sb., *water-pool,* ROB. 131.

water-pot, sb., *water-pot,* CH. C. T. *E* 290; watirpot WICL. JOHN iv. 28.

water-pŭt, sb., *O.E.* wæterpytt; *water-pit,* TREV. III. 401.

water-scene, sb., *draught of water,* LAȜ. 19695.

water-strēm, sb., *water-stream,* ORM. 18092.

weter-þēote, sb., *O.E.* wæterþēote; *torrent;* weterþēotan *(pl.)* of þer micele niwelnisse HOM. I. 225.

wateren, v., *O.E.* wæterian, *cf. M.L.G.* wateren,

weteren, *M.H.G.* wezzern; *water*; (*ms.* wattrenn) ORM. 13848; for to wattren here sep GEN. & EX. 2745; watere TREV. III. 415; wettrien (*printed* wectrien) HOM. I. 9; weteri AYENB. 98; watereden (*pret.*) LEB. JES. 305; his eȝen watreden LANGL. *A* vii. 162 [wattered *B* vi. 177].

watringe, sb., = *M.L.G.* wateringe, weteringe, *M.H.G.* wezzerunge; *watering*, PR. P. 518.

wateri, adj., *O.E.* wæterig, = *M.L.G.* waterich; *watery, like water*; þe heorte þet was wateri A. R. 376; wateri [watri] cloudes LANGL. *B* xviii. 410.

watlen, v., *cover with hurdles*; **watlede** (*pret.*) LANGL. *B* xix. 323; watelide *C* xxii. 328.

Watlinge-strēte, pr. n., *O.E.* Wætlinga stræte; *Watling-street*, ROB. 8.

wattri, adj., *venomous*, M. H. 138; *see* **attrie.**

wāþe, sb., *O.E.* waðˇ, wæðˇ, *cf. O.H.G.* weida, *O.N.* veiðr; *hunting*; waithe D. TROY 2350; waith GAW. 1381; ANT. ARTH. xxxiv; TOWNL. 33.

wāþe², sb., *O.N.* váði; *peril, hurt*, MAN. (F.) 10352; wathe PR. C. 4558; ALEX. (Sk.) 119, 1411, 3523, 5586; waþe, woþe GAW. 222, 2355; ALEX. (Sk.) 1103; waith BARB. vii. 305; **wāþes** (*pl.*) AV. ARTH. xiv; wathes [woþes] ['*pericula*'] PS. cxiv. 3.

wōthe-li, adv., *O.N.* váðˇaliga; *perilously*, D. TROY 8827.

wáven, v., *O.E.* wafian, = *O.N.* vafa, *M.H.G.* waben; *wave, fluctuate, vacillate*; wave HOCCL. i. 399; waff YORK xii. 95; **wáfe** (*pres. subj.*) TOWNL. 312; **wáwand** (*pple.*) BARB. ix. 245ᵃ; **wávid** (*pret.*) wiþ eche wind LIDG. M. P. 256; wavid YORK xxxii. 317.

wăvernesse, wĕvernesse, sb., *O.E.* wæferness; *? splendour*: vorsien þisne midelard mid his wovernesse ANGL. I. 31.

waveron, v., *O.N.* vafra, = *M.H.G.* waberēn; *waver*, '*vacillo*,' PR. P. 518; **weverinde** (*pple.*) SHOR. 16; wawerand BARB. xii. 185; wawering vi. 584; **wawerit** (*pret.*) vii. 41.

waveschen, v., = weiven; *put away*; **wavesohid** (*pple.*) ALEX. (Sk.) 822.

wawe, *see* **waȝe.**

wāwe, sb., *O.E.* wáwa, *?* wāwe, *cf. O.H.G.* wēwa *f.*, wēwo *m.; woe, misery*, HOM. I. 73; wowe REL. I. 130; O. & N. 414; wowe LAȝ. 6268ᵃ; SHOR. 166; þis worldis wel(e) nis bot wowe P. L. S. v. (a) 3; þeo weowe FRAG. 5; of þan wowe HOM. II. 197; **wāwen** (*pl.*) ORM. 13349; wowe MISC. 139; wowes A. R. 198; **wāwen** (*dat. pl.*) HOM. I. 87.

[**wāwen,** v., *O.E.* wāwan, = *O.H.G.* wāhan, wājan, *Goth.* waian; *blow*; *comp.* **to-wōwen.**]

wawien, *see* **waȝien.**

wax, sb., *O.E.* weax, = *O.N.* vax, *O.Fris.* wax,

O.H.G. wahs; *wax*, '*cera*,' PR. P. 518; RICH. 782; M. H. 153; LUD. COV. 341; wax [wex] CH. C. T. *A* 675; wex HOM. II. 47; wex LAȝ. 2376; P. L. S. xiii. 121; LANGL. *B* xvii. 204.

wax-bred, sb., *O.E.* weaxbred; *wax tablet*: (god) wrate his himself in stenene **waxbredene** (*dat. pl.*) HOM. I. 235.

wax², sb., = *M.H.G.* wahs; *increase*, C. M. 1430.

wax-dōm, sb., = *M.Du.* wasdōm; *increase*; waxdam MAN. (F.) 6546ᵃ.

[**waxe?** *comp.* **wode-wexe.**]

waxen, adj., *cf. M.H.G.* wehsin; *made of wax*, GAW. 1650.

waxen², v., *O.E.* weaxan (*pret.* wēox), = *O.Fris.* waxa (*pret.* wōx), *O.N.* vaxa (*pret.* vōx, ōx), *O.L.G.* wahsan (*pret.* wōhs), *O.H.G.* wahsan (*pret.* wuohs); *wax, grow, become*, FRAG. 6; ORM. 3935; GEN. & EX. 1128; hu muche god mihte of inker streon waxen H. M. 3; heore volc gon waxen LAȝ. 26990; waxin PR. P. 518; wexen HOM. II. 69; wexe HORN (L.) 441; AYENB. 95; WILL. 124; GOW. II. 109; MAND. 44; HOCCL. ii. 5; **waxe** (*pres.*) SPEC. 54; þou ... wext REL. I. 265; waxeðˇ MARH. 11; waxeðˇ, wacseðˇ A. R. 54, 74; wext AYENB. 119; west O. & N. 689; (heo) waxaðˇ HOM. I. 35; wexeðˇ LK. xii. 27; **wexinde** (*pple.*) REL. I. 184 (MISC. 128); **wēox** (*pret.*) A. R. 258; weox, wex KATH. 12, 19; weox, wex LAȝ. 1995, 25516; Lucifer ... wox so proud C. L. 97; wex ORM. 7694; GEN. & EX. 584; wex HAV. 281; GREG. 159; DEGR. 619; ANT. ARTH. xxvi; wex [weex] LANGL. *B* iii. 328; wex, wax ROB. 11, 322; wex [weex], wax CH. C. T. *B* 3868, 3936; weax, wæx SAX. CHR. 251, 264; wax WILL. 630; MAND. 303; TOR. 73; (þu) weoxe JUL. 63; (heo) weoxen LAȝ. 7165; woxen JOS. 433; GOW. II. 152; woxen [wexen] LANGL. *B* ix. 32; **waxen** (*pple.*) ORM. 3190; waxen HAV. 791; IW. 1738); *comp.* ȝe-, þurh-**waxen.**

waxen, v., = *O.H.G.* wahsan; *fasten with wax*, waxin '*cero*,' PR. P. 518; **wexede** (*pret.*) CH. ASTR. ii. 40 (49).

waxt, *see* **wast.**

we (Pwē), pron., *O.E.* we, = *O.L.G.* wi, *O.N.* ver, *O.H.G.* wir, *Goth.* weis; *we*, MARH. 2; we LAȝ. 364; we (*printed* þe) 4128; we, we O. & N. 1690; we, we HAV. 621, 1058; weo HOM. I. 55.

wē, wēa, *see* **wā. wealden,** *see* **wálden.**

wealle, weallen, *see* **walle, wallen.**

weane, *see* **wēne. wearnien,** *see* **warnien**

weaschen, *see* **waschen.**

web, sb., *O.E.* webb, *cf. O.L.G.* (godu-)web, *M.L.G.* webbe (HOLTZM. I. 170), *O.H.G.* weppi *n.*, *O.N.* (guðˇ-)vefr *m.; from* **wéven;** *web*, REL. I. 115; TREAT. 139; AYENB. 164; WICL. JOB vii. 6; weob A. R. 322; web LANGL. *A* v. 92 [webbe *B* v. 111]; webbe '*tela*' PR. P. 519; **webbe** (*dat.*) LAȝ. 19947;

webb.   we3en.   673

webbis (*pl.*) *fabrics, woven cloths* ALEX. (Sk.) 4911, 5295; webis [webbes] 1577; *comp.* **cop-, gold-webbe.**

web-bēm, sb., *O.E.* webbēam, = *O.H.G.* weppeboum; *weaver's beam, 'liciatorium'* VOC. 218.

webbe, sb., *O.E.* webba; *weaver*, CH. C. T. *A* 362; **webbes** (*pl.*) P. S. 188.

webbe², sb., *O.E.* webbe; *female weaver*, LANGL. *B* v. 215.

webbon, v., *O.E.* webban; *weave*, PR. P. 519. **webbare**, sb., *weaver*, PR. P. 519.

webstere, sb., *O.E.* webbestre; (*female*) *weaver*, WICL. JOB vii. 6; webstar PR. P. 519; **websters** (*pl.*) D. TROY 1587; *comp.* **wolle-webstre.**

wecche, *see* **wacche.**

wecchen, v., *O.E.* weccan, = *O.H.G.* wecchan, *O.L.G.* wekkian, *O.N.* vekja, *Goth.* (us-)wakjan; *wake up, rouse, excite*, HOM. II. 137; wechche S. S. (Web.) 1628; **wecche𝚍** (*pres.*) a mong hem flite REL. I. 128; **wecche𝚍** (*imper.*) LA3. 798; wæht(e) [wehte] (*pret.*) LA3. 16216; wei3te BRD. 21; *comp.* **a-wecchen.**

wed, sb., *O.E.* wedd, = *O.Fris.* wed, *O.N.* ve𝚍, *Goth.* wadi (ἀρραβών), *O.H.G.* wetti; *pledge, compact*, A. R. 394; wed SPEC. 110; ALIS. 884; MIRC 1290; GOW. I. 94; E. G. 8; þet beste wed AYENB. 113; wed [wedde] LANGL. *B* v. 244; wedde PR. P. 519; TRIST. 320; **weddes** (*gen.*) HOM. I. 225; **wedde** (*dat.*) GEN. & EX. 2198; wedde MAND. 13; AMAD. (R.) xxxiii; mi lond ich wulle sette to wedde LA3. 25172; his nekke liþ to wedde CH. C. T. *A* 1218.

wed-brek(e), sb., *adulterer*, PS. xlix. 18.

wed-brō𝚍er, sb., *O.N.* ve𝚍brō𝚍ir; *pledged brother*, SAX. CHR. 30; wedbrō𝚍er LA3. 14469; wedbroþer HORN (H.) 295.

wed-lāc, sb., *O.E.* wedlāc; *wedlock, marriage*; LA3.395; MISC. 150; wedlac ORM. 2499; wedlok '*matrimonium*' PR. P. 520; wedlaik MAN. (H.) 254; PR. C. 8261; **wedlāke** (*dat.*) A. R. 206; **wedlōkes** (*pl.*) LANGL. *B* ix. 152.

wed-lowe, sb., *O.E.* wedloga; *pledge breaker*, FRAG. 7.

wed-setten, v., *mortgage, pledge*; wedsette MAN. (F.) 11796; YORK xxxii. 346.

wēd, *see* **wēod.**

wedden, v., *O.E.* weddian, = *M.Du.* wedden, *O.N.* ve𝚍ja, *Goth.* (ga-)wadjōn, *M.H.G.* wetten; *wed, pledge*, ORM. 10407; GEN. & EX. 1090; wedden CH. C. T. *B* 223; weddi SHOR. 67; weddi wif ROB. 331; wedde REL. I. 196; ich **wedde** (*pres.*) boþe mine eres LANGL. *A* iv. 129; **weddede** (*pret.*) LA3. 4432; LEG. 81; (hio) weddeden LK. xxii. 5; **wedded** (*pple.*) ORM. 1942; wedded HAV. 2770; weddid breþrin M. T. 2; iwedded A. R. 394; LA3. 9568; ALIS. 4400; *comp.* **bi-wedden.**

wedding, sb., *O.E.* weddung, = *M.Du.* weddinghe; *wedding*, GEN. & EX. 1428; wedding P. L. S. xvii. 92.

wēde, *see* **wǣde.**

wēden, v., *O.E.* wēden, = *O.H.G.* wuoten, wuaten; *from* **wōd**; *be mad, rage*, A. R. 264; KATH. 1263; ORM. 14140; wede ROB. 53; TRIST. 1049; IW. 2632; OCTAV. (H.) 339; M. ARTH. 787; **wēdined** (*pple.*) KATH. 379; *comp.* **a-wēden.**

weder, sb., *O.E.* weder, = *O.L.G.* wedar, *O.N.* ve𝚍r, *O.H.G.* wetar; *weather; bad weather, storm*; GEN. & EX. 3055; FL. & BL. 70; TREAT. 136; AYENB. 129; LANGL. *B* xviii. 410; A. P. ii. 444; M. H. 135; þet weder wes swa wilde LA3. 4679; a derk weder þer aros ROB. 560; **wederes** (*gen.*) LA3. 9734; **wedere** (*dat.*) LA3. 4603; of þe hote weder WILL. 2440; **wedirs** (*pl.*) PR. C. 1424; **wedere** (*gen. pl.*) LA3. 25638; *comp.* **un-weder.**

weder-coc, sb., *weather-cock*, AYENB. 180.

weder-wis, adj., *weather-wise*, LANGL. *B* xv. 350.

wederin, v., *O.E.* wedrian, = *O.N.* vi𝚍ra, *M.H.G.* witeren; *expose to weather; wither;* '*auro*,' PR. P. 519; i **widder** (*pres.*) a wai TOWNL. 21.

wederinge, sb., *O.E.* wederung, *cf. Ger.* witterung; *weathering, seasoning,* '*temperies*,' PR. P. 519; P. 76; wedering E. G. 23; widerunge HOM. I. 13.

Wēdnes dai, *see* **Wōden.**

wedir, *see* **weþer. wee,** *see* **wi3e.**

weed, *see* **wēod.**

weet, weeten, *see* **wǣt, wǣten.**

wēf, sb., *? from* **wǣven**; *mod.Eng.* whiff; *breath, gust*, (ms. weffe) '*vapor*' PR. P. 520; fro þe comeþ awikke wef MAP 335; wef (? ms. weffe) RICH. 5291.

weft, sb., *O.E.* weft, *O.N.* veftr; *from* **wēven**; *weft,* '*trama*,' VOC. 218; WICL. EXOD. xxxix. 3; TOWNL. 18.

Wē3e, pr. n., *Wye*, LA3. 29943; Weie (*ms.* Weye) ROB. 275; SPEC. 26; MAN. (F.) 8304.

wē3e, *see* **wǣ3e.**

we3en, v., *O.E.* wegan, = *O.H.G.* wegan, *O. Fris., O.N.* vega, *Goth.* (ga-)wigan, *Lat.* vehere; *weigh, bear; set free*; P. L. S. viii. 32; wei3en HOM. II. 222; weien HOM. II. 213; A. R. 336; weiin PR. P. 520; to we3e boþe scheld and spere O. & N. 1022; we3e AYENB. 44; weie TREV. IV. 207; (*ms.* weye) TREAT. 132; GOW. II. 275; **weie** (*pres.*) HOCCL. vi. 49; weeih𝚍, weie𝚍 A. R. 232, 332; þai we3en her ankres A. P. iii. 103; **wa13** [wei3, wei] (*pret.*) TREV. IV. 7; wai (*ms.* way) REL. II. 277; we3 BEV. 1424; heo we3e on heore honde feouwer sweord LA3. 24471; weie TREV. VI. 267; þe child swa hevi wogh [= *M.H.G.* wuoc *weighed*] HALLIW. 937; weiede, weide LA3. 24478, 26279; weien

X X

674 **weȝen.**

(*pple.*) LANGL. *A* i. 152; iweȝe AYENB. 152; iweie TREV. III. 129; E. G. 356; wowin '*libratus*,' PR. P. 533; *comp.* **a-, over-weȝen**; *deriv.* **wei, waȝe, wǣȝe, waȝn, weggen, wiht.**

weiere, sb., = *M.L.G.*, *M.H.G.* weger; *weigher*: this same cercle is cleped also the weiere, *eqvator*, of the dai CH. ASTR. i. 17 (9.)

wegge, sb., *O.E.* wecg, = *O.N.* veggr, *M.L.G.* wegge, wigge, *M.Du.* wegghe, wigghe, *O.H. G.* weggi, wekki; *wedge*, '*cuneus*,' VOC. 203; CH. ASTR. i. 14 (8); PALL. ii. 246; wegge [wedge], wigge PR. P. 520, 526.

weggen, v., *O.E.* wecgan, = *M.L.G.* weggen, *M.Du.* wegghen, *O.H.G.* wegan; *move, agitate*; **weieð** (*ms.* weieð) (*pres.*) LAȝ. 20137; **iweid** (*pple.*) SHOR. 14.

weht, *see* **wiht².**

wei, sb., *O.E.* weg, = *O.L.G.*, *O.H.G.* weg, *O.Fris.* wei, *O.N.* vegr, *Goth.* wigs, *related to Lat.* via, (*for* *veha); *from* weȝen; *way*, JOHN xiv. 5; weig MAT. iii. 3; wei FRAG. 3; HOM. I. 119; GEN. & EX. 1429; wuderward hie sullen wei holden REL. I. 128; wei HAV. 772; JOS. 32; (*ms.* wey) WILL. 205; LANGL. *B* v. 540; EGL. 274; and to him þane wei nom BEK. 707; wei, wæi, wai LAȝ. 1348, 15548, 28430; wei, wai O. & N. 249, 956; half wai midmorewe S. S. (Web.) 1626; **a weȝ** [*O.E.* a, on weg] *away*, ORM. 3196; a wei A. R. 238; a wei GOW. III. 226; wende a wei WILL. 2207; faren a wæi [wei] LAȝ. 10050; **a wei ward** he halde 8878; he gengþ . . . a wei [wai] ward O. & N. 376; a wif þat. is a wai ward (*wayward*) WILL. 3985; o wai TRIST. 316; **alne wai** *always* MISC. 148; AYENB. 6; al wei CH. C. T. *A* 275; **weiȝes,** weies (*gen.*) LEG. 156, 181; þe oðer twa turnden anes weis KATH. 1986; **nānes weies,** *no ways* LAȝ. 11216; nones weis A. R. 86; hwuches weis JUL. 42; summes weis H. M. 9; oþer weies (*ms.* weyes) MIRC 602; oðer weies, weis LAȝ. 10199, 16329; oðer weis HOM. I. 31; oþer weis C. L. 626; **alles weis** *always* A. R. 4; H. M. 27; alle weies MAND. 21; **weȝe** (*dat.*) ORM.6569; weie O. & N. 820; weie LAȝ. 524; HORN (L.) 759; **weiȝes** [weies] (*pl.*) LAȝ. 26915; weiges GEN. & EX. 3244; weiȝes, weies WILL. 1224, 2131, 2207; weoȝes, weies HOM. I. 5, 7; weies A. R. 78; ALIS. 2903; *comp.* **bi-wei.**

wei-brēde, sb., *O.E.* wegbrǣde, = *M.L.G.* wegebrēde, *O.H.G.* wegebreita; *waybread (herb)*, '*plantago*,' VOC. 265; PR. P. 520.

wai-fare, sb., *course*, D. ARTH. 1797.

wei-farende, pple., *wayfaring*, MAN. (F.) 3659.

wei-fērende, sb., *O.E.* wegfērende; *wayfarer*, MAT. xxvii. 39; weiverinde A. R. 350; waiverinde AYENB. 39.

wei-lokker, sb., ? *from M.Du.** weghlokker; *enticer away*; weilokere B. B. 19.

wel.

wæi-witer, sb., *guide*; **wæiwitere** (*pl.*) LAȝ. 12860.

wei-witti, sb., *guide*; weiwittie (*pl.*) LAȝ. 12860*.

wei, *see* **wā.**

[**wēi,** sb., *O.E.* wǣg, = Goth. wēgs, *O.Fris.* wēi, *O.L.G.* wēg, wāg, *O.H.G.* wāg, *O.N.* vāgr; *water, comp.* **hāle-wēi.**]

wōie, *see* **wǣȝe.** **weien,** *see* **weȝen.**

weiht, *see* **wiht².** **weik,** *see* **wāo.**

weilen, *see* **wailen.** **wein,** *see* **wain.**

weiven, *see* **waiven.**

weivērinde, *see* **weifērinde** *under* **wei.**

wēke, sb., *O.E.* weoca, = *M.L.G.* weke, *M.Du.* wieke, *O.H.G.* wieche; *wick*, VOC. 231; LANGL. *C* xx. 164, 171; ED.1277; weke (*ms.* wueke) HOM. II. 47; weike 206; wicke LANGL. *C* xx. PR. P. 520; LANGL. *B* xvii. 205.

wēke, *see* **wike.** **wēken,** *see* **wāken.**

wel, adv., *O.E.* wel, = *O.L.G.* wel, *O.Fris.* wel, wal, wol, *O.N.* vel, val, *O.H.G.* wela, wola, *Goth.* waila; *well, very*, MARH. 3; ORM. 1033; þu ert wel don man HOM. II. 29; þe mon þe wel deð he wel ifehð HOM. I. 131; wel is us A. R. 190; wel oft O. & N. 36; wel [vel] 95; wel PROCL. 2; BEK. 118; AYENB. 22; MAND. 41; hit wes wel neih middai MISC. 50; wel sone HORN (L.) 42; a wel old cherl WILL. 4; wel mai him be SPEC. 59; þou seidist wel WICL. JOHN iv. 17; wel wurðe þe LAȝ. 13079; and hine wæl lere 23121; wæl la *well done!* 12805; welle [wele] 29622; wel [weel] CH. C. T. *A* 1826; wel, wol GEN. & EX. 229, 1995; he shulde yeme hire wel HAV. 209; wel sixti 1747; wele ALEX. (Sk.) 30, 44; wele [wella] 1970; wol fair 185; wol RICH. 1280; S. & C. I. liii. wil S. S. (Wr.) 332.

wel-dǣde, -dēd, sb., *O.E.* weldǣd, = *Goth.* wailadēds, *O.H.G.* wolatāt; *benefit*, LAȝ. 3306, 8052; weldede HOM. I. 133; **weldēdes** (*pl.*) LANGL. *A* iii. 62.

wel-fare, sb., = *M.L.G.* wolvare; *welfare*, C. L. 189; WILL. 2076; GOW. II. 116; CH. C. T. *B* 1529; weillfair BARB. xii. 156; weilfar viii. 377*.

wel-wil(l)inde, adj., *O.E.* wel willende; *benevolent*, AYENB. 112; welwillinge PR. P. 521.

wel², sb., = ? *O.H.G.* giwel (*globe*); *ball*; trendled als a wel REL. I. 225.

wel³, sb., *O.E.* well, wyll; *well, fountain*, A. R. 72; O. & N. 917; æt þam welle JOHN iv. 6; þane wel LAȝ. 19812*; **welles** (*gen.*) LAȝ. 19756; **wille** (*dat.*) LAȝ. 19810*; **welles** (*pl.*) TREV. I. 399; *see* **welle.**

wel-cresse, sb., *watercress*, VOC. 226; '*nasturcium*' VOC. (W.W.) 712; *cf.* **welle-carse.**

wil-spring, sb., *O.E.* well-, wyllspring; *well-*

wel.

spring, P. L. S. xiii. 293 ; welsprung HOM. I. 195 ; **wellspringes** (*pl.*) HOM. I. 225 ; *cf.* welle-spring.
wel¹, *see* wæl, wil.
wēl, sb., *O.E.* wēl (GREIN), *? ornament* : al þat wæl & al þat gold LA3. 8111.
wēl, *see* wǣl.
welch(e), adj. & sb. ?=**walisc**; *? Welsh cloth, ? flannel*; she sholde nou3te have walked on þat welche [welsche] so was it thredbare LANGL. *B* v. 199 (*C* v. 205).
welcome, *see under* wil.
wélde, adj., *O.E.* wylde ; *from* **wálden** ; *dominant, powerful* ; freo of heorte of wisdom wilde MISC. 96 ; **weldre** (*compar.*) HOM. I. 105 ; *comp.* 3e-, un-wélde.
wélde², sb., *O.E.* (ge-)wylde,=*M.L.G.* welde, *O.N.* veldi ; *dominion, power,* P. L. S. xiii. 52 ; C. M. 462 ; R. R. 395 ; M. H. 109 ; þat i mote þe seo on cristen mannes welde FER. 3716.
wélde, *see* wálde.
wélden, v., *O.E.* (ge-)weldan, wyldan,=*O.N.* valda (*pret.* voldi, olli, *pple.* valdit, voldit) ; *wield, dominate, rule,* A. R. 358 ; MARH. 5 ; GEN. & EX. 2143 ; to welden (*ms.* weldenn) al his kinedom ORM. 8159 ; welden REL. I. 174 ; LANGL. *B* xi. 72 ; to welden al þis worldes winne C. L. 183 ; welden, wælden LA3. 1250, 3335 ; welde HAV. 129 ; ROB. 536 ; H. H. 106 (108) ; MIRC 237 ; FLOR. 765 ; PR. C. 5777 ; wilde FER. 5179 ; CR. K. 96 ; **wáldeð** (? = wealdeð) (*pres.*) HOM. I. 153 ; welt H. M. 7 ; wildis *possess* ALEX. (Sk.) 4481 ; **wélde** (*pret.*) HOM. II. 119 ; wealde SAX. CHR. 250 ; wildid [weldid] *governed* ALEX. (Sk.) 2303 ; walde, wolde [welde, wolde] LA3. 2440, 5986, 24134 ; welde [walde] C. L. 978 ; welde JOS. 600 ; welten GEN. & EX. 840 ; **wólde** (*subj.*) REL. I. 183 ; **wealt** (*pple.*) KATH. 190 ; welt WILL. 856 ; til he was on the rode wold GEN. & EX. 255 ; þat wold (*suppressed*) HAV. 1932 ; *comp.* a-, bi-, ge-wélden(-wílden).

wíldar [**wéldar**], sb., *governor*, ALEX. (Sk.) 3166 ; wildire [welder] 1608.
wélden, *see* wálden.
[**wéldi**, adj., = *M.L.G.* weldich ; *powerful ; comp.* un-wéldi.]
wéle, sb., *O.E.* wela, weola =*O.L.G.* welo, *O.H.G.* wolo ; *weal, wealth, happiness,* KATH. 1511 ; LANGL. *B* xx. 39 ; *C* xiii. 236 ; PR. C. 1002 ; wele or wo GOW. I. 46 ; wele, weole HOM. I. 145 ; wele, weole HOM. I. 145 ; wele, weole LA3. 7732, 10394 ; wele [weole] O. & N. 1273 ; weole A. R. 192 ; weole (*v. r.* wele) P. P. 250 ; þene corþliche weole FRAG. 6 ; weole and wunne R. S. ii ; weole C. L. 504 ; SPEC. 32 ; K. T. 967 ; weole after wowe REL. I. 174 ; in welre and wale GEN. & EX. 809 ; **weolan** (*gen.*) FRAG. 6 ; **weolæn** (*pl.*) FRAG. 6 ; **weolen** MARH. I ; **wélene,**

welle.

welena (*gen. pl.*) HOM. I. 33, 111 ; **wélen** (*dat. pl.*) LK. viii. 14 ; weolen FRAG. 6 ; *comp.* weoreld-wéle.
weole-ful, adj., *wealthy*, HOM. I. 259.
wélefulnesse, sb., *weal*, CH. BOET. i. 4 (21).
wélsom, adj., *prosperous*, WICL. GEN. xxiv. 21.
wele, *see* wel.
[**wele3en**, v., *O.E.* welegian, welgian ; *make rich ; comp.* a-, 3e-wele3en.]
wélen, v., *O.N.* velja,=*O.H.G.* wellen ; Goth. waljan ; *cf.* **wálen** ; *choose* ; wele IW. 2507 ; out wele MAN. (F.) 7340.
welewen, *see* welhen.
welhen, v., *? from* walh ; *wither, fade, dry up* ; shal welewen ['*marcescet*'] WICL. IS. xix. 6 ; **weolewe** (*pres.*) SPEC. 50 ; welweþ TREV. VII. 477 ; welewith P. R. L. P. 173 ; welyhes PS. lxxxix. 6* ; **welwed** (*pret.*) A. P. iii. 475 ; *comp.* for-welhen.
welewunge, sb., *fading away*, H. M. 35.
wéli, adj., *O.E.* welig, weleg,=*O.H.G.* welagi ; *wealthy*, '*dives*,' FRAG. 2 ; MAT. xxvii. 57 ; weoli LA3. 13904 ; þa weole3en 427 ; **wéliest** (*superl.*) C. M. 7879 ; *comp.* un-wéli.
welk, sb., *O.E.* weoloc, wiluc ; *whelk* ; wilk (*ms.* wilke) '*concha*' PR. P. 528 ; VOC. 189, 254 ; **welkes** (*pl.*) L. C. C. 17.
welkin, v., *cf. M.Du.* welken, *O.H.G.* welchen ; *wither, fade, dry up*, '*marceo*,' PR. P. 521 ; welke REL. I. 6 ; **welkeþ** (*pres.*) TREV. I. 77 ; GOW. I. 35 ; welkes PS. lxxxix. 6 ; PR. C. 707 ; **welkede** (*pret.*) GEN. & EX. 2107 ; welked CH. T. *C* 738 ; *comp.* for-welken.
welkne, *see* wolcne.
welle, sb., *O.E.* wella, wylla *m.*, wylle *f.*, *O.N.* vella (*boiling heat, torrent*), *cf. O.H.G.* wella *f.* (*wave*) ; *from* **wallen** ; *well, fountain, flood,* VOC. 239 ; PR. P. 520 ; SPEC. 94 ; WILL. 5535 ; MAND. 169 ; S. S. (Wr.) 1382 ; welle A. R. 156 ; ane welle HOM. I. 41 ; þa welle LA3. 19812 ; þan welle [wille] 19771 ; wælle [welle] 17025 ; þeos welle LEB. JES. 322 ; welle, wulle, wille SHOR. 119 ; wille P. L. S. xiii. 295 ; **welle** (*dat.*) ORM. 19314 ; þere welle [wille] LA3. 19750 ; swulche fisces in wælle (*ms.* walle, *r. w.* kulle) 21334 ; **wellen** (*pl.*) A. R. 282 ; wellen BRD. 12 ; AYENB. 80 ; weallen (*sec. text* welles) LA3. 1240 ; at Welle (*Wells*) MISC. 145.
welle-carse, sb., *cf. O.E.* wylle cærse ; *water cress* ; **welle carses** (*pl.*) LANGL. *C* vii. 292.
welle-spring, sb., *well spring*, GEN. & EX. 1243.
wælle-strēam, sb., *O.E.* wylle-strēam ; *well-stream* ; (*ms.* walle-) LA3. 2849.
welle-water, sb., *well water*, HOM. I. 159 ; wellewater LA3. 19792 ; wulle wæter LEECHD. III. 90.

wellen, v., *O.E.* wellan, wyllan, *O.N.* vella, *cf.* *M.L.G.* wallen, *O.H.G.* wellōn; *mod.Eng.* well, weld; *well up, bubble, flow; pour forth; boil, melt; weld*; REL. I. 53; welle M. H. 29; eli letten ho welle MARG. 60; þei schulen welle to gidere ['*conflabunt*'] WICL. IS. ii. 4; welle (*pres.*) SPEC. 40; welle '*fundo, coagulo*' PR. P. 520; he welleð of þe h(e)orte HOM. I. 159; welle (*subj.*) L. C. C. 51; welland (*pple.*) PR. C. 7126; welden (*pret.*) LEG. 191; welled (*pple.*) L. H. R. 59; iwelled A. R. 284; iwelled JUL². 54.

wellen², v., *O.E.* wyllan, = *M.H.G.* wellen; *? roll* [: to þan scipen wælden (*? carried*) [*sec. text* ladden] LAȜ. 1131; heo weopen ... and heore væx fæire wælden to volde 21874.

welm, sb., *O.E.* welm, wylm; *boil, tumour; fountain*; **welmes** (*pl.*) MAP 355; in þe welmes ['*in scatebris*'] TREV. I. 429; *? comp.* fōt-welm.

welmen, v., *boil*; he welmeþ (*pres.*) up so he were wod FL. & BL. (H.) 719.

welp, *see* hwelp.

welten, v., *O.E.* wyltan, *O.N.* velta (*pret.* velta), = *M.H.G.* welzen; *from* walten; *overturn*; welte (*pret.*) D. ARTH. 3152; welt A. P. iii. 115; iwelt (*pple.*) SHOR. 162; *comp.* a-welten.

weltren, *see* walteren.

welðe, sb., = *M.L.G.*, *M.Du.* welde; *wealth, happiness, pleasure*, GEN. & EX. 796; welþe REL. I. 174; WILL. 2076; LIDG. M. P. 69; ISUM. 699; ANT. ARTH. xvii; welthe PR. C. 1307; welþe, weolþe LANGL. *A* i. 53; welþes (*pl.*) ['*divitias*'] PS. xxxvi. 16*; welthis (*as sing.*) ALEX. (Sk.) 3290, 4467.

welþi, adj., = *M.Du.* weldich; *wealthy*, H. V. 115.

welwen, *see* welhen.

wem, sb., *from* **wemmen**, *cf.* *O.E.* wamm, womm *n. m.*, = *O.N.*, *O.H.G.* wamm, vamm *n.*, *O.L.G.* wam *m.; spot, stain, crime*, A. R. 10; wem P. L. S. xviii. 96; LANGL. *B* xviii. 131; WICL. PROV. ix. 7; CH. C. T. *F* 121; M. H. 126; wemm RICH. 1090; wem, wembe HAMP. PS. xviii. 14; **wemme** (*dat.*) MISC. 98; A. P. i. 1002; PARTEN. 466.

wem-lēs, adj., *spotless, faultless*, C. M. 5748; wemlees P. R. L. P. 211; wemmeles MISC. 139; CH. C. T. *G* 47.

wemmen, v., *O.E.* wemman, = *O.H.G.* (gi-)-wemman, *Goth.* (ana-)wammjan; *stain, defile*; wemmi ROB. 206; wemde (*pret.*) HOM. I. 83; wemmed (*pple.*) ORM. 2326; wemmed JOS. 678; WICL. DEUT. xii. 15; *comp.* a-, ȝe-wemmen.

wemmunge, sb., *pollution*, H. M. 13.

wen, *see* wenne.

wenchen, v., *O.Fr.* gvenchir, gvencir, gvinchir, *O.H.G.* wenkan, wenchan; *kick out* (*as a horse*); *go back*; wincen LIDG. M. P. 162; to winse LANGL. *C* v. 22; wincin '*calcitro*' PR. P. 528; **winche** (*pres.*) D. ARTH. 2104; wendeð ou ant **wencheð** (*imper.*) frommard him A. R. 98.

wenchel, sb., *? O.E.* wencel (*pl.* winclo), *mod. Eng.* wench; *child, boy or girl; girl, young woman*; were & wif & wenchel A. R. 334*; ȝuw is boren nu ... an wenchel (*ms.* wennchell) ORM. 3356; wenche ['*puella*'] WICL. MAT. ix. 24; '*ancilla*' PR. P. 521; MISC. 100; P. L. S. xvii. 116; WILL. 1901; AR. & MER. 894; GOW. I. 263; LANGL. *A* v. 208; CH. C. T. *A* 3254; þa **wænclen** (*ms.* wanclen) (*pl.*) LAȜ. 31834; **wenclen** (? wenchen) (*dat. pl.*) P. L. S. xvii. 98.

wend, sb., *O.E.* wend, = *O.Fris.* wend; *path*; went CH. TRO. ii. 815; PALL. ii. 96.

[**wende ?** adj., *comp.* **hāl-**, **hwīl-**, **luve-wende**.]

wenden, v., *O.E.* wendan, = *O.L.G.* wendean, *O.Fris.* wenda, *O.N.* venda, *O.H.G.* wentan, wendan, *Goth.* wandjan, *mod. Eng.* wend; *from* **winden**; *turn, direct one's course, go; change*; A. R. 110; ha willeð alle wenden to Criste KATH. 693; to wenden ðus here ðoght GEN. & EX. 4061; (*ms.* wendenn) ORM. 3441; wenden [wende] LAȜ. 712; leves wenden [wende] O. & N. 1326; wenden, wende LANGL. *A* v. 144; CH. C. T. *A* 21; wende DEGR. 1567; to hevene wende H. H. 248; wende into helle AYENB. 13; to wendende MISC. 192; **wende** (*pres.*) O. & N. 288; wendeð LAȜ. 20864; went A. R. 104; þe wedercoc ... þet him went mid eche winde AYENB. 180; wend O. & N. 1464; **wend** (*imper.*) A. R. 100; wend þe hider LAȜ. 24177; **wendinde** (*pple.*) LEG. 36; wende (*pret.*) FL. & BL. 17; BEK. 69; þa leaf wende LAȜ. 46; wende hire þiderward KATH. 160; he wende heowes JUL. 38; wente GEN. & EX. 321; wente MAND. 224; (þu) wendest LAȜ. 5057; (hie) wenden REL. I. 129; wenden, wenten MK. iii. 22; LK. xxiv. 33; wenten JOS. 191; wend (*ms.* wennd) (*pple.*) ORM. DEDIC. 113; wend HAV. 2138; went S. S. (Wr.) 1485; his douȝter ... was went a wai WILL. 1984; *comp.* a-, æt-, bi-, ȝe-, to-wenden.

wendinge, sb., *O.E.* wendung, wending; *wending, turning*, AYENB. 70; wending ['*versura*'] PALL. ii. 12.

wendi, adj., = *M.L.G.* wendich, *M.H.G.* wendec; *averse*: þu art windi [wundi] of me JUL. 10, 11; windi of wisdom KATH. 376.

wēne, sb., *O.E.* wēn, *cf.* *O.Fris.* wēn, *Goth.* wēns, *O.N.* vān *f.*, *O.H.G.* wāni *f.*, wān *m.*, *O.L.G.* wān *m.; thought, doubt, supposition*, FL. & BL. 651; þa ȝet hit weore a wene whar þu heo mihtes aȝe LAȜ. 18752; of þine kume nis na wene 28141; hit bið a muchele wæne whær ȝe iseon me avere mare 13503; an oþer þing me is a wene O. & N. 239; wen is þat he was

wēne.   **weorc.**   677

fordred ORM. 7152; vain [wane] BARB. vii. 2; **wēne** (*dat.*) A. R. 390*; wene MIRC 381; þenne is þat folc buten wene þat reouðe heom is to cumene LAȝ. 21763; withouten wene PERC. 1987; M. ARTH. 548; wiþuten wen ORM. 4326; wēne (*pl.*) REL. I. 173 (MISC. 108); *comp.* over-wēne.

wēne², adj., *O.E.* (or-)wāna, = *Goth.* (us-)wēna *O.N.* vænn, *O.H.G.* (ur-)wāni; *hopeful; beautiful;* **wēner** (*compar.*) þen Wenore (= Guenever) GAW. 945; *comp.* ǣr-wēne.

wĕn-lich, adj., *O.E.* wēnlīc, = *O.N.* vænligr; *hopeful; fine:* of atel(l)iche to wenliche HOM. II. 83; he mai beon ... wenliche (*good*) lorþeu REL. I. 173 (MISC. 108); **wĕn-lūkest** (*superl.*) HOM. II. 29.

wēne, see **wǣne.**

wénen, v., = *O.N.* venja, *M L.G.* wenen, wennen, *M.Du.* wennen, *O.H.G.* wennan; *wean (an infant);* wene '*ablacto*' PR. P. 522, **wénide** (*pret.*) WICL. PS. cxxx. 2; *comp.* for-, ȝe-wénen.

wéning, sb., *weaning,* WICL. GEN. xvi. 8.

wēnen, v., *O.E.* wēnan, = *O.Fris.* wēna, *Goth.* wēnjan, *O.N.* væna, *O.L.G.* wānian, *O.H.G.* wānan; *ween, hope, suppose,* MAT. v. 17; A. R. 106; ORM. 9826; wenen LAȝ. 4196; MAND. 252; þanne mawe we wenen þat he wule us w(u)rþie REL. I. 183; mon mai longe lives wene MISC. 156 (*printed* thene R. S. i); wene WILL. 554; PR. C. 2154; **wēne** (*pres.*) O. & N. 237; GEN. & EX. 315; wene HORN (L.) 663; HAV. 655; SPEC. 92; þu wenest HOM. I. 7; wanst O. & N. 1644; weneþ SHOR. 67; AYENB. 21; moni mon weneþ ... longes lives REL. I. 174 (MISC. 112); wenis BARB. ii. 288; **wēn** (*imper.*) JUL. 12; **wēnde** (*ms.* wennde) (*pret.*) ORM. 1993; wende BEK. 1758; TRIST. 33; DEGR. 1591; AMAD. (R.) xxxvii.; M. ARTH. 1160; þet heo þer wende vinde MISC. 53; his knape wende it were a der GEN. & EX. 477; þu wendest FRAG. 7; wenit BARB. iv. 771; wenden MARH. 4; heo wenden [wende] þat his sawen soðe weren LAȝ. 749; **wēnde** (*subj.*) LANGL. *B* xiii. 280; *comp.* ȝe-, over-wēnen.

wēninge, sb., = *M.H.G.* wænunge; *weening,* AYENB. 113; CH. BOET. v. 6 (172); wening TRIST. 1730.

wĕnen, see **hwēnen.**

weng, sb., *O.N.* vengr, væn gr; *wing,* '*ala,*' VOC. 233; PR. P. 522; **whenge** (*dat.*) LANGL. *B* xii. 263*; **wenges** (*pl.*) H. M. 47; ORM. 8024; PS. xvi. 8; MAND. 48; CH. C. T. *A* 1964*; *see* **winge.**

wenne, sb., *O.E.* wenn (*pl.* wennas), = *M.L.G.* wene; *wen,* '*verruca,*' PR. P. 522; VOC. 267; wen AYENB. 262.

wenne, see **wünne, hwenne.**

Wŏnsdaie, see **Wōden. went,** see **wend.**

wēod, sb., *O.E.* wēod, wīod, = *O.L.G.* wiod *n.*;

weed, ALIS. 796; weed '*herba nociva*' PR. P. 519; wed REL. I. 214; þat wed SHOR. 32; wede ALEX. (Sk.) 413; **wēode** [wode] (*dat.*) O. & N. 320; **wīedes** (*pl.*) HOM. II. 129; weoden ROB. 404; *comp.* doke-, knopweed.

wēod-hook, sb., *hoe,* ['*sarculum*'] WICL. IS. vii. 25; wiedhoc AYENB. 121; wedhoc VOC. 232.

wēoden, v., *O.E.* wēodian, = *M.Du.* wieden, *M.L.G.* wēden; *weed, free from weeds;* weede H. V. 77; wede '*runco*' PR. P. 519; **weede** (*imper.*) PALL. ii. 289.

[**weoh,** adj., *O.E.* weoh, wīh (*sacred*), = *O.L.G.* wīh (*temple*).]

weofed, sb., *O.E.* weofed, weo-, wī-, wīgbed, (-bed = bēod); *altar:* þat weofed [wefd] LAȝ. 1189; weofd 28750; weoved A. R. 346; KATH. 203; weved ROB. 224; PS. xxv. 6; wieved AYENB. 236; **wǣfde** [wefde] (*dat.*) LAȝ. 8089; **wĕvedes** (*printed* wenedes) (*pl.*) TREV. I. 161.

weolcne, see **wolcne.**

weole, weoli, see **wéle, wéli.**

weolewen, see **welwen.**

weopen, see **wēpen.**

weorc, sb., *O.E.* weorc, worc, = *O.L.G.* werc, *O.Fris.* werk, wirk, *O.N.* verk, *O.H.G.* werch, Gr. ἔργον; *work,* HOM. I. 93; weorc, werc P. L. S. viii. 54, 64; ORM. 1833, 6522; weorc, werc, worc LAȝ. 491, 2574, 8709; werc A. R. 118; weork S. A. L. 150; werk '*opus*' PR. P. 522; HAV. 866; C. L. 3; SPEC. 42; MAND. 93; CH. C. T. *A* 479; ðat werk GEN. & EX. 3902; work TREAT. 133; wurc HOM. I. 223; **werc** (*pl.*) MAT. xxiii. 5; REL. I. 131 (HOM. II. 11); weorc, werkes HOM. I. 23, 99; werkes LAȝ. 5979; werkes A. R. 118; wurkes MARH. 6; **werke** (*gen. pl.*) HOM. I. 9; weorcan, wercan (*dat. pl.*) HOM. I. 107, 109; wercan MAT. xxiii. 3; woorken LAȝ. 7106; wurken MISC. 193; werke FRAG. 7; HOM. II. 220; werke MISC. 58; weorche [werche] P. L. S. viii. 6; *comp.* and-, ȝe-, wunder-weorc.

werk-beeste, sb., *beast of burden,* WICL. PS. lxx. 23.

werk-dai, sb., *O.N.* verkdagr, = *M.H.G.* werctac; *work-day,* PR. P. 522; MAS. 270; werkedei A. R. 20; warke daȝ ORM. 11315; werkedai LEG. 74; MIRC 1005.

work-ful, adj., *O.E.* weorcfull; *industrious;* work-vol AYENB. 199.

werk-hous, sb., *O.E.* weorchūs; *workshop,* '*artificina, opificium,*' PR. P. 522.

weorc-man, sb., *O.E.* weorcmann; *workman,* LAȝ. 22892; wercmon A. R. 404; werkman LANGL. *B* xiv. 137.

werkman-shipe, sb., *workmanship, work,* LANGL. *B* ii. 91; werkmanshup C iii. 96, xx. 141; werkemanship *B* x. 288.

weored, sb., *O.E.* weorud, werud, werod, = *O.L.G.* werod; *host, troop*, LA3. 19922; wered ['*cohortem*'] MK. xv. 16; werd ['*turba*'] LK. vi. 17; werd REL. I. 188; wird GEN. & EX. 1790; **werod** (*pl.*) HOM. I. 219; weoredes A. R. 30*; weordes [wordes] MARH. 22; *comp.* cniht-, mon-weored.
    wored-strencðe, sb., *army*, LA3. 509.
    [**weored**[2], adj., *O.E.* weorod, wered; *sweet.*] **weorednesse**, sb., *O.E.* weredness; *sweetness*: salt 3iveð mete wordnesse A. R. 138.
weoreld, sb., *O.E.* weorold, worold, weoruld, woruld, world, = *O.L.G.* werold, *O.N.* veröld, *O.H.G.* weralt, werolt, worolt, werelt, werlte; *? a compound of* wer *and* alde; *world; age, eternity;* ORM.10515; weoreld, weoruld, woreld LA3.5028, 8116, 9969; þeos woreld, weorld HOM. I. 19, 33; woreld, wereld HOM. II. 99, 161; world A. R. 92; KATH. 189; world C. L. 570; WICL. JOHN iii. 16; world, worlde LANGL. *A* PROL. 19; *B* PROL. 19; wordle TREAT. 132; SHOR. 95; AYENB. 7; wordle wiþouten ende P. L. S. xii. 109; werld GEN. & EX. 42; werld FER. 123; in werld ['*in seculum*'] PS. xliii. 9; werlde PERC. 284; werde '*mundus, seculum*' PR. P. 522; werd HAV. 1290; MAN. (F.) 222; ALEX. (Sk.) 18, 4142, 4136; þe litill werde *the microcosm* 4494; **weorlde** (*gen.*) HOM. I. 21; weorlde, worlde MAT. xiii. 22, 39; worlde O. & N. 476; **weorlde** [worle] (*dat.*) LA3. 23081; a þere ilke worlde þa þis wes iwurðen 23425; on ðere eche weorlde HOM. I. 135; he beo ever iheied from worlde to worlde A. R. 430; from worlde into worlde MARH. 22; werelde MISC. 105; **worulde** (*gen. pl.*) LA3. 9072; in alre worlde world KATH. 663.
    weoreld-ǣhte, sb., *O. E.* woruldǣht; *worldly property*, ORM. 12079; worldaihte REL. I. 183.
    weorld-ȝelp, sb., *worldly boast, praise*, HOM. I. 105.
    weoreld-king, sb., *O.E.* woruldcyning; *king of the world*, LA3. 6328.
    world-lich, adj., *O.E.* woruldlīc; *worldly*, A. R. 92; H. M. 29; worldlich C. L. 983; werdli [wordli] ALEX. (Sk.) 3262.
    werdlinesse, sb., *worldliness*, PR. P. 522.
    weoreld-lif, sb., *O.E.* weoruld-, woruldlīf; *life of the world*, ORM. 2978.
    weorld-mon, sb., *O.E.* weoruld mann; *man of the world*, LA3. 28131; worldmon KATH. 486.
    weoreld-riche, sb., *O. E.* woruldrīce; *worldly kingdom*, ORM. 11800; weorldriche LA3. 15179.
    weorld-scóme, sb., *shame of the world*, LA3. 8323.
    weorld-sēli, adj., *happy; fortunate*; weorldseli men LA3. 11043.
    weoreld-shipe, sb., *O. E.* woruldscipe; *worldliness*, ORM. 6322.

    weoreld-þing, sb., *thing of the world*, ORM. 2966; worldþing HOM. I. 105; wereldþing II. 127.
    woruld-wele, sb., *O. E.* weoruldwela; *worldly wealth*, P. L. S. viii. 183; woreldwele HOM. II. 29.
    world-wis, adj., *worldly wise*, LA3. 15496.
    world-witti, adj., *worldly wise*, KATH. 488.
    world-wünne, sb., *worldly joy*: worldwunne wiðouten poverte HOM. I. 143.
weorien, *see* **wérien**.
weorpen, werpen, worpen, v., *O.E.* weorpan, worpan, wurpan, = *O.L.G.* werpan, *O.N.* verpa, *Goth.* wairpan, *O.H.G.* werfan, werphan; *throw, twist*, LA3. 2488, 6428, 17429; weorpen, worpen A. R. 166, 404; werpen GEN. & EX. 3358; to werpen dun þe deofel ORM. 3575; worpe [werpe] of horse O. & N. 768; wurpen LK. xx. 19; **werpe** (*pres.*) PS. ii. 3; werpeð ðus hire web & weveð on hire wise REL. I. 219; werp up ALEX. (Sk.) 557; werpis 798; **worp** (*imper.*) A. R. 478; **werpinde** (*pple.*) HOM. II. 175; **wearp, warp** (*pret.*) KATH. 831, 894; warp ORM. 1095; O. & N. 125; GEN. & EX. 2640; warp LA3. 4518; HAV. 1061; PS. lxxvii. 67; GAW. 2025; on þat us warp from wo SPEC. 32; warp, werp HOM. I. 41, 129; weorp JUL. 38; werp A. R. 52; þu wurpe FRAG. 6; JUL. 60; (hie) wurpen REL. I. 129; (MISC. 161); KATH. 1832; wurpen LA3. 4033; MISC. 151; wurpe (*subj.*) A. R. 124; **worpen** (*pple.*) ORM. 8136; GEN. & EX. 1943; *comp.* a-, bifor-, 3e-, over-, to-weorpen (-werpen); *deriv.* warp, wurp.
    [**weorpere**, sb., *thrower; comp.* knifw(e)orpare.]
weorre, *see* **werre**.
weorþien, *see* **würðien**. **weote**, *see* **wite**.
weoðelen, v., = *M.H.G.* wedelen; *waver, hesitate*; weoðeleden [wiþeleode] (*pret. pl.*) his fluhtes LA3. 2885.
weoved, *see* **weofed**.
wēp, sb., = **wōp**; *weeping*, GEN. & EX. 2328; woep AN. LIT. 90.
wēp-li, adj., *lamentable*, CH. BOET. i. 1 (5).
wēpen, v., *O.E.* wēpan, (*pret.* wēop), = *O. Fris.* wēpa, *O.N.* œpa (*pret.* œpta), *O.L.G.* wōpian (*pret.* weop), *Goth.* wōpjan (*pret.* wōpida) (φωνεῖν), *O.H.G.* wuofen (*pret.* wiof); *weep*, ORM. 5653; wepen LA3. 11980; wepe BEK. 1425; WILL. 310; weopen A. R. 274; **wēpe** (*pres.*) O. & N. 876; weþþ AYENB. 93; **wēpinde** (*pple.*) ROB. 338; weopinde FRAG. 5; **wēop** (*pret.*) A. R. 106; weop HORN (L) 69; SPEC. 70; weop [wep] LA3. 6650; weop, wiop JOHN xx. 11; wiep HOM. II. 149; wep R. S. vii; GEN. & EX. 4149; wep BRD. 9; IW. 2773; LIDG. TH. 1002; weep CH. C. T. *D* 588; wip S. S. (Wr.) 2508; wep, wepte WILL. 33, 50; wept LANGL. *B* xviii. 91; wepte

wēpen.   werkin.

CH. C. T. *A* 148; wepen HAV. 152; wepe ROB. 338; wepten ORM. 8140; wōpen (*pple.*) AM. & AMIL. 2281; CH. C. T. *F* 523; wept *E* 1544; *see* ēpen; *comp.* bi-, ȝe-wēpen.

wēpinge, sb., *weeping*, PR. P. 522; LAȝ. 5970*; SPEC. 30.

wēpen, *see* wāpen.

wēpman, *see under* wāpen.

wer, sb., *O.E.* wer,=*O.L.G.*, *O.H.G.* wer, *O.N.* verr, *Goth.* wair, *Lat.* vir; *man* MAT. i. 19; were P. L. S. viii. 16; JUL. 15; H. M. 31; ORM. 4604; O. & N. 1522; GEN. & EX. 3977; were MISC. 85; ver GAW. 866; **weres** (*pl.*) LAȝ. 17333; *comp.* burh-wer.

wer-wolf, sb., *O.E.* werewulf, = *M.H.G.* werwolf; *werewolf*, λυκάνθρωπος; WILL. 15; **werwolves** (*pl.*) PL. CR. 459.

wer², sb., *O.E.* wer *m.* (ALFR. P. C. 278); *weir, dam, pond*: þis strem ȝou ledeth to þe sorouful were CH. P. F. 138; **wéres** (*pl.*) ['*stagna*'] PS. cvi. 35; M. T. 121; wæres and feonnes SAX. CHR. 122; *comp.* fisch-wer.

[**wer** (? **wēr**), sb., ? *M.Du.* wier (*seaweed*).] **wer-cok**, sb., ? *pheasant*, L. C. C. 36.

wer, *see* war, werre.

wēr, *see* hwār, hweþer.

werble, *O.Fr.* werble; *warble*; **werbles** (*pl.*) GAW. 119; werbeles TREV. I. 355.

werblen, v., *O.Fr.* werbler; *mod.Eng.* warble; *blow, sound*; þe werbelande (*pple.*) winde GAW. 2004; **werbild** (*pple.*) trompis ALEX. (Sk.) 2222.

werc, *see* weorc. **werchen**, *see* wurchen.

werd, *see* weored, weoreld.

werde, *see* würde.

werden, weorden, v., *O.E.* werdan, wyrdan, =*O.L.G.* (a-)wardean, *O.H.G.* wartan, wertan; *harm, injure*, ORM. 5185, 6249.

wére, sb., *doubt*: boute were P. L. S. xxxv. 21; mi witte is in a were YORK v. 1; were LANGL. *B* xi. 111; *B* xvi. 3; weer *C* xiii. 50; wehere MAN. (H.) 306; weir BARB. xvii. 496; wer ii. 43.

wére¹, v., *cf.* *O.Fris.*, *M.Du.*, *M.L.G.* were, ? *O.H.G.* weri; ? *defence, protection*: he wurð ðane Egiptes were GEN. & EX. 2680; al englene were (*host*) HOM. I. 195; were GAW. 1628; þe Inglismen put þam to were ful baldli MIN. iii. 95; that falles unto the were TOWNL. 218.

were, *see* wer, werre.

wēre, sb., *cf.* *O.N.* vár, *Sw.* vår, *Latin* ver; *spring*, BARB. v. 1; ware HAMP. PS. lxxiii. 18; wair CATH. 408; veer PALL. iv. 251.

wéred, *see* weored. **wereld**, *see* weoreld.

wéren, v.,=*M.Du.*, *O.H.G.* weren; ? *remain*: **wérende** (*pple.*) on worlde REL. I. 184.

werȝen, *see* warien, wurȝen.

wērgen, *see* wērien, **werhte**, *see* wurhte.

weri, *see* wari.

wēri, adj., *O.E.* wērig,=*O.L.G.* (sīth-)wōrig, *O.H.G.* wōrag; *weary*; ['*fatigatus*'] JOHN iv. 6; KATH. 439; GEN. & EX. 975; weri '*fessus*' PR. P. 522; LAȝ. 1328; SHOR. 85; AYENB. 84; weri so water in wore A. D. 148; GOW. I. 318; CH. C. T. *A* 4234; EGL. 595; so weri he was of þe wei BEK. 1171; **wērie** (*dat. m.*) HOM. II. 7; **wērie** (*pl.*) LAȝ. 18406; **wēri** (*adv.*) HOM. II. 227; *comp.* for-, sǣ-wēri.

wēri-hēde, sb., *weariness*, AYENB. 33.

wērinesse, sb., *O.E.* wērigness; *weariness*, ROB. (W.) 7384; REL. I. 130; werinisse P. L. S. ix. 61.

wérien, v., *O.E.* werian, wergan, = *O.L.G.* werean, *O.H.G.* werian, *O.N.* verja, *Goth.* warjan; *defend*, P. L. S. viii. 162; A. R. 52; werien [werie] KATH. 788; ic eou wulle werien wið elcne herm HOM. I. 13; weren 69; werien PROCL. 4; SHOR. 5; þe while he mai . . . i compe hine werien [werie] LAȝ. 8288; weorien heom mid wepnen 21289; werie REL. I. 172; MISC. 44; HORN (L.) 785; ROB. 390; AYENB. 182; ALIS. 3656; weren GEN. & EX. 1272; þu miht weren þe fra þeȝm ORM. 1406; weren PL. CR. 435; were HAV. 2152; CH. C. T. *A* 2550; MAN. (F.) 5957; Iw. 3136; TOR. 527; AV. ARTH. xxxix; **wéreð** (*pres.*) A. R. 312; wereþ O. & N. 834; (heo) werieð A. R. 246; **wére** (*imper.*) þe . . . aȝean me A. R. 400; **wéreden** (*pret.*) LAȝ. 5696; *comp.* bi-wérien.

wérien², v., *O.E.* werian,=*O.H.G.* werian, *O.N.* verja, *Goth.* wasjan; *wearing* (*cloth*), A. R. 418; to werien moni a feir schrud R. S. v (MISC. 172); werien [werie, were] LANGL. *B* xiv. 329; were CHR. E. 642; were, weore SPEC. 37; **wérieþ** [wereþ] (*pres.*) O. & N. 1174; **wérede** (*pret.*) BEK. 1475; REL. I. 121; wered GOW. I. 33; CH. C. T. *A* 75; LIDG. M. P. 49; wereden R. S. iv (MISC. 164); wereden WICL. 3 ESDR. iii. 2; beien heo wereden anes kunnes iweden LAȝ. 30081; *comp.* for-wérien.

wériung, werunge, sb., *wearing*, A. R. 8.

werien, *see* warien.

wērien, v., *O.E.* wērigean; *make or become weary*; werie AYENB. 99; **wērgeð** [weries] (*pres.*) A. R. 252; ne wergeð he neaver to wurchen ow al þat wandreðe JUL. 22; it werieþ me CH. C. T. *G* 1304; (ȝe) wergið ow seolven MARH. 18; **wērgede** (*pret.*) JUL. 54; *comp.* forwērien.

wērgunge, sb., *wearying*, A. R. 252.

werk, sb., *O.E.* wærc,=*O.N.* verkr; *pain, grief*, SPEC. 31; REL. I. 51; warch A. R. 282*; *comp.* heed-werk.

werk, werken, *see* weorc, wurchen.

werkin, v., *O.E.* wærcian (LEECHD. II. 318), *cf.* *O.N.* verkja, virkja; *pain, ache;* '*doleo*'

werkin.

PR. P. 522; **warchende** (*pple.*) A. R. 360*; moni warchond wound D. TROY 10035.

werkinge, sb., *aching*; warkinge HAMP. PS. lxviii. 31; '*cephalia*' PR. P. 523; **werkingis** xxxvii. 2.

werld, *see* **weoreld. werm,** *see* **wurm.**

wermen, *see* **warmen.**

wermōd, sb., *O.E.* wermōd, = *O.H.G.* werimuote; *wormwood*, '*absinthium*,' VOC. 139; WICL. LAM. iii. 19; PALL. xi. 344.

wernard, sb., *O.Fr.* gvernart (*trompeur*); *deceiver, liar*, LANGL. *B* iii. 179; **wernardes** (*pl.*) *A* ii. 98, *B* ii. 128, *C* iii. 142.

wernen, v., *O.E.* wyrnan, = *O.L.G.* wernian, *O.H.G.* warnen; *refuse, deny*, A. R. 330; wernen [werne] LAȝ. 30310; wernin, wearne KATH. 770; ne mai ich mine songes werne O. & N. 1358; werne HAV. 1345; OCTOV. (W.) 1937; MIRC 841; GOW. I. 162; CH. C T. *D* 333; HOCCL. i. 442; dorst he nouȝt werne þe wille of his lord WILL. 305; werne, wurne HORN (L.) 916, 1086; TREV. VII. 329; wurne ROB. 367; werneþ (*pres.*) LANGL. *B* xx. 12; **werne** (*subj.*) GEN. & EX. 2797; **wernde** (*pret.*) A. R. 248; wernde AYENB. 189; wornde P. L. S. xvi. 127; and warnden [wornde] him inȝeong LAȝ. 28370; **werned** (*pple.*) GEN. & EX. 3171; iwerned TREV. III. 101; *comp.* **for-wernen.**

wernunge, sb., *refusal*, A. R. 330.

wernien, *see* **warnien.**

werp, *see* **warp. werpen,** *see* **weorpen.**

werre, sb., *O.Fr.* werre, gverre *f.*, *cf.* M.Du., M.L.G. werre *n. m.*, *O.H.G.* werra *f.* (*strife*), M.H.G. werre *m. f.*; *war*: þa þe ledden here lit in werre & in winne HOM. I. 175; werre C. L. 442; AYENB. 30; OCTOV. (W.) 1621; P. P. 217; WILL. 1083; LANGL. *B* xi. 323; CH. TRO. v. 1393; þer efter wæx svythe micel werre (*ms.* uuerre) betvyx þe king & Randolf SAX. CHR. 264; weorre A. R. 72; KATH. 13; weorre MISC. 91; halde weorre [werre] LAȝ. 18660; werre, were GOW. I. 107, 214; H. S. 462, 10571; S. S. (Wr.) 2858, 5860; PARTEN. 3172, 3659; were GEN. & EX. 1788; were MAN. (H.) 22; DEGR. 393; PR. C. 2296, 4088; weir, wer BARB. xvi. 178, viii. 495; justit of wer *in a warlike manner* xix. 787.

werre[2], adj., *O.N.* verri, = *O.Fris.* werra, wirra; *worse*, ORM. 4898; GEN. & EX. 3951; werre H. S. 474; APOL. 55; M. H. 90; worre MIRC 1242; GAW. 1588; *see* **wurs.**

werreien, v., *O.Fr.* gverroier; *make war upon, wage war*, CH. C. T. *A* 1544; werrai HAMP. PS. xvi. 14; werrai ALEX. (Sk.) 2689; warrai BARB. v. 220, xiv. 39, xx. 522; warra ix. 646; varrai viii. 24; **werrais** (*pres.*) ALEX. (Sk.) 2495; varraiis BARB. xii. 363; **warraiand** (*pple.*) BARB. i. 140; **warrait** (*pret.*) BARB. ix. 650, ix. 744; werraid ALEX. (Sk.) 3730.

wesen.

werreour, sb., *O.Fr.* gverreur; *warrior*, MAN. (F.) 6106; ALEX. (Sk.) 5310; werraiour ALEX. (Sk.) 3211; BARB. v. 85*; **werreours** (*pl.*) 2643; werriours BARB. xx. 416; weorreur A. R. 62.

werrien, v., *cf.* M.L.G., M.Du. werren; *make war, fight against*: David ... toc to verrien him SAX. CHR. 261; werren, weorren KATH. 32, 1357; werren BEK. 2380; weorren H. M. 17; werre SHOR. 133; WILL. 1070; werri þe grace of þe holi gost AYENB. 29; **weorreð** (*pres.*) A. R. 60; weorreð aȝein me MARH. 8; weorreþ MISC. 89; þat he weorri mi wit MARH. 3; weorrede [werrede] (*pret.*) LAȝ. 20191; werrede BEK. 1588.

werring, sb., *cf.* M.Du. werringhe; *warring, dissension*, SPEC. 23.

wers, *see* **wurs. werstillare,** *see* **wrǣstlare.**

wert, *see* **wurt. werte,** *see* **warte.**

werþ, *see* **wurð.**

wérunge, *see under* **wérien.**

werve, sb., *O.E.* weorf, weoruf; *plough*, HOM. I. 85.

werven, *see* **hwerven.**

werwolf, *see under* **wer.**

wēsand, *see* **wǣsand.**

weschen, *see* **waschen.**

wésele, sb., *O.E.* wesle, = M.L.G. wesele, *O.H.G.* wisela; *weasel*, '*belette*,' VOC. 166; CH. C. T. *A* 3234; wesile '*mustela*' PR. P. 523.

[**wesen**, v., *O.E.* wesan, = *O.L.G.*, *O.H.G.* wesan, *O.Fris.* wesa, Goth. wisan, *O.N.* vesa, vera; *be*:] **wæs** (*imper.*) hæil hail! LAȝ. 14309; hale wese ge MAT. xxviii. 9; **wæs** (*pret.*) was FRAG. 7; wæs [wes] P. L. S. viii. 1; wæs, wes, weas SAX. CHR. 249; wæs [was] LAȝ. 513; heore wes þat wurse 26997; wes MARH. 2; seoððan þe cristindom wes HOM. I. 5; efter þet he wes arisen 141; was A. R. 8; ORM. 540; GEN. & EX. 38; was, wes O. & N. 1; hire was boþe stronge and sure 1082; ou nas (=ne was) never icunde þar to 114; was HORN (L.) 13; LANGL. *A* PROL. 1; of his oth ne was him nouth HAV. 313; such an anker he was bicome BEK. 1155; wes H. H. 4; AYENB. 7; TRIST. 24; þu were O. & N. 1059; were BEK. 774; WICL. JOHN i. 48; CH. C. T. *B* 3850; wæron, wæran *were* SAX. CHR. 250; wæran JOHN xvii. 6; wæren MK. i. 32; wæren ORM. 53; weren HOM. l. 15; A. R. 72; heo weren [were] þeowe LAȝ. 334; hu heo ivaren weoren *how they had fared* 26610; weren [weoren] C. L. 448; were LANGL. *B* PROL. 55; CH. C. T. *A* 18; were, ware, wore HAV. 156, 237, 400; waren HOM. II. 31; waren MISC. 33; ware MAN. (H.) 90; PERC. 1041; woren GEN. & EX. 347; wore EM. 410; þu wǣre (*subj.*) ORM. 5620; were O. & N. 53; were H. H. 131; axede hire what hire were FL. & BL. 467; in muche murþe he were SPEC. 39; þat hire nevere sæl nere (*should be*) LAȝ. 12875; weore LANGL. *A* i.

wesen.   wicche.

10 [were *B* i. 10]; ware TRIST. 376; war n(e) (*were it not that*) som hope ware PR. C. 7264; wore HAV. 504; *deriv.* **wiste**.

wēsen, v., *from* **wōs**; *ooze, suppurate*; wese N. P. 65.

wesseil, sb., *for* **wes heil**; *see* **wesen**; *wassail*, HAV. 1246.

wesseilen, v., *wassail*; **wesseilen** (*pres.*) HAV. 2098; fele siþes haveden **wosseiled** (*pple.*) 1737.

west, sb. & adv., *O.E.* west, = *O.Fris.* west *n.*; *west; in the west*; (*ms.* wesst) ORM. 12125; west MISC. 96; west *towards the west* LAȝ. 1278; i shal walk(e) west MIR. PL. 172; west '*occidens*' PR. P. 523; AYENB. 124; þet west LAȝ. 1231; þe west A. R. 94; toward þane west BRD. 3.

west-dāle, sb., *O.E.* westdǣl; *west part*, ORM. 16406.

west-ende, sb., *O.E.* westende; *west quarter*, A. R. 244.

west-half, sb., *O.E.* westhealf; *west side*: an westhalve LAȝ. 29287.

West-mara-lond, pr. n., *Westmoreland*, MISC. 146.

West-münster, **-minster**, pr. n., *Westminster*, LANGL. *A* ii. 131.

West-sæx, pr. n., *O.E.* Westseaxe; *Wessex*, LAȝ. 15390; Westsex P. L. S. xiii. 45.

west-side, sb., *west part*, BEK. 1410; CH. C. T. *E* 57; PR. C. 5127.

west-ward, adv., *O.E.* westweard; *westward*, CH. C. T. *A* 2581; westwarde LANGL. *B* xvi. 169.

west-wind, sb., *O.E.* westwind; *west wind*, PR. P. 523.

weste, ? sb., *west*; bi westen A. R. 232; KATH. 591; bi westen [weste] Sævarne LAȝ. 2136; bi westen HORN (H.) 5 (bi weste L.); bi weste P. L. S. xii. 9; SHOR. 137; fro westen GEN. & EX. 3096.

wēste, adj., *O.E.* wēste, = *O.Fris.* wōste, *O.H.G.* wuosti; *waste, desert*, REL. I. 128; O. & N. 1528; (*ms.* wesste) ORM. 1391; weste paðes LAȝ. 17330.

wēste², sb., = *O.H.G.* wuostī; *desert*, HOM. II. 127; O. & N. 1000; (*ms.* wesste) ORM. 17409.

westen, adv., *O.E.* westan, = *O.N.* vestan, *O.L.G.* westan, westane, *O.H.G.* westana; *from the west*, GEN. & EX. 3915; þa com þer westene winden LAȝ. 25591.

wēsten, sb., *O.E.* wēsten *m. n., cf. O.Fris.* wōstene, wēstene, wēstenie, *O.L.G.* wōstinnea, *O.H.G.* wōstinna *f.; desert, 'desertum,'* FRAG. 3; **wēstene** (*dat.*) HOM. I. 245.

wēsten², v., *O.E.* wēstan, = *M.Du.* woesten, *M.H.G.* wüesten; *lay waste*, LAȝ. 20941; **wēsten** (*pret.*) LAȝ. 1754; **wēst** (*pple.*) LAȝ. 1123; REL. I. 124; *comp.* a-, ȝe-**wēsten**.

western, adj., *western*; westren CH. BOET. i. 2 (8); *comp.* souþ-**western**.

wēsterne, sb., *O.E.* wēstern; *desert*, HOM. II. 129.

wēsti, adj., *O.E.* wēstig; *desert*, HOM. I. 277; **wēstiȝe** (*pl.*) paðes LAȝ. 1120.

westme, *see* **wastum**.   **wēt**, *see* **wāt**.

wete, *see* **wite**.   **wēte**, *see* **hwǣte**.

weten, *see* **witen**.   **wēten**, *see* **wǣten**.

weter, *see* **water**.

wēðe, adj., *O.E.* wēðe, = *O.L.G.* wōthi, Goth. wōþis; *sweet, pleasant*: a wind so wiþe (*ms.* wyþe) & so col A. P. iii. 454.

weðer, sb., *O.E.* weðer, = *O.N.* veðr, *O.L.G.* wither, Goth. wiþrus (*lamb*), *O.H.G.* widar; *wether*, GEN. & EX. 3998; weþer '*vervex*' VOC. 177; CH. C. T. *A* 3249; MAN. (F.) 11490; weþir ['*arietem*'] WICL. GEN. xv. 9; wedir '*aries, vervex*' PR. P. 519; **weþeres** (*pl.*) ROB. 52; weþres PS. lxiv. 14; wethris ALEX. (Sk.) 4476.

wéved, *see* **weofed**.   **wével**, *see* **wivel**.

wéven, v., *O.E.* wefan (*pret.* wæf), = *O.N.* vefa (*pret.* vaf, vōf, ōf), *M.Du.* weven, *O.H.G.* weban (*pret.* wab), *mod.H.G.* weben (*pret.* wob); *weave*; wevin '*texo*' PR. P. 523; **wéve** (*pres.*) LANGL. *B* v. 555; weveð REL. I. 219; waf (*pret.*) LEG. 74; GOW. II. 320; weven A. P. i. 71; wof ASS. *B* 836; woven WICL. IS. lix. 5; *comp.* ȝe-**wéven**; *deriv.* **web**, **weft**, **wivel**.

wévere, sb., = *M.Du.* wever, *O.H.G.* weberi; *weaver*, WICL. JOB vii. 6; **wéveris** (*pl.*) LANGL. *A* PROL. 99; weveres *B* PROL. 219.

wével, *see* **wivel**.   **wēven**, *see* **wǣven**.

wex, *see* **wax**.   **wexen**, *see* **waxen**.

wh-, *see* **hw-**.

wī, interj., *cf. M.H.G.* wī; *woe*, HOM. I. 165; HOM. II. 183.

wī, *see* **hwī**, **wiȝ**.

wīc, sb., *O.E.* wīc *n.f., cf. O.L.G.* wīc *n., M.L.G.* wīk *n. f., O.Fris.* wīk *f., O.H.G.* wīch; *from Lat.* vīcus, *mod.Eng.* wick *in local names; dwelling,* '*castellum*,' FRAG. 4; ORM. 8512; wike ALIS. 4608; REL. II. 93; **wīke** (*dat.*) H. H. 175 (177); C. M. 7917; on þere ilke wike LAȝ. 31960; **wīke** (*pl.*) O. & N. 604.

wīke-tūn, sb., *O.E.* wīctūn; *court*, O. & N. 730.

wicche, sb., *O.E.* wicca (VOC. 60); *wizard*, JUL. 40; wicche TREV. III. 401; LANGL. *B* xviii. 69; wichche AYENB. 41; witche, wiche '*magus*' PR. P. 526; **wicches** (*pl.*) GEN. & EX. 3028; wiches PR. C. 4214.

wicche², sb., *O.E.* wicce (VOC. 74); *witch*, FRAG. 2; wicche P. L. S. xix. 282; SPEC. 38; MAND. 159; wiche PERC. 826; **wichen** (*pl.*) AYENB. 19.

[**wicche-**, ? *stem of* **wicchen**.]

wicche-creft, sb., *O.E.* wicce-, wiccræft; *witchcraft*, HOM. I. 115; KATH. 1052; A. R.

268; wicchecraft ORM. 7077; wicchecraft WILL. 118; CH. C. T. *D* 1305.

wicchen, v., *O.E.* wiccian, = *M.L.G.* wicken; *bewitch*; wicchin, witchin, wichin '*hariolor, incantor*' PR. P. 527; wicche WILL. 2539; wiche AN. LIT. 11; **wicchand** (*pple.*) PS. lvii. 6; *comp.* **bi-wicchen.**

wicching, sb., *bewitching*, HOM. II. 213; wicchinge P. L. S. xxi. 128.

wiche, sb., *O.E.* wice; *wych elm*, '*ulmus*,' PR. P. 526.

wicke, adj., *from* **wiken**; *wicked; feeble, contemptible;* A. R. 358*; ʒif þin macche is wis & god & tu witlæs & wicke ORM. 6197; wicke and feble was here ðogt GEN. & EX. 1072; wicke ROB. 208; WILL. 4599; GOW. I. 194; a wicke dede HAV. 688; wicke [wikke] CH. C. T. *A* 1087; wikke REL. I. 222; SHOR. 152; LANGL. *B* v. 229; MAN. (H.) 288; wikke cloþes HAV. 2458; wik lose HAMP. PS. lxvii. 33; wicci SAX. CHR. 264.

wik-hals, sb., *rogue*, MAN. (H.) 267.

wik-hēde, sb., *wickedness*, P. L. S. xvi. 34.

wickenesse, sb., *wickedness*, '*iniquitas*,' WICL. PROV. iv. 17; wiknesse PS. v. 7.

wicked, adj., *wicked*, AYENB. 1; WILL. 3507; wicked, wikked SPEC. 30, 31; wikked MAND. 249; MAN. (H.) 66; S. S. (Wr.) 294; wikkid '*malus*' PR. P. 527; þes wickede wifman LAʒ. 14983*; **wikkeder** (*compar.*) FER. 2187.

wicked-hēde, sb., *wickedness*, AYENB. 43; C. M. 18251.

wikked-līche, adv., *wickedly*, LANGL. *A* v. 143; wickedli WILL. 3860.

wickednesse, sb., *wickedness*, P. S. 220; AYENB. 31; wikkednesse LANGL. *B* v. 290.

wid, *see* **wiþ.**

wīd, adj., *O.E.* wīd, = *O.L.G.* wīd, *O.Fris.* wīd, *O. N.* víðr, *O.H.G.* wīt; *wide*, GEN. & EX. 565; wið & sið ORM. 9174; wid LEG. 166; PL. CR. 164; CH. C. T. *A* 491; wiid '*latus, amplus*' PR. P. 526; þat wide water LAʒ. 113; þe wide world GOW. III. 242; **widne** (*acc. m.*) A. R. 56; **wīde** (*pl.*) GREG. 769.

wīde, adv., *widely*, GEN. & EX. 672; ich wende from heom wide O. & N. 288; wide hwear *widely spread* SAX. CHR. 249; wide whar ORM. 8943; wide where LANGL. *B* viii. 62; wide GREG. 846; þa scipen foren wide LAʒ. 100; wide and side 29902; þat me miʒte ihure wide BRD. 22; wide and side S. S. (Web.) 1687; AR. & MER. 200; wide whare P. L. S. i. 43; BEV. 2141; PERC. 1481.

widnesse, sb., *width*, MARH. 17; wiidnesse PR. P. 526.

wīden, v., *cf.* *M.L.G.* wīden, *M.Du.* wijden, *M.H.G.* wīten; *widen*; widin '*dilato*' PR. P. 526; **wīde** (*imper.*) PALL. iii. 923.

widene, adv., = *M.H.G.* wītene, wīten; *afar, widely*: widene cuð LAʒ. 161; widen iwalken 112; wende i widene LANGL. *A* PROL. 4.

wider, *see* **hwider. wideren,** *see* **wederen.**

widewe, sb., *O.E.* widuwe, widwe, wuduwe, wudwe, = *O.L.G.* widowa, *Goth.* widuwō, *O.H. G.* wituwa, witwa, *cf. Lat.* vidua; *widow*, A. R. 10; widewe [widwe] CH. C. T. *A* 253; widwe ORM. 7651; widue PR. P. 526; P. L. S. xiii. 221: wodewe AYENB. 48; **widewen** (*pl.*) LAʒ. 9689; **widewene** (*gen. pl.*) REL. II. 276.

widewe-hād, sb., *widowhood*, H. M. 23; widewehod HOM. II. 45.

widewe-schrūd, sb., *widow's dress*, A. R. 300.

widuer, sb., = *M.Du.* weduwer, *M.H.G.* witewære; *widower*, S. S. (Wr.) 3438; widuare '*virbius*' PR. P. 526; **wideweres** (*pl.*) LANGL. *A* x. 194; widwers *B* xi. 174.

wīe, *see* **wiʒe. wīed,** *see* **wēod.**

wīel, *see* **wiʒel. wieved,** *see* **weofed.**

wīf, sb., *O.E.* wīf, = *O.N.* vīf, *O.L.G.* wīf, *O.H.G.* wīb; *wife, woman*, ORM. 301; wif and were O. & N. 1522; ðat wif GEN. & EX. 231; wif H. H. 178 (180); wif and man HAV. 1713; þet kveade wif AYENB. 181; wiif WILL. 375; **wifes** (*gen.*) HOM. I. 129; wives C. L. 195; **wife** (*dat.*) REL. I. 178; wife, wive O. & N. 1334; wive CH. C. T. *A* 1860; þat wold(e) hir have to wive inome GREG. 524; **wif** (*pl.*) HOM. I. 225; wif, wives LAʒ. 25, 1507; wive SPEC. 89; wifes SAX. CHR. 258; HOM. I. 49; wives HAV. 2; **wīfe,** **wiven** (*gen. pl.*) LAʒ. 25496, 28477; wifen MAT. xi. 11; wivene A. R. 158; **wifan** (*dat. pl.*) HOM. I. 111; wifan, wifen MAT. xv. 38; wifen LAʒ. 31923; *comp.* **hūs-, mid-wīf.**

wīf-hōd, sb., *O.E.* wīfhād; *wifehood*, CH. C. T. *E* 699; wiifhood PR. P. 526.

wīf-kin, sb., *O.E.* wīfcynn; *womankind*, GEN. & EX. 656.

wiif-lēs, adj., *wifeless*, PR. P. 526.

wīf-lī, adj., *O.E.* wīflīc; *wifely*, CH. C. T. *E* 429.

wīf-man, sb., *O. E.* wīfman, wimman; *woman*, AYENB. 11; wifman, wimman ORM. 291, 2031; wifmon, wimmon LAʒ. 152, 1869; wimman GEN. & EX. 375; wimman HAV. 1168; SHOR. 80; PERC. 1683; wimmon, wimman, wummon O. & N. 1357, 1359, 1413; wummon A. R. 12; MARH. 3; wumman RICH. 3863; wman HAV. 281; **wifmen** (*pl.*) AYENB. 10.

womman-hēde, sb., *womanhood*, CH. C. T. *A* 1748; HOCCL. vi. 30.

wifman-kin, sb., *womankind*, ORM. 3058.

wummon-lich, adj., *womanly*, A. R. 274; wommanlich WICL. 3 KINGS xiv. 24.

wīf-ðing, sb., *O.E.* wīfþing; *nuptials*, LAʒ. 31128.

wifle (? wifle), sb., *O.E.* wīfel (LEO); ? = *wiʒbil; *battle-axe*, '*bipennis*,' PR. P. 526; **wifles** (*pl.*) MAN. (F.) 4383.

wig, sb., O.E. wicg,=O.N. vigg; ? *beast of burden*, HOM. II. 89.

wiʒ, sb., O.E. wīg,=O.N. vīg, O.L.G., O.H.G. wīg; *battle*; wi GEN. & EX. 3220; wiʒe (*dat.*) LAʒ. 4728, 25365.

wī-eax, -æx, -ax, sb., *battle-axe*, LAʒ. 1567, 2264, 28029.

wīʒe, sb., O.E. wīga; *soldier, man*, GAW. 131; A. P. ii. 545; wiʒh WILL. 565; wie LANGL. B xii. 291; wie DEGR. 563; wee ALEX. (Sk.) 134, 477, 5317; **wīʒes** (*pl.*) WILL. 2036; wies ALEX. (Sk.) 1030*.

wīʒel, sb., O.E. (stēor-)wīgel (*pl.* wīglu); *sorcery, deceit*, LAʒ. 19250; **wigeles** (*pl.*) REL. I. 131; wiʒeles, wieles A. R. 92, 300; wiheles MARH. 13; wieles FRAG. 8.

wiʒel-ful, adj., *deceitful*, LAʒ. 31659.

wigelen, v., *cf.* M.H.G. wigelen, M.Du. wighelen; *from* weʒen; *totter, reel*: **wigeleð** (*pres.*) ase vordrunken mon A. R. 214.

[**wīʒelien**, v., O.E. wīglian,=M.Du. wijchelen; *practise sorcery*; *comp.* **bi-wīʒelien.**]

wielare, sb., O.E. wīgelere, wīglere,=M.Du. wijcheler; *sorcerer, 'augur,'* FRAG. 2; A. R. 106.

wiʒelunge, sb., O.E. wīgelung; *sorcery*, HOM. I. 115; wigeling LAʒ. 15791.

[**wigge?** sb.; *comp.* **ēar-wigge.**]

wigge, sb., *cf.* M.Du. wegghe; *prov. Eng.* wig; *a sort of cake*, PR. P. 526.

wigge, see **wegge**.

wiht, sb., O.E. wiht, wuht *f. n.*, *cf.* O.L.G., O.H.G. wiht *f. n. m.* (?), *Goth.* waiht *n.*, waihts *f.*, O.N. vætt, vættr *f.*, *mod. Eng.* whit; *wight, creature, thing*, ORM. 1761; þet awariede wiht MARH. 7; a lute wiht A. R. 72; fæire wiht LAʒ. 25869; þat svete wiht SPEC. 45; wiht, wiʒt O. & N. 434; wiht LANGL. A i. 61; wiʒt LANGL. B i. 63; wiʒt WILL. 407; A. P. i. 338; a litel wiʒt HORN (L.) 503; GREG. 601; wight MAND. 130; M. ARTH. 608; everi wight CH. C. T. A 842; a litel wight MAN. (F.) 8041; ʒif þou me lovest ani wight (*at all*) S. S. (Web.) 293; of one mihtie wihte MISC. 86; **wihte**, wiʒte, wihtes, wiʒtes (*pl.*) O. & N. 87, 204, 431, 598; alle qvike wihte P. L. S. viii. 40; feole cunne wihte LAʒ. 15775; wiʒtes *genii* ROB. 130; elves and ... wightes [wiʒtes] CH. C. T. A 3479; **wihte** (*gen. pl.*) MARH. 22; wihte (*dat. pl.*) C. L. 1449; *comp.* **ā-, un-wiht.**

wiht², sb., O.E. (ge-)wiht,=M.Du. wicht, M.H.G. (ge-)wiht, wihte, O.N. vætt, vætt; *from* weʒen; *weight*, LAʒ. 30835; CHR. E. 503; C. L. 638; wiʒt FL. & BL. 650; wiʒt, weiʒte TREV. V. 397; wigte GEN. & EX. 439; wihte E. G. 356; wecht BARB. xvii. 693; wihte (*dat.*) P. L. S. viii. 191; wiʒte AYENB. 44; wighte CH. TRO. ii. 1385; weihte, weiʒte BOET. i. 2 (8); weght(e) PR. C. 7690; **weʒtes** [weghtes] (*pl.*) LANGL. B xiv. 292; wehte (*dat. pl.*) ORM. 7812; *comp.* ʒe-wiht, aʒēn-wiʒte.

wiht³, adj., ?=M.L.G. wicht (*heavy*); ? *from* weʒen; *brave, valiant*, LAʒ. 20588; (*ms.* wyht) A. D. 252; strong and wiht K. T. 996; wiʒt WILL. 2877; ALIS. 1390; TRIST. 90; PR. C. 689; M. ARTH. 460; hardi and wight EGL. 8; wicht BARB. x. 531, xvii. 740; wicth, with HAV. 344, 1064; a wiʒte man LANGL. B ix. 21 [wiht mon *A* x. 20]; þe wiʒte FER. 456; **wihte** (*pl.*) LAʒ. 777; **wiʒtere** (*compar.*) WILL. 3441; **wihteste** (*superl.*) LAʒ. 31498; *comp.* ʒe-, un-wiht.

wiht-liche, adv., *vigorously, nimbly*, LANGL. A vii. 22; wihtli *A* vi. 29; wiʒtliche FER. 5384; wiʒtliche, -li WILL. 65, 92; wihtli HAMP. PS. vi. 10*.

Wiht, pr. n., O.E. Wiht; *Isle of Wight*, MISC. 146; Wiʒt ROB. 2.

wike, sb., O.E. wiocu, wucu (*gen.* wiecan, wucan)=O.Fris.wike, O.N.vika, Goth.wikō, O.H.G. wecha; *week*, A. R. 70; wike TREAT. 133; MAN. (F.) 9353; IW. 3058; E. G. 9; i þere wike LAʒ. 13927; wike [weke] CH. C. T. *A* 1539; weke GOW. III. 116; wuke ORM. 4188; wouk BARB. xiv. 132; woke '*septimana*' PR. P. 532; AYENB. 110; MAND. 261; H. S. 293; E. G. 18; **wiken**, wike (*pl.*) LAʒ. 3919, 3921; wike BRD. 10; wuke HOM. II. 3; weke AMAD. (R.) xvii; woken SHOR. 121; woke OCTOV. (W.) 612; **wukes** GEN. & EX. 2473; wokes ISUM. 153; wikene [wekene] (*gen. pl.*) LAʒ. 22931; wiken [wyke] (*dat. pl.*) LAʒ. 24815; wuken HOM. II. 3.

wuke-mālum, adv., *by weeks*, ORM. 536.

wīke, sb., O.E. wīc,=O.N. vīk, M.L.G. wīk (wyk), M.Du. wijk *f.*; *from* wīken; *corner, angle*: wike of þe eghe CATH. 417; **wīkeʒ** (*pl.*) GAW. 1572.

wīke², sb., O.E. wīce, *office*, HOM. II. 91; JUL. 24; wike LAʒ. 29752; ALIS. 4608; **wiken** (*pl.*) HOM. I. 137; HOM. II. 183; mine wike beoþ wel gode O. & N. 605; wike SHOR. 25.

wike, see **wīc**.

wīken, sb., *office, charge*; (*ms.* wikenn) ORM. 7208.

wīken², v., O.E. wīcan,=O.L.G. wīcan, O.N. vīkja (*pret.* veik), O.H.G. wīchan, Gr. εἴκειν; *go, fall*; wike (*ms.* wyke) (*pres.*) SPEC. 87; *deriv.* **wike, wāc.**

wikir, sb.,=*Swed.* vikker, vekker; *wicker*, '*vimen*,' PR. P. 527.

wiket, sb., O.Fr. gvichet; *wicket*, HORN (L.) 1074; LANGL. *B* v. 611; A. P. ii. 857; PERC. 490.

wīkien, v., O.E. wīcian, *dwell*, LAʒ. 18102.

wīkinge, sb., *domicile*; (*ms.* wickinge) LAʒ. 30453.

wikke, see **wicke.**

wīknere, sb., *O.E.* wīcnere ; *officer* ; **wicneres** (*pl.*) ANGL. VII. 220 ; wikenares LAȝ. 18175 ; **wikeneren** (*dat. pl.*) LAȝ. 6704.

wikeninge, sb., *domicile*, LAȝ. 30453*.

wil, adj., *O.E.* (druncen-)will (ALFR. P. C. 120); *voluntary, desirable, ? agreeable* : ȝif ou is wilre KATH. 571 ; *comp.* **ān-, drunc-, frete-, hĕrc-,** ȝe-, **spāt-, wrēch-wil.**

wil-cume, adj., *O.E.* wilcuma, = *O.H.G.* willicomo ; *welcome* : wilkume schaltu beon me A. R. 394 ; wil-, wulcume [wil-, welcome] LAȝ. 4901, 8528 ; welcume HOM. I. 259 ; O. & N. 1600 ; GEN. & EX. 1830 ; welcome H. H. 149 ; LANGL. *A* ii. 208 ; wolcome BEK. 1265 ; PR. P. 532.

wil-cumen, v., *O.E.* wil-, wylcumian ; *welcome* : to wulcumen Mǣrlin LAȝ. 17098 ; **wolcumeþ** [welcomeþ] (*pres.*) O. & N. 440 ; welcumieð MAT. v. 47 ; **wilcumede** [wilcomede] (*pret.*) LAȝ. 10957 ; welcumede GEN. & EX. 1396 ; welcomede BRD. 3.

wil-dæi, sb., *O.E.* wildæg ; *day wished for* ; **wildaȝes** (*pl.*) LAȝ. 1798.

wil-gomen, sb., *pleasant sport*, LAȝ. 8944.

wil-ȝeove, adj., *? voluntarily given*, MARH. 16 ; A. R. 368.

Wil-helm, pr. n., *? O.E.* Wilhelm, Willelm (SAX. CHR. 211), *O.H.G.* Wilihelm ; *William* ; Willam A. R. 340 ; Williem BEK. 511 ; William WILL. 70.

wil-līche, adv., *O.E.* willīce ; *voluntarily*, LEG. 8.

wil-schrift, sb., *voluntary confession*, A. R. 340.

wil-spel, sb., = *O.L.G.* wilspel ; *good news*, LAȝ. 1350.

wil-sum, adj., *O.E.* wilsum ; *agreeable*, WILL. 5394.

wil-tīdende, sb., *joyful news*, LAȝ. 17090.

wil[2], sb., *O.E.* (ge-)will, = *O.N.* vil *n.; will, pleasure*, HOM. I. 61 ; A. R. 12 ; GEN. & EX. 194 ; lives wi HOM. I. 193 ; ȝef þi wil is MARH. 7 ; mi wil & mi weol(e) KATH. 2139 ; idel wil REL. I. 132 ; wil LAȝ. 2793 ; (*ms.* wyl) SPEC. 37 ; þat wil SHOR. 16 ; **willes** *willingly* A. R. 6 ; willes & waldes H. M. 27 ; *comp.* ȝe-, **self-, un-wil.**

wil-cwēme, *? adj., well pleased, content* : ich am wilcweme JUL. 32.

wil-ful, adj., *wilful, willing, desirous*, R. S. vi (MISC. 184) ; wilful BEK. 1309 ; wilfull BARB. ii. 354, xi. 266.

wilful-līche, adv., *wilfully ; with good will* : wilfulliche þolien HOM. I. 279 ; wilfulliche LANGL. *C* xxii. 373 ; wilvolliche AYENB. 140 ; wilfulli '*voluntarie*' PR. P. 528 ; BARB. ii. 172, 386, iii. 404.

wilfulnesse, sb., *wilfulness*, '*pertinacia*,' HOM. II. 73 ; CH. C. T. *A* 3057.

wilful-shipe, sb., *wilfulness*, HOM. II. 205.

wil, see **well, wilde.**

wilde, adj., *O.E.* wilde, *O.N.* villr, = *O.Fris.* wilde, *O.H.G.* wildi, *Goth.* wilþeis ; *wild, savage, uncultivated ; self-willed ; bewildered, having lost one's way* ; ORM. 6191 ; wilde flod O. & N. 946 ; wilde LAȝ. 785 ; SHOR. 121 ; SPEC. 48 ; wilde fur ROB. 410 ; (h)is wilde lore A. D. 246 ; wilde fir RICH. 5229 ; wilde of red(e) FLOR. 35 ; wild HORN (L.) 252 ; wilde and wod IW. 1650 ; will of rede 379 ; wil and weri GEN. & EX. 975 ; BARB. i. 348, xiii. 477 ; will ALEX. (Sk.) 1272 ; wil HAV. 863 ; wille REL. I. 209 ; wilde der GEN. & EX. 169 ; in a wode þai were gon wille ISUM. 159 ; in wilde studes ROB. 130 ; mid wilde deoren MK. i. 13 ; **wildore** (*compar.*) A. D. 253 ; **wildest** (*superl.*) SPEC. 48.

wil-drēam, sb., *delusive dream* ; **wildrēmes** (*pl.*) A. P. iii. 473.

wil-gate, sb., *going astray*, PR. P. 527.

wildnesse, sb., *wildness*, PR. P. 528.

wild-scipe, sb., *wildness*, LAȝ. 20845.

wild-som, adj., *O.N.* villusamr ; *wild, unpleasant ; wandering, bewildered* : þe wildsome wai TOR. 508 ; moni wilsum wai he rod GAW. 689 ; wilsom '*dubius*' PR. P. 528 ; TOWNL. 268 ; ALEX. (Sk.) 4076, 5565.

wild-hēdid, adj., *wild-headed*, ALEX. (Sk.) 12.

wilde[2], sb., ? = *M.H.G.* wilt *n.; wild deer*, GAW. 1150 ; D. TROY 2347 ; wilde (*dat.*) LAȝ. 1129.

wilde, wilden, see **wélde, wélden.**

wilderne, sb., *wild place, wilderness*, REL. I. 130 (HOM. II. 165) ; A. R. 160* (*v. r.* wildernesse) ; þar is wilderne muchel LAȝ. 1238 ; to þan wilderne 523.

wildernesse, sb., *cf. M.Du.* wildernisse ; *wilderness*, A. R. 158 ; wildernesse LAȝ. 30335 ; wildernisse [wildernesse] O. & N. 1000 ; wildernisse P. L. S. xv. 131.

wīle, sb., *O.E.* wīl, *cf.* **wīȝel** ; *wile, trick, artifice*, '*astutia*,' PR. P. 528 ; CH. C. T. *A* 3403 ; M. H. 2 ; **wiles** (*pl.*) SAX. CHR. 257 ; KATH. 893 ; ORM. 10317 ; wiles PR. C. 1360 ; wilis S. S. (Wr.) 2731.

wīle[2], sb., *? O.E.* *wīgela* ; *see* **wīȝelien** ; *sorcerer* : nes i never wicche ne wile (*ms.* wyle) SPEC. 38.

wīle, see **hwīle.**

wilȝe, sb., *O.E.* wilig, welig, = *M.L.G.* wilge, *M.Du.* wilghe, wilighe ; *willow* ; wilghe HALLIW. 931 ; wilwe CH. C. T. *A* 2922 ; wilwe, wilowe '*salix*' PR. P. 528 ; weloghe VOC. 228.

wīli, adj., *wily, artful*, '*astutus*,' PR. P. 528 ; WILL. 2764 ; C. M. 11807 ; CH. C. T. *B* 3130 ; MAN. (F.) 9849.

wilie, sb., *O.E.* wilige; *basket*; **wilien** (*pl.*) MK. vi. 43.

wilk, *see* **welk**.

wille, sb., *O.E.* willa, = *O.H.G.* willo, *O.L.G.* willeo, *Goth.* wilja, *O.N.* vili *m.; will, longing, pleasure*, MAT. xviii. 4; MARH. 1; A. R. 60; ORM. 258; wille HAV. 528; LANGL. *B* PROL. 200; MAN. (H.) 92; PR. C. 2394; ȝif hit þi wille weore LAȝ. 29058; so gret wille him com to BEK. 121; þis wilde wille went a wai SPEC. 23; his laste wille TREV. IV. 11; gret wille (*desire*) heo hadde LEG. 6; mid englene wille HOM. I. 193; þe wrenne ... fale manne song a wille O. & N. 1722; þou shalt have ... weder after wille A. D. 298; **willen** (*dat.*) HOM. I. 89; after heore willen LAȝ. 31650; wind (stod) an willen [at wille] 1102; weder heom stod on wille 7845; **willen** (*acc.*) MAT. vii. 21; willen LAȝ. 1270; REL. I. 183; *comp.* ȝe-, self-, un-wille.

wille², adj., *O.E.* (ān-)wille, = *O.H.G.* (ein-)-willi; *desirable, agreeable* : wille oðer qveme HOM. II. 213; ȝif hit þe weore wille an heorte LAȝ. 20816; *comp.* ān-, un-wille.

wille-liche, adv., *voluntarily*, HOM. I. 41; A. R. 396.

wille, *see* **welle.**

willed, adj., *willed*; averouse and evel willed LANGL. *C* ii. 189.

willen, v., *O.E.* *willan (*pple.* willende), = *O.H.G.* wellan, *O.L.G.* willian, wellian, *Goth.* wiljan, *O.N.* vilja, *Lat.* velle, (*see* ZEIT. XIX. 158); *will*; (*ms.* wīlenn) ORM. 5297; **wile** [*O.E.* wile, wyle, wille, wylle (*volo, vult, velim, velit*), = *O.L.G.* willeo (*volo*), wili (*vult*), willie (*velim, velit*), *O.H.G.* willu, wille, wile (*volo*), wili, wile (*vult*), wilja (*velim*), *Goth.* wiljau (*volo*), wili (*vult*)] (1, 3, *pres. ind. & subj.*); *will* HOM. II. 11; ORM. 105; GEN. & EX. 277; wile HAV. 3; AYENB. 57, 101; wille REL. I. 208; SHOR. 59; MAN. (H.) 105; he wile KATH. 491; ich ulle 485; wille, wulle HOM. I. 13; wile [wile], wille, wulle O. & N. 214, 262, 553, 903; wille, wulle [wolle, wole] LAȝ. 697, 1387; wule P. L. S. viii. 79; MARH. 3; A. R. 60; ich ulle C. L. 38; wole BEK. 39; wolle, wole W. H. 78, 138; wol WILL. 281; GOW. I. 107; LANGL. *A* PROL. 38; CH. C. T. *A* 42; **wilt** *wilt* (2 *pres. ind.*) KATH. 1359; wilt, wult A. R. 90, 98; O. & N. 165, 1409; wult MARH. 4; wult, wlt [wolt] LAȝ. 694, 3189; **wille** *will* (2 *pres. subj.*) O. & N. 1289; wille SHOR. 103; wulle HOM. I. 57; beute ȝif þu wulle [wolle] icnawen beo LAȝ. 26433; **wille**, wile [wile], wule *will* O. & N. 185, 188, 1360; wulle H. M. 31; **willeð** [*O.E.* willað, wyllað *will*] (*pres. ind. pl.*) KATH. 692; willeþ AYENB. 16; willeþ, wulleþ MISC. 59, 61; wulleð A. R. 34, 48; O. & N. 1257; wulleð, wlleð [wolleþ] LAȝ. 481, 3753; wolleþ BEK. 403; **wilen** [*O.E.* willen, wyllen] *will* (*pres. subj. pl.*) GEN. & EX. 2304; on hwilche halve h(e)o wilen falle (*cadent*) HOM. I. 153; willen (*for* willeþ) PROCL. 6; **wolde** [*O.E.* wolde, = *O.H.G.* wolte, *O.L.G.* welda, *O.N.*, *Goth.* wilda] (*pret.*) *would* A. R. 8; ORM. 150; wolde (*ms.* uuolde) SAX. CHR. 260; wolde HAV. 367; BEK. 17; AYENB. 16; CH. C. T. *A* 255; wolde, walde LAȝ. 358, 18911; wolde, wulde GEN. & EX. 214, 912; wulde REL. I. 219; walde HOM. I. 5; MARH. 2; walde PR. C. 4395; (þu) woldest LAȝ. 6230; (heo) wolden [wolde] 362; þat heo hem uvel walden [wolde] 7686; wolde [walde] cumen O. & N. 1678; **wold** [= *Ger.* gewollt] (*pple.*) LANGL. *B* xv. 258.

willi, adj., = *O.H.G.* willīg; *willing, ready; voluntary*, '*voluntarius*,' CATH. 418; C. M. 26351; þat þou be willi in þi witt ALEX. (Sk.) 2689.

willien, v., *O.E.* willian (*pret.* willode); *will, long for* : willen hire to wif FL. & BL. 587; wille MIRC 1074; willest LANGL. *B* xii. 221; willieþ AYENB. 142; **willede** (*pret.*) ROB. 12.

wilnien, **wilniæn**, v., *O.E.* wilnian, = *O.N.* vilna; *desire*, LAȝ. 5955, 29877; wilnen A. R. 60; to wilnen & to ȝeornen ORM. 12152; wilni AYENB. 9; wilne WILL. 3563; CH. C. T. *A* 2114; **wilni** (*pres.*) MARH. 8; wilnest MAND. 295; wilneþ C. L. 385; LANGL. *B* iii. 110; we wilniað LAȝ. 1073; wilnieþ BRD. 23; **wilnede** (*pret.*) BEK. 201; he ... wilnede þeos mæidenes LAȝ. 3202; heo wilneden after w(e)orre 2626; *comp.* ȝe-wilnien.

wilnunge, sb., *O.E.* wilnung; *desire*, A. R. 148; wilninge LAȝ. 3160*; AYENB. 22; willing CH. C. T. *E* 319.

Wiltūn-scīre, pr. n., *O.E.* Wiltūnscīre; *Wiltshire*, LAȝ. 21017; Wiltoneschire MISC. 146; Wilteschire P. L. S. xiii. 47.

wilwe, *see* **wilȝe**.

wimbil, sb., *cf. Dan.* vimmel, *M.L.G.* wiemel, wemel; *wimble, boring tool*, '*terebrum*,' VOC. 234; PR. P. 528; N. P. 13; wimble PALL. xi. 85.

wimman, *see* **wifman** *under* **wif.**

wimpel, sb., *cf. M.Du.* wimpel, *O.N.* vimpill, *wimple*, A. R. 420; wimpel ROB. 338; wimpel [wimpil, wimpul] CH. C. T. *A* 151; wimpil '*peplum*' PR. P. 528.

wimpel-lēas, adj., *without wimple*, A. R. 420.

wimplin, v., *M.Du.* wimpelen; *cover with a wimple*, A. R. 420*; **wimpleþ** (*pres.*) CH. BOET. ii. 1 (31); *comp.* bi-wimplen.

wimplinge, sb., *covering with a wimple* ; (*ms.* wimlunge) A. R. 420*.

win, sb., *O.E.* winn, = *M.L.G.* win *n.; from* **winnen**; *labour; contention; acquisition*; REL. I. 128; GEN. & EX. 598; (*ms.* winn) ORM. 6118; win LAȝ. 404; **winne** (*dat.*) HOM. I. 175; O. & N. 670; and ȝelpen of þan winne LAȝ. 12072*; *comp.* ȝe-win.

wīn, sb., *O.E.* wīn, = *O.H.G.* wīn, *O.N.* vīn,

wīn.

Goth. wein, *Lat.* vīnum, *Gr.* οἶνος; *wine*, A. R. 114; win LA3. 8723; HAV. 1729; CH. C. T. *A* 637; þet guode win AYENB. 167; **wines** (*gen.*) ORM. 11118; **wine** (*dat.*) LA3. 14299; **wines** (*pl.*) A. R. 376.

wīne-ballis, sb., pl., *balls of tartar*, PR. P. 529.

wīn-berie, sb., *O.E.* wīnberige; *grape*, A. R. 276; **winberian** (*pl.*) LEECHD. III. 114.

wīn-draf, sb., *lees of wine*, PALL. iii. 162.

wīn-drunken, adj., *O.E.* wīndruncen; *drunk with wine*, LA3. 8126; windrunke REL. I. 178; windronken TREV. III. 207.

wīn-3eard, sb., *O.E.* wīngeard; *vineyard*, A. R. 294; winyard MISC. 34; winiærd SAX. CHR. 263; win3ord SPEC. 41.

wīn-scench, sb., *cf. M.H.G.* wīnschanc; *draught of wine*, LA3. 6932.

wīn-trēow, sb., *O.E.* wīntrēow; *vine*, '*vitis*,' FRAG. 3; wintre GEN. & EX. 2059; wintre C. M. 4465.

wīn-tunne, sb., *wine-tun*, LA3. 30677.

wincen, *see* **wenchen.**

winche, sb., *O.E.* wince; *winch, windlass*, PALL. i. 426.

Winchecumbe, pr. n., *Winchcomb*, P. L. S. xiii. 7.

winchen, *see* **wenchen.**

wind, sb., *O.E.* wind, = *O.L.G.* wind, *O.H.G.* wint, *O.N.* vindr, *Goth.* winds, *Lat.* ventus; *wind*, LA3. 19347; TREAT. 138; þene wind A. R. 282; **windes** (*gen.*) LA3. 28239; **winde** (*dat.*) A. R. 282; mid þan winde LA3. 236; **windes** (*pl.*) MARH. 10; **windon** (*dat. pl.*) LK. viii. 25; winden MK. xiii. 27; *comp.* **ēst-, west-wind.**

wind-milne, sb., *windmill*, REL. I. 7; windmulle ROB. 547.

wind-ōge, sb., *O.N.* vindauga; *window*, GEN. & EX. 602; windohe A. R. 50*; windowe '*fenestra*' PR. P. 529; LANGL. *B* iii. 49 [window *A* iii. 48]; MAND. 216; wondowe FER. 1361.

[**winde,** sb., *cf. O.N.* vinda (*hank*), *M.Du., M.H.G.* winde (*winding instrument, windlass; twining plant, convolvulus*); *comp.* **wiþ-winde.**]

wind-ǣs, sb., *O.N.* vindāss, = *M.Du.* windasse; *windlass, 'trochlea,'* PR. P. 529; RICH. 71; CH. C. T. *F* 184; MAN. (F.) 12087; P. P. iii. 103.

wind-bēm, sb., '*lacunar*,' PR. P. 529.

winde-clūt, sb., *winding cloth*, ORM. 3320.

[**windel,** sb., = *M.Du.* windel; *winder; comp.* **3arn-windel.**]

windel², sb., *fan, winnowing basket*; (ms. winndell) ORM. 10550; windil VOC. 201; PR. P. 529.

winden, v., *O.E.* windan, = *O.L.G.* windan,

Goth. (bi-, us-)windan, *O.N.* vinda, *O.H.G.* wintan; *wind, turn, twist*, GEN. & EX. 2448; stanes heo letten . . . winden LA3. 27461; over sæ winden (*go*) 20818; winde HAV. 221; ne shalt þou nevere henne winde H. H. 146; **winde** (*pres.*) CH. C. T. *D* 1102; windeð, wint A. R. 296, 314; **wind** (*imper.*) SHOR. 34; **wand** (*pret.*) ORM. 3320; to þe grounde he wand TRIST. 2349; wond MISC. 44, 51; P. L. S. xxiv. 126; GOW. II. 359; and smat an Arðures sceld þat he wond a þene feld LA3. 23964; into lef reste his sowle wond GEN. & EX. 4136; Oliver . . . til him wond FER. 892; wunden into widen (*r.* wide) sæ LA3. 25541; and wonden [wounden *A* ii. 196] him in cloutes LANGL. *B* ii. 220; wounden EGL. 859; aboute þe bodi a rop þei wonde H. S. 8056; in þe sadel wounde AR. & MER. 9162; **wūnden** (*pple.*) ORM. 3326; wnden HAV. 546; wonden TOWNL. 232; *comp.* **at-, bi-, 3e-, un-winden;** *deriv.* **winde, wenden.**

windinge, sb., *winding, 'obvolucio, tortura,'* PR. P. 529.

winden, v., = *M.Du.* winden, *O.H.G.* wintōn; *winnow*, A. R. 270; windin '*ventilo*' PR. P. 529; *cf.* **windwen.**

windi, adj., *O.E.* windig; *windy*, LIDG. M. P. 2.

windi, *see* **wendi.**

Windles-ōver, pr. n., *O.E.* Windles ōfer; *Windsor*; **Windlesōvre** (*dat.*) SAX. CHR. 255; Windelsore ROB. 341.

windwen, v., *O.E.* windwian; *winnow*, ORM. 10483; windwin HOM. I. 85; windwe MAND. 107; windewe, winewe WICL. JER. xlix. 36; winwin '*ventilo*' PR. P. 530; **windweð** (*pres.*) JUL. 79; **windwede** (*pret.*) A. R. 270.

windwere, sb., *winnower*; **windeweris** [winewere*s*] (*pl.*) WICL. JER. li. 2.

windwunge, sb., *winnowing*, A. R. 270.

wine, sb., *O.E.* wine, = *O.L.G., O.H.G.* wini, *O.N.* vinr, vin; *friend*, LA3. 2289; wine REL. I. 217; **wines** (*pl.*) P. L. S. viii. 111; *comp.* **un-wine.**

wine-mǣi, sb., *O.E.* wine(-mæg); *friend*, LA3. 5831.

winge, sb., *wing*, LANGL. *B* xii. 263; S. S. (Wr.) 2196; **wingen** (*pl.*) BRD. 9; AYENB. 217; ALIS. 485; hwingen A. R. 130; hwingen LA3. 29263; winges CH. C. T. *A* 1964; *see* **weng.**

wink, sb., *sleep, nap*, LANGL. *A* v. 3, 212.

winken, v., = *M.H.G.* winken (*pret.* wanc); *wink*: hwon þe heorte . . . foð on ase to winken A. R. 288; **wank** (*pret.*) M. T. 79.

winkin, v., *O.E.* wincian, = *M.H.G.* winken (*pret.* wincte); *wink, 'nicto',* PR. P. 530; winke PR. C. 4970; a **winking** (*pple.*) wrath LANGL. *B* xi. 4; wisdome **winked** (*pret.*) uppon mede LANGL. *B* iv. 154.

winkung, sb., *winking* : lokinge wi̒uten winkunge HOM. I. 145; winkinge *slumber* LANGL. *B* v. 3, *C* xii. 167.

[**winne,** sb., *O.E.* winna, = *O.H.G.* winno; *fighter;* comp. ʒe-, **wi̒er-winne.**]

[**winne** ? adj.; *comp.* **arveō-, ēō-winne.**]

winne, see **wünne.**

winnen, v., *O.E.* winnan,=*O.L.G., O.H.G.* winnan, *O.N.* vinna, *Goth.* winnan (πάσχειν); *mod.Eng.* win; *strive, contend; acquire, win* ; MISC. 195; to winnen heofnes kinedom ORM. 801 ; wunnen aʒean A. R. 238; winne TREAT. 138; AYENB. 17; A. P. i. 578; **winneō** (*pres.*) HOM. II. 51; ᛮanne sumer and winter winnen REL. I. 220; **wan** (*pret.*) HOM. II. 187 ; wan GOW. III. 137; MAND. 228; he wan ... to William WILL. 2498; wan LANGL. *B* vi. 98 [won *A* vii. 89]; wan to wax *attained his full growth* ALEX. (Sk.) 3986; wan awai *got away* BARB. xvi. 555; wan our *got over* ix. 405 ; wunnen ORM. 10175; wonnen LANGL. *B* PROL. 22 ; **wonne** (*subj.*) GREG. 238; wunnen (*pple.*) ORM. 6112; wunne RICH. 1348; wonnen MAND. 46; CH. C. T. *A* 877 ; *comp.* **a-, bi-, ʒe-, over-winnen.**

winner, sb.,*winner*; **winners** (*pl.*) LANGL. *C* i. 222.

winstere, sb., *tradeswoman,* LANGL. *A* v. 129*.

winninge,sb.,*winning,*'*lucrum,*' PR. P. 530; (*ms.* wynnygge) AYENB. 23 ; winning WICL. I TIM. iii. 8.

winter, sb., *O.E.* winter *m. n., cf. O.L.G., O. H.G.* winter, *Goth.* wintrus, *O.N.* vitr, vetr *m.; winter,* A. R. 20; þat winter LAʒ. 9887; þene winter 22246; **wintres** (*gen.*) LAʒ. 2861; winteres O. & N. 458; **wintre** (*dat.*) MK. xiii. 18 ; wintre LANGL. *B* xvii. 226; wintre, wintere O. & N. 533; **winter** (*pl.*) ORM. 15594; GEN. & EX. 567 ; winter LAʒ. 194; HAV. 417; H. H. 45; CH. C. T. *D* 1651; **wintre** (*gen. pl.*) P. L. S. viii. 105 ; REL. I. 130; twenti wintre LAʒ. 9028; vele wintre MISC. 41 ; **wintren** (*dat. pl.*) LAʒ. 9695 ; wintre HOM. I. 159; HOM. II. 220; ANGL. I. 6; *comp.* **midwinter.**

winter-stal, sb., *winter resort,* MISC. 148.

winter-tīd, sb.,=*M.H.G.* winterzīt; *winter time,* MAN. (H.) 240.

winter-time, sb., *winter time,* LANGL. *C* xiii. 189.

winter-wele, sb., *winter pleasure,* SPEC. 43.

winter-wō, sb., *winter woe,* SPEC. 43.

wintred, pple., *O.E.* gewintrad ; *advanced in years, aged,* ORM. 453.

winwen, see **windwen.**

wīpe, sb., *Swed.* vīpa; *? lapwing, plover,* '*upupa,*' VOC. 188 ; PR. P. 530; '*van(n)el(l)e*' VOC. 165.

wīpin, v., *O.E.* wīpian; *wipe,* '*tergo,*' PR. P. 530; wipe MAN. (F.) 11187; PR. C. 7977; Horn gan his swerd gripe & on his arme wipe HORN (L.) 606; wipi AYENB. 161 ; **wipeō** (*pres.*) A. R. 230; wipeþ (*ms.* wypeþ) P. S. 214 (A. D. 127); **wipeðe** (*pret.*) HOM. II. 145 ; wipede P. L. S. xxiii. 125 ; wiped LANGL. *B* ii. 220 ; MAND. 97 ; heo wipeden hors leove mid dinnene claðe LAʒ. 22289.

wippen, v., *cf. L.G., Du.* wippen, *Dan.* vippe, *Swed.* vippa; *tremble; flap* : þu schalt wippen [hwippen] on a sprenge O. & N. 1066 ; **wipping** (*pple.*) MAN. (F.) 8197.

wips, see **wisp.**

wīr, sb., *O.E.* wīr,=*O.N.* vīr, *M.L.G.* wīre; *wire,* '*filum aereum vel ferreum,*' PR. P. 530; Iw. 2967; **wīre** (*dat.*) TREV. I. 355; LANGL. *B* ii. 11 ; *comp.* **gōld-wīr.**

wirchen, see **wurchen. wird,** see **weored.**

wirde, see **wurde.**

Wire-chestre, pr. n., *O.E.* Wigera ceaster; *Worcester,* PROCL. 8 ; Wirecestre MISC. 146 ; Wircestre ROB. 2.

Wirhale, pr. n., *Wirral,* SPEC. 26 ; B. DISC. 1014.

wirien, see **wurʒen. wirken,** see **wurchen.**

wirling [wirling], sb., *Scotch* wirl, wurl; *dwarf,* ALEX. (Sk.) 1706 ; **wirlinges** (*pl.*) 1733.

wirm, see **wurm. wirste,** see **wriste.**

wirstill, see **wræstlen. wirwen,** see **wurʒen.**

wis, adj. & adv., *O.E.* wiss(-līce),=*O.L.G., O.Fris.* wis, *Goth.* (un-)wis, *O.N.* viss; *from witen; certain, certainly,* HOM. I. 187; A. R. 38; (*ms.* wiss) ORM. 19; al so wis so he god is R. S. vii ; wis MISC. 88 ; AM. & AMIL. 1292 ; to wisse HORN (L.) 121 ; SHOR. I ; WILL. 3397 ; þat wite þu to wisse KATH. 1543; mid wisse HOM. II. 25; *comp.* **ʒe-wis.**

wis-līche, adv., *O.E.* wisslīce; *certainly,* REL. I. 130; wislike, -liʒ ORM. 928, 10330; wislike HAV. 274; wisli CH. C. T. *E* 2175 ; i wot wisli WILL. 2947.

wīs, adj., *O.E.* wīs,=*O.L.G.* wīs, *O.N.* vīss, *O. H.G.* wīs, *Goth.* (un-)weis; *wise,* A. R. 64; O. & N. 192 ; GEN. & EX. 100 ; ben wis *be wise* ORM. 2279; wurþen wis 11609; wis BEK. 166 ; SPEC. 103 ; CH. C. T. *A* 68 ; wis and war LAʒ. 26000; ALIS. 2129; wis mon REL. I. 183; of alle þewes was she wis HAV. 282 ; þe wise O. & N. 176; Merlin þe wise LAʒ. 32178 ; þe wise mon REL. I. 183; þam **wīsen** (*dat.*) were MAT. vii. 24; **wīsne** (*acc. m.*) LAʒ. 8758; **wisre,** wisure (*compar.*) A. R. 198, 338; wisure, wisere O. & N. 1250, 1330; **wiseste** (*superl.*) LAʒ. 2107; *comp.* ʒe-, **sceād-, laʒe-, rēdriht-, steorre-, tāle-, un-, weder-, wrangwis.**

wis-dōm, sb., *O.E.* wīsdōm,=*O.L.G.* wīsdōm, *O.H.G.* wīstuom; *wisdom,* KATH. 487 ; A. R. 26 ; O. & N. 772; þene wisdom HOM. I.

123; wisdom LAȝ. 26240; (*ms.* wissdom) ORM. 15986.

wis-hēde, sb., = *O.H.G.* wīsheit; *wisdom,* AYENB. 68.

wis-liche, adv., *O.E.* wīslīce; *wisely,* A. R. 104; KATH. 82; wisliche AYENB. 94; wislike ORM. 6113; GEN. & EX. 1091; **wislūker** (*compar.*) A. R. 234; wisloker P. S. 194.

wisnesse, sb., *O.E.* wīsness; *wisdom,* C. L. 292.

wisard, sb., *O.Fr.* gvisart; *wizard,* PR. P. 530.

wisch, wischen, *see* **wüsch, wüschen.**

wise, sb., *O.E.* wīse; *stalk, 'fragus,'* PR. P. 531; HALLIW. 934; stræberie wise FRAG. 3.

wise[2], sb., *O.E.* wīse, wīs, = *O.L.G., O.H.G.* wīsa; *wise, manner*: on one wise A. R. 6; heore wode wise O. & N. 1029; on alle wise ORM. 2626; on fendes wise GEN. & EX. 2961; wise REL. I. 176; PROCL. 6; on none wise C. L. 573; on heore londes wise LAȝ. 25426; on þis wise PR. C. 3622; in none wise BEK. 1212; in alle wise (*ms.* wyse) A. D. 257; in þis wise WILL. 485; CH. C. T. *A* 1446; oþere wise *in other manner* SHOR. 42; oþer wise WILL. 396; on oþre wisen FRAG. 1; **wisen** (*dat. pl.*) HOM. I. 109; A. R. 318; in vele wisen AYENB. 62; on monie wise FRAG. 1; on two wise HOM. II. 9; þu forleost al þine wise (? *melody*) O. & N. 519.

wisenen, v., *O.E.* wisnian, *cf. O.N.* visna, *O.H.G.* wesnēn, wesenēn; *wizen, dry up*; **wisened** (*pret.*) HALLIW. 934.

wisien, wissien, v., *O.E.* wīsian, wissian, *cf. O.L.G.* wīsean, *O.N.* vīsa, *O.H.G.* wīsan, wissan; *show, guide; point out*; wissien HOM. I. 13; wissien [wissi]LAȝ. 5280; wissen ORM. 10823; wisen C. L. 297; wissen TREAT. 133; i wol wissen [wisse] ȝou þe wei LANGL. *A* v. 562; wissin '*dirigo*' PR. P. 530; wisi O. & N. 915; wise ROB. 524; CHR. E. 499; AUD. 49; wise [wisse] CH. C. T. *D* 1008; wisse HAV. 104; WILL. 2110; PR. C. 9304; M. H. 51; wisse and rede GREG. 975; þu **wisest** (*pres.*) [visest] O. & N. 973; wiseþ FRAG. 8; wise me LAȝ. 1200; wisse me to þi deore sone SPEC. 93; Crist þe wisse (*direct*) HORN (L.) 1457; **wisede** (*pret.*) LEG. 98; wissede LAȝ. 1365*; *comp.* ȝe-**wisien.**

wisegend, sb., *O.E.* wīsiend; *director,* HOM. I. 115.

wissunge, sb., *cf. O.E.* wīsung; *instruction, direction,* HOM. I. 73; KATH. 190; wissing ORM. 11830; wissinge SHOR. 96; *comp.* ȝe-**wissunge.**

wisk, sb., *cf. Sw.* viska; *whisk, swift stroke,* BARB. v. 641.

wisp, sb., *wisp, 'torqves,'* PR. P. 530; TOWNL. 18; a wisp [wips] of hei LEG. 91; **wispe** [wips(e)] (*dat.*) LANGL. *A* v. 195; *comp.* **ars-wisp.**

wissien, *see* **wisien.**

[**wiste,** sb., *O.E.* wist, = *O.N.* vist, *O.H.G.* wist, *Goth.* wists (φύσις); *from* **wesen**; *existence; comp.* **bī-, ȝe-, nēh-wiste(-weste).**]

wistinge, sb., *learning,* HAMP. PS. liv. 7.

wit, sb., *O.E.* witt, wit, = *O.N.* vit, *O. Fris.* wit, *O.L.G.* (gi-)wit, *M.Du.* wite, wete, *Goth.* (un-)witi (*gen.* witjis), *O.H.G.* wizzi *n., wit, intelligence, mind,* O. & N. 681; þet wit HOM. I. 123; wit & skil ORM. 1652; wit C. L. 1080; AYENB. 11; CH. C. T. *A* 746; his wit he forlæs LAȝ. 1661; wit and wisdom A. D. 288; SHOR. 138; **witte** (*dat.*) P. L. S. xiii. 220; ælc bi his witte wisdom sæiden (*r.* sæide) LAȝ. 25627; ase heo were of witte HORN (L.) 1084; out of witte MARG. 245; OCTOV. (W.) 1667; **wittes** (*pl.*) TREAT. 139; PR. C. 5518; þe vif wittes A. R. 14; *comp.* **for-, ȝe-, in-, un-, wan-wit.**

wit-ful, [**witfol**], adj., *witty,* LAȝ. 911; witvol AYENB. 150.

wit-lēas, adj., *O.E.* gewitlēas; *witless,* A. R. 256; witles O. & N. 692; witles BEK. 1940; AN. LIT. 91; **witlēase** (*pl.*) AYENB. 86.

wit, pron., *O.E.* wit, = *O.L.G.* wit, *O.N.* vit, *Goth.* wit (νώ); *we two,* JOHN xvii. 11; FRAG. 7; HOM. I. 33; KATH. 1523*; GEN. & EX. 1775; (*ms.* witt) ORM. 201; þe bet wit (*sec. text* we) mawen libben LAȝ. 9515; wit tweie 23653.

wit, *see* **wið.**

[**wīt**? sb.; *comp.* **ed-wīt.**]

wite, sb., *O.E.* wita, wiota, weota, wute (ALFR. P. C. 2), = *O.Fris.* wita, *Goth.* (un-)wita, *O.H. G.* wizo; *one who knows; witness*; ORM. 8672; beon weote & witnesse þer of A. R. 204*; wet his (*r.* is) mistike ne mei non wete ... afonde SHOR. 24; **witene** (*gen. pl.*) LAȝ. 11545; *comp.* ȝe-, un-**wite**(-weote).

wit-scipe, sb., *O.E.* (ge-)witscipe, = *O.Fris.* witskipe, *O.L.G.* (ge-)witscepi, *O.H.G.* (gi-)wizscaf; *knowledge, testimony,* HOM. I. 25; witshipe ORM. 5709.

wite-word, sb., *O.E.* witword, = *O.N.* vitorð; *testimony; testament*; ['*testamentum*'] PS. xxiv. 14; MAN. (H.) 152; HAMP. PS. xxiv. 11.

wīte, sb., *O.E.* wīte, = *O.L.G.* wīti, *O.N.* viti, *O.H.G.* wīzi *n.; punishment, penalty, torment,* HOM. I. 103; A. R. 4; ORM. 3295; GEN. & EX. 2035; C. M. 884; CH. C. T. *G* 953; FLOR. 1637; LIDG. M. P. 32; uppe wite of feowerti wunden (*r.* wunde) LAȝ. 5118; witen (*dat. pl.*) LAȝ. 1046; *comp.* **blōd-, ferd-, helle-wīte.**

wīteȝan, v., *O.E.* wītigian, wītgian, = *O.Fris.* wītgia, *M.Du.* wittighen, *O.H.G.* wīzagōn, wīzzagōn, wizegōn, wizigōn; *prophesy,* HOM. I. 91; **wīteȝede** (*pret.*) HOM. I. 7; witegeden MAT. vii. 22; *comp.* ȝe-**wīteȝen.**

witegunge, sb., *O.E.* wītegung, = *O.H.G.*

wīȝegunga; *prophecy,* HOM. I. 97; witehunge ORM. 15149.
wīteȝe, sb., *O.E.* wītega, wītiga, wītga, = *O.N.* vitki (*for* vitgi, *see* HOLTZM. 105), *O.H.G.* wīzago, wīzzago, wīzago, wīzigo; *wise man, sage, prophet,* HOM. I. 43; H. M. 5; witeȝe, witie LAȜ. 9094, 17415; witege HOM. II. 83; witiȝe I. 233; **witegen** (*gen.*) MK. i. 2; **witegen** (*dat. pl.*) MAT. vii. 15; witeȝen KATH. 484; tweolve of þine witiȝ(e)n [wittie] LAȜ. 4368.
witeȝen, *see* **witien.**
[**witel,** adj., *? O.E.* witol; *knowing; comp.* ȝeare-witel.]
witen, v., *O.E.* witan, wytan (*pret.* wiste, wisse), = *O.L.G.* witan, *Goth.* witan (*pret.* wissa) (είδέναι), *O.N.* vita, *M.Du.* witen, weten, *O.H.G.* wizan (*pret.* wista, westa, wissa); *know; take care of, guard*; ORM. 199; GEN. & EX. 328; witen S. S. (Web.) 1459; CH. C. T. *E* 1740; þu schalt ... witen hure wille HORN (L.) 288; witen, wuten A. R. 4, 96; witin, wetin '*scio*' PR. P. 531; witen [wite] C. L. 1256; H. H. 71 (69); wite O. & N. 1139; wite FL. & BL. 555; ROB. 8, 101; ALIS. 3951; wat is þi wille let me wite AN. LIT. 3; to wite þe fram þe fende SHOR. 90; witte PR. C. 4734; wete APOL. 37; PERC. 320; AMAD. (R.) iii; K. L. 67; to witene LAȜ. 3163; þet is to witene AYENB. 1; dooþ me to witene LANGL. *B* viii. 13; to witinge TREV. I. 347; to wetinge E. G. 349; witen he wolde ... wat þing hit were LAȜ. 271; Brutus hine lette witen (? = witien) 1854; **witand** [wittand] (*pple.*) PS. lxxxvi. 4; **wiste** (*pret.*) ORM. 521; GEN. & EX. 779; (ha) wiste ... hire fostermoderes ahte MARH. 2; wiste AYENB. 98; WILL. 145; A. P. i. 376; PERC. 1146; so foul he him wiste P. S. 220; wiste, wuste O. & N. 10, 147; wiste [wuste] LANGL. *A* PROL. 12; to þan ilke weie þe he ful ȝeare wuste [wiste] LAȜ. 525; Brutus wes i þon castle & hine wel wuste 1693; wuste A. R. 110, 270; wuste ROB. 461; heo wisten HOM. I. 19; wusten LAȜ. 18679; **wiste** (*subj.*) SPEC. 39; **wist** (*pple.*) H. H. 49; WILL. 2705; LANGL. *B* xviii. 203; WICL. MAT. x. 26; CH. C. T. *F* 260; *comp.* bi-, ȝe-witen.
[**witende,** pple., *witting, knowing; comp.* un-witinde.]
witinde-liche, adv., = *M.H.G.* wizzentlīche; *wittingly,* AYENB. 8; witingli TREV. III. 463.
witende, sb., *O.N.* vitand, = *M.H.G.* witzende; *knowledge*: be his witinde AYENB. 6; wiþoute hare witende 37; wiþouten witinge CH. C. T. *A* 1611.
witen, v., *O.E.* wītan, = *O.L.G.* wītan, *Goth.* (fra-, in-)weitan, *O.H.G.* wīzan, *cf. Lat.* vidēre, *Gr.* ίδ-; *see; keep; impute*; ALIS. 1725; S. S. (Wr.) 349; to witen ant to welden MARH. 2; schal he his mishap witen [wite] me O. & N. 1249; to witen us wiþ þan unwihte MISC.

72; two lawen Adam scholde ... witen and holden C. L. 168; witin '*imputo*' PR. P. 531; wite LIDG. TH. 1042; M. ARTH. 1153; TOWNL. 15; whom schal i it wite WILL. 458; **wite** (*pres.*) SPEC. 39 (A. D. 161); CH. C. T. *B* 3860; þu witest A. R. 3˘4; wel þu witest (? witest) ham JUL. 51; witeþ ANT. ARTH. xvii; wites M. H. 124; witez on his lire GAW. 2050; witeð, wit JUL. 74, 75; he witeð [wit] & wealdeð alle þing P. L. S. viii. 42; ANGL. I. 11; wit HOM. II. 123; þe deofel ... wit (*perceives*) heo HOM. I. 21; þet wit (*guards*) & wereð us A. R. 312; þe vif wittes þet witeð þe heorte al se wakemen 14; witeþ BEK. 2111; AYENB. 69; if we us witeþ (*ms.* wyteþ) from heved sunne MISC. 37; and witeþ þis castel so wel C. L. 825; **wit** (*imper.*) þat þe selve FER. 5127; witeþ (*keep*) me fro schaþe WILL. 3008; wite (*look*) ȝe þet ȝe ȝemen þenne (*r.* þene) halie sunne dei HOM. I. 11; þet tu wite me wið ham A. R. 28; god ... wite þet he us lende P. L. S. viii. 61; Crist ... wite his soule fro helle pine HAV. 405; **wāt** [*O.E.* wāt, = *O.L.G.* weit, *O.N.* veit, *Goth.* (in-)wait, *O.H.G.* weiz, *Gr.* οἶδα, *mod.Eng.* wot] (*pret.-pres.* 1, 3 *sing.*) *wot, know, knows,* ORM. 12107; þen ha wat (*knew*) hire woh KATH. 562; wat [wot] LAȜ. 15622; wat DEGR. 1727; i wat noght hu he on þam hitte C. M. 7152; wat, wot A. R. 52, 312; ich wat, wot O. & N. 61, 1179; he ... þat hine ful wot (*who knows that he is foul*) 236; wot GEN. & EX. 487; wot HAV. 1345; AYENB. 9; MAND. 98; D. TROY 536; wot, LANGL. *A* PROL. 43; CH. C. T. *A* 389; woot WICL. GEN. iv. 9; ichot (= ich wot) ROB. 431; SPEC. 25; þu wast MARH. 17; ORM. 11259; wost A. R. 96; wost P. S. 151; SHOR. 165; S. S. (Wr.) 1103; ANT. ARTH. xx; þu hit wost LAȜ. 15836; witen MK. xii. 14; MARH. 17; ORM. 7932; GEN. & EX. 74; witen CH. C. T. *A* 1794, *D* 1890; WICL. LK. xx. 21; ȝit witen LAȜ. 5627; (heo) witen [witeþ] 15060; we wuten LEB. JES. 286; ȝe wuten A. R. 236; wuteð (*for* wuten) 252; hie wuten HOM. II. 161; ȝe witeþ (*for* witen) P. L. S. xii. 149; þei witeþ [weteþ] TREV. III. 283; **wite** (*subj.*) ORM. 5710; wite Crist [= *M.H.G.* wizze Krist] HOM. I. 29; wite þu *know* A. R. 90; god hit wute 250; wite P. S. 327; LANGL. *B* v. 297; S. S. (Wr.) 1032; wite LAȜ. 15090; wite (*keep*) mine Bruttes 28604; wite þu MISC. 47; god it wite HAV. 517; **witen** (*pple.*) ORM. 8222; witen C. M. 10793; she wende no man ... hadde witen of hore dede DEGR. 1592; *comp.* æt-, bi-, ȝe-, under-witen.
witen², v., *O.E.* wītan; *go, depart*: þe wolf to **witeþ** (*pres.*) LAȜ. 21311* (*first text* iwiteð); ne **wite** (*imper.*) þou noght fra me ['*ne discesseris a me*'] PS. xxi. 12; witeð ['*ite*'] HOM. II. 5; *comp.* ȝe-witen.

witer, adj., *O.N.* vitr; *knowing, wise; evident;*

LAȝ. 9600; C.L. 75; SPEC. 28; witer taken ORM. 4013; witter and war GEN. & EX. 1308; witter ALEX. (Sk.) 629; **witereste** (*superl.*) LAȝ. 15204; *comp.* un-, **wei-witer**.
witter-hēd, sb., *wisdom*, GEN. & EX. 3667.
witer-līche, adv., *O.N.* vitrliga; *surely*, LAȝ. 17563; H. S. 5; witerliche KATH. 283; witterliche A. R. 70; witerlike ORM. 785; witerlike HAV. 671; witterlike GEN. & EX. 769; witerli AN. LIT. 8; WILL. 305; LANGL. *A* i. 72; witterli LANGL *B* i. 74.
witeren, v., *O.N.* vitra; *make wise, make sure*; **witere** (*imper.*) LAȝ. 1200; wite me & were & witere JUL. 33; **witered** (*pple.*) JOS. 466; A. P. ii. 1587.
witering, sb., *information*; vittering BARB. iv. 562, v. 342.
witi, adj., *O.E.* witig, wittig, = *O.L.G.* witig, witag, *O.N.* vitugr, *O.H.G.* wizīg, wizzig; *witty, skilful, wise*, O. & N. 1189; witti KATH. 317; witti P. L. S. xiii. 219; WICL. DEUT. i. 13; þis childes witige ['*prophetalis*'] gost HOM. II. 127; þe witeȝe [wittie] wurhte LAȝ. 21134; mine witie men 15829; **wittiest** (*superl.*) KATH. 533; *comp.* **un-witti**.
witti-hēde, sb., *wisdom*, SHOR. 138.
witti-lī, adv., *wittily*, WILL. 2602.
wītie, witiȝe, *see* witeȝe.
witien, v., *O.E.* witian, weotian, witigan, = *O.N.* vitja; *keep, guard, preserve*, LEB. JES. 529; witeȝen wel þa leoden LAȝ. 23122; witie 1854*; witien heom frame sunne S. A. L. 154; witie TREAT. 133; AYENB. 166; witie, wetie E. G. 350, 357; he **wēteð** (*pres.*) Peteres hus LAȝ. 32155; þat he ... witeȝe (*subj.*) me wið [witie me fram] sconde 23738; **witede** (*pret.*) LAȝ. 4608*; wited WILL. 176; *comp.* **bi-witien**.
wītien, v., *O.E.* (ed-)wītian, = *O.N.* vīta, *Goth.* (fair-, id-)weitjan, *O.H.G.* (it-)wīzōn; *impute, blame*: of al þis gilt ihc am to wite FL. & BL. 723; þe whiche two of al þis wo i **wite** (*pres.*) CH. C. T. *B* 3860; hare overherren witið ham & wraðþeð H. M. 29; al he **witede** (*pret.*) [witte] hit win LANGL. *A* i. 31; **wīted** (*pple.*) WILL. 519; witid WICL. JUDG. iv. 9; *comp.* **ed-witien**.
witinge, *see* witende *under* witen.
witnen, v., *O.N.* vitna; *attest, testify*; **witneð** (*pres.*) A. R. 30; **wittened** (*pret.*) WILL. 3462.
witnesse, sb., *O.E.* (ge-)witness, = *M.Du.* wetenisse, *O.H.G.* (gi-)wiznessi; *witness, testimony*, P. L. S. viii. 57; A. R. 68; GEN. & EX. 3843; witnesse LAȝ. 13231; PROCL. 7; AYENB. 10; witnisse BEK. 830; *comp.* ȝe-**witnesse, un-witnesse**.
witnessen, v., *witness*; **witnisseþ** (*pres.*) LANGL. *B* PROL. 191.
[**witted**, adj., *witted*; *comp.* dul-**witted**.]
witter, witti, *see* witer, witi.

wið, prep., *O.E.* wið, = *O.N.* við, *O.L.G.* wið, *O.Fris.* with; *with, against*: þa spæken tweȝen weres wið hine LK. ix. 30; neb wið (*to*) neb HOM. I. 61; of þan icompe þe ure drihten hefde wið þene feond 129; he spec wið ðene halie mon 133; muð wið muðe HOM. II. 105; wið, wid, wit P. L. S. viii. 114, 115, 151; breoste wið [wiþ] breoste LAȝ. 1874; ne scal þe nan man scilden wið (*sec. text* fram) scondliche deaðe 2274; to feahten wið þon keisere 5532; þa spæc ælc wið oðer 22941; wið þan þe [wiþ þat] (*provided that*) þu me helpe 8485; we sendeð wið and wið (*at once*) 20747; ȝif þe king me stont wið 23127; wit [wid] 3002; þe him wit feohten (*r.* fohten) 3711; hwo mei wið þeos witen him A. R. 278; wið þen þat 284; beateð hire bare bodi wið bittre besmen MARH. 5; þet ich ... mahe stonden wið him 10; wið þon þet ich mote meidene mede habben IBID.; wið (*v. r.* mid) rihte KATH. 770; to wurþen god wiþ bedes and wiþ lakes ORM. 905; ben wiþ childe 2446; swa bilæf ȝho þær wiþ him 3160; & her ic wile wiþ & wiþ þa seofne seolþes shæwen 5628; al þat folc toc niþ wiþ him 10267; wið [wiþ, wiþ] me wroþ O. & N. 1608; wroþ wiþ [wit] his bridde 111; wiþ þat (= wiþ þon þat) MISC. 63; Caim fro him fleg wið wif and hagte (*r.* agte) GEN. & EX. 431; wit rigt 56; ðis fis wuneð wið ðe segrund REL. I. 220; iseined wiþ ure seel PROCL. 7; þu schalt wiþ me to bure gon HORN (L.) 286; to speke wiþ him ROB. 104; iwrouȝht wel with þe beste LEG. 48; biset ic am wiþ liþere men MARG. 56; wiþ rihte C. L. 298; never schal fo him stonde wiþ 701; w(i)t 28; cloþes ... wiþ se(e) as i mai weore wiþ winne SPEC. 37; war þe wiþ þe swike 46; idemd wiþ wrong AYENB. 12; face wiþ (*to*) face 244; biloved wiþ (*by*) riche & wiþ pore WILL. 1060; wiþ þat 3161; with traisoun and wit feloni HAV. 1090; wit (*printed* þit) 997; lat him ... bringe wid him silver P. S. 325; wit, wid C. M. 338; heremites ... with hoked(e) staves LANGL. *B* PROL. 53; þough he were wounded with his enemi LANGL. *B* xvi. 105; wiȝ MISC. 194; *comp.* in-, ūt-**wið**.
wið-æften, adv., *O.E.* wiðæftan; *back*, MAT. ix. 20; wiðefte MK. v. 27.
wið-breiden, v., *? snatch away; turn away*; bute þu **wiðbreide** (*subj.*) þe H. M. 9.
wið-büggen, v., *redeem*; wiþbegge AYENB. 186.
wið-būwen, v., *decline, avoid*, A. R. 116; wiðbuhe (*printed* wiðhuhe) H. M. 37.
with-clépin, v., *call back, recall*, '*revoco*,' PR. P. 530; wiþclepie AYENB. 215; **wiþclépe** (*pres.*) ALIS. 1301; wiþclépid (*pple.*) TREV. V. 209.
wiþ-cwēðen, v., *O.E.* wiðcweðan; *contradict*, FRAG. 1; **wiðqvað** (*pret.*) HOM. II. 137; wiðcwæðen SAX. CHR. 250.

wiðdraȝen, v., *withdraw*; wiþdraȝe SHOR. 153; AYENB. 9; wiþdrawe H. S. 12492; **wiðdraweð** (*pres.*) A. R. 230; **wiðdrōg** (*pret.*) GEN. & EX. 599; witdrou HAV. 502; þe tveie ... wiþdrowe hem BEK. 1914.

wiþelen, see **weoðelen.**

wiðer, adv.; **wiðere,** adj., *O.E.* wiðer, wiðre, *cf. O.L.G.* wither, wiðer, wiðar, withere, *O. Fris.* wither, *O.H.G.* widar, widari, *O.N.* viðr, *Goth.* wiþra (πρός); *against; hostile*: þe wiðer [wiþer] wes an compe LAȝ. 9287; weȝe and wiþer weȝe AYENB. 137; wethire halfe *wrong side* ALEX. (Sk.) 3355; *comp.* **an-wiðer**(-wiðre).

wiþer-blench, sb., *attack*; þat mai ago deaþes wiþerblench R. S. i (MISC. 156).

wiðer-craft, sb., = *M. H. G.* widerkraft; *craft*; **wiðercraften** (*pl.*) LAȝ. 19629.

wiðer-dēde, sb., *hostile deed*; **wiðerdēden** (*pl.*) LAȝ. 21086.

wiðer-feht, sb., *battle*; **wiðervehte** (*dat.*) LAȝ. 28669.

wiþer-gāst, sb., *hostile spirit*, ORM. 11389.

wiðer-gome [wiþergame], sb., *contest*, LAȝ. 24700.

wiðer-hap, sb., *adverse fortune*; **wiðerheppes,** -happes (*pl.*) LAȝ. 405, 9269.

wiðer-iwinne, sb., *adversary*, LAȝ. 4535.

wiðer-laȝe, sb., = *O.Fris.* witherlaga; *ruffian*, LAȝ. 10968; wiðerlahe MARH. 5.

wiþer-rǣs, sb., *hostile attack*; **wiþerreases** (*pl.*) LAȝ. 25096*.

wiðer-sake, sb., *O.E.* wiðersaca, = *O.H.G.* widersacho; *adversary*, LAȝ. 12620.

wiðer-sīde, sb., *opposite side*, LAȝ. 11972.

wiþer-strencþe, sb., *hostile strength* : awiht of wiþerstrencþe ORM. 6905.

wiþer-þēod, sb., *hostile people*, ORM. 10227.

wiðer-ward, adj. & adv., *O.E.* wiðerweard, = *O.H.G.* widarwart, -wert, *Goth.* wiþrawairþs; *adverse, contrary*, LAȝ. 6875; wiðerward GEN. & EX. 2935; wiþerward ORM. 9667; DAV. DR. 20; witerwarde ALEX. (Sk.) 4247.

wiðer-winne, sb., *O.E.* wiðerwinna, = *O. H. G.* widarwinno; *adversary, enemy*, MAT. v. 25; wiþerwinne MISC. 74; wiðerwinne, -wine REL. I. 226, 235; wiðerwine A. R. 196; KATH. 1197; wiþerwine ROB. 325; RICH. 6012.

wiðer[2], sb., *O.E.* wiðre; *adversity, resistance*: wiðer [wiþer] com toȝeines me LAȝ. 4678; ȝif þe king wolde wið heom wiðer heolden [wiþer holde] 9175.

wiðer-ful, adj., *hostile, valiant,* HOM. II. 51; wiðerfulle [wiþerfolle] cheorles LAȝ. 21520.

wiðerfulnesse, sb., *hostility*, ['*impietatis*'] HOM. II. 63.

wiðerin, v., *O.E.* wiðerian, = *O.H.G.* widarōn, *M.Du.* wederen; *oppose, resist*, MARH. 14;

wiðereð (*pres.*) A. R. 238*; wiþreþ ORM. 1181; wiðerieð HOM. II. 123; wiðeren REL. I. 219.

wiþering, sb., *adversary*, HORN (L.) 148; wetheruns (*pl.*) D. TROY 5048.

wiþerling, sb., *O.E.* wiðerling; *adversary,* HORN (R.) 154, (H.) 156.

wið-geonde, prep., *O.E.* wiðgeondan; *beyond*; [*mistranslation of* '*circum*'] MAT. iii. 5.

wiþ-hálden, v., *withhold*, CH. BOET. iv. 6 (142); withhalde A. P. ii. 740; **wiþháldest** (*pres.*) ALIS. 1310; þet ȝe wiðholden ou from vlesliche lustes A. R. 348; **wiðhēld** (*pret.*) GEN. & EX. 2033; withheld HAV. 2356.

wiði, wiþþe, sb., *O.E.* wiðig, wiðe, *cf. O. Fris.* withthe, *O.N.* viðja, við, *O.H.G.* wīda, *Gr.* ἰτέα; *withy, willow; halter, fetter*; wiði A. R. 86; wiþi '*salix*' VOC. 181; FRAG. 3; wiþþe '*circulus*' 2; wiþi, wiþe PERC. 423, 444; doð wiðre an his sweore LAȝ. 22833; wiþþe AYENB. 135; ALIS. 4714; H. S. 11553; withe, witthe, withth(e) '*boia*' PR. P. 531; **wiþþes** (*pl.*) ORM. 15563; wiþies WICL. LEV. xxiii. 40; wiþþis WICL. JUD. vi. 9; iteied to somne mid wiðen LAȝ. 25973.

wiþi-bond, sb., *woodbine*; **weþebondes** (*gen.*) LANGL. *A* vi. 9.

wiþ-winde, sb., *O.E.* wiðowinde, = *M.L.G.*, *M.Du.* wedewinde; *cf.* **wudebinde**; *woodbine*; **wiðwindes** (*gen.*) LANGL. *B* v. 525.

wið-innen, prep. & adv., *O.E.* wiðinnan (SAX. CHR. 244); *within*, A. R. 4; REL. I. 215; wereden þene tun wiðinnen [wiþine] LAȝ. 18300; wiðinnen þan fif nihte 30600; wiþinnen ORM. 1020; C. L. 717; wiþinnen, -inne FRAG. 7; wiþinne TREAT. 139; AYENB. 10; biþinne FL. & BL. 244; E. G. 355 (*see* ENG. ST. V. 371).

wiþ-nimen, v., *blame, reprove*; wiþnime AYENB. 137; **wiþnome** (*pple.*) SHOR. 146.

wið-sahe, sb., *contradiction*, A. R. 288*; wiþsawe C. M. 5877.

wið-sáken, v., *O.E.* wiðsacan; *deny, renounce*, A. R. 88; wiðsaken LAȝ. 10898; **wiðsōc** (*pret.*) LAȝ. 13000; þu wiþsoke FRAG. 8; **wiþsáken** (*pple.*) JOS. 178.

wiþ-scóren, v., *retrench, cut short*; wiþ-scóre (*imper.*) and wiþdraȝ þine willes AYENB. 254.

wiþ-seggen, v., = *O.Fris.* withsedza; *contradict*, ORM. 7646; wiþsegge ROB. 106; wið-siggen A. R. 86; wiþzigge AYENB. 175; wið-suggen [wiþsegge] LAȝ. 13237; wiþseie CH. C. T. *A* 805; HOCCL. vi. 47; **wiþsegge** (*pres.*) HORN (L.) 1276; **wiþseide** (*pret.*) BEK. 526.

wið-sigginge, sb., *contradiction*, A. R. 288.

with-settin, v., *resist,* '*obsisto*,' PR. P. 530; þei him wiþsette (*pret.*) MAN. (F.) 2931.

with-sitten, v., *resist*, HAV. 1683; withsitte EGL. 1022; wiþsat (*pret.*) AR. & MER. 9065.

wiþ-standen, v., *O.E.* wiðstandan, = *O.Fris* withstonda ; *withstand, resist,* ORM. 7646 ; wiðstonden KATH. 228 ; A. R. 218 ; wiðstonden LA3. 1419 ; wiþstonde LANGL. *B* PROL. 156 ; **wiþstondeþ** (*pres.*) AYENB. 265 ; **wiðstōd** (*pret.*) GEN. & EX. 2649 ; **wiþstonde** (*pple.*) CH. BOET. i. 4 (14).

wiþ-steden, v., *withstand, stop up*; **wiþsted** (*pple.*) MAN. (F.) 13503.

wið-stēwen, v., *? check* : heore uvel . . . þu aʒest to hetiene & wiðstewen HOM. I. 15.

with-tāke, v., *reprove,* HAMP. PS. xlix. 9 ; **withtōke** (*pret.*) c. 6.

with-tākere, sb., *reprover,* HAMP. PS. ix. 24*.

wið-tēon, -tīen, v., *O.E.* wiðtēon ; *draw back,* HOM. II. 79, 139 ; **wiðtēoð** (*pres.*) HOM. l. 143 ; **wiðtēo** (*subj.*) REL. I. 132.

wið-ūten, prep. & adv., *O.E.* wiðūtan (SAX. CHR. 244) ; *without, beyond,* GEN. & EX. 503 ; hu me schal beren him wiðuten A. R. 4 ; wiðuten leave 230 ; wiþuten galle ORM. 1253 ; wiðuten dore LA3. 2382 ; wiðute þan volke 26215 ; wiþuten, wiþ-, witute O. & N. 183, 863 ; wiðute (*v. r.* buten) live KATH. 252 ; wiþute FL. & BL. 511 ; with-, wituten HAV. 179, 425 ; wiþouten C. L. 717 ; JOS. 316 ; wiþouten ende A. D. 263 ; WICL. JOHN viii. 35 ; wiþoute BEK. 267 ; AYENB. 6 ; biþute FL. & BL. 218 ; biþoute E. G. 349.

wið-ward, prep., *contrary to,* KATH. (E.) 1958.

wivil, wévil, sb., *O.E.* wifel, = *O.L.G.* (gold-)wivil, *M.L.G., M.Du.* wevel, *O.N.* (tord-)yfill, *O.H.G.* wibil ; *? from* **wéven** ; *weevil, 'curculio,'* PR. P. 523, 531.

wīvin, v., *O.E.* wīfian, = *M.L.G.* wīven, *M.Du.* wijven ; *take a wife,* PR. P. 531 ; wivi (*ms.* wyui) AYENB. 225 ; FER. 2096 ; wive ROB. 35 ; TRIST. 2896 ; CH. C. T. *E* 140 ; **wiveþ** (*pres.*) REL. I. 115 ; **wīvede** (*pret.*) A. R. 308 ; *comp.* 3e-wiven.

wivre, gvivre, sb., *O.Fr.* guivre, *mod. Eng.* wyvern ; *viper* : jalousie þat wikked wivere CH. TRO. iii. 1010 ; addres, **gvivres** (*pl.*) (printed quinres) ALIS. 5609.

wīwere, sb., *cf. O.H.G.* wīwāri ; = **vīvere** ; *'vivarium'* VOC. 195.

wlach, adj., *O.E.* wlæc, = *M.L.G.* wlack ; *tepid* ; (*printed* wlath) GEN. & EX. 3300 ; wlach, wlak SAINTS (Ld.) xlvi. 695 (TREAT. 138) ; wlech A. R. 202 ; JUL. 31 ; **wlache** (*dat.*) HOM. II. 151.

wlaffen, *see* **blaffen. wlak,** *see* **wlach.**

wlanc, wlonc, adj., *O.E.* wlanc, wlonc, = *O.L.G.* wlanc ; *proud, splendid,* REL. I. 174, 180 ; wlonc O. & N. 489 ; prud & wlonc HOM. I. 35 ; wlonk A. P. iii. 486 ; PALL. iii. 449 ; in wlanke wede M. H. 42 ; of al mi weole wlonke P. S. 156 ; of his wlonke murþe WILL. 1634 ; wlanke deor P. L. S. xxv. 3 ; wlonke wordes KATH. 844 ; þe **wlonkest** (*superl.*) wedes GAW. 2025.

wlonk-hēde, sb., *pride,* O. & N. 1400.

wlaunkuesse, sb., *pride,* P. S. 330 ; wloncnesse (*ms.* wlongnesse) HOM. I. 9.

wlanke, sb., *cf. O.E.* wlenco ; *? pride* ; for wlaunke P. S. 341.

wlappen, *see* **lappen.**

wlate, sb., *O.E.* wlætta ; *disgust,* O. & N. 1506.

wlate-ful, adj., *disgusting,* H. M. 25 ; wlatful TREV. II. 167 ; PS. xiii. 1 ; wlatvol AYENB. 241.

wlatsum, adj., *disgusting, 'abominabilis,'* WICL. LEV. xi. 11 ; P. R. L. P. 173 ; A. P. ii. 541 ; wlatsom CH. C. T. *B* 3814 ; PR. C. 459 ; wlathsum HAMP. PS. xiii. 2, lii. 2.

wlátien, v., *O.E.* wlatian, = *M.L.G.* wlaten ; *feel disgust* : ham wolde wlatien þer aʒean A. R. 86 ; overfulle makeþ wlatie O. & N. 354 ; wlate ['*abominari*'] PS. v. 7 ; wlath HAMP. PS. v. 7 ; **wlátiþ** (*pres.*) APOL. 92 ; him wlatis H. S. 3541 ; wlatez A. P. ii. 305 ; wlattis ALEX. (Sk.) 4277 ; **wlátede** (*pret.*) WICL. JER. xiv. 19 ; **wláted** (*pple.*) ALEX. (Sk.) 5634 ; wlethid HAMP. PS. cv. 37 ; *comp.* **a-wláten.**

wlátunge, sb., *O.E.* wlatung ; *disgust, abomination,* A. R. 80 ; wlatinge SHOR. 26 ; MIRC 894 ; **wláthingis** (*pl.*) HAMP. PS. *page* 516.

wlecchen, v., *O.E.* wleccan ; *from* **wlach** ; *make tepid* ; iwlaht (*pple.*) JUL. 70.

wlecchunge, sb., *? tepidity* ; H. M. 45.

wlech, *see* **wlach.**

wlenchen, v., *O.E.* (ge-)wlencan, = *O.L.G.* (gi-)wlenkian ; *from* **wlanc** ; *be proud, make proud* : þi lease wit þat tu **wlenches** (*pres.*) (*pridest*) te in KATH. 1010 ; wlencð his soule HOM. II. 189 ; *comp.* **a-, for-wlenchen.**

wlispen, v., = *O.L.G.* wlispen, *M.Du., M.H.G.* lispen ; *lisp,* PR. P. 306 ; **wlispit** (*pret.*) BARB. i. 393 ; lisped [lipsed] CH. C. T. *A* 264.

wlite, sb., *O.E.* wlite, = *O.L.G.* wliti, Goth. wlits, *O.N.* litr ; *from* **wlīten** ; *face, form* ; *beauty* ; KATH. 1463 ; ORM. 666 ; GEN. & EX. 2288 ; LA3. 19205 ; REL. I. 186 ; PS. xliv. 5 ; þe lilie mid hire faire wlite O & N. 439.

wlīten, v., *O.E.* wlītan, = *O.N.* līta ; *look, see* ; **wlīteþ** (*pres.*) SPEC. 43 ; *deriv.* **wlite, wliti.**

wliti, adj., *O. E.* wlitig, = *O.L.G.* wlitig ; *beautiful,* KATH. 313.

wlō, sb., *O.E.* wlōh ; *? nap, ? hem, fringe* : cloþes ful feble . . . þe **wlōn** (*pl.*) offe PL. CR. 736.

wlonc, *see* **wlanc. wó,** *see* **hwá.**

wō, *see* **wā. wōō,** *see* **wāo.**

wōd, adj., *O.E.* wōd, = *Goth.* wōds, *O.H.G.* wuot, *O.N.* ōðr ; *mad, furious,* A. R. 96 ; KATH. 31 ; ORM. 4676 ; O. & N. 566 ; wod LA3. 1714 ; HAV. 508 ; BEK. 1939 ; A. P. ii. 204 ; wood CH. C. T. *A* 184 ; TOR. 643 ; wood, ooth PR. P. 372, 531 ; woud ALEX.

wōd.

(Sk.) 5428; **wōde** (*pl.*) PR. C. 99; wode houndes AYENB. 70; **wōden** (*dat. pl.*) LAȝ. 19092; **wŏddre** (*compar.*) A. R. 264.

wōd-hēde, sb., *fury, madness*, AYENB. 18; wodhed GEN. & EX. 3539.

wōd-līche, adv., *furiously*, HALLIW. 938; wodli WILL. 550; **wōdlokere** (*compar.*) LAȝ. 3201.

wōdnesse, sb., *O.E.* wōdnyss, = *M.Du.* woedenisse, *O.H.G.* wōtnissa; '*furor*,' PR. P. 531; AL. (L.²) 474; woodnesse CH. C. T. *A* 3452; SACR. 502.

wōd-schipe, sb., *fury*, A. R. 120.

wōd, *see* **wād**. **wode**, *see* **wude**.

Wōden, pr. n., *O.E.* Wōden, = *O.L.G.* Wōden, *O.H.G.* Wuotan, *O.N.* Ōðinn; *name of a god*, LAȝ. 13903; Mercuri is on oure langage Woden MAN. (F.) 7372; **Wŏdnes** (*gen.*) dei Wednesday A. R. 70; Wodnes, Wednes dai LANGL. *B* xiii. 154; Wednes dai KATH. 2215; Wednes-, Wodenes-, Wedones-, Wodnes-, Wensdai(e) ROB. (W.) 2432.

woder, *see* **hwider**.

wōdien, v., ? *O.E.* wōdian; *cf.* **wēden**; *rage*; woodeþ (*pres.*) CH. BOET. iv. 4 (123); woodedist (*pret.*) WICL. IS. xxxvii. 29.

[wōȝ-, *stem of* wōȝen.]

wōh-lāc, sb., *wooing*, A. R. 388*.

wŏuh-lēche, sb., *wooing*, A. R. 96.

wōȝ, *see* **wāȝ**, **wōh**.

wōȝen, v., *O.E.* wōgian; *woo*; woȝe HOM. I. 187; HORN (L.) 546; wowen A. R. 388; wowen AR. & MER. 772; wowin '*proco*(*r*)' PR. P. 533; wowe P. 11; S. S. (Wr.) 230; EGL. 1064; **wŏweþ** (*pres.*) SPEC. 46 (A. D. 167); CH. C. T. *A* 3372; **wŏwende** [wowinge] (*pple.*) WICL. PROV. vii. 13; **wŏwude** (*pret.*) A. R. 390; wowede LANGL. *B* iv. 74; wowid TRIAM. 67; woghit D. TROY 482.

wŏwere, sb., *O.E.* wōgere; *wooer*, VOC. 176; woware A. R. 90; woware PR. P. 532; **wōweres** (*pl.*) LANGL. *B* xi. 71.

wōwunge, **wŏuhinge**, sb., *wooing*, A. R. 116, 204; wowinge PR. P. 533; wowing SPEC. 28.

wōh, adj. & sb., *O.E.* wōh, = *O.L.G.* wāh, *Goth.* (un-)wāhs; *crooked; bad, evil*; A. R. 2; **wōh** (*subst.*) ORM. 5555; ȝif þu me dest woh HOM. I. 33; þat woh R. S. v (MISC. 184); woh LAȝ. 4333; H. H. 52; woȝh WILL. 544; wogh OCTAV. (H.) 561; ISUM. 95; A. P. i. 621; woche D. TROY 5050, 6722, 7756; wouh A. R. 54; wouh [wouȝ] C. L. 385; wouȝ BRD. 13; wou REL. I. 243; **wōhe** (*dat.*) KATH. 1243; woȝe LAȝ. 24811; mid wowe ne mid rihte MISC. 49; mid woȝe dome HOM. II. 179; **wōȝe**, wowe (*pl.*) O. & N. 815; woȝhe dedes ORM. 1375; wowe domes FRAG. 7.

wŏhnesse, sb., *O.E.* wōhnyss; *depravity*, HOM. I. 103.

wōhlāc, *see under* **wōȝ-**.

word.

woke, *see* **wike**. **wōkien**, *see* **wākien**.

wol, *see* **wel**, **wil**.

wolc, sb., *some bird*: þe wilde laveroc ant wolc & þe wodwale SPEC. 26 (A. D. 145).

wolcne, sb., *O.E.* wolcen, wolcn *n., m., cf. O.L.G.* wolcan. *O.H.G.* wolchan *n.; welkin*, *cloud, sky*; se wolcne SAX. CHR. 249; þa wolcne gon to dunien LAȝ. 27452; weolcne '*nubes*' FRAG. 3; þere weolcne [þare wolkne] he was swiðe nih LAȝ. 2883; **wolcne**, weolcne (*pl.*) LAȝ. 4575; 23947; wolkne SHOR. 137; to beholde þe wolkene [welkene] and þe sterres of hevene TREV. III. 459; wolkne [welkne] LANGL. *B* xvii. 160; weolcne MARH. 7; A. R. 246; **wolcnen** (*dat. pl.*) MAT. xxvi. 64; wolcnen, weolcnen LAȝ. 102, 25592; under weolcne [welkne] *in the open air* O. & N. 1682; in welkne SPEC. 114; on the welkne CH. C. T. *E* 1124.

wōld, *see* **wāld**. **wolf**, *see* **wulf**.

wolle, *see* **wulle**. **wollen**, *see* **willen**.

wómbe, *see* **wámbe**. **won**, *see* **wan**.

wōn, *see* **wān**. **wond**, *see* **wand**.

wónde, **wóndien**, *see* **wúnde**, **wúndien**.

wonder, *see* **wunder**.

wondrien, *see* **wandrien**, **wundrien**.

wóne, *see* **wáne**, **wune**. **wŏne**, *see* **wĕne**.

wonene, *see* **hwanene**. **wong**, *see* **wang**.

wonge, *see* **wange**.

wonien, *see* **wanien**, **wunien**.

wōnien, **wōning**, *see* **wānien**, **wānunge**.

wonne, *see* **wünne**, **hwanne**.

wont, sb., *mole*, VOC. 177; **wontes** (*pl.*) TREV. I. 339.

wonten, *see* **wanten**.

wōp, sb., *O.E.* wōp, = *O.L.G.* wōp, *O.N.* ōp, *O.H.G.* wuof; *weeping, lamentation*, P. L. S. viii. 117; A. R. 110; KATH. 2364; ORM. 7931; O. & N. 878; wop ROB. 34; SHOR. 147; AYENB. 265; wop, weop LAȝ. 5970, 11991.

wōpen, *see* **wǣpen**.

wōpi, adj., *O.E.* wōpig; *tearful*; **wōpie** (*pl.*) A. R. 376.

wōr, sb., ? *O.E.* wōr, ? = *M.H.G.* wuor; ? *dam, pool*; **wōre** (*dat.*) REL. I. 122; weri so water in wore SPEC. 28 (A. D. 148); i wake as water in wore A. D. 249.

worc, *see* **weorc**. **worchen**, *see* **wurchen**.

word, sb., *O.E.* word, = *O.L.G.* word, *Goth.* waurd, *O.H.G.* wort, *O.N.* orð; *word; saying, report*; A. R. 88; ORM. 282; O. & N. 300; þat word BEK. 537; þat word com to Dunwale LAȝ. 4118; þat weord [word] þat ich þe sende 8311; þer com word to þe king(e) ROB. 203; ich . . . sende him word P. L. S. xii. 102; word, wurd GEN. & EX. 46, 736; wurd H. S. 1240; **word** (*pl.*) P. L. S. viii. 5; word, wordes A. R. 58, 76; word, weord, worde, wordes HOM. I. 47, 57, 65, 93; word, wordes LA3. 7333, 3702; word, worde, wordes O. & N. 139, 178, 1715; worde HORN (H.) 857; worde (*gen. pl.*) LK. i. 4; wordon (*dat. pl.*) HOM. I. 227; worden LK. i. 20; worden PROCL. 11; worden, wurden [worde] LA3. 6675, 23632; worde P. L. S. viii. 6; O. & N. 158; mid worde & mid werke FRAG. 7; hie ne mihten mid worde here blisse tellen HOM. II. 115; *comp.* bī-, bod-, hēre-, hux-, lof-word.

    word-fest, adj., *O.E.* wordfæst; *truthful, faithful*; (*ms.* weordfeste) HOM. I. 111.

    word-lēs, adj., *wordless, ineffable*: wordles song ['*jubilus*'] HOM. II. 113.

word, *see* weored.

    wordien, v., *utter words; speak*: þe king wordede (*pret.*) þus LA3. 18052; wordeden LANGL. *A* iv. 33.

wordle, woreld, *see* weoreld.

wōren, v., *O.E.* wōrian (*wander*); *wander, go, weary*: þis worldes won wiþ muchel unwinne us woren wolde SPEC. 24; this jurni to wore LUD. COV. 96; þis mong wōreð (*pres.*) so þe eien A. R. 386.

wori, *see* wari. world, *see* weoreld.

worm, *see* wurm. worpen, *see* weorpen.

worre, *see* werre. wors, *see* würs.

Wor-stede, pr. n., *Worstead*, CH. C. T. *A* 262.

wort, *see* wurt.

worþ, worþi, *see* wurð, wurþi3.

worþi3, sb., *O.E.* weorðig; '*praedium*,' FRAG. 4.

wōs, sb., *O.E.* wōs, = *M.L.G.* wōs; *juice*, HALLIW. 939; wose LEECHD. III. 345; ALEX. 413; wus ALIS. (Sk.) 712.

[wōse, sb., *O.E.* wāsa; *satyr;* *comp.* wode-wōse.]

wōse, *see* wāse.

wōsen, v., *cf.* wēsen; *ooze, exude*; wōseth (*pres.*) out ['*exundant*'] humours TREV. I. 63.

wōþe, *see* wāþe².

wōu, wōu3, wōuh, *see* wōh.

wounde, *see* wúnde. wōwe, *see* wāwe.

wōwen, *see* wō3en.

wrā, sb., *O.N.* (v)rā; *angle, corner*, ALEX. 1585; wro P. L. S. xxviii. 26; M. T. 306; GAW. 2222; wrās (*pl.*) C. M. 18155; crepen in wros HAV. 68.

    wrabbe, v., *? denounce*; wrabbe [wrobbe] and wrie ERC. 38.

    wrabbere, sb., *? denouncer*: wreieres and wrobberes (*pl.*) HAV. 39.

wrac, adj., = *O.Fris., M.Du.* wrak; *from* wrēken; *base*; of heorte wrac LEG. 12.

wrac², sb., *cf. O.L.G.* wrak, *O.N.* vrek *n.; wreck*; wrak CH. C. T. *B* 513; wrek PR. P. 533; wrec REL. I. 33.

wræcche, *see* wrecche.

wrǣche, sb., *O.E.* wrǣc, = *O.Fris.* wrētze,

O.L.G. wrēka, *Goth.* wrākja, *O.H.G.* rācha, *from* wrēken; *vengeance, punishment*, ORM. 19; wreche ['*vindicta*'] A. R. 186; 3if þu hevedest wreche inumen HOM. I. 197; wreche and wrake GEN. & EX. 552; wreche LA3. 29581; MISC. 143; MAP 338; BEK. 1496; SHOR. 133; AYENB. 45; CH. C. T. *B* 679; S. S. (Wr.) 1775; he scholde tak(e) of heom wreche ALIS. 2858; do wreche FER. 4181; þe fende she mi3th do wreche AL. (L.¹) 216; þe fischers were adrad of wreche GREG. 299; wræche, wrache HOM. II. 29, 51; wrache CHR. E. 724; A. P. ii. 229; wreke '*vindicta*' PR. P. 533; wreke PS. lvii. 11; PR. C. 5538; TOWNL. 248.

    wrēch-ful, adj., *revengeful*, SAINTS (Ld.) xlv. 333.

    wrēch-wil, adj., *desirous of vengeance*, H. M. 47.

wrǣst, sb., *twist*; wrǣstes (*pl.*) C. M. 3462.

wrǣst², adj., *O.E.* wrǣst; *? from* wrīðen; *powerful*; wrest (*? hard; or mistake for* unwrest) CL. M. 31; wrast GAW. 1423; *comp.* un-wrǣst.

    ? wrǣst-lich, adj.: an wræstliche þan folke (*? r.* þan unwræstliche folke) LA3. 29582.

wrǣste, sb.: wreste of an harpe, '*plectrum*,' PR. P. 533; wrast VOC. 240.

wrǣsten, v., *O.E.* wrǣstan; *wrest, twist*; wresten A. R. 374; wrestin '*plecto*' PR. P. 533; five kni3tes mi3te not wreste þe rop out of his hond TREV. V. 181; wrǣste [wreste] (*pret.*) LA3. 7532; wraste PARTEN. 1377; hur fingres sche wrast(e) MAN. (F.) 3194; wrast(e) out min(e) i3en A. P. iii. 80; wrǣst (*pple.*) M. T. 289; mani kniht of sadel was wrast MAN. (F.) 13571; *comp.* to-wrǣsten.

wrǣstlen, v., *O.E.* wrǣstlian, = *M.Du.* wrastelen; *wrestle*; wrestlen KATH. 2064; wrestlin MARH. 14; wrastlen A. R. 80; wrastele ROB. 22; wrastle CH. C. T. *A* 3928; wirstill [wrastill] ALEX. (Sk.) 2276; wrǣstele (*pres.*) LUD. COV. 185; wrǣstel (*subj.*) LANGL. *B* xiv. 224; wrǣstlede (*pret.*) GEN. & EX. 1803; wrastlide WICL. GEN. xxxii. 24; wræstleden LA3. 24699.

    wrǣstlare, sb., *O.E.* wrǣstlere; *wrestler*, A. R. 222; wrastlere TREV. II. 383; werstillare [wristiller] ALEX. (Sk.) 2287.

    wrǣstlunge, wrǣstlinge, sb., *wrestling*, A. R. 318, 374; wrastlinge LA3. 1871; O. & N. 795; wristilling ALEX. (Sk.) 2260.

wrēðe, sb., *O.E.* wrīðð, = *M.H.G.* reide, *mod.Eng.* wreath; *from* wrīðen; *ring*; wreþe CH. C. T. *A* 2145; WICL. GEN. xii. 42; *fold* D. ARTH. 1093.

wrǣþen, v., = *O.L.G.* wrēthian, *O.N.* reiða; *see* wrǣðien; *make or become wroth*; wreðen JUL. 11; he wile wreðe wið þe HOM. I. 33; wreþi AYENB. 60; AM. & AMIL. 606; wrethin PR. P. 534; wrēþeþ (*pres.*) SHOR. 127;

wræþen.   wrāðien.   695

wrēðede (*pret.*) HOM. I. 197; wreaðede JUL. 13; **wrēthid** (*pple.*) PS. ii. 12.

wrǣððe, sb., *O.E.* wrǣðo, wrǣððo (MK. iii. 21*), = *O.N.* reiði; *wrath* : mid þære wræððe [wreþþe] LAȜ. 3073; þurh his wraððe [wraþþe] 6379; wretðe HOM. I. 105; A. R. 120; GEN. & EX. 3863; wretðe, wraðde MARH. 9, 18; wraþþe ORM. 124; O. & N. 941; wraþþe ROB. 35; P. L. S. xxiv. 93; C. L. 407; WILL. 728; wraðe REL. I. 130; wrathe HAV. 2977; wraþe [wratthe] LANGL. *B* iv. 34; wreþe AYENB. 8; AM. & AMIL. 830; wrethe PR. P. 534.

wrēð-ful, adj., *wrathful*, HOM. I. 43; A. R. 118; wrethful PR. C. 5107; þe wreþvolle AYENB. 30.

wrǣþþe-lees, adj., *without wrath*, SPEC. 42 (A. D. 186).

wrāȝen, v., *? make angry*; **wrāged** (*pple.*) REL. I. 178 (MISC. 119); wrawid ALEX. (Sk.) 3167.

wrāh, adj., = *Swed.* vrå; *perverse, headstrong*: ne wrah ne mispaiet A. R. 416*; wrau (*ms.* wraw) '*perversus, protervus*' PR. P. 533; CH. C. T. *H* 46; wrau and gelous S. S. (Web.) 1742; so angri and so wrau N. P. 9; wroȝ ROB. 16, 24; **wrōwe** (*pl.*) REL. I. 241.

wrāhnesse, sb., *indignation* : he doþ alle þing wiþ anoi and wraunesse (*ms.* wrawnesse) CH. C. T. *I* 680.

wrak, see **wrac**.

wráke, sb., *O.E.* wracu, = *M.Du.*, *M.L.G.* wrake, *Goth.* wraka (διωγμός) : *from* **wrēken**; *vengeance, persecution, injury*, HOM. II. 61; JUL. 50; GEN. & EX. 552; þa ilke wrake þe ic dude þe HOM. I. 9; wrake & sake 13; niþ and wrake O. & N. 1194; he þe wile wrake don MISC. 136; wrake LAȜ. 4040; SHOR. 141; MAP 352; FER. 1815; REL. I. 262; FLOR. 582; DEP. R. i. 130; LIDG. M. P. 125; M. ARTH. 935; LUD. COV. 200; he schal do ȝou no wrake ALIS. 7605; vengeaunce & wrake P. P. 252; werre and wrake P. I; wo & wrake AL. (L.¹) 45; sorowe and wrake H. S. 3392; wele after wrake SAL. & SAT. 230; wiþouten wrake GREG. 338.

wráke-dōm, sb., *vengeance*, LAȜ. 76.

wráke-ful, adj., *revengeful*, SPEC. 22.

wrákeful-liche, adv., *vengefully*, KATH. 2076*.

wrang, adj., *O.N.* rangr, = *M.Du.* wrongh; *from* **wringen**; *crooked, twisted; wrong, evil, unjust*; AYENB. 159; Iw. 3134; wrang & crumb ORM. 9207; wrong REL. I. 210; SPEC. 31; WILL. 706; wrong '*curvus, oblongus*;' wrang (*sb.*) S. S. (Web.) 2900; wrong '*injuria*' PR. P. 534; BEK. 172; SPEC. 68; LANGL. *A* iii. 169; **wrange** (*dat.*) SAX. CHR. 252; wronge LAȜ. 27300; mid wronge P. L. S. viii. 106; hwo singeþ wronge (*adv.*) O. & N. 196; þeo . . . habbeð þe nebbes wrong wende A. R. 254; **wronger** (*compar.*) WILL. 1176.

wrong-ful, adj., *wrongful*, P. S. 256; WICL. LK. xii. 58.

wrong-liche, adv., *wrongly*, AYENB. 8.

wrongnesse, sb., *crookedness*, '*curvitas*' PR. P. 534.

wrang-seht, adj., = *O.N.* rangsāttr; *at enmity*; **wran(g)sehte** (*pl.*) HOM. I. 241.

wrang-wis, adj., *cf. Swed.* vrångvīs; *unjust*; wrongwise reven HOM. I. 175.

wrangwis-li, adv., *unjustly*, PR. C. 3865; LANGL. *A* iii. 76*.

wrangwisnes, sb., *iniquity*, M. H. 136.

[**wrangen**, v., = *M.L.G.* wrangen ; *strive, contend*.]

wranger, sb., = *M.L.G.* wranger; *one who strives*; (*ms.* wragger) TOWNL. 308.

wrangunge, sb., *strife*; (*ms.* wraggunge) A. R. 374*.

wranglen, v., *wrangle*; wrangle LANGL. *C* xvii. 80*.

wranglinge, sb., *wrangling*, LANGL. *B* iv. 34; wrangelunge (*? ms.* wragelunge) A. R. 374.

wrappen, v., *wrap*; wrappe CH. C. T. *E* 583; MED. 975; P. R. L. P. 226; **wrapped** (*pret.*) WILL. 745; wrappid RICH. 3094; **wrapped** (*pple.*) PL. CR. 435; MAND. 60; *comp.* bi-, for-, in-**wrappen**.

wrase, sb., *? = Swed.* vrase; *bundle* : one wrase of þornes MISC. 48; warse '*fasciculus*' CATH. 425.

wrāst, see **wrēst**.

wrāð, adj., *O.E.* wrāð, = *O.L.G.* wrēth, *O.N.* reiðr, *O.H.G.* reid; *from* **wrīðen**; *wroth, angry; bad*; HOM. I. 15; þi les ðe god iwurðe wrað wið eou 117; wraþ ORM. 4814; wraþ MAP 360; Iw. 136; MIN. vii. 14; wrad, wroð [wroþ] LAȜ. 652, 3773 (*miswritten* wræð 8268); wroð A. R. 120; GEN. & EX. 1215; wroð, wroþ O. & N. 1043, 1608; wroþ ROB. 31; AYENB. 22; MAN. (H.) 86; S. S. (Wr.) 1798; wroþ and grim ALIS. 754; wroth or blithe CH. P. F. 504; wrooth HOCCL. i. 431 ; o wraðe time JUL. 57; **wrāðer(e)** (*dat. f.*) MARH. 10; wraðere [wroþere] LAȜ. 29556; wroðere A. R. 102; to wroþere hele MISC. 148; P. L. S. xxiv. 187; LANGL. *B* xiv. 120; wrothir haile ALEX. (Sk.) 1759; **wrāðe** (*pl.*) KATH. 173; wroþe HORN (L.) 348; **wrōþere** (*compar.*) BEK. 361; **wrāðest** (*superl.*) LAȜ. 18583.

wrāþe, adv., *wrathfully, ill*, MISC. 75; wroðe HOM. II. 193; wroþe AYENB. 20; ived wroþe O. & N. 1529; þou ȝeldest nou mi love wroþe ROB. 31.

wrāð-liche, adv., *O. E.* wrāðlīce; *wrathfully*, LAȜ. 7379; wroþlice, -li WILL. 2074, 4598.

wrāðe, see **wrǣððe**.

wrāðien, wrǣþþen, v., *O.E.* (ge-)wrāðian, *make wroth, become wroth*; wraþen WICL.

wrāðien.

PROV. xviii. 14; wrathe [wraþþe] CH. C. T. *H* 80; wraththe, wratthe, wrathe LANGL. *A* ii. 85, *B* ii. 116, *C* iii. 118; þe king bigon to wraððen KATH. 746; þat tu ne darst noht drihtin wraþþen ORM. 5615; wraþþen AN. LIT. 3; wraþþe C. L. 594; wrecðen A. R. 312; wrōþe (*pres. subj.*) S. S. (Wr.) 1780; **wrāðede** [wreþþede] (*pret.*) LAȝ. 4577; wraþed WILL. 981; MAN. (H.) 129; A. P. ii. 230; *comp.* a-, ȝe-wrāðien.

wrāððe, *see* **wrǣððe**.

wrāu, wrāw, *see* **wrāh**.

wraxlien, v., *O.E.* wraxlian, = *O.Fris.* wraxlia; *strive, wrestle*; wraxli LAȝ. 1858*; P. L. S. xii. 70; wraxle [wraskle] LANGL. *C* xvii. 80; **wraxlede** (*pret.*) LAȝ. 24699*.

wraxlinge, sb., *O.E.* wraxlung; *strife, contention*, LAȝ. 1871*.

wrec, *see* **wrac.**

wrecche, adj., *O.E.* wræcc; *from* **wrēken**; *wretched*, A. R. 56; ORM. 3878; R. S. ii (MISC. 162); þu wrecche wiht O. & N. 556; mi wrecche lif BRD. 23; a wrecche mon LAȝ. 3474; þat wræcche volc 23571; þet wræcche lif FRAG. 5.

wrecche-dōm, sb., *misery*, A. R. 232; JUL. 49; wrecchedom MISC. 152.

wrec-hēde, sb., *misery*, O. & N. 1219; BEK. 1282; wreccehed SAX. CHR. 262.

wrecche-liche, adv., *miserably*, LAȝ. 30554; wrecchelike, -liȝ ORM. 3326, 3708.

wrechenesse, sb., *misery*, REL. II. 227.

wrecche², sb., *O.E.* wrǣcca, wrecca, = *O.L.G.* wrekkio, *O.H.G.* reccho; *wretch*, FRAG. 5; HOM. I. 129; KATH. 2078; ORM. 10140; O. & N. 534; wrecche SPEC. 38; CH. C. T. *A* 931; a slouȝ wrecche TREAT. 138; wrechche AYENB. 31; wræcche, wrehche [wrecche] LAȝ. 3860, 5932; **wrecchen** (*pl.*) P. L. S. viii. 142; þa wræcchen LAȝ. 20898; þes wrecche MISC. 75; wrecches GEN. & EX. 1074.

wrecched, adj., *wretched*, CH. C. T. *A* 921; wreched PR. C. 557; wrecchede bali ST. COD. 99.

wrecched-hēde, sb., *misery*, ROB. 102; PS. xi. 6.

wrecched-liche, adv., *wretchedly*, MAND. 251.

wrecchednesse, sb., *wretchedness*, LANGL. *B* xi. 44.

wrecchen, v., *O.E.* wreccan; *rouse*: and of his eire briddes **wraȝte** [wrauhte] (*pret.*) O. & N. 106; *comp.* a-wrecchen.

wrēche, *see* **wrǣche**.

[**wrēȝe**, sb., = *M.L.G.* wrōge, *M.H.G.* rüege, *Goth.* wrōhs; *? accusation*.]

wrēi-ful, adj., *accusatory*, A. R. 302.

wrēȝen, wrēȝhen, v., *O.E.* wrēgan, = *O.L.G.* wrōgian, *O.Fris.* wrōgia, wrēja, *Goth.* wrōhjan, *O.N.* rǣgja, *O.H.G.* ruogen; *accuse, betray*,

wrenchen.

ORM. 416, 2889; wreigen LK. xxiii. 2; wreien A. R. 304; wreghe PR. C. 5462; wreie FL. & BL. 533; (*ms.* wreye) MISC. 39; CH. C. T. *A* 3503; wreie BEV. 1211; wraie AYENB. 175; ȝif þu **wrēiest** (*pres.*) þe selfen HOM. I. 27: **wrēinde** [wreȝinde] (*pple.*) A. R. 2; **wrēide** (*pret.*) SAX. CHR. 260; BEK. 1226; wreiden MK. xv. 3; **wrēghed** (*pple.*) IW. 2859; *comp.* bi-, for-, ȝe-wrēȝen.

wrēiere, sb., *O.E.* wrēgere, = *M.L.G.* wrōger; *accuser*, HOM. I. 57; **wrēieres** (*pl.*) HAV. 39.

wrēiunge, sb., *O.E.* wrēging (ÆLFR. 317), = *O.Fris.* wrōginge; *accusation*, A. R. 200; wreinge REL. I. 267.

wrēken, v., *O.E.* wrecan, = *O.L.G.* wrecan, *Goth.* wrikan (διώκειν), *O.N.* reka, *O.H.G.* rechan; *avenge; wreak*; ORM. 914; þet tu wult for te wreken þe reaven god his strencðe A. R. 286; wreken HAV. 327; þat heo hine wreken wolden LAȝ. 1627; wreke WILL. 1111; CH. C. T. *A* 961; PERC. 1065; TOWNL. 286; hvanne he his ssel wreke out of his velaȝrede AYENB. 189; þe devel fram hir for to wreke GREG. 216; wrek þe on þat þuef SPEC. 106; **wreoke** (*subj.*) HOM. I. 209; **wrak** (*pret.*) AR. & MER. 5972; TRIST. 3253; GAM. 303; wrek AYENB. 215; wreken LAȝ. 13749; **wrēken** [*O.E.* wrecen, = *O.N.* rekinn, *O.H.G.* (gi-)rochan] (*pple.*) GEN. & EX. 2028; wreken HAV. 2368; TRIST. 3295; (h)a wolde be wreken FER. 1949; wroke 5431; wreke S. S. (Web.) 350; SACR. 212; wreken LANGL. *A* ii. 169 [wroke *B* ii. 194]; wroken GEN. & EX. 3191; wroken MAN. (F.) 8354; wroken fro uch a woþe A. P. i. 375; wrokin TOWNL. 115; *comp.* a-, ȝe-, on-wrēken; *deriv.* **wrak, wrāke, wrecche, wrǣche.**

wrēkere, sb., = *M.L.G., M.Du.* wreker; *avenger*, CH. P. F. 361; wreker WICL. JOSH. xx. 4.

wrench, sb., *O.E.* wrenc, = *M.H.G.* ranc; *wrench, guile, deceit*, A. R. 338; R. S. i (MISC. 156); þeȝ he ne cunne wrench bute anne O. & N. 811; wrench MISC. 36; REL. I. 175; AYENB. 129; wrenche RICH. 4050; wrenk M. H. 2; wrenke MAN. (H.) 58; **wrenche** (*dat.*) LAȝ. 81; ROB. 55; **wrenches** (*pl.*) A. R. 270; O. & N. 798; S. S. (Web.) 1756; CH. C. T. *G* 1081; HOCCL. i. 378; wrenkes and wiles PR. C. 1360; **wrenche** (*gen. pl.*) O. & N. 813; **wrenchen** (*dat. pl.*) LAȝ. 1894; wrenche P. L. S. viii. 127; þat is aferd of plaites wrenche O. & N. 472; *comp.* unwrench.

wrench-ful, adj., *deceitful, artful*, A. R. 268; KATH. 892.

wrenchen, v., *O.E.* wrencan, = *M.H.G.* renken; *wrench, twist*; A. R. 222; wrenchen ut of þe weie MARH. 4; wrenche HOM. I. 281; **wrinchand** (*pple.*) PR. C. 1538; wreint (*pple.*) P. S. 157; *comp.* æt-, bi-wrenchen.

wrengðe, sb., *from* **wrang** ; *distortion; depravity,* REL. I. 210.

wrenne, sb., *O.E.* wrenna, wrænna ; *wren,* '*regulus,*' VOC. 177, 188, 221 ; PR. P. 533 ; GOW. III. 349 ; wrenne, wranne O. & N. 564.

wrēon, *see* **wrīhen.**

wreoðien, v., *O.E.* wreðian, wreoðian, = *O.L.G.* wrethian ; *lean upon, trust in* ; **wreoðeð** (*pres.*) A. R. 252 ; þat ʒe wreoðieð ow on KATH. 859.

wrēst, wrēsten, wrēstlen, *see* **wrǣst,** *etc.*

wrēþe, *see* **wrǣðe, wrǣðþe.**

wrēðen, *see* **wrǣðen. wrēððe,** *see* **wrǣððe.**

wricken, v., = *Du.* wrikken, *Dan.* vrikke, *Swed.* vricka ; *move* ; **wrikkend** (*pple.*) REL. II. 216 ; þe devel **wrickede** (*pret.*) her and þer P. L. S. ix. 82.

wrīden, v., *O.E.* wrīdan ; *spread out, flourish* ; wride PALL. ii. 207.

wrīe (? **wrīe**), adj. = *M.L.G.* wrige ; *wry* ; **a wrie** (*adv.*) *awry* REL. I. 248 ; R. R. 291.

wrīen, v., *O.E.* wrīgian ; *turn, twist* ; wrie CH. TRO. ii. 906 ; **wrīeð** (*pres.*) R. S. iii ; hue wrieþ a wei SPEC. 48 ; **wrī** (*imper.*) MIRC 888 ; **wrīed** (*pret.*) CH. C. T. *A* 3283 ; **wrīed** (*pple.*) GENER. 5957.

wrīen, *see* **wrīhen.**

wrigtful, wrigtelēs, *see under* **wurht.**

wrīheles, wrīeles, sb., *O.E.* wrīgels ; *veil,* A. R. 322, 420* ; wriels [wrielis] WICL. JOB xxiv. 8.

wrīhen, v., *O.E.* wrīon, wrēon, = *O.H.G.* (int-)rīhan ; *cover, hide, veil* : wummon... schal wrihen hire heavet A. R. 420* ; to wrien & te helien þet gongþurl 84 ; wrihe HOM. I. 279 ; wri (*ms.* wry) AYENB. 258 ; wreon LAʒ. 27859 ; ALIS. 1606 ; **wrie** (*pres.*) CH. C. T. *D* 1827 ; wriþð A. R. 84 ; wriʒþ, wrieþ AYENB. 61, 167 ; (heo) wreoð A. R. 88 ; **wrie** (*imper.*) H. S. 1147 ; wreoð LAʒ. 17762 ; **wrēih** (*pret.*) A. R. 390 ; wreih [wrei] C. L. 918 ; wreigh AM. & AMIL. 2333 ; wriʒen [wreʒe] LAʒ. 17349 ; wrien MISC. 64 ; wreghen AR. & MER. 1774 ; wrugen P. L. S. viii. 81 ; **wrīen** (*pple.*) R. R. 912 ; iwriʒen [iwroʒe] LAʒ. 5192 ; iwrien [iwriʒen] A. R. 58 ; iwriʒe, iwreʒe AYENB. 66, 96 ; iwrie ROB. 55 ; LANGL. *B* xiv. 232 ; CH. C. T. *A* 2904 ; *comp.* **bi-, over-, un-wrien** (-wrēon).

wriht, wrihte, *see* **wurht, wurhte.**

wringe, sb., *O.E.* (wīn-)wringe (MAT. xxi. 33) ; *press,* PALL. xi. 107.

wringen, v., *O.E.* wringan, = *M.L.G.* wringen, *M.Du.* wringhen, *O.H.G.* ringan ; *wring, twist, press,* LANGL. *B* xiv. 18 ; washen and wringen HAV. 1233 ; wringe REL. I. 115 ; OCTOV. (W.) 212 ; and gan wringe his lippe HORN (H.) 1105 ; (h)is honden gon he wringe P. S. 193 ; win to wringe L. H. R. 138 ; **wringeþ** (*pres.*) P. S. 188 ; CH. C. T. *E* 1553 ; wringeð ut A. R. 322 ; **wringinde** (*pple.*)

HORN (L.) 112 ; **wrang** (*pret.*) IW. 2773 ; wrong GEN. & EX. 2064 ; wrong HICKES I. 228 ; S. S. (Wr.) 2508 ; to grounde he him wrong TRIST. 3262 ; he wrungen hondes HAV. 152 ; wrongin ALIS. 7891 ; þe wrecchis wringet þe mok P. L. S. i. 20 ; **wrungun** [wrongun] (*pple.*) WICL. NUM. xxiv. 10.

wringer, sb., *wringer,* P. L. S. i. 21 ; **wringeris** (*pl.*) *winepress treaders* WICL. IS. xvi. 10.

wrinkil, sb., ? *O.E.* wrincle, = *M.Du.* wrinkel ; *wrinkle,* '*ruga,*' PR. P. 534 ; **wrinclis** (*pl.*) WICL. GEN. xxxviii. 14.

wriste, sb., *O.E.* wrist, *cf. M.L.G.* wrist, *O.Fris.* (hand-)wirst, *O.N.* rist *f.*, *M.H.G.* rist *m.*, riste *f.* ; ? *from* **wrīðen** ; *wrist* ; wrist(e), wirste PR. P. 534 ; wirste VOC. 208 ; *comp.* **hand-wriste.**

writ, sb., *O.E.* writ, = *O.N.* rit ; *writ, writing, scripture,* A. R. 98 ; ORM. DEDIC. 331 ; GEN. & EX. 1974 ; writ PROCL. 7 ; HAV. 2486 ; C. L. 76 ; AUD. 10 ; þat writ LAʒ. 484 ; þet holi writ MISC. 36 ; writte of þe kingis coort, '*breve*' PR. P. 534 ; **write** (*dat.*) LAʒ. 25005 ; **write** (*pl.*) SAX. CHR. 250 ; writen LAʒ. 9131 ; writen (*dat. pl.*) LAʒ. 22981.

writ-rūne, sb., *letter, document* ; **writrūnen** (*pl.*) LAʒ. 5750.

wrīten, v., *O.E.* wrītan, = *O.L.G.* wrītan, *O.N.* rīta, *O.H.G.* rīzan (*tear*) ; *write* ; LK. i. 3 ; A. R. 42 ; ORM. 3554 ; writen LAʒ. 41 ; ALIS. 4793 ; **wrīteð** (*pres.*) LAʒ. 28869 ; writ FRAG. 1 ; HOM. I. 21 ; O. & N. 1756 ; **write** (*subj.*) ORM. DEDIC. 97 ; **wrāt** (*pret.*) ORM. 5816 ; wrat LAʒ. 6317 ; FLOR. 2175 ; wrot A. R. 12 ; O. & N. 235 ; GEN. & EX. 462 ; wrot BEK. 164 ; wrote LANGL. *B* x. 169 [wrot *A* xi. 125] ; wroot ALIS. 4778 ; writen ORM. 5810 ; writen LANGL. *B* x. 428 ; write GOW. III. 85 ; **write** (*subj.*) MARH. 23 ; **writen** (*pple.*) ORM. 3085 ; writen CH. C. T. *G* 210 ; PR. C. 2042 ; write MISC. 41 ; *comp.* **ʒe-wrīten.**

writere, sb., *O.E.* writere ; *writer, scribe,* MARH. 2 ; **wrīteres** (*pl.*) MAT. ii. 4.

wrītunge, sb., *writing,* A. R. 80 ; writing AYENB. 8.

wriþe, sb., *O.E.* wriða ; *twist* ; **wrīþen** (*pl.*) ALIS. 5723 ; wrestes aiþer writh(e) C. M. 3462.

wrīðen, v., *O.E.* wrīðan, = *O.N.* rīða, *O.H.G.* (ki-)rīdan ; *writhe, twist, turn, bind,* LAʒ. 17394 ; wriþen a wei CH. BOET. v. 3 (154) ; of þe wai... ne wil he wriþe A. P. i. 350 ; **wriþinde** (*pple.*) as a wond MAP 336 ; **wrāð** (*pret.*) LAʒ. 6729 ; wroþ S. S. (Web.) 1792 ; MAN. (F.) 13054 ; wroth GAW. 1200 ; wrooþ WICL. 2 KINGS xxiii. 21 ; writhen (*ms.* uurythen) SAX. CHR. 262 ; he wriþen him one crune MISC. 48 ; **wriþen** (*pple.*) LANGL. *B* xvii. 174 ; writhin, wreþin '*tortus*' PR. P. 534 ; a wrethin haft S. & C. I. lxi ; *comp.* **ʒe-, to-wrīðen** ; *deriv.* **wrīðe, wrāð, wrǣðe.**

wrixlen, v., *O.E.* wrixlian ; *envelop; wrap;*

exchange; wrixle D. TROY 3120; **wrixlis**, wrixles (*pres.*) D. TROY 445, 9327; **wrixlit** (*pret.*) 2061; wel bisemez þe wiȝe **wrüxled** (*pple.*) in grene GAW. 2191; *comp.* **bi-wrixlen.**

wrixlunge, sb., *O.E.* wrixlunge; *change,* HOM. I. 207.

wrō, *see* **wrāh. wrōȝ,** *see* **wrāh.**

wrohte, *see* **wurhte. wrong,** *see* **wrang.**

wrōt, sb., *O.E.* wrōt; *snout,* LEG. 43; REL. II. 210.

wrōten, v., *O.E.* wrōtian, *cf.* M.L.G. wrōten, *M.Du.* wroeten, *O.H.G.* ruozen, *O.N.* rōta; *from* **wrōt**; *root, turn up with the snout,* REL. II. 216; wrotin PR. P. 534; wrote MIN. 23; ORF. 239; AV. ARTH. xii; **wrōteð** [wroteþ] (*pres.*) LAȝ. 469; wroteþ CH. C. T. *I* 157; (hie) wroteð HOM. II. 37; *comp.* **under-wrōten.**

wrōð, *see* **wrāð. wruhte,** *see* **wurhte.**

wrunkel, sb., = *M.Du.* wronkel; *cf.* **wrinkel**; *wrinkle*; runkel C. M. 18840.

wrunklen, v., = *M.Du.* wronkelen; *wrinkle*; **rouncles** (*pres.*) PR. C. 773; **ronkled** (*pple.*) GAW. 953.

wrusum, *see* **wursum. wu,** *see* **hwu.**

wū, interj., ? = *M.H.G.* wū; *woe*; wu me HOM. I. 157; (*ms.* wumme) [*'heu mihi'*] HOM. II. 149; MARH. 13.

wude, sb., *O.E.* wudu, widu (EP. GL.), = *M.L.G., M.Du.* wede, *O.H.G.* witu (GRAFF), *O.N.* viðr *m.*; *wood,* A. R. 402; ORM. 14568; GEN. & EX. 1306; wude (*printed* þude) LAȝ. 731; þene wude [wode] 8700; wode 1237; wode [*'nemus'*] WICL. GEN. xxi. 33; MAND. 50; CH. C. T. *A* 1422; þane wode AYENB. 95; **wude** [*O.E.* wuda] (*gen.*) HORN (L.) 1227; wode ROB. 88; JOS. 475; under a wilde wode side P. L. S. xxv. 1; under þe wode gore SPEC. 91; wudes [wodes] LAȝ. 8687; **wude** [wode] [*O.E.* wuda] (*dat.*) O. & N. 615; wudan ANGL. VII. 220; **wude** [wodes] [*O.E.* wudu] (*pl.*) LAȝ. 11772; wudes SAX. CHR. 256; MARH. 10; **wuden** (*dat. pl.*) LAȝ. 16126.

wude-binde, sb., *O.E.* wudubind, -binde; *woodbind* (*-bine*), VOC. 140; wodebinde PR. P. 531; CH. C. T. *A* 1508.

wude-brūne, sb., *'buglossa,'* REL. I. 36.

wode-craft, sb., *woodcraft,* CH. C. T. *A* 110.

wode-douve, sb., *wood-dove,* CH. C. T. *B* 1960; wodedove *'palumba'* PR. P. 531.

wode-hake, sb., *? woodpecker, 'picus'* PR. P. 531.

wude-hunig, sb., *O.E.* wuduhunig; *forest honey*; [*'mel silvestre'*] MAT. iii. 4.

wode-koc, sb., *O.E.* wuducoc; *woodcock,* VOC. 164; wodekok PR. P. 531.

wode-land, sb., *O.E.* wuduland; *woodland,* MAN. (F.) 1972; wodelond LAȝ. 1699.

wude-lēie [**wodelēȝe**], sb., *grove*; **wudelēi** (*dat.*) A. R. 96; wodeleie ST. COD. 58; under wodeleie HORN (R.) 1160; wudeliȝe HORN (L.) 1158.

wude-merch(e), sb., *O.E.* wudumerce; *wood-parsley, 'saniculum,'* REL. I. 36.

w(u)de-minte, sb., *'origanum,'* REL. I. 37.

wode-rime, sb., *edge of the wood,* LAȝ. 739.

woode-linde, sb., *linden tree of a forest,* GAM. 676, 702.

wode-rōte, sb., *root of the wood,* LAȝ. 467.

wude-ris, sb., *bushwood,* GAM. 771, 803; under þis wode ris DEGR. 172.

wude-rōve, sb., *O.E.* wudurōfe; *woodroof, 'hastula regia,'* VOC. 140; woderove PR. P. 531; SPEC. 43 (A. D. 164).

wude-scaȝe [**wodesaie**], sb., *thicket of the wood,* LAȝ. 21561, 27367; wodeschawe B. DISC. 1112; GAM. 638; ISUM. 74; wodeshawe REL. I. 245.

wode-scaþe, sb., *monster of the wood,* LAȝ. 25859*.

wode-schide, sb., *split wood, 'teda,'* PR. P. 531.

Wude-stoc, pr. n., *O.E.* Wudestoc; *Woodstock*; **Wudestoke** (*dat.*) SAX. CHR. 249; Wodestoke ROB. 439.

wode-sūre, sb., *O.E.* wudusūre; *woodsorrel,* LEECHD. III. 349.

wude-wale, sb., = *M.L.G., M.Du.* wedewal (*galgulus, oriolus*), *M.H.G.* witewal (*oriolus*); witwall (*bird*), O. & N. 1659; wodewale *'picus'* PR. P. 531; R. R. 658.

wode-ward, sb., *forest-keeper,* VOC. 164; PR. P. 531; P. S. 149.

wode-wexe, sb., *O.E.* wuduweaxe; *some plant*; **wodewexen** (*dat. pl.*) E. G. 358.

wode-wōse, sb., *O.E.* wuduwāsa; *satyr, faun, 'satyrus,'* PR. P. 531; [*'pilosus'*] WICL. IS. xxxiv. 14; GAW. 721; full of wod-wōse (*pl.*) ALEX. (Sk.) 1540.

wudi, adj., *woody*; wodi WICL. NUM. xiii. 21.

wuke, *see* **wike. wūl,** *see* **wil.**

wulder, sb., *O.E.* wuldor *n.*, *cf. Goth.* wulþus (*gen.* wulþaus) *m.* (δόξα); *glory*; (*ms.* wullderr) ORM. 3379; alre wuldre FRAG. 7.

wulf, sb., *O.E.* wulf, = *Goth.* wulfs, *O.N.* ulfr, *O.H.G.* wolf; *wolf,* KATH. 31; A. R. 120; wulf H. S. 5523; LUD. COV. 68; wulf, wlf [wolf] LAȝ. 1545, 21305; wlf HAV. 573; wolf ROB. 280; CH. C. T. *A* 313; wulves fist *'fungus'* REL. I. 37; **wulve** (*dat.*) A. R. 252; **wulfes** (*pl.*) LK. x. 3; wulves O. & N. 1008; wulfes MIR. PL. 150; wolves CHR. E. 732; **wlfan** (*dat. pl.*) LAȝ. 2599; *comp.* **sē-, wer-wolf.**

wulle, sb., *O.E.* wull, = *Goth.* wullu, *O.N.* ull,

wulle. wundren. 699

O.H.G. wolla; *wool*, ORM. 12652; wulle
'*lana*' PR. P. 534; GOW. I. 17; wolle ROB.
351; P. L. S. xix. 249; AYENB. 137; LANGL.
A vi. 13; MAND. 208.

wul-lok, sb., *lock of wool,* PR. P. 534.

wolle-mongere, sb., *woolstapler,* E. G.
353; wolmongers (*pl.*) ROB. (W.) 11173.

wol-pack, sb., *woolpack*; **wolpackes** (*pl.*)
ROB. (W.) 11171.

wolle-ward, adj. & adv., *clothed in wool*:
wolleward and wete shoed LANGL. *B* xviii. 1;
wolward PL. CR. 788; wol warde PR. C. 3512.

wolle-webstere, sb., *wool weaver,* LANGL.
B PROL. 219.

wülle, *see* **welle.**

wullen, adj., *cf. O.E.* wyllen, = *O.H.G.* wullīn;
woollen; wollen ALIS. 4459; LANGL. *B* v.
215.

wüllen, *see* **willen.**

wülvene, sb., *O.E.* wylfen (LEECHD. I. 362), =
M.H.G. wulfinne; *she-wolf,* A. R. 120; wlvine
HAV. 573.

wumman, *see* **wifman.**

wūnd, adj., *O.E.* wund, = *O.L.G.* wnd, *Goth.*
wunds, *M.H.G.* wunt; *wounded*: þe wunde
studen A. R. 136.

wūnde, sb., *O.E.* wund, = *O.L.G.* wnda, *O.H.G.*
wunta, wnta, *O.N.* und; *wound,* A. R. 326;
ORM. 2218; wunde, wnde [wonde] LAȝ. 2285;
8604; wunde HAV. 1980; wnde (*r. w.* grunde)
MISC. 42; wonde AYENB. 174; FER. 502;
wounde C. L. 1198; CH. C. T. *A* 1010; **wúnde**
(*pl.*) MISC. 140; wounde SPEC. 97; BEV.
724; wunden LK. x. 34; A. R. 274; wunden,
wundes HOM. II. 19, 33; wunden [wundes]
LAȝ. 16589; wounden ROB. 223; wondes PR.
C. 5337; **wúnden** (*dat. pl.*) HOM. I. 75;
wounden SPEC. 82; wunde LEG. 210.

wunder, sb., *O.E.* wundor, = *O.L.G.* wndar,
M.Du. wonder, *O.H.G.* wuntar, wntar, *O.N.*
undr; *wonder, miracle, prodigy,* KATH. 152;
ORM. 218; GEN. & EX. 69; ȝif him punche͛
wunder A. R. 8; wunder hit is þat heo nawe-
deþ O. & N. 1384; nis wunder nan (*it is no
wonder*) þah he (n)abide 1389; wunder 361;
wunder, wnder [wonder] LAȝ. 1126, 4659;
wundur ANT. ARTH. xvi; wonder C. L. 619;
CH. C. T. *E* 337; þat wonder BEK. 86; no
wonder þah me be wo SPEC. 81; haveð i-
schriven hire al to wundre (*marvellously*) A. R.
68; to tuken swa to wundre H. M. 27;
wunder (*pl.*) SAX. CHR. 262; wundre LK.
v. 26; HOM. I. 139; mihte þe luþer mon don
al þe wonder þat he con A. D. 298; wundres
A. R. 390; **wundre** [wnder] (*gen. pl.*) O. & N.
852.

wonder-bliþe, adj., *wonderfully blithe,*
WILL. 1895; wunderbliče LAȝ. 25542.

w(u)nder-craft [wondercraft], sb., *O.E.*
wundorcræft; *strange art, magic*; **wonder-
crafts** (*pl.*) LAȝ. 1147.

w(u)nder-crefti [wondercrafti], adj.,
strangely artful, LAȝ. 1154.

wonder-dēde, sb., *O.E.* wundordǣd, = *M.Du.*
wonderdaed, *M.H.G.* wundertāt; *wonderful
deed,* ROB. 337.

wunder-feole, sb., *cf. M.H.G.* wundervil;
very many, LAȝ. 22900.

wonder-ful, adj., *cf. Ger.* wundervoll; *won-
derful,* C. L. 62; wonderfol LAȝ. 280*;
wondervol AYENB. 15.

wunder-gōd, adj., = *O.H.G.* w(u)nterguot
marvellously good, LAȝ. 25475.

wunder-grēt, adj., = *Ger.* wundergrosz;
strangely great, 'immanis,' PR. P. 534.

wunder-hēh, adj., *very high,* ORM. 12055.

wunder-kēne, adj., *very bold,* LAȝ. 7277.

wunder-līc, adj., *O.E.* wundorlīc, = *O.L.G.*
w(u)ndarlīc, *O.H.G.* wuntarlīch; *marvellous,*
LAȝ. 12308; wunderlich MAT. xxi. 42; A. R.
390; an wunderlike taken ORM. 15461;
wonderlīche (*adv.*) SHOR. 162; WILL. 345;
woundirliche S. S. (Wr.) 2678; wondirli
WICL. JOB x. 16; PERC. 2004; **wunder-
lūker** (*compar.*) HOM. I. 93; **wunder-
licheste** (*superl.*) MISC. 60; wunderlikeste,
-lukeste P. L. S. viii. 34.

wonder-longe, adj., *very long,* LANGL. *B*
xv. 1; CH. C. T. *A* 1654.

wunder-mēre, adj., *? very gloriously,* LAȝ.
15641.

w(u)nder-müchel, adj., *very great,* LAȝ.
25078; wundermikel ORM. 7284.

wundernesse, sb., *marvel,* MISC. 85.

w(u)nder-rīche, adj., *very powerful,* LAȝ.
25295.

w(u)nder-strong, adj., *very strong,* LAȝ.
1744.

wonder-þing, sb., = *Ger.* wunderding; *won-
derful thing,* BRD. 31; C. L. 644; GREG. 393.

wunder-wel, adj., *wondrous well,* LAȝ.
11361; wonderwel iwroht A. D. 158.

wonder-worc, sb., *O.E.* wundorweorc;
marvellous work, LAȝ. 17376*.

wúndien, v., *O.E.* wundian, = *O.H.G.* wun-
tōn; *wound*; wundie HOM. I. 15; wunden
A. R. 124; ORM. 12484; wondi, woundi
TREV. III. 459; **wúndeð** (*pres.*) H. M. 15;
wóndede (*pret.*) BEK. 2125; wundeden
HOM. II. 33; wundeden [wondede] LAȝ.
1724; **wúnded** (*pple.*) GEN. & EX. 853;
wounded CH. TRO. ii. 533; *comp.* for-, ȝe-
wúndien.

wundrel, sb., *miracle, 'prodigium, ostentum*'
PR. P. 534.

wundren, v., *O.E.* wundrian, = *O.H.G.* wun-
tarōn; *wonder,* ORM. 15475; **w(u)ndri**
(*pres.*) O. & N. 228; ne w(u)ndre þou nawiht
þer fore LAȝ. 473; ne wundrie heo hire nowiht
A. R. 376; **wondrinde** (*pple.*) AYENB. 267;

700 **wundren.**   **wurchen.**

wundrede (*pret.*) KATH. 377; hem wondrede alle BEK. 101; þe fend wondrede swiþe C. L. 1039; i wondred me R. R. 738; wundreden LAȝ. 21979; *comp.* a-, for-, of-**wundren.**

wundrunge, sb., *O.E.* wundrung; *wondering,* HOM. I. 89.

wune, sb., *O.E.* (ge-)wuna, = *M.L.G.* wone, *O.L.G.* (gi-)wono, *O.H.G.* (gi-)wona, *O.N.* vani *m.; custom, habit; habitation, dwelling;* A. R. 266; GEN. & EX. 513, 1681; wune MISC. 87; REL. I. 217; FL. & BL. 557; he dude al se hit is wune [wone] LAȝ. 11184; ne mæi i noht . . . habben . . . þesne wone 13492; wone ROB. 287; C. L. 278; AYENB. 6; LANGL. B xv. 177; CH. C. T. A 335; H. F. 1166; MAN. (H.) 75; aȝens wone SHOR. 164; wile þou art in þis wreche wone P. L. S. ii. 164; wane PERC. 1347; woon CH. H. F. 1166; **wune** (*pl.*) HOM. II. 105; wunen GEN. & EX. 688; wones LANGL. B iii. 234; woanes [wanes] A. R. 416; wanes MARH. 21; *comp.* ȝe-**wune.**

wun-sele, sb., *dwelling-hall, mansion,* LAȝ. 15703.

wune[2], adj., *O.E.* (ge-)wuna, = *O.H.G.* (gi-)-won, *O.N.* vanr; *accustomed,* GEN. & EX. 1530; wone HAV. 2297; OCTOV. (W.) 1062; MAN. (F.) 14514; ne were þou wōne be god and mild S. S. (Web.) 672; *comp.* ȝe-**wune.**

wunien, v., *O.E.* wunian, *cf. O.L.G.* w(u)nōn, wonōn, wanōn (*inhabit*), *O. H. G.* wonēn (*inhabit*), giwonēn (*be accustomed*); *dwell, inhabit; be accustomed;* A. R. 134; KATH. 921; wunian, wnian, wnien HOM. I. 13, 25, 63; wunien (*ms.* wunyen) MISC. 83; wunien, wonien [wonie] LAȝ. 478, 1205; þær he wunen sholde ORM. 8708; to wunen swa þe folc þer to 19541; wunen GEN. & EX. 306; wune HORN (L.) 731; wonien REL. I. 103; LEB. JES. 283; wonie HORN (R.) 735; (*ms.* wonye) TREAT. 138; AYENB. 220; wone LANGL. A ii. 200 [wonie B ii. 224]; wone HAV. 247; PS. lxiv. 5; GOW. I. 340; WICL. PROV. xiv. 9; PR. C. 16; M. ARTH. 2445; to wunienne FRAG. 7; HOM. I. 117; **wunest** (*pres.*) O. & N. 338; wuneð HOM. I. 21; wuniað 27; heo wunieþ on eorþe FRAG. 7; wonieþ AYENB. 87; **wune** (*imper.*) A. R. 162; wunieð ou to lutel drunch A. R. 412; **wuniende,** wuneȝende (*pple.*) LAȝ. 19217, 29278; **wunede** (*pret.*) HOM. II. 85; (*printed* þunede) LAȝ. 5274; wonede ALIS. 5269; woneden CH. C. T. A 2927; **woned** (*pple.*) SPEC. 47; REL. II. 274; H. H. 46; CH. C. T. E 339; wunt or usid '*assuetus*' PR. P. 534; *comp.* ȝe-, þurh-, un-**wunien.**

wununge, sb., *O.E.* wunung, *cf. O.H.G.* wonunga; *habitation, mansion,* HOM. I. 105; A. R. 74; KATH. 2456; wuninge MISC. 144; wuning [woning] O. & N. 1760; woninge P. L. S. xv. 75; woning LAȝ. 7094*; SPEC. 102; CH. C. T. A 606.

woning-stede, sb., *dwelling-place,* REL. I. 167.

wünne, wunne, sb., *O.E.* wynn, wenn, wunn, *cf. O.L.G.* wnnea, *O.H.G.* wunna; *joy, pleasure, delight,* A. R. 192; KATH. 1511; H. M. 27; ? winne 39; hit is . min hihte hit is mi wunne O. & N. 272; wunne SPEC. 47; wunne, winne [winne, wonne] LAȝ. 3099, 14160, 21474, 22732; winne HAV. 2965; ALIS. 3887; MAN. (F.) 14908; E. T. 1024; TRIAM. 533; M. ARTH. 3788; paradises winne C. L. 1312; wenne S. S. (Web.) 2581; **wünne** (*pl.*) MISC. 126; alle mine wunnen LAȝ. 22668; **wünnen,** wnnen (*gen. pl.*) LAȝ. 1124, 3421; **wünnen** (*dat. pl.*) MARH. 1; JUL. 79; *comp.* un-, weoreld-**wünne.**

w(ü)n-folc, sb., *joyous folk,* LAȝ. 1385.

winne-halle, sb., *joy-hall,* GAW. 2456.

wün-lic, adj., *O.E.* wynlic, = *O.H.G.* wunnilīh; *joyous, delicious,* LAȝ. 8090: winli WILL. 749; his wonliche cun LAȝ. 8772.

wünsum, sb., *O.E.* wynsum, = *O.L.G.* w(u)nsum, *O. H. G.* wunnisam; *winsome, delightful,* MARH. 19; wunsum [wonsom] LAȝ. 1187; winsum ['*suave*'] MAT. xi. 30; winsom ['*jucundus*'] PS. lxxx. 3; **wnsumre** (*compar.*) LAȝ. 905.

wünsumen, v., *O.E.* wynsumian; *be winsome,* **winsomes** (*pres.*) PS. cii. 3.

wunton, v., *from* **wunt** *pple. of* **wunien**; *accustom; frequent, practise,* '*assuefacio, usito*' PR. P. 534.

wurc, *see* **weoro.**

wurchen, ¶ *O.E.* wyrcean, wyrcan, wircan, wercan, weorcean, = *O.L.G.* wirkean, *O.Fris.* werka, wirtsa, *O.H.G.* wurchan, wirchan, wirkan, *O.N.* yrkja, *Goth.* waurkjan; *work, do,* FRAG. 7; A. R. 6; wraťe workes wurchen KATH. 174; wurchen, wrchen [werche, wirche] LAȝ. 1547, 5066; wrchen, wurche, wirche O. & N. 408, 722; wurche ROB. 232; he micte me wirchen michel wo HAV. 510; wirche [werche] CH. C. T. A 2759; worchen C. L. 17; worche MAND. 1; WICL. JOHN ix. 4; worche, wirche WILL. 307, 471; bigin to werchen god AN. LIT. 91; werchen [worche] LANGL. A i. 80; werche SHOR. 29; AYENB. 174; GOW. I. 63; AUD. 9; werche wo FER. 1545; chirches . . . werche sche dede GREG. 218; drihtines wille wirken ORM. 9342; wirke PR. C. 6905; ISUM. 398; wircan, wercan HOM. I. 221; werken GEN. & EX. 2799; to wurchene HOM. I. 117; **wrcheþ** (*pres.*) MISC. 148; (heo) wurcheð HOM. I. 139; **wurch** (*imper.*) JUL. 35; **worhte** [wrohte] (*pret.*) LAȝ. 12024; warhte HOM. I. 91; wrohte (*ms.* wrohhte) ORM. 2256; wrouhte A. R. 258; wrouhte [wrouȝte] LANGL. A i. 80; wroute AN. LIT. 91; wrohten FRAG. 7; wrogten GEN. & EX. 529; wrouȝten WILL. 3873; **wroht** (*pple.*) SPEC. 31; wroȝt MIRC 210; wrouht HAV. 2810; wrouht [wrouȝt] C.

L. 3; LANGL. *A* iii. 101; WICL. GEN. xxxiv. 7; wrouht [wrou3t, wroght] CH. C. T. *G* 1332; wrought LUD. COV. 28; *comp.* bi-, for-, 3e-wurchen.

wircher, sb., = *M.H.G.* würkære; *worker*, CH. COMP. M. 261; worchere TREV. II. 177.

wirking, sb., = *M.H.G.* wirkunge; *working*, PR. C. 4907.

wurd, *see* word.

wurde, sb., *O.E.* wyrd, = *O.L.G.* wrd, wrth, *O.H.G.* wrt; *from* wurčen; *weird, fate*; wirde GAW. 2134; A. P. i. 249; ANT. ARTH. xvi; werd, werid, wird, wirid ALEX. (Sk.) 3247, 443, 689, 2260; **wurdes** (*pl.*) H. M. 33; wirdes LANGL. *C* xiii. 209; werdes [wierdes] CH. BOET. i. 1 (4); HORN CH. 456; ISUM. 202; werdes, wirdis ALEX. (Sk.) 270, 4950; werdis BARB. ii. 239; wordis, werdis HAMP. PS. lxxiv. 5, cxl. 4.

wur3en, v., *O.E.* (a-)wyrgan, = *O.Fris.* werga, wirga, *M.L.G.* worgen, *M.Du.* worghen, *O.H.G.* wrgan; *mod.Eng.* worry; *choke, throttle; tear, worry*; wirwin, worowen '*strangulo, suffoco*' PR. P. 530; wiri(e) R. R. 6264; worowe PR. C. 1229; **wirhieþ** [wirieþ] (*pres.*) LANGL. *C* x. 226; **wiri3ede** (*pret.*) TREV. VII. 465; wiriede P. R. L. P. 83; **wiried** (*pple.*) TREV. VII. 534; wirwed, werewed HAV. 1915, 1921; iworewid DEP. R. iii. 72; *comp.* **a-wurien**.

wurht, sb., *O.E.* (ge-)wyrht, *O.L.G.* (far-, ge-)wrht; *from* **wurchen**; *thing done, merit*; **wrihte** (*pl.*) HOM. I. 69; bi mine wrihte HOM. II. 217; after hise wrihte ORM. 8240; *comp.* 3e-wurht.

wrigt-ful, adv., *deservedly*; wrigtful we in sorwe ben GEN. & EX. 2204.

[**wurht-lēas**, adj.]

wrigtelēs-like, adv., *wrongfully*, GEN. & EX. 2076.

wurhte [**wrohte**], sb., *O.E.* wyrhta, = *O.H.G.* wrhto, *O.L.G.* wrhteo; *wright, workman, carpenter*, LA3. 21134; wruhte MARH. 20; JUL. 60; wrihte ORM. 18780; wri3te LANGL. *B* x. 401; wri3te [wrihte, wrighte] CH. C. T. *A* 614; wrihte, write PR. P. 534; **wuruhte** (*gen.*) A. R. 284; **wurhten** (*pl.*) HOM. I. 93; wurhten [wrohtes] LA3. 16969; werhten MK. xii. 10; wirhten LK. x. 2; *comp.* **godspel-, hwēol-, psalm-, schip-wurhte**.

wurm, sb., *O.E.* wyrm, weorm, = *O.L.G.* wrm, *O.H.G.* wurm, werm, Goth. waurms, *M.Du.* worm, *O.N.* ormr, *Lat.* vermis; *worm, serpent, dragon*, A. R. 138; ORM. 4870; wrm MISC. 149; worm TREAT. 139; C. L. 1129; GOW. II. 299; wirm GEN. & EX. 2925; REL. I. 211; wirm PR. P. 530; werm MISC. 28; AYENB. 215; LUD. COV. 29; **wurmes** (*gen.*) LA3. 17961; **wurmes** (*pl.*) FRAG. 6; MARH. 10; wurmes [wormes] O. & N. 601; wormes BEK. 2237; LANGL. *B* xi. 320; wirmes, wirme GEN. & EX. 178, 2982; **wurmen** (*gen. pl.*) LA3. 15942; wurmene HOM. II. 35; H. M. 43;

wermene AYENB. 216; **wurmen** (*dat. pl.*) FRAG. 6; LA3. 30500; *comp.* **hond-, ring-, silk-, wort-wirm(-werm)**.

werm-ēte, adj., = ? *M.H.G.* wurmǣte; *worm-eaten*; (ms. wermethe) AYENB. 229.

wurmen, *see* **warmen**.

wurnen, *see* **wernen**.

wurp, sb., *O.E.* wyrp, = *M.Du.* worp, *M.H.G.* wurf; *from* **weorpen**; *cast, throw*, A. R. 56; wrp MISC. 41; anes stanes werp LK. xxii. 41.

wurs, adj., = *M.Du.* wers, wors; *bad, wick:d*; þe wurse, wrse [worse] *the devil* LA3. 1140, 2843; þe wurse, werse HOM. II. 187, 191; **wurs** [*O.E.* wyrs, wirs, = *O.L.G., O.H.G.* wirs, Goth. wairs] (*compar.*) *worse* (*adv.*) P. L. S. viii. 111; wurs, wors LA3. 3104, 3453; wurs, wurs, wrs O. & N. 34, 793; wurs HORN (L.) 116; wors SHOR. 97; AYENB. 20; REL. II. 276; no þe wors hire nas MARG. 252; wers M. T. 33; **wurse** [*O.E.* wyrsa, = *O.L.G.* wirsa, Goth. wairsiza] *worse* (*adj.*) A. R. 82; a wurse stede P. L. S. viii. 149; þe fal is wurse H. M. 15; Bruttes hafden þat wurse LA3. 26712; worse LANGL. *B* xiv. 224; worse [werse] CH. C. T. *A* 1224; werse ORM. 7395; HAV. 1100; werse EGL. 293; ævre it was werse & werse SAX. CHR. 262; wirse MAN. (F.) 8696; **wurst** [*O.E.* wyrst] (*superl.*) *worst* (*adv.*) FRAG. 7; P. L. S. viii. 119; MARH. 14; wurst HORN (L.) 68; werst ORM. 4250; werst FER. 2809; **wurste** *worst* (*adj.*) A. R. 82; wurste LA3. 29545; worste 28773*; wrst(e) SPEC. 99; werste GOW. I. 25; werst PR. P. 523.

wursien, v., *O.E.* wyrsian; *render worse*, HOM. I. 47; wersen ORM. 11845; worsi AYENB. 33; **wurseð** (*pres.*) A. R. 326; **wursi** (*subj.*) KATH. 2165; **wursede** [wersede] (*pret.*) LA3. 18931; **iwursed** (*pple.*) HOM. I. 202; iworsed C. L. 811; iwersed PROCL. 6.

wursum, wrusum, sb., *O.E.* wyrms, worms, worsm; *purulent matter*; wrusum [wursum] ['*sanies*'] A. R. 274; wrusum [wirsum] 322; wirsen ORM. 4782; worsum and ware C. M. 11835.

wurt, sb., *O.E.* wyrt, = *O.L.G.* wrt, *O.N.* urt, Goth. waurts, *O.H.G.* wurz, wrz *f.*; *root; herb*; GEN. & EX. 119; wurt, wrt REL. I. 175; wert MAT. xiii. 26; wirte LK. xi. 42; wort PR. P. 532; WICL. LK. xi. 42; **wurtes** (*pl.*) VOC. 264; wortes GOW. III. 162; LANGL. *B* vi. 310; CH. C. T. *E* 226; L. C. C. 54; **wirte** (*gen. pl.*) MK. iv. 32; **wurten** (*dat. pl.*) LA3. 31884; *comp.* **bān-, biscop-, blōd-, hul-, lip-, liver-, lung-, mēd-, mug-, ribbe-, slǣp-, spēre-, stich-, wal-wurt**.

wort-3erd, sb., *O.E.* wyrtgeard; *kitchen garden*, WICL. 3 KINGS xxi. 2.

wer(t)-tūn, sb., *O.E.* wyrttūn; *garden*, ['*hortum*'] LK. xiii. 19.

worte-wale, sb., *O.E.* wyrtwalu, = *O.H.G.* wurzala; *root*, VOC. 172; S. & C. I. xxxvi.

wort-wirm, sb., *root worm*, '*eruca*,' PR. P. 532; worte-worm WICL. JOEL i. 4.

wurte, sb., *O.E.* (man-)wyrt (LEECHD. II. 96), = *M.Du.* worte, *M.L.G.* werte, *Swed.* vört, *M.H.G.* würze; *wort (in brewing)*, '*idromellum*' VOC. 257; worte CH. C. T. *G* 813.

wurð, wurðe, adj. & adv., *O.E.* weorð, wyrð, wurð, wyrðe, wierðe, = *O.L.G.* werth, *O.N.* verðr, *Goth.* wairþs, *O.H.G.* werd; *worth, worthy*, A. R. 38, 130; MARH. 1, 5; þat is mare wurð KATH. 70; wurþ ORM. 1156; wurþ, wrþ, wrþ O. & N. 572, 1550; nis noht wurð [worþ] LAȝ. 26555; þat Vortiger weore wurðe [worþe] to walden þas þeode 13445; wurþ, wurþe ROB. 322, 458; wuirth LEG. 28; wurðe MAT. iii. 11; he bið deðes wurðe HOM. I. 109; he is wurðe þer to HOM. II. 93; wurþe CHR. E. 741; worþ, worþe BEK. 357, 2217; worþ SHOR. 95; worþ, worþe AYENB. 7, 74; his worþ(e) burde WILL. 2522; werth PS. xciii. 11; werþe S. S. (Web.) 2580; þæt hi beon ... þare lande wurþe ANGL. VII. 220; **wurðer** (*compar.*) LAȝ. 30993; **wurðest** (*superl.*) FRAG. 6; *comp.* **ár-, deore-, kine-, lío-, luve-, stal-, un-wurðe**.

wurð-lich, adj., *O.E.* weorð-, wurðlīc; = *O.H.G.* werdlīh; *worthy, valuable, dignified, stately*, HOM. II. 29; **wurðliche** (*adv.*) A. R. 40; REL. I. 130; wurþlike ORM. 1033; worli SPEC. 39; **wurðliche** (*pl.*) KATH. 1577; wurðliche wepnen LAȝ. 28923; **worþloker** (*compar.*) A. P. iii. 464; **wurðlükest** [worþlokest] (*superl.*) LAȝ. 25496.

wurð-münd, sb., *O.E.* weorð-, wurðmynd; *dignity, honour*, KATH. 218; wurþmin ORM. 3379; wurðment HOM. I. 107; worðmunt LAȝ. 18851.

worþnesse, sb., *O.E.* weorðness; *dignity, honour*, PROCL. 3; ALEX. (Sk.) 3163; worthenes 1825; *comp.* **un-worþnesse**.

wurðschipe, wurschipe, sb., *O.E.* weorð-, wyrðscipe : *dignity, honour, worship*, A. R. 196, 278; wurþ-, wurschipe O. & N. 1288, 1344; þene wurðscipe LAȝ. 19534; worðschepe [worsipe] 3159; wurþschipe ORM. 726; worþssipe AYENB. 8; wurschipe HOM. I. 191; worshipe [worschip] LANGL. (Wr.) 2041 (*B* iii. 348); worshepe PR. C. 6217.

worþssip-vol, adj., *worshipful*, AYENB. 80.

worþssip-lich, adj., *honourable*, AYENB. 80; **worschiplich** (*adv.*) AL. (L.¹) 58.

wurðschipen, v., *worship, honour, revere*, KATH. 55; wurðsupen HOM. II. 5; worþ-, worssipie AYENB. 5, 212; worschipe MAND. 3.

worschipere, sb., *worshipper*, LEG. 216.

wurð, sb., *O.E.* weorð, worð, wurð, = *O.N.* verð, virð, *Goth.* wairþ, *O.H.G.* werd; *worth, value, dignity, merit*, A. R. 290; H. M. 27; þet wurð HOM. I. 91; wurþ ROB. 373; worþ AYENB. 99; P. 47; worthe LANGL. *B* iv. 170; for monne weordes (*esteem*) ðinge HOM. I. 25; knightis of gret(e) worþe (*r. w.* eorþe) ALIS.

1652; wiðute mine **wurðes** (*pl.*) JUL. 65; *comp.* **un-worð**.

wurð-ful, adj., *O.E.* weorðfull; *valuable, precious; worthy*, KATH. 1017; wurþful ORM. 5195; O. & N. 1481; þe worþvolle AYENB. 16.

wurðful-hēd, sb., *preciousness*, GEN. & EX. 3499.

wurðe, sb., ? *O.E.* weorðu, (or-)wyrðu, = *O.H.G.* wirdī; *dignity, honour* : never likede me mi werþe A. D. 291; drihtin to lofe & wurþe ORM. 1141.

wurðen, v., *O.E.* weorðan, worðan, wyrðan, wurðan, = *O.L.G.* werthan, *O.N.* verða, *Goth.* wairþan, *O.H.G.* werdan, *Lat.* vertere ; *become*, HOM. I. 63; KATH. 157; GEN. & EX. 41; wurðen, wrþan LAȝ. 1234, 12376; bliþe wurrþenn ORM. 160; hit schal wrþe wel isene O. & N. 846; worþe WILL. 327; lat hem worþe *let them alone* LANGL. *B* ii. 47; what shal worthe of us M. ARTH. 1817; **wurðest** (*pres.*) LAȝ. 16091; wurst HOM. I. 221; wurst HORN (L.) 324; worst P. L. S. xii. 109; S. S. (Wr.) 505; wurðeð A. R. 96; hit worþeþ al to win SPEC. 36; wurð MAT. xiii. 32; wurð ... bi *will be* GEN. & EX. 2058; wurþ MISC. 120; HORN (L.) 460; wurþ, worþ O. & N. 405, 770; worþ AYENB. 90; to morwe worþ þe mariage imad LANGL. *A* ii. 22; worþ to noght Iw. 1642; we worþeþ BEK. 996; **wurð** (*imper.*) LAȝ. 3192; **wurþe** (*subj.*) FRAG. 8; wurþe [wrþe] O. & N. 400; wel wurðe [worþe] þe LAȝ. 13079; wurþe, worþe HAV. 1102, 2221; **warð** (*pret.*) LAȝ. 2927; warð KATH. 27; warþ ORM. 147; þo warþ þis monke swiþe wo A. D. 257; wearð A. R. 244; werð HOM. I. 133; þis maide werþ a slep P. L. S. xxi. 38; he werþ upe BEK. 1176; wurðe, wurð GEN. & EX. 272, 283; worþ LANGL. *B* v. 160; wurðen MAT. iii. 16; þeȝ wurden swiþe ofdredde ORM. 3343; wurðen LAȝ. 1112; **worðen** [*O.E.* worden] (*pple.*) HOM. II. 197; worþen A. P. i. 394; wurþen ORM. 1888; *comp.* **a-, for-, ȝe-, to-wurðen**.

wurðien, wurþian, v., *O.E.* weorðian, wyrðian, wurðian, = *O.N.* virða, *Goth.* wairþōn, *O.H.G.* werdōn ; *esteem, honour, revere, adore*, HOM. I. 11, 45; wurðien [worþi] LAȝ. 9510; to lofen him & wurþen ORM. 208; wrþie REL. I. 172; worþi P. L. S. iv. 18; worth ALEX. (Sk.) 2124; **wurðeð** (*pres.*) REL. I. 129; **wurðede** [worþede] (*pret.*) LAȝ. 2614; **wurðed** (*pple.*) GEN. & EX. 1012; *comp.* **a-, ȝe-, un-wurðien**.

wurþiȝ, wurþi, adj., = *O.L.G.* wirthig, *O.N.* verðugr, *O.H.G.* wirdīg; *worthy*, ORM. 2705, 4200; wurdi GEN. & EX. 1012; REL. I. 218; wurþi RICH. 6134; worþi BEK. 412; C. L. 1524; WILL. 2792; CH. C. T. *A* 43; þat ich þare to worþi be SPEC. 73; **wurthiest** (*superl.*) LUD. COV. 20; *comp.* **luve-, un-wurði**.

worþi-liche, adv., *worthily*, LANGL. (Wr.) 895.
worþinesse, sb., *worthiness*; CH. C. T. *A* 50.
wurðigen, v.,=*M.L.G.* wordigen, *M.H.G.* wirdigen; *honour*, SAX. CHR. 31; þat tu wurge [wurẽgi] mi mawmez MARH. 18; þat ha ... wurẽehen (? ms. wurẽchen) [wurgin] KATH. 659; *comp.* ʒe-wurðigen.
wurðinge, wurðinge, sb., *O.E.* weorðung; *reverence, veneration*, HOM. I. 7, 109; wurðing GEN. & EX. 1774; worþinge SHOR. 96.
wurðing-dei, sb., *day of worship*, HOM. I. 9.
worþing-niʒth, sb., *? feast of the adoration*, DAV. DR. 87.
wurþinge, sb., *prov. Eng.* worthing; *mire, filth*, HOM. I. 85; wurðinge MARH. 3; H. M. 13.
wurven, *see* hwerfen. **wûs**, *see* wôs.
wŭsch, sb., *O.E.* wūsc,=*O.H.G.* wunsc, *M.Du.* wunsch, wensch, *O.N.* ōsk; *wish*, PR. P. 535; wisch MAND. 145.
wŭschin, wischin, v., *O.E.* wȳscan,=*O.H.G.* wunscan, *M.Du.* wunschen, wenschen, *O.N.* œskja; *wish, 'opto,'* PR. P. 530, 535; wische AR. & MER. 8732; MAND. 145; **wŭsche** (*pres.*) LANGL. *A* v. 92 [wisshe *B* v. 111]; wusscheð REL. I. 130 (HOM. I.

165); wisheth CR. K. 58; wesseþ AYENB. 56; **weschte** (*pret.*) LANGL. *A* v. 195; weste AL. (T.) 335; wisten HOM. II. 3; GEN. & EX. 801.
wŭssinge, sb., *wishing*, HOM. II. 179; wissing REL. I. 216.
wuten, *see* witen.

y.

y- (*consonant*), *see* ʒ.
y-, ȳ- (*vowels*), *see* i-, ʒe-, ʒi-, î-.
yă, *see* ʒă.   **yald**, *see* eald.
yem, *see* ēam.   **yēme**, *see* ʒēme.
yernen, *see* eornen.   **yif**, *see* ʒif.
ȳle, *see* île.   **yoie**, *see* joie.
yok, *see* ʒoð.   **yond**, *see* ʒeond.
you, yow, *see* ēow.   **yven**, *see* ʒifen.

z.

z-, *see* s-.   **zed**, *see* sad.
zedewal, zeduale, sb., *O.Fr.* citoual; *zedoary*, A. R. 370; sedewale SPEC. 27; ALIS. 6792; cetewale [cetuale] CH. C. T. *A* 3207.

ADDITIONS AND CORRECTIONS.

[New articles are denoted by the sign (*) prefixed. Articles to be substituted for those in the text are denoted by the sign (†).]

ǣr.

ǣr.
*ǣr-þēod, sb., *ancient people, antiquity*: hou Jesus him welk in areþede A. P. i. 711; arethede ISUM. 6; arthede DEGR. 7.
al.
   al swa. Page 18, line 2, for 'elle' read 'telle.'
*alas, interj., *O.Fr.* a las; *alas*, A. R. 148; ROB. 34; allas CH. C. T. B 121; alace D. TROY 9716.
a-merien. Cancel the article; the example belongs to **amerran**.
a-merran. Add to examples of pple.: 'amerd AYENB. 125; (? *ms.* amered, *r. w.* iherd) S. S. (Web.) 2266.'
amirail. To senses add '*commander*.'
an.
   †an ān, *mod. Eng.* anon; *continuously, straight forward, immediately*: (*ms.* anan) KATH. 31; þeȝ wisten sone an an (*ms.* anan) ORM. 225; fowertiȝ daȝhes aȝ on an (*ms.* onnan) 11331; *see further examples under* **ān**.
and, prep. The evidence for the existence of this word in Middle-English is questionable; the reading of most of the examples given being uncertain.
*[and-lang], andelang, endelong, endlang, anlong, along, adv. & prep., *O.E.* andlang, ollunc, *cf. O.L.G.* andlang, *O.Fris.* ondling, ondleng, *O.N.* endlangr, endilangr (*adj.*), *mod. Eng.* endlong, along; *lengthways; along; along the length of*. [This word is by Stratmann regarded as a phrase; for examples of it (written as two words, ande lang, etc.) see **and, lang, lange**.]
*apōsen, see oppōsen.
*aqvilen, enqvilen, v., *O.Fr.* aqvillir, anqvillir; *receive, obtain*; aqvile A. P. i. 690; enqvilen (*pres. pl.*) A. P. iii. 39; aqvild (*pple.*) (*ms.* aquylde) A. P. i. 966.
a-reimen. Insert: '*from O.Fr.* reimbre, *Lat.* redimere.'

bi-luvien.

†āre-thēde, *see* ǣr-þēod (*in Supplement*).
aretten. Insert '*O.Fr.* aretter.'
asaumple. Add at end '*see* ensample, sample.'
assīse. Add '*see* sīse.'
*astaunchen, see stanchen.
atel.
   atel-līche. For '*cruel*' read '*dreadful, hideous, cruel*.'
a-weleȝen. Dele '*luxurious*... 282.'
bacin. For '*basin*,' read '*basin; helmet*.'
bēden. For '*O.L.G.*' read '= *O.L.G.*' Line 4, for 'bede' read 'béde (*pres.*).'
bélden. For 'forfren' read 'frofren.'
†beork, sb., *from* beorken; *bark (of a dog)* ANGL. IV. 197.
beren. Read béren, and afterwards bérĕð, bére, bérinde, bóren, bérere, béring.
best. Read bést, béstes, bést-lich.
†bétil, *see* bitel² (*in Supplement*).
bēten. Line 2 should read '*O.L.G.* bōtian, *O.Fris.* bēta, *O.N.* bœta, *Goth.* bōtjan, *O.H.G.* puozan,'
betren. Read '*better, improve; prevail*.'
bi-berȝen. For '*protect*' read '*ward off*.'
bid. Cancel the entry.
bidden. Line 16, for '*bidde (subj.)*' read 'bidde.'
bi-fóren.
   bifore-gōere. For 'nise' read 'rise.'
   bifore-ocupien. For 'couegteth' read 'coveiteth.'
bi-gálen. For bigolen read bigōlen.
*bī-halve(s), see half².
bihōflen. See other forms under bus, which should have been included here.
bi-hrīnen. Cancel the article.
bi-lēoȝen. For 'biliveth' read '**bilieth** (*pres.*).'
bi-luvien. For '*impers., delight, please*'

bi-luvien.   discomfiten.   705

read '*delight, please (impers.)*; *approve, love.*'
binden. For i, u read í, ú in all the forms printed in clarendon type.
bi-strüpen. Insert rendering : '*strip away.*'
†**bitel**², **bétil,** sb., *O.E.* bitula, ? betel ; *beetle (insect)*; bitil PR. P. 37 ; *(ms.* betylle) VOC. 225.
†**bi-tranten,** v., *deceive*: betrant (*printed* betraut) D. TROY 731; **betrantid** (*pret.*) 11767.
bi-þenchen. In line 4 for 'deþenche' read 'beþenche.'
bi-þünchen. For 'biðunched' read 'biðünched.'
blac². Read 'sb.'
blēchen. Add at end 'blaȝt *white* A. P. 212 ; ALEX. (Sk.) 4925, 5482 ; blaught 1559*.'
blĕtsien. Dele quotation from RICH. 546.
blind, blindin. Read '**blind, blindin,**' and place the accent on the í in all the forms printed in clarendon type.
†**blismen,** *see* **blesmin.**
bōc².
†**bŭk-mast,** sb., = *M.L.G.* bōkmast ; *beech mast,* HALLIW. 37.
borȝ. To the renderings add '*surety.*'
brā. For 'drench' read 'dreuch.'
brainid. Read 'adj.'
brusch. For 'Ital. brusco' read '*O.Fr.* brosse, *cf. Ital.* brusco.'
brusche. For 'Ital. brusca' read '*O.Fr.* brosse, *cf. Ital.* brusca.'
bulken. For '**bulk** (*pres.*)' read '**bulk.**'
bulge. Dele '*bubble.*'
caft, keft. Add '*perhaps mistake for* cast, kest.'
cáld. At end of p. 99 read 'GREG. 798 ; **cáld** (*sb.*) *cold* HAV. 856 ; P. S. 330 ; WILL. 908.'
can². For 'BRUCE' read 'BARB.'
cape [? cāpe]. Read '**cápe, cāpe,**' and dele '*cf.*'
cape [? cāpen]. Read '**cápen, cāpen.**'
chauceūre, sb., *O.Fr.* chauceure ; *hose of mail*: chauceore FER. 5631.
chēten², v., for eschēten ; *escheat*, PR. P. 73.
chēse.
†**chēs-lēpe,** sb., = **chēs-lippe ;** VOC. 222.
†**chevisance,** sb., *O.Fr.* chevissance ; *accomplishment, acquisition, booty ; success ; profit ; help ; loan on usury* ; CH. C. T. *B* 1519 ; MAN. (H.) 105, 181 ; GAW. 1390, 1406, 1678, 1939; LANGL. *C* xxiii. 16 ; GOW. II. 332 ; **chevesances** (*pl.*) LANGL. *B* v. 249.
child, childin. The i in all the forms printed in clarendon type, except **childre,** should have the acute accent. So also in the

derivatives and compounds of the sb., except **children-lēas.**
chīnen. Dele '(*intrans.*).'
†**chippe,** sb., *O.E.* cipp ; *shart beam of plough,* '*dentale,*' VOC. (W.W.) 628.
chippe. Read '**chippe**²,' and dele '*? O.E.* cipp (*dentale*).'
chiteren. Insert '*twitter*' before '*chatter.*'
chois. Add at end '**chois** (*adj.*) *choice* ALEX.² 727; WILL. 400; choise D. TROY 490, 1356.'
clēne. Read '*adj. & adv.,*' and add to the renderings '*clean, quite, entirely.*'
clēowen. Read 'sb.'
colwie. Cancel the entry.
†**complī, complīn,** *O.Fr.* complie ; *compline, last church service of the day ;* compli BEK. 2078 ; cumpli A. R. 24, 428 ; cumpelie 22 ; complin CH. C. T. *I* 386 ; compline '*completorium*' PR. P. 109.
†**consence,** sb., *O.Fr.* consense ; *consent* : kunsence A. R. 288.
covert. Insert '*adj. & sb.*'
†**cucking,** sb., *cacatio,* PR. P. 106.
culrāge. Read '*O.Fr.* culrage.'
*cúri, see keweri.
cussin. Add 'qvischen' ISUM. 579.
dalc. Dele 'dolc . . . 3027.'
†**dalien,** v., ? *O.Fr.* dallier (*railler*) ; *mod. Eng.* dally ; *play, sport ; converse, talk* : daliin '*fabulor, colloqvor*' PR. P. 112 ; dali GAW. 1253; daile MAN. (H.) 116; (*ms.* dayly, *r. w.* bayly, fayle, counsayle) A. P. i. 313 ; disours **dalie** (*pres.*) ALIS. 6991 ; **dailieden** (*pret.*) GAW. 1114.
dēawen. For 'touwen (touuen)' read 'touwēn, touwōn.'
defende. Read '*defend, prohibit.*'
†**defense,** sb., *O.Fr.* defense ; *defence ; prohibition ;* ROB. 253 ; defence GOW. l. 29 ; diffense R. R. 1142.
defoulen. Dele '*defoul.*'
†**degráden,** v., *O.Fr.* degrader, *Lat.* dēgrādāre ; *degrade* ; **degráde** (*pret.*) TOWNL. 20 ; degrated D. TROY 12574; **degráded** (*pple.*) TREV. V. 35.
†**deinen,** v., *O.Fr.* deigner, *Lat.* dignārī ; *deign* ; (*impers.*) *appear worthy* : **deineþ** (*pres.*) AYENB. 18 ; deineþ CH. AN. 181 ; **deined** (*pret.*) LANGL. *B* vi. 310 ; ham ne dainede naȝt to do zenne AYENB. 76.
†**demeine,** *see* **demaine.**
descrīen. Read '*announce, describe ; descry*: descriin '*describo.*''
*discomfiten, v., *from O.Fr.* desconfit (*pple of* desconfire) ; *discomfit, rout* : discoumfitin '*confuto, supero, vinco*' PR. P. 122 ; desconfite MAN. (F.) 13944 ; **deskumfit** (*pple.*) A. R. 250 ; *see* **scomfiten.**

Z z

distincte. Cancel the entry.
distincten. Add ' distincte R. R. 6199.'
douvre. Read ' *rabbit-burrow*.'
dwīnen. Read ' *faint, wither*, [' *tabescere* '].'
earm ². Read ' adj.'
effraien. Read ' = affraien.'
eȝe.
   ei-fold. Cancel the entry.
eischste. Cancel the entry.
encombrous. For ' COMP. M. 339 ' read ' CH. COMP. V. 42.'
encenser. For ' *censor* ' read ' *censer*.'
enclinaunt. For ' xxxiii ' read ' xxxii. (*misprinted* xxxiii *in Oxford edition*).'
ende. For ' anātis ' read ' anatis.'
***endelong, endlang:** *see* **andlang** (*in Supplement*).
endenten. Dele ' þen ... anon.'
ender. Insert ' *O.N.* endr (*adv.*), = *O.E.* end (*formerly*).'
†**entēr,** adj., *entire, whole; earnest, sincere*; L. H. R. 196; entier LIDG. M. P. 100; intire 68.
***entēr-līche,** adv., *entirely*, MAS. 241; entereli *earnestly* ISUM. 434.
fāh. Read ' TRIST. 1220.'
far.
   far-cost. For ' *see* **fercost**' read ' **fercostes** (*pl.*) D. ARTH. 743.'
fēle ². Read ' adj.'
fēon. For ' feid ' read ' feid (*pple.*).'
feorren. Near the end insert ' LAȝ.' before ' 5328.'
†**fercost,** *see* **farcost** *under* **far.**
feste, festin, festour. Read ' féste,' *etc.*
finden. Read **fínden,** and accent the í and ú in the forms in clarendon type.
fliteren. Cancel the entry. (A misprint in Southey : *see* **floteren**.)
floteren. Add at end ' fluttered (*misprinted* flitterid *in ed.* 1817) MAL. V. 4.'
fóldin. Read ' *put in a fold* ' (italics).
foltin. Read ' *act like a fool; make a fool of.*'
for-garen, For ' *oppose* ' read ' *forfeit*.' For ' 14582 ' read ' 14584.'
for-ȝearwien. Dele this entry.
for-hōnen. Cancel the entry; ' forhone ' is probably a mistake for ' forhoue,' see **for-hoȝien.**
for-lange. Read ' adv.'
for-liggen. Read ' *lie illicitly with*.'
for-tühting. Read ' sb.'
forð-nimen. Read ' *seize; go away*.' For ' forðnam ' read ' forðnam (*pret.*).'
fōt. Line 8, ' fot ' should come after ' euch.'
frounter. Line 3, insert ' one ' after ' frikis.'
garison. Cancel the entry.

ȝe-dwilð. Cancel, and transfer examples to ȝedwéld.
ȝe-fēren. Dele ' (*pret.*).'
ȝe-gāst.
   igāst-līche. Read ' adv., *terribly*.'
ȝe-līo. Line 10, dele ' þe ... beo.'
ȝemēre. Read ' sb.'
genillere. For ' chaunceore ' read ' chauceore.'
geomancie. For ' *mensuration* ' read ' *geomancy*.'
†**geometrien,** sb., *geometer*; **gemetriens** (*pl.*) LIDG. BOCH. [*ed.* 1554] I. ii. 200 [*ed.* 1558 *has* geometries].
ȝeonien. Line 5, read ' ȝeonie [ȝonie].'
ȝe-rennen. Cancel the entry.
†[**ȝe-scōle**] **i-scōle,** sb., *troop*, HOM. I. 243; *comp.* her(e)-iscōle.
geste, gesten ². Read ' géste, gésten.'
get ². For ' ges ... 254 ' read ' *see* **ges**.'
ȝirnen. For ' garennan ' read ' garinnan.' The rendering should be simply ' *run*.'
glēde. For ' berninde (*pple.*) ' read ' berninde.'
gnēde. Last line, dele ' gnede ... 154.' (Example from LANGL. belongs to **gnēdi**.)
gnēden. Add at end ' knede (? *be too scanty*) C. M. 2448.'
***gnēdi,** adj., = **gnēde** : LANGL. *C* xvi. 85.
gobben. Read ' gobbenen.'
god.
   gode-frigti-hēd. Last line, read ' godesfrigtihed 540.'
ȝoman. For ' AMAD. (L.) ' read ' AMAD. (R.) L ' For ' AM.' read ' AMAD. (W.) '
góre. Dele ' gorred ¡ ... 4645.'
***gōren,** v., *? from O.E.* gār (*spear*); *gore, stab*: gōred (*pple.*) (*ms.* gorred) ALEX. (Sk.) 4645.
grān. Read ' sb.'
grúnden. Dele ' grune ... 338.'
haȝe. Dele ' hawch ... 35,' and transfer ' *comp.* chirche-hawe ' from **haȝe** ².
haste, hasten, hasti, hastif, hastives : read ' háste, hásten,' *etc.*
helle.
   helle-ware. For ' sb., pl.' read ' sb. (collective).'
hellen ². Page 336, line 1, insert ' HAMP. PS.' before ' lxviii.'
hevenen. Add at end ' ? D. TROY 2083.'
heviin. Dele quotation from D. TROY.
hind, hinde, hinden. Read ' hind,' *etc.*
hinder ². Read ' adv.'
hoferede. Read ' adj. (sb.) '
hori. Dele quotation from TREV.
hors.
   horse-charche. Read ' *horse-load*.'

†[**hurfte**, *misreading for* **hürst** TREAT. 132; cf. SAINTS (Ld.) xlvi. 394.]
hurlen. Read '*hurl; rush violently*.'
hurst. Read '**hürst**,' and insert '(*r. w.* furst) SAINTS (Ld.) xlvi. 394.'
hürten. For '*offend*' read '*strike*.'
in-ȝetten. Read '**in-ȝēoten**.'
in-ward.
    inward-lich. Read '*inward; earnest*.'
irk. For '*distasteful*' read '*tired, dissatisfied*.'
irkin. Read '*be tired or dissatisfied*.'
keweri. Read '*O.Fr.* qveuerie.'
læsten. Line 4, for 'þine' read 'pine.'
laȝe.
    ***laȝe-lic**, adj., *O.E.* lahlīc, *O.N.* lag-, lögligr; *lawful*: mid laweliche deden MISC.106.
laȝe-liche. Cancel the last quotation.
lāh.
    lōȝ-lī. Read 'adj. & adv., *O.N.* lāgligr, -liga.'
lēosen. Line 4, for 'lessen' read 'leosen.'
linde. Read '**linde**.'
***liniolf**, sb., *O.Fr.* lignoel; *shoemaker's waxed thread,* '*indula*,' PR. P. 306.
macche. Add '*see* meche.'
†**maineal**, adj. & sb., *mod.Eng.* menial; *belonging to the house; household servant; intimate friend*; meineal TREV. VII. 413, 419; WICL. ROM. xvi. 5.
maten. For '*mæting*' read '*māting*.'
meche. Read '*see* macche; *match, wick, lichinus*.'
merien. Dele '*comp.* a-merien.'
mel. Dele '*mel, see* male.'
melden. Read '**mélden**.'
metz. Cancel the entry.
mid. Line 33, for '(? *added thereto*)' read '(? *at the same time, immediately*).' After line 34 insert 'mid idone S. S. 1368, 1442.'
***mid-idōne**, *see* mid.
mis-lich. Add at end '*misseli* (*mistakenly*) 207.' Cancel following entry.
moinel, sb., *O.Fr.* maynel; *mullion of a window*; moinelus (*pl.*) DEGR. 1459.
†**mōke**, sb.: some can sette the moke awrie (? *be miserly*) REL. I. 248; þe wrecchis wringit þe moke so fast, up ham silf hi nul not spened P. L. S. i. 20.
mop. For '*mop*' read '*mod.Eng.* mop; *rag doll*.'
naiten. Dele quotation from D. TROY.
nifte. Dele '*step-daughter*.'
†**ofer-lang**, adj., *over-long*: overlang PR. C. 7274; overlonge (*adv.*) O. & N. 450.
ofer-láte. Read 'adv.'
of-stingen. Read '*pierce through*.'
***oliprance**, sb., cf. *A.Fr.* orprance, *prov. Eng.* olliprance; *vanity, ostentation*, A. P. ii. 1305; H. S. 4581, 4695.

pallen. Add '*see* pellen.'
pensif. Insert 'LANGL.' before '*A*.'
pil. For '*Lat.* pilus' read '*from* pilien.'
pīl. For '*darts*' read '*prickles*.'
pithe. Read '**pipe**,' and transfer to alphabetical place.
pittit. Read '**pitted**.'
plat. Read 'adj. & adv.'
pouderon. Read '*sprinkle with powder, grind to powder*.'
qvilte. Add at end 'qviltus poined [*O.Fr.* coulte pointe, *Eng.* counterpane] DEGR. 1491.'
qviter. For '*cf.* . . . koder' read '*O.F.* cuiture (*burning, matter from a boil*).'
rac. For '*rack*' read '? *torment*.'
raimen. Dele '*comp.* a-reimen.'
rakel. Read 'adj.'
***recháte**, sb., *recheat, signal of recall in hunting*, MAL. i. 52; rechase (*r.w.* trase) ANT. ARTH. (R.) v.
***recháten**, v., *blow the recheat*; rechátand (*pple.*) GAW. 1911; recháted (*pret.*) 1466.
remūen. For 'TRO.' read 'CH. TRO.'
retenaunce. For '*retenaunts* (*pple.*)' read '*retenauntz*.'
hrēðe, rēðe, rēþer. These entries should come after **rettin**.
***revaien**, v., *A.Fr.* riveier; *hunt waterfowl, go hawking*: revei DEGR. 506; revaies (*pres.*) 807; irevaied (*pple.*) 659.
'**rēverie**, *see under* rēaven.
rivēre. For '*river*' read '*river; hawking-ground for waterfowl* (*cf. Ger.* revier)'; and add to examples 'PARTON. 178, 631; CH. TRO. iv. 385; revēres (*pl.*) A. P. i. 104.
rōdde. Before the examples insert '*rod, staff*.'
rude. For '*ruddy*' read '*ruddiness*.'
ruel-bān, sb., ? *walrus-bone*; ruel bon DEGR. 1429; rewel boon CH. C. T. 2068; IPOM. (K.) *A* 6456.
***rūmēde**, *see under* hrēou.
rünel. Insert '*runner*' before '*stream*.'
sæl.
    †**sæl-liche**, adv., *fortunately*, LAȜ. 7863.
samplēre. Read '*mod.Eng.* sampler; *original, model*.'
†**saulee**, sb., *A.Fr.* saulee (*soûlée*); *satisfaction of appetite* [*v. r.* saule, soule, saulees]; glossed '*edulium*' LANGL. xvi. 11.
***savenappe**, sb., *napkin*, PR. P. 441*; sanap, sanop 441; sanappus (*pl.*) DEGR. 1387.
***scalc**, *see* schalk.
***schalmie**, sb., *O.Fr.* chalemie; *shawm, trumpet*; shalmies (*pl.*) CH. H. F. 1218; (ms. scalmuse) DEGR. 1086.
schat. Insert as first example 'scat HOM. II. 231.'

scheád. Read at end '*comp.* ʒe-sceád.'
scheáf.
  soéaf-mǽlen. Read '*adv.*'
*****scheltrone,** *see* **sceldtrume** *under* **schíld.**
schote. Line 3, for 'schote' read 'schote or crikke (*spasm*).'
schoutin. Dele '*see* schúte.'
schrēawen. The pple. **schrēwed** should be explained '*cursed, bad, wicked.*'
schunten. Read '*avoid, swerve, flinch.*'
scof. Line 3, for 'kof' read 'skof.'
séld.
  sel-cūð, and its derivatives should be written with e, not ó.
*****sengle,** *see* **single.**
séon. Page 544, line 5, 'þeʒ' should be removed to next line, before 'sæʒhen,' and the quotation from P. L. S. (line 7) should be placed in line 5, after '*A* ix. 66.'
*****sh-,** *see* **soh-.** *****sĭli,** *see* **sǣli.**
singen.
  singare. Read 'sb.'
snúten. To rendering add '*snuff (a candle).*'
sodain. Read 'adj.'
spéde. To rendering add '*aid.*'
spinnen. Dele quotation from A. P.
sqvachen. For 'cvi.' read 'cix.'
sqvatten. Read '*mod.Eng.* squat; *break, throw down.*'
†sqvint, ? sb.; *cf. Du.* schuinte (*slope*): a sqvint (*adv.*) *asquint*, A. R. 212.
*****ss-,** *see* **soh-.**
stǣned. Read '**stāned,**' and remove to p. 574.
stále. For '*rung*' read '*side.*'
stede. Line 13, for 'we' read 'þe.'
stikel. For '*difficult*' read '*steep, piercing*'; and add example given below under **stikil.**

stikel-líche. For '*with difficulty*' read '*intently.*'
†stikil, *see* **stikel.**
†streʒt, adj., *straight; here treated as pple. of* **strecchen,** *q.v.*
summitee. For 'sommette' read 'sommité.'
súnd. Read 'adj.'
suteltē. Dele 'sutell BARB. xix. 32.'
suvel. Dele 'saulee . . . 11.' (*See* **saulee** *in Supplement.*)
swengen. Dele quotations from A. P.
swippen. For '*vibrate, beat*' read '*brandish; move or strike swiftly.*'
targen. Add 'targe ROB. (W.) 2363.'
*****targinge,** sb., *delay*, ROB. (W.) 4216.
tēoþe. Read 'ord. num. & sb.'
terʒen. Dele 'targe ROB. (W.) 2363.'
terring. Dele 'targinge ROB. (W.) 4216.'
*****umbrēre,** sb., *O.Fr.* ombriere; *visor*, PERC. 1522.
ut-líche. Read 'ūt-líche.'
víne. For '*vine*' read '*vine, vineyard.*' Add to references 'A. P. i. 502, 507, 628.
wainen, v., *? O.Fr.* waagnier (*gagner*); *gain*: ? waine A. P. ii. 1616; **waines** (*pres.*) (*r. w.* frainez) *? grants* i. 1504; **wained** (*pret.*) i. 1701; **wained** (*pple.*) (*ms.* vayned) *? brought* i. 249.
warnestūre. Add '(printed warme store) FLOR. 1168.'
warnestūren, v., *store, fortify*; CH. C. T. B 2487; **warnestōred** (*pple.*) CH. BOET. i. 4 (12)*.
*****werle,** sb., *? garland,* A. P. i. 209.
*****westernais,** adv., *? mistake for O.Fr.* bestorneis; *wrong side up, inside out,* A. P. i. 307.

Lightning Source UK Ltd.
Milton Keynes UK
UKHW021854280620
365591UK00013BA/583